Elaine Li

Elaine

Li

Labels and short forms used in the dictionary
本词典中的标示语及缩约式

3rd pers sing (third person singular) 第三人称单数
abbr (abbreviation) 缩写
adj (adjective) 形容词
adv (adverb) 副词
also 亦作
auxiliary verb 助动词
Brit (British English) 英（英国英语）
computing 计算机技术
conj (conjunction) 连词
definite article 定冠词
det (determiner) 限定词
exclamation 感叹词
feminine 阴性
figurative 比喻
formal 正式
grammar 语法
idiom 习语
in compounds 用以构成复合词
indefinite article 不定冠词
informal 非正式
interj (interjection) 叹词
modal verb 情态动词
noun 名词
number 数词
often 常作
old-fashioned 旧（旧式用语）
phrasal verb 短语动词
pl (plural) 复数
pp (past participle) 过去分词
prep (preposition) 介词
pres (present tense) 现在时
pres part (present participle) 现在分词
pron (pronoun) 代词
pt (past tense) 过去时
sb (somebody) 某人
short form 缩约式
sing (singular) 单数
slang 俚语
sth (something) 某事物
strong form 强读式
symbol 符号
technical 术语
trade mark 商标
US (American English) 美（美国英语）
usually 通常作
passive 被动语态
verb 动词

Symbols used in the dictionary 本词典中的符号

☆ marks an entry for a very important word or words 重要词语的词目

☛ marks a note 注释

⇨ Look at... 参看…

[C] countable, used about a noun which has a plural form and can be counted
可数，用于有复数形式的可数名词

[U] uncountable, used about a noun which has no plural form and cannot be counted
不可数，用于没有复数形式的不可数名词

[I] intransitive, used about a verb which has no object 不及物，用于没有宾语的动词

[T] transitive, used about a verb which has an object 及物，用于有宾语的动词

牛津中阶
英汉双解词典

OXFORD
INTERMEDIATE LEARNER'S
ENGLISH-CHINESE
DICTIONARY

新 版

New edition

英语原版编辑：Sally Wehmeier

英汉版翻译：陈文浩　朱伟光　洪涛

英汉版审订：董乐山　何伟杰

商 务 印 书 馆

The Commercial Press

OXFORD

UNIVERSITY PRESS

牛津大学出版社

OXFORD
UNIVERSITY PRESS

牛津大学出版社隶属牛津大学，出版业务遍布全球，致力弘扬牛津大学推动优质研究、学术和教育的宗旨。

牛津　纽约
雅典　奥克兰　曼谷　波哥大　布宜诺斯艾利斯　加尔各答
开普敦　马德拉斯　达累斯萨拉姆　德里　弗罗伦萨　香港
伊斯坦布尔　卡拉奇　吉隆坡　马德里　墨尔本　墨西哥城　孟买
奈罗比　巴黎　圣保罗　上海　新加坡　台北　东京　多伦多　华沙

联营公司：柏林　伊巴丹

OXFORD 为牛津大学出版社之注册商标

牛津中阶英汉双解词典（新版）
英语原版 Oxford Wordpower Dictionary

第一次印刷 2000
印次（即最小之数字）10　9　8　7　6

ISBN 7-100-02973-2/H·761（简体字本）

出版：商务印书馆
北京王府井大街 36 号
（邮政编码 100710）
牛津大学出版社（中国）有限公司
香港鲗鱼涌英皇道 979 号太古坊和域大厦东翼十八楼
印刷：中国
国内总发行：商务印书馆
国外以及香港、澳门、台湾地区总发行：牛津大学出版社（中国）有限公司

Contents 目录

Labels and short forms used in the dictionary 本词典中的标示语及缩约式 — Inside front cover 前环衬

Symbols used in the dictionary 本词典中的符号

Introduction by The Commercial Press (Simplified characters edition) 商务印书馆出版说明（简化汉字本） 5

Introduction by Oxford University Press (China) Ltd. (Orthodox characters edition) 牛津大学出版社出版说明（繁体汉字本） 6

Preface to Oxford Wordpower Dictionary (with Chinese translation) 英语原版序言（附译文） 7

Preface by Serena Jin 序言一——金圣华 8

Preface by Li Fu-ning 序言二——李赋宁 9

Preface by Wu Ping Chung 序言三——吴炳鍾 11

A short guide to the dictionary 本词典体例说明 12

Dictionary A-Z 词典正文 **A-Z** 1–1058

Special pages (with blue edges) 分类专页（蓝边）

USING THE DICTIONARY 词典用法说明

Dictionary quiz 词典知识测验 A2

Words that go together 连用的词 A4

Checking your work 作文复查要点 A6

STUDY NOTES 研习小记

Word formation 词的构造 A8

List of prefixes and suffixes 前缀与后缀一览表 A10

Phrasal verbs 短语动词 A13

Punctuation 标点符号 A15

Letter-writing 书信写法 A18

American English 美国英语 A20

VOCABULARY PAGES 词汇专页

Health and fitness 健康 A 21

The Family 家族 A 22

Houses 房屋 A 23

Clothes 衣服 A 24

Computers 计算机 A 26

Education 教育 A 27

Government 政府 A 31
The Environment 环境 A 35
Keeping vocabulary records 记录生词的方法 A 37

MAPS AND GEOGRAPHICAL NAMES 地图及地名表

Geographical names 地名表 A 39
Map of the World 世界地图 A 40
The British Isles 不列颠群岛 A 47
North America 北美洲 A 48
Australia and New Zealand 澳大利亚及新西兰 A 49
Southeast Asia 东南亚 A 50
China 中华人民共和国 A 51
Hong Kong Special Administrative Region 香港特别行政区 A 52

Appendices 附录

Irregular verbs 不规则动词 1061
Expressions with numbers 与数目有关的用语 1065
Common first names 常见的人名 1071
Abbreviations 缩略语 1073

Pronunciation 读音 1081

Phonetic spelling 音标 Inside back cover 后环衬

商务印书馆
出版说明（简化汉字本）

本词典英语原文版名为 *Oxford Wordpower Dictionary*（First edition, 1993年），其英汉双解版由牛津大学出版社（中国）有限公司于1998年在香港推出，名为《牛津进阶英汉双解词典》。该书针对中等程度的英语学习者，在释义用语上仅限于3 500个常用词，浅显易懂；示例均选自“牛津英语字库”(Oxford Corpus of the English Language)，对词典所收集的单词和词组的最新用法做了详尽而鲜活的展示；超过上千条的注释内容及英、美不同的读音、拼法、语词用法等方面的相关资料为读者研习英语提供了最大的方便；具有鲜明特色的“分类专页”，覆盖了诸如家族、房屋、计算机及中、英、美等国的教育制度和政府架构等多方面的专题基本知识和英语用语，这些深入浅出的百科知识尤其适合学生和英语自学者使用。该词典具有的一本多用的实用性使得它成为了一部不可多得的教学词典，因此出版后受到香港教育界和内地词典界的广泛赞誉和欢迎。

现经牛津大学出版社惠允，我馆在内地出版发行该词典英汉双解版的简化汉字本，并改名为《牛津中阶英汉双解词典》。出版前，我们对原书进行了必要的编辑加工和技术处理，以便更适合内地读者的使用。我们衷心希望本词典能对读者学习和运用英语有所助益，并欢迎批评指正。

商务印书馆编辑部

2000年10月

牛津大学出版社
出版说明（繁体汉字本）

《牛津进阶英汉双解词典》自一九八一年问世以来，风行中国以及世界各地，广受读者欢迎。其间迭经修订重印，销量之巨，影响力之大，有目共睹。

然而，辞书也是需要不断改进完善的。本词典这次新版是根据英国牛津大学出版社一九九三年初版的 Oxford Wordpower Dictionary 翻译而成，较以前的版本又有不少长处。兹将本书的特点摘要列举如下：

一、本词典收集单词和词组超过三万条，其中包括一千八百个习语和一千二百五十个短语动词。在此设定的容量中，所选条目均经斟酌，务求实用。

二、释义用语力求浅显，特别适合以汉语为母语的进阶英语学习者之需。释义所使用的英语单词限于三千五百个最常用的基础词汇之内。这些词汇用前加星号的方式显示出来，以提示读者加倍留意。

三、载有示例三万条以上，均取自著名的「牛津英语字库」(Oxford Corpus of the English Language)，俾使读者对各单词和词组的最新用法有深切的了解。

四、注释多达一千五百条，详述语词的使用方法，其中包括语法、辨义等方面，读之必得益匪浅。

五、插图二百幅，举凡衣食住行，飞禽走兽，乃至十二星座，包罗万象，应有尽有，可收到一目了然的效果。

六、新增「分类专页」，计五十二页，涵盖计算机、教育、政府架构、环境生态等广大范围，读后能增加词汇量，熟悉构词法，掌握书信写法。其中很多专题兼顾中外情况，俾使读者能加以比较分析。

本书的英文原版系由英语教师和曾任英语教师的学术界人士所编纂，最适合学生和英语自学者使用，是一部不可多得的教学词典。鉴于部分英语学习者有忽视双解词典的趋向，我们必须指出，以英释为主、汉译为辅的双解形式实优胜于单有汉译的单解形式，此说已为外语教育专家所肯定。希望英语学习者不要贪图单解形式的方便，而忽略双解的有益功能。

本词典的译文由北京中国社会科学院董乐山先生及香港城市大学何伟杰先生审校，我们在此深表谢意。由于时间仓促，疏漏之处在所难免，尚祈广大读者不吝指正为感。

牛津大学出版社（中国）有限公司
一九九八年初

Preface to Oxford Wordpower Dictionary

This new dictionary has been written with the intention of opening up the world of words to the intermediate learner of English. Everyone who has worked on the text with me is a teacher or ex-teacher of English, and I hope that our experience of teaching at the intermediate level is reflected in the clarity of our definitions, choice of illustrative examples, and the practical help that we give in the many notes throughout the dictionary. I am confident that the Oxford Wordpower Dictionary will prove to be an extremely useful resource, both in the classroom and for self-study.

My special thanks go to Margaret Deuter and Fiona Mills, who edited the text with me and worked on the illustrations, special pages and appendices. Their constructive comments were always welcome as was their cheerful support. I am grateful to the following lexicographers for their dedicated work over a long period: Evadne Adrian-Vallance, Chris Cowley, Mark Harrison, Julia Marshall, and Christine Rickards. Thanks are due also to Jane Walsh who helped out with the editing at a late stage in the project. I should also like to acknowledge the work of the large team that made the production of the book possible once the text of the dictionary was complete.

Oxford, 1993 Sally Wehmeier

英语原版序言

本词典的编纂目的，在于向中等程度的英语学习者晓示英语词汇的博大精深。与我共事者，既有现职英语教师，也有退职英语教师。我们希望把从教授中级英语的过程中累积而来的教学经验，通过本词典的显明释义、具体示例和翔实注释体现出来。我们深信，这词典可以令学校学生和自学者得益不浅。

我特别向 Margaret Deuter 和 Fiona Mills 谨致谢意。她们与我合作编订原英语版的正文，并参与有关插图、分类专页、附录等几方面的工作。两人的精辟见解和热诚参与同样重要。此外，Evadne Adrian-Vallance、Chris Cowley、Mark Harrison、Julia Marshall 和 Christine Rickards 致力编纂工作，本人表示衷心的谢意。我们亦非常感激 Jane Walsh 相助后期的审订。最后，谨向于编纂工作完成后促成本书得以早日问世的广大员工致以谢忱。

Sally Wehmeier
牛　津
一九九三年

序言一

做翻译不能不备词典。译林深广，译海浩瀚，初次入林涉海者往往会迷失在无边无涯的字意语境里，不知所措；继而神智渐复、惊魂甫定，方才忆起：手上身边不正带备着一部秘笈——词典吗？遇到奥字僻词，只消打开秘笈，按图索骥，问题就可迎刃而解，翻译又何足惧哉？初学者于是洋洋自得，迈步上路，以为译途虽险，亦不过如此，只要勤翻词典，就可勇猛向前，通行无阻了。

事实却并非如此。凡有实际经验的译者，都知道翻译之难，并非难在深字僻词的解释，而在于浅字常用语的表达与运用。做翻译最忌搬字过纸，对号入座。每个词，在不同的语境里都有不同的意义与说法，因此，学习英语，必须明白每个词灵活多变的特性，及其出现在个别语句中精致细腻的用法；而译成中文时，更需顾及上文下理的脉胳，前言后语的思路，以便将译出语 (source language) 准确无误地转化成同义对等的译入语 (target language)。

正因为如此，坊间词典虽多，却并非本本可靠，部部合用，对英汉翻译工作者来说，泰半英汉词典的用途都极为有限。译者遇到一个词，往往觉得似曾相识而又捉摸不定，这时最好的办法，当然莫若翻查词典了。可惜一般英汉词典所能提供的释义，并不周全详尽；所举的例句，又常不切实际，而释义与例句之间的关系，不是互不衔接，就是刻板硬套。词典中的例句，有时甚至成为硬译死译的反面教材，污染中文的罪魁祸首！

有见及此，在多年从事翻译教学的过程中，常指导学生说，翻译时与其依靠水准不够的英汉词典，不如查阅英英词典，仔细揣摩原文的正确含义，再依语境自行译出。

最近看到香港牛津大学出版社的《牛津进阶英汉双解词典》新版，不由得感到一阵欣喜。这本词典所收集的单词和词组超过三万条，泰半附有释义及例句。示例取自「牛津英语字库」 (Oxford Corpus of the English Language)，故内容非常实用。最难得的是译文灵活生动，精确恰当，绝少死译硬套的痕迹。例如 academic 词条中第三义为 “not connected with reality; not affecting the facts of a situation”，此义的例句 “It's academic which one I prefer because I can't have either of them”，中译为“我喜欢哪一个，说了也只是白说，因为哪一个我都不能弄到手。”这种译法，相当传神，在一般英汉词典中并不多见。

《牛津进阶英汉双解词典》新版的另一优点是释义力求浅显，所用英语词汇限于三千五百个，而这些词汇之前更列星号标明，以提示读者。此外，部分词汇之中，还列出包括语法、辨义的注释，例如 although 一条中，注明“though 可以用于句末，although 则不可以”。这种处处为使用者设想的编纂方式，不但平易近人，而且翔实可靠，确使这部词典独具一格，不同凡响。翻译工作者，以及学习英语的广大读者，终于找到可以信赖的朋友了。

金圣华
香港中文大学翻译系讲座教授兼系主任
一九九七年十二月

金圣华，香港中文大学翻译系讲座教授兼系主任；一九九零至一九九二年任香港翻译学会会长。金教授曾出版多本创作及翻译论著，如《英译中：英汉翻译概论》、《英语新辞辞汇》、《桥畔译谈：翻译散论八十篇》、《傅雷与他的世界》等；并翻译出版多部文学作品，如麦克勒丝的《小酒馆的悲歌》、康拉德的《海隅逐客》、厄戴克的《约翰·厄戴克小说选集》、布迈恪的《石与影》和《黑娃的故事》等。一九九七年六月因对推动香港翻译工作贡献良多而获 OBE（英帝国官佐）勋衔。

序言二

英语作为国际通用交际语 (lingua franca)，日益显现它的力量。建设21世纪新中国的青年一代，无论在科技、文教、经济管理、环境卫生或其它各行各业的工作上，莫不感到学会英语的迫切性。对中国人来说，英语既易学，又难学。易学在于英语的某些方面类似或接近汉语，例如，词形无变化或少变化、词序无倒装 (inversion) 或少倒装、构词法灵活机动、可使用词类转换 (conversion) 之类的简易手段等等。另一方面，英语的词义、习语、名词的单、复数、结构词、短语动词、动词分类句型、冠词、介词和介词短语，以及英语所特有的一种节制、含蓄、轻描淡写、幽默嘲讽的表达方式等，这些却都很难掌握。想要克服上述这些难点，必须勤学苦练，争取日日进步。一本好词典将是最得力的助手。

我自1935年入大学学习英语以来，经常查阅牛津大学出版社所出版的各级英英词典，获益良多。我在大学三年级时，英语进步较快，得力于 Fowler 兄弟所编写的《牛津袖珍现代英语词典》(The Pocket Oxford Dictionary of Current English, 1934年版)。查阅英英词典的好处很多：（一）释义精确，不受汉语对应词的干扰，避免似是而非的理解；（二）同时提供数个英语同义词或同义短语来进行诠释，对扩大词汇，丰富表达手段十分有利；（三）英语释义本身可作为明确、严谨、缜密、精练、含蓄的英文说明文的范例，供读者学习，对提高逻辑思维、培养英语写作能力，很有帮助。现举例说明如下：释义精确，例如， common sense 一词，英汉词典多解释为“常识”，但汉语“常识”释义为“普通知识”，而 common sense 的正确含义不是“知识”，而是“判断”，是从人生阅历中得来的、做出明智判断或决定的能力。《牛津袖珍》的英语释义把 common sense 的正确含义充分加以说明：good practical sense esp. in everyday matters（尤其指日常生活事务中所做出的明智的、切合实际的判断或选择）。用同义词释义，例如，shabby（义为“衣衫破旧、褴褛”）一词，《牛津袖珍》就用同义词或同义短语来诠释：threadbare, very worn, poorly dressed, in bad condition。经常查阅英英词典，日积月累，不断增加同义词和其它相关词汇，英语表达能力无形之中得以提高。明确、精练的英语释义，例如，relativity“相对论”一词，《牛津袖珍》解释“狭义相对论”为 special relativity, theory based on the principle that all motion is relative and that light has constant velocity（这个理论的基本原理是：一切运动都是相对的，而光则具有恒速），解释“广义相对论”为 general relativity, theory extending this to gravitation and accelerated motion（是把同一原理延伸到万有引力和加速运动上面的理论）。

英英词典的优点已如上述，但对中国读者来说，《牛津袖珍》的英语释义往往过于简练，用词不够平易，难以使初学者彻底领悟。我愿向中国广大读者推荐一本极好的、适合90年代读者需要的《牛津进阶英汉双解词典》(Oxford Intermediate Learner's English-Chinese Dictionary)。这本词典的英语释义简明平易，细致透彻。仍以 common sense 一词为例，《牛津进阶》释义为：the ability to make good sensible decisions because of your experience of life, not because of what you have learnt at school or from books，指出 common sense 的核心词义是“做出明智判断的能力”，并告诉读者这种能力来自生活经验，不是来自书本。从这个例子可以看出《牛津进阶》的英语释义多么准确、平易而明晰。

《牛津进阶》不但有明白易懂的英语释义，而且配以精确的汉译，对中国读者（尤其对翻译工作者）的帮助更大。《牛津进阶》释义和例句的汉译颇见功力，可使读者深切了解词义，掌握用法。例如，在 art 条下，英语释义为 the producing of beautiful things such as paintings, drawings, etc; the objects that are produced。这条释义的汉译为：“美术；美术作品”，十分简练、明确。

现把《牛津进阶英汉双解词典》的其他优点介绍如下：

着重有关英语语言知识的实际运用。《牛津进阶》精选出3 500个冠以星号的最常用的英语基础词汇，用这些词汇释义，使它们反复出现，多方组合，以加深读者的印象。例如，arrogant（“高傲；自大”）的英语释义为 thinking that you are better and more important than other people and not caring about their feelings，在此释义中所使用的16个不同单词，无一不是带星号的最常用的基础词汇。另外，这本词典还提供了1 500条注释，说明语法词（又称虚词或结构词）的用法和同义词的辨义，对攻克上述英语学习的难关多有裨益。例如，对 also 一词的注释就十分明确和详细：在用法上，指出 not with negative verbs（不与否定动词连用），又指出 *Also* usually goes before a main verb or after 'is', 'are', 'were', etc.（also 常用于主要动词之前，或用于 is、are、were 等之后）。这一条语法说明十分重要，因为 also 的位置涉及句中的词序问题，而词序 (word order) 是现代英语句法 (syntax) 的核心问题。语法说明之后，紧接示范例句：He also enjoys reading. 他也很喜欢阅读。He has also been to Australia. 他也去过澳大利亚。He is also intelligent. 他也很聪明。这三个例句中所用的词汇，除 Australia 是专有名称（地名）外，其余的都是带星号的最常用基础词汇。这些例句简明扼要，说明问题能够中要害，如第二个例句中 also 的位置即处在 be 的现在完成式的两个组成部分 has 和 been 之间，也可以说是处在动词 be 之后。在辨义方面，这条注释仍以用法为首要考虑，指出 also 的同义词 too 和 as well 不像 also 那样正式：*Too* and *as well* are less formal than *also* and are very common in spoken English.（too 和 as well 常用于口语，而 also 则适用于较正式的场合。）

学会外语，需要两方面的知识：一是有关外语本身的语言知识 (knowledge of the language)，另一是外语所反映的周围世界的知识 (knowledge of the world)。《牛津进阶》同时提供了这两方面的大量知识。例如，在 road（"公路；道路"）条下附有注释，详细区别各种类型或级别的道路：*Roads* (US *highways*) connect towns and villages: a road-map of England. 公路（美国英语 highway）连接城镇和乡村：英国公路地图。A road in a town, city or village that has buildings at the side is often called a *street*. 乡镇、城市或农村中，凡路旁有建筑物的道路通常称作街道。*Street* is not used for roads outside towns: a street-map of London. 城镇外面的道路不叫做街道：伦敦街道地图。*Motorways* (US *freeways/expressways*) are roads with two *carriageways*, each with two or three *lanes*, that are built for traffic covering long distances, avoiding towns. 高速公路（美国英语 freeway/expressway）是有双向车道的公路，每边车行道有两个或三个分车道。高速公路是为行驶在长距离之间，避免进入城镇的车辆而建造的。*A-roads* are big important roads that link towns. * A 级公路是连接城镇的大的、重要的公路。*B-roads* are smaller country roads. * B 级公路是乡村中较小的公路。借助于这样详细的说明，读者将会对英、美的各级公路获得一点初步的了解。

除利用释义和注释说明来提供有关当今世界的百科知识外，《牛津进阶》还设有"分类专页" (Special Pages)，着重介绍有关下列专题的基本知识和英语用语：健康 (Health and fitness)、家族 (The Family)、房屋 (Houses)、衣服 (Clothes)、计算机 (Computers)、英国的教育制度 (The British Education System)、美国的教育制度 (The American Education System)、中国的教育制度 (The Chinese Education System)、香港的教育制度 (The Hong Kong Education System)、英国政府 (British Government)、美国政府 (American Government)、中华人民共和国政府 (Government of the People's Republic of China)、香港特别行政区政府 (Government of the Hong Kong Special Administrative Region)、欧洲联盟 (The European Union)、联合国 (The United Nations)、环境 (The Environment)。现引环境专页中对全球气温上升 (Global Warming) 的说明："科学家预测未来50年内全球气温将上升3摄氏度。这种现象可能导致一些地区出现旱灾 (drought)，而随着南北两极冰块逐渐融化，海平面上升，另一些地区则可能发生水灾 (flood)。全球气温上升这种现象源于温室效应 (greenhouse effect)。正常的现象是太阳向地球供给热力，其后热力折返太空。可是，大气层内的二氧化碳 (carbon dioxide) 及其他气体却把太阳的热力堵住，导致地球的气温逐渐上升。"这段文字明晰简洁，循循善诱地使读者增长知识、增加词汇量。

我相信《牛津进阶英汉双解词典》将会受到广大中国读者的喜爱和欢迎。

李赋宁
北京大学英国语言文学教授
一九九七年十二月

李赋宁，北京大学英国语言文学教授、博士生导师。曾任教于西南联大外文系、清华大学外语系、北京大学西语系及英语系。历任专任讲师、副教授、教授、系主任等职，并曾兼任北京大学副教务长、深圳大学外语系主任。现为中国外国文学学会名誉理事、中国英国文学学会名誉会长、中国莎士比亚学会副会长、中国外语教学研究会副会长、国务院学位委员会学科评议组特约成员等。主要论著有：《英国文学论述文集》、《英语史》、《李赋宁论英语学习和西方文学》、《英语学习经验谈》、《蜜与蜡：西方文学阅读心得》、《英国文学名篇选注》（合编）等；主要译著有：《约翰生〈莎士比亚戏剧集〉序》、《艾略特文学论文集》等。

序言三

《牛津进阶英汉双解词典》新版确实是一部非常优秀的词书。它的英语原版 Oxford Wordpower Dictionary 在 1993 年初版问世以来，不但受到学术界的多方好评，销路也颇为惊人，到 1997 年时竟然已经印了十七版！

它的优点颇多，很难用一篇短文来囊括，但综合起来有两大项：（一）取材独到；（二）编辑灵活。

取材独到之处首先是那三万多条活生生例句的运用。这些都是取自记录英国人说、写英语的「牛津英语字库」(Oxford Corpus of the English Language)，句句可学，而非编辑人员的杜撰。

词典选择了作为进阶英语基干的 3 500 个基本词汇，不但对它们本身详作说明，并且完全用它们来解释词典中的所有词条，用此词典的人自然就会熟识这些基本词汇。

本词典还收列了在英语中地位重要的 1 250 条短语动词（phrasal verbs，即动词和副词或介词之连用，如 "look after" 是照顾，"look out" 是注意什么危险的事物），至于常用的习语更超过 1 800 条；这些都附在词典的单词项目里，随时凸显出英语的活跃性。

很方便地，本词典还告诉你形容词可以放在被修饰词之前、之后，或是两者皆可。它也会很生动地告诉你，一个单词兼作及物动词与不及物动词时的区别，以及同一个名词既是可数又是不可数的情形。它作这些事，并不需要长篇大论地讲，而是很简单地用范例解决了疑问。

编辑的灵活性有不少例子，其中之一是用 ☛ 符号来标示的注释，它可让读者了解各种特殊和习惯的用法。例如在作「居所」解释的 accommodation 项内有这样的说明：【☛ accommodation 为不可数名词。英语不可说 "I will help you to find an accommodation." 但可以说 "I will help you to find somewhere to live."】又例如在 ache 词条下有这样的注释：【☛ ache 常用以构成复合词；在英国英语中通常不带冠词 a 或 an：I've got toothache. 但 headache 却必定与不定冠词 a 连用：I've got a headache. 在美国英语中，ache 通常与 a 或 an 连用，尤其是提及某种痛楚时：I have an awful toothache.】又如在 across 一词的解释项内，有这样的注释：【☛ 可以用 across 或 over 来表达「在或到另一边」的意思：I ran across/over the road. 如果是指越过高处就通常用 over：I can't climb over that wall. 指「穿过房间」则通常用 across：I walked across the room to the door.】在 chicken 这个词条下，它用 ☛ 来告诉你，chicken 是兼指鸡和鸡肉的通用词，而雄鸡叫 cock (美国叫 rooster)，雌鸡叫 hen，小鸡叫 chick。

另一种灵活性表现在字的解释上。例如 cool 一字，本词典说它在作形容词时表示「相当凉」，或是「镇静、不受强烈情绪的影响」，或是「不友善」；同时又比较了它与 cold 的区别；还举出在作动词时有「降低温度」与「情感变弱」的意义；更列出 cooly，coolness 以及 "keep/lose your cool"，"cool something/somebody down"，"cooling off period" 等相关用法。

编者说「以英释为主、汉译为辅」的词典实优胜于单有汉译的初级英语词典，是我举双手赞成的话，仅以此为序。

吴炳鍾

一九九七年十二月

吴炳鍾，曾任教于台湾师范大学英语系、台湾大学外语系、政治大学外语系、政治大学新闻系、辅仁大学英文系，历任副教授、教授等职，并曾在台视公司主持「认识世界」、「台视英语」及在华视公司主持「英文法」等节目。著作包括「大陆简明英汉词典」、「英语发音实用手册」、「新闻英语选读」、「英文的标点符号」、「吴炳鍾答问」等。此外，曾主编台湾无敌英汉电子词典。

A short guide to the dictionary 本词典体例说明

FINDING AND SPELLING WORDS 词语检索及拼写

☆**power** /ˈpaʊə(r) ‖ ˈpaʊɚ/ *noun* **1** [C,U] the ability to do sth 能力；本领: *The minister promised to do everything in her power to make sure the hostages were not harmed.* 大臣答应尽其所能确保人质不会受到伤害。

star showing **important words** 星号表示重要词语

☆**organize** (*also* 亦作 **organise**) /ˈɔːɡənaɪz ‖ ˈɔrɡənˌaɪz/ *verb* **1** [T] to plan or arrange an event, an activity, etc 筹备；安排；组织

alternative spelling given in brackets 其他拼法列于括号内

bark[1] /bɑːk ‖ bɑrk/ *noun* [U] the hard outer covering of a tree 树皮

☆**bark**[2] /bɑːk ‖ bɑrk/ *verb* **1** [I] **bark (at sb/sth)** (used about dogs 指狗) to make a loud, short noise or noises 吠

words with the **same spelling** have different numbers 相同拼法的词语以数字区分

☆**centre** (*US* 美 **center**) /ˈsentə(r) ‖ ˈsɛntɚ/ *noun* **1** [C, usually sing] the middle point or part of sth 中央:

American spelling 美国拼法

WORDS AND PHRASES RELATED TO THE MAIN WORD 与首词相关的词语及词组

(IDIOMS 习语) **a breath of fresh air** ⇨ BREATH

in the air probably going to happen soon 酝酿中: *A feeling of change was in the air.* 人们可以感觉到改革将要出现。

in the open air ⇨ OPEN[1]

idioms 习语
(The arrow ⇨ shows that the meaning of the idiom is explained at the word following the arrow. 箭号 ⇨ 表示该习语的释义在箭号后的词目内。)

(PHRASAL VERBS 短语动词) **set sb/sth back** to delay sb/sth 耽搁；延迟: *The bad weather has set our plans back six weeks.* 恶劣的天气使我们的计划延迟了六个星期。

set in to arrive and remain for a period of time 来临并继续一段时间: *I'm afraid that the bad weather has set in.* 我想天气已开始转坏了。

phrasal verbs 短语动词
(Look at page A13 for an explanation of how to use them. 参看第A13页的用法说明。)

☆**deaf** /def ‖ dɛf/ *adj* **1** unable to hear anything or unable to hear very well 聋；听力不佳: *You'll have to speak louder. My father's a bit deaf.* 你要说大声一点，我父亲有点聋。 **2 deaf to sth** not wanting to listen to sth 不愿意听: *I've told her what I think but she's deaf to my advice.* 我已告诉她我的意见，但她对我的建议充耳不闻。

the deaf *noun* [plural] deaf people 聋人: *sign language for the deaf* 聋人用的手语

deafness *noun* [U] the state of being deaf 聋

ˌdeaf-and-ˈdumb *adj* unable to hear or speak 聋哑

derivatives of the main word (words with the same spelling but a different part of speech; or the main word plus an ending such as *-ly*, *-ness*, etc) 派生词（拼法与首词相同但词性不同；或在首词上加词尾 -ly、-ness 等）

compounds (formed from the main word and one or more other words) 复合词（以首词加其他词组成）

MEANING 词义

banger /'bæŋə(r) ‖ 'bæŋə/ *noun* [C] (*Brit informal* 英，非正式) **1** a sausage 香肠 **2** an old car that is in very bad condition 残旧的汽车；老爷车 **3** a small firework that explodes with a short loud noise 爆竹

The **meaning** of words and phrases is given in simple English using the words which have stars. If there is more than one meaning, all the meanings are listed after numbers. 词和词组的含义均以附星号的浅白用语阐释。不同的含义以号码区分。

☆**below** /bɪ'ləʊ ‖ bə'lo/ *prep* at or to a lower position or level than sb/sth 在/向低于…的位置或水平；在…下面；低于：*Do not write below this line.* 不要在这条线下面写字。○ *It hurts here – just below my knee.* 就伤在这里，膝盖下面。○ *The temperature fell below freezing during the night.* 那天晚上，温度跌到零度以下。○ *Her marks in the exam were below average.* 她的考试成绩低于平均水平。

The **example sentences** help you understand the word and show how it is used. 例句有助理解词语的意义和用法。

discontent /ˌdɪskən'tent ‖ ˌdɪskən'tɛnt/ (*also* 亦作 **discontentment** /ˌdɪskən'tentmənt ‖ ˌdɪskən-'tɛntmənt/) *noun* [U] the state of being unhappy or not satisfied with something 不满；不满足

a word which has the **same meaning** 含义相同的词

nappy /'næpɪ ‖ 'næpɪ/ *noun* [C] (*pl* **nappies**) (*US* 美 **diaper**) a piece of soft thick cloth or paper that a baby or very young child wears around its bottom and between its legs 尿布；尿片

an **American word** with the **same meaning** 意义相同的美国用语

dog² /dɒg; *US* 美 dɔːg ‖ dɔg/ *verb* [T] (do**gg**ing; do**gg**ed) to follow closely 紧随：*A shadowy figure was dogging their every move.* 一个隐约的人影尾随着他们的一举一动。○ (*figurative* 比喻) *Bad luck and illness have dogged her career from the start.* 她从开始工作以来就不能摆脱厄运和疾病的缠绕。

a **figurative** use of the word (= not using a word in its true sense, but in an imaginative way, in order to give a special effect) 词语的比喻用法（用比拟的手法以加强效果）

GRAMMAR 语法

bellow /'beləʊ ‖ 'bɛlo/ *verb* **1** [I] to make a deep low sound, like a bull 发出低沉的叫声（如牛叫）**2** [I,T] to shout in a loud deep voice 以低沉的声音吼叫 —**bellow** *noun* [C]

belly /'belɪ ‖ 'bɛlɪ/ *noun* [C] (*pl* **bellies**) the stomach 肚子；腹；胃

the **part of speech** of a word (whether it is a noun, verb, etc) 词类（如名词、动词等）

glare /gleə(r) ‖ glɛr/ *noun* **1** [U] strong light that hurts your eyes 刺眼的光：*the glare of the sun on snow* 雪地上耀眼的阳光 ○ *the glare of a car's headlights* 汽车前灯的强光 **2** [C] a (long) angry look 怒视

countable and uncountable nouns 可数与不可数名词

These letters tell you whether the noun can be counted [C] or not [U]. ＊ [C] 表示可数名词，[U] 表示不可数名词。

☆**think²** /θɪŋk ‖ θɪŋk/ *noun* [sing] an act of thinking 想；思考；考虑：*I'm not sure. I'll have to have a think about it.* 我不肯定。我要想一想。

a singular noun 单数名词

premises /ˈpremɪsɪz ‖ ˈprɛmɪsɪz/ *noun* [plural] (*formal* 正式) a building and the land that surrounds it 建筑物及四周的地方

a plural noun 复数名词

☆**committee** /kəˈmɪtɪ ‖ kəˈmɪtɪ/ *noun* [C, with sing or pl verb] a group of people who have been chosen to discuss sth or decide on sth 委员会

a noun that can be used with either **a singular or a plural verb** 可与单数动词或复数动词连用的名词

☆**tomato** /təˈmɑːtəʊ; *US* 美 təˈmeɪtəʊ ‖ təˈmeto/ *noun* [C] (*pl* **tomatoes**) a soft red fruit that is often eaten raw in salads or cooked as a vegetable 番茄；西红柿

irregular plural 不规则的复数形式

☆**hide**[1] /haɪd ‖ haɪd/ *verb* (*pt* **hid** /hɪd ‖ hɪd/; *pp* **hidden** /ˈhɪdn ‖ ˈhɪdn̩/) **1** [T] to put or keep sb/sth in a place where he/she/it cannot be seen 遮藏：*Where shall I hide the money?* 我该把钱藏在哪儿？○ *You couldn't see Bill in the photo – he was hidden behind John.* 照片里看不到比尔——他给约翰挡住了。○ *The trees hid the house from view.* 树木挡着房子。**2** [I] to be or get in a place where you cannot be seen or found 躲藏：*Quick, run and hide!* 快跑，躲起来！○ *The child was hiding under the bed.* 小孩躲在床下。

transitive and intransitive verbs 及物动词与不及物动词

These letters tell you whether a verb is transitive [T] (= followed by an object) or intransitive [I] (= never followed by an object). ＊[T] 表示及物动词（＝后接宾语），[I] 表示不及物动词（＝后面不接宾语）。

☆**take** /teɪk ‖ tek/ *verb* [T] (*pt* **took** /tʊk ‖ tʊk/; *pp* **taken** /ˈteɪkən ‖ ˈtekən/) **1** to carry sb/sth or to go with sb from one place to another 带；送

irregular forms of verbs 动词的不规则形式

hum /hʌm ‖ hʌm/ *verb* (hu**mm**ing; hu**mm**ed) **1** [I] to make a continuous low noise like the noise bees make 发出连续低沉的声音

The **last letter** of the word **is doubled** before you add *-ed* or *-ing* 该词须重复最后一个字母才接 -ed 或 -ing

☆**good**[1] /gʊd ‖ gʊd/ *adj* (**better** /ˈbetə(r) ‖ ˈbɛtɚ/, **best** /best ‖ bɛst/) **1** of a high quality or standard 高素质的；高水平的

the **comparative and superlative forms** (regular forms are not given) 比较级形式与最高级形式（按规则变化者则不列载）

☆**happy** /ˈhæpɪ ‖ ˈhæpɪ/ *adj* (**happier**; **happiest**) **1** feeling, showing or giving pleasure or satisfaction 快乐；满意

☆**trousers** /ˈtraʊzəz ‖ ˈtraʊzɚz/ (*US* 美 **pants**) *noun* [plural] a piece of clothing that covers both legs and reaches from your waist to your ankles 裤子

☛ Note that, because **trousers** is a plural word, we cannot say, for example, 'a new trouser'. ＊**trousers** 是复数词，不能说 a new trouser。The following are possible 可以这样说：*I need some new trousers.* 我需要新裤子。○ *I need a new pair of trousers.* 我需要一条新裤子。Before another noun the form **trouser** is used ＊**trouser** 用于另一名词前，可以说：*a trouser leg* 裤腿

a note giving **grammatical information** 注释，补充有关语法的资料

USING WORDS 词语的运用

☆**consider** /kən'sɪdə(r) ‖ kən'sɪdɚ/ *verb* [T] **1 consider sb/sth (for/as sth); consider doing sth** to think about sb/sth, often before making a decision 考虑

how a word is used in a sentence (sb = somebody; sth = something) 词语在句中的用法（sb = 某人；sth = 某事物）

dependent /dɪ'pendənt ‖ dɪ'pɛndənt/ *adj* **1 dependent (on sb/sth)** needing sb/sth to support you 依靠/依赖…的

the particular **preposition** that is used after a word 与首词连用的介词

☆**awake**[2] /ə'weɪk ‖ ə'wek/ *adj* (not before a noun 不用于名词前) not sleeping 醒着: *I was awake most of the night, worrying.* 我整夜都提心吊胆，没有怎么睡。

The adjective cannot be used before a noun; it must always follow a verb like *be*, *seem*, etc. 该形容词不可用于名词之前，同时必须放在 be、seem 等动词之后。

☆**lone** /ləʊn ‖ lon/ *adj* (only *before* a noun 只用于名词前) without any other people; alone 孤单；孤独；单独: *a lone swimmer on the beach* 海滩上惟一的泳客

The adjective can only be used before a noun. 该形容词只能用于名词之前。

beast /bi:st ‖ bist/ *noun* [C] **1** (*formal* 正式) an animal, especially a large one 动物（尤指大的）: *a wild beast* 野兽 **2** (*informal* 非正式) an unpleasant or cruel person 令人讨厌/残暴的人

words used in **particular situations** 特定场合用语
Words may be labelled *formal* (used in formal written English), *informal* (used in informal conversation and not usually written in an essay, etc) or *slang* (very informal). 以 formal 标示者为正式的书面语，标有 informal 者为日常用语，一般不用于文章等。slang 为俚语。

CHOOSING THE RIGHT WORD/VOCABULARY BUILDING 适当运用及丰富词语

☆**contain** /kən'teɪn ‖ kən'ten/ *verb* [T] **1** to have sth inside (or as part of) itself 包含；含有: *Each box contains 24 tins.* 每箱装有24罐。○ *petrol containing lead* 含铅汽油 **2** to keep sth within limits 限制；控制；抑制: *efforts to contain inflation* 控制通货膨胀的努力 ○ *The children couldn't contain themselves – they burst out laughing.* 孩子们忍不住了——他们放声大笑起来。○ *She found it hard to contain her anger.* 她觉得很难抑制自己的怒气。☛ **Contain** or **include**? 用 **contain** 抑或用 **include**？**Contain** is used when we are talking about objects which have other things inside them * **contain** 用于内里有其他东西的物件: *a jar containing olives* 装有橄榄的瓶 ○ *The parcel contained six books.* 包裹内有六本书。**Include** is used to show that several things are part of a whole or thought to belong to something * **include** 用于若干东西构成一个整体或属于某物: *The price of the holiday includes accommodation and evening meals but not lunch.* 度假的费用包括住宿及晚餐，但不包括午餐。○ *a team of seven people including a cameraman and a doctor* 一组七人，包括一名摄影师及一名医生

a note explaining the **difference between words** that might be confused 针对易于混淆的词语，加以说明其中的区别

☛ You book a **double**, **single** or **twin-bedded** room at a hotel. 预订旅馆房间有双人房间 (**double** room)、单人房间 (**single** room) 或对床房间 (**twin-bedded** room)。When you arrive you **check in** or **register** and when you leave you **check out**. 到达旅馆要办理登记手续 (**check in/ register**)；离开旅馆要办理结账手续 (**check out**)。Look at the note at **inn**. 参看 **inn** 的注释。

a note giving **related vocabulary** 附相关词语的用法

☆**grateful** /ˈgreɪtfl ‖ ˈgretfəl/ *adj* **grateful (to sb) (for sth)**; **grateful (that...)** feeling or showing thanks (to sb) 感谢: *We are very grateful to you for all the help you have given us.* 我们一直得到你的帮忙，心里着实感激不尽。○ *He was very grateful that you did as he asked.* 你答应了他的要求，他心里实在感激不尽。○ *I should be very grateful if you could send me a copy of your brochure.* 倘蒙惠寄手册，不胜感激。☛ The opposite is **ungrateful**. 反义词为 **ungrateful**。The noun is **gratitude**. 名词为 **gratitude**。

members of a **word family** 同一词族的用语

PRONUNCIATION 读音

☆**serviette** /ˌsɜːvɪˈet ‖ ˌsɝvɪˈɛt/ *noun* [C] a square of cloth or paper that you use when you are eating to keep your clothes clean and to wipe your mouth or hands 餐巾

the **pronunciation** of each word 词语的读音

ˌ**grass** ˈ**roots** *noun* [plural] the ordinary people in an organization and not those who make decisions 基层；群众；草根阶层: *dissatisfaction with the Triad dictatorship at the grass roots* 基层群众对三巨头专政的不满

where the **stress** falls on a word or phrase 标示词或短语的重读部分

A a

A, a[1] /eɪ ‖ e/ *noun* [C] (*pl* **A's; a's** /eɪz ‖ ez/) **1** the first letter of the English alphabet 英语字母表的第一个字母: *'Andy' begins with (an) 'A'.* * Andy 这个名字的第一个字母是 A。**2** the highest grade given for an exam or piece of work 考试/作品评分的最高等级；优等；甲等；A 级: *I got an 'A' for my essay.* 我的文章得到了甲等。

ˈ**A-road** *noun* [C] (*Brit* 英) a major road, usually not as wide as a motorway 干线/要道/A 级公路（宽度通常不及高速公路）

☆**a**[2] /ə ‖ ə; strong form 强读式 eɪ ‖ e/ (*also* 亦作 **an** /ən ‖ ən; strong form 强读式 æn ‖ æn/) *indefinite article* ☛ The form **an** is used before a vowel sound. 元音前用 **an**。**1** one 一（个）: *A cup of coffee, please.* 请给我一杯咖啡。○ *an apple and a pear* 一个苹果和一个梨子 **2** (used when you are talking about sth in general, not one particular example of it 泛指某一类事物，但不是特指其中的个别例子): *A lion is a dangerous animal.* 狮子是危险的动物。**3** (used with sb's name to show that the speaker does not know the person 用于人名前，表示说话者不认识所提及的人): *There's a Ms Mills to see you.* 有一位米尔斯女士想见你。**4** (used for showing that sb/sth is a member of a group, class or profession 用以表示某人/某事物是一个群体、种类或行业中的成员): *She's a Muslim.* 她是穆斯林。○ *Their car's a Metro.* 他们用的是梅特罗牌的车子。○ *He's a doctor.* 他是医生。○ *She's an MP.* 她是（议会）议员。**5** (used with some expressions of quantity 与某些量词连用): *a lot of money* 很多钱 ○ *a few cars* 几辆汽车 **6** (used with prices, rates, measurements 与价格、比率、度量衡单位等连用) each 每；每个: *They cost 50p a pound.* 这些每磅 50 便士。○ *twice a week* 一星期两次 ○ *He was travelling at about 80 miles an hour.* 他当时以每小时约 80 英里的速度行驶。

aback /əˈbæk ‖ əˈbæk/ *adv*
(PHRASAL VERB 短语动词) **take sb aback** ⇨ TAKE

☆**abandon** /əˈbændən ‖ əˈbændən/ *verb* [T] **1** to leave sb/sth that you are responsible for, usually permanently（通常指永远地）离弃/遗弃/放弃/废弃: *an abandoned car* 一辆被废弃的汽车 **2** to stop doing sth without finishing it or without achieving what you wanted to do（中途）放弃（某种行动/事物）；半途而废；停止: *The search for the missing sailors was abandoned after two days.* 两天后，搜索失踪船员的工作停止了。—**abandonment** *noun* [U]

abashed /əˈbæʃt ‖ əˈbæʃt/ *adj* ashamed and embarrassed because of having done sth bad（因为做了坏事）感到羞愧的

abattoir /ˈæbətwɑː(r); *US* 美 ˌæbəˈtwɑːr ‖ ˌæbəˈtwɑr/ *noun* [C] = SLAUGHTERHOUSE

abbess /ˈæbes ‖ ˈæbɛs/ *noun* [C] a woman who is the head of a religious community for women (**nuns**) 女修道院院长；尼姑庵住持（修女、尼姑叫做 **nun**）

abbey /ˈæbɪ ‖ ˈæbɪ/ *noun* [C] a building where monks or nuns live or used to live 修道院；寺院；曾用作修道院或寺院的建筑物

abbot /ˈæbət ‖ ˈæbət/ *noun* [C] a man who is the head of a religious community for men (**monks**) 男修道院院长；寺院（男）住持（修士、僧侣叫做 **monk**）

abbreviate /əˈbriːvɪeɪt ‖ əˈbrivɪˌet/ *verb* [T] **1** to make a word or phrase shorter by leaving out some letters 删减单词/短语中的字母 **2** to make a story or a piece of writing or speech shorter 将故事/文章/演辞删短: *the abbreviated version of the story* 故事的删节本

abbreviation /əˌbriːvɪˈeɪʃn ‖ əˌbrivɪˈeʃən/ *noun* [C] a short form of a word or phrase 单词/短语的缩写形式；缩略语: *In this dictionary 'sth' is the abbreviation for 'something'.* 这部词典用 sth 作为 something 的缩写。

ABC /ˌeɪbiːˈsiː ‖ ˈeˈbiˈsi/ *noun* [sing] **1** the alphabet; the letters of English from A to Z 字母表；由 A 到 Z 所有的英文字母 **2** the simple facts about sth 基础知识；基本内容: *the ABC of Gardening* 园艺入门

abdicate /ˈæbdɪkeɪt ‖ ˈæbdəˌket/ *verb* [I] **1** to give up being King or Queen 退位；逊位: *The Queen abdicated and her son became King.* 女王退位，由其子继任国王。**2** [T] to give sth up, especially power or a position 放弃（某事物，尤指权力或职位）: *to abdicate responsibility* (= to refuse to be responsible for sth) 不愿承担责任 —**abdication** /ˌæbdɪˈkeɪʃn ‖ ˌæbdəˈkeʃən/ *noun* [C,U]

abdomen /ˈæbdəmən ‖ ˈæbdəmən/ *noun* [C] a part of the body below the chest, in which the stomach is contained 腹部 —**abdominal** /æbˈdɒmɪnl ‖ æbˈdɑmənl̩/ *adj*

abduct /əbˈdʌkt; æb- ‖ əbˈdʌkt; æb-/ *verb* [T] to take hold of sb and take him/her away illegally 非法带走（某人）；绑架；拐走；挟持: *He has been abducted by a terrorist group.* 他被恐怖分子绑架了。—**abduction** /əbˈdʌkʃn; æb- ‖ əbˈdʌkʃən; æb-/ *noun* [C,U]

abet /əˈbet ‖ əˈbɛt/ *verb* [T] (abe**tt**ing; abe**tt**ed)
(IDIOM 习语) **aid and abet** ⇨ AID

abhor /əbˈhɔː(r) ‖ əbˈhɔr/ *verb* [T] (abho**rr**ing; abho**rr**ed) to hate sth very much 痛恨（某事物）: *All civilized people abhor the use of torture.* 文明人都痛恨酷刑。—**abhorrence** /əbˈhɒrəns; *US* 美 -ˈhɔːr- ‖ əbˈhɔrəns/ *noun* [U] —**abhorrent** /əbˈhɒrənt; *US* 美 ˈhɔːr- ‖ əbˈhɔrənt/ *adj*

abide /əˈbaɪd ‖ əˈbaɪd/ *verb*
(IDIOM 习语) **can't/couldn't abide sb/sth/doing sth** to dislike sth very much 厌恶某人/某事物；无法忍受某人/某事: *I can't abide getting up early.* 我讨厌早起。
(PHRASAL VERB 短语动词) **abide by sth** to obey a law, etc; to do what you have agreed or decided 遵守法律等；信守诺言；按决定行事:

A

You must abide by the rules of the game. 你必须遵守游戏规则。

☆**ability** /ə'bɪlətɪ ‖ ə'bɪlətɪ/ *noun* [C,U] (*pl* **abilities**) the mental or physical power or skill that makes it possible to do sth（心智或身体的）能力/技巧: *A person of his ability will have no difficulty getting a job.* 以他的能力，要找工作并非难事。○ *an ability to make decisions* 决策的能力

ablaze /ə'bleɪz ‖ ə'blez/ *adj* (not before a noun 不用于名词前) burning strongly; completely on fire 着火；燃烧；焚烧: *Within ten minutes, the whole house was ablaze.* 不到十分钟，整幢房子都烧着了。

☆**able**[1] /'eɪbl ‖ 'ebl̩/ *adj* **be able to do sth** (used as a modal verb 用作情态动词) to have the ability, power, opportunity, time, etc to do sth 有能力、权力、机会、时间等做某事: *Will you be able to come to a meeting next week?* 下个星期你能来开会吗？○ *I'll be able to give you the money back in a few days.* 我几天之内就能把钱还给你。○ *I was able to solve the problem quickly.* 我很快就把问题解决了。☛ In the passive **can/could** are used, not **be able** 使用被动语态时用 **can/could**，不用 **be able**: *The arrangement can't be changed.* 有关的安排不能更改。

☆**able**[2] /'eɪbl ‖ 'ebl̩/ *adj* clever; doing your job well 聪明；能干: *one of the ablest students in the class* 班里聪明的学生之一 ○ *an able politician* 有才干的政治家 —**ably** *adv*

abnormal /æb'nɔ:ml ‖ æb'nɔrml̩/ *adj* different from what is normal or usual, in a way that worries you or that is unpleasant 反常或不正常，以致使人忧虑或不愉快: *I don't want to have children. Is that abnormal?* 我不想要孩子。算不算不正常？○ *abnormal weather conditions* 天气反常 —**abnormality** /ˌæbnɔ:'mælətɪ ‖ ˌæbnɔr'mælətɪ/ *noun* [C,U] (*pl* **abnormalities**) —**abnormally** /æb'nɔ:məlɪ ‖ æb'nɔrml̩ɪ/ *adv*

aboard /ə'bɔ:d ‖ ə'bɔrd/ *adv, prep* on or into a train, ship, aircraft or bus 在火车/轮船/飞机/公共汽车…上；登上火车/轮船/飞机/公共汽车…: *We went aboard the boat and found our cabins.* 我们上了船并找到自己的船舱。○ *Welcome aboard this flight to Caracas.* 欢迎搭乘本班开往加拉加斯的飞机。

abode /ə'bəʊd ‖ ə'bod/ *noun* [sing] (*formal* 正式) the place where you live 住处: *They have the right of abode in Hong Kong* (= they are officially allowed to live there). 他们有香港居留权。

(IDIOM 习语) **(of) no fixed abode/address** ⇨ FIXED

abolish /ə'bɒlɪʃ ‖ ə'bɑlɪʃ/ *verb* [T] to put an end to or stop a law or system officially 终止/废除某法规或制度: *When was capital punishment abolished here?* 这里在什么时候废除了死刑？—**abolition** /ˌæbə'lɪʃn ‖ ˌæbə'lɪʃən/ *noun* [U]: *the abolition of slavery in the US* 奴隶制度在美国的废止

abominable /ə'bɒmɪnəbl; *US* 美 -mən- ‖ ə'bɑmənəbl̩/ *adj* very unpleasant; very bad 讨厌的；可恶；恶劣: *abominable behaviour* 可憎的行为 ○ *abominable weather* 恶劣的天气 —**abominably** /ə'bɒmɪnəblɪ; *US* 美 -mən- ‖ ə'bɑmənəblɪ/ *adv*

Aboriginal /ˌæbə'rɪdʒənl ‖ ˌæbə'rɪdʒənl̩/ (*also* 亦作 **Aborigine** /ˌæbə'rɪdʒənɪ ‖ ˌæbə'rɪdʒəˌni/) *noun* [C] a member of the race of people who were the original inhabitants of Australia 澳大利亚原居民；澳大利亚土著 —**Aboriginal** (*also* 亦作 **Aborigine**) *adj*: *Aboriginal traditions* 澳大利亚原居民的传统

abort /ə'bɔ:t ‖ ə'bɔrt/ *verb* [I,T] **1** to end a pregnancy intentionally and cause the baby inside to die 人工流产；堕胎 **2** to end sth before it is complete 中止；（使）夭折；中断

abortion /ə'bɔ:ʃn ‖ ə'bɔrʃən/ *noun* [C,U] an operation to end a pregnancy intentionally, causing the baby inside to die 人工流产；堕胎: *to have an abortion* 堕胎 ○ *Abortion is illegal in that country.* 在那个国家堕胎是不合法的。

abortive /ə'bɔ:tɪv ‖ ə'bɔrtɪv/ *adj* not completed successfully 未完成的；失败的；白费力气: *an abortive attempt* 不成功的尝试

abound /ə'baʊnd ‖ ə'baʊnd/ *verb* [I] **1** to exist in large numbers 大量存在；富于: *Restaurants abound in this part of the city.* 本市这一区有许多餐馆。**2 abound with sth** to contain large numbers of sth（某种事物）极多

☆**about**[1] /ə'baʊt ‖ ə'baʊt/ *adv* **1** (*especially US* 美尤作 **around**) a little more or less than; approximately 大约；大概；左右: *It's about three miles from here to the city centre.* 由这里到市中心大约三英里。○ *I got home at about half past seven.* 我七点半左右回到家里。**2** (*informal* 非正式) almost; nearly 几乎；接近: *Dinner's just about ready.* 晚饭差不多准备好了。**3** (*also* 亦作 **around**) in many directions or places 到处: *I could hear people moving about upstairs.* 我听见一些人在楼上走来走去。**4** (*also* 亦作 **around**) here and there, in different positions 各处；前后左右: *clothes lying about all over the floor* 满地都是衣服 **5** (*also* 亦作 **around**) (used after certain verbs 用于某些动词后) without doing anything in particular 无所事事: *People were standing about in the street.* 人们在街上闲站着。**6** (*also* 亦作 **around**) present in a place; existing 在某地方；存在；有: *It was very late and there were few people about.* 已经很晚了，四周没有多少人。

(IDIOM 习语) **be about to do sth** to be going to do sth very soon 很快就会做某事: *The film's about to start.* 电影马上就要开演了。○ *I was just about to explain when she interrupted me.* 我刚要解释，她就打断了我的话。

aˌbout-'turn (*US* 美 **aˌbout-'face**) *noun* [C] a turn in the opposite direction; a change of opinion 倒转；改变看法

☆**about**[2] /ə'baʊt ‖ ə'baʊt/ *prep* **1** on the subject of 关于: *a book about Spain* 一本有关西班牙的书 ○ *Let's talk about something else.* 我们谈别的吧。○ *I don't like it, but there's nothing I can do about it.* 这样我不喜欢，但我也拿它没有办法。**2** (*also* 亦作 **around**) in many directions or places; in different parts of sth 到处；各处: *We wandered about the town for* *an hour or two.* 我们在市镇各处闲逛了一两个小时。**3** in the character of sb 性格上: *There's something about him that I don't quite trust.* 他性格某些方面使我不太信任他。

(IDIOM 习语) **how/what about...?** **1** (used when asking for information about sb/sth or for sb's opinion or wish 用以询问消息或探问某人的意见或愿望): *How about Ruth? Have you heard from her lately?* 鲁思怎么样？你最近有她的消息吗？○ *I'm going to have chicken. What about you?* 我吃鸡，你呢？**2** (used when making a suggestion 用以提出建议): *What about going to a film tonight?* 今天晚上去看电影好吗？

☆**above** /ə'bʌv ‖ ə'bʌv/ *adv, prep* **1** in a higher place 在上方；在…上面: *The people in the flat above make a lot of noise.* 楼上那些人很吵闹。○ *I live in a small house above the village.* 我在村子的上方一所小房子里住。○ *He looked up at the sky above.* 他仰望天空。☛ picture at **over**. 见 **over** 插图。**2** in an earlier part (of sth written) (书面材料的) 前面部分: *When replying, quote the reference number above.* 复信时请附上述编号。**3** more than a number, amount, price, etc 超出某数目、数量、价格等: *children aged 11 and above* ＊11岁或以上的儿童 ○ *A score of 70 and above will get you a grade B.* 得到70分或以上就评为乙等。○ *You must get above 50% to pass.* 要取得百分之五十以上才算合格。○ *above-average temperatures* 高于平均气温的温度 **4** too good, etc to do sth 不屑做某事: *She's not above telling a few lies, if it makes life easier.* 她并不介意说些谎话，要是这样能叫日子好过一点的话。**5** with a higher rank 较高级别: *The person above me is the department manager.* 我的上司是部门经理。

(IDIOMS 习语) **above all** most importantly 最重要的: *Above all, stay calm!* 最重要的是保持冷静！

(be) above board (used especially about a business deal, etc 尤用于商业交易等) honest and open 开诚布公

abrasive /ə'breɪsɪv ‖ ə'bresɪv/ *adj* **1** rough and likely to scratch 粗糙并容易引起磨损的: *Do not use abrasive cleaners on the bath.* 不要用粗糙的清洁剂洗浴缸。**2** (used about a person 指人) rude and rather aggressive 粗鲁好斗的

abreast /ə'brest ‖ ə'brɛst/ *adv* **abreast (of sb/sth)** next to or level with and going in the same direction 并排前进: *The soldiers marched two abreast.* 士兵们两人一排齐步走。

(IDIOM 习语) **be/keep abreast of sth** to have all the most recent information about sth 了解某事的最新发展

abridge /ə'brɪdʒ ‖ ə'brɪdʒ/ *verb* [T] to make sth (usually a book) shorter by removing parts of it 删节/缩短 (通常指书的篇幅): *an abridged version of a novel* 一部小说的节本 —**abridgement** (*also* 亦作 **abridgment**) *noun* [C,U]

☆**abroad** /ə'brɔ:d ‖ ə'brɔd/ *adv* in or to another country or countries 在国外；在外国；到国外: *My mother has never been abroad.* 我母亲从未出过国。○ *They found it difficult to get used to living abroad.* 他们觉得很难适应外国的生活。

abrupt /ə'brʌpt ‖ ə'brʌpt/ *adj* **1** sudden and unexpected 突然的；意外的: *an abrupt change of plan* 计划突然改变 **2** (used about a person's behaviour 指人的行为) rather rude and unfriendly 相当粗鲁；不友好 —**abruptly** *adv* —**abruptness** *noun* [U]

abscess /'æbses ‖ 'æbˌsɛs/ *noun* [C] a swelling on or in the body, containing a poisonous liquid (**pus**) 脓肿 (脓叫做 **pus**)

abscond /əb'skɒnd ‖ əb'skɑnd/ *verb* [I] (*formal* 正式) to run away from a place where you should stay, sometimes with sth that you should not take 潜逃，有时并挟带某物: *She absconded with all the company's money.* 她挟带了公司的全部钱财潜逃。

☆**absence** /'æbsəns ‖ 'æbsn̩s/ *noun* **1** [C,U] a time when sb is away from somewhere; the fact of being away from somewhere 某人不在某处的时候；缺席；不在某处: *Frequent absences due to illness meant he was behind with his work.* 他因病经常缺席，以致未能及时完成工作。○ *His absence from the team will greatly weaken it.* 他不能出场将使该队实力大大减弱。**2** [U] the fact of sth not being there; lack (某处) 欠缺 (某物): *The first thing I noticed about the place was the absence of noise.* 这个地方给我的第一个印象就是没有噪音。

☆**absent** /'æbsənt ‖ 'æbsn̩t/ *adj* **1** not present somewhere 没在某处出现；缺席: *He was absent from work because of illness.* 他因病未能上班。○ *absent friends* 没有出席的朋友 **2** thinking about sth else, and so not paying attention 没有留心；思想开小差: *an absent stare* 心不在焉的呆视 —**absently** *adv*

ˌabsent-'minded *adj* often forgetting or not noticing things, because you are thinking about sth else 心不在焉；善忘；健忘 —**ˌabsent-'mindedly** *adv* —**ˌabsent-'mindedness** *noun* [U]

absentee /ˌæbsən'ti: ‖ ˌæbsn̩'ti/ *noun* [C] a person who is absent and should be present 缺席者

☆**absolute** /'æbsəlu:t ‖ 'æbsəˌlut/ *adj* **1** complete; total 完全；全部: *We are aiming at absolute perfection!* 我们的目标是十全十美！○ *The whole trip was an absolute disaster.* 整个旅程真是一团糟。○ *None of the parties had an absolute majority* (= more votes, etc than all the other parties together). 没有一个党取得绝对多数。**2** not measured in comparison with sth else 衡量时不与其他事物作比较的；绝对的: *Spending on the Health Service has increased in absolute terms.* 国民保健方面支出的绝对数目已有所增加。

☆**absolutely** *adv* **1** /'æbsəlu:tlɪ ‖ 'æbsəˌlutlɪ/ completely; totally 完全地: *What you're saying is absolutely wrong.* 你所说的完全错了。○ *I absolutely refuse to believe that.* 我绝对不会相信。○ *He made absolutely no effort* (= no effort at all) *to help me.* 他根本就没有出力帮我的忙。**2** /ˌæbsə'lu:tlɪ; ˌæbsə'lutlɪ/ (used when you are agreeing with sb 用以表示同意某人的看法) yes; certainly 是的；当然: *'It is* *a good idea, isn't it?' 'Oh, absolutely!'* "这是个好主意，对吧？" "对，一点不假！"

absolve /əb'zɒlv ‖ əb'zɑlv/ *verb* [T] **absolve sb (from/of sth)** to state formally that sb is free from guilt or blame 正式宣布某人无罪；正式赦免某人的罪责: *The driver was absolved from any responsibility for the train crash.* （法庭等）当局宣布那位司机毋须对列车事故负责。

absorb /əb'sɔ:b ‖ əb'sɔrb/ *verb* [T] **1** to take in and hold sth (a liquid, heat, etc) 吸收（液体、热量等）: *a drug that is quickly absorbed into the bloodstream* 能被血液很快吸收的药物 **2** to take sth into the mind and understand it 吸收并理解；消化: *I found it impossible to absorb so much information so quickly.* 我觉得不可能这么快吸收这么多资料。**3** to take sth into sth larger, so that it becomes part of it 将较小的事物归并入较大的事物: *Over the years many villages have been absorbed into the city.* 多年来已有不少乡村被并入那个城市。**4** to hold sb's attention completely or interest sb greatly 使全神贯注；吸引: *History is a subject that absorbs her.* 历史这一科目很吸引她。

absorbed *adj* with sb's attention completely held 全神贯注: *He was absorbed in his work and didn't hear me come in.* 他专心工作，我走进来也没有发觉。

absorbent /-ənt ‖ -ənt/ *adj* able to take in and hold liquid 能吸收液体的: *an absorbent cloth* 一块吸水布

absorbing *adj* holding the attention completely 使人专心的；有吸引力的: *an absorbing story* 一个引人入胜的故事 —**absorption** /əb'sɔ:pʃn ‖ əb'sɔrpʃən/ *noun* [U]

abstain /əb'steɪn ‖ əb'sten/ *verb* [I] **abstain (from sth) 1** to stop yourself from doing sth that you enjoy 节制；克制；戒除: *to abstain from eating fattening food* 戒吃能令人发胖的食物 ☛ The noun is **abstinence**. 名词为 **abstinence**。**2** (in a vote 投票) to say that you are not voting either for or against sth 放弃投票权；投弃权票: *Two people voted in favour, two voted against and one abstained.* 有两个人投赞成票，两个人投反对票，一人弃权。☛ The noun is **abstention**. 名词为 **abstention**。

abstention /əb'stenʃn ‖ əb'stɛnʃən/ *noun* [C,U] the act of not voting either for or against sth 放弃投票权；投弃权票

abstinence /'æbstɪnəns ‖ 'æbstənəns/ *noun* [U] stopping yourself from having or doing sth that you enjoy 节制；克制；戒除: *The doctor advised total abstinence from alcohol.* 医生建议完全戒酒。

abstract[1] /'æbstrækt ‖ æb'strækt/ *adj* **1** existing only as an idea, not as a physical or real thing 抽象的: *I find it hard to think about abstract ideas like the meaning of life.* 我觉得很难思考像人生的意义这样的抽象理念。**2** (used about art 用于艺术) not showing things as they really look 抽象: *an abstract painting* 抽象画

abstract[2] /'æbstrækt ‖ 'æbstrækt/ *noun* [C] an example of abstract art 抽象艺术的一个实例: *an exhibition of abstracts by Braque* 布拉克抽象画展

(IDIOM 习语) **in the abstract** without mentioning particular people, objects, etc 抽象地/理念上/笼统地（不提及特定人物、事物等）: *I find it hard to think about the problem in the abstract.* 我觉得没有具体事例很难分析这个问题。

absurd /əb'sɜ:d ‖ əb'sɝd/ *adj* that should be laughed at; ridiculous; not seeming sensible 可笑的；荒谬的；不理智的: *You look absurd in that hat.* 你戴那顶帽子样子很怪。○ *Don't be absurd! I can't possibly do all this work in one day.* 别说傻话啦！我不可能在一天之内完成所有工作。—**absurdity** *noun* [C,U] (*pl* **absurdities**) —**absurdly** *adv*: *The rules of the game are absurdly complicated.* 游戏的规则复杂得荒唐可笑。

abundance /ə'bʌndəns ‖ ə'bʌndəns/ *noun* [U, sing] a very large quantity of sth 丰富；丰盛；大量

abundant /ə'bʌndənt ‖ ə'bʌndənt/ *adj* existing in very large quantities; more than enough 丰富；丰盛；大量；有余的: *abundant supplies of food* 食物充足供应 —**abundantly** *adv*

abuse[1] /ə'bju:z ‖ ə'bjuz/ *verb* [T] **1** to use sth in the wrong way, eg dishonestly 滥用: *He was accused of abusing his position for personal gain.* 有人指控他以权谋私。**2** to say rude things to sb 辱骂 **3** to treat sb badly, often violently 虐待: *Social workers discovered that the girl had been sexually abused by her father.* 社会工作者发现那个女孩曾受她父亲性虐待。

abuse[2] /ə'bju:s ‖ ə'bjus/ *noun* **1** [C,U] using sth in the wrong way 滥用: *an abuse of power* 滥权 ○ *the dangers of drug abuse* 滥用药物的危险 **2** [U] rude words, used to insult another person 骂人的话；粗话: *The other driver leaned out of the car and hurled abuse at me.* 另一个司机从车子里探出头来对我开口大骂。**3** [U] bad, usually violent treatment of sb 虐待: *child abuse* 虐待儿童

abusive /ə'bju:sɪv ‖ ə'bjusɪv/ *adj* using rude language to insult sb 用粗话骂人的；骂人的: *an abusive remark* 骂人的话

abysmal /ə'bɪzməl ‖ ə'bɪzml̩/ *adj* very bad; of very poor quality 极坏；劣质 —**abysmally** *adv*

academic /ˌækə'demɪk ‖ ˌækə'dɛmɪk/ *adj* **1** connected with the educational activities of schools, colleges and universities 与中小学校、学院和大学教育活动有关: *The academic year begins in September.* 本学年从九月开始。**2** connected with subjects of interest to the mind rather than technical or practical subjects 主要与思维有关，而不着重技术或实际应用: *academic subjects such as History* 历史之类的学术科目 **3** not connected with reality; not affecting the facts of a situation 纯理论的；不影响实际情况的: *It's academic which one I prefer because I can't have either of them.* 我喜欢哪一个，说了也只是白说，因为哪一个我都不能弄到手。

academic *noun* [C] a person who teaches and/or does research at a university or college 在大学或学院中教学或从事研究的人 —**academically** /-klɪ ‖ -klɪ/ *adv*

academy /ə'kædəmɪ ‖ ə'kædəmɪ/ *noun* [C] (*pl*

academies) **1** a school for special training 专门的学术训练学院；专科学校: *a military academy* 军事学院 **2** (*also* 亦作 **Academy**) a society of people who are important in art, science or literature 艺术、科学或文学界重要人物组成的团体: *the Royal Academy of Arts* 皇家艺术学院

☆**accelerate** /əkˈseləreɪt ‖ əkˈsɛləˌret/ *verb* [I,T] to go faster; to make sth go faster or happen more quickly（使）加速；促进: *I accelerated and left the other cars behind.* 我加速驾驶，把其他车子抛在后面。—**acceleration** /əkˌseləˈreɪʃn ‖ əkˌsɛləˈreʃən/ *noun* [U]

accelerator /əkˈseləreɪtə(r) ‖ əkˈsɛləˌretɚ/ *noun* [C] the pedal in a car, etc that you press in order to increase speed 汽车的加速踏板；油门

☆**accent** /ˈæksent; ˈæksənt ‖ ˈæksɛnt/ *noun* **1** [C,U] a particular way of pronouncing words that is connected with the country, area or social class that you come from 口音/腔调（某一国家、地区或社会阶层特别的发音方式）: *a strong Scottish accent* 很重的苏格兰口音 **2** [C] the act of emphasizing a word or part of a word by pronouncing it with greater force 重读/重音（用重读的方法强调一个词或一个词的某部分）: *In the word 'because' the accent is on the second syllable.* * because 一词的重音在第二个音节。**3** [C] (in writing 书面文字) a mark, usually above a letter, that shows that it has to be pronounced in a certain way 符号（通常位于一字母之上，表示该字母须以某种方式来读）；重音符号 **4** [C, usually sing] the particular importance that is given to sth 着重；强调: *In all our products the accent is on quality.* 在我们的一切产品中，我们最重视的就是质量。

accentuate /əkˈsentʃʊeɪt ‖ əkˈsɛntʃuˌet/ *verb* [T] to make sth easier to notice 强调；着重

☆**accept** /əkˈsept ‖ əkˈsɛpt/ *verb* **1** [I,T] to take sth willingly that sb offers you（乐意地）接受/接纳: *Please accept this small gift.* 请收下这份小小的礼物。○ *Do I have to pay in cash or will you accept a cheque?* 我一定要支付现金吗？用支票付款行吗？○ *Why won't you accept my advice?* 你为什么不接受我的建议？**2** [I,T] to say yes to sth or to agree to sth 同意；接纳: *Thank you for your invitation. I am happy to accept.* 谢谢您，我乐于接受您的邀请。○ *He asked her to marry him and she accepted him.* 他向她求婚，她答应了。○ *I'd be pleased to accept your offer.* 我很乐意接受你的提议。**3** [T] to admit or recognize that sth unpleasant is true 承认（令人不快的事属实）: *They refused to accept responsibility for the accident.* 他们不肯承担这次事故的责任。**4** [T] to recognize that sth cannot be changed 相信/承认（某事物不能改变）: *It is hard to accept the death of a child.* 小孩的死令人难以置信。**5** [T] to believe sth 相信: *I'm afraid I don't accept that, it simply isn't true.* 这件事我可不会相信，它根本是假的。○ *She didn't accept that I was telling the truth.* 她不相信我所说的是真的。**6** [T] to decide that sb/sth is suitable 断定为合适: *I had a letter from the university saying that I had been accepted on the course.* 大学方面寄了信来，说已经批准我修读那门课程。

acceptable /əkˈseptəbl ‖ əkˈsɛptəbḷ/ *adj* **1** allowed, often by people in general（往往为公众所）容许的；能被接纳的: *One or two mistakes are acceptable but no more than that.* 一两个错误可以接受，再多一点可就不行。**2** satisfactory; good enough 满意；够好: *We hope that you will consider our offer acceptable.* 希望你会对我们的提议感到满意。☛ The opposite is **unacceptable**. 反义词为 **unacceptable**。—**acceptability** /əkˌseptəˈbɪlətɪ ‖ əkˌsɛptəˈbɪlətɪ/ *noun* [U] —**acceptably** /-blɪ ‖ -blɪ/ *adv*

acceptance /əkˈseptəns ‖ əkˈsɛptəns/ *noun* [C,U] the act of accepting or being accepted（获得）接受/接纳/同意/承认/相信: *a letter of acceptance from the university* 大学的录取信 ○ *the acceptance of a difficult situation* (= seeing that it cannot be changed) 承认困境没法改变 ○ *He quickly gained acceptance in the group* (= the other people thought of him as equal to them). 他很快就和大伙打成一片。

access /ˈækses ‖ ˈæksɛs/ *noun* [U] **1 access (to sth)** a way of entering or reaching a place 进入/到达（某地方）的方法；通道: *Access to the garden is through the kitchen.* 穿过厨房可以到花园。**2 access (to sth)** the chance or right to use or have sth 使用/拥有（某物）的机会或权利: *Do you have access to a personal computer?* 你有机会使用个人电脑吗？**3 access (to sb)** permission, especially legal or official, to see sb 获准见（某人，尤指得到法律上或权力机构批准）: *They are divorced, but he has regular access to the children.* 他们已经离婚，但他获准定期看望孩子。

accessible /əkˈsesəbl ‖ əkˈsɛsəbḷ/ *adj* **1** possible to be reached or entered 可接近的；可进入的: *Because of the snow, the village was not accessible by car.* 因为积雪，车子不能开进村子里去。**2** easy to get, use or understand 容易得到/使用/理解的 ☛ The opposite is **inaccessible**. 反义词为 **inaccessible**。—**accessibility** /əkˌsesəˈbɪlətɪ ‖ əkˌsɛsəˈbɪlətɪ/ *noun* [U]

accession /ækˈseʃn ‖ ækˈsɛʃən/ *noun* [U] the act of taking a very high position or rank, especially as ruler of a country or head of sth 出任高职；（国家元首等的）即位: *the accession of Queen Elizabeth to the throne in 1952* 伊丽莎白女王于1952年登基

accessory /əkˈsesərɪ ‖ əkˈsɛsərɪ/ *noun* [C] (*pl* **accessories**) **1** an extra item that is added to sth and is useful or attractive but not essential 附件: *The car has accessories such as an electronic alarm.* 这辆车子装有电子警钟之类的附加设备。**2** [usually pl] a small item that is worn or carried with the main items of clothing (eg shoes, a bag, etc) 服装的配件或装饰物（例如鞋子、手提包等）**3 accessory (to sth)** (in law 法律) a person who helps sb to do sth illegal 从犯；帮凶

☆**accident** /ˈæksɪdənt ‖ ˈæksədənt/ *noun* [C] an unpleasant event that happens unexpectedly and causes damage, injury or death 意外；事故: *I hope they haven't had an accident.*

A

我希望他们没有出事。○ *a car accident* 车祸 ○ *a fatal accident* (= when sb is killed) 致命的意外 ○ *I didn't mean to kick you, it was an accident.* 我不是有心踢你，意外而已。

(IDIOM 习语) **by accident** by chance; without being planned 偶然；出乎意料: *We met each other again completely by accident.* 我们再次相遇，完全出于偶然。

ˈ**accident-prone** *adj* frequently having accidents, and therefore more likely to have them than other people 比一般人容易出意外的

accidental /ˌæksɪˈdentl ‖ ˌæksəˈdɛntl̩/ *adj* happening by chance; not having been planned 意外的；偶然 —**accidentally** /-təlɪ ‖ -tl̩ɪ/ *adv*

acclaim /əˈkleɪm ‖ əˈklem/ *verb* [T] to praise sb/sth greatly 大赞: *The novel has been acclaimed as a modern classic.* 那部小说被誉为现代的经典之作。—**acclaim** *noun* [U]: *The film received widespread critical acclaim.* 那部电影得到广泛好评。

acclimatize (*also* 亦作 **acclimatise**) /əˈklaɪmətaɪz ‖ əˈklaɪməˌtaɪz/ *verb* [I,T] **acclimatize (yourself/sb/sth) (to sth)** to get used to a new climate, a new situation, etc so that it is not a problem any more 使（人）服水土；适应环境: *It took me a long time to get acclimatized to the heat when I went to live in Africa.* 我移居非洲很久才慢慢适应了当地炎热的天气。—**acclimatization** (*also* 亦作 **acclimatisation**) /əˌklaɪmətaɪˈzeɪʃn; *US* 美 -tɪˈz- ‖ əˌklaɪmətəˈzeʃən/ *noun* [U]

accommodate /əˈkɒmədeɪt ‖ əˈkɑməˌdet/ *verb* [T] **1** to have enough space for sb/sth (especially a certain number of people) 容纳（尤指一定数量的人）: *Each apartment can accommodate up to six people.* 每套公寓可容纳六个人。**2** to provide sb with a place to stay, live or work 向某人提供住所: *During the conference, you will be accommodated in a nearby hotel.* 会议期内，你将获安排入住附近的旅馆。**3** to do or provide what sb wants or needs 顺应要求；满足需要: *Should you have any special requirements, our staff will do their best to accommodate you.* 如有任何特别要求，本处职员当尽力效劳。

accommodating *adj* (used about a person 指人) willing to do or provide what sb wants 随和；温顺；乐于助人；忠顺

☆**accommodation** /əˌkɒməˈdeɪʃn ‖ əˌkɑməˈdeʃən/ *noun* [U] a place for sb to live or stay 居所；住宿: *We lived in rented accommodation before buying this house.* 我们没买这所房子之前是租房子住的。○ *The price of the holiday includes flights and accommodation.* 度假的费用包括机票和住宿费。☛ **Accommodation** is uncountable. * **accommodation** 为不可数名词。We cannot say, 'I will help you to find an accommodation.' In this case we could say, 'I will help you to find somewhere to live.' 英语不能说 I will help you to find an accommodation，但可以说 I will help you to find somewhere to live。

accompaniment /əˈkʌmpənɪmənt ‖ əˈkʌmpənɪmənt/ *noun* **1** [C] something that naturally or pleasantly goes with sth else (especially food or drink) 伴随物（尤指可供享用的，如食物和饮料）: *He only drinks wine as an accompaniment to a meal.* 他只在吃饭时才喝点酒来下饭。**2** [C,U] music that is played with singing or the main instrument 伴奏: *a violin piece with a piano accompaniment* 由钢琴伴奏的小提琴乐曲

☆**accompany** /əˈkʌmpənɪ ‖ əˈkʌmpənɪ/ *verb* [T] (*pres part* **accompanying**; *3rd pers sing pres* **accompanies**; *pt*, *pp* **accompanied**) **1** to go with sb to a place 结伴同行: *Children must be accompanied by an adult.* 小孩须由成人陪同。**2** to happen or exist at the same time as, or because of, sth 同时存在或发生；因之而起: *Massive publicity accompanied the film's release.* 电影甫一发行，就展开了大规模的宣传活动。**3** to give or send sth together with sth else, in addition to it 附送: *The letter was accompanied by a cheque for £50.* 信中附有面额50英镑的支票。**4** to play music for a singer or another instrument 为歌手或其他乐器伴奏: *She accompanied him on the guitar.* 她弹吉他给他伴奏。

accomplice /əˈkʌmplɪs; *US* 美 əˈkɒm- ‖ əˈkɑmplɪs/ *noun* [C] a person who helps sb to do sth bad, especially a crime 从犯；帮凶

accomplish /əˈkʌmplɪʃ; *US* 美 əˈkɒm- ‖ əˈkɑmplɪʃ/ *verb* [T] to succeed in doing sth requiring effort and/or skill; to achieve 做成功；完成；达成: *Very little was accomplished in the meeting.* 会议没有什么成果。

accomplished *adj* skilled 有技巧或技能的: *an accomplished pianist* 技艺高超的钢琴家

accomplishment /əˈkʌmplɪʃmənt; *US* 美 əˈkɒm- ‖ əˈkɑmplɪʃmənt/ *noun* **1** [U] the act of completing sth successfully 完成 **2** [C] something impressive that sb has achieved; a skill that sb has 成就；技艺

accord[1] /əˈkɔːd ‖ əˈkɔrd/ *noun* [C] an agreement, eg between countries 协议；条约: *the Helsinki accords on human rights* 赫尔辛基人权协定

(IDIOMS 习语) **in accord** in agreement about sth 一致；协调；和谐

of your own accord without being forced or asked 自愿地；主动地: *He wasn't sacked from his job, he left of his own accord.* 他不是被解雇，而是自愿请辞。

accord[2] /əˈkɔːd ‖ əˈkɔrd/ *verb* **1** [T] to give sth to sb 给与；赠与: *The diplomats were accorded every respect during their visit.* 外交使节访问期间受到周到的款待。**2** [I] (*formal* 正式) to match; to agree with 吻合: *The information did not accord with what I had been told previously.* 这消息和我先前听闻的不符。

accordance /əˈkɔːdəns ‖ əˈkɔrdn̩s/ *noun*

(IDIOM 习语) **in accordance with sth** in a way that follows or obeys sth 依照；依据；顺从: *to act in accordance with instructions* 根据指示行事

accordingly /əˈkɔːdɪŋlɪ ‖ əˈkɔrdɪŋlɪ/ *adv* **1** in a way that is suitable after what has happened 按照情形: *I realized that I was in danger and* *acted accordingly*: 我自知身处险境，于是见机行事。**2** (*formal* 正式) therefore; for that reason 所以；因此: *We accept that the mistake was ours and, accordingly, have pleasure in refunding your money.* 我们承认错在我方，并乐于退回您的款项。

☆**according to** /əˈkɔːdɪŋ tə ‖ əˈkɔrdɪŋtə/ *prep* **1** as stated by sb; as shown by sth 按照（某人所说）；根据（某事）: *According to Mick, it's a brilliant film.* 听米克说，那是部精彩的电影。○ *More people now have a high standard of living, according to the statistics.* 按照统计数字所示，现在已有较多人享有高水准生活。**2** in a way that matches, follows or depends on sth 配合；根据: *Everything went off according to plan* (= as we had planned it). 一切都按计划进行。○ *The salary will be fixed according to age and experience.* 薪金按年龄和经验而定。

accordion /əˈkɔːdɪən ‖ əˈkɔrdɪən/ *noun* [C] a musical instrument that you hold in both hands and play by pulling the two sides apart and then pushing them together, while pressing the keys with your fingers 手风琴

accost /əˈkɒst; *US* 美 əˈkɔːst ‖ əˈkɔst/ *verb* [T] to approach and talk to a stranger in a way that is considered unpleasant or frightening 唐突地走上前与陌生人攀谈；（跟人）搭讪

account[1] /əˈkaʊnt ‖ əˈkaunt/ *noun* [C] **1** a report or description of sth that has happened 记述；报告；说明；叙述: *She gave the police a full account of the robbery.* 她把劫案过程详细地向警方报告。**2** the arrangement by which a bank looks after your money for you 银行账户: *to open/close an account* 开立/结束账户 ○ *an account with Barclays* 在巴克莱银行开立的账户 ○ *My salary is paid into my bank account.* 我的薪水由发薪人存入我的银行账户。○ *How much money have I got left in my account?* 我的账户还有多少钱？○ *Can I withdraw £500 from my account?* 我想从账户中提取500英镑，行吗？。☛ We use a **current** account to pay for things with a **cheque**. 有往来账户 (**current** account)，可以利用支票 (**cheque**) 付款。We can save money in a **deposit** or **savings** account. 储蓄可以存放在存款账户 (**deposit** account) 或者储蓄账户 (**savings** account) 里面。**3** [usually pl] a record of all the money that a person or business has received or paid out 账目: *He takes care of the business and his wife keeps the accounts.* 他负责做生意，他妻子管账目。**4** an arrangement with a shop, etc that allows you to pay for goods or services at a later date 赊账: *Could you charge that to my account?* 请你把这笔开支记入我的账户好吗？

(IDIOMS 习语) **by all accounts** according to what everyone says 据说；大家都说: *By all accounts, she's a very good doctor.* 人家说她是个很出色的医生。

on account of because of 因为；由于: *Our flight was delayed on account of bad weather.* 因为天气恶劣，我们的班机延误了。

on no account; **not on any account** not for any reason 绝无理由: *On no account should you walk home by yourself.* 你绝无理由自己走路回家。

take account of sth; **take sth into account** to consider sth, especially when deciding or judging sth 考虑/顾及某事（尤指做决定或判断时）: *We'll take account of your comments.* 我们会考虑你的意见。

account[2] /əˈkaʊnt ‖ əˈkaunt/ *verb* (PHRASAL VERB 短语动词) **account for sth** **1** to explain or give a reason for sth 对某事作解释或交代: *How can we account for these changes?* 我们如何解释这些改变？○ *I was asked by my boss to account for all the money I had spent* (= to say what I had spent it on). 我的上司要我对所花的一分一毫都交代清楚。**2** to supply the amount that is mentioned 占去所述的数量: *Sales to Europe accounted for 80% of our total sales last year.* 卖到欧洲的货物占我们去年总销量的百分之八十。

accountable /əˈkaʊntəbl ‖ əˈkauntəbl̩/ *adj* expected to give an explanation of your actions, etc; responsible（对自己的行为等）应作解释的；负责的: *She is too young to be held accountable for what she did.* 她太年轻了，不能要求她对自己所做的事负责。—**accountability** /-əbɪlətɪ ‖ -əˈbɪlətɪ/ *noun* [U]: *The new law requires greater accountability from the police.* 新法令规定警方有更大的义务对自己的行动作出交代。

accountant /əˈkaʊntənt ‖ əˈkauntənt/ *noun* [C] a person whose job is to keep or examine the financial accounts of a business, etc 会计师；会计

accountancy /əˈkaʊntənsɪ ‖ əˈkauntənsɪ/ *noun* [U] the profession of an accountant 会计专业: *a career in accountancy* 从事会计工作

accumulate /əˈkjuːmjʊleɪt ‖ əˈkjumjəˌlet/ *verb* **1** [T] to collect a number or quantity of sth over a period of time 积累；收集；积存: *Over the years, I've accumulated hundreds of records.* 我多年来收集了数以百计的唱片。**2** [I] to increase over a period of time 逐渐增加: *Dust soon accumulates if you don't clean the house for a week or so.* 房子一星期左右不打扫，就会很快积聚很多灰尘。—**accumulation** /əˌkjuːmjʊˈleɪʃn ‖ əˌkjumjəˈleʃən/ *noun* [C,U]

accuracy /ˈækjərəsɪ ‖ ˈækjərəsɪ/ *noun* [U] the quality of being exact and correct 准确；精确 ☛ The opposite is **inaccuracy**. 反义词为 **inaccuracy**。

☆**accurate** /ˈækjərət ‖ ˈækjərɪt/ *adj* careful and exact; without mistakes 准确；正确无误；精确: *an accurate description of the house* 对那所房子的精确的描述 ○ *That clock isn't very accurate.* 那个时钟不很准。☛ The opposite is **inaccurate**. 反义词为 **inaccurate**。—**accurately** *adv*

accusation /ˌækjuːˈzeɪʃn ‖ ˌækjuˈzeʃən/ *noun* [C,U] a statement that says that sb has done sth wrong 指责；指控: *He said that a false accusation had been made against him.* 他说自己受到了不真实的指控。○ *There was a note of accusation in her voice* (= she sounded critical). 她语带指责。

☆**accuse** /əˈkjuːz ‖ əˈkjuz/ *verb* [T] **accuse sb (of sth)** to say that sb has done wrong or broken the law 指责；控告；指控: *I accused*

A

her of cheating. 我指责她作弊。○ *He was accused of murder and sent for trial.* 他被控谋杀并已送交审判。

the accused *noun* [C] (*pl* **the accused**) (used in a court of law 用于法庭) the person who is said to have broken a law 被告: *Will the accused please stand.* 请被告起立。

accusing /ə'kju:zɪŋ ‖ ə'kjuzɪŋ/ *adj* that shows that you think sb has done sth wrong 带指责的: *He gave me an accusing look.* 他用责备的眼光望了我一眼。—**accusingly** /ə'kju:zɪŋlɪ ‖ ə'kjuzɪŋlɪ/ *adv*

accustomed /ə'kʌstəmd ‖ ə'kʌstəmd/ *adj* **1 accustomed to sth** if you are accustomed to sth, you are used to it and it is not strange for you 习惯于（某事物）: *She's accustomed to travelling a lot in her job.* 因为工作需要常常出差，她已经习惯了。○ *It took a while for my eyes to get accustomed to the dark room.* 过了一会儿我的眼睛才适应了那暗室。**2** (*formal* 正式) usual; regular 通常；经常；惯常: *He took his accustomed walk after lunch.* 吃过午饭后，他如常散步。

ace /eɪs ‖ es/ *noun* [C] **1** a playing card which has a single shape on it. An ace has either the lowest or the highest value in a game of cards 幺点纸牌（纸牌游戏中点数最低或最高的纸牌）: *the ace of spades* 黑桃的幺点纸牌 ☛ Look at the note at **card**. 参看 **card** 的注释。**2** (in tennis 网球) the first stroke of a game (**serve**) that the person playing against you cannot hit back 发球得分（发球叫做 **serve**）

☆**ache** /eɪk ‖ ek/ *noun* [C,U] a pain that lasts for a long time（持续的）疼痛/痛楚: *to have toothache, earache, stomach-ache, etc* 牙痛；耳痛；胃痛… ☛ **Ache** is often used in compounds. In British English it is usually used without 'a' or 'an' * **ache** 常用以构成复合词；在英国英语中通常不带冠词 a 或 an: *I've got toothache.* 我牙痛。But we always use 'a' with 'headache' 但 headache 却必定与不定冠词 a 连用: *I've got a headache.* 我头痛。In American English, ache is usually used with 'a' or 'an', especially when talking about a particular attack of pain 在美国英语中 ache 通常与 a 或 an 连用，尤其是提及某种痛楚时: *I have an awful toothache.* 我牙痛得厉害。

ache *verb* [I] to feel a continuous pain 持续作痛: *His legs ached after playing football for two hours.* 踢了两小时足球以后，他感到脚痛。○ *She was aching all over.* 她觉得全身疼痛。

☆**achieve** /ə'tʃi:v ‖ ə'tʃiv/ *verb* [T] **1** to gain sth, usually by effort or skill（通常借努力或技能）获得: *You have achieved the success you deserve.* 你已得到应得的成果。**2** to get sth done; to complete 完成: *They have achieved a lot in a short time.* 他们短时间内已经很有成就。

achievement *noun* **1** [C] something that is done successfully, especially through hard work or skill 成就；成果: *She felt that the book was her greatest achievement.* 她觉得写成那本书是她最大的成就。**2** [U] the act of finishing sth successfully; the feeling that you get when you have finished sth successfully 完成；成就；成功感: *Climbing the mountain gave him a sense of achievement.* 登上那座山使他得到成功感。

☆**acid** /'æsɪd ‖ 'æsɪd/ *noun* [C,U] (in chemistry 化学) a liquid substance that can dissolve metal and may burn your skin or clothes 能溶解金属及腐蚀皮肤和衣物的液体；酸: *sulphuric acid* 硫酸 ☛ Look at **alkali**. 参看 **alkali**。

acid *adj* **1** (used about a fruit, etc 指水果等) with a sharp, sour taste 酸的；酸味的 **2** (*also* 亦作 **acidic**) containing an acid 含酸的: *an acid solution* 酸性液体 ☛ Look at **alkaline**. 参看 **alkaline**。

acidity /ə'sɪdətɪ ‖ ə'sɪdətɪ/ *noun* [U] the quality of being acid 酸性；酸度

ˌ**acid 'rain** *noun* [U] rain that is polluted by acid substances from the chimneys of factories and that causes damage to trees, buildings and rivers 酸雨（受工厂烟囱排出的酸性物质污染的雨，能损害树木、腐蚀建筑物、污染河流）

☆**acknowledge** /ək'nɒlɪdʒ ‖ ək'nɑlɪdʒ/ *verb* [T] **1** to accept or admit that sth is true or exists 承认；认定；确认: *He acknowledged the fact that he had been wrong.* 他承认自己犯了错。○ *They wouldn't acknowledge defeat.* 他们决不承认失败。○ *It is acknowledged that he is the country's greatest writer.* 大家公认他是全国最伟大的作家。○ *He is acknowledged to be the country's greatest writer.* 他被誉为该国最伟大的作家。**2** to show that you have seen sb by raising your hand, smiling, etc 打招呼；理会: *She refused to acknowledge him and walked straight past.* 她对他全不理会，直走而过。**3** to say that you have received a letter, etc 表示收到来信等: *I would be grateful if you could acknowledge my letter.* 收信后盼能示复，十分感谢。**4** to show or say that you are grateful for sth 表示谢意: *I should like to acknowledge all the help I have received from my family.* 我要对家人的帮助表示感谢。

acknowledgement (*also* 亦作 **acknowledgment**) *noun* **1** [U] the act of acknowledging 感谢: *I have received no acknowledgement for all the work I did.* 我所做的一切没有得到任何表扬。**2** [C] a letter, etc stating that sth has been received 表示已收到某物的信等 **3** [C] a few words of thanks that an author writes at the beginning or end of a book to the people who have helped him/her（书本作者写于正文前或后向出过力的人表示谢意的）鸣谢

acne /'æknɪ ‖ 'æknɪ/ *noun* [U] a type of skin disease, usually affecting young people, that causes a lot of spots on the face and neck 痤疮；粉刺

acorn /'eɪkɔ:n ‖ 'ekɔrn/ *noun* [C] a small nut that is the fruit of the oak tree 橡树果实；橡子

acoustic /ə'ku:stɪk ‖ ə'kustɪk/ *adj* **1** connected with sound or the sense of hearing 声音的；听觉的 **2** (of a musical instrument 指乐器) not electric 不是电子类的；不用电传音的: *an acoustic guitar* 原声吉他

acoustics *noun* [plural] **1** the qualities of a room, etc that make it good or bad for you to hear music, etc（房间等的）传音效果: *The theatre has excellent acoustics.* 这座剧院的传

音效果非常好。**2** [with sing verb] the scientific study of sound 声学

acquaintance /ə'kweɪntəns ‖ ə'kwentəns/ *noun* **1** [C] a person that you know but who is not a close friend 相识的人（但不是熟人）**2** [U] **acquaintance with sb/sth** a slight knowledge of sb/sth（对某人/某事物）略知一二: *I made his acquaintance* (= got to know him) *at a party in London.* 我在伦敦的一次聚会中认识了他。

acquainted /ə'kweɪntɪd ‖ ə'kwentɪd/ *adj* (*formal* 正式) **1 acquainted with sth** knowing sth 认识（某事物）；知道: *Are you acquainted with the facts?* 你知道这些事实吗？**2 acquainted (with sb)** knowing sb, but usually not very closely 认识某人但不是熟人: *The two women had been acquainted since they were children.* 那两个女子从小就相识了。

acquiesce /ˌækwɪ'es ‖ ˌækwɪ'ɛs/ *verb* [I] (*formal* 正式) to accept sth without argument, although you may not agree with it 默许；顺从 —**acquiescence** /ˌækwɪ'esns ‖ ˌækwɪ'ɛsn̩s/ *noun* [U]

☆**acquire** /ə'kwaɪə(r) ‖ ə'kwaɪr/ *verb* [T] to get or obtain sth 取得；获得: *The company has acquired shares in a rival business.* 该公司购入了竞争对手的股份。○ *Children do not automatically acquire British citizenship if they are born in this country.* 在英国出生的儿童并不一定能自动取得英国国籍。○ *She acquired an American accent while living in New York.* 她住在纽约时学会了一口美国音。○ *He's acquired a reputation for being difficult to work with.* 他这人难以共事，已是尽人皆知。

acquisition /ˌækwɪ'zɪʃn ‖ ˌækwə'zɪʃən/ *noun* **1** [C] something that you have obtained or bought, especially sth you are pleased with 获得或购得之物: *This painting is my latest acquisition.* 这幅画是我最近搜购到的。**2** [U] the act of obtaining sth 获得: *the acquisition of wealth* 获得财富

acquit /ə'kwɪt ‖ ə'kwɪt/ *verb* [T] (acqui**tt**ing; acqui**tt**ed) **1 acquit sb (of sth)** to declare formally that a person is not guilty of a crime 宣告无罪: *The jury acquitted her of murder.* 陪审团裁定她谋杀罪名不成立。☛ The opposite is **convict**. 反义词为 **convict**。**2 acquit yourself...** (*formal* 正式) to behave in the way that is mentioned 以所说的方式表现: *He acquitted himself quite well in his first match as a professional.* 他首次以职业运动员身分出赛的表现相当不错。—**acquittal** /ə'kwɪtl ‖ ə'kwɪtl̩/ *noun* [C,U]

acre /'eɪkə(r) ‖ 'ekɚ/ *noun* [C] a measure of land; 0·405 of a hectare 英亩（等于 0.405公顷）: *a farm of 20 acres/a 20-acre farm* * 占地20英亩的农场

acrobat /'ækrəbæt ‖ 'ækrəˌbæt/ *noun* [C] a person who performs difficult movements of the body or difficult balancing acts (eg walking on a wire), especially in a circus 杂技表演者；杂技演员 —**acrobatic** /ˌækrə'bætɪk ‖ ˌækrə'bætɪk/ *adj*

acrobatics *noun* [U] (the art of performing) acrobatic acts 杂技；杂耍

acronym /'ækrənɪm ‖ 'ækrənɪm/ *noun* [C] a short word that is made from the first letters of a group of words 首字母缩略语: *TEFL is an acronym for Teaching English as a Foreign Language.* * TEFL 是 Teaching English as a Foreign Language 的首字母缩略语。

☆**across** /ə'krɒs; *US* 美 ə'krɔːs ‖ ə'krɔs/ *adv, prep* **1** from one side of sth to the other 由一边到另一边: *The stream was too wide to jump across.* 溪面太宽，跳不过去。○ *He walked across the field.* 他走过了原野。○ *I drew a line across the page.* 我在那一页上面画了一条横线。○ *A smile spread across his face.* 他满脸笑容。**2** on the other side of sth 在另一边: *There's a bank just across the road.* 就在马路对过有一家银行。☛ We can use **across** or **over** to mean 'on or to the other side' 可以用 **across** 或 **over** 来表达"在或到另一边"的意思: *I ran across/over the road.* 我跑过那条路。But when we talk about crossing something high, we usually use **over** 如果是指越过高处就通常用 **over**: *I can't climb over that wall.* 我爬不过那堵墙。With 'room' we usually use **across** 指"穿过房间"则通常用 **across**: *I walked across the room to the door.* 我穿过房间走到门口。**3** measuring from side to side 由一边量到另一边: *The river was about 20 metres across.* 那条河大约20米宽。

(IDIOM 习语) **across the board** involving or affecting all groups, members, cases, etc 牵涉或影响全局；全面；整体: *a 10% pay increase across the board* 薪金全面增加百分之十

acrylic /ə'krɪlɪk ‖ ə'krɪlɪk/ *adj* of a material that is made artificially by a chemical process and used in making sweaters and other clothes 人造纤维的；丙烯酸的

☆**act**[1] /ækt ‖ ækt/ *verb* **1** [I] to do sth; to take action 做；行动: *There's no time to lose – you must act now.* 没时间了，你必须立即采取行动。○ *The government were slow to act over the problem of dangerous dogs.* 政府针对危险狗只问题采取的行动实在太慢了。○ *The man we met on the plane to Tokyo was kind enough to act as our guide* (= to perform the function of guide). 我们在前往东京的飞机上认识的那个人真肯帮忙，他愿意充当我们的导游。**2** [I] to behave in the manner stated 以所说的方式表现: *Don't act like a fool.* 别像个傻瓜一样。**3** [I,T] to perform or have a part in a play or film 扮演某个角色；演戏: *I've never acted before.* 我以前从未演过戏。○ *He's always wanted to act the part of Hamlet.* 他一直想演哈姆雷特这个角色。

acting *noun* [U] the art or profession of performing in plays or films 戏剧或电影的表演艺术或行业

☆**act**[2] /ækt ‖ ækt/ *noun* **1** [C] a thing that you do 所做之事；行动: *In a typical act of generosity they refused to accept any money.* 他们真的是慷慨，不肯收钱。☛ **Act** and **action** can have the same meaning * **act** 和 **action** 可以用来表示相同的意思: *It was a brave act/action.* 这是英勇的行为。**Act**, not **action** can be followed by **of** * **act** 后面可以接 **of**，但 **action** 不可: *It was an act of bravery.* 这是英勇的行为。**Activity** is used for something that is done regularly *

activity 指经常做的事: *I like outdoor activities such as walking and gardening.* 我喜欢户外活动，例如散步和园艺。**Deed** is a formal and rather old-fashioned word and often refers to very important acts＊**deed** 用于正式场合，是有些旧式的用语，常指重要行动: *Robin Hood was famous for his brave deeds.* 罗宾汉因其英勇事迹而广为人知。It is the word usually used with **good**＊**deed** 通常和 **good** 连用: *I wanted to pay back the good deed he had done.* 我很想报答他做的好事。**2** often 常作 **Act** [C] one of the main divisions of a play or opera（戏剧中的）一幕: *How many scenes are there in Act 4?* 第4幕有多少场？**3** [C] a short piece of entertainment that is usually part of a show or circus（通常指综合表演或马戏中的）小节目: *Ladies and gentlemen, please welcome our next act, the Roncalli brothers.* 各位来宾，请欣赏下一个节目，由龙卡利兄弟表演。**4** often 常作 **Act** [C] a law made by a government 法律条例；法令: *the Prevention of Terrorism Act* 防止恐怖活动条例 **5** [C] (*informal* 非正式) a piece of behaviour that hides your true feelings 伪装的表情或行为: *She seems very happy but she's just putting on an act.* 她表面很快乐，但只是装出来的。

(IDIOMS 习语) **get your act together** to get organized so that you can do sth properly 妥作安排以便办好某事

in the act (of doing sth) while doing sth, especially sth wrong 正在做某事（尤指坏事）的时候；当场: *He was looking through the papers on her desk and she caught him in the act.* 他正在看她桌子上的文件时，当场被她发现了。

acting *adj* doing the job mentioned for a short time 暂时担任某项工作；代理: *Helen will be the acting director of studies while Susan White is away.* 苏珊·怀特不在的时候由海伦代理学科主任职务。

☆**action** /ˈækʃn ‖ ˈækʃən/ *noun* **1** [U] doing things, often for a particular purpose 行动；动作: *Now is the time for action.* 现在是采取行动的时候了。○ *I didn't like the film, there wasn't much action in it.* 我不喜欢那部电影，里面没有什么戏。**2** [C] something that you do 所做的事: *The doctor's quick action saved the child's life.* 医生的果断行动救了孩子一命。○ *They should be judged by their actions, not by what they say.* 应该根据他们的行为而不是他们所说的话来判断他们。☛ Look at the note at **act**[2]. 参看 **act**[2] 的注释。**3** [sing] the most important events in a story or play 情节；剧情: *The action is set in London during the Second World War.* 故事的背景是第二次世界大战时的伦敦。**4** [sing] the effect that one substance has on another（一物对另一物的）作用: *The building has been damaged by the action of acid rain.* 该建筑物被酸雨所损。**5** [U] the fighting that takes place in battle 战斗: *Their son was killed in action.* 他们的儿子在作战时阵亡。

(IDIOMS 习语) **course of action** ⇨ COURSE

in action in operation; while working or doing sth 行动中；正在工作或做某事: *We shall have a chance to see their new team in action next week.* 我们下星期有机会见到他们的新阵容如何运作。

into action into operation 开始工作；开始运行: *We'll put the plan into action immediately.* 我们立即将计划付诸实行。

out of action not working; unable to function as normal 不能工作；不能如常操作: *The coffee machine's out of action again.* 咖啡机又坏了。

take action to do sth, in order to solve a problem, etc 采取行动（以解决问题等）: *The government must take action over unemployment.* 政府必须采取行动解决失业问题。

activate /ˈæktɪveɪt ‖ ˈæktəˌvet/ *verb* [T] to make sth start working 使开始操作: *A slight movement can activate the car alarm.* 连轻微的震动也会使车里的警报器响起来。

☆**active** /ˈæktɪv ‖ ˈæktɪv/ *adj* **1** able and willing to do things; energetic 主动；积极；活跃: *My grandfather is very active for his age.* 就我祖父的年纪来说，他已算是很活跃。○ *Students should take an active part in college life.* 学生应该积极参与大学的活动。○ *He was on active service for five years during the war* (= he served in the armed forces). 他在那次战争中服役五年。**2** that produces an effect; that is in operation 有效的；操作中的: *What is the active ingredient in this medicine?* 这种药物的有效成分是什么？○ *an active volcano* (= one that can still erupt) 活火山 **3** (used about the form of a verb or a sentence when the subject of the sentence performs the action of the verb 指主动的动词形式或句子): *In the sentence 'The dog bit him', the verb is active.* 在 The dog bit him 这一句子中，动词用的是主动语态。☛ You can also say: 'The verb is in the active'.＊the verb is active 也可以说 the verb is in the active。Look at **passive**. 参看 **passive**。

☆**activity** /ækˈtɪvətɪ ‖ ækˈtɪvətɪ/ *noun* (*pl* **activities**) **1** [U] a situation in which there is a lot of action or movement 繁忙的活动；热闹: *The house was full of activity on the morning of the wedding.* 举行婚礼的那个早上，房子里很热闹。☛ The opposite is **inactivity**. 反义词为 **inactivity**。**2** [C] something that you do, usually regularly and for enjoyment 所做的事（多指经常的和为消遣的）: *The hotel offers a range of leisure activities.* 这家旅馆提供许多休闲活动。☛ Look at the note at **act**[2]. 参看 **act**[2] 的注释。

☆**actor** /ˈæktə(r) ‖ ˈæktɚ/ *noun* [C] a person whose job is to act in a play, film or television programme 演员

☆**actress** /ˈæktrɪs ‖ ˈæktrɪs/ *noun* [C] a woman whose job is to act in a play, film or television programme 女演员

☆**actual** /ˈæktʃʊəl ‖ ˈæktʃʊəl/ *adj* real; that happened, etc in fact 真实；实际的: *The actual damage to the car was not as great as we had feared.* 汽车实际损毁的程度并不如我们担心的那么大。○ *They seemed to be good friends but in actual fact they hated each other.* 他们表面上是好朋友，其实却互相憎恨。

actually /ˈæktʃʊlɪ ‖ ˈæktʃʊəlɪ/ *adv* **1** really; in fact 真正；实在: *You don't actually believe her,* *do you?* 你并不真的相信她，是吗？○ *I can't believe that I'm actually going to America!* 我很难相信自己真的要去美国！**2** although it may seem strange 居然；竟然：*He actually expected me to cook his meal for him!* 他居然期望我替他烧饭！☛ **Actually** is often used in conversation to get somebody's attention or to correct somebody politely * **actually** 常用于对话之中，用来引起别人的注意或有礼貌地更正别人：*Actually, I wanted to show you something. Have you got a minute?* 其实我想让你看件东西，你有时间吗？○ *We aren't married, actually.* 其实我们并没有结婚。○ *I don't agree about the book. I think it's rather good, actually.* 我不同意对这本书的评价。其实我觉得这本书不错。In English **actual** and **actually** do **not** mean '(existing) at the present time'. We use **currently** or **at present** instead 英语的 **actual** 和 **actually** 并没有"目前"的意思。这个意思可以用 **currently** 或 **at present** 来表达：*He's currently working for the government.* 他目前在政府部门工作。○ *I'm studying for my exams at present.* 我正在温习功课，准备考试。

acupuncture /ˈækjʊpʌŋktʃə(r) ‖ ˈækjʊˌpʌŋktʃɚ/ *noun* [U] a way of treating an illness or stopping pain by putting thin needles into parts of the body 针刺；针刺疗法

acute /əˈkju:t ‖ əˈkjut/ *adj* **1** severe; very great 严重：*an acute shortage of food* 食物严重短缺 ○ *acute pain* 剧痛 **2** (used about an illness 指疾病) reaching a dangerous stage quickly 急性的：*acute appendicitis* 急性阑尾炎 ☛ The opposite is **chronic**. 反义词为 **chronic**。**3** (used about feelings or the senses 指感觉) very strong 强烈：*Dogs have an acute sense of smell.* 狗的嗅觉很灵敏。**4** showing that you are able to understand things easily 领悟力强的：*The report contains some acute observations on the situation.* 报告中有些地方对情况的观察很敏锐。—**acutely** *adv*: *They are acutely aware of the problem.* 他们很强烈地察觉到问题的存在。

acute ˈangle *noun* [C] an angle of less than 90° 锐角

ad /æd ‖ æd/ *noun* (*informal* 非正式) = ADVERTISEMENT: *I saw your ad in the local paper.* 我在本地的报纸上看到你的广告。

adamant /ˈædəmənt ‖ ˈædəˌmənt/ *adj* (*formal* 正式) (used about a person 指人) very sure; not willing to change your mind 非常肯定；坚持；坚定不移：*He was adamant that he had not made a mistake.* 他坚持他没有犯错。—**adamantly** *adv*

☆**adapt** /əˈdæpt ‖ əˈdæpt/ *verb* **1** [I] **adapt (to sth)** to change your behaviour because the situation you are in has changed 因处境改变而改变行为：*He was quick to adapt to the new system.* 他很快适应了新制度。**2** [T] **adapt sth (for sth)** to change sth so that you can use it in a different situation 改变某事物，以便在不同的情况中运用：*The car was adapted for use as a taxi.* 那辆车子已改装成计程车。**3** [T] to change a book, etc so that it can be shown as a film, etc 改编；改写：*Tonight's play has been adapted for radio from the novel by Charles Dickens.* 今晚的广播剧是由狄更斯的小说改编而成的。

adaptable *adj* able and willing to change to suit new conditions 能适应新环境的：*You have to be adaptable if you want to live in a foreign country.* 要在外国生活，必须有适应能力。

adaptation /ˌædæpˈteɪʃn ‖ ˌædæpˈteʃən/ *noun* [C] **1** a play or film that is based on a novel, etc 改编自小说等的戏剧或电影；改编本：*a television adaptation of 'Wuthering Heights'* 由《呼啸山庄》改编而成的电视剧 **2** the state or process of adapting 适应：*a period of adaptation* 适应期

adaptor (*also* 亦作 **adapter**) *noun* [C] **1** a device that allows more than one plug to be connected to an electricity supply point (**socket**) 转接器/接合器（可使几个插头连接于同一插座 (**socket**) 上）**2** a device that fits on an electrical plug and allows you to use a piece of electrical equipment with a different type of socket 转接器/附加器（电器用具的插头可借此连接不同类型的插座）：*You'll need an adaptor to use your hair-drier in Spain.* 在西班牙你要接上转接器才能使用吹风机。

☆**add** /æd ‖ æd/ *verb* **1** [I,T] **add (sth) (to sth)** to put sth together with sth else, so that you increase the size, number, value, etc 加添：*Next, add some milk to the mixture.* 其次，加些牛奶入混合物之中。○ *He wanted to add his name to the letter.* 他想在信上加签他的名字。○ *They had invited an entertainer to the party, just to add to the fun.* 他们邀请了一个表演娱乐节目的人出席宴会，只为了增加欢乐气氛。**2** [T] to put numbers or amounts together so that you get a total 相加而得出总数；加上：*If you add 3 and 3 together, you get 6.* * 3加3等于6。○ *Add £8 to the total, to cover postage and packing.* 总额再加8英镑，作为邮费和包装费。☛ We often use the word **plus** when we add two numbers 把两个数目相加时常常用 **plus**: *2 plus 2 is 4.* * 2加2等于4。**3** [T] to say sth more 补充说：*'Don't forget to write to us,' she added.* 她补充说："别忘了给我们写信。"

(PHRASAL VERBS 短语动词) **add sth on (to sth)** to include 包括：*10% will be added on to your bill as a service charge.* 账单上另加百分之十作为服务费。

add up to seem as if it could be true 合理：*I'm sorry, but your story just doesn't add up.* 对不起，你说的话不合情理。

add (sth) up to find the total of several numbers（将数字等）加起来：*The waiter hadn't added up the bill correctly.* 服务员把账项加错了。

add up to sth to have as a total 总计达：*The bill should add up to about £40.* 账单总数约40英镑。

adder /ˈædə(r) ‖ ˈædɚ/ *noun* [C] a small poisonous snake 蝰蛇；小毒蛇

addict /ˈædɪkt ‖ ˈædɪkt/ *noun* [C] a person who cannot stop taking or doing sth harmful 沉溺于某种嗜好的人：*a drug addict* 吸毒者

A

addicted /ə'dɪktɪd ‖ ə'dɪktɪd/ *adj* **addicted (to sth)** unable to stop taking or doing sth harmful 沉溺于（某种嗜好）；醉心于（某种活动）: *He is addicted to heroin.* 他吸海洛因上了瘾。○ *He's addicted to football.* 他是个足球迷。—**addiction** /ə'dɪkʃn ‖ ə'dɪkʃən/ *noun* [C,U]: *the problem of teenage drug addiction* 青少年吸毒问题 —**addictive** /ə'dɪktɪv ‖ ə'dɪktɪv/ *adj*: *addictive drugs* 使人上瘾的药物

☆**addition** /ə'dɪʃn ‖ ə'dɪʃən/ *noun* **1** [U] the process of adding sth, especially of adding up two or more numbers 相加（尤指把两个或以上的数目相加）☛ Look at **subtraction**. 参看 **subtraction**。**2** [C] **addition (to sth)** a person or thing that is added to sth 所增加的人或物: *They've got a new addition to the family* (= another child). 他们家又多了一位成员。

(IDIOM 习语) **in addition (to sth)** as well as 除…外: *She speaks five foreign languages in addition to English.* 除英语外，她还会说五种外语。

additional /-ʃənl ‖ -ʃənl̩/ *adj* added; extra 外加的；额外的: *a small additional charge for the use of the swimming-pool* 使用游泳池要支付的一点额外费用 —**additionally** /-ʃənəlɪ ‖ -ʃənl̩ɪ/ *adv*

additive /'ædɪtɪv ‖ 'ædətɪv/ *noun* [C] a substance that is added in small amounts for a special purpose 为某一特殊目的而加入的少量物质；添加剂: *food additives* (= to add colour or flavour) 食物添加剂（用以加添颜色/味道）

☆**address**[1] /ə'dres; *US* 美 'ædres ‖ 'ædrɛs/ *noun* [C] **1** the number of the house and the name of the street and town, where you live or work 地址；住址: *Let me give you my home/business address.* 我把我的住址/工作地址给你吧。○ *She no longer lives at this address.* 她已经不在这里住了。○ *Please inform the office of any change of address.* 地址如有改变，请通知办公室。○ *an address book* (= a small book that you keep the addresses of people you know in) 地址簿 **2** a formal speech that is given to an audience 演说；演讲；讲话

address[2] /ə'dres ‖ ə'drɛs/ *verb* [T] **1 address sth (to sb/sth)** to write (on a letter, etc) the name and address of the person you are sending it to 写上收件人的姓名和地址: *The parcel was returned because it had been wrongly addressed.* 包裹被退了回来，因为邮寄地址写错了。**2** to make an important or formal speech to a crowd or audience 发表讲话；演说 **3 address sth to sb** (*formal* 正式) make a remark, etc to sb 向某人陈词等: *Would you kindly address any complaints you have to the manager.* 如有任何意见，请向经理反映。**4** to talk or write to sb using a particular name or title 称呼: *She prefers to be addressed as 'Ms'.* 她喜欢别人称呼她为"女士"。**5 address yourself to sth** (*formal* 正式) to try to deal with a problem, etc 处理（问题等）；从事: *He had to address himself to the task of finding a new job.* 他当时要考虑寻找新工作的问题。

adept /'ædept; ə'dept ‖ 'ædɛpt; ə'dɛpt/ *adj* **adept (at sth)** very good or skilful at sth 善于；擅长

☆**adequate** /'ædɪkwət ‖ 'ædəkwɪt/ *adj* **1** enough for what you need 足够: *The food they eat is barely adequate to keep them alive.* 他们吃的仅够维持生命。**2** good enough; acceptable 令人满意的；可以接受的: *Your work is adequate but I'm sure you could do better.* 你的工作表现不错，但我肯定你还能够做得更好。☛ The opposite is **inadequate**. 反义词为 **inadequate**。—**adequacy** /'ædɪkwəsɪ ‖ 'ædəkwəsɪ/ *noun* [U] —**adequately** *adv*: *The work has been done adequately, but not well.* 工作做得差不多，但还不够好。○ *The mystery has never been adequately explained.* 从来没有人能够完全揭开那件事的神秘面纱。

adhere /əd'hɪə(r) ‖ ˌəd'hɪr/ *verb* [I] (*formal* 正式) **1 adhere (to sth)** to stick firmly 紧紧黏附: *Make sure that the paper adheres firmly to the wall.* 要确保纸紧贴墙上。**2 adhere to sth** to continue to support an idea, etc; to follow a rule 坚持（信念等）；遵守（规章等）: *This rule has never been strictly adhered to by members of staff.* 职员们从来都没有严格遵守这条规则。

adherent *noun* [C] somebody who supports a particular idea 支持者；拥护者 —**adherence** *noun* [U]: *His adherence to his principles cost him his job.* 他坚守自己的原则，因而失去了工作。

adhesive /əd'hi:sɪv ‖ əd'hisɪv/ *noun* [C] a substance that makes things stick together 黏合剂: *a fast-drying adhesive* 快干黏合剂

adhesive *adj* that can stick, or can cause two things to stick together 有黏性的；含黏胶的: *He sealed the parcel with adhesive tape.* 他用胶带把包裹封好。

ad hoc /ˌæd 'hɒk ‖ 'æd'hɑk/ *adj* made or formed for a particular purpose 为某目的而设的；专设的: *They set up an ad hoc committee to discuss the matter.* 他们成立了特别委员会来讨论这件事。

adjacent /ə'dʒeɪsnt ‖ ə'dʒesn̩t/ *adj* situated next to or close to sth 邻近的；毗连的: *There was a fire in the adjacent building.* 毗邻的楼宇起火了。○ *She works in the office adjacent to mine.* 她在我隔壁的办公室工作。

☆**adjective** /'ædʒɪktɪv ‖ 'ædʒɪktɪv/ *noun* [C] (*grammar* 语法) a word used with a noun that tells you more about it 形容词: *The adjective 'hot' can come either before or after a noun, ie you can say 'that is hot soup' or 'that soup is hot'.* * hot 这个形容词可以用于名词之前或之后，例如可以说 that is hot soup 或者 that soup is hot。

adjectival /ˌædʒek'taɪvl ‖ ˌædʒɪk'taɪvl̩/ *adj* that contains or is used like an adjective 形容词性的: *an adjectival phrase* 形容词短语

adjoining /ə'dʒɔɪnɪŋ ‖ ə'dʒɔɪnɪŋ/ *adj* joining sth or situated next or nearest to sth 毗连的；邻近的: *A scream came from the adjoining room.* 隔壁的房间传来尖叫声。

adjourn /ə'dʒɜ:n ‖ ə'dʒɝn/ *verb* [I,T] to stop sth (a meeting, a trial, etc) for a short period of time and start it again later 使（会议、审

A

讯等）暂停：*This court will adjourn until tomorrow.* 本法庭现在休庭，明日继续审讯。○ *The meeting was adjourned until the following week.* 会议暂停，要待下星期才复会。—**adjournment** *noun* [C]: *The lawyers asked for an adjournment.* 律师要求休庭。

adjudicate /əˈdʒu:dɪkeɪt ‖ əˈdʒudɪˌket/ *verb* [I,T] (*formal* 正式) to act as an official judge in a competition or to decide who is right when two sides disagree about sth 判决（胜负/对错）

adjudicator *noun* [C] a person who acts as a judge, especially in a competition 裁判；评判员

☆**adjust** /əˈdʒʌst ‖ əˈdʒʌst/ *verb* **1** [T] to change sth slightly, especially because it is not in the right position 略为调整；校正：*There's something wrong with the brakes on the car – they need adjusting.* 制动器坏了，需要校正。○ *The figures have been adjusted to take account of inflation.* 这些数字已经在计算过通货膨胀的因素后作了调整。**2** [I] **adjust (to sth)** to get used to new conditions or a new situation 适应（新环境）：*She found it hard to adjust to working at night.* 她觉得很难适应夜间工作。

adjustable *adj* that can be adjusted 可调整的；可校正的：*an adjustable mirror* 可调整角度的镜子 —**adjustment** *noun* [C,U]

ad lib /ˌæd ˈlɪb ‖ ædˈlɪb/ *adj, adv* done or spoken without preparation 临时；即席：*She had to speak ad lib because she couldn't find her notes.* 她找不到讲稿，只好即兴发言。—**ad lib** *verb* [I] (ad li**bb**ing; ad li**bb**ed)

administer /ədˈmɪnɪstə(r) ‖ ədˈmɪnəstɚ/ *verb* [T] **1** to control or manage sth 管理：*The system is very complicated and difficult to administer.* 那个系统非常复杂，很难管理。**2** (*formal* 正式) to make sb take sth (especially medicine) 使接受某物（尤指药物）：*The doctor administered a pain-killing drug.* 医生用了一种止痛药。

administration /ədˌmɪnɪˈstreɪʃn ‖ ədˌmɪnəˈstreʃən/ *noun* **1** [U] the control or management of sth (eg a system, an organization or a business)（系统、组织、业务等的）管理：*The administration of a large project like this is very complicated.* 像这样大的项目，管理工作很复杂。**2** [sing] the group of people who organize or control sth 行政机关：*the hospital administration* 医院的行政部门 **3** often 常作 **the Administration** [C] the government of a country, especially the USA 政府（尤指美国的）：*the Bush Administration* 布什政府

administrative /ədˈmɪnɪstrətɪv; *US* 美 -streɪtɪv ‖ ədˈmɪnəˌstretɪv/ *adj* connected with the organization and management of a country or business, etc 管理的；行政的：*London is still the most important administrative centre.* 伦敦仍然是最重要的行政中心。○ *an administrative assistant* 行政助理

administrator /ədˈmɪnɪstreɪtə(r) ‖ ədˈmɪnəˌstretɚ/ *noun* [C] a person whose job is to organize or manage a system, a business, etc 行政人员；管理人员

admirable /ˈædmərəbl ‖ ˈædmərəbl̩/ *adj* deserving admiration or praise 令人钦佩的；值得赞赏的：*an admirable example of good planning* 一个周详计划的范例 —**admirably** /-əblɪ ‖ -əblɪ/ *adv*: *She dealt with the problem admirably.* 她应付问题的方式很令人钦佩。

admiral /ˈædmərəl ‖ ˈædmərəl/ *noun* [C] an officer of very high rank in the navy who commands a group (**fleet**) of ships 海军将官；舰队司令（舰队叫做 **fleet**）

☆**admiration** /ˌædməˈreɪʃn ‖ ˌædməˈreʃən/ *noun* [U] a feeling that you have when you like and respect sb/sth very much 钦佩；赞赏：*I have great admiration for his work.* 我非常钦佩他的工作。

☆**admire** /ədˈmaɪə(r) ‖ ədˈmaɪr/ *verb* [T] to respect or like sb/sth very much; to look at sb/sth with pleasure 仰慕；赞赏；敬重；倾慕；欣赏：*Everyone admired the way he dealt with the problem.* 大家都赞赏他处理这个难题的方式。○ *I've always admired her for being such a wonderful mother.* 她是个了不起的母亲，我一直很钦佩她。○ *We walked round the house, admiring the furniture and decorations.* 我们在房子里到处参观，欣赏里面的家具和装饰。

admirer *noun* [C] a person who admires sb/sth 仰慕者；爱慕者；欣赏者

admiring *adj* feeling or expressing admiration 仰慕；钦佩；欣赏：*an admiring look* 赞赏的目光 —**admiringly** *adv*

☆**admission** /ədˈmɪʃn ‖ ədˈmɪʃən/ *noun* **1** [C,U] permission to enter a school, club, public place, etc 准许进入（学校、会所、公共场所等）：*All those who were not wearing a tie were refused admission to the club.* 未结领带不得进入会所。○ *Admissions to British universities have increased by 15% this year.* 今年英国的大学录取新生的数目增加了百分之十五。**2** [U] the amount of money that you pay to enter a place 入场费：*The museum charges £3 admission.* 博物馆收取入场费3英镑。**3** [C] a statement that something, usually unpleasant, is true 承认某事属实（通常指坏事）：*I viewed her silence as an admission of guilt.* 我认为她保持沉默就等于认罪。

☆**admit** /ədˈmɪt ‖ ədˈmɪt/ *verb* (admi**tt**ing; admi**tt**ed) **1** [I,T] **admit to sth/doing sth**; **admit (that…)** to agree, often without wanting to, that sth is true（常指非情愿地）承认（某事属实等）：*He refused to admit to the theft.* 他不承认偷了东西。○ *You should admit your mistake.* 你必须承认错误。○ *I have to admit that I was wrong.* 我必须承认我错了。○ *'I was wrong,' he admitted.* 他说："我错了。" ○ *She admitted having broken the computer.* 她承认弄坏了电脑。**2** [T] **admit sb/sth (into/to sth)** to allow sb/sth to enter; to take sb into a place 准许进入/加入；带某人进入：*I have a ticket that admits a member plus one guest to the gardens.* 我有一张票，可以让一个成员带一位客人进入那个公园。○ *He was admitted to hospital with suspected appendicitis.* 他因怀疑患上阑尾炎而入院。

admittedly *adv* it must be admitted (that) 无可否认地：*The work is very interesting.*

A

Admittedly, I do get rather tired. 工作很有趣，但无可否认，我感到有点累。

admittance /əd'mɪtns ‖ əd'mɪtn̩s/ *noun* [U] being allowed to enter a place (especially a private one); the right to enter 获准进入某地方（尤指私人地方）；进入的权利: *The journalist tried to gain admittance to the minister's office.* 那个新闻记者动脑筋想进入部长的办公室。○ *No admittance* (= as a warning on a door that people should keep out). 非请勿进（贴在门上的告示）。

adolescence /ˌædə'lesns ‖ ˌædl̩'ɛsn̩s/ *noun* [U] the period of a person's life between being a child and becoming an adult, ie between the ages of about 13 and 17 青春期（约介乎13至17岁之间的时期）

adolescent /ˌædə'lesnt ‖ ˌædl̩'ɛsn̩t/ *noun* [C] a young person who is no longer a child and not yet an adult 青少年: *the problems of adolescents* 青少年问题 ○ *an adolescent daughter* 十来岁的女儿 ☛ Look at **teenager**. 参看 **teenager**。

☆**adopt** /ə'dɒpt ‖ ə'dɑpt/ *verb* **1** [I,T] to take a child into your family and treat him/her as your own child by law 收养；领养 **2** [T] to take and use sth 采取；采用: *She decided not to adopt her husband's name when she got married.* 她决定婚后不从夫姓。○ *All his suggestions have been adopted.* 他的建议全部被采纳。—**adopted** *adj*: *an adopted child* 养子；养女 —**adoption** /ə'dɒpʃn ‖ ə'dɑpʃən/ *noun* [C,U]: *The party is considering the adoption of a new transport policy.* 该党正考虑采取新的交通政策。○ *We can't have children so we're interested in adoption.* 我们不能生育，所以有意收养别人的子女。○ *The number of adoptions has risen in the past year* (= the number of children being adopted). 去年，收养子女的数字增加了。

adorable /ə'dɔːrəbl ‖ ə'dorəbl̩/ *adj* (used for expressing affection for a child or animal 用于孩童或动物) very attractive 可爱的

adore /ə'dɔː(r) ‖ ə'dor/ *verb* [T] **1** to love and admire sb/sth very much 爱慕；倾慕: *Kim adores her older sister.* 金敬爱她姐姐。**2** (*informal* 非正式) to like sth very much 非常喜欢/热爱（某事物）: *I adore strawberries.* 我很喜欢吃草莓。—**adoration** /ˌædə'reɪʃn ‖ ˌædə'reʃən/ *noun* [U]

adorn /ə'dɔːn ‖ ə'dorn/ *verb* [T] to add sth in order to make a thing or person more attractive or beautiful 装饰；增色；增辉: *a building adorned with flags* 饰以旗帜的建筑物

adrenalin /ə'drenəlɪn ‖ æd'rɛnl̩ɪn/ *noun* [U] a substance that your body produces when you are very angry, frightened or excited and that makes your heart beat faster 肾上腺素

adrift /ə'drɪft ‖ ə'drɪft/ *adj* (not before a noun 不用于名词前) not tied to anything or controlled by anybody (used about a boat)（指船只）漂流/漂浮

☆**adult** /'ædʌlt; ə'dʌlt ‖ 'ædʌlt; ə'dʌlt/ *noun* [C] a person or animal that is fully grown 充分长成的动物；成人: *This film is suitable for both adults and children.* 这部电影老少咸宜。—**adult** *adj*: *She was born here but has spent her adult life in Chile.* 她在这里出世，成年后在智利生活。

adultery /ə'dʌltərɪ ‖ ə'dʌltərɪ/ *noun* [U] sexual relations between a person who is married and sb who is not that person's wife/husband 通奸；奸情

☆**advance**[1] /əd'vɑːns; *US* 美 -'væns ‖ əd'væns/ *verb* **1** [I] to move forward 前进: *The army advanced towards the city.* 军队向那个城市推进。☛ Look at **retreat**. 参看 **retreat**。**2** [I,T] to make progress or help sth make progress 进展；推展: *Our research has not advanced much recently.* 我们的研究最近没有什么进展。

advanced *adj* **1** of a high level 程度高的: *an advanced English class* 英语高班 **2** highly developed 高度发展的: *a country that is not very advanced industrially* 一个工业不大发达的国家

Ad'vanced level = A LEVEL

☆**advance**[2] /əd'vɑːns; *US* 美 -'væns ‖ əd'væns/ *noun* **1** [C, usually sing] forward movement 前进: *the army's advance towards the border* 军队向边境的推进 **2** [C,U] progress in sth 进展: *advances in computer technology* 电脑技术的进展 **3** [C] an amount of money that is paid to sb before the time when it is usually paid 预支的金钱；垫款；预付款

(IDIOM 习语) **in advance (of sth)** before a particular time or event 预先；事先；提早: *You should book tickets for the concert well in advance.* 你应该提早预订那场音乐会的票。

☆**advantage** /əd'vɑːntɪdʒ; *US* 美 -'væn- ‖ əd-'væntɪdʒ/ *noun* **1** [C] **an advantage (over sb)** something that may help you to do better than other people 优势；长处: *Her secretarial experience gave her an advantage over the other people applying for the job.* 她做过秘书，比其他应征者占优势。○ *Our team had the advantage of playing at our home ground.* 我队占有在主场比赛之利。**2** [C,U] something that helps you or that will bring you a good result 好处；优点；优势: *the advantages and disadvantages of a plan* 一个计划的优点和缺点 ○ *There's no advantage in driving into London. There won't be anywhere to park.* 开车到伦敦去毫无好处。伦敦根本没有地方停放车子。☛ The opposite is **disadvantage**. 反义词为 **disadvantage**。

(IDIOM 习语) **take advantage of sth** **1** to make good or full use of sth 好好利用某事物: *Take advantage of the cheap prices while they last.* 要好好利用减价的机会。**2** to make unfair use of sb or of sb's kindness, etc in order to get what you want 不正当地利用某人/某人的善意等（以达个人目的）: *You shouldn't let him take advantage of you like this.* 你不应该让他这样利用你。

advantageous /ˌædvən'teɪdʒəs ‖ ˌædvən-'tedʒəs/ *adj* that will help you or bring you a good result 有利

advent /'ædvənt ‖ 'ædvɛnt/ *noun* [sing] **1** (*formal* 正式) the arrival or coming of sb/sth

来临: *This area was very isolated before the advent of the railway.* 以前没有铁路，这里是很偏僻的地区。**2 Advent** (in the Christian year 教会年) the four weeks before Christmas 圣诞节前四个星期的期间；基督降临节

☆**adventure** /əd'ventʃə(r) ‖ əd'vɛntʃɚ/ *noun* [C,U] an experience or event that is very unusual, exciting or dangerous 冒险的经历；历险: *She left home to travel, hoping for excitement and adventure.* 她离家出游，找寻刺激和冒险的生活。○ *an adventure story* 历险记

adventurous *adj* **1** (used about a person 指人) liking to try new things or have adventures 喜爱尝试新事物和甘于冒险 **2** involving adventure 涉及危险的: *For a more adventurous holiday try mountain climbing.* 想假期过得刺激，可以去爬山。

☆**adverb** /'ædvɜːb ‖ 'ædvɝb/ *noun* [C] a word that adds information to a verb, adjective, phrase or another adverb 副词: *In the sentence 'Please speak slowly', 'slowly' is an adverb.* 在 Please speak slowly 这句子中，slowly 是副词。○ *'Happily', 'well', 'always', 'very' and 'too' are all adverbs.* * happily、well、always、very、too 都是副词。

adverbial /æd'vɜːbɪəl ‖ əd'vɝbɪəl/ *adj* used like an adverb 副词性质的: *an adverbial phrase* (eg 'in the afternoon') 副词短语（例如 in the afternoon）

adversary /'ædvəsərɪ; *US* 美 -serɪ ‖ 'ædvɚˌsɛrɪ/ *noun* [C] (*pl* **adversaries**) (*formal* 正式) an enemy, or an opponent in a competition 敌手；对手；反方

adverse /'ædvɜːs ‖ æd'vɝs/ *adj* (*formal* 正式) making sth difficult for sb; not favourable 不利: *Our flight was cancelled because of adverse weather conditions.* 天气恶劣，我们的航班取消了。—**adversely** *adv*

adversity /əd'vɜːsətɪ ‖ əd'vɝsətɪ/ *noun* [C,U] (*pl* **adversities**) (*formal* 正式) difficulties or problems 困难；难题: *to show strength in the face of adversity* 面对困难的时候显出毅力

advert /'ædvɜːt ‖ æd'vɝt/ *noun* [C] (*Brit informal* 英，非正式) = ADVERTISEMENT

☆**advertise** /'ædvətaɪz ‖ 'ædvɚˌtaɪz/ *verb* **1** [I,T] to put information in a newspaper, on television, on a poster, etc in order to persuade people to buy sth, apply for a job, etc 做广告；登广告: *a poster advertising a new type of biscuit* 一张宣传新的饼干产品的海报 ○ *The job was advertised in the local newspapers.* 那个职位的招聘广告登在本地的报纸上。○ *It's very expensive to advertise on television.* 在电视播出广告费用高昂。**2** [I] **advertise for sb/sth** to say publicly in a newspaper, on a noticeboard, etc that you need sb to do a particular job, want to buy sth, etc（为招聘、征求等）宣传: *The shop is advertising for a part-time sales assistant.* 那家商店登广告招聘兼职售货员。

advertisement /əd'vɜːtɪsmənt; *US* 美 ˌædvər'taɪzmənt ‖ ˌædvɚ'taɪzmənt/ *noun* [C] (*also* 亦作 **advert**; **ad**) a piece of information in a newspaper, on television, on a poster, etc that tries to persuade people to buy sth, apply for a job, etc 广告: *a television advert for a new brand of washing powder* 新牌子洗衣粉的电视广告 ○ *If you want to sell your car, why don't you put an advertisement in the local newspaper?* 想出让汽车，何不在本地报纸上登广告？—**advertising** *noun* [U]: *The magazine gets a lot of money from advertising.* 那本杂志的广告收益很不错。○ *an advertising campaign* 广告促销

☆**advice** /əd'vaɪs ‖ əd'vaɪs/ *noun* [U] an opinion that you give sb about what he/she should do or how he/she should behave 建议；劝告；献计: *She took her doctor's advice and gave up smoking.* 她听从医生的劝告，戒了烟。○ *You should get some legal advice* (= ask a lawyer to tell you what to do). 你应该听一听法律界人士的意见。○ *Let me give you some advice ...* 我给你提个建议吧… ☛ **Advice** is an uncountable noun, so we cannot say 'an advice' or 'some advices'. We can say: *a piece of advice* and: *a lot of advice.* * **advice** 是不可数名词，不能说 an advice 或 some advices，可以说 a piece of advice 或 a lot of advice。

advisable /əd'vaɪzəbl ‖ əd'vaɪzəbḷ/ *adj* (*formal* 正式) that sb would recommend you to do; sensible 可行的；明智的: *It is advisable to reserve a seat.* 预订座位是明智的做法。

☆**advise** /əd'vaɪz ‖ əd'vaɪz/ *verb* **1** [I,T] **advise (sb) (to do sth)**; **advise (sb) (against sth/against doing sth)** to tell sb what you think he/she should do 建议；献计；提供意见: *I would strongly advise you to take the job.* 我很赞成你接受那份工作。○ *They advised us not to travel on a Friday.* 他们建议我们不要星期五去旅行。○ *The newspaper article advised against buying a house in that area.* 那篇报纸上的文章建议人们不要购买那区的房子。○ *He did what the doctor advised.* 他听从医生的吩咐。○ *She advises the Government on economic affairs.* 她就经济事宜向政府献策。**2** [T] (*formal* 正式) to inform sb 告知；通知: *We would like to advise you that the goods are now ready for collection.* 货物已到，可供提取，谨告知。

adviser (*US* 美 **advisor**) *noun* [C] a person who gives advice to a company, government, etc 顾问: *an adviser on economic affairs* 经济事务顾问

advisory /əd'vaɪzərɪ ‖ əd'vaɪzərɪ/ *adj* giving advice only; not having the power to make decisions 顾问性质的（没有决策权）: *an advisory committee* 顾问委员会

advocate /'ædvəkeɪt ‖ 'ædvəket/ *verb* [T] (*formal* 正式) to recommend or say that you support a particular plan or action 提倡/支持（某计划或行动）: *The Minister advocated a reform of the tax system.* 部长倡议税制改革。

advocate /'ædvəkət ‖ 'ædvəkɪt/ *noun* [C] **1 advocate (of sth)** a person who supports a particular plan or action, especially in public 拥护者；倡议者: *an advocate of nuclear disarmament* 主张核裁军者 **2** a lawyer who defends sb in a court of law 辩护律师

aerial[1] /'eərɪəl ‖ 'ɛrɪəl/ (*US* 美 **antenna**) *noun*

A

[C] a long metal stick on a building, car, etc that receives radio or television signals 天线

aerial[2] /ˈeərɪəl ‖ ˈɛrɪəl/ *adj* **1** from or in the air 从空中的；空中的: *an aerial attack on the city* 对那个城市的空袭 ○ *aerial warfare* 空战 **2** taken from an aircraft 从飞机上的: *an aerial photograph of the village* 村落的航摄照片

aerobics /eəˈrəʊbɪks ‖ ɛˈrobɪks/ *noun* [U] energetic physical exercises that increase the amount of oxygen in your blood. Aerobics is often done to music 健身操（可增加血液中的氧气，通常有音乐伴奏）: *I do aerobics twice a week to keep fit.* 我每星期做两次健身操以保持健康。

aerodynamics /ˌeərəʊdaɪˈnæmɪks ‖ ˌɛrodaɪˈnæmɪks/ *noun* [plural, with sing verb] the scientific study of the way that things move through the air 空气动力学 —**aerodynamic** *adj*

☆**aeroplane** /ˈeərəpleɪn ‖ ˈɛrəˌplen/ (*also* 亦作 **plane**; *US* 美 **airplane**) *noun* [C] a vehicle with wings and one or more engines that can fly through the air 飞机: *the noise of an aeroplane flying overhead* 飞机飞过头顶时的轰鸣 ○ *I went to Berlin by plane.* 我乘飞机去了柏林。

aerosol /ˈeərəsɒl; *US* 美 -sɔːl ‖ ˈɛrəˌsɔl/ *noun* [C] a container in which a liquid substance is kept under pressure. When you press a button the liquid comes out in a fine spray 喷雾器: *an aerosol deodorant* 除臭喷剂

aesthetic /iːsˈθetɪk ‖ ɛsˈθɛtɪk/ (*US also* 美亦作 **esthetic** /esˈθetɪk ‖ ɛsˈθɛtɪk/) *adj* involving people's sense of beauty 美感的；美学的；审美的: *The columns are there for purely aesthetic reasons* (= only to look beautiful). 那些柱子的作用纯为装饰。—**aesthetically** (*US also* 美亦作 **esthetically**) /-klɪ ‖ -klɪ/ *adv*: *to be aesthetically pleasing* 美得令人愉悦的

afar /əˈfɑː(r) ‖ əˈfɑr/ *adv* (*formal* 正式) (IDIOM 习语) **from afar** from a long distance away 自远方: *The lights of the city were visible from afar.* 那个城市的灯光离很远也看得见。

☆**affair** /əˈfeə(r) ‖ əˈfɛr/ *noun* **1** [C] an event or situation 事情；情景；活动: *The wedding was a very grand affair.* 婚礼的场面十分壮观。○ *The whole affair has been extremely unpleasant.* 整件事令人很不愉快。 **2 affairs** [plural] important personal, business, national, etc matters 个人、业务、国家等的重要事宜: *The organization should have control of its own financial affairs.* 那个机构应该财政自立。○ *the Irish minister for foreign affairs* 爱尔兰的外交部长 ○ *current affairs* (= the political and social events that are happening at the present time) 时事 **3** [sing] something private that you do not want other people to know about 私事: *What happened between us is my affair. I don't want to discuss it.* 我们之间的事是私事。我不希望拿出来讨论。 **4** [C] a sexual relationship between two people who are not married to each other 私通；奸情: *He's having an affair with his boss.* 他和他的上司私通。

(IDIOM 习语) **state of affairs** ⇨ STATE[1]

☆**affect** /əˈfekt ‖ əˈfɛkt/ *verb* [T] **1** to influence or cause sb/sth to change in a particular way 影响: *Her personal problems seem to be affecting her work.* 她的个人问题影响到工作。○ *Loud music can affect your hearing.* 喧闹的音乐对听觉有损害。☛ Look at the note at **influence**. 参看 **influence** 的注释。**2** to cause sb to feel very sad, angry, etc 使人悲伤/愤怒等: *The whole community was affected by the terrible tragedy.* 整个社区都为这件可怕的惨事感到悲伤。☛ Notice that **affect** is a verb and **effect** is a noun 注意 **affect** 为动词而 **effect** 为名词: *Smoking can affect your health.* 吸烟影响健康。○ *Smoking can have a bad effect on your health.* 吸烟对健康会有坏影响。

affected /əˈfektɪd ‖ əˈfɛktɪd/ *adj* (used about a person or a person's behaviour 指人或其行为) not natural or sincere 不自然；做作；虚伪 —**affectation** /ˌæfekˈteɪʃn ‖ ˌæfɛkˈteʃən/ *noun* [C,U]

☆**affection** /əˈfekʃn ‖ əˈfɛkʃən/ *noun* [U] **affection (for/towards sb/sth)** a feeling of loving or liking sb/sth 喜爱: *Mark felt great affection for his sister.* 马克很爱他的妹妹。

affectionate /əˈfekʃənət ‖ əˈfɛkʃənət/ *adj* showing that you love or like sb very much 疼爱（某人）的: *a very affectionate child* 情意亲切的孩子 —**affectionately** *adv*: *He looked at her affectionately.* 他深情地看着她。

affiliate /əˈfɪlɪeɪt ‖ əˈfɪlɪˌet/ *verb* [T] (usually passive 通常用于被动语态) **affiliate sth (to sth)** to connect an organization to a larger organization 将一机构与另一较大的机构联系起来: *Our local club is affiliated to the national association.* 我们的地区协会附属于全国性的协会。—**affiliated** *adj*: *the NUJ and other affiliated unions*（英国）全国记者协会及其他附属工会

affiliation /əˌfɪlɪˈeɪʃn ‖ əˌfɪlɪˈeʃən/ *noun* [C,U] a connection made by affiliating 从属关系；联系: *The group has affiliations with the Conservative Party.* 那个团体与保守党有从属关系。

affinity /əˈfɪnətɪ ‖ əˈfɪnətɪ/ *noun* [C,U] (*pl* **affinities**) **1 affinity (for/with sb/sth)** a strong feeling that you like and understand sb/sth, usually because you feel similar to him/her in some way 亲和感；密切关系；同一: *He had always had an affinity for wild and lonely places.* 他对荒野有一种亲和感。 **2 affinity (with sb/sth)**; **affinity (between A and B)** a similar quality in two or more people or things 相似之处: *His music has certain affinities with Brahms.* 他的乐曲和布拉姆斯的作品有共通之处。

affirm /əˈfɜːm ‖ əˈfɝm/ *verb* [T] (*formal* 正式) **1** to say clearly that you hold a particular belief 断言: *The people affirmed their country's right to independence.* 该国人民坚称他们的国家有权独立。**2** to say that sth is a fact 断言某事属实；申明: *She affirmed that he would resign.* 她断言他一定会辞职。—**affirmation** /ˌæfəˈmeɪʃn ‖ ˌæfɚˈmeʃən/ *noun* [C,U]

affirmative /əˈfɜːmətɪv ‖ əˈfɝmətɪv/ *adj* (*formal* 正式) meaning 'yes' 肯定的: *an affirmative* *answer* 肯定的答案 ☛ We can also say 'an answer in the affirmative'. 也可以说 an answer in the affirmative。The opposite is **negative**. 反义词为 **negative**。

afflict /ə'flɪkt ‖ ə'flɪkt/ *verb* [T] (usually passive 通常用于被动语态) (*formal* 正式) to cause sb/sth to suffer pain, sadness, etc 使人痛苦/悲伤等: *He had been afflicted with a serious illness since childhood.* 他从小就受重病折磨。

affliction /ə'flɪkʃn ‖ ə'flɪkʃən/ *noun* [C,U] a thing that causes suffering 痛苦的根源: *Poor sight and hearing are common afflictions of old age.* 视力和听力不好常为老年人痛苦的根源。

affluent /'æfluənt ‖ 'æfluənt/ *adj* having a lot of money 富有 —**affluence** *noun* [U]

☆**afford** /ə'fɔ:d ‖ ə'fɔrd/ *verb* [T] **1** (usually after *can*, *could* or *be able to* 通常用于 can、could 或 be able to 之后) to have enough money or time to be able to do sth 有足够的金钱或时间做某事: *We couldn't afford a television in those days.* 那时候，我们买不起电视机。○ *There's a lot to do. We can't afford to waste any time.* 有许多事要办。我们不能浪费一点儿时间。**2 can't/couldn't afford** to not be able to do sth or let sth happen because it would have a bad result for you 不能做某事或不容某事发生（因某事会带来恶果）: *We can't afford to lose this contract. The future of the company depends on it.* 我们不能失去这份合同。公司的前途全依靠它了。

affront /ə'frʌnt ‖ ə'frʌnt/ *noun* [C] something that you say or do that is insulting to another person or thing 冒犯的言论或行为

afield /ə'fi:ld ‖ ə'fild/ *adv*
(IDIOM 习语) **far afield** ⇨ FAR²

afloat /ə'fləʊt ‖ ə'flot/ *adj* (not before a noun 不用于名词前) **1** on the surface of the water; not sinking（在水面）漂浮 **2** (used about a business, an economy, etc 指业务、经济体系等) having enough money to survive 财力足以维持下去的: *We will need to borrow ten million pounds to keep the company afloat.* 我们需要借贷一千万英镑，才能把公司维持下去。

afoot /ə'fʊt ‖ ə'fʊt/ *adj* (not before a noun 不用于名词前) being planned or prepared 在准备之中: *There was a plan afoot to build a new theatre.* 新剧院的建筑计划已在草拟中。

☆**afraid** /ə'freɪd ‖ ə'fred/ *adj* (not before a noun 不用于名词前) **1 afraid (of sb/sth)**; **afraid (of doing sth/to do sth)** having or showing fear; frightened 害怕；惊恐: *Why are some people afraid of spiders?* 为什么有些人害怕蜘蛛？○ *Sue is afraid of going out after dark.* 苏珊不敢在天黑之后出门。○ *I was too afraid to answer the door.* 我怕得不敢应门。**2 afraid (that...)**; **afraid (of doing sth)** worried about sth 担心: *We were afraid that you would be angry.* 我们担心你会生气。○ *to be afraid of offending sb* 担心冒犯某人
(IDIOM 习语) **I'm afraid (that...)** (used for saying politely that you are sorry about sth 表示歉意的礼貌说法): *I'm afraid I can't come on Sunday.* 恐怕我星期天不能来。☛ Compare **afraid** and **frightened**. 比较 **afraid** 及 **frightened**。You can only use **afraid** after a noun, but you can use **frightened** before or after a noun＊**afraid** 只可以用于名词之后，但 **frightened** 可用于名词之前或之后: *a frightened animal* 受惊的动物 ○ *The animal was afraid/frightened.* 那只动物受惊了。

afresh /ə'freʃ ‖ ə'frɛʃ/ *adv* (*formal* 正式) again, in a new way 重新: *to start afresh* 重新开始

African-American /ˌæfrɪkən ə'merɪkən ‖ 'æfrɪkənə'mɛrɪkən/ (*also* 亦作 **Afro-American** /ˌæfrəʊ ə'merɪkən ‖ 'æfroə'mɛrɪkən/) *noun* [C] an American citizen whose family was originally from Africa 祖籍非洲的美国公民；非洲裔美国人 —**African-American** (*also* 亦作 **Afro-American**) *adj*

Afro-Caribbean /ˌæfrəʊ kærɪ'bi:ən; *US* 美 -kə'rɪbɪən ‖ 'æfrokə'rɪbɪən/ (*also* 亦作 **African-Caribbean**) *noun* [C] **1** a person from the Caribbean whose family was originally from Africa 祖籍非洲的加勒比地区居民；非洲裔加勒比人 **2** a person from a different country whose family was originally Afro-Caribbean(1) 来外国而家族原为非洲加勒比居民的人 —**Afro-Caribbean** (*also* 亦作 **African-Caribbean**) *adj*: *the Afro-Caribbean community in West London* 伦敦西部的非洲加勒比社群

☆**after**¹ /'ɑ:ftə(r); *US* 美 æf- ‖ 'æftɚ/ *prep* **1** later than sth（在时间上）之后/后来: *Ian phoned just after six o'clock.* 伊恩刚过了六点来过电话。○ *the week, month, year, etc after next* 下下星期；下下月；后年… ○ *I hope to arrive some time after lunch.* 我希望午餐后可以到达。○ *We spent three days in Edinburgh and after that we went to Glasgow.* 我们在爱丁堡住了三天，之后就去了格拉斯哥。○ *After doing my homework, I went out for a walk.* 做完课外作业后，我出去散步。**2 ...after...** repeated many times or continuing for a long time 重复多次；持续一段长时间: *day after day of hot weather* 酷热的天气日复一日 ○ *I've told the children time after time not to do that.* 我屡次劝告孩子们别那样做。**3** following or behind sb/sth（在位置上）在后: *Shut the door after you.* 顺手关门。○ *The dog ran after its master.* 那只狗追着主人走。○ *After you* (= used for politely allowing sb to use sth, go through a door, etc first). 您先请。**4** following in order 依序；次序上在后面: *C comes after B in the alphabet.* 在字母表中，C 接在 B 后面。**5** because of sth 因为: *After the way he behaved I won't invite him here again.* 鉴于他那次的行为，我今后不会再邀请他来了。**6** looking for or trying to catch or get sb/sth 找寻；追赶: *The police were after him.* 警方正缉捕他。○ *Nicky is after a job in advertising.* 尼基正在找一份广告业的工作。**7** (used when sb/sth is given the name of another person or thing 指以某人/某物命名): *The street is called Wellington Street, after the famous general.* 这条街叫威灵顿街，以威灵顿这位名将命名。
(IDIOM 习语) **after all 1** (used when sth happens that you did not expect to happen, or when you discover that sth that you thought was not true is, in fact, true 用于出乎意料的情况) 到底；毕竟: *So you decided to come after all!* (= I thought you weren't going to come)

A

你到底还是决定来了！（我以为你不会来）○ *Maybe he's not so stupid after all.* 也许他毕竟没有那么笨。 **2** (used for reminding sb of a certain fact 用以提示某人某事实): *She can't understand. After all, she's only two.* 她是不会明白的。别忘了，她只有两岁。

☆**after²** /ˈɑːftə(r); *US* 美 æf- ‖ ˈæftɚ/ *conj* at a time later than sth 之后；其后；然后: *They arrived at the station after the train had left.* 列车离站之后，他们才到达。○ *After we had finished our dinner, we went into the garden.* 我们吃过晚饭后，就去了花园。

☆**after³** /ˈɑːftə(r); *US* 美 æf- ‖ ˈæftɚ/ *adv* at a later time 后来；此后: *That was in 1986. Soon after, I heard that he was ill.* 那是1986年的事。随后我听说他病了。○ *They lived happily ever after* (= for ever). 此后，他们的日子一直过得很快乐。

☛ It is more common to use **afterwards** at the end of a sentence 在句末用 **afterwards** 比较普遍: *We played tennis and then went to Angela's house afterwards.* 我们打过羽毛球之后，再去安杰拉的家。

ˈ**after-effect** *noun* [C] an unpleasant result of sth that comes some time after it has happened 后效；副作用: *the after-effects of a serious illness* 重病的后遗症

aftermath /ˈɑːftəmæθ ‖ ˈæftɚˌmæθ/ *noun* [sing] a situation that is the result of an important or unpleasant event 重要事件 / 不愉快事件的后果: *the aftermath of a war* 战争的后果

☆**afternoon** /ˌɑːftəˈnuːn; *US* 美 ˌæf- ‖ ˌæftɚˈnun/ *noun* [C,U] the part of a day between midday and about six o'clock 下午: *I'll see you tomorrow afternoon.* 我明天下午见你。○ *We sat in the garden all afternoon.* 我们整个下午在花园里坐着。○ *He goes swimming every afternoon.* 他每天下午都去游泳。○ *She arrived at four o'clock in the afternoon.* 她下午四点钟到达。○ *Tom works two afternoons a week.* 汤姆每星期有两天下午工作。○ *Are you busy on Friday afternoon?* 你星期五下午忙吗？○ *afternoon tea* 下午茶 ○ *Where were you on the afternoon of February 26th?* * 2月26日下午你在哪里？

(IDIOM 习语) **good afternoon** (used when you see sb for the first time in the afternoon 午后的招呼) ☛ Look at the note at **morning**. 参看 **morning** 的注释。

aftershave /ˈɑːftəʃeɪv ‖ ˈæftɚˌʃev/ *noun* [C,U] a liquid with a pleasant smell that men put on their faces after shaving 男子刮脸后搽的润肤液

afterthought /ˈɑːftəθɔːt ‖ ˈæftɚˌθɔt/ *noun* [C, usually sing] something that you think of or add to sth else at a later time 后来的想法；后来补充的事物: *He did the shopping, and then bought some flowers on the way home as an afterthought.* 他去店铺买了点东西，回家途中又再买了些花。

☆**afterwards** /ˈɑːftəwədz; *US* 美 æf- ‖ ˈæftɚwɚdz/ (*US also* 美亦作 **afterward**) *adv* at a later time 后来: *I met her at a party and saw her again soon afterwards.* 我在宴会中遇到她，后来不久又再见到她。○ *Afterwards, Nick said he hadn't enjoyed the film.* 后来，尼克说他并不喜欢那部电影。

☆**again** /əˈgen; əˈgeɪn ‖ əˈgɛn; əˈgen/ *adv* **1** once more; another time 再次；另一次: *Could you say that again, please?* 请你再说一次好吗？○ *She was out. I'll phone again later.* 她不在。我稍后再给她打电话。○ *Don't ever do that again!* 不要再做这种事了！ **2** in the place or condition that sb/sth was in before 恢复原状；回到原处: *It's great to be home again.* 回到家里真好。○ *I hope you'll soon be well again.* 我希望你会很快复原。 **3** (used for expressing that sth you have just said may not happen or be true 表示刚说过的未必发生或未必真确): *She might pass her test, but then again she might not.* 她考试也许会及格，也许会不及格。 **4** in addition 此外: *'Is that enough?' 'No, I'd like half as much again, please'* (= one-and-a-half times the original amount). "够吗？" "不够，我想再多要一半。"

(IDIOMS 习语) **again and again** many times 多次: *He said he was sorry again and again.* 他再三道歉。

yet again ⇨ YET

☆**against** /əˈgenst; əˈgeɪnst ‖ əˈgɛnst; əˈgenst/ *prep* **1** touching or leaning on sb/sth for support 倚靠: *Put the cupboard over there against the wall.* 将橱柜搬到那边墙脚。 **2** in the opposite direction to sth 逆着: *We had to cycle against the wind.* 当时我们只好逆着风骑自行车。 **3** opposing sb/sth in a game, competition, war, etc 进行比赛 / 竞争 / 战斗等: *Leeds are playing against Everton on Saturday.* 利兹队将于星期六和埃弗顿队比赛。 **4** not agreeing with or supporting sb/sth 不赞成；不支持: *Are you for or against the plan?* 你赞成还是反对这个计划？○ *She felt that everybody was against her.* 她觉得每个人都在为难她。 **5** what a law, rule, etc says you must not do 犯法 / 违章 / 违例的: *It's against the law to buy cigarettes before you are sixteen.* 未满十六岁的人购买香烟是犯法的。 **6** to protect yourself from sb/sth 抵抗；抵御: *Take these pills as a precaution against malaria.* 吃下这些药丸以预防疟疾。

☆**age¹** /eɪdʒ ‖ edʒ/ *noun* **1** [C,U] the length of time that sb has lived or that sth has existed 年龄；年份: *Nigel is seventeen years of age.* 奈杰尔十七岁。○ *She left school at the age of sixteen.* 她十六岁时离开学校。○ *When I was your age I never did anything like that!* 我像你这样年纪的时候，从来没有干出那种事！○ *Children of all ages will enjoy this film.* 不管多大年纪的孩子，一定会喜欢这出电影。○ *He needs some friends of his own age.* 他需要年纪相仿的朋友。 ☛ When you want to ask about somebody's age, you usually say: *How old is she?* and the answer can be: *She's eighteen* or: *She's eighteen years old* but NOT: *She's eighteen years.* 想知道某人的年龄通常这样说：How old is she? 回答时可以说：She's eighteen 或 She's eighteen years old，但不可以说 She's eighteen years。Here are some examples of other ways of talking about age 以下是一些关于年龄的说法: *I'm nearly nineteen.* 我差不多十九岁了。○ *a girl of eighteen* 十八岁的姑娘 ○

an eighteen-year-old girl 十八岁的姑娘 ○ *The girl, aged 18, said she came from Perth.* 那个女孩子今年18岁，她说是从珀斯来的。○ *I first went abroad when I was fifteen.* 我十五岁时第一次出国。**2** [U] one of the periods of sb's life 人生的阶段: *a problem that often develops in middle age* 人到中年常有的问题 **3** [U] the state of being old 年老: *a face lined with age* 因年老而起皱纹的脸 ☛ Look at **youth**. 参看 **youth**。**4** [C] a particular period of history 时代；年代: *We are now living in the computer age.* 我们今天生活在电脑时代。○ *the history of art through the ages* 历代的艺术史 **5 ages** [plural] (*informal* 非正式) a very long time 长时间: *We had to wait ages at the hospital.* 我们在医院里等了很久。

(IDIOM 习语) **under age** not old enough by law to do sth 未届法定年龄

'**age group** *noun* [C] people of a particular age(1) 同是某一年龄的人；年龄组: *This club is very popular with the 20-30 age group.* 这个俱乐部很受年龄在20至30岁之间的人欢迎。

☆**age**[2] /eɪdʒ ‖ edʒ/ *verb* [I,T] (*pres part* **ageing** or **aging**; *pt*, *pp* **aged** /eɪdʒd ‖ edʒd/) to become or look old; to cause sb to look old 变老；使衰老: *My father seems to have aged a lot recently.* 近来我父亲好像老了许多。

aged /eɪdʒd ‖ edʒd/ *adj* (not before a noun 不用于名词前) of a particular age(1) 某年纪的: *The woman, aged 26, was last seen at Victoria Station.* 那个26岁的女人在维多利亚站出现过后就再没有人见过她。

the aged /'eɪdʒɪd ‖ 'edʒɪd/ *noun* [plural] old people 老年人

☆**agency** /'eɪdʒənsɪ ‖ 'edʒənsɪ/ *noun* [C] (*pl* **agencies**) **1** a business that provides a particular service 提供某种服务的公司: *an advertising agency* 广告代理商 **2** (*US* 美) a government department 政府部门: *the Central Intelligence Agency* 中央情报局

agenda /ə'dʒendə ‖ ə'dʒɛndə/ *noun* [C] a list of all the subjects that are to be discussed at a meeting 议程

☆**agent** /'eɪdʒənt ‖ 'edʒənt/ *noun* [C] **1** a person whose job is to do business for a company or for another person 代理人；经纪: *Our company's agent in Rio will meet you at the airport.* 我们公司在里约热内卢的代理人会到机场迎接你。○ *Most actors and musicians have their own agents.* 大部分演员和音乐家都有自己的经理人。○ *a travel agent* 旅行社 ○ *an estate agent* 房屋经纪 **2** = SECRET AGENT

aggravate /'ægrəveɪt ‖ 'ægrə,vet/ *verb* [T] **1** to make sth worse or more serious 使恶化；使严重: *The country's food problems were aggravated by the hot dry summer.* 国家粮食短缺问题因夏天炎热干燥的天气而更加恶化。**2** (*informal* 非正式) to make sb angry or annoyed 激怒 —**aggravation** /,ægrə'veɪʃn ‖ ,ægrə'veʃən/ *noun* [C,U]

aggregate /'ægrɪgət ‖ 'ægrɪgɪt/ *noun*

(IDIOM 习语) **on aggregate** in total 总数；合计: *Our team won 3-1 on aggregate.* 比数是3比1，我们队赢了。

aggression /ə'greʃn ‖ ə'grɛʃən/ *noun* [U] **1** the act of starting a fight or war without reasonable cause 侵略；挑衅: *This is an intolerable act of aggression against my country.* 这是对我国的不可容忍的侵略。**2** angry feelings or behaviour that make you want to attack other people 敌意；敌对行为: *People often react to this kind of situation with fear or aggression.* 人对这种处境的反应总是惊慌或敌视。

aggressor /ə'gresə(r) ‖ ə'grɛsɚ/ *noun* [C] a person or country that attacks sb/sth or starts fighting first 侵略者；挑衅者

☆**aggressive** /ə'gresɪv ‖ ə'grɛsɪv/ *adj* **1** ready or likely to fight or argue 好战；好争: *an aggressive dog* 一只好斗的狗 ○ *Some people get aggressive after drinking alcohol.* 有些人喝了酒后会变得咄咄逼人。**2** using or showing force or pressure in order to succeed 进取的: *an aggressive salesman* 积极进取的推销员 —**aggressively** *adv*

aggrieved /ə'gri:vd ‖ ə'grivd/ *adj* (*formal* 正式) upset or angry 愤慨

agile /'ædʒaɪl; *US* 美 'ædʒl ‖ 'ædʒəl/ *adj* able to move quickly and easily 机敏；灵活 —**agility** /ə'dʒɪlətɪ ‖ ə'dʒɪlətɪ/ *noun* [U]

agitate /'ædʒɪteɪt ‖ 'ædʒə,tet/ *verb* [I] **agitate (for/against sth)** to make other people feel very strongly about sth so that they want to do sth to help you achieve it 鼓动他人以赢得支持: *to agitate for reform* 鼓吹改革

agitated *adj* worried or excited 担忧；激动: *She became more and more agitated when her son did not appear.* 她见不到儿子，越来越焦虑。—**agitation** /,ædʒɪ'teɪʃn ‖ ,ædʒə'teʃən/ *noun* [U]

agnostic /æg'nɒstɪk ‖ æg'nɑstɪk/ *noun* [C] a person who believes that you cannot know whether or not God exists（对于神的存在）持不可知论的人

☆**ago** /ə'gəʊ ‖ ə'go/ *adv* in the past; back in time from now 之前；以前: *Patrick left ten minutes ago* (= if it is twelve o'clock now, he left at ten to twelve). 帕特里克十分钟前走了。○ *That was a long time ago.* 那是很久以前的事了。○ *How long ago did this happen?* 这是多久以前的事？☛ **Ago** is used with the simple past tense and not the present perfect tense * **ago** 与简单过去时连用，不可与现在完成时连用: *I arrived in Britain three months ago.* 我三个月前到达英国。Compare **ago** and **before**. 比较 **ago** 及 **before**。**Ago** means 'before now' and **before** means 'before then' (ie before a particular time in the past) * **ago** 指"现在之前"，**before** 指"那时之前"（即过去某一时间之前）: *Anne married Simon two years ago.* 安妮和西蒙两年前结婚。○ *She had left her first husband six months before* (= six months before she married Simon). 她（和西蒙结婚的）六个月前跟前夫离异。

agonize (*also* 亦作 **agonise**) /'ægənaɪz ‖ 'ægə,naɪz/ *verb* [I] to worry or think about sth for a long time 长时间担忧/思念: *to agonize over a difficult decision* 为某事难以抉择而焦虑

agonized (*also* 亦作 **agonised**) *adj* showing extreme pain or worry 带痛苦/忧虑: *an agonized cry* 惨叫声

A

agonizing (*also* 亦作 **agonising**) *adj* causing extreme worry or pain 造成忧虑/痛苦的: *an agonizing choice* 痛苦的选择 ○ *an agonizing headache* 剧烈的头疼

agony /'ægənɪ ‖ 'ægənɪ/ *noun* [C,U] (*pl* **agonies**) great pain or suffering 极大的痛苦: *to scream in agony* 因极度痛苦而尖叫

☆**agree** /ə'gri: ‖ ə'gri/ *verb* **1** [I,T] **agree (with sb/sth); agree (that...)** to have the same opinion as sb/sth 同意；赞成: *'I think we should talk to the manager about this.' 'Yes, I agree.'* "我认为我们应该和经理商谈这件事。""对。我赞成。" ○ *I agree with Paul.* 我同意保罗的意见。○ *Do you agree that we should travel by train?* 我们应该乘火车，你同意吗？○ *I'm afraid I don't agree.* 对不起，我不同意。☛ Look at **disagree**. 参看 **disagree**。**2** [I] **agree (to sth)** to say yes to sth 赞同；允许: *I asked if I could go home early and she agreed.* 我问她我可不可以早点回家，她同意了。○ *Andrew has agreed to lend me his car for the weekend.* 安德鲁答应这个周末借车子给我。☛ Look at **refuse[1]**. 参看 **refuse[1]**。**3** [I,T] **agree (to do sth); agree (on) (sth)** to make an arrangement or agreement with sb 商定: *They agreed to meet again the following day.* 他们约定第二天再会面。○ *Can we agree on a price?* 我们能不能议定一个价格？○ *We agreed a price of £500.* 我们商定的价格是500英镑。**4** [I] **agree with sth** to think that sth is right 赞同: *I don't agree with experiments on animals.* 我不赞成用动物做试验。**5** [I] to be the same as sth 一致: *The two accounts of the accident do not agree.* 有关这起事故的两份报告不相吻合。

agreeable /ə'gri:əbl ‖ ə'griəbḷ/ *adj* **1** pleasant; nice 令人喜悦的 ☛ The opposite is **disagreeable**. 反义词为 **disagreeable**。**2** (*formal* 正式) ready to agree 准备同意的: *If you are agreeable, we would like to visit your offices on 21 May.* 如果你同意的话，我们希望在5月21日来参观你的办公室。—**agreeably** /-əblɪ ‖ -əblɪ/ *adv*

☆**agreement** /ə'gri:mənt ‖ ə'grimənt/ *noun* **1** [C] a contract or decision that two or more people have made together 合同；协议: *Please sign the agreement and return it to us.* 请在合约上签名，然后交还给我们。○ *The leaders reached an agreement after five days of talks.* 经过五天会谈，领袖们达成了协议。**2** [U] the state of agreeing with sb/sth 同意: *She nodded her head in agreement.* 她点头赞成。☛ The opposite is **disagreement**. 反义词为 **disagreement**。

☆**agriculture** /'ægrɪkʌltʃə(r) ‖ 'ægrɪˌkʌltʃɚ/ *noun* [U] keeping animals and growing crops for food; farming 农业: *the Minister of Agriculture* 农业部长 —**agricultural** /ˌægrɪ'kʌltʃərəl ‖ ˌægrɪ'kʌltʃərəl/ *adj*: *agricultural land* 农业用地

ah /ɑ: ‖ ɑ/ *interj* (used for expressing surprise, pleasure, sympathy, etc 表示惊讶、喜悦、同情等): *Ah, there you are.* 啊，原来你在这儿。○ *Ah well, never mind.* 啊，不要紧。

aha /ɑ:'hɑ: ‖ ɑ'hɑ/ *interj* (used when you suddenly find or understand sth 用于突然发现或突然明白某事物时): *Aha! Now I understand.* 啊哈！我明白了。

☆**ahead** /ə'hed ‖ ə'hɛd/ *adv*, *adj* **ahead (of sb/sth) 1** in front of sb/sth（指位置）在前面: *I could see the other car about half a mile ahead of us.* 我看见前面半英里的地方又有另一辆车。○ *The path ahead looked narrow and steep.* 前面那条小路看起来又狭又陡。○ *Look straight ahead and don't turn round!* 向前看，不要转身！**2** before or in advance of sb/sth（指时间）之前: *Jane and Nicky arrived a few minutes ahead of us.* 珍妮和尼基比我们早到几分钟。○ *London is about five hours ahead of New York.*（时差方面）伦敦大约比纽约早五小时。**3** into the future 伸展到未来: *He's got a difficult time ahead of him.* 他将要面对艰苦的日子。○ *We must think ahead and make a plan.* 我们要为未来着想，定一个计划。**4** doing better than another person or team in a game, competition, etc（在游戏、比赛等中）领先: *The third goal put Italy ahead.* 第三个进球使意大利队领先。**5** more advanced than sb/sth else 比…先进: *The Japanese are way ahead of us in their research.* 日本人的研究远远比我们领先。

(IDIOM 习语) **streets ahead** ⇨ STREET

aid /eɪd ‖ ed/ *noun* **1** [U] help 帮助；协助；辅助: *to walk with the aid of a stick* 靠拐杖走路 ○ *to go to sb's aid* (= to go and help sb) 帮助某人 ☛ Look at **first aid**. 参看 **first aid**。**2** [C] a person or thing that helps you 能够提供帮助的人/物: *a hearing aid* 助听器 **3** [U] money, food, etc that is sent to a country or people in order to help them 援助（可以是金钱、食物等）: *aid to the Third World* 给第三世界的援助 ○ *Oxfam and other aid agencies* 乐施会和其他援助机构

(IDIOM 习语) **in aid of sb/sth** in order to raise money for sb/sth 为某人/某事筹款: *a concert in aid of Children in Need* 一个为待援儿童协会筹款的音乐会

aid *verb* [T] (*formal* 正式) to help sb 帮忙

(IDIOM 习语) **aid and abet** to help sb to do sth that is against the law 协助犯罪；帮凶

aide /eɪd ‖ ed/ *noun* [C] a person who is an assistant to sb important in the government, etc 政府要员等的助手

Aids (*also* 亦作 **AIDS**) /eɪdz ‖ edz/ *noun* [U] an illness which destroys the body's ability to fight infection 艾滋病；爱滋病: *an AIDS victim* 艾滋病受害者 ○ *Thousands of people have died of Aids.* 数以千计的人死于艾滋病。☛ 'AIDS' is short for **Acquired Immune Deficiency Syndrome**. * AIDS 的全名为 **Acquired Immune Deficiency Syndrome**（后天免疫缺损综合征）。

ailing /'eɪlɪŋ ‖ 'elɪŋ/ *adj* not in good health; weak 不健康；衰弱；生病的: (*figurative* 比喻) *an ailing economy* 疲弱的经济

ailment /'eɪlmənt ‖ 'elmənt/ *noun* [C] (*formal* 正式) an illness (that is not very serious) 小病；病痛；疾病；微恙

☆**aim[1]** /eɪm ‖ em/ *noun* **1** [C] something that you intend to do or achieve 目标；目的: *Our aim is to open offices in Paris and Rome before the*

A

end of the year. 我们的目标是年底之前在巴黎和罗马开设办事处。○ *His only aim in life is to make money.* 他人生的惟一目标是赚钱。**2** [U] the act of pointing sth at sb/sth before trying to hit him/her/it with it 瞄准：*Get ready to shoot. Take aim – fire!* 预备！瞄准！放！○ *Her aim was good and she hit the target.* 她瞄得很准，命中目标。

aimless *adj* having no purpose 无目的：*an aimless discussion* 漫无目的的讨论 —**aimlessly** *adv*

☆**aim²** /eɪm ‖ em/ *verb* **1** [I] **aim to do sth; aim at/for sth** to intend to do or achieve sth 确定目标；计划做（某事）；致力：*We aim to leave after breakfast.* 我们打算吃过早餐后离开。○ *The company is aiming at a 25% increase in profit.* 公司的目标是利润增加百分之二十五。○ *You should always aim for perfection in your work.* 你在工作上永远要力求尽善尽美。**2** [T] **aim sth at sb/sth** to direct sth at a particular person or group 针对：*The advertising campaign is aimed at young people.* 这项广告计划以年轻人为对象。**3** [I,T] **aim (sth) (at sb/sth)** to point sth at sb/sth before trying to hit him/her/it with it 瞄准：*She picked up the gun, aimed, and fired.* 她拿起枪，一瞄准，就开火。

(IDIOM 习语) **be aimed at sth** to be intended to achieve sth 为达某目的或目标：*The new laws are aimed at reducing heavy traffic in cities.* 新法规的目的是减轻城市交通紧张的情况。

ain't /eɪnt ‖ ent/ (*informal* 非正式) *short for* AM NOT, IS NOT, ARE NOT, HAS NOT, HAVE NOT ＊ AM NOT、IS NOT、ARE NOT、HAS NOT、HAVE NOT 的缩约式 ☛ **Ain't** is considered to be incorrect English. 有人认为 **ain't** 是不规范的。

☆**air¹** /eə(r) ‖ ɛr/ *noun* **1** [U] the mixture of gases that surrounds the earth and that people, animals and plants breathe 空气：*the pure mountain air* 山中清纯的空气 ○ *The air was polluted by smoke from the factory.* 空气被工厂喷出来的烟雾污染了。**2** [U] the space around and above things 空间；天空：*to throw a ball high into the air* 把球抛到空中 ○ *in the open air* (= outside) 在户外 **3** [U] travel or transport in an aircraft 航空：*to travel by air* 乘坐飞机 ○ *an air ticket* 飞机票 **4** [C] **an air (of sth)** the impression that sb gives or the impression you get of a place, event, etc 神态；气质；气氛：*a confident air* 满怀信心的样子 ○ *There was a general air of confusion outside the President's palace.* 总统府外一片混乱。

(IDIOMS 习语) **a breath of fresh air** ⇨ BREATH

in the air probably going to happen soon 酝酿中：*A feeling of change was in the air.* 人们可以感觉到改革将要出现。

in the open air ⇨ OPEN¹

on (the) air broadcasting on the radio or television 广播中：*This radio station is on the air 24 hours a day.* 这家电台24小时全天广播。

vanish, etc into thin air ⇨ THIN

'**airbase** *noun* [C] an airport for military aeroplanes 空军基地

'**air-conditioned** *adj* having air-conditioning 有空气调节的；有冷气的：*air-conditioned offices* 有空调的办公室

'**air-conditioning** *noun* [U] the system that keeps the air in a room, building, etc cool and dry 空气调节系统；空调设备

'**airfield** *noun* [C] an area of land where aeroplanes can land or take off. An airfield is smaller than an airport. 可供飞机升降的地方，面积比 airport 小；（小）机场

'**air force** *noun* [C, with sing or pl verb] the part of a country's military organization that fights in the air 空军 ☛ Look at **army** and **navy**. 参看 **army** 及 **navy**。

'**air-hostess** (*also* 亦作 **hostess**) *noun* [C] a woman who looks after the passengers on an aeroplane（客机）女乘务员/空中小姐

'**airline** *noun* [C] a company that provides regular flights for people or goods in aeroplanes 航空公司：*an airline pilot* 民航飞机驾驶员

'**airliner** *noun* [C] a large aeroplane that carries passengers 大型客机

'**airmail** *noun* [U] the system for sending letters, parcels, etc by aeroplane 航空邮寄系统；空邮

'**airplane** *noun* [C] (*US* 美) = AEROPLANE

'**airport** *noun* [C] a place where aircraft can land and take off and that has buildings for passengers to wait in 飞机场；机场

'**air raid** *noun* [C] an attack by military aeroplanes 空袭

'**airspace** *noun* [U] the part of the sky that is above a country and that belongs to that country by law 领空

'**airtight** *adj* that air cannot get into or out of 不透气；密封

ˌ**air traffic con'troller** *noun* [C] a person whose job is to organize routes for aeroplanes, and to tell pilots by radio when they can land and take off 空中交通管制人员

air² /eə(r) ‖ ɛr/ *verb* **1** [I,T] to put clothes, etc in a warm place or outside in the fresh air to make sure they are completely dry; to be put in this place 晾/烘干（衣服等）：*Put the sleeping-bag on the washing-line to air.* 把睡袋挂在晾衣绳上晾干。**2** [I,T] to make a room, etc fresh by letting air into it; to become fresh in this way 通风：*Open the window to air the room.* 打开窗户使房间通风。**3** [T] to tell people what you think about sth 提出意见；表白：*The discussion gave people a chance to air their views.* 这次讨论给了大家一个机会发表意见。

'**airing cupboard** *noun* [C] a warm cupboard that you use for airing(1) clothes in（烘干衣服用的）烘柜

airborne /'eəbɔ:n ‖ 'ɛrˌbɔrn/ *adj* flying in the air 飞行的：*airborne missiles* 导弹

☆**aircraft** /'eəkrɑ:ft ‖ 'ɛrˌkræft/ *noun* [C] (*pl* **aircraft**) any vehicle that can fly in the air, eg an aeroplane, a helicopter, etc 飞行器/航空器（如飞机、直升机等）

'**aircraft carrier** *noun* [C] a ship that carries military aircraft and that has a long flat area where they can take off and land 航空母舰

airless /'eəlɪs ‖ 'ɛrlɪs/ *adj* not having enough

A

fresh air 缺乏新鲜空气的；不通风: *The room was hot and airless.* 这个房间又热又闷。

airy /ˈeərɪ ‖ ˈɛrɪ/ *adj* (**airier**; **airiest**) having a lot of fresh air 有充足新鲜空气的；通风: *a light and airy room* 又明亮又通风的房间

aisle /aɪl ‖ aɪl/ *noun* [C] a passage between the rows of seats in a church, theatre, etc（教堂、戏院等中两排座位之间的）通道

ajar /əˈdʒɑː(r) ‖ əˈdʒɑr/ *adj* (not before a noun 不用于名词前) slightly open (used about a door)（指门）微开/虚掩

akin /əˈkɪn ‖ əˈkɪn/ *adj* **akin to sth** similar to or like sth（与某物）相类似/相像

à la carte /ˌɑː lɑː ˈkɑːt ‖ ˌɑləˈkɑrt/ *adj, adv* (used about a meal in a restaurant 指餐馆的饭菜) where each dish on the menu has a separate price and there is not a fixed price for a complete meal（依菜牌）点菜的（常与套餐相对）

☆**alarm** /əˈlɑːm ‖ əˈlɑrm/ *noun* **1** [U] a sudden feeling of fear or worry 惊慌: *She jumped up in alarm.* 她惊慌地跳了起来。**2** [sing] a warning of danger 警报: *A small boy saw the smoke and raised the alarm.* 一个小男孩见到冒烟马上呼救。**3** [C] a machine that warns you of danger, eg by ringing a loud bell 警报器: *a burglar alarm* 防盗警铃 ○ *a fire alarm* 火警的警铃 **4** [C] = ALARM CLOCK

(IDIOM 习语) **a false alarm** ⇨ FALSE

alarm *verb* [T] to make sb/sth feel suddenly frightened or worried 警告；惊动: *The news of the escaped prisoner alarmed the local people.* 附近的人听见有个犯人逃脱，都惊慌起来。

alarmed *adj* **alarmed (at/by sth)** frightened or worried 受惊；忧虑: *Government ministers are alarmed at the recent rise in unemployment.* 政府各部门首长对近来失业率上升感到忧虑。

alarming *adj* that makes you frightened or worried 使人惊慌或忧虑的: *The population of the world is increasing at an alarming rate.* 世界人口正在以惊人的速度增长。—**alarmingly** *adv*

aˈlarm clock (*also* 亦作 **alarm**) *noun* [C] a clock that you can set to make a noise at a particular time to wake you up 闹钟: *She set the alarm clock for half past six.* 她把闹钟调校在六点半响。○ *My alarm clock goes off at seven o'clock.* 我的闹钟七点整响了起来。☛ picture at **clock**. 见 **clock** 插图。

alas /əˈlæs ‖ əˈlæs/ *interj* (*formal* 正式) (used for expressing sadness about sth 表示悲哀、遗憾等) 哎呀/唉/啊

albino /ælˈbiːnəʊ; *US* 美 -ˈbaɪ- ‖ ælˈbaɪno/ *noun* [C] (*pl* **albinos**) a person or animal with very white skin, white hair and pink eyes 患白化病的人或动物（皮肤、毛发呈白色，眼呈粉红色）

album /ˈælbəm ‖ ˈælbəm/ *noun* [C] **1** a record that has about 25 minutes of music or speech on each side（每面收录约25分钟音乐或讲话的）唱片 ☛ Look at **single** and **LP**. 参看 **single** 及 **LP**。**2** a book in which you can keep stamps, photographs, etc that you have collected 保存邮票、相片等收藏品的册子

☆**alcohol** /ˈælkəhɒl; *US* 美 -hɔːl ‖ ˈælkəˌhɔl/ *noun* [U] **1** the colourless liquid in drinks such as beer, whisky and wine that can make you drunk 酒精；乙醇 **2** the drinks (eg beer, whisky, wine) that contain alcohol 含酒精的饮料；酒 —**alcoholic** /ˌælkəˈhɒlɪk; *US* 美 -ˈhɔːl- ‖ ˌælkəˈhɔlɪk/ *adj*: *alcoholic drinks* 含酒精的饮料 ☛ The opposite is **non-alcoholic**. 反义词为 **non-alcoholic**。Drinks without alcohol are also called **soft drinks**. 不含酒精的饮料亦称为 **soft drinks**。

alcoholic *noun* [C] a person who is dependent on alcohol and drinks a large amount of it every day 嗜酒者；酗酒者；酒徒 ☛ A person who does not drink alcohol at all is a **teetotaller**. 酒不沾唇的人叫做 **teetotaller**。

alcoholism /-ɪzəm ‖ -ˌɪzəm/ *noun* [U] the medical condition that is caused by regularly drinking a large amount of alcohol（因酗酒）酒精中毒/乙醇中毒

alcove /ˈælkəʊv ‖ ˈælkov/ *noun* [C] a small area in a room where one part of the wall is further back than the rest of the wall 凹室；壁龛

ale /eɪl ‖ el/ *noun* [U] beer 啤酒 ☛ In modern English we use the word **beer**, not **ale**, except when we are talking about certain types of beer. 现代英语一般用 **beer**，不用 **ale**，除非特别指某些类别的啤酒（如麦芽酒）。

alert /əˈlɜːt ‖ əˈlɝt/ *adj* **alert (to sth)** watching, listening, etc for sth with full attention 留心；留神；警觉: *Security guards must be alert at all times.* 保安人员必须时刻保持警惕。○ *to be alert to possible changes* 对可能出现的情况变化有警觉

alert *noun* [C] a warning of possible danger 警报: *a bomb alert* 炸弹警报

(IDIOM 习语) **on the alert (for sth)** ready or prepared for danger or an attack 警惕；戒备: *The public were warned to be on the alert for possible terrorist attacks.* 公众已受到警告，要提防恐怖分子可能发动袭击。

alert *verb* [T] **alert sb (to sth)** to warn sb of danger or a problem 警告；提醒

A level /ˈeɪ levl ‖ ˈelɛvl̩/ (also *formal* 正式 **Advanced level**) *noun* [C] an examination that schoolchildren in England, Wales and Northern Ireland take when they are about eighteen. You usually take A levels in two or three subjects and you need good grades if you want to go to university 高级程度考试（英格兰、威尔士和北爱尔兰学生约十八岁时参加的考试。通常选考两至三科，想升读大学须取得良好成绩）: *How many A levels have you got?* 你取得多少科高级程度考试及格？○ *I'm doing my A levels this summer.* 我今年夏天参加高级程度考试。☛ Look at **AS** level and **GCSE**. 参看 **AS** level 及 **GCSE**。

In Scotland the examination system is different. Schoolchildren take the Higher grade of the Scottish Certificate of Education (SCE) when they are seventeen and the Certificate of Sixth Year Studies (CSYS) when they are eighteen. 苏格兰的考试制度有所不同。学生十七岁参加苏格兰高级程度考试，十八岁参加中六程度考试。

algae /'ældʒi:; 'ælgaɪ ‖ 'ældʒi/ *noun* [plural, with sing or pl verb] very simple plants that grow mainly in water 藻；藻类植物: *During the hot summer algae spread to levels which made it impossible to swim at some beaches.* 在炎热的夏天，藻类植物蔓延，以致有些海滩不能游泳。

algebra /'ældʒɪbrə ‖ 'ældʒəbrə/ *noun* [U] a type of mathematics in which letters and symbols are used to represent numbers 代数；代数学

alias /'eɪlɪəs ‖ 'elɪəs/ *noun* [C] a false name, eg one that is used by a criminal 假名；化名；别名

alias *adv* (used for giving sb's false name 用来指出假名): *Mrs Phillips, alias Maria Jones* 菲利普斯太太，又名玛丽亚·琼斯

alibi /'ælɪbaɪ ‖ 'ælə,baɪ/ *noun* [C] (*pl* **alibis**) a statement by sb that says you were in a different place at the time of a crime and so cannot be guilty of the crime 以不在现场为理由的申辩: *He had a good alibi for the night of the robbery.* 他有有力的不在场证据，证明自己与那晚的劫案无关。

alien /'eɪlɪən ‖ 'elɪən/ *noun* [C] **1** (*formal* 正式) a person who comes from another country 外侨；外国人；侨民 **2** a creature that comes from another planet 外星生物；外太空生物

alien *adj* **1** of another country; foreign 外国的；外地的: *an alien land* 外国的土地 **2** very strange and completely different from your normal experience 陌生；不习惯；不熟悉: *The idea of eating meat was alien to her.* 她不习惯吃肉。

alienate /'eɪlɪəneɪt ‖ 'elɪən,et/ *verb* [T] **1** to make people feel that they cannot share your opinions any more 使疏远: *The Prime Minister's new policies on defence have alienated many of his supporters.* 首相的新国防政策使他失去许多支持者。 **2 alienate sb (from sb/sth)** to make sb feel that he/she does not belong somewhere or is not part of sth 排斥；疏离；使失去归属感: *Many young unemployed people feel completely alienated from the rest of society.* 许多失业的年轻人对社会完全没有归属感。—**alienation** /,eɪlɪə'neɪʃn ‖ ,elɪən'eʃən/ *noun* [U]

alight[1] /ə'laɪt ‖ ə'laɪt/ *adj* on fire; burning 着火；燃烧着: *The petrol had been set alight* (= made to start burning) *by a cigarette.* 香烟点燃了汽油。☛ **Alight** can only be used after a noun, but you can use **burning** before a noun * **alight** 只能用于名词后，名词前可以用 **burning**: *The whole building was alight.* 整幢建筑物都着火了。○ *a burning building* 燃烧着的建筑物

alight[2] /ə'laɪt ‖ ə'laɪt/ *verb* [I] (*formal* 正式) **alight (from sth)** to get off a bus, train, etc 下车

align /ə'laɪn ‖ ə'laɪn/ *verb* [T] **1 align sth (with sth)** to arrange things in a straight line or so that they are parallel to sth else 把（某物）排成直线: *to align the wheels of a car* 将车轮校准 **2 align yourself with sb** to say that you support the opinions of a particular group, country, etc 表示支持某团体的意见、某国家等；结盟；与（某人）一致: *The Green Party has aligned itself with the Socialists over this issue.* 在这个问题上，绿党与社会党人立场一致。☛ Look at **non-aligned**. 参看 **non-aligned**。

alignment /ə'laɪnmənt ‖ ə'laɪnmənt/ *noun* **1** [U] arrangement in a straight line or parallel to sth else 排成直线 **2** [C,U] an agreement between political parties, countries, etc to support the same thing 联盟；盟约: *the alignment of Japan with the West* 日本与西方的联盟

☆**alike** /ə'laɪk ‖ ə'laɪk/ *adj* like one another; the same 相似；相同: *The two children are very alike.* 那两个孩子很相似。☛ **Alike** can only be used after a noun, but you can use **similar-looking** before a noun * **alike** 只能用于名词后，名词前可以用 **similar-looking**: *The houses in this street are all alike.* 这条街道的房子很相似。○ *a street of similar-looking houses* 一条房子很相似的街道

alike *adv* in the same way 同样地: *We try to treat women and men alike in this company.* 这家公司的男女员工地位平等。○ *The musical has been a success with adults and children alike.* 那出歌舞剧大人小孩都喜欢。

alimony /'ælɪmənɪ; *US* 美 -məʊnɪ ‖ 'ælə,monɪ/ *noun* [U] money that you have to pay by law to your former wife or husband after a divorce（离婚后支付的）赡养费

☆**alive** /ə'laɪv ‖ ə'laɪv/ *adj* **1** not dead; living 活着；有生命: *The young woman was still alive when the ambulance reached the hospital.* 救护车到达医院时，那个年轻女人还活着。○ *He kept the little cat alive by feeding it warm milk.* 他给那只小猫喂热牛奶，使它可以活下去。☛ **Alive** can only be used after a noun, but you can use **living** before a noun * **alive** 只能用于名词后，名词前可以用 **living**: *Are her parents still alive?* 她父母亲仍然健在吗？○ *Does she have any living relatives?* 她还有亲戚在世吗？ **2** full of life 充满生机；富有生气: *In the evening the town really comes alive.* 到了晚上，城里就真的变得生气勃勃了。 **3** continuing to exist 继续存在: *Many old traditions are very much alive in this area of Britain.* 在英国的这一地区，许多旧传统依然保留着。

alkali /'ælkəlaɪ ‖ 'ælkə,laɪ/ *noun* [C,U] any of the chemical substances with a pH value of more than 7 碱 ☛ Look at **acid**. 参看 **acid**。—**alkaline** *adj*

☆**all[1]** /ɔ:l ‖ ɔl/ *det, pron* **1** the whole of a thing 全部: *All (of) the food has gone.* 食物全吃光了。○ *They've eaten all of it.* 他们把它都吃光了。○ *They've eaten it all.* 他们把它都吃光了。○ *This money is all yours.* 这笔钱全是你的。○ *All of it is yours.* 这些都是你的。 **2** the whole of the period of time 整段时间: *It rained all day.* 整天下雨。○ *all week/month/year* 整个星期；整个月；全年 ○ *He worked hard all his life.* 他一生都辛勤工作。 **3** every one of a group 全体；所有: *All cats are animals but not all animals are cats.* 凡猫都是动物，但是动物却不一定是猫。○ *All (of) my children can swim.* 我的孩子都能游泳。○ *My children can all swim.* 我的孩子都能游泳。○ *She's read all (of)*

A

these books. 这些书她全看过。○ *She's read them all.* 这些书她全看过。○ *The people at the meeting all voted against the plan.* 所有与会者都投票反对那个计划。○ *All of them voted against the plan.* 他们都投票反对这个计划。**4** everything that; the only thing that 一切；惟一的事物: *I wrote down all I could remember.* 我能记得的都写了下来。○ *All I've eaten is a slice of toast.* 我只吃了一片烤面包。

(IDIOMS 习语) **above all** ⇨ ABOVE

after all ⇨ AFTER[1]

in all in total 总共；合共；通共: *There were ten of us in all.* 我们一共十人。

not all that... not very 并不十分: *The film wasn't all that good.* 那部电影并不十分好。

(not) at all in any way 一点也不: *I didn't enjoy it at all.* 我一点也不喜欢它。☛ We can say **not at all** as a reply when somebody thanks us for something. 有人向我们致谢时，我们可以说 **not at all** 答礼。

☆**all**[2] /ɔ:l ‖ ɔl/ *adv* **1** completely; very 完全；非常: *He has lived all alone since his wife died.* 他妻子去世后，他一直独居。○ *I didn't watch that programme – I forgot all about it.* 我没有看那个节目。我完全忘了这回事。○ *They got all excited about it.* 他们对此十分兴奋。**2** (in sport 体育) for each side 各方: *The score was two all.* 每一方有两分。

(IDIOMS 习语) **all along** from the beginning 从一开始；一直: *I knew you were joking all along.* 我从开始就知道你在开玩笑。

all right; **alright 1** good or good enough 好；可以: *Is everything all right?* 一切顺利吗？**2** safe; not hurt; well 安全；没损伤；健康: *The children are all right. Don't worry.* 孩子都很好。别担心。○ *Do you feel all right?* 你还好吧？**3** (showing you agree 表示同意): *'You go on ahead.' 'Oh, all right.'* "你先走吧。" "好吧。"

all the better, harder, etc better, harder, etc than before 比以前更好/更难…: *It will be all the more difficult with two people missing.* 两个人失踪，事情更难办了。

the ˌall-ˈclear *noun* [sing] a signal telling you that danger is over 安全信号

all-ˈin *adj* including everything 包括一切的: *an all-in price* 总价

ˈall out *adj, adv* using all your strength, etc 竭尽全力: *We're going all out for the Cup.* 我们将全力以赴夺取奖杯。○ *an all-out effort* 全力以赴

ˌall-ˈrounder *noun* [C] a person who can do many different things well 多才多艺的人；多面手

Allah /ˈælə ‖ ˈælə/ the Muslim name for God 安拉/真主（穆斯林教信奉的神）

allay /əˈleɪ ‖ əˈle/ *verb* [T] (*formal* 正式) to make sth less strong 缓和: *to allay sb's fears* 减轻某人的恐惧

allege /əˈledʒ ‖ əˈlɛdʒ/ *verb* [T] (*formal* 正式) to say that sb has done sth wrong, but without proving that this is true（无证据的）指控；声称: *The woman alleged that Williams had attacked her with a knife.* 那个女人指威廉斯用刀袭击她（但是没有提出证据）。—**allegation** /ˌælɪˈgeɪʃn ‖ ˌæləˈgeʃən/ *noun* [C]: *to make allegations of police corruption* 指控警察贪污 —**alleged** /əˈledʒd ‖ əˈlɛdʒd/ *adj*: *the alleged criminal* (= people say this person is a criminal but nobody has proved that this is true) 被指称犯了罪的人 —**allegedly** /əˈledʒɪdlɪ ‖ əˈlɛdʒɪdlɪ/ *adv*: *The man was allegedly shot while trying to escape.* 据说那人逃走时受到枪击。

allegiance /əˈli:dʒəns ‖ əˈlidʒəns/ *noun* [U] (*formal* 正式) support for or loyalty towards a leader, government, belief, etc（对领袖、政府、信仰等的）拥护/忠诚: *to swear your allegiance to the Queen* 宣誓效忠女王

allergy /ˈælədʒɪ ‖ ˈælɚdʒɪ/ *noun* [C] (*pl* **allergies**) **an allergy (to sth)** a medical condition that makes you ill when you eat, touch or breathe sth that does not normally make other people ill 过敏症；敏感反应: *an allergy to cats, shellfish, pollen, etc* 对猫/贝壳类动物/花粉…过敏

allergic /əˈlɜ:dʒɪk ‖ əˈlɝdʒɪk/ *adj* **1 allergic (to sth)** having an allergy 过敏: *I can't drink cow's milk. I'm allergic to it.* 我不能喝牛奶。我对它过敏。**2** caused by an allergy 过敏造成的: *an allergic reaction to house dust* 对屋内灰尘的过敏反应

alleviate /əˈli:vɪeɪt ‖ əˈlivɪˌet/ *verb* [T] to make sth less strong or bad 缓和；减轻: *The doctor gave me an injection to alleviate the pain.* 医生替我打针止痛。—**alleviation** /əˌli:vɪˈeɪʃn ‖ əˌlivɪˈeʃən/ *noun* [U]

alley /ˈælɪ ‖ ˈælɪ/ (*also* 亦作 **ˈalley-way**) *noun* [C] a narrow passage between buildings（建筑物之间的）巷；胡同

alliance /əˈlaɪəns ‖ əˈlaɪəns/ *noun* [C] an agreement between people, groups, countries, etc to work together and support each other 联盟；同盟: *the country's military alliance with France* 那个国家和法国缔结的军事联盟 ☛ Look at **ally**. 参看 **ally**。

allied ⇨ ALLY

alligator /ˈælɪgeɪtə(r) ‖ ˈæləˌgetɚ/ *noun* [C] a large animal with a long body and sharp teeth that lives in the lakes and rivers of the southern United States and China. An alligator is similar to a crocodile. 短吻鳄（产于美国南部及中国，体形大，身长，牙尖，在湖或河中生活）

allocate /ˈæləkeɪt ‖ ˈæləˌket/ *verb* [T] **allocate sth (to sb/sth)** to give sth to sb as his/her share or to decide to use sth for a particular purpose 分配；分派: *6 000 seats for next Saturday's football match have been allocated to Liverpool supporters.* 下星期六的足球比赛有6 000个座位留给利物浦队的支持者。○ *The BBC has allocated £160 000 for each new programme.* 英国广播公司为每项新节目拨款160 000英镑。

allocation /ˌæləˈkeɪʃn ‖ ˌæləˈkeʃən/ *noun* [C,U] giving sth for a particular purpose; the amount that is given 拨作某种特定用途；配给的数量: *the allocation of resources for health care* 拨供医疗保健之用的款项

allot /əˈlɒt ‖ əˈlɑt/ *verb* [T] (allo**tt**ing; allo**tt**ed)

A

allot sth (to sb/sth) to give sb money, a piece of work, etc as his/her share or to decide to allow a certain amount of time for sth 分配；配给: *Different tasks were allotted to each member of the class.* 班上的每一个成员都分配了不同的工作。○ *We all finished the exam in the allotted time.* 我们都在指定的时间内完成了考试。

allotment /ə'lɒtmənt ‖ ə'lɑtmənt/ *noun* [C] (*Brit* 英) a small area of land in a town that you can rent for growing vegetables on 城镇内可租借来种植蔬菜的小块土地

☆**allow** /ə'laʊ ‖ ə'laʊ/ *verb* [T] **1 allow sb/sth to do sth; allow sth** to give permission for sb/sth to do sth or for sth to happen 允许: *Children under eighteen are not allowed to buy alcohol.* 十八岁以下的孩子不准购买酒精饮料。○ *I'm afraid we don't allow people to bring dogs into this restaurant.* 对不起，带狗不能进本餐厅。○ *Photography is not allowed inside the cathedral.* 教堂内不准拍照。☛ Compare **allow, permit** and **let.** 比较 **allow**、**permit** 及 **let**。**Allow** can be used in both formal and informal English. ＊ **allow** 可以用于正式或非正式的场合。The passive form **be allowed to** is especially common. 被动式 **be allowed to** 尤其常用。**Permit** is a formal word and is usually used only in written English. ＊ **permit** 用于正式场合，通常只作书面语。**Let** is an informal word, and very common in spoken English. ＊ **let** 用于非正式场合，常用于口语。You **allow sb to do sth** but **let sb do sth** (no 'to'). 我们说 **allow sb to do sth**，但 **let sb do sth**（不用 to）。**Let** cannot be used in the passive ＊ **let** 不用于被动语态: *Visitors are not allowed/permitted to smoke in this area.* 参观者不得在此区域内吸烟。○ *Smoking is not allowed/permitted.* 不准吸烟。○ *I'm not allowed to smoke in my bedroom.* 我在卧房内不可以抽烟。○ *My Dad won't let me smoke in my bedroom.* 我爸爸不让我在卧房内吸烟。**2** to give permission for sb/sth to be or go somewhere 准许（进入/前往某处）: *No dogs allowed.* 不得携犬入内。○ *I'm only allowed out on Friday and Saturday nights.* 只有星期五和星期六的晚上我才可以出去。**3 allow sb sth** to let sb have sth 赋予；给与；允许: *My contract allows me four weeks' holiday a year.* 根据合约，我每年有四个星期假期。**4 allow sb/sth to do sth** to make it possible for sb/sth to do sth 使某人/某物可以做某事: *Working part-time would allow me to spend more time with my family.* 部分时间工作使我有更多的时间跟家人相聚。**5 allow sth (for sb/sth)** to provide money, time, etc for sb/sth 提供/拨出（金钱、时间等）: *You should allow about 30 minutes for each examination question.* 每道试题你大约有30分钟做。

(PHRASAL VERB 短语动词) **allow for sb/sth** to think about possible problems when you are planning sth and include extra time, money, etc for them 顾及/考虑到（可能出现的问题、额外需要的时间、金钱等）: *The journey should take about two hours, allowing for heavy traffic.* 把交通繁忙的因素计算在内的话，整个旅程需时两个小时左右。

allowance /ə'laʊəns ‖ ə'laʊəns/ *noun* [C] **1** an amount of sth that you are allowed 容许的数量: *Most flights have a 20kg baggage allowance.* 大部分航班可携带20公斤的免运费行李。**2** an amount of money that you receive regularly to help you pay for sth that you need 津贴

(IDIOM 习语) **make allowances for sb/sth** to judge a person or a person's actions more kindly because he/she has a particular problem or disadvantage 顾及某人的特殊情况；体谅: *You really should make allowances for her. She's very inexperienced.* 你真应该体谅她。她没有什么经验。

allude /ə'lu:d ‖ ə'lud/ *verb* [I] **allude to sb/sth** (*formal* 正式) to speak about sb/sth in an indirect way 暗示；暗指: *He mentioned no names but we all knew who he was alluding to.* 他没有指名道姓，但是我们都知道指的是谁。

allusion /ə'lu:ʒn ‖ ə'luʒən/ *noun* [C,U] an act of speaking about sth indirectly 暗指: *The play is full of allusions to classical mythology.* 那出戏用了许多古代神话的典故。

ally /'ælaɪ ‖ ə'laɪ/ *noun* [C] (*pl* **allies**) **1** a country that has an agreement to support another country, especially in a war 盟国: *France and its European allies* 法国及其欧洲盟友 ☛ Look at **alliance**. 参看 **alliance**。**2** a person who helps and supports you, especially when other people are against you 盟友；支持者（尤其当他人反对的时候）: *the Prime Minister's political allies* 首相的政治盟友

allied /æ'laɪd; 'ælaɪd ‖ ə'laɪd/ *adj* **1** (used about organizations, countries, etc 指团体、国家等) having an agreement to work together and support each other 结盟的；联盟的: *allied forces* 盟军 ○ *Allied Irish Banks* 爱尔兰联合银行 **2 allied (to sth)** connected with; similar 有联系；有关联；近似: *coalmining and allied industries* 采煤及有关的工业

almighty /ɔ:l'maɪtɪ ‖ ɔl'maɪtɪ/ *adj* **1** having the power to do anything 全能: *Almighty God* 全能的上帝 **2** (only *before* a noun 只用于名词前) (*informal* 非正式) very great 非常大: *Suddenly we heard the most almighty crash.* 突然，我们听到一声巨响。

almond /'ɑ:mənd ‖ 'ɑmənd/ *noun* [C] an oval nut that is often used in cooking 杏仁: *trout with almonds* 鳟鱼配上杏仁 ☛ picture at **nut**. 见 **nut** 插图。

☆**almost** /'ɔ:lməʊst ‖ 'ɔl,most/ *adv* not quite; very nearly 几乎；差不多: *By nine o'clock almost everybody had arrived.* 到了九时，差不多所有人都到达了。○ *Careful! I almost fell into the water then!* 小心！那回我差一点掉进水里。○ *The film has almost finished.* 那部电影差不多拍好了。○ *She almost always cycles to school.* 她差不多总是骑自行车上学。○ *There's almost nothing left.* 差不多什么都没有留下来。

☆**alone** /ə'ləʊn ‖ ə'lon/ *adj, adv* **1** without any other person 单独: *The old man lives alone.* 那个老人独自居住。○ *Are you alone? Can I speak to you for a moment?* 你单独一个人吗？

A

我想跟你谈一会儿，行吗？○ *I don't like walking home alone after dark.* 天黑以后，我不喜欢一个人走路回家。☛ **Alone** and **lonely** both mean that you are not with other people. * **alone** 和 **lonely** 都指独自一人。**Lonely** (*US* **lonesome**) means that you are unhappy about this, but **alone** does not usually suggest either happiness or unhappiness. * **lonely**（美 **lonesome**）表示对这种情况感到不快乐；**alone** 则不表示快乐与否。**Alone** cannot be used before a noun. * **alone** 不可以用于名词之前。You can also use **on your own** and **by yourself** to mean 'alone'. 也可以用 **on your own** 和 **by yourself** 来表达"单独"的意思。These expressions are more informal and very common in spoken English. 这些词语多用于非正式的场合，常用于口语。**2** (after a noun or pronoun 用于名词或代词后) only 只有；仅: *You alone can help us.* 只有你才能帮我们。○ *The food alone cost £40. The wine was extra.* 单单食物已经花了40英镑。买酒的费用还不算呢。

(IDIOMS 习语) **leave sb/sth alone** ⇨ LEAVE[1]

let alone ⇨ LET[1]

☆**along** /ə'lɒŋ; *US* 美 ə'lɔːŋ ‖ ə'lɔŋ/ *prep* **1** from one end to or towards the other end of sth 从一端到另一端: *I walked slowly along the road.* 我沿着那条路慢慢地走。○ *David looked along the corridor to see if anyone was coming.* 戴维向走廊的另一端望去，看看有没有人走过来。○ *Carry on along this street until you get to the traffic lights.* 沿着这条街往前走，一直走到交通灯处。**2** in a line that follows the side of sth long 沿着长形物的边缘: *Wild flowers grew along both sides of the river.* 河两岸长着野花。**3** at a particular point on or beside sth long 在长形物的某个位置或旁边: *Our house is about halfway along Hope Street.* 我家大约在霍普街的中段。

along *adv* **1** forward 向前: *We moved along slowly with the crowd.* 我们挤在人群中慢慢往前移动。**2** (*informal* 非正式) with sb 一起: *We're going to the pub. Why don't you come along too?* 我们上酒吧去。一齐去好吗？

(IDIOMS 习语) **all along** ⇨ ALL[2]

along with sb/sth together with sb/sth 一同: *Along with hundreds of others, she lost her job when the factory closed.* 工厂倒闭，她和其他几百人一起失去了工作。

alongside /ə'lɒŋsaɪd; *US* 美 əlɔːŋ'saɪd ‖ ə'lɔŋ'saɪd/ *adv, prep* **1** next to or along the side of sth 靠着…的旁边: *a garden with a small river running alongside* 花园边上有条小溪 ○ *The boat moored alongside the quay.* 那艘船停泊在码头边上。**2** together with sb/sth 一起；一齐: *the opportunity to work alongside experienced musicians* 和有经验的音乐家一起工作的机会

aloof /ə'luːf ‖ ə'luf/ *adj* **1** not friendly or open to other people; distant 冷漠；冷淡；（与人）疏远 **2** not involved in sth; apart 不投入；置身事外: *The President can no longer remain aloof from the problem.* 总统再也不能不过问那个问题了。

☆**aloud** /ə'laʊd ‖ ə'laud/ (*also* 亦作 **out loud**) *adv* in a normal speaking voice that other people can hear; not silently 用正常的嗓音发出声音（而非默读等）: *to read aloud from a book* 朗读一本书

☆**alphabet** /'ælfəbet ‖ 'ælfəˌbɛt/ *noun* [C] the set of letters that you use when you are writing a particular language, especially when they are arranged in a fixed order（整套）字母；字母表: *There are 26 letters in the English alphabet.* 英语共有26个字母。

alphabetical /ˌælfə'betɪkl ‖ ˌælfə'bɛtɪkḷ/ *adj* arranged in the same order as the letters of the alphabet 按字母顺序排列: *The poems are listed in alphabetical order.* 诗作按字母顺序排列。—**alphabetically** /-klɪ ‖ -klɪ/ *adv*

alpine /'ælpaɪn ‖ 'ælpaɪn/ *adj* of or found in high mountains 高山的: *alpine flowers* 高山的花朵

☆**already** /ɔːl'redɪ ‖ ɔl'rɛdɪ/ *adv* **1** (used for talking about sth that has happened before now or before a particular time in the past, especially if it happened earlier than you expected 用于说话前或过去某时间已发生的事，尤多用于事情比预期早发生的情况): *'Would you like some lunch?' 'No, I've already eaten, thanks.'* "你吃不吃午餐？""不，我吃过了。谢谢。" ○ *We got there at 6.30 but Martin had already left.* 我们六点半到达那儿，但是马丁已经走了。○ *Sarah was already awake when I went into her room.* 我走进萨拉房间时，她已经醒了。**2** (used in negative sentences and questions for expressing surprise 用于否定句或疑问句，表示惊奇) so early; as soon as this 这么早；这样快: *Have you finished already?* 你已经做完啦？○ *Surely you're not going already!* 你不是现在就去吧！

alright /ɔːl'raɪt ‖ ɔl'raɪt/ *adv* (*informal* 非正式) = ALL RIGHT

☆**also** /'ɔːlsəʊ ‖ 'ɔlso/ *adv* (not with negative verbs 不与否定动词连用) in addition; too 也；亦；而且: *Mark Wilson paints and writes novels in his spare time. He also speaks Chinese.* 马克·威尔逊在空闲时绘画、写小说。他也会说汉语。○ *Please bring some paper, a pen and also a calculator.* 请带备纸张、笔和计算器。○ *The food is wonderful, and also very cheap.* 食物好吃，而且价钱低廉。☛ **Too** and **as well** are less formal than **also** and are very common in spoken English. * **too** 和 **as well** 常用于口语，而 **also** 则适用于较正式的场合。**Also** usually goes before a main verb or after 'is', 'are', 'were', etc * **also** 常用于主要动词之前，或用于 is、are、were 等之后: *He also enjoys reading.* 他也很喜欢阅读。○ *He has also been to Australia.* 他也去过澳大利亚。○ *He is also intelligent.* 他也很聪明。**Too** and **as well** usually go at the end of a phrase or sentence * **too** 和 **as well** 通常在短语末或句末: *I really love this song, and I liked the first one too/as well.* 我很喜欢这首歌，也很喜欢第一首。Do not confuse **also** with **even** * **also** 和 **even** 不可混淆: *Even (NOT 不作 also) in the middle of summer, the nights can be cold.* 即使仲夏，晚间仍然可能挺清冷。

(IDIOM 习语) **not only ... but also** ⇨ ONLY[2]

altar /'ɔ:ltə(r) ‖ 'ɔltɚ/ *noun* [C] the holy table in a church or temple 祭坛

☆**alter** /'ɔ:ltə(r) ‖ 'ɔltɚ/ *verb* [I,T] to make sth different in some way, but without changing it completely; to become different 改变；更动: *They've altered the plan for the new building. The main entrance will now be in Queen Street.* 他们改了新大厦的建筑计划。现在大门向着皇后街。○ *This does not alter the fact that the company is in serious financial difficulty.* 那也没有改变公司已经陷入严重财政困难的事实。○ *This skirt is too big for me now. I'll have to alter it* (= make it smaller by sewing it). 这裙子我穿起来太肥了，非改一改不可。○ *The village seems to have altered very little in the last twenty years.* 过去二十年里，这个村子似乎没有什么改变。

alteration /ˌɔ:ltə'reɪʃn ‖ ˌɔltə'reʃən/ *noun* [C,U] a small change in sb/sth 微小的变化: *We want to make a few alterations to the house before we move in.* 在搬进新居之前，我们希望稍微改一改房子的布局。○ *The travel company will inform you of any alteration in the time of departure.* 出发时间有更改的话，旅游公司会通知你。

alternate[1] /ɔ:l'tɜ:nət; *US* 美 'ɔ:ltərnət ‖ 'ɔltɚnət/ *adj* **1** (used about two types of events, things, etc 指两种事物) happening or following regularly one after the other 轮流的: *Helen and Nick take the children to school on alternate days* (= Helen takes them on Monday, Nick on Tuesday, Helen on Wednesday, etc). 海伦和尼克轮流每天送孩子上学。**2** one of every two 每两个中的一个: *He works alternate weeks* (= he works the first week, he doesn't work the second week, he works again the third week, etc). 他隔一个星期工作（每两个星期就有一个星期休息）。—**alternately** *adv*

alternate[2] /'ɔ:ltəneɪt ‖ 'ɔltɚˌnet/ *verb* **1** [I] **alternate with sth; alternate between A and B** (used about two types of events, things, etc 指两种事物) to happen or follow regularly one after the other 轮流: *It's exciting music. Quiet violin passages alternate with sudden bursts of trumpet sound.* 这段音乐很令人激动，在柔和的小提琴音段之间加插了急骤的小号。○ *She seemed to alternate between hating him and loving him.* 她对他似乎是爱恨交加。**2** [T] **alternate A with B** to cause two types of events or things to happen or follow regularly one after the other 交替；轮流: *He alternated periods of work with periods of rest.* 他的生活劳逸相间。—**alternation** /ˌɔ:ltə'neɪʃn ‖ ˌɔltɚ'neʃən/ *noun* [C,U]

☆**alternative** /ɔ:l'tɜ:nətɪv ‖ ɔl'tɚnətɪv/ *adj* (only *before* a noun 只用于名词前) that you can use, do, etc instead of sth else 取代的: *There is heavy traffic on the A34. Drivers are advised to find an alternative route.* * 34号A级公路交通很繁忙，司机最好改走别的道路。

alternative *noun* [C] one of two things that you can choose between 可供选择的两者之一: *The Minister suggested community service as an alternative to imprisonment.* 部长建议可以选择以社区服务代替监禁。☛ **Alternative** is now often used for talking about more than two things 谈及两件以上的事情亦常用 **alternative**: *There are several alternatives open to us at the moment.* 现在我们有好几个选择。—**alternatively** *adv*: *Trains leave London Paddington every half hour. Alternatively, there is a regular coach service from Victoria Coach Station.* 列车每半小时从伦敦帕丁顿开出。另外，有定时长途公共汽车从维多利亚车站开出。

☆**although** /ɔ:l'ðəʊ ‖ ɔl'ðo/ *conj* **1** (used for introducing a statement that makes the main statement in a sentence seem surprising 用以引出从句，而使主句的内容令人感到意外): *Although she was tired, she stayed up to watch the late night film on television.* 她虽然很累，但是仍然不睡觉收看电视台播放的午夜电影。**2** (used for introducing a statement that modifies the main statement 用以引出修饰主句的从句) and yet; but 然而；但是: *There will be heavy rain in many parts of Britain tonight, although it is unlikely to reach the South West until morning.* 英国多处今夜会下大雨，不过相信天亮之前不会到达西南部。☛ You can also use **though** but it is less formal than **although**. * **though** 也可以用，但 **although** 适用于较正式的场合。**Even** can be used with **though** for emphasis, but not with **although** * **even** 可以与 **though** 连用来加强语气，但是不可以与 **although** 连用: *She didn't want to go to the party, although/though/even though she knew all her friends would be there.* 虽然她知道她的所有朋友都去那个聚会，但是她不想去。**Though**, but not **although** can be used at the end of a sentence * **though** 可以用于句末，**although** 则不可以: *She knew all her friends would be there. She didn't want to go, though.* 她知道她的所有朋友都会出席，但是她自己不想去。

altitude /'æltɪtju:d; *US* 美 -tu:d ‖ 'æltəˌtud/ *noun* **1** [sing] the height of sth above sea level 海拔: *The plane climbed to an altitude of 10 000 metres.* 那架飞机爬升到海拔10 000米。**2** [usually pl] a place that is high above sea level 海拔甚高之处: *You need to carry oxygen when you are climbing at high altitudes.* 攀登高山时，需要携带氧气。

alto /'æltəʊ ‖ 'ælto/ *noun* [C] (*pl* **altos**) the lowest normal singing voice for a woman, the highest for a man; a woman or man with this voice 女低音；男高音

altogether /ˌɔ:ltə'geðə(r) ‖ ˌɔltə'gɛðɚ/ *adv* **1** completely 完全；全面: *I don't altogether agree with you.* 我不完全同意你的意见。○ *At the age of 55 he stopped working altogether.* 到了55岁，他完全停止工作。**2** including everything 总计；全部: *We've got about £65 altogether.* 我们总共约有65英镑。**3** when you consider everything; generally 总的看来；一般而言: *Altogether, Oxford is a pleasant place to live.* 总而言之，牛津是一个舒适的居住地方。☛ **Altogether** is not the same as **all together**. * **altogether** 和 **all together** 不相同。**All together** means 'everything or everybody together' * **all together** 表示"一起"的意思:

A

Put your books all together on the table. 将你的书全都放在桌子上。○ *Let's sing. All together now!* 我们唱吧。大家一起唱！

aluminium /ˌæljʊ'mɪnɪəm ‖ ˌæljə'mɪnɪəm/ (*US* 美 **aluminum** /ə'luːmɪnəm ‖ ə'lumɪnəm/) (*symbol* 符号 **Al**) *noun* [U] a light silver-coloured metal that is used for making cooking equipment, etc 铝（可用以制造烹调用具等）: *aluminium foil* 铝箔

☆**always** /'ɔːlweɪz ‖ 'ɔlwez/ *adv* **1** at all times; regularly 总是；经常: *We almost always go to Scotland for our holidays.* 我们差不多每次度假都到苏格兰。○ *Why is the train always late when I'm in a hurry?* 为什么我每一次赶时间列车都误点？**2** all through the past until now 一向；素来: *Tom has always been shy.* 汤姆生来害羞。○ *I've always liked music.* 我一向喜爱音乐。**3** for ever 永远: *I shall always remember this moment.* 这一刻令我毕生难忘。**4** (with continuous tenses 与进行时连用) again and again, usually in an annoying way 一再（通常指令人讨厌地）: *She's always complaining about something.* 她总是抱怨这个抱怨那个。**5** (used with 'can' or 'could' for suggesting sth that sb could do, especially if nothing else is possible 与 can 或 could 连用，表示可以做某事，尤其是在没有其他办法的时候): *If you haven't got enough money, I could always lend you some.* 如果你钱不够，我可以借给你一些。☛ **Always** does not usually go at the beginning of a sentence. It usually goes before the main verb or after 'is', 'are', 'were', etc * **always** 通常不用于句子的开头，而用于主要动词之前，或用于 is、are、were 等之后: *He always wears those shoes.* 他总是穿这双鞋。○ *I have always wanted to visit Egypt.* 我一直希望到埃及去看看。○ *Fiona is always late.* 菲奥纳总是迟到。However, **always** can go at the beginning of a sentence when you are telling somebody to do something 如要某人做某事，**always** 可以放在句首: *Always stop and look before you cross the road.* 过马路要先停步，看清楚。

am ⇨ BE

amalgamate /ə'mælgəmeɪt ‖ ə'mælgəˌmet/ *verb* [I,T] (used especially about organizations, groups, etc 尤指机构、团体等) to join together to form a single organization, group, etc 合并: *If the two unions amalgamated, they would be much more powerful.* 如果两个工会合并，力量就会更大。—**amalgamation** /əˌmælgə'meɪʃn ‖ əˌmælgə'meʃən/ *noun* [C,U]

amass /ə'mæs ‖ ə'mæs/ *verb* [T] to gather together a large quantity of sth 累积；汇集: *We've amassed a lot of information on the subject.* 我们已经就这个课题收集了许多资料。

amateur /'æmətə(r) ‖ 'æmətɚ/ *noun* [C] **1** a person who takes part in a sport or an activity for pleasure, not for money as a job 业余从事者（出于爱好，不是为了赚钱）: *Only amateurs can take part in the tournament; no professionals will be allowed.* 只有业余选手才可以参加这项比赛，职业选手不可以参加。**2** (usually used when being critical 通常用于批评) a person who does not have skill or experience when doing sth 没技巧或经验的人；非专业者；外行: *The repair work on this house was clearly done by a bunch of amateurs.* 这房子的修葺工作明显是由一群没经验的人做的。

amateur *adj* **1** done, or doing sth, for pleasure (not for money as a job) 纯为兴趣（不作为赚钱的职业）；业余的: *an amateur photographer* 业余摄影师 **2** (*also* 亦作 **amateurish**) done without skill or experience 没技巧的；不熟练的；外行

☆**amaze** /ə'meɪz ‖ ə'mez/ *verb* [T] to surprise sb very much; to seem incredible to sb 令人惊奇；令人难以置信: *Sometimes your behaviour amazes me!* 有时候你的举动令我感到惊奇！○ *It amazes me that anyone could be so stupid!* 真是难以置信，竟有人这么笨！

amazed *adj* extremely surprised; feeling that you cannot believe sth 非常惊奇；难以置信: *She was amazed to discover the truth about her husband.* 她发现了丈夫的真面目，大吃一惊。○ *I was amazed by the change in his attitude.* 他改变态度，使我觉得很惊奇。—**amazement** *noun* [U]: *He looked at me in amazement.* 他惊奇地看着我。○ *To my amazement, I passed the test easily.* 我轻易考试及格，真是难以置信。

amazing *adj* causing you to be very surprised 令人惊奇: *She has shown amazing courage.* 她表现出惊人的勇气。○ *I've got an amazing story to tell you.* 我有一个离奇的故事要告诉你。—**amazingly** *adv*: *It's an amazingly expensive country to visit.* 游览那个国家的费用昂贵得出奇。

ambassador /æm'bæsədə(r) ‖ æm'bæsədɚ/ *noun* [C] a diplomat of high rank who represents his/her country in a foreign country 大使: *the Spanish Ambassador to Britain* 西班牙驻英国大使

> ☛ The ambassador lives and works in an **embassy**. 大使在大使馆 (**embassy**) 中居住及工作。

amber /'æmbə(r) ‖ 'æmbɚ/ *noun* [U] **1** a hard clear yellow-brown substance used for making jewellery or ornaments 琥珀（用来制造珠宝或饰物）**2** a yellow-brown colour 黄褐色: *The three colours in traffic-lights are red, amber and green.* 交通灯的三种颜色是红、黄、绿。—**amber** *adj*

ambiguity /ˌæmbɪ'gjuːətɪ ‖ ˌæmbɪ'gjuətɪ/ *noun* [C,U] (*pl* **ambiguities**) the possibility of being understood in more than one way; sth that can be understood in more than one way 歧义；模棱两可；可有两种或以上含意的话

ambiguous /æm'bɪgjʊəs ‖ æm'bɪgjuəs/ *adj* having more than one possible meaning 可能超过一种意义的: *That's a rather ambiguous remark – what exactly do you mean?* 这话模棱两可，你的意思到底是什么？—**ambiguously** *adv*

☆**ambition** /æm'bɪʃn ‖ æm'bɪʃən/ *noun* **1 ambition (to be/do sth)** [U] strong desire to be successful, to have power, etc 雄心；权力欲；野心: *One problem of young people today is their lack of ambition.* 现在的年轻人有一个毛

病，就是缺乏雄心壮志。**2** [C] something that you very much want to have or do 目标；愿望；志向: *It has always been her ambition to travel the world.* 她的夙愿是周游世界。

☆**ambitious** /æm'bɪʃəs ‖ æm'bɪʃəs/ *adj* **1 ambitious (to be/do sth)** having a strong desire to be successful, to have power, etc 有雄心的；充满野心的: *I'm not particularly ambitious – I'm content with my life the way it is.* 我并不特别有野心，我满足于现状。**2** difficult to achieve or do because it takes a lot of work or effort 要求高的；远大的: *The company have announced ambitious plans for expansion.* 公司宣布了雄心勃勃的扩展计划。

ambivalent /æm'bɪvələnt ‖ æm'bɪvələnt/ *adj* having or showing a mixture of feelings or opinions about sth or sb 感觉/意见矛盾的；游移: *I have always felt rather ambivalent about having children.* 说到生不生孩子，我的心情总是很矛盾。—**ambivalence** *noun* [U]

☆**ambulance** /'æmbjʊləns ‖ 'æmbjələns/ *noun* [C] a special motor vehicle for taking ill or injured people to and from hospital 救护车；救伤车

ambush /'æmbʊʃ ‖ 'æmbuʃ/ *noun* [C] a surprise attack from a hidden position 伏击 —**ambush** *verb* [T]

amen /ɑː'men; *US* 美 eɪ'men ‖ 'e'mɛn/ *interj* (used at the end of a prayer by Christians 基督徒祈祷的结束语) let this be so 阿们/亚孟（意为"诚心所愿"）: *In the name of the Father, the Son and the Holy Ghost. Amen.* 奉圣父、圣子、圣灵之名。阿们。

amenable /ə'miːnəbl ‖ ə'minəbḷ/ *adj* willing to accept sth; willing to be guided 顺从的；易受引导: *I'm amenable to any suggestions you may have.* 你有任何意见，我都乐意听取。

amend /ə'mend ‖ ə'mɛnd/ *verb* [T] to change sth slightly, often in order to make it better 修改；修订: *The law needs to be amended.* 这条法规需要修订。

amendment *noun* **1** [C] a part that is added or a small change that is made to a piece of writing, especially to a law 修订/增补的内容或部分（尤指法规的）**2** [U] an act of amending 修订: *The bill was passed without amendment.* 法案未经改动而获通过。

amends /ə'mendz ‖ ə'mɛndz/ *noun* [plural] (IDIOM 习语) **make amends** to do sth for sb, that shows that you are sorry for sth bad that you have done before 补偿；赔罪: *I bought her a present to make amends for the horrible things I had said to her.* 我对她说了难听的话，所以买了一份礼物给她，以示歉意。

amenity /ə'miːnətɪ; *US* 美 ə'menətɪ ‖ ə'mɛnətɪ/ *noun* [C] (*pl* **amenities**) something in a place that helps to make living there pleasant or easy 使人生活舒适/便利的设施或条件: *Among the town's amenities are two cinemas and a sports centre.* 城中的休闲去处包括两家电影院和一个体育中心。

☆**American** /ə'merɪkən ‖ ə'mɛrɪkən/ *adj* from or connected with the USA 来自美国的；与美国有关的: *Have you met Bob? He's American.* 你见过鲍勃没有？他是美国人。○ *an American accent* 美国口音 ○ *In American English 'theatre' is spelt 'theater'.* 在美国英语中，theatre 拼作 theater。

American *noun* [C] a person who comes from the USA 美国人: *His wife is an American.* 他的妻子是美国人。

American 'football (*US* 美 **football**) *noun* [U] a form of football played in the USA with an oval-shaped ball. The players wear helmets and other protective clothing and are allowed to pick up and carry, as well as kick, the ball. 美式橄榄球/美式足球（足球呈椭圆形，球员穿戴头盔及其他护身衣物，可以持球、传球、踢球）

A,merican 'Indian = NATIVE AMERICAN

amiable /'eɪmɪəbl ‖ 'emɪəbḷ/ *adj* friendly and pleasant 友好；和蔼 —**amiably** *adv*

amicable /'æmɪkəbl ‖ 'æmɪkəbḷ/ *adj* made or done in a friendly way, without argument 友好；无敌意: *I'm sure we can find an amicable way of settling the dispute.* 我们肯定可以找到和平解决纷争的方法。—**amicably** *adv*

amid /ə'mɪd ‖ ə'mɪd/ (*also* 亦作 **amidst** /ə'mɪdst ‖ ə'mɪdst/) *prep* (*formal* 正式) in the middle of; among 在…之中: *Amid all the confusion, the thieves got away.* 混乱中，小偷都逃走了。

amiss /ə'mɪs ‖ ə'mɪs/ *adj, adv* wrong; not as it should be 错；不当；不对头: *When I walked into the room I could sense that something was amiss.* 我走进房间就感到有点不对头。

(IDIOMS 习语) **not come/go amiss** to be welcome 受欢迎: *Things are fine, although a bit more money wouldn't come amiss.* 情况还不错，但钱多一点就更好了。○ *An apology wouldn't go amiss.* 向人道歉是错不了的。

take sth amiss to be upset by sth, perhaps because you have understood it in the wrong way 不顺心（可能由于误解）: *Please don't take my remarks amiss.* 请不要误解我的话而感到难受。

ammunition /ˌæmjʊ'nɪʃn ‖ ˌæmjə'nɪʃən/ *noun* [U] **1** the supply of bullets, etc that you need to fire from a weapon 弹药: *The troops surrendered because they had run out of ammunition.* 军队因为用完了弹药，所以投降了。**2** (*figurative* 比喻) facts or information that can be used against sb/sth 可用来攻击别人或保护自己的材料

amnesty /'æmnəstɪ ‖ 'æmnəstɪ/ *noun* [C] (*pl* **amnesties**) **1** a time when a government forgives political crimes（对政治犯的）特赦 **2** a time when people can give in illegal weapons 限定上缴非法武器的时间

☆**among** /ə'mʌŋ ‖ ə'mʌŋ/ (*also* 亦作 **amongst** /ə'mʌŋst ‖ ə'mʌŋst/) *prep* **1** surrounded by; in the middle of 为…所围绕；在…之中: *I often feel nervous when I'm among strangers.* 我身处陌生人之中会感到不安。○ *The modern block looks wrong among all the old buildings.* 那幢现代大楼在旧建筑群之中显得很突兀。○ *I found the missing letter amongst a heap of old newspapers.* 我在一堆旧报纸之中找到那封遗失的信。☛ picture at **between**. 见 **between** 插图。**2** in the group or number of 在一组中: *She is among the nicest people I have ever*

A

met. 我见过十分热心的人，她是其中一位。○ *Among the city's attractions are its museums and art galleries.* 城中名胜包括博物馆和画廊。**3** to each one (of a group) 分配给各个成员: *On his death, his money will be divided among his children.* 他死后钱财将会分给子女。**4** inside (a group)（成员）相互之间: *Discuss it amongst yourselves and let me know your decision.* 你们讨论一下，然后把决定告诉我。☛ Look at the note at **between**. 参看 **between** 的注释。

☆**amount** /ə'maʊnt ‖ ə'maʊnt/ *noun* [C] **1** the amount of sth is how much of it there is; quantity 量；数量: *I spent an enormous amount of time preparing for the exam.* 我花了很多时间准备考试。○ *I have a certain amount of sympathy with her.* 我相当同情她。**2** total or sum of money 金额；总金额: *You are requested to pay the full amount within seven days.* 你要在七天之内悉数偿还。

amount *verb* [I] **amount to sth 1** to add up to; to total 等于；总共达: *The cost of the repairs amounted to £5 000.* 修理费用共达5 000英镑。**2** to be the same as 相当于: *Whether I tell her today or tomorrow, it amounts to the same thing.* 我是今天还是明天告诉她，并没有差别。

amp /æmp ‖ æmp/ (also *formal* 正式 **ampere** /'æmpeə(r); *US* 美 'æmpɪər ‖ 'æmpɪr/) *noun* [C] a unit for measuring electric current 安培（电流单位）

ample /'æmpl ‖ 'æmpl̩/ *adj* **1** enough or more than enough 足够；有余: *We've got ample time to make a decision.* 我们有足够时间作决定。○ *I'm not sure how much the trip will cost, but I should think £500 will be ample.* 我不知道旅程要花费多少钱，我想预备500英镑应该绰绰有余了。**2** large; having a great deal of space 大；宽敞: *There is space for an ample car park.* 有足够的地方建一个大的停车场。—**amply** /'æmplɪ ‖ 'æmplɪ/ *adv*: *The report makes it amply clear whose mistake it was.* 到底是谁的过失，报告里写得很明白。

amplify /'æmplɪfaɪ ‖ 'æmplə,faɪ/ *verb* [T] (*pres part* **amplifying**; *3rd pers sing pres* **amplifies**; *pt, pp* **amplified**) **1** to increase the strength of a sound, using electrical equipment 扩音 **2** to add details to sth in order to explain it more fully 详述；阐释: *Would you like to amplify your recent comments, Minister?* 部长先生，您要不要对您最近的谈话做些补充？—**amplification** /ˌæmplɪfɪ'keɪʃn ‖ ˌæmpləfə'keʃən/ *noun* [U]: *These comments need further amplification.* 必须就这些意见加以说明。

amplifier *noun* [C] a piece of electrical equipment for making sounds louder or signals stronger 扩音器；放大器

amputate /'æmpjʊteɪt ‖ 'æmpjʊˌtet/ *verb* [I,T] to cut off a person's arm or leg (or part of it) for medical reasons 截肢；锯去: *His leg was so badly injured that it had to be amputated.* 他的腿伤得很严重，不得不截除。—**amputation** /ˌæmpjʊ'teɪʃn ‖ ˌæmpjʊ'teʃən/ *noun* [C,U]

☆**amuse** /ə'mju:z ‖ ə'mjuz/ *verb* [T] **1** to make sb laugh or smile; to seem funny to sb 逗乐: *Everybody laughed but I couldn't understand what had amused them.* 人人都笑起来，但我不知道好笑的地方在哪里。**2** to make time pass pleasantly for sb; to stop sb from getting bored 娱乐；消遣: *I did some crosswords to amuse myself on the journey.* 旅途中我玩纵横字谜来解闷。○ *I've brought a few toys to amuse the children.* 我带来了一些玩具让孩子们开开心。

amused *adj* **1** if you are amused you think that sth is funny and it makes you want to laugh or smile 觉得有趣: *You may think it's funny, but I'm not amused.* 也许你觉得有趣，我可不觉得好笑。○ *I was amused to hear his account of what happened.* 听他回忆发生的事情，我觉得很有趣。**2** if sth keeps you amused it makes you pass the time pleasantly, without getting bored 有消遣娱乐的效用

amusement *noun* **1** [U] the feeling caused by sth that makes you laugh or smile, or by sth that entertains you and that stops you from being bored 趣味: *There was a look of amusement on his face.* 他面露很有兴趣的表情。○ *Much to the pupils' amusement, the teacher fell off his chair.* 老师从椅子上跌下来，学生们觉得很好笑。**2** [C] something that makes time pass pleasantly; an entertainment 娱乐；消遣: *The holiday centre offers a wide range of amusements, including golf and tennis.* 度假中心有很多娱乐项目，包括打高尔夫球和网球等等。

amusing *adj* causing you to laugh or smile 有趣；好笑: *He's a very amusing person and he makes me laugh a lot.* 他很有逗乐的本领，使我笑个不停。○ *an amusing story* 有趣的故事

an ⇨ A[2]

anaemia (*US* 美 **anemia**) /ə'ni:mɪə ‖ ə'nimɪə/ *noun* [U] a medical condition in which there are not enough red cells in the blood 贫血

anaemic (*US* 美 **anemic**) /ə'ni:mɪk ‖ ə'nimɪk/ *adj* suffering from anaemia 贫血的

anaesthetic (*US* 美 **anesthetic**) /ˌænɪs'θetɪk ‖ ˌænəs'θɛtɪk/ *noun* [C,U] a substance that stops you feeling pain, eg when a doctor is performing an operation on you 麻醉剂: *You'll need to be under anaesthetic for the operation.* 你要动手术，必须先接受麻醉。○ *a local anaesthetic* (= one that only affects part of the body and does not make you unconscious) 局部麻醉剂 ○ *a general anaesthetic* (= one that makes you unconscious) 全身麻醉剂

anaesthetist (*US* 美 **anesthetist**) /ə'ni:sθətɪst ‖ ə'nɛsθətɪst/ *noun* [C] a person who is qualified to give anaesthetics to patients 麻醉师

anaesthetize (*also* 亦作 **anaesthetise**; *US* 美 **anesthetize**) /ə'ni:sθətaɪz ‖ ə'nɛsθəˌtaɪz/ *verb* [T] to give an anaesthetic to sb（对某人）施行麻醉

anagram /'ænəgræm ‖ 'ænəgræm/ *noun* [C] a word or phrase that is made by arranging the letters of another word or phrase in a different order 换音词（改变字母的次序而构成的新词）: *'Worth' is an anagram of 'throw'.* * worth 是 throw 的换音词。

analogous /ə'næləgəs ‖ ə'næləgəs/ *adj* (*formal*

A

正式) **analogous (to/with sth)** similar in some way; that you can compare 类似；可比较的

analogy /ə'nælədʒɪ ‖ ə'nælədʒɪ/ *noun* [C] (*pl* **analogies**) **an analogy (between sth and sth)** a comparison between two things that shows a way in which they are similar 类比: *You could make an analogy between the human body and a car engine.* 你可以将人的身体和汽车发动机作类比。

(IDIOM 习语) **by analogy** If you explain sth by analogy to sth else you compare it to the other thing and show how it is similar. 照此类推

☆**analyse** (*US* 美 **analyze**) /'ænəlaɪz ‖ 'ænḷˌaɪz/ *verb* [T] to look at or think about the different parts or details of sth carefully in order to understand or explain it 分析: *The water samples are now being analysed in a laboratory.* 一些水样目前正在实验室中进行分析。○ *to analyse statistics* 对统计数字进行分析 ○ *She analysed the situation and then decided what to do.* 她分析过情况之后，就决定该怎么办。

☆**analysis** /ə'næləsɪs ‖ ə'næləsɪs/ *noun* (*pl* **analyses** /-əsi:z ‖ -əˌsiz/) **1** [C,U] the careful examination of the different parts or details of sth 分析: *Some samples of the water were sent to a laboratory for analysis.* 一些水样已经送到实验室去进行分析。○ *They carried out an analysis of the causes of the problem.* 他们分析了问题的起因。**2** [C] the result of such an examination 分析的结果: *Your analysis of the situation is different from mine.* 你对局势的分析和我的不相同。

analytic /ˌænə'lɪtɪk ‖ ˌænḷ'ɪtɪk/ (*also* 亦作 **analytical** /-kl ‖ -kḷ/) *adj* looking carefully at the different parts of sth in order to understand or explain it 分析的: *analytic techniques* 分析的技巧

analyst /'ænəlɪst ‖ 'ænḷɪst/ *noun* [C] a person whose job is to analyse things as an expert 分析家: *a food analyst* 食品分析员

anarchy /'ænəkɪ ‖ 'ænɚkɪ/ *noun* [U] a situation in which people do not obey rules and laws; a situation in which there is no government in a country 无政府状态；无法无天（的局面）: *While the civil war went on, the country was in a state of anarchy.* 内战持续，国家陷入无政府状态。

anarchic /ə'nɑ:kɪk ‖ æn'ɑrkɪk/ *adj* without rules or laws 无法无天

anarchism /'ænəkɪzəm ‖ 'ænɚkɪzəm/ *noun* [U] the political theory that there should be no government or laws in a country 无政府主义（认为国家不需要政府和法律）

anarchist *noun* [C] a person who believes in this theory, especially one who takes action to achieve it 无政府主义者

anatomy /ə'nætəmɪ ‖ ə'nætəmɪ/ *noun* (*pl* **anatomies**) **1** [U] the scientific study of the structure of human or animal bodies 解剖学 **2** [C] the structure of a living thing 生物的结构: *the anatomy of the frog* 青蛙的构造 —**anatomical** /ˌænə'tɒmɪkl ‖ ˌænə'tɑmɪkḷ/ *adj*

ancestor /'ænsestə(r) ‖ 'ænsɛstɚ/ *noun* [C] a person in your family who lived a long time before you, from whom you are descended 祖先: *My ancestors settled in this country a hundred years ago.* 我的祖辈一百年前到这里定居。

ancestry /'ænsestrɪ ‖ 'ænsɛstrɪ/ *noun* [C,U] (*pl* **ancestries**) all of a person's ancestors, when you think of them as a group 祖先；世系: *He was of Irish ancestry.* 他有爱尔兰血统。

anchor /'æŋkə(r) ‖ 'æŋkɚ/ *noun* [C] a heavy metal object at the end of a chain that you drop into the water from a boat in order to keep the boat in one place 锚

anchor *verb* **1** [I,T] to drop an anchor; to stop a boat moving by using an anchor 抛锚；下锚（停船）: *We anchored the boat in the harbour and went ashore.* 我们在港口下锚停船，然后上岸。**2** [T] to fix sth firmly so that it is held in a place and cannot move 使（某物）固定不动: *They anchored the tent with strong ropes.* 他们用结实的绳索把帐篷固定住。

☆**ancient** /'eɪnʃənt ‖ 'enʃənt/ *adj* **1** belonging to or connected with the distant past 古代的: *ancient civilizations* 古代文明 **2** having existed for a long time 存在已久: *The annual festival is one of the ancient traditions of the region.* 这个每年一度的节日是本区的古老传统。**3** (*informal* 非正式) very old 非常老: *I can't believe he's only 30, he looks ancient!* 他的样子那么老，我不相信他只有30岁。

☆**and** /ənd; ən ‖ ənd; ən; strong form 强读式 ænd ‖ ænd/ *conj* **1** (used to connect words or parts of sentences 用以连接词语或句子的组成部分) also; in addition to 和；还有；而且: *bread and butter* 黄油面包 ○ *one woman, two men and three children* 一个女人、两个男人和三个小孩子 ○ *a boy and a girl* 一个男孩子和一个女孩子 ○ *an apple and a pear* 一个苹果和一个梨子 ○ *Do it slowly and carefully.* 做慢一点，小心点做。○ *We were singing and dancing all evening.* 我们整个晚上都在唱歌跳舞。☛ When the two things are closely linked, you do not need to repeat the 'a', etc 如果两种事物紧密联系，就不需要重复a等冠词: *a knife and fork* 刀叉 ○ *my father and mother* 我父母亲 **2** (used when you are saying numbers 用于表达数字时) plus 加: *Twelve and six is eighteen.* 十二加六等于十八。○ *It cost me a hundred and sixty pounds.* 我花了一百六十英镑买的。☛ When you are saying large numbers *and* is used after the word 'hundred' 如果数目大，hundred 之后用 and: *We say 2 264 as two thousand, two hundred and sixty-four.* ＊2 264 用英语表达就说 two thousand, two hundred and sixty-four。**3** then; following this or that 接着；然后: *Come in and sit down.* 进来，坐下。**4** as a result of this or that; because of this or that 结果；因此: *It was a terrible shock and he was very upset.* 那是个沉重的打击，他非常难过。○ *Say that again and I'll lose my temper.* 再说一次我就要发火了。**5** (used between repeated words to show that sth is increasing or continuing 用于重复的词之间，表示更加或不停):

A

The situation is getting worse and worse. 情况越来越坏。○ *I shouted and shouted but nobody answered.* 我喊了又喊，但是没有人应我。**6** (used between repeated words for saying that there are important differences between things of the same kind 用于重复的词之间，表示同一类事物而情况迥异): *City life can be very exciting but there are cities and cities.* 城市生活可以很刺激，但是城市与城市之间情况又不一样。**7** (used instead of 'to' after certain verbs eg 'go', 'come', 'try' 用于某些动词如 go、come、try 等之后，代替 to): *Go and answer the door for me, will you?* 你去看看是谁叫门好吗？○ *I'll try and find out what's going on.* 我会设法了解到底发生什么事。○ *Why don't you come and stay with us one weekend?* 为何不来我们这里度一个周末？

anecdote /ˈænɪkdəʊt ‖ ˈænɪkˌdot/ *noun* [C] a short interesting story about a real person or event 趣闻；轶事

anemia, anemic (*US* 美) = ANAEMIA, ANAEMIC

anesthetic (*US* 美) = ANAESTHETIC

anew /əˈnjuː; *US* 美 əˈnuː ‖ əˈnu/ *adv* (*formal* 正式) again; in a new or different way 再度；重新: *I wish I could start my life anew!* 我倒希望可以重新做人！

angel /ˈeɪndʒl ‖ ˈendʒəl/ *noun* [C] **1** a servant of God 天使: *In pictures angels are usually dressed in white, with wings.* 图画中的天使通常穿白衣服，有翅膀。**2** a person who is very kind 非常仁慈的人: *Be an angel and wash these clothes for me, will you?* 行行好，替我洗这些衣服可以吗？

angelic /ænˈdʒelɪk ‖ ænˈdʒɛlɪk/ *adj* looking or acting like an angel 样子/行为像天使 —**angelically** *adv*

☆**anger** /ˈæŋɡə(r) ‖ ˈæŋɡɚ/ *noun* [U] the strong feeling that you have when sth has happened or sb has done sth that you do not like 生气；怒火；怒气: *He could not hide his anger at the news.* 他听到消息后，掩不住怒气。○ *She was shaking with anger.* 她气得浑身发抖。

anger *verb* [T] to cause sb to become angry 激怒: *It angers me that such things can be allowed to happen.* 竟会发生这种事情，真教我生气。

☆**angle¹** /ˈæŋɡl ‖ ˈæŋɡl/ *noun* [C] **1** the space between two lines or surfaces that meet, measured in degrees 角: *a right angle* (= an angle of 90°) 直角 ○ *at an angle of 40°* * 40度角 ○ *The three angles of a triangle add up to 180°.* 三角形的三个角加起来是180度。**2** the direction from which you look at sth (看事物的)角度: *Viewed from this angle, the building looks bigger than it really is.* 从这个角度看，那幢建筑物看上去要比实际的大。○ *If we look at the problem from another angle, it might be easier to solve it.* 从另一个角度看这问题，可能会比较容易找到解决方法。

(IDIOM 习语) **at an angle** not straight 斜: *This hat is meant to be worn at an angle.* 这顶帽子要斜戴。

angle *verb* [T] **angle sth (at/to/towards sb)** to present sth from a particular point of view; to aim sth at a particular person 针对: *The new magazine is angled at young professional people.* 新杂志的对象是年轻的专业人员。

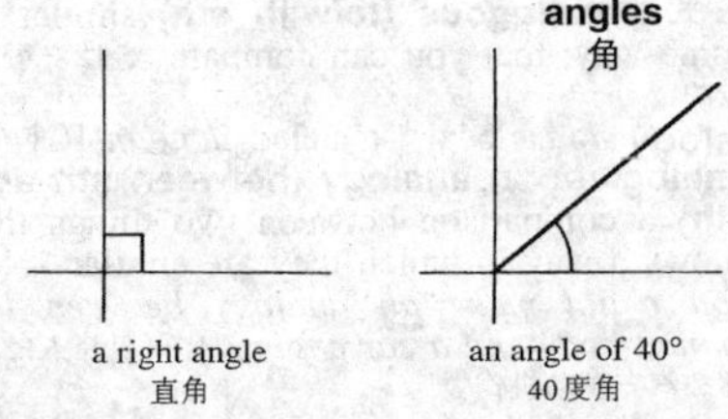

angle² /ˈæŋɡl ‖ ˈæŋɡl/ *verb* [I] to try and make sb give you sth, without asking for it directly 间接谋取: *She was angling for a free ticket to the match.* 她正设法弄那场比赛的免费门票。

angler /ˈæŋɡlə(r) ‖ ˈæŋɡlɚ/ *noun* [C] a person who catches fish as a hobby (作为癖好)钓鱼的人；(垂)钓者

angling *noun* [U] the sport of fishing as a hobby (作为癖好的)垂钓: *He goes angling at weekends.* 他常在周末垂钓。

Anglican /ˈæŋɡlɪkən ‖ ˈæŋɡlɪkən/ *noun* [C] a member of the Church of England, or of a related church in another English-speaking country 圣公会信徒

Anglo- /ˈæŋɡləʊ ‖ ˈæŋɡlo/ (in compounds 用以构成复合词) English or British; connected with England or Britain (and another country or countries) 英国的；大不列颠的；与英国/大不列颠(及其他国家)有关: *Anglo-American relations* 英美关系

☆**angry** /ˈæŋɡrɪ ‖ ˈæŋɡrɪ/ *adj* (**angrier**; **angriest**) **angry (with sb) (at/about sth)** feeling or showing anger 生气；愤怒；恼怒；发怒: *Calm down, there's no need to get angry.* 冷静点，不必生气。○ *My parents will be angry with me if I get home late.* 如果我晚回家，我父母亲会生气。○ *I'm very angry with them for letting me down at the last moment.* 他们到了最后一刻使我扫兴，所以我非常恼火。○ *He's always getting angry about something.* 他总是为一些事生气。—**angrily** /-əlɪ ‖ -əlɪ/ *adv*

anguish /ˈæŋɡwɪʃ ‖ ˈæŋɡwɪʃ/ *noun* [U] great pain or suffering, especially of a mental kind 极度痛苦(尤指心灵上): *The newspaper told of the mother's anguish at the death of her son.* 报上说，那位妇女为儿子的死而悲痛欲绝。—**anguished** *adj*: *There was an anguished expression in his eyes.* 他的目光里流露出非常痛苦的神情。

angular /ˈæŋɡjʊlə(r) ‖ ˈæŋɡjəlɚ/ *adj* with sharp points or corners 尖；有角的: *an angular face* (= one where you can see the bones clearly) 瘦削的脸

☆**animal** /ˈænɪml ‖ ˈænəml/ *noun* [C] **1** a living creature that is not a plant 动物: *the animal kingdom* 动物世界 ○ *Man is a social animal.* 人类是群居的动物。**2** a living creature of this kind, but not including humans 动物(一般不包括人类): *She thinks that zoos are cruel to animals.* 她认为把动物关在动物园里是很残忍

的事。○ *They keep cows, chickens and other animals on their farm.* 他们在农庄里养牛、鸡，还养其他牲畜。**3** a living creature that is not a human, bird, fish, insect or reptile 动物（不包括人类、鸟类、鱼类、昆虫或爬虫类）: *He studied the animals and birds of Southern Africa.* 他研究南非的兽类及鸟类。○ *Domestic animals such as cats and dogs are not very popular in my country.* 在我们国家，养猫、狗之类家畜的人并不多。

animated /'ænɪmeɪtɪd ‖ 'ænəˌmetɪd/ *adj* **1** lively and interesting 有生气的: *an animated discussion* 气氛热烈的讨论 **2** (used about films 指电影) using a technique by which drawings appear to move 动画式的: *an animated cartoon* 动画片

animation /ˌænɪ'meɪʃn ‖ ˌænə'meʃən/ *noun* [U] **1** the state of being lively 有生气: *She spoke with great animation on the subject.* 她谈论那个课题谈得很起劲。**2** the technique of making films, videos and computer games with drawings that appear to move 动画技术

☆**ankle** /'æŋkl ‖ 'æŋkḷ/ *noun* [C] the part of the body where the foot joins the leg 脚踝: *The water only came up to my ankles.* 水深仅及足踝。○ *I tripped and sprained my ankle.* 我绊了一跤，扭伤了脚踝。☛ picture on page A21. 见第 A21 页插图。

annex /ə'neks ‖ ə'nɛks/ *verb* [T] to take possession and control of another country or region 并吞（领土）: *Many people feel that the dictator plans to annex the two neighbouring countries.* 许多人觉得那个独裁者计划要吞并两个邻国。—**annexation** /ˌænek'seɪʃn ‖ ˌænɛks'eʃən/ *noun* [C,U]: *the annexation of Austria* 吞并奥地利

annexe (*especially US* 美尤作 **annex**) /'æneks ‖ 'ænɛks/ *noun* [C] a building that is joined to or near a larger one 附属建筑物

annihilate /ə'naɪəleɪt ‖ ə'naɪəˌlet/ *verb* [T] to destroy or defeat sb/sth completely 消灭；毁灭；歼灭: *The army was annihilated in the battle.* 他们在战役中全军覆没。○ *They weren't just beaten in the match, they were annihilated.* 他们不仅输掉了比赛，而且输得很惨。—**annihilation** /əˌnaɪə'leɪʃn ‖ əˌnaɪə'leʃən/ *noun* [U]: *Modern weapons have placed mankind in danger of annihilation.* 现代武器将全人类置于被毁灭的危险之中。

anniversary /ˌænɪ'vɜːsərɪ ‖ ˌænə'vɝsərɪ/ *noun* [C] (*pl* **anniversaries**) a day that is exactly a year or a number of years after a special or important event 周年；周年纪念日: *the hundredth anniversary of the country's independence* 国家独立一百周年纪念日 ○ *a twenty-fifth wedding anniversary* 结婚二十五周年纪念 ☛ Look at **birthday**. 参看 **birthday**。

annotated /'ænəteɪtɪd ‖ 'ænoˌtetɪd/ *adj* (used about a book, etc 指书等) with notes added to it that explain and give extra information about the contents 附评注的；附注释的

☆**announce** /ə'naʊns ‖ ə'naʊns/ *verb* [T] **1** to make sth known publicly, in an official way 宣布；公布；发布；颁布；刊布: *We are pleased to announce the opening of our new department store.* 谨此宣布新百货公司正式开业。○ *The winners will be announced in next week's paper.* 优胜者名单将在下星期的报纸上公布。○ *The champion was defeated and announced his retirement from the sport.* 这名冠军被打败，于是宣布退休。**2** to say sth in a loud voice or in an aggressive way 叫嚷；喊叫: *She stormed into my office and announced that she was leaving.* 她冲进我的办公室，大声说她辞职不干了。

announcement *noun* **1** [sing] an act of telling people about sth 宣布；公布；发布；颁布；刊布: *The announcement of the election results takes place at the Town Hall.* 选举结果将在市政厅宣布。**2** [C] a statement that tells people about sth 通告；公告；文告；通知: *Ladies and gentlemen, may I have your attention. I have an important announcement to make.* 各位请注意，我有重要消息要宣布。

announcer *noun* [C] a person who introduces or gives information about programmes on radio or television 电台/电视台节目主持人；广播员；播音员

☆**annoy** /ə'nɔɪ ‖ ə'nɔɪ/ *verb* [T] to make sb quite angry 激怒；骚扰: *It really annoys me when you act so selfishly.* 你这样自私，真叫人生气。○ *Close the door if the noise is annoying you.* 如果你觉得太吵的话就把门关上。

annoyance /-əns ‖ -əns/ *noun* **1** [U] the feeling of being annoyed 烦恼；恼怒；气恼: *Much to my annoyance, the train had just left when I got to the station.* 我到达车站的时候，列车刚开走了，真令人恼火。**2** [C] something that annoys 令人烦恼/气恼的事: *Low-flying planes are an annoyance in this area.* 在这一带，低飞的飞机吵得叫人心烦。

annoyed *adj* angry or fairly angry 生气；恼怒: *I shall be extremely annoyed if he turns up late again.* 如果他再迟到，我会很生气。○ *She's annoyed with herself for making such a stupid mistake.* 她犯了这么愚蠢的错误，自己生自己的气。○ *He's annoyed that nobody believes him.* 没有人肯相信他，把他气死了。○ *I was annoyed to see that they had left the door open.* 他们没有关门，使我很不高兴。

annoying *adj* making you feel rather angry 使人恼怒的: *Oh, how annoying! I've left my money at home.* 真讨厌，我把钱放在家里没带出来！

☆**annual** /'ænjʊəl ‖ 'ænjuəl/ *adj* **1** happening or done once a year or every year 一年一次的: *the company's annual report* 公司的年报 ○ *an annual festival* 一年一度的节日 **2** for the period of one year 一年的: *Her annual income is £20 000.* 她每年的收入是 20 000 英镑。○ *the annual sales figures* 每年的销售数字

annual *noun* [C] a book or magazine that is published once a year, with the same title but different contents 年刊: *the 1993 Football Annual* * 1993 年足球年刊 —**annually** *adv*: *Payment will be made annually.* 每年付款一次。○ *China produces about 60 tonnes of gold annually.* 中国每年出产约 60 吨黄金。

anonymity /ˌænə'nɪmətɪ ‖ ˌænə'nɪmətɪ/ *noun*

A

[U] the situation where a person's name is not known 无名；匿名

anonymous /ə'nɒnɪməs ‖ ə'nɑnəməs/ *adj* **1** (used about a person 指人) with a name that is not known or made public 不透露姓名的；无名: *An anonymous caller told the police that the robbery was going to take place.* 警方收到匿名电话，说将会发生抢劫案。**2** done, written, given, etc by sb whose name is not known or made public（指物）匿名的/不具名的: *He received an anonymous letter.* 他收到一封匿名信。—**anonymously** *adv*

anorak /'ænəræk ‖ 'ænəˌræk/ *noun* [C] a short coat with a hood that protects you from rain, wind and cold（可抵挡风雨和御寒的）带兜帽的短外套

☆**another** /ə'nʌðə(r) ‖ ə'nʌðɚ/ *det, pron* **1** one more; an additional thing or person 又一个；再一个: *Would you like another drink?* 你要再来一杯吗？ ○ *'Have you finished yet?' 'No, I've still got another three questions to do.'* "做完了吗？" "还没有，还剩下三个问题。" ○ *They've got three children already and they're having another.* 他们已经生了三个孩子，将会有第四个。○ *Is this another of your silly jokes?* 这又是你的笨笑话，是吗？ **2** a different thing or person 不同的一个: *I'm afraid I can't see you tomorrow, could we arrange another day?* 我恐怕明天不能见你了，我们另约一天见面好吗？ ○ *She discovered that he was having an affair with another woman.* 她发现他和另一个女人私通。○ *If you've already seen that film, we can go and see another.* 如果你已经看过这部电影，我们可以去看另一部。

(IDIOMS 习语) **one after another/the other** ⊃ ONE[1]

one another ⊃ ONE[3]

☆**answer**[1] /'ɑːnsə(r); *US* 美 'ænsər ‖ 'ænsɚ/ *verb* [I,T] **1** to say or write sth back to sb who has asked you sth 答复: *I asked her what the matter was but she didn't answer.* 我问她发生了什么事，但她没有回答。○ *I've asked you a question, now please answer me.* 我已经问了你一个问题，现在请你回答我。○ *Answer all the questions on the form.* 回答表格上的所有问题。○ *When I asked him how much he earned, he answered that it was none of my business.* 我问他赚了多少钱，他回答说这不关我的事。

☛ **Answer** and **reply** are the most common verbs used for speaking or writing in reaction to questions, letters, etc 回答问题、复信等最常用的动词是 **answer** 和 **reply**: *I asked him a question but he didn't answer.* 我问了他一个问题，但他没有回答。○ *I sent my application but they haven't replied yet.* 我寄了申请信，但他们还没有回复。Note that you **answer** a person, a question or a letter (no 'to') but you **reply to** a letter. 答复别人问题或回信可以说 **answer** a person/a question/a letter（不加 to），但是回信也可以说 **reply to** a letter。**Respond** is less common and more formal with this meaning ＊ **respond**（意指"答复"）较少用，但适用于较正式的场合: *Applicants must respond within seven days.* 申请人须于七天内回复。It is more commonly used with the meaning of 'reacting in a way that is desired' ＊ **respond** 通常指"有预期反应": *Despite all the doctor's efforts the patient did not respond to treatment.* 虽然医生用了各种方法，但病人身体对治疗没有反应。**2** to do sth as a reply 以行动回复: *Can you answer the phone for me, please?* (= pick up the receiver) 请替我接听电话好吗？ ○ *I rang their doorbell but nobody answered.* 我按了门铃，但是没有人应。○ *He hasn't answered my letter yet* (= written a letter back to me). 他还没有回我的信。

(PHRASAL VERBS 短语动词) **answer back** to defend yourself against sth bad that has been written or said about you 答辩；辩护: *It's wrong to write things like that about people who can't answer back.* 明知别人没有机会申辩，却写这样的东西，这就不对了。

answer (sb) back to reply rudely to sb 回嘴

answer for sb/sth 1 to accept responsibility or blame for 对某人/某事负责；为某人/某事承受指责: *Somebody will have to answer for all the damage that has been caused.* 总有人必须对所造成的一切损毁负责。**2** to speak in support of sb/sth 以言语支持某人/某事: *I can certainly answer for her honesty.* 我保证她诚实。

answerable /'ɑːnsərəbl ‖ 'ænsərəbḷ/ **answerable to sb (for sth)** having to explain and give good reasons for your actions to sb; responsible to sb 须要向某人负责

☆**answer**[2] /'ɑːnsə(r); *US* 美 'ænsər ‖ 'ænsɚ/ *noun* [C] **answer (to sb/sth) 1** something that you say, write or do as a reply 答复；回复；作为回复的行动: *The answer to your question is that I don't know.* 对于你的问题，我的答复是：不知道。○ *They've made me an offer and I have to give them an answer by Friday.* 他们给我一次机会，我最迟星期五要回复。○ *I wrote to them two weeks ago and I'm still waiting for an answer.* 两个星期前我写信给他们，到现在还没有回音。○ *I knocked on the door and waited but there was no answer.* 我去敲门，等了一会却没有人应。**2** a solution to a problem 解决办法: *I didn't have any money so the only answer was to borrow some.* 我没有钱，只好向人家借一些。**3** something that is written or said, trying to give the correct information asked for in a test or exam 答案: *What was the answer to question 4?* 第4个问题的答案是什么？

(IDIOM 习语) **in answer (to sth)** as a reply (to sth) 作为（对某事的）答复: *They sent me some leaflets in answer to my request for information.* 我去信索取资料，他们就寄了一些传单来给我。

answerphone /'ɑːnsəfəʊn; *US* 美 'æns- ‖ 'ænsɚˌfon/ *noun* [C] a machine that answers the telephone and records messages from callers 电话录音机: *I rang him and left a message on his answerphone.* 我打电话给他，在他的电话录音机里留下了口信。

ant /ænt ‖ ænt/ *noun* [C] a very small insect that lives in large groups and works very hard 蚂蚁: *an army of ants* 一大群蚂蚁 ☛ picture at **insect**. 见 **insect** 插图。

antagonism /æn'tægənɪzəm ‖ æn'tægəˌnɪzəm/

noun [U] **antagonism (towards sb/sth); antagonism (between A and B)** a feeling of hate and of being opposed to sb/sth 敌意

antagonize (*also* 亦作 **antagonise**) /æn'tægənaɪz ‖ æn'tægəˌnaɪz/ *verb* [T] to make sb angry or to annoy sb 冒犯；触怒: *She tends to antagonize people with her outspoken remarks.* 她一向直言，容易开罪别人。

Antarctic /æn'tɑ:ktɪk ‖ ænt'ɑrktɪk/ *adj* connected with the coldest, most southern parts of the world 与南极有关: *an Antarctic expedition* 南极探险 ☛ Look at **Arctic**. 参看 **Arctic**。

the Antarctic *noun* [sing] the most southern part of the world 南极地区 ☛ picture at **earth**. 见 **earth** 插图。

antelope /'æntɪləʊp ‖ 'æntl̩ˌop/ *noun* [C] (*pl* **antelope** or **antelopes**) an animal with horns that has long, thin legs, looks like a deer and can run very fast. It is found especially in Africa. 羚羊

antenatal /ˌæntɪ'neɪtl ‖ ˌæntɪ'netl̩/ *adj* happening or existing before birth 出生前；产前: *an antenatal clinic* (= for pregnant women) 产前检查诊所

antenna /æn'tenə ‖ æn'tɛnə/ *noun* [C] **1** (*pl* **antennae** /-ni: ‖ -ni/) one of the two long thin parts on the heads of insects and some animals that live in shells. It is used for feeling things with. 触角；触须 **2** (*pl* **antennas**) (*US* 美) = AERIAL[1]

anthem /'ænθəm ‖ 'ænθəm/ *noun* [C] a song, especially one that is sung in church or on special occasions 颂歌；圣歌；赞歌: *the national anthem* (= the special song of a country) 国歌

anthology /æn'θɒlədʒɪ ‖ æn'θɑlədʒɪ/ *noun* [C] (*pl* **anthologies**) a book that contains pieces of written work or poems, often on the same subject, by different authors 选集；文集；诗集: *an anthology of love poetry* 爱情诗集

anthropology /ˌænθrə'pɒlədʒɪ ‖ ˌænθrə'pɑlədʒɪ/ *noun* [U] the study of human beings, especially of their origin, development, customs and beliefs 人类学

antibiotic /ˌæntɪbaɪ'ɒtɪk ‖ ˌæntɪbaɪ'ɑtɪk/ *noun* [C] a medicine which is used for destroying bacteria and curing infections 抗菌素；抗生素: *The doctor gave me some antibiotics for a chest infection.* 医生给我开了一些抗生素，医治肺部感染。

anticipate /æn'tɪsɪpeɪt ‖ æn'tɪsəˌpet/ *verb* [T] to expect sth to happen (and to prepare for it) 预料；预先准备: *to anticipate a problem* 预料有问题 ○ *Traffic jams are anticipated on all coastal roads this weekend.* 预计本周末沿岸的道路都会出现交通阻塞。○ *I anticipate that the situation will get worse.* 我预料情况会恶化。○ *We anticipate an increase in sales over the next few months.* 我们估计未来几个月销量将会增加。

anticipation /ænˌtɪsɪ'peɪʃn ‖ ænˌtɪsə'peʃən/ *noun* [U] **1** the state of expecting sth to happen (and preparing for it) 预料；预先准备应付: *The government has reduced tax in anticipation of an early general election.* 政府减税，为预期会提早举行的大选作好准备。**2** the state of feeling excited about sth that is going to happen 期待；期望: *They queued outside the cinema in excited anticipation.* 他们怀着兴奋的心情在电影院门外排队等着。

anticlimax /ˌæntɪ'klaɪmæks ‖ ˌæntɪ'klaɪmæks/ *noun* [C,U] an event, etc that is less exciting than you had expected or than what has already happened 反高潮；扫兴的结果: *a mood/feeling of anticlimax* 高潮期望落空的感觉 ○ *The ending of the film was a dreadful anticlimax.* 那部电影的结局虎头蛇尾，令人失望。

anticlockwise /ˌæntɪ'klɒkwaɪz ‖ ˌæntɪ'klɑkwaɪz/ *adv, adj* in the opposite direction to the movement of the hands of a clock 逆时针方向: *Turn the lid anticlockwise/in an anticlockwise direction.* 以逆时针方向拧那个盖子。

antics /'æntɪks ‖ 'æntɪks/ *noun* [plural] funny, strange or silly ways of behaving 滑稽/奇怪/笨拙的举动: *The children roared with laughter at the clown's antics.* 小丑滑稽的举动使孩子们大笑起来。

antidote /'æntɪdəʊt ‖ 'æntɪˌdot/ *noun* [C] **1** a medical substance that is used to prevent a poison or a disease from having an effect 解毒药；解毒剂: *an antidote to snake-bites* 蛇毒的解毒药 **2** anything that helps you to deal with sth unpleasant 帮忙舒缓不快感觉的事物: *Many people find music a marvellous antidote to stress.* 许多人认为欣赏音乐是消除压力的良方。

antipathy /æn'tɪpəθɪ ‖ æn'tɪpəθɪ/ *noun* [U] **antipathy (to/towards sb/sth)** (a strong feeling of) dislike 憎恶；反感: *I experienced a feeling of antipathy towards the speaker.* 我非常讨厌那个说话的人。

antiperspirant /ˌæntɪ'pɜ:spərənt ‖ ˌæntɪ'pɝspərənt/ *noun* [C,U] a liquid, cream, etc that you use to reduce sweating, especially under the arms 止汗剂

antique /æn'ti:k ‖ æn'tik/ *adj* very old and therefore unusual and valuable 因古老而很珍贵的: *an antique vase, table, etc* 古代的花瓶/桌子… ○ *antique furniture, jewellery, etc* 古董家具/珠宝…

antique *noun* [C] an old and valuable object, eg a piece of furniture 古董；古玩；古物: *He collects antiques.* 他收集古董。○ *an antique shop* (= one that sells antiques) 古董店 ○ *That vase is an antique.* 那个花瓶是古董。

antiquity /æn'tɪkwətɪ ‖ æn'tɪkwətɪ/ *noun* (*pl* **antiquities**) **1** [U] ancient times, especially those of the Egyptians, Greeks and Romans 古代（尤指古埃及、希腊和罗马时代）: *myths and legends from antiquity* 古代的神话和传说 **2** [C, usually pl] a building, work of art or other object that remains from ancient times 古迹；古物: *Greek, Roman, etc antiquities* 希腊/罗马…的古迹 **3** [U] great age 非常久远的年代: *priceless objects of great antiquity* 绵远古代流传下来的无价之宝

anti-Semitism /ˌæntɪ 'semɪtɪzəm ‖ ˌæntɪ'sɛməˌtɪzəm/ *noun* [U] prejudice against Jewish people 反犹太主义；排犹主义；仇犹情绪

A

antiseptic /ˌæntɪˈseptɪk ‖ ˌæntəˈsɛptɪk/ *noun* [C,U] a liquid or cream that prevents a cut, etc from becoming infected 抗菌剂；防腐剂：*Put an antiseptic/some antiseptic on that scratch.* 涂一些抗菌剂在抓痕上。—**antiseptic** *adj*: *antiseptic cream* 抗菌膏

antisocial /ˌæntɪˈsəʊʃl ‖ ˌæntɪˈsoʃəl/ *adj* **1** not willing to be with other people; unfriendly 不喜社交；不友好：*We don't go out much. I suppose we're rather antisocial.* 我们很少出去。大概我们不太喜欢交际。**2** not considered acceptable by other people or the rest of society 不为其他人或社会大众接受：*antisocial behaviour/activities* 反社会行为/活动 ○ *Some people regard smoking as antisocial.* 有些人认为吸烟是反社会行为。

antler /ˈæntlə(r) ‖ ˈæntlɚ/ *noun* [C, usually pl] a horn on the head of a male deer 鹿角：*a pair of antlers* 一对鹿角 ☛ picture at **deer**. 见 **deer** 插图。

anus /ˈeɪnəs ‖ ˈenəs/ *noun* [C] (*pl* **anuses**) the hole through which solid waste substances leave the body 肛门

☆**anxiety** /æŋˈzaɪətɪ ‖ æŋˈzaɪətɪ/ *noun* [C,U] (*pl* **anxieties**) a feeling of worry or fear, especially about the future 忧虑/担心（尤指对未来）：*a feeling/a state of anxiety* 忧虑 ○ *There are anxieties over the effects of unemployment.* 大家都担忧失业的后果。

☆**anxious** /ˈæŋkʃəs ‖ ˈæŋkʃəs/ *adj* **1 anxious (about/for sb/sth)** worried and afraid 担忧；紧张：*I began to get anxious when they still hadn't arrived at 9 o'clock.* 他们9点钟还没有到达，我开始担忧起来。○ *an anxious look, expression, etc* 担忧的样子/表情… **2** causing worry and fear 引致忧虑；令人紧张：*For a few anxious moments we thought we'd missed the train.* 我们以为错过了列车，担心了一会儿。**3 anxious to do sth** wanting sth very much; eager for sth 渴望；急切期望：*Police are anxious to find the owner of the white car.* 警方急于要找到那辆白色汽车的主人。—**anxiously** *adv*

☆**any** /ˈenɪ ‖ ˈɛnɪ/ *det, pron* **1** (used in negative sentences and in questions, also after *if/whether* 用于否定句及疑问句，也用于 if/whether 之后) some 一些；一点：*We didn't have any lunch.* 我们没有吃午餐。○ *I speak hardly any Spanish.* 我完全不会说西班牙语。○ *I don't know any Canadians.* 我不认识任何加拿大人。○ *He asked if we had any questions.* 他问我们有没有问题。○ *I wanted chips but there aren't any.* 我想吃炸马铃薯条，但一点儿也没有。○ *I don't like any of his books.* 他的书我都不喜欢。☛ Look at the note at **some**. 参看 **some** 的注释。**2** (used for saying that it does not matter which thing or person you choose 表示任何)：*Take any book you want.* 你想拿哪本书就拿好了。○ *Any teacher would say the same.* 每一个老师都会这样说。○ *Come round any time – I'm usually in.* 什么时候来都可以，我通常都在。○ *I'll take any that you don't want.* 你不要的我都要。

any *adv* (used in negative sentences and questions 用于否定句及疑问句) at all; to any degree 完全；任何程度：*I can't run any faster.* 我没有办法跑得更快。○ *Is your father any better?* 你父亲好一点儿了没有？

☆**anybody** /ˈenɪbɒdɪ ‖ ˈɛnɪˌbɑdɪ/ (*also* 亦作 **anyone**) *pron* **1** (usually in questions or negative statements 通常用于疑问句或否定句) any person 任何人：*I didn't know anybody at the party.* 聚会上的人，我一个也不认识。○ *Is there anybody here who can speak Japanese?* 这里有人会说日语吗？○ *Would anybody else* (= any other person) *like to come with me?* 还有人想跟我来吗？☛ The difference between **somebody** and **anybody** is the same as the difference between **some** and **any**. * **somebody** 和 **anybody** 之间的差别与 **some** 和 **any** 的差别一样。Look at the notes at **some** and **somebody**. 参看 **some** 及 **somebody** 的注释。**2** any person, it does not matter who 任何人（不管是谁）：*Anybody* (= all people) *can learn to swim.* 人人都可以学游泳。○ *Can anybody come? Or are there special invitations?* 是不是任何人都可以来？还是要有特别邀请才可以？

☆**anyhow** /ˈenɪhaʊ ‖ ˈɛnɪˌhaʊ/ *adv* **1** (*also* 亦作 **anyway**) (used to add an extra point or reason 用以补充论点或理由) in any case 无论如何：*Spain will be terribly hot in August and anyhow we can't afford a holiday abroad.* 西班牙八月会非常炎热，不过，反正我们也不能到外国去度假。**2** (*also* 亦作 **anyway**) (used when saying or writing sth which contrasts in some way with what has gone before 用以表达与上文形成对比的意思) however 然而；不过：*It's a very difficult exam but anyway you can try.* 这是一次很难的考试，但是你不妨试一试。○ *I'm afraid I can't come to your party, but thanks anyway.* 我恐怕不能出席你的聚会了，但我同样感谢你。**3** (*also* 亦作 **anyway**) (used for correcting sth you have just said and making it more accurate 用以修正刚刚说过的话，使更准确) at least 至少；起码：*Everybody wants to be rich – well, most people anyhow.* 人人希望富有——至少大部分人是这样。**4** (*also* 亦作 **anyway**) (used after a pause in order to change the subject or go back to a subject being discussed before 用于停顿之后，以改变话题或回到先前讨论的话题)：*Anyway, that's enough about my problems. How are you?* 好了，我的问题说够了。你呢？**5** in a careless way; with no order 不经心；没条理：*She threw her clothes on anyhow and dashed out of the door.* 她胡乱披上了衣服，就冲出了门。

☆**anyone** /ˈenɪwʌn ‖ ˈɛnɪˌwʌn/ *pron* = ANYBODY

anyplace (*US* 美) = ANYWHERE

☆**anything** /ˈenɪθɪŋ ‖ ˈɛnɪˌθɪŋ/ *pron* **1** (usually in questions or negative statements 通常用于疑问句或否定句) one thing (of any kind)（任何种类中的）一个：*The fog was so thick that I couldn't see anything at all.* 雾太大了，我什么都看不见。○ *There isn't anything interesting in the newspaper today.* 今天报上没什么吸引人的东西。○ *Did you buy anything?* 你买东西了吗？○ *'I'd like a pound of apples please.' 'Anything else?'* (= any other thing?) "我想要一磅苹果。" "还要别的吗？" ☛ The difference between **something** and **anything** is the same as the difference between **some** and **any**. * **something** 和 **anything** 之间的差别与 **some** 和 **any** 的差别一样。Look at the note at **some**. 参看 **some** 的注释。**2** any thing or things; it does not matter what 任何事物: *I'm starving. I'll eat anything.* 我很饿，吃什么都可以。○ *I'll do anything you say.* 你说的我都会照做。

(IDIOM 习语) **anything like sb/sth** at all similar to sb/sth; nearly 与某人或某物相同/相像/接近: *She isn't anything like her sister, is she?* 她一点儿也不像她姐姐，不是吗？○ *This car isn't anything like as fast as mine.* 这辆车完全不及我那辆快。

like anything ⇨ LIKE²

not come to anything ⇨ COME

☆**anyway** /'enɪweɪ ‖ 'ɛnɪˌwe/ *adv* = ANYHOW

☆**anywhere** /'enɪweə(r); *US* 美 -hweər ‖ 'ɛnɪˌhwɛr/ (*US* 美 **anyplace**) *adv* **1** (usually in questions or negative statements 通常用于疑问句或否定句) in, at or to any place 在/去任何地方: *I can't find my keys anywhere.* 我到处找都找不到我的钥匙。○ *Is there a post-office anywhere near here?* 这附近有没有邮局？○ *You can't buy the book anywhere else* (= in another place). 你在别处买不到这本书。○ *If we want to go anywhere in August we'd better book it now.* 如果我们八月要去什么地方，最好现在先订位。☛ The difference between **somewhere** and **anywhere** is the same as the difference between **some** and **any**. * **somewhere** 和 **anywhere** 之间的差别与 **some** 和 **any** 的差别一样。Look at the note at **some**. 参看 **some** 的注释。**2** any place; it does not matter where 任何地方: *'Where shall we go to eat?' 'Oh, anywhere will do.'* "我们去哪里吃饭？" "啊，哪里都行。"

☆**apart** /ə'pɑːt ‖ ə'pɑrt/ *adv* **1** away from sb/sth or each other; not together 各自；分开: *The doors slowly slid apart.* 两扇门慢慢打开。○ *They always quarrel so it's best to keep them apart.* 他们总是吵架，所以最好还是将他们分开。**2** away from each other by the distance mentioned 相距: *Plant the potatoes two feet apart.* 每隔两英尺栽下一块马铃薯。○ *I'm afraid our ideas are too far apart.* 恐怕我们的意见相差太远了。**3** into pieces 粉碎: *to fall apart* 破碎 ○ *The material was so old that it just fell/came apart in my hands.* 布料实在太破旧了，一拿到手上就烂了。○ *Their relationship was clearly falling apart* (= about to end). 他们的关系显然是濒于破裂了。

(IDIOMS 习语) **take sth apart** to separate sth into pieces 拆开某物: *He took the whole bicycle apart.* 他将整辆自行车全部拆开了。

tell A and B apart to see the difference between A and B 分辨: *It's very difficult to tell the twins apart.* 很难辨别那对孪生儿。

apart from (*especially US* 美尤作 **aside from**) *prep* **1** except for 除…外: *I've finished my homework apart from some reading we have to do.* 除了还有些材料需要阅读之外，我的课外作业已经做完了。○ *There's nobody here apart from me.* 这里除了我之外，没有别人。**2** as well as; in addition to 除了…还有: *Apart from their house in the country they've got a flat in London.* 他们除了在郊外有房子外，在伦敦还有一套公寓。**3** (used to add an extra point or reason 用以补充论点或理由) in addition; anyway 此外；毕竟: *You've got to help me. Apart from anything else you're my brother.* 你一定得帮我。别的不说，我们是兄弟。

apartheid /ə'pɑːthaɪt; *US* 美 -heɪt ‖ ə'pɑrtˌhet/ *noun* [U] the former official government policy in South Africa of separating people of different races and making them live apart (南非以前的)种族隔离政策

apartment /ə'pɑːtmənt ‖ ə'pɑrtmənt/ *noun* [C] **1** (*especially US* 尤为美) = FLAT¹ **2** [usually pl] one of a number of rooms in a large house, used by an important person 大宅第中的一个房间(供重要人物使用): *the Duke's private apartments* 公爵的私人套房

apathy /'æpəθɪ ‖ 'æpəθɪ/ *noun* [U] a lack of interest in things or of a desire to do anything 冷漠；冷淡；无动于衷

apathetic /ˌæpə'θetɪk ‖ ˌæpə'θɛtɪk/ *adj* lacking interest or a desire to act 冷漠；冷淡；无动于衷: *Don't be so apathetic!* 不要这么冷漠啦！

ape /eɪp ‖ ep/ *noun* [C] a type of animal like a large monkey with no tail or only a very short tail 猿: *Chimpanzees and gorillas are apes.* 黑猩猩和大猩猩都是猿类。

ape *verb* [T] to copy sb/sth 模仿

aperitif /ə'perətɪf; *US* 美 əˌperə'tiːf ‖ əˌpɛrə'tif/ *noun* [C] a drink of alcohol that you have before a meal 开胃酒

apiece /ə'piːs ‖ ə'pis/ *adv* each 每个；每: *He gave the children £1 apiece.* 他给每个孩子1英镑。

apologetic /əˌpɒlə'dʒetɪk ‖ əˌpɑlə'dʒɛtɪk/ *adj* feeling or showing that you are sorry for sth you have done 抱歉；道歉的: *He was most apologetic about his son's bad behaviour.* 他对儿子的劣行深感抱歉。○ *I wrote him an apologetic letter.* 我写了一封道歉信给他。—**apologetically** /-klɪ ‖ -klɪ/ *adv*

☆**apologize** (*also* 亦作 **apologise**) /ə'pɒlədʒaɪz ‖ ə'pɑləˌdʒaɪz/ *verb* [I] **apologize (to sb) (for sth)** to say that you are sorry for sth you have done 道歉: *I do apologize for taking so long to reply to your letter.* 这么久才回信，我实在过意不去。○ *You'll have to apologize to your teacher for forgetting to do your homework.* 你忘记做课外作业，应该向老师道歉。

> ☛ When you apologize, the actual words you use are usually **'I'm sorry'**. 道歉时通常说 **I'm sorry**。

☆**apology** /ə'pɒlədʒɪ ‖ ə'pɑlədʒɪ/ *noun* [C,U] (*pl* **apologies**) **apology (to sb) (for sth)** a spoken or written statement that you are sorry for sth you have done, etc 道歉的话: *Please accept our apologies for the problems you experienced during your stay in the hotel.* 对于你住在酒店期间遇到的种种问题，我们表示歉意，希望你原谅。○ *He was full of apology for having missed my birthday.* 他忘掉我的生日，感到很过意不去。

A

apostle /əˈpɒsl ‖ əˈpɑsl̩/ *noun* [C] one of the twelve men chosen by Christ to spread his teaching（耶稣基督的）使徒/门徒

apostrophe /əˈpɒstrəfi ‖ əˈpɑstrəfi/ *noun* [C] **1** the sign (') used for showing that you have left a letter or number out of a word (as in 'I'm', 'can't', 'we'll', etc) 表示省略的符号（'）（例如在 I'm、can't、we'll 等中的）**2** the sign (') used for showing who or what sth belongs or relates to as in 'John's chair', 'the boy's room' or 'the book's title' 表示所有格的符号（'），例如 John's chair（约翰的椅子）、the boy's room（那男孩子的房间）或 the book's title（那本书的书名）

appal (*US* 美 **appall**) /əˈpɔːl ‖ əˈpɔl/ *verb* [T] (appa**ll**ing; appa**ll**ed) (usually passive 通常用于被动语态) to shock sb deeply 使大为震惊: *We were appalled by the poverty and starvation we saw everywhere.* 我们所到之处都是一片贫穷和饥饿的景象，令人震惊。

appalling *adj* shocking or terrible 令人惊骇；可怕；恶劣: *appalling cruelty* 令人惊骇的残酷行为 ○ *The food is appalling.* 这些食物难吃极了。—**appallingly** *adv*

☆**apparatus** /ˌæpəˈreɪtəs; *US* 美 -ˈrætəs ‖ ˌæpəˈrætəs/ *noun* [U] a set of tools, instruments or equipment used for doing a job or an activity 整套仪器/器具；设备: *the scientific apparatus necessary for carrying out experiments* 做实验要用的科学仪器

☆**apparent** /əˈpærənt ‖ əˈpærənt/ *adj* **1** (only *before* a noun 只用于名词前) perhaps not true or real although seeming to be so 表面的；似乎: *His apparent interest in the proposal didn't last very long.* 他对那个计划似乎有兴趣，但未能持久。**2 apparent to sb** clear; easy to see 明显；容易见到: *It was apparent to everyone that the man could not be trusted.* 人人都明白那个人不值得信任。○ *For no apparent reason she suddenly burst into tears.* 她莫名其妙地突然哭了起来。

apparently *adv* **1** according to what people say (but perhaps not true) 据说: *Apparently, he's already been married twice.* 据说他已经结了两次婚。**2** according to how sth seems or appears (but perhaps not true) 看来: *He was apparently undisturbed by the news.* 从外表看来，他没有被那消息所困扰。

☆**appeal** /əˈpiːl ‖ əˈpil/ *verb* [I] **1 appeal to sb (for sth)**; **appeal for sth** to make a serious request for sth you need or want very much 请求；恳求: *Relief workers in the disaster area are appealing for more help and supplies.* 灾区的救援人员呼吁各方施以援手，提供物资。○ *She appeared on television to appeal to the men for her child's safe return.* 她在电视上恳求那些人让她的孩子安全回家。**2 appeal (to sb)** to be attractive or interesting (to sb) 吸引: *The idea of living in the country doesn't appeal to me at all.* 我对乡间生活一点也不感兴趣。**3 appeal to sth** to influence sb's feelings or thoughts so that he/she will do sth you want 影响…的思想感情；激发…的感情: *to appeal to sb's honour, sense of justice, etc* 唤起某人的荣誉感/正义感… ○ *We aim to appeal to people's generosity.* 我们希望能激发大家的慷慨之情。**4 appeal (to sb) (for/against sth)** to ask sb in authority to change a decision 请求掌握权力者改变决定；上诉: *He decided to appeal against his conviction.* 他决定对他的定罪上诉。○ *The team decided to appeal against the referee's decision.* 该队决定提出申诉，要求推翻裁判的决定。

appeal *noun* **1** [C] a serious request for sth you need or want very much 请求；呼吁: *The police have made an urgent appeal for witnesses to come forward.* 警方已紧急呼吁目击者挺身而出。○ *a television, radio, etc appeal* (= a television or radio programme asking for help or money for a particular cause) 电视台/电台…为呼吁公众援助而安排的节目 **2** [C] **appeal to sth** a written or spoken statement that tries to influence sb's feelings or thoughts so that he/she will do what you want 影响他人思想感情的话；激发人的话: *a powerful appeal to our sense of loyalty* 能激发我们忠贞之心的有力话语 **3** [C] a formal request to sb in authority to change a decision 向掌握权力者建议改变决定的请求: *The judge turned down the defendant's appeal.* 法官驳回被告的上诉。**4** [U] attraction or interest 吸引力: *I can't understand the appeal of stamp collecting.* 我不明白集邮有什么吸引力。

appealing *adj* **1** attractive or interesting 吸引的: *The idea of a Greek holiday sounds very appealing!* 到希腊度假真是好主意！**2** showing that you need help, etc 求助的: *an appealing glance in my direction* 向我投来求助的一瞥 —**appealingly** *adv*

☆**appear** /əˈpɪə(r) ‖ əˈpɪr/ *verb* [I] **1** to be seen; to come into sight 出现: *The bus appeared round the corner.* 那辆公共汽车在转角出现了。**2** to begin to exist 开始存在: *The disease is thought to have appeared in Africa.* 相信那种疾病最初是在非洲出现的。**3** to be published or printed 刊载；出版: *The article appeared in the 'Daily Mail' on Friday.* 那篇文章刊载于周五的《每日邮报》上。**4** to present yourself in public to speak, perform, act, etc 出席公众场合（发表演说、表演等）: *to appear on television* 在电视节目中亮相 ○ *I've been asked to appear in court.* 我被传唤出庭。○ *She is currently appearing in 'Macbeth'.* 她目前在《麦克白》一剧中演出。**5** to seem 看来；似乎: *She appears to be very happy in her job.* 她看来工作得很愉快。○ *It appears that you were given the wrong information.* 你似乎收到了错误的消息。○ *'Do you think there will be an election?' 'It appears so/not.'* "你认为会举行选举吗？""似乎会的/不会。" ☛ The adjective is **apparent**. 形容词为 **apparent**。

☆**appearance** /əˈpɪərəns ‖ əˈpɪrəns/ *noun* **1** [sing] the arrival of sb/sth 到达；到来: *I was surprised by her unexpected appearance at the party.* 我没想到她会出席聚会，所以感到意外。**2** [sing] the beginning (of sth never seen or used before) 开始存在；出现: *the appearance of television in the home in the 1950s* ＊50年代电视机在家居中出现 **3** [C] an act of appearing in public, especially on stage, television, etc 出场；出席公众场合：*His last appearance before his death was as 'Julius Caesar'.* 他生前的最后一次演出演的是《尤里乌斯·凯撒》。**4** [U] the way that sb/sth looks 样子；外貌：*A different hairstyle can completely change your appearance.* 不同的发型可以使外貌完全改变。○ *He gives the appearance of being extremely confident.* 他显得十分自信。

appendicitis /əˌpendɪˈsaɪtɪs ‖ əˌpɛndəˈsaɪtɪs/ *noun* [U] an illness in which your appendix becomes extremely painful and usually has to be removed 阑尾炎

appendix /əˈpendɪks ‖ əˈpɛndɪks/ *noun* [C] **1** (*pl* **appendixes**) a small tube inside your body which is attached to the intestine 阑尾 **2** (*pl* **appendices** /-dɪsiːz ‖ -dəˌsiz/) a section at the end of a book, etc that gives extra information 附录；附件

appetite /ˈæpɪtaɪt ‖ ˈæpəˌtaɪt/ *noun* **1** [C,U] the desire for food 食欲：*a good/healthy appetite* 好胃口 ○ *My two teenage sons have enormous appetites!* 我两个儿子今年十多岁，食量很大！○ *Some fresh air and exercise should give you an appetite* (= make you hungry). 呼吸一下新鲜空气，做些运动，胃口就会好。**2** [C,U] a natural desire 欲念：*sexual appetites* 性欲

(IDIOM 习语) **whet sb's appetite** ⇨ WHET

appetizing (*also* 亦作 **appetising**) /ˈæpɪtaɪzɪŋ ‖ ˈæpəˌtaɪzɪŋ/ *adj* (used about food, etc 指食物等) attractive and tempting 吸引的；诱惑的：*an appetizing smell* 令人垂涎的气味

applaud /əˈplɔːd ‖ əˈplɔd/ *verb* **1** [I,T] to clap your hands in order to show that you like sb/sth 鼓掌：*The audience applauded loudly.* 观众热烈鼓掌。○ *The team was applauded as it left the field.* 队伍离场时，受到鼓掌欢送。**2** [T] (usually passive 通常用于被动语态) to praise sb/sth 赞扬：*The decision was applauded by everybody.* 人人都赞许这一决定。

☆**applause** /əˈplɔːz ‖ əˈplɔz/ *noun* [U] the pleasure and approval of a group of people, shown by them clapping their hands 鼓掌以示赞许：*The performance got terrific applause from the audience.* 那场表演赢得观众热烈的掌声。○ *The actor was greeted by a round of applause.* 观众以一阵掌声欢迎那个演员出场。

☆**apple** /ˈæpl ‖ ˈæpl̩/ *noun* [C] a hard, round fruit with a smooth green, red or yellow skin 苹果：*cooking/eating apples* 煮/吃苹果 ○ *an apple pie* 苹果馅饼

appliance /əˈplaɪəns ‖ əˈplaɪəns/ *noun* [C] a piece of equipment for a particular purpose in the house 家用器具：*electrical appliances* 家用电器

applicable /ˈæplɪkəbl; əˈplɪkəbl ‖ ˈæplɪkəbl̩; əˈplɪkəbl̩/ *adj* (not before a noun 不用于名词前) **applicable (to sb/sth)** that concerns or relates to 关于；适用于：*This part of the form is only applicable to married women.* 表格的这部分只适用于已婚女性。

☆**applicant** /ˈæplɪkənt ‖ ˈæpləkənt/ *noun* [C] a person who applies for sth, especially a job 申请人（尤指求职者）

☆**application** /ˌæplɪˈkeɪʃn ‖ ˌæpləˈkeʃən/ *noun* **1** [C,U] **application (to sb) (for sth)** a formal written request, especially for a job or a place in a school, club, etc 申请；申请书：*Applications for the job should be made to the Personnel Manager.* 求职申请应寄给人事部经理。○ *an application form* (= a special form on which you apply for a job, etc) 申请表格 **2** [C,U] a/the practical use (of sth) 应用：*The lecture was about the application of educational theory to the classroom.* 这节课讲的是如何将教育理论应用到课堂上去。**3** [U] hard work; effort 努力

☆**apply** /əˈplaɪ ‖ əˈplaɪ/ *verb* (*pres part* **applying**; *3rd pers sing pres* **applies**; *pt, pp* **applied**) **1** [I] **apply (to sb) (for sth)** to ask for sth in writing（以书面）申请：*I'm going to apply for that job they advertised.* 他们登广告招聘的那个职位，我打算申请。○ *My daughter's applying for a place at university.* 我女儿申请入大学。**2** [T] **apply yourself/sth (to sth/to doing sth)** to make yourself concentrate on sth 集中精神（做某事）；专注：*to apply your mind to sth* 用心做某事 ○ *He applied himself to his studies.* 他用功读书。**3** [I] **apply (to sb/sth)** to concern or relate (to sb/sth) 关于；适用于：*This information applies to all children born after 1983.* 这个消息关乎所有在1983年以后出世的孩子。**4** [T] **apply sth (to sth)** to make practical use of sth 应用：*new technology which can be applied to solving problems in industry* 可用来解决工业难题的新科技 **5** [T] (usually passive 通常用于被动语态) to use a word, a name, etc to refer to sb/sth 称；称呼：*I don't think the word 'antique' can be applied to this old table, do you?* 我认为这张旧桌子不能称为"古董"，你呢？**6** [T] **apply sth (to sth)** to put or spread sth (onto sth) 敷；涂：*Apply the cream to the infected area twice a day.* 将软膏涂在受感染的地方，每日两次。

applied *adj* (used about a subject 指学科) having a practical use 能应用：*applied mathematics* (eg as used in engineering) 应用数学（如用于工程）

☆**appoint** /əˈpɔɪnt ‖ əˈpɔɪnt/ *verb* [T] **1 appoint sb (to sth)** to choose sb for a job, etc 任命；委派：*The committee have appointed a new chairperson.* 委员会委任了一名新主席。○ *He's been appointed (as) Assistant Secretary to the Minister of Education.* 他被委任为教育部长的助理秘书。**2 appoint sth (for sth)** (*formal* 正式) to arrange or decide on sth 约定/确定某事物：*the date appointed for the next meeting* 下次会议的既定日期

☆**appointment** /əˈpɔɪntmənt ‖ əˈpɔɪntmənt/ *noun* **1** [C,U] **appointment (with sb)** an arrangement to see sb at a particular time 约会：*a doctor's, dentist's, hairdresser's, etc appointment* 约见医生/牙医/美发师… ○ *I'd like to make an appointment to see the manager.* 我想约个时间见一见经理。○ *I'm afraid I won't be able to keep our appointment on Monday.* 对不起，星期一我不能赴约了。○ *to cancel an appointment* 取消约会 ○ *Visits are by appointment only* (= at a time that has been arranged in advance) 只接受预先安排的探访 **2** [C] a job or position of responsibility 职位；职务：

A

a temporary/permanent appointment 临时/固定的职位 **3** [U] **appointment (to sth)** the act of choosing sb for a job 委任；选派: *Many people criticized the appointment of such a young man to the post.* 委任这么年轻的人担任那个职位，受到很多人批评。

appraise /ə'preɪz ‖ ə'prez/ *verb* [T] to form an opinion about the value or quality of sb/sth 评价

appraisal /ə'preɪzl ‖ ə'prezl̩/ *noun* [C,U] an opinion about the value or quality of sb/sth; a judgement 评价

appreciable /ə'pri:ʃəbl ‖ ə'priʃəbl̩/ *adj* noticeable or important 明显；重要: *There has been an appreciable drop in the rate of inflation.* 通胀率明显地下降了。

☆**appreciate** /ə'pri:ʃɪeɪt ‖ ə'priʃɪˌet/ *verb* **1** [T] to enjoy sth or to understand the value of sth 欣赏；鉴赏: *The art of Van Gogh was not appreciated during his own lifetime.* 凡高的艺术作品在他有生之年并未得到赏识。**2** [T] to understand sth (a problem, situation, etc) (对问题、情况等)了解: *I don't think you appreciate how serious this situation is.* 我觉得你并不了解事情有多严重。**3** [T] to be grateful for sth 感激: *Thanks for your help. We did appreciate it.* 谢谢你帮忙。我们很感激。**4** [I] to increase in value 增值；升值: *Houses in this area have appreciated faster than elsewhere.* 这一区的房屋比别区增值快。

appreciative /ə'pri:ʃətɪv ‖ ə'priʃɪˌetɪv/ *adj* **1** feeling or showing pleasure or admiration 赞赏的；欣赏的；钦羡的: *'You look lovely,' he said, with an appreciative smile.* 他面带赞赏的笑容说："你的样子很可爱。" **2 appreciative (of sth)** grateful for sth 感激: *He was very appreciative of our efforts to help.* 我们帮他忙，他非常感激。

appreciation /əˌpri:ʃɪ'eɪʃn ‖ əˌpriʃɪ'eʃən/ *noun* **1** [U] understanding and enjoyment (of the value of sth) 欣赏；鉴赏: *I'm afraid I have little appreciation of modern architecture.* 我不懂得欣赏现代建筑，真抱歉。**2** [U] the feeling of being grateful for sth 感激；感谢: *We bought him a present to show our appreciation for all the work he had done.* 我们买了一份礼物送给他，对他出力帮忙表示感谢。○ *Please accept these flowers as a token* (= a sign) *of my appreciation.* 这些花代表我的谢意，请收下。**3** [U] understanding of what sth involves 明白；了解: *None of us had the slightest appreciation of the seriousness of the situation.* 我们一点也不知道情况有多严重。**4** [U] increase in value 增值；升值: *the appreciation of antiques and works of art* 古董及艺术品的增值

apprehension /ˌæprɪ'henʃn ‖ ˌæprɪ'hɛnʃən/ *noun* [C,U] (*formal* 正式) worry or fear about sth in the future (对未来的)忧虑/恐惧: *feelings of apprehension* 忧心；恐惧感

apprehensive /ˌæprɪ'hensɪv ‖ ˌæprɪ'hɛnsɪv/ *adj* worried or afraid 担忧；恐惧: *to be/feel apprehensive* 感到担忧/恐惧 ○ *The students were apprehensive about their forthcoming exams.* 学生对于快将举行的考试感到担忧。

apprentice /ə'prentɪs ‖ ə'prɛntɪs/ *noun* [C] a person who works for sb for low wages, in order to learn an occupation or skill 学徒: *an apprentice electrician* 电机学徒

apprenticeship /-tɪʃɪp ‖ -tɪˌʃɪp/ *noun* [C,U] the state or time of being an apprentice 学徒身分/时期

☆**approach** /ə'prəʊtʃ ‖ ə'protʃ/ *verb* **1** [I,T] to come near or nearer to sb/sth 临近；逼近；接近: *The day of her wedding approached.* 她结婚的日子临近了。○ *When you approach the village you will see a garage on your left.* 你走近那个村子就会见到左边有个加油站。○ *And now as we approach a new century ...* 正当我们迈向一个新世纪之际… **2** [T] to speak to sb usually in order to ask for sth (为某事)找…接洽/商量: *I'm going to approach my bank manager about a loan.* 我打算为贷款的事与银行经理接洽。**3** [T] to begin to deal with sth (a problem, a situation, etc) 着手处理: *What is the best way to approach this problem?* 着手处理这个难题最好的方法是什么？**4** [T] to almost reach sth (a certain standard, level, etc) 几乎达到；接近: *at a depth approaching 50 feet under water* 在水深差不多达到50英尺的地方

approach *noun* **1** [sing] the act of coming nearer (to sb/sth) 接近；走近: *The children stopped talking at the teacher's approach.* 老师走近，孩子们就不再交谈。**2** [C] a discussion about getting sth; a request for sth 商谈；请求: *The company has made an approach to us for financial assistance.* 那家公司请求我们提供资金援助。**3** [C] a road or path, etc leading to sth 路径；通道: *the approach to the village* 通向那个村落的路 **4** [C] a way of dealing with sb/sth 途径；门路；方法: *Parents don't always know what approach to take with teenage children.* 父母往往不知道怎样对待十多岁的孩子。

approachable *adj* **1** friendly and easy to talk to 可亲近；平易近人: *She's nice but her husband's not very approachable.* 她很和蔼，但是她丈夫却不大平易近人。☛ The opposite is **unapproachable**. 反义词为 **unapproachable**。**2** (not before a noun 不用于名词前) able to be reached 可以达到: *The area was easily approachable by bus.* 乘搭公共汽车很容易就可以到达那一区。

☆**appropriate** /ə'prəʊprɪət ‖ ə'proprɪɪt/ *adj* **appropriate (for/to sth)** suitable or right 适合；适当: *The matter will be dealt with by the appropriate authorities.* 会有适当的官员来处理那件事。○ *This card is rather appropriate for the occasion, isn't it?* 这张贺卡很切合那种场合，对不对？○ *Please take whatever action you think is appropriate.* 请采取你认为适当的措施。☛ The opposite is **inappropriate**. 反义词为 **inappropriate**。—**appropriately** *adv*

☆**approval** /ə'pru:vl ‖ ə'pruvl̩/ *noun* [U] feeling, showing or saying that you think sth is good; agreement 赞成；同意；嘉许: *Everybody gave their approval to the proposal.* 那个计划，人人都赞成。○ *I'm afraid I can't sign these papers without my partner's approval.* 没有我合伙人的同意，恐怕我不能签署这些文件。○ *She was* *always anxious to win her mother's approval.* 她总是渴望得到母亲的赞许。

☆**approve** /ə'pru:v ‖ ə'pruv/ *verb* **1** [I] **approve (of sb/sth)** to be pleased about sth; to like sb/sth 满意；喜欢: *His father didn't approve of his leaving school at 16.* 他父亲不赞成他16岁就辍学。○ *Her parents don't approve of her friends.* 她父母不喜欢她的朋友。☛ The opposite is **disapprove**. 反义词为 **disapprove**。**2** [T] to agree to sth or to accept sth as correct 批准；核准: *We need to get an accountant to approve these figures.* 我们需要找会计师核准这些数字。

approving *adj* showing support or admiration for sth 表示允许/支持/赞赏: *'I agree entirely,' he said with an approving smile.* 他脸上露出赞许的笑容说："我完全同意。" —**approvingly** *adv*

☆**approximate** /ə'prɒksɪmət ‖ ə'prɑksəmɪt/ *adj* almost correct but not completely accurate 差不多；大概: *The approximate time of arrival is 3 o'clock.* 大约3点钟到达。○ *I can only give you an approximate idea of the cost.* 价钱方面，我只能跟你说个约数。

approximately *adv* about 大约: *It's approximately fifty miles from here.* 从这里算起大约五十英里路。

approximation /əˌprɒksɪ'meɪʃn ‖ əˌprɑksə'meʃən/ *noun* [C] a number, answer, etc which is nearly, but not exactly, right 约数；近似的答案

apricot /'eɪprɪkɒt ‖ 'eprɪˌkɑt/ *noun* [C] a small, round, yellow or orange fruit with soft flesh and a stone inside 杏

☆**April** /'eɪprəl ‖ 'eprəl/ *noun* [C,U] (*abbr* 缩写 **Apr**) the fourth month of the year, coming before May 四月 ☛ For examples of the use of the months in sentences, look at **January**. 有关句子中月份的用例，参看 **January**。

ˌ**April 'Fool** *noun* [C] a person who has a joke or trick played on him/her on 1 April 在4月1日愚人节被愚弄的人

ˌ**April 'Fool's Day** *noun* [sing] 1 April 愚人节（4月1日）

> ☛ On this day it is traditional for people to play tricks on each other, especially by inventing silly stories and trying to persuade other people that they are true. 根据传统，4月1日是愚弄别人的日子，尤其是编造故事骗人。If somebody believes such a story he/she is called an April Fool. 被愚弄的人叫做 April Fool。

apron /'eɪprən ‖ 'eprən/ *noun* [C] a piece of clothing that you wear over the front of your usual clothes in order to keep them clean, especially when cooking 围裙 ☛ picture at **overall**. 见 **overall** 插图。

apt /æpt ‖ æpt/ *adj* **1** suitable 适当: *a very apt reply* 非常得体的回复 **2 apt to do sth** having a tendency to do sth; likely 倾向于（做某事）: *You'd better remind me. I'm rather apt to forget.* 你最好提醒我。我很健忘。

aptly *adv* suitably 适当: *The house was aptly named 'Sea View'* (= because it had a view of the sea). 这所房子名为"海景"，很恰当。

aptitude /'æptɪtju:d; *US* 美 -tu:d ‖ 'æptəˌtud/ *noun* [C,U] **aptitude (for sth/for doing sth)** (a) natural ability 天资；天生的才能: *She has an aptitude for learning languages.* 她有学语言的天分。○ *He's shown no aptitude for music.* 他毫无音乐天分。

aquarium /ə'kweərɪəm ‖ ə'kwɛrɪəm/ *noun* [C] (*pl* **aquariums** or **aquaria** /-rɪə ‖ -rɪə/) **1** a glass container filled with water, in which fish and water animals are kept 鱼缸；水族箱 **2** a building, often in a zoo, where fish and water animals are kept 水族馆

Aquarius /ə'kweərɪəs ‖ ə'kwɛrɪəs/ *noun* [C,U] the eleventh sign of the zodiac, the Water-carrier; a person who was born under this sign 宝瓶宫（黄道第十一宫）；属宝瓶座的人 ☛ picture at **zodiac**. 见 **zodiac** 插图。

aquatic /ə'kwætɪk ‖ ə'kwætɪk/ *adj* **1** (used about an animal or a plant 指动物或植物) living in water 生长于水中 **2** (used about a sport 指体育活动) performed on or in water 在水上/水中进行

☆**Arab** /'ærəb ‖ 'ærəb/ *noun* [C] a member of a people who lived originally in Arabia and who now live in many parts of the Middle East and North Africa 阿拉伯人（现多居于中东及北非）—**Arab** *adj*: *Arab countries* 阿拉伯国家

Arabic /'ærəbɪk ‖ 'ærəbɪk/ *noun* [sing] **1** the language that is spoken by Arab people 阿拉伯语 **2** the religious language of Islam 伊斯兰教的宗教语言

arable /'ærəbl ‖ 'ærəbl̩/ *adj* (in farming 农业) connected with growing crops for sale, not keeping animals 用作耕种（非饲养牲畜）；可耕

arbitrary /'ɑ:bɪtrərɪ; *US* 美 'ɑ:rbɪtrerɪ ‖ 'ɑrbəˌtrɛrɪ/ *adj* not based on any principle or reason; not thinking about the wishes of the other people involved 任意的；独断的: *The choice he made seemed completely arbitrary. I couldn't see any reason for it, anyway.* 他作的选择似乎完全是武断的。我就看不出有什么理由。—**arbitrarily** *adv*

arbitrate /'ɑ:bɪtreɪt ‖ 'ɑrbəˌtret/ *verb* [I,T] to settle an argument between two people or groups by finding a solution that both can accept 公断；仲裁

arbitration /ˌɑ:bɪ'treɪʃn ‖ ˌɑrbə'treʃən/ *noun* [U] the process of settling an argument between two people or groups by a third person (who has been chosen by them) 仲裁（由争执双方同意的第三者作出裁决）: *The union and the management decided to go to arbitration.* 工会和管理当局决定求诸仲裁。

arc /ɑ:k ‖ ɑrk/ *noun* [C] a curved line, part of a circle 弧

arcade /ɑ:'keɪd ‖ ɑr'ked/ *noun* [C] a large covered passage or area with shops along one or both sides; a passage with arches（有盖的）商场；拱廊: *a shopping arcade* 拱廊商场

arch /ɑ:tʃ ‖ ɑrtʃ/ *noun* [C] **1** a structure made with two columns joined over the top in a curve. An arch may support a bridge or the

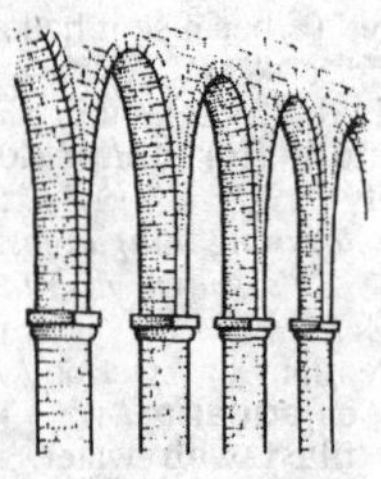

arch
拱

roof of a large building or it may be above a door or a window. 拱形结构/拱状物（可用来支撑桥梁或大型建筑物的顶部，或用于门窗顶部）☛ Look at **archway**. 参看 **archway**。**2** a monument in the shape of an arch 拱形牌坊；拱门: *Marble Arch in London* 伦敦的大理石拱门 **3** the middle part of the inside of your foot 足弓

arch *verb* [I,T] to make a curve 弓着；拱着: *The cat arched its back and hissed.* 那只猫弓着腰在嘶嘶叫。

archaeology (*especially US* 美尤作 **archeology**) /ˌɑːkɪˈɒlədʒɪ ‖ ˌɑrkɪˈɑlədʒɪ/ *noun* [U] the study of ancient civilizations, based on objects or parts of buildings that are found in the ground 考古学

archaeological (*especially US* 美尤作 **archeological**) *adj* connected with archaeology 与考古学有关的

archaeologist (*especially US* 美尤作 **archeologist**) *noun* [C] an expert in archaeology 考古学家

archaic /ɑːˈkeɪɪk ‖ ɑrˈkeɪk/ *adj* old-fashioned; no longer in common use 古体的；过时；旧式

archbishop /ˌɑːtʃˈbɪʃəp ‖ ˈɑrtʃˈbɪʃəp/ *noun* [C] a priest in some branches of the Christian church who is in charge of all the bishops, priests and churches in a large area of a country 大主教；总主教: *the Archbishop of Canterbury* 圣公会坎特伯雷区大主教

archer /ˈɑːtʃə(r) ‖ ˈɑrtʃɚ/ *noun* [C] a person who shoots with a bow and arrow 射箭运动员；弓箭手

archery *noun* [U] the sport of shooting with a bow and arrow 射箭运动

☆**architect** /ˈɑːkɪtekt ‖ ˈɑrkəˌtɛkt/ *noun* [C] a person whose job is to design buildings 建筑师

architecture /ˈɑːkɪtektʃə(r) ‖ ˈɑrkəˌtɛktʃɚ/ *noun* [U] **1** the study of how buildings are planned and constructed 建筑学 **2** the style or design of a building or buildings 建筑风格；建筑设计: *the architecture of the fifteenth century* 十五世纪的建筑风格 ○ *modern architecture* 现代建筑

architectural /ˌɑːkɪˈtektʃərəl ‖ ˌɑrkəˈtɛktʃərəl/ *adj* connected with the design of buildings 与建筑设计有关的

archives /ˈɑːkaɪvz ‖ ˈɑrkaɪvz/ *noun* [plural] (*also* 亦作 **archive** /ˈɑːkaɪv ‖ ˈɑrkaɪv/ *noun* [C]) a collection of historical documents, etc which record the history of a place or an organization; the place where they are kept（整批的）历史档案；档案馆: *In the city archives they found letters dating from the Middle Ages.* 他们在市档案馆里找到一些中世纪的信札。○ *archive material on the First World War* 第一次世界大战的档案资料

archway /ˈɑːtʃweɪ ‖ ˈɑrtʃˌwe/ *noun* [C] a passage or entrance with an arch over it 拱廊；拱道；拱门

Arctic /ˈɑːktɪk ‖ ˈɑrktɪk/ *adj* **1** connected with the region round the North Pole (the most northern point of the world) 与北极有关 **2 arctic** very cold 非常寒冷: *The mountaineers faced arctic conditions near the top of the mountain.* 登山者爬近巅峰时遇到了非常寒冷的环境。

the Arctic *noun* [sing] the area round the North Pole 北极地区 ☛ picture at **earth**. 见 **earth** 插图。

the ˌArctic ˈCircle *noun* [sing] the line of latitude 66° 30'N 北极圈（北纬66度30分）☛ Look at **Antarctic**. 参看 **Antarctic**。

ardent /ˈɑːdnt ‖ ˈɑrdn̩t/ *adj* showing strong feelings, especially a strong liking for sb/sth 热情；热烈: *He was an ardent supporter of the Government.* 他热烈支持政府。—**ardently** *adv*

arduous /ˈɑːdjʊəs; *US* 美 -dʒʊ- ‖ ˈɑrdʒʊəs/ *adj* full of difficulties; needing a lot of effort 艰巨；费力: *an arduous journey* 艰苦的旅程

are, aren't ⇨ BE

☆**area** /ˈeərɪə ‖ ˈɛrɪə/ *noun* **1** [C] a part of a town, a country or the world 地区: *Housing is very expensive in the London area.* 伦敦地区的房屋非常昂贵。○ *The wettest areas are in the West of the country.* 那个国家最潮湿的地区在西部。○ *Do not sound your horn in a built-up area* (= where there are buildings). 不要在楼宇林立的地区响喇叭。○ *The high winds scattered litter over a wide area.* 大风吹得到处都是垃圾。☛ Look at the note at **district**. 参看 **district** 的注释。**2** [C,U] the size of a surface, that you can calculate by multiplying the length by the width 面积: *The area of the office is 35 square metres.* 办公室的面积是35平方米。○ *The office is 35 square metres in area.* 办公室的面积是35平方米。**3** [C] a space used for a particular activity 有特别用途的空间: *The restaurant has a non-smoking area.* 那家餐厅有禁烟区。○ *the penalty area* (= the space in front of the goal, in football) 罚球区（足球比赛中球门前面的范围）**4** [C] a particular part of a subject or activity 某课题/活动的一部分；方面: *Training is one area of the business that we could improve.* 培训工作是我们公司的业务有待改进的地方之一。

arena /əˈriːnə ‖ əˈrinə/ *noun* [C] **1** an area with seats around it where public entertainments (sporting events, concerts, etc) are held（四周有座位的）表演场 **2** where a particular activity happens（活动）场所: *The Foreign Secretary was well-respected in the international political arena.* 那时外交大臣在国际政坛上很受尊敬。

arguable /ˈɑːgjʊəbl ‖ ˈɑrgjʊəbl̩/ *adj* **1** that can be argued; probably true 可争辩；可论证: *It is arguable that no one should have to pay for hospital treatment.* 所有人都可以免费住院这一

点是有道理的。**2** not certain; that you do not accept without question 不肯定；有疑问：*Whether it is a good idea to invest so much money is highly arguable.* 是不是应该投资这么多钱，就大可商榷。

arguably *adv* probably; you can argue that 很可能；可以这样说：*'King Lear' is arguably Shakespeare's best play.*《李尔王》可以说是莎士比亚最好的剧作。

☆**argue** /ˈɑːgjuː ‖ ˈɑrgju/ *verb* **1** [I] **argue (with sb) (about/over sth)** to say things (often angrily) that show that you do not agree with sb about sth（与人）争辩/争吵：*The couple next door are always arguing.* 邻居家的那对夫妇老是吵嘴。○ *I never argue with my husband about money.* 我绝不为金钱与丈夫争论。**2** [I,T] **argue that; argue (for/against sth)** to give reasons that support your opinion about sth（就某事）论证/争辩：*John argued that buying a new computer was a waste of money.* 约翰提出理由说明买新电脑浪费金钱。○ *He argued against buying a new computer.* 他提出理由反对买新电脑。

☆**argument** /ˈɑːgjʊmənt ‖ ˈɑrgjəmənt/ *noun* **1** [C,U] **argument (with sb) (about/over sth)** an angry discussion between two or more people who disagree with each other 激辩；争吵：*Sue had an argument with her father about politics.* 休和父亲为了政治问题进行了一场激烈争论。○ *He accepted the decision without argument.* 他没有争辩就接受了决定。☛ A **quarrel** is usually about something less serious. * **quarrel** 通常指争论不那么严重的问题。**2** [C] the reason(s) that you give to support your opinion about sth 论据；理由：*His argument was that if they bought a smaller car, they would save money.* 他的理由是，如果买比较小型的汽车，就可以省点钱。

argumentative /ˌɑːgjʊˈmentətɪv ‖ ˌɑrgjəˈmɛntətɪv/ *adj* often involved in or enjoying arguments 好争论的

arid /ˈærɪd ‖ ˈærɪd/ *adj* (used about land or climate 指土地或气候) very dry; with little or no rain 干旱；干燥

Aries /ˈeəriːz ‖ ˈɛriz/ *noun* [C,U] the first sign of the zodiac, the Ram; a person who was born under this sign 白羊宫（黄道第一宫）；属白羊座的人 ☛ picture at **zodiac**. 见 **zodiac** 插图。

☆**arise** /əˈraɪz ‖ əˈraɪz/ *verb* [I] (*pt* **arose** /əˈrəʊz ‖ əˈroz/; *pp* **arisen** /əˈrɪzn ‖ əˈrɪzn̩/) to begin to exist; to appear 开始存在；出现：*If any problems arise, let me know.* 如果出现问题，请告诉我。

aristocracy /ˌærɪˈstɒkrəsɪ ‖ ˌærəˈstɑkrəsɪ/ *noun* [C, with sing or pl verb] (*pl* **aristocracies**) the people of the highest social class who often have special titles 贵族

aristocrat /ˈærɪstəkræt; *US* 美 əˈrɪst- ‖ əˈrɪstəˌkræt/ *noun* [C] a member of the highest social class, often with a special title 贵族（的成员）—**aristocratic** *adj*

☆**arithmetic** /əˈrɪθmətɪk ‖ əˈrɪθməˌtɪk/ *noun* [U] the branch of mathematics which involves counting with numbers (adding, subtracting, multiplying and dividing) 算术

☆**arm**[1] /ɑːm ‖ ɑrm/ *noun* [C] **1** the limb at each side of the human body from the shoulder to the hand 臂：*He was carrying a newspaper under his arm.* 他把报纸夹在腋下。○ *They waved their arms in the air and shouted at us.* 他们挥动手臂，对着我们叫喊。○ *I put my arm round her and tried to comfort her.* 我揽着她，安慰她。**2** the part of a piece of clothing that covers your arm; a sleeve 衣袖：*He had a hole in the arm of his jumper.* 他的套头毛衣袖子穿了个洞。**3** something shaped like an arm 臂状物：*the arm of a chair* (= where you rest your arm) 椅子的扶手

arm in arm
臂挽着臂

arms crossed/folded
交叉双臂

(IDIOMS 习语) **arm in arm** with your arm linked together with sb else's arm 臂挽着臂：*The two friends walked arm in arm.* 两个好朋友挽臂而行。

cross/fold your arms to cross your arms in front of your chest 两手交错放在胸前：*She folded her arms and waited.* 她交叉着手等候。○ *James was sitting with his arms crossed.* 詹姆斯坐着，双手在胸前交叉着。

twist sb's arm ⇨ TWIST[1]

with open arms ⇨ OPEN[1]

ˈ**arm-band** *noun* [C] **1** a piece of material that you wear around your sleeve 袖章；臂章：*People often used to wear black arm-bands at funerals.* 人们过去在参加葬礼时常臂缠黑色布条。**2** a plastic ring filled with air which you can wear on your arms when you are learning to swim（学游泳时可穿在手臂上的）充气胶圈

ˈ**armful** /ˈɑːmfʊl ‖ ˈɑrmˌfʊl/ *noun* [C] the amount that you can carry in your arms 一抱；一抱的量

ˈ**armhole** [C] the opening in a piece of clothing where your arm goes through 袖孔

ˈ**armpit** [C] the part of the body under the arm at the point where it joins the shoulder 腋；腋窝 ☛ picture on page A21. 见第 A21 页插图。

arm[2] /ɑːm ‖ ɑrm/ *verb* [I,T] to prepare sb/yourself to fight by supplying weapons 武装；装备：*The country is beginning to arm itself for war.* 国家开始武装起来准备战争。☛ Look at **armed** and **arms**. 参看 **armed** 及 **arms**。

armaments /ˈɑːməmənts ‖ ˈɑrməmənts/ *noun* [plural] weapons and military equipment 武器；军事装备

armchair /ˈɑːmtʃeə(r) ‖ ˈɑrmˌtʃɛr/ *noun* [C]

A

a soft comfortable chair with sides which support your arms 扶手软椅

☆**armed** /ɑ:md ‖ ɑrmd/ *adj* carrying a gun or other weapon; involving weapons 携带枪支或其他武器的；涉及武器的: *All the terrorists were armed.* 所有的恐怖分子都持有武器。○ *armed robbery* 持械行劫 ○ *the armed forces* (= the army, navy and air force) 武装部队 ○ (*figurative* 比喻) *They came to the meeting armed with all the latest information.* 他们带着最新资料前来开会。

armistice /'ɑ:mɪstɪs ‖ 'ɑrməstɪs/ *noun* [C] an agreement between two countries who are at war that they will stop fighting 休战；停火协议

armour (*US* 美 **armor**) /'ɑ:mə(r) ‖ 'ɑrmər/ *noun* [U] clothing, often made of metal, that soldiers wore in earlier times to protect themselves 盔甲: *a suit of armour* 一套盔甲

armoured (*US* 美 **armored**) *adj* (used about a vehicle 指车辆) covered with metal to protect it in an attack 装甲

☆**arms** /ɑ:mz ‖ ɑrmz/ *noun* [plural] **1** weapons, especially those that are used in war 武器: *a reduction in nuclear arms* 裁减核武器 **2** = COAT OF ARMS

(IDIOM 习语) **be up in arms** very angry; protesting about sth 非常愤怒；抗议: *The workers were up in arms over the news that the factory was going to close.* 工厂即将关闭的消息使工人非常愤怒。

☆**army** /'ɑ:mɪ ‖ 'ɑrmɪ/ *noun* [C, with sing or pl verb] (*pl* **armies**) the military forces of a country which are trained to fight on land; a large group of soldiers 陆军；军队: *the British Army* 英军 ○ *She joined the army at the age of eighteen.* 她十八岁参军。○ *He's a sergeant in the army.* 他是个中士。○ *an army officer* 军官 ☛ Look at **air force** and **navy**. 参看 **air force** 及 **navy**。

aroma /ə'rəʊmə ‖ ə'romə/ *noun* [C] a smell (usually one that is pleasant) 气味（通常指香气）

arose *pt* of ARISE * ARISE 的过去时

☆**around¹** /ə'raʊnd ‖ ə'raund/ *adv* **1** (*also* 亦作 **about**) in or to various places or directions 到处；四处: *We walked around for hours looking for a café.* 我们走了几个小时，到处寻找咖啡馆。○ *I don't want to buy anything – I'm just looking around.* 我不想买东西——只是到处看看。○ *This is our office – David will show you around* (= show you the different parts of it). 这是我们的办公室——戴维会带你四处参观。**2** moving so as to face in the opposite direction 向相反方向移动: *Turn around and go back the way you came.* 转身往回头路走。**3** on all sides; forming a circle 四周；形成一圈: *The garden is very nice with a wall all around.* 花园很好，四周有墙围住。○ *Gather around so that you can all see.* 靠拢过来你们就都可以看清楚。☛ In senses **1**, **2** and **3** **round** can be used instead of **around**. 作第 1、2、3 义时可以用 **round** 取代 **around**。**4** (*also* 亦作 **about**) present or available 存在；可得到: *I went to the house but there was nobody around.* 我到那个房子去，但里面没有人。○ *That isn't a new book. It's been around for ages.* 这不是新书。这本书出版了很久了。**5** (*also* 亦作 **about**) (used for activities with no real purpose 用于没有真正目的的活动): *'What are you doing?' 'Nothing, just lazing around.'* "你在干什么？" "没什么，只是闲逛而已。" ○ *John likes messing around with cars.* 约翰喜欢驾车到处乱跑。○ *I found this pen lying around on the floor.* 我在地上见到这支笔。

☆**around²** /ə'raʊnd ‖ ə'raund/ *prep* **1** in various directions inside an area; in different places in a particular area 在某范围内的各处: *They wandered around the town, looking at the shops.* 他们在城中四处逛商店。**2** in a circle or following a curving path 围绕；沿着曲线: *We sat down around the table.* 我们围着桌子坐。○ *The athlete ran around the track ten times.* 运动员沿着跑道跑十圈。○ *Go around the corner and it's the first house on the left.* 在转角拐弯，左边第一个房子就是。○ *She had a bandage around her leg.* 她的腿缠着绷带。○ (*figurative* 比喻) *There doesn't seem to be any way around the problem.* 似乎没有什么方法解决那个问题。**3** near a place 在附近: *Is there a bank around here?* 附近有没有银行？☛ In senses **1**, **2** and **3** **round** can also be used. 作第 1、2、3 义时也可以用 **round**。**4** (*also* 亦作 **about**) (at) approximately 大约；左右: *It's around three hours' drive from here.* 从这里驾车去大约要三小时。○ *I'll see you around seven* (= at about 7 o'clock). 我们七点左右见。

arouse /ə'raʊz ‖ ə'rauz/ *verb* [T] to cause a particular reaction in people 引起反应；激起: *His actions have aroused a lot of criticism.* 他的行动引起了许多批评。—**arousal** *noun* [U]

☆**arrange** /ə'reɪndʒ ‖ ə'rendʒ/ *verb* [T] **1** to put sth in order or in a particular pattern 排列；整理: *The books were arranged in alphabetical order.* 那些书按英文字母序排列。○ *Arrange the chairs in a circle.* 将椅子围成一圈。○ *She arranged the flowers in a vase.* 她把花插在花瓶里。**2** to make plans and preparations so that sth can happen in the future 筹备；安排: *Isobel's parents arranged a big party for her eighteenth birthday.* 伊泽贝尔的父母为庆祝她十八岁生日安排了一个盛大的宴会。○ *He arranged for Peter to stay with friends in France.* 他安排彼得在法国与朋友住在一起。○ *She arranged to meet Stuart after work.* 她约好了下班后去见斯图尔特。

☆**arrangement** /ə'reɪndʒmənt ‖ ə'rendʒmənt/ *noun* **1** [C, usually pl] plans or preparations for sth that will happen in the future 安排；筹备: *We're just making the final arrangements for the concert.* 我们正为音乐会进行最后阶段的筹备工作。**2** [C,U] something that you have agreed or settled with sb else; the act of doing this 约定；协议: *They made an arrangement to share the cost of the food.* 他们商议好如何分担食物的费用。○ *Under the new arrangement it will be possible to pay monthly instead of weekly.* 根据新的协议，可以每月才付一次款，而不用每星期付款。○ *Use of the swimming-pool will be by special arrangement only.* 要预先安排，才可以使用游

泳池。**3** [C] a group of things that have been placed in a particular pattern 按某模式摆放的一组事物: *a flower arrangement* 插好的花

array /ə'reɪ ‖ ə're/ *noun* [C] a large collection of things, especially one that is impressive and is seen by other people 陈列: *There was a colourful array of vegetables on the market stall.* 市场的摊位上陈列着颜色鲜嫩的蔬菜。

arrears /ə'rɪəz ‖ ə'rɪrz/ *noun* [plural] money that should have been paid by an earlier date or that is owed for work which has been done 欠款；未支付的工资: *I'm in arrears with the rent* (= I owe some money). 我欠了租金未缴。○ *You will be paid monthly in arrears* (= at the end of month for the work done during the month). 你的工资每月月底支付。

☆**arrest** /ə'rest ‖ ə'rɛst/ *verb* [T] when the police arrest sb they take him/her prisoner in order to question him/her about a crime 拘捕；逮捕

arrest *noun* [C] the act of arresting sb 拘捕；逮捕: *The police made ten arrests after the riot.* 暴动之后，警方拘捕了十个人。

(IDIOM 习语) **be under arrest** 被拘捕；被逮捕: *He was under arrest for murder.* 他涉嫌谋杀，已经被捕。

☆**arrival** /ə'raɪvl ‖ ə'raɪvḷ/ *noun* **1** [U] the act of reaching the place to which you were travelling 到达/抵达（目的地）: *On our arrival we were told that our rooms had not been reserved.* 我们到达目的地，才知道没有预留房间给我们。○ *British Rail apologizes for the late arrival of this train.* 英国铁路公司为本次列车延迟到站向大家道歉。**2** [C] people or things that have arrived 到达的人/物: *We brought in extra chairs for the late arrivals.* 我们为迟到者搬来额外的椅子。○ *I'll look on the arrivals board to see when the train gets in.* 让我到列车时间布告栏去看看那次车什么时候到站。

☆**arrive** /ə'raɪv ‖ ə'raɪv/ *verb* [I] **1** to reach the place to which you were travelling 到达/抵达（目的地）: *We arrived home at about midnight.* 我们大约午夜到家。○ *What time does the train arrive in Newcastle?* 列车什么时候到达纽卡斯尔？○ *They arrived at the station ten minutes late.* 他们迟了十分钟到达车站。○ *Has my letter arrived yet?* 我的信来了吗？**2** to come or happen 来到；发生: *The day of the wedding had finally arrived.* 结婚的日子终于来到了。○ *Paula's baby arrived* (= was born) *two weeks late.* 葆拉的孩子迟了两星期出世。

(PHRASAL VERB 短语动词) **arrive at** to reach sth 达成: *After months of discussions they finally arrived at a decision.* 经过几个月讨论，他们终于作出了决定。

arrogant /'ærəgənt ‖ 'ærəgənt/ *adj* thinking that you are better and more important than other people and not caring about their feelings; proud 高傲；自大 —**arrogance** /'ærəgəns ‖ 'ærəgəns/ *noun* [U] —**arrogantly** *adv*

arrow /'ærəʊ ‖ 'æro/ *noun* [C] **1** a thin piece of wood or metal, with one pointed end and feathers at the other end, that is shot from a bow 箭: *The Indians fired on the cowboys with bows and arrows.* 印第安人用弓箭向牛仔射击。**2** the sign (→) which is used to show direction 箭头符号 (→): *The arrow is pointing left.* 箭头指向左。

arsenic /'ɑ:snɪk ‖ 'ɑrsṇɪk/ *noun* [U] a type of very strong poison 砒霜

arson /'ɑ:sn ‖ 'ɑrsṇ/ *noun* [U] the crime of setting fire to a building on purpose 纵火（罪）；放火（罪）

☆**art** /ɑ:t ‖ ɑrt/ *noun* **1** [U] the producing of beautiful things such as paintings, drawings, etc; the objects that are produced 美术；美术作品: *an art class* 美术班 ○ *She studied History of Art at university.* 她在大学时修读美术史。○ *the art of the Italian Renaissance* 意大利文艺复兴时期的美术品 ○ *modern art* 现代美术 ○ *an art gallery* 美术馆 ☛ Look at **work of art**. 参看 **work of art**。**2** [C, usually sing] a skill or sth that requires skill 技术；技巧: *There's an art to writing a good letter.* 写好一封信是要有技巧的。**3 the arts** [plural] activities such as painting, writing literature or writing and performing music 文艺: *The government has agreed to spend £2 million extra on the arts next year.* 政府答应明年额外拨二百万英镑资助文艺活动。**4 arts** [plural] subjects such as history or languages that you study at school or university 文科 ☛ We usually contrast **arts** (or **arts subjects**) with **sciences** (or **science subjects**). 文科 (**arts**) 或文科科目 (**arts subject**) 通常是相对于理科 (**science**) 或理科科目 (**science subject**) 而言。

artery /'ɑ:tərɪ ‖ 'ɑrtərɪ/ *noun* [C] (*pl* **arteries**) one of the tubes which take blood from the heart to other parts of the body 动脉 ☛ Look at **vein**. 参看 **vein**。

artful /'ɑ:tfl ‖ 'ɑrtfəl/ *adj* clever at getting what you want, perhaps by deceiving people 取巧的；狡猾

arthritis /ɑ:'θraɪtɪs ‖ ɑr'θraɪtɪs/ *noun* [U] a disease which causes swelling and pain in the joints of your body (where you bend your arms, fingers, etc) 关节炎

artichoke /'ɑ:tɪtʃəʊk ‖ 'ɑrtɪˌtʃok/ (*also* 亦作 **globe 'artichoke**) *noun* [C] a plant whose flower looks like pointed leaves. The bottoms of the leaves and the centre of the flower can be eaten as a vegetable. 洋蓟

☆**article** /'ɑ:tɪkl ‖ 'ɑrtɪkḷ/ *noun* [C] **1** a thing or object, especially one of a set 物品（尤指一套中的一件）: *Articles of clothing were lying all over the room.* 房间里满地都是衣服。**2** a piece of writing in a newspaper or magazine（报纸或杂志上的）文章: *There's an article about cycling holidays in today's paper.* 今天的报纸上有一篇关于骑自行车度假的文章。**3** (*grammar* 语法) the words 'a/an' (the indefinite article) or 'the' (the definite article) 冠词（a/an 是不定冠词，the 是定冠词）

articulate[1] /ɑ:'tɪkjʊlət ‖ ɑr'tɪkjəlɪt/ *adj* good at expressing your ideas clearly 善于表达

articulate[2] /ɑ:'tɪkjʊleɪt ‖ ɑr'tɪkjəˌlet/ *verb* [I,T] to say sth clearly or to express your ideas or feelings 清楚说出；清楚表达

articulated /ɑ:'tɪkjʊleɪtɪd ‖ ɑr'tɪkjəˌletɪd/ *adj* (used about a vehicle such as a lorry 指卡车等)

another composer. 这首乐曲过去被认为是巴赫所作，但现在我们知道作曲者另有其人。○ *He ascribed his forgetfulness to old age.* 他把善忘的毛病归咎于年纪老迈。

ash[1] /æʃ ‖ æʃ/ *noun* [C] a type of tree that is found in British forests 梣

☆**ash**[2] /æʃ ‖ æʃ/ *noun* **1** [U] (*also* 亦作 **ashes** [plural]) the grey or black powder which is left after sth has burned 灰；灰烬：*cigarette ash* 烟灰 ○ *They found the ring in the ashes of the fire.* 他们在灰烬中找到那只戒指。**2 ashes** [plural] what remains after a human body has been burned（人的）骨灰

'**ashtray** *noun* [C] a small dish for cigarette ash 烟灰缸

☆**ashamed** /ə'ʃeɪmd ‖ ə'ʃemd/ *adj* **ashamed (of sth/sb/yourself); ashamed (that...); ashamed (to...)** (not before a noun 不用于名词前) feeling sorry or embarrassed about sb/sth or about yourself or sth you have done 惭愧；羞耻：*She was ashamed of her old clothes.* 她穿着旧衣服，感到很难为情。○ *He was ashamed of himself for having made such an unkind remark.* 他说了这样不近人情的话，自己也感到惭愧。○ *How could you be so rude? I'm ashamed of you!* 你怎能这样粗鲁？我替你感到羞耻！○ *She felt ashamed that she hadn't visited her aunt more often.* 她没有多些探访她姑母，感到很惭愧。○ *He knew that it was his fault but he was ashamed to admit his mistake.* 他知道这是他的错，但又羞于承认。

ashore /ə'ʃɔ:(r) ‖ ə'ʃɔr/ *adv* onto the land 上岸：*The passengers went ashore for an hour while the ship was in port.* 船停在港口时，乘客上岸逗留了一小时。

☆**Asian** /'eɪʃn; *US* 美 'eɪʒn ‖ 'eʒən/ *noun* [C] a person from Asia or whose family was originally from Asia 亚洲人；亚洲裔：*British Asians* 英籍的亚洲人 —**Asian** *adj*: *the Asian community in Birmingham* 伯明翰的亚洲人社区

☆**aside** /ə'saɪd ‖ ə'saɪd/ *adv* **1** on or to one side; out of the way 到一侧；在一侧：*She took Richard aside to tell him her secret.* 她把理查德拉到一旁，把自个儿的秘密告诉他。**2** to be kept separately, for a special purpose 为某特殊目的而分开保存：*They are setting aside £50 a month for their summer holiday.* 他们每个月预留50英镑供暑假使用。

aside *noun* [C] something which a character in a play says to the audience, but which the other characters on stage do not hear 旁白（说给观众听，而不是给剧中其他人物听的台词）

aside from *prep* (*especially US* 尤为美) = APART FROM

☆**ask** /ɑ:sk ‖ æsk/ *verb* **1** [I,T] **ask (sb) (about sb/sth)** to put a question to sb in order to find out some information 问：*We need to ask about the price.* 我们需要问一问价钱。○ *I'll ask the salesman how much the jacket is.* 我会问售货员那件夹克的价钱。○ *Did you ask Sarah about the bike?* 你向萨拉查问脚踏车的事没有？○ *She asked whether I wanted tea or coffee.* 她问我要茶还是咖啡。○ *'What's the time?' he asked.* 他问："现在几点钟？"○ *He asked what the time was.* 他问当时是什么时候。○ *He asked me the time.* 他问我时间。○ *She asked the little boy his name.* 她问那个小男孩叫什么名字。○ *I got lost coming here and I had to ask somebody the way.* 我来这儿的时候迷路了，曾经问了问路。**2** [I,T] **ask (sb) for sth; ask sth (of sb); ask sb to do sth** to request that sb gives you sth or does sth for you 要求：*She sat down at the table and asked for a cup of coffee.* 她在桌旁坐下，要了一杯咖啡。○ *Don't ask John for money – he hasn't got any.* 别向约翰借钱，他没有钱。○ *You are asking too much of him – he can't possibly do all that!* 你对他的要求太高了，他不可能做那么多事情！○ *Ring this number and ask for Mrs Smith* (= ask to speak to Mrs Smith). 拨这个号码，叫史密斯太太听电话。○ *I asked him if he would drive me home.* 我问他可不可以用车子送我回家。○ *I asked him to drive me home.* 我叫他用车子送我回家。**3** [T] to say the price that you want for sth 索价；开价：*They're asking £2 000 for their car.* 他们那辆汽车索价2 000英镑。**4** [I,T] to request permission to do sth 请求准许：*I'm sure she'll let you go if you ask.* 我敢肯定，如果你提出请求，她会让你走。○ *He asked to use our phone.* 他想借用我们的电话。○ *We asked permission to go early.* 我们请求让我们早点离开。○ *We asked if we could go home early.* 我们询问是否可以早一点儿回家。**5** [T] **ask sb (to sth)** to invite sb 邀请：*They asked six friends to dinner.* 他们邀请了六位朋友吃晚餐。○ *He's asked Eileen out on Saturday* (= asked her to go out with him). 他邀请了艾琳星期六外出。

(IDIOMS 习语) **ask for trouble/it** to behave in a way that will almost certainly cause trouble 招惹麻烦：*Not wearing a seat belt is just asking for trouble.* 不系安全带是自招麻烦。

if you ask me if you want my opinion 如果你想听我的意见：*If you ask me, she's too young to travel alone.* 如果你问我，我会说她太年轻，不宜单独出门旅行。

(PHRASAL VERB 短语动词) **ask after sb** to inquire about sb's health or to ask for news of sb 问候：*I saw Miss Black today. She asked after you.* 今天我见到布莱克小姐。她问候你。

askew /ə'skju: ‖ ə'skju/ *adv, adj* (not before a noun 不用于名词前) not in a straight or level position 歪；斜；曲

☆**asleep** /ə'sli:p ‖ ə'slip/ *adj* (not before a noun 不用于名词前) not awake; sleeping 睡着了：*The baby is asleep.* 婴儿睡着了。○ *to be sound/fast asleep* 熟睡 ○ *to fall asleep* 睡着 ☛ Notice that you can only use **asleep** after the noun. * **asleep** 只用于名词之后。**Sleeping** can be used before or after the noun * **sleeping** 则可以用于名词之前或之后：*a sleeping child* 睡着的孩子 ☛ Look at the note at **sleep**[2]. 参看 **sleep**[2] 的注释。

AS level /eɪ'eslevl ‖ e'ɛslɛvl̩/ (also *formal* 正式 **Advanced Supplementary level**) *noun* [C] an examination that schoolchildren in England, Wales and Northern Ireland take when they are about 18. An AS level is the same standard as an A level but involves only half the amount of work. 英国、威尔士和北

A

爱尔兰学生约18岁参加的考试。AS level 和 A level 同等程度，但是 AS level 涉及的课程只是 A level 的一半。

asparagus /əˈspærəgəs ‖ əˈspærəgəs/ *noun* [U] a plant with long green stems that you can cook and eat as a vegetable 芦笋；石刁柏

☆**aspect** /ˈæspekt ‖ ˈæspɛkt/ *noun* [C] one of the qualities or parts of a situation, idea, problem, etc 事物的一个方面: *information about many aspects of British life* 有关英国各方面生活的资料

asphalt /ˈæsfælt; *US* 美 -fɔːlt ‖ ˈæsfɔlt/ *noun* [U] a thick black substance that is used for making the surface of roads, etc 沥青；柏油

asphyxiate /əsˈfɪksɪeɪt ‖ əsˈfɪksɪˌet/ *verb* [T] (usually passive 通常用于被动语态) (used about gas, smoke, etc 指气体、烟等) to cause sb to be unable to breathe 使窒息: *He was asphyxiated by the smoke while he was asleep.* 他在睡眠中被浓烟窒息。—**asphyxiation** /əsˌfɪksɪˈeɪʃn ‖ əsˌfɪksɪˈeʃən/ *noun* [U]

aspiration /ˌæspəˈreɪʃn ‖ ˌæspəˈreʃən/ *noun* [C,U] (often plural) a strong desire to have or do sth 热切的希望；渴望: *She has aspirations to become an opera singer.* 她很希望成为歌剧演员。

aspire /əˈspaɪə(r) ‖ əˈspaɪr/ *verb* [I] **aspire to sth/to do sth** (*formal* 正式) to have a strong desire to have or do sth 渴望/有雄心/有野心（成为某种人/做某事）: *She aspired to become managing director.* 她渴望成为总经理。○ *an aspiring ballet dancer* 一个有抱负的芭蕾舞蹈家

aspirin /ˈæsprɪn; ˈæspərɪn ‖ ˈæsprɪn; ˈæspərɪn/ *noun* [C,U] a type of medicine that reduces pain and fever 阿司匹林；乙酰水杨酸: *I've taken two aspirins* (= two tablets). 我已吃了两片阿司匹林。

ass /æs ‖ æs/ *noun* [C] **1** = DONKEY **2** (*informal* 非正式) a stupid person 蠢人；笨蛋

assailant /əˈseɪlənt ‖ əˈselənt/ *noun* [C] a person who attacks sb 攻击者

assassin /əˈsæsɪn; *US* 美 -sn ‖ əˈsæsn̩/ *noun* [C] a person who kills a famous or important person for money or for political reasons 为金钱或政治目的杀害名人或要人者；刺客

assassinate /əˈsæsɪneɪt; *US* 美 -sən- ‖ əˈsæsn̩ˌet/ *verb* [T] to kill a famous or important person for money or for political reasons 为金钱或政治目的杀害名人或要人；行刺 ☛ Look at the note at **kill**. 参看 **kill** 的注释。—**assassination** /əˌsæsɪˈneɪʃn; *US* 美 əˌsæsəˈneɪʃn ‖ əˌsæsn̩ˈeʃən/ *noun* [C,U]: *an assassination attempt* 企图刺杀

assault /əˈsɔːlt ‖ əˈsɔlt/ *noun* [C,U] **assault (on sb/sth)** a sudden attack on sb/sth 突袭；袭击: *Assaults on the police are becoming more common.* 袭击警察事件越来越多。—**assault** *verb* [T]: *a prison sentence for assaulting a police officer* 因袭击警察而判处监禁

assemble /əˈsembl ‖ əˈsɛmbl̩/ *verb* **1** [I,T] to come together in a group; to gather or collect 集合: *The leaders assembled in Strasbourg for the summit meeting.* 各国领袖在斯特拉斯堡聚首，举行高峰会议。○ *I've assembled all the information I need for my essay.* 我已经收集了写文章所需的资料。**2** [T] to fit the parts of sth together 装配: *We spent all day trying to assemble our new bookshelves.* 我们用了一整天装配新书架。

assembly /əˈsemblɪ ‖ əˈsɛmblɪ/ *noun* (*pl* **assemblies**) **1** [C,U] a large group of people who come together for a particular purpose 集会: *school assembly* (= a regular meeting for all the students and teachers of a school) 校会（学校师生的定期集会）○ *The regional assembly has the power to raise local taxes.* 地区议会有权提高地区税。**2** [U] the act of fitting the parts of sth together 装配: *the assembly of cars by robots* 用机械人装配汽车

asˈsembly line *noun* [C] a line of people and machines in a factory that fit the parts of sth together in a fixed order（工厂中的）装配线: *the assembly-line workers at the Toyota car plant* 丰田汽车厂的装配线工人

assent /əˈsent ‖ əˈsɛnt/ *noun* [U] (*formal* 正式) agreement 同意: *The committee gave their assent to the proposed changes.* 计划中的更改，委员会已经同意。

assent *verb* [I] **assent (to sth)** to say that you agree to sth 同意

assert /əˈsɜːt ‖ əˈsɝt/ *verb* [T] **1** to say sth clearly and firmly 宣称；断言；坚称: *He asserted that the allegations were untrue.* 他断言那些指控都不属实。**2** to behave in a way that makes other people listen to you and take notice of you 表现出立场明确而坚定: *You ought to assert yourself more.* 你应该更明白地显示自己的实力。○ *to assert your authority* 显示自己的权威

assertion /əˈsɜːʃn ‖ əˈsɝʃən/ *noun* **1** [U] the act of asserting sth/yourself 宣称；坚称；立场明确而坚定的表现: *the assertion of power* 展示力量 **2** [C] something that you say firmly and clearly 断言；明言: *his confident assertion that he would win* 他坚定表示自己必定胜利

assertive /əˈsɜːtɪv ‖ əˈsɝtɪv/ *adj* expressing your opinion clearly and firmly so that people listen to you and take notice of you 立场明确、坚定而引人注目: *to speak in an assertive manner* 斩钉截铁地说 —**assertively** *adv* —**assertiveness** *noun* [U]

assess /əˈses ‖ əˈsɛs/ *verb* [T] **1** to estimate or decide the amount or value of sth 估价；评定数额: *The value of the house was assessed at £75 000.* 那所房子估计值75 000英镑。○ *to assess the cost of repairs* 估计修理所需的费用 **2** to judge or form an opinion about sth 评估；评价: *It's too early to assess the effects of the price rises.* 现在估计物价上升的后果还为时过早。

assessment *noun* [C,U] the act of judging or forming an opinion about sb/sth 评估；评价: *Students' marks are based on continuous assessment of their work.* 学生的分数是根据他们一向的成绩定出来的。○ *to make a careful assessment of a situation* 小心估计形势

asset /ˈæset ‖ ˈæsɛt/ *noun* [C] **1 an asset (to sb/sth)** a person or thing that is useful to sb/sth 有用之人；有用之物: *She's a great asset to the organization.* 她这个人是该组织的一笔宝贵资产。○ *It's an asset to be able to drive.* 懂得驾驶就是有了一技之长。**2** [usually pl] something of value that a person, company, etc owns 资产: *The company is having to sell its assets.* 那家公司不得不出售资产。

assign /ə'saɪn ‖ ə'saɪn/ *verb* [T] **1 assign sth to sb** to give sth to sb for him/her to use or do 分派；分配 **2 assign sb to sth** to give sb a particular job or type of work to do 指派: *She was assigned to the publicity department.* 她被指派到宣传部工作。○ *A detective was assigned to the case.* 一名侦探被指派负责调查那个案子。

assignment *noun* [C] a job or type of work that you are given to do 指派的工作: *Kate is on an assignment in Iraq for the BBC.* 凯特为英国广播公司到伊拉克去采访。○ *to give pupils an assignment to do during the holidays* 给学生指定假期作业

assimilate /ə'sɪməleɪt ‖ ə'sɪml̩ˌet/ *verb* **1** [I,T] (to allow sb/sth) to become part of a country or social group 融合成为一个国家/社群的一部分；同化: *Many immigrants have difficulty in assimilating.* 许多移民难融入当地社会。○ *to assimilate people from other cultures* 同化有别种文化背景的人 **2** [T] to learn and understand sth 消化（资讯等）: *to assimilate new facts/information/ideas* 吸收新事物/资料/构想 —**assimilation** /əˌsɪmə'leɪʃn ‖ əˌsɪml̩'eʃən/ *noun* [U]

☆**assist** /ə'sɪst ‖ ə'sɪst/ *verb* [I,T] **assist (sb) in/with sth**; **assist (sb) in doing sth** (*formal* 正式) to help 协助；辅助: *A man is assisting the police with their inquiries.* 一名男子正协助警方调查。

assistance *noun* [U] (*formal* 正式) help 协助；辅助；援助；帮助: *Can I be of any assistance?* (eg said by a shop assistant) 我能帮忙吗？（如店员所说）○ *financial assistance for poorer families* 给贫穷家庭的经济援助

assistant *noun* [C] **1** a person who helps sb of higher rank 助手；副手；助理: *The director is away today. Would you like to speak to her assistant?* 主管不在。你要不要同她的助理说话？○ *the assistant manager* 副经理 **2** a person who sells things to people in a shop 售货员: *a shop/sales assistant* 店员；售货员

associate[1] /ə'səʊʃɪət ‖ ə'soʃɪɪt/ *adj* (only *before* a noun 只用于名词前) of a slightly lower rank or status 地位稍低的: *associate members of the organization* 那个组织的准会员

associate *noun* [C] a person that you meet and get to know through your work 因工作而结识的人: *a business associate* 生意上的伙伴；共事者

☆**associate**[2] /ə'səʊʃɪeɪt ‖ ə'soʃɪˌet/ *verb* **1** [T] **associate sb/sth (with sb/sth)** to connect sb/sth with sb/sth else (in your mind) 联系；联想: *lung cancer and other illnesses associated with smoking* 肺癌和其他与吸烟有关的疾病 ○ *Somehow, I don't associate Sweden with skiing.* 不知为什么，我觉得瑞典和滑雪拉不上关系。**2** [I] **associate with sb** to spend time with sb 交往: *I prefer not to associate with colleagues outside work.* 工作以外，我不想和同事多来往。**3** [T] **associate yourself with sth** to say that you support sth or agree with sth 表示支持/同意: *I do not wish to associate myself with any organization that promotes violence.* 我不想跟鼓吹暴力的组织扯上关系。

association /əˌsəʊsɪ'eɪʃn ‖ əˌsosɪ'eʃən/ *noun* **1** [U] the act of joining or working with another person or group 参与；共事: *We work in association with our New York office.* 我们和纽约办事处合作。**2** [C] a group of people or organizations who join or work together for a particular purpose 协会；联会: *a housing association* 房屋协会 ○ *the British Medical Association* 英国医学协会 ○ *the Football Association* 足球协会 **3** [C,U] the act of connecting sb/sth to sb/sth else in your mind 联想

assorted /ə'sɔːtɪd ‖ ə'sɔrtɪd/ *adj* of different types; mixed 各式各样的；混合的: *a packet of assorted sweets* 一包什锦糖

assortment /ə'sɔːtmənt ‖ ə'sɔrtmənt/ *noun* [C] a group of different things or of different types of the same thing; a mixture 什锦；混合物: *You'll find a wide assortment of different gifts in our shop.* 我们店内各种礼物应有尽有。

☆**assume** /ə'sjuːm; *US* 美 ə'suːm ‖ ə'sum/ *verb* [T] **1** to accept or believe that sth is true even though you have no proof; to expect sth to be true 假设；假定: *I assume that you have the necessary documents.* 我想你已经有必备的文件。○ *You'll be going to the meeting, I assume?* 我想你会出席会议吧？○ *We can assume profits of around 5%.* 我们假定可取得约百分之五的利润。○ *Everyone assumed Ralph was guilty.* 人人都假定拉尔夫有罪。○ *Everyone assumed Ralph to be guilty.* 人人都假定拉尔夫有罪。**2** [T] to falsely pretend to have or be sb/sth 假装: *to assume a false name* 用假名字 **3** [T] to begin to use power or to have a powerful position 开始行使权力/担任要职: *to assume control of sth* 得到某物的控制权 ○ *to assume political power* 取得政治权势 ○ *to assume a position of responsibility* 出任有相当权责的职位

assumption /ə'sʌmpʃn ‖ ə'sʌmpʃən/ *noun* **1** [C] something that you accept is true even though you have no proof 假定；假设: *Our figures are based on the assumption that the rate of inflation will be 5% by the end of the year.* 我们假定到年尾通胀率为百分之五，我们的数字就是根据这项假定得出的。○ *a reasonable, false, etc assumption* 合理的/错误的…假设 **2** [U] **assumption of sth** the act of taking power or of starting an important job 掌权；担任要职: *the assumption of power by the army* 军队夺得权力

assurance /ə'ʃɔːrəns; *US* 美 ə'ʃʊərəns ‖ ə'ʃʊrəns/ *noun* **1** (*also* 亦作 **self-assurance**) [U] the belief that you can do or succeed at sth; confidence 自信心: *He spoke with assurance* (= confidently). 他很自信地说。○

A

the calm assurance that comes from being rich 财富赋予人的沉稳自信 **2** [C] a promise that sth will certainly happen or be true 保证；承诺；肯定: *They gave me an assurance that the work would be finished by Friday.* 他们保证那项工作会在星期五完成。

assure /əˈʃɔː(r); *US* 美 əˈʃʊər ‖ əˈʃʊr/ *verb* [T] **1** to promise sb that sth will certainly happen or be true, especially if he/she is worried 保证；担保；承诺: *I assure you that it is perfectly safe.* 我向你保证绝对安全。○ *Let me assure you of my full support.* 我保证全力支持你。**2** to make sth sure or certain 确定；肯定: *The survival of the species is assured.* 可以确保那种生物得以继续生存。

assured (*also* 亦作 **self-assured**) *adj* believing that you can do sth or succeed at sth; confident 自信的: *a calm and self-assured young woman* 沉着而自信的年轻女子

asterisk /ˈæstərɪsk ‖ ˈæstəˌrɪsk/ *noun* [C] the sign (*) that you use to call attention to sth in a piece of writing 书面用符号 (*)，以引起注意

asthma /ˈæsmə; *US* 美 ˈæzmə ‖ ˈæzmə/ *noun* [U] a medical condition that causes difficulty in breathing 哮喘

asthmatic *noun* [C] a person who suffers from asthma 哮喘病人

☆**astonish** /əˈstɒnɪʃ ‖ əˈstɑnɪʃ/ *verb* [T] to cause sb to be very surprised 使惊讶: *She astonished everybody by announcing her engagement.* 她宣布订婚，大家都很惊异。—**astonished** *adj*: *The Prime Minister was said to be astonished by the decision.* 据说首相对于这项决定大为震惊。—**astonishing** *adj*: *astonishing news* 使人震惊的新闻 —**astonishingly** *adv*: *an astonishingly high price* 惊人的高价钱

astonishment *noun* [U] very great surprise 惊愕: *To my absolute astonishment the scheme was a huge success.* 计划十分成功，使我极为惊愕。○ *A look of astonishment crossed her face.* 她脸上出现惊愕的表情。○ *He dropped his book in astonishment.* 他很吃惊，手上的书本都掉下来了。

astound /əˈstaʊnd ‖ əˈstaʊnd/ *verb* [T] (usually passive 通常用于被动语态) to cause sb to be very surprised 使惊讶；使震惊: *We were astounded at how well he performed.* 他表现出色得令我们很感惊奇。

astounding *adj* very surprising 惊人: *an astounding success* 出人意表的成就

astray /əˈstreɪ ‖ əˈstre/ *adv* away from the right way 入歧路；走歪道: *The young are easily led astray* (= persuaded to do bad things by other people). 年轻人很容易误入歧途。

(IDIOM 习语) **go astray** to become lost 迷失；遗失: *My new pen seems to have gone astray.* 我的新笔看来是丢失了。

astride /əˈstraɪd ‖ əˈstraɪd/ *adv*, *prep* with one leg on each side of sth 骑；跨: *to sit astride a horse* 骑马

astrology /əˈstrɒlədʒɪ ‖ əˈstrɑlədʒɪ/ *noun* [U] the study of the positions and movements of the stars and planets and the way that they are supposed to affect people and events 占星术 ☛ Look at **astronomy** and also at **horoscope** and **zodiac**. 参看 **astronomy**、**horoscope** 及 **zodiac**。

astrologer /əˈstrɒlədʒə(r) ‖ əˈstrɑlədʒɚ/ *noun* [C] a person who is an expert in astrology 占星家

astronaut /ˈæstrənɔːt ‖ ˈæstrəˌnɔt/ *noun* [C] a person who travels in a spaceship 航天员；宇航员；太空人

astronomy /əˈstrɒnəmɪ ‖ əˈstrɑnəmɪ/ *noun* [U] the scientific study of the sun, moon, stars, etc 天文学 ☛ Look at **astrology**. 参看 **astrology**。

astronomer /əˈstrɒnəmə(r) ‖ əˈstrɑnəmɚ/ *noun* [C] a person who studies or is an expert in astronomy 天文学家

astronomical /ˌæstrəˈnɒmɪkl ‖ ˌæstrəˈnɑmɪkl/ *adj* **1** connected with astronomy 天文学的 **2** very large, often too large (describing a price, number, amount, etc) 极大（通常指过高的价格、过大的数目／数额等）；天文数字般: *astronomical house prices* 像天文数字那样的房价

astute /əˈstjuːt; *US* 美 əˈstuːt ‖ əˈstut/ *adj* very clever 很聪明

asylum /əˈsaɪləm ‖ əˈsaɪləm/ *noun* **1** [U] protection that a government gives to people who have left their own country for political reasons 政治庇护: *The leaders of the coup were given political asylum by the US* (= invited to stay in the US where they would be safe). 发动政变的几名领袖获得了美国的政治庇护。**2** [C] an old-fashioned word for a hospital for people who are mentally ill 精神病院的旧称

☆**at** /ət ‖ ət; strong form 强读式 æt ‖ æt/ *prep* **1** (showing the position of sth or where sth happens 表示位置或地点): *at the bottom of the page* 在一页的末尾 ○ *at the top of the hill* 在山顶 ○ *He was standing at the door.* 他站在门口。○ *Change trains at Didcot.* 在迪德科特转车。○ *We were at home all weekend.* 我们整个周末留在家里。○ *Are the children at school?* 孩子都在学校吗？○ *at the theatre* 在剧院 ○ *'Where's Peter?' 'He's at Sue's.'* (= at Sue's house) "彼得在哪里？" "在休家里。" **2** (showing when sth happens 表示时间): *I start work at 9 o'clock,* 我9点钟开始工作。○ *at the weekend* 在周末 ○ *at night* 在晚上 ○ *at Christmas* 在圣诞节 ○ *She got married at 18* (= when she was 18). 她18岁结婚。**3** in the direction of sb/sth 面向；朝着；对着: *What are you looking at?* 你在看什么？○ *He pointed a gun at the policeman.* 他用枪对着那名警察。○ *Somebody threw a tomato at the prime minister.* 有人向首相掷番茄。○ *Don't shout at me!* 不要对着我吆喝！**4** because of 因为；基于: *I was surprised at her behaviour.* 她的行为使我大吃一惊。○ *We laughed at his jokes.* 他的笑话引得我们都笑起来。**5** (showing what sb is doing or what is happening 表示某人正在做的事或正在发生的事情): *They were hard at work.* 当时他们正努力工作。○ *The two countries were at war.* 当时两国正在交战。**6** (showing the price, rate, speed, etc of sth 表示价格、

比率、速度等): *What price are you selling at?* 售价多少? ○ *We were travelling at about 50 miles per hour.* 我们约以每小时50英里的速度行走。**7** (used with adjectives that show how well sb/sth does sth 与形容词连用,表示程度): *She's not very good at French.* 她的法语说不大好。○ *I'm hopeless at hockey.* 我的曲棍球玩得很糟。

ate *pt* of EAT * EAT 的过去时

atheism /ˈeɪθiɪzəm ‖ ˈeθɪˌɪzəm/ *noun* [U] the belief that there is no God 无神论

atheist /ˈeɪθiɪst ‖ ˈeθɪɪst/ *noun* [C] a person who believes that there is no God 无神论者

athlete /ˈæθliːt ‖ ˈæθlit/ *noun* [C] a person who can run, jump, etc very well, especially one who takes part in sports competitions, etc 运动员;田径运动员

athletic /æθˈletɪk ‖ æθˈlɛtɪk/ *adj* **1** connected with athletes or athletics 与运动或田径运动有关;与运动员或田径运动员有关 **2** (used about a person 指人) having a fit, strong, and healthy body 身体健壮

athletics /æθˈletɪks ‖ æθˈlɛtɪks/ *noun* [U] sports such as running, jumping, throwing, etc 田径运动: *an athletics meeting/track* 运动会;(赛跑用的)跑道

atishoo /əˈtɪʃuː ‖ əˈtɪʃu/ *interj* (used for expressing the sound that you make when you sneeze 打喷嚏的声音) 阿嚏

atlas /ˈætləs ‖ ˈætləs/ *noun* [C] (*pl* **atlases**) a book of maps 地图册

☆**atmosphere** /ˈætməsfɪə(r) ‖ ˈætməsˌfɪr/ *noun* **1** [C, usually sing] **the atmosphere** the mixture of gases that surrounds the earth or any other star, planet, etc 包围地球或其他天体的气体;大气;大气层: *the earth's atmosphere* 大气层 **2** [sing] the air in a place 空气: *a smoky atmosphere* 烟雾弥漫 **3** the mood or feeling of a place or situation 气氛;环境: *There was a tense atmosphere during the final minutes of the game.* 比赛最后几分钟,气氛很紧张。

atmospheric /ˌætməsˈferɪk ‖ ˌætməsˈfɛrɪk/ *adj* connected with the atmosphere(1) 与大气有关

☆**atom** /ˈætəm ‖ ˈætəm/ *noun* [C] the smallest part into which an element can be divided 原子(化学元素的最小单位): (*figurative* 比喻) *She hasn't got an atom of common sense* (= she hasn't got any). 她一点常识也没有。
☛ Look at **molecule**. 参看 **molecule**。

atomic /əˈtɒmɪk ‖ əˈtɑmɪk/ *adj* of or concerning an atom or atoms 原子的;与原子有关: *atomic physics* 原子物理学

aˌtomic ˈbomb (*also* 亦作 **atom bomb**) *noun* [C] a bomb that explodes using the energy that is produced when an atom or atoms are split 原子弹(利用原子核分裂释放能量,产生巨大爆炸威力的核武器)

aˌtomic ˈenergy *noun* [U] the energy that is produced when an atom or atoms are split. Atomic energy can be used to produce electricity. 原子能(可用来发电)

atrocious /əˈtrəʊʃəs ‖ əˈtroʃəs/ *adj* very bad or cruel 恶劣;残忍: *What atrocious weather!* 天气多么坏呀! —**atrociously** *adv*: *The children behaved atrociously.* 孩子们很残忍。

atrocity /əˈtrɒsətɪ ‖ əˈtrɑsətɪ/ *noun* [C,U] (*pl* **atrocities**) (an act of) great cruelty 残暴;暴行: *Both sides were guilty of dreadful atrocities during the war.* 交战双方在战争期间都有过暴行。

☆**attach** /əˈtætʃ ‖ əˈtætʃ/ *verb* [T] **1 attach sth (to sth)** to fasten or join sth to sth 系上;附上;连接: *A note was attached to the document with a paper-clip.* 文件附有一张纸条,用曲别针夹住。**2 attach yourself to sb/sth**; **attach sb to sb/sth** to join another person or group; to make sb do this 加入;使加入;使隶属于: *Tom will be attached to the finance department for the next six months.* 未来六个月汤姆到财务部门工作。**3 attach sth to sb/sth** to think that sth has a particular quality 认为…有某种特质: *Don't attach too much importance to what they say.* 不要过分重视他们的话。○ *No blame was attached to him.* 没有人责怪他。

(IDIOM 习语) **(with) no strings attached**; **without strings** ⇨ STRING[1]

attached *adj* **attached to sb/sth** liking sb/sth very much 依恋;留恋;酷爱;心爱: *He's become very attached to you.* 他现在对你很依恋。

attachment *noun* **1** [C] something that can be fitted on sth else 附件: *a bath with a shower attachment* 有淋浴设备的浴缸 **2** [C,U] **attachment (to/for sb/sth)** the feeling of liking sb/sth very much 依恋;眷恋;深爱;感情: *an emotional attachment* 炽热的情感 ○ *I feel a strong attachment to this house.* 我对这所房子很有感情。

☆**attack** /əˈtæk ‖ əˈtæk/ *noun* **1** [C,U] **an attack (on sb/sth)** an act of trying to hurt or defeat sb/sth by using force 攻击: *The rebel forces launched an attack on the capital.* 叛军向首都发动攻击。○ *to be under attack* (= to be attacked by sb/sth) 受到攻击 **2** [C,U] **attack (on sb/sth)** an act of saying strongly that you do not like or agree with sb/sth 抨击;鞭挞: *an outspoken attack on government policy* 直言不讳抨击政府政策 **3** [C] a short period when you suffer badly from a disease, medical condition, etc 病发;病毒或细菌侵袭: *an attack of asthma, flu, etc* 哮喘病/感冒…的发作 **4** [C] an act of trying to score a point in a game of sport(体育比赛中)发动攻势: *England made several strong attacks but failed to score a goal.* 英格兰队发动几次强攻,但都没有得分。○ *The home team went on the attack again.* 主队再度发动攻势。

attack *verb* **1** [I,T] to try to hurt or defeat sb/sth by using force 攻击: *The enemy attacked at night.* 敌人在晚上发动了攻击。○ *to be attacked by a wild animal* 被一头野兽袭击 **2** [T] to say strongly that you do not like or agree with sb/sth 抨击: *The minister attacked the press for misleading the public.* 部长指责新闻界误导公众。**3** [T] to damage or harm sb/sth 伤害: *a virus that attacks the nervous system* 破坏神经系统的病毒 **4** [I,T] to try to score a point in a game of sport(体育比赛中)发动攻势

A

attacker *noun* [C] a person who attacks sb/sth 发动攻击的人

attain /əˈteɪn ‖ əˈten/ *verb* [T] to succeed in getting or achieving sth, especially after great effort 取得（尤指经过努力）: *to attain a goal* 达到目标

attainable *adj* that can be attained 达得到的；可成就的

attainment *noun* **1** [U] the act of achieving sth 达到；取得；实现: *the attainment of the government's objectives* 实现政府的目标 **2** [C] a skill or achievement 技巧；成就: *students with few academic attainments* 学术成绩低的学生

☆**attempt** /əˈtempt ‖ əˈtɛmpt/ *verb* [T] to try to do sth that is difficult 尝试/设法（做困难的事）: *The prisoner was shot while attempting to escape.* 囚犯企图越狱时遭到枪击。○ *She was accused of attempted murder* (= she didn't succeed). 她被控企图谋杀。○ *Don't attempt to argue with him.* 别想同他争论。

attempt *noun* [C] **1 attempt (to do sth/at doing sth)** an act of trying to do sth 尝试: *He managed to hit the target at the first attempt.* 他第一次尝试就击中目标。○ *They failed in their attempt to reach the North Pole.* 他们尝试前往北极，但失败了。**2 attempt (on sb/sth)** an act of trying to attack or beat sb/sth 尝试攻击或战胜: *She hopes to make an attempt on the world record in tomorrow's race.* 她希望在明天的比赛中试一试打破世界纪录。○ *an attempt on sb's life* (= to kill sb) 试图杀害某人

☆**attend** /əˈtend ‖ əˈtɛnd/ *verb* **1** [T] to go to or be present at a place 出席: *Do you attend church regularly?* 你经常上教堂吗？○ *I'm afraid I will be unable to attend tonight's meeting.* 对不起，我今天晚上不能来开会了。○ *The children attend the local school.* 孩子们在区内的学校上学。**2** [I] **attend to sb/sth** (*formal* 正式) to give your care, thought or attention to sb/sth or look after sb/sth 照顾；注意: *Please attend to this matter immediately.* 请立即处理这件事。

attendance /əˈtendəns ‖ əˈtɛndəns/ *noun* **1** [U] being present somewhere 出席: *Attendance at lectures is not compulsory.* 讲课不硬性规定要出席。**2** [C,U] the number of people who go to or are present at a place 出席人数: *There was a large attendance at the meeting.* 那个会议有许多人参加。○ *Attendance has decreased in recent months.* 最近几个月，出席的人少了。

attendant /əˈtendənt ‖ əˈtɛndənt/ *noun* [C] **1** a person who looks after a public place 公众地方的管理员: *a swimming-pool attendant* 泳池管理员 **2** a person who looks after an important person 侍从；助理: *the Queen's attendants* 女王的侍从

attendant *adj* (only *before* a noun 只用于名词前) (*formal* 正式) that goes with or results from sth 伴随的: *unemployment and all its attendant social problems* 失业及连带的社会问题

☆**attention** /əˈtenʃn ‖ əˈtɛnʃən/ *noun* [U] **1** the act of watching, listening to or thinking about sb/sth carefully 注意；留神: *Please pay attention to what I am about to say.* 请注意我将要说的话。○ *to call/draw sb's attention to sth* 引起某人对某事的关注 ○ *The bride is always the centre of attention* (= the person that everybody is watching). 新娘照例最引人注目。○ *I shouted in order to attract her attention.* 我大叫，希望吸引她的注意力。○ *to hold sb's attention* (= to keep them interested in sth) 使某人全神贯注 **2** special care or action 护理；料理；照顾: *The hole in the roof needs urgent attention.* 屋顶上的洞急需修补。○ *to require medical attention* 需要医疗护理 **3** a position in which a soldier stands up straight and still 立正: *to come/stand to attention* 立正

(IDIOMS 习语) **catch sb's attention/eye** ➪ CATCH[1]

draw sb's attention to sth ➪ DRAW[2]

pay attention ➪ PAY[2]

attention *interj* (used for asking people to listen to sth carefully 用于促请他人留心听): *Attention, please! The boat will be leaving in five minutes.* 请注意，船五分钟后启航。

attentive /əˈtentɪv ‖ əˈtɛntɪv/ *adj* watching, listening to or thinking about sb/sth carefully 留心: *The staff at the hotel were very attentive.* 那家酒店的职员服务周到。○ *an attentive audience* 专注的观众 —**attentively** *adv*: *to listen attentively to sth* 留心听某事物

attic /ˈætɪk ‖ ˈætɪk/ *noun* [C] the space or room under the roof of a house 阁楼（屋顶之下的楼层/房间）☛ Look at **loft**. 参看 **loft**。

☆**attitude** /ˈætɪtjuːd; *US* 美 -tuːd ‖ ˈætəˌtud/ *noun* [C] **attitude (to/towards sb/sth)** the way that you think, feel or behave 态度: *social attitudes and beliefs* 社会上的看法和信仰 ○ *the British attitude to the European Community* 英国对欧洲共同体（现为欧洲联盟）的态度 ○ *She shows a very positive attitude to her work.* 她的工作态度很积极。

attorney /əˈtɜːnɪ ‖ əˈtɝnɪ/ *noun* [C] (*pl* **attorneys**) (*US* 美) a lawyer 律师

☆**attract** /əˈtrækt ‖ əˈtrækt/ *verb* [T] **1** to cause sb/sth to go to or give attention to sth 吸引: *to attract sb's attention* 引起某人的注意 ○ *Moths are attracted to light.* 亮光吸引飞蛾。○ *The new film has attracted a lot of publicity.* 那部新电影引起大众传媒广泛注意。**2** to cause sb to like sb/sth 使喜欢: *She's attracted to older men.* 她喜欢年龄比她大的男人。

attraction /əˈtrækʃn ‖ əˈtrækʃən/ *noun* **1** [U] attracting or being attracted 吸引；吸引力: *I can't understand the attraction of fishing.* 我不明白钓鱼有什么吸引人的地方。○ *sexual attraction* 性的吸引力 **2** [C] something that attracts sb/sth 有吸引力的事物: *Blackpool offers all kinds of tourist attractions.* 布莱克浦拥有所有吸引游客的特点。○ *One of the attractions of the job is having a company car.* 那个职位吸引人的地方在于可以拥有一辆公司汽车。

☆**attractive** /əˈtræktɪv ‖ əˈtræktɪv/ *adj* **1** that pleases or interests you; that you like 吸引的: *an attractive idea* 吸引人的主意 **2** pretty, beautiful or handsome 美丽；英俊: *an attractive room* 漂亮的房间 ○ *an attractive* *man/woman* 有魅力的男人/女人 —**attractively** *adv* —**attractiveness** *noun* [U]

attribute[1] /əˈtrɪbjuːt ‖ əˈtrɪbjut/ *verb* [T] **attribute sth to sb/sth** to believe that sth was caused or done by sb/sth 归因: *Terry attributes his success to hard work.* 特里认为他成功的原因是努力工作。○ *a poem attributed to Shakespeare* 据说出自莎士比亚笔下的诗

attribute[2] /ˈætrɪbjuːt ‖ ˈætrəˌbjut/ *noun* [C] a quality or feature of sb/sth 特质: *physical attributes* 体质

aubergine /ˈəʊbəʒiːn ‖ ˈobɚˌʒin/ (*especially US* 美尤作 **egg-plant**) *noun* [C,U] a long vegetable with dark purple skin 茄子

auburn /ˈɔːbən ‖ ˈɔbɚn/ *adj* (usually used about hair 通常指毛发) reddish-brown 赤褐色

auction /ˈɔːkʃn ‖ ˈɔkʃən/ *noun* [C,U] a public sale at which items are sold to the person who offers to pay the most money 拍卖: *The house will be sold by auction.* 那幢房子将用拍卖方式出售。

auction *verb* [T] to sell sth at an auction 拍卖

auctioneer /ˌɔːkʃəˈnɪə(r) ‖ ˌɔkʃənˈɪr/ *noun* [C] a person who organizes the selling at an auction 拍卖商

audible /ˈɔːdəbl ‖ ˈɔdəbl̩/ *adj* that can be heard 听得见的: *Her speech was only just audible.* 她讲话的声音勉强能够听得见。☛ Look at **inaudible**. 参看 **inaudible**。—**audibly** /-əblɪ ‖ -əblɪ/ *adv*: *to sigh audibly* 叹息

☆**audience** /ˈɔːdɪəns ‖ ˈɔdɪəns/ *noun* [C] **1** [with sing or pl verb] the group of people who are watching or listening to a play, concert, speech, the television, etc 观众；听众: *The audience was/were wild with excitement.* 观众十分狂热。○ *There were only about 200 people in the audience.* 观众只有200人左右。○ *Television can reach an audience of millions.* 电视能接触数以百万计的观众。**2** a formal meeting with a very important person 谒见/晋见/拜会（重要人物）: *an audience with the Pope* 谒见教宗

audiovisual /ˌɔːdɪəʊˈvɪʒʊəl ‖ ˌɔdɪoˈvɪʒʊəl/ *adj* using both sound and pictures 同时用声音及影像的: *A video recorder is an excellent audiovisual aid in the classroom.* 录像机是十分有用的视听教学工具。

audition /ɔːˈdɪʃn ‖ ɔˈdɪʃən/ *noun* [C] a short performance by a singer, actor, musician, etc to find out if he/she is good enough to be in a play, show, concert, etc 试演；试唱

auditorium /ˌɔːdɪˈtɔːrɪəm ‖ ˌɔdəˈtɔrɪəm/ *noun* [C] (*pl* **auditoriums** or **auditoria**) the part of a theatre, etc where the audience sits 观众席

augur /ˈɔːgə(r) ‖ ˈɔgɚ/ *verb*

(IDIOM 习语) **augur well/ill for sb/sth** (*formal* 正式) to be a good/bad sign of what will happen in the future 预示吉/凶: *The opinion polls augur well for the government.* 民意测验显示对政府有利。

☆**August** /ˈɔːgəst ‖ ˈɔgəst/ *noun* [C,U] (*abbr* 缩写 **Aug**) the eighth month of the year, coming before September 八月 ☛ For examples of the use of the months in sentences, look at **January**. 有关句子中月份的用例，参看 **January**。

☆**aunt** /ɑːnt; *US* 美 ænt ‖ ænt/ (also *informal* 非正式 **auntie**; **aunty** /ˈɑːntɪ; *US* 美 ˈæntɪ ‖ ˈæntɪ/) *noun* [C] the sister of your father or mother; the wife of your uncle 姑母；姨母；伯母；婶母；舅母: *Aunt Ann* 安妮姑母

au pair /ˌəʊˈpeə(r) ‖ oˈpɛr/ *noun* [C] a person, usually a girl, from another country who comes to live with a family in order to learn the language. An au pair helps with the housework and looking after the children. 换工寄宿的人/姑娘（为学习当地语言而到外国家庭居住的人，通常是女孩子。住宿时需帮忙做家务及照顾小孩）

aura /ˈɔːrə ‖ ˈɔrə/ *noun* [C] (*formal* 正式) the quality that sb/sth seems to have 气氛；气息；气质: *The village had an aura of peace and tranquillity.* 村子里一片宁静。

aural /ˈɔːrəl ‖ ˈɔrəl/ *adj* of or concerning the ear or hearing 听觉的: *an aural comprehension test* 聆听理解测验 ☛ Look at **oral**. 参看 **oral**。

auspices /ˈɔːspɪsɪz ‖ ˈɔspɪsɪz/ *noun* [plural] (IDIOM 习语) **under the auspices of sb/sth** with the help and support of sb/sth 由…赞助: *The visit was arranged under the auspices of the local church.* 这次访问由本地的教会赞助。

auspicious /ɔːˈspɪʃəs ‖ ɔˈspɪʃəs/ *adj* that seems likely to succeed or be pleasant in the future 吉祥；吉利

austere /ɒˈstɪə(r) ‖ ɔˈstɪr/ *adj* **1** not having pleasures or luxuries 朴素: *The nuns lead simple and austere lives.* 修女过着简单、朴素的生活。**2** very plain and simple; without decoration 简朴；简陋

austerity /ɒˈsterətɪ ‖ ɔˈstɛrətɪ/ *noun* [U] the quality of being austere 朴素；简朴

authentic /ɔːˈθentɪk ‖ ɔˈθɛntɪk/ *adj* that you know is true or genuine 真正的；真迹的: *an authentic Van Gogh painting* 凡高的真迹 —**authenticity** /ˌɔːθenˈtɪsətɪ ‖ ˌɔθənˈtɪsətɪ/ *noun* [U]: *to check the authenticity of a document* 检查文件的真伪

☆**author** /ˈɔːθə(r) ‖ ˈɔθɚ/ *noun* [C] a person who writes a book, play, etc 作者: *a well-known author of detective novels* 著名的侦探小说作者 —**authorship** *noun* [U]: *The authorship of the play is unknown.* 这出戏剧作者佚名（不知道是谁）。

authoritarian /ɔːˌθɒrɪˈteərɪən ‖ əˌθɑrəˈtɛrɪən/ *adj* not allowing people the freedom to decide things for themselves 独裁；独断；专断；专制: *The authoritarian government crushed all signs of opposition.* 独裁政府压制任何对立的言行。○ *authoritarian parents* 专制的父母

authoritative /ɔːˈθɒrətətɪv; *US* 美 -teɪtɪv ‖ əˈθɑrəˌtetɪv/ *adj* **1** having authority; demanding or expecting that people obey you 有权力；要人服从的: *an authoritative tone of voice* 权威的口吻 **2** that you can trust because it/he/she has a lot of knowledge and information（因资料丰富）可信赖/权威的: *They will be able to give you authoritative advice on the problem.* 他们能够就问题提供权威的意见。

☆**authority** /ɔːˈθɒrətɪ ‖ əˈθɑrətɪ/ *noun* (*pl*

A

authorities) **1** [C] (often plural) a person, group or government department that has the power to give orders, make official decisions, etc 有权力的个人/团体/政府部门；掌权者；当局: *Cases of the illness must be reported to the health authority.* 有这种病例出现必须向卫生当局报告。○ *The French authorities refused permission for the hijacked plane to land.* 法国政府拒绝让那架被劫持的飞机降落。**2** [U] the power and right to give orders and make others obey 权力: *Children often begin to question their parents' authority at a very early age.* 儿童往往在年纪尚小的时候就开始质疑父母的权威。○ *You must get this signed by a person in authority* (= who has a position of power). 你必须请有关方面负责人签署这份文件。**3** [U] **authority (to do sth)** the right to act in a particular way 权利: *The police have the authority to question anyone they wish.* 警方有权随意盘问任何人。**4** [U] a quality that sb has which makes it possible to influence and control other people 威信；影响力: *He spoke with authority and everybody listened.* 他说话很有威信，人人都留心听。**5** [C] a person with special knowledge 有专门知识的人；权威: *He's an authority on ancient Egypt.* 他是古埃及研究的权威。

authorize (*also* 亦作 **authorise**) /ˈɔ:θəraɪz ‖ ˈɔθəˌraɪz/ *verb* [T] to give official permission for sth or for sb to do sth 授权: *Any new buildings have to be authorized by the planning department.* 建新楼宇必须得到规划部门批准。○ *He authorized his secretary to sign letters in his absence.* 他授权秘书在他外出时代为签署信件。

authorization (*also* 亦作 **authorisation**) /ˌɔ:θəraɪˈzeɪʃn; *US* 美 -rɪˈz- ‖ ˌɔθərəˈzeʃən/ *noun* [U] official permission for sth 授权: *I can't give you the information without authorization from the manager.* 没有经理正式授权，我不能给你资料。

autistic /ɔ:ˈtɪstɪk ‖ ɔˈtɪstɪk/ *adj* having a serious mental illness which makes it very difficult to form relationships with other people 自闭症的；孤独症的: *an autistic child* 有自闭症的孩子

autobiography /ˌɔ:təbaɪˈɒgrəfɪ ‖ ˌɔtəbaɪˈɑgrəfɪ/ *noun* [C,U] (*pl* **autobiographies**) the story of a person's life written by that person 自传 ☛ Look at **biography**. 参看 **biography**。—**autobiographical** /ˌɔ:təbaɪəˈgræfɪkl ‖ ˌɔtəˌbaɪəˈgræfɪkḷ/ *adj*

autograph /ˈɔ:təgrɑ:f; *US* 美 -græf ‖ ˈɔtəˌgræf/ *noun* [C] the signature of a famous person（名人的）亲笔签名: *People were waiting at the stage door to get the dancer's autograph.* 人们在后台门外等候舞蹈家给他们签名。

autograph *verb* [T] to put your signature on or in sth 签名: *a painting autographed by the artist* 有作者签名的画

automate /ˈɔ:təmeɪt ‖ ˈɔtəˌmet/ *verb* [T] (usually passive 通常用于被动语态) to make sth operate by machine, without needing people 自动化；机械化: *The system in the factory has been fully automated.* 那家工厂的系统已全面自动化。

☆**automatic** /ˌɔ:təˈmætɪk ‖ ˌɔtəˈmætɪk/ *adj* **1** (used about a machine 指机器) that can work by itself without direct human control 自动的: *an automatic washing-machine* 自动洗衣机 **2** (used about actions 指行动) done without thinking or like a machine; unconscious 不自觉的；无意识的: *Practise this exercise until it becomes automatic.* 反复做这个练习，直到完全纯熟。**3** certain to happen because it is part of a normal process 理所当然: *Not everyone with a British passport has the automatic right to live in Britain.* 持英国护照的人不一定就有居英权。

automatic *noun* [C] an automatic machine, gun or car 自动的机器/枪械/汽车: *This car is an automatic* (= has automatic gears). 这是用自动挡的汽车。—**automatically** /-klɪ ‖ -klḷ/ *adv*: *The lights will come on automatically when it gets dark.* 天一黑，灯会自动亮起来。○ *You will automatically receive a reminder when your next payment is due.* 到下一次付款期，你自然会收到通知。

automation /ˌɔ:təˈmeɪʃn ‖ ˌɔtəˈmeʃən/ *noun* [U] the use of machines, instead of people, to do work 机动操作；自动化: *Unemployment is rising because of increased automation.* 失业率上升是因为越来越多工作转为自动化。

automobile /ˈɔ:təməbi:l ‖ ˈɔtəməˌbil/ *noun* [C] (*especially US* 尤为美) = CAR(1)

autonomous /ɔ:ˈtɒnəməs ‖ ɔˈtɑnəməs/ *adj* having the right to govern or control its own affairs 自治: *The people in this region want to be completely autonomous.* 这一区的人希望完全自治。

autonomy /ɔ:ˈtɒnəmɪ ‖ ɔˈtɑnəmɪ/ *noun* [U] the right of an organization, region, etc to govern or control its own affairs 自治（权）

autopsy /ˈɔ:tɒpsɪ ‖ ˈɔtɑpsɪ/ *noun* [C] (*pl* **autopsies**) an examination of a dead body to find out the cause of death 尸体解剖（以追查死因）；验尸

☆**autumn** /ˈɔ:təm ‖ ˈɔtəm/ (*US usually* 美通常作 **fall**) *noun* [C,U] the season of the year that comes between summer and winter 秋天；秋季: *It was a very cold autumn that year.* 那年的秋天很冷。○ *In autumn the leaves on the trees begin to fall.* 秋天，树叶纷纷落下。○ *autumn weather* 秋季的天气 —**autumnal** /ɔ:ˈtʌmnəl ‖ ɔˈtʌmnḷ/ *adj*

auxiliary /ɔ:gˈzɪlɪərɪ ‖ ɔgˈzɪlərɪ/ *adj* (only *before* a noun 只用于名词前) giving extra help 辅助的: *auxiliary nurses, troops, etc* 助理护士；辅助部队… ○ *auxiliary equipment* 辅助器材

auˈxiliary ˌverb *noun* [C] (*grammar* 语法) a verb (eg *be*, *do* or *have*) that is used with a main verb to show tense, etc or to form questions 助动词（与主要动词连用的动词，如 be、do、have，用以表示时态等或构成疑问句）

avail /əˈveɪl ‖ əˈvel/ *noun* [U]

(IDIOMS 习语) **of little/no avail** not helpful or effective 无补于事: *All our efforts to persuade her were of little avail.* 我们曾想说服她，可惜无功而退。

to little/no avail; without avail without

success 徒劳: *They had searched everywhere, but to no avail.* 他们到处找，但是找不到。

☆**available** /əˈveɪləbl ‖ əˈveləbl/ *adj* **1** (used about things 指物品) that you can get, buy, use, etc 可得的；可购买的；可使用的: *Do you know if there are any flats available in this area?* 你知道这一带还能找到出租公寓吗？○ *I'm afraid that material is no longer available, Madam.* 这位女士，对不起，那种布料已经卖完了。○ *This information is easily available to everyone at the local library.* 这些资料很容易在本地的图书馆找到。○ *Refreshments are available at the snack bar.* 点心和饮料可以在小卖部买到。**2** (used about people 指人) free to be seen, talked to, etc 可取得联系；有空会面、交谈等: *The minister was not available for comment.* 当时无法找到那位部长发表评论。

availability /əˌveɪləˈbɪlətɪ ‖ əˌveləˈbɪlətɪ/ *noun* [U] the state of being available 可获得；可取得联系: *You will receive the colour you order, subject to availability* (= if it is available). 如果有存货，你会收到你指定颜色的那笔订货。

avalanche /ˈævəlɑːnʃ; *US* 美 -læntʃ ‖ ˈævl̩ˌæntʃ/ *noun* [C] a very large amount of snow that slides quickly down the side of a mountain 雪崩: *Two skiers are still missing after yesterday's avalanche.* 昨天雪崩过后，仍有两个滑雪人失踪。○ (*figurative* 比喻) *The company received an avalanche of complaints.* 那家公司收到雪片般大量涌来的投诉。

avant-garde /ˌævɒŋˈgɑːd ‖ ˌævɑnˈgɑrd/ *adj* (used especially about art and literature 尤指艺术及文学) extremely new and modern 前卫的

avenge /əˈvendʒ ‖ əˈvɛndʒ/ *verb* [T] **avenge sth; avenge yourself on sb** to punish sb for hurting you, your family, etc in some way 报复: *He wanted to avenge his father's murder.* 他想报杀父之仇。○ *He wanted to avenge himself on his father's murderer.* 他想亲自向杀父元凶报仇。☛ Look at **revenge**. 参看 **revenge**。

avenue /ˈævənjuː; *US* 美 -nuː ‖ ˈævəˌnu/ *noun* [C] **1** (*abbr* 缩写 **Ave**) a wide street, especially one with trees or tall buildings on each side 两侧有树或高楼的大道: *Pleasant avenues lead out from the centre of the town.* 爽心悦目的大道由市中心通往各处。○ *I live at 12 Tennyson Avenue.* 我在坦尼森大街12号居住。○ *Fifth Avenue, New York* 纽约第五大道 ☛ Look at the note at **road**. 参看 **road** 的注释。**2** a way of doing or getting sth 途径；方法: *We must explore every avenue open to us* (= try every possibility). 我们必须尝试每一种途径。

☆**average** /ˈævərɪdʒ ‖ ˈævərɪdʒ/ *noun* **1** [C] the number you get when you add two or more figures together and then divide the total by the number of figures you added 平均数: *The average of 14, 3 and 1 is 6* (= 18 divided by 3 is 6). * 14、3和1的平均数是6。**2** [sing,U] the normal standard, amount or quality 普通程度；一般水平: *Only 60% of the students passed the exam. That's well below the national average.* 只有百分之六十学生考试及格，远低于全国的平均水准。

average *adj* **1** (only *before* a noun 只用于名词前) (used about a number 指数字) found by calculating the average(1) 平均: *What's the average age of your students?* 你的学生的平均年龄是多少？**2** normal or typical 一般的: *People on average incomes are finding it hard to manage at the moment.* 一般收入的人现在都感到难以应付。○ *children of above/below average intelligence* 智力高于/低于一般水平的儿童

average *verb* [T] to do, get, etc a certain amount as an average 以…作为平均数计算: *If we average 50 miles an hour we should arrive at about 4 o'clock.* 如果我们以平均每小时50英里计算，我们大约在4点可以到达。

(PHRASAL VERB 短语动词) **average out (at sth)** to result in an average (of sth) 得出平均数: *The meal averaged out at about £20 each.* 餐费平均每人20英镑左右。

averse /əˈvɜːs ‖ əˈvɝs/ *adj* **averse to sth** (*formal* 正式) (often with a negative 常与否定式连用) against or opposed to sth 相反；反对: *He is not averse to trying out new ideas.* 他不反对尝试应用新构想。

aversion /əˈvɜːʃn; *US* 美 əˈvɜːrʒn ‖ əˈvɝʒən/ *noun* [C] **1** [usually sing] **an aversion (to sb/sth)** a feeling of great dislike 厌恶: *Some people have an aversion to telephones.* 有些人讨厌电话。**2** a thing that you greatly dislike 讨厌的东西: *Mathematics was always one of my particular aversions.* 以前我特别讨厌数学。

avert /əˈvɜːt ‖ əˈvɝt/ *verb* [T] to prevent sth unpleasant; to avoid 避免: *The accident could have been averted.* 那次意外其实可以避免。

aviary /ˈeɪvɪərɪ; *US* 美 -vɪerɪ ‖ ˈevɪˌɛrɪ/ *noun* [C] (*pl* **aviaries**) a large cage or area in which birds are kept 大鸟笼；禽舍

aviation /ˌeɪvɪˈeɪʃn ‖ ˌevɪˈeʃən/ *noun* [U] the flying or building of aircraft 航空；飞机制造

avid /ˈævɪd ‖ ˈævɪd/ *adj* (only *before* a noun 只用于名词前) keen and eager; greedy 热心；渴望的；贪心: *an avid collector of antiques* 热心的古董收藏家 ○ *The people crowded round the radio, avid for news.* 人们围着收音机，热切等候新闻广播。—**avidly** *adv*: *He read avidly as a child.* 他小时候如饥似渴地读书求知。

avocado /ˌævəˈkɑːdəʊ ‖ ˌævəˈkɑdo/ *noun* [C] (*pl* **avocados**) a fruit shaped like a pear with a tough dark green skin and a large stone inside 鳄梨

☆**avoid** /əˈvɔɪd ‖ əˈvɔɪd/ *verb* [T] **1 avoid (doing sth)** to prevent sth happening 避免: *He always tried to avoid an argument if possible.* 他总是尽量避免争执。○ *It was so dark that we managed to avoid being seen.* 亏得天很黑，我们总算没有被人发现。○ *She has to avoid eating fatty food* (= she must make an effort not to eat it).她必须避免含脂肪量多的食物。**2** to keep away from (sb/sth) 回避；躲避: *I leave home at 7 o'clock in order to avoid the rush-hour.* 我7点钟就出门，避开交通繁忙的时间。○ *Jane is trying to avoid her boyfriend at the moment.* 珍妮现在设法回避她的男朋友。

avoidable *adj* that can be prevented; unnecessary 可避免的；不必要的: *We have been*

A

asked to cut down on any avoidable expense. 我们奉命减少不必要的开支。☛ The opposite is **unavoidable**. 反义词为 **unavoidable**。—**avoidance** *noun* [U]

await /ə'weɪt ‖ ə'wet/ *verb* [T] (*formal* 正式) **1** (used about people 指人) to wait for sb/sth 等待: *Please await further instructions.* 请等候新的指示。**2** (used about things or events 指事物) to be ready or waiting for sb/sth 潜在: *We were unaware of the danger that awaited us.* 当时我们一点也不知道前面有危险。

awake[1] /ə'weɪk ‖ ə'wek/ *verb* (*pt* **awoke** /ə'wəʊk ‖ ə'wok/; *pp* **awoken** /ə'wəʊkən ‖ ə'wokən/) **1** [I,T] to wake up; to make sb/sth wake up 醒来；唤醒: *I awoke to find that it was already 9 o'clock.* 等我醒来，已经9点。○ *A sudden loud noise awoke us all.* 一声巨响把我们全都吵醒了。☛ **Wake up** is more common than **awake**. * **wake up** 比 **awake** 常用。**2** [T] to make sb have a particular feeling, attitude, etc 唤起特别的感受、态度等: *His words awoke fear and hatred in the boy.* 他的话使那个男孩子又怕又恨。

☆**awake**[2] /ə'weɪk ‖ ə'wek/ *adj* (not before a noun 不用于名词前) not sleeping 醒着: *I was awake most of the night, worrying.* 我整夜都提心吊胆，没有怎么睡。○ *The children are always wide* (= completely) *awake at 6 o'clock in the morning.* 孩子们经常在早上6点钟就已经完全醒了。○ *They were so tired that they found it difficult to keep awake.* 他们实在太累了，很难保持清醒。☛ The opposite is **asleep**. 反义词为 **asleep**。

awaken /ə'weɪkən ‖ ə'wekən/ *verb* **1** [I,T] (*formal* 正式) to wake up; to make sb/sth wake up 醒来；唤醒: *I awakened to find the others already up.* 我醒来时，其他人已经起床了。○ *We were awakened by a loud knock at the door.* 敲门声很大，把我们吵醒了。☛ **Wake up** is much more common than **awaken**. * **wake up** 比 **awaken** 常用得多。**2** [T] (*formal* 正式) to produce a particular feeling, attitude, etc in sb 唤起特别的感受、态度等: *The film awakened memories of her childhood.* 那部电影使她想起自己的童年。

(PHRASAL VERB 短语动词) **awaken sb to sth** to make sb become aware of sth 使某人意识到某事物: *The letter awakened me to the seriousness of the situation.* 我看了信，才知道局势严重。

awakening /ə'weɪknɪŋ ‖ ə'wekənɪŋ/ *noun* [sing] **1** the start (of a feeling, etc) 开始（有某种感觉等）；觉醒；萌生: *the awakening of an interest in the opposite sex* 对异性开始产生兴趣 **2** an act of realizing 意识: *It was a rude* (= unpleasant) *awakening when I suddenly found that I was unemployed.* 我突然发觉自己失业了，心里真不好受。

☆**award** /ə'wɔːd ‖ ə'wɔrd/ *verb* [T] **award sth (to sb)** to give sth to sb as a prize, payment, etc 奖励；酬劳；给予；判给（赔偿）: *She was awarded first prize in the gymnastics competition.* 她在体操比赛中得到第一名。○ *The novel was awarded the Booker Prize.* 那部小说获得布克周年小说作品奖。○ *The court awarded £10 000 each to the workers injured in the factory accident.* 法院裁定在工厂意外事故中受伤的工人每人可获赔偿10 000英镑。

award *noun* [C] **1** a prize, etc that sb gets for doing sth well 奖；奖赏；奖品: *This year the awards for best actor and actress went to two Americans.* 今年的最佳男演员和最佳女演员奖项由两位美国人获得。**2** an amount of money given to sb as the result of a court decision 据法庭裁定而支付的一笔钱: *She received an award of £5 000 for damages.* 她获判给损害赔偿金5 000英镑。

☆**aware** /ə'weə(r) ‖ ə'wɛr/ *adj* **1 aware (of sb/sth); aware (that)** knowing about or realizing sth; conscious of sb/sth 意识到；知悉: *I am aware of the difficulties you face.* 我了解你面对的困难。○ *I am aware that you will face difficulties.* 我知道你将要面对困境。○ *I suddenly felt aware of somebody watching me.* 我突然感到有人在注视我。○ *There is no other entrance, as far as I am aware.* 据我所知，没有别的入口。☛ The opposite is **unaware**. 反义词为 **unaware**。**2** interested and informed 对…感兴趣而且有认识: *to be politically aware* 关心政治

awareness *noun* [U] knowledge, consciousness or interest 知识；意识；兴趣: *People's awareness of healthy eating has increased in recent years.* 近年来人们对健康饮食的认识越来越提高。

awash /ə'wɒʃ ‖ ə'wɑʃ/ *adj* (not before a noun 不用于名词前) covered with water; flooded 浸水的；泛滥的: *The bathroom was awash because the bath had overflowed.* 浴缸的水溢了出来，浴室地上都是水。○ (*figurative* 比喻) *The city was awash with rumours.* 城里谣言四起。

☆**away** /ə'weɪ ‖ ə'we/ *adj, adv* ☛ Look also at phrasal verbs, eg **give away**, **take away**. 另参看短语动词如 **give away**、**take away**。**1 away (from sb/sth)** to a different place or in a different direction 离开；朝别的方向: *Go away! I'm busy!* 走开！我忙得很！○ *I asked him a question, but he just looked away.* 我问他一个问题，他却把目光移开了。**2** at a distance from a place 在别处: *My parents live five miles away.* 我双亲在五英里外居住。○ *The village is two miles away from the sea.* 那个村落离海两英里。**3 away (from sth)** (used about people 指人) not present; absent 不在: *My neighbours are away on holiday at the moment.* 我的邻居目前在别处度假。○ *Tom was away from school for two weeks with measles.* 汤姆出麻疹，两个星期没有上学。**4 away (from sth)** in the future（某时间）之后: *Our summer holiday is only three weeks away.* 再过三个星期我们就放暑假。**5** into a safe place 放在/到达一个安全的地方: *Put your books away now.* 快把你的书放好收起来。○ *He tidied his clothes away.* 他把衣服整理好收起来。○ *They cleared the dishes away* (= off the table). 他们收拾了碗碟。☛ Contrast **throw that away** (= put it in the rubbish bin). 与 **throw that away**（把它扔掉）对比。**6** (used about a football, etc team 指足球队等) on the other team's ground 在别队的场

地；作为客队: *Our team's playing away on Saturday.* 我们星期六到别队的场地进行比赛。○ *an away match/game* 作客比赛 **7** until it disappears completely 直至完全消失: *The crash of thunder slowly died away.* 雷声渐渐消失。○ *The writing has almost faded away.* 字迹几乎已经完全褪色。**8** continuously, without stopping 持续: *They chatted away for hours.* 他们闲聊了好几个小时。

(IDIOM 习语) **right/straight away** immediately; without any delay 立即: *I'll phone the doctor right away.* 我现在就打电话给医生。○ *I understood straight away what she wanted me to do.* 我立即明白她要我做什么。

awe /ɔː ‖ ɔ/ *noun* [U] a feeling of respect and either fear or admiration 敬畏；敬慕: *We watched in awe as the rocket took off into space.* 我们以惊叹的心情看着火箭升空。○ *As a young boy he was very much in awe of his uncle.* 小时候，他十分敬畏他叔叔。

awesome /-səm ‖ -səm/ *adj* impressive and rather frightening 令人印象深刻而畏惧的: *an awesome task* 令人畏惧的任务；重任

ˈ**awe-inspiring** *adj* causing a feeling of respect and fear or admiration 令人敬畏或敬慕的

☆**awful** /ˈɔːfl ‖ ˈɔfḷ/ *adj* **1** very bad or unpleasant 很坏；令人不快: *We had an awful holiday. It rained every day.* 我们的假期很糟。每一天都下雨。○ *What an awful thing to say!* 竟说出这样的恶言恶语来！**2** terrible; very serious 可怕；严重: *I'm afraid there's been some awful news.* 恐怕有些坏消息呢。**3** (only *before* a noun 只用于名词前) (*informal* 非正式) very great 非常: *I'm in an awful hurry. See you later.* 我现在很忙，以后再见吧。○ *We've got an awful lot of work to do.* 我们有许许多多的工作要做。

awfully /ˈɔːflɪ ‖ ˈɔflɪ/ *adv* (*informal* 非正式) very; very much 非常: *I'm awfully sorry.* 非常抱歉。

awkward /ˈɔːkwəd ‖ ˈɔkwəd/ *adj* **1** not convenient, difficult 不方便；困难: *My mother always phones at an awkward time.* 我母亲总是在我不方便的时候打电话来。○ *You've put me in an awkward position.* 你使我的处境很尴尬。○ *That's an awkward question.* 这是个很难回答的问题。○ *It's awkward for her to get home by bus.* 她乘公共汽车回家很不方便。○ *This tin opener is very awkward to clean.* 这把开罐刀很难清洗。**2** (used about people 指人) causing difficulties; unreasonable 制造麻烦的；不合理的: *He keeps asking for different things – he's just being awkward.* 他老是要这个要那个，把人烦死了。**3** embarrassed; not relaxed 困窘的；不轻松的: *There was an awkward silence when no one could think of anything to say.* 大家都没有话说，静得有些不自然。**4** without grace or skill 不文雅；没技巧: *an awkward gesture* 不文雅的姿势 —**awkwardly** *adv* —**awkwardness** *noun* [U]

awoke *pt* of AWAKE * AWAKE 的过去时

awoken *pp* of AWAKE * AWAKE 的过去分词

awry /əˈraɪ ‖ əˈraɪ/ *adv* wrong, not in the way that was planned 错误地；不按计划地: *Our plans went awry.* 我们的计划出差错了。

awry *adj* (not before a noun 不用于名词前) untidy; in the wrong position 不整齐；歪；斜: *Her hair was all awry.* 她的头发很乱。

axe (*especially US* 美尤作 **ax**) /æks ‖ æks/ *noun* [C] a tool with a wooden handle and a metal blade used for cutting wood, etc 斧头: *He chopped the tree down with an axe.* 他用斧头把树砍倒。

axe (*especially US* 美尤作 **ax**) *verb* [T] **1** to remove or end sth 移走；结束: *Hundreds of jobs have been axed.* 数以百计的职位被裁减。**2** to reduce sth greatly 大幅减少: *School budgets are to be axed.* 学校的经费将大幅削减。

axis /ˈæksɪs ‖ ˈæksɪs/ *noun* [C] (*pl* **axes** /ˈæksiːz ‖ ˈæksiz/) **1** an imaginary line through the middle of an object that turns 轴: *The earth rotates on its axis.* 地球以地轴为中心自转。☛ picture at **earth**. 见 **earth** 插图。**2** a fixed line used for marking measurements on a graph（图表上的）轴: *the horizontal/vertical axis* 横/纵坐标轴

axle /ˈæksl ‖ ˈæksḷ/ *noun* [C] a bar that connects a pair of wheels on a vehicle 轮轴

aye (*also* 亦作 **ay**) /aɪ ‖ aɪ/ *interj* yes 是的；对 ☛ **Aye** is common in Scotland and the North of England. * **aye** 常用于苏格兰和英格兰北部。

A

made of two sections which are connected in a special way so that the lorry can turn corners easily 用铰链连接的；拖挂式

☆**artificial** /ˌɑːtɪˈfɪʃl ‖ ˌɑrtəˈfɪʃəl/ *adj* not genuine or natural but made by people to seem like something natural 人造的；人工的：*artificial flowers* 人造花 ○ *an artificial lake* 人工湖 —**artificially** *adv*: *This drug cannot be produced artificially.* 这种药物不能用人工提炼。

ˌ**artificial inseminˈation** *noun* [U] a scientific technique to introduce male seed into a female, so that babies or young can be produced without sex 人工授精

ˌ**artificial inˈtelligence** *noun* [U] (the study of) the way in which computers can be made to imitate human thought 人工智能；智能模拟

artillery /ɑːˈtɪlərɪ ‖ ɑrˈtɪlərɪ/ *noun* [U] a number of large guns on wheels; the part of the army which uses them 大炮；炮兵

☆**artist** /ˈɑːtɪst ‖ ˈɑrtɪst/ *noun* [C] somebody who produces art, especially paintings or drawings 画家；艺术家：*I like that picture – who is the artist?* 我喜欢那幅画，是谁画的？ ○ *an exhibition of paintings by the English artist, Constable* 英国画家康斯太布尔的画展

artistic /ɑːˈtɪstɪk ‖ ɑrˈtɪstɪk/ *adj* **1** connected with art 与艺术有关：*the artistic director of the theatre* 舞台的艺术总监 **2** showing a skill in art 有艺术技巧：*Helen is very artistic – her drawings are excellent.* 海伦很有艺术天赋，她的画真是第一流。—**artistically** /-klɪ ‖ -klɪ/ *adv*: *The garden was laid out very artistically.* 花园布置得很精巧。

artistry /ˈɑːtɪstrɪ ‖ ˈɑrtɪstrɪ/ *noun* [U] the skill of an artist 艺术技巧

☆**as** /əz ‖ əz; strong form 强读式 æz ‖ æz/ *conj, prep, adv* **1** while sth else is happening 同一时候；当时：*The phone rang just as I was leaving the house.* 我刚要出门，电话就响起来了。 ○ *As she walked along the road, she thought about her father.* 她沿着那条路走着，心里想着她父亲。 **2 as... as** (used for comparing people or things 用以比较人或事物)：*Tom's almost as tall as me.* 汤姆差不多跟我一样高。 ○ *Tom's almost as tall as I am.* 汤姆跟我差不多高。 ○ *It's not as cold as it was yesterday.* 今天没有昨天那么冷。 ○ *I'd like an appointment as soon as possible.* 我希望能预约一个尽早的日期。 **3 as... as** (used with 'much' or 'many' for comparing people or things 与 much 或 many 连用，以比较人或事物)：*She earns twice as much as her husband.* 她赚的钱比她丈夫多一倍。 ○ *I haven't got as many books as you have.* 我的书没有你那样多。 **4** (used for talking about sb's job 用于指工作)：*He works as a train driver for British Rail.* 他在英国铁路公司当列车司机。 **5** (used for describing sb/sth's role 用以形容某人的身分或某事物的作用)：*Think of me as your friend, not as your boss.* 不要把我当作上司，把我视为朋友好了。 **6** (used for describing sb/sth in an unusual role or function 用以形容不寻常的角色或作用)：*I went to the party dressed as a policeman.* 我打扮成警察去参加聚会。 ○ *You could use this white sheet as a tablecloth.* 你可以用这条白被单当桌布。 **7** in a particular way, state, etc 以某种方式/状态…：*Please do as I tell you.* 请照我的话做。 ○ *Leave the room as it is. Don't move anything.* 让房间保持原状。什么也别动。 **8** (used at the beginning of a comment about what you are saying 用以引出要说的话)：*As you know, I've decided to leave at the end of the month.* 大家都知道，我已经决定月底离开。 **9** because 因为：*I didn't buy the dress, as I decided it was too expensive.* 我没有买那件衣服，因为我认为太贵了。

(IDIOM 习语) **as for; as to** (used when you are starting to talk about a different person or thing 转谈另一人或另一事物时用)：*Jane's in Paris at the moment. As for Andrew, I've no idea where he is.* 珍妮目前在巴黎。至于安德鲁，我不知道他在哪里。

as if; as though (used for saying how sb/sth appears 用于描述样子)：*She looks as if she's just got out of bed.* 她看上去好像刚起床。 ○ *He behaved as though nothing had happened.* 他做出若无其事的样子。

as it were (used for saying that sth is only true in a certain way 用以表示某事物只在某方面正确)：*She felt, as it were, a stranger in her own house.* 她觉得，她在家里有点像陌生人。

as of; as from starting from a particular time 自某时刻开始：*As from next week, Tim Shaw will be managing this department.* 从下个星期开始，蒂姆·萧将管理这个部门。

as to about a particular thing 关于某事物：*I was given no instructions as to how to begin.* 对于如何开始，没有人给我指示。

asbestos /æsˈbestɒs ‖ æsˈbɛstəs/ *noun* [U] a soft grey material which does not burn and which is used to protect against heat 石棉（一种耐火、隔热材料）

ascend /əˈsend ‖ əˈsɛnd/ *verb* [I,T] (*formal* 正式) to go or come up 上升 —**ascending** *adj*: *The questions are arranged in ascending order of difficulty* (= the most difficult ones are at the end). 问题按难度高低排列，最困难的排在末尾。 ☛ Look at **descend**. 参看 **descend**。

Ascension Day /əˈsenʃn deɪ ‖ əˈsɛnʃənde/ the day forty days after Easter when Christians remember Christ leaving the earth and going to heaven 耶稣升天节（耶稣复活后四十日）

ascent /əˈsent ‖ əˈsɛnt/ *noun* [C] **1** the act of climbing or going up 攀登；上升：*Their aim was the ascent of the highest mountains in the Himalayas.* 他们的目标是爬上喜马拉雅山脉的最高峰。 **2** a path or slope leading upwards 上坡路：*There was a steep ascent before the path became flat again.* 到达平路之前是一段很陡峭的上坡路。

ascertain /ˌæsəˈteɪn ‖ ˌæsɚˈten/ *verb* [T] (*formal* 正式) to find out 查明；确定：*It was difficult to ascertain who was telling the truth.* 很难确定谁说的是真的。

ascribe /əˈskraɪb ‖ əˈskraɪb/ *verb* [T] **ascribe sth to sb/sth** to say that sth was written by or belonged to sb, or that sth was caused by sth 认为…为某人所写/属于某人；归因于：*This piece of music was ascribed to Bach, although we now believe it was written by*

B b

B

B, b /biː ‖ bi/ *noun* [C] (*pl* **B's; b's**) the second letter of the English alphabet 英语字母表的第二个字母: *'Billy' begins with (a) 'B'.* ＊ Billy 这个名字的第一个字母是 B。

'**B-road** *noun* [C] (in Britain) a road that is not as wide or important as a motorway or an A-road（英国）不及高速公路或 A 级公路宽阔或重要的道路 / B 级公路: *Turn right onto the B427.* 向右转驶入 B427 号公路。

baa /bɑː ‖ bɑ/ *noun* [C] the sound that a sheep or lamb makes 羊叫声；咩

babble /'bæbl ‖ 'bæbḷ/ *verb* [I] **1** to talk quickly or in a way that is difficult to understand 很快或模糊不清地说话；咿呀（地叫）**2** to make the sound of water running over stones 发出水流过石头的声音；潺潺（地流）

babble *noun* [U] **1** the sound of many voices talking at the same time 嘈杂声；喧哗: *I could hear a babble of voices coming from downstairs.* 我听见楼下传来一阵喧哗声。**2** the sound of water running over stones 水流过石头的声音；潺潺（的声响）

babe /beɪb ‖ beb/ *noun* [C] **1** (*old-fashioned* 旧) a baby 婴儿 **2** (*US slang* 美，俚语) (used when talking to sb, especially a girl or young woman 尤其用于对女孩或年轻女子说话) 宝贝儿: *It's OK, babe.* 好啦，好啦，宝贝儿。

☆**baby** /'beɪbɪ ‖ 'bebɪ/ *noun* [C] (*pl* **babies**) **1** a very young child 婴儿；婴孩: *I've got wonderful news. I'm going to have a baby.* 我有好消息，我快有孩子了。○ *She's expecting a baby early next year* (= she's pregnant and the baby will be born early next year). 她怀孕了，明年初就会生孩子。○ *When's the baby due?* (= when will it be born?) 孩子什么时候生？○ *Babies can usually sit up when they are about six months old.* 婴儿一般六个月大就能坐起来。○ *a baby boy/girl* 男婴；女婴 **2** a very young animal or bird 雏鸟；幼兽: *a baby rabbit* 雏兔 **3** (*US slang* 美，俚语) a person, especially a girl or young woman that you are fond of 喜欢的人，尤其是女孩子或年轻女性

babyish *adj* like or suitable for a baby 像婴孩的；适合婴孩的: *Don't be so babyish – stop crying.* 不要那么孩子气，别哭啦。○ *This book is a bit too babyish for Tom now.* 这本书对汤姆来说，稍为浅了些。

'**baby carriage** *noun* [C] (*US* 美) = PRAM

'**babysit** *verb* [I] (babysitting; *pt, pp* **babysat**) to look after a child for a short time while the parents are out 父母不在家的时候代为照顾小孩: *We have friends who babysit for us if we go out in the evening.* 如果我们晚上外出，会有朋友替我们照顾孩子。

'**babysitter** *noun* [C]: *We can't come this evening. We couldn't find a babysitter.* 我们今天晚上不能来。我们找不到人替我们看小孩。

bachelor /'bætʃələ(r) ‖ 'bætʃələ˞/ *noun* [C] **1** a man who has not yet married 未婚男子 ☛ There is a word **spinster** which means 'a woman who has not married' but it is not often used now. ＊ **spinster** 指未婚女子，但现在不常用。**2** a person who has a first university degree 学士: *a Bachelor of Arts* 文学士 ○ *a Bachelor of Science* 理学士

☆**back**[1] /bæk ‖ bæk/ *noun* [C] **1** the part of a person's or animal's body between the neck and the bottom 背部: *Do you sleep on your back or on your side?* 你睡觉喜欢仰卧还是侧卧？○ *She was standing with her back to me so I couldn't see her face.* 她背冲我站着，所以我看不到她的脸。○ *He swung himself up onto the horse's back.* 他一跃就上了马背。**2** the part or side of sth that is furthest from the front 后面: *David couldn't see the blackboard because he was sitting at the back of the class.* 戴维看不到黑板，因为他坐在教室的后面。○ *Jane sat next to the driver and Anne and I sat in the back of the car.* 珍妮坐在司机身旁，安妮和我坐在车子后排座位上。○ *The back of the house is much prettier than the front.* 房子的后面比前面漂亮多了。○ *There's some information about the author at the back of the book.* 书背后有作者简介。**3** the part of a chair that you lean against when you sit down 椅子的靠背: *Don't climb on the back of the sofa, children!* 孩子们，不要爬到沙发椅的靠背上去！

(IDIOMS 习语) **back to front** with the back where the front should be 前后颠倒: *Wait a minute – you've got your jumper on back to front.* 等一下，你的毛衣穿反了。

back to front
前后颠倒/穿反

behind sb's back without sb's knowledge or agreement 背地里；私下: *They criticized her behind her back.* 他们在背后批评她。

get off sb's back (*informal* 非正式) to stop bothering or annoying sb 停止骚扰/打扰某人: *I wish she'd get off my back!* 我希望她不再骚扰我。

know sth inside out/like the back of your hand ⇨ KNOW

a pat on the back ⇨ PAT[1]

'**backbone** *noun* **1** [C] the line of bones down the back of your body 脊柱 ☛ Look at **spine**. 参看 **spine**。**2** [sing] the main strength or support 支柱；主要力量或支持: *Volunteer workers are the backbone of the organization.* 该组织以义务工作者为中坚。

'**backpack** *noun* [C] (*especially US* 尤为美) = RUCKSACK

'**backstroke** *noun* [U] a style of swimming that you do on your back 仰泳；背泳: *Can you do backstroke?* 你会仰泳吗？

☆**back**[2] /bæk ‖ bæk/ *adj* **1** (only *before* a noun

只用于名词前) furthest from the front 后面的: *Have you locked the back door?* 你锁好了后门没有？ ○ *the back row of the theatre* 剧院的后排座位 ○ *back teeth* 臼齿 **2** owed for a time in the past 以前亏欠的: *back pay* 积欠工资

ˌback ˈbench *noun* [C, usually pl] (*Brit* 英) a seat in the House of Commons for an ordinary member of Parliament 下议院后座议员席: *to sit on the back benches* 作为下议院后座议员

ˌback-ˈbencher *noun* [C] (*Brit* 英) a member of Parliament who does not have an important position in a political party 在政党中地位次要的议会议员；后座议员

ˈbackhand *noun* [sing] a stroke in tennis, etc that is made with the back of your hand facing forward（网球运动中的）反手击球 ☛ Look at **forehand**. 参看 **forehand**。

ˈbacklog *noun* [C, usually sing] an amount of work, etc that has not yet been done and needs doing 积压的工作等: *I've got an enormous backlog of letters to write.* 我有许多积压的信要写。

ˈbackside *noun* [C] (*informal* 非正式) the part of the body that you sit on; your bottom 臀部

ˈbackstage *adv* behind the stage in a theatre, where the actors get dressed, etc 在后台；幕后

ˈbackwater *noun* [C] a place that is not affected by new ideas or outside events 不受新思潮或外界事件影响的（边远）地区；落后地区

ˌbackˈyard *noun* [C] an area behind a house, usually of concrete or stone, with a wall or fence around it 后院

☆**back³** /bæk ‖ bæk/ *adv* **1** in or to a place or state that sb/sth was in before 重临；回到: *Bye! I'll be back about 6 o'clock* (= back home again). 再见！我6点钟左右回来。○ *When is your brother coming back from Australia?* 你哥哥什么时候从澳大利亚回来？○ *Go back to sleep.* 回去睡觉。○ *Could I have my pen back, please?* 我可以拿回我的笔吗？ **2** away from the direction you are facing or moving in 回转；后退: *She walked away without looking back.* 她头都没回就走了。○ *Could everyone move back a bit, please?* 大家可以稍稍挪后一点吗？ **3** away from sth; under control 离开；受控制: *The police were unable to keep the crowds back.* 警察无法阻止群众前进。○ *She tried to keep back her tears.* 她强忍住泪水。 **4** in return or in reply 回复；回报: *He said he'd phone me back in half an hour.* 他说半个小时后再打电话给我。 **5** in or into the past; ago 以前: *I met him a few years back, in Madrid.* 我几年前在马德里遇到过他。○ *Think back to your first day at school.* 回忆你第一天上学的情形。

(IDIOM 习语) **back and forth** from one place to another and back again, all the time 循环往复: *Travelling back and forth to work takes up quite a bit of time.* 往返工作地点颇费时间。

ˈbackdate *verb* [T] to make sth valid from an earlier date 将有效期追溯到更早: *The pay rise will be backdated to 1 April.* 加薪的日期追溯至4月1日。

ˈbackfire *verb* [I] to have an unexpected and unwanted result, often the opposite of what was intended 有意想不到的结果，常指事与愿违

ˈbacklash *noun* [sing] a strong reaction against a political or social event or development 对社会或政治事件/发展的强烈回响或反应

☆**back⁴** /bæk ‖ bæk/ *verb* **1** [I,T] to move backwards or to make sth move backwards 移后；使后移: *I'll have to back into that parking space.* 我要将车子倒驶进停车位里去。○ *He backed the car into the parking space.* 他将车子倒进停车位上。 **2** [I] to face sth at the back 背向: *Many of the colleges back onto the river.* 许多学院靠着河流。 **3** [T] to give help or support to sb/sth 支持: *We can go ahead with the scheme if the bank will agree to back us.* 如果银行答应支持，我们就能实行那个计划。 **4** [T] to bet money that a particular horse, team, etc will win in a race or game 下赌注: *Which horse are you backing in the 2 o'clock race?* * 2点钟那场比赛，你赌哪一匹马赢？

(PHRASAL VERBS 短语动词) **back away (from sb/sth)** to move backwards because you are afraid, shocked, etc 避开（某人/某事物）；畏缩；退缩: *He began to back slowly away from the snake.* 他开始慢慢向后退，避开那条蛇。

back down to stop insisting that you are right 立场软化；不再坚持自己对: *I think you are right to demand an apology. Don't back down now.* 我觉得你要求对方道歉并没有错。现在不能退让。

back out (of sth) to decide not to do sth that you had promised to do 决定不守诺言: *You promised you would come with me. You can't back out of it now!* 你答应跟我一起来，你现在可不能食言。

back sb/sth up to support sb; to say or show that sth is true 支持某人；证明某事属实: *I'm going to say exactly what I think at the meeting. Will you back me up?* 会上我打算实话实说。你会支持我吗？○ *All the evidence backed up what the woman had said.* 所有证据都证实了那个女人所说的话。

back sth up (*computing* 计算机技术) to make a copy of a computer program, etc in case the original one is lost or damaged 复制后备副本: *If you don't back up your files you risk losing data.* 如果你不复制副本，就有失掉资料的风险。

backer *noun* [C] a person who gives support or money to another person, a scheme, etc 支持者

backing *noun* [U] help or support to do sth, often in the form of money 支持（常指金钱上）: *financial backing* 经济支援

ˈbackup *noun* **1** [U] extra help or support 额外援助或支持: *Her success is partly due to the backup she gets from her team.* 她成功的原因之一是得到队友的支持。 **2** [C] a copy of a computer disk that you can use if the original one is lost or damaged 电脑磁盘的后备复制件/备份: *Always make a backup of your files.* 要经常为电脑文件复制后备副本。

☆**background** /ˈbækgraʊnd ‖ ˈbækˌgraʊnd/ *noun* **1** [C] the type of family and social class you come from and the education and experience

B

you have 个人背景: *We get on very well together in spite of our different backgrounds.* 我们各有不同的背景，但相处得很好。 ○ *a working-class background* 工人出身 **2** [sing,U] the facts or events that are connected with a situation 与某一情况有关的事实或事件: *The talks are taking place against a background of increasing tension.* 双方的关系越来越紧张，会谈就在这样的背景下进行。 ○ *I need some background information.* 我需要一些背景资料。 **3** [sing] the part of a view, scene, picture, etc which is furthest away from the person looking at it 远景；背景: *You can see the mountains in the background of the photo.* 你可以看见照片背景里面那些山。 ☛ Look at **foreground**. 参看 **foreground**。 **4** [sing] a position where sb/sth can be seen/heard, etc but is not the centre of attention (与主体事物相对的)背景: *The film star's husband prefers to stay in the background.* 那个电影明星的丈夫宁愿隐身幕后。 ○ *All the time I was speaking to her, I could hear a child crying in the background.* 我跟她说话的时候，一直听到有孩子在哭。 ○ *The restaurant kept playing the same background music again and again.* 那所餐厅一直重复播放同样的背景音乐。

☆**backward** /ˈbækwəd ‖ ˈbækwɚd/ *adj* **1** (only *before* a noun 只用于名词前) directed towards the back 向后的: *a backward step, glance, etc* 向后的一步；向后的一瞥… **2** slow to learn or develop 学习慢；发展慢: *Considerable modernization is needed in the more backward areas of the country.* 在那个国家比较落后的地区需要大力推行现代化。

backwards (*also* 亦作 **backward**) *adv* **1** away from the front; towards the back 在后面；向后: *Could everybody take a step backwards?* 大家可以向后退一步吗？ ○ *He fell backwards and hit the back of his head.* 他往后倒下，撞到了后脑勺。 ○ *We seem to be going backwards, not forwards.* 我们似乎在向后退，而不是前进。 **2** the opposite way to usual; with the end first 跟平常相反；倒转: *It was a very easy code. All the words were written backwards.* 这个密码很容易破解。所有的字都是倒着拼写的。 **3** towards an earlier time 追溯到较早的时间: *The film was about some people who travelled backwards in time.* 那部电影描述了一些人回到过去时空的情景。

(IDIOM 习语) **backward(s) and forward(s)** first in one direction and then in the other, all the time 循环往复: *The dog ran backwards and forwards, barking loudly.* 那只狗来回跑动，一边跑一边大声吠。

bacon /ˈbeɪkən ‖ ˈbekən/ *noun* [U] thin pieces of salted or smoked meat from the back or sides of a pig 腌或熏的猪肉: *The hotel provides a full English breakfast of bacon, eggs, sausage, tomato and mushrooms.* 那家旅馆提供全份的英式早餐，有熏猪肉、蛋、香肠、番茄和蘑菇。 ☛ Look at the note at **meat**. 参看 **meat** 的注释。

bacteria /bækˈtɪərɪə ‖ bækˈtɪrɪə/ *noun* [plural] very small living things that can only be seen with a microscope. Bacteria exist in large numbers in air, water, soil, plants and the bodies of people and animals. Some bacteria cause disease. 细菌 ☛ Look at **virus**. 参看 **virus**。

☆**bad** /bæd ‖ bæd/ *adj* (**worse** /wɜːs ‖ wɝs/, **worst** /wɜːst ‖ wɝst/) **1** not good or pleasant 坏；不愉快: *Our family's had rather a bad time recently.* 最近我们家里有些倒霉事儿。 ○ *The weather forecast for the weekend is very bad.* 天气预报说周末的天气很坏。 **2** severe or serious 严峻；严重: *The traffic was extremely bad on the way to work.* 上班路上，交通拥挤不堪。 ○ *She went home with a bad headache.* 她的头很痛，回家去了。 ○ *That was a bad mistake!* 那是一个大错！ **3** of poor quality; of a low standard 品质差；水平低: *Many accidents are caused by bad driving.* 许多事故都是由驾驶不当造成的。 ○ *Some of the company's problems are the result of bad management.* 公司的某些毛病是管理失当所致。 **4 bad (at sth/at doing sth)** not able to do sth well or easily; not skilful or reliable 能力差；不熟练；不可靠: *a bad teacher, driver, cook, etc* 不称职的老师/司机/厨子… ○ *I've always been bad at sport, but Liz is even worse than me.* 我运动一向很差劲，但利兹更不行。 ○ *He's very bad at keeping us informed* (= we can't rely on him to give us information). 靠他我们没法了解情况。 **5** (used about food 指食物) not fresh or fit to eat; rotten 腐烂: *Smell this meat – I think it's gone bad.* 闻一闻这块肉，我看是变坏了。 **6** (used about parts of the body 指身体某部分) not healthy; painful 不健康；疼痛: *He's always had a bad heart.* 他的心脏一向有毛病。 **7** (used about a person or behaviour 指人或行为) not good; morally wrong 坏；不道德: *He was not a bad man, just rather weak.* 他不是坏人，只是生性懦弱。 **8** (not before a noun 不用于名词前) **bad for sb/sth** likely to damage or hurt sb/sth 可能造成损害: *Too many sweets are bad for you.* 吃太多糖果对身体有害。 **9 bad (for sth/to do sth)** difficult or unsuitable 困难；不适合: *This is a bad time to phone – everyone's out to lunch.* 现在打电话不是时候，人人都吃午饭去了。

(IDIOMS 习语) **not bad** (*informal* 非正式) quite good 不错: *'What was the lecture like?' 'Not bad.'* "觉得那节课怎么样？" "不坏。" ○ *He earned £100 – not bad for four hours' work!* 他只干了四小时，就挣了100英镑，算是不错了！

too bad (*informal* 非正式) (used to show that nothing can be done to change a situation 指无可奈何): *'I'd much rather stay at home.' 'Well that's just too bad. We've said we'll go.'* "我宁愿留在家中。" "真糟糕，我们说过要去的。"

baddy *noun* [C] (*pl* **baddies**) (*informal* 非正式) a bad person in a film, book, etc 反派；坏蛋；反面人物 ☛ The opposite is **goody**. 反义词为 **goody**。

ˌ**bad ˈlanguage** *noun* [U] words that are used for swearing 咒骂的话；粗话: *You'll get into trouble if you use bad language.* 粗言秽语会惹麻烦。

ˌ**bad-ˈtempered** *adj* often angry or impatient

脾气坏的: *a bad-tempered old man* 脾气暴躁的老人

bade *pt* of BID[1] ＊ BID[1] 的过去时

☆**badge** /bædʒ ‖ bædʒ/ *noun* [C] a small piece of metal or cloth with a design or words on it which you pin or sew onto your clothing. A badge can show position, rank, membership of a club, etc, or express a message 徽章: *The players all have jackets with the club badge on them.* 参加者都穿着带会徽的外衣。

badger /ˈbædʒə(r) ‖ ˈbædʒər/ *noun* [C] an animal with black and white stripes on its head that lives in holes in the ground and comes out at night 獾

badly /ˈbædlɪ ‖ ˈbædlɪ/ *adv* (**worse**; **worst**) **1** in a way that is not satisfactory; not well 不好；坏；差: *'Can you speak French?' 'Well, only very badly.'* "你会说法语吗？""说得很差。" ○ *Some modern houses are very badly built.* 现代的房屋有的建得很不好。○ *She did badly in the exams.* 她考试成绩很糟。**2** greatly or severely 很；严重地: *He was badly hurt in the accident.* 在那次意外中，他伤得很重。**3** very much 非常: *He badly needed a holiday.* 他很需要休几天假。

(IDIOM 习语) **badly off** poor; not having enough of sth 贫穷；匮乏: *They don't seem too badly off – they have smart clothes and a nice house.* 他们似乎不太穷，衣着光鲜，房子又舒服。☛ The opposite is **well off**. 反义词为 **well off**。

badminton /ˈbædmɪntən ‖ ˈbædmɪntən/ *noun* [U] a game for two or four people in which players hit a type of light ball with feathers (**shuttlecock**) over a high net, using rackets 羽毛球运动（羽毛球叫做 **shuttlecock**）: *to play badminton* 打羽毛球

baffle /ˈbæfl ‖ ˈbæfl/ *verb* [T] to be impossible for sb to understand; to confuse greatly 难倒；使困惑: *His illness baffled the doctors.* 他的病让医生们束手无策。

baffled *adj* very confused; unable to understand 非常混乱；不能明白: *The instructions were so complicated that I was absolutely baffled.* 那些说明书艰深复杂，我根本看不懂。

baffling *adj*: *I find English a baffling language.* 我觉得英语是很难懂的语言。

carrier bag
购物袋

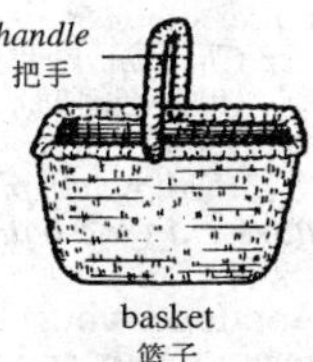

basket
篮子

☆**bag**[1] /bæg ‖ bæg/ *noun* [C] **1** a container made of paper, plastic, cloth or leather that is open at the top, often with handles, in which you can carry things 手提包；口袋: *The assistant took my money and put the book in a paper bag.* 店员收了我的钱，再把书放在纸袋中。○ *She brought some sandwiches in a plastic bag.* 她带了一些三明治，用塑料袋装着。○ *Are carrier bags free in this supermarket?* 这家超级市场的手提购物袋是免费的吗？○ *a shopping bag* 购物袋 ○ *a shoulder bag* 挎包 ○ *a sports bag* 运动袋 ○ *a handbag* 手袋 ○ *She took her purse out of her bag* (= handbag). 她从手提包中拿出钱包来。**2** a container made of paper or plastic that is closed at the top; a packet 包；袋: *a bag of sweets, crisps, sugar, etc* 一包糖果/炸薯片/糖… ☛ picture at **container**. 见 **container** 插图。**3** a thing that looks like a bag 像袋的物体: *bags under the eyes* (= folds of skin under the eyes, often caused by lack of sleep) 眼袋 **4** (*slang* 俚语) an unpleasant woman 讨厌的女人

bag[2] /bæg ‖ bæg/ *verb* [T] (ba**gg**ing; ba**gg**ed) (*informal* 非正式) to try to reserve sth for yourself so that other people cannot have it 预留给自己: *Somebody's bagged the seats by the pool!* 有人预留池边的座位！☛ When we say that we want something, we often say **bags** 想要某事物时常说 **bags**: *Bags I go first!* 该让我先去！

☆**baggage** /ˈbægɪdʒ ‖ ˈbægɪdʒ/ *noun* [U] = LUGGAGE: *We loaded our baggage into the car.* 我们把行李放进车里。○ *Baggage should be checked in* (= given to an airline employee at a counter) *at least an hour before the flight.* 行李须于飞机起飞前最少一小时交到服务柜台办理托运手续。○ *excess baggage* (= baggage weighing more than the airline's permitted limit) 超重的行李（超过航空公司规定的重量限制）

baggy /ˈbægɪ ‖ ˈbægɪ/ *adj* (used about a piece of clothing 指衣服) hanging loosely on the body 宽松的: *a baggy pullover* 宽松的套头毛衣

bagpipes /ˈbægpaɪps ‖ ˈbægˌpaɪps/ (*also* 亦作 **pipes**) *noun* [plural] a musical instrument, popular in Scotland, that is played by blowing air through a pipe into a bag and then pressing the bag so that the air comes out of other pipes 风笛

bags /bægz ‖ bægz/ *noun* [plural] **bags (of sth)** a lot (of sth); plenty (of sth) 很多；大量: *There's no hurry, we've got bags of time.* 不用赶，我们有很多时间。

bail /beɪl ‖ bel/ *noun* [U] **1** money that is handed over to a court so that a person accused of a crime can be free until the trial 保释金: *She was released on bail of £2 000.* 她以 2 000 英镑保外候审。○ *The judge set bail at £10 000.* 法官把保释金定为 10 000 英镑。

2 permission for sb who is accused of a crime to be free until the trial if a sum of money is handed over to the court 准许保释: *The judge felt that he was a dangerous man and refused him bail.* 法官认为他是个危险人物，不准他保释。○ *She was granted bail.* 她获准保释。

bail *verb*
(PHRASAL VERB 短语动词) **bail sb out 1** to obtain sb's freedom by paying his/her bail(1) 保释某人: *After she had been charged, her parents bailed her out.* 她被起诉后，父母保释了她。**2** to rescue sb or sth from a difficult situation (especially by providing money) (尤指用金钱) 解救/解困

bailiff /'beɪlɪf ‖ 'belɪf/ *noun* [C] an officer whose job is to make sure that a court order is carried out, especially by taking possession of people's goods when they owe money 执达吏；财产查封官

bait /beɪt ‖ bet/ *noun* [U] **1** food or sth that looks like food that is put onto a hook to catch fish, or placed in a trap to catch animals or birds 饵（用来钓鱼或放于陷阱中引诱鸟兽）**2** something that is used for tempting or attracting sb 诱饵: *Free offers are often used as bait to attract customers.* 赠品往往是用来吸引顾客的钓饵。

☆**bake** /beɪk ‖ bek/ *verb* [I,T] **1** to cook in an oven in dry heat 烘；烤: *I could smell bread baking in the oven.* 我闻得到烤炉里的烘面包味。○ *On his birthday she baked him a cake.* 在他生日那天，她为他烤了一个蛋糕。○ *Would you like boiled or baked potatoes?* 你想吃煮马铃薯还是烤马铃薯？☛ Look at the note at **cook**. 参看 **cook** 的注释。**2** to become or to make sth hard by heating it（使）因热变硬；烘焙: *The hot sun baked the earth.* 烈日把土壤烤得又干又硬。

baking *adj* (*informal* 非正式) very hot 非常炎热: *The workers complained of the baking heat in the office in the summer.* 工人投诉说夏天办公室炎热难耐。

☆**baker** /'beɪkə(r) ‖ 'bekɚ/ *noun* [C] a person who bakes and sells bread, cakes, etc 面包师；面包商: *Get a loaf at the baker's.* 在面包店买一条面包。☛ Note that **the baker** is the person who runs the shop and **the baker's** is the shop. * **the baker** 是经营面包店的人，**the baker's** 指面包店。

bakery /'beɪkərɪ ‖ 'bekərɪ/ *noun* [C] (*pl* **bakeries**) a place where bread, cakes, etc are baked to be sold 面包店

☆**balance**[1] /'bæləns ‖ 'bæləns/ *verb* **1** [I,T] to be or to put sb/sth in a steady position in which weight is evenly spread 平衡: *I had to balance on the top step of the ladder to paint the ceiling.* 我必须在梯子顶上站稳来刷天花板。○ *Carefully, she balanced a glass on top of the pile of plates.* 她很小心地将一个玻璃杯放在一摞碟子上。**2** [I,T] to have equal totals of money spent and money received 收支平衡: *I must have made a mistake – the accounts don't balance.* 我一定是算错了，收支两笔账就是轧不平。○ *She is always very careful to balance her weekly budget.* 她总是小心保持每星期的收支平衡。**3** [T] **balance sth (out) (with sth)** to have or give sth equal value, importance, etc in relation to other parts 平等看待: *It's difficult to balance the demands of a career with caring for an elderly relative.* 应付工作和照顾老年家人之间很难兼顾得宜。○ *The loss in the first half of the year was balanced out by the profit in the second half.* 上半年的亏损由下半年的盈利抵消。**4** [T] **balance sth against sth** to consider and compare one matter in relation to another 衡量（两方面）: *In planning the new road, we have to balance the benefit to motorists against the damage to the environment.* 计划建造新道路的时候，驾驶者的利益和对环境的破坏之间，我们得兼而顾之。

balanced *adj* **1** including all different sides, opinions, etc equally; fair 包括各方面意见等的；公允: *I like this newspaper because it gives a balanced view.* 我喜欢看这份报纸，因为它立论公允。**2** consisting of parts that are in the correct or pleasing proportions 比例匀称: *A balanced diet plays an important part in good health.* 均衡的饮食对健康很重要。

☆**balance**[2] /'bæləns ‖ 'bæləns/ *noun* **1** [U] the state of being in a steady position in which weight is evenly spread 重量均衡: *You need a good sense of balance to ride a motor bike.* 驾驶摩托车要有很好的平衡感。**2** [sing] **(a) balance (between A and B)** a situation in which different or opposite things are of equal importance, size, etc or are in the correct proportions 平衡的局面: *The course provides a good balance between academic and practical work.* 这个课程注重学术和实际工作均衡发展。○ *Man has upset the environmental balance of the world.* 人类破坏了地球的生态平衡。**3** [C] (*technical* 术语) an instrument used for weighing things 秤 ☛ Look at **scales**. 参看 **scales**。**4** [C] the amount of money in sb's bank account（银行账户的）结余: *While I was in the bank I asked the cashier for my balance.* 在银行的时候，我向出纳员查询我账户的结余。**5 the balance** [sing] the amount that still has to be paid; the amount that remains after some has been used, taken, etc 结欠；余剩: *You can pay a 10% deposit now, with the balance due in one month.* 你可以先付百分之十的订金，余额一个月内付清。○ *I took most of my annual holiday in the summer and I'm taking the balance over Christmas.* 我夏天里用了大部分的年假，余下的将用在圣诞期间。

(IDIOMS 习语) **in the balance** uncertain 不肯定: *Following poor results, the company's future is in the balance.* 那家公司业绩不好，前途未卜。

keep/lose your balance to remain/not to remain steady and upright 保持/失去平衡: *It's difficult to keep your balance on this icy path.* 要在这结冰的小径上保持平衡并不容易。○ *She tripped, lost her balance and fell over.* 她绊了一下，身体失去平衡，跌倒在地。

(catch/throw sb) off balance (to find or put sb) in an unsteady position from which it is easy to fall（发现/令某人）失去平衡:

A strong gust of wind caught me off balance and I nearly fell over. 一阵强风吹得我站不稳，差一点儿跌倒。

on balance having taken all sides, facts, etc into consideration 总括；考虑到各方面：*On balance, I've had a pretty good year.* 总的来说，我去年的光景很不错。

strike a balance ⇨ STRIKE[2]

ˌbalance of ˈpayments *noun* [sing] the difference between the amount of money one country receives from other countries from exports, etc and the amount it pays to them for imports, etc 国际收支差额

ˌbalance of ˈpower *noun* [sing] **1** a situation in which power is evenly divided among the various sides, parties, groups, etc involved 势力均衡 **2** the power that a smaller political party has when the larger parties need its support because they do not have enough votes on their own 小政党左右局面的影响力（大政党如未能在选举中取得足够票数，即需小政党的支持）

ˈbalance sheet *noun* [C] a written record of money received and money paid out, showing the difference between the totals of each 资产负债表

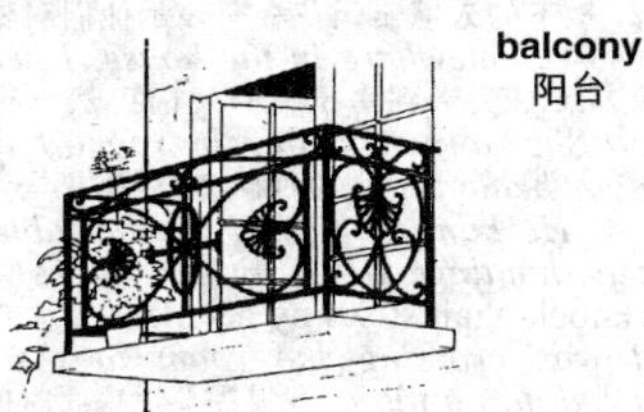

balcony 阳台

☆**balcony** /ˈbælkənɪ ‖ ˈbælkənɪ/ *noun* [C] (*pl* **balconies**) **1** a platform built on an upstairs outside wall of a building, with a wall or rail around it 阳台：*Our hotel room had a balcony where we could sit and look at the lake.* 我们的旅馆房间有个阳台，可以坐下来欣赏湖景。**2** the rows of seats high up and near the back of a theatre 剧院的楼座

☆**bald** /bɔːld ‖ bɔld/ *adj* **1** (used about people 指人) having little or no hair on the head 秃头：*He went bald when he was only 30.* 他30岁时就歇顶了。○ *He has a bald patch on the top of his head.* 他头顶有个地方秃了。☛ picture at **hair**. 见 **hair** 插图。**2** (used about sth that is said 指所说的话) simple; without extra words 简洁；简单：*the bald truth* 赤裸裸的事实；真相

balding *adj* becoming bald 逐渐变成光秃秃的：*a balding man in his fifties* 五十多岁头顶渐秃的人

bale /beɪl ‖ bel/ *noun* [C] a large quantity of sth (paper, hay, cloth, etc) tied together in a bundle so that it can be transported 一大捆（纸/干草/布…）

balk = BAULK

☆**ball**[1] /bɔːl ‖ bɔl/ *noun* [C] **1** a round object that you hit, kick, throw, etc in games and sports 球：*a tennis ball* 网球 ○ *a golf ball* 高尔夫球 ○ *a football* 足球 ○ *The children were playing with a ball in the garden.* 孩子们在公园里玩球。○ *The ball bounced over the fence.* 球跳过了篱笆。**2** any object that has this shape or has been formed into this shape 球状物体：*a ball of wool* 毛线团 ○ *The cat curled up into a ball and went to sleep.* 猫蜷曲着身子睡着了。○ *The children threw snowballs at each other.* 孩子们互相投掷雪球。○ *We had meatballs and pasta for dinner.* 我们晚餐吃肉丸和面食。

(IDIOMS 习语) **(be) on the ball** (*informal* 非正式) (to be) aware of what is happening and able to react to or deal with it quickly 机敏：*With so many new developments, you really have to be on the ball.* 事态发展瞬息万变，你得保持清醒机敏。

set/start the ball rolling to start sth (an activity, conversation, etc) that involves or is done by a group 开个头；发起；发动：*I made the first contribution to the collection to set the ball rolling.* 我捐了第一笔善款，为筹款活动揭开序幕。

ˌball-ˈbearing *noun* [C] one of a number of metal balls put between parts of a machine to make them move smoothly 滚珠轴承中的钢珠

ˈball game *noun* **1** [C] any game played with a ball 球类游戏：*Tennis, football, golf – he's good at all ball games.* 网球、足球、高尔夫球…他擅长所有球类活动。**2** [C] (*US* 美) a baseball match 棒球比赛 **3** [sing] (*informal* 非正式) a situation; a set of circumstances 形势；局面；环境：*After living in a village for so long, living in the big city is a whole new ball game for me.* 我在乡村生活了这么久，到大城市生活又是另一番新景况。

ˈball-point (*also* 亦作 **ˌball-point ˈpen**) *noun* [C] a pen with a very small metal ball at the end that rolls ink onto paper 圆珠笔 ☛ Look at **Biro**. 参看 **Biro**。

ball[2] /bɔːl ‖ bɔl/ *noun* [C] a large formal party at which people dance 舞会

ˈballroom *noun* [C] a large room used for dancing 舞厅

ˌballroom ˈdancing *noun* [U] a formal type of dance in which couples dance together using particular steps and movements 舞厅舞（男女成双跳的交际舞，包括各种规范舞步和动作）

ballad /ˈbæləd ‖ ˈbæləd/ *noun* [C] a long song or poem in simple language, telling a story 歌谣；民谣

ballerina /ˌbæləˈriːnə ‖ ˌbæləˈrinə/ *noun* [C] a woman who dances in ballets 女芭蕾舞演员

ballet /ˈbæleɪ ‖ ˈbæle/ *noun* **1** [U] a style of dancing that tells a story with music but without words 芭蕾舞：*I like opera but I'm not keen on ballet.* 我喜欢歌剧，但不特别喜欢芭蕾舞。**2** [C] a performance or work that consists of this type of dancing 芭蕾舞表演；芭蕾舞作品：*They went to see a performance of Tchaikovsky's ballet 'The Nutcracker'.* 他们去看柴可夫斯基的芭蕾舞剧《胡桃夹子》。

ˈballet-dancer *noun* [C] a person who dances in ballets 芭蕾舞演员

balloon /bəˈluːn ‖ bəˈlun/ *noun* [C] **1** a small

B

coloured rubber bag that you blow air into and use as a toy or for decoration 气球：*We hung balloons around the room for the party.* 我们在举行联欢会的房间四周挂上气球。○ *The child cried when his balloon burst.* 气球破了，孩子就哭起来。**2** (*also* 亦作 **hot-'air balloon**) a large bag that is filled with gas or hot air so that it can rise into and fly through the air, carrying people in a basket attached below it 热气球: *They crossed the Atlantic in a balloon.* 他们乘热气球横渡大西洋。

ballot /'bælət ‖ 'bælət/ *noun* [C,U] a secret written vote 不记名投票: *A ballot will be held to elect a new chairman.* 大会将举行不记名投票，选出新主席。○ *The members of the union voted in a ballot to accept the pay rise.* 工会的成员用不记名投票通过接受薪酬加幅。○ *The committee are elected by ballot every year.* 委员会成员每年用不记名投票选出。

ballot *verb* [T] **ballot sb (about/on sth)** to ask sb to vote in a ballot; to arrange and hold a ballot 请某人投不记名的票；安排并举行不记名投票: *The union is balloting its members on strike action.* 工会呼吁会员用不记名投票决定是否采取罢工行动。

bamboo /bæm'bu: ‖ bæm'bu/ *noun* [C,U] a tall tropical plant of the grass family. Young bamboo shoots can be eaten; the hard, hollow stems are used for making furniture, etc 竹子（竹笋可食用；硬而空心的竹茎可用来制造家具等）: *a bamboo chair* 竹椅

☆**ban** /bæn ‖ bæn/ *verb* (ba**nn**ing; ba**nn**ed) [T] **1** to forbid officially, often by law 禁止（往往通过法律规定）: *The government has banned the import of products from that country.* 政府禁止进口该国产品。**2 ban sb (from sth/from doing sth)** to officially forbid sb to do sth, often by law 禁止某人做某事（往往通过法律规定）: *He was convicted of drunken driving and banned for a year.* 他被判酒醉驾驶，禁止驾车一年。—**ban** *noun* [C] **a ban (on sth/sb)** 禁令；禁止: *There is a ban on smoking in this office.* 本办公室禁止吸烟。

banal /bə'nɑ:l; *US* 美 'beɪnl ‖ 'benl/ *adj* not original or interesting 陈腐；乏味；平庸: *a banal comment* 陈词滥调的评语

☆**banana** /bə'nɑ:nə; *US* 美 bə'nænə ‖ bə'nænə/ *noun* [C] a long curved fruit that has a yellow skin and that can be eaten 香蕉: *a bunch of bananas* 一串香蕉 ○ *a banana milk-shake* 香蕉奶昔

☆**band** /bænd ‖ bænd/ *noun* [C] **1** a thin, flat, narrow piece of material used for fastening sth, or put round sth, often to hold it together 箍；带子: *She rolled up the papers and put an elastic band round them.* 她将那些纸张卷起来，用松紧带束起来。○ *The cards were held together by a rubber band.* 那些卡片用橡皮筋束起来。○ *He was wearing a white hat with a black band round it.* 他戴着一顶白帽子，帽沿用一条黑带装饰。**2** a line of a colour or design that is different from the one on either side of it 条纹；色带: *She wore a red pullover with a green band across the middle.* 她穿着红色套头毛衣，中间有一条绿色横纹。**3** [with sing or pl verb] a group of people who have joined together with a common purpose 队（一群有共同目标的人）: *The attack was made by a small band of rebels.* 一小队叛乱分子发动了袭击。**4** a group of musicians 乐队: *a brass band* 铜管乐队 ○ *a jazz band* 爵士乐队 ○ *a rock band* 摇滚乐队 **5** = WAVEBAND

'**bandwagon** *noun*

(IDIOM 习语) **climb/jump on the bandwagon** to copy what other people are doing because it is fashionable or successful 赶时髦；赶浪头；看风使舵；随大流

bandage /'bændɪdʒ ‖ 'bændɪdʒ/ *noun* [C] a long piece of soft white material that is wrapped round a wound or injury 绷带 ☛ picture at **plaster**. 见 **plaster** 插图。—**bandage** *verb* [T] **bandage sth/sb (up)**: *She played the game with a bandaged knee.* 她伤膝扎了绷带，但仍参加了比赛。

bandit /'bændɪt ‖ 'bændɪt/ *noun* [C] an armed robber, usually in a wild place 强盗

☆**bang**[1] /bæŋ ‖ bæŋ/ *verb* [I,T] **1** to make a loud noise by hitting sth hard, closing sth, or putting sth down 碰撞而发出巨响；砰（然一声）；砰砰（作响）: *The people downstairs banged on their ceiling to complain about the noise.* 楼下的人撞击天花板，表示他们对噪音的不满。○ *Somewhere in the house, I heard a door bang.* 我听到房子里有扇门砰然一声关上了。○ *She stormed out of the room, banging the door behind her.* 她冲出室外，砰的一声关上门。○ *He banged his fist on the table and started shouting.* 他用拳擂桌子，开始叫嚷。**2** to knock against sth by accident 无意中碰撞: *As I was crossing the room in the dark I banged into a table.* 我摸黑穿过房间时撞到了桌子上。○ *Be careful not to bang your head on the ceiling. It's quite low.* 天花板很低，小心别让头撞着。

(PHRASAL VERB 短语动词) **bang about/around** to move around a place making loud noises 在一个地方四周活动并发出声响: *I could hear him banging about in the kitchen.* 我听见他乒乒乓乓地在厨房里来回走动。

☆**bang**[2] /bæŋ ‖ bæŋ/ *noun* [C] **1** a sudden, short, very loud noise 砰的一声；突如其来的巨响: *There was an enormous bang when the bomb exploded.* 炸弹爆炸时发出了巨响。○ *The balloon burst with a bang.* 气球砰的一声破了。**2** a short, strong knock or blow, especially one that causes pain and injury 碰撞或撞击，尤指造成疼痛或损伤的: *He received a nasty bang on the head and was unconscious for several minutes.* 他头部受到重击，晕眩了几分钟。

bang *interj* (used to sound like the noise of a gun, etc 模拟枪声等) 砰: *The children were running around with toy guns, shouting, 'Bang! Bang!'* 孩子们拿着玩具枪四周跑，一边叫着：“砰！砰！”

bang[3] /bæŋ ‖ bæŋ/ *adv* (*informal* 非正式) exactly; directly; right 恰好；正好: *She phoned bang in the middle of dinner.* 晚饭刚吃了一半她的电话就来了。○ *The shot was bang on target.* 这一枪命中目标。

(IDIOM 习语) **bang goes sth** (*informal* 非

正式) (used for expressing the idea that sth is now impossible 用于表达成了泡影的意思): *'It's raining!' 'Ah well, bang goes our picnic!'* “下雨了！”“啊，野餐就吹了！”

banger /'bæŋə(r) ‖ 'bæŋɚ/ *noun* [C] (*Brit informal* 英，非正式) **1** a sausage 香肠 **2** an old car that is in very bad condition 残旧的汽车；老爷车 **3** a small firework that explodes with a short loud noise 爆竹

bangle /'bæŋgl ‖ 'bæŋgḷ/ *noun* [C] a large bracelet or metal band that is worn round the arm for decoration 手镯 ☛ picture at **jewellery**. 见 **jewellery** 插图。

bangs /bæŋz ‖ bæŋz/ *noun* [plural] (*US* 美) = FRINGE(1)

banish /'bænɪʃ ‖ 'bænɪʃ/ *verb* [T] **1** to send sb away (especially out of the country), usually as a punishment 驱逐；放逐；赶走: *They were banished from the country for demonstrating against the government.* 他们示威反对政府，于是被驱逐出境。○ *The children were banished to the garden for making too much noise in the house.* 孩子在房子里太闹，被赶到花园里去。**2** to remove sth completely; to force out 排除；化除；消除: *She banished all hope of winning from her mind.* 她完全不抱胜利的希望。

banister /'bænɪstə(r) ‖ 'bænɪstɚ/ *noun* [C] (often plural) a rail supported by upright bars at the side of a staircase, that you hold on to when you are going up- or downstairs（楼梯的）栏杆

banjo /'bændʒəʊ ‖ 'bændʒo/ *noun* [C] (*pl* **banjos**) a musical instrument with a long thin neck, a round body and four or more strings, played with the fingers 五弦琴；班卓琴

☆**bank**[1] /bæŋk ‖ bæŋk/ *noun* [C] **1** an organization which keeps money safely for its customers; the office or building of such an organization. You can take money out, save, borrow or exchange money at a bank 银行: *Is there a bank near here where I can change some traveller's cheques?* 我想兑换旅行支票，附近有银行吗？○ *He went to the bank and got some money out of his account.* 他到银行，从账户中提取了一些钱。○ *She got a loan from the bank to buy a new car.* 她向银行贷款买了一辆新车。**2** a store of things, which you keep to use later 保存起来备用的东西: *a data bank* 资料库 ○ *a blood bank in a hospital* 医院的血库

banker *noun* [C] a person who owns or has an important job in a bank 银行家

banking *noun* [U] the type of business done by banks 银行业: *She decided on a career in banking.* 她决定从事银行工作。

ˌ**bank 'holiday** *noun* [C] a public holiday (not a Saturday or Sunday) when banks are officially closed 银行假日（指星期六和星期日以外银行暂停营业的公众假日）

'**banknote** *noun* [C] = NOTE[1](4)

'**bank statement** (*also* 亦作 **statement**) *noun* [C] a printed list of all the money going into or out of a bank account during a certain period（银行账户）结单

☆**bank**[2] /bæŋk ‖ bæŋk/ *noun* [C] **1** the ground along the side of a river or canal 河岸: *People were fishing along the banks of the river.* 有些人在河的两岸钓鱼。○ *We rowed to the bank and got out of the boat.* 我们把船划到岸边，然后上岸去。**2** any area of sloping ground 斜坡: *There were grassy banks on either side of the road.* 路的两旁是长草的斜坡。**3** (used about certain features of weather 指天气现象) a mass of sth 一堆: *a bank of cloud* 一堆云

bank[3] /bæŋk ‖ bæŋk/ *verb*

(PHRASAL VERB 短语动词) **bank on sb/sth** to expect and trust sb to do sth, or sth to happen 指望；信赖: *I suppose you might be lucky but I wouldn't bank on it.* 也许你会很幸运，但假如是我，就不会指望靠运气。○ *We haven't booked a hotel – we're banking on finding somewhere to stay when we get there.* 我们没有预订旅馆房间，因为我们指望到达时能找到地方住。

☆**bankrupt** /'bæŋkrʌpt ‖ 'bæŋkrʌpt/ *adj* not having enough money to pay your debts 破产: *The company went bankrupt owing thousands of pounds.* 公司破产了，欠下数以千镑计的债务。

bankrupt *verb* [T] to cause sb/sth to become bankrupt 使破产

bankruptcy /'bæŋkrəpsɪ ‖ 'bæŋkrəpsɪ/ *noun* [C,U] (*pl* **bankruptcies**) the state when a person or an organization is bankrupt 破产: *During this period of economic difficulty, bankruptcies are becoming more common.* 在这段经济困难时期，破产越来越常见。○ *Competition from larger companies drove them to bankruptcy.* 大公司的竞争使他们破产。

banner /'bænə(r) ‖ 'bænɚ/ *noun* [C] a long piece of cloth with words or signs on it, which can be hung up or carried through the streets on two poles 横幅: *The demonstrators carried banners saying 'Stop the War'.* 示威者手持横幅，上面写着“停止战争”。

banquet /'bæŋkwɪt ‖ 'bæŋkwɪt/ *noun* [C] a formal dinner for a large number of people, usually as a special event at which speeches are made 宴会

baptism /'bæptɪzəm ‖ 'bæptɪzəm/ *noun* [C,U] a ceremony in which a person becomes a member of the Christian Church by being placed briefly under water or having drops of water put onto his/her head. Often he/she is also formally given a name. 圣洗；洗礼 ☛ Look at **christening**. 参看 **christening**。

baptize (*also* 亦作 **baptise**) /bæp'taɪz ‖ bæp'taɪz/ *verb* [T] to perform the ceremony of baptism 施洗: *Were you baptized as a child?* 你小时候有没有受洗？○ *He was baptized 'George David'.* 他领受圣洗，取名“乔治戴维”。

Baptist /'bæptɪst ‖ 'bæptɪst/ *noun, adj* (a member) of a Protestant Church that believes that baptism should only be for people who are old enough to understand the meaning of the ceremony and should be done by placing the person fully under water 浸信会教徒；浸信会的

☆**bar**[1] /bɑ:(r) ‖ bɑr/ *noun* [C] **1** a place where you can buy and drink (especially alcoholic) drinks and sometimes have sth to eat 酒吧；

酒吧间: *They had a drink in the bar before the meal.* 他们吃饭前在酒吧喝了一杯酒。○ *a wine bar* 酒吧 ○ *a coffee bar* 咖啡屋 ○ *a snack bar* 小吃店

> ☛ In Britain, a bar where you can get alcoholic drinks is not a separate building (except a wine bar), but usually found as part of a pub, hotel, restaurant, etc. 在英国，除 wine bar 外，bar（卖酒的酒吧间）都不是独立的建筑物，通常是酒馆、旅馆、餐馆等的一部分。In a pub there may be two types of bar. The lounge bar is more comfortable (and often more expensive) than the public bar. 酒馆里有两种 bar。lounge bar（豪华酒吧）比 public bar（公众酒吧）舒适（收费也较昂贵）。

2 a long, narrow, high table or counter where drinks are served 供应饮料的柜台: *She went to the bar and ordered a drink.* 她走到柜台前，要了一杯饮料。○ *We sat on stools at the bar.* 我们坐在柜台前的凳子上。○ *He works behind the bar in the local pub.* 他在附近酒馆的柜台工作。**3** a long, thin, straight piece of metal, often placed across a window or door, etc to make it strong or to prevent people from passing through it 挡杆；窗、门等的闩: *They escaped by sawing through the bars of their prison cell.* 他们锯断牢房的铁条逃跑了。○ *To open the emergency exit door, push the bar.* 推开门闩可以打开太平门。**4** a small block of solid material, longer than it is wide 长条: *a bar of soap* 一块香皂 ○ *a bar of chocolate* 一条巧克力 **5** a thing that prevents you from doing sth 障碍: *Lack of education is not always a bar to success in business.* 教育程度低不一定就当不了成功的生意人。**6** one of the short, equal units of time into which music is divided（乐曲的）小节: *If you sing a few bars of the song I might recognize it.* 你唱几个小节我也许就能听得出这是什么歌。

(IDIOM 习语) **behind bars** (*informal* 非正式) in prison 坐牢；入狱

'barmaid *noun* [C] a woman who serves drinks from behind a bar in a pub, etc 酒吧的女服务员

'barman /-mən ‖ -mən/ *noun* [C] (*pl* **barmen** /-mən ‖ -mən/) a man who serves drinks from behind a bar in a pub, etc 酒吧的男服务员

bar² /bɑ:(r) ‖ bɑr/ *verb* [T] (barring; barred) **1** to fasten with a bar(3) or bars 用闩关紧: *The heavy door was barred and bolted.* 那扇很重的门上了闩又加了插销。**2** to stop sb going through or into a place 阻止前进: *A line of police barred the entrance to the embassy.* 有队警察拦在大使馆门口。**3 bar sb from sth/ from doing sth** to forbid sb officially to do, use or enter sth 禁止: *She was barred from the club for bad behaviour.* 她行为不检，被禁止参加俱乐部。

bar³ /bɑ:(r) ‖ bɑr/ *prep* except 除外: *All the seats were taken, bar one.* 几乎满座，只剩一个空位。

barbarian /bɑ:'beəriən ‖ bɑr'bɛriən/ *noun* [C] a wild, uncivilized person 野蛮人

barbaric /bɑ:'bærɪk ‖ bɑr'bærɪk/ (*also* 亦作 **barbarous**) *adj* very cruel and violent 十分残酷、凶暴: *barbaric punishments* 残酷的惩罚 ○ *barbaric treatment of prisoners* 残暴对待囚犯 —**barbarism** /'bɑ:bərɪzəm ‖ 'bɑrbəˌrɪzəm/ *noun* [U]: *acts of barbarism committed in war* 战争中的野蛮行为

barbarous /'bɑ:bərəs ‖ 'bɑrbərəs/ *adj* **1** = BARBARIC **2** uncivilized; without culture 不文明: *a barbarous society* 野蛮的社会

barbecue /'bɑ:bɪkju: ‖ 'bɑrbɪˌkju/ *noun* [C] **1** a metal frame on which food is cooked over an open fire outdoors 户外烧烤炉 **2** an outdoor party at which food is cooked in this way 户外烧烤会；野火会: *Let's have a barbecue.* 我们去烧烤吧。—**barbecue** *verb* [T]: *barbecued steak* 烤牛排

barbed wire /ˌbɑ:bd 'waɪə(r) ‖ 'bɑrbd'waɪr/ *noun* [U] strong wire with sharp points on it 刺钢丝；铁丝网: *a barbed wire fence* 刺钢丝网

barber /'bɑ:bə(r) ‖ 'bɑrbɚ/ *noun* [C] a man who cuts men's hair（为男性服务的男）理发师: *Your hair's getting rather long. It's time you went to the barber's.* 你的头发很长，该去理发店了。☛ Note that **the barber** is the person who runs the shop and **the barber's** is the shop. ＊ **the barber** 指理发师，**the barber's** 指理发店。

☆**bare** /beə(r) ‖ bɛr/ *adj* **1** (used about part of the body 指身体的某部分) not covered by clothing 赤裸: *bare arms* 光着手臂 ○ *a bare chest* 裸胸 ○ *She killed him with her bare hands* (= without a weapon). 她徒手杀死他。☛ Look at **naked** and **nude**. 参看 **naked** 及 **nude**。**2** without anything covering it 没有遮盖: *They had taken the painting down, so the walls were all bare.* 他们把画拿了下来，所以墙上空无一物。**3** empty; without its usual contents 空（里面没有东西）: *I looked for some food but the cupboards were bare.* 我找东西吃，但橱柜里空无一物。**4** minimum, basic and no more 起码；最低限度: *We were so poor that we didn't even have the bare necessities of life.* 我们太穷了，连最基本的生活必需品也没有。○ *Just give me the bare facts as quickly as you can.* 请尽快把要点告诉我就行了。

barely *adv* only just; hardly; almost not 几乎没有: *You've barely eaten anything – are you feeling all right?* 你几乎没有吃东西，你没事吧？○ *She's barely older than you.* 她只比你大一点点。

'bareback *adj, adv* on a horse without a saddle 骑马不用马鞍: *bareback riders in the circus* 马戏班里不用马鞍的骑师 ○ *She likes riding bareback.* 她喜欢不用马鞍骑马。

'barefoot (*also* 亦作 **ˌbare'footed**) *adj, adv* with nothing (eg shoes, socks, etc) on the feet 赤足: *I was barefoot because my shoes and socks had got wet.* 我的鞋子和袜子都湿了，所以赤着脚。○ *We walked barefoot along the beach.* 我们赤脚在沙滩上走。

bargain /'bɑ:gɪn ‖ 'bɑrgɪn/ *noun* [C] **1** an agreement between people or groups about what each of them will do for the other or others 协议: *'You wash and I'll dry up.' 'Okay, it's a bargain.'* "你负责洗，我负责弄干。""好，一言为定。" ○ *I hope he keeps his side of the bargain.* 我希望他遵守诺言。 **2** something that is cheaper or at a lower price than usual 减价品: *At that price, it's an absolute bargain!* 这个价钱卖，绝对是大减价！ ○ *I found a lot of bargains in the sale.* 我发现大减价中有许多便宜货。

(IDIOMS 习语) **into the bargain** (used for emphasizing sth 用于强调) as well; in addition; also 此外；并且: *They gave me free tickets and a free meal into the bargain.* 他们给我赠票，还提供一顿免费餐。 ○ *She's a good manager and a nice person into the bargain.* 她是个好经理，也是个好人。

strike a bargain ⇨ STRIKE[2]

bargain *verb* [I] **bargain (with sb) (about/over/for sth)** to discuss the form of an agreement, a price, etc 谈条件；讲价: *I'm sure that if you bargain with him, he'll drop the price.* 我肯定，如果你跟他讲价，他会减价。 ○ *They bargained over the price.* 他们讨价还价。

(PHRASAL VERB 短语动词) **bargain for/on sth** to expect sth or to be prepared for sth 期望；预备: *When I agreed to help him I didn't bargain for how much it would cost me.* 我答应帮他的忙，并不理会得付出多少代价。

bargaining *noun* [U] discussion about the form of an agreement, the price for a sale, etc, in which people are trying to get a result that is to their own advantage 谈条件（以求对自己有利）: *Hours of bargaining failed to produce an agreement.* 商谈了几个小时但没法达成协议。

barge /bɑ:dʒ ‖ bɑrdʒ/ *noun* [C] a long narrow boat with a flat bottom that is used for transporting goods or people on a canal or river 驳船

baritone /ˈbærɪtəʊn ‖ ˈbærəˌton/ *noun* [C] a singing voice that is fairly low, between tenor and bass 男中音

bark[1] /bɑ:k ‖ bɑrk/ *noun* [U] the hard outer covering of a tree 树皮

☆**bark**[2] /bɑ:k ‖ bɑrk/ *verb* **1** [I] **bark (at sb/sth)** (used about dogs 指狗) to make a loud, short noise or noises 吠: *Their dog always barks at anyone who rings the doorbell.* 一有人按门铃，他们的狗就汪汪叫。 **2** [I,T] **bark (sth) (out) (at sb)** to speak to sb in a loud voice with an angry or aggressive tone（向着人）咆哮/吆喝: *The boss came in, barked some orders and left again.* 老板进来，大声发号施令，然后又走了。 —**bark** *noun* [C]: *The dog next door has a very loud bark.* 隔壁的狗吠声很大。

barley /ˈbɑ:lɪ ‖ ˈbɑrlɪ/ *noun* [U] **1** a plant similar to grass that produces grain that is used for food or for making beer and other drinks 大麦 **2** the grain produced by this plant 大麦粒

barn /bɑ:n ‖ bɑrn/ *noun* [C] a large building on a farm in which crops or animals are kept 谷仓；牲口棚

barometer /bəˈrɒmɪtə(r) ‖ bəˈrɑmətɚ/ *noun* [C] **1** an instrument that measures air pressure and indicates changes in weather 气压计 **2** something that indicates the state of sth (a situation, a feeling, etc) 能显示某种状态（形势、感受等）的事物: *Results of local elections are often a barometer of the government's popularity.* 地方选举往往反映出政府受民众支持的程度。

baron /ˈbærən ‖ ˈbærən/ *noun* [C] **1** a man who belongs to the lowest rank of the aristocracy 男爵（属于贵族阶级中最低的一级） **2** a person who controls a large part of a particular industry or type of business 工业巨头；行业大王: *an oil baron* 石油大王

baroness /ˈbærənɪs ‖ ˈbærənɪs/ *noun* [C] a woman who is of the same rank as a baron or is the wife of a baron 女男爵；男爵夫人

barracks /ˈbærəks ‖ ˈbærəks/ *noun* [C, with sing or pl verb] (*pl* **barracks**) a building or group of buildings in which soldiers live 军营: *Guards were on duty at the gate of the barracks.* 守卫在军营大门口当值。

barrage /ˈbærɑ:ʒ; *US* 美 bəˈrɑ:ʒ ‖ bəˈrɑʒ/ *noun* [C] **1** a continuous attack with a large number of guns in a particular direction 火力网；齐射；弹雨 **2** a large number of questions, remarks, etc, aimed at a person very quickly 很快地发出的连串问题/评论等；连珠炮式（发问/评论等）: *The minister faced a barrage of questions from reporters.* 那位部长面对记者的一连串发问。

barrel 大木桶

barrel /ˈbærəl ‖ ˈbærəl/ *noun* [C] **1** a large, round, often wooden container for liquids, that has a flat top and bottom and is wider in the middle 大木桶: *a barrel of wine* 一桶酒 ○ *The price of oil is usually given per barrel.* 石油通常按桶计价。 **2** the long metal tube of a gun, through which the bullet passes when it is fired 枪管

barren /ˈbærən ‖ ˈbærən/ *adj* **1** (used about land 指土地) not good enough to grow crops on 贫瘠 **2** (used about trees or plants 指树或植物) not producing fruit or seeds 无果实/种子

barricade /ˌbærɪˈkeɪd ‖ ˌbærəˈked/ *noun* [C] an object or line of objects that is placed (usually quickly) across a road, entrance, etc to stop people getting through 路障: *The demonstrators put up barricades to keep the police away.* 示威者设置路障以防警察通过。

barricade *verb* [T] to block sth with a barricade 用路障阻隔: *Rioters barricaded the road with cars.* 暴徒用汽车封路。

(PHRASAL VERB 短语动词) **barricade yourself in** to defend yourself by putting up a barricade 设路障自卫: *Demonstrators took over the university building and barricaded themselves in.* 示威者占据了大学的楼房，并封闭了入口。

☆**barrier** /ˈbærɪə(r) ‖ ˈbærɪɚ/ *noun* [C] **1** an object that keeps people or things apart or prevents them moving from one place to another 栏障；分开人群的物件: *The police put up barriers along the pavement to stop the crowd getting on to the road.* 警方沿人行道设置栅栏，阻止群众走到马路上。○ *You must show your ticket at the barrier before going onto the platform.* 你在进入站台之前必须在检票处出示车票。**2** something that causes problems or makes it impossible for sth to happen 障碍: *Old-fashioned attitudes are a barrier to progress.* 守旧的态度妨碍进展。○ *When you live in a foreign country, the language barrier is often the most difficult problem to overcome.* 在外国生活，语言障碍往往最难克服。○ *trade barriers* 贸易壁垒

barring /'bɑːrɪŋ ‖ 'bɑrɪŋ/ *prep* **1** except for 除外: *Barring one or two small problems, everything's fine at the moment.* 除了一两个小问题外，目前一切都很好。**2** if there is/are not 如果没有: *Barring any unforeseen problems, we'll be moving house in a month.* 如无意外，我们会在一个月内搬家。

barrister /'bærɪstə(r) ‖ 'bærɪstɚ/ *noun* [C] (in English law) a lawyer who is qualified to speak in the higher courts 讼务律师；出庭律师 ☛ Look at the note at **lawyer**. 参看 **lawyer** 的注释。

barrow /'bærəʊ ‖ 'bæro/ *noun* [C] **1** = WHEELBARROW **2** a small cart on which fruit, vegetables, etc are moved or sold in the street, especially in markets（卖蔬果等的）手推车

barter /'bɑːtə(r) ‖ 'bɑrtɚ/ *verb* [I,T] **barter sth (for sth)** to exchange goods for other goods, not for money 以物易物: *I bartered my watch for a guitar with a man in the street.* 我用手表在街上跟一个男人交换了他的吉他。

barter *noun* [U] the exchange of goods for other goods, not for money 以物易物: *Spices were used for barter many years ago.* 许多年前，人们就拿香料来交换其他货物。

☆**base**[1] /beɪs ‖ bes/ *noun* [C] **1** the lowest part of sth, especially the part on which it stands or at which it is attached to sth 底部: *The sculptor's name can be found at the base of the statue.* 雕塑师的名字可以在塑像底部找到。○ *I felt a terrible pain at the base of my spine.* 我的脊柱底部很痛。**2** a starting point from which sth develops or is made 起点: *With these ingredients as a base, you can create all sorts of interesting dishes.* 有了这些原料，你可以烹调出各种有趣的菜肴。**3** a strong foundation on which sth is built or maintained 基础: *The country needs a strong economic base.* 国家需要稳固的经济基础。**4** a place used as a centre from which activities are done or controlled 中心；基地: *This hotel is an ideal base for touring the region.* 到这区游览，入住这家旅馆最理想。○ *Taxi drivers are in contact with their base so that they know where to go to next.* 计程车司机和控制中心保持联络，以便知道下一站去哪里。**5** a military centre from which forces operate 军事中心；据点: *an army base* 陆军基地 ○ *an air base* 空军基地 ○ *a naval base* 海军基地

☆**base**[2] /beɪs ‖ bes/ *verb* [T] **1 base sth on sth** to form or develop sth from a particular starting point or source 以某事物为基础: *This film is based on a true story.* 这部电影是根据真人真事改编的。**2** (usually passive 通常用于被动语态) **base sb/sth in...** to make one place the centre from which sb/sth can work or move around 使某地成为中心: *I'm based in New York, although my job involves a great deal of travel.* 虽然我的工作常常需要出外，但我的大本营在纽约。

baseball /'beɪsbɔːl ‖ 'bes,bɔl/ *noun* [U] a team game that is popular in the USA in which players hit the ball with a bat and run round four points (**bases**). They have to touch all four bases in order to score a point (**run**). 棒球运动（球场四角各设一垒 (**base**)；攻方队员击出好球跑完一、二、三垒后回到本垒，得一分 (**run**)。）

basement /'beɪsmənt ‖ 'besmənt/ *noun* [C] the lowest room or rooms of a building which are partly or completely below ground level 地下室；地库；地下层: *The toy department is in the basement of the store.* 玩具部设在店铺的地下室。○ *a basement flat* 地下室公寓

bases *pl* of BASIS ＊ BASIS 的复数

bash /bæʃ ‖ bæʃ/ *verb* (*informal* 非正式) **1** [T] to hit sb/sth very hard 重击 **2** [I] **bash against/into sb/sth** to crash into sb/sth 猛力碰撞

bash *noun* [C] a hard blow 重击

(IDIOM 习语) **have a bash (at sth)** (*informal* 非正式) to try 尝试: *I don't know whether I can do it, but I'll have a bash.* 我不知道能不能办得到，但我要试试。

bashful /'bæʃfl ‖ 'bæʃfəl/ *adj* shy and embarrassed 害羞；尴尬

☆**basic** /'beɪsɪk ‖ 'besɪk/ *adj* **1** forming a starting point or basis on which other ideas rest 根本的: *The basic question is, can we afford it?* 最根本的问题是，我们是不是付得起？**2** simplest or most elementary; including only what is most necessary 最简单的；最基本的: *This course teaches basic skills in First Aid.* 这个课程教授急救的基本技巧。○ *The basic pay is £100 a week – with extra for overtime.* 基本报酬是每星期100英镑，超时工作另计。○ *The rooms in the cheapest hotels are very basic – they have no bathrooms or televisions.* 最便宜的旅店只提供最基本的房间服务，没有浴室和电视机。

basically /-klɪ ‖ -klɪ/ *adv* looking at what is most important or basic in a person or an object or in a particular situation 基本上: *She seemed to me to be basically a very nice person.* 在我心目中，她基本上像是个非常善良的人。○ *The design of the new car is basically the same as the old one.* 新汽车的设计基本上和旧的一样。○ *Basically, all I want is to be left alone.* 其实，我只是希望没有人来打扰我。

basics *noun* [plural] the things that you need most or that are the most important 最需要的/最重要的东西: *You can get all the basics at the local shop.* 你可以在附近的商店买到所有的必需品。

☆**basin** /'beɪsn ‖ 'besn̩/ *noun* [C] **1** = WASHBASIN: *a shower room with bidet, basin and*

WC 设有坐浴盆、洗面盆和抽水马桶的浴室 **2** a round open bowl often used for mixing or cooking food 盆；盘子: *a pudding basin* 装布丁的盆 **3** an area of land from which water flows into a river 盆地: *the Congo Basin* 刚果盆地

☆**basis** /ˈbeɪsɪs ‖ ˈbesɪs/ *noun* [C] (*pl* **bases** /ˈbeɪsiːz ‖ ˈbesiz/) **1** the way sth is done or organized 方式: *They meet on a regular basis.* 他们定期会面。○ *The changes have been introduced on a voluntary basis this year but will become compulsory next year.* 今年可以自行选择是否作出改变，但明年就是强制性的。**2** the principle or reason which lies behind sth 原则；原理: *We made our decision on the basis of the reports which you sent us.* 我们的决定是根据你提交的报告作出的。**3** a starting point, from which sth can develop 起点: *Her diaries formed the basis of the book she later wrote.* 她后来以自己的日记为基础写了那本书。

bask /bɑːsk; *US* 美 bæsk ‖ bæsk/ *verb* [I] to sit or lie in a place where you can enjoy the warmth 取暖: *The snake basked in the sunshine on the rock.* 那条蛇在岩石上晒太阳。○ (*figurative* 比喻) *He basked in the admiration of his fans.* 支持者的仰慕令他陶醉。

☆**basket** /ˈbɑːskɪt; *US* 美 ˈbæskɪt ‖ ˈbæskɪt/ *noun* [C] a container for carrying or holding things, made of strips of light material such as cane or wire that are woven together 篮子: *a waste-paper basket* 字纸篓 ○ *a shopping basket* 购物篮 ○ *a basket of shopping* (= one that is full of shopping) 一篮子货品 ☛ picture at **bag**. 见 **bag** 插图。

(IDIOM 习语) **put all your eggs in one basket** ⇨ EGG

basketball
篮球运动

basketball /ˈbɑːskɪtbɔːl; *US* 美 ˈbæs- ‖ ˈbæskɪtˌbɔl/ *noun* [U] a game for two teams of five players. There is a net (**basket**) fixed to a metal ring high up at each end of the court and the players try to throw a ball through the other team's net in order to score points (**baskets**). 篮球运动（分两队比赛，每队五人；队员把球投射进对方的篮 (**basket**) 里，以取得分数 (**basket**)。）

bass /beɪs ‖ bes/ *noun* **1** [C] the lowest male singing voice; a singer with this kind of voice 男低音；男低音歌手 **2** [U] the lowest part in music 音乐作品中的最低音部分 **3** [C] = DOUBLE-BASS **4** [C] (*also* 亦作 **bass guitar**) an electric guitar which plays very low notes 低音电吉他 ☛ picture at **rock band**. 见 **rock band** 插图。

bass *adj* producing a deep sound; connected with the lowest part in music 低音的: *a bass drum* 低音鼓 ○ *Can you sing the bass part in this song?* 你能唱这首歌的低音部吗？

bassoon /bəˈsuːn ‖ bəˈsun/ *noun* [C] a musical instrument of the woodwind family which makes a very deep sound 低音管；巴松管

bastard /ˈbɑːstəd; *US* 美 ˈbæs- ‖ ˈbæstəd/ *noun* [C] **1** a child whose parents were not married to each other when he/she was born 私生子；杂种 ☛ You may offend people by using this word. 用这个字也许会冒犯他人。A more neutral expression is 'an **illegitimate** child'. 可以用比较中性的词 an **illegitimate** child（非婚生子/女）。**2** (*slang* 俚语) (used as an insult 用于辱骂) an unpleasant or cruel person 讨厌鬼；恶鬼；大坏蛋

bat
蝙蝠

bat¹ /bæt ‖ bæt/ *noun* [C] a small animal, like a mouse with wings, which comes out and flies around at night 蝙蝠

bat² /bæt ‖ bæt/ *noun* [C] a piece of wood for hitting the ball in sports such as table tennis, cricket or baseball 球拍；球板；球棒: *a cricket bat* 板球板 ☛ Look at **club²**(2), **racket¹** and **stick¹**(3). 参看 **club²**(2)、**racket¹** 及 **stick¹** (3)。

(IDIOM 习语) **off your own bat** without anyone asking you or helping you 独力；主动

bat *verb* [I] (ba**tt**ing; ba**tt**ed) (used about one player or a whole team 指轮到某球员或某球队) to have a turn hitting the ball in sports such as cricket or baseball 击球

bat³ /bæt ‖ bæt/ *verb* (ba**tt**ing; ba**tt**ed)

(IDIOM 习语) **not bat an eyelid** to show no reaction 眼也不眨；没有作出反应；不流露任何感情；泰然（处之）

batch /bætʃ ‖ bætʃ/ *noun* [C] a number of things or people which belong together as a group 一组；一批: *The bus returned to the airport for the next batch of tourists.* 那辆公共汽车返回机场接载另一批游客。

bated /ˈbeɪtɪd ‖ ˈbetɪd/ *adj*

(IDIOM 习语) **with bated breath** excited or afraid, because you are waiting for sth to happen 屏息以待

☆**bath** /bɑːθ; *US* 美 bæθ ‖ bæθ/ *noun* (*pl* **baths** /bɑːðz; *US* 美 bæðz ‖ bæðz/) **1** [C] (*especially US* 美尤作 **bath-tub**) a large container for water in which you sit to wash your body 浴缸: *All the rooms have a private bath or shower.* 所有房间都有私人浴缸或淋浴设备。○ *Can you answer the phone? I'm in the bath!* 你接听电话好吗？我在洗澡呢。**2** [sing] an act of washing the whole of your body when you sit or lie in a bath filled with water 沐浴；盆浴: *to have a bath* 沐浴 ○ *Would you prefer to take a* *bath or a shower?* 你喜欢洗盆浴还是洗淋浴？○ *bath oil* 沐浴油 **3 baths** [plural] (*Brit* 英) an indoor public swimming-pool or a building where you can take a bath 室内公共游泳池；室内浴场

bath *verb* **1** [T] to give sb a bath 替某人洗澡: *bath the baby* 给婴儿洗澡 **2** [I] to have a bath 洗澡: *I prefer to bath in the mornings.* 我喜欢在早上洗澡。

'**bathrobe** *noun* [C] = DRESSING-GOWN

'**bathroom** *noun* [C] **1** a room where there is a bath and usually a wash-basin (and sometimes a toilet) 浴室 **2** (*US* 美) a room with a toilet 厕所 ☛ Look at the note at **toilet**. 参看 **toilet** 的注释。

'**bath-tub** *noun* [C] = BATH(1)

bathe /beɪð ‖ beð/ *verb* **1** [I] to swim in the sea or in a lake or river（在海/湖/河里）游泳 **2** [T] to wash or put part of the body in water, often for medical reasons（为医疗而）浸/洗: *She bathed the wound with antiseptic.* 她用抗菌剂洗伤口。

bathed *adj* (not before a noun 不用于名词前) covered with or surrounded by sth 被覆盖或笼罩: *The room was bathed in light.* 房间充满了阳光。

bathing *noun* [U] the act of swimming in the sea, etc (not in a swimming-pool)（在海中等）游泳（不在游泳池中）: *Bathing is possible at a number of beaches along the coast.* 可以在沿岸各个海滩游泳。

baton /'bætn; 'bætɒn; *US* 美 bə'tɒn ‖ bə'tɑn/ *noun* [C] **1** a short thin stick used by the conductor of an orchestra 指挥棒 **2** = TRUNCHEON **3** a stick which a runner in a relay race passes to the next person in the team 接力棒 **4** a plastic or rubber bullet 塑料/橡胶子弹

battalion /bə'tæliən ‖ bə'tæljən/ *noun* [C] a large unit of soldiers forming part of another larger unit in the army 营（军队的单位）

batter[1] /'bætə(r) ‖ 'bætɚ/ *verb* [I,T] to hit sb/sth hard, many times 多次重击: *The wind battered against the window.* 风冲着窗户劲吹。○ *He battered the door down.* 他把门撞倒了。○ *High winds battered Britain again yesterday.* 昨天，强风再次袭击英国。○ *The parents were accused of battering the child* (= of hitting him/her often and violently). 有人指控那对父母虐待子女。

battered *adj* no longer looking new; damaged or out of shape 残旧: *a battered old hat* 残旧的帽子

batter[2] /'bætə(r) ‖ 'bætɚ/ *noun* [U] a mixture of flour, eggs and milk used to make pancakes, etc or to cover food such as fish before frying 面糊（面粉、蛋、牛奶混和的糊状物，用于煎炸食物）

☆**battery** /'bætərɪ ‖ 'bætərɪ/ *noun* [C] (*pl* **batteries**) **1** a device which provides electricity for a torch, radio, car, etc 电池: *I need a new battery for my Walkman.* 我的随身听需要换一节新电池了。○ *He couldn't start the car because the battery was flat.* 他不能发动车子，因为电池已经用尽。☛ picture at **light**. 见 **light** 插图。When a car battery is flat, you need to **recharge** it. 车的电池电力用尽，就需要充电 (**recharge**)。**2** a large number of very small cages in which hens are kept 养鸡房；鸡舍: *a battery chicken* 在鸡舍饲养的鸡 ☛ Look at **free-range**. 参看 **free-range**。

☆**battle** /'bætl ‖ 'bætl̩/ *noun* **1** [C,U] a fight, especially between armies in a war 战斗；交锋: *the battle of Trafalgar* 特拉法尔加战役 ○ *They won the first battle but still they lost the war.* 他们第一仗打赢了，但还是输了整场战争。○ *to die/be killed in battle* 阵亡；在战斗中被杀 **2** [C] a struggle of any kind 斗争: *After three years she lost her battle against cancer.* 她跟癌症搏斗三年之后终于去世。○ *the battle against inflation* 反通胀的斗争

(IDIOM 习语) **a losing battle** ⇨ LOSE

battle *verb* [I] **battle (with/against sb/sth) (for sth); battle (on)** to fight hard; to struggle 苦斗；斗争: *Mark is battling with his maths homework.* 马克正在很辛苦地做着数学作业。○ *The little boat battled against the wind.* 小船与风搏斗。○ *The two brothers were battling for control of the family business.* 兄弟俩正争夺家庭生意的控制权。○ *Life is hard at the moment but we're battling on.* 现在的生活很艰苦，但我们在继续奋斗。

'**battlefield**, '**battleground** *noun* [C] the place where a battle is fought 战场

'**battleship** *noun* [C] the largest type of ship used in war 战舰

baulk (*also* 亦作 **balk**) /bɔ:k ‖ bɔk/ *verb* [I] **baulk (at sth)** to be unwilling to do or agree to sth because it seems difficult, dangerous or unpleasant 畏缩: *She liked the flat but she baulked at paying so much for it.* 她喜欢那个寓所，但不愿意为它付那么高的价钱。

bawl /bɔ:l ‖ bɔl/ *verb* [I,T] to shout or cry loudly 大喊；大哭

☆**bay**[1] /beɪ ‖ be/ *noun* [C] a part of the coast where the land forms a curve inwards 湾: *the Bay of Bengal* 孟加拉湾 ○ *The harbour was in a sheltered bay.* 港口在一个受遮蔽的海湾里面。

bay[2] /beɪ ‖ be/ *noun* [C] a part of a building, aircraft or area which has a particular purpose 有特别用途的隔间: *the loading bay of the factory* 工厂的装货区

ˌ**bay** '**window** *noun* [C] a window in a part of a room that sticks out from the wall of a house 凸窗

bay[3] /beɪ ‖ be/ *noun* [C]

(IDIOM 习语) **hold/keep sb at bay** to stop sb who is chasing you from coming near; to stop sb/sth reaching you 阻止某人迫近；不让某人接近

bayonet /'beɪənɪt ‖ 'beənɪt/ *noun* [C] a knife which can be fixed to the end of a gun（可安在枪口上的）刺刀

bazaar /bə'zɑ:(r) ‖ bə'zɑr/ *noun* [C] **1** (in Eastern countries) a market（东方国家的）市场 **2** a sale where the money that is made goes to charity 义卖；慈善卖物会: *a church bazaar* 教会的慈善义卖

☆**be**[1] /bɪ ‖ bɪ; strong form 强读式 biː ‖ bi/ *auxiliary verb*

present tense 现在时	*past tense* 过去时
I **am** (I'**m**)	I **was**
you **are** (you'**re**)	you **were**
he/she/it **is** (he'**s**/she'**s**/it'**s**)	he/she/it **was**
we **are** (we'**re**)	we **were**
you **are** (you'**re**)	you **were**
they **are** (they'**re**)	they **were**
past participle 过去分词	**been**
present participle 现在分词	**being**
negative short forms 否定缩约式	**aren't, isn't, wasn't, weren't**

1 (used to form the continuous tense of verbs 用以构成动词的进行时): *You're sitting on my book.* 你坐在我的书上呢。○ *We were listening to the radio.* 当时我们正在听收音机。○ *Is he coming?* 他正在赶来吗？○ *How long have we been waiting?* 我们等了多久了？**2** (used to form the passive 用以构成被动式): *This cheese is made in France.* 这种干酪是法国制的。○ *We were taken to the police station.* 我们被带往警察局。○ *The car has been repaired.* 汽车已经修理好了。**3** (used to show that sth must happen or that sth has been arranged 用以表示必会发生或已安排好): *You are to leave here at 10 o'clock at the latest.* 你最晚得在10点钟离开这里。○ *They are to be married in June.* 他们将在六月结婚。**4** (used to show that sth is possible but not very likely 用以表示有机会，但可能性不大): *If they were to offer me the job, I'd probably take it.* 如果他们真的雇用我，我大概会接受。

☆**be**[2] /bɪ ‖ bɪ; strong form 强读式 biː ‖ bi/ *verb* **1** (used with *there* to say that sb/sth exists or is in a particular place 与 there 连用，表示存在或于某处): *Is there a God?* 神存在吗？○ *I tried phoning them but there was no answer.* 我尝试打电话给他们，但是没有人接听。○ *There are some people outside.* 有些人在外面。○ *There are a lot of trees in our garden.* 我们的花园里有许多树。**2** (used when you are naming people or things, describing them or giving more information about them 用于提及名字或名称、形容或描述): *That's Jane over there.* 珍妮就在那边。○ *I'm Alan.* 我是艾伦。○ *He's Italian. He's from Milan.* 他是意大利人，米兰来的。○ *Sue is 18. She's at university.* 休今年18岁，正在上大学。○ *He's a doctor.* 他是医生。○ *What's that?* 那是什么？○ *A lion is a mammal.* 狮子是哺乳类动物。○ *Where are the scissors?* 剪刀在哪里？○ *'What colour is your car?' 'It's green.'* "你的汽车是什么颜色的？""绿色。"○ *It's 6 o'clock.* 现在6点钟。○ *It was Tuesday yesterday.* 昨天是星期二。○ *How much was your ticket?* 你的票多少钱？○ *The film was excellent.* 那部电影拍得好极了。○ *She's very friendly.* 她很和蔼可亲。**3** (only used in the perfect tenses 只用于完成时) to go to a place (and return) 去某地（又回来）: *Have you ever been to Japan?* 你去过日本吗？☛ Compare **has/have gone** 与 **has/have gone** 比较: *Julia's gone to the doctor's* (= she hasn't returned yet). 朱莉娅看医生去了（她还没有回来）。○ *Julia's been to the doctor's today* (= she has returned). 朱莉娅今天去看过医生了（她已经回来了）。

(IDIOMS 习语) **be yourself** to act naturally 行事自然: *Don't be nervous; just be yourself and the interview will be fine.* 别紧张，尽量放自然一点，面试就会很好。

-to-be (in compounds 用以构成复合词) future 未来的: *his wife-to-be* 他的未婚妻

☆**beach** /biːtʃ ‖ bitʃ/ *noun* [C] the piece of sandy or rocky land next to the sea 沙滩；海滩: *a nice sandy beach* 很好的沙滩

beacon /ˈbiːkən ‖ ˈbikən/ *noun* [C] a fire or light on a hill, a tower or near the coast, which is used as a signal 烽火；灯塔；信号灯

bead /biːd ‖ bid/ *noun* [C] **1** a small ball of wood, glass or plastic with a hole in the middle for threading a string through 有孔的小珠 **2 beads** [plural] a necklace made of beads 串珠项链 ☛ picture at **jewellery**. 见 **jewellery** 插图。**3** a drop of liquid（液体）一滴: *There were beads of sweat on his forehead.* 他额头有许多汗珠。

☆**beak** /biːk ‖ bik/ *noun* [C] the hard pointed part of a bird's mouth 鸟喙 ☛ picture at **bird**. 见 **bird** 插图。

beaker /ˈbiːkə(r) ‖ ˈbikɚ/ *noun* [C] **1** a tall cup for drinks, sometimes without a handle 高身杯（有时没有把手）**2** a glass container used in laboratories for pouring liquids（实验室用的）烧杯

beam /biːm ‖ bim/ *noun* [C] **1** a long piece of wood, metal, concrete, etc that is used to support weight, eg in the floor or ceiling of a building 梁；桁条 **2** a line of light 光线: *the beam of a car's headlights* 车头灯的光线 ○ *a laser beam* 一束激光 **3** a happy smile 粲然一笑

beam *verb* **1** [I] to send out light and warmth 发出光和热: *The sun beamed down on them.* 太阳照射着他们。**2** [I] to smile happily 愉快地微笑: *Beaming with pleasure she stepped* *forward to receive her prize.* 她满脸笑容，上前领奖。**3** [T] to broadcast a signal 发出信号: *The programme was beamed live by satellite to many different countries.* 那个节目通过人造卫星向许多国家播送。

☆**bean** /biːn ‖ bin/ *noun* [C] **1** the seeds or seed containers (**pods**) from a climbing plant which are eaten as vegetables 豆科植物的种子/荚果 (**pod**): *broad beans* 蚕豆 ○ *runner beans* 红花菜豆 ○ *soya beans* 大豆 ○ *a tin of baked beans* (= beans in a tomato sauce) 一罐烘豆（加入番茄汁的）**2** similar seeds from other plants 其他植物所产的类似种子: *coffee beans* 咖啡豆

☆**bear**[1] /beə(r) ‖ bɛr/ *noun* [C] a large, heavy wild animal with thick fur 熊: *a brown bear* 棕熊 ○ *a polar bear* 北极熊 ☛ Look at **teddy bear**. 参看 **teddy bear**。

☆**bear**[2] /beə(r) ‖ bɛr/ *verb* [T] (*pt* **bore** /bɔː(r) ‖ bɔr/; *pp* **borne** /bɔːn ‖ bɔrn/) **1** to support sth 支承: *Twelve pillars bear the weight of the roof.* 十二根柱子支撑着屋顶。**2** (*formal* 正式) to carry sth 搬运: *The waiters came in bearing trays of food.* 几名服务员走了进来，手上托着一盘盘食物。○ (*figurative* 比喻) *In her position as Minister she bears a great responsibility.* 她担任部长，身负重任。○ (*figurative* 比喻) *Customers will bear the full cost of the improvements.* 改良所需费用，全由顾客负担。**3** to suffer sth without complaining or giving in 忍受；忍耐: *She bore her illness bravely.* 她勇敢地忍受疾病的煎熬。○ *The heat is too much to bear.* 热浪令人难以忍受。○ *These figures won't bear close examination* (= when you look closely you will find mistakes). 这些数字经不起审查。**4** (with *can/could* in negative sentences or in questions 在否定句或疑问句中与 can/could 连用) to dislike strongly; to hate 厌恶: *I can't bear spiders.* 我讨厌蜘蛛。○ *Joanne can't bear people who are late.* 乔安妮不能忍受迟到的人。○ *She can't bear waiting for people.* 要她等候别人她受不了。○ *She can't bear to wait for people.* 要她等候别人她受不了。○ *How can you bear to listen to that music?* 这种音乐，你怎么听得下去？**5** (*formal* 正式) to give birth to children 生育: *She bore four children, all sons.* 她生育了四个孩子，都是儿子。☛ A more common expression is 'She has had four children.' * She has had four children 是较常见的说法。When you talk about a person's own birth you use 'to be born' 谈及某人的出生用 to be born: *Robert was born in 1986.* 罗伯特生于1986年。○*The baby will be born in spring.* 孩子将在春天出世。**6** to produce flowers or fruit 开花；结果: *The tree in our garden bears more apples than we can eat.* 我们花园里的树结的苹果，多得吃不完。○ (*figurative* 比喻) *Our plan is beginning to bear fruit – these are the first signs of success.* 我们的计划开始有成果，这是成功的先兆。**7** to show the mark of sth 显示…的记号: *The coins bear the date and the Queen's head on them.* 硬币上有日期和女王的肖像。○ *He still bears the scars of his accident.* 意外造成的疤痕仍然留在他身上。○ *She bears a strong resemblance to her mother* (= she is very like her). 她极像她妈妈。**8** (*formal* 正式) to have a feeling 有某种感情: *I offended him once and he bore me a grudge for years.* 我冒犯过他，被他恨了好多年。**9** to turn or go in the direction that is mentioned 向所说的方向转或走: *At the crossroads, bear left.* 在交叉路口向左转。

(IDIOMS 习语) **bear the brunt of sth** to suffer the main force of sth 承受主要力量；首当其冲: *The west bore the brunt of the storm.* 风暴主要吹袭西部。

bear in mind (that) to remember that 记住: *You can have something to eat now but bear in mind that there'll be a big meal later.* 你可以吃一些东西，但是，别忘了稍后还有大餐。

bear/keep sb/sth in mind ⇨ MIND[1]

bear witness (to sth) to show evidence of sth 证实；印证；见证: *The burning buildings and empty streets bore witness to a recent attack.* 建筑物在焚烧，街道上空无一人，可见这里刚受过袭击。

(PHRASAL VERBS 短语动词) **bear sb/sth out** to show that sb is right or that sth is true 作证；证实: *The figures bear him out.* 那些数字为他提供了证据。○ *The figures bear out what he says.* 那些数字证实了他的说法。

bear with sb/sth to be patient with 忍耐；容忍: *Bear with me – I won't be much longer.* 请耐心一点，我不会再花各位太多时间。

bearable /ˈbeərəbl ‖ ˈbɛrəbl̩/ *adj* that you can bear(2) 可容忍的；可忍受的: *It was extremely hot but the breeze made it more bearable.* 天气热极了，好在有微风，才好受一点。☛ The opposite is **unbearable**. 反义词为 **unbearable**。

☆**beard** /bɪəd ‖ bɪrd/ *noun* [C,U] the hair which grows on a man's cheeks and chin 胡子: *He's got a beard.* 他蓄了胡须。○ *He's growing a beard.* 他留胡子。○ *He's had his beard shaved off.* 他刮掉了胡子。☛ picture at **moustache**. 见 **moustache** 插图。

bearded *adj* with a beard 有胡须的

bearer /ˈbeərə(r) ‖ ˈbɛrɚ/ *noun* [C] a person who carries or brings sth 搬运者；携带者；持有人: *a cheque payable to the bearer* 付款给持票人的支票

bearing /ˈbeərɪŋ ‖ ˈbɛrɪŋ/ *noun* **1** [U] **bearing on sth** relation or connection to the subject being discussed 与…的关系；对…的影响: *Her comments had no bearing on our decision.* 她的意见与我们的决定没有关系。**2** [C] a direction measured by a compass 方向；方位

(IDIOM 习语) **lose your bearings** to become confused about where you are 迷失方向

beast /biːst ‖ bist/ *noun* [C] **1** (*formal* 正式) an animal, especially a large one 动物（尤指大的）: *a wild beast* 野兽 **2** (*informal* 非正式) an unpleasant or cruel person 令人讨厌/残暴的人

beastly *adj* (*informal* 非正式) very unpleasant 非常令人讨厌

☆**beat**[1] /biːt ‖ bit/ *verb* (*pt* **beat**; *pp* **beaten** /ˈbiːtn ‖ ˈbitn̩/) **1** [I,T] to hit many times, usually very hard 连续击打（通常很用力）: *The man was beating the donkey with a stick.* 那个

人用棍棒打驴子。○ *The rain was beating on the roof of the car.* 雨点敲打着车顶。**2** [T] to mix quickly with a fork, etc 搅拌: *Beat the eggs and sugar together.* 将鸡蛋和糖搅拌在一起。**3** [I,T] to make a regular sound or movement 有规律地发出声音/做出动作: *Her heart beat faster as she ran to pick up her child.* 她跑过去抱起自己孩子的时候，心跳得越来越厉害。○ *We could hear the drums beating as the band marched towards us.* 乐队越走越近，我们已经听得见鼓声。○ *The bird beat its wings and tried to fly away.* 那只鸟拍打翅膀，想要飞走。**4** [T] to defeat sb; to be better than sth 战胜；胜过: *He always beats me at tennis.* 他打网球总是赢我。○ *We're hoping to beat the world record.* 我们希望打破世界纪录。○ *You can't beat a nice cup of tea.* 没有比一杯好茶更好了。○ (*informal* 非正式) *This question beats me* (= it is too difficult for me). 这个问题难倒我了。

(IDIOMS 习语) **beat about the bush** to talk about sth without mentioning the main point 旁敲侧击；绕弯子

beat time (to sth) to move sth (a stick, your foot or your hand) following the rhythm of a piece of music 打拍子

off the beaten track in a place where people do not often go 在人迹罕至的地方

(PHRASAL VERBS 短语动词) **beat sb/sth off** to fight until sb/sth goes away 打走某人；击退某物: *The thieves tried to take his wallet but he beat them off.* 那些贼想抢他的钱包，但是被他打走了。

beat sb to sth to get somewhere or do sth before sb else 比他人先到达某地/做某事: *She beat me back to the house.* 她比我先回到房子里。○ *I wanted to ring him first but Sheila beat me to it.* 我想先打电话给他，但希拉快我一步。

beat sb up to attack sb by hitting or kicking 狠打/踢某人

beating *noun* [C] **1** a punishment that you give to sb by hitting him/her 打（作为一种责罚）: *The boys got a beating when they were caught stealing.* 那些男孩子因偷窃而被打。**2** a defeat 败仗

(IDIOM 习语) **take a lot of/some beating** to be so good that it would be difficult to find sth better 无出其右: *Mary's cooking takes some beating.* 玛丽的烹饪技术谁都比不过。

beat[2] /bi:t ‖ bit/ *noun* **1** [C] a single stroke or blow that comes at regular intervals in a series; the sound it makes（有规律的）敲击（声）；脉搏；脉冲: *a heartbeat* 心跳 ○ *the beat of the drums* 击鼓声 **2** [sing] the strong rhythm that a piece of (especially pop) music has 节拍；节奏 **3** [sing] the route along which a policeman or woman regularly walks 巡逻路线: *Having more policemen on the beat helps reduce crime.* 多一些警察出来巡逻有助于减少罪案。

beautician /bju:'tɪʃn ‖ bju'tɪʃən/ *noun* [C] a person whose job is to improve the way people look, eg with beauty treatments and make-up 美容师

☆**beautiful** /'bju:tɪfl ‖ 'bjutəfəl/ *adj* lovely; attractive; giving pleasure to the senses 美；美好；美丽: *The view from the top of the hill was really beautiful.* 从山顶往下望，风景真美。○ *What a beautiful day – the weather's perfect!* 今天真美妙，天气好极了！○ *He has a beautiful voice.* 他的嗓音很悦耳。○ *A beautiful perfume filled the air.* 空气中弥漫着一股清香。○ *a beautiful woman* 美人 ☛ **Beautiful** is usually used for women and girls. * **beautiful** 一般用来形容女人或女孩子。It is stronger than **pretty**, which is also used of women and girls only. * **pretty** 也用来形容女人或女孩子，但 **beautiful** 的语义比较强。Men are described as **handsome** or **good-looking**. 形容男性用 **handsome** 或 **good-looking**。—**beautifully** /-flɪ ‖ -fəlɪ/ *adv*: *He plays the piano beautifully.* 他钢琴弹得很出色。○ *She was beautifully dressed.* 她穿得很漂亮。

☆**beauty** /'bju:tɪ ‖ 'bjutɪ/ *noun* (*pl* **beauties**) **1** [U] the quality which gives pleasure to the senses; the state of being beautiful 美感；美: *Thousands of tourists are attracted to Cornwall by the beauty of its coast.* 数以千计的旅客都为康沃尔美丽的海岸所吸引而前来观光。○ *Brahms wrote music of great beauty.* 勃拉姆斯写的乐曲极其优美。**2** [C] a beautiful woman 美女: *She grew up to be a beauty.* 她已长大成为一个美人儿。**3** [C] a particularly good example of sth 样板；样品: *Look at this tomato – it's a beauty!* 看看这个番茄，真是好得不得了！

'**beauty spot** *noun* [C] a place which is famous for its attractive scenery 风景区

beaver /'bi:və(r) ‖ 'bivɚ/ *noun* [C] an animal with brown fur, a long, broad tail and sharp teeth, with which it cuts branches to make dams across rivers 河狸；海狸

became *pt* of BECOME * BECOME 的过去时

☆**because** /bɪ'kɒz; *US* 美 -kɔ:z ‖ bɪ'kɔz/ *conj* for the reason that 因为: *They didn't go for a walk because it was raining.* 因为下着雨，所以他们没有出去散步。

because of *prep* by reason of, as a result of 因为；由于: *They didn't go for a walk because of the rain.* 因为下雨，他们没有出去散步。

beck /bek ‖ bɛk/ *noun*

(IDIOM 习语) **at sb's beck and call** always ready to obey sb's orders 惟某人之命是从

beckon /'bekən ‖ 'bɛkən/ *verb* [I,T] to show sb (often with a movement of your finger or hand) that you want him/her to come closer（用手势）示意对方走近: *She beckoned me over to speak to her.* 她示意要我走过去跟她说话。

☆**become** /bɪ'kʌm ‖ bɪ'kʌm/ *verb* [I] (*pt* **became** /bɪ'keɪm ‖ bɪ'kem/; *pp* **become**) to begin to be sth 变成；成为: *John Major became Prime Minister in 1990.* * 1990年约翰·梅杰出任首相。○ *She wants to become a pilot.* 她希望成为飞行员。○ *They became friends.* 他们成为朋友。○ *She became nervous as the exam date came closer.* 考试的日子越来越近，她开始紧张起来。○ *He is becoming more like you every day.* 他越来越像你。○ *It became clear that she wanted to stay.* 她想

B

B

留下来的意愿已经变得明确。☛ **Get** is also used with adjectives in this sense * **get** 与形容词连用，也表达相同的意思: *She got nervous as the exam date came closer.* 考试的日子越来越近，她开始紧张起来。○ *He's getting more like you every day.* 他越来越像你。It is very common in conversation and is less formal than **become**. * **get** 常用于口语，而 **become** 则适用于较正式的场合。

(PHRASAL VERB 短语动词) **become of sb/sth** to happen to sb/sth 某人/某事物的情况: *What became of Eileen? – I haven't seen her for years!* 艾琳怎么样了？我已经多年没有见过她。

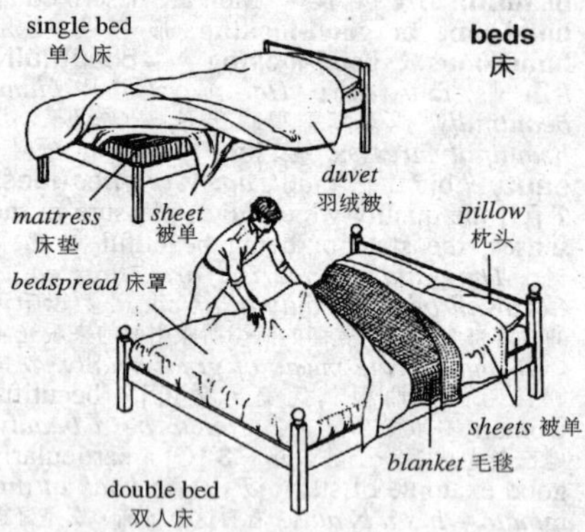

☆**bed**[1] /bed ‖ bɛd/ *noun* **1** [C,U] a piece of furniture that you lie on when you sleep 床: *a single/double bed* 单人/双人床 ○ *twin beds* (= two single beds in one room) 一对单人床 ○ *The children sleep in bunk beds.* 孩子们睡双层床。○ *to make a bed* (= to arrange the sheets, etc so that the bed is tidy and ready for sb to sleep in) 整理床铺 ○ *What time do you usually go to bed?* 你通常什么时候上床睡觉？○ *When he rang I was already in bed.* 他打电话来的时候，我已经上床休息。○ *It's late. It's time for bed.* 很晚了，该睡觉了。○ *to get into/out of bed* 上床睡觉；起床 **2** [C] the ground at the bottom of a river or the sea 河床；海底；海床 **3** = FLOWER-BED

(IDIOMS 习语) **bed and breakfast** accommodation in a house or small hotel that consists of a room for the night and breakfast; a place that provides this 简便住宿及早餐；提供简便住宿及早餐的地方: *Bed and breakfast costs £23 per night.* 住宿一宵及早餐的费用是23英镑。○ *We stayed in a nice bed and breakfast near Cork.* 我们住在科克附近一家不错的提供住宿和早餐的旅店。

go to bed with sb (*informal* 非正式) to have sex with sb 与某人发生性关系/做爱

'**bedclothes** *noun* [plural] the sheets, etc that you use on a bed 床上用品（指床单等）

'**bedroom** *noun* [C] a room which is used for sleeping in 卧室；寝室: *You can sleep in the spare bedroom.* 你可以在那间空置的卧室里睡。

'**bedside** *noun* [sing] the area that is next to a bed 床边: *She sat at his bedside all night long.* 她整晚都坐在他的床边。○ *a bedside table* 床头几

bed'sitter (*also* 亦作 '**bedsit**) *noun* [C] (*Brit* 英) a room which is used for both living and sleeping in 起居间兼卧室

'**bedspread** *noun* [C] an attractive cover for a bed that you put on top of the sheets and blankets 床罩 ☛ picture at **bed**. 见 **bed** 插图。

'**bedtime** *noun* [C,U] the time that you normally go to bed 就寝的时间

bed[2] /bed ‖ bɛd/ *verb* [T] to place sth firmly in or on sth 安装；嵌入

(PHRASAL VERB 短语动词) **bed down** to make yourself comfortable and sleep somewhere 安排睡处；过夜: *We couldn't find a hotel so we bedded down for the night in the back of the van.* 我们找不到旅馆，所以那天晚上就在货车的车厢内睡觉。

-bedded (in compounds 用以构成复合词) having the stated type or number of beds 有某种类/某数目床铺的: *a twin-bedded room* 有两张单人床的房间 ○ *a three-bedded room* 有三张床的房间

bedding *noun* [U] the sheets, etc that are used on a bed, sometimes including the mattress 床铺被褥

☆**bee** /bi: ‖ bi/ *noun* [C] a black and yellow striped insect that lives in large groups and that makes honey 蜜蜂 ☛ picture at **insect**. 见 **insect** 插图。A large number of bees together is a **swarm**. 蜂群叫做 **swarm**。Bees **buzz** or **hum** when they make a noise. 蜜蜂发出声音叫 **buzz** 或 **hum**。They may **sting** if they are angry. 蜜蜂被惹怒时会螫 (**sting**) 人。

'**beehive** (*also* 亦作 **hive**) *noun* [C] a type of box that people use for keeping bees in 蜂箱

beech /bi:tʃ ‖ bitʃ/ (*also* 亦作 '**beech tree**) *noun* [C,U] a large tree with a smooth trunk that has small three-sided nuts 山毛榉

☆**beef** /bi:f ‖ bif/ *noun* [U] the meat of a cow 牛肉: *a slice of roast beef* 一块烤牛肉 ☛ Look at the note at **meat**. 参看 **meat** 的注释。

beefburger /'bi:fbɜ:gə(r) ‖ 'bif,bɝgɚ/ *noun* [C] minced beef in a flat round shape 牛肉饼 ☛ Look at **hamburger**. 参看 **hamburger**。

☆**been** /bi:n ‖ bɪn/ *pp* of BE, GO * BE、GO 的过去分词 ☛ **Been** is used as the past participle of both **be** and **go** * **been** 用作 **be** 和 **go** 的过去分词: *I've never been seriously ill.* 我从未生过大病。○ *I've never been to Lisbon.* 我从未去过里斯本。**Gone** is also a past participle of **go**. * **gone** 也是 **go** 的过去分词。Note the difference in meaning 注意语义上的分别: *They've been to the cinema* (= They went and have come back). 他们去过电影院。○ *They've gone to the cinema* (= They went and have not yet come back). 他们到电影院去了。

beep /bi:p ‖ bip/ *noun* [C] a short high noise, eg made by the horn of a car 嘟/哔（高频笛音，如汽车喇叭等所发出的响声）

beep *verb* [I] to make a beep 发出高频笛音；发出嘟嘟声

☆**beer** /bɪə(r) ‖ bɪr/ *noun* **1** [U] a type of alcoholic drink that is made from grain 啤酒 **2** [C] a type or glass of beer 一种/一杯啤酒:

This pub serves a wide range of beers. 这家酒馆供应多种啤酒。○ *We stopped for a couple of beers on the way home.* 回家途中，我们停下来喝了两杯啤酒。

☛ **Lager** is a type of light-coloured beer. ＊ **lager** 是一种浅色的啤酒。**Ale** is a type of strong dark beer. ＊ **ale** 是一种浓烈的深色啤酒。**Shandy** is beer mixed with lemonade. ＊ **shandy** 是由柠檬水和啤酒混合而成的饮料。

beetle /ˈbiːtl ‖ ˈbitl̩/ *noun* [C] an insect that has hard coverings for its wings and often a black shiny body. There are many different types of beetle. 甲虫 ☛ picture at **insect**. 见 **insect** 插图。

beetroot /ˈbiːtruːt ‖ ˈbitˌrut/ (*US* 美 **beet**) *noun* [C,U] a dark red vegetable which is the root of a plant. Beetroot is cooked and can be eaten hot or cold. 甜菜；萘菜

befall /bɪˈfɔːl ‖ bɪˈfɔl/ *verb* [I,T] (*pt* **befell** /bɪˈfel ‖ bɪˈfɛl/; *pp* **befallen** /bɪˈfɔːlən ‖ bɪˈfɔlən/) (*formal* 正式) (used about sth bad 指坏事) to happen to sb 临头；发生在…身上

☆**before**[1] /bɪˈfɔː(r) ‖ bɪˈfɔr/ *prep* **1** earlier than sb/sth（时间方面）先/前: *You can call me any time before 10 o'clock.* ＊10点钟前你可以随时打电话给我。○ *the week before last* 上上星期 ○ *Ellen worked in Liverpool before moving here.* 埃伦搬来这里之前曾在利物浦工作。○ *They should be here before long* (= soon). 他们不久就会来这里。**2** in front/ahead of sb/sth (in an order)（次序方面）先/前: *'H' comes before 'N' in the alphabet.* 按英语字母的次序，H在N之前。○ (*figurative* 比喻) *A very difficult task lies before us.* 有项艰巨的任务摆在我们面前。○ (*figurative* 比喻) *a company that puts profit before safety* 一家重视利润多于安全的公司 **3** when sb is present 出席: *You will appear before the court in the morning.* 你早上将要出庭。**4** (*formal* 正式) in a position in front of sb/sth（位置方面）在前面: *They knelt before the throne.* 他们在宝座前跪下。

☆**before**[2] /bɪˈfɔː(r) ‖ bɪˈfɔr/ *conj* **1** earlier than the time that（时间方面）前/早: *Turn the lights off before you leave.* 离开前请关灯。**2** (*formal* 正式) rather than 宁愿: *I'd die before I apologized to him!* 我宁愿死也不向他道歉！

☆**before**[3] /bɪˈfɔː(r) ‖ bɪˈfɔr/ *adv* at an earlier time（时间方面）在先/在前: *I think we've met somewhere before.* 我想我们以前在什么地方见过面。○ *It was fine yesterday but it rained the day before.* 昨天天晴，但前天下雨。

beforehand /bɪˈfɔːhænd ‖ bɪˈfɔrˌhænd/ *adv* at an earlier time than sth（时间方面）早于/先于: *We prepared most of the food for the party beforehand.* 我们事先预备好联欢会所需的大部分食物。

befriend /bɪˈfrend ‖ bɪˈfrɛnd/ *verb* [T] (*formal* 正式) to act as a friend to sb; to be kind to sb 待某人如朋友；友好待人；与人为善

beg /beg ‖ bɛg/ *verb* [I,T] (be**gg**ing; be**gg**ed) **1 beg (for) sth (from/of sb)** to ask sb for food, money, etc, eg because you are very poor 行乞；乞讨: *There are people begging for food in the streets of London.* 在伦敦街头有人乞求食物。○ *She begged some money for her children's clothes.* 她乞了一些钱为儿女买衣服。**2 beg sth (of sb)**; **beg (sb) for sth** to ask sb for sth strongly, or with great emotion 恳求；哀求: *He begged for forgiveness.* 他恳求原谅。○ *Can I beg a favour of you?* 我可以请求你帮个忙吗？○ *We begged him to let the children go free.* 我们恳求他放了孩子。

(IDIOM 习语) **I beg your pardon 1** I'm sorry 对不起: *I beg your pardon. I picked up your bag by mistake.* 对不起，我误拿了你的提包。**2** (used for asking sb to repeat sth because you did not hear it properly 用以请对方把话重复一遍，以便听清楚)

began *pt* of BEGIN ＊ BEGIN 的过去时

beggar /ˈbegə(r) ‖ ˈbɛgɚ/ *noun* [C] a person who lives by asking people for money, food, etc on the streets 乞丐；叫化子

☆**begin** /bɪˈgɪn ‖ bɪˈgɪn/ *verb* (*pres part* **beginning**; *pt* **began** /bɪˈgæn ‖ bɪˈgæn/; *pp* **begun** /bɪˈgʌn ‖ bɪˈgʌn/) **1** [I] to take place from a particular time; to start 开始: *What time does the concert begin?* 音乐会什么时候开始？☛ **Begin** and **start** are very similar in meaning but **start** is more often used in informal speech. ＊ **begin** 和 **start** 的意思很相近，但在非正式场合讲话多用 **start**。They can be followed by *to* or by the *-ing* form of a verb 两词后面均可接 to 或动词的 -ing 形式: *The baby began/ started to cry/crying.* 娃娃开始哭了。When **begin** or **start** are themselves in the *-ing* form they must be followed by *to* ＊ **begin** 或 **start** 用 -ing 形式时，其后一定接 to: *The baby was just beginning/starting to cry.* 娃娃刚开始哭。In some meanings only **start** can be used 某些意思只能用 **start** 来表达: *I couldn't start the car.* 我不能开动汽车。○ *We'll have to start* (= leave) *early if we want to be in Dover by 8 o'clock.* 我们要在8点钟之前到达多佛尔就必须早一点动身。**Commence** is much more formal than **begin** or **start** and is not usually used in conversation. ＊ **commence** 比 **begin** 或 **start** 正式得多，对话时一般不用。**2** [I,T] to do or make a start on the first part of sth; to start 开始做第一部分: *Shall I begin or will you?* 你先开头还是我先？○ *Please begin at page 10.* 请由第10页开始。○ *I began* (= started reading) *this novel last month and I still haven't finished it.* 我上个月开始看这本小说，到现在还没看完。○ *When did he begin his speech?* 他什么时候开始演讲？○ *He began to speak at 11 o'clock.* 他11点开始演讲。○ *When do you begin work?* 你什么时候开始工作？○ *Children usually begin school at 9 o'clock.* 孩子们通常9点钟开始上课。○ *Oh no, it's beginning to rain.* 哎呀，下雨了。○ *We began writing to each other in 1970.* 我们从1970年开始通信。○ *The paint is beginning to get dirty.* 这上面的油漆开始有点儿脏了。○ *I should like to begin by thanking everybody for coming.* 首先，我想谢谢各位光临。**3** [I] to form the first part of sth 构成第一部分: *My name begins with 'W' not 'V'.* 我名字的第一

个字母是 W，不是 V。○ *This is where our garden begins.* 我们的花园就从这里开始。

(IDIOM 习语) **to begin with** **1** (used for giving your first reason for sth 用来列出第一个理由) 首先/第一: *We can't possibly go. To begin with it's too far and we can't afford it either.* 我们不可能去。一来那里太远了，二来我们也没有那么多钱。**2** at first 起初: *To begin with they were very happy.* 起初，他们很高兴。

beginner *noun* [C] a person who has just begun learning sth 初学者

beginning *noun* [C,U] the first part of sth; the time when or place where sth starts 第一部分；起点: *The beginning of the book is quite interesting but it gets boring towards the end.* 那本书的开头相当有趣，临近结尾就越来越沉闷。○ *I've read the article from beginning to end.* 我将文章由头到尾读了一次。○ *We're going away at the beginning of the school holidays.* 学校假期开始时我们会外出。

begrudge /bɪˈɡrʌdʒ ‖ bɪˈɡrʌdʒ/ *verb* [T] **begrudge (sb) sth** **1** to feel angry or upset because sb has sth that you think that he/she does not deserve 嫉妒: *He's worked hard. I don't begrudge him his success.* 他很努力工作，我并不嫉妒他的成功。**2** to be unwilling to give sb sth 不愿付出

☆**behalf** /bɪˈhɑːf; *US* 美 -ˈhæf ‖ bɪˈhæf/ *noun* (IDIOM 习语) **on behalf of sb**; **on sb's behalf** for sb; as the representative of sb 代表某人: *Mary couldn't be present so her husband accepted the prize on her behalf.* 玛丽不能出席，所以她丈夫代她领奖。○ *I should like to thank you all on behalf of my colleagues and myself.* 本人谨代表公司全体同事向你们致谢。

☆**behave** /bɪˈheɪv ‖ bɪˈhev/ *verb* **1** [I] **behave well, badly, etc (towards sb)** to act in a particular way (行为) 表现: *Don't you think that Ellen has been behaving very strangely recently?* 你不觉得埃伦近来举动十分古怪吗？○ *I think you behaved very badly towards your father.* 我认为你对父亲的态度很恶劣。○ *He behaves as if he was the boss.* 他的样子就像是老板似的。**2** [I,T] **behave (yourself)** to act in the correct or proper way 守规矩；行为检点: *The children behaved themselves very well while we were out.* 我们不在家时，孩子们都很规矩。

-behaved (in compounds 用以构成复合词) behaving in a particular way 有某种行为的: *a well-behaved child* 守规矩的孩子

☆**behaviour** (*US* 美 **behavior**) /bɪˈheɪvjə(r) ‖ bɪˈhevjɚ/ *noun* [U] the way that you act or behave 行为: *Her behaviour has been very strange recently.* 她近来举止十分奇怪。○ *'I will not tolerate this sort of behaviour', said the teacher.* 老师说："我不能忍受这种行为。"

☆**behind**[1] /bɪˈhaɪnd ‖ bɪˈhaɪnd/ *prep* **1** in, at or to the back of sb/sth (位置) 在后面: *I was sitting behind a very tall woman and I couldn't see anything at all.* 我坐在一个个子很高的女人后面，什么也看不见。○ *There's a small garden behind the house.* 房子后面有个小花园。○ *The sun went behind a cloud.* 太阳躲到云后面去了。○ *Look behind you before you drive off.* 开车之前要看一看后面。○ (*figurative* 比喻) *It's time you put your problems behind you* (= forgot about them). 现在是把一切烦恼都置诸脑后的时候了。**2** later or less good than sb/sth 迟过；不及: *The train is twenty minutes behind schedule.* 列车迟了二十分钟。○ *Jane is behind the rest of the class in maths.* 珍妮的数学成绩落在其他同学后面。**3** supporting or agreeing with sb/sth 支持；赞成: *Most people are behind the President's policies.* 大部分人支持总统的政策。**4** causing or starting sth 造成: *What is the reason behind his sudden change of opinion?* 他态度突然改变了，原因是什么？

☆**behind**[2] /bɪˈhaɪnd ‖ bɪˈhaɪnd/ *adv* **1** in, at or to the back of sb/sth 在后面；向…的背后: *You go on ahead. I'll follow on behind.* 你先走，我在后面跟着。○ *Try not to look behind.* 不要回头望。○ *He ran off but the police were close behind.* 他逃跑了，但警察在后头紧紧追赶。**2** in the place where sb/sth is or was 留在某处/原处: *Oh no! I've left the tickets behind* (= at home). 天呀！我把票落在家里了。**3** **behind (in/with sth)** later or less good than sb/sth 迟过；不及: *We are a month behind with the rent.* 我们欠交一个月租。○ *Arsenal were behind at half-time.* 阿森纳队上半场落在对手后面。☛ Look at **ahead**. 参看 **ahead**。

behind[3] /bɪˈhaɪnd ‖ bɪˈhaɪnd/ *noun* [C] (*informal* 非正式) the part of your body that you sit on 臀部 ☛ Look at **bottom** and **buttock**. 参看 **bottom** 及 **buttock**。

beige /beɪʒ ‖ beʒ/ *adj, noun* [U] (of) a light-brown colour 米黄色的

being /ˈbiːɪŋ ‖ ˈbiɪŋ/ *noun* **1** [U] the state of existing 存在: *When did the organization come into being?* (= when did it start) 那个组织什么时候成立？**2** [C] a living person or thing 生物: *a human being* 一个人 ○ *a strange being from another planet* 从其他星球来的古怪生物

belated /bɪˈleɪtɪd ‖ bɪˈletɪd/ *adj* coming late 迟到的: *a belated apology* 迟来的道歉 —**belatedly** *adv*: *They have realized, rather belatedly, that they have made a big mistake.* 他们相当晚才发现自己犯了大错。

belch /beltʃ ‖ bɛltʃ/ *verb* **1** [I] to let gas out from your stomach through your mouth with a sudden noise, eg because you have eaten a lot 嗳气；打嗝 **2** [T] to send out smoke, etc 喷出/冒 (烟等): *The volcano belched smoke and ashes.* 那座火山喷出烟雾和灰烬。—**belch** *noun* [C]: *Julia gave a loud belch.* 朱莉娅打了个响嗝。

belie /bɪˈlaɪ ‖ bɪˈlaɪ/ *verb* [T] (*pres part* **belying**; *3rd pers sing pres* **belies**; *pt, pp* **belied**) to give a false or untrue idea of sth 掩饰；给人假象: *His smiling face belied his true feelings.* 他的微笑掩盖了他的真实感情。

☆**belief** /bɪˈliːf ‖ bɪˈlif/ *noun* (*pl* **beliefs**) **1** [sing, U] **belief in sb/sth** a feeling that sb/sth is true, good or right, or that sb/sth really exists 信心；信仰: *She has lost her belief in God.* 她不再信上帝了。○ *The amount of money we spend has increased beyond belief* (= very much). 我们花的钱，增幅大得令人难以置信。☛ Look at **disbelief**. 参看 **disbelief**。**2** [sing,

U] **belief (that...)** (*formal* 正式) something you accept as true; what you believe 相信的事物；信念: *It's my belief that people are basically good.* 我认为人基本上是善良的。○ *There is a general belief that things will soon get better.* 大家相信情况很快就会变好。○ *The man was killed in the mistaken belief that he was a member of a terrorist organization.* 那个人被杀害了，因为有人误以为他是恐怖主义组织的成员。○ *Contrary to popular belief* (= in spite of what many people think) *the North of the country is not poorer than the South.* 与一般人的想法相反，该国北方地区并不比南方贫穷。**3** [C] an idea about religion, politics, etc 信仰: *Divorce is contrary to their religious beliefs.* 离婚违背他们的宗教信仰。

☆**believe** /bɪ'li:v ‖ bɪ'liv/ *verb* (not in the continuous forms 不用于进行时) **1** [T] to feel sure that sth is true or that sb is telling the truth 相信: *He said he hadn't taken any money but I didn't believe him.* 他说他连一分钱也没有拿过，但我不相信他。○ *Nobody believes a word she says.* 没有人相信她的话。○ *When they said they were getting married, I just couldn't believe it.* 他们说要结婚时，我怎样也无法相信。**2** [T] **believe (that)...** to think or suppose 以为；假设: *I believe they have moved to Peterborough.* 我想他们已经迁居彼得伯勒。○ *Ian has joined the army, I believe.* 我想伊恩参了军。○ *The escaped prisoner is believed to be in this area.* 那个逃犯大概还在这一带。**3** [I] to have religious faith 有宗教信仰；信教

(IDIOMS 习语) **believe it or not** it may be surprising but it is true 信不信由你: *Believe it or not, English food can sometimes be quite good.* 不管你相信不相信，英国的饭菜有时候也相当好。

give sb to believe/understand (that) ➯ GIVE[1]

(PHRASAL VERBS 短语动词) **believe in sb/sth** to be sure that sb/sth exists 相信某人/某事物存在: *Do you believe in God?* 你相信有上帝吗？○ *Most young children believe in Father Christmas.* 大部分小孩子相信有圣诞老人。

believe in sb/sth; believe in doing sth to think that sb/sth is good or right 相信某人/某事物是好的或正确的: *I believe in the value of a good education.* 我相信良好教育的价值。○ *He doesn't believe in going by car if he can walk.* 如果他能走路的话，他相信走路要比乘车好。

believable /-əbl ‖ -əbl̩/ *adj* that can be believed 可信的 ☛ Look at **unbelievable**. 参看 **unbelievable**。

believer *noun* [C] a person who has religious faith (宗教)信徒

(IDIOM 习语) **be a (great/firm) believer in sth** to think that sth is good or right (坚定)相信某事物是好的/正确的: *He is a great believer in getting things done on time.* 他坚信要做事就应该按时办妥。

belittle /bɪ'lɪtl ‖ bɪ'lɪtl̩/ *verb* [T] to make sb/sth seem unimportant or not very good 使…显得不重要/微小；贬抑

☆**bell** /bel ‖ bɛl/ *noun* [C] **1** a hollow metal object, usually shaped like a cup, that makes a ringing sound when it is hit 钟；铃: *the sound of church bells* 教堂的钟声 **2** an object that makes a ringing sound; the sound that it makes, often used as a signal 铃；铃声: *a bicycle bell* 自行车的车铃 ○ *a doorbell* 门铃 ○ *Ring the bell and see if they're in.* 按一下门铃，看他们在不在。○ *There's the bell for the end of the lesson.* 下课的时候一到就会响铃。

(IDIOM 习语) **ring a bell** ➯ RING[2]

bellow /'beləʊ ‖ 'bɛlo/ *verb* **1** [I] to make a deep low sound, like a bull 发出低沉的叫声(如牛叫) **2** [I,T] to shout in a loud deep voice 以低沉的声音吼叫 —**bellow** *noun* [C]

belly /'belɪ ‖ 'bɛlɪ/ *noun* [C] (*pl* **bellies**) the stomach or the part of the body between the chest and the legs 肚子；腹；胃: *a full/empty belly* 吃得饱饱的；空着的肚子

☆**belong** /bɪ'lɒŋ; *US* 美 -lɔ:ŋ ‖ bə'lɔŋ/ *verb* [I] **1 belong to sb** to be owned by sb 属于: *Who does this pen belong to?* 这支笔是谁的？○ *Don't take anything that doesn't belong to you.* 不要拿走别人的东西。**2 belong to sth** to be a member of a group or organization 隶属；是…的成员: *Do you belong to any political party?* 你是不是政党的党员？**3** to have a proper or usual place 有适当/平常的位置: *The plates belong in the cupboard over there.* 碟子一向放在那个柜子里。○ *I don't think this paragraph really belongs here.* 我看这一段不应该放在这儿。○ *It took quite a long time before we felt we belonged in the village* (= until we felt at home). 过了很久我们才习惯那里的乡村生活。

belongings *noun* [plural] the things that you own that can be moved, ie not land and buildings 某人名下的物品；动产: *The tourists lost all their belongings in the hotel fire.* 那场旅馆大火把游客的财物全部烧毁了。

beloved /bɪ'lʌvd; bɪ'lʌvɪd ‖ bɪ'lʌvd; bɪ'lʌvɪd/ *adj* (*formal* 正式) much loved 受爱戴；深爱的: *He was a man who was beloved by all who knew him.* 每一个认识他的人都敬重他。○ *They had always intended to return to their beloved Ireland.* 他们总想回到自己深爱的爱尔兰。

☛ When 'beloved' comes before a noun, the pronunciation is /bɪ'lʌvɪd ‖ bɪ'lʌvɪd/. * beloved 用于名词前读作 /bɪ'lʌvɪd ‖ bɪ-'lʌvɪd/。

☆**below** /bɪ'ləʊ ‖ bə'lo/ *prep* at or to a lower position or level than sb/sth 在/向低于…的位置或水平；在…下面；低于: *Do not write below this line.* 不要在这条线下面写字。○ *It hurts here – just below my knee.* 就伤在这里，膝盖下面。○ *The temperature fell below freezing during the night.* 那天晚上，温度跌到零度以下。○ *Her marks in the exam were below average.* 她的考试成绩低于平均水平。○ *All of the beaches are below European standards.* 那些沙滩都及不上欧洲的水平。○ *A sergeant in the police force is below an inspector.* 在警队中警长的职位低于督察。

B

☛ Look at the picture and note at **under**. 参看 **under** 的插图及注释。

below *adv* at or to a lower position or level 在/向较低位置或水平；在/到下面: *I don't live on the top floor. I live on the floor below.* 我不是住在顶层，我住在下一层。○ *For further explanation of this point, please see below* (= a later part of the book, etc). 有关这一点的详细解释，请参阅下文。○ *temperatures of 30° and below* ＊30度或更低的温度

☆**belt** /belt ‖ bɛlt/ *noun* [C] **1** a thin piece of cloth, leather, etc that you wear around your waist 腰带；皮带: *I've lost the belt for this dress.* 我丢失了这件连衣裙的腰带。○ *I need a belt to keep these trousers up.* 我要用腰带，裤子才不会掉下来。○ *to do up/undo a belt* 系上/松开腰带 ☛ picture on page A25. 见第 A25 页插图。Look at **safety-belt** and **seat-belt**. 参看 **safety-belt** 及 **seat-belt**。**2** a long strip of rubber, etc in a circle, that is used for carrying things or for making parts of a machine move 传动带；输送带: *The suitcases were carried round on a conveyor belt.* 手提箱随着输送带转动。○ *the fan belt of a car* 汽车的散热风扇转动带 **3** an area of land that has a particular quality 区域；地带: *the Green Belt around London* (= an area of countryside where you are not allowed to build houses, factories, etc) 伦敦四周的绿化带

(IDIOMS 习语) **below the belt** (*informal* 非正式) unkind or not fair 不友好；不公平: *That remark was rather below the belt.* 那样的话并不公平。

under your belt (*informal* 非正式) that you have already done or achieved 已完成的；已获取的: *Faldo has got four tournament wins under his belt.* 福尔多已经获得过四次锦标。

belt *verb* [T] (*informal* 非正式) **1** to hit sb hard 大力打人 **2** to run or move very fast 奔跑；快速移动

(PHRASAL VERB 短语动词) **belt up** **1** to fasten your seat-belt in a car 系上（汽车）安全带 **2** (*informal* 非正式) to be quiet 安静下来: *Belt up! I can't think with all this noise.* 静一点！这么吵我不能思考。

bemused /bɪ'mju:zd ‖ bɪ'mjuzd/ *adj* not knowing what to think or do; confused or puzzled 困惑；昏沉；迷迷糊糊

☆**bench** /bentʃ ‖ bɛntʃ/ *noun* [C] **1** a long wooden or metal seat for two or more people, often outdoors 长椅/长凳（通常指户外的）: *a park bench* 公园的长椅 **2** (*Brit* 英) (in the British parliament) the seats where a particular group of Members of Parliament sit（在英国国会里）某一类别的国会议员的座位: *the Government front bench* 政府大臣席 ○ *the Labour benches* 工党议员席 **3** a long narrow table that people work at, eg in a factory or laboratory（狭长的）工作台: *a carpenter's bench* 木匠的工作台

☆**bend**[1] /bend ‖ bɛnd/ *verb* (*pt, pp* **bent** /bent ‖ bɛnt/) **1** [T] to make sth that was straight into a curved shape; to make sth that was upright lean forward 弄弯；使弯曲；屈: *Bend your legs when you pick up something heavy.* 拿起重的东西时要屈腿。○ *to bend a piece of wire into an S shape* 将一条钢丝扭成S形 ○ *She sat with her head bent forward, thinking about what he had said.* 她坐着，垂下头，想着他的话。**2** [I] to be or become curved 弯曲: *The road bends to the left here.* 路从这里向左拐。**3** [I] to move your body forwards and downwards 身体向前及向下；弯腰；弯身: *He bent down to tie up his shoelaces.* 他弯下腰来绑鞋带。○ *She had to bend forward to hear what the child was saying.* 她得弯腰去听那个孩子说话。

bend 弯

bending down 弯身/腰　　bending a spoon 弄弯匙子

(IDIOM 习语) **bend the rules** to change the rules a little in order to allow sth for a particular reason（为了特殊理由而稍为）更改规则；酌情（迁就等）

☆**bend**[2] /bend ‖ bɛnd/ *noun* [C] a curve or turn, eg in a road 弯子: *a sharp bend in the road* 那条路的急弯

(IDIOM 习语) **round the bend** (*informal* 非正式) mad; crazy 疯狂: *His behaviour is driving me round the bend* (= annoying me very much). 他的行为使我发狂。

☆**beneath** /bɪ'ni:θ ‖ bɪ'niθ/ *prep* **1** in, at or to a lower position than sb/sth; under 在/向低于…的位置；在…之下: *The ship disappeared beneath the waves.* 那艘船在海中沉没。○ *I love to feel the grass beneath my feet again.* 我喜欢再次体会脚踏草地的感受。○ *He seemed a nice person but there was a lot of anger beneath the surface.* 他看似一个友善的人，但内心积着许多怒火。☛ Look at the note at **under**. 参看 **under** 的注释。**2** not good enough for sb 不配: *She felt that washing up for other people was beneath her.* 她觉得替别人洗餐具有失身分。

beneath *adv* (*formal* 正式) in, at or to a lower position 在/往较低的位置: *From the top of the tower we gazed down on the city beneath.* 我们从塔顶眺望下面的城市。

benefactor /'benɪfæktə(r) ‖ 'bɛnə͵fæktɚ/ *noun* [C] a person who helps or gives money to a person or an organization 捐助人；赞助人

beneficial /͵benɪ'fɪʃl ‖ ͵bɛnə'fɪʃəl/ *adj* **beneficial (to sb/sth)** having a good or useful effect 有裨益；有利: *a beneficial effect/influence on sb/sth* 对某人/某事物有益或有积极影响

☆**benefit** /'benɪfɪt ‖ 'bɛnəfɪt/ *noun* **1** [U] the advantage or good or useful effect of sth 好处；益处: *Most parents want to give their children the benefit of a good education.* 大部分家长希望儿女得到良好教育。○ *A change in the law would be to everyone's benefit.* 更改这方面的法律会对大家有好处。○ *I can't see the benefit of doing things this way.* 我不觉得这样做有什么好处。**2** [C] a thing that has a good or useful effect 优越条件: *the benefits of modern technology* 现代科技的好处 **3** [U] money that the government gives to people who are ill, poor, unemployed, etc 政府救济金: *I'm not entitled to unemployment benefit.* 我没资格领失业救济金。

(IDIOMS 习语) **for sb's benefit** especially to help, please, etc sb 特别为帮助/取悦…某人: *For the benefit of the newcomers, I will explain again what we are planning to do.* 为了新来的人着想，我会再解释我们的计划。

give sb the benefit of the doubt to believe that what sb says is true because there is no clear proof that it is not 在没有足够反面证据的情况下姑妄信之

benefit *verb* (*pt, pp* **benefited**; *US also* 美亦作 **benefitted**) **1** [T] to have a good or useful effect 有利于；有益于: *The new tax laws will benefit people on low wages.* 新税法有利于低收入人士。 **2 benefit (from sth)** [I] to receive an advantage from sth 受惠: *We've certainly benefited from the changes in the law.* 法律条文的改动确实使我们获益。

benevolent /bɪˈnevələnt ‖ bəˈnɛvələnt/ *adj* (*formal* 正式) kind, friendly and helpful to others 仁慈、友好及乐于助人 —**benevolence** /bɪˈnevələns ‖ bəˈnɛvələns/ *noun* [U]

benign /bɪˈnaɪn ‖ bɪˈnaɪn/ *adj* **1** (used about people 指人) kind or gentle 仁慈；和善 **2** (used about a disease, etc 指疾病等) not causing death 良性: *a benign tumour* 良性肿瘤 ☛ Look at **malignant**. 参看 **malignant**。

bent[1] *pt, pp* of BEND ＊ BEND的过去时及过去分词

bent[2] /bent ‖ bɛnt/ *adj* **1** (*slang* 俚语) not honest 不诚实: *a bent policeman* 贪污的警员 **2** (used about a person 指人) with a body that is not straight 驼背: *The old lady was nearly 90 and was bent with age.* 那个老妇人已经年近90，背都驼了。 **3 bent on sth/on doing sth** wanting to do sth very much, so that you cannot accept not doing it 决意；怀着强烈的意欲（做某事）: *They seem bent on moving house, whatever the difficulties.* 他们似乎决心搬家，不管有什么困难也要搬。

bent[3] /bent ‖ bɛnt/ *noun* [C, usually sing] **a bent for sth/doing sth** a natural skill at sth or interest in sth 天分；兴趣: *She has a bent for music.* 她有音乐的天赋。

bequeath /bɪˈkwi:ð ‖ bɪˈkwið/ *verb* [T] (*formal* 正式) **bequeath sth (to sb)** to arrange for sth to be given to sb after you have died 遗赠: *He bequeathed £1 000 to his favourite charity.* 他遗赠1 000英镑给他最支持的慈善团体。 ☛ **leave** is a more common word. ＊ **leave** 比 **bequeath** 更为常用。

bequest /bɪˈkwest ‖ bɪˈkwɛst/ *noun* [C] (*formal* 正式) something that you arrange to be given to sb after you have died 遗产: *He left a bequest to each of his grandchildren.* 他给每一个孙子女留下了一笔遗产。

bereaved /bɪˈri:vd ‖ bəˈrivd/ *adj* having had a relative or close friend die 丧亲/丧友的

the bereaved *noun* [C] a person whose relative or close friend has died recently 遗属；丧亲/丧友的人 ☛ The plural is also **the bereaved**. 复数亦作 **the bereaved**。

bereavement *noun* (*formal* 正式) **1** [U] the state of being bereaved 丧亲；丧友 **2** [C] the death of a relative or close friend 亲戚/友人死亡: *There has been a bereavement in the family.* 那家人近来有丧事。

beret /ˈbereɪ; *US* 美 bəˈreɪ ‖ bəˈre/ *noun* [C] a soft flat round hat 贝雷帽 ☛ picture at **hat**. 见 **hat** 插图。

☆**berry** /ˈberɪ ‖ ˈbɛrɪ/ *noun* [C] (*pl* **berries**) a small soft fruit with seeds 浆果: *Those berries are poisonous.* 那些浆果有毒。 ○ *a raspberry* 山莓

berth /bɜ:θ ‖ bɝθ/ *noun* [C] **1** a place for sleeping on a ship or train（船或列车的）卧铺: *a cabin with four berths* 有四个卧铺的客舱 **2** a place where a ship can be tied up in a harbour 船只的停泊地；锚位

☆**beside** /bɪˈsaɪd ‖ bɪˈsaɪd/ *prep* at the side of, or next to sb/sth 在…的旁边: *Come and sit beside me.* 过来，坐在我身旁。 ○ *He kept his bag close beside him at all times.* 他总把提包带在身边。

(IDIOM 习语) **beside yourself (with sth)** not able to control yourself because of a very strong emotion 因情绪激动而失去自制能力: *Emily was almost beside herself with grief.* 埃米莉哀伤过度几乎无法自持。

besides /bɪˈsaɪdz ‖ bɪˈsaɪdz/ *prep* in addition to or as well as sb/sth 除此之外: *There will be six people coming, besides you and David.* 除了你和戴维以外，还有六个人要来。

besides *adv* in addition; also 并且；同时: *I thought the hotel was too expensive. Besides, it was very close to the main road.* 我觉得那家旅馆太昂贵了，而且又太靠近大路。

besiege /bɪˈsi:dʒ ‖ bɪˈsidʒ/ *verb* [T] to surround a place with an army 以军队包围: (*figurative* 比喻) *The pop singer was besieged by fans and reporters.* 那流行歌手被歌迷和记者包围着。

☆**best**[1] /best ‖ bɛst/ *adj* (the superlative of *good* ＊ good 的最高级) of the highest quality or level; most suitable 最好；最适合: *Who's your best friend?* 谁是你最好的朋友？ ○ *His latest book is by far his best.* 他最近出版的书是他最好的一本。 ○ *It's best to arrive early if you want a good seat.* 如果你想要找到好座位，最好早点去。 ○ *Who in the class is best at maths?* 班上谁最精于数学？ ○ *What's the best way to get to York from here?* 从这里去约克最好怎样去？ ○ *The best thing to do is to forget all about it.* 最好是把那件事忘个干净。

(IDIOMS 习语) **your best bet** (*informal* 非正式) the best thing for you to do in a particular situation（在某情况下）最好的做法；上策: *There's nowhere to park in the city centre. Your best bet is to go in by bus.* 在市中心没有地方停车，最好的办法是搭乘公共汽车。

the best/better part of sth ⇨ PART[1]

ˌbest ˈman *noun* [C] a man who helps and supports the bridegroom at his wedding 男傧相；伴郎 ☛ Look at the note at **wedding**. 参看 **wedding** 的注释。

B

☆**best**[2] /best ‖ bɛst/ *adv* (the superlative of *well* ＊ well 的最高级) **1** in the most excellent way 最佳: *He works best in the morning.* 他早上工作效率最高。**2** to the greatest degree; most 最大程度: *Which of these dresses do you like best?* 这些衣服你最喜欢哪一件？○ *one of Britain's best-loved TV stars* 英国最受欢迎的电视明星之一 ○ *Next week would suit me best.* 下个星期最适合我。○ *Ask Peter. He'll know best what to do.* 问彼得吧，他最清楚该怎样做。
(IDIOM 习语) **as best you can** as well as you can even if it is not perfectly 尽力而为
ˌ**best** ˈ**seller** *noun* [C] a book or other product that has been bought by large numbers of people 最畅销的书籍/产品
ˌ**best-ˈselling** *adj* very popular 流行；受欢迎: *Frederick Forsyth has written many best-selling novels.* 福赛思写了许多畅销小说。

☆**best**[3] /best ‖ bɛst/ *noun* [sing] **1** something that is of the highest quality or level 最佳的事物: *When you pay that much for a meal you expect the best.* 付这么多钱当然希望吃到最好的饭菜。○ *I'm not in the best of health.* 我现在身体已不如前了。○ *They are the best of friends.* 他们是最要好的朋友。○ *The best we can hope for is that the situation doesn't get any worse.* 我们最多只能希望情况不要变得更坏。☛ Look at **second-best**. 参看 **second-best**。**2 the best** [with sing or pl verb] a person that is best 最好的人: *Even the best of us make mistakes sometimes.* 我们之中最杰出的人有时也会犯错误。
(IDIOMS 习语) **all the best** (*informal* 非正式) (used when you are saying goodbye to sb and wishing him/her success 用于道别时祝对方成功): *All the best! Keep in touch, won't you?* 祝你一切顺利！保持联系，好吗？
at best if everything is as favourable as possible; taking the most hopeful view 充其量: *We won't be able to deliver the goods before March, or, at best, the last week in February.* 我们三月之前不能将货物付运，最早也不可能在二月最后一个星期前运送。
at its/your best in its/your best state or condition 处于最佳状态: *This is an example of Beckett's work at its best.* 这是贝克特最佳创作的例子。○ *No one is at their best first thing in the morning.* 大清早没有人会处于最佳状态。
be (all) for the best to be good in the end even if it does not seem good at first 起初似乎不好，到头来却是好事: *He didn't go to London after all, but as it turned out it was all for the best* (= because he was able to do something that was better). 他始终没有去伦敦，但结果这反而对他有好处。
bring out the best/worst in sb to show sb's best/worst qualities 反映某人最好/最坏的品质: *The crisis really brought out the best in Tony.* 那次危机反映出托尼最好的一面。
do/try your best to do all or the most that you can 尽力而为: *It doesn't matter whether you win or not. The important thing is doing your best.* 不管是赢是输，最重要是全力以赴。
look your best to look as beautiful or attractive as possible 以最佳状态出现
make the best of sth/a bad job to accept a difficult situation and try to be as happy as possible 随遇而安

☆**bet** /bet ‖ bɛt/ *verb* [I,T] (*pres part* **betting**; *pt*, *pp* **bet** or **betted**) **bet (sth) (on sth)** to risk some money on the result of sth (eg a horserace). If you are wrong about the result, you have to pay some money 打赌；下注: *Which horse did you bet on?* 你在哪只马上下注？○ *I bet him £10 he couldn't stop smoking for a week.* 我以10英镑跟他打赌他戒烟戒不了一个星期。
(IDIOMS 习语) **I bet (that)...** (*informal* 非正式) I'm sure that... 我敢肯定…: *I bet he arrives late – he always does.* 我敢打赌他一定迟到——他老是那样。
you bet (*informal* 非正式) a way of saying, 'Yes, of course!' 当然: *'Are you coming too?' 'You bet.'* "你也来吗？" "当然来。"
bet *noun* [C] **1** an act of betting 赌博: *Did you have a bet on that race?* 那场赛事你有没有下注？○ *to win/lose a bet* 赌赢；赌输 **2** an opinion 意见: *My bet is that he's missed the train.* 我估计他错过了那班列车。
(IDIOMS 习语) **your best bet** ⇨ BEST[1]
hedge your bets ⇨ HEDGE
ˈ**betting-shop** /ˈbetɪŋ ʃɒp ‖ ˈbɛtɪŋˌʃɑp/ *noun* [C] a shop where you can go to place a bet on a horse-race, etc 投注站；彩票经理部

betray /bɪˈtreɪ ‖ bɪˈtre/ *verb* [T] **1** to be disloyal to a person or thing; to harm a person or organization that trusts you 出卖；背叛: *By taking the money he had betrayed the trust that she had put in him.* 他拿走了那笔钱，辜负了她对他的信任。○ *When parents get divorced the children often feel betrayed.* 父母离婚，孩子总觉得遭受背弃。○ *to betray your country* 背叛国家 **2** to make facts about sb/sth known to an enemy; to make a secret known 向敌人提供情报；泄露机密: *She betrayed all the members of the group to the secret police.* 她将全部成员都出卖给了秘密警察。○ *He refused to betray the information.* 他拒绝泄露消息。**3** to show a feeling or quality that you would like to keep hidden 显露出想隐藏的感觉或事物: *Her steady voice did not betray the emotion she was feeling.* 她声音平稳，没有流露出内心的激情。
betrayal /bɪˈtreɪəl ‖ bɪˈtreəl/ *noun* [C,U] the act of betraying sb/sth 背叛；出卖

☆**better**[1] /ˈbetə(r) ‖ ˈbɛtɚ/ *adj* **1** (the comparative of *good* ＊ good 的比较级) **better than sth** of a higher quality or level or more suitable 品质或水平更高；更适合: *I think her second novel was much better than her first.* 我认为她的第二部小说比第一部好得多。○ *He's better at Chemistry than Physics.* 他的化学科成绩比物理科好。○ *It's a long way to drive. It would be better to take the train.* 自己开车路途遥远，搭乘火车较好。○ *You'd be better getting the train than driving* (= it would be more suitable or sensible). 搭乘火车比自己开车好。**2** less ill or fully recovered from an illness 病况好转；康复: *I feel a bit better today.* 我今天好了一些。○ *You can't go swimming until you're better.* 你病好了才可以去游泳。

☆**better**[2] /ˈbetə(r) ‖ ˈbɛtɚ/ *adv* (the comparative of *well* * well 的比较级) in a better way; to a greater or higher degree (做得)更好；程度更高: *I think you could have done this better.* 我觉得你可以做得更好。○ *Sylvie speaks English better than I do.* 西尔维英语说得比我好。○ *She is much better known than her sister.* 她比她的妹妹出名多了。

(IDIOMS 习语) **the best/better part of sth** ⇨ PART[1]

(be) better off **1** to be in a more pleasant or suitable situation 情况较好: *You look terrible. You'd be better off at home in bed.* 你的面色很差，最好回家睡觉。**2** with more money 有更多钱: *We're much better off now I go out to work.* 现在我出来工作，我们的经济状况好多了。

you, etc had better you should; you would be wise to 你应该；你最好…: *I think we'd better go before it gets dark.* 我想我们最好在天黑之前出发。○ *You'd better take a pen and paper. You might want to take notes.* 你最好带好纸笔，因为可能要做笔记。

know better ⇨ KNOW

think better of (doing) sth ⇨ THINK[1]

☆**better**[3] /ˈbetə(r) ‖ ˈbɛtɚ/ *noun* [sing] something that is of higher quality 品质更好的东西: *The hotel wasn't very good. I must say we'd expected better.* 那家旅馆不太好，我们本来期望的要比这好一些。

(IDIOM 习语) **get the better of sb/sth** to defeat or be stronger than sb/sth 战胜或胜过某人/某事物: *When we have an argument she always gets the better of me.* 我们每一次争论总是她赢。

between/among 在中间

☆**between** /bɪˈtwiːn ‖ bəˈtwin/ *prep* **1** in the space that separates two things, people, etc; somewhere in the middle 在中间的位置；在…之间: *I was sitting between Anne and Derek.* 我坐在安妮和德里克之间。○ *a village between Cambridge and Ely* 在剑桥与伊利之间的一个村子 **2** from one place to another and back again 往返；来往于…之间: *There aren't any direct trains between here and Milton Keynes.* 这里和米尔顿·凯恩斯之间没有直达火车。○ *the journey between home and the office* 往返住家与办公室之间的路程 **3** involving or linking two people, groups or things 涉及；联系: *There's some sort of disagreement between them.* 他们之间有些不和。○ *There may be a connection between the two crimes.* 两宗罪案之间可能有关连。**4** (used about two amounts, distances, ages, times, etc 指数量、距离、年龄、时间等) at a point that is greater or later than the first and smaller or earlier than the second; somewhere in the middle 在…中间/之间: *She must be between about thirty and thirty-five.* 她肯定介乎三十至三十五岁之间。○ *They said they would arrive between 4 and 5 o'clock.* 他们说会在4至5点钟之间抵达。○ *a cost of between £200 and £300* 价钱介乎200至300英镑之间 **5** choosing one and not the other (of two things) 选择两者之一: *to choose between two jobs* 在两项工作中选择一项 ○ *What's the difference between 'some' and 'any'?* * some 与 any 之间有什么分别？**6** by putting together the actions, efforts, etc of two or more people 结合两人或多人的行动、努力等: *We've got over a thousand pounds saved up between us.* 我们合起来共已储蓄一千英镑以上。**7** giving each person a share 每人分一份: *The money was divided equally between the two children.* 钱已经平均分给两个小孩。○ *We ate all the chocolates between us.* 我们两人吃光了所有的巧克力。☛ **Between** is usually used of two people or things * **between** 通常用于两人或两种事物: *sitting between her mother and father* 坐在她母亲和父亲中间 ○ *between the ages of 12 and 14* 在12至14岁之间. However, **between** can sometimes be used of more than two when the people or things are being considered as individuals, especially when the meaning is that of number 7 (above) 另一方面，**between** 有时亦可用于两个以上，就是当所指的人或物均作各别看待，尤其是作上述第7义时: *We drank a bottle of wine between the three of us.* 我们三个人喝了一瓶酒。**Among** is always used of more than two people or things considered as a group rather than as individuals * **among** 用于两个以上，所指的人或物作为一个整体看待，而非不同的个体: *You're among friends here.* 在这里，大家都是你的朋友。

between (*also* 亦作 **in between**) *adv* in the space or period of time that separates two things, points, people, times, etc 在中间；其间: *We can't get to the beach this way. There's a railway line in between.* 我们不能从这边走到海滩，中间有条铁路。○ *I've got a meeting at 10 and one at 11 but I should manage to see you in between.* 我10点钟有个会要开，11点有另一个，但我应该可以在中间找时间见你。

beverage /ˈbevərɪdʒ ‖ ˈbɛvərɪdʒ/ *noun* [C] (*formal* 正式) (used especially on menus 尤用于菜单) a drink 饮料

beware /bɪˈweə(r) ‖ bɪˈwɛr/ *verb* [I] (only in the imperative or infinitive 只用于祈使语气或不定式) **beware (of sb/sth)** (used for giving a warning 用于提出警告) to be careful 小心；当心；提防；注意: *Beware of the dog!* (= written on a sign) 提防恶犬！○ *We were told to beware of strong currents in the sea.* 有人告诉我们要当心海里的激流。

bewilder /bɪˈwɪldə(r) ‖ bɪˈwɪldɚ/ *verb* [T] to confuse 惑乱；使糊涂；使混乱: *I was*

B

B

completely bewildered by his sudden change of mood. 他的情绪突然改变，叫我摸不着头脑。 —**bewildered** *adj*: *He seemed bewildered by all the fuss.* 他似乎被那些乱七八糟的小事弄昏了头。 —**bewildering** /bɪ'wɪldərɪŋ ‖ bɪ'wɪldərɪŋ/ *adj*: *a bewildering experience* 使人困惑的经历 —**bewilderment** *noun* [U]: *to stare at sb in bewilderment* 困惑地凝视某人

bewitch /bɪ'wɪtʃ ‖ bɪ'wɪtʃ/ *verb* [T] to fascinate sb and be very attractive to them 迷惑；使着迷

☆**beyond** /bɪ'jɒnd ‖ bɪ'jɑnd/ *prep* **1** on the other side of 在另一边: *beyond the distant mountains* 在远山的那一边 **2** further than; later than 更远；晚于: *Does the motorway continue beyond Birmingham?* 这条高速公路到了伯明翰以后还通往别处吗？○ *Most people don't go on working beyond the age of 65.* 大部分人过了65岁便不再继续工作。**3** out of the range or reach of sth (so that sth is not possible) 超越（某范围）: *The house was beyond what I could afford.* 这房子超过了我的负担能力。○ *The car was completely beyond repair.* 这辆车根本连修也不能修。○ *His success was beyond all our expectations* (= more than we expected). 他获得成功，大大超出我们的意料。○ *The fact that she is guilty is beyond doubt* (= there is no doubt about it). 毫无疑问的是她有罪。**4** except for or apart from 除…以外: *I haven't heard anything beyond a few rumours.* 除了几句谣言，我什么也没有听到。

(IDIOM 习语) **be beyond sb** (*informal* 非正式) to be impossible for sb to understand or imagine 无法明白或想象的: *Why she wants to go and live there is quite beyond me.* 她为什么想到那里住，我的确无法理解。

beyond *adv* on the other side or further on 在另一边；在更远处: *We could see the mountains and the sea beyond.* 我们可以看见远处的山和海。

bias /'baɪəs ‖ 'baɪəs/ *noun* [C,U, usually sing] (*pl* **biases**) **1** [C] an opinion, feeling or attitude that is not fair and not based on facts 偏见: *a bias against women drivers* 对女性司机的偏见 **2** [C,U] giving one side in an argument an advantage over the other; not being neutral 偏心；偏袒: *The BBC has been accused of political bias.* 英国广播公司曾被指责有政治偏见。

bias *verb* [T] (bia**s**ing; bia**s**ed or bia**ss**ing; bia**ss**ed) to influence sb/sth, especially unfairly; to give an advantage to one group, etc 对…抱有偏见；偏袒: *Good newspapers should not be biased towards a particular point of view.* 好的报章不应偏袒某一种看法。○ *Our schools are biased in favour of middle-class children.* 我们的学校偏爱中产阶级的儿童。○ *a biased* (= unfair) *report* 一份偏颇的报告

bib /bɪb ‖ bɪb/ *noun* [C] a piece of cloth or plastic that a baby or small child wears under the chin to protect its clothes while it is eating 围嘴

☆**bible** /'baɪbl ‖ 'baɪbl̩/ (*also* 亦作 **the Bible**) *noun* [C] the holy book of the Christian and Jewish people 圣经 —**biblical** /'bɪblɪkl ‖ 'bɪblɪkl̩/ *adj*

bibliography /ˌbɪblɪ'ɒgrəfɪ ‖ ˌbɪblɪ'ɑgrəfɪ/ *noun* [C] (*pl* **bibliographies**) **1** a list of the books and articles that a writer used when he/she was writing a particular book 参考书目/书目（著书者曾用过的书和文章的目录）**2** a list of books on a particular subject（关于某一科目的）书目

bicentenary /ˌbaɪsen'tiːnərɪ; *US* 美 -'sentənerɪ ‖ baɪ'sɛntəˌnɛrɪ/ (*US* 美 **bicentennial** /ˌbaɪsen'tenɪəl ‖ ˌbaɪsɛn'tɛnɪəl/) *noun* [C] (*pl* **bicentenaries**) the day or year two hundred years after sth happened or began 二百周年；二百周年纪念: *the bicentenary of the French Revolution* 法国大革命二百周年纪念

biceps /'baɪseps ‖ 'baɪsɛps/ *noun* [C] (*pl* **biceps**) the large muscle at the front of the top part of your arms 二头肌（上臂前面的肌肉）

bicker /'bɪkə(r) ‖ 'bɪkɚ/ *verb* [I] to quarrel about unimportant things（为小事）吵嘴/争吵: *The boys were bickering about whose turn it was to play with the train.* 男孩们为了轮到谁玩火车而吵嘴。

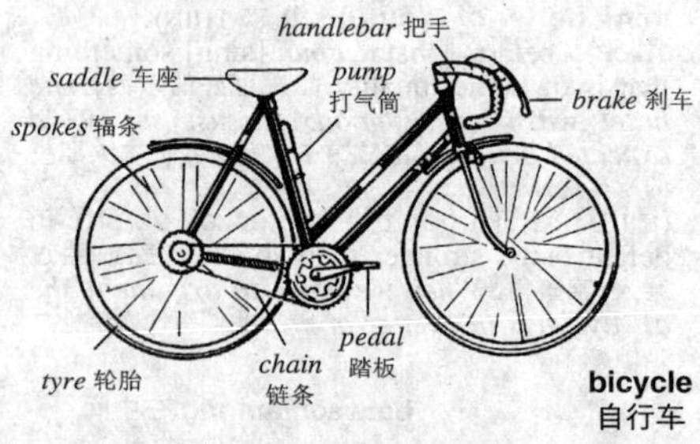

bicycle 自行车

☆**bicycle** /'baɪsɪkl ‖ 'baɪˌsɪkl/ (also *informal* 非正式 **bike**) *noun* [C] a vehicle with two wheels, which you sit on and ride by moving your legs 脚踏车；自行车: *to ride a bicycle* 骑自行车 ○ *to go somewhere by bicycle* 骑自行车去某处

☛ Look at **cycle**. This is usually used as the verb. 参看 **cycle**，这个词通常作动词用。**Cyclist** is the usual noun. 名词通常为 **cyclist**。

bid[1] /bɪd ‖ bɪd/ *verb* (**bidding**; *pt*, *pp* **bid** or, in sense 2 第2义 *pt* **bade** /bæd ‖ bæd/; *pp* **bidden** /'bɪdn ‖ 'bɪdn̩/) **1** [I,T] **bid (sth) (for sth)** to offer a sum of money in order to buy sth 出价；喊价: *to bid for sth at an auction* 在拍卖中竞投某物 ○ *Somebody bid £5 000 for the painting.* 有人出价5 000英镑买这幅画。**2** [T] (*old-fashioned formal* 旧，正式) to say as a greeting 说问候语: *He bade us good-day and got up to leave.* 他向我们道别，然后站起来便离开了。

bidder *noun* [C] a person who offers a sum of money in order to buy sth 出价者；投标者: *The house was sold to the highest bidder* (= the person who offered the most money). 房子卖了给出价最高者。

bid[2] /bɪd ‖ bɪd/ *noun* [C] **1** an attempt to do, obtain, etc sth 试图；力求获得；争取: *a bid to slow down traffic and prevent accidents* 设法减低车辆速度并防止意外 ○ *her bid to win the* *championship* 她力求赢得冠军的努力 ○ *His bid for power had failed.* 他夺权的企图失败了。**2** an offer of a sum of money in order to buy sth 出价: *We made a bid of £100 for the chair.* 我们出价100英镑买那把椅子。**3** (*especially US* 尤为美) = TENDER[2]

bide /baɪd ‖ baɪd/ *verb*
(IDIOM 习语) **bide your time** to wait for a good opportunity 等待良机: *I'll bide my time until the situation improves.* 我会等待良机，直至情况好转。

bidet /ˈbiːdeɪ; *US* 美 biːˈdeɪ ‖ biˈde/ *noun* [C] a small bath that you can sit on in order to wash your bottom 坐浴盆（用以坐着清洗臀部）

☆**big** /bɪg ‖ bɪg/ *adj* (**bigger**; **biggest**) **1** large; not small 大: *a big house, town, salary, etc* 大房子；大城镇；大笔薪金… ○ *This dress is too big for me.* 这件连衣裙对我来说太大了。**2** great or important 重大；重要: *They had a big argument yesterday.* 他们昨天大吵了一顿。○ *That was the biggest decision I've ever had to make.* 那是我曾经作出的最重要决定。○ *some of the big names in Hollywood* 美国电影业一些名人 **3** (only *before* a noun 只用于名词前) (*informal* 非正式) older 年纪较大的: *a big brother/sister* 哥哥；姐姐 ☛ **Big** and **large** can both be used when talking about size or number. ＊ **big** 和 **large** 同样可用于尺码、规模、数量等。**Large** is more formal and is not usually used for describing people ＊ **large** 适用于较正式的场合，通常不用来形容人: *a big/large house* 大房子 ○ *a big boy* 大男孩. **Great** is mostly used when talking about the importance, quality, etc of a person or thing. It can also be used with uncountable nouns to mean 'a lot of' ＊ **great** 大多用来形容人或物的重要性、素质等，也可与不可数名词连用以表达"很多"的意思: *a great occasion* 重要的场合 ○ *a great musician* 伟大的音乐家 ○ *great happiness, care, etc.* 很幸福/小心…
(IDIOM 习语) **give sb/get a big hand** to clap sb/to be clapped loudly 向…鼓掌；赢得（听众等）大声鼓掌: *The audience gave the little girl a big hand when she finished her song.* 小女孩唱完歌，听众就大声鼓掌。

big *adv* (*slang* 俚语) in a grand or ambitious way 胸怀大志；雄心壮志: *You have to think big if you want to be successful.* 要成功就得有雄心壮志。

bigamy /ˈbɪgəmɪ ‖ ˈbɪgəmɪ/ *noun* [U] the crime of being married to two people at the same time 重婚（罪）—**bigamist** *noun* [C]

bigoted /ˈbɪgətɪd ‖ ˈbɪgətɪd/ *adj* having very strong and unreasonable opinions and refusing to change them or to listen to other people 顽固；偏执

☆**bike** /baɪk ‖ baɪk/ *noun* [C] (*informal* 非正式) a bicycle or a motorcycle 脚踏车；自行车；摩托车: *Mary's just learnt to ride a bike.* 玛丽刚刚学会骑自行车。

bikini /bɪˈkiːnɪ ‖ bɪˈkinɪ/ *noun* [C] a piece of clothing, in two pieces, that women wear for swimming 比基尼泳装；三点式泳装

bilingual /ˌbaɪˈlɪŋgwəl ‖ baɪˈlɪŋgwəl/ *adj* **1** having or using two languages 双语的；用两种语言的: *a bilingual dictionary* 双语词典 **2** able to speak two languages equally well 能说两种语言的: *Our children are bilingual in English and Spanish.* 我们的孩子能说英语和西班牙语两种语言。

☆**bill**[1] /bɪl ‖ bɪl/ *noun* **1** [C] (*US* 美 **check**) a piece of paper that shows how much money you owe for goods or services 账单: *an electricity bill* 电费单 ○ *Can I have the bill, please* (eg in a restaurant)*?* 请你给我结账。○ *to pay a bill* 付账 **2** [C] (*US* 美) = NOTE[1](4): *a ten-dollar bill* 十元钞票 **3** [C] a plan for a possible new law 法案: *The bill was discussed in Parliament.* 这法案已在国会讨论过。○ *The bill was passed/defeated.* 这法案获得通过/遭到否决。**4** [sing] the programme of entertainment offered in a show, concert, etc（表演、音乐会等的）节目: *Frank Sinatra headed the bill.* 首先出场的是弗兰克·西纳特拉。○ *a double bill of 'Swan Lake' and 'The Nutcracker'*《天鹅湖》和《胡桃夹子》两个剧一起演出
(IDIOM 习语) **foot the bill** ⇨ FOOT[2]

bill *verb* [T] to announce to the public with an advertisement, etc（用广告等）宣布: *The show is billed as a musical comedy.* 广告说那出戏是音乐喜剧。

ˈ**billboard** *noun* [C] (*US* 美) = HOARDING

ˈ**billfold** *noun* [C] (*US* 美) = WALLET

bill[2] /bɪl ‖ bɪl/ *noun* [C] a bird's beak 鸟喙

billiards /ˈbɪlɪədz ‖ ˈbɪljɚdz/ *noun* [U] a game played on a big table covered with cloth. You use a long stick (**a cue**) to hit balls into pockets at the corners and sides of the table 台球（球杆叫做 **cue**）: *to play billiards* 玩台球 ○ *to have a game of billiards* 打一局台球

billiard- /ˈbɪlɪəd- ‖ ˈbɪljɚd-/ (in compounds 用以构成复合词) used for billiards 台球用的: *a billiard-table* 台球球桌

☆**billion** /ˈbɪlɪən ‖ ˈbɪljən/ *number* 1 000 000 000; one thousand million 十亿: *billions of dollars* 数十亿元 ☛ Notice that when you are counting you use billion without 's' ＊ billion 用于数数目时不加 s : *nine billion pounds* 九十亿英镑. Formerly, 'billion' was used with the meaning 'one million million'. ＊ billion 以往用作指万亿。We now say **trillion** for this. 现在万亿用 **trillion**。

billow /ˈbɪləʊ ‖ ˈbɪlo/ *verb* [I] to rise or move slowly in the wind, like waves 如波涛般起伏；飘荡；飘舞: *curtains billowing in the breeze* 在微风中飘拂的窗帘

bin /bɪn ‖ bɪn/ *noun* [C] **1** a container that you put rubbish in 垃圾箱；废物箱: *to throw sth in the bin* 将某物抛进垃圾箱 ○ *a litter-bin* 废物箱 ○ *The dustmen come to empty the bins on Wednesdays.* 垃圾工人每星期三都来清理垃圾箱。**2** a container, usually with a lid, for storing bread, flour, etc（储藏面包、面粉等，通常有盖的）容器/箱子: *a bread-bin* 面包盒 ☛ picture on next page. 见下页插图。

binary system /ˈbaɪnərɪ sɪstəm ‖ ˈbaɪnərɪ-ˈsɪstəm/ *noun* [sing] (*technical* 术语) a system of numbers using only the numbers 0 and 1. It is used especially with computers. 二进制（只用0和1两个数目的数字进位制，尤用于计算机）

bins
垃圾箱

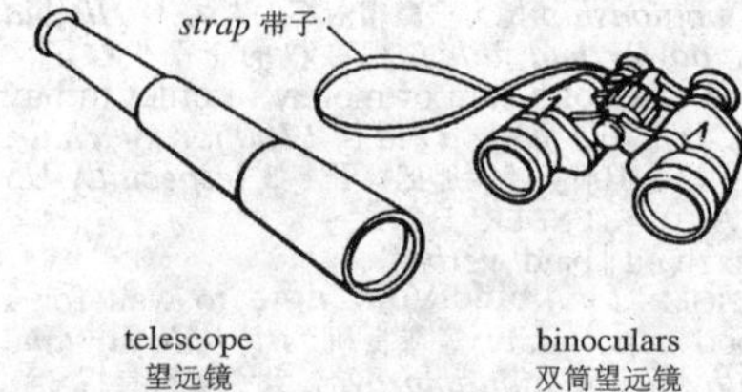

bind /baɪnd ‖ baɪnd/ *verb* [T] (*pt*, *pp* **bound** /baʊnd ‖ baʊnd/) **1 bind A (to B); bind A and B (together)** to tie or fasten with string or rope 捆绑；捆扎: *They bound the prisoner's hands behind his back.* 他们把囚犯双手绑在背后。○ (*figurative* 比喻) *The two men were bound together* (= united or held together) *by the strength of their beliefs.* 这两名男子为信仰的力量所影响而团结起来。**2 bind sb/ yourself (to sth)** to cause or force sb to do sth 促使；迫使；驱使；约束: *to be bound by a law, an agreement, etc* 受法律、协议等约束 ○ *The contract binds you to completion of the work within two years.* 根据合约你必须在两年内完成这项工作。**3** (usually passive 通常用于被动语态) to fasten sheets of paper into a cover to form a book 装订: *The book was bound in leather.* 这本书是用皮面装订的。

bind *noun* [sing] (*informal* 非正式) something that you find boring or annoying; a nuisance 令人烦闷或烦厌的事物: *I find housework a real bind.* 做家务真叫人厌烦。

binder *noun* [C] a hard cover for holding loose sheets of paper together 活页夹

binding *noun* **1** [C] a cover that holds the pages of a book together 封面 **2** [U] material that you use for making the edge of sth stronger or more attractive 镶边（用以使物件的边缘更结实或更好看）

binding *adj* making it necessary for sb to do sth they have promised or to obey a law, etc 有约束力的；必须遵守的: *This contract is legally binding.* 这份合约有法律约束力。

binge /bɪndʒ ‖ bɪndʒ/ *noun* [C] (*informal* 非正式) a period of eating or drinking too much （一段时间内的）大吃大喝

bingo /ˈbɪŋɡəʊ ‖ ˈbɪŋgo/ *noun* [U] a game in which each player has a different card with numbers on it. The person in charge of the game calls numbers out and the winner is the first player to have all the numbers on their card called out. 宾戈（游戏）（每人有一张不同的并写有若干个数字的纸牌，由游戏主持者随口喊出数字，最先被喊出所有纸牌上的数字者胜出）

binoculars /bɪˈnɒkjʊləz ‖ bɪˈnɑkjələ˞z/ *noun* [plural] an instrument with two lenses which you look through in order to make distant objects seem nearer 双筒望远镜: *a pair of binoculars* 一副双筒望远镜 ☛ Look at **telescope**. 参看 **telescope**。

biochemistry /ˌbaɪəʊˈkemɪstrɪ ‖ ˌbaɪoˈkɛmɪstrɪ/ *noun* [U] the study of the chemistry of living things 生物化学

biodegradable /ˌbaɪəʊdɪˈɡreɪdəbl ‖ ˌbaɪoˌdɪˈɡredəbḷ/ *adj* that can decay naturally 可自然分解的；能进行生物降解的: *Most plastic packaging is not biodegradable.* 大部分塑料包装材料都不能自然分解。

biography /baɪˈɒɡrəfɪ ‖ baɪˈɑɡrəfɪ/ *noun* [C,U] (*pl* **biographies**) the story of a person's life written by sb else（由他人记述的）传记: *a biography of Napoleon* 拿破仑的传记 ○ *I enjoy reading history and biography.* 我喜欢阅读历史和传记。☛ Look at **autobiography**. 参看 **autobiography**。

biographer /baɪˈɒɡrəfə(r) ‖ baɪˈɑɡrəfə˞/ *noun* [C] a person who writes a story of sb else's life（记载他人事迹的）传记作者

biographical /ˌbaɪəˈɡræfɪkl ‖ ˌbaɪəˈɡræfɪkḷ/ *adj* containing information about sb's life 关于某人生平的: *interesting biographical details* 关于一个人生平的有趣细节

biological /ˌbaɪəˈlɒdʒɪkl ‖ ˌbaɪəˈlɑdʒɪkḷ/ *adj* **1** connected with the scientific study of animals, plants and other living things 生物学的: *biological research* 生物学的研究 **2** involving the use of living things to destroy or damage other living things 用生物去摧毁或损害（其他生物）的: *biological weapons* 生物武器 ○ *a biological detergent* (= one that uses enzymes to destroy dirt) 生物洗涤剂（用酶去污的）

biology /baɪˈɒlədʒɪ ‖ baɪˈɑlədʒɪ/ *noun* [U] the scientific study of living things 生物学

biologist /-dʒɪst ‖ -dʒɪst/ *noun* [C] a person who studies or is an expert in biology 生物学者；生物学家

birch /bɜːtʃ ‖ bɝtʃ/ *noun* [C,U] a type of tree with a smooth trunk and thin branches 白桦；桦木

☆**bird** /bɜːd ‖ bɝd/ *noun* [C] **1** a creature with feathers and wings which can (usually) fly 鸟 ☛ Birds **fly** and **sing**. They build **nests** and **lay eggs**. 鸟会飞 (**fly**)，会唱歌 (**sing**)，会筑巢 (**nest**) 和下蛋 (**lay eggs**)。**2** (*Brit slang* 英，俚语) a word used by men to refer to a young woman or girl 男性用以指年轻女子: *a gorgeous blonde bird* 漂亮的金发姑娘 ☛ Many women

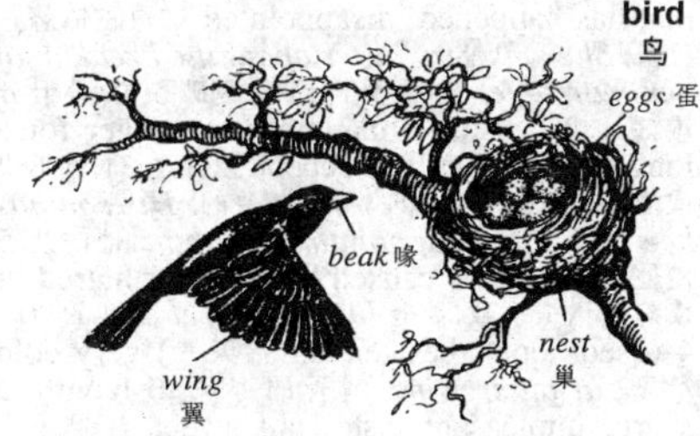

dislike the use of this word. 很多女性不喜欢这样用词。

(IDIOM 习语) **kill two birds with one stone** ➩ KILL

ˌ**bird of 'prey** *noun* [C] a bird that kills and eats other animals and birds 食肉鸟；猛禽

'**bird-watcher** *noun* [C] a person who studies birds in their natural surroundings 野鸟观察家；鸟类观察家 ☛ The formal word is **ornithologist**. 学名为 **ornithologist**。

Biro /'baɪərəʊ ‖ 'baɪro/ *noun* [C] (*pl* **Biros**) (*trade mark* 商标) a type of pen in which ink comes out of a small metal ball at the end 一种圆珠笔 ☛ Look at **ball-point**. 参看 **ball-point**。

☆**birth** /bɜːθ ‖ bɝθ/ *noun* **1** [C,U] being born; coming out of a mother's body 出生；出世；诞生: *It was a difficult birth.* 那是一次难产。○ *The baby weighed six pounds at birth* (= when it was born). 婴儿出生时重六磅。○ *She's been slightly deaf since birth.* 她出生后就轻度失聪。○ *What's your date of birth?* (= the date on which you were born) 你的出生日期是哪一天？**2** [U] your nationality or your place of birth 国籍；出生地: *She's always lived in England but she's German by birth.* 她一直在英格兰居住，但她是德裔。**3** [sing] the beginning of sth 萌生；开始；起源: *the birth of an idea* 一个意念的萌生

(IDIOM 习语) **give birth (to sb/sth)** to produce a baby 生产；诞下（婴儿）: *She gave birth to her second child at home.* 她在家中生下她的第二个孩子。

'**birth certificate** *noun* [C] an official piece of paper that states the date and place of a person's birth 出生证明书

'**birth control** *noun* [U] ways of controlling or limiting the number of children you have 节育；节制生育 ☛ Look at **contraception**. 参看 **contraception**。

'**birthmark** *noun* [C] a permanent mark on your body, that you are born with 胎记；胎痣

'**birthplace** *noun* **1** [C] the house or area where a person was born 出生的房子；出生地 **2** [sing] the place where sth began 发源地；发祥地: *in Greece, the birthplace of the Olympic Games* 希腊，奥林匹克运动会的发源地

'**birth rate** *noun* [C] the number of babies born in a particular group of people during a particular period of time 出生率: *The birth rate is falling/rising.* 出生率在下降/上升之中。

☆**birthday** /'bɜːθdeɪ ‖ 'bɝθˌde/ *noun* [C] the day in each year which is the same date as the one when you were born 生日；出生的日子: *My birthday's (on) November 15th.* 我的生日在11月15日。○ *my eighteenth birthday* 我十八岁的生日 ○ *a birthday present* 生日礼物 ○ *a birthday card* 生日贺卡 ☛ An **anniversary** is not the same as a **birthday**. ＊**anniversary** 与 **birthday** 不同。It is the day in each year which is the same date as an important past event 前者指的是周年纪念日: *our wedding anniversary* 我们的结婚周年纪念日 ○ *the fiftieth anniversary of the sinking of the Titanic* (= exactly fifty years after it happened) 泰坦尼克号沉船五十周年. When it is a person's birthday we say **Happy Birthday**! or **Many happy returns**! 祝贺对方生日时我们说 **Happy Birthday**! 或 **Many happy returns**! If we know the person well we send a special card to them or a present. 很熟稔的话会送给他一张贺卡或一份礼物。Your eighteenth birthday is an important occasion when you legally become an adult. 十八岁生日是一个重要的日子，因为法律上已届成人。

☆**biscuit** /'bɪskɪt ‖ 'bɪskɪt/ *noun* [C] (*US* 美 **cookie; cooky**) a type of small cake that is thin, hard and usually sweet 饼干: *a chocolate biscuit* 巧克力饼干 ○ *a packet of biscuits* 一包饼干 ☛ picture at **cake**. 见 **cake** 插图。

bisexual /ˌbaɪ'sekʃʊəl ‖ baɪ'sɛkʃuəl/ *adj* sexually attracted to both men and women 对男女两性均感兴趣的

bishop /'bɪʃəp ‖ 'bɪʃəp/ *noun* [C] a senior person in the Christian Church, who is in charge of the churches in a city or a district 主教: *the Bishop of Durham* 达勒姆郡的主教 ☛ Look at **archbishop**. 参看 **archbishop**。

☆**bit**[1] /bɪt ‖ bɪt/ *noun* **1** [C] a small piece or amount of sth 一小块；一点点: *There were bits of broken glass all over the floor.* 地板上满布玻璃碎片。○ *I think these strawberries need a bit more sugar.* 我认为这些草莓要再加一点点糖。○ *Could you give me a bit of advice?* 你能不能给我一点建议？**2** [sing] (especially with *quite* 尤与 quite 连用) (*informal* 非正式) a lot 很多；许多: *It must have rained quite a bit during the night.* 昨夜必定下了很多雨。

(IDIOMS 习语) **a bit 1** slightly; rather 稍微；少许；相当: *I'm afraid I'll be a bit late tonight.* 我今晚恐怕要晚一点到。○ *I was a bit annoyed with him.* 我对他相当生气。**2** a short time or distance 一会儿；短距离: *Could you move forward a bit?* 你可否稍稍移前一点？

bit by bit slowly or a little at a time 慢慢地；渐渐地: *Bit by bit we managed to get the information we needed.* 我们渐渐取得我们所需的资料。

a bit much (*informal* 非正式) annoying or unpleasant 过分；令人生气或不愉快: *It's a bit much expecting me to work on Sundays.* 要我在星期日工作未免有点过分了。

a bit of a (*informal* 非正式) rather a 相当地: *I've got a bit of a problem...* 我有个颇为棘手的问题… ○ *He's a bit of a tyrant, isn't he?* 他相当专制，不是吗？

bits and pieces (*informal* 非正式) small

things of different kinds 零碎的物件: *I've finished packing except for a few bits and pieces.* 除了几件零碎的东西外，我已经收拾好行李了。

do your bit (*informal* 非正式) to do your share of sth; to help with sth 尽本分；作出贡献: *It won't take long to finish if we all do our bit.* 如果我们所有人都尽本分，不消多久便可完成。

not a bit not at all 完全不是；一点也不: *The holiday was not a bit what we had expected.* 这假期一点也不像我们所预料的那样。

to bits into small pieces 成碎片: *She angrily tore the letter to bits.* 她愤怒地把信撕成碎片。

bitty *adj* made up of lots of parts which do not seem to be connected 零碎；琐碎；杂凑的: *a bitty letter* 凑合而成的书信

bit[2] /bɪt ‖ bɪt/ *noun* [C] a metal bar that you put in a horse's mouth when you ride it 马嚼子；马衔 ☛ picture at **horse**. 见 **horse** 插图。

bit[3] /bɪt ‖ bɪt/ *noun* [C] (*technical* 术语) the smallest unit of information that is stored in a computer's memory, represented by the numbers 0 or 1 二进制位/比特/位元（计算机记忆体内储存资料的最小单位，由0或1表示）

bit[4] *pt* of BITE[1] ＊BITE[1] 的过去时

bitch /bɪtʃ ‖ bɪtʃ/ *noun* [C] **1** a female dog 母狗 **2** (*slang* 俚语) a very unpleasant woman 泼妇；坏女人: *She's a real bitch.* 她真是个泼妇。○ *You bitch!* (= used to insult a woman) 你这个贱货！（某些人辱骂女性的话）

bitchy *adj* (usually used about women or their behaviour 某些人用以指妇女或她们的行为) tending to talk about other people in an unkind way 恶毒；恶意的: *a bitchy remark*（某些人用以指出自女性的）恶毒的评语

☆**bite**[1] /baɪt ‖ baɪt/ *verb* (*pt* **bit** /bɪt ‖ bɪt/; *pp* **bitten** /'bɪtn ‖ 'bɪtn̩/) **1** [I,T] **bite (into sth)** to cut or attack with the teeth 咬: *Don't worry about the dog. She never bites.* 不用担心那只狗，它不咬人。○ *The dog bit me.* 那只狗咬了我。○ *He picked up the bread and bit into it hungrily.* 他拿起面包就咬，像是饿极了。☛ picture at **lick**. 见 **lick** 插图。**2** [T] (used about insects or snakes 指昆虫或蛇) to prick your skin and cause pain 咬；叮: *He was bitten by a snake.* 他被蛇咬了。☛ Wasps and bees do not **bite** you. They **sting** you. 如果是黄蜂和蜜蜂就不说 **bite**，用 **sting**（蜇）。**3** [I] to begin to have an effect, usually in an unpleasant way 开始产生（通常是不良的）影响: *In the South the job losses are starting to bite.* 在南部，失业的情况开始产生不良影响。

☆**bite**[2] /baɪt ‖ baɪt/ *noun* **1** [C] a piece of food that you can put into your mouth 一口食物: *She took a big bite of the apple.* 她咬了一大口苹果。**2** [C] a painful place on the skin made by an insect, snake, dog, etc（被昆虫、蛇、狗等叮咬后的）伤口: *a mosquito bite* 蚊叮的伤痕 **3** [sing] (*informal* 非正式) some food 一些食物: *Would you like a bite to eat before you go?* 你想不想在走之前吃点东西？

bitten *pp* of BITE[1] ＊BITE[1] 的过去分词

☆**bitter** /'bɪtə(r) ‖ 'bɪtɚ/ *adj* **1** (used about a person 指人) very unhappy or angry about sth that has happened; disappointed 难过；恼怒；失望: *She was very bitter about the breakup of her marriage.* 她对于自己婚姻破裂感到十分难过。**2** causing unhappiness or anger for a long time; difficult to accept 会引致长时间不快或恼怒的；使人愤怒的；难以接受的: *His son has been a bitter disappointment to him.* 他的儿子使他伤心失望。**3** caused by anger or hatred 由愤怒或憎恨引致的: *a bitter quarrel* 激烈的争吵 **4** (used about the weather 指天气) very cold 严寒: *a bitter wind* 刺骨的寒风 **5** having a sharp, unpleasant taste; not sweet 苦味的: *bitter coffee* 没有加糖的咖啡

bitter *noun* [U] (*Brit* 英) a type of dark beer with a bitter taste 苦啤酒: *A pint of bitter, please.* 请给我一品脱苦啤酒。

bitterly *adv* **1** (used for describing strong negative feelings or cold weather 用于形容强烈的不良感觉或寒冷天气) extremely 极；非常: *bitterly disappointed* 非常失望 ○ *a bitterly cold winter* 严冬 **2** in a bitter(1) way 难过地；痛苦地；失望地: *'I've lost everything,' he said bitterly.* "我已失去了一切。" 他难过地说。

bitterness *noun* [U] anger and unhappiness as a result of sth bad happening 发生不幸的事情而导致的愤怒/不快

bizarre /bɪ'zɑ:(r) ‖ bɪ'zɑr/ *adj* very strange 十分奇怪的: *The story had a most bizarre ending.* 这故事有个很离奇的结局。

☆**black**[1] /blæk ‖ blæk/ *adj* **1** of the darkest colour possible, the colour of the night sky 黑色的 **2** belonging to a race of people with dark skins 黑种人的: *the black population of Britain* 英国的黑种人 ○ *black culture* 黑种人文化 **3** (used about coffee or tea 指咖啡或茶) without milk or cream 不加奶或乳脂的: *black coffee with sugar* 加糖的黑咖啡 **4** (used about a situation 指情况) without hope; depressing 黯淡绝望；令人沮丧: *The economic outlook for the coming year is rather black.* 来年的经济前景颇为黯淡。**5** funny in a cruel or unpleasant way 滑稽而含挖苦或讽刺成分的；荒诞: *The film was a black comedy.* 这部电影是黑色喜剧。**6** very angry 十分愤怒: *a black mood* 愤怒的情绪 ○ *to give sb a black look* 恶狠狠地瞪某人一眼

(IDIOMS 习语) **black and blue** covered with bruises 遍布青一块、紫一块的伤痕

black and white (used about television, photographs, etc 指电视机、照片等) showing no colours except black, white and grey 黑白（没有其他色彩，只有黑色、白色和灰色）: *a black and white television* 黑白电视机

blacken /'blækən ‖ 'blækən/ *verb* [T] **1** to make sth black 弄黑: *The soldiers had to blacken their faces at night.* 士兵们夜间作战时要把脸涂黑。**2** to make sth seem bad, by saying unpleasant things about it 诋毁；玷污: *to blacken sb's name* 诋毁别人的声誉 —**blackness** *noun* [U]

blackberry /'blækbrɪ; -berɪ ‖ 'blækˌbɛrɪ/ *noun* [C] (*pl* **blackberries**) a small black fruit that grows wild on bushes 黑莓

'**blackbird** *noun* [C] a common European bird. The male is black with a yellow beak and the female is brown. 黑鹂（欧洲一种常见的鸟。雄性是黑色的，嘴黄色；雌性则为棕色）

ˈ**blackboard** (*US* 美 **chalkboard**) *noun* [C] a piece of dark board used for writing on, especially with chalk and in a classroom 黑板

ˌ**blackˈcurrant** *noun* [C] a small round black fruit that grows in bunches on bushes 黑醋栗；黑加仑子

black ˈeye *noun* [C] an eye with dark-coloured skin around it as the result of a blow（被打后的）青肿眼眶: *He got a black eye in the fight.* 他有只眼睛被打得又青又肿。

ˈ**blackhead** *noun* [C] a small spot on the skin with a black centre 黑头粉刺

ˌ**black ˈmagic** *noun* [U] a type of magic that is used for evil purposes 魔法；妖术；巫术

ˌ**black ˈmarket** *noun* [C] the buying and selling of goods or foreign money in a way that is not legal 黑市: *to buy/sell sth on the black market* 在黑市买/卖东西

ˈ**blackout** *noun* [C] **1** a period of time during a war, when all lights must be turned off or covered so that the enemy cannot see them（战时的）灯火管制 **2** a period when you lose consciousness for a short time 昏厥: *to have a blackout* 昏厥

☆**black²** /blæk ‖ blæk/ *noun* **1** [U] the darkest colour, like the night sky 黑色: *People usually wear black* (= black clothes) *at funerals.* 人们在葬礼中通常都穿黑色衣服。**2** usually 通常作 **Black** [C] a person who belongs to a race of people with dark skins 黑种人 ☛ Look at **African-American**. 参看 **African-American**。

(IDIOMS 习语) **be in the black** to have some money in the bank 有银行存款；有盈余 ☛ Look at **in the red**. 参看 **in the red**。

in black and white in writing or in print 白纸黑字: *I won't believe we've got the contract till I see it in black and white.* 除非我看见白纸黑字写下来的文件，否则就不会相信我们已赢得合约。

black³ /blæk ‖ blæk/ *verb*

(PHRASAL VERB 短语动词) **black out** to lose consciousness for a short time 昏厥: *I remember losing control of the car and then I blacked out.* 我记得汽车失去控制，接着就晕倒了。

blacklist /ˈblæklɪst ‖ ˈblækˌlɪst/ *noun* [C] a list of people who are considered bad or dangerous 黑名单（内列被认为是不正当或危险的人物）: *to be on sb's blacklist* 被列入黑名单 —**blacklist** *verb* [T]

blackmail /ˈblækmeɪl ‖ ˈblækˌmel/ *noun* [U] the crime of forcing a person to give you money or do sth for you, usually by threatening to make known sth which they want to keep secret 敲诈；勒索；恐吓 —**blackmail** *verb* [T]: *He was blackmailed into paying an enormous amount of money.* 他被勒索了一大笔金钱。—**blackmailer** *noun* [C]

blacksmith /ˈblæksmɪθ ‖ ˈblæksmɪθ/ *noun* [C] a person whose job is to make and repair things made of metal, especially horses' shoes 铁匠；马蹄铁匠

bladder /ˈblædə(r) ‖ ˈblædɚ/ *noun* [C] the part of the body where waste liquid (**urine**) collects before leaving the body 膀胱（身体内储存尿 (**urine**) 的器官）

☆**blade** /bleɪd ‖ bled/ *noun* [C] **1** the flat, sharp part of a knife, sword, etc（刀、剑等的）锋/刃 ☛ picture at **penknife**. 见 **penknife** 插图。**2** one of the flat, wide parts that spin round on an aeroplane, helicopter, etc（飞机、直升机等的）螺旋桨/旋翼叶片 **3** a long, thin leaf of grass, wheat, etc（草、谷类窄长的）叶片/叶: *a blade of grass* 一片草叶

☆**blame** /bleɪm ‖ blem/ *verb* [T] **1 blame sb (for sth); blame sth on sb** to think or say that a certain person or thing is responsible for sth bad that has happened 责备；归咎: *The teacher blamed me for the accident.* 老师因那意外事件责备我。○ *Some people blame the changes in the climate on pollution.* 有些人把气候转变归因于环境污染。**2 not blame sb (for sth)** to think that sb is not wrong to do sth 不责怪；（认为某事）无可厚非: *'I'd like to leave school and get a job.' 'I don't blame you.'* (= I can understand why). "我想退学，然后找份工作。" "我不怪你。" ○ *I don't blame you for feeling fed up.* 你感到厌倦，我能理解。

(IDIOM 习语) **be to blame (for sth)** to be responsible for sth bad（对某件坏事）应负责任；难辞其咎: *The police say that careless driving was to blame for the accident.* 警方指那宗意外事件的起因是不小心驾驶。

blame *noun* [U] **blame (for sth)** responsibility for sth bad 对后果应负的责任: *to take the blame for sth* 对某事负责 ○ *The report puts the blame on rising prices.* 报告将问题归咎于价格上升。

blameless *adj* deserving no blame; not guilty 无可责备的；无过失的: *He insisted that his wife was blameless and hadn't known about his activities.* 他坚持他的妻子没有犯错，而且对他的所作所为一无所知。

bland /blænd ‖ blænd/ *adj* **1** showing no strong feelings; calm 平和；平静 **2** (used about food 指食物) mild or lacking in taste 无味；味道淡 **3** ordinary or uninteresting 平淡；乏味: *a rather bland style of writing* 干瘪乏味的文体 —**blandly** *adv*

☆**blank** /blæŋk ‖ blæŋk/ *adj* **1** without writing or anything else on it 空白的: *a blank cassette* 未经录音/录像的盒式磁带 ○ *a blank piece of paper* 白纸 ○ *a blank wall* 空白的墙壁 **2** without feelings, understanding or interest 无感觉；不明白；没兴趣: *a blank expression on his face* 他脸上茫然的表情 ○ *My mind went blank when I saw the exam questions* (= I couldn't think properly or remember anything). 我见到考试题目时脑袋一片空白。

blank *noun* [C] an empty space 空间: *Fill in the blanks in the following exercise.* 以下的练习是填充题。○ (*figurative* 比喻) *I couldn't remember his name – my mind was a complete blank.* 我不记得他的名字，我什么都忘了。

(IDIOM 习语) **draw a blank** ⇨ DRAW²

blankly *adv* with a blank expression 木然；呆若木鸡

ˌ**blank ˈcheque** *noun* [C] a cheque that has

been signed but that has an empty space so that the amount to be paid can be filled in later 空白支票

☆**blanket** /'blæŋkɪt ‖ 'blæŋkɪt/ *noun* [C] **1** a cover made of wool, etc that is put on beds to keep people warm 毛毯 ☛ picture at **bed**. 见 **bed** 插图。**2** affecting everybody or everything 全面；整体: *a blanket ban on journalists reporting the case* 禁止任何新闻从业员报道那件事

(IDIOM 习语) **a wet blanket** ⇨ WET

blanket *verb* [T] to cover sth completely 完全覆盖: *The countryside was blanketed in snow.* 郊野完全被雪覆盖着。

blare /bleə(r) ‖ blɛr/ *verb* [I,T] **blare (sth) (out)** to make a loud, unpleasant noise 发出响亮、令人讨厌的声音: *The radio was blaring in the room next to ours.* 隔壁的收音机发出刺耳的声音。○ *The loudspeaker blared out a warning.* 扩音器大声播出警告。—**blare** *noun* [U]: *the blare of a siren* 刺耳的警报声

blasphemy /'blæsfəmɪ ‖ 'blæsfɪmɪ/ *noun* [U] writing or speaking about God in a way that shows a lack of respect 亵渎（上帝的言论）—**blasphemous** /'blæsfəməs ‖ 'blæsfɪməs/ *adj*

blast[1] /blɑ:st; *US* 美 blæst ‖ blæst/ *noun* [C] **1** an explosion, especially one caused by a bomb 爆炸（尤指炸弹造成的）: *The windows of the nearby shops were shattered in the blast.* 那次爆炸震碎了附近商店的窗户玻璃。**2** a sudden strong rush of air 一股急促的气流: *a blast of cold air* 一阵突然而来的冷空气 **3** a loud sound made by a musical instrument such as a horn（号角等的）响亮声音: *a few blasts on his trumpet* 他的喇叭发出的几下响声

blast[2] /blɑ:st; *US* 美 blæst ‖ blæst/ *verb* [T] to make a hole, a tunnel, etc in sth with an explosion 爆破；炸出洞穴或管道: *They had to blast their way through the mountainside.* 他们不得不沿着山坡炸出一条路来。

(PHRASAL VERB 短语动词) **blast off** (used about a spacecraft 指航天器) to leave the ground; to take off 发射；升空

blast *interj* a mild swear-word, used to show that you are angry 较平和的咒骂语，表示生气: *Blast! I've cut my finger.* 真倒霉！我割伤了手指。

blasted *adj* (*informal* 非正式) very annoying 非常讨厌: *Can you turn that blasted music down?* 请你把那讨厌的音乐噪音调低一些好不好？

'**blast-off** *noun* [U] the time when a spacecraft leaves the ground 航天器的发射

blatant /'bleɪtnt ‖ 'bletn̩t/ *adj* very clear or obvious 十分清楚或明显；明目张胆的: *their blatant dislike for each other* 他们明显的互不喜欢 ○ *a blatant lie* 明目张胆的谎言 ☛ This word is used in a critical way. 这个词用于贬义。—**blatantly** *adv*

blaze[1] /bleɪz ‖ blez/ *noun* **1** [C] a large and often dangerous fire 大火: *It took firemen four hours to put out the blaze.* 消防员花了四个小时才扑灭了那场大火。**2** [sing] **a blaze of sth** a very bright display of light or colour 鲜明的展示: *In the summer the garden was a blaze of colour.* 夏天的花园五彩缤纷。○ (*figurative* 比喻) *The new theatre was opened in a blaze of publicity* (= the newspapers, television, etc gave it a lot of attention). 新剧院的启用引来大众传媒的广泛报道。

blaze[2] /bleɪz ‖ blez/ *verb* [I] **1** to burn with bright strong flames 焚烧: *a blazing log fire* 熊熊燃烧的柴火 **2 blaze (with sth)** to be extremely bright; to shine brightly 通明: *I woke up to find that the room was blazing with sunshine.* 当我醒来，阳光已把房间照得一片明亮。○ (*figurative* 比喻) *'Get out!' she shouted, her eyes blazing with anger.* 她怒目圆睁，喊道："出去！"

blazer /'bleɪzə(r) ‖ 'blezɚ/ *noun* [C] a jacket, especially one that has the colours or sign (**badge**) of a school, club, team, etc on it; usually worn by men, or by schoolchildren as part of their uniform 上衣（尤其指有校徽/会徽(**badge**)等，或者是代表某团体的颜色上衣；通常是男装，或作为校服的一部分）: *a school blazer* 校服上衣

bleach /bli:tʃ ‖ blitʃ/ *verb* [T] to make sth white or lighter in colour (by using a chemical or by leaving it in the sun) 漂白；晒到褪色

bleach *noun* [C,U] a strong chemical substance used for making clothes, etc whiter or for cleaning things 漂白剂

bleak /bli:k ‖ blik/ *adj* **1** (used about a situation 指形势) bad; not encouraging or hopeful 不妙；黯淡: *a bleak future for the next generation* 下一代的黯淡前途 **2** (used about a place 指地方) cold, bare and grey 荒寒: *the bleak Yorkshire Moors* 荒芜的约克郡荒原 **3** (used about the weather 指天气) cold and grey 寒冷而阴暗: *a bleak winter's day* 寒冷而阴暗的冬日 —**bleakly** *adv* —**bleakness** *noun* [U]

bleary /'blɪərɪ ‖ 'blɪrɪ/ *adj* (used about the eyes 指眼睛) red, tired and unable to see clearly 红、疲倦、视线不清: *We were all rather bleary-eyed after the journey.* 经过这趟旅途的劳累，大家都眼睛发红、疲惫不堪。—**blearily** *adv*: *'What's the time?' he said blearily, switching on the light.* "现在是什么时候了？"他睡眼惺忪地说，随手亮了灯。

bleat /bli:t ‖ blit/ *verb* **1** [I] to make the sound of a sheep or goat 发出羊叫声；咩咩地叫 **2** [I,T] to speak in a weak, uncertain way 声音低弱、语气犹豫地说话；支吾 —**bleat** *noun* [C]

☆**bleed** /bli:d ‖ blid/ *verb* [I] (*pt*, *pp* **bled** /bled ‖ blɛd/) to lose blood 流血: *He was bleeding badly from a cut on his head.* 他头上的伤口在不停地流血。○ *Is your finger bleeding?* 你的手指是不是在流血？

bleeding *noun* [U] blood flowing from a cut, etc 流血: *He wrapped a scarf around his arm to try to stop the bleeding.* 他用围巾包扎着手臂来止血。

bleep /bli:p ‖ blip/ *noun* [C] a short, high sound made by an electronic machine 电子仪器发出的短而尖的声音；哔哔（声）

bleep *verb* **1** [I] (used about machines 指机器) to make a short high sound 发出短而尖的声音: *Why is the computer bleeping?* 为什么计算机发

出哔哔声？**2** [T] to attract a person's attention using a bleeper 吹响哨子引起注意

bleeper *noun* [C] a small piece of equipment that makes bleeps to let a person (eg a doctor) know when sb is trying to contact them 传呼机；可以哔哔地响的装置；哨子

blemish /'blemɪʃ ‖ 'blɛmɪʃ/ *noun* [C] a mark that spoils the way sth looks 污点；瑕疵：*make-up to hide spots and other blemishes* 掩藏斑点及其他瑕疵的化妆品

blemish *verb* [T] to spoil sth 糟蹋；损害

blend /blend ‖ blɛnd/ *verb* **1** [T] **blend A with B; blend A and B (together)** to mix 混合：*First blend the flour and the melted butter together.* 首先将面粉与融化了的黄油搀和。**2** [I] **blend with sth** to look or sound good with sth else 配合；协调：*new buildings which don't blend with their surroundings* 与四周环境不协调的新大厦 **3** [I] **blend (into sth)** to be difficult to tell apart from sth else 融入；融合：*These animals' ability to blend into their surroundings provides a natural form of defence.* 这些动物能将自己的颜色与四周融合为一，这是一种天然的保护方式。

(PHRASAL VERB 短语动词) **blend in (with sth)** to look or sound good with sth else because the two things are similar 配称：*The new room is decorated to blend in with the rest of the house.* 新房间装饰得与整幢房子其他各部分都十分协调。

blend *noun* [C] a mixture 混合物：*a blend of China and Indian tea* 中国茶和印度茶的混合物 ○ *He had the right blend of enthusiasm and experience.* 他既热情又有经验，二者完美交融。

blender /'blendə(r) ‖ 'blɛndɚ/ *noun* [C] = LIQUIDIZER

bless /bles ‖ blɛs/ *verb* [T] (*pt, pp* **blessed** /blest ‖ blɛst/) to ask for God's help and protection for sb/sth 祝福；求上帝庇佑：*At the end of the marriage service, the vicar will bless the young couple.* 婚礼结束时，牧师会祝福一对新人。

(IDIOMS 习语) **be blessed with sth/sb** to be lucky enough to have sth/sb 有幸得到：*The West of Ireland is an area blessed with many fine sandy beaches.* 爱尔兰西部有许多天然的好沙滩。

bless you! what you say to a person who has just sneezed 对刚打喷嚏的人所说的话

blessed /'blesɪd ‖ 'blɛsɪd/ *adj* **1** (in religious language 宗教语言) holy 神圣的：*the Blessed Virgin Mary* 圣母马利亚 **2** (in religious language 宗教语言) lucky; fortunate 有福了：*Blessed are the pure in heart.* 清心的人有福了。**3** giving great pleasure 带来快乐的：*The cool breeze brought blessed relief from the heat.* 炎热中的一阵清风使人凉快。**4** (used for expressing anger or surprise 表达愤怒或惊奇)：*Where's the blessed train?* 该死的列车哪里去了？

blessing /'blesɪŋ ‖ 'blɛsɪŋ/ *noun* [C] **1** a thing that you are grateful for or that brings happiness 福分；福气；祝福：*It's a great blessing that we have two healthy children.* 我们有两个健康的孩子，真是很幸福。○ *a blessing in disguise* (= something which seems unlucky but turns out to be a good thing) 塞翁失马（貌似祸害，实为福分）○ *to count your blessings* 知足常乐 **2** [usually sing] approval or support 赞成；支持：*They got married without their parents' blessing.* 他们没有得到父母同意就结了婚。**3** [usually sing] (a prayer asking for) God's help and protection 祈求上帝保佑的祷告；上帝的保佑：*to ask for God's blessing* 祈求上帝保佑 ○ *The priest said a blessing.* 神父念了一篇祝祷词。

blew *pt* of BLOW[1] ＊BLOW[1] 的过去时

☆**blind**[1] /blaɪnd ‖ blaɪnd/ *adj* **1** unable to see 失明；盲；瞎：*a blind person* 盲人 ○ *to be completely/partially blind* 完全盲了；部分失明

☛ We often describe a person as **visually handicapped** rather than **blind**. 形容失明用 **visually handicapped**（视觉缺失）比用 **blind** 好。**2 blind (to sth)** not willing to notice or understand sth 不愿注意或了解：*He was completely blind to her faults.* 他一点也觉察不到她的缺点。**3** without reason or thought 盲目：*her blind acceptance of fate* 她对命运的盲目接受 ○ *He drove down the motorway in a blind panic.* 他在恐慌中竟驾车沿高速公路直冲。**4** impossible to see round 看不到的：*You should never overtake on a blind corner.* 在死角处不可超车。

(IDIOM 习语) **turn a blind eye (to sth)** to pretend not to notice sth 假装看不见

the blind *noun* [plural] people who are blind 盲人：*ways of making homes safer for the blind* 使盲人居所更安全的方法 —**blindly** *adv* —**blindness** *noun* [U]

ˌ**blind 'date** *noun* [C] an arranged meeting between a man and a woman who have never met before to see if they like each other enough to begin a romantic relationship 经第三者安排的从未见过面的男女双方首次约会

'**blind spot** *noun* [C] **1** if you have a blind spot about sth, you cannot understand or accept it 不理解或不能接受的事物；盲点 **2** the part of the road that you cannot see when driving a car, ie the part which is just behind you 驾车时看不到的道路范围

blind[2] /blaɪnd ‖ blaɪnd/ *verb* [T] **1** to make sb unable to see 使看不见；使失明：*Her grandfather had been blinded in an accident* (= permanently). 她祖父在一次事故中双目失明了。○ *For a minute I was blinded by the lights of the oncoming car* (= for a short time). 迎面驶来的汽车发出强光，使我的双眼有一阵子看不到东西。**2 blind sb (to sth)** to prevent sb from being aware of sth 防止某人知道

blind[3] /blaɪnd ‖ blaɪnd/ *noun* [C] a piece of cloth or other material that you pull down to cover a window 窗帘；百叶窗；卷帘 ☛ picture at **curtain**. 见 **curtain** 插图。

blinders /'blaɪndəz ‖ 'blaɪndɚz/ *noun* [plural] (*US* 美) = BLINKERS

blindfold /'blaɪndfəʊld ‖ 'blaɪndˌfoʊld/ *verb* [T] to cover a person's eyes with a piece of cloth, etc so that he/she cannot see（用布等）蒙眼

blindfold *noun* [C] a piece of cloth, etc that is used for covering sb's eyes 蒙眼的布等

B

blink /blɪŋk ‖ blɪŋk/ *verb* **1** [I,T] to shut your eyes and open them again very quickly 眨眼: *Oh dear! You blinked just as I took the photograph!* 哎呀！我拍照的时候你刚好眨眼。 ☛ Look at **wink**. 参看 **wink**。 **2** [I] (used about a light 指光) to come on and go off again quickly 闪 —**blink** *noun* [C]

blinkers /'blɪŋkəz ‖ 'blɪŋkərz/ (*US* 美 **blinders**) *noun* [plural] pieces of leather fixed beside a horse's eyes so that it can only look straight in front（马的）眼罩

blip /blɪp ‖ blɪp/ *noun* [C] **1** a short sound made by an electronic machine 电子仪器发出的短促的声音 **2** a small point of light on a screen（屏幕上的）光点/标志 **3** a small problem that does not last for long 小问题

bliss /blɪs ‖ blɪs/ *noun* [U] perfect happiness 极乐: *fifteen years of domestic bliss with his wife Mary* 与他太太玛丽一同度过的十五年美满家庭生活 —**blissful** /-fl ‖ -fəl/ *adj* —**blissfully** /-fəlɪ ‖ -fəlɪ/ *adv*

blister /'blɪstə(r) ‖ 'blɪstər/ *noun* [C] a small painful area of skin that looks like a bubble and contains clear liquid. Blisters are usually caused by rubbing or burning 水疱: *These shoes give me blisters.* 这双鞋把我的脚磨得起了疱。

blister *verb* [I,T] to get or cause blisters 起水疱

blistering /'blɪstərɪŋ ‖ 'blɪstərɪŋ/ *adj* **1** very great or severe 十分大或严重: *the blistering midday heat* 正午的酷热 **2** showing great anger 十分愤怒的: *a blistering attack on his political enemies* 对政敌的痛击

blitz /blɪts ‖ blɪts/ *noun* [C] **1** a sudden heavy military attack, especially from the air 闪电袭击（尤其指空袭）**2 a blitz (on sth)** (*informal* 非正式) a sudden great effort 突然出力: *I had a blitz on the garden and it's looking quite nice now.* 经过我努力整理，花园现在看起来好多了。

blizzard /'blɪzəd ‖ 'blɪzərd/ *noun* [C] a very bad snowstorm with strong winds 暴风雪 ☛ Look at the note at **storm**. 参看 **storm** 的注释。

bloated /'bləʊtɪd ‖ 'blotɪd/ *adj* unusually or uncomfortably large and full because of liquid, food or gas inside 胀；臃肿: *I felt a bit bloated after all that food.* 吃了那么多东西，我觉得肚子有点发胀。

blob /blɒb ‖ blɑb/ *noun* [C] a small piece of a thick liquid 一小滴（浓液）: *a blob of paint, cream, etc* 一小滴油漆/乳脂…

bloc /blɒk ‖ blɑk/ *noun* [C, with sing or pl verb] a group of countries, political parties, etc who have similar political ideas and who act together 有近似政治见解、一起行动的国家/政党集团: *the Eastern bloc*（前）东欧集团

☆**block**[1] /blɒk ‖ blɑk/ *noun* [C] **1** a large, heavy piece of sth, usually with flat sides 一大块（通常表面平坦）: *a block of wood* 一块木 ○ *huge concrete blocks* 巨大的混凝土块 **2** a large building that is divided into separate flats or offices 大厦: *a block of flats* 公寓楼 ○ *an office block* 办公大楼 ☛ picture on page A23. 见第 A23 页插图。**3** a group of buildings in a town which has streets on four sides 街区: *I went for a walk around the block.* 我围着这个街区四周散了散步。**4** [usually sing] a thing that makes movement or progress difficult or impossible 障碍: *a block to further progress in the talks* 使会谈无进一步发展的障碍

(IDIOM 习语) **to have a block (about sth)** to be unable to think or understand sth properly（对某事物）无法正确思考或了解: *I had a complete mental block. I just couldn't remember his name.* 我什么也想不起来，记不起他的名字。

ˌ**block 'letter** (*also* 亦作 ˌ**block 'capital**) *noun* [C, usually pl] a capital letter 大写: *Please write your name in block letters.* 请用大写字母写你的名字。

☆**block**[2] /blɒk ‖ blɑk/ *verb* [T] **1 block sth (up)** to make it difficult or impossible for anything or anybody to pass 拦挡；阻塞: *Many roads are completely blocked by snow.* 许多道路完全被雪封住了。○ *I'm afraid the sink's blocked up.* 很抱歉，洗涤槽堵塞了。**2** to prevent sth from being done 阻止: *The management tried to block the deal.* 管理当局努力阻止那宗协议。**3** to prevent sth from being seen by sb 遮蔽: *Get out of the way, you're blocking the view!* 走开，你挡住了我的视线。

(PHRASAL VERBS 短语动词) **block sth off** to separate one area from another with sth solid 用障碍物把某地区隔开；封锁: *This section of the motorway has been blocked off by the police.* 警方将这段高速公路封锁了。

block sth out to try not to think about sth unpleasant 设法不去想不愉快的事: *She tried to block out the memory of the crash.* 她尝试忘记那次撞车事故。

blockage /'blɒkɪdʒ ‖ 'blɑkɪdʒ/ *noun* [C] a thing that is blocking sth; the state of being blocked 障碍；阻塞: *a blockage in the drainpipe* 排水管淤塞 ○ *blockages on some major roads* 一些主要道路上的障碍

blockade /blɒ'keɪd ‖ blɑ'ked/ *noun* [C] a situation in which a place is surrounded by soldiers or ships in order to prevent goods or people from reaching it 封锁；禁运 —**blockade** *verb* [T]

blockbuster /'blɒkbʌstə(r) ‖ 'blɑkˌbʌstər/ *noun* [C] a book or film with an exciting story which is very successful and popular 极受欢迎的书籍/电影；畅销书/影片: *the latest Hollywood blockbuster, Robin Hood* 最近美国电影界最受欢迎的作品《罗宾汉》

bloke /bləʊk ‖ blok/ *noun* [C] (*Brit informal* 英，非正式) a man 男人: *He's a really nice bloke.* 他真是个好人。○ *What does her bloke* (= boyfriend) *do?* 她的男朋友是做哪一行的？

blond (*also* 亦作 **blonde**) /blɒnd ‖ blɑnd/ *noun* [C], *adj* (a person) with fair or yellow hair 浅色或金黄色毛发（的人）: *Most of our family have blond hair.* 我的家里人头发大都是金黄色的。☛ When describing women the spelling **blonde** is used 形容女性用 **blonde**: *She's tall, slim and blonde.* 她高高的，瘦瘦的，有金黄色的头发。The noun is usually only used of women and is spelt **blonde** 作名词时通常只用以指女性，拼法是 **blonde**: *She's a blonde.* 她是个金发女郎。

☆**blood** /blʌd ‖ blʌd/ *noun* [U] the red liquid that flows through the body 血液；血：*Blood was pouring from a cut on his knee.* 他膝上的伤口涌出鲜血。○ *The heart pumps blood around the body.* 心脏将血液送往身体各处。

(IDIOMS 习语) **in your blood** a strong part of your character 性格上的特点：*A love of the countryside was in his blood.* 他生性喜欢乡间。

in cold blood ⇨ COLD[1]

ˈ**blood bath** *noun* [C] an act of violently killing many people 大规模杀戮

ˈ**blood-curdling** *adj* horrible and frightening 骇人的：*a blood-curdling scream* 可怕的尖叫声

ˈ**blood donor** *noun* [C] a person who gives his/her blood for use in medical operations 捐血者；献血的人

ˈ**blood group** (*also* 亦作 ˈ**blood type**) *noun* [C] any of several different types of human blood 血型：*Do you know which blood group you belong to?* 你的血型是哪一种？

ˈ**blood pressure** *noun* [U] the force with which the blood travels round the body 血压：*to have high/low blood pressure* 血压高/低

ˈ**bloodshed** *noun* [U] the killing or wounding of people 杀人；伤人：*Both sides in the war want to avoid further bloodshed.* 交战双方都希望避免更多流血。

ˈ**bloodshot** *adj* (used about the white part of the eyes 指白眼珠) full of red lines, eg when sb is tired 充血

ˈ**blood sport** *noun* [C] a sport such as foxhunting, in which animals are killed 打猎

ˈ**bloodstained** *adj* having marks of blood on it 染有血迹/鲜血的

ˈ**bloodstream** *noun* [sing] the blood as it flows through the body 血流（在体内循环的血液）：*drugs injected straight into the bloodstream* 直接注射入血流的药物

ˈ**blood transfusion** *noun* [C] an injection of blood into a person's body 输血：*to have a blood transfusion* 接受输血

ˈ**blood-vessel** *noun* [C] any of the tubes in the body which blood flows through 血管

bloodless /ˈblʌdlɪs ‖ ˈblʌdlɪs/ *adj* **1** (used about a part of the body 指身体某部分) very pale 苍白 **2** without killing or violence 不流血的：*a bloodless coup* 不流血政变

bloodthirsty /ˈblʌdθɜːstɪ ‖ ˈblʌdˌθɝstɪ/ *adj* eager to use violence or to watch scenes of violence 有暴力倾向的；喋血成性的；嗜血的

bloody[1] /ˈblʌdɪ ‖ ˈblʌdɪ/ *adj* (**bloodier**; **bloodiest**) **1** involving a lot of violence and killing 涉及暴力及杀戮的：*a bloody war* 残暴的战争 **2** covered with blood 染血的：*a bloody knife* 有血迹的刀

bloody[2] /ˈblʌdɪ ‖ ˈblʌdɪ/ *adj, adv* (*Brit informal* 英，非正式) (used for emphasizing anger, annoyance or just an opinion 用于强调愤怒、烦厌或纯粹表示看法)：*The bloody train was late again this morning.* 该死的列车今天早上又误点了。○ *What a bloody stupid idea!* 好笨的想法！○ *We had a bloody good time.* 我们度过了一段美妙的时光。☛ Some people think that it is rude to use this word. 有些人觉得用这个字很粗鲁。

ˈ**bloody-ˈminded** *adj* (*Brit informal* 英，非正式) difficult and unhelpful, often on purpose 故意刁难的；难相处的

bloom /bluːm ‖ blum/ *noun* [C] a flower 花朵

(IDIOM 习语) **in bloom** with its flowers open 开花；盛放：*All the wild plants are in bloom.* 野生植物正百花盛开。

bloom *verb* [I] to produce flowers 开花：*This shrub blooms in May.* 这种灌木在五月开花。○ (*figurative* 比喻) *You look blooming* (= very healthy)! 你看起来精神饱满。

blossom /ˈblɒsəm ‖ ˈblɑsəm/ *noun* [C,U] a flower or a mass of flowers, especially on a fruit tree 花朵或花丛（尤指在果树上的）：*The apple tree is covered in blossom.* 那株苹果树开满了花。

blossom *verb* [I] **1** (used especially about trees 尤指树) to produce flowers 开花 **2 blossom (out) (into sth)** to develop well 发展/成长得很好：*She had blossomed (out) into a lovely young girl.* 她已经出落成一个可爱的姑娘。

blot[1] /blɒt ‖ blɑt/ *noun* [C] **1** a spot or stain, especially one made by ink on paper 污点（尤指纸张上的墨水渍）**2 a blot on sth** a thing that spoils sb's reputation, character, future, etc（指人的）污点

blot[2] /blɒt ‖ blɑt/ *verb* [T] (blo**tt**ing; blo**tt**ed) **1** to make a spot or stain on sth, especially one of ink on paper 弄上污渍（尤其是在纸张上弄上墨水渍）**2** to dry spots of liquid on sth by pressing it with soft paper or cloth 用柔软的纸张或布吸干污渍

(PHRASAL VERB 短语动词) **blot sth out** to cover or hide 覆盖；收藏：*Heavy fog blotted out the view completely.* 大雾把景物都遮了。○ *She kept herself busy, hoping to blot out her unhappy memories* (= trying not to think of them). 她拼命工作，希望把不愉快的事忘掉。

ˈ**blotting-paper** *noun* [U] soft paper that you use for drying wet ink on writing paper, etc 吸墨纸

blotch /blɒtʃ ‖ blɑtʃ/ *noun* [C] a mark or an area of different colour, especially on sb's skin 斑点/斑/痕（尤指皮肤上的）：*The blotches on her face showed that she had been crying.* 看见她脸上的泪痕，才知道她哭过。

blotched (*also* 亦作 **blotchy**) *adj* covered in blotches（泪痕等）斑斑

☆**blouse** /blaʊz; *US* 美 blaʊs ‖ blaus/ *noun* [C] a piece of clothing like a shirt, that women wear（女装）衬衫

☆**blow**[1] /bləʊ ‖ blo/ *verb* (*pt* **blew** /bluː ‖ blu/; *pp* **blown** /bləʊn ‖ blon/) **1** [I] (used about wind, air, etc 指风、气流等) to move 吹；刮：*Out at sea, a gentle breeze was blowing.* 海面微风轻拂。**2** [I] to send air out of the mouth 用口呼气：*Take a deep breath and then blow.* 深呼吸。**3** [T] to make or shape sth by blowing air out of your mouth 用口吹：*to blow bubbles* 吹肥皂泡 **4** [I,T] to produce sound from a musical instrument, whistle, etc by means of air 吹（乐器、哨子等）：*I heard the guard's*

B

whistle blow as I ran up the station steps. 我奔上车站台阶的时候，车长的哨子已经吹响了。○ *He blew a few notes on the trumpet.* 他吹了一阵子喇叭。○ *All the drivers behind me were blowing their horns.* 我后面的车子全都在鸣喇叭。**5** [T] (*informal* 非正式) to waste an opportunity of succeeding in sth 错失（良机）: *I think I've blown my chances of promotion.* 看来我把升职良机都丢了。**6** [T] **blow sth (on sth)** (*informal* 非正式) to spend or waste a lot of money on sth（在某事物上）大量花费/浪费金钱: *She blew all her savings on a trip to China.* 她到中国走了一趟，把自己的积蓄通通都花掉了。**7** [I,T] (*informal* 非正式) (used for expressing anger, annoyance or the fact that you do not care about sth 表示愤怒、苦恼或满不在乎): *Oh, blow! It's raining.* 呀，下雨了！○ *'What will the neighbours think?' 'Oh blow the neighbours* (= I don't care about them)*!'* “邻居会怎么说？”“管他什么邻居不邻居呢！” **8** [I,T] (used about an electric fuse 指保险丝) to stop working suddenly because the electric current is too strong; to make sth do this 烧断；使烧断保险丝: *A fuse has blown.* 保险丝烧断了。○ *I think the kettle's blown a fuse.* 看来这把水壶的保险丝烧断了。

(IDIOM 习语) **blow your nose** to clear your nose by blowing strongly through it into a handkerchief, etc 擤鼻涕

(PHRASAL VERBS 短语动词) **blow (sb/sth) down, off, over, etc** to move or make sth move through the air in the direction mentioned, because of the wind, etc（给）吹掉: *My papers blew all over the garden.* 风把我的文件吹跑了，园子里满地都是。○ *The balloons blew away into the sky.* 气球都飘到天上去了。○ *The wind suddenly blew my hat off.* 一阵突然而来的风把我的帽子吹掉了。

blow sth out to make sth stop burning by blowing air at it 吹熄: *to blow out the candles on a birthday cake* 把生日蛋糕上的蜡烛吹熄

blow over to pass away; to end 散退: *I expect those black clouds will soon blow over.* 看情形乌云很快就会消散。○ *We often have arguments but they usually blow over fairly quickly.* 我们虽然不时有点纷争，但过不了多久总是言归于好。

blow up 1 to explode or to be destroyed in an explosion 爆炸；给炸毁: *A bomb blew up near Oxford Street this morning.* 今天上午牛津街附近发生炸弹爆炸。○ *The car blew up when the door was opened.* 车门一打开，车就炸了。**2** to start suddenly and strongly 暴发；爆发: *A storm blew up in the night.* 晚上暴风雨勃发。○ *An argument blew up about money.* 他们在钱的问题上突然吵起来。**3** (*informal* 非正式) to become very angry 动怒: *The teacher blew up when I said I'd forgotten my homework.* 我跟老师说忘了做家庭作业，他勃然大怒。

blow sth up 1 to make sth explode or to destroy sth in an explosion 引爆；炸毁: *The terrorists tried to blow up the plane.* 恐怖分子企图炸毁飞机。**2** to fill sth with air or gas 打气；加压使气进入: *to blow up a balloon* 给气球打气

blow *noun* [C] an act of blowing 吹: *Give your nose a blow!* 使劲擤一下！

ˈ**blow-dry** *verb* [T] (*pt, pp* **blow-dried**) to dry and shape sb's hair using a hairdrier that you hold and a brush 吹风做发型

ˈ**blow-dry** *noun* [sing]: *an appointment at the hairdresser's for a cut and blow-dry* 跟理发店约好了时间理发和吹风

☆**blow**² /bləʊ ‖ blo/ *noun* [C] **1** a hard knock from your hand, a weapon, etc that hits or is intended to hit sb/sth 重击: *He felt a blow on the back of his head and fell down unconscious.* 他光晓得脑后吃了一下闷棍便昏倒在地。○ *She aimed a blow at me.* 她冲着我抡起拳头。**2 a blow (to sb/sth)** a sudden shock or disappointment 突如其来的打击或挫折: *It was rather a blow when I heard that I hadn't got the job.* 一听见人家不聘用我，我感到很大的打击。

(IDIOMS 习语) **a blow-by-blow account, description, etc (of sth)** an account, etc of an event that gives all the exact details of it 细致的叙述/描绘…

come to blows (over sth) to start fighting or arguing (about sth)（为某事）打架/争吵: *We always come to blows over where to go for our holiday.* 我们老是为了到哪里去度假而闹到吵架的地步。

deal sb/sth a blow; deal a blow to sb/sth ⇨ DEAL²

blown *pp* of BLOW¹ ＊BLOW¹ 的过去分词

☆**blue**¹ /blu: ‖ blu/ *adj* **1** having the colour of a clear sky on a sunny day 蓝色的；蔚蓝色的: *His eyes were bright blue.* 他有一双明亮的蓝眼睛。○ *light/dark blue* 浅/深蓝的 **2** (*informal* 非正式) (often used in popular songs 常用以指流行歌曲) sad 忧郁 **3** (used about jokes, films, etc 指笑话、电影等) connected with sex 与性爱有关

(IDIOM 习语) **black and blue** ⇨ BLACK

ˌ**blue-ˈcollar** *adj* doing or involving physical work with the hands rather than office work 蓝领的；从事体力劳动的

☆**blue**² /blu: ‖ blu/ *noun* **1** [C,U] the colour of a clear sky on a sunny day 蓝色；蔚蓝色: *I'd like some curtains with some blue in them.* 我想要几块带点儿蓝色的窗帘。○ *dressed in blue* (= blue clothes) 身穿蓝色衣服 **2 the blues** [plural, with sing or pl verb] a type of slow sad music similar to jazz 布鲁斯音乐/蓝调（一种感伤而缓慢的音乐，跟爵士乐相似）: *a blues singer* 布鲁斯歌手 **3 the blues** [plural] (*informal* 非正式) the state of feeling sad or depressed 忧郁；沮丧: *to have the blues* 闷闷不乐

(IDIOMS 习语) **once in a blue moon** ⇨ ONCE

out of the blue suddenly; without being expected 突如其来；晴天霹雳: *I didn't hear from him for years and then this letter came out of the blue.* 多年来他音信全无，现在突然给我来了信。

blueprint /ˈbluːprɪnt ‖ ˈbluˌprɪnt/ *noun* [C] a plan or description of how to make, build or achieve sth 蓝图

bluff /blʌf ‖ blʌf/ *verb* [I,T] to try to convince people of sth that is not really true, usually by appearing very confident 吹牛；吹嘘: *Don't take any notice of him, he's just bluffing.* 别睬他，他不过是在吓唬人。○ *They tried to bluff their parents into believing there was no school that day.* 他们骗自己的爸爸妈妈说那天没有课。—**bluff** *noun* [C,U]: *John keeps threatening to leave home but I'm sure it's only bluff!* 约翰老嚷着要离家出走，我敢说他只是吓唬吓唬人而已。

bluish (*also* 亦作 **blueish**) /ˈbluːɪʃ ‖ ˈbluɪʃ/ *adj* (*informal* 非正式) slightly blue 浅蓝色的: *bluish green* 蓝绿色

blunder /ˈblʌndə(r) ‖ ˈblʌndɚ/ *noun* [C] a silly mistake 愚蠢的错误；过失: *I'm afraid I've made a terrible blunder.* 恐怕我已犯了严重的过失。

blunder *verb* [I] to make a blunder 犯愚蠢的错误

(PHRASAL VERB 短语动词) **blunder about, around, etc** to move in an uncertain or careless way, as if blind 瞎跑；瞎闯: *We blundered about in the dark, trying to find the light switch.* 我们摸黑磕磕绊绊地找电灯开关。

blunt /blʌnt ‖ blʌnt/ *adj* **1** (used about a person, remark, etc 指人、说话等) saying exactly what you think in a not very polite way 直率；不客气: *I'm sorry to be so blunt, but I'm afraid you're just not good enough.* 恕我直言，你根本不够资格。**2** (used about a knife, pencil, tool, etc 指刀、铅笔、工具等) not sharp 钝；不锋利: *blunt scissors* 钝剪

blunt *verb* [T] to make sth less sharp or less strong 弄钝 —**bluntly** *adv* —**bluntness** *noun* [U]

blur /blɜː(r) ‖ blɝ/ *noun* [C, usually sing] something that you cannot see or remember clearly 模糊的景物或记忆: *Through the window of the train the countryside was just a blur.* 火车厢外田野景色一片模糊。

blur *verb* [I,T] (blu**rr**ing; blu**rr**ed) to become unclear; to make sth less clear 变得模糊；使模糊: *The words on the page blurred as tears filled her eyes.* 她热泪盈眶，眼前的字句都变得模糊了。○ *His thoughts were blurred and confused.* 他越想越糊涂，心里一团乱麻。

blurt /blɜːt ‖ blɝt/ *verb*

(PHRASAL VERB 短语动词) **blurt sth out** to say sth suddenly or without thinking 脱口而出: *We didn't want to tell Mum but Ann blurted the whole thing out.* 我们原本不想跟妈妈说，谁知道安妮脱口而出，全都说了。

blush /blʌʃ ‖ blʌʃ/ *verb* [I] to become red in the face, especially because of shame or embarrassment 红脸（尤指因害羞或受窘）: *She blushed with embarrassment.* 她红了脸，一副窘相。—**blush** *noun* [C, usually sing]: *She admitted, with a blush, that she had been lying.* 她红着脸，承认自己撒了谎。

boa /ˈbəʊə ‖ ˈboə/ (*also* 亦作 ˈ**boa constrictor**) *noun* [C] a large snake that kills animals by squeezing them 蟒蛇

boar /bɔː(r) ‖ bɔr/ *noun* [C] (*pl* **boar** or **boars**) **1** a male pig 雄猪 **2** a wild pig 野猪 ☛ Look at the note at **pig**. 参看 **pig** 的注释。

☆**board**[1] /bɔːd ‖ bɔrd/ *noun* **1** [C] a long, thin, flat piece of wood used for making floors, walls, etc（用于墙壁、地面等的）木板（条）: *The old house needed new floorboards.* 这座旧房子要换上新地板。**2** [C] a thin flat piece of wood, etc used for a particular purpose 各种专用薄木板: *an ironing-board* 熨衣板 ○ *a diving-board*（跳水用的）跳板 ○ *a blackboard* 黑板 ○ *a surfboard* 冲浪板 **3** [C] a flat and usually square piece of wood, cardboard, etc that you play certain games on 棋盘: *a chessboard* 国际象棋棋盘 ○ *board games* (= games you play on a board) 棋类游戏 ☛ picture at **chess**. 见 **chess** 插图。**4** [C, with sing or pl verb] a group of people who control an organization, company, etc 理事会；董事局；委员会: *The board of directors is/are meeting to discuss the firm's future.* 董事局快要开会讨论公司的未来。○ *the Irish Tourist Board* 爱尔兰旅游局 **5** [U] the meals that are provided when you stay in a hotel, etc（旅馆等提供的）膳食: *The prices are for a double room and full board* (= all the meals). 这是双人房间连三餐的费用。

(IDIOMS 习语) **above board** ⇨ ABOVE

across the board ⇨ ACROSS

on board on a ship or aeroplane 在船上；在飞机上: *All the passengers were safely on board.* 乘客已全部顺利上船/登机。

board[2] /bɔːd ‖ bɔrd/ *verb* [T] to get on a plane, ship, bus, etc 登上（飞机、轮船、公共汽车等）: *We said goodbye and boarded the train.* 我们道别后就登上火车。○ *Lufthansa flight LH120 to Hamburg is now boarding* (= ready to take passengers) *at Gate 27.* 乘搭德国航空公司LH120号航班前往汉堡的旅客，请在27号入口登机。

(PHRASAL VERB 短语动词) **board sth up** to cover with boards[1](1) 用木板遮盖/围起: *Nobody lives there now – it's all boarded up.* 这地方现在已经用木板钉了起来，里面已无人居住。

boarder *noun* [C] **1** a person who pays to live at sb's house 寄宿者 **2** a pupil who lives at a school during term-time 寄宿生

ˈ**boarding card** *noun* [C] a card that you must show in order to board a plane or ship 登机牌；登船证: *Could passengers please have their boarding cards ready for inspection?* 请各位旅客拿出登机牌，方便我们检查。

ˈboarding-house *noun* [C] a private house where you can pay to stay and have meals for a period of time（供膳食的）寄宿处/宿舍

ˈboarding-school *noun* [C] a school that pupils live at during term-time 寄宿学校

boardroom /ˈbɔːdruːm; -rʊm ‖ ˈbɔrdˌrum; -ˌrʊm/ *noun* [C] the room where a company's board of directors meets 董事会议室

B

boast /bəʊst ‖ bost/ *verb* **1** [I,T] to talk with too much pride about sth that you have or can do 吹嘘；自夸；自吹自擂: *I wish she wouldn't boast about her family so much.* 要是她不过分吹嘘自己家族就好了。○ *He's always boasting that he's the fastest runner in the school.* 他总爱夸耀自己是全校跑得最快的人。**2** [T] (used about a place 指某地方) to have sth that it can be proud of 有（引以为荣的事物）: *The town boasts over a dozen restaurants.* 这个镇引以为荣的是有十来家饭店。

boast *noun* [C] **1** something you say that is too proud 自夸的话；大话: *I didn't believe his boasts about how well he played.* 他总自夸技术如何了不得，我不相信他。**2** a thing that you are proud of 引以自豪的事物: *It is our proud boast that our city is the most exciting in Europe.* 我们的城市是全欧洲最好玩的，我们都引以自豪。

boastful /-fʊl ‖ -ˌfəl/ *adj* (used about a person or the things that he/she says 指某人或某人所说的话) showing too much pride 自夸的

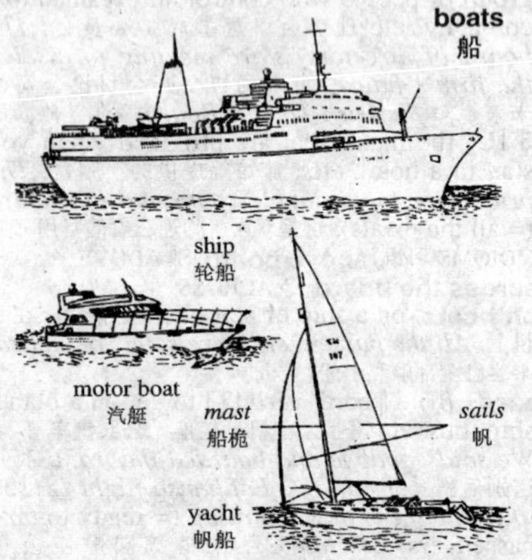

☆**boat** /bəʊt ‖ bot/ *noun* [C] a small vehicle that is used for travelling across water 小船: *The cave can only be reached by boat/in a boat.* 那山洞要乘船才可到达。○ *a rowing boat* 划艇 ○ *a fishing boat* 渔船 ○ *a motor boat* 汽艇 ☛ Usually **boat** means a small vessel but it can also be used for a large ship, especially one that carries passengers ＊ **boat** 一般指小船，但也可指大船，尤其是客轮: *When does the next boat to France sail?* 开往法国的下一班客轮什么时候起航？

bob /bɒb ‖ bɑb/ *verb* (bo**bb**ing; bo**bb**ed) [I,T] to move quickly up and down; to make sth do this（使）起伏: *The boats in the harbour were bobbing up and down in the water.* 港口内的小船在水中飘荡。

(PHRASAL VERB 短语动词) **bob up** to appear suddenly 突然出现: *He disappeared and then bobbed up again on the other side of the pool.* 他一下子潜入了水中，一下子又在游泳池的另一边冒出头来。

bobby /ˈbɒbɪ ‖ ˈbɑbɪ/ *noun* [C] (*pl* **bobbies**) (*Brit informal* 英，非正式) a policeman 警察

bode /bəʊd ‖ bod/ *verb*

(IDIOM 习语) **bode well/ill (for sb/sth)** to be a good/bad sign for sb/sth（对某人/某事）是好/坏兆头

bodily /ˈbɒdɪlɪ ‖ ˈbɑdɪlɪ/ *adj* of the human body; physical 人体的；身体的: *First we must attend to their bodily needs* (= make sure that they have a home, enough to eat, etc). 首先，我们必须照顾他们的物质需要（保证他们得到温饱等）。

bodily *adv* by taking hold of the body 以抓住身体的方式: *She picked up the child and carried him bodily from the room.* 她举起小孩把他从房间里抱了出来。

☆**body** /ˈbɒdɪ ‖ ˈbɑdɪ/ *noun* (*pl* **bodies**) **1** [C] the whole physical form of a person or animal 身体；躯体: *the human body* 人体 **2** [C] the body apart from the legs, arms and head 躯干；胴体: *She had injuries to her head and body.* 她的头部跟身躯都受了伤。**3** [C] a dead human body 尸首；尸体: *The police have found a body in the canal.* 警察在运河发现了一具尸体。**4** [sing] the main part of sth 主体；大多数: *The main body of the guests will arrive at about 7 o'clock.* 客人大多会在7点左右到达。**5** [C, with sing or pl verb] a group of people who work or act together, especially in an official way 一群人（尤指为公务而共事的）；团体: *The governing body of the college meets/meet once a month.* 大学的管理机构每月开会一次。**6** [C] an object 物体: *Do not remove a foreign body* (= something that should not be there) *from a wound. Leave that to the doctor.* 别从伤口取出异物，应该由医生诊治。

(IDIOM 习语) **in a body** all together 全部: *The students went in a body to complain to their teacher.* 学生们一齐去向老师投诉。

ˈbody-building *noun* [U] making the muscles of the body stronger and larger by exercise 健身

ˈbody language *noun* [U] showing how you feel by the way you move, stand, sit, etc, rather than by what you say 姿势语；体态语；身体语言

ˈbody odour *noun* [U] (*abbr* 缩写 **BO**) the unpleasant smell of a person's body when it is sweating 体臭；汗臭

bodyguard /ˈbɒdɪgɑːd ‖ ˈbɑdɪˌgɑrd/ *noun* [C] a person or group of people whose job is to protect sb 保镖；保卫人员 ☛ When **bodyguard** means a group of people, it can be used with either a singular or plural verb ＊ **bodyguard** 用以指一群人时，可与单数或复数动词连用: *His bodyguard is/are armed.* 他的保镖带了武器。

bog /bɒɡ ‖ bɑɡ/ *noun* **1** [C,U] an area of ground that is very soft and wet 沼泽: *the peat bogs of central Ireland* 爱尔兰中部的泥炭沼泽 **2** [C] (*Brit slang* 英，俚语) a toilet 茅房；厕所

ˌ**bogged** ˈ**down** *adj* **1** if a vehicle is bogged down, it has sunk into mud, etc and cannot move（指车辆）陷入泥沼等 **2** if a person is bogged down in sth, he/she cannot make any progress（指人）停滞不前: *We got bogged down in a long discussion and didn't have time to make any decisions.* 我们陷入没完没了的讨论，根本就没有时间做什么决定。

boggy /ˈbɒɡɪ ‖ ˈbɑɡɪ/ *adj* (used about land 指土地) soft and wet, so that your feet sink into it 又湿又软的

boggle /ˈbɒɡl ‖ ˈbɑɡl/ *verb* [I] to be very surprised at sth, or to find it difficult to imagine 大吃一惊；难以想象: *Bob Brown as headteacher? The mind boggles!* 鲍勃·布朗当校长？不可能吧！

bogus /ˈbəʊɡəs ‖ ˈboɡəs/ *adj* pretending to be sth that it is not; not genuine 假；伪: *He made a bogus claim to the insurance company.* 他向保险公司虚报损失并要求赔偿。

☆**boil**[1] /bɔɪl ‖ bɔɪl/ *verb* **1** [I] (used about a liquid 指液体) to reach a high temperature where bubbles rise to the surface and the liquid changes to a gas 沸腾: *Water boils at 100°C.* 水的沸点是100摄氏度。○ *The kettle's boiling* (= the water inside the kettle).（壶里的）水开了。**2** [T] to heat a liquid until it boils and let it keep boiling 烧开；煮开: *Boil all drinking water for five minutes.* 水煮开后再滚五分钟才能喝。**3** [I,T] to cook in boiling water 放在开水里煮: *Put the potatoes on to boil, please.* 请把马铃薯放进去煮熟。○ *He doesn't even know how to boil an egg.* 他连鸡蛋也不会煮。**4** [I] (used about a person 指人) to feel very angry 动怒: *She was boiling with rage.* 她在大发雷霆。

(PHRASAL VERBS 短语动词) **boil down to sth** to have sth as the most important point 归结起来: *What it all boils down to is that you don't want to spend too much money.* 归根结底一句话，你不想花太多钱。

boil over **1** (used about a liquid 指液体) to boil and flow over the sides of a pan 沸腾并溢出；潽: *You let the soup boil over.* 你把汤煮潽了。**2** (used about an argument or sb's feelings) to become more serious or angry（指争执）加剧；（指人）发怒

boil *noun* [sing] an act or period of boiling 沸腾

(IDIOMS 习语) **bring sth to the boil** to heat sth until it boils 烧开；煮开: *Bring the soup to the boil, then allow to simmer for five minutes.* 把汤煮开，再用文火煮五分钟。

come to the boil to begin to boil 沸腾起来

boiling (*also* 亦作 **boiling** ˈ**hot**) *adj* (*informal* 非正式) very hot 沸热: *Open a window – it's boiling hot in here.* 开窗吧，这里边热死啦。○ *Can I have a drink? I'm boiling.* 我快热死啦，想喝点儿什么。

ˈ**boiling-point** *noun* [C] the temperature at which a liquid starts to boil 沸点

boil[2] /bɔɪl ‖ bɔɪl/ *noun* [C] a painful swelling under your skin, like a large spot 疖子: *The boil on my neck has burst.* 我脖子上的疖子破了。

boiler /ˈbɔɪlə(r) ‖ ˈbɔɪlɚ/ *noun* [C] **1** a metal container used for providing hot water in a house（家用）烧水锅 **2** a large metal container used for producing steam in an engine 锅炉

ˈ**boiler suit** *noun* [C] a piece of clothing that covers your body, arms and legs, worn especially for dirty work（干粗活穿的）连衫裤

boisterous /ˈbɔɪstərəs ‖ ˈbɔɪstərəs/ *adj* (used about a person or his/her behaviour 指人或举动) noisy and full of energy 喧腾的: *Their children are very nice but they can get a bit too boisterous.* 他们家的小孩很可爱，就是有点闹。—**boisterously** *adv*

☆**bold** /bəʊld ‖ bold/ *adj* **1** (used about a person or his/her behaviour 指人或举动) brave and confident; not afraid 果敢；无畏: *Not many people are bold enough to say exactly what they think.* 敢说敢言的人并不多。○ *We need somebody with bold new ideas.* 我们需要有大胆的创意的人。**2** that you can see clearly 醒目: *The new fashion is for bold, bright colours.* 时下流行鲜艳夺目的色调。**3** (used about printed letters 指印刷字) in thick, dark type 以黑体排印: *The title was written in bold type.* 标题用的是黑体字。—**boldly** *adv* —**boldness** *noun* [U]

bollard /ˈbɒlɑːd ‖ ˈbɑlɚd/ *noun* [C] a short thick concrete post in the middle or at the side of a road. Bollards divide the two sides of the road, or they are used to stop cars passing or parking.（竖立在马路中央或旁边的）混凝土隔离墩（可用来截开车行道，也可用来防止车辆越过或停车）

bolster /ˈbəʊlstə(r) ‖ ˈbolstɚ/ *verb* [T] **bolster sb/sth (up)** to support or encourage sb/sth; to make sth stronger 鼓舞；增强: *His remarks did nothing to bolster my confidence.* 他的话没给我增强一点儿信心。

bolt[1] /bəʊlt ‖ bolt/ *noun* [C] **1** a small piece of metal (shaped like a screw without a point) that is used with another piece of metal (**a nut**) for fastening things together. The nut screws onto the bolt. 螺栓（与螺母 (**nut**) 配合，用以把东西固定在一起）**2** a bar of metal that you can slide across the inside of the door in order to fasten it 门闩；插销

bolt *verb* [T] **1** to fasten one thing to another using a bolt 上螺栓: *All the tables have been bolted to the floor so that nobody can steal them.* 全部桌子都用螺栓安紧在地上，谁也偷不了的。**2** to fasten a door, etc with a bolt 闩（门等）: *Make sure that the door is locked and bolted.* 别忘了锁门上闩。

bolt[2] /bəʊlt ‖ bolt/ *verb* **1** [I] (used especially about a horse 尤指马) to run away very suddenly, usually in fear 惊；奔窜: *The noise of the explosion made the horses bolt.* 一声爆响，把那些马都吓跑了。**2** [T] **bolt sth (down)** to eat sth very quickly 狼吞虎咽: *She bolted down a sandwich and dashed out of the house.* 她把三明治往口里一塞，便从屋子奔了出去。

bolt[3] /bəʊlt ‖ bolt/ *adv*
(IDIOM 习语) **bolt upright** (sitting or standing) very straight 笔直地坐/站着

☆**bomb** /bɒm ‖ bɑm/ *noun* **1** [C] a container that is filled with material that will explode when it is thrown or dropped, or when a device inside it sets it off 炸弹: *There are reports that a bomb has gone off at the station.* 据报车站发生炸弹爆炸。○ *The terrorists planted the bomb in a waste-bin.* 恐怖分子把炸弹藏在垃圾箱里。○ *Several tons of bombs were dropped on the city.* 在这个城市投下的炸弹有好几吨。**2 the bomb** [sing] nuclear weapons 核武器: *How many countries have the bomb now?* 现在有多少个国家拥有核武器? **3 a bomb** [sing] (*informal* 非正式) a lot of money 一大笔钱: *That coat must have cost you a bomb!* 那件外套准要花你一大笔钱。

bomb *verb* [T] to attack a city, etc with bombs 轰炸: *Enemy forces have bombed the bridge.* 敌军轰炸了桥梁。
(PHRASAL VERB 短语动词) **bomb along, down, up, etc** (*Brit informal* 英,非正式) to move along very fast in the direction mentioned, especially in a vehicle (尤指车辆沿所述方向)飞驰: *He was bombing along at 90 miles an hour when the police stopped him.* 警察把他截住的时候,他正以每小时90英里的速度飞驰。

ˈ**bomb-disposal** *noun* [U] the removing or exploding of bombs in order to make an area safe 未爆炸弹的处理/拆除/炸除: *a bomb-disposal expert* 拆弹专家;未爆炸弹处理专家

bombard /bɒmˈbɑːd ‖ bɑmˈbɑrd/ *verb* [T] to attack a place with bombs or guns 轰击;轰炸: *They bombarded the city until the enemy surrendered.* 他们对该市进行炮轰,直至敌军投降为止。○ (*figurative* 比喻) *The reporters bombarded the minister with questions.* 记者向部长提出连珠炮似的问题。

bombardment /bɒmˈbɑːdmənt ‖ bɑmˈbɑrdmənt/ *noun* [C,U] an attack with bombs or guns 轰击: *The main radio station has come under enemy bombardment.* 主要电台遭到了敌军炮轰。

bomber /ˈbɒmə(r) ‖ ˈbɑmɚ/ *noun* [C] **1** a type of aeroplane that drops bombs 轰炸机 **2** a person who throws bombs or leaves them to explode in a public place 扔炸弹的人;放炸弹的人

bombshell /ˈbɒmʃel ‖ ˈbɑmˌʃɛl/ *noun* [C, usually sing] an unexpected piece of news, usually about sth unpleasant 意外的消息(通常是令人不快的)

bona fide /ˌbəʊnə ˈfaɪdɪ ‖ ˈbonəˈfaɪdɪ/ *adj, adv* real or genuine 真正的: *This car park is for the use of bona fide customers only.* 这是本店顾客专用的停车场。

bond /bɒnd ‖ bɑnd/ *noun* **1** [C] (often plural) something that links two or more people or groups of people together, such as a feeling of friendship 联系(起沟通作用的事物,例如友谊): *Our two countries are united by bonds of friendship.* 我们两国人民心连心。**2** [C] a certificate that you can buy from a government or company that promises to pay you interest on the money you have lent 债券;公债: *National Savings Bonds* 国家储蓄债券

☆**bone** /bəʊn ‖ bon/ *noun* **1** [C] one of the hard parts inside the body of a person or animal that are covered with flesh and skin 骨;骨头: *He's broken a bone in his hand.* 他的手有一根骨头骨折了。○ *Mind the dog – it's eating a bone.* 你看,这只狗在啃骨头。○ *This fish has got a lot of bones in it.* 这种鱼的鱼刺很多。**2** [U] the substance that bones are made of 骨质
(IDIOMS 习语) **have a bone to pick with sb** to have sth that you want to complain to sb about 要就某事跟某人争辩
make no bones about (doing) sth to do sth without hesitating or feeling worried about it 毫不犹疑;直言不讳: *She made no bones about telling him exactly what she thought about him.* 她把自己对他的看法都跟他直说了。

bone *verb* [T] to take the bones out of sth 去骨: *to bone a fish, chicken, etc* 把鱼/鸡…去骨

bone-ˈdry *adj* completely dry 干透: *Give that plant some water. It's bone-dry.* 这株植物干透了,给浇点水吧。

ˈ**bone marrow** (*also* 亦作 **marrow**) *noun* [U] the soft substance that is inside the bones of a person or animal 骨髓

bonfire /ˈbɒnfaɪə(r) ‖ ˈbɑnˌfaɪr/ *noun* [C] a large fire that you build outside to burn rubbish, etc 篝火(用来烧垃圾等)

ˈ**Bonfire Night** *noun* [C] the night of 5 November. On this day people in Britain light bonfires and fireworks to celebrate the failure of Guy Fawkes to blow up the Houses of Parliament in the seventeenth century. 篝火之夜(11月5日晚。是夜,英国人燃篝火、放花炮,庆祝当年盖伊·福克斯的阴谋失败。公元十七世纪,福克斯曾图谋炸毁议会两院大厦,后事败就擒。)

bonkers /ˈbɒŋkəz ‖ ˈbɑŋkɚz/ *adj* (*slang* 俚语) mad; crazy 疯疯癫癫

bonnet /ˈbɒnɪt ‖ ˈbɑnɪt/ *noun* [C] **1** (*US* 美 **hood**) the front part of a car that covers the engine (汽车的)引擎罩 **2** a type of hat which covers the sides of the face and is fastened with strings under the chin (颏下系带的)帽子

bonus /ˈbəʊnəs ‖ ˈbonəs/ *noun* (*pl* **bonuses**) **1** a payment that is added to what is usual 红利;奖金: *All our employees will receive a Christmas bonus.* 全体员工将会获派圣诞红利。**2** something good that you get in addition to what you expect 意外收获: *As a special bonus, all our holidays will include use of a car for a week.* 我们度假的时候可以免费使用汽车一个星期,真是意想不到!

bony /ˈbəʊnɪ ‖ ˈbonɪ/ *adj* (**bonier**; **boniest**) so thin that you can see the shape of the bones 瘦得皮包骨头的: *long bony fingers* 瘦长的手指

boo /buː ‖ bu/ *interj, noun* [C] (*pl* **boos**) **1** a sound you make to show that you do not like sb/sth 嘘声(表示轻蔑): *The minister's speech was met with boos from the audience.*

部长先生的演说惹来听众的一阵嘘声。**2** a sound you make to frighten or surprise sb 用来吓人的叫声: *He jumped out from behind the door and said 'boo'.* 他从门后跳出来，大喊了一声"喂"。—**boo** *verb* [I, T]: *The crowd booed when they were told that the show had been cancelled.* 一听见表演取消，大伙儿都"嘘"的一声喝起倒彩来。

boob[1] /bu:b ‖ bub/ *noun* [C] (*informal* 非正式) a silly mistake 愚蠢的错误: *to make a boob* 出大错 —**boob** *verb* [I]: *I'm afraid I've boobed again.* 很遗憾我又出了错。

boob[2] /bu:b ‖ bub/ *noun* [C, usually pl] (*slang* 俚语) a woman's breast 乳房

booby prize /'bu:bɪ praɪz ‖ 'bubɪˌpraɪz/ (*also* 亦作 **wooden spoon**) *noun* [C] a prize that is given as a joke to the person who is last in a competition（为开玩笑给比赛中成绩最差者的）末位奖

booby-trap /'bu:bɪ træp ‖ 'bubɪˌtræp/ *noun* [C] something dangerous, like a bomb, which is hidden inside sth that seems harmless 饵雷/诡雷（藏在普通物体内的炸弹）—**booby-trap** *verb* [T]: *The car had been booby-trapped.* 这部汽车放了饵雷。

☆**book**[1] /bʊk ‖ bʊk/ *noun* **1** [C] a number of sheets of paper, fastened together inside a cover, with words printed on them for people to read 书: *I'm reading a book on astrology.* 我在看一本讲占星术的书。○ *She's writing a book about her life abroad.* 她写书回忆那段旅居国外的生活。○ *Do you have any books by William Golding?* 你有没有威廉·戈尔丁的作品？○ *Open your books, please.* 请打开书本。○ *to publish a book* 出版一本书 ○ *a library book* 一本图书馆的书 ○ *a cookery book* 烹饪书 **2** [C] a number of pieces of paper, fastened together inside a cover, for people to write on 本子: *Please write down all the new vocabulary in your exercise books.* 把生词统统写在练习本上。**3** [C] a small number of things fastened together in the form of a book 装订成沓的东西: *a book of stamps* 一本邮票 **4 books** [plural] the records that a company, etc, keeps of the amount of money it spends or receives 账目: *We employ an accountant to keep the books.* 我们雇了一位会计师来记账。

(IDIOMS 习语) **be in sb's good/bad books** (*informal* 非正式) to have someone pleased/angry with you 获某人赞许；惹某人生气: *He's been in his girlfriend's bad books since he forgot her birthday.* 打从他忘了女朋友的生日起，对方就一直生他的气。

by the book exactly according to the rules 照章；依章: *A policeman must always do things by the book.* 警察务须照章办事。

'**bookcase** *noun* [C] a piece of furniture with shelves to keep books on 书架；书柜；书橱

'**bookkeeping** *noun* [U] keeping the accounts of the money that a company, etc, spends or receives 簿记

'**bookmaker** (also *informal* 非正式 **bookie**) *noun* [C] a person whose job is to take bets on horse-races, etc（赛马等）赌注登记经纪人

'**bookmark** *noun* [C] a narrow piece of card, etc that you put between the pages of a book so that you can find the same place again easily 书签

'**bookseller** *noun* [C] a person whose job is selling books 书商

'**bookshop** (*US* 美 '**bookstore**) *noun* [C] a shop that sells books 书店 ☛ Look at **library**. 参看 **library**。

'**bookstall** (*US* 美 '**news-stand**) *noun* [C] a type of small shop, which is open at the front, selling newspapers, magazines and books, eg on a station 书亭；书摊

'**bookworm** *noun* [C] a person who likes reading books very much 书迷；书虫

☆**book**[2] /bʊk ‖ bʊk/ *verb* **1** [I,T] to arrange to have or do sth at a particular time 预约: *You must book weeks in advance if you want to travel on Christmas Eve.* 要在圣诞节前夕旅游，就要在好几个星期前预先订票。○ *Have you booked a table, sir?* 先生，订了座没有？○ *to book a seat on a plane/train/bus* 预订飞机/火车/公共汽车的票 ○ *I've booked a hotel room for you/I've booked you a hotel room.* 我给你在一家旅馆订了房间。○ *I'm sorry, but this evening's performance is fully booked* (= there are no seats left). 对不起，今天晚上演出的票都已预订完了。**2** [T] to write the name of a person who has done sth wrong in a book 把犯错的人的名字记下来；记过: *The police booked her for dangerous driving* (= charged her with dangerous driving). 警方控告她危险驾车。○ *The player was booked twice during the match and then sent off.* 这球员因记满了两次过而被罚下场去。

(PHRASAL VERBS 短语动词) **book in** to say that you have arrived at a hotel, etc (and sign your name on a list) 办理入住手续

book sb in to arrange a room for sb at a hotel, etc in advance 为某人预订房间: *I've booked you in at the George Hotel.* 我在乔治酒店给你订了房间。

booking *noun* [C,U] the arrangement you make in advance to have a hotel room, a seat on a plane, etc 预订: *Did you manage to make a booking?* 你到底订了票没有？○ *Booking for the new musical does not start until October.* 下一出歌舞剧要到十月才接受预订。

'**booking-office** *noun* [C] an office where you buy tickets 售票处；票房

bookie /'bʊkɪ ‖ 'bʊkɪ/ *noun* [C] (*informal* 非正式) = BOOKMAKER

booklet /'bʊklɪt ‖ 'bʊklət/ *noun* [C] a small thin book, usually with a soft cover, that gives information about sth 小册子

boom[1] /bu:m ‖ bum/ *noun* [C] a period in which sth increases or develops very quickly 激增；暴涨；繁荣；兴旺: *There was a boom in car sales in the 1980s.* ＊80年代，汽车销量激增。○ *a boom year for exports* 出口激增的一年

boom *verb* [I] to grow very quickly in size or value 激增；暴涨: *Business is booming in the Japanese car industry.* 日本汽车业一片兴旺。

boom[2] /bu:m ‖ bum/ *verb* [I,T] **boom (sth) (out)** to make a loud, deep, hollow sound 发出

嗡嗡震耳的轰响: *guns booming in the distance* 远处炮声隆隆 ○ *The loudspeaker boomed out instructions to the crowd.* 扬声器隆隆作响地向群众下达了一串指示。

boomerang /'bu:məræŋ ‖ 'buməˌræŋ/ *noun* [C] a curved piece of wood that returns to you when you throw it in the right way, used for hunting by the first people who lived in Australia 回飞镖/回力棒（澳大利亚土著使用的弧形木制狩猎工具，扔出的飞镖能飞回原处）

boon /bu:n ‖ bun/ *noun* [C] a thing that is very helpful and that you are grateful for 恩惠；裨益；好处

boost /bu:st ‖ bust/ *verb* [T] to increase sth in number, value or strength 增加；增强: *If we lower the price, that should boost sales.* 降低价钱应能增加销量。○ *The good exam result boosted her confidence.* 考试成绩理想增强了她的信心。

boost *noun* [C] an increase; sth that encourages people 增加；令人鼓舞的事物: *The fall in the value of the pound has led to a boost in exports.* 英镑贬值造成出口增加。○ *The president's visit gave a boost to the soldiers' morale.* 总统到访，激励了军中士气。

☆**boot** /bu:t ‖ but/ *noun* [C] **1** a type of shoe that covers your foot and ankle and sometimes part of your leg 靴子；长统靴: *a pair of ladies' boots* 一双女式靴子 ○ *ski boots* 滑雪靴 ○ *walking/climbing boots* 步行/登山靴 ○ *football boots* 足球靴 ☛ picture at **shoe**. 见 **shoe** 插图。 **2** (*US* 美 **trunk**) the part of a car where you put luggage, usually at the back 行李箱（通常设在车尾）

boot *verb* [T] to kick sth/sb hard 猛踢: *He booted the ball over the fence.* 他一脚就把球踢过了栅栏。

booth /bu:ð; *US* 美 bu:θ ‖ buθ/ *noun* [C] a small enclosed place with thin walls that divide it from the rest of the room or area 小隔间: *He called from a public phone booth at the station.* 他在车站的电话亭打电话。○ *a ticket booth* 售票亭

booty /'bu:tɪ ‖ 'butɪ/ *noun* [U] things that are taken by thieves or captured by soldiers in war 赃物；战利品

booze /bu:z ‖ buz/ *verb* [I] (*informal* 非正式) to drink a lot of alcohol 狂饮: *He went out boozing with some friends on Saturday.* 上星期六他跟朋友在外边喝了很多酒。—**booze** *noun* [U] (*informal* 非正式): *You had too much booze last night.* 昨晚你喝醉了。

'**booze-up** *noun* [C] (*Brit informal* 英，非正式) an occasion when people drink a lot of alcohol 狂饮: *We had a bit of a booze-up after work.* 下班后我们都喝了好几杯。

☆**border** /'bɔ:də(r) ‖ 'bɔrdɚ/ *noun* [C] **1** a line that divides two countries, etc ; the land close to this line 国界；边疆: *The refugees escaped across/over the border.* 难民越境逃亡。○ *We crossed the border into Switzerland.* 我们从边界进入瑞士国境。○ *the Swiss border* 瑞士边境 ○ *the border between France and Italy* 法意两国的疆界 ○ *Italy's border with France* 跟法国接壤的意大利边境 ☛ We use **border** and **frontier** to talk about the line that divides two countries or states. * **border** 同 **frontier** 指国与国/州与州之间的分界线。 We usually use **border** to talk about natural divisions 如果是自然疆界，通常用 **border**: *The river forms the border between the two countries.* 两国以河为界。**Boundary** is usually used for the line that divides smaller areas * **boundary** 通常指较小地区的分界: *the county boundary* 县（或郡等）的界线 **2** a band or strip around the edge of sth, often for decoration 绲边；滚边: *a white tablecloth with a blue border* 绲蓝边的白色台布

border *verb* [T] to be a border to; to be on the border of 围着；与…交界/接壤: *The road was bordered with trees.* 马路旁边种满了树。○ *Which English counties border Scotland?* 英格兰哪些郡挨着苏格兰？

(PHRASAL VERB 短语动词) **border on sth** **1** to be next to sth 邻近: *Our garden borders on the railway line.* 我家的花园挨着铁路。 **2** to be almost the same as sth 近乎: *The dictator's ideas bordered on madness.* 这独裁者的思想近乎疯狂。

'**borderline** *noun* [sing] the line that marks a division between two different cases, conditions, etc 界限；分界线: *The novel is on the borderline between fiction and non-fiction.* 这篇小说说不上虚构或写实，而是介乎两者之间。○ *He's a borderline case – he may pass the exam or he may fail.* 他是个两可的例子，考试能否及格很难说。

☆**bore**[1] /bɔ:(r) ‖ bɔr/ *verb* [T] to make sb tired and uninterested 使厌倦: *I hope I'm not boring you.* 但愿我没有使你厌烦。○ *Those old jokes bore me.* 这些老掉牙的笑话我都听腻了。

bore *noun* **1** [C] a person who talks or behaves in an uninteresting way 叫人厌倦的人: *Her husband is such a bore.* 她丈夫真腻人。 **2** [sing] (*informal* 非正式) something that you have to do that you find uninteresting 叫人厌倦的东西: *It's such a bore having to learn these lists of irregular verbs.* 要把这些不规则动词表记住，真烦死了！

bored *adj* feeling uninterested and tired because sth is not exciting or because you do not have anything to do 厌倦；感到乏味: *I'm bored. There's nothing to do at home.* 我无聊透了。待在家里没事做。○ *The children get bored in the long holidays.* 这么长的假期，孩子们都玩腻了。○ *He gave a bored yawn.* 他百无聊赖地打了一个呵欠。○ *The play was awful. We were bored stiff* (= extremely bored). 这台戏糟糕透顶，我们都厌烦极了。

boredom /-dəm ‖ -dəm/ *noun* [U] the state of being bored 厌倦: *People say that many young people turn to crime out of boredom.* 有人说，很多青年人因为生活乏味才做出犯罪的事来。

boring /'bɔ:rɪŋ ‖ 'bɔrɪŋ/ *adj* uninteresting; dull 令人厌倦；沉闷乏味: *a boring film* 沉闷的电影 ○ *boring work* 乏味的工作

bore[2] /bɔ:(r) ‖ bɔr/ *verb* [I,T] to make a round hole or passage through sth 钻孔: *The drill can bore through solid rock.* 这台钻机可以钻穿岩石。○ *They are boring a tunnel through the mountain.* 他们在山里钻隧道。

bore[3] /bɔ:(r) ‖ bɔr/ *pt* of BEAR[2] ＊ BEAR[2] 的过去时

☆**born** /bɔ:n ‖ bɔrn/ *verb* **be born** to come into the world by birth; to start existing 出生：*Where were you born?* 你在哪里出生的？○ *My parents were born in Wales, but they grew up in England.* 我父母生于威尔士，但在英格兰长大。○ *Peter Jones, born 1932, died 1992.* 彼得·琼斯，生于1932年，卒于1992年。○ *He was born in Frankfurt, of Italian parents.* 他生于法兰克福，父母是意大利人。○ *I'm going to give up work after the baby is born.* 等到孩子出世，我就辞职。○ *Their baby was born deaf.* 他们的孩子生下来就是聋的。○ *The idea of free education for all was born in the nineteenth century.* 人人都可以免费接受教育，这个构想产生于十九世纪。○ *His unhappiness was born out of a feeling of frustration.* 他闷闷不乐，原因是他感到挫折。

born *adj* having a natural ability to do the task mentioned 天生的：*She's a born leader.* 她是一个天生的领袖。

-born (in compounds 用以构成复合词) born in the place or state mentioned 生于某地；生来如此：*Samuel Beckett, the Irish-born writer, lived in Paris most of his life.* 作家贝克特生于爱尔兰，大半生都在巴黎度过。

born-a'gain *adj* having found new, strong faith in a religion 重生的（指教徒在其宗教里找到既新且深的信仰）：*a born-again Christian* 重生的基督徒

borne /bɔ:n ‖ bɔrn/ *pp* of BEAR[2] ＊ BEAR[2] 的过去分词

borough /'bʌrə; *US* 美 -rəʊ ‖ 'bʌro/ *noun* [C] a town, or an area within a large town, that has some form of local government 自治镇；自治区：*the London Borough of Lambeth* 伦敦兰贝斯区

borrow/lend
借进/借出

She's **lending** her son some money. 她借给儿子一些钱。

He's **borrowing** some money from his mother. 他跟母亲借钱。

☆**borrow** /'bɒrəʊ ‖ 'bɑro/ *verb* [I,T] **borrow (sth) (from/off sb/sth) 1** to take or receive sth from sb/sth that you intend to give back, usually after a short time 借：*I had to borrow from the bank to pay for my car.* 我要向银行借钱买车。○ *They borrowed £10 000 to buy a new car.* 他们借来10 000英镑买新车。○ *Could I borrow your pen for a minute?* 你的笔借我用一用，好吗？○ *Can I borrow £10? I'll pay you back next week.* 可以不可以借我10英镑？下星期还。○ *He's always borrowing off his mother.* 他老是跟他妈妈借钱。○ *I borrowed a book from the library.* 我从图书馆借来一本书。☛ Be careful not to confuse **borrow** with its opposite **lend**. ＊ **borrow** 跟 **lend** 是反义词，切勿混为一谈。**2** to take sth and use it as your own; to copy 借用；抄：*That idea is borrowed from another book.* 这个概念出自另一本书。

borrower *noun* [C] a person who borrows 借方

bosom /'bʊzəm ‖ 'bʊzəm/ *noun* (*formal* 正式) [C] (usually singular) a person's chest, especially a woman's breasts 胸脯（尤指女性的乳房）：*She clutched the child to her bosom.* 她把小孩搂在怀里。

(IDIOM 习语) **in the bosom of sth** close to; with the protection of 接近；在…的保护下：*He was glad to be back in the bosom of his family.* 能够与家人重叙天伦，他感到非常高兴。

bosom 'friend *noun* [C] a very close friend 密友

☆**boss** /bɒs ‖ bɔs/ *noun* [C] (*informal* 非正式) a person whose job is to give orders to others at work; an employer; a manager 老板；上司：*I'm going to ask the boss for a day off work.* 我要向老板请一天假。○ *Who's in charge when the boss is away?* 老板不在，谁说了算？○ *OK. You're the boss* (= you make the decisions). 算了，到底你是老板嘛。

boss *verb* [T] **boss sb (about/around)** to give orders to sb, especially in an annoying way 差遣（尤指令人感到厌烦）：*I wish you'd stop bossing me around.* 别把我差来遣去。

bossy *adj* (**bossier**; **bossiest**) liking to give orders to other people, often in an annoying way 爱发号施令（常令人感到厌烦）：*His mother was a strong, bossy woman.* 他妈妈性格倔强，又总爱指挥别人。—**bossily** *adv* —**bossiness** *noun* [U]

botany /'bɒtənɪ ‖ 'bɑtn̩ɪ/ *noun* [U] the scientific study of plants 植物学 —**botanical** /bə'tænɪkl ‖ bə'tænɪkl̩/ *adj*: *botanical gardens* (= a type of park where plants are grown for scientific study) 植物园（园内种有各类植物以供学术研究）

botanist /'bɒtənɪst ‖ 'bɑtn̩ɪst/ *noun* [C] a person who studies plants 植物学家

botch /bɒtʃ ‖ bɑtʃ/ *verb* [T] **botch sth (up)** to do or repair sth badly because you are not very skilful 把…弄糟：*I've made rather a botched job of this typing, I'm afraid.* 我这打字稿乱七八糟的，真不像话。

☆**both**[1] /bəʊθ ‖ boθ/ *det, pron* the two; the one as well as the other 两者：*Both women were French.* 两位女士都是法国人。○ *Both the women were French.* 两位女士都是法国人。○ *Both of the women were French.* 两位女士都是法国人。○ *I talked to the women. Both of them were French/They were both French.* 我跟这两位女士谈过话，她们都是法国人。○ *I liked them both.* 我喜欢他们俩。○ *We were both very tired.* 我们俩都累坏了。○ *Both of us were tired.* 我们俩都累了。○ *They have both seen the film.* 他们俩都看过这部影片。○ *I've got two sisters. They both live in London/Both*

B

of them live in London. 我有两个妹妹，都住在伦敦。○ *Both of my sisters live in London.* 我两个妹妹都住在伦敦。☛ Note that we CANNOT say: *the both women* or: *my both sisters.* 不可说 the both women 或 my both sisters。

☆**both²** /bəʊθ ‖ boθ/ *adv* **both... and...** not only... but also... 不仅…而且…: *I like both him and his wife.* 他们两口子我都喜欢。○ *They were both hungry and thirsty.* 他们又饥又渴。

B

☆**bother** /ˈbɒðə(r) ‖ ˈbɑðɚ/ *verb* **1** [T] to disturb or annoy sb 打扰；麻烦: *I'm sorry to bother you, but could I speak to you for a moment?* 对不起，可以跟您说几句话吗？○ *Don't bother Sue with that now – she's busy.* 别拿这事跟休啰唆，她忙着呢。**2** [T] to worry sb 使不安: *You don't look very happy. Is something bothering you?* 你好像不很开心，到底有什么事使你心烦？**3** [I,T] **bother (to do sth)**; **bother about sth** (usually negative 通常用于否定句) to make the effort to do sth 出力干: *'Shall I make you something to eat?' 'No, don't bother – I'm not hungry.'* "给你弄点吃的，好不好？" "不必了，我不饿。" ○ *He didn't even bother to say thank you.* 他连一声谢谢也没说。○ *Don't bother about the washing-up. I'll do it later.* 碗碟不用洗了，我一会儿洗。○ *Don't bother waiting for me – I'll catch you up later.* 不用等我，我很快就能追上你们的。

bother *noun* [U] trouble or difficulty 麻烦；困难: *Thanks for all your help. It's saved me a lot of bother.* 谢谢您，有您帮忙，真省了我很多麻烦呢。

bother *interj* (used when you are annoyed 表示厌烦) 该死: *Oh bother! I've left my keys in the car!* 真该死！我把钥匙丢在车里了！

bothered *adj* worried 担忧的；不安的: *I'm a bit bothered about my sister – she doesn't look very well.* 我有点担心妹妹，她看来没精打采的。

(IDIOMS 习语) **can't be bothered (to do sth)** If sb can't be bothered to do sth, he/she does not want to make the effort and is not going to do it 偷懒；不想费神（做某事）: *I can't be bothered to do my homework now. I'll do it tomorrow.* 我现在不想做功课，明天再做吧。

I'm not bothered I don't mind 我不介意: *'What would you like to do this evening?' 'I'm not bothered really.'* "今天晚上你想做什么？" "做什么都行。"

☆**bottle** /ˈbɒtl ‖ ˈbɑtl̩/ *noun* [C] **1** a glass or plastic container with a narrow neck for keeping liquids in 瓶子: *a beer bottle* 啤酒瓶 ○ *an empty bottle* 空瓶子 **2** the amount of liquid in a bottle 一瓶的容量: *a bottle of beer* 一瓶啤酒

bottle *verb* [T] to put sth into bottles 装瓶: *After three or four months the wine is bottled.* 过了三四个月就把酒装瓶了。

bottled *adj* that you can buy in bottles 瓶装: *bottled water* 瓶装水

ˈ**bottle bank** *noun* [C] a large container in a public place where people can leave their empty bottles so that the glass can be used again (**recycled**) 空瓶回收箱（放在公众地方的大容器，用来把空瓶子回收再用 (**recycle**)）☛ picture on page A36. 见第 A36 页插图。

ˈ**bottleneck** *noun* [C] a narrow piece of road that causes traffic to slow down or stop（车辆要减速或滞留的）瓶颈（路段）

☆**bottom** /ˈbɒtəm ‖ ˈbɑtəm/ *noun* **1** [C, usually sing] the lowest part of sth 底部（物体的最低部分）: *The house is at the bottom of a hill.* 这座房子位于山脚。○ *Look at the picture at the bottom of page 23.* 参看第 23 页下端的图片。○ *I think I've got a pen in the bottom of my bag.* 我的手提包里有笔，不过放在最底下了。**2** [C] the flat surface on the outside of an object, on which it stands 底部（物体朝下的一面）: *There's a label on the bottom of the box.* 箱底贴有标签。**3** [sing] the far end of sth 尽头: *The bus stop is at the bottom of the road.* 公共汽车站在马路尽头。**4** [sing] the least important position in relation to other people（社会、职位等的）底层: *She started at the bottom and now she's the Managing Director.* 她由底层做起，今天已经是总经理了。**5** [sing] the ground under the sea, a river, a swimming-pool, etc（海、河、泳池等）底: *The water was so clear that we could see the bottom.* 河水清澈见底。**6** [C] the part of your body that you sit on（人的）臀/屁股: *He fell over and landed on his bottom.* 他摔倒时屁股着地。**7 bottoms** [plural] the lower part of a piece of clothing that is in two parts 套装的下身: *pyjama bottoms* 睡裤 ○ *track suit bottoms* 运动裤

(IDIOMS 习语) **be at the bottom of sth** to be the real cause of sth 为真正起因: *I'm sure Kate Mills is at the bottom of all this.* 我敢说全都是凯特·米尔斯的缘故。

get to the bottom of sth to find out the real cause of sth 弄清真相；摸清底码

bottom *adj* in the lowest position（位置）最下的/最末的: *the bottom shelf* 最下层搁板 ○ *I live on the bottom floor of a block of flats.* 我住在大厦底层。

bottomless *adj* very deep; without limit 无尽的；无限的；无底的

bough /baʊ ‖ bau/ *noun* [C] one of the main branches of a tree（比较大的）树枝

bought /bɔːt ‖ bɔt/ *pt, pp* of BUY * BUY 的过去时及过去分词

boulder /ˈbəʊldə(r) ‖ ˈboldɚ/ *noun* [C] a very large rock 巨砾/漂砾（经水或风雨侵蚀的大岩石块）

boulevard /ˈbuːləvɑːd; *US* 美 ˈbʊl- ‖ ˈbʊləˌvard/ *noun* [C] a wide street in a city with trees on each side 林阴大道

bounce /baʊns ‖ bauns/ *verb* **1** [I,T] (used about a ball, etc 指球等) to move away quickly after it has hit a hard surface; to make a ball do this（使）反弹: *In tennis, the ball can only bounce once before you hit it back.* 网球回球时只准让球着地一次。○ *The stone bounced off the wall and hit her on the head.* 石头从墙上弹开，击中她的脑袋。○ *A small boy came down the street, bouncing a ball.* 街上有个小孩一边走，一边拍着皮球玩。**2** [I] to jump up and down continuously 跳上跳下: *The children were bouncing on their beds.* 孩子们在床上蹦来跳去。**3** [I] (used about a cheque 指支票) to be

returned by a bank without payment because there is not enough money in the account 被拒付退回

(PHRASAL VERB 短语动词) **bounce back** to recover from a failure, disappointment, etc and return quickly to your normal life with the same energy as before 复原；重新振作 —**bounce** *noun* [C]: *I couldn't reach the ball before the second bounce.* 这下我打空了，让球第二次着了地。

bound[1] /baʊnd ‖ baʊnd/ *adj* **1 bound to do sth** certain to do sth 必然: *You've done so much work that you're bound to pass the exam.* 你作了这么多努力，考试准会及格。○ *There are bound to be problems in a situation like this.* 这种情况肯定出问题。**2** (not before a noun 不用于名词前) having a legal or moral duty to do sth 受法律或道德约束的: *The company is bound by UK employment law.* 公司要受英国雇佣法约束。○ *She felt bound to refuse the offer.* 道义驱使她拒绝这样的提议。

(IDIOM 习语) **bound up with sth** very closely connected with sth 跟某事物有密切关系

bound[2] /baʊnd ‖ baʊnd/ *adj* **bound (for...)** travelling to a particular place 往（某处）: *a ship bound for Australia* 开往澳大利亚的船只

bound[3] /baʊnd ‖ baʊnd/ *verb* [I] to run quickly with jumping movements 跳着前进: *She bounded up the stairs in a state of great excitement.* 她兴冲冲地跳上一级又一级的楼梯。—**bound** *noun* [C]: *With a couple of bounds he had crossed the room.* 他三步两跳的便到了房间那一头。

bound[4] *pt, pp* of BIND ＊ BIND 的过去时及过去分词

☆**boundary** /ˈbaʊndrɪ ‖ ˈbaʊndrɪ/ *noun* [C] (*pl* **boundaries**) **1** a line that marks the limits of a place and divides it from other places 边界: *The main road is the boundary between the two districts.* 这条干线是两区的分界。**2** the farthest limit of sth 极限: *Scientists continue to push back the boundaries of human knowledge.* 科学家们仍在不断努力扩展人类知识的极限。☛ Look at the note at **border**. 参看 **border** 的注释。

boundless /ˈbaʊndlɪs ‖ ˈbaʊndlɪs/ *adj* having no limit 无尽；无限: *boundless energy* 无穷精力

bounds /baʊndz ‖ baʊndz/ *noun* [plural] limits that cannot or should not be passed 不可或不该逾越的范围: *Price rises must be kept within reasonable bounds.* 物价升幅不可超越合理水平。

(IDIOM 习语) **out of bounds** forbidden; not to be entered by sb 不准进入: *This area is out of bounds to all staff.* 全体职工都不得进入这个区域。

bouquet /bʊˈkeɪ ‖ buˈke/ *noun* [C] a bunch of flowers that is arranged in an attractive way 花束: *The actress received a huge bouquet of roses.* 这位女演员收到一大束玫瑰花。

bourbon /ˈbɜːbən ‖ ˈbɝbən/ *noun* [C,U] a type of whisky that is made mainly in the USA （主要产于美国的）波旁威士忌（酒）

bourgeois /ˈbɔːʒwɑː; *US* 美 ˌbʊərˈʒwɑː ‖ bʊrˈʒwɑ/ *adj* typical of fairly rich middle-class people 中产阶级的；资产阶级的: *bourgeois attitudes, ideas, values, etc* 中产阶级的立场/观念/准则…

bourgeoisie /ˌbɔːʒwɑːˈziː; *US* 美 ˌbʊrʒwɑːˈziː ‖ ˌbʊrʒwɑˈzi/ *noun* [sing, with sing or pl verb] the middle class 中产阶级；资产阶级

bout /baʊt ‖ baʊt/ *noun* [C] **1** a short period of great activity 一阵子（剧烈活动）: *a bout of hard work* 一轮苦干 **2** a period of illness 一场（大病）；一阵子（不舒服）: *I'm just recovering from a bout of flu.* 我害了一场流感，刚刚好转。

boutique /buːˈtiːk ‖ buˈtik/ *noun* [C] a small shop that sells fashionable clothes, etc 时装商店

☆**bow**[1] /baʊ ‖ baʊ/ *verb* **1** [I,T] to bend your head or the upper part of your body forward and down, as a sign of respect 鞠躬: *At the end of the play all the actors came onto the stage and bowed.* 终场时全体演员都走到台前鞠躬致谢。○ *He bowed his head respectfully.* 他恭敬地鞠了一个躬。**2 bow to sb/sth** [I] to accept sth 接受: *I do not think the unions should bow to pressure from the Government.* 我认为工会不应该向政府压力低头。

(PHRASAL VERB 短语动词) **bow out (of sth)** to retire from an important position or stop taking part in sth 辞去（要职）；退出: *After 12 years on the committee, she decided to bow out.* 她在委员会工作了12年之后终于决定抽身引退。

bow *noun* [C] an act of bowing(1) 鞠躬: *The audience were still clapping so the actors came back for another bow.* 一阵一阵的掌声响个不绝，演员们于是再度出台鞠躬谢幕。

bow[2] /bəʊ ‖ bo/ *noun* [C] **1** a knot with two loops and two loose ends that you use when you are tying shoes, ribbons, etc 蝴蝶结: *He tied the ribbon into a bow.* 他把丝带打成一个蝴蝶结。○ *She had a black bow in her hair.* 她头上戴了一个黑色蝴蝶结。☛ picture at **knot**. 见 **knot** 插图。**2** a weapon for shooting arrows. A bow is a curved piece of wood that is held in shape by a tight string. 弓 **3** a long thin piece of wood with horsehair stretched along it that you use for playing a violin, etc 琴弓

B

ˌbow-ˈtie *noun* [C] a tie in the shape of a bow(1), that is worn by men, especially on formal occasions 蝶形领结（尤指男性在隆重场合戴的）

bow³ /baʊ ‖ baʊ/ *noun* [C] the front part of a ship 船头；艏 ☛ Look at **stern**. 参看 **stern**。

☆**bowel** /ˈbaʊəl ‖ ˈbaʊəl/ *noun* [C, usually pl] one of the tubes that takes waste food from the stomach so that it can pass out of the body 肠

☆**bowl¹** /bəʊl ‖ bol/ *noun* [C] **1** a deep round dish without a lid that is used for holding food or liquid 碗；钵: *a sugar bowl* 糖钵 ○ *a mixing bowl* 搅拌钵 ☛ picture at **plate**. 见 **plate** 插图。**2** the amount of sth that is in a bowl 一碗或一钵的容量: *I usually have a bowl of cereal for breakfast.* 我的早饭通常是一碗麦片粥。**3** a large plastic container that is used for washing up, washing clothes, etc（用来洗碗碟、衣服等的）大塑料盆

bowl² /bəʊl ‖ bol/ *verb* [I,T] (in cricket 板球) to throw the ball in the direction of the batsman 向击球员投球

(PHRASAL VERB 短语动词) **bowl sb over 1** to knock sb down when you are moving quickly 撞倒；击倒 **2** to astonish sb in a pleasant way 给以惊喜: *I was absolutely bowled over by the beautiful scenery.* 那美景真令我惊叹。

bowler /ˈbəʊlə(r) ‖ ˈbolɚ/ (*also* 亦作 ˌ**bowler ˈhat**) (*US* 美 **derby**) *noun* [C] a round hard black hat, usually worn by men 黑色圆顶硬帽（以男人戴的居多）☛ picture at **hat**. 见 **hat** 插图。

bowling /ˈbəʊlɪŋ ‖ ˈbolɪŋ/ *noun* [U] a game in which you roll a ball towards a group of wooden objects and try to knock down as many of them as you can 地滚球运动；保龄球运动: *tenpin bowling* 十柱保龄球运动

bowls /bəʊlz ‖ bolz/ *noun* [U] a game in which you try to roll large wooden balls as near as possible to a smaller ball 木球运动；草地滚球运动

☆**box¹** /bɒks ‖ bɑks/ *noun* **1** [C] a square or rectangular container for solid objects. A box often has a lid 箱；盒；匣: *We opened the lid and looked inside the box.* 我们打开箱盖往里看。○ *I keep the letters in an old shoe-box.* 我把信件放在旧鞋盒内。**2** [C] a box and the things inside it 一箱/盒/匣物品: *a box of chocolates, matches, tissues, etc* 一盒巧克力/火柴/手巾纸… ☛ picture at **container**. 见 **container** 插图。**3** [C] an empty square or rectangle on a form in which you have to write sth（表格上供填写的）方格: *Write your full name in the box below.* 在下边的方格写上姓名。**4** [C] an enclosed area that is used for a particular purpose 隔间；厢: *a telephone box* 电话亭 ○ *a witness box* (= in a court of law) 证人席 **5** [C] an enclosed area in a theatre in which a small group of people can sit and watch the play 包厢 **6 the box** [sing] (*Brit informal* 英，非正式) television 电视: *What's on the box tonight?* 今晚电视有什么节目？

box *verb* [T] to put into a box 装箱: *a boxed set of CDs* 盒装的一套激光唱片

ˈ**box number** *noun* [C] a number that is given in a newspaper advertisement as part of the address to which replies should be sent（报章广告中的）邮箱号码

ˈ**box office** *noun* [C] the place in a cinema, theatre, etc where the tickets are sold（电影院、剧场等的）票房/售票处

☆**box²** /bɒks ‖ bɑks/ *verb* [I, T] to fight in the sport of boxing 参加拳击运动: *He used to box when he was in the army.* 他当兵的时候常参加拳击运动。

boxer *noun* [C] a person who boxes as a sport, often professionally 拳击手；拳师

boxing *noun* [U] a sport in which two people fight by hitting each other with their hands inside large gloves 拳击: *the world middle-weight boxing champion* 中量级拳击世界冠军 ○ *boxing gloves* 拳击手套

ˈ**boxer shorts** *noun* [plural] men's under-pants that are similar to shorts 男式短内裤

☆**Boxing Day** /ˈbɒksɪŋ deɪ ‖ ˈbɑksɪŋˌde/ *noun* [U] the day after Christmas Day; 26 December 节礼日（圣诞节的次日，即12月26日）

> ☛ In England and Wales Boxing Day is a public holiday. 在英格兰及威尔士，节礼日是公众假日。

☆**boy¹** /bɔɪ ‖ bɔɪ/ *noun* **1** [C] a male child 男孩: *They've got three children – two boys and a girl.* 他们生了三个孩子，两男一女。**2 the boys** [plural] (*informal* 非正式) a group of male friends 一伙男子

boyhood *noun* [U] the time of being a boy（男子的）童年: *My father told me some of his boyhood memories.* 爸爸给我说了一些童年往事。

boyish *adj* like a boy 男孩似的: *a boyish smile* 男孩子气的笑容

ˈ**boyfriend** *noun* [C] a man or boy with whom a person has a romantic and/or sexual relationship 男朋友

Boy ˈScout = SCOUT(2)

boy² /bɔɪ ‖ bɔɪ/ *exclamation* (*informal* 非正式) (*especially US* 尤为美) (used for expressing a strong feeling 表示强烈感情) 嗬；嘿；哎: *Boy, it's hot today!* 嗬，今天真热！

boycott /ˈbɔɪkɒt ‖ ˈbɔɪˌkɑt/ *verb* [T] to refuse to buy things from a particular company, take part in an event, etc because you strongly disapprove of it 抵制；杯葛: *Several countries boycotted the Olympic Games in protest.* 好几个国家抵制这一届奥林匹克运动会，以示抗议。— **boycott** *noun* [C]: *a boycott of the local elections* 抵制地方选举

☆**bra** /brɑː ‖ brɑ/ (also *formal* 正式 **brassière**) *noun* [C] a piece of clothing that women wear under their other clothes to support their breasts 乳罩；胸罩

brace¹ /breɪs ‖ bres/ *noun* **1** [C] a metal frame that is attached to a child's teeth in order to make them straight（儿童使用的）畸齿矫正架 **2 braces** (*US* 美 **suspenders**) [plural] a pair of straps for holding your trousers up. You put the braces over your shoulders and attach them to the top of your trousers at the front and back.（裤子的）背带

brace² /breɪs ‖ bres/ *verb* [T] **1 brace sth/ yourself** to make your body stiff or press it against sth in order to prepare yourself, eg if sth is going to hit you, or to stop yourself from falling 紧绷住身体或紧靠住某物（比如挨打或要失去平衡时）；准备好: *He braced himself as the big man came towards him.* 那个大个子走过来的时候，他绷着劲作好准备。**2 brace yourself (for sth)** to prepare yourself for sth difficult or unpleasant 作好准备（面对困难或不幸等）: *You'd better brace yourself for some bad news.* 你要作好准备，这是坏消息。

bracing *adj* (used about a type of air, etc 指空气等) making you feel healthy and lively 令人心旷神怡的: *bracing sea air* 海上清爽的空气

☆**bracelet** /ˈbreɪslɪt ‖ ˈbreslɪt/ *noun* [C] a piece of jewellery (eg a metal chain or band) that you wear around your wrist or arm 手镯 ☛ picture at **jewellery**. 见 **jewellery** 插图。

bracket /ˈbrækɪt ‖ ˈbrækɪt/ *noun* [C] **1** [usually pl] (*especially US* 美尤作 **parenthesis**; **parentheses**) one of two marks, ( ) or [ ], that you put round extra information in a piece of writing 括号（包括圆括号和方括号）**2** a piece of metal or wood that is attached to a wall and used as a support for a shelf, lamp, etc 壁架 **3** a group of people whose ages, incomes, etc are between two limits（按年龄、收入等区分的）阶层/等级: *to be in a high income bracket* 属于高收入阶层 ○ *The magazine is aimed at people in the 30–40 age bracket.* 这家杂志以30至40岁的人为对象。

bracket *verb* [T] **1** to put brackets(1) round a word, number, etc 打上括号 **2 bracket A and B (together)**; **bracket A with B** to think of two or more people or things as similar in some way 把…归入同一类

brag /bræg ‖ bræg/ *verb* [I,T] (bra**gg**ing; bra**gg**ed) to talk too proudly about sth 吹嘘: *She's always bragging about how clever she is.* 她老吹自己有头脑。

braid /breɪd ‖ bred/ *noun* **1** [U] a narrow piece of material that is used to decorate clothes, curtains, etc 穗带: *a uniform with gold braid on it* 饰有金色穗带的制服 **2** [C] (*US* 美) = PLAIT: *You look nice with your hair in braids.* 你梳了辫子的模样怪好看的！

Braille /breɪl ‖ brel/ *noun* [U] a way of printing for blind people, using raised dots that they read by touching them with their fingers 布莱尔盲文

☆**brain** /breɪn ‖ bren/ *noun* **1** [C] the part of the body inside the head that controls your thoughts, feelings and movements 脑: *He suffered serious brain damage in a road accident.* 他遇上交通意外，脑部受了重创。○ *a brain surgeon* 脑外科医生 **2** [C,U] the ability to think clearly; intelligence 脑筋；才智: *She has a very quick brain and learns fast.* 她脑子灵，学得快。○ *He hasn't got the brains to be a doctor.* 他没有当医生的头脑。**3** [C] (*informal* 非正式) a very clever person 天才；智者: *He's one of the best brains in the country.* 他是全国智力精英之一。**4 the brains** [sing] the person who plans or organizes sth 主脑；首脑；智囊: *She's the real brains in the organization.* 她才是这个组织的主脑。

(IDIOMS 习语) **have sth on the brain** (*informal* 非正式) to think about sth all the time 时常想着；念念不忘: *I've had that song on the brain all day.* 这首歌整天在我脑海里回荡。

rack your brains ⇨ RACK²

brainless *adj* very silly 愚蠢

brainy *adj* (**brainier**; **brainiest**) (*informal* 非正式) clever 聪明

ˈ**brainchild** *noun* [sing] the idea or invention of a particular person（某人的）构想的产物: *The music festival was the brainchild of a young teacher.* 举办这个音乐节是一位年轻教师想出来的主意。

brainstorm /ˈbreɪnstɔːm ‖ ˈbrenˌstɔrm/ *verb* [I,T] to solve problems or make decisions by asking all the members of a group to think of as many ideas as possible 集思广益的讨论（一组人员群力献计谋求良方妙策）

brainwash /ˈbreɪnwɒʃ ‖ ˈbrenˌwɔʃ/ *verb* [T] to force sb to believe sth by using strong mental pressure 洗脑: *Television advertisements try to brainwash people into buying things that they don't need.* 电视广告千方百计对观众洗脑，要他们购买用不着的东西。—**brainwashing** *noun* [U]

brainwave /ˈbreɪnweɪv ‖ ˈbrenˌwev/ (*US* 美 **brainstorm**) *noun* [C] (*informal* 非正式) a sudden clever idea 灵感

braise /breɪz ‖ brez/ *verb* [T] to cook meat or vegetables slowly in a little liquid in a covered dish 焖；煨；炖

☆**brake** /breɪk ‖ brek/ *noun* [C] **1** the part of a vehicle that makes it go slower or stop 刹车: *She put her foot on the brake and just managed to stop in time.* 她踩着刹车及时把车停了。○ *I'm taking my car to the garage today – there's something wrong with the brakes.* 刹车坏了，今天我要把车送去修理。**2** something that makes sth else slow down or stop 约束；抑制: *The Government must try to put a brake on inflation.* 政府要尽力遏止通胀。

brake *verb* [I] to make a vehicle go slower or stop by using the brakes 刹车: *If the driver hadn't braked in time, the car would have hit me.* 要不是司机及时把车刹住，我早就给撞倒了。

bran /bræn ‖ bræn/ *noun* [U] the brown outer parts of wheat grains that have been separated from the flour 麦麸

☆**branch** /brɑːntʃ; *US* 美 bræntʃ ‖ bræntʃ/ *noun* [C] **1** one of the main parts of a tree that grows from its trunk and often has leaves, flowers or fruit on it 树枝: *The little boy climbed the tree and sat on a branch.* 小男孩往树上爬，在树枝上坐下来。☛ picture at **tree**. 见 **tree** 插图。**2** an office, shop, etc that is part of a larger organization 分行；分店；分号: *The company I work for has branches in Paris, Milan and New York.* 我所在的公司在巴黎、米兰、纽约都有分号。○ *the High Street branch of Barclays Bank* 巴克莱银行高街分行 **3** a part of an academic subject 科（学术的类别）: *Psychology is a branch of medicine.* 心理学是医学的一个分科。

branch *verb*

(PHRASAL VERBS 短语动词) **branch off** (used about a road 指道路) to leave a larger road and go off in another direction 分岔: *A bit further on, the road branches off to the left.* 再往前走不远就见到向左的岔路。

branch out (into sth) to start doing sth new and different from the things you usually do 拓展（崭新的业务等）: *The company sells radios and stereo equipment and has recently branched out into computers.* 这家公司是卖收音机跟立体声装置的，最近又开拓了计算机方面的新业务。

☆**brand** /brænd ‖ brænd/ *noun* [C] **1** the name of a product that is made by a particular company 牌子: *'Nescafé' is a well-known brand of coffee.* "雀巢"牌咖啡很有名气。 **2** a particular type of sth 种类: *a strange brand of humour* 很特别的一种幽默

brand *verb* [T] **1** to mark an animal with a hot iron to show who owns it 给（牲畜）打烙印（标示物主） **2 brand sb (as sth)** to say that sb has a bad character so that people have a bad opinion of him/her 对人扣帽子；把某人定性: *She was branded as a troublemaker after she complained about her long working hours.* 自从她埋怨工作时间长，就被说成是滋事分子了。

ˌ**brand-ˈnew** *adj* completely new 崭新

brandish /ˈbrændɪʃ ‖ ˈbrændɪʃ/ *verb* [T] to wave sth in the air in an aggressive or excited way（为了示威或出于激动而）挥舞: *The attacker stood in front of me, brandishing a knife.* 袭击者站在我面前挥动着刀子。

brandy /ˈbrændɪ ‖ ˈbrændɪ/ *noun* [C,U] a strong alcoholic drink that is made from wine 白兰地（酒）

brash /bræʃ ‖ bræʃ/ *adj* too confident and direct 自以为是: *Her brash manner makes her unpopular with strangers.* 她盛气凌人，不熟的人都不大愿意跟她来往。—**brashness** *noun* [U]

brass /brɑːs; *US* 美 bræs ‖ bræs/ *noun* **1** [U] a yellow metal that is a mixture of copper and zinc 黄铜: *brass buttons on a uniform* 制服上的黄铜扣子 **2** [sing, with sing or pl verb] the group of musical instruments that are made of brass, eg the trumpet, the trombone 铜管乐器: *the brass section in an orchestra* 管弦乐队中的铜管乐部分 ○ *a brass band* 铜管乐队

brassière /ˈbræsɪə(r); *US* 美 brəˈzɪər ‖ brəˈzɪr/ *noun* [C] (*formal* 正式) = BRA

brat /bræt ‖ bræt/ *noun* [C] a child who behaves badly and annoys you 顽童

bravado /brəˈvɑːdəʊ ‖ brəˈvɑdo/ *noun* [U] behaviour that makes you appear to be brave and confident when you are not, in order to impress people 虚张声势的举动

☆**brave** /breɪv ‖ brev/ *adj* ready to do things that are dangerous or difficult without showing fear 勇敢: *the brave soldiers who fought in the war* 浴血沙场的英勇战士 ○ *'This may hurt a little, so try and be brave,' said the dentist.* 牙医说："这可能有点痛，勇敢些，忍一忍就是了。"

brave *verb* [T] to face sth dangerous or difficult without showing fear 勇于面对（危险或困难）: *She braved the rain and went out into the street.* 她冒雨往街上走去。—**bravely** *adv*: *The men bravely defended the town for three days.* 他们在这个镇坚守了三天。○ *She smiled bravely and continued walking.* 她坚强地笑了一笑便继续上路。—**bravery** /ˈbreɪvərɪ ‖ ˈbrevərɪ/ *noun* [U]: *After the war he received a medal for bravery.* 战后他因作战勇敢荣获勋章。

bravo /ˌbrɑːˈvəʊ ‖ ˈbrɑvo/ *interj* a word that you shout to show that you like sth that sb has done, eg an actor's performance in a play（喝彩声）好极啦/好啊

brawl /brɔːl ‖ brɔl/ *noun* [C] a noisy fight among a group of people, usually in a public place 群殴/斗殴（尤指在公共场所的）: *a drunken brawl outside a pub* 醉汉在酒馆门外的一场斗殴 —**brawl** *verb* [I]: *We saw some football fans brawling in the street.* 我们看见足球迷在街上互相斗殴。

breach /briːtʃ ‖ britʃ/ *noun* **1** [C,U] an act that breaks an agreement, a law, etc 违章（如违约、违法等）: *Giving private information about clients is a breach of confidence.* 泄露委托人的个人资料，有违保密原则。○ *She was dismissed from the company for breach of contract.* 她因违约而遭公司开除。**2** [C] a break in friendly relations between people, groups, etc 关系破裂；决裂: *a breach between two countries* 两国关系破裂 **3** [C] an opening in a wall, etc that defends or protects sb/sth 缺口: *The waves made a breach in the sea wall.* 海浪冲破了防波堤。

breach *verb* [T] **1** to break an agreement, a law, etc 违反（协议、法例等）: *He accused the Government of breaching international law.* 他指控政府违犯国际法。**2** to make an opening in a wall, etc that defends or protects sb/sth 造成缺口

bread 面包

French bread 法国面包
roll 面包卷
doughnut 炸圈饼
slice 面包片
croissant 牛角面包
sliced loaf 切片的面包
crust 面包皮

☆**bread** /bred ‖ brɛd/ *noun* [U] a type of food. To make bread you mix together flour and water (and yeast if you want the bread to rise) and bake the mixture in an oven 面包: *a piece/*

slice of bread 一片面包 ○ *We had bread and cheese for lunch.* 我们午饭吃了干酪面包。○ *Would you like some bread and butter?* 您要不要黄油面包？

☛ A **loaf** of bread is bread that has been shaped and cooked in one piece. 一个面包叫 a **loaf** of bread。 **Wholemeal** bread is made from flour that contains all the grain. 全麦面包叫 **wholemeal** bread。

ˈ**breadcrumbs** *noun* [plural] very small bits of bread that are used in cooking 面包屑（烹饪中用）

☆**breadth** /bretθ ‖ brɛtθ/ *noun* **1** [C,U] the distance between the two sides of sth 宽度：*We measured the length and breadth of the garden.* 我们量了园子的宽度和长度。☛ picture at **length**. 见 **length** 插图。 **2** [U] the wide range of sth 广度：*I was amazed by the breadth of her knowledge.* 她的博学叫我惊叹。 ☛ The adjective is **broad**. 形容词为 **broad**。

(IDIOM 习语) **the length and breadth of sth** ⇨ LENGTH

breadwinner /ˈbredwɪnə(r) ‖ ˈbrɛdˌwɪnɚ/ *noun* [C, usually sing] the person who earns the money that his/her family needs 养家活口的人

☆**break**[1] /breɪk ‖ brek/ *verb* (*pt* **broke** /brəʊk ‖ brok/; *pp* **broken** /ˈbrəʊkən ‖ ˈbrokən/) **1** [I,T] to separate, or make sth separate, into two or more pieces 使破成两部分或以上；砸碎：*She dropped the vase onto the floor and it broke.* 她失手把花瓶掉在地上摔破了。○ *I've broken one of your dinner plates.* 我把你的一个餐盘摔破了。○ *He broke his leg in a car accident.* 他遇上交通意外，摔断了腿。 **2** [I,T] (used about a machine, etc 指机器等) to stop working; to stop a machine, etc working（使）失灵：*The photocopier has broken.* 复印机坏了。○ *Be careful with my camera – I don't want you to break it.* 我这架照相机你要拿稳，别把它摔坏了。 **3** [T] to do sth that is against the law, or to not keep a promise, etc 违反（法例、诺言等）：*A policeman told me that I was breaking the law.* 警察说我犯了法。○ *Slow down! You're breaking the speed limit.* 停车！你超速了。○ *to break a contract* 毁约 ○ *Don't worry – I never break my promises.* 放心好了，我从不食言。 **4** [T] **break a record** to do sth better or faster than anyone has ever done before 打破纪录：*She broke the world record for the 100 metres.* 她打破了100米赛跑的世界纪录。 **5** [I,T] to stop doing sth for a short time 稍作停顿；停歇：*Let's break for coffee now.* 我们歇一歇喝杯咖啡去吧。○ *We decided to break the journey by stopping for lunch in Chester.* 到了切斯特我们决定歇歇腿吃午饭。 **6** [T] to interrupt sth so that it ends suddenly 打断；中止：*Suddenly, the silence was broken by the sound of a bird singing.* 一只小鸟的歌声打破了四周的寂静。 **7** [T] to make sth end by force or strong action 遏止：*It's very difficult to break the habit of smoking.* 戒烟非常难。○ *Two days of talks failed to break the deadlock between the two countries.* 两国会谈了整整两天仍没法打破僵局。 **8** [I] (used about a day or the dawn) to begin 破晓：*Dawn was breaking as I walked home after the party.* 等我从聚会回家，已是晨光初露时候。 **9** [I] (used about a storm 指恶劣的天气) to begin suddenly 突发：*We ran indoors when the storm broke.* 突然风雨大作，我们都跑进了屋里。 **10** [I] (used about a wave 指海浪) to curl over and fall 冲刷：*I watched the waves breaking on the rocks.* 我观看了惊涛拍岸的情景。 **11** [I] (used about a piece of news 指消息) to become known 公开；给知道：*When the story broke in the newspapers, nobody could believe it.* 这件事由报章传开的时候，人人都感到难以置信。 **12** [I] (used about a boy's voice 指男孩的嗓音) to become permanently deeper, usually at about the age of 13 or 14（在13、14岁的时候）嗓音变粗；变声

☛ For idioms containing **break**, look at the entries for nouns, adjectives, etc. For example, **break even** is at **even**. 查阅含有 **break** 一词的习语，参看有关名词、形容词等的词条，如 **break even** 可参看 **even** 的词条。

(PHRASAL VERBS 短语动词) **break away (from sb/sth)** **1** to escape suddenly from sb who is holding you 逃脱 **2** to leave a political party, state, etc in order to form a new one 脱离政党、州、郡等而另立门户：*Several politicians broke away from the Labour Party and formed the SDP.* 工党好几名政治人物脱党，自行筹组了社会民主党。

break down **1** (used about a vehicle or machine 指车或机器) to stop working 失灵：*Jill's car broke down on the way to work this morning.* 今早吉尔在上班途中车子抛了锚。 **2** (used about a system, discussion, etc 指制度、会谈等) to fail 崩溃；破裂：*Talks between the two countries have completely broken down.* 两国之间的谈判全面破裂。 **3** to lose control of your feelings and start crying（无法控制感情）哭起来：*He broke down in tears when he heard the news.* 他听到这个消息就禁不住哭了起来。

break sth down to make a substance separate into parts or change into a different form in a chemical process 分解：*Food is broken down in our bodies by the digestive system.* 我们体内的食物由消化系统负责分解。

break in **1** to enter a building by force, usually in order to steal sth 闯入房子（通常指进行盗窃） **2** to interrupt when sb else is speaking 打断别人的话；打岔：*'But that's not true!' she broke in angrily.* 她怒气冲冲地插进来说："没这回事！"

break into sth **1** to enter a building by force, usually in order to steal sth 闯入房子（通常指进行盗窃） **2** to start doing sth suddenly 突然有某种举动：*He broke into a smile when he heard the good news.* 他一听到这个好消息便咧着嘴巴笑起来。○ *She broke into a run and disappeared into the distance.* 她拔腿就跑，最后消失在远处。

break off to suddenly stop doing or saying sth 突然停止某事物；突然住口：*He started*

B

speaking and then broke off in the middle of a sentence. 他开始说话，但说了半句便停了下来。

break (sth) off to remove a part of sth by force; to come off in this way 用力（将一部分）折断；脱落: *Could you break off another bit of chocolate for me?* 可不可以再给我多掰一小块巧克力？ ○ *Oh no, part of my tooth has broken off!* 哎唷，我的牙崩掉一块了！

break sth off to end a relationship suddenly 突然中止某种关系: *They broke off their engagement after a bad argument.* 他们俩闹翻后解除了婚约。 ○ *to break off diplomatic relations with another country* 跟某国断绝邦交

break out (used about fighting, wars, fires, etc 指斗殴、战事、火灾等) to start suddenly 突然发生

break out (of sth) to escape from a prison, etc 逃出（监狱等）

break up 1 (used about events that involve a group of people 指涉及多人的活动) to come to an end 终结；解散: *The meeting broke up just before lunch.* 差不多到了午饭的时候，会议便宣布结束。 **2** (*Brit* 英) to start school holidays at the end of a term（学期完结后）放假: *When do you break up for the summer holidays?* 你什么时候放暑假？

break up (with sb) to end a relationship with a wife, husband, girlfriend or boyfriend 跟（某人）断绝关系: *My marriage broke up when I was 25.* 我遭逢婚变的时候是25岁。 ○ *She's broken up with her boyfriend.* 她跟男朋友闹翻了。

break (sth) up to separate into parts（使）分成若干部分: *The ship broke up on the rocks.* 这船撞在岩石上，断成几截了。

break sth up to end an event by separating the people who are involved in it（驱散群众）结束活动: *The police arrived and broke up the fight.* 警察到场驱散群众，平息了斗殴。

break with sth to end a relationship or connection with sb/sth 跟某人/某事物断绝关系或联系: *to break with tradition, the past, etc* 摒弃传统；与过去决裂…

☆**break**[2] /breɪk ‖ brek/ *noun* [C] **1** a place where sth has been broken 缺口: *a break in a pipe* 管上的裂缝 **2** an opening or space in sth 豁口；空隙: *Wait for a break in the traffic before you cross the road.* 等到没有车辆经过的时候再横过马路。 ○ *a break in the clouds* 云朵罅隙 **3** a short period of rest 歇气: *We worked all day without a break.* 我们干了一整天，没歇过一口气。 ○ *to take a break* 歇气 ○ *a tea/ coffee break* 喝茶休息时间 ☛ Look at the note at **interval**. 参看 **interval** 的注释。 **4 break (in sth); break (with sb/sth)** a change from what usually happens or an end to sth 改变某事物（使与往常不同）；（某事物）结束: *a break with tradition* 摒弃传统 ○ *She wanted to make a complete break with the past.* 她想与既往彻底决裂。 ○ *The incident led to a break in diplomatic relations.* 这次事件导致外交关系破裂。 **5** (*informal* 非正式) a piece of good luck 好运；运气: *to give sb a break* (= to help sb by giving him/her a chance to be successful) 给某人一个机会

(IDIOM 习语) **break of day** the time when light first appears in the morning; dawn 破晓；黎明

breakage /ˈbreɪkɪdʒ ‖ ˈbrekɪdʒ/ *noun* [C, usually pl] something that has been broken 破损: *Customers must pay for any breakages* (eg in a shop selling glass). 顾客如造成损坏，须照价赔偿。

breakdown /ˈbreɪkdaʊn ‖ ˈbrekˌdaʊn/ *noun* [C] **1** a time when a vehicle, machine, etc stops working（车、机器等的）失灵: *We had a breakdown on the motorway.* 我们的车子在高速公路上抛了锚。 **2** the failure or end of sth 失败: *The breakdown of the talks means that a strike is likely.* 谈判破裂意味可能发生罢工。 **3** = NERVOUS BREAKDOWN **4** a list of all the details of sth 细目: *I would like a full breakdown of how the money was spent.* 我要一份支出细目。

☆**breakfast** /ˈbrekfəst ‖ ˈbrɛkfəst/ *noun* [C,U] the meal which you have when you get up in the morning 早饭；早餐: *to have breakfast* 吃早点 ○ *to eat a big breakfast* 吃分量大的早餐

> ☛ In a hotel, etc an **English** breakfast means cereal, fried eggs, bacon, sausages, tomatoes, toast, etc. 旅馆等地方的英式早餐 (**English** breakfast) 有谷类食物、煎蛋、熏咸肉、香肠、番茄、烤面包等。 A **Continental** breakfast means bread and jam with coffee. 欧陆式早餐 (**Continental** breakfast) 有面包配果酱，另外还有咖啡。

(IDIOM 习语) **bed and breakfast** ⇨ BED[1]

break-in /ˈbreɪkɪn ‖ ˈbreˌkɪn/ *noun* [C] the act of entering a building by force, especially in order to steal sth 闯入行窃: *The police say there have been several break-ins in this area.* 据警方消息，附近一带发生过好几宗入室行窃的案件。

breakthrough /ˈbreɪkθruː ‖ ˈbrekˌθru/ *noun* [C] an important discovery or development 突破: *Scientists have made a major breakthrough in cancer research.* 科学家在癌症研究方面取得了一项重大突破。 ○ *The agreement represents a breakthrough in relations between the two countries.* 此项协定标志着两国关系有突破。

breakup /ˈbreɪkʌp ‖ ˈbrekˌʌp/ *noun* [C] **1** the end of a relationship between two people（关系）终结: *the breakup of a marriage* 婚姻破裂 **2** the separation of a group or organization into smaller parts（集体、组织等）分崩离析/瓦解: *the breakup of the Soviet Union* 苏联的解体

☆**breast** /brest ‖ brɛst/ *noun* [C] **1** one of the two soft round parts of a woman's body that can produce milk（女性的）乳房 **2** a word used especially in literature for the upper part of the front of your body（尤为文学用语）胸膛: *to clasp sb to your breast* 把某人搂在怀里 **3** the front part of the body of a bird（鸟类的）胸脯

ˈ**breast-feed** *verb* [I,T] (*pt, pp* ˈ**breast-fed**)

to feed a baby with milk from the breast 用母乳喂养

ˈ**breast-stroke** *noun* [U] a style of swimming on your front in which you start with your hands together, push both arms forward and then pull them outwards and back through the water 蛙泳

☆**breath** /breθ ‖ brɛθ/ *noun* **1** [U] the air that you take into and blow out of your lungs 气息（呼吸时出入的气）: *to have bad breath* (= breath which smells unpleasant) 口臭 **2** [C] an act of taking air into or blowing air out of your lungs 呼吸: *Take a deep breath.* 深深地吸一口气。

(IDIOMS 习语) **a breath of fresh air** the clean air which you breathe outside, especially when compared to the air inside a room or building（一口）清新空气（尤指户外的空气）: *Let's go for a walk. I need a breath of fresh air.* 我们到外边走走，好不好？我想吸吸新鲜空气。○ (*figurative* 比喻) *Her happy face is like a breath of fresh air in that miserable place.* 她欢欣的脸孔给那个悲惨的地方带来了一点生气。

get your breath (again/back) to rest after physical exercise so that your breathing returns to normal 喘口气/喘息一下（活动过后休息让呼吸恢复正常）

hold your breath to stop breathing for a period of time, eg when swimming underwater or because of fear or excitement 闭气；屏息；屏气: *We all held our breath as we waited for her reply.* 我们都屏息静待她的回答。

(be) out of/short of breath to be breathing very quickly, eg after physical exercise 喘气/喘息（急促呼吸）

say sth, speak, etc under your breath to say sth very quietly, usually because you do not want people to hear what you are saying 小声说（为免别人听见等）

take your breath away to surprise sb very much 使惊叹；使惊奇: *The spectacular view took our breath away.* 壮丽的景色令人叹为观止。☛ The adjective is **breathtaking**. 形容词为 **breathtaking**。

with bated breath ⇨ BATED

ˈ**breath test** *noun* [C] a test by the police on the breath of a driver to measure how much alcohol he/she has drunk 呼吸分析/呼气测醉试验（警察借以测试司机呼气中的酒精含量）

breathalyse /ˈbreθəlaɪz ‖ ˈbrɛθəˌlaɪz/ *verb* [T] (used about a police officer) to test the breath of a driver with a special machine (**a breathalyser**) to measure how much alcohol he/she has drunk 分析呼吸（警察用呼吸分析器 (**breathalyser**) 测定司机体内的酒精含量）

☆**breathe** /bri:ð ‖ brið/ *verb* [I,T] to take air, etc into your lungs and blow it out again 呼吸: *She was unconscious but still breathing.* 她昏迷不醒，但仍有呼吸。○ *to breathe in/out* (= to take air in/to blow air out) 吸气；呼气 ○ *I hate sitting in restaurants breathing in other people's cigarette smoke.* 上餐馆吸二手烟，我才不干呢。

(IDIOM 习语) **not breathe a word (of/about sth) (to sb)** not tell sb about sth that is secret 不（向某人）透露（某事）；守口如瓶: *If you breathe a word of this to my mother, I'll never speak to you again!* 这件事要是你跟我妈妈漏出半句，我以后就不再跟你说话。—**breathing** *noun* [U]: *heavy, irregular, etc breathing* 大声呼吸；不均匀的呼吸…

breather /ˈbri:ðə(r) ‖ ˈbriðɚ/ *noun* [C] (*informal* 非正式) a short rest 歇气: *to have/take a breather* 歇歇气

breathless /ˈbreθlɪs ‖ ˈbrɛθlɪs/ *adj* **1** breathing quickly or with difficulty, eg after physical exercise 喘吁吁的 **2** not able to breathe because you are so excited, frightened, etc（因兴奋、恐惧等）透不过气: *to be breathless with excitement* 紧张得喘不过气来 —**breathlessly** *adv*

breathtaking /ˈbreθteɪkɪŋ ‖ ˈbrɛθˌtekɪŋ/ *adj* very exciting, beautiful, etc 令人兴奋的；十分美丽的: *breathtaking mountain scenery* 壮丽的山景

breed /bri:d ‖ brid/ *verb* (*pt, pp* **bred** /bred ‖ brɛd/) **1** [I] (used about animals or plants 指动物、植物) to produce young animals or plants 繁殖: *Many animals won't breed in zoos.* 很多种动物都不能在动物园内成功繁殖。**2** [T] to keep animals or plants in order to produce young from them（为繁殖或育种而）饲养/栽种: *cattle which are bred to produce high yields of milk* 为提高产奶量而加以繁育的牛群 **3** [T] to cause sth 导致；引起: *This kind of thinking breeds intolerance and violence.* 这种思想造成气量褊狭，引发暴行。

breed *noun* [C] a type of animal（动物的）品种；物种: *a breed of cattle* 一种牛

breeder *noun* [C] a person who breeds animals or plants 饲养动物或栽种植物的人；饲养员；培植员: *a dog breeder* 狗的饲养人

breeding *noun* [U] **1** the act of producing young plants or animals 繁殖；育种: *The breeding of fighting dogs has been banned.* 繁育斗犬已遭禁止。**2** good manners and behaviour as a result of coming from an upper-class family 教养: *a man and woman of breeding* 有教养的一对男女

ˈ**breeding-ground** *noun* [C] **1** a place where wild animals go to breed（野生动物）繁殖的地方 **2** a place where sth can develop（事物得以发展的）温床/环境: *a breeding-ground for crime* 罪恶的温床

breeze /bri:z ‖ briz/ *noun* [C] a light wind 微风: *A warm breeze was blowing.* 和风轻拂。

breeze *verb*

(PHRASAL VERB 短语动词) **breeze along, in, out, etc** (*informal* 非正式) to move in a cheerful relaxed way, even when this is not suitable behaviour 轻快飘然（有时给人失于检点的感觉）: *He just breezed in twenty minutes late without a word of apology.* 他晚了二十分钟才姗姗而来，没说一声对不起。

breezy *adj* (**breezier**; **breeziest**) **1** a little windy 有微风 **2** cheerful and relaxed 轻快: *You're bright and breezy this morning!* 今天你挺精神的，很轻松呀！

brevity /ˈbrevətɪ ‖ ˈbrɛvətɪ/ *noun* [U] the state of being short or quick 简短；短促 ☛ The adjective is **brief**. 形容词为 **brief**。

B

B

brew /bru: ‖ bru/ *verb* **1** [T] to make beer 酿（啤、酒）**2** [T] to make a drink of tea or coffee by adding hot water 泡（茶）；煮（咖啡）: *to brew a pot of tea* 沏一壶茶 **3** [I] (used about tea 指茶叶) to stand in hot water before it is ready to drink 泡在开水里: *Leave it to brew for a few minutes.* 把茶叶多泡几分钟。
(IDIOM 习语) **be brewing** (used about sth bad 指坏事) to develop or grow 酝酿: *There's trouble brewing.* 要出乱子了。

brewery /'brʊərɪ ‖ 'brʊərɪ/ *noun* [C] (*pl* **breweries**) a place where beer is made 啤酒厂

bribe /braɪb ‖ braɪb/ *noun* [C] money, etc that is given to sb such as an official to persuade him/her to do sth to help you, especially when you want him/her to do sth dishonest 贿赂；用以贿赂的东西: *to offer a bribe to sb* 向某人行贿 ○ *to accept/take bribes* 受贿 —**bribe** *verb* [T] **bribe sb (with sth)**: *They got a visa by bribing an official.* 他们买通政府人员把签证拿到手。—**bribery** /'braɪbərɪ ‖ 'braɪbərɪ/ *noun* [U]

☆**brick** /brɪk ‖ brɪk/ *noun* [C,U] a hard block of baked clay that is used for building houses, etc 砖（建筑材料）: *a house built of red brick* 红砖屋 ○ *a lorry carrying bricks* 载着砖的卡车

'**bricklayer** *noun* [C] a person whose job is to build walls with bricks 砖瓦匠

'**brickwork** *noun* [U] the part of a building that is made of bricks（建筑物的）砖结构

bridal /'braɪdl ‖ 'braɪdḷ/ *adj* (only *before* a noun 只用于名词前) connected with a bride or a wedding 与新娘或婚礼有关的: *the bridal suite in a hotel* 旅馆里的新婚套房

☆**bride** /braɪd ‖ braɪd/ *noun* [C] a woman on or just before her wedding-day 新娘: *the bride and groom* 新娘和新郎 ☛ Look at the note at **wedding**. 参看 **wedding** 的注释。

☆**bridegroom** /'braɪdgrʊm ‖ 'braɪdˌgrum/ (*also* 亦作 **groom**) *noun* [C] a man on or just before his wedding-day 新郎 ☛ Look at the note at **wedding**. 参看 **wedding** 的注释。

bridesmaid /'braɪdzmeɪd ‖ 'braɪdzˌmed/ *noun* [C] a woman or girl who helps the bride at her wedding 伴娘；女傧相 ☛ Look at the note at **wedding**. 参看 **wedding** 的注释。

☆**bridge**[1] /brɪdʒ ‖ brɪdʒ/ *noun* [C] **1** a structure that carries a road or railway, across a river, valley, road or railway 桥: *a bridge over the River Thames* 泰晤士河上的桥 ○ *a motorway bridge* 高速公路桥 **2** the high part of a ship where the captain and the people who control the ship stand（船只的）驾驶台；船桥

bridge *verb* [T] to build a bridge over sth 架桥
(IDIOM 习语) **bridge a/the gap** to fill a space between two people, groups or things or to bring them closer together 填补空隙；沟通隔阂；缩短差距

bridge[2] /brɪdʒ ‖ brɪdʒ/ *noun* [U] a card game for four people 桥牌

bridle /'braɪdl ‖ 'braɪdḷ/ *noun* [C] the leather straps that you put over a horse's head so that you can control it when you are riding it 马笼头；马辔 ☛ picture at **horse**. 见 **horse** 插图。

☆**brief**[1] /bri:f ‖ brif/ *adj* short or quick 简短；短促: *a brief description* 简述 ○ *a brief phone call* 简短的通话 ○ *Please be brief. We don't have much time.* 我们时间不多，你就大略说说吧。☛ The noun is **brevity**. 名词为 **brevity**。
(IDIOM 习语) **in brief** using only a few words 简短: *News in Brief* (= in a newspaper)（报章上的）新闻摘要

briefly *adv* **1** for a short time; quickly 短暂地: *She glanced briefly at her mother.* 她瞥了母亲一眼。○ *We met briefly in London yesterday.* 昨天我们在伦敦小叙。**2** using only a few words 简短地: *I'd like to comment very briefly on that last statement.* 我想就最后一句简要地谈谈我的看法。

brief[2] /bri:f ‖ brif/ *noun* [C] instructions or information about a job or task 工作指示: *When he was appointed he was given the brief of improving the image of the organization.* 他一上任便接到指示，要他把整个机构的形象刷新一番。

brief *verb* [T] to give sb information or instructions about sth 介绍情况；给以指示: *The minister has been fully briefed on what questions to expect.* 部长已获得充足的汇报，知道将要回答什么问题。

briefing *noun* [C,U] instructions or information that you are given before sth happens 事前获得的指示或资料: *a press/news briefing* (= where information is given to journalists) 新闻发布会；吹风会

briefcase /'bri:fkeɪs ‖ 'brifˌkes/ *noun* [C] a flat case that you use for carrying papers, etc, especially when you go to work 公事包；公文包 ☛ picture at **luggage**. 见 **luggage** 插图。

briefs /bri:fs ‖ brifs/ *noun* [plural] pants for men or women（男用/女用）内裤

brigade /brɪ'geɪd ‖ brɪ'ged/ *noun* [C] **1** a unit of soldiers in the army（军队）旅 **2** a group of people who work together for a particular purpose（执行特定任务的）一队人: *the fire brigade* 消防队

brigadier /ˌbrɪgə'dɪə(r) ‖ ˌbrɪgə'dɪr/ *noun* [C] an officer of high rank in the army 陆军准将；旅长

☆**bright** /braɪt ‖ braɪt/ *adj* **1** having a lot of light 明亮；光亮: *a bright, sunny day* 一个阳光普照的日子 ○ *eyes bright with happiness* 闪耀着欢欣的目光 **2** (used about a colour 指颜色) strong 鲜明: *a bright yellow jumper* 一件黄灿灿的套衫 **3** clever, or able to learn things quickly 伶俐；聪明: *a bright child* 伶俐的小孩 ○ *a bright idea* 好主意 **4** likely to be pleasant or successful 有希望: *The future looks bright.* 前途一片光明。**5** cheerful, happy 雀跃: *You seem very bright and cheerful today.* 今天你看来挺开心呀。

brighten /'braɪtn ‖ 'braɪtṇ/ *verb* [I,T] **brighten (sth) (up)** to become brighter or happier; to make sth brighter 变得开心；开颜；（使）发亮: *His face brightened when he saw her.* 他一见到她便笑逐颜开。○ *to brighten up sb's day* (= make it happier) 给某人的生活添加姿彩 —**brightly** *adv*: *brightly-coloured clothes* 色彩鲜艳的衣著 —**brightness** *noun* [U]

☆**brilliant** /'brɪlɪənt ‖ 'brɪljənt/ *adj* **1** having a lot of light; very bright 光亮: *brilliant sunshine* 明媚的阳光 **2** very clever or intelligent 聪颖: *a brilliant young scientist* 有头脑的年轻科学家 **3** very good 出色: *a brilliant performance by Pavarotti* 意大利男高音帕瓦罗蒂的精彩演出 —**brilliance** /ˈbrɪlɪəns ‖ ˈbrɪljəns/ *noun* [U] —**brilliantly** *adv*

brim /brɪm ‖ brɪm/ *noun* [C] **1** the top edge of a cup, glass, etc（杯子等的）边: *The cup was full to the brim.* 杯子装得满满的。**2** the bottom part of a hat, that is wider than the rest 帽檐

brim *verb* [I] (bri**mm**ing; bri**mm**ed) **brim (with sth)** to be full of sth 满载（某物）: *His eyes were brimming with tears.* 他双眼饱含着泪水。

(PHRASAL VERB 短语动词) **brim over (with sth)** (used about a cup, glass, etc 指杯子等) to have more liquid than it can hold 溢出（某物）: *The bowl was brimming over with water.* 碗里的水满得流出来了。○ (*figurative* 比喻) *to be brimming over with health/happiness* 精神奕奕；洋溢着欢乐

bring/take
带来/拿走

'Bring me my newspaper!'
"把报纸拿给我！"

'Take it into the kitchen!'
"把它拿到厨房去！"

☆**bring** /brɪŋ ‖ brɪŋ/ *verb* [T] (*pt, pp* **brought** /brɔːt ‖ brɔt/) **1** to come to a place with sb/sth 携带/带上（某人/某物）: *We will be out all day so bring some sandwiches with you.* 我们整天都在外边，你带些三明治吧。○ *Is it all right if I bring a friend to the party?* 我想带一个朋友去这个聚会，行吗？○ *Bring me two coffees, please.* 请给我两杯咖啡。○ *The prisoner was brought into the court by two policewomen.* 两名女警把囚犯押上法庭。○ (*figurative* 比喻) *He will bring valuable skills and experience to the team.* 他准会给这支队伍带来宝贵的技术和经验。**2** to cause or result in sth 引致/造成（某种结果）: *The sight of her brought a smile to his face.* 她的出现使他脸上出现了一丝浅笑。○ *Money doesn't always bring happiness.* 金钱不一定就会带来幸福。**3** to cause sb/sth to be in a certain place or condition 引致（某人或某事物）处于…: *Their screams brought people running from all directions.* 他们尖声呼叫，引来四面八方的人。○ *Add water to the mixture and bring it to the boil.* 往混合物里加点水，然后把它煮开。○ *What brings you here? Business or pleasure?* 你怎么来了？出差还是度假？○ *to bring sth to an end* 结束某事物 **4** to force yourself to do sth 强迫自己（做某事）: *The film was so horrible that I couldn't bring myself to watch it.* 这部影片怪恐怖的，我着实看不下去。

(PHRASAL VERBS 短语动词) **bring about** to cause sth to happen 使发生: *to bring about changes in people's lives* 使人们的生活方式转变

bring sb/sth back to return sb/sth 交回某人/某物: *You can borrow the video if you bring it back tomorrow morning.* 我可以把这盒录像带借给你，只是明天上午你要还给我。

bring sth back 1 to cause sth that existed before to be introduced again 恢复；回复: *Nobody wants to bring back the days of child labour.* 没有人希望回复到雇用童工的日子。**2** to cause sb to remember sth 唤起回忆: *The photographs brought back memories of his childhood.* 这些照片让他回忆起童年往事。

bring sb sth back to return with sth for sb 给某人带回某物: *My sister went to Spain on holiday and brought me back a T-shirt.* 我妹妹到西班牙度假，回来时给我买了一件短袖汗衫。

bring sb/sth down to cause sb/sth to be defeated or to lose a position of power 拆台；推翻: *to bring down a government* 推翻政府

bring sth down to make sth lower in level 削减；降低: *to bring down the price of sth* 削减某物的价格

bring sth forward 1 to move sth to an earlier time 提前: *The date of the wedding has been brought forward by two weeks.* 婚礼提前两周举行。**2** to suggest sth for discussion 提出

bring sb in to ask or appoint sb to do a particular job 商请某人出任…；任命某人: *A specialist was brought in to set up the new computer system.* 有一位专家受聘负责建立新计算机系统的工作。

bring sth in to introduce sth 引进: *The government have brought in a law on dangerous dogs.* 政府就危险狗只的管理制定了法令。

bring sth off (*informal* 非正式) to manage to do sth difficult 成功做到困难的事: *The team brought off an amazing victory.* 球队克服困难，取得惊人的胜利。

bring sth on to cause sth 引发…: *Her headaches are brought on by stress.* 精神紧张使她经常头痛。

bring sth out to produce or cause sth to appear 推出；产生: *When is the company bringing out its next new model?* 不知道公司会在什么时候推出新的型号？○ *A crisis can sometimes bring out the best in people.* 危难可以使人发挥出最高的能力。

bring sb round to cause sb to become conscious again 使某人恢复知觉/苏醒

bring sb round (to sth) to persuade sb to agree with your opinion 说服: *After a lot of discussion we finally brought them round to our point of view.* 经过多番讨论，我们终于使他们接纳我们的观点。

bring sth round to sth to direct a con-

B

versation to a particular subject 把话题引向…: *I finally brought the conversation round to the subject of money.* 我终于把谈话的内容引到钱的问题上。

bring sb up to look after a child until he/she is adult and to teach him/her how to behave 养育孩子: *After her parents were killed the child was brought up by her uncle.* 孩子的父母被杀后，她便由舅父抚育成人。○ *a well-brought up child* 有教养的孩子

bring sth up 1 to be sick so that food that you have swallowed comes back out of your mouth; to vomit 呕吐 **2** to introduce sth into a discussion or conversation 提出: *I intend to bring the matter up at the next meeting.* 我想在下次会议把问题提出来。

brink /brɪŋk ‖ brɪŋk/ *noun* [sing] the edge at the top of a high place 高处边缘: (*figurative* 比喻) *The firm was close to disaster but the new director brought it back from the brink.* 公司面临危机，新任董事挽回了险恶的局势。

(IDIOM 习语) **be on the brink (of sth/of doing sth)** to be about to do or experience sth exciting or dangerous 面临（危险或惊心的事物）；在…边缘

brisk /brɪsk ‖ brɪsk/ *adj* **1** quick or using a lot of energy; busy 生气勃勃；活跃: *They set off at a brisk pace.* 他们迈着轻快的步子出发。○ *Trading has been brisk this morning.* 今晨交易活跃。**2** confident and efficient; wanting to do things quickly 有效率: *a brisk manner* 明快的作风 —**briskly** *adv* —**briskness** *noun* [U]

bristle /ˈbrɪsl ‖ ˈbrɪsḷ/ *noun* [C] **1** a short thick hair on a person or an animal 刚毛（人或动物身上短而硬的毛）**2** one of the short thick hairs of a brush 刷子毛

bristle *verb* [I] **1** (used about hair or an animal's fur 指毛发) to stand up straight because of fear, anger, cold, etc（因惊恐、恼怒、寒冷等）耸起 **2 bristle (with sth)** to show that you are angry 流露出（愤怒的神情等）

(PHRASAL VERB 短语动词) **bristle with sth** to be full of sth 充分具有；充满

Brit /brɪt ‖ brɪt/ *noun* [C] (*informal* 非正式) a British person 英国人

☆**Britain** /ˈbrɪtn ‖ ˈbrɪtṇ/ = GREAT BRITAIN ☛ Look at the note at **United Kingdom**. 参看 **United Kingdom** 的注释。

☆**British** /ˈbrɪtɪʃ ‖ ˈbrɪtɪʃ/ *adj* of the United Kingdom, ie Great Britain and Northern Ireland 英国的: *British industry* 英国工业 ○ *to hold a British passport* 持有英国护照

the British *noun* [plural] the people of the United Kingdom 英国人民

Britisher *noun* [C] (*US* 美) a person who comes from Great Britain 从英伦三岛来的人；大不列颠人

the ˌBritish ˈIsles *noun* [plural] Great Britain and Ireland with all the islands that are near their coasts. The British Isles are a geographical but not a political unit. 不列颠群岛（指大不列颠、爱尔兰以及附近的一些小岛。不列颠群岛是个地理概念而不是政治概念。）

Briton /ˈbrɪtn ‖ ˈbrɪtṇ/ *noun* [C] a person who comes from Great Britain 从英伦三岛来的人；大不列颠人 ☛ This is normally only used in newspapers, or when talking about the inhabitants of Britain in earlier times 这个词通常只见于报章，也指英伦三岛的早期居民: *Three Britons killed in air crash!* 三名英人死于空难！○ *the Ancient Britons* 不列颠原居民. Otherwise we say 'a British man', 'a British woman'. 其他情况下一般说 a British man、a British woman。

brittle /ˈbrɪtl ‖ ˈbrɪtḷ/ *adj* hard but easily broken 脆: *brittle fingernails* 脆薄的指甲

broach /brəʊtʃ ‖ brotʃ/ *verb* [T] to start talking about a particular subject, especially one which is difficult or embarrassing 提起/谈到（尤指难题或令人尴尬的话题）: *Have you broached the subject of the money he owes us?* 他欠我们的钱你有没有跟他提起？

☆**broad** /brɔːd ‖ brɔd/ *adj* **1** large in size from one side to the other; wide 宽: *a broad river valley* 宽阔的河谷 ○ *the broad boulevards of the capital* 首都的通衢大道 ☛ **Wide** is more often used than **broad** when you are talking about the distance between one side of something and the other 形容宽度一般用 **wide** 而不用 **broad**: *The gate is four metres wide.* 这道门宽四米。○ *The table is too wide to go through the door.* 桌子太宽，过不了这道门。**Broad** is often used about geographical features * **broad** 常用于地理: *a broad expanse of desert* 辽阔的沙漠 and in particular phrases such as 亦用于某些短语，如: *broad shoulders* 宽肩膀. The noun from **broad** is **breadth**. The opposite is **narrow**. * **broad** 的名词为 **breadth**，反义词为 **narrow**。**2** easily noticeable; very clear 显著；清楚: *She spoke with a broad Somerset accent.* 她有一口浓重的萨默塞特口音。**3** without a lot of detail; general 大略；大概: *Just give me a broad outline of your plan.* 把你的计划给我一个大纲就行了。**4** felt or believed by a lot of people 很多人都感觉或认为的: *There seems to be broad support for stronger anti-pollution laws.* 似乎有很多人都支持制定更为严厉的反污染法。

(IDIOM 习语) **(in) broad daylight** during the day, ie not at night 光天化日；大白天: *He was attacked in broad daylight.* 他在日间遇袭。

broaden /ˈbrɔːdn ‖ ˈbrɔdṇ/ *verb* [I,T] **broaden (out)** to become broader; to make sth broader（使）变宽；扩阔: *The river broadens out beyond the bridge.* 过了桥，河流便宽阔起来。○ (*figurative* 比喻) *Travel broadens the mind* (= it makes you understand other people better). 旅游增广见识。

broadly *adv* **1** (used to describe a way of smiling 用以形容笑容): *to smile broadly* (= to have a very big, wide smile) 笑容可掬 **2** generally 总体上: *Broadly speaking, the scheme will work as follows...* 总的来说，计划进行如下…

ˌbroad ˈbean *noun* [C] a type of large flat green bean that can be cooked and eaten as a vegetable 蚕豆

ˌbroad-ˈminded *adj* willing to listen to and accept beliefs and ways of life that are different from your own; tolerant 愿意聆听或接

受不同意见或生活方式的；宽容的；宽宏大量的：*They're very broad-minded about sex.* 他们的性观念很开放。☛ The opposite is **narrow-minded**. 反义词为 **narrow-minded**。

☆**broadcast** /ˈbrɔːdkɑːst; *US* 美 ˈbrɔːdkæst ‖ ˈbrɔdˌkæst/ *verb* (*pt, pp* **broadcast**) **1** [I,T] to send out radio or television programmes 广播；播送：*The BBC World Service broadcasts to most countries in the world.* 英国广播公司的对外节目向全球大部分国家广播。○ *The Olympics are broadcast live by satellite.* 奥运实况通过人造卫星直播。**2** [I] to speak or appear on radio or on television 在电台或电视台说话或露面：*The President broadcasts to the nation at times of crisis.* 每当关键时刻，总统都会向全国广播。

broadcast *noun* [C] something that is sent out by radio or television 广播；播送：*a news broadcast* 新闻广播

broadcaster *noun* [C] a person who speaks on serious subjects on the radio or on television 广播员；播音员

broccoli /ˈbrɒkəlɪ ‖ ˈbrɑkəlɪ/ *noun* [U] a plant with green or purple flower-heads that can be cooked and eaten as a vegetable 花椰菜；花茎甘蓝 ☛ picture at **cabbage**. 见 **cabbage** 插图。

brochure /ˈbrəʊʃə(r); *US* 美 brəʊˈʃʊər ‖ broˈʃʊr/ *noun* [C] a small book with pictures in it that gives you information about sth 手册；小册子：*a holiday brochure* 度假手册

broil /brɔɪl ‖ brɔɪl/ *verb* [T] (*especially US* 尤为美) = GRILL

broke[1] *pt* of BREAK[1] ＊ BREAK[1] 的过去时

broke[2] /brəʊk ‖ brok/ *adj* (not before a noun 不用于名词前) (*informal* 非正式) having no money 身无分文：*I can't come out tonight. I'm absolutely broke.* 我身无分文，晚上出不来了。

broken[1] *pp* of BREAK[1] ＊ BREAK[1] 的过去分词

☆**broken**[2] /ˈbrəʊkən ‖ ˈbrokən/ *adj* **1** damaged or in pieces; not working 损坏了的；破烂；失灵：*The washing-machine's broken.* 洗衣机坏了。○ *Watch out! There's broken glass on the floor.* 小心！地上有碎玻璃片。○ *a broken leg* 摔断了的腿 ☛ picture at **chip**. 见 **chip** 插图。**2** not continuous; interrupted 断断续续：*a broken line* 虚线 ○ *a broken night's sleep* 晚上断断续续的一觉 **3** not kept 没有遵守的：*a broken promise* 没有实践的诺言 **4** (used about a foreign language 指外语) spoken slowly with a lot of mistakes 不通顺：*to speak in broken English* 英语说得结结巴巴

broken-ˈdown *adj* in a very bad condition 景况很坏的：*a broken-down old shed* 破旧不堪的小屋

broken-ˈhearted = HEARTBROKEN

broken ˈhome *noun* [C] a family in which the parents do not live together, eg because they are separated or divorced 破碎家庭：*Many of the children came from broken homes.* 这些小孩很多来自破碎家庭。

broken ˈmarriage *noun* [C] a marriage that has ended because the partners have got divorced 破裂婚姻

broker /ˈbrəʊkə(r) ‖ ˈbrokə/ *noun* [C] **1** a person who buys and sells things (eg shares in a business) for other people 经纪人；经纪：*an insurance broker* 保险经纪 **2** = STOCKBROKER

bronchitis /brɒŋˈkaɪtɪs ‖ brɑŋˈkaɪtɪs/ *noun* [U] an illness of part of the lungs (**bronchial tubes**) that causes a very bad cough 支气管炎（支气管叫做 **bronchial tube**）

bronze /brɒnz ‖ brɑnz/ *noun* **1** [U] a brown-coloured metal that is made from copper and tin 青铜 **2** [U] the colour of bronze 青铜色 **3** [C] = BRONZE MEDAL

bronze *adj* of the colour of bronze 青铜色的

bronze ˈmedal *noun* [C] a round piece of bronze that you get as a prize for coming third in a race or a competition 铜牌 ☛ Look at **gold medal** and **silver medal**. 参看 **gold medal** 及 **silver medal**。

brooch /brəʊtʃ ‖ brotʃ/ *noun* [C] a piece of jewellery with a pin at the back that women wear on a dress, blouse or jacket 饰针；胸针 ☛ picture at **jewellery**. 见 **jewellery** 插图。

brood /bruːd ‖ brud/ *noun* [C] all the young birds that belong to one mother（同窝的）雏鸟

brood *verb* [I] **1** (used about a female bird 指雌鸟) to sit on her eggs 孵卵；抱窝 **2 brood (on/over sth)** to worry, or to think a lot about sth that makes you sad（为某事）忧思/沉思/苦想：*to brood on a failure* 为失败而耿耿于怀

broody *adj* **1** (used about a female bird 指雌鸟) ready to have or sit on eggs（准备）孵卵/抱窝的：*a broody hen* 要抱窝的母鸡 **2** (used about a woman 指女性) wanting to have a baby 迫切地希望生个孩子的

brook /brʊk ‖ brʊk/ *noun* [C] a small stream 小溪

broom /bruːm ‖ brum/ *noun* [C] a brush with a long handle that you use for sweeping the floor 扫帚 ☛ picture at **brush**. 见 **brush** 插图。

ˈ**broomstick** *noun* [C] the handle of a broom. In stories witches are sometimes said to fly on broomsticks. 扫帚柄（传说女巫坐在扫帚柄上飞翔天际）

broth /brɒθ; *US* 美 brɔːθ ‖ brɔθ/ *noun* [U] thin soup 清汤；高汤：*chicken broth* 清鸡汤

brothel /ˈbrɒθl ‖ ˈbrɑθəl/ *noun* [C] a place where men can go and pay to have sex with a woman (**a prostitute**) 妓院（妓女叫做 **prostitute**）

☆**brother** /ˈbrʌðə(r) ‖ ˈbrʌðə/ *noun* [C] **1** a man or boy who has the same parents as another person 兄；弟：*Michael and Jim are brothers.* 迈克尔跟吉姆是亲兄弟。○ *Michael is Jim's brother.* 迈克尔是吉姆的哥哥（或弟弟）。○ *a younger/older brother* 弟弟；哥哥 ○ *a twin brother* 孪生兄弟 ☛ Look at **half-brother** and **stepbrother**. 参看 **half-brother** 及 **stepbrother**。Notice that there is not a common English word that means 'both brothers and sisters' 英语中没有一个意思包含兄弟姐妹的词：*Have you got any brothers and sisters?* 你有兄弟姐妹吗？The word **sibling** is very formal. ＊ **sibling** 为非常正式的用语。**2** a man who is a member of a Christian religious community 基督教团体的男成员: *Brother John* 约翰弟兄

brotherhood /-hʊd ‖ -ˌhud/ *noun* **1** [U] a feeling of great friendship and loyalty between people 情谊: *the brotherhood of Man* (= a feeling of friendship between all the people in the world) 四海之内皆兄弟的想法 **2** [C, with sing or pl verb] an organization which is formed for a particular, often religious, purpose 团体；宗教团体

brotherly *adj* of or like a brother 兄弟的；兄弟般的: *brotherly love* 兄弟般的爱

brother-in-law /ˈbrʌðər ɪn lɔː ‖ ˈbrʌðərɪnˌlɔ/ *noun* [C] (*pl* **brothers-in-law**) **1** the brother of your husband or wife 大伯子；小叔子；内兄；内弟 **2** the husband of your sister 姐夫；妹夫

brought *pt, pp* of BRING * BRING 的过去时及过去分词

brow /braʊ ‖ braʊ/ *noun* [C] **1** [usually pl] = EYEBROW **2** = FOREHEAD: *Sweat was pouring from his brow.* 他额头淌着汗。**3** the top part of a hill or slope 山脊；坡顶: *Suddenly a car came over the brow of the hill.* 坡顶上闪出一部汽车。

☆**brown** /braʊn ‖ braʊn/ *adj* **1** having the colour of soil or wood 棕色的；褐色的: *brown eyes* 棕色眼睛 ○ *brown shoes* 褐色鞋 ○ *dark brown hair* 深褐色的头发 **2** having skin of this colour 肤色黝黑的: *They were very brown when they got back from their holiday.* 他们度假回来，个个都晒得黝黑。

brown *noun* [C,U] the colour brown 棕色；褐色: *the yellows and browns of the trees in autumn* 秋天树木的黄褐色 ○ *You don't look nice in brown* (= in brown clothes). 褐色衣服跟你不很配衬。

brown *verb* [I,T] to become or cause sth to become brown（使）变棕色/褐色

brownish *adj* slightly or fairly brown 浅棕色的；淡褐色的: *She has brownish eyes.* 她有一双淡褐色的眼睛。

ˌ**brown ˈpaper** *noun* [U] strong, thick paper used for wrapping parcels, etc 牛皮纸

Brownie /ˈbraʊnɪ ‖ ˈbraunɪ/ (*also* 亦作 ˈ**Brownie Guide**) *noun* [C] a young girl who is a member of the junior branch of the Girl Guides organization 幼年女童子军

browse /braʊz ‖ braʊz/ *verb* [I] **1** to spend time pleasantly, looking round a shop, without a clear idea of what you are looking for 信步参观；浏览: *I spent hours browsing in the local bookshop.* 我在当地书店浏览了好几个钟头。 **2 browse through sth** to look through a book or magazine without reading every part or studying it carefully 浏览（书刊等）: *I enjoyed browsing through the catalogue but I didn't order anything.* 我把这个目录翻了翻，觉得很有趣，但上面的东西我一件也没订。—**browse** *noun* [sing]: *I had a browse through the newspapers on the plane.* 我在飞机上曾经翻了一下报纸。

☆**bruise** /bruːz ‖ bruz/ *noun* [C] a dark mark on the skin caused by a blow that injures but does not break the skin 青肿；挫伤: *He didn't break any bones but he suffered cuts and bruises to his face.* 他没把骨头摔断，但刮伤了脸而且有瘀痕。☛ A bruise on your eye is a **black eye**. 有瘀伤的眼睛叫做 **black eye**。

bruise *verb* **1** [T] to cause a bruise or bruises 挫伤: *I fell over and bruised my arm.* 我摔了一跤，碰伤了胳膊。○ *She had a badly bruised face.* 她的脸碰得青一块紫一块。○ *Handle the fruit carefully or you'll bruise it.* 水果要小心搬弄，不要碰坏了。 **2** [I] to get a bruise or bruises 变成青肿: *I've got the sort of skin that bruises easily.* 我的皮肤一碰就瘀。

brunette /bruːˈnet ‖ bruˈnɛt/ *noun* [C] a white woman with dark brown hair 深褐色头发的白种女子 ☛ Look at **blond**. 参看 **blond**。

brunt /brʌnt ‖ brʌnt/ *noun*

(IDIOM 习语) **bear the brunt of sth** ⇨ BEAR[2]

brushes
刷子

☆**brush[1]** /brʌʃ ‖ brʌʃ/ *noun* **1** [C] an object that is used for cleaning things, painting, tidying your hair, etc 刷子；画笔；毛笔: *I took a brush and swept the snow from the path.* 我拿起扫帚把路上的积雪扫走。○ *a clothes-brush* 衣刷 ○ *a toothbrush* 牙刷 ○ *a paintbrush* 画笔；漆刷 ○ *a hairbrush* 梳子 **2** [sing] an act of sweeping, cleaning, tidying the hair, etc with a brush 刷；拂: *Your coat needs a brush.* 你的外套要刷刷。**3** [C] **a brush with sb** a short argument or fight with sb 与某人争执/争吵/打架

☆**brush[2]** /brʌʃ ‖ brʌʃ/ *verb* **1** [T] to clean, tidy, sweep, etc with a brush（用刷子）刷/拂/梳: *Make sure you brush your teeth twice a day.* 牙齿每天都要刷两遍。○ *She was brushing her hair in front of a mirror.* 她对着镜子梳头。☛ Look at the note at **clean[2]**. 参看 **clean[2]** 的注释。 **2** [I,T] to touch sb/sth lightly when passing 擦过；掠过: *Her hand brushed his cheek.* 她的手轻碰了一下他的面颊。○ *Leaves brushed against the car as we drove along the narrow road.* 我们沿着那条窄路开去的时候，树叶不断从车旁擦过。

(PHRASAL VERBS 短语动词) **brush sb/sth aside** **1** to refuse to pay attention to sb/sth 置之不理: *She brushed aside the protests and continued with the meeting.* 她对抗议置若罔闻，继续开会。**2** to get past sb/sth 在某人/某物旁经

过：*He hurried through the crowd, brushing aside the reporters who tried to stop him.* 他从人群中匆匆走过，推开想要阻截他的记者。

brush sth away/off to remove sth with a brush or with the hand, as if using a brush 刷走；掸开：*I brushed the dust off my jacket.* 我把夹克衫上的灰尘掸掉。

brush sth up/brush up on sth to study or practise sth in order to get back knowledge or skill that you had before and have lost 重温荒疏了的技术/知识：*She took a course to brush up her Spanish.* 她为了复习西班牙语，选读了一个课程。

'**brush-off** *noun* [C] (*informal* 非正式) an act of refusing to be friendly to sb 拒绝；冷落：*He asked her to go out with him but she gave him the brush-off.* 他请她出来玩，但碰了一鼻子灰。

brusque /bru:sk; *US* 美 brʌsk ‖ brʌsk/ *adj* not taking time to be polite when you are dealing with people 粗鲁而不耐烦：*He gave a brusque 'No comment!' and walked off.* 他不耐烦地说了一声"无可奉告"就走开了。—**brusquely** *adv*

Brussels sprout /ˌbrʌslz 'spraʊt ‖ 'brʌslz-'spraʊt/ (*also* 亦作 **sprout**) *noun* [C, usually pl] a green vegetable that looks like a very small cabbage 汤菜；抱子甘蓝 ☛ picture at **cabbage**. 见 **cabbage** 插图。

brutal /'bru:tl ‖ 'brutl̩/ *adj* very cruel and violent; without pity 残暴；冷酷无情：*a brutal murder* 血腥命案 ○ *brutal treatment of prisoners* 虐待囚犯 ○ *a brutal dictatorship* 残暴的独裁政权

brutality /bru:'tæləti ‖ bru'tæləti/ *noun* [C,U] (*pl* **brutalities**) very cruel and violent behaviour; acts that show no pity 暴行：*There have been many complaints of police brutality.* 对于警察的粗暴行为，最近时有指责。—**brutally** *adv*: *The girl had been brutally attacked.* 这个女孩给人毒打了一顿。○ *He was brutally honest and told her that he didn't love her any more.* 他坦白到了无情的程度，竟跟她说不再爱她。

brute /bru:t ‖ brut/ *noun* [C] **1** a large animal 巨兽：*That dog of theirs is an absolute brute.* 他们家的狗简直是庞然巨物。**2** a cruel, violent man 残暴的人：*Don't you dare hit him again, you brute!* 狗东西，不许你再碰他！

brute *adj* without the use of thought; using a violent method 没有经过思考的；粗野：*I think you'll have to use brute force to get this window open.* 这扇窗子看来你要出尽蛮劲才打得开。

☆**bubble** /'bʌbl ‖ 'bʌbl̩/ *noun* [C] a hollow ball containing air or gas, in liquid or floating in the air 气泡：*The children were blowing bubbles with washing-up liquid.* 孩子们用洗洁精吹泡泡。○ *the bubbles in a glass of champagne* 杯内的香槟酒泡

bubbles 气泡

bubble *verb* [I] **1** to produce bubbles or to rise with bubbles 冒泡：*Cook the pizza until the cheese starts to bubble.* 做比萨饼时要把饼烘透，直到干酪起泡。○ *The clear water bubbled up out of the ground.* 清水从地下冒出来，泛起一个一个气泡。**2 bubble (over) (with sth)** to be full of happy feelings 充满（欢乐等）

bubbly /'bʌbli ‖ 'bʌbli/ *adj* **1** full of bubbles 多泡沫的：*a bubbly drink* 冒泡的饮料 **2** (used about a person 指人) lively and happy 生气勃勃的：*She has a naturally bubbly personality.* 她天性开朗活泼。

'**bubble gum** *noun* [U] chewing-gum that can be blown into bubbles out of the mouth 泡泡口香糖

buck[1] /bʌk ‖ bʌk/ *noun* [C] (*US informal* 美，非正式) a US dollar 美元：*Could you lend me a few bucks?* 可不可以借给我几块钱？

buck[2] /bʌk ‖ bʌk/ *noun* [C] (*pl* **buck** or **bucks**) a male deer or rabbit 雄鹿；雄兔 ☛ Look at the note at **deer**. 参看 **deer** 的注释。

buck[3] /bʌk ‖ bʌk/ *noun*

(IDIOM 习语) **pass the buck** ⇨ PASS[2]

buck[4] /bʌk ‖ bʌk/ *verb* [I] (used about a horse 指马) to jump into the air with all four feet off the ground 四蹄离地跃起：*His horse suddenly bucked and he fell off.* 马儿猛然弓背一跃，把他甩了出去。

(PHRASAL VERBS 短语动词) **buck up** (*informal* 非正式) to hurry up 赶快：*Come on, buck up! We have to leave in a minute.* 喂，快点吧！我们要走啦。

buck (sb) up (*informal* 非正式) to become or to make sb more cheerful or less unhappy 振奋：*Buck up! It's not the end of the world.* 提起精神来！又不是世界末日！

☆**bucket** /'bʌkɪt ‖ 'bʌkɪt/ *noun* [C] **1** a round, open container, usually made of metal or plastic, with a handle, that is used for carrying or holding liquids or sand 桶 **2** (*also* 亦作 '**bucketful**) the amount that a bucket contains 一桶的量：*How many buckets of cement do you think we'll need?* 你看我们要多少桶水泥？

buckle /'bʌkl ‖ 'bʌkl̩/ *noun* [C] a piece of metal or plastic at the end of a belt or strap that is used for fastening it（皮带、吊带的）扣环

buckle *verb* [I,T] **1** to fasten or be fastened with a buckle（用扣环）扣住 **2** to bend because of heat, force, weakness, etc（受热、受压等而）弯曲：*Some railway lines buckled in the heat.* 有几条铁轨因受高热而弯曲。

bud /bʌd ‖ bʌd/ *noun* [C] a small lump on a tree or plant that opens and develops into a flower or leaf 芽；苞：*rosebuds* 玫瑰花蕾 ○ *At this time of year all the trees are in bud* (= have buds on them). 每年这个时节树木都会抽芽。

B

budding *adj* wanting or starting to develop and be successful 初露头角的；开始发展的: *Have you got any tips for budding young photographers?* 你有什么心得可跟时下的年轻摄影新秀分享？

Buddhism /ˈbʊdɪzəm ‖ ˈbudɪzəm/ *noun* [U] an Asian religion that was founded in India by Buddha 佛教

Buddhist /ˈbʊdɪst ‖ ˈbudɪst/ *noun* [C] a person whose religion is Buddhism 佛教徒 —**Buddhist** *adj*: *a Buddhist temple* 佛寺

buddy /ˈbʌdɪ ‖ ˈbʌdɪ/ *noun* [C] (*pl* **buddies**) (*informal* 非正式) a friend, especially a male friend of a man 朋友（尤指男子的男性朋友）

budge /bʌdʒ ‖ bʌdʒ/ *verb* [I,T] **1** to move or cause sth to move a little（使）微动: *I tried as hard as I could to loosen the screw but it simply wouldn't budge.* 我用尽力气也松不开这个螺丝。○ *We just couldn't budge the car when it got stuck in the mud.* 汽车陷在泥中，我们用尽了劲也推它不动。**2** to change or cause sb to change a firm opinion（使）改变主意: *Neither side in the dispute is prepared to budge.* 这场争执双方都不肯让步。○ *Once he's made up his mind, nothing will budge him.* 他一旦拿定主意，什么都动摇不了他。

budgerigar /ˈbʌdʒərɪɡɑː(r) ‖ ˈbʌdʒərɪˌɡɑr/ (also *informal* 非正式 **budgie**) *noun* [C] a small, brightly-coloured bird that people often keep as a pet in a cage 虎皮鹦鹉

☆**budget** /ˈbʌdʒɪt ‖ ˈbʌdʒɪt/ *noun* [C] **1** a plan of how to spend an amount of money over a particular period of time; the amount of money that is mentioned 支出预算；预算的款项: *What's your monthly budget for food?* 你每月饮食开支的预算是多少？○ *The government has announced reductions in the country's defence budget.* 政府宣布削减国防预算。○ *The new product was launched with an advertising budget of £2 million.* 这项新产品开始推出，广告预算为二百万英镑。**2** (*also* 亦作 **Budget**) a statement by a government saying how much money it plans to spend on particular things in the next year and how it plans to collect money（政府的）财政预算案: *Do you think taxes will go up in this year's budget?* 你认为本年度的预算案会增加税收吗？

budget *verb* [I,T] **budget (sth) (for sth)** to plan carefully how much money to spend on sth 制订预算: *Don't forget to budget for possible increased costs.* 别忘记把成本增加纳入预算内。○ *Costs for the new building are already far greater than the £10 million originally budgeted.* 新楼宇的成本开支已经大大超过了一千万英镑的预算数字。

budget *adj* (*informal* 非正式) (used in advertisements 广告用语) very cheap 经济的；便宜

budgie /ˈbʌdʒɪ ‖ ˈbʌdʒɪ/ *noun* [C] (*informal* 非正式) = BUDGERIGAR

buff /bʌf ‖ bʌf/ *noun* [C] (*informal* 非正式) a person who knows a lot about a particular subject and is very interested in it …迷；爱好者: *Film buffs say that 'Citizen Kane' is one of the greatest films ever made.* 《公民凯恩》被影迷誉为最伟大的电影之一。

buffalo /ˈbʌfələʊ ‖ ˈbʌflˌo/ *noun* [C] (*pl* **buffalo** or **buffaloes**) a large wild animal that looks like a cow with long curved horns 水牛；野牛: *a herd of buffalo* 一群野牛

buffer /ˈbʌfə(r) ‖ ˈbʌfɚ/ *noun* [C] **1** a flat round piece of metal with a spring behind it that is put on the front or back of a train or at the end of a railway track. Buffers reduce the shock when sth hits them.（火车的或火车轨道末端的）缓冲器 **2** a thing or person that reduces the unpleasant effects of sth 起缓冲作用的人或物

buffet[1] /bəˈfeɪ; ˈbʊfeɪ; *US* 美 bəˈfeɪ ‖ bəˈfe/ *noun* [C] **1** a counter where passengers can buy food and drinks on a train; a café at a station（火车上）供应食物的柜台；（车站的）咖啡室: *The buffet car is situated at the rear of the train.* 餐车在火车的尾部。**2** a meal (usually at a party or a special occasion) at which food is placed on a long table and people serve themselves 自助餐: *Lunch was a cold buffet.* 午饭吃的是自助冷餐。○ *a buffet lunch* 自助午餐

buffet[2] /ˈbʌfɪt ‖ ˈbʌfɪt/ *verb* [T] to knock or push sth in a rough way from side to side 使摇晃；（风、雨等）吹打；推来推去: *The boat was buffeted by the rough sea.* 小船被汹涌的波涛打得摇来晃去。

bug /bʌɡ ‖ bʌɡ/ *noun* **1** [C] a small insect, especially one that causes damage or is found in dirty places 虫子；害虫 **2** [C] an illness that is not very serious and that people get from each other（由传染引起的）小病: *I don't feel very well – I think I've got the bug that's going round.* 我有点不对劲，看来感染了流行性病毒。**3** usually 通常作 **the bug** [sing] (*informal* 非正式) a sudden interest in sth 狂热: *They've been bitten by the golf bug.* 他们迷上了高尔夫球。**4** [C] a tiny hidden microphone that secretly records people's conversations 窃听器 **5** [C] something wrong in a system or machine, especially a computer（计算机、机器、程序等的）错误/故障: *There's a bug in the software.* 软件出问题了。

bug *verb* [T] (bu**gg**ing; bu**gg**ed) **1** to hide a tiny microphone somewhere so that people's conversations can be recorded secretly（用窃听器）窃听: *Be careful what you say. This room is bugged.* 不要乱说话，这个房间装了窃听器。**2** (*informal* 非正式) to annoy or worry sb 烦扰；使烦恼: *It bugs him that he's not as successful as his brother.* 他憋了一肚子气，为的是他没他哥哥那样成功。

buggy /ˈbʌɡɪ ‖ ˈbʌɡɪ/ *noun* [C] (*pl* **buggies**) (*Brit* 英) = PUSHCHAIR

☆**build** /bɪld ‖ bɪld/ *verb* (*pt, pp* **built** /bɪlt ‖ bɪlt/) **1** [T] to make sth by putting pieces, materials, etc together 建造: *How long ago was your house built?* 你的房子什么时候建的？○ *They've built a new bridge across the river.* 他们在河上架了一道新桥。○ *The house is built of stone and brick.* 这座房子是用石头跟砖头盖的。**2** [I] to build buildings in a place 盖房子: *There's plenty of land to build on around here.* 附近可以盖房子的地方多着呢。**3** [T] to develop or increase sth 建立；建设；发展；

增加：*The government is trying to build a more modern society.* 政府正致力建设一个更为现代化的社会。○ *This book claims to help people to build their self-confidence.* 这本书自称可以助人建立自信。

(PHRASAL VERBS 短语动词) **build sth in; build sth into sth** **1** to fix furniture into a wall so that it cannot be moved（将家具）嵌固在墙上：*We're going to have new cupboards built in in the kitchen.* 我们将在厨房安壁柜。**2** to make sth a part of sth else 使某物成为另一物的组成部分：*They've made sure that a large number of checks are built into the system.* 他们已经确保这个制度内设有不少审核机制。

build on sth to use sth as a base from which you can make further progress 以…为基础而进一步发展：*Now that we're beginning to make a profit, we must build on this success.* 我们既已开始有盈余，就应再接再厉干下去。

build sth on sth to base sth on sth 把…作为某事物的参照/基础：*a society built on the principle of freedom and democracy* 依循自由、民主的原则建立的社会

build up to become greater in amount or number; to increase 增加：*The traffic starts to build up at this time of day.* 每天到了这个时候来往的车辆就多起来。

build sth up **1** to make sth seem more important or greater than it really is 夸大；吹嘘：*I don't think it's a very serious matter, it's just been built up in the newspapers.* 我不信这个问题很严重，只不过被报章夸大了。**2** to increase or develop sth over a period 逐步增加或建立：*You'll need to build up your strength again slowly after the operation.* 手术后你要把身体慢慢调理好。

build *noun* [C,U] the shape and size of sb's body 身材：*She has a very athletic build.* 她身体强健。○ *Police are looking for a young man of slim build.* 警察在追缉一名身材瘦削的年轻男子。☛ Compare **build** and **figure**. 比较 **build** 及 **figure**。**Build** usually describes size in connection with strength and muscle and is used for both men and women. * **build** 一般指身材，男女适用。**Figure** usually describes shape, especially whether it is attractive or not, and is usually used only for women. * **figure** 一般指身段，通常只用于指女性。

builder *noun* [C] a person whose job is to build houses and other buildings 建筑工人

-built (in compounds 用以构成复合词) having a body with a particular shape and size 有…的身材：*a tall well-built man* 高大健美的男子

'**build-up** *noun* [C, usually sing] **1 a build-up (of sth)** an increase of sth over a period 逐步增加：*The build-up of tension in the area has made war seem more likely.* 该区局势日趋紧张，战事似乎一触即发。**2 a build-up (to sth)** a period of preparation or excitement before an event 事前的准备阶段或紧张时刻：*The players started to get nervous in the build-up to the big game.* 大赛开始前一刻运动员们都紧张起来。

built-'in *adj* **1** (used about furniture 指家具) built so it is fixed into a wall and cannot be moved 嵌固在墙上的：*built-in cupboards* 放置食具的壁柜 **2** made a part of sth else 内在的：*There is built-in unfairness in the system.* 制度本身存在着不公平的规定。

built-'up *adj* covered with buildings 布满建筑物的：*a built-up area* 建筑物林立的地区

☆**building** /'bɪldɪŋ ‖ 'bɪldɪŋ/ *noun* **1** [C] a structure, such as a house, church or school, that has a roof and walls 建筑物：*There are a lot of very old buildings in this town.* 镇内古老建筑比比皆是。**2** [U] the process or business of making buildings 建筑；建筑业：*building materials* 建筑材料 ○ *the building industry* 建筑业

'**building site** *noun* [C] an area of land on which a building is being built 建筑工地

'**building society** *noun* [C] (*Brit* 英) an organization rather like a bank with which people can save money and get interest on it and which lends money to people who want to buy houses or flats 购房互助协会（类似银行的组织，接受会员存款、给予利息并贷款给拟购房屋的会员）

bulb /bʌlb ‖ bʌlb/ *noun* [C] **1** (*also* 亦作 '**light-bulb**) the glass part of an electric lamp that gives out light 灯泡：*The bulb's gone* (= it no longer works) *– I'll have to put a new one in.* 灯泡坏了，我要换上新的。○ *a 60-watt light-bulb* * 60瓦的灯泡 ☛ picture at **light**. 见 **light** 插图。**2** the round root of certain plants（植物的）鳞茎：*a tulip bulb* 郁金香的鳞茎

bulge /bʌldʒ ‖ bʌldʒ/ *noun* [C] an outward curve or lump on sth that is usually flat 隆起处；鼓包

bulge *verb* [I] **1** to stick out from sth that is usually flat; to swell outwards 鼓起：*My stomach is starting to bulge. I must get more exercise.* 我的肚子鼓起来了，我得多做运动才行。**2 bulge with sth** to be full of sth 满载某物：*His bags were bulging with presents for the children.* 他所有的袋子都塞满了送给孩子们的礼物。

bulging *adj* **1** sticking out 鼓鼓囊囊的：*He had a thin face and rather bulging eyes.* 他有一副瘦削脸孔，一双鼓溜溜的眼睛。**2** very full 饱满：*She came home with bulging carrier bags.* 她拿着装得满满的购物袋回家。

bulk /bʌlk ‖ bʌlk/ *noun* **1** [U] the large size or amount of sth 庞大体积；庞大数量：*The cupboard isn't especially heavy, it's its bulk that makes it hard to move.* 这个碗柜倒不重，只是体积大，要搬动并非易事。**2** [C] a very large body 肥硕的身躯：*He slowly lifted his vast bulk out of the chair.* 他挪动着肥大的身躯，慢慢地从椅子站起来。**3 the bulk (of sth)** [sing] the main part of sth; most of sth（事物的）主要部分/大部分：*The bulk of the work has been done, there's only a bit left.* 这个活差不多干完了，只剩一点收尾的工作没做。

(IDIOM 习语) **in bulk** in large quantities 大量：*If you buy in bulk, it is 10% cheaper.* 大量购买，九折优待。

bulky *adj* (**bulkier**; **bulkiest**) large and heavy and therefore difficult to move or carry 笨重：*a bulky parcel* 笨重的包裹

B

bull /bʊl ‖ bʊl/ *noun* [C] **1** an adult male of the cow family 公牛 ☛ Look at the note and picture at **cow**. 参看 **cow** 的注释及插图。**2** the male of certain other animals, eg the elephant and the whale 某些雄性动物（如象、鲸鱼）

'**bullfight** *noun* [C] a traditional public entertainment, especially in Spain, Portugal and Latin America, in which a man makes a bull angry, fights it and often kills it 斗牛

'**bullfighter** *noun* [C] a man who takes part in a bullfight 斗牛士

'**bullfighting** *noun* [U] the public entertainment in which men fight bulls in a special stadium (**bullring**) 斗牛（斗牛场叫做 **bullring**）

bulldog /'bʊldɒg ‖ 'bʊlˌdɔg/ *noun* [C] a strong dog with short legs, a large head and a short, thick neck 斗牛狗；大头狗

bulldoze /'bʊldəʊz ‖ 'bʊlˌdoz/ *verb* [T] to make ground flat or knock down a building with a bulldozer（用推土机）推平（房屋）/平整（土地）: *The old buildings were bulldozed and new ones were built.* 推倒旧房子，盖上新建筑。

bulldozer /'bʊldəʊzə(r) ‖ 'bʊlˌdozɚ/ *noun* [C] a large, powerful tractor with a broad piece of metal at the front, used for clearing ground or knocking down buildings 推土机

☆**bullet** /'bʊlɪt ‖ 'bʊlɪt/ *noun* [C] a small rounded piece of metal with a pointed end that is fired from a gun 子弹；枪弹: *The bullet hit her in the arm.* 子弹打中她的胳膊。○ *a bullet wound* 枪伤 ○ *There were bullet holes in the window.* 窗上有弹孔。

'**bulletproof** *adj* made of a strong material that stops bullets from passing through it 防弹的

bulletin /'bʊlətɪn ‖ 'bʊlətɪn/ *noun* [C] **1** a short news report on TV or radio; an official statement about a situation（电视、电台的）新闻简报；公报；布告: *The next news bulletin on this channel is at nine o'clock.* 本台下一次播发新闻简报在九点。○ *There were regular bulletins on the Prince's progress while he was in hospital.* 王子住院接受治疗期间，官方就其病情定期发表公告。**2** a short newspaper that a club or an organization produces（俱乐部、组织等的）简讯: *As a member of the fan club, she receives a monthly bulletin.* 她加入了影迷会，每月都可收到会刊。

'**bulletin board** *noun* [C] (*US* 美) = NOTICE-BOARD

bullion /'bʊlɪən ‖ 'bʊljən/ *noun* [U] bars of gold or silver 金条；银条: *The dollar price of gold bullion has risen by more than 10%.* 金条的美元价格涨了一成以上。

bull's-eye /'bʊlzaɪ ‖ 'bʊlzˌaɪ/ *noun* [C] **1** the centre of a target that you aim at when you are shooting or throwing sth 靶心；鹄的 ☛ picture at **darts**. 见 **darts** 插图。**2** a shot that hits this target 打中靶心的一击

bully /'bʊlɪ ‖ 'bʊlɪ/ *noun* [C] (*pl* **bullies**) a person who uses his/her greater strength or power to hurt or frighten people who are weaker 恃强凌弱的人

bully *verb* [T] (*pres part* **bullying**; *3rd pers sing pres* **bullies**; *pt, pp* **bullied**) to use your strength or power to hurt or frighten sb who is weaker 欺凌: *There's a lot of bullying in that school.* 那所学校恃强凌弱的事多的是。

(PHRASAL VERB 短语动词) **bully sb into doing sth** to force sb to do sth by frightening him/her 威胁某人做某事

bum¹ /bʌm ‖ bʌm/ *noun* [C] (*informal* 非正式) (*Brit* 英) the part of the body on which you sit; bottom 屁股

bum² /bʌm ‖ bʌm/ *noun* [C] (*informal* 非正式) (*especially US* 尤为美) **1** a person who moves from place to place and lives by begging 流浪乞丐 **2** a lazy or useless person 二流子；懒惰没用的人

bump /bʌmp ‖ bʌmp/ *verb* **1** [I] **bump against/into sb/sth** to hit sth solid by accident when you are moving 跟某人/某物撞个正着: *She bumped into a lamppost because she wasn't looking where she was going.* 她走路的时候心不在焉，结果撞到灯柱上。**2** [T] **bump sth (against/on sth)** to hit sth against or on sth by accident when moving it 使某物撞在另一物上: *I bumped my knee on the edge of the table.* 我的膝盖撞到桌子边上。**3** [I] to move in an uneven way as if going over bumps 颠簸而行: *We bumped along the track to the cottage.* 我们沿着通向农舍的小径颠簸而行。

(PHRASAL VERBS 短语动词) **bump into sb** to meet sb by chance 碰见某人: *I bumped into an old friend on the bus today.* 今天我在公共汽车上碰到一个老朋友。

bump sb off (*slang* 俚语) to kill or murder sb 杀/干掉某人

bump *noun* [C] **1** a sudden strong blow caused by sth hard hitting sth else; the sound of such a blow 重击；重击声: *She fell and hit the ground with a bump.* 她扑通一声摔倒在地上。○ *We heard a loud bump from upstairs. One of the children had fallen out of bed.* 楼上传来扑通一声响，原来其中一个小孩从床上掉下来了。**2** a lump on the body, often caused by a blow（身体上的）肿块（常因撞伤而起）**3** a part of a flat surface that is raised above the rest of it 隆起物: *There are a lot of bumps in the road, so drive carefully.* 这条路崎岖不平，要小心点开车。

bumpy *adj* (**bumpier**; **bumpiest**) **1** (used about a surface 指表面) having a lot of bumps(3) 有很多隆起部分: *We drove along a bumpy road until we reached the farm.* 我们开车走过崎岖不平的路，到了农场才停下来。**2** (used about a journey 指旅程) rough and uncomfortable; not smooth 颠簸: *Because of the stormy weather, it was a very bumpy flight.* 由于雷雨交加，飞机一路上摇摇晃晃。

bumper¹ /'bʌmpə(r) ‖ 'bʌmpɚ/ *noun* [C] the bar fixed to the front and back of a motor vehicle to reduce the effect if it hits sth（汽车的）保险杠/缓冲器

bumper² /'bʌmpə(r) ‖ 'bʌmpɚ/ *adj* larger than usual 特大的: *The unusually fine weather has produced a bumper harvest this year.* 今年天气格外好，因此有个大丰收。

bun /bʌn ‖ bʌn/ *noun* [C] **1** a small round sweet cake 圆形的小糕点: *a currant bun* 葡萄干糕点 **2** hair fastened tightly into a round shape at the back of the head（盘在脑后的）圆髻: *She wears her hair in a bun.* 她梳了圆髻。

bunch /bʌntʃ ‖ bʌntʃ/ *noun* **1** [C] a number of things, usually of the same type, fastened or growing together 束；扎；捆: *He bought her a bunch of flowers for her birthday.* 他给她送了一束鲜花，庆祝她生日 ○ *a bunch of bananas/grapes* 一串香蕉/葡萄 ○ *a bunch of keys* 一串钥匙 **2 bunches** [plural] long hair that is tied on each side of the head 头两边所拖着的辫子或发束 ☛ picture at **plait**. 见 **plait** 插图。**3** [C, with sing or pl verb] (*informal* 非正式) a group of people 一伙: *My colleagues are the best bunch of people I've ever worked with.* 我现在的同事是历来跟我最合拍的伙伴。

bunch *verb* [I,T] **bunch (sth/sb) (up/together)** to stay together in a group; to form sth into a group or bunch 聚合成群；把…聚在一起: *The athletes bunched up as they came round the final bend.* 田径选手冲到最后的弯道时都挤到了一起。○ *He kept his papers bunched together in his hand.* 他把文件攥在手里。

bundle /ˈbʌndl ‖ ˈbʌndḷ/ *noun* [C] a number of things tied or wrapped together 捆；束: *a bundle of letters with an elastic band round them* 用橡皮筋束在一起的一摞信件

bundle *verb* [T] **1 bundle sth (up)** to make or tie sth into a bundle or bundles 捆扎物件: *I bundled up the old newspapers and threw them away.* 我把旧报纸捆起来丢掉。**2** to put or push sb or sth quickly and in a rough way in a particular direction 把人或物朝某方向猛推: *He was arrested and bundled into a police car.* 他给逮着了，推上了警车。

bung /bʌŋ ‖ bʌŋ/ *noun* [C] a round piece of wood or rubber that is used for closing the hole in certain containers eg a barrel, a jar, etc 塞子

bung *verb* [T] (*Brit informal* 英，非正式) to put or throw sth somewhere in a rough or careless way 扔；丢: *We bunged the suitcases into the car and drove away.* 我们把手提箱扔进车里，然后开车离开。

bunged up *adj* blocked, so that nothing can get through 淤塞；蔽塞: *I feel terrible. I've got a cold and my nose is all bunged up.* 我着了凉，鼻子堵塞了，真不好受。

bungalow /ˈbʌŋɡələʊ ‖ ˈbʌŋɡəˌlo/ *noun* [C] a house that is all on one level, without an upstairs 平房 ☛ picture on page A23. 见第A23页插图。

bungle /ˈbʌŋɡl ‖ ˈbʌŋɡḷ/ *verb* [I,T] to do sth badly（把某事）弄糟；事败: *The men fled after bungling a raid on a bank in Oxford Road.* 这帮人在牛津路抢劫银行，事败后四散逃去了。

bunk[1] /bʌŋk ‖ bʌŋk/ *noun* [C] **1** a bed that is fixed to a wall (eg on a ship or train)（船、火车等倚壁而设的）床铺 **2** (*also* 亦作 ˈ**bunk bed**) one of a pair of single beds built as a unit with one above the other 双层单人床

bunk[2] /bʌŋk ‖ bʌŋk/ *noun* (IDIOM 习语) **do a bunk** (*Brit informal* 英，非正式) to run away or escape; to leave without telling anyone 逃走；不辞而别

bunker /ˈbʌŋkə(r) ‖ ˈbʌŋkɚ/ *noun* [C] **1** a strongly built underground shelter that gives protection in a war 地下掩体（战争中供掩蔽的工事）**2** an area of sand on a golf course, where it is difficult to hit the ball（高尔夫球场上作为障碍的）坑洼区

bunny /ˈbʌnɪ ‖ ˈbʌnɪ/ *noun* [C] (used by and to small children 儿语) a rabbit 兔子

buoy /bɔɪ ‖ bɔɪ/ *noun* [C] a floating object, fastened to the bottom of the sea or a river, that shows ships and boats where dangerous places are 浮标

buoy *verb* [T] **buoy sb/sth (up) 1** to keep sb cheerful 鼓舞: *His encouragement buoyed her up during that difficult period.* 她在艰难的日子里得到他的鼓励才保持信心。**2** to keep sth high by supporting it 维持某事物的高水平: *Share prices were buoyed by news of a takeover.* 收购的消息传来，股价保持坚挺。

buoyant /ˈbɔɪənt ‖ ˈbɔɪənt/ *adj* **1** (used about a material 指物体或物质) floating or able to float 有浮力 **2** happy and cheerful 兴高采烈: *The team were in buoyant mood after their win.* 获胜后队员们欣喜若狂。**3** (used about economic and business life 指经济或商业) successful, with a lot of activity 蓬勃: *Despite the recession, the property market remained buoyant.* 虽然经济萧条，但房地产市场仍然看涨。**4** (used about prices 指价格) rising or keeping at a high level 持续上升；保持坚挺 —**buoyancy** /-ənsɪ ‖ -ənsɪ/ *noun* [U]: *a buoyancy aid* (= something that helps you float) 助浮物 ○ *the buoyancy of the German economy* 德国经济的蓬勃发展

☆**burden** /ˈbɜːdn ‖ ˈbɝdṇ/ *noun* [C] **1** a heavy load that is difficult to carry 重负 **2** a responsibility or difficult task that causes a lot of work or worry 重担；担子: *Having to make all the decisions is a terrible burden for me.* 所有事情都要我作主，着实吃不消。○ *I don't want to be a burden to my children when I'm old.* 他日年老之时我决不想拖累儿孙。

burden *verb* [T] **burden sb/yourself (with sth)** to give sb/yourself a responsibility or task that causes a lot of work or worry 让某人/自己肩负（重担）: *If I were you, I wouldn't burden myself with other people's problems.* 要是我，我绝不像你那样为别人的问题太操心。

bureau /ˈbjʊərəʊ; US 美 ˈbjʊrəʊ ‖ ˈbjuro/ *noun* [C] (*pl* **bureaux** or **bureaus** /-rəʊz ‖ -roz/) **1** (*Brit* 英) a writing desk with drawers and a lid 书桌 **2** (*US* 美) = CHEST OF DRAWERS **3** (*especially US* 尤为美) one of certain government departments 政府部门: *the Federal Bureau of Investigation* 联邦调查局 **4** an organization that provides information 提供资料的组织: *a tourist information bureau* 旅游咨询处

bureaucracy /bjʊəˈrɒkrəsɪ ‖ bjuˈrɑkrəsɪ/ *noun* (*pl* **bureaucracies**) **1** [C,U] a system of government by a large number of officials in various departments 官僚机构 **2** [U] (often

B

used in a critical way 常含贬意) the system of official rules that an organization has for doing sth, that people often think are too complicated 官僚制度: *With all the bureaucracy involved, it takes ages to get a visa.* 由于这一切官僚作风，需要很长很长时间才能申请到签证。

bureaucrat /ˈbjʊərəkræt ‖ ˈbjurəˌkræt/ *noun* [C] (often used in a critical way 常含贬意) an official in an organization or government department 官僚

bureaucratic /ˌbjʊərəˈkrætɪk ‖ ˌbjurəˈkrætɪk/ *adj* connected with a bureaucracy, especially when it follows official rules too closely 官僚主义的: *You have to go through a complex bureaucratic procedure if you want to get your money back.* 你要拿回钱非要经过一系列烦琐的官僚主义手续不可。

burger /ˈbɜːgə(r) ‖ ˈbɝgɚ/ *noun* [C] = HAMBURGER

-burger (in compounds 用以构成复合词) **1** a hamburger with sth else on top 铺上…的汉堡包: *a cheeseburger* 干酪汉堡包 **2** something that is cooked like and looks like a hamburger, but is made of sth else 做法和样子像汉堡包但馅料不同的食品: *a fishburger* 鱼肉汉堡

burglar /ˈbɜːglə(r) ‖ ˈbɝglɚ/ *noun* [C] a person who enters a building illegally in order to steal（闯入他人屋内的）窃贼: *The burglars broke in by smashing a window.* 窃贼砸破玻璃窗潜入屋内。☛ Look at the note at **thief**. 参看 **thief** 的注释。

burglary /ˈbɜːglərɪ ‖ ˈbɝglərɪ/ *noun* [C,U] (*pl* **burglaries**) the crime of entering a building illegally in order to steal 入户盗窃: *There was a burglary at the house next door last week.* 上周隔壁有贼入内盗窃。○ *He is in prison for burglary.* 他因入户盗窃而坐牢。

ˈ**burglar-alarm** *noun* [C] a piece of equipment, usually fixed on a wall, that makes a loud noise if a thief enters a building 防盗警报器

burgle /ˈbɜːgl ‖ ˈbɝgl/ *verb* [T] to enter a building illegally in order to steal from it（入户）盗窃: *Our flat was burgled while we were out.* 我们不在家的时候，家里给人偷了东西。○ *Lock all doors and windows or you might get burgled.* 把所有的门窗关好，别让家里进贼。

burial /ˈberɪəl ‖ ˈbɛrɪəl/ *noun* [C,U] the ceremony when a dead body is put in the ground (**buried**) 葬礼（下葬叫做 **bury**）: *The burial took place on Friday.* 葬礼在周五举行。○ *The victims of the disaster were flown home for burial.* 遇难者的尸体用飞机运返家乡埋葬。☛ Look at the note at **funeral**. 参看 **funeral** 的注释。

burly /ˈbɜːlɪ ‖ ˈbɝlɪ/ *adj* (used about a person or sb's body 指人或身材) strong and heavy 魁梧

☆**burn** /bɜːn ‖ bɝn/ *verb* (*pt, pp* **burnt** /bɜːnt ‖ bɝnt/ or **burned** /bɜːnd ‖ bɝnd/) **1** [T] to destroy, damage or injure sb/sth with fire or heat 烧毁；烧/烫坏；烧/烫伤: *We took all the rubbish outside and burned it.* 我们把垃圾搬到外边烧掉了。○ *It was a terrible fire and the whole building was burnt to the ground* (= completely destroyed). 一场大火把整座大厦烧个精光。○ *The water was so hot that I burned my hands.* 水这么热，我的手都给烫伤了。○ *If you get too close to the fire you'll burn yourself.* 别凑近火炉，当心烫伤。○ *The people inside the building couldn't get out and they were all burnt to death.* 大厦里的人被困在火场里，都给活活烧死了。**2** [I] to be destroyed, damaged or injured by fire or heat 给烧毁；给烧/烫坏；给烧/烫伤: *If you leave the cake in the oven for much longer, it will burn.* 别把蛋糕烤得太久，否则会烧焦。○ *I can't spend too much time in the sun because I burn easily.* 我不能在阳光下呆得太久，我的皮肤容易晒伤。○ *They were trapped by the flames and they burned to death.* 他们困在火海里，最后都给活活烧死。**3** [T] to produce a hole or mark in or on sth by burning 烧穿；烧焦烙上痕迹: *He dropped his cigarette and it burned a hole in the carpet.* 他不小心掉了香烟，地毯给烧了个洞。**4** [I] to be on fire 着火: *Firemen raced to the burning building.* 大厦起火，消防员立刻赶赴现场。**5** [I] to produce light 发光: *I don't think he went to bed at all – I could see his light burning all night.* 他的灯亮了一夜，看来他没睡过。**6** [I] to feel unpleasantly hot 热得不舒服: *You must have a temperature, your forehead's burning.* 额头烫着呢，你准是发烧。**7** [I] **burn (with sth)** to be filled with a very strong feeling 充满（强烈的感情）: *She was burning with indignation.* 她义愤填膺。

(PHRASAL VERBS 短语动词) **burn (sth) down** (used about a building 指建筑物) to destroy or be destroyed completely by fire 烧毁；被烧毁: *The fire could not be brought under control and the school burned down.* 火势一发不可收拾，学校最后付诸一炬。○ *The house was burnt down in a fire some years ago.* 那座房子在好几年前烧毁了。

burn sth out (usually passive 通常用于被动语态) to completely destroy sth by burning 烧毁: *the burnt-out wreck of a car* 汽车烧毁后的残骸

burn up to be destroyed by fire or strong heat 被烧毁；被高温熔毁: *The space capsule burnt up on its re-entry into the earth's atmosphere.* 航天舱再次进入地球大气层时着火焚毁。

burn sth up to destroy sth by fire 烧毁: *When all the rubbish had been burnt up I put out the fire.* 等到垃圾都化为灰烬的时候我才把火弄熄。

burn *noun* [C] an injury or piece of damage caused by fire or heat 烧伤；灼伤: *He has been treated for burns to his face and hands.* 他的手和脸部都烧伤了，现正接受治疗。○ *the burns unit of a hospital* 医院的烧伤救护组

burp /bɜːp ‖ bɝp/ *verb* [I] to make a noise with the mouth when air rises from the stomach and is forced out 打嗝: *He sat back when he had finished his meal and burped loudly.* 他吃过饭便靠在椅子上大声打起嗝来。—**burp** *noun* [C]: *a loud burp* 声响很大的饱嗝

burrow /ˈbʌrəʊ ‖ ˈbʌro/ *noun* [C] a hole in the

ground made by certain animals (eg rabbits) in which they live 地洞

burrow *verb* **1** [I,T] to dig a hole in the ground 挖地洞 **2** [I] to search for sth, using your hands as if you were digging 挖洞似地用双手摸索: *She burrowed in her handbag for her keys.* 她翻搅着手提包里的东西想找那串钥匙。

bursar /ˈbɜːsə(r) ‖ ˈbɝsɚ/ *noun* [C] the person who manages the financial matters of a school, college or university（学校的）司库

bursary /ˈbɜːsərɪ ‖ ˈbɝsərɪ/ *noun* [C] (*pl* **bursaries**) a sum of money given to a specially chosen student to pay for his/her studies at a college or university 奖学金；助学金

☆**burst**[1] /bɜːst ‖ bɝst/ *verb* (*pt, pp* **burst**) **1** [I,T] to break open suddenly and violently, usually because there is too much pressure inside; to cause this to happen（使）爆裂: *My shopping bag burst as I was leaving the supermarket.* 我要离开超级市场的时候，手上的购物袋一下子撑破了。○ *You'll burst that balloon if you blow it up any more.* 再往这个气球打气它准要爆裂。○ *The balloon burst with a loud bang.* 气球砰的一声破了。○ (*figurative* 比喻) *'Would you like some more to eat?' 'No, thanks. If I have any more I'll burst!'* "还要吗？""不要了，谢谢，再吃我肚子要撑破了。" ○ *If it rains much more, the river will burst its banks.* 雨再下个不停，河堤就要崩决了。**2** [I] **burst (with sth)** (only in the *-ing* forms 只以 -ing 形式出现) to be so full that it is in danger of breaking open 满得快裂开: *I packed so many clothes that my suitcases were bursting.* 我的手提箱塞了这么多衣服，快要胀破了。○ (*figurative* 比喻) *He was bursting with happiness on his wedding day.* 结婚那天他高兴得不得了。

(IDIOM 习语) **be bursting to do sth** to want to do sth very much 渴望做某事: *I'm bursting to tell someone the news but it's a secret.* 我真想把这个消息告诉别人，无奈这是个秘密。

(PHRASAL VERBS 短语动词) **burst in on sb/sth** to interrupt sb/sth by arriving suddenly 突然出现打扰某人/某事: *I'm sorry to burst in on you like this but there's an urgent phone call.* 打扰您啦，真不好意思，有紧急的电话找您。

burst into sth to start doing sth suddenly 突然做起某事来: *On hearing the news she burst into tears* (= started crying). 她一听到这消息就忍不住哭了起来。○ *The lorry hit a wall and burst into flames* (= started burning). 卡车撞在墙上立即着起火来。

burst into, out of, through, etc to move suddenly in a particular direction, often using force 闯入；冲出；冲过…: *She burst into the manager's office and demanded to speak to him.* 她冲入经理室要求当面跟他说话。

burst out 1 to start doing sth suddenly 突然做起某事来: *He looked so ridiculous that I burst out laughing.* 看他傻里傻气的我禁不住大笑起来。**2** to say sth suddenly and with strong feeling 突然激动地说: *Finally she burst out, 'I can't stand it any more!'* 她终于喊了出来："我实在忍无可忍了！"

burst[2] /bɜːst ‖ bɝst/ *noun* [C] **1** an occasion when sth bursts or explodes; a crack caused by an explosion 爆裂；裂口: *a burst in a water pipe* 水管上的裂口 **2** a short period of a particular activity, that often starts suddenly 一阵（突如其来的活动）: *With a burst of speed, she left the other runners behind.* 一阵飞跑，她便把其他跑手抛在后边了。○ *He prefers to work in short bursts.* 他喜欢干一会儿歇一会儿。○ *There were several bursts of applause during her speech.* 她的演说博得好几阵热烈的掌声。

☆**bury** /ˈberɪ ‖ ˈbɛrɪ/ *verb* [T] (*pres part* **burying**; *3rd pers sing pres* **buries**; *pt, pp* **buried**) **1** to put a dead body in a grave 下葬；掩埋: *She wants to be buried in the village graveyard.* 她希望死后葬在村子的坟场里。○ *Anne Brontë is buried in Scarborough.* 安妮·勃朗特安葬于斯卡伯勒。**2** to put sth in a hole in the ground to cover it up 埋藏在地下: *Our dog always buries its bones in the garden.* 我家的狗总是把骨头埋在园子里。○ *They say there's buried treasure somewhere on the island!* 据说岛上什么地方埋有宝藏。**3** (usually passive 通常用于被动语态) to cover or hide 遮盖；隐藏: *At last I found the photograph, buried at the bottom of a drawer.* 那张照片我终于找到了，原来给压在抽屉最底下。○ *After the earthquake, hundreds of people were buried under the rubble.* 地震过后，瓦砾下埋着数以百计的人。○ (*figurative* 比喻) *Sally didn't hear us come in. She was buried in a book.* 我们进来的时候，萨莉正埋头念书，没听到我们的声音。

☆**bus** /bʌs ‖ bʌs/ *noun* [C] (*pl* **buses**; *US also* 美亦作 **busses**) a big public vehicle which takes passengers from one stopping-place to another along a fixed route 公共汽车；巴士: *Where do you usually get on/off the bus?* 你平时在哪里上/下公共汽车？○ *We'll have to hurry up if we want to catch the 9 o'clock bus.* 我们要快点呀，要不就赶不上9点钟的巴士了。○ *It's so difficult to park your car in town. It's better to go by bus.* 在市区停车太难了，不如乘公共汽车去吧。

> ☛ The **bus driver** may also take the money (your **fare**) and give you your **ticket**, or there may be a **conductor** who collects the fares. 公共汽车司机 **(bus driver)** 可能兼顾收车费 **(fare)** 及发车票 **(ticket)** 的工作，否则就由售票员 **(conductor)** 负责。You can get on or off at a **bus-stop** and the central point where most buses start is the **bus station**. 乘客可以在沿途各公共汽车站 **(bus-stop)** 或公共汽车总站 **(bus station)** 上、下车。Note that we travel **by bus**. We can also say **on the bus** 搭乘公共汽车用 **by bus**，也可以说 **on the bus**: *'How do you get to work?' 'On the bus.'* "你怎么样上班？""乘公共汽车。"

☆**bush** /bʊʃ ‖ bʊʃ/ *noun* **1** [C] a plant like a small, thick tree with many low branches 灌木: *a rose bush* 蔷薇丛 ○ *The house was surrounded by thick bushes.* 房子四周灌木丛生。**2** often 常作 **the bush** [U,sing] wild land that is not cultivated, especially in Africa and Australia（尤指非洲、澳大利亚的）荒野 (IDIOM 习语) **beat about the bush** ⇨ BEAT[1]

bushy *adj* (**bushier**; **bushiest**) growing thickly 丛生的: *bushy hair* 浓密的头发 ○ *bushy eyebrows* 浓眉

B

busier, busiest, busily ⇨ BUSY

☆**business** /'bɪznɪs ‖ 'bɪznɪs/ *noun* **1** [U] buying and selling as a way of earning money; commerce 生意；商业: *She has set up in business as a hairdresser.* 她经营起发型师的生意来。○ *They are very easy to do business with.* 跟他们做生意很利落。○ *He teaches English for Business.* 他教的是商业英语。**2** [U] the work that you do as your job 业务: *The manager will be away on business next week.* 经理下周出差去。○ *a business trip* 出差 **3** [U] the amount of trade done 生意额；成交量: *Business has been good for the time of year.* 以这个季节来说，生意已经挺不错。**4** [C] a firm, a shop, a factory, etc which produces or sells goods or provides a service 企业；商号: *She started an antique business of her own.* 她自己开了一家古玩店。○ *Small businesses are finding it hard to survive at the moment.* 这个年头，小企业要求生存很困难。**5** [U] something that concerns a particular person 跟某人有关的事情: *The friends I choose are my business, not yours.* 交朋友是我的事，你管不着。○ *Our business is to collect the information, not to comment on it.* 我们的工作是搜集资料，不是发表评论。○ *'How much did it cost?' 'It's none of your business!'* (= I don't want to tell you. It's private.) "这个花了多少钱？" "不关你的事！" **6** [sing] a situation or an event 事情；事件: *The divorce was an awful business.* 离婚那事真叫人难堪。○ *I found the whole business very depressing.* 整件事情使我沮丧不已。

(IDIOMS 习语) **get down to business** to start the work that must be done 着手做（工作）: *Let's just have a cup of coffee before we get down to business.* 我们先喝点咖啡再干活去吧。

go out of business to have to close because there is no more money available 倒闭: *The shop went out of business because it couldn't compete with the new supermarket.* 这家商店不是那新开张的超级市场的对手，只得关门大吉。

have no business to do sth/doing sth to have no right to do sth 没有权利做某事: *You have no business to read/reading my letters without asking me.* 没有我的同意你没有权利看我的信。

mind your own business ⇨ MIND[2]

'**businesslike** *adj* efficient and practical 踏实；利落；有条不紊的: *She has a very businesslike manner.* 她的作风相当踏实利落。

'**businessman**, '**businesswoman** *noun* [C] (*pl* **businessmen**; **businesswomen**) **1** a person who works in business(1) especially in a top position 在商界工作的人（尤指身居要职者）；商人 **2** a person who is skilful at dealing with money 善于理财的人: *My brother can advise you on your investments – he's a better businessman than I am.* 我哥哥可以给你的投资提些意见——他善于理财，比我强多了。

'**business studies** *noun* [U] the study of how to control and manage a business(4) 工商管理学: *a course in business studies* 一门商管课程

busk /bʌsk ‖ bʌsk/ *verb* [I] to sing or play music in the street so that people will stop and give you money 在街头卖艺挣钱

busker *noun* [C] a street musician 街头乐手

bust[1] /bʌst ‖ bʌst/ *noun* [C] **1** a model in stone, etc of a person's head, shoulders and chest 半身塑像 **2** a woman's breasts; the measurement round a woman's chest（女性的）乳房；（女性的）胸围: *Have you got this jumper in a 36 inch bust?* 这种套头毛衣有没有36英寸胸围的尺码？

bust[2] /bʌst ‖ bʌst/ *verb* [T] (*pt, pp* **bust** or **busted**) (*informal* 非正式) to break or damage sth so that it cannot be used 砸碎；损坏

bust *adj* (not before a noun 不用于名词前) (*informal* 非正式) broken or not working 破烂；坏: *The zip on these trousers is bust.* 裤子的拉链坏了。

(IDIOM 习语) **go bust** (*informal* 非正式) (used about a business 指企业) to have to close because it has lost so much money 因亏本而倒闭: *During the recession thousands of businesses went bust.* 那次经济衰退期间，成千上万家企业相继倒闭。

'**bust-up** *noun* [C] (*informal* 非正式) a serious quarrel 激烈争吵

bustle /'bʌsl ‖ 'bʌsl/ *verb* [I,T] **1** to move in a busy, noisy or excited way; to make sb move somewhere quickly 忙乱地/喧闹地/激动地移动；使赶快往某处: *He bustled about the kitchen making tea.* 他在厨房忙着泡茶。○ *They bustled her out of the room before she could see the body.* 他们催促她出去，不让她看见室内的尸体。**2 bustle (with sth)** to be full of sth (people, noise, activity, etc) 熙熙攘攘；充满（人群、声音、活动等）: *It was the week before Christmas and the streets were bustling with shoppers.* 圣诞节前的一周，街道上挤满了购物的人潮。

bustle *noun* [U] excited and noisy activity 喧闹的活动: *She loved the bustle of city life.* 她喜爱城市生活的喧闹繁华。

☆**busy** /'bɪzɪ ‖ 'bɪzɪ/ *adj* (**busier**; **busiest**) **1 busy (at/with sth)**; **busy (doing sth)** having a lot of work or tasks to do; not free; working on sth 忙碌；忙着做某事的: *Mr Smith is busy until 4 o'clock but he could see you after that.* 史密斯先生很忙，要在4点后才有空跟您见面。○ *Don't disturb him. He's busy.* 他忙着呢，不要烦他了。○ *She's busy with her preparations for the party.* 她在忙着聚会的准备工作。○ *We're busy decorating the spare room before our visitors arrive.* 我们趁宾客未到，便忙上忙下地把客房打点一番。**2** (used about a period of time 指一段时间) full of activity and things to do 繁忙: *I've had rather a busy week.* 我忙了一周。**3** (used about a place 指地方) full of people, movement and activity 熙来攘往: *Oxford Street was so busy that I could hardly move.* 牛津街上车水马龙，挤得我寸步难行。**4** (*US* 美) = ENGAGED(2):

The line's busy at the moment. I'll try again later. 现在电话占线，我过一会儿再打过去。
(IDIOM 习语) **get busy** start working 着手干: *We'll have to get busy if we're going to be ready in time.* 我们赶快干吧，要不就赶不及啦。
busy *verb* [T] (*pres part* **busying**; *3rd pers sing pres* **busies**; *pt, pp* **busied**) **busy yourself with sth**; **busy yourself doing sth** to keep yourself busy; to find sth to do 让自己忙于做某事 —**busily** *adv*: *When I came in she was busily writing something at her desk.* 我进来的时候，她正伏在桌上埋头写东西。

busybody /ˈbɪzɪbɒdɪ ‖ ˈbɪzɪˌbɑdɪ/ *noun* [C] (*pl* **busybodies**) a person who is too interested in other people's affairs 好管闲事的人

☆**but**[1] /bət ‖ bət; strong form 强读式 bʌt ‖ bʌt/ *conj* **1** (used for introducing an idea which contrasts with or is different from what has just been said 用以带出与前面相反或相异的意思) 但是；不过；只是: *The weather will be sunny but cold.* (明日) 天气晴朗，但很寒冷。○ *Theirs is not the first but the second house on the left.* 从左边数起的第二幢便是他们的房子，可不是头一幢。○ *James hasn't got a car but his sister has.* 詹姆斯没有车，他妹妹有。**2** however; and yet 可是；然而: *She's been learning Italian for five years but she doesn't speak it very well.* 她的意大利语学了五年，可是还讲得不大好。○ *I'd love to come but I can't make it till 8 o'clock.* 我很乐意来，但要8点钟才到。**3** (used with an apology 表示歉意或麻烦别人时用): *Excuse me, but is your name Peter Watkins?* 对不起，请问您是彼得·沃特金斯先生吗？○ *I'm sorry, but I can't stay any longer.* 对不起，我不能再呆啦。**4** (used for introducing a statement that shows that you are surprised or annoyed or that you disagree 用以表示惊讶、厌烦、不同意等): *'Here's the money I owe you.' 'But that's not right – it was only £6.'* "这是我欠你的钱。""不对，你只欠我6英镑。"
(IDIOM 习语) **but then** however; on the other hand 不过；另一方面: *We could go swimming. But then perhaps it's too cold.* 我们可以去游泳，不过天气也许太冷了。○ *He's brilliant at the piano. But then so was his father* (= however, this is not surprising because...). 他弹得一手好钢琴。不过这也不奇怪，他父亲也弹得好。

☆**but**[2] /bət ‖ bət; strong form 强读式 bʌt ‖ bʌt/ *prep* except 除了: *I've told no one but you about this.* 除了你，这事我从来没对人提起过。○ *We've had nothing but trouble with this washing-machine!* 我们没什么事，是这洗衣机有故障。
(IDIOM 习语) **but for sb/sth** except for or without sb/sth 某人/某事物例外；要不是因为某人/某事物: *We wouldn't have managed but for your help.* 要不是你帮忙，我们就做不成了。

☆**butcher** /ˈbʊtʃə(r) ‖ ˈbʊtʃɚ/ *noun* [C] **1** a person who sells meat 肉贩；肉商: *The butcher cut me four lamb chops.* 肉贩给我切了四块羊排。○ *She went to the butcher's for some sausages.* 她到肉店买些香肠。☛ Note that **the butcher** is the person who runs the shop and **the butcher's** is the shop. 肉贩叫做 **the butcher**，肉店叫做 **the butcher's**。**2** a person who kills many people in a cruel way (大批残杀人的) 屠夫；刽子手
butcher *verb* [T] to kill a lot of people in a cruel way 屠杀
butchery *noun* [U] unnecessary or cruel killing 滥杀；残杀；屠杀

butler /ˈbʌtlə(r) ‖ ˈbʌtlɚ/ *noun* [C] the most important male servant in a big house (宅第中的) 男管家/男总管

butt[1] /bʌt ‖ bʌt/ *noun* [C] **1** the thicker, heavier end of a weapon or tool (武器或工具的) 柄: *the butt of a rifle* 步枪托 **2** a short piece of a cigarette or cigar which is left when it has been smoked 烟蒂；雪茄头 **3** (*especially US informal* 尤为美，非正式) your bottom 屁股: *Get up off your butt and do some work!* 还不起来干你的活去！

butt[2] /bʌt ‖ bʌt/ *noun* [C] a person who is often laughed at or talked about unpleasantly 笑柄；话柄: *Fat children are often the butt of other children's jokes.* 胖孩子常常给别的孩子耍笑。

butt[3] /bʌt ‖ bʌt/ *verb* [T] to hit or push sb/sth with the head (用头部) 推撞
(PHRASAL VERB 短语动词) **butt in (on sb/ sth)** to interrupt sb/sth or to join in sth without being asked 插嘴；干涉: *I'm sorry to butt in but could I speak to you urgently for a minute?* 恕我冒失，有点急事要跟你讲一下，可以吗？

☆**butter** /ˈbʌtə(r) ‖ ˈbʌtɚ/ *noun* [U] a soft yellow fat that is made from cream and used for spreading on bread, etc or in cooking 黄油；牛油: *Do you prefer butter or margarine?* 你要黄油还是人造黄油？○ *First, melt a little butter in the pan.* 首先，在锅里化点黄油。
butter *verb* [T] to spread butter on bread, etc 把黄油涂在面包或其他食物上: *I'll cut the bread and you butter it.* 我来把面包切片，你来涂黄油。○ *hot buttered toast* 热乎乎的黄油烤面包片
ˈ**buttermilk** *noun* [U] the liquid that is left when butter has been separated from milk 脱脂牛奶

butterfly 蝴蝶

moth 蛾

butterfly /ˈbʌtəflaɪ ‖ ˈbʌtɚˌflaɪ/ *noun* [C] (*pl* **butterflies**) an insect with a long, thin body and four brightly coloured wings 蝴蝶: *Caterpillars develop into butterflies.* 毛虫会蜕变为蝴蝶。
(IDIOM 习语) **to have butterflies (in your stomach)** (*informal* 非正式) to feel very nervous before doing sth 行动之前忐忑不安

buttock /ˈbʌtək ‖ ˈbʌtək/ *noun* [C, usually pl] the part of the body which you sit on 臀部

☆**button** /ˈbʌtn ‖ ˈbʌtn̩/ *noun* [C] **1** a small, often round, piece of plastic, wood or metal that you use for fastening your clothes 钮扣；扣子:

B

One of the buttons on my jacket has come off. 我的上衣掉了一枚扣子。○ *a coat, shirt, trouser, etc button* 外套/衬衫/裤子…钮扣 ○ *This blouse is too tight. I can't fasten the buttons.* 这件衬衫太瘦，扣不上扣子。☛ picture at **zip**. 见 **zip** 插图。**2** a type of small switch on a machine, etc that you press in order to operate sth 按钮；旋钮；键: *Press this button to ring the bell.* 按下这个按钮铃就响了。○ *Which button turns the volume down?* 哪个旋钮用来把音量关小？○ *the buttons on a telephone* 电话机上的按键 ○ *the fire button on a computer joystick* 计算机控制杆上的射击按钮 ☛ picture at **telephone**. 见 **telephone** 插图。

ˈbuttonhole *noun* [C] **1** a hole in a piece of clothing that you push a button through in order to fasten it 扣眼；钮扣孔 ☛ picture at **zip**. 见 **zip** 插图。**2** (*Brit* 英) a flower that you pin to your coat or jacket or push through your buttonhole 别在外套/上衣上或插在扣眼中的花朵

ˈbuttonhole *verb* [T] to make sb stop and listen to what you want to say 拉住某人，要对方听自己想说的话: *I'll try to buttonhole the headmaster before he goes home.* 校长回家前让我设法跟他讲几句。

☆**buy** /baɪ ‖ baɪ/ *verb* [T] (*pt, pp* **bought** /bɔːt ‖ bɒt/) to get sth by paying money for it 买: *I'm going to buy a new dress for the party.* 我要为这次聚会买条新裙子。○ *We bought this book for you in London.* 这本书是我们在伦敦买给你的。○ *Can I buy you a coffee?* 给你买杯咖啡，好不好？○ *He bought the car from a friend.* 这辆车是他从朋友那里买过来的。○ *Did you buy this sofa new?* 你买的沙发是新的吗？○ *He bought the necklace as a present for his wife.* 这条项链是他给妻子买的礼物。

buy *noun* [C] an act of buying sth or a thing that you can buy 购买；可买的东西: *I think your house was a very good buy* (= worth the money you paid). 你的房子买得真合算。

buyer *noun* [C] **1** a person who is buying sth or may buy sth 买主: *I think we've found a buyer for our house!* 我们的房子找到买主了！**2** a person whose job is to choose and buy goods to be sold in a large shop 采购员

buzz /bʌz ‖ bʌz/ *verb* **1** [I] to make the sound that bees, etc make when flying 嗡嗡叫: *A large fly was buzzing against the window pane.* 有一只大苍蝇嗡嗡地撞着玻璃窗。**2** [I] **buzz (with sth)** to be full of (talk, thoughts, etc) 满载/充满（说话、思想等）: *Her head was buzzing with questions that she wanted to ask.* 她满脑子有问题要问。○ *The office was buzzing with rumours about the proposed changes.* 调动还在拟议中，办公室内便流言满天飞了。**3** [I,T] to call sb by using an electric bell, etc（用电铃等）传唤: *The doctor will buzz for you when he's ready.* 医生一有空给你看病，就会响铃叫你。

buzz *noun* **1** [C] the sound that a bee, etc makes when flying 嗡嗡声: *the buzz of insects* 虫声嗡嗡 **2** [sing] the low sound made by many people talking at the same time 嘁嘁喳喳的谈话声: *I could hear the buzz of conversation in the next room.* 隔壁传来嘁嘁喳喳的人声。

(IDIOM 习语) **give sb a buzz** (*informal* 非正式) to telephone sb 打电话给某人

buzzer *noun* [C] a piece of equipment that makes a buzzing sound 蜂鸣器；蜂音器: *You'll hear the buzzer on the cooker when the meal's ready.* 食物煮好，炉子便会嗡嗡鸣叫。

☆**by**[1] /baɪ ‖ baɪ/ *adv* **1** past 经过: *We stopped to let the ambulance get by.* 我们停下来，让救护车驶过。○ *If we sit here we can watch the boats sail by.* 坐在这里可以观看驶过的船只。○ *Time seemed to be going by very slowly.* 时间好像过得很慢。**2** near 在附近: *The shops are close by.* 商店就在近旁。

(IDIOM 习语) **by and large** ⇨ LARGE

☆**by**[2] /baɪ ‖ baɪ/ *prep* **1** beside; very near 在旁边: *Come and sit by me.* 过来坐在我身边。○ *We stayed in a cottage by the sea.* 我们下榻在海边一所村舍。**2** past 经过: *He walked straight by me without speaking.* 他一言不发地从我身边走过。**3** not later than; before 不迟于；在特指的时间之前: *I'll be home by 7 o'clock.* * 7点前我会回到家里。○ *He should have telephoned by now/by this time.* 这个时候他该打了电话才是。○ *By this time tomorrow you'll be married!* 明天这个时候你就结了婚啦！**4** (usually without *the* 通常不与 the 连用) during a period of time; in particular circumstances 期间；在…环境下: *By day we covered about thirty miles and by night we rested.* 我们白天走三十英里左右的路，晚上便停下来休息。○ *The electricity went off so we had to work by candlelight.* 停电了，我们只好在烛光下工作。**5** (after a passive verb 用于被动式动词后) (used for showing who or what did or caused sth 用来引进施动者): *She was knocked down by a car.* 她被汽车撞倒。○ *The event was organized by local people.* 这件盛事由当地人士举办。○ *I was deeply shocked by the news.* 那消息叫我大吃一惊。○ *The building was designed by Stirling.* 这座建筑物的设计出自斯特林之手。○ *Who was the book written by?/Who is the book by?* 是谁写的书？**6** through doing sth 以某种行动: *You can get hold of me by phoning this number.* 拨这个电话号码可以找到我。**7** using sth 运用某事物: *Will you be paying by cheque?* 你用支票付款吗？○ *The house is heated by electricity.* 这房子有电暖设备。○ *'How do you go to work?' 'By train, usually.'* "你怎么上班？""一般搭火车。" ○ *by bus, car, plane, bicycle, etc* 坐公共汽车/汽车/飞机；骑自行车… **8** as a result of; due to 由于: *I got on the wrong bus by mistake/accident.* 我不小心上错了车。○ *I met an old friend by chance.* 我碰见了一个老朋友。**9** according to 根据；依照: *It's 8 o'clock by my watch.* 我的表现在是8点钟。○ *By law you have to attend school from the age of five.* 法定强制性入学年龄是五岁。**10** (used for multiplying or dividing 用于乘除运算): *4 multiplied by 5 is 20.* * 5乘4得20。○ *6 divided by 2 is 3.* * 2除6得3。**11** (used for showing the measurements of an area 用于表示某范围或物体的长、宽度): *The table is six feet by three feet* (= six feet long and three feet wide). 桌子长六英尺宽三英尺。**12** (with *the* 与 the 连用) in quantities or periods of 按量计；按时计: *We buy material by the metre.* 购入的料子是按米计价的。○ *You can rent a car by the day, the week or the month.* 包租汽车可按日、按周或按月计价。○ *Copies of the book have sold by the million.* 这书已经售出上百万册。**13** in groups or units of 逐一；逐次: *They came in one by one.* 他们鱼贯而入。○ *Bit by bit I began to understand.* 我渐渐开始懂了。○ *Day by day she was getting better.* 她的病情日见好转。**14** to the amount of 到某个数量: *Prices have gone up by 10 per cent.* 价格涨了一成。○ *I missed the bus by a few minutes.* 我差几分钟没赶上那班车。**15** (used with a part of the body or an article of clothing 用于身体或衣服的某部分) holding 拿着；抓着: *He grabbed me by the arm.* 他一把拉住我的胳膊。**16** with regard to 就…而言: *She's French by birth.* 她是法国人的后裔。○ *He's a doctor by profession.* 他是医生。○ *By nature she's a very gentle person.* 她生就一种娴静的性格。

(IDIOM 习语) **by the way** ⇨ WAY[1]

bye /baɪ ‖ baɪ/ (*also* 亦作 **bye-bye** /ˌbaɪˈbaɪ ‖ ˈbaɪˌbaɪ/) *interj* (*informal* 非正式) goodbye 再见: *Bye! See you tomorrow.* 明天见。

by-election /ˈbaɪɪlekʃn ‖ ˈbaɪəˌlɛkʃən/ *noun* [C] an election to choose a new Member of Parliament for a particular town or area (**a constituency**). It is held when the previous member has resigned or died.（因某选区议员辞职或逝世而举行的）议会议员补选（选区叫做 **constituency**）☛ Look at **general election**. 参看 **general election**。

bypass /ˈbaɪpɑːs; *US* 美 -pæs ‖ ˈbaɪˌpæs/ *noun* [C] a road which traffic can use to go round a town, instead of through it（绕过市镇的）旁道/旁路

bypass *verb* [T] to go around or to avoid sth using a bypass 绕道而行；回避: *Let's try to bypass the city centre.* 我们绕过市中心吧。○ (*figurative* 比喻) *It's no good trying to bypass the problem.* 逃避问题不会有什么好处。

by-product /ˈbaɪprɒdʌkt ‖ ˈbaɪˌprɑdʌkt/ *noun* [C] **1** something that is formed during the making of sth else 副产品 **2** something that happens as the result of sth else 副作用

bystander /ˈbaɪstændə(r) ‖ ˈbaɪˌstændɚ/ *noun* [C] a person who is standing near and sees sth that happens, without being involved in it 旁观者: *Several innocent bystanders were hurt when the two gangs attacked each other.* 两匪帮交起手来，祸及几个无辜的旁观者。

byte /baɪt ‖ baɪt/ *noun* [C] (*computing* 计算机技术) a unit of information that can represent one item, such as a letter or a number. A byte is usually made up of a series of eight smaller units (**bits**). 字节/位组（代表一个字符的信息单位，通常由八个二进制位组成。二进制位叫做 **bit**）

C c

C

C, c /si: ‖ si/ *noun* [C] (*pl* **C's**; **c's**) the third letter of the English alphabet 英语字母表的第三个字母: *'Come' begins with (a) 'C'.* ＊come 这个词的第一个字母是C。

cab /kæb ‖ kæb/ *noun* [C] **1** (*especially US* 尤为美) = TAXI: *Let's take a cab/go by cab.* 咱们坐出租车去吧。**2** the part of a lorry, train, bus, etc where the driver sits（卡车、火车、公共汽车等的）驾驶室/司机室

ˈ**cab stand** (*US* 美) = TAXI RANK

cabaret /ˈkæbəreɪ; *US* 美 ˌkæbəˈreɪ ‖ ˌkæbəˈre/ *noun* [C,U] an entertainment with singing, dancing, etc in a restaurant or night-club（餐馆或夜总会中的）歌舞表演

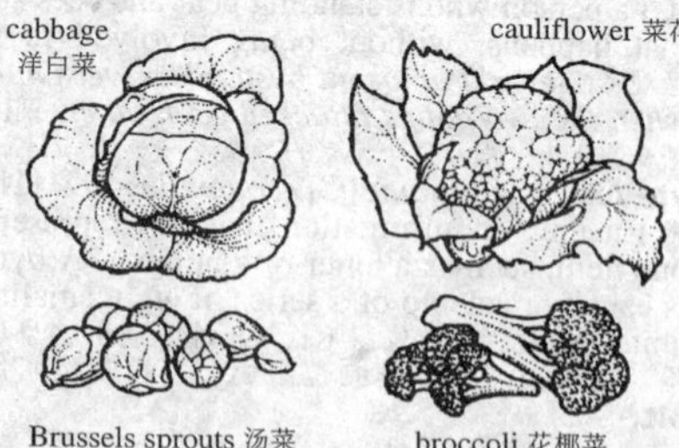

☆**cabbage** /ˈkæbɪdʒ ‖ ˈkæbɪdʒ/ *noun* [C,U] a large round vegetable with thick green, or sometimes dark red leaves, often eaten cooked 甘蓝；卷心菜；洋白菜: *We've planted cabbages in the garden.* 我们在园子种起甘蓝来了。○ *Shall we have cabbage with the sausages?* 甘蓝配香肠，喜欢吃吗？

cabin /ˈkæbɪn ‖ ˈkæbɪn/ *noun* [C] **1** a small room in a ship or boat, where a passenger sleeps 船上供乘客休息的小室: *We've booked a cabin on the ferry as we'll be travelling overnight.* 我们在渡船上订了一个小间，因为我们要在夜间旅行。**2** one of the parts of an aeroplane, at the front or where the passengers sit 飞机前部的一个小室；飞机的客舱: *I prefer to have a seat at the front of the cabin.* 我倒喜欢坐在客舱前边。○ *the pilot's cabin* 驾驶舱 **3** a small wooden house or hut 小木屋: *We stayed in a log cabin in Sweden.* 我们在瑞典一间小圆木屋住下来了。

ˈ**cabin cruiser** *noun* [C] = CRUISER(2)

cabinet /ˈkæbɪnɪt ‖ ˈkæbənɪt/ *noun* [C] **1** a cupboard with shelves or drawers, used for storing things（有搁板或抽屉的）橱/柜: *a medicine cabinet* 药柜 ○ *a filing cabinet* 文件柜 **2** (*also* 亦作 **the Cabinet**) [with sing or pl verb] the most important ministers in a government, who have regular meetings with the Prime Minister 内阁: *The Cabinet is/are meeting today to discuss the crisis.* 内阁今天要开会商讨危机。○ *a cabinet meeting, minister, etc* 内阁会议；内阁大臣…

cable /ˈkeɪbl ‖ ˈkebl̩/ *noun* **1** [C] a very strong, thick rope or chain, etc 缆 **2** [C,U] a set of wires covered with plastic, etc, for carrying electricity or signals 电缆: *an underground electrical cable* 地下电缆 ○ *a telephone cable* 电话电缆 ○ *fibre-optic cable* 光纤电缆 **3** [C] (*old-fashioned* 旧) = TELEGRAM **4** [U] = CABLE TELEVISION

ˈ**cable-car** *noun* [C] a carriage that hangs on a moving cable(1) and carries passengers up and down a mountain 缆车

cable ˈ**television** *noun* [U] a system of broadcasting television programmes by cable(2) instead of by radio signals 有线电视

cackle /ˈkækl ‖ ˈkækl̩/ *noun* [C] **1** the loud sound that a hen makes after laying an egg（母鸡下蛋后发出的）咯咯叫声 **2** a loud, unpleasant laugh 难听的大笑声 —**cackle** *verb* [I]

cactus /ˈkæktəs ‖ ˈkæktəs/ *noun* [C] (*pl* **cactuses** or **cacti** /ˈkæktaɪ ‖ ˈkæktaɪ/) a type of plant that grows in hot, dry areas, especially deserts. A cactus has a thick stem and sharp points (**prickles**) but no leaves. 仙人掌（茎上的刺叫做 **prickle**）

cadet /kəˈdet ‖ kəˈdɛt/ *noun* [C] a young person who is training to be in the army, navy, air force or police（军校、警察学校的）学员；士官生

cadge /kædʒ ‖ kædʒ/ *verb* [I,T] **cadge (sth) (from/off sb)** (*informal* 非正式) to try to persuade sb to give or lend you sth 要求别人给予好处: *He's always cadging meals from people without repaying them!* 他老让别人请他吃饭却从不回请人家。

Caesarean (*also* 亦作 **Cesarian, Cesarean**) /sɪˈzeərɪən ‖ sɪˈzɛrɪən/ *noun* [C] an operation to remove a baby from its mother's body when a normal birth would be impossible or dangerous 剖腹产手术

☆**café** /ˈkæfeɪ; *US* 美 kæˈfeɪ ‖ kæˈfe/ *noun* [C] a small restaurant that serves drinks and light meals 咖啡馆

> ☛ In Britain, a café does not normally serve alcoholic drinks, which are served in a **pub**. 在英国，咖啡馆一般不卖含酒精的饮料，酒类饮料可以在酒馆 (**pub**) 买到。A café usually serves morning coffee, light lunches and afternoon tea and normally closes at about 6 o'clock. 咖啡馆早上供应咖啡，中午出售简便的午餐，下午提供茶点，通常在6时左右关门。

cafeteria /ˌkæfəˈtɪərɪə ‖ ˌkæfəˈtɪrɪə/ *noun* [C] a restaurant, especially one for staff or workers, where people collect their meals on trays and carry them to their tables（尤指专为员工而设的）自助食堂 ☛ Look at **canteen**. 参看 **canteen**。

caffeine /ˈkæfi:n ‖ ˈkæfin/ *noun* [U] the substance found in coffee and tea which makes you feel more awake and lively 咖啡因；咖啡碱 ☛ Look at **decaffeinated**. 参看 **decaffeinated**。

☆**cage** /keɪdʒ ‖ kedʒ/ *noun* [C] a box made of bars or wire, or a space surrounded by wire or metal bars, in which a bird or animal is kept so that it cannot escape 鸟笼；兽笼: *The tiger paced up and down its cage.* 老虎在笼里踱来踱去。○ *The parrot has escaped from its cage.* 鹦鹉从笼里飞走了。—**caged** /keɪdʒd ‖ kedʒd/ *adj*: *He felt like a caged animal in the tiny office.* 他觉得在这小小的办公室就如笼中困兽。

cagey /ˈkeɪdʒɪ ‖ ˈkedʒɪ/ *adj* **cagey (about sth)** (*informal* 非正式) not wanting to give information or to talk about sth 守口如瓶 ☛ A more formal word is **secretive**. 较正式的场合用 **secretive**。

cagoule /kəˈguːl ‖ kəˈgul/ *noun* [C] a long waterproof jacket with a hood 连帽长雨衣

☆**cake** /keɪk ‖ kek/ *noun* **1** [C,U] a sweet food made by mixing flour, eggs, butter, sugar, etc together and baking the mixture in the oven 蛋糕: *a birthday cake* 生日蛋糕 ○ *a wedding cake* 结婚蛋糕 ○ *a chocolate cake* 巧克力蛋糕 ○ *a fruit cake* 果子蛋糕 ○ *a sponge cake* 松蛋糕 ○ *The bride and bridegroom cut the cake.* 新娘新郎切蛋糕。○ *Would you like some more cake?* 还要点蛋糕吗？○ *a piece of birthday cake* 一块生日蛋糕

> ☛ After **making** or **baking** a cake we often **ice** or (*US*) **frost** the top and sides of it. 做蛋糕（**make/bake** a cake）后，通常在表面加上糖霜（**ice**，美国英语称 **frost**）。

2 [C] a mixture of other food, cooked in a round, flat shape 饼状食物: *fish cakes* 煎鱼饼 ○ *potato cakes* 马铃薯饼

(IDIOMS 习语) **have your cake and eat it** to enjoy the advantages of sth without its disadvantages; to have both things that are available 只占便宜而不吃亏；两者兼得: *You can't go out every night and save for your holiday. You can't have your cake and eat it.* 你又要每晚外出，又要省钱度假，天下哪有鱼与熊掌兼得的事。

a piece of cake ⇨ PIECE[1]

cake *verb* [T] (usually passive 通常用于被动语态) to cover sth thickly with a substance that becomes hard when it dries 干后变硬的物质厚厚地覆盖在某物之上: *boots caked in/with mud* 粘满泥块的靴子

calamity /kəlˈæmətɪ ‖ kəˈlæmətɪ/ *noun* [C,U] (*pl* **calamities**) a terrible event that causes a lot of damage or harm 灾难；灾祸

☆**calculate** /ˈkælkjʊleɪt ‖ ˈkælkjəˌlet/ *verb* [T] **1** to find sth out by using mathematics（用数学方法）计算: *I've been calculating the costs involved and it's too expensive.* 要花的成本我都计算过，那东西着实太贵了。○ *It's difficult to calculate how long the project will take.* 很难说这个工程要干多久。**2** to consider or expect sth 考虑；预料: *We calculated that the advantages would be greater than the disadvantages.* 我们认为利多于弊。

(IDIOM 习语) **be calculated to do sth** to be intended or designed to do sth 以…为目的: *His remark was clearly calculated to annoy me.* 他批评我的目的显然是要激怒我。

calculating *adj* planning things in a very careful and selfish way in order to achieve exactly what you want 精于为自己谋算: *Her cold, calculating approach made her many enemies.* 她态度冷漠，又工于心计，所以树敌众多。

calculation /ˌkælkjʊˈleɪʃn ‖ ˌkælkjəˈleʃən/ *noun* **1** [C,U] finding an answer by using mathematics（用数学方法）计算: *Several of his calculations are wrong.* 他的答数有好几个都是错的。○ *Calculation of the exact cost is impossible.* 要给成本算出一个准确的数字是不可能的。**2** [U] (*formal* 正式) careful thought and planning in order to achieve your own, selfish aims 处心积虑（为谋私利）: *His actions were clearly the result of deliberate calculation.* 他的所作所为显然都是深思熟虑的结果。

calculator /ˈkælkjʊleɪtə(r) ‖ ˈkælkjəˌletɚ/ *noun* [C] a small electronic machine used for calculating figures 计算器: *a pocket calculator* 袖珍计算器

caldron (*especially US* 尤为美) = CAULDRON

☆**calendar** /ˈkælɪndə(r) ‖ ˈkæləndɚ/ *noun* [C] **1** a list that shows the days, weeks and months of a particular year 日历；月历；年历: *She had ringed the important dates on her calendar in red.* 她用红笔把年历上的重要日期都圈起来。○ *There was a calendar hanging on the back of the door.* 门后面挂着一张年历。

☛ A **calendar** is often hung on a wall and may have a separate page for each month, sometimes with a picture or photograph. 日历（**calendar**）一般挂在墙上，有些每月一页，可能附有图片。A **diary** is a little book which you can carry around with you and which has spaces next to the dates so that you can write in appointments, etc. 记事簿（**diary**）便于携带，日期旁边可写上约会或其他事项。**2** a system for dividing time into fixed periods and for marking the beginning and end of a year 历法: *the Muslim calendar* 穆斯林历 **3** a list of dates and events in a year that are important in a particular area of activity（某类活动的）全年大事表: *Wimbledon is a major event in the sporting calendar.* 温布尔登网球赛是体坛每年一度的盛事。

C

ˌcalendar ˈmonth *noun* [C] = MONTH(1,2)
ˌcalendar ˈyear *noun* [C] = YEAR(2)

calf[1] /kɑːf; *US* 美 kæf ‖ kæf/ *noun* [C] (*pl* **calves** /kɑːvz; *US* 美 kævz ‖ kævz/) **1** a young cow 牛犊 ☛ The meat from a calf is called **veal**. 供食用的小牛肉叫做 **veal**。Look at the note at **meat**. 参看 **meat** 的注释。Look at the note and picture at **cow**. 参看 **cow** 的注释及插图。**2** the young of some other animals, eg elephants 某些种类的幼小动物；仔畜；仔兽

calf[2] /kɑːf; *US* 美 kæf ‖ kæf/ *noun* [C] (*pl* **calves** /kɑːvz; *US* 美 kævz ‖ kævz/) the back of your leg, below your knee 腓；小腿肚子 ☛ picture on page A21. 见第A21页插图。

C

calibre (*US* 美 **caliber**) /ˈkælɪbə(r) ‖ ˈkæləbɚ/ *noun* [sing,U] the quality or ability of a person or thing 才力；性能：*The company's employees are of the highest calibre.* 这家公司的职员个个都极能干。

☆**call**[1] /kɔːl ‖ kɔl/ *noun* **1** [C] a loud sound that is made to attract attention; a shout 呼喊：*a call for help* 呼救 ○ *That bird's call is easy to recognize.* 这种鸟的叫声很容易识别。**2** (*also* 亦作 ˈ**phone call**) [C] an act of telephoning or a conversation on the telephone 打电话；通电话：*Were there any calls for me while I was out?* 我不在的时候，有人给我来电话吗？○ *I'll give you a call at the weekend.* 这个周末我会打电话给你。○ *The manager is on the line. Will you take the call?* 经理的线通了，你要跟他通话吗？○ *a local call* 本地电话 ○ *a long-distance call* 长途电话 **3** [C] a short visit, especially to sb's house 探访：*We could pay a call on Dave on our way home.* 我们回家的时候可以顺道去戴夫那儿坐坐。○ *The doctor has several calls to make this morning.* 今天上午医生要上好几个地方诊病。**4** [C] a request, demand for sth 要求：*There have been calls for the President to resign.* 要求总统辞职的呼声此起彼落。**5** [C,U] **call for sth** a need for sth 需求：*The doctor said there was no call for concern.* 医生说过无须担心。

(IDIOMS 习语) **at sb's beck and call** ⇨ BECK

(be) on call to be ready to work if necessary 随传随到；应召：*Dr Young will be on call this weekend.* 这个周末由杨医生值班。

ˈ**call-box** *noun* [C] = TELEPHONE BOX

ˈ**call-in** (*US* 美) = PHONE-IN

☆**call**[2] /kɔːl ‖ kɔl/ *verb* **1** [I,T] **call (out) to sb; call (sth) (out)** to say sth loudly or to shout in order to attract attention 叫喊：*'Hello, is anybody there?' she called.* 她问道："喂，有人吗？" ○ *I could hear a voice calling for help.* 我听见有人在喊救命。○ *He called out the names and the winners stepped forward.* 他读出了优胜者的名字，他们就都站到前面来。○ *Call the children. Breakfast is ready.* 早饭做好了，叫醒孩子吧。**2** [I,T] (*especially US* 尤为美) = RING[2](1): *Who's calling, please?* 你是哪位？○ *Thank you for calling.* 谢谢您的电话。○ *I'll call you tomorrow.* 明天打电话给你。○ *We're just in the middle of dinner. Can I call you back later?* 我们在吃晚饭呢，过一会儿再给你回电话行吗？**3 be called** to have as your name 叫做：*What's your wife called?* 你太太叫什么名字？○ *What was that village called?* 从前那个村子叫什么名字？**4** [T] to name or describe a person or thing in a certain way 把…叫做/称作：*They called the baby Martin.* 他们给孩子取名马丁。○ *My name is Elizabeth but I'm often called Liz.* 我名叫伊丽莎白，但人家常常叫我利兹。○ *Can you really call this picture 'art'?* 这张画真的可以叫做"艺术"吗？○ *It was very rude to call her fat.* 当着她的面说她胖，太不客气了。○ *Are you calling me a liar?* 你说我撒谎，是不是？**5** [T] to order or ask sb to come to a certain place 召唤：*Can you call everybody in for lunch?* 把大家都叫来吃午饭好吗？○ *The President called his advisers to the White House.* 总统传召顾问到白宫去。○ *I think we had better call the doctor.* 看来咱们还是叫医生来好些。**6** [T] to arrange for sth to take place at a certain time 召开：*to call a meeting, an election, a strike, etc* 召开会议；举行选举；号召罢工… **7** [I] **call (in/round) (on sb/at…)** to make a short visit to a person or place 探访：*Can I call in/round after supper?* 吃过晚饭后，可以到你家坐坐吗？○ *We called at his house but there was nobody in.* 我们去过他的住处，可没有人在那儿。**8** [I] **call at…** (used about a train, etc 指火车等) to stop at 停站：*This is the Inter-City service to Poole, calling at Reading and Southampton.* 这是开往普尔的市际列车，中途在雷丁和南安普敦停站。

(IDIOM 习语) **call it a day** (*informal* 非正式) to decide to stop doing sth 决定停止做某事；歇手；收工：*Let's call it a day. I'm exhausted.* 累死啦，咱们就收工吧。

(PHRASAL VERBS 短语动词) **call by** (*informal* 非正式) to make a short visit to a place or person as you pass 顺道拜访：*I'll call by to pick up the book on my way to work.* 我上班的时候可以顺路到你那儿去取这本书。

call for sb/sth (*Brit* 英) to collect 接收；接走：*I'll call for you when it's time to go.* 到时候我自然会接你走。

call for sth to demand or need 要求；需要：*The opposition is calling for an early general election.* 反对党要求提早大选。○ *The crisis calls for immediate action.* 事态严重，要马上采取行动。○ *This calls for a celebration!* 这就该庆贺一下啦！○ *Their rudeness was not called for* (= there was no need for it). 他们太不客气了，何必呢！

call sth off to cancel sth 取消：*The football match was called off because of the bad weather.* 天气恶劣，足球比赛取消了。

call sb out to ask or tell sb to go somewhere 召唤：*We had to call out the doctor in the middle of the night.* 我们不得不在半夜急召医生。○ *The police were called out to control the riot.* 警方奉召到场平息骚乱。

call sb up 1 (*especially US* 尤为美) to telephone sb 打电话：*He called me up to tell me the good news.* 他打电话把这个好消息告诉我。**2** to order sb to join the army, navy or air force 征召入伍：*All the men between the ages of 18 and 25 were called up.* 年龄介乎18至25岁的男性都被征召入伍。

caller *noun* [C] a person who telephones or

visits sb 来电话的人；来访者: *I don't know who the caller was. He rang off without giving his name.* 不知道是谁打的电话，没留下名字就挂了线。

callous /'kæləs ‖ 'kæləs/ *adj* not caring about the suffering of other people 麻木不仁；无同情心

☆**calm** /kɑːm; *US* 美 kɑːlm ‖ kɑlm/ *adj* **1** not worried or angry; quiet 镇静；冷静: *Try to keep calm – there's no need to panic.* 要冷静，没什么可惊慌的。○ *She spoke in a calm voice.* 她把话说得不慌不忙。○ *The city is calm again after last night's riots.* 昨晚的骚乱过后，今天市内恢复平静。**2** without big waves 浪不大: *a calm sea* 宁静的大海 **3** without much wind 风不大: *calm weather* 平静无风的天气

calm *noun* [C,U] a period of time or a state when everything is peaceful 宁静；静谧: *After living in the city, I enjoyed the calm of country life.* 我在城市生活了一段时间以后，喜欢上了乡间生活的宁静。

calm *verb* [I,T] **calm (sb/sth) (down)** to become or to make sb quiet or calm（使）平静下来: *Calm down! Shouting at everybody won't help.* 静一静！对什么人都乱喊乱叫有什么用！○ *She calmed the horses by talking quietly to them.* 她跟马儿嘀咕了几句，马儿便安静下来。○ *He read the children a story to calm them down.* 他给孩子们讲故事，让他们安静下来。—**calmly** *adv*: *Len told the police very calmly exactly what he had seen.* 莱恩冷静地把他目睹的事一五一十的向警方报告。—**calmness** *noun* [U]

Calor gas /'kælə gæs ‖ 'kælə͵gæs/ *noun* [U] (*trade mark* 商标) gas that is kept in special bottles and used for cooking, heating, etc（供煮食、加热等用的）罐装液化气

calorie /'kælərɪ ‖ 'kælərɪ/ *noun* [C] **1** a unit for measuring the energy that a certain amount of food will produce 大卡/千卡（食物所产生的能量单位）**2** a unit for measuring heat 卡路里/卡（热量单位）

calves *pl* of CALF * CALF 的复数

camcorder /'kæmkɔːdə(r) ‖ 'kæm͵kɔrdɚ/ *noun* [C] a camera that you can carry with you and use for recording pictures and sound on a video cassette（录像兼录音的）手提摄录机

came *pt* of COME * COME 的过去时

camel
骆驼

☆**camel** /'kæml ‖ 'kæml̩/ *noun* **1** [C] an animal that lives in the desert and has a long neck and either one or two humps on its back. It is used for carrying people and goods. 骆驼 **2** [U] a light brown colour 驼色；浅棕色

☆**camera** /'kæmərə ‖ 'kæmərə/ *noun* [C] a piece of equipment that you use for taking photographs or moving pictures（照）相机；摄像机: *I need a new film for my camera.* 我的相机要换胶卷了。○ *a pocket camera* 袖珍相机 ○ *a television camera* 电视摄像机 ○ *a video camera* 摄像机

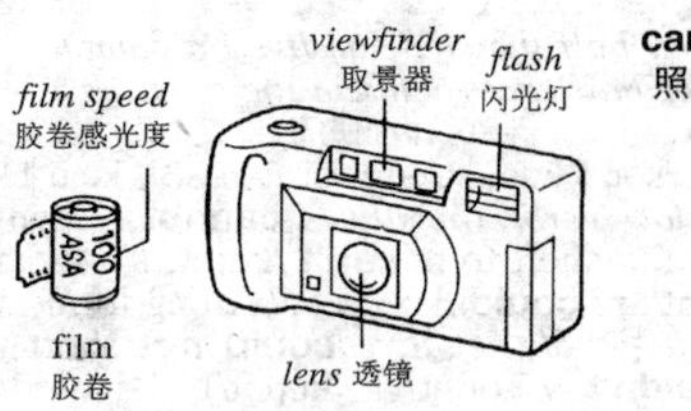

camera
照相机

cameraman /-mæn ‖ -͵mæn/ *noun* [C] (*pl* **cameramen**) a person whose job is to operate a camera for a film or a television company（电影或电视的）摄影师

camouflage /'kæməflɑːʒ ‖ 'kæmə͵flɑʒ/ *noun* [U] materials or colours that soldiers use to make themselves and their equipment less easy to see（军事上的）伪装/掩饰

camouflage *verb* [T] to make sb/sth difficult to see in a particular place 伪装；隐蔽

☆**camp** /kæmp ‖ kæmp/ *noun* [C,U] a place where people live in tents or huts for a short time 营地: *a scout camp* 童子军营 ○ *a holiday camp* 度假营地 ○ *a training camp* (= for soldiers) 军队训练营 ○ *We returned to camp tired after our long hike.* 远足完毕，我们都拖着疲乏的脚步返回营地。○ *The climbers set up camp at the foot of the mountain.* 登山运动员在山脚扎营。

camp *verb* [I] **camp (out)** to put up a tent and sleep in it 露营: *Where shall we camp tonight?* 今晚咱们在哪儿露营？○ *The children like to camp out in summer.* 孩子们都喜欢去夏令营。☛ **Go camping** is a common way of talking about camping for pleasure 为游玩而露营一般叫 **go camping**: *They went camping in France last year.* 去年他们到法国露营。

camper *noun* [C] **1** a person who camps 露营者 **2** (*US* 美) a caravan 野营车；拖车

camping *noun* [U] sleeping or spending a holiday in a tent 露营: *Camping is cheaper than staying in hotels.* 露营比住旅馆要便宜。○ *a camping holiday* 露营式度假

'**camp-site** (*also* 亦作 '**camping-site**) *noun* [C] a place where you can camp 营地

☆**campaign** /kæm'peɪn ‖ kæm'pen/ *noun* [C] **1** a plan to do a number of things in order to achieve a special aim 一连串的行动；运动: *an advertising campaign* 一连串的宣传活动 **2** a planned series of attacks in a war 战役

campaign *verb* [I] **campaign (for/against sb/sth)** to take part in a campaign (1) in order to make sth happen or to prevent sth 参与（争取/对抗…的）活动 —**campaigner** *noun* [C]: *a campaigner for equal rights for women* 争取妇女平等权利运动的参与者

campus /'kæmpəs ‖ 'kæmpəs/ *noun* [C,U] (*pl* **campuses**) the area of land where the main buildings of a college or university are（学院或大学的）校园: *the college campus* 大学校园 ○

C

About half the students live on campus – the other half rent rooms in the town. 一半学生住在校园，另一半在镇内租房住。

☆**can**[1] /kən ‖ kən; strong form 强读式 kæn ‖ kæn/ *modal verb* (*negative* **cannot** /ˈkænɒt ‖ ˈkænɑt/ short form **can't** /kɑːnt; *US* 美 kænt ‖ kænt/; *pt* **could** /kəd ‖ kəd/ strong form 强读式 /kʊd ‖ kʊd/; *negative* **could not** short form **couldn't** /ˈkʊdnt ‖ ˈkʊdn̩t/) **1** (used for showing that it is possible for sb/sth to do sth or that sb/sth has the ability to do sth 表示可能性或能力): *I can catch a bus from here.* 我可以在这里坐公共汽车。○ *Can you ride a bike?* 你会骑自行车吗？○ *He can't speak French.* 他不会讲法语。○ *She couldn't answer the question.* 这个问题她答不了。☛ **Can** has no infinitive or participle forms. ＊ **can** 没有不定式，也没有分词形式。To make the future and perfect tenses, we use **be able to** 如要表示将来时及完成时，可用 **be able to**: *One day people will be able to travel to Mars.* 终有一天人们可以到火星旅行。○ *He's been able to swim for almost a year.* 他学会游泳差不多一年了。**Could have** is used when we say that somebody had the ability to do something but did not do it ＊ **could have** 用以表示有能力干某事而没有干: *She could have passed the exam but she didn't really try.* 要是她肯努力，这次考试她早该及格了。**2** (asking or giving permission 要求或表示准许): *Can I have a drink, please?* 请问有喝的吗？○ *He asked if he could have a drink.* 他问有喝的没有。○ *You can't go swimming today.* 今天你不准去游泳。☛ When we are talking about general permission in the past **could** is used 表示过去某段时间内准许可用 **could**: *I could do anything I wanted when I stayed with my grandma.* 从前我跟外婆住在一起，我做什么都没人管。When we are talking about one particular occasion we do not use **could** 指某一特定场合不用 **could**: *They were allowed to visit him in hospital yesterday.* 昨天他们获准到医院探望他。**3** (asking sb to do sth 请求某人干某事): *Can you help me carry these books?* 你可以帮我拿这些书本吗？**4** (offering to do sth 提议干某事): *Can I help at all?* 用得着我吗？**5** (talking about sb's typical behaviour or of a typical effect 用于指特有的行为或效应): *You can be very annoying.* 你有时候挺腻人。○ *Wasp stings can be very painful.* 叫黄蜂蜇着很不好受。**6** (used in the negative for saying that you are sure sth is not true 用否定式，指某事不属实): *That can't be Mary – she's in London.* 怎会是玛丽呢？她现在在伦敦嘛。○ *Surely you can't be hungry. You've only just had lunch.* 你饿啦？我才不信呢。你不是刚吃过午饭吗？**7** (used with the verbs 'feel', 'hear', 'see', 'smell', 'taste' 跟 feel、hear、see、smell、taste 等动词连用) ☛ These verbs are not used in the continuous tenses. 这情况下动词不用进行时。If we want to talk about seeing, hearing, etc at a particular moment, we use **can** 若指进行中的动作可用 **can**: *I can smell something burning.* 我闻到什么东西烧着了。NOT *I'm smelling*… 不可说 I'm smelling…

☆**can**[2] /kæn ‖ kæn/ *noun* [C] **1** a metal or plastic container that is used for holding or carrying liquid 金属或塑料容器: *an oil can* 油罐 ○ *a can of oil* 一罐油 ○ *a watering can* 洒水壶 **2** a metal container for food that is sealed so that the food stays fresh 罐头: *a can of sardines* 一罐沙丁鱼 ○ *a can of beer* 一罐啤酒 ☛ picture at **container**. 见 **container** 插图。

can *verb* [T] (ca**nn**ing; ca**nn**ed) to put food, drink, etc into a can in order to keep it fresh for a long time 把（食品等）装罐保存: *canned fruit* 罐头水果

☆**canal** /kəˈnæl ‖ kəˈnæl/ *noun* [C] a channel that is cut through land so that boats or ships can travel along it or so that water can flow to an area where it is needed 运河: *the Suez Canal* 苏伊士运河

canary /kəˈneərɪ ‖ kəˈnɛrɪ/ *noun* [C] (*pl* **canaries**) a small yellow bird that sings and is often kept in a cage as a pet 金丝雀

☆**cancel** /ˈkænsl ‖ ˈkænsl̩/ *verb* [T] (cance**ll**ing; cance**ll**ed; *US* 美 canceling; canceled) **1** to decide that sth that had been planned or arranged will not happen 取消；撤销: *Because of the bad weather the picnic was cancelled.* 这次野餐因天气恶劣而取消。☛ Look at **postpone**. 参看 **postpone**。**2** to stop sth that you asked for or agreed to 收回/撤回（要求、意见等）: *We shall have to cancel the reservation.* 我们先前预留的现在不想要了。○ *I wish to cancel my order for these books.* 先前我订了这批书，但现在我不想订了。

(PHRASAL VERB 短语动词) **cancel (sth) out** to be equal or have an equal effect 抵消；对消: *What I owe you is the same as what you owe me, so our debts cancel each other out.* 我欠你的数跟你欠我的数一样，这就可以对消了。

cancellation /ˌkænsəˈleɪʃn ‖ ˌkænsl̩ˈeʃən/ *noun* [C,U] the act of cancelling sth 取消；撤销；撤回: *We've had several cancellations for this evening's concert.* 今晚的音乐会好几张预订票都取消了。○ *The cancellation of the match was a great disappointment.* 赛事取消着实令人失望。

Cancer /ˈkænsə(r) ‖ ˈkænsɚ/ *noun* [C,U] the fourth sign of the zodiac, the Crab; a person who was born under this sign 巨蟹宫（黄道第四宫）；属巨蟹座的人 ☛ picture at **zodiac**. 见 **zodiac** 插图。

cancer /ˈkænsə(r) ‖ ˈkænsɚ/ *noun* [C,U] a very serious disease in which lumps grow in the body in an uncontrolled way 癌症: *She has lung cancer.* 她患上肺癌。○ *He died of cancer.* 他死于癌症。

candid /ˈkændɪd ‖ ˈkændɪd/ *adj* honest and frank; saying exactly what you think 真诚坦率；直言不讳 ☛ The noun is **candour**. 名词为 **candour**。—**candidly** *adv*

☆**candidate** /ˈkændɪdət; *US* 美 -deɪt ‖ ˈkændəˌdet/ *noun* [C] **1** a person who applies for a job or wants to be elected to a particular position 应征者；求职者；候选人: *We have some very good candidates for the post.* 这个职位的应征者当中有几个挺不错的人选。**2** a person who is taking an examination 考生

candidacy /ˈkændɪdəsɪ ‖ ˈkændədəsɪ/ *noun*

[U] being a candidate 候选人身分；候聘人身分

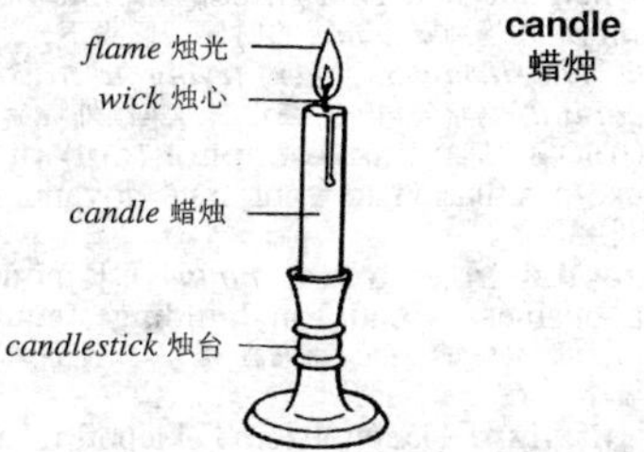

☆**candle** /ˈkændl ‖ ˈkændḷ/ *noun* [C] a round stick of wax with a piece of string (**a wick**) through the middle that you can burn to give light 蜡烛（烛心叫做 **wick**）: *to light/blow out a candle* 点燃/吹熄蜡烛

ˈ**candlelight** *noun* [U] the light that a candle produces 烛光: *They had dinner by candlelight.* 他们在烛光下共进晚餐。

ˈ**candlestick** *noun* [C] a holder for a candle or candles 烛台

candour (*US* 美 **candor**) /ˈkændə(r) ‖ ˈkændɚ/ *noun* [U] the quality of being honest; saying exactly what you think 真诚坦率；直言不讳 ☛ The adjective is **candid**. 形容词为 **candid**。

candy /ˈkændɪ ‖ ˈkændɪ/ *noun* [C,U] (*pl* **candies**) (*US* 美) = SWEET²(1): *You eat too much candy.* 你吃糖果吃得太多了。

cane /keɪn ‖ ken/ *noun* **1** [C,U] the long, hollow stem of certain plants, such as the sugar plant（甘蔗等植物的）空心茎 **2** [C] a stick, for example a walking stick or a stick used to hit sb with 杖；手杖；藤条

cane *verb* [T] to punish sb by hitting him/her with a cane(2) 用藤条等打以惩戒某人

canine /ˈkeɪnaɪn ‖ ˈkenaɪn/ *adj* connected with dogs or like a dog 与狗有关；似犬的

canister /ˈkænɪstə(r) ‖ ˈkænɪstɚ/ *noun* [C] a small metal container（金属）小罐

cannabis /ˈkænəbɪs ‖ ˈkænəbɪs/ *noun* [U] a drug made from a plant (**hemp**) that some people smoke for pleasure, but which is illegal in many countries（作为毒品吸用的）大麻（以大麻植物 (**hemp**) 的花叶制成）

cannibal /ˈkænɪbl ‖ ˈkænəbḷ/ *noun* [C] a person who eats other people 食人者 —**cannibalism** /ˈkænɪbəlɪzəm ‖ ˈkænəbḷˌɪzəm/ *noun* [U]

cannon /ˈkænən ‖ ˈkænən/ *noun* [C] (*pl* **cannon** or **cannons**) **1** a large old-fashioned gun that was used for firing stone or metal balls (**cannon-balls**) 火炮（古时用以发射石头或金属弹 (**cannon-ball**)）**2** a large modern gun on a ship, tank, aeroplane, etc 火炮（现代军械，设于船、坦克、飞机等上）

cannot /ˈkænɒt ‖ ˈkænɑt/ = CAN NOT

canoe /kəˈnuː ‖ kəˈnu/ *noun* [C] a light, narrow boat for one or two people that you can move through the water using a flat piece of wood (**a paddle**) 划艇；独木舟（所用的单叶或双叶短桨叫做 **paddle**）☛ Look at **kayak**. 参看 **kayak**。

canoe *verb* [I] (*pres part* **canoeing**; *3rd pers sing pres* **canoes**; *pt*, *pp* **canoed**) to travel in a canoe 划独木舟 ☛ We can say 'He is learning to canoe' or 'They canoed down the river', but when we are talking about spending time in a canoe it is more usual to say **go canoeing** 英语可以说 "He is learning to canoe"，也可以说 "They canoed down the river"；但是划独木舟消闲一般叫 **go canoeing**: *We're going canoeing on the Thames tomorrow.* 明天我们去泰晤士河玩独木舟。

canon /ˈkænən ‖ ˈkænən/ *noun* [C] a Christian priest who works in a cathedral 法政会长（主教座堂的牧师之一）

canopy /ˈkænəpɪ ‖ ˈkænəpɪ/ *noun* [C] (*pl* **canopies**) a cover, often a piece of cloth, that hangs above sth 天篷；罩篷；华盖: *a throne with a purple silk canopy over it* 悬着紫色丝质华盖的御座

can't *short for* CAN NOT * CAN NOT 的缩约式

canteen /kænˈtiːn ‖ kænˈtin/ *noun* [C] the place in a school, factory, office, etc where the people who work there can get meals（学校、工厂、办公室等的）食堂: *the staff canteen* 职工食堂 ☛ Look at **cafeteria**. 参看 **cafeteria**。

canvas /ˈkænvəs ‖ ˈkænvəs/ *noun* **1** [U] a type of strong cloth that is used for making tents, sails, bags, etc 帆布 **2** [C] a piece of canvas for painting a picture on; the painting itself 油画布；油画

canvass /ˈkænvəs ‖ ˈkænvəs/ *verb* **1** [I,T] to go around an area trying to persuade people to vote for a particular person or political party in an election 拉票；游说: *He's canvassing for the Conservative Party.* 他正为保守党拉票。**2** [T] to find out what people's opinions are about sth 调查民意

canyon /ˈkænjən ‖ ˈkænjən/ *noun* [C] a deep valley with very steep sides 峡谷: *the Grand Canyon, Arizona* 亚利桑那州大峡谷

☆**cap** /kæp ‖ kæp/ *noun* [C] **1** a soft flat hat that is usually worn by men or boys（男子戴的）软平帽 ☛ picture at **hat**. 见 **hat** 插图。**2** a hat that is worn for a particular purpose 专用帽: *a shower-cap* 淋浴帽 **3** a covering for the end or top of sth 盖；套；罩: *Please put the cap back on the bottle.* 请把瓶盖盖上。○ *Take the lens cap off before you take the photo!* 先把镜头盖拿下来再拍照嘛！☛ Look at the note at **top¹**. 参看 **top¹** 的注释。

cap *verb* [T] (ca**pp**ing; ca**pp**ed) **1** to cover the top of sth 盖上: *mountains capped with snow* 白雪覆盖着群山的巅峰 **2** to follow sth with sth bigger or better 胜过；凌驾

(IDIOM 习语) **to cap it all** as a final piece of bad luck 更甚者: *What a holiday! The plane was delayed for 24 hours, they lost their luggage and to cap it all he broke his leg skiing.* 度什么假！飞机延误一天，行李丢了，更糟的是滑雪的时候他摔断了腿。

capability /ˌkeɪpəˈbɪlətɪ ‖ ˌkepəˈbɪlətɪ/ *noun* [C,U] (*pl* **capabilities**) the quality of being

C

able to do sth 能力: *How many countries have nuclear capability?* (= have a nuclear bomb) 多少个国家拥有核力量？（多少个国家拥有原子弹？）○ *People are often not aware of their own capabilities.* 人们常常对自己的能力认识得不够。

☆**capable** /ˈkeɪpəbl ‖ ˈkepəbl̩/ *adj* **1** having a lot of skill; good at doing sth 能干: *She's a very capable teacher.* 她是个挺能干的老师。○ *We need a capable person to organize the concert.* 我们需要一个筹备音乐会的能手。 **2 capable of (doing) sth** able to do sth; having the power to do sth 胜任: *He's capable of passing the exam if he tries harder.* 要是他肯努力，这个考试他准能及格。○ *That car is capable of 180 miles per hour.* 那部汽车时速可达180英里。○ *I do not believe that she's capable of stealing* (= she is not the sort of person who would steal). 我不信她会偷东西（她不是那种人）。☛ The opposite is **incapable**. 反义词为 **incapable**。—**capably** *adv*

capacity /kəˈpæsətɪ ‖ kəˈpæsətɪ/ *noun* (*pl* **capacities**) **1** [sing,U] the greatest amount that a container or space can hold 容量: *The tank has a capacity of 1 000 litres.* 这桶的容量可达1000公升。○ *The stadium was filled to capacity.* 运动场坐满了。**2** [sing,U] the amount that a factory or machine can produce 产量: *The power station is working at full capacity.* 发电站正在满负荷运行。 **3** [sing] **capacity (for sth)** the ability to understand or do sth 理解能力；办事能力: *That book is beyond the capacity of children who are still learning to read.* 那本书超出了那些还在学习阅读的孩子的能力。**4** [C] the official position that a person has 官职；职务: *In his capacity as chairman of the council…* 身为议会主席…

cape[1] /keɪp ‖ kep/ *noun* [C] a piece of clothing with no sleeves that hangs from your shoulders 披肩 ☛ A **cape** is shorter than a **cloak**. 披肩 (**cape**) 比斗篷 (**cloak**) 要短。

cape[2] /keɪp ‖ kep/ *noun* [C] a piece of land that sticks out into the sea 岬角: *the Cape of Good Hope* 好望角

☆**capital**[1] /ˈkæpɪtl ‖ ˈkæpətl̩/ *noun* [C] **1** (*also* 亦作 **capital city**) the town or city where the government of a country is 首都: *Madrid is the capital of Spain.* 马德里是西班牙的首都。 **2** (*also* 亦作 **capital letter**) the large form of a letter that is used at the beginning of a name or sentence 大写字母；大写字体: *Write your name in capitals.* 用大写字母写上你的姓名。

capital *adj* (only *before* a noun 只用于名词前) written in the large form that we use at the beginning of a name, a sentence, etc 大写的: *'David' begins with a capital 'D'.* * David 一词第一个字母是大写D。

capital[2] /ˈkæpɪtl ‖ ˈkæpətl̩/ *adj* connected with punishment by death 与死刑有关: *a capital offence* (= a crime for which sb can be sentenced to death) 死罪 ○ *capital punishment* (= punishment by death) 死刑

☆**capital**[3] /ˈkæpɪtl ‖ ˈkæpətl̩/ *noun* [U] an amount of money that you use to start a business or to invest so that you earn more money (**interest**) on it 资金/资本（可用以赚取利润 (**interest**)）: *When she had enough capital, she bought a shop.* 她等到资金充裕的时候，便买下一家商店。○ *The firm has been trying to raise extra capital.* 这家公司一直在设法筹集额外资金。

(IDIOM 习语) **make capital (out) of sth** to use a situation to your own advantage 乘机利用

capital inˈvestment *noun* [U] money that a business spends on buildings, equipment, etc 投入资本（公司花在楼房、设备等方面的资金）

capitalism /ˈkæpɪtəlɪzəm ‖ ˈkæpətl̩ˌɪzəm/ *noun* [U] the economic system in which businesses are owned and run for profit by individuals and not by the state 资本主义（制度）☛ Look at **communism** and **socialism**. 参看 **communism** 及 **socialism**。—**capitalist** *noun* [C], *adj*

capitalize (*also* 亦作 **capitalise**) /ˈkæpɪtəlaɪz ‖ ˈkæpətl̩ˌaɪz/ *verb*

(PHRASAL VERB 短语动词) **capitalize on sth** to use sth to your advantage 乘机利用: *We can capitalize on the mistakes that our rivals have made.* 我们可以利用对手所犯的错误。

capitulate /kəˈpɪtʃʊleɪt ‖ kəˈpɪtʃəˌlet/ *verb* [I] (*formal* 正式) to stop fighting and say that you have lost; to give in to sb and do what he/she wants 投降；屈从 —**capitulation** /kəˌpɪtʃʊˈleɪʃn ‖ kəˌpɪtʃəˈleʃən/ *noun* [C,U]

Capricorn /ˈkæprɪkɔːn ‖ ˈkæprɪˌkɔrn/ *noun* [C,U] the tenth sign of the zodiac, the Goat; a person who was born under this sign 摩羯宫（黄道第十宫）；属摩羯座的人 ☛ picture at **zodiac**. 见 **zodiac** 插图。

capsize /kæpˈsaɪz; *US* 美 ˈkæpsaɪz ‖ ˈkæpˌsaɪz/ *verb* [I,T] (used about boats 指小船) to turn over in the water 倾覆；翻: *The yacht capsized.* 快艇翻了。○ *She capsized the yacht.* 她把快艇弄翻了。

capsule /ˈkæpsjuːl; *US* 美 ˈkæpsl ‖ ˈkæpsl̩/ *noun* [C] **1** a very small tube containing medicine that you swallow whole 胶囊药 **2** the part of a spaceship in which the crew live and work 航天舱；太空舱

☆**captain** /ˈkæptɪn ‖ ˈkæptɪn/ *noun* [C] **1** the person who is in command of a ship or an aeroplane 船长；机长 **2** an officer of middle rank in the Army or Navy 陆军上尉；海军上校 **3** a person who is the leader of a group or team 队长；首领: *Who's (the) captain of the French team?* 谁是法国队的队长？

captain *verb* [T] to be the captain of a group or team 当队长；当首领

caption /ˈkæpʃn ‖ ˈkæpʃən/ *noun* [C] the words that are written above or below a picture, cartoon, etc to explain what it is about（图片、漫画等的）说明文字

captivate /ˈkæptɪveɪt ‖ ˈkæptəˌvet/ *verb* [T] to attract and hold sb's attention 迷住；（深深）吸引 —**captivating** *adj*

captive /ˈkæptɪv ‖ ˈkæptɪv/ *noun* [C] a prisoner 囚犯

captive *adj* kept as a prisoner; (of animals)

kept in a cage, zoo, etc 被俘虏；（动物）关在笼中

(IDIOMS 习语) **hold sb captive** to keep sb as a prisoner and not allow him/her to escape 囚禁

take sb captive to catch sb and hold him/her as your prisoner 俘虏 ☛ It is also possible to say **hold sb prisoner** and **take sb prisoner**. 也可以说 **hold sb prisoner** 和 **take sb prisoner**。

captivity /kæpˈtɪvətɪ ‖ kæpˈtɪvətɪ/ *noun* [U] the state of being kept as a captive 禁锢: *Wild animals are often unhappy in captivity.* 一般来说，囚在笼中的野生动物都不开心。

captor /ˈkæptə(r) ‖ ˈkæptɚ/ *noun* [C] a person who takes or keeps a person as a prisoner 俘虏者；禁锢者

capture /ˈkæptʃə(r) ‖ ˈkæptʃɚ/ *verb* [T] **1** to take a person or animal prisoner 虏获；擒获: *The lion was captured and taken back to the zoo.* 狮子被捉回动物园。**2** to take or win sth from your enemy by force 夺取；攻占: *The town has been captured by the rebels.* 这个镇已被叛军攻陷。**3** to succeed in representing sth in words, pictures, etc 体现出: *This poem captures the atmosphere of the carnival.* 这首诗体现出嘉年华会的气氛。

capture *noun* [U] a time when a person, animal or thing is captured 被俘；被捕捉到；被体现出

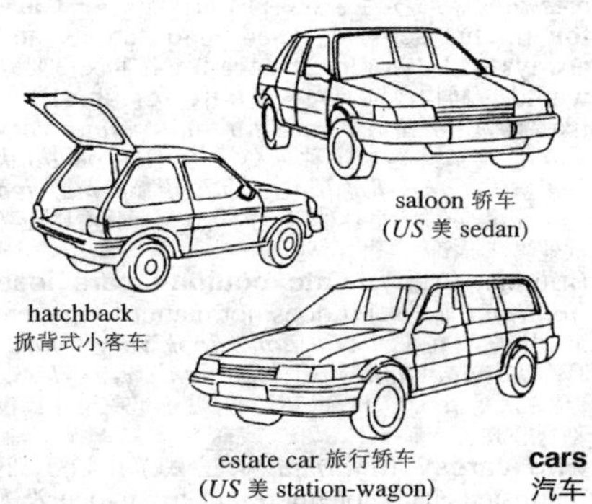

☆**car** /kɑː(r) ‖ kɑr/ *noun* [C] **1** (*also* 亦作 **motor car**) (*especially US* 美尤作 **automobile**) a vehicle with an engine and four wheels that up to four or five people can ride in 汽车: *a new/second-hand car* 新车；二手车（旧车）○ *Where can I park the car?* 我可以在哪里停放车子？○ *He's having the car serviced tomorrow.* 明天他把车送去维修。○ *They had a car crash.* 他们撞了车。○ *She gave me a lift in her car.* 她让我搭顺路车。○ *to get into/out of a car* 上车；下车 ○ *an estate car* 客货车 ☛ Note that we go **by car**. We can also say **in the car** 乘车去叫做 go **by car**，也可以叫 go **in the car**: *Do you prefer going on holiday by coach or by car?* 你去度假的时候，喜欢坐长途汽车还是自己开车去？○ *I come to work in the car.* 我是开车上班的。**2** a railway carriage that is used for a particular purpose 火车厢: *a dining-car* 餐车 ○ *a sleeping car* 卧车

ˈ**car-boot sale** *noun* [C] a sale in an outdoor place where people sell things they do not want from the back of their cars 车尾旧物拍卖（人们把不要的旧货放在汽车行李箱里出售）☛ Look at **jumble sale**. 参看 **jumble sale**。

ˈ**car park** (*US* 美 **parking-lot**) *noun* [C] an area or building where you can leave your car 停车场: *a multi-storey car park* 多层停车场

ˈ**car phone** *noun* [C] a telephone that you can use in a car 汽车电话

caramel /ˈkærəmel ‖ ˈkærəml̩/ *noun* **1** [U] sugar that has been burned so that it is dark brown. It is used in food because of its colour and taste 焦糖 **2** [C,U] a type of sticky sweet that is made from boiled sugar 焦糖味的糖果

carat (*US* 美 **karat**) /ˈkærət ‖ ˈkærət/ *noun* [C] a unit of measurement used to describe how pure gold is or how heavy jewels are 开（黄金纯度单位）；克拉（宝石重量单位）: *a 20-carat gold ring* * 20 开金戒指

☆**caravan** /ˈkærəvæn ‖ ˈkærəˌvæn/ *noun* [C] **1** (*US* 美 **trailer**) a large vehicle that can be pulled by a car or horse. You can sleep, cook, etc in a caravan when you are travelling or on holiday 野营车/有篷马车（用马或汽车拖曳的大型车辆，饮食起居均在车内，用作旅行或度假）: *They're touring in Wales with a caravan.* 他们在威尔士驾驶野营车四处游览。○ *a caravan holiday* 野营车式度假 ☛ When we are talking about using a caravan for holidays we say **go caravanning** 在野营车度假叫做 **go caravanning**: *We're going caravanning in Scotland this summer.* 这个夏天我们要乘野营车游览苏格兰。**2** a group of people and animals that travel together, eg across a desert 沙漠旅行队

carbohydrate /ˌkɑːbəʊˈhaɪdreɪt ‖ ˌkɑrboˈhaɪdret/ *noun* [C,U] one of the substances in food, eg sugar, that gives your body energy 碳水化合物；糖分: *Athletes need a diet that is high in carbohydrate and low in fat.* 运动员需要糖分高、脂肪少的食物。○ *Bread, potatoes and rice all contain carbohydrates.* 面包、马铃薯、米这三种食物都含有碳水化合物。

carbon /ˈkɑːbən ‖ ˈkɑrbən/ *noun* [U] (*symbol* 符号 **C**) a chemical substance that is found in all living things, for example in a pure form in diamonds and in an impure form in coal 碳

ˌ**carbon** ˈ**copy** *noun* [C] (*pl* **carbon copies**) **1** a copy of a letter, etc that was made by using carbon paper 复写本；副本 **2** an exact copy of sth 一模一样的东西

ˌ**carbon di**ˈ**oxide** *noun* [U] (*symbol* 符号 CO_2) a gas that has no colour or smell that people and animals breathe out of their lungs 二氧化碳

ˌ**carbon mon**ˈ**oxide** *noun* [U] (*symbol* 符号 **CO**) the poisonous gas that is produced when carbon is burned in a small amount of air. Motor vehicles produce a lot of carbon monoxide. 一氧化碳

ˈ**carbon paper** *noun* [U] thin paper with carbon on one side that you put between two pieces of paper. When you write or type on the top piece of paper a copy is produced on the second piece. 复写纸

carburettor /ˌkɑːbəˈretə(r) ‖ ˈkɑrbjəˌrɛtər/ (*US* 美 **carburetor** /ˈkɑːrbəreɪtər ‖ ˈkɑrbəˌretər/) *noun* [C] the piece of equipment in a car's engine that mixes petrol and air（汽车引擎内的）汽化器

carcass /ˈkɑːkəs ‖ ˈkɑrkəs/ *noun* [C] the dead body of an animal（动物的）尸体 ☛ Look at **corpse**. 参看 **corpse**。

C

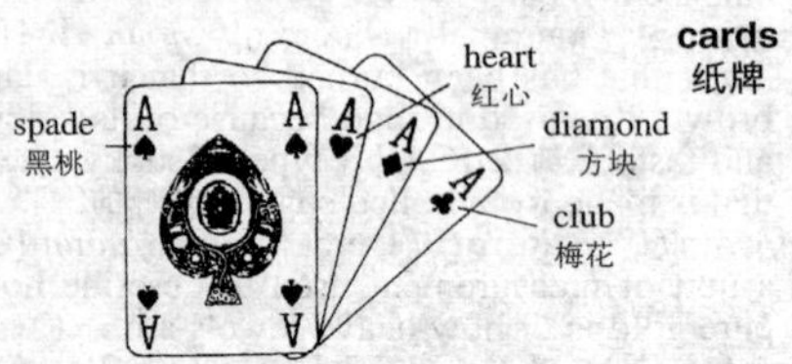

☆**card** /kɑːd ‖ kɑrd/ *noun* **1** [U] thick paper that does not bend easily 厚纸片；薄纸板 **2** [C] a piece of card or plastic that has information on it 卡片: *Here is my business card with my address and telephone number on it.* 这是我的名片，上面有我的地址和电话号码。○ *a membership card* 会员证 ○ *an identity card* 身分证 ○ *a credit card* 信用卡 **3** [C] a piece of card with a picture on it that you use for sending greetings or a message to sb 心意卡；贺卡: *a Christmas card* 圣诞卡 ○ *a birthday card* 生日卡 ○ *a get-well card* (= one that you send to sb who is ill) 康复卡 ○ *We've had a card* (= a postcard) *from Diana in Portugal.* 黛安娜在葡萄牙给我们寄来了一张明信片。**4** (*also* 亦作 **playing-card**) [C] one of a set of 52 small pieces of card with shapes or pictures on them that are used for playing games such as bridge or poker 纸牌: *a pack of cards* 一副纸牌 **5 cards** [plural] games that are played with cards 纸牌戏: *Let's play cards.* 咱们玩牌吧。○ *Let's have a game of cards.* 咱们玩牌吧。○ *I never win at cards!* 玩纸牌我总输。

> ☛ A **pack** of cards is divided into four **suits**, two red (**hearts** and **diamonds**) and two black (**clubs** and **spades**). 一副纸牌 (a **pack** of cards) 可以分做四组同花色牌 (**suit**)，两组红（一组红心 (**hearts**)，一组方块 (**diamonds**)），两组黑（一组梅花 (**clubs**)，一组黑桃 (**spades**)）。Each suit has an **ace**, a **king**, a **queen**, a **jack** and nine other cards, numbered from 2 to 10. 每组有爱司 (**ace**)、老 K (**king**)、王后 (**queen**)、杰克 (**jack**) 跟九张由 2 到 10 的牌。Before we play cards we **shuffle**, **cut** and **deal** the cards. 玩牌之前要洗牌 (**shuffle**)、切牌 (**cut**)、发牌 (**deal**)。

ˈ**card index** *noun* [C] ⇨ INDEX(2)

☆**cardboard** /ˈkɑːdbɔːd ‖ ˈkɑrdˌbɔrd/ *noun* [U] very thick paper that is used for making boxes, etc 卡纸板；薄纸板: *The groceries were delivered in large cardboard boxes.* 这些杂货食品都是用大纸箱运送的。

cardiac /ˈkɑːdɪæk ‖ ˈkɑrdɪˌæk/ *adj* connected with the heart 与心脏有关

cardigan /ˈkɑːdɪgən ‖ ˈkɑrdɪgən/ *noun* [C] a piece of clothing for the top part of the body, often made from wool, that has long sleeves and buttons at the front 卡迪根式毛衣（长袖，前面系扣，一般为羊毛质料）；开襟毛线衣 ☛ picture on page A25. 见第 A25 页插图。Look at the note at **sweater**. 参看 **sweater** 的注释。

cardinal[1] /ˈkɑːdɪnl ‖ ˈkɑrdn̩əl/ *noun* [C] a priest of high rank in the Roman Catholic church（罗马天主教会的）红衣主教

cardinal[2] (*also* 亦作 ˌ**cardinal** ˈ**number**) *noun* [C] a whole number, eg 1, 2, 3 that shows quantity 基数 ☛ Look at **ordinal**. 参看 **ordinal**。

☆**care**[1] /keə(r) ‖ kɛr/ *verb* **1** [I,T] **care (about sth)** to be worried about or interested in sth; to mind 担心；关心；介意: *I shall be late and my mother will be cross, but I don't care.* 我回家晚了，妈妈准会动火，可是我不在乎。○ *Money is the thing that she cares about most.* 她最在乎的就是钱。○ *I don't care what you do.* 不管你干什么我都不在乎。**2** [I] **care for sth; care to do sth** (*formal* 正式) to like or want 想: *Would you care for a drink?* 你要不要喝点什么？○ *Would you care to leave a message, sir?* 先生，您要留个口信吗？☛ **Care for** in this sense is used in questions and always with 'would'. * **care for** 作此义时要跟 would 一同构成疑问句。**3 care for sb/sth** to like 喜欢: *I don't care for that colour very much.* 我不大喜欢这种颜色。○ *Do you think she still cares for him although he married someone else?* 虽然他跟别人结了婚，你看她还喜欢他吗？

(IDIOMS 习语) **I, etc couldn't care less** (*informal* 非正式) it does not matter to me, etc at all 毫不在乎: *'You don't look very smart.' 'Well, quite honestly, I couldn't care less.'* "你不大好看。""什么好看不好看，坦白说，我没把这些放在心里。"

who cares? (*informal* 非正式) nobody is interested; it is not important to anyone 没人在乎: *'I wonder who'll win the match.' 'Who cares?'* "我在想谁要赢得比赛？""管它呢！"

(PHRASAL VERB 短语动词) **care for sb** to look after sb 照顾: *Who cared for her while she was ill?* 她生病的时候谁照顾她？

caring /ˈkeərɪŋ ‖ ˈkɛrɪŋ/ *adj* showing that you care about other people 有爱心的: *We must work towards a more caring society.* 我们要努力建造一个更有爱心的社会。

☆**care**[2] /keə(r) ‖ kɛr/ *noun* **1** [U] **care (over sth/in doing sth)** thinking about what you are doing so that you do it well or do not have an accident 留神；用心: *You should take more care over your homework.* 你做功课要更用心些。○ *This box contains glasses – please handle it with care.* 这个箱子装着玻璃杯，请小心轻放。**2** [U] **care (for sb)** looking after people so that they have things they need;

responsibility for sb/sth 照顾: *All the children in their care were healthy and happy.* 他们把这些孩子照顾得很好，孩子又健康又快乐。○ *health care* 保健 ○ *medical care* 医疗 ○ *She's in intensive care* (= the part of the hospital for people who are very seriously ill). 她正在接受特别护理。

☛ Children **in care** live in a home which is organized by the government or the local council. * children **in care** 是指住在由政府或市政当局设立的儿童之家内的儿童。

3 [C,U] worry, anxiety 担心；忧心: *She went on holiday to try to forget all her cares.* 她度假散心去了，想抛开烦恼。○ *It was a happy life, free from care.* 那段日子很快乐，无忧亦无虑。

(IDIOMS 习语) **care of sb** (*abbr* 缩写 **c/o**) words used on an envelope when you are writing to sb at another person's address 请…转交: *Mary Jenkins, c/o Mrs Brown, 10 Riverside Way, Oxford.* 牛津河畔路10号布朗太太劳转玛丽·詹金斯。○ *You can write to the author, care of his publisher.* 如有来函，请托出版商转交作者。

take care (that.../to do sth) to be careful 小心: *Goodbye and take care!* 再见了，请多保重。○ *Take care that you don't spill your tea.* 当心，别让茶洒出来。○ *He took care not to arrive too early.* 他特意不过早到达。

take care of yourself/sb/sth to keep yourself/sb/sth safe from injury, illness, damage, etc 照顾: *You should take more care of yourself. You look tired.* 你看来有点累，要多保重啊。○ *Could you take care of the cat while we are away on holiday?* 我们在外边度假的时候，你可以代为照顾一下这只猫吗？○ *She always takes great care of her books.* 她很爱惜她的书本。

take care of sb/sth to deal with sb/sth; to organize or arrange sth 处理；筹备；安排: *I'll take care of the food for the party.* 聚会的食物由我来安排吧。

'**carefree** *adj* happy because you have no problems or worries 无忧无虑

☆**career**[1] /kəˈrɪə(r) ‖ kəˈrɪr/ *noun* [C] **1** a job or profession for which you are trained and which you do for a long time, often with the chance to move to a higher position 职业；事业: *Sarah is considering a career in engineering.* 萨拉想当工程师。○ *His career was always more important to him than his family.* 在他看来，事业要比家庭重要。○ *a successful career in politics* 政坛得意 **2** your working life 职业生涯: *She spent most of her career working in India.* 她的职业生涯大部分都在印度度过。

career[2] /kəˈrɪə(r) ‖ kəˈrɪr/ *verb* [I] to move quickly and dangerously 莽撞: *The car careered off the road and crashed into a wall.* 汽车冲出了马路撞到墙上。

☆**careful** /ˈkeəfl ‖ ˈkɛrfəl/ *adj* **1 careful (of/with sth)** thinking about what you are doing so that you do not have an accident or make mistakes, etc 小心: *Be careful! There's a car coming.* 小心，有车开过来了！○ *Be careful of that knife – it's very sharp.* 这把刀子很锋利，当心点呀。○ *Please be very careful with those glasses.* 对那些玻璃杯千万请小心点！○ *That ladder doesn't look very safe. Be careful you don't fall.* 这个梯子不很安全，小心别摔着。○ *I was careful not to say anything about the money.* 我把话说得很小心，跟钱有关的都绝口不提。○ *Don't worry – she's a careful driver.* 不用担心，她开车开得很小心。**2** showing care and attention to details 细心: *I'll need to give this matter some careful thought.* 我要仔细想想这个问题。—**carefully** /ˈkeəfəlɪ ‖ ˈkɛrfəlɪ/ *adv*: *Please listen carefully. It's important that you remember all this.* 请留心听，这些东西要牢牢记住。—**carefulness** *noun* [U]

☆**careless** /ˈkeəlɪs ‖ ˈkɛrlɪs/ *adj* **careless (about/with sth)** not thinking enough about what you are doing so that you make mistakes, lose or damage things, etc 粗心: *It was careless of you to go out without locking the door.* 你真粗心，忘了把门锁好就出去了。○ *Here's another careless mistake – you've forgotten the full stop at the end of the sentence.* 又是一个粗心大意的错误，你忘记在句末加上句号。○ *The accident was caused by careless driving.* 鲁莽驾驶是这次意外的起因。—**carelessly** *adv*: *She threw her coat carelessly on the chair.* 她把外套随便扔在椅子上。—**carelessness** *noun* [U]

caress /kəˈres ‖ kəˈrɛs/ *verb* [T] to stroke sb in a gentle and loving way 爱抚: *He caressed her hand and looked deep into her eyes.* 他抚摸着她的手，情深款款地看着她。—**caress** *noun* [C]

caretaker /ˈkeəteɪkə(r) ‖ ˈkɛrˌtekɚ/ (*US* 美 **janitor**) *noun* [C] a person whose job is to look after a large building (eg a school or a block of flats) and to do small repairs and other services（学校、公寓等的）看门人

☆**cargo** /ˈkɑːɡəʊ ‖ ˈkɑrgo/ *noun* [C,U] (*pl* **cargoes**; *US also* 美亦作 **cargos**) the goods that are carried in a ship or aircraft（船或飞机上的）货物: *The ship was carrying a cargo of wheat.* 这条船运了一批小麦。

Caribbean /ˌkærɪˈbɪən; *especially US* 美尤作 kəˈrɪbɪən ‖ kəˈrɪbɪən/ *noun* [sing] **the Caribbean** the area in the Caribbean Sea where the group of islands called the West Indies are situated 加勒比海 —**Caribbean** *adj*: *the Caribbean islands* 加勒比群岛

caricature /ˈkærɪkətjʊə(r) ‖ ˈkærɪkəˌtjʊr/ *noun* [C] a picture or description of sb that makes his/her appearance or behaviour funnier and more extreme than it really is 漫画（把某人的容颜或行为作夸张描绘）: *She drew a very funny caricature of the Prime Minister.* 她给首相画了一幅很有趣的漫画。○ *Many of the people in the book are caricatures of the author's friends.* 书中的许多人物都以作者在现实生活中的朋友为原型而作了夸张式的描绘。

carnation /kɑːˈneɪʃn ‖ kɑrˈneʃən/ *noun* [C] a white, pink or red flower with a pleasant smell 康乃馨

carnival /ˈkɑːnɪvl ‖ ˈkɑrnəvl̩/ *noun* [C] a public

C

festival that takes place outdoors, during which there is a procession in the streets with music and dancing 嘉年华会: *the carnival in Rio* 里约热内卢的嘉年华会

carol /ˈkærəl ‖ ˈkærəl/ *noun* [C] a Christian religious song that people sing at Christmas 圣诞颂歌: *carol singers* (= groups of people who sing carols outside people's houses in order to collect money for charity) 圣诞颂歌队（挨户唱圣诞颂歌的一组人，其目的为募捐作慈善用途）

C

carousel /ˌkærəˈsel ‖ ˌkærəˈsɛl/ *noun* [C] **1** (*US* 美) = ROUNDABOUT²(2) **2** (at an airport) a moving belt that carries luggage for passengers to collect（机场的）行李输送带

☆**carpenter** /ˈkɑːpəntə(r) ‖ ˈkɑrpəntər/ *noun* [C] a person whose job is to make and repair wooden objects 木匠

carpentry /-trɪ ‖ -trɪ/ *noun* [U] the skill or work of a carpenter 木工手艺；木作

☆**carpet** /ˈkɑːpɪt ‖ ˈkɑrpɪt/ *noun* **1** [C,U] (a piece of) thick, flat material that is used for covering floors and stairs 地毯: *We need a new carpet in the bedroom.* 卧室该换块新的地毯啦。○ *a fitted carpet* (= one that has been cut to the exact shape of a room) 特地照房间形状剪裁的地毯 ☛ Look at **rug**. 参看 **rug**。**2** [C] a thick layer of sth that covers the ground 积在地面厚厚的一层物质: *The fields were under a carpet of snow.* 田野铺上了一层白雪。—**carpeted** *adj*: *All the rooms are carpeted.* 全部房间都铺上了地毯。

☆**carriage** /ˈkærɪdʒ ‖ ˈkærɪdʒ/ *noun* **1** [C] (*also* 亦作 **coach**) a vehicle with wheels that is pulled by horses 马车 **2** [C] (*also* 亦作 **coach**) (*US* 美 **car**) one of the separate parts of a train where people sit 火车厢: *a first-class carriage* 头等车厢 **3** [U] the cost of transporting goods from one place to another 运费: *Carriage must be paid by the receiver.* 运费由收货人承担。

ˈ**carriageway** *noun* [C] one of the two sides of a motorway or major road on which vehicles travel in one direction only 行车道: *the southbound carriageway of the motorway* 高速公路上的南行车道 ☛ Look at **dual carriageway**. 参看 **dual carriageway**。

carrier /ˈkærɪə(r) ‖ ˈkærɪər/ *noun* [C] **1** (in business 商业) a company that transports people or goods 承运人: *the Dutch carrier, KLM* 荷兰承运商 KLM 公司 **2** a military vehicle or ship that is used for transporting soldiers, planes, weapons, etc（军事上的）运输工具: *an armoured personnel carrier* 装甲运兵车 ○ *an aircraft carrier* 航空母舰 **3** a person or animal that can give an infectious disease to others but does not show the signs of the disease 带菌者；携带病毒者: *Some insects are carriers of tropical diseases.* 某几类昆虫是热带疾病的媒介。**4** (*Brit also* 英亦作 ˈ**carrier bag**) a plastic or paper bag for carrying shopping 购物袋

☆**carrot** /ˈkærət ‖ ˈkærət/ *noun* **1** [C,U] a long thin orange vegetable that grows under the ground 胡萝卜: *A pound of carrots, please.* 请给我一磅胡萝卜。○ *grated carrot* 胡萝卜丝 **2** [C] something attractive that is offered to sb in order to persuade him/her to do sth 圈套；饵料: *The management have offered them the carrot of a £500 bonus if they agree to work extra hours.* 资方用500英镑做饵，劝诱他们超时工作。

☆**carry** /ˈkærɪ ‖ ˈkærɪ/ *verb* (*pres part* **carrying**; *3rd pers sing pres* **carries**; *pt, pp* **carried**) **1** [T] to hold sb/sth in your hand, arms or on your back while you are moving from one place to another 搬；携带: *Could you carry this bag for me? It's terribly heavy.* 这个袋子挺重的，可不可以给我搬一下？○ *She was carrying a rucksack on her back.* 她背着一个帆布包。☛ You use **wear**, not **carry**, to talk about having clothes, jewellery, etc on your body 穿衣服、戴首饰等，用 **wear** 而不用 **carry**: *He was wearing a black jacket.* 他穿一件黑色夹克。**2** [T] to have with you as you go from place to place 捎带；携带: *I never carry much money with me when I go to London.* 每次到伦敦去我都不带太多钱。○ *Do the police carry guns in your country?* 你们国家的警察带枪吗？**3** [T] to transport sb/sth from one place to another 运送: *A train carrying hundreds of passengers crashed yesterday.* 昨天一列载有好几百名旅客的火车撞毁了。○ *The waves carried the boat to the shore.* 海浪把小船冲到岸边。**4** [T] to have an infectious disease that can be given to others, usually without showing any signs of the disease yourself 带菌；带病毒: *Rats carry all sorts of diseases.* 什么病菌老鼠都可带上。**5** [T] (usually passive 通常用于被动语态) to accept a proposal in a meeting because a majority of people vote for it 经表决通过: *The motion was carried by 12 votes to 9.* 动议以12票对9票通过。**6** [I] (used about a sound 指声音) to reach a long distance 传开: *You'll have to speak louder if you want your voice to carry to the back of the room.* 要是你想让房间后面的人听清楚你说的话，就要大声一点。

(IDIOMS 习语) **be/get carried away** to be so excited that you forget what you are doing（激动得）忘乎所以/不能自已: *I got so carried away watching the race that I forgot how late it was.* 这场赛事把我看得入了神，我竟忘了时间，不知道原来已经是夜深时分了。

carry weight to have great influence on the opinion of sb else 左右（某人的意见）: *Nick's views carry a lot of weight with our manager.* 我们的经理重视尼克的意见。

(PHRASAL VERBS 短语动词) **carry it/sth off** to succeed in doing sth difficult 克服困难: *He felt nervous before he started his speech but he carried it off very well.* 他演说之前很紧张，但最后顺利完成了演讲。

carry on (with sth/doing sth); carry sth on to continue 继续: *How long did the party carry on after I left?* 我走了之后舞会开到什么时候？○ *Carry on* (= continue speaking). *What happened next?* 讲下去吧。后来发生什么事？○ *They ignored me and carried on with their conversation.* 他们理也不理我，只顾谈

下去。○ *She intends to carry on studying after the course has finished.* 这个课程完结后，她打算继续进修。

carry sth on to take part in sth 参与: *I can't carry on a normal conversation while you're making that noise.* 你再吵下去，我无法进行正常谈话。

carry sth out 1 to do sth that you have been ordered to do 执行: *The soldiers carried out their orders without question.* 那些士兵都无条件执行命令。**2** to do or perform sth, eg a test, repair, etc 进行（试验、维修等）: *I think we should wait until more tests have been carried out.* 看来咱们还是等一等，多看几个试验再决定吧。○ *The owner is responsible for carrying out repairs to the building.* 业主要负责对大厦进行维修。

'carry-all *noun* [C] (*US* 美) = HOLDALL

'carry-cot *noun* [C] a small bed, like a box with handles, that you can carry a baby in 手提式婴儿床 ☛ picture at **pram**. 见 **pram** 插图。

cart /kɑːt ‖ kɑrt/ *noun* [C] a wooden vehicle with wheels that is used for transporting things 有轮运货车: *a horse and cart* 单驾马车

cart *verb* [T] (*informal* 非正式) to take or carry sth somewhere, often with difficulty 吃力地运送: *We left our luggage at the station because we didn't want to cart it around all day.* 我们把行李寄存在车站里，免得背着到处走。○ *Six of the women were carted off to the police station.* 有六个妇女给捉进警察局里去了。

cartilage /'kɑːtɪlɪdʒ ‖ 'kɑrtḷɪdʒ/ *noun* [C,U] a strong substance that surrounds the places where your bones join 软骨

carton /'kɑːtn ‖ 'kɑrtn̩/ *noun* [C] a small container made of cardboard or plastic 纸板盒；塑料盒: *a carton of milk, orange juice, etc* 一盒牛奶/橙汁等 ☛ picture at **container**. 见 **container** 插图。

cartoon /kɑː'tuːn ‖ kɑr'tun/ *noun* [C] **1** a funny drawing, especially one in a newspaper or magazine that makes a joke about a current event（尤指刊于报纸或杂志上讽刺时事的）漫画 **2** a film that tells a story by using moving drawings instead of real people and places 动画片；卡通片: *a Donald Duck cartoon* 唐老鸭卡通片

cartoonist *noun* [C] a person who draws cartoons 漫画家

cartridge /'kɑːtrɪdʒ ‖ 'kɑrtrɪdʒ/ *noun* [C] **1** a small tube that contains explosive powder and a bullet. You put a cartridge into a gun when you want to fire it.（枪的）弹药筒；子弹夹 **2** a closed container that holds camera film, typewriter ribbon, ink for a pen, etc. It is easy to change a cartridge when you want to put in a new one. 密封容器（比如胶卷筒、色带盒、笔墨囊等可替换的容器）

carve /kɑːv ‖ kɑrv/ *verb* **1** [I,T] **carve sth (out of sth)** to cut wood or stone in order to make an object or to put a pattern or writing on it 雕刻: *The statue had been carved out of marble.* 这尊塑像用大理石雕成。○ *He carved his name on the desk.* 他把自己的名字刻在桌上。**2** [I,T] to cut a piece of cooked meat into slices 把熟肉切成片: *Can you carve while I serve the vegetables?* 我弄菜，你切肉，成吗？○ *to carve a chicken* 把鸡肉切片

carving *noun* [C,U] an object or design that has been carved 雕刻品: *There are ancient carvings on the walls of the cave.* 洞壁上面有古代留下的雕刻。

cascade /kæ'skeɪd ‖ kæs'ked/ *noun* [C] **1** a waterfall 瀑布 **2** something that hangs or falls in a way that seems similar to a waterfall 瀑布状的下垂物: *the wall of the villa was covered in a cascade of flowers* 别墅外墙盖满了鲜花

—**cascade** *verb* [I]

☆**case**[1] /keɪs ‖ kes/ *noun* **1** [C] a particular situation or a situation of a particular type 情况；事例: *In some cases, people have had to wait two weeks for a doctor's appointment.* 在某些情况下，病人要等两星期才预约上医生看病。○ *Most of us travel to work by tube – or, in Susie's case, by train and tube.* 我们大多数人都是坐地铁上班——但苏西既坐火车又坐地铁上班。○ *There's no secret to success in this business. It's just a case of hard work.* 这门生意没有什么成功秘诀，只是努力工作问题。**2 the case** [sing] the true situation 实情: *The man said he worked in Cardiff, but we discovered later that this was not the case.* 这个男人说他在加的夫干活，后来我们发现不是这么回事。**3** [C] an example of an illness; a person who is suffering from an illness 病例；病人: *Cases of the disease are very unusual in this country.* 这种疾病在本国很少见。○ *The most serious cases were taken to hospital immediately.* 伤势最重的立刻送往医院急救。**4** [C] a crime that is being investigated by the police（警察正在侦查的）案件: *a murder case* 谋杀案 **5** [C] something that is decided in a court of law; a trial 讼案: *The case will come to court in a few months.* 这起案件会在几个月内开庭聆讯。**6** [C, usually sing] the facts and reasons that support one side in a discussion or legal matter 讨论或诉讼中一方提出的论点或理由: *She made a case for shorter working hours, but the others disagreed.* 她要求缩短工作时间，但受到其他人反对。

(IDIOMS 习语) **as the case may be** (used when you are not sure which of two or more possibilities will be true in a particular situation 用于有两种或多种可能性时) 依情况而定: *The money will be received by the husband or wife, as the case may be.* 款项不是由丈夫收取就是由妻子收取，要看具体情况而定。

in any case 1 whatever happens or has happened 不管怎样: *We've decided to go in any case.* 不管怎样我们还是要去。**2** anyway 不管怎样: *He didn't say anything about it at the meeting and in any case it's too late now.* 这件事他在会议上从没说过。不管怎样，现在说什么都已经太迟了。

in case because sth might happen 以防: *I think I'll take an umbrella in case it rains.* 我想带把伞去，以防下雨。○ *Take my number in case you need to phone me.* 我的电话号码也许用得着，带在身上吧。○ *I wasn't intending to buy anything but I took my cheque book just* *in case*. 我不打算买什么东西，可我还是带了支票簿，以备不时之需。

in case of sth if sth happens 一旦: *In case of fire, break this glass.* 遇上火灾，把玻璃打破。

in that case if that is the situation 如果是这样的话: *'I'm busy on Tuesday.' 'Oh well, in that case we'll have to meet another day.'* "星期二我忙着呢。" "那么咱们改天见面吧。"

prove your/the case/point ⇨ PROVE

'case-study *noun* [C] a study of the development of a person or group of people, especially in social research 个案研究

C

case² /keɪs ‖ kes/ *noun* [C] **1** (especially in compounds 尤用以构成复合词) a container or cover for sth 盒；箱；匣: *a pencil-case* 铅笔盒 ○ *a pillowcase* 枕套 ○ *a bookcase* 书橱 ○ *She put her glasses back in the case.* 她把眼镜放回盒内。**2** = SUITCASE: *Would you like me to carry your case?* 我给你提箱子，好不好？

☆**cash** /kæʃ ‖ kæʃ/ *noun* [U] **1** money in the form of coins or notes and not cheques, credit cards, etc 现金: *Would you prefer me to pay in cash or by cheque?* 你要我付现金还是付支票？ ○ *How much cash have you got with you?* 你身上有多少现款？ ☛ picture at **money**. 见 **money** 插图。 We use **cash** when we are talking about coins and notes, but **change** when we are talking about coins only. * **cash** 包括辅币和纸币；如果单指辅币，用 **change**。 **2** (*informal* 非正式) money in any form 钱: *I'm a bit short of cash this month so I can't afford to go out much.* 这个月我手头紧，不能常出去玩。

cash *verb* [T] to exchange a cheque, traveller's cheque, etc for coins and notes 兑现: *I'm just going to the bank to cash a cheque.* 我正想到银行把支票兑现。

(PHRASAL VERB 短语动词) **cash in (on sth)** to take advantage of a situation 利用（某种情况）

'cash desk *noun* [C] the place in a large shop where you pay for things（大商店的）付款处

'cash machine (*also* 亦作 **'cash dispenser**; **'cash-point**) *noun* [C] a machine inside or outside a bank from which you can get money at any time of day by putting in a special card（银行的）自动提款机

cashier /kæ'ʃɪə(r) ‖ kæ'ʃɪr/ *noun* [C] the person in a bank, shop, etc that customers pay money to or get money from（银行、商店等的）出纳员

cashmere /ˌkæʃ'mɪə(r) ‖ 'kæʃmɪr/ *noun* [U] a type of wool that is very fine and soft 开士米/羊绒（一种优质山羊绒）

casino /kə'siːnəʊ ‖ kə'sino/ *noun* [C] (*pl* **casinos**) a place where people play roulette and other games in which you can win or lose money（内设轮盘及其他赌博玩意的）赌场

cask /kɑːsk; *US* 美 kæsk ‖ kæsk/ *noun* [C] a large wooden container in which alcoholic drinks, etc are stored; barrel（盛酒或装载其他饮料的）大木桶

casserole /'kæsərəʊl ‖ 'kæsəˌrol/ *noun* **1** [C,U] a type of food that you make by cooking meat and vegetables in liquid for a long time in the oven（把肉、菜焙烧而成的）焙盘菜/沙锅菜: *chicken casserole* 焙盘烧鸡 **2** [C] a large dish with a lid for cooking casseroles in 焙盘；沙锅 ☛ picture at **pan**. 见 **pan** 插图。

☆**cassette** /kə'set ‖ kə'sɛt/ *noun* [C] a flat case with magnetic tape inside that you use for recording and playing music and other sounds 盒式录音带: *to put on/play/listen to a cassette* 放/听录音带 ○ *Paul Simon's new album is available on record, cassette and CD.* 保罗·西蒙灌录了最新歌曲，唱片、录音带和激光唱片同时上市。

> ☛ Another word for **cassette** is **tape**. * **cassette** 也可叫 **tape**。 When you want to go back to the beginning of a cassette you **rewind** it. When you want to go forward you **fast forward** it. 把录音带倒回叫 **rewind**，倒回的相反就是快进，叫做 **fast forward**。Look at **video**. 参看 **video**。

cas'sette recorder *noun* [C] a machine that you use for recording and playing cassettes 盒式录音机

cast¹ /kɑːst; *US* 美 kæst ‖ kæst/ *noun* [C, with sing or pl verb] all the actors in a play, film, etc 演员阵容；班底: *The film has an excellent cast.* 这部影片的演员阵容非常强。

cast² /kɑːst; *US* 美 kæst ‖ kæst/ *verb* [T] (*pt, pp* **cast**) **1** (often passive 常用于被动语态) to choose an actor for a particular role in a play, film, etc 选角；选派演员: *She always seems to be cast in the same sort of role.* 她似乎总是给分派扮演同一类型的角色。**2** to make an object by pouring hot liquid metal into a shaped container (**a mould**) 浇铸（铸模叫做 **mould**）: *a statue cast in gold* 金铸塑像 **3** (*old-fashioned* 旧) to throw sth 扔；掷: *She cast a stone into the river.* 她往河里扔了一块石头。

(IDIOMS 习语) **cast doubt on sth** to make people unsure about sth 令人对某事物产生怀疑: *The newspaper report casts doubts on the truth of the Prime Minister's statement.* 报上的报道使大家对首相声明的真实性产生怀疑。

cast an eye/your eye(s) over sb/sth to look at sth quickly 瞥；瞟

cast light on sth to help to explain sth 阐明某事物: *I'd be grateful if you could cast any light on the problem.* 如能给我解释一下这个问题，则不胜感激。

cast a shadow (across/over sth) to cause a shadow to appear somewhere 投影: *The tree cast a long shadow across the garden.* 这棵树在园子里投下长长的影子。 ○ (*figurative* 比喻) *The accident cast a shadow over the rest of the holiday* (= stopped people enjoying it fully). 这宗意外使后来的假期蒙上了阴影。

cast a/your vote to vote 投票: *The MPs will cast their votes in the leadership election tomorrow.* 明天下院议员将投票选出领袖。

(PHRASAL VERB 短语动词) **cast sb/sth off** to remove or make yourself free of sb/sth 摒弃某人/某事物: *He cast off the stress of city life* and went to live in the country. 他抛开城市的繁忙喧嚣，去过乡村生活。

'**castaway** *noun* [C] a person who is left in a place far from civilization after a shipwreck 海难后被迫与文明世界隔绝的人

ˌ**cast 'iron** *noun* [U] a hard type of iron 铸铁；生铁

ˌ**cast-'iron** *adj* made of cast iron 铸铁造的：(*figurative* 比喻) *a cast-iron alibi* (= one that people cannot doubt) 案发时不在现场的铁证

'**cast-off** *noun* [C, usually pl] a piece of clothing that you no longer want and that you give to sb else or throw away（被丢弃的）旧衣服: *When I was little I had to wear my sister's cast-offs.* 我小时候得穿姐姐的旧衣服。

caste /kɑːst; *US* 美 kæst ‖ kæst/ *noun* **1** [C] one of the social classes into which Hindus are divided（印度）种姓 **2** [U] the system of dividing people in this way 种姓制度

☆**castle** /'kɑːsl; *US* 美 'kæsl ‖ 'kæsl̩/ *noun* [C] a large building with high walls and towers that was built in the past to defend people against attack 堡垒: *a medieval castle* 中世纪古堡 ○ *Edinburgh Castle* 爱丁堡古堡

castrate /kæs'treɪt; *US* 美 'kæstreɪt ‖ 'kæstret/ *verb* [T] to remove part of the sexual organs of a male animal or person 阉割；去势 —**castration** /kæ'streɪʃn ‖ kæs'treʃən/ *noun* [U]

casual /'kæʒʊəl ‖ 'kæʒʊəl/ *adj* **1** relaxed and not worried; not showing great effort or interest 漫不经心: *She tried to appear casual as he walked towards her.* 他走过来的时候，她装出一副轻松自若的样子。○ *I'm not happy about your casual attitude to your work.* 我不满意你那种漫不经心的工作态度。○ *It was only a casual remark so I don't know why he got so angry.* 我只不过随口说说，真想不通他为何大动肝火。**2** (used about clothes 指衣着) not formal 随便的: *I always change into casual clothes as soon as I get home from work.* 每当我下班回到家里，就立刻换上便服。**3** (used about work 指工作) done only for a short period; not regular or permanent 临时: *Most of the building work was done by casual labour.* 这座大厦的兴建工作大半由临时工承担。○ *She had a number of casual jobs during the university holidays.* 大学假期期间，她担任过很多兼职。—**casually** /'kæʒʊəlɪ ‖ 'kæʒʊəlɪ/ *adv*: *She walked in casually and said, 'I'm not late, am I?'* 她从容不迫地走进来，说："我没迟到吧，对吗？" ○ *Dress casually, it won't be a formal party.* 穿得随便一点，这不是一个正式的宴会。

casualty /'kæʒʊəltɪ ‖ 'kæʒʊəltɪ/ *noun* (*pl* **casualties**) **1** [C] a person who is killed or injured in a war or an accident 伤亡者: *After the accident the casualties were taken to hospital.* 意外发生之后，伤者被送往医院。○ *The army retreated after suffering heavy casualties.* 军队遭遇重创之后迅即撤退。**2** [C] a person or thing that suffers as a result of sth else 受害者: *Many small companies have been casualties of the country's economic problems.* 很多小公司身受该国的经济问题之害。**3** [U] (*also* 亦作 '**casualty department**) (*US* 美 **emergency room**) the part of a hospital where people who have been injured in accidents are taken for immediate treatment 急救室；急诊室

☆**cat** /kæt ‖ kæt/ *noun* [C] **1** a small furry animal with four legs and a tail. People often keep cats as pets. 猫 **2** any larger wild animal that is related to a cat, eg a lion or tiger 猫科动物（比如狮、虎）: *We went to the zoo to see the big cats.* 我们去动物园看狮子老虎。

> ☛ A young cat is called a **kitten**. A male cat is called a **tom**. 小猫叫做 **kitten**，雄猫叫做 **tom**。When a cat makes a soft sound of pleasure, it **purrs**. When it makes a louder sound, it **miaows**. 猫的叫声有两种：呼噜作声，叫做 **purr**；咪咪喵喵地叫，就是 **miaow**。

catalogue (*US* 美 **catalog**) /'kætəlɒg; *US* 美 -lɔːg ‖ 'kætl̩ˌɔg/) *noun* [C] **1** a list of all the things that you can buy from a company, all the books in a library, all the paintings in an art exhibition, etc 目录 **2** a series, especially of bad things 一连串不幸事件: *a catalogue of disasters* 接二连三的灾难

catalogue *verb* [T] to list things in a catalogue 编制目录: *She started to catalogue all the new library books.* 她着手给图书馆的新书编目录。

catapult /'kætəpʌlt ‖ 'kætəˌpʌlt/ *noun* [C] a Y-shaped stick with a piece of elastic attached to each side that is used by children for shooting stones 弹弓（儿童玩的）

catapult *verb* [T] **1** to shoot sth from a catapult 用弹弓射 **2** to throw sb/sth suddenly and with great force 掷；抛；甩: *When the train crashed several people were catapulted through the windows.* 这次火车失事，有好几名乘客被抛出窗外。○ (*figurative* 比喻) *The success of his first film catapulted him to stardom.* 他的第一部影片很叫座，一夜之间使他跻身于明星行列。

cataract /'kætərækt ‖ 'kætəˌrækt/ *noun* [C] a diseased area that can grow on a person's eye and cause difficulty in seeing 白内障

catarrh /kə'tɑː(r) ‖ kə'tɑr/ *noun* [U] a thick liquid that forms in the nose and throat when you have a cold（伤风时在鼻喉部形成的）黏液

catastrophe /kə'tæstrəfɪ ‖ kə'tæstrəfɪ/ *noun* [C] a sudden event that causes great suffering or damage; disaster 大灾难: *Major catastrophes like floods and earthquakes happen regularly in that part of the world.* 对于这个地方来说，洪水、地震或其他大灾难都是司空见惯的。○ *a financial catastrophe* 金融大灾难

C

—**catastrophic** /ˌkætəˈstrɒfɪk ‖ ˌkætəˈstrɑfɪk/ *adj*: *The war had a catastrophic effect on the whole country.* 这场战争对整个国家造成了灾难性打击。

☆**catch**[1] /kætʃ ‖ kætʃ/ *verb* (*pt, pp* **caught** /kɔ:t ‖ kɔt/) **1** [T] to take hold of sth that is moving, usually with your hand or hands 接住: *She threw the ball and he caught it in one hand.* 她把球扔过去，而他用单手接住了。○ *The dog caught the ball in its mouth.* 狗用口把球接住。**2** [T] to capture sb/sth that you have been chasing or looking for 捉住: *Two policemen ran after the thief and caught him at the end of the street.* 两个警察朝贼匪追去，追到这一条街的尽头便把他逮住。○ *The murderer still hasn't been caught.* 凶手仍然在逃。○ *to catch a fish* 捉鱼 **3** [T] to discover sb who is doing sth bad 撞见（劣行）: *I caught her taking money from my purse.* 我恰巧撞见她从我的钱包里偷钱。**4** [T] to get on a form of public transport 登上（车/船等）: *I caught the bus into town.* 我坐公共汽车到镇里去。○ *to catch a train, plane, etc* 搭火车/飞机等 **5** [T] to be in time for sth; not to miss sb/sth 赶上: *If I take the letter now, I should catch the post.* 要是我马上拿去寄，还赶得上收信时间。○ *We arrived just in time to catch the beginning of the film.* 我们刚好赶上电影开场。○ *I'll phone her now. I might just catch her before she leaves the office.* 我现在就给她打电话，也许能在她还没下班之前找到她。**6** [T] to hear or understand sth that sb says 听到；领会到: *I'm sorry, I didn't quite catch what you said. Could you repeat it?* 对不起，我不大明白你的意思，可不可以再说一遍？**7** [I,T] to become or cause sth to become accidentally attached to or trapped in sth（使）绊住: *His jacket caught on a nail.* 他的夹克给钉子钩住了。○ *I caught my finger in the drawer as I shut it.* 我关抽屉的时候，把手指夹了一下。○ *I'm sorry I'm late. I got caught in the traffic.* 迟来了，真对不起，路上的交通把我耽搁了。**8** [T] to get an illness 得病: *I've got a terrible cold. I must have caught it from someone at work.* 我得了重伤风，准是从我的同事那里传染上的。

(IDIOMS 习语) **catch sb's attention/eye** to make sb notice sth 引起注意: *I tried to catch the waiter's eye so that I could get the bill.* 我想引起服务员的注意，让他把账单拿给我。

catch fire to start burning, often accidentally 失火: *Nobody knows how the building caught fire.* 大厦起火的原因不明。

catch sb red-handed to find sb just as he/she is doing sth wrong 撞见（劣行）: *A policeman noticed the ladder at the window and caught the burglars red-handed.* 警察看到窗边的梯子，就把闯进屋里的窃贼当场逮住。

catch sight/a glimpse of sb/sth to see sb/sth for a moment 瞥见: *I caught sight of the man at the end of the street.* 我在这条街的尽头见到了那个男人。○ *We waited outside the theatre, hoping to catch a glimpse of the actress.* 我们等在戏院门外，盼望一睹那女演员的风采。

catch the sun to become burned or tanned by the sun 晒黑: *Your face looks red. You've really caught the sun, haven't you?* 你脸上红彤彤的，刚晒过太阳，是吗？

catch/take sb unawares ⇨ UNAWARES

(PHRASAL VERBS 短语动词) **catch on** (*informal* 非正式) **1** to understand or realize sth 领会到: *She's sometimes a bit slow to catch on.* 她有时比人家慢了一步才把事情搞明白。**2** to become popular or fashionable 流行；时兴: *The idea has never really caught on in this country.* 这个念头从来没有在这个国家流行过。

catch sb out to cause sb to make a mistake by asking a clever question 问某人问题以便把他难住: *Ask me anything you like – you won't catch me out.* 随便问吧，你不会难倒我的。

catch up (with sb); **catch sb up 1** to reach sb/sth who is ahead of you 赶上: *Jackie was walking very fast and I had to run to catch up with her.* 杰姬走路走得快，我要连走带跑才赶得上她。○ *I'll just finish this letter. You go on and I'll catch you up in a minute.* 我的信就要写完了，你只管走你的，我过一会儿就赶上来。**2** to reach the same level as sb/sth else 赶上: *Our economy is developing fast and we should soon catch up with other countries in the western world.* 我们的经济迅速发展，不久便可赶上西方世界其他国家。

catch up on sth to spend time doing sth that you have not been able to do until now 补做: *I'll have to go into the office at the weekend to catch up on my work.* 周末我要到办公室赶完没做的工作。

be/get caught up in sth to be or get involved in sth, usually without intending to 卷入: *I seem to have got caught up in a rather complicated situation.* 看来我已经卷入了相当复杂的处境中。

catch[2] /kætʃ ‖ kætʃ/ *noun* [C] **1** an act of taking hold of sth that is moving, usually with your hand or hands 接 **2** the amount of fish that sb has caught 捕鱼量: *The fishermen brought their catch to the harbour.* 渔民把捕获的鱼运到港口。**3** a device for fastening sth and keeping it closed 锁；扣: *I can't close my suitcase – the catch is broken.* 小提箱的搭扣断了，我关不拢它。○ *a window catch* 窗钩 **4** a hidden disadvantage to sth that seems attractive 蹊跷；圈套；隐含的毛病: *It looks like a good offer but I'm sure there must be a catch in it.* 乍一看这个建议很诱人，但我敢担保里面另有文章。

catchment area /ˈkætʃmənt ˌeərɪə ‖ ˈkætʃməntˌɛrɪə/ *noun* [C] the area from which a school gets its pupils, a hospital gets its patients, etc 属区（某学校可在该区招生、某医院可为该区居民服务等）

catch-phrase /ˈkætʃfreɪz ‖ ˈkætʃˌfrez/ *noun* [C] a phrase that becomes famous for a while because it is used by a famous person 名言；警句

catchy /ˈkætʃɪ ‖ ˈkætʃɪ/ *adj* (**catchier**; **catchiest**) (used about a tune or song 指歌曲) easy to remember 琅琅上口；易记的

categorical /ˌkætəˈɡɒrɪkl; *US* 美 -ˈɡɔ:r- ‖

ˌkætəˈgɒrɪkl/ *adj* completely definite 断然的: *The answer was a categorical 'no'.* 回答是个斩钉截铁的"不"。—**categorically** /-klɪ ‖ -kl̩ɪ/ *adv*: *The Minister categorically denied the rumour.* 部长断然否认这种谣传。

category /ˈkætəgərɪ; *US* 美 -gɔːrɪ ‖ ˈkætəˌgɔrɪ/ *noun* [C] (*pl* **categories**) a group of people or things that are similar to each other 类;级: *There were two categories in the competition: children under 5 and 6-8 year-olds.* 比赛分为两个级别：5岁以下一组，6至8岁另一组。○ *These books are divided into categories according to subject.* 这些书按科目分类。

categorize (*also* 亦作 **categorise**) /ˈkætəgəraɪz ‖ ˈkætəgəˌraɪz/ *verb* [T] to divide people or things into groups; or to say that sb/sth belongs to a particular group 分类

cater /ˈkeɪtə(r) ‖ ˈketɚ/ *verb* [I] **1 cater for sb/sth; cater to sth** to provide what sb/sth needs or wants 迎合;为…服务: *We need a hotel that caters for small children.* 我们需要一家专为小孩而设的旅店。○ *a newspaper that caters to people's love of sex scandals* 专为爱读性丑闻的人而办的报纸 **2 cater (for sb/sth)** to provide and serve food and drink for a social event 承办(酒席等): *the firm that catered at our wedding* 为我们承办婚礼酒席的公司

caterer *noun* [C] a person or business that provides food and drink for social events 酒席承办人

catering *noun* [U] the activity or business of providing food and drink for social events 酒席承办: *the hotel and catering industry* 酒店饮食业

caterpillar /ˈkætəpɪlə(r) ‖ ˈkætɚˌpɪlɚ/ *noun* [C] an animal like a small hairy worm with legs, which changes into a butterfly or moth 毛虫;蠋

cathedral /kəˈθiːdrəl ‖ kəˈθidrəl/ *noun* [C] a large church that is the most important one in a district 大教堂(某教区的主要教堂)

☆**Catholic** /ˈkæθəlɪk ‖ ˈkæθəlɪk/ *noun* [C], *adj* = ROMAN CATHOLIC —**Catholicism** /kəˈθɒləsɪzəm ‖ kəˈθɑləˌsɪzəm/ *noun* [U] = ROMAN CATHOLICISM

cattle /ˈkætl ‖ ˈkætl̩/ *noun* [plural] male and female cows, eg on a farm 牛: *a herd of cattle* (= a group of them) 一群牛 ☛ Look at the note at **cow**. 参看 **cow** 的注释。

Caucasian /kɔːˈkeɪzɪən; kɔːˈkeɪʒn ‖ kɔˈkeʒən/ *noun*, *adj* (of) a member of the race of people who have white or light-coloured skin 白种人;高加索人

caught *pt*, *pp* of CATCH[1] * CATCH[1] 的过去时及过去分词

cauldron (*also* 亦作 **caldron**) /ˈkɔːldrən ‖ ˈkɔldrən/ *noun* [C] a large, deep, metal pot that is used for cooking things over a fire (煮食用的)大锅

cauliflower /ˈkɒlɪflaʊə(r); *US* 美 ˈkɔːlɪ- ‖ ˈkɔləˌflaʊɚ/ *noun* [C,U] a large vegetable with green leaves and a round white centre that you eat when it is cooked 菜花 ☛ picture at **cabbage**. 见 **cabbage** 插图。

☆**cause** /kɔːz ‖ kɔz/ *noun* **1** [C] a thing or person that makes sth happen 因由;原因: *The police do not know the cause of the accident.* 警察仍未查明意外事故的起因。○ *Smoking is one of the causes of heart disease.* 吸烟可以导致心脏病。 **2** [U] **cause (for sth)** reason 理由;依据: *I don't think you have any real cause for complaint.* 我可看不出来你有什么可以抱怨的。 **3** [C] an aim or principle that a group of people believe in and support 目标;事业: *We are all committed to the cause of racial equality.* 我们大家都以种族平等为奋斗目标。○ *I don't mind giving money to a good cause.* 我乐于为高尚的目标捐钱。

(IDIOM 习语) **a lost cause** ☞ LOST

cause *verb* [T] to make sth happen 引起;导致: *The fire was caused by an electrical fault.* 这场火灾是由电路故障引起的。○ *High winds caused many trees to fall during the night.* 昨晚很多树都给强风吹倒了。○ *Is your leg causing you any pain?* 你的腿疼不疼?

caustic /ˈkɔːstɪk ‖ ˈkɔstɪk/ *adj* **1** (used about a substance 指物质) able to burn or destroy things by chemical action 腐蚀性 **2** (used about a comment or type of humour 指批评或幽默) cruel and unpleasant 尖酸刻薄

caution /ˈkɔːʃn ‖ ˈkɔʃən/ *noun* **1** [U] great care, because of possible danger 谨慎;小心: *Caution! Falling rocks!* (= on a road sign) 小心滚石! **2** [C] a spoken warning that a judge or policeman gives to sb who has committed a small crime (法官、警察发出的)口头警告

caution *verb* [I,T] to warn sb about sth 警告;告诫: *He cautioned me not to believe everything I heard.* 他提醒我不要尽信流言。○ *The President's advisers have cautioned against calling an election too early.* 总统的顾问警告不要过早举行选举。○ *Dixon was cautioned twice by the referee for dangerous tackling.* 狄克逊因危险的截球动作而被裁判警告两次。

cautionary /ˈkɔːʃənərɪ; *US* 美 ˈkɔːʃənerɪ ‖ ˈkɔʃənˌɛrɪ/ *adj* giving a warning 告诫;劝导: *a cautionary tale* 警世故事

☆**cautious** /ˈkɔːʃəs ‖ ˈkɔʃəs/ *adj* taking great care to avoid possible danger 谨慎;十分小心: *I'm very cautious about expressing my opinions in public.* 每逢当众说话，我都慎于言辞。—**cautiously** *adv*

cavalry /ˈkævlrɪ ‖ ˈkævl̩rɪ/ *noun* [sing, with sing or pl verb] **1** the part of the army which fights in fast, heavily protected vehicles 装甲部队;机动部队 **2** the group of soldiers who fought on horses in the past 骑兵

☆**cave** /keɪv ‖ kev/ *noun* [C] a large hole in the side of a cliff or hill, or under the ground 山洞;地洞: *When it started to rain, we ran to shelter in a cave.* 雨下起来的时候，我们都躲到山洞去。

cave *verb*

(PHRASAL VERB 短语动词) **cave in 1** to fall in 塌落;坍塌;内陷: *The roof of the tunnel had caved in and we could go no further.* 隧道顶部塌陷，我们无法前进。 **2** to suddenly stop arguing or opposing sth 屈服;妥协: *He finally* *caved in and agreed to the plan.* 他最后软化了，愿意接受这项计划。

cavern /'kævən ‖ 'kævən/ *noun* [C] a large, deep cave 又大又深的洞穴

caviare (*also* 亦作 **caviar**) /'kævɪɑ:(r) ‖ ˌkævɪ'ɑr/ *noun* [U] the eggs of a large fish (**a sturgeon**) that are eaten as food. Caviare is usually very expensive. 鱼子酱（用鲟鱼(**sturgeon**)的卵子制成的一种昂贵食品）

cavity /'kævətɪ ‖ 'kævətɪ/ *noun* [C] (*pl* **cavities**) **1** an empty space inside sth solid 洞；腔: *a wall cavity* 空心墙的墙心 **2** a hole in a tooth 龋洞；龋齿的洞

cease /si:s ‖ sis/ *verb* [I,T] (*formal* 正式) to stop or end 停止: *Fighting in the area has now ceased.* 该区的冲突现在停止了。○ *That organization has ceased to exist.* 那个组织已不再存在。○ *500 people lost their jobs when the company ceased trading.* 这家公司停业的时候，共有500人失业。

ceaseless *adj* continuing for a long time without stopping 持久 —**ceaselessly** *adv*

ˌ**cease-'fire** *noun* [C] an agreement between two groups to stop fighting each other 停火

cede /si:d ‖ sid/ *verb* [T] (*formal* 正式) to give land or control of sth to another country or person 割让；让出

☆**ceiling** /'si:lɪŋ ‖ 'silɪŋ/ *noun* [C] **1** the top surface of the inside of a room 天花板: *We painted the walls pink and the ceiling white.* 我们把墙壁漆成粉红色，把天花板漆成白色。○ *a room with a high/low ceiling* 天花板很高/很低的房间 **2** a top limit on wages, prices, etc（工资、价格等的）上限/最高限度/最大限额: *The Government has put a 10% ceiling on wage increases.* 政府规定了工资的最高升幅不得超过一成。

☆**celebrate** /'selɪbreɪt ‖ 'sɛləˌbret/ *verb* **1** [I,T] to do sth special and enjoyable on an important day or because of an important event 庆祝；庆贺: *When I got the job we celebrated by opening a bottle of champagne.* 我一找到了工作，我们就开香槟庆祝。○ *Mrs Halford celebrated her 80th birthday yesterday.* 哈尔福德太太昨天庆祝了80寿辰。**2** [T] (used about a priest 指神父) to lead a religious ceremony 主持（宗教仪式）: *to celebrate Mass* 主持弥撒

celebration /ˌselɪ'breɪʃn ‖ ˌsɛlə'breʃən/ *noun* [C,U] the act or occasion of doing sth enjoyable because sth good has happened or because it is a special day 庆祝；庆典: *Christmas celebrations* 圣诞庆祝活动 ○ *I think this is an occasion for celebration!* 看来这个时刻应该庆祝一下！

celebrated /'selɪbreɪtɪd ‖ 'sɛləˌbretɪd/ *adj* (*formal* 正式) famous 闻名: *a celebrated poet* 著名诗人

celebrity /sɪ'lebrətɪ ‖ sə'lɛbrətɪ/ *noun* [C] (*pl* **celebrities**) a famous person 名人

celery /'selərɪ ‖ 'sɛlərɪ/ *noun* [U] a vegetable with long green stems that is eaten raw in salads and sometimes used in cooking 芹菜: *a stick of celery* 一棵芹菜 ○ *celery soup* 芹菜汤

celibate /'selɪbət ‖ 'sɛləbɪt/ *adj* (*formal* 正式) remaining unmarried or never having sexual relations, often because of religious beliefs 独身/守贞（一般出于宗教信仰）—**celibacy** /'selɪbəsɪ ‖ 'sɛləbəsɪ/ *noun* [U]

cell /sel ‖ sɛl/ *noun* [C] **1** the smallest living part of an animal or a plant body 细胞: *The human body consists of millions of cells.* 人体由成千上万的细胞构成。○ *red blood cells* 红血球 **2** a small room in a prison or police station in which a prisoner is locked 牢房；监牢；囚室

cellar /'selə(r) ‖ 'sɛlɚ/ *noun* [C] an underground room that is used for storing things 地窖；地下室: *a wine cellar* 酒窖 ☛ Look at **basement**. 参看 **basement**。

cello /'tʃeləʊ ‖ 'tʃɛlo/ *noun* [C] (*pl* **cellos**) a musical instrument like a large violin. You sit down to play it and hold it between your knees. 大提琴

cellist /'tʃelɪst ‖ 'tʃɛlɪst/ *noun* [C] a person who plays the cello 大提琴手

Cellophane /'seləfeɪn ‖ 'sɛləˌfen/ *noun* [U] (*trade mark* 商标) thin transparent material that is used for wrapping things 赛璐玢（一种包装用的玻璃纸）

cellular /'seljʊlə(r) ‖ 'sɛljəlɚ/ *adj* consisting of cells(1) 细胞组成的: *cellular tissue* 细胞组织

ˌ**cellular 'phone** *noun* [C] a telephone that you can carry around with you and that works by using radio signals 手提电话

☆**Celsius** /'selsɪəs ‖ 'sɛlsɪəs/ (*also* 亦作 **Centigrade**) *adj* (*abbr* 缩写 **C**) the name of a scale for measuring temperatures, in which water freezes at 0° and boils at 100°（温度）摄氏: *The temperature tonight will fall to 7°C.* 今晚温度会降至7摄氏度。☛ We say 'seven degrees Celsius'. ＊7摄氏度，英语说 seven degrees Celsius。Look also at **Fahrenheit**. 另参看 **Fahrenheit**。

Celtic /'keltɪk; *US* 美 'seltɪk ‖ 'sɛltɪk/ *adj* connected with the people (**the Celts**) who lived in Wales, Scotland, Ireland and Brittany in ancient times, or with their culture 凯尔特人的/凯尔特文化的（凯尔特人 (**the Celts**) 为居于威尔士、苏格兰、爱尔兰、布列塔尼的民族）

cement /sɪ'ment ‖ sə'mɛnt/ *noun* [U] **1** a grey powder, that becomes hard after it is mixed with water and left to dry. It is used in building for sticking bricks or stones together or for making very hard surfaces. 水泥 **2** a type of glue 胶合剂

cement *verb* [T] **1** to cover sth with cement 涂上水泥 **2** to stick things together 胶合 **3** to make a relationship very strong 巩固关系: *This agreement has cemented the relationship between our two companies.* 这项协定巩固了我们两家公司的关系。

cemetery /'semətrɪ; *US* 美 'semәterɪ ‖ 'sɛməˌtɛrɪ/ *noun* [C] (*pl* **cemeteries**) a place where dead people are buried (that does not belong to a church) 公墓（有别于教堂墓地）☛ Look at **graveyard**. 参看 **graveyard**。

censor /'sensə(r) ‖ 'sɛnsɚ/ *noun* [C] an official who examines books, films, plays, etc and removes any parts that might offend people, or who examines letters, newspaper reports, etc and removes any parts which contain secret information（书报、电影等的）审查员: *All films have to be examined by the British Board of Film Censors.* 所有电影都要送呈英国电影审查局以待检查。—**censor** *verb* [T]: *The journalist said that all the information they sent back to Britain was being censored.* 记者指出，他们发回英国的新闻报道都受到检查。—**censorship** *noun* [U]: *state censorship of radio and television programmes* 国家对电台及电视台节目的检查制度

censure /ˈsenʃə(r) ‖ ˈsɛnʃɚ/ *verb* [T] (*formal* 正式) to tell sb, in a strong and formal way, that he/she has done sth wrong 指责；谴责: *The minister was censured for not revealing the information earlier.* 这位部长因未尽早公开资料而遭非议。—**censure** *noun* [U]: *a vote of censure in parliament* 国会中的谴责投票

census /ˈsensəs ‖ ˈsɛnsəs/ *noun* [C] (*pl* **censuses**) an official count of the people who live in a country, including information about their ages, jobs, etc 人口普查

☆**cent** /sent ‖ sɛnt/ *noun* [C] (*abbr* 缩写 **c, ct**) a unit of money that is worth 100th part of a US dollar or of the main unit of money in some other countries 分（辅币单位，为1美元的百分之一，其他多种货币也采用相同的累进制）☛ Look also at **per cent**. 另参看 **per cent**。

centenary /senˈti:nərɪ; *US* 美 ˈsentənerɪ ‖ ˈsɛntəˌnɛrɪ/ *noun* [C] (*pl* **centenaries**) (*US also* 美亦作 **centennial** /senˈtenɪəl ‖ sɛnˈtɛnɪəl/) the year that comes exactly one hundred years after an important event or the beginning of sth 一百周年: *1982 was the centenary of Charles Darwin's death.* ＊1982年是查尔斯·达尔文逝世一百周年。○ *centenary celebrations* 百年庆典

center /ˈsentə(r) ‖ ˈsɛntɚ/ *noun* [C] (*US* 美) = CENTRE

centigrade /ˈsentɪgreɪd ‖ ˈsɛntəˌgred/ *adj* = CELSIUS

☆**centimetre** (*US also* 美亦作 **centimeter**) /ˈsentɪmi:tə(r) ‖ ˈsɛntəˌmitɚ/ *noun* [C] (*abbr* 缩写 **cm**) a measure of length. There are 100 centimetres in a metre 厘米: *The insect was about two centimetres long.* 这只昆虫大约两厘米长。

☆**central** /ˈsentrəl ‖ ˈsɛntrəl/ *adj* **1** in the centre of sth 处于中心: *a map of central Europe* 中欧地图 ○ *The flat is in Edgware Road, which is very central* (= near the centre of the city and therefore very convenient). 那间公寓套房就在爱特威尔路，离市中心不远。**2** (only *before* a noun 只用于名词前) (used about an office, group, etc 指机关、小组等) having control of all other parts of an organization 起支配作用: *central government* (= the government of a whole country, not local government) 中央政府（代表全国的政府，有别于地方政府）○ *the Conservative Central Office* 保守党中央办事处 **3** most important; main 主要；首要: *The film's central character is a fifteen-year-old girl.* 影片主角是个十五岁少女。

centralize (*also* 亦作 **centralise**) /ˈsentrəlaɪz ‖ ˈsɛntrəlˌaɪz/ *verb* [T] (usually passive 通常用于被动语态) to make sth come under central control 集权: *Our educational system is becoming increasingly centralized.* 我们的教育制度正向着权力日益集中的方向发展。—**centralization** (*also* 亦作 **centralisation**) /ˌsentrəlaɪˈzeɪʃn; *US* 美 -lɪˈz- ‖ ˌsɛntrələˈzeʃən/ *noun* [U]

centrally /ˈsentrəlɪ ‖ ˈsɛntrəlɪ/ *adv* in or from the centre 处于中央；由中央出发: *a centrally located hotel* (= near the centre of the town) 市中心的酒店 ○ *a centrally heated house* 有集中供暖设备的房子

ˌcentral ˈheating *noun* [U] a system for heating a building from one main point. Air or water is heated and carried by pipes to all parts of the building 集中供暖系统；中央暖气系统: *The house has gas central heating.* 这幢房子有煤气集中供暖系统。

☆**centre** (*US* 美 **center**) /ˈsentə(r) ‖ ˈsɛntɚ/ *noun* **1** [C, usually sing] the middle point or part of sth 中央: *There was a vase of flowers in the centre of the table.* 桌子中央放了一瓶花。○ *I work in the centre of London.* 我在伦敦市中心工作。○ *Which way is the town centre, please?* 请问市中心在哪一面？☛ Look at the note at **middle**. 参看 **middle** 的注释。**2** [C] a building or place where a particular activity or service is based（提供服务或用来举行活动的）中心: *a sports, leisure, arts, shopping, etc centre* 体育/娱乐/艺术/购物…中心 ○ *a job, information, health, etc centre* 就业/咨询/健康…中心 **3** [C] a person or thing that receives a lot of attention 焦点；引人注目的人/事物: *She always likes to be the centre of attention.* 她爱出风头。**4 the centre** [sing, with sing or pl verb] a political position that is not extreme 中间派: *the centre parties* 中间党派

centre *verb*

(PHRASAL VERB 短语动词) **centre on/around sb/sth** to have sb/sth as its centre 集中于: *The life of the village centres on the church, the school and the pub.* 这村子生活的中心不外乎教堂、学校、酒馆这三个地方。

☆**century** /ˈsentʃərɪ ‖ ˈsɛntʃərɪ/ *noun* [C] (*pl* **centuries**) **1** a particular period of 100 years that is used for giving dates 世纪: *We live in the 20th century* (= the period between the years 1901 and 2000). 我们生活在20世纪（1901年至2000年这个阶段）。**2** any period of 100 years 一百年: *People have been making wine in this area for centuries.* 几百年来人们一直在这个地区酿酒。

☆**cereal** /ˈsɪərɪəl ‖ ˈsɪrɪəl/ *noun* [C,U] **1** a plant such as wheat, rice, etc that is grown to produce grain 谷类作物: *These fields are usually planted with cereals.* 这些农地通常用来种谷物。○ *cereal crops* 谷物收成 **2** food that is made from the grain of cereals 谷类食品: *10 different varieties of breakfast cereal* ＊10种不同的谷类早餐食品

cerebral /ˈserɪbrəl; *US* 美 səˈri:brəl ‖ səˈribrəl/ *adj* connected with the brain 跟脑有关: *He died of a cerebral haemorrhage.* 他死于脑溢血。

ceremonial /ˌserɪˈməʊnɪəl ‖ ˌsɛrəˈmonɪəl/ *adj*

relating to a ceremony 跟仪式或礼仪有关: *a ceremonial occasion* 典礼 —**ceremonially** /-nɪəlɪ ‖ -nɪəlɪ/ *adv*

☆**ceremony** /ˈserɪmənɪ; *US* 美 -məʊnɪ ‖ ˈsɛrəˌmonɪ/ *noun* (*pl* **ceremonies**) **1** [C] a formal public or religious event 仪式；典礼: *the opening ceremony of the Olympic Games* 奥运会开幕典礼 ○ *a wedding ceremony* 结婚典礼 **2** [U] formal behaviour, speech, actions, etc that are expected on special occasions 礼节；礼仪: *The Queen was welcomed with great ceremony.* 女王受到隆重接待。

C

☆**certain**[1] /ˈsɜːtn ‖ ˈsɝtn̩/ *adj* **1** (not before a noun 不用于名词前) **certain (that...)**; **certain (of sth)** completely sure; without any doubts 确信；肯定: *She's absolutely certain that there was somebody outside her window.* 她确信窗外有人。○ *I think this is the man, but I can't be certain.* 看来是这个人，可是我说不准。○ *We're not quite certain what time the train leaves.* 我们肯定不了火车会在什么时候离开。○ *I'm certain of one thing – he didn't take the money.* 有一点我是肯定的——他没拿钱。 **2 certain (that...)**; **certain (to do sth)** sure to happen or to do sth; definite 必然: *It is almost certain that unemployment will increase this year.* 今年的失业人数会上升，这差不多成了定局。○ *The Director is certain to agree.* 主任一定会同意。○ *Nothing is certain at the moment. Wait and see.* 现在什么都说不准。等着瞧吧。○ *We must rescue them today, or they will face certain death.* 今天我们必须把他们救出来，要不他们必死无疑。☛ Look at the note at **sure**. 参看 **sure** 的注释。

(IDIOMS 习语) **for certain** without doubt 确切地: *I don't know for certain what time we'll arrive.* 我说不准咱们什么时候能到。

make certain (that...) to do sth in order to be sure that sth else happens 确保: *They're doing everything they can to make certain that they win.* 他们正在尽一切努力确保胜利。

certainly *adv* **1** without doubt; definitely 无疑；必然: *The number of students will certainly increase after 1995.* * 1995年后学生人数必然增加。○ *It certainly was a very good party.* 不用说，这个聚会搞得非常好。○ *I certainly don't think you should tell him now.* 我确信你不该这个时候跟他说。**2** (used in answer to questions 用于回答问题) of course 当然: *'Do you think I could borrow your notes?' 'Certainly.'* "你的笔记可以借我吗？" "当然可以。" ○ *'Can I take your car to France?' 'Certainly not!'* "可不可以借你的车到法国去？" "不行！"

certainty /ˈsɜːtntɪ ‖ ˈsɝtn̩tɪ/ *noun* (*pl* **certainties**) **1** [U] the state of being completely sure about sth 肯定；毫无疑问: *We can't say with certainty that there is life on other planets.* 我们还无法肯定其他行星上有没有生物。☛ The opposite is **uncertainty**. 反义词为 **uncertainty**。**2** [C] something that is sure to happen 必然之事；必然性: *It's now almost a certainty that Italy will play in the World Cup Final.* 意大利队进军世界杯足球决赛，这差不多已经成了定局。

☆**certain**[2] /ˈsɜːtn ‖ ˈsɝtn̩/ *adj* (only *before* a noun 只用于名词前) **1** (used for talking about a particular thing or person without naming them) 某；某些: *You can only contact me at certain times of the day.* 一天里你只有某几个钟点可以跟我联络上。○ *There are certain reasons why I'd prefer not to meet him again.* 为了某些原因我不想再跟他见面。**2** noticeable but difficult to describe 一点的；稍微的: *There was a certain feeling of autumn in the air.* 那时已有一点秋天的凉意了。**3** (used before a person's name to show that you do not know him/her 置于人名之前表示说话者跟此人不相识): *I received a letter from a certain Mrs Berry.* 我收到一位贝里太太的来信。

certain *pron* **certain of...** (*formal* 正式) (used for talking about some members of a group of people without giving their names) 某些: *Certain of our hotels are only open in the summer months.* 我们有一部分酒店只在夏季营业。

☆**certificate** /səˈtɪfɪkət ‖ sɚˈtɪfəkɪt/ *noun* [C] an official piece of paper that says that sth is true or correct 证书: *a birth certificate* 出生证书

certify /ˈsɜːtɪfaɪ ‖ ˈsɝtəˌfaɪ/ *verb* [T] (*pres part* **certifying**; *3rd pers sing pres* **certifies**; *pt*, *pp* **certified**) **1** to say formally that sth is true or correct 证实: *We need someone to certify that this is her signature.* 我们需有人来证明这确实是她的签名。**2** to give sb a certificate to show that he/she has successfully completed a course of training for a particular profession 发给证书（以证明修毕某种课程）

Cesarian (*also* 亦作 **Cesarean**) = CAESAREAN

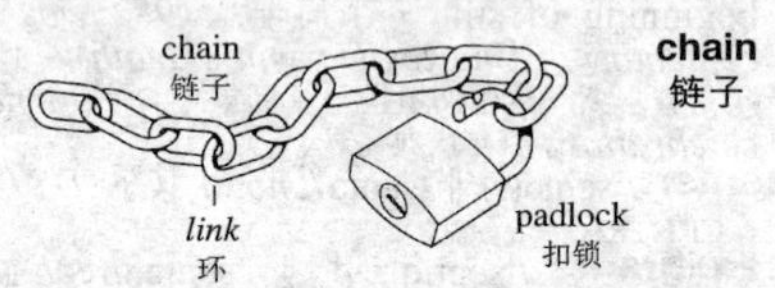

chain 链子

☆**chain** /tʃeɪn ‖ tʃen/ *noun* **1** [C,U] a line of metal rings that are joined together 链子；链条: *They used heavy chains to pull the boat out of the water.* 他们用粗链把小船拉出水面。○ *a bicycle chain* 自行车链条 ○ *She was wearing a silver chain round her neck.* 她戴着银项链。○ *a length of chain* 一条链子 **2** [C] a number of things in a line 一列（东西）: *a chain of mountains/a mountain chain* 一条山脉 **3** [C] a group of shops, hotels, etc that are owned by the same person or company 连锁商店/联号（由同一人或同一家公司所拥有的一组商店、酒店等）: *a chain of supermarkets/a supermarket chain* 超级市场联号 **4** [C] a number of connected events that happen one after another 一连串（事件）: *The book examines the complex chain of events that led to the Russian Revolution.* 这书对引发俄国革命的一系列错综复杂的事件进行了分析。

chain *verb* [T] **chain sb/sth (to sth)**; **chain sb/sth (up)** to fasten sb/sth to sth else with a chain 用链子拴住: *The prisoners had been chained to the walls.* 囚犯已经用链子拴在墙上了。

ˈ**chain-smoker** *noun* [C] a person who

smokes continuously, lighting one cigarette after another 一支接一支地抽烟的人；烟不离手的人

ˈ**chain store** *noun* [C] one of a number of similar shops that are owned by the same company 连锁商店（由同一人或同一家公司所拥有的一组商店、酒店等的其中一个）

☆**chair** /tʃeə(r) ‖ tʃɛr/ *noun* **1** [C] a piece of furniture for one person to sit on. It has a seat, a back and usually four legs. It sometimes has two arms 椅子: *a kitchen chair* 厨房用椅 ○ *an armchair* 扶手椅 ○ *a wheelchair* 轮椅 **2** [sing] the person who is controlling a meeting 会议主席: *Please address your questions to the chair.* 如有问题，请向主席提出。**3** [C] the position of a university professor 大学教授的职位: *the chair of economics at London University* 伦敦大学经济学教授（一职）

chair *verb* [T] to be the chairman or chairwoman of a meeting 主持（会议）: *Who's chairing the meeting this evening?* 今晚的会议谁来主持？

☆**chairman** /ˈtʃeəmən ‖ ˈtʃɛrmən/ *noun* [C] (*pl* **chairmen**) **1** the head of a committee, company or other organization（委员会、公司或其他组织的）主席 / 总裁: *the Chairman of IBM* 国际商用机器公司主席 **2** a person who controls a meeting 会议主席

chairmanship /-ʃɪp ‖ -ˌʃɪp/ *noun* [sing] being the chairman of sth; the time during which sb is chairman of sth 主席身分；主席任期

chairperson /ˈtʃeəˌpɜːsn ‖ ˈtʃɛrˌpɝsn/ *noun* [C] (*pl* **chairpersons**) a person who controls a meeting 会议主席

chairwoman /ˈtʃeəwʊmən ‖ ˈtʃɛrˌwʊmən/ (*pl* **chairwomen**) *noun* [C] a woman who controls a meeting 会议女主席

chalet /ˈʃæleɪ ‖ ʃæˈle/ *noun* [C] a house or hut that is made of wood, especially in a mountain area or holiday camp（尤指位于山区或度假营的）小木屋

☆**chalk** /tʃɔːk ‖ tʃɔk/ *noun* **1** [U] a soft, white rock 白垩: *chalk cliffs* 白垩崖 **2** [C,U] a small stick of this that is used for writing or drawing on a blackboard 粉笔: *a piece of chalk* 一枝粉笔

chalk *verb* [I,T] to write or draw sth with a piece of chalk 用粉笔写或画: *Somebody had chalked a message on the wall.* 有人用粉笔在墙上留下了口信。

(PHRASAL VERB 短语动词) **chalk sth up** to succeed in getting sth 赢得: *The team has chalked up five wins this summer.* 这支球队迄今已经赢了今年夏季的五场赛事。

chalkboard *noun* [C] (*US* 美) = BLACKBOARD

☆**challenge**[1] /ˈtʃælɪndʒ ‖ ˈtʃælɪndʒ/ *noun* **1** [C,U] something new and difficult that forces you to make a lot of effort 艰巨的新任务: *I'm finding my new job an exciting challenge.* 我觉得这个新工作令人兴奋而具有挑战性。○ *Reducing unemployment will be the main challenge for the new government.* 新政府首要任务是减少失业人数。**2** [C] **a challenge (to sb) (to do sth)** an invitation from sb to fight, play, argue, etc against him/her（为比试实力而发出的）挑战: *The Prime Minister should accept our challenge and call a new election now.* 首相应该接受我们的挑战，即时重新举行选举。

☆**challenge**[2] /ˈtʃælɪndʒ ‖ ˈtʃælɪndʒ/ *verb* [T] **1 challenge sb (to sth)** to invite sb to fight, play, argue, etc against you 向某人挑战: *They've challenged us to a football match this Saturday.* 他们摆下擂台，约咱们这个星期六比赛足球。**2** to question whether sth is true or right 质疑: *She hates anyone challenging her authority.* 她不喜欢别人怀疑她的权威性。

challenger *noun* [C] a person who invites you to take part in a competition, because he/she wants to win a title or position that you already have 挑战者

challenging *adj* forcing you to make a lot of effort 富有挑战性的: *a challenging job* 一份具有挑战性的工作

chamber /ˈtʃeɪmbə(r) ‖ ˈtʃembɚ/ *noun* [C] **1** a large room that is used for formal meetings（举行正式会议的）会议厅: *a council chamber* 议事厅 **2** a room that is used for a particular purpose 专用房间: *a torture chamber* 拷问室

ˈ**chambermaid** *noun* [C] a woman whose job is to clean and tidy hotel bedrooms（收拾酒店房间的）女清洁员

ˈ**chamber music** *noun* [U] music that is written for a small group of instruments 室内乐

champagne /ʃæmˈpeɪn ‖ ʃæmˈpen/ *noun* [U] a French white wine which has a lot of bubbles in it and is often very expensive 香槟酒（一种法国白酒，泡沫多，通常价格昂贵）

☆**champion** /ˈtʃæmpɪən ‖ ˈtʃæmpɪən/ *noun* [C] **1** a person, team, etc that has won a competition 冠军: *a world champion* 世界冠军 ○ *a champion swimmer* 游泳冠军 **2** a person who speaks and fights for a particular group, idea, etc 斗士: *a champion of free speech* 捍卫言论自由的斗士

champion *verb* [T] to support or fight for a particular group or idea 捍卫: *to champion the cause of human rights* 捍卫人权

championship *noun* [C] **1** (often plural) a competition or series of competitions to find the best player or team in a sport or game 锦标赛: *to win the world championship* 赢得世界锦标赛冠军 ○ *the World Hockey Championships* 世界曲棍球锦标赛 **2** the position or title of a champion(1) 冠军身分；冠军称号

☆**chance**[1] /tʃɑːns; *US* 美 tʃæns ‖ tʃæns/ *noun* **1** [C,U] **chance of (doing) sth**; **chance (that…)** (a) possibility 可能性: *The plan didn't really have a chance of succeeding.* 这个计划成功的机会真的不大。○ *I think there's a good chance that she'll be the next Prime Minister.* 我想她很有可能是下届首相。○ *I'm afraid he has very little chance of winning.* 恐怕他取胜的机会不大。○ *Is there any chance of getting tickets for tonight's concert?* 还有没有可能弄到今晚音乐会的票？**2** [C] **chance (of doing sth/to do sth)** an opportunity 机会: *If you get the chance of going to America, you should take it!* 有机会到美国去就别错过啦！○ *Be quiet*

C

and give her a chance to explain. 安静点，给她一个解释的机会。○ *I think you should tell him now. You may not get another chance.* 你应该现在就跟他说，要不就没机会啦。☛ Look at the note at **occasion**. 参看 **occasion** 的注释。 **3** [C] a risk 冒险: *We may lose some money but that's a chance we'll have to take.* 也许咱们会亏本，但我们必须试一试。**4** [U] luck or fortune (= sth that you cannot control) 机缘；运气: *I don't know what will happen – we'll have to leave it to chance.* 我不知道会发生什么事，一切听天由命吧。○ *We met by chance* (= we had not planned to meet) *as I was walking down the street.* 我们是在街上偶然碰见的。

(IDIOMS 习语) **by any chance** (used for asking sth politely 用于请求对方解答问题) perhaps or possibly 会；也许: *Are you, by any chance, going into town this afternoon?* 今天下午您会到镇上去吗？

the chances are (that)... (*informal* 非正式) it is probable that... 也许…: *The chances are that it will rain tomorrow.* 看来明天要下雨。

no chance (*informal* 非正式) there is no possibility of that happening 没望；不可能: *'Perhaps your mother will give you the money.' 'No chance!'* "也许你妈妈会给你钱。" "不可能。"

on the off chance in the hope that sth might happen, although it is not very likely 碰碰运气: *I didn't think you'd be at home, but I just called in on the off chance.* 我想你不一定在家，可我想碰碰运气，就来登门拜访了。

stand a chance (of sth/of doing sth) to have a possibility of achieving sth 有机会做到: *I think she stands a good chance of winning the competition.* 这场比赛看来她取胜的机会很大。

chance[2] /tʃɑːns; *US* 美 tʃæns ‖ tʃæns/ *verb* **1** [T] (*informal* 非正式) to risk sth 冒险: *Shall we take umbrellas or shall we chance it* (= risk getting wet)*?* 咱们带伞，还是撞撞运气？ **2** [I] (*formal* 正式) to do sth without planning or trying to do it 碰巧；凑巧: *I chanced to see the letter on his desk.* 我碰巧看见他桌上放着一封信。

chancellor /ˈtʃɑːnsələ(r); *US* 美 ˈtʃæns- ‖ ˈtʃænsələ/ *noun* [C] **1** the head of government in some countries 总理: *the German chancellor* 德国总理 **2** (*also* 亦作 ˌ**Chancellor of the Exˈchequer**) (*Brit* 英) the government minister who makes decisions about taxes and government spending 财政大臣

chandelier /ˌʃændəˈlɪə(r) ‖ ˌʃændl̩ˈɪr/ *noun* [C] a large light that hangs from the ceiling and that has many light bulbs or candles 枝形吊灯（由天花板吊下的华灯，由多盏灯泡或多枝蜡烛组成）

☆**change**[1] /tʃeɪndʒ ‖ tʃendʒ/ *verb* **1** [I,T] to become different or to make sb/sth different （使）变化: *This town has changed a lot since I was young.* 这个镇比我年青的时候变了许多。○ *Our plans have changed. We leave in the morning.* 我们的计划改了，我们将在早上离开。○ *His fame has not changed him at all.* 他出了名，可是他一点都没有变。**2** [I,T] **change (sb/sth) to/into sth; change (from sth)** to become sth different; to make sb/sth take a different form（使）转化；变为: *to change from a caterpillar to a butterfly* 由毛虫蜕化成蝴蝶 ○ *to change water into ice* 把水变成冰 **3** [T] **change sth (for sth)** to take, have or use sth instead of sth else 更换: *Could I change this blouse for a larger size?* 可不可以把这件衬衫换大一点的尺寸？○ *to change jobs* 换工作 ○ *to change a light bulb* 换灯泡 ○ *to change direction* 转向 ○ *Can I change my appointment from Wednesday to Thursday?* 我可以把星期三的约会改到星期四吗？**4** [I,T] to get out of one bus, train, etc and get into another 换车（包括公共汽车、火车等）: *Does this bus go through to the airport or do we have to change?* 这班车直开机场，还是要转车才到？○ *She has to change trains at Reading and Didcot.* 她到了雷丁和迪德科特都要转火车。 **5** [I,T] **change (out of sth) (into sth)** to take off your clothes and put different ones on 换衣服: *He's changed his shirt.* 他把衬衫换了。○ *I'm going straight to the party from work, so I'll change when I get there.* 下班后我会直接到酒会去，就是说，我到了酒会才换衣服。○ *She changed out of her gardening clothes and into a clean dress.* 她把园艺服脱下来，换上了一身干净的衣裳。☛ **Get changed** is a common expression meaning 'to change your clothes' "换衣服"一般叫做 **get changed**: *You can get changed in the bedroom.* 你可以到卧室换衣服。**6** [T] to put clean things onto sb/sth 换上清洁的东西: *to change the bed* (= to put clean sheets on) 换床单 ○ *It's time to change the baby's nappy.* 要给婴孩换尿布了。**7** [T] **change sth (for/into sth)** to give sb money and receive the same amount back in money of a different type 兑换: *Can you change a ten-pound note?* 可以给我换开一张十英镑的纸币吗？○ *I'd like to change fifty pounds into Swiss francs.* 我想把五十英镑换成瑞士法郎。

(IDIOMS 习语) **change hands** to pass from one owner to another 转手

change your mind to change your decision or opinion 改变决定/主意: *I'll have the green one. No, I've changed my mind. I want the red one.* 我要绿的。不，我改主意了，还是要红的。

change/swap places (with sb) ⇨ PLACE[1]

change the subject to start talking about sth different 转/换话题

change your tune (*informal* 非正式) to change your opinion or feelings about sth 改换口吻

chop and change ⇨ CHOP[3]

(PHRASAL VERB 短语动词) **change over (from sth) (to sth)** to stop doing or using one thing and start doing or using sth else 改换（作业方法）: *The theatre has changed over to a computerized booking system.* 这家戏院改用了电脑订票系统。

changeable /ˈtʃeɪndʒəbl ‖ ˈtʃendʒəbl̩/ *adj* likely to change; often changing 变幻不定:

English weather is very changeable. 英国的天气变化无常，很不稳定。

'change-over *noun* [C] a change from one system to another 制度改变；改弦易辙

☆**change²** /tʃeɪndʒ ‖ tʃendʒ/ *noun* **1** [C,U] **change (in/to sth)** the process of becoming or making sth different 改变；变化: *There was little change in the patient's condition overnight.* 一晚过去了，病人情况并没有什么改变。○ *After two hot summers, people were talking about a change in the climate.* 接连过了两个炎热的夏天，大家都说气候变了。**2** [C] **change (of sth)** something that you take, have or use instead of sth else 改动: *We must notify the bank of our change of address.* 我们得通知银行我们改了地址。**3** [U] coins or notes of lower value that together make up the same value as a larger coin or note 零钱: *Have you got change for a pound?* 有找开一英镑的零钱吗？**4** [U] coins of low value 硬币: *He needs some change for the phone.* 他需要硬币打电话。**5** [U] the money that you get back if you pay more than the amount sth costs 找头: *If a cake costs 40p and you pay with a 50p piece, you will get 10p change.* 要是蛋糕40便士一块，你付了50便士，那么找给你的就是10便士。

(IDIOMS 习语) **a change of heart** a change in your opinion or the way that you feel 意见或感觉的改变

for a change in order to do sth different from usual 改变常规；变变花样: *We always spend our holidays by the sea. Let's go to the mountains for a change this year.* 咱们老是去海边度假，今年不如变变花样到山里去吧。

make a change to be enjoyable or pleasant because it is different from what you usually do 别开生面；耳目一新

☆**channel** /'tʃænl ‖ 'tʃænl̩/ *noun* [C] **1** a television or radio station. Each channel broadcasts on its own frequency or wavelength 电视台；电台: *There's an interesting programme on Channel 4 tonight.* 今晚第4频道有精彩节目。○ *Can I switch over to the other channel?* 改听别的电台，好不好？**2** a narrow area of water between two seas 海峡 **3 the Channel** = THE ENGLISH CHANNEL **4** an open passage along which liquids can flow 水道: *a drainage channel* 排水道 **5** the part of a river, etc which is deep enough for boats to pass along 航道 **6** a way or route along which news, information, etc is sent（传递信息等的）渠道: *a channel of communication* 沟通渠道

channel *verb* [T] (channelling; channelled; *US also* 美亦作 channeling; channeled) to make sth move along a particular path or route 引导；传送: *Water is channelled from the river to the fields.* 引河水灌田。○ (*figurative* 比喻) *You should channel your energies into something constructive.* 你该把精力放到有建设性的事情上来。

chant /tʃɑːnt ‖ tʃænt/ *noun* [C] a word or phrase that is sung or shouted many times（重复多次的）吟唱/喊叫: *A chant of 'we are the champions' went round the stadium.* 体育场响起了"我们必胜"的口号。

chant *verb* [I,T] to sing or shout a word or phrase many times 重复地吟唱/喊叫: *The protestors marched by, chanting slogans.* 示威者列队大步走过，一边高喊口号。

chaos /'keɪɒs ‖ 'keɑs/ *noun* [U] a state of great disorder; confusion 混乱: *The meeting ended in chaos when demonstrators threw tomatoes at the speakers.* 示威者朝讲话的人扔番茄，集会就这样在混乱中收场了。○ *The accident has caused chaos on the M25 motorway.* 这宗事故导致M25号高速公路陷入一片混乱。

chaotic /keɪ'ɒtɪk ‖ ke'ɑtɪk/ *adj* in a state of chaos 乱七八糟的；混乱的: *With no-one in charge the situation became chaotic.* 没有人主持大局，情况混乱起来。

chap /tʃæp ‖ tʃæp/ *noun* [C] (*especially Brit informal* 尤为英，非正式) a man or boy 男人；男孩

chapel /'tʃæpl ‖ 'tʃæpl̩/ *noun* **1** [C] a small part of a large church that can be used for private prayer（教堂内的）私人祈祷室 **2** [C] a small building or room in a prison, hospital, school, etc that is used as a church（监狱、医院、学校等的）小教堂 **3** [C,U] (*Brit* 英) a church for some Protestant groups（供新教徒聚会的）教堂: *a Methodist chapel* 循道堂

chaperon (*also* 亦作 **chaperone**) /'ʃæpərəʊn ‖ 'ʃæpəˌron/ *noun* [C] an older person, usually a woman, who goes to public places with a young unmarried woman to look after her and to make sure that she behaves correctly 年长女伴（指在社交场合陪伴未婚少女，确保其言行合乎规范的妇女，一般年岁较大）—**chaperon** (*also* 亦作 **chaperone**) *verb* [T]

chaplain /'tʃæplɪn ‖ 'tʃæplɪn/ *noun* [C] a priest who works in a hospital, school, prison, army, etc（医院、学校、监狱、军队等的）神父/牧师

☆**chapter** /'tʃæptə(r) ‖ 'tʃæptə˞/ *noun* [C] one of the parts into which a book is divided 章；篇；回: *Please read Chapter 2 for homework.* 你们的家庭作业是阅读第2章。○ *In the opening chapter, the author sets the scene of the novel.* 作者在头一章交代了整部小说的背景。

☆**character** /'kærəktə(r) ‖ 'kærɪktə˞/ *noun* **1** [C,U,sing] the quality that makes sb/sth different from other people or things; the nature of sb/sth 个性；特质: *Although they are twins, their characters are quite different.* 他们俩虽然是孪生的，但性格大不一样。○ *The introduction of more practical work has completely changed the character of the science course.* 理科课程越来越多的实习，因而整个课程的面貌也完全改变了。○ *Modern houses often seem to lack character* (= they all seem the same). 现代的楼房往往大同小异，缺乏独特风格。**2** [U] a person's inner strength 内涵；品格: *The match developed into a test of character rather than just physical strength.* 这场比赛不单是体力上的角逐，而且也是毅力方面的比试。○ *Military service is said to be character-building.* 兵役据说可以锻炼性格。**3** [C] (*informal* 非正式) a person 人: *There was a suspicious-looking character hanging around outside so I phoned the police.* 外边有一个鬼鬼祟祟的人踱来踱去，我于是通知警察。**4** [C] a person who is very interesting or amusing 奇人: *Neil's quite a character.* 尼尔这人可绝了。**5** [C] a person in a book, story, etc（书、故事等中的）人物: *The main character in the book is a boy who meets an alien.* 这本书的主人公是一个碰见外星人的男孩。**6** [C] a letter or sign that you use when you are writing or printing 书写符号: *Chinese characters* 汉字

(IDIOM 习语) **in/out of character** typical/not typical of sb/sth 符合/不符…的个性、特质

characteristic /ˌkærəktəˈrɪstɪk ‖ ˌkærɪktəˈrɪstɪk/ *noun* [C] a quality that is typical of sb/sth and that makes him/her/it different from other people or things 特征: *The chief characteristic of reptiles is that they are cold-blooded.* 爬行动物的特点就是它们是冷血的。—**characteristic** *adj*: *Thatched cottages are characteristic of this part of England.* 茅舍成为英格兰这个角落的特征。—**characteristically** /-klɪ ‖ -klɪ/ *adv*: *'No' he said, in his characteristically direct manner.* 他用一贯的率直口吻说："不行。" ☛ The opposite is **uncharacteristic**. 反义词为 **uncharacteristic**。

characterize (*also* 亦作 **characterise**) /ˈkærəktəraɪz ‖ ˈkærɪktəˌraɪz/ *verb* [T] **1** (often passive 常用于被动语态) to be typical of sb/sth 成为…的特征: *The 1980s were characterized by the pursuit of money.* 八十年代的特征是什么都向钱看。**2 characterize sb/sth as sth** to describe the nature of sb/sth or to show a person's character in a particular way 刻画…的特征: *The President characterized the meeting as friendly and positive.* 总统把这次会晤形容为友好和有益的会见。

charade /ʃəˈrɑːd; *US* 美 ʃəˈreɪd ‖ ʃəˈred/ *noun* **1 charades** [U] a game that is played at a party, etc in which one person or team acts out a word for others to guess 哑谜猜字游戏（一方用动作演示某词语，另一方猜出字谜）**2** [C] a situation or event that is clearly false but in which people pretend to do or be sth 烟幕；伪装: *They pretend to be friends but it's all a charade. Everyone knows they hate each other.* 他们表面上是朋友，这都是做给别人看的。谁都知道他们憎恨对方。

charcoal /ˈtʃɑːkəʊl ‖ ˈtʃɑrˌkol/ *noun* [U] a black substance that is produced when you burn wood in an oven with very little air. Charcoal can be used for drawing with or as a fuel. 木炭（可作燃料或用来绘画）

☆**charge**[1] /tʃɑːdʒ ‖ tʃɑrdʒ/ *noun* **1** [C,U] the price that you must pay for sth 费用: *There is no charge for calls to the operator.* 打电话给接线员不收费。○ *We deliver free of charge.* 我们免费送货。○ *A small charge is made for admission.* 入场少许收费。☛ Look at the note at **price**. 参看 **price** 的注释。**2** [C] an official statement that says that sb has done sth which is against the law 控告: *He was arrested on a charge of theft.* 他被控盗窃遭逮捕。**3** [C] a sudden attack where sb/sth runs directly at sb/sth else 冲击: *a cavalry charge* 骑兵发动攻击

(IDIOMS 习语) **in charge (of sb/sth)** in control or command (of sb/sth) 主管: *Who is in charge of the office while Alan's away?* 艾伦不在的时候由谁主管办公室？○ *I'd like to speak to the person in charge.* 我想跟你们负责人说句话。

reverse the charges ⊏> REVERSE[3]

take charge (of sth) to take control of or responsibility for sth 接管；主持；负责

charge[2] /tʃɑːdʒ ‖ tʃɑrdʒ/ *verb* **1** [I,T] **charge (sb/sth) for sth** to ask sb to pay a particular amount of money 收费: *Do you charge for postage and packing?* 你们要收打包费和邮费吗？○ *We charge £25 per night for a single room.* 单人房每晚收费25英镑。○ *He charged me 30 pence for the onions.* 这堆洋葱他要我30便士。**2** [T] **charge sb (with sth)** to accuse sb officially of doing sth which is against the law 控告: *Six men are to be charged with attempted robbery.* 有六名男子将被控抢劫未遂。**3** [I,T] to attack sb/sth by running directly at him/her/it 冲击: *The bull put its head down and charged.* 这牛低着头冲上去。○ (*figurative* 比喻) *The children charged down the stairs and into the garden.* 孩子们冲下楼梯，跑到花园里去。**4** [T] to put electricity into sth 充电: *to charge a battery* 给电池充电

chariot /ˈtʃærɪət ‖ ˈtʃærɪət/ *noun* [C] an open vehicle with two wheels, that was pulled by a horse or horses in ancient times 敞篷双轮马车

charisma /kəˈrɪzmə ‖ kəˈrɪzmə/ *noun* [U] the power that some people have to attract and influence people 领袖魅力；吸引力 —**charismatic** /ˌkærɪzˈmætɪk ‖ ˌkærɪzˈmætɪk/ *adj*: *a charismatic politician* 一位有领袖魅力的政治家

charitable /ˈtʃærətəbl ‖ ˈtʃærətəbl̩/ *adj* **1** kind; generous 宽厚: *Some people accused him of lying, but a more charitable explanation was that he had made a mistake.* 有些人骂他撒谎，有些人说得比较客气，只说他犯了错。☛ The opposite is **uncharitable**. 反义词为 **uncharitable**。**2** connected with a charity(1) 跟慈善机构有关

☆**charity** /ˈtʃærətɪ ‖ ˈtʃærətɪ/ *noun* (*pl* **charities**) **1** [C,U] an organization that collects money to help people who are poor, sick, etc or to do work that will be of benefit to society 慈善机构: *We went on a sponsored walk to raise money for charity.* 我们步行筹款，共襄善举。○ *He supports a charity that helps the handicapped.* 他捐钱给一个专门照顾残疾人士的慈善团体。**2** [U] kindness towards other people 慈悲；仁爱；慈善: *to act out of charity* 本着仁爱之心行事

☆**charm**[1] /tʃɑːm ‖ tʃɑrm/ *noun* **1** [C,U] the quality of being pleasant or attractive 魅力；吸引力: *The charm of the island lies in its unspoilt beauty.* 这个岛的魅力在于那未受污染的自然美。○ *One of his charms was his ability to talk amusingly on any topic.* 不论什么话题，他都可以谈笑风生，这只是他的魅力之一。**2** [C] something that you wear because you believe it will bring you good luck 护身符: *a necklace with a lucky charm on it* 刻有吉祥语的项链

☆**charm**[2] /tʃɑ:m ‖ tʃɑrm/ *verb* [T] to please sb; to influence people by your power to attract them 取悦；疯魔：*Her drawings have charmed children all over the world.* 她的图画迷倒了全世界的儿童。

charming *adj* very pleasing or attractive 迷人的：*Everyone enjoyed talking to them because they're such a charming couple.* 他们两口子这么迷人，每个人都喜欢跟他们攀谈。○ *What a charming little cottage!* 这座小农舍多么迷人呀！—**charmingly** *adv*: *She smiled charmingly.* 她笑得很迷人。

charred /tʃɑ:d ‖ tʃɑrd/ *adj* black and partly burnt by fire 烧焦

chart /tʃɑ:t ‖ tʃɑrt/ *noun* **1** [C] a drawing which shows information in the form of a diagram, etc 图表：*a temperature chart* 温度表 ○ *a bar chart* 条形图 **2** [C] a map of the sea or the sky 航海图；飞行图：*navigation charts* 导航图 **3 the charts** [plural] an official list of the most popular records of pop songs 流行歌曲唱片排行榜

chart *verb* [T] **1** to make a map of one area of the sea or sky 绘制导航图：*an uncharted coastline* 未经探测的海岸线 **2** to follow or record sth carefully and in detail 跟踪；考察；详细地记录：*This television series charts the history of the country since independence.* 这套电视片详述了这个国家独立至今的历史。

charter /ˈtʃɑ:tə(r) ‖ ˈtʃɑrtər/ *noun* [C,U] **1** an official written statement of the rights, beliefs and purposes of an organization or a particular group of people 宪章；章程：*The club's charter does not permit women to become members.* 这家俱乐部的章程规定，女士不得成为会员。**2** the hiring of a ship, aeroplane, etc for a particular purpose or for a particular group of people 包租（船只、飞机等）：*a charter airline* 包机公司

charter *verb* [T] **1** to hire a ship, aeroplane, etc for a particular purpose or for a particular group of people 包租（船只、飞机等）**2** to give a charter(1) to an organization or a particular group of people 制订宪章/章程

chartered /ˈtʃɑ:təd ‖ ˈtʃɑrtərd/ *adj* (only *before* a noun 只用于名词前) (used about people in certain professions 指专业人士) fully qualified 完全合乎资格；特许：*He's training to be a chartered accountant.* 他正在接受培训，准备当特许会计师。

ˈ**charter flight** *noun* [C] a flight in a chartered(1) aeroplane 包机航程

☆**chase**[1] /tʃeɪs ‖ tʃes/ *verb* [I,T] to run after sb/sth in order to catch him/her/it 追逐；追捕：*The dog chased the cat up a tree.* 狗把猫追到树上去了。○ *The police car chased the stolen van along the motorway.* 警车沿着高速公路追踪给人偷走的面包车。

☆**chase**[2] /tʃeɪs ‖ tʃes/ *noun* [C] the act of following sb/sth in order to catch him/her/it; chasing or being chased 追逐；追捕：*an exciting car chase* 紧张刺激的汽车追逐

(IDIOM 习语) **give chase** to begin to run after sb/sth in order to try to catch him/her/it 展开追逐/追捕：*The robber ran off and the policeman gave chase.* 劫匪逃脱，警察展开追捕。

chasm /ˈkæzəm ‖ ˈkæzəm/ *noun* [C] **1** a long deep hole in the ground 地下深渊 **2** (*figurative* 比喻) a wide difference of feelings, interests, etc 鸿沟；分歧；差距

chassis /ˈʃæsɪ ‖ ˈʃæsi/ *noun* [C] (*pl* **chassis** /ˈʃæsɪz ‖ ˈʃæsiz/) the metal frame of a vehicle onto which the other parts fit 车架

chaste /tʃeɪst ‖ tʃest/ *adj* **1** never having had a sexual relationship, or only with your husband/wife 贞洁（没有进行过性行为，或除自己的伴侣外没有跟别人进行过性行为）**2** not involving thoughts and feelings about sex（思想、感情等）干净/纯洁 —**chastity** /ˈtʃæstətɪ ‖ ˈtʃæstətɪ/ *noun* [U]: *The nuns took a vow of chastity.* 修女发了守贞誓。

chat /tʃæt ‖ tʃæt/ *noun* [C,U] a friendly informal conversation 闲谈；聊天：*Why don't you come in for a cup of coffee and a chat?* 进来喝点咖啡聊聊天吧。

chat *verb* [I] (cha**tt**ing; cha**tt**ed) to talk to sb in a friendly, informal way 跟某人闲谈：*The two grandmothers sat chatting about the old days.* 两位老大妈坐在一起聊起往事来了。

(PHRASAL VERB 短语动词) **chat sb up** (*Brit informal* 英，非正式) to talk to sb in a friendly way because you are sexually attracted to him/her 搭讪；攀谈；调情

chatty *adj* (**chattier**; **chattiest**) **1** fond of talking 饶舌：*My neighbour's very chatty – she tells me all the news.* 我的邻居怪饶舌的——什么消息都跟我说。**2** in an informal style 随便：*a chatty letter* 一封家常的信

ˈ**chat show** *noun* [C] a television or radio programme on which well-known people are interviewed 清谈/访谈节目（电视、电台上的访问/讨论节目，常有名人出席）

chatter /ˈtʃætə(r) ‖ ˈtʃætər/ *verb* [I] **1** to talk quickly or for a long time about sth unimportant 胡扯一通；喋喋不休：*The children chattered away continuously.* 孩子们叽叽喳喳地说个不停。**2** (used about your teeth 指牙齿) to knock together because you are cold or frightened 打颤 —**chatter** *noun* [U]: *Stop that chatter and get on with your work.* 别嚼舌头了，干活儿吧。

chauffeur /ˈʃəʊfə(r); *US* 美 ʃəʊˈfɜ:r ‖ ʃoˈfɜr/ *noun* [C] a person whose job is to drive a car for sb else（受雇用的）司机：*a chauffeur-driven limousine* 由司机驾驶的豪华轿车 —**chauffeur** *verb* [T]

chauvinism /ˈʃəʊvɪnɪzəm ‖ ˈʃovɪnˌɪzəm/ *noun* [U] **1** a strong belief that your country is better and more important than all others 沙文主义 **2** = MALE CHAUVINISM

chauvinist /ˈʃəʊvɪnɪst ‖ ˈʃovɪnɪst/ *noun* [C] a person who believes in or shows chauvinism 沙文主义信徒；沙文主义者

chauvinist, **chauvinistic** /ˌʃəʊvɪˈnɪstɪk ‖ ˌʃovɪˈnɪstɪk/ *adj* believing in or showing chauvinism 信奉沙文主义；带有沙文主义色彩

☆**cheap** /tʃi:p ‖ tʃip/ *adj* **1** low in price, costing little money 便宜：*Oranges are cheap at the moment.* 这时候橘子很便宜。○ *It's cheaper to* *buy a return ticket than two singles.* 买来回票比买两张单程票要合算。☛ The opposite is **expensive**. 反义词为 **expensive**。**2** charging low prices 取价低廉: *We are looking for a cheap hotel for the night.* 我们在找廉价酒店过一宿。

cheap *adv* (*informal* 非正式) for a low price 以廉价…: *I got this coat cheap in the sales.* 这件外套是我趁大减价的时候买的。

(IDIOM 习语) **go cheap** (*informal* 非正式) selling at a low price 廉价发售: *They've got strawberries going cheap at the market.* 他们在市场买了一些减价卖的草莓。

cheaply *adv* for a low price 以廉价: *You can travel quickly and cheaply all over the town by bus.* 你可以坐公共汽车环游全镇，又快又便宜。

☆**cheat** /tʃi:t ‖ tʃit/ *verb* [I] to act in a dishonest or unfair way in order to get an advantage for yourself 作弊: *Len was caught cheating in the exam.* 莱恩考试作弊，当场给捉住。○ *to cheat at cards* 牌局作弊

(PHRASAL VERB 短语动词) **cheat sb (out) of sth** to take sth from sb in a dishonest or unfair way 骗取: *They tried to cheat the old lady out of her savings.* 他们想把那位老太太的积蓄骗个精光。

cheat *noun* [C] a person who cheats 作弊者；行骗者

☆**check**[1] /tʃek ‖ tʃɛk/ *verb* **1** [I,T] **check (up)** to examine sth in order to make sure that it is safe, correct, in good condition, etc 检验: *He wasn't sure whether he had locked the door, so he went to check.* 他不敢肯定自己锁了门没有，所以去检查一下。○ *I expect they're coming by car but I'll ring them and check up.* 我想他们会坐汽车到这儿来的，可是我要给他们打个电话弄个清楚。○ *Check your work through for mistakes before you hand it in.* 把你的功课从头看一遍，看看有没有错，然后再交给我。○ *Can you check that we've got everything that's on the list?* 单子上的东西我们是不是都准备好了，你可以不可以检查一下？○ *She looked in her diary to check what time her appointment was.* 她查了查日记簿，看看约会是在什么时候。**2** [T] to stop or go more slowly; to make sb/sth stop or go more slowly（使）停下；（使）减慢: *A tight bandage should check the flow of blood from a wound.* 绷带扎得紧，伤口就不会流血。**3** (*US* 美) to write a cross on a form, etc, to show your choice 在…上打上叉形记号: *Check the box next to the right answer.* 在正确的答案旁边的方格里打上X号。☛ Look at **tick**. 参看 **tick**。

(PHRASAL VERBS 短语动词) **check in (at...)**; **check into...** to go to a hotel/airline desk and say that you have arrived（在酒店/航空公司的柜台）登记: *Passengers should check in two hours before their departure time.* 旅客要在起飞前两个钟头内办理登机手续。

check sth off to mark names or items on a list（在清单所列的项目旁边）打上记号: *The boxes were all checked off as they were unloaded.* 这些箱子一经卸下便打上记号。

check (up) on sb/sth to find out more information about sb/sth 盘查: *The boss is checking up on how much work we've done.* 老板在检查我们干了多少活。

check out (of...) to pay your bill and leave a hotel 办理酒店付帐及退房手续

check sb/sth out (*especially US* 尤为美) = CHECK UP ON SB/STH

ˈ**check-in** *noun* [C] **1** the act of checking in at an airport（在机场）办理登机手续: *Our check-in time is 10.30 am.* 我们办理登机手续的时间是早上10点30分。**2** the place where you check in at an airport（机场的）登记处: *the check-in desk* 办理登机手续的柜台

ˈ**checklist** *noun* [C] a list of things that you must do or have 清单

ˈ**checkout** *noun* [C] the place in a supermarket where you pay for the things you have bought（超级市场的）付款处

ˈ**checkpoint** *noun* [C] a place where all people and vehicles must stop and be checked 检查站: *an army checkpoint* 军事检查站

ˈ**check-up** *noun* [C] a general medical examination to find out whether you are healthy 体格检查: *You should visit your dentist for a check-up twice a year.* 你该每年检查牙齿两次。

☆**check**[2] /tʃek ‖ tʃɛk/ *noun* **1** [C] **a check (on sth)** a close look at sth to make sure that it is safe, correct, in good condition, etc 检验；检查: *We do regular checks on our products to make sure that they are of high quality.* 我们定期检验产品以保证高质量。○ *a security check* 保安检查 **2** [C] an act of going more slowly or stopping or of making sb/sth go more slowly or stop 停止；减慢 **3** [sing] (in the game of chess 国际象棋) the situation in which a player must move to protect his/her king 将军 ☛ Look at **checkmate**. 参看 **checkmate**。**4** [C] (*US* 美) = CHEQUE **5** [C] (*US* 美) = BILL[1](1) **6** [C] (*US* 美) = TICK(3)

(IDIOM 习语) **hold/keep sth in check** to stop sth from advancing or increasing too quickly 抑止；控制: *government measures to keep inflation in check* 政府遏止通胀的措施

ˈ**checkbook** *noun* [C] (*US* 美) = CHEQUEBOOK

ˈ**checking account** *noun* [C] (*US* 美) = CURRENT ACCOUNT

check[3] /tʃek ‖ tʃɛk/ *noun* [C,U] a pattern of squares, often of different colours（一般为花色的）格子图案: *a check jacket* 有格子图案的夹克 ○ *a pattern of blue and red checks* 蓝红格子图案

checked /tʃekt ‖ tʃɛkt/ *adj* with a pattern of squares 有格子的: *a red-and-white checked tablecloth* 红白格子台布 ☛ picture at **pattern**. 见 **pattern** 插图。

checkers /ˈtʃekəz ‖ ˈtʃɛkɚz/ *noun* [U] (*US* 美) = DRAUGHTS

checkmate /ˈtʃekmeɪt ‖ ˈtʃɛkˌmet/ (*also* 亦作 **mate**) *noun* [sing] (in the game of chess 国际象棋) the situation in which you cannot protect your king and so have lost the game 将死；将杀 ☛ Look at **check**[2](3). 参看 **check**[2](3)。

cheddar /ˈtʃedə(r) ‖ ˈtʃɛdɚ/ *noun* [U] a type of

hard yellow cheese that can be eaten cooked or raw 切达干酪（一种质硬色黄的干酪，生吃、熟吃皆可）

☆**cheek** /tʃi:k ‖ tʃik/ *noun* **1** [C] one of the two parts of your face that are on each side of your nose and mouth and below your eyes 颊；脸蛋：*Their cheeks were red when they came in out of the cold.* 外面天气冷，他们进来的时候脸蛋都是红红的。○ *Tears rolled down her cheeks.* 眼泪滚下她的面颊。☛ picture on page A21. 见第A21页插图。**2** [C,U] (*informal* 非正式) rude or impolite behaviour; lack of respect 粗鲁：*What cheek! Asking for my help after saying such horrible things about me.* 脸皮真厚！说了我这么多坏话还来要我帮忙。

(IDIOM 习语) **(with) tongue in cheek** ⇨ TONGUE

cheeky *adj* (**cheekier**; **cheekiest**) impolite; not showing respect 无礼：*Don't be so cheeky! Of course I'm not fat!* 别这么胡说八道，我当然不胖。—**cheekily** *adv*

'**cheekbone** *noun* [C] the bone that is below your eye 颧骨

☆**cheer**[1] /tʃɪə(r) ‖ tʃɪr/ *verb* **1** [I,T] to shout to show that you like sth or to encourage sb who is taking part in competition, sport, etc 欢呼；打气：*The crowd clapped and cheered.* 人群拍手欢呼。○ *Everyone cheered the winner as he crossed the finishing line.* 冠军冲过终点的时候人人都大声欢呼。**2** [T] to make sb happy or more hopeful 鼓舞：*They were all cheered by the good news.* 听见了这个好消息他们都非常欣慰。

(PHRASAL VERBS 短语动词) **cheer sb on** to cheer(1) sb in order to encourage him/her to do better 给某人打气：*As the runners started the last lap the crowd cheered them on.* 运动员跑到最后一圈的时候，观众都欢呼为他们打气。

cheer (sb/sth) up to become or to make sb happier; to make sth look more attractive（使）振作起来；给…增添色彩：*Cheer up! Things aren't that bad.* 振作起来吧！事情还没有那么坏呢。○ *A few pictures would cheer this room up a bit.* 几幅图画会为这房间增添一点生气。

☆**cheer**[2] /tʃɪə(r) ‖ tʃɪr/ *noun* [C] a loud shout to show that you like sth or to encourage sb who is taking part in a competition, sport, etc（用来打气的）欢呼声：*Three cheers for the winning team!* (= 'Hip, hip, hurrah' three times) 向获胜队三次欢呼！

☆**cheerful** /'tʃɪəfl ‖ 'tʃɪrfəl/ *adj* happy 愉快：*Tom remained cheerful throughout his illness.* 汤姆患病期间一直能够保持心情愉快。○ *a cheerful smile* 欢笑 —**cheerfully** /-fəlɪ ‖ -fəlɪ/ *adv* —**cheerfulness** *noun* [U]

cheerio /ˌtʃɪərɪ'əʊ ‖ 'tʃɪrɪˌo/ *interj* (*Brit informal* 英，非正式) goodbye 再见

cheers /tʃɪəz ‖ tʃɪrz/ *interj* (*especially Brit informal* 尤为英，非正式) **1** (used to express good wishes before you have an alcoholic drink) 干杯：*'Cheers,' she said, raising her wine glass.* 她举起酒杯说道："干杯！" **2** goodbye 再见 **3** thank you 谢谢

☆**cheese** /tʃi:z ‖ tʃiz/ *noun* **1** [U] a type of solid food that is made from milk. Cheese is white or yellow in colour 干酪；奶酪：*a simple lunch of bread and cheese* 一顿面包加干酪的简单午餐 ○ *a cheese sandwich* 干酪三明治 ○ *Sprinkle the top of the pizza with grated cheese.* 往烘饼上面撒点碎干酪。**2** [C] a type of cheese 干酪的品种：*a wide selection of cheeses* 琳琅满目的干酪品种

cheesecake /'tʃi:zkeɪk ‖ 'tʃizˌkek/ *noun* [C,U] a type of cake that is made from soft cheese and sugar on a pastry or biscuit base 干酪糕饼

cheetah /'tʃi:tə ‖ 'tʃitə/ *noun* [C] a large wild animal of the cat family that comes from Africa and can run very fast 猎豹（产于非洲，善跑）

chef /ʃef ‖ ʃɛf/ *noun* [C] a person who works as the chief cook in a hotel, restaurant, etc（酒店、餐馆等的）大厨师

☆**chemical** /'kemɪkl ‖ 'kɛmɪkḷ/ *adj* connected with chemistry; produced by processes that involve changing the structure of a substance 化学的：*a chemical reaction* 化学反应 ○ *the chemical industry* 化学工业 ○ *Farmers are using too many chemical fertilizers.* 农民用化学肥料用得太多。

chemical *noun* [C] a substance that is used or produced in a chemical process 化学品：*Sulphuric acid is a dangerous chemical.* 硫酸是一种危险化学品。—**chemically** /-klɪ ‖ -klɪ/ *adv*

☆**chemist** /'kemɪst ‖ 'kɛmɪst/ *noun* [C] **1** (*also* 亦作 **pharmacist**) (*US* 美 **druggist**) a person who prepares and sells medicines 药剂师：*I got my tablets from the chemist's.* 我在药房买了药片。○ *The doctor gave me a prescription to take to the chemist's.* 医生给我开了一个处方，叫我拿到药房去配药。☛ A chemist's shop usually sells soap, perfume, etc, as well as medicines. 药房除了卖药，也卖肥皂、香水等物品。**2** a person who is a specialist in chemistry 化学家

chemistry /'kemɪstrɪ ‖ 'kɛmɪstrɪ/ *noun* [U] **1** the scientific study of the structure of substances and what happens to them in different conditions or mixed with each other 化学：*We did an experiment in the chemistry lesson today.* 我们今天上化学课的时候做了一个实验。○ *a chemistry laboratory* 化学实验室 **2** the structure of a particular substance and the way that it may change under different conditions 化学结构；化学特性

☆**cheque** (*US* 美 **check**) /tʃek ‖ tʃɛk/ *noun* [C,U] a piece of paper printed by a bank that you can fill in, sign and use to pay for things 支票：*She wrote out a cheque for £20.* 她开了一张20英镑的支票。○ *I went to the bank to cash a cheque.* 我去银行兑现支票。○ *If there is no money in your account your cheque will bounce* (= your bank will not pay it). 要是你的账户上没有钱，这张支票就会给退回来。○ *Can I pay by cheque?* 我可以不可以用支票付款？☛ picture at **money**. 见 **money** 插图。

'**cheque-book** (*US* 美 '**checkbook**) *noun* [C] a book of cheques 支票簿

'**cheque card** *noun* [C] a small plastic card

C

that you get from your bank. A cheque card guarantees that any cheques you write will be paid, up to a certain amount 支票保付限额卡

cherish /ˈtʃerɪʃ ‖ ˈtʃɛrɪʃ/ *verb* [T] **1** to love sb/sth 珍爱: *The ring was her most cherished possession.* 这枚戒指是她最珍爱的东西。**2** to look after sb/sth carefully 照顾 **3** to keep a thought, feeling, etc in your mind and think about it often 抱有 / 怀有（想法、感情等）: *a cherished ambition* 平生抱负

C

cherry /ˈtʃerɪ ‖ ˈtʃɛrɪ/ *noun* [C] (*pl* **cherries**) **1** a small round black or red fruit that has a stone inside it 樱桃 **2** (*also* 亦作 **ˈcherry-tree**) the tree that produces cherries 樱桃树: *a flowering cherry* 开着花儿的樱桃树

cherub /ˈtʃerəb ‖ ˈtʃɛrəb/ *noun* [C] (*pl* **cherubim** /ˈtʃerəbɪm ‖ ˈtʃɛrəbɪm/, **cherubs**) a beautiful child often shown in religious paintings as having wings and a round face; a small angel 小天使（宗教画中长有双翼和胖乎乎的面孔）

chess 国际象棋

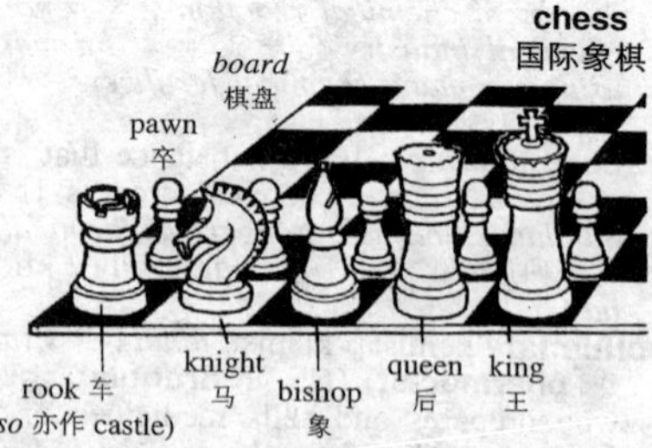

chess /tʃes ‖ tʃɛs/ *noun* [U] a game for two people that is played on a board with 64 black and white squares (**a chessboard**). Each player has sixteen pieces which can be moved according to fixed rules. 国际象棋（两人对下，各有十六个棋子，可按规则移动；棋盘 (**chessboard**) 由六十四个黑白方格相间组成）

☆**chest** /tʃest ‖ tʃɛst/ *noun* [C] **1** a container, often a large strong one, that is used for storing or transporting things 箱子（通常体积较大，用来储存物品或作运输用）**2** the upper part of the front of your body 胸: *What is your chest measurement?* 你的胸围有多少？○ *This jacket is a 40-inch chest.* 这件夹克的胸围有40英寸。○ *to have a hairy chest* 胸口长满了毛 ○ *Linda went to the doctor complaining of chest pains.* 琳达胸口作痛，看病去了。☛ picture on page A21. 见第A21页插图。

(IDIOM 习语) **get sth off your chest** (*informal* 非正式) to talk about sth that you have been thinking about or that has been worrying you 把心事或忧虑倾吐出来

ˌ**chest of ˈdrawers** (*US* 美 **bureau**) *noun* [C] a piece of furniture with drawers in it that is used for storing clothes, etc（抽屉式的）衣橱

chestnut /ˈtʃesnʌt ‖ ˈtʃɛsˌnʌt/ *noun* [C] **1** (*also* 亦作 **ˈchestnut tree**) a tree with large leaves that produces smooth reddish-brown nuts in prickly shells 栗树 **2** one of the nuts from the chestnut tree. You can eat some chestnuts 栗子: *roast chestnuts* 烤栗子 ☛ Look at **conker**, picture at **nut**. 参看 **conker**，见 **nut** 插图。

☆**chew** /tʃu: ‖ tʃu/ *verb* [I,T] to break up food in your mouth with your teeth before you swallow it 咀嚼: *You should chew your food thoroughly.* 吃东西要把食物细细咀嚼。

ˈchewing gum (*also* 亦作 **gum**) *noun* [U] a sweet sticky substance that you chew in your mouth but do not swallow 口香糖

chic /ʃi:k ‖ ʃik/ *adj* fashionable; elegant 时髦；雅致

chick /tʃɪk ‖ tʃɪk/ *noun* [C] a young bird, especially a young chicken 雏鸟（尤指小鸡）☛ picture at **hen**. 见 **hen** 插图。

☆**chicken** /ˈtʃɪkɪn ‖ ˈtʃɪkɪn/ *noun* **1** [C] a bird that people often keep for its eggs and its meat 鸡 **2** [U] the meat of this bird 鸡肉: *roast chicken* 烤鸡肉 ○ *cold chicken and salad* 冻鸡肉和生菜色拉

> ☛ Notice that chicken is the general word for the bird and its meat. * chicken 是鸡和鸡肉的通称。A male chicken is called a **cock** (*US* **rooster**), a female is called a **hen** and a young bird is called a **chick**. 公鸡叫做 **cock**（在美国叫做 **rooster**），母鸡叫做 **hen**，小鸡叫做 **chick**。

chicken *verb*

(PHRASAL VERB 短语动词) **chicken out (of sth)** (*informal* 非正式) to decide not to do sth because you are afraid 胆怯退缩；临阵脱逃: *He wanted to swim across the river but he chickened out when he saw how far it was.* 他本来想游到河的对岸，但看到两岸距离不近，便临阵退缩了。

ˈchickenpox *noun* [U] a disease, especially of children. When you have chickenpox you have a temperature and get red spots on your skin that itch a lot. 水痘（一种疾病，患者多为儿童，症状是体温增高，皮肤上出现会发痒的丘疹）

chicory /ˈtʃɪkərɪ ‖ ˈtʃɪkərɪ/ (*US* 美 **endive**) *noun* [U] a plant with slightly bitter-tasting leaves that can be eaten in salads 菊苣（一种植物，略带苦味的叶子可作色拉配料）

☆**chief** /tʃi:f ‖ tʃif/ *noun* [C] **1** the leader or ruler of a group of people 首领；领袖: *African tribal chiefs* 非洲部落酋长 ○ *Indian chiefs* 印第安人酋长 **2** the person who has command or control over an organization（机构的）首长: *the chief of police* 警察局局长

chief *adj* (only *before* a noun 只用于名词前) **1** most important; main 首要的；主要的: *One of the chief reasons for his decision was money.* 他作出这个决定，主要动机之一是为了钱。**2** of the highest rank 为首的: *the chief executive of a company* 公司总经理

chiefly *adv* mainly; mostly 主要地；多半: *His success was due chiefly to hard work.* 他的成功主要靠勤奋工作。

chieftain /ˈtʃi:ftən ‖ ˈtʃiftən/ *noun* [C] the leader of a tribe 酋长；族长

chilblain /ˈtʃɪlbleɪn ‖ ˈtʃɪlˌblen/ *noun* [C] a painful red area on your foot, hand, etc that can be caused by cold weather（手、脚等的）冻疮

☆**child** /tʃaɪld ‖ tʃaɪld/ *noun* [C] (*pl* **children** /ˈtʃɪldrən ‖ ˈtʃɪldrən/) **1** a boy or girl; a human who is not yet fully grown 小孩: *A group of children were playing in the park.* 一群孩子正在公园里玩耍。○ *a six-year-old child* 六岁大的小孩 **2** a son or daughter of any age 儿子；女儿: *She has two children but both are married and have moved away.* 她有两个孩子，但都结了婚，搬走了。○ *He is married with three children.* 他结了婚，有三个孩子。

☛ An **only child** is a child who has no brothers or sisters. 独生子、独生女叫做 **only child**。A couple may **adopt** a child who is not their own son or daughter (for example if the child's parents are dead). 夫妇可领养 (**adopt**) 小孩（比如小孩父母俱亡）。A **foster-child** is looked after for a certain period of time by a family that is not his/her own. 交由别的家庭暂时收养的小孩叫做 **foster-child**。

childhood /ˈtʃaɪldhʊd ‖ ˈtʃaɪldˌhʊd/ *noun* [C,U] the time when you are a child 童年: *Harriet had a very unhappy childhood.* 哈丽雅特的童年充满了不幸。○ *childhood memories* 童年往事回忆

childless *adj* having no children 无子无女的: *a childless marriage* 无嗣婚姻

child ˈbenefit *noun* [U] (*Brit* 英) a sum of money that is paid every week by the government to parents for each child that they have（每周由政府发给父母的）儿童津贴

ˈ**childbirth** *noun* [U] the act of giving birth to a baby 分娩: *His wife died in childbirth.* 他的妻子分娩时死亡。

ˈ**childlike** *adj* like a child 孩子似的；天真无邪的 ☛ Look at **childish**. 参看 **childish**。

ˈ**child-minder** *noun* [C] (*Brit* 英) a person whose job is to look after a child while his/her parents go out to work（受雇为外出上班的父母）照顾小孩子的人；保姆

childish /ˈtʃaɪldɪʃ ‖ ˈtʃaɪldɪʃ/ *adj* like a child 幼稚的 ☛ If you say that people or their behaviour are **childlike**, you mean that they are like children in some way 说人家天真可爱，用 **childlike**: *childlike innocence* 天真烂漫 ○ *His childlike enthusiasm delighted us all.* 看到他那么纯真热情，大家高兴极了。If you say that an adult's behaviour is **childish**, you are criticizing it because you think it is silly and that he/she should be more sensible 说人家幼稚，用 **childish**: *Don't be so childish! You can't always have everything you want.* 别那么孩子气！你不能想要什么就有什么。—**childishly** *adv*: *to giggle childishly* 憨笑

chili (*US* 美) = CHILLI

chill /tʃɪl ‖ tʃɪl/ *noun* **1** [sing] an unpleasant coldness 寒意: *There's a chill in the air.* 寒气迫人。○ (*figurative* 比喻) *A chill of fear went down my spine.* 我感到毛骨悚然。**2** [C] an illness like a cold that is caused by being cold or damp 风寒: *to catch a chill* 着凉

chill *verb* [I,T] to become or to make sb/sth colder（使）变冷: *It's better to chill white wine before you serve it.* 最好把白葡萄酒冰一冰再端出来。

chilling /ˈtʃɪlɪŋ ‖ ˈtʃɪlɪŋ/ *adj* frightening 恐怖的: *a chilling ghost story* 恐怖的鬼怪故事

chilly /ˈtʃɪlɪ ‖ ˈtʃɪlɪ/ *adj* (**chillier**; **chilliest**) unpleasantly cold 凛冽: *It's a chilly morning. You need a coat on.* 今早很冷，你需要穿件外套。○ (*figurative* 比喻) *a chilly reception* 冷淡的接待

chilli (*US* 美 **chili**) /ˈtʃɪlɪ ‖ ˈtʃɪlɪ/ *noun* [C,U] (*pl* **chillies**; *US* 美 **chilies**) a small green or red vegetable that has a very strong hot taste 辣椒: *chilli powder* 辣椒粉

chime /tʃaɪm ‖ tʃaɪm/ *verb* **1** [I] (used about a bell 指钟) to ring 响 **2** [T] (used about a bell or a clock 指钟或时钟) to show the time by ringing 鸣响报时: *The town-hall clock chimed midnight.* 市政厅的大钟半夜鸣响报时。

(PHRASAL VERB 短语动词) **chime in (with sth)** (*informal* 非正式) to interrupt a conversation and add your own comments 打岔插话

chime *noun* [C] the sound of a bell or a clock chiming 钟声

☆**chimney** /ˈtʃɪmnɪ ‖ ˈtʃɪmnɪ/ *noun* [C] (*pl* **chimneys**) the passage through which smoke, etc can get out of a building. A chimney in a house usually goes up from the fireplace, behind the walls and to a hole in the roof 烟筒；烟囱: *The chimney is sooty and needs sweeping.* 烟囱积了烟炱，要好好地扫一扫。○ *Smoke poured out of the factory chimneys.* 浓烟从工厂的烟囱冒出来。

ˈ**chimney-sweep** (*also* 亦作 **sweep**) *noun* [C] a person whose job is to clean chimneys by sweeping them with long brushes 烟囱清扫工

chimpanzee /ˌtʃɪmpənˈziː; ˌtʃɪmpænˈziː ‖ ˌtʃɪmpænˈzi/ (also *informal* 非正式 **chimp**) *noun* [C] a type of small ape that lives in Africa 黑猩猩（产于非洲）

☆**chin** /tʃɪn ‖ tʃɪn/ *noun* [C] the part of your face that is below your mouth 颏；下巴: *He sat listening, his chin resting on his hand.* 他手托着下巴，坐在那里聆听着。☛ picture on page A21. 见第 A21 页插图。

china /ˈtʃaɪnə ‖ ˈtʃaɪnə/ *noun* [U] **1** the substance of which cups, plates, etc can be made. China is made from fine white baked clay 瓷: *a china vase* 瓷花瓶 **2** cups, saucers, plates, etc that are made from china 瓷器: *We only use the best china when we have visitors.* 我们有客人的时候才用上最好的瓷器茶具和餐具。

chink[1] /tʃɪŋk ‖ tʃɪŋk/ *noun* [C] a small narrow opening 裂缝；缝隙

chink[2] /tʃɪŋk ‖ tʃɪŋk/ *verb* [I,T] to make a light ringing sound; to cause this sound, eg by knocking two pieces of china or glass together gently 发出叮当声（瓷器或玻璃器皿互相轻碰时发出的声响）—**chink** *noun* [C]

☆**chip**[1] /tʃɪp ‖ tʃɪp/ *noun* [C] **1** a small piece of wood, stone, glass, etc that has broken off sth（木、石、玻璃等的）碎片/碎屑 **2** a place where a piece has broken off sth 缺口；口子: *This*

C

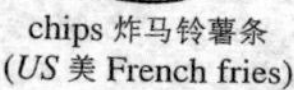

chips 炸马铃薯条
(*US* 美 French fries)

crisps 炸马铃薯片
(*US* 美 chips)

dish has a chip in it. 这碟子缺了个口子。**3** (*US* 美 **French fry**) [usually pl] a thin piece of potato that is fried in hot fat or oil 油炸马铃薯条: *Would you like boiled potatoes or chips?* 你要煮熟的马铃薯还是炸马铃薯条？○ *fish and chips* 炸鱼和炸马铃薯条 **4** (*also* 亦作 **potato chip**) (*US* 美) = CRISP[2] **5** a flat round piece of plastic that you use instead of money when you are playing some games 筹码 **6** = MICROCHIP

(IDIOM 习语) **have a chip on your shoulder** (*informal* 非正式) to be angry about sth for a long time, especially because you think you have been treated unfairly 心怀怨愤（尤指因冤屈）

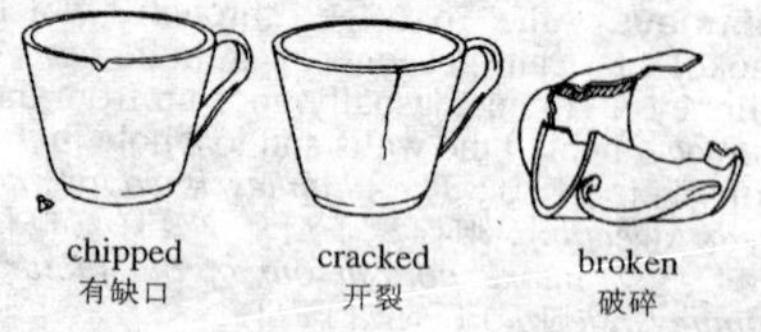

chipped 有缺口　cracked 开裂　broken 破碎

chip[2] /tʃɪp ‖ tʃɪp/ *verb* [I,T] (chi**pp**ing; chi**pp**ed) to lose or to knock a small piece off the edge or surface of sth 掉下/削下碎片: *They chipped the paint trying to get the table through the door.* 他们想把桌子经过门搬过去，结果把油漆给刮掉了。

(PHRASAL VERB 短语动词) **chip in (with sth)** (*informal* 非正式) **1** to interrupt when sb else is talking 打岔 **2** to give some money as part of the cost of sth 凑份子: *We all chipped in and bought him a present when he left.* 他走的时候，我们凑份子送了一件礼物给他。

chiropodist /kɪˈrɒpədɪst ‖ kaɪˈrɑpədɪst/ (*US* 美 **podiatrist**) *noun* [C] a person whose job is to care for people's feet 足病治疗师

chirp /tʃɜːp ‖ tʃɝp/ *noun* [C] the short high sound that a small bird makes（小鸟的）叽叽叫声/啁啾 —**chirp** *verb* [I]

chisel /ˈtʃɪzl ‖ ˈtʃɪzl̩/ *noun* [C] a tool with a sharp end that is used for cutting or shaping wood, stone, etc 凿子 ☛ picture at **tool**. 见 **tool** 插图。

chivalry /ˈʃɪvəlrɪ ‖ ˈʃɪvl̩rɪ/ *noun* [U] behaviour which shows particular respect, usually of men towards women 侠义/骑士气概/尊重女性的风度（一般就男人对待女人而言，尤指殷勤、体贴、有礼等）—**chivalrous** /ˈʃɪvlrəs ‖ ˈʃɪvl̩rəs/ *adj*

chives /tʃaɪvz ‖ tʃaɪvz/ *noun* [plural] a plant with purple flowers and long thin leaves that are used in cooking. Chives taste similar to onions.（用于烹调的）细香葱

chlorine /ˈklɔːriːn ‖ ˈklɔrin/ *noun* [U] (*symbol* 符号 **Cl**) a greenish-yellow gas with a strong smell, that is used for making water safe to drink or to swim in 氯

chock-a-block /ˌtʃɒkəˈblɒk ‖ ˈtʃɑkəˈblɑk/ *adj* (not before a noun 不用于名词前) completely full 挤满；塞满；充满: *The High Street was chock-a-block with shoppers.* 购物人潮把高街挤得水泄不通。

☆**chocolate** /ˈtʃɒklət ‖ ˈtʃɑkəlɪt/ *noun* **1** [U] a sweet brown substance that you usually buy in the form of a hard block (**bar**). Chocolate is made from cocoa beans 巧克力（通常以块状 (**bar**) 出售）: *milk chocolate* (= sweet and light in colour) 牛奶巧克力（味甜，色浅）○ *plain chocolate* (= more bitter and darker in colour) 纯巧克力（味道较苦，色泽较深）**2** [C] a small sweet that is made from chocolate with a nut or another sweet substance inside（夹心）巧克力糖: *a box of chocolates* 一盒巧克力糖 **3** [C,U] a drink made from powdered chocolate with hot milk or water 巧克力饮料: *a mug of hot chocolate* 一大杯热巧克力

chocolate *adj* **1** made from or covered with chocolate 用巧克力制造的；铺上巧克力的: *chocolate cake* 巧克力蛋糕 ○ *a chocolate biscuit* 巧克力饼干 **2** dark brown 深褐色的

☆**choice** /tʃɔɪs ‖ tʃɔɪs/ *noun* **1** [C] **a choice (between A and B)** an act of choosing between two or more people or things 选择；挑选: *to make the right/wrong choice* 选对了；选错了 ○ *David faced a difficult choice between moving house and losing his job.* 搬了家就失去工作，要工作就搬不成家，这可把戴维难住了。○ *You can have first choice of all the cakes* (= you can choose first). 所有蛋糕你可以优先挑选。**2** [U] the right or chance to choose 选择的权利；选择的机会: *There was a rail strike so we had no choice but to stay on in Paris.* 凑巧铁路罢工，我们只好留在巴黎。○ *to have freedom of choice* 享有选择自由 **3** [C,U] two or more things from which you can or must choose（可供）选择（的事物）；可供替换的东西: *This cinema offers a choice of six different films every night.* 这家电影院每晚上映六部不同的影片。○ *You get more choice of vegetables at the market.* 在市场有更多蔬菜品种可供选择。**4** [C] a person or thing that has been chosen 选中的人或事物: *What is your choice of colour?* 你看中哪种颜色？

(IDIOM 习语) **out of/from choice** because you want to; of your own free will 自愿地: *I wouldn't have gone to America out of choice. I was sent there on business.* 我是因公出差才跑到美国去，不然我可没这种兴致。

choice *adj* of very good quality 优质的: *choice beef* 优质牛肉

choir /ˈkwaɪə(r) ‖ kwaɪr/ *noun* [C, with sing or pl verb] a group of people who sing together 合唱团: *Dennis sings in the church choir.* 丹尼斯是教堂唱诗班的成员。○ *The choir meets/meet on Thursday to rehearse.* 每个星期四合唱团都进行排练。

☆**choke** /tʃəʊk ‖ tʃok/ *verb* **1** [I,T] to be or to make sb unable to breathe because sth is stopping air getting into the lungs（使）窒息: *The child swallowed a pen top and choked to death.* 这孩子吞下了一个笔帽，结果给卡死了。○ *The smoke choked us.* 浓烟呛得我们几乎透不过气来。**2** [T] (usually passive 通常用于被动语态) **choke sth (up) (with sth)** to fill a passage, space, etc, so that nothing can pass through 堵塞；阻塞: *The roads to the coast were choked with traffic.* 通往海边的路挤满了车辆。

(PHRASAL VERB 短语动词) **choke sth back** to hide or control a strong emotion 按捺住强烈的感情: *to choke back tears* 强忍住眼泪

choke *noun* [C] **1** an act or a sound of choking(1) 窒息；窒息时发出的声音 **2** the piece of equipment in a car, etc that controls the amount of air going into the engine. If you pull out the choke it makes it easier to start the car.（汽车等的）阻塞门/阻气门

cholera /ˈkɒlərə ‖ ˈkɑlərə/ *noun* [U] a serious disease that causes diarrhoea and vomiting. Cholera is most common in hot countries and can be carried by water. 霍乱（一种急性传染病，症状是腹泻、呕吐。流行于酷热地区，致病细菌可经水传播）

cholesterol /kəˈlestərɒl ‖ kəˈlɛstəˌrol/ *noun* [U] a substance that is found in the bodies of people and animals, and that helps to carry fats. Too much cholesterol is thought to be a cause of heart disease 胆固醇（胆固醇过多会引致心脏病）: *a high/low level of cholesterol* 胆固醇高/低

☆**choose** /tʃuːz ‖ tʃuz/ *verb* [I,T] (*pt* **chose** /tʃəʊz ‖ tʃoz/; *pp* **chosen** /ˈtʃəʊzn ‖ ˈtʃozn̩/) **1 choose (between A and/or B)**; **choose (A) (from B)**; **choose sb/sth as sth** to pick or select the person or thing that you prefer 选择: *Choose carefully before you make a final decision.* 请仔细挑选再作决定。○ *Amy had to choose between getting a job or going to college.* 埃米的面前摆着两条路：找工作还是念大学。○ *You can choose three questions from the five on the exam paper.* 试卷上共有五个问题，请选三个作答。○ *The viewers chose this programme as their favourite.* 观众都说这个节目他们最喜欢看。**2** to decide or prefer to do sth 决定干；情愿干: *You are free to leave whenever you choose.* 你爱什么时候走就什么时候走。○ *They chose to resign rather than work for the new manager.* 他们宁可辞职也不愿为那个新上任的经理效力。

choosy (*also* 亦作 **choosey**) /ˈtʃuːzɪ ‖ ˈtʃuzɪ/ *adj* (**choosier**; **choosiest**) (*informal* 非正式) careful in choosing; difficult to please 精心挑选的；爱挑剔的；难讨好的

☆**chop**[1] /tʃɒp ‖ tʃɑp/ *verb* [T] (cho**pp**ing; cho**pp**ed) **chop sth (up) (into sth)** to cut sth into pieces with an axe or knife 劈开；剁成: *They chopped the logs up.* 他们把原木劈开。○ *finely chopped herbs* 切细的香草屑 ○ *Chop the onions up into small pieces.* 把洋葱剁成小片。

(PHRASAL VERBS 短语动词) **chop sth down** to cut a tree, etc at the bottom so that it falls down 砍倒（树木等）

chop sth off (sth) to remove sth from sth by cutting it with an axe or knife 劈下；砍下: *to chop a branch off a tree* 把树枝砍下来

chop[2] /tʃɒp ‖ tʃɑp/ *noun* [C] **1** an act of chopping sth 剁；劈；砍 **2** a thick slice of meat with a piece of bone in it 排骨；肋条肉 ☛ Look at **steak**. 参看 **steak**。

chop[3] /tʃɒp ‖ tʃɑp/ *verb* (cho**pp**ing; cho**pp**ed) (IDIOM 习语) **chop and change** to change your plans or opinions several times 多次更改（计划/意见）

chopper /ˈtʃɒpə(r) ‖ ˈtʃɑpɚ/ *noun* [C] **1** a heavy tool that is used for cutting wood, meat, etc 砍剁工具；砍刀；屠刀 **2** (*informal* 非正式) = HELICOPTER

choppy /ˈtʃɒpɪ ‖ ˈtʃɑpɪ/ *adj* (**choppier**; **choppiest**) (used about the sea 指大海) having a lot of small waves, slightly rough 波浪滔滔

chopsticks /ˈtʃɒpstɪks ‖ ˈtʃɑpˌstɪks/ *noun* [plural] two thin sticks that people in China, Japan, etc use for picking up food 筷子

choral /ˈkɔːrəl ‖ ˈkorəl/ *adj* written for or involving a group of singers (**a choir**) 为合唱团创作的；合唱团的；合唱的（合唱团叫做 **choir**）

chord /kɔːd ‖ kord/ *noun* [C] two or more musical notes that are played at the same time 和弦；和音

(IDIOM 习语) **strike a chord** ⇨ STRIKE[2]

chore /tʃɔː(r) ‖ tʃor/ *noun* [C] a job that is not interesting but that you must do（乏味的）杂务/琐事: *household chores* 家务

choreograph /ˈkɒrɪəgrɑːf; *US* 美 ˈkɔːrɪəgræf ‖ ˈkorɪəˌgræf/ *verb* [T] to design and arrange the movements of a dance 编舞；舞蹈设计/创作/编排

choreographer /ˌkɒrɪˈɒgrəfə(r); *US* 美 ˌkɔːrɪ- ‖ ˌkorɪˈɑgrəfɚ/ *noun* [C] a person whose job is to plan the movements for a dance 舞蹈编导；编舞者

choreography /ˌkɒrɪˈɒgrəfɪ; *US* 美 ˌkɔːrɪ- ‖ ˌkorɪˈɑgrəfɪ/ *noun* [U] the arrangement of movements for a dance, especially ballet 舞蹈编排/创作（尤指芭蕾舞的）

chorus /ˈkɔːrəs ‖ ˈkorəs/ *noun* [C] **1** [with sing or pl verb] a large group of people who sing together（大规模的）合唱团 **2** the part of a song that is repeated at the end of each verse 副歌；歌曲迭句: *The audience joined in with the choruses.* 听众跟着副歌一起唱。**3** a piece of music for a large group to sing 合唱曲 **4** something that a lot of people say together 齐声说的话: *a chorus of cheers, boos, criticism, etc* 同声欢呼/喝倒彩/批评等 **5** [with sing or pl verb] a group of singers and dancers in a show 歌舞队: *She was always in the chorus, never a star.* 她一直是歌舞队的成员，从来不是明星。

chorus *verb* [T] (used about a group of people 指一组人) to sing or say sth together 合唱；齐声说: *'That's not fair!' the children chorused.* 孩子们都异口同声地说："不公平！"

chose *pt* of CHOOSE * CHOOSE 的过去时

chosen *pp* of CHOOSE * CHOOSE 的过去分词

C

C

Christ /kraɪst ‖ kraɪst/ (*also* 亦作 **Jesus**; **Jesus Christ** /ˌdʒi:zəs 'kraɪst ‖ ˌdʒizəs'kraɪst/) the man who Christians believe is the son of God and who established the Christian religion 基督；耶稣基督

christen /'krɪsn ‖ 'krɪsn̩/ *verb* [T] **1** to give a person, often a child, a name during a Christian ceremony in which he/she is made a member of the Church（在洗礼中）给…起教名: *The baby was christened Simon Mark.* 这个婴孩给起了教名，叫西蒙·马可。☛ Look at **baptize**. 参看 **baptize**。**2** to give sb/sth a name 给…取名: *People drive so dangerously on this stretch of road that they've christened it 'The Mad Mile'.* 这段路被司机称为"亡命大道"，因为他们都喜欢在这段路亡命飞驰。

christening /'krɪsnɪŋ ‖ 'krɪsn̩ɪŋ/ *noun* [C] the church ceremony in which a baby is given a name 洗礼

☆**Christian** /'krɪstʃən ‖ 'krɪstʃən/ *noun* [C] a person whose religion is Christianity 基督徒: *Christians all over the world will join in prayers for peace today.* 全世界的基督徒都会在今天齐声祷告，祈求和平。—**Christian** *adj*: *the Christian Church, faith, religion, etc* 基督教教会；基督教的信仰；基督教…

Christianity /ˌkrɪstɪ'ænətɪ ‖ ˌkrɪstʃɪ'ænətɪ/ *noun* [U] the religion that is based on the teachings of Jesus Christ 基督教: *to be converted to Christianity* 皈依基督教

'**Christian name** (*especially US* 美尤作 '**given name**) *noun* [C] the name given to a child when he/she is born; first name 教名；名（以别于姓）☛ Look at the note at **name**[1]. 参看 **name**[1] 的注释。

☆**Christmas** /'krɪsməs ‖ 'krɪsməs/ (also *informal* 非正式 **Xmas**) *noun* [C,U] the period of time before and after Christmas Day 圣诞节: *We wish you a merry Christmas.* 祝您圣诞快乐！○ *Where are you spending Christmas this year?* 今年圣诞节你会在哪里度过？○ *the Christmas holidays* 圣诞（节）假期

'**Christmas card** *noun* [C] a card with a picture on the front and a greeting inside that people send to their friends and relatives at Christmas 圣诞卡

ˌ**Christmas 'cracker** *noun* [C] = CRACKER(2)

ˌ**Christmas 'Day** *noun* [C] the day on which Christians celebrate the birth of Christ each year. For most Christians Christmas Day is 25 December 圣诞日（即12月25日）

ˌ**Christmas 'dinner** *noun* [C] the traditional meal eaten on Christmas Day, often with roast turkey as the main dish, followed by Christmas pudding 圣诞晚餐（圣诞日的晚餐，自古相传至今。一般以烤火鸡为主菜，配以圣诞布丁）

ˌ**Christmas 'Eve** *noun* [C] the day before Christmas Day, 24 December 圣诞节前夕/圣诞夜（即12月24日）

ˌ**Christmas 'pudding** *noun* [C] a sweet made from dried fruit and eaten hot with sauce at Christmas dinner 圣诞布丁（圣诞晚餐上的甜点）

'**Christmas tree** *noun* [C] a tree such as a fir, or an artificial tree, which people bring into their homes and decorate with bright lights and coloured balls 圣诞树

chrome /krəʊm ‖ krom/ (*also* 亦作 **chromium** /'krəʊmɪəm ‖ 'kromɪəm/) *noun* [U] a hard shiny metal that is used for covering other metals 铬: *chrome-plated taps* 镀铬水龙头

chromosome /'krəʊməsəʊm ‖ 'kroməˌsom/ *noun* [C] the part of the cells of living things that contains the genes 染色体

chronic /'krɒnɪk ‖ 'krɑnɪk/ *adj* (used about a disease or a problem 指疾病、问题等) that continues for a long time 慢性；迁延；持久: *chronic bronchitis* 慢性支气管炎 ○ *There is a chronic shortage of housing in the city.* 该市的住房长期短缺。—**chronically** /'krɒnɪklɪ ‖ 'krɑnɪklɪ/ *adv*

chronicle /'krɒnɪkl ‖ 'krɑnɪkl̩/ *noun* [C] (often plural) a record of events that happened in the past 编年史；纪事；大事记

chronological /ˌkrɒnə'lɒdʒɪkl ‖ ˌkrɑnə'lɑdʒɪkl̩/ *adj* arranged in the order in which the events happened 按时间先后顺序排列的: *This book describes the main events in his life in chronological order.* 该书按年月顺序叙述他一生的主要经历。—**chronologically** /-klɪ ‖ -klɪ/ *adv*

chubby /'tʃʌbɪ ‖ 'tʃʌbɪ/ *adj* (**chubbier**; **chubbiest**) rather fat; round 胖乎乎的；圆胖的: *chubby cheeks* 胖乎乎的脸蛋

chuck /tʃʌk ‖ tʃʌk/ *verb* [T] (*informal* 非正式) **1** to throw sth in a careless way 随意抛掷: *Chuck that magazine over here.* 请把杂志扔过来吧。○ *You can chuck those old shoes in the bin.* 把破鞋扔到垃圾箱吧。**2 chuck sth (in)** to give sth up 放弃: *He's chucked his job in because he was fed up.* 他受够了就索性辞职不干了。

(PHRASAL VERB 短语动词) **chuck sb out (of sth)** to force sb to leave a place 撵走；赶走；逐出: *They were chucked out of the cinema for making too much noise.* 他们在电影院闹得太厉害，结果给人家撵了出来。

chuckle /'tʃʌkl ‖ 'tʃʌkl̩/ *verb* [I] to laugh quietly 暗笑；窃笑: *Bruce chuckled to himself as he read the letter.* 布鲁斯看着信，不禁暗自发笑。—**chuckle** *noun* [C]: *He put down the phone with a chuckle.* 他笑着把电话挂上了。

chug /tʃʌg ‖ tʃʌg/ *verb* [I] (chu**gg**ing; chu**gg**ed) (used about a machine or engine 指机器或引擎) to make short repeated knocking sounds while it is working or moving slowly 轧轧作响

(PHRASAL VERB 短语动词) **chug, along, down, up, etc** to move in a particular direction making this sound（朝某方向）轧轧地移动: *The train chugged out of the station.* 火车突突作响地开出车站了。

chum /tʃʌm ‖ tʃʌm/ *noun* [C] (*informal old-fashioned* 非正式，旧) a friend 老友；好友

chunk /tʃʌŋk ‖ tʃʌŋk/ *noun* [C] a large or thick piece of sth 一大块；一厚片: *chunks of bread and cheese* 一大块一大块铺了干酪的面包

chunky /'tʃʌŋkɪ ‖ 'tʃʌŋkɪ/ *adj* (**chunkier**; **chunkiest**) **1** short and rather fat 胖墩墩的

2 made of thick material or thick pieces 厚实的: *chunky jewellery* 累赘的珠宝首饰 ○ *a chunky sweater* 厚实的套头毛衣

☆**church** /tʃɜːtʃ ‖ tʃɝtʃ/ *noun* **1** [C,U] a building where Christians go to pray 教堂: *Services are held in this church every Sunday morning at 10.* 本教堂礼拜时间为星期日早上10时正。○ *They are getting married in the village church.* 他们将要在村里的教堂举行婚礼。○ *the church tower* 教堂钟楼 ○ *Do you go to church regularly?* 你经常去教堂做礼拜吗？☛ Notice that when you are talking about going to a ceremony (a service) in a church you say 'in church', 'to church' or 'at church' without '**a**' or '**the**' 参与在教堂举行的仪式，英语说 in church、to church、at church；church 的前面没有 **a**，也没有 **the**: *Was Mrs Stevens at church today?* 斯蒂文斯太太今天去了教堂没有？**2 Church** [C] a particular group of Christians 教会；教派: *the Anglican, Catholic, Methodist, etc Church* 圣公会；天主教会；循道公会…

ˈ**churchgoer** *noun* [C] a person who goes to church regularly 按时去教堂做礼拜的人

the ˌChurch of ˈEngland *noun* [sing] the Protestant Church which is the official church in England 英国国教会；英国圣公会 ☛ Look at **Anglican**. 参看 **Anglican**。

ˈ**churchyard** *noun* [C] the area of land that is around a church 教堂庭院 ☛ Look at **cemetery** and **graveyard**. 参看 **cemetery** 及 **graveyard**。

churn /tʃɜːn ‖ tʃɝn/ *verb* **1** [T] to beat milk or cream so that it turns into butter 把（牛奶或奶油）搅拌（以制黄油）**2** [I,T] **churn (sth) (up)** to move, or to make sth move with great force（使）翻腾: *The motor boat churned up the water of the lake.* 摩托艇搅得湖水浪花滚滚。

(PHRASAL VERB 短语动词) **churn sth out** (*informal* 非正式) to produce large numbers of sth very quickly（大量兼快速地）生产/制造: *Modern factories can churn out cars at an amazing speed.* 现代化的工厂能够以惊人速度大量生产汽车。

chute /ʃuːt ‖ ʃut/ *noun* [C] a passage down which you can drop or slide things, so that you do not have to carry them 滑道；斜道: *a laundry chute* 送洗衣的滑道

chutney /ˈtʃʌtnɪ ‖ ˈtʃʌtni/ *noun* [U] a hot-tasting food that is made from fruit or vegetables with sugar, vinegar and spices. You eat chutney cold with cheese or meat. 酸辣酱；酸辣果菜

cider /ˈsaɪdə(r) ‖ ˈsaɪdɚ/ *noun* [U] an alcoholic drink that is made from apples 苹果酒

cigar /sɪˈɡɑː(r) ‖ sɪˈɡɑr/ *noun* [C] a roll of dried tobacco leaves that people smoke. Cigars are larger and more expensive than cigarettes 雪茄: *cigar smoke* 雪茄的烟雾

☆**cigarette** /ˌsɪɡəˈret; *US* 美 ˈsɪɡəret ‖ ˈsɪɡəˌrɛt/ *noun* [C] a roll of tobacco in a tube of thin white paper that people smoke 香烟: *a packet of cigarettes* 一包香烟 ○ *to smoke a cigarette* 抽香烟 ○ *She lit another cigarette.* 她又点上一支烟。○ *John put out his cigarette.* 约翰把烟掐灭了。

cigaˈrette lighter (*also* 亦作 **lighter**) *noun* [C] an object which produces a small flame for lighting cigarettes and cigars 打火机

cinder /ˈsɪndə(r) ‖ ˈsɪndɚ/ *noun* [C] a very small piece of coal, wood, etc that has been burning and may still be hot 炭渣；煤渣；炉渣

☆**cinema** /ˈsɪnəmɑː; *US* 美 ˈsɪnəmə ‖ ˈsɪnəmə/ *noun* (*US also* 美亦作 **the movies**) **1** [C] a place where you go to see a film 电影院: *Let's go to the cinema this evening* (= go and see a film). 今晚咱们去看电影，好不好？○ *What's on at the cinema this week?* 这个星期有什么电影上映？☛ In American English, you use **movie theater** to talk about the building where films are shown 美国英语称电影院为 **movie theater**: *There are five movie theaters in this town.* 这个镇有五家电影院。but **the movies** when you are talking about going to see a film there 指去看电影则用 **the movies**: *Let's go to the movies this evening.* 今晚咱们去看电影，好不好？**2** [U] films in general 电影（总称）: *Are you interested in cinema?* 你对电影有兴趣吗？

cinnamon /ˈsɪnəmən ‖ ˈsɪnəmən/ *noun* [U] a brown powder that is used for giving flavour to sweet food（调味用的）桂皮

circa /ˈsɜːkə ‖ ˈsɝkə/ *prep* (*abbr* 缩写 **c**) (*formal* 正式) (used with dates 与日期连用) about 大约: *The vase was made circa 600 AD.* 这个花瓶约于公元600年制成。

☆**circle** /ˈsɜːkl ‖ ˈsɝkḷ/ *noun* **1** [C] a line which curves round to form the shape of a ring. Every point on the line is the same distance from the centre 圆圈: *The children were drawing circles and squares on a piece of paper.* 孩子们在纸上画圆圈画方框。○ *We all stood in a circle and held hands.* 我们大家手拉手地站成一个圈。☛ picture at **shape**. 见 **shape** 插图。**2** [C] a flat, round area 环状物: *She cut out a circle of paper.* 她剪下一块圆纸片。**3** [C] a group of people who are friends, or who have the same interest or profession 圈子；阶层；界: *He has a large circle of friends.* 他交游甚广。○ *Her name was well known in artistic circles.* 她在艺术界颇有名气。**4** [sing] an area of seats that is upstairs in a cinema, theatre, etc（电影院、剧场等的）楼上包厢: *We've booked seats in the front row of the circle.* 我们订了楼上包厢的前座票。

(IDIOM 习语) **a vicious circle** ⇨ VICIOUS

circle *verb* **1** [I,T] to move, or to move round sth, in a circle, especially in the air 环绕；盘旋: *The plane circled the town several times before it landed.* 飞机在市镇上空盘旋了几圈才降落。**2** [T] to draw a circle round sth, eg on an examination paper（打）圈: *There are three possible answers to each question. Please circle the correct one.* 每道题的答案都有三个选择，请把正确的答案圈出来。

circuit /ˈsɜːkɪt ‖ ˈsɝkɪt/ *noun* [C] **1** a complete circular path that an electric current can flow around 电路 **2** a number of competitions or other events that take place every year in a particular sport. People often take part in all

C

the events, moving round from place to place 巡回赛；联赛: *She's one of the best players on the tennis circuit.* 网球巡回赛的最佳选手她算得上其中一个。**3** a circular journey round sth 环行: *The cars have to complete ten circuits of the track.* 参赛汽车必须跑完十圈才行。

☆**circular** /'sɜ:kjʊlə(r) ‖ 'sɝkjəlɚ/ *adj* **1** round and flat; shaped like a circle 圆形的: *a circular table* 圆桌 **2** (used about a journey, etc 指旅程等) going round in a circle 环行的: *The bus will take you on a circular tour of Oxford.* 你搭这班车可以环游牛津。**3** (used about a theory, etc 指理论等) using the point it is trying to prove as evidence for its conclusion 循环论证

circular *noun* [C] a printed letter, notice or advertisement that is sent to a large number of people 通告；单页广告；传单: *'Is there any post?' 'Nothing interesting – just a few circulars.'* "来了邮件吗？" "没什么重要的，只不过几张传单。"

circulate /'sɜ:kjʊleɪt ‖ 'sɝkjəˌlet/ *verb* **1** [I,T] to go from one person to another; to pass information from one person to another 流传；传播；传发: *Stories were circulating about the Minister's private life.* 部长的私生活引来流言蜚语。○ *We've circulated a copy of the report to each department.* 我们给每个部门散发了这份报告。**2** [I,T] (used about a substance 指物质) to move or make sth move round continuously（使）环行: *Blood circulates round the body.* 血液在体内循环。

circulation /ˌsɜ:kjʊ'leɪʃn ‖ ˌsɝkjə'leʃən/ *noun* **1** [U] the passing of sth from one person or place to another 流传: *the circulation of news, information, rumours, etc* 消息/情报/谣言…的传播 ○ *Old five pence coins are no longer in circulation* (= being used by people). 旧五便士硬币不再流通。**2** [C] the number of copies of a newspaper, magazine, etc that are sold each time it is produced（报纸、杂志等的）发行量: *This newspaper has a circulation of over a million.* 这份报纸每日销量超过一百万份。**3** [sing] the movement of blood around the body 血液循环: *If you have bad circulation, your hands and feet get cold easily.* 血液循环不良，手脚容易变冷。

circumcise /'sɜ:kəmsaɪz ‖ 'sɝkəmˌsaɪz/ *verb* [T] to cut off the skin at the end of a man's penis or a woman's clitoris, for religious or (in the case of a man) medical reasons 环割包皮/阴蒂 —**circumcision** /ˌsɜ:kəm'sɪʒn ‖ ˌsɝkəm'sɪʒən/ *noun* [C,U]

circumference /sə'kʌmfərəns ‖ sɚ'kʌmfərəns/ *noun* [C,U] the distance round a circle or sth circular 周长；圆周: *The circumference of the Earth is about 40 000 kilometres.* 地球的周长约为40 000公里。○ *The Earth is about 40 000 kilometres in circumference.* 地球的周长约为40 000公里。

☆**circumstance** /'sɜ:kəmstəns ‖ 'sɝkəmˌstæns/ *noun* **1** [C, usually pl] the facts and events that affect what happens in a particular situation 情况；情形；态势: *We need to know the exact circumstances surrounding the accident.* 我们要查明白这宗事故的确凿情况。○ *In normal circumstances I would not have accepted the job, but at that time I had very little money.* 要是在正常情况下，我不会接受这份差事；可那个时候我手头很紧。**2 circumstances** [plural] (*formal* 正式) the amount of money that you have 经济状况: *The company has promised to repay the money when its financial circumstances improve.* 公司作出承诺，待财政状况有所改善的时候便偿还款项。

(IDIOMS 习语) **in/under no circumstances** never, for any reason 在任何情况下都不可；无论如何都不可: *You must in no circumstances mention this subject again.* 你千万不要再提起这件事。

in/under the circumstances as the result of a particular situation 在这种情况下: *My father was very ill at that time, so under the circumstances I decided not to apply for the job.* 那时候我爸爸患了重病，在这样情况下，我决定不申请这份工作。○ *Well, it's not an ideal solution, but it's the best we can do in the circumstances.* 是啊，这不是理想的解决办法，但我们眼前最多就只能这样了。

☆**circus** /'sɜ:kəs ‖ 'sɝkəs/ *noun* [C] a show performed in a large tent by a company of people and animals 马戏: *We saw clowns, acrobats, lions and elephants at the circus.* 我们在马戏表演中看到了小丑、杂技演员、狮子和大象。

cistern /'sɪstən ‖ 'sɪstɚn/ *noun* [C] a tank for water, especially one that is connected to a toilet（尤指抽水马桶的）水箱

cite /saɪt ‖ saɪt/ *verb* [T] (*formal* 正式) to mention sth as an example to support what you are saying 引证: *She cited the high unemployment figures as an example of the Government's bad management.* 她举出庞大的失业数字来证明政府管理无方。

☆**citizen** /'sɪtɪzn ‖ 'sɪtəzn̩/ *noun* [C] **1** a person who is legally accepted as a member of a particular country 公民: *a British citizen* 英国公民 ○ *She was born in Japan, but became an American citizen in 1981.* 她在日本出生，1981年入籍美国。**2** a person who lives in a town or city 市民；居民: *Many of the citizens of Paris leave the town for the seaside during the summer.* 每到夏天很多巴黎市民都离开城市涌到海边。

☛ Look at **senior citizen**. 参看 **senior citizen**。

citizenship *noun* [U] the state of being a citizen of a particular country 公民身分: *After living in Spain for twenty years, he decided to apply for Spanish citizenship.* 他在西班牙住了二十年，最后决定申请加入该国国籍。

citrus fruit /'sɪtrəs fru:t ‖ 'sɪtrəsfrut/ *noun* [C,U] a fruit such as an orange or lemon 柑橘类水果（譬如橘子、柠檬）

☆**city** /'sɪtɪ ‖ 'sɪtɪ/ *noun* (*pl* **cities**) **1** [C] a large and important town 城市: *Venice is one of the most beautiful cities in the world.* 威尼斯为全球最美丽的城市之一。○ *Tokyo is the capital city of Japan.* 东京是日本的首都。○ *Many people are worried about housing conditions in Britain's inner cities* (= the central parts where there are often social problems). 英国城市市内贫民区的居住状况引起广泛忧虑。○ *the city centre* 市中心 **2 the City** [sing] the oldest part of London, which is now Britain's financial centre 伦敦金融区（伦敦的最古老部分，现为英国的金融中心）: *She works in a bank in the City.* 她在伦敦金融区一家银行工作。

civic /ˈsɪvɪk ‖ ˈsɪvɪk/ *adj* of a city or town 城市的: *civic pride* (= feeling proud because you belong to a particular town or city) 身为某市或某镇的居民而感到的自豪感 ○ *Guildford Civic Centre* 吉尔福德市政中心

civil[1] /ˈsɪvl ‖ ˈsɪvl̩/ *adj* polite, but not very friendly 有礼而不大热情: *I know you don't like the director, but do try and be civil to him.* 我知道你不喜欢这个导演，但你要尽量待之以礼。—**civilly** /ˈsɪvəlɪ ‖ ˈsɪvl̩ɪ/ *adv*

civil[2] /ˈsɪvl ‖ ˈsɪvl̩/ *adj* **1** (only *before* a noun 只用于名词前) connected with the state, not with the army or the Church 和国家（相对于军队、教会）有关；民政的: *civil aviation* 民用航空 ○ *civil engineering* (= the designing and building of roads, railways, bridges, etc) 土木工程 ○ *a civil wedding* (= not a religious one) 公证婚礼（非教会主持的婚礼）**2** (in law 法律) relating to the rights of ordinary people, and not criminal offences 民事的: *civil courts* 民事法庭

ˌcivil ˈrights (*also* 亦作 **ˌcivil ˈliberties**) *noun* [plural] a citizen's legal right to freedom and equality whatever his/her sex, race or religion 公民权；民权

ˌcivil ˈservant *noun* [C] a person who works in the Civil Service（文职）公务员；文官

the ˌCivil ˈService *noun* [sing] all the government departments (except for the armed forces) and all the people who work in them（政府的）文职部门；文官（体系）

ˌcivil ˈwar *noun* [C,U] a war between different groups of people who live in the same country 内战

civilian /sɪˈvɪlɪən ‖ səˈvɪljən/ *noun* [C] a person who is not in the army, navy, air force or police force 平民；百姓: *Two soldiers and one civilian were killed when the bomb exploded.* 共有两名士兵、一名平民死于这宗炸弹爆炸。○ *He left the army and returned to civilian life.* 他离开军队重过平民生活。

☆**civilization** (*also* 亦作 **civilisation**) /ˌsɪvəlaɪˈzeɪʃn; *US* 美 -əlɪˈz- ‖ ˌsɪvl̩əˈzeʃən/ *noun* **1** [C,U] a society which has its own highly developed culture and way of life 文明社会；文明世界: *the civilizations of ancient Greece and Rome* 古希腊、古罗马的文明社会 ○ *Western civilization* 西方文明社会 **2** [U] an advanced state of social and cultural development, or the process of reaching this state 文明: *China had reached a higher level of civilization than Europe at that time.* 当时中国文明的水平要比欧洲高。○ *The civilization of the human race has taken thousands of years.* 人类文明的演进经历了数千年。

civilize (*also* 亦作 **civilise**) /ˈsɪvəlaɪz ‖ ˈsɪvl̩ˌaɪz/ *verb* [T] to make people or a society develop from a low social and cultural level to a more advanced one 开化；文明化

civilized (*also* 亦作 **civilised**) /ˈsɪvəlaɪzd ‖ ˈsɪvl̩ˌaɪzd/ *adj* **1** (used about a society 指社会) having a high level of social and cultural development 文明的；开化的: *In a civilized society there should not be people sleeping on the streets.* 文明社会不该有人露宿街头。**2** polite and reasonable 有礼貌并讲道理的: *a civilized conversation* 有礼得体的对话

clad /klæd ‖ klæd/ *adj* (not before a noun 不用于名词前) (*old-fashioned formal* 旧，正式) dressed 穿着 / 穿得…的: *The children were warmly clad in coats, hats and scarves.* 孩子们穿了外套，戴了帽子，围了围巾，一身暖洋洋的打扮。

☆**claim**[1] /kleɪm ‖ klem/ *verb* **1** [T] to say that sth is true, without having any proof 声称: *The bus driver claimed that she had not seen the cyclist.* 公共汽车司机说她没有看见那个骑自行车的人。○ *Colin claims the book belongs to him.* 科林说这本书是他的。○ *The woman claims to be the oldest person in Britain.* 这个女人自称是英国最长寿的人。○ *No one has claimed responsibility for the bomb attack.* 到目前为止这宗炸弹袭击仍没有人出来承担责任。**2** [I,T] **claim (for sth)** to ask for sth because you think you should have it or that it belongs to you 索求；认领: *The police are keeping the animal until somebody claims it.* 这头动物暂由警察看管，直至有人认领为止。○ *If you are disabled you can claim a special allowance from the Government.* 伤残人士可以向政府申请特别津贴。○ *Don't forget to claim for your travel expenses when you get back.* 回来的时候别忘了申报旅费。**3** [T] (*formal* 正式) to cause death 引致死亡: *The earthquake claimed thousands of lives.* 这场地震夺去了成千上万条生命。

☆**claim**[2] /kleɪm ‖ klem/ *noun* [C] **1** a statement that sth is true, that does not have any proof 声言: *I do not believe the Government's claim that they can reduce unemployment by the end of the year.* 政府声称到年底可以把失业率降下来，这个我却不大相信。**2 claim (for sth)** a demand for sth that you think you have a right to 要求；索取: *to make an insurance claim* 申领保险赔偿 ○ *After the accident he decided to put in a claim for compensation.* 意外发生后他决定索取赔偿。○ *a pay claim* 加薪要求 **3 claim (to sth)** the right to have sth 拥有权；所有权: *You will have to prove your claim to the property in a court of law.* 你要在法庭上拿出证明支持你的产权。

(IDIOM 习语) **stake a/your claim** ⇨ STAKE[1]

clam[1] /klæm ‖ klæm/ *noun* [C] a type of shellfish 蛤；蛤蜊

clam[2] /klæm ‖ klæm/ *verb* (cla**mm**ing; cla**mm**ed)

(PHRASAL VERB 短语动词) **clam up** (*informal* 非正式) to stop talking and refuse to speak 缄口不语；保持沉默: *She always clams up when I ask her about her past.* 每当我问起她的往事她总是缄口不语。

clamber /ˈklæmbə(r) ‖ ˈklæmbɚ/ *verb* [I]

C

to climb with difficulty, usually using both your hands and feet（吃力地）爬/攀登: *She managed to clamber up the hillside.* 她吃力地爬上了山坡。

clammy /ˈklæmɪ ‖ ˈklæmɪ/ *adj* damp and sticky 黏湿的: *clammy hands* 又湿又黏的双手

clamour (*US* 美 **clamor**) /ˈklæmə(r) ‖ ˈklæmɚ/ *verb* [I] **clamour for sth** to demand sth in a loud or angry way 高声地或愤怒地提出要求；吵着要求: *The public are clamouring for an answer to all these questions.* 公众在大声疾呼，要求有关方面就所有这些问题作出答复。 —**clamour** (*US* 美 **clamor** /ˈklæmə(r) ‖ ˈklæmɚ/) *noun* [sing]: *We could hear the clamour of angry voices.* 我们听到愤怒的呼喊。

clamp /klæmp ‖ klæmp/ *noun* [C] a tool that you use for holding two things together very tightly 钳；夹具；夹钳

clamp *verb* [T] **1** to fasten two things together with a clamp 钳住: *The metal rods were clamped together.* 铁棒给钳在一起。○ *Clamp the wood to the table so that it doesn't move.* 把这根木头钳住桌子使它不动。**2** to put or hold sth very firmly in a particular place 夹紧: *He kept his pipe clamped between his teeth.* 他嘴里叼着烟斗。**3** (*also* 亦作 **wheelclamp**) to attach a metal object to the wheel of a vehicle that has been parked in an illegal place, so that it cannot move 扣锁（违章停放的车辆）: *Oh no! My car's been clamped.* 啊！我的车子给交通警察锁住了。

(PHRASAL VERB 短语动词) **clamp down on sb/sth** (*informal* 非正式) to take strong action against sb/sth in order to stop or control sth 取缔；镇压；打击: *The police are clamping down on people who drink and drive.* 警方正全力打击酒后驾车。

ˈ**clamp-down** *noun* [C]: *a clamp-down on tax evasion* 打击逃税

clan /klæn ‖ klæn/ *noun* [C, with sing or pl verb] a group of families who are related to each other, especially in Scotland（尤指苏格兰的）宗族/家族

clandestine /klænˈdestɪn ‖ klænˈdɛstɪn/ *adj* (*formal* 正式) secret and often not legal 秘密的；地下的

clang /klæŋ ‖ klæŋ/ *noun* [C] a loud ringing sound that is made when a metal object hits sth（金属撞击时发出的）叮当声: *The huge metal door closed with a clang.* 大铁门砰的一声关上了。

clang *verb* [I,T] to make or cause sth to make this sound（使）当当作响

clank /klæŋk ‖ klæŋk/ *noun* [C] a loud sound that is made when a metal object (eg a heavy chain) hits sth（铁链等金属撞击时发出的）叮当声

clank *verb* [I,T] to make or cause sth to make this sound（使）当当作响

☆**clap** /klæp ‖ klæp/ *verb* (cla**pp**ing; cla**pp**ed) **1** [I,T] to put your hands together quickly in order to make a loud sound, usually to show that you like sth 鼓掌；拍手: *The audience clapped as soon as the singer walked onto the stage.* 歌手一登上舞台听众随即鼓掌欢迎。○ *Everybody was clapping their hands in time to the music.* 大家随着乐声打拍子。**2** [T] to put sth onto sth quickly and firmly 用力捂住: *'Oh no, I shouldn't have said that,' she said, clapping a hand over her mouth.* "不好，我不该这么说。" 她一边说一边用手捂住嘴。

clap *noun* [C] **1** an act of clapping 鼓掌；拍手: *Let's have a big clap for our next performer!* 请大家鼓掌欢迎下一位表演者！**2** a sudden loud noise of thunder 霹雳: *a clap of thunder* 霹雳一声

clarify /ˈklærɪfaɪ ‖ ˈklærəˌfaɪ/ *verb* [T] (*pres part* **clarifying**; *3rd pers sing pres* **clarifies**; *pt, pp* **clarified**) to make sth become clear and easier to understand 澄清: *I hope that what I say will clarify the situation.* 我希望我要说的话可以把问题澄清一下。—**clarification** /ˌklærɪfɪˈkeɪʃn ‖ ˌklærəfəˈkeʃən/ *noun* [U]: *We'd like some clarification of exactly what your company intends to do.* 贵公司究竟打算做些什么，希望您能作一些说明。

clarinet /ˌklærəˈnet ‖ ˌklærəˈnɛt/ *noun* [C] a musical instrument that is made of wood. You play a clarinet by blowing through it. 单簧管；竖笛

clarity /ˈklærətɪ ‖ ˈklærətɪ/ *noun* [U] the quality of being clear and easy to understand 清晰: *clarity of expression* 表达的清晰程度

clash /klæʃ ‖ klæʃ/ *verb* **1** [I] **clash (with sb) (over sth)** to fight or disagree seriously about sth 冲突；激辩: *A group of demonstrators clashed with police outside the Town Hall.* 市政厅门外一群示威者与警察发生冲突。○ *Conservative and Labour politicians have clashed again over defence cuts.* 保守党和工党再次就国防开支应否紧缩展开激辩。**2** [I] **clash (with sth)** (used about two events 指两件事) to happen at the same time（日程、时间等）相撞/有冲突: *It's a pity the two concerts clash. I wanted to go to both of them.* 真可惜，两场音乐会时间冲突，我原来想两场都去呢。**3** [I] **clash (with sth)** (used about colours, etc 指颜色等) not to match or look nice together 不调和: *I don't think you should wear that tie – it clashes with your shirt.* 别系这条领带，它跟你的衬衫色彩不协调。**4** [I,T] (used about two metal objects 指两件金属物体) to hit together with a loud noise; to cause two metal objects to do this（使）砰然相撞: *Their swords clashed.* 他们两把剑斗得铿锵作响。

clash *noun* [C] **1** a fight or serious disagreement 冲突；激辩；搏斗: *a clash between police and demonstrators* 警察与示威者的冲突 **2** a big difference 重大分歧: *a clash of opinions* 意见分歧 ○ *There was a personality clash between the two men.* 这两个男人个性截然不同。**3** a loud noise, made by two metal objects hitting each other（两件金属物体撞击时发出的）碰击声: *the clash of cymbals* 两钹相击发出的锵锵声

clasp[1] /klɑːsp; *US* 美 klæsp ‖ klæsp/ *noun* [C] an object, usually of metal, which fastens or holds sth together（一般用金属造的）搭扣/搭钩: *the clasp on a necklace, brooch, handbag, etc* 项链/胸针/手提包…的搭扣

clasp² /klɑ:sp; *US* 美 klæsp ‖ klæsp/ *verb* [T] to hold sb/sth tightly 紧握: *She was clasping a knife.* 她手里紧握着一把刀。○ *Kevin clasped the child in his arms.* 凯文把小孩紧紧地搂着。

☆**class** /klɑ:s; *US* 美 klæs ‖ klæs/ *noun* **1** [C] a group of pupils or students who are taught together 班级: *Jane and I are in the same class at school.* 珍妮跟我同班。☛ In the singular **class** can be used with either a singular or a plural verb * **class** 以单数形式出现的时候，后面的动词单、复数皆可: *The whole class is/are going to the theatre tonight.* 今晚全班同学都去看戏。**2** [C,U] a lesson 上课；课: *Classes begin at 9 o'clock in the morning.* 早上9时开课。○ *I go to evening classes in local history on Wednesdays.* 每星期三我去夜校上地方史。○ *We watched an interesting video in class* (= during the lesson) *yesterday.* 昨天我们在课堂上看了一部挺有趣的录像。**3** [U] the way people are divided into social groups 阶级；阶层: *The idea of class still divides British society.* 当今的英国社会仍受阶级观念支配。○ *class differences* 阶级差异 **4** [C,U] a group of people who are at the same social and economic level 阶级（社会地位、经济地位相同的一类人）: *the working/middle/upper class* 工人/中产/上层阶级 ☛ In the singular **class** can be used with either a singular or a plural verb. * **class** 以单数形式出现的时候，后面的动词单、复数皆可。**5** [C] a group of things of a similar type 类别；纲: *There are several different classes of insects.* 昆虫有好些不同的纲。**6** [U] (*informal* 非正式) high quality or style 优质；上等: *Lineker is a player of great class.* 莱恩克尔是第一流选手。**7** [C] (especially in compounds 尤用以构成复合词) of a certain level of quality or comfort（按品质或舒适程度划分的）等级: *a first-class compartment on a train* 火车上的头等车厢 **8** [C] (*Brit* 英) (especially in compounds 尤用以构成复合词) a grade that you get when you pass your final university examination 等/级（大学学位的等级）: *a first-/second-/third-class degree* 一等/二等/三等学位

class *verb* [T] **class sb/sth (as sth)** to put sb/sth in a particular group or type 归类；分类；列为: *The house has recently been classed as a 'historic building'.* 这幢房子最近被列为“古建筑”。

classy /'klɑ:sɪ; *US* 美 'klæsɪ ‖ 'klæsɪ/ *adj* (**classier**; **classiest**) (*informal* 非正式) of high quality or style; expensive 高级；高档；昂贵: *She took me to a classy restaurant in Soho.* 她带我到索霍区的一家高档餐馆吃饭。

'**classmate** *noun* [C] a person who is in the same class as you at school or college 同学

'**classroom** *noun* [C] a room in a school, college, etc where classes are taught 课室

classic /'klæsɪk ‖ 'klæsɪk/ *adj* **1** typical 典型的；代表性的: *This painting is a classic example of the French Impressionist style.* 这幅画是法国印象派的经典之作。○ *It was a classic case of bad management.* 这是管理不善的典型例子。**2** (used about a book, play, etc 指书、戏剧等) important and having a value that will last 经典的: *the classic film 'Gone With The Wind'* 经典电影《飘》

classic *noun* **1** [C] a famous book, play, etc which has a value that will last 经典作品: *All of Charles Dickens' novels are classics.* 查尔斯·狄更斯的所有小说都是经典之作。**2 Classics** [U] the study of ancient Greek and Roman language and literature 古典语言文学研究/古典学（以古希腊、古罗马的语言和文学为研究对象的学问）

classical /'klæsɪkl ‖ 'klæsɪkḷ/ *adj* **1** (used about music 指音乐) serious and having a value that lasts 古典的: *I prefer classical music to pop or jazz.* 我爱听古典音乐，不爱听流行音乐或爵士乐。**2** traditional, not modern 传统的: *classical ballet* 古典芭蕾舞 ○ *classical scientific methods* 传统科学的方法 **3** relating to ancient Greece or Rome 跟古希腊/古罗马有关: *classical architecture* 古典建筑 —**classically** /'klæsɪkəlɪ ‖ 'klæsɪklɪ/ *adv*

classify /'klæsɪfaɪ ‖ 'klæsəˌfaɪ/ *verb* [T] (*pres part* **classifying**; *3rd pers sing pres* **classifies**; *pt, pp* **classified**) **classify sb/sth (as sth)** to put sb/sth into a group with other people or things of a similar type 分类；归类: *The books in a library are usually classified according to subject.* 图书馆的书籍一般按科目分类。—**classification** /ˌklæsɪfɪ'keɪʃn ‖ ˌklæsəfə'keʃən/ *noun* [C,U]: *His job involves the classification of the different species of butterfly.* 他的职责之一是把各种蝴蝶分类。

classified *adj* officially secret 机密的: *classified information* 机密情报

classified ad'vertisements (*also Brit informal* 英，非正式 ˌ**classified 'ads**; '**small ads**) *noun* [plural] small advertisements that you put in a newspaper if you want to buy or sell sth, employ sb, find a flat, etc 分类广告；小广告

clatter /'klætə(r) ‖ 'klætɚ/ *noun* [sing] a series of short loud repeated sounds that is made when hard objects hit against each other（硬物互相碰撞时发出的）哐啷声: *the clatter of knives and forks* 刀叉的哐啷声

clatter *verb* [I,T] to make or cause sth to make this noise（使）发出哐啷声: *The horses clattered down the street.* 街上的马嗒嗒地往前跑。

clause /klɔ:z ‖ klɔz/ *noun* [C] **1** a paragraph in a legal document（法律文件上的）条款 **2** (*grammar* 语法) a group of words that includes a subject and a verb. A clause is usually only part of a sentence 子句/分句/从句（语法术语，由主语、动词组成的一组词语，一般作为句子的构成部分）: *The sentence, 'After we had finished eating, we watched a film on the video' contains two clauses.* * “After we had finished eating, we watched a film on the video” 这个句子包含两个子句。

claustrophobia /ˌklɔ:strə'fəʊbɪə ‖ ˌklɔstrə'fobɪə/ *noun* [U] great fear of being in a small or closed space 幽闭恐怖症

claustrophobic /ˌklɔ:strə'fəʊbɪk ‖ ˌklɔstrə'fobɪk/ *adj* **1** afraid in this way 感到幽闭恐怖:

C

I always feel claustrophobic in lifts. 我乘电梯的时候总是患有幽闭恐怖症。**2** (used about sth that makes you feel afraid in this way 用以形容令人产生幽闭恐怖的事物): *a claustrophobic little room* 容易引起幽闭恐怖症的小房间

claw /klɔ: ‖ klɔ/ *noun* [C] **1** one of the pointed nails on the feet of some animals and birds（鸟、兽的）爪: *Cats have sharp claws.* 猫有利爪。**2** the part of a leg on some types of insects and sea animals which they use for holding things（昆虫或海洋生物的）螯/钳

C

clay /kleɪ ‖ kle/ *noun* [U] heavy earth that is soft when it is wet and becomes hard when it is baked or dried 黏土: *The students were modelling heads out of clay.* 这些学生正在用黏土塑造头颅。○ *clay pots* 黏土壶

☆**clean**[1] /kli:n ‖ klin/ *adj* **1** not dirty 清洁的: *The whole house was beautifully clean.* 全屋清洁美观。○ *Are your hands clean?* 你的手洗干净没有？○ *I think I'll change into some clean clothes.* 我要换上干净的衣裳。**2** (used about animals and people 指人、动物) having clean habits 爱干净的: *Cats are very clean animals.* 猫很爱干净。**3** (used about humour 指幽默的事物) not about sex, etc; not dirty 干净；没有色情内容的: *a clean joke* 没有色情成分的笑话 **4** having no record of offences 无违章纪录的: *a clean driving-licence* 未有违章纪录的驾驶执照

(IDIOM 习语) **a clean sweep** a complete victory in a sports competition, election, etc that you get by winning all the different parts of it 全胜: *The Russians made a clean sweep of all the gymnastics events.* 俄国选手在体操赛事中大获全胜。

clean *adv* (*informal* 非正式) completely 完全地: *The lorry went clean through the wall.* 卡车把墙都撞穿了。○ *I clean forgot it was your birthday.* 那天是你的生日，可我全忘了。

(IDIOM 习语) **come clean (with sb) (about sth)** (*informal* 非正式) to tell the truth about sth that you have been keeping secret 坦白供出: *She decided to come clean with Martin about her relationship with Tom.* 她决定把自己跟汤姆的关系向马丁和盘托出。

ˌ**clean-'shaven** *adj* (used about men 指男子) not having a beard or a moustache 胡子刮得干净

☆**clean**[2] /kli:n ‖ klin/ *verb* **1** [T] to remove dirt and marks from sth 打扫: *to clean the house, the windows, the kitchen floor, etc* 打扫房子/窗户/厨房地板… ○ *Don't forget to clean your teeth!* 别忘了刷牙！○ *Oh dear, my shoes need cleaning.* 啊，我的鞋子要擦一擦了。☛ **Clean** is a general word for removing dirt from something. 把污垢除去，一般叫 **clean**。If you **wash** something you clean it with water and often soap. 洗去污垢，叫 **wash**。You can **wipe** a surface by rubbing it with a wet cloth; you **dust** a surface by rubbing it with a dry cloth. 用湿布抹，叫 **wipe**；用干布抹，叫 **dust**。If you **brush** something you clean it with a brush that has a short handle; if you **sweep** the floor you use a brush with a long handle. 用刷子刷，叫 **brush**；用扫帚扫，叫 **sweep**。**2** [I] to make the inside of a house, office, etc free from dust and dirt 打扫（室内地方）: *Mr Burrows comes in to clean after office hours.* 伯罗斯先生通常在办公时间过后就来打扫卫生。

(PHRASAL VERBS 短语动词) **clean sth out** to clean the inside of sth thoroughly 将某物的内部清扫干净: *I'm going to clean out all the kitchen cupboards next week.* 下周我要把所有厨柜好好的清扫一番。

clean (sth) up 1 to remove all the dirt from a place that is particularly dirty 把特别肮脏的地方打扫清洁: *I'm going to clean up the kitchen before Mum and Dad get back.* 我要在爸妈回来之前把厨房打扫干净。**2** to remove sth that has just been spilled 把溢出来的东西抹去: *Oh no, you've spilt coffee on the new carpet! Can you clean it up?* 怎么搞的？你把咖啡洒到新地毯上来了。给我弄干净，好吗？

cleaner /'kli:nə(r) ‖ 'klinɚ/ *noun* **1** [C] a person whose job is to clean the rooms and furniture inside a house or other building 清洁工: *an office cleaner* 办公室清洁工 **2** [C] a substance or an instrument that you use for cleaning sth 去污剂；清洁用具: *liquid floor cleaners* 地板去污水 ○ *a carpet cleaner* 地毯清扫器 ☛ Look at **vacuum cleaner**. 参看 **vacuum cleaner**。**3 cleaner's** = DRY-CLEANER'S: *Could you take my coat to the cleaner's?* 可不可以把我的外套拿到干洗店洗洗？

cleanliness /'klenlɪnɪs ‖ 'klɛnlɪnəs/ *noun* [U] being clean 清洁: *High standards of cleanliness are extremely important in a hotel kitchen.* 酒店厨房要保持高度清洁，这一点很重要。

cleanly /'kli:nlɪ ‖ 'klinlɪ/ *adv* easily or smoothly 容易地；流畅地: *The knife cut cleanly through the rope.* 一刀把绳索切断。

cleanse /klenz ‖ klɛnz/ *verb* [T] to make sth thoroughly clean 清扫；清理: *to cleanse a cut* 彻底清理伤口

cleanser *noun* [C] a substance that you use for cleaning sth, especially your skin（尤指用于皮肤的）清洁剂

☆**clear**[1] /klɪə(r) ‖ klɪr/ *adj* **1** easy to see through 透明；澄澈: *clear glass* 透明的玻璃 ○ *The water was so clear that we could see the bottom of the lake.* 湖水清澈见底。**2** easy to see, hear or understand 清晰: *We get a very clear picture on our new television.* 我们新买的电视机画面很清晰。○ *His voice wasn't very clear on the telephone.* 电话里他的声音不大清楚。○ *She gave me clear directions on how to get there.* 那个地方怎么去，她给我说得明明白白。**3** free from marks 无痕；没有斑点: *a clear sky* (= without clouds) 晴朗无云的天空 ○ *a clear skin* (= without spots) 光洁的皮肤 **4** free from things that are blocking the way 畅顺: *The police say that most roads are now clear of snow.* 警察说大部分马路上的雪已经扫清了。**5 clear (to sb)** easy to see; obvious 明显: *There are clear advantages to the second plan.* 第二个计划的好处显而易见。○ *It was clear to me that he was not telling the truth.* 我知道他讲的不是真话。○ *The answer to the problem is quite clear.* 答案显而易见。

6 clear (about/on sth) sure or definite; without any doubts 确凿: *I'm not quite clear about the arrangements for tomorrow.* 我不大清楚明天的安排。**7** not confused 清醒的: *Clear thinking is very important in this job.* 干这活头脑清醒很重要。○ *We need to get a clear understanding of the situation.* 我们要对形势有个清楚的了解。**8** free from guilt 无辜的: *It wasn't your fault. You can have a completely clear conscience.* 这不是你的错，放心好了。

(IDIOM 习语) **make yourself clear; make sth clear/plain (to sb)** to speak so that there can be no doubt about what you mean 说清楚: *'I do not want you to go to that concert,' said my mother. 'Do I make myself clear?'* 妈妈说："那个音乐会我不让你去，听明白了吗？" ○ *He made it quite clear that he was not happy with the decision.* 他说得很清楚，他不满意这个决定。

clearly *adv* **1** in a way that is easy to see, hear or understand 清晰地: *It was so foggy that we couldn't see the road clearly.* 大雾弥漫，我们看不清路。**2** in a way that is not confused 清醒地: *I'm so tired that I can't think clearly.* 我累得什么也想不清楚。**3** obviously; without doubt 明显地；无疑: *She clearly doesn't want to speak to you any more.* 她显然不想再跟你说话。

ˌclear-ˈheaded *adj* able to think clearly, especially if there is a problem 头脑清醒的

ˌclear-ˈsighted *adj* able to understand situations well and to see what might happen in the future 有眼光有远见的

☆**clear²** /klɪə(r) ‖ klɪr/ *adv* **1** = CLEARLY(1): *We can hear the telephone loud and clear from here.* 我们这儿听的电话又响亮又清晰。**2 clear (of sth)** away from sth; not touching sth 保持距离: *stand clear of the doors* (= on a train) (在火车上)不要挨近车门

(IDIOM 习语) **keep/stay/steer clear (of sb/sth)** to avoid sb/sth 避开: *It's best to keep clear of the town centre during the rush hour.* 尽量避免在交通拥挤时间到市中心去。

ˌclear-ˈcut *adj* definite and easy to see or understand 清晰可见；十足: *It was a clear-cut case of police corruption.* 这是彻头彻尾的警察贪污案。

☆**clear³** /klɪə(r) ‖ klɪr/ *verb* **1** [T] to remove sth that is not wanted or needed 清除: *to clear the roads of snow/to clear snow from the roads* 清除路上的积雪 ○ *It's your turn to clear the table* (= to take away the dirty plates, etc after a meal). 轮到你收拾餐具。○ *Shall I help you clear away the plates?* 我帮你收拾餐具，好不好？**2** [I] (used about fog, smoke, etc 指雾、烟等) disappear 散开；消失: *The fog slowly cleared and the sun came out.* 雾慢慢散去，太阳又出来了。**3** [I] (used about the sky, the weather or water 指天空、天气或水) to become free of clouds, rain, or mud 转晴；停雨；变清: *After a cloudy start, the weather will clear during the afternoon.* 上午多云，下午天气会转晴。**4** [T] to jump over or get past sth without touching it 顺利越过: *The horse cleared the first jump but knocked down the second.* 马第一次跳过了，第二次却没跳过去。**5** [T] to give permission for sth to happen 准许…发生: *At last the plane was cleared for take-off.* 最后飞机获准起飞。**6** [I] (used about a cheque 指支票) to go through the system that transfers money from one account to another 过户: *The cheque will take three days to clear.* 支票过户需时三天。**7** [T] **clear sb (of sth)** to prove that sb is not guilty of a crime or mistake 证明某人无罪: *The man has finally been cleared of murder.* 这名男子终于洗脱了谋杀罪名。

(IDIOMS 习语) **clear the air** to remove tension by talking openly about worries, doubts, etc (通过畅谈)消除紧张局面: *I'm sure if you discuss your feelings with her it will help to clear the air between you.* 要是你跟她谈谈心，我敢保证你们俩会冰释前嫌。

clear your throat to cough slightly in order to make it easier to speak 清嗓子: *He cleared his throat and then began his speech.* 他清一清嗓子，然后开始讲话。

(PHRASAL VERBS 短语动词) **clear off** (*informal* 非正式) (used especially as an order 尤作命令) to go away 滚开: *'Clear off,' shouted the farmer, 'you're on my land!'* 农夫说："这是我的地，快滚！"

clear sth out to tidy sth and throw away things that you do not want 清理(东西): *I really must clear out the kitchen cupboards.* 我一定要把厨柜清理干净。

clear up (used about the weather or an illness 指天气或疾病) to get better 好转；转晴: *We can go out for a walk if it clears up later on.* 要是一会儿放晴的话，咱们可以到外边散步去。○ *The doctor told him to stay at home until his cold cleared up.* 医生吩咐他待在家里，直到他的伤风好了为止。

clear (sth) up to make sth tidy 整理: *Make sure you clear up properly before you leave.* 离开前别忘了把东西收拾好。

clear sth up to find the solution to a problem, mystery, etc 解答(问题)；解开(疑团): *There's been a slight misunderstanding but we've cleared it up now.* 我们的确有过小小的误会，可现在没事了。

clearance /ˈklɪərəns ‖ ˈklɪrəns/ *noun* [U] **1** the removing of sth that is old or not wanted 清除: *slum clearance* 清拆贫民窟 ○ *The shop is having a clearance sale* (= selling things cheaply in order to get rid of them). 这家商店正在举行清仓大廉卖。**2** the distance between an object and something that is passing under or beside it, eg a ship or vehicle 净空(一物从另一物旁边或下面经过时，两者间的空隙): *There was not enough clearance for the bus to pass under the bridge safely.* 这座桥桥下净空不足以让公共汽车安全通过。**3** official permission for sb/sth to do sth 正式批准: *clearance to work at the nuclear research establishment* 批准在核研究机关工作

clearing /ˈklɪərɪŋ ‖ ˈklɪrɪŋ/ *noun* [C] a small area without trees in the middle of a wood or forest 森林中的空地

C

cleavage /'kli:vɪdʒ ‖ 'klivɪdʒ/ *noun* [C,U] the space between a woman's breasts 乳沟

clef /klef ‖ klɛf/ *noun* [C] (in music 音乐) a sign (𝄞, 𝄢) at the beginning of a line of written music that shows the range of the notes 谱号（写在谱表开端以表示音符的音高的符号，即 𝄞 或 𝄢）

clementine /'klemənti:n ‖ 'klɛmən,tin/ *noun* [C] a type of small orange with a loose skin 小柑橘

clench /klentʃ ‖ klɛntʃ/ *verb* [T] to close or hold tightly 合紧；抓紧: *He clenched his teeth in pain.* 他疼得咬紧牙关。○ *She clenched her fists and looked as if she was about to hit him.* 她紧握双拳，似乎想揍他一顿。

clergy /'klɜ:dʒɪ ‖ 'klɝdʒɪ/ *noun* [plural] the people who perform religious ceremonies in the Christian church 神职人员（统称）: *a member of the clergy* 一位神职人员

clergyman /'klɜ:dʒɪmən ‖ 'klɝdʒɪmən/ *noun* (*pl* **clergymen** /-mən ‖ -mən/) a member of the clergy 神职人员

clerical /'klerɪkl ‖ 'klɛrɪkl̩/ *adj* **1** connected with the work of a clerk in an office 与文书工作有关: *clerical work* 文书工作 **2** of or concerning the clergy 与神职人员有关

☆**clerk** /klɑ:k; *US* 美 klɜ:rk ‖ klɝk/ *noun* [C] **1** a person whose job is to do written work or look after records or accounts in an office, bank, court of law, etc 文书；事务员 **2** (*also* 亦作 **sales clerk**) (*US* 美) = SHOP ASSISTANT

☆**clever** /'klevə(r) ‖ 'klɛvɚ/ *adj* **1** able to learn, understand or do sth quickly and easily; intelligent 聪明；伶俐；灵巧: *a clever student* 聪明的学生 ○ *How clever of you to mend my watch!* 你真棒，能够修理好我的手表！○ *She's so clever with her hands – she makes all her own clothes.* 她生来就有一双巧手，衣服都是自己做的。**2** (used about things, ideas, etc 指事物、主意等) showing skill or intelligence 巧妙；灵巧: *a clever device* 灵巧的装置 ○ *a clever plan* 精明的计划 —**cleverly** *adv* —**cleverness** *noun* [U]

cliché /'kli:ʃeɪ; *US* 美 kli:'ʃeɪ ‖ kli'ʃe/ *noun* [C] a phrase or idea that has been used so many times that it no longer has any real meaning or interest 陈词滥调；司空见惯的事: *the usual cliché of the middle-aged businessman leaving his wife for a twenty-year-old girl* 中年商人为了追求年方二十的少女而离弃妻子的陈腐老话

click[1] /klɪk ‖ klɪk/ *noun* [C] a short sharp sound 尖而短的声音；咔嗒声: *I heard the click of a key in the lock.* 我听见开锁的声音。○ *the click of a switch* 开关的咔嗒声

click[2] /klɪk ‖ klɪk/ *verb* **1** [I,T] to make a short sharp sound; to cause sth to do this（使）发出咔嗒声: *The door clicked shut.* 门咔嗒一声关上了。○ *He clicked the switch.* 他咔嗒一声便开了开关。○ *To open a file on the computer, click on the mouse.* 按一下鼠标便可开启计算机上的文件。**2** [I] (*Brit informal* 英，非正式) (used about two people 指两个人) to become friendly immediately 一见如故；一拍即合: *We met at a party and just clicked.* 我们俩在酒会相识，一见如故。**3** [I] (*informal* 非正式) (used about a problem, etc 指问题等) to become suddenly clear or understood 突然变得清晰: *Once I'd found the missing letter, everything clicked into place.* 那封丢失的信找到之后，我就茅塞顿开，什么事都明白过来了。

☆**client** /'klaɪənt ‖ 'klaɪənt/ *noun* [C] someone who receives a service from a professional person 接受专业服务的人；客户

clientele /ˌkli:ən'tel; *US* 美 ˌklaɪən'tel ‖ ˌklaɪən'tɛl/ *noun* [U] the group of people who regularly go to a particular shop, hotel, etc 常客的统称 ☛ This word is more formal than alternatives such as **customers** or **guests**. 与 **customers**、**guests** 等近义词相比，这个词适用于较正式的场合。

☆**cliff** /klɪf ‖ klɪf/ *noun* [C] a high, very steep area of rock, especially one next to the sea 悬崖/峭壁（尤指海边的）: *the white cliffs of Dover* 多佛尔的白色悬崖 ☛ picture at **beach**. 见 **beach** 插图。

☆**climate** /'klaɪmɪt ‖ 'klaɪmɪt/ *noun* [C] **1** the normal weather conditions of a particular region 气候: *a dry, humid, tropical, etc climate* 干燥/湿润/热带…气候 ○ *What are the effects of global warming on our climate?* 地球气温上升对这里的气候有什么影响？**2** the general opinions, etc that people have at a particular time（某时期的）民意: *What is the current climate of opinion regarding the death penalty?* 时下舆论对死刑有什么看法？○ *the political climate* 政治气候

climatic /klaɪ'mætɪk ‖ klaɪ'mætɪk/ *adj* of climate 气候的: *a conference to discuss climatic change* 气候变化研讨会

climax /'klaɪmæks ‖ 'klaɪmæks/ *noun* [C] the most important and exciting part of a book, play, piece of music, event, etc（书、戏剧、乐曲、事件等的）高潮: *the novel's climax in the final chapter* 小说最后一回所展现的高潮 ○ *The election victory marked the climax of his political career.* 这次选举胜利是他政治生涯的顶峰。

climax *verb* [I] to reach a climax 达到高潮

☆**climb** /klaɪm ‖ klaɪm/ *verb* **1** [I,T] to move up to the top of sth 向上爬: *The cat managed to climb to the top of the tree.* 那只猫终于爬上树顶。○ *to climb a tree, mountain, rope, etc* 爬树/山/绳… ○ *She climbed the stairs to bed.* 她攀梯上床。○ *to climb up a ladder* 攀上梯子 **2** [I] to move, with difficulty, in the direction mentioned（向所述的方向吃力地）爬: *I managed to climb out of the window.* 我好不容易才爬出窗外。**3** [I] to go up mountains, etc as a sport 登山（作为运动）☛ **Go climbing** is a common way of talking about climbing for pleasure 登山作为消遣一般叫 **go climbing**: *I go climbing in the Alps most summers.* 夏天我常去爬阿尔卑斯山。**4** [I] to rise to a higher position 由低往高: *The plane climbed steadily.* 飞机平稳地爬升。○ *The road climbed steeply up the side of the mountain.* 这条路沿着陡峭的山坡向上攀升。○ (*figurative* 比喻) *The value of the dollar against the pound has climbed to a record level.* 美元兑英镑价格涨破纪录。

(IDIOM 习语) **climb/jump on the bandwagon** ⇨ BANDWAGON

(PHRASAL VERB 短语动词) **climb down (over sth)** (*informal* 非正式) to admit that you have made a mistake; to change your opinion about sth 认错；改口

climb *noun* [C] an act of climbing or a journey made by climbing 攀爬；登山: *The monastery could only be reached by a three-hour climb.* 到修道院去要走三个小时的上山路。

climber *noun* [C] a person who climbs mountains or rocks as a sport 登山运动员；攀石运动员

'climb-down *noun* [C] an act of admitting you have been wrong 认错: *a government climb-down* 政府的妥协

clinch /klɪntʃ ‖ klɪntʃ/ *verb* [T] (*informal* 非正式) to settle or decide sth finally, eg an argument or business agreement (就争论、商业协议等)作出决定/达成解决方案: *to clinch a deal* 达成交易

cling /klɪŋ ‖ klɪŋ/ *verb* [I] (*pt, pp* **clung** /klʌŋ ‖ klʌŋ/) **1 cling (on) to sb/sth; cling together** to hold on tightly to sb/sth 紧握；紧贴: *to cling to a rope* 抓住绳子不放 ○ *They clung together for warmth.* 他们紧抱在一起取暖。**2** to continue to believe that sth is true, often when it is not reasonable to do so 相信(常指盲目相信): *They were still clinging to the hope that the girl would be found alive.* 他们仍旧希望那个女孩还活着，能找到她。**3** to stick firmly to sth 粘着；附着: *Her wet clothes clung to her.* 她的湿衣服紧贴在身上。

'cling film *noun* [U] a thin transparent material used for covering food to keep it fresh (食物的)保鲜纸

clinic /'klɪnɪk ‖ 'klɪnɪk/ *noun* [C] **1** a small hospital or a part of a hospital where you go to receive special medical treatment 诊所；(医院的)门诊部: *He's being treated at a private clinic.* 他在一家私营诊所接受治疗。○ *The ante-natal clinic is part of the maternity department.* 产前检查门诊部隶属产科。**2** a time when a doctor in a hospital sees patients and gives special treatment or advice 诊病时间: *Dr Greenall's clinic is from 2 to 4 on Mondays.* 格里诺尔医生的诊病时间是每星期一下午2点到4点。

clinical /'klɪnɪkl ‖ 'klɪnɪkl/ *adj* **1** of or relating to the examination and treatment of patients at a clinic or hospital 临床的: *Clinical trials of the new drug have proved successful.* 临床试验证实，这种新药有效。**2** (used about a person 指人) cold and not emotional 冷静

clinically *adv* **1** according to medical examination 依据临床观察: *to be clinically dead* 临床死亡 **2** in a clinical(2) way 冷静地

clink /klɪŋk ‖ klɪŋk/ *noun* [sing] the short sharp sound that objects made of glass, metal, etc make when they touch each other (玻璃、金属等碰击而发出的)叮当声: *the clink of glasses* 玻璃杯互相碰撞的叮当声 —**clink** *verb* [I,T]

clip[1] /klɪp ‖ klɪp/ *noun* [C] a small object, usually made of metal or plastic, used for holding things together 别针；回形针；夹子: *a paper-clip* 回形针 ○ *a hair-clip* 发夹

clip *verb* [I,T] (cli**pp**ing; cli**pp**ed) to be fastened with a clip; to fasten sth to sth else with a clip 给别针夹住；用别针夹住: *Do your earrings clip on?* 你的耳环是夹上的吗？○ *Clip the photo to the letter, please.* 请你把相片别在信上。

clip[2] /klɪp ‖ klɪp/ *verb* [T] (cli**pp**ing; cli**pp**ed) to cut sth, especially by cutting small parts off 剪；修剪: *The hedge needs clipping.* 树篱要修剪一下。

clip *noun* [C] **1** an act of cutting sth 剪；修剪 **2** (*informal* 非正式) a short sharp blow 猛烈的一击: *She gave the boy a clip round the ear.* 她打了男孩一记耳光。**3** a small section of a film that is shown separately so that people can see what the rest of the film is like 电影片段 —**clipping** (*US* 美) *noun* [C] = CUTTING[1](1)

clippers /'klɪpəz ‖ 'klɪpərz/ *noun* [plural] a small metal tool used for cutting things (eg hair or fingernails) 修剪器: *a pair of nail clippers* 一把指甲刀

clique /kli:k ‖ klik/ *noun* [C] a small group of people with the same interests who do not want others to join their group 宗派；派系

clitoris /'klɪtərɪs ‖ 'klɪtərɪs/ *noun* [C] the small part of the female sex organs which becomes larger when a woman is sexually excited 阴蒂；阴核

cloak /kləʊk ‖ klok/ *noun* **1** [C] a type of loose coat without sleeves, more common in former times (旧时较常用的)斗篷 **2** [sing] a thing that hides sth else 遮盖物

cloakroom /'kləʊkrʊm ‖ 'klokˌrʊm/ *noun* [C] **1** a room near the entrance to a theatre, school, club, etc where you can leave your coat, bags, etc (设在戏院、学校、俱乐部等近入口处的)衣帽间 **2** (*Brit* 英) a lavatory in a public building (公共场所的)厕所: *Excuse me. Where are the ladies' cloakrooms, please?* 请问女厕在哪儿？

clobber /'klɒbə(r) ‖ 'klɑbər/ *verb* [T] (*Brit informal* 英，非正式) to hit sb hard 使劲打

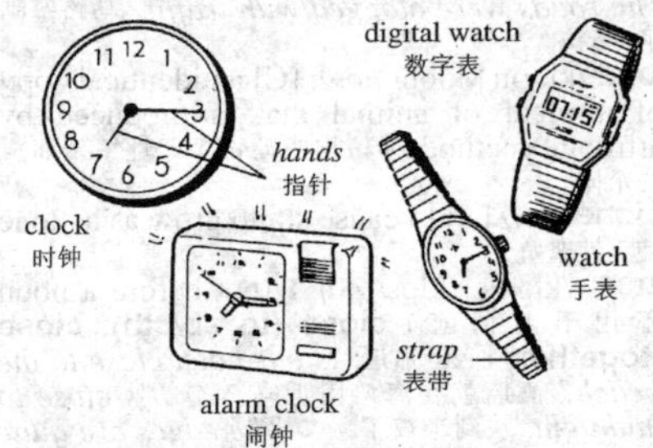

☆**clock**[1] /klɒk ‖ klɑk/ *noun* [C] **1** an instrument that shows you what time it is, often found on the wall of a house or building (not worn like a watch) 时钟: *an alarm clock* 闹钟 ○ *That clock is five minutes slow* (= it says 10.55 when it is really 11 o'clock). 那钟慢了五分钟。○ *The clock is five minutes fast* (= it says 6.05

C

when it is really 6 o'clock). 那钟快了五分钟。○ *The clock struck midnight.* 时钟敲响午夜十二点。**2** an instrument in a car that measures how far it has travelled（汽车的）里程计: *My car has only 10 000 miles on the clock.* 我汽车上的里程计显示只走了10 000英里。

(IDIOMS 习语) **around/round the clock** all day and all night 日夜不停；夜以继日: *They are working round the clock to repair the bridge.* 他们日夜抢修桥梁。

put the clock/clocks forward/back to change the time, usually by one hour, at the beginning/end of summer（在夏季开始或结束的时候）把钟拨快/拨慢一小时

clockwise *adv, adj* in the same direction as the hands of a clock 顺时针（方向）: *Turn the handle clockwise.* 把拉手顺时针方向旋转。○ *to move in a clockwise direction* 以顺时针方向移动 ☛ The opposite is **anticlockwise**. 反义词为 **anticlockwise**。

clock² /klɒk ‖ klɑk/ *verb*

(PHRASAL VERBS 短语动词) **clock in/on; clock off** to record the time that you arrive at or leave work, especially by putting a card into a type of clock 记录上下班时间（尤指把记录卡放入记时计）；打卡

clock sth up to achieve a certain number or total 达到（某一数目）: *Our car clocked up over 2 000 miles while we were on holiday.* 我们度假的时候开车跑了2 000多英里。

clockwork /ˈklɒkwɜːk ‖ ˈklɑkˌwɝk/ *noun* [U] a type of machinery found in certain toys, etc that you operate by winding a key（玩具等的）发条装置: *a clockwork toy* 发条玩具 ○ *The plan went like clockwork* (= smoothly and without any problems). 计划进行顺利。

clog¹ /klɒg ‖ klɑg/ *noun* [C] a type of shoe made completely of wood or with a thick wooden bottom 木屐: *a pair of clogs* 一双木屐

clog² /klɒg ‖ klɑg/ *verb* (clo**gg**ing; clo**gg**ed) [I,T] **clog (sth) (up) (with sth)** to block or become blocked 堵塞: *The drain is clogged up with leaves.* 排水管给树叶塞住了。○ *You've clogged up the machine.* 你把机器堵塞了。○ *The roads were clogged with traffic.* 马路塞满了车辆。

clone /kləʊn ‖ klon/ *noun* [C] an identical copy of a plant or animal that is produced by artificial methods（植物或动物）无性繁殖而成的个体

clone *verb* [T] to cause sth to grow as a clone 使无性繁殖

☆**close¹** /kləʊs ‖ klos/ *adj* **1** (not before a noun 不用于名词前) **close (to sb/sth); close (together)** near 靠近: *Is our hotel close to the beach?* 酒店就在海滩附近吗？○ *It's close to midnight.* 快到半夜了。○ *The edges are quite close together.* 两条边紧挨着。**2** (used about a friend, etc 指朋友等) known very well and liked 熟悉；亲密: *They invited only close friends to the wedding.* 他们只邀请好朋友出席他们的婚礼。**3** near in a family relationship 亲属关系密切: *a close relative* 近亲 **4** (used about a competition, etc 指比赛等) only won by a small amount 比分接近的: *a close match* 势均力敌的比赛 **5** careful; thorough 仔细；全面: *On close examination, you could see that the banknote was a forgery.* 仔细观察，你会发觉这张钞票是伪造的。**6** (used about the weather, etc 指天气等) heavy and with little movement of air 闷；空气不流通: *It's so close today that there might be a storm.* 今天天气沉闷，只怕要刮风了。

(IDIOMS 习语) **a close shave/thing** a bad thing that almost happened 几乎要发生的灾祸: *I wasn't injured, but it was a close shave.* 我差点儿受伤，真是好险呀。

at close quarters at or from a position that is very near 近距离

keep a close watch on sb/sth to watch sb/sth very carefully 监视；小心观察；细心照看: *The police kept a close watch on the gang.* 警察严密监视这帮人。

closely *adv* in a close way 密切地；接近: *to watch sb closely* 密切监视某人 ○ *The insect closely resembles a stick.* 这种昆虫长得就像一根竹签。

closeness *noun* [U] the state of being close 接近；密切

☆**close²** /kləʊs ‖ klos/ *adv* near 靠近: *The child stood close to his mother.* 孩子挨着他妈妈身边站着。○ *to follow close behind someone* 紧跟在某个人后面 ○ *I held her close* (= tightly). 我把她紧紧地抱着。

(IDIOMS 习语) **close by (sb/sth)** at a short distance from sb/sth 在附近: *She lives close by.* 她就住在附近。

close on nearly; almost 差不多: *He was born close on a hundred years ago.* 他约在百年前出生。

close up (to sb/sth) at or from a very short distance to sb/sth 靠近: *You can't tell it's a forgery until you look at it close up.* 挨近看才察觉这是假的。

ˈ**close-up** *noun* [C] a photograph or film of sb/sth that you take from a very short distance away 特写镜头；近镜头: *Here's a close-up of our wedding cake.* 这是一张我们的结婚蛋糕的特写照。

close³ /kləʊs ‖ klos/ *noun* [C] part of the name of a street, especially one that is closed off at one end 用于街名，尤以死胡同或死路居多: *5 Devon Close* 德文巷5号

☆**close⁴** /kləʊz ‖ kloz/ *verb* [I,T] **1** to shut 关；闭；合: *The door closed quietly.* 门轻轻关上了。○ *to close a door, window, cupboard, etc* 关门/窗/橱门… ○ *Close your eyes – I've got a surprise.* 闭上眼睛，我要给你一个惊喜。**2** to be, or to make sth, not open to the public 不开放；关闭: *What time do the shops close?* 商店什么时候关门？○ *The police have closed the road to traffic.* 警察把路封了，不准车辆通行。**3** to come or bring sth to an end 结束: *The meeting closed at 10pm.* 会议晚上10点才散。○ *Detectives have closed the case on the missing girl.* 警探把这起少女失踪案结了案。

(PHRASAL VERBS 短语动词) **close (sth) down** to stop all business or work permanently, at a shop or factory 歇业: *The factory has had to close down because of the recession.* 经济衰

退，这家工厂不得不停业。○ *Health inspectors have closed the restaurant down.* 卫生督导员吊销了这家饭馆的营业执照。

close in (on sb/sth) to come nearer and gradually surround sb/sth, especially in order to attack 包围（尤指围攻）: *The army is closing in on the enemy troops.* 我军正从四面向敌军包抄。

'closing-time *noun* [C] the time when a shop, etc closes（商店等每天的）停止营业时间

☆**close**[5] /kləʊz ‖ kloz/ *noun* [sing] the end, especially of a period of time or an activity 结尾（尤指时段或活动的）: *the close of trading on the stock market* 股市收市

(IDIOM 习语) **bring sth/come/draw to a close** to end 结束: *The chairman brought the meeting to a close.* 主席宣布散会。○ *The guests began to leave as the evening drew to a close.* 晚会快结束的时候，客人都开始离去。

☆**closed** /kləʊzd ‖ klozd/ *adj* not open; shut 闭上的: *Keep your mouth closed.* 别吵。○ *with closed eyes* 闭着眼睛

ˌclosed-ˌcircuit 'television *noun* [C,U] a type of television system used inside a building, eg to look for people who are trying to steal things 闭路电视

closet /'klɒzɪt ‖ 'klɑzɪt/ *noun* [C] (*US* 美) a large cupboard that is built into a room 壁橱

closure /'kləʊʒə(r) ‖ 'kloʒɚ/ *noun* [C,U] the permanent closing, eg of a business（生意等）歇业/停业: *Miners are protesting against pit closures.* 矿工抗议关闭矿坑。○ *The firm is threatened with closure.* 这家公司面临关门的危机。

clot /klɒt ‖ klɑt/ *noun* [C] **1** a lump formed by blood as it dries 血块 **2** (*Brit informal* 英，非正式) a stupid person 蠢货

clot *verb* (clo**tt**ing; clo**tt**ed) [I,T] to form or cause sth to form clots（使）结成血块

ˌclotted 'cream *noun* [U] (*Brit* 英) a type of thick rich cream 一种浓缩奶油

☆**cloth** /klɒθ; *US* 美 klɔːθ ‖ klɔθ/ *noun* (*pl* **cloths** /klɒθs; *US* 美 klɔːðz ‖ klɔðz/) **1** [U] a material made of cotton, wool, etc that you use for making clothes, curtains, etc 布: *a metre of cloth* 一米布 **2** [C] a piece of cloth that you use for a particular purpose 专用布: *a tablecloth* 台布 ○ *Where can I find a cloth to wipe this up?* 哪里有布可以把这个抹掉？

clothe /kləʊð ‖ kloð/ *verb* [T] to provide clothes for sb 给…提供衣服: *to feed and clothe a child* 给孩子温饱

clothed *adj* **clothed (in sth)** dressed 身穿…: *He was clothed in leather from head to foot.* 他穿了一身皮革。○ *Luckily I was fully clothed when they arrived.* 幸好他们来的时候我已经穿好了衣服。

☆**clothes** /kləʊðz; *US* 美 kləʊz ‖ kloz/ *noun* [plural] the things that you wear, eg trousers, shirts, dresses, coats, etc (when thought of all together) 衣服；衣着: *Take off those wet clothes.* 衣服湿了，换下吧。○ *She was wearing new clothes.* 她穿着新衣服。

☛ Remember that clothes is always plural. * clothes 一定用作复数。We can use an **item/piece/article of clothing** to describe a single thing that you wear 服饰中的一项可以说 an **item/piece/article of clothing**: *A kilt is an item of clothing worn in Scotland.* 褶裥短裙是苏格兰人穿的一种服装。Look at **garment**. 参看 **garment**。

'clothes-hanger *noun* [C] = HANGER

'clothes-line *noun* [C] a thin rope that you hang clothes on so that they can dry 晾衣绳 ☛ picture at **peg**. 见 **peg** 插图。

'clothes-peg (*US* 美 **'clothes-pin**) *noun* [C] = PEG[1](3)

☆**clothing** /'kləʊðɪŋ ‖ 'kloðɪŋ/ *noun* [U] the clothes that you wear 衣服: *You will need waterproof clothing.* 你准用得着防水衣服。

☛ **Clothing** is more formal than **clothes**. 与 **clothes** 相比，**clothing** 适用于较正式的场合。

☆**cloud**[1] /klaʊd ‖ klaʊd/ *noun* **1** [C,U] a mass of very small drops of water that floats in the sky and is often grey or white 云: *The sun disappeared behind a cloud.* 太阳躲进云朵里去了。○ *A band of thick cloud is spreading from the west.* 一团浓云从西边飘来。**2** [C] a mass of smoke, dust, sand, etc 一股（烟）；一层（尘埃）；一堆（沙）: *Clouds of smoke were pouring from the burning building.* 一股一股的浓烟从着火的大厦冒出来。

(IDIOM 习语) **under a cloud** with the disapproval of the people around you 名声不好；不光彩: *She left her job under a cloud because she'd been accused of stealing.* 她的离职很不光彩，因为人家说她偷东西。

cloudless *adj* (used about the sky, etc 指天空等) clear; without any clouds 晴朗；碧空无云

cloudy *adj* (**cloudier**; **cloudiest**) **1** (used about the sky, etc 指天空等) full of clouds 乌云密布；多云 **2** (used about liquids, etc 指液体等) not clear 混浊: *cloudy water* 混浊的水

'cloudburst *noun* [C] a sudden heavy fall of rain 暴雨

cloud[2] /klaʊd ‖ klaʊd/ *verb* **1** [I,T] to become or make sth difficult to see through（使）变得模糊: *His eyes clouded with tears.* 他泪眼模糊。**2** [T] to make sth less clear or easy to understand 把（事物）变得复杂 **3** [T] to make sth less enjoyable; to spoil 使蒙上阴影；困扰；糟蹋: *Illness has clouded the last few years of his life.* 他生命的最后几年都在疾病中惨淡度过。

(PHRASAL VERB 短语动词) **cloud over** **1** (used about the sky 指天空) to become full of clouds 布满乌云 **2** (used about a person's face 指脸上的表情) to start to look sad 忧郁起来

clout /klaʊt ‖ klaʊt/ *noun* (*informal* 非正式) **1** [C] a heavy blow, usually with the hand 重击（通常指用手的）: *to give someone a clout* 重击某人 **2** [U] influence and power 影响力: *He's an important man – he has a lot of clout in the company.* 他在公司里有头有脸，影响力很大。

clove[1] /kləʊv ‖ klov/ *noun* [C] the small dried flower of a tropical plant, used to give a special flavour in cooking 丁香（一种热带植物的小花，晒干后可用作调味品）

C

clove[2] /kləʊv ‖ klov/ *noun* [C] a section of a garlic root 一瓣蒜 ☛ picture at **onion**. 见 **onion** 插图。

clover /'kləʊvə(r) ‖ 'klovɚ/ *noun* [C] a small plant with pink or white flowers and leaves with three parts to them 车轴草（一种矮小植物，叶柄上有三片叶子，花呈粉红色或白色）☛ Sometimes clover leaves have four parts and it is thought to be very lucky if you find one of these. 车轴草的叶柄间或有四片叶子；如果碰上四叶车轴草，据说会走大运。

C

clown /klaʊn ‖ klaʊn/ *noun* [C] a person who wears funny clothes and makes people laugh, especially in a circus 小丑（尤指马戏表演的）

clown *verb* [I] **clown (about/around)** to act in a funny or foolish way, like a clown 耍活宝: *Stop clowning around and get some work done!* 别耍活宝了，快干活去！

☆**club**[1] /klʌb ‖ klʌb/ *noun* [C] a group of people who meet to share an interest; the place where they meet 俱乐部: *to join a club* 参加俱乐部 ○ *to be a member of a club* 成为俱乐部的会员 ○ *a social club* 社交俱乐部 ○ *a tennis, football, golf, etc club* 网球/足球/高尔夫球…俱乐部 ☛ Look at **nightclub**. 参看 **nightclub**。

club *verb* (clu**bb**ing; clu**bb**ed)

(PHRASAL VERB 短语动词) **club together (to do sth)** to share the cost of sth, eg a present 凑份子（购买礼物等）: *We clubbed together to buy him a leaving present.* 我们凑份子给他买了礼物送别。

club[2] /klʌb ‖ klʌb/ *noun* [C] **1** a heavy stick, usually with one end that is thicker than the other, used as a weapon 棍棒（通常指一端较粗，用作武器的）**2** a long stick that is specially shaped at one end and used for hitting a ball when playing golf 高尔夫球棒 ☛ Look at **bat**[2], **racket**[1] and **stick**[1](3). 参看 **bat**[2]、**racket**[1] 及 **stick**[1](3)。

club *verb* (clu**bb**ing; clu**bb**ed) [T] to hit sb/sth hard with a heavy object, especially a club[2](1) 用重物（尤指棍棒）击打: *to club somebody to death* 用棍击毙某人

club[3] /klʌb ‖ klʌb/ *noun* **1 clubs** [plural] the group (**suit**) of playing-cards with black three-leafed shapes on them（纸牌四种花色之一）梅花牌（总称）（全组花色相同的牌叫做 **suit**）: *the two of clubs* 梅花 2 ☛ picture at **card**. 见 **card** 插图。**2** [C] a playing-card from this suit 梅花（牌）: *Haven't you got any clubs?* 你有梅花吗？

cluck /klʌk ‖ klʌk/ *noun* [C] the noise made by a hen（母鸡的）咯咯叫声 —**cluck** *verb* [I]

clue /klu: ‖ klu/ *noun* [C] a piece of information that helps you solve a problem, answer a question, etc 线索: *The police were looking for clues to his disappearance.* 警方正为他的下落找寻线索。○ *the clues for solving a crossword puzzle* 填字游戏的提示 ☛ picture at **crossword**. 见 **crossword** 插图。

(IDIOM 习语) **not have a clue** (*informal* 非正式) to know nothing; to be unable to help or understand 一窍不通；一无所知: *I haven't a clue where you left your watch.* 我完全不知道你的手表丢在哪里。

clued up /klu:d 'ʌp ‖ klud'ʌp/ *adj* knowing a lot about sth 通晓: *I'm not really clued up on the technical details.* 这些技术细节其实我并不太明白。

clump /klʌmp ‖ klʌmp/ *noun* [C] a small group of plants or trees, growing together（花草、树木）丛/簇

clumsy /'klʌmzɪ ‖ 'klʌmzɪ/ *adj* (**clumsier**; **clumsiest**) **1** (used about a person 指人) careless or awkward and likely to drop things or do things badly 笨手笨脚；笨拙: *I'm afraid I've broken the glass – it was very clumsy of me.* 对不起，我把杯子摔破了。我真太笨手笨脚了。○ *She undid the parcel with clumsy fingers.* 她笨手笨脚地把包裹拆开。**2** (used about a remark, etc 指言语等) not showing enough understanding of the feelings of other people; likely to upset or offend people 不够体谅别人的；容易冒犯/伤害人的: *He made a clumsy apology.* 他的道歉很勉强。○ *her clumsy attempts at humour* 她想幽默一下的尝试很拙劣 **3** large, awkward to use, and not attractive in design 笨拙难看；大而无当: *a clumsy piece of furniture* 一件大而无当的家具 —**clumsily** *adj* —**clumsiness** *noun* [U]

clung *pt*, *pp* of CLING ＊ CLING 的过去时及过去分词

cluster /'klʌstə(r) ‖ 'klʌstɚ/ *noun* [C] a group of people, plants or things that stand or grow close together（指人、植物、东西）丛/群/团: *a cluster of schoolchildren* 一群学童 ○ *a cluster of berries* 一簇浆果

cluster *verb*

(PHRASAL VERB 短语动词) **cluster/be clustered round sb/sth** to form a group around sb/sth 聚集在某人/某物的周围；围拢: *The tourists clustered around their guide.* 游客簇拥着导游。

clutch /klʌtʃ ‖ klʌtʃ/ *verb* [T] to hold sth tightly, especially because you are afraid or excited 紧握（尤指因惊恐或紧张）: *He clutched his mother's hand in fear.* 他怕得紧抓妈妈的手不放。○ *The girl ran off, clutching her prize.* 女孩紧抱着手上的奖品跑开了。

(PHRASAL VERB 短语动词) **clutch at sth** to try to take hold of sth 企图抓住某物: *She clutched at the money but the wind blew it away.* 她还来不及抓住，钞票就让风给吹走了。

clutch *noun* **1** [C] an act of seizing or clutching 紧抓；急忙抓住: *to make a clutch at sth* 抓住某物 **2 clutches** [plural] the power or control of a person or group（某人或一群人的）控制: *He fell into the enemy's clutches.* 他落入了敌人的魔掌。**3** [C] the part of a car that you press with your foot before you change gear; the apparatus that it is connected to（汽车的）离合器踏板/离合器装置: *to press/release the clutch* 踩下/松开离合器

clutter /'klʌtə(r) ‖ 'klʌtɚ/ *noun* [U] things that are where they are not wanted or needed and make a place untidy 杂乱而无关紧要的东西: *Who left all this clutter on the table?* 谁把这些东西乱放在桌上的？○ *My desk is in such a clutter* (= so untidy) *that I can't find anything.* 我的书桌乱七八糟的，什么也找不着。

clutter *verb* [T] **clutter sth (up)** to cover or fill sth with lots of objects in an untidy way 乱塞；乱堆: *Don't leave those books there – they're cluttering up the table.* 不要把这些书留在那里，桌子都摆满啦。—**cluttered** *adj*: *a cluttered desk* 乱七八糟的书桌

☆**coach**[1] /kəʊtʃ ‖ kotʃ/ *noun* [C] **1** a comfortable bus used for long journeys 长途客车: *It's cheaper by coach than by train.* 坐长途客车要比坐火车便宜。○ *a coach trip* 乘长途客车旅行 **2** = CARRIAGE **3** a large carriage with four wheels pulled by horses and used especially in former times 四轮大马车（尤指旧时用的）: *the royal coach* 御驾

☆**coach**[2] /kəʊtʃ ‖ kotʃ/ *noun* [C] a person who trains people to compete in certain sports（体育运动的）教练: *a tennis coach* 网球教练

coach *verb* [I,T] to train or teach sb, especially to compete in a sport or pass an examination 训练（旨在参加体育比赛、考试等）: *She is coached by a former Olympic champion.* 她的教练是前奥运会冠军。

☆**coal** /kəʊl ‖ kol/ *noun* **1** [U] a type of black mineral that is dug (**mined**) from the ground and is burned to give heat and energy 煤（从地下开采 (**mine**) 出来的黑色矿物，可用作燃料）: *a lump of coal* 一块煤 ○ *a coal fire* 煤火 **2 coals** [plural] burning pieces of coal 燃烧中的煤块

'**coalmine** (*also* 亦作 **pit**) *noun* [C] a place, usually underground, where coal is dug from the ground 煤矿；矿井 ☛ Look at **colliery**. 参看 **colliery**。

'**coalminer** (*also* 亦作 **miner**) *noun* [C] a person whose job is to dig coal in a coalmine 煤矿工人

coalition /ˌkəʊə'lɪʃn ‖ ˌkoə'lɪʃən/ *noun* [C, with sing or pl verb] the joining of two or more political parties, often for a temporary period, usually in order to form a government 政党联盟（一般为了筹组政府而暂时结成的联盟）: *a coalition between the socialists and the Green Party* 社会党与绿党组成的联盟 ○ *a coalition government* 联合政府

coarse /kɔːs ‖ kɔrs/ *adj* **1** consisting of large, not fine pieces; rough, not smooth 粗糙: *coarse salt* 粗盐 ○ *coarse cloth* 粗布 **2** (used about a person or sb's behaviour 指人或其行为) rude, likely to offend people; having bad manners 粗鲁: *His coarse remarks about women offended her.* 他对女人粗鲁的评语惹她发怒。—**coarsely** *adv*: *coarsely chop the onion* (= into pieces which are not too small) 把洋葱切成大片 ○ *He laughed coarsely.* 他笑得粗鲁。

coarsen /'kɔːsn ‖ 'kɔrsn̩/ *verb* [I,T] to become or to make sth coarse（使）变粗糙/粗鲁

☆**coast**[1] /kəʊst ‖ kost/ *noun* [C] the area of land that is next to or close to the sea 海岸；沿海地区: *After sailing for an hour we could finally see the coast.* 船航行了一个钟头后，我们终于看见了陆地。○ *Holidaymakers reported seeing sharks just off the coast.* 度假的人说看到海边出现鲨鱼。○ *It was a sunny weekend and the roads were full of people going to the coast.* 那是个阳光普照的周末，路上挤满了到海边去的人。○ *Scarborough is on the east coast.* 斯卡伯勒位于东岸。

coastal *adj* at or near a coast 海岸的；近岸的: *coastal areas* 沿海地区 ○ *fishing in coastal waters* 沿海捕鱼

'**coastguard** *noun* [C] a person or group of people whose job is to watch the sea near the coast in order to warn or help ships that are in danger or to stop illegal activities（担任缉私、救生等工作的）海岸警卫队/海岸警卫

'**coastline** *noun* [C] the edge or shape of a coast 海岸线: *a rocky coastline* 岩石嶙嶙的海岸线

coast[2] /kəʊst ‖ kost/ *verb* [I] **1** to move (especially down a hill) without using power 滑行（尤指沿着山坡向下）**2** to achieve sth without much effort 轻易得到: *They coasted to victory.* 他们轻易获胜。

☆**coat** /kəʊt ‖ kot/ *noun* [C] **1** a piece of clothing, usually with long sleeves, that you wear on top of other clothes to keep warm 外套；外衣；大衣: *Put your coat on – it's cold outside.* 天冷，把外套穿起来吧。○ *Take off your coat and sit down.* 脱下外套坐吧。☛ Look at **overcoat** and **raincoat**. 参看 **overcoat** 及 **raincoat**。**2** the fur or hair covering an animal's body（动物的）毛: *a dog with a smooth coat* 皮毛光滑的狗 **3** a layer of sth covering a surface 覆盖层；表层: *The walls will probably need two coats of paint.* 看来墙壁要上两道漆。

coat *verb* [T] **coat sth (with/in sth)** to cover sth with a layer of sth（用某物）覆盖（某物）；加上一层（某物）: *biscuits coated with milk chocolate* 加了一层牛奶巧克力的饼干

coating *noun* [C] a thin layer of sth that covers sth else 薄层；表层: *a coating of dust* 一层灰尘

'**coat-hanger** *noun* [C] = HANGER

coat of 'arms (*also* 亦作 **arms**) *noun* [C] a design that is used as the symbol of a family, a town, a university, etc（家族、市镇、大学等作为标志的）盾状徽章

coax /kəʊks ‖ koks/ *verb* [T] to persuade sb gently 好言相劝: *The child wasn't hungry, but his mother coaxed him into eating a little.* 孩子不饿，可他妈妈哄他吃点东西。○ *They coaxed the cat out of the basket.* 他们想把筐里的猫哄出来。

(PHRASAL VERB 短语动词) **coax sth out of/from sb** to get sth from sb by gently persuading 向某人哄取某物: *At last he coaxed a smile out of her.* 他终于把她逗乐了。

cobble[1] /'kɒbl ‖ 'kɑbl̩/ (*also* 亦作 '**cobblestone**) *noun* [C] a rounded stone used (in the past) for covering the surface of streets（鹅）卵石/圆石（以前用于铺路面）—**cobbled** *adj*: *cobbled streets* 铺了卵石的街道

cobble[2] /'kɒbl ‖ 'kɑbl̩/ *verb*

(PHRASAL VERB 短语动词) **cobble sth together** to make sth or put sth together quickly and without much care 胡乱拼凑

cobbler /'kɒblə(r) ‖ 'kɑblɚ/ *noun* [C] a person who repairs shoes 补鞋匠

cobra /'kəʊbrə ‖ 'kobrə/ *noun* [C] a poisonous

snake found in Africa and Asia 眼镜蛇（产于非洲及亚洲）

cobweb /ˈkɒbweb ‖ ˈkɑbˌwɛb/ *noun* [C] a net of threads made by a spider in order to catch insects 蜘蛛网

Coca-Cola /ˌkəʊkə ˈkəʊlə ‖ ˌkokəˈkolə/ (*also* 亦作 **Coke**) *noun* [C,U] (*trade mark* 商标) a brown, sweet, non-alcoholic drink 可口可乐

cocaine /kəʊˈkeɪn ‖ koˈken/ *noun* [U] a drug that some people take for pleasure but to which they can become addicted (= they cannot stop using it) 可卡因；古柯碱

C

☆**cock**[1] /kɒk ‖ kɑk/ *noun* [C] **1** (*US* 美 **rooster**) an adult male chicken（发育成熟的）公鸡：*cocks crowing at dawn* 雄鸡报晓 ☛ picture at **hen**. 见 **hen** 插图。Look at the note at **chicken**. 参看 **chicken** 的注释。**2** an adult male bird of any type（发育成熟的）雄性鸟类：*a cock sparrow* 雄性麻雀

cock-a-doodle-doo /ˌkɒk ə ˌduːdl ˈduː ‖ ˈkɑ-kəˌdudl̩ˈdu/ *interj* the noise made by a cock 喔喔喔（公鸡啼声）

cock[2] /kɒk ‖ kɑk/ *verb* [T] to raise or move part of the body 竖起/活动身体的某一部分：*The horse cocked its ears on hearing the noise.* 这匹马一听到响声就竖起了耳朵。

(PHRASAL VERB 短语动词) **cock sth up** (*Brit slang* 英，俚语) to do something very badly and inefficiently; to spoil sth 胡乱做；弄糟

ˈ**cock-up** *noun* [C] (*slang* 俚语): *What a cock-up! You'll have to start again.* 真是一团糟！从头再来吧。

cockerel /ˈkɒkərəl ‖ ˈkɑkərəl/ *noun* [C] a young male chicken 小公鸡

cockney /ˈkɒknɪ ‖ ˈkɑknɪ/ *noun* **1** [C] person who was born and grew up in London, especially the East End 伦敦人（尤指生长在伦敦东区的人）**2** [U] the way of speaking English that is typical of cockneys 伦敦土话；伦敦（东区）方言 —**cockney** *adj*: *a cockney accent* 伦敦腔

cockpit /ˈkɒkpɪt ‖ ˈkɑkˌpɪt/ *noun* [C] **1** the part of an aircraft where the pilot sits（飞机的）驾驶舱 **2** the part of a racing car in which the driver sits（跑车的）驾驶座

cockroach /ˈkɒkrəʊtʃ ‖ ˈkɑkˌrotʃ/ (*US* 美 **roach**) *noun* [C] a large dark brown insect, often found in dirty rooms or damp places 蟑螂

cocktail /ˈkɒkteɪl ‖ ˈkɑkˌtel/ *noun* [C] **1** an alcoholic drink made from a mixture of drinks 鸡尾酒（一种含酒精的混合饮料）：*a cocktail party* 鸡尾酒会 **2** a mixture of small pieces of food, usually served as the first part of a meal 什锦食品/拼盘（通常作为第一道菜）：*a prawn cocktail* 对虾什锦

cocoa /ˈkəʊkəʊ ‖ ˈkoko/ *noun* **1** [U] a dark brown powder made from the seeds of a tropical tree and used in making chocolate 可可粉（可用以制造巧克力）**2** [C,U] a hot drink made from this powder mixed with milk or water 可可（饮料）

coconut /ˈkəʊkənʌt ‖ ˈkokəˌnʌt/ *noun* [C,U] the large brown fruit of a tropical tree. Coconuts have very hard, hairy shells and are filled with a white liquid that you can drink. The white substance inside the shell is often eaten in sweets and cakes. 椰子

cod /kɒd ‖ kɑd/ *noun* [C,U] (*pl* **cod**) a large sea fish that you can eat 鳕（鱼）

code /kəʊd ‖ kod/ *noun* **1** [C,U] a system of words, letters, numbers, etc used instead of other words, letters, etc so that messages, information, etc can be kept secret 密码：*They succeeded in breaking/cracking the enemy code* (= in finding out what it was). 他们破译了敌方密码。○ *They wrote letters to each other in code.* 他们用密码互通音信。**2** [C] a group of numbers, letters, etc that is used for identifying sth 代号；代码：*What's the code* (= the telephone number) *for Stockholm?* 斯德哥尔摩的电话代号是什么？○ *a bar code* (= a pattern of lines printed on goods, that a computer can read) 条形码（印在货品上的一组线条，电脑能对此进行识别）**3** [C] a set of rules for behaviour 守则：*a code of practice* (= a set of standards agreed and accepted by a particular profession) 专业守则 ○ *the Highway Code* (= the rules for driving on the roads) 公路法则

code *verb* [T] **1** to put or write sth in code(1) 用密码写出；编成代号：*coded messages* 密码电报 **2** to use a particular system for identifying things（用某系统）识别/分类：*The files are colour-coded: blue for Europe, green for Africa.* 这些档案按颜色分类：蓝色代表欧洲，绿色代表非洲。

coeducational /ˌkəʊedʒʊˈkeɪʃənl ‖ ˌkoɛdʒə-ˈkeʃənl̩/ *adj* (used about a school 指学校) with both boys and girls together in the same classes 男女同校

coerce /kəʊˈɜːs ‖ koˈɝs/ *verb* [T] (*formal* 正式) to force sb to do sth, eg by threatening him/her 强迫 —**coercion** /kəʊˈɜːʃn; *US* 美 -ʒn ‖ koˈɝʒən/ *noun* [U]

coexist /ˌkəʊɪgˈzɪst ‖ ˌko·ɪgˈzɪst/ *verb* [I] to exist together at the same time or in the same place 同时共存；同地共存：*Is it possible for these different ethnic groups to coexist peacefully?* 这些民族各不相同，不知道能不能和平共处？—**coexistence** *noun* [U]

☆**coffee** /ˈkɒfɪ; *US* 美 ˈkɔːfɪ ‖ ˈkɔfɪ/ *noun* **1** [U] the roasted seeds of a tropical tree, made into powder and used for making a drink 咖啡豆：*Coffee is the country's biggest export.* 该国输出最多的是咖啡。**2** [U] a drink made by adding hot water to this 咖啡（饮料）：*Would you prefer tea or coffee?* 你要茶还是咖啡？○ *a cup of coffee* 一杯咖啡 **3** [C] a cup of this drink 一杯咖啡：*Two coffees please.* 请给我两杯咖啡。

☛ **Black coffee** is made without milk; **white coffee** is with milk. 不加牛奶的咖啡叫做 **black coffee**，加牛奶的叫做 **white coffee**。**Decaffeinated coffee** has had the caffeine taken out. 脱去咖啡因的叫做 **decaffeinated coffee**。Coffee can be **weak** or **strong**. 咖啡可以淡 (**weak**)，也可以浓 (**strong**)。**Instant coffee** is made by pouring hot water or milk onto coffee powder. 用咖啡粉冲制的叫做 **instant coffee**（速溶咖啡）。

ˈ**coffee-table** *noun* [C] a small low table, usually in a living-room 茶几

coffin /ˈkɒfɪn ‖ ˈkɔfɪn/ *noun* [C] a box in which a dead body is buried 棺材；棺木 ☛ Look at the note at **funeral**. 参看 **funeral** 的注释。

cog /kɒg ‖ kɑg/ *noun* [C] one of the tooth-shaped parts on the edge of a wheel in a piece of machinery. The cogs fit into those on another wheel so that, as it moves, the other wheel moves too.（齿轮的）齿；轮齿

cognac /ˈkɒnjæk ‖ ˈkɑnjæk/ *noun* **1** [U] a type of brandy (a strong alcoholic drink) made in France 科涅克酒（一种产于法国的白兰地酒） **2** [C] a glass of this brandy 一杯科涅克酒

cohabit /kəʊˈhæbɪt ‖ koˈhæbɪt/ *verb* [I] (*formal* 正式) (used about an unmarried couple 指未婚情侣) to live together as if they were married 同居

coherent /ˌkəʊˈhɪərənt ‖ koˈhɪrənt/ *adj* connected in a way that makes sense; clear and easy to understand 连贯的；条理清楚的：*a coherent plan* 有条不紊的计划 —**coherence** *noun* [U] —**coherently** *adv*

cohesion /kəʊˈhiːʒn ‖ koˈhiʒən/ *noun* [U] the ability to stay or fit together well 团结；紧密配合：*What the team lacks is cohesion – all the players play as individuals.* 这支球队队员都各自为政，互相不配合。

coil /kɔɪl ‖ kɔɪl/ *verb* [I,T] to wind sth into a round shape 卷：*The snake coiled itself round a tree.* 蛇盘绕在树上。○ *He coiled up the cable and put it into his tool bag.* 他卷起绳索放进工具袋里。

coil *noun* [C] **1** a length of rope, wire, etc that has been wound into a round shape 一卷/一盘（绳子、金属丝等）：*a coil of rope* 一盘绳子 **2** a small piece of plastic or metal that a woman can wear inside her body to prevent her becoming pregnant 子宫节育环

☆**coin** /kɔɪn ‖ kɔɪn/ *noun* [C] a piece of money made of metal 硬币：*a pound coin* 一英镑硬币 ☛ picture at **money**. 见 **money** 插图。

coin *verb* [T] to invent a new word or phrase 创造（新词/新语）：*Who was it who coined the phrase 'a week is a long time in politics'?* "政坛多变，一周如一年"这句话是谁说的？

coinage *noun* [U] the system of coins used in a country 硬币币制：*decimal coinage* 十进位硬币制

coincide /ˌkəʊɪnˈsaɪd ‖ ˌko·ɪnˈsaɪd/ *verb* [I] **coincide (with sth) 1** (used about events 指事件) to happen at the same time as sth else 同时发生：*The Queen's visit is timed to coincide with the country's centenary celebrations.* 女王的来访安排在该国一百周年国庆时进行。**2** to be exactly the same or very similar 一致；非常相近：*Our views coincide completely.* 我们的看法完全一致。

coincidence /kəʊˈɪnsɪdəns ‖ koˈɪnsədəns/ *noun* [C,U] the surprising fact of two or more similar things happening at the same time by chance; an occasion when this happens 巧合：*By an incredible coincidence I found myself sitting next to someone I hadn't seen for years.* 这巧合真令人难以置信，我的身边竟坐着一个多年没见的朋友。○ *We hadn't planned to meet, it was just coincidence.* 我们并没有事先安排，这次见面纯属巧合。

coincidental /kəʊˌɪnsɪˈdentl ‖ koˌɪnsəˈdɛntl/ *adj* resulting from two similar or related events happening at the same time by chance 巧合的 —**coincidentally** *adv*

coke /kəʊk ‖ kok/ *noun* [U] a solid black substance produced from coal and used as a fuel 焦炭

Coke /kəʊk ‖ kok/ *noun* [C,U] (*trade mark* 商标) = COCA-COLA

cola /ˈkəʊlə ‖ ˈkolə/ *noun* [C,U] a brown, sweet non-alcoholic drink such as Coca-Cola or Pepsi-Cola; a glass, can, etc of this 可乐；一杯/罐…可乐

colander /ˈkʌləndə(r) ‖ ˈkʌləndɚ/ *noun* [C] a metal or plastic bowl with a lot of small holes in it, used for draining water from food 滤器

☆**cold**[1] /kəʊld ‖ kold/ *adj* **1** having a low temperature; not hot or warm 冷：*If I were you, I'd put a coat on. It's cold outside.* 外面很冷，要是我，准要把外套穿上。○ *I'm not going into the sea, the water's too cold.* 水太冷，我不到海里游泳了。○ *Shall I put the heating on? I'm cold.* 我觉得冷，让我开暖气，好不好？ ☛ Compare **cold**, **hot**, **cool**, and **warm**. 比较 **cold**、**hot**、**cool** 及 **warm**。**Cold** indicates a lower temperature than **cool** and may describe a temperature that is unpleasantly low * **cold** 表示的温度比 **cool** 要低，可以低得叫人难受：*a terribly cold winter* 严寒的冬天。**Cool** means 'fairly cold' and may describe a pleasantly low temperature * **cool** 指凉，叫人舒服的低温度：*It's terribly hot outside but it's nice and cool in here.* 外边热气烤人，里边却阴凉舒服。**Hot** indicates a higher temperature than warm and may describe a temperature that is unpleasantly high * **hot** 表示的温度比 **warm** 要高，高得叫人难受：*I can't drink this yet, it's too hot.* 太热了，我还喝不了。**Warm** means 'fairly hot' and may describe a pleasantly high temperature * **warm** 指暖，叫人舒服的高温度：*Come and sit by the fire, you'll soon get warm again.* 过来坐在炉边暖和暖和吧。**2** (used about food or drink 指食物、饮料) not heated or cooked; having become cold after being heated or cooked 未加热的；冷却的：*I don't feel like coffee, I'd rather have a cold drink.* 我不想要咖啡，要冷饮。○ *Have your soup before it gets cold.* 汤趁热喝吧。**3** (used about a person or sb's behaviour 指人或其行为) very unfriendly; not showing kindness, sympathy, etc 冷漠；冷冰冰：*She gave him a cold, hard look.* 她冷冷地狠盯了他一眼。

(IDIOMS 习语) **get/have cold feet** (*informal* 非正式) to become/be afraid to do sth 害怕起来：*She started to get cold feet as her wedding day approached.* 婚期已近，她害怕起来了。

in cold blood cruelly and without pity 冷血地：*to kill sb in cold blood* 残酷地杀人

coldly *adv* in an unfriendly way; in a way that shows no kindness or sympathy 冷漠；冷

冰冰：*He looked at her coldly and did not reply.* 他冷冰冰地盯着她，什么也没说。

coldness *noun* [U] unfriendliness; a lack of kindness or sympathy 冷漠

cold-'blooded /-'blʌdɪd ‖ -'blʌdɪd/ *adj* **1** having a blood temperature that varies with the temperature of the surroundings（指动物）变温的/冷血的: *Reptiles are cold-blooded.* 爬虫类都是冷血动物。**2** cruel; having or showing no pity 残忍；冷血: *cold-blooded killers* 冷血杀手

C

cold-'hearted /-'hɑ:tɪd ‖ -'hɑrtɪd/ *adj* unkind; showing no kindness, sympathy, etc 冷酷

☆**cold²** /kəʊld ‖ kold/ *noun* **1** [sing,U] lack of heat; low temperature; cold weather 冷（温度低）: *We walked home in the snow, shivering with cold.* 我们冒雪步行回家，冷得直哆嗦。○ *He seldom wears a coat because he doesn't feel the cold.* 他不怕冷，很少穿外套。○ *Come on, let's get out of the cold and go indoors.* 我们进室内吧，别在外边挨冷。**2** [C,U] a common illness of the nose and throat. When you have a cold you sneeze a lot, you have a sore throat and often cannot breathe through your nose 感冒；伤风: *I think I'm getting a cold.* 看来我着了凉。○ *Wear some warm clothes when you go out or you'll catch cold.* 把御寒衣裳穿上再到外边去，要不你会着凉的。

colic /'kɒlɪk ‖ 'kɑlɪk/ *noun* [U] pain in the stomach area, which especially babies get 腹部绞痛（尤指婴儿所患）

collaborate /kə'læbəreɪt ‖ kə'læbəˌret/ *verb* [I] **1 collaborate (with sb)(on sth)** to work together (with sb), especially to create or produce sth 合作: *She collaborated with another author on the book.* 这本书是她跟另一作者合著的。**2 collaborate (with sb)** to help the enemy forces who have taken control of your country 跟（占领本国的敌人）勾结；通敌 ☛ This word shows disapproval. 这个词带贬义。

collaboration /kəˌlæbə'reɪʃn ‖ kəˌlæbə'reʃən/ *noun* [U] **1** working together to create or produce sth 合作 **2** help given to enemy forces who have taken control of your country 通敌

collaborator /kə'læbəreɪtə(r) ‖ kə'læbəˌretɚ/ *noun* [C] **1** a person who works together with sb else, especially in order to create or produce sth 协作者 **2** a person who helps the enemy forces who have taken control of his/her country 通敌者

collage /'kɒlɑ:ʒ; *US* 美 kə'lɑ:ʒ ‖ kə'lɑʒ/ *noun* **1** [C] a picture made by fixing pieces of paper, cloth, photographs, etc onto a surface（把纸片、碎布、零碎相片等粘贴在画面上的）拼贴画 **2** [U] the art of making these pictures 拼贴艺术

☆**collapse** /kə'læps ‖ kə'læps/ *verb* [I] **1** to fall down or inwards suddenly 倒塌；塌陷: *A lot of buildings collapsed in the earthquake.* 地震把很多建筑物震倒了。**2** (used about a person 指人) to fall down and perhaps become unconscious 倒下；昏倒: *The winner collapsed at the end of the race.* 得胜选手在冲过了终点后当场倒下。**3** to fail or break down suddenly or completely 垮台: *The company collapsed, leaving hundreds of people out of work.* 公司垮了台，好几百名员工因此失业。

collapse *noun* **1** [sing,U] a sudden fall 倒塌: *the collapse of the motorway bridge* 高速公路桥的坍塌 **2** [sing,U] (used about a person 指人) falling down and perhaps becoming unconscious 倒下；昏倒: *After working for so many hours without a break, I was in a state of collapse.* 干活干了这么多钟头，一口气也没歇过，快把我累死啦。**3** [C,U] sudden or complete failure 垮台: *economic collapse* 经济崩溃

collapsible *adj* able to be folded into a shape that makes it easy to store 可折叠的: *a collapsible chair* 折叠椅

☆**collar** /'kɒlə(r) ‖ 'kɑlɚ/ *noun* [C] **1** the part of a shirt, coat, dress, etc that fits round the neck and is often folded over 衣领 ☛ picture on page A24. 见第A24页插图。**2** a band of leather that is put round an animal's neck (especially a dog or cat)（猫、狗等的）颈圈

collar *verb* [T] (*informal* 非正式) to catch and keep or hold sb 捉住；截住: *She collared me during the party and asked me for advice on her problems.* 她在酒会上拉住我谈她的问题，要我出主意。

'collar-bone *noun* [C] one of the two bones that connect the chest bones to the shoulder 锁骨

☆**colleague** /'kɒli:g ‖ 'kɑlig/ *noun* [C] a person that you work with in a job, especially in a profession 同事（尤指专门行业的）

☆**collect** /kə'lekt ‖ kə'lɛkt/ *verb* **1** [T] **collect sth (up)** to bring a number of things together 收集: *All the exam papers will be collected at the end.* 全部试卷会在考试结束时收回。**2** [I] to come together; to gather 集合: *A crowd collected to see what was going on.* 人们都聚在一起看热闹。**3** [I,T] to ask for money from a number of people 募捐；凑钱: *Hello, I'm collecting for a local charity. Would you like to make a contribution?* 您好，我在为本地的一个慈善团体募捐，请慷慨解囊。○ *The landlord collects the rent at the end of each month.* 房东照例在月底收租。**4** [T] to gather a number of objects of a particular type over a period of time as a hobby 爱好收集（某类物件）: *He used to collect stamps.* 他以前爱集邮。**5** [T] to go and fetch sb/sth from a particular place 接（某人）；取（某物）: *My daughter's at a party and I have to collect her in half an hour.* 我女儿参加一个聚会，我半个小时后要去接她。**6** [T] **collect yourself/sth** to get control of yourself, your feelings, thoughts, etc 控制自己的心情、思绪等: *She collected herself and went back into the room as if nothing had happened.* 她打起精神回到房间去，好像什么事也没有发生过。○ *I tried to collect my thoughts before the exam.* 考试之前我尽力集中精神。

collect *adj, adv* (*US* 美) (used about a telephone call 指电话) to be paid for by the person who receives the call 由受话人付费的: *a collect call* 受话人付费电话 ○ *She called me collect* *because she hadn't any money.* 她给我来了电话，可她没有钱，电话要我来付账。

collected *adj* in control of yourself, your feelings, thoughts, etc; calm 冷静；镇定

☆**collection** /kəˈlekʃn ‖ kəˈlɛkʃən/ *noun* **1** [C,U] the act of getting sth from a place or from people 领取: *The repairs won't take long and your car will be ready for collection tomorrow.* 修理不费时，你这部车明天可以来取。**2** [C] a group of objects of a particular type that sb has collected as a hobby 收藏品: *a stamp collection* 邮票藏品 **3** [C] a number of poems, stories, letters, articles, etc published in one book 集子: *a collection of modern poetry* 一本现代诗集 **4** [C] the act of asking for money from a number of people (for charity, in church, etc) 募捐；凑钱: *a collection for the poor* 济贫募捐 ○ *The staff had a collection to buy him a present when he retired.* 他的同事凑份子给他送了一件退休礼物。**5** [C] a group of people or things; a pile 一群人；一组/堆/叠物品: *a large collection of papers on the desk* 桌上的一大堆文件

collective /kəˈlektɪv ‖ kəˈlɛktɪv/ *adj* shared by a group of people together; not individual 集体的: *collective responsibility* 集体责任

collective *noun* [C, with sing or pl verb] an organization or business that is owned and controlled by the people who work in it 集体企业；合作社 —**collectively** *adv*: *We took the decision collectively at a meeting.* 这个决定是我们在会议上集体通过的。

collector /kəˈlektə(r) ‖ kəˈlɛktɚ/ *noun* [C] (often in compounds 常用以构成复合词) a person who collects things 收藏者；收集者: *a stamp collector* 集邮者 ○ *a ticket collector* 收票员

☆**college** /ˈkɒlɪdʒ ‖ ˈkɑlɪdʒ/ *noun* **1** [C,U] an institution where you can study after you leave school 学院；高等学校；大学: *an art college* 艺术学院 ○ *a college of education* 教育学院 ○ *He first got interested in politics when he was at college.* 还在念大学的时候，他就对政治发生了兴趣。☛ We talk about **college**, without **the**, when we mean that somebody is attending it as a student 如果说某人上大学，**college** 前面就不用 **the**: *He's at college in York.* 他在约克念大学。○ *She's going to college in October.* 她十月份上大学。but not if somebody goes there for any other reason 前面有 **the** 则用于念书以外的目的: *I went to an art exhibition at the college last night.* 昨晚我去参观在那家大学举办的艺术展览。**2** [C] (in Britain) one of the separate institutions into which certain universities are divided（英国某些大学分出来的）学院: *Kings College, London* 伦敦大学英王学院 **3** [C] (in the US) a university, or part of one, where students can study for a degree（美国）大学/可修学位课程的大学学院

collide /kəˈlaɪd ‖ kəˈlaɪd/ *verb* [I] **collide (with sb/sth)** to crash; to hit sb/sth very hard while moving 撞: *He ran along the corridor and collided with his teacher.* 他沿走廊跑的时候与老师撞了个满怀。○ *The lorry collided with a coach but fortunately nobody was injured.* 货车跟长途客车相撞，幸无伤亡。

colliery /ˈkɒlɪərɪ ‖ ˈkɑljərɪ/ *noun* [C] (*pl* **collieries**) (*especially Brit* 尤为英) a coalmine and its buildings 煤矿井；矿山

collision /kəˈlɪʒn ‖ kəˈlɪʒən/ *noun* [C,U] a crash; an occasion when things or people collide 相撞: *It was a head-on collision and the driver was killed instantly.* 两车迎头相撞，司机当场死亡。○ *The two planes were in collision with each other and exploded.* 两架飞机相撞，随即爆炸。

colloquial /kəˈləʊkwɪəl ‖ kəˈlokwɪəl/ *adj* (used about words, phrases, etc 指词语、词组等) used in conversation, not in formal situations or formal writing 口语的 —**colloquially** /-kwɪəlɪ ‖ -kwɪəlɪ/ *adv*

cologne /kəˈləʊn ‖ kəˈlon/ *noun* [U] = EAU-DE-COLOGNE

colon /ˈkəʊlən ‖ ˈkolən/ *noun* [C] a punctuation mark (:) used before a list, an explanation, an example, etc 冒号

colonel /ˈkɜːnl ‖ ˈkɝnl̩/ *noun* [C] an officer with a high rank in the army 上校

colonial /kəˈləʊnɪəl ‖ kəˈlonɪəl/ *adj* connected with or owning a colony(1) 殖民地的；拥有殖民地的: *Spain used to be a major colonial power.* 西班牙以往是殖民强国。

colonialism *noun* [U] the practice of keeping countries as colonies 殖民主义

colonist /ˈkɒlənɪst ‖ ˈkɑlənɪst/ *noun* [C] a person who goes to live in a colony(1) when it is first established as one 殖民地开拓者

colonize (*also* 亦作 **colonise**) /ˈkɒlənaɪz ‖ ˈkɑləˌnaɪz/ *verb* [T] to take control of a place as a colony; to establish a colony in a place 殖民化；使成为殖民地 —**colonization** (*also* 亦作 **colonisation**) /kɒlənaɪˈzeɪʃn; *US* 美 -nɪˈz-‖ ˌkɑlənəˈzeʃən/ *noun* [U]: *the colonization of South America by the Spanish* 西班牙人对南美洲的殖民地化

colony /ˈkɒlənɪ ‖ ˈkɑlənɪ/ *noun* (*pl* **colonies**) **1** [C] a country or area that is ruled by another, more powerful country 殖民地: *Kenya used to be a British colony.* 肯尼亚过去是英国殖民地。**2** [C, with sing or pl verb] a group of people from the same country living in a foreign country or city 侨民: *the English colony on the Spanish coast* 聚居在西班牙海岸的英格兰侨民 **3** [C, with sing or pl verb] a group of people with the same interests, profession, etc living together in the same place 有共同兴趣、职业等并一同生活的一群人: *an artist's colony* 艺术家群 **4** [C] a group of the same type of animals, insects or plants living or growing in the same place 一同生长的一群同类动物/昆虫/植物: *a colony of ants* 一窝蚂蚁

color (*US* 美) = COLOUR

colossal /kəˈlɒsl ‖ kəˈlɑsl̩/ *adj* extremely large; huge 庞大: *a colossal building* 巨大的建筑 ○ *a colossal amount* 巨额

☆**colour**[1] (*US* 美 **color**) /ˈkʌlə(r) ‖ ˈkʌlɚ/ *noun* **1** [C,U] the quality that makes sth red, green, yellow, etc 颜色: *'What colour is your car?'*

'Red.' "你的汽车是哪种颜色的？""红色。" ○ *Brown isn't my favourite colour.* 我不大喜欢棕色。○ *What colours do the Swedish team play in?* 瑞典队的队衣是哪种颜色的？○ *a dark/light colour* 深/浅色 ○ *a bright colour* 鲜色 ○ *a deep/pale colour* 色彩浓/淡 ○ *Those flowers certainly give the room a bit of colour.* 那些鲜花令房间生色不少。☛ We say that a thing **is** a certain colour, not that it **has** a colour. 说某物是某种颜色用 **is**，不用 **has**。**2** [U] the use of all the colours, not just black and white 彩色: *All the pictures in the book are in colour.* 书中插图都是彩色的。○ *a colour television* 彩色电视机 **3** [U,sing] redness in your face, particularly showing how healthy you are 血色: *You look much better now, you've got a bit more colour.* 你现在看上去好多了，面色也红润一些了。**4** [C,U] the colour of a person's skin, showing the person's race（因种族而不同的）肤色: *people of all colours and religions* 不同肤色不同宗教信仰的人 ○ *Discrimination on the grounds of colour is illegal.* 种族歧视不容于法。**5** [U] interesting or exciting details 活力: *It's a busy area, full of activity and colour.* 这是个繁华的地区，充满活力，充满生气。

(IDIOMS 习语) **off colour** ill 不舒服: *I didn't go out because I was feeling a bit off colour.* 我有点不舒服，所以没有出去。

with flying colours ⇨ FLYING

colourful (*US* 美 **colorful**) /-fl ‖ -fəl/ *adj* **1** with bright colours; full of colour 鲜艳；彩色: *a colourful shirt* 鲜艳的衬衫 **2** full of interest or excitement 生动的；刺激的: *a colourful story* 饶有趣味的故事 ○ *He has a rather colourful past.* 他过去的生活多姿多彩。

colourless (*US* 美 **colorless**) *adj* **1** without colour 无色的: *a colourless liquid, like water* 一种无色液体，就像水 **2** dull and uninteresting 枯燥乏味: *a colourless description* 枯燥乏味的描述

ˈ**colour-blind** *adj* unable to distinguish between certain colours, especially red and green 色盲

ˈ**colour scheme** *noun* [C] the way in which colours are arranged, especially in a room 色彩设计（尤指房间的）

☆**colour**[2] (*US* 美 **color**) /ˈkʌlə(r) ‖ ˈkʌlə/ *verb* [T] **1** to put colour on sth, eg by painting it 着色: *Colour the picture with your crayons.* 用蜡笔把图画涂上颜色。○ *The area coloured yellow on the map is desert.* 地图上的黄色部分是沙漠。**2** to influence thoughts, opinions, etc 影响（思想、意见等）: *You shouldn't let one bad experience colour your attitude to everything.* 不该因一次不顺心就改变自己对所有事物的态度。

(PHRASAL VERB 短语动词) **colour sth in** to fill a shape, a picture, etc with colour using pencils, chalk, etc 填色: *The children were colouring in pictures of animals.* 孩子们正把动物图画填上颜色。

coloured (*US* 美 **colored**) *adj* **1** having colour; a particular colour 有颜色的；某种颜色的: *She always writes letters on coloured paper.* 她爱用有色信纸。○ *a coffee-coloured dress* 咖啡色连衣裙 ○ *brightly-coloured lights* 灿烂的灯光 **2** (used about a person 指人) belonging to a race that does not have white skin 有色人种的 ☛ This word is becoming old-fashioned and may offend some people. 这个词有点过时，同时可能会冒犯他人。

colouring (*US* 美 **coloring**) *noun* **1** [U] the colour of a person's hair, skin, etc 人的发色、肤色等: *People with such fair colouring get sunburnt easily.* 肤色这样白皙的人容易晒伤。**2** [C,U] a substance that is used for giving a particular colour to sth, especially food 色料（尤指加进食物的）

colt /kəʊlt ‖ kolt/ *noun* [C] a young male horse 公驹

☆**column** /ˈkɒləm ‖ ˈkɑləm/ *noun* [C] **1** a tall solid vertical post made of stone, supporting or decorating a building or standing alone 石柱 **2** something that has the shape of a column 柱状物: *a column of smoke* 一缕烟 **3** one of the vertical sections into which a printed page, especially in a newspaper, is divided（尤指报纸的）栏 **4** a series of numbers written one under the other 纵行数字: *to add up a column of figures* 把纵行数字加起来 **5** a piece of writing in a newspaper or magazine that is part of a regular series or written by the same writer（报纸、杂志上的）专栏: *the travel column* 旅游专栏 **6** a long line of people, vehicles, etc, one following behind another 一列（人、车等）: *a column of troops* 一队士兵

columnist /ˈkɒləmnɪst ‖ ˈkɑləmnɪst/ *noun* [C] a journalist who writes regular articles in a newspaper or magazine 专栏作家: *a gossip columnist* 闲谈专栏作家 ○ *a political columnist* 政论专栏作家

coma /ˈkəʊmə ‖ ˈkomə/ *noun* [C] a state of deep unconsciousness, often lasting for a long time and caused by serious illness or injury 昏迷: *She went into a coma and a few days later she died.* 她昏迷了几天便死去。

☆**comb** /kəʊm ‖ kom/ *noun* **1** [C] a piece of metal or plastic with a row of teeth that you use for making your hair tidy 梳子 **2** [C, usually sing] an act of combing the hair 梳头: *Give your hair a comb before you go out.* 把头发梳一下再出去。

comb *verb* [T] **1** to make the hair tidy using a comb 梳头 **2 comb (through) sth (for sb/sth)** to search thoroughly 彻底搜查: *Police are combing the area for the escaped prisoners.* 警察正在该区严密搜查逃犯。

combat /ˈkɒmbæt ‖ ˈkɑmbæt/ *noun* [C,U] a fight, especially in war 战斗: *unarmed combat* (= without weapons) 徒手搏斗 ○ *He got a medal for bravery in combat.* 他因作战骁勇获颁勋章。

combat *verb* [T] to fight against sth; to try to stop, reduce or defeat sth 对抗；抵抗；打击: *This government will do everything in its power to combat terrorism.* 本政府将竭尽全力打击恐怖活动。

combatant /ˈkɒmbətənt ‖ ˈkɑmbətənt/ *noun*

[C] a person who takes part in fighting, especially in war 战斗员；战士

☆**combination** /ˌkɒmbɪˈneɪʃn ‖ ˌkɑmbəˈneʃən/ *noun* [C,U] a number of people or things mixed or joined together; a mixture 组合；混合: *He left the job for a combination of reasons.* 他基于多个原因而离职。○ *The team manager still hasn't found the right combination of players.* 领队仍未得出合适的选手搭配。○ *On this course, you may study French in combination with Spanish or Italian.* 本课程的学员除法语外，亦可同时修读西班牙语或意大利语。

☆**combine**[1] /kəmˈbaɪn ‖ kəmˈbaɪn/ *verb* **1** [I,T] **combine (with sb/sth)**; **combine A and B/A with B** to join or mix two or more things together 结合: *The two organizations combined to form one company.* 两个机构合并成为一家新公司。○ *Bad planning, combined with bad luck, led to the company's collapse.* 计划不周，加上运气不好，导致这家公司倒闭。**2** [T] **combine A and B/A with B** to do two or more things at the same time or have two or more qualities at the same time 兼有: *to combine business with pleasure* 劳逸结合 ○ *This car combines speed and reliability.* 这部汽车既快又安全。

combined *adj* done by a number of people joining together, resulting from the joining of two or more things 结合的: *The combined efforts of the emergency services prevented a major disaster.* 各紧急应变部门通力合作，防止了一场大灾难。○ *I use that room as a spare bedroom and office combined* (= it can be used as either). 我把这房间当做备用卧室兼办公室。

combine[2] /ˈkɒmbaɪn ‖ ˈkɑmbaɪn/ (*also* 亦作 ˌ**combine ˈharvester**) *noun* [C] an agricultural machine that both cuts corn and separates the seed from the stem 联合收割机

combustion /kəmˈbʌstʃən ‖ kəmˈbʌstʃən/ *noun* [U] the process of burning 燃烧

☆**come** /kʌm ‖ kʌm/ *verb* [I] (*pt* **came** /keɪm ‖ kem/; *pp* **come**) **1** to move to or towards the person who is speaking or the place that sb is talking about 来: *Come here, please.* 请过来。○ *Come and see what I've found.* 来看我找到什么。○ *I hope you can come to my party.* 希望你能来参加我的聚会。○ *They're coming to stay for a week.* 他们来住上一个星期。○ *The children came running into the room.* 孩子们跑进房间来。**2** to arrive or reach 到: *What time are you coming home?* 你什么时候回家？○ *Has the newspaper come yet?* 报纸来了没有？○ *The news came as a complete surprise.* 消息来得很突然。○ *The time has come to say goodbye.* 是该告别的时候了。**3** to have a particular position 在（某位置）: *March comes after February.* 二月之后是三月。○ *Charlie came second in the exam.* 查利考了个第二名。**4** to be available 可得到: *This blouse comes in a choice of four colours.* 这款衬衫有四种颜色。**5** to be produced by or from sth 来自（某事物）: *Wool comes from sheep.* 羊毛来自绵羊。**6** to become 成为: *Your blouse has come undone.* 你衬衫的扣子松开了。**7 come to do sth** (used for talking about how, why or when sth happened 用来表示某事如何、为何、何时发生): *How did you come to lose your passport?* 你怎么会丢失你的护照？**8** (used with *to/into* and a noun 与 to/into 及名词连用) to reach a particular state 到达（某种状况）: *We were all sorry when the holiday came to an end.* 假期结束时，我们都感到很遗憾。○ *The military government came to power in a coup d'état.* 军政府在一次政变中上台。

(IDIOMS 习语) **come and go** to be present for a short time and then go away 来得快去得快: *The pain in my ear comes and goes.* 我耳朵一会儿疼一下。

come easily, etc to sb to be easy, etc for sb to do 轻而易举；对某人来说并不难: *Apologizing does not come easily to her.* 她不到不得已是不会道歉的。

come to nothing; **not come to anything** to be unsuccessful 徒劳无功；徒然；失败: *Unfortunately, all his efforts came to nothing.* 叫人失望的是，他怎么努力都是白搭。

how come...? (*informal* 非正式) why or how 怎么: *How come you're back so early?* 你怎么回来得这么早？○ *How come I didn't get one too?* 怎么偏偏我没有？

to come (used after a noun 用于名词后) in the future 未来的: *You'll regret it in years to come.* 将来你准会后悔的。

when it comes to sth/to doing sth when it is a question of sth 至于；谈到: *When it comes to value for money, these prices are hard to beat.* 至于说到划不划得来，这样的价钱到哪里去找？

(PHRASAL VERBS 短语动词) **come about** to happen 发生: *How did this situation come about?* 弄成这个地步，怎么搞的？

come across/over to make an impression of a particular type 给人以…的印象: *Elizabeth comes across as being rather shy.* 伊丽莎白看上去有点怕羞。

come across sb/sth to meet or find sb/sth by chance 碰见；遇到: *I came across this book in a second-hand shop.* 我在旧货店无意中看到这本书。

come along **1** to arrive or appear 到达；出现: *An old man was coming along the road.* 路上来了一位老人。**2** = COME ON (2) **3** = COME ON(3)

come apart to break into pieces 碎；裂: *This old coat is coming apart at the seams.* 这件旧外套的线缝绽开了。

come away (from sth) to become loose or unfastened 松开: *The cover of the book is coming away* (= from the pages). 这本书的封面快要脱下来了。

come away with sth to leave a place with a particular opinion or feeling 怀着某种感想或感情离开某地: *We came away with a very favourable impression of Cambridge.* 我们带着美好的印象离开了剑桥。

come back **1** to return 回来: *I don't know what time I'll be coming back.* 我不知道什么时候才回来。**2** to become popular or fashionable

C

again 再度流行/时兴: *Flared trousers are coming back again.* 喇叭裤又时兴起来。

come back (to sb) to be remembered 重现脑海: *When I went to Italy again, my Italian started to come back.* 我再到意大利去的时候，又记起意大利语来了。

come before sb/sth to be more important than sb/sth else 比…重要: *Mark feels his family comes before his career.* 马克觉得家庭比事业更重要。

come between sb and sb to damage the relationship between two people 损害两人的关系: *Arguments over money came between the two brothers.* 弟兄俩为了钱财而口角。

come by sth to get sth 得到: *Fresh vegetables are hard to come by in the winter.* 冬天很难见到新鲜蔬菜。

come down **1** to fall down 掉下来: *The power lines came down in the storm.* 输电线在风暴中掉落下来。**2** (used about an aeroplane, etc 指飞机等) to land 着陆: *The helicopter came down in a field.* 直升机降落在田里。**3** to become lower 下降: *The price of land has come down in the past year.* 过去一年地价下跌。

come down to sth/to doing sth (*informal* 非正式) to have as the main feature or most important fact 归根结底；总而言之: *It all comes down to having the right qualifications.* 一句话，必须有合适的资格。

come down to sth to reach down to a particular point 垂到: *Her hair comes down to her waist.* 她的长发一直垂到腰部。

come down with sth to become ill with sth 害…病: *I think I'm coming down with flu.* 我想我患上感冒了。

come forward to offer help 给予援手: *The police are asking witnesses to come forward.* 警方呼吁目击者出来作证。

come from... to live in or have been born in a place 居于；生于: *Where do you come from originally?* 你的老家在哪里？

come from (doing) sth to be the result of sth 是…的结果: *'I'm tired.' 'That comes from all the late nights you've had.'* "我累了。" "这是你这几天熬夜熬出来的。"

come in **1** (used about the tide 指潮汐) to move towards the land 涨潮 **2** to become popular or fashionable 时兴: *Punk fashions came in in the seventies.* 七十年代时兴鬅客摇滚乐师的打扮。**3** (used about news or information 指消息、资料) to be received 传来: *Reports are coming in of fighting in Beirut.* 贝鲁特发生冲突的消息不断传来。

come in for sth to receive blame, etc 受到谴责等: *The government came in for a lot of criticism.* 政府受到诸多批评。

come of sth/of doing sth to be the result of sth 是…的结果: *We've written to several companies asking for help but nothing has come of it yet.* 我们给好几家公司去过信请他们帮忙，但直到目前为止仍未有回音。

come off **1** to be able to be removed 可以除去；可以拆开: *Does the collar come off?* 这领子拆得了拆不了？**2** (*informal* 非正式) to be successful 成功: *The deal seems unlikely to come off.* 这笔交易看来难以做成。**3** (*informal* 非正式) (followed by an adverb 后接副词) to be in a good, bad, etc situation as a result of sth 由于…而处于好/坏等情况: *Unfortunately, Dennis came off worst in the fight.* 叫人失望的是，丹尼斯在比赛中惨败。

come off (sth) **1** to fall off sth 从…掉下: *Kim came off her bicycle and broke her leg.* 金骑自行车的时候跌了一跤，把腿摔断了。**2** to become removed from sth 脱落: *One of the legs has come off this table.* 这桌子掉了一条腿。

come off it (*informal* 非正式) (used for showing that you do not believe sb/sth or that you strongly disagree with sb 用以表示不相信或很不同意): *'I thought it was quite a good performance.' 'Oh, come off it – it was awful!'* "这台戏很精彩呀！" "什么精彩，一点也不好看！"

come on **1** to start to act, play in a game of sport, etc 出场: *The audience jeered every time the villain came on.* 每当坏蛋出场，观众都要嘘他。○ *The substitute came on in the second half.* 替补队员在下半场出赛。**2** (*also* 亦作 **come along**) to make progress or to improve 进展；进步: *Your English is coming on nicely.* 你的英语进步很快。**3** (*also* 亦作 **Come on!**; **Come along!**) (used for telling sb to hurry up, try harder, etc 表示催促、鼓舞等): *Come on or we'll be late!* 还不快点儿，我们就要迟到了。○ *Come on! You can do better work than that.* 加把劲，你还可以做得更好的。**4** to begin 开始: *I think I've got a cold coming on.* 看来我是着凉了。

come out **1** to appear 出现: *The rain stopped and the sun came out.* 雨停了，太阳出来了。○ *The report came out in 1988.* 报告发表于1988年。**2** to become known 为人所知: *It was only after his death that the truth came out.* 他死后才真相大白。**3** (used about a photograph, etc 指照片等) to be produced successfully 显影成功: *Only one of our photos came out.* 我们的照片只有一张能够冲洗出来。

come out (of sth) to be removed from sth 从…给清除出来: *Red wine stains don't come out easily.* 要洗掉红葡萄酒的污渍可不容易。

come out against sth to say in public that you do not like or agree with sth 公开反对某事: *The Prime Minister came out against capital punishment.* 首相公开反对死刑。

come out in sth to become covered in spots, etc 长出疙瘩等: *Heat makes him come out in a rash.* 他热出痱子来了。

come out with sth to say sth 说出…: *The children came out with all kinds of stories.* 孩子们说的都不一样，五花八门。

come over = COME ACROSS

come over (to...) (from...) to move from one place to another 由一处到另外一处: *They've invited us to come over to Australia for a holiday.* 他们邀请我们到澳大利亚去度假。

come over sb (used about a feeling 指感觉) to affect sb 支配某人: *A feeling of despair came over me.* 我感到万分沮丧。

come round **1** (used about an event that

happens regularly 指循环的事情) to happen 发生: *The end of the holidays always comes round very quickly.* 假期总是很快就完。**2** (*also* 亦作 **come to**) to become conscious again 苏醒

come round (to…) to visit a person or place 到访: *Why don't you come round to see us on Saturday?* 星期六来我们这儿坐坐，好不好？

come round (to sth) to change your opinion so that you agree with sb/sth 转而同意: *They finally came round to our way of thinking.* 他们终于接受我们的看法。

come through (used about news, information, etc 指消息、资料等) to arrive 传来: *The football results are just coming through.* 足球比赛的结果刚刚传来。

come through (sth) to escape injury or death in a dangerous situation, illness, etc 经历险境/疾病等而未曾受伤或死亡: *to come through a heart attack* 熬过了心脏病的发作

come to = COME ROUND

come to sth **1** to equal or total a particular amount 合共；合计；数量相等于: *The bill for the meal came to £35.* 饭钱合计35英镑。**2** to reach a bad situation 陷入恶劣境地: *We will sell the house to pay our debts if we have to but we hope it won't come to that.* 必要时我们会把房子卖了还债，但愿我们不要落得如此的地步。

come under to be included in a particular section, department, etc 归入: *Garages that sell cars come under 'car dealers' in the telephone book.* 电话簿将有车出售的汽车服务站归入"汽车商"一栏。

come up **1** (used about a plant 指植物) to appear above the soil 长出地面 **2** (used about the sun and moon 指太阳、月亮) to rise 升起 **3** to be about to happen in the future 将要发生: *I have an important meeting coming up next week.* 下周我有重要会议。**4** to be discussed 被讨论: *The subject of religion came up.* 讲到了宗教问题。

come up against sb/sth to find a problem or difficulty that you have to deal with 遇到(难题): *The developers came up against a lot of opposition from the local residents.* 房地产开发商受到当地居民的抵制。

come up to sth **1** to reach up as far as a particular point 上升到某一点: *The water in the pool came up to our knees.* 池里水深及膝。**2** to be as good as usual or as necessary 达到一般或所需水平: *This piece of work does not come up to your usual standard.* 这项作品比不上你通常的水平。

come up with sth to find an answer or solution to sth 找到答案/解决方法: *Engineers have come up with new ways of saving energy.* 工程技术人员想出了节约能源的新方法。

'comeback *noun* [C] a return to a position of strength or importance that you had before 卷土重来: *The former world champion is hoping to make a comeback.* 前世界冠军希望卷土重来。

'comedown *noun* [C, usually sing] (*informal* 非正式) a loss of importance or social position 失去重要性/社会地位；失势: *It's a bit of a comedown for her having to move to a smaller house.* 不得不搬进比以前小的房子里住，使她有点沮丧。

comedian /kə'mi:dɪən ‖ kə'midɪən/ (*also* 亦作 **comic**) *noun* [C] a person whose job is to entertain people and make them laugh, eg by telling jokes 喜剧演员；丑角

comedy /'kɒmədɪ ‖ 'kɑmədɪ/ *noun* (*pl* **comedies**) **1** [C] an amusing play, film, etc that has a happy ending 喜剧 ☛ Look at **tragedy**. 参看 **tragedy**。**2** [U] the quality of being amusing or making people laugh 喜剧性: *There is a hint of comedy in all her novels.* 她的小说都包含一点喜剧成分。

comet /'kɒmɪt ‖ 'kɑmɪt/ *noun* [C] an object that looks like a bright star and that moves around the sun 彗星

☆**comfort** /'kʌmfət ‖ 'kʌmfɚt/ *noun* **1** [U] the state of having everything your body needs, or of having a pleasant life 安逸: *Most people expect to live in comfort in their old age.* 人大都希望能安享晚年。○ *to travel in comfort* 闲适的旅游 **2** [U] the state of being relaxed 舒适: *This furniture is not designed for comfort.* 这件家具用起来不舒适。**3** [U] help or kindness to sb who is suffering 安慰: *I tried to offer a few words of comfort.* 我尽量说了几句安慰的话。**4** [sing] a person or thing that helps you when you are very sad or worried 给予安慰的人/物: *You've been a real comfort to me.* 你的确是我的安慰。**5** [C] something that makes your life easier or more pleasant 使生活舒适的东西: *After a week's camping we really appreciated the comforts of home.* 在外面露营一个星期后，我们才真正体会到家居生活的安逸舒适。☛ Look at **discomfort**. 参看 **discomfort**。

comfort *verb* [T] to try to make sb feel less worried or unhappy 安慰: *to comfort a crying child* 安慰一个哭哭啼啼的小孩子

☆**comfortable** /'kʌmftəbl; *US* 美 -fərt- ‖ 'kʌmfɚtəbḷ/ (also *informal* 非正式 **comfy**) *adj* **1** allowing you to feel relaxed and providing you with everything your body needs 舒适的: *Our hotel room was large and comfortable.* 我们酒店的房间又大又舒适。○ *a comfortable temperature* (= not too hot or too cold) 宜人的温度 ○ *Sit down and make yourselves comfortable.* 坐下吧，请别客气。☛ The opposite is **uncomfortable**. 反义词为 **uncomfortable**。**2** not having or causing worry, pain, difficulty, etc 安适；自在: *He did not feel comfortable in the presence of so many women.* 在这么多女人面前，他感到很不自在。**3** having or providing enough money for all your needs 衣食充足生活无忧；小康: *They are not wealthy but they're quite comfortable.* 他们虽然不是富贵人家，但也算得上小康。

comfortably /-təblɪ ‖ -təblɪ/ *adv* in a comfortable way 舒适地: *You can't live comfortably on such low wages.* 你无法靠这么低的工资过舒服的生活。

comfy /'kʌmfɪ ‖ 'kʌmfɪ/ *adj* (**comfier**; **comfiest**) (*informal* 非正式) comfortable(1) 舒适: *a comfy chair* 安乐椅

C

comic /ˈkɒmɪk ‖ ˈkɑmɪk/ *adj* that makes you laugh; funny 滑稽；喜剧的: *a comic scene in a serious play* 严肃剧中的一个滑稽场面

comic *noun* [C] **1** = COMEDIAN **2** a magazine for children that tells stories through pictures 连环画杂志

comical /ˈkɒmɪkl ‖ ˈkɑmɪkl̩/ *adj* that makes you laugh 滑稽；可笑的 —**comically** /-klɪ ‖ -kl̩ɪ/ *adv*

comic ˈstrip (*also* 亦作 ˈ**strip cartoon**) *noun* [C] a series of pictures that tell a story, eg in a newspaper, etc 连环漫画

C

coming /ˈkʌmɪŋ ‖ ˈkʌmɪŋ/ *noun* [C] the arrival of sth 到来: *The coming of the computer meant the loss of many jobs.* 计算机的出现导致许多人失业。

comma /ˈkɒmə ‖ ˈkɑmə/ *noun* [C] the punctuation mark (,) used for dividing parts of a sentence or items in a list 逗号

☆**command**[1] /kəˈmɑːnd; *US* 美 -ˈmænd ‖ kəˈmænd/ *verb* **1** [I,T] to tell or order sb to do sth 命令: *The men did as their officer had commanded.* 士兵遵照长官的命令行事。○ *I command you to go!* (= said by an officer, or a King, Queen, etc) 我命令你去！**2** [T] to control or be in charge of sb/sth 控制；管辖: *to command a ship, regiment, army, etc* 指挥船舰/团队/军队… **3** [T] to deserve and get sth 博得；赢得: *The old man commanded great respect.* 这位老人家很受尊崇。

commanding *adj* **1** (used about a person who commands(2) sb/sth 指发号施令的人): *Who is your commanding officer?* 谁是你的指挥官？**2** having or showing power or authority 显示权威的: *to speak in a commanding tone of voice* 用命令的口吻说话 **3** strong 坚固: *The castle occupied a commanding position at the head of the valley.* 城堡居高临下，俯视山谷。

☆**command**[2] /kəˈmɑːnd ‖ kəˈmænd/ *noun* **1** [C] an order 命令: *The captain's commands must be obeyed without question.* 船长的指挥必须服从，不得异议。**2** [U] control over sb/sth 控制: *Who is in command of the expedition?* 谁指挥这次远征？○ *to take command of a situation* 控制局势 **3** [sing] the state of being able to do or use sth 掌握: *She has a good command of French.* 她精通法语。

(IDIOMS 习语) **at/by sb's command** (*formal* 正式) because you were ordered by sb 奉行命令: *At the command of their officer the troops opened fire.* 军官一声令下，士兵立即开火了。

be at sb's command to be ready to obey sb 随时待命: *I'm completely at your command.* 一切听从您的指示。

commandeer /ˌkɒmənˈdɪə(r) ‖ ˌkɑmənˈdɪr/ *verb* [T] to take control or possession of sth for military use 征作军用

commander /kəˈmɑːndə(r); *US* 美 -ˈmæn- ‖ ˌkəˈmændɚ/ *noun* [C] **1** a person who controls or is in charge of sb/sth 主管；领导 **2** (*Brit* 英) an officer in the Navy 海军中校

commandment (*also* 亦作 **Commandment**) /kəˈmɑːndmənt; *US* 美 -ˈmænd- ‖ kəˈmændmənt/ *noun* [C] (*formal* 正式) one of the ten important laws that Christian people should obey 十诫之一

commando /kəˈmɑːndəʊ; *US* 美 -ˈmæn- ‖ kəˈmændo/ *noun* [C] (*pl* **commandos** or **commandoes**) one of a group of soldiers who are trained to make quick attacks in enemy areas 突击队员

commemorate /kəˈmeməreɪt ‖ kəˈmɛməˌret/ *verb* [T] to keep a special event in people's memories; to exist in order to make people remember a special event 纪念: *a statue commemorating all the soldiers who died in the last war* 为纪念最近一次战争中阵亡战士而竖立的塑像 —**commemoration** /kəˌmeməˈreɪʃn ‖ kəˌmɛməˈreʃən/ *noun* [C,U]: *The concerts were held in commemoration of the 200th anniversary of Mozart's death.* 各场音乐会都是为纪念莫扎特逝世二百周年而举办的。

commence /kəˈmens ‖ kəˈmɛns/ *verb* [I,T] (*formal* 正式) **commence sth/doing sth** to start or begin 开始 ☛ Look at the note at **begin**. 参看 **begin** 的注释。—**commencement** *noun* [C,U]

commend /kəˈmend ‖ kəˈmɛnd/ *verb* [T] to say that sb/sth is very good 嘉许；赞扬: *Dean was commended for his excellent work.* 迪安工作表现出色，受到嘉许。

commendable /-əbl ‖ -əbl̩/ *adj* that you must praise 令人钦佩: *She acted with commendable honesty and fairness.* 她处事诚实而公正，委实令人钦佩。

☆**comment** /ˈkɒment ‖ ˈkɑmɛnt/ *noun* [C,U] **comment (on sth)** something that you say or write that gives your opinion or feeling about sth 评论: *The chancellor was not available for comment.* 当时无法邀请到总理发表评论。○ *I have heard both favourable and unfavourable comments about the film.* 我听到的各方对影片的反应毁誉参半。

(IDIOM 习语) **no comment** (used in reply to a question when you do not want to say anything at all 不愿表达意见时作为回应提问时用) 无可奉告: *'Mr President, how do you feel about these latest developments?' 'No comment.'* "总统先生，您对事态的最新发展有什么看法？" "无可奉告。"

comment *verb* [I,T] **comment (on sth)** to give your opinion or feeling about sth 评论: *Several people commented on how lovely the garden looked.* 有好几个人都说过这花园怎样怎样美丽。○ *Somebody commented that it didn't seem very fair.* 有些人批评这样做不大公平。

commentary /ˈkɒməntrɪ; *US* 美 -terɪ ‖ ˈkɑmənˌterɪ/ *noun* (*pl* **commentaries**) **1** [C,U] a spoken description on the radio or television of sth as it is happening（电台或电视台的）实况报道/评述: *the commentary on a football match* 足球比赛的实况报道 **2** [C] a written explanation of sth 评注: *a translation of Shakespeare's plays with a commentary* 莎士比亚剧作译注本

commentate /ˈkɒmenteɪt ‖ ˈkɑmənˌtet/ *verb* [I] to give a spoken description on the radio or television of sth as it is happening（在电台或电视台）作实况报道/评述

commentator /'kɒmenteɪtə(r) ‖ 'kɑmənˌtetə/ *noun* [C] **1** a person who commentates on sth 实况广播员；评述员；评论员：*a sports commentator* 体育评论员 **2** a person who gives his/her opinion about sth on the radio, on television or in a newspaper 时事评论员：*a political commentator* 政治评论员

commerce /'kɒmɜːs ‖ 'kɑmɝs/ *noun* [U] the activities that are involved in buying and selling things 商业：*the Minister for Industry and Commerce* 工商大臣

☆**commercial** /kə'mɜːʃl ‖ kə'mɝʃəl/ *adj* **1** connected with buying and selling goods 商业的：*a specialist in commercial law* 商业法专家 **2** making a profit 获得利润的：*Although it won a lot of awards, the film was not a commercial success.* 这部影片虽然获得多个奖项，但叫好不叫座。—**commercially** /-ʃəlɪ ‖ -ʃəlɪ/ *adv*: *The factory was closed down because it was no longer commercially viable.* 丧失了竞销能力，这家工厂只好关门。

commercial *noun* [C] an advertisement on the radio or on television（电台或电视台的）广告

commercialism /kə'mɜːʃəlɪzəm ‖ kə'mɝʃəlˌɪzəm/ *noun* [U] the attitude that making a profit is more important than anything else 赚钱至上的观念；惟利是图；商业化

commercialize (*also* 亦作 **commercialise**) /kə'mɜːʃəlaɪz ‖ kə'mɝʃəlˌaɪz/ *verb* [T] to try to make a profit out of sth, even if it means spoiling it 商业化：*Christmas has become very commercialized over recent years.* 最近几年圣诞节的商业味道越来越浓。

commiserate /kə'mɪzəreɪt ‖ kə'mɪzəˌret/ *verb* [I] **commiserate (with sb) (on/over sth)** (*formal* 正式) to feel or show sympathy for sb who is very unhappy or in difficulty 同情；怜悯

commission /kə'mɪʃn ‖ kə'mɪʃən/ *noun* **1** [C] an act of asking sb to do a piece of work for you 委托：*He received a commission to write a play for the festival.* 他受托为这个节日撰写剧本。**2** often 常作 **Commission** [C, with sing or pl verb] an official group of people who are asked to find out about sth 调查委员会；调查团 *A Commission was appointed to investigate the causes of the accident.* 成立了委员会调查意外的起因。**3** [C,U] money that you get for selling sth 佣金：*Agents get 10% commission on everything they sell* (= 10% of the value of the things they sell). 代理商收取相当于货价百分之十的佣金。

commission *verb* [T] to ask sb to do a piece of work 委托：*to commission an architect to design a building* 委托建筑师设计楼宇

commissioner /kə'mɪʃənə(r) ‖ kə'mɪʃənə/ *noun* [C] an official of high rank in an organization 专员；委员

☆**commit** /kə'mɪt ‖ kə'mɪt/ *verb* [T] (committing; committed) **1** to do sth bad or illegal 犯（罪）；干（不好的事）：*to commit a crime* 犯罪 ○ *After years of mental illness Frank committed suicide.* 弗兰克患了多年精神病，最后自杀身亡。**2** (*formal* 正式) to send sb to a prison, mental hospital, etc 送进（监狱、精神病院等）：*He was committed to Broadmoor for five years.* 他被关进布罗德穆尔精神病院五年。**3 commit sb/yourself (to sth/to doing sth)** to promise to do sth 承诺（做某事）：*I can't commit myself to helping you tomorrow. I'm still not sure if I will be free.* 明天有没有空我还说不准，所以不一定来帮你。**4** to decide to use sth for a particular purpose 把（某物）投入（作某用途）**5 commit yourself (on sth)** to say openly what you think or believe 公开表态：*When asked for her opinion she refused to commit herself.* 有人问她的看法，她拒绝表明立场。☛ Look at **non-committal**. 参看 **non-committal**。

commitment *noun* **1** [U] **commitment (to sth)** the state of giving a lot of your time and attention to sth because you believe it is right or important（将时间、精神等）集中投入/投注：*We are looking for a teacher with enthusiasm and commitment.* 我们需要一位热诚而专注的老师。○ *commitment to an ideal* 投身追求理想 **2** [C] something that you have promised to do; a responsibility 承诺；责任：*Marriage is a great commitment.* 婚姻是一项重大的承诺。○ *We usually have family commitments on Sunday.* 星期日我们通常有家里的事要办。○ *Japan has made a commitment to respect the new agreement.* 日本已承诺尊重新协议。

committed *adj* giving a lot of your time and attention to sth because you believe it is right or important 勇于献身：*a committed Christian* 虔诚的基督徒

☆**committee** /kə'mɪtɪ ‖ kə'mɪtɪ/ *noun* [C, with sing or pl verb] a group of people who have been chosen to discuss sth or decide on sth 委员会：*They have set up a committee to look into ways of reducing traffic in the city centre.* 为了缓解市中心的交通堵塞，他们组织了委员会研究可行方法。○ *to be/sit on a committee* 担任委员 ○ *The planning committee meets/meet twice a week.* 规划委员会每周开会两次。

commodity /kə'mɒdətɪ ‖ kə'mɑdətɪ/ *noun* [C] (*pl* **commodities**) something that you buy or sell 商品：*Salt was once a very valuable commodity.* 食盐一度是珍贵的商品。

commodore /'kɒmədɔː(r) ‖ 'kɑməˌdɔr/ *noun* [C] an officer of middle rank in the Navy 海军准将

☆**common**[1] /'kɒmən ‖ 'kɑmən/ *adj* **1** happening or found often or in many places; usual 常见；普遍：*Nowadays it is quite common for people to go abroad for their holidays.* 到国外度假现在已经很普遍。○ *The word is no longer in common use.* 这个词已经不大通用。○ *The daisy is a common wild flower.* 雏菊是常见的野花。**2 common (to sb/sth)** shared by or belonging to two or more people or groups, or by most or all people 共同的；共通的：*The Americans and the British share a common language.* 英美两国人民有共同的语言。○ *This type of behaviour is common to most children* *of that age.* 那个年纪的小孩大多有这种行为。○ *We have a common interest in gardening.* 我们都喜欢园艺。**3** (only *before* a noun 只用于名词前) not special; ordinary 普通；一般: *The officers had much better living conditions than the common soldiers.* 长官的生活条件要比普通士兵好得多。**4** (*informal* 非正式) having or showing a lack of education 粗鄙；没有教养: *Don't speak like that. It's common!* 不要这样说话，这太没有教养。

(IDIOM 习语) **be common/public knowledge** ⇨ KNOWLEDGE

commonly *adv* often; usually 通常: *These insects are commonly known as midges.* 这些虫子一般叫做摇蚊。

ˌcommon ˈground *noun* [U] beliefs, interests, etc that two or more people or groups share 共同基础（比如信念、利益等）: *They have very little common ground.* 他们没有什么共通之处。

ˌcommon ˈlaw *noun* [U] laws in England that are based on decisions that judges have made, not laws that were made by Parliament 普通法（以法官的裁决为基准的英国法律，有别于由国会制定的法律）；习惯法；不成文法

ˌcommon-law ˈwife, ˌcommon-law ˈhusband *noun* [C] a person who has been living with a person of the opposite sex for a long time but who is not married to him/her. A common-law wife/husband usually has the same rights as an official wife/husband. 习惯法所称的妻子/丈夫（指长期同居而未结婚的异性伴侣，一般与合法妻子或丈夫享有同等权利）

the ˌCommon ˈMarket *noun* [sing] a name for the old European Economic Community (the EEC) 共同市场（以往欧洲经济共同体的别称）☛ This is now called the **European Union**. 现在叫做欧洲联盟。

ˈcommon-room *noun* [C] a room in a school, university, etc where students or teachers can go to relax when they are not in class（学校里供学生或教师课余休息的）公用休息室

ˌcommon ˈsense *noun* [U] the ability to make good sensible decisions because of your experience of life, not because of what you have learnt at school or from books 从生活经验得来而非从学校或书本得来的判断力；生活常识: *Safety precautions are basically just common sense.* 要采取安全措施基本上只是一种常识。

common² /ˈkɒmən ‖ ˈkɑmən/ *noun* [C] an area of open land where the public is free to walk（供大众休憩的）公用地: *cricket on the village common* 在村旁公众草地举行的板球赛

(IDIOMS 习语) **have sth in common (with sb/sth)** to share sth with sb/sth else 有共通之处: *They seem to be good friends although they have few interests in common.* 他们虽然没有什么共同兴趣，但看来相当友爱。○ *to have a lot in common with sb* 与某人有很多共通之处

in common with sb/sth like sb/sth 跟…一样: *This company, in common with many others, is losing a lot of money.* 这公司跟其他多家公司一样严重亏本。

commoner /ˈkɒmənə(r) ‖ ˈkɑmənɚ/ *noun* [C] an ordinary person, ie not a member of a noble or royal family 平民

commonplace /ˈkɒmənpleɪs ‖ ˈkɑmənˌples/ *adj* not very exciting or unusual; ordinary 寻常；普遍: *Foreign travel has become commonplace in recent years.* 最近几年到国外旅游已司空见惯。

Commons /ˈkɒmənz ‖ ˈkɑmənz/ *noun* [plural] **the Commons** (*Brit* 英) = THE HOUSE OF COMMONS ☛ Look at the note at **Parliament**. 参看 **Parliament** 的注释。

Commonwealth /ˈkɒmənwelθ ‖ ˈkɑmənˌwɛlθ/ *noun* [sing] **the Commonwealth** the group of countries that once formed the British Empire and that try to work and to trade together in a friendly way 英联邦

commotion /kəˈməʊʃn ‖ kəˈmoʃən/ *noun* [sing,U] great noise or excitement 喧闹；骚动: *People looked out of their windows to see what all the commotion was about.* 窗外喧哗四起，人们都把头探出去看个究竟。

communal /ˈkɒmjʊnl; kəˈmju:nl ‖ ˈkɑmjʊnl; kəˈmjunl̩/ *adj* shared by a group of people 共用的: *four bed-sits with a communal kitchen and bathroom* 共用厨房、浴室的四居室

commune /ˈkɒmju:n ‖ ˈkɑmjun/ *noun* [C, with sing or pl verb] a group of people, not from the same family, who live together and share their property and responsibilities 公社（一同生活、共享财产、共负责任、来自不同家庭的一群人）

☆**communicate** /kəˈmju:nɪkeɪt ‖ kəˈmjunəˌket/ *verb* **1** [I,T] to make information or your opinions, feelings, etc known to sb 表达；沟通: *Parents often have difficulty communicating with their teenage children* (= understanding them and being understood). 父母与十来岁的子女之间沟通常遇困难。○ *They communicate by sign language.* 他们以手语交谈。○ *to communicate news by satellite* 通过人造卫星传递消息 **2** [I] **communicate (with sth)** to be joined or connected with sth 连接: *two rooms with a communicating door* 两个有门互通的房间

☆**communication** /kəˌmju:nɪˈkeɪʃn ‖ kəˌmjunəˈkeʃən/ *noun* **1** [U] the act of communicating 通信；通讯；交流；沟通: *There is little real communication between father and daughter.* 父女之间很少交心之言。○ *verbal/non-verbal communication* 言语/非言语交际 ○ *Radio is the only means of communication in remote areas.* 边远地区惟一的通讯工具就是无线电。**2** [C] (*formal* 正式) a message 消息；音讯: *a communication from our chairman* 由主席发来的信息 **3 communications** [plural] the methods that are used for travelling to and from a place or for sending messages between places 交通；通讯系统；沟通途径: *The telephone lines are down so communications are very difficult.* 电话线失灵，通讯甚为困难。

(IDIOM 习语) **be in communication with sb/sth** (*formal* 正式) to be in regular contact with 保持紧密联系: *The astronauts are in direct communication with the control centre* *in Houston.* 宇航员与休斯敦的地面控制中心保持直接联系。

communicative /kə'mju:nɪkətɪv; *US* 美 -keɪtɪv ‖ kə'mjunəˌketɪv/ *adj* willing to talk or give information 健谈: *Daphne seems shy and not very communicative.* 达夫妮羞答答的，看来是个不爱说话的人。☛ The opposite is **uncommunicative**. 反义词为 **uncommunicative**。

communion /kə'mju:nɪən ‖ kə'mjunjən/ *noun* **1 Communion** (*also* 亦作 **Holy Communion**) [U] the ceremony in the Christian Church in which people share bread and wine as symbols of Christ's body and blood 圣餐；圣体礼: *to take/go to Communion* 领受/参加圣餐 **2** (*formal* 正式) [U] the sharing of thoughts or feelings（思想、感情等的）交流: *Modern man is no longer in communion with nature.* 现代人跟大自然再无沟通了。

communiqué /kə'mju:nɪkeɪ; *US* 美 kəˌmju:nə'keɪ ‖ kəˌmjunə'ke/ *noun* [C] an official statement, especially from a government, a political group, etc（政府、政治团体等的）公报

communism /'kɒmjʊnɪzəm ‖ 'kɑmjʊˌnɪzəm/ *noun* [U] the political and economic system or theory in which the state owns and controls the means of production and in which everybody is supposed to be equal 共产主义

communist /'kɒmjʊnɪst ‖ 'kɑmjʊnɪst/ *noun* [C] a person who believes in or supports communism 共产主义者 —**communist** *adj*: *communist sympathies* 对共产主义的支持 ☛ When we are talking about a particular society or political party which is organized according to the principles of communism we often use a capital letter for **communism** and **communist** ＊ **communism** 和 **communist** 二词用以指基于共产主义信条而建成的社团或政党时，其首字母均作大写: *Russian Communism* 俄罗斯共产主义 ○ *He was a member of the Communist Party.* 他是共产党员。

☆**community** /kə'mju:nətɪ ‖ kə'mjunətɪ/ *noun* (*pl* **communities**) **1 the community** [sing] the group of people who live in a particular place, area or country 社会；社区: *She was given an award for her work with young people in the community.* 她因对社区内青年人所作的贡献而获颁奖。○ *Recent increases in crime have disturbed the whole community.* 最近区内罪案增加，使居民们颇为担忧。**2** [C, with sing or pl verb] a group of people who have sth (eg nationality, interests, type of work, etc) in common 国籍、兴趣或工作等相同的人群: *the Asian community in Britain* 英国的亚洲裔居民 ○ *the business community* 商界

com'munity centre *noun* [C] a building where local people can take part in classes, sports, etc（供区内居民上课、进行体育活动等的）社区中心

commute /kə'mju:t ‖ kə'mjut/ *verb* [I] to travel a long distance from home to work every day（到离住所较远的地方去）上班: *A lot of people commute to London from nearby towns.* 每天到伦敦上班的人有很多来自邻近市镇。—**commuter** *noun* [C]: *The trains are always full of commuters at this time of day.* 每天这个时候火车上总是挤满了上下班的人。

compact /kəm'pækt ‖ kəm'pækt/ *adj* small, neat and taking up little space 体积小，便于收藏的: *a compact camera* 袖珍照相机 ○ *The compact design of the iron makes it ideal for travel.* 这种熨斗外型小巧，最适合旅行之用。

compact disc /ˌkɒmpækt 'dɪsk ‖ ˌkɑmpækt-'dɪsk/ *noun* [C] (*abbr* 缩写 **CD**) a small, round piece of hard plastic, like a record, on which sound is recorded or information stored. You play a compact disc on a special machine (**compact disc player**). 激光唱片（用以播放激光唱片的唱机叫做 **compact disc player**）

companion /kəm'pænɪən ‖ kəm'pænjən/ *noun* [C] a person or animal with whom you spend a lot of time or go somewhere 伴侣；同伴: *They were constant companions at school.* 他们以前是同窗好友。○ *a travelling companion* 旅伴 ○ *His dog is his only companion.* 他孑然一身，只有一只狗作伴。

companionship *noun* [U] friendship or company 友谊；陪伴: *A lot of people get married for companionship.* 很多人结婚是为了有个伴儿。

☆**company** /'kʌmpənɪ ‖ 'kʌmpənɪ/ *noun* (*pl* **companies**) **1** [C, with sing or pl verb] a business organization selling goods or services 公司: *an engineering company* 工程公司 ○ *Is the telephone company here private or state-owned?* 这里的电话公司是私营的还是国营的？○ *She applied to several companies for a job.* 她曾经向好几家公司申请工作。○ *The company is/are planning to build a new factory in Derby.* 这家公司打算在德比设一新厂。☛ In names company is written with a capital letter. The abbreviation is **Co** 公司名称中的 company 以大写字母开始，缩写作 **Co**: *the Walt Disney Company* 沃尔特·迪斯尼公司 ○ *Milton & Co* 米尔顿公司 **2** [U] being with a person 陪伴: *I always enjoy her company because she always has amusing stories to tell.* 她有说不完的有趣故事，我乐于跟她在一起。○ *She was very good company* (= pleasant to be with) *and I thoroughly enjoyed our evening together.* 她是个很好的伴儿，我那个晚上跟她一起过得十分愉快。**3** [U] a visitor or visitors 访客: *We were surprised when the doorbell rang because we weren't expecting company.* 门铃一响我们都很惊奇，没想到有客人来。**4** [C, with sing or pl verb] a group of actors, singers, dancers, etc 剧团；歌唱团；舞蹈团: *a ballet company* 芭蕾舞团 ○ *the Royal Shakespeare Company* 皇家莎士比亚剧团

(IDIOMS 习语) **keep sb company** to go or be with sb so that he/she is not alone 陪伴某人: *She was nervous so I went with her to keep her company.* 我见她很紧张，就陪着她一起去。

part company ⇨ PART²

comparable /'kɒmpərəbl ‖ 'kɑmpərəbl/ *adj* **comparable (to/with sb/sth)** of a similar standard or size; that can be compared with sth 相仿；可比较的: *A comparable flat in my* *country would be a lot cheaper.* 在我国一间类似的公寓要便宜得多。

comparative /kəm'pærətɪv ‖ kəm'pærətɪv/ *adj* **1** compared with sth else or with what is usual or normal 相对的: *He had problems with the written exam but passed the practical exam with comparative ease.* 他考笔试成绩不太好，但考实习试则顺利过关。**2** involving comparing things of the same kind 比较的: *a comparative study of systems of government* 不同政体的比较研究 **3** (*grammar* 语法) (used about the form of an adjective or adverb 指形容词或副词) expressing a greater amount, quality, size, etc 比较级的: *'Hotter' is the comparative form of 'hot'.* * hotter 是 hot 的比较级。

comparative *noun* [C] (*grammar* 语法) the form of an adjective or adverb that expresses a greater amount, quality, size, etc（形容词或副词的）比较级: *'Worse' is the comparative of 'bad'.* * worse 是 bad 的比较级。

comparatively *adv* as compared with sth else or with what is usual 相对来说: *The disease is comparatively rare nowadays.* 现在这种疾病较为罕见。○ *Most of the houses are old but this one was built comparatively recently.* 这些房子大都很旧，可是这一所却是较为新建的。

☆**compare** /kəm'peə(r) ‖ kəm'pɛr/ *verb* **1** [T] **compare A and B; compare A with/to B** to consider people or things in order to find ways in which they are similar or different 比较: *If you compare the old and the new models, you'll see the changes we've made.* 比较一下新旧两个型号，就知道我们作了些什么改动。○ *When the police compared the two letters, they realized that they had been written by the same person.* 警察比较了两封信，发现都是同一人的笔迹。○ *Write an essay comparing Britain in the eighteenth century with Britain today.* 试写一篇短文，把英国在十八世纪时的面貌和今天的面貌比较一下。**2** [T] **compare A to B** to say that things or people are similar in a way or ways 表示事物与事物或人与人相同: *When it was built, people compared the cathedral to a huge tent.* 大教堂落成的时候，人们把它比作一顶大帐篷。**3** [I] **compare with sb/sth** to be of the same quality as sb/sth 比得上某人/某事物: *Her last film was brilliant but this one simply doesn't compare.* 她上一部影片拍得极好，这一部却望尘莫及。○ *There is nothing to compare with the taste of bread fresh from the oven.* 刚烘好的面包味美绝伦。

(IDIOM 习语) **compare notes (with sb)** to discuss your opinions, ideas, experiences, etc with sb else（跟别人）交换意见、经验等: *At the beginning of term we met and compared notes about the holidays.* 学期初我们见了面，彼此交流了度假的经历。

compared *adj* **compared to/with** in comparison with; considered in relation to 相比之下: *I'm quite a patient person, compared with him.* 跟他相比，我算是有耐性的了。○ *Compared to the place where I grew up, this town is exciting.* 与我长大的地方相比，这个镇热闹得多了。

☆**comparison** /kəm'pærɪsn ‖ kəm'pærəsn̩/ *noun* [C,U] an act of comparing; a statement in which people or things are compared 比较: *Put the new one and the old one side by side, for comparison.* 把新的挨着旧的摆放，比较一下。○ *A comparison of this year's figures with last year's shows that the economy is improving.* 拿今年的数字跟去年相比，就知道经济情况正在好转。○ *It's hard to make comparisons between Ian's painting and Sheila's because he's been learning so much longer.* 伊恩跟希拉的画不好比较，到底伊恩学画的时间比希拉长得多。

(IDIOMS 习语) **by/in comparison (with sb/sth)** when compared 和…相比: *He's quite tall, by comparison with some of the older boys.* 比起一些年纪比他大的男孩儿来说，他算得上高个子了。○ *In comparison with many other people, they're quite well-off.* 比起很多人，他们的生活算宽裕的了。○ *When she told me about her problems I realized that mine were small by comparison.* 听了她的问题，我才晓得我的问题算不了什么。

draw a comparison/a parallel ⇨ DRAW[2]

compartment /kəm'pɑ:tmənt ‖ kəm'pɑrtmənt/ *noun* [C] **1** one of the separate sections into which some railway carriages are divided（火车厢内的）隔间: *a first-class compartment* 头等车厢 **2** one of the separate sections into which certain containers are divided（容器的）格/层: *The drugs were discovered in a secret compartment in his suitcase.* 毒品是在他手提箱中的一个暗格里发现的。○ *the glove compartment* (= the space where you can keep maps, etc in a car)（汽车内存放地图等的）储物箱

☆**compass** /'kʌmpəs ‖ 'kʌmpəs/ *noun* [C] **1** an instrument for finding direction, with a needle that always points north 指南针；罗盘: *a ship's compass* 船用罗盘 ○ *They had to find their way back to the camp using a map and a compass.* 他们得靠地图和指南针寻找返回营地的路。**2 compasses** [plural] a V-shaped instrument that is used for drawing circles, etc 圆规: *a pair of compasses* 一把圆规

compassion /kəm'pæʃn ‖ kəm'pæʃən/ *noun* [U] **compassion (for sb)** sympathy or pity for sb who is suffering 同情；怜悯

compassionate /kəm'pæʃənət ‖ kəm'pæʃənɪt/ *adj* having or showing sympathy or pity for sb who is suffering 有同情心的

compatible /kəm'pætəbl ‖ kəm'pætəbl̩/ *adj* **compatible (with sb/sth)** suitable to live together or to be used together 合得来；兼容的: *As a couple, they are simply not compatible.* 他们两口子根本合不来。○ *Is my computer compatible with yours?* 我的电脑能与你的兼容吗？☛ The opposite is **incompatible**. 反义词为 **incompatible**。—**compatibility** /kəmˌpætə'bɪlətɪ ‖ kəmˌpætə'bɪlətɪ/ *noun* [U]

compatriot /kəm'pætrɪət; *US* 美 kəm'peɪtrɪət ‖ kəm'petrɪət/ *noun* [C] a person who comes from the same country as another 同胞

compel /kəm'pel ‖ kəm'pɛl/ *verb* [T]

(compelling; compelled) (*formal* 正式) to force sb to do sth 强迫: *I felt compelled to tell her what I really thought of her.* 我觉得必须跟她说清楚自己对她的看法。

compelling *adj* **1** very exciting; holding your attention 非常有趣的；引人注意的: *a compelling story* 引人入胜的故事 **2** forcing sb to do sth; convincing 强迫性的；令人信服的: *I felt that there was no compelling reason to stay, so I left.* 我觉得没有必须留下的理由，就离去了。☛ The noun is **compulsion**. 名词为 **compulsion**。

compensate /ˈkɒmpenseɪt ‖ ˈkɑmpɛnˌset/ *verb* **compensate (sb) for sth 1** [I,T] to pay sb money because you have injured him/her or lost or damaged his/her property 赔偿: *To compensate for the loss of my luggage, the airline sent me a cheque.* 我的行李丢了，航空公司送来支票作为补偿。**2** [I] to remove or reduce the bad effect of sth; to make up for sth 弥补: *His willingness to work hard compensates for his lack of skill.* 他虽无一技之长，但他愿意勤奋工作可以补其不足。

compensation /ˌkɒmpenˈseɪʃn ‖ ˌkɑmpɛnˈseʃən/ *noun* **compensation (for sth) 1** [U] money that you pay to sb because you have injured him/her or lost or damaged his/her property 赔款: *She claimed compensation from the company for the injury she suffered while working there.* 她因工受伤，事后向公司索求赔偿。**2** [C,U] a fact or action that removes or reduces the bad effect of sth 补偿: *City life can be very tiring but there are compensations* (= good things about it). 城市生活虽然有时很辛苦，但有失也有得。○ *He took the children to the zoo as compensation for not taking them on holiday.* 他没带孩子去度假，便同他们去动物园作为补偿。

compère /ˈkɒmpeə(r) ‖ ˈkɑmpɛr/ *noun* [C] (*Brit* 英) a person who introduces the different performers in a show at the theatre or on television (在戏院表演或电视节目中把演出者介绍给观众的) 主持人 / 司仪

compère *verb* [T] (*Brit* 英) to act as a compère 当主持人 / 司仪

☆**compete** /kəmˈpiːt ‖ kəmˈpit/ *verb* [I] **compete (against/with sb) (for sth)** to try to win or achieve sth, or to try to be better than sb else 竞争: *The world's best athletes compete in the Olympic Games.* 在奥林匹克运动会上比赛的都是全球最优秀的运动员。○ *The teams are competing for a silver trophy.* 参赛队伍在争夺银杯。○ *As children, they always used to compete with each other.* 他们小时候常常互相竞争。○ *They had to compete against several larger companies to get the contract.* 他们为了争取合约，要与几家大公司竞争。○ *We can't compete with overseas firms unless we improve the quality of our goods.* 我们不提高货品的质量，就无法与海外公司竞争。

competent /ˈkɒmpɪtənt ‖ ˈkɑmpətənt/ *adj* **1** having the ability or skill needed for sth 能胜任的；称职的: *a highly competent player* 一流选手 ○ *She is competent at her job.* 她胜任工作。○ *He is not competent to be a manager.* 他未能胜任经理一职。☛ The opposite is **incompetent**. 反义词为 **incompetent** **2** satisfactory but not excellent 差强人意: *a competent, but not particularly exciting, performance* 差强人意但并不特别精彩的演出

competence /ˈkɒmpɪtəns ‖ ˈkɑmpətəns/ *noun* [U] having the ability or skill that is needed 胜任；称职: *She quickly proved her competence in her new position.* 她上任不久便证明了自己胜任新职位。☛ The opposite is **incompetence**. 反义词为 **incompetence**。

—**competently** *adv*

☆**competition** /ˌkɒmpəˈtɪʃn ‖ ˌkɑmpəˈtɪʃən/ *noun* **1** [C] an organized event in which people try to win sth 竞赛；比赛: *She entered a competition in the newspaper and won a car.* 她参加报章上的比赛，赢了一部汽车。○ *They're holding a competition to find the best name for the new magazine.* 他们为新杂志举行了征名比赛。○ *He came second in an international piano competition.* 他在一项国际钢琴比赛中夺得亚军。**2** [U] a situation where two or more people are trying to achieve the same thing or gain an advantage 竞争: *There was fierce competition among the players for places in the team.* 运动员为了角逐成为队中选手，竞争非常激烈。○ *He is in competition with three other people for promotion.* 他要与三名对手角逐争取晋升机会。○ *Competition from the supermarkets means that many small shops have had to close.* 面对来自超级市场的竞争，很多小店铺只好关门大吉。**3 the competition** [sing, with sing or pl verb] the other people, companies, etc who are trying to achieve the same as you 对手: *If we are going to succeed, we must offer a better product than the competition.* 想要成功，就必须能够提供比对手优胜的产品。

competitive /kəmˈpetətɪv ‖ kəmˈpɛtətɪv/ *adj* **1** involving people competing against each other 涉及竞争的: *The travel industry is a highly competitive business.* 旅游业是竞争剧烈的行业。○ *competitive sports* 体育竞技项目 **2** able to be as successful as or more successful than those competing 竞争力强的: *They are trying to make the company competitive in the international market.* 他们要让公司在国际市场具有竞争力。○ *Our prices are highly competitive* (= as low as or lower than those of the others). 我们的价钱很优惠。**3** (used about people 指人) eager to win or to be more successful than others 好胜的: *She's a very competitive player.* 她是个志在必胜的选手。

—**competitively** *adv*

competitor /kəmˈpetɪtə(r) ‖ kəmˈpɛtətɚ/ *noun* a person, company, product, etc that is competing with another or others 竞争者；对手: *All competitors must wear a number in the race.* 各赛跑选手必须戴上号码布。○ *Two local companies are our main competitors.* 我们的主要对手是两家本地公司。

compile /kəmˈpaɪl ‖ kəmˈpaɪl/ *verb* [T] to collect information and arrange it in a list, book, etc 搜集并编排资料；编制；编纂: *to compile a list of addresses* 编制地址表

C

compilation /ˌkɒmpɪˈleɪʃn ‖ ˌkɑmpɪˈleʃən/ *noun* **1** [U] the act of compiling 搜集并编排；编制；编纂: *The compilation of the encyclopedia took many years.* 这套百科全书花了多年时间才编成。**2** [C] something that has been compiled 编缀而成的东西；汇编: *The record is a compilation of the band's previous hits.* 这张唱片汇集了乐队以前的流行曲。

complacent /kəmˈpleɪsnt ‖ kəmˈplesn̩t/ *adj* feeling so satisfied with yourself or with the situation that you think (perhaps wrongly) that there is no need to worry 自满: *He had won his matches so easily that he was in danger of becoming complacent.* 他轻易赢得多项比赛，恐怕会变得自满。—**complacency** /kəmˈpleɪsnsɪ ‖ kəmˈplesn̩sɪ/ *noun* [U]: *We have achieved a high standard but there is no cause for complacency. We can still improve.* 我们达到的算得上高水平，但没什么值得自满。我们要精益求精。—**complacently** *adv*: *We had complacently assumed that it was not our problem.* 当时我们自以为是，认定那不是我们的过错。

☆**complain** /kəmˈpleɪn ‖ kəmˈplen/ *verb* **1** [I,T] **complain (about sth); complain (that...)** to say that you are not satisfied with or happy about sth 抱怨；投诉: *I wish you wouldn't keep complaining.* 我希望你不要一味怨天怨地。○ *People are always complaining about the weather.* 人们老在埋怨天气。○ *We complained to the hotel manager that the room was too noisy.* 我们向酒店经理抱怨房间太吵闹。☛ Look at the notes at **grumble** and **protest**. 参看 **grumble** 及 **protest** 的注释。**2** [I] **complain of sth** to say that you have a pain or illness 诉说（病痛）: *He went to the doctor, complaining of chest pains.* 他找医生诊视，说胸部疼痛。

☆**complaint** /kəmˈpleɪnt ‖ kəmˈplent/ *noun* **complaint (about sth); complaint (that...)** **1** [U] an act or acts of complaining 抱怨；投诉: *I wrote a letter of complaint to the manager about the service I had received.* 我致函经理投诉服务太差。○ *a cause for complaint* 抱怨的原因 **2** [C] a statement that you are not satisfied with sth（口头或书面的）投诉: *You should make a complaint to the company that made the machine.* 你该向机器制造商投诉。**3** [C] an illness or disease 疾病: *a heart complaint* 心脏病 ○ *minor complaints* 小毛病

complement /ˈkɒmplɪmənt ‖ ˈkɑmpləmənt/ *noun* [C] **1** a thing that goes together well with sth else 互相配合的事物: *A cream sauce is the perfect complement to this dessert.* 奶油汁就是这个甜点的最佳配搭。**2** the total number that makes a group complete 组成整体的数量: *Without a full complement of players, the team will not be able to take part in the match.* 没有足够的队员，这个队就不能参赛。**3** (*grammar* 语法) a word or words, especially a noun or adjective, used after a verb such as 'be' or 'become' and describing the subject of that verb 补语（尤指用于动词如 be 或 become 之后，用来描述主语的名词或形容词）: *In 'He's friendly' and 'He's a fool', 'friendly' and 'fool' are complements.* 在 He's friendly 及 He's a fool 中，friendly 及 fool 就是补语。

complement *verb* [T] to go together well with 配合；相称: *The colours of the furniture and the carpet complement each other.* 家具与地毯的颜色交相辉映。

complementary /ˌkɒmplɪˈmentrɪ ‖ ˌkɑmpləˈmɛntərɪ/ *adj* going together well with sth; adding sth which the other thing does not have 配合的；补足的: *They work well together because their skills are complementary: he's practical and she's creative.* 他们以专长互补不足，所以合作得很好；他实干，而她则善于创新。

☆**complete**[1] /kəmˈpliːt ‖ kəmˈplit/ *adj* **1** having or including all parts; with nothing missing 完整: *I gave a complete list of the stolen items to the police.* 我已把所有被窃物件的清单交给警方。○ *a complete set of Dickens' novels* 一整套狄更斯的小说 ○ *The book explains the complete history of the place.* 本书详述了这个地方的全部历史。**2** (not before a noun 不用于名词前) finished or ended 完成: *The repair work should be complete by Friday.* 维修工作到星期五应该能够完成。**3** (only *before* a noun 只用于名词前) as great as is possible; total; in every way 彻底；完全: *the complete reorganization of the department* 该部门的全面改组 ○ *It was a complete waste of time.* 这完全是浪费时间。

completely *adv* as much as is possible; totally; in every way 彻底地；完全地: *The building was completely destroyed by fire.* 该建筑物被大火完全焚毁。○ *We're trying a completely new method.* 我们正尝试一个全新的方法。—**completeness** *noun* [U]

☆**complete**[2] /kəmˈpliːt ‖ kəmˈplit/ *verb* [T] **1** to make sth whole 使完整: *We need two more players to complete the team.* 我们需要添两个队员才能成为一个完整的球队。○ *I finally managed to complete my collection.* 我终于收齐一整套藏品。**2** to finish sth; to bring sth to an end 完成；结束: *When the building has been completed, it will look impressive.* 这座建筑物完成后一定很宏伟。○ *He completed his teacher training course in June 1991.* 他于1991年6月完成教师训练课程。**3** to fill in sth (eg a form) 填写（表格等）: *Please complete the following in capital letters.* 请以大写填表。○ *Completed application forms should be received by December 9th.* 填妥的申请表最迟应在12月9日送到。

completion /kəmˈpliːʃn ‖ kəmˈpliʃən/ *noun* [U] the act of completing or the state of being complete 完成；完结: *The new motorway is due for completion within two years.* 新的高速公路预计在两年内完成。

☆**complex**[1] /ˈkɒmpleks; *US* 美 kəmˈpleks ‖ kəmˈplɛks/ *adj* made up of several connected parts and often difficult to understand; complicated 复杂: *a complex system of taxation* 复杂的税收制度 ○ *You can't expect to find a simple solution when the problem is so complex.* 问题这么复杂，你不能期望有简单的解决方法。

complexity /kəm'pleksətɪ ‖ kəm'plɛksətɪ/ *noun* (*pl* **complexities**) **1** [U] the state of being complex 复杂: *an issue of great complexity* 十分复杂的问题 **2** [C] one of the many details that make sth complicated 复杂的细节: *I haven't time to explain the complexities of the chemical process now.* 现在我没有时间解释这个化学程序的复杂细节。

complex[2] /'kɒmpleks ‖ 'kɑmplɛks/ *noun* [C] **1** a group or set of things, especially buildings, designed for a particular purpose 组合（尤指建筑物）: *a shopping complex* 购物中心 ○ *a sports complex* 体育场馆 **2 a complex (about sth)** a mental problem that causes sb to worry or be upset about sth 情结: *He's got a complex about his height.* 他常为自己的身高而烦恼。○ *an inferiority complex* 自卑情结

complexion /kəm'plekʃn ‖ kəm'plɛkʃən/ *noun* [C] **1** the natural colour and quality of the skin or the face 肤色；面色；皮肤的手感: *a fair complexion* 白皙的肤色 ○ *a healthy complexion* 健康的面色 **2** [usually sing] the general nature or character of sth 性质；特性: *This news puts a completely different complexion on our situation.* 消息传来后我们处境便大为改观。

☆**complicate** /'kɒmplɪkeɪt ‖ 'kɑmplə͵ket/ *verb* [T] to make sth difficult to understand 使难懂；使复杂: *Let's not complicate things by adding too many details.* 不要加入太多细节，把事情弄复杂了。

complicated *adj* difficult to understand; made up of many parts 费解；复杂: *a novel with a very complicated plot* 一部情节十分复杂的小说 ○ *a complicated mathematical calculation* 复杂的运算 ○ *I can't tell you all the details now, it's too complicated.* 现在我不能告诉你所有细节，那太复杂了。

complication /͵kɒmplɪ'keɪʃn ‖ ͵kɑmplə'keʃən/ *noun* [C] **1** something that complicates sth 使事物复杂的因素: *Unless there are any unexpected complications, I'll be arriving next month.* 除非有突然的变化，不然我将于下月到达。○ *The fact that she changed her mind was yet another complication.* 她改变主意，使事情更节外生枝。**2** a new illness that you get when you are already ill 并发症

complicity /kəm'plɪsətɪ ‖ kəm'plɪsətɪ/ *noun* [U] being involved, with sb else, in a crime 同谋；串通

compliment /'kɒmplɪmənt ‖ 'kɑmpləmənt/ *noun* **1** [C] **a compliment (on sth)** a statement or action that praises or expresses admiration for sb 称赞；嘉许；恭维: *People have often paid her compliments on her piano playing.* 人们常常称赞她的钢琴造诣。**2 compliments** [plural] (*formal* 正式) greetings or good wishes given in a message 问候/致意（传达信息的用语）: *Tea and coffee are provided with the compliments of the hotel management* (= without charge). 茶及咖啡由酒店敬赠，聊表谢意。

compliment /'kɒmplɪment ‖ 'kɑmplə͵mɛnt/ *verb* [T] **compliment sb (on sth)** to praise or express admiration for sb 称赞；表示景仰: *She complimented them on their smart appearance.* 她称赞他们衣着得体潇洒。

complimentary /͵kɒmplɪ'mentrɪ ‖ ͵kɑmplə'mɛntərɪ/ *adj* **1** praising or expressing admiration for sb 赞赏的；恭维的: *He made several complimentary remarks about her work.* 对于她的工作，他说了几句话表示称赞。**2** given free of charge 免费的: *a complimentary theatre ticket* 戏票赠券

comply /kəm'plaɪ ‖ kəm'plaɪ/ *verb* [I] (*pres part* **complying**; *3rd pers sing pres* **complies**; *pt, pp* **complied**) **comply (with sth)** (*formal* 正式) to obey an order or request 遵从；依从；符合: *All office buildings must comply with the fire and safety regulations.* 所有办公楼必须遵行防火及安全条例。

component /kəm'pəʊnənt ‖ kəm'ponənt/ *noun* [C] one of the parts that together form sth, especially a machine（尤指机器的）零件/部件/配件/元件: *car components* 汽车零件 ○ *the components of a video recorder* 录像机部件

component *adj* being one of the parts that together form sth 组成的；构成的: *the component parts of an engine* 引擎的组成部分

compose /kəm'pəʊz ‖ kəm'poz/ *verb* **1** [I,T] to write music 作曲；编曲: *Mozart composed forty-one symphonies.* 莫扎特创作了四十一首交响曲。**2** [T] to produce a piece of writing, using careful thought（小心思考后）撰写: *I sat down and composed a letter of reply.* 我坐下来，撰写了一封回信。**3** [T] to be the parts that form sth 组成；构成: *the parties that compose the coalition government* 组成联合政府的政党 **4** [T] **compose yourself/sth** to make yourself, your feelings, etc become calm and under control 控制；使（自己/思绪等）平静；使（自己/情绪等）冷静；克制（自己等）: *The news came as such a shock that it took me a while to compose myself.* 消息令人震惊，我听后好一会儿才平静了下来。○ *She tried to compose her thoughts and answer calmly.* 她设法控制自己的思绪，然后镇定地做了回答。

composed *adj* **1 composed of sth** made up of sth; having as its parts 由…组成/构成；包括: *The committee is composed of politicians from all parties.* 委员会包罗各政党的成员。**2** calm, in control of your feelings 镇静；自我克制的: *Although he felt very nervous, he managed to appear composed.* 虽然内心十分紧张，他仍做到外表镇定自若。

composer /kəm'pəʊzə(r) ‖ kəm'pozɚ/ *noun* [C] a person who writes music professionally 作曲家

composite /'kɒmpəzɪt ‖ kəm'pɑzɪt/ *adj* consisting of different parts, substances or materials 综合的

composition /͵kɒmpə'zɪʃn ‖ ͵kɑmpə'zɪʃən/ *noun* **1** [C] a piece of music that has been written by sb 音乐作品: *'Finlandia' is probably Sibelius' best-known composition.* "芬兰颂"大概是西贝柳斯最有名的音乐作品。**2** [U] the act of composing a piece of music or writing 作曲；撰文 **3** [U] the skill or technique of writing music 作曲的技巧: *She*

C

studied both musical theory and composition. 她修读了音乐理论及作曲技巧。**4** [C] a short piece of writing done as part of an educational course or exam 作文：*Write a composition of about 500 words on one of the following subjects.* 试选以下其中一项题目写一篇约500字的文章。**5** [U] the parts that form sth 组成部分：*the chemical composition of a substance* 某种物质的化学成分 ○ *the composition of the population* 人口的结构。

C

compost /ˈkɒmpɒst ‖ ˈkɑmpost/ *noun* [U] a mixture of decaying substances, such as plants and waste material, that is added to soil to help plants to grow 混合肥料/堆肥（由腐烂的植物及废料混成）

composure /kəmˈpəʊʒə(r) ‖ kəmˈpoʒɚ/ *noun* [U] the state of being calm and having your feelings under control 镇静；克制；沉着

compound[1] /ˈkɒmpaʊnd ‖ ˈkɑmpaʊnd/ *noun* **1** something that consists of two or more things or substances combined 复合物；混合物；综合体：*a chemical compound* 化合物 **2** (*grammar* 语法) a word or phrase consisting of two or more parts that combine to make a single meaning 复合词；复合词组：*'General election' and 'letter-box' are compounds.* ＊ general election 和 letter-box 就是复合词语。

compound[2] /kəmˈpaʊnd ‖ kəmˈpaʊnd/ *verb* [T] **1** to make sth (a problem, etc) worse 使（问题等）恶化/复杂化 **2** (usually passive 通常用于被动语态) to form by combining two or more things 组合；综合；混合

compound[3] /ˈkɒmpaʊnd ‖ ˈkɑmpaʊnd/ *noun* [C] an area of land with a group of buildings on it, surrounded by a wall or fence 外围有墙或篱笆，里面有建筑群的一块地

comprehend /ˌkɒmprɪˈhend ‖ ˌkɑmprɪˈhɛnd/ *verb* [T] (*formal* 正式) to understand sth completely 了解；理解：*She's too young to comprehend what has happened.* 她年纪太小，还不明白发生了什么事。

comprehensible /ˌkɒmprɪˈhensəbl ‖ ˌkɑmprɪˈhɛnsəbl̩/ *adj* easy to understand 浅白：*The book is written in clear, comprehensible language.* 本书行文畅达易懂。☛ The opposite is **incomprehensible**. 反义词为 **incomprehensible**。

comprehension /ˌkɒmprɪˈhenʃn ‖ ˌkɑmprɪˈhɛnʃən/ *noun* **1** [U] the ability to understand or the act of understanding 理解力；理解：*How such a peculiar thing could happen is beyond my comprehension.* 怎么会有这种怪事，真令人费解。☛ The opposite is **incomprehension**. 反义词为 **incomprehension**。**2** [C,U] an exercise that tests how well you understand spoken or written language 理解能力练习；理解能力测验：*a listening comprehension* 听力练习 ○ *The first part of the exam is reading comprehension.* 试题的第一部分是测试阅读能力。

comprehensive /ˌkɒmprɪˈhensɪv ‖ ˌkɑmprɪˈhɛnsɪv/ *adj* **1** including everything or nearly everything that is connected with a particular subject 全面的；完备的：*a guide book giving comprehensive information on the area* 有关该地区详尽资料的指南 ○ *The store offers a comprehensive range of kitchen equipment.* 这家商店出售的厨房设备货色齐备，应有尽有。**2** (*Brit* 英) (used about education 指教育) educating pupils of all levels of ability in the same school 综合教育（同一学校教育不同能力的学生）：*a comprehensive education system* 综合教育制度

comprehensively *adv* thoroughly; completely 广泛地；全面地

compreˈhensive school (*also* 亦作 **comprehensive**) *noun* [C] (*Brit* 英) a secondary school in which pupils of all levels of ability are educated 综合学校（教育不同能力学生的一种中等学校）：*I went to the local comprehensive.* 我入本地的综合学校学习。

compress /kəmˈpres ‖ kəmˈprɛs/ *verb* [T] **compress sth (into sth) 1** to press sth together so that it takes up less space 压缩 **2** to express sth briefly or in a shorter form 扼要叙述；简洁地表达 —**compression** /kəmˈpreʃn ‖ kəmˈprɛʃən/ *noun* [U]

comprise /kəmˈpraɪz ‖ kəmˈpraɪz/ *verb* [T] **1** to consist of; to have as parts or members 由…组成；包括：*The set comprises a pen, pencil, ruler and rubber.* 这一套包括一枝钢笔、一枝铅笔、一把直尺及一块橡皮。○ *a house comprising three bedrooms, kitchen, bathroom and a living-room* 一幢有三间卧室、一间厨房、一间浴室及一个客厅的房子 **2** to be the parts or members that make up sth; to form 组成/构成（整体中的一部分）：*Women comprise 62% of the staff.* 女性占职员总数的百分之六十二。

compromise /ˈkɒmprəmaɪz ‖ ˈkɑmprəˌmaɪz/ *noun* [C,U] **a compromise (between/on sth)** an agreement that is reached when each side allows the other side part of what it wanted 妥协；折衷；妥协方案；折衷方案：*Unless the union and the management can reach a compromise on pay, there will be a strike.* 除非工会能够在薪金方面与管理层达成一个折衷方案，否则定会有一场罢工。○ *It's difficult to find a compromise between the protection of the countryside and the need for more housing.* 在保护郊野和增建房屋方面，实在很难两全其美。○ *'There can be no compromise on the subject of terrorism,' a government minister said.* 一位政府部长表示："跟恐怖主义绝对不能妥协。"

compromise *verb* **1** [I] **compromise (with sb) (on sth)** to reach an agreement by which each side gets sth it wants and allows the other side to have sth it wants 妥协；折衷 **2** [T] **compromise yourself** to put yourself in a position in which other people can criticize you for not being honest 损害自己（名誉、操守等）：*He compromised himself by accepting money from them.* 他收受他们的金钱，使自己的名誉受损。**3** [T] to do sth that is harmful to sth 危及；危害；损害：*She refused to compromise her principles by signing the letter.* 她拒绝签署那封信，以免违背自己的原则。

compulsion /kəmˈpʌlʃn ‖ kəmˈpʌlʃən/ *noun* **1** [U] forcing sb to do sth or being forced to do sth 强迫；被迫：*There is no compulsion to* *take part. You can decide yourself.* 不是强迫性的，你可以自行决定参加与否。☛ The verb is **compel**. 动词为 **compel**。**2** [C] a strong desire that you cannot control, often to do sth that you should not do 强迫作用；难以自制的欲望

compulsive /kəm'pʌlsɪv ‖ kəm'pʌlsɪv/ *adj* **1** (used about a bad or harmful habit 指恶习等) caused by a strong desire that you cannot control 难以自制的: *compulsive eating* 不由自主大量进食 **2** (used about a person 指人) having a bad habit that he/she cannot control 有难以自制的恶习: *a compulsive gambler* 嗜赌成癖的赌徒 **3** so interesting or exciting that you cannot take your attention away from it 引人入胜；令人欲罢不能: *This book makes compulsive reading.* 这本书令人爱不释手。— **compulsively** *adv*

compulsory /kəm'pʌlsərɪ ‖ kəm'pʌlsərɪ/ *adj* that must be done, by law, rules, etc 法例或规章等规定的；必须的: *Maths and English are compulsory subjects on this course; Art and Music are optional.* 数学及英语是这个课程的必修科，而美术及音乐则是选修科。○ *It is compulsory to wear a hard hat on the building site.* 在建筑工地内必须戴安全帽。☛ Something that you do not have to do is **voluntary**. 自愿的用 **voluntary**。

☆**computer** /kəm'pju:tə(r) ‖ kəm'pjutə˞/ *noun* [C] an electronic machine that can store and arrange information, make calculations and control other machinery 电脑；电子计算机: *The bills are all done by computer.* 所有单据均由电脑处理。○ *a computer program* 电脑程式 ○ *a computer programmer* 电脑程序员 ○ *a home computer* 家庭电脑 ○ *a personal computer* 个人电脑 ○ *computer software* 电脑软件 ○ *computer games* 电脑游戏 ○ *These days the whole process is done by computer.* 目前整个程序都由电脑处理。○ *First of all, the details are fed into a computer.* 首先，将细节输入电脑。☛ picture on page A26. 见第 A26 页插图。

computerize (*also* 亦作 **computerise**) /-təraɪz ‖ -təˌraɪz/ *verb* [T] **1** to put computers in a place of work 电脑化: *The whole factory has been computerized.* 整家工厂已经电脑化。**2** to deal with sth by computer; to store information in a computer 以电脑处理；把资料储存到电脑内: *We have now computerized the library catalogue.* 我们图书馆的目录已经电脑化。—**computerization** (*also* 亦作 **computerisation**) /kəmˌpju:təraɪ'zeɪʃn; *US* 美 -rɪ'z- ‖ kəmˌpjutərə'zeʃən/ *noun* [U]

computing *noun* [U] the skill of using computers 使用电脑的技巧；计算机技术: *She did a course in computing.* 她修读了一个有关电脑使用技巧的课程。

comrade /'kɒmreɪd; *US* 美 -ræd ‖ 'kɑmræd/ *noun* [C] **1** (used by members of a union or of a socialist party when they talk about or to each other 工会会员或社会党员互相称呼时用): *Comrades, we will fight against injustice!* 同志们，我们齐来伸张正义！**2** (*formal* 正式) a friend or companion, especially one with whom you share a difficult experience 战友；朋友: *an old army comrade* 老战友。—**comradeship** /'kɒmreɪdʃɪp ‖ 'kɑmrædˌʃɪp/ *noun* [U]: *He enjoys the comradeship of the army.* 他很珍惜军队中战友的情谊。

con[1] /kɒn ‖ kɑn/ *verb* [T] (co**nn**ing; co**nn**ed) **con sb (into doing sth/out of sth)** (*informal* 非正式) to cheat sb, especially in order to get money 欺骗别人（尤指金钱方面）: *He conned her into investing in a company that didn't really exist.* 他骗她投资于一家根本不存在的公司。

con *noun* [C] (*informal* 非正式) a trick, especially in order to cheat sb out of some money 骗局（尤指用以骗取金钱的）: *I didn't sign anything because I suspected that the whole scheme was a con.* 我没有签署任何东西，因为我怀疑整个事情只是个骗局。

con[2] /kɒn ‖ kɑn/ *noun*
(IDIOM 习语) **the pros and cons** ⇨ PRO

concave /'kɒŋkeɪv ‖ kɑn'kev/ *adj* (used about a surface 指表面) curving inwards 凹 ☛ Look at **convex**. 参看 **convex**。

conceal /kən'si:l ‖ kən'sil/ *verb* [T] **conceal sth/sb (from sb/sth)** to hide sb/sth; to prevent sb/sth from being seen or discovered 隐藏；隐瞒: *She tried to conceal her anger from her friend.* 她努力在朋友面前掩饰她的愤怒。○ *The film was taken with a concealed camera.* 这段影片是用隐蔽摄影机拍摄的。—**concealment** *noun* [U]: *the concealment of the facts of the case* 对案件实情的隐瞒

concede /kən'si:d ‖ kən'sid/ *verb* [T] **1** to admit that sth is true, often unwillingly 承认（常指无奈地）: *When it was clear that he would lose the election, he conceded defeat.* 他明白自己在竞选中大势已去，于是承认失败。○ *She conceded that the problem was mostly her fault.* 她承认所以造成这个问题主要是她自己不好。**2 concede sth (to sb)** to allow sb to take sth, often unwillingly 把东西让与他人（常指无奈地）: *They lost the war and had to concede territory to their enemy.* 他们打了败仗，只得割让土地给敌方。○ *Despite conceding two late goals, they still won.* 该队虽然临到完场给对方进了两球，但最后仍然获胜。☛ The noun is **concession**. 名词为 **concession**。

conceit /kən'si:t ‖ kən'sit/ *noun* [U] too much pride in yourself, too high an opinion of your abilities and importance 自大；自负

conceited *adj* too proud of yourself, your abilities, your importance, etc 自负；自大: *He's so conceited – he thinks he's the best at everything!* 他自高自大，认为自己样样第一。

conceive /kən'si:v ‖ kən'siv/ *verb* **1** [I,T] to become pregnant 怀孕；受孕: *Tests showed that she was unable to conceive.* 测试结果显示她不能够怀孕。○ *Their first child was conceived soon after they got married.* 结婚不久她便怀了他们的第一个孩子。**2** [T] to form or think of sth (an idea, plan, etc); to imagine 想出；构思；想象: *He conceived the idea for the novel during his journey through India.* 他在印度的旅途中，有了写这部小说的念头。○ *I cannot conceive that she would lie to me.*

我不能想象她会向我说谎。**3** [I] **conceive (of) sb/sth (as sth)** to think of sb/sth in a particular way（将某人/某物）视为…: *He started to conceive of the world as a dangerous place.* 他开始把世界想象为危险的地方。☛ The noun is **conception**. 名词为 **conception**。

conceivable /-əbl ‖ -əbl/ *adj* possible to imagine or believe 可想象的；可相信的: *I made every conceivable effort to succeed.* 我尽了一切努力争取成功。☛ The opposite is **inconceivable**. 反义词为 **inconceivable**。—**conceivably** /-əblɪ ‖ -əblɪ/ *adv*: *She might just conceivably be telling the truth.* 她说的可能是真话。

☆**concentrate** /'kɒnsntreɪt ‖ 'kɑnsn̩ˌtret/ *verb* [I,T] **1 concentrate (sth) (on sth/doing sth)** to give all your attention or effort to sth（将注意力/力量等）集中（于某事之上）；专注: *How can you concentrate on your work with so much noise going on?* 你怎能在这样吵的环境下集中精神工作呢？○ *It is important to concentrate on the road when you are driving.* 驾驶时要专心注意道路情况。○ *I tried to concentrate my thoughts on the problem.* 我努力让自己的思绪集中在这个问题上面。**2** to come together or to bring people or things together in one place 集合；集中；聚集: *The general concentrated most of his tanks on the border.* 将军把他手下的大部分坦克车集中到边境。

concentrated *adj* **1** aimed at one particular point 集中于一点的: *With another concentrated attack we should break through the enemy's defences.* 我们再一次集中攻击，应该可以突破敌人的防线。**2** made stronger by the removal of some liquid 浓缩的: *This is concentrated orange juice. You have to add water before you drink it.* 这是浓缩橙汁，加了水才可以喝。

concentration /ˌkɒnsn'treɪʃn ‖ ˌkɑnsn̩'treʃən/ *noun* **1** [U] **concentration (on sth)** the act of giving all your attention or effort to sth 专注；专心: *This type of work requires total concentration.* 做这种工作需要专心一意。○ *She lost her concentration when she heard a door bang.* 她听到砰的关门声，便分了心。**2** [C] **concentration (of sth)** a large amount of people or things in one place 汇集；密集；集中: *There are high concentrations of nitrates in the drinking water here.* 这里的饮用水硝酸盐含量很高。

concen'tration camp *noun* [C] a prison (usually a number of buildings inside a high fence) where political prisoners are kept in very bad conditions 集中营: *Millions of Jews died in Nazi concentration camps.* 数以百万计的犹太人死于纳粹党集中营内。

concentric /kən'sentrɪk ‖ kən'sɛntrɪk/ *adj* (used about circles 指圆形) having the same centre 同心的

☆**concept** /'kɒnsept ‖ 'kɑnsɛpt/ *noun* [C] **concept (of sth/that...)** an idea; a basic principle 观念；概念；基本原则: *The basic concepts of physics can be quite difficult to understand.* 物理学的基本概念是很难懂的。○ *The concept that 'big is beautiful' is no longer as popular as it was.* "大就是美"这种观念不再那么流行。

conception /kən'sepʃn ‖ kən'sɛpʃən/ *noun* [C,U] **1** the beginning of a new life inside a female person or animal 受孕；妊娠: *an embryo 14 days after conception* 怀孕14天的胚胎 ☛ The verb is **conceive**. 动词为 **conceive**。**2** an idea or a plan 概念；观念；构思；计划: *We have no real conception of what people suffered during the war.* 我们无法确切了解战时人们的苦难。

☆**concern**[1] /kən'sɜːn ‖ kən'sɝn/ *verb* [T] **1** to affect or be of importance to sb 影响/关系到（某人）: *The destruction of the world's forests concerns everybody in some way.* 全球的森林受到破坏，对每个人或多或少都有影响。○ *This does not concern you. Please go away.* 这与你无关，请你走吧。○ *The closure of the factory came as a shock to all those concerned.* 工厂关闭，受影响的人都十分震惊。○ *It is important that no risks are taken where safety is concerned.* 要确保安全，绝不能冒险。**2 concern yourself with sth** to give your attention to sth 关注（某事）: *You needn't concern yourself with the hotel booking. The travel agent will take care of it.* 你不必为预订酒店房间的事操心，旅行社会给你安排的。**3** to worry sb 困扰: *What concerns the experts most is the increasing level of pollution in our cities.* 最困扰专家的是城市的污染日趋严重。

(IDIOMS 习语) **as/so far as sb/sth is concerned** ⇨ FAR[2]

to be concerned in sth to have a connection with or be involved in sth 涉及；牵涉: *She was concerned in a drugs case some years ago.* 若干年前她曾与一宗毒品案有关。

to be concerned with sth to be about sth 关于；有关: *Tonight's programme is concerned with the effects of the law on ordinary people.* 今晚的节目是有关法律对一般人的影响。

concerned *adj* **concerned (about/for sth); concerned (that...)** worried or anxious 担心的；焦虑的: *If you are concerned about your baby's health you should consult a doctor immediately.* 如果你担心婴孩的健康有问题，就要立刻带他去看医生。☛ The opposite is **unconcerned**. 反义词为 **unconcerned**。

concerning *prep* about; on the subject of 关于: *She refused to answer questions concerning her private life.* 她拒绝回答有关她私生活的问题。

concern[2] /kən'sɜːn ‖ kən'sɝn/ *noun* **1** [U] **concern (for/about/over sb/sth); concern (that...)** worry 担心；忧虑: *Following the accident there is growing concern over the safety of rail travel.* 意外发生后，铁路交通的安全日益受关注。○ *Don't worry. There is no cause for concern.* 不要担心，没有什么可以忧虑的。**2** [C,U] something that affects you or is of importance to you 对某人有影响/重要的事: *Edward's family problems are not my concern.* 爱德华的家庭问题与我无关。○ *He showed great concern for the poor.* 他深切关注穷人。**3** [C] a company or business 公司；企

业；业务: *a large industrial concern* 规模宏大的工业机构

(IDIOM 习语) **a going concern** ⇨ GOING[2]

☆**concert** /ˈkɒnsət ‖ ˈkɑnsɝt/ *noun* [C] a performance of music 音乐会: *a rock concert* 摇滚音乐会 ○ *The concert was held in the Albert Hall.* 音乐会在艾伯特堂举行。○ *The orchestra is giving concerts in Liverpool, Glasgow and London.* 管弦乐团在利物浦、格拉斯哥及伦敦举行音乐会。

concerted /kənˈsɜːtɪd ‖ kənˈsɝtɪd/ *adj* done by a group of people working together 合作的；合力的: *We must all make a concerted effort.* 我们必须共同努力。

concertina /ˌkɒnsəˈtiːnə ‖ ˌkɑnsəˈtinə/ *noun* [C] a musical instrument that you hold in your hands and play by pressing the ends together and pulling them apart, so that the material in the middle folds and unfolds 六角形手风琴 ☛ A concertina is like a small **accordion**. ＊concertina 就像小的手风琴 (**accordion**)。

concerto /kənˈtʃeətəʊ ‖ kənˈtʃɛrto/ *noun* [C] (*pl* **concertos**) a piece of music for an orchestra with one instrument playing an important part (**solo**) 协奏曲（有独奏部分 (**solo**) 的管弦乐乐曲）: *Tchaikovsky's piano concerto* 柴可夫斯基的钢琴协奏曲

concession /kənˈseʃn ‖ kənˈsɛʃən/ *noun* **1** [C,U] **concession (to sb/sth)** something that you agree to do or give up in order to end an argument 让步: *Employers have been forced to make concessions to the union.* 资方被迫对工会作出让步。☛ The verb is **concede**. 动词为 **concede**。 **2** [C] a lower price for certain groups of people 给指定对象的优惠价: *Concessions are available for students and pensioners.* 学生及退休者可获优惠价。 **3** [C] a special right to do sth that is given or sold to sb/sth 特许权: *mining concessions* 采矿特许权

concessionary /kənˈseʃənərɪ; *US* 美 -nerɪ ‖ kənˈsɛʃənˌɛrɪ/ *adj* having a lower price for certain groups of people 给予指定对象优惠价: *a concessionary fare* 优惠票价

conciliate /kənˈsɪlɪeɪt ‖ kənˈsɪlɪˌet/ *verb* [I,T] to try to end a disagreement between two groups 调解；调和

conciliation /kənˌsɪlɪˈeɪʃn ‖ kənˌsɪlɪˈeʃən/ *noun* [U] the process of ending a disagreement 调解；调和: *All attempts at conciliation have failed and civil war seems inevitable.* 所有调解的努力均告失败，内战似乎已不可避免。

—**conciliatory** /kənˈsɪlɪətərɪ; *US* 美 -tɔːrɪ ‖ kənˈsɪlɪəˌtorɪ/ *adj*: *a conciliatory speech* 和解的演讲

concise /kənˈsaɪs ‖ kənˈsaɪs/ *adj* giving a lot of information in a few words; short 简洁；精炼；简短: *He gave a clear and concise summary of what had happened.* 他清楚扼要地叙述了事情的经过。—**concisely** *adv* —**conciseness** (*also* 亦作 **concision** /kənˈsɪʒn ‖ kənˈsɪʒən/) *noun* [U]

conclude /kənˈkluːd ‖ kənˈklud/ *verb* **1** [I,T] (*formal* 正式) to end or to bring sth to an end 结束；完结: *May I conclude by thanking our guest speaker.* 让我在结束的时候，向我们的发言嘉宾致谢。○ *The Prince concluded his tour with a visit to a charity concert.* 王子在结束访问之前出席了一次慈善音乐会。 **2** [T] **conclude sth from sth** to reach a belief or opinion as a result of thought or study 总结；归结: *From their studies the archaeologists concluded that the area was the site of an ancient temple.* 考古学家经过研究得出结论说那一带是古代庙宇遗址。 **3** [T] **conclude sth (with sb)** to arrange or agree to sth formally 缔结；订立；达成: *to conclude a treaty, business deal, etc* 订立条约；达成交易…

☆**conclusion** /kənˈkluːʒn ‖ kənˈkluʒən/ *noun* **1** [C, usually sing] the end 终结；结尾: *The conclusion of the novel was quite unexpected.* 小说的结局颇为出人意料。○ *to bring sth to a conclusion* 了结一件事 ○ *The conclusion is just as important a part of your essay as the introduction.* 结论与引言一样都是文章的重要部分。 **2** [C] **the conclusion (that...)** a belief or opinion that you reach after considering sth carefully 结论: *We came to the conclusion that he was right.* 我们得出的结论就是他是对的。○ *What conclusions can you draw from her remarks?* 你从她的话可以得出什么结论呢？○ *The jury reached the conclusion that the men were guilty.* 陪审团得出的结论就是那些人有罪。 **3** [U] an act of arranging or agreeing to sth formally 缔结；订立；达成: *The summit ended with the conclusion of an arms-reduction treaty.* 高峰会议结束，签署了武器裁减条约。

(IDIOMS 习语) **a foregone conclusion** ⇨ FOREGONE

in conclusion finally; lastly 最终；最后: *In conclusion, I would like to wish you continued success in the future.* 最后，祝你百尺竿头，更进一步。

jump to conclusions ⇨ JUMP[1]

conclusive /kənˈkluːsɪv ‖ kənˈklusɪv/ *adj* that shows sth is definitely true or real 确实的；决定性的: *conclusive proof of sb's guilt* 某人犯罪的确凿证据 ☛ The opposite is **inconclusive**. 反义词为 **inconclusive**。—**conclusively** *adv*: *Tests can now prove conclusively who is the father of a child.* 现在已可通过化验确证谁是一个孩子的父亲。

concoct /kənˈkɒkt ‖ kənˈkɑkt/ *verb* [T] **1** to make sth by mixing different things together 把不同的成分混合成某物；调制 **2** to make up or invent sth (an excuse, a story, etc) 编造；捏造；虚构 —**concoction** /kənˈkɒkʃn ‖ kənˈkɑkʃən/ *noun* [C,U]

concourse /ˈkɒŋkɔːs ‖ ˈkɑnkɔrs/ *noun* [C] a large hall or space inside a building such as a station or an airport（火车站、机场等的）大厅

concrete[1] /ˈkɒŋkriːt ‖ ˈkɑnkrit/ *adj* **1** that can be touched, felt, etc; real 实物的；真实: *a concrete object* 实物 **2** definite; particular 确实；具体: *Can you give me a concrete example of the behaviour you're complaining about?* 对于你投诉的行为，你能否提出具体的例子？—**concretely** *adv*

concrete[2] /ˈkɒŋkriːt ‖ ˈkɑnkrit/ *noun* [U] a hard substance made from cement mixed with sand, water, small stones (**gravel**), etc, that is used in building 混凝土（一种由水泥、沙、水、细石 (**gravel**) 等混制成的坚硬物质，用于建筑）: *a modern office building of glass and concrete* 用玻璃及混凝土建成的现代办公大楼

concrete *verb* [T] **concrete sth (over)** to cover sth with concrete 灌混凝土

concur /kənˈkɜː(r) ‖ kənˈkɝ/ *verb* [I] (concu**rr**ing; concu**rr**ed) (*formal* 正式) **concur (with sb/sth) (in sth)** to agree 同意

concurrent /kənˈkʌrənt ‖ kənˈkɝənt/ *adj* existing or happening at the same time as sth else 同时存在的；同时发生的 —**concurrently** *adv*: *He will study French and Spanish concurrently.* 他将会同时修读法语和西班牙语。

concuss /kənˈkʌs ‖ kənˈkʌs/ *verb* [T] (often passive 常用于被动语态) to injure sb's brain by hitting his/her head 使脑震荡；使脑震伤: *to be badly concussed* 脑受到严重震荡

concussion /kənˈkʌʃn ‖ kənˈkʌʃən/ *noun* [U] an injury to the brain that was caused by a blow to the head 脑震荡；脑震伤: *He was rushed to hospital suffering from concussion.* 他因脑震荡而被火速送到医院。

☆**condemn** /kənˈdem ‖ kənˈdɛm/ *verb* [T] **1 condemn sb/sth (for/as sth)** to say strongly that you think sb/sth is very bad or wrong 斥责；谴责: *A government spokesman condemned the bombing as a cowardly act of terrorism.* 政府发言人谴责炸弹袭击是恐怖主义的懦夫行为。**2 condemn sth (as sth)** to say officially that sth is not good enough to use 宣告某物因不完善而不适用: *The building was condemned and had to be demolished.* 这栋大厦被列为不适合居住，必须拆除。**3 condemn sb (to sth/to do sth)** to say what sb's punishment will be 判罪；判刑: *The murderer was condemned to death.* 凶手被判处死刑。○ (*figurative* 比喻) *Their poor education condemns them to a series of low-paid jobs.* 因受教育少，注定他们只能从事低收入的工作。

condemnation /ˌkɒndemˈneɪʃn ‖ ˌkɑndɛmˈneʃən/ *noun* [C,U] the act of condemning sth; a statement that condemns 斥责；谴责；斥责/谴责的言词: *The bombing of the airport brought condemnation from all around the world.* 炸弹袭击机场事件引起世界各地的谴责。

condensation /ˌkɒndenˈseɪʃn ‖ ˌkɑndɛnˈseʃən/ *noun* [U] small drops of liquid that are formed when warm air touches a cold surface 冷凝物（因暖空气接触到寒冷表面而形成）；雾水: *On cold mornings the windows are covered in condensation.* 寒冷的清晨，满窗雾水。

condense /kənˈdens ‖ kənˈdɛns/ *verb* **1** [I,T] to change from gas to liquid; to make a gas change to liquid 冷凝；雾化: *Steam condenses into water when it touches a cold surface.* 水蒸气接触寒冷的表面即凝结成水点。☛ Look at **evaporate**. 参看 **evaporate**。**2** [I,T] to become or to make sth thicker 浓缩: *condensed soup* 浓缩汤 **3** [T] **condense sth (into sth)** to make a piece of writing shorter 浓缩文字作品；缩写: *We'll have to condense these three chapters into one.* 我们要将三章缩写为一章。

condescend /ˌkɒndɪˈsend ‖ ˌkɑndɪˈsɛnd/ *verb* [I] **1** to do sth that you believe is below your level of importance 屈尊；屈就；俯就: *Celia only condescends to speak to me when she wants me to do something for her.* 西莉亚需要我为她做事的时候，才会屈就地来与我说话。**2 condescend (to sb)** to behave towards sb in a way that shows that you think you are better or more important than him/her 表现出优越感；以恩赐的姿态对待: *The teacher must be able to explain things at the right level for the children without condescending to them.* 教师必须以适合儿童程度的方法教学，不应该认为自己地位优越。—**condescending** *adj*: *a condescending smile* 傲慢的微笑 —**condescendingly** *adv* —**condescension** /ˌkɒndɪˈsenʃn ‖ ˌkɑndɪˈsɛnʃən/ *noun* [U]

☆**condition**[1] /kənˈdɪʃn ‖ kənˈdɪʃən/ *noun* **1** [sing,U] the state that sb/sth is in 状态；情况: *The car is three years old but it is still in very good condition.* 这辆汽车已用了三年，但仍然运作良好。○ *He looks really ill. He is certainly not in a condition to drive home.* 他看来真的是病了，肯定不能驾车回家。**2** [C] something that must happen so that sth else can happen or be possible 条件: *One of the conditions of the job is that you agree to work on Sundays.* 干这份工作的条件之一就是你要同意在星期日工作。○ *We agreed to the conditions that the landlord laid down.* 我们同意房东所订的条件。**3 conditions** [plural] a situation or circumstances 情况；环境: *The prisoners were kept in terrible conditions.* 犯人囚禁的条件极差。○ *poor housing conditions* 恶劣的居住条件 ○ *The weather conditions were very favourable for the expedition.* 天气情况十分适宜出外探险。**4** [C] an illness 疾病: *to have a heart condition* 心脏有毛病

(IDIOMS 习语) **on condition (that...)** only if 在…的条件下；如果: *I agreed to help on condition that I got half the profit.* 我同意帮忙，条件是跟你平分利润。

on no condition (*formal* 正式) not at all; for no reason 决不: *On no condition must the press find out about this.* 在任何情况下都不能让新闻界知道这事。

out of condition not very healthy; unfit 健康不佳: *I need to get more exercise. I'm really out of condition.* 我要多做运动。我真的身体太差了。

condition[2] /ˌkənˈdɪʃn ‖ kənˈdɪʃən/ *verb* [T] **1** to affect or control the way that sb/sth behaves 影响；控制；支配: *Boys are conditioned to feel that they are stronger than girls.* 男孩子自小接受的培养使他们觉得自己力气比女孩子大。○ *to be conditioned by your environment* 受到环境的影响 **2** to keep sth in a good condition 保养: *a cream that moisturizes and conditions your skin* 滋润及保护皮肤的软膏

conditioner /kənˈdɪʃənə(r) ‖ kənˈdɪʃənɚ/ *noun* [C,U] a substance that keeps sth in a good condition 调节剂（使某物保持良好状态的物质）: *hair conditioner* 护发剂

☆**conditional** /kən'dɪʃənl ‖ kən'dɪʃənl̩/ *adj* **1 conditional (on/upon sth)** if sth is conditional on sth else, it can only happen if this other thing happens first; the one thing depends on the other 有条件的；视（某事）而定：*My university place is conditional on my getting good marks in the exams.* 大学录取我的条件是我必须在考试中取得好成绩。**2** (*grammar* 语法) (used about a phrase or sentence 指短语或句子) expressing a condition 表示条件的：*A conditional clause usually begins with 'if' or 'unless'.* 条件子句通常以 if 或 unless 开头。—**conditionally** /-ʃənəlɪ ‖ -ʃənl̩ɪ/ *adv*

condolence /kən'dəʊləns ‖ kən'doləns/ [C, usually pl,U] an expression of sympathy to sb whose relative or close friend has just died 哀悼；对死者亲友的慰问：*Please accept my condolences on your sister's death.* 惊悉令妹逝世，谨致慰唁之意。

condom /'kɒndəm ‖ 'kɑndəm/ (also *informal* 非正式 **rubber**) *noun* [C] a rubber covering that a man wears over his penis during sexual intercourse to prevent the woman from becoming pregnant or as protection against disease 阴茎套；避孕套

condominium /ˌkɒndə'mɪnɪəm ‖ ˌkɑndə-'mɪnɪəm/ *noun* [C] (*US* 美) a flat or block of flats owned by the people who live in them 公寓；共管式住所

condone /kən'dəʊn ‖ kən'don/ *verb* [T] to accept sth; not to consider sth to be wrong 容忍；宽恕；不咎：*I can never condone violence – no matter what the circumstances are.* 我永不会容忍暴力的——在任何情况下都不会。

conducive /kən'dju:sɪv; *US* 美 -'du:s- ‖ kən-'djusɪv/ *adj* **conducive (to sth)** helping or making sth likely to happen 有助；有益：*This hot weather is not conducive to hard work.* 这种酷热的天气令人不想勤奋工作。

conduct[1] /'kɒndʌkt ‖ 'kɑndʌkt/ *noun* [U] **1** a person's behaviour 品行；操行；行为：*His conduct has always been of the highest possible standard.* 他一向品德高尚、行为端正。○ *a code of conduct* (= a set of rules for behaviour) 行为的准则 **2 conduct of sth** the act of controlling or organizing sth（对某事的）管理/组织/处理：*She was criticized for her conduct of the bank's affairs.* 她处理银行事务的方式受到批评。

conduct[2] /kən'dʌkt ‖ kən'dʌkt/ *verb* [T] **1** to lead or guide sb/sth 领导；指导；引导：*a conducted tour of the cathedral* 在导游带领下参观大教堂 **2** to carry out or organize sth 进行：*Tests are being conducted to find the cause of the accident.* 为了找出事故的起因，现已进行各项测试。**3** to stand in front of an orchestra and direct the musicians 指挥（乐团）：*The orchestra was conducted by Karajan.* 这管弦乐团由卡拉扬指挥。**4 conduct yourself well, badly, etc** (*formal* 正式) to behave in a particular way 行为（好/坏等）**5** to allow heat or electricity to pass along or through sth 传导（电或热）：*Rubber does not conduct electricity.* 橡胶不导电。

conductor /kən'dʌktə(r) ‖ kən'dʌktɚ/ *noun* [C] **1** a person who stands in front of an orchestra and directs the musicians（乐团的）指挥 **2** (*Brit* 英) a person who collects the fares on a bus（公共汽车的）售票员 **3** (*US* 美) = GUARD[2](3) **4** a substance that allows heat or electricity to pass through or along it（导热或导电的）导体/传导体：*Water is a good conductor.* 水是良导体。

cone /kəʊn ‖ kon/ *noun* [C] **1** a solid shape that has a round base and gets narrower, making a point at the top 圆锥体 ☛ picture at **cube**. 见 **cube** 插图。The adjective is **conical**. 形容词为 **conical**。**2** an object of this shape 圆锥体：*Orange cones marked off the area where the road-works were.* 进行道路工程的地方以橙色圆锥体隔开。○ *an ice-cream cone* 盛冰淇淋的锥形蛋卷 **3** the hard fruit of a pine or a fir tree 球果；球花；球穗花序 ☛ Look at **conifer**. 参看 **conifer**。

confectionery /kən'fekʃənərɪ; *US* 美 -ʃənerɪ ‖ kən'fɛkʃənˌɛrɪ/ *noun* [U] sweets, cakes, chocolates, etc 甜食；糖果

confederation /kənˌfedə'reɪʃn ‖ kənˌfɛdə-'reʃən/ *noun* [C,U] an organization of smaller groups which have joined together 同盟；联合体；联邦：*a confederation of independent republics* 独立共和国联合体 ○ *The Confederation of British Industry represents employers.* 英国工业联合会代表资方。

confer /kən'fɜ:(r) ‖ kən'fɝ/ *verb* (confe**rr**ing; confe**rr**ed) **1** [I] **confer (with sb) (on/about sth)** to discuss sth with sb before making a decision 咨询；商讨：*The President is conferring with his advisers.* 总统正征询顾问的意见。**2** [T] **confer sth (on sb)** to give sb a special right or advantage 颁授/授予（某种权利等）：*Oxford University first conferred degrees on women in 1920.* 牛津大学于1920年首次将学位授予女性。

☆**conference** /'kɒnfərəns ‖ 'kɑnfərəns/ *noun* [C] a meeting for discussion, often one held every year where representatives of a particular profession, political party, etc meet for several days to hear speeches and vote on the matters discussed 会议/大会（常指某一专业、政党等的成员一年一度的会面，为期数天，主要是讨论，并且投票表决重要事项）：*The Conservative Party conference is held in the autumn.* 保守党大会于秋季举行。○ *an international conference on global warming* 有关全球气温上升的国际会议 ○ *a press conference* (= when a politician, etc talks to reporters) 新闻发布会；记者招待会

☆**confess** /kən'fes ‖ kən'fɛs/ *verb* [I,T] **1 confess (to sth/to doing sth); confess (sth) (to sb)** to say that you have done sth bad or wrong 承认/招认（罪责、错误等）：*The young woman confessed to the murder of her boyfriend/to murdering her boyfriend.* 这名年青女子供认谋杀了她的男朋友。○ *Frank confessed that he had stolen the car.* 弗兰克供认偷了那辆汽车。○ *They confessed to their mother that they had spent all the money.* 他们向母亲承认已把钱全都花掉了。○ *I must confess*

C

I didn't understand a word of that talk! 我得承认我一点也不明白那段讲话的内容！**2 confess (sth) (to sb)** to tell a priest or God what you have done that is bad or wrong（向神父或神）忏悔/告罪/告解: *to confess a sin* 忏悔罪过

confession /kən'feʃn ‖ kən'fɛʃən/ *noun* [C,U] an act of confessing sth（罪责、错误等的）承认/招认: *The young man made a full confession to the police.* 这名年青男子已向警方全部招供。○ *She goes to confession* (= with a priest) *twice a year.* 她每年（向神父）告解两次。

C

confetti /kən'fetɪ ‖ kən'fɛtɪ/ *noun* [U] small pieces of coloured paper that people throw at the bride and bridegroom after a wedding（婚礼中人们撒向新郎及新娘的）五彩碎纸

confide /kən'faɪd ‖ kən'faɪd/ *verb* [T] **confide sth to sb** to tell sb sth that is secret 透露（秘密）: *She did not confide her love to anyone – not even to her best friend.* 她没有把她的恋情告知别人——连她的知己也没告知。

(PHRASAL VERB 短语动词) **confide in sb** to talk to sb whom you trust about sth that is secret or private 向自己信赖的人倾诉衷情/告知秘密

☆**confidence** /'kɒnfɪdəns ‖ 'kɑnfədəns/ *noun* **1** [U] **confidence (in sb/sth)** trust or strong belief in sb/sth（对别人/某事的）信心/信任: *I have every confidence in Edith's ability to do the job.* 我对伊迪丝完成这项工作的能力绝对有信心。○ *They don't have much confidence in him.* 他们对他并不太有信心。○ *The public is losing confidence in the government's ability to improve the economy.* 公众对于政府改善经济的能力信心日减。**2** [U] the feeling that you are sure about your own abilities, opinion, etc 自信；信心: *I didn't have the confidence to tell her I thought she was wrong.* 我虽认为她错了，但我没有足够自信去告诉她我的想法。○ *to be full of confidence* 充满信心 ○ *'Of course we will win,' the team captain said with confidence.* 队长充满信心地说："我们一定会赢。" ☛ Look at **self-confidence**. 参看 **self-confidence**。

(IDIOMS 习语) **in (strict) confidence** as a secret（高度）机密；（绝对）保密: *The information was given to me in the strictest confidence.* 这是作为高度机密资料交给我的。

take sb into your confidence to tell sb a secret 向别人透露秘密

'**confidence trick** *noun* [C] a way of getting money by cheating sb 诈骗钱财的伎俩；骗局

☆**confident** /'kɒnfɪdənt ‖ 'kɑnfədənt/ *adj* **confident (of sth/that...)** feeling or showing that you are sure about your own abilities, opinions, etc 有信心: *Kate feels confident of passing/that she can pass the exam.* 凯特自信她能考试及格。○ *to be confident of success* 有信心成功 ○ *Donald has a very confident manner.* 唐纳德表现得信心十足。☛ Look at **self-confident**. 参看 **self-confident**。—**confidently** *adv*: *She stepped confidently onto the stage and began to sing.* 她自信地踏上舞台开始唱歌。○ *We confidently expect an improvement in sales next year.* 我们相信明年的销售情况将会改善。

confidential /ˌkɒnfɪ'denʃl ‖ ˌkɑnfə'dɛnʃəl/ *adj* secret; not to be shown or told to other people 秘密的；机密的；保密的: *The letter was marked 'private and confidential'.* 这封信标有"密件"与"亲启"字样。—**confidentiality** /ˌkɒnfɪˌdenʃɪ'ælətɪ ‖ ˌkɑnfɪˌdɛnʃɪ'ælɪtɪ/ *noun* [U] —**confidentially** /-ʃəlɪ ‖ -ʃəlɪ/ *adv*: *We have been told confidentially that another hostage will be released soon.* 我们秘密得悉另一人质即将获释。

confine /kən'faɪn ‖ kən'faɪn/ *verb* [T] **1 confine sb/sth (in/to sth)** to keep a person or animal in a particular place, usually a small place（把人或动物）关起来；囚禁/禁闭（于狭小的地方）: *The prisoners are confined to their cells for long periods at a time.* 囚犯长期囚禁在囚室里面。**2 confine sb/sth/ yourself to sth** to stay within the limits of sth 限制于（某范围内）: *Please confine your questions and comments to the topic we are discussing.* 请你提出问题及批评时不要离题。

confined *adj* (used about a space 指空间) very small 有限的；细小: *Sailors on submarines must get used to living in confined spaces.* 潜水艇上的水手一定要习惯在狭窄的空间生活。

confinement *noun* [U] being kept in a small space 禁闭；监禁: *to be kept in solitary confinement* 单独监禁

confines /'kɒnfaɪnz ‖ 'kɑnfaɪnz/ *noun* [plural] (*formal* 正式) the limits or outer edges of sth 界限；范围: *Patients are not allowed beyond the confines of the hospital grounds.* 病人不可超越医院范围。

☆**confirm** /kən'fɜːm ‖ kən'fɝm/ *verb* [T] **1** to say or show that sth is true; to make sth definite 证实；确认: *Please confirm your telephone booking in writing.* 请书面确认你的电话订购。○ *Seeing the two of them together confirmed our suspicions.* 看见他们二人在一起，证实了我们的怀疑。○ *Can you confirm that you will be able to attend?* 你能否确保会出席？**2** to accept sb as a full member of a Christian Church（教会）施行坚信礼/按手礼: *He was baptized as a baby and confirmed at the age of thirteen.* 他在婴儿时期受洗，十三岁时行坚信礼。

confirmation /ˌkɒnfə'meɪʃn ‖ ˌkɑnfɚ'meʃən/ *noun* **1** [C,U] a statement that confirms sth 证明；证实；确认: *We are waiting for confirmation of the report.* 我们正等候有关方面对这份报告的确认。○ *You will receive a written confirmation of your reservation.* 你将会收到我们对你的预订的书面确认。**2** [C] a religious service at which a person is confirmed(2) 坚信礼

confirmed *adj* (only *before* a noun 只用于名词前) fixed in a particular habit or way of life 习惯；积习成癖: *a confirmed bachelor* 抱独身主义的男子

confiscate /'kɒnfɪskeɪt ‖ 'kɑnfɪsˌket/ *verb* [T] to take sth away from sb as a punishment 没收；充公: *Any cigarettes found in school will be confiscated.* 在校内找到的香烟都要没收。—**confiscation** /ˌkɒnfɪ'skeɪʃn ‖ ˌkɑnfɪs'keʃən/ *noun* [C,U]

☆**conflict** /ˈkɒnflɪkt ‖ ˈkɑnflɪkt/ *noun* [C,U] **1** a fight or an argument 冲突；打斗；争执：*an armed conflict* 武装冲突 ○ *The new laws have brought the Government into conflict with the unions.* 新法规引起政府与工会之间的争执。**2** a difference between two or more ideas, wishes, etc 矛盾：*When both my wife and father were taken ill, I had a serious conflict of loyalties.* 我的妻子和父亲同时生病，我大有顾此失彼之感。○ *a conflict of interests* 利益冲突

conflict /kənˈflɪkt ‖ kənˈflɪkt/ *verb* [I] **A and B conflict; A conflicts with B** to disagree with or be different from sb/sth 矛盾；抵触：*The statements of the two witnesses conflict.* 两个证人的供词互相矛盾。○ *John's statement conflicts with yours.* 约翰的说法与你的互相抵触。○ *The two studies came up with conflicting results.* 两项研究的结果刚好相反。

conform /kənˈfɔːm ‖ kənˈfɔrm/ *verb* [I] **conform (to sth) 1** to obey a rule or law; to come up to a particular standard 遵守（规定）；符合（标准）：*This building does not conform to fire regulations.* 这座大厦违反防火条例。**2** to behave in the way that other people and society expect you to behave 顺从/依从/遵从（他人及社会的期望）；从众：*Children are under a lot of pressure to conform when they first start school.* 儿童刚开始上学时要学习遵守规则，会受到很大压力。

conformist /kənˈfɔːmɪst ‖ kənˈfɔrmɪst/ *noun* [C] a person who behaves in the way that people are expected to behave by society 顺服的人；遵纪守法者

conformity /kənˈfɔːmətɪ ‖ kənˈfɔrmətɪ/ *noun* [U] (*formal* 正式) behaviour which conforms to rules and customs 顺服；随俗；因循

confront /kənˈfrʌnt ‖ kənˈfrʌnt/ *verb* [T] **1 confront sth; confront sb with sb/sth** to think about, or to make sb think about, sth that is difficult or unpleasant（使别人）面对（困难或不愉快的事）：*to confront a problem, difficulty, etc* 面对问题/困难等 ○ *When the police confronted him with the evidence, he confessed.* 警方给他出示证据，他只好招认。**2** to stand in front of sb, eg because you want to fight him/her 对峙；对抗：*The unarmed demonstrators were confronted by a row of soldiers.* 手无寸铁的示威者与一列士兵对峙。

confrontation /ˌkɒnfrʌnˈteɪʃn ‖ ˌkɑnfrʌnˈteʃən/ *noun* [C,U] a fight or an argument 对抗；冲突；争执

☆**confuse** /kənˈfjuːz ‖ kənˈfjuz/ *verb* [T] **1** (usually passive 通常用于被动语态) to make sb unable to think clearly or to know what to do 使（某人的思绪）混乱；扰乱：*I'm a bit confused. Could you explain that again?* 我有点糊涂了。你可不可以再解释一次呢？○ *He confused everybody with his pages of facts and figures.* 他一页页的资料把所有人都弄糊涂了。**2 confuse A and/with B** to mistake sb/sth for sb/sth else 混淆：*I often confuse Lee with his brother. They look very much alike.* 我常误把李和他弟弟弄混了。他们十分相似。○ *Don't confuse 'complement' with 'compliment'.* 不要把 complement 跟 compliment 混淆了。**3** to make sth unclear 扰乱（某事）：*The situation is confused by the fact that so many organizations are involved.* 由于涉及很多机构，情况变得复杂了。

confused *adj* **1** not able to think clearly 困惑；头脑不清：*When he regained consciousness he was dazed and confused.* 他恢复知觉后仍感眩晕且思绪混乱。**2** difficult to understand 费解；难懂：*The article is very confused – I don't know what the main point is.* 这篇文章实在令人费解——我不知道要点在哪里。—**confusedly** /-ɪdlɪ ‖ -ɪdlɪ/ *adv*

confusing *adj* difficult to understand 费解；难懂：*Her instructions were contradictory and confusing.* 她的指示又矛盾又难懂。—**confusingly** *adv*

☆**confusion** /kənˈfjuːʒn ‖ kənˈfjuʒən/ *noun* [U] **1** the state of not being able to think clearly or to know what to do 困惑；糊涂；紊乱：*He stared in confusion at the crowd of people in front of his house.* 他茫然凝视着自己房子前的人群。**2** a state of disorder 混乱；紊乱；骚乱：*In the panic and confusion two people were trampled to death.* 在恐慌与混乱中，有两人被踩死。○ *Their unexpected visit threw all our plans into confusion.* 他们突然来访，打乱了我们的全部计划。**3** the act of mistaking sb/sth for sb/sth else 混淆：*To avoid confusion, all luggage should be labelled with your name and destination.* 为了避免混淆，所有行李必须标上姓名及目的地。**4** the state of being uncertain or unclear 疑惑；不确定；不清楚：*There is still a great deal of confusion as to the true facts.* 真相仍然未明朗。

congeal /kənˈdʒiːl ‖ kənˈdʒil/ *verb* [I,T] to become solid; to make a liquid solid（使）凝固；（使）凝结：*congealed blood* 凝血

congenial /kənˈdʒiːnɪəl ‖ kənˈdʒinjəl/ *adj* (*formal* 正式) pleasant 合宜；适宜：*We spent an evening in congenial company.* 我们与意气相投的朋友度过了一个晚上。

congenital /kənˈdʒenɪtl ‖ kənˈdʒɛnətl̩/ *adj* (used about a disease 指疾病) beginning at and continuing since birth 先天的；天生的：*congenital brain damage* 先天脑损伤

congested /kənˈdʒestɪd ‖ kənˈdʒɛstɪd/ *adj* so full of sth that nothing can move 拥塞的；拥挤的：*The streets of London are congested with traffic.* 伦敦的街上车水马龙，交通拥塞。

congestion /kənˈdʒestʃən ‖ kənˈdʒɛstʃən/ *noun* [U] the state of being very full of sth 拥塞，拥挤：*severe traffic congestion* 严重交通拥塞

conglomerate /kənˈglɒmərət ‖ kənˈglɑmərɪt/ *noun* [C] a large firm made up of several different companies 由多家公司组成的集团，联合大企业

conglomeration /kənˌglɒməˈreɪʃn ‖ kənˌglɑməˈreʃən/ *noun* [C] a group of many different things that have been gathered together 综合；聚合

☆**congratulate** /kənˈgrætʃʊleɪt ‖ kənˈgrætʃəˌlet/ *verb* [T] **congratulate sb (on sth)** to praise sb or tell sb that you are pleased about sth

C

he/she has done 祝贺；道贺；恭祝：*I congratulated Sue on passing her driving test.* 我祝贺休驾驶考试及格。○ *They sent a card to congratulate the couple on their engagement.* 他们寄了一张贺卡祝贺他俩订婚。

☆**congratulations** /kənˌɡrætʃʊˈleɪʃnz ‖ kənˌɡrætʃəˈleʃənz/ *noun* [plural] (used for praising sb or telling sb that you are pleased about sth he/she has done 表示称许或欣羡）恭喜：*Congratulations on the birth of your baby boy!* 恭喜你天赐麟儿！○ *Congratulations! Your painting has won first prize.* 恭喜你！你的画作得到了头奖。

C

congregate /ˈkɒŋɡrɪɡeɪt ‖ ˈkɑŋɡrɪˌɡet/ *verb* [I] to come together in a crowd 聚集；集合

congregation /ˌkɒŋɡrɪˈɡeɪʃn ‖ ˌkɑŋɡrɪˈɡeʃən/ *noun* [C, with sing or pl verb] a group of people who attend church 教堂会众

☆**congress** /ˈkɒŋɡres; *US* 美 -ɡrəs ‖ ˈkɑŋɡrəs/ *noun* [C, with sing or pl verb] **1** a large formal meeting or series of meetings（一个或一连串大型正式的）会议；代表大会：*a medical congress* 医学会议 ○ *When is the Trades Union Congress held?* 职工大会什么时候召开呢？**2 Congress** the name in some countries (eg the USA) for the group of people who are elected to make the laws 议会/国会（某些国家的立法机关，成员由选举产生）

☛ The US Congress is made up of the **Senate** and the **House of Representatives**. 美国国会由参议院 (**Senate**) 及众议院 (**House of Representatives**) 组成。

congressional /kənˈɡreʃənl ‖ kənˈɡrɛʃənl̩/ *adj* connected with a congress or Congress 与会议/议会/国会有关：*a congressional committee* 国会委员会

conical /ˈkɒnɪkl ‖ ˈkɑnɪkl̩/ *adj* having a round base and getting narrower towards a point at the top 圆锥形的 ☛ The noun is **cone**. 名词为 **cone**。

conifer /ˈkɒnɪfə(r); ˈkəʊn- ‖ ˈkɑnəfɚ; ˈkon-/ *noun* [C] a tree with long, very thin leaves (**needles**) that stay green all through the year and that has hard brown fruit (**cones**) 球果植物/针叶树（有针状叶 (**needle**)，常绿，结棕色坚硬的球果 (**cone**)）—**coniferous** /kəˈnɪfərəs; *US* 美 kəʊˈn- ‖ koˈnɪfərəs/ *adj*

conjecture /kənˈdʒektʃə(r) ‖ kənˈdʒɛktʃɚ/ *verb* [I,T] to guess about sth without real proof or evidence 猜测；臆测；推测 —**conjecture** *noun* [C,U]

conjugate /ˈkɒndʒʊɡeɪt ‖ ˈkɑndʒʊˌɡet/ *verb* [T] to give the different forms of a verb 列举动词的不同形式 —**conjugation** /ˌkɒndʒʊˈɡeɪʃn ‖ ˌkɑndʒəˈɡeʃən/ *noun* [C,U]

conjunction /kənˈdʒʌŋkʃn ‖ kənˈdʒʌŋkʃən/ *noun* [C] a word that is used for joining other words, phrases or sentences 连接词；连词：*'And', 'but' and 'or' are conjunctions.* * and、but 和 or 都是连接词。

(IDIOM 习语) **in conjunction with sb/sth** together with sb/sth 连同某人/某物：*Various charities are working in conjunction with the United Nations to help the disaster victims.* 多个慈善机构正与联合国合力赈济受灾人士。

conjure /ˈkʌndʒə(r) ‖ ˈkʌndʒɚ/ *verb* [I] to do tricks by clever, quick hand movements, that appear to be magic 玩戏法；变魔术

(PHRASAL VERBS 短语动词) **conjure sth up** to cause a picture to appear in your mind 使某事物呈现于脑海；想象；追忆：*Hawaiian music conjures up images of sunshine, flowers and sandy beaches.* 夏威夷音乐使人联想起阳光、鲜花和细沙海滩。

conjure sth up; conjure sth (up) from/out of sth to make sth appear quickly or suddenly 使某事物迅速/突然出现；使闪现

conjurer (*also* 亦作 **conjuror**) /ˈkʌndʒərə(r) ‖ ˈkʌndʒərɚ/ *noun* [C] a person who does clever tricks that appear to be magic 魔术师 ☛ Look at **magician**. 参看 **magician**。—**conjuring** /ˈkʌndʒərɪŋ ‖ ˈkʌndʒərɪŋ/ *noun* [U]: *to perform conjuring tricks* 玩戏法

conker /ˈkɒŋkə(r) ‖ ˈkɑŋkɚ/ (*informal* 非正式) (*Brit* 英) (*also* 亦作 **horse chestnut**) *noun* [C] the seed of the horse chestnut tree, used in a popular children's game 七叶树果（用于儿童游戏）

☆**connect** /kəˈnekt ‖ kəˈnɛkt/ *verb* **1** [I,T] **connect (sth) (up) (to/with sth)** to be joined or linked to sth; to join or link sth to sth else 连接；连结：*The tunnels connect (up) ten metres further on.* 这两条隧道在再过去十米远的地方连接起来。○ *This pipe connects with the main drain outside the house.* 这水管通往屋外的总排水渠。○ *The printer is connected to the computer.* 打印机连接着电脑。○ *This motorway connects Oxford with Birmingham.* 这条高速公路连接牛津和伯明翰。○ *The plumber hasn't connected the shower up yet.* 管子工还没有接上淋浴设备。☛ Look at **disconnect**. 参看 **disconnect**。**2** [T] (usually passive 通常用于被动语态) **connect sb/sth (with sb/sth)** to associate sb/sth with sb/sth; to consider sb/sth to be related to sb/sth else 把（某人/某物）联系到（某人/某物）；视（某人/某物）为与（某人/某物）有关：*There was no evidence that she was connected with the crime.* 没有证据显示她与那宗罪案有关。○ *Doctors believe that the increase in asthma is connected with pollution levels.* 医生认为哮喘病患者数目增加与环境污染程度有关。**3** [I] **connect (with sth)** (used about a bus, train, plane, etc 指公共汽车、火车、飞机等) to arrive at a particular time so that passengers can change to another bus, train, plane, etc 联运：*This train connects with the ferry to Le Havre.* 这班火车连接开往勒阿弗尔的渡轮。**4** [T] **connect sb (with sb)** to link sb by telephone 以电话联系：*Hold the line, please. I'm just trying to connect you.* 请别挂断，我正尝试为你接通。

☆**connection** (*US* 美 **connexion**) /kəˈnekʃn ‖ kəˈnɛkʃən/ *noun* **1** [C,U] **connection between A and B; connection with/to sth** connecting or being connected 连接；连结；关联：*There is a clear connection between crime and alcoholism.* 罪案与酗酒有明显的关联。○ *Is there any connection between the* *two organizations?* 这两个组织之间是否有联系呢？○ *What is your connection with the school? Do you work here?* 你与这间学校有什么关联？你是否在这里工作呢？**2** [C] a place where two wires, pipes, etc join together（连接两电线、管子等的）接合点/接合面: *The radio doesn't work. There must be a loose connection somewhere.* 这收音机坏了。一定是哪一处接触不良。**3** [C] a bus, train, plane, etc that leaves soon after another arrives 随另一交通工具抵达后开出的公共汽车/火车/飞机等: *Our bus was late so we missed our connection.* 公共汽车误点了，我们没能赶上联运交通工具。**4** [C, usually pl] a person that you know who is important or of high rank 认识的重要人物或地位高的人士；关系: *Chris got a good job because of his mother's connections.* 克里斯找到一份好工作全因他母亲认识有头有脸的人。

(IDIOMS 习语) **in connection with sb/sth** (*formal* 正式) about or concerning 关于；有关: *I am writing to you in connection with your application.* 有关你的申请，现回复如下。

in this/that connection (*formal* 正式) about or concerning this/that 关于这/那方面

connive /kəˈnaɪv ‖ kəˈnaɪv/ *verb* [I] **1 connive at sth** to do nothing to stop sth that is illegal or wrong 默许/纵容（非法或不对的事）**2 connive (with sb) (to do sth)** to work together with sb to do sth that is wrong 同谋（做坏事）

connoisseur /ˌkɒnəˈsɜː(r) ‖ ˌkɑnəˈsɝ/ *noun* [C] a person who knows a lot about art, good food, music, etc（艺术、美食、音乐等的）内行/行家/鉴赏家: *a connoisseur of modern art* 现代艺术鉴赏家

connotation /ˌkɒnəˈteɪʃn ‖ ˌkɑnəˈteʃən/ *noun* [C] an impression that a word gives in addition to its meaning（词的）含义/言外之意: *'Spinster' means a single woman but it has negative connotations.* * spinster 指单身女性，但带有贬义。

☆**conquer** /ˈkɒŋkə(r) ‖ ˈkɔŋkɚ/ *verb* [T] **1** to take control of an area by winning a war 占领；攻取；征服: *Napoleon's ambition was to conquer Europe.* 拿破仑的野心是征服欧洲。○ (*figurative* 比喻) *The young singer conquered the hearts of audiences all over the world.* 这个年青歌手赢得全球观众的心。**2** to defeat an enemy, an army, etc; to overcome sth 击败（敌人、军队等）；克服: *The Spanish conquered the Incas.* 西班牙人征服了印加人。○ *She's trying to conquer her fear of flying.* 她正设法克服自己对乘坐飞机的恐惧。

conqueror /ˈkɒŋkərə(r) ‖ ˈkɑŋkərɚ/ *noun* [C] a person who has conquered(1) sth 征服者；战胜者

conquest /ˈkɒŋkwest ‖ ˈkɑŋkwɛst/ *noun* **1** [C,U] an act of conquering sth 征服: *the Norman conquest* (= of England in 1066) 诺曼人于1066年征服英格兰 ○ *the conquest of Mount Everest* 征服珠穆朗玛峰 **2** [C] an area of land that has been taken by war 被攻占的土地

conscience /ˈkɒnʃəns ‖ ˈkɑnʃəns/ *noun* [C,U] your own feeling about whether what you are doing is right or wrong 良心；良知: *a clear/a guilty conscience* 问心无愧/有愧

(IDIOM 习语) **have sth on your conscience** to feel guilty because of sth that you have done that was wrong 因做了错事而内疚/良心受责

conscientious /ˌkɒnʃɪˈenʃəs ‖ ˌkɑnʃɪˈɛnʃəs/ *adj* **1** (used about people 指人) careful to do sth correctly and well 认真；尽责；勤恳: *He's a very conscientious worker.* 他是个非常尽忠职守的职工。**2** (used about actions 指行动) done with great care and attention 小心谨慎: *conscientious work* 尽心负责的工作 —**conscientiously** *adv*

conscientious obˈjector *noun* [C] a person who refuses to join the army, etc because he/she believes it is morally wrong to kill other people 认为杀人不合乎道德而拒绝参军的人

☆**conscious** /ˈkɒnʃəs ‖ ˈkɑnʃəs/ *adj* **1** able to see, hear, feel, etc things; awake 有知觉；有感觉；清醒: *She was badly injured but conscious and able to tell the doctor what had happened.* 她虽然受重伤，但仍然清醒，能够告诉医生事发经过。☛ The opposite is **unconscious**. 反义词为 **unconscious**。**2 conscious of sth/that...** noticing or aware of sth 察觉到；意识到: *He suddenly became conscious that someone was following him.* 他突然察觉到有人跟着他。○ *She didn't seem conscious of the danger.* 她似乎并没有意识到危险。**3** that you do on purpose or for a particular reason 故意；刻意: *We made a conscious effort to treat both children fairly.* 我们自觉地作出努力来公平对待两个孩子。☛ Look at **deliberate**. It has a similar meaning. 参看 **deliberate**，这个词的意义跟 **conscious** 相近。The opposite is **unconscious**. 反义词为 **unconscious**。**4** being particularly interested in or aware of sth 特别留意；注重；有…意识: *Young people today are very fashion-conscious.* 今天的年青人十分注重衣装的潮流。—**consciously** *adv*: *I have never consciously harmed another human being.* 我从没有故意伤害别人。

☆**consciousness** /ˈkɒnʃəsnɪs ‖ ˈkɑnʃəsnɪs/ *noun* **1** [U] the state of being conscious(1); being able to see, hear, feel, etc things 清醒；有知觉；有感觉: *As he fell, he hit his head and lost consciousness.* 他跌倒时撞到头部，失去了知觉。○ *She regained consciousness after two weeks in a coma.* 她昏迷了两星期才恢复知觉。**2** [U,sing] the state of being aware of sth 察觉；意识: *There is growing consciousness of the need to save energy.* 人们越来越意识到必须节约能源。

conscript /kənˈskrɪpt ‖ kənˈskrɪpt/ *verb* [T] to make sb join the army, navy or air force 征召入伍: *When war broke out all the young men were conscripted.* 战争爆发时，所有年青男子都被征召入伍。

conscript /ˈkɒnskrɪpt ‖ ˈkɑnskrɪpt/ *noun* [C] a person who has been conscripted 应征入伍的人

conscription /kənˈskrɪpʃn ‖ kənˈskrɪpʃən/

noun [U] the system of making sb join the army, etc 征兵；兵役制度

consecrate /ˈkɒnsɪkreɪt ‖ ˈkɑnsɪˌkret/ *verb* [T] to make a place or an object holy in a special ceremony 祝圣：*The Bishop consecrated the new church.* 主教给新的教堂祝圣。—**consecration** /ˌkɒnsɪˈkreɪʃn ‖ ˌkɑnsɪˈkreʃən/ *noun* [C,U]

consecutive /kənˈsekjʊtɪv ‖ kənˈsɛkjətɪv/ *adj* coming or happening one after the other 连续：*We have had three consecutive hot summers.* 我们连续三个夏季都酷热。—**consecutively** *adv*

C

consensus /kənˈsensəs ‖ kənˈsɛnsəs/ *noun* [sing,U] agreement among a group of people 一致意见：*to reach a consensus after a long discussion* 经过长时间讨论后达成一致意见 ○ *There is no consensus among experts about the causes of global warming.* 关于全球气温上升的起因，专家们见解不一。

consent /kənˈsent ‖ kənˈsɛnt/ *verb* [I] **consent (to sth)** to agree to sth; to allow sth to happen 同意；答应；准许

consent *noun* [U] agreement; permission 同意；准许：*The child's parents had to give their consent to the operation.* 动手术必须得到小孩的父母同意。

☆**consequence** /ˈkɒnsɪkwəns; *US* 美 -kwens ‖ ˈkɑnsəˌkwɛns/ *noun* **1** [C] something that follows as a result or effect of sth else 结果；后果；影响：*The power station was shown to be dangerous and, as a consequence, was closed down.* 发电站有危险，结果被关闭。○ *The error had tragic consequences.* 这一错误导致可悲的结果。**2** [U] (*formal* 正式) importance 重要性：*It is of no consequence.* 这倒无关紧要。

consequent /ˈkɒnsɪkwənt ‖ ˈkɑnsəˌkwɛnt/ *adj* (*formal* 正式) following as the result of sth else 因之而起的：*The lack of rain and consequent poor harvests have led to food shortages.* 由于缺少雨水，随之而来的是收成差，导致食物短缺。—**consequently** *adv*: *She didn't work hard enough, and consequently failed the exam.* 她不够努力，结果考试不及格。

conservation /ˌkɒnsəˈveɪʃn ‖ ˌkɑnsɚˈveʃən/ *noun* [U] **1** not allowing sth to be wasted, damaged or destroyed 保护；保存；节约：*the conservation of energy* 能量守恒 **2** the protection of the natural world（大自然的）保护：*Conservation groups are protesting against the plan to build a road through the forest.* 自然保护组织反对兴建贯穿林区的道路。☛ The verb is **conserve**. 动词为 **conserve**。

conservationist /-ʃənɪst ‖ -ʃənɪst/ *noun* [C] a person who believes in conservation(2) 主张保护自然环境的人

conservatism /kənˈsɜːvətɪzəm ‖ kənˈsɝvəˌtɪzəm/ *noun* [U] **1** the dislike of new ideas and change 保守；守旧 **2** usually 通常作 **Conservatism** the beliefs of the Conservative Party 保守主义

☆**conservative** /kənˈsɜːvətɪv ‖ kənˈsɝvətɪv/ *adj* **1** not liking change; traditional 保守；守旧；传统：*They have very conservative tastes. This design is too modern for them.* 他们的品味很保守，这种设计对他们来说太时髦了。**2 Conservative** connected with the British Conservative Party 与英国保守党有关：*Conservative voters* 支持保守党的选民 **3** (used about a guess, estimate, etc 指猜测、估计等) cautious, not extreme; rather low 谨慎；保守；偏低：*At a conservative estimate I would say the damage will cost about £4 000 to repair.* 保守估计，我看要4 000英镑才能修好损坏的地方。

conservative *noun* [C] **1** a conservative(1) person 守旧/保守的人 **2** usually 通常作 **Conservative** a member of the British Conservative Party 英国保守党成员 —**conservatively** *adv*: *We have estimated the costs conservatively.* 我们已谨慎地估计过成本。

Conˈservative Party *noun* [C] one of the main political parties in Britain. The Conservative Party supports a free market and is opposed to the state controlling industry 保守党（英国主要政党之一）☛ Look at **Labour Party** and **Liberal Democrats**. 参看 **Labour Party** 及 **Liberal Democrats**。

conservatory /kənˈsɜːvətrɪ; *US* 美 -tɔːrɪ ‖ kənˈsɝvəˌtɔrɪ/ *noun* [C] (*pl* **conservatories**) a room with a glass roof and walls often built against the outside wall of a house 温室

conserve /kənˈsɜːv ‖ kənˈsɝv/ *verb* [T] to avoid wasting sth 节约；节省：*Higher charges will encourage people to conserve water.* 提高收费可以促使人们节约用水。☛ The noun is **conservation**. 名词为 **conservation**。

☆**consider** /kənˈsɪdə(r) ‖ kənˈsɪdɚ/ *verb* [T] **1 consider sb/sth (for/as sth); consider doing sth** to think about sb/sth, often before making a decision 考虑：*We must consider the matter carefully before we make our choice.* 我们在作出抉择之前，一定要仔细考虑这件事。○ *They are considering him for the part of Romeo.* 他们正考虑派他演罗密欧的角色。○ *She had never considered nursing as a career.* 她从没有想过把当护士作为职业。○ *He is still considering what material to include in the book.* 他仍在考虑这本书应该包括什么材料。○ *We're considering going to Spain for our holidays.* 我们计划到西班牙度假。**2** to have sth as your opinion; to think about sb/sth in a particular way 认为；视为：*He considered that the risk was too great.* 他认为风险太大。○ *He considered the risk (to be) too great.* 他认为风险太大。**3** to remember or pay attention to sth 顾及；考虑到：*I can't just move abroad. I have to consider my family.* 我不能随便移居国外，我得顾及我的家人。○ *Be tactful. Consider how other people feel.* 要小心处理，顾及他人的感受。

☆**considerable** /kənˈsɪdərəbl ‖ kənˈsɪdərəbl̩/ *adj* great in amount or size 多；大：*We had considerable difficulty in getting tickets for the flights we wanted.* 我们很难买到我们想搭的那些班机的票。○ *A considerable number of people preferred the old building to the new one.* 相当多的人宁愿选择那旧大厦，也不要这座新的。—**considerably** /-əblɪ ‖ -əblɪ/ *adv*:

This flat is considerably larger than our last one. 这套公寓比我们先前的要大得多。

considerate /kən'sɪdərət ‖ kən'sɪdərɪt/ *adj* careful not to upset people; thinking of others 顾及他人；为他人着想: *It was very considerate of you to offer to drive me home.* 承你关心开车送我回家。☛ The opposite is **inconsiderate**. 反义词为 **inconsiderate**。

☆**consideration** /kənˌsɪdə'reɪʃn ‖ kənˌsɪdə'reʃən/ *noun* **1** [U] (*formal* 正式) an act of thinking about sth carefully or for a long time 考虑；深思熟虑: *I have given some consideration to the idea but I don't think it would work.* 我考虑过这个建议，但我认为不可行。○ *After careful consideration, we regret that we cannot offer you the position.* 本公司经慎重考虑，决定无法聘请你担任这个职位，谨此致歉。 **2** [U] **consideration (for sb/sth)** the quality of thinking about other people's wishes and feelings 为（他人）设想；顾及（他人）: *You should keep your music turned down low out of consideration for your neighbours.* 你应该为邻居着想，音乐声不要太大。 **3** [C] something that you think about when you are making a decision 考虑的因素: *If he changes his job, the salary will be an important consideration.* 如果他转换工作，薪金是一项重要的考虑因素。

(IDIOM 习语) **take sth into consideration** to think about sth when you are forming an opinion or making a decision 考虑到/顾及到某事物

considering /kən'sɪdərɪŋ ‖ kən'sɪdərɪŋ/ *prep, conj* (used for introducing a surprising fact 用以引出令人惊奇的事实) when you think about or remember sth 就…而论；照…来看；鉴于: *He coped with the long journey well, considering his age.* 就他的年纪而论，能够应付这长途旅行已是很了不起。○ *Considering you've only been studying for a year, you speak English very well.* 就只学了一年而论，你的英语已说得不错。

consign /kən'saɪn ‖ kən'saɪn/ *verb* [T] (*formal* 正式) **1** to put sb/sth in, or to send sb/sth to, a particular place 放在/送到（某处） **2** to send goods to sb 运送/托运（货物）

consignment *noun* **1** [U] sending sb/sth to a particular place 运送；托运 **2** [C] goods that are being sent to sb/sth 运送的货物；托运的货物: *We are expecting a new consignment of bicycles very soon.* 我们估计新一批的自行车很快就会运到。

consist /kən'sɪst ‖ kən'sɪst/ *verb*

(PHRASAL VERBS 短语动词) **consist in sth** to have sth as its main point or feature 要点/特征在于: *Her job consisted in welcoming the guests as they arrived.* 她的工作主要是接待来宾。

consist of sth to be made up of sth 由…组成: *Pastry consists of flour, fat and water.* 饼皮由面粉、油脂及水搀和制成。○ *The band consists of a singer, two guitarists and a drummer.* 这乐队由一位歌手、两位吉他手及一位鼓手组成。

consistency /kən'sɪstənsɪ ‖ kən'sɪstənsɪ/ *noun* (*pl* **consistencies**) **1** [U] the quality of being consistent(1); always having the same standard, opinions, etc（水准、意见等的）一致/一贯: *Your work lacks consistency. Sometimes it's excellent but at other times it's full of mistakes.* 你的工作水准不稳定，有时做得很好，有时则错漏百出。☛ The opposite is **inconsistency**. 反义词为 **inconsistency**。 **2** [C,U] the degree of thickness or firmness that a liquid substance has（液体的）浓度/稠度: *The mixture should have a thick, sticky consistency.* 这种混合体应该稠而黏。

consistent /kən'sɪstənt ‖ kən'sɪstənt/ *adj* **1** always having the same opinions, standard, behaviour, etc; not changing（意见、水准、行为等）一致/一贯: *You must be consistent. If you punish Jason, you must punish Paul for doing the same thing.* 你一定要一视同仁。如果你要罚贾森，你也要罚保罗，因为他做了同样的事。 **2 consistent (with sth)** agreeing with or similar to sth 与…一致；符合: *I'm afraid your statement is not consistent with what the other witnesses said.* 你的供词恐怕与其他证人的不一致。—**consistently** *adv*: *We must try to maintain a consistently high standard.* 我们定要设法维持一贯的高水准。

consolation /ˌkɒnsə'leɪʃn ‖ ˌkɑnsə'leʃən/ *noun* **1** [U] making sb feel better when they are sad 安慰: *It was some consolation to me to know that I wasn't the only one who had failed the exam.* 知道不单是我考试不及格，令我感到有些安慰。 **2** [C] a person or thing that consoles you 带来安慰的人/事物: *Having his children near him was a great consolation when his wife died.* 妻子死后，有儿女在身边给他很大的安慰。

console /kən'səʊl ‖ kən'sol/ *verb* [T] to make sb happier when he/she is very sad or disappointed; to comfort sb 安慰

consolidate /kən'sɒlɪdeɪt ‖ kən'sɑləˌdet/ *verb* [I,T] to become or to make sth firmer or stronger 巩固；加强: *We're going to consolidate what we've learnt so far by doing some revision exercises today.* 我们今天做些复习练习，巩固所学过的东西。—**consolidation** /kənˌsɒlɪ'deɪʃn ‖ kənˌsɑlə'deʃən/ *noun* [U]

consonant /'kɒnsənənt ‖ 'kɑnsənənt/ *noun* [C] **1** a sound that you make by partly stopping the air as it comes out through your mouth 辅音；子音 **2** a letter that represents this sound 辅音字母: *The letters 't', 'm', 's' and 'b' are all consonants.* 字母 t、m、s 和 b 所代表的都是辅音。☛ Look at **vowel**. 参看 **vowel**。

consortium /kən'sɔːtɪəm; *US* 美 -'sɔːrʃɪəm ‖ kən'sɔrʃɪəm/ *noun* [C] (*pl* **consortiums** or **consortia** /-tɪə; *US* 美 -ʃɪə ‖ -ʃɪə/) a group of companies that work closely together for a particular purpose 财团；联营企业

conspicuous /kən'spɪkjʊəs ‖ kən'spɪkjuəs/ *adj* easily seen or noticed 显著；明显: *As a tall, blond American he was very conspicuous in China.* 他是个高个子、金头发的美国人，在中国很显眼。☛ The opposite is **inconspicuous**. 反义词为 **inconspicuous**。—**conspicuously** *adv*: *She was conspicuously dressed in bright colours.* 她衣着鲜艳夺目。

C

conspiracy /kən'spɪrəsɪ ‖ kən'spɪrəsɪ/ *noun* (*pl* **conspiracies**) **1** [U] planning sth, especially a crime, together with other people 密谋；同谋；共谋: *They were accused of conspiracy to murder.* 他们被控串通谋杀。**2** [C] a secret plan to do sth bad or illegal 阴谋: *Investigators have uncovered a conspiracy to defraud the bank of thousands of pounds.* 调查人员揭发了一个企图骗取银行数以千计的英镑的阴谋。

conspire /kən'spaɪə(r) ‖ kən'spaɪr/ *verb* [I] **1** to plan sth, especially a crime, together with other people 密谋；同谋；共谋: *A group of terrorists were conspiring to blow up the plane.* 一群恐怖分子正密谋炸毁飞机。**2 conspire (against sb/sth)** to work together to produce a particular, usually bad, result for sb/sth（事情）凑在一起（做成坏结果）: *When we both lost our jobs in the same week, we felt that everything was conspiring against us.* 我们俩在同一个星期内失去工作，使人觉得什么事情都在同我们作对。

conspirator /kən'spɪrətə(r) ‖ kən'spɪrətɚ/ *noun* [C] a person who conspires(1) 同谋；共谋者

constable /'kʌnstəbl; *US* 美 'kɒn- ‖ 'kɑnstəbl̩/ *noun* [C] = POLICE CONSTABLE

constabulary /kən'stæbjʊlərɪ; *US* 美 -lerɪ ‖ kən'stæbjəˌlɛrɪ/ *noun* [C] (*pl* **constabularies**) the police force of a particular area（某一地区的）警察部队: *the West Yorkshire Constabulary* 西约克郡警察部队

☆**constant** /'kɒnstənt ‖ 'kɑnstənt/ *adj* **1** happening or existing all the time or again and again 经常的；不断的: *The constant noise gave me a headache.* 不断的噪音使我头痛。○ *Don't lock this door. It's in constant use.* 这扇门不要上锁，因为经常有人出入。○ *There were constant interruptions so we didn't get the work finished.* 由于经常受到打扰，我们不能把工作完成。**2** that does not change 不变；固定: *You use less petrol if you drive at a constant speed.* 以稳定速度驾驶可节省汽油。

constantly *adv* always; again and again 经常；不断: *The situation is constantly changing.* 情况不断在变化。

constellation /ˌkɒnstə'leɪʃn ‖ ˌkɑnstə'leʃən/ *noun* [C] a number of stars that are considered as a group 星座；星群

consternation /ˌkɒnstə'neɪʃn ‖ ˌkɑnstɚ'neʃən/ *noun* [U] surprise and worry or fear 惊愕；惊恐；惊慌: *We stared at each other in consternation.* 我们两人在惊愕中瞠目对视。

constipated /'kɒnstɪpeɪtɪd ‖ 'kɑnstəˌpetɪd/ *adj* not able to pass waste material easily from the bowels 便秘的: *If you are constipated you should eat more fibre and fresh fruit.* 便秘就得多吃纤维质食物及新鲜水果。—**constipation** /ˌkɒnstɪ'peɪʃn ‖ ˌkɑnstə'peʃən/ *noun* [U]

constituency /kən'stɪtjʊənsɪ ‖ kən'stɪtʃʊənsɪ/ *noun* [C] (*pl* **constituencies**) a district which has its own Member of Parliament 选区

constituent /kən'stɪtjʊənt ‖ kən'stɪtʃʊənt/ *noun* [C] **1** a person who lives in the district for which a particular Member of Parliament is responsible 选民 **2** one of the parts of sth 成分

constitute /'kɒnstɪtjuːt ‖ 'kɑnstəˌtut/ *verb* [T] (*formal* 正式) (not in the continuous tenses 不用于进行时) to make up or form sth 构成；组成: *Women constitute a high proportion of part-time workers.* 半日工作者大多数是女性。○ *The presence of the troops constitutes a threat to peace.* 驻军对和平构成威胁。

constitution /ˌkɒnstɪ'tjuːʃn; *US* 美 -'tuːʃn ‖ ˌkɑnstə'tuʃən/ *noun* **1** [C] the laws or rules of a country or organization 宪法；章程: *the United States constitution* 美国宪法 **2** [C] (*old-fashioned* 旧) the condition of your body; your health 体格；体质 **3** [U] the way sth is put together 结构；构成

constitutional /ˌkɒnstɪ'tjuːʃənl; *US* 美 -'tuː- ‖ ˌkɑnstə'tuʃənl̩/ *adj* connected with a constitution(1) 与宪法/章程有关

constrain /kən'streɪn ‖ kən'stren/ *verb* [T] (*formal* 正式) to set limits on sth, especially sb's freedom; to force sb to do sth 限制；约束；强迫

constraint /kən'streɪnt ‖ kən'strent/ *noun* [C,U] a limit on sth, or on your freedom to do sth 限制；约束；强迫: *There are always some financial constraints on a project like this.* 这样的计划常常在财政方面受到掣肘。○ *He signed the document under constraint* (= he was forced to do it). 他被迫签署了文件。

constrict /kən'strɪkt ‖ kən'strɪkt/ *verb* [T] **1** to make sth tighter or narrower; to reduce sth 紧缩；收缩；收紧 **2** to limit a person's freedom to do sth 限制

constriction /kən'strɪkʃn ‖ kən'strɪkʃən/ *noun* [C,U] a reduction in the space or the range of possibilities available 紧缩；收缩；收紧

construct /kən'strʌkt ‖ kən'strʌkt/ *verb* [T] to build or make sth 建筑；建造: *Early houses were constructed out of mud and sticks.* 早期的房屋是用泥土和树枝建造的。

☛ **Construct** is more formal than **build**. 与 **build** 相比，**construct** 适用于较正式的场合。

☆**construction** /kən'strʌkʃn ‖ kən'strʌkʃən/ *noun* **1** [U] the act or method of building or making sth 建造；修筑；做: *A new bridge is now under construction.* 新桥正在建造中。○ *He works in the construction industry.* 他从事建筑业。**2** [C] something that has been built or made 建筑物；做成的东西: *The new pyramid was a construction of glass and steel.* 新的金字塔用玻璃和钢建成。**3** [C] the way that words are used together in a phrase or sentence 语句的结构: *a complex sentence construction* 复杂的句子结构 ○ *Which construction is more common – 'to dress' or 'to get dressed'?* 哪个结构比较常见——to dress 还是 to get dressed？

constructive /kən'strʌktɪv ‖ kən'strʌktɪv/ *adj* useful or helpful 有用；有益；建设性的: *She made a number of constructive criticisms to help us to improve our work.* 她对我们提出多项有益的批评，有助我们改善工作。—**constructively** *adv*

consul /'kɒnsl ‖ 'kɑnsl̩/ *noun* [C] an official who works in a foreign city helping people from his/her country who are living or visiting there 领事 ☛ Look at **ambassador**. 参看 **ambassador**。

consular /'kɒnsjʊlə(r); *US* 美 -səl- ‖ 'kɑnsl̩ɚ/ *adj* connected with a consul 与领事有关

consulate /'kɒnsjʊlət; *US* 美 -səl- ‖ 'kɑnsl̩ɪt/ *noun* [C] the office of a consul 领事馆

consult /kən'sʌlt ‖ kən'sʌlt/ *verb* **1** [T] **consult sb/sth (about sth)** to ask sb or to look sth up in a book, etc to get information or advice 咨询；参考: *You should consult a doctor if the symptoms get worse.* 如果症状恶化，就要找医生诊治。○ *He consulted the map to find the shortest route.* 他查阅地图寻找最直接的路线。**2** [I] **consult with sb** to discuss sth with sb 商讨；商量；商议

consultant /kən'sʌltənt ‖ kən'sʌltənt/ *noun* [C] **1** a person who gives advice to people on business, law, etc 顾问: *a firm of management consultants* 管理顾问公司 **2** (*Brit* 英) a hospital doctor of high rank who is a specialist in a particular area of medicine 顾问医师

consultation /ˌkɒnsl'teɪʃn ‖ ˌkɑnsl̩'teʃən/ *noun* **1** [U] discussing sth or looking sth up in a book to get information or advice 咨询；商议；参考 **2** [C,U] a meeting at which sth is discussed 磋商会议；讨论会；咨询会: *Diplomats met for consultations on the hostage crisis.* 外交官员就人质危机进行磋商。○ *The measures were introduced without consultation.* 当局未征询意见就实行该等措施。

consume /kən'sju:m; *US* 美 -'su:m ‖ kən'sum/ *verb* [T] (*formal* 正式) **1** to use sth 使用；消耗: *The United States imports 45% of the oil it consumes.* 美国所消耗的石油有百分之四十五是进口的。**2** to eat or drink sth 吃；喝 **3** (used about fire 指火) to destroy sth 烧毁；焚毁 **4** (used about an emotion 指情绪) to affect sb very strongly 支配/影响（某人）: *She was consumed by grief when her son was killed.* 她因儿子被杀而痛不欲生。

consuming *adj* (only *before* a noun 只用于名词前) that takes up a lot of your time and attention 需要投注大量精力和时间: *Sport is her consuming passion.* 她热衷于运动。

☆**consumer** /kən'sju:mə(r); *US* 美 -su:- ‖ kən'sumɚ/ *noun* [C] a person who buys things or uses services 消费者: *Consumers should complain if they are not satisfied with the service they receive.* 消费者不满意服务就应该投诉。○ *the rights of the consumer* 消费者的权利 ○ *Consumer spending has risen in the past few months.* 过去数月的消费者支出上升了。

consummate /'kɒnsəmeɪt ‖ 'kɑnsəˌmet/ *verb* [T] (*formal* 正式) **1** to make sth complete 使完整；使圆满 **2** to make a marriage legal or complete by having sexual intercourse（新婚夫妇行房以）完婚；圆房 —**consummation** /ˌkɒnsə'meɪʃn ‖ ˌkɑnsə'meʃən/ *noun* [C,U]

consumption /kən'sʌmpʃn ‖ kən'sʌmpʃən/ *noun* [U] **1** the act of using, eating, etc sth 食用；使用；消耗: *This fish is unfit for human consumption* (= for people to eat). 这种鱼不适合人类食用。**2** the amount of fuel, etc that sth uses（燃料等的）消耗量: *a car with low fuel consumption* 耗油量低的汽车

☆**contact** /'kɒntækt ‖ 'kɑntækt/ *noun* **1** [U] the state of touching sb/sth 挨着；碰着；接触: *Don't let the wires come into contact with each other.* 别让这些金属线互相接触。**2** [U] meeting, talking to or writing to sb else 联络；联系；接触: *We are in close contact with our office in New York.* 我们与纽约的办事处保持密切联系。○ *I've lost contact with most of my old schoolfriends.* 我已经跟大部分的老同学失去联络。○ *They are trying to make contact with the kidnappers.* 他们设法与绑架者接触。○ *Tom has not been in contact since he moved to Edinburgh.* 自从汤姆搬到爱丁堡之后就没有音信了。○ *Tom broke off contact with his family after a quarrel.* 汤姆跟家人吵架后就断绝了来往。**3** [C] a person that you know who may be able to help you 可以提供协助的相识: *I have some useful business contacts in Berlin.* 我在柏林有一些业务上有用的相识。

contact /'kɒntækt ‖ 'kɑntækt/ *verb* [T] to telephone, write to, etc sb 联络；接触: *Is there a phone number where I can contact you?* 可以给我你的电话号码同你联络吗？

'**contact lens** *noun* [C] a small piece of plastic that fits onto your eye to help you to see better 隐形眼镜 ☛ picture at **glasses**. 见 **glasses** 插图。

contagious /kən'teɪdʒəs ‖ kən'tedʒəs/ *adj* (used about a disease 指疾病) that you can catch by touching sb/sth 可通过接触传染: *Smallpox is a contagious disease.* 天花是一种接触传染的疾病。○ (*figurative* 比喻) *contagious laughter* 有感染力的笑声 ☛ Look at **infectious**. 参看 **infectious**。

☆**contain** /kən'teɪn ‖ kən'ten/ *verb* [T] **1** to have sth inside (or as part of) itself 包含；含有: *Each box contains 24 tins.* 每箱装有24罐。○ *petrol containing lead* 含铅汽油 **2** to keep sth within limits 限制；控制；抑制: *efforts to contain inflation* 控制通货膨胀的努力 ○ *The children couldn't contain themselves – they burst out laughing.* 孩子们忍不住了——他們放声大笑起来。○ *She found it hard to contain her anger.* 她觉得很难抑制自己的怒气。☛ **Contain** or **include**? 用 **contain** 抑或用 **include**? **Contain** is used when we are talking about objects which have other things inside them * **contain** 用于内里有其他东西的物件: *a jar containing olives* 装有橄榄的瓶 ○ *The parcel contained six books.* 包裹内有六本书。**Include** is used to show that several things are part of a whole or thought to belong to something * **include** 用于若干东西构成一个整体或属于某物: *The price of the holiday includes accommodation and evening meals but not lunch.* 度假的费用包括住宿及晚餐，但不包括午餐。○ *a team of seven people including a cameraman and a doctor* 一组七人，包括一名摄影师及一名医生

☆**container** /kən'teɪnə(r) ‖ kən'tenɚ/ *noun* [C] **1** a box, bottle, packet, etc in which sth is kept 容器: *a plastic container* 塑料容器 ○ *a watertight container* 不漏水的容器 ☛ picture on next page. 见下页插图。**2** a large metal box

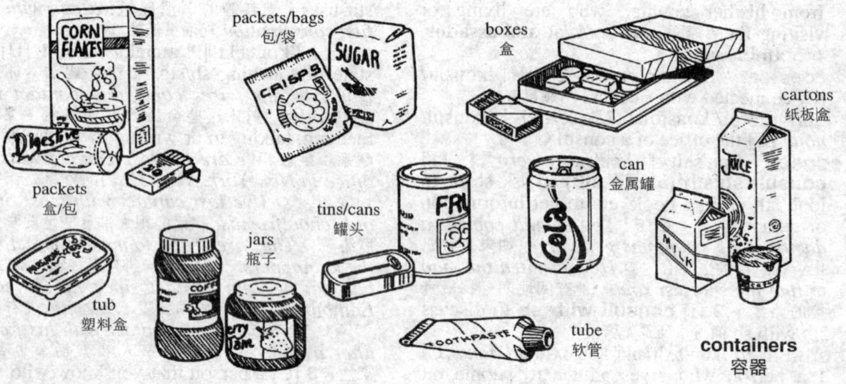

packets/bags 包/袋
boxes 盒
cartons 纸板盒
packets 盒/包
can 金属罐
tins/cans 罐头
jars 瓶子
tub 塑料盒
tube 软管

containers 容器

that is used for transporting goods by sea, road or rail 集装箱；货柜：*a container lorry, ship, etc* 集装箱卡车/船…

contaminate /kənˈtæmɪneɪt ‖ kənˈtæməˌnet/ *verb* [T] to add a substance which will make sth dirty, harmful or dangerous 污染：*The town's drinking-water was contaminated with poisonous chemicals.* 这城市的饮用水受有毒化学品污染。—**contamination** /kənˌtæmɪˈneɪʃn ‖ kənˌtæməˈneʃən/ *noun* [U]: *There was widespread radioactive contamination of farmland after the accident at the nuclear power station.* 核电厂发生意外，农地广泛受到辐射污染。

contemplate /ˈkɒntempleɪt ‖ ˈkɑntəmˌplet/ *verb* [T] **1** to think about sth or the possibility of doing sth 思量；考虑；盘算；打算：*The idea was too awful to contemplate.* 这主意实在可怕得令人不敢去想。○ *Before her illness she had never contemplated retiring.* 她患病之前，从没有考虑过退休。**2** to look at sb/sth, often quietly or for a long time 凝视；注视

contemplation /ˌkɒntemˈpleɪʃn ‖ ˌkɑntəmˈpleʃən/ *noun* [U] **1** looking at sth quietly 凝视；注视 **2** thinking deeply about sth 深思；沉思

☆**contemporary** /kənˈtemprərɪ; *US* 美 -pərerɪ ‖ kənˈtɛmpəˌrɛrɪ/ *adj* **1** belonging to the same time as sb/sth else 同时期；同时代：*Samuel Pepys' diary gives us a contemporary account of the Great Fire of London in 1666.* 塞缪尔·佩皮斯的日记记述了1666年的伦敦大火。**2** of the present time; modern 当代的：*contemporary music, art, etc* 当代音乐/艺术…

contemporary *noun* [C] (*pl* **contemporaries**) a person who lived or did sth at the same time as sb else 同时期的人：*Telemann, a contemporary of Bach* 泰勒曼，与巴赫同时期的作曲家

contempt /kənˈtempt ‖ kənˈtɛmpt/ *noun* [U] **contempt (for sb/sth)** the feeling that sb/sth does not deserve to be respected or is unimportant 蔑视；轻视；鄙视：*That country has shown contempt for the Charter of the United Nations.* 那个国家显出对联合国宪章的蔑视。

contemptuous /kənˈtemptʃʊəs ‖ kənˈtɛmptʃuəs/ *adj* feeling or showing contempt for sb/sth 轻蔑的；鄙视的

contend /kənˈtend ‖ kənˈtɛnd/ *verb* **1** [I] **contend with/against sb/sth**; **contend for sth** to struggle to overcome sth or to win sth 奋斗；克服：*She's had a lot of problems to contend with.* 她有很多难题要克服。○ *Two athletes are contending for first place.* 两名运动员正在争夺第一名。**2** [T] (*formal* 正式) to declare or argue that sth is true 断言；辩白：*The young man contended that he had never met the murdered girl.* 该年青男子声称从未见过被谋杀的女孩。

contender *noun* [C] a person who takes part in a competition 竞赛者：*There were three contenders for the leadership.* 有三位人士角逐领袖的地位。

☆**content**[1] /kənˈtent ‖ kənˈtɛnt/ *adj* (not before a noun 不用于名词前) **content (with sth)**; **content to do sth** satisfied with what you have 满足；满意：*She is quite content to stay at home looking after her children.* 能留在家中照顾子女她已心满意足。

content *noun* [U] the state of being happy or satisfied 满足；满意：*His face was a picture of content.* 他一脸满意的表情。

content *verb* [T] **content yourself with sth** to accept sth even though it was not exactly what you wanted 将就：*The castle was closed, so we contented ourselves with a walk round the park.* 城堡已关门，我们只好在公园逛逛。

contented *adj* happy or satisfied 快乐；满意：*The baby gave a contented chuckle.* 婴儿满足地笑了。—**contentedly** *adv*: *The cat purred contentedly.* 猫儿呼噜噜地发出满意的低叫声。—**contentment** *noun* [U]: *a sigh of contentment* 满意地叹了口气

☆**content**[2] /ˈkɒntent ‖ ˈkɑntɛnt/ *noun* **1 contents** [plural] the thing or things that are inside sth 内容；里面的东西：*Add the contents of this packet to a pint of cold milk and mix well.* 将包内的材料加入一品脱冷牛奶，然后搅匀。○ *The contents page tells you what is inside a book.* 目录页列出书的内容。**2** [sing] the main subject, ideas, etc of a book, article, television programme, etc (书、文章、电视节

目等的）内容/要义/要旨：*The content of the essay is good, but there are too many grammatical mistakes.* 文章的内容不错，可惜有太多语法错误。**3** [sing] the level or amount of a particular substance that sth contains 含量：*Many processed foods have a high sugar content.* 加工食品很多含糖量都高。

contention /kən'tenʃn ‖ kən'tɛnʃən/ *noun* **1** [U] the situation of competing for sth 竞争；争夺：*Four players are still in contention for the cup.* 仍然有四名选手在争夺奖杯。**2** [U] arguing; disagreement 争辩；争论 **3** [C] your opinion; sth that you declare to be true 意见；主张；论点：*The government's contention is that unemployment will start to fall next year.* 政府的论点是失业人数明年将会下降。

contentious /kən'tenʃəs ‖ kən'tɛnʃəs/ *adj* likely to cause argument 引起争议：*a contentious issue* 有争议的问题

contest /kən'test ‖ kən'tɛst/ *verb* [T] **1** to say that sth is wrong or that it was not done properly 反驳；辩驳：*They contested the decision, saying that the judges had not been fair.* 他们反驳那个裁决，说法官不公平。**2** to take part in a competition or try to win sth 竞争；争取：*a hotly contested world-championship fight* 竞争激烈的世界锦标赛

contest /'kɒntest ‖ 'kantɛst/ *noun* [C] a competition to find out who is the best, strongest, most beautiful, etc 比赛；竞赛：*a boxing contest* 拳击比赛 ○ *The by-election will be a contest between the two main parties.* 这次补选将会是两个主要政党的一场对垒。

contestant /kən'testənt ‖ kən'tɛstənt/ *noun* [C] a person who takes part in a contest 参赛者；竞争者：*Four contestants appear on the quiz show each week.* 每周有四名参赛者出席这个问答节目。

context /'kɒntekst ‖ 'kantɛkst/ *noun* [C,U] **1** the words that come before or after a word, phrase, sentence, etc and that help you to understand its meaning 上下文：*You can often guess the meaning of a word from its context.* 你常常可以根据上下文推测词义。○ *Taken out of context, his comment made no sense.* 断章取义的话，他的话毫无意义。**2** the situation in which sth happens or that caused sth to happen（事情发生或引致事情发生的）背景/环境：*The rise in nationalism must be seen in the context of changing attitudes in Europe.* 民族主义抬头的原由，要从欧洲人心态的变迁中去看。

☆**continent** /'kɒntɪnənt ‖ 'kantənənt/ *noun* **1** [C] one of the seven main areas of land on the Earth 洲（地球上七大洲之一）：*Asia, Africa and Antarctica are continents.* 亚洲、非洲、南极洲是地球上三个大洲。**2 the Continent** [sing] (*Brit* 英) the main part of Europe, ie not the British Isles 欧洲大陆（不包括不列颠群岛）：*Hotels on the Continent are much cheaper than in Britain.* 欧洲大陆的酒店收费要比英国的便宜得多。

continental /ˌkɒntɪ'nentl ‖ ˌkantə'nɛntl̩/ *adj* **1** connected with or typical of a continent 大陆性的；与大陆有关：*Moscow has a continental climate: hot summers and cold winters.* 莫斯科属大陆性气候：夏天炎热，冬天寒冷。**2** (*also* 亦作 **Continental**) (*Brit* 英) connected with the main part of Europe 与欧洲大陆有关：*continental holidays* 在欧洲大陆度假

ˌcontinental 'breakfast *noun* [C] a breakfast of bread and jam with coffee 欧洲大陆式早餐（有果酱面包及咖啡）☛ Look at **English breakfast**. 参看 **English breakfast**。

contingency /kən'tɪndʒənsɪ ‖ kən'tɪndʒənsɪ/ *noun* [C] (*pl* **contingencies**) a possible future situation or event 可能出现的情况；可能发生的事情：*contingency plans* 应变计划

contingent /kən'tɪndʒənt ‖ kən'tɪndʒənt/ *noun* [C, with sing or pl verb] **1** a group of people from the same country, organization, etc who are attending an event 代表团：*the Irish contingent at the conference* 出席会议的爱尔兰代表团 **2** a group of armed forces forming part of a larger force 分遣队；小分队

continual /kən'tɪnjʊəl ‖ kən'tɪnjʊəl/ *adj* happening again and again 一次又一次；持续：*His continual phone calls started to annoy her.* 他频频打电话给她，开始使她生厌。—**continually** *adv*: *She continually criticizes his behaviour.* 她不断批评他的行为。

☛ **Continual** or **continuous?** 用 **continual** 抑或用 **continuous**？We use **continuous** to describe an action or state that goes on without stopping * **continuous** 表示连续不断的意思：*There has been a continuous improvement in his work.* 他的工作持续改善。○ *After climbing continuously for three hours we were exhausted.* 连续攀爬了三个钟头，我们已经筋疲力尽。**Continual** is used to describe something that happens repeatedly, especially something that annoys us * **continual** 用以形容重复发生的事情，尤指令人烦厌的事：*They have had continual problems with the heating.* 他们的暖气装置一再出现问题。

continuation /kənˌtɪnjʊ'eɪʃn ‖ kənˌtɪnjʊ'eʃən/ *noun* **1** [sing,U] continuing to do sth without stopping; starting to do sth again after you have stopped 继续；连续；（停止后）再继续 **2** [sing] something that continues sth else or makes it longer 延续；接续：*a continuation of recent trends* 最近趋势的延续 ○ *The track was a continuation of the road.* 这小径连接大路。

☆**continue** /kən'tɪnjuː ‖ kən'tɪnju/ *verb* **1** [I,T] **continue (doing/to do sth); continue (with sth)** to go on, or to make sth go on, happening or existing 继续：*If the pain continues, see your doctor.* 如果疼痛持续，你得找医生诊治。○ *They ignored me and continued their conversation.* 他们不理会我，继续谈话。○ *He continued working/to work late into the night.* 他继续工作直至深夜。○ *I shall continue with the lessons after the exam.* 我会在考试后继续上课。**2** [I,T] to begin to do or say sth again after you had stopped（中止后）再继续：*The meeting will continue after lunch.* 午饭后会议将继续进行。○ *I'm sorry I interrupted. Please continue.* 对不起我打扰了，请继续。○ *The next day we continued our journey.* 第二天我们继续旅程。

3 [I,T] to go further or to make sth go further 继续前进；延续: *We continued along the path until we came to the river.* 我们继续沿着小径一直走到河边。**4** [I] to remain in a particular situation or condition 维持原状；仍然保持: *He will continue as headmaster until the end of term.* 本学期内他仍任校长。

continued *adj* going on without stopping 持续: *There are reports of continued fighting near the border.* 报告显示边界附近不断有战斗。

continuity /ˌkɒntɪ'nju:ətɪ; *US* 美 -'nu:- ‖ ˌkɑntə'nuətɪ/ *noun* [U] the state of continuing without interruption; linking one thing smoothly with the next 持续；连续性；连贯性: *The pupils will have the same teacher for two years to ensure continuity.* 这班学生将跟随同一位老师学习两年以确保连贯性。

C

☆**continuous** /kən'tɪnjʊəs ‖ kən'tɪnjuəs/ *adj* happening or existing without stopping 连续；不间断: *a period of continuous economic growth* 经济连续增长期 ○ *a continuous process* 连续的工序 ○ *There was a continuous line of cars stretching for miles.* 车龙绵延数英里。—**continuously** *adv*: *It has rained continuously here for three days.* 这里连续下了三天雨。☛ Look at the note at **continual**. 参看 **continual** 的注释。

con'tinuous tense (*also* 亦作 **progressive tense**) *noun* [C] (*grammar* 语法) the form of a verb such as 'I am waiting' or 'It was raining' which is made from a part of 'be' and a verb ending in '-ing' and is used to describe an action that continues for a period of time（动词的）进行时（由 be 的一种形式加 -ing 结尾的动词构成，用以形容持续一段时间的动作，如 I am waiting、It was raining 等）

contort /kən'tɔ:t ‖ kən'tɔrt/ *verb* [I,T] to move or to make sth move into an unnatural shape 扭曲；扭歪: *His face contorted/was contorted with pain.* 他痛得脸都变了形。—**contortion** /kən'tɔ:ʃn ‖ kən'tɔrʃən/ *noun* [C]

contour /'kɒntʊə(r) ‖ 'kɑntʊr/ *noun* [C] **1** the outline or shape of the outer surface of sth 轮廓；外形: *I could just make out the contours of the house in the dark.* 黑暗中我只能勉强看到房子的轮廓。**2** (*also* 亦作 '**contour line**) a line on a map joining places of equal height 等高线（地图上由同等高度的点连起来的线）: *From the contour lines I could tell that there was a steep hill to climb.* 由等高线可以知道要爬的是一个陡坡。

contraception /ˌkɒntrə'sepʃn ‖ ˌkɑntrə'sɛpʃən/ *noun* [U] the means of preventing a woman from becoming pregnant 避孕；节育: *Your doctor will be happy to advise you about contraception.* 医生会乐意指导你如何避孕。○ *a reliable form of contraception* 可靠的避孕方法

contraceptive /ˌkɒntrə'septɪv ‖ ˌkɑntrə'sɛptɪv/ *noun* [C] a pill or object that prevents a woman from becoming pregnant 避孕药；避孕用具: *an oral contraceptive* 口服避孕药 ○ *a packet of contraceptives* 一包避孕用品 —**contraceptive** *adj*: *a contraceptive pill* 避孕丸

☆**contract**[1] /'kɒntrækt ‖ 'kɑntrækt/ *noun* [C] a written legal agreement 契约；合同: *They signed a three-year contract with a major record company.* 他们与一家大唱片公司签了一份为期三年的合约。○ *The company has just won a contract to supply machinery to the government.* 这家公司刚刚争取到一份为政府供应机器的合同。○ *a temporary contract* 临时合约

contractual /kən'træktʃʊəl ‖ kən'træktʃuəl/ *adj* connected with or included in a contract 契约的；与合同有关

contract[2] /kən'trækt ‖ kən'trækt/ *verb* **1** [I,T] to make a written legal agreement with sb to do sth or to have sb work for you 订立/签订合约: *His firm has been contracted to supply all the furniture for the new building.* 他的公司已经签约，为新大厦供应所有家具。**2** [T] to get an illness or disease 染上（疾病）；感染: *She contracted pneumonia.* 她染上了肺炎。

contractor *noun* [C] a person or company that does work, especially building work, by contract 承包人；承包商；承建商: *a building contractor* 承建商

☆**contract**[3] /kən'trækt ‖ kən'trækt/ *verb* [I,T] to become or to make sth smaller or shorter 收缩；缩小；缩短: *Metals contract as they cool.* 金属冷却便收缩。○ *'I'm' is the contracted form of 'I am.'* * I'm 是 I am 的缩写。☛ Look at **expand**. It is the opposite for the first example. 参看 **expand**，这个词跟第一示例的意义相反。

contraction /kən'trækʃn ‖ kən'trækʃən/ *noun* **1** [U] the process of getting smaller or of making sth smaller 收缩；缩小 **2** [C] a contracted form of a word or words（词的）缩写形式: *'Mustn't' is a contraction of 'must not.'* * mustn't 是 must not 的缩写。**3** [C] a strong tightening of muscles that happens to a woman as her baby is born（女性生产时肌肉的）收缩

contradict /ˌkɒntrə'dɪkt ‖ ˌkɑntrə'dɪkt/ *verb* **1** [I,T] to say that sth is wrong or untrue; to say the opposite of sth 否定；反驳: *'We haven't got any tea.' 'Yes, we have,' she contradicted.* "我们没有茶叶了。""有的，我们有。"她反驳说。○ *I didn't dare contradict him, but I think he was wrong.* 我不敢反驳他，但我认为他错了。**2** [T] (used about a statement, fact, etc 指说法、事实等) to be different from or opposite to sth 抵触；有矛盾: *These instructions seem to contradict previous ones.* 这些指示似乎与先前的互相抵触。

contradiction /ˌkɒntrə'dɪkʃn ‖ ˌkɑntrə'dɪkʃən/ *noun* **1** [C] a statement or fact that is opposite to or different from another 有抵触/矛盾的说法或事实: *There were a number of contradictions in what he told the police.* 他对警方所说的话矛盾百出。**2** [C,U] **(a) contradiction (between sth and sth)** the fact of two things being opposite to or not matching each other 抵触；矛盾: *There is a contradiction between his public and private personalities.* 他在公开场合的表现跟他私下的为人不一样。○ *This letter is in complete contradiction to their previous one.* 这封信与他们先前的那封完全矛盾。

contradictory /ˌkɒntrəˈdɪktərɪ ‖ ˌkɑntrə-ˈdɪktərɪ/ *adj* being opposite to or not matching sth else 抵触的；矛盾的: *Contradictory reports appeared in the newspapers.* 报纸的报道互相矛盾。

contraflow /ˈkɒntrəfləʊ ‖ ˈkɑntrəˌflo/ *noun* [C] an arrangement where part of a wide road is closed, usually for repairs, and traffic going in both directions has to use one side of the road 单线双向行车（通常由于道路需要维修）

contraption /kənˈtræpʃn ‖ kənˈtræpʃən/ *noun* [C] a strange or complicated piece of equipment 稀奇或复杂的工具/装置

contrary[1] /ˈkɒntrərɪ; *US* 美 -trerɪ ‖ ˈkɑntrɛrɪ/ *adj* completely different; opposite 完全不同；相反: *I thought it was possible but she took the contrary view.* 我认为行得通，但她的看法相反。

contrary to *prep* completely different from; opposite to; against 完全不同于；与…相反；反对；违反: *He's actually very nice, contrary to what people say about him.* 他其实十分和善，与人们传说的恰恰相反。

contrary[2] /ˈkɒntrərɪ; *US* 美 -trerɪ ‖ ˈkɑntrɛrɪ/ *noun*

(IDIOMS 习语) **on the contrary** the opposite is true; certainly not 相反；反而: *'You look as if you're not enjoying yourself.' 'On the contrary, I'm having a great time.'* "你看来玩得不太开心。" "不，我玩得很高兴。"

to the contrary saying the opposite 与此相反: *Unless I hear anything to the contrary, I shall assume that the arrangements haven't changed.* 除非接到更改的通知，否则我就假定一切安排不变。

☆**contrast**[1] /kənˈtrɑːst; *US* 美 -ˈtræst ‖ kənˈtræst/ *verb* **1** [T] **contrast (A and/with B)** to compare people or things in order to show the differences between them 对比；比较: *It's interesting to contrast the various styles of architecture here.* 比较这里不同的建筑风格是一种乐趣。○ *The film contrasts his poor childhood with his later life as a millionaire.* 这影片对比了他贫穷的童年和后来成为富翁的生活。**2** [I] **contrast with sb/sth** to be clearly different when compared 形成鲜明的对照: *The red cushions contrast dramatically with the black sofa.* 红色的坐垫与黑色的沙发对比鲜明。○ *This comment contrasts sharply with his previous remarks.* 这话与他以往的说法差别很大。

☆**contrast**[2] /ˈkɒntrɑːst; *US* 美 -træst ‖ ˈkɑntræst/ *noun* **contrast (to/with sb/sth); contrast (between A and B)** **1** [U] comparison between two people or things that shows the differences between them 比较；对比: *In contrast to previous years, we've had a very successful summer.* 与往年相比，我们今年夏季收获丰富。○ *He was friendly and talkative; she, by contrast, said nothing.* 他友好又健谈，相比之下，她沉默无语。**2** [C,U] a clear difference between two things or people that is seen when they are compared 对比；明显分别: *There is a tremendous contrast between the climate in the valley and the climate in the hills.* 山谷的气候与山上的气候迥然不同。**3** [C] something that is clearly different from sth else when the two things are compared 对比；截然不同的事物: *This house is quite a contrast to your old one!* 这栋房子与你旧的那栋大不一样！

contravene /ˌkɒntrəˈviːn ‖ ˌkɑntrəˈvin/ *verb* [T] to break a law or a rule 违法；违章 —**contravention** /ˌkɒntrəˈvenʃn ‖ ˌkɑntrə-ˈvɛnʃən/ *noun* [C,U]

☆**contribute** /kənˈtrɪbjuːt ‖ kənˈtrɪbjʊt/ *verb* **1** [I,T] to give a part of the total, together with others 贡献；参与；捐助: *Would you like to contribute towards our collection for famine relief?* 你会给我们的饥荒赈济基金捐款吗？○ *He didn't contribute anything to the conversation.* 大家谈话时他没有发表任何意见。○ *We contributed £5 each towards a retirement present for her.* 我们每人5英镑，凑钱给她买了一份退休礼物。**2** [I] to help to produce sth; to play a part in sth 有助于；促成: *Every member of the team contributed to the victory.* 每个队员都对这次胜利作了贡献。**3** [I,T] to write articles for a magazine or newspaper（替杂志或报纸）撰稿；投稿

contributor *noun* [C] a person who contributes to sth 作出贡献者；捐助者；投稿人

contribution /ˌkɒntrɪˈbjuːʃn ‖ ˌkɑntrəˈbjuʃən/ *noun* [C,U] something that you give or do together with others; the act of giving your share 贡献；捐献: *All contributions to the appeal will be gratefully received.* 非常感谢各方的捐助。○ *He made a significant contribution to the country's struggle for independence.* 他为国家独立的斗争作出了重大的贡献。

contributory /kənˈtrɪbjʊtərɪ; *US* 美 -tɔːrɪ ‖ kən-ˈtrɪbjəˌtɔrɪ/ *adj* helping to cause or produce sth 有助/促成…的: *a contributory factor* 成因

contrive /kənˈtraɪv ‖ kənˈtraɪv/ *verb* [T] **1** to plan or invent sth clever and/or dishonest 策划；发明；谋划 **2** to manage to do or make sth, although there are difficulties 成功地应付；克服

contrived *adj* clearly artificial or invented, not natural 人工制造；不自然: *The ending of the film seemed rather contrived.* 电影的结局似乎有点牵强。

☆**control**[1] /kənˈtrəʊl ‖ kənˈtrol/ *noun* **1** [U] **control (of/over sb/sth)** power over sth; the ability to organize, direct or guide sb/sth 控制；管理能力: *Rebels took control of the radio station.* 叛乱分子控制了电台。○ *He lost control of the car and crashed.* 他的车失去控制撞毁了。○ *There's nothing I can do about the problem, it's outside my control.* 对于这个问题，我实在无能为力，因为已经超越了我的权力范围。○ *I was late because of circumstances beyond my control.* 我因为一些自己无法控制的事而迟到。**2** [C,U] **(a) control (on/over sth)** a limit on sth; a way of keeping sb/sth within certain limits 限制；约束: *price controls* 价格管制 ○ *crowd control* 人群控制 **3** [C] one of the parts of a machine that is used for operating it 控制器；操纵装置: *the controls of an*

C

aeroplane 飞机的操纵装置 **4** [sing] the place from which sth is operated or where sth is checked 控制室；检查站: *We went through passport control and then got onto the plane.* 我们通过护照检查，然后登机。

(IDIOMS 习语) **be in control (of sth)** to be in command of sth; to have the power or ability to deal with sth 掌握/控制（某事物）: *Who is in control of the project?* 这个计划是谁负责的？

be/get out of control to be/become impossible to deal with or guide 不受控制；失去控制: *The demonstration got out of control and fighting broke out.* 示威失去控制，继而发生殴斗。

under control being dealt with, directed or run successfully 受到控制: *It took several hours to bring the fire under control.* 花了好几小时才使火势受到控制。○ *She finds it difficult to keep her feelings under control.* 她觉得很难抑制自己的情感。

☆**control²** /kən'trəʊl ‖ kən'trol/ *verb* [T] (controlling; controlled) **1** to have power over sth or the ability to organize, direct or guide sth 支配；控制；掌管: *One family controls the company.* 这公司由一个家族控制。○ *Police struggled to control the crowd.* 警方竭力控制人群。○ *I couldn't control myself any longer and burst out laughing.* 我再也忍不住，大笑起来。**2** to keep sth within certain limits 限制；管制: *measures to control price rises* 管制物价的措施

controller *noun* [C] a person who directs sth 控制者；指挥员；调度员: *air traffic controllers* 空中交通调度员

controversial /ˌkɒntrə'vɜːʃl ‖ ˌkɑntrə'vɝʃəl/ *adj* causing public discussion and disagreement 引起争论的: *a controversial TV programme* 引起争论的电视节目 ○ *a controversial new law* 具争议性的新法律

controversy /'kɒntrəvɜːsɪ; kən'trɒvəsɪ ‖ 'kɑntrəˌvɝsɪ/ *noun* [C,U] (*pl* **controversies**) public discussion and disagreement about sth 公开争议/争论: *The plans for changing the city centre caused a great deal of controversy.* 市中心改建计划引来满城风雨。

conurbation /ˌkɒnɜː'beɪʃn ‖ ˌkɑnɚ'beʃən/ *noun* [C] a group of towns that have grown and joined together 大都会/集合城市（由多个城市发展联合而成）

convalesce /ˌkɒnvə'les ‖ ˌkɑnvə'lɛs/ *verb* [I] to rest and recover from an illness over a period of time 康复 —**convalescence** /ˌkɒnvə'lesns ‖ ˌkɑnvə'lɛsn̩s/ *noun* [sing,U] —**convalescent** /ˌkɒnvə'lesnt ‖ ˌkɑnvə'lɛsn̩t/ *adj*

convene /kən'viːn ‖ kən'vin/ *verb* [I,T] to come together or to bring people together for a meeting, etc 集合/召集（人们）（开会等）

convenience /kən'viːnɪəns ‖ kən'vinjəns/ *noun* **1** [U] the quality of being suitable or practical for a particular purpose 方便；便利: *a building designed for the convenience of disabled people* 为方便伤残者而设计的大厦 ○ *For convenience, you can pay for everything at once.* 为方便起见，你可一次缴付所有费用。**2** [C] something that is useful or suitable 有用或合适的东西: *houses with all modern conveniences* 具备所有现代化设备的房屋 **3** [C] (*Brit* 英) a public toilet 公共厕所；公厕: *public conveniences* 公共厕所 ☛ Look at the note at **toilet**. 参看 **toilet** 的注释。

☆**convenient** /kən'viːnɪənt ‖ kən'vinjənt/ *adj* **1** suitable or practical for a particular purpose; not causing difficulty 方便；便利: *I'm willing to meet you on any day that's convenient for you.* 我乐意在你方便的任何日期与你见面。○ *It isn't convenient to talk at the moment, I'm in the middle of a meeting.* 现在不方便谈，我正在开会。**2** close to sth; in a useful position 近便: *The hotel is convenient for the beach.* 酒店靠近海滩，去海边很方便。☛ The opposite is **inconvenient**. 反义词为 **inconvenient**。—**conveniently** *adv*: *Conveniently, a bus was waiting when I got there.* 真方便，我到车站时，刚好有辆公共汽车正等着。○ *She had conveniently forgotten that she owed me some money.* 她轻易地就忘记了她欠我一些钱。

convent /'kɒnvənt; *US* 美 -vent ‖ 'kɑnvɛnt/ *noun* [C] a place where women (**nuns**) live in a religious community 女修道院（修女 (**nun**) 所住的地方）☛ Look at **monastery**. 参看 **monastery**。

convention /kən'venʃn ‖ kən'vɛnʃən/ *noun* **1** [C] a large meeting or conference 大会；大型会议: *the Democratic Party Convention* 民主党大会 **2** [C,U] a traditional way of behaving or of doing sth 习俗；常规；惯例: *A speech by the bride's father is one of the conventions of a wedding.* 由新娘的父亲致辞是婚礼习俗之一。○ *The film shows no respect for convention.* 这部电影并不尊重传统习俗。**3** [C] a formal agreement, especially between nations 条约；公约；协定: *the Geneva Convention* 日内瓦公约

conventional /kən'venʃənl ‖ kən'vɛnʃənl̩/ *adj* following what is traditional or considered to be normal, sometimes too closely 依照惯例；传统；保守: *conventional attitudes* 传统的态度 ○ *The house was built with conventional materials but in a totally new style.* 这栋房子以常用的材料建造，风格则是全新的。○ *I quite like him but he's so conventional* (= boring, because of this). 我很喜欢他，但他太古板了。☛ The opposite is **unconventional**. 反义词为 **unconventional**。—**conventionally** /-ʃənəlɪ ‖ -ʃənl̩ɪ/ *adv*: *He always dresses conventionally.* 他衣着总是很守旧。

converge /kən'vɜːdʒ ‖ kən'vɝdʒ/ *verb* [I] **converge (on sb/sth)** to move towards or meet at the same point from different directions 聚会；会合: *People from the surrounding areas converge on the village during the annual festival.* 人们从周围的地区聚集到村子里，庆祝这一年一度的节日。○ *The paths converge at the bottom of the hill.* 这些小径在山脚会合。

☆**conversation** /ˌkɒnvə'seɪʃn ‖ ˌkɑnvɚ'seʃən/ *noun* [C,U] informal talk（非正式的）交谈: *I had a long conversation with her about her plans for the future.* 我与她谈了很久，谈她

的未来计划。○ *His job is his only topic of conversation.* 跟他谈话他只说自己的工作。○ *They sat in the corner, deep in conversation.* 他们坐在角落，全神贯注地谈话。○ *She finds it difficult to make conversation* (= to think of things to say). 她常觉得没有什么可以跟别人谈的。

converse /kən'vɜːs ‖ kən'vɝs/ *verb* [I] (*formal* 正式) to talk informally; to have a conversation（非正式的）谈话/交谈

conversion /kən'vɜːʃn; *US* 美 kən'vɜːrʒn ‖ kən'vɝʒən/ *noun* **(a) conversion (from sth) (into/to sth) 1** [C,U] change from one form, system or use to another 转换；转变；转化: *a conversion table for miles and kilometres* 英里与公里换算表 **2** [C,U] becoming a member of a new religion 皈依: *conversion to Catholicism* 皈依天主教

convert[1] /kən'vɜːt ‖ kən'vɝt/ *verb* [I,T] **1 convert (sth) (from sth) (into/to sth)** to change from one form, system or use to another 转换；转变: *a sofa that converts into a double bed* 可用作双人床的沙发 ○ *How do you convert pounds into kilos?* 怎样把磅换算为公斤？○ *They're converting the house into four flats.* 他们正将那座房子改建为四个单元房。**2 convert (sb) (from sth) (to sth)** to change to, or persuade sb to change to a new religion（使别人）改变宗教信仰；（使）皈依: *As a young man he converted to Islam.* 他年轻时已皈依伊斯兰教。○ *to convert people to Christianity* 使人皈依基督教

convert[2] /'kɒnvɜːt ‖ 'kɑnvɝt/ *noun* [C] **a convert (to sth)** a person who has been persuaded to become a member of a particular religion 皈依者；改宗者；改变宗教信仰的人

convertible /kən'vɜːtəbl ‖ kən'vɝtəbl̩/ *adj* able to be changed into another form 可改变；可变换: *a convertible sofa* (= one that unfolds to make a bed) 两用沙发（可打开成为床）○ *convertible currencies* (= those that can be exchanged for other currencies) 可兑换的货币

convertible *noun* [C] a car with a roof that can be folded down or taken off 折叠式敞篷汽车

convex /'kɒnveks ‖ 'kɑnvɛks/ *adj* having a surface that curves outwards 凸圆: *a convex lens* 凸透镜 ☛ Look at **concave**. 参看 **concave**。

convey /kən'veɪ ‖ kən've/ *verb* [T] **1** (*formal* 正式) to transport sb/sth from one place to another 运输；运送；输送 **2 convey sth (to sb)** to make ideas, thoughts, feelings, etc known to sb; to communicate sth 传达；表达: *The film conveys a lot of information but in an entertaining manner.* 这部电影以趣味十足的手法传达很多信息。○ *Please convey my sympathy to her at this sad time.* 在此哀伤时刻，请转达我对她的慰问。

con'veyor belt *noun* [C] a continuous moving belt that carries objects from one place to another, eg in a factory 运输带；输送带

convict /kən'vɪkt ‖ kən'vɪkt/ *verb* [T] **convict sb (of sth)** to declare in a court of law that sb is guilty of a crime 宣判…有罪；定罪: *He was convicted of armed robbery and sent to prison.* 他被判持械行劫罪而入狱。○ *a convicted criminal* 已被定罪的罪犯 ☛ The opposite is **acquit**. 反义词为 **acquit**。

convict /'kɒnvɪkt ‖ 'kɑnvɪkt/ (*formal* 正式) *noun* [C] a person who has been found guilty of a crime and put in prison 囚犯；监犯

conviction /kən'vɪkʃn ‖ kən'vɪkʃən/ *noun* **1** [C,U] an occasion when sb is found guilty of a crime in a court of law; the act of finding sb guilty in this way 定罪；判罪: *He has several previous convictions for burglary.* 他曾经多次被判犯有盗窃罪。**2** [C] very strong opinion or belief 坚定的立场/信念: *religious convictions* 坚定的宗教信念 **3** [U] being certain and able to convince others about what you are doing 坚定而自信能服人；信心: *He played without conviction and lost easily.* 他信心不足，在比赛中轻易地就输了。

☆**convince** /kən'vɪns ‖ kən'vɪns/ *verb* [T] **1 convince sb (of sth/that...)** to succeed in making sb believe sth 使人相信；说服: *She convinced him of the need to go back.* 在她说服之下他终于相信有必要回去。○ *I couldn't convince her that I was right.* 我无法使她相信我是对的。**2 convince sb (to do sth)** to persuade sb to do sth 说服；劝说: *The salesman convinced them to buy it.* 售货员说服他们买这东西。☛ Some people feel that this second use of 'convince' is incorrect. 有人认为 convince 这里的第二种用法不对。

convinced *adj* completely sure about sth 确信的；坚信的: *He's convinced of his ability to win.* 他确信自己有能力获胜。○ *I'm convinced that she said it but she denies it.* 我肯定她说过这些话，但她对此否认。

convincing *adj* **1** able to make sb believe sth 令人信服: *Her explanation for her absence wasn't very convincing.* 她对自己缺席的解释并不太令人信服。**2** (used about a victory 指胜利) complete; clear 完全；彻底: *a convincing win* 彻底的胜利 —**convincingly** *adv*: *She argued convincingly that the law should be changed.* 她有力地论证这条法规应该修改。○ *He won the race convincingly.* 他赢了那场比赛，人人都心悦诚服。

convoy /'kɒnvɔɪ ‖ 'kɑnvɔɪ/ *noun* [C,U] a group of vehicles or ships travelling together 车队；船队: *a convoy of lorries* 一队卡车 ○ *warships travelling in convoy* 结队航行的军舰

convulse /kən'vʌls ‖ kən'vʌls/ *verb* [I,T] to make sudden violent movements that you cannot control; to make sb move in this way（使）抽搐；（使）剧烈摇动

convulsion /kən'vʌlʃn ‖ kən'vʌlʃən/ *noun* [C, usually pl] a sudden violent movement of the body that you cannot control 抽搐；痉挛: *Children sometimes have convulsions when their temperature goes up.* 儿童体温上升时，有时会出现痉挛。

coo /kuː ‖ ku/ *verb* [I] **1** to make the sound that a dove or pigeon makes 发出像鸽子叫的咕咕声 **2** to speak in a soft, gentle voice 轻柔地说话；低语；喁喁细语: *He went to the cot and cooed*

C

C

over the baby. 他走到婴儿床边，轻柔地对着婴孩低语。

☆**cook** /kʊk ‖ kʊk/ *verb* **1** [I,T] to prepare food for eating by heating it 煮；烹；做（饭菜）：*My mother taught me how to cook.* 妈妈教我怎样做饭。○ *The sauce should be cooked on low heat for twenty minutes.* 这酱汁必须以慢火煮二十分钟。○ *He cooked us a meal.* 他给我们做了一顿饭。**2** [I] (used about food 指食物) to be prepared for eating by being heated 煮着：*I could smell something cooking in the kitchen.* 我闻到厨房里有煮东西的气味。

☛ Food can be cooked in various ways 食物可以不同方式来烹调：by **boiling** in a saucepan of hot water; by **frying** in a frying pan with hot oil or fat; or by **grilling** under a grill, which heats the food from above. 可放在长柄平底锅内用热水煮 (**boil**)；放在煎锅内用热油或脂肪煎 (**fry**)；或用烤架把食物烤熟 (**grill**)。We can **toast** bread under a grill or in a toaster to make it crisp and brown. 面包可放在烤架或烤面包器内烘 (**toast**)，使之松脆及色泽金黄。Cakes and bread are **baked** in the oven, but we use the word **roast** for cooking meat or potatoes in the oven. 蛋糕及面包放在烤箱内烘 (**bake**)，而肉类或马铃薯则放在烤箱里烤 (**roast**)。

(PHRASAL VERB 短语动词) **cook sth up** (*informal* 非正式) to invent sth that is not true 虚构/杜撰某事物：*She cooked up an excuse for not arriving on time.* 她为迟到编造借口。

cook *noun* [C] a person who cooks 厨师；烹调食物的人：*My sister is an excellent cook.* 我姐姐的烹饪技术很了不起。○ *He works as a cook in a hotel restaurant.* 他在酒店的餐厅当厨师。

cooking *noun* [U] **1** the preparation of food for eating 烹饪；烹调：*Cooking is one of her hobbies.* 烹饪是她的嗜好之一。☛ A common way of talking about the activity of preparing food is **do the cooking** 做饭一般叫 **do the cooking**: *In our house, I do the cleaning and my husband does the cooking.* 在家里，我打扫卫生，我丈夫做饭。**2** food produced by cooking 饭菜：*He missed his mother's cooking when he left home.* 他离家以后很怀念母亲所做的饭菜。

ˈ**cookbook** *noun* [C] = COOKERY BOOK

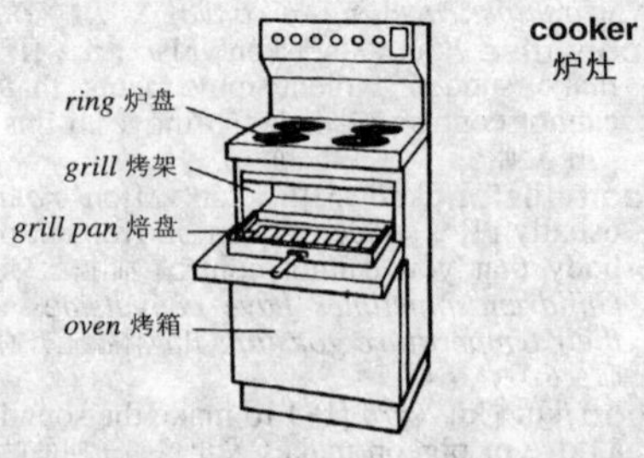

☆**cooker** /ˈkʊkə(r) ‖ ˈkʊkɚ/ *noun* [C] a piece of kitchen equipment for cooking using gas or electricity, consisting of an oven, a flat top on which pans can be placed and often a grill（炊事用的）炉灶（使用气体或电力，包括烤箱、放锅的炉面及烤架）

cookery /ˈkʊkərɪ ‖ ˈkʊkərɪ/ *noun* [U] the skill or methods of cooking 烹饪法；烹调术：*My new recipe book is called 'Chinese Cookery for Beginners'.* 我新著的食谱名为《中式烹饪入门》。

ˈ**cookery book** (*also* 亦作 **cookbook**) *noun* [C] a book of recipes and instructions for cooking 食谱；烹饪书

cookie (*also* 亦作 **cooky**) /ˈkʊkɪ ‖ ˈkʊkɪ/ *noun* [C] (*pl* **cookies**) (*US* 美) = BISCUIT

☆**cool**[1] /kuːl ‖ kul/ *adj* **1** fairly cold; not hot or warm 凉：*It was a cool evening so I put on a pullover.* 那天傍晚有些凉，我穿了套头毛衣。○ *This product should be stored in a cool place.* 这产品必须存放于阴凉的地方。○ *What I'd like is a nice cool drink.* 我想要的是一杯清凉的饮料。☛ Look at the note at **cold**. 参看 **cold** 的注释。**2** calm; not excited or affected by strong emotions 冷静；镇定：*She always manages to remain cool under pressure.* 她总是能够在压力之下保持冷静。**3** unfriendly; not showing interest 冷淡；冷漠：*When we first met, she was rather cool towards me, but later she became friendlier.* 我们初次见面时，她对我颇为冷淡，但后来她就变得比较友好。

cool *noun* [sing] **the cool** a cool temperature or place; the quality of being cool 略低的气温；阴凉的地方；清凉：*We sat in the cool of a café, out of the sun.* 我们坐在阴凉的小餐馆里，避开太阳。

(IDIOM 习语) **keep/lose your cool** to remain calm/to stop being calm and become angry, nervous, etc 能够/不能够保持冷静

coolly /ˈkuːllɪ ‖ ˈkullɪ/ *adv* in a calm way; without showing much interest or excitement 冷静；冷淡：*At first she was very angry; then she explained the problem coolly.* 起初她十分愤怒，后来就冷静地对问题作了解释。○ *My offer was received rather coolly.* 我的好意遭到冷漠的对待。

coolness *noun* [U] the quality or state of being cool 凉；冷静；冷漠：*the coolness of the water* 水的清凉 ○ *his coolness under stress* 他在压力下的冷静 ○ *their coolness towards strangers* 他们对陌生人的冷漠态度

☆**cool**[2] /kuːl ‖ kul/ *verb* **1** [I,T] **cool (sth/sb) (down/off)** to lower the temperature of sth; to become cool(1)（使）温度下降；（使）变凉；凉快：*Let the soup cool (down).* 等汤变凉。○ *After the game we needed to cool off.* 比赛之后，我们得凉快一会儿。○ *A nice cold drink will soon cool you down.* 一杯可口的冷饮就能很快使你凉快起来。**2** [I] (used about feelings 指感觉) to become less strong 渐淡

(PHRASAL VERB 短语动词) **cool (sb) down/off** to become or make sb calmer（使）冷静下来

ˌ**cooling-ˈoff period** *noun* [C] a delay when sb is given time to think about sth 冷静期

coop /kuːp ‖ kup/ *verb*

(PHRASAL VERB 短语动词) **coop sb/sth up**

(in sth) to keep sb/sth inside a small space 将某人/某物限制于狭小的空间内: *The children were cooped up indoors all day because the weather was so bad.* 由于天气恶劣，孩子们被迫整天留在室内。

cooperate (*also* 亦作 **co-operate**) /kəʊˈɒpəreɪt ‖ koˈɑpəˌret/ *verb* [I] **1** to work with sb else to achieve sth 合作；协力: *Our company is co-operating with a Danish firm on this project.* 我们的公司与一家丹麦公司在这项目上合作。**2** to be helpful by doing what sb asks you to do 合作；协助: *If everyone cooperates by following the instructions, there will be no problem.* 如果每人都遵循指示就不会有问题。○ *to cooperate with the police* (eg by giving them information) 与警方合作

cooperation (*also* 亦作 **co-operation**) /kəʊˌɒpəˈreɪʃn ‖ koˌɑpəˈreʃən/ *noun* [U] **1 cooperation (with sb)** working together with sb else to achieve sth 合作；协力: *international cooperation to protect the ozone layer* 国际合作共同保护臭氧层 ○ *Schools are working in close cooperation with parents to improve standards.* 学校与家长紧密合作以提高教学水平。**2** willingness to be helpful by doing what sb asks you to do 合作；协助: *The police asked the public for their cooperation in the investigation.* 警方呼吁公众协助调查。

cooperative (*also* 亦作 **co-operative**) /kəʊˈɒpərətɪv ‖ koˈɑpərətɪv/ *adj* **1** done by people working together 合作的；协力的: *a co-operative business venture* 合作企业 **2** helpful; doing what sb asks you to do 愿意合作/协助: *My firm were very cooperative and allowed me to have time off.* 我任职的公司十分合作，准许我请假。☛ The opposite is **uncooperative**. 反义词为 **uncooperative**。

cooperative *noun* [C] a business or organization that is owned and run by all of the people who work for it 合作社: *a workers' cooperative* 工人合作社

coordinate[1] (*also* 亦作 **co-ordinate**) /ˌkəʊˈɔːdɪnət ‖ koˈɔrdn̩ɪt/ *noun* [C] one of the two sets of numbers and/or letters that are used for finding the position of a point on a map (地图上的)坐标

coordinate[2] (*also* 亦作 **co-ordinate**) /ˌkəʊˈɔːdɪneɪt ‖ koˈɔrdn̩ˌet/ *verb* [T] to organize different things or people so that they work together efficiently 协调；统筹: *It is her job to coordinate the various departments.* 协调各个部门是她的责任。

coordination /ˌkəʊˌɔːdɪˈneɪʃn ‖ koˌɔrdn̩ˈeʃən/ *noun* [U] **1** the organization of different things or people so that they work together efficiently 协调；统筹 **2** the ability to control the movements of your body properly (身体各部分活动的)协调: *You need good coordination between eye and hand to play badminton well.* 手和眼要好好配合，才能打好羽毛球。

coordinator *noun* [C] a person who is responsible for organizing different things or people so that they work together efficiently 协调人；统筹人: *a project coordinator* 项目统筹人

cop[1] /kɒp ‖ kɑp/ *noun* [C] (*informal* 非正式) a policeman or policewoman 警察

cop[2] /kɒp ‖ kɑp/ *verb* (co**pp**ing; co**pp**ed) (*informal* 非正式)

(PHRASAL VERB 短语动词) **cop out (of sth)** to avoid sth that you should do, because you are afraid or lazy (因害怕或懒惰而)逃避: *She was going to help me with the cooking but she copped out at the last minute.* 她本来预备帮我做饭，但又临阵退缩。

ˈ**cop-out** *noun* [C] (*informal* 非正式) a way of avoiding sth that you should do 逃避；推委: *I'm paying somebody to do the cooking for the party. It's a bit of a cop-out, I know.* 我付钱找人为聚会做菜。我知道这是有点逃避责任。

cope /kəʊp ‖ kop/ *verb* [I] **cope (with sb/sth)** to deal successfully with a difficult matter or situation (成功地)应付/对付(困难的事情或环境): *She sometimes finds it difficult to cope with all the pressure at work.* 她有时觉得很难应付工作上的巨大压力。

copious /ˈkəʊpɪəs ‖ ˈkopɪəs/ *adj* in large amounts; plentiful 大量；丰富: *She made copious notes at the lecture.* 她在课堂上做了大量笔记。—**copiously** *adv*

copper[1] /ˈkɒpə(r) ‖ ˈkɑpɚ/ *noun* **1** [U] a common reddish-brown metal 铜: *water pipes made of copper* 铜制的水管 ○ *copper wire* 铜线 **2** [C] a coin of low value made of brown metal (价值低的)铜币: *I only had a few coppers left.* 我只剩下几个铜币。

copper[2] /ˈkɒpə(r) ‖ ˈkɑpɚ/ *noun* [C] (*informal* 非正式) a policeman or policewoman 警察

copse /kɒps ‖ kɑps/ *noun* [C] a small group of trees or bushes that are close together 树丛；灌木林

copulate /ˈkɒpjʊleɪt ‖ ˈkɑpjəˌlet/ *verb* [I] (*formal* 正式) (used especially about animals 尤指动物) to have sexual intercourse 交配；交媾 —**copulation** /ˌkɒpjʊˈleɪʃn ‖ ˌkɑpjəˈleʃən/ *noun* [U]

☆**copy**[1] /ˈkɒpɪ ‖ ˈkɑpɪ/ *noun* [C] (*pl* **copies**) **1** something that is made to look exactly like sth else 副本；复制品；拷贝: *I kept a copy of the letter I wrote.* 我留下了一份我写的信的副本。○ *The painting isn't an original, of course, it's only a copy.* 这油画当然并非真迹，只是复制品而已。○ *the master copy* (= the original piece of paper from which copies are made) 正本 ○ *to make a copy of a computer file* 替电脑文件制作一个副本 ☛ Look at **photocopy**. 参看 **photocopy**。**2** a book, newspaper, record, etc of which many have been printed or produced (成批制造的书刊、唱片等的)一本/一份: *I managed to buy the last copy of the book left in the shop.* 我赶上买了这本书，这是那店内最后的一本。

☆**copy**[2] /ˈkɒpɪ ‖ ˈkɑpɪ/ *verb* (*pres part* **copying**; *3rd pers sing pres* **copies**; *pt, pp* **copied**) **1** [T] **copy sth (down/out)** to write down sth exactly as it is written somewhere else 抄写；誊写: *The students copied what was written on the board.* 学生抄下写在黑板上的东西。○ *I copied down the address on the brochure.* 我从小册子上抄下地址。○ *I copied out the* *letter more neatly.* 我把信更整齐地誊写一遍。 **2** [T] to make a copy of a video, computer information, etc 复制（录像带、电脑资料等）: *It is illegal to copy videos.* 复制录像带是违法的。 **3** [T] = PHOTOCOPY **4** [T] to do or try to do the same as sb else; to imitate 模仿；仿效: *She copies everything her friends do.* 她模仿她朋友所做的一切。 **5** [I] **copy (from sb)** to cheat by writing what sb else has written 抄袭: *He was caught copying from his neighbour in the exam.* 他被发现考试时抄袭邻座的答案。

C

copyright /ˈkɒpɪraɪt ‖ ˈkɑpɪˌraɪt/ *noun* [C,U] the legal right to be the only person who may print, copy, perform, etc a piece of original work, such as a book, a song or a computer program 版权

coral /ˈkɒrəl; *US* 美 ˈkɔːrəl ‖ ˈkɔrəl/ *noun* [U] a hard red, pink or white substance formed from the bones of very small sea animals, often used for making jewellery 珊瑚: *a coral reef* (= a line of rock in the sea formed by coral) 珊瑚礁 ○ *a coral necklace* 珊瑚项链

cord /kɔːd ‖ kɔrd/ *noun* **1** [C,U] (a piece of) strong, thick string 绳；索 **2** [C,U] (*especially US* 尤为美) = FLEX[1] **3 cords** [plural] corduroy trousers 灯心绒裤子

cordless /ˈkɔːdləs ‖ ˈkɔrdləs/ *adj* without a cord(2) 不用电线的: *a cordless phone* 无绳电话

cordial /ˈkɔːdiəl; *US* 美 ˈkɔːrdʒəl ‖ ˈkɔrdʒəl/ *adj* friendly 友好；亲切: *a cordial greeting* 诚恳的问候 ○ *a cordial meeting* 亲切的会面 —**cordiality** /ˌkɔːdiˈæləti; *US* 美 ˌkɔːrdʒi- ‖ ˌkɔrdʒiˈæləti/ *noun* [U] —**cordially** /-diəli; *US* 美 -dʒəli ‖ -dʒəli/ *adv*

cordon /ˈkɔːdn ‖ ˈkɔrdn̩/ *noun* [C] a line or ring of police or soldiers that prevents people from entering or leaving an area（由警察或士兵组成的）警戒线/封锁线

cordon *verb*

(PHRASAL VERB 短语动词) **cordon sth off** to close an area by surrounding it with a ring of police or soldiers 以警戒线包围/封锁某地方: *The street where the bomb was discovered was quickly cordoned off.* 发现炸弹的街道很快便被封锁起来。

corduroy /ˈkɔːdərɔɪ ‖ ˌkɔrdəˈrɔɪ/ *noun* [U] a thick soft cotton cloth with raised lines on it, used for making clothes 灯心绒: *a corduroy jacket* 灯心绒上衣

core /kɔː(r) ‖ kɔr/ *noun* **1** [C] the hard centre of certain fruits, containing seeds 果心: *an apple core* 苹果心 **2** [sing] the central or most important part of sth 核心: *the core curriculum* (= the subjects that all pupils have to study) 必修科目 ○ *the core vocabulary of a language* (= the most common and important words) 一种语言的基本词汇 **3** [C] the central part of a planet 行星的核心: *the earth's core* 地核

(IDIOM 习语) **to the core** completely; in every way 完全；彻底: *The system is rotten to the core* (= bad in every part). 这个制度糟透了。○ *The news shook him to the core* (= shocked him very much). 这消息把他吓坏了。

cork /kɔːk ‖ kɔrk/ *noun* **1** [U] a light but tough substance which comes from the outside of a type of tree. It floats on water 栓皮；软木: *cork floor tiles* 软木地板 **2** [C] a round piece of cork that you push into the end of a bottle to close it, especially a bottle of wine 软木瓶塞

ˈ**corkscrew** *noun* [C] a tool that you use for pulling corks out of bottles 瓶塞钻（拔软木瓶塞用的）

☆**corn**[1] /kɔːn ‖ kɔrn/ *noun* [U] **1** (*especially Brit* 尤为英) a general word for grain crops such as wheat, or the seeds from these crops 谷类作物；谷物: *a field of corn* 一片庄稼 ○ *a cornfield* 庄稼地 ○ *sacks of corn* 一袋袋的谷物 **2** (*US* 美) = MAIZE

ˈ**cornflakes** *noun* [plural] food made of small pieces of dried corn and eaten with milk for breakfast 玉米片（烘过的玉蜀黍片，常加牛奶作早餐吃）: *a bowl of cornflakes* 一碗玉米片

ˈ**cornflour** *noun* [U] very fine flour often used for making puddings, sauces, etc 玉米面；玉米粉

ˌ**corn on the** ˈ**cob** *noun* [U] the long round part of the maize plant with yellow grains on it that is cooked and eaten as a vegetable 玉米棒子

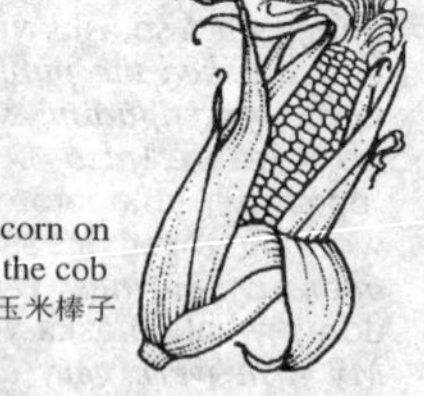
corn on the cob
玉米棒子

corn[2] /kɔːn ‖ kɔrn/ *noun* [C] a small, painful area of hard skin on the toe 鸡眼

☆**corner**[1] /ˈkɔːnə(r) ‖ ˈkɔrnɚ/ *noun* [C] **1** a place where two lines, edges, surfaces or roads meet 角；角落: *in a corner of the room* 在这房间的角落里 ○ *Write your address in the top right-hand corner.* 将你的住址写在右上角。○ *The pub is on the corner of Wall Street and Long Road.* 酒馆位于华尔街和朗道之间的街角。○ *He went round the corner at top speed.* 他以高速驶过弯角。**2** a quiet or secret place or area 隐蔽处；偏僻处: *a remote corner of Scotland* 苏格兰一处遥远而偏僻的地方 **3** a difficult situation which you cannot escape from 困境；困局: *to get yourself into a corner* 使自己陷入困境 **4** (*also* 亦作 ˈ**corner-kick**) (in football 足球) a kick from the corner of a field 角球

(IDIOMS 习语) **cut corners** to do sth quickly and not as well as you should 取巧；走捷径

(just) round the corner very near 很近: *There's a phone box just round the corner.* 电话亭就在附近。

☆**corner**[2] /ˈkɔːnə(r) ‖ ˈkɔrnɚ/ *verb* [T] **1** to get a person or an animal into a position from which it is difficult or impossible to escape 使走投无路: *He cornered me at the party and started telling me all his problems.* 他在聚会中把我叫到一边，向我诉说他的种种难题。**2** to get control in some area of business so that there is no room for anybody else to have any success 垄断: *That company's really cornered the market in health foods.* 那家公司确实垄断了保健食品的市场。

corny /ˈkɔːnɪ ‖ ˈkɔrnɪ/ *adj* (**cornier**; **corniest**) (*informal* 非正式) too ordinary or familiar to be interesting or amusing 平淡无奇；陈腐；陈旧: *a corny joke* 陈旧的笑话

coronary /ˈkɒrənrɪ; *US* 美 ˈkɔːrənerɪ ‖ ˈkɔrəˌnɛrɪ/ *adj* connected with the heart 与心脏有关

coronary *noun* [C] (*pl* **coronaries**) a type of heart attack in which the blood cannot flow to the heart because a tube (**artery**) is blocked. Coronaries can cause damage to the heart and death. 冠状动脉血栓（动脉叫做 **artery**）

coronation /ˌkɒrəˈneɪʃn; *US* 美 ˌkɔːr- ‖ ˌkɔrəˈneʃən/ *noun* [C] a ceremony at which a king or queen is crowned 加冕典礼

coroner /ˈkɒrənə(r); *US* 美 ˈkɔːr- ‖ ˈkɔrənɚ/ *noun* [C] an official whose job is to find out the causes of death of people who have died in violent or unusual ways 验尸官

corporal /ˈkɔːpərəl ‖ ˈkɔrpərəl/ *noun* [C] a person of low rank in the army or air force（陆军或空军中的）下士

ˌ**corporal ˈpunishment** *noun* [U] the punishment of people by hitting them, especially the punishment of children by parents or teachers 体罚（尤指家长或老师对儿童施加的此种惩罚）

corporate /ˈkɔːpərət ‖ ˈkɔrpərɪt/ *adj* of or shared by all the members of a group or organization 全体的；共同的: *corporate responsibility* 共同责任

corporation /ˌkɔːpəˈreɪʃn ‖ ˌkɔrpəˈreʃən/ *noun* [C, with sing or pl verb] **1** a large business company 大公司: *the Nikon Corporation* 尼康公司 ○ *multinational corporations* 跨国公司 ○ *the British Broadcasting Corporation* 英国广播公司 **2** a group of people elected to govern a particular town or city 市政府（由一群经选举产生的人士组成，负责管治某一市镇）

corps /kɔː(r) ‖ kɔr/ *noun* [C, with sing or pl verb] (*pl* **corps** /kɔːz ‖ kɔrz/) **1** a part of an army with special duties 特种部队: *the medical corps* 医疗部队 **2** a group of people involved in a special activity 从事某一特别活动的一组人: *the diplomatic corps* 外交使节团

corpse /kɔːps ‖ kɔrps/ *noun* [C] a dead body, especially of a person 尸体（尤指人的）

☆**correct**¹ /kəˈrekt ‖ kəˈrɛkt/ *adj* **1** with no mistakes; right or true 正确；对；无误: *Well done! All your answers were correct.* 干得好！你的答案全对了。○ *Have you got the correct time, please?* 你可否告诉我正确的时间呢？ **2** (used about behaviour, manners, dress, etc 指行为、态度、衣着等) suitable according to normal customs and ideas 得体；合乎礼仪: *What's the correct form of address for a vicar?* 该怎样称呼教区牧师？ ☛ The opposite for **1** and **2** is **incorrect**. 第 **1**、**2** 义的反义词为 **incorrect**。—**correctly** *adv* —**correctness** *noun* [U]

☆**correct**² /kəˈrekt ‖ kəˈrɛkt/ *verb* [T] **1** to make a mistake, fault, etc right or better 改正；纠正: *to correct a spelling mistake* 纠正拼写错误 ○ *to correct a test* (= mark the mistakes in it) 批改测验卷子 **2** to point out the mistakes or faults of sb 指出（某人的）错误: *He's always correcting me when I'm talking to people.* 我与人谈话时，他总是指出我的错误。

correction /kəˈrekʃn ‖ kəˈrɛkʃən/ *noun* [C,U] (an act of) making sth right or changing sth 修改；纠正；改正: *Can you do your corrections to the essay, please?* 请修改你的文章。○ *Some parts of the report needed correction.* 报告中有几处需要修改。

corrective /kəˈrektɪv ‖ kəˈrɛktɪv/ *adj* intended to put right sth that is wrong 有矫正作用: *to take corrective action* 进行纠偏行动

correlate /ˈkɒrəleɪt; *US* 美 ˈkɔːr- ‖ ˈkɔrəˌlet/ *verb* [I,T] to have or to show a relationship or connection 有关联；显出有联系 —**correlation** /ˌkɒrəˈleɪʃn; *US* 美 ˌkɔːr- ‖ ˌkɔrəˈleʃən/ *noun* [C,U]: *a correlation between diet and intelligence* 饮食与智力的关系

correspond /ˌkɒrɪˈspɒnd; *US* 美 ˌkɔːr- ‖ ˌkɔrəˈspɑnd/ *verb* [I] **1 correspond (to sth)** to be similar or equal (to sth) 相等于；相当于: *American High Schools correspond to British comprehensives.* 美国的中学相当于英国的综合中学。 **2 correspond (with sth)** to be the same as; to match 与…一致；符合: *Does the name on the envelope correspond with the name inside the letter?* 信封上的名字是否跟信内的名字一样？ **3 correspond (with sb)** to write letters to and receive them from sb 通信: *They corresponded for a year before they got married.* 他们在结婚之前已通信一年。

corresponding *adj* (only *before* a noun 只用于名词前) related or similar 相关；相当: *Sales are up 10% compared with the corresponding period last year.* 销售量比去年同期上升百分之十。—**correspondingly** *adv*

correspondence /ˌkɒrɪˈspɒndəns; *US* 美 ˌkɔːr- ‖ ˌkɔrəˈspɑndəns/ *noun* **1** [U] the act of writing letters; the letters themselves 通信；信件；书信: *There hasn't been any correspondence between them for years.* 他们之间已多年没有通信。○ *Please address all correspondence to the Arts Editor.* 所有信件请注明文艺编辑收。 **2** [C,U] a close connection or relationship 密切的联系/关系: *There is no correspondence between the two sets of figures.* 两组数字之间没有关联。

correspondent /ˌkɒrɪˈspɒndənt; *US* 美 ˌkɔːr- ‖ ˌkɔrəˈspɑndənt/ *noun* [C] **1** a person who provides news or writes articles for a newspaper, etc, especially from abroad 通讯员/记者（尤指驻海外的）: *our Middle East correspondent, Andy Jenkins* 我们驻中东的通讯员安迪·詹金斯 **2** a person who writes letters 通信者

☆**corridor** /ˈkɒrɪdɔː(r); *US* 美 ˈkɔːr- ‖ ˈkɔrədɚ/ *noun* [C] a long narrow passage in a building or train, with doors that open into rooms, etc 走廊；过道；通道: *to walk along a corridor* 沿着走廊走

corroborate /kəˈrɒbəreɪt ‖ kəˈrɑbəˌret/ *verb* [T] (*formal* 正式) to support a statement, idea, etc by providing new evidence（以新的证据）证实/支持（某种说法、意见等）: *The witness corroborated Mr Patton's statement about the night of the murder.* 证人证实了巴顿先生有

关那晚凶杀案的陈述。—**corroboration** /kəˌrɒbəˈreɪʃn ‖ kəˌrɑbəˈreʃən/ *noun* [U]

corrode /kəˈrəʊd ‖ kəˈrod/ *verb* [I,T] (used about metals 指金属) to become weak or to be destroyed by chemical action; to cause a metal to do this（由于化学作用而）腐蚀/侵蚀: *Parts of the car were corroded by rust.* 这辆汽车有些部分生了锈。

corrosion /kəˈrəʊʒn ‖ kəˈroʒən/ *noun* [U] the process of being destroyed by chemical action; the damage caused when sth is corroded（由于化学作用而）腐蚀/侵蚀 —**corrosive** /kəˈrəʊsɪv ‖ kəˈrosɪv/ *adj*

C

corrugated /ˈkɒrəgeɪtɪd ‖ ˈkɔrəˌgetɪd/ *adj* (used about metal or cardboard 指金属或纸板) shaped into folds; not smooth and flat 起皱的；起波纹的: *corrugated iron* 瓦楞铁

corrupt /kəˈrʌpt ‖ kəˈrʌpt/ *adj* not honest, moral or legal 不诚实；不道德；贪污的: *corrupt business practices* 商业舞弊 ○ *corrupt officials who accept bribes* 受贿的贪官

corrupt *verb* [I,T] to cause sb/sth to become dishonest or to have lower moral standards 使腐败/腐化/堕落: *Money corrupts.* 金钱使人腐化。○ *Does television corrupt the minds of the young?* 电视节目会不会使青少年思想腐化？

corruption /kəˈrʌpʃn ‖ kəˈrʌpʃən/ *noun* [U] **1** behaviour that is not honest or legal, especially by people in official positions 舞弊/贪污（尤指公职人员）: *There were accusations of corruption among senior police officers.* 有人指控高级警官中有舞弊的情况。**2** the process of making sb/sth corrupt 腐败；腐化；堕落: *the corruption of an innocent young boy* 一个无知少年的堕落

corset /ˈkɔːsɪt ‖ ˈkɔrsɪt/ *noun* [C] a tight piece of clothing worn by some women close to their skin in order to make themselves look thinner（女性穿的）紧身内衣（使人看起来窈窕一些）

cosmetic /kɒzˈmetɪk ‖ kɑzˈmɛtɪk/ *noun* [C] a substance that you put on your face or hair to make yourself look more attractive 化妆品: *I only use cosmetics that are not tested on animals.* 我只用不以动物作试验的化妆品。

cosmetic *adj* **1** used or done in order to improve your appearance 化妆用的；美容的: *cosmetic products* 化妆用品 ○ *cosmetic surgery* 整容外科 **2** done in order to improve only the appearance of sth, without changing it in any other way 表面的；门面的: *changes in government policy which are purely cosmetic* 政府纯属为摆样子而在政策上作出的改变

cosmic /ˈkɒzmɪk ‖ ˈkɑzmɪk/ *adj* of the whole universe 宇宙的

cosmopolitan /ˌkɒzməˈpɒlɪtən ‖ ˌkɑzməˈpɑlətn̩/ *adj* **1** containing people from all over the world 世界性的；有各国人的: *a cosmopolitan city* 国际都市 **2** having, or influenced by, wide experience of other countries and cultures 无种族偏见；见多识广；受世界不同文化影响: *the cosmopolitan atmosphere of the bars and cafés* 酒吧和小餐馆里四海一家的气氛 ○ *a cosmopolitan and sophisticated young woman* 一位见多识广而又世故的年轻女子

cosmos /ˈkɒzmɒs ‖ ˈkɑzməs/ *noun* [sing] **the cosmos** the universe 宇宙

☆**cost**[1] /kɒst; *US* 美 kɔːst ‖ kɔst/ *noun* **1** [C,U] the money that you have to pay for sth 费用；价格: *The cost of petrol has gone up again.* 汽油的价格又上升了。○ *the cost of living* (= the general level of prices for things that you need to live a normal life) 生活费用 ○ *The damage will have to be put right regardless of cost.* 无论费用多少也要把受损的地方修好。☛ Look at the note at **price**. 参看 **price** 的注释。**2** [sing,U] what you have to give or lose in order to obtain sth else 代价；牺牲: *He achieved great success but only at the cost of a happy family life.* 他牺牲了家庭幸福，才换来杰出的成就。**3 costs** [plural] the cost of settling sth in a court of law; the amount of money that the losing side has to pay to the winning side 诉讼费用: *a £250 fine and £100 costs* * 250英镑罚款及100英镑诉讼费

(IDIOMS 习语) **at all costs** using whatever means are necessary to achieve sth 不惜任何代价: *We must win at all costs.* 我们要不计代价非赢不可。

to your, etc cost as you, etc experienced it yourself 亲身经历过: *Life can be lonely at university, as I found out to my cost.* 我经历过就知道，大学生活可以是寂寞的。

☆**cost**[2] /kɒst; *US* 美 kɔːst ‖ kɔst/ *verb* [T] (*pt, pp* **cost**) **1** to have the price of 值；价钱为: *These apples cost 40p a pound.* 这些苹果一磅卖40便士。○ *How much does it cost?* 这个要多少钱？○ *It cost me £10 to go by train.* 我乘火车去花了10英镑。**2** to make you lose sth 使丧失；使牺牲: *That one mistake cost him his job.* 那一次错误使他失去了工作。**3** to estimate the price to be asked for some goods, a service, etc 估价: *Engineers costed the repairs at £2 million.* 工程师估计修理费达2百万英镑。☛ The past tense and past participle for this sense is **costed**. 这个义项的过去时及过去分词为 **costed**。

co-star /ˈkəʊ stɑː(r) ‖ ˈkoˈstɑr/ *verb* (co-sta**rr**ing; co-sta**rr**ed) **1** [T] (used of a film, play, etc 指电影、戏剧等) to have two or more famous actors as its stars 由（两位或以上的明星）合演/联合主演: *a film co-starring Michael Caine and Sean Connery* 一部由迈克尔·凯恩和肖恩·康纳里合演的电影 **2** [I] (used of actors 指演员) to be one of two or more stars in a film, play, etc 与（其他演员）合演: *Michael Caine co-stars with Sean Connery in the film.* 迈克尔·凯恩与肖恩·康纳里在这部影片中携手演出。

co-star /ˈkəʊstɑː(r) ‖ ˈkostɑr/ *noun* [C] a famous actor or actress who has one of the most important parts in a film, play, etc in which another famous actor or actress also appears 合演的明星；联合演出者: *His co-star was Marilyn Monroe.* 他的搭档是玛丽莲·梦露。

costly /ˈkɒstlɪ; *US* 美 ˈkɔːst- ‖ ˈkɔstlɪ/ *adj* (**costlier**; **costliest**) **1** costing a lot of money; expensive 昂贵: *a costly repair bill* 高昂的修理费用 **2** involving great loss of time, effort, etc 代价高；损失大量时间、精力等: *a costly mistake* 造成重大损失的错误

costume /ˈkɒstjuːm; *US* 美 -tuːm ‖ ˈkɑstum/ *noun* [C,U] a set or style of clothes worn by people in a particular country or at a particular time（某地或某时期的）服装: *She designs costumes for the theatre.* 她为戏剧设计戏装。○ *17th century costume* * 17世纪的服装 ○ *the Welsh national costume* 威尔士的民族服装 ☛ Look at **swimming-costume**. 参看 **swimming-costume**。

cosy /ˈkəʊzɪ ‖ ˈkozɪ/ *adj* (**cosier**; **cosiest**) (*US* 美 **cozy**) warm and comfortable 温暖而舒适: *The room looked cosy and inviting in the firelight.* 房间在炉火映照之下，显得温暖舒适，十分吸引人。

cot /kɒt ‖ kɑt/ (*US* 美 **crib**) *noun* [C] a bed for a baby or young child, with high sides to stop it from falling out 婴儿床

cottage /ˈkɒtɪdʒ ‖ ˈkɑtɪdʒ/ *noun* [C] a small and usually old house, especially in the country 村舍；小屋（尤指乡间的）: *a pretty village with little thatched cottages* 一个美丽的小村庄，里面有以茅草盖顶的农舍 ☛ picture on page A23. 见第A23页插图。

ˌcottage ˈcheese *noun* [U] a type of soft white cheese in small lumps 农家干酪（一种白色的软干酪）

ˌcottage ˈpie *noun* [C] = SHEPHERD'S PIE

☆**cotton**[1] /ˈkɒtn ‖ ˈkɑtn̩/ *noun* [U] **1** a natural cloth or thread; the tall tropical plant that produces it 棉布；棉线；棉花（植物）: *This shirt is 60% cotton and 40% polyester.* 这件衬衫的成分中百分之六十是棉花，百分之四十是聚酯纤维。○ *cottonfields in Mississippi* 密西西比的棉田 ○ *a reel of cotton* (= for sewing with) 一卷棉线 ☛ picture at **sew**. 见 **sew** 插图。**2** (*US* 美) = COTTON WOOL

ˌcotton ˈwool *noun* [U] soft, loose cotton in a mass, used for cleaning the skin 脱脂棉；药棉

cotton[2] /ˈkɒtn ‖ ˈkɑtn̩/ *verb*
(PHRASAL VERB 短语动词) **cotton on** (*informal* 非正式) to understand sth 了解；明白: *It took me ages to cotton on.* 过了很久我才明白。

couch[1] /kaʊtʃ ‖ kaʊtʃ/ *noun* [C] a long seat, often with a back and arms, for sitting or lying on 长沙发/躺椅（通常有靠背和靠手）: *They were sitting on the couch in the living-room.* 他们坐在客厅的长沙发上。○ *a doctor's couch*（诊察用的）躺椅

couch[2] /kaʊtʃ ‖ kaʊtʃ/ *verb* [T] (usually passive 通常用于被动语态) (*formal* 正式) to express a thought, idea, etc (in the way mentioned)（以某种语气）表达/措辞: *His reply was couched in very polite terms.* 他的回复措辞十分得体有礼。

☆**cough** /kɒf; *US* 美 kɔːf ‖ kɔf/ *verb* **1** [I] to send air out of your throat and mouth with a sudden loud noise, especially when you have a cold, have sth in your throat, etc 咳嗽: *I could hear him coughing all night.* 我听见他整夜咳嗽。☛ picture at **sneeze**. 见 **sneeze** 插图。**2** [T] **cough (sth) (up)** to send sth out of your throat and mouth with a sudden loud noise 咳出: *He was coughing blood.* 他咳血。
(PHRASAL VERB 短语动词) **cough (sth) up** (*Brit informal* 英，非正式) to give money or information unwillingly（不情愿地）提供（金钱或资料）: *Come on, cough up what you owe me!* 快！把你欠我的还给我！

cough *noun* [C] **1** an act or the sound of coughing 咳嗽；咳嗽声: *He gave a nervous cough before he started to speak.* 他紧张地咳了一声，然后开始说话。**2** an illness or infection that makes you cough a lot 咳嗽: *She's had a cough for weeks.* 她患咳嗽已经数周。○ *cough medicine* 止咳药 ○ *coughs and colds* 伤风咳嗽

☆**could** /kəd ‖ kəd; strong form 强读式 kʊd ‖ kʊd/ *modal verb* (*negative* **could not**; *short form* **couldn't** /ˈkʊdnt ‖ ˈkʊdn̩t/) **1** (used as the past form of 'can' when you report what sb says 转述说话时，用作 can 的过去式): *She said that she couldn't come.* 她说她不能来。**2** (used for saying that sth is, will be, or was possible 表示某事现在、将会或曾经有可能发生): *I could do it now if you like.* 你喜欢的话，我现在就可以做。○ *She could be famous one day.* 她有朝一日会出名的。○ *Couldn't you come earlier?* (= I wish you could) 你可不可以早一点来？○ *He could have gone to university but he didn't want to.* 他本来可以上大学的，但他不想。○ *I can't find my purse. I could have left it in the bank.* 我找不到钱包，可能是留在银行里了。○ *You could have said you were going to be late!* (= I wish that you had) 其实你本可以先打个招呼，说你要晚来一会儿的！☛ If something was possible on one occasion in the past use **was/were able to** 若指某事在过去能够发生，可用 **was/were able to**: *The firemen were able to rescue the children.* 消防员成功地把孩子们救出。But in negative sentences **could not** can be used, too 否定句中亦可以用 **could not**: *The firemen couldn't rescue the children.* 消防员无法把孩子们救出。**3** (used for saying that sb had the ability in the past to do sth 表示曾经有能力做某事): *I could run two miles without stopping when I was younger.* 我年轻一点的时候能一口气跑两英里。○ *My mother could cook beautifully.* 我母亲以前烧得一手好菜。**4** (used for asking permission politely 用于礼貌地请求准许): *Could I possibly borrow your car?* 我可否借用你的车子？**5** (used for asking sb politely to do sth for you 用于礼貌地请求别人做事): *Could you open the door? My hands are full.* 请你替我开门行吗？我两手都拿着东西。**6 I could/could have** I would like/have liked to 我想/本来想: *I could scream, I'm so angry.* 我气愤得想大叫。○ *I was so angry I could have screamed.* 当时我很气愤，真想大叫。**7** (used with the verbs 'feel', 'hear', 'see', 'smell', 'taste' 与 feel、hear、see、smell、taste 等动词连用) ☛ These verbs are not used in the continuous tenses. 这些动词没有进行时。If we want to talk about seeing, hearing, etc at a particular moment in the past, we use **could** 若指一度看见、听见等可用 **could**: *We could hear the birds singing.* 当时我们听见鸟儿在歌唱。(NOT 而不是 *We were hearing…*)

☆**council** (*also* 亦作 **Council**) /ˈkaʊnsl ‖ ˈkaʊnsl̩/ *noun* [C, with sing or pl verb] **1** a group of people who are elected to manage affairs for a town, city, country, etc 议会；地方议会: *The county council has/have decided to build a new road.* 郡议会决定建一条新路。○ *a council decision* 议会的决议 ○ *Oxford City Council* 牛津市议会 ○ *a council house* (= one built and owned by a city or county council) 议会大楼 **2** a group of people elected to give advice, manage affairs, etc for a particular organization or area of activity 委员会；理事会: *a student council* 学生会 ○ *the Arts Council* 艺术委员会

C

councillor /ˈkaʊnsələ(r) ‖ ˈkaʊnslə˞/ *noun* [C] a member of a council 议员；委员；理事: *to elect new councillors* 选出新的议员

counsel[1] /ˈkaʊnsl ‖ ˈkaʊnsl̩/ *verb* [T] (counselling; counselled; *US* 美 counseling; counseled) **1** (*formal* 正式) to advise or recommend 建议；提议: *Mr Dean's lawyers counselled him against making public statements.* 迪安先生的律师建议他不要发表公开声明。 **2** to give professional advice to sb with a problem 提供专业意见

counselling (*US* 美 **counseling**) /-səlɪŋ ‖ -sl̩ɪŋ/ *noun* [U] professional advice given to people with problems 专业意见；指导: *Many students come to us for counselling.* 很多学生来找我们辅导。○ *psychiatric counselling* 心理辅导

counsellor (*US* 美 **counselor**) /ˈkaʊnsələ(r) ‖ ˈkaʊnslə˞/ *noun* [C] a person whose job is to give advice 顾问；辅导员: *a student counsellor* 学生辅导员

counsel[2] /ˈkaʊnsl ‖ ˈkaʊnsl̩/ *noun* **1** [U] (*formal* 正式) advice 意见；建议；指导 **2** [C] (*pl* **counsel**) a lawyer who speaks in a court of law 诉讼律师: *the counsel for the defence/prosecution* 辩方/控方律师

☆**count**[1] /kaʊnt ‖ kaʊnt/ *verb* **1** [I] to say numbers one after another in order 数（数目）: *Close your eyes and count (up) to 20.* 闭起眼，从1数到20。○ *to count from 0 to 100* 由0数到100 **2** [T] **count sth (up)** to calculate the total number or amount of sth 计算/查点（数目）: *The teacher counted the children as they got on the bus.* 孩子们一边上公共汽车，老师一边查点人数。 **3** [I] **count (for sth)** to be important or valuable 重要；有价值: *Your opinion really counts.* 你的意见很宝贵。 **4** [I] **count (as sth)** to be accepted 得到承认: *'I won,' shouted Tom. 'But you cheated so it doesn't count,' replied Sarah.* "我赢了。"汤姆喊道。"但你作弊，不算数。"萨拉回答。○ *Will my driving licence count as identification?* 我的驾驶执照可以作为身分的证明吗？ **5** [T] to consider to be 认为；视作: *You should count yourself lucky to have a good job.* 你有一份好工作，应该感到幸运。 **6** [T] to include sb/sth when you are calculating an amount or number 计算在内: *The holiday costs about £1 000, not counting the flights.* 度假费用约1 000英镑，不包括机票。

(PHRASAL VERBS 短语动词) **count against sb** to be considered as a disadvantage 被认为对某人不利: *Do you think my age will count against me?* 你认为我的年纪对我来说是一个不利因素吗？

count on sb/sth to expect sth with confidence; to rely on sb/sth 指望/依赖/依靠某人或某事物: *In England you can't count on good weather in May.* 不要指望英国的五月会有好天气。○ *Can I count on you to help me?* 我能不能依靠你的帮助？

count sb/sth out 1 to count things slowly, one by one 逐个数: *She carefully counted out £100 in five pound notes.* 她小心地逐一数出一共100英镑的五英镑面额纸币。 **2** (*informal* 非正式) not include sb/sth 不把某人/某物计算进去: *If you're going swimming, you can count me out!* 去游泳的话，别把我算在里面！

countable *adj* that can be counted 可数；可计算 ☛ The opposite is **uncountable**. 反义词为 **uncountable**。

ˈ**countable noun** (*also* 亦作 ˈ**count noun**) *noun* [C] (*grammar* 语法) a noun that can be used in the plural, and with words like 'a', 'many' and 'few' 可数名词（可以复数形式出现，可与 a、many、few 等词连用）: *Countable nouns are marked [C] in this dictionary.* 本词典中，可数名词均标有 [C]。

ˈ**countdown** *noun* [C] the act of saying numbers backwards to zero just before sth important happens 倒读数: *the countdown to take-off* 发射前的倒读数

count[2] /kaʊnt ‖ kaʊnt/ *noun* [C] **1** [usually sing] an act of counting or a number that you get after counting 计算；查点；算出的数目: *At the latest count, there were nearly 2 million unemployed.* 根据最新的计算结果，接近2百万人失业。 **2** [usually pl] a point that is made in a discussion, argument, etc 论点: *I proved her wrong on all counts.* 我把她的论点逐一击破。

(IDIOM 习语) **keep/lose count (of sth)** to know/not know how many there are of sth 晓得/不晓得有多少: *I've lost count of the number of times he's told that joke!* 我已记不清他把那笑话说了多少遍了！

count[3] (*also* 亦作 **Count**) /kaʊnt ‖ kaʊnt/ *noun* [C] a title for a man of noble birth in some European countries 伯爵

counter[1] /ˈkaʊntə(r) ‖ ˈkaʊntə˞/ *noun* [C] **1** a long, flat surface or table in a shop, bank, etc, where customers are served 柜台 **2** a small object (usually round and make of plastic) that is used in some games to show where a player is on the board 筹码

counter[2] /ˈkaʊntə(r) ‖ ˈkaʊntə˞/ *adv* **counter to sth** in the opposite direction to sth 与…相反: *Events seemed to be going counter to our expectations.* 看来事情与我们预料的相反。

counter[3] /ˈkaʊntə(r) ‖ ˈkaʊntə˞/ *verb* [I,T] to answer or react to sb/sth with a different opinion or a return attack 反对；反驳；反击: *He countered our criticism with a powerful defence of his actions.* 他为自己的行动作出有力的辩护，反驳了我们对他的批评。

counteract /ˌkaʊntəˈrækt ‖ ˌkaʊntə˞ˈækt/ *verb* [T] to reduce the effect of sth by acting against it 抵消: *measures to counteract traffic congestion* 疏导交通的措施

counter-attack /ˈkaʊntərətæk ‖ ˈkaʊntərəˌtæk/ *noun* [C] an attack made in reaction to an enemy's attack 反击；反攻 —**counter-attack** *verb* [I,T]

counterfeit /ˈkaʊntəfɪt ‖ ˈkaʊntɚfɪt/ *adj* not genuine, but copied so that it looks like the real thing 伪造的；仿造的: *counterfeit money* 伪造的货币

counterfoil /ˈkaʊntəfɔɪl ‖ ˈkaʊntɚˌfɔɪl/ *noun* [C] the part of a cheque or receipt that you keep as a record 存根；票根

counterpart /ˈkaʊntəpɑːt ‖ ˈkaʊntɚˌpɑrt/ *noun* [C] a person or thing that has a similar position or function to sb/sth else 地位相当的人；对应物: *She's my counterpart in our New York office* (= she does the same job there that I do here). 她任职纽约办事处，职责跟我一样。

counter-productive /ˌkaʊntə prəˈdʌktɪv ‖ ˌkaʊntɚprəˈdʌktɪv/ *adj* having the opposite effect to the one you want 产生相反效果

countess /ˈkaʊntɪs ‖ ˈkaʊntɪs/ *noun* [C] a woman who is married to a count or earl, or who has the same rank as one 伯爵夫人；女伯爵

countless /ˈkaʊntlɪs ‖ ˈkaʊntlɪs/ *adj* (only *before* a noun 只用于名词前) very many 无数；极多: *I've tried to telephone him countless times.* 我曾无数次拨电话找他。

☆**country** /ˈkʌntrɪ ‖ ˈkʌntrɪ/ *noun* (*pl* **countries**) **1** [C] an area of land with its own people, government, etc 国家: *France, Spain and other European countries* 法国、西班牙及其他欧洲国家 ○ *There was snow over much of the country during the night.* 夜间国内许多地区都下雪。☛ **State** is used for talking about a country as an organized political community controlled by one government. It can also mean the government itself ＊ **state** 指由政府管治的有组织的政治共同体。这个词亦可指政府: *a politically independent state* 政治独立的国家 ○ *the member states of the EC* 欧洲共同体成员国 ○ *You get a pension from the state when you retire.* 你退休后会获得政府发给的退休金。○ *state education* 国家教育. **Land** is more formal or literary ＊ **land** 适用于较正式的场合，多用于文学作品: *explorers who set out to discover new lands* 出发寻找新土地的探险家 **2 the country** [sing] the people who live in a country 国民: *a survey to find out what the country really thinks* 国民意见调查 **3 the country** [sing] land which is away from towns and cities 乡村: *Do you live in the town or the country?* 你住在城市还是乡间？○ *country life* 乡村生活 ☛ The word **country** is used for emphasizing that an area of land is away from towns, etc ＊ **country** 用于强调某地方远离市区: *city workers who like to get out into the country at weekends* 周末喜欢到乡间去的城市里工作的人 The word **countryside** also refers to areas of land that are away from towns but it emphasizes the natural features such as hills, rivers, trees, etc that you find there ＊ **countryside** 同样指远离市区的地方，但强调的是有山岗、河流、树木等的自然环境: *beautiful countryside* 美丽的郊野 ○ *the destruction of the countryside by new roads* 新建的道路破坏了郊野的美景. **Landscape** refers to everything you see when you look across an area of land either in the town or the country ＊ **landscape** 指城市或乡村的景物: *a dreary landscape of factories and chimneys* 工厂和烟囱的沉闷景象 ○ *a landscape of forests and lakes* 森林和湖泊的景色 **4** [U] an area of land (especially considering its physical features) 地带（尤指有某种地形的）: *We looked down over miles of open country.* 我们俯瞰连绵数英里的旷野。○ *hilly country* 山地

ˌ**country-and-ˈwestern** *noun* [U] a type of popular music that comes from the southern and western USA 乡村与西部音乐（源自美国西部和南部的流行音乐）

ˌ**country ˈhouse** *noun* [C] a large house in the country, usually owned by an important family and often with a lot of land 乡间别墅；乡间府邸

countryman /ˈkʌntrɪmən ‖ ˈkʌntrɪmən/ *noun* [C] (*pl* **countrymen**; *feminine* 阴性 **countrywoman** /ˈkʌntrɪwʊmən ‖ ˈkʌntrɪˌwʊmən/; *pl* **countrywomen**) **1** a person from your own country 同一个国家的人；同胞 **2** a person who lives in the country(3) 乡民；乡下人

countryside /ˈkʌntrɪsaɪd ‖ ˈkʌntrɪˌsaɪd/ *noun* [U,sing] **the countryside** land which is away from towns and cities, consisting of farms, woods, etc 农村；乡间；郊野: *the French countryside* 法国的乡野 ○ *The countryside near York is very beautiful.* 约克附近郊野的景色十分秀丽。☛ Look at the note at **country**. 参看 **country** 的注释。

county /ˈkaʊntɪ ‖ ˈkaʊntɪ/ *noun* [C] (*pl* **counties**) an area in Britain, Ireland or the USA which has its own local government 郡；县: *the county of Kent* 肯特郡

coup /kuː ‖ ku/ *noun* [C] (*pl* **coups** /kuːz ‖ kuz/) **1** (*also* 亦作 **coup d'état**) /kuː deɪˈtɑː ‖ ˌkudeˈtɑ/ (*pl* **coups d'état** /kuː deɪˈtɑː ‖ ˌkudeˈtɑ/) a sudden and often violent change of government organized by a small group of people 政变: *a coup to overthrow the President* 计划推翻总统的政变 ○ *an attempted coup* (= one which did not succeed) 流产政变 **2** a clever and successful thing to do 巧妙而成功的一举: *Getting that promotion was a real coup.* 这次升级真赢得漂亮。

☆**couple**[1] /ˈkʌpl ‖ ˈkʌpl̩/ *noun* [C] two people who are married, living together, etc 夫妇: *A very nice couple have moved in next door.* 隔壁搬来了一对很随和的夫妇。○ *a married couple* 一对夫妻

(IDIOM 习语) **a couple of people/things** **1** two people/things 两个人；两件事物: *I need a couple of glasses.* 我需要一对玻璃杯。**2** a few (not saying an exact number) 若干（不定量）: *I last saw her a couple of months ago.* 我最后一次见她是在一、两个月前。

couple[2] /ˈkʌpl ‖ ˈkʌpl̩/ *verb* [T] (usually passive 通常用于被动语态) to join or link sb/sth to sb/sth else 连同: *The fog, coupled with the amount of traffic on the roads, made driving very difficult.* 大雾加上道路交通阻塞，使驾驶十分困难。

coupon /ˈkuːpɒn ‖ ˈkupɑn/ *noun* [C] **1** a small piece of paper which you can use to buy goods at a lower price, or which you can collect and then exchange for goods 优惠券；赠券：*a coupon worth £1 off your next purchase* 下回购物可节省1英镑的优惠券 **2** a small form in a newspaper or magazine which you fill in with your name and address and send off, in order to get information or to enter a competition 报刊上的小表格（供索取资料、参加比赛等之用）：*To place your order, simply fill in the coupon at the bottom of this page.* 如欲订购，只需填妥本页底下的订购单。

C

☆**courage** /ˈkʌrɪdʒ ‖ ˈkɝɪdʒ/ *noun* [U] the ability to control fear in a situation that may be dangerous or unpleasant 勇气：*It took real courage to go back into the burning building.* 要返回燃烧着的大厦需要真正的勇气。○ *She showed great courage all through her long illness.* 她在患病的漫长日子中显出无比的勇气。
(IDIOM 习语) **pluck up courage** ⇨ PLUCK

courageous /kəˈreɪdʒəs ‖ kəˈredʒəs/ *adj* having or showing courage; brave 勇敢；英勇 —**courageously** *adv*

courgette /kɔːˈʒet ‖ kʊrˈʒɛt/ (*especially US* 美尤作 **zucchini**) *noun* [C] a long vegetable with a thick green skin that is eaten cooked. A courgette is a small marrow. 小胡瓜；密生西葫芦

courier /ˈkʊrɪə(r) ‖ ˈkʊrɪɚ/ *noun* [C] **1** a person whose job is to look after a group of tourists 导游 **2** a person whose job is to carry letters, important papers, etc, especially when they are urgent 送信件（特别是急件）的人

☆**course** /kɔːs ‖ kɔrs/ *noun* **1** [C] one of the parts of a meal 一道菜：*a three-course lunch* 有三道菜的午餐 ○ *I had chicken for the main course.* 我的主菜是鸡。**2** [C] **a course (in/on sth)** a complete series of lessons or studies 课程：*I've enrolled on an English course.* 我已报名学习英语课程。○ *I'm taking a course in self-defence.* 我正在学习自卫术课程。○ *At some universities the course lasts for four years.* 有些大学课程要四年才完成。**3** [C] an area where golf is played or where certain types of race take place 高尔夫球场；赛跑场地：*a golf-course* 高尔夫球场 ○ *a racecourse* (= where horse-races take place) 赛马场 ○ *Several of the horses didn't complete the course.* 有几匹马没有跑完全程。**4** [C] **a course (of sth)** a series of medical treatments 疗程：*The doctor put her on a course of tablets.* 医生给她开了一个疗程的药片。**5** [C,U] the route or direction that sth, especially an aeroplane, ship or river, takes 航道；航向；河道：*We changed course and sailed towards land.* 我们改变航线，将船驶向陆地。○ *to be on/off course* (= going in the right/wrong direction) 朝正确/错误的方向走 ○ *the course of the Rhine* 莱茵河的河道 ○ (*figurative* 比喻) *I'm on course* (= making the right amount of progress) *to finish this work by the end of the week.* 我这项工作进展顺利，周末可以完成。**6** [sing] the development of sth over a period of time 经过；发展过程；进程：*events that changed the course of history* 改变历史进程的事件 ○ *In the normal course of events* (= the way things normally happen) *such problems do not arise.* 在正常情况下，这些问题是不会出现的。**7** (*also* 亦作 **course of action**) [C] a way of acting in or dealing with a particular situation 采取的行动：*In that situation resignation was the only course open to him.* 在那个情况下，他只得辞职。
(IDIOMS 习语) **in the course of sth** during sth 在某事物进行期间：*He mentioned it in the course of conversation.* 他在谈话中提及那事。
in (the) course of time eventually; when enough time has passed 最终；总有一天：*I'm sure that all these problems will be sorted out in the course of time.* 我肯定所有这些问题最终都会得到解决。
in due course ⇨ DUE[1]
a matter of course ⇨ MATTER[1]
of course naturally; certainly 自然；当然：*Of course, having children has changed their lives a lot.* 有了孩子自然大大改变了他们的生活。○ *Of course it can be repaired but I think it will be too expensive to do it.* 这个当然可以修理，但我相信费用会很高，并不值得。○ *'Can I use your phone?' 'Of course you can.'* "我可以借用电话吗？""你随便用吧。" ○ *'You're not annoyed with me, are you?' 'Of course not.'* "你不是在生我的气吧？""当然不是。"

☆**court**[1] /kɔːt ‖ kɔrt/ *noun* **1** [C,U] a place where trials take place in front of a judge or a jury, to decide whether a person has broken the law 法庭；法院：*a magistrate's court* 地方法院 ○ *A man has been charged and will appear in court tomorrow.* 有一名男子被起诉，明日出庭。**2 the court** [sing] the people in a court, especially those taking part in the trial 法庭内的人（尤指参与审讯者）：*Please tell the court exactly what you saw.* 请确切地告诉本庭你当时看见什么。**3** often 常作 **Court** [C,U] the official home of a king or queen 皇宫；宫廷 **4** [C,U] an area where certain ball games are played（某些球类活动的）场地：*a tennis, squash, etc court* 网球场；墙网球场… ○ *The players have been on court for nearly three hours.* 球员已在场上比赛了差不多三小时。☛ picture at **tennis**. 见 **tennis** 插图。
(IDIOM 习语) **take sb to court** to take legal action against sb in a court of law 起诉/控告某人：*She took the company to court for breaking the contract.* 她向法庭提起诉讼，指控该公司违反合约。

ˌ**court of ˈlaw** *noun* [C] = LAWCOURT

court[2] /kɔːt ‖ kɔrt/ *verb* **1** [T] to try to gain sb's support by paying special attention to them 取悦；讨好：*Politicians from all parties will be courting voters this week.* 所有政党都会在本周设法赢取选民的支持。**2** [T] to do sth that might lead to sth unpleasant 惹（祸）；冒…的危险：*Britain is courting ecological disaster if it continues to dump waste in the North Sea.* 如果英国继续向北海倾倒废物，就会导致生态灾难。**3** [I] (used about two people 指二人) to spend time together in a relationship that may lead to marriage 恋爱：*There were a lot of courting couples in the park.* 公园里有很多热恋的男女。

courtship /ˈkɔːtʃɪp ‖ ˈkɔrtʃɪp/ *noun* [C,U] the period or situation of having a relationship that leads or may lead to marriage 恋爱（期）: *They got married after a brief courtship.* 他们恋爱不久就结婚了。

courteous /ˈkɜːtɪəs ‖ ˈkɝtɪəs/ *adj* polite and pleasant, showing respect for other people 有礼貌；彬彬有礼；客气: *The assistant was courteous and helpful.* 那店员很有礼貌，给我们很多帮助。☛ The opposite is **discourteous**. 反义词为 **discourteous**。—**courteously** *adv*

courtesy /ˈkɜːtəsɪ ‖ ˈkɝtəsɪ/ *noun* (*pl* **courtesies**) **1** [U] polite and pleasant behaviour that shows respect for other people 礼貌: *She didn't even have the courtesy to say that she was sorry.* 她连说声对不起的礼貌也没有。**2** [C] (*formal* 正式) a polite action or remark 礼貌的行为/言辞: *The two presidents exchanged courtesies before their meeting.* 两国总统互相问好之后就开始会谈。
(IDIOM 习语) **(by) courtesy of sb** with the permission or because of the kindness of sb 蒙某人允许；出于某人的好意；由某人提供: *These pictures are being shown by courtesy of BBC TV.* 这些图片由英国广播公司电视台提供。

courtier /ˈkɔːtɪə(r) ‖ ˈkɔrtɪɚ/ *noun* [C] (in the past 古时) a companion of a king or queen at his/ her court 帝王的侍从

court martial /ˌkɔːtˈmɑːʃl ‖ ˈkɔrtˈmɑrʃəl/ *noun* [C] (*pl* **courts martial** or **court martials**) a military court that deals with matters of military law; a trial that takes place in such a court 军事法庭；军法审判: *His case will be heard by a court martial.* 他的案件将由军事法庭审理。
court-martial *verb* [T] (court-martialling; court-martialled; *US* 美 court-martialing; court-martialed) to try sb in a military court 以军法审判

courtyard /ˈkɔːtjɑːd ‖ ˈkɔrtˌjɑrd/ *noun* [C] an area of ground, without a roof, that has walls or buildings around it, eg in a castle, or between houses or flats 庭院；天井

☆**cousin** /ˈkʌzn ‖ ˈkʌzn̩/ (*also* 亦作 ˌ**first** ˈ**cousin**) *noun* [C] the child of your aunt or uncle 堂兄弟；堂姊妹；表兄弟；表姊妹；表亲: *Have you met Lizzie? We're cousins.* 你认识利齐吗？我们是表亲。☛ The same word is used for both male and female cousins. 这个词可用于男性或女性表亲。A **second cousin** is the child of your cousin. * **second cousin** 指堂兄弟姊妹或表兄弟姊妹的子女。

cove /kəʊv ‖ kov/ *noun* [C] a small bay on the coast 小海湾；小湾: *a sandy cove* 多沙的小海湾

☆**cover**[1] /ˈkʌvə(r) ‖ ˈkʌvɚ/ *verb* [T] **1 cover sb/sth (up/over) (with sth)** to put sth on or in front of sth in order to hide or protect it 盖；遮: *Could you cover the food and put it in the fridge?* 请你把食物盖好，然后放进冰箱。○ *She couldn't look any more and covered her eyes.* 她再也不想看，于是闭上眼睛。○ *She was asleep on the sofa so he covered her over with a blanket.* 她在沙发上睡着了，他便替她盖上毯子。○ *I covered the floor with newspaper before I started painting.* 我先在地板上铺了报纸，然后才涂油漆。**2** to be across or over the surface of sth 覆盖: *Snow covered the ground.* 积雪覆盖着地面。**3 cover sb/sth in/with sth** to form a layer on sb/sth 盖上一层…: *A car went through the puddle and covered me with mud.* 汽车驶过水洼，溅了我一身泥。**4** to fill or be spread over a certain area 遍布；波及: *The smoke from the fire now covers about 15 000 square kilometres.* 大火的浓烟现已延及15 000多平方公里。**5** to include or to deal with sth 包括；处理: *Part-time workers are not covered by the law.* 该项法律不适用于兼职工人。○ *The course covered both British and European history.* 课程内容包括英国和欧洲历史。○ *I think we've covered everything. Now, does anyone have a question?* 每一个项目我们都大致上谈过了，现在可以随便发问。**6** to travel a certain distance 走（一段路程）: *We covered about 500 kilometres that day.* 我们那天走了500公里。**7** to be enough money for sth 足够支付: *Will £20 cover your expenses?* * 20英镑足够应付你的开支吗？**8** (used about the media 指传播媒介) to report on or show sth 采访；报道: *All the papers covered the election in depth.* 各报章都详细报道这次选举。**9 cover sb/sth against/for sth** to protect sb/sth by insurance 给以保险: *The insurance policy covers us for any damage to our property.* 这保险单承保我们任何财物损失。○ *The policy even covers your garden furniture* (= it is insured). 保险范围甚至包括花园的家具。
(PHRASAL VERBS 短语动词) **cover (sth) up** to prevent people hearing about a mistake or sth bad 隐瞒/掩饰（错误、恶行等）: *The police have been accused of trying to cover up the facts of the case.* 警方被人指责企图隐瞒案件的事实。
cover up for sb to hide a person's mistakes or crimes in order to protect him/her 替某人掩饰/隐瞒错误或罪行: *His wife covered up for him to the police.* 他的妻子当着警方的面替他掩饰过错。
covered *adj* **1 covered in/with sth** having a layer or a large amount of sth on sb/sth 盖上/充满…的: *The victim was lying on the floor, covered in blood.* 受害人躺在地上，满身鲜血。○ *The whole room was covered in dust.* 整个房间蒙上了尘埃。**2** having a cover, especially a roof 有顶盖（尤指有屋顶）: *a covered shopping centre* 有顶盖的购物中心
covering /ˈkʌvərɪŋ ‖ ˈkʌvərɪŋ/ *noun* [C] something that covers the surface of sth 覆盖物: *A thick covering of snow lay on the ground.* 厚厚的雪覆盖着地面。
ˌ**covering** ˈ**letter** *noun* [C] a letter that you send with a parcel, etc explaining it or giving more information about it 附函
ˈ**cover-up** *noun* [C] an act of preventing sth bad or dishonest from becoming known 掩饰；隐瞒: *Several newspapers have claimed that there has been a government cover-up.* 若干家报纸都指政府隐瞒事实。

☆**cover**[2] /ˈkʌvə(r) ‖ ˈkʌvɚ/ *noun* **1** [C] something that is put on or over sth, especially in order to protect it 遮盖物；盖子；套子: *a plastic*

C

cover for a computer 电脑的塑料套 ○ *a duvet cover* 羽绒被被套 **2** [C] the outside part of a book or magazine（书刊的）封面/封底: *I can't remember the title of the book but I know it has a green cover.* 我忘了书名，但知道那本书的封面是绿色的。○ *I read the magazine from cover to cover* (= from beginning to end). 我把杂志从头到尾看过了。**3 the covers** [plural] the blankets, sheets, etc that cover sb in bed 毯子；被子: *She pulled the covers off him and said: 'Get up!'* 她掀起他的被子，说道："起床！" **4** [U] **cover (against sth)** insurance against sth, so that if sth bad happens you get money or help in return 保险: *The policy provides cover against theft.* 该保险单提供失窃保险。**5** [U] shelter or protection from the weather, damage, etc 掩蔽；遮盖: *When the storm started we took cover in a shop doorway.* 风暴一起，我们就躲进商店的门道。○ *The soldiers had no cover and were easy targets.* 士兵没有掩护，很容易成为攻击的目标。**6** [C, usually sing] **a cover (for sth)** something that hides the real nature of sth, especially sth illegal 掩饰（用以隐藏真相，尤指非法的事）: *The whole company was just a cover for all kinds of criminal activities.* 整家公司只是为各种犯罪活动作掩护。

(IDIOM 习语) **under cover of sth** hidden by sth; not noticed because of sth 在某事物遮掩下: *They attacked under cover of darkness.* 他们以黑夜作为掩护，发起攻击。

coverage /'kʌvərɪdʒ ‖ 'kʌvərɪdʒ/ *noun* [U] the act or amount of reporting on or showing an event in the media 报道；报道涵盖的范围: *TV coverage of the Olympic Games was excellent.* 有关奥林匹克运动会的电视报道十分精彩。

coveralls /'kʌvərɔːlz ‖ 'kʌvəˌrɔlz/ *noun* [plural] (*US* 美) = OVERALLS

covert /'kʌvət; *US* 美 'kəʊvɜːrt ‖ 'kovət/ *adj* done secretly, not openly 秘密；暗地里: *a covert police operation* 警方的秘密行动 —**covertly** *adv*

covet /'kʌvɪt ‖ 'kʌvɪt/ *verb* [T] to want very much to have sth (especially sth that belongs to sb else) 垂涎；觊觎；贪求（他人之物）

☆**cow** /kaʊ ‖ kaʊ/ *noun* [C] **1** a large female animal that is kept on farms to produce milk 母牛；乳牛: *to milk a cow* 挤牛奶 ○ *a herd of cows* 一群母牛 ☛ **Cow** is often used for both male and female members of the **cattle** family. * **cow** 常用以指家牛 (**cattle**) 中的公牛或母牛。The special word for a male is **bull**. * **bull** 特别指公牛。A young cow is a **calf**. 小牛叫 **calf**。A number of cows together can be called **cattle**. 牛群称 **cattle**。Look at the note at **meat**. 参看 **meat** 的注释。**2** the adult female of certain large animals, eg the elephant 某些成年雌性大动物（如母象）**3** (*slang* 俚语) an insulting word for a woman 婆娘；婊子: *She's a real cow!* 她那个婊子！

coward /'kaʊəd ‖ 'kaʊəd/ *noun* [C] (used when disapproving 含贬义) a person who has no courage and is afraid in dangerous or unpleasant situations 懦夫；胆小鬼: *I hate going to the dentist's because I'm a terrible coward.* 我害怕要找牙医，我实在很胆小。○ *I was too much of a coward to argue.* 我太胆怯，没有反驳。

cowardice /'kaʊədɪs ‖ 'kaʊədɪs/ *noun* [U] a lack of courage 胆小；怯懦: *I was ashamed at the cowardice I showed in running away.* 对于我临阵脱逃的怯懦行为，我感到羞愧。—**cowardly** *adj*

cowboy /'kaʊbɔɪ ‖ 'kaʊˌbɔɪ/ *noun* [C] **1** a man whose job is to look after cows (usually on a horse) in certain parts of the USA 美国某些地区的（骑马）牧牛人/牛仔: *a cowboy film* 牛仔电影 **2** (*Brit informal* 英，非正式) a person in business who is not honest or who does work badly 不诚实/不称职的商人: *a cowboy builder* 不老实的建筑商

cower /'kaʊə(r) ‖ 'kaʊə/ *verb* [I] to move back or into a low position because of fear 退缩；畏缩；蜷缩: *The dog cowered under the table.* 那条狗瑟缩在桌子底下。

coy /kɔɪ ‖ kɔɪ/ *adj* **1** pretending to be shy or modest 假装害羞；忸怩作态: *She lifted her head a little and gave him a coy smile.* 她微微抬起头来，忸怩地对他笑了一笑。**2** unwilling to say sth directly or to give information 含糊其词；不愿表白: *Don't be coy, tell me how much you earn.* 不要吞吞吐吐，告诉我你赚多少钱。—**coyly** *adv*

cozy (*US* 美) = COSY

crab /kræb ‖ kræb/ *noun* [C] a sea animal with a flat body covered by a shell and five pairs of curved legs. The front two legs have long claws (**pincers**) on them. Crabs move sideways. 蟹/螃蟹（蟹的第一对脚叫做 **pincers**）☛ picture at **shellfish**. 见 **shellfish** 插图。

☆**crack**[1] /kræk ‖ kræk/ *noun* [C] **1** a line on the surface of sth where it has broken, but not into separate pieces 裂缝；裂口: *a pane of glass with a crack in it* 有一处裂缝的窗户玻璃 ☛ picture at **chip**. 见 **chip** 插图。**2** a narrow opening 窄缝；狭长的开口: *The wind blew through the cracks in the roof.* 风从屋顶的缝隙吹进来。**3** a sudden loud, sharp sound 噼啪声: *There was a crack and he realized that he had broken his leg.* 听到噼啪一声，他知道自己的腿断了。**4** an amusing, often critical, remark; a joke 俏皮话；笑话: *She made a crack about his clothes.* 她拿他的衣着开玩笑。

(IDIOMS 习语) **the crack of dawn** very early in the morning 破晓

have a crack (at sth/at doing sth) (*informal* 非正式) to try to do sth 尝试: *I'm not sure how to play but I'll have a crack at it.* 我不知道怎样玩，但我要试一试。

crack *adj* (used especially about soldiers 尤指

士兵) very well-trained and skilful 训练有素；技术精湛: *crack troops* 精锐部队

☆**crack²** /kræk ‖ kræk/ *verb* **1** [I,T] to break so that a line appears, but without breaking into pieces; to make sth do this（使）裂口/破裂: *Don't put boiling water into that glass, it'll crack.* 不要把滚开的水倒进去，杯子会裂的。○ *You can crack this sort of glass but you can't break it.* 这种玻璃会裂，但不会碎。○ *Oh no, this glass is cracked.* 哎呀，这杯子裂了。☛ picture at **chip**. 见 **chip** 插图。**2** [T] to break sth open 打破；砸开: *Crack two eggs into a bowl.* 将两只鸡蛋打进碗里。**3** [I,T] to make a sudden loud, sharp sound; to cause sth to make this sound（使）发出噼啪声: *The lion tamer cracked his whip.* 驯狮人噼噼啪啪地抽着鞭子。**4** [T] to hit a part of your body against sth（身体某部分）撞到/碰到（某物）: *She stood up and cracked her head on the cupboard door.* 她站起来，头撞着橱柜的门。**5** [I] to stop being able to deal with pressure and so lose control（由于不能应付压力而）精神崩溃/失控: *She cracked under the strain of all her problems.* 她在重重问题的压力下精神崩溃了。**6** [T] (*informal* 非正式) to solve a problem 解决/解答（问题）: *I think I've cracked it!* 我想我已经找到答案了！**7** [T] to tell or make a joke 说笑话；开玩笑

(IDIOM 习语) **get cracking** to start doing sth immediately 立即行动: *I have to finish this job today so I'd better get cracking.* 我今天要完成这工作，所以还是现在就开始做。

(PHRASAL VERBS 短语动词) **crack down (on sb/sth)** (used about people in authority 指掌握权力者) to start dealing severely with bad or illegal behaviour 严办/严惩/严厉对待（不良或违法的人/行为）: *The police have started to crack down on drug dealers.* 警方已经开始严厉打击毒贩。

crack up (*informal* 非正式) to be unable to deal with pressure and so lose control and become mentally ill（由于不能应付压力而）失控/精神崩溃: *He cracked up when his wife left him.* 他的妻子一离开他，他便精神崩溃。

ˈ**crack-down** *noun* [C] action to stop bad or illegal behaviour（对不良或非法行为的）严厉打击: *a police crack-down on street crime* 警方对街头罪行的打击

cracker /ˈkrækə(r) ‖ ˈkrækɚ/ *noun* [C] **1** a thin flat dry biscuit that is often eaten with cheese 薄脆饼干（通常连干酪一起吃）**2** (*also* 亦作 **Christmas cracker**) a cardboard tube wrapped in coloured paper and containing a small present. Crackers are pulled apart by two people, each holding one end, at Christmas parties. They make a loud sharp noise as they break. 圣诞鞭炮（内有小礼物）

crackle /ˈkrækl ‖ ˈkrækl̩/ *verb* [I] to make a series of short, sharp sounds 发出一连串短而尖的声响: *The radio started to crackle and then it stopped working.* 收音机开始发出一阵噼里啪啦声，然后就坏了。—**crackle** *noun* [sing]: *the crackle of dry wood burning* 干柴燃烧时发出的噼啪声

cradle /ˈkreɪdl ‖ ˈkredl̩/ *noun* [C] a small bed for a baby. Cradles can often be moved from side to side. 摇篮

cradle *verb* [T] to hold sb/sth carefully and gently in your arms 小心翼翼地抱: *He cradled her head in his arms until the ambulance came.* 他一直用自己的手臂托着她的头，直至救护车到达。

craft¹ /krɑːft; *US* 美 kræft ‖ kræft/ *noun* [C] **1** a job or activity for which you need skill with your hands 手工艺: *an arts and crafts exhibition* 美术及工艺品展览 ○ *the craft of basket making* 编织篮子的手艺 ○ *craft, design and technology (CDT)* (= a subject at British secondary schools) 工艺、设计及技术（英国中学的一门学科）☛ Look at **handicraft**. 参看 **handicraft**。**2** any job or activity for which you need skill 需要技巧的工作/活动: *He regards acting as a craft.* 他认为演戏是一种技艺。

craftsman /ˈkrɑːftsmən; *US* 美 kræfts- ‖ ˈkræftsmən/ *noun* [C] (*pl* **craftsmen**) a person who makes things skilfully, especially with the hands 手艺工人；工匠: *All the furniture we sell is individually made by craftsmen.* 我们出售的每一件家具都是由工匠手工做的。

craftsmanship *noun* [U] the skill used by sb to make sth of high quality with the hands 手艺；技艺

craft² /krɑːft; *US* 美 kræft ‖ kræft/ *noun* [C] (*pl* **craft**) a boat, aircraft or spaceship 船；飞机；航天飞船: *There were a few sailing craft on the lake.* 湖里有几叶扁舟扬帆。

crafty /ˈkrɑːftɪ; *US* 美 ˈkræftɪ ‖ ˈkræftɪ/ *adj* (**craftier**; **craftiest**) clever at getting or achieving things by deceiving people or using indirect methods 狡猾；诡计多端 —**craftily** *adv*

crag /kræg ‖ kræg/ *noun* [C] a steep, rough rock on a hill or mountain 巉岩

cram /kræm ‖ kræm/ *verb* (**cramming**; **crammed**) **1** [T] to push people or things into a small space 将…勉强挤进（细小的空间）: *I managed to cram all my clothes into the bag but I couldn't zip it up.* 我终于将所有衣服都塞进袋里，但却无法拉上拉链。○ *How many more people can they cram onto this train?* 他们还可以让多少人再挤进这列火车？○ *We only spent two days in Rome but we managed to cram a lot of sightseeing in.* 我们在罗马只逗留了两天，但观光活动安排得十分紧凑丰富。**2** [I] to move, with a lot of other people, into a small space 挤进（细小的空间）: *He only had a small car but they all managed to cram in.* 他的汽车很小，但全部人最终都挤了进去。**3** [I] to study very hard and learn a lot in a short time before an examination（考试前）赶紧温习: *She's cramming for her exams.* 她为应付考试而赶着温习功课。

crammed *adj* very or too full 充满；挤满: *That book is crammed with useful information.* 那本书提供的资料十分丰富。○ *Athens is crammed with tourists at that time of year.* 每年的那个时候雅典都挤满游客。

cramp /kræmp ‖ kræmp/ *noun* [U] a sudden pain that you get in a muscle, that makes it difficult to move 抽筋；痉挛: *One of the swimmers got cramp and we had to pull him out of the water.* 有一个游泳的人抽筋了，我们只得把他拉上岸来。

cramped /kræmpt ‖ kræmpt/ *adj* not having enough space 空间不足: *The flat was terribly cramped with so many of us living there.* 我们这么多人住在一起，公寓就显得很挤。

cranberry /'krænbərɪ; *US* 美 -berɪ ‖ 'kræn,bɛrɪ/ *noun* [C] (*pl* **cranberries**) a small red berry with a slightly sour taste 越橘（一种小红酸果）

crane[1] /kreɪn ‖ kren/ *noun* [C] a large machine with a long metal arm that is used for moving or lifting heavy objects 起重机

crane[2] /kreɪn ‖ kren/ *verb* [I,T] to stretch your neck forward in order to see or hear sth 探头；伸着脖子: *We all craned forward to get a better view.* 我们都伸长脖子以便看得清楚些。

crank /kræŋk ‖ kræŋk/ *noun* [C] a person with strange ideas or who behaves in a strange way 思想/行为古怪的人: *Lots of cranks phoned the police confessing to the murder.* 很多怪人打电话给警方，自称是那宗谋杀案的凶手。

cranny /'krænɪ ‖ 'krænɪ/ *noun* [C] (*pl* **crannies**) a small opening in a wall, a rock, etc（墙上、石上等的）小孔/缝隙

(IDIOM 习语) **every nook and cranny** ⇨ NOOK

☆**crash**[1] /kræʃ ‖ kræʃ/ *noun* [C] **1** a sudden loud noise made by sth breaking, hitting sth, etc 突然的巨响；破裂声；碰撞声: *I heard a crash and ran outside.* 我听见一声巨响便跑了出去。**2** an accident when a car or other vehicle hits sth and is damaged 交通意外；飞机失事: *She was injured in a serious car crash.* 她在一宗严重车祸中受伤。○ *a plane crash with no survivors* 没有生还者的空难 **3** an occasion when there is a failure in the business world（股市）大跌；（企业）破产；（经济）崩溃: *the Stock Market crash of 1987* ＊1987年的股灾

crash *adj* done with a lot of effort in a short period of time 速成: *She did a crash course in Spanish before going to work in Madrid.* 她前往马德里工作之前进修了一个西班牙语速成班。

'**crash barrier** *noun* [C] a fence that keeps people or vehicles apart, eg when there are large crowds, or between the two sides of the road 防撞护栏

'**crash-helmet** *noun* [C] a hard hat worn by motor-cyclists, racing drivers, etc to protect their heads in an accident（摩托车手、赛车手等戴的）防撞头盔

☆**crash**[2] /kræʃ ‖ kræʃ/ *verb* **1** [I] to fall or move suddenly, making a loud noise 哗啦倒下；轰然冲撞: *The tree crashed through the window.* 树哗啦一声倒下，穿过窗户。○ *The elephant went crashing through the jungle.* 大象哗啦啦地冲过丛林。**2** [I,T] to have an accident in a vehicle; to cause a vehicle to have an accident（使车辆）失事: *He braked too late and crashed into the car in front.* 他刹车刹得太晚，撞向前面的车子。○ *He crashed his father's car.* 他撞毁了他父亲的汽车。**3** [I] to make a loud noise 发出巨响: *I could hear thunder crashing outside.* 我听到外面雷声隆隆。**4** [I] (used about a business or a financial organization 指商业或金融机构) to fail suddenly 突然倒闭 **5** [I] (used about a computer 指计算机) to stop working suddenly 突然发生故障: *We lost the data when the computer crashed.* 电脑发生故障，资料都失掉了。

crass /kræs ‖ kræs/ *adj* **1** stupid, showing that you do not understand sth 愚昧: *It was a crass comment to make when he knew how upset she was.* 他既然知道她那么烦恼，就不应该说那样的蠢话。**2** extreme 极度: *crass carelessness* 极度的不小心

crate /kreɪt ‖ kret/ *noun* [C] a large box in which goods are transported or stored. Sometimes crates are divided into sections, for carrying bottles 板条箱: *We had to pack everything into crates when we moved house.* 我们搬家时得把所有物件装进板条箱。○ *a crate of beer* 一箱啤酒

crater /'kreɪtə(r) ‖ 'kretɚ/ *noun* [C] **1** a large hole in the ground（地面的）坑: *The bomb left a large crater.* 爆炸后留下了一个大坑。○ *craters on the moon* 月球上的环形山 **2** the hole in the top of a volcano 火山口

cravat /krə'væt ‖ krə'væt/ *noun* [C] a wide piece of cloth that men tie around their neck and wear inside the collar of their shirt（男子系于衣领内的）围巾

crave /kreɪv ‖ krev/ *verb* [I,T] **crave (for) sth** to want and need to have sth very much 渴望；热切期待: *He craves attention from other people.* 他渴望得到别人注意。

craving *noun* [C] a strong desire for sth 强烈的欲望: *When she was pregnant she had cravings for all sorts of peculiar food.* 她怀孕时很想吃各种特别的食物。

crawling
爬

☆**crawl** /krɔ:l ‖ krɔl/ *verb* [I] **1** to move slowly with the body on or close to the ground, or on the hands and knees 爬；爬行: *An insect crawled across the floor.* 一只昆虫在地板上爬过。○ *Their baby has just started to crawl.* 他们的婴孩刚开始学习爬行。**2** (used about vehicles 指车辆) to move very slowly 以低速行驶: *The traffic crawls through the centre of town in the rush-hour.* 交通繁忙时穿过市中心的车辆行驶缓慢。**3 crawl (to sb)** (*informal* 非正式) to be too polite or pleasant to sb in order to be liked or to gain sth 奉承；谄媚；巴结: *He only got promoted because he crawled to the manager.* 他获得擢升只因为他对经理阿谀奉承。

(IDIOM 习语) **crawling with sth** to be completely full of or covered with sb/sth that is moving and that is considered unpleasant 充满/满布移动着的令人不快的东西: *The* *kitchen was crawling with insects.* 厨房满是爬来爬去的虫子。○ *The village is always crawling with tourists at this time of year.* 每年这个时候村里总是挤满游客。

crawl *noun* [sing] **1** a very slow speed 十分缓慢的速度: *The traffic slowed to a crawl.* 车辆减速，徐缓行进。**2** often 常作 **the crawl** a style of swimming which you do on your front. When you do the crawl, you move first one arm and then the other over your head, turn your face to one side so that you can breathe and kick up and down with your legs. 自由泳

crayon /'kreɪən ‖ 'kreən/ *noun* [C,U] a soft, thick, coloured pencil sometimes made of wax, used for drawing or writing, especially by children 蜡笔 —**crayon** *verb* [I,T]

craze /kreɪz ‖ krez/ *noun* [C] **a craze (for sth)** **1** a strong interest in sth, that usually only lasts for a short time 狂热: *There was a craze for that kind of music years ago.* 多年前那种音乐曾经风靡一时。**2** something that a lot of people are very interested in 时兴的事物: *Pocket TVs are the latest craze among teenagers.* 袖珍电视机是青少年热爱的最新玩意。

☆**crazy** /'kreɪzɪ ‖ 'krezɪ/ *adj* (**crazier**; **craziest**) (*informal* 非正式) **1** very silly or foolish 十分愚蠢；荒唐: *I think that that's a crazy idea.* 我看那是很荒唐的想法。○ *You must be crazy to turn down such a wonderful offer.* 你真蠢，竟然拒绝这么好的提议。**2** very angry 盛怒；大怒: *She goes crazy when people criticize her.* 每次有人批评她，她都很生气。**3 crazy about sth** very interested in sth; liking sth very much 酷爱；热爱: *He's always been crazy about horses.* 他一向十分喜欢马匹。**4 crazy about sb** very much in love with sb 深爱（某人）**5** showing great excitement 狂热；情绪高涨: *The fans went crazy when their team scored the first goal.* 球迷看见自己所拥护的球队射入第一球，就显得非常兴奋。—**crazily** *adv* —**craziness** *noun* [U]

creak /kri:k ‖ krik/ *verb* [I] to make the noise of wood bending or of sth not moving smoothly（物体受压或摩擦时）发出吱吱嘎嘎声: *The floorboards creaked when I walked across the room.* 我走过那房间，地板嘎吱作响。○ *The lift creaked to a halt.* 电梯嘎吱一响，就停下来。—**creak** *noun* [C] —**creaky** *adj*: *creaky stairs* 嘎吱作响的楼梯

☆**cream**[1] /kri:m ‖ krim/ *noun* **1** [U] the thick yellowish-white liquid that is the fatty part of milk and that rises to the top of it 奶油: *coffee with cream* 加了奶油的咖啡 ○ *strawberries and cream* 草莓加奶油 ○ *whipped cream* (= cream that has been beaten) 搅打过的奶油 **2** [C,U] a substance that you rub into your skin to keep it soft or as a medical treatment 乳霜；药膏 **3 the cream** [sing] the best part of sth or the best people in a group 精华；精英

cream *adj* having a yellowish-white colour 淡黄色；米色

creamy *adj* (**creamier**; **creamiest**) **1** containing cream 含奶油: *a creamy sauce* 奶油酱汁 **2** thick, smooth and soft; looking or feeling like cream 奶油状的: *Beat the mixture until it is creamy and light.* 将混合物搅打至奶油般柔滑。

cream 'tea *noun* [C] (*Brit* 英) a meal taken in the afternoon consisting of tea with a special type of cake (**scone**) that is eaten with jam and cream 一种下午吃的茶点（有茶和加果酱及奶油的烤饼 (**scone**)）

cream[2] /kri:m ‖ krim/ *verb*

(PHRASAL VERB 短语动词) **cream sb/sth off** to take away the best people or part from sth for a particular purpose 挑选精英；提取精华: *The big clubs cream off the country's best young players.* 一些大的俱乐部挑走了全国最好的年青选手。

crease /kri:s ‖ kris/ *noun* [C] **1** an untidy line on paper, material, a piece of clothing, etc that is caused by not treating it carefully（不小心造成的）折痕/褶子: *Your shirt needs ironing, it's full of creases.* 你的衬衫皱巴巴的，要烫一烫。○ *When I unrolled the poster, there was a crease in it.* 我把卷着的海报打开时，看见有一条折痕。**2** a neat line that is put on paper, material, a piece of clothing, etc intentionally（故意加上的）褶子: *He had a sharp crease in his trousers.* 他的裤子上有一道清楚的褶子。

crease *verb* [I,T] to get creases(1,2) ; to make sth get creases（使）起摺痕；（使）起皱: *Hang up your jacket or it will crease.* 挂好你的上衣，不然就会起皱。○ *I creased my skirt by sitting on the floor.* 我坐在地板上，把裙子弄皱了。

☆**create** /kri:'eɪt ‖ krɪ'et/ *verb* [T] to cause sth new to happen or exist 创造；制造: *God created the world.* 上帝创造世界。○ *a plan to create new jobs in the area* 在该地区内创造新工作岗位的计划 ○ *All these changes will simply create confusion.* 所有这些改动只会制造混乱。○ *He created a bad impression at the interview.* 他面试时给人印象不佳。

creation /kri:'eɪʃn ‖ krɪ'eʃən/ *noun* **1** [U] the act of causing sth new to happen or exist 创造；建立: *the creation of new independent states* 新独立国家的建立 **2** usually 通常作 **the Creation** [sing] the act of making the whole universe, as described in the Bible 创造世界万物（指圣经中上帝创造宇宙万物）**3** [C] something that sb has made or produced, especially using skill or imagination 创作；作品: *This dish is a new creation, I didn't use a recipe.* 这道菜是我独创的，不是照食谱做的。

creative /kri:'eɪtɪv ‖ krɪ'etɪv/ *adj* **1** using skill or imagination to make or do new things 有创意；创新的；具有很强的创造力: *She's a fantastic designer – she's so creative.* 她是出色的设计师，极有创意。○ *We need some creative thinking to solve this problem.* 我们需要一定的创见才能解决这个问题。**2** connected with producing new things, especially works of art 与创作有关（尤指艺术方面）: *His creative life went on until he was well over 80.* 他的创作生涯一直继续到他八十多岁。—**creatively** *adv*: *They haven't got a very big house but they use the space creatively.* 他们的房子不大，但他们创造性地利用了空间。

C

C

creativity /ˌkri:eɪˈtɪvətɪ ‖ ˌkrieˈtɪvətɪ/ *noun* [U] the ability to make or produce new things, especially using skill or imagination 创造力；创作能力: *We want teaching that encourages children's creativity.* 我们希望在教学过程中启发儿童的创造力。

creator /kri:ˈeɪtə(r) ‖ krɪˈetɚ/ *noun* **1** [C] a person who makes or produces sth new, especially using skill or imagination 创造者；创作者: *He was the creator of some of the best-known characters in literature.* 文学上一些最为著名的人物就是他创作的。**2 the Creator** [sing] God 造物主；上帝

☆**creature** /ˈkri:tʃə(r) ‖ ˈkritʃɚ/ *noun* [C] a living thing such as an animal, a bird, a fish or an insect, but not a plant 生物（植物除外）；动物: *a living creature* 生物 ○ *a small black furry creature* 一只长满黑毛的小动物 ○ *creatures from other planets* 外星生物

crèche /kreɪʃ; kreʃ ‖ kreʃ/ *noun* [C] a place where small children are looked after while their parents are working 托儿所

credentials /krɪˈdenʃlz ‖ krɪˈdɛnʃəlz/ *noun* [plural] **1** something that shows that a person is qualified or suitable for sth（适合做某事的）资格: *He has perfect credentials for the top job.* 他绝对够资格获得那高职位。**2** a document that proves that sb is who he/she claims to be, or that he/she is qualified to do sth 证明书；资格证明

credible /ˈkredəbl ‖ ˈkrɛdəbl̩/ *adj* **1** that you can believe 可信: *It's hardly credible that such a thing could happen without him knowing it.* 那样的事发生了而他竟然不知，真是难以置信。☛ The opposite is **incredible**. 反义词为 **incredible**。**2** that you can trust or take seriously 可靠: *We need to think of a credible alternative to nuclear energy.* 我们要想出核能以外的另一个可靠选择。

credibility /ˌkredəˈbɪlətɪ ‖ ˌkrɛdəˈbɪlətɪ/ *noun* [U] the quality of being able to be believed or trusted and taken seriously 可信性；可靠性: *The Prime Minister had lost all credibility and had to resign.* 首相完全失去民众的信任，只好辞职。—**credibly** /-əblɪ ‖ -əblɪ/ *adv*

credit¹ /ˈkredɪt ‖ ˈkrɛdɪt/ *noun* **1** [U] the system of buying goods or services and not paying for them until later 赊购；信贷: *I bought the television on credit.* 我以信贷方式购买电视机。○ *interest-free credit* (= payment over a period without any extra charges) 免息信贷 ○ *Read the credit terms carefully before signing.* 请在签署前细阅信贷条款。**2** [U] having money in an account at a bank（在银行帐户中）有存款: *No bank charges are made if your account remains in credit.* 只要你的账户仍有存款，银行就不会收费。**3** [C] a payment made into an account at a bank 存入银行账户的款项 ☛ Look at **debit**. 参看 **debit**。**4** [C,U] a sum of money that a bank, etc lends 贷款: *The company was not able to get any further credit and went bankrupt.* 这家公司无法再取得贷款，接着就破产了。**5** [U] praise for sth good that a person has done 称赞；嘉许: *He got all the credit for the success of the project.* 这项目得以顺利完成全归功于他。○ *I can't take any credit; the others did all the work.* 我不能领功；所有工作都是其他人做的。○ *She didn't do very well but at least give her credit for trying.* 她干得不太好，但曾经作出了努力也值得一赞。**6 credits** [plural] the list of the names of the people who made a film or TV programme, shown at the beginning or end of the film（电影或电视节目开头或结尾时的）演员及摄制人员名单 **7** [sing] **a credit to sb/sth** a person or thing that gives honour 增光的人/事物: *She is a lovely girl and a credit to her school.* 她是个可爱的女孩，为学校增光不少。**8** [C] (*US* 美) a part of a course at a college or university, that a student has completed and that appears on his/her record 学分

(IDIOMS 习语) **do sb credit** to make sb deserve to be praised or respected 使某人值得称赞/尊敬: *His courage and optimism do him credit.* 他的勇气和乐观态度使他受到赞赏。

(be) to sb's credit (used for showing that you approve of sth that sb has done, although you have criticized sth else 表示赞扬某人所做的某件事情，尽管你曾批评他所做的另一些事情): *The company, to its credit, apologized and refunded my money.* 那公司向我道歉，并且把钱退还给我，这还是值得称许的。

have sth to your credit to have finished sth that is successful 取得某方面的成功: *He has three best-selling novels to his credit.* 他已写了三本畅销小说。

ˈ**credit card** *noun* [C] a small plastic card that allows sb to get goods or services without using money. You usually receive a bill once a month for what you have bought 信用卡: *Can I pay by credit card?* 我可以凭信用卡付款吗？☛ picture at **money**. 见 **money** 插图。

credit² /ˈkredɪt ‖ ˈkrɛdɪt/ *verb* [T] **1 credit sb/sth with sth; credit sth to sb/sth** to accept or believe that sb/sth has a particular quality or is responsible for sth good or successful 认为…具有某种特质；把功劳归于: *Of course I wouldn't do such a stupid thing – credit me with a bit more sense than that!* 我当然不会干这种蠢事—— 请你不要把人看扁了！○ *He credited his success to a lot of hard work.* 他认为自己的成就全靠苦干。**2** to record that money has been added to an account 把金额记入账户: *Has the cheque been credited to my account yet?* 那张支票记入我的账户了吗？**3** (especially in negative sentences and questions 尤用于否定句及疑问句) to believe 相信: *I simply cannot credit that he has made the same mistake again!* 我简直没法相信他又再犯同样的错误！

creditable /ˈkredɪtəbl ‖ ˈkrɛdɪtəbl̩/ *adj* deserving to be praised or respected (even if it is not excellent) 值得赞扬/尊敬（虽然并不十分出色）: *It was a creditable result considering that three players were injured.* 考虑到有三位球员受伤，这已是十分可喜的成绩了。

creditor /ˈkredɪtə(r) ‖ ˈkrɛdɪtɚ/ *noun* [C] a person or company to whom money is owed 债权人；债主

creed /kri:d ‖ krid/ *noun* [C] a set of beliefs or

principles (especially religious ones) that strongly influence sb's life 信条（尤指宗教上的）；教条

creek /kri:k ‖ krik/ *noun* [C] **1** (*Brit* 英) a narrow piece of water where the sea flows into the land 小湾 **2** (*US* 美) a small river or stream 小河；溪流

creep[1] /kri:p ‖ krip/ *verb* [I] (*pt*, *pp* **crept** /krept ‖ krɛpt/) **1** to move very quietly and carefully, often with the body in a low position, so that nobody will notice you 悄悄地爬行/匍匐；蹑手蹑脚地走: *The cat crept silently towards the bird.* 猫儿悄悄地爬向小鸟。○ *She crept into the room so as not to wake him up.* 她蹑手蹑脚地走进房间，生怕吵醒他。**2** to move forward slowly 缓慢地前进: *His latest record has crept up to number 10 in the charts.* 他的最新唱片已慢慢上升到榜上的第10名。

(PHRASAL VERB 短语动词) **creep in** to begin to appear 开始出现: *All sorts of changes are beginning to creep into the education system.* 教育制度渐渐起了各种各样的变化。

creep[2] /kri:p ‖ krip/ *noun* [C] (*informal* 非正式) a person that you dislike because they try too hard to be liked by people in authority 马屁精

(IDIOM 习语) **give sb the creeps** (*informal* 非正式) to give sb an unpleasant feeling; to make sb feel frightened 使人觉得讨厌；使人不寒而栗: *There's something about the way he laughs that gives me the creeps.* 他的笑声使我毛骨悚然。

creeper /'kri:pə(r) ‖ 'kripɚ/ *noun* [C] a plant that grows up trees or walls or along the ground 攀缘植物

creepy /'kri:pɪ ‖ 'kripɪ/ *adj* (**creepier**; **creepiest**) (*informal* 非正式) that makes you feel rather nervous and frightened 令人毛骨悚然: *a creepy churchyard* 令人毛骨悚然的教堂墓地

cremate /krɪ'meɪt ‖ 'krimet/ *verb* [T] to burn the body of a dead person as part of a funeral service 火化；火葬

cremation /krɪ'meɪʃn ‖ krɪ'meʃən/ *noun* [C,U] an act of cremating a dead person 火化；火葬 ☛ Look at the note at **funeral**. 参看 **funeral** 的注释。

crematorium /ˌkremə'tɔ:rɪəm ‖ ˌkrɛmə'tɔrɪəm/ *noun* [C] (*pl* **crematoriums or crematoria** /-ɔ:rɪə ‖ -ɔrɪə/) (*US* 美 **crematory** /'kremətərɪ or -tɔ:rɪ ‖ 'krɛməˌtɔrɪ/) a place where dead people are cremated 火葬场

crept *pt*, *pp* of CREEP * CREEP 的过去时及过去分词

crescendo /krɪ'ʃendəʊ ‖ krə'ʃɛndo/ *noun* [C] (*pl* **crescendos**) a noise or piece of music that is very loud or that gets louder and louder 渐强的声音/音乐

crescent /'kresnt ‖ 'krɛsn̩t/ *noun* [C] **1** the shape of the moon in its first and last stages; a curved shape that is pointed at both ends 新月形；月牙形 ☛ picture at **shape**. 见 **shape** 插图。**2** a street or row of houses that is curved 新月形的街道/一排房屋

cress /kres ‖ krɛs/ *noun* [U] a small plant with small green leaves that is eaten raw in salads 水芹（可作色拉材料）

crest /krest ‖ krɛst/ *noun* [C] **1** a group of attractive feathers on the top of a bird's head 羽冠 **2** the top of a hill 山顶 **3** the white part at the top of a wave 浪顶；浪峰

crestfallen /'krestfɔ:lən ‖ 'krɛstˌfɔlən/ *adj* sad or disappointed 沮丧；垂头丧气

cretin /'kretɪn; *US* 美 'kri:tn ‖ 'kritn̩/ *noun* [C] (*slang* 俚语) a stupid person 笨蛋；傻瓜；蠢人

crevasse /krɪ'væs ‖ krə'væs/ *noun* [C] a deep crack in thick ice（冰河的）裂缝/裂隙

crevice /'krevɪs ‖ 'krɛvɪs/ *noun* [C] a narrow crack in a rock, wall, etc（岩石、墙壁等的）狭缝/缝隙

☆**crew** /kru: ‖ kru/ *noun* [C, with sing or pl verb] **1** all the people who work on a ship, aeroplane, etc（船只、飞机等的）全体工作人员: *The captain and his crew hope you had a pleasant flight.* 机长及全体乘务员祝阁下旅途愉快！**2** a group of people who work together 一起工作的一组人；一队工作人员: *a camera crew* (= people who film things for television, etc) 摄制队

'**crew cut** *noun* [C] a very short hairstyle for men 平头（男子发式）

'**crewman** *noun* [C] a member of a crew(1)（船只、飞机等的）工作人员: *Four crewmen were drowned.* 四名船员遇溺丧生。

crib[1] /krɪb ‖ krɪb/ *noun* [C] (*especially US* 尤为美) = COT

crib[2] /krɪb ‖ krɪb/ *verb* [I,T] (cri**bb**ing; cri**bb**ed) **crib (sth) (from/off sb)** to copy sb else's work and pretend it is your own 抄袭；剽窃: *She cribbed some of the answers off her friend.* 她抄袭了朋友的一些答案。

crick /krɪk ‖ krɪk/ *noun* [sing] a pain in your neck, back, etc that makes it difficult for you to move easily（颈、背等的）痛性痉挛: *I've got a crick in my neck.* 我患了颈部痛性痉挛。—**crick** *verb*: *I've cricked my neck.* 我扭伤了颈部。

cricket[1] /'krɪkɪt ‖ 'krɪkɪt/ *noun* [U] a game that is played with a bat and ball on a large area of grass by two teams of eleven players (usually boys or men) 板球运动

> ☛ In cricket the **bowler** bowls the ball to the **batsman** who tries to hit it with a **bat** and then score a **run** by running from one end of the pitch to the other. 在板球运动中，投球手 (**bowler**) 把球投向击球手 (**batsman**)，击球手用球板 (**bat**) 击球，然后从球场的一端跑到另一端，便可取得一分 (**run**)。

cricketer *noun* [C] a person who plays cricket, especially as their job 板球运动员；板球选手

cricket[2] /'krɪkɪt ‖ 'krɪkɪt/ *noun* [C] an insect that makes a loud noise by rubbing its wings together 蟋蟀；促织

☆**crime** /kraɪm ‖ kraɪm/ *noun* **1** [C] something which is against the law and which people are punished for, eg by being sent to prison 罪；罪行: *to commit a crime* 犯罪 ○ *serious crimes such as murder and armed robbery* 严重罪行如

谋杀及持械抢劫 **2** [U] illegal behaviour in general 不法行为；犯罪活动: *There has been an increase in car crime recently.* 近来与汽车有关的犯罪活动增加了。○ *to lead a life of crime* 沦为罪犯 ○ *to fight crime* 打击犯罪活动 ○ *crime prevention measures* 防止罪案的措施 **3** usually 通常作 **a crime** [sing] something that is morally wrong 缺德行为；罪过: *It is a crime to waste food when people are starving.* 浪费食物是一种罪过，很多人正在挨饿呢。

criminal /'krɪmɪnl ‖ 'krɪmənḷ/ *adj* **1** (only *before* a noun 只用于名词前) connected with crime 与犯罪有关: *Deliberate damage to public property is a criminal offence.* 蓄意破坏公物是刑事犯罪。○ *criminal law* 刑法 **2** morally wrong 不道德: *a criminal waste of taxpayers' money* 滥用税收的罪行

criminal *noun* [C] a person who has committed a crime 罪犯

crimson /'krɪmzn ‖ 'krɪmzṇ/ *adj, noun* [U] (of) a dark red colour 深红色 ☛ Look at **maroon** and **scarlet**. 参看 **maroon** 及 **scarlet**。

cringe /krɪndʒ ‖ krɪndʒ/ *verb* [I] **1** to move away from sb/sth because you are frightened 退缩；畏缩: *The dog cringed in terror when the man raised his arm.* 那人举起手时，那条狗便吓得蜷缩起来。**2** to feel embarrassed 感到尴尬: *awful family photographs which make you cringe in embarrassment* 难看的家庭照片总使人感到尴尬

crinkle /'krɪŋkl ‖ 'krɪŋkḷ/ *verb* [I,T] **crinkle (sth) (up)** (to cause sth) to have thin folds or lines in it 皱纹: *He crinkled the silver paper up into a ball.* 他把那张银纸揉成一个纸团。—**crinkly** /'krɪŋklɪ ‖ 'krɪŋklɪ/ *adj*: *a type of soft crinkly material* 一种柔软而有皱纹的材料

cripple /'krɪpl ‖ 'krɪpḷ/ *noun* [C] a person who cannot walk properly because his/her legs or back have been injured 跛子；瘸子: *The accident left her a cripple at the age of 20.* 她20岁时遇上的那宗事故使她变成跛子。○ (*figurative* 比喻) *an emotional cripple* 感情受到严重创伤的人 ☛ This is an old-fashioned word and the usual way of expressing the same meaning today is to say that somebody is **disabled** or that they have a **disability**. 这个词是旧式用语。表达同样的意思，今天常用的说法是 somebody is **disabled** 或 they have a **disability**。

cripple *verb* [T] **1** (usually passive 通常用于被动语态) to cause sb to be a cripple 使跛；使残废: *He was crippled in a road accident.* 他在一宗交通意外中成了跛子。**2** to damage sth badly 严重损坏；重创: *The recession has crippled the motor industry.* 不景气严重损害了汽车工业。

crippling *adj* that causes very great damage; that has a very harmful effect 造成严重损害；极有害: *They had crippling debts and had to sell their house.* 他们债务累累，只好卖掉房子。

crisis /'kraɪsɪs ‖ 'kraɪsɪs/ *noun* [C,U] (*pl* **crises** /'kraɪsi:z ‖ 'kraɪsiz/) a time of great danger or difficulty; the moment when things change and either improve or get worse 危机；紧要关头；转捩点: *the international crisis caused by the invasion* 由这次侵略导致的国际危机 ○ *Events reached a crisis during the summer of 1939.* * 1939年夏天，时局到了紧要关头。○ *a friend you can rely on in times of crisis* 在危急关头能够依赖的朋友

crisp[1] /krɪsp ‖ krɪsp/ *adj* **1** hard and dry 脆；酥: *Store the biscuits in a tin to keep them crisp.* 将饼干储存在罐内以保持松脆。**2** firm and fresh or new 新鲜而脆生；簇新: *a crisp salad* 新鲜色拉 ○ *a crisp apple* 爽脆的苹果 ○ *a crisp new £10 note* 一张簇新的10英镑纸币 ○ *a crisp cotton dress* 一件簇新的棉质连衣裙 **3** (used about the air or weather 指空气或天气) cold and dry 寒冷而干燥: *a crisp winter morning* 一个干冷的冬日早晨 **4** (used about the way sb speaks 指说话方式) quick, clear but not very friendly 干脆；斩钉截铁: *a crisp reply* 直截了当的答复

crisply *adv* in a crisp[1](4) way 干脆地；斩钉截铁地: *'I disagree,' she said crisply.* "我不同意。"她干脆地说。—**crispy** *adj* (**crispier**; **crispiest**) (*informal* 非正式) = CRISP[1](1,2): *fish in crispy batter* 蘸面糊炸的鱼

crisp[2] /krɪsp ‖ krɪsp/ (*also* 亦作 **po,tato 'crisp**) (*US* 美 **potato chip**; **chip**) *noun* [C] a very thin piece of potato that is fried in oil, dried and then sold in packets. Crisps usually have salt or another flavouring on them 炸马铃薯片: *a packet of crisps* 一包炸马铃薯片 ☛ picture at **chip**. 见 **chip** 插图。

criss-cross /'krɪskrɒs; *US* 美 -krɔ:s ‖ 'krɪs-ˌkrɔs/ *adj* (only *before* a noun 只用于名词前) with many lines that cross over each other 十字形的；纵横交错的: *a criss-cross pattern* 十字形图案 —**criss-cross** *verb*: *the footpaths which criss-cross the countryside* 乡间纵横交错的小径

criterion /kraɪ'tɪərɪən ‖ kraɪ'tɪrɪən/ *noun* [C] (*pl* **criteria** /-rɪə ‖ -rɪə/) the standard that you use when you make a decision or form an opinion about sb/sth（衡量的）标准/准则/尺度: *What is the criterion for deciding who gets a place on the course?* 取录新生以什么作为标准呢？

critic /'krɪtɪk ‖ 'krɪtɪk/ *noun* [C] **1** a person who says what he/she thinks is bad or wrong with sb/sth 批评者；非难者: *He is a long-standing critic of the council's transport policy.* 他长久以来一直批评市政府的运输政策。**2** a person whose job is to give his/her opinion about a play, film, book, work of art, etc（戏剧、电影、书、艺术作品等的）批评家/评论家/评论员: *a film critic* (= in a newspaper, etc)（在报纸等上撰文的）影评人

☆**critical** /'krɪtɪkl ‖ 'krɪtɪkḷ/ *adj* **1 critical (of sb/sth)** saying what is wrong with sb/sth; disapproving 批评的；反对的；谴责的: *The report was very critical of safety standards on the railways.* 那份报告对铁路安全标准颇多挑剔。○ *critical remarks* 批评意见 ☛ The opposite is **uncritical**. 反义词为 **uncritical**。**2** (only *before* a noun 只用于名词前) describing the good and bad points of a play, film, book, work of art, etc（对戏剧、电影、书、艺术作品等）批评的/评论的: *a critical guide to this month's new films* 本月新片评介 **3** dangerous or serious 危急；严重：*The patient is in a critical condition.* 病人情况危急。**4** very important; at a time when things can suddenly become better or worse 十分重要；关键的：*The talks between the two leaders have reached a critical stage.* 两位领导人的会谈已到了关键阶段。—**critically** /-ɪklɪ ‖ -ɪklɪ/ *adv*: *a critically ill patient* 病情严重的病人 ○ *a critically important decision* 关系重大的决策

☆**criticism** /ˈkrɪtɪsɪzəm ‖ ˈkrɪtəˌsɪzəm/ *noun* **1** [C,U] (an expression of) what you think is bad about sb/sth 批评；指责；非难：*The council has come in for severe criticism over the plans.* 议会那些计划受到严厉的批评。○ *My main criticism is that it is too expensive.* 我主要批评的是费用太高。**2** [U] the act of describing the good and bad points of a play, film, book, work of art, etc（戏剧、电影、书、艺术作品等的）评论：*literary criticism* 文学批评

☆**criticize** (*also* 亦作 **criticise**) /ˈkrɪtɪsaɪz ‖ ˈkrɪtəˌsaɪz/ *verb* [I,T] **criticize (sb/sth) (for sth)** to say what is bad or wrong with sb/sth 批评；指责；非难：*The doctor was criticized for not sending the patient to hospital.* 那个医生因没有把病人送往医院而受到指责。○ *Stop criticizing!* 不要再挑剔了！

critique /krɪˈtiːk ‖ krɪˈtik/ *noun* [C] a piece of writing that describes the good and bad points of sb/sth 评论（文章）

croak /krəʊk ‖ krok/ *noun* [C] a deep low sound, like the noise that a frog makes（像蛙叫的）深沉的声音

croak *verb* [I,T] to make a noise like a croak, eg because you have a cold and are losing your voice 发出深沉而沙哑的声音（如伤风时）

crochet /ˈkrəʊʃeɪ; *US* 美 krəʊˈʃeɪ ‖ kroˈʃe/ *noun* [U] a way of making clothes, cloth, etc by using wool or cotton and one needle with a hook at one end 钩针编织 —**crochet** *verb* [I,T] (*pt, pp* **crocheted** /-ʃeɪd ‖ -ʃed/): *to crochet a shawl* 用钩针编织披肩 ☛ Look at **knit**. 参看 **knit**。

crockery /ˈkrɒkərɪ ‖ ˈkrɑkərɪ/ *noun* [U] cups, plates and dishes 陶器/瓦器（如杯、碟等）☛ Look at **cutlery**. 参看 **cutlery**。

crocodile /ˈkrɒkədaɪl ‖ ˈkrɑkəˌdaɪl/ *noun* [C] **1** a large, long animal with hard skin that lives in rivers in hot countries. A crocodile is a dangerous animal because it has a large mouth with a lot of sharp teeth in it. It is a reptile. 鳄鱼 ☛ Look at **alligator**. 参看 **alligator**。**2** (*Brit informal* 英，非正式) a line of children standing or walking in pairs 排成双列队形的儿童；两人一排成纵列行进的儿童

croissant /ˈkrwʌsɒŋ; *US* 美 krʌˈsɒŋ ‖ krwɑˈsɑn/ *noun* [C] a type of light bread roll, shaped in a curve, that is eaten with butter at breakfast 新月形面包；牛角面包 ☛ picture at **bread**. 见 **bread** 插图。

crony /ˈkrəʊnɪ ‖ ˈkronɪ/ *noun* [C] (*pl* **cronies**) (*informal* 非正式) (often used in a critical way 常含贬义) a friend 朋友

crook /krʊk ‖ krʊk/ *noun* [C] **1** (*informal* 非正式) a dishonest person; a criminal 骗子；坏蛋 **2** a bend or curve in sth 弯曲部分：*the crook of your arm* (= the inside of your elbow) 臂弯

crooked /ˈkrʊkɪd ‖ ˈkrʊkɪd/ *adj* **1** not straight or even 弯曲；歪斜：*That picture is crooked. I'll straighten it up for you.* 那幅画挂歪了，让我替你把它摆正。○ *crooked teeth* 不齐整的牙齿 **2** (*informal* 非正式) not honest 不诚实：*a crooked accountant* 不诚实的会计师

☆**crop** /krɒp ‖ krɑp/ *noun* **1** [C] all the grain, fruit, vegetables, etc that grow or are collected at one time or place（谷物、水果、蔬菜等一茬的）收成/收获：*a crop of apples* 一茬苹果 ○ *Another year of crop failure would mean starvation for many people.* 再有一年农作物欠收，很多人便要挨饿了。**2** [C, usually pl] plants that are grown on farms for food 农作物：*Rice and soya beans are the main crops here.* 稻米和大豆是这里的主要农作物。**3** [sing] a number of people or things which have appeared at the same time（同时出现的）一群（人）/一批（事物）：*a crop of spots on his face* 他脸上的一簇斑点

crop *verb* (cro**pp**ing; cro**pp**ed) **1** [T] to cut sth very short 剪短：*cropped hair* 短头发 **2** [I] to produce a crop(1) 种植

(PHRASAL VERB 短语动词) **crop up** to appear suddenly, when you are not expecting it 突然出现：*Some problems have cropped up that we weren't expecting.* 突然出现一些我们没有预料到的问题。

cropper /ˈkrɒpə(r) ‖ ˈkrɑpɚ/ *noun*

(IDIOM 习语) **come a cropper** (*informal* 非正式) **1** to fall over 跌倒 **2** to fail; to have an accident 失败；发生意外

croquet /ˈkrəʊkeɪ; *US* 美 krəʊˈkeɪ ‖ kroˈke/ *noun* [U] a game that you play on grass. When you play croquet you use wooden sticks (**mallets**) to hit balls through metal arches (**hoops**). 槌球游戏（在草地上进行，以木槌 (**mallet**) 击球穿过铁环门 (**hoop**)）

☆**cross**[1] /krɒs; *US* 美 krɔːs ‖ krɔs/ *noun* **1** [C] a mark that you make by drawing one line across another (eg +). The sign is used for showing the position of sth, for showing that sth is not correct, etc 十字形记号/交叉记号（用以显示位置或错误等）：*The cross on the map shows where our house is.* 地图上的十字形记号显示我们房子的位置。○ *Incorrect answers were marked with a cross.* 错的答案已打上叉。**2** (*also* 亦作 **the Cross**) [sing] the two pieces of wood in the shape of a cross on which people were killed as a punishment in former times 十字架（古时的刑具）：*Christ's death on the cross* 耶稣死在十字架上 **3** [C] something in the shape of the cross[1](2) that is used as a symbol of the Christian religion（象征基督教的）十字架：*She wore a gold cross round her neck.* 她戴着金十字架项链。○ *The priest made the sign of the cross* (= by moving his right hand in front of his face and chest in the shape of a cross). 神父在胸前画了十字（用右手在面部及胸前画出十字的形状）。☛ Look at **crucifix**. 参看 **crucifix**。**4** [C, usually sing] **a cross (between A and B)** something (especially a plant or an animal)

C

that is a mixture of two different types of thing 杂种/混合种（尤指植物或动物的）: *A fruit which is a cross between a peach and an apple.* 桃和苹果杂交而生的新品种。**5** [C] (*formal* 正式) something that makes you unhappy or worried or that makes your life more difficult 烦恼；苦难；磨难: *We all have our own cross to bear.* 我们所有人都有自己的苦难要承受。

☆**cross**[2] /krɒs; US 美 krɔːs ‖ krɔs/ *verb* **1** [I,T] **cross (over) (from sth/to sth)** to go from one side of sth to the other 穿过；越过: *to cross the road* 过马路 ○ *You can't cross here, there's too much traffic.* 不能在这里过马路，车太多了。○ *Where did you cross the border?* 你在哪里越过边界？**2** [I] (used about lines, roads, etc 指线、道路等) to pass across each other 交叉；相交: *The two roads cross just north of the village.* 这两条路在村的北面相交。○ (*figurative* 比喻) *Our letters crossed in the post.* 我们的信件在邮寄途中互相错过了。**3** [T] to put sth across or over sth else 使交叉: *to cross your arms* 交叉双臂 ☛ picture at **arm**. 见 **arm** 插图。**4** [T] **cross yourself** to make the sign of a cross in front of your face and chest as a symbol of the Christian religion 在面部及胸前画十字（以象征基督教信念）**5** [T] to refuse to do what sb wants you to do; to oppose sb 拒绝；反对: *He's an important man. It could be dangerous to cross him.* 他是个重要人物，与他作对会很危险。**6** [T] **cross sth with sth** to produce a new type of plant or animal by mixing two different types 使杂交: *If you cross a horse with a donkey you get a mule.* 马与驴杂交就会生出骡子。

(IDIOMS 习语)**cross my heart (and hope to die)** (*informal* 非正式) (used for emphasizing that what you are saying is true 用以强调所说的事属实) 我发誓

cross your fingers to hope that things will happen in the way that you want; to wish for good luck 希望事情如愿；祈求好运: *There's nothing more we can do now – just cross our fingers and hope for the best.* 现在我们再没有什么可做的了——只能够祈求好运降临。

> ☛ If a person says they are 'crossing their fingers' or 'keeping their fingers crossed' it doesn't mean that they are really doing this with their hands. It means that they are wishing somebody luck or hoping very much that something good will happen. 如果有人说 they are crossing their fingers 或 keeping their fingers crossed，这并不是指他们真的把手指交叉，而是指他们祈求某人好运或希望一些好的事情会发生。

cross your mind (used about a thought, idea, etc 指想法等) to come into your mind 出现于脑海中: *It never once crossed my mind that she was lying.* 我从未想过她是在说谎。

(PHRASAL VERBS 短语动词) **cross sth off (sth)** to remove sth from a list, etc by drawing a line through it（从清单上）删掉/删除/画掉: *Cross Dave's name off the guest list – he can't come.* 从客人的名单上删去戴夫的名字——他不能来了。

cross sth out to draw a line through sth that you have written because you have made a mistake, etc（因写错而）划掉: *to cross out a spelling mistake* 划掉一个错误的拼写

cross[3] /krɒs; US 美 krɔːs ‖ krɔs/ *adj* **cross (with sb) (about sth)** (*informal* 非正式) angry or annoyed 愤怒；生气: *I was really cross with her for leaving me with all the work.* 她把所有工作都留给我，我真的对她非常生气。○ *What are you so cross about?* 你为什么这样生气？☛ **Cross** is less formal than **angry**. * **cross** 用于非正式场合，正式场合宜用 **angry**。—**crossly** *adv*: *'Be quiet,' Dad said crossly.* "静一点。" 爸爸生气地说。

crossbar /'krɒsbɑː(r); US 美 krɔːs- ‖ 'krɔsˌbɑr/ *noun* [C] **1** the piece of wood over the top of a goal in football, etc（足球球门等上的）横木 **2** the metal bar that joins the front and back of a bicycle 自行车车架上的横梁

cross-country /ˌkrɒs'kʌntrɪ; US 美 ˌkrɔːs- ‖ 'krɔs'kʌntrɪ/ *adj, adv* across fields, etc; not using main roads 越野的: *a cross-country run* 越野赛

cross-examine /ˌkrɒsɪg'zæmɪn; US 美 ˌkrɔːs- ‖ 'krɔsɪg'zæmɪn/ *verb* [T] to ask sb a lot of questions (eg in a court) in order to find out the truth about sth 盘问/盘诘（如在法庭上）: *to cross-examine a witness in a court of law* 在法庭上盘问证人 —**cross-examination** /ˌkrɒsɪgˌzæmɪ'neɪʃn; US 美 ˌkrɔːs- ‖ 'krɔsɪgˌzæmə'neʃən/ *noun* [C,U]

cross-eyed /'krɒsaɪd; US 美 'krɔːs- ‖ 'krɔs'aɪd/ *adj* having one or both your eyes looking towards your nose 内斜视的；斗鸡眼的

crossing /'krɒsɪŋ; US 美 'krɔːs- ‖ 'krɔsɪŋ/ *noun* [C] **1** a journey across water 渡；横渡: *a rough sea crossing* 在大风大浪中渡海 **2** a place where roads or railway lines cross each other 十字路口；铁路交叉处: *a level crossing* (= where a road crosses a railway line) 平交道口（公路与铁路交叉处）**3** a place where you can cross over sth 人行横道；过境处: *to cross the road at a pedestrian crossing* 在人行横道过马路 ○ *a border crossing* 过境处

cross-legged 盘腿

with her legs crossed 她把双腿交叉着

cross-legged /ˌkrɒs'legd; US 美 ˌkrɔːs- ‖ 'krɔs-'lɛgd/ *adj, adv* sitting on the floor with your legs pulled up in front of you and with one leg or foot over the other 盘着腿: *to sit cross-legged* 盘腿而坐

cross-purposes /ˌkrɒsˈpɜ:pəsɪz; *US* 美 ˌkrɔ:s- ‖ ˈkrɔsˈpɝpəsɪz/ *noun*
(IDIOM 习语) **at cross-purposes** a state of confusion and misunderstanding between people who are talking about different things but think they are talking about the same thing 互相误解: *I think we've been talking at cross-purposes. You mean next Saturday but I'm talking about this one.* 我想我们误解了彼此的意思，你说的是下星期六，但我所指的是这个星期六。

cross-reference /ˌkrɒsˈrefrəns; *US* 美 ˌkrɔ:s- ‖ ˈkrɔsˈrɛfərəns/ *noun* [C] a note in a book, etc that tells you to look in another place in the book for more information（书中的）互相参照/互见

crossroads /ˈkrɒsrəʊdz; *US* 美 ˈkrɔ:s- ‖ ˈkrɔsˌrodz/ *noun* [C] (*pl* **crossroads**) a place where two or more roads cross each other 十字路口: *When you come to the next crossroads turn right.* 你到了下一个十字路口便向右转。

cross-section /ˌkrɒsˈsekʃn; *US* 美 ˌkrɔ:s- ‖ ˈkrɔsˈsɛkʃən/ *noun* [C] **1** a picture of what the inside of sth would look like if you cut through it 剖面图；横切面图: *a diagram of a cross-section of the human brain* 人脑的横切面图 **2** a group of people that are typical of a larger group 典型；代表: *a representative cross-section of society* 社会中的一群具有代表性的人物

crosswalk /ˈkrɒswɔ:k; *US* 美 ˈkrɔ:s- ‖ ˈkrɔsˌwɔk/ *noun* [C] (*US* 美) = PEDESTRIAN CROSSING

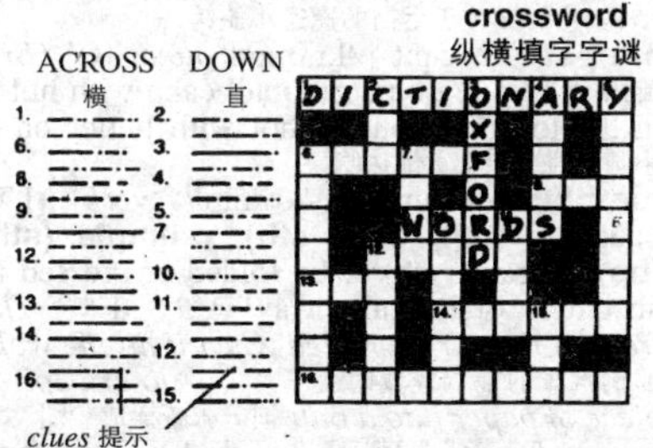

☆**crossword** /ˈkrɒswɜ:d; *US* 美 ˈkrɔ:s- ‖ ˈkrɔsˌwɝd/ (*also* 亦作 ˈ**crossword puzzle**) *noun* [C] a word game with black and white squares where you write the words in the white squares, either across or down. The correct words are the answers to special questions (**clues**) 纵横填字字谜（可根据提示 (**clue**) 填上正确的答案）: *to do a crossword* 猜纵横填字字谜

crotch /krɒtʃ ‖ krɑtʃ/ (*also* 亦作 **crutch**) *noun* [C] the place where a person's legs, or trouser legs, join at the top 胯部；裤裆

crouch /kraʊtʃ ‖ kraʊtʃ/ *verb* [I] to bend down so that your body is close to the ground and lean forward slightly 蹲伏；蹲: *The cat crouched in front of the hole waiting for the mouse to appear.* 猫蹲伏在洞前等待着老鼠出现。○ *He crouched down behind the sofa.* 他在沙发后面蹲下来。☛ picture at **kneel**. 见 **kneel** 插图。

crow[1] /krəʊ ‖ kro/ *noun* [C] a large black bird that makes a loud noise 乌鸦
(IDIOM 习语) **as the crow flies** (used for describing distances 用以形容距离) in a straight line 成直线: *It's a kilometre as the crow flies but three kilometres by road.* 按直线就是一公里，但走路要走三公里。

crow[2] /krəʊ ‖ kro/ *verb* [I] **1** to make a loud noise, such as a male chicken, (**cock**) makes, eg early in the morning 发出像公鸡叫的声音（公鸡叫做 **cock**）**2** (*informal* 非正式) to speak very proudly about sth; to boast 自鸣得意地说话；夸口；自夸

crowbar /ˈkrəʊbɑ:(r) ‖ ˈkroˌbɑr/ *noun* [C] a long iron bar that is used for forcing sth open 撬棍；铁撬

☆**crowd**[1] /kraʊd ‖ kraʊd/ *noun* **1** [C, with sing or pl verb] a large number of people in one place 人群: *The crowd was/were extremely noisy.* 人群很喧闹。○ *A large crowd gathered to hear the President speak.* 一大群人聚集在一起聆听总统讲话。○ *He pushed his way through the crowd.* 他从人群中挤过去。○ *There were crowds of people waiting outside the cinema.* 一群群的人在电影院外面等候着。**2 the crowd** [sing] most people 大众；民众: *to follow the crowd* (= to do what everybody else does) 从众 **3** [C, with sing or pl verb] (*informal* 非正式) a group of people who know each other（互相认识的）一伙人/一帮人: *John, Linda and Barry will be there –all the usual crowd.* 约翰、琳达、巴里会在那里——都是常聚的那伙人。

☆**crowd**[2] /kraʊd ‖ kraʊd/ *verb* **1** [I] **crowd around/round (sb)** (used about a lot of people 指很多人) to come together in one place 聚集；群集: *Fans crowded round the singer hoping to get his autograph.* 歌迷围着那歌星，希望取得他的亲笔签名。**2** [T] (used about a lot of people 指很多人) to fill an area 挤满/塞满（某地方）: *Groups of tourists crowded the main streets.* 大街上满都是一群群的游客。
(PHRASAL VERBS 短语动词) **crowd into sth; crowd in** to go into a small place and make it very full 挤进某狭小的地方: *Somehow we all crowded into their small living-room.* 我们所有人都设法挤进了他们那狭小的客厅。
crowd sb/sth into sth; crowd sb/sth in to put a lot of people into a small place 将很多人/物挤进狭小的地方: *Ten prisoners were crowded into one small cell.* 十个囚犯被关进一个小囚室内。

crowded *adj* full of people 拥挤；挤满人: *The town was crowded with Christmas shoppers.* 城镇里挤满圣诞节购物的人。○ *a crowded bus* 拥挤的公共汽车

crown[1] /kraʊn ‖ kraʊn/ *noun* **1** [C] a round ornament made of gold and jewels, that a king or queen wears on the head on official occasions 皇冠 **2 the crown** [sing] the state as represented by a king or queen 王国: *an area of land belonging to the Crown* 属于国家的土地 **3** [sing] the top of your head or of a hat 头顶；帽顶 **4** [sing] the top of a hill 山顶

ˌ**crown** ˈ**prince** (*feminine* 阴性 ˌ**crown prin**ˈ**cess**) *noun* [C] the person who has the right to become the next king or queen 皇储

crown[2] /kraʊn ‖ kraʊn/ *verb* [T] **1** to put a crown on the head of a new king or queen in an official ceremony 为…加冕: *Elizabeth was crowned in 1952.* 伊丽莎白于1952年加冕。○ (*figurative* 比喻) *the newly crowned British champion* 刚刚获冕的英国冠军 **2 crown sth (with sth)** (*formal* 正式) to cover the top of sth 覆盖（某物）的顶部: *The mountain was crowned with snow.* 山顶盖满了雪。**3** to be a good or successful end to sth 圆满地结束: *years of hard work that were finally crowned with success* 多年的努力终于获得成功

(IDIOM 习语) **to crown it all** to be the last in a number of lucky or unlucky events 更妙的是；更糟的是: *She failed her exam, her boyfriend left her and to crown it all her handbag was stolen.* 她考试不及格，男朋友离开她，而更糟的是她的提包又被人偷去。

crowning *adj* (only *before* a noun 只用于名词前) the best or most important 最好；最重要: *Winning the World Championship was the crowning moment of her career.* 赢得世界冠军是她事业中最璀璨的时刻。

☆**crucial** /ˈkru:ʃl ‖ ˈkruʃəl/ *adj* **crucial (to/for sth)** very important 十分重要: *Early diagnosis of the illness is crucial for successful treatment.* 及早诊断对于治疗的成功十分重要。—**crucially** /-ʃəlɪ ‖ -ʃəlɪ/ *adv*: *a crucially important decision, meeting, etc* 关系重大的决定/会议…

crucifix /ˈkru:sɪfɪks ‖ ˈkrusəˌfɪks/ *noun* [C] a small model of a cross with a figure of Jesus on it 有耶稣受难像的十字架

crucifixion /ˌkru:sɪˈfɪkʃn ‖ ˌkrusəˈfɪkʃən/ *noun* [C,U] the act of crucifying sb（某人）钉死在十字架上: *the Crucifixion of Christ* 耶稣被钉死在十字架上

crucify /ˈkru:sɪfaɪ ‖ ˈkrusəˌfaɪ/ *verb* [T] (*pres part* **crucifying**; *3rd pers sing pres* **crucifies**; *pt, pp* **crucified**) to kill sb by nailing or tying him/her to a cross 把（某人）钉在或绑在十字架上处死

crude /kru:d ‖ krud/ *adj* **1** in its natural state 天然；未提炼: *crude oil* 原油 **2** done or made in a simple way; not skilful 粗糙；粗制；不精细: *The method was crude but very effective.* 方法虽然简单，但很有效。**3** rude, talking or acting in a way that would offend many people 粗鲁；粗鄙: *He's always telling crude jokes.* 他常常说粗鄙的笑话。—**crudely** *adv*

☆**cruel** /krʊəl ‖ ˈkruəl/ *adj* (**crueller**; **cruellest**) causing physical or mental pain or suffering to sb/sth; unkind 残忍；残酷；冷酷: *I think it's cruel to keep animals in cages.* 我认为把动物关在笼子里是很残忍的。○ *cruel words* 尖刻的话 ○ *Life can be cruel.* 人生有时是残酷的。○ *a cruel punishment* 残酷的惩罚 —**cruelly** /ˈkrʊəlɪ ‖ ˈkruəlɪ/ *adv*

☆**cruelty** /ˈkrʊəltɪ ‖ ˈkruəltɪ/ *noun* (*pl* **cruelties**) **1** [U] **cruelty (to sb/sth)** cruel behaviour 残忍；残酷；虐待: *cruelty to children* 虐待儿童 **2** [C, usually pl] a cruel act 残暴的行为: *the cruelties of war* 战争的残暴行为

cruise /kru:z ‖ kruz/ *verb* [I] **1** to travel by boat, visiting a number of places, as a holiday 乘船游览；海上航游: *to cruise around the Caribbean* 乘船游览加勒比海附近各地 **2** to travel by car, plane, etc staying at the same speed（指车辆、飞机等）以不变的速度行进: *cruising at 70 miles an hour* 以时速70英里行进

cruise *noun* [C] a holiday in which you travel on a ship and visit a number of different places 乘船旅游（的假期）: *After they retired they went on a world cruise.* 他们退休后乘船环游了世界。

cruiser /ˈkru:zə(r) ‖ ˈkruzər/ *noun* [C] **1** a large warship 巡洋舰 **2** (*also* 亦作 ˈ**cabin cruiser**) a motor boat which has room for people to sleep on it 游艇（可供住宿）

crumb /krʌm ‖ krʌm/ *noun* [C] a very small piece of bread, cake or biscuit 面包屑；饼屑

crumble /ˈkrʌmbl ‖ ˈkrʌmbḷ/ *verb* [I,T] **crumble (sth) (into/to sth)**; **crumble (sth) (up)** (to cause sth) to break into very small pieces 弄碎；使碎为细屑: *to crumble bread, biscuits, etc* 将面包/饼干…弄碎 ○ *The walls of the church are beginning to crumble.* 教堂的墙壁开始破裂。○ (*figurative* 比喻): *Support for the government is beginning to crumble.* 对政府的支持开始消失。

crummy /ˈkrʌmɪ ‖ ˈkrʌmɪ/ *adj* (**crummier**; **crummiest**) (*informal* 非正式) bad or unpleasant 不好；令人不快: *a crummy little back-street hotel* 位于后街的邋遢小旅馆

crumpet /ˈkrʌmpɪt ‖ ˈkrʌmpɪt/ *noun* [C] (*Brit* 英) a flat round type of small cake with holes in the top that you eat hot with butter on it 小圆烤饼（涂上黄油热吃）

crumple /ˈkrʌmpl ‖ ˈkrʌmpḷ/ *verb* [I,T] **crumple (sth) (into sth)**; **crumple (sth) (up)** (to cause sth) to be folded or pressed in an untidy or irregular way 起皱；压皱: *The front of the car crumpled when it hit the wall.* 那辆汽车的前端撞墙时变了形。○ *to crumple a piece of paper into a ball* 把一张纸揉成一团

crunch /krʌntʃ ‖ krʌntʃ/ *verb* **1** [T] **crunch sth (up)** to make a loud noise when you are eating sth hard 嘎吱嘎吱地咬嚼: *to crunch an apple/a carrot* 嘎吱嘎吱地嚼苹果/胡萝卜 **2** (*also* 亦作 **scrunch**) [I] to make a loud noise like the sound of sth being walked on and crushed 发出嘎吱嘎吱声: *We crunched through the snow.* 我们嘎吱嘎吱地踏过雪地。○ *The snow made a crunching noise under our feet.* 我们脚下的雪嘎吱作响。

crunch *noun* [sing] an act or noise of crunching 嘎吱作响的咀嚼；嘎吱嘎吱声: *the crunch of their boots on the snow* 他们的皮靴在雪地上发出的嘎吱嘎吱声

(IDIOM 习语) **if/when it comes to the crunch**; **if/when the crunch comes** if/when you are in a difficult situation and must make a difficult decision 到了紧急关头: *If it comes to the crunch, I'll stay and fight.* 到了紧急关头，我会留下来对抗到底。

crunchy *adj* (**crunchier**; **crunchiest**) hard and crisp, so that it makes a noise when you eat it or step on it 松脆；（咀嚼或被踩时）嘎吱作响的: *a crunchy apple* 爽脆的苹果

crusade /kruːˈseɪd ‖ kruˈsed/ *noun* [C] **1 Crusade** one of the wars that European Christians fought with Muslims in the Middle Ages to win back land in the area that is now Israel 十字军东征 **2** a fight for sth that you believe to be good or against sth that you believe to be bad（为争取好的或反对坏的事物的）运动/斗争/抗争: *a crusade against drugs* 打击毒品运动

cruˈsader *noun* [C] a person who takes part in a crusade 十字军战士；参与斗争的人

crush[1] /krʌʃ ‖ krʌʃ/ *verb* [T] **1** to press sb/sth hard so that he/she/it is broken, damaged or injured 压碎；压破；压坏；压伤: *Don't pack the cakes at the bottom of the box or they'll get crushed.* 不要把糕饼放在盒底，会压碎的。○ *to be crushed to death* 被压死 **2 crush sth (up)** to break sth hard into very small pieces or a powder 弄碎；捣碎；压碎: *First crush the garlic and fry in olive oil.* 首先把蒜捣碎，然后用橄榄油煎。**3** to defeat sb/sth completely 彻底击败: *The army was sent in to crush the rebellion.* 军队被派去镇压叛乱。

(PHRASAL VERB 短语动词) **crush (sb/sth) into, past, through, etc sth** (to cause sb/sth) to move into, past, through, etc a place by pushing or pressing（使某人/某物）挤入/挤进/挤过某地方: *Crowds of people crushed into the tiny church.* 大批人挤进那小教堂。

crushing *adj* (only *before* a noun 只用于名词前) that defeats sb/sth completely or upsets sb/sth a lot 压倒的；使人受不了: *a crushing defeat* 惨败 ○ *a crushing blow to the country's economy* 对国家经济极严重的打击

crush[2] /krʌʃ ‖ krʌʃ/ *noun* **1** [sing] a large group of people in a small space 拥挤的人群: *There was such a crush that I couldn't get near the bar.* 那里拥挤着很多人，我无法走近酒吧间。**2** [C] **a crush (on sb)** (*informal* 非正式) a strong feeling of love and admiration for sb that does not usually last for a long time（通常指短暂的）狂热的爱/迷恋: *to have a crush on your teacher* 迷恋老师

crust /krʌst ‖ krʌst/ *noun* [C,U] **1** the hard part on the outside of a loaf of bread, pie, etc 面包皮；糕饼外皮: *I cut the crusts off the bread.* 我把面包皮切去。☛ picture at **bread**. 见 **bread** 插图。**2** [C] a hard layer on the outside of sth 硬壳: *the Earth's crust* 地壳

crusty /ˈkrʌstɪ ‖ ˈkrʌstɪ/ *adj* (**crustier**; **crustiest**) **1** having a hard crust(1) 有硬皮的: *crusty bread* 硬面包 **2** (*informal* 非正式) bad-tempered and impatient 脾气暴躁；不耐烦: *a crusty old professor* 脾气暴躁的老教授

crutch /krʌtʃ ‖ krʌtʃ/ *noun* [C] **1** a type of stick that you put under your arm to help you walk when you have hurt your leg or foot 拐杖: *to be on crutches* (= to walk using crutches) 靠拐杖走路 **2** = CROTCH

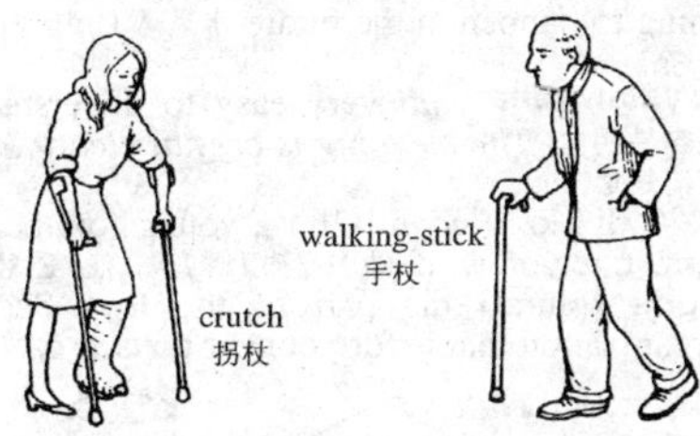

crux /krʌks ‖ krʌks/ *noun* [sing] the most important or difficult part of a problem（问题的）关键/症结: *Now we come to the crux of the problem.* 现在我们谈问题的关键所在。

☆**cry**[1] /kraɪ ‖ kraɪ/ *verb* (*pres part* **crying**; *3rd pers sing pres* **cries**; *pt, pp* **cried**) **1** [I] to make a noise and produce tears in your eyes, eg because you are unhappy or have hurt yourself 哭；哭泣: *The baby never stops crying.* 这婴孩不停地哭。○ *The child was crying for* (= because she wanted) *her mother.* 那孩子哭着要妈妈。○ *to cry yourself to sleep* 哭到睡着 ○ *They were crying with cold and hunger.* 他们饥寒交迫，不禁痛哭起来。**2** [I,T] **cry (out)** to shout or make a loud noise 叫喊；呼喊: *'Look,' he cried, 'There they are.'* "看，"他大声说："他们来了。" ○ *to cry out in pain* 痛得大叫

(PHRASAL VERB 短语动词) **cry out for sth** to need sth very much 非常需要某物: *London is crying out for a new transport system.* 伦敦极需要新的运输系统。

☆**cry**[2] /kraɪ ‖ kraɪ/ *noun* (*pl* **cries**) **1** [C] a shout or loud noise 叫喊；大叫；叫喊声: *the cries of the children in the playground* 运动场上儿童的叫喊声 ○ *the cry of a seagull* 海鸥的叫声 ○ *a cry of pain, fear, joy, etc* 痛苦的/恐惧的/高兴的…叫喊声 **2** [sing] an act of crying[1](1) 哭；哭泣: *After a good cry I felt much better.* 痛哭一场后，我觉得好过多了。

(IDIOM 习语) **a far cry from sth/from doing sth** ⇨ FAR[1]

crying /ˈkraɪɪŋ ‖ ˈkraɪɪŋ/ *adj* (only *before* a noun 只用于名词前) very great (usually used when talking about a bad situation, etc) 很糟/严重（通常用于坏的情况等）: *There's a crying need for more doctors.* 迫切需要更多医生。○ *It's a crying shame that so many young people can't find jobs.* 这么多年青人找不到工作，真是不像话。

crypt /krɪpt ‖ krɪpt/ *noun* [C] a room that is under a church, where dead people are sometimes buried 教堂地下室（有时用以埋葬死者）

cryptic /ˈkrɪptɪk ‖ ˈkrɪptɪk/ *adj* having a hidden meaning that is not easy to understand; mysterious 有隐义；隐晦难明；神秘: *a cryptic message, remark, etc* 令人困惑的信息/言语…

crystal /ˈkrɪstl ‖ ˈkrɪstl/ *noun* **1** [U] a transparent rock or mineral 水晶 **2** [U] very high-quality glass 水晶玻璃: *a crystal vase* 水晶花瓶 **3** [C] a regular shape that some mineral substances form when they are solid 结晶体: *salt crystals* 盐的结晶体

ˌcrystal ˈball *noun* [C] a glass ball in which some people believe you can see what is going to happen in the future 水晶球（用以占卜未来）

ˌ**crystal** ˈ**clear** *adj* very easy to understand 很容易明白: *The meaning is crystal clear.* 意思清清楚楚。

cub /kʌb ‖ kʌb/ *noun* [C] **1** a young fox, bear, lion, tiger or wolf 幼狐/熊/狮/虎/狼 **2 the Cubs** [plural] the part of the Boy Scout organization that is for younger boys 幼童军

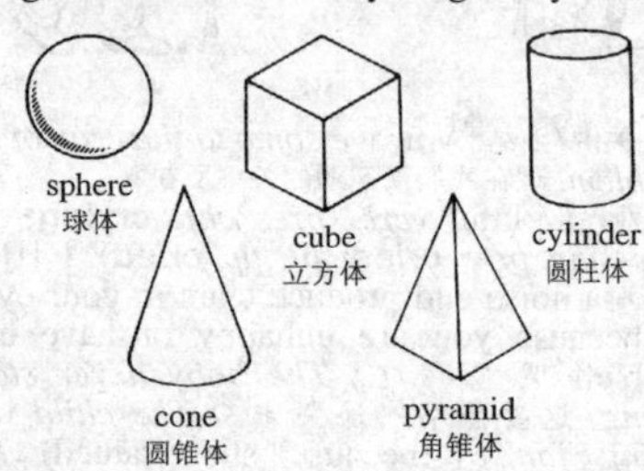

C

cube /kju:b ‖ kjub/ *noun* [C] **1** a solid shape that has six equal square sides 立方体；正方体 **2** the number that you get if you multiply a number by itself twice 立方（某数自乘三次的积）: *The cube of 5* (5^3) *is 125* (= 5 × 5 × 5). * 5 的立方 (5^3) 是 125 。

cube *verb* [T] (usually passive 通常用于被动语态) to multiply a number by itself twice 将（某数）自乘三次；求立方: *Four cubed* (4^3) *is 64* (= 4 × 4 × 4). * 4 的立方 (4^3) 是 64 。

cubic /ˈkju:bɪk ‖ ˈkjubɪk/ *adj* if a box is 2m long, 2m wide and 2m high, its volume is 8 cubic metres. 立方的（如果一个箱是 2 米长，2 米宽，2 米高，它的体积是 8 立方米。）

cubicle /ˈkju:bɪkl ‖ ˈkjubɪkl̩/ *noun* [C] a small separate section of a larger room, eg for changing in at a swimming pool or trying on clothes in a shop 小室（如游泳池的更衣室或商店内的试衣间）

cuckoo /ˈkʊku: ‖ ˈkʊku/ *noun* [C] a bird which makes a sound like its name and which lays its eggs in another bird's nest 布谷鸟；杜鹃

cucumber /ˈkju:kʌmbə(r) ‖ ˈkjukʌmbɚ/ *noun* [C,U] a long, thin vegetable with a dark green skin and a soft white inside that is often used in salads 黄瓜 ☛ picture at **salad**. 见 **salad** 插图。

cuddle /ˈkʌdl ‖ ˈkʌdl̩/ *verb* [I,T] to hold (sb/sth/each other) closely in your arms as a sign of love 搂抱；（互相）拥抱: *She cuddled her baby until he fell asleep.* 她搂抱着婴儿直到他熟睡。

(PHRASAL VERB 短语动词) **cuddle up (to/against sb/sth)**; **cuddle up (together)** to move close to sb and sit or lie comfortably 偎依（某人）；依偎在一起舒适地坐或躺着: *He cuddled up to his girlfriend on the sofa.* 他偎依着他的女朋友坐在沙发上。○ *They cuddled up together for warmth.* 他们紧靠在一起保暖。—**cuddle** *noun* [C]: *He gave the child a cuddle and kissed her goodnight.* 他拥抱了那小孩一下，然后吻了她道晚安。

cuddly /ˈkʌdlɪ ‖ ˈkʌdlɪ/ (**cuddlier**; **cuddliest**) *adj* soft and pleasant to hold close to you 令人想搂抱；拥着舒服: *a cuddly toy* 令人想搂抱的玩具

cue[1] /kju: ‖ kju/ *noun* [C] **1** a word or gesture that is the signal for sb else to say or do sth, especially in a play 提示/暗示（尤指戏剧中提示某人做某事的言词或动作）: *When Julia puts the tray on the table, that's your cue to come on stage.* 朱莉娅把托盘放在桌上，那就是你要出场的提示。**2** an example of how to behave 榜样: *I wasn't sure how to behave at a Japanese wedding, so I took my cue from my hosts.* 我不懂日本婚宴的礼仪，所以我处处学主人家的样子。(IDIOM 习语) **(right) on cue** at exactly the moment expected 恰好在这时候

cue[2] /kju: ‖ kju/ *noun* [C] a long, thin wooden stick, used to hit the ball in games like snooker and billiards（玩台球等用的）球杆 ☛ picture at **snooker**. 见 **snooker** 插图。

cuff[1] /kʌf ‖ kʌf/ *noun* [C] the end part of a sleeve, which often fastens at the wrist 袖口；袖头 ☛ picture on page A24. 见第 A24 页插图。(IDIOM 习语) **off the cuff** (used about a remark, etc 指言语等) without previous thought or preparation 未经思考/准备；临时: *I haven't got the figures here, but, off the cuff, I'd say the rise is about 10%.* 我现在没有有关数字，但据我估计，大约上升百分之十。

cuff[2] /kʌf ‖ kʌf/ *verb* [T] to hit sth (especially sb's head) lightly with your open hand 以手掌轻拍（尤指拍某人的头部）

cuisine /kwɪˈzi:n ‖ kwɪˈzin/ *noun* [U] a style of cooking 烹调的方式: *Italian cuisine* 意大利菜 ☛ A less formal word is **cooking**. * **cuisine** 用于正式场合，非正式场合宜用 **cooking**。

cul-de-sac /ˈkʌldəsæk ‖ ˈkʌldəˈsæk/ *noun* [C] (*pl* **cul-de-sacs**) a street that is closed at one end 死胡同；死巷

culinary /ˈkʌlɪnərɪ; *US* 美 -nerɪ ‖ ˈkjuləˌnɛrɪ/ *adj* connected with cooking 与烹调有关

cull /kʌl ‖ kʌl/ *verb* [T] **1** to reduce the size of a group of animals such as deer, by killing its weakest members 挑出（一群动物中较弱的）杀掉；剔除 **2** to gather or select information, ideas, etc, from different sources（从不同来源）收集/搜集/拣选（资料、意见等）

culminate /ˈkʌlmɪneɪt ‖ ˈkʌlməˌnet/ *verb* [I] (*formal* 正式) **culminate in sth** to reach a final result or high point 终于达到高潮；到达顶点: *The team's efforts culminated in victory in the national championships.* 该队的努力终于使他们在全国锦标赛中取得胜利。—**culmination** /ˌkʌlmɪˈneɪʃn ‖ ˌkʌlməˈneʃən/ *noun* [sing]: *The joint space mission was the culmination of years of research.* 联合太空任务是多年研究的成果。

culottes /kju:ˈlɒts ‖ kjuˈlɑts/ *noun* [plural] women's wide shorts that look like a skirt 女用裙裤: *a pair of culottes* 一条裙裤

culpable /ˈkʌlpəbl ‖ ˈkʌlpəbl̩/ *adj* (*formal* 正式) guilty; deserving blame 有罪；应受责备；难辞其咎

culprit /ˈkʌlprɪt ‖ ˈkʌlprɪt/ *noun* [C] a person who has done sth wrong 犯过失者；罪犯

cult /kʌlt ‖ kʌlt/ *noun* [C] **1** a type of religion

or religious group, especially one that is considered unusual 教派/宗派（尤指异于一般的） **2** a person or thing that has become popular with a particular group of people 受（某一群人）崇拜的人/物；时尚的人/物: *His books have become a cult among young people.* 读他的书成为年青人的时尚。

cultivate /'kʌltɪveɪt ‖ 'kʌltəˌvet/ *verb* [T] **1** to prepare and use land for growing crops 耕；耕作；开垦: *to cultivate the soil* 耕地 **2** to grow crops 种植: *Olives have been cultivated for centuries in Mediterranean countries.* 数个世纪以来，地中海国家一直都种植橄榄树。**3** to try hard to develop sth 努力发展: *He cultivated links with colleagues abroad.* 他努力建立与海外同事的联系。**4** to try to form a friendship with sb who could be useful to you 结交（对自己有帮助的人）

cultivated *adj* well educated, with good manners 有教养/修养；高雅 —**cultivation** /ˌkʌltɪ'veɪʃn ‖ ˌkʌltə'veʃən/ *noun* [U]

☆**cultural** /'kʌltʃərəl ‖ 'kʌltʃərəl/ *adj* **1** connected with the customs, ideas, art, etc of a society 与文化有关: *cultural identities* 文化个性 ○ *The country's cultural diversity is a result of taking in immigrants from all over the world.* 该国文化上的多元化是接纳世界各地移民的结果。**2** connected with art, music, literature, etc 与文艺（美术、音乐、文学等）有关: *The city has a rich cultural life, with many theatres, concert halls and art galleries.* 这城市的文化生活很丰富，有很多电影院、音乐厅和美术馆。—**culturally** /-rəlɪ ‖ -rəlɪ/ *adv*

☆**culture** /'kʌltʃə(r) ‖ 'kʌltʃɚ/ *noun* **1** [C,U] the customs, ideas, civilization, etc of a particular society or group of people 文化（指社会或一群人的风俗习惯、思想等）: *the language and culture of the Aztecs* 阿兹台克人的语言和文化 ○ *The international conference aims to bring together people from many different cultures.* 这国际会议的目的就是令很多文化背景各不相同的人聚首一堂。**2** [U] achievement in or understanding of art, literature, ideas, etc 文化（指美术、文学、思想等的成就或领悟）: *London has always been a centre of culture.* 伦敦一直是个文化中心。○ *a man/woman of culture* 有文化修养的男士/女士 **3** [U] the growing of plants or the keeping of certain types of animals 种植；饲养

cultured *adj* well-educated, showing a good knowledge of the arts, etc 有教养；有文化修养: *a cultured manner, mind, person, etc* 有文化修养的态度/思想/人…

'**culture-shock** *noun* [U] a feeling of confusion, etc that you may experience when you go to a country that is very different from your own 文化冲击（指面对与自己国家十分不同的文化时产生的困惑）

cum /kʌm ‖ kʌm/ *prep* (used for linking two nouns 用以连接两名词) also used as; as well as 亦作；兼作；和: *a bedroom-cum-study* 睡房和书房两用的房间

cumbersome /'kʌmbəsəm ‖ 'kʌmbɚsəm/ *adj* **1** heavy and difficult to carry, use, wear, etc 笨重；沉重 **2** (used about a system, etc 指制度等) slow; too complicated to be efficient 缓慢；累赘；效率低: *Collection of the new tax proved cumbersome.* 新设税项征收起来既缓慢又麻烦。

cumulative /'kju:mjʊlətɪv; *US* 美 -leɪtɪv ‖ 'kjumjəˌletɪv/ *adj* increasing steadily in amount, degree, etc 累积的；渐增的: *a cumulative effect* 累积的效果

cunning /'kʌnɪŋ ‖ 'kʌnɪŋ/ *adj* clever, especially at deceiving people 狡猾；诡计多端: *a cunning liar* 狡猾的骗子 ○ *a cunning trick* 诡计

cunning *noun* [U] cunning behaviour 狡猾的行为 —**cunningly** *adv*

☆**cup**[1] /kʌp ‖ kʌp/ *noun* [C] **1** a small deep container with a round base and usually a handle, used for drinking liquids 杯: *a cup and saucer* 一套杯碟 ○ *a teacup* 茶杯 ○ *a cup of coffee* 一杯咖啡 **2** (in sport 体育) a large metal cup given as a prize; the competition for such a cup 奖杯；锦标赛: *Our team won the cup in the basketball tournament.* 我们的球队在篮球锦标赛赢得了奖杯。○ *Is Scotland in the World Cup?* 苏格兰有没有参加世界杯比赛？ **3** an object shaped like a cup 杯状物: *an egg-cup* 蛋杯

(IDIOM 习语) **not sb's cup of tea** not what sb likes or is interested in 非某人喜欢或有兴趣的: *Horror films aren't my cup of tea.* 恐怖片不合我的胃口。

cup[2] /kʌp ‖ kʌp/ *verb* (cu**pp**ing; cu**pp**ed) [T] to form sth, especially your hands, into the shape of a cup; to hold sth with your hands shaped like a cup 使（某物，尤指双手）形成杯状；把双手窝成杯状托住（某物）: *I cupped my hands to take a drink from the stream.* 我用手捧起溪中的水来喝。○ *to cup your chin in your hands* 用手掌托住下巴

☆**cupboard** /'kʌbəd ‖ 'kʌbɚd/ *noun* [C] a piece of furniture, usually with shelves inside and a door or doors at the front, used for storing food, clothes, etc 橱/橱柜（放食物、衣服等）: *a kitchen cupboard* 食橱 ○ *built-in cupboards* 壁置式橱柜

curable /'kjʊərəbl ‖ 'kjʊrəbl̩/ *adj* that can be cured 可治愈: *a curable disease* 可治愈的疾病 ☛ The opposite is **incurable**. 反义词为 **incurable**。

curate /'kjʊərət ‖ 'kjʊrɪt/ *noun* [C] a priest of the lowest rank in the Church of England, who helps the vicar of a church district (**parish**) 副牧师/助理牧师（英国国教最低级的牧师，协助教区 (**parish**) 的牧师）

curator /kjʊə'reɪtə(r) ‖ kjʊ'retɚ/ *noun* [C]

a person whose job is to look after the things that are kept in a museum, art gallery, etc（博物馆、美术馆等的）馆长

curb /kɜ:b ‖ kɝb/ *noun* [C] **1 a curb (on sth)** something that controls or puts a limit on sth else 用以控制或约束某事物的东西: *a curb on local government spending* 本地政府开支的控制 **2** (*especially US* 尤为美) = KERB

curb *verb* [T] to control or set a limit on sth 控制；约束；限制: *The law aims to curb pollution of rivers.* 这条法规是为了抑制河流的污染而制定的。

C

curdle /'kɜ:dl ‖ 'kɝdl/ *verb* [I,T] to turn sour or to separate into different parts; to make something do this（使）变酸；（使）凝结: *I've curdled the sauce.* 我已使这酱汁凝结。○ (*figurative* 比喻): *The scream made her blood curdle* (= made her very frightened). 那叫声使她心惊胆战。☛ Look at **blood-curdling**. 参看 **blood-curdling**。

☆**cure**[1] /kjʊə(r) ‖ kjʊr/ *verb* [T] **1 cure sb (of sth)** to make sb healthy again 使（某人）恢复健康: *The treatment cured him of cancer.* 这种疗法把他的癌症治好。○ *The doctors couldn't cure her.* 这些医生治不好她的病。**2** to make an illness, injury, etc end or disappear 治愈/根治（疾病、损伤等）: *It is still not possible to cure the common cold.* 感冒仍然是无法可治。○ (*figurative* 比喻) *The plumber cured the problem with the central heating.* 管子工修好了中央暖气设备。**3** to make certain types of food last longer by drying, smoking or salting them（用风干、烟熏或盐腌等方法）保存/处理（某些食物）: *cured ham* 经腌制的火腿

cure[2] /kjʊə(r) ‖ kjʊr/ *noun* [C] **1** a medicine or treatment that can cure an illness, etc 药物；治疗方法: *There is no known cure for AIDS.* 还没有药物可治疗艾滋病。**2** a return to good health; the process of being cured 痊愈；治愈；治疗: *The new drug brought about a miraculous cure.* 这种新药有神奇的疗效。

curfew /'kɜ:fju: ‖ 'kɝfju/ *noun* [C] a time after which people are not allowed to go outside their homes, eg during a war 宵禁: *The government imposed a curfew.* 政府实施了宵禁。

curiosity /ˌkjʊərɪ'ɒsətɪ ‖ ˌkjʊrɪ'ɑsətɪ/ *noun* [C,U] (*pl* **curiosities**) **1** [U] a desire to know or learn 好奇心；求知欲: *I was full of curiosity about their plans.* 我对他们的计划充满好奇。○ *Out of curiosity, he opened her letter.* 他出于好奇，拆了她的信。**2** [C] an unusual and interesting person or thing 奇事；奇人；珍品: *As the only girl who played football for the school team, she was quite a curiosity.* 她是学校足球队的惟一女队员，可算是个奇才。

☆**curious** /'kjʊərɪəs ‖ 'kjʊrɪəs/ *adj* **1** eager to know or learn as much as you can 好奇；渴望知道: *He was curious to know how the machine worked.* 他很想知道究竟这机器是怎样运作的。**2** too interested in other people's affairs 爱管闲事；对他人的事过分感兴趣: *Don't be so curious – it's got nothing to do with you.* 不要那么好管闲事——这事与你无关。**3** unusual or strange 不寻常；奇怪: *As I was walking home, a curious thing happened.* 我走路回家时，发生了一件奇怪的事。—**curiously** *adv*: *Curiously enough, we discovered that we had exactly the same name.* 真够不寻常的，我们发觉我们的名字竟然相同。

curl[1] /kɜ:l ‖ kɝl/ *noun* [C] **1** a piece of hair that curves round 鬈发: *Her hair fell in curls round her face.* 她的鬈发垂在脸颊旁边。**2** a thing that has a curved round shape 卷状物: *a curl of blue smoke* 一缕蓝色的轻烟

curly *adj* (**curlier**; **curliest**) full of curls; shaped like a curl 满是鬈发；卷曲: *curly hair* 鬈发 ☛ picture at **hair**. 见 **hair** 插图。The opposite is **straight**. 反义词为 **straight**。

curl[2] /kɜ:l ‖ kɝl/ *verb* **1** [I,T] to form or to make sth form into a curl or curls（使）卷曲: *Does your hair curl naturally?* 你的头发是天然卷曲的吗？○ *The pages had curled with age.* 这些书页因日久而卷曲了。○ *He curled his lip and laughed scornfully.* 他撇一撇嘴，然后轻蔑地大笑。**2** [I] to move round in a curve 盘绕；缭绕: *The snake curled around his arm.* 那条蛇盘绕着他的手臂。

(PHRASAL VERB 短语动词) **curl up** to pull your arms, legs and head close to your body 蜷缩: *I like to curl up on the couch and watch TV.* 我喜欢蜷缩在长沙发上看电视。○ *The animal curled up into a ball to protect itself.* 那动物蜷作一团以求自卫。

curler *noun* [C] a small plastic or metal tube that you wrap hair around in order to make it curly 卷发夹

currant /'kʌrənt ‖ 'kɝənt/ *noun* [C] **1** a very small dried grape used to make cakes, etc 小葡萄干 **2** (often in compounds 常用以构成复合词) one of several types of small soft fruit 醋栗: *blackcurrants* 黑醋栗

currency /'kʌrənsɪ ‖ 'kɝənsɪ/ *noun* (*pl* **currencies**) **1** [C,U] the system or type of money that a particular country uses 货币；货币制度: *The currency of Argentina is the peso.* 阿根廷的货币是比索。○ *foreign currency* 外币 ○ *a weak, strong, stable, etc currency* 弱势/强势/稳定…的货币 **2** [U] the state of being believed, accepted or used by many people 流行；通用；流通: *The new ideas soon gained currency.* 这些新意念不久便流行起来。

☆**current**[1] /'kʌrənt ‖ 'kɝənt/ *adj* **1** of the present time; happening now 现时；现行: *current fashions* 时装 ○ *current events* 时事 **2** generally accepted; in common use 被普遍接受；通用: *Is this word still current?* 这个字还通用吗?

currently *adv* at present 现在: *He is currently working in Spain.* 他现在在西班牙工作。

ˌ**current ac'count** (*US* 美 '**checking account**) *noun* [C] a bank account from which you can take out money with a cheque book or cheque card 往来账户（用支票或支票卡提款）

ˌ**current af'fairs** *noun* [plural] important political or social events that are happening at the present time 时事

current[2] /'kʌrənt ‖ 'kɝənt/ *noun* **1** [C] a continuous flowing movement of water, air, etc 水流；气流: *to swim against/with the current* 逆流/顺流游泳 ○ *You shouldn't swim in the* *river. There are dangerous currents.* 你不应在这条河游泳，这里有危险的水流。○ (*figurative* 比喻) *a current of anti-government feeling* 一股反政府的情绪 **2** [U] the flow of electricity through a wire, etc 电流: *Turn on the current.* 接通电源。

curriculum /kəˈrɪkjʊləm ‖ kəˈrɪkjələm/ *noun* [C] (*pl* **curriculums** or **curricula** /-lə ‖ -lə/) all the subjects that are taught in a school, college or university; the contents of a particular course of study（学校的）所有科目；课程: *Latin is not on the curriculum at our school.* 我们学校的课程里没有拉丁文。○ *The curriculum for foreign languages emphasizes communication skills.* 外语课程着重沟通技能。

curriculum vitae /kəˌrɪkjʊləmˈviːtaɪ ‖ kəˌrɪkjələmˈvitaɪ/ (*abbr* 缩写 **cv**) (*US also* 美亦作 **résumé** /ˌrezʊˈmeɪ ‖ rɛzʊˈme/) *noun* [sing] a short account of your education and work experience, often used when you are applying for a new job 履历；简历

curry /ˈkʌrɪ ‖ ˈkɝɪ/ *noun* [C,U] (*pl* **curries**) a hot-tasting dish of meat, vegetables, etc usually served with rice 咖喱菜（通常用以伴饭吃）: *some Indian vegetable curry* 印度咖喱烩蔬菜 ○ *a hot/mild curry* 辛辣的/微辣的咖喱菜

curried *adj* made into a curry 用咖喱烹调的: *curried chicken* 咖喱鸡

ˈ**curry powder** *noun* [C] a fine mixture of strongly flavoured substances (**spices**) that is used to make curry 咖喱粉（用香料 (**spice**) 混制而成）

curse¹ /kɜːs ‖ kɝs/ *noun* [C] **1** a word used for expressing anger; a swear word 骂人的话；咒骂语 **2** a word or words expressing the wish that sth terrible will happen to sb 咒语: *The witch put a curse on him.* 女巫对他下了毒咒。○ *The family seemed to be under a curse* (= lots of bad things happened to them). 这个家庭好像注定要倒楣的。 **3** something that causes great harm 为祸的东西: *the curse of drug addiction* 毒瘾的祸害

curse² /kɜːs ‖ kɝs/ *verb* **1** [I,T] to swear at sb/sth; to use rude language to express your anger 骂；辱骂；咒骂: *He dropped the box, cursed, and began to pick up the contents.* 他掉下了那个箱，不禁骂了一句，然后拾起箱内的物件。○ *They cursed the traffic, realizing they would be late.* 他们知道将会迟到，大骂拥挤的交通。 **2** [T] to use a curse¹(2) against sb/sth 诅咒: *She cursed his family.* 她诅咒他的家人。

cursor /ˈkɜːsə(r) ‖ ˈkɝsɚ/ *noun* [C] a small sign on a computer screen that you can move to indicate a particular position（电脑屏幕上的）游标/光标

cursory /ˈkɜːsərɪ ‖ ˈkɝsərɪ/ *adj* quick and brief; done in a hurry 匆促；粗略；草率: *a cursory glance* 匆匆的一瞥

curt /kɜːt ‖ kɝt/ *adj* short and not polite 简短无礼；唐突草率: *She gave him a curt reply and slammed the phone down.* 她三言两语草草回答了他，然后砰然放下电话筒。—**curtly** *adv* **curtness** *noun* [U]

curtail /kɜːˈteɪl ‖ kɝˈtel/ *verb* [T] to make sth shorter or smaller; to reduce 缩短；缩小；缩减 —**curtailment** *noun* [C,U]

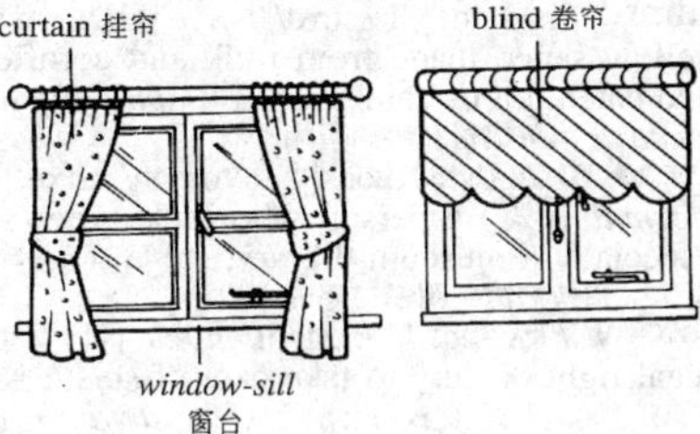

☆**curtain** /ˈkɜːtn ‖ ˈkɝtn̩/ *noun* [C] **1** (*US also* 美亦作 **drape**) a piece of material that you can move sideways to cover a window, etc 窗帘；挂帘；幕: *Could you draw the curtains, please?* 可否请你将窗帘拉上? ○ *lace curtains* 花边窗帘 ○ *The curtain goes up at 7pm* (= in a theatre, the play begins). 戏7点开演。 **2** a thing that covers or hides sth 覆盖/遮蔽（某物）的东西: *a curtain of mist* 一层薄雾

(PHRASAL VERB 短语动词) **curtain sth off** to divide a room, etc with a curtain 用帘幕分隔房间等: *The bed was curtained off from the rest of the room.* 这张床是用布帘来与房间的其他部分隔开的。

curtsy (*also* 亦作 **curtsey**) /ˈkɜːtsɪ ‖ ˈkɝtsɪ/ *noun* [C] (*pl* **curtsies** or **curtseys**) a movement made by a woman as a sign of respect, done by bending the knees, with one foot behind the other（妇女所行的）屈膝礼

curtsy (*also* 亦作 **curtsey**) *verb* (*pres part* **curtsying** or **curtseying**; *3rd pers sing pres* **curtsies** or **curtseys**; *pt, pp* **curtsied** or **curtseyed**) [I] to make a curtsy 行屈膝礼

☆**curve** /kɜːv ‖ kɝv/ *noun* [C] a line that bends round 曲线；弧线: *a curve on a graph* 图表上的曲线

curve *verb* [I,T] to bend or to make sth bend in a curve（使）弯曲；使成曲线: *The bay curved round to the south.* 海湾呈曲线形向南延伸。○ *a curved line* 一条曲线

cushion /ˈkʊʃn ‖ ˈkʊʃən/ *noun* [C] **1** a bag filled with soft material, eg feathers, which you put on a chair, etc to make it more comfortable 软垫子；坐垫；椅垫: *She sat back in the armchair with a cushion behind her head.* 她舒适地坐在扶手椅上，头枕着靠垫。 ☛ A cushion on a bed is a **pillow**. 枕头叫做 **pillow**。 **2** something that acts or is shaped like a cushion 具软垫功能的东西；垫状物: *a cushion of air* 气垫

cushion *verb* [T] **1** to make a blow, etc less painful 缓冲；减轻（受打击时的）痛楚: *The snow cushioned his fall.* 跌在雪地上使他伤得不重。 **2** to reduce the unpleasant effect of sth 减少（某物的不良影响）: *She spent her childhood on a farm, cushioned from the effects of the war.* 她的童年在农场度过，这减少了战争对她的影响。

cushy /ˈkʊʃɪ ‖ ˈkʊʃɪ/ *adj* (**cushier**; **cushiest**) (*informal* 非正式) too easy, requiring little effort (to a degree that seems unfair to others) 轻松/不费力（似对其他人不公平）: *a cushy job* 十分轻松的工作

custard /'kʌstəd ‖ 'kʌstɚd/ *noun* [U] a sweet yellow sauce made from milk and cornflour and eaten hot or cold 牛奶蛋糊: *apple pie and custard* 苹果馅饼和牛奶蛋糊

custodian /kʌ'stəʊdɪən ‖ kʌs'todɪən/ *noun* [C] (*formal* 正式) a person who looks after sth, especially a museum, library, etc 管理员/看管者（尤指博物馆、图书馆等的）

C

custody /'kʌstədɪ ‖ 'kʌstədɪ/ *noun* [U] **1** the legal right or duty to take care of sb/sth 监护（权）；保管（权）: *After the divorce, the mother was given custody of the children.* 离婚后，这位母亲得到子女的监护权。**2** the state of being guarded, or kept in prison temporarily, especially by the police 拘留；羁留: *The man was arrested and kept in custody until his trial.* 这男子已被捕，并由警方拘留直至开庭审讯。

☆**custom** /'kʌstəm ‖ 'kʌstəm/ *noun* **1** [C,U] a way of behaving which a particular group or society has had for a long time（一群人或社会的）风俗/习俗: *It's the custom in Britain for a bride to throw her bouquet to the wedding guests.* 新娘子把花束掷向到贺的宾客是英国人的习俗。○ *according to local custom* 根据本地习俗 ☛ Look at the note at **habit**. 参看 **habit** 的注释。 **2** [C] something that a person regularly does（某人的）习惯: *They were walking through the park, as was their custom, when a large dog attacked them.* 当一只大狗袭击他们时，他们正按照老习惯在公园散步。**3** [U] trade; the practice of people buying things regularly from a particular shop, etc（经常）惠顾/光顾: *The local shop lost a lot of custom when the new supermarket opened.* 新的超级市场开业后，这家本地的商店就少了很多人来光顾。

customary /'kʌstəmərɪ; *US* 美 -merɪ ‖ 'kʌstəmˌɛrɪ/ *adj* according to custom; usual 合乎/依照习俗；惯常: *Is it customary to send cards at Christmas in your country?* 在你的国家有没有在圣诞节送贺卡的习惯？ —**customarily** /'kʌstəmərəlɪ; *US* 美 ˌkʌstə'merəlɪ ‖ 'kʌstəmˌɛrəlɪ/ *adv*

☆**customer** /'kʌstəmə(r) ‖ 'kʌstəmɚ/ *noun* [C] **1** a person who buys goods or services 顾客: *a regular customer* 老主顾 ○ *The shop assistant was serving a customer.* 店里的售货员正招呼一位顾客。**2** (*informal* 非正式) (after certain adjectives 用于某些形容词后) a person 人；家伙: *a tough, awkward, odd, etc customer* 刚强/难缠/古怪…的人

☆**customs** (*also* 亦作 **the Customs**) /'kʌstəmz ‖ 'kʌstəmz/ *noun* [plural] the place at an airport, etc where government officials check your luggage to see whether you are bringing goods into the country illegally 海关（政府人员检查旅客行李的地方）: *We went straight through customs with nothing to declare.* 我们没有任何物品需要申报，直接通过海关。○ *a customs officer* 海关官员

☆**cut**[1] /kʌt ‖ kʌt/ *verb* (*pres part* **cutting**; *pt, pp* **cut**) **1** [I,T] to make an opening, wound or mark in sth using a sharp tool, eg a pair of scissors or a knife（用利器）切开/割破/割伤: *I cut my finger with a vegetable knife.* 我被菜刀割伤了手指。○ *Be careful not to cut yourself on that broken glass!* 小心不要被玻璃碎片割伤！○ *This knife doesn't cut very well.* 这柄刀不快。**2** [T] to remove sth or a part of sth, using a knife, etc（用刀等将某物或某物的一部分）切下/割下: *She cut two slices of bread (from the loaf).* 她（从整条面包）切了两片面包下来。**3** [T] **cut sth (in/into sth)** to divide sth into pieces with a knife, etc（用刀等将某物）切成/分成（数份）: *She cut the cake into eight (pieces).* 她把蛋糕切为八份。○ *He cut the rope in two.* 他把那根绳子截成两段。**4** [T] to make sth shorter by using scissors, etc（用剪刀等）剪短/割短: *I cut my own hair.* 我替自己剪头发。○ *to have your hair cut* (= at the hairdressers) 在理发店理发 ○ *to cut the grass* 剪草 **5** [T] to make or form sth by removing material with a sharp tool（用利器）切成/割成/挖成: *She cut a hole in the card and pushed the string through.* 她在卡片上钻了一个孔，然后将线穿过去。○ *They cut a path through the jungle.* 他们砍开了一条小径，穿过丛林。**6** [T] to reduce sth or make it shorter; to remove sth 减少；缩短；删除: *to cut taxes* 减税 ○ *Train services have been cut because of the strike.* 火车服务因罢工而缩减。○ *Several violent scenes in the film were cut.* 影片有几个暴力镜头被删剪了。

(IDIOM 习语) **cut sth/sb short** ⇨ SHORT[2]

(PHRASAL VERBS 短语动词) **cut across sth** to go beyond the limits of 超越某事物: *The question of aid for the earthquake victims cuts across national boundaries.* 有关救助地震灾民的问题已经超越了国界。

cut across, along, through, etc (sth) to go across, etc sth, in order to shorten your journey 取捷径；走近路: *It's much quicker if we cut across the field.* 如果我们走捷径穿过田地可以快很多。

cut sth back; **cut back (on sth)** to reduce sth 减少: *to cut back on public spending* 减少公共开支

cut sth down **1** to make sth fall down by cutting it 砍倒: *to cut down a tree* 砍倒一株树 **2** to shorten sth 删减；缩短: *I have to cut my essay down to 2 000 words.* 我要把我的文章删节成2 000字。

cut sth down; **cut down (on sth)** to reduce the quantity or amount of sth; to do sth less often 减少/减低（某物的数量或次数）: *You should cut down on fatty foods.* 你应少吃脂肪多的食物。

cut in (on sb/sth); **cut into sth** to interrupt sb/sth 打断（某人的说话等）: *to cut into a conversation* 打断谈话

cut sb off (often passive 常用于被动语态) to stop or interrupt sb's telephone conversation 停止/打断某人在电话的谈话: *We were cut off before I could give her my message.* 在我告诉她那消息之前，我们的电话谈话就被切断了。

cut sb/sth off (often passive 常用于被动语态)

to stop the supply of sth to sb 停止对某人供应某物；切断某物的供应: *If you don't pay your gas bill they'll cut you off.* 如果你不缴付煤气费，他们会切断供应。○ *The electricity has been cut off.* 已经停止供应电力。

cut sth off to block a road, etc so that nothing can pass 堵塞道路等: *We must cut off all possible escape routes.* 我们定要切断所有可能的逃脱路线。

cut sb/sth off (from sb/sth) (often passive 常用于被动语态) to prevent sb/sth from moving from a place or contacting people outside 使某人/某物与外界隔绝: *The farm was cut off from the village by heavy snow.* 农场因大雪而与附近的村子隔绝。

cut sth open to open sth by cutting 切开/割开某物: *She fell and cut her head open.* 她跌倒，把头也撞破了。

cut sth out **1** to remove sth or to form sth into a particular shape by cutting 切去/剪下/剪成某物: *to cut out a dress from a piece of cloth* 用一块布料剪裁一件连衣裙 **2** to leave sth out 删去某物: *Cut out the boring details!* 删去那些沉闷的细节吧！ **3** (*informal* 非正式) (often in orders 常用于命令) to stop saying or doing sth, usually sth annoying 停止说或做某事（通常指令人烦恼的事）: *Cut that out and leave me alone!* 打住吧，不要打扰我！ **4** (*informal* 非正式) to stop doing or using sth 戒除/不用某事物: *You'll only lose weight if you cut out sweet things from your diet.* 你只有不再吃甜食才能减轻体重。

cut sth out (of sth) to remove sth from sth larger by cutting（从一较大的东西）剪下/切去某物: *He cut the job advertisement out of the newspaper.* 他从报上剪下征聘广告。

be cut out for sth; be cut out to be sth to have the qualities to be able to do sth; to be suitable for sth/sb 有做某事所需要的才能；适合某事物/某人: *You're not cut out to be a soldier.* 你不是当兵的材料。○ *David and Janet are cut out for each other.* 戴维和珍妮特是天生一对。

cut sth up to cut sth into small pieces with a knife, etc（用刀等）将某物分成小块/切碎

'cut-back *noun* [C] a reduction in amount or number（数量或数目的）减少/削减: *The management were forced to make cut-backs in staff.* 管理当局被迫削减职员人数。

'cut-off *noun* [C] the level at which sth stops 截止时间；界限: *The cut-off date is 12 May. After that we'll end the offer.* 截止日期为5月12日。日期过后就不再优待。

ˌcut-'price (*US* 美 **ˌcut-'rate**) *adj* sold at a reduced price; selling goods at low prices 削价的；减价的: *cut-price offers* 减价 ○ *a cut-price store* 卖减价货的商店

☆**cut²** /kʌt ‖ kʌt/ *noun* [C] **1** a wound or opening made with a knife, etc（刀等造成的）伤口/切口/破口: *He had a deep cut on his forehead.* 他的前额上有一个很深的伤口。 **2** an act of cutting 切；割；剪；砍: *to have a cut and blow-dry* (= at a hairdresser's) 理发并吹干 **3 a cut (in sth)** a reduction in size, amount, etc（体积、数量等的）减小/削减: *a cut in government spending* 削减政府开支 ○ *a power cut* (= when the electric current is cut off temporarily) 停电 **4** a piece of meat from a particular part of an animal 切下的肉块 **5** (*informal* 非正式) a share, especially in profits 一份（尤指利润的）

cute /kju:t ‖ kjut/ *adj* (*especially US* 尤为美) attractive; pretty 吸引人；漂亮；可爱: *Your little girl is so cute!* 你的小女孩真可爱！○ *a cute smile* 动人的微笑

cutlery /'kʌtlərɪ ‖ 'kʌtlərɪ/ *noun* [U] the knives, forks and spoons that you use for eating food 餐具（刀、叉、匙等）: *Where do you keep your cutlery?* 你的餐具放在哪里？ ☛ Look at **crockery**. 参看 **crockery**。

cutlet /'kʌtlɪt ‖ 'kʌtlɪt/ *noun* [C] a small, thick piece of meat, eg lamb, often with bone in it, that is fried or grilled（煎熟或烤熟的）肉排/肉片

cutter /'kʌtə(r) ‖ 'kʌtɚ/ *noun* [C] (*also* 亦作 **cutters** [plural]) a tool that you use for cutting through sth, eg metal 切割工具；刀具: *a pair of wire-cutters* 剪钳

cut-throat /'kʌtθrəʊt ‖ 'kʌtˌθrot/ *adj* caring only about success and not worried about hurting anybody 严酷无情；惨烈；激烈: *cut-throat business practices* 冷酷无情的商业手法

cutting¹ /'kʌtɪŋ ‖ 'kʌtɪŋ/ *noun* [C] **1** (*US* 美 **clipping**) a piece cut out from a newspaper, etc 剪报: *press cuttings* 剪报 **2** a piece cut off from a plant that you use for growing a new plant 插枝；插条

cutting² /'kʌtɪŋ ‖ 'kʌtɪŋ/ *adj* **1** (used about sth you say 指言语) unkind; meant to hurt sb's feelings 不友好；尖刻: *a cutting remark* 尖刻的话 **2** (of the wind, etc 指风等) cold, strong and unpleasant 严寒；刺骨

cyanide /'saɪənaɪd ‖ 'saɪəˌnaɪd/ *noun* [U] a poisonous chemical 氰化物（一种有毒化学物质）

☆**cycle** /'saɪkl ‖ 'saɪkl/ *noun* [C] **1** a series of events, etc that happen repeatedly in the same order 按一定规律重复发生的一连串事件；循环；周期: *the life cycle of a frog* 青蛙的生命周期 **2** a bicycle or motor cycle 自行车；摩托车: *a cycle shop* 自行车店

cycle *verb* [I] to ride a bicycle 骑自行车: *He usually cycles to school.* 他通常骑自行车上学。 ☛ **Go cycling** is a common way of talking about cycling for pleasure 骑自行车游玩一般叫 **go cycling**: *We like to go cycling at weekends.* 我们喜欢在周末骑自行车去游玩。

cyclist /'saɪklɪst ‖ 'saɪklɪst/ *noun* [C] a person who rides a bicycle 骑自行车的人

cyclic /'saɪklɪk ‖ 'saɪklɪk/ (*also* 亦作 **cyclical** /'saɪklɪkl ‖ 'saɪklɪkḷ/) *adj* following a repeated pattern 循环的；周期性的

cyclone /'saɪkləʊn ‖ 'saɪklon/ *noun* [C] a violent wind that moves in a circle causing a storm 气旋；暴风；旋风 ☛ Look at the note at **storm**. 参看 **storm** 的注释。

cygnet /'sɪgnɪt ‖ 'sɪgnɪt/ *noun* [C] a young swan 幼天鹅

cylinder /'sɪlɪndə(r) ‖ 'sɪlɪndɚ/ *noun* [C] **1** a shape or an object with circular ends and straight sides 圆柱形；圆柱体 ☛ picture at **cube**. 见 **cube** 插图。**2** a cylinder-shaped part of an engine, eg in a car 汽缸: *a five-cylinder engine* 五缸发动机

cylindrical /sɪˈlɪndrɪkl ‖ sɪˈlɪndrɪkl̩/ *adj* having the shape of a cylinder 圆筒状的

cymbal /ˈsɪmbl ‖ ˈsɪmbl̩/ *noun* [C, usually pl] one of a pair of round metal plates used as a musical instrument. Cymbals make a loud ringing sound when you strike them together or hit them with a stick. 钹

C

cynic /ˈsɪnɪk ‖ ˈsɪnɪk/ *noun* [C] a person who believes that people only do things for selfish reasons 愤世嫉俗的人；不信任人/怀疑他人善意的人: *Don't be such a cynic. He did it to help us, not for the money.* 不要这么不信任人。他只是想帮我们，不是为了钱。—**cynical** /ˈsɪnɪkl ‖ ˈsɪnɪkl̩/ *adj*: *She takes a cynical view of politics.* 她对政治采取不信任的态度。○ *a cynical remark* 挖苦话 —**cynically** /-klɪ ‖ -klɪ/ *adv* —**cynicism** /ˈsɪnɪsɪzem ‖ ˈsɪnəˌsɪzəm/ *noun* [U]

Cyrillic /sɪˈrɪlɪk ‖ sɪˈrɪlɪk/ *adj* the Cyrillic alphabet is used in languages such as Russian （如俄语所用的）西里尔字母

cyst /sɪst ‖ sɪst/ *noun* [C] a swelling filled with liquid in the body or under the skin（体内或皮肤下的）囊肿

D d

D, d /diː ‖ di/ *noun* [C] (*pl* **D's; d's**) the fourth letter of the English alphabet 英语字母表的第四个字母: *'David' begins with (a) 'D'.* * David 这个名字的第一个字母是D。

dab /dæb ‖ dæb/ *verb* (da**bb**ing; da**bb**ed) [I,T] to touch sth lightly, usually several times 轻拍/轻触（通常指数次）: *He dabbed the cut with some cotton wool.* 他用药棉轻拭伤口。

(PHRASAL VERB 短语动词) **dab sth on/off (sth)** to put sth on or to remove sth with a light stroke or strokes 轻轻涂上/抹掉: *to dab some antiseptic on a wound* 在伤口上轻轻涂上一些消毒药

dab *noun* [C] **1** a light touch 轻拍；轻触: *She gave her eyes a dab with a handkerchief.* 她用手帕轻拭眼睛。**2** a small quantity of sth that is put on a surface（涂在一个平面上的）少量/一点点（东西）: *a dab of paint, perfume, etc* 一点点颜料/香水…

dabble /ˈdæbl ‖ ˈdæbl̩/ *verb* **1** [T] to put your hands, feet, etc in water and move them around（用手、足等）溅水/戏水: *We sat on the bank and dabbled our toes in the river.* 我们坐在岸上，把脚趾伸进河里戏水。**2** [I] to become involved in sth in a manner that is not very serious 涉猎；浅尝: *to dabble in politics* 涉猎政治

☆**dad** /dæd ‖ dæd/ *noun* [C] (*informal* 非正式) father 爸爸: *Is that your dad?* 那是你爸爸？○ *Come on, Dad!* 来吧，爹！

☆**daddy** /ˈdædɪ ‖ ˈdædɪ/ *noun* (*pl* **daddies**) (*informal* 非正式) (used by children 儿语) father 爸爸；爹爹: *I want my daddy!* 我要爹爹！○ *Give daddy a kiss.* 给爹一个吻。

daffodil /ˈdæfədɪl ‖ ˈdæfəˌdɪl/ *noun* [C] a tall yellow flower that grows from a bulb in the spring 水仙花

daft /dɑːft; *US* 美 dæft ‖ dæft/ *adj* (*informal* 非正式) silly; foolish 傻；笨: *Don't be daft.* 别犯傻。○ *a daft idea* 一个笨主意

dagger /ˈdæɡə(r) ‖ ˈdæɡɚ/ *noun* [C] a type of knife with a point and two sharp edges used as a weapon, especially in former times 短剑/匕首（尤指旧时用的）: *He plunged a dagger into her heart.* 他把匕首插进她的心窝。

☆**daily** /ˈdeɪlɪ ‖ ˈdelɪ/ *adj, adv* done, made or happening every day 每日（的）: *Our airline flies to Japan daily.* 我们的航空公司每日都有飞往日本的班机。○ *a daily routine, delivery, newspaper, etc* 每日例行公事；每日送货；日报…

daily *noun* [C] (*pl* **dailies**) a newspaper that is published every day except Sunday（除星期日外）每天出版的报纸；日报

dainty /ˈdeɪntɪ ‖ ˈdentɪ/ *adj* (**daintier; daintiest**) small or delicate and pretty 娇小；小巧精致: *a dainty lace handkerchief* 小巧精致的花边手帕 —**daintily** *adv*: *She walked daintily, with graceful little steps.* 她娇媚地踏着优雅的小步走。

dairy /ˈdeərɪ ‖ ˈdɛrɪ/ *noun* [C] (*pl* **dairies**) **1** a place on a farm where milk is kept and butter, cheese, etc are made 制酪场；奶品场 **2** a shop which sells milk, butter, eggs, etc, or a company that supplies shops with these products 乳品店

ˈ**dairy cattle** *noun* [U] cows which are kept for their milk, not their meat 乳牛；奶牛

ˈ**dairy farm** *noun* [C] a farm that produces mainly milk and milk products 乳牛场

ˈ**dairy products** *noun* [plural] food made from milk, such as butter, cheese, etc 乳制品

daisy /ˈdeɪzɪ ‖ ˈdezɪ/ *noun* [C] (*pl* **daisies**) a small white flower with a yellow centre, which usually grows wild on grass 雏菊

dale /deɪl ‖ del/ *noun* [C] a valley, especially in Northern England 山谷（尤指英格兰北部的）

dam /dæm ‖ dæm/ *noun* [C] a wall built across a river to hold back the water and form a lake (**reservoir**) behind it 水坝；堤坝（水坝围成的水库叫做 **reservoir**）—**dam** *verb* [T]

☆**damage** /ˈdæmɪdʒ ‖ ˈdæmɪdʒ/ *noun* **1** [U] **damage (to sth)** harm or injury caused when sth is broken or spoiled 损害；损毁: *The earthquake caused widespread damage.* 地震使广泛地区遭受破坏。○ *It will take weeks to repair the damage done by the vandals.* 给破坏公物的人损毁的地方要几个星期才能修好。○ *The arms scandal did considerable damage to relations between the two countries.* 这宗军火丑闻对两国的关系造成相当大的损害。**2 damages** [plural] money that you can claim from sb if he/she damages sth of yours or hurts you 损害赔偿金

damage *verb* [T] to spoil or harm sth, eg by breaking it 损害；损坏；毁坏: *The roof was damaged by the storm.* 屋顶被风暴毁坏了。

damaging *adj* having a bad or harmful effect 有害的；有破坏性的

dame /deɪm ‖ dem/ *noun* [C] **1** (*US slang* 美，俚语) a woman 妇女 **2 Dame** (*Brit* 英) a title given to a woman as an honour because of sth special that she has done 女爵士（头衔）: *Dame Agatha Christie* 阿加莎·克里斯蒂女爵士

damn[1] /dæm ‖ dæm/ *verb* [T] **1** (*informal* 非正式) (used for expressing anger or annoyance 表示愤怒或厌烦): *Damn that stupid driver!* 那个该死的笨司机！○ *Damn! I've left my money behind.* 真该死！我忘了带钱。**2** to describe sth as very bad 贬斥: *The film was damned by all the critics.* 这部电影被所有影评家批得一文不值。**3** (used about God 指上帝) to send sb to hell 罚（某人）下地狱

the damned *noun* [plural] the people who suffer in hell 在地狱受苦的人: *The film was called 'The Journey of the Damned'.* 这部电影叫《地狱之旅》。

damning *adj* very unfavourable; extremely critical 非常不利；极为挑剔: *There was a damning article about the book in the newspaper.* 报纸上有篇文章对那本书极尽挑剔的能事。

damn[2] /dæm ‖ dæm/ *noun*

(IDIOM 习语) **not care/give a damn (about sb/sth)** (*informal* 非正式) not care at all

(对某人/某事物)毫不在乎: *I don't give a damn what he thinks about me.* 我一点也不在乎他怎样看我。

damn *adj* (only *before* a noun 只用于名词前) (*informal* 非正式) (used for expressing anger or annoyance 表示愤怒或厌烦) 该死;讨厌: *Some damn fool has parked too close to me.* 有个该死的笨蛋把车停得太靠近我的车了。

damn *adv* (*informal* 非正式) (used for emphasizing that sth is good or bad 强调某事物的好坏) very 十分;很: *Don't be so damn silly!* 不要这么傻! ○ *Read it! It's a damn good book.* 看吧!这真是一本好书。

☆**damp**[1] /dæmp ‖ dæmp/ *adj* a little wet 潮湿: *The grass is a bit damp. Sit on the rug.* 这草地有点湿,坐在地毯上吧。○ *The house had been empty and felt rather damp.* 这房子已经空了很久,令人觉得有点潮湿。

damp *noun* [U] the state of being a little wet, especially in the air or in a house 潮湿(尤指空气或房子): *She hated the damp and the cold of the English climate.* 她讨厌那又潮湿又寒冷的英国天气。○ *We inspected the walls for signs of damp.* 我们检查墙壁上有没有潮湿的迹象。 ☛ Look at the note at **wet**. 参看 **wet** 的注释。

damp[2] /dæmp ‖ dæmp/ *verb* [T] **damp sth (down)** to make sth less strong or urgent 减弱;抑制;降低: *He tried to damp down their expectations in case they failed.* 他想给他们泼些冷水,以防他们会因失败而大失所望。

dampen /ˈdæmpən ‖ ˈdæmpən/ *verb* [T] **1 dampen sth (down)** to make sth less strong or urgent 减弱;抑制;降低: *Even the awful weather did not dampen their enthusiasm for the trip.* 即使是恶劣的天气也不能减低他们对这次旅行的兴致。**2** to make sth a little wet 使潮湿: *He dampened his hair to try to stop it sticking up.* 他把头发弄湿,使它不再竖起来。

damson /ˈdæmzn ‖ ˈdæmzn̩/ *noun* [C] a small dark purple fruit; a type of plum 西洋李子

☆**dance**[1] /dɑːns; *US* 美 dæns ‖ dæns/ *noun* **1** [C] a series of steps and movements which you do to music 跳舞;舞步;舞: *What sort of dance is this? A waltz?* 这是什么舞?华尔兹? ○ *Would you like a dance?* 跳个舞好吗? **2** [C] a social meeting at which people dance with each other 舞会: *There's usually a dance at the end of term.* 学期完结时通常都会举行舞会。**3** [U] dancing as a form of art or entertainment 舞蹈;舞蹈艺术: *She's very interested in modern dance.* 她对现代舞十分有兴趣。

☆**dance**[2] /dɑːns; *US* 美 dæns ‖ dæns/ *verb* **1** [I,T] to move around to the rhythm of music by making a series of steps 跳舞: *Did you ever see Nureyev dance?* 你有没有看过努里耶夫跳舞? ○ *to dance the waltz* 跳华尔兹舞 **2** [I] to move in a lively way, usually up and down (轻快地)跳跃;雀跃: *She was dancing up and down with excitement.* 她兴奋得雀跃不已。

dancer *noun* [C] a person who dances, often as a job 舞蹈员;跳舞者: *a ballet dancer* 芭蕾舞舞蹈员 ○ *She's a good dancer.* 她跳舞跳得很好。

dancing *noun* [U] moving to music 跳舞;舞蹈: *Will there be dancing at the party?* 聚会上有没有舞跳? ○ *ballet-dancing* 芭蕾舞蹈 ☛ Look at **ballet**. 参看 **ballet**。

dandelion /ˈdændɪlaɪən ‖ ˈdændɪˌlaɪən/ *noun* [C] a small wild plant with a bright yellow flower 蒲公英

dandruff /ˈdændrʌf ‖ ˈdændrəf/ *noun* [U] small pieces of dead skin in the hair, that look like white dust 头皮屑

☆**danger** /ˈdeɪndʒə(r) ‖ ˈdendʒɚ/ *noun* **1** [U] the chance that sb/sth may be hurt, killed or damaged or that sth unpleasant may happen 危险: *Danger! Steep hill!* 危险!前面有陡坡! ○ *As a fighter pilot, he had to face danger daily.* 身为战斗机驾驶员,他每日都要面对危险。○ *The men kept on running until they thought they were out of danger.* 这些人不停地跑,直至他们认为远离危险为止。**2** [C] **a danger (to sb/sth)** a person or thing that can cause injury, pain or damage 可能引起危险的人或物;威胁: *Drunk drivers are a danger to everyone on the road.* 醉酒的司机对马路上每一个人都会构成威胁。

☆**dangerous** /ˈdeɪndʒərəs ‖ ˈdendʒərəs/ *adj* likely to cause injury or damage 危险;有危险: *a dangerous animal, road, illness, etc* 危险的动物/道路/病症… ○ *The strong currents in the sea here are extremely dangerous for swimmers.* 这海里的激流对于去游泳的人是极危险的。—**dangerously** *adv*: *He was standing dangerously close to the cliff edge.* 他站得太靠近悬崖的边缘,十分危险。

dangle /ˈdæŋgl ‖ ˈdæŋgl̩/ *verb* [I,T] to hang or swing freely; to hold sth so that it hangs in this way (使)悬挂/悬垂/摇摆: *She sat on the fence with her legs dangling.* 她坐在栅栏上,双腿悬垂着。○ *He dangled the keys in front of me. 'You can drive if you want,' he said.* 他在我面前摇着钥匙。"如果你想的话你可以开车。"他说。

dank /dæŋk ‖ dæŋk/ *adj* damp, cold and unpleasant 阴冷;湿冷: *a dank cave* 阴冷的洞穴

☆**dare**[1] /deə(r) ‖ dɛr/ *verb* (usually in negative sentences 通常用于否定句) to be brave enough to do sth 敢;敢于: *I daren't ask her to lend me any more money.* 我不敢再问她借钱了。○ *We were so frightened that we didn't dare go into the room.* 我们怕得不敢走进那个房间。○ *The government dared not increase taxes again that year.* 那年政府不敢再加税。○ *If you dare say that again, I'll hit you!* 如果你敢再这么说,我就揍你! ☛ The negative is **dare not** (usually **daren't** /deənt ‖ dɛrnt/) or **do not/does not (= don't/doesn't) dare**. 否定式为 **dare not**(通常作 **daren't** /deənt ‖ dɛrnt/)或 **do not/does not (= don't/doesn't) dare**。In the past tense it is **did not (didn't) dare**, or (formal) **dared not**. 过去时为 **did not (didn't) dare** 或(正式) **dared not**。**Dare** is usually followed by an infinitive without 'to' * **dare** 后通常用不带 to 的原形动词: *Nobody dared (to) speak.* 没有人敢说话。

(IDIOMS 习语) **don't you dare** (used for telling sb very strongly not to do sth 用于郑重地告诉某人不要做某事): *Don't you dare tell my parents about this.* 千万不要把这事告诉我父母。

how dare you (used when you are angry about sth that sb has done 用于对某人的行为表示生气): *How dare you speak to me like that!* 你竟敢这样对我说话！

I dare say I suppose 我想；我以为: *'I think you should accept the offer.' 'I dare say you're right.'* "我认为你应该接受这提议。""我想你说得对。"

☆**dare²** /deə(r) ‖ dɛr/ *verb* [T] to try to persuade sb to do sth in order to prove how brave he/she is 激（某人）做（某事）；向（某人）挑战: *Can you jump off that wall? Go on, I dare you!* 你敢不敢从那道墙跳下？跳吧，我谅你不敢！○ *He dared his friend to put a worm on the teacher's desk.* 他问他的朋友敢不敢把一条虫放在老师的书桌上。

☆**dare³** /deə(r) ‖ dɛr/ *noun* [C, usually sing] something you do because sb asks you to, to prove how brave you are 挑战: *'Why did you try to swim across the river?' 'It was a dare.'* "你为什么想游过这条河呢？""那是个挑战。"

daredevil /ˈdeədevl ‖ ˈdɛrˌdɛvl/ *noun* [C] a person who is willing to take risks, often foolishly 蛮勇/鲁莽大胆的人

daring /ˈdeərɪŋ ‖ ˈdɛrɪŋ/ *adj* willing to take risks or to do or say things which other people might not; brave; bold 敢于冒险；勇敢；大胆: *a daring attack* 大胆的进攻

☆**dark¹** /dɑːk ‖ dɑrk/ *noun* [sing] **the dark** the state of having no light 黑暗；无光: *He's afraid of the dark.* 他怕黑。○ *Why are you sitting alone in the dark?* 你为什么一个人坐在黑暗之中？

(IDIOMS 习语) **before/after dark** before /after the sun goes down 日落以前/以后

(be/keep sb) in the dark (about sth) (be/keep sb) in a position of not knowing (about sth) 把（某人）蒙在鼓里；不让（某人）知道（某事）；（对某事）毫不知情: *Don't keep me in the dark. Tell me!* 不要把我蒙在鼓里。告诉我吧！

☆**dark²** /dɑːk ‖ dɑrk/ *adj* **1** with no light or very little light 黑暗；阴暗: *It was a dark night, with no moon.* 那天夜晚没有月光，伸手不见五指。**2** (used about a colour 指颜色) nearer black than white; not light 深色；暗色: *dark blue* 深蓝色 **3** (*especially Brit* 尤为英) (used about a person 指人) having brown or black skin or hair; not fair 有棕色/黑色皮肤或头发的: *She was small and dark with brown eyes.* 她身材细小，有棕黑的肤色和棕色的眼睛。**4** (only *before* a noun 只用于名词前) sad; without hope 悲伤；无望: *the dark days leading up to the start of the war* 战争爆发前的黯淡日子 **5** (only *before* a noun 只用于名词前) mysterious or slightly threatening 神秘；阴险: *He seemed friendly, but there was a dark side to his character.* 他看似很友好，但他的性格也有阴暗的一面。

(IDIOM 习语) **keep it/sth dark (from sb)** to keep sth secret 保守秘密

darkness *noun* [U] the state of being dark 黑暗: *We sat in complete darkness, waiting for the lights to come back on.* 我们坐在一片漆黑之中，等待光明重临。

dark ˈglasses *noun* [plural] = SUNGLASSES

darken /ˈdɑːkən ‖ ˈdɑrkən/ *verb* [I,T] to become or to make sth darker（使）变黑暗: *The sky suddenly darkened and it looked like rain.* 天色突然变暗，看来快要下雨了。

darling /ˈdɑːlɪŋ ‖ ˈdɑrlɪŋ/ *noun* [C] a person or thing that you like or love 喜欢/心爱的人或物: *Hello darling! How lovely to see you.* 啊！亲爱的！见到你真好。○ *He's so kind. He's an absolute darling!* 他是这么和蔼，真是个可爱的人！

darn /dɑːn ‖ dɑrn/ *verb* [I,T] to mend a hole (in clothes) by sewing across it in one direction and then in the other 织补（衣服上的破洞）

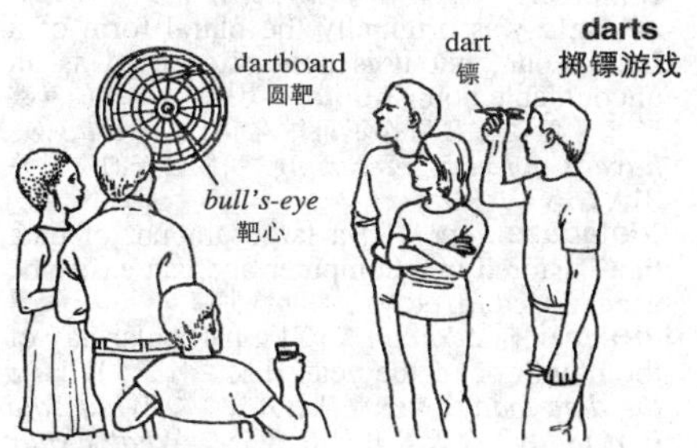

dart¹ /dɑːt ‖ dɑrt/ *noun* **1** [C] an object like a small arrow. It is thrown or shot as a weapon or in a game 飞镖；镖: *They first tranquillize the tiger with a special dart.* 他们首先利用一支特制的飞镖把那头老虎安静下来。**2 darts** [U] a game in which you throw darts at a round board with numbers on it (**a dartboard**) 掷镖游戏（掷镖游戏所用的圆靶叫做 **dartboard**）: *Darts is a popular game in English pubs.* 掷镖游戏在英国的酒吧里是流行的玩意。

dart² /dɑːt ‖ dɑrt/ *verb* [I,T] to move suddenly and quickly in a certain direction; to make sth move in this way 飞奔；猛冲；投掷: *A rabbit darted across the field.* 一只兔奔过田野。○ *She darted an angry glance at me* (= suddenly glanced angrily). 她突然愤怒地看了我一眼。

dash¹ /dæʃ ‖ dæʃ/ *noun* **1** [sing] a sudden, quick forward movement 急奔；猛冲: *We made a dash for the bus and just got on.* 我们向那辆公共汽车奔去，刚好赶上。**2** [C, usually sing] a small amount of sth that you add to sth else（加入的）少量/少许: *a dash of lemon juice* 少许柠檬汁 **3** [C] a small horizontal line (—) used in writing, especially for adding extra information 破折号（——）☛ Look at **hyphen**. 参看 **hyphen**。

dash² /dæʃ ‖ dæʃ/ *verb* **1** [I] to go or run suddenly and quickly 急奔；猛冲: *We all dashed for shelter when it started to rain.* 开始下雨时，我们全都急忙冲向躲雨的地方。**2** [I,T] to hit sth with great force; to throw sth so that it hits sth else very hard 猛击；猛撞；猛掷: *The waves dashed against the harbour wall.* 海浪冲击着港口的堤岸。○ *She dashed her racket to the ground.* 她把球拍甩到地上。○ (*figurative* 比喻): *The accident dashed his hopes of*

D

becoming a pianist. 那宗事故使他想成为钢琴家的希望顿成泡影。

(PHRASAL VERB 短语动词) **dash sth off** to write or draw sth very quickly 匆匆地写/画某物

dashboard /ˈdæʃbɔːd ‖ ˈdæʃˌbɔrd/ *noun* [C] the part in a car in front of the driver where most of the switches, etc are (汽车的)仪表板

☆**data** /ˈdeɪtə; ˈdɑːtə; *US* 美 ˈdætə ‖ ˈdætə/ *noun* [U,plural] facts or information 资料: *to gather data* 搜集资料 ○ *The data is/are still being analysed.* 那些资料仍在分析中。○ *How much data can we store on one disk?* (= on a computer). 一只电脑磁盘可储存多少资料呢？ ☛ **Data** was originally the plural form of a Latin noun, but it is now often used as an uncountable noun * **data** 原为拉丁文名词的复数形式，但现在常用作不可数名词: *The data we have is not very interesting.* 我们已有的资料并不太有趣。

ˈ**database** *noun* [C] a large amount of data that is stored in a computer and can easily be used, added to, etc 资料库；数据库

☆**date**[1] /deɪt ‖ det/ *noun* **1** [C] a particular day of the month or of the year 日期；日子: *What's the date today?* 今天是几月几日？○ *What date is it today?* 今天是几月几日？○ *What's your date of birth?* 你是哪年哪月哪日出生的？ **2** [sing] a particular time 某一个时间: *We can discuss this at a later date.* 我们可以到以后再讨论这个。**3** [C] an appointment to meet sb, especially a boyfriend or girlfriend 约会(尤指男女朋友的): *Shall we make a date to have lunch together?* 我们约个时间一起吃午饭好吗？○ *I've got a date with Tom on Friday night.* 星期五晚我已约了汤姆。**4** [C] (*especially US* 尤为美) a boyfriend or girlfriend 男朋友；女朋友: *Who's your date – is it Sarah?* 你的女朋友是谁——是不是萨拉？

(IDIOMS 习语) **out of date 1** unfashionable; no longer useful 过时；陈旧；不再流行: *out-of-date methods, machinery, etc* 过时的方法/机器… **2** no longer able to be used 已经不能用；过期: *I must renew my passport. It's out of date.* 我要更换护照，这一本已经过期啦。

to date (*formal* 正式) until now 到目前为止: *We've had very few complaints to date.* 到目前为止我们接到很少投诉。

up to date 1 modern 现代；最新: *The new kitchen will be right up to date, with all the latest gadgets.* 这个新厨房将会是十足现代化的，具备所有最新的小巧装置。**2** with all the latest information; having done everything that you should have done 有齐全和最新的资料；做了所有应该要做的事: *In this report we'll bring you up to date with the latest news from the area.* 在这份报告中，我们会为你提供这地区的最新情况。○ *Are you up to date with your homework?* 你是不是已经做完所有功课？

☆**date**[2] /deɪt ‖ det/ *verb* **1** [T] to discover or guess how old sth is 鉴定(某物的)年代: *to date a skeleton, a rock, etc* 鉴定一副骸骨/一块石…的年代 **2** [T] to write the day's date on sth 注日期；写上日期: *The letter is not dated so we can't tell when it was written.* 这封信没有注明日期，因此我们不知道是什么时候写的。**3** [I,T] to seem, or to make sb/sth seem, unfashionable (使)看来过时/显得不流行: *We chose a simple style so that it wouldn't date as quickly.* 为了不会很快便显得过时，我们选了一种简单的款式。**4** [I,T] (*especially US informal* 尤为美，非正式) to meet a girlfriend or boyfriend regularly (经常与女朋友/男朋友)约会 **5** [I] **date back to…; date from…** to have existed since… 自(某时代)存在至今: *The house dates back to the seventeenth century.* 这房子是十七世纪建的。

dated *adj* unfashionable 过时；不合潮流: *This sort of jacket looks rather dated now.* 这种短上衣现在看来已颇为过时了。

date[3] /deɪt ‖ det/ *noun* [C] a small, sweet, dark brown fruit that comes from a tree which grows in hot countries 枣子

☆**daughter** /ˈdɔːtə(r) ‖ ˈdɔtə/ *noun* [C] a female child 女儿: *I have two sons and one daughter.* 我有两子一女。○ *Janet's daughter is a doctor.* 珍妮特的女儿是位医生。

daughter-in-law /ˈdɔːtərɪnlɔː ‖ ˈdɔtərɪnˌlɔ/ *noun* [C] (*pl* **daughters-in-law**) the wife of your son 儿媳

daunt /dɔːnt ‖ dɔnt/ *verb* [T] (usually passive 通常用于被动语态) to frighten or to worry sb by being too big or difficult (因太大或太难而)吓倒(某人)；使胆怯；使担忧: *I was rather daunted by the sudden responsibility.* 我因突如其来的任务而感到有点担忧。—**daunting** *adj*: *A daunting journey lay ahead.* 面对的是一次令人担忧的旅程。

dawdle /ˈdɔːdl ‖ ˈdɔdl/ *verb* [I] to be slow or to move slowly; to waste time 磨蹭；浪费时间: *Stop dawdling! We're waiting for you!* 不要磨磨蹭蹭的！我们在等你呢！

dawn[1] /dɔːn ‖ dɔn/ *noun* **1** [C,U] the early morning, when light first appears in the sky 黎明；破晓；拂晓: *a beautiful winter's dawn, still and cold* 一个美丽的冬日黎明，寂静而寒冷 ○ *before/at dawn* 黎明之前；黎明之时 **2** [sing] the beginning 开始；发端；开端: *the dawn of civilization* 文明的起始

(IDIOM 习语) **the crack of dawn** ⇨ CRACK[1]

dawn[2] /dɔːn ‖ dɔn/ *verb* [I] **1** to begin to grow light, after the night 破晓；(天)初亮: *The day dawned bright and cold.* 天初亮时，晴朗而寒冷。○ (*figurative* 比喻) *A new era of peace is dawning.* 一个和平的新纪元正初露曙光。**2 dawn (on sb)** to become clear (to sb) (某人)变得明白: *Suddenly it dawned on her. 'Of course!' she said. 'You're Mike's brother!'* 她忽然明白过来。"当然啦！"她说，"你是迈克的弟弟！"

☆**day** /deɪ ‖ de/ *noun* **1** [C] a period of 24 hours, of which seven make up a week 一日；一天: *'What day is it today?' 'Tuesday.'* "今天是星期几？""星期二。" ○ *We went to Italy for ten days.* 我们去了意大利十天。○ *I saw that film a few days ago.* 我几天前看过那部电影。○ *There's a meeting in two days' time.* 过两天就要开一个会。○ *The next day was Saturday.* 次日是星期六。○ *the day before* 前一天 ○ *the following day* 次日 ○ *New Year's Day* 元旦

2 [C,U] the time between sunrise and sunset 日间；白天；白昼: *The days were warm but the nights were freezing.* 白天温暖，但晚间严寒。○ *Have a good day! See you tonight.* 祝你有愉快的一天！今晚见。○ *It's been raining all day.* 整天都下着雨。☛ Look at **daily**. 参看 **daily**。**3** [C] the hours of the day when you work 一天工作的时间: *She's expected to work a seven-hour day.* 要她每天工作七小时。**4** [C] (*also* 亦作 **days**) a particular period of time 时代；时期: *in Shakespeare's day* 在莎士比亚时代 ○ *in the days of Shakespeare* 在莎士比亚的时代 ○ *In the old days, most houses had an outside toilet.* 从前大部分房屋的厕所都在屋外。

(IDIOMS 习语) **break of day** ⇨ BREAK[2]

by day/night during the day/night 日间；夜间: *These animals sleep by day and hunt by night.* 这些动物日间睡觉，夜间猎食。

call it a day ⇨ CALL[2]

the day after tomorrow not tomorrow, but the next day 后天

the day before yesterday not yesterday, but the day before 前天

day by day every day; as time passes 一天天: *Day by day, she was getting a little bit stronger.* 她一天天强壮起来。

day in, day out every day, without any change 日复一日；每天不间断: *He sits at his desk working, day in, day out.* 他日复一日伏案工作。

from day to day; from one day to the next within a short period of time 在一段短时间之内: *Things change so quickly that we never know what will happen from one day to the next.* 事物变化得这么快，我们根本无法知道明天会发生什么事。

make sb's day (*informal* 非正式) to make sb very happy 使某人十分高兴

one day; some day at some time in the future 将来有一天；他日: *Some day we'll go back and see all our old friends.* 有一天我们会回去，看望所有的老朋友。

the other day a few days ago; recently 前几天；最近: *I bumped into him in town the other day.* 前几天我在城里碰见他。

the present day ⇨ PRESENT[1]

these days in the present age; nowadays 现在；目前；如今: *More and more couples are getting divorced these days.* 现在越来越多夫妇离婚。

'daybreak *noun* [U] the time in the early morning when light first appears 破晓；黎明: *at daybreak* 在黎明时

'day-dream *noun* [C] thoughts that are not connected with what you are doing; often pleasant scenes in your imagination 白日梦；幻想: *The child stared out of the window, lost in a day-dream.* 那小孩凝视着窗外，沉醉在白日梦里。—**'day-dream** *verb* [I]

day 'off *noun* [C] (*pl* **days off**) a day on which you do not go to work 休息日；假日: *Wednesday's my day off next week.* 下星期我的休息日是星期三。

,day re'turn *noun* [C] (*Brit* 英) a train or bus ticket which is cheaper than normal. You have to go somewhere and come back on the same day.（火车或公共汽车的）当日来回票（票价较低）

'daytime *noun* [U] the time between sunrise and sunset 日间；白天；白昼: *These flowers open in the daytime and close up again at night.* 这些花白天开花，晚间又合上。

daylight /'deɪlaɪt ‖ 'de,laɪt/ *noun* [U] the light that there is during the day 日光: *The colours look quite different in daylight.* 这些颜色在日光下看很不相同。○ *daylight hours* 有日光的时间

(IDIOM 习语) **broad daylight** ⇨ BROAD

daze /deɪz ‖ dez/ *verb* [T] (usually passive 通常用于被动语态) to make sb unable to think clearly 使昏眩；使迷惘

daze *noun*

(IDIOM 习语) **in a daze** in a confused state 不知所措；精神恍惚

dazed /deɪzd ‖ dezd/ *adj* confused; not showing normal reactions 混乱；茫然: *He had a dazed expression on his face.* 他一脸茫然。

dazzle /'dæzl ‖ 'dæzḷ/ *verb* [T] (usually passive 通常用于被动语态) **1** (used about a bright light 指强光) to make sb unable to see clearly 使人看不清楚；使眼花；使目眩: *She was dazzled by the other car's headlights.* 她被另一辆汽车的前灯照得目眩。**2** to impress sb very much 使留下深刻印象: *He had been dazzled by her beauty.* 他为她的美貌倾倒。

dazzling *adj* very bright or impressive 耀眼；令人留下深刻印象: *a dazzling light* 耀眼的光线 ○ *a dazzling performance* 令人赞叹的演出

deacon /'di:kən ‖ 'dikən/ (*feminine* 阴性 **deaconess**) *noun* [C] an official who has a rank below a priest, in some Christian churches 执事（基督教会中职位较牧师/神父为低）

☆**dead** /ded ‖ dɛd/ *adj* **1** no longer alive 已死: *They rushed him to hospital, but he was dead on arrival.* 他们火速把他送往医院，但到达医院时他已死了。○ *There's a dead spider in the bath.* 浴缸里有只死蜘蛛。**2** (not before a noun 不用于名词前) no longer able to feel anything (used about a part of the body)（指身体某部分）麻木/无感觉: *My fingers had gone dead with the cold.* 我的手指冻僵了。**3** (not before a noun 不用于名词前) no longer working properly (used about a piece of equipment)（指设备）失灵: *I picked up the telephone but the line was dead.* 我拿起电话，但电话线路不通。**4** (only *before* a noun 只用于名词前) complete 完全: *There was dead silence when she finished speaking.* 她说完话，接着是一片死寂。**5** without movement, activity or interest 无活动；静止；无趣味: *This town is completely dead after 11 o'clock at night.* 这市镇在晚上11时过后就变得死寂一片。**6** no longer used; over and finished 已不通用；已完结: *Latin is a dead language.* 拉丁文是死的语言。○ *We've made our decision so the subject is now dead.* 我们已作出决定，所以这事情现在已告一段落。

(IDIOMS 习语) **a ,dead end 1** a street that is only open at one end 死巷；死胡同 **2** a point, situation, etc from which you can make no further progress 尽头；僵局: *a dead-end job* (= one that offers no chance of promotion) 没有机会晋升的工作

drop dead ⇨ DROP[1]

dead *adv* completely, exactly or very 完全；绝对；非常: *The sign said 'Dead slow!'* 路标上写着"低速行驶！" ○ *He's dead keen to start work.* 他十分渴望开始工作。

the dead *noun* [plural] people who have died 死人；已去世的人: *A church service was held in memory of the dead.* 教会举行了悼念死者的宗教仪式。

(IDIOM 习语) **in the/at dead of night** in the middle of the night, when it is very dark and quiet 在深夜

ˌdead ˈheat *noun* [C] the result in a race when two people finish at exactly the same time（赛跑中）两人同时到达终点: *The race was a dead heat.* 这场赛跑不分胜负。

ˌdeadˈpan *adj* without any expression on your face or in your voice 不动声色；面无表情: *He told the joke with a completely deadpan face.* 他说那笑话时，完全是面无表情的。

D

deaden /ˈdedn ‖ ˈdɛdn̩/ *verb* [T] to make sth less strong, painful, etc 缓和/减轻（强度、痛楚等）: *They gave her drugs to try and deaden the pain.* 他们给她服用一些药，以减轻痛楚。

deadline /ˈdedlaɪn ‖ ˈdɛdˌlaɪn/ *noun* [C] a time or date before which sth must be done 截止时间；最后期限: *A journalist is used to having to meet deadlines.* 新闻记者已习惯必须在限期内完成工作。

deadlock /ˈdedlɒk ‖ ˈdɛdˌlɑk/ *noun* [U] a situation in which an agreement between two sides cannot be reached 僵局；僵持的情况

deadly /ˈdedlɪ ‖ ˈdɛdlɪ/ *adj* (**deadlier**; **deadliest**) **1** causing or likely to cause death 致命；可能致死: *a deadly poison* 致命的毒药 **2** very great 极度: *They're deadly enemies.* 他们是死敌。**3** (*informal* 非正式) very boring 很沉闷

deadly *adv* extremely; very 极度；非常: *I'm not joking – I'm deadly serious!* 我并不是在说笑——我是非常认真的！

☆**deaf** /def ‖ dɛf/ *adj* **1** unable to hear anything or unable to hear very well 聋；听力不佳: *You'll have to speak louder. My father's a bit deaf.* 你要说大声一点，我父亲有点聋。**2 deaf to sth** not wanting to listen to sth 不愿意听: *I've told her what I think but she's deaf to my advice.* 我已告诉她我的意见，但她对我的建议充耳不闻。

the deaf *noun* [plural] deaf people 聋人: *sign language for the deaf* 聋人用的手语

deafness *noun* [U] the state of being deaf 聋

ˌdeaf-and-ˈdumb *adj* unable to hear or speak 聋哑

deafen /ˈdefn ‖ ˈdɛfən/ *verb* [T] (usually passive 通常用于被动语态) to make sb unable to hear by making a very loud noise（发出巨响）使（某人）听不见: *We were deafened by the loud music and conversation was impossible.* 我们被那嘈杂的音乐吵得什么也听不见，根本就不能谈话。

deafening *adj* very loud 震耳欲聋

☆**deal**[1] /diːl ‖ dil/ *noun*

(IDIOM 习语) **a good/great deal (of sth)** a lot (of sth) 许多；大量: *I've spent a great deal of time on this report.* 我在这份报告上已花了很多时间。

☆**deal**[2] /diːl ‖ dil/ *verb* [I,T] (*pt*, *pp* **dealt** /delt ‖ dɛlt/) **deal sth (out)**; **deal (sth) (to sb)** to give cards to players in a game of cards（纸牌游戏中）发纸牌: *Start by dealing seven cards to each player.* 开始时向每人发七张牌。

(IDIOM 习语) **deal sb/sth a blow**; **deal a blow to sb/sth 1** to hit sb/sth 打击某人/某事物 **2** to give sb a shock, etc 使某人震惊等: *This news dealt a terrible blow to my father.* 这消息给我父亲一个严重的打击。

(PHRASAL VERBS 短语动词) **deal in sth** to buy and sell sth; to trade in sth 买卖；经营: *He deals in second-hand cars.* 他经营二手车买卖。

deal sth out to give sth to a number of people 分配；分发: *The profits will be dealt out among us.* 这些利润将分给我们。

deal with sb to behave towards sb; to handle sb 对待/对付某人: *He's a difficult man. Nobody quite knows how to deal with him.* 他是个不易相处的人。没有人知道怎样与他打交道。

deal with sth 1 to act in a suitable way in order to solve a problem, complete a task, etc; to handle sth 应付/处理问题、事务等: *I'm not sure how to deal with the situation at work.* 我不知道怎样应付工作上出现的情况。○ *My secretary will deal with my correspondence while I'm away.* 我出外公干时，我的秘书会处理我的书信。**2** to have sth as its subject 以某事物作为内容: *This chapter deals with letter-writing.* 这一章是有关书信写作的。

☆**deal**[3] /diːl ‖ dil/ *noun* [C] an agreement or arrangement, especially in business 交易/协议（尤指商业的）: *It was part of the deal that they would deliver by May.* 这协议的其中一项就是他们要在五月前送货。○ *We've done/made a deal with an Italian company.* 我们已经与一家意大利公司达成协议。○ *a fair deal* 公平的交易 ○ *a bad deal* 不利的交易

dealer /ˈdiːlə(r) ‖ ˈdilɚ/ *noun* [C] **1** a person whose business is buying and selling things 商人: *a dealer in gold and silver* 买卖金银的商人 ○ *a drug dealer* 毒品贩子 **2** the person who gives the cards to the players in a game of cards（纸牌游戏中的）发牌者

dealing /ˈdiːlɪŋ ‖ ˈdilɪŋ/ *noun* **1** [U] buying and selling 买卖；交易: *drug dealing* 毒品交易 **2 dealings** [plural] relations, especially in business 交往/关系（尤指商业上的）: *We had some dealings with that firm several years ago.* 我们几年前与那家公司有些交往。

dealt *pt*, *pp* of DEAL[2] ＊ DEAL[2] 的过去时及过去分词

dean /diːn ‖ din/ *noun* [C] **1** a priest who is head of a large church or responsible for a number of small churches（大教堂/数间小教堂的）主任牧师 **2** an important official at some universities or colleges（大学的）学院院长/系主任

☆**dear** /dɪə(r) ‖ dɪr/ *adj* **1** (used at the beginning of a letter before the name or title of the person you are writing to 用于书信的开端，收信人姓名或头衔之前): *Dear Sarah, ...* 亲爱的萨拉：… ○ *Dear Sir or Madam, ...* 敬启者：… **2** (only *before* a noun 只用于名词前) a word that is used with 'little' or 'old' to express your liking for sb/sth 与 little 或 old 连用，表示喜欢某人或某物: *Dear old Jane! She always remembers to write at Christmas.* 可爱的珍妮！她总记得在圣诞节时写信给我。**3 dear (to sb)** loved by or important to sb（某人）心爱的；对（某人）重要: *She's one of my dearest friends.* 她是我最要好的朋友之一。○ *It was a subject that was very dear to him.* 这是他很喜欢的科目。**4** (*Brit* 英) expensive 昂贵: *The coat was £100. It seemed rather dear.* 这件大衣100英镑。这看来相当昂贵。

dear *adv* at a high price 高价；昂贵: *Always buy cheap and sell dear, if possible!* 如果可能的话，要贱买贵卖！

dear *noun* [C] **1** a kind, gentle person 和蔼可亲的人: *She's a kind old lady – an absolute dear.* 她是位仁慈的老人家——是个极为和蔼可亲的人。**2** (used for speaking to sb you know well or love 用于与熟悉或喜欢的人说话时): *Would you like a cup of tea, dear?* 亲爱的，你想不想要杯茶？

dear *interj* (used for expressing disappointment, sadness, surprise, etc 表示失望、悲伤、惊奇等): *Oh dear! I've spilt the wine.* 哎呀！我把酒泼了出来。○ *Dear me! Aren't you ready?* 我的天啊！你还没有准备好吗？

dearly *adv* **1** very much 极；非常: *He loves her dearly.* 他非常爱她。○ *I'd dearly like to go there again.* 我极想再次去那里。**2** (*formal* 正式) at great cost 付出很大的代价: *I've already paid dearly* (= suffered a lot) *for that mistake.* 我已经为那错误付出了沉重的代价。

dearth /dɜːθ ‖ dɝθ/ *noun* [sing] a lack of sth; not enough of sth 缺乏；不足: *There's a dearth of young people in the village.* 这个村子年轻人很少。

☆**death** /deθ ‖ dɛθ/ *noun* **1** [C,U] the end of sb/sth's life; dying 死亡；逝世: *He continued to write until his death.* 他继续写作直至逝世为止。○ *There were two deaths and many other people were injured.* 有两个人死亡，很多人受伤。○ *Most people are afraid of death.* 多数人都害怕死亡。○ *The police do not know the cause of death.* 警方不知道死因。○ *There was no food and people were starving to death.* 那里没有食物，人们快要饿死了。**2** [U] the end (of sth)（事物的）结束/终结: *the death of fascism* 法西斯主义的灭亡

(IDIOMS 习语) **put sb to death** (usually passive 通常用于被动语态) to kill sb, usually as a punishment 处死/杀死某人: *The general had ordered the prisoners to be put to death.* 将军已下令处死那些囚犯。

sick to death of sb/sth ⇨ SICK

sudden death ⇨ SUDDEN

'**death penalty** *noun* [sing] the punishment of being killed 死刑

'**death-toll** *noun* [C] the number of people killed in a disaster, war, etc（灾难、战争等的）死亡人数

deathly /'deθlɪ ‖ 'dɛθlɪ/ *adj, adv* like death 如死一般: *There was a deathly silence.* 这时一片死寂。

debase /dɪ'beɪs ‖ dɪ'bes/ *verb* [T] (usually passive 通常用于被动语态) (*formal* 正式) to reduce the quality or value of sth 降低（质量或价值）

debatable /dɪ'beɪtəbl ‖ dɪ'betəbḷ/ *adj* not certain; something that you could argue about 不肯定；有争议的

debate /dɪ'beɪt ‖ dɪ'bet/ *noun* **1** [C] a formal argument or discussion of a question at a public meeting or in Parliament. At the end there may be a vote（在公开会议或国会上的正式的）讨论/辩论: *a debate in Parliament on educational reform* 在国会上有关教育改革的辩论 **2** [C,U] a discussion; talk expressing different opinions 讨论；辩论: *There's been a lot of debate about the cause of acid rain.* 已经有很多人议论过酸雨的成因。

debate *verb* **1** [I,T] to discuss sth in a formal way or at a public debate 正式讨论；公开辩论 **2** [T] to think about or discuss sth before deciding what to do 考虑；讨论: *They debated whether to go or not.* 他们讨论到底去还是不去。

debit /'debɪt ‖ 'dɛbɪt/ *noun* [C] a sum of money paid out of a bank account; a written note of this（银行账户的）借方款项/借记

debit *verb* [T] to take a sum of money out of a bank account, etc usually as a payment; to record this 从银行账户等中提出款项（以缴付费用）；将款额记入借方: *The bank hasn't debited my account with the money I paid for the car yet.* 银行还未从我的账户中扣除我购买那辆车的款项。☛ Look at **credit** and **direct debit**. 参看 **credit** 及 **direct debit**。

debris /'deɪbriː; *US* 美 də'briː ‖ də'bri/ *noun* [U] pieces from sth that has crashed to the ground or been destroyed 碎片；残骸: *debris from the crashed plane* 飞机撞毁后的残骸

☆**debt** /det ‖ dɛt/ *noun* **1** [C] a sum of money that you owe sb 债；欠款；债务: *She borrowed a lot of money and she's still paying off the debt.* 她借了很多钱，到现在还没有还清所有欠款。○ *the Third World debt crisis* 第三世界的债务危机 **2** [U] the state of owing money 负债: *After he lost his job, he got into debt.* 他失业以后便开始负债。**3** [C, usually sing] (*formal* 正式) something that you owe sb, eg because they have helped or been kind to you 人情债；恩惠: *In his speech he acknowledged his debt to his family and friends for their support.* 在演说中，他对家人和朋友们给予他的支持表示深切谢意。

(IDIOMS 习语) **be in/out of debt** to owe/not owe money 欠/不欠债

be in sb's debt (*formal* 正式) to feel grateful to sb for sth that he/she has done for you 对某人所给予的恩惠表示感激

debtor /'detə(r) ‖ 'dɛtɚ/ *noun* [C] a person who owes money 负债者；债务人

début (*also* 亦作 **debut**) /'deɪbjuː; *US* 美 dɪ-'bjuː ‖ dɪ'bju/ *noun* [C] a first appearance in public of an actor, etc（演员等）初次登台或公

开表演：*She made her début in London in 1959.* 她于1959年在伦敦首次公开表演。

decade /ˈdekeɪd; dɪˈkeɪd ‖ ˈdɛked/ *noun* [C] a period of ten years 十年

decadence /ˈdekədəns ‖ ˈdɛkədəns/ *noun* [U] behaviour, attitudes, etc that show a fall in standards, especially moral ones 衰落/堕落（尤指道德方面）—**decadent** /ˈdekədənt ‖ ˈdɛkədənt/ *adj*: *a decadent society* 堕落的社会

decaffeinated /ˌdiːˈkæfɪneɪtɪd ‖ diˈkæfəˌnetɪd/ *adj* (used about coffee or tea 指咖啡或茶) with most or all of the caffeine removed 脱咖啡因的

decapitate /dɪˈkæpɪteɪt ‖ dɪˈkæpəˌtet/ *verb* [T] (*formal* 正式) to cut off a person's head 将…斩首；杀…的头

☆**decay** /dɪˈkeɪ ‖ dɪˈke/ *verb* [I] **1** to become bad or fall apart 腐坏；腐烂：*The old farm buildings had been left to decay.* 这些旧农场建筑物已被人荒弃。○ *the decaying body of a dead sheep* 一头死羊的腐烂尸体 ○ *Children's teeth will decay if they eat too many sweets.* 儿童吃太多糖果就会有蛀牙。**2** to become weaker or less efficient 衰弱；衰落：*The Roman Empire had by then begun to decay.* 那时罗马帝国已开始衰落。

decay *noun* [U] the process of decaying, or the state reached after decaying 腐坏；腐烂；衰弱；衰落：*It is better to prevent tooth decay than to treat it.* 预防蛀牙胜于治疗。○ *Many of the old houses had fallen into decay.* 很多旧房子已残破不堪。—**decayed** *adj*: *a decayed tooth* 蛀牙

decease /dɪˈsiːs ‖ dɪˈsis/ *noun* [U] (*formal* 正式) the death (of a person)（人的）死亡

deceased *adj* (*formal* 正式) dead 已死：*He inherited the house from his deceased parents.* 他从已去世的父母处继承了这幢房子。

the deceased *noun* [sing] (*formal* 正式) a person who has died, especially one who has died recently 死者（尤指最近去世者）：*Many friends of the deceased were present at the funeral.* 死者的很多朋友都出席了葬礼。

deceit /dɪˈsiːt ‖ dɪˈsit/ *noun* [U] dishonest behaviour; trying to make sb believe sth that is not true 不诚实的行为；欺骗；欺诈

deceitful /dɪˈsiːtfl ‖ dɪˈsitfəl/ *adj* dishonest, and intending to make sb believe sth that is not true 不诚实；欺诈的 —**deceitfully** /-fəlɪ ‖ -fəlɪ/ *adv* **deceitfulness** *noun* [U]

☆**deceive** /dɪˈsiːv ‖ dɪˈsiv/ *verb* [T] **deceive sb/yourself (into doing sth)** to try to make sb believe sth that is not true 欺骗：*He deceived his mother into believing that he had earned the money, not stolen it.* 他欺骗母亲，使她相信他的钱是赚来的，不是偷来的。○ *Her story didn't deceive me – I knew it was a lie.* 她的故事骗不了我——我知道那是谎话。○ *You're deceiving yourself if you think there's an easy solution to the problem.* 如果你认为这个问题很容易解决，那只不过是你在欺骗自己。☛ The noun is **deception** or **deceit**. 名词为 **deception** 或 **deceit**。

☆**December** /dɪˈsembə(r) ‖ dɪˈsɛmbɚ/ *noun* [C,U] (*abbr* 缩写 **Dec**) the twelfth month of the year, coming before January 十二月 ☛ For examples of the use of the months in sentences, look at **January**. 有关句子中月份的用例，参看 **January**。

decency /ˈdiːsnsɪ ‖ ˈdisn̩sɪ/ *noun* [U] moral or correct behaviour 合乎礼仪/得体/正派的行为：*She had the decency to admit that it was her fault.* 她还懂得礼貌，承认这是她的过错。

decent /ˈdiːsnt ‖ ˈdisn̩t/ *adj* **1** satisfactory; of an acceptable standard 满意；适当：*All she wants is a decent job with decent wages.* 她所要的只是一份有合理工资的体面工作。**2** (used about people or behaviour 指人或行为) honest and respectable 诚实可敬；正直；正派：*All decent people are appalled by such terrible crimes.* 如此可怕的罪行叫一切正派人都为之震惊。**3** not likely to embarrass or offend sb 不致使人尴尬；不致冒犯人：*I can't come to the door, I'm not decent* (= I'm not dressed). 我不能出来开门，我没穿好衣服。☛ The opposite is **indecent**. 反义词为 **indecent**。—**decently** *adv*

deception /dɪˈsepʃn ‖ dɪˈsɛpʃən/ *noun* [C,U] deceiving or being deceived; a trick 欺骗；受骗；骗术；诡计：*He had obtained the secret papers by deception.* 他用诡计取得那些秘密文件。

deceptive /dɪˈseptɪv ‖ dɪˈsɛptɪv/ *adj* likely to give a false impression or to make sb believe sth that is not true 欺骗的；造成假象的：*The water is deceptive. It's much deeper than it looks.* 这里的水看起来很浅，实际上比你想像的深得多。—**deceptively** *adv*: *She made the task sound deceptively easy.* 她使人误以为这件工作很容易。

decibel /ˈdesɪbel ‖ ˈdɛsəˌbɛl/ *noun* [C] a measurement of how loud a sound is 分贝（测音量大小的单位）

☆**decide** /dɪˈsaɪd ‖ dɪˈsaɪd/ *verb* **1** [I,T] to think about two or more possibilities and choose one of them 选定；决定：*There are so many to choose from – I can't decide!* 有这么多选择，我拿不定主意！○ *She decided against borrowing the money.* 她决定不借钱。○ *They decided on a name for the baby.* 他们为婴孩选定了名字。○ *He decided that it was too late to go.* 太晚了，他决定不去了。○ *You'll have to decide what to do.* 你得决定做什么。○ *We've decided not to invite Isabel.* 我们决定不邀请伊莎贝尔。○ *The date hasn't been decided yet.* 日期还没有定好。**2** [T] to influence sth so that it produces a particular result 对（某事）起决定因素；决定（结果）：*Your votes will decide the winner.* 你们投的票将决定谁是优胜者。**3** [T] to cause sb to make a decision 使（某人）作决定：*What finally decided you to leave?* 最终是什么使你决定离开？☛ The noun is **decision**. 名词为 **decision**。The adjective is **decisive**. 形容词为 **decisive**。

decided *adj* clear; definite 清楚；明确：*There has been a decided improvement in his work.* 他在工作上已有明显的改善。—**decidedly** *adv*: *The new office is decidedly better than the old one.* 新的办公室显然比旧的好。

deciduous /dɪˈsɪdjʊəs; dɪˈsɪdʒʊəs ‖ dɪˈsɪdʒʊəs/ *adj* (used about a tree 指树) of a type that loses its leaves every autumn 每年秋季落叶的 ☛ Look at **evergreen**. 参看 **evergreen**。

decimal /ˈdesɪml ‖ ˈdɛsəml̩/ *adj* based on or counted in units of ten 十进制的: *decimal currency* 十进制货币

decimal *noun* [C] part of a number, written after a dot (**decimal point**) and expressed in tenths, hundredths, etc 小数点 (**decimal point**) 之后的数字(以表示十分之一、百分之一等);小数: *Three quarters expressed as a decimal is 0·75.* 四分之三以小数表示就是0.75。

decipher /dɪˈsaɪfə(r) ‖ dɪˈsaɪfɚ/ *verb* [T] to succeed in reading or understanding sth that is not clear 辨认(不清楚的东西): *It's impossible to decipher his handwriting.* 他的字迹根本无法辨认。

☆**decision** /dɪˈsɪʒn ‖ dɪˈsɪʒən/ *noun* **1** [C,U] **a decision (on/about sth); a decision (to do sth); a decision (that...)** a choice or judgement that you make after thinking about various possibilities 决定: *'Have you made a decision yet?' 'No, I'm still thinking about it!'* "你是否已作出决定?" "还没有,我仍在考虑。" ○ *I took the decision that I believed to be right.* 我作出了我认为是正确的决定。 ○ *I realize now that I made the wrong decision.* 我现在发觉我作出了错误的决定。 ○ *There were good reasons for his decision to leave.* 他决定离开是有充分理由的。 ○ *Who made the decision that the school should be closed?* 是谁决定了这所学校应该停办的? ○ *How you vote is a matter of personal decision.* 怎样投票纯粹是你个人决定的事。 **2** [U] being able to decide clearly and quickly 果断;决断

decisive /dɪˈsaɪsɪv ‖ dɪˈsaɪsɪv/ *adj* **1** making sth certain or final 决定性的;最终: *the decisive battle of the war* 这战争中决定性的战役 **2** having the ability to make clear decisions quickly 果断;决断: *It's no good hesitating. Be decisive.* 犹豫不决没有好处。要果断。 —**decisively** *adv* **decisiveness** *noun* [U]

deck /dek ‖ dɛk/ *noun* [C] **1** one of the floors of a ship or bus (船或公共汽车的)一层: *The restaurant is on the upper deck.* 餐厅是在(船的)上层。 **2** (*US* 美) = PACK[1](4) **3** a piece of equipment on which you can play records or tapes (唱机的)转盘支托面;(录音机的)放带装置

(IDIOM 习语) **on deck** on the floor of a ship which is in the open air 在(船的)甲板上: *I'm going out on deck for some fresh air.* 我要到甲板上去呼吸一下新鲜空气。

ˈ**deck-chair** *noun* [C] a chair that you use outside, especially on the beach. You can fold it up and carry it. (户外用,可折叠的)帆布躺椅

☆**declaration** /ˌdekləˈreɪʃn ‖ ˌdɛkləˈreʃən/ *noun* **1** [C,U] a statement 声明: *In his speech he made a strong declaration of support for the rebels.* 他在演说中郑重地声明表示支持叛乱者。 ○ *Fighting has started without declaration of war.* 还没有宣战,战事就已开始了。 **2** [C] a written statement giving information on goods or income on which you have to pay tax 报单;收益申报单: *If you're sending a parcel abroad, you have to fill in a customs declaration.* 你要把包裹寄到海外,就得填写报关单。

☆**declare** /dɪˈkleə(r) ‖ dɪˈklɛr/ *verb* [T] **1** to announce or to make sth known, especially in an official or forceful way 宣布/宣告/公告(尤指官方的或权威性的): *to declare war on another country* 向另一国家宣战 ○ *The republic has declared its independence.* 这共和国已宣布独立。 ○ *I declare that the winner of the award is Joan Taylor.* 我宣布奖项的得主是琼·泰勒。 ○ *'I've had enough of this,' she declared and walked out of the room.* "我已经受够了。" 她宣称,然后走出房间。 **2** to give information about goods or income on which you have to pay tax 申报(应纳税货物或收入): *You must declare all your income on this form.* 你必须在这份表格上申报所有收入。

decline[1] /dɪˈklaɪn ‖ dɪˈklaɪn/ *verb* **1** [I,T] (*formal* 正式) to refuse, usually politely 婉拒;(礼貌地)拒绝: *Thank you for the invitation but I'm afraid I have to decline.* 谢谢你的邀请,但很抱歉,我不得不推辞。 ○ *The minister declined to make a statement.* 部长拒绝发表声明。 **2** [I] to become weaker, smaller or less good 变弱;变小;衰退: *declining profits* 正在下降的利润 ○ *The standard of education has declined in this country.* 这国家的教育水准下降了。

decline[2] /dɪˈklaɪn ‖ dɪˈklaɪn/ *noun* [C,U] **(a) decline (in sth)** a process or period of becoming weaker, smaller or less satisfactory 衰弱;衰落;衰退;消减: *a decline in sales* 销售额下降 ○ *As an industrial power, the country is in decline.* 这个工业强国现正处于衰退期。

decode /ˌdiːˈkəʊd ‖ diˈkod/ *verb* [T] to find the meaning of sth that is in code 破译(密码) ☛ The opposite is **encode**. 反义词为 **encode**。

decoder *noun* [C] a piece of equipment that allows you to receive satellite television channels for which you have to pay extra 解码器(可接收卫星电视频道的设备,需另缴费用)

decompose /ˌdiːkəmˈpəʊz ‖ ˌdikəmˈpoz/ *verb* [I,T] to decay or to make sth decay (使某物)变坏/腐烂: *The body was so badly decomposed that it couldn't be identified.* 尸体已经腐烂不堪,无法辨认。

décor /ˈdeɪkɔː(r); *US* 美 deɪˈkɔːr ‖ deˈkɔr/ *noun* [U,sing] the furniture and decoration in a place (一个地方的)家具及装饰/全部陈设

☆**decorate** /ˈdekəreɪt ‖ ˈdɛkəˌret/ *verb* **1** [T] **decorate sth (with sth)** to add sth in order to make a thing more attractive to look at 装饰: *Decorate the cake with cherries and nuts.* 用樱桃及果仁装饰这蛋糕。 **2** [I,T] to put paint and/or wallpaper onto walls, ceilings and doors in a room or building (给室内墙壁、天花板及门)涂油漆或糊墙纸: *I think it's about time we decorated the living-room.* 我想是装饰客厅的时候了。

decoration /ˌdekəˈreɪʃn ‖ ˌdɛkəˈreʃən/ *noun* **1** [C,U] the decorating of a room or building with paint, wallpaper, etc; the wallpaper, curtains, etc that have been used in a room or building 装饰: *The house is in need of*

D

decoration. 这房子需要装饰一下。○ *The theatre has been renovated in the style of the original decoration.* 这戏院已经按照原来的风格重新装修了。**2** [C,U] something that is added to sth in order to make it look more attractive 装饰品；装饰: *Christmas decorations* 圣诞节装饰品

decorative /ˈdekərətɪv; *US* 美 ˈdekəreɪtɪv ‖ ˈdɛkəˌretɪv/ *adj* attractive to look at; added to sth to make it prettier 装饰的；装饰性的: *The cloth had a decorative lace edge.* 这匹布有一条装饰的花边。

decoy /ˈdiːkɔɪ ‖ ˈdikɔɪ/ *noun* [C] a person or object that is used to lead sb/sth in the wrong direction 诱饵；用作诱饵的人或物

D

☆**decrease** /dɪˈkriːs ‖ dɪˈkris/ *verb* [I,T] to become or to make sth smaller or less 减少；降低: *As the temperature decreases, the metal contracts.* 温度下降，这金属就收缩。○ *Profits have decreased by 15%.* 利润下降了百分之十五。○ *Decrease speed when you are approaching a road junction.* 快要到路口时便要减速。☛ The opposite is **increase**. 反义词为 **increase**。

decrease /ˈdiːkriːs ‖ ˈdikris/ *noun* [C,U] **(a) decrease (in sth)** a process of becoming or making sth smaller or less; a reduction 减少；降低: *a decrease in the number of students* 学生人数的减少 ○ *a 10% decrease in sales* 销售额下降百分之十

decree /dɪˈkriː ‖ dɪˈkri/ *noun* [C] an official order given by a government, a ruler, etc（政府、君主等颁布的）法令/命令

decree *verb* [T] (*pt*, *pp* **decreed**) (used about a government, a ruler, etc 指政府、君主等) to give an official order 下令；颁布（法令）

decrepit /dɪˈkrepɪt ‖ dɪˈkrɛpɪt/ *adj* old and in very bad condition 衰老；破旧

dedicate /ˈdedɪkeɪt ‖ ˈdɛdəˌket/ *verb* [T] **1** to give all your energy, time, efforts, etc to sth 奉献（精力、时间等）: *He dedicated his life to helping the poor.* 他毕生致力于帮助穷人。**2 dedicate sth to sb** to say that sth is in honour of sb 题献词: *He dedicated the book he had written to his brother.* 他把自己写的那本书献给了兄长。

dedicated *adj* giving a lot of your energy, time, efforts, etc to sth that you believe to be important 一心一意；献身的: *dedicated nurses and doctors* 献身于工作的护士和医生

dedication /ˌdedɪˈkeɪʃn ‖ ˌdɛdəˈkeʃən/ *noun* **1** [U] being willing to give your time and energy to sth 献身精神；奉献精神: *I admire her dedication to her career.* 我钦佩她对工作的献身精神。**2** [C] a message at the beginning of a book or before a piece of music is played, saying that it is for a particular person 献词

deduce /dɪˈdjuːs ‖ dɪˈdjus/ *verb* [T] to form an opinion using the facts that you already know 推理；推想；推断；演绎: *From his name I deduced that he was Polish.* 我从他的名字推想出他是波兰人。☛ The noun is **deduction**. 名词为 **deduction**。

deduct /dɪˈdʌkt ‖ dɪˈdʌkt/ *verb* [T] **deduct sth (from sth)** to take sth such as money or points away from a total amount 减除；扣除: *Income tax is deducted from your salary.* 所得税从你的薪金中扣除。○ *Marks will be deducted for untidy work.* 功课不整洁要扣分。

deduction /dɪˈdʌkʃn ‖ dɪˈdʌkʃən/ *noun* [C,U] **1** something that you work out from facts that you already know; the skill of reasoning in this way 推断出的结论；演绎法: *It was a brilliant piece of deduction by the detective.* 那侦探真聪明，能够推断出这个结论。**2 deduction (from sth)** taking away an amount or number from a total; the amount or number taken away from the total 扣除；扣除额: *What is your total income after deductions?* (= when tax, insurance, etc are taken away). 扣除税款、保险金等各项费用后你的总收入是多少？

deed /diːd ‖ did/ *noun* [C] (*formal* 正式) something that you do; an action 所做的事；行动: *Deeds are more important than words.* 行动胜于言辞。

deem /diːm ‖ dim/ *verb* [T] (*formal* 正式) to consider sth 认为: *He did not even deem it necessary to apologize.* 他甚至不认为有必要道歉。

☆**deep**[1] /diːp ‖ dip/ *adj* **1** going a long way down from top to bottom 深（指由上至下）: *the deep end of a swimming-pool* 泳池水深的那端 ○ *to dig a deep hole* 掘一个深坑 ○ *That's a deep cut – I think you'd better see a doctor.* 伤口很深——你还是去看医生吧。○ *a coat with deep pockets* 有深的衣袋的大衣 ☛ The noun is **depth**. 名词为 **depth**。**2** going a long way from front to back 深（指由前至后）: *deep shelves* 深的架子 **3** measuring a particular amount from top to bottom or from front to back 有（某一）深度: *The water is only a metre deep at this end of the pool.* 泳池这端的水只有一米深。○ *shelves 40 centimetres deep* * 40厘米深的架子 **4** (used about sounds 指声音) low 低沉: *a deep voice* 低沉的声调 **5** (used about colours 指颜色) dark; strong 深的；浓的: *a deep red* 深红色 **6** strongly felt; serious 强烈感觉到的；严重: *Please accept my deepest sympathy on this sad occasion.* 在这悲伤的时刻请接受我深切的慰问。○ *The country is in a deep recession and there is massive unemployment.* 这个国家经济严重衰退，失业者众多。**7** (used about a breath 指呼吸) taking in or letting out a lot of air 深（吸入或呼出大量空气）: *Take a few deep breaths.* 作几下深呼吸。**8** concentrating on or involved in sth 专心；全神贯注: *She was deep in thought.* 她在沉思。○ *deep sleep* 酣睡 ○ *deep in conversation* 专心地交谈 **9** thorough, able to deal with the difficult parts of sth 深入；透彻: *His books show a deep understanding of human nature.* 他的著作流露出对人性深入的了解。

deepen /ˈdiːpən ‖ ˈdipən/ *verb* [I,T] to become or to make sth deep or deeper（使）变深: *The river deepens here.* 这条河在这里开始水深起来。○ *This bad news deepened the atmosphere of depression.* 这个坏消息加深了消沉的气氛。—**deeply** *adv*: *a deeply unhappy person* 极不快乐的人 ○ *to breathe deeply* 深深地呼吸

☆**deep**[2] /diːp ‖ dip/ *adv* a long way down or

inside sth 深: *The ship sank deep into the sea.* 船沉入深海。○ *They talked deep into the night.* 他们谈到深夜。

(IDIOM 习语) **deep down** in what you really think or feel 在内心深处；在心底: *I tried to appear optimistic but deep down I knew there was no hope.* 我尽量表现得乐观，但在心底里我知道是没有希望的。

ˌdeep-ˈfreeze *noun* [C] = FREEZER

ˌdeep-ˈrooted (*also* 亦作 **ˌdeep-ˈseated**) *adj* strongly felt or believed and therefore difficult to change 根深蒂固的；难以改变的: *deep-seated prejudices* 根深蒂固的偏见

☆**deer** /dɪə(r) ‖ dɪr/ *noun* [C] (*pl* **deer**) a large wild grass-eating animal. The male has horns shaped like branches (**antlers**). 鹿（鹿角叫做 **antler**）

☛ A male deer is called a **buck** or, especially if it has fully-grown antlers, a **stag**. 雄鹿叫 **buck** 或 **stag**；**stag** 尤指鹿角完全成熟的雄鹿。The female is a **doe** and a young deer a **fawn**. 雌鹿叫 **doe**，幼鹿叫 **fawn**。**Venison** is the meat from deer. 鹿肉是 **venison**。

deface /dɪˈfeɪs ‖ dɪˈfes/ *verb* [T] to spoil the way sth looks by writing on or marking the surface of it 涂污；损坏（某物）的外观: *Vandals defaced the statue with graffiti.* 故意破坏公物的人把这个雕像涂得一塌糊涂。

default¹ /dɪˈfɔ:lt ‖ dɪˈfɔlt/ *noun* [sing] (*computing* 计算机技术) a course of action taken by a computer when it is not given any other instruction 缺省设定（当电脑没有接收到任何指令时自行作出的已设定的选择）

(IDIOM 习语) **by default** because nothing happened, not because of successful effort 因对方弃权或缺席（而获胜等）: *They won by default, because the other team didn't turn up.* 他们因另一队弃权，没有上场而获胜。

default² /dɪˈfɔ:lt ‖ dɪˈfɔlt/ *verb* [I] **1** not to do sth that you should do by law 不依法律做；不履行: *If you default on the credit payments* (= you don't pay them), *the car will be taken back.* 如不按赊账规定付款，就要收回这辆车。**2** (*computing* 计算机技术) to take a particular course of action when no other command is given 缺省设定（当电脑没有接收到任何指令时自行按设定的选择操作）

☆**defeat** /dɪˈfi:t ‖ dɪˈfit/ *verb* [T] **1** to win a game, a fight, a vote, etc against sb 击败；战胜；胜过: *The army defeated the rebels after three days of fighting.* 军队经过三日的战斗终于击败了叛乱分子。○ *In the last match France defeated Wales by ten points to six.* 在最后一场比赛中，法国以十比六击败了威尔士。**2** to prevent sth from succeeding 使（某事）失败: *The local residents are determined to defeat the council's building plans.* 本地居民决心要迫使议会取消那个兴建计划。**3** to be too difficult for sb to do or understand（因太困难而）使（某人）做不到/不明白: *I've tried to work out what's wrong with the car but it defeats me.* 我设法找出车子有什么问题，但始终不得要领。

defeat *noun* **1** [C] an occasion when sb is defeated 失败: *This season they have had two victories and three defeats.* 本次赛季他们两胜三败。**2** [U] defeating or being defeated 击败；失败: *She refused to admit defeat and kept on trying.* 她拒绝承认失败，并且继续尝试。

defeatism /-ɪzəm ‖ -ɪzəm/ *noun* [U] the attitude that you have when you expect sth to end unsuccessfully 失败主义（预料事情最终都会失败的态度）—**defeatist** /-ɪst ‖ -ɪst/ *noun* [C]: *Don't be such a defeatist, we haven't lost yet!* 不要做失败主义者，我们还没有输呢！

defecate /ˈdefəkeɪt ‖ ˈdɛfəˌket/ *verb* [I] (*formal* 正式) to pass waste materials from the bowels 大便

defect¹ /ˈdi:fekt ‖ dɪˈfɛkt/ *noun* [C] something that is wrong with or missing from sb/sth 毛病；缺点；短处；缺陷: *a speech defect* 言语缺陷 ○ *defects in the education system* 这个教育制度的缺点 —**defective** /dɪˈfektɪv ‖ dɪˈfɛktɪv/ *adj*: *If you find any of our goods to be defective, please return them to the shop.* 如发觉我们的货品有瑕疵，请把货品退回商店。

defect² /dɪˈfekt ‖ dɪˈfɛkt/ *verb* [I] to leave your country, a political party, etc and go to or join an opposing one 背叛；叛国；变节；脱党: *a spy who defected from the enemy's camp* 从敌方阵营叛逃来的间谍 —**defection** *noun* [C,U]

☆**defence** (*US* 美 **defense**) /dɪˈfens ‖ dɪˈfɛns/ *noun* **1** [U] **defence (against sth)** action to protect sb/sth from attack 防卫；防御；保卫: *Would you fight in defence of your country?* 你会不会为保卫国家而战？**2** [C] **a defence (against sth)** something that protects sb/sth from sth or that is used for fighting against attack 防御设备；防御物: *to build up a country's defences* 建设国家的防御工事 ○ *the body's defences against disease* 人体对疾病的抵抗力 **3** [U] the military equipment, forces, etc for protecting a country 国防（为保卫国家而设的军备、军队等）: *the Defence Minister* 国防部长 ○ *Spending on defence can be cut if fewer weapons are needed.* 如果武器的需求减少，国防开支便可削减。**4** [C,U] something that you say or write to support sb/sth that is being attacked or accused 辩护: *In his speech, he made a strong defence of the party's policy.* 他在演说中极力维护该党的政策。○ *I must say in her defence that I have always found her very reliable.* 我必须为她说句好话，我一向认为她十分可靠。**5** [C] (in law 法律) an argument in support of the accused person in a court of law 被告的答辩；辩护；辩词: *His defence was*

D

that he was only carrying out orders. 他辩称自己不过是执行命令而已。**6 the defence** [sing, with sing or pl verb, U] (in law 法律) the accused person in a court of law and the lawyer or lawyers who are acting for him/her 被告方/辩方（包括被告和被告的辩护律师）: *The defence claims/claim that many of the witnesses were lying.* 辩方声称多位证人都在说谎。○ *a witness giving evidence for the defence* 为辩方作证的证人 **7** usually 通常作 **the defence** [sing, with sing or pl verb, U] (in sport 体育) action to prevent the other team scoring; the players who try to do this 防守；防守队员；后卫: *The defence was/were unable to stop Brown and he scored.* 防守的队员没有拦阻住布朗，让他得了分。○ *They put up no defence and were beaten by five points.* 他们没有好好地防守而以五分之差被对方击败。

defenceless *adj* unable to defend yourself against attack 不能自卫的

☆**defend** /dɪˈfend ‖ dɪˈfɛnd/ *verb* **1** [T] **defend sb/sth (against sb/sth)** to act, especially to fight, to protect sb/sth 保卫；保护: *Would you be able to defend yourself if someone attacked you in the street?* 如果你在街上遭袭击，你有没有能力自卫呢？**2** [T] **defend sb/sth (against sb/sth)** to say or write sth to support sb/sth 为…辩护: *The minister went on television to defend the government's policy.* 部长上电视为政府的政策辩护。**3** [T] (in law 法律) to speak for sb who is accused of sth in a court of law 为（被告）辩护 **4** [I,T] to try to stop the other team or player scoring（比赛中）防守: *They defended well and managed to hold onto their lead.* 他们防守得很好，因而得以保持领先的优势。**5** [T] to try to win a match so that you remain champion 卫冕: *She successfully defended her title.* 她卫冕成功了。

defender *noun* [C] a person who defends sb/sth, especially in sport 保卫者；辩护者；（尤指）防守队员/后卫 ☛ picture at **football**. 见 **football** 插图。

defendant /dɪˈfendənt ‖ dɪˈfɛndənt/ *noun* [C] a person who is accused of sth in a court of law 被告；被告人

defensive /dɪˈfensɪv ‖ dɪˈfɛnsɪv/ *adj* **1** used or intended for protecting sb/sth from attack 防御用的；防御性的: *The troops took up a defensive position.* 军队摆出防御的阵势。**2** showing that you feel that sb is accusing or criticizing you（感到被指责或批评时极力）保护自己的: *When I asked him about his new job, he became very defensive and tried to change the subject.* 当我问及他的新工作时，他躲躲闪闪不肯多说，而且企图改变话题。

defensive *noun*

(IDIOM 习语) **on the defensive** ready to defend yourself against attack or criticism 采取防御姿态；采取守势

defer /dɪˈfɜː(r) ‖ dɪˈfɝ/ *verb* [T] (defe**rr**ing; defe**rr**ed) (*formal* 正式) to leave sth until a later time; to postpone 延缓；延迟；推迟

deference /ˈdefərəns ‖ ˈdɛfərəns/ *noun* [U] polite behaviour that you show towards sb/sth, usually because you respect him/her 尊重；敬重

(IDIOM 习语) **in deference to sb/sth** because you respect and do not wish to upset sb 出于敬意；为了尊重某人而不想令其不悦: *In deference to her father's wishes, she didn't mention the subject again.* 为了尊重她父亲的意愿，她没有再提起那话题。

defiance /dɪˈfaɪəns ‖ dɪˈfaɪəns/ *noun* [U] open refusal to obey 公然反抗: *As an act of defiance they continued to play their music loud.* 他们继续把音乐奏得很响，以示反抗。

(IDIOM 习语) **in defiance of sb/sth** openly refusing to obey sb/sth 公然反抗某人/某事物

defiant /dɪˈfaɪənt ‖ dɪˈfaɪənt/ *adj* showing open refusal to obey 公然反抗的 —**defiantly** *adv*

deficiency /dɪˈfɪʃnsɪ ‖ dɪˈfɪʃənsɪ/ *noun* (*pl* **deficiencies**) **1** [C,U] a condition of not having enough of sth; a lack 缺乏；不足: *a deficiency of vitamin C* 缺乏维他命 C **2** [C] something that is not good enough or that is wrong with sb/sth 缺陷；缺点: *The problems were caused by deficiencies in the design.* 这些问题是由设计上的缺点所致的。

deficient /dɪˈfɪʃnt ‖ dɪˈfɪʃənt/ *adj* **1 deficient (in sth)** not having enough of sth 缺少…的；缺乏…的: *food that is deficient in minerals* 缺少矿物质的食物 **2** not good enough or not complete 有缺点；有缺陷

deficit /ˈdefɪsɪt ‖ ˈdɛfəsɪt/ *noun* [C] the amount by which the money you receive is less than the money you have spent 赤字；亏损: *a trade deficit* 贸易赤字

define /dɪˈfaɪn ‖ dɪˈfaɪn/ *verb* [T] **1** to say exactly what a word or idea means 精确地解释；下定义: *How would you define 'happiness'?* 你会怎样为"幸福"下定义？**2** to explain the exact nature of sth clearly 清楚说明；阐明: *Something is worrying me but I can't define exactly what it is.* 有些东西使我很担心，但我没法清楚说明白那是什么。

☆**definite** /ˈdefɪnət ‖ ˈdɛfənɪt/ *adj* **1** fixed and unlikely to change; certain 确切；肯定: *I'll give you a definite decision in a couple of days.* 我会在几天内给你一个确切的决定。**2** clear; easy to see or notice 清楚；明显: *There has been a definite change in her attitude recently.* 最近她的态度已经有明显的改变。

definitely /ˈdefɪnətlɪ ‖ ˈdɛfənɪtlɪ/ *adv* certainly; without doubt 肯定；无疑: *I'll definitely consider your advice.* 我一定考虑你的建议。○ *We definitely can't afford such a high price.* 我们绝对负担不起这样昂贵的价钱。

ˌ**definite ˈarticle** *noun* [C] (*grammar* 语法) the name used for the word 'the' 定冠词 the ☛ Look at **indefinite article**. 参看 **indefinite article**。

definition /ˌdefɪˈnɪʃn ‖ ˌdɛfəˈnɪʃən/ *noun* [C,U] a statement of the exact meaning of a word or idea 定义；释义

definitive /dɪˈfɪnətɪv ‖ dɪˈfɪnətɪv/ *adj* in a form that cannot be changed or that cannot be improved 最终；确定；权威的；经典的: *This is the definitive version.* 这是选定版。○ *the definitive performance of Hamlet*《哈姆雷特》的最经典演出 —**definitively** *adv*

deflate /dɪˈfleɪt ‖ dɪˈflet/ *verb* **1** [I,T] to become or to make sth smaller by letting the air or gas out 泄气；放出空气或气体: *The balloon slowly deflated and began to come down.* 气球慢慢泄气，开始落下。☛ The opposite is **inflate**. 反义词为 **inflate**。**2** [T] to make sb feel less confident, proud or excited 使（某人）泄气；挫（某人的）傲气

deflect /dɪˈflekt ‖ dɪˈflɛkt/ *verb* **1** [I,T] to change direction after hitting sb/sth; to make sth change direction in this way（使）（击中人或物而）转向；（使）偏离: *The ball was deflected off a defender and into the net.* 球击中一名后卫就反弹入网。**2** [T] to turn sb or sb's attention away from sth 转移；引开: *Nothing could deflect her from her aim.* 没有东西可以使她转移目标。

deflection /dɪˈflekʃn ‖ dɪˈflɛkʃən/ *noun* [C,U] a change of direction after hitting sb/sth（击中人或物后的）转向

deforestation /diːˌfɒrɪˈsteɪʃn ‖ diˌfɔrəsˈteʃən/ *noun* [U] cutting down trees over a large area 砍伐森林: *Deforestation is a major cause of global warming.* 砍伐森林是全球气温上升的主要原因。

deform /dɪˈfɔːm ‖ dɪˈfɔrm/ *verb* [T] to change the shape of sth so that it is unnatural 使成畸形；使变形

deformed *adj* having an unnatural or ugly shape 畸形的；变形的

deformity /dɪˈfɔːmətɪ ‖ dɪˈfɔrmətɪ/ *noun* (*pl* **deformities**) [C,U] the state of being deformed; a part of the body that is deformed 畸形；（身体的）畸形部分: *The drug caused women to give birth to babies with severe deformities.* 这种药物使妇女产下严重畸形的婴儿。

defraud /dɪˈfrɔːd ‖ dɪˈfrɔd/ *verb* [T] to get sth from sb by cheating 骗取；诈取

defrost /ˌdiːˈfrɒst; *US* 美 ˌdiːˈfrɔːst ‖ diˈfrɔst/ *verb* **1** [T] to remove the ice from sth 除去（某物的）冰霜: *to defrost a fridge* (= by switching it off so that the ice melts) 给冰箱除霜 **2** [I,T] (used about frozen food 指冷藏食物) to return to a normal temperature; to make food do this（使）解冻: *Defrost the chicken thoroughly before cooking.* 把鸡完全解冻后再烹调。

deft /deft ‖ dɛft/ *adj* (used especially about movements 尤指动作) skilful and quick 灵巧；敏捷 —**deftly** *adv*

defunct /dɪˈfʌŋkt ‖ dɪˈfʌŋkt/ *adj* no longer existing or in use 不再存在；不再使用；过时

defuse /ˌdiːˈfjuːz ‖ diˈfjuz/ *verb* [T] **1** to remove the part of a bomb that would make it explode 拆除（炸弹的）信管: *Army experts defused the bomb safely.* 军队专家拆去了那炸弹的信管，再没有危险了。**2** to make a situation calmer or less dangerous 缓和；平息: *She defused the tension by changing the subject.* 她改变话题，缓和了紧张的气氛。

defy /dɪˈfaɪ ‖ dɪˈfaɪ/ *verb* [T] (*pp* **defying**; *3rd pers sing pres* **defies**; *pt*, *pp* **defied**) **1** to openly refuse to obey sb/sth 公然反抗: *She defied her parents and continued seeing him.* 她公然反抗父母，继续和他来往。☛ The adjective is **defiant** and the noun **defiance**. 形容词为 **defiant**，名词为 **defiance**。**2 defy sb to do sth** to tell sb to do sth that you believe to be impossible 激（某人）做（你认为不可能的事）: *I defy you to prove me wrong.* 我敢说你不能证明我是错的。**3** to make sth impossible or very difficult 使（某事）没有可能；使（某事）很困难: *It's such a beautiful place that it defies description.* 那地方美丽极了，简直是用笔墨也难以形容。

degenerate /dɪˈdʒenəreɪt ‖ dɪˈdʒɛnəˌret/ *verb* [I] to fall to a less satisfactory standard; to become worse 退步；堕落；恶化: *It degenerated from a pleasant discussion into a nasty argument.* 愉快的讨论渐渐演变为一场不愉快的争论。—**degeneration** /dɪˌdʒenəˈreɪʃn ‖ dɪˌdʒɛnəˈreʃən/ *noun* [U]

degrade /dɪˈgreɪd ‖ dɪˈgred/ *verb* [T] to make people respect sb less 使（某人）丢脸；使（某人）不值得尊敬；贬低: *It's the sort of film that really degrades women.* 这的确是一部贬低女性的电影。—**degrading** *adj*: *Having to ask other people for money is degrading.* 要向人借钱是一件丢脸的事。

degradation /ˌdegrəˈdeɪʃn ‖ ˌdɛgrəˈdeʃən/ *noun* [U] **1** degrading sb or being degraded 贬低；丢脸；堕落: *the degradation of women* 贬低女性 **2** causing the condition of sth to become worse 退化；恶化；下降: *environmental degradation* 环境恶化

☆**degree** /dɪˈgriː ‖ dɪˈgri/ *noun* **1** [C] a measurement of temperature 度（温度的量度单位）: *Water boils at 212 degrees Fahrenheit (212°F) or 100 degrees Celsius (100° C).* 水在212华氏度(212°F)或100摄氏度(100°C)沸腾。○ *three degrees below zero/minus three degrees (-3°)* 零下三度/负三度(-3°) **2** [C] a measurement of angles 度（角的量度单位）: *a forty-five degree (45°) angle* * 45度角 ○ *An angle of 90 degrees is called a right angle.* * 90度的角称为直角。**3** [C,U] (used about feelings or qualities 指感觉或质量) a certain amount or level 程度；水平: *There is always some degree of risk involved in mountaineering.* 登山总有某种程度的危险。○ *Our lives have changed to a considerable degree.* 我们的生活已有相当程度的改善。○ *I sympathize with her to some degree.* 在某种程度上我同情她。**4** [C] a qualification gained by successfully completing a course at university or college 学位: *She's got a degree in Philosophy.* 她取得哲学学位。○ *He's at university, doing an Economics degree.* 他在大学修读经济学学位。

☛ In Britain **degree** is the usual word for the qualification you get when you complete and pass a university course. 在英国，学位 (**degree**) 通常指完成并且合格通过一个大学课程而取得的资格。You can study for a **diploma** at other types of college. 文凭 (**diploma**) 是其他种类的院校颁授的。The courses may be shorter and more practical than degree courses. 这些文凭课程比学位课程为期较短，同时亦多以实用为主。

dehydrate /ˌdiːˈhaɪdreɪt ‖ diˈhaɪdret/ *verb* **1** [T] (usually passive 通常用于被动语态) to remove all the water from food so that it can be kept longer 使脱水: *dehydrated vegetables* 脱水蔬菜 **2** [I,T] to lose or to take water from the body（指身体）脱水/失水: *If you run for a long time in the heat, you start to dehydrate.* 在炎热的天气下长时间地跑步，你会开始脱水。 —**dehydration** /ˌdiːhaɪˈdreɪʃn ‖ ˌdihaɪˈdreʃən/ *noun* [U]

deign /deɪn ‖ den/ *verb* [T] to do sth in a way that shows people that you are really too important for it 屈尊；俯就；降低身分: *He didn't even deign to look up when I entered the room.* 我走进房间时，他甚至不屑抬头望一眼。

D

deity /ˈdiːɪtɪ ‖ ˈdiətɪ/ *noun* [C] (*pl* **deities**) (*formal* 正式) a god or goddess 神；女神

dejected /dɪˈdʒektɪd ‖ dɪˈdʒɛktɪd/ *adj* very unhappy, especially because you are disappointed 沮丧；垂头丧气 —**dejectedly** *adv* —**dejection** *noun* [U]

☆**delay** /dɪˈleɪ ‖ dɪˈle/ *verb* **1** [T] to make sb/sth slow or late 耽搁；延误；拖延: *The plane was delayed for several hours because of bad weather.* 这班航机因天气恶劣而误点长达数小时。 **2** [I,T] **delay (sth/doing sth)** to decide not to do sth until a later time 推迟；延迟；延期: *I was forced to delay the trip until the following week.* 我被迫把旅行推迟到下一个星期。

delay *noun* [C,U] a situation or period of time where you have to wait 耽误；延迟的时间: *Delays are likely on the roads because of heavy traffic.* 由于交通阻塞，路上往往要耽搁一些时间。 ○ *Because of an accident, all trains are subject to delay.* 由于一宗事故，所有火车都要延迟。

delegate[1] /ˈdelɪgət ‖ ˈdɛləgɪt/ *noun* [C] a person who has been chosen to speak or take decisions for a group of people, especially at a meeting 代表（尤指出席会议的）

delegate[2] /ˈdelɪgeɪt ‖ ˈdɛləˌget/ *verb* [I,T] to give sb with a lower job or rank a particular task to carry out 把任务委托给下级: *You can't do everything yourself. You must learn how to delegate.* 你不能事必躬亲，你一定要学会委派下属做事。

delegation /ˌdelɪˈgeɪʃn ‖ ˌdɛləˈgeʃən/ *noun* **1** [U] giving sb with a lower job or rank a particular task to perform 把任务委托给下级 **2** [C, with sing or pl verb] a group of people who have been chosen to speak or take decisions for a larger group of people, especially at a meeting 代表团（尤指出席会议的）: *The British delegation walked out of the meeting in protest.* 英国代表团在会议中离席以示抗议。

delete /dɪˈliːt ‖ dɪˈlit/ *verb* [T] to cross out or leave out part of sth that is written 删除；删去: *'I will/will not be able to attend the meeting. Delete as appropriate.'* (= on a form, cross out the words which do not apply to you). "本人乐意出席/不能出席是次会议。请删去上文中不适用之字词。"（见于表格中用语）

deletion /dɪˈliːʃn ‖ dɪˈliʃən/ *noun* **1** [U] the act of deleting 删除；删去 **2** [C] part of sth written or printed (eg a word, a sentence, a paragraph, etc) that is deleted 删除的字句

☆**deliberate**[1] /dɪˈlɪbərət ‖ dɪˈlɪbərɪt/ *adj* **1** done on purpose; planned 故意；蓄意: *Was it an accident or was it deliberate?* 那是意外还是故意的？ **2** done slowly and carefully, without hurrying 从容而谨慎: *She spoke in a calm, deliberate voice.* 她以平静而从容的声调说话。

deliberately *adv* **1** on purpose; intentionally 故意；蓄意: *I didn't break it deliberately, it was an accident.* 我不是故意打破它的，这完全是意外。 **2** slowly and carefully, without hurrying 从容而谨慎

deliberate[2] /dɪˈlɪbəreɪt ‖ dɪˈlɪbəˌret/ *verb* [I,T] (*formal* 正式) to think about or discuss sth thoroughly before making a decision 仔细考虑；深入商讨；商议: *The judges deliberated for an hour before announcing the winner.* 评判员商议了一小时才宣布优胜者。

deliberation /dɪˌlɪbəˈreɪʃn ‖ dɪˌlɪbəˈreʃən/ *noun* **1** [C,U] discussion or thinking about sth 商讨；商议；考虑: *After much deliberation I decided to reject the offer.* 经审慎考虑后，我决定不接受那个提议。 **2** [U] slowness and carefulness; lack of hurry 审慎从容: *He spoke with great deliberation.* 他说起话来十分审慎从容。

delicacy /ˈdelɪkəsɪ ‖ ˈdɛləkəsɪ/ *noun* (*pl* **delicacies**) **1** [U] lightness and gentleness; having a fine or detailed quality 优美；细致；精美: *The pianist played the quiet song with great delicacy.* 这位钢琴家把这首柔和的歌曲弹奏得十分优美。 **2** [U] using or needing particular care or skill so as not to offend sb 体贴；周到；敏感: *Be tactful! It's a matter of some delicacy.* 要审慎处理！这事颇为敏感。 **3** [C] a type of food that is considered particularly good 珍馐；佳肴；名菜: *Try this dish, it's a local delicacy.* 尝尝这个，是本地的名菜。

☆**delicate** /ˈdelɪkət ‖ ˈdɛləkət/ *adj* **1** fine or thin; easy to damage or break 精致；幼嫩；易损坏: *delicate skin* 幼嫩的皮肤 ○ *delicate china teacups* 易碎的瓷制茶杯 ○ *the delicate mechanisms of a watch* 手表的精密机械结构 **2** frequently ill or easily made ill 体弱；易生病: *He was a delicate child and often in hospital.* 他是个体弱的孩子，常常要住医院。 **3** (used about colours, flavours, etc 指颜色、气味、味道等) light and pleasant; not strong 柔和；怡人；淡: *a delicate shade of pale blue* 柔和的淡蓝色 **4** requiring skilful treatment and care 需要技巧和小心处理的: *Repairing this is going to be a very delicate operation.* 修理这个是一件极需要技巧的工作。

delicately *adv* **1** lightly, gently or finely 柔和；优美；细致: *delicately painted vases* 涂饰得十分精美的花瓶 **2** with skilful and careful movement 灵巧；小心: *She stepped delicately over the broken glass.* 她小心地迈过那些碎玻璃。 **3** carefully so as not to offend sb 小心（以免冒犯别人）；得体；婉转: *I phrased my comments delicately so as not to upset her.* 为免使她不安，我的评语措词十分婉转。

delicatessen /ˌdelɪkəˈtesn ‖ ˌdɛləkəˈtɛsn̩/ *noun*

[C] a shop that sells special, unusual or foreign foods, especially cold cooked meat, cheeses, etc 熟食店（售卖特别的或进口的食品，尤其是熟肉、干酪等）

☆**delicious** /dɪˈlɪʃəs ‖ dɪˈlɪʃəs/ *adj* having a very pleasant taste or smell 美味；芬芳：*What are you cooking? It smells delicious.* 你在煮什么？闻起来很香。

delight[1] /dɪˈlaɪt ‖ dɪˈlaɪt/ *noun* **1** [U] great pleasure; joy 欣喜；高兴；愉快：*She laughed with delight as she opened the present.* 她打开那份礼物时笑得很开心。**2** [C] something that gives sb great pleasure 使人高兴的东西；乐事：*The story is a delight to read.* 这个故事读来极有兴味。—**delightful** /-fl ‖ -fəl/ *adj*: *a delightful view* 悦目的景色 ○ *The people were delightful and I made a lot of friends.* 那些人很可爱，我交了很多朋友。—**delightfully** /-fəlɪ ‖ -fəlɪ/ *adv*

☆**delight**[2] /dɪˈlaɪt ‖ dɪˈlaɪt/ *verb* [T] to give sb great pleasure 使人高兴；使人愉快：*She delighted the audience by singing all her old songs.* 她唱了自己所有的老歌，观众都很高兴。

(PHRASAL VERB 短语动词) **delight in sth/in doing sth** to get great pleasure from sth 喜欢或喜爱某事物/做某事：*He delights in playing tricks on people.* 他喜欢戏弄人。

delighted *adj* **delighted (at/with sth); delighted (to do sth/that...)** extremely pleased 高兴；愉快：*'How do you feel about winning today?' 'Delighted.'* "今天赢了你觉得怎样？""很高兴。" ○ *She was delighted at getting the job/that she got the job.* 她找到那份工作十分高兴。○ *They're absolutely delighted with their baby.* 他们疼爱自己的小宝宝疼得不得了。○ *'Would you like to come for dinner?' 'Thanks, I'd be delighted to.'* "你肯赏脸来吃晚饭吗？""谢谢，我十分乐意。"

delinquency /dɪˈlɪŋkwənsɪ ‖ dɪˈlɪŋkwənsɪ/ *noun* [U] bad or criminal behaviour, usually among young people（通常指青少年的）过失/罪行/不法行为

delinquent /dɪˈlɪŋkwənt ‖ dɪˈlɪŋkwənt/ *adj* (usually used about a young person 通常指青少年) behaving badly and often breaking the law 有过失的；犯法的：*delinquent children* 犯罪儿童 —**delinquent** *noun* [C]: *a juvenile delinquent* 少年罪犯

delirious /dɪˈlɪrɪəs ‖ dɪˈlɪrɪəs/ *adj* **1** speaking or thinking in a crazy way, often because of a fever 精神错乱/胡言乱语（常因发烧引致）**2** extremely happy 极快乐 —**deliriously** *adv*

☆**deliver** /dɪˈlɪvə(r) ‖ dɪˈlɪvɚ/ *verb* **1** [I,T] to take sth (goods, letters, etc) to the place requested or to the address on it 运送；投递；送交：*Your order will be delivered within five days.* 你订的货将于五天内送到。**2** [T] to help a mother to give birth to her baby 接生；助产：*The doctor who delivered the baby said she was lucky to be alive.* 接生的医生说那个女婴能够活下来真幸运。**3** [T] to give sth (a speech, a warning, etc) 讲授；发表（演说等）；发出（警告）：*He delivered a long lecture to the staff about efficiency.* 他长篇大论地向职员讲述效率问题。**4** [I] **deliver (on sth)** (*informal* 非正式) to do or give sth that you have promised 履行/实现（诺言）：*He's made a lot of promises, but can he deliver?* 他作出了这么多的承诺，但他能否履行呢？

(IDIOM 习语) **come up with/deliver the goods** ⇨ GOODS

delivery /dɪˈlɪvərɪ ‖ dɪˈlɪvərɪ/ *noun* (*pl* **deliveries**) **1** [U] the act of taking sth (goods, letters, parcels, etc) to the place or person who has ordered it or whose address is on it 运送；投递；送交：*Please allow 28 days for delivery.* 运货需时28天。○ *a delivery van*（厢式）运货车 **2** [C] an occasion when sth is delivered 运送/投递的时刻：*Are there any postal deliveries here on Sundays?* 星期天这里有人送信吗？**3** [C] something (goods, letters, parcels, etc) that is delivered 运送的货物；投递的信件；运送的包裹、物件等 **4** [C] the process of giving birth to a baby 分娩：*an easy delivery* 顺产

delta /ˈdeltə ‖ ˈdɛltə/ *noun* [C] an area of flat land shaped like a triangle where a river divides into smaller rivers flowing towards the sea 三角洲

delude /dɪˈlu:d ‖ dɪˈlud/ *verb* [T] to make sb believe sth that is not true 欺骗；哄骗：*If he thinks he's going to get rich quickly, he's deluding himself.* 如果他认为自己很快能发财，他只是在欺骗自己。☛ The noun is **delusion**. 名词为 **delusion**。

deluge /ˈdelju:dʒ ‖ ˈdɛljudʒ/ *noun* [C] **1** a sudden very heavy fall of rain; a flood 暴雨；洪水；水灾 **2** a very large number of things that happen or arrive at the same time 同时发生的很多事情；大量涌来的事物：*The programme was followed by a deluge of complaints from the public.* 节目播出后，收到公众的大量投诉。

deluge *verb* [T] (usually passive 通常用于被动语态) to send or give sb/sth a very large quantity of sth, all at the same time 同一时间大量涌至：*They were deluged with applications for the job.* 他们同一时间收到申请那份工作的大量求职信。

delusion /dɪˈlu:ʒn ‖ dɪˈluʒən/ *noun* [C,U] a false belief 错误的信念；错觉；幻想：*He seems to be under the delusion that he's popular.* 他似乎以为自己很受欢迎。☛ The verb is **delude**. 动词为 **delude**。

de luxe /dəˈlʌks; -ˈlʊks ‖ dɪˈlʌks; -ˈlʊks/ *adj* of extremely high quality and more expensive than usual 品质极佳；豪华：*a de luxe hotel* 豪华的酒店

delve /delv ‖ dɛlv/ *verb* [I] **delve into sth** to search inside sth 摸索；翻查：*She delved into the bag and brought out a tiny box.* 她把手伸进袋里摸索，掏了一个小盒出来。○ (*figurative* 比喻) *We must delve further into the past to find the origins of the custom.* 我们定要更深入研究过去，以找出这习俗的起源。

☆**demand**[1] /dɪˈmɑ:nd; US 美 dɪˈmænd ‖ dɪˈmænd/ *noun* **1** [C] **a demand (for sth/that...)** a strong request or order that must be obeyed 要求；命令：*The demand for the kidnappers to release the hostage has not* been met. 绑匪仍未按要求释放人质。○ *a demand for changes in the law* 要求修改法律 ○ *I was amazed by their demand that I should leave immediately.* 他们要求我立即离开，这使我大吃一惊。**2** [U,sing] **demand (for sth/sb)** the desire or need for sth among a group of people（一群人的）需求/需要: *We no longer stock that product because there is no demand for it.* 我们再没有那种产品的存货，因为没有人买。

(IDIOMS 习语) **in demand** wanted by a lot of people 有需求；受欢迎: *I'm in demand this weekend – I've had three invitations!* 这个周末我很受欢迎——已经接到三封请帖！

make demands on sb to require a large amount of effort from sb 需要某人付出大量精力: *Playing so many matches makes enormous demands on the players.* 要进行这么多场比赛，球员方面实在要付出大量体力。

on demand whenever you ask for it 一经要求: *This treatment is available from your doctor on demand.* 只要你提出要求，医生就会给你做这种治疗。

☆**demand²** /dɪˈmɑːnd; *US* 美 dɪˈmænd ‖ dɪˈmænd/ *verb* [T] **1** to ask for sth in a way that shows you expect to get it 要求: *I walked into the office and demanded to see the manager.* 我走进办公室，要求见经理。○ *She demanded that I pay her immediately.* 她要求我立即付钱给她。○ *Your behaviour was disgraceful and I demand an apology.* 你的行为很可耻，我要求你道歉。**2** to ask a question in an aggressive way 质问；查问: *'Have you seen her?' he demanded.* "你有没有见过她？" 他质问说。**3** to require or need 需要: *a sport that demands skill as well as strength* 一项需要技巧和力气的运动

demanding /dɪˈmɑːndɪŋ; *US* 美 dɪˈmændɪŋ ‖ dɪˈmændɪŋ/ *adj* **1** (used about a job, task, etc 指工作、任务等) requiring a great deal of effort, care, skill, etc 费力；需要高度技巧；要求高: *It will be a demanding schedule – I have to go to six cities in six days.* 旅行日程安排得非常紧凑——我要在六天内去六个城市。**2** (used about a person 指人) constantly wanting attention or expecting very high standards of people 时刻需要照顾；要求高；苛求: *a demanding child* 要很费心照顾的小孩 ○ *a demanding boss* 要求严格的上司

demise /dɪˈmaɪz ‖ dɪˈmaɪz/ *noun* [sing] **1** (*formal* 正式) the death of a person（人的）死亡: *the King's demise* 国王驾崩 **2** the unsuccessful end of sth 失败；结束: *Poor business decisions led to the company's demise.* 决策失当导致那家公司倒闭。

☆**democracy** /dɪˈmɒkrəsɪ ‖ dəˈmɑkrəsɪ/ *noun* (*pl* **democracies**) **1** [U] a system in which the government of a country is elected by all of the people 民主政治；民主政体；民主制度 **2** [C] a country that has this system 民主国家: *How long has that country been a democracy?* 那个国家成为民主国家多久了？**3** [U] the right of everyone in an organization, etc to vote on matters that affect them and to be treated equally 民主；民主作风；民主精神；民主管理: *There is a need for more democracy in the company.* 这家公司需要多一点民主。

democrat /ˈdeməkræt ‖ ˈdɛməˌkræt/ *noun* [C] **1** a person who believes in and supports democracy 民主主义者；民主人士 **2 Democrat** a member or supporter of the Democratic Party of the USA 美国民主党的党员或支持者 ☛ Look at **Republican**. 参看 **Republican**。

☆**democratic** /ˌdeməˈkrætɪk ‖ ˌdɛməˈkrætɪk/ *adj* **1** based on the system of democracy 民主主义的；民主政体的: *democratic elections* 民主选举 ○ *a democratic government* 民主政府 **2** having or supporting equality for all members 民主；人人平等: *the democratic traditions of the party* 那个党的民主传统 ○ *a fully democratic society* 完全民主的社会 —**democratically** /-klɪ ‖ -klɪ/ *adv*: *a democratically elected government* 以民主方式选出的政府

Demoˈcratic Party *noun* [sing] one of the two main political parties of the USA 民主党（美国两大政党之一）

demolish /dɪˈmɒlɪʃ ‖ dɪˈmɑlɪʃ/ *verb* [T] **1** to knock sth down (eg a building) 拆毁/拆除（建筑物等）: *The old shops were demolished and a supermarket was built in their place.* 那些旧商店拆除后，原地兴建了一家超级市场。**2** to destroy sth (an idea, a belief, etc) 驳倒/推翻（意见、信念等）: *She demolished his argument in one sentence.* 她用一句话便推翻了他的论点。

demolition /ˌdeməˈlɪʃn ‖ ˌdɛməˈlɪʃən/ *noun* [C,U] the act of knocking down or destroying sth 拆毁；拆除；驳倒；推翻

demon /ˈdiːmən ‖ ˈdimən/ *noun* [C] an evil spirit 魔鬼；恶魔: *He thinks he is possessed by demons.* 他认为自己着了魔。

☆**demonstrate** /ˈdemənstreɪt ‖ ˈdɛmənˌstret/ *verb* **1** [T] to show clearly that sth exists or is true; to prove 表明；论证；证明: *Scientists demonstrated the presence of radioactivity in the soil.* 科学家证明了那些土壤有放射性。○ *The prison escape demonstrates the need for greater security.* 囚犯越狱证明了需要加强保安。**2** [T] to show and explain to sb how to do sth or how sth works 示范: *The crew demonstrated the use of lifejackets just after take-off.* 机务人员在飞机刚起飞后示范救生衣的使用方法。**3** [I] **demonstrate (against/for sb/sth)** to take part in a public protest or march in which a crowd of people express their opposition or support of sb/sth 示威；参加示威活动: *Enormous crowds have been demonstrating for human rights.* 有大批群众一直在示威争取人权。

☆**demonstration** /ˌdemənˈstreɪʃn ‖ ˌdɛmənˈstreʃən/ *noun* **1** [C,U] something that shows clearly that sth exists or is true 论证；证明: *This accident is a clear demonstration of the system's faults.* 这宗事故清楚地证明了该系统的弊端。**2** [C,U] an act of showing or explaining to sb how to do sth or how sth works 示范: *The salesman gave me a demonstration of what the computer could do.* 售货员向我示范那部计算机的功能。**3** [C] **a demonstration (against/for sb/sth)** a public protest or march in which a crowd of people show how they oppose or support sb/sth 示威；示威游行：*Many thousands took part in demonstrations for greater political freedom.* 数以千计的人参加示威，争取更大的政治自由。

demonstrative /dɪˈmɒnstrətɪv ‖ dɪˈmɑnstrətɪv/ *adj* (used about a person 指人) showing feelings, especially affection, openly 感情外露的

demonstrator /ˈdemənstreɪtə(r) ‖ ˈdɛmənˌstretɚ/ *noun* [C] a person who takes part in a public protest or march 示威者；游行示威者

demoralize (*also* 亦作 **demoralise**) /dɪˈmɒrəlaɪz; *US* 美 -ˈmɔːr- ‖ dɪˈmɔrəlˌaɪz/ *verb* [T] to make sb lose confidence or the courage to continue doing sth 使失去信心；使泄气；使士气低落：*Repeated defeats demoralized the team.* 该队屡战屡败，队员士气低落。—**demoralization** (*also* 亦作 **demoralisation**) /dɪˌmɒrəlaɪˈzeɪʃn; *US* 美 -ˌmɔːrəlɪˈz- ‖ dɪˌmɔrələˈzeʃən/ *noun* [U]

demure /dɪˈmjʊə(r) ‖ dɪˈmjʊr/ *adj* (used especially about a girl or young woman 尤指女孩或年轻女子) shy, quiet and well behaved 矜持；娴静；端庄

den /den ‖ dɛn/ *noun* [C] **1** the hidden home of certain wild animals, eg lions 兽穴（如狮子的）**2** a secret meeting-place 秘密的会面地点；窟：*a den of thieves* 贼窝

denial /dɪˈnaɪəl ‖ dɪˈnaɪəl/ *noun* **1** [C] a statement that sth is not true 否认：*The minister issued a denial that he was involved in the scandal.* 部长发表了一项声明，否认他与那宗丑闻有关。**2** [C,U] **(a) denial (of sth)** refusing to allow sb to have or do sth 拒绝；拒绝给予；拒绝让（某人）享有：*a denial of personal freedom* 剥夺人身自由 ☛ The verb is **deny**. 动词为 **deny**。

denim /ˈdenɪm ‖ ˈdɛnəm/ *noun* **1** [U] a thick cotton material (often blue) that is used for making clothes, eg jeans 斜纹粗棉布（通常是蓝色，用于制衣服，如牛仔裤）**2 denims** [plural] trousers made of denim 用斜纹粗棉布制的裤子

denomination /dɪˌnɒmɪˈneɪʃn ‖ dɪˌnɑməˈneʃən/ *noun* [C] a religious group that is part of a larger religious organization 宗派：*Anglicans, Methodists and members of other denominations attended the meeting.* 圣公会、循道宗及其他宗派的成员都出席了这个会议。

denote /dɪˈnəʊt ‖ dɪˈnot/ *verb* [T] to indicate or be a sign of sth; to mean 表示；作为（某事物）的符号；意思是：*What does* [U] *denote in this dictionary?* * [U] 在这本词典里代表什么？

denounce /dɪˈnaʊns ‖ dɪˈnaʊns/ *verb* [T] to say publicly that sth is wrong; to be very critical of a person in public 指责；谴责；痛斥：*Opposition MPs have denounced the government's decision.* 反对党的国会议员已公开指责政府的决定。○ *The actor has been denounced as a bad influence on young people.* 那个演员曾被公开指责，说他对年青人有不良影响。☛ The noun is **denunciation**. 名词为 **denunciation**。

dense /dens ‖ dɛns/ *adj* **1** containing a lot of things or people close together 密集；稠密：*dense forests* 茂密的森林 ○ *areas of dense population* 人口稠密的地区 **2** difficult to see through 不易看透；浓密：*dense fog* 浓雾 **3** (*informal* 非正式) unintelligent; stupid 不聪明；愚钝 —**densely** *adv*: *densely populated* 人口稠密

density /ˈdensətɪ ‖ ˈdɛnsətɪ/ *noun* (*pl* **densities**) **1** [U] the number of things or people in a place in relation to its area 密度（某地方的物或人的数目与该地方面积的关系）：*the density of population* 人口密度 **2** [C,U] (*technical* 术语) the relation of the weight of a substance to the space it occupies 密度（某物质的重量与所占空间的关系）

dent /dent ‖ dɛnt/ *noun* [C] a hollow place in the surface of sth hard, especially metal, that is the result of sth hitting or pressing against it 凹痕；凹陷：*This tin's got a dent in it.* 这罐上有个凹痕。

dent *verb* [T] to damage sth by hitting it and making a hollow place in it 弄凹；使凹陷：*I hit a wall and dented the front of the car.* 我的车子撞向一道墙，车头给撞凹了。

dental /ˈdentl ‖ ˈdɛntḷ/ *adj* connected with teeth 与牙齿有关：*dental care* 牙齿的护理

☆**dentist** /ˈdentɪst ‖ ˈdɛntɪst/ (*also* 亦作 **ˈdental surgeon**) *noun* [C] a person whose job is to look after people's teeth 牙科医生；牙医：*The dentist examined my teeth.* 牙医检查了我的牙齿。☛ We refer to the dentist's surgery as 'the dentist's' 牙科医生的诊所称为 the dentist's: *I went to the dentist's to have a tooth out.* 我去牙医那里拔掉了一颗牙齿。

dentures /ˈdentʃəz ‖ ˈdɛntʃɚz/ *noun* [plural] = FALSE TEETH

denunciation /dɪˌnʌnsɪˈeɪʃn ‖ dɪˌnʌnsɪˈeʃən/ *noun* [C,U] an expression of strong disapproval of sb/sth in public 指责；谴责；痛斥：*a strong denunciation of the invasion* 公开地强烈谴责那种侵略行为 ☛ The verb is **denounce**. 动词为 **denounce**。

☆**deny** /dɪˈnaɪ ‖ dɪˈnaɪ/ *verb* [T] (*pres part* **denying**; *3rd pers sing pres* **denies**; *pt, pp* **denied**) **1 deny sth/doing sth/that...** to state that sth is not true 否认；不承认：*In court he denied all the charges.* 他在法庭上否认所有控罪。○ *When I challenged her, she denied telling lies/that she had told lies.* 当我质问她时，她否认曾经说谎。**2 deny sb sth; deny sth (to sb)** to refuse to allow sb to have sth 拒绝给予；不准：*She was denied permission to remain in the country.* 她申请留在该国，但不获批准。☛ The noun is **denial**. 名词为 **denial**。

deodorant /diːˈəʊdərənt ‖ diˈodərənt/ *noun* [C,U] a chemical substance that you put onto your body to destroy or prevent bad smells（除体臭用的）除臭剂/防臭剂

depart /dɪˈpɑːt ‖ dɪˈpɑrt/ *verb* [I] (*formal* 正式) to leave a place, usually at the beginning of a journey 离开；出发：*Ferries depart for Spain twice a day.* 每天有两班开往西班牙的渡轮。○ *The next train to the airport departs from platform 2.* 下一班往机场的火车在2号月台开出。☛ The noun is **departure**. 名词为 **departure**。Look at the note at **leave**[1]. 参看 **leave**[1] 的注释。

☆**department** /dɪˈpɑːtmənt ‖ dɪˈpɑrtmənt/ *noun* [C] (*abbr* 缩写 **Dept**) **1** = MINISTRY(1): *the Department of Health* 卫生部 **2** one of the sections into which an organization (eg a school or a business) is divided（企业的）部门；（学校的）系: *the Modern Languages department* 现代语言系 ○ *The book department is on the second floor.* 图书部在二楼。○ *She works in the accounts department.* 她在会计部工作。

departmental /ˌdiːpɑːtˈmentl ‖ dɪˌpɑrtˈmɛntl̩/ *adj* concerning a department 部门的；系的: *There is a departmental meeting once a month.* 每月召开一次部门会议。

deˈpartment store *noun* [C] a large shop that is divided into departments selling many different types of goods 百货公司；百货商店

☆**departure** /dɪˈpɑːtʃə(r) ‖ dɪˈpɑrtʃɚ/ *noun* [C,U] **1** leaving or going away from a place 离开；出发: *Arrivals and departures are shown on the board in the main hall of the station.* 到站及开出的时间均发布在车站大堂的显示板上。○ *Passengers should check in at least one hour before departure.* 乘客须于起飞前最少一小时办理登机手续。**2** an action which is different from what is usual or expected 背离；违反: *a departure from normal practice* 违反常规

☆**depend** /dɪˈpend ‖ dɪˈpɛnd/ *verb*

(IDIOM 习语) **that depends; it (all) depends** (used alone or at the beginning of a sentence 单独使用或用于句首) it is not certain; it is influenced or decided by sth 依情况而定: *'Can you lend me some money?' 'That depends. How much do you want?'* "你可不可以借点钱给我？" "那要看情况，你想要多少？" ○ *I don't know whether I'll see him. It all depends what time he gets here.* 我不知道会不会见到他。那要看他什么时间到达这里。

(PHRASAL VERBS 短语动词) **depend on sb/sth** to be sure that sb/sth will help you; to trust sb/sth to do sth 信赖某人/某事物；相信某人/某事物可靠: *If you ever need any help, you know you can depend on me.* 如果你需要任何帮助，我一定会帮你。○ *You can't depend on the trains. They're always late.* 那些火车经常误点，很不可靠。○ *I was depending on things going according to plan.* 我当时一直相信事情会照计划进行。○ *You can always depend on him to say what he thinks* (= you can be sure that he will say what he thinks). 你可以信赖他，他不会说假话。

depend on sb/sth (for sth) to need sb/sth to provide sth 依靠或依赖某人/某事物: *I depend on my parents for advice.* 我依赖父母给我意见。○ *Our organization depends on donations from the public.* 我们的机构依靠公众的捐助。

depend on sth to be decided or influenced by sb/sth 取决于某事物；视某事物而定: *His whole future depends on these exams.* 他的前途完全取决于这些考试。○ *The starting salary will be between £11 000 and £12 000, depending on age and experience.* 起薪由11 000英镑至12 000英镑，视年龄和经验而定。

dependable *adj* that can be trusted 可信赖；可靠: *The bus service is usually very dependable.* 公共汽车服务通常都十分可靠。

dependant (*especially US* 美尤作 **dependent**) /dɪˈpendənt ‖ dɪˈpɛndənt/ *noun* [C] a person who depends on sb else for money, a home, food, etc 受扶养者；受扶养的家属: *The insurance provides cover for you and all your dependants.* 这份保险承保你和所有你扶养的家属。

dependence /dɪˈpendəns ‖ dɪˈpɛndəns/ *noun* [U] **dependence on sb/sth** the state of needing sb/sth 依靠；依赖: *The country wants to reduce its dependence on imported oil.* 这个国家希望减少对进口燃油的依赖。

dependency /dɪˈpendənsɪ ‖ dɪˈpɛndənsɪ/ *noun* [U] the state of being dependent on sb/sth; the state of being unable to live without sth, especially a drug 依靠/依赖（尤指对药物的依赖）: *a drug dependency clinic* 戒毒诊所

dependent /dɪˈpendənt ‖ dɪˈpɛndənt/ *adj* **1 dependent (on sb/sth)** needing sb/sth to support you 依靠/依赖…的: *The industry is heavily dependent on government funding.* 这行业大量依赖政府的拨款。○ *dependent children* 受扶养的儿童 **2 dependent on sb/sth** influenced or decided by sth 取决于…的: *The price you pay is dependent on the number in your group.* 你要付的价钱视你那组的人数而定。

depict /dɪˈpɪkt ‖ dɪˈpɪkt/ *verb* [T] **1** to show sb/sth in a painting or drawing 描绘；描画: *a painting depicting a country scene* 描绘郊野风光的油画 **2** to describe sb/sth in words 描写；描述: *The novel depicts rural life a century ago.* 这部小说描述一个世纪以前的乡村生活。

deplete /dɪˈpliːt ‖ dɪˈplit/ *verb* [T] to reduce the amount of sth 减少；消耗: *We are depleting the world's natural resources.* 我们在耗损世界上的天然资源。—**depletion** /dɪˈpliːʃn ‖ dɪˈpliʃən/ *noun* [U]: *the depletion of the ozone layer* 臭氧层的损耗

deplore /dɪˈplɔː(r) ‖ dɪˈplɔr/ *verb* [T] (*formal* 正式) to feel or state that sth is morally bad 鄙视；谴责: *I deplore such dishonest behaviour.* 我鄙视这种不诚实的行为。

deplorable /dɪˈplɔːrəbl ‖ dɪˈplɔrəbl̩/ *adj* morally bad and deserving disapproval 可鄙；应受谴责 —**deplorably** /-əblɪ ‖ -əblɪ/ *adv*

deploy /dɪˈplɔɪ ‖ dɪˈplɔɪ/ *verb* [T] **1** to put soldiers or weapons in a position where they can be used 部署/调度（士兵或武器）**2** to arrange people or things so that they can be used efficiently（有效地）调动/安排/利用 —**deployment** *noun* [U]: *the deployment of troops* 军队的部署

deport /dɪˈpɔːt ‖ dɪˈpɔrt/ *verb* [T] to send a foreigner out of a country officially 把（外国人）驱逐出境: *A number of illegal immigrants have been deported.* 一些非法移民已被驱逐出境。—**deportation** /ˌdiːpɔːˈteɪʃn ‖ ˌdipɔrˈteʃən/ *noun* [C,U]: *The illegal immigrants face deportation.* 非法移民要被逐出境。

depose /dɪˈpəʊz ‖ dɪˈpoz/ *verb* [T] to remove a ruler or leader from power 废黜/罢免（统治者

或领导人）: *There was a revolution and the dictator was deposed.* 革命爆发，独裁者被迫下台。

deposit[1] /dɪˈpɒzɪt ‖ dɪˈpɑzɪt/ *verb* [T] **1** to put money into an account at a bank（将金钱）存入银行: *He deposited £20 a week into his savings account.* 他每周把20英镑存入储蓄账户。**2** to put sth valuable in a official place where it is safe until needed again（将贵重物件）存放/寄存（在安全的地方）: *Valuables can be deposited in the hotel safe.* 贵重物件可寄存在酒店的保险箱内。**3** to pay a sum of money as the first payment for sth, with the rest of the money to be paid later 付订金: *You will have to deposit 10% of the cost when you book.* 订购时需要缴付价钱的百分之十作为订金。**4** to put sth down somewhere 放下；放置: *He deposited his bags on the floor and sat down.* 他把手提包放在地上，然后坐下。**5** to leave sth lying on a surface, as the result of a natural or chemical process 沉淀；淤积: *mud deposited by a flood* 因洪水而淤积的泥沙

deposit[2] /dɪˈpɒzɪt ‖ dɪˈpɑzɪt/ *noun* [C] **1** a sum of money paid into a bank account; the paying of a sum of money into a bank account 存款 **2 a deposit (on sth)** a sum of money which is the first payment for sth, with the rest of the money to be paid later 订金: *Once you have paid a deposit, the booking will be confirmed.* 一经缴付订金便可确认预订。**3 a deposit (on sth)** a sum of money that you pay when you rent sth and get back when you return it without damage 保证金；押金: *Boats can be hired for £5 an hour, plus £20 deposit.* 船租每小时5英镑，另加保证金20英镑。**4** a substance that has been left on a surface or has developed in the ground as the result of a natural or chemical process 沉淀物；淤积物: *mineral deposits* 矿床

deˈposit account *noun* [C] a type of bank account where your money earns interest. You cannot take money out of a deposit account without arranging it first with the bank. 存款账户；定期存款账户

depot /ˈdepəʊ; *US* 美 ˈdiːpəʊ ‖ ˈdipo/ *noun* [C] **1** a place where large numbers of vehicles (buses, lorries, etc) are kept when not in use 车库 **2** a place where military supplies are stored 军需库 **3** (*US* 美) a bus or railway station 公共汽车站；火车站

depreciate /dɪˈpriːʃieɪt ‖ dɪˈpriʃɪˌet/ *verb* [I] to lose value, especially as a result of use or age 降价/贬值（尤指因使用过或旧了）—**depreciation** /dɪˌpriːʃɪˈeɪʃn ‖ dɪˌpriʃɪˈeʃən/ *noun* [C,U]

depress /dɪˈpres ‖ dɪˈprɛs/ *verb* [T] **1** to make sb unhappy 使（某人）不快乐: *The thought of going to work tomorrow really depresses me.* 我一想起明天要上班就十分沮丧。**2** (*formal* 正式) to press sth down when operating sth 压下；按下: *To switch off the machine, depress the lever.* 要关掉这部机器，请压下杠杆。**3** (used especially in connection with business 尤指与商业有关) to cause sth to become less successful or profitable 使不景气；使萧条: *The reduction in the number of tourists has depressed local trade.* 游客人数下降已使本地贸易变得萧条。

depressed *adj* very unhappy, often for a long period. If you are depressed you may be suffering from the medical condition of depression 沮丧；忧愁；抑郁: *He's been very depressed since he lost his job.* 他自从失业以后就变得很消沉。

depressing *adj* making sb feel sad or without hope 令人沮丧；令人抑郁: *The outlook for the future of the company is very depressing.* 公司的前景令人十分沮丧。—**depressingly** *adv*

depression /dɪˈpreʃn ‖ dɪˈprɛʃən/ *noun* **1** [U] a feeling of unhappiness and hopelessness that lasts for a long time. Depression can be a medical condition and may have physical symptoms. 沮丧；消沉；抑郁（症）**2** [C] a period when the economic situation is bad, with little business activity and many people without a job 不景气；萧条（期）**3** [C] a hollow part in the surface of sth 洼地；坑；凹陷: *a depression in the ground* 地上的坑

deprive /dɪˈpraɪv ‖ dɪˈpraɪv/ *verb* [T] **deprive sb/sth of sth** to prevent sb/sth from having sth; to take away sth from sb 使不能享有；剥夺；夺去: *to deprive people of their rights as citizens* 剥夺人们作为公民的权利 ○ *The prisoners were deprived of food.* 他们不给那些囚犯饭吃。

deprived *adj* not having enough of the basic things in life, such as food, money, etc 贫困: *He came from a deprived background.* 他自幼家境贫困。—**deprivation** /ˌdeprɪˈveɪʃn ‖ ˌdɛprɪˈveʃən/ *noun* [C,U]

☆**depth** /depθ ‖ dɛpθ/ *noun* **1** [C,U] the distance down from the top surface of sth; the measurement of how deep sth is 深/深度（指由顶至底的距离）: *What's the depth of the swimming-pool?* 这个泳池的深度是多少？○ *The hole should be 3cm in depth.* 那个孔应是3厘米深。☛ picture at **length**. 见 **length** 插图。**2** [C,U] the distance from the front to the back 深度/宽度（指由前至后的距离）: *the depth of a shelf* 搁架的深度 ☛ picture at **length**. 见 **length** 插图。**3** [U] (used about emotions, knowledge, etc 指情感、知识等) the amount that a person has 深度: *He tried to convince her of the depth of his feelings for her.* 他努力使她相信他对她情深一片。

(IDIOMS 习语) **in depth** looking at all the details 深入；彻底: *to discuss a problem in depth* 深入地讨论问题

out of your depth 1 in water that is too deep for you to stand up in 水深及没顶 **2** in a situation that is too difficult for you 处于力所不及的情况: *When they start discussing politics I soon get out of my depth.* 他们开始讨论政治后不久我便茫然不知所云。

deputation /ˌdepjʊˈteɪʃn ‖ ˌdɛpjəˈteʃən/ *noun* [C, with sing or pl verb] a group of people sent to sb to speak for others 代表团

deputize (*also* 亦作 **deputise**) /ˈdepjʊtaɪz ‖ ˈdɛpjəˌtaɪz/ *verb* [I] **deputize (for sb)** to act for sb who is absent or unable to do sth 代表（某人）行事；充当代理人

☆**deputy** /'depjʊtɪ ‖ 'dɛpjətɪ/ *noun* [C] (*pl* **deputies**) the second most important person in a particular organization. A deputy does the work of his/her boss if the boss is absent 代表；代理人；副手: *the Deputy Manager* 副经理 ○ *While I am away my deputy will take over.* 当我不在时，我的副手会接替我的工作。

derail /dɪ'reɪl ‖ dɪ'rel/ *verb* [T] to cause a train to come off a railway track 使（火车）出轨

derailment *noun* [C,U] an occasion when this happens 出轨: *Due to a derailment, all trains have been cancelled this morning.* 由于发生出轨事故，今天早上的所有火车班次都取消了。

deranged /dɪ'reɪndʒd ‖ dɪ'rendʒd/ *adj* thinking and behaving in a way that is not normal, especially because of mental illness 神经错乱/行为失常（尤指由精神病引起的）

derby /'dɜ:rbɪ ‖ 'dɝbɪ/ *noun* [C] (*pl* **derbies**) (*US* 美) = BOWLER

derelict /'derəlɪkt ‖ 'dɛrəˌlɪkt/ *adj* no longer used and in bad condition 被废弃；破旧不能用: *a derelict house* 被弃的房子

deride /dɪ'raɪd ‖ dɪ'raɪd/ *verb* [T] to say that sb/sth is ridiculous; to laugh at sth in a cruel way 嘲弄；嘲笑；揶揄 —**derision** /dɪ'rɪʒn ‖ dɪ'rɪʒən/ *noun* [U]: *Her comments were met with howls of derision.* 听了她的评语后有些人大声嘲笑。—**derisive** /dɪ'raɪsɪv ‖ dɪ'raɪsɪv/ *adj*: *'What rubbish!' he said with a derisive laugh.* "真是废话！"他嘲笑着说。

derisory /dɪ'raɪsərɪ ‖ dɪ'raɪsərɪ/ *adj* so small that it is ridiculous or does not deserve to be considered seriously 小得可笑；微不足道: *He made a derisory offer, which I turned down immediately.* 他提出了一个低得可笑的价钱，我立刻便拒绝了。

derivation /ˌderɪ'veɪʃn ‖ ˌdɛrə'veʃən/ *noun* [C,U] the origin from which a word or phrase has developed（词或短语的）起源/派生: *a word of Latin derivation* 源于拉丁文的词

derivative /dɪ'rɪvətɪv ‖ də'rɪvətɪv/ *adj* copied from sth or influenced by sth and therefore not new or original 由他物而来；抄袭的；非独创

derivative *noun* [C] a form of sth (especially a word) that has developed from the original form 派生物；衍生物；（尤指）派生词: *'Sadness' is a derivative of 'sad.'* * sadness 是 sad 的派生词。

derive /dɪ'raɪv ‖ də'raɪv/ *verb* **1** [T] (*formal* 正式) to get sth (especially a feeling or an advantage) from sth（从某物）取得/得到（尤指感觉或益处）: *I derive great satisfaction from my work.* 我从工作中得到很大的满足感。**2** [I,T] to come from sth; to have sth as its origin 从（某物）而来；源出于（某物）: *'Mutton' derives from the French word 'mouton'.* * mutton 源于法文字 mouton。○ *The town derives its name from the river on which it was built.* 这个市镇沿河而建，由此得名。

derogatory /dɪ'rɒgətrɪ; *US* 美 -tɔ:rɪ ‖ dɪ'rɑgəˌtorɪ/ *adj* expressing a lack of respect for, or a low opinion of sth 不敬的；贬低的: *derogatory comments about the standard of my work* 贬低我工作水准的评语

descend /dɪ'send ‖ dɪ'sɛnd/ *verb* [I,T] (*formal* 正式) to go down to a lower place; to go down sth 下来；下去；下降: *The plane started to descend and a few minutes later we landed.* 飞机开始下降，几分钟后便着陆了。○ *She descended the stairs slowly.* 她慢慢地走下楼梯。☛ The opposite is **ascend**. 反义词为 **ascend**。

(IDIOM 习语) **be descended from sb** to have as a relative or relatives in the distant past 是某人的后代: *He says he's descended from a Russian prince.* 他说他是一位俄国王子的后代。

descendant /-ənt ‖ -ənt/ *noun* [C] a person who is related to sb who lived a long time ago 后裔；后代；子孙: *Her family are descendants of one of the first convicts who were sent to Australia.* 她的家族是首批送往澳大利亚服刑的囚犯之一的后代。☛ Look at **ancestor**. 参看 **ancestor**。

descent /dɪ'sent ‖ dɪ'sɛnt/ *noun* **1** [C] a movement down to a lower place 下来；下去；下降: *The pilot informed us that we were about to begin our descent.* 机长通知我们说快要开始降落了。**2** [U] family origins, especially in connection with nationality 祖先；祖籍: *He is of Italian descent.* 他祖籍意大利。

☆**describe** /dɪ'skraɪb ‖ dɪ'skraɪb/ *verb* [T] **describe sb/sth (as sth)** to say what sb/sth is like, or what happened 描述；形容；叙述: *Can you describe the bag you lost?* 你可不可以讲一下你遗失的手提包是什么样子？○ *It's impossible to describe how I felt.* 我没法形容我的感受。○ *She described what had happened to the reporter.* 她向记者叙述事情经过。○ *The thief was described as tall, thin, and aged about twenty.* 有人说那个贼人身材高瘦，年约二十岁。○ *Would you describe yourself as confident?* 你会说自己是充满自信的吗？

☆**description** /dɪ'skrɪpʃn ‖ dɪ'skrɪpʃən/ *noun* **1** [C,U] a picture in words of sb/sth or an account of sth that happened; the ability to describe sb/sth 描写/描述/叙述（的能力）: *The man gave the police a detailed description of the burglar.* 那人向警方详尽地描述了那窃贼的模样。○ *Her description of the events that evening was most amusing.* 她那晚所叙述的事情真有趣。**2** [C] a type or kind of sth 种类；类型: *It must be a tool of some description, but I don't know what it's for.* 它定是某类工具，但我不知道它的用途。

descriptive /dɪ'skrɪptɪv ‖ dɪ'skrɪptɪv/ *adj* **1** that describes sb/sth 描写的；描述的: *a piece of descriptive writing* 一篇记叙文 **2** that describes sb/sth in a skilful and interesting way 描写得生动/有技巧: *She gave a highly descriptive account of the journey.* 她十分生动地叙述了那次旅程。

desert[1] /dɪ'zɜ:t ‖ dɪ'zɝt/ *verb* **1** [T] to leave sb/sth, usually for ever 离开/抛弃（通常为永远地）: *He deserted his wife and went to live with another woman.* 他抛弃了妻子，与另一个

女人生活。○ *Many people have deserted the countryside and moved to the towns.* 很多人已离开了郊区，搬进市镇。**2** [I,T] (used especially about sb in the armed forces 尤指军人) to leave without permission 擅离职守；未经批准而离开: *He deserted because he didn't want to fight.* 他因为不想打仗而开了小差。

deserted *adj* empty, because all the people have left 无人居住；荒废的: *a deserted house* 荒废的房子

deserter *noun* [C] a person who leaves military duty without permission 逃兵

desertion /dɪˈzɜːʃn ‖ dɪˈzɝʃən/ *noun* [C,U] leaving sb/sth, especially your husband or wife, or leaving military duty without permission 离开；遗弃（丈夫或妻子）；（军人）擅离职守

☆**desert**[2] /ˈdezət ‖ ˈdɛzɚt/ *noun* [C,U] a large area of land, usually covered with sand, that has very little water and very few plants 沙漠: *the Gobi Desert* 戈壁沙漠

ˌ**desert ˈisland** *noun* [C] an island, especially a tropical one, where nobody lives 荒岛（尤指热带的）

☆**deserve** /dɪˈzɜːv ‖ dɪˈzɝv/ *verb* [T] (not used in the continuous tenses 不用于进行时) to earn sth, especially a suitable reward or punishment, for sth that you have done 应受/应得（尤指奖赏或惩罚）: *We've done a lot of work and we deserve a break.* 我们已经做了很多工作，应该休息一会。○ *He deserves to be punished severely for such a crime.* 他犯了那种罪行应该受到严厉的惩罚。

deservedly /dɪˈzɜːvɪdlɪ ‖ dɪˈzɝvɪdlɪ/ *adv* as is deserved; rightly 应得地；理所当然: *He deservedly won the Best Actor award.* 他赢得最佳演员的奖项是实至名归的。

deserving /dɪˈzɜːvɪŋ ‖ dɪˈzɝvɪŋ/ *adj* that deserves help 值得帮助: *This charity is a most deserving cause.* 这是很值得赞助的慈善事业。

☆**design** /dɪˈzaɪn ‖ dɪˈzaɪn/ *noun* **1** [C] a drawing that shows how sth should be made 图样；设计图样: *The architect showed us her design for the new theatre.* 建筑师给我们看她设计的新剧院的图样。**2** [U] the way in which sth is planned and made or in which the parts of sth are arranged 设计；布局: *Design faults have been discovered in the car.* 已发现了那汽车设计上有缺陷。**3** [U] the process and skill of making drawings that show how sth should be made 设计术；绘图术: *to study industrial design* 修读工业设计 ○ *graphic design* 平面设计 **4** [C] a pattern of lines, shapes, etc that decorate sth（作为装饰的）图案: *a T-shirt with a geometric design on it* 印有几何图案的短袖汗衫

design *verb* **1** [I,T] to plan and make a drawing of how sth will be made 设计；绘制（图样）: *She designs the interiors of shops.* 她为商店作室内设计。**2** [T] to invent, plan and develop sth for a particular purpose 构思；计划: *I designed a scheme for increasing profits.* 我构思了一个增加利润的计划。○ *The bridge wasn't designed for such heavy traffic.* 这桥在设计上并没有预备要承受这么大的交通流量。

designate /ˈdezɪgneɪt ‖ ˈdɛzɪgˌnet/ *verb* [T] (*formal* 正式) **1** to give sth a name to show that it has a particular purpose 命名；称为；定为: *This has been designated a conservation area.* 这里已列为保护区。**2** to choose sb for a particular job or task 指派；委任 **3** to show or mark sth 指明；标明；表示: *These arrows designate the emergency exits.* 这些箭头指示紧急出口。

designer /dɪˈzaɪnə(r) ‖ dɪˈzaɪnɚ/ *noun* [C] a person whose job is to make drawings showing how sth will be made 设计师: *a fashion designer* 时装设计师 ○ *designer jeans* (= made by a famous designer) 由著名设计师设计的牛仔裤

desirable /dɪˈzaɪərəbl ‖ dɪˈzaɪrəbḷ/ *adj* **1** wanted, often by many people; worth having 想要的；值得有的: *a desirable area* (= one that many people would like to live in) 理想的地区（很多人想在那里居住的地区）○ *Experience is desirable but not essential for this job.* 申请这份工作以有经验者为佳，但并非必须。**2** sexually attractive 性感的

desire[1] /dɪˈzaɪə(r) ‖ dɪˈzaɪr/ *noun* [C,U] **(a) desire (for sth/to do sth) 1** the feeling of wanting sth very much; a strong wish 欲望；愿望；渴望: *the desire for a peaceful solution to the crisis* 和平解决这危机的愿望 ○ *I have no desire to visit that place again.* 我不想再去那地方。**2** the wish for sexual relations with sb 性欲；情欲；肉欲

desire[2] /dɪˈzaɪə(r) ‖ dɪˈzaɪr/ *verb* [T] **1** (*formal* 正式) to want 想要: *They have everything they could possibly desire.* 他们想要的都已经拥有。**2** to find sb/sth sexually attractive 觉得（某人/某物）性感动人

☆**desk** /desk ‖ dɛsk/ *noun* [C] **1** a type of table, often with drawers, that you sit at to write or work 书桌；写字台；办公桌: *The pupils took their books out of their desks.* 学生从书桌内拿出书本。○ *a computer that fits easily onto any desk* 可以很容易适合任何办公桌的计算机 **2** a table or place in a building where a particular service is provided 工作台；服务台；柜台: *Brochures are available at the information desk.* 如欲索取小册子，请到问讯处。

desolate /ˈdesələt ‖ ˈdɛsḷɪt/ *adj* **1** (used about a place 指地方) sad, empty and depressing 荒芜；荒凉: *desolate wasteland* 不毛之地 **2** (used about a person 指人) lonely, very unhappy and without hope 孤苦绝望

desolation /ˌdesəˈleɪʃn ‖ ˌdɛsəˈleʃən/ *noun* [U] **1** the state of being empty because all the people have left 荒废；荒凉: *All the factories closed, leaving the town a scene of desolation.* 所有工厂都关闭了，镇上只剩下一片荒凉的景象。**2** the feeling of being lonely and without hope 孤苦绝望: *He felt utter desolation when his wife died.* 他妻子死的时候，他感到极其寂寞凄凉。

despair /dɪˈspeə(r) ‖ dɪˈspɛr/ *noun* [U] the state of having lost all hope 完全失去希望；绝望: *I felt like giving up in despair.* 我感到绝望，很想放弃。○ *Despair drove him to attempt suicide.* 他在绝望中企图自杀。

D

despair *verb* [I] **despair (of sb/sth)** to lose all hope and to feel that there will be no improvement 完全失望；绝望: *Don't despair. Keep trying and I'm sure you'll get it right.* 不要绝望，继续努力，我知道你一定会成功的。○ *We began to despair of ever finding somewhere to live.* 我们开始感到绝望，恐怕永远找不到住处了。—**despairing** /dɪˈspeərɪŋ ‖ dɪˈspɛrɪŋ/ *adj*: *a despairing cry* 绝望的呼叫

despatch /dɪˈspætʃ ‖ dɪˈspætʃ/ = DISPATCH

☆**desperate** /ˈdespərət ‖ ˈdɛspərɪt/ *adj* **1** out of control and willing to do anything to change the situation you are in because it is so terrible 因情况极坏而不惜冒险；（穷途末路而）不顾一切: *She became desperate when her money ran out.* 她的钱花光后，就不顾一切了。○ *I only took this job because I was desperate.* 我接受这份工作只因我已是穷途末路。**2** done with little hope of success, as a last thing to try when everything else has failed 成功希望渺茫；孤注一掷的: *I made a desperate attempt to persuade her to change her mind.* 我孤注一掷企图劝她改变主意。**3 desperate (for sth/to do sth)** wanting or needing sth very much 极想；极需要: *Let's go into a café. I'm desperate for a drink.* 一起去咖啡馆吧，我口渴死了。**4** terrible, very serious 极坏；极度: *There is a desperate shortage of skilled workers.* 熟练工人非常缺乏。—**desperately** *adv*: *She was desperately* (= extremely) *unlucky not to win.* 她没赢真是倒霉透啦。

desperation /ˌdespəˈreɪʃn ‖ ˌdɛspəˈreʃən/ *noun* [U] the feeling or state of being desperate 绝望；不顾一切: *She felt she wanted to scream in desperation.* 她在绝望中想拼命尖叫。

despicable /dɪˈspɪkəbl ‖ dɪˈspɪkəbḷ/ *adj* deserving to be hated 可憎；可鄙: *a despicable liar* 可憎的说谎者 ○ *a despicable act of terrorism* 可鄙的恐怖主义行为

despise /dɪˈspaɪz ‖ dɪˈspaɪz/ *verb* [T] to hate sb/sth; to consider sb/sth worthless 憎恨；厌恶；鄙视；轻视: *I despise him for lying about me to other people.* 我恨他在其他人面前编造有关我的谎话。

despite /dɪˈspaɪt ‖ dɪˈspaɪt/ *prep* (used to show that sth happened although you would not expect it 表示发生的事情是意料之外的) 尽管: *Despite having very little money, they enjoy life.* 尽管只有很少钱，他们仍然很享受生活。○ *The scheme went ahead despite public opposition.* 虽然公众反对，这计划仍然实行了。

despondent /dɪˈspɒndənt ‖ dɪˈspɑndənt/ *adj* without hope; expecting no improvement 失望；沮丧；泄气 —**despondency** /dɪˈspɒndənsɪ ‖ dɪˈspɑndənsɪ/ *noun* [U]

dessert /dɪˈzɜːt ‖ dɪˈzɝt/ *noun* [C,U] something sweet that is eaten after the main part of a meal（饭后）甜点: *What would you like for dessert – ice-cream or fresh fruit?* 你喜欢哪样甜点——冰淇淋还是新鲜水果？☛ Look at **pudding** and **sweet**. 参看 **pudding** 及 **sweet**。

deˈssertspoon *noun* [C] a spoon of medium size, used for eating dessert 点心匙；中型匙（吃甜点用）

destination /ˌdestɪˈneɪʃn ‖ ˌdɛstəˈneʃən/ *noun* [C] the place where sb/sth is going or being sent 目的地: *I finally reached my destination two hours late.* 我终于迟了两小时才到达目的地。

destined /ˈdestɪnd ‖ ˈdɛstɪnd/ *adj* **1 destined for sth/to do sth** sure to or intended to be, have or do sth 命中注定: *I think she is destined for success.* 我想她是注定成功的。○ *He was destined to become one of the country's leading politicians.* 他注定要成为全国数一数二的政治家。**2 destined for...** on a journey or moving towards a particular place 往（某地）的；朝向（某地）前进的: *I boarded a bus destined for New York.* 我上了一辆驶往纽约的公共汽车。○ *They were destined for a new life in a new country.* 他们去另一个国家过新生活。

destiny /ˈdestɪnɪ ‖ ˈdɛstənɪ/ *noun* (*pl* **destinies**) **1** [U] a power that people believe influences their lives; fate 命运 **2** [C] the things that happen to you in your life, especially things that you do not control 天命；定数: *She felt that it was her destiny to be a great singer.* 她觉得自己命中注定要成为出色的歌手。○ *The destiny of the country lies in the hands of the people.* 国家的命运掌握在人民手里。

destitute /ˈdestɪtjuːt; *US* 美 -tuːt ‖ ˈdɛstəˌtut/ *adj* not having the things that are necessary in life, such as money, food, a home, etc 穷困；匮乏；贫乏 —**destitution** /ˌdestɪˈtjuːʃn; *US* 美 -ˈtuːʃn ‖ ˌdɛstəˈtuʃən/ *noun* [U]

☆**destroy** /dɪˈstrɔɪ ‖ dɪˈstrɔɪ/ *verb* [T] **1** to damage sth so badly that it can no longer be used or no longer exists 摧毁；毁坏；破坏: *The building was destroyed by fire.* 这座建筑物被大火焚毁了。○ *The defeat destroyed his confidence.* 这次失败毁掉了他的信心。**2** to kill an animal, especially because it is injured or dangerous 杀死（尤指受伤或有危险的动物）；人道毁灭: *The horse broke its leg and had to be destroyed.* 那匹马弄断了腿，必须人道毁灭。

destroyer *noun* [C] **1** a person or thing that destroys sth 破坏者；起破坏作用的东西 **2** a small warship 驱逐舰

☆**destruction** /dɪˈstrʌkʃn ‖ dɪˈstrʌkʃən/ *noun* [U] destroying or being destroyed 破坏；毁坏；毁灭: *The war brought death and destruction to the city.* 战争给这城市带来死亡和破坏。○ *the destruction of the rainforests* 雨林的破坏

destructive /dɪˈstrʌktɪv ‖ dɪˈstrʌktɪv/ *adj* causing a lot of damage 有毁灭性；有破坏性: *destructive weapons* 毁灭性的武器 ○ *the destructive effects of drink and drugs* 酒和毒品的有害影响

detach /dɪˈtætʃ ‖ dɪˈtætʃ/ *verb* [T] **detach sth (from sth)** to separate sth from sth it is attached to 解开；拆开；使分离: *Detach the form at the bottom of the page and send it to this address...* 撕下本页底下的表格，寄往下列地址…

detached *adj* **1** not being or not feeling personally involved 超然；客观；不牵涉私人感情 **2** (used about a house 指房子) not joined to any other house 独立；不与其他房子相连 ☛ picture on page A23. 见第A23页插图。

detachable /-əbl ‖ -əbḷ/ *adj* that can be separated from sth it is attached to 可分开；可拆开

detachment /dɪ'tætʃmənt ‖ dɪ'tætʃmənt/ *noun* **1** [U] the fact or feeling of not being personally involved 客观；公正；超然 **2** [C] a group of soldiers who have been given a particular task away from the main group 分遣队；小分队

☆**detail**[1] /'di:teɪl; *US* 美 dɪ'teɪl ‖ dɪ'tel/ *noun* [C,U] a small individual fact, point or piece of information 细节；详情: *Just give me the basic facts. Don't worry about the details.* 只告诉我基本事实就行，细节无需多说。○ *On the application form you should give details of your education and experience.* 在申请表上必须详细填上你的学历和经历。○ *For full details of the offer, contact your local travel agent.* 有关这报价的详细资料，请与你当地的旅行社联络。○ *The work involves close attention to detail.* 这工作要很细心地注意每一个细节。

(IDIOMS 习语) **go into detail(s)** to talk or write about the details of sth 详细说明: *I can't go into detail now because it would take too long.* 我现在不能详细说明，因为这会花很多时间。

in detail including the details; thoroughly 详细地: *We haven't discussed the matter in detail yet.* 我们还没有详细地讨论这事。

detail[2] /'di:teɪl; *US* 美 dɪ'teɪl ‖ dɪ'tel/ *verb* [T] to give a full list of sth; to describe sth fully 列举；详述；详细说明: *He detailed all the equipment he needed for the job.* 他列举了这件工作所需的所有设备。

detailed *adj* having many details or giving a lot of attention to details 详细；细致: *a detailed description of the accident* 意外事故的详细描述

detain /dɪ'teɪn ‖ dɪ'ten/ *verb* [T] to stop sb from leaving a place; to delay sb 拘留；扣押；耽搁: *A man has been detained by the police for questioning* (= kept at the police station). 警方已将一名男子扣留加以审问。○ *Don't let me detain you if you're busy.* 如果你忙着，不要让我耽搁你。☛ The noun is **detention**. 名词为 **detention**。

detect /dɪ'tekt ‖ dɪ'tɛkt/ *verb* [T] to notice or discover sth that is difficult to see, feel, etc 发现；查出；察觉: *I detected a slight change in his attitude.* 我察觉到他的态度有些微变化。○ *Traces of blood were detected on his clothes.* 在他的衣服上发现一些血迹。—**detection** /dɪ'tekʃn ‖ dɪ'tɛkʃən/ *noun* [U]: *The crime escaped detection for many years.* 多年来那犯罪活动都没有被察觉。

detector *noun* [C] an instrument that is used for detecting sth 探测器: *a smoke detector* 烟雾探测器

☆**detective** /dɪ'tektɪv ‖ dɪ'tɛktɪv/ *noun* [C] a person, especially a police officer, who tries to solve crimes and find the person who is guilty 侦探；（警方的）探员

de'tective story *noun* [C] a story about a crime in which sb tries to find out who the guilty person is 侦探小说

détente /ˌdeɪ'tɑ:nt ‖ de'tɑnt/ *noun* [U] (*formal* 正式) a more friendly relationship between countries that had previously been very unfriendly towards each other（国际关系的）缓和

detention /dɪ'tenʃn ‖ dɪ'tɛnʃən/ *noun* [U] the act of stopping a person leaving a place, especially by keeping him/her in prison, often for political reasons 拘留；羁留；（尤指）监禁（常因政治理由）☛ The verb is **detain**. 动词为 **detain**。

deter /dɪ'tɜ:(r) ‖ dɪ'tɝ/ *verb* [T] (dete**rr**ing; dete**rr**ed) **deter sb (from doing sth)** to make sb decide not to do sth 阻拦；阻止: *The council is trying to deter visitors from bringing their cars into the city centre.* 议会正设法阻止游客开汽车进入市中心。

detergent /dɪ'tɜ:dʒənt ‖ dɪ'tɝdʒənt/ *noun* [C,U] a chemical liquid or powder that is used for cleaning things 洗涤剂；洗衣粉

deteriorate /dɪ'tɪərɪəreɪt ‖ dɪ'tɪrɪəˌret/ *verb* [I] to become worse 变坏；恶化: *The political tension is deteriorating into civil war.* 政治局势日益紧张，已演变为内战。—**deterioration** /dɪˌtɪərɪə'reɪʃn ‖ dɪˌtɪrɪə'reʃən/ *noun* [C,U]

determination /dɪˌtɜ:mɪ'neɪʃn ‖ dɪˌtɝmə'neʃən/ *noun* [U] **1** the quality of having firmly decided to succeed in doing sth, even if it is very difficult or people are against you 决心；决意: *her determination to win* 她要取得胜利的决心 ○ *You need great determination to succeed in business.* 你需要很大的决心才能取得生意的成功。**2** the act of fixing or deciding sth 决定: *the determination of future council policy* 决定未来的议会政策

determine /dɪ'tɜ:mɪn ‖ dɪ'tɝmɪn/ *verb* [T] **1** to fix or decide sth 决定；确定: *The results of the tests will determine what treatment you need.* 这些化验的结果会决定你需要哪种治疗方法。**2** to find sth out 找出: *an attempt to determine the exact position of the enemy submarine* 试图找出敌方潜艇的准确位置 **3** (*formal* 正式) to decide sth firmly 下决心: *He determined to give up smoking in the New Year.* 他下定决心在新年戒烟。

☆**determined** /dɪ'tɜ:mɪnd ‖ dɪ'tɝmɪnd/ *adj* having firmly decided to succeed in doing sth, even if it is difficult or people are against you 决意的；坚决: *He is determined to leave school, even though his parents want him to stay.* 虽然他的父母想他继续读书，他却下定决心要退学。○ *I'm determined to enjoy myself tonight.* 我今晚一定要玩个痛快。

determiner /dɪ'tɜ:mɪnə(r) ‖ dɪ'tɝmɪnə/ *noun* [C] (*grammar* 语法) a word that comes before a noun to show how the noun is being used 限定词（置于名词前，用以显示该名词的用法）: *'Her', 'most' and 'those' are all determiners.* * her、most 及 those 都是限定词。

deterrent /dɪ'terənt; *US* 美 -'tɜ:- ‖ dɪ'tɝrənt/ *noun* [C] something that is intended to stop you doing sth 制止物；威慑力量: *Their punishment will be a deterrent to others.* 惩罚他们以儆效尤。○ *the belief that nuclear weapons act as a deterrent* 认为核武器有威慑作用的想法 —**deterrent** *adj*

detest /dɪ'test ‖ dɪ'tɛst/ *verb* [T] to hate or

dislike sb/sth 讨厌；不喜欢: *They absolutely detest each other.* 他们都极其讨厌对方。

detonate /ˈdetəneɪt ‖ ˈdɛtəˌnet/ *verb* [I,T] to explode or to make sth explode（使）爆炸；引爆

detour /ˈdiːtʊə(r); *US* 美 dɪˈtʊər ‖ dɪˈtʊr/ *noun* [C] **1** a longer route that you take from one place to another in order to avoid sth or in order to see or do sth 迂回路线；绕行的路: *Because of the accident we had to make a five-kilometre detour.* 由于那宗事故，我们要走五公里的迂回路。**2** (*US* 美) = DIVERSION

detract /dɪˈtrækt ‖ dɪˈtrækt/ *verb* [I] **detract from sth** to make sth seem less good or important 贬低；减损；诋毁: *These criticisms in no way detract from the team's achievements.* 这些批评一点也无损球队的成就。

detriment /ˈdetrɪmənt ‖ ˈdɛtrəmənt/ *noun* (IDIOM 习语) **to the detriment of sb/sth** harming or damaging sb/sth 有害于或有损于某人/某事物: *Doctors claim that the changes will be to the detriment of patients.* 医生都声称那些变动对病人有害。—**detrimental** /ˌdetrɪˈmentl ‖ ˌdɛtrəˈmɛntl/ *adj*: *Too much alcohol is detrimental to your health.* 喝酒太多有损健康。

deuce /djuːs; *US* 美 duːs ‖ dus/ *noun* [U] a score of 40 points to each player in a game of tennis 局末平分（网球中两方各取40分）

devalue /ˌdiːˈvæljuː ‖ diˈvælju/ *verb* [T] to reduce the value of the money of one country in relation to the value of the money of other countries 贬值: *The pound has been devalued against the deutschmark.* 英镑兑德国马克已经贬值了。—**devaluation** /ˌdiːvæljʊˈeɪʃn ‖ ˌdivæljʊˈeʃən/ *noun* [U]

devastate /ˈdevəsteɪt ‖ ˈdɛvəsˌtet/ *verb* [T] to destroy sth or damage it badly 摧毁；破坏；损毁；蹂躏: *a land devastated by war* 被战火蹂躏的土地

devastated *adj* **1** completely destroyed 完全毁坏了的 **2** shocked or very upset 震惊；不安: *The community was devastated by the killings.* 那些谋杀案使整个社区震惊。

devastating /ˈdevəsteɪtɪŋ ‖ ˈdɛvəsˌtetɪŋ/ *adj* **1** that destroys sth completely 毁灭性的；破坏性极大: *a devastating explosion* 破坏性极大的爆炸 **2** that shocks or upsets sb very much 令人震惊/不安: *The closure of the factory was a devastating blow to the workers.* 工厂关闭对工人造成了重大的打击。—**devastatingly** *adv* —**devastation** /ˌdevəˈsteɪʃn ‖ ˌdɛvəsˈteʃən/ *noun* [U]: *a scene of total devastation* 一片颓垣断壁的景象

☆**develop** /dɪˈveləp ‖ dɪˈvɛləp/ *verb* **1** [I,T] to grow slowly, increase, or change into sth else; to make sb/sth do this（使）成长；（使）发育；发展: *to develop from a child into an adult* 由儿童长大成人 ○ *Gradually their friendship developed into love.* 他们的友谊渐渐发展成爱情。○ *a scheme to help pupils develop their natural talents* 帮助学生发展天赋的计划 **2** [T] to begin to have sth 开始有；患上: *to develop cancer* 患上癌症 **3** [I] to begin to happen or be noticeable 开始发生；出现: *A fault developed when we'd only had the car a month.* 这车子我们才买了一个月就出毛病。○ *Trouble is developing at the border.* 边境开始出现麻烦。**4** [T] to make pictures or negatives from a piece of film by using special chemicals 显影；冲洗: *to develop a film* 冲洗胶卷 **5** [T] to build houses, shops, factories, etc on a piece of land 开发（土地，在其上兴建房屋、商店、工厂等）: *This site is being developed for offices.* 这工地现正兴建办公楼。

developed *adj* of a good level or standard 已发展；发达: *a highly developed economy* 高度发达的经济

developer (*also* 亦作 **property developer**) *noun* [C] a person or company that develops land 土地开发商；土地开发公司

deˈveloping country *noun* [C] a poor country that is trying to develop or improve its economy 发展中的国家

☆**development** /dɪˈveləpmənt ‖ dɪˈvɛləpmənt/ *noun* **1** [U] developing or being developed 发展；培育: *the development of tourism in many Mediterranean resorts* 地中海多处度假胜地的旅游业发展 ○ *the history of Japan's development from a feudal to an industrial society* 日本由封建社会发展为工业社会的历史 ○ *Third World development* (= the development of its economy) 第三世界发展（指经济方面的发展）○ *a child's intellectual development* 儿童的智力发展 **2** [C] a new event 新情况；事态发展: *This week has seen a number of new developments in the Middle East crisis.* 这星期中东危机有几项新情况。**3** [C,U] a new product or the act of making a new product 新产品；研制新产品: *a technological development* 科技新产品 ○ *research and development* 研究及发明 **4** [C] a piece of land on which houses, shops, factories, etc have been built 已开发地区；新建设地区: *a new housing development* 新建住宅区

deviate /ˈdiːvɪeɪt ‖ ˈdivɪˌet/ *verb* [I] to change the way you think or behave, or to start to behave in a way that is not acceptable to other people 背离；偏离: *He never once deviated from his Christian principles.* 他从没有违背他的基督教信条。

deviation /ˌdiːvɪˈeɪʃn ‖ ˌdivɪˈeʃən/ *noun* [C,U] a difference from what is usual or expected, or from what is approved of by society 偏差；背离；偏离；逸出常轨: *sexual deviation* 性变态 ○ *a deviation from our usual way of doing things* 偏离我们通常的做法

☆**device** /dɪˈvaɪs ‖ dɪˈvaɪs/ *noun* [C] **1** a tool or piece of equipment made for a particular purpose（为某特定用途而制造的）工具/装置/设备/仪器: *a security device which detects any movement or change in temperature* 可探测出任何活动或温度变化的安全装置 ○ *labour-saving devices such as washing-machines and vacuum cleaners* 节省人力的设备，如洗衣机和吸尘机 ☛ Look at the note at **tool**. 参看 **tool** 的注释。**2** a trick or plan 诡计；计划: *Critics dismissed the speech as a political device for winning support.* 批评者认为那篇演说词不过是用以博取群众支持的政治把戏。

D

☆**devil** /ˈdevl ‖ ˈdɛvḷ/ *noun* [C] **1 the Devil** the most powerful evil being, according to the Christian religion 魔鬼；撒旦 ☛ Look at **Satan**. 参看 **Satan**。**2** an evil being or spirit 魔鬼；恶魔 **3** (*informal* 非正式) a word used when you are describing a person 家伙；人: *The poor devil died in hospital two days later.* 那可怜的家伙两天后在医院死去。○ *You're a lucky devil!* 你是个幸运儿！

(IDIOM 习语) **why, etc the devil** (used for expressing great surprise or annoyance about sth 表示对某事物很惊奇或很恼怒): *It's two o'clock in the morning. Where the devil have you been?* 现在是凌晨两点钟了。你到底去了哪里？

devious /ˈdi:vɪəs ‖ ˈdivɪəs/ *adj* **1** clever but not honest or direct 狡猾；不诚实；不正直: *I wouldn't trust him – he can be very devious.* 我不信任他——他为人很狡猾。**2** (used about a route, path, etc 指路线、小路等) having many bends and curves; not straight 迂回；弯曲；不直

devise /dɪˈvaɪz ‖ dɪˈvaɪz/ *verb* [T] to invent a plan, system, etc 想出（计划、制度等）；发明: *They've devised a plan for keeping traffic out of the city centre.* 他们已想出一个计划来减少市中心的交通流量。

devoid /dɪˈvɔɪd ‖ dɪˈvɔɪd/ *adj* (*formal* 正式) **devoid of sth** not having a particular quality; without sth 缺少…的；没有…的: *to be devoid of hope* 没有希望

devolution /ˌdi:vəˈlu:ʃn; *US* 美 ˌdev- ‖ ˌdɛvəˈluʃən/ *noun* [U] the transfer of power, especially from central to local government 权力转移/权力移交/分权（尤指中央政府将权力下放给地方政府）

devote /dɪˈvəʊt ‖ dɪˈvot/ *verb* [T] **devote yourself/sth to sb/sth** to give a lot of time, energy, etc to sb/sth 奉献（时间、精力等）；致力于；献身于: *She gave up work to devote herself full-time to her music.* 她放弃了工作，专心搞音乐。○ *Schools should devote more time to science subjects.* 学校应该让学生多上些理科课程。

devoted *adj* loving sb/sth very much 热爱的；深爱的: *Neil's absolutely devoted to his wife.* 尼尔全心全意地爱他的妻子。

devotee /ˌdevəˈti: ‖ ˌdɛvəˈti/ *noun* [C] a person who likes sb/sth very much 仰慕者；爱好者；热心者: *Devotees of science fiction will enjoy this new film.* 科幻小说的爱好者会喜欢这部新片。

devotion /dɪˈvəʊʃn ‖ dɪˈvoʃən/ *noun* [U] **devotion (to sb/sth) 1** great love 挚爱；热爱: *a mother's devotion to her children* 母亲对自己孩子深深的疼爱 **2** the act of giving a lot of your time, energy, etc to sb/sth 忠实；热心；献身: *devotion to duty* 忠于职守 **3** great religious feeling 虔诚

devour /dɪˈvaʊə(r) ‖ dɪˈvaʊr/ *verb* [T] to eat sth quickly and with enjoyment 吞食；狼吞虎咽地吃

devout /dɪˈvaʊt ‖ dɪˈvaʊt/ *adj* very religious 虔诚: *a devout Muslim family* 虔诚的穆斯林家庭 —**devoutly** *adv*

dew /dju:; *US* 美 du: ‖ du/ *noun* [U] small drops of water that form on plants, leaves, etc during the night 露；露水

dexterity /dekˈsterətɪ ‖ dɛksˈtɛrətɪ/ *noun* [U] skill at doing things, especially with your hands 技巧；灵巧；灵活（尤指用手做事）

diabetes /ˌdaɪəˈbi:ti:z ‖ ˌdaɪəˈbitiz/ *noun* [U] a serious disease in which a person's body cannot control the level of sugar in the blood 糖尿病

diabetic /ˌdaɪəˈbetɪk ‖ ˌdaɪəˈbɛtɪk/ *adj* of or for diabetes or diabetics 糖尿病的；治疗糖尿病的；糖尿病患者的: *diabetic chocolate* (= safe for diabetics) 专供糖尿病患者吃的巧克力

diabetic *noun* [C] a person who suffers from diabetes 糖尿病患者

diagnose /ˈdaɪəgnəʊz; *US* 美 ˌdaɪəgˈnəʊs ‖ ˌdaɪəgˈnos/ *verb* [T] to find out what is wrong or what illness a person has 判断；诊断: *His illness was diagnosed as bronchitis.* 他的病诊断为支气管炎。

diagnosis /ˌdaɪəgˈnəʊsɪs ‖ ˌdaɪəgˈnosɪs/ *noun* [C,U] (*pl* **diagnoses** /-ˈnəʊsi:z ‖ -ˈnosiz/) an act of diagnosing sth 判断；诊断: *The doctor's diagnosis was proved right.* 那医生的诊断证明是对的。○ *What's your diagnosis of the situation?* 你对这情况有什么论断？

diagonal /daɪˈægənl ‖ daɪˈægənḷ/ *adj* **1** (used about a straight line 指直线) not vertical or horizontal; sloping 斜的 ☛ picture at **vertical**. 见 **vertical** 插图。**2** going from one corner to the opposite corner of a square, rectangle, etc（正方形、长方形等的）对角（线）的 —**diagonally** /-nəlɪ ‖ -nḷɪ/ *adv*: *I was sitting diagonally opposite Diane at the table.* 进餐时我的座位与黛安娜斜角相对。

diagram /ˈdaɪəgræm ‖ ˈdaɪəˌgræm/ *noun* [C] a simple picture that is used to explain how sth works or what sth looks like 简图；图表；图解: *a diagram of the body's digestive system* 人体消化系统的图解

dial[1] /ˈdaɪəl ‖ ˈdaɪəl/ *verb* [I,T] (dia**ll**ing; dia**ll**ed; *US* 美 dia**l**ing; dia**l**ed) to move the dial[2](3) or push the buttons on a telephone in order to call a particular telephone number 打/拨（电话）: *You can now dial direct to Singapore.* 现在可以直拨电话到新加坡。○ *to dial the wrong number* 拨错电话号码

ˈ**dialling code** *noun* [C] the numbers that you must dial for a particular area or country 电话区域号码: *The dialling code for inner London is 0171.* 伦敦中心区的电话区域号码是0171。

ˈ**dialling tone** *noun* [C,U] the sound that you hear when you pick up a telephone before you begin to dial 拨号音（拨电话之前听到的声音）

dial[2] /ˈdaɪəl ‖ ˈdaɪəl/ *noun* [C] **1** the round part of a clock, watch or other piece of equipment that gives you information about the time or about a measurement. A dial has numbers and a hand or pointer on it 钟面；表面；（仪表等的）刻度盘/标度盘: *a dial for showing air pressure* 显示气压的刻度盘 **2** the round part on a piece of equipment that you turn to change

D

sth（机器的）调节控制器 **3** the round part with holes in it on some telephones. You put your finger in one of the holes and turn the dial to call a number. 电话拨号盘

dialect /ˈdaɪəlekt ‖ ˈdaɪəˌlɛkt/ *noun* [C,U] a form of a language that is spoken in one part of a country 方言；地方话；土话: *a local dialect* 本地的方话

dialogue (*US* 美 **dialog**) /ˈdaɪəlɒɡ; *US* 美 -lɔːɡ ‖ ˈdaɪəˌlɔɡ/ *noun* [C,U] **1** (a) conversation between people in a book, play, etc（书本、戏剧等中的）对白/对话 **2** (a) discussion between people who have different opinions（不同意见的人之间的）对话/磋商: *a dialogue between the major political parties* 主要政党间的对话

D

diameter /daɪˈæmɪtə(r) ‖ daɪˈæmətɚ/ *noun* [C] a straight line that goes from one side to the other of a circle, passing through the centre 直径 ☛ Look at **radius**. 参看 **radius**。

☆**diamond** /ˈdaɪəmənd ‖ ˈdaɪəmənd/ *noun* **1** [C,U] a hard, bright precious stone which is very expensive and is used for making jewellery and in industry. A diamond usually has no colour. 钻石；金刚石 **2** [C] a flat shape that has four sides of equal length and points at two ends 菱形 ☛ picture at **shape**. 见 **shape** 插图。 **3 diamonds** [plural] the group (**suit**) of playing-cards with red shapes like diamonds(2) on them 红方块花色的纸牌（同花色的一组纸牌叫做 **suit**）: *the seven of diamonds* 方块七 ☛ picture at **card**. 见 **card** 插图。 **4** [C] one of the cards from this suit 方块牌: *If you haven't got a diamond, you can play a trump.* 如果你没有方块牌，可以打王牌。

ˌdiamond ˈwedding *noun* [C] the 60th anniversary of a wedding 钻石婚（结婚 60 周年）☛ Look at **golden wedding** and **silver wedding**. 参看 **golden wedding** 及 **silver wedding**。

diaper /ˈdaɪəpə(r); *US* 美 ˈdaɪpər ‖ ˈdaɪpɚ/ *noun* [C] (*US* 美) = NAPPY

diaphragm /ˈdaɪəfræm ‖ ˈdaɪəˌfræm/ *noun* [C] **1** the muscle between your lungs and your stomach that helps you to breathe 膈/横膈膜（肺与胃之间帮助呼吸的肌肉）**2** a thin piece of rubber that a woman puts inside her body before having sex to stop her having a baby 子宫帽（避孕用）

diarrhoea (*US* 美 **diarrhea**) /ˌdaɪəˈrɪə ‖ ˌdaɪəˈriə/ *noun* [U] an illness that causes you to pass waste material (**faeces**) from your bowels very often and in a more liquid form than usual 腹泻（排便次数增多，大便 (**faeces**) 稀薄）: *diarrhoea and vomiting* 腹泻及呕吐

☆**diary** /ˈdaɪərɪ ‖ ˈdaɪərɪ/ *noun* [C] (*pl* **diaries**) **1** a book in which you write down your appointments, etc（记下日常约会等的）记事簿: *I'll just check in my diary to see if I'm free that weekend.* 我要查一查我的记事簿，看看那个周末有没有空。 ☛ Look at the note at **calendar**. 参看 **calendar** 的注释。**2** a book in which you write down what happens to you each day 日记簿: *Do you keep a diary?* 你有没有写日记的习惯？

dice 骰子

dice /daɪs ‖ daɪs/ *noun* [C] (*pl* **dice**) a small cube with a different number of spots (from one to six) on each side, used in certain games 色子/骰子（用于游戏）: *Throw the dice to see who goes first.* 掷骰子决定谁先开始。

dictate /dɪkˈteɪt; *US* 美 ˈdɪkteɪt ‖ ˈdɪktet/ *verb* **1** [I,T] to say sth aloud so that sb else can write or type it 口授；读出（文字，让别人听写）: *to dictate a letter to a secretary* 向秘书口授信稿 **2** [I,T] to tell or order sb to do sth 指示；命令: *Parents can't dictate to their children how they should run their lives.* 父母不能强行规定子女应该怎样生活。 **3** [I, T] to decide or influence sth 支配；决定；影响: *an attempt by foreign banks to dictate the country's economic policy* 外国银行想影响该国经济政策的企图

dictation /dɪkˈteɪʃn ‖ dɪkˈteʃən/ *noun* [C,U] spoken words that sb else must write or type 口授/听写/默写的文字: *We had a dictation in English today* (= a test in which we had to write down what the teacher said). 我们今天有英语默写测验。

dictator /dɪkˈteɪtə(r); *US* 美 ˈdɪkteɪtər ‖ ˈdɪktetɚ/ *noun* [C] a ruler who has total power in a country, especially one who used force to gain power and who rules the country unfairly 独裁者

dictatorship *noun* [C,U] government by a dictator; a country that is ruled by a dictator 专政；独裁统治；独裁国家: *a military dictatorship* 军人独裁统治

☆**dictionary** /ˈdɪkʃənrɪ; *US* 美 -nerɪ ‖ ˈdɪkʃəˌnɛrɪ/ *noun* [C] (*pl* **dictionaries**) a book that lists the words of a language in alphabetical order and that tells you what they mean, in the same or another language 字典；词典: *to look up a word in a dictionary* 在词典上查一个词 ○ *a bilingual/monolingual dictionary* 双语/单语词典 ○ *a French-English dictionary* 法英词典

did *pt* of DO ＊ DO 的过去时

didn't *short for* DID NOT ＊ DID NOT 的缩约式

☆**die** /daɪ ‖ daɪ/ *verb* (*pres part* **dying**; *3rd pers sing pres* **dies**; *pt*, *pp* **died**) **1** [I] to stop living 死去；死亡: *Thousands of people have died from this disease.* 已经有数以千计的人死于这种病症。 ○ *to die of hunger* 死于饥饿 ○ *to die of a heart attack* 心脏病发而死 ○ *to die for what you believe in* 为你所信仰的东西而牺牲 ○ (*figurative* 比喻) *Our love will never die.* 我们的爱至死不渝。 **2** [T] to have a particular kind of death（以某方式）死去: *to die a natural death* 寿终正寝

(IDIOMS 习语) **be dying for sth/to do sth** to want sth/to do sth very much 极想或渴望得到某物/做某事: *I'm dying for a cup of coffee.* 我极想要一杯咖啡。

die hard to change or disappear only slowly or with difficulty 难改变；难消灭: *Old attitudes towards women die hard.* 旧观念中对待女性的态度很难改变过来。

(PHRASAL VERBS 短语动词) **die away** to slowly become weaker before stopping or disappearing 变弱；渐渐停止；逐渐消失: *The sound of the engine died away as the car drove into the distance.* 随着那汽车越走越远，引擎的声音也逐渐消失。

die down to slowly become less strong 变弱；渐渐平息；缓和: *Let's wait until the storm dies down before we go out.* 让我们等到风暴缓和了后再出去。

die out to disappear 绝迹；消失: *The use of horses on farms has almost died out in this country.* 这国家的农场差不多已完全不再用马帮助做农务。

diesel /ˈdi:zl ‖ ˈdizl̩/ *noun* **1** (*also* 亦作 ˈ**diesel engine**) [C] an engine in buses, trains, and some cars that uses heavy oil 柴油机 **2** [U] the heavy oil that is used in these engines 柴油: *a taxi that runs on diesel* 用柴油的计程车 ☛ Look at **petrol**. 参看 **petrol**。

diet /ˈdaɪət ‖ ˈdaɪət/ *noun* **1** [C,U] the food that a person or animal usually eats 日常食物；日常饮食: *The peasants live on a diet of rice and vegetables.* 农民的日常食物是饭和蔬菜。○ *Poor diet is a cause of ill health.* 饮食营养不足是健康欠佳的原因之一。**2** [C] certain foods that a person who is ill, or who wants to lose weight is allowed to eat（因患病或为减轻体重而设的）规定饮食/特种食谱: *a low-fat diet* 低脂肪食谱

(IDIOM 习语) **be/go on a diet** to eat only certain foods or a small amount of food because you want to lose weight 节食: *I won't have a cake, thank you. I'm on a diet.* 我不吃蛋糕，谢谢你。我在节食。

diet *verb* [I] to be trying to lose weight by eating less food or only certain kinds of food 节食: *You've lost some weight. Have you been dieting?* 你的体重减轻了。你是否在节食？

☆**differ** /ˈdɪfə(r) ‖ ˈdɪfɚ/ *verb* [I] **1 differ (from sb/sth)** to be different 不同于；异于: *How does this car differ from the more expensive model?* 这辆车与那辆较昂贵的型号有什么不同？**2 differ (with sb) (about/on sth)** to have a different opinion 不同意；持异议: *I'm afraid I differ with you on that question.* 对不起，在那个问题上我与你看法不同。

☆**difference** /ˈdɪfrəns ‖ ˈdɪfrəns/ *noun* **1** [C] **difference (between A and B)** the way that people or things are not the same or the way that sb/sth has changed 差别；差异；不同之处: *the differences between men and women* 男女之别 **2** [C,U] **difference (in sth) (between A and B)** the amount by which people or things are not the same or by which sb/sth has changed（数量上的）差；差额；差距: *There's an age difference of three years between the two children.* 这两名儿童相差三岁。○ *There's very little difference in price since last year.* 自去年起价格的变化不大。○ *We gave a 30% deposit and must pay the difference when the work is finished* (= the rest of the money). 我们付了百分之三十作为订金，余额则须在完工时缴付。**3** [C] a disagreement that is not very serious 不同的意见；分歧；轻微的争执: *All couples have their differences from time to time.* 所有夫妇都免不了偶尔有不同意见。

(IDIOMS 习语) **make a, some, etc difference (to sb/sth)** to have an effect (on sb/sth)（对某人/某事物）有影响/起作用: *A week's holiday made a lot of difference to her health.* 一星期的假期对她的健康有很大帮助。

make no difference (to sb/sth); not make any difference to not be important (to sb/sth)（对某人/某事物）并不重要: *It makes no difference to us if the baby is a girl or a boy.* 对我们来说生女生男都一样。

☆**different** /ˈdɪfrənt ‖ ˈdɪfrənt/ *adj* **1 different (from/to sb/sth)** not the same 不同；相异: *Cricket is quite different from baseball.* 板球与棒球是很不同的。○ *The play was different to anything I had seen before.* 这出戏剧和我以前所看过的都不同。○ *The two houses are very different in style.* 这两幢房子在风格上很不同。☛ In US English **different than** is also used. 美国英语亦用 **different than**。**2** separate; individual 分别的；各不相同；个别: *This coat is available in three different colours.* 这一款大衣有三种不同颜色可供选择。—**differently** *adv*: *I think you'll feel differently about it tomorrow.* 我想明天你对它会有不同的感觉。

differentiate /ˌdɪfəˈrenʃɪeɪt ‖ ˌdɪfəˈrɛnʃɪˌet/ *verb* **1** [I,T] **differentiate between A and B; differentiate A (from B)** to see how things are different 区分；区别；辨别: *It is hard to differentiate between these two species of fungus.* 这两种真菌很难区别开来。**2** [T] **differentiate sth (from sth)** to make one thing different from another 使不同；使有差别: *What differentiates him from previous prime ministers?* 是什么使他与以前的首相有所不同？**3** [T] to treat one person or group differently from another 区别对待: *We don't differentiate between the two groups – we treat everybody alike.* 我们对待两组没有差别，都一视同仁。

☆**difficult** /ˈdɪfɪkəlt ‖ ˈdɪfəkəlt/ *adj* **1** not easy to do or understand 困难；难懂: *a difficult test* 困难的测验 ○ *a difficult problem* 难题 ○ *a difficult language to learn* 难学的语言 ○ *Dean found it difficult to pass the driving-test.* 迪安发觉驾驶执照考试很难通过。○ *It was difficult for Dean to pass the driving-test.* 要迪安通过驾驶执照考试是很困难的。○ *I'm in a difficult situation. Whatever I do, somebody will be upset.* 我正处于困境。无论我怎样做都会有人不满。**2** (used about a person 指人) not friendly, reasonable or helpful 不随和；不友好；不容易相处: *a difficult customer* 难以讨好的顾客

☆**difficulty** /ˈdɪfɪkəltɪ ‖ ˈdɪfəˌkəltɪ/ *noun* (*pl* **difficulties**) **1** [U] **difficulty (in sth/in doing sth)** the state of being difficult or of not being able to do sth easily 困难；艰难；费力: *Gail had great difficulty in getting a visa to go to America.* 盖尔申请赴美签证遇到了极大困难。○ *We had no difficulty selling our car.* 我们毫不费力便卖出了我们的车子。**2** [C, usually pl] something that is difficult to do or understand; a problem 难事；难做/难懂的事；难题: *There will be some difficulties to start*

D

with but things should get easier later. 开始时定会遇到困难，但以后事情就会顺利起来的。○ *If you borrow too much money you may get into financial difficulties.* 借钱太多很可能令你陷入经济困境。

diffident /ˈdɪfɪdənt ‖ ˈdɪfədənt/ *adj* not feeling or showing belief or confidence in your own strengths or abilities 缺乏自信；胆怯: *He has a very diffident manner.* 他的举止十分缺乏自信。—**diffidence** /-dəns ‖ -dəns/ *noun* [U]

☆**dig** /dɪɡ ‖ dɪɡ/ *verb* (*pres part* **digging**; *pt, pp* **dug** /dʌɡ ‖ dʌɡ/) [I,T] to move earth and make a hole using your hands, a spade, a machine, etc（用手、铲、机器等在地上）掘/挖: *The children are busy digging in the sand.* 这些小孩正忙于在沙地上挖洞。○ *to dig a hole* 挖洞 ○ *to dig for gold* 掘金

(PHRASAL VERBS 短语动词) **dig sth in; dig sth into sth** to push sth into sb/sth 把某物插入某人/某物: *She dug her fingernails into my arm.* 她用手指甲掐我的手臂。

dig sb/sth out (of sth) **1** to get sb/sth out of sth by digging 掘出或挖出某人/某物: *Rescue workers dug the survivors out of the rubble.* 营救人员把生还者从瓦砾中挖掘出来。**2** to get or find sb/sth by searching 探索/找出/发现某人或某事物: *Bill went into the attic and dug out some old photos.* 比尔进了阁楼，找了一些旧照片出来。

dig sth up **1** to remove sth from the earth by digging 掘出/挖掘出/采掘某物: *to dig up potatoes* 掘马铃薯 **2** to make a hole or take away soil by digging 挖掘土地等: *Workmen are digging up the road in front of our house.* 工人正在我们的房子前面掘路。**3** to find information by searching or studying 找出/查明（资料）: *Newspapers have dug up some embarrassing facts about his private life.* 报章揭露了一些有关他私生活的尴尬事情。

dig *noun* **1** [C] a hard push 碰；推；捅: *to give sb a dig in the ribs* (= with your elbow, etc) 推推某人的肋部（用手肘等）**2** [C] something that you say to upset sb 挖苦/嘲讽的话: *The others kept making digs at him because of the way he spoke.* 他那种说话方式惹来其他人不断的挖苦。**3 digs** [plural] (*Brit* 英) a room in a person's house that you rent and live in 寄宿舍: *Some university students have flats, others live in digs.* 有些大学生住公寓房间，其他则住寄宿舍。

☆**digest** /dɪˈdʒest; daɪ- ‖ dəˈdʒɛst; daɪ-/ *verb* [T] to change food in your stomach so that it can be used by the body 消化

digestion /dɪˈdʒestʃən; daɪ- ‖ dəˈdʒɛstʃən; daɪ-/ *noun* [C,U] the process of digesting food 消化（的过程）—**digestive** /dɪˈdʒestɪv; daɪ- ‖ dəˈdʒɛstɪv; daɪ-/ *adj*: *the digestive system* 消化系统

digit /ˈdɪdʒɪt ‖ ˈdɪdʒɪt/ *noun* [C] any of the numbers from 0 to 9 由0至9的任何一个数字: *a six-digit telephone number* 六位数字的电话号码

digital /ˈdɪdʒɪtl ‖ ˈdɪdʒɪtl̩/ *adj* a digital watch or clock shows the time by numbers alone and does not have hands or a dial 数字式（表/钟）☛ picture at **clock**. 见 **clock** 插图。

dignified /ˈdɪɡnɪfaɪd ‖ ˈdɪɡnəˌfaɪd/ *adj* behaving in a calm, serious way that makes other people respect you 威严；庄严；可敬；高贵: *dignified behaviour* 端庄的举止 ☛ The opposite is **undignified**. 反义词为 **undignified**。

dignity /ˈdɪɡnətɪ ‖ ˈdɪɡnətɪ/ *noun* [U] **1** calm, serious behaviour that makes other people respect you 威严；庄严；尊严: *to behave with dignity* 举止庄重 ○ *He managed to keep his dignity, even in prison.* 他即使在狱中仍然不失尊严。**2** the quality of being serious or formal 严肃；庄重: *the quiet dignity of the funeral service* 葬礼的肃穆气氛

digress /daɪˈɡres ‖ daɪˈɡrɛs/ *verb* [I] (*formal* 正式) to stop talking or writing about the main subject under discussion and start talking or writing about another, possibly less important, one 离题 —**digression** /daɪˈɡreʃn ‖ daɪˈɡrɛʃən/ *noun* [C,U]

dike ⇨ DYKE

dilapidated /dɪˈlæpɪdeɪtɪd ‖ dəˈlæpəˌdetɪd/ *adj* (used about a building, furniture, etc 指建筑物、家具等) old and broken 残旧；残破 —**dilapidation** /dɪˌlæpɪˈdeɪʃn ‖ dəˌlæpəˈdeʃən/ *noun* [U]

dilemma /dɪˈlemə ‖ dəˈlɛmə/ *noun* [C] a situation in which you have to make a difficult choice between two or more things 进退两难；左右为难；进退维谷: *Doctors face the moral dilemma of when to keep patients alive artificially and when to let them die.* 医生们都面对着这个道德上的两难困境，就是不知什么时候该用人工方法维持病人的生命，什么时候该让他们死去。

dilute /daɪˈlju:t; -ˈlu:t ‖ daɪˈlut/ *verb* [T] **dilute sth (with sth)** to make a liquid weaker by adding water or another liquid 使（液体）变稀；稀释 ☛ Look at **concentrate**. 参看 **concentrate**。—**dilute** *adj*

dim /dɪm ‖ dɪm/ *adj* (**dimmer**; **dimmest**) **1** not bright or easily seen; not clear 暗；看不清楚；朦胧: *The light was too dim to read by.* 光线太暗，没法阅读。○ *a dim shape in the distance* 远处一个朦胧的影子 ○ *My memories of my grandmother are a bit dim.* 我对祖母的记忆有点模糊。**2** (*informal* 非正式) not very clever; stupid 不聪明；愚钝: *He's a bit dim.* 他有点愚钝。

dim *verb* [I,T] (**dimming**; **dimmed**) to become or make sth dim(1)（使）变暗；（使）变得朦胧: *to dim the lights* 使灯光转暗 —**dimly** *adv*: *I dimly remember meeting him somewhere before.* 我依稀记得以前在哪里见过他。

dime /daɪm ‖ daɪm/ *noun* [C] a coin used in the USA and Canada that is worth ten cents（美国及加拿大的）十分铸币/一角钱币

dimension /dɪˈmenʃn ‖ dəˈmɛnʃən/ *noun* **1** [C,U] a measurement of the length, width or height of sth 长度；宽度；高度 **2 dimensions** [plural] the size of sth including its length, width and height 大小；面积；体积: *to measure the dimensions of a room* 量度房间的面积 ○ (*figurative* 比喻) *The full dimensions of this problem are only now* *being recognized.* 到现在才认清这个问题的严重性。**3** [C] something that affects the way you think about a problem or situation 方面；考虑因素：*Global warming has added a new dimension to the problem of hunger in the world.* 全球气温上升使世界上的饥饿问题增加了另一方面的影响因素。

-dimensional /-ʃənəl ‖ -ʃənl̩/ (in compounds 用以构成复合词) with the number of dimensions mentioned …维的；…方面的：*a three-dimensional object* 三维物体

diminish /dɪˈmɪnɪʃ ‖ dəˈmɪnɪʃ/ *verb* [I,T] (*formal* 正式) to become or to make sth smaller or less important 减少；缩小；减低；削弱；贬低：*The bad news did nothing to diminish her enthusiasm for the plan.* 她对那计划的热忱并未因这个坏消息而减少。

diminutive /dɪˈmɪnjʊtɪv ‖ dəˈmɪnjətɪv/ *adj* (*formal* 正式) very small 极小；很细小

dimple /ˈdɪmpl ‖ ˈdɪmpl̩/ *noun* [C] a small round hollow area on your chin, cheek, etc which can often only be seen when you smile 酒涡；靥

din /dɪn ‖ dɪn/ *noun* [sing] a loud unpleasant noise that continues for some time（持续一段时间的）嘈杂声/喧闹声/噪音：*Will you stop making such a din!* 你可不可以不再制造那些噪音！

dine /daɪn ‖ daɪn/ *verb* [I] (*formal* 正式) to eat dinner 吃饭；进餐：*We dined at an exclusive French restaurant.* 我们在一家高级法国餐馆吃饭。○ *We dined on fresh salmon.* 我们正餐吃新鲜鲑鱼。

(PHRASAL VERB 短语动词) **dine out** to eat in a restaurant 在餐馆吃饭

diner /ˈdaɪnə(r) ‖ ˈdaɪnɚ/ *noun* [C] **1** a person who is eating at a restaurant（在餐馆）吃饭者/进餐者 **2** (*US* 美) a small restaurant beside a main road（大路旁边的）小餐馆

ˈ**dining-room** *noun* [C] a room where you eat meals 饭厅；餐厅

ding-dong /ˌdɪŋˈdɒŋ ‖ ˈdɪŋˌdɑŋ/ *noun* [U] the sound that a bell makes 钟声；叮当（声）

dinghy /ˈdɪŋɡɪ ‖ ˈdɪŋɡɪ/ *noun* [C] (*pl* **dinghies**) **1** a small sailing-boat 小帆船 ☛ Look at **yacht**. 参看 **yacht**。**2** a small open boat, often used to take people to or from a larger boat（用于往返大船的）无篷小船

dingy /ˈdɪndʒɪ ‖ ˈdɪndʒɪ/ *adj* (**dingier**; **dingiest**) dirty and not bright or cheerful 肮脏；昏暗；死气沉沉：*a dark and dingy room* 黑暗而肮脏的房间

dining ⇨ DINE

☆**dinner** /ˈdɪnə(r) ‖ ˈdɪnɚ/ *noun* **1** [C,U] the main meal of the day, eaten either at midday or in the evening 正餐（中午或晚间吃的）：*What time is dinner served?* 什么时候开饭？○ *That was a lovely dinner you cooked.* 你做得一手好饭菜。○ *It's dinner time/time for dinner.* 吃饭的时间到了。☛ People from different parts of the country, different backgrounds, etc have different ways of talking about their meals. 来自英国不同地区、不同背景等的人对于每日各餐有不同叫法。As a general rule, if dinner is eaten at midday the lighter meal eaten in the evening is then called **tea** or **supper**. 一般来说，如果中午吃的叫 dinner，傍晚吃的量少的一餐则称为 **tea** 或 **supper**。**Supper** is eaten later in the evening than **tea**. ＊**supper** 进食的时间比 **tea** 晚一些。**Tea** may also mean a drink with cake or biscuits in the late afternoon. ＊**tea** 亦可指下午茶，即在下午喝点东西和吃些蛋糕或饼干。If **dinner** is eaten in the evening, the lighter meal eaten at midday is then called **lunch**. 如果傍晚的一餐称为 **dinner**，中午吃的量少的一餐则称为 **lunch**。**2** [C] a formal occasion in the evening during which a meal is served 宴会：*A dinner was given for the president.* 设宴款待总统。

ˈ**dinner-jacket** (*US* 美 **tuxedo**) *noun* [C] a black or white jacket that a man wears on formal occasions. A dinner-jacket is usually worn with a bow-tie.（男子在正式场合中穿的）礼服（黑色或白色，通常配以蝶形领结）

dinosaur /ˈdaɪnəsɔ:(r) ‖ ˈdaɪnəˌsɔr/ *noun* [C] a very large animal that disappeared from the earth (**became extinct**) before the appearance of Man 恐龙（在人类出现之前已经绝种 (**become extinct**) 的动物）

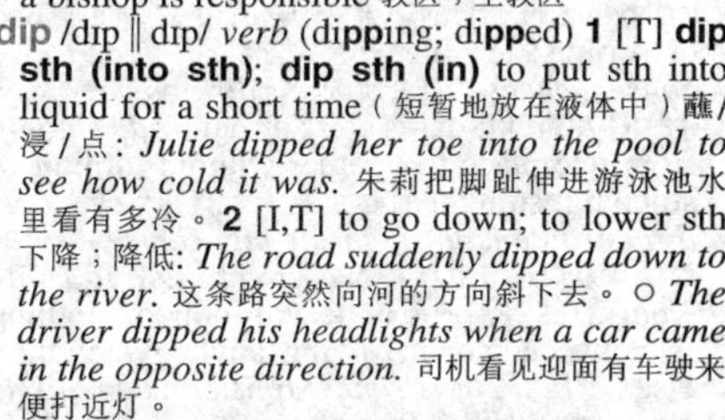

diocese /ˈdaɪəsɪs ‖ ˈdaɪəˌsis/ *noun* [C] an area containing a number of churches, for which a bishop is responsible 教区；主教区

dip /dɪp ‖ dɪp/ *verb* (dipping; dipped) **1** [T] **dip sth (into sth); dip sth (in)** to put sth into liquid for a short time（短暂地放在液体中）蘸/浸/点：*Julie dipped her toe into the pool to see how cold it was.* 朱莉把脚趾伸进游泳池水里看有多冷。**2** [I,T] to go down; to lower sth 下降；降低：*The road suddenly dipped down to the river.* 这条路突然向河的方向斜下去。○ *The driver dipped his headlights when a car came in the opposite direction.* 司机看见迎面有车驶来便打近灯。

(PHRASAL VERB 短语动词) **dip into sth 1** to take money out of sth 掏出/取出/动用（金钱）：*Tim had to dip into his savings to pay for his new suit.* 蒂姆要动用储蓄买那套新衣服。**2** to read parts, but not all, of sth 浏览：*I've only dipped into the book. I haven't read it all the way through.* 这本书我只浏览了一下，并没有从头到尾看。

dip *noun* **1** [C] a drop; a downwards movement 下跌；下降：*a dip in sales* 销量下跌 **2** [C] (*informal* 非正式) a quick swim 短时间的游泳：*We went for a dip before breakfast.* 我们在早餐前游了一会儿泳。**3** [C,U] a thick sauce that you eat by dipping pieces of vegetable, bread, etc into it 调味酱（用蔬菜、面包等蘸着吃的）**4** [C] an area of lower ground 低地；凹地：*The cottage lay in a dip in the hills.* 那村舍位于山区的一处低地。

diphtheria /dɪfˈθɪərɪə ‖ dɪfˈθɪrɪə/ *noun* [U] a serious disease of the throat that makes it difficult to breathe 白喉

D

diphthong /ˈdɪfθɒŋ; *US* 美 -θɔːŋ ‖ ˈdɪfθɔŋ/ *noun* [C] two vowel sounds pronounced together, making one sound 双元音（两个元音组成一个音节）: *The /aɪ/ sound in 'fine' is a diphthong.* * fine 里的 /aɪ/ 音就是双元音。

diploma /dɪˈpləʊmə ‖ dɪˈplomə/ *noun* [C] **1** a qualification that you receive when you complete a course of study, often at a college 在大专完成一个课程取得的资格: *a diploma in hotel management* 酒店管理科毕业 **2** the official piece of paper which shows that you have completed a course of study 文凭；毕业证书 ☛ Look at the note at **degree**. 参看 **degree** 的注释。

diplomacy /dɪˈpləʊməsɪ ‖ dɪˈploməsɪ/ *noun* [U] **1** the management of the relations between countries 外交 **2** skill in dealing with people 交际技巧；社交技巧: *He handled the awkward situation with tact and diplomacy.* 他以老练的交际技巧摆脱了窘境。

diplomat /ˈdɪpləmæt ‖ ˈdɪpləˌmæt/ *noun* [C] one of the officials who represent their country abroad 外交使节: *a diplomat at the embassy in Rome* 驻罗马的大使馆的外交官

diplomatic /ˌdɪpləˈmætɪk ‖ ˌdɪpləˈmætɪk/ *adj* **1** connected with diplomacy(1) 与外交有关: *The two countries will restore diplomatic relations and the embassies will be reopened.* 两国将恢复邦交，双方的大使馆亦会重开。 **2** clever at dealing with people 善于交际的: *He searched for a diplomatic reply so as not to offend her.* 他想找一个委婉的回复以免触怒她。 —**diplomatically** /-klɪ ‖ -klɪ/ *adv*

dire /ˈdaɪə(r) ‖ daɪr/ *adj* (*formal* 正式) very bad or serious; terrible 极坏；严重；可怕: *dire consequences* 严重的后果 ○ *dire poverty* 赤贫

☆**direct**[1] /dɪˈrekt; daɪ- ‖ dəˈrɛkt; daɪ-/ *adj* **1** going from one place to another without turning or stopping; straight 直达；直线；直接: *The most direct route is through the city centre.* 最近的路线就是通过市中心。 ○ *a direct flight to Hong Kong* 直达香港的航班 **2** with nobody/nothing in between; not involving anybody/anything else 直接: *The Prime Minister is in direct contact with the President.* 首相直接与总统接触。 ○ *a direct attack on the capital* 直接攻击首都 ○ *As a direct result of the new road, traffic jams in the centre have been reduced.* 新路投入使用，直接舒缓了中心区的交通挤塞。 **3** saying what you mean; clear（说话）直截了当/直捷: *Politicians never give a direct answer to a direct question.* 政治家从不直截了当地回答直接的问题。 ☛ The opposite for senses 1, 2 and 3 is **indirect**. 第 1、2 及 3 义的反义词为 **indirect**。 **4** (only *before* a noun 只用于名词前) complete; exact 完全；恰好: *What she did was in direct opposition to my orders.* 她所做的刚好与我吩咐的相反。

direct *adv* **1** not turning or stopping; straight 直达；径直: *This bus goes direct to London.* 这班公共汽车直达伦敦。 **2** not involving anybody/anything else 直接地: *I always deal direct with the manager.* 我总是直接与经理接触。

directly *adv* **1** exactly; in a direct way 恰好地；直接地: *The bank is directly opposite the supermarket.* 银行就在超级市场对面。 ○ *He refused to answer my question directly.* 他拒绝直接回答我的问题。 ☛ The opposite is **indirectly**. 反义词为 **indirectly**。 **2** immediately; very soon 即刻；立刻: *Wait where you are. I'll be back directly.* 你在这里等一下，我立刻就回来。

directly *conj* as soon as 当下；一…就…: *I phoned him directly I heard the news.* 我一听到那消息便打电话给他。

diˌrect ˈdebit *noun* [C,U] an order to your bank that allows sb else to take a particular amount of money out of your account on certain dates 直接借记（对银行发出指示，准许某人在指定日期从你的账户中提取指定数额的款项）

diˌrect ˈobject *noun* [C] a noun or phrase that is directly affected by the action of a verb 直接宾语（直接受动词影响的名词或短语）: *In the sentence 'Anna bought a record', 'a record' is the direct object.* 在 Anna bought a record 一句中，a record 就是直接宾语。 ☛ Look at **indirect object**. 参看 **indirect object**。

direct ˈspeech *noun* [U] the actual words that a person said 直接引语 ☛ Look at **indirect speech**. 参看 **indirect speech**。

☆**direct**[2] /dɪˈrekt; daɪ- ‖ dəˈrɛkt; daɪ-/ *verb* [T] **1 direct sb (to...)** to tell or show sb how to get somewhere 引路: *I was directed to an office at the end of the corridor.* 有人领我到走廊尽头一间办公室去。 ☛ Look at the note at **lead**[3](1). 参看 **lead**[3](1) 的注释。 **2** [T] to manage or control sb/sth 指导；控制: *a policeman in the middle of the road, directing the traffic* 在路中心指挥交通的一名警察 ○ *to direct a play, film, etc* 导演一出戏剧/一部电影… **3 direct sth to/towards sb/sth; direct sth at sb/sth** to turn or aim your attention or actions towards sb/sth 把…作为重点: *In recent weeks the media's attention has been directed towards events abroad.* 最近几星期传媒的注意力都集中到海外的事件上。 ○ *The advert is directed at young people.* 这广告的对象是年青人。 **4** (*formal* 正式) to tell or order sb to do sth 指示；命令: *Take the tablets as directed by your doctor.* 遵照医生的指示服药。

☆**direction** /dɪˈrekʃn; daɪ- ‖ dəˈrɛkʃən; daɪ-/ *noun* **1** [C] the path or line along which a person or thing is moving, looking or pointing 方向；方位: *When the path divided, they didn't know which direction to take.* 到了三岔路口，他们不知道应该走哪个方向。 ○ *A woman was seen running in the direction of the station.* 有人看见一名女子朝着车站的方向奔去。 ○ *The wind has changed direction.* 风向已经改变。 ○ *People began arriving from all directions.* 人们开始从四面八方来到。 ○ *We met him coming in the opposite direction.* 我们碰见他迎面而来。 **2** [C, usually pl] information or instructions about how to do sth or how to get to a place 说明；指引 **3** [U] management or control 管理；指挥；指导: *This department is under the direction of Mrs Walters.* 这部门是沃尔特斯太太管理的。 ○ *the direction of a play, film, etc* 导演戏剧/电影…

directive /dɪ'rektɪv ‖ də'rɛktɪv/ *noun* [C] an official order to do sth 指令: *an EU directive on safety at work* 欧洲联盟发出的有关工作安全的指令

☆**director** /dɪ'rektə(r); daɪ- ‖ də'rɛktɚ; daɪ-/ *noun* [C] **1** a person who manages or controls a company or organization 董事；理事；主任: *the managing director of Rolls Royce* 罗尔斯罗伊斯汽车公司的执行董事 ○ *the director of studies of a language school* 语言学校的课程主任 **2** a person who tells the actors, camera crew, etc, what to do in a film, play, etc 导演

directory /dɪ'rektərɪ; daɪ- ‖ də'rɛktərɪ; daɪ-/ *noun* [C] (*pl* **directories**) an alphabetical list of names, addresses and telephone numbers 通讯录

☆**dirt** /dɜ:t ‖ dɝt/ *noun* [U] **1** a substance that is not clean, such as dust or mud 污垢: *Wipe the dirt off your shoes before you come in.* 进来之前，先把鞋上的污垢抹去。**2** earth or soil 泥土: *a dirt track* 泥路

☆**dirty**[1] /'dɜ:tɪ ‖ 'dɝtɪ/ *adj* (**dirtier**; **dirtiest**) **1** not clean 肮脏；污秽: *Your hands are dirty. Go and wash them!* 你的手脏，去洗洗吧！○ *Lighting the fire can be a dirty job* (= it makes you dirty). 生火会把你弄脏的。**2** referring to sex in a way that may upset or offend people 色情；淫猥: *to tell a dirty joke* 说淫亵笑话

(IDIOM 习语) **a dirty word** an idea or thing that you do not like or agree with 忌讳的想法；忌讳的事物

dirty[2] /'dɜ:tɪ ‖ 'dɝtɪ/ *verb* [I,T] (*pres part* **dirtying**; *3rd pers sing pres* **dirties**; *pt, pp* **dirtied**) to become or to make sth dirty 变脏；弄脏

disability /ˌdɪsə'bɪlətɪ ‖ ˌdɪsə'bɪlətɪ/ *noun* (*pl* **disabilities**) **1** [U] the state of being unable to use a part of your body properly 伤残；残疾: *physical/mental disability* 残疾；弱智 **2** [C] something that makes you unable to use a part of your body properly 残疾；伤残: *Because of his disability, he needs constant care.* 由于他有残疾，经常需要人照顾。

disable /dɪs'eɪbl ‖ dɪs'ebl̩/ *verb* [T] (often passive 常用于被动语态) to make sb unable to use a part of his/her body properly 使残废/伤残: *Many soldiers were disabled in the war.* 很多士兵在战争中留下伤残。—**disabled** *adj*: *The car has been adapted for disabled drivers.* 这辆汽车已经改装，可供残疾人驾驶。

the disabled *noun* [plural] people who are disabled 伤残者；弱能者；残疾人: *The hotel has improved facilities for the disabled. There are new lifts and wheelchair ramps.* 酒店已经为伤残者改善设施，有新的电梯和轮椅用的坡道。

☆**disadvantage** /ˌdɪsəd'vɑ:ntɪdʒ; *US* 美 -'væn- ‖ ˌdɪsəd'væntɪdʒ/ *noun* [C] **1** something that may make you less successful than other people 不利因素: *Your qualifications are good. Your main disadvantage is your lack of experience.* 你的学历不错，最吃亏的是没有经验。**2** something that is not good or that causes problems 缺点；坏处；问题所在: *The main disadvantage of the job is the long hours.* 这份工作最大缺点是工作时间长。○ *What are the advantages and disadvantages of nuclear power?* 核能发电有什么好处和坏处？

(IDIOMS 习语) **put sb/be at a disadvantage** to put sb/be in a situation where he/she/you may be less successful than other people 使某人处于不利位置: *The fact that you don't speak the language will put you at a disadvantage in France.* 你不会说法语，这使你在法国很吃亏。

to sb's disadvantage (*formal* 正式) not good or helpful for sb 对某人不利: *The agreement will be to your disadvantage – don't accept it.* 这协议对你不利，不要接受。

disadvantaged *adj* in a bad social or economic situation; poor 社会/经济地位低下；贫困: *extra help for the most disadvantaged members of society* 对社会上最贫困人士的额外援助

☆**disagree** /ˌdɪsə'gri: ‖ ˌdɪsə'gri/ *verb* [I] **1 disagree (with sb/sth) (about/on sth)** to have a different opinion from sb/sth; not agree 持不同的意见；反对: *Nigel often disagrees with his father about politics.* 奈杰尔常常在政治方面跟父亲意见分歧。○ *They strongly disagreed with the idea.* 他们强烈反对那个提议。**2** to be different 不一致；不符: *These two sets of statistics disagree.* 这两组统计数字并不吻合。

disagreement /ˌdɪsə'gri:mənt ‖ ˌdɪsə'grimənt/ *noun* **1** [U] **disagreement (about/on sth)** having a different opinion from sb or not agreeing with sb/sth 异议；意见分歧: *There's great disagreement about what causes people to turn to crime.* 大家对人们犯罪的原因见解迥异。**2** [C] an argument 争论；争执: *Mandy resigned after a disagreement with her boss.* 曼迪与上司发生争执后就辞职了。

disagreeable /ˌdɪsə'gri:əbl ‖ ˌdɪsə'griəbl̩/ *adj* (*formal* 正式) unpleasant 令人不愉快的 —**disagreeably** /-əblɪ ‖ -əblɪ/ *adv*

disallow /ˌdɪsə'laʊ ‖ ˌdɪsə'laʊ/ *verb* [T] to not allow or accept sth 不准许；不接受: *The goal was disallowed because the player was off-side.* 这次进球不算数，因为球员越位。

☆**disappear** /ˌdɪsə'pɪə(r) ‖ ˌdɪsə'pɪr/ *verb* [I] **1** to become impossible to see; to go away 消失；不见: *He walked away and disappeared into a crowd of people.* 他走开了，消失在人群中。○ *My purse was here a moment ago and now it's disappeared.* 我的钱包刚才还在，现在不见了。**2** to go to a place where you cannot be found 躲藏；隐居；失踪: *She disappeared five years ago and has never been heard of since.* 她五年前失踪，自此就消声匿迹。**3** to stop existing 绝迹: *Plant and animal species are disappearing at an alarming rate.* 多种植物和动物以惊人的速度相继绝种。—**disappearance** /ˌdɪsə'pɪərəns ‖ ˌdɪsə'pɪrəns/ *noun* [C,U]: *The mystery of her disappearance was never solved.* 她的失踪仍然是个谜。

☆**disappoint** /ˌdɪsə'pɔɪnt ‖ ˌdɪsə'pɔɪnt/ *verb* [T] to make sb sad because what he/she had hoped for has not happened or because sb/sth is less good, interesting, etc then he/she had hoped 使失望: *I'm sorry to disappoint you but*

D

I'm afraid you haven't won the prize. 我不想使你失望，但恐怕你没有得奖。

disappointed *adj* **disappointed (about/ at sth); disappointed (in/with sb/sth)** sad because you/sb/sth did not succeed or because sth was not as good, interesting, etc as you had hoped 失望：*They are very disappointed that they can't stay longer.* 他们未能多呆些日子，感到很失望。○ *We were disappointed with our accommodation – we were expecting a luxury apartment.* 我们对住宿条件感到失望，因为我们本指望有套豪华公寓。○ *Lucy was deeply disappointed at not being chosen for the team.* 露西没有给选入队，深感失望。○ *I'm disappointed in you. I thought you could do better.* 我对你感到失望，我认为你可以做得更好。

D

disappointing *adj* making you feel sad because sth was not as good, interesting, etc as you had hoped 令人失望：*It has been a disappointing year for the company.* 对于公司来说，这是令人失望的一年。—**disappointingly** *adv*: *The amount of money they collected was disappointingly small.* 他们筹得的钱少得可怜。

disappointment *noun* **1** [U] the state of being disappointed 失望；沮丧：*To his great disappointment he failed to get the job.* 他得不到那份工作，大为失望。**2** [C] **a disappointment (to sb)** a person or thing that disappoints you 令人失望的人/事物：*Our holiday was a bit of a disappointment.* 我们的假期过得有些叫人失望。

☆**disapprove** /ˌdɪsəˈpruːv ‖ ˌdɪsəˈpruv/ *verb* [I] **disapprove (of sb/sth)** to think that sb/sth is bad, foolish, etc 认为…不好/愚蠢等：*His parents strongly disapproved of him leaving college before he had finished his course.* 他的父母强烈反对他未完成大学课程就退了学。

disapproval /-ˈpruːvl ‖ -ˈpruvl̩/ *noun* [U] a feeling that sth is bad or that sb is behaving badly 认为…不好的看法：*to shake your head in disapproval* 摇头表示不赞成 —**disapproving** *adj*: *After he had told the joke there was a disapproving silence.* 他说完了笑话，大家都不以为然地静下来。—**disapprovingly** *adv*: *David frowned disapprovingly when I lit a cigarette.* 我点起香烟，戴维就皱眉头。

disarm /dɪsˈɑːm ‖ dɪsˈɑrm/ *verb* **1** [T] to take weapons away from sb 缴械；解除武装：*The police caught and disarmed the terrorists.* 警方捉拿到恐怖分子后解除了他们的武装。**2** [I] (used about a country 指国家) to reduce the number of weapons it has 裁减军备 **3** [T] to make sb feel less angry 使息怒；缓和愤怒

disarmament /dɪsˈɑːməmənt ‖ dɪsˈɑrməmənt/ *noun* [U] reducing the number of weapons that a country has 军备裁减：*nuclear disarmament* 核裁军

disassociate = DISSOCIATE

☆**disaster** /dɪˈzɑːstə(r); *US* 美 -ˈzæs- ‖ dɪzˈæstɚ/ *noun* **1** [C] an event that causes a lot of harm or damage 灾祸；灾难：*earthquakes, floods and other natural disasters* 地震、洪水及其他天灾 **2** [C] a person or thing that is very bad, harmful or unsuccessful 非常坏/有害/失败的人或事物：*The school play was an absolute disaster. Everything went wrong.* 由学生演出的那出戏是彻底的失败，什么都不对劲。**3** [U] failure; a terrible situation 失败；可怕的境况：*The drought brought disaster to the area.* 干旱对这地区造成灾难。

disastrous /dɪˈzɑːstrəs; *US* 美 -ˈzæs- ‖ dɪzˈæstrəs/ *adj* very bad, harmful or unsuccessful 极坏；失败的；灾难性的：*Our mistake had disastrous results.* 我们犯的错引致严重的后果。—**disastrously** *adv*: *The plan went disastrously wrong.* 计划出现严重的错误。

disband /dɪsˈbænd ‖ dɪsˈbænd/ *verb* [I,T] to stop existing as a group; to break up 解散

disbelieve /ˌdɪsbɪˈliːv ‖ ˌdɪsbəˈliv/ *verb* [T] to think that sth is not true or that sb is not telling the truth 不相信：*I have no reason to disbelieve her.* 我没有理由不相信她。

disbelief /ˌdɪsbɪˈliːf ‖ ˌdɪsbəˈlif/ *noun* [U] not believing sb/sth 不相信：*'It can't be true!' he shouted in disbelief.* "这不可能是真的！"他不相信地喊道。

disc (*especially US* 美尤作 **disk**) /dɪsk ‖ dɪsk/ *noun* [C] **1** a round flat object 圆盘 **2** = RECORD[1](2) **3** one of the pieces of thin strong material (**cartilage**) between the bones in your back 椎间盘（脊椎间的软骨 (**cartilage**)） ☛ Look at **disk**, which is the usual spelling in words connected with computers such as **floppy disk** and **hard disk**. 参看 **disk**。作计算机磁盘之义，如 **floppy disk** 及 **hard disk** 时通常用此拼法。

ˈ**disc jockey** *noun* [C] (*abbr* 缩写 **DJ**) a person whose job is to play and introduce pop music on the radio or in a disco（电台或迪斯科舞厅）放送流行音乐的工作人员；流行音乐节目主持人。

discard /dɪˈskɑːd ‖ dɪsˈkɑrd/ *verb* [T] (*formal* 正式) to throw sth away because it is not useful 抛弃；弃置

discern /dɪˈsɜːn ‖ dɪˈsɝn/ *verb* [T] to see or notice sth with difficulty 勉强辨明/分清/察觉：*I discerned a note of anger in his voice.* 我发觉他话语中带点愤怒。

discernible *adj* that can only be seen or noticed with difficulty 勉强可辨明的：*The shape of a house was just discernible through the mist.* 在雾中只隐约看见一间房子的轮廓。

discerning /dɪˈsɜːnɪŋ ‖ dɪˈsɝnɪŋ/ *adj* able to recognize the quality of sb/sth 辨识能力高的：*The discerning music lover will appreciate the excellence of this recording.* 识货的音乐爱好者会欣赏这段录音的完美音色。

discharge /dɪsˈtʃɑːdʒ ‖ dɪsˈtʃɑrdʒ/ *verb* [T] **1** to send sth out (a liquid, gas, etc) 排出（液体、气体等）：*Smoke and fumes are discharged from the factory and cause air pollution.* 工厂排出废气，造成空气污染。**2** to allow sb officially to leave; to send sb away 准予离去；遣送：*to discharge sb from hospital, the army, etc* 让某人出院/退役… **3** to do or carry sth out (a duty, task, etc) 履行；执行

discharge /ˈdɪstʃɑːdʒ ‖ ˈdɪstʃɑrdʒ/ *noun* **1** [C,U] the action of sending sb/sth out or away 放出；排出；遣送: *The discharge of oil from the leaking tanker could not be prevented.* 当时没法制止石油从油轮裂缝漏出来。○ *The wounded soldier was given a medical discharge.* 那个受伤的士兵已痊愈出院。**2** [C,U] a substance that has come out of somewhere 排放物: *yellowish discharge from a wound* 伤口的黄色分泌物

disciple /dɪ'saɪpl ‖ dɪ'saɪpl̩/ *noun* [C] a person who follows a teacher, especially a religious one 弟子；门徒；信徒（尤指宗教的）: *the twelve disciples of Jesus* 耶稣的十二门徒

☆**discipline** /'dɪsɪplɪn ‖ 'dɪsəplɪn/ *noun* **1** [U] a way of training your mind and body so that you control your actions and obey rules 训练/磨练（使更能控制自己的行动并且遵守规则）: *military discipline* 军事训练 ○ *It takes a lot of self-discipline to train for three hours a day.* 每天练习三小时的确需要很强的自律精神。**2** [U] the result of such training 纪律: *A good teacher must be able to maintain discipline in the classroom.* 好的老师必须能维持课堂的纪律。**3** [C] a subject of study; a type of sporting event 学科；体育项目: *academic disciplines* 学术科目 ○ *Olympic disciplines* 奥运会的体育项目

discipline *verb* [T] **1** to train sb to obey and to behave in a controlled way 训练/磨练（使能克制自己的行为）: *You should discipline yourself to practise the piano every morning.* 你应该约束自己，每天早上都要练习钢琴。**2** to punish sb 惩罚；处罚

disciplinary /'dɪsɪplɪnərɪ; *US* 美 -nerɪ ‖ 'dɪsəplɪn͵ɛrɪ/ *adj* connected with punishment for breaking rules（有关）纪律的；惩戒性质的

disclaim /dɪs'kleɪm ‖ dɪs'klem/ *verb* [T] to say that you do not have sth, especially responsibility or knowledge 否认（尤指责任/知识）

disclose /dɪs'kləʊz ‖ dɪs'kloz/ *verb* [T] (*formal* 正式) to tell sth to sb or to make sth known publicly 透露；披露；公开；揭发: *The newspapers did not disclose the victim's name.* 报章没有透露受害者的姓名。

disclosure /dɪs'kləʊʒə(r) ‖ dɪs'kloʒɚ/ *noun* [C,U] making sth known; the facts that are made known 透露；揭发；揭露的事实: *the disclosure of secret information* 公开秘密资料 ○ *He resigned following disclosures about his private life.* 他在私生活被揭露后就辞了职。

disco /'dɪskəʊ ‖ 'dɪsko/ (also *formal* 正式 **discotheque** /'dɪskətek ‖ 'dɪskə͵tɛk/) *noun* [C] (*pl* **discos**) a place where people dance to popular music on records, etc. Discos usually have loud music and bright coloured lights. 迪斯科舞厅

discolour (*US* 美 **discolor**) /dɪs'kʌlə(r) ‖ dɪs'kʌlɚ/ *verb* **1** [I] to change colour (often by the effect of light, age or dirt) 变色/退色（多因光线、日久或污垢造成）**2** [T] to change or spoil the colour of sth 改变/破坏原来的颜色

discomfort /dɪs'kʌmfət ‖ dɪs'kʌmfɚt/ *noun* **1** [U] a slight feeling of pain 不适；轻微疼痛: *There may be some discomfort from the wound after the operation.* 手术后伤口可能有少许不适。**2** [C] something that makes you feel uncomfortable or that causes a slight feeling of pain 令人不安/不适的事物: *The beauty of the scenery made up for the discomforts of the journey.* 美丽的景色补偿了旅途上的艰辛。**3** [U] a feeling of embarrassment 尴尬

disconcert /͵dɪskən'sɜːt ‖ ͵dɪskən'sɝt/ *verb* [T] (usually passive 通常用于被动语态) to make sb feel confused or worried 使困惑/不安: *She was disconcerted when everyone stopped talking and listened to her.* 大家都停止说话，留心听她说时，她变得手足无措。—**disconcerting** *adj* —**disconcertingly** *adv*

disconnect /͵dɪskə'nekt ‖ ͵dɪskə'nɛkt/ *verb* [T] to undo two things that are joined or connected together 使连接的物件分开: *If you don't pay your gas bill your supply will be disconnected.* 如果你不缴纳煤气费，煤气供应会被截断。

discontent /͵dɪskən'tent ‖ ͵dɪskən'tɛnt/ (*also* 亦作 **discontentment** /͵dɪskən'tentmənt ‖ ͵dɪskən'tɛntmənt/) *noun* [U] the state of being unhappy or not satisfied with sth 不满；不满足

discontented *adj* unhappy or not satisfied 不满；不满足

discontinue /͵dɪskən'tɪnjuː ‖ ͵dɪskən'tɪnjʊ/ *verb* [T] (*formal* 正式) to stop sth or stop producing sth 停止；停止制造

discord /'dɪskɔːd ‖ 'dɪskɔrd/ *noun* (*formal* 正式) **1** [U] disagreement or argument 不协调；冲突；争执 **2** [C] two or more musical notes that do not sound pleasant when they are played together 不和谐（指两个或多个音符合奏起来不悦耳）

discordant /dɪ'skɔːdənt ‖ dɪs'kɔrdn̩t/ *adj* not producing harmony; causing an unpleasant impression 不和谐；不一致: *Her criticism was the only discordant note in the discussion.* 她的批评是讨论中出现的惟一不和谐的调子。

discotheque (*formal* 正式) = DISCO

discount[1] /'dɪskaʊnt ‖ 'dɪskaunt/ *noun* [C,U] a reduction in the price or cost of sth 折扣: *Staff get 20% discount on all goods.* 职员购买各种货品都可得八折优待。○ *Do you give a discount for cash?* 用现金付款有没有折扣？

discount[2] /dɪs'kaʊnt; *US* 美 'dɪskaʊnt ‖ 'dɪskaunt/ *verb* [T] to consider sth not true or not important 不相信；不重视: *I think we can discount that idea. It's just not practical.* 我认为可以搁置那提议，因为它根本就不切实际。

discourage /dɪ'skʌrɪdʒ ‖ dɪs'kɝɪdʒ/ *verb* [T] **1 discourage sb (from doing sth)** to make sb lose hope or feel less confident about sth 使气馁/失去信心: *Don't let these little problems discourage you.* 不要因这些小问题而气馁。**2 discourage sb from doing sth** to try to stop sb doing sth 劝阻: *Consumers should be discouraged from throwing away glass and tins.* 应劝导消费者不要随便乱扔玻璃及白铁器皿。☛ The opposite is **encourage**. 反义词为 **encourage**。

discouraged *adj* having lost hope; not feeling confident about sth 灰心丧气；沮丧；失去信心: *After failing the exam again Paul felt very discouraged.* 考试又不及格，保罗感到十分沮丧。

D

discouragement *noun* [C,U] discouraging or being discouraged; something that discourages you 挫折；气馁；令人气馁的事物: *High parking charges would be a discouragement to people taking their cars into the city centre.* 昂贵的停车费用有助于阻止人们驾车进入市中心。

☆**discover** /dɪsˈkʌvə(r) ‖ dɪˈskʌvɚ/ *verb* [T] **1** to find or learn sth that nobody knew or had found before 发现；发掘: *Who discovered Australia?* 是谁发现澳大利亚的？ ○ *Scientists are hoping to discover the cause of the epidemic.* 科学家希望找出这流行病的成因。**2** to find or learn sth new or unexpected or sth that you did not know before 发觉: *I think I've discovered why the computer won't print out.* 我开始明白为什么这部电脑印不出东西。○ *We recently discovered that a famous writer used to live in this house.* 我们最近才知道有位出名的作家曾经在这栋房子住过。

discoverer *noun* [C] a person who discovers sth 发现者

discovery /dɪˈskʌvərɪ ‖ dɪˈskʌvərɪ/ *noun* (*pl* **discoveries**) **1** [U] finding sth 发现；发觉: *The discovery of X-rays changed the history of medicine.* * X光的发现改变了医学的历史。○ *The discovery of fingerprints in the car helped the police to find the thief.* 在车内发现的指纹有助警方找寻窃贼。**2** [C] something that has been discovered 发现的事物: *scientific discoveries* 科学发现

discredit /dɪsˈkredɪt ‖ dɪsˈkrɛdɪt/ *verb* [T] to cause sb/sth to lose people's trust; to damage the reputation of sb/sth 诽谤；败坏…的名声

discredit *noun* [U] loss of trust; damage to the reputation of sb/sth 失去别人的信任；败坏名声

discreet /dɪˈskri:t ‖ dɪˈskrit/ *adj* careful not to attract attention and so cause embarrassment or difficulty for sb 谨慎/慎重（以免引起注意而出现尴尬局面或困难）: *She was too discreet to mention the argument in front of Neil.* 她处事十分谨慎，不会在尼尔面前提及那次争执。—**discreetly** *adv* ☛ The noun is **discretion**. 名词为 **discretion**。The opposite is **indiscreet**. 反义词为 **indiscreet**。

discrepancy /dɪˈskrepənsɪ ‖ dɪˈskrɛpənsɪ/ *noun* [C,U] (*pl* **discrepancies**) a difference between two things that should be the same 差异（指不应该有的）: *Something is wrong here. There is a discrepancy between these two sets of figures.* 这里出了些问题。两组数字有出入。

discretion /dɪˈskreʃn ‖ dɪˈskrɛʃən/ *noun* [U] **1** care not to attract attention and so cause embarrassment or difficulty for sb 谨慎/慎重（以免引起注意而出现尴尬局面或困难）: *This is confidential but I know I can rely on your discretion.* 这是机密的，但我知道我可以相信你不会说出去。☛ The adjective is **discreet**. 形容词为 **discreet**。**2** the freedom and ability to make decisions by yourself 自己作主的自由和能力: *You must decide what is best. Use your discretion.* 你必须自己作主，决定怎样做最好。

(IDIOM 习语) **at sb's discretion** depending on what sb thinks or decides 由某人决定: *Pay increases are awarded at the discretion of the director.* 加薪由该董事决定。

discriminate /dɪˈskrɪmɪneɪt ‖ dɪˈskrɪməˌnet/ *verb* **1** [I] **discriminate (against sb)** to treat one person or group worse than others 歧视: *It is illegal to discriminate against any ethnic or religious group.* 歧视任何种族或宗教的人都是违法的。**2** [I,T] **discriminate (between A and B)** to see or make a difference between two people or things 分辨；区分: *The immigration law discriminates between political and economic refugees.* 移民法令对政治难民和经济难民有不同的处理。

discrimination /dɪˌskrɪmɪˈneɪʃn ‖ dɪˌskrɪməˈneʃən/ *noun* [U] **1 discrimination (against sb)** treating one person or group worse than others 歧视；不公平对待: *sexual, racial, religious, etc discrimination* 性别/种族/宗教…歧视 **2** the state of being able to judge what is good, true, etc 判断力

discus /ˈdɪskəs ‖ ˈdɪskəs/ *noun* [C] a heavy round flat object that is thrown as a sport 铁饼（用于投掷运动）

☆**discuss** /dɪˈskʌs ‖ dɪˈskʌs/ *verb* [T] **discuss sth (with sb)** to talk or write about sth seriously or formally 讨论；商讨；谈论: *I must discuss the matter with my parents before I make a decision.* 作出决定之前，我必须与父母商量。○ *The article discusses the need for a change in the law.* 这篇文章探讨是否需要修改法律。

discussion /dɪˈskʌʃn ‖ dɪˈskʌʃən/ *noun* [C,U] a time when you talk about sth 讨论；商讨: *After much discussion we all agreed to share the cost.* 经过多番讨论后，我们全都同意分担费用。○ *a long discussion on the meaning of life* 有关生命意义的长时间讨论

(IDIOM 习语) **under discussion** being talked about 在讨论中: *Plans to reform the Health Service are under discussion in Parliament.* 国会正讨论改善保健服务的计划。

disdain /dɪsˈdeɪn ‖ dɪsˈden/ *noun* [U] the feeling that sb/sth is not good enough and does not deserve to be respected 鄙视；轻视 —**disdainful** /-fl ‖ -fəl/ *adj* —**disdainfully** /-fəlɪ ‖ -fəlɪ/ *adv*

☆**disease** /dɪˈzi:z ‖ dɪˈziz/ *noun* [C,U] an illness of the body in humans, animals or plants 病；疾病: *an infectious disease* 传染病 ○ *Many diseases can be prevented by vaccination.* 多种疾病都可以用接种疫苗来预防。○ *Rats and flies spread disease.* 老鼠和苍蝇都会传播疾病。—**diseased** *adj*: *His diseased kidney had to be removed.* 他的一边肾脏有病变必须切除。☛ **Illness** and **disease** can be used in a similar way. * **illness** 和 **disease** 的用法相近。However, we use **disease** to describe a type of illness which has a name and is recognized by certain symptoms. 区别在于 **disease** 用以形容有名称和有特别症状的疾病。Diseases may be caused by bacteria, viruses, etc, and you can often catch and pass them on to others. * **disease** 可以由细菌、病毒等引致，而且可以互相传染。**Illness** is used to describe the general state of being ill and the time during

D

which you are not well. * **illness** 用以形容生病或身体不适。

disembark /ˌdɪsɪm'bɑ:k ‖ ˌdɪsɪm'bɑrk/ *verb* [I] to get off a ship or an aeroplane 登岸；下（船/飞机）: *All foot passengers should disembark from Deck B.* 所有步行的乘客应由B甲板登岸。—**disembarkation** /ˌdɪsembɑ:'keɪʃn ‖ ˌdɪsɛmbɑr'keʃən/ *noun* [U]

disenchanted /ˌdɪsɪn'tʃɑ:ntɪd; *US* 美 -tʃænt- ‖ ˌdɪsɪn'tʃæntɪd/ *adj* having lost your good opinion of sb/sth 不再有好评；不再抱有幻想 —**disenchantment** *noun* [U]: *There is increasing disenchantment among voters with the government's policies.* 越来越多的选民对政府的政策不再抱有幻想。

disentangle /ˌdɪsɪn'tæŋgl ‖ ˌdɪsɪn'tæŋgḷ/ *verb* [T] **1** to remove the knots from sth and make it straight 解开（绳结等）；理顺: *to disentangle wool, rope, string, etc* 解开毛线/绳索… **2** to free sb/sth that was stuck in or attached to sb/sth else 使摆脱: *I helped to disentangle the sheep from the bush.* 我帮助那羊从灌木丛中挣脱出来。

disfigure /dɪs'fɪgə(r) ; *US* 美 dɪs'fɪgjər ‖ dɪs'fɪgjɚ/ *verb* [T] to spoil the appearance of sb/sth 毁坏容貌；损毁外貌

disgrace /dɪs'greɪs ‖ dɪs'gres/ *noun* **1** [U] the state of not being respected by other people, usually because you have behaved badly 羞耻: *There is no disgrace in not having much money.* 贫穷并不是耻辱。**2** [sing] **a disgrace (to sb/sth)** a person or thing that gives such a bad impression that other people feel ashamed 丢脸的人/事: *The streets are covered in litter. It's a disgrace!* 街道满是垃圾。真是丢脸！

(IDIOM 习语) **(be) in disgrace (with sb)** (to be) in a position where other people do not respect you, usually because you have behaved badly 受人鄙视（通常因行为恶劣）

disgrace *verb* [T] **1** to cause disgrace to sb/yourself 使丢脸/蒙羞 **2** to cause sb to lose his/her position of power 使失势: *the disgraced leader* 失势的领导者

disgraceful /-fl ‖ -fəl/ *adj* very bad, making other people feel ashamed 可耻；丢脸的: *The football supporters' behaviour was absolutely disgraceful.* 球迷的行为极其可耻。—**disgracefully** /-fəlɪ ‖ -fəlɪ/ *adv*

disgruntled /dɪs'grʌntld ‖ dɪs'grʌntḷd/ *adj* rather angry; disappointed and annoyed 生气；不悦；不满

disguise /dɪs'gaɪz ‖ dɪs'gaɪz/ *verb* [T] **disguise sb/sth (as sb/sth)** to change the appearance, sound, etc of sb/sth so that people cannot recognize him/her/it 伪装；假扮: *They disguised themselves as fishermen and escaped in a boat.* 他们假扮渔民，坐船逃走。○ *to disguise your voice* 伪装声音 ○ (*figurative* 比喻) *His smile disguised his anger.* 他用微笑掩饰愤怒。

disguise *noun* [C,U] clothes or items such as false hair, glasses, etc, that you wear to change your appearance so that nobody recognizes you 用以伪装的服饰；伪装品

(IDIOM 习语) **in disguise** wearing or using a disguise 化了装的

☆**disgust** /dɪs'gʌst ‖ dɪs'gʌst/ *noun* [U] a strong feeling of dislike or disapproval 厌恶；憎恶: *She looked round the filthy room with disgust.* 她以厌恶的目光环顾肮脏的房间。○ *The film was so bad that we walked out in disgust.* 那电影太差了，我们十分反感，离场而去。

disgust *verb* [T] to cause disgust 使厌恶；使憎恶: *Cruelty towards animals absolutely disgusts me.* 虐待动物的行为很使我厌恶。

disgusted *adj* feeling disgust 厌恶的；憎恶的: *We were disgusted at the standard of service we received.* 他们的服务水平令我们十分反感。

disgusting *adj* causing disgust 令人厌恶的；讨厌的: *What a disgusting smell!* 这气味真令人作呕！—**disgustingly** *adv*

☆**dish**[1] /dɪʃ ‖ dɪʃ/ *noun* **1** [C] a shallow container for food. You can use a dish to cook sth in the oven, to serve food on the table or to eat from 碟；盘（浅的、用于盛载食物的器皿）: *Is this dish ovenproof?* 这盘子能不能放进烤箱里用？☛ picture at **plate**. 见 **plate** 插图。**2** [C] a type of food prepared in a particular way（一道）菜/菜式: *The main dish was curry. It was served with a selection of side dishes.* 主菜是咖喱，另伴以其他精选小菜。**3 the dishes** [plural] all the plates, cups, etc that you use during a meal 进餐时所用的全部杯、碟、盘等: *I'll cook and you can wash the dishes.* 我负责做饭，你可以洗杯碟。**4** = SATELLITE DISH

'**dishwasher** *noun* [C] an electric machine that washes plates, cups, knives, forks, etc 洗碟机

dish[2] /dɪʃ ‖ dɪʃ/ *verb*

(PHRASAL VERBS 短语动词) **dish sth out** (*informal* 非正式) to give away a lot of sth 大量发出某物

dish sth up (*informal* 非正式) to serve food 上菜；端上饭菜等

disheartened /dɪs'hɑ:tnd ‖ dɪs'hɑrtṇd/ *adj* sad or disappointed 伤心；失望 —**disheartening** /dɪs'hɑ:tnɪŋ ‖ dɪs'hɑrtnɪŋ/ *adj*

dishevelled (*US* 美 **disheveled**) /dɪ'ʃevld ‖ dɪ'ʃɛvḷd/ *adj* (used about a person's appearance 指人的外表) untidy 不整洁

dishonest /dɪs'ɒnɪst ‖ dɪs'ɑnɪst/ *adj* not honest or truthful 不诚实；不坦白 —**dishonestly** *adv* —**dishonesty** *noun* [U]

dishonour (*US* 美 **dishonor**) /dɪs'ɒnə(r) ‖ dɪs'ɑnɚ/ *noun* [U,sing] (*formal* 正式) the state of no longer being respected; shame 坏名声；不名誉；耻辱；羞耻

dishonour *verb* [T] (*formal* 正式) to bring shame on sb/sth 玷辱 —**dishonourable** /-nərəbl ‖ -nɚəbḷ/ *adj*

disillusion /ˌdɪsɪ'lu:ʒn ‖ ˌdɪsɪ'luʒən/ *verb* [T] to destroy sb's belief in or good opinion of sb/sth 使醒悟；使不再抱幻想

disillusioned *adj* disappointed because sb/sth is not as good as you first thought 幻想破灭；因事物比预期差而失望: *She's disillusioned with nursing.* 她对护理工作的幻想破灭了。

D

disillusionment (*also* 亦作 **disillusion**) *noun* [U] disappointment because sb/sth is not as good as you first thought 幻想的破灭

disinfect /ˌdɪsɪnˈfekt ‖ ˌdɪsɪnˈfɛkt/ *verb* [T] to clean sth with a liquid that destroys bacteria 消毒：*to disinfect a toilet* 把厕所消毒 ○ *to disinfect a wound* 消毒伤口

disinfectant /ˌdɪsɪnˈfektənt ‖ ˌdɪsɪnˈfɛktənt/ *noun* [C,U] a substance that destroys bacteria and is used for cleaning 消毒剂：*wash the floor with disinfectant* 用消毒剂清洗地板 —**disinfection** *noun* [U]

disintegrate /dɪsˈɪntɪɡreɪt ‖ dɪsˈɪntəˌɡret/ *verb* [I] to break into many small pieces 碎裂；粉碎；瓦解：*The spacecraft exploded and disintegrated.* 宇宙飞船爆炸后裂成碎片。—**disintegration** /dɪsˌɪntɪˈɡreɪʃn ‖ dɪsˌɪntəˈɡreʃən/ *noun* [U]: *the disintegration of the empire* 帝国的瓦解

disinterested /dɪsˈɪntrəstɪd ‖ dɪsˈɪntrɪstɪd/ *adj* fair, not influenced by personal feelings 公正无私：*disinterested advice* 无私的忠告 ☛ Look at **uninterested**. It has a different meaning. 参看 **uninterested**，这个词的意义跟 **disinterested** 不同。

disjointed /dɪsˈdʒɔɪntɪd ‖ dɪsˈdʒɔɪntɪd/ *adj* (used especially about ideas, writing or speech 尤指思维、文章或说话) not clearly linked and therefore difficult to follow 不连贯；杂乱无章 —**disjointedly** *adv*

disk /dɪsk ‖ dɪsk/ *noun* [C] **1** (*US* 美) = DISC **2** (*computing* 计算机技术) a flat piece of plastic that stores information for use by a computer 磁盘 ☛ Look at **floppy disk** and **hard disk**. 参看 **floppy disk** 及 **hard disk**。

ˈ**disk drive** *noun* [C] a piece of electrical equipment that passes information to or from a computer disk 磁盘驱动器 ☛ picture on page A26. 见第 A26 页插图。

diskette /dɪsˈket ‖ dɪˈskɛt/ *noun* [C] = FLOPPY DISK

☆**dislike** /dɪsˈlaɪk ‖ dɪsˈlaɪk/ *verb* [T] to think that sb/sth is unpleasant 不喜欢：*I really dislike flying.* 我真的不喜欢坐飞机。○ *What is it that you dislike about living here?* 住在这里你有什么不喜欢？

dislike *noun* [U,sing] **dislike (of/for sb/sth)** the feeling of not liking sb/sth 不喜欢：*She couldn't hide her dislike for him.* 她无法掩饰对他的厌恶。○ *He seems to have a strong dislike of hard work.* 他似乎对辛苦工作很厌恶。

(IDIOMS 习语) **likes and dislikes** ⇨ LIKES

take a dislike to sb/sth to start disliking sb/sth 开始不喜欢某人/某事物

dislocate /ˈdɪsləkeɪt; *US* 美 ˈdɪsləʊkeɪt ‖ ˈdɪsloˌket/ *verb* [T] to put sth (often a bone) out of its proper position 使脱离原位；使脱臼：*He dislocated his shoulder during the game.* 他在比赛中肩部脱臼了。—**dislocation** /ˌdɪsləˈkeɪʃn; *US* 美 ˌdɪsləʊˈkeɪʃn ‖ ˌdɪsloˈkeʃən/ *noun* [C,U]

dislodge /dɪsˈlɒdʒ ‖ dɪsˈlɑdʒ/ *verb* [T] to make sb/sth move from a fixed position 使从固定位置移动

disloyal /dɪsˈlɔɪəl ‖ dɪsˈlɔɪəl/ *adj* doing or saying sth that is against sb/sth that you should support; not loyal 背叛的；不忠诚：*It was disloyal of him to turn against his friends.* 他背叛朋友可谓不忠。—**disloyalty** /-ˈlɔɪəltɪ ‖ -ˈlɔɪəltɪ/ *noun* [C,U] (*pl* **disloyalties**)

dismal /ˈdɪzməl ‖ ˈdɪzml̩/ *adj* **1** depressing; causing sadness 悲惨；凄凉：*dismal surroundings* 苍凉的环境 ○ *a dismal failure* 惨痛的失败 **2** (*informal* 非正式) of low quality; poor 素质低；差劲：*a dismal standard of work* 低下的工作水平

dismantle /dɪsˈmæntl ‖ dɪsˈmæntl̩/ *verb* [T] to take sth to pieces; to separate sth into the parts it is made from 拆开；拆卸：*The photographer dismantled his equipment and packed it away.* 摄影师把他的器材拆开后放进行李包里。

dismay /dɪsˈmeɪ ‖ dɪsˈme/ *noun* [U] a strong feeling of worry and shock 惊慌；惊愕：*I realized to my dismay that I was going to miss the plane.* 我发觉赶不上那班机，心里很慌。—**dismay** *verb* [T] (usually passive 通常用于被动语态)

dismember /dɪsˈmembə(r) ‖ dɪsˈmɛmbɚ/ *verb* [T] to tear or cut a body apart 肢解

dismiss /dɪsˈmɪs ‖ dɪsˈmɪs/ *verb* [T] **1** to order an employee to leave his/her job 解雇；开除；撤职：*He was dismissed for refusing to obey orders.* 他因拒绝遵从指示而被解雇。☛ **Fire** and **sack** are less formal words for **dismiss**. * **dismiss** 用于正式场合，非正式场合宜用 **fire** 或 **sack**。**2** to allow sb to leave 解散；准许离开：*The lesson ended and the teacher dismissed the class.* 这节课完毕，老师宣布下课。**3** to remove sb/sth from your mind; to stop thinking about sb/sth completely 刻意忘记；不去考虑：*She decided to dismiss her worries from her mind.* 她决意摒除烦恼。**4 dismiss sb/sth (as sth)** to say or think that sb/sth is not important or is not worth considering seriously 认为不重要/不值得考虑：*He dismissed the idea as nonsense.* 他把那种意见视为一派胡言，不加考虑。

dismissal /dɪsˈmɪsl ‖ dɪsˈmɪsl̩/ *noun* **1** [C,U] ordering sb or being ordered to leave a job 解雇；开除；撤职：*a case of unfair dismissal* 不公平解雇的例子 **2** [U] refusing to consider sb/sth seriously 拒绝考虑：*She was hurt at their dismissal of her offer of help.* 她提出帮助，但却遭他们拒绝，这使她很难过。

dismissive *adj* saying or showing that you think that sb/sth is not important or is not worth considering seriously 表示不重视或不会认真考虑的：*The boss was dismissive of all the efforts I had made.* 上司蔑视我作出的一切努力。

dismount /ˌdɪsˈmaʊnt ‖ dɪsˈmaʊnt/ *verb* [I] to get off sth that you ride (a horse, a bicycle, etc) 下（马/自行车…）

disobedient /ˌdɪsəˈbiːdɪənt ‖ ˌdɪsəˈbidɪənt/ *adj* not willing to obey; refusing to do what you are told to do; not obedient 不服从指示的 —**disobedience** /-ɪəns ‖ -ɪəns/ *noun* [U]

disobey /ˌdɪsəˈbeɪ ‖ ˌdɪsəˈbe/ *verb* [I,T] to refuse to do what you are told to do; not to obey 不服从；违抗：*He was punished for disobeying orders.* 他因违抗命令而受罚。

disorder /dɪs'ɔ:də(r) ‖ dɪs'ɔrdɚ/ *noun* **1** [U] an untidy, confused or disorganized state 杂乱；混乱；凌乱：*His financial affairs are in complete disorder.* 他的财务十分混乱。**2** [U] violent behaviour by a large number of people 暴乱；动乱：*Disorder broke out on the streets of the capital.* 首都街头爆发暴乱。**3** [C,U] an illness in which the mind or part of the body is not working properly（身体）失调/不适：*a stomach disorder* 胃病

disordered *adj* untidy, confused or disorganized 杂乱；混乱；凌乱

disorderly *adj* **1** very untidy 凌乱 **2** (used about people or behaviour 指人或行为) out of control and violent; causing trouble in public 暴乱的；动乱的：*They were arrested for being drunk and disorderly.* 他们因酗酒和行为不检而被捕。

disorganization (*also* 亦作 **disorganisation**) /dɪsˌɔ:gənaɪ'zeɪʃn; *US* 美 -nɪ'z- ‖ dɪsˌɔrgənə'zeʃən/ *noun* [U] a lack of organization 凌乱；无条理

disorganized (*also* 亦作 **disorganised**) *adj* not organized; badly planned 缺乏组织；杂乱无章

disorientate /dɪs'ɔ:rɪənteɪt ‖ dɪs'ɔrɪɛnˌtet/ (*especially US* 美尤作 **disorient** /dɪs'ɔ:rɪənt ‖ dɪs'ɔrɪˌɛnt/) *verb* [T] (usually passive 通常用于被动语态) to make sb lose all sense of direction or become confused about where he/she is 使迷失方向：*The road signs were very confusing and I soon became disorientated.* 路标很混乱，我不久就迷失了方向。—**disorientation** /dɪsˌɔ:rɪən'teɪʃn ‖ dɪsˌɔrɪən'teʃən/ *noun* [U]

disown /dɪs'əʊn ‖ dɪs'on/ *verb* [T] to decide or say that you are no longer associated with sb/sth 跟…断绝关系；否认…与自己有关系：*When he was arrested, his family disowned him.* 他被捕后，家人跟他断绝关系。

disparage /dɪ'spærɪdʒ ‖ dɪ'spærɪdʒ/ *verb* [T] (*formal* 正式) to talk about sb/sth in a critical way or to say that sb/sth is of little value or importance 诋毁；贬低；藐视 —**disparaging** *adj*: *disparaging remarks* 诽谤的言词

dispatch (*also* 亦作 **despatch**) /dɪ'spætʃ ‖ dɪ'spætʃ/ *verb* [T] (*formal* 正式) to send 发送（文件、货物等）：*Your order will be dispatched from our warehouse within 7 days.* 订货将于7天之内由我们仓库直接发货送达。

dispel /dɪ'spel ‖ dɪ'spɛl/ *verb* [T] (dispe**ll**ing; dispe**ll**ed) to make sth disappear; to remove sth from sb's mind 摒除（某种思想/感觉）：*His reassuring words dispelled all her fears.* 他那些令人安慰的话消除了她所有的恐惧。

dispensable /dɪ'spensəbl ‖ dɪ'spɛnsəbḷ/ *adj* not necessary 不必要的：*I suppose I'm dispensable. Anybody could do my job.* 我想我是可有可无的，任何人都可以做我的工作。☛ The opposite is **indispensable**. 反义词为 **indispensable**。

dispense /dɪ'spens ‖ dɪ'spɛns/ *verb* [T] **1** (*formal* 正式) to give out 给予；供应：*a machine that dispenses hot and cold drinks* 供应热饮和冷饮的机器 **2** to prepare and give out medicines in a chemist's shop 配药：*a dispensing chemist* 药剂师

(PHRASAL VERB 短语动词) **dispense with sb/sth** to get rid of sb/sth that is not necessary 舍弃/摆脱不需要的人或物：*They decided to dispense with luxuries and live a simple life.* 他们决定放弃奢侈的享受，过朴素的生活。

dispenser *noun* [C] a machine or container from which you can get sth 分配器；自动售货机：*a cash dispenser at a bank* 银行的自动提款机

disperse /dɪ'spɜ:s ‖ dɪ'spɝs/ *verb* [I,T] to separate and go in different directions; to break sth up 散开；分散：*When the meeting was over, the group dispersed.* 会议完毕，各人散去。○ *Police arrived and quickly dispersed the crowd.* 警方到达后迅速驱散人群。

dispirited /dɪ'spɪrɪtɪd ‖ dɪ'spɪrɪtɪd/ *adj* having lost confidence or hope; depressed 气馁；沮丧

displace /dɪs'pleɪs ‖ dɪs'ples/ *verb* [T] **1** to force sb/sth to move from the usual or correct place 迫使…离开原位 **2** to remove and take the place of sb/sth 取代：*She hoped to displace Seles as the top player in the world.* 她希望取代塞莱斯成为世界第一号选手。

☆**display**[1] /dɪ'spleɪ ‖ dɪ'sple/ *verb* [T] **1** to put sth in a place where people will see it or where it will attract attention 陈列；展示：*Posters for the concert were displayed throughout the city.* 音乐会的海报在市内随处可见。**2** to show sth (eg a feeling or personal quality) 显露/表露（如感受或个人特质）：*She displayed no interest in the discussion.* 她对这讨论显得全无兴趣。

☆**display**[2] /dɪ'spleɪ ‖ dɪ'sple/ *noun* [C] **1** a public event in which sth is shown in action 表演：*a firework display* 烟火表演 **2** an arrangement of things for people to see 陈列；展示：*The shops take a lot of trouble over their window displays at Christmas.* 每逢圣诞节商店都在橱窗陈列方面花很多心思。**3** behaviour that shows a particular feeling or quality（感受或特质的）显露/流露：*a sudden display of aggression* 敌对心理的突然表露 **4** (*computing* 计算机技术) words, pictures, etc that can be seen on a computer screen 屏幕上显示的文字、图像等

(IDIOM 习语) **on display** in a place where people will see it and where it will attract attention 展览；展出：*Treasures from the sunken ship were put on display at the museum.* 沉船的财宝在博物馆展览。

displease /dɪs'pli:z ‖ dɪs'pliz/ *verb* [T] (*formal* 正式) to annoy sb or to make sb angry or upset 使厌烦；使生气；触怒

displeasure /dɪs'pleʒə(r) ‖ dɪs'plɛʒɚ/ *noun* [U] (*formal* 正式) the feeling of being annoyed or not satisfied 不悦；不满：*I wrote to express my displeasure at not having been informed sooner.* 我因没有及早收到通知就写信去表示不满。

disposable /dɪ'spəʊzəbl ‖ dɪ'spozəbḷ/ *adj* intended to be thrown away after being used once or for a short time 用完即弃的：*a disposable razor* 一次性剃须刀

disposal /dɪ'spəʊzl ‖ dɪ'spozḷ/ *noun* [U] the act of getting rid of sth 消除；处理；处置：*the*

disposal of dangerous chemical waste 危险化学废料的处置
(IDIOM 习语) **at sb's disposal** available for sb's use at any time 供某人随意使用: *They put their house at my disposal.* 他们把房子让我随意使用。

dispose /dɪˈspəʊz ‖ dɪˈspoz/ *verb*
(PHRASAL VERB 短语动词) **dispose of sb/sth** to throw away or sell sth; to get rid of sb/sth that you do not want 丢弃/卖掉某物；除去某人/某物

disproportionate /ˌdɪsprəˈpɔːʃənət ‖ ˌdɪsprəˈpɔrʃənɪt/ *adj* larger or smaller than is acceptable or expected 不成比例的；太大的；太小的 —**disproportionately** *adv*

disprove /ˌdɪsˈpruːv ‖ dɪsˈpruv/ *verb* [T] to show or prove that sth is not true 证明…不成立/虚假；反驳

D

☆**dispute**[1] /dɪˈspjuːt; ˈdɪspjuːt ‖ dɪˈspjut/ *noun* [C,U] disagreement or argument between people 争论；争执: *There was some dispute about whose fault it was.* 究竟是谁的过失曾有些争论。○ *a pay dispute* 工资纠纷
(IDIOM 习语) **in dispute** in a situation of arguing or being argued about 互相争论；受争议: *He is in dispute with the tax office about how much he should pay.* 他正因到底该付多少税而与税务处发生争论。

dispute[2] /dɪˈspjuːt ‖ dɪˈspjut/ *verb* [T] to argue about sth or to suggest that sth is not true 争论；反驳；反对: *The player disputed the referee's decision.* 那运动员反对裁判的决定。

disqualify /dɪsˈkwɒlɪfaɪ ‖ dɪsˈkwɑləˌfaɪ/ *verb* [T] (*pres part* **disqualifying**; *3rd pers sing pres* **disqualifies**; *pt, pp* **disqualified**) **disqualify sb (from sth/from doing sth)** to officially forbid sb to do sth or to take part in sth, usually because he/she has broken a rule or law 取消某人的资格: *The team were disqualified for cheating.* 该队因作弊而被取消资格。—**disqualification** /dɪsˌkwɒlɪfɪˈkeɪʃn ‖ ˌdɪskwɑləfəˈkeʃən/ *noun* [C,U]

disregard /ˌdɪsrɪˈgɑːd ‖ ˌdɪsrɪˈgɑrd/ *verb* [T] to take no notice of sb/sth; to pay no attention to sb/sth 不理会: *These are the latest instructions. Please disregard any you received before.* 这些是最新的指示。请不要再理会任何先前收到的指示。
disregard *noun* [U,sing] **(a) disregard (for/of sb/sth)** lack of attention to, interest in or care for sb/sth 对…不理会/没有兴趣/不在乎: *He rushed into the burning building with complete disregard for his own safety.* 他冲入正在燃烧的大厦内，完全不顾自己的安全。

disrepair /ˌdɪsrɪˈpeə(r) ‖ ˌdɪsrɪˈpɛr/ *noun* [U] a bad condition, existing because repairs have not been made 失修: *Over the years the building fell into a state of disrepair.* 这座建筑物因年久失修而变得残破不堪。

disreputable /dɪsˈrepjʊtəbl ‖ dɪsˈrɛpjətəbl̩/ *adj* not deserving to be trusted; having a bad reputation 不值得信任的；声名狼藉的: *a disreputable area, full of criminal activity* 一个充满犯罪活动的声名狼藉的地区 ○ *disreputable business methods* 不光彩的经商手法

disrepute /ˌdɪsrɪˈpjuːt ‖ ˌdɪsrɪˈpjut/ *noun* [U] the situation when people no longer respect sb/sth 不名誉；声名狼藉: *Such unfair decisions bring the legal system into disrepute.* 这样不公正的裁决使法律制度不再受人尊重。

disrespect /ˌdɪsrɪˈspekt ‖ ˌdɪsrɪˈspɛkt/ *noun* [U] behaviour or words that show that you do not respect sb/sth 无礼；不敬 —**disrespectful** /-fl ‖ -fəl/ *adj* —**disrespectfully** /-fəlɪ ‖ -fəlɪ/ *adv*

disrupt /dɪsˈrʌpt ‖ dɪsˈrʌpt/ *verb* [T] to disturb a process or system 妨碍；破坏；扰乱: *The strike severely disrupted flights to Spain.* 罢工严重扰乱了飞往西班牙的航班。—**disruption** /dɪsˈrʌpʃn ‖ dɪsˈrʌpʃən/ *noun* [C,U] —**disruptive** /dɪsˈrʌptɪv ‖ dɪsˈrʌptɪv/ *adj*: *A badly behaved child can have a disruptive influence on the rest of the class.* 行为恶劣的儿童可能会对班上的其他人造成不良影响。

dissatisfaction /ˌdɪˌsætɪsˈfækʃn ‖ ˌdɪssætɪsˈfækʃən/ *noun* [U] the feeling of not being satisfied or pleased 不满；不满足；不悦: *There is some dissatisfaction among teachers with the plans for the new exam.* 教师对新的考试计划有些不满。

dissatisfied /dɪˈsætɪsfaɪd ‖ dɪsˈsætɪsˌfaɪd/ *adj* **dissatisfied (with sb/sth)** not satisfied or pleased 不满；不满足；不悦: *complaints from dissatisfied customers* 顾客表示不满的投诉

dissect /dɪˈsekt ‖ dɪˈsɛkt/ *verb* [T] to cut up a dead body, a plant, etc in order to examine its structure 解剖 —**dissection** /dɪˈsekʃn ‖ dɪˈsɛkʃən/ *noun* [C,U]

dissent[1] /dɪˈsent ‖ dɪˈsɛnt/ *noun* [U] (*formal* 正式) disagreement with official or generally agreed ideas or opinions 异议/相反意见（与官方或一般意见不同）: *There is some dissent within the Labour Party on these policies.* 工党内部对于这些政策有不同意见。

dissent[2] /dɪˈsent ‖ dɪˈsɛnt/ *verb* [I] **dissent (from sth)** (*formal* 正式) to have opinions that are different to those that are officially held （与官方）意见不同；持异议
dissenting *adj* showing or feeling dissent 不同意的；持异议的

dissertation /ˌdɪsəˈteɪʃn ‖ ˌdɪsɚˈteʃən/ *noun* [C] a long piece of writing on sth that you have studied, especially as part of a university degree 论文；大学毕业论文 ☛ Look at **thesis**. 参看 **thesis**。

disservice /dɪsˈsɜːvɪs ‖ dɪsˈsɝvɪs/ *noun* [U,sing] **(a) disservice to sb/sth** an action that is unhelpful or has a negative effect 无益的行为；有害的行为

dissident /ˈdɪsɪdənt ‖ ˈdɪsədənt/ *noun* [C] a person who expresses disagreement with the actions or ideas of a government or organization 持不同政见者；持异议者；异见分子 —**dissidence** /ˈdɪsɪdəns ‖ ˈdɪsədəns/ *noun* [U]

dissimilar /dɪˈsɪmɪlə(r) ‖ dɪˈsɪmələ/ *adj* **dissimilar (from/to sb/sth)** unlike; not similar; different 不相同；不相似；相异

dissociate /dɪˈsəʊʃɪeɪt ‖ dɪˈsoʃɪˌet/ (*also* 亦作 **disassociate** /ˌdɪsəˈsəʊʃɪeɪt ‖ ˌdɪsəˈsoʃɪˌət/) *verb* [T] **dissociate sb/sth/yourself from**

sth to say or believe that a thing or a person is not connected with another, or that you do not agree with sth 表示/相信与…无关；表示不同意: *She dissociated herself from the views of the extremists in her party.* 她表明自己不同意党内极端分子的见解。

dissolve /dɪ'zɒlv ‖ dɪ'zɑlv/ *verb* [I,T] to become liquid or to make sth become liquid（使）溶解；（使）溶化: *Sugar dissolves in water.* 糖能溶于水。○ *Dissolve two tablets in cold water.* 将两片药溶于凉水中。

dissuade /dɪ'sweɪd ‖ dɪ'swed/ *verb* [T] **dissuade sb (from doing sth)** to persuade sb not to do sth 劝阻: *I tried to dissuade her from spending the money, but she insisted.* 我想法劝她不要花那些钱，但她不听，坚持要花。

☆**distance**[1] /'dɪstəns ‖ 'dɪstəns/ *noun* **1** [C,U] the amount of space between two places or points 距离: *It's only a short distance from my home to work.* 我家离工作地点很近。○ *The map tells you the distances between the major cities.* 地图上可以看见大城市之间的距离。○ *We can walk home from here, it's no distance* (= it isn't far). 我们可从这里走路回家，路程不远。○ *The house is within walking distance of the shops.* 房子离商店不远，走几步就到。**2** [sing] a point that is a long way from sb/sth 远处: *At this distance I can't read the number on the bus.* 距离这么远，我看不到公共汽车的号码。○ *From a distance the village looks quite attractive.* 从远处看，村庄的景色十分宜人。

(IDIOM 习语) **in the distance** far away 在远处: *I could hear voices in the distance.* 我可以听到远处传来的声音。

distance[2] /'dɪstəns ‖ 'dɪstəns/ *verb* [T] **1** to make sb feel less friendly towards sb/sth 使疏远；使有隔膜: *Her wealth and success have distanced her from her old friends.* 财富和成就使她疏远了她的老朋友。**2 distance yourself from sb/sth** to show that you are not involved or connected with sb/sth 表示与…无关: *She was keen to distance herself from the views of her colleagues.* 她急于表示自己与同事的意见不同。

☆**distant** /'dɪstənt ‖ 'dɪstənt/ *adj* **1** a long way away in space or time（指空间或时间）距离远的: *travel to distant parts of the world* 到天涯海角去 ○ *in the not-too-distant future* (= quite soon) 不远的将来 **2** (used about a relative 指亲属) not closely related 远房的: *a distant cousin* 一位远房的表亲 **3** not very friendly 冷漠: *He has a rather distant manner and it's hard to get to know him well.* 他态度冷淡，别人很难跟他熟稔。**4** seeming to be thinking about sth else 心不在焉: *She had a distant look in her eyes and clearly wasn't listening to me.* 她眼神中若有所思，显然没有留心听我说。

distaste /dɪs'teɪst ‖ dɪs'test/ *noun* [U,sing] **(a) distaste (for sb/sth)** dislike; the feeling that sb/sth is unpleasant or unacceptable 不喜欢；厌恶；反感: *She viewed business with distaste.* 她对做生意有反感。○ *He seems to have a distaste for hard work.* 他似乎不喜欢辛劳的工作。

distasteful /dɪs'teɪstfl ‖ dɪs'testfəl/ *adj* causing the feeling of dislike; unpleasant or unacceptable 使人反感的；讨厌的

distil (*US* 美 **distill**) /dɪ'stɪl ‖ dɪ'stɪl/ *verb* [T] (disti**ll**ing; disti**ll**ed) to heat a liquid until it becomes steam and then collect the liquid that forms when the steam cools 蒸馏（将液体加热变成蒸气，然后收集蒸气冷却后凝结的液体）: *distilled water* 蒸馏水

☆**distinct** /dɪ'stɪŋkt ‖ dɪ'stɪŋkt/ *adj* **1** clear; easily seen, heard or understood 清楚；明显；容易明白: *There has been a distinct improvement in your work recently.* 近来你的工作有明显的改进。○ *I had the distinct impression that she was lying.* 我当时肯定地觉得她在说谎。**2 distinct (from sth)** clearly different 明显不同: *Her books fall into two distinct groups: the novels and the travel stories.* 她的著作可清楚地分成两类：小说和游记。○ *This region, as distinct from other parts of the country, relies heavily on tourism.* 这一地区与本国的其他地方不同，十分依赖旅游业。

distinctly *adv* **1** clearly 清楚地: *I distinctly heard her say that she would be here on time.* 我清楚听到她说会准时到的。**2** very; particularly 十分；格外；特别: *His behaviour has been distinctly odd recently.* 近来他的行为特别古怪。

☆**distinction** /dɪ'stɪŋkʃn ‖ dɪ'stɪŋkʃən/ *noun* [C,U] **1 (a) distinction (between A and B)** a clear or important difference between things or people 区别；分别: *We must make a distinction between classical and popular music here.* 我们得在这里清楚区分古典音乐和流行音乐。**2** the quality of being excellent; fame for what you have achieved 优越；卓越: *a violinist of some distinction* 有些名气的小提琴手 ○ *She has the distinction of being the only player to win the championship five times.* 她以身为惟一蝉联五届冠军的选手而闻名。

(IDIOM 习语) **draw a distinction between sth and sth** ⇨ DRAW[2]

distinctive /dɪ'stɪŋktɪv ‖ dɪ'stɪŋktɪv/ *adj* clearly different from others and therefore easy to recognize 有特色；与人不同；抢眼: *the soldiers wearing their distinctive red berets* 戴着醒目的红色贝雷帽的兵士 —**distinctively** *adv*

☆**distinguish** /dɪ'stɪŋgwɪʃ ‖ dɪ'stɪŋgwɪʃ/ *verb* **1** [I,T] **distinguish between A and B; distinguish A from B** to recognize the difference between things or people 辨别；区分: *He doesn't seem able to distinguish between what's important and what isn't.* 他好像不懂得权衡轻重。○ *People who are colour-blind often can't distinguish red from green.* 色盲的人通常都不能辨别绿色和红色。**2** [T] **distinguish A (from B)** to make sb/sth different from others; to show the difference between people or things 使有别于…: *distinguishing features* (= things by which sb/sth can be recognized) 特征 **3** [T] to see, hear or recognize with effort 看清；听出；认出；辨别出: *I listened carefully but they were too far away for me to distinguish what they were saying.* 我小心地听，但他们离我太远，我

D

听不清他们在说什么。**4** [T] **distinguish yourself** to do sth which causes you to be noticed and admired 突出自己: *She distinguished herself in the exams.* 她考试成绩突出。

distinguishable /dɪˈstɪŋɡwɪʃəbl ‖ dɪˈstɪŋɡwɪʃəbl̩/ *adj* **1** possible to distinguish as different from sb/sth else 可区别的: *The male bird is distinguishable from the female by the colour of its beak.* 从喙的颜色可区别雄鸟和雌鸟。**2** possible to see, hear or recognize with effort 看得清的;听得出的;辨认得出的: *The letter is so old that the signature is barely distinguishable.* 信是很久以前的,连签名也几乎难以辨认。

distinguished *adj* important and respected 知名;杰出;受尊重的: *I am pleased to welcome our distinguished guests to the conference.* 欢迎各位嘉宾出席会议。

D

distort /dɪˈstɔːt ‖ dɪsˈtɔrt/ *verb* [T] **1** to change the shape or sound of sth so that it seems unnatural 扭曲;失真: *Her face was distorted with grief.* 她的脸因悲伤而变了形。**2** to change sth and show it falsely 歪曲: *Foreigners are often given a distorted view of this country.* 有关该国的情况外国人所得到的介绍往往是歪曲的。 —**distortion** /dɪˈstɔːʃn ‖ dɪsˈtɔrʃən/ *noun* [C,U]

distract /dɪˈstrækt ‖ dɪˈstrækt/ *verb* [T] to take sb's attention away from sth 使注意力分散: *Could you stop talking please? You're distracting me from my work.* 你不要再说话了,好不好?你使我无法专心工作。

distracted *adj* unable to concentrate because of being worried or thinking about sth else 思想不集中;注意力分散

distraction /dɪˈstrækʃn ‖ dɪˈstrækʃən/ *noun* [C,U] something that takes your attention away from what you were doing or thinking about 使注意力分散的事物: *I find it hard to work at home because there are so many distractions.* 我无法在家里工作,因为家里太多东西令我分心。

distraught /dɪˈstrɔːt ‖ dɪˈstrɔt/ *adj* extremely sad and upset 忧心忡忡;悲伤

distress[1] /dɪˈstres ‖ dɪˈstrɛs/ *noun* [U] **1** the state of being very upset or unhappy or of suffering great pain 极度的痛苦/悲伤/苦恼: *Their distress on hearing the bad news was obvious.* 显而易见,他们听到那坏消息后悲伤万分。○ *She was in such distress that I didn't want to leave her on her own.* 她十分痛苦,我不想留下她一个人。**2** the state of being in great danger and needing immediate help 危难;困境: *The ship's captain radioed that it was in distress.* 船长拍发无线电报表示他们情况危急。

distress[2] /dɪˈstres ‖ dɪˈstrɛs/ *verb* [T] (often passive 常用于被动语态) to make sb very upset or unhappy 使情绪低落: *She was too distressed to talk.* 她痛苦得说不出话来。

distressing *adj* causing sb to be very upset or unhappy 令人情绪低落的

☆**distribute** /dɪˈstrɪbjuːt ‖ dɪˈstrɪbjʊt/ *verb* [T] **1 distribute sth (to/among sb/sth)** to give things to a number of people; to divide sth up and give the parts to people or place them in various positions 分派;分配: *Protesters were distributing leaflets in the street.* 抗议者在街上散发传单。○ *Tickets will be distributed to all club members.* 所有会员均会获发门票。○ *Make sure that the weight is evenly distributed.* 要确保重量分布均匀。**2 distribute sth (to sb/sth)** to transport and supply sth to various people or places 运送(给不同的人/地方): *They distributed emergency food supplies to the areas that were most in need.* 他们把救急食物运送至粮食最短缺的地区。

distribution /ˌdɪstrɪˈbjuːʃn ‖ ˌdɪstrəˈbjuʃən/ *noun* **1** [sing,U] the act of giving sth 分派;分配: *the distribution of food parcels to the refugees* 把食物包分发给难民 **2** [sing,U] the way sth is shared out; the pattern in which sth is found 分配方式;分布: *The uneven distribution of wealth causes many problems.* 财富的分配不均引致很多问题。○ *a map to show the distribution of rainfall in India* 显示印度雨量分布的地图 **3** [U] the transport and supply of goods, etc to various people or places (物资等的)运送: *The country produces enough food but distribution is a problem.* 该国生产足够的粮食,运输方面却成问题。

distributor /dɪˈstrɪbjʊtə(r) ‖ dɪˈstrɪbjətə/ *noun* [C] a person or company that transports and supplies goods to a number of shops and companies 分销商;批发商

☆**district** /ˈdɪstrɪkt ‖ ˈdɪstrɪkt/ *noun* [C] **1** a part of a town or country that has a particular feature or is of a particular type (根据特征划分的)地区/区域: *railway services in rural districts* 郊区的铁路服务 **2** an official division of a town or country (以行政目的划分的)地区/区域: *the district council* 地区议会 ○ *postal districts* 邮政区 ☛ A **district** may be part of a town or country, and it may have fixed boundaries * **district** 可以是城镇或国家的一部分,并且可以有固定的界线: *the district controlled by a council* 由议会管理的地区. A **region** is larger, usually part of a country only and may not have fixed boundaries * **region** 则比较大,通常为国家的一部分,并不一定有固定的界线: *the industrial regions of the country* 该国的工业区. An **area** is the most general term and is used with the same meaning as both **district** and **region** * **area** 是最概括的用语,兼有 **district** 及 **region** 的含义: *the poorer areas of a town* 镇内较贫穷的地区 ○ *an agricultural area of the country* 该国的农业区. We use **part** more often when we are talking about a section of a town 指城镇的一部分时,更常用 **part**: *Which part of Paris do you live in?* 你住在巴黎的哪一区?

distrust /dɪsˈtrʌst ‖ dɪsˈtrʌst/ *noun* [U,sing] **(a) distrust (of sb/sth)** the feeling that you cannot believe sb/sth; lack of trust 不相信;不信任 —**distrust** *verb* [T]: *She distrusts him because he lied to her once before.* 她不信任他,因为他曾经有一次对他说谎。

☆**disturb** /dɪˈstɜːb ‖ dɪˈstɝb/ *verb* [T] **1** to interrupt and possibly annoy sb while he/she is doing sth or sleeping; to spoil a peaceful situation 骚扰;打扰;扰乱: *I'm sorry to disturb you but there's a phone call for you.*

对不起，有电话找你。○ *Keep the noise down! You'll disturb the neighbours.* 把音量减低！你会骚扰邻居的。○ *Their sleep was disturbed by a loud crash.* 一声巨响把他们从睡梦中惊醒。**2** to cause sb to worry 使不安: *It disturbed her to think that he might be unhappy.* 她一想到他可能不高兴便不安起来。**3** to change sth from its normal position or condition 使紊乱: *I noticed a number of things had been disturbed and realized that there had been a burglary.* 我看见屋内有些凌乱，就知道有窃贼光顾。

disturbed *adj* having mental or emotional problems 精神/情绪有问题的: *a school for disturbed young people* 专为情绪有困扰的年青人而设的学校

disturbing *adj* causing sb to worry 引起烦恼的；令人不安的: *These disturbing developments suggest that war is a possibility.* 这些令人不安的事态发展预示出战争有可能爆发。

disturbance /dɪˈstɜ:bəns ‖ dɪsˈtɝbəns/ *noun* **1** [C,U] an interruption; something that stops you concentrating, sleeping, etc 骚扰；打扰；滋扰 **2** [C] an occasion when people behave violently or make a lot of noise in public 骚乱；动乱；闹事: *Further disturbances have been reported in the capital city.* 据报道首都发生了更多的骚乱。

disuse /dɪsˈju:s ‖ dɪsˈjus/ *noun* [U] the state of not being used any more 废弃；作废；不再使用: *The farm buildings had fallen into disuse.* 这些农庄建筑物已被人废弃。

disused /dɪsˈju:zd ‖ dɪsˈjuzd/ *adj* not used any more 作废；给废弃的: *a disused railway line* 已报废的铁路线

ditch /dɪtʃ ‖ dɪtʃ/ *noun* [C] a long narrow hole that has been dug into the ground, especially along the side of a road or field for water to flow through 沟渠: *The car left the road and ended up in a ditch.* 那辆汽车斜冲出马路，最后落进了水沟。

ditch *verb* [T] (*informal* 非正式) to get rid of or leave sb/sth 抛弃；离弃: *She ditched her old friends when she became famous.* 她成名以后就离弃老朋友。

dither /ˈdɪðə(r) ‖ ˈdɪðɚ/ *verb* [I] to hesitate and be unable to decide sth 犹豫: *Stop dithering and make up your mind!* 不要犹豫，快下决心！

ditto /ˈdɪtəʊ ‖ ˈdɪto/ *noun* [C] (represented by the mark (") and used instead of repeating the thing written above it) the same 同上

divan /dɪˈvæn; *US* 美 ˈdaɪvæn ‖ ˈdaɪvæn/ *noun* [C] a type of bed with only a base and a mattress, not with a frame 一种只有底板和垫子、没有框架的床

☆**dive**[1] /daɪv ‖ daɪv/ *verb* [I] (*pt* **dived**; *US also* 美亦作 **dove** /dəʊv ‖ dov/; *pp* **dived**) **1** to jump into water with your head first 跳水: *In Acapulco, men dive off the cliffs into the sea.* 阿卡普尔科的人喜欢从悬崖跃进海里。○ *A passer-by dived in and saved the drowning man.* 一个过路人跳进水里救起那遇溺的男子。**2 dive (down) (for sth)** to go under water 潜入水中: *people diving for pearls* 人们下海采珠 **3** to move downwards steeply and quickly through the air 俯冲: *The engines failed and the plane dived.* 引擎发生故障，飞机就俯冲了下去。**4** to move quickly in a particular direction, especially downwards 猛冲（尤指向下）: *He dived under the table and hid there.* 他迅速钻到桌子下面躲藏起来。

(PHRASAL VERB 短语动词) **dive into sth/in** to put your hand quickly into sth in order to find or get sth 把手迅速伸入某物内（以找寻/拿取东西）: *She dived into her bag and brought out an old photograph.* 她探手进提包，取出一张旧照片。

diver *noun* [C] a person whose job is going underwater using special equipment 潜水员: *Police divers searching the lake found the body.* 在湖中搜索的警方潜水员找到了尸体。

diving *noun* [U] the activity or sport of diving into water or swimming under water 跳水；潜水: *The resort has facilities for sailing, water-skiing and diving.* 这度假胜地备有各种设施，可供驾帆船、滑水及潜水之用。

ˈ**diving-board** *noun* [C] a board at the side of a swimming-pool from which people can dive into the water（跳水用的）跳板

dive[2] /daɪv ‖ daɪv/ *noun* [C] **1** the act of diving into the water 跳水 **2** a quick movement in a particular direction, especially down or across 扑；冲: *Despite a desperate dive, the goalkeeper couldn't stop the ball.* 守门员拼命扑救，仍然没有阻挡住球破门。

diverge /daɪˈvɜ:dʒ ‖ daɪˈvɝdʒ/ *verb* [I] **diverge (from sth) 1** (used about roads, lines, etc 指道路、线条等) to separate and go in different directions 分岔；岔开: *The paths suddenly diverged and I didn't know which one to take.* 小径突然岔开，我不知道应该往哪一边走。**2** to be or become different (from each other) 分歧；差异: *Attitudes among teachers diverge on this question.* 在这问题上，教师间意见分歧。

diverse /daɪˈvɜ:s ‖ daɪˈvɝs/ *adj* very different from each other 截然不同；迥异: *people with diverse social backgrounds* 社会背景迥异的人

diversify /daɪˈvɜ:sɪfaɪ ‖ daɪˈvɝsəˌfaɪ/ *verb* [I] (*pres part* **diversifying**; *3rd pers sing pres* **diversifies**; *pt, pp* **diversified**) **diversify (into sth)** (used about a business 指业务) to increase the range of activities, products, etc 使多元化: *To remain successful in the future, the company will have to diversify.* 这家公司一定要多元化发展才能继续成功。

—**diversification** /daɪˌvɜ:sɪfɪˈkeɪʃn ‖ daɪˌvɝsəfəˈkeʃən/ *noun* [C,U]

diversion /daɪˈvɜ:ʃn ‖ daɪˈvɝʒən/ *noun* **1** [C,U] the act of changing the direction or purpose of sth especially in order to solve or avoid a problem 改变方向/目的（尤其以解决或避免出问题等）: *the diversion of a river to prevent flooding* 使河流改道以防止泛滥 ○ *the diversion of government funds to areas of greatest need* 将政府资金调拨给最迫切需要的地区 **2** [C] (*US* 美 **detour**) a different route which traffic can take when a road is closed 便道（正式的道路封闭时临时使用的）: *There are temporary traffic lights and diversions due to roadworks on the A161.* * A161号公路有道路工程，因此特别设置

D

临时交通灯以及开辟了便道。**3** [C] something that takes your attention away from sth 分散注意力的东西: *Some prisoners created a diversion while others escaped.* 有些囚犯分散看守的注意力，其他的就乘机逃走。

diversity /daɪˈvɜːsətɪ ‖ daɪˈvɝsətɪ/ *noun* [U] the wide range or variety of sth 多样；各式各样: *a country of tremendous diversity, with landscape ranging from semi-desert to tropical* 一个景色极其迥异的国家，由半荒漠至热带的都有

divert /daɪˈvɜːt ‖ daɪˈvɝt/ *verb* [T] **divert sb/sth (from sth) (to sth)** to change the direction or purpose of sb/sth, especially to avoid a problem 使改变方向/目的（尤其以避免出现问题）: *During the road repairs, all traffic is being diverted.* 维修道路时，所有车辆都要改道。○ *Government money was diverted from defence to education and training.* 政府将国防资金抽调作教育及培训用途。

D

☆**divide** /dɪˈvaɪd ‖ dəˈvaɪd/ *verb* **1** [I,T] **divide (sth) (up) (into sth)** to separate into different parts 分成若干部分: *The egg divides into two cells.* 卵子分裂成两个细胞。○ *a book divided into ten sections* 一本分为十个部分的书 ○ *The house was divided into flats.* 这幢房子划分为若干套房间。**2** [T] **divide sth (out/up) (between/among sb)** to separate sth into parts and give a share to each of a number of people 分成若干部分后各占一份；瓜分: *The robbers divided the money among themselves.* 劫匪瓜分了那笔钱。○ *When he died, his property was divided up among his children.* 他死后，遗产就分给了子女。**3** [T] **divide sth (between A and B)** to use different parts or amounts of sth for different purposes 分配: *They divide their time between their two homes.* 他们把时间平分给两个家。**4** [T] to separate two places by being a boundary or area between them（把两个地方）分隔: *The river divides the old part of the city from the new.* 这条河把该城的旧区与新区分隔开。**5** [T] to cause people to disagree 使分歧；使分化: *The question of immigration has divided the country.* 移民问题引起了国民间意见分歧。**6** [T] **divide sth by sth** to calculate how many times a number will go into another number 用一个数把另一个数分成若干等份；除: *10 divided by 5 is 2.* ＊5除10得2。

dividend /ˈdɪvɪdend ‖ ˈdɪvəˌdɛnd/ *noun* [C] a part of a company's profits that is paid to the people who own shares in it 红利/股息/股利（公司用作分给股东的部分利润）

divine /dɪˈvaɪn ‖ dəˈvaɪn/ *adj* connected with God or a god 上帝的；神的；神圣的 —**divinely** *adv*

divisible /dɪˈvɪzəbl ‖ dəˈvɪzəbl̩/ *adj* that can be divided 可除尽；可整除: *9 is divisible by 3.* ＊9可以被3整除。

☆**division** /dɪˈvɪʒn ‖ dəˈvɪʒən/ *noun* **1** [U] the dividing of sth into separate parts 分开；分隔: *the division of Germany after the Second World War* 第二次世界大战后德国的分隔 **2** [U,sing] the sharing of sth 分享；分配: *a fair/unfair division of the profits* 公平/不公平分配利润 **3** [U] dividing one number by another 除；除法: *the teaching of multiplication and division* 教授乘法和除法 **4** [C] a disagreement or difference in thought, way of life, etc 分歧: *deep divisions within the Labour Party* 工党内部的深刻分歧 **5** [C] something that divides or separates 分界: *There is no great division between being a child and being an adult.* 儿童和成人其实没有太明显的界线。**6** [C] a part or section of an organization（机构的）部门: *the company's sales division* 公司的销售部 ○ *the First Division* (= of the football league)（足球联赛）甲组

divisive /dɪˈvaɪsɪv ‖ dəˈvaɪsɪv/ *adj* (*formal* 正式) likely to cause disagreements or arguments between people 容易引致不和的；制造分裂的: *a divisive policy* 分化政策

☆**divorce**[1] /dɪˈvɔːs ‖ dəˈvɔrs/ *noun* [C,U] the legal end of a marriage 离婚: *to get a divorce* 离婚 ○ *One in three marriages ends in divorce.* 每三宗婚姻就有一宗以离婚收场。

☆**divorce**[2] /dɪˈvɔːs ‖ dəˈvɔrs/ *verb* [T] **1** to legally end your marriage to sb 离婚: *She divorced him a year after their marriage.* 她结婚一年后就同他离婚了。☛ It is more common to say **to get divorced** than **to divorce** ＊ **to get divorced** 这说法较 **to divorce** 更常见: *My parents got divorced when I was three.* 我三岁时父母就离异了。However when only one partner wants a divorce or when the reason for the divorce is given, we say **to divorce** 不过，如果一方要求离婚，或者提出离婚理由，就应该说 **to divorce**: *She divorced her first husband for mental cruelty.* 她以受精神虐待的理由跟前夫离婚。**2 divorce sb/sth from sth** to separate sb/sth from sth 脱离: *Sometimes these modern novels seem completely divorced from everyday life.* 这些现代小说有时似乎完全脱离日常生活。—**divorced** *adj*: *Now I'm not married – I'm divorced.* 我现在单身，已经离婚了。

divorcee /dɪˌvɔːˈsiː ‖ dəˌvɔrˈsi/ *noun* [C] a person who is divorced 离了婚的人

divulge /daɪˈvʌldʒ ‖ dəˈvʌldʒ/ *verb* [T] (*formal* 正式) to tell sth secret 泄露秘密: *The phone companies refused to divulge details of their costs.* 电话公司都拒绝透露他们经营成本的细节。

dizzy /ˈdɪzɪ ‖ ˈdɪzɪ/ *adj* (**dizzier**; **dizziest**) feeling as if everything is spinning round and that you might fall 眩晕: *to feel/get dizzy* 觉得头晕 —**dizziness** *noun* [U]: *He had been to the doctor complaining of headaches and dizziness.* 他去找医生，说他头痛而且眩晕。

☆**do**[1] /duː ‖ du/ *auxiliary verb* (*negative* **do not**, *short form* **don't** /dəʊnt ‖ dont/; *3rd pers sing pres* **does** /dəz ‖ dəz; strong form 强读式 dʌz ‖ dʌz/; *negative* **does not**, *short form* **doesn't** /ˈdʌznt ‖ ˈdʌzn̩t/; *pt* **did** /dɪd ‖ dɪd/; *negative* **did not**, *short form* **didn't** /ˈdɪdnt ‖ ˈdɪdn̩t/) **1** (used with other verbs to form questions and negative sentences, also in short answers and question tags 跟其他动词组成问句或否定句，也用于简短的回答或附加问句): *Do you know John?* 你认识约翰吗？○ *He doesn't live in Oxford.* 他不住在牛津。○ *'Do you agree?'*

'No, I don't/Yes, I do.' "你说对吗？""不对/对。" ○ *She works in Paris, doesn't she?* 她在巴黎干活，是吗？○ *He didn't say that, did he?* 他没说过这话，是吗？**2** (used for emphasizing the main verb 用以强调主要动词): *'Why didn't you buy any milk?' 'I did buy some. It's in the fridge.'* "为什么没买牛奶？""我买啦，就在冰箱里。" **3** (used to avoid repeating the main verb 用以避免重复主要动词): *He earns a lot more than I do.* 他赚的比我多得多。○ *She's feeling much better than she did last week.* 她比上周感觉好多了。

☆**do²** /du: ‖ du/ *verb* (*pres part* **doing**; *3rd pers sing pres* **does** /dʌz ‖ dʌz/; *pt* **did** /dɪd ‖ dɪd/; *pp* **done** /dʌn ‖ dʌn/) **1** [T] to perform an action 干；做: *What are you doing?* 你在干什么？○ *We didn't do much yesterday.* 我们昨天没干多少。○ *Please do as you're told.* 请按指示办事。○ *It's not fair but what can we do about it* (= how can we change it) *?* 虽然是不公平，可我们有什么办法？○ *What is the government doing about pollution?* 目前政府对污染问题采取了什么措施？○ *What do you do* (= what is your job) *?* 你做什么工作的？○ *I don't know what I did with the keys* (= where I put them). 我忘了把钥匙搁在哪儿了。**2** [T] to carry out a particular activity 进行某项活动: *Do* (= tidy) *your hair before you go out.* 把头发梳好再到外边去。○ *Has he done his homework?* 他做好了课外作业没有？○ *Who does the cooking in your house?* 你家里谁做饭？○ *Did you get your essay done* (= finished)*?* 你的文章写好了没有？**3** [I] to make progress or develop 进展: *'How's your daughter doing at school?' 'She's doing well* (= she is successful).*'* "你女儿在学校的情况怎么样？""挺好的。" **4** [T] to travel at a certain speed 以…速度行进: *This car does 120 miles per hour.* 这辆汽车的时速可达120英里。**5** [T] to produce sth 生产: *The photocopier does 60 copies a minute.* 这台复印机每分钟可复印60份。**6** [T] to study a subject 攻读一门学问: *I'm doing a course on hotel management.* 我在读酒店管理。**7** [T] to have a particular effect 产生某种效果: *A holiday will do you good.* 度个假对你有益。○ *The storm did a lot of damage.* 暴风雨造成严重的灾害。**8** [I,T] to be good enough 足够: *I don't need much money – £10 will do.* 我需要的不多，10英镑就行了。

(IDIOMS 习语) **be/have to do with sb/sth** to be connected with sb/sth 跟某人/某事物有关系: *Don't ask me about the accident. I had nothing to do with it.* 别问我这次事故的事，这与我无关。○ *'How much do you earn?' 'It's nothing to do with you.'* "你挣多少钱？""你管不着。"

could do with sth to want or need sth 希望/需要某事物: *I could do with a holiday.* 我很想有个休假。

how do you do? ⇨ HOW

make do with sth ⇨ MAKE¹

(PHRASAL VERBS 短语动词) **do away with sth** to get rid of sth 摆脱/废除某事物: *Most European countries have done away with their royal families.* 大多数欧洲国家都废除了王室制度。

do sb out of sth to prevent sb having sth in an unfair way 以不公平的手法阻止别人获得某事物: *They've cheated me! They've done me out of £50!* 他们骗了我！我给他们骗去了50英镑。

do sth up 1 to fasten a piece of clothing 把衣着的扣子扣上/带子系好: *He can't do his shoelaces up yet.* 他还不会系鞋带呢。**2** to repair a building and make it more modern 修缮（建筑物）: *They're doing up the old cottage.* 他们正在重修这旧村舍。

do without (sth) to manage without having sth 没有某事物也行: *If there isn't any coffee left, we'll just have to do without.* 咖啡要是给喝光了，咱们只得将就一下。

do³ /du: ‖ du/ *noun* [C] (*pl* **dos** or **do's** /du:z ‖ duz/) (*Brit informal* 英，非正式) a party or other social event 聚会或其他社交活动: *We're having a bit of a do to celebrate Tim's birthday on Saturday.* 我们约定星期六聚会聚会，为蒂姆庆祝生日。

docile /ˈdəʊsaɪl; *US* 美 ˈdɒsl ‖ ˈdɑsl̩/ *adj* (used about a person or animal 指人或动物) quiet and easy to control 温顺的；驯服的

dock¹ /dɒk ‖ dɑk/ **1** [C,U] an area of a port where ships stop to be loaded, unloaded, repaired, etc 船坞 **2 docks** [plural] a group of docks with all the sheds, offices, etc that are around them 船坞区（船坞所在地，周围有仓库、办公室等）: *He works down at the docks.* 他在船坞区工作。

dock *verb* [I,T] (used about a ship 指船) to sail into a dock 进入船坞: *The ship had docked/was docked at Lisbon.* 那艘船停在里斯本的船坞区。

dock² /dɒk ‖ dɑk/ *noun* [C, usually sing] the place in a court of law where the person accused sits or stands（法庭的）被告席

dock³ /dɒk ‖ dɑk/ *verb* [T] to take away part of sb's wages, especially as a punishment 扣除部分工资（尤指作惩戒之用）: *They've docked £20 off my wages because I was late.* 我因为迟到，被扣去了20英镑的工资。

☆**doctor** /ˈdɒktə(r) ‖ ˈdɑktə˞/ *noun* [C] (*abbr* 缩写 **Dr**) **1** a person who has been trained in medical science and who treats people who are ill 医生；医师: *Our family doctor is Dr Young.* 杨医师是我们的家庭医生。○ *I've got a doctor's appointment at 10 o'clock.* 我跟医生约定了10点钟去看病。○ *What time is the doctor's surgery today?* 可不可以告诉我诊所今天的门诊时间呢？

☛ We can say **go to the doctor** or **to the doctor's** (= the doctor's surgery). 找医生看病英语可以说 **go to the doctor** 或 **to the doctor's**。A doctor **sees** or **treats** his/her **patients**. 医生诊治 (**see** 或 **treat**) 病人 (**patient**)。He/she may **prescribe** treatment or **medicine**. This is written on a **prescription**. 医生在处方 (**prescription**) 上开列 (**prescribe**) 疗法或所需的药物 (**medicine**)。

D

2 a person who has got the highest degree from a university 博士: *Doctor of Philosophy* 哲学博士

doctor *verb* [T] **1** to change sth that should not be changed in order to gain some advantage 篡改: *The results of the survey had been doctored.* 有人篡改了调查结果。**2** to add sth harmful to food or drink 把有害物质搀入食物/饮料里

doctorate /ˈdɒktərət ‖ ˈdɑktərɪt/ *noun* [C] the highest university degree 博士学位

doctrine /ˈdɒktrɪn ‖ ˈdɑktrɪn/ *noun* [C,U] a belief or a set of beliefs that is taught by a church, political party, etc 教义；信条；主义

☆**document** /ˈdɒkjʊmənt ‖ ˈdɑkjəmənt/ *noun* [C] an official piece of writing which gives information, proof or evidence 公文；文件: *Her solicitor asked her to read and sign a number of documents.* 律师给她几份文件过目，然后请她签字。

D

documentary /ˌdɒkjʊˈmentrɪ ‖ ˌdɑkjəˈmɛntərɪ/ *noun* [C] (*pl* **documentaries**) a film or television or radio programme that gives facts or information about a particular subject 纪录片；（电台、电视台的）纪实特辑: *a documentary on/about life in Northern Ireland* 关于北爱尔兰生活的纪录片

doddle /ˈdɒdl ‖ ˈdɑdl̩/ *noun* [sing] (*Brit informal* 英，非正式) something that is very easy to do 容易做的事: *The work is an absolute doddle!* 这活儿一点也不费劲！

dodge /dɒdʒ ‖ dɑdʒ/ *verb* **1** [I,T] to move quickly in order to avoid sb/sth 闪避: *I managed to dodge the headmaster and slipped into the classroom.* 我设法躲过了校长，溜进了教室。**2** [T] to avoid doing or thinking about sth such as a duty, etc 逃避；回避: *Don't try to dodge your responsibilities!* 不要逃避责任！

dodge *noun* [C] **1** [usually sing] a quick movement to avoid sb/sth 躲闪: *He made a sudden dodge to the right.* 他往右边一闪就躲过去了。**2** (*informal* 非正式) a clever way of avoiding sth 用巧计回避: *The man had been involved in a massive tax dodge.* 这个人跟一宗重大的逃税案有牵连。

dodgy /ˈdɒdʒɪ ‖ ˈdɑdʒɪ/ *adj* (**dodgier**; **dodgiest**) (*especially Brit informal* 尤为英，非正式) risky; not reliable or honest 冒险的；不可靠；不诚实: *a dodgy business deal* 一桩不稳妥的买卖

doe /dəʊ ‖ do/ *noun* [C] a female deer or rabbit 雌鹿；雌兔 ☛ picture at **deer**. 见 **deer** 插图。

does ⇨ DO[1,2]

☆**dog**[1] /dɒg; *US* 美 dɔːg ‖ dɔg/ *noun* [C] **1** an animal that many people keep as a pet, or for working on farms, hunting, etc 狗；犬 ☛ A dog can **bark**, **growl**, **whine** and **wag** its tail. 狗会发出声浪大而短的吠声 (**bark**)、发出低沉的声音以示愤怒或警告 (**growl**)、发出长而高的刺耳声音 (**whine**)，也会摆尾巴 (**wag** its tail)。**2** a male dog or fox 公狗；公狐: *If you're getting a puppy, bitches are gentler than dogs.* 要养小狗就养母狗，母狗比公狗驯服些。

ˈ**dog-collar** *noun* [C] (*informal* 非正式) a white collar that is worn by priests in the Christian church 基督教神职人员用的白色衣领

ˈ**dog-eared** *adj* (used about a book or piece of paper 指书或纸张) in bad condition and having the corners of the pages turned down because it has been used a lot 翻旧而页角折卷的

dog[2] /dɒg; *US* 美 dɔːg ‖ dɔg/ *verb* [T] (do**gg**ing; do**gg**ed) to follow closely 紧随: *A shadowy figure was dogging their every move.* 一个隐约的人影尾随着他们的一举一动。○ (*figurative* 比喻) *Bad luck and illness have dogged her career from the start.* 她从开始工作以来就不能摆脱厄运和疾病的缠绕。

dogged /ˈdɒgɪd; *US* 美 ˈdɔːgɪd ‖ ˈdɔgɪd/ *adj* refusing to give up even when sth is difficult 坚毅不屈: *I was impressed by his dogged determination to succeed.* 他那百折不挠的决心，令我印象深刻。—**doggedly** *adv*: *She doggedly refused all offers of help.* 她坚拒一切援助。

dogma /ˈdɒgmə; *US* 美 ˈdɔːgmə ‖ ˈdɔgmə/ *noun* [C,U] a belief or set of beliefs that people are expected to accept as true without questioning 教条

dogmatic /dɒgˈmætɪk; *US* 美 dɔːgˈmætɪk ‖ dɔgˈmætɪk/ *adj* insisting that sth is true or right; not prepared to consider other opinions 固执己见；武断 —**dogmatically** /-klɪ ‖ -klɪ/ *adv*

dogsbody /ˈdɒgzbɒdɪ; *US* 美 ˈdɔːg- ‖ ˈdɔgzˌbɑdɪ/ *noun* [C] (*pl* **dogsbodies**) (*Brit informal* 英，非正式) a person who is made to do the boring or unpleasant jobs that no one else wants to do and who is treated as being less important than other people 勤杂工

doldrums /ˈdɒldrəmz ‖ ˈdɑldrəmz/ *noun* [plural] (IDIOM 习语) **in the doldrums** (*informal* 非正式) **1** not active or busy 停滞；萧条: *Business has been in the doldrums but should improve later in the year.* 目前生意仍然冷清，但今年的较后期间应该会好转。**2** sad or depressed 愁苦；沮丧；情绪低落

dole[1] /dəʊl ‖ dol/ *verb* (*informal* 非正式) (PHRASAL VERB 短语动词) **dole sth out** to give sth, especially food, money, etc to a number of people, in small amounts 少量发放（尤指食物、金钱等）

dole[2] /dəʊl ‖ dol/ *noun* [sing] **the dole** (*Brit informal* 英，非正式) money that the State gives every week to people who are unemployed（政府每周发放的）失业救济金: *He's been on the dole* (= receiving this money) *for six months.* 他领取失业救济金已经六个月。

doleful /ˈdəʊlfl ‖ ˈdolfəl/ *adj* sad or depressed 愁苦；沮丧；忧郁: *She looked at him with doleful eyes.* 她忧郁地看着他。—**dolefully** /-fəlɪ ‖ -fəlɪ/ *adv*

doll /dɒl; *US* 美 dɔːl ‖ dɔl/ *noun* [C] a child's toy that looks like a small person or a baby 玩偶

☆**dollar** /ˈdɒlə(r) ‖ ˈdɑlɚ/ *noun* **1** [C] (*symbol* 符号 **$**) a unit of money in the US, Canada, Australia, etc 元（美国、加拿大、澳大利亚等国的货币单位）☛ There are 100 **cents** in a dollar. 一元相当于 100 分 (**cent**)。**2** [C] a note or coin that is worth one dollar 一元纸币/硬币 **3 the dollar** [sing] the value of the US dollar on international money markets 美元（国际货币市场上的美元币值）

dollop /'dɒləp ‖ 'dɑləp/ *noun* [C] (*informal* 非正式) a lump of sth soft, especially food 松软的一团（尤指食物）

dolphin 海豚

dolphin /'dɒlfɪn ‖ 'dɑlfɪn/ *noun* [C] an intelligent animal that lives in the sea and looks like a large fish. Dolphins usually swim in large groups. 海豚

domain /dəʊ'meɪn ‖ do'men/ *noun* [C] an area of knowledge or activity（知识、活动的）领域: *I'm afraid I don't know – that's really outside my domain.* 对不起，我不懂，我是门外汉。○ *This issue is now in the public domain* (= the public knows about it). 这个问题现在人人都知道了。

dome /dəʊm ‖ dom/ *noun* [C] a round roof on a building 圆顶；穹顶: *the dome of St Paul's in London* 伦敦圣保罗大教堂的圆顶建筑

☆**domestic** /də'mestɪk ‖ də'mɛstɪk/ *adj* **1** connected with the home or family 与家宅/家庭有关: *domestic responsibilities* 家务 ○ *domestic water, gas, etc supplies* 住户用水/煤气…的供应 **2** (used about a person 指人) enjoying doing things in the home, such as cooking and housework 喜爱家庭生活的 **3** not international; of or inside a particular country 国内的: *domestic flights* (= within one country) 国内航班 **4** (used about animals 指动物) kept as pets or on farms; not wild 作为家禽或家畜的；由人饲养的: *domestic animals such as cats, dogs and horses* 猫、狗、马等家畜

domesticated /də'mestɪkeɪtɪd ‖ də'mɛstə͵ketɪd/ *adj* **1** (used about animals 指动物) used to living near people and being controlled by them 驯养的 **2** (used about people 指人) able to do or good at housework, cooking, etc 善于做家务: *Men are expected to be much more domesticated nowadays.* 这年头男人可要勤快点儿料理家务。

dominant /'dɒmɪnənt ‖ 'dɑmənənt/ *adj* **1** the strongest or most important 最强的；最重要的: *His mother was the dominant influence in his life.* 他母亲对他的一生最有影响。**2** that you notice very easily 显而易见的: *The castle stands in a dominant position above the town.* 城堡居高临下，俯视全镇。

dominance /'dɒmɪnəns ‖ 'dɑmənəns/ *noun* [U] control or power 控制；权力: *Japan's dominance of the car industry* 日本对汽车业的领先地位

dominate /'dɒmɪneɪt ‖ 'dɑmə͵net/ *verb* **1** [I,T] to have strong control or influence; to be the most important person or thing in sth 支配；处于支配地位: *The Italian team dominated throughout the second half of the game.* 下半场意大利队占尽优势。○ *She always tends to dominate the conversation at dinner parties.* 每逢宴会她往往一个人包揽了席间谈话。**2** [T] (used about a building or place 指建筑物或地方) to look down on or over 俯视；鸟瞰: *The cathedral dominates the area for miles around.* 大教堂居高临下，俯视方圆数英里之地。

domination /͵dɒmɪ'neɪʃn ‖ ͵dɑmə'neʃən/ *noun* [U] strong control, power or influence 支配；强大的优势；重大的影响

domineering /͵dɒmɪ'nɪərɪŋ ‖ ͵dɑmə'nɪrɪŋ/ *adj* having a very strong character and wanting to control other people 刚愎自用，喜欢支配别人的

dominion /də'mɪnɪən ‖ də'mɪnjən/ *noun* **1** [U] (*formal* 正式) the power to rule and control 管治权: *to have dominion over an area* 拥有某地区的管辖权 **2** [C] (*formal* 正式) an area controlled by one government or ruler 领土: *the Queen's dominions* 女王的领地

domino /'dɒmɪnəʊ ‖ 'dɑmə͵no/ *noun* [C] (*pl* **dominoes**) one of a set of small flat pieces of wood or plastic that are used for playing a game (**dominoes**). Each domino has a different number of spots on one side of it. 多米诺骨牌（多米诺骨牌戏叫做 **dominoes**）

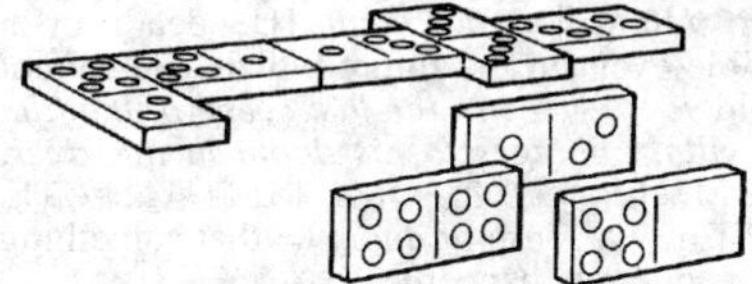
dominoes 多米诺骨牌戏

donate /dəʊ'neɪt; *US* 美 'dəʊneɪt ‖ 'donet/ *verb* [T] to give money or goods to an organization, especially one for people or animals who need help 捐赠；捐献: *She donated a large sum of money to Cancer Research.* 她捐了一笔巨款给癌症研究基金。

donation /dəʊ'neɪʃn ‖ do'neʃən/ *noun* [C] a gift of money or goods to an organization, especially one for people or animals who need help 捐赠物；捐款: *Would you like to make a small donation to the Red Cross?* 请略尽绵薄，捐助红十字会。

done[1] *pp* of DO[2] ＊ DO[2] 的过去分词

done[2] /dʌn ‖ dʌn/ *adj* (not before a noun 不用于名词前) **1** finished 已完成: *I've got to go out as soon as this job is done.* 完成这项工作后我马上就要出去。**2** (used about food 指食物) cooked enough 煮熟: *The meat's ready but the vegetables still aren't done.* 肉食已经好了，蔬菜还未做好。

(IDIOM 习语) **over and done with** completely finished; in the past 完结；过去了

done *interj* (used for saying that you accept an offer 表示接受建议): *'I'll give you twenty pounds for it.' 'Done!'* "我出价二十英镑。" "成交！"

☆**donkey** /ˈdɒŋkɪ ‖ ˈdɑŋkɪ/ *noun* [C] (*pl* **donkeys**) (*also* 亦作 **ass**) an animal like a small horse, with long ears 驴

(IDIOM 习语) **donkey's years** (*Brit informal* 英，非正式) a very long time 很久: *They've been going out together for donkey's years.* 他们俩相恋已有多年。

donor /ˈdəʊnə(r) ‖ ˈdonɚ/ *noun* [C] **1** a person who gives blood or a part of his/her own body for medical use 供血者；捐赠器官的人: *a blood donor* 供血者 ○ *a kidney donor* 供肾者 **2** a person who gives money or goods to an organization that needs it, especially an organization for helping other people 捐赠者

don't ⇨ DO[1,2]

doodle /ˈdu:dl ‖ ˈdudḷ/ *verb* [I] to draw lines, patterns, etc without concentrating, especially when you are bored or thinking about sth else（尤指烦闷或想着别的事情时）乱写乱画 —**doodle** *noun* [C]

doom /du:m ‖ dum/ *noun* [U] death or a terrible event in the future which you cannot avoid 死亡；厄运: *In the last scene of the film the villain plunges to his doom in the river.* 电影的最后一场戏里，坏蛋掉进河里给活活地淹死了。○ *a sense of doom* (= that something bad is going to happen) 不祥的预感

doomed *adj* certain to fail or to suffer sth unpleasant 注定失败的；注定遭遇不幸的: *The plan was doomed from the start.* 这个计划从开始就注定要失败。○ *a doomed love-affair* 一次注定要失败的恋爱

☆**door** /dɔ:(r) ‖ dɔr/ *noun* [C] **1** a piece of wood, glass, etc that you open and close to get in or out of a room, building, car, etc 门: *to open/shut/close the door* 开/关门 ○ *Don't forget to lock the door when you leave the house.* 离开房子的时候别忘了锁门。○ *Have you bolted the door?* 你把门闩上了没有？○ *Please don't slam the door.* 请别用力关门。○ *I could hear someone knocking on the door.* 我听见有人敲门。○ *the front/back door* 前/后门 ○ *the kitchen door* 厨房门 ○ *the fridge door* 冰箱门 **2** the entrance to a building, room, car, etc 门口: *I peeped through the door and saw her sitting there.* 我从门缝朝里望，看见她坐在那里。

(IDIOMS 习语) **(from) door to door** (from) house to house 从一个住宅到另一个住宅: *The journey takes about five hours, door to door.* 从这儿到那儿要走五个钟头。○ *a door-to-door salesman* (= a person who visits people in their homes to try and sell them things) 挨户兜售的推销员

next door (to sb/sth) in the next house, room, etc 隔邻: *Do you know the people who live next door?* 你认识住在隔壁的人吗？○ *You'll find the bathroom next door to your bedroom.* 你的浴室挨着卧室。

out of doors outside 户外；室外: *Shall we eat out of doors today?* 我们今天到外面去吃饭好不好？☛ The opposite is **indoors**. 反义词为 **indoors**。

ˈ**doorbell** *noun* [C] a bell on the outside of a house which you ring when you want to go in 门铃

ˈ**doormat** *noun* [C] a mat beside a door which you can wipe your shoes on to clean them before going inside 门口地毯

ˈ**doorstep** *noun* [C] a step in front of a door, usually outside a building 门前台阶

(IDIOM 习语) **on your doorstep** very near to you 在你跟前: *The sea was right on our doorstep.* 大海就在我们家的大门口。

ˈ**doorway** *noun* [C] an entrance into a building, room, etc 门口；入口: *She was standing in the doorway.* 她站在门口。

dope /dəʊp ‖ dop/ *noun* (*informal* 非正式) **1** [U] a drug that is not legal, especially cannabis 毒品（尤指大麻）**2** [C] a stupid person 蠢人: *What a dope!* 笨货！

dope *verb* [T] to give a drug secretly to a person or animal, especially to make them sleep 暗中下药（尤指蒙药）

dopey (*also* 亦作 **dopy**) /ˈdəʊpɪ ‖ ˈdopɪ/ *adj* (**dopier**; **dopiest**) **1** sleepy and not able to think clearly, especially because of drugs, alcohol or lack of sleep（尤指因药物、酒精或睡眠不足）昏昏欲睡 **2** (*informal* 非正式) stupid; not very intelligent 愚蠢的

dormant /ˈdɔ:mənt ‖ ˈdɔrmənt/ *adj* not active for some time 暂时不活跃的；休眠的: *a dormant volcano* 休眠火山

dormitory /ˈdɔ:mɪtrɪ; *US* 美 -tɔ:rɪ ‖ ˈdɔrməˌtɔrɪ/ *noun* [C] (*pl* **dormitories**) **1** a large bedroom with a number of beds in it, especially in a school, etc 宿舍（尤指学校等的）**2** (*US* 美) a building at a college or university where students live（专科学校或大学的）学生宿舍

dosage /ˈdəʊsɪdʒ ‖ ˈdosɪdʒ/ *noun* [C, usually sing] the amount of a medicine you should take over a period of time（药品的）剂量: *The recommended dosage is one tablet every four hours.* 规定剂量如下：每四个小时吃一片。

dose /dəʊs ‖ dos/ *noun* [C] **1** an amount of medicine that you take at one time 一剂；一服: *You should take a large dose of this cough medicine before going to bed.* 这咳嗽药你睡前多服一些。**2** an amount of sth, especially sth unpleasant 某数量的（尤指令人不快的）事物: *a dose of the flu* 一场流感 ○ *I can only stand my mother-in-law in small doses.* 岳母这个人，我每一次只能容忍一会儿。

dose *verb* [T] to give sb/yourself a medicine or drug 用药；给药

doss /dɒs ‖ dɑs/ *verb*

(PHRASAL VERB 短语动词) **doss down** (*Brit slang* 英，俚语) to lie down to sleep, without a proper bed 将就躺下睡觉（没有正式床铺）: *Do you mind if I doss down on your floor tonight?* 今天晚上在你家里打地铺好吗？

☆**dot** /dɒt ‖ dɑt/ *noun* [C] **1** a small, round mark 小圆点: *a white dress with black dots* 白底黑点的连衣裙 ○ *The letters i and j have dots above them.* 字母 i 和 j 上面有一点。**2** something that looks like a dot 像圆点的东西: *He watched until the aeroplane was just a dot in the sky.* 他一直望着那飞机，直到飞机变成天空上的一颗小圆点为止。

(IDIOM 习语) **on the dot** (*informal* 非正式) at exactly the right time or at exactly the time mentioned 准时: *Lessons start at 9 o'clock on the dot.* * 9点正开始上课。

dot *verb* [T] (dotting; dotted) (usually passive 通常用于被动语态) to mark with a dot 以圆点标示

(IDIOMS 习语) **be dotted about** to be scattered over an area 散布（在某范围内）: *There are little bars and restaurants dotted about all over the centre of town.* 小镇的中心地带到处都是小酒吧和饭馆。

be dotted with to have many things or people in or on it 布满: *a hillside dotted with sheep and cows* 牛羊满坡

dotted 'line *noun* [C] a line of dots which show where sth is to be written on a form, etc 虚线 ☛ picture at **line**. 见 **line** 插图。

dote /dəʊt ‖ doʊt/ *verb* [I] **dote on sb/sth** to have or show too much love for sb/sth and think they are perfect 溺爱；过分喜爱: *He's always doted on his eldest son.* 他一向宠爱长子。

doting *adj* very or too loving 溺爱的；过分喜爱的: *doting parents* 溺爱儿女的父母

☆**double**[1] /ˈdʌbl ‖ ˈdʌbḷ/ *adj* **1** twice as much or as many (as usual) 加倍的: *a double helping of ice-cream* 双份冰淇淋 **2** having two equal or similar parts 包含两个相同或近似部分的: *Don't park on double yellow lines.* 别在双黄线上停车。○ *double doors* 双门 ○ *Does 'necessary' have a double 's'?* * necessary 的拼写是不是有两个 s？○ *My phone number is two four double 0 four* (= 24004). 我的电话号码是 24004。**3** made for or used by two people or things 为两人/两件事物而设的: *a double garage* 可停放两辆车的车库

ˌ**double-'bass** (*also* 亦作 **bass**) *noun* [C] the largest instrument of the violin family, that you play standing up 低音提琴

ˌ**double 'bed** *noun* [C] a bed made for two people 双人床 ☛ Look at **single** and **twin**. 参看 **single** 及 **twin**。

ˌ**double-'decker** *noun* [C] a bus with two floors 双层公共汽车

ˌ**double 'Dutch** *noun* [U] talk or writing that you cannot understand at all 完全无法理解的话语/文章

ˌ**double 'figures** *noun* [U] a number that is more than 10 两位数: *Inflation is now in double figures.* 通胀率目前是两位数字。

☆**double**[2] /ˈdʌbl ‖ ˈdʌbḷ/ *det* twice as much or as many (as usual, as sb/sth, etc) 加倍的: *His income is double hers.* 他的收入是她的两倍。○ *We'll need double the amount of wine.* 我们要加倍的酒。

☆**double**[3] /ˈdʌbl ‖ ˈdʌbḷ/ *adv* in twos or two parts 成双地: *When I saw her with her twin sister I thought I was seeing double.* 我看见她和孪生妹妹，还以为自己眼花看人看成重影。

ˌ**double-'breasted** *adj* (used about a coat or jacket 指外衣或夹克) having the front parts cross over each other, with two rows of buttons 有双排钮扣的

ˌ**double-'check** *verb* [I,T] to check sth again, or with great care 再次检查；仔细检查

ˌ**double-'cross** *verb* [T] to cheat sb who believes that he/she can trust you 欺骗信任自己的人

ˌ**double-'glaze** *verb* [T] to put two layers of glass in a window, so that the building is kept warm or quiet（在窗户上）安双层玻璃

ˌ**double-'glazing** *noun* [U]

☆**double**[4] /ˈdʌbl ‖ ˈdʌbḷ/ *noun* **1** [U] twice the (usual) number or amount 两倍的数字/数量: *When you work overtime, you get paid double.* 加班工作可得双薪。**2** [C] a person who looks very much like another 外貌十分相似的人: *I thought it was you I saw in Tesco's. You must have a double.* 我还以为在泰斯科超级市场看见的是你，相信一定是有人长得很像你。**3 doubles** [plural] (in some sports, eg tennis 某些体育运动，例如网球) with two pairs playing 双打: *the Men's Doubles final* 男子双打决赛 ☛ Look at **singles**(4). 参看 **singles**(4)。

☆**double**[5] /ˈdʌbl ‖ ˈdʌbḷ/ *verb* **1** [I,T] to become or to make sth twice as much or as many（使）加倍: *The price of houses has almost doubled.* 楼房的价格几乎上涨了一倍。○ *Think of a number and double it.* 挑一个数，把它乘 2。**2** [I] **double as sth** to have a second use or function 兼作另一种用途: *The small room doubles as a study.* 这个小房间也用作书房。

(IDIOM 习语) **double (sb) up** (to cause sb) to bend the body（使某人）弯着身子: *to be doubled up in pain, with laughter, etc* 痛得/笑得…弯了腰

doubly /ˈdʌblɪ ‖ ˈdʌblɪ/ *adv* **1** in two ways 两方面地: *He was doubly blessed with both good looks and talent.* 他长得好看，又有才华，可谓得天独厚。**2** more than usually 加倍地: *I made doubly sure that the door was locked.* 我加倍小心地检查过，肯定那扇门是上了锁的。

☆**doubt**[1] /daʊt ‖ daʊt/ *noun* [C,U] (a feeling of) uncertainty 不确定；怀疑: *If you have any doubts, feel free to ring me and discuss them.* 如有疑问，请来电商讨。○ *You'll definitely pass. There's no doubt about it.* 你一定及格，没问题。○ *There was some doubt as to whether she was the right person for the job.* 她是否是干这项工作的适当人选，是有一些怀疑的。

(IDIOMS 习语) **cast doubt on sth** ➩ CAST[2]

give sb the benefit of the doubt ➩ BENEFIT

in doubt not sure or definite 不肯定；不确定

no doubt (used when you expect sth to happen but you are not sure that it will 用以

估计) probably 很可能；几乎可以肯定: *No doubt she'll write when she has time.* 她要是有空，准会写信的。

without (a) doubt definitely 无疑地: *It was, without doubt, the coldest winter for many years.* 毫无疑问，今年冬天是多年来最冷的。

☆**doubt**[2] /daʊt ‖ daʊt/ *verb* [T] to think sth unlikely or to feel uncertain (about sth) 认为…不可能；怀疑（某事）: *She never doubted* (= she was always sure) *that he was telling the truth.* 她一直相信他说的是真话。○ *I doubt whether/if I'll have time to go to the shops today* (= I don't think I'll be able to go). 我看我今天可能没有工夫去逛商店了。○ *He had never doubted her support.* 他从不怀疑她会支持他。

D

doubtful /ˈdaʊtfl ‖ ˈdaʊtfəl/ *adj* **1** unlikely or uncertain 不大可能的；不确定的: *It's doubtful whether/if we'll finish in time for Christmas.* 圣诞节之前，我看我们还是干不完的。○ *It was doubtful that he was still alive.* 他可能已不在人世了。**2 doubtful (about sth/about doing sth)** (used about a person 指人) not sure 不能肯定: *He still felt doubtful about his decision.* 自己的决定是对的还是不对的，他还拿不准。—**doubtfully** /-fəlɪ ‖ -fəlɪ/ *adv*: *'I suppose it'll be all right,' she said doubtfully.* 她将信将疑地说："我想不会有事的吧。"

doubtless /ˈdaʊtlɪs ‖ ˈdaʊtlɪs/ *adv* almost certainly 差不多可以肯定: *Doubtless she'll have a good excuse for being late!* 她迟到总是有借口的。

dough /dəʊ ‖ do/ *noun* [U] **1** a mixture of flour, water and sometimes fat and sugar. It is used for baking into bread, etc 生面团（面粉、水搅和而成，有时加上油脂和糖，用来烘制面包等）**2** (*informal* 非正式) money 钱

ˈ**doughnut** *noun* [C] a small cake in the shape of a ball or a ring, made from sweet dough cooked in fat 炸圈饼（一种球形或环形糕点，把甜味生面团放在油里炸成）☛ picture at **bread**. 见 **bread** 插图。

dour /dʊə(r) ‖ dur/ *adj* (used about a person's manner or expression 指举止或表情) cold and unfriendly 冷淡的；不友好的

douse (*also* 亦作 **dowse**) /daʊs ‖ daus/ *verb* [T] **1** to cover sb/sth with liquid 使…布满了液体: *to douse yourself in perfume* (= wear too much of it) 往身上大洒香水 **2** to stop a fire, etc burning 把（火等）熄灭: *The firemen managed to douse the blaze.* 消防员终于把火扑灭了。

dove[1] /dʌv ‖ dʌv/ *noun* [C] a type of bird, similar to a pigeon, often used as a sign of peace 鸽子（常用作和平的象征）

dove[2] /dəʊv ‖ dov/ (*US* 美) *pt* of DIVE[1] ＊DIVE[1] 的过去时

dowdy /ˈdaʊdɪ ‖ ˈdaudɪ/ *adj* (**dowdier**; **dowdiest**) (used about a person or the clothes he/she wears 指人或其衣着) dull and unfashionable 呆头呆脑；过时

☆**down**[1] /daʊn ‖ daun/ *adv* **1** to or at a lower level or place; not up 向下；在下面: *We sat and watched the sun go down.* 我们坐在那里欣赏夕阳西下。○ *Can you get that book down from the top shelf?* 把书架顶层上的那本书给我拿下来，好不好？○ *'Where's Mary?' 'She's down in the basement.'* "玛丽在哪儿？""她在地下室那儿。" **2** from a standing or vertical position to a sitting or horizontal one（坐）下；（躺）下: *I think I'll sit/lie down.* 看来我得坐下来/躺下来。**3** to or in the south 向南方；在南方: *We went down to Devon for our holiday.* 我们到南方的德文郡度假去了。**4** (used for showing that the level, amount, strength, etc of sth is less or lower 表示某事物的程度、数量、强度等降低了): *Do you mind if I turn the heating down a bit?* 我想把暖炉温度调低点儿，行吗？**5** (written) on paper 在纸上（写）: *Put these dates down in your diary.* 把这些日期记在日记簿上。**6 down to sb/sth** even including 甚至包括: *Everybody was invited from the Director down to the tea ladies.* 上至主任，下至茶房女工，人人都在邀请之列。

(IDIOMS 习语) **be down to sb** to be sb's responsibility 成为某人的责任: *When my father died it was down to me to look after the family's affairs.* 爸爸死后，我负起了照顾家庭的责任。

be down to sth to have only the amount mentioned left 只剩下某个数量的东西: *I can't lend you any money – I'm down to my last £5.* 我没有钱借给你，我只剩下5英镑。

be/go down with sth to be or become ill with sth 患了某种病: *Simon's gone down with flu.* 西蒙得了流感。

down and out having no money, job or home 穷困潦倒；没有钱、没有工作、没地方住

down under (*informal* 非正式) (in) Australia（在）澳大利亚: *He comes from down under.* 他是从澳大利亚来的。

ˈ**down-and-out** *noun* [C] a person who has not got money, a job or a home 穷困潦倒的人；没有钱、没有工作、没地方住的人

ˌ**down-to-ˈearth** *adj* sensible and practical; not complicated or too clever 务实的；朴实；不取巧的

☆**down**[2] /daʊn ‖ daun/ *prep* **1** along 沿着: *'Where's the nearest garage?' 'Go down this road and take the first turning on the right.'* "最近的修车厂到哪儿找？""打这条路走，在第一个岔口向右拐。" **2** from the top towards the bottom of sth 由顶部到底部: *Her hair hung down her back.* 她的头发拖到背后。○ *The snow began to slide down the mountain.* 积雪开始从山坡滑落下来。**3** at or to a lower or further part of sth 在低处；向低处: *We sailed down the river towards the sea.* 我们的船顺流而下，驶向大海。

down[3] /daʊn ‖ daun/ *verb* [T] (*informal* 非正式) to finish a drink quickly 把饮料一口喝下: *He downed a pint of beer and left.* 他大口喝完一品脱啤酒，然后走了。

down[4] /daʊn ‖ daun/ *noun*

(IDIOM 习语) **ups and downs** ⇨ UP

down[5] /daʊn ‖ daun/ *adj* **1** sad 沮丧: *You're looking a bit down today.* 你今天看来有点消沉。**2** lower than before 减少了: *Unemployment figures are down for the third month in succession.* 失业数字持续下降三个月了。**3** (used about computers 指计算机) not working 坏了

down[6] /daʊn ‖ daʊn/ *noun* [U] very soft feathers 羽绒；绒毛: *a duvet filled with down* 羽绒被

downcast /ˈdaʊnkɑːst; *US* 美 ˈdaʊnkæst ‖ ˈdaʊnˌkæst/ *adj* **1** (used about a person 指人) sad and without hope 沮丧 **2** (used about eyes 指眼睛) looking down 向下看的

downfall /ˈdaʊnfɔːl ‖ ˈdaʊnˌfɔl/ *noun* [sing] **1** a loss of power or success 失去权力；失败: *The government's downfall seemed inevitable.* 这个政府看来免不了要倒台。**2** a thing that causes a loss of power or success 失去权力/失败的原因

downgrade /ˈdaʊngreɪd ‖ ˈdaʊnˌgred/ *verb* [T] to reduce sb/sth to a lower level or position of importance 把…降级

downhearted /ˌdaʊnˈhɑːtɪd ‖ ˈdaʊnˈhɑrtɪd/ *adj* sad or depressed 沮丧

downhill /ˌdaʊnˈhɪl ‖ ˈdaʊnˌhɪl/ *adj, adv* (going) down a slope; towards the bottom of a hill 下坡（的）；向山脚（的）: *It's an easy walk. The road runs downhill most of the way.* 这条路很好走，差不多都是下坡路。○ *Do you go downhill or cross-country skiing?* 你玩哪一种滑雪，下坡的还是越野的？

(IDIOM 习语) **go downhill** to get worse 变坏；走下坡: *Their relationship has been going downhill for some time now.* 他们的关系走下坡已经有好些日子。

down-market /ˌdaʊnˈmɑːkɪt ‖ ˈdaʊnˌmɑrkɪt/ *adj* cheap and of not very high quality 价廉质次的；低档的

downpour /ˈdaʊnpɔː(r) ‖ ˈdaʊnˌpɔr/ *noun* [C, usually sing] a heavy, sudden fall of rain 倾盆大雨

downright /ˈdaʊnraɪt ‖ ˈdaʊnˌraɪt/ *adj* (only *before* a noun 只用于名词前) (used about sth bad or unpleasant 指不好或令人难堪的事物) complete 彻头彻尾的: *The holiday was a downright disaster.* 这趟度假糟糕透了。

downright *adv* completely or thoroughly 完全地；彻底地: *That road is downright dangerous!* 那条路危险透顶。

downs /daʊnz ‖ daʊnz/ *noun* [plural] an area of low, round hills, especially in the south of England（尤指英格兰南部的）丘陵地带: *the Sussex Downs* 萨塞克斯丘陵

Down's syndrome /ˈdaʊnz sɪndrəʊm ‖ ˈdaʊnzˌsɪndrom/ *noun* [U] a condition that a person is born with. People with this condition have a flat, wide face and lower than average intelligence. 唐氏综合症（先天性疾病，病人脸庞扁宽，且智力较正常人为低）

☆**downstairs** /ˌdaʊnˈsteəz ‖ ˈdaʊnˈstɛrz/ *adv, adj* **1** down the stairs 顺楼梯而下: *He fell downstairs and broke his arm.* 他从楼梯上摔下来了，胳膊都摔断了。**2** on or to the ground floor or a lower floor 在/往楼下: *Dad's downstairs, in the kitchen.* 爸爸在楼下，就在厨房里。○ *a downstairs toilet* 楼下的厕所 ☛ The opposite is **upstairs**. 反义词为 **upstairs**。

downstream /ˌdaʊnˈstriːm ‖ ˈdaʊnˈstrim/ *adv* in the direction in which a river flows 顺流地: *We were rowing downstream, towards the sea.* 我们朝着海的方向划船顺流而下。☛ The opposite is **upstream**. 反义词为 **upstream**。

downtrodden /ˈdaʊntrɒdn ‖ ˈdaʊnˈtrɑdn̩/ *adj* (used about a person 指人) made to suffer bad treatment or living conditions by people in power, but being too tired, poor, ill, etc to change things 受压迫的；受欺压的

☆**downward** /ˈdaʊnwəd ‖ ˈdaʊnwərd/ *adj* (only *before* a noun 只用于名词前) towards the ground or a lower level 向下的: *a downward movement* 下移 ○ *There is still a downward trend in house prices.* 楼房价格仍在下跌。

downwards (*also* 亦作 **downward**) *adv* towards the ground or a lower level 向下地: *She laid the picture face downwards on the table.* 她把图画放到桌子上，画面朝下。☛ The opposite is **upward(s)**. 反义词为 **upward(s)**。

dowry /ˈdaʊərɪ ‖ ˈdaʊrɪ/ *noun* [C] (*pl* **dowries**) an amount of money or property which, in some countries, a woman's family gives to the man she is marrying 嫁妆

dowse = DOUSE

doze /dəʊz ‖ doz/ *verb* [I] to sleep lightly and/or for a short time 打瞌睡: *He was dozing in front of the television.* 他坐在电视机前面打起瞌睡来了。

(PHRASAL VERB 短语动词) **doze off** to go to sleep, without meaning to 打瞌睡: *I'm sorry – I must have dozed off for a minute.* 真对不起，我刚才打了个盹儿。

doze *noun* [C, usually sing] a light, short sleep 小睡；打盹

☆**dozen** /ˈdʌzn ‖ ˈdʌzn̩/ *noun* [C] (*pl* **dozens** or **dozen**) twelve or a group of twelve 十二个；一打: *A dozen eggs, please.* 请给我一打鸡蛋。○ *half a dozen* (= six) 半打（六个）○ *two dozen sheep* 二十四头羊

(IDIOM 习语) **dozens** (*informal* 非正式) very many 很多: *I've tried phoning her dozens of times.* 我多次给她挂电话找她。

dozy /ˈdəʊzɪ ‖ ˈdozɪ/ *adj* (**dozier**; **doziest**) **1** sleepy 想睡的: *The wine had made her rather dozy.* 她喝了酒，非常想睡觉。**2** (*Brit informal* 英，非正式) stupid 笨: *You dozy thing – look what you've done!* 蠢货，瞧你干什么来着！

drab /dræb ‖ dræb/ *adj* (**drabber**; **drabbest**) dull and not interesting or attractive 乏味的: *a drab grey office building* 阴沉灰暗的办公大楼

draft[1] /drɑːft; *US* 美 dræft ‖ dræft/ *noun* **1** [C] a piece of writing, etc which will probably be changed and improved; not the final copy 草稿；初稿；底稿: *the first draft of a speech* 讲演的初稿 **2** (*US* 美) = DRAUGHT

draft[2] /drɑːft; *US* 美 dræft ‖ dræft/ *verb* [T] **1** to make a first or early copy of a piece of writing 起草: *I'll draft a letter and show it to you before I type it.* 我把信的草稿写出来，你看了后我再把它打出来。**2** (usually passive 通常用于被动语态) (*US* 美) to order sb to join the armed forces 命令某人参加武装部队: *He was drafted into the army.* 他被征召入伍。

drafty (*US* 美) = DRAUGHTY

drag[1] /dræg ‖ dræg/ *noun* **1** [sing] (*informal* 非正式) a person or thing that is boring or

D

annoying 令人厌倦的人/事物: *'The car's broken down.' 'Oh no! What a drag!'* "汽车抛锚了。""什么！真讨厌！" **2** [U] (*informal* 非正式) the wearing of women's clothes by a man, especially as part of a show, etc 男扮女装（尤指作为演出节目）**3** [C] (*informal* 非正式) an act of breathing in cigarette smoke 吸一口烟: *He took a long drag on his cigarette.* 他狠狠地抽了一口烟。

☆**drag**[2] /dræg ‖ dræg/ *verb* (dra**gg**ing; dra**gg**ed) **1** [T] to pull sb/sth along with difficulty 用力拉: *The box was so heavy we had to drag it along the floor.* 这口箱子挺重的，我们不得不把它拖着走。**2** [T] to force or to make sb come or go somewhere 迫使/使某人来或去某处: *She dragged the child up the steps by her arm.* 她抓住小孩的手臂，把他拖上台阶去了。○ *Can I drag you away from the television for a moment?* 我能不能请你暂时停一下看电视？我有话跟你说。**3** [I] **drag (on)** to be boring or to seem to last a long time 把（人）搞腻烦；拖拖拉拉地进行: *The speeches dragged on for hours.* 讲演没完没了地拖了好几个钟头。

(PHRASAL VERBS 短语动词) **drag sth out** to make sth last longer than necessary 拖延: *Let's not drag this decision out – shall we go or not?* 我们别拖拖拉拉的犹疑不决，到底去不去啊？

drag sth out (of sb) to force or persuade sb to give you information that you want 逼人招供；劝人讲出

dragon /ˈdrægən ‖ ˈdrægən/ *noun* [C] (in stories, etc) an imaginary animal with wings, which can breathe out fire 龙（传说中的动物，有翼，会喷火）

☆**drain**[1] /dreɪn ‖ dren/ *noun* [C] a pipe or hole that dirty water, etc goes down to be carried away 排水沟: *The drain outside the kitchen is blocked.* 厨房外边的排水沟堵了。

(IDIOMS 习语) **a drain on sb/sth** something that uses up time, money, strength, etc 消耗时间/金钱/力量…的事物: *The cost of travelling is a great drain on our budget.* 对我们的家庭预算来说，旅行费用是一个沉重的负担。

(go) down the drain (*informal* 非正式) (to be) wasted 白费了；被白费掉: *All that hard work has gone down the drain.* 一切心血，尽付东流。

ˈ**drainpipe** *noun* [C] a pipe which goes down the side of a building, especially one that carries water from the roof into a drain 排水管

drain[2] /dreɪn ‖ dren/ *verb* **1** [I,T] to become dry as liquid flows away; to make sth dry in this way（使）变干涸；排水: *The whole area will have to be drained before it can be used for farming.* 整个地区都要排涝，不排涝，做不了耕地。**2** [I,T] to flow away; to make a liquid flow（使）流掉: *The sink's blocked – the water won't drain away at all.* 水池子堵了，水排不掉。○ *The plumber had to drain the water from the heating system.* 管子工得把供暖系统里的水放掉。**3** [T] to drink all the liquid (in a glass, etc) 把…喝干: *He drained his glass in one gulp.* 他一饮而尽。**4** [I] (used about a feeling 指感觉) to become weaker and weaker until it disappears 渐渐消失: *He felt all his anger begin to drain away.* 他觉得心中的怒气渐消。**5** [T] **drain sb/sth (of sth)** to make sb/sth weaker, poorer, etc by slowly using all the strength, money, etc available 消耗/耗尽…的精力、金钱等

ˈ**draining-board** (*US* 美 ˈ**drainboard**) *noun* [C] the place beside a kitchen sink where you put plates, cups, knives, etc to dry 滴水板（装在厨房洗涤盆旁）

drainage /ˈdreɪnɪdʒ ‖ ˈdrenɪdʒ/ *noun* [U] a system used for draining water, etc away from a place 沟渠；排水系统

drama /ˈdrɑːmə ‖ ˈdrɑmə/ *noun* **1** [C] a play for the theatre, radio or television 戏剧: *a contemporary drama* 现代剧 **2** [U] plays as a form of writing; the performance of plays 剧作；戏剧的演出: *He wrote some drama, as well as poetry.* 他写过几出戏，也写过诗。○ *a drama student* 攻读戏剧的学生 **3** [C] an exciting event 戏剧性事件 **4** [U] excitement 戏剧性: *Why is there so little drama in my life?* 为什么我的生活这么平淡？○ *...and to add to all the drama, the lights went out!* …使得气氛更加紧张的是，还熄了灯！

☆**dramatic** /drəˈmætɪk ‖ drəˈmætɪk/ *adj* **1** noticeable or sudden 触目的；突然的: *a dramatic change* 剧变 **2** exciting or impressive 激动人心的；难忘的: *The opening scene of the film was extremely dramatic.* 这部影片的头一场戏叫人难以忘怀。**3** (used about a person, a person's behaviour, etc 指人、行为等) showing feelings, etc in a very obvious way because you want other people to notice you or pay attention to you 夸张的: *Calm down. There's no need to be so dramatic about everything!* 冷静点吧，没有必要什么事都大惊小怪的。**4** connected with plays or the theatre 与戏剧有关: *Shakespeare's dramatic works* 莎士比亚的剧作

dramatically /-klɪ ‖ -klɪ/ *adv* in a dramatic way 触目地；突然地: *'I can't go on,' she said dramatically.* 她突然说："我不能继续了。"

dramatist /ˈdræmətɪst ‖ ˈdræmətɪst/ *noun* [C] a person who writes plays 剧作家

dramatize (*also* 亦作 **dramatise**) /ˈdræmətaɪz ‖ ˈdræməˌtaɪz/ *verb* **1** [T] to make a book, an event, etc into a play 把书本、事件等改编成剧本: *The novel has been dramatized for television.* 这本小说已经改编成电视剧了。**2** [I,T] to make sth seem more exciting or important than it really is 夸大: *The newspaper was accused of dramatizing the situation.* 有人指责该报夸大了这件事情。—**dramatization** (*also* 亦作 **dramatisation**) /ˌdræmətaɪˈzeɪʃn ‖ ˌdræmətaɪˈzeʃən/ *noun* [C,U]

drank *pt* of DRINK * DRINK 的过去时

drape /dreɪp ‖ drep/ *verb* [T] **1 drape sth round/ over sth** to put a piece of cloth, clothing, etc loosely on sth 把（布、衣服等）挂在某物上: *He quickly draped a towel round his waist.* 他迅速地用毛巾裹住腰。**2 drape sb/sth (in/with sth)** (usually passive 通常用于被动语态) to cover sb/sth (with cloth, etc)（用布等）覆盖: *The furniture was draped in dust-*

sheets. 家具上面盖了防尘套。—**drape** *noun* [C] (*US* 美) = CURTAIN

drastic /ˈdræstɪk ‖ ˈdræstɪk/ *adj* **1** strong, effective and usually quick 强烈的/有效的（通常也是快速的）: *The situation requires drastic action.* 情况危急，需要大刀阔斧的行动。 **2** very noticeable or serious 十分触目；严重: *There has been a drastic rise in crime in the area.* 这个地区的罪案数目急剧上升。 —**drastically** /-klɪ ‖ -klɪ/ *adv*: *House prices have fallen drastically over the last two years.* 这两年，楼房价格急剧下跌。

draught /drɑ:ft ‖ dræft/ (*US* 美 **draft** /dræft ‖ dræft/) *noun* **1** [C] a current of air that comes into a room 过堂风: *Can you shut the door? There's a draught in here.* 把门关上好不好？这儿有过堂风。 **2 draughts** (*Brit* 英) (*US* 美 **checkers**) [U] a game for two players that you play on a black and white board using round black and white pieces 国际跳棋

draught *adj* (used about beer, etc 指啤酒等) served from barrels, not bottles 从桶里倒出的（相对于瓶装的）: *draught beer* 生啤酒

draughtsman /ˈdrɑ:ftsmən ‖ ˈdræftsmən/ (*US* 美 **draftsman** /ˈdræfts- ‖ ˈdræfts-/) *noun* [C] (*pl* **draughtsmen**; *US* 美 **draftsmen** /-mən ‖ -mən/) a person whose job is to make technical drawings 制图员

draughty /ˈdrɑ:ftɪ ‖ ˈdræftɪ/ (*US* 美 **drafty** /ˈdræftɪ ‖ ˈdræftɪ/) *adj* (**draughtier**; **draughtiest**) having currents of air blowing through 通风的；有过堂风的: *a large, draughty old house* 一座阴风阵阵的古老大宅院

draw¹ /drɔ: ‖ drɔ/ *noun* [C] a result of a game or competition in which both players or teams get the same score so that neither of them wins 平局: *The match ended in a draw.* 这场比赛打平了。

☆**draw²** /drɔ: ‖ drɔ/ *verb* (*pt* **drew** /dru: ‖ dru/; *pp* **drawn** /drɔ:n ‖ drɔn/) **1** [I,T] to make a picture or diagram of sth with a pencil, pen, etc 画: *Shall I draw you a map of how to get there?* 我要不要给你画一张怎么走的地图？ **2** [I] to move in the direction mentioned 向某方向移动: *At last the train drew into/out of the station.* 火车终于开进/开出车站了。 **3** [T] **draw sth out of/from sth** to pull sth smoothly out of its present position 顺畅地抽出: *She drew the letter out of her pocket and handed it to me.* 她从口袋里掏出了那封信，然后交给我了。 **4** [T] to pull sb/sth gently into a new position 轻轻地拉（某人/某物）到一个新位置: *He drew me by the hand into the room.* 他拉着我的手，领我到房间里去。○ *Why don't you draw your chairs up to the fire?* 大家把椅子拉到炉子旁边坐吧！ **5** [T] (used about horses, etc 指马匹等) to pull sth along 牵引: *The Queen's carriage was drawn by six horses.* 女王坐的是六驾马车。 **6** [T] to open or close curtains, etc 拉开/拉上窗帘: *It was getting dark so I switched on the lights and drew the curtains.* 天色越来越暗，我开了灯，拉上了窗帘。 **7** [T] to pull a gun, sword or knife out of its holder, quickly and in order to attack sb 迅速拔出枪/剑/刀等（准备攻击）: *The cowboy drew his gun.* 那个牛仔拔出手枪。 **8** [T] **draw sth from sb/sth** to gain sth from sb/sth 取得: *This information has been drawn from a number of sources.* 这项情报是从很多方面搜集回来的。 **9** [T] **draw sth (from sth)** to learn sth from study, experience, etc（从研究、经验等中）获得/汲取: *Can we draw any conclusions from this survey?* 可以从这个调查里得出什么结论吗？ **10** [T] **draw sth (from sb)** to produce a reaction or response to the thing mentioned 引起反应: *The advertisement has drawn interest from people all over the country.* 这个广告引起了全国各地人们的兴趣。 **11** [T] **draw sb (to sb/sth)** to attract or interest sb 吸引；使感兴趣: *She had always been drawn to older men.* 她总是喜欢年纪大的男人。○ *The musicians drew quite a large crowd.* 那些乐手吸引了一大群观众。 **12** [I,T] to finish a game, competition, etc with equal scores so that neither person or team wins 打成平局: *The two teams drew.* 两队打了个平手。○ *The match was drawn.* 这场比赛打平了。

(IDIOMS 习语) **bring sth/come/draw to an end** ⇨ END¹

draw sb's attention to sth to make sb aware of sth 使某人注意某事: *Can I draw your attention to point seven on the agenda?* 请注意议程的第七点。

draw a blank to get no result or response 无结果；无回音: *Detectives investigating the case have drawn a blank so far.* 调查这宗案件的侦探们至今仍毫无头绪。

draw a comparison/a parallel to show how two things compare or are similar 比较: *The programme drew an interesting comparison between education in Japan and Britain.* 这个节目对日本和英国的教育制度作了使人很感兴趣的比较。

draw a distinction between sth and sth to show how two things are different 指出两事物间的不同之处: *It's important to draw a distinction between the methods used now and those used previously.* 必须指出现在使用的方法与以前使用的方法之间的不同。

draw the line at sth to say 'no' to sth even though you are prepared to be helpful in other ways 虽然愿意帮忙，但拒绝干某种事: *I do most of the cooking but I draw the line at washing up as well!* 饭都是我烧的，可是再要我洗碗，那我可不干！

draw lots to decide sth by chance 抽签: *They drew lots to see who should stay behind.* 他们抽签决定谁留下。

(PHRASAL VERBS 短语动词) **draw in 1** (used about the hours of daylight 指白昼) to get shorter before the winter 渐短 **2** (used about cars, buses, etc 指汽车、公共汽车等) to go to the side of the road and stop 开到路边停下

draw out 1 (used about the hours of daylight 指白昼) to get longer in the spring 渐长 **2** (used about cars, buses, etc 指汽车、公共汽车等) to move out from the side of the road where they have stopped 从马路旁边开到马路中间

draw sth out to take money out of a bank account 提取存款: *How much money do I need to draw out?* 我要从银行提多少钱？

draw up (used about a car, etc 指汽车等) to drive up and stop in front of or near sth 向前开到某物的前面或旁边停下: *A police car drew up outside the building.* 警车开到大厦外面停下。

draw sth up to prepare a document, list, etc and write it out 拟定文件等: *Our solicitor is going to draw up the contract.* 我方律师即将拟定合同。

drawback /ˈdrɔːbæk ‖ ˈdrɔˌbæk/ *noun* [C] a disadvantage or problem 缺点；毛病: *His lack of experience is a major drawback.* 他经验不够，这是主要缺点。

☆**drawer** /drɔː(r) ‖ drɔr/ *noun* [C] a container which forms part of a piece of furniture such as a desk, that you can pull out to put things in or take things out 抽屉: *There's some paper in the top drawer of my desk.* 在我的书桌的最上面那个抽屉里放了一些纸。

D

☆**drawing** /ˈdrɔːɪŋ ‖ ˈdrɔ·ɪŋ/ *noun* **1** [C] a picture made with a pencil, pen, etc 素描 **2** [U] the art of drawing pictures 素描: *She's good at drawing and painting.* 素描和油画她都在行。

ˈ**drawing-pin** (*US* 美 **thumb-tack**) *noun* [C] a short pin with a flat top, used for fastening paper, etc to a board or wall 图钉 ☛ picture at **pin**. 见 **pin** 插图。

drawing-room /ˈdrɔːɪŋrʊm ‖ ˈdrɔ·ɪŋˌrum/ *noun* [C] a living-room, especially one used mainly for formal occasions 客厅

drawl /drɔːl ‖ drɔl/ *verb* [I,T] to speak slowly, making the vowel sounds very long 把元音拉长慢吞吞地说 —**drawl** *noun* [sing]: *a slow Kentucky drawl* 肯塔基的拖腔

drawn[1] /drɔːn ‖ drɔn/ *adj* (used about a person or his/her face 指人或人的脸) looking tired, worried or ill 有倦容的；有忧色的；有病容的: *He looked pale and drawn after the long journey.* 经过长途跋涉，他显得脸色苍白，面有倦容。

drawn[2] *pp* of DRAW[2] * DRAW[2] 的过去分词: *The match was drawn.* 这场比赛打平了。○ *The curtains were drawn.* 窗帘拉上了。

dread /dred ‖ drɛd/ *noun* [U,sing] great fear 恐惧: *He lived in dread of the same thing happening to him one day.* 他惶惶不可终日，担心总有一天会遇上同样的事情。○ *a secret dread of what might happen* 暗自担忧往后会发生的事情

dread *verb* [T] to be very afraid of or worried about sth 畏惧: *I'm dreading the exams.* 我担心这次考试。○ *She dreaded having to tell him what had happened.* 她很怕告诉他所发生的事情。○ *I dread to think what my father will say.* 爸爸会说些什么？我可想也不敢想。

dreaded *adj* terrible; causing you to feel afraid or worried 可怕: *the most dreaded punishment of all* 最可怕的惩罚

dreadful /ˈdredfl ‖ ˈdrɛdfəl/ *adj* very bad, unpleasant or poor in quality 糟透了的；很不好受的: *We had a dreadful journey – traffic jams all the way!* 沿途挤满了车，我们这次旅行很不好受！○ *What a dreadful man!* 这个人真可怕！○ *I'm afraid there's been a dreadful* (= very serious) *mistake.* 我怕出了大问题。—**dreadfully** /-fəlɪ ‖ -fəlɪ/ *adv*

dreadlocks /ˈdredlɒks ‖ ˈdrɛdˌlɑks/ *noun* [plural] hair worn in long curled pieces, especially by some black people（尤指某些黑人的）长发绺

☆**dream**[1] /driːm ‖ drim/ *noun* **1** [C] a series of events or pictures which happen in your mind while you are asleep 梦: *I had a strange dream last night.* 昨晚我做了一个怪梦。○ *In my dream I was flying a helicopter…* 我梦见自己驾驶着直升机… ☛ Look at **nightmare**. 参看 **nightmare**。**2** [C] an event or situation that you want very much to happen, although it is not very likely that it will 梦想: *His dream was to give up his job and live in the country.* 他的梦想是丢下工作，到乡间生活去。○ *a dream house* (= one that you would like very much to own) 梦寐以求的房子 **3** [sing] a state of mind in which you are not concentrating on what is happening around you 心不在焉: *You've been in a dream all morning!* 你整个早上都做着白日梦！

☆**dream**[2] /driːm ‖ drim/ *verb* [I,T] (*pt*, *pp* **dreamed** /driːmd ‖ drimd/ or **dreamt** /dremt ‖ drɛmt/) **1** to see or experience pictures and events in your mind while you are asleep 做梦: *I dreamed about the house that I lived in as a child.* 我梦见了我小时候住过的房子。○ *I woke up to find that I wasn't really rich. I had only dreamt it.* 一觉醒来，才晓得我不是真的有了钱。我不过在做梦。○ *I dreamed that I was running but I couldn't get away.* 我梦见我在跑哇跑的，可是怎么跑也跑不掉。**2** to imagine sth that you would like to happen 梦想: *I've always dreamt about winning lots of money.* 我老是梦想赢很多很多钱。○ *I never dreamt that I would be so lucky!* 从来也没想过我会这么走运。☛ Look at **daydream**. 参看 **daydream**。

(IDIOM 习语) **I, etc would not dream of sth** I, etc would definitely not do sth, under any circumstances 在任何情况下也绝不会干某事: *'Don't tell anybody.' 'Of course not. I wouldn't dream of it.'* "别告诉其他人。" "当然！我绝对不会的。"

(PHRASAL VERB 短语动词) **dream sth up** (*informal* 非正式) to think of sth such as a plan, etc especially sth unusual or slightly foolish 想出一个主意来（尤指鬼主意）: *Which of you dreamt up that idea?* 是谁想出这鬼主意来的？

dreamer *noun* [C] a person who thinks a lot about ideas, plans, etc which may never happen instead of concentrating on what is really happening 空想家

dreamy /ˈdriːmɪ ‖ ˈdrimɪ/ *adj* (**dreamier**; **dreamiest**) (used about a person or his/her expression 指人或表情) having or showing thoughts that are far away from the real world 心不在焉的: *a dreamy look, expression, etc* 心不在焉的样子/神情… —**dreamily** /-ɪlɪ ‖ -ɪlɪ/ *adv*

dreary /ˈdrɪərɪ ‖ ˈdrɪrɪ/ *adj* (**drearier**; **dreariest**) dull, boring or depressing 沉闷；烦闷；令人沮丧: *What dreary weather! It's so grey.* 天色这么阴沉，真难受！

dredge /dredʒ ‖ drɛdʒ/ *verb* [T] to clear the

mud, etc from the bottom of a river or harbour using a special machine（用机器）疏浚（河流/港口）

(PHRASAL VERB 短语动词) **dredge sth up** to mention again sth unpleasant from the past that it would be better to forget 提起令人不快的往事: *The newspaper had dredged up all sorts of embarrassing details about her private life.* 该报把她私生活中各种各样难堪的细节都抖搂出来了。

dregs /dregz ‖ drɛgz/ *noun* [plural] **1** the unwanted liquid left at the bottom of sth, including any solid bits that have sunk down 渣滓；残留在底部的沉淀物: *'Is there any wine left in that bottle?' 'Only the dregs.'* "瓶子里还有酒吗？" "只剩下一点底儿了。" **2** the worst and most useless part of sth 糟粕: *These people were regarded as the dregs of society.* 这些人都被看作是社会的渣滓。

drench /drentʃ ‖ drɛntʃ/ *verb* [T] (usually passive 通常用于被动语态) to make sb/sth completely wet 使湿透: *We got absolutely drenched in the storm.* 那场暴雨把我们淋成了落汤鸡。

☆**dress**[1] /dres ‖ drɛs/ *noun* **1** [C] a piece of clothing worn by a girl or a woman. It covers the body from the shoulders to the knees or below and often covers the arms. 连衣裙 **2** [U] clothes for either men or women（男人或女人的）衣服: *formal/informal dress* 礼服；便服 ○ *evening dress* 晚礼服

☆**dress**[2] /dres ‖ drɛs/ *verb* **1** [I,T] to put clothes on sb or yourself 替某人穿衣服；穿衣服: *He dressed quickly and left the house with a minute to spare.* 他很快穿起衣服，及时出了门。○ *If you don't get dressed soon, we'll be late.* 赶快穿衣服吧，要不就赶不上了。○ *My husband dressed the children while I got breakfast ready.* 我弄早餐，我丈夫就替孩子穿衣服。○ *Hurry up, Simon! Aren't you dressed yet?* 西蒙，快点吧！怎么，你还没穿好衣服？ ☛ It is more common to say **get dressed** than **dress**. * **get dressed** 这说法比 **dress** 更为常用。 **2** [I] to put or have clothes on, in the way or style mentioned（以某种方式）穿衣服: *to dress well, badly, etc* 穿得漂亮/难看… ○ *to be well-dressed, badly-dressed, etc* 穿得漂亮/难看… **3** [I] to put on formal clothes for the evening 穿晚礼服: *In the past wealthy families always dressed for dinner.* 过去的有钱人家都是穿晚礼服出席晚宴的。**4** [T] to clean and put a bandage, etc on a wound 包扎伤口: *to dress a wound* 包扎伤口

(IDIOM 习语) **(be) dressed in sth** wearing sth 穿上某物: *The people at the funeral were all dressed in black.* 参加丧礼的人都穿上了黑色衣服。

(PHRASAL VERB 短语动词) **dress up 1** to put on special or unusual clothes for fun or for a play 穿上特别的/怪异的服装: *The children decided to dress up as pirates.* 孩子们决定扮成海盗。**2** to put on smart clothes, usually for a special occasion 穿上漂亮的衣服: *You don't need to dress up for the party.* 你用不着穿正式服装去参加这次聚会。

dresser /ˈdresə(r) ‖ ˈdrɛsɚ/ *noun* [C] **1** (*especially Brit* 尤为英) a piece of furniture with cupboards at the bottom and shelves above. It is used for holding dishes, cups, etc. 碗橱 **2** (*US* 美) a chest of drawers, usually with a mirror on top（通常指上面有镜的）衣橱；梳妆台

dressing /ˈdresɪŋ ‖ ˈdrɛsɪŋ/ *noun* **1** [C] a covering that you put on a wound to protect it and keep it clean（伤口上的）敷料 **2** [C,U] a sauce for food, especially for salads（食物，尤指色拉的）调料 **3** [U] the act or action of putting on clothes 穿衣服

ˈ**dressing-gown** (*also* 亦作 **bathrobe**; *US* 美 **robe**) *noun* [C] a piece of clothing like a loose coat which you wear before or after a bath or over pyjamas, etc 睡袍；浴衣

ˈ**dressing-table** *noun* [C] a piece of furniture in a bedroom. It has drawers and a mirror. 梳妆台

drew *pt* of DRAW[2] * DRAW[2] 的过去时

dribble /ˈdrɪbl ‖ ˈdrɪbḷ/ *verb* **1** [I,T] (used about a liquid 指液体) to move downwards in a thin stream; to make a liquid move in this way（使）滴下: *The paint dribbled down the side of the pot.* 油漆沿罐子边缘滴下来。**2** [I] to allow liquid (**saliva**) to run out of the mouth 淌口水（口水叫做 **saliva**）: *Small children often dribble.* 幼小孩子常常淌口水。**3** [I,T] (used in ball games 用于球类运动) to make a ball move forward by using many short kicks or hits 运球；带球

dried *pt, pp* of DRY[2] * DRY[2] 的过去时及过去分词

drier[1] *adj* ➪ DRY[1]

drier[2] *noun* [C] ➪ DRY[2]

drift /drɪft ‖ drɪft/ *verb* [I] **1** to be carried or moved along by wind or water 漂；飘: *The boat drifted out to sea.* 小船往大海漂去。**2** (used about snow or sand 指雪或沙) to be moved into piles by wind or water 堆积: *The snow drifted up to two metres deep in some places.* 有些地方的积雪深达两米。**3** to move slowly or without any particular purpose 慢慢移动；漫无目的地移动: *He drifted from room to room.* 他从这房间到那房间踱来踱去。○ *She drifted into acting almost by accident.* 她所以走上演戏这条路，几乎纯属偶然。○ *At one time they were close friends, but over the years they've drifted apart.* 他们本来是好朋友，这几年来却疏远了。

drift *noun* **1** [C] a slow movement towards sth 缓慢的移动: *the country's drift into economic decline* 国家逐步陷入经济衰退 **2** [sing] the general meaning of sth 大意；主旨: *I couldn't understand every word but I got the drift of what he was saying.* 他说的话我不是句句都听得明白，只懂了个大概。**3** [C] a pile of snow or sand that was made by wind or water 雪堆；沙堆

drill[1] /drɪl ‖ drɪl/ *noun* [C] a tool or machine that is used for making holes in things 钻: *a dentist's drill* 牙钻 ☛ picture at **tool**. 见 **tool** 插图。

drill *verb* [I,T] to make a hole in sth with a drill 钻孔: *to drill a hole in sth* 在某物上钻一个孔 ○ *to drill for oil* 钻探石油

D

drill² /drɪl ‖ drɪl/ *noun* **1** [U] exercise in marching, etc that soldiers do（士兵的）操练 **2** [C] something that you repeat many times in order to learn sth 练习 **3** [C,U] practice for what you should do in an emergency（应急措施的）演习: *a fire-drill* 消防演习

drill *verb* [I,T] to teach sb by making him/her repeat sth many times 训练（某人）

☆**drink** /drɪŋk ‖ drɪŋk/ *verb* (*pt* **drank** /dræŋk ‖ dræŋk/; *pp* **drunk** /drʌŋk ‖ drʌŋk/) **1** [I,T] to take liquid into your body through your mouth 喝；饮: *You've lost a lot of fluid. You must keep drinking.* 你的水分流失过多，必须不断喝水补充。○ *We sat drinking coffee and chatting for hours.* 我们好几个钟头坐在那里一边谈天一边喝咖啡。**2** [I] to drink alcohol 喝酒: *Don't drink and drive.* 切勿酒后驾车。

(PHRASAL VERBS 短语动词) **drink to sb/sth** to wish sb/sth good luck by raising your glass before you drink 为某人/某事祝酒: *We all drank to the future of the bride and groom.* 我们都向这对新人祝酒，祝他们百年好合。

☛ Look at **toast²**. 参看 **toast²**。

drink (sth) up to finish drinking sth 把（某物）喝个干净: *Drink up your tea – it's getting cold.* 茶凉了，快喝吧。

drink *noun* [C,U] **1** liquid for drinking 饮料: *Can I have a drink please?* 可以给我一点喝的吗？○ *a drink of milk* 一杯牛奶 ○ *food and drink* 食物和饮料 **2** alcoholic drink 酒: *the link between drink and crime* 醉酒和罪行的关联 ○ *a strong drink* 烈酒

drinker *noun* [C] a person who drinks alcohol 酒徒: *a heavy drinker* 酒鬼

drinking *noun* [U] drinking alcohol 喝酒: *Her drinking became a problem.* 她喝酒成了一个问题。

'**drinking-water** *noun* [U] water that is safe to drink 饮用水

drip /drɪp ‖ drɪp/ *verb* (dri**pp**ing; dri**pp**ed) **1** [I] (used about a liquid 指液体) to fall in small drops 滴下: *Water was dripping down through the roof.* 屋顶滴水。**2** [I,T] to have drops of liquid falling 有液体滴下: *The tap is dripping.* 龙头滴水。○ *Her finger was dripping blood.* 她的手指滴着血。

drip *noun* **1** [sing] the act or sound of water dripping 滴下；滴水声: *the drip of a leaky tap* 漏水龙头的滴水声 **2** [C] a drop of water that falls down from sb/sth 水滴 **3** [C] a piece of medical equipment, like a tube, that is used for putting liquid food or medicine directly into a sick person's blood 滴注器: *She's on a drip.* 她在输液。

☆**drive¹** /draɪv ‖ draɪv/ *verb* (*pt* **drove** /drəʊv ‖ drov/; *pp* **driven** /ˈdrɪvn ‖ ˈdrɪvən/) **1** [I,T] to control or operate a car, train, bus, etc 驾驶: *Can you drive?* 你会开车吗？○ *to drive a car, train, bus, lorry, etc* 开汽车/火车/公共汽车/卡车… **2** [I,T] to go or take sb somewhere in a car, etc 开车去；开车送某人去: *I usually drive to work.* 我通常开车上班。○ *We drove Nancy to the airport.* 我们开车送南希到机场去。**3** [T] to force people or animals to move in a particular direction 驱赶: *The dogs drove the sheep into the field.* 狗把羊群赶到田里去。**4** [T] to force sth into a particular position by hitting it 把某物打入某位置: *to drive a post into the ground* 把杆子插在地上 **5** [T] to cause sb to be in a particular state or to do a particular thing 把某人逼进某处境；逼某人干某事: *That noise is driving me mad.* 这闹声把我吵死了。○ *to drive sb to despair* 使某人意志消沉 ○ *His loneliness drove him to commit suicide.* 他不耐孤寂而自杀。**6** [T] to make sb/sth work very hard 驱使…拼命干: *You shouldn't drive yourself so hard.* 别这么拼死拼活的。**7** [T] to make a machine work, by giving it power 驱动（机器）: *What drives the wheels in this engine?* 这部发动机的机轮靠什么来驱动？

(IDIOMS 习语) **be driving at** (*informal* 非正式) to want to say sth; to mean 想说；意在: *I'm afraid I don't understand what you are driving at.* 你究竟想说什么，恕我听不明白。

drive sth home (to sb) to make sth clear so that people understand it 给某人说明白某事物；使某人充分理解某事物

(PHRASAL VERBS 短语动词) **drive off** (used about a car, driver, etc 指汽车、司机等) to leave 驶开

drive sb/sth off to force sb/sth to go back or away 把某人/某物逼退或赶走: *The defenders drove off each attack.* 后卫把对方的进攻一一化解了。

'**drive-in** *noun* [C] (*US* 美) a place where you can go to eat, watch a film, etc in your car 免下车餐馆/戏院等

☆**drive²** /draɪv ‖ draɪv/ *noun* **1** [C] a journey in a car 车上的车程: *The supermarket is only a five-minute drive away.* 从这儿去超级市场只需五分钟车程。○ *Let's go out for a drive.* 我们坐车兜一会儿风吧。**2** [C] a private road that leads to a house 私人车道 **3** [U] the energy and determination you need to succeed in doing sth 干劲与决心 **4** [C,U] a strong natural need or desire 欲望: *a strong sex-drive* 强烈的性欲 **5** [C] a strong effort by a group of people in order to achieve sth 群体攻势；运动: *a sales drive* 推销攻势

driven *pp* of DRIVE¹ ＊ DRIVE¹ 的过去分词

☆**driver** /ˈdraɪvə(r) ‖ ˈdraɪvɚ/ *noun* [C] a person who drives a vehicle 司机: *One passenger died in the accident but the driver was unhurt.* 这起事故，死了一名乘客，但司机安然无恙。

☆**driving¹** /ˈdraɪvɪŋ ‖ ˈdraɪvɪŋ/ *noun* [U] the act of controlling a car, etc 开汽车等: *Driving in the fog is very frightening.* 大雾天里驾车是非常令人胆战心惊的。○ *She was arrested for dangerous driving.* 她因为危险驾驶而被拘捕。

'**driving-licence** (*US* 美 '**driver's license**) *noun* [C] an official piece of paper that says you are allowed to drive a car, etc. You get this after you have passed a test (**the driving test**). 驾驶执照（驾驶执照考试叫做 **driving test**）

'**driving school** *noun* [C] an organization for teaching people to drive a car 驾驶学校

driving² /ˈdraɪvɪŋ ‖ ˈdraɪvɪŋ/ *adj* very strong

猛烈的: *driving rain* 暴雨 ○ *Who's the driving force behind this plan?* 谁在推动这个计划?

drizzle /ˈdrɪzl ‖ ˈdrɪzl/ *noun* [U] light rain that has many small drops 毛毛雨: *A cloudy day with rain or drizzle is expected.* 预计是多云天气,有雨或毛毛雨。—**drizzle** *verb* [I] ☛ Look at the note at **weather**. 参看 **weather** 的注释。

drone /drəʊn ‖ dron/ *verb* [I] to make a continuous low sound 发出连续不断的低沉声音: *the sound of the tractors droning away in the fields* 从田里传来的拖拉机轧轧声正渐渐远去

(PHRASAL VERB 短语动词) **drone on** to talk in a flat or boring voice 低沉单调地说话

drone *noun* [C, usually sing] a continuous low sound 连续不断的低沉声音;嗡嗡声

drool /dru:l ‖ drul/ *verb* [I] **1** to let liquid (**saliva**) come out from your mouth, usually at the sight or smell of sth good to eat 垂涎(涎叫做 **saliva**) **2 drool (over sb/sth)** to show in a foolish way how much you like or admire sb/sth 对…垂涎三尺: *teenagers drooling over photographs of their favourite pop stars* 对着心爱的流行歌星的照片痴痴发呆的青少年

droop /dru:p ‖ drup/ *verb* [I] to bend or hang downwards, eg because of weakness or tiredness(因衰弱、疲倦等而)向下垂: *The flowers were drooping without water.* 花朵缺水,都蔫下来了。—**drooping** *adj*: *drooping shoulders* 低斜的肩膀 ○ *a drooping moustache* 一对八字胡

☆**drop**[1] /drɒp ‖ drɑp/ *verb* (dro**pp**ing; dro**pp**ed) **1** [T] to allow sth to fall 使落下: *The helicopters dropped food and medicine.* 直升机投下食品和药物。○ *That vase was very expensive. Whatever you do don't drop it!* 那个瓶子贵着呢,当心别摔破。**2** [I] to fall 落下: *The parachutist dropped safely to the ground.* 跳伞员安然着陆。**3** [I,T] to become weaker or lower; to make sth weaker or lower 减弱;减低: *The temperature will drop to minus 3 overnight.* 夜里气温要降至零下3度。○ *They ought to drop their prices.* 他们该把价钱减一减。○ *to drop your voice* (= speak more quietly) 声音放低点儿 **4** [T] **drop sb/sth (off)** to stop your car, etc so that sb can get out, or in order to take sth out 让某人下车;从车上卸下某物: *Drop me off at the traffic-lights, please.* 劳驾,让我在红绿灯前下车。○ *I'll drop the parcel at your house.* 我用车子把包裹送到你家。**5** [T] to no longer include sb/sth in sth 剔除: *Joe has been dropped from the team.* 乔已被开除出队。**6** [T] to stop doing sth 不再干: *I'm going to drop geography next term* (= stop studying it). 下个学期,我不修地理科了。○ *Drop everything – I need your help right now!* 把手头的活放下,快来帮我。

(IDIOMS 习语) **drop dead** (*informal* 非正式) to die suddenly 突然死亡

drop sb a line to write a letter to sb 写信给某人: *Do drop me a line when you've time.* 一有工夫就给我来信吧。

(PHRASAL VERBS 短语动词) **drop back; drop behind (sb)** to move into a position behind sb else, because you are moving more slowly 落后: *Towards the end of the race she dropped behind the other runners.* 快到终点的时候,她落在其他赛跑选手后面了。

drop by/in; drop in on sb to visit sb informally or without having told them you were coming 顺道探访;突然拜访: *We were in the area so we thought we'd drop in and see you.* 我们刚好到这附近来,所以顺便到你家来,见见你。

drop off (*informal* 非正式) to fall into a light sleep 打盹: *I must have dropped off in front of the television.* 我准是开着电视打了个盹。

drop out (of sth) to leave or stop doing sth before you have finished 退出: *His injury forced him to drop out of the competition.* 他受了伤,不得不退出比赛。○ *to drop out of college* 中途退学

ˈ**drop-out** *noun* [C] **1** a person who leaves school, university, etc before finishing his/her studies 退学生 **2** a person who does not accept the rules of society and who wants to live in a way that is different from one that most people consider is acceptable 自行其是、不随波逐流的人

☆**drop**[2] /drɒp ‖ drɑp/ *noun* **1** [C] a small round mass of liquid 滴: *I thought I felt a drop of rain.* 我觉得掉雨点儿了。**2 drops** [plural] liquid medicine that you put into your eyes, ears or nose 滴剂 **3** [C, usually sing] a small amount of liquid 少量液体: *I'll just have a drop more wine.* 我再喝一点点葡萄酒。**4** [sing] a vertical distance down from a place 垂直距离: *a sheer drop of 40 metres to the sea* 离海面足足有40米 **5** [sing] a smaller amount or level of sth 减少: *The job is much more interesting but it will mean a drop in salary.* 这工作有趣得多,不过,工资可少了。

droppings /ˈdrɒpɪŋz ‖ ˈdrɑpɪŋz/ *noun* [plural] waste material from the bodies of small animals or birds 小动物/鸟类的粪便: *rabbit droppings* 兔粪

drought /draʊt ‖ draʊt/ *noun* [C,U] a long period of weather which is too dry 干旱;旱灾: *Drought has affected many countries in Africa.* 很多非洲国家都遇上旱灾。

drove *pt* of DRIVE[1] * DRIVE[1] 的过去时

☆**drown** /draʊn ‖ draʊn/ *verb* **1** [I,T] to die in water because it is not possible to breathe; to make sb die in this way(使)溺死: *The girl fell into the river and drowned.* 女孩掉到河里淹死了。○ *Twenty people were drowned in the floods.* 洪水中淹死了二十人。**2** [T] (used about a sound 指声音) to be so loud that you cannot hear sb/sth else 盖过: *His answer was drowned by the music.* 他的回答淹没在一片乐声之中。

drowsy /ˈdraʊzɪ ‖ ˈdraʊzɪ/ *adj* (**drowsier**; **drowsiest**) very sleepy 昏昏欲睡: *The heat made me feel drowsy.* 天气使我热得昏昏欲睡。—**drowsily** /-əlɪ ‖ -ɪlɪ/ *adv* —**drowsiness** *noun* [U]

drudgery /ˈdrʌdʒərɪ ‖ ˈdrʌdʒərɪ/ *noun* [U] hard and uninteresting work 繁重、乏味的工作;苦差事

☆**drug** /drʌg ‖ drʌg/ *noun* [C] **1** a chemical

D

which is used as a medicine 药物: *Some drugs can only be obtained with a prescription from a doctor.* 有些药物没有医生处方是买不到的。**2** a chemical which people use to give them pleasant or exciting feelings. It is against the law in many countries to use drugs 毒品: *hard drugs such as heroin and cocaine* 海洛因、可卡因等烈性毒品

drug *verb* [T] (dru**gg**ing; dru**gg**ed) **1** to give a person or animal a chemical to make them sleepy or unconscious 用药麻醉: *The lion was drugged before the start of the journey.* 狮子给麻醉了才被运走。**2** to put a drug into food or drink 往食物/饮料里搀进麻药: *drugged food* 放了麻药的食物

'**drug addict** *noun* [C] a person who cannot stop taking drugs 吸毒成瘾的人

'**drug addiction** *noun* [U] the state of being a drug addict 吸毒成瘾

druggist /'drʌgɪst ‖ 'drʌgɪst/ *noun* [C] (*US* 美) = CHEMIST(1)

drugstore /'drʌgstɔ:(r) ‖ 'drʌgˌstɔr/ *noun* [C] (*US* 美) a shop that sells medicine, soap, shampoo, film, etc as well as drinks and light meals (兼售肥皂、洗发剂、胶卷、饮料、快餐等的)药铺;杂货店

☆**drum** /drʌm ‖ drʌm/ *noun* [C] **1** a round hollow musical instrument, with plastic or skin stretched across the ends. You play a drum by hitting it with your hands or with sticks 鼓: *She plays the drums in a band.* 她是乐队的鼓手。☛ picture at **rock band**. 见 **rock band** 插图。**2** a round hollow container 鼓状物: *an oil drum* 油桶

drum *verb* (dru**mm**ing; dru**mm**ed) **1** [I] to play a drum or drums 打鼓 **2** [I,T] to make a noise like a drum by hitting sth many times 连续地敲击: *to drum your fingers on the table* (= because you are annoyed, impatient, etc) (因为不悦、不耐烦等而)用手指敲打桌子

(PHRASAL VERBS 短语动词) **drum sth into sb** to make sb remember sth by repeating it many times 对某人反复灌输: *Road safety should be drummed into children from an early age.* 道路安全的知识应该从小对孩子反复灌输。

drum sth up to try to get more of sth 竭力争取: *to drum up more custom* 兜揽生意

drummer *noun* [C] a person who plays a drum or drums 鼓手

drunk[1] *pp* of DRINK * DRINK 的过去分词

☆**drunk**[2] /drʌŋk ‖ drʌŋk/ *adj* (not before a noun 不用于名词前) having drunk too much alcohol 醉: *You're drunk!* 你醉了!

drunk *noun* [C] a person who is drunk 喝醉了酒的人;醉汉

drunkard /-əd ‖ -ɚd/ *noun* [C] a person who often gets drunk 醉鬼

drunken /'drʌŋkən ‖ 'drʌŋkən/ *adj* (only *before* a noun 只用于名词前) **1** having drunk too much alcohol 醉: *drunken drivers* 喝醉了的司机 **2** showing the effects of too much alcohol 酒醉引起的: *drunken singing* 酒后的歌声 —**drunkenly** *adv* —**drunkenness** *noun* [U]

☆**dry**[1] /draɪ ‖ draɪ/ *adj* (**drier**; **driest**) **1** without liquid in it or on it; not wet 干: *The washing isn't dry yet.* 洗好的衣物还未干透。○ *The paint is dry now.* 油漆干了。○ *Rub your hair dry with a towel.* 用毛巾把头发擦干。○ *In the hot weather the stream ran dry.* 天气酷热时小溪干涸见底。**2** having little or no rain 干旱: *a hot, dry summer* 又干又热的夏天 **3** (used about wine 指酒) not sweet 无甜味的: *Sweet or dry sherry?* 雪利酒要甜的还是不甜的? **4** (used of a remark, etc 指言论等) amusing, although it sounds serious 表面上一本正经,实则妙趣横生的: *a dry sense of humour* 一副正经八百面孔的幽默感 **5** dull or boring 乏味: *dry legal documents* 枯燥乏味的法律文件

drily (*also* 亦作 **dryly**) /'draɪlɪ ‖ 'draɪlɪ/ *adv* in a dry(4) way 表面上正经八百,实则妙趣横生地: *'I can hardly contain my excitement,' Peter said dryly* (= he was not excited at all). 彼得冷冷地说:"我实在兴奋不已。"(他一点也不兴奋)—**dryness** *noun* [U]

ˌ**dry-'clean** *verb* [T] to clean clothes using special chemicals, without using water 干洗

ˌ**dry-'cleaner's** (*also* 亦作 **cleaner's**) *noun* [C] the shop where you take your clothes to be cleaned 干洗店

ˌ**dry 'land** *noun* [U] land, not the sea 陆地(相对于海洋而言): *I was glad to be back on dry land again.* 我很高兴又回到地上来。

☆**dry**[2] /draɪ ‖ draɪ/ *verb* [I,T] (*pres part* **drying**; *3rd pers sing pres* **dries**; *pt*, *pp* **dried**) to become dry; to make sth dry 变干;弄干: *Leave your swimsuit in the sun to dry.* 把你的泳衣拿到太阳底下晒干。○ *to dry your hands on a towel* 用毛巾把手抹干

(PHRASAL VERBS 短语动词) **dry (sth) out** (to cause sth wet) to become very dry or too dry (使)干透: *Don't allow the soil to dry out.* 别让泥土发干。

dry up 1 (used about a river, etc 指河流等) to have no more water in it 干涸 **2** to stop being available 枯竭: *Because of the recession a lot of building work has dried up.* 百业萧条,很多工程都资金全无。**3** to forget what you intended to say, eg because you are very nervous 忘记要说的话(如因为紧张)

dry (sth) up to dry plates, knives, forks, etc with a towel after they have been washed 用毛巾把(洗好了的餐具)抹干

dried *adj* (used about food 指食物) with all the liquid removed from it 干了的: *dried milk* 奶粉 ○ *dried fruit* 果干儿

drier (*also* 亦作 **dryer**) /'draɪə(r) ‖ 'draɪɚ/ *noun* [C] a machine that you use for drying sth 烘干机: *a hair-drier* 吹风机 ○ *a tumble-drier* 滚筒式烘干机

dual /'dju:əl; *US* 美 'du:əl ‖ 'duəl/ *adj* (only *before* a noun 只用于名词前) having two parts; double 两部分的;二重的: *the dual role of mother and working woman* 又当母亲又上班的双重角色 ○ *to have dual nationality* 拥有双重国籍

ˌ**dual 'carriageway** (*US* 美 **divided highway**) *noun* [C] a road that has an area of grass or a fence down the middle to separate the traffic going in one direction from the traffic going in the other direction 复式车行道（在中央以草地或栅栏作分隔带的双向车行道）

dub /dʌb ‖ dʌb/ *verb* [T] (du**bb**ing; du**bb**ed) **1** to give sb/sth a new or amusing name (**a nickname**) 给…起外号（外号叫做 **nickname**）: *Margaret Thatcher was dubbed 'The Iron Lady'.* 撒切尔夫人外号"铁娘子"。**2** to change the sound in a film so that what the actors said originally is spoken by actors using a different language 给电影配音: *I don't like foreign films when they're dubbed into English. I prefer subtitles.* 配上了英语的外国影片我不大爱看，我喜欢配字幕的。

dubious /ˈdjuːbɪəs; *US* 美 duː- ‖ ˈdubɪəs/ *adj* **1 dubious (about sth/about doing sth)** not sure or certain 不肯定: *I'm very dubious about whether we're doing the right thing.* 我很不放心咱们做的是对还是不对。**2** that may not be honest or safe 可疑的: *dubious financial dealings* 可疑的金融交易 —**dubiously** *adv*

duchess (*also* 亦作 **Duchess**) /ˈdʌtʃɪs ‖ ˈdʌtʃɪs/ *noun* [C] **1** the wife of a duke 公爵夫人 **2** a woman who is of the same rank as a duke 女公爵

☆**duck**[1] /dʌk ‖ dʌk/ *noun* (*pl* **duck** or **ducks**) **1** [C] a common bird that lives on or near water. Ducks have short legs, special (**webbed**) feet for swimming and a wide beak. They are kept on farms for their meat and eggs. 鸭（趾间有蹼 (**webbed**)）**2** [C] a female duck 母鸭

☛ A male duck is called a **drake** and a young duck is a **duckling**. 公鸭叫 **drake**，小鸭叫 **duckling**。A duck **waddles** and **quacks**. 鸭子走路的时候左摇右摆，叫 **waddle**。鸭子嘎嘎地叫，就是 **quack**。

3 [U] the meat of a duck 鸭肉: *roast duck with orange sauce* 橙酱烤鸭

duck[2] /dʌk ‖ dʌk/ *verb* **1** [I,T] to move your head down quickly so that you are not seen or hit by sb/sth 急速低头闪避: *I saw the ball coming towards me and ducked.* 我看到球劈脸飞来，连忙低头闪避。**2** [I,T] (*informal* 非正式) **duck (out of) sth** to try to avoid sth difficult or unpleasant 回避困难/令人难堪的事物: *She tried to duck out of apologizing.* 她想回避开不道歉。**3** [T] to push sb's head under water for a short time, especially when playing（尤指嬉戏的时候）把某人的头部按入水中

duct /dʌkt ‖ dʌkt/ *noun* [C] a tube that carries liquid, gas, etc（输送液体、气体等的）管道: *They got into the building through the air-duct.* 他们从通气道潜入大厦。○ *tear-ducts* (= in the eye) 泪管

dud /dʌd ‖ dʌd/ *noun* [C] (*informal* 非正式) a thing that is useless or that does not work properly 不中用/出了故障的东西；废物

☆**due**[1] /djuː; *US* 美 duː ‖ du/ *adj* **1** (not before a noun 不用于名词前) expected or planned to happen or arrive 预期；预定: *The conference is due to start in four weeks' time.* 会议预定在四个星期后举行。○ *What time is the plane due?* 什么时候飞机才到？**2** (not before a noun 不用于名词前) having to be paid 应支付: *The rent is due on the fifteenth of each month.* 每月十五号到期交租金。**3** that is owed to you because it is your right to have it 欠: *Make sure you claim all the benefits that are due to you.* 是你应有的，就该通通要回来。**4 due to sb/sth** caused by or because of sb/sth 由于: *His illness is probably due to stress.* 他生起这个病来也许由于劳累过度。☛ Some careful speakers only use **due to** after the verb **to be** 有的人说话很讲规矩，在 **to be** 后面才用 **due to**: *The strike was due to poor working conditions.* 罢工是由于工作条件差。However, **due to** is often used in the same way as **owing to** and **because of** 不过，**due to** 常常被当作与 **owing to** 和 **because of** 相同的短语来使用: *Due to/owing to/because of the bad weather many trains have been cancelled.* 由于天气恶劣，不少火车的车次都取消了。**5 due for sth** deserving or expecting to have sth 应该享有: *I think that I'm due for a pay rise.* 依我看，我该加薪了。**6** (only *before* a noun 只用于名词前) (*formal* 正式) suitable or right 适当；正确: *After due consideration I have decided to accept your offer.* 经过慎重的考虑，我决定接受你的建议。

(IDIOM 习语) **in due course** at some time in the future, quite soon 在适当时候: *All applicants will be informed of our decision in due course.* 申请结果，容后通知。

due[2] /djuː; *US* 美 duː ‖ du/ *noun*

(IDIOM 习语) **give sb his/her due** to be fair to a person 给某人说句公道话: *She doesn't work very quickly, but to give her her due, she is very accurate.* 她干得不快，这是事实，可说句公道话，她干起活来倒也一丝不苟。

due[3] /djuː; *US* 美 duː ‖ du/ *adv* (used before 'north', 'south', 'east' and 'west' 用于 north、south、east、west 之前) exactly 正: *The aeroplane was flying due east.* 飞机向正东飞行。

duel /ˈdjuːəl; *US* 美 ˈduːəl ‖ ˈduəl/ *noun* [C] a formal type of fight with guns or swords which was used in the past to settle an argument between two men 决斗: *to challenge sb to a duel* 要跟某人决斗

duet /djuːˈet; *US* 美 duːˈet ‖ duˈɛt/ (*also* 亦作 **duo**) *noun* [C] a piece of music for two people to sing or play 二重唱；二重奏

duffle-coat (*also* 亦作 **duffel-coat**) /ˈdʌflkəʊt ‖ ˈdʌflˌkot/ *noun* [C] a coat made of heavy woollen cloth with a hood. A duffle-coat has special long buttons (**toggles**). 连帽厚呢大衣（以棒形钮扣 (**toggle**) 扣紧）

dug *pt, pp* of DIG * DIG 的过去时及过去分词

☆**duke** /djuːk; *US* 美 duːk ‖ duk/ (*also* 亦作 **Duke**) *noun* [C] a nobleman of very high rank 公爵: *the Duke of York* 约克公爵 ☛ Look at **duchess**. 参看 **duchess**。

☆**dull** /dʌl ‖ dʌl/ *adj* **1** not bright 不亮；暗淡: *a dull and cloudy day* 阴暗多云的日子 **2** not loud, sharp or strong 不响；不锋利；不强烈：*Her head hit the floor with a dull thud.* 她的脑袋撞在地上，传来一声闷响。○ *a dull pain* 隐痛 **3** not interesting or exciting 沉闷：*Life is never dull in the city.* 城市生活从来没有闷的时候。—**dullness** *noun* [U]

dully /ˈdʌllɪ ‖ ˈdʌllɪ/ *adv* **1** in a dull way 没精打采地；轻微地 **2** showing no interest 冷漠地：*Sheila didn't answer. She just stared dully at me.* 希拉不答话，只顾呆呆地看着我。

duly /ˈdju:lɪ; *US* 美 ˈdu:lɪ ‖ ˈdulɪ/ *adv* (*formal* 正式) in the correct or expected way 适当地；如期：*We all duly assembled at 7.30 as agreed.* 我们都按时在7点半钟集合。

☆**dumb** /dʌm ‖ dʌm/ *adj* **1** not able to speak 哑的：*to be deaf and dumb* 又聋又哑 ○ (*figurative* 比喻) *They were struck dumb with amazement.* 他们都吃了一惊，说不出话来。**2** (*informal* 非正式) stupid 愚蠢；笨：*What a dumb thing to do!* 干了这么一件蠢事！

dumbly *adv* without speaking 沉默地：*Ken dumbly nodded agreement.* 肯尼思什么也没说，只管点头答应。

dumbfounded /dʌmˈfaʊndɪd ‖ dʌmˈfaʊndɪd/ *adj* very surprised 惊诧

dummy /ˈdʌmɪ ‖ ˈdʌmɪ/ *noun* [C] (*pl* **dummies**) **1** a model of the human body used for putting clothes on in a shop window or while you are making clothes（用以陈列或裁制衣服的）人体模型：*a tailor's dummy* 裁衣模型 **2** a rubber object that you put in a baby's mouth to keep him/her quiet and happy 橡皮奶头 **3** something that is made to look like sth else but that is not the real thing 仿造物；模拟物

dummy *adj* made to look like sth else but not the real thing 仿造的：*dummy bullets* 空包弹

dump /dʌmp ‖ dʌmp/ *verb* [T] **1** to take sth that you do not want to a place, especially a place which is not suitable, and leave it there 把（废物）倾倒在（某地方，尤指不适当的地方）：*Nuclear waste should not be dumped in the sea.* 核废料不该倒入大海。○ *piles of rubbish dumped by the side of the road* 马路旁边的垃圾堆 **2** to put something down quickly or in a careless way 猛地扔下；随意丢下：*The children dumped their coats and bags in the hall and ran off to play.* 孩子们把外套和书包丢在大厅里，一窝蜂地跑了出去玩耍。

dump *noun* [C] **1** a place where rubbish or waste material from factories, etc is left 垃圾场：*the municipal rubbish dump* 市营垃圾场 **2** (*informal* 非正式) a place that is very dirty, untidy or unpleasant 邋遢的地方：*The flat is cheap but it's a real dump.* 这套房间便宜是便宜，可脏得不得了。

dumpling /ˈdʌmplɪŋ ‖ ˈdʌmplɪŋ/ *noun* [C] a small ball of fat and flour (**dough**) that is cooked and usually eaten with meat 团子/饺子（由小面团 (**dough**) 做成）

dumps /dʌmps ‖ dʌmps/ *noun* [plural] (*informal* 非正式)

(IDIOM 习语) **down in the dumps** unhappy or depressed 闷闷不乐；垂头丧气

dune /dju:n; *US* 美 du:n ‖ dun/ (*also* 亦作 **sand-dune**) *noun* [C] a low hill of sand by the sea or in the desert 沙丘 ☛ picture at **beach**. 见 **beach** 插图。

dung /dʌŋ ‖ dʌŋ/ *noun* [U] waste material from the bodies of large animals（体型庞大的动物的）粪便

dungarees /ˌdʌŋgəˈri:z ‖ ˌdʌŋgəˈriz/ *noun* [plural] a piece of clothing, similar to trousers, but covering your chest as well as your legs and with straps that go over the shoulders 吊带劳动裤：*a pair of dungarees* 一条吊带劳动裤

dungeon /ˈdʌndʒən ‖ ˈdʌndʒən/ *noun* [C] an underground prison, eg in a castle（城堡等的）地牢

duo /ˈdju:əʊ; *US* 美 ˈdu:əʊ ‖ ˈduo/ *noun* [C] **1** two people playing music or singing together 二重奏/二重唱表演者 **2** = DUET

dupe /dju:p; *US* 美 du:p ‖ dup/ *verb* [T] (*informal* 非正式) to trick sb 欺骗：*The woman was duped into carrying the drugs.* 这个女的受了骗，给人家捎起毒品来。

duplicate[1] /ˈdju:plɪkət; *US* 美 ˈdu:pləkət ‖ ˈdupləkɪt/ *adj* (only *before* a noun 只用于名词前) exactly the same as sth else 复制的：*a duplicate key* (= a copy of another key) 一把复制的钥匙

duplicate *noun* [C] something that is exactly the same as sth else 复制品；副本

(IDIOM 习语) **in duplicate** with two copies (eg of an official piece of paper) that are exactly the same 一式两份：*The contract must be in duplicate.* 此合约一式两份，缺一不可。

duplicate[2] /ˈdju:plɪkeɪt; *US* 美 ˈdu:pləkeɪt ‖ ˈdupləˌket/ *verb* [T] **1** to make an exact copy of sth 复制 **2** to do sth that has already been done 重复：*We don't want to duplicate the work of other departments.* 其他部门的工作我们不想重复再干。—**duplication** /ˌdju:plɪˈkeɪʃn; *US* 美 ˌdu:pləˈkeɪʃn ‖ ˌdupləˈkeʃən/ *noun* [U]

durable /ˈdjʊərəbl; *US* 美 ˈdʊərəbl ‖ ˈdʊrəbl/ *adj* that is able to last a long time 耐久：*a durable fabric* 耐穿织物 —**durability** /ˈdjʊərəˈbɪlətɪ; *US* 美 ˈdʊərəˈbɪlətɪ ‖ ˌdʊrəˈbɪlətɪ/ *noun* [U]

duration /djʊˈreɪʃn; *US* 美 dʊˈreɪʃn ‖ dʊˈreʃən/ *noun* [U] the time that sth lasts 期间：*Please remain seated for the duration of the flight.* 飞行途中请勿离座。

duress /djʊˈres; *US* 美 dʊˈres ‖ dʊˈrɛs/ *noun* [U]

(IDIOM 习语) **under duress** because of the threat of force being used; not willingly 受到威逼；非自愿：*He signed the confession under duress.* 他在威逼之下签了这份口供。

☆**during** /ˈdjʊərɪŋ; *US* 美 ˈdʊər- ‖ ˈdʊrɪŋ/ *prep* **1** for all of a period of time 在某段期间：*The audience must remain seated during the performance.* 演出期间，观众不可离座。**2** on more than one occasion in a period of time 在某段期间不只一次…：*During the summer holidays we went swimming every day.* 暑假里我们每天都去游泳。**3** at some point in a period of time 在某段期间的某一个时候：*Grandpa was taken very ill during the night.* 夜里爷爷突然病

得好厉害。☛ Notice that you use **during** to say when something happens and **for** to say how long something lasts 某事在什么时候发生，用 **during**；说某事持续了多久，要用 **for**: *I went shopping during my lunch break. I was out for about 25 minutes.* 我趁午饭的时候去买东西，我出去了大约25分钟。

dusk /dʌsk ‖ dʌsk/ *noun* [U] the time in the evening when the sun has already gone down and it is nearly dark 黄昏 ☛ Look at **dawn**. 参看 **dawn**。

☆**dust**[1] /dʌst ‖ dʌst/ *noun* [U] a fine dry powder that is made of very small pieces of earth, dirt, etc 尘埃: *There is dust everywhere in our house.* 我们的房子里到处是尘埃。○ *a thick layer of dust* 厚厚的一层尘埃 ○ *chalk dust* 粉笔末 ○ *The tractor came up the track in a cloud of dust.* 拖拉机打路上过来，刮起一片尘埃。○ *a speck* (= small piece) *of dust* 一点灰尘

'**dustbin** (*US* 美 **garbage can**; **trash can**) *noun* [C] a large container for rubbish that you keep outside your house 垃圾箱 ☛ picture at **bin**. 见 **bin** 插图。

'**dustman** /-mən ‖ -mən/ (*pl* **dustmen** /-mən ‖ -mən/) *noun* [C] a person whose job is to take away the rubbish that people put in their dustbins 垃圾工人

'**dustpan** *noun* [C] a flat container with a handle into which you brush dust or dirt from the floor 簸箕 ☛ picture at **brush**. 见 **brush** 插图。

☆**dust**[2] /dʌst ‖ dʌst/ *verb* [I,T] to remove dust from furniture, etc with a cloth 用布把灰尘抹去: *Let me dust those shelves before you put the books on them.* 我把书架抹干净你再放书。☛ Look at the note at **clean**[2]. 参看 **clean**[2] 的注释。

duster *noun* [C] a soft cloth that you use for dusting furniture 抹布

dusty /'dʌstɪ ‖ 'dʌstɪ/ *adj* (**dustier**; **dustiest**) having a lot of dust 布满灰尘的: *This shelf has got very dusty.* 这块书架搁板积满了灰尘。

Dutch *adj* from the Netherlands 荷兰的

dutiful /'dju:tɪfl; *US* 美 'du:- ‖ 'dutɪfəl/ *adj* (*formal* 正式) willing to respect and obey 恭顺的；顺从的: *a dutiful daughter* 孝女

☆**duty** /'dju:tɪ; *US* 美 'du:tɪ ‖ 'dutɪ/ *noun* (*pl* **duties**) **1** [C,U] something that you have to do because people expect you to do it or because you think it is right 责任；本分；义务: *A soldier must do his duty.* 士兵要守职尽责。○ *a sense of moral duty* 道义上的责任感 ○ *It's your duty to look after your parents when they get older.* 照顾年老父母，人人有责。**2** [C,U] the tasks that you do when you are at work 职责；职务: *the duties of a policeman* 警察的职责 ○ *to be on night duty* (= eg as a nurse) 值夜班 **3** [C] a tax that you pay, especially on goods that you bring into a country 税（尤指关税）

(IDIOM 习语) **on/off duty** (used about doctors, nurses, policemen, etc 指医生、护士、警察等) to be working/not working 值班；歇班: *The porter's on duty from 8 till 4.* 搬运工人8点上班，4点下班。○ *What time does she go off duty?* 她通常在什么时候下班？

duty-'free *adj, adv* (used about goods 指货物) that you can bring into a country without paying tax 免税: *an airport duty-free shop* 机场免税店 ○ *How much wine can you bring into Britain duty-free?* 每人可以捎多少免税酒进入英国国境？

duvet /'du:veɪ ‖ dʊ've/ *noun* [C] a thick cover filled with feathers or another soft material that is placed on top of a bed instead of a sheet and blankets 羽绒被 ☛ picture at **bed**. 见 **bed** 插图。Look at **eiderdown** and **quilt**. 参看 **eiderdown** 及 **quilt**。

dwarf /dwɔ:f ‖ dwɔrf/ *noun* [C] (*pl* **dwarfs** or **dwarves** /dwɔ:vz ‖ dwɔrvz/) **1** a person, animal or plant that is much smaller than the usual size 矮子；矮生动物/植物 **2** (in children's stories) a very small person, often with special powers（童话故事里晓法术的）小矮人: *Snow White and the Seven Dwarfs* 白雪公主和七个小矮人

dwarf *verb* [T] (used about a large object 指大物体) to make sth seem very small in comparison 把…比下去；使…显得细小: *The skyscraper dwarfs all the other buildings around.* 这座摩天大楼把四周的大厦都比下去了。

dwell /dwel ‖ dwɛl/ *verb* [I] (*pt, pp* **dwelt** /dwelt ‖ dwɛlt/ or **dwelled**) (*old-fashioned formal* 旧，正式) to live or stay in a place 居住

(PHRASAL VERB 短语动词) **dwell on/upon sth** to think, speak or write about sth for a long time 没完没了地想/说/写某事物: *I don't want to dwell on the past. Let's think about the future.* 过去的事我不想老说个没完，我们还是向前看吧。

dweller *noun* [C] (often in compounds 常用以构成复合词) a person or animal that lives in the place mentioned（某地）居民；（在某地生活的）动物: *city-dwellers* 城市居民

dwelling *noun* [C] (*formal* 正式) the place where a person lives; a house 住处；居所

dwindle /'dwɪndl ‖ 'dwɪndl̩/ *verb* [I] to become smaller or weaker 减少；减弱: *Their savings dwindled away to nothing.* 慢慢地，他们把所有的积蓄都花得一干二净。

dye[1] /daɪ ‖ daɪ/ *verb* [T] (*pres part* **dyeing**; *3rd pers sing pres* **dyes**; *pt, pp* **dyed**) to colour sth, especially by putting it into a liquid 染色: *Does she dye her hair?* 她染发吗？○ *I'm going to dye this blouse black.* 我要把这件衬衫染黑。

dye[2] /daɪ ‖ daɪ/ *noun* [C,U] a substance, usually added to a liquid, that changes the colour of sth, eg cloth, hair 染料

dying *pres part* of DIE * DIE 的现在分词

dyke (*also* 亦作 **dike**) /daɪk ‖ daɪk/ *noun* [C] **1** a wall made of earth, etc used for preventing a river or the sea from flooding 堤；堤坝 **2** a channel used for taking water away from land 沟渠；排水沟

dynamic /daɪ'næmɪk ‖ daɪ'næmɪk/ *adj* **1** (used about a person 指人) full of energy and ideas; active 有活力；精力充沛 **2** (used about a force or power 指力或力量) that causes movement

引起移动的 —**dynamism** /'daɪnəmɪzəm ‖ 'daɪnə-ˌmɪzəm/ *noun* [U]

dynamite /'daɪnəmaɪt ‖ 'daɪnəˌmaɪt/ *noun* [U] **1** a type of explosive, used especially in mining（尤指采矿用的）达纳炸药 **2** a thing or person that causes great excitement, shock, etc 引起轰动的人 /事物：*His news was dynamite.* 他的消息就像炸弹一样具爆炸性。

dynamo /'daɪnəməʊ ‖ 'daɪnəˌmo/ *noun* [C] (*pl* **dynamos**) a device that changes a type of power such as steam or water into electricity 发电机

dynasty /'dɪnəstɪ; *US* 美 'daɪ- ‖ 'daɪnəstɪ/ *noun* [C] (*pl* **dynasties**) a series of rulers who are from the same family 朝代；王朝：*the Ming dynasty* 明朝

dysentery /'dɪsəntrɪ; *US* 美 -terɪ ‖ 'dɪsn̩ˌtɛrɪ/ *noun* [U] a serious disease which causes a severe form of diarrhoea 痢疾

dyslexia /dɪs'leksɪə; *US* 美 dɪs'lekʃə ‖ dɪs-'lɛksɪə/ *noun* [U] a problem in sb's brain that causes difficulties in reading and spelling 诵读困难（一种脑部疾病）—**dyslexic** /dɪs'leksɪk ‖ dɪs'lɛksɪk/ *noun* [C], *adj*

D

E e

E, e /iː ‖ i/ *noun* [C] (*pl* **E's**; **e's**) the fifth letter of the English alphabet 英语字母表的第五个字母: *'Egg' begins with (an) 'E'.* * egg 这个词的第一个字母是 E。

☆**each** /iːtʃ ‖ itʃ/ *det, pron* every one of two or more things or people in a group, when you think about them individually（两个或以上的人/事物中的）每一个: *Each lesson lasts an hour.* 每节课上一个小时。○ *Each of the lessons lasts an hour.* 每节课上一个小时。○ *The lessons each last an hour.* 每节课上一个小时。○ *He gave each child a present.* 他给每个小孩一份礼物。○ *He gave each of the children a present.* 他给每个小孩一份礼物。○ *He gave the children a present each.* 他给每个小孩一份礼物。

each other
互相
He's looking at himself.
他看着自己。
They're looking at **each other**.
他们互相看着。

each 'other (used for saying that sb feels, does or has the same thing as another person/other people in the group 表示某人跟其他人有同样的感觉、行为、东西) 互相: *They loved each other very much.* 他们深深相爱。○ *We looked at each other.* 我看着他，他看着我。

☆**eager** /ˈiːgə(r) ‖ ˈigɚ/ *adj* full of desire or interest 渴望: *He is eager to meet you.* 他很想见你。○ *eager for success* 渴望成功 —**eagerly** *adv* —**eagerness** *noun* [U]

eagle
鹰

eagle /ˈiːgl ‖ ˈigl̩/ *noun* [C] a very large bird that can see very well. It eats small birds and animals. 鹰；雕

☆**ear**[1] /ɪə(r) ‖ ɪr/ *noun* **1** [C] one of the two parts of the body of a person or animal that are used for hearing 耳；耳朵: *Elephants have large ears.* 象有巨耳。○ *He pulled his hat down over his ears.* 他把帽子拉下到耳朵边上。○ *Whisper in my ear!* 跟我咬着耳朵说话！ **2** [sing] **an ear (for sth)** an ability to recognize or appreciate sounds, especially in music or language（尤指对音乐或语言）有鉴赏能力: *an ear for music* 对音乐有很强的鉴赏力

(IDIOMS 习语) **play (sth) by ear** to play a piece of music, etc from memory and without using written notes 不看乐谱/凭记忆奏出（乐曲等）

play it by ear (*informal* 非正式) to decide what to do as things happen, instead of planning in advance 见机行事

prick up your ears ⇨ PRICK[2]

ˈ**earache** *noun* [U] a pain in your ear 耳痛: *I've got earache.* 我耳朵痛起来了。☛ Look at the note at **ache**. 参看 **ache** 的注释。

ˈ**eardrum** *noun* [C] a thin piece of skin inside the ear that is tightly stretched and that allows you to hear sound 鼓膜；耳膜

ˈ**earphones** *noun* [plural] a piece of equipment that fits over the ears and is used for listening to music, the radio, etc 耳机

ˈ**earring** *noun* [C] a piece of jewellery that is worn in or on the lower part of the ear 耳环；耳饰: *Do these earrings clip on or are they for pierced ears?* 这对耳环是扣耳的还是穿耳的？☛ picture at **jewellery**. 见 **jewellery** 插图。

ˈ**earshot** *noun* [U]

(IDIOM 习语) **(be) out of/within earshot** where a person cannot/can hear 在某人听不见/听得见的情况下: *Wait until he's out of earshot before you say anything about him.* 等他走开再说他的事情。

ear[2] /ɪə(r) ‖ ɪr/ *noun* [C] the top part of a plant that produces grain 穗: *an ear of corn* 玉米穗

earl /ɜːl ‖ ɝl/ *noun* [C] a British nobleman of high rank（英国的）伯爵 ☛ A woman of the same rank is called a **countess**. 女伯爵叫 **countess**。

☆**early** /ˈɜːlɪ ‖ ˈɝlɪ/ (**earlier**; **earliest**) *adj, adv* **1** near the beginning of a period of time, a piece of work, a series, etc 早期的；在早期: *Come in the early afternoon.* 下午早点儿来。○ *I have to get up early on weekday mornings.* 星期一到星期五，我每天都要早起床。○ *He died in his early twenties.* 他才二十出头就离开了人间。○ *The project is still in its early stages.* 工程仍在初步阶段。○ *The tunnel should be finished early next year.* 隧道可望于明年初落成。**2** before the usual or expected time 提早: *She arrived five minutes early for her interview.* 她早到了五分钟参加面试。○ *Spring is early this year.* 今年春天提早来临。

(IDIOMS 习语) **at the earliest** not before the date or time mentioned 最早: *I can repair it by Friday at the earliest.* 我最早也要星期五才能修理好。

the early hours very early in the morning, ie the hours after midnight 凌晨

an early/a late night ➪ NIGHT

early on soon after the beginning 开始后不久: *He achieved fame early on in his career.* 他工作不久就已小有名气。

earmark /'ɪəmɑ:k ‖ 'ɪrˌmɑrk/ *verb* [T] **earmark sb/sth (for sth/sb)** to choose sb or keep sth for a particular job or purpose 指派某人做某工作；指定某事物作某种用途: *She was earmarked as a possible future director.* 她是下任主管的指定候选人之一。

☆**earn** /ɜ:n ‖ ɝn/ *verb* [T] **1** to get money by working 挣钱: *How much does a dentist earn?* 牙医挣得多少钱？○ *I earn £20 000 a year.* 我每年挣20 000英镑。○ *He earns his living as an artist.* 他是以作画谋生的。○ *How much interest will my savings earn* (= produce) *in the bank?* 我的银行存款会有多少利息？**2** to get sth that you deserve 得到（应得的东西）: *The team's victory today has earned them a place in the final.* 球队今天的胜利为他们赢得了决赛的资格。○ *You've earned a holiday.* 你的这个假期得之无愧。

earnings *noun* [plural] the money that a person earns by working 收入: *Average earnings have increased by 5%.* 平均收入增加了百分之五。

earnest /'ɜ:nɪst ‖ 'ɝnɪst/ *adj* serious or determined 认真；坚决: *He's such an earnest young man – he never makes a joke.* 这小伙子挺正经，从来不跟人家开玩笑。○ *They were having a very earnest discussion.* 他们进行了一次很认真、很真挚的讨论。

earnest *noun*

(IDIOM 习语) **in earnest 1** serious and sincere about what you are going to do 认真而诚挚: *His mother was worried that he was in earnest about wanting to leave university.* 他不想再念大学，他妈妈怕他是当真的。**2** happening more seriously or with more force than before（干起来）比以前起劲: *Work began in earnest on the project.* 工程一上马，就认真干了起来。

earnestly *adv* in an earnest way 认真地

☆**earth**[1] /ɜ:θ ‖ ɝθ/ *noun* **1** (*also* 亦作 **the earth**; **the Earth**) [sing] the world; the planet on which we live 地球: *life on earth* 地球上的生物 ○ *The earth is protected by the ozone layer.* 地球有臭氧层保护。**2** [sing] the surface of the world; land 地面；陆地: *The spaceship fell towards earth.* 宇宙飞船朝地球摔下来了。○ *The earth shook.* 地震山摇。**3** [U] soil (that plants grow in) 泥土: *The earth is very fertile here.* 这里土壤肥沃。☛ Look at the note at **ground**. 参看 **ground** 的注释。

(IDIOMS 习语) **charge, cost, pay, etc (sb) the earth** (*informal* 非正式) to charge, etc a very large amount of money 收费惊人；向某人开高价；使某人支付高价；向某人支付巨额金钱

how, why, where, who, etc on earth/in the world (*informal* 非正式) (used for emphasizing sth or expressing surprise 强调某事物或表示诧异) 到底怎么样/为什么/哪里/谁…: *Where on earth have you been?* 你到底去了哪儿？

the earth 地球

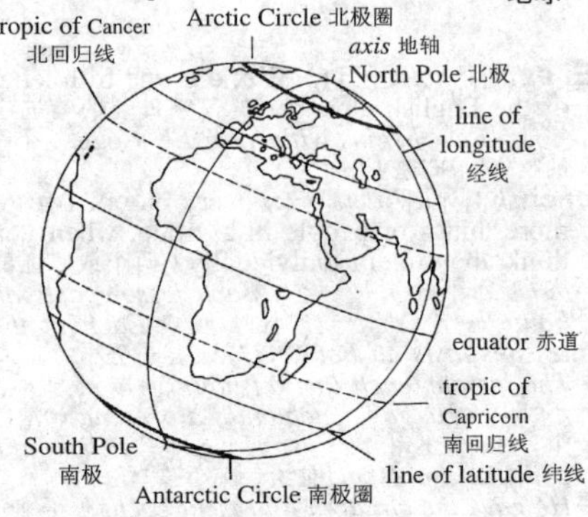

'**earthworm** *noun* [C] a common type of worm that lives in the soil 蚯蚓

earth[2] /ɜ:θ ‖ ɝθ/ (*especially US* 美尤作 **ground**) *verb* [T] to make a piece of electrical equipment safer by connecting it to the ground with a wire 把（电器）接地: *Make sure the plug is earthed.* 弄清楚插头已经接了地才好。

earth *noun* [C, usually sing] (*especially Brit* 尤为英) (*US* 美 **ground**) a wire that makes a piece of electrical equipment safer by connecting it to the ground 地线: *The green and yellow wire is the earth.* 绿黄相间的就是地线。

earthly /'ɜ:θlɪ ‖ 'ɝθlɪ/ *adj* **1** connected with this world, not heaven 现世的；世俗的: *The monks gave up all their earthly possessions.* 僧侣抛却了现世的一切。**2** (often in questions or negatives 常用于疑问句或否定句) possible 可能的: *What earthly use is a gardening book to me? I haven't got a garden!* 讲园艺的书我有啥用？我连花园也没有！

☆**earthquake** /'ɜ:θkweɪk ‖ 'ɝθˌkwek/ (also *informal* 非正式 **quake**) *noun* [C] a sudden violent movement of the earth's surface 地震: *Thousands of people were killed and many more left homeless by the earthquake.* 有成千上万的人死于地震，无家可归的更不计其数。

ease[1] /i:z ‖ iz/ *noun* [U] a lack of difficulty 没有困难；容易: *She answered the questions with ease.* 这些问题她答得很轻松。○ *The ease with which he won the match amazed the spectators.* 观众可想不到他赢得这么轻松。☛ Look at **easy**. 参看 **easy**。

(IDIOM 习语) **(be/feel) at (your) ease** to be/feel comfortable, relaxed, etc 感到舒适、自在等: *They were all so kind and friendly that I felt completely at ease.* 他们每一个都和蔼可亲，使我一点也不拘束。

ease[2] /i:z ‖ iz/ *verb* **1** [I,T] to become or make sth less painful or severe 减轻/舒缓（痛楚或负担）: *The pain should ease by this evening.* 到了晚上，应该没这么痛了。○ *What can I take to ease this headache?* 我的头很痛，该吃什么药？○ *This money will ease their financial* *problems a little.* 这笔钱可以稍解他们的燃眉之急。○ *The tension has eased.* 局势缓和了。**2** [T] to cause sth to move slowly and gently 使某物慢慢地、轻轻地移动: *He eased the key into the lock.* 他把钥匙轻轻插进锁里。

(IDIOM 习语) **ease sb's mind** to make sb feel less worried 减缓某人的忧虑: *The doctor tried to ease her mind about her son's illness.* 医生劝她不要担心儿子的病情。

(PHRASAL VERBS 短语动词) **ease off** to become less severe 减缓；减弱: *Let's wait until the rain eases off.* 等雨小一点我们再走吧。

ease up to work less hard 工作时悠着点劲: *Ease up a bit or you'll make yourself ill!* 不要太劳累，身体为重啊。

easel /'i:zl ‖ 'izḷ/ *noun* [C] a wooden frame that holds a blackboard or a picture that is being painted 黑板架；画架

☆**east** /i:st ‖ ist/ *noun* [sing] (*abbr* 缩写 **E**) **1** (*also* 亦作 **the east**) one of the four main points of the compass; the direction you look towards in order to see the sun rise 东方: *Which way is east?* 哪边是东？○ *a cold wind from the east* 东边吹来的寒风 ○ *Which county is to the east of Oxfordshire?* 牛津郡东靠哪一郡？☛ picture at **north**. 见 **north** 插图。**2 the east; the East** the part of any country, city, etc that lies further to the east than the other parts（国家、城市等的）东部: *Norwich is in the East of England.* 诺里奇位于英国的东部。**3 the East** the countries of Asia, eg China, Japan 东方国家（例如中国、日本）☛ Look at **Far East** and **Middle East**. 参看 **Far East** 及 **Middle East**。

east (*also* 亦作 **East**) *adj* in or towards the east, or from the east 在东方；向东方；来自东方: *the East Coast of America* 美国东岸 ○ *an east wind* 东风 ○ *East London* 伦敦东部

east *adv* to or towards the east 在东方；向东方: *They headed east.* 他们往东走去。○ *We live east of the city.* 我们在这个城市的东面居住。

easterly /'i:stəlɪ ‖ 'istɚlɪ/ *adj* **1** to, towards or in the east 向东方；在东方: *They travelled in an easterly direction.* 他们向东而行。**2** (used about winds 指风) coming from the east 从东边吹来的: *cold easterly winds* 寒冷的东风

eastward /'i:stwəd ‖ 'istwɚd/ *adj* towards the east 向东方: *to travel in an eastward direction* 向东而行

eastward (*also* 亦作 **eastwards**) *adv* towards the east 向东方: *The Amazon flows eastwards.* 亚马孙河向东而流。

'**eastbound** *adj* travelling or leading towards the east 向东而行的: *The eastbound carriage way of the motorway is blocked.* 高速公路的东行车道受阻。

☆**Easter** /'i:stə(r) ‖ 'istɚ/ *noun* [U] the Sunday in March or April when Christians celebrate Christ's return to life 复活节

'**Easter egg** *noun* [C] an egg, usually made of chocolate, that you give as a present at Easter 复活节彩蛋（用作复活节礼物的巧克力蛋）

☆**eastern** (*also* 亦作 **Eastern**) /'i:stən ‖ 'istɚn/ *adj* **1** of, in or from the east of a place 东部的；在东部；来自东部: *Eastern Scotland* 苏格兰东部 ○ *the eastern shore of the lake* 湖的东岸 **2** from or connected with the countries of the East 来自东方国家；东方国家的: *Eastern cookery* (= that comes from Asia) 东方烹饪（亚洲烹饪）

☆**easy**[1] /'i:zɪ ‖ 'izɪ/ *adj* (**easier**; **easiest**) **1** not difficult 不难；容易: *an easy question* 容易的问题 ○ *It isn't easy to explain the system.* 这个操作体系可不容易说明白。○ *The system isn't easy to explain.* 这个操作体系可不容易说明白。**2** without any pain, trouble or worry 没痛楚；没麻烦；没忧虑: *an easy life* 无忧无虑的生活 ○ *My mind's easier now.* 我放心多了。☛ Look at **ease**. 参看 **ease**。

(IDIOMS 习语) **free and easy** ⇨ FREE[1]

I'm easy (*informal* 非正式) I don't mind; whichever you prefer 随便吧: *'Would you like to go first or second?' 'I'm easy.'* "你先去还是让人家先去？" "随便吧。"

easily *adv* **1** without difficulty 容易地: *I can easily ring up and check the time.* 查问时间，我打个电话就行了，不费劲的。**2** without doubt 毫无疑问: *It's easily his best novel.* 这绝对是他最好的小说。—**easiness** *noun* [U]

ˌ**easy** '**chair** *noun* [C] a large comfortable chair with arms 安乐椅

ˌ**easy'going** *adj* (used about a person 指人) calm, relaxed and not easily worried 随和: *Her parents are very easygoing. They let her do what she wants.* 她父母很随和，她要做什么就让她做什么。

☆**easy**[2] /'i:zɪ ‖ 'izɪ/ *adv* (**easier**; **easiest**)

(IDIOMS 习语) **easier said than done** more difficult to do than to talk about 说起来容易，做起来难: *'You should get her to help you.' 'That's easier said than done.'* "你该找她帮帮忙。" "你说得容易。"

go easy (*informal* 非正式) to work less hard 工作时悠着点劲: *My doctor advised me to go easy until I'm fully recovered.* 医生叫我在完全康复之前别操劳。

go easy on/with sb/sth (*informal* 非正式) **1** to be gentle or less strict with sb 对某人温和/不太严厉: *Go easy on him; he's just a child.* 你就别苛责他，他还是个孩子嘛。**2** to avoid using too much of sth 有节制地用: *Go easy with the salt; it's bad for your heart.* 不要多吃盐，多吃了对心脏不好。

take it/things easy to relax and not work too hard or worry too much 放松点；不要太辛苦/太担心

☆**eat** /i:t ‖ it/ *verb* (*pt* **ate** /et; *US* 美 eɪt ‖ et/; *pp* **eaten** /'i:tn ‖ 'itṇ/) **1** [I,T] to put food into your mouth, then chew and swallow it 吃: *Have you eaten all the biscuits?* 你把所有饼干都吃完了？○ *Eat your dinner up, Joe* (= Finish it all). 乔，把晚饭吃干净。○ *She doesn't eat properly. No wonder she's so thin.* 她不好好吃饭，怪不得这么瘦。**2** [I] to have a meal 吃饭: *What time shall we eat?* 我们什么时候吃饭？

(IDIOM 习语) **have your cake and eat it** ⇨ CAKE

(PHRASAL VERBS 短语动词) **eat sth away/**

E

eat away at sth to damage or destroy sth gradually 蚕食: *The sea had eaten away at the cliff.* 海水已经把崖壁冲蚀了。

eat out to have a meal in a restaurant 吃馆子: *Would you like to eat out tonight?* 今晚我们下馆子，好吗？

eater *noun* [C] a person who eats in a particular way 以某种方式吃东西的人: *My uncle's a big eater* (= he eats a lot). 我舅舅饭量惊人。

eau-de-cologne (*also* 亦作 **cologne**) /ˌəʊdəkə'ləʊn ‖ ˌodəkə'lon/ *noun* [U] a type of perfume that is not very strong 科隆/古龙香水（一种不太浓的香水）

eaves /i:vz ‖ ivz/ *noun* [plural] the edges of a roof that come out beyond the walls 房檐: *There's a bird's nest under the eaves.* 檐下有个鸟巢。

eavesdrop /'i:vzdrɒp ‖ 'ivzˌdrɑp/ *verb* [I] (eavesdro**pp**ing; eavesdro**pp**ed) to listen secretly to other people talking 偷听: *They caught her eavesdropping on their conversation.* 他们发现她在偷听他们说话。

ebb /eb ‖ ɛb/ *verb* [I] **1** (used about the tides of the sea 指潮水) to go out 退去 **2** (used about a feeling, etc 指感觉等) to become weaker 变淡: *The crowd's enthusiasm began to ebb.* 群众的热情开始淡漠。

ebb *noun* [sing] **the ebb** the time when the tide is flowing away from the land 退潮

(IDIOM 习语) **the ebb and flow (of sth)** (used about a situation, noise, feeling, etc 指情况、噪音、感觉等) a regular increase and decrease in the progress or strength of sth 时起时落

ebony /'ebənɪ ‖ 'ɛbənɪ/ *noun* [U] a hard black wood 乌木

eccentric /ɪk'sentrɪk ‖ ɪk'sɛntrɪk/ *adj* (used about people or their behaviour 指人或行为) strange or unusual 奇异；古怪: *People said he was mad but I think he was just slightly eccentric.* 人们都说他疯了，我看他不过有点怪。

eccentric *noun* [C] an eccentric person 怪人: *She is quite an eccentric.* 她是个怪人。—**eccentricity** /ˌeksen'trɪsətɪ ‖ ˌɛksɛn'trɪsətɪ/ *noun* [C,U] (*pl* **eccentricities**)

ecclesiastical /ɪˌkli:zɪ'æstɪkl ‖ ɪˌklizɪ'æstɪkḷ/ *adj* connected with the Christian Church 基督教教会的: *ecclesiastical law* 教会法

echo /'ekəʊ ‖ 'ɛko/ *noun* [C] (*pl* **echoes**) a sound that is repeated as it is sent back off a surface such as the wall of a cave 回声；回音: *'Is anybody there?' she shouted. '...ere,' came back the echo.* "有人在吗？"她喊了一声。声音刚落，那边传来"…吗"的回声。

echo *verb* **1** [I] (used about a sound 指声音) to be repeated; to come back as an echo 激起回响: *Their footsteps echoed in the empty church.* 空无一人的教堂回荡着他们的脚步声。 **2** [T] **echo sth (back)** to repeat or send back a sound 重复声音；把声音挡回去: *The tunnel echoed back their calls.* 隧道回荡着他们的叫声。○ (*figurative* 比喻) *The child echoed everything his mother said.* 妈妈说什么，这孩子就说什么。**3** [I] **echo (to/with sth)** (used about places 指地方) to be full of a particular sound 回荡着…: *The valley echoed with their laughter.* 山谷回荡着他们的笑声。

éclair /ɪ'kleə(r) ‖ ɪ'klɛr/ *noun* [C] a type of long thin cake, usually filled with cream and covered with chocolate 手指酥饼（奶油馅，外涂巧克力）

eclipse /ɪ'klɪps ‖ ɪ'klɪps/ *noun* [C] **1** an occasion when the moon passes between the earth and the sun or the earth's shadow falls on the moon, cutting off all or some of the light 食；日食；月食: *a total/partial eclipse of the sun* 日全/偏食 **2** the loss of a person's importance, success, etc（某人的地位、成就等）黯然失色

eclipse *verb* [T] **1** (used about the moon, etc 指月球等) to cause an eclipse of the sun, etc 遮蔽了太阳等的光 **2** (used about a person 指人) to make another person seem less interesting, important, etc 把别人比下去

ecology /i:'kɒlədʒɪ ‖ i'kɑlədʒɪ/ *noun* [U] the relations between living things and their surroundings; the study of this subject 生态；生态学 —**ecological** /ˌi:kə'lɒdʒɪkl ‖ ˌikə'lɑdʒɪkḷ/ *adj*: *an ecological disaster* 生态灾祸 ○ *The Green Party has tried to make people aware of ecological issues.* 绿党做了不少工作，促使世人关注生态问题。—**ecologically** *adv*

ecologist /i:'kɒlədʒɪst ‖ i'kɑlədʒɪst/ *noun* [C] an expert in ecology 生态学家

☆**economic** /ˌi:kə'nɒmɪk; ˌekə'nɒmɪk ‖ ˌikə'nɑmɪk; ˌɛkə'nɑmɪk/ *adj* **1** (only *before* a noun 只用于名词前) connected with the supply of money, trade, industry, etc 与经济有关: *the government's economic policy* 政府的经济政策 ○ *The country faces growing economic problems.* 该国面对越来越多的经济问题。**2** producing a profit 有利可图的: *The mine was closed because it was not economic.* 这个矿场无利可图，不得不关门大吉。☛ Look at **economical**. It has a different meaning. 参看 **economical**，这个词的意义跟 **economic** 不同。—**economically** /-klɪ ‖ -klɪ/ *adv*: *The country was economically very underdeveloped.* 这个国家的经济很不发达。

economical /ˌi:kə'nɒmɪkl; ˌekə'nɒmɪkl ‖ ˌikə'nɑmɪkḷ; ˌɛkə'nɑmɪkḷ/ *adj* costing less time, money, fuel, etc; using sth carefully 经济的；省俭的；节约的: *an economical car to run* 省油的汽车 ☛ Look at **economic**. It has a different meaning. 参看 **economic**，这个词的意义跟 **economical** 不同。—**economically** /-klɪ ‖ -klɪ/ *adv*: *The train service could be run more economically.* 火车服务可以办得更符合经济效益。

economics /ˌi:kə'nɒmɪks; ˌekə'nɒmɪks ‖ ˌikə'nɑmɪks; ˌɛkə'nɑmɪks / *noun* [U] the study or principles of the way money, trade and industry are organized 经济学；经济情况: *a degree in economics* 经济学学位 ○ *the economics of a company* 公司的经济状况

economist /ɪ'kɒnəmɪst ‖ ɪ'kɑnəmɪst/ *noun* [C] an expert in economics 经济学家

economize (*also* 亦作 **economise**) /ɪ'kɒnəmaɪz ‖ ɪ'kɑnəˌmaɪz/ *verb* [I] **economize (on sth)** to save money, time, resources, etc; to use less of sth 节省；节约

☆**economy** /ɪ'kɒnəmɪ ‖ ɪ'kanəmɪ/ *noun* (*pl* **economies**) **1** [C] (*also* 亦作 **the economy**) the operation of a country's money supply, trade and industry 经济: *The economy of the country is based on agriculture.* 该国经济以农业为基础。○ *There are signs of improvement in the economy.* 经济有复苏的迹象。○ *the economies of America and Japan* 美日两国的经济 **2** [C,U] careful spending of money, time, resources, etc; trying to save, not waste sth 节约；省俭: *Our department is making economies in the amount of paper it uses.* 本部门正厉行节约，减少用纸。○ *For reasons of economy, please turn off all unnecessary lights.* 为了节约起见，闲着的灯火请熄掉。○ *economy class* (= the cheapest class of air travel) 经济座（客机上最便宜的座位）

ecstasy /'ekstəsɪ ‖ 'ɛkstəsɪ/ *noun* [C,U] (*pl* **ecstasies**) a feeling or state of great happiness 狂喜: *to be in ecstasy* 欣喜若狂 ○ *She went into ecstasies about the ring he had bought her.* 这枚戒指是他给她买的，使她高兴得如痴如醉。

ecstatic /ɪk'stætɪk ‖ ɪk'stætɪk/ *adj* extremely happy 狂喜的

ecu (*also* 亦作 **ECU**) /'ekju:; 'eɪkju:‖ 'eˌkju/ *noun* [C] the unit of currency used for trade between member countries of the European Community 欧洲通货单位；欧洲货币单位 ☛ **Ecu** is short for **European Currency Unit**. * **ecu** 的全名为 **European Currency Unit**。

ecumenical /ˌi:kju:'menɪkl; ˌekju:- ‖ ˌɛkjʊ-'mɛnɪkḷ/ *adj* connected with the idea of uniting all the different parts of the Christian Church 与"联合不同基督教宗派"这一概念有关；普世教会的；大公的

eczema /'eksɪmə; *US* 美 ɪg'zi:mə ‖ ɪg'zimə/ *noun* [U] a disease which makes the skin red and itchy 湿疹

eddy /'edɪ ‖ 'ɛdɪ/ *noun* [C] (*pl* **eddies**) a circular movement of water, wind, dust, etc（水、风、尘等的）旋涡/涡流

☆**edge**[1] /edʒ ‖ ɛdʒ/ *noun* [C] **1** the place where sth, especially a surface, ends; the limit 边缘；边线: *the edge of a table* 桌边 ○ *The leaves were brown and curling at the edges.* 叶子披上了一层褐，打边缘卷曲起来。○ *I stood at the water's edge.* 我站在水边。○ *to fall off the edge of a cliff* 掉下了山崖 **2** the sharp cutting part of a knife, etc 刀口；刃

(IDIOMS 习语) **an/the edge on/over sb/sth** a slight advantage over sb/sth 略胜某人/某事物；略占上风: *She knew she had the edge over the other candidates.* 她知道自己比其他候选人略胜一筹。

(be) on edge to be nervous, excited or quick to lose your temper 紧张不安；急躁: *I'm a bit on edge because I get my exam results today.* 今天放榜，我心里有点紧张。☛ Look at **edgy**. It has a similar meaning. 参看 **edgy**，这个词的意义与 **(be) on edge** 相近。

edge[2] /edʒ ‖ ɛdʒ/ *verb* **1** [T] (usually passive 通常用于被动语态) **edge sth (with sth)** to arrange sth along the edge of sth else 镶边: *The cloth was edged with lace.* 这块布镶了花边。**2** [I,T] **edge (sth/your way) across, along, away, back, etc** to move slowly and carefully across, etc 小心翼翼地横越（某处）/沿（某处）向前/移离/移回…: *The burglar edged his way along the roof.* 小偷沿着屋顶一步一步地爬。○ *We edged closer to get a better view.* 我们都凑近一点，希望看个清楚。○ *She edged her chair up to the window.* 她把椅子挪到窗前。

edgeways /'edʒweɪz ‖ 'ɛdʒˌwez/ (*also* 亦作 **edgewise** /'edʒwaɪz‖ 'ɛdʒˌwaɪz/) *adv*

(IDIOM 习语) **get a word in edgeways** ⇨ WORD

edgy /'edʒɪ ‖ 'ɛdʒɪ/ *adj* (*informal* 非正式) nervous, worried or quick to become upset 紧张不安；急躁: *You seem very edgy. What's bothering you?* 看你心烦意乱的，可有什么事使你烦恼？

edible /'edɪbl ‖ 'ɛdəbḷ/ *adj* good or safe to eat 可以吃的；可食用的: *Are these mushrooms edible?* 这些蘑菇吃得吃不得？☛ The opposite is **inedible**. 反义词为 **inedible**。

edifice /'edɪfɪs ‖ 'ɛdəfɪs/ *noun* [C] (*formal* 正式) a large impressive building 雄伟的建筑

edit /'edɪt ‖ 'ɛdɪt/ *verb* [T] **1** to prepare a piece of writing to be published, making sure that it is correct, the right length, etc 编辑；校订 **2** to prepare a film, television or radio programme by arranging filmed material in a particular order 剪辑 **3** to be in charge of a newspaper, magazine, etc 主编/编辑（报刊等）

edition /ɪ'dɪʃn ‖ ɪ'dɪʃən/ *noun* [C] **1** the form in which a book is published 版本: *a paperback/hardback edition* 平装/精装本 **2** one of a series of television or radio programmes 一辑电视/电台节目: *And now for this week's edition of 'Panorama'...* 现在是本周的"万花筒"节目。**3** the number of copies of a book, etc that are printed at the same time（书籍等的）一版: *the morning edition of a newspaper* 报纸的上午版

☆**editor** /'edɪtə(r) ‖ 'ɛdɪtɚ/ *noun* [C] **1** a person whose job is to prepare a book, television or radio programme（书、电视或电台节目等的）主编/编辑/校订者 **2** the person who is in charge of a newspaper or part of a newspaper（报纸的）主编；（报纸专栏的）编辑: *the financial editor* 金融栏编辑 ○ *Who is the editor of 'The Times'?* 谁是《泰晤士报》的主编？

editorial /ˌedɪ'tɔ:rɪəl ‖ ˌɛdə'tɔrɪəl/ *noun* [C] an article in a newspaper, usually written by the editor, giving an opinion on an important subject 社论；社评

☆**educate** /'edʒʊkeɪt ‖ 'ɛdʒʊˌket/ *verb* [T] to teach or train sb, especially in school 教育: *Young people should be educated to care for their environment.* 我们该教导年青人爱护环境。○ *All their children were educated at public schools.* 他们家的孩子上的都是公立学校。

educated /'edʒʊkeɪtɪd ‖ 'ɛdʒʊˌketɪd/ *adj* having learnt a lot of things to a high standard 有教养的: *a highly educated woman* 一个很有教养的女人

☆**education** /ˌedʒʊ'keɪʃn ‖ ˌɛdʒʊ'keʃən/ *noun* [C, usually sing,U] the teaching or training of

E

people, especially in schools, etc to improve their knowledge and develop their skills 教育: *primary, secondary, higher, adult education* 小学/中学/高等/成人教育 ○ *She received an excellent education.* 她受过良好的教育。

educational /-ʃənl ‖ -ʃənḷ/ *adj* connected with or providing education 与教育有关；富教育意义；教育的: *an educational toy, visit, experience, etc* 启智玩具；教育性访问；获益良多的体验…

eel /iːl ‖ il/ *noun* [C] a long fish that looks like a snake 鳗

eerie (*also* 亦作 **eery**) /ˈɪərɪ ‖ ˈɪrɪ/ *adj* strange and frightening 怪异；恐怖 —**eerily** *adv* —**eeriness** *noun* [U]

☆**effect** /ɪˈfekt ‖ ɪˈfɛkt/ *noun* **1** [C,U] **(an) effect (on sb/sth)** a change that is caused by sth; a result 影响；变动；结果: *the effects of acid rain on the lakes and forests* 酸雨对湖泊和森林的影响 ○ *His words had a strong effect on me.* 他的话对我影响很大。○ *Her shouting had little or no effect on him.* 她只管叫，他就是不理不睬。☛ Look at **after-effect** and **side-effect**. 参看 **after-effect** 及 **side-effect**。**2** [C,U] the impression that a speaker, book, film, etc gives（说话的人、书、电影等予人的）印象/效果: *How does the artist create the effect of moonlight?* 画家怎样创造出月光的效果？○ *He likes to say things just for effect* (= to impress people). 他爱哗众取宠。**3 effects** (*formal* 正式) your personal possessions 私人财物

(IDIOMS 习语) **come into effect** (used especially about laws or rules 尤指法例、规则) to begin to be used; to come into operation 生效；实施

in effect 1 in fact; for all practical purposes 其实: *Though they haven't made an official announcement, she is, in effect, the new director.* 虽然还没正式公布，但她实际上已是新任的主管。**2** (used about a rule, a law, etc 指法例、规则等) in operation; in use 生效；实施: *The new rules will be in effect from next season.* 新条例在下一季生效。

take effect 1 (used about a drug, etc 指药物等) to begin to work; to produce the desired result 见效: *The anaesthetic took effect immediately.* 麻醉药迅速见效。**2** (used about a law, etc 指法例等) to come into operation 生效: *The cease-fire takes effect from midnight.* 停火在午夜生效。

to this/that effect with this/that meaning 有这个/那个意思: *I told him to leave her alone, or words to that effect.* 我叫他不要缠住她，大意是这样的话。

effect *verb* [T] (*formal* 正式) to cause sth to happen; to have sth as a result 使发生；造成: *to effect a change* 引起改变 ☛ Look at **affect**. It has a different meaning. 参看 **affect**，这个词的意义跟 **effect** 不同。

☆**effective** /ɪˈfektɪv ‖ ɪˈfɛktɪv/ *adj* **1** producing the result that you want 有效的: *Scientists are looking for an effective way to reduce energy consumption.* 科学家正努力研究，力求找出节省能源的有效方法。○ *a medicine that is effective against the common cold* 能治好一般感冒的药物 ☛ The opposite is **ineffective**. 反义词为 **ineffective**。**2** making a pleasing impression 给人深刻/良好印象的: *That picture would look more effective on a dark background.* 那幅画用暗色的背景衬托，效果更佳。**3** real or actual, although perhaps not official 真正的/实际上的（也许不是公认的）: *The soldiers gained effective control of the town.* 全城实际上已由军队控制。

effectively *adv* **1** in an effective way 有效地: *She dealt with the situation effectively.* 她应付得好。**2** in effect; for practical purposes 事实上；实际上: *It meant that, effectively, they had lost.* 实际上也就是说，他们输了。—**effectiveness** *noun* [U]

effeminate /ɪˈfemɪnət ‖ ɪˈfɛmənɪt/ *adj* (used about a man or his behaviour 指男人或男人的行为) like a woman 女人气的；有脂粉气的

☆**efficient** /ɪˈfɪʃnt ‖ ɪˈfɪʃənt/ *adj* able to work well without making mistakes or wasting time and energy 有效率的: *Our secretary is very efficient.* 我们的秘书很有效率。○ *You must find a more efficient way of organizing your time.* 你得想个办法，更有效率地分配你的时间。☛ The opposite is **inefficient**. 反义词为 **inefficient**。—**efficiency** /ɪˈfɪʃnsɪ ‖ ɪˈfɪʃənsɪ/ *noun* [U] —**efficiently** *adv*

☆**effort** /ˈefət ‖ ˈɛfɚt/ *noun* **1** [U] the use of strength or energy 用力；努力: *They have put a lot of effort into their garden this summer.* 这个夏天，他们往花园里倾注了不少心血。○ *He made no effort to contact his parents.* 他没有尝试跟他爸妈联络。**2** [C] something that is done with difficulty or the use of energy 费力的工作；花精力的事情: *It was a real effort to stay awake in the lecture.* 要在那堂课上不打瞌睡，真得花很大的劲。

effortless /ˈefətlɪs ‖ ˈɛfɚtlɪs/ *adj* (apparently) needing little or no effort（表面上）不费劲/不费吹灰之力 —**effortlessly** *adv*

egalitarian /ɪˌgælɪˈteərɪən ‖ ɪˌgæləˈtɛrɪən/ *adj* (used about a person, system, society, etc 指人、制度、社会等) following the principle that everyone should have equal rights 平等主义的

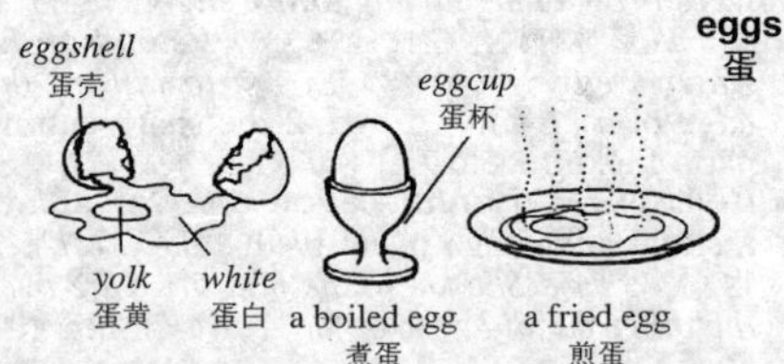

☆**egg**[1] /eg ‖ ɛg/ *noun* **1** [C] an oval object with a hard shell that contains a young bird, reptile or insect 蛋；卵 ☛ A female bird **lays** her eggs and then **sits on** them until they **hatch**. 雌鸟产下 (**lay**) 鸟蛋，然后伏在 (**sit on**) 蛋上，孵出 (**hatch**) 幼雏。**2** [C,U] an egg from a hen, etc, used as food（食用的）蛋: *Would you like bacon and eggs for breakfast?* 早餐吃熏咸肉配鸡蛋，好不好？☛ Eggs may be **boiled**,

fried, **poached** (cooked in water without their shells) or **scrambled**. 鸡蛋的烹调方法有：煮 (**boil**)、煎 (**fry**)、水煮（**poach**，把鸡蛋去壳，然后放在开水中煮）、炒 (**scramble**)。**3** [C] the small seed in a female animal that can join with a male seed (**a sperm**) to make a baby 卵（雌性动物的细胞，与精子 (**sperm**) 结合后产生第二代）

(IDIOM 习语) **put all your eggs in one basket** to risk everything by depending completely on one thing, plan, etc 孤注一掷

ˈ**eggcup** *noun* [C] a small cup for holding a boiled egg 蛋杯（用来盛放煮熟的蛋）

ˈ**eggplant** *noun* [C,U] (*especially US* 尤为美) = AUBERGINE

ˈ**eggshell** *noun* [C,U] the hard outside part of an egg 蛋壳

egg² /eg ‖ ɛg/ *verb*

(PHRASAL VERB 短语动词) **egg sb on (to do sth)** to encourage sb to do sth (bad or dangerous) 怂恿某人（干坏事或危险的事情）

ego /ˈegəʊ; *US* 美 ˈi:gəʊ ‖ ˈigo/ *noun* [C] (*pl* **egos**) the (good) opinion that you have of yourself 对自我的评价；自尊心: *It was a blow to her ego when she lost her job.* 她丢了工作，自尊心大受打击。

egocentric /ˌegəʊˈsentrɪk; *US* 美 ˌi:g- ‖ ˌigoˈsɛntrɪk/ *adj* interested only in yourself; selfish 自我中心的；自私的

egoism /ˈegəʊɪzəm; *US* 美 ˈi:g- ‖ ˈigoˌɪzəm/ *noun* [U] thinking about yourself too much; selfishness 自我中心；自私自利

egoist /-ɪst ‖ -ɪst/ *noun* [C] a person who thinks about himself/herself too much; a selfish person 自我主义者；自私自利的人 —**egoistic** /ˌegəʊˈɪstɪk; *US* 美 ˌi:g- ‖ ˌigoˈɪstɪk/ *adj*

eh /eɪ ‖ e/ *interj* (*informal* 非正式) **1** (used for asking sb to agree with you 用于征求同意): *'Good party, eh?'* "这酒会不错吧？" **2** (used for asking sb to repeat sth 用于要求某人再说一遍): *'Did you like the film?' 'Eh?' 'I asked if you liked the film!'* "你喜欢这部电影吗？" "嗯？" "我问你喜欢不喜欢这部电影！"

eiderdown /ˈaɪdədaʊn ‖ ˈaɪdɚdaʊn/ *noun* [C] a covering for a bed filled with soft feathers (**down**), usually used on top of blankets 鸭绒被（用羽绒 (**down**) 填充的被褥）☛ Look at **duvet**. 参看 **duvet**。

☆**eight** /eɪt ‖ et/ *number* 8; one more than seven 八 ☛ For examples of how to use numbers in sentences, look at **six**. 有关数字在句子中的实际用法，参看 **six**。

eight- (in compounds 用以构成复合词) having eight of sth 有八个…: *an eight-sided coin* 八角形硬币

eighth /eɪtθ ‖ etθ/ *pron*, *det*, *adv* 8th; next after seventh 第八的

eighth *noun* [C] the fraction ⅛; one of eight equal parts of sth 八分之一 ☛ Look at the examples at **sixth**. 参看 **sixth** 的示例。

☆**eighteen** /eɪˈti:n ‖ eˈtin/ *number* 18; one more than seventeen 十八 ☛ For examples of how to use numbers in sentences, look at **six**. 有关数字在句子中的实际用法，参看 **six**。

eighteenth /ˌeɪˈti:nθ ‖ eˈtinθ/ *pron*, *det*, *adv* 18th; next after seventeenth 第十八的 ☛ Look at the examples at **sixth**. 参看 **sixth** 的示例。

☆**eighty** /ˈeɪtɪ ‖ ˈetɪ/ *number* 80; one more than seventy-nine 八十 ☛ For examples of how to use numbers in sentences, look at **sixty**. 有关数字在句子中的实际用法，参看 **sixty**。

eightieth /ˈeɪtɪəθ ‖ ˈetɪɪθ/ *pron*, *det*, *adv* 80th, next after seventy- ninth 第八十的 ☛ Look at the examples at **sixth**. 参看 **sixth** 的示例。

☆**either** /ˈaɪðə(r); ˈi:ðər ‖ ˈiðɚ/ *det*, *pron* **1** one or the other of two; it does not matter which 两者之中的任何一个: *There's cake or ice-cream. You can have either.* 有蛋糕，也有冰淇淋，随便你要哪样都行。○ *You can ask either of us for advice.* 我们俩谁都可以给你出主意。○ *Either of us is willing to help.* 我们俩谁都乐意伸出援手。☛ **Either** is used with a singular verb but in spoken informal English a plural verb can be used after **either of** and a plural noun * **either** 跟单数动词连用，但在非正式场合里，口语中可以用复数动词（**either of** + 复数名词 + 复数动词）: *Either of us are willing to help.* 我们俩谁都乐意帮忙。**2** both 二者；两者都: *It is a pleasant road, with trees on either side.* 这条路两边都种满了树，使人爽心悦目。

either *conj* **either... or...** (used when you are giving a choice, usually of two things 表示提供选择，通常在两者中择其一) 要么…要么…；不是…就是…: *You can have the car in either black or blue.* 这种汽车有黑色，也有蓝色，任你挑选。○ *Either you leave or I do.* 不是你走就是我走。○ *You can either write or phone.* 你可以写信，也可以打电话。

either *adv* **1** (used after two negative statements 用于两个否定式之后) also 同样；也: *I don't like Pat and I don't like Nick much either.* 我不喜欢帕特，也不喜欢尼克。○ *'I can't remember his name.' 'I can't either.'* "我记不起他的名字。" "我也记不起。" ☛ We can also say **neither can I**. 也可以说 **neither can I**。**2** (used for emphasizing a negative statement 用于强调否定式): *The restaurant is quite good. And it's not expensive either.* 这家饭店很不错，收费也算公道。

ejaculate /ɪˈdʒækjʊleɪt ‖ ɪˈdʒækjəˌlet/ *verb* **1** [I] to send out liquid (**semen**) from the penis 射精（精液叫做 **semen**）**2** [I,T] (*formal* 正式) to say sth suddenly 突然说出 —**ejaculation** /ɪˌdʒækjʊˈleɪʃn ‖ ɪˌdʒækjəˈleʃən/ *noun* [C,U]

eject /ɪˈdʒekt ‖ ɪˈdʒɛkt/ *verb* **1** [T] (often passive 常用于被动语态) to push or send sb/sth out of a place (usually with force)（通常指用力）把某人/某物从某处推出去: *The protesters were ejected from the building.* 示威者被赶出那座大厦。**2** [I] to make an emergency exit from an aeroplane（逃生的时候，从飞机）弹射出来

eke /i:k ‖ ik/ *verb*

(IDIOM 习语) **eke out a living** to manage to live with very little money 糊口

(PHRASAL VERB 短语动词) **eke sth out** to make a small amount of sth last longer 省着用（某种少量的东西）

E

elaborate /ɪ'læbərət ‖ ɪ'læbərɪt/ *adj* very complicated; done or made very carefully 复杂；精巧: *elaborate plans* 复杂的计划
elaborate /ɪ'læbəreɪt ‖ ɪ'læbə,ret/ *verb* [I] **elaborate (on sth)** (*formal* 正式) to give details about sth 详述
elapse /ɪ'læps ‖ ɪ'læps/ *verb* [I] (*formal* 正式) (used about time 指时间) to pass 过去；消逝
elastic /ɪ'læstɪk ‖ ɪ'læstɪk/ *noun* [U] material with rubber in it which can stretch 橡皮圈；橡皮筋
elastic *adj* **1** (used about material, etc 指材料等) able to return to its original size after being stretched 有弹性的；有弹力的 **2** (*figurative* 比喻) able to be changed; not fixed 可以改变的；有弹性的: *Our rules are quite elastic.* 我们的规则很有弹性。
e,lastic 'band *noun* [C] = RUBBER BAND
elated /ɪ'leɪtɪd ‖ ɪ'letɪd/ *adj* (*formal* 正式) very happy and excited 兴高采烈；得意扬扬 —**elation** /ɪ'leɪʃn ‖ ɪ'leʃən/ *noun* [U]
☆**elbow** /'elbəʊ ‖ 'ɛl,bo/ *noun* [C] **1** the joint where the arm bends in the middle 肘；肘部 ☛ picture on page A21. 见第 A21 页插图。 **2** the part of the sleeve of a coat, jacket, etc that covers the elbow（衣服的）肘部
elbow *verb* [T] to push with the elbows 用肘推/挤: *She elbowed me out of the way to get to the food first.* 她用肘推开我，抢先去拿那些食物。
'elbow-room *noun* [U] enough space to move freely 充足的活动空间
☆**elder** /'eldə(r) ‖ 'ɛldɚ/ *adj* (only *before* a noun 只用于名词前) older (of two members of a family)（两个家庭成员中）年纪较大的: *My elder daughter is at university now but the other one is still at school.* 我的大女儿正在念大学，小女儿还在念中学。
elder *noun* **1** [sing] the older of two people（两者中）年纪较大的一个: *Who is the elder of the two?* 他们俩谁的年纪比较大？ **2 my, etc elder** [sing] a person who is older than me, etc 年纪比（我、她等）大的人: *He is her elder by several years.* 他比她大好几岁。 **3 elders** [plural] older people 长者: *Do children still respect the opinions of their elders?* 长辈的话，现在的孩子还听不听？
elderly /'eldəlɪ ‖ 'ɛldɚlɪ/ *adj* (used about a person 指人) old 年老的 ☛ This is a polite way of saying 'old'. 这是形容人年老的委婉词。You can use **the elderly** to refer to old people in general * **the elderly** 是老年人的泛称: *The elderly need special care in winter.* 老年人在冬天需要多加照顾。
☆**eldest** /'eldɪst ‖ 'ɛldɪst/ *adj, noun* [C] oldest (of three or more members of a family)（三个或三个以上的家庭成员中）年纪最大的: *Their eldest child is a boy.* 他们的头一个孩子是男的。○ *John's got 4 boys. The eldest has just gone to university.* 约翰有4个儿子，大儿子刚刚考进大学去了。
☆**elect** /ɪ'lekt ‖ ɪ'lɛkt/ *verb* [T] **1 elect sb (to sth); elect sb (as sth)** to choose a Member of Parliament, President, representative, etc by voting 选举: *He was elected to Parliament in 1970.* 他在1970年当选为议会议员。○ *The committee elected her as their representative.* 委员会选她为代表。 **2 elect to do sth** (*formal* 正式) to decide to do sth 决定做（某事）
☆**election** /ɪ'lekʃn ‖ ɪ'lɛkʃən/ *noun* [C,U] (the time of) choosing a Member of Parliament, President, etc by voting 选举；选举期: *In America, presidential elections are held every four years.* 美国每四年就举行一次总统选举。○ *I will not be standing for election again.* 我决定不再参选了。○ *election results* 选举结果

☛ In Britain, **general elections** are held about every five years. 英国每五年就举行一次大选 (**general election**)。Sometimes **by-elections** are held at other times. 有时需要在大选以外的其他时间进行补缺选举 (**by-election**)。In each region (**constituency**) voters must choose one from a list of **candidates**. 每个选区 (**constituency**) 的选民须从多名候选人 (**candidate**) 中选出一位。

elector /ɪ'lektə(r) ‖ ɪ'lɛktɚ/ *noun* [C] a person who has the right to vote in an election 有选举权的人；选民 ☛ **Voter** is a more common word. 较常用的词是 **voter**。—**electoral** /ɪ'lektərəl ‖ ɪ'lɛktərəl/ *adj*: *the electoral register/roll* (= the list of electors in an area) 选民名册
electorate /ɪ'lektərət ‖ ɪ'lɛktərɪt/ *noun* [C, with sing or pl verb] all the people who can vote in a region, country, etc 选民（总称）
☆**electric** /ɪ'lektrɪk ‖ ɪ'lɛktrɪk/ *adj* **1** producing or using electricity 产生电力的；用电的: *an electric current* 电流 ○ *an electric kettle* 电水壶 **2** (*figurative* 比喻) very emotional 非常激动的: *The atmosphere in the room was electric.* 房间里的气氛十分紧张。
the e,lectric 'chair *noun* [sing] a chair used for putting criminals to death with a very strong electric current 电椅
e,lectric 'razor = SHAVER
e,lectric 'shock (*also* 亦作 **shock**) *noun* [C] the effect on the body when an electric current goes through it 电击（触电时所感到的震荡）: *That light switch isn't safe. I got a shock when I touched it.* 那电门很危险，我一开灯，就电了我一下。
☆**electrical** /ɪ'lektrɪkl ‖ ɪ'lɛktrɪkḷ/ *adj* of or about electricity 电的: *an electrical fault* 电力故障 ○ *an electrical appliance* (= a machine that uses electricity) 电器 ○ *an electrical engineer* (= a person who produces electrical systems and equipment) 电气工程师
☆**electrician** /ɪ,lek'trɪʃn ‖ ɪ,lɛk'trɪʃən/ *noun* [C] a person whose job is to install and repair electrical systems and equipment 电工
☆**electricity** /ɪ,lek'trɪsətɪ ‖ ɪ,lɛk'trɪsətɪ/ *noun* [U] a type of energy that provides heat, light and power to work machines, etc 电（力）: *Turn that light off. We don't want to waste electricity.* 快把那盏灯关掉，不要浪费电。

☛ Electricity is usually **generated** in **power stations**. It may also be produced by **generators** or by **batteries** (eg in personal stereos). 发电 (**generate** electricity) 的地方一般是发电站 (**power station**)，也可以是发电机 (**generator**) 或电池 (**battery**，如在便携式立体声唱机里)。

electrify /ɪ'lektrɪfaɪ ‖ ɪ'lɛktrəˌfaɪ/ *verb* [T] (*pres part* **electrifying**; *3rd pers sing pres* **electrifies**; *pt, pp* **electrified**) **1** to supply sth with electricity 供电: *The railways are being electrified as quickly as possible.* 铁路的电气化工程正在全速开展。**2** (*figurative* 比喻) to make sb excited 使兴奋/激动

electrocute /ɪ'lektrəkju:t ‖ ɪ'lɛktrəˌkjut/ *verb* [T] (usually passive 通常用于被动语态) to kill sb with an electric current that passes through the body 使触电死亡；用电刑处死: *Don't touch that wire! You'll electrocute yourself.* 别碰那电线！碰就触电。—**electrocution** /ɪˌlektrə'kju:ʃn ‖ ɪˌlɛktrə'kjuʃən/ *noun* [U]

electrode /ɪ'lektrəʊd ‖ ɪ'lɛktrod/ *noun* [C] one of two points (**terminals**) where an electric current enters or leaves a battery, etc 电极（电路接头叫做 **terminal**）

☆**electronic** /ˌɪlek'trɒnɪk ‖ ɪˌlɛk'trɑnɪk/ *adj* using electronics 电子的: *electronic equipment* 电子设备 ○ *This dictionary is available in electronic form* (= on a computer disk). 这本词典有电子版。—**electronically** /-klɪ ‖ -klɪ/ *adv*

ˌ**electronic 'mail** (*also* 亦作 **email, e-mail**) *noun* [U] sending information using a computer 电子邮件（利用计算机传送资料）

electronics /ˌɪlek'trɒnɪks ‖ ɪˌlɛk'trɑnɪks/ *noun* [U] the technology of using silicon chips, etc to produce computers, radios, etc 电子学；电子技术: *the electronics industry* 电子工业

elegant /'elɪgənt ‖ 'ɛləgənt/ *adj* showing style or good design 优雅；雅致: *She looked very elegant in her new dress.* 她穿起了新的连衣裙，显得雍容华贵。○ *an elegant coat* 优雅大方的大衣 —**elegance** /'elɪgəns ‖ 'ɛləgəns/ *noun* [U] —**elegantly** *adv*

☆**element** /'elɪmənt ‖ 'ɛləmənt/ *noun* **1** [C] one important part of sth 要素: *Cost is an important element when we're thinking about holidays.* 对我们来说，考虑去度假，费用是个重要因素。**2** [C, usually sing] **an element of sth** a small amount of sth 少量: *There was an element of truth in what he said.* 他的话倒有几分是真的。**3** [C] people of a certain type 某一类人: *The criminal element at football matches causes a lot of trouble.* 足球场上的滋事分子经常引起不少麻烦。**4** [C] one of the basic substances eg iron, oxygen, gold, etc 元素（如铁、氧、金等）**5** [C] the part of a kettle, an electric heater, etc that produces heat（水壶、加热器等的）电阻丝/电热元件 **6 the elements** [plural] (*formal* 正式) (bad) weather（恶劣的）天气: *exposed to the elements* 遭受风吹雨打

(IDIOM 习语) **in/out of your element** in a situation where you feel comfortable/ uncomfortable 处于相宜/不相宜的环境

☆**elementary** /ˌelɪ'mentrɪ ‖ ˌɛlə'mɛntrɪ/ *adj* **1** at or in the beginning stages 初级的: *an elementary course in English* 初级英语课程 ○ *a book for elementary students* 小学生使用的入门书 **2** basic; not difficult 基本的；简单的: *elementary physics* 基础物理学

ele'**mentary school** *noun* [C] (*US* 美) a school for children aged six to eleven 初等学校（供六岁到十一岁的儿童就读）

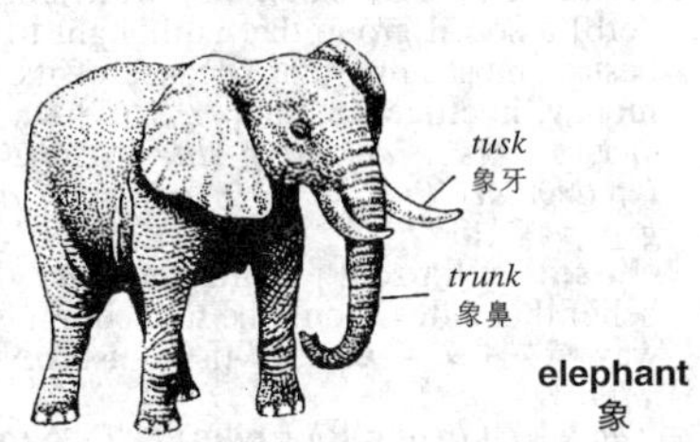

elephant
象

☆**elephant** /'elɪfənt ‖ 'ɛləfənt/ *noun* [C] a very large grey animal with two long curved teeth (**tusks**) and a long nose (**a trunk**) 象；大象（象牙叫做 **tusk**，象鼻叫做 **trunk**）

elevate /'elɪveɪt ‖ 'ɛləˌvet/ *verb* [T] (*formal* 正式) to raise sb/sth to a higher place or position 把某人/某物提升到更高的位置: *an elevated railway* 高架铁路 ○ *He was elevated to the Board of Directors.* 他已晋身董事会。

elevating *adj* (*formal* 正式) improving the mind; educating 提高思想修养的；富于教育意义的: *an elevating book* 富于教育意义的书

elevation /ˌelɪ'veɪʃn ‖ ˌɛlə'veʃən/ *noun* **1** [C,U] (*formal* 正式) elevating or being elevated（被）提升 **2** [C] the height of a place (above sea-level) 海拔: *The city is at an elevation of 2 000 metres.* 那座城市位于海拔 2 000 米的地方。

elevator /'elɪveɪtə(r) ‖ 'ɛləˌvetə/ *noun* [C] (*US* 美) = LIFT

☆**eleven** /ɪ'levn ‖ ɪ'lɛvən/ *number* 11, one more than ten 十一 ☛ For examples of how to use numbers in sentences, look at **six**. 有关数字在句子中的实际用法，参看 **six**。

eleventh /ɪ'levnθ ‖ ɪ'lɛvənθ/ *pron, det, adv* 11th, next after tenth 第十一的 ☛ Look at the examples at **sixth**. 参看 **sixth** 的示例。

elf /elf ‖ ɛlf/ *noun* [C] (*pl* **elves** /elvz ‖ ɛlvz/) (in stories) a small creature with pointed ears who has magic powers（故事里尖耳朵、有魔力的）小妖精/小精灵

elicit /ɪ'lɪsɪt ‖ ɪ'lɪsɪt/ *verb* [T] **elicit sth (from sb)** (*formal* 正式) to get information, facts, a reaction, etc from sb 从（某人那里）探得情报/获知事实；引起（某人的）反应

eligible /'elɪdʒəbl ‖ 'ɛlɪdʒəbl/ *adj* **eligible (for sth/to do sth)** having the right qualifications for sth; suitable 合乎资格的；合适的: *In Britain, you are eligible to vote when you are eighteen.* 英国的法定投票年龄为十八岁。○ *an eligible young man* (= a man who might be a suitable husband) 有条件做丈夫的年青男子

E

eliminate /ɪˈlɪmɪneɪt ‖ ɪˈlɪməˌnet/ *verb* [T] **1** to remove sb/sth that is not wanted or needed 消除；排除: *We must try and eliminate wastage.* 我们要尽量避免浪费。**2** (often passive 常用于被动语态) to stop sb going further in a competition, etc（在比赛等中把某人）淘汰: *The school team was eliminated in the first round of the competition.* 校队在第一回合就被淘汰了。—**elimination** /ɪˌlɪmɪˈneɪʃn ‖ ɪˌlɪməˈneʃən/ *noun* [U]

élite /eɪˈliːt ‖ eˈlit/ *noun* [C, with sing or pl verb] a social group that is thought to be the best or most important because of its power, money, intelligence, etc（权力、财富、智力等方面的）精英: *the ruling élite* 执政精英 ○ *an intellectual élite* 知识分子的精英 ○ *an élite group* 精英团体

élitism /eɪˈliːtɪzəm ‖ eˈlitɪzəm/ *noun* [U] the belief that élites should be treated in a special way 精英主义 —**élitist** /-tɪst ‖ -tɪst/ *noun* [C], *adj*

E

elk /elk ‖ ɛlk/ (*pl* **elk** or **elks**) (*US* 美 **moose**) *noun* [C] a very large deer with large flat horns (**antlers**) 麋；驼鹿（鹿角叫做 **antler**）

elm /elm ‖ ɛlm/ (*also* 亦作 **ˈelm tree**) *noun* [C] a tall tree with broad leaves 榆树

elocution /ˌeləˈkjuːʃn ‖ ˌɛləˈkjuʃən/ *noun* [U] the art of speaking clearly (especially in public) 说话的技巧（尤指演讲术）

elongated /ˈiːlɒŋgeɪtɪd; *US* 美 ɪˈlɔːŋ- ‖ ɪˈlɔŋgetɪd/ *adj* long and thin 细长的

elope /ɪˈləʊp ‖ ɪˈlop/ *verb* [I] **elope (with sb)** to run away secretly to get married 私奔: *She eloped with one of her students.* 她跟她的一个学生私奔。

eloquent /ˈeləkwənt ‖ ˈɛləkwənt/ *adj* (*formal* 正式) able to speak well and influence other people 雄辩滔滔的；有说服力的 —**eloquence** /ˈeləkwəns ‖ ˈɛləkwəns/ *noun* [U] —**eloquently** *adv*

☆**else** /els ‖ ɛls/ *adv* (used after words formed with *any-, no-, some-* and after question words 跟带有 any-、no-、some- 这些语缀的词连用，也用于疑问词的后面) **1** in addition 除此之外: *What else would you like?* 你还要什么？○ *Does anybody else* (= any other person) *know about this?* 还有谁知道这件事情？**2** different 不同的；别的: *There's nothing on the television. Let's find something else to do.* 电视没有什么好看的，我们找别的玩吧。○ *This isn't mine. It must be somebody else's* (= belong to another person). 这不是我的，准是别人的。○ *You'll have to pay. Nobody else* (= no other person) *will.* 你要付钱，谁也不会给你掏腰包的。**3** apart from 除了…之外: *Everybody else* (= everybody apart from me) *is allowed to stay up late.* 人人都可以迟睡，就是我不可以。

(IDIOM 习语) **or else** otherwise; if not 要不然: *You'd better go to bed now or else you'll be tired in the morning.* 你去睡吧，要不然明早就没精神了。○ *He's either forgotten or else he's decided not to come.* 他不是忘了就是不愿意来。

☆**elsewhere** /ˌelsˈweə(r); *US* 美 -ˈhweər ‖ ˈɛlsˌhwɛr/ *adv* (*formal* 正式) in or to another place 在别处；到别处: *If she doesn't like it here, she can go elsewhere.* 要是她不喜欢这儿，她可以到别的地方去。○ *He's travelled a lot – in Europe and elsewhere.* 他到过不少地方，到过欧洲，也到过其他地方。

elude /ɪˈluːd ‖ ɪˈlud/ *verb* [T] (*formal* 正式) **1** to escape (from sb/sth) (sometimes by using a trick) 摆脱（某人/某物）（有时指用诡计）**2** to be difficult or impossible to remember 使记不起来: *I remember his face but his name eludes me.* 我还记得他的样子，可是他的名字我却忘了。

elusive /ɪˈluːsɪv ‖ ɪˈlusɪv/ *adj* not easy to find, catch or remember 不易找寻/捉摸/记住的

elves *pl* of ELF * ELF 的复数

'em /əm ‖ əm/ *pron* (*informal* 非正式) = THEM

emaciated /ɪˈmeɪʃɪeɪtɪd ‖ ɪˈmeʃɪˌetɪd/ *adj* (used about a person 指人) thin and weak because of illness, lack of food, etc 憔悴；消瘦 —**emaciation** /ɪˌmeɪsɪˈeɪʃn ‖ ɪˌmesɪˈeʃən/ *noun* [U]

email (*also* 亦作 **e-mail**) /ˈiːmeɪl ‖ ˈiˌmel/ *noun* [U] = ELECTRONIC MAIL

emancipate /ɪˈmænsɪpeɪt ‖ ɪˈmænsəˌpet/ *verb* [T] to give sb the same legal, social and political rights as other people 使某人享有别人所享有的法律、社会、政治等方面的权利；解放 —**emancipation** /ɪˌmænsɪˈpeɪʃn ‖ ɪˌmænsəˈpeʃən/ *noun* [U]

embankment /ɪmˈbæŋkmənt ‖ ɪmˈbæŋkmənt/ *noun* [C] a thick wall of earth, stone, etc that is built to stop a river overflowing or to carry a road or railway 堤岸；路堤

embargo /ɪmˈbɑːgəʊ ‖ ɪmˈbɑrgo/ *noun* [C] (*pl* **embargoes**) an official order to stop trade with another country 禁运: *to impose an oil embargo* 实行石油禁运 ○ *to lift/remove the embargo on the trade in oil* 撤销石油禁运

embark /ɪmˈbɑːk ‖ ɪmˈbɑrk/ *verb* [I] to get on a ship 上船: *Passengers with cars must embark first.* 驾驶汽车的乘客必须先上船。☛ The opposite is **disembark**. 反义词为 **disembark**。

(PHRASAL VERB 短语动词) **embark on sth** (*formal* 正式) to start sth (new) 着手（某事）: *I'm embarking on a completely new career.* 我开始从事一项完全新的事业。—**embarkation** /ˌembɑːˈkeɪʃn ‖ ˌɛmbɑrˈkeʃən/ *noun* [C,U]

☆**embarrass** /ɪmˈbærəs ‖ ɪmˈbærəs/ *verb* [T] to make sb feel ashamed or uncomfortable 使为难；使尴尬: *She was very embarrassed when her child behaved badly in public.* 她的孩子在人家面前撒泼，把她窘得下不了台。○ *He felt really embarrassed to be seen in odd socks.* 他给人家看见穿了不成对的袜子，感到很窘。○ *The Minister's mistake embarrassed the government.* 那位部长犯了错，把政府搞得下不了台。—**embarrassing** *adj* —**embarrassingly** *adv*

embarrassment *noun* **1** [U] the feeling you have when you are embarrassed 为难；难堪；尴尬 **2** [C] a person or thing that makes you embarrassed 令人为难的人/事物

☆**embassy** /ˈembəsɪ ‖ ˈɛmbəsɪ/ *noun* [C] (*pl* **embassies**) (the official building of) a group of people (**diplomats**) headed by an ambassador, who are sent to live in a foreign country and represent their government there 大使馆全体人员；大使馆（外交官叫做 **diplomat**）☛ Look at **consulate**. 参看 **consulate**。

embed /ɪm'bed ‖ ɪm'bɛd/ *verb* [T] (embe**dd**ing; embe**dd**ed) (usually passive 通常用于被动语态) to fix sth firmly and deeply (in sth else) 把某物嵌入（别的东西里）: *The axe was embedded in the piece of wood.* 斧子嵌在那块木头里。

embezzle /ɪm'bezl ‖ ɪm'bɛzl̩/ *verb* [T] to steal money, etc that you are responsible for (eg in a firm or organization) 盗用（公款）

emblem /'embləm ‖ 'ɛmbləm/ *noun* [C] an object or symbol that represents sth 象征；标志: *The dove is the emblem of peace.* 鸽子是和平的象征。

embody /ɪm'bɒdɪ ‖ ɪm'bɑdɪ/ *verb* [T] (*pres part* **embodying**; *3rd pers sing pres* **embodies**; *pp, pt* **embodied**) (*formal* 正式) **1** to be a very good example of sth 是…的模范；体现: *To me she embodies all the best qualities of a teacher.* 依我看，她体现了好老师的一切优点。**2** to include or contain sth 包括；具备: *This latest model embodies many new features.* 这个最新的款式具备了不少新特点。

embrace /ɪm'breɪs ‖ ɪm'bres/ *verb* **1** [I,T] to take sb into your arms as a sign of love or affection 拥抱 **2** [T] (*formal* 正式) to include 包括；含有: *His report embraced all the main points.* 他的报告罗列了所有的要点。**3** [T] (*formal* 正式) to accept sth eagerly 热切地接受；笃信: *She embraced Christianity in her later years.* 她晚年笃信基督教。

embrace *noun* [C] the act of embracing(1) 拥抱

embroider /ɪm'brɔɪdə(r) ‖ ɪm'brɔɪdɚ/ *verb* **1** [I,T] to decorate cloth by sewing with small stitches 绣: *She embroidered flowers on the cushion in gold thread.* 她给垫子绣上金花。**2** [T] to add untrue details to a story, etc to make it more interesting（为了增加趣味而）渲染

embroidery /-dərɪ ‖ -dərɪ/ *noun* [U] decorative sewing with small stitches; something that has been embroidered(1) 刺绣；绣制品

embryo /'embrɪəʊ ‖ 'ɛmbrɪˌo/ *noun* [C] (*pl* **embryos** /-əʊz ‖ -oz/) an animal or a plant in the early stages of development before birth 胚；胚胎 ☛ Look at **foetus**. 参看 **foetus**。—**embryonic** /ˌembrɪ'ɒnɪk ‖ ˌɛmbrɪ'ɑnɪk/ *adj*

emerald /'emərəld ‖ 'ɛmərəld/ *noun* [C] a bright green precious stone 翡翠；绿宝石

emerald (*also* 亦作 **emerald 'green**) *adj* bright green 翡翠绿

emerge /ɪ'mɜːdʒ ‖ ɪ'mɝdʒ/ *verb* [I] **emerge (from sth) 1** to appear or come from somewhere (unexpectedly)（突如其来地）出现: *A man emerged from the shadows.* 有个男人突然从暗处闪出。○ (*figurative* 比喻) *to emerge strengthened from a difficult experience* 从困难磨练中变得坚强起来 **2** to become known 为人所知: *During investigations it emerged that she was lying about her age.* 在调查过程中发现她虚报岁数。—**emergence** /-dʒəns ‖ -dʒəns/ *noun* [U] —**emergent** /-dʒənt ‖ -dʒənt/ *adj*

☆**emergency** /ɪ'mɜːdʒənsɪ ‖ ɪ'mɝdʒənsɪ/ *noun* [C,U] (*pl* **emergencies**) a serious event that needs immediate action 紧急事故: *In an emergency phone 999 for help.* 遇上紧急事故，立即拨999求救。○ *The government has declared a state of emergency.* 政府颁布了紧急状态令。○ *an emergency exit* 太平门

e'mergency room *noun* [C] (*US* 美) = CASUALTY(3)

emigrate /'emɪgreɪt ‖ 'ɛməˌgret/ *verb* [I] to leave your own country to go and live in another 移居外国: *They emigrated to Australia twenty years ago.* 他们在二十年前移居澳大利亚。

emigrant /'emɪgrənt ‖ 'ɛməgrənt/ *noun* [C] a person who has gone to live in another country 移民 —**emigration** /ˌemɪ'greɪʃn ‖ ˌɛmə'greʃən/ *noun* [C,U] ☛ Look at **immigrant** and **immigration**. 参看 **immigrant** 及 **immigration**。

eminent /'emɪnənt ‖ 'ɛmənənt/ *adj* (*formal* 正式) (used about a person 指人) famous and important 显赫；杰出: *an eminent scientist* 杰出的科学家

eminently /'emɪnəntlɪ ‖ 'ɛmənəntlɪ/ *adv* obviously; very 明显地；十分: *She is eminently suitable for the job.* 她做这份工作实在是游刃有余。

emit /ɪ'mɪt ‖ ɪ'mɪt/ *verb* [T] (emi**tt**ing; emi**tt**ed) (*formal* 正式) to send out sth (a smell, a sound, smoke, heat, light, etc) 散发（气味、烟雾、热、光等）；发出（声音等）—**emission** /ɪ'mɪʃn ‖ ɪ'mɪʃən/ *noun* [C,U]: *controls on sulphur dioxide emissions from power stations* 限制发电厂二氧化硫排出量的措施

☆**emotion** /ɪ'məʊʃn ‖ ɪ'moʃən/ *noun* **1** [C] a strong feeling such as love, anger, fear, jealousy, etc 情感；情绪 **2** [U] strength of feeling 激情；激动: *His voice was filled with emotion.* 他说话时情绪激动。

emotional /-ʃənl ‖ -ʃənl̩/ *adj* **1** connected with the emotions 情绪的；感情的: *emotional problems* 情绪问题 **2** causing strong feelings 引起强烈感情的；充满感情: *He gave an emotional speech.* 他慷慨陈词。**3** having strong emotions and showing them openly 闹情绪的；情绪化: *She always gets very emotional when I leave.* 每当我要离开的时候，她总是显得依依不舍。○ *He's a very emotional sort of person* (= his moods change suddenly). 他这个人很情绪化。—**emotionally** /-ʃənəlɪ ‖ -ʃənl̩ɪ/ *adv*

emotive /ɪ'məʊtɪv ‖ ɪ'motɪv/ *adj* causing strong emotions 引起强烈感情的: *emotive language* 煽情的语言 ○ *an emotive issue* 引起很大反响的问题

empathy /'empəθɪ ‖ 'ɛmpəθɪ/ *noun* [U] the ability to imagine how another person is feeling and so understand his/her mood 设想某人的感受从而理解其情绪；设身处地的能力/做法

emperor /'empərə(r) ‖ 'ɛmpərɚ/ (*feminine* 阴性 **empress**) *noun* [C] the ruler of an empire 皇帝；君主

E

☆**emphasis** /ˈemfəsɪs ‖ ˈɛmfəsɪs/ *noun* [C,U] (*pl* **emphases** /-əsiːz ‖ -əˌsiz/) **1** the force that you give to a word or phrase when you are speaking to show that it is important（说话的时候对某些词语的）强调 **2 emphasis (on sth)** (giving) special importance or attention (to sth)（对某事物的）强调/注重: *There's a lot of emphasis on science at our school.* 我校非常注重理科教育。○ *We should really put a greater emphasis on getting our facts right.* 我们应该对有关事实的准确性真正重视起来。

☆**emphasize** (*also* 亦作 **emphasise**) /ˈemfəsaɪz ‖ ˈɛmfəˌsaɪz/ *verb* [T] **emphasize (that...)** to put emphasis on sth; stress 强调；着重: *They emphasized that healthy eating is important.* 他们指出健康饮食很重要。○ *They emphasized the importance of healthy eating.* 他们指出了健康饮食的重要性。

emphatic /ɪmˈfætɪk ‖ ɪmˈfætɪk/ *adj* having or using emphasis 强调的；着重的: *an emphatic refusal* 断然拒绝 —**emphatically** /-klɪ ‖ -klɪ/ *adv*

E

empire /ˈempaɪə(r) ‖ ˈɛmpaɪr/ *noun* [C] **1** a group of countries that is governed by one country 帝国: *the Roman Empire* 罗马帝国 ☛ Look at **emperor** and **empress**. 参看 **emperor** 及 **empress**。**2** a group of companies that is controlled by one parent company（由一家母公司控制的）企业王国

empirical /ɪmˈpɪrɪkl ‖ ɛmˈpɪrɪkḷ/ *adj* (*formal* 正式) based on observation and practical experience, not on theory 以观察和经验为依归的（相对于单凭理论）；实证的: *empirical evidence* 由观察和经验所得的证据

☆**employ** /ɪmˈplɔɪ ‖ ɪmˈplɔɪ/ *verb* [T] **1 employ sb (in/on sth); employ sb (as sth)** to pay sb to work for you 雇用: *He is employed in a chocolate factory.* 他在一家巧克力工厂里做工。○ *She is employed as a lorry driver.* 她受雇当卡车司机。○ *They employ 600 workers.* 他们雇用了600个工人。☛ Look at **unemployed**. 参看 **unemployed**。**2 employ sb/sth (in/on) sth** (*formal* 正式) to use 使用: *We must employ all our expertise in solving this problem.* 为了解决这个问题，我们必须使出浑身解数，全力以赴。

employee /ˌemplɔɪˈiː; ɪmˈplɔɪiː ‖ ˌɛmplɔɪˈi; ɪmˈplɔɪ·i/ *noun* [C] a person who works for sb 雇员: *The factory has 500 employees.* 这家工厂有500名员工。

employer /ɪmˈplɔɪə(r) ‖ ɪmˈplɔɪɚ/ *noun* [C] a person or company that employs other people 雇主: *The car factory is a large employer in this town.* 这家汽车厂称得上本镇的大雇主。

employment /ɪmˈplɔɪmənt ‖ ɪmˈplɔɪmənt/ *noun* [U] **1** the state of having a paid job 受雇: *She is in/out of employment.* 她有/没有工作。○ *This bank can give employment to ten extra staff.* 这家银行可聘请十个额外员工。○ *It is difficult to find employment in the north of the country.* 这个国家的北部地区就业机会很少。☛ Look at **unemployment** and at the note at **work[1]**. 参看 **unemployment**；另参看 **work[1]** 的注释。**2** (*formal* 正式) the use of sth 使用: *the employment of force* 使用武力

emˈployment agency *noun* [C] a business that helps people to find work 职业介绍所

empower /ɪmˈpaʊə(r) ‖ ɪmˈpaʊɚ/ *verb* [T] (usually passive 通常用于被动语态) (*formal* 正式) to give sb power or authority (to do sth) 授权

empress /ˈemprɪs ‖ ˈɛmprɪs/ *noun* [C] **1** a woman who rules an empire 女王 **2** the wife or widow of an emperor 王后

☆**empty[1]** /ˈemptɪ ‖ ˈɛmptɪ/ *adj* **1** having nothing or nobody inside it 空的: *an empty box* 空盒 ○ *The bus was half empty.* 那辆公共汽车有一半座位空着。○ *That house has been empty for months.* 那房子已空置了好几个月。**2** without meaning or value 空洞；空虚: *It was an empty threat* (= it was not meant seriously). 这是虚张声势的恐吓。○ *My life feels empty now the children have left home.* 孩子们统统搬走了，我觉得生活很空虚。—**emptiness** /ˈemptɪnɪs ‖ ˈɛmptɪnɪs/ *noun* [U]

ˌ**empty-ˈhanded** *adj* bringing or taking nothing 空手的: *She went out to buy a new dress but returned empty-handed.* 她去买连衣裙，回来的时候两手空空。

☆**empty[2]** /ˈemptɪ ‖ ˈɛmptɪ/ *verb* (*pres part* **emptying**; *3rd pers sing pres* **empties**; *pt, pp* **emptied**) **1** [T] **empty sth (out)** to make sth empty 把某物腾空: *'Where can I empty my cup?' 'Oh, empty it into the sink.'* "杯子里的东西倒哪儿好？""喔，倒在洗涤槽吧。"○ *Empty your pockets out, please.* 请把口袋里的东西全掏出来。**2** [T] **empty sth (out) (into/onto sth)** to take sth from a container and put it somewhere else 把容器里的东西腾到其他地方去: *Empty that milk into the sink. It's gone sour.* 牛奶变坏了，倒进洗涤槽吧。○ *The boy emptied out all his toys onto the floor.* 小男孩把他的玩具都倒到地板上。**3** [I] to become empty 变成空洞洞的: *The cinema emptied very quickly once the film was finished.* 电影一放完，观众就走光了。

emulate /ˈemjʊleɪt ‖ ˈɛmjəˌlet/ *verb* [T] (*formal* 正式) to try to do sth as well as, or better than, sb 努力赶上/超越（某人）☛ A less formal word is **copy**. * **emulate** 用于正式场合，非正式场合宜用 **copy**。

☆**enable** /ɪˈneɪbl ‖ ɪnˈebḷ/ *verb* [T] **enable sb/sth to do sth** to make sb/sth able to do sth (by giving him/her/it power, authority, etc) 使某人/某机构可以做（某事）: *The new law has enabled more women to return to work.* 新法律使再就业的妇女多了。

enamel /ɪˈnæml ‖ ɪˈnæmḷ/ *noun* [U] **1** a hard, shiny substance used for protecting or decorating metal, etc 搪瓷: *enamel paint* 瓷漆 **2** the hard white outer covering of a tooth 釉质；珐琅质

enchanted /ɪnˈtʃɑːntɪd; *US* 美 -ˈtʃænt- ‖ ɪnˈtʃæntɪd/ *adj* **1** pleased or delighted 着迷；陶醉: *The audience was enchanted by her singing.* 她的歌声听众听得入迷了。**2** under a magic spell 施了魔法的: *an enchanted forest* 着了魔的森林

enchanting /ɪnˈtʃɑːntɪŋ; *US* 美 ˈtʃænt- ‖ ɪnˈtʃæntɪŋ/ *adj* very nice or pleasant; delightful 迷人；令人陶醉

encircle /ɪn'sɜːkl ‖ ɪn'sɝkḷ/ *verb* [T] (*formal* 正式) to make a circle round sth; to surround 围绕；环绕；包围: *London is encircled by the M25 motorway.* ＊M25公路环绕伦敦而行。

☆**enclose** /ɪn'kləʊz ‖ ɪn'kloz/ *verb* [T] **1 enclose sth (in/with sth)** to surround sth with a wall, fence, etc 以墙、栅栏等围绕（某物）: *The garden is enclosed by a high hedge.* 花园四周都是高高的藩篱。○ *He gets very nervous in enclosed spaces.* 他在狭窄的环境里会变得非常紧张。**2** to put sth in an envelope, parcel, etc 把…装入信封、包裹等: *Can I enclose a letter with this parcel?* 我可以不可以在包裹里附上一封信？

enclosure /ɪn'kləʊʒə(r) ‖ ɪn'kloʒɚ/ *noun* [C] **1** a piece of land that is enclosed by a wall, fence, etc 四周有围墙、篱笆等的地方 **2** something that is enclosed in an envelope, parcel, etc 附件（附于信封、包裹等内的东西）

encore /'ɒŋkɔː(r) ‖ 'ɑŋkɔr/ *interj* (called out by an audience that wants the performers in a play, concert, etc to perform sth extra) 再来一个（观众要求演出者再演出一次的喊叫声）

encore *noun* [C] (a call for) an extra performance at the end of a play, concert, etc 加演的节目；要求再演出的叫喊

encounter /ɪn'kaʊntə(r) ‖ ɪn'kaʊntɚ/ *verb* [T] **1** (*formal* 正式) to meet sb unexpectedly 碰见；偶然遇到 **2** to experience sth (a danger, difficulty, etc) 遇上（危险、困难等）: *I've never encountered any discrimination at work.* 我从来没有在工作的地方受到歧视。☛ **Meet with** is used as a synonym for encounter in this sense. ＊encounter 解作此义时同义词为 **meet with**。

encounter *noun* [C] an unexpected (often unpleasant) meeting（多指令人不悦的）偶然相遇

☆**encourage** /ɪn'kʌrɪdʒ ‖ ɪn'kʌrɪdʒ/ *verb* [T] **1 encourage sb/sth (in sth/to do sth)** to give hope, support or confidence to sb 鼓励（某人）: *The teacher encouraged her students to ask questions.* 老师鼓励她的学生多发问。○ *His friends encouraged him in his attempt to stop smoking.* 他戒起烟来了，朋友们都鼓励他。☛ The opposite is **discourage**. 反义词为 **discourage**。Note that we say **discourage sb from doing sth** 一般说 **discourage sb from doing sth**: *The teacher discouraged her students from asking questions.* 那老师叫她的学生不要发问。**2** to make sth happen more easily 促进；助长: *The government wants to encourage new businesses.* 政府鼓励开办新的企业。—**encouragement** *noun* [C,U] —**encouraging** *adj*

encroach /ɪn'krəʊtʃ ‖ ɪn'krotʃ/ *verb* [I] (*formal* 正式) **encroach (on/upon sth)** to take away part of sth or use more of sth than is right 侵占: *I do hope that I am not encroaching too much upon your free time.* 我希望我不会占用你太多的空闲时间。

encyclopedia (*also* 亦作 **encyclopaedia**) /ɪnˌsaɪklə'piːdɪə ‖ ɪnˌsaɪklə'pidɪə/ *noun* [C] (*pl* **encyclopedias**) a book or set of books that gives information about very many subjects, arranged in alphabetical order (ie from A to Z) 百科全书

☆**end**[1] /end ‖ ɛnd/ *noun* [C] **1** the furthest or last part of sth; the place or time where sth stops 末端；（时间上或空间上的）尽头: *the end of a road, room, line, piece of string, etc* 路的尽头；房间那一头；线的尽头；绳子末端… ○ *Join the end of the queue.* 到后面排队去吧。○ *My house is at the end of the street.* 我的房子就在这条街的尽头。○ *The man on the other end of the phone spoke so quietly that I didn't catch his name.* 电话那一头的男子说话很轻，我怎么听也听不出他的名字来。○ *There are some seats at the far end of the room.* 房间那边还有几个座位。○ *I'm going on holiday at the end of October.* 我十月底去度假。○ *He promised to give me an answer by the end of the week.* 他说在周末之前一定答复我。○ *She couldn't wait to hear the end of the story.* 她急于知道故事的结局。☛ Look at the noun **finish**. 参看 **finish** 这个名词。It is used to mean **end** only in connection with races and competitions. 只有在赛跑、比赛的场合，**finish** 才有 **end** 之义。**End** is sometimes used before another noun ＊**end** 有时放在名词的前边: *the end house* 末了的那座房子 ○ *the end seat* 末了的那个座位 **2** a little piece of sth that is left after the rest has been used 剩余部分: *a cigarette end* 香烟头 **3** (*formal* 正式) an aim or purpose 目的: *They were prepared to do anything to achieve their ends.* 为了达到目的，他们可以不择手段。

(IDIOMS 习语) **at an end** (*formal* 正式) finished or used up 结束；耗尽: *Her career is at an end.* 她的事业完了。

at the end of your tether having no more patience or strength 忍无可忍；再无力量

at a loose end ⇨ LOOSE

at your wits' end ⇨ WIT

bring sth/come/draw to an end (to cause sth) to finish（使）终结: *His stay in England was coming to an end and he was thinking about going home again.* 英国之行快要结束，他又想起回家来了。

a dead end ⇨ DEAD

end to end in a line with the ends touching 首尾相接地: *They put the tables end to end.* 他们把桌子一张挨着一张地连起来。

get (hold of) the wrong end of the stick ⇨ WRONG[1]

in the end at last; finally 最后: *He wanted to get home early but in the end it was midnight before he left.* 他本来想早些回家，可是动身的时候已经是午夜时分。

make ends meet to have enough money for your needs 维持生计: *It's hard for us to make ends meet.* 我们连维持生计都很困难。

a means to an end ⇨ MEANS[1]

no end of sth (*informal* 非正式) very many or much; a lot of sth 许多许多的: *She has given us no end of trouble.* 她给我们带来了说不尽的麻烦。

odds and ends ⇨ ODDS

on end (used about time 指时间) continuously 不停地: *He sits and reads for hours on end.* 他一坐下看书就是好几个小时。

E

put an end to sth to stop sth from happening any more 终止；阻止

'end-product *noun* [C] the final product of a manufacturing process or an activity 成品

☆**end²** /end ‖ ɛnd/ *verb* [I,T] **end (in/with sth)** (to cause sth) to finish（使）终结：*The road ends here.* 这儿是路的尽头。○ *How does this story end?* 这故事是怎么结尾的？○ *The match ended in a draw.* 双方打成平手。○ *Most adverbs in English end in -ly.* 英语的副词多数以 -ly 结尾。○ *I think we'd better end this conversation now.* 依我看，我们还是别谈下去的好。

(PHRASAL VERB 短语动词) **end up (as sth); end up (doing sth)** to find yourself in a place/situation that you did not intend or expect 处于出乎意料的地方/情形：*We got lost and ended up in the centre of town.* 我们迷了路，后来竟然到了市中心。○ *She had always wanted to be a writer but ended up as a teacher.* 她立志当作家，后来不知道怎么当起教师来。○ *There was nothing to eat at home so we ended up going out for fish and chips.* 家里没吃的，我们只好跑到外边去吃炸鱼和炸薯条。

endanger /ɪn'deɪndʒə(r) ‖ ɪn'dendʒɚ/ *verb* [T] to cause danger to sb/sth 危害：*Smoking endangers your health.* 抽烟损害健康。

endangered *adj* (used about animals, plants, etc 指动物、植物等) in danger of disappearing from the world (**becoming extinct**) 濒于绝种的（绝种叫做 **extinct**）：*The panda is an endangered species.* 熊猫是濒临绝种的动物。

endear /ɪn'dɪə(r) ‖ ɪn'dɪr/ *verb* [T] **endear sb/yourself to sb** (*formal* 正式) to make sb/yourself liked by sb 使某人/自己受别人爱戴：*She managed to endear herself to everybody by her kindness.* 她心地善良，深受大家敬爱。—**endearing** *adj* —**endearingly** *adv*

endeavour (*US* 美 **endeavor**) /ɪn'devə(r) ‖ ɪn'dɛvɚ/ *verb* [I] (*formal* 正式) **endeavour (to do sth)** to try 尽力：*She endeavoured to make the best of a very difficult situation.* 环境虽然恶劣，她还是尽力而为。—**endeavour** *noun* [C,U] (*formal* 正式)

☆**ending** /'endɪŋ ‖ 'ɛndɪŋ/ *noun* [C] **1** the end (of a story, play, film, etc)（故事、戏剧、电影等的）结局：*That film made me cry but I was pleased that it had a happy ending.* 那部影片使我忍不住掉眼泪，但我很高兴结局是个大团圆。**2** (*grammar* 语法) the last part of a word, which can change（可变的）词尾：*When nouns end in -ch or -sh or -x, the plural ending is -es not -s.* 以 -ch、-sh、-x 结尾的名词，复数词尾是 -es，不是 -s。

endive /'endaɪv ‖ 'ɛndaɪv/ *noun* [C,U] (*US* 美) = CHICORY

☆**endless** /'endlɪs ‖ 'ɛndlɪs/ *adj* without end 无尽的；无穷的：*Our plane was delayed for hours and the wait seemed endless.* 这班航机延迟了好几个钟头，让我们没完没了地等。—**endlessly** *adv*

endorse /ɪn'dɔ:s ‖ ɪn'dɔrs/ *verb* [T] **1** to write your name on the back of a cheque（在支票上）背书 **2** (*Brit* 英) to write a note in a driving-licence to say that the driver has broken the law（在驾驶执照上）写上违章事项 **3** to give (official) support or agreement to a plan, statement, decision, etc 给以（正式）支持 —**endorsement** *noun* [C,U]

endure /ɪn'djʊə(r); *US* 美 -'dʊər ‖ ɪn'dʊr/ *verb* (*formal* 正式) **1** [T] to suffer sth painful or uncomfortable 忍受；忍耐：*She endured ten years of loneliness.* 她忍受了十年的孤寂。☛ **Endure** is often used in the negative ＊ **endure** 多用于否定句：*My parents can't endure pop music.* 我爸妈可受不了流行音乐。In this sense **can't bear** or **can't stand** are less formal. ＊ **endure** 用于正式场合，解作此义时在非正式场合宜用 **can't bear** 或 **can't stand**。**2** [I] to last; continue 持续

endurance /ɪn'djʊərəns; *US* 美 -'dʊə- ‖ ɪn-'dʊrəns/ *noun* [U] the ability to endure(1) 忍耐力：*You need endurance to play a four-hour match.* 参加四个小时的比赛，非有坚韧耐力不可。

☆**enemy** /'enəmɪ ‖ 'ɛnəmɪ/ *noun* (*pl* **enemies**) **1** [C] a person who hates and tries to harm sb/sth 敌人：*It's strange that people who used to be friends can become bitter enemies.* 老朋友也可以变死敌，真想不通啊。○ *He has made several enemies since his arrival in the school.* 自从进了学校，他就树立了好几个对头。☛ The noun is **enmity**. 名词为 **enmity**。**2 the enemy** [with sing or pl verb] the army or country that your country is fighting against 敌军；敌国：*The enemy is/are attacking at daybreak.* 黎明时分，敌军发动进攻。○ *enemy forces* 敌军

☆**energetic** /ˌenə'dʒetɪk ‖ ˌɛnɚ'dʒɛtɪk/ *adj* full of or needing energy(1) 充满活力的；花力气的：*Jogging is a very energetic form of exercise.* 慢跑是一种很花力气的运动。—**energetically** /-klɪ ‖ -klɪ/ *adv*

☆**energy** /'enədʒɪ ‖ 'ɛnɚdʒɪ/ *noun* (*pl* **energies**) **1** [U] the ability to be very active or do a lot of work without getting tired 活力：*Children are usually full of energy.* 小孩子总是精力充沛。○ *This flu has left me with no energy at all.* 我患了流感，有气无力。**2 energies** [plural] the effort and attention which you give to doing sth（放在工作上的）精力：*She devoted all her energies to helping the blind.* 她尽心尽力地帮助盲人。**3** [U] the power that comes from coal, electricity, gas, etc that is used for driving machines, etc 能量：*nuclear energy* 核能

enforce /ɪn'fɔ:s ‖ ɪn'fɔrs/ *verb* [T] **1** to make sure that laws, etc are obeyed 执行（法令等）：*How will they enforce the new law?* 他们会怎样执行这条新法令？**2** to force sth to be done or to happen 强制：*Enforcing discipline by using threats is not often successful.* 靠威吓来维持纪律，往往是行不通的。—**enforcement** *noun* [U]

engage /ɪn'geɪdʒ ‖ ɪn'gedʒ/ *verb* [T] **1** to occupy sb's thoughts, time, interest, etc 占去（某人的思想、时间、兴趣等）：*You need to engage the students' attention right from the start.* 一开始就要马上抓住学生的注意力。**2** to give work to sb 聘用：*They engaged him as a cook.* 他们聘请他当厨师。**3** to make parts of a machine fit together 把（构件/零件）接合起来: *Engage first gear, look in the mirror, lift your foot off the clutch and move off.* 挂低挡，看后视镜，松开离合器，开车。

(PHRASAL VERB 短语动词) **engage in sth** to take part in sth 参与某事: *I don't engage in that kind of gossip!* 背后说闲话，我才不干呢！

☆**engaged** /ɪnˈɡeɪdʒd ‖ ɪnˈɡedʒd/ *adj* **1 engaged (to sb)** having agreed to get married 订了婚: *We've just got engaged.* 我们刚刚订了婚。○ *Susan is engaged to Jim.* 苏珊跟吉姆订了婚。**2** (*US* 美 **busy**) (used about a telephone 指电话) in use 占线: *That line/ number is engaged.* 电话现在占线。○ *the engaged tone* 占线信号 **3** (used about a toilet, etc 指厕所等) in use 有人 **4** (used about a person 指人) busy or occupied with sth 没有空: *I'm afraid I can't come. I'm otherwise engaged.* 我有别的事，恐怕来不了。

engagement /ɪnˈɡeɪdʒmənt ‖ ɪnˈɡedʒmənt/ *noun* [C] **1** an agreement to get married; the time when you are engaged 订婚；已订婚的期间: *Their engagement was announced in the paper.* 报纸上刊登了他们的订婚启事。○ *Their engagement only lasted for six months.* 他们的婚约只维持了六个月。○ *He broke off their engagement.* 他解除了婚约。**2** an arrangement to go somewhere or do sth at a fixed time; an appointment 约会: *a lunch engagement* 午餐约会

enˈgagement ring *noun* [C] a ring, usually with precious stones in it, that a man gives to a woman on their engagement(1) 订婚戒指

☆**engine** /ˈendʒɪn ‖ ˈɛndʒən/ *noun* [C] **1** the part of a machine that changes energy (from oil, electricity, etc) into movement 引擎；发动机: *This engine runs on diesel.* 这是一部柴油机。○ *a car engine* 汽车发动机 ○ *a jet engine* 喷气发动机 ☛ Look at the note at **motor**. 参看 **motor** 的注释。**2** (*also* 亦作 **locomotive**) a machine that pulls a railway train 机车；火车头

ˈengine-driver (*US* 美 **engineer**) *noun* [C] a person whose job is to drive a railway engine 机车司机；火车司机

☆**engineer**[1] /ˌendʒɪˈnɪə(r) ‖ ˌɛndʒəˈnɪr/ *noun* [C] **1** a person whose job is to design, build or repair engines, machines, roads, bridges, railways, mines, etc 工程师: *a civil, chemical, electrical, mechanical, etc engineer* 土木/化学/电气/机械…工程师 **2** (*US* 美) = ENGINE-DRIVER

engineering /endʒɪˈnɪərɪŋ ‖ ˌɛndʒəˈnɪrɪŋ/ *noun* [U] (the study of) the work that is done by an engineer 工程；工程学: *mechanical engineering* 机械工程 ○ *a degree in engineering* 工程学学位

engineer[2] /ˌendʒɪˈnɪə(r) ‖ ˌɛndʒəˈnɪr/ *verb* [T] (*formal* 正式) to arrange for sth to happen by careful (secret) planning 精心/暗地里策划: *Her promotion was engineered by her father.* 是她父亲一手把她提拔上去的。

☆**English** /ˈɪŋɡlɪʃ ‖ ˈɪŋɡlɪʃ/ *noun* **1** [U] the language that is spoken in Britain and the USA and in some other countries 英语: *Do you speak English?* 你会讲英语吗？○ *I've been learning English for 5 years.* 我已经学了5年英语。○ *I don't know what 'cadeau' is in English.* ＊ cadeau 这个词语，我不知道英语叫什么。**2 the English** [with pl verb] the people of England 英格兰人

English *adj* belonging to England, the English people, the English language, etc 英格兰的；英格兰人的；英语的: *English history* 英格兰的历史 ○ *the English countryside* 英格兰的乡村地区

> ☛ Be careful. The people of Scotland (the Scots) and of Wales (the Welsh) are **British** not English. 请留意：苏格兰人和威尔士人统称 **British**，不叫 English。Look at the note at **United Kingdom**. 参看 **United Kingdom** 的注释。

ˌEnglish ˈbreakfast *noun* [C] a breakfast that consists of cereals, cooked bacon and eggs, toast and marmalade and tea or coffee, etc 英式早餐（有谷类食品、熏猪肉和鸡蛋、烤面包片和橘子酱、茶或咖啡等）☛ Look at **continental breakfast**. 参看 **continental breakfast**。

the English ˈChannel (*also* 亦作 **the Channel**) *noun* [sing] the sea between England and France 英吉利海峡（英国和法国之间的海峡）

ˈEnglishman /-mən ‖ -mən/ *noun* [C] (*pl* **Englishmen**) **Englishwoman** *noun* [C] (*pl* **Englishwomen**) a person who comes from England or whose parents are English 英格兰人 ☛ We normally say: *'I'm English'* not *'I'm an Englishman/-woman.'* 一般说 I'm English，不说 I'm an Englishman/-woman。

engrave /ɪnˈɡreɪv ‖ ɪnˈɡrev/ *verb* [T] **engrave B on A/engrave A with B** to cut patterns or words on metal, stone, etc 在（金属、石头等上）刻上（字/图案）: *His name is engraved on the cup.* 他的名字刻在杯子上。○ *The cup is engraved with his name.* 杯子上刻着他的名字。

engraving /ɪnˈɡreɪvɪŋ ‖ ɪnˈɡrevɪŋ/ *noun* [C] a picture that is printed from an engraved metal plate 版画

engrossed /ɪnˈɡrəʊst ‖ ɪnˈɡrost/ *adj* **engrossed (in sth)** very interested in sth so that you forget other things 专注于…: *She was completely engrossed in the play on television.* 这部电视剧使她看得入迷了。

enhance /ɪnˈhɑːns; *US* -ˈhæns ‖ ɪnˈhæns/ *verb* [T] (*formal* 正式) to improve sth or to make sth look better 增进；美化

enigma /ɪˈnɪɡmə ‖ ɪˈnɪɡmə/ *noun* [C] (*pl* **enigmas**) a person, thing or situation that is difficult to understand 令人费解的人/事物 —**enigmatic** /ˌenɪɡˈmætɪk ‖ ˌɛnɪɡˈmætɪk/ *adj*

☆**enjoy** /ɪnˈdʒɔɪ ‖ ɪnˈdʒɔɪ/ *verb* [T] **1 enjoy sth/enjoy doing sth** to get pleasure from 享受；喜欢: *I really enjoyed that meal –thank you very much.* 这顿饭吃得很高兴，谢谢您。○ *Do you enjoy your work?* 你喜欢自己的工作吗？○ *He enjoys listening to music while he's driving.* 他爱一边开车一边听音乐。**2 enjoy yourself** to be happy; to have a good time 感到愉快；玩得高兴: *I enjoyed myself at*

Sue's party last night –did you? 昨天晚上在苏珊的舞会上，我玩得很高兴，你呢？

enjoyable /-əbl ‖ -əbl̩/ *adj* giving pleasure 有趣的；令人愉快: *We spent an enjoyable few days in Scotland.* 我们在苏格兰住了几天，怪惬意的。

enjoyment /ɪn'dʒɔɪmənt ‖ ɪn'dʒɔɪmənt/ *noun* [C,U] pleasure or a thing which gives pleasure 乐趣；赏心乐事: *She gets a lot of enjoyment from travelling.* 旅游带给她无穷乐趣。○ *One of her main enjoyments is foreign travel.* 到国外旅游是她生活中一大乐事。

enlarge /ɪn'lɑ:dʒ ‖ ɪn'lɑrdʒ/ *verb* [I,T] (to cause sth) to become larger（使）变大: *I'm going to have this photo enlarged.* 我要叫人家把这张照片放大。

(PHRASAL VERB 短语动词) **enlarge on sth** to say or write more about sth 详述/详写某事

enlargement *noun* [C,U] making sth larger or sth that has been made larger 扩大；扩大了的东西: *an enlargement of a photo* 放大了的照片

E

enlighten /ɪn'laɪtn ‖ ɪn'laɪtn̩/ *verb* [T] to give sb more information about sth so that he/she knows the truth 启发；启迪；开导

enlist /ɪn'lɪst ‖ ɪn'lɪst/ *verb* **1** [I,T] to join the army, navy or air force; to make sb a member of the army, etc 从军；招募（某人）入伍: *They enlisted as soon as war was declared.* 战事一开始，他们就应征入伍。**2** [T] to get help, support, etc 谋求（帮助、支持等）: *We need to enlist the support of everybody who works here.* 在这里工作的每一个人，我们都需要他们的支持。

enmity /'enmətɪ ‖ 'ɛnmətɪ/ *noun* [U] the feeling of hatred towards an enemy 敌意

enormity /ɪ'nɔ:mətɪ ‖ ɪ'nɔrmətɪ/ *noun* [sing] (*formal* 正式) the extent or seriousness of sth; how bad sth is 巨大；严重性

☆**enormous** /ɪ'nɔ:məs ‖ ɪ'nɔrməs/ *adj* very large or very great 巨大；庞大: *an enormous building* 宏伟的建筑 ○ *enormous pleasure* 无比欢欣 ○ *There is an enormous amount of work involved in this.* 这件事情要花很多工夫。—**enormously** *adv*

☆**enough**[1] /ɪ'nʌf ‖ ɪ'nʌf/ *det, pron* **1** as much or as many of sth as necessary 足够: *We've saved enough money to buy a computer.* 我们攒够了买计算机的钱。○ *Not everybody can have a book –there aren't enough.* 书不够分，不是人人都有的。○ *Are there enough chairs?* 椅子够不够？○ *If enough of you are interested, we'll arrange a trip to the theatre.* 如果你们凑够了人，我们就约定去剧院参观一下。**2** as much or as many as you want 足够（不想再要）: *I've had enough of living in a town* (= I don't want to live in a town any more). 城市的生活我受够了。○ *Don't give me any more work. I've got quite enough already.* 别再给我工作做，我手上的工作已经够多了。

☆**enough**[2] /ɪ'nʌf ‖ ɪ'nʌf/ *adv* (used *after* verbs, adjectives and adverbs 用于动词、形容词、副词后) **1** to the necessary degree; sufficiently 足够: *You don't practise enough.* 你练习不够。○ *He's not old enough to travel alone.* 他还小，不该自个儿旅行。○ *Does she speak Italian well enough to get the job?* 她说意大利语的能力是否足够使她争取到那份工作？☛ picture at **too**. 见 **too** 插图。**2** quite, but not very 相当: *She plays well enough, for a beginner.* 她的技艺已相当不错，到底是新手嘛。

(IDIOMS 习语) **fair enough** ⇨ FAIR[2]

funnily, strangely, etc enough it is funny, etc that... 有趣/奇怪的是…: *Funnily enough, I thought exactly the same myself.* 有趣的是，我也正是这么想的。

sure enough ⇨ SURE

enquire, enquiry = INQUIRE, INQUIRY

enrage /ɪn'reɪdʒ ‖ ɪn'redʒ/ *verb* [T] to make sb very angry 激怒

enrich /ɪn'rɪtʃ ‖ ɪn'rɪtʃ/ *verb* [T] **1** to make sb/sth rich or richer 使（某人）富起来；让（某事物）丰富起来 **2** to improve the quality, flavour, etc of sth 改善素质、味道等: *These cornflakes are enriched with vitamins/are vitamin-enriched.* 这些玉米片加了维生素。

enrol (*US* 美 **enroll**) /ɪn'rəʊl ‖ ɪn'rol/ *verb* [I,T] (enrolling; enrolled) **enrol (sb) (in/as sth)** to become or to make sb a member of a club, school, etc 成为会员；把（某人）招为会员: *I've enrolled in my local swimming class.* 我参加了我家附近的游泳班。○ *They enrolled 100 new students last year.* 他们去年收了100名新生。—**enrolment** (*US* 美 **enrollment**) *noun* [U]: *Enrolment for the course will take place next week.* 这个课程下星期就要招生了。

en route /ˌɒn'ru:t ‖ ɑn'rut/ *adv* **en route (from...) (to...); en route (for...)** on the way 在途中: *The car broke down when we were en route for Dover.* 去多佛尔的途中我们的车抛了锚。

ensue /ɪn'sju; *US* 美 -'su: ‖ ɛn'su/ *verb* [I] (*formal* 正式) to happen after (and often as a result of) sth else 接着发生；由此而起

en suite /ˌɒn'swi:t ‖ ɑn'swit/ *adv* (used about rooms 指房间) forming one unit 组成一套房间: *The bedroom has a bathroom en suite.* 这间卧室有浴室。

☆**ensure** (*US* 美 **insure**) /ɪn'ʃɔ:(r); *US* 美 ɪn'ʃʊər ‖ ɪn'ʃʊr/ *verb* [T] to make sth certain to happen 确保: *Please ensure that the door is locked before you leave.* 走的时候，别忘了把门锁好。

entail /ɪn'teɪl ‖ ɪn'tel/ *verb* [T] (*formal* 正式) to make sth necessary; to involve 使成为必要；牵涉: *This is going to entail a lot of hard work.* 这件事得花上许多工夫。○ *The job sounds interesting but I'm not sure what it entails.* 这份工作听起来很有趣，可我还拿不准它会要我付出什么代价。

entangled /ɪn'tæŋgəld ‖ ɪn'tæŋgl̩d/ *adj* caught in sth else 陷入: *The bird was entangled in the net.* 小鸟陷入了猎网。○ (*figurative* 比喻) *I've got myself entangled in some financial problems.* 我债务缠身。

☆**enter** /'entə(r) ‖ 'ɛntɚ/ *verb* **1** [I,T] (*formal* 正式) to come or go into a place 进入: *Don't enter without knocking.* 先敲门再进去。○ *They all stood up when he entered the room.* 他进去的时候，他们全都站起来。○ (*figurative* 比喻)

We have just entered a new phase in international relations. 在国际关系方面，我们已经迈进一个新阶段了。☛ Note that **enter** is used without a preposition. * **enter** 后面不接介词。**Come into** and **go into** are much more common. * **come into** 和 **go into** 远较 **enter** 常用。☛ Look at **entrance**, **entrant** and **entry**. 参看 **entrance**、**entrant** 及 **entry**。**2** [I,T] **enter (for) sth** to put your name on the list for an exam, race, competition, etc 报名参加（考试、赛跑、比赛等）: *I entered that competition in the Sunday paper and I won £20!* 我参加了星期天报纸上的一项比赛，还赢了20英镑呢！**3** [T] **enter sth (in/into/on/onto sth)** to put names, numbers, details, etc in a list, book, computer, etc 把（姓名、数目、详情等）登入（清单、本子、计算机等）: *Please enter your name in the book.* 请把名字写到册子上。○ *I've entered all the data onto the computer.* 我已经把所有资料输进计算机里。**4** [T] to become a member of a school, a college, a profession, an institution, etc 入读（学校/学院）；加入（行业、机构等）: *She entered politics in 1960.* 她在1960年投身政界。

(PHRASAL VERBS 短语动词) **enter into sth 1** to start to think or talk about sth 想起/谈起某事: *I don't want to enter into details now.* 我暂且不谈细节。**2** to be part of sth 成为…的一部分: *This is a business matter. Friendship doesn't enter into it.* 这是做买卖，没有什么交情好讲的。

enter into sth (with sb) to begin sth（与某人）开始进行某事: *The government has entered into negotiations with the unions.* 政府已经开始跟工会谈判。

enterprise /ˈentəpraɪz ‖ ˈɛntɚˌpraɪz/ *noun* **1** [C] something (eg a plan or a project) that is new and difficult 新颖的、困难的事业（如计划或工程）: *It's a very exciting new enterprise.* 这是一个令人振奋的新计划。**2** [U] the courage that you need to start such an enterprise 冒险精神: *We need men and women of enterprise and energy.* 我们要的是有勇气、有干劲的男女。**3** [C,U] a business; the way business is organized 企业；办企业的方式: *a new industrial enterprise* 新近成立的工业单位 ○ *This government supports private enterprise.* 这里的政府支持私人企业。

enterprising *adj* having enterprise(2) 有进取心；有事业心；有冒险精神 ☛ The opposite is **unenterprising**. 反义词为 **unenterprising**。

☆**entertain** /ˌentəˈteɪn ‖ ˌɛntɚˈten/ *verb* **1** [T] to interest and amuse sb 娱乐: *He entertained us with jokes all evening.* 他给我们讲笑话，讲了整整一个晚上。○ *I find it very hard to keep my class entertained on a Friday afternoon.* 每到星期五的下午，我很难吸引住学生的注意力。**2** [I,T] to welcome sb as a guest; to give sb food and drink 款待；宴请: *They entertain a lot./They do a lot of entertaining.* 他们常常请客。

entertainer *noun* [C] a person who entertains(1) as a job（以娱乐观众为生的）表演者

entertaining *adj* interesting and amusing 有趣；令人愉快

☆**entertainment** /ˌentəˈteɪnmənt ‖ ˌɛntɚˈtenmənt/ *noun* [C,U] things to do that interest and amuse people 娱乐: *There isn't much entertainment for young people in this town.* 这个小镇可没有什么适合年青人的娱乐。○ *Entertainments Guide* (= a list in a newspaper of the cinema, theatre, concert, etc programmes)（报纸上的）文娱节目表

enthral (*US* 美 **enthrall**) /ɪnˈθrɔːl ‖ ɪnˈθrɔl/ *verb* [T] (enthralling; enthralled) to hold sb's interest and attention completely 迷住；吸引住: *He was enthralled by her story.* 她的故事使他听得入神。—**enthralling** *adj*

☆**enthusiasm** /ɪnˈθjuːzɪæzəm; *US* 美 -ˈθuː- ‖ ɪnˈθuzɪˌæzəm/ *noun* [U] **enthusiasm (for/about sb/sth)** a strong feeling of eagerness or interest 热忱；热心: *Jan showed great enthusiasm for the new project.* 简很热中于这个新计划。○ *There wasn't much enthusiasm when I mentioned the trip to the museum.* 我提议到博物馆游一游，可他们反应并不热烈。

enthusiast /ɪnˈθjuːzɪæst; *US* 美 -ˈθuː- ‖ ɪnˈθuzɪˌæst/ a person who is very interested in an activity or subject 热中于…的人；热爱…的人；…迷: *She is a jazz enthusiast.* 她是一个爵士音乐迷。

enthusiastic /ɪnˌθjuːzɪˈæstɪk; *US* 美 -θuː- ‖ ɪnˌθuzɪˈæstɪk/ *adj* full of enthusiasm 热心的；热情的 —**enthusiastically** /-klɪ ‖ -klɪ/ *adv*

entice /ɪnˈtaɪs ‖ ɪnˈtaɪs/ *verb* [T] to persuade sb to do sth by offering something nice 诱使；吸引: *Advertisements try to entice people into buying more things than they need.* 广告往往诱使人们购买超过他们所需的东西。—**enticement** *noun* [C,U]

enticing *adj* attractive 诱人的

☆**entire** /ɪnˈtaɪə(r) ‖ ɪnˈtaɪr/ *adj* (only *before* a noun 只用于名词前) whole or complete 整个的；全部的: *Surely she didn't eat the entire cake herself?* 她一个人总不至于把整个蛋糕吃掉吧？○ *We invited the entire village to the party.* 我们邀请全村的人参加聚会。☛ **Entire** is stronger than **whole**. * **entire** 的语气比 **whole** 强。

entirely *adv* completely 完全地: *I entirely agree with you.* 你说的，我完全同意。—**entirety** /ɪnˈtaɪərətɪ ‖ ɪnˈtaɪrtɪ/ *noun* [U]: *We must consider the problem in its entirety* (= as a whole). 我们要全面地看这个问题。

entitle /ɪnˈtaɪtl ‖ ɪnˈtaɪtl/ *verb* [T] to give sb the right to have or do sth 给予权利/资格: *I think I'm entitled to a day's holiday –I've worked hard enough.* 依我看，我工作够努力的，该给我一天假期才对呀。

entitled *adj* (used about books, plays, etc 指书、戏剧等) with the title 名为…的: *Duncan's first book was entitled 'Aquarium'.* 邓肯的处女作叫做《水族馆》。

entity /ˈentətɪ ‖ ˈɛntətɪ/ *noun* [C] (*pl* **entities**) something that exists separately from sth else 独立实体: *The kindergarten and the school are in the same building but they're really separate entities.* 幼儿园和小学都设在同一座校舍，但各自独立运作。

☆**entrance** /ˈentrəns ‖ ˈɛntrəns/ *noun* **1** [C] the

E

door, gate or opening where you go into a place 入口: *I'll meet you at the entrance to the theatre.* 我约你在戏院门口见。☛ **Entry** is used in American English with the same meaning. 美国英语用 **entry** 解作此义。**2** [C] **entrance (into/ onto sth)** the act of coming or going in 进入: *He made a dramatic entrance onto the stage.* 他出场时作了个引人注目的亮相。☛ **Entry** can be used with the same meaning. 表达这个意思也可用 **entry**。**3** [U] **entrance (to sth)** the right to enter a place 进入(某个地方)的权利: *They were refused entrance to the disco because they were wearing shorts.* 迪斯科舞厅叫他们吃了闭门羹，因为他们穿的是短裤。○ *an entrance fee* 入场费 ☛ **Entry** is also possible. 表达这个意思也可用 **entry**。Look at **admission**, **admittance**. 参看 **admission** 及 **admittance**。**4** [U] **entrance (into/to sth)** the right to join a club, institution, etc 加入(会所、机构等的)权利: *You don't need to take an entrance exam to get into university.* 你进大学是不用通过入学考试的。☛ Look at **admission**. 参看 **admission**。

E

entrant /ˈentrənt ‖ ˈɛntrənt/ *noun* [C] a person who enters a profession, competition, examination, university, etc 新手；参赛者；考生；新生

entreat /ɪnˈtriːt ‖ ɪnˈtrit/ *verb* [T] (*formal* 正式) to ask sb, with great feeling, to do sth (that may be difficult) 恳求某人做某(难)事

entrust /ɪnˈtrʌst ‖ ɪnˈtrʌst/ *verb* [T] **entrust A with B/entrust B to A** (*formal* 正式) to make sb responsible for sth that is given to him/her 交托；付托；委托: *I entrusted Rachel with the arrangements for the party./I entrusted the arrangements for the party to Rachel.* 我委托雷切尔筹备酒会。

☆**entry** /ˈentrɪ ‖ ˈɛntrɪ/ *noun* (*pl* **entries**) **1** [C] **entry (into sth)** the act of coming or going in; entering(1) 进入: *The thieves forced an entry into the building.* 小偷闯入了大厦。☛ **Entrance** is also possible. 表达这个意思也可用 **entrance**。**2** [U] **entry (to sth)** the right to enter a place 进入(某地方)的权利: *The immigrants were refused entry at the airport.* 移民们在机场被当局拒绝入境。○ *The sign says 'No Entry'.* 告示牌写着："不准进入"。○ *an entry visa* 入境签证 ☛ **Entrance** is also possible. 表达这个意思也可用 **entrance**。Look at **admission** and **admittance**. 参看 **admission** 及 **admittance**。**3** [C] (*US* 美) a door, gate, passage, etc where you enter a building, etc; an entrance hall 入口 ☛ **Entrance** is also possible in American English and is the only word used in British English. 美国英语也用 **entrance**；英国英语只用 **entrance**，不用 **entry**。**4** [C] **entry (in sth)** one item that is written down in a list, diary, account book, dictionary, etc (清单、日记簿、账簿、词典等的)条目: *You'll find 'ice-skate' at the entry for 'ice'.* * ice-skate 就在 ice 这个词条里。**5** [C] **entry (for sth)** a person or thing that is entered for a competition, etc 参加比赛等的人/物: *There were fifty entries for the Eurovision song contest.* 共有五十人参加欧洲电视网的歌唱比赛。○ *The winning entry is number 45!* 得胜的参赛作品是45号！

envelop /ɪnˈveləp ‖ ɪnˈvɛləp/ *verb* [T] (*formal* 正式) to cover or surround sb/sth completely (in sth) 包住；笼罩: *The hills were enveloped in mist.* 群山披上薄雾。

☆**envelope** /ˈenvələʊp; ˈɒn- ‖ ˈɛnvəˌlop; ˈɑn-/ *noun* [C] the paper cover for a letter 信封

> ☛ After writing a letter you **address** the envelope, **seal** it and stick a stamp in the top right-hand corner. 写好了信，就在信封上写上地址 (**address**)，把信封封口 (**seal**)，把邮票贴在信封的右上角。Sometimes when you answer an advertisement you are asked to send an **SAE**. This is a 'stamped addressed envelope', addressed to yourself. 有些广告要求来函的人附上 **SAE** (stamped addressed envelope)，就是贴了邮票、写上了自己的姓名地址的回邮信封。

enviable /ˈenvɪəbl ‖ ˈɛnvɪəbl̩/ *adj* (used about sth that sb else has and that you would like 用于别人有而自己也想有的东西) attractive 令人羡慕 ☛ The opposite is **unenviable**. 反义词为 **unenviable**。

envious /ˈenvɪəs ‖ ˈɛnvɪəs/ *adj* **envious (of sb/sth)** feeling or showing envy, ie wanting sth that sb else has 妒忌的: *She was envious of her sister's success.* 她妒忌妹妹的成就。—**enviously** *adv*

☆**environment** /ɪnˈvaɪərənmənt ‖ ɪnˈvaɪrənmənt/ *noun* **1** [C,U] the conditions in which you live, work, etc 环境: *A bad home environment can affect a child's progress at school.* 家庭环境有问题，会影响小孩子的学业。**2 the environment** [sing] the natural world, eg land, air, water, etc in which people, animals and plants live 自然环境: *We need stronger laws to protect the environment.* 我们必须制定有力的法规来保护环境。—**environmental** /ɪnˌvaɪərənˈmentl ‖ ɪnˌvaɪrənˈmɛntl̩/ *adj*: *environmental science* 环境科学

environmentalist /ɪnˌvaɪərənˈmentəlɪst ‖ ɪnˌvaɪrənˈmɛntəlɪst/ *noun* [C] a person who wants to protect the environment 环境保护论者 —**environmentally** /ɪnˌvaɪərənˈmentəlɪ ‖ ɪnˌvaɪrənˈmɛntl̩ɪ/ *adv*: *These products are environmentally friendly.* 这些产品有助环保。

envisage /ɪnˈvɪzɪdʒ ‖ ɪnˈvɪzɪdʒ/ *verb* [T] (*formal* 正式) to think of sth as being possible in the future; to imagine 想像；设想: *I don't envisage any problems with this.* 我看这个不会有问题。

envoy /ˈenvɔɪ ‖ ˈɛnvɔɪ/ *noun* [C] a person who is sent by a government with a message to another country 使者；特使

☆**envy** /ˈenvɪ ‖ ˈɛnvɪ/ *noun* [U] **envy (of sb)**; **envy (at/of sth)** the feeling that you have when sb else has sth that you want 妒忌；羡慕: *It was difficult for her to hide her envy of her friend's success.* 看见朋友的成就，她难以掩藏心中的忌妒。☛ Look at **enviable** and **envious**. 参看 **enviable** 及 **envious**。

(IDIOM 习语) **the envy of sb** the thing that

causes sb to feel envy 令人妒忌/羡慕的事物: *The city's transport system is the envy of many of its European neighbours.* 这个城市拥有完善的运输系统，使邻近多个欧洲城市十分羡慕。

envy *verb* [T] (*pres part* **envying**; *3rd pers sing pres* **envies**; *pt, pp* **envied**) **envy (sb) (sth)** to want sth that sb else has; to feel envy 妒忌；羡慕: *I've always envied your good luck.* 你总是这么幸运，真叫我羡慕。○ *I don't envy you that job* (= I'm glad that I don't have it). 我不希罕你那工作。

epic /ˈepɪk ‖ ˈɛpɪk/ *noun* [C] a long book, poem, film, etc that describes exciting adventures 描述惊险历程的长篇作品；史诗；史诗式电影: *The film 'Glory' is an American Civil War epic.*《荣耀》是一部以美国内战为题材的史诗式电影。

epic *adj* of or like an epic 史诗的；史诗般: *an epic struggle* 可歌可泣的奋斗

epidemic /ˌepɪˈdemɪk ‖ ˌɛpəˈdɛmɪk/ *noun* [C] a large number of cases of people or animals suffering from the same disease at the same time 流行病: *A flu epidemic broke out in February.* 流感在二月蔓延开来。

epilepsy /ˈepɪlepsɪ ‖ ˈɛpəˌlɛpsɪ/ *noun* [U] a disease of the brain that can cause a person to become unconscious (sometimes with violent uncontrolled movements) 癫痫；羊痫风；羊角风

epileptic /ˌepɪˈleptɪk ‖ ˌɛpəˈlɛptɪk/ *adj* connected with or suffering from epilepsy 与癫痫有关；患癫痫的: *an epileptic fit* 癫痫发作 ○ *She's epileptic.* 她患了癫痫。

epileptic *noun* [C] a person who suffers from epilepsy 癫痫患者

epilogue /ˈepɪlɒg ‖ ˈɛpəˌlɔg/ (*US* 美 **epilog** /-lɔːg ‖ -lɔg/) *noun* [C] a short passage that is added at the end of a book, play, etc and that comments on what has gone before 后记；跋 ☛ Look at **prologue**. 参看 **prologue**。

episode /ˈepɪsəʊd ‖ ˈɛpəˌsod/ *noun* [C] **1** one separate event in sb's life, a novel, etc（生活、小说等中的）插曲/片段: *That's an episode in my life I'd rather forget.* 过去这段经历，我情愿忘掉它。**2** one part of a TV or radio drama that is broadcast in several parts (**a serial**)（电视或电台连续剧的）一集（连续剧叫做 **serial**）: *Don't miss tomorrow's exciting episode.* 明天那一集很精彩，别错过。

epitaph /ˈepɪtɑːf; *US* 美 -tæf ‖ ˈɛpəˌtæf/ *noun* [C] words that are written or said about a dead person, especially words written on a gravestone 悼词（尤指墓志铭）

epitome /ɪˈpɪtəmɪ ‖ ɪˈpɪtəmɪ/ *noun* [sing] a perfect example of sth 典型

epitomize (*also* 亦作 **epitomise**) /ɪˈpɪtəmaɪz ‖ ɪˈpɪtəˌmaɪz/ *verb* [T] to be typical of sth 为…的典型

epoch /ˈiːpɒk; *US* 美 ˈepək ‖ ˈɛpək/ *noun* [C] a period of time in history (that is important because of special events, features, etc)（有重大历史意义的）时期

☆**equal** /ˈiːkwəl ‖ ˈikwəl/ *adj* **1** the same in size, amount, value, number, status, etc 相等；同样: *They are equal in weight.* 他们一样重。○ *They are of equal weight.* 他们一样重。○ *Divide it into two equal parts.* 把它分为两等份。○ *Women are demanding equal pay for equal work.* 妇女要求同工同酬。○ *We've appointed an Equal Opportunities Officer* (= a person who makes sure that people are treated equally). 我们委任了一位保证机会平等监督员（其职责是确保人人待遇均等）。☛ The opposite is **unequal**. 反义词为 **unequal**。**2 equal to sth** (*formal* 正式) having the strength, ability etc to do sth 胜任: *I'm afraid Bob just isn't equal to the job.* 我怕鲍勃做不了这工作。

(IDIOM 习语) **be on equal terms (with sb)** to have the same advantages and disadvantages as sb else（跟某人）平起平坐/地位相等

equal *noun* [C] a person who has the same ability, rights, etc as you do 和自己相当的人: *to treat sb as an equal* 平等看待某人

equal *verb* [T] (equa**ll**ing; equa**ll**ed; *US* 美 equa**l**ing; equa**l**ed) **1** (used about numbers, etc 指数目等) to be the same as sth 等于: *44 plus 17 equals 61 is written: 44 + 17 = 61.* * 44加17等于61可以写作：44 + 17 = 61。**2 equal sb/sth (in sth)** to be as good as sb/sth 比得上；与…一样好: *He ran an excellent race, equalling the club record.* 他跑得真好，平了俱乐部的纪录。○ *Nowhere quite equals France for food.* 论吃的，没什么地方比得上法国。

equally /ˈiːkwəlɪ ‖ ˈikwəlɪ/ *adv* **1** to the same degree or extent 程度相同: *They both worked equally hard.* 他们俩工作同样卖力。**2** in equal parts 平均地: *His money was divided equally between his children.* 他把财产平均分给了他的子女。**3** (used when you are comparing two ideas or commenting on what you have just said 用以比较或补充方才说的话) at the same time; but/and also 同时；而且；同样: *I do not think what he did was right. Equally, I can understand why he did it.* 我不认为他做得对，可是我明白他为什么这样做。

☆**equality** /ɪˈkwɒlətɪ ‖ ɪˈkwɑlətɪ/ *noun* [U] the situation in which everybody has the same rights and advantages; being equal 平等: *Absolute equality is probably impossible to achieve.* 绝对的平等也许是不可能实现的。○ *racial equality* (= between people of different races) 种族平等 ○ *equality of opportunity* 机会平等 ☛ The opposite is **inequality**. 反义词为 **inequality**。

equalize (*also* 亦作 **equalise**) /ˈiːkwəlaɪz ‖ ˈikwəlˌaɪz/ *verb* [I] (*sport* 体育) to reach the same number of points as your opponent 把积分拉平: *Wales equalized in the 87th minute to make the score 2 all.* 开赛后87分钟，威尔士队射入一球，把比分拉成了2比2。

equate /ɪˈkweɪt ‖ ɪˈkwet/ *verb* [T] **equate sth (with sth)** to consider one thing as being the same as sth else 把（两者）等同起来: *It is a mistake to equate wealth with happiness.* 不该把财富和幸福等同起来。

equation /ɪˈkweɪʒn ‖ ɪˈkweʒən/ *noun* [C] (in mathematics 数学) a statement that two quantities are equal 方程式；等式: *2x + 5 = 11 is an equation.* * 2x + 5 = 11 是一项方程式。

E

equator (*also* 亦作 **Equator**) /ɪˈkweɪtə(r) ‖ ɪˈkwetɚ/ *noun* [sing] the imaginary line around the earth at an equal distance from the North and South Poles 赤道: *north/south of the equator* 赤道以北/南 ○ *on the equator* 位于赤道 ☛ picture at **earth**. 见 **earth** 插图。

equestrian /ɪˈkwestrɪən ‖ ɪˈkwɛstrɪən/ *adj* (*formal* 正式) connected with horse-riding 与骑马有关；骑术的: *equestrian events at the Olympic Games* 奥林匹克运动会的马术项目

equip /ɪˈkwɪp ‖ ɪˈkwɪp/ *verb* [T] (equi**pp**ing; equi**pp**ed) **equip sb/sth (with sth) 1** (usually passive 通常用于被动语态) to supply sb/sth with what is needed (for a particular purpose) 装备；配备: *We shall equip all schools with new computers in the next year.* 明年我们要让所有学校配上新计算机。○ *The schools in France are much better equipped than ours.* 论设备，法国的学校比我们这里的好得多。○ *The flat has a fully-equipped kitchen.* 这套房间有一个设备齐全的厨房。**2** to prepare sb for a particular task 使有所准备: *We were just not equipped to deal with the problem.* 我们没准备好，根本应付不了这个问题。

☆**equipment** /ɪˈkwɪpmənt ‖ ɪˈkwɪpmənt/ *noun* [U] the things that are needed for carrying out a particular activity 设备；器材: *office equipment* 办公室设备 ○ *sports equipment* 体育器材 ○ *Standard equipment in the car includes power steering and central door locking.* 动力转向装置和中央锁门设施都是汽车的标准装置。
☛ Note that **equipment** is uncountable. * **equipment** 是不可数名词。We have to say 'a piece of equipment' if we are talking about one item 若指一件器具，要用 a piece of equipment: *a very useful piece of kitchen equipment* 一件很有用的厨房器具

equivalent /ɪˈkwɪvələnt ‖ ɪˈkwɪvələnt/ *adj* **equivalent (to sth)** equal in value, amount, meaning, importance, etc 相等；相同: *The price of British cars is higher than that of equivalent French or German models.* 英国制造的汽车比法国或德国的同类产品昂贵。○ *Is the British House of Commons roughly equivalent to the American House of Representatives?* 英国的下议院和美国的众议院大概相当，是吗？○ *People in Britain smoked 94 billion cigarettes last year, equivalent to 1680 per person.* 去年英国人抽烟抽了940亿支，平均每人1 680支。

equivalent *noun* [C] something that is equivalent 相等的事物: *There is no English equivalent to the French 'bon appetit'.* 法语的 bon appetit，在英语里找不到对应词。

er /ɜː(r) ‖ ɝ/ *interj* (used in writing to show that sb cannot decide what to say next 书面上用以表示说话的人正在犹疑): *Well, er, ladies and gentlemen, I, er, I'm very pleased to be here today.* 嗯…各位，我…我今天很高兴和您们见面。

era /ˈɪərə ‖ ˈɪrə/ *noun* [C] a period of time in history (that is special for some reason) 时代: *We are living in the era of the computer.* 我们生活在计算机时代。○ *the Victorian era* (= the years when Victoria was queen) 维多利亚时代（维多利亚女王在位的时候）

eradicate /ɪˈrædɪkeɪt ‖ ɪˈrædɪˌket/ *verb* [T] (*formal* 正式) to destroy sth completely 根除；杜绝 —**eradication** /ɪˌrædɪˈkeɪʃn ‖ ɪˌrædɪˈkeʃən/ *noun* [U]

erase /ɪˈreɪz; *US* 美 ɪˈreɪs ‖ ɪˈres/ *verb* [T] (*formal* 正式) to remove sth (a pencil mark, a recording on tape, etc) 擦去/抹去（铅笔笔迹、磁带上的录音或录像等）: (*figurative* 比喻) *He tried to erase the memory of those terrible years from his mind.* 他想从心中抹去那些可怕岁月的回忆。☛ We usually say **rub out** a pencil mark. 擦去铅笔笔迹通常用 **rub out**。—**eraser** /ɪˈreɪzə(r); *US* 美 -sər ‖ ɪˈresɚ/ *noun* [C] (*especially US* 尤为美) = RUBBER(2)

erect[1] /ɪˈrekt ‖ ɪˈrɛkt/ *adj* **1** standing straight up; upright 直立的；竖直的: *He stood with his head erect.* 他昂首站立。**2** (used about the penis 指阴茎) stiff and upright because of sexual excitement 勃起的

erect[2] /ɪˈrekt ‖ ɪˈrɛkt/ *verb* [T] (*formal* 正式) to build sth or to put sth in an upright position 建造；竖立: *to erect a statue* 竖立雕像 ○ *Huge TV screens were erected so that everybody could see what was going on.* 竖起了电视大屏幕，让所有观众都看个清楚。

erection /ɪˈrekʃn ‖ ɪˈrɛkʃən/ *noun* **1** [U] (*formal* 正式) the act of putting sth in an upright position or of building sth 竖立；建造 **2** [C] the hardening of the penis in sexual excitement 阴茎的勃起: *to get/have an erection* 勃起

erode /ɪˈrəʊd ‖ ɪˈrod/ *verb* [T] (usually passive 通常用于被动语态) (used about the sea, the weather, etc 指海水、天气等) to destroy sth slowly 侵蚀: *The cliff has been eroded by the sea.* 海水长期冲刷着山崖。○ (*figurative* 比喻) *Freedom of speech is being eroded.* 言论自由正遭受侵犯。—**erosion** /ɪˈrəʊʒn ‖ ɪˈroʒən/ *noun* [U]: *the erosion of the coastline by the sea* 海洋对海岸线的侵蚀

erotic /ɪˈrɒtɪk ‖ ɪˈrɑtɪk/ *adj* causing sexual excitement 引起性欲的: *an erotic film, poem, etc* 色情电影/诗歌…

err /ɜː(r); *US* 美 eər ‖ ɝ/ *verb* [I] (*formal* 正式) to be or do wrong; to make mistakes 犯错误: *It is better to err on the side of caution* (= it is better to be too careful rather than not careful enough). 宁可过于谨慎，也不掉以轻心。

errand /ˈerənd ‖ ˈɛrənd/ *noun* [C] a short journey to take or get sth for sb, eg to buy sth from a shop（短程）差事；跑腿

erratic /ɪˈrætɪk ‖ əˈrætɪk/ *adj* (used about a person's behaviour, or about the quality of sth 指行为或品质) changing without reason; that you cannot rely on 反复不定；靠不住: *Jones is a talented player but he's very erratic* (= sometimes he plays well, sometimes badly). 琼斯这个球员，才能是有的，可是表现很不稳定。—**erratically** /-klɪ ‖ -klɪ/ *adv*

☆**error** /ˈerə(r) ‖ ˈɛrɚ/ *noun* **1** [C] a mistake 错误: *The telephone bill was far too high due to a computer error.* 计算机出了错，使电话账单的金额高得吓人。○ *an error of judgement* 判断错误 ○ *to make an error* 犯错误 ☛ **Error** is more formal than **mistake**. 与 **mistake** 相比，**error**

适用于较正式的场合。There are some expressions, eg *error of judgement*, *human error* where only **error** can be used. 有些词组就一定要用 **error**，如 error of judgement、human error。 **2** [U] the state of being wrong in behaviour or belief（行为上或见解上的）过失: *The letter was sent to you in error.* 这封信错送给了你。○ *The accident was the result of human error.* 这次事故起于人为过失。

(IDIOM 习语) **trial and error** ⇨ TRIAL

erupt /ɪ'rʌpt ‖ ɪ'rʌpt/ *verb* [I] **1** (used about a volcano 指火山) to explode and throw out fire, rock that has melted (**lava**), etc 喷发；爆发（熔岩叫做 **lava**） **2** (used about violence, anger, etc 指暴力事件、愤怒等) to start suddenly 勃发；突然发作: *The demonstration erupted into violence.* 示威突然引发了暴力。 **3** (used about people 指人) to suddenly become very angry 突然发怒: *George erupted when he heard the news.* 乔治一听见这消息就大发雷霆。

—**eruption** /ɪ'rʌpʃn ‖ ɪ'rʌpʃən/ *noun* [C,U]

escalate /'eskəleɪt ‖ 'ɛskəˌlet/ *verb* [I,T] **1** (to cause sth) to become stronger or more serious（使）增强/变得更严重: *The demonstrations are escalating into violent protest in all the major cities.* 示威在全国各大城市均升级为激烈抗议。○ *The terrorist attacks escalated tension in the capital.* 首都遭受恐怖分子袭击，气氛越发紧张了。 **2** (to cause sth) to become greater or higher; to increase（使）扩大/提高；增加: *The cost of housing has escalated in recent years.* 近年房屋价格不断上升。—**escalation** /ˌeskə'leɪʃn ‖ ˌɛskə'leʃən/ *noun* [C,U]

escalator /'eskəleɪtə(r) ‖ 'ɛskəˌletɚ/ *noun* [C] a moving staircase in a shop, etc 自动扶梯

escapade /ˌeskə'peɪd ‖ ˌɛskə'ped/ *noun* [C] an exciting adventure that may be dangerous 冒险的行为

☆**escape**[1] /ɪ'skeɪp ‖ ɪ'skep/ *verb* **1** [I] **escape (from sb/sth)** to get away from a place where you do not want to be; to get free 逃走；逃脱: *Two prisoners have escaped.* 有两个囚犯逃走了。○ *A lion escaped from its cage at Bristol Zoo last night.* 昨天晚上，布里斯托尔动物园有一头狮子跑了出来。 **2** [I] (used about gases or liquids 指气体或液体) to find a way out of a container, etc 漏出: *There's gas escaping somewhere.* 不知哪儿漏出煤气来了。 **3** [I,T] to be safe from sth; to avoid sth 逃过；避开: *The two men in the other car escaped unhurt in the accident.* 另一辆汽车的两个男乘客在意外中安然无恙。○ *David Smith escaped injury when his car skidded off the road.* 戴维·史密斯的汽车滑离马路，他自己却逃过大难，没有受伤。○ *to escape criticism* 逃避批评 **4** [T] to be forgotten or not noticed by sb 被忘掉/忽略: *His name escapes me.* 我忘了他的名字。○ *to escape sb's notice* (= not be noticed by sb) 未受某人注意

escaped *adj* having escaped from a place 逃脱的: *The escaped prisoners have not been recaptured.* 逃犯仍未抓回。

☆**escape**[2] /ɪ'skeɪp ‖ ɪ'skep/ *noun* **1** [C,U] **escape (from sth)** the act of escaping (1,2,3) 逃脱；漏出；逃过；避免: *Escape from Alcatraz prison was impossible.* 阿尔卡特拉斯监狱进去了就别想逃。○ *There have been twelve escapes from the local prison this year.* 本地监狱今年发生了十二宗越狱事件。○ *She had a narrow escape when a lorry crashed into her car* (= she was nearly killed or seriously hurt). 有辆卡车向她的汽车撞了过去，差点儿把她撞死。 **2** [C] a means of escaping 逃跑/逃生手段: *a fire-escape* 太平梯 **3** [U,sing] something that helps you forget your daily life 借以逃避现实的事物: *For him, listening to music is a means of escape.* 对他来说，听音乐是一种消遣。○ *an escape from reality* 逃避现实

escort /'eskɔːt ‖ 'ɛskɔrt/ *noun* [C] **1** [with sing or pl verb] a person or vehicle (or group of people and vehicles) that goes with and protects sb/sth, or that goes with sb/sth as an honour 护送者；护送队；仪仗队: *a police escort* 警察护送队 ☛ Note the phrase **under escort** 被护送叫做 **under escort**: *He arrived under military escort.* 他在武装人员护送下到达。 **2** (*formal* 正式) a companion for a particular social event（社交场合中的）陪伴者

escort /ɪ'skɔːt ‖ ɪ'skɔrt/ *verb* [T] **1** to go with sb as an escort 护送: *The President's car was escorted by several police cars.* 总统专车由几辆警车护送。 **2** to take sb somewhere 陪伴（某人）到（某处）: *Philip escorted her to the door.* 菲利普送她到门口。

Eskimo /'eskɪməʊ ‖ 'ɛskəˌmo/ *noun* [C] (*pl* **Eskimo** or **Eskimos**) a member of a people who live in the Arctic regions of North America and Eastern Siberia 爱斯基摩人 ☛ Eskimos prefer to be called **Inuits** or **Innuits**. 爱斯基摩人喜欢人家叫他们 **Inuits** 或 **Innuits**。

especial /ɪ'speʃl ‖ ə'spɛʃəl/ *adj* (only *before* a noun 只用于名词前) (*formal* 正式) not usual; special 特别: *This will be of especial interest to you.* 这个你会特别感兴趣。

☆**especially** /ɪ'speʃəlɪ ‖ ə'spɛʃəlɪ/ *adv* **1** to an unusual degree; in particular 尤其；特别: *She loves animals, especially dogs.* 她喜欢动物，尤其爱狗。○ *The Irish, especially, are proud of their traditions.* 最使爱尔兰人引以为荣的是他们的传统。○ *The car is rather small especially if you have a large family.* 这汽车已经够小了，特别是如果你家里人多。○ *He was very disappointed with his mark in the exam especially as he had worked so hard for it.* 他对自己的考试分数感到很失望，尤其想到花了这么多心血，就更加沮丧了。 **2** for a particular purpose 为了某个目的: *I made this especially for you.* 这是我专诚为你做的。 ☛ **Specially** is also possible with this meaning. It is less formal. 作此义时也可用 **specially**，这个词用于非正式场合。 **3** very (much) 十分: *It's not an especially difficult exam.* 这个考试并不怎么难。○ *'Do you like jazz?' 'Not especially.'* "你喜欢爵士音乐吗？" "不特别喜欢。"

espionage /'espɪənɑːʒ ‖ 'ɛspɪənɑʒ/ *noun* [U] the system of finding out secret information about another country or organization 间谍活动 ☛ Look at **spy**. 参看 **spy**。

E

☆**essay** /ˈeseɪ ‖ ˈɛse/ *noun* [C] a short piece of writing on one subject 文章；短文: *to write an essay on tourism* 写一篇短文谈谈旅游业

essence /ˈesns ‖ ˈɛsn̩s/ *noun* **1** [sing] the basic or most important quality of sth 本质；精髓: *The essence of the problem is that there is not enough money available.* 问题的关键在于资金不足。**2** [C,U] a substance (usually a liquid) that is taken from a plant or food and that has a strong smell or taste of that plant or food （从植物或食物里提炼出来的）精华（通常为液体）: *vanilla essence* 香草精

☆**essential** /ɪˈsenʃl ‖ əˈsɛnʃəl/ *adj* absolutely necessary; that you must have or do 必不可少的；必需的: *Essential medical supplies will be delivered to the area by plane.* 必需的医疗物资将由飞机运往当地。○ *Maths is essential for a career in computers.* 做计算机这一行数学基础一定要好。○ *It is essential that all school-leavers should have a qualification.* 对于刚刚离开学校的年青人来说，学历是非常重要的。○ *It is essential to book in advance if you are travelling by coach.* 要搭长途公共汽车，就得预先订票。○ *Local clubs are an essential part of village life.* 地方上的俱乐部是乡村生活的一个根本环节。

essential *noun* [C, usually pl] something that is necessary or very important 必不可少的东西: *food, and other essentials such as clothing and heating* 食物和其他必需品，如衣服、暖气等

essentially /ɪˈsenʃəlɪ ‖ əˈsɛnʃəlɪ/ *adv* basically; really 基本上；事实上: *The problem is essentially one of money.* 说到底，这是金钱问题。

☆**establish** /ɪˈstæblɪʃ ‖ əˈstæblɪʃ/ *verb* [T] **1** to start sth (especially an organization or institution) 创立/创办（尤指组织或机构）: *The school was established in 1875.* 该校创办于1875年。**2** to make sth exist 使存在；建立: *We must establish good relations with the local newspaper.* 我们要跟本地报馆建立良好的关系。**3 establish sb/sth (as sth)** to place sb/sth in a position permanently 确立: *She has been trying to get established as a novelist for several years.* 好几年来，她一直努力争取成为小说家。○ *The festival has become established as one of the most popular events in the town.* 这个节日已经成为小镇里最受欢迎的活动之一。**4** to decide sth 决定: *We need to establish our aims before we can go any further.* 我们先要订明目标，才可以继续做下去。**5** to make certain of sth; to prove 确定；证明: *The police are not able to establish where he was at the time of the murder.* 警方无法确定谋杀案发生的时候他在哪里。

☆**establishment** /ɪˈstæblɪʃmənt ‖ əˈstæblɪʃmənt/ *noun* **1** [U] the act of starting sth such as an organization or institution 创立（组织或机构）: *the establishment of a new government department* 成立一个政府部门 **2** [C] a shop or business 企业 **3 the Establishment** [sing] (*Brit* 英) the people in positions of power in a country, who usually do not support change 当权派；权力阶层

☆**estate** /ɪˈsteɪt ‖ əˈstet/ *noun* [C] **1** a large area of land in the country that is owned by one person or family 庄园: *He owns a large estate in Scotland.* 他在苏格兰拥有一大片庄园。**2** (*Brit* 英) an area of land that has a lot of buildings of the same type on it（集中了很多同类型建筑物的）地区: *an industrial estate* (= where there are a lot of factories) 工业区 ○ *a housing estate* 住宅区 **3** all the money and property that sb leaves when he/she dies 遗产

es'tate agent (*US* 美 **Realtor**; **real estate agent**) *noun* [C] a person who buys and sells houses and land for other people 房地产经纪人

es'tate car (*US* 美 **station-wagon**) *noun* [C] a car with a door at the back and a large area for luggage behind the back seat 旅行车/客货两用轿车（车后有门，座位后边可以存放行李）☛ picture at **car**. 见 **car** 插图。

esteem /ɪˈstiːm ‖ əˈstim/ *noun* [U] (*formal* 正式) great respect; a good opinion of sb 尊重；尊敬

esthetic (*US* 美) = AESTHETIC

☆**estimate**[1] /ˈestɪmət ‖ ˈɛstəmɪt/ *noun* [C] **1** a guess or judgement about the size, cost, etc of sth, before you have all the facts and figures 估计: *Can you give me a rough estimate of how many people will be at the meeting?* 有多少人会出席会议？可以给我一个大概的数字吗？**2** a written statement from a builder, etc giving a price for a particular job（营造商等就某项工程发出的）估价单

☆**estimate**[2] /ˈestɪmeɪt ‖ ˈɛstəˌmet/ *verb* [T] to calculate the size, cost, etc of sth approximately, before you have all the facts and figures 估计: *She estimated that the work would take three months.* 她估计这项工作需时三个月。○ *The police estimated the crowd at 10 000.* 据警方估计，人数多达10 000。○ *Work on the new bridge will cost an estimated five million pounds.* 据估计，建造新桥需要五百万英镑。

estimation /ˌestɪˈmeɪʃn ‖ ˌɛstəˈmeʃən/ *noun* [U] (*formal* 正式) opinion or judgement 看法；判断

estranged /ɪˈstreɪndʒd ‖ ɪˈstrendʒd/ *adj* **1** no longer living with your husband/wife 跟丈夫/妻子分居的: *He's estranged from his wife.* 他跟妻子分居了。**2** no longer friendly towards sb who used to be close to you 疏远了的

estuary /ˈestʃʊərɪ; *US* 美 -ʊerɪ ‖ ˈɛstʃuˌɛrɪ/ *noun* [C] (*pl* **estuaries**) the wide part (**mouth**) of a river where it joins the sea 河口湾（河口叫做 **mouth** of a river）

eternal /ɪˈtɜːnl ‖ ɪˈtɝnl̩/ *adj* **1** without beginning or end; lasting for ever 永恒的；永久的: *eternal life* (= after death) 永生 **2** happening too often; seeming to last for ever 没完没了: *I'm tired of these eternal arguments!* 这些争论没完没了的，我都听腻了！—**eternally** /-əlɪ ‖ -nl̩ɪ/ *adv*: *I'll be eternally grateful if you could help me.* 倘蒙眷助，感恩不尽。

eternity /ɪˈtɜːnətɪ ‖ ɪˈtɝnətɪ/ *noun* **1** [U] time that has no end; the state or time after death 永恒；永生 **2 an eternity** [sing] (*informal* 非正式) a period of time that seems endless 很长很长的一段时间: *It seemed like an eternity* *before the ambulance arrived.* 仿佛很久很久之后，救护车才匆匆赶来。

ethics /ˈeθɪks ‖ ˈεθɪks/ *noun* **1** [U] the study of what is right and wrong in human behaviour 伦理学: *Ethics is a branch of philosophy.* 伦理学是哲学的一个分支。**2** [plural] beliefs about what is morally right and wrong 道德: *The medical profession has its own code of ethics.* 医生这个行业有自己的一套道德标准。

ethical /ˈeθɪkl ‖ ˈεθɪkḷ/ *adj* **1** connected with ethics(2) 与道德有关: *That is an ethical problem.* 那是个道德问题。**2** morally correct 合乎道德: *She had not broken the law but her behaviour had not been ethical.* 她没有犯法，可是她的所作所为是不道德的。☛ The opposite is **unethical**. 反义词为 **unethical**。

ethnic /ˈeθnɪk ‖ ˈεθnɪk/ *adj* connected with or typical of a racial group or groups 与民族有关；有民族特色的: *ethnic minorities* 少数民族 ○ *ethnic food, music, etc* 民族食品/音乐…

etiquette /ˈetɪket ‖ ˈεtɪˌkεt/ *noun* [U] the rules of polite and correct behaviour 礼节；礼仪

etymology /ˌetɪˈmɒlədʒɪ ‖ ˌεtəˈmɑlədʒɪ/ *noun* (*pl* **etymologies**) **1** [U] the study of the origins and history of words and their meanings 词源学 **2** [C] an explanation of the origin and history of a particular word 词源

euphemism /ˈjuːfəmɪzəm ‖ ˈjufəˌmɪzəm/ *noun* [C,U] (using) a polite word or expression instead of a more direct one when you are talking about sth that is unpleasant or embarrassing 委婉说法；委婉语: *'Pass water' is a euphemism for 'urinate'.* "小便" 是 "撒尿" 的委婉说法。

euphoria /juːˈfɔːrɪə ‖ juˈfɔrɪə/ *noun* [U] (*formal* 正式) a strong feeling of happiness 兴奋；欣喜

Eurocheque /ˈjʊərəʊtʃek ‖ ˈjʊroˌtʃεk/ *noun* [C] a cheque that can be used in many European countries 欧洲支票

☆**European** /ˌjʊərəˈpɪən ‖ ˌjʊrəˈpiən/ *adj* of or from Europe 欧洲的；来自欧洲: *European languages* 欧洲语言 ○ *the European Championship* 欧洲锦标赛

European *noun* [C] a person from a European country 欧洲人

Euroˌpean Comˈmunity *noun* [sing] (*abbr* 缩写 **EC**) an economic and political association of certain European countries 欧洲共同体

euthanasia /ˌjuːθəˈneɪzɪə; *US* 美 -ˈneɪʒə ‖ ˌjuθəˈneʒə/ *noun* [U] the painless killing of sb who is very old or suffering from a disease that cannot be cured 安乐死

evacuate /ɪˈvækjʊeɪt ‖ ɪˈvækjʊˌet/ *verb* [T] to move people from a dangerous place to somewhere safer; to leave a place because it is dangerous (把人) 从危险的地方撤走: *During the war children were evacuated from London to the country.* 战争期间，住在伦敦的小孩都被疏散到乡下去了。○ *The village had to be evacuated when the river burst its banks.* 河水决堤，全村上下都要疏散。—**evacuation** /ɪˌvækjʊˈeɪʃn ‖ ɪˌvækjʊˈeʃən/ *noun* [C,U]

evade /ɪˈveɪd ‖ ɪˈved/ *verb* [T] **1** to get out of the way of or to escape from sb/sth 躲避；逃避: *They managed to evade capture and escaped to France.* 他们好不容易才躲过了追捕，逃到法国去了。**2** to avoid sth 回避: *He was accused of evading income tax.* 他被指控逃避缴纳所得税。○ *I asked her directly, but she evaded the question.* 我直截了当地问她，但她只是左闪右避，不肯回答。☛ The noun is **evasion**. 名词为 **evasion**。

evaluate /ɪˈvæljʊeɪt ‖ ɪˈvæljʊˌet/ *verb* [T] (*formal* 正式) to study the facts and then give your opinion about the meaning of sth or about how good sth is 评估；评价: *We evaluated the situation very carefully before we made our decision.* 我们先审慎地评估了形势，然后再作决定。—**evaluation** /ɪˌvæljʊˈeɪʃn ‖ ɪˌvæljʊˈeʃən/ *noun* [C,U]

evangelical /ˌiːvænˈdʒelɪkl ‖ ˌivænˈdʒεlɪkḷ/ *adj* (of certain Protestant churches) believing that religious ceremony is not as important as faith in Jesus Christ and study of the Bible 福音派的（指某些基督教教会的信仰，注重信仰耶稣基督和研读《圣经》，甚于强调宗教礼仪。）

evaporate /ɪˈvæpəreɪt ‖ ɪˈvæpəˌret/ *verb* [I] **1** (used about a liquid 指液体) to change into steam or a gas and disappear 蒸发: *The water evaporated in the sunshine.* 水给阳光蒸发了。☛ Look at **condense**. 参看 **condense**。**2** (used about feelings 指感觉) to disappear 消失: *All her hopes evaporated when she heard the news.* 消息传来，她的所有希望顿成泡影。—**evaporation** /ɪˌvæpəˈreɪʃn ‖ ɪˌvæpəˈreʃən/ *noun* [U]

evasion /ɪˈveɪʒn ‖ ɪˈveʒən/ *noun* [C,U] an action, statement, etc that is used for avoiding sth unpleasant 为了逃避而作出的行为/言论: *He has been sentenced to two years' imprisonment for tax evasion.* 他犯了逃税罪，判刑两年。☛ The verb is **evade**. 动词为 **evade**。

evasive /ɪˈveɪsɪv ‖ ɪˈvesɪv/ *adj* trying to avoid sth; not direct 旨在逃避的；转弯抹角: *Ann gave an evasive answer.* 安妮只是转弯抹角，没有正面答复。

eve /iːv ‖ iv/ *noun* [C] the day or evening before a religious festival, important event, etc（宗教节日、重大事件等的）前一天/前夕: *Christmas Eve* 圣诞夜

☆**even**[1] /ˈiːvn ‖ ˈivən/ *adj* **1** flat, level or smooth 平坦；平滑: *The game must be played on an even surface.* 只有在平面上才玩得了这种玩意。**2** not changing; regular 不变；稳定: *This wine must be stored at an even temperature.* 这种酒必须储藏在恒温的地方。**3** (used about a competition, etc 指比赛等) with one side being as good as the other 势均力敌: *The contest was very even until the last few minutes of the game.* 双方势均力敌，终场前数分钟才分出胜负。☛ The opposite for senses **1,2,3** is **uneven**. 第 **1**、**2**、**3** 义的反义词为 **uneven**。**4** (used about numbers 指数目) that can be divided by two 可以被二除尽的；偶数的: *4, 6, 8, 10, etc are even numbers.* * 4、6、8、10 等都是偶数。☛ The opposite is **odd**. 反义词为 **odd**。

(IDIOMS 习语) **be/get even (with sb)** to hurt or harm sb who has hurt or harmed you（对某人）以牙还牙/报复

E

break even to make neither a loss nor a profit 不赔不赚；得失相当

evenly *adv* in an even way 平坦；均匀；势均力敌：*The match was very evenly balanced.* 比赛双方非常势均力敌。○ *Spread the cake mixture evenly in the dish.* 把做蛋糕的材料摊匀在碟子上。

☆**even**[2] /'i:vn ‖ 'ivən/ *adv* **1** (used for emphasizing sth that is surprising 用以强调，表示惊诧) 就算；连；甚至：*It isn't very warm here even in summer.* 就算到了夏天，这里也不怎么暖。○ *Even the children helped in the garden.* 连孩子们也在花园里帮忙。○ *He didn't even open the letter* (= so he certainly didn't read it). 他连信都没拆。○ *I have been so busy that I haven't even had time to read the newspaper.* 我一直忙不过来，连报纸也没时间看。○ *I like her very much even though she can be very annoying.* 尽管她有时叫我很生气，我还是很喜欢她。☛ Look at the note at **although**. 参看 **although** 的注释。 **2** (used when you are comparing things, to make the comparison stronger 用以突出比较): *You know even less about it than I do.* 这方面你知道的比我还要少。○ *It is even more difficult than I expected.* 这事比我想的还要难。○ *We are even busier than yesterday.* 我们今天比昨天还要忙。

(IDIOMS 习语) **even if** (used for saying that what follows 'if' makes no difference 用以表示无论在什么情况下也没有分别) 尽管；就算：*I wouldn't do it, even if you paid me a thousand pounds.* 就算你给我一千英镑，我也不干。

even so (used for introducing a new idea, fact, etc that is surprising 用以引出令人惊诧的观点、事实等) in spite of that; nevertheless 虽然如此；即使这样；不过：*There are a lot of spelling mistakes; even so it's quite a good essay.* 很多词语都拼错了；即使如此，这篇文章也写得不错。

☆**evening** /'i:vnɪŋ ‖ 'ivnɪŋ/ *noun* [C,U] the part of the day between the afternoon and the time that you go to bed 傍晚；晚上：*What are you doing this evening?* 今晚你要做什么？○ *We were out yesterday evening.* 昨晚我们不在家里。○ *I went to the cinema on Saturday evening.* 星期六晚上，我看电影去了。○ *Tom usually goes swimming on Wednesday evenings.* 汤姆通常在星期三晚上去游泳。○ *Most people watch television in the evening.* 多数人晚上都看电视。○ *an evening class* (= a course of lessons for adults that takes place in the evening) 夜校课程

(IDIOM 习语) **good evening** (used when you see sb for the first time in the evening 用于晚上首次见面时) ☛ Often we just say *Evening* 通常只说 Evening: *'Good evening, Mrs Wilson.' 'Evening, Mr Mills.'* "晚上好，威尔逊太太。" "晚上好，米尔斯先生。"

☆**event** /ɪ'vent ‖ ɪ'vɛnt/ *noun* [C] **1** something that happens, especially sth important or unusual 事件（尤指重要的或不寻常的）：*an historic event* 历史上的一件大事 ○ *The events of the past few days have made things very difficult for the Government.* 过去几天的事态发展，叫政府下不了台。 **2** one of the races, competitions, etc in a sports programme（运动的）比赛项目：*The next event is the 800 metres.* 下一场比赛是800米赛跑。

(IDIOMS 习语) **at all events/in any event** whatever happens 不管怎么样：*I hope to see you soon, but in any event I'll phone you on Sunday.* 我想尽快见你，星期天准给你挂个电话。

in the event of sth (*formal* 正式) if sth happens 如果某事发生的话：*In the event of fire, leave the building as quickly as possible.* 遇上火灾，应尽快离开大厦。

eventful /-fl ‖ -fəl/ *adj* full of interesting or important events 多重大事件的；多事的 ☛ The opposite is **uneventful**. 反义词为 **uneventful**。

eventual /ɪ'ventʃʊəl ‖ ɪ'vɛntʃʊəl/ *adj* (only *before* a noun 只用于名词前) happening as a result; happening at last 结果的；最终的：*It is impossible to say what the eventual cost will be.* 钱这么花下去到底要花多少还说不准。

eventually /-tʃʊəlɪ ‖ -tʃʊəlɪ/ *adv* in the end; at last 最后；终于：*He eventually managed to persuade his parents to let him buy a motor bike.* 他终于说服了爸妈让他买一辆摩托车。

☆**ever** /'evə(r) ‖ 'ɛvɚ/ *adv* **1** (used in questions and negative sentences, when you are comparing things, and in sentences with 'if' 用于疑问句或否定句，也用于比较或带 if 的句子中) at any time 在任何时候：*Do you ever wish you were famous?* 你有没有想过做名人？○ *Nobody ever comes to see me.* 没有谁来看过我。○ *She hardly ever* (= almost never) *goes out.* 她很少到外边去。○ *Today is hotter than ever.* 从来没有今天这么热。○ *This is the best meal I have ever had.* 我从来也没吃过一顿这么好的饭。○ *If you ever visit England, you must come and stay with us.* 你什么时候来英国，一定要来我们这里住。 **2** (used in questions with verbs in the perfect tenses 用于含完成式动词的疑问句) at any time up to now 直到现在为止的任何时候：*Have you ever been to Spain?* 你去过西班牙没有？☛ Notice that when you answer a question like this, you do not use 'ever'. 回答这类问题，不用 ever。You say, 'Yes, I have' or 'No, I haven't' (or 'No, never'). 可以说 "Yes, I have" 或 "No, I haven't"（或 "No, never"）。 **3** (used with a question that begins with 'when', 'where', 'who', 'how', etc, to show that you are surprised or shocked 用于以 when、where、who、how 等开头的疑问句，表示惊愕或震惊): *How ever did he get back so quickly?* 他怎么这么快就回来了？○ *What ever were you thinking about when you wrote this?* 你下笔的时候究竟在想什么？☛ Look at **whatever**, **whenever**, **however**, etc. 参看 **whatever**、**whenever**、**however** 等。 **4 ever-** (in compounds 用以构成复合词) always; continuously 总是；不停地：*the ever-growing problem of pollution* 不断恶化的污染问题

(IDIOMS 习语) **(as) bad, good, etc as ever** (as) bad, good, etc as usual or as you expected 像平时那样坏/那样好…：*In spite of his problems, Andrew is as cheerful as ever.* 尽管遇到了问题，安德鲁仍然像以前那样开心。

ever after (used especially at the end of stories 尤用于故事的结局) from that moment on for always 从此以后: *The prince married the princess and they lived happily ever after.* 王子跟公主结婚，从此快快乐乐地生活在一起。
ever since (...) all the time from (...) until now 从…直到现在: *She has had a car ever since she was at university.* 早在念大学的时候，她就已经有自己的小车了。
ever so/ever such a (*informal* 非正式) (*Brit* 英) very 十分: *He's ever so kind.* 他是个好人。○ *He's ever such a kind man.* 他是个好得不得了的好人。
for ever ⇨ FOREVER(1)
evergreen /ˈevəgriːn ‖ ˈɛvəˌgrin/ *noun* [C], *adj* (a tree, etc) with green leaves throughout the year 常绿的（树木等）☛ Look at **deciduous**. 参看 **deciduous**。
everlasting /ˌevəˈlɑːstɪŋ; *US* 美 -ˈlæst- ‖ ˌɛvə-ˈlæstɪŋ/ *adj* (*formal* 正式) lasting for ever 永久的；永恒的: *everlasting life* 永生
☆**every** /ˈevrɪ ‖ ˈɛvrɪ/ *det* **1** (used with singular nouns 与单数名词连用) all the people or things in a group of three or more（三个或以上的人/物中的）每一个/所有: *She knows every student in the school.* 校内每一个学生她都认识。○ *There are 200 students in the school, and she knows every one of them.* 学校有200个学生，每一个她都认识。○ *I've read every book in this house.* 这房子内的每一本书我都看过。○ *You were out every time I phoned.* 每次我打电话给你，你都不在。**2** all that is possible 完全；十足: *You have every chance of success.* 你完全有可能成功。○ *She had every reason to be angry.* 难怪她这么生气。**3** (used for saying how often sth happens 用以表示某事发生的频率) 每: *We see each other every day.* 我们每天都见面。○ *Take the medicine every four hours* (= at 8, 12, 4, etc). 每四小时服药一次。○ *The milkman comes every other day* (= on Monday, Wednesday, Friday, etc). 送牛奶的隔天来一趟。○ *One in every three marriages ends in divorce.* 每三起婚姻就有一起以离婚结束。
everybody /ˈevrɪbɒdɪ ‖ ˈɛvrɪˌbɑdɪ/ (*also* 亦作 **everyone** /ˈevrɪwʌn ‖ ˈɛvrɪˌwʌn/) *pron* every person; all people 每个人；所有人: *Is everybody here?* 所有人都在吗？○ *The police questioned everyone who was at the party.* 警察对当时在酒会里的每一个人进行盘问。○ *I'm sure everybody else* (= all the other people) *will agree with me.* 我敢说其他人都同意我的想法。
☛ **Everyone** is only used about people and is not followed by 'of'. * **everyone** 只用于指人，后面不接 of。**Every one** means 'each person or thing' and is often followed by 'of' * **every one** 指每一个人或每一件东西，后面常接 of: *Every one of his records has been successful.* 他的每一张唱片都很成功。Look also at the note at **somebody**. 另参看 **somebody** 的注释。
everyday /ˈevrɪdeɪ ‖ ˈɛvrɪˈde/ *adj* (only *before* a noun 只用于名词前) normal and usual 普通；平常: *The computer is now part of everyday life.* 计算机现已成了日常生活的一部分。
everyplace /ˈevrɪpleɪs ‖ ˈɛvrɪˌples/ *adv* (*US* 美) = EVERYWHERE
everything /ˈevrɪθɪŋ ‖ ˈɛvrɪˌθɪŋ/ *pron* [with sing verb] **1** each thing; all things 每样事物；所有事物: *Sam lost everything in the fire.* 这场火把萨姆弄得一无所有。○ *Everything is very expensive in this shop.* 这家商店的货品都很昂贵。○ *We can leave everything else* (= all the other things) *at my parents' house.* 其他东西都可以留在我爸妈那里。**2** the most important thing 最重要的东西: *Money isn't everything.* 金钱并非万能。
everywhere /ˈevrɪweə(r); *US* 美 -hweə(r) ‖ ˈɛvrɪˌhwɛr/ *adv* in or to every place 在/向每一处地方: *I've looked everywhere, but I still can't find it.* 我找遍了所有地方也找不到。
evict /ɪˈvɪkt ‖ ɪˈvɪkt/ *verb* [T] to force sb (officially) to leave the house or land where he/she is living（依法）驱逐（房客或佃户）: *They were evicted for not paying the rent.* 他们欠了租，所以被赶走。—**eviction** /ɪˈvɪkʃn ‖ ɪˈvɪkʃən/ *noun* [C,U]
☆**evidence** /ˈevɪdəns ‖ ˈɛvədəns/ *noun* [U] something that gives a reason for believing sth 证据: *There was no evidence of a struggle in the room.* 房间里找不出搏斗的痕迹。○ *There was not enough evidence to prove him guilty.* 没有足够证据证明他有罪。○ *Her statement to the police was used in evidence against him.* 她向警察所作的口供，成了指控他的证据。○ *The witnesses to the accident will be asked to give evidence in court.* 这起事故的目击证人将被请出庭作证。○ *You have absolutely no evidence for what you're saying!* 你所说的话毫无根据！
☛ Note that **evidence** is uncountable. * **evidence** 是不可数名词。We use **piece** if we are talking about single items that are evidence 若指一项证据，用 **piece**: *One piece of evidence is not enough to prove somebody guilty.* 只有一项证据不足以判一个人有罪。
(IDIOM 习语) **(to be) in evidence** to be seen; to be noticeable 可看见；显眼: *When we arrived there was no ambulance in evidence. It didn't arrive until ten minutes later.* 我们到达现场的时候，救护车还没有踪影，十分钟后它才赶到。
evident /ˈevɪdənt ‖ ˈɛvədənt/ *adj* clear (to the eye or mind); obvious 明显；明白的: *It was evident that the damage was very serious.* 显然那是非常严重的破坏。
evidently *adv* **1** it appears that 看来: *Evidently he has decided to leave.* 看来他决定要走了。**2** it is obvious that 明显地: *She was evidently extremely shocked at the news.* 这消息显然使她大为震惊。
☆**evil** /ˈiːvl ‖ ˈivḷ/ *adj* very bad; causing trouble or harm 邪恶；有害；坏: *Dr Jekyll and the evil Mr Hyde* 吉基尔医生和凶残的海德先生（集善良与凶残于一身，小说《化身博士》中的主人公）；善恶双重人格 ○ *In the play Richard is portrayed as an evil king.* 在戏里，理查德是一个暴君。
☛ Another word for **evil** is **wicked**. * **wicked** 与 **evil** 的意义相同。These are very strong words. 这两个词的语气很重。Children are usually described as **naughty** or **mischievous**. 形容小孩子通常用 **naughty** 或 **mischievous**。
evil *noun* [C,U] (*formal* 正式) something that

E

is very bad; wickedness 邪恶的事物；邪恶: *The play is about the good and evil in all of us.* 这出戏探讨人类内心的善和恶。○ *Drugs and alcohol are two of the evils of modern society.* 吸毒和酗酒乃现代社会的两大祸害。

(IDIOM 习语) **the lesser of two evils** ⇨ LESSER

evoke /ɪ'vəʊk ‖ ɪ'vok/ *verb* [T] (*formal* 正式) to produce a memory, feeling, etc 引起（回忆、感觉等）: *For me, that music always evokes long summer evenings.* 我每次听见那支乐曲，就想起夏日的长夜来。○ *Her article evoked a lot of interest.* 她那篇文章引起了广泛的兴趣。

evolution /ˌiːvə'luːʃn; *US* 美 ˌev- ‖ ˌɛvə'luʃən/ *noun* [U] **1** the development of living things over many thousands of years from simple early forms（生物的）进化: *Darwin's theory of evolution* 达尔文的进化论 **2** the process of change and development 演变；发展: *Political evolution is a slow process.* 政治变革是一个缓慢的过程。

evolve /ɪ'vɒlv ‖ ɪ'vɑlv/ *verb* **1** [I] (used about living things 指生物) to develop from simple early forms 进化 **2** [I,T] (*formal* 正式) to develop or to make sth develop（使）演化/形成: *His style of painting has evolved gradually over the past 20 years.* ＊20年来，他的画风一直在慢慢地演变。○ *The twins have evolved a language of their own.* 这对孪生子彼此间有一套独特的语言。

ewe /juː ‖ ju/ *noun* [C] a female sheep 母羊；牝羊 ☛ Look at the note and picture at **sheep**. 参看 **sheep** 的注释及插图。

☆**exact**[1] /ɪg'zækt ‖ ɪg'zækt/ *adj* **1** (completely) correct; accurate 准确；确切: *He's in his mid-fifties. Well, 56 to be exact.* 他已经五十好几了，确切地说，56岁了。○ *What is the exact time?* 现在确切地说是几点钟了？○ *I can't tell you the exact number of people who are coming.* 有多少人要来，我可说不准。○ *She's the exact opposite of her sister.* 她跟她妹妹刚好相反。**2** able to work in a way that is completely accurate 头脑精密: *You need to be very exact when you calculate the costs.* 算成本要算得精密。

exactly *adv* **1** (used for emphasizing sth 用以强调) just 正好: *You've arrived at exactly the right moment.* 你来得正合时。○ *I found exactly what I wanted.* 我找到我正要找的东西。**2** (used when you are asking for, or giving, completely correct information 用以索求或提供确切的资料): *Where exactly are you going on holiday?* 你到底要去哪儿度假？○ *He took exactly one hour to finish.* 他用了一个钟头完成，不多不少。**3** (used for agreeing with a statement 表示同意) yes; you are right 对的；不错: *'But I don't think she's old enough to travel on her own.' 'Exactly.'* "她年纪还小，不该独个儿旅行。" "说得对。"

(IDIOM 习语) **not exactly** (*informal* 非正式) **1** not really; not at all 并不；一点也不: *He's not exactly the most careful driver I know.* 他开车不那么小心。**2** (used as an answer to say that sth is almost true 回答时用，表示几乎正确): *'So you think I'm wrong?' 'No, not exactly, but ...'* "这么说，是我不对吗？" "不完全是，可是…"

exactness *noun* [U] the quality of being exact 准确；正确；精密

exact[2] /ɪg'zækt ‖ ɪg'zækt/ *verb* [T] (*formal* 正式) to demand and get sth 索取

exacting *adj* needing a lot of care and attention; difficult 艰巨: *exacting work* 艰巨的工作

☆**exaggerate** /ɪg'zædʒəreɪt ‖ ɪg'zædʒəˌret/ *verb* [I,T] to make sth seem larger, better, worse, etc than it really is 夸大: *Don't exaggerate. I was only two minutes late, not twenty.* 别夸大，我才迟了两分钟，不是二十分钟。○ *The problems have been greatly exaggerated.* 这些问题被大大地夸张了。

exaggeration /ɪgˌzædʒə'reɪʃn ‖ ɪgˌzædʒə'reʃən/ *noun* [C,U] making sth seem bigger, etc than it really is; sth that does this 夸大；夸张的说法: *It's rather an exaggeration to say that all the students are lazy.* 说全部学生都懒惰，实在是言过其实了。

☆**exam** /ɪg'zæm ‖ ɪg'zæm/ *noun* [C] (*informal* 非正式) examination(2) 考试: *an English exam* 英语考试 ○ *the exam results* 考试成绩

☆**examination** /ɪgˌzæmɪ'neɪʃn ‖ ɪgˌzæmə'neʃən/ *noun* **1** [C,U] the act of looking at sth carefully 检查: *They made a thorough examination of the car before buying it.* 他们仔细检查过这辆汽车才买下来。○ *On close examination, it was found that the passport was false.* 经仔细检查，发现护照是伪造的。○ *a medical examination* 体格检查 **2** (also *informal* 非正式 **exam**) [C] a written, spoken or practical test of what you know or can do 考试: *I've got an examination in French next week.* 下星期我要考法语。○ *to take/sit an examination* 参加考试 ○ *to pass/fail an examination* 考试及格/不及格 ☛ A **test** is less formal and usually shorter than an examination. ＊**test**（测验）不及 examination（考试）那么正规，通常也比考试简短。

☆**examine** /ɪg'zæmɪn ‖ ɪg'zæmɪn/ *verb* [T] **1 examine sb/sth (for sth)** to look at sb/sth carefully in order to find out sth 检查: *The detective examined the room for clues.* 侦探检查房间，寻找线索。○ *I'm going to have my teeth examined next week.* 下星期我要去看牙。○ *Please examine your change carefully before you leave the shop.* 出店前请核清找头。**2 examine sb (in/on sth)** (*formal* 正式) to test what sb knows or can do 对（某人）进行考查: *You will be examined on everything that has been studied in the course.* 课程教过的东西通通要考。

examiner /ɪg'zæmɪnə(r) ‖ ɪg'zæmɪnɚ/ *noun* [C] a person who tests sb in an examination(2) 主考人

☆**example** /ɪg'zɑːmpl; *US* 美 -'zæmpl ‖ ɪg'zæmpl̩/ *noun* [C] **1** a thing that shows a general rule about what sth is like 例子: *This dictionary gives many examples of how words are used in sentences.* 这部词典列举了很多例子，说明词语在句子中的实际用法。○ *I don't quite understand you. Can you give me an example of what you mean?* 我听不明白，可以举个例子吗？

○ *This is a typical example of a Victorian house.* 这是典型的维多利亚式房子。**2** a person or thing or a type of behaviour that is good and should be copied 典范；榜样: *Joe's bravery should be an example to us all.* 乔的英勇行为应该是我们大家学习的榜样。

(IDIOMS 习语) **follow sb's example/lead** ⇨ FOLLOW

for example (used for giving an illustration of what you are talking about 用以举例) 例如: *In many countries, Italy, for example, family life is much more important than here.* 很多国家，比如意大利，都比我们这里更加重视家庭生活。☛ The short form is **eg.** 缩写为 **eg**。

set a good, bad, etc example (to sb) to behave in a way that should/should not be copied 树立好/坏…榜样: *Parents should always take care when crossing roads in order to set their children a good example.* 做父母的横过马路时不要乱闯，要为子女树立一个好榜样。

exasperate /ɪg'zæspəreɪt ‖ ɪg'zæspəˌret/ *verb* [T] to make sb angry; to annoy 激怒；惹恼: *She was exasperated by the lack of progress.* 迟迟没有进展，可把她气坏了。—**exasperating** *adj*: *I spent an exasperating morning trying to arrange our flights.* 为了安排我们搭乘的航班，我忙了一上午，真烦死了！—**exasperation** /ɪgˌzæspə'reɪʃn ‖ ɪgˌzæspə'reʃən/ *noun* [U]: *She finally threw the book across the room in exasperation.* 最后，她气急败坏地把书扔到了房间的那一边。

excavate /'ekskəveɪt ‖ 'ɛkskəˌvet/ *verb* [I,T] **1** to dig a hole in the ground（在地上）挖洞 **2** to uncover objects or buildings from the past by digging in an area of land 发掘（古物）: *A Roman villa has been excavated in a valley near the village.* 村旁的山谷里发掘出一座罗马时代的大宅。—**excavation** /ˌekskə'veɪʃn ‖ ˌɛkskə'veʃən/ *noun* [C,U]: *Excavations on the site have revealed several Roman buildings.* 现场发掘出好几座罗马时代的建筑物。

exceed /ɪk'si:d ‖ ɪk'sid/ *verb* [T] **1** to be greater than sth 超过: *The price must not exceed £100.* 价钱不可超过100英镑。**2** to go beyond what is allowed or necessary 超出限制；超出所需: *He was stopped by the police for exceeding the speed limit.* 他超速驾驶，给警察截住了。☛ Look at **excess** and **excessive**. 参看 **excess** 及 **excessive**。

exceedingly *adv* very 十分: *an exceedingly difficult problem* 极艰深的问题

excel /ɪk'sel ‖ ɪk'sɛl/ *verb* [I] (excelling; excelled) (*formal* 正式) **excel in/at sth** to be very good at sth 精于

excellence /'eksələns ‖ 'ɛksḷəns/ *noun* [U] the quality of being very good 卓越；优秀: *The headteacher said that she wanted the school to be a centre of academic excellence.* 校长表示她希望该校成为学术上的重镇。

☆**excellent** /'eksələnt ‖ 'ɛksḷənt/ *adj* very good; of high quality 卓越；素质高的: *He speaks excellent French.* 他说一口漂亮流利的法语。—**excellently** *adv*

☆**except¹** /ɪk'sept ‖ ɪk'sɛpt/ *prep* **except (for) sb/sth; except (that...)** not including sb/sth; apart from the fact that 除…外: *The museum is open every day except Mondays.* 博物馆每天开放，逢星期一休息。○ *Everyone except Tony is going on the trip.* 除了托尼，每个人都去旅行。○ *I can answer all of the questions except for the last one.* 每个问题我都答得来，除了最后一个。○ *It was a good hotel except that it was rather noisy.* 这家旅馆好是好，就是有点吵。

except² /ɪk'sept ‖ ɪk'sɛpt/ *verb* [T] (often passive 常用于被动语态) **except sb/sth (from sth)** (*formal* 正式) to leave sb/sth out; to not include sb/sth 不把…算在内

excepting /ɪk'septɪŋ ‖ ɪk'sɛptɪŋ/ *prep* not including; except¹ 不包括；除了…外

☆**exception** /ɪk'sepʃn ‖ ɪk'sɛpʃən/ *noun* [C] a person or thing that is not included 例外；不包括在内的人/物: *Most of his songs are awful but this one is an exception.* 他大部分的歌都很不好听，这一支倒是例外。○ *There's an exception to every rule.* 每条规则都有例外。

(IDIOMS 习语) **to make an exception (of sb/sth)** to treat sb/sth differently 把…作为例外: *We don't usually allow children under 14 but we'll make an exception in your case.* 一般来说，我们不会招待14岁以下的小孩，但是你的情况可以通融。

with the exception of except for; apart from 除了: *He has won every major tennis championship with the exception of Wimbledon.* 除了温布尔登锦标赛，他在所有重要的网球锦标赛中都得过冠军。

without exception in every case; including everybody/everything 没有例外；包括所有人/物: *Everybody without exception must take the test.* 人人都要接受测验，没有例外。

exceptional /ɪk'sepʃənl ‖ ɪk'sɛpʃənḷ/ *adj* very unusual; unusually good 特殊；特别好: *You will only be allowed to leave early in exceptional circumstances.* 只有在特殊情况下才可以提早离开。○ *We have had a really exceptional summer.* 我们这个夏天过得特别有意思。—**exceptionally** /-ʃənəlɪ ‖ -ʃənḷɪ/ *adv*: *The past year has been exceptionally difficult for us.* 对我们来说，过去的一年特别困难。

excerpt /'eksɜ:pt ‖ 'ɛksɝpt/ *noun* [C] a short piece taken from a book, film, piece of music, etc（书的）摘录；（电影、音乐的）选段

excess¹ /ɪk'ses ‖ ɪk'sɛs/ *noun* [sing] more of sth than is needed or usual; too much of sth 过量；过多: *An excess of fat in your diet can lead to heart disease.* 吃过多脂肪容易患上心脏病。

(IDIOM 习语) **in excess of** more than 超过: *Her debts are in excess of £1 000.* 她欠债超过1 000英镑。

excess² /'ekses ‖ 'ɛksɛs/ *adj* (only *before* a noun 只用于名词前) more than is usual or allowed; extra 过多；额外的: *There are high charges for excess baggage on planes.* 乘飞机如行李超重要付高昂的费用。

excessive /ɪk'sesɪv ‖ ɪk'sɛsɪv/ *adj* too much; too great 过多；过度: *I think £200 for a dress is excessive.* 一件连衣裙要200英镑，太贵了。—**excessively** *adv*: *I think you are being*

E

excessively pessimistic about this. 这件事情你想得太悲观了。

☆**exchange**[1] /ɪks'tʃeɪndʒ ‖ ɪks'tʃendʒ/ *noun* **1** [C,U] giving or receiving sth in return for sth else 交换: *a useful exchange of information* 很有用的情报交流 ○ *We can offer free accommodation in exchange for some help in the house.* 我们可提供免费住宿，条件是要帮忙做点家务。**2** [C] an (angry) conversation or argument（怒气冲冲的）交谈；争辩 **3** [U] the relation in value between kinds of money used in different countries 兑换；汇兑: *What's the exchange rate/rate of exchange for dollars?* 美元的兑换率是多少？○ *The exchange rate is one pound to three deutschmarks.* 英镑跟马克的兑换率是一英镑兑三马克。**4** [U] money that can be used to pay for goods or services from other countries 外汇: *Most of the country's foreign exchange comes from oil.* 这个国家的外汇收入主要来自石油。**5** [C] a visit by a group of students or teachers to another country and a return visit by a similar group from that country（两国学生或教师之间的）互访/交流: *an exchange with a school in France* 跟一所法国学校进行互访 ○ *an exchange visit* 互访 **6** = TELEPHONE EXCHANGE ☛ Look at **Stock Exchange**. 参看 **Stock Exchange**。

☆**exchange**[2] /ɪks'tʃeɪndʒ ‖ ɪks'tʃendʒ/ *verb* [T] **exchange A for B; exchange sth (with sb)** to give or receive sth in return for sth else 交换: *I would like to exchange this skirt for a bigger one.* 我想把裙子换条尺码大一点的。○ *Mary and Jane exchanged addresses with the boys.* 玛丽和珍妮跟那些男孩子交换了地址。○ *They exchanged glances* (= they looked at each other). 他们互相看了对方一眼。

excise /'eksaɪz ‖ ɪk'saɪz/ *noun* [U] a government tax on certain goods that are produced or sold in a country, eg tobacco, alcohol, etc 消费税（如烟、酒等的）☛ Look at **customs**. 参看 **customs**。

excitable /ɪk'saɪtəbl ‖ ɪk'saɪtəbḷ/ *adj* easily excited 易激动/兴奋

excite /ɪk'saɪt ‖ ɪk'saɪt/ *verb* [T] **1** to cause strong feelings (eg of happiness or nervousness) 使兴奋/激动: *Don't excite the baby too much or we'll never get him off to sleep.* 不要把娃娃逗得太凶，要不然哄不了他睡觉。**2** to cause a reaction in sb 引起反应: *The programme excited great interest.* 这个节目引起了广泛的关注。

☆**excited** /ɪk'saɪtɪd ‖ ɪk'saɪtɪd/ *adj* feeling very happy because you are looking forward to sth happening; not calm 兴奋；激动: *Are you getting excited about your holiday?* 放假使你很兴奋，是吗？○ *We're all very excited at the thought of moving into our new house.* 一想起搬进新房子去住，我们都兴奋得不得了。—**excitedly** *adv*

☆**excitement** /ɪk'saɪtmənt ‖ ɪk'saɪtmənt/ *noun* **1** [U] the state of being excited; a feeling of pleasure, especially because sth interesting is happening or will happen 激动；兴奋: *The children could not hide their excitement on Christmas Eve.* 圣诞夜孩子们个个都喜形于色。○ *There was great excitement as the winner's name was announced.* 得胜者的名字一揭晓，四周一片轰动。○ *The match was full of excitement until the very last minute.* 比赛精彩绝伦，一直到终场。**2** [C] something that makes you feel excited 令人激动/兴奋的事物: *After all the excitements of the last few weeks, it's nice to relax at home for a while.* 玩了几个星期之后，在家里休息一下是最好不过了。

☆**exciting** /ɪk'saɪtɪŋ ‖ ɪk'saɪtɪŋ/ *adj* causing strong feelings of pleasure and interest 令人兴奋: *That's very exciting news.* 这消息真令人兴奋。○ *Berlin is one of the most exciting cities in Europe.* 柏林是欧洲最多姿多彩的城市之一。☛ The opposite is **unexciting**. 反义词为 **unexciting**。

exclaim /ɪk'skleɪm ‖ ɪk'sklem/ *verb* [I,T] to say sth suddenly because you are surprised, angry, etc（因惊讶、愤怒等）惊叫/呼喊: *'I just don't believe it!' he exclaimed.* 他叫道："我怎么也不相信！"

exclamation /ˌekskləˈmeɪʃn ‖ ˌɛkskləˈmeʃən/ *noun* [C] a sound or word that expresses sudden pain, anger, surprise, etc 惊叫；感叹词: *'Ouch!' is an exclamation.* "哎哟！"是感叹词。

excla'mation mark (*US* 美 **excla'mation point**) *noun* [C] a mark (!) that is written after an exclamation 感叹号

☆**exclude** /ɪk'sklu:d ‖ ɪk'sklud/ *verb* [T] **1 exclude sb/sth (from sth)** to prevent sb/sth from getting in 不让进入: *Women are excluded from the temple.* 这座庙不准女人进入。○ *Try and exclude draughts from the room, and you will save money on your heating bills.* 不让过堂风吹进房间，那就可以省一些暖气费。**2** to decide that sth is not true 认为…不是真的: *The police had excluded the possibility that the child had run away.* 警方早就排除了那小孩是离家出走的可能性。**3** to leave out; not include 排除；不包括: *The price excludes all extras such as drinks or excursions.* 价钱不包括饮料、游览等额外消费。

excluding *prep* not including 不包括: *Lunch costs £10 per person excluding drinks.* 午餐每位10英镑，不包括饮料。

exclusion /ɪk'sklu:ʒn ‖ ɪk'skluʒən/ *noun* [U] keeping or leaving sb/sth out 排斥；排除

exclusive /ɪk'sklu:sɪv ‖ ɪk'sklusɪv/ *adj* **1** expensive and not welcoming people who are thought to be socially unsuitable 昂贵的、专用的（排斥身分不配的人）: *an exclusive restaurant* 高级饭馆 ○ *a flat in an exclusive part of the city* 位于市内高级住宅区的一套公寓 **2** (only *before* a noun 只用于名词前) for only one person, group, etc; not to be shared 专用的；独家的: *This car is for the Director's exclusive use.* 这是总监专用的汽车。○ *Tonight we are showing an exclusive interview with the new leader of the Labour Party* (= on only one television or radio station). 今天晚上，工党的新任主席将接受本台的独家采访。**3 exclusive of sb/sth** not including sb/sth; without 不包括: *Lunch costs £7 per person exclusive of drinks.* 午餐每位7英镑，不包括饮料。

E

exclusive *noun* [C] a newspaper story that is given to and published by only one newspaper（报纸的）独家新闻

exclusively *adv* only; not involving anybody/anything else 仅仅；不包括其他人/事物: *The swimming-pool is reserved exclusively for members of the club.* 游泳池只供俱乐部的会员使用。

excrement /'ekskrɪmənt ‖ 'ɛkskrɪmənt/ *noun* [U] (*formal* 正式) the solid waste matter that is passed from the body through the bowels 粪便 ☛ Look at **faeces**. 参看 **faeces**。

excrete /ɪk'skri:t ‖ ɪk'skrit/ *verb* [T] (*formal* 正式) to pass out waste matter from the body 排泄（身体内的废物）

excruciating /ɪk'skru:ʃɪeɪtɪŋ ‖ ɪk'skruʃɪˌetɪŋ/ *adj* (used about pain, etc 指痛楚等) very bad 极度；厉害

excursion /ɪk'skɜ:ʃn; *US* 美 -ɜ:rʒn ‖ ɪk'skɝʒən/ *noun* [C] a short journey or trip (that a group of people make for pleasure) 短途旅行；集体游览: *to go on an excursion* 参加短途旅游 ☛ Look at the note at **travel**. 参看 **travel** 的注释。

☆**excuse**[1] /ɪk'skju:s ‖ ɪk'skjus/ *noun* [C] **excuse (for sth/ for doing sth)** a reason (that may be true or untrue) that you give in order to explain your behaviour 借口；理由: *There's no excuse for rudeness.* 说什么也不该粗鲁。○ *He always finds a good excuse for not helping with the housework.* 他老是左推右托，不做家务。

☆**excuse**[2] /ɪk'skju:z ‖ ɪk'skjuz/ *verb* [T] **1 excuse sb/sth (for sth/for doing sth)** to forgive sb/sth 原谅: *Please excuse the interruption but I need to talk to you.* 请恕我打扰，我想跟你说几句话。**2** to explain sb's bad behaviour and make it seem less bad（为劣行）辩解: *Nothing can excuse such behaviour.* 这种行为实在说不过去。○ *She excused herself for arriving late and sat down.* 她解释了迟到的原因就坐下了。**3 excuse sb (from sth)** to free sb from a duty, responsibility, etc 免去（义务、责任等）: *You can be excused from homework today because it's your birthday.* 今天是你的生日，可以不做功课。

> ☛ The expression **excuse me** is used when you interrupt somebody or when you want to start talking to somebody that you don't know 要插话或跟陌生人说话，用 **excuse me**: *Excuse me, can you tell me the way to the station?* 劳驾，去车站是哪条路？In US English and sometimes in British English **excuse me** is used when you apologize for something 在美国英语及有时在英国英语里，**excuse me** 表示道歉: *Did I tread on your toe? Excuse me.* 我踩了你的脚吗？对不起呀。

excusable /ɪk'skju:zəbl ‖ ɪk'skjuzəbl̩/ *adj* that can be forgiven 可原谅的 ☛ The opposite is **inexcusable**. 反义词为 **inexcusable**。

execute /'eksɪkju:t ‖ 'ɛksɪˌkjut/ *verb* [T] **1** to kill sb as an official punishment 处死: *He was executed for murder.* 他因犯谋杀罪被处决了。**2** (*formal* 正式) to perform a task, etc or to carry out a plan 履行（任务）；执行（计划）

execution /ˌeksɪ'kju:ʃn ‖ ˌɛksɪ'kjuʃən/ *noun* **1** [C,U] the act of killing sb as an official punishment 处死 **2** [U] (*formal* 正式) carrying out a plan, order, etc 履行；执行

executioner /ˌeksɪ'kju:ʃənə(r) ‖ ˌɛksɪ'kjuʃənɚ/ *noun* [C] a person whose job is to execute criminals 行刑者

executive /ɪg'zekjʊtɪv ‖ ɪg'zɛkjʊtɪv/ *adj* **1** (used in connection with people in business, government, etc 指在商界、政府等工作的人) concerned with managing, carrying out decisions, plans, etc 负责管理、决策等事务的: *an executive director of the company* 公司的执行董事 **2** (used about goods, buildings, etc 指货品、建筑物等) designed to be used by important business people 供商界人士用的: *an executive briefcase* 行政人员公事包

executive *noun* [C] **1** a person who has an important position in a business（企业的）行政人员: *She's a senior executive in a computer company.* 她在一家计算机公司里担任高级行政人员。**2** the part of an organization which takes important decisions（机构的）行政部门

exemplary /ɪg'zemplərɪ ‖ ɪg'zɛmplərɪ/ *adj* very good; that can be an example to other people 可作典范的: *exemplary behaviour* 模范行为

exemplify /ɪg'zemplɪfaɪ ‖ ɪg'zɛmpləˌfaɪ/ *verb* (*pres part* **exemplifying**; *3rd pers sing pres* **exemplifies**; *pt, pp* **exemplified**) [T] to be a typical example of sth 是…的典型

exempt /ɪg'zempt ‖ ɪg'zɛmpt/ *adj* (not before a noun 不用于名词前) **exempt (from sth)** free from having to do sth or pay sth 被免去；被豁免；免付: *Children under 16 are exempt from dental charges.* ＊16岁以下的儿童免付牙医诊费。

exempt *verb* [T] **exempt sb/sth (from sth)** (*formal* 正式) to say officially that sb does not have to do sth or pay sth 免去；豁免；使免付 —**exemption** /ɪg'zempʃn ‖ ɪg'zɛmpʃən/ *noun* [C,U]

☆**exercise**[1] /'eksəsaɪz ‖ 'ɛksɚˌsaɪz/ *noun* **1** [U] use of the body in a way that will keep you healthy 运动: *The doctor advised him to take regular exercise.* 医生劝他经常运动。○ *Swimming is a good form of exercise.* 游泳是一种很好的运动方式。**2** [C] (often plural) a movement or activity that you do in order to keep healthy or to train sth 体操；操练: *I do keep-fit exercises every morning.* 每天早上我都做保健操。○ *You need to do some exercises to improve your technique.* 你要操练一下，改进技术。**3** [C] a piece of work that is intended to help you learn or practise sth 练习: *an exercise on phrasal verbs* 短语动词练习 ○ *an exercise book* (= a notebook for writing in, usually in school) 练习本 **4** [C] a series of actions that have a particular aim 一连串行动: *The project is an exercise in getting the best results at a low cost.* 这项计划的目标，就是以较低成本获取最佳成效。**5** [U] (*formal* 正式) the use of sth (eg a power, right, etc)（权力、权利等的）运用 **6** [C] a series of activities by

E

soldiers to practise fighting（军队的）演习：*military exercises* 军事演习

☆**exercise**[2] /ˈeksəsaɪz ‖ ˈɛksɚˌsaɪz/ *verb* **1** [I] to do some form of physical movement in order to stay fit and healthy 运动；锻炼（身体）：*It is important to exercise regularly.* 经常运动是必要的。 **2** [T] to make use of sth (eg a power, right, etc) 运用（权力、权利等）：*You should exercise your right to vote.* 你应该行使投票权。

exert /ɪgˈzɜːt ‖ ɪgˈzɝt/ *verb* [T] **1** to make use of sth (eg influence, strength, etc) 运用（影响力、力量等）：*Parents exert a powerful influence on their children's opinions.* 父母对子女的见解影响重大。 **2 exert yourself** to make an effort 尽力；努力：*You won't make any progress if you don't exert yourself a bit more.* 你要进步，就要多加一把劲。

exertion /ɪgˈzɜːʃn; *US* 美 -ɜːrʒn ‖ ɪgˈzɝʃən/ *noun* [C,U] using your body in a way that takes a lot of effort; sth that you do that makes you tired 劳累；令人劳累的工作：*I'm tired after the exertions of the past few days.* 我干了好几天活儿，累着呢。○ *At his age physical exertion was dangerous.* 他这么一把年纪，干重活太危险了。

exhaust[1] /ɪgˈzɔːst ‖ ɪgˈzɔst/ *noun* **1** [C] a pipe (particularly at the back of a car) through which waste gas escapes from an engine or machine 排气管（尤指汽车后面的） **2** [U] the waste gas that escapes from an engine or machine（发动机或其他机器排出的）废气

☆**exhaust**[2] /ɪgˈzɔːst ‖ ɪgˈzɔst/ *verb* [T] **1** to make sb very tired 使精疲力竭：*The long journey to work every morning exhausted him.* 每天早上都要长途跋涉上班，把他累坏了。 **2** to use sth up completely; to finish sth 耗尽；用光：*All the supplies of food have been exhausted.* 可以吃的都吃光了。 **3** to say everything you can about a subject, etc 详尽无遗地论述：*Well, I think we've exhausted that topic.* 这个题目我们说够了。

exhausted /ɪgˈzɔːstɪd ‖ ɪgˈzɔstɪd/ *adj* very tired 非常疲惫

exhausting /ɪgˈzɔːstɪŋ ‖ ɪgˈzɔstɪŋ/ *adj* making sb very tired 使人疲惫的：*Teaching young children is exhausting work.* 小孩子不易教，总叫你劳心又劳力。

exhaustion /ɪgˈzɔːstʃən ‖ ɪgˈzɔstʃən/ *noun* [U] great tiredness 筋疲力尽

exhaustive /ɪgˈzɔːstɪv ‖ ɪgˈzɔstɪv/ *adj* including everything possible 详尽无遗：*This list is certainly not exhaustive.* 这张清单肯定不太详尽。

exhibit[1] /ɪgˈzɪbɪt ‖ ɪgˈzɪbɪt/ *noun* [C] an object that is shown in a museum, etc（博物馆等的）陈列品/展览品

exhibit[2] /ɪgˈzɪbɪt ‖ ɪgˈzɪbɪt/ *verb* [T] **1** to show sth to the public 向公众展示：*His paintings have been exhibited in the local art gallery.* 他的画作曾在当地美术馆展出。 **2** (*formal* 正式) to show sth (eg a feeling or quality) 表现出/显示（感情、素质等）：*The refugees are exhibiting signs of exhaustion and stress.* 难民都疲态毕现，精神委顿。

exhibitor *noun* [C] a person who shows his/her work to the public 展示作品的人；展出者

☆**exhibition** /ˌeksɪˈbɪʃn ‖ ˌɛksəˈbɪʃən/ *noun* **1** [C] a collection of objects that are shown to the public 展览品：*an exhibition of photographs* 摄影展览 ○ *Have you seen the Picasso exhibition?* 你参观过这个毕加索作品展没有？○ *the National Exhibition Centre in Birmingham* 位于伯明翰的国家展览中心 ☛ Notice the expression **on exhibition** 展出叫做 **on exhibition**：*Her paintings will be on exhibition in London for the whole of April.* 她的画作四月份在伦敦公开展出，为期一个月。 **2** [C] an occasion when a particular skill is shown to the public（展示某种技巧的）表演：*We saw an exhibition of Scottish dancing last night.* 我们昨晚欣赏了一场苏格兰舞蹈表演。 **3** [sing] (*formal* 正式) the act of showing a quality, feeling, etc（素质、感情等的）展示：*The game was a superb exhibition of football at its best.* 这场球赛展示了一流的足球技术水平。

exhilarate /ɪgˈzɪləreɪt ‖ ɪgˈzɪləˌret/ *verb* [T] (usually passive 通常用于被动语态) to make sb feel very happy, excited, etc 使雀跃/兴奋：*We felt exhilarated by our walk along the beach.* 那次海滩漫步叫我们陶醉不已。—**exhilarating** *adj* —**exhilaration** /ɪgˌzɪləˈreɪʃn ‖ ɪgˌzɪləˈreʃən/ *noun* [U]

exile /ˈeksaɪl ‖ ˈɛksaɪl/ *noun* **1** [U] the state of being forced to live outside your own country (especially for political reasons) 流亡国外（尤指为了政治原因）：*He went into exile after the revolution of 1789.* ＊1789年革命爆发，他被迫流亡国外。○ *They lived in exile in London for many years.* 他们在伦敦过了许多年的流亡生活。 **2** [C] a person who is forced to live outside his/her own country (especially for political reasons) 流亡国外的人（尤指为了政治原因）：*He spent his last years as a political exile in Mexico.* 他在墨西哥度过了他的政治流亡生涯的最后岁月。 ☛ Look at **refugee**. 参看 **refugee**。

exile *verb* [T] (usually passive 通常用于被动语态) to send sb to live in another country (especially for political reasons) 把（某人）驱逐到国外（尤指为了政治原因）：*After the revolution the king was exiled.* 革命后，国王被迫流亡国外。

☆**exist** /ɪgˈzɪst ‖ ɪgˈzɪst/ *verb* [I] **1** to be real; to be found in the real world; to live 存在；生存：*Does God exist?* 有上帝吗？○ *I don't think that word exists, does it?* 我看是没有那个词的，对吗？○ *Fish cannot exist out of water.* 鱼离开水就活不成。 **2 exist (on sth)** to manage to live 继续生存：*I don't know how she exists on the wage she earns.* 我不知道她怎么靠她挣的工资生活。

existing /ɪgˈzɪstɪŋ ‖ ɪgˈzɪstɪŋ/ *adj* (only *before* a noun 只用于名词前) that is already there or being used; present 已有；现存：*Under the existing law you are not allowed to work in this country.* 根据现有法规，你不得在这个国家工作。

☆**existence** /ɪgˈzɪstəns ‖ ɪgˈzɪstəns/ *noun* **1** [U] the state of existing 存在：*This is the oldest* human skeleton in existence. 现存的骸骨之中，要数这一副年代最久远。○ The country of Yugoslavia came into existence in 1918. 南斯拉夫立国于1918年。**2** [sing] a way of living; life 生活方式；生活: *They lead a miserable existence in a tiny flat in London.* 他们住在伦敦的一套狭小的公寓里，过着贫困潦倒的日子。

☆**exit** /'eksɪt; 'egzɪt ‖ 'ɛksɪt; 'ɛgzɪt/ *noun* [C] **1** a door or way out of a public building（建筑物的）出口: *an emergency exit* 太平门 **2** the act of leaving sth 离开: *When he saw her coming he made a quick exit.* 他一看见她走过来，就赶快走开。○ *an exit visa* (= one that allows you to leave a country) 出境签证 **3** a place where traffic can turn off a motorway, roundabout, etc（高速公路、环形交叉路的）岔口: *At the roundabout take the third exit.* 在环形交叉路的第三个岔口驶出。

exit *verb* [I] to go out or away 走出；走开

exonerate /ɪg'zɒnəreɪt ‖ ɪg'zɑnəˌret/ *verb* [T] (often passive 常用于被动语态) (*formal* 正式) to free sb from blame, responsibility etc 不归咎某人；不向某人追究责任

exorbitant /ɪg'zɔːbɪtənt ‖ ɪg'zɔrbətənt/ *adj* (*formal* 正式) (used about the cost of sth 指价格) much more expensive than it should be 过高；敲竹杠的

exotic /ɪg'zɒtɪk ‖ ɪg'zɑtɪk/ *adj* unusual or interesting because it comes from a different country or culture 因外来而不常见/引起人兴趣的；异国情调的: *exotic plants, animals, etc* 外国品种的植物/动物…

☆**expand** /ɪk'spænd ‖ ɪk'spænd/ *verb* [I,T] to become bigger or to make sth bigger 扩展；增大: *Metals expand when they are heated.* 金属遇热膨胀。○ *We hope to expand our business this year.* 今年我们想把业务扩展开来。☛ The opposite is **contract**. 反义词为 **contract**。

(PHRASAL VERB 短语动词) **expand on sth** to give more details of a story, plan, point of view, etc 详述故事/计划/观点…

expanse /ɪk'spæns ‖ ɪk'spæns/ *noun* [C] a large open area (of land, sea, sky, etc)（陆地、海洋、天空等）广阔的区域

☆**expansion** /ɪk'spænʃn ‖ ɪks'pænʃən/ *noun* [U] the action of expanding or the state of being expanded 扩大；扩展: *The rapid expansion of the university has caused a lot of problems.* 这所大学急速扩展，引起了不少问题。

expansive /ɪk'spænsɪv ‖ ɪk'spænsɪv/ *adj* (*formal* 正式) (used about a person 指人) willing to talk a lot; friendly 健谈；友善

expatriate /ˌeks'pætrɪət; *US* 美 -'peɪt- ‖ ɛks'petrɪɪt/ (also *informal* 非正式 **expat**) *noun* [C] a person who lives outside his/her own country 侨居国外的人

☆**expect** /ɪk'spekt ‖ ɪk'spɛkt/ *verb* [T] **1** to think or believe that sb/sth will come or that sth will happen 预料；预计: *She was expecting a letter from the bank this morning but it didn't come.* 她预计今天早上银行有信来，但是没有。○ *I expect that it will rain this afternoon.* 我看下午要下雨。○ *He expected it to be hot in Washington and it was.* 他预料华盛顿会很热，果然不错。○ *'I'm really disappointed — she forgot my birthday.' 'Well, what did you expect?'* (= it's not surprising) "我真失望——她忘了我的生日。" "这有什么奇怪？" ○ *She's expecting a baby in the spring* (= she's pregnant). 她春天要生孩子了（她有身孕了）。☛ Look at the note at **wait**[1]. 参看 **wait**[1] 的注释。**2 expect sth (from sb); expect sb to do sth** to hope that you will get sth from sb or that he/she will do what you want 期望；指望: *He expects a high standard of work from everyone.* 他期望人人都有高水平的工作表现。○ *Factory workers are often expected to work at nights.* 工厂工人常常要在晚上工作。**3** (not in the *-ing* forms 不以 -ing 形式出现) (*Brit* 英) (used when you think sth is probably true 用于表示某事很可能是这样) to suppose 认为；料想: *'Who's eaten all the biscuits?' 'Oh it was Tom, I expect.'* "谁吃光了饼干？" "哦，是汤姆吧。" ○ *'Will you be able to help me later on?' 'I expect so.'* "一会儿来帮我可以吗？" "我想可以的。"

expectancy /ɪk'spektənsɪ ‖ ɪk'spɛktənsɪ/ *noun* [U] the state of expecting sth to happen; hope 预料；预计；期待；盼望: *a look, feeling, etc of expectancy* 期待的神情/心情… ☛ Look at **life expectancy**. 参看 **life expectancy**。

expectant /ɪk'spektənt ‖ ɪk'spɛktənt/ *adj* expecting sth good; hopeful 充满期望: *an expectant audience* 翘首以待的观众 ○ *expectant faces* 殷切的面孔 —**expectantly** *adv* ☛ **Expectant** also means 'pregnant' or 'waiting for a baby' * **expectant** 也有"怀孕"、"快要生孩子"的意思: *Expectant mothers need a lot of rest.* 孕妇需要充分休息。

expectation /ˌekspek'teɪʃn ‖ ˌɛkspɛk'teʃən/ *noun* (*formal* 正式) **1** [U] the belief that sth will happen 预计；预料: *There's no expectation of the weather getting better for some days yet.* 这几天的天气看来还是不会好转。**2** [C, usually pl] hope for the future 期待；期望: *They had great expectations for their daughter, but she didn't really live up to them.* 他们对女儿寄以厚望，女儿却有负所望。

(IDIOMS 习语) **against/contrary to (all) expectation(s)** quite different to what was expected 与所预期的相距甚远；出乎意料: *Contrary to all expectations, Val won first prize.* 出乎众人意料之外，瓦尔竟然得了头奖。

not come up to (sb's) expectations to be less good than expected 没有预料/期望的好；有负所望: *I'm afraid the hotel did not come up to our expectations.* 很遗憾旅馆比我们期望中的差。

expedient /ɪk'spiːdɪənt ‖ ɪk'spidɪənt/ *adj* (*formal* 正式) (used about an action 指行动) convenient or helpful for a purpose (but not always good or moral) 权宜/有利（但不一定讲求公正或道德）: *Before the election the government thought that it was expedient not to increase taxes.* 选举前夕暂不加税，这是政府的权宜之计。—**expediency** /-ənsɪ ‖ -ənsɪ/ *noun* [U]

expedition /ˌekspɪ'dɪʃn ‖ ˌɛkspɪ'dɪʃən/ *noun* [C] **1** a long journey for a special purpose

E

有目的的长途旅程；远征；考察：*a scientific expedition to Antarctica* 南极科学考察 **2** a short journey that you make for pleasure 为消遣的短暂外出：*a shopping expedition* 外出购物

expel /ɪk'spel ‖ ɪk'spɛl/ *verb* [T] (expe**ll**ing; expe**ll**ed) **1** to force sb to leave a country, school, club, etc 勒令离开（国家、学校、俱乐部等）；驱逐；开除：*The government has expelled all foreign journalists.* 政府驱逐了所有外国记者。○ *The boy was expelled from school for smoking.* 该男童因为吸烟被学校开除。**2** to send sth out by force 排出：*to expel air from the lungs* 从肺里排出空气 ☛ The noun is **expulsion**. 名词为 **expulsion**。

expend /ɪk'spend ‖ ɪk'spɛnd/ *verb* [T] (*formal* 正式) to spend or use money, time, care, etc in doing sth 花（钱、时间、心思等）：*I have expended a lot of time and energy on that project.* 为了那个计划，我花了不少时间和精力。

expendable *adj* (*formal* 正式) not thought of as important or worth saving 未受重视/珍惜：*In a war human life is expendable.* 战争中，人命仿若草芥。

expenditure /ɪk'spendɪtʃə(r) ‖ ɪk'spɛndɪtʃɚ/ *noun* [U,sing] (*formal* 正式) the act of spending or using money, etc; the amount of money, etc which is spent 花费；支出：*Government expenditure on education is very low.* 政府用在教育上的经费少得可怜。○ *an expenditure of £2 000* * 2 000英镑的支出

☆**expense** /ɪk'spens ‖ ɪk'spɛns/ *noun* **1** [C,U] the cost of sth in time or money（时间上或金钱上的）代价：*Running a car is a great expense.* 一辆汽车的日常开支很大。○ *Expense wasn't important when they were deciding where to go on holiday.* 他们只在乎到哪里度假，不在乎花多少钱。☛ Note the expressions: **at great expense** (= at a high cost) and **at no expense** (= at no cost). 注意：**at great expense** 即花费很多，**at no expense** 即分文不花。**2 expenses** [plural] money that is spent for a particular purpose（作某用途的）开支：*You can claim back your travelling expenses.* 你的旅费可以报销。

(IDIOMS 习语) **at sb's expense 1** with sb paying; at sb's cost 由某人付钱：*My trip is at the company's expense.* 我的旅费由公司支付。**2** against sb, so that he/she looks silly 捉弄某人：*They were always making jokes at Paul's expense.* 他们老拿保罗开玩笑。

at the expense of sth harming or damaging sth 以…为代价：*He was a successful businessman, but it was at the expense of his family life.* 他是个成功的商人，但却因此牺牲了家庭生活。

☆**expensive** /ɪk'spensɪv ‖ ɪk'spɛnsɪv/ *adj* costing a lot of money 昂贵；费用大：*Houses are very expensive in this area.* 这地区的房屋很贵。○ *It's too expensive.* 这太贵了。☛ The opposite is **inexpensive** or **cheap**. 反义词为 **inexpensive** 或 **cheap**。—**expensively** *adv*

☆**experience** /ɪk'spɪərɪəns ‖ ɪk'spɪrɪəns/ *noun* **1** [U] the things that you have done; the knowledge or skill that you get from seeing or doing sth 亲身做过的事；从见闻或实践中得到的知识/技能；经验：*We all learn by experience.* 我们都从经验中学习。○ *She has five years' teaching experience.* 她有五年的教学经验。○ *You need a lot of experience in this job.* 这份工作，没有丰富的经验是做不来的。○ *I know from experience what will happen.* 我凭经验知道将会发生什么。**2** [C] something that has happened to you (often something unusual or exciting) 经历/体验（常指不寻常或刺激的）：*She wrote a book about her experiences in Africa.* 她写了一本书，讲述她的非洲经历。○ *It's an experience not to be missed.* 这是不可错过的体验。

experience *verb* [T] to have experience of sth; to feel 经历；感受；体会：*It was the first time I'd ever experienced failure.* 这是我第一次尝到失败的滋味。○ *to experience pleasure, pain, difficulty, etc* 感受欢乐/痛苦；经历困难…

experienced *adj* having the knowledge or skill that is necessary for sth 有经验：*He's not a very experienced driver.* 他驾车经验有限。☛ The opposite is **inexperienced**. 反义词为 **inexperienced**。

☆**experiment** /ɪk'sperɪmənt ‖ ɪk'spɛrəmənt/ *noun* [C,U] a scientific test or trial that is done in order to prove sth or to get new knowledge 实验；试验：*Researchers often perform experiments on animals.* 研究员常常拿动物来做试验。○ *It's difficult to do experiments into how people learn languages.* 用实验来研究人类怎样学习语言是件难事。○ *I'm going to try cycling to work – it's just an experiment.* 我会试着骑自行车上班，看是否可行。○ *We need to prove this theory by experiment.* 我们要用实验来证明这个理论。

experiment *verb* [I] **experiment (on sth)/(with sth)** to do an experiment or to test（以某事物）做试验：*Is it really necessary to experiment on animals?* 是否真的需要拿动物来做试验？○ *We're experimenting with a new timetable this month.* 这个月我们试用新的时间表。

experimental /ɪkˌsperɪ'mentl ‖ ɪkˌspɛrə'mɛntl̩/ *adj* connected with experiments or new ideas 与试验/新意念有关的；实验性质的：*We're still at the experimental stage with the new product.* 我们这项新产品还在试验阶段。○ *experimental schools* 实验学校 —**experimentally** /-təlɪ ‖ -tl̩ɪ/ *adv*

☆**expert** /'ekspɜ:t ‖ 'ɛkspɝt/ *noun* [C] **an expert (at/in/on sth)** a person who has special knowledge or skill 专家；能手：*He's an expert on the history of rock music.* 他是摇滚乐史专家。○ *She's a computer expert.* 她是计算机专家。○ *Let me try – I'm an expert at parking cars in small spaces.* 让我试试吧，往狭小位置里停车是我的专长。

expert *adj* **expert (at/in/on sth)** with special knowledge or skill 有专门知识/技能：*He's an expert cook.* 他是个烹调老手。○ *I think we should get expert advice on the problem.* 这个问题，我认为要问问专家的意见。—**expertly** *adv*

expertise /ˌekspɜ:'ti:z ‖ ˌɛkspɚ'tiz/ *noun* [U] special knowledge or skill 专门知识/技能：

I was amazed at his expertise on the word processor. 他使用文字处理机的熟练技能叫我惊异。

expire /ɪk'spaɪə(r) ‖ ɪk'spaɪr/ *verb* [I] (*formal* 正式) (used about sth that only lasts for a certain period of time 指有限期的东西) to come to the end of the time when you can use it 到期: *My passport's expired. I'll have to get it renewed.* 护照过期了，我得换新护照。☛ A less formal expression is **run out**. ＊ **expire** 用于正式场合，非正式场合宜用 **run out**。

expiry /ɪk'spaɪərɪ ‖ ɪk'spaɪrɪ/ *noun* [U] the end of a period when you can use sth 到期: *The expiry date on this yoghurt was 20 November.* 这瓶酸乳酪已经在11月20号到期了。

☆**explain** /ɪk'spleɪn ‖ ɪk'splen/ *verb* [I,T] **1** to make sth clear or easy to understand 阐明；说明白；解释: *A dictionary explains the meaning of words.* 词典解释词义。○ *She explained how I should fill in the form.* 她教我怎样填表格。○ *I don't understand this. Can you explain?* 我不明白，你可以解释一下吗？**2** to give a reason for sth 说明原因；解释原因: *'This work isn't very good.' 'I wasn't feeling very well.' 'Oh, that explains it then.'* "这工作做得不太好。" "我身体有点不舒服。" "怪不得了。" ○ *That explains why she was looking so miserable.* 那就是她愁眉苦脸的原因。○ *The manager explained to the customers why the goods were late.* 经理向顾客解释了货物迟来的原因。

☆**explanation** /ˌekspləˈneɪʃn ‖ ˌɛkspləˈneʃən/ *noun* **1** [U] making sth clear or giving a reason for sth 解释；说明理由；阐明: *That idea needs some explanation.* 那个想法要解释一下。**2** [C] something that makes a situation clear or understandable 起解释作用的事物: *He could not give a satisfactory explanation for his behaviour.* 他未能对自己的行为作出圆满的解释。

explanatory /ɪk'splænətrɪ; *US* 美 -tɔ:rɪ ‖ ɪk'splænəˌtorɪ/ *adj* giving an explanation 有解释作用: *There are some explanatory notes at the back of the book.* 书末附有注释。○ *Those instructions are self-explanatory* (= they don't need explaining). 那些说明一看就懂，无需解释。

explicable /ɪk'splɪkəbl; 'eksplɪkəbl ‖ ɪk'splɪkəbḷ; 'ɛksplɪkəbḷ/ *adj* (*formal* 正式) (usually used about people's behaviour 通常指人的行为) that can be explained 可解释；可理解 ☛ The opposite is **inexplicable**. 反义词为 **inexplicable**。

explicit /ɪk'splɪsɪt ‖ ɪk'splɪsɪt/ *adj* **1** clear, not making anything difficult to understand 明确；清楚: *I gave you explicit instructions not to touch anything.* 我清楚地跟你讲过，什么也不要动。○ *She was quite explicit about her feelings on the subject.* 在这个问题上，她很明确地说出了自己的感受。**2** not hiding anything 不隐瞒；不隐藏: *Some of the sex scenes in that TV play were very explicit.* 那电视剧里有一些非常露骨的性爱场面。—**explicitly** *adv*: *He was explicitly forbidden to stay out later than midnight.* 他被明确规定午夜之前要回家。

☆**explode** /ɪk'spləʊd ‖ ɪk'splod/ *verb* [I,T] to burst with a loud noise 爆破；爆炸: *The bomb exploded without warning.* 炸弹突然爆炸，事前没有任何警告。○ *The bomb was taken away and the army exploded it at a safe distance from the houses.* 士兵把炸弹搬到远离民居的地方，然后引爆。○ (*figurative* 比喻) *My father exploded* (= became very angry) *when I told him how much the car would cost to repair.* 我告诉爸爸修理汽车要多少钱时，他就大发雷霆。☛ The noun is **explosion**. 名词为 **explosion**。

☆**exploit**[1] /ɪk'splɔɪt ‖ ɪk'splɔɪt/ *verb* [T] **1** to use sth or to treat sb unfairly or selfishly 自私或不公正地对待/利用（某人/某事物）；剥削: *Third World countries are often exploited by the richer nations.* 第三世界的国家常被富裕国家剥削。**2** to develop sth or make the best use of sth 开发；充分利用: *Solar energy is a source of power that needs to be exploited more fully.* 太阳能是一种有待更加充分开发利用的能源。

exploitation /ˌeksplɔɪ'teɪʃn ‖ ˌɛksplɔɪ'teʃən/ *noun* [U] exploiting or being exploited 剥削；利用；开发: *They're only paying £3 an hour? That's exploitation!* 工资每小时3英镑？那是剥削！

exploit[2] /'eksplɔɪt ‖ 'ɛksplɔɪt/ *noun* [C] a brave or adventurous action 英勇/冒险的行为

☆**explore** /ɪk'splɔ:(r) ‖ ɪk'splɔr/ *verb* [I,T] to travel around a place, etc in order to learn about it 考察；探险: *They went on an expedition to explore the River Amazon.* 他们远赴亚马孙河进行考察。○ *I've never been to Paris before – I'm going out to explore.* 我从没有到过巴黎，我要出去四处看看。○ (*figurative* 比喻) *We need to explore* (= look carefully at) *all the possibilities before we decide.* 我们要先仔细研究各种可能性，然后再作决定。

exploration /ˌekspləˈreɪʃn ‖ ˌɛkspləˈreʃən/ *noun* [C,U] the act of exploring 考察；探险: *space exploration* 太空探索

exploratory /ɪk'splɒrətrɪ; *US* 美 -tɔ:rɪ ‖ ɪk'splɔrəˌtorɪ/ *adj* done in order to find sth out 以研究/探索/探测…为目的: *The doctors are doing some exploratory tests to try and find out what's wrong.* 医生正进行试验，力求找出问题所在。

explorer /ɪk'splɔ:rə(r) ‖ ɪk'splɔrɚ/ *noun* [C] a person who travels round a place in order to find out about it 考察者；探险者

☆**explosion** /ɪk'spləʊʒn ‖ ɪk'sploʒən/ *noun* [C] the sudden and violent bursting and loud noise that happen when sth like a bomb explodes 爆炸: *The explosion may have been caused by a gas leak.* 爆炸的起因可能是煤气泄漏。○ (*figurative* 比喻) *the population explosion* (= the sudden increase in the number of people in a country or in the world) 人口激增

explosive /ɪk'spləʊsɪv ‖ ɪk'splosɪv/ *adj* **1** capable of exploding and therefore dangerous 爆炸性的: *Hydrogen is extremely explosive.* 氢气极易引起爆炸。**2** causing strong feelings or having dangerous effects 引发激烈情感的；造成危险的: *The situation is explosive. We must do all we can to calm people down.* 形势一触即发，我们要尽量把群众的情绪镇定下来。

explosive *noun* [C] a substance that can

E

explode 炸药；爆炸物: *Dynamite and TNT are powerful explosives.* 黄色炸药跟三硝基甲苯都是威力强大的炸药。

☆**export**[1] /ɪk'spɔːt ‖ ɪks'pɔrt/ *verb* [I,T] to send goods, etc to another country, usually for sale 输出/出口（商品）: *India exports tea and cotton.* 印度出口茶叶和棉花。

exporter *noun* [C] a person, firm or country that exports goods 输出商品的人/公司/国家；出口商；出口国: *Japan is the largest exporter of electronic goods.* 日本是电子产品的最大出口国。☛ The opposites are **import**, **importer**. 反义词为 **import**、**importer**。

☆**export**[2] /'ekspɔːt ‖ 'ɛkspɔrt/ *noun* **1** [U] sending goods to another country for sale 商品输出/出口: *Most of our goods are produced for export.* 我们的产品大多数是供出口的。○ *the export trade* 出口贸易 **2** [C, usually pl] something that is sent to another country for sale 输出/出口的商品: *What are the main exports of Brazil?* 巴西有什么主要出口物？☛ The opposite is **import**. 反义词为 **import**。

E

expose /ɪk'spəʊz ‖ ɪk'spoz/ *verb* [T] **1** to make it possible to see sth that is usually hidden 暴露；显露: *He liked to wear his shirt open to expose his chest.* 他喜欢敞开衬衫，袒露胸部。○ *The rocks are exposed at low tide.* 潮水一退，石头就暴露出来了。**2** to put sb/sth or yourself in a situation that could be difficult or dangerous 使处于困难/危险的形势之下: *Thousands of people were exposed to radiation when the nuclear reactor exploded.* 核反应堆爆炸，成千上万的人受到辐射威胁。**3** to make public the truth about a bad person or situation 揭露（坏人坏事）；揭发；暴露（弱点、阴谋等）: *This is an injustice which needs to be exposed.* 这种不公正的事情，要加以揭露。**4** (in photography 摄影) to allow light to reach the film by opening the shutter of the camera 曝光

exposed *adj* (used about a place 指地方) not protected from the wind and bad weather 没有遮挡的；不遮挡风雨的

exposure /ɪk'spəʊʒə(r) ‖ ɪk'spoʒɚ/ *noun* **1** [U] being affected or influenced by sth 受影响: *Exposure to radiation is almost always harmful.* 接触放射线几乎肯定有害。**2** [U] a harmful condition when a person becomes very cold because he/she has been outside in very bad weather 暴露于恶劣天气中而冻伤: *The climbers all died of exposure.* 登山者全部冻死了。**3** [C,U] the act of making sth public; the thing that is made public 公开；公开的事物: *The minister resigned because of the exposures about his private life.* 私生活给揭露了，部长因而辞职。**4** [U] attention from newspapers, television, etc; publicity 报刊、电视等对…的报道；宣传: *The President's visit has been given a lot of exposure in the media.* 总统到访，新闻媒介纷纷加以报道。**5** [C] the amount of film that is exposed(4) when you take one photograph 拍一张照片所用的底片: *How many exposures are there on this film?* (= how many photographs can I take?) 这胶卷可以拍多少张照片？

☆**express**[1] /ɪk'spres ‖ ɪk'sprɛs/ *verb* [T] **1** to show sth such as a feeling or an opinion by words or actions（用言语或动作）表达思想/感情: *I found it very hard to express what I felt about her.* 我说不出我对她的感觉。**2 express yourself** to speak or write 表达/说/写（自己的意思）: *I don't think she expresses herself very well in that article.* 我认为她那篇文章没有好好表达她的意思。

express[2] /ɪk'spres ‖ ɪk'sprɛs/ *adj* (only *before* a noun 只用于名词前) **1** going or sent quickly 快速: *an express letter* 用快递寄出的信 ○ *an express coach* 特快长途公共汽车 **2** (used about a wish, command, etc 指愿望、命令等) clearly and openly stated 明确/公开表示的: *It was her express wish that he should have the picture after her death.* 她公开表示，死后这幅画归他所有。

express *adv* by a special service that does sth faster than usual 用快邮/快车…: *We'd better send the parcel express if we want it to get there on time.* 这包裹得用快递寄出，才能准时到达。

expressly *adv* **1** clearly; definitely 清楚；明确: *I expressly told you not to eat in the classroom.* 我跟你清楚说过，不可以在教室里吃东西。**2** for a special purpose; specially 为特定目的；特地: *These scissors are expressly designed for left-handed people.* 这把剪刀是特别为左撇子而设计的。

ex'pressway *noun* [C] (*US* 美) = MOTORWAY

express[3] /ɪk'spres ‖ ɪk'sprɛs/ (*also* 亦作 **express train**) *noun* [C] a fast train that does not stop at all stations 特快列车

☆**expression** /ɪk'spreʃn ‖ ɪk'sprɛʃən/ *noun* **1** [C] a number of words that belong together 词语: *You haven't quite got the right expression here.* 这个词语你在这里用得不当。○ *a slang expression* 俚语 ○ *'It isn't half hot' is quite a difficult expression for foreign students to understand.* * It isn't half hot 这一句话外国学生难以理解。**2** [C] the look on a person's face that shows what he/she is thinking or feeling 表情；神色: *He had a puzzled expression on his face.* 他脸上显出疑惑的神色。**3** [C,U] putting feelings or thoughts into words or actions; an example of doing this 以言语或动作表达思想/感情: *Freedom of expression* (= freedom to say what you think) *is a basic human right.* 言论自由是基本人权。○ *These flowers are an expression of our gratitude.* 这些花表示我们的感激之情。○ *She read the poem with great expression* (= showing feeling for the meaning of it). 她深情地念出这首诗来。

expressive /ɪk'spresɪv ‖ ɪk'sprɛsɪv/ *adj* showing feelings or thoughts 表现感情/思想的；富于表现力: *That is a very expressive piece of music.* 这乐曲非常富有表现力。—**expressively** *adv*

expulsion /ɪk'spʌlʃn ‖ ɪk'spʌlʃən/ *noun* [C,U] making sb leave a place or an institution (when he/she does not want to go) 使在非自愿的情况下离开；驱逐；开除: *There have been three expulsions from school this year.* 今年学

校已开除了三名学生。☛ The verb is **expel**. 动词为 **expel**。

exquisite /ˈekskwɪzɪt; ɪkˈskwɪzɪt ‖ ˈɛkskwɪzɪt; ɪkˈskwɪzɪt/ *adj* very beautiful and pleasing 美丽；可人；精致: *She has an exquisite face.* 她有一张可爱的脸。○ *I think that ring is exquisite.* 我觉得那枚戒指很精美。

☆**extend** /ɪkˈstend ‖ ɪkˈstɛnd/ *verb* **1** [T] to make sth longer or larger (in space or time) 使（在空间或时间上）延长/扩大: *They are planning to extend the motorway as far as Fishguard.* 他们计划把高速公路延伸到菲什加德。○ *Could you extend your visit for a few days?* 你可以多留几天吗？○ *We're going to extend the sitting-room.* 我们要把起居室扩大。**2** [I] (usually used about space, land, time, etc 通常指空间、土地、时间等) to continue or stretch 延伸；延续: *How far does your garden extend?* 你的花园延伸到哪里？○ *This project will extend well into next year.* 这项工程会延续到来年。**3** [T] to stretch out a part of the body 伸出/伸展（身体的某部分）: *She extended her hand to her new colleague.* 她向新同事伸出手来。**4** [T] (*formal* 正式) to offer or give sth (such as an invitation or a welcome) 予以（邀请、欢迎等）: *The whole town extended a warm welcome to the president.* 全镇上下热烈欢迎总统来访。

extension /ɪkˈstenʃn ‖ ɪkˈstɛnʃən/ *noun* [C] **1** a part which is added to a building（建筑物的）扩建部分: *They've just opened the hospital extension.* 医院的扩建部分刚刚启用。**2** an extra period of time that is given to you by an official 额外期限: *I've applied for an extension to my work permit.* 我已申请把工作许可证的限期延长。**3** a telephone that is connected to a central phone in a house or to a central point (**switchboard**) in a large office building 电话分机（总机叫做 **switchboard**）: *What's your extension number?* 你的分机号码是多少？○ *Can I have extension 4342, please?* 请给我接4342分机。

extensive /ɪkˈstensɪv ‖ ɪkˈstɛnsɪv/ *adj* large in area or amount 广阔；大量: *The house has extensive grounds.* 这座房子有广阔的庭园。○ *Most of the buildings suffered extensive damage.* 大多数建筑物受到很大的破坏。—**extensively** *adv*

☆**extent** /ɪkˈstent ‖ ɪkˈstɛnt/ *noun* [U] the length, area or size of sth（事物的）长度/面积/大小；范畴；程度: *From the roof we could see the full extent of the park.* 从屋顶望去，公园全景一览无遗。○ *I was amazed at the extent of his knowledge.* 他学问的广博使我惊叹。○ *The full extent of the damage is not yet known.* 全部损毁程度还不知道。

(IDIOMS 习语) **to a certain/to some extent** (words used to show that sth is only partly true 表示并不完全对/真确/属实…): *I agree with you to a certain extent but there are still a lot of points I disagree on.* 有些地方我同意你的意见，但也有多处我不同意。

to what extent how far 到什么程度；多少: *I'm not sure to what extent I believe her.* 她能叫我相信到什么地步，我也弄不清楚。

exterior /ɪkˈstɪərɪə(r) ‖ ɪkˈstɪrɪə˞/ *adj* on the outside 外表的: *the exterior walls of a house* 房子的外墙 ☛ The opposite is **interior**. 反义词为 **interior**。

exterior *noun* [C] the appearance of sb/sth; the outside of sth 外表；外貌；外观: *The exterior of the house is fine but inside it isn't in very good condition.* 这房子外表还可以，里面却不太好。

exterminate /ɪkˈstɜːmɪneɪt ‖ ɪkˈstɝməˌnet/ *verb* [T] to kill a large group of people or animals 屠杀（人/动物）；灭绝（一族人/一种动物）—**extermination** /ɪkˌstɜːmɪˈneɪʃn ‖ ɪksˌtɝməˈneʃən/ *noun* [U]

☆**external** /ɪkˈstɜːnl ‖ ɪkˈstɝnl/ *adj* **1** connected with the outside of sth 与外表/外部有关: *The cream is for external use only* (= to be used on the skin). 此软膏只供外用。**2** coming from another place 来自外界: *You will be tested by an external examiner.* 你将由外面请来的主考考核。☛ The opposite is **internal**. 反义词为 **internal**。

extinct /ɪkˈstɪŋkt ‖ ɪkˈstɪŋkt/ *adj* **1** (used about a type of animal, plant, etc 指动植物等) no longer existing 绝种: *Tigers are nearly extinct in the wild.* 野生老虎快要绝种了。**2** (used about a volcano 指火山) no longer active 死的；不再活跃的 —**extinction** /ɪkˈstɪŋkʃn ‖ ɪkˈstɪŋkʃən/ *noun* [U]: *The panda is in danger of extinction.* 熊猫濒临绝种。

extinguish /ɪkˈstɪŋgwɪʃ ‖ ɪkˈstɪŋgwɪʃ/ *verb* [T] (*formal* 正式) to cause sth to stop burning 使停止燃烧: *The fire was extinguished very quickly.* 这场火很快就被扑灭了。○ *The stewardess asked everybody to extinguish their cigarettes.* 女乘务员叫乘客把香烟熄灭。☛ A less formal expression is **put out**. * **extinguish** 用于正式场合，非正式场合宜用 **put out**。—**extinguisher** *noun* [C] = FIRE EXTINGUISHER

extort /ɪkˈstɔːt ‖ ɪkˈstɔrt/ *verb* [T] **extort sth (from sb)** to get sth by using threats, violence, etc 以威吓、暴力等强夺某物；敲诈；勒索 —**extortion** /ɪkˈstɔːʃn ‖ ɪkˈstɔrʃən/ *noun* [U]

extortionate /ɪkˈstɔːʃənət ‖ ɪkˈstɔrʃənɪt/ *adj* (used about demands, prices, etc 指要求、价格等) too great or high 过分；过高: *Three pounds for a cup of coffee? That's extortionate!* 一杯咖啡三英镑？这是敲竹杠！

☆**extra** /ˈekstrə ‖ ˈɛkstrə/ *adj*, *adv* more than is usual 超过平常；额外；外加的；格外: *I'll need some extra money for the holidays.* 我需要多一点钱来度假。○ *The football match went into extra time.* 这场足球比赛进入了加时赛。○ *'What size is this pullover?' 'Extra large.'* "这件套衫是什么尺码？""特大。" ○ *The meal costs £10 and wine is extra.* * 10英镑一餐，酒另计。○ *They charge £1 extra if you want to reserve a seat.* 预留座位要多付1英镑。○ *I tried to be extra nice to him yesterday because it was his birthday.* 昨天是他的生日，我尽量待他好些。

extra *noun* [C] **1** something that is or costs extra 额外/额外收费的事物: *The holiday costs £300. It seems a lot but there are no hidden extras.* 旅行团的收费是300英镑，看似昂贵，可

是除此之外不收附加费。**2** a person in a film, etc who has a small unimportant part, for example in a crowd 临时演员

extract /ɪk'strækt ‖ ɪk'strækt/ *verb* [T] to take or get sth out (with force or difficulty) 使劲取出；强行索取: *I think this tooth will have to be extracted.* 看来要把这颗牙拔掉。○ *I wasn't able to extract an apology from her.* 我逼她道歉，她偏不肯。

extract /'ekstrækt ‖ 'ɛkstrækt/ *noun* [C] a part of a book, piece of music, etc. An extract has often been specially chosen to show sth（书、乐曲等的）节录/选段: *We're reading extracts from modern British novels this term.* 我们这学期研读现代英国小说选段。

extraction /ɪk'strækʃn ‖ ɪk'strækʃən/ *noun* **1** [U] the act of taking or getting sth out 使劲或艰难的取/取出 **2** [C] the removal of a tooth 拔牙 **3** [U] (*formal* 正式) family origin 世系；家世: *He's an American but he's of Italian extraction.* 他是美国人，但祖裔意大利。

E

extracurricular /ˌekstrəkə'rɪkjələ(r) ‖ ˌɛkstrəkə'rɪkjələ/ *adj* not part of the normal course of studies (**curriculum**) in a school or college 课外（学校课程叫做 **curriculum**）: *The school offers many extracurricular activities such as sport, music, drama, etc.* 学校提供很多课外活动，如体育、音乐、戏剧等。

extradite /'ekstrədaɪt ‖ 'ɛkstrəˌdaɪt/ *verb* [T] to send a person who may be guilty of a crime from the country in which he/she is living to the country which wants to try him/her for the crime 将逃犯解送所属的国家接受审讯；引渡（罪犯）: *The suspected terrorists were captured in Spain and extradited to France.* 恐怖活动的嫌疑犯在西班牙落网，后来被引渡到法国。—**extradition** /ˌekstrə'dɪʃn ‖ ˌɛkstrə'dɪʃən/ *noun* [C,U]

☆**extraordinary** /ɪk'strɔ:dnrɪ; *US* 美 -dənerɪ ‖ ɪk'strɔrdn̩ˌɛrɪ/ *adj* **1** very unusual 非凡；不平常: *She had an extraordinary ability to learn new languages.* 她学习语言特别有本事。**2** very strange (and not what you would expect in a particular situation) 奇怪；出乎意料: *That was extraordinary behaviour for a teacher!* 一个教师做出这样的事真是闻所未闻！—**extraordinarily** /ɪk'strɔ:dnrəlɪ; *US* 美 -dənerəlɪ ‖ ɪk'strɔrdn̩ˌɛrəlɪ/ *adv*: *He was an extraordinarily talented musician.* 他是个才华出众的音乐家。

extravagant /ɪk'strævəgənt ‖ ɪk'strævəgənt/ *adj* **1** spending or costing too much money 奢侈；挥霍的: *He's terribly extravagant – he never looks at the price of anything.* 他真挥霍无度——买东西从来不看价钱。○ *an extravagant present* 奢侈的礼品 **2** (used about ideas, behaviour, etc 指想法、行为等) not controlled, not realistic 过分；不合理；不实际: *The advertisements made extravagant claims for the new medicine.* 这新药的广告极尽夸张吹嘘之能事。—**extravagance** /-gəns ‖ -gəns/ *noun* [C,U] —**extravagantly** *adv*

☆**extreme** /ɪk'stri:m ‖ ɪk'strim/ *adj* **1** (only *before* a noun 只用于名词前) as far away as possible; at the very beginning or at the very end 在最远；在尽头: *Kerry is in the extreme West of Ireland.* 凯里郡在爱尔兰的最西端。**2** (only *before* a noun 只用于名词前) the greatest or strongest possible 尽可能；极度: *You must take extreme care when driving at night.* 晚上开车，可要尽量小心。**3** (used about a person and his/her political opinions 指人和政见) not usual or moderate 偏激；极端: *She holds extreme views on immigration.* 她对移民持偏激观点。○ *the extreme left/right* 极左/极右分子 ☛ This word is used in a disapproving way. 这个词义含贬意。

extreme *noun* [C] something that is completely different from or opposite to sth else 极端不同的事物: *Alex used to be very shy but now she's gone to the opposite extreme.* 以前亚历克斯很害羞，现在却走向另一极端。

extremely *adv* very 十分；极

extremity /ɪk'streməti ‖ ɪk'strɛməti/ *noun* [C] (*pl* **extremities**) the furthest point of sth 末端；极点；尽头

extremist *noun* [C] a person who has extreme(3) political opinions 极端主义者 —**extremism** *noun* [U]

extricate /'ekstrɪkeɪt ‖ 'ɛkstrɪˌket/ *verb* [T] to free sb/sth/yourself from a difficult situation or position 使摆脱困难；脱身: *I finally managed to extricate myself from the meeting by saying that I had a train to catch.* 我说我要赶火车，才从这次会议上脱身。

extrovert /'ekstrəvɜ:t ‖ 'ɛkstrəˌvɝt/ *noun* [C] a person who is lively and cheerful and who prefers being with other people to being alone 性格外向的人 ☛ The opposite is **introvert**. 反义词为 **introvert**。

exuberant /ɪg'zju:bərənt; *US* 美 -'zu:- ‖ ɪg'zubərənt/ *adj* (used about a person and his/her behaviour 指人和行为) full of energy and excitement 生气勃勃；兴高采烈 —**exuberance** /-rəns ‖ -rəns/ *noun* [U]

☆**eye**[1] /aɪ ‖ aɪ/ *noun* [C] **1** one of the two organs of the body that we use to see with 眼睛: *She opened/closed her eyes.* 她睁开/闭上了眼睛。○ *He is blind in one eye.* 他有一只眼失明。○ *She's got blue eyes.* 她眼睛是蓝的。○ *an eye operation* 眼部手术

> ☛ If somebody hits you on the eye you might get a **black eye**. 给打成眼睛青肿叫做 get a **black eye**。When you close both eyes very quickly and open them again you **blink**. 双眼齐眨叫做 **blink**。To close one eye quickly and open it again is to **wink**. 眨一只眼叫做 **wink**。

2 the power of seeing 眼力；视力: *He has sharp eyes* (= he can see very well). 他眼力很好。○ *She has an eye for detail* (= she notices small details). 她眼尖，看得仔细。**3** the part at one end of a needle that the thread passes through 针上引线的孔；针眼

(IDIOMS 习语) **be up to your eyes in sth** (*informal* 非正式) to have more of sth than you can easily do or manage 忙得不可开交: *I can't come out with you tonight – I'm up to* *my eyes in work.* 我忙着呢，今晚没工夫陪你出去。

cast an eye/your eye(s) over sb/sth ⇨ CAST[2]

catch sb's attention/eye ⇨ CATCH[1]

in the eyes of sb/in sb's eyes in the opinion of sb 在某人看来: *She was still a child in her mother's eyes.* 在她妈妈的眼里，她还是一个小孩子。

keep an eye on sb/sth to make sure that sb/sth is safe; to look after sb/sth 确保…安全；照看: *Please could you keep an eye on the house while we are away?* 我们回来之前，可不可以给我们照看一下房子？

keep an eye open/out (for sb/sth) to watch or look out for sb/sth 留心或留意…: *I've lost my ring – could you keep an eye out for it?* 我丢了戒指——给我留意一下好吗？

the naked eye ⇨ NAKED

see eye to eye with sb to agree with sb; to have the same opinion as sb 同意某人的看法；跟某人的看法一致: *We're good friends but we don't always see eye to eye on political matters.* 我们是好朋友，但政治观点不尽相同。

set eyes on sb/sth ⇨ SET[2]

turn a blind eye ⇨ BLIND

with your eyes open knowing what you are doing 知道自己在做什么: *He married her with his eyes open so he can't complain now.* 他是睁着眼睛娶她的，现在能怪谁呀。

ˈ**eyeball** *noun* [C] the whole of the eye (including the part which is hidden inside the head) 眼球；眼珠子

ˈ**eyebrow** (*also* 亦作 **brow**) *noun* [C] the line of hair that is above your eye 眉毛: *She doesn't pluck her eyebrows.* 她不修眉毛。☛ picture on page A21. 见第A21页插图。

(IDIOM 习语) **raise your eyebrows** ⇨ RAISE

ˈ**eyeglasses** *noun* [plural] (*US* 美) = GLASSES

ˈ**eyelash** (*also* 亦作 **lash**) *noun* [C] one of the hairs that grow on the edges of your eyelids 睫毛

ˈ**eye-level** *adj* level with sb's eyes when he/she is standing up 直立时跟眼睛达到同样高度: *an eye-level grill* 齐眼高的烤架

ˈ**eyelid** (*also* 亦作 **lid**) *noun* [C] the piece of skin that can move to close your eye 眼睑；眼皮

(IDIOM 习语) **not bat an eyelid** ⇨ BAT[3]

ˈ**eye-opener** *noun* [C] something that makes you realize the truth about sth 让人意料不到的实情；令人开眼界的事物: *That television programme about the inner cities was a real eye-opener.* 电视上介绍旧城区的节目实在叫人大开眼界。

ˈ**eyesight** *noun* [U] the ability to see 视力: *good/poor eyesight* 良好/差的视力

ˈ**eyesore** *noun* [C] something that is ugly and unpleasant to look at 刺眼/难看的东西: *All this litter in the streets is a real eyesore.* 街上的垃圾叫人看了可真难堪。

ˈ**eyewitness** *noun* [C] = WITNESS(1)

eye[2] /aɪ ‖ aɪ/ *verb* [T] (*pres part* **eyeing** or **eying**; *pt*, *pp* **eyed**) to look at sb/sth closely 注视: *She eyed him with suspicion.* 她以怀疑的目光望着他。

F f

F, f /ef ‖ ɛf/ *noun* [C] (*pl* **F's**; **f's**) the sixth letter of the English alphabet 英语字母表的第六个字母: *'Father' begins with (an) 'F'.* * father 这个词的第一个字母是F。

fable /'feɪbl ‖ 'febḷ/ *noun* [C] a short story that teaches a lesson (**a moral**) and that often has animals as speaking characters 寓言（寓意叫做 **moral**）: *Aesop's fables* 伊索寓言

fabric /'fæbrɪk ‖ 'fæbrɪk/ *noun* **1** [C,U] (a type of) cloth 织物；布: *cotton fabrics* 棉织物；棉布 **2** [sing] the walls, floor, roof, etc (of a building)（建筑物的）墙、地板、屋顶等: *The fabric of the church is in need of repair.* 整座教堂有待维修。○ (*figurative* 比喻) *The Industrial Revolution changed the fabric* (= the basic structure) *of society.* 工业革命改变了社会的结构。

fabulous /'fæbjʊləs ‖ 'fæbjələs/ *adj* **1** (*informal* 非正式) very good; excellent 极好；超卓: *It was a fabulous concert.* 这是一场出色的音乐会。**2** (used about beauty, wealth, etc 指美貌、财富等) very great 出众；大量

façade (*also* 亦作 **facade**) /fə'sɑ:d ‖ fə'sɑd/ *noun* [C] **1** the front wall of a large building that you see from the outside 建筑物的正面 **2** something that gives you the wrong impression about a situation 假象；外观: *His good humour was just a façade.* 他的随和脾气只不过是表面假象。

☆**face**[1] /feɪs ‖ fes/ *noun* [C] **1** the front part of your head and the expression on it 面孔；脸: *Go and wash your face.* 去洗个脸吧。○ *She has a very pretty face.* 她有一张十分秀丽的面孔。○ *He came in with a smile on his face.* 他走进来的时候面带笑容。○ *the children's happy faces* 孩子的笑脸 **2** the front or one side of sth（某物的）正面/其中一面: *the north face of the mountain* 朝北的山坡 ○ *He put the cards face up/down on the table.* 他把纸牌放到桌上，正面朝上/下。○ *a clock face* 钟面

(IDIOMS 习语) **face to face (with sb/sth)** close to and looking at sb/sth 面对面；靠近看: *She turned the corner and came face to face with the headmaster.* 她打墙角走出来，跟校长打了个照面。

keep a straight face ⇨ STRAIGHT[1]

lose face ⇨ LOSE

make/pull faces/a face (at sb) to make an expression that shows that you dislike sb/sth 面露不悦的神色；拉下脸: *When she saw what was for dinner she pulled a face.* 她看到了晚饭的饭菜，就拉下脸来。

make/pull faces to make rude expressions with your face 做鬼脸: *The children made faces behind the teacher's back.* 孩子们在老师背后扮鬼脸。

save face ⇨ SAVE

to sb's face openly and directly 当面: *I wanted to say that I was sorry to her face, not on the phone.* 我想当面跟她赔个不是，而不是在电话中说。☛ The opposite is **behind sb's back**. 反义词为 **behind sb's back**。

faceless *adj* without individual character 没有个性: *faceless civil servants* 缺乏个性的公务人员

'**face-cloth** (*also* 亦作 **face-flannel**; **flannel**) (*US* 美 **wash-cloth**) *noun* [C] a small square towel that is used for washing the face, hands, etc 洗脸毛巾

'**face-lift** *noun* [C] a medical operation that makes your face look younger 除皱纹的整容手术

'**face-saving** *adj* done to stop yourself looking silly or losing other people's respect 顾全面子；保住面子: *In his interview, the captain made face-saving excuses for his team's defeat.* 领队接受采访时，为球队败北找了些借口以保住面子。

face 'value *noun* [C,U] the cost or value that is shown on stamps, coins, etc（邮票、硬币等的）面值

(IDIOM 习语) **take sb/sth at (its, his, etc) face value** to accept sb/sth as it, he, etc appears to be 对某人/某物表现出来的样子信以为真: *Don't take his story at face value. There is something he hasn't told us yet.* 不要轻信他说的话。他还有一些事情没跟我们说。

☆**face**[2] /feɪs ‖ fes/ *verb* [T] **1** to have or turn the face or front towards sb/sth 面朝；面对；面向: *The garden faces south.* 花园朝南。○ *Can you all face the front, please?* 请你们都面向前面。○ *Turn round and face the camera.* 转过来对着镜头。**2** to have to deal with sth unpleasant; to deal with sb in a difficult situation 面对（令人不快的事物）；应付（某人）: *They faced a lot of problems when they moved house.* 他们搬家时遇到很多困难。○ *I can't face another argument.* 我不能再应付另一场争论。○ *He couldn't face going to work yesterday – he felt too ill.* 昨天他很不舒服，上不了班。○ *I didn't know how to face my mother after I'd crashed her car.* 我把妈妈的汽车撞坏了后，不知道怎样去见她。**3** to need attention from sb 需要（某人）关注: *Several problems face the government.* 政府面前摆着好几个问题。○ *There are several problems facing the government.* 有好几个问题正待政府处理。**4** (often passive 常用于被动语态) to force somebody to deal with a situation, etc 使面对: *We are faced with a difficult decision.* 我们面临艰难的抉择。

(IDIOM 习语) **let's face it** (*informal* 非正式) we must accept it as true 要面对现实: *Let's face it, your spelling is terrible.* 说实话，你的拼写很差劲。

(PHRASAL VERB 短语动词) **face up to sth** to accept a difficult or unpleasant situation and do sth about it 正视和处理某事: *She faced up to the fact that she had no money and went out and got a job.* 她正视自己没有钱这个事实，出去找了一份工作。

-faced (in compounds 用以构成复合词) with a

particular type of face …脸的: *red-faced* 红着脸；脸红

facet /'fæsɪt ‖ 'fæsɪt/ *noun* [C] **1** one part of sth（事物的）一个方面: *There are many facets to this argument* (= points that must be considered). 这个论点牵涉很多方面。**2** one side of a precious stone（宝石的）刻面

facetious /fə'si:ʃəs ‖ fə'siʃəs/ *adj* trying to be amusing at an unsuitable time or about an unsuitable subject 乱开玩笑: *He kept making facetious remarks during the lecture.* 上课的时候，他一直在乱开玩笑。—**facetiously** *adv*

facial /'feɪʃl ‖ 'feʃəl/ *adj* of or for the face 面部的；用于面部: *a facial expression* 面部表情

facile /'fæsaɪl; *US* 美 'fæsl ‖ 'fæsḷ/ *adj* (used about a remark, argument, etc 指言论、论点等) not carefully thought out 未经细致思考的；轻率的

facilitate /fə'sɪlɪteɪt ‖ fə'sɪlə,tet/ *verb* [T] (*formal* 正式) to make sth possible or easier 促使；促进

☆**facility** /fə'sɪlətɪ ‖ fə'sɪlətɪ/ *noun* (*pl* **facilities**) **1 facilities** [plural] a service, building, piece of equipment, etc that makes it possible to do sth 设施；设备: *Our town has excellent sports facilities* (eg a stadium, swimming-pool, etc). 我镇拥有第一流的体育设施（如体育馆、游泳池等）。○ *The room was nice but there were no cooking facilities.* 这房间很好，就是没有炊事设备。**2** [C] an extra feature that a machine, etc may have（机器等的）附加功能: *This word processor has a facility for checking spelling.* 这个文字处理器有核对拼写的功能。

facsimile /fæk'sɪməlɪ ‖ fæk'sɪməlɪ/ *noun* [C,U] an exact copy of a picture, piece of writing, etc（文字、图画等的）副本；传真 ☛ Look at **fax**. 参看 **fax**。

☆**fact** /fækt ‖ fækt/ *noun* **1** [C] something that you know has happened or is true 事实；真相: *It is a scientific fact that light travels faster than sound.* 光速比声速快，这是科学上已知的事实。○ *We need to know all the facts before we can decide.* 我们要知道全部事实才可以作决定。○ *I know for a fact that Peter wasn't ill yesterday.* 我确实知道彼得昨天没有病。○ *The fact that I am older than you makes no difference at all.* 我的年纪比你大根本没有关系。○ *You must face facts and accept that he has gone.* 你必须面对事实，相信他已离开了。**2** [U] true things; reality 真事；现实: *The film is based on fact.* 这部影片以真人真事为素材。☛ The opposite is **fiction**. 反义词为 **fiction**。

(IDIOMS 习语) **as a matter of fact** ⇨ MATTER[1]

the fact (of the matter) is (that)… the truth is that… 事实上…: *I would love a car, but the fact is that I just can't afford one.* 我希望拥有一部汽车，可是我实在买不起。

facts and figures (*informal* 非正式) detailed information 详细的资料: *Before we make a decision, we need some more facts and figures.* 我们需要更多详细资料才可以作出决定。

the facts of life the details of sexual behaviour and how babies are born 性知识

hard facts ⇨ HARD[1]

in (actual) fact 1 (used for emphasizing that sth is true 用以强调某事物属实) really; actually 事实上；其实: *I thought the lecture would be boring but in actual fact it was rather interesting.* 这一课我本来以为很沉闷，其实很有趣。**2** (used for introducing more detailed information 用以引出更详细的资料): *It was cold. In fact it was freezing.* 天气冷，简直冷得要命。

factor /'fæktə(r) ‖ 'fæktɚ/ *noun* [C] **1** one of the things that influences a decision, situation, etc 起因；因由；因素: *economic factors* 经济因素 ○ *His unhappiness at home was a major factor in his decision to go abroad.* 在家里郁郁不乐，是他决定到国外去的主要原因。**2** (in mathematics 数学) a whole number (except 1) by which a larger number can be divided 因数；因子: *2, 3, 4 and 6 are factors of 12.* * 2、3、4、6都是12的因数。

☆**factory** /'fæktərɪ ‖ 'fæktərɪ/ (*pl* **factories**) *noun* [C] a large building or group of buildings where goods are manufactured or put together in large quantities (by machine) 工厂: *a car factory* 汽车工厂 ○ *factory workers* 工厂工人

factual /'fæktʃʊəl ‖ 'fæktʃʊəl/ *adj* based on or containing facts 真实；根据事实: *a factual account of the events* 关于这些事件的如实报道 ☛ Look at **fictional**. 参看 **fictional**。

faculty /'fækltɪ ‖ 'fækḷtɪ/ (*pl* **faculties**) *noun* [C] **1** one of the natural abilities of a person's body or mind（身体或心思方面的）能力: *the faculty of hearing, sight, etc* 听力；视力… **2** (*also* 亦作 **Faculty**) one department in a university, college, etc（大学、学院等的）系: *the Faculty of Law* 法律系 ☛ **The Faculty** can also mean the teaching staff of a university or college department and is then used with either a singular or a plural verb * **the Faculty** 也指大学或学院内一个系的全体教员，与单数或复数动词连用: *The Faculty has/have been invited to the meeting.* 全体教员获邀出席会议。

fad /fæd ‖ fæd/ *noun* [C] (*informal* 非正式) a fashion, interest, etc that will probably not last long 往往维持不了多久的风尚、爱好等；时尚

☆**fade** /feɪd ‖ fed/ *verb* **1** [I] to become lighter in colour or less strong or fresh 褪色；减弱: *Jeans fade when you wash them.* 牛仔裤洗后会褪色。○ *The sun was setting and the light was fading fast.* 太阳西下，天色转眼变黑。**2** [T] to make sth fade 使褪色/减弱: *Look how the sun has faded these curtains.* 你瞧，这些窗帘都给晒得褪了色。**3** [I] **fade (away)** to disappear slowly (from sight, hearing, memory, etc) 渐渐看不到/听不见/想不起…: *The cheering of the crowd faded away.* 人群的欢呼声渐渐远去。○ *The smile faded from his face.* 他脸上的笑容渐渐消失。

faeces (*US* 美 **feces**) /'fi:si:z ‖ 'fisiz/ *noun* [plural] (*formal* 正式) solid waste matter that is passed from the body through the bowels 粪 ☛ **Faeces** is used mainly in a medical context. * **faeces** 主要是医学用语。Look at **excrement**. 参看 **excrement**。

fag /fæg ‖ fæg/ *noun* (*Brit* 英) **1** [C] (*slang* 俚语) a cigarette 香烟 **2** [sing] (*informal* 非正式)

F

a piece of work that you do not want to do 叫人不想做的工作: *I've got to wash the car. What a fag!* 我要清洗汽车，真没劲！

Fahrenheit /ˈfærənhaɪt ‖ ˈfærənˌhaɪt/ *noun* [U] (*abbr* 缩写 **F**) the name of a scale which measures temperatures 华氏温标: *Water freezes at 32° Fahrenheit (32°F).* 水在32华氏度结冰。☛ Look at **Celsius**. 参看 **Celsius**。

☆**fail** /feɪl ‖ fel/ *verb* **1** [I,T] to be unsuccessful in sth 失败: *She failed her driving test.* 她驾驶考试不及格。○ *I feel that I've failed – I'm 21 and I still haven't got a steady job.* 我这个人真没出息——21岁了，还没有找到一份固定的工作。☛ Look at **pass** and **succeed**. 参看 **pass** 及 **succeed**。**2** [T] (used about an examiner, etc 指主考人等) to decide that sb is unsuccessful in a test, examination, etc 评定某人不及格: *The examiners failed half of the candidates.* 主考官评定半数应试者不及格。☛ The opposite is **pass**. 反义词为 **pass**。**3** [I] **fail to do sth** to not do sth 没有做（某事）: *Jimmy failed to arrive on time.* 吉米迟到了。○ *She never fails to do her homework.* 她从来不欠功课。**4** [I,T] to not be enough or not do what people are expecting or wanting 缺乏；满足不了（要求/期望）: *If the crops fail, people will starve.* 如果作物歉收，人们就要挨饿了。○ *Words fail me!* (= I don't know how to express my feelings) 我不知道该怎么说！○ *I think the government has failed us.* 依我看，是政府辜负了我们。**5** [I] (used about health, eyesight, etc 指健康、视力等) to become weak 衰退: *His health is failing.* 他的身体一天不如一天。**6** [I] to stop working 失灵；失去作用: *My brakes failed on the hill but I managed to stop the car.* 在山上的时候刹车坏了，但我终于把汽车弄停了。

fail *noun* [C] a failure in an examination 考试不及格 ☛ The opposite is a **pass**. 反义词为 **pass**。

(IDIOM 习语) **without fail** always, even if there are difficulties 总是（尽管有困难）: *The postman always comes at 8 o'clock without fail.* 邮递员总是8点来，天天如此，风雨无阻。

failing[1] /ˈfeɪlɪŋ ‖ ˈfelɪŋ/ *noun* [C] a weakness or fault 缺点；短处: *She's not very patient – that's her only failing.* 她缺乏耐性——这是她的惟一缺点。

failing[2] /ˈfeɪlɪŋ ‖ ˈfelɪŋ/ *prep* if sth is not possible 要是不可能/不行: *Ask Jackie to go with you, or failing that, try Anne.* 叫杰基跟你去，要是不行，试一试安妮。

☆**failure** /ˈfeɪljə(r) ‖ ˈfeljɚ/ *noun* **1** [U] lack of success 失败: *All my efforts ended in failure.* 我的心血全白费了。**2** [C] a person or thing that is unsuccessful 失败的人/事物: *I was a failure as a mother.* 我是一个不称职的母亲。○ *His first attempt at ice-skating was a miserable failure.* 他头一次溜冰，摔得够惨的。**3** [C,U] **failure to do sth** not doing sth that people expect you to do 没有做别人期望/预期的事: *I was very disappointed at his failure to come to the meeting.* 他没有来参加这个会议，我实在很失望。**4** [C,U] an example of sth not working or functioning properly 失灵；故障: *She died of heart failure.* 她死于心力衰竭。○ *There's been a failure in the power supply.* 供电出了故障。

☆**faint** /feɪnt ‖ fent/ *adj* **1** (used about things that you can see, hear, feel, etc 指景物、声音、感觉等) not strong or clear 模糊；微弱: *a faint light in the distance* 远处的朦胧灯光 ○ *They heard a faint cry, then there was silence.* 他们听见一声微弱的叫喊，接着就什么也听不见了。○ *There is still a faint hope that they will find more people alive.* 人们仍然抱有一丝希望，可能找到更多生还者。**2** (used about people 指人) on the point of losing consciousness; very weak 失去知觉；眩晕；软弱无力: *I feel faint – I'd better sit down.* 我有点晕，想坐一坐。**3** (used about actions, etc 指行动等) done without much effort 无力；不激烈: *He made a faint protest.* 他曾发出微弱的抗议。

(IDIOM 习语) **not have the faintest/foggiest (idea)** not to know at all 完全不知道: *I haven't the faintest idea where they've gone.* 我根本不知道他们去了哪儿。

faint *verb* [I] to lose consciousness 失去知觉: *She fainted from shock and loss of blood.* 她因休克和失血而晕厥。

☆**fair**[1] /feə(r) ‖ fɛr/ *adj* **1 fair (to/on sb)** treating each person or side equally, according to the law or the rules, etc 公平；公正: *That's not fair – he got the same number of mistakes as I did and he's got a better mark.* 真不公平——他跟我的错处一样多，但他的分数比我高。○ *It wasn't fair on her to ask her to stay so late.* 要她留到这么晚，实在对她不公平。○ *a fair trial* 公正的审判 **2** right, according to what people generally accept as right 适当；合理: *That's a fair price for that house, I think.* 依我看，这房子的价钱还算公道。○ *I think it's fair to say that the number of homeless people is increasing.* 可以说，无家可归的人是越来越多。☛ The opposite for senses **1** and **2** is **unfair**. 第 **1**、**2** 义的反义词为 **unfair**。**3** quite good, large, etc 相当好/大…: *They have a fair chance of success.* 他们有相当的成功希望。○ *It is a fair-sized house.* 房子相当大。**4** (used about the skin or hair 指皮肤或头发) light in colour 白皙；浅色: *We think of Germans as having fair hair but a lot of them are dark.* 我们以为德国人都是浅色头发的，事实上他们很多都有深色的头发。**5** (used about the weather 指天气) good, without rain 晴朗；好

(IDIOMS 习语) **fair play** equal treatment of both/all sides according to the rules 按规则公平对待双方/各方: *The referee is there to ensure fair play during the match.* 裁判员的责任就是确保比赛公平进行。

(more than) your fair share of sth (more than) the usual or expected amount of sth（超过）平常的/所预期的数量: *We've had more than our fair share of trouble this year.* 这一年我们的麻烦太多了。

fairness *noun* [U] the state or quality of being fair 公平；公正

ˌ**fair-ˈhaired** *adj* with light-coloured or blond hair 金发的；浅色头发的

☆**fair**[2] /feə(r) ‖ fɛr/ *adv* in a fair way 公正: *You*

must play fair in all team games. 参加什么队际比赛都要遵守规则。

(IDIOM 习语) **fair enough** (used for showing that you agree with what sb has suggested 表示同意别人的意见): *'I'd rather go on Sunday, if that's all right with you.' 'Fair enough, Sunday is fine.'* "要是你不反对，我宁愿星期天去。" "好呀，星期天就星期天吧。"

fair[3] /feə(r) ‖ fɛr/ *noun* [C] **1** (*also* 亦作 **funfair**) a public entertainment which is held outside. At a fair you can ride on machines or try and win prizes at games. Fairs usually travel from town to town. 游乐会场（在户外举行，有机动游戏、有奖游戏等，通常在各市镇巡回举办）**2** a large exhibition of commercial or industrial goods 商业/工业展览会: *a trade fair* 交易会 ○ *the Frankfurt book fair* 法兰克福书展

'fairground *noun* [C] a large outdoor area where fairs[3](1) are held 游乐会场地

☆**fairly** /'feəlɪ ‖ 'fɛrlɪ/ *adv* **1** in a fair[1](1) way 公正；公平: *I felt that the teacher didn't treat us fairly.* 我觉得老师对我们不公平。☛ The opposite is **unfairly**. 反义词为 **unfairly**。**2** quite, not very 相当: *He is fairly tall.* 他相当高。○ *We must leave fairly soon.* 我们很快就得走。☛ Look at the note at **rather**. 参看 **rather** 的注释。

fairy /'feərɪ ‖ 'fɛrɪ/ *noun* [C] (*pl* **fairies**) (in stories 故事中) a small creature with magical powers 小仙子

fairy 小仙子

wing 翼

'fairy story (*also* 亦作 **'fairy tale**) *noun* [C] a story that is about fairies, magic, etc 童话: *Grimm's fairy tales* 格林童话

☆**faith** /feɪθ ‖ feθ/ *noun* **1** [U] **faith (in sb/sth)** strong belief (in sb/sth); trust 信心；信任: *I've got great faith in your ability to do the job* (= I'm sure that you can do it). 我对你干这工作的能力有很大信心。○ *I have lost faith in him.* 我对他丧失了信心。**2** [U] strong religious belief 宗教信仰: *I've lost my faith.* 我已失去原来的信仰了。**3** [C] a religion 宗教: *the Christian faith* 基督教

(IDIOM 习语) **in good faith** with honest reasons for doing sth 出于诚实动机；真诚地: *I bought the car in good faith. I didn't know it was stolen.* 这辆汽车我是光明正大买下来的，我不知道那是贼赃。

☆**faithful** /'feɪθfl ‖ 'feθfəl/ *adj* **1** not changing; loyal 忠心；忠实: *Peter has been a faithful friend.* 彼得是个信得过的朋友。○ *He was always faithful to his wife* (= he didn't have sexual relations with anyone else). 他对妻子一直很专一。☛ The opposite is **unfaithful**. 反义词为 **unfaithful**。**2** true to the facts; accurate 如实；准确: *a faithful description* 精确的描绘 —**faithfully** /-fəlɪ ‖ -fəlɪ/ *adv* ☛ **Yours faithfully** is used to end formal letters. * **Yours faithfully** 用于正式信件中的结尾。—**faithfulness** *noun* [U]

fake /feɪk ‖ fek/ *noun* [C] **1** a work of art, etc that seems to be real or genuine but is not 赝品: *That's not a real diamond necklace. It's just a fake!* 那不是真的钻石项链，只是赝品罢了！**2** a person who pretends to be sb/sth else in order to deceive people 冒充者

fake *adj* not real or genuine 伪造的: *a fake passport* 假护照

fake *verb* [T] **1** to copy sth in order to deceive people 伪造: *He faked his father's signature.* 他假冒他父亲的签名。**2** to pretend that you are feeling sth that you are not 假装: *I faked surprise when he told me the news.* 他告诉我这个消息的时候，我故作惊奇。

falcon /'fɔ:lkən; *US* 美 'fælkən ‖ 'fælkən/ *noun* [C] a small bird of the type that kills and eats other animals (**a bird of prey**). Falcons can be trained to hunt. 隼（一种猛禽，可训练成猎鹰；猛禽叫做 **bird of prey**）

☆**fall**[1] /fɔ:l ‖ fɔl/ *verb* [I] (*pt* **fell** /fel ‖ fɛl/; *pp* **fallen** /'fɔ:lən ‖ 'fɔlən/) **1** to drop down towards the ground 朝地面掉下: *He fell off the ladder onto the grass.* 他从梯子摔到草地上。○ *Don't walk along that wall – you might fall.* 不要在那墙头上面走——你会掉下来的。○ *Autumn came and the leaves started to fall.* 秋天来了，叶子开始掉落。○ *The rain was falling steadily.* 雨下个不停。**2 fall (down/over)** to suddenly stop standing 跌倒；倒下: *She slipped on the ice and fell.* 她在冰上滑倒了。○ *The little boy fell over and hurt his knee.* 小男孩跌了一跤，摔伤了膝盖。**3** (*formal* 正式) to come or happen 到来；发生: *Christmas Day falls on a Sunday this year.* 今年的圣诞节是星期天。○ *In the word 'interesting' the stress falls on the first syllable.* * interesting 这个词的重音落在第一个音节上。**4** to hang down 垂下: *Her hair fell down over her shoulders.* 她长发披肩。**5** to become lower or less 下降: *The temperature is falling.* 温度在下降。○ *The price of coffee has fallen again.* 咖啡又跌价了。○ *When he heard the bad news, his spirits fell* (= he felt sad). 他听了坏消息后情绪低落。**6** to be killed (in battle) (在战争中) 被杀；阵亡: *Millions of soldiers fell in the Second World War.* 数以百万计的士兵在第二次世界大战中阵亡。**7** to be defeated 被打败: *The Government fell because of the scandal.* 政府因这宗丑闻而倒台。**8** to change into a different state; to become 变成: *He fell asleep on the sofa.* 他在沙发上睡着了。○ *They fell in love with each other in Spain.* 他们俩在西班牙堕入爱河。○ *I must get some new shoes – these ones are falling to pieces.* 我得买新鞋子——这双快要磨破了。**9** to belong to a particular group, type, etc 属于（某组、某类等）: *Animals fall into two groups, those with backbones and those without.* 动物可以分做两类，有脊椎的和没有脊椎的。

(IDIOMS 习语) **fall flat** ⇨ FLAT[3]

fall in love ⇨ LOVE[1]

fall short (of sth) ⇨ SHORT[2]

(PHRASAL VERBS 短语动词) **fall apart** to break (into pieces) 破成碎块；破碎: *My car is falling apart.* 我的汽车快要散架了。

F

fall back on sb/sth to use sb/sth when you are in difficulty 有困难的时候借助于某人/某事物: *When the electricity was cut off we fell back on candles.* 停电的时候我们就点蜡烛。
fall for sb (*informal* 非正式) to fall in love with sb 爱上某人
fall for sth (*informal* 非正式) to be tricked into believing sth that is not true 信以为真: *He makes excuses and she falls for them every time.* 他老是左推右托，每一次她都信以为真。
fall out (with sb) to quarrel or fight (with sb) (跟某人)争吵/打架
fall through to fail or not happen 不成功；告吹: *Our trip to Japan has fallen through.* 我们去不成日本了。
'fallout *noun* [U] radioactive waste matter that is carried in the air after a nuclear explosion (核爆炸后的)放射性坠尘

☆**fall**[2] /fɔ:l ‖ fɔl/ *noun* **1** [C] an act of falling (1, 2) 掉下；落下；跌倒: *She had a nasty fall from her horse.* 她从马上摔下来，伤得很利害。 **2** [C] **a fall (of sth)** the amount of sth that has fallen or the distance that sth has fallen 降落的数量/距离: *We have had a heavy fall of snow.* 我们这里下过大雪。○ *a fall of four metres* 下降四米 **3** [C] a decrease (in value, quantity, etc) (价值、数量等的)减少: *There has been a sharp fall in the price of oil.* 油价大幅下跌。☛ The opposite is **rise**. 反义词为 **rise**。 **4** [sing] **the fall of sth** a (political) defeat (政治上的)失败: *the fall of the Roman Empire* 罗马帝国的覆亡 **5** [C, usually pl] a waterfall 瀑布: *Niagara Falls* 尼亚加拉大瀑布

fall[3] /fɔ:l ‖ fɔl/ *noun* [C] (*US* 美) = AUTUMN: *I visited Europe in the fall of 1963.* * 1963年秋天我到过欧洲。

fallacy /'fæləsɪ ‖ 'fæləsɪ/ *noun* (*pl* **fallacies**) [C,U] (*formal* 正式) a false or mistaken belief or argument 错误的信念或论据: *It's a fallacy to believe that money brings happiness* (= it's not true). 有钱就有幸福是一种谬论。

fallen *pp* of FALL[1] * FALL[1] 的过去分词

fallible /'fæləbl ‖ 'fæləbl̩/ *adj* able or likely to make mistakes 会出错: *Even our new computerized system is fallible.* 连我们新的计算机系统也免不了出错。☛ The opposite is **infallible**. 反义词为 **infallible**。

☆**false** /fɒls; fɔ:ls ‖ fɔls/ *adj* **1** not true; incorrect 不真实；不正确: *Bucharest is the capital of Romania – true or false?* 布加勒斯特是罗马尼亚的首都——对还是错？○ *I think the information you have been given is false.* 依我看，你得到的情报是假的。 **2** not real; artificial 人造；假: *false hair, eyelashes, etc* 假发/睫毛… **3** based on wrong information or belief 基于错误的资料/信念: *I got a completely false impression of him from our first meeting.* 我头一次跟他见面，他就给我完全错误的印象。 **4** made or done incorrectly in order to deceive people 用以欺骗的: *This suitcase has a false bottom.* 这个手提箱的底部有秘密夹层。○ *a false name* 假名 **5** not faithful; not loyal 不忠实；不忠心: *a false friend* 不忠实的朋友

(IDIOMS 习语) **a false alarm** a warning about a danger that does not happen 假警报
on/under false pretences pretending to be or to have sth in order to deceive people 伪装…以欺骗: *She got into the club under false pretences – she isn't a member at all!* 她冒充会员到俱乐部里去——她根本不是会员！
false 'teeth (*also* 亦作 **dentures**) *noun* [plural] teeth that are made of plastic, etc, worn by a person who has lost his/her natural teeth 假牙

falsify /'fɔ:lsɪfaɪ ‖ 'fɔlsə,faɪ/ *verb* [T] (*pres part* **falsifying**; *3rd pers sing pres* **falsifies**; *pt, pp* **falsified**) (*formal* 正式) to change a document, information, etc in order to deceive other people 窜改(文件、资料等)

falter /'fɔ:ltə(r) ‖ 'fɔltɚ/ *verb* [I] **1** to become weak or move in a weak, unsteady way 减弱；不稳健地行动/运转: *As she began to speak her voice faltered.* 她一开口声音就颤抖起来。○ *The engine faltered and stopped.* 发动机转不了几下就停下来了。 **2** to lose confidence and hesitate 畏缩；踌躇: *Becker faltered and missed the ball.* 贝克尔犹疑了一下，就错过了那球。

☆**fame** /feɪm ‖ fem/ *noun* [U] being known or talked about by many people 名气；名声；声誉: *Pop stars achieve fame at a young age.* 流行音乐歌手年纪轻轻就赢得盛名。
famed *adj* well-known (for sth) 以…闻名/著名: *Welsh people are famed for their singing.* 威尔士人以善唱而闻名于世。☛ Look at **famous**, which is the more usual word. 参看 **famous**，这个词较为常用。

☆**familiar** /fə'mɪlɪə(r) ‖ fə'mɪljɚ/ *adj* **1** (not before a noun 不用于名词前) **familiar with sth** having a good knowledge of sth 熟悉/通晓(某事物): *People in Europe aren't very familiar with Chinese music.* 欧洲人不大熟悉中国音乐。 **2 familiar (to sb)** well-known (to sb) 为某人所熟悉: *Chinese music isn't very familiar to people in Europe.* 欧洲人不大熟悉中国音乐。○ *It was a relief to see a familiar face in the crowd.* 我在人群中找到一张熟悉的面孔，即时松了一口气。☛ The opposite for senses **1** and **2** is **unfamiliar**. 第1、2义的反义词为 **unfamiliar**。 **3** too friendly and informal 过分亲昵/随便: *I was annoyed by the waiter's familiar behaviour.* 那位服务员对顾客太随便了，叫我很反感。
familiarity /fə,mɪlɪ'ærətɪ ‖ fə,mɪlɪ'ærətɪ/ *noun* [U] **1** good knowledge of sth 熟悉: *His familiarity with the area was an advantage.* 他对那个地区熟悉，这是一个有利因素。 **2** being too friendly and informal 过分亲昵/随便

familiarize (*also* 亦作 **familiarise**) /fə'mɪlɪəraɪz ‖ fə'mɪljə,raɪz/ *verb* [T] to inform sb/yourself about sth 使熟悉: *I want to familiarize myself with the plans before the meeting.* 开会前我想先了解这些方案。

☆**family** /'fæməlɪ ‖ 'fæməlɪ/ *noun* (*pl* **families**) **1** [C, with sing or pl verb] a group of people who are related to each other 家；家庭 ☛ Sometimes we use 'family' to mean 'parents and their children' (a **nuclear family**), sometimes we use it to include other relatives, eg grandparents, aunts, uncles, etc (an **extended family**). * family 有时指由父母

F

和儿女组成的核心家庭 (**nuclear family**)，有时指包括其他亲戚，如祖父母、姑母、伯父等的大家庭 (**extended family**)。**Family** is used with a singular verb when we are talking about it as a unit ＊ **family** 作为一个单位，就用单数动词：*Almost every family in the village owns a television.* 村里差不多每户都有电视机。A plural verb is used when we are thinking about the members of a family as individuals ＊ **family** 作为单个家庭成员的总称，则用复数动词：*My family are all very tall.* 我的家人都很高。**Family** can be used before another noun to describe things that are suitable for or that can be used by all the family ＊ **family** 在其他名词前，表示适合于家庭：*family entertainment* 老幼皆宜的娱乐 ○ *the family car* 家用汽车 **2** [C,U] children 子女：*Do you have any family?* 你有没有孩子？○ *We are planning to start a family next year* (= to have our first baby). 我们计划来年生孩子。**3** [C] a group of animals, plants, etc that are related to each other（动植物等的）科：*Lions belong to the cat family.* 狮子是猫科动物。

(IDIOM 习语) **run in the family** to be found very often in a family 家族中间常见的：*Red hair runs in the family.* 这个家族中的人都长着红头发。

ˈfamily name *noun* [C] the name that is shared by members of a family; surname 姓 ☛ Look at the note at **name**. 参看 **name** 的注释。

ˌfamily ˈplanning *noun* [U] controlling the number of children in a family by using birth control 计划生育 ☛ Look at **contraception**. 参看 **contraception**。

ˌfamily ˈtree *noun* [C] a diagram that shows the relationships between different members of a family 家谱；家谱图

famine /ˈfæmɪn ‖ ˈfæmɪn/ *noun* [C,U] a lack of food in a large area that can cause the death of many people 饥荒：*There is a severe famine in many parts of Africa.* 非洲很多地方都有大饥荒。○ *The long drought was followed by famine.* 久旱之后就是饥荒。

famished /ˈfæmɪʃt ‖ ˈfæmɪʃt/ *adj* (not before a noun 不用于名词前) (*informal* 非正式) very hungry 很饿：*When's lunch? I'm famished!* 什么时候吃午饭？我饿得要命！

☆**famous** /ˈfeɪməs ‖ ˈfeməs/ *adj* **famous (for sth)** well-known to many people 以…闻名：*a famous singer* 著名歌手 ○ *Glasgow is famous for its museums and art galleries.* 格拉斯哥以博物馆和美术馆驰名于世。☛ Look at **infamous** and **notorious**, which mean 'famous for being bad'. 参看 **infamous** 及 **notorious**，两个词都指"臭名昭著"。

famously *adv* (*informal* 非正式) very well 很好：*She's getting on famously in the new job.* 她在新的工作岗位干得很出色。

☆**fan**[1] /fæn ‖ fæn/ *noun* [C] something that is used for making a (cool) wind, eg an object made of paper, feathers, etc in the shape of half a circle or an (electric) machine with large blades that turn around very quickly 扇子；电扇

fans
扇子

electric fan
电扇

fan *verb* [T] (fa**nn**ing; fa**nn**ed) **1** to cool sb/sth by moving the air with a fan or sth like a fan 扇：*She used a newspaper to fan her face.* 她用报纸给自己脸上扇风。**2** to make a fire burn more strongly 把火扇旺：*The strong wind really fanned the flames.* 强风把火扇旺了。

(PHRASAL VERB 短语动词) **fan out** to spread out 散开；分散：*The police fanned out across the field.* 警察向四周散开成扇形。

ˈfan belt *noun* [C] the belt that drives the fan to cool the engine of a car, etc 散热风扇等的皮带

☆**fan**[2] /fæn ‖ fæn/ *noun* [C] somebody who admires and is very enthusiastic about a sport, a film star, a singer, etc（运动、影星、歌手等的）迷/仰慕者/拥护者：*football fans* 足球迷 ○ *He's a Van Morrison fan.* 他很崇拜范·莫里森。○ *I'm not a great fan of modern jazz* (= I don't like it very much). 我不大喜欢现代爵士音乐。

fanatic /fəˈnætɪk ‖ fəˈnætɪk/ *noun* [C] a person who is too enthusiastic about sth (especially about religion or politics) 狂热者（尤指对宗教或政治）：*a religious fanatic* 狂热的教徒 ○ *She's a health-food fanatic.* 她是保健食品的狂热信徒。

fanatic (*also* 亦作 **fanatical** /-kl ‖ -kl/) *adj* feeling very strongly or being too enthusiastic about sth 狂热：*He's fanatical about keeping things tidy.* 他有过分讲求整齐的癖好。—**fanatically** /-klɪ ‖ -klɪ/ *adv* —**fanaticism** /-tɪsɪzəm ‖ -təˌsɪzəm/ *noun* [C,U]

fancy[1] /ˈfænsɪ ‖ ˈfænsɪ/ *noun*

(IDIOMS 习语) **take sb's fancy** to attract or please sb 吸引/取悦某人：*If you see something that takes your fancy I'll buy it for you.* 若是你看到喜欢的东西，我就买给你。

take a fancy to sb/sth to start liking sb/sth 开始喜欢某人/某事物：*I think that Alan's really taken a fancy to you.* 我想艾伦真的爱上了你。

fancy[2] /ˈfænsɪ ‖ ˈfænsɪ/ *adj* not simple or ordinary 装饰的；花哨的：*My father doesn't like fancy food.* 我爸爸不喜欢花里胡哨的食品。○ *I just want a pair of black shoes – nothing fancy.* 我只想要一双黑鞋——不要花哨的。

ˌfancy ˈdress *noun* [U] special clothes that you wear to a party at which people dress up to look like a different person (eg from history or a story)（化装舞会上的）化装服：*We've been invited to a fancy dress party –*

F

I'm going as Napoleon. 我们被邀请去参加化装舞会——我要扮成拿破仑。○ *It was a Hallowe'en party and everyone went in fancy dress.* 那是万圣节前夕晚会，人人都穿上奇特的服装。

fancy[3] /ˈfænsɪ ‖ ˈfænsɪ/ *verb* (*pres part* **fancying**; *3rd pers sing pres* **fancies**; *pt, pp* **fancied**) **1** [T] (*informal* 非正式) to like the idea of having or doing sth 希望得到/做: *What do you fancy for supper?* 晚饭你想吃什么？○ *I don't fancy going out in this rain.* 这么大雨，我不想到外边去。 **2** [T] (*Brit informal* 英，非正式) to be (sexually) attracted to sb 爱上（某人）: *Alan keeps looking at you. I think he fancies you.* 艾伦老望着你，看来他看上了你。 **3** [I,T] (used for expressing surprise, shock, etc 表示诧异、震惊等): *'They're getting married next week.' 'Well, fancy that!'* "他们下个星期结婚。""什么，真想不到哇！" ○ *Fancy meeting you here!* 没想到在这儿见到你！ **4** [T] (*formal* 正式) to think or imagine sth 想；想像: *He fancied that he heard footsteps behind him.* 他觉得自己似乎听到了身后有脚步声。

fanfare /ˈfænfeə(r) ‖ ˈfænˌfɛr/ *noun* [C] a short loud piece of music played on trumpets that is used for introducing sb/sth（在某人登场或某事物出现时吹奏的）小号乐曲

fang /fæŋ ‖ fæŋ/ *noun* [C] a long sharp tooth of a dog, poisonous snake, etc（狗、毒蛇等）长而尖的牙

fantasize (*also* 亦作 **fantasise**) /ˈfæntəsaɪz ‖ ˈfæntəˌsaɪz/ *verb* [I,T] to imagine sth that you would like to happen 幻想: *He liked to fantasize that he had won a gold medal at the Olympics.* 他爱幻想自己夺得奥运金牌。

fantastic /fænˈtæstɪk ‖ fænˈtæstɪk/ *adj* **1** (*informal* 非正式) very good; excellent 极好；超卓: *She's a fantastic swimmer.* 她游泳极棒。○ *You passed your test. Fantastic!* 你测验及格了，真棒！ **2** strange and difficult to believe 难以相信；怪诞: *a story full of fantastic creatures from other worlds* 一个充满外星怪诞生物的故事 **3** (*informal* 非正式) very large or great 巨大: *A Rolls Royce costs a fantastic amount of money.* 罗尔斯·罗伊斯汽车价格昂贵极了。—**fantastically** /-klɪ ‖ -klɪ/ *adv*

fantasy (*also* 亦作 **phantasy**) /ˈfæntəsɪ ‖ ˈfæntəsɪ/ *noun* [C,U] (*pl* **fantasies**) situations that are not true, that you just imagine 幻想；幻象；想像: *They live in a world of fantasy.* 他们活在幻想里。☛ Look at the note at **imagination**. 参看 **imagination** 的注释。

☆**far**[1] /fɑ:(r) ‖ fɑr/ *adj* (**farther** /ˈfɑ:ðə(r) ‖ ˈfɑrðɚ/ or **further** /ˈfɜ:ðə(r) ‖ ˈfɝðɚ/, **farthest** /ˈfɑ:ðɪst ‖ ˈfɑrðɪst/ or **furthest** /ˈfɜ:ðɪst ‖ ˈfɝðɪst/) **1** distant; a long way away 遥远: *Let's walk – it's not far.* 咱们走路去吧——路不远。○ (*formal* 正式) *The explorers sailed to far countries.* 探险家远渡重洋到遥远的异国去。 **2** (only *before* a noun 只用于名词前) more distant (used about one of two ends, sides, etc) 较远的（一端/一边等）: *My friend lives at the far end of the street.* 我的朋友住在街道的那一端。○ *In the far north, days are short in winter.* 在较北的地方，冬日的白天较短。

(IDIOM 习语) **a far cry from sth/from doing sth** an experience that is very different from sth/doing sth 跟某事物/做某事十分不同的经历

the Far ˈEast China, Japan and other countries in E and SE Asia 远东（中国、日本及东亚、东南亚其他国家）

☆**far**[2] /fɑ:(r) ‖ fɑr/ *adv* (**farther** /ˈfɑ:ðə(r) ‖ ˈfɑrðɚ/ or **further** /ˈfɜ:ðə(r) ‖ ˈfɝðɚ/, **farthest** /ˈfɑ:ðɪst ‖ ˈfɑrðɪst/ or **furthest** /ˈfɜ:ðɪst ‖ ˈfɝðɪst/) **1** (at) a distance（空间的距离）远: *London's not far from here.* 伦敦离这里不远。○ *Do you live far from Oxford?* 你住的地方离牛津远不远？○ *How far did we walk yesterday?* 昨天我们走了多少路？○ *Call me if you need me; I won't be far away.* 有事的话可以打个电话来，我不会在很远处。☛ **Far** in this sense is usually used in negative sentences and questions. * **far** 的这个义项通常用于否定句和疑问句。In positive sentences we say **a long way** 肯定句用 **a long way**: *It's a long way from here to the sea.* 这里离海边很远。Some sentences have a negative meaning although they are positive in form. **Far** can be used in them 有些肯定句实际上表达否定的意思，可以用 **far**: *Let's get a bus. It's much too far to walk.* 走起来路太远，咱们坐公共汽车去吧。 **2** a long time 时间长；久远: *This story began far back, in 1850.* 这个故事发生于很久以前，那是1850年。○ *We danced far into the night.* 我们一直跳舞跳到深夜。 **3** (before comparative adjectives 用于比较级形容词前) very much 十分；很: *She's far more intelligent than I thought.* 她比我想像的聪明得多。○ *It's far wetter in England than in Italy.* 英国下雨远比意大利多。

(IDIOMS 习语) **as far as** to the place mentioned but not further 到（某处）为止: *We walked as far as the river and then turned back.* 我们一直走到河边，然后折回。

as/so far as **1** the same distance as (sb) 跟…距离一样: *I can't swim as far as you.* 我游不到你那样远。 **2** to the degree that 至某程度: *As far as I know, she's not coming, but I may be wrong.* 就我所知，她不打算来，但我或许会错。

as far as I can see (used for introducing your opinion 用以引出意见): *As far as I can see, the accident was John's fault, not Ann's.* 依我看，出这个事故是约翰的错，怪不上安妮。

as/so far as sb/sth is concerned on the subject of sb/sth; as sb/sth is affected or influenced by sth 就某人/某事物而言: *As far as school work is concerned, he's hopeless.* 说到功课，他真没救。○ *As far as I'm concerned* (= in my opinion), *this is the most important point.* 依我说，这一点最要紧。

by far (used for emphasizing comparative or superlative words 用以强调比较级或最高级用语) by a large amount …得多: *Jane is by far the best student in the class.* 简显然是全班最好的学生。

far afield far away, especially from where you live or from where you are staying 远离（尤指远离住处）: *We decided to hire a car in order to explore further afield.* 我们决定租汽车，到更远的地方去看看。

F

far from doing sth instead of doing sth 没有做预期中的事（却做了其他事情）: *Far from enjoying the film, he fell asleep in the middle.* 这部影片他不但没有欣赏，反而看了一半就睡着了。

far from sth/from doing sth almost the opposite of sth 远非某事: *He's far from happy* (= he's sad). 他一点也不开心。

far from it (*informal* 非正式) certainly not; just the opposite 完全不是；刚好相反: *'Did you enjoy your holiday?' 'No, far from it. It was awful.'* "假期玩得开心吗？" "一点也不开心。简直糟透了。"

few and far between ⇨ FEW[1]

go too far to behave in a way that causes trouble or upsets other people 行为不当引致麻烦；做得过分: *He's always been naughty but this time he's gone too far.* 他总是很顽皮，但这回实在太过分了。

so far until now 直至现在: *So far the weather has been good but it might change.* 直至现时为止，天气都很好，但也许有变。

ˈ**far-away** *adj* **1** distant 遥远: *He told us stories of far-away countries.* 他给我们讲远方国度的故事。 **2** (used about a look in a person's eyes 指眼神) as if you are thinking of sth else 若有所思: *She stared out of the window with a far-away look in her eyes.* 她凭窗眺望，若有所思。

ˌ**far-ˈfetched** *adj* not easy to believe 难以相信: *It's a good book but the story's too far-fetched.* 这本书好是好，但故事很难令人相信。

ˌ**far-ˈreaching** *adj* having, or going to have, a great influence on a lot of other things 影响深远: *far-reaching changes* 影响深远的变革

ˌ**far-ˈsighted** *adj* **1** being able to see what will be necessary and making plans for it 有远见的 **2** (*US* 美) = LONG-SIGHTED

farce /fɑːs ‖ fɑrs/ *noun* [C] **1** a funny play for the theatre full of ridiculous situations 滑稽戏；闹剧 **2** something important or serious that is not organized well or treated with respect 安排不当/没有受到尊重的事情: *The interview was a farce. I knew that I'd got the job already.* 面试只是做个样子，我早就知道他们会聘请我。—**farcical** /ˈfɑːsɪkl ‖ ˈfɑrsɪkl/ *adj*

☆**fare**[1] /feə(r) ‖ fɛr/ *noun* [C] the amount of money you pay to travel by bus, train, taxi, etc（公共汽车、火车、计程车等的）票价: *What's the fare to Birmingham?* 去伯明翰要多少车费？ ○ *Train fares are going up next month.* 下个月火车票要涨价了。☛ Adults pay **full fare**, children pay **half fare**. 成人付全票（**full fare**），小孩付半票（**half fare**）。

fare[2] /feə(r) ‖ fɛr/ *noun* [U] food, especially that served at a restaurant, pub or hotel 食物（尤指餐馆、酒馆、旅馆所提供的）

fare[3] /feə(r) ‖ fɛr/ *verb* [I] (*formal* 正式) to be successful/unsuccessful in a particular situation 在某方面或某事情上成功/不成功: *How did you fare in your examination?* (= did you do well or badly?) 你考试考得好不好？

farewell /ˌfeəˈwel ‖ ˈfɛrˈwɛl/ *interj* (*old-fashioned* 旧) goodbye 再见 —**farewell** *noun* [C]: *He said a sad farewell and left.* 他哀伤地说了一声再见，然后离去。○ *a farewell party* 送别会

☆**farm**[1] /fɑːm ‖ fɑrm/ *noun* [C] an area of land with fields and buildings that is used for growing crops and keeping animals 农场: *In the summer holidays I often work on a farm.* 暑假里我经常去农场干活。○ *farm buildings* 农场建筑物

ˈ**farmhouse** (*also* 亦作 **farm**) *noun* [C] the house on a farm where the farmer lives 农舍

ˈ**farmyard** *noun* [C] an outside area near a farmhouse surrounded by buildings or walls 农舍附近四周有围墙或建筑物的地方

☆**farm**[2] /fɑːm ‖ fɑrm/ *verb* [I,T] to use land for growing crops or keeping animals 耕作；务农；饲养禽畜: *He's farming in Scotland.* 他在苏格兰务农。○ *She farms 200 acres.* 她耕种200英亩地。

farmer *noun* [C] a person who owns or manages a farm 农场主人；农民

farming *noun* [U] managing a farm or working on it 干农活；务农: *Farming is extremely hard work.* 庄稼活儿艰苦得很。

☆**farther** /ˈfɑːðə(r) ‖ ˈfɑrðɚ/ *adj, adv* more distant in space or time; a greater distance 空间/时间上距离较大（的）；更远（的）: *Rome is farther from London than Paris is.* 罗马到伦敦比巴黎到伦敦要远。○ *I can swim farther than you.* 我能游得比你远。☛ **Farther** is the comparative of **far**. * **farther** 是 **far** 的比较级。Look at the note at **further**. 参看 **further** 的注释。

☆**farthest** /ˈfɑːðɪst ‖ ˈfɑrðɪst/ (*also* 亦作 **furthest**) *adj, adv* most distant in space or time; the greatest distance 空间/时间上距离最大（的）；最远（的）: *the farthest corner of Europe* 欧洲的最远角落 ○ *Who can swim farthest?* 谁能游得最远？☛ **Farthest** is the superlative of **far**. * **farthest** 是 **far** 的最高级。

☆**fascinate** /ˈfæsɪneɪt ‖ ˈfæsn̩ˌet/ *verb* [T] to attract or interest sb very much 使人迷恋；迷住: *He fascinated the children with his magic tricks.* 他的魔术小玩意把孩子们迷住了。○ *I was fascinated by that film.* 那部影片叫我看得入迷。—**fascinating** *adj* —**fascination** /ˌfæsɪˈneɪʃn ‖ ˌfæsn̩ˈeʃən/ *noun* [C,U]

fascism (*also* 亦作 **Fascism**) /ˈfæʃɪzəm ‖ ˈfæʃˌɪzəm/ *noun* [U] an extreme right-wing political system 法西斯主义: *the rise of fascism in the 1930s* *20世纪30年代法西斯主义的兴起 —**fascist** (*also* 亦作 **Fascist**) /ˈfæʃɪst ‖ ˈfæʃɪst/ *noun* [C], *adj*

☆**fashion** /ˈfæʃn ‖ ˈfæʃən/ *noun* **1** [C,U] the style of dressing or behaving that is the most popular at a particular time 流行的款式；时尚；风气: *What is the latest fashion in hairstyles?* 现在时兴什么发式？○ *a fashion show, model, etc* 时装表演/模特儿… **2** [sing] the way you do sth 做事方式: *Watch him. He's been behaving in a very strange fashion.* 你瞧他的举动，怪里怪气的。

(IDIOMS 习语) **come into/be in fashion** to become or to be popular as a style 时兴起来；时兴: *Jeans are always in fashion.* 牛仔裤总是一直流行的。

go/be out of fashion to become or to be

unpopular as a style 不再流行；过时: *That colour is out of fashion this year.* 今年那种颜色不时兴了。

☆**fashionable** /ˈfæʃnəbl ‖ ˈfæʃənəbl̩/ *adj* following the latest popular style 时髦: *a fashionable woman, suit, restaurant, idea, etc* 时髦的女人/套装/餐馆/观念… ☛ The opposite is **unfashionable** or **old-fashioned**. 反义词为 **unfashionable** 或 **old-fashioned**。—**fashionably** /-əblɪ ‖ -əblɪ/ *adv*

☆**fast**[1] /fɑːst; *US* 美 fæst ‖ fæst/ *adj* **1** able to move or act at great speed 快；迅速: *a fast car, train, worker, etc* 跑得快的汽车/火车；干活快的工人… ☛ Look at the note at **quick**. 参看 **quick** 的注释。There is no noun formed from **fast**. Use **speed** * **fast** 没有名词形式，可用 **speed** 来表达快速的意思: *The car was travelling very fast./The car was travelling at great speed.* 汽车正以高速前进。**2** (used about a clock or watch 指钟表) showing a time that is later than the real time 走快了: *I'm early – my watch must be fast.* 我来早了——我的表准是快了。○ *The clock is five minutes fast.* 那钟快了五分钟。☛ The opposite is **slow**. 反义词为 **slow**。

fast *adv* quickly 快；迅速: *Don't drive so fast.* 开车别开得这么快。

fast ˈfood *noun* [U] food like hamburgers and chips that can be cooked and eaten quickly in a restaurant or taken away from the restaurant 快餐: *a fast food restaurant* 快餐店

fast[2] /fɑːst; *US* 美 fæst ‖ fæst/ *adj* **1** (only *after* a noun 只用于名词后) firmly fixed 紧固住的；牢固；稳固: *Peter made the boat fast* (= he tied it to something) *before he got out.* 彼得把小船拴紧了才上岸。**2** (used about colours 指颜色) not likely to change when washed 不褪色: *Colour-fast materials can be washed in hot water.* 不褪色的布料可用热水洗。

fast *adv* firmly or deeply 紧紧地；深深地: *The children were fast asleep when we got home.* 我们回到家里的时候，孩子们已经熟睡了。○ *Our car was stuck fast in the mud.* 我们的汽车陷在泥里，动弹不得。

fast[3] /fɑːst; *US* 美 fæst ‖ fæst/ *verb* [I] to eat no food for a certain time usually for religious reasons 斋戒；禁食: *Muslims fast during Ramadan.* 每逢斋月，穆斯林都禁食。—**fast** *noun* [C]

☆**fasten** /ˈfɑːsn; *US* 美 ˈfæsn ‖ ˈfæsn̩/ *verb* **1** [T] to fix, join or shut and lock sth firmly 系/扣/关紧: *Please fasten your seat-belts.* 请系好安全带。○ *Could you fasten this suitcase for me?* 可不可以替我把衣箱锁好？**2** [I] to become closed or fixed 被系/扣/关住: *My blouse fastens at the back.* 我的衬衣是从背后扣上的。**3** [T] **fasten sth (on/to sth); fasten A and B (together)** to attach sth to sth, or two things together 把（某物）系于某处；把（两物）系在一起: *Fasten this badge on your jacket.* 把这个徽章别在你的上衣上。○ *How can I fasten these pieces of wood together?* 我该怎样把这些木板捆在一起？○ (*figurative* 比喻) *His eyes were fastened on me all the time I was speaking.* 我说话的时候，他一直紧紧地盯着我。

fastener /ˈfɑːsnə(r); *US* 美 fæs- ‖ ˈfæsənɚ/ (*also* 亦作 **fastening** /ˈfɑːsnɪŋ; *US* 美 ˈfæs- ‖ ˈfæsənɪŋ/) *noun* [C] something that fastens things together 把东西固定在一起的物件: *trousers with a zip-fastener at the side* 旁边有拉链的裤子

fastidious /fəˈstɪdɪəs; fæ- ‖ fæsˈtɪdɪəs/ *adj* (used about people 指人) difficult to please, wanting everything to be very clean and tidy 爱挑剔的；过分讲究整洁的

☆**fat**[1] /fæt ‖ fæt/ *adj* (**fatter**; **fattest**) **1** (used about bodies 指身体) covered with too much flesh 胖: *You'll get fat if you eat too much.* 吃得太多会发胖的。☛ The opposite is **thin**. 反义词为 **thin**。It is not very polite to describe a person as **fat**. 说人肥胖 (**fat**) 不太礼貌。Less direct words are **plump, stout** or **overweight**. 较委婉的说法有 **plump**、**stout** 或 **overweight**。**2** (used about a thing 指物件) thick or full 厚；饱满: *a fat wallet, book, etc* 鼓鼓囊囊的皮夹子；厚厚的书…

☆**fat**[2] /fæt ‖ fæt/ *noun* **1** [U] the greasy substance under the skins of animals and people 脂肪；肥肉: *I don't like meat with too much fat on it.* 我不喜欢吃太肥的肉。☛ The adjective is **fatty**. 形容词为 **fatty**。**2** [C,U] the substance we obtain from animals, plants or seeds and use for cooking 食油: *Cook the onions in a little fat.* 把洋葱放在少许油里炸。○ *Vegetable fats are healthier than animal fats.* 植物油比动物油对健康有益。

☆**fatal** /ˈfeɪtl ‖ ˈfetl̩/ *adj* **1** causing or ending in death 致命: *It was a fatal accident – both drivers were killed.* 这是一宗恶性事故——两个司机都死了。**2** causing trouble or a bad result 引起麻烦；带来恶果: *She made the fatal mistake of drinking too much at the party.* 她在酒会上多喝了几杯，结果闯了祸。—**fatally** *adv*

fatality /fəˈtælətɪ ‖ feˈtælətɪ/ *noun* [C] (*pl* **fatalities**) a person's death caused by an accident or in war, etc（事故、战争等造成的）生命损失: *There were no fatalities in the fire.* 火灾中没有人死亡。

☆**fate** /feɪt ‖ fet/ *noun* **1** [U] the power that some people believe controls everything that happens 定数；天意: *It was fate that brought them together again after twenty years.* 天意注定他们二十年后又言归于好。**2** [C] your future or something that happens to you 命运: *Both men suffered the same fate – they both lost their jobs.* 他们俩遇上同一命运——都失去了工作。

fateful /ˈfeɪtfl ‖ ˈfetfəl/ *adj* having an important effect on the future 对将来影响重大: *a fateful decision* 关系重大的决定

☆**father** /ˈfɑːðə(r) ‖ ˈfɑðɚ/ *noun* [C] **1** a person's male parent 父亲；爸爸: *John looks exactly like his father.* 约翰的长相与他爸爸一样。**2** a man who starts something important 创始人；先驱: *Shakespeare is the father of English drama.* 莎士比亚是英国戏剧之父。**3 Father** the title of certain priests 神父: *Father O'Reilly* 奥赖利神父

ˈ**fatherhood** *noun* [U] the state of being a father 父亲的身分: *How are you enjoying fatherhood?* 你做父亲愉快吗？

ˈ**fatherly** *adj* like or typical of a father 父亲般的；慈父的: *Would you like a piece of fatherly advice?* 你愿不愿意听我一句长辈的忠告？

ˌ**Father ˈChristmas** (*also* 亦作 **Santa Claus**) an old man with a red coat and a long white beard who, children believe, brings presents at Christmas 圣诞老人

ˈ**father-in-law** *noun* [C] (*pl* **fathers-in-law**) the father of your husband or wife 丈夫或妻子的父亲；岳父；公公

fathom /ˈfæðəm ‖ ˈfæðəm/ *noun* [C] a measure of the depth of water; 6 feet (1.8 metres) 英寻（计量水深的单位，1英寻等于6英尺或1.8米）

fathom *verb* [T] (usually in the negative 通常用于否定式) to understand sth 理解: *I can't fathom what he means.* 我摸不清他是什么意思。

fatigue /fəˈtiːg ‖ fəˈtig/ *noun* [U] **1** great tiredness 疲惫 **2** weakness in metals caused by a lot of use（金属的）疲劳

fatten /ˈfætn ‖ ˈfætn̩/ *verb* [T] **fatten sb/sth (up)** to make sb/sth fatter 使肥胖: *He's fattening the pigs up for market.* 他把猪喂肥了就拿到市场去卖。

fattening *adj* (used about food 指食物) that makes people fat 使人发胖的: *You shouldn't eat too much chocolate. It's very fattening.* 不要多吃巧克力，它很容易令人发胖。

fatty /ˈfætɪ ‖ ˈfætɪ/ *adj* (**fattier**; **fattiest**) (used about food 指食物) having a lot of fat in or on it 多油/脂肪

faucet /ˈfɔːsɪt ‖ ˈfɔsɪt/ *noun* [C] (*US* 美) = TAP[1]

☆**fault** /fɔːlt ‖ fɔlt/ *noun* **1** [C] something wrong or not perfect in a person's character or in a thing 缺点；毛病: *One of my faults is that I'm always late.* 我的缺点之一是爱迟到。○ *a fault in the electricity supply* 供电故障 ☛ Look at the note at **mistake**. 参看 **mistake** 的注释。**2** [U] responsibility for a mistake 对错误应负的责任；过错: *'We're going to be late.' 'Well, it's not my fault – I was ready on time.'* "咱们要迟到了。" "那不是我的错——我按时准备好了。" ○ *It will be your own fault if you don't pass your exams.* 要是你考不及格，那是你自己的错。

(IDIOMS 习语) **be at fault** be wrong or responsible for a mistake 有错；要对错误负责任: *The other driver was at fault – he didn't stop at the traffic-lights.* 错在另一个司机——他没有在红绿灯前停下来。

find fault ⪢ FIND[1]

fault *verb* [T] to find a fault or mistake in sb/sth 发现错误: *It was impossible to fault her English.* 她的英语无懈可击。

faultless *adj* without any mistakes; perfect 没有错误；完美: *The pianist gave a faultless performance.* 那位钢琴家的演出可谓无懈可击。

faulty *adj* (used especially about electricity or machinery 尤指电力或机器) not working properly 失灵: *a faulty switch* 有毛病的开关

fauna /ˈfɔːnə ‖ ˈfɔnə/ *noun* [U] all the animals of an area or a period of time（某地区或某时期的）所有动物: *the flora and fauna of South America* 南美洲的动植物 ☛ Look at **flora**. 参看 **flora**。

faux pas /ˌfəʊ ˈpɑː ‖ ˈfoˈpɑ/ *noun* [C] (*pl* **faux pas** /ˌfəʊ ˈpɑːz ‖ ˈfoˈpɑz/) something you say or do that is embarrassing or offends people 令人难堪或冒犯人的话语/行为

☆**favour**[1] (*US* 美 **favor**) /ˈfeɪvə(r) ‖ ˈfevɚ/ *noun* **1** [C] something that helps sb 对某人有帮助的事；恩惠: *Would you do me a favour and post this letter for me?* 可不可以帮个忙，替我寄这封信？○ *Could I ask you a favour – could you baby-sit for us tonight?* 可否请你帮个忙——今晚替我们照看孩子？**2** [U] liking or approval 喜爱；好感；赞同: *In the end the politician won the crowd's favour.* 那个政治家终于赢得了群众的支持。

(IDIOMS 习语) **be in/out of favour (with sb)** to have/not have a person's approval 得到/得不到（某人）的好感或赞同: *I'm afraid I'm out of favour with my neighbour since our last argument.* 我最近一次跟邻居吵架后，已不再受他欢迎。

in favour of sb/sth in agreement with 赞成某人/某事物: *Are you in favour of private education?* 你赞成私人办学吗？

in sb's favour to the advantage of sb 对某人有利: *The committee decided in their favour.* 委员会判他们胜诉。

☆**favour**[2] (*US* 美 **favor**) /ˈfeɪvə(r) ‖ ˈfevɚ/ *verb* [T] **1** to support sb/sth; to prefer 支持；比较喜欢: *Which suggestion did they favour?* 他们喜欢哪一个建议？**2** to treat one person very well and so be unfair to others 偏袒: *Parents must try not to favour one of their children.* 父母应尽量避免偏爱任何孩子。

favourable (*US* 美 **favorable**) /ˈfeɪvərəbl ‖ ˈfevərəbl̩/ *adj* **1** showing liking or approval 表示喜爱/好感/赞同的: *Did you get a favourable report on your work?* 你有没有得到上司对你的工作表示嘉许的报告？○ *He made a favourable impression on his bank manager.* 他给银行经理留下好印象。**2** (often used about the weather 常指天气) suitable or helpful 适宜；有利: *Conditions are favourable for skiing today.* 今天适宜滑雪。☛ The opposite for both senses is **unfavourable**. 两义项的反义词为 **unfavourable**。—**favourably** (*US* 美 **favorably**) /-əblɪ ‖ -əblɪ/ *adv*

☆**favourite**[1] (*US* 美 **favorite**) /ˈfeɪvərɪt ‖ ˈfevərɪt/ *adj* liked more than any other 最喜爱的: *What is your favourite colour?* 你最喜欢哪一种颜色？○ *Who is your favourite singer?* 你最喜欢哪一个歌手？

favourite[2] (*US* 美 **favorite**) /ˈfeɪvərɪt ‖ ˈfevərɪt/ *noun* [C] **1** a person or thing that you like more than any others 最喜爱的人/事物: *This restaurant is a great favourite of mine.* 这家餐馆是我最喜欢的餐馆。○ *That sweater is my husband's favourite.* 我丈夫最喜欢那件羊毛衫。**2 the favourite** (especially in horse-racing 尤用于赛马) the horse that is expected to win 预期会获胜的马

favouritism (*US* 美 **favoritism**) /-ɪzəm ‖ -ɪzəm/ *noun* [U] giving unfair advantages to the people that you like best 偏袒；偏心

fawn[1] /fɔːn ‖ fɔn/ *noun* [C] a young deer 幼鹿 ☛ Look at the note at **deer**. 参看 **deer** 的注释。

F

fawn[2] /fɔ:n ‖ fɔn/ *adj, noun* [U] (of a) light yellowish-brown colour 浅黄褐色（的）: *a fawn coat* 浅黄褐色的外套 ○ *Fawn doesn't really suit you.* 浅黄褐色不太适合你。

fax /fæks ‖ fæks/ *noun* **1** [C,U] a copy of a letter, etc which you can send by telephone lines using a special machine 传真: *I need an answer today. Send them a fax!* 我今天需要答复。发传真给他们吧！○ *They contacted us by fax.* 他们用传真跟我们联络。**2** [C] (*also* 亦作 **'fax machine**) the machine that you use for sending faxes 传真机: *Have you got a fax?* 你有传真机吗？○ *What's your fax number?* 你的传真号码是多少？

fax *verb* [T] **fax sth (to sb); fax sb (sth)** to send sb a fax 给（某人）传真（某物）: *We will fax our order to you tomorrow.* 明天我们会把定单传真给你。○ *I've faxed her a copy of the letter.* 我给她传真了这封信的副本。

faze /feɪz ‖ fez/ *verb* [T] (*informal* 非正式) (*especially US* 尤为美) to make sb anxious or nervous 使忧虑；使紧张: *He doesn't get fazed by things going wrong.* 无论出了什么问题，他都泰然处之。

☆**fear**[1] /fɪə(r) ‖ fɪr/ *noun* [C,U] the feeling that you have when sth dangerous, painful or frightening might happen 恐惧；惧怕；恐慌；担忧: *He was shaking with fear after the accident.* 事故后他给吓得直打颤。○ *She showed no fear.* 她毫无惧色。○ *My fears for his safety were unnecessary.* 我为他的安全而担心是多余的。

(IDIOM 习语) **no fear** (used when answering a suggestion 用以回答建议) certainly not 绝不

fearful /-fl ‖ -fəl/ *adj* **1 fearful (of sth/of doing sth); fearful (that)** anxious or afraid about sth 担心/害怕（某事情）: *You should never be fearful of starting something new.* 你不应害怕开始作新的尝试。☛ Look at **frightened** and the note at **afraid**. These words are much more common. 参看 **frightened**；另参看 **afraid** 的注释。这两个词更为常用。**2** terrible 可怕: *There's going to be a fearful storm tonight.* 今晚会有一场可怕的暴风雨。—**fearfully** /-fəlɪ ‖ -fəlɪ/ *adv* —**fearfulness** *noun* [U]

fearless *adj* not afraid; brave 无畏；勇敢 —**fearlessly** *adv* —**fearlessness** *noun* [U]

☆**fear**[2] /fɪə(r) ‖ fɪr/ *verb* **1** [I,T] to be afraid of sb/sth great or important 害怕（某人/某物）；惧怕: *We all fear illness and death.* 人人都惧怕疾病和死亡。○ *We'll get there in time – never fear!* (= don't worry) 我们会准时赶到那儿的——不用怕！**2** [T] to feel that something bad might happen 感觉到可能会发生坏事: *The government fears that it will lose the next election.* 这届政府担心它下次选举要失败。☛ Look at **afraid** and at the note at **frightened**. 参看 **afraid**；另参看 **frightened** 的注释。

(PHRASAL VERB 短语动词) **fear for sb/sth** to be worried about sb/sth 为某人/某事担忧: *Parents often fear for the safety of their children.* 父母常为儿女的安全担心。

feasible /'fi:zəbl ‖ 'fizəbl/ *adj* possible to do 可行: *a feasible plan* 可行的计划 —**feasibility** /ˌfi:zə'bɪlətɪ ‖ ˌfizə'bɪlətɪ/ *noun* [U]

feast /fi:st ‖ fist/ *noun* [C] a large, special meal (sometimes to celebrate sth) 宴会；盛宴 —**feast** *verb* [I]

feat /fi:t ‖ fit/ *noun* [C] something you do that shows great strength, skill or courage 功绩；业绩；伟业: *That new bridge is a feat of engineering.* 那座新桥梁称得上是工程学上的壮举。

☆**feather** /'feðə(r) ‖ 'fɛðɚ/ *noun* [C] one of the light, soft things that grow in a bird's skin and cover its body 羽毛

☆**feature** /'fi:tʃə(r) ‖ 'fitʃɚ/ *noun* [C] **1** an important or noticeable part of sth 特征；特色: *Mountains and lakes are the main features of the landscape of Wales.* 山峦和湖泊是威尔士景色中的主要特色。○ *Noise is a feature of city life.* 城市生活离不了嘈杂声。**2** a part of the face 面貌的一部分: *Her eyes are her best feature.* 她面部数眼睛最好看。**3** an important newspaper or magazine article or television programme（报纸或杂志的）特写；（电视的）专题节目: *a front-page feature* 头版特写 **4** (*also* 亦作 **feature film**) a full-length film with a story 故事片

feature *verb* **1** [T] to include sb/sth as an important part 以…为重要部分: *The film features many well-known actors.* 很多明星都在这部影片中演出。**2** [I] **feature in sth** to have a part in sth 作为（某事物）的一部分: *Does marriage feature in your future plans?* 你计划将来时有没有想到要结婚呢？

featureless *adj* uninteresting; with no features(1) 平淡无味；没有特色

☆**February** /'febrʊərɪ; *US* 美 -ʊerɪ ‖ 'fɛbrʊˌɛrɪ/ *noun* [C,U] (*abbr* 缩写 **Feb**) the second month of the year, coming before March 二月 ☛ For examples of the use of the months in sentences, look at **January**. 有关句子中月份的用例，参看 **January**。

feces (*US* 美) = FAECES

fed *pt, pp* of FEED[1] * FEED[1] 的过去时及过去分词

federal /'fedərəl ‖ 'fɛdərəl/ *adj* **1** organized as a federation 联邦的: *the Federal Republic of Germany* 德意志联邦共和国 **2** relating to the central government of a federation 联邦政府的: *That is a federal, not a state, law.* 那是联邦法，不是州法。

federation /ˌfedə'reɪʃn ‖ ˌfɛdə'reʃən/ *noun* [C] a political union of states for the control of foreign affairs, defence, etc by the central (federal) government but with local (state) government for areas such as education 联邦（由各州联合组成的政治联盟，外交、国防等事务由联邦政府负责，各州政府负责教育等事务）

fed up /ˌfed'ʌp ‖ ˌfɛd'ʌp/ *adj* (not before a noun 不用于名词前) (*informal* 非正式) bored or unhappy; tired of sth 烦闷；不开心；厌倦: *What's the matter? You look really fed up.* 怎么啦，你看上去那么不高兴？○ *I'm fed up with waiting for the phone to ring.* 我等电话都等得不耐烦了。

☆**fee** /fi: ‖ fi/ *noun* [C] **1** (usually plural) the money you pay for professional advice or

F

service from private doctors, lawyers, schools and universities, etc（付给私人医生、律师、学校等的）费用: *We can't afford private school fees.* 我们负担不起私立学校的学费。**2** the cost of an examination, club membership, entrance etc（考试、俱乐部、入场等收取的）费用: *How much is the entrance fee?* 要多少入场费？☛ Look at the note at **pay**[1]. 参看 **pay**[1] 的注释。

feeble /'fi:bl ‖ 'fibl̩/ *adj* **1** with no energy or power; weak 虚弱；无力: *a feeble old man* 衰弱的老人 ○ *a feeble cry* 微弱的叫声 **2** not able to convince sb（理由等）不能成立的: *a feeble argument* 站不住脚的论据

☆**feed**[1] /fi:d ‖ fid/ *verb* (*pt, pp* **fed** /fed ‖ fɛd/) **1** [T] to give food to a person or an animal 给食物；喂食: *Don't forget to feed the dog.* 别忘了喂狗。○ *I can't come yet. I haven't fed the baby.* 我未喂孩子，还不能来。○ *I've cooked enough to feed us for weeks.* 我煮了好些东西，够咱们吃几个星期。**2** [I] (used about animals or babies 指动物或婴孩) to eat 吃: *What do horses feed on in the winter?* 马在冬天吃什么？**3** [T] **feed A (with B); feed B into A** to put sth into sth else 把（某物）放入（另一物）: *Can you feed the computer with the necessary information?* 你可不可以把所需资料输入计算机？○ *Can you feed this information into the computer?* 你可不可以把这些资料输入计算机？

feed[2] /fi:d ‖ fid/ *noun* **1** [C] a meal for an animal or a baby（动物或婴孩的）一餐: *When's the baby's next feed due?* 什么时候再喂娃娃？**2** [U] food for animals 饲料

feedback /'fi:dbæk ‖ 'fid,bæk/ *noun* [U] information about sth that you have done or made which tells you how good or successful it is 反应；反响；反馈: *We need some more feedback from the people who use our textbooks.* 关于本公司的教科书，我们需要读者提供更多意见。

☆**feel**[1] /fi:l ‖ fil/ *verb* (*pt, pp* **felt** /felt ‖ fɛlt/) **1** [I] (usually with an adjective 通常与形容词连用) to be in the state that is mentioned 感到；觉得: *to feel cold, sick, tired, happy, etc* 感到冷/不舒服/累/高兴… ○ *How are you feeling today?* 今天你觉得怎么样？○ *You'll feel better in the morning.* 明早你会好一点的。**2** [I] **feel (to sb) (like sth/sb)** to give an impression of sth 给人某种感觉: *The hole in my tooth feels much bigger than it is.* 我觉得牙洞比它实际大小大得多。○ *My new coat feels like leather but it's not.* 我那件新外套摸起来像是皮革，其实不是。**3** [T] to learn about sth by touching it with your hands 摸；触摸: *Feel this material. Is it silk or cotton?* 摸摸这块布料。你看是丝绸还是棉布？○ *I felt her forehead and knew that she had a temperature.* 我摸了摸她的前额，知道她发烧。**4** [T] to be aware of sth 晓得；发觉: *I felt something crawling up my back.* 我觉得有东西爬到我的背上来。○ *I could feel myself dropping off to sleep.* 我知道我快要睡着了。**5** [T] to believe or think 相信；认为: *I felt (that) it was a mistake not to ask her advice.* 没有问她的意见，我认为是个错误。**6** [T] to suffer from sth 受苦: *Do you feel the cold in winter?* 冬天你怕不怕冷？○ *She felt it badly when her mother died.* 她妈妈去世的时候，她悲痛不已。**7** [I] **feel (about) (for sb/sth)** to try to find something with your hands instead of your eyes 用手寻找/摸索: *She felt about in the dark for the light switch.* 她摸黑儿找电灯开关。**8** [I] **feel (to sb) as if/as though** to have or give the impression that 觉得好像: *He felt as if he had been there before.* 他觉得那个地方似曾相识。○ *My head feels as though it will burst.* 我的脑袋痛得好像快要爆裂似的。☛ **It** is often used as the subject of **feel** in this sense 作此义时，**it** 常为 **feel** 的主语: *It feels as if it is going to snow soon.* 看来快要下雪了。

(IDIOM 习语) **feel like sth/doing sth** to want sth or to want to do sth 想要某物/做某事: *Do you feel like going out?* 你想到外边去吗？

☆**feel**[2] /fi:l ‖ fil/ *noun* [sing] **1 the feel** the impression something gives you when it is touched; the impression an experience gives you 触觉；感觉: *You can tell it's wool by the feel.* 你摸摸就知道是羊毛。**2** an act of touching sth in order to learn about it 触摸: *Let me have a feel.* 让我摸一下。

feelers /'fi:lə(r) ‖ 'filɚ/ *noun* [plural] the long thin parts at the front of an insect's head that it uses to feel things with 触角；触须

☆**feeling** /'fi:lɪŋ ‖ 'filɪŋ/ *noun* **1** [C] **a feeling (of sth)** something that you feel in your mind or body 感觉: *a feeling of hunger, happiness, fear, success, etc* 饥饿/快乐/恐惧/成功…的感觉 **2 feelings** [plural] a person's emotions 感情: *I don't want to hurt his feelings* (= make him unhappy). 我不想伤害他的感情。○ *She's not very good at hiding her feelings.* 她不太晓得掩饰自己的感情。**3** [U] the ability to feel in your body（身体的）感觉: *After the accident he lost all feeling in his legs.* 经过了这场事故后，他双腿完全失去了知觉。**4** [sing] a belief or idea that you cannot explain exactly 无法清楚解释的信念或想法；直觉；预感: *I had a feeling that something terrible would happen.* 我预感到将要发生可怕的事情。**5** [U] sympathy or understanding 感动；感受: *She hasn't much feeling for music.* 她不太懂得欣赏音乐。

(IDIOMS 习语) **bad/ill feeling** unhappy relations between people 反感；不满: *The decision caused a lot of bad feeling at the factory.* 这个决定在工厂招来了不少反感。

have mixed feelings about sb/sth ⇨ MIXED

feet *pl* of FOOT[1] ＊FOOT[1] 的复数

feline /'fi:laɪn ‖ 'filaɪn/ *adj* of or like a cat 猫的；似猫

fell[1] *pt* of FALL[1] ＊FALL[1] 的过去时

fell[2] /fel ‖ fɛl/ *noun* [C] an area of mountain country 山区；山地: *the fells of the Lake District* 湖区的山地

fell[3] /fel ‖ fɛl/ *verb* [T] to cut down a tree 砍伐（树木）

fellow[1] /'feləʊ ‖ 'fɛlo/ *noun* [C] **1** (*informal* 非正式) a man 男人: *What's that fellow over there doing?* 那男人在那儿干什么？**2** a member of an academic society or sb who teaches at,

F

and helps to govern, a college at some universities (eg Oxford and Cambridge) 学术团体的成员；某些大学（如牛津、剑桥）学院的讲师或董事

fellow[2] /'feləʊ ‖ 'fɛlo/ *adj* (only *before* a noun 只用于名词前) another or others like yourself in the same situation 跟自己处于同一环境的: *Her fellow students were all older than her.* 她的同学年龄都比她大。

fellowship /'feləʊʃɪp ‖ 'fɛlo,ʃɪp/ *noun* **1** [U] friendly relations with others 友谊 **2** [C] a group or society 团体；协会 **3** [C] the position of a college or university fellow（大学或大学学院中）研究员的职位

felt[1] *pt, pp* of FEEL[1] * FEEL[1] 的过去时及过去分词

felt[2] /felt ‖ fɛlt/ *noun* [U] a type of soft cloth made from wool, etc which has been pressed flat 毛毡

,felt-'pen (*also* 亦作 **,felt-'tip**, **,felt-tip 'pen**) *noun* [C] a type of pen with a tip made of felt 毡头笔

☆**female** /'fi:meɪl ‖ 'fimel/ *adj* **1** of the sex that can give birth to young 女的；雌的；母的: *Please state sex: male or female* (eg on a form). 请写上性别：男性或女性（如在表格上）。**2** (used about plants and flowers 指植物和花卉) producing fruit 雌的

female *noun* [C] a female animal or plant 女子；雌性动物/植物: *Is your mouse a male or a female?* 你养的老鼠是雄的还是雌的？

☛ **Female** and **male** are used only to describe the sex of a creature. * **female** 和 **male** 只用以表示生物的性别。To describe the qualities we think of as typical of females and males, we use **feminine** and **masculine**. 形容雌性生物和雄性生物的特质用 **feminine** 和 **masculine**。

☆**feminine** /'femənɪn ‖ 'fɛmənɪn/ *adj* (*abbr* 缩写 **fem**) **1** of or like a woman 女子的；女子般: *My daughter always dresses like a boy. She hates looking feminine.* 我女儿老爱作男孩子打扮。她不喜欢女性化的样子。☛ Look at **masculine** and the note at **female**. 参看 **masculine**；另参看 **female** 的注释。**2** (*grammar* 语法) (in English) of the forms of words used to describe females（英语中的词语形式）表示雌性动物/阴性: *'Lioness' is the feminine form of 'lion'.* * lioness 是 lion 的阴性形式。**3** (*grammar* 语法) (in certain languages) belonging to a certain grammatical class（某些语言中）表示语法上的分类/阴性: *The German word 'Blume' is feminine.* 德语 Blume 是阴性词。☛ Look at **masculine** and **neuter**. 参看 **masculine** 及 **neuter**。—**femininity** /,femə'nɪnətɪ ‖ ,fɛmə'nɪnətɪ/ *noun* [U]

feminism /'femɪnɪzəm ‖ 'fɛmə,nɪzəm/ *noun* [U] the belief that women should have the same rights and opportunities as men 女权主义

feminist /'femɪnɪst ‖ 'fɛmə,nɪst/ *noun* [C] a person who believes in and supports the aims of feminism 女权主义者

fen /fen ‖ fɛn/ *noun* [C] an area of low wet land 沼泽

☆**fence**[1] /fens ‖ fɛns/ *noun* [C] a line of wooden or metal posts joined by wood, wire, metal,

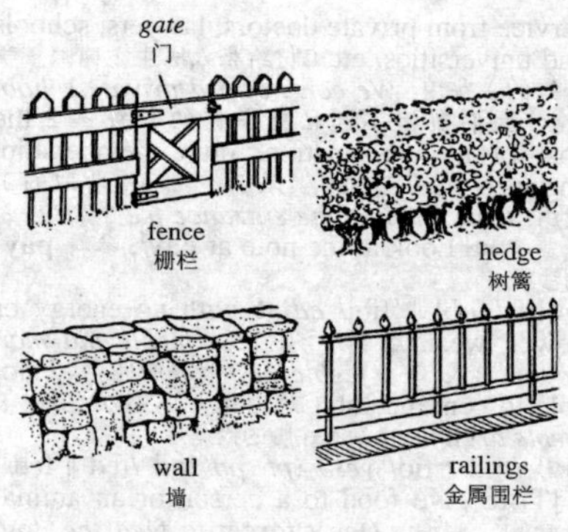

etc to divide land or to keep in animals 栅栏；篱笆: *a garden fence* 花园篱笆 ○ *an electric fence* 带电栅栏 ○ *a barbed-wire fence* 有刺铁丝网栅栏

(IDIOM 习语) **sit on the fence** ⇨ SIT

fence *verb* [T] to surround land with a fence 用栅栏围住

(PHRASAL VERBS 短语动词) **fence sb/sth in** to surround sb/sth with a fence 把某人/某物用栅栏围起: *They fenced in their garden to make it more private.* 为免受骚扰，他们把花园用栅栏围起。

fence sth off to separate one area from another with a fence 用栅栏把某范围分隔开来

fence[2] /fens ‖ fɛns/ *verb* [I] to fight with a long thin sword (**a foil**) as a sport 击剑（所用的花剑叫做 **foil**）

fencing *noun* [U] the sport of fighting with swords 击剑运动

fend /fend ‖ fɛnd/ *verb*

(PHRASAL VERBS 短语动词) **fend for yourself** to look after yourself 照顾自己: *It's time Ben left home and learned to fend for himself.* 本杰明该到外边闯一闯，学习照顾自己了。

fend sth/sb off to defend yourself from sth/sb 挡开某事物/某人: *He fended off the dog with his stick.* 他用手杖把狗挡开。○ *Politicians usually manage to fend off awkward questions.* 政治家常常能避开难堪的问题。

fender /'fendə(r) ‖ 'fɛndɚ/ *noun* [C] **1** a low metal guard put in front of an open fire to stop coal or wood from falling out 壁炉围栏 **2** (*US* 美) = WING(4)

ferment /fə'ment ‖ fɚ'mɛnt/ *verb* [I,T] to (make sth) change chemically（使）发酵: *The wine is starting to ferment.* 酒开始发酵了。

ferment /'fɜ:ment ‖ 'fɝmɛnt/ *noun* [U] a state of excitement and change 骚动；动荡: *The town is in ferment and nobody's sure what will happen next.* 这个城镇现在一片动荡，谁也不敢肯定下一步局势的发展会如何。

fern /fɜ:n ‖ fɝn/ *noun* [C] a green plant with no flowers and a lot of long thin leaves 蕨

ferocious /fə'rəʊʃəs ‖ fə'roʃəs/ *adj* very fierce and violent 凶猛；凶残 —**ferociously** *adv*

ferocity /fə'rɒsətɪ ‖ fə'rɑsətɪ/ *noun* [U] violent cruelty 凶猛；凶残

ferret /'ferɪt ‖ 'fɛrɪt/ *noun* [C] a small fierce animal used for hunting rats and rabbits 雪貂；白鼬

☆**ferry** /'ferɪ ‖ 'fɛrɪ/ *noun* [C] (*pl* **ferries**) a boat that transports people and goods on short journeys 渡船；渡轮: *a car ferry* 汽车渡轮 ○ *a cross-channel ferry* 海峡渡轮 ○ *We used to cross the river by ferry but now there's a bridge.* 我们以往是靠渡轮过河的，现在已有桥梁了。

ferry *verb* [T] (*pres part* **ferrying**; *3rd pers sing pres* **ferries**; *pt, pp* **ferried**) to carry people or goods by boat, aeroplane, car, etc from one place to another（用船、飞机、汽车等）运送（人或货物）: *Could you ferry us across to the island?* 可不可以用船把我们送到岛上去？○ *We share the job of ferrying the children to school.* 我们轮流送孩子上学。

fertile /'fɜ:taɪl; *US* 美 'fɜ:rtl ‖ 'fɝtḷ/ *adj* **1** (used about land, plants, animals and people 指土地、植物、动物、人) able to produce crops, fruit or young 肥沃；能繁殖；能生育；能生产 ☛ The opposite is **infertile**. 反义词为 **infertile**。 Look at **sterile**. 参看 **sterile**。 **2** (used about a person's mind 指人的头脑) full of ideas 丰富；充满新意: *a fertile imagination* 丰富的想像力

fertility /fə'tɪlətɪ ‖ fɝ'tɪlətɪ/ *noun* [U] the state of being fertile 肥沃；多产；丰富: *Nowadays women can take drugs to increase their fertility* (= their chances of having a child). 今天的妇女可以用药物来增加受孕机会。☛ The opposite is **infertility**. 反义词为 **infertility**。

fertilize (*also* 亦作 **fertilise**) /'fɜ:təlaɪz ‖ 'fɝtḷ-ˌaɪz/ *verb* [T] **1** to put a male seed into an egg, a plant or a female animal so that it starts to develop fruit or young 使受精 **2** to put natural or artificial substances on soil in order to make it more fertile 使土地肥沃/多产；施肥 —**fertilization** (*also* 亦作 **fertilisation**) /ˌfɜ:təlaɪ'zeɪʃn; *US* 美 -lɪ'z- ‖ ˌfɝtḷə'zeʃən/ *noun* [U]

fertilizer (*also* 亦作 **fertiliser**) *noun* [C,U] a natural or chemical substance that is put on land to make plants grow better 肥料；化学肥料

fervent /'fɜ:vənt ‖ 'fɝvənt/ *adj* showing strong feelings 热情；热切: *She's a fervent believer in women's rights.* 她热切拥护女性权益。—**fervently** *adv*

fervour (*US* 美 **fervor**) /'fɜ:və(r) ‖ 'fɝvɚ/ *noun* [U] strong feeling 热情

fester /'festə(r) ‖ 'fɛstɚ/ *verb* [I] **1** (used about a cut or wound 指伤口) to become infected 化脓 **2** (used about an unpleasant situation, feeling or thought 指难堪的情境、感觉、思想) to become more unpleasant or painful 变得更难堪/痛苦

☆**festival** /'festəvl ‖ 'fɛstəvḷ/ *noun* [C] **1** a day or time when people celebrate sth (especially a religious event) 节日（尤指宗教节日）: *Christmas is an important Christian festival.* 圣诞节是基督教的大节日。**2** a series of musical or dramatic performances often held regularly in one place（常在某地方定期举行的）一系列音乐/戏剧表演: *the Cannes Film Festival* 戛纳电影节 ○ *a jazz festival* 爵士音乐节

festive /'festɪv ‖ 'fɛstɪv/ *adj* happy, because people are enjoying themselves 喜气洋洋；充满节日气氛: *the festive season* (= Christmas) 圣诞节

festivity /fe'stɪvətɪ ‖ fɛs'tɪvətɪ/ *noun* (*pl* **festivities**) **1** [U] being happy and celebrating 欢庆: *Birthdays are not always occasions for festivity.* 生辰不一定都值得庆祝。**2 festivities** [plural] happy events when people celebrate sth 喜庆活动: *The festivities went on until dawn.* 庆祝活动通宵达旦。

☆**fetch** /fetʃ ‖ fɛtʃ/ *verb* [T] **1** to go for and bring back sb/sth 到某处把…带来: *Shall I fetch you your coat?/Shall I fetch your coat for you?* 我去给你把外套拿来好吗？○ *I left my keys on the table; could you fetch them for me?* 我把钥匙忘在桌上了，你可以给我拿来吗？○ *It's my turn to fetch the children from school.* 轮到我到学校把孩子接回来。**2** (used about goods 指货物) to be sold for the price mentioned 以某个价钱出售: *'How much will your car fetch?' 'It should fetch about £900.'* "你的汽车卖多少钱？" "900英镑左右。"

fête /feɪt ‖ fet/ *noun* [C] an outdoor event with competitions, entertainment and things to buy, often organized to make money for a particular purpose 游乐义卖会: *the church fête* 教会义卖会

fetus (*US* 美) = FOETUS

feud /fju:d ‖ fjud/ *noun* [C] a long and serious quarrel between two people or groups 长期而严重的争执/不和 —**feud** *verb* [I]

feudal /'fju:dl ‖ 'fjudḷ/ *adj* relating to the system of feudalism 与封建制度有关；封建

feudalism /'fju:dəlɪzəm ‖ 'fjudḷɪzəm/ *noun* [U] the social system which existed in the Middle Ages in Europe, in which people worked and fought for a landowner and received land and protection from him 封建制度（盛行于中世纪的欧洲，佃农为地主工作、打仗，从而得到地主赐地和保护）

fever /'fi:və(r) ‖ 'fivɚ/ *noun* **1** [C,U] a condition of the body when it is too hot because of illness 发烧；发热: *A high fever can be dangerous, especially in small children.* 发高烧是很危险的，对于小孩子来说，尤其如此。○ *Aspirin can reduce fever.* 阿司匹林可以退烧。☛ When somebody's body is very hot we normally say they **have a temperature**. 说某人发烧，一般用 **have a temperature**。**2** [sing] (*figurative* 比喻) a state of nervous excitement 极度的兴奋；热流

feverish /'fi:vərɪʃ ‖ 'fivərɪʃ/ *adj* **1** showing the signs of a fever 发烧的 **2** showing great excitement 极度兴奋

feverishly *adv* very quickly and excitedly 着急；焦急

☆**few**[1] /fju: ‖ fju/ *det, adj, pron* (used with a plural noun and a plural verb 与复数名词及复数动词连用) not many 少: *Few people live to be 100.* 很少人活到100岁。○ *There are fewer cars here today than yesterday.* 今天这里的汽车比昨天少。○ *The few people I have asked*

F

thought the same as I do. 我问过的几个人的看法都跟我一样。○ *Few of the players played really well.* 只有少数的球员称得上球技精湛。○ *Very few of the books were new.* 这些书中很少是新的。

(IDIOM 习语) **few and far between** not happening very often 很久才出现/发生一次；罕有；稀少: *Our visits to the theatre are few and far between.* 我们很少看戏。

☆**few**[2] /fju: ‖ fju/ **a few** *det, pron* (used with a plural noun and a plural verb 与复数名词及复数动词连用) a small number of; some 几个；一些: *a few people* 几个人 ○ *a few letters* 几封信 ○ *Only a few of the people who applied were suitable.* 只有几位申请者符合条件。○ *She's written lots of books but I've only read a few (of them).* 她有很多著作，我只看过几本。○ *I knew a few* (= some) *of the people there.* 那些人里面有几个是我认得的。☛ Compare with 比较: *I knew few of the people* (= not many). 那些人里面，我所认得的甚少。

(IDIOM 习语) **a good few; quite a few** quite a lot 相当多；不少: *It's been a good few years since I saw him last.* 我跟他有许多年没有见面。

☆**fiancé** /fɪ'ɒnseɪ; US 美 ˌfi:ɑ:n'seɪ ‖ fiˌɑn'se/ *noun* [C] a man to whom a woman is engaged to be married 未婚夫: *This is my fiancé Dave. We got engaged a few weeks ago.* 这是我的未婚夫戴夫。我们是在几个星期前订婚的。

☆**fiancée** /fɪ'ɒnseɪ; US 美 ˌfi:ɑ:n'seɪ ‖ fi'ɑnse/ *noun* [C] a woman to whom a man is engaged to be married 未婚妻: *Can I introduce you to my fiancée?* 让我介绍我的未婚妻。

fiasco /fɪ'æskəʊ ‖ fɪ'æsko/ *noun* [C] (*pl* **fiascos**; *US also* 美亦作 **fiascoes**) the ridiculous failure of an organized event 大失败；可笑的失败: *Our last party was a complete fiasco.* 我们上次的聚会糟糕极了。

fib /fɪb ‖ fɪb/ *noun* [C] (*informal* 非正式) something you say that is not true; a small lie 小谎言: *Please don't tell fibs.* 别瞎说了。

fib *verb* [I] (fi**bb**ing; fi**bb**ed) to say untrue things; to tell a fib 撒小谎 ☛ Look at **lie**. 参看 **lie**。**Fib** is used when the lie does not seem very important. * **fib** 用以指无伤大雅的谎话。

fibre (*US* 美 **fiber**) /'faɪbə(r) ‖ 'faɪbɚ/ *noun* **1** [C] one of the thin threads which form a natural or artificial substance 纤维: *a fibre of cotton* 棉纤维 ○ *a muscle fibre* 肌肉纤维 **2** [C,U] material or a substance made from fibres 纤维质料 ☛ **Natural** fibres are, for example, cotton and wool. 棉、羊毛等是天然纤维 (**natural** fibre)。**Man-made** or **synthetic** fibres are nylon, polyester, etc. 尼龙、聚酯等是人造纤维 (**man-made** fibre) 或合成纤维 (**synthetic** fibre)。**3** [U] the parts of plants (used as food) that your body cannot digest and that are thought to be good for it（食物中的）纤维素: *Wholemeal bread is high in fibre.* 全麦面包含丰富纤维素。

fibreglass /'faɪbəglɑ:s ‖ 'faɪbɚˌglæs/ (*US* 美 **fiberglass** /'faɪbərglæs ‖ 'faɪbɚˌglæs/) (*also* 亦作 **glass fibre**) *noun* [U] a material made from plastic and glass fibres, used for making small boats, parts of cars, etc 玻璃纤维

fickle /'fɪkl ‖ 'fɪkḷ/ *adj* always changing your mind or your feelings 三心二意；反复无常

☆**fiction** /'fɪkʃn ‖ 'fɪkʃən/ *noun* [U] stories, novels, etc which describe events and people that do not really exist 小说: *I don't read much fiction.* 我不怎么看小说。

> ☛ Fiction is one type of **literature**. 小说是一种文学 (**literature**) 体裁。Look at **drama** and **poetry**. 参看 **drama** 及 **poetry**。The opposite is **non-fiction**. 反义词为 **non-fiction**。Look at **fact**. 参看 **fact**。

fictional /-ʃənl ‖ -ʃənḷ/ *adj* only existing in fiction 虚构的: *The book gave a fictional account of a doctor's life.* 这本书虚构了一个医生的故事。☛ Look at **factual**. 参看 **factual**。

fictitious /fɪk'tɪʃəs ‖ fɪk'tɪʃəs/ *adj* invented; not real 虚构的；非真实的: *They used fictitious names in the newspaper article.* 报纸上的这篇文章中用的都是化名。

fiddle[1] /'fɪdl ‖ 'fɪdḷ/ *noun* [C] (*informal* 非正式) **1** a dishonest action, especially one that is connected with money 不诚实的行为/欺诈（尤指牵涉金钱的）: *a tax fiddle* 逃税 **2** a violin or an instrument of the violin family 提琴；小提琴

fiddle[2] /'fɪdl ‖ 'fɪdḷ/ *verb* **1** [I] **fiddle (about/around) (with sth)** to play with sth carelessly, nervously or without thinking 随意地/紧张地/漫无目的地摆弄: *He sat nervously, fiddling with a paper-clip.* 他紧张地坐着，手里不停地拨弄着回形针。**2** [T] (*informal* 非正式) to change sth (business accounts, income tax forms, etc) to gain money 窜改（账目、所得税表格等）: *She fiddled her expenses form.* 她窜改了开支报表。

fiddly /'fɪdlɪ ‖ 'fɪdlɪ/ *adj* (*informal* 非正式) difficult to do or manage with your hands (because small or complicated parts are involved)（因微细或组成复杂而）难完成/难于使用的

fidelity /fɪ'delətɪ; *US* 美 faɪ- ‖ faɪ'dɛlətɪ/ *noun* [U] **1** (*formal* 正式) the quality of being faithful 忠诚；忠实 ☛ The opposite is **infidelity**. 反义词为 **infidelity**。A less formal word is **faithfulness**. * fidelity 用于正式场合，非正式场合宜用 **faithfulness**。**2** (used in connection with texts, translations, reproduction of music, etc 用于指文本、翻译、音乐复制等) the quality of being accurate or close to the original 精确性；准确性；保真度 ☛ Look at **hi-fi**. 参看 **hi-fi**。

fidget /'fɪdʒɪt ‖ 'fɪdʒɪt/ *verb* [I] **fidget (about) (with sth)** to move about or play with sth in a restless way because you are nervous, bored, etc（因紧张、烦闷等）坐立不安/摆弄（某物）: *Stop fidgeting!* 别乱动！○ *The children were fidgeting with their books while they waited for the bell to ring.* 孩子们一边等待铃声，一边摆弄着书本。—**fidgety** *adj*

☆**field**[1] /fi:ld ‖ fild/ *noun* [C] **1** an area of land on a farm, usually surrounded by fences or hedges and used for growing crops or keeping animals in 田地；牲畜圈: *a cornfield* 麦田 ○

F

a field of corn 麦田 **2** an area of land used for sports, games or some other activity（运动、游戏或其他活动的）场地: *a football field* 足球场 ○ *the playing fields* (= the area of grass in a village or town or belonging to a school where people go to play games, sports, etc) 乡镇或学校里供人游玩、运动等的草地 ○ *an airfield* (= where aeroplanes land and take off) 飞机场 ○ *a battlefield* 战场 **3** an area of land where oil, coal or other minerals are found 矿产地；矿区: *a coalfield* 煤田 ○ *a North Sea oilfield* 北海油田 **4** an area of study or knowledge 研究/知识领域: *He's an expert in the field of economics.* 他是经济学专家。○ *That question is outside my field.* 那问题超出了我的本行。**5** an area affected by or included in sth 受影响的区域；有效的范围: *a magnetic field* 磁场 ○ *It's outside my field of vision* (= I can't see it). 这超出了我的视野。

'field-day *noun* [C] a day or time of great excitement 极度兴奋的日子/时刻: *The newspapers always have a field-day when there's a royal wedding.* 每逢王室婚礼，报界总要兴奋忙碌一阵。

'field-event *noun* [C] an athletics event that is not running, eg jumping and throwing 田赛（如跳高、掷远等）☛ Look at **track events**. 参看 **track events**。

'fieldwork *noun* [U] practical research work done outside the classroom, laboratory, etc 实地考察

field² /fi:ld ‖ fild/ *verb* **1** [I,T] (to be ready) to catch and throw back the ball (in cricket and baseball)（板球、棒球运动中）准备接球并把球掷回/守球/防守 ☛ When one team is **fielding**, the other is **batting**. 当一方接球 (**field**) 时，另一方则击球 (**bat**)。**2** [T] to choose a team for a game of football, cricket, hockey, etc 选派球队参加比赛: *New Zealand is fielding an excellent team for the next match.* 下一场比赛，新西兰要选派精锐球队上阵。

fiend /fi:nd ‖ find/ *noun* [C] **1** a devil or a very cruel person 魔鬼；残暴的人 **2** (*informal* 非正式) a person who is unusually fond of or interested in one particular thing 酷爱…的人: *a fresh-air fiend* 酷爱户外生活的人

fiendish /'fi:ndɪʃ ‖ 'findɪʃ/ *adj* **1** very fierce or cruel 凶恶；凶残 **2** clever and complicated 巧妙而复杂: *a fiendish plan* 巧妙的计划

fiendishly *adv* very, extremely 十分；极: *fiendishly clever* 非常聪明

☆**fierce** /fɪəs ‖ fɪrs/ *adj* **1** angry and aggressive 凶恶；好斗: *The house was guarded by fierce dogs.* 那座房子由恶犬看守。**2** very strong 激烈: *fierce competition for jobs* 职位的激烈争夺 ☛ The noun is **ferocity**. 名词为 **ferocity**。—**fiercely** *adv*

fiery /'faɪərɪ ‖ 'faɪrɪ/ *adj* **1** looking like fire 火一般的 **2** (used about a person's character or temper 指性情、脾气) quick to become angry 暴躁

☆**fifteen** /ˌfɪf'ti:n ‖ 'fɪf'tin/ *number* 15, one more than fourteen 十五 ☛ For examples of how to use numbers in sentences, look at **six**. 有关数字在句子中的实际用法，参看 **six**。

fifteenth /ˌfɪf'ti:nθ ‖ 'fɪf'tinθ/ *pron, det, adv* 15th, next after fourteenth 第十五（个）☛ Look at the examples at **sixth**. 参看 **sixth** 的示例。

☆**fifth** /fɪfθ ‖ fɪfθ/ *pron, det, adv* 5th, next after fourth 第五（个）☛ Look at **five**. 参看 **five**。

fifth *noun* [C] the fraction ⅕; one of five equal parts of sth 五分之一 ☛ Look at the examples at **sixth**. 参看 **sixth** 的示例。

☆**fifty** /'fɪftɪ ‖ 'fɪftɪ/ *number* 50, one more than forty-nine 五十 ☛ For examples of how to use numbers in sentences, look at **sixty**. 有关数字在句子中的实际用法，参看 **sixty**。

fiftieth /'fɪftɪəθ ‖ 'fɪftɪɪθ/ *pron, det, adv* 50th, next after forty-ninth 第五十（个）☛ Look at the examples at **sixth**. 参看 **sixth** 的示例。

ˌfifty-'fifty *adj, adv* (*informal* 非正式) equal or equally (between two people, groups, etc) 各占一半: *You've got a fifty-fifty chance of winning.* 你有五成把握取胜。○ *We'll divide the money fifty-fifty.* 我们要把这笔钱对半平分。

fig /fɪg ‖ fɪg/ *noun* [C] (a type of tree with) a soft sweet fruit full of small seeds that grows in warm countries and is often eaten dried 无花果；无花果树

☆**fight¹** /faɪt ‖ faɪt/ *verb* (*pt, pp* **fought** /fɔ:t ‖ fɔt/) **1** [I,T] **fight (against/with sb/sth) (about/over sth)** to use physical strength, guns, weapons etc against sb/sth（跟某人/物）（为某事物）斗争/打架/战斗: *Did he fight in the Gulf War?* 他参加过海湾战争吗？○ *What were the boys fighting each other about?* 那些男孩子干吗打起来？○ *Have you been fighting with your sister again?* 你是不是又跟妹妹打架了？**2** [I,T] **fight (against sth)** to try very hard to stop or prevent sth 设法制止/抵抗: *to fight a fire, a decision, etc* 救火；反对议决… ○ *to fight against crime, disease, etc* 防止罪行；防治疾病… **3** [I] **fight (for sth/to do sth)** to try very hard to get or keep sth 设法争取/保留: *to fight for your rights* 争取权利 **4** [I] **fight (about/ over sth)** to quarrel（为某事）争吵: *It's not worth fighting about money.* 不值得为钱财而争吵。

(PHRASAL VERB 短语动词) **fight back** to protect yourself by fighting with actions or with words（用行动或言语）反击/回敬: *If he hits you again, fight back!* 他要是再打你，你就反击！

fighter *noun* [C] **1** a person who fights in war or in sport (especially a boxer) 战士；拳击等体育运动员 **2** (*also* 亦作 **fighter plane**) a small fast aircraft used for shooting down enemy aircraft 战斗机；歼击机

fighting *noun* [U] an occasion when people fight 打斗: *There has been street fighting in many parts of London today.* 今天伦敦多处街头曾发生殴斗。

☆**fight²** /faɪt ‖ faɪt/ *noun* **1** [C] an act of fighting or a struggle 打斗；斗争: *Don't get into a fight at school, will you?* 不要在学校打架，好不好？○ *the government's fight against inflation* 政府的反通胀行动 **2** [U] the desire to continue trying or struggling 斗志: *I've had some bad luck but I've still got plenty of fight in me.* 我走了背运，可是我的斗志仍然旺盛。

F

(IDIOM 习语) **pick a fight** ⇨ PICK[1]

figurative /ˈfɪɡərətɪv ‖ ˈfɪɡjərətɪv/ *adj* (used about a word or an expression 指词或词组) not used with its exact meaning but used for giving an imaginative description or a special effect 比喻的: *'He exploded at the news' is a figurative use of the verb 'to explode'.* * He exploded at the news 这一句话里的 explode 是比喻用法。☛ The opposite is **literal**. 反义词为 **literal**。—**figuratively** *adv*

☆**figure**[1] /ˈfɪɡə(r); *US* 美 ˈfɪɡjər ‖ ˈfɪɡjɚ/ *noun* [C] **1** a written sign for a number (0 to 9) 数字（0至9）: *Write the numbers in figures, not words.* 写这些数目，用阿拉伯数字，别用文字。○ *He has a five-figure income/an income in five figures* (= more than £10 000). 他的收入高达五位数字（超过10 000英镑）。○ *Our pay rise is going to be in single figures* (= less than 10 per cent). 我们的加薪百分比将会是个位数。○ *double figures* (= more than 10) 两位数 **2** an amount (in numbers) or a price 数量；价格: *The unemployment figures are lower this month.* 本月份的失业数字比上月份低。○ *What sort of figure are you thinking of for your house?* 你的房子打算卖多少钱？**3** a person (that you cannot see very clearly)（隐约可见的）人: *Two figures were coming towards us in the dark.* 黑暗中有两个人影朝着我们这里走过来。**4** a person (in a picture or photograph)（图画或照片里的）人: *There were two figures on the right of the photo that I didn't recognize.* 相片中的右边有两个人我不认识。**5** the shape of the human body 身材: *She's got a beautiful slim figure.* 她身材苗条。○ *I'll lose my figure* (= I'll get fat) *if I eat too much chocolate.* 我吃太多巧克力就会发胖 ☛ Look at the note at **build**. 参看 **build** 的注释。**6** a well-known or important person 名人；要人: *an important political figure* 政界要人 **7** a diagram or illustration used in a book to explain sth 图表；图解: *Figure 3 shows the major cities of Italy.* 图3标示出意大利的主要城市。**8 figures** arithmetic 算术: *I'm not very good at figures.* 我的算术不太好。

(IDIOMS 习语) **facts and figures** ⇨ FACT

in round figures/numbers ⇨ ROUND[1]

figure of ˈeight (*US* 美 **figure eight**) *noun* [C] (*pl* **figures of eight**) something in the shape of an 8 * 8字形

figure of ˈspeech *noun* [C] (*pl* **figures of speech**) a word or expression used not with its original meaning but in an imaginative way to make a special effect 作比喻的词/词组 ☛ Look at **figurative**. 参看 **figurative**。

figure[2] /ˈfɪɡə(r); *US* 美 ˈfɪɡjər ‖ ˈfɪɡjɚ/ *verb* **1** [I] **figure (in sth)** to be included in sth; to be an important part of sth 包括在…；是…的重要部分: *Women don't figure much in his novels.* 在他的小说里女性角色并不重要。**2** [T] **figure (that)** (*especially US* 尤为美) to think or guess sth 想；猜想: *I figured he was here because I saw his car outside.* 他的汽车停在外边，我想他也许在这儿。

(IDIOM 习语) **it/that figures** (*informal* 非正式) that is what I expected 这个我已料到

(PHRASAL VERBS 短语动词) **figure on sth/on doing sth** (*especially US* 尤为美) to include sth in your plans 计划某事物/做某事: *I figure on arriving in New York on Wednesday.* 我打算在星期三到达纽约。

figure sb/sth out to find an answer to sth or to understand sb 理解某人/事物；找出答案

☆**file**[1] /faɪl ‖ faɪl/ *noun* [C] **1** a box or a cover that is used for keeping papers together and in order 文件夹: *Students are given a file to keep their course notes in.* 给每个学生发了一个用来保存笔记的夹子。**2** a collection of papers or information kept in a file（文件夹里的）文件/资料/档案: *I can't remember what exactly I said in the letter. I'll need to look at the file.* 我在信里说过的详情都忘了。我要看看档案。**3** a collection of information or material on one subject that is stored in a computer or on a disk（储存在计算机里或磁盘里的）文件: *to open/close a file* 打开/关闭文件

(IDIOMS 习语) **on file** kept in a file 存在档案里: *We have all the information you need on file.* 你要的资料都在档案里。

the rank and file ⇨ RANK

file *verb* [T] **file sth (away)** to put in a file 存档: *File these letters under 'Job Applications'.* 把这些信件放在"职位申请"的档案里。

file[2] /faɪl ‖ faɪl/ *noun* [C] a metal tool with a rough surface used for making rough surfaces smooth 锉；锉刀: *a nail-file* 指甲锉

file *verb* [I,T] to use a file to cut sth or make sth smooth 锉

file[3] /faɪl ‖ faɪl/ *noun*

(IDIOM 习语) **in single file** in a line, one behind the other 成单行: *You'll have to go in single file – the path is very narrow.* 你们要单行走——路很窄。

file *verb* [I] **file in, out, past, etc** to walk or march in a line 排成单行走进/走出/走过…

☆**fill** /fɪl ‖ fɪl/ *verb* **1** [I,T] **fill (sth/sb) (with sth)** to make sth full or to become full 填满；（使）充满: *Can you fill the kettle for me?* 可不可以给我把水壶装满？○ *The news filled him with excitement.* 这个消息令他很兴奋。○ *The room filled with smoke within minutes.* 不到几分钟，房间就充满烟雾了。**2** [T] to occupy a position or time 占用位置/时间；出任某职位；填补空缺: *I'm afraid that teaching post has just been filled* (= somebody has got the job). 很抱歉，那个教员空缺刚刚有人填补了。

(PHRASAL VERBS 短语动词) **fill sth in** (*US also* 美亦作 **fill sth out**) to complete a form, etc by writing information on it 填写表格等: *Could you fill in the application form, please?* 请填好申请表格。

fill (sth) up to become or to make sth completely full 充满；填满（某物）: *There weren't many people at first but then the room filled up.* 起初房间里的人并不多，后来却挤满了人。○ *Fill up the tank, please* (= with petrol). 请把油箱装满。

ˈfilling station (*US* 美) = PETROL STATION

fillet (*US* 美 **filet**) /ˈfɪlɪt ‖ ˈfɪlɪt/ *noun* [C,U] (a piece of) meat or fish with the bones taken out 不带骨的肉块/鱼块

filling /ˈfɪlɪŋ ‖ ˈfɪlɪŋ/ *noun* **1** [C] the material that a dentist uses to fill a hole in a tooth 补牙填料: *a gold filling* 金填料 **2** [C,U] food put inside a sandwich, pie, cake, etc to make it taste nice（三明治、馅饼、糕点等的）馅

☆**film**[1] /fɪlm ‖ fɪlm/ *noun* **1** (*US* also 美亦作 **movie**) [C] a story, play, etc shown in moving pictures at the cinema or on television 电影: *There's a good film on at the cinema this week, do you fancy going?* 这个星期有部好片上映，你想去看吗？○ *the film industry* 电影业 ○ *the film version of 'Hamlet'*《哈姆雷特》的电影改编本

> ☛ Some types of film are **documentary, feature, horror** films and **westerns**. 一些电影的类型包括纪录片 (**documentary**)、故事片 (**feature**)、恐怖片 (**horror** film) 和西部片 (**western**)。

2 [C,U] a roll of thin plastic that you use in a camera to take photographs 胶卷: *A 35 millimetre film, please.* 请给我一个35毫米的胶卷。○ *a black and white film* 黑白胶卷 ○ *a colour film* 彩色胶卷 ○ *Fast film is better in this light.* 这种光线用快速胶卷较好。

> ☛ You **load** a film into a camera and **rewind** it when it is finished. 把胶卷装入 (**load**) 照相机，胶卷用完了，把它倒卷 (**rewind**)。When the film is **developed**, you can have **prints** made from the **negatives**. 胶卷冲洗 (**develop**) 后，可以从底片 (**negative**) 晒出照片 (**print**)。Picture at **camera**. 见 **camera** 插图。

3 [usually sing] a thin layer of a substance or material 薄薄的一层: *a film of oil* 薄薄的一层油

ˈ**film star** *noun* [C] a person who is a well-known actor or actress in films 电影明星

☆**film**[2] /fɪlm ‖ fɪlm/ *verb* [I,T] to make a film of an event, story, etc with a camera 拍摄影片: *They're filming in Oxford today.* 他们今天在牛津拍电影。○ *A lot of westerns are filmed in Spain.* 很多西部片都是在西班牙拍摄的。

filter /ˈfɪltə(r) ‖ ˈfɪltɚ/ *noun* [C] **1** an apparatus for holding back solid substances from a liquid or gas that passes through it 滤器: *a coffee filter* 咖啡过滤器 ○ *an oil filter* 滤油器 **2** a piece of coloured glass used with a camera to hold back some types of light 滤光镜；滤色镜

filter *verb* **1** [T] to pass a liquid through a filter 过滤: *Do you filter your water?* 你把饮用水过滤吗？**2** [I] **filter in, out, through, etc** to move slowly 渗入/渗出/透过…；慢慢移动: (*figurative* 比喻) *News of her illness filtered through to her friends.* 她患病的消息慢慢传到她的朋友那里。

filth /fɪlθ ‖ fɪlθ/ *noun* [U] **1** disgusting dirt 污秽: *The room was covered in filth.* 房间里满是污垢。**2** extremely rude words, pictures, etc usually in books, magazines or films（书本、杂志、电影里的）粗鄙的图文

filthy *adj* (**filthier**; **filthiest**) **1** very dirty 肮脏: *They got absolutely filthy playing football in the rain.* 他们在雨天踢足球，把全身搞得邋遢不堪。**2** (used about language, books, films, etc 指言语、书本、电影等) extremely rude and unpleasant 粗鄙不堪

fin /fɪn ‖ fɪn/ *noun* [C] a part of a fish, shaped like a thin wing. Fish use fins for swimming. 鳍（鱼用鳍来游泳）

☆**final** /ˈfaɪnl ‖ ˈfaɪnḷ/ *adj* **1** (only *before* a noun 只用于名词前) last (in a series) 一套/系列等的最后一本/次/部等: *This will be the final lesson of our course.* 这是本课程的最后一课。○ *I don't want to miss the final episode of that serial.* 我不想错过那一连续剧的大结局。**2** not to be changed 最终/不会改变的（决定等）: *The judge's decision is always final.* 法官总是有最终决定权。

(IDIOM 习语) **the last/final straw** ⇨ STRAW

final *noun* [C] **1** (*also* 亦作 **finals**) the last game or match in a series of competitions or sporting events 决赛: *I wonder who'll get through to the final at Wimbledon this year?* 不知道今年谁会进入温布尔登网球决赛？○ *The finals of the swimming championship will be held in Cardiff.* 游泳锦标赛的决赛将在加的夫举行。☛ Look at **semi-final**. 参看 **semi-final**。**2 finals** the examinations you take in your last year at university（大学的）毕业考试: *I'm taking my finals in June.* 我要在六月参加毕业考试。

finalist /-nəlɪst ‖ -nḷɪst/ *noun* [C] a person who is in the final of a competition 参加决赛者 ☛ Look at **semi-finalist**. 参看 **semi-finalist**。

finalize (*also* 亦作 **finalise**) *verb* [T] to make firm decisions about plans, dates, etc 确定（计划、日期等）: *Have you finalized your holiday arrangements yet?* 你的假期安排确定了没有？

finale /fɪˈnɑːlɪ; *US* 美 -ˈnælɪ ‖ fəˈnælɪ/ *noun* [C] the last part of a piece of music, an opera, show, etc（乐曲的）终曲；（歌剧、演出等的）最后一幕

☆**finally** /ˈfaɪnəlɪ ‖ ˈfaɪnḷɪ/ *adv* **1** (used at the beginning of a sentence when you have a list of things to say, especially in a speech 用于句首，指一系列事物中的最末部分，常见于演说辞) as a last point 最后；末了: *Finally, I would like to say how much we have all enjoyed this evening.* 最后，我要说今天晚上大家玩得都很尽兴。**2** after a long time or delay 经过长时间/延误: *It was getting dark when the plane finally took off.* 飞机终于起飞的时候，天色已暗。**3** in a definite way so that sth cannot be changed 确定地: *We haven't finally decided yet – it depends on the cost.* 我们还没有作出最后决定——一切要看价钱而定。

☆**finance** /ˈfaɪnæns; fɪˈnæns ‖ ˈfaɪnæns; fəˈnæns/ *noun* **1** [U] the money you need to start or support a business, etc 资金；资本: *How will you raise the finance to start your own business?* 你到哪里找钱开始自己做生意？**2** [U] the management of (public) money（公家）财产的管理；财政；财务: *Who is the new Minister of Finance?* 谁是新任的财政部长？○ *an expert in finance* 财务专家 **3 finances** [plural] the money a person, company, country, etc has to

F

spend（个人、公司、国家等的）财力/资金: *What are our finances like at the moment?* (= how much money have we got?) 我们现在的财务状况怎么样？

finance *verb* [T] to provide the money to pay for sth 提供资金: *Your trip will be financed by the company.* 你的旅费由公司负担。

financial /faɪˈnænʃl; fɪˈnæ- ‖ faɪˈnænʃəl; fəˈnænʃəl/ *adj* connected with money 与金钱/财务有关: *The business got into financial difficulties.* 这家企业的财政出现了困难。○ *New York and Tokyo are important financial centres.* 纽约和东京是重要金融中心。—**financially** *adv* /-ʃəlɪ ‖ -ʃəlɪ/

finch /fɪntʃ ‖ fɪntʃ/ *noun* [C] a small bird with a strong beak 雀科鸣鸟

☆**find**[1] /faɪnd ‖ faɪnd/ *verb* [T] (*pt, pp* **found** /faʊnd ‖ faʊnd/) **1** to get back sth that you have lost 找回（失物）: *Did you find the pen you lost?* 你丢了的笔找回来没有？○ *I can't find my new sweater anywhere.* 我到处都找不到我的新套衫。**2** to discover sth or get sth that you want (after a search) 经过努力后发现/得到；找到: *After six months she finally found a job.* 六个月后她终于找到工作了。○ *Did you manage to find a good hotel?* 你找到了好旅馆没有？○ *Scientists haven't yet found a cure for colds.* 科学家还找不到治伤风的方法。○ *They've found oil in the North Sea.* 他们在北海发现了石油。○ *I hope you find an answer to your problem.* 我希望你为自己的问题找到解决方法。☛ Notice the expressions **find the time**, **find the money** 注意 **find the time**、**find the money**: *I never seem to find the time to write letters these days.* 这些日子我总没有写信的时间。○ *We'd like to go on holiday but we can't find the money.* 我们想去度假，就是没有钱。**3** to discover sth by chance 发觉；意外地发现: *Tom found a £20 note in the park.* 汤姆在公园里捡到一张20英镑的钞票。○ *I've found a piece of glass in this milk.* 我在牛奶里发现了一小片玻璃。○ *We went into the house and found her lying on the floor.* 我们走进房子里，看见她躺在地上。**4** to think or to have an opinion about sth (because of your own experience) 经验过后认为…；觉得: *I find that book very difficult to understand.* 我觉得那本书晦涩难懂。○ *We didn't find the film at all funny.* 这部电影我们一点也不觉得有趣。○ *How are you finding life as a student?* 你喜欢学生生活吗？☛ When we are expressing an opinion we say **I think that…** NOT **I find that…** 表示意见的时候，说 **I think that…**，不说 **I find that…**。

(IDIOMS 习语) **find fault (with sb/sth)** to look for things that are wrong with sb/sth and complain about them 故意找错处，埋怨（某人/某事物）

find your feet to become confident and independent in a new situation 在新环境里变得自信、独立: *Don't worry if the job seems difficult at first – you will soon find your feet.* 工作开始时有困难别担心，你很快就能应付的。

(PHRASAL VERBS 短语动词) **find (sth) out** to get some information by asking or studying 探查（资料）；了解（情况等）: *Have you found out how much the tickets cost?* 你有没有问清楚票价？

find sb out to discover that sb has done sth wrong 揭发某人: *He used a false name for years before they found him out.* 他用了假名很多年他们才发觉。

finder *noun* [C] a person that finds sth 找到某事物的人: *The lucky finder of the buried treasure will win a holiday in Spain.* 谁能碰运气找到埋在地下的「宝物」，谁就可以获得到西班牙度假的奖赏。

finding *noun* [C] (usually plural) something that is discovered by research or investigation 研究/调查结果: *the findings of a survey, a report, a committee, etc* 调研结果；报告/委员会等的调查结果

find[2] /faɪnd ‖ faɪnd/ *noun* [C] a thing or a person that is unusually good or valuable 找到或研究出的难得的人/事物: *That new software is a real find.* 那新软件真了不起。

☆**fine**[1] /faɪn ‖ faɪn/ *adj* **1** (only *before* a noun 只用于名词前) of very good quality, beautiful 优秀；美丽: *a fine piece of work* 出色的作品 ○ *That's the finest painting I've ever seen by that artist.* 我见过的那个画家的作品，要算这幅最好。**2** good enough 够好: *'Do you want some more milk in your coffee?' 'No, that's fine, thanks.'* "你的咖啡要再放点牛奶吗？" "不，够了，谢谢。" ○ *Don't cook anything special – a sandwich will be fine.* 不用特别烧什么菜——一份三明治就行了。○ *The hotel rooms were fine but the food was awful.* 旅馆的房间还可以，伙食可糟糕了。**3** in good health, or happy and comfortable 身体好；快乐而舒适: *'How are you?' 'Fine, thanks.'* "您好吗？" "很好，谢谢。" ○ *'Do you want to change places?' 'No, I'm fine here, thanks.'* "你要不要换换位置？" "不，这儿很好，谢谢。" ☛ We do not use meanings **2** and **3** in questions or in the negative form, so you CANNOT say 'Are you fine?' or 'This isn't fine'. 第 **2**、**3** 义不用于疑问句和否定句，所以不能说 Are you fine? 或 This isn't fine。**4** (used about weather 指天气) bright and sunny; not raining 晴朗: *Let's hope it stays fine for our picnic tomorrow.* 明天咱们去野餐，希望天气仍晴好。**5** thin 细；纤细: *That hairstyle's no good for me – my hair's too fine.* 那个发式不适合我——我的头发太细了。○ *You must use a fine pencil for the diagrams.* 画图表得用笔尖细的铅笔。☛ The opposite is **thick**. 反义词为 **thick**。**6** made of very small pieces, grains, etc 细；颗粒微小的: *Salt is finer than sugar.* 盐比糖细。☛ The opposite is **coarse**. 反义词为 **coarse**。**7** difficult to see; very detailed 细微；精细: *The difference in meaning between those two words is very fine.* 那两个词在意义上的差别很细微。○ *I couldn't understand the finer points of his argument.* 我弄不明白他的论点里的细节。

finely *adv* **1** into small pieces 成为细小的一片片/一颗颗: *The onions must be finely chopped for this recipe.* 做这个菜，得把洋葱切细。**2** very delicately 精巧；仔细: *a finely tuned instrument* 经仔细校准的仪器

☆**fine²** /faɪn ‖ faɪn/ *noun* [C] a sum of money that you have to pay for breaking a law or rule 罚款: *a parking fine* 违规停车罚款 ○ *You'll get a fine if you park your car there.* 那儿不许停车，违者罚款。○ *He'll either have to pay a heavy fine or go to prison.* 他要么缴上一大笔罚款，要么坐牢。

fine *verb* [T] **fine sb (for sth/for doing sth)** to make sb pay a sum of money because he/she has broken a law or rule 对（某人）处以罚款: *He was fined £50 for speeding.* 他开车超速，被罚50英镑。

☆**finger¹** /'fɪŋgə(r) ‖ 'fɪŋgɚ/ *noun* [C] one of the five parts at the end of each hand (or a glove) 手指；手套的套手指部分: *little finger, ring finger, middle finger, forefinger (or index finger), thumb* 小指、无名指、中指、食指、拇指 ○ *Children learn to count on their fingers.* 小孩用手指数数目。☛ Sometimes we think of the thumb as one of the fingers, sometimes we contrast it 拇指可看作手指之一，也可跟其他手指分别开来: *Hold the pen between your finger and thumb.* 把笔握在食指和拇指之间。The 'fingers' on our feet are called **toes**. 脚趾叫做 **toe**。

(IDIOM 习语) **keep your fingers crossed** to hope that sb/sth will be successful or lucky 祈求成功/好运: *I'll keep my fingers crossed for you in your exams.* 我祝你考试成功。☛ Look also at **cross your fingers** at **cross²**. 参看 **cross²** 条下的 **cross your fingers**。

snap your fingers ⇨ SNAP¹

'**finger-mark** *noun* [C] a mark on a wall, door, book, etc made by a dirty finger（肮脏的手指留在墙上、门上、书上等的）指痕

'**fingernail** (*also* 亦作 **nail**) *noun* [C] the hard parts on the ends of the fingers 指甲: *Your fingernails are filthy!* 你的指甲真脏！○ *She always paints her fingernails bright red.* 她爱把指甲涂得鲜红。

'**fingerprint** *noun* [C] the mark made by the skin of a finger, used for identifying people（作鉴别用途的）指纹: *The burglar left his fingerprints all over the house.* 房子里到处都是窃贼留下的指纹。○ *The police took the suspect's fingerprints.* 警方取了疑犯的指纹。

'**fingertip** *noun* [C] the end of a finger 指尖

(IDIOM 习语) **have sth at your fingertips** to have sth ready for quick and easy use 对某事物了如指掌（随时可将知识应用）: *They asked some difficult questions but luckily I had all the facts at my fingertips.* 他们问了一些难以作答的问题，幸亏我熟知所有资料。

finger² /'fɪŋgə(r) ‖ 'fɪŋgɚ/ *verb* [T] to touch or feel sth with your fingers 用手指接触或感觉

☆**finish¹** /'fɪnɪʃ ‖ 'fɪnɪʃ/ *verb* **1** [I,T] **finish (sth/doing sth)** to come or bring sth to an end or to reach the end of sth 完成；结束: *What time does the film finish?* 影片什么时候结束？○ *Haven't you finished yet? You've taken ages!* 你还没有干完？你干了好久了。○ *The US sprinters finished first, second and third* (eg in a race). 美国选手囊括了短跑的前三名。○ *Finish your work quickly!* 赶快完成工作！○ *Have you finished typing that letter?* 你把那封信打好了没有？**2** [T] **finish sth (off/up)** to eat, drink or use the last part of sth 吃/喝/用光: *Finish up your milk, Tom!* 汤姆，把牛奶喝完！**3** [T] **finish sth (off)** to complete the last details of sth or make sth perfect 作最后加工；使完整/完美: *He's just adding the finishing touches to his painting.* 他正在给图画添上最后几笔。○ *He stayed up all night to finish off the article he was writing.* 他为了润色那篇文章，整夜没睡。

(PHRASAL VERBS 短语动词) **finish sb/sth off** (*informal* 非正式) to kill sb/sth 杀死某人/某物: *The cat pounced and finished off the mouse.* 那只猫猛地一扑就把老鼠了结了。○ (*figurative* 比喻) *It was losing his job that really finished him off* (= depressed him). 最令他沮丧的就是丢了工作。

finish with sb/sth 1 to stop needing or using sb/sth 不再需要或利用某人/某物: *Don't go away. I haven't finished with you yet.* 别走开，我还没有跟你说完呢。○ *I'll borrow that book when you've finished with it.* 等你看完了那本书，我就把它借过来。**2** to end a relationship with sb 跟某人断绝关系: *Sally's not going out with David any more – she finished with him last month.* 萨莉不再跟戴维来往了——他们已经在上个月分手了。

finish² /'fɪnɪʃ ‖ 'fɪnɪʃ/ *noun* [C] **1** (used especially about a race 尤指赛跑) the end 末段；结尾: *The last race was a very close finish* (= the runners at the front were close together at the end). 最后一场赛跑在末段竞争激烈。☛ The opposite is **start**. 反义词为 **start**。**2** (used especially about wood and furniture 尤指木材、家具) the feel or look that sth has when it has been polished, etc 精整后给人的质感或观感: *This table has a beautiful finish.* 这张桌子加工很精致。

☆**finished** /'fɪnɪʃt ‖ 'fɪnɪʃt/ *adj* **1** (not before a noun 不用于名词前) **finished (with sb/sth)** having stopped doing sth, using sth or dealing with sb/sth 停止了（做某事/用某物）；终止了（与某人/某物的关系）: *'Are you using the computer?' 'Yes, I won't be finished with it for another hour or so.'* "你在使用计算机吗？""是呀，我还要用一个钟头左右。" **2** (not before a noun 不用于名词前) not able to continue 继续不了: *The business is finished – there's no more money.* 这生意做不下去了——再没有资金了。**3** made; completed 已制成/完成: *the finished product, article, etc* 成品；写好了的文章…

fiord (*also* 亦作 **fjord**) /fɪ'ɔ:d ‖ fjord/ *noun* [C] a long narrow piece of sea between cliffs, especially in Norway 峡湾（尤指挪威的）

fir /fɜ:(r) ‖ fɝ/ (*also* 亦作 '**fir-tree**) *noun* [C] a straight tree that keeps its thin leaves (**needles**) in winter 冷杉；枞（针叶叫做 **needle**）

'**fir-cone** *noun* [C] the fruit of the fir 冷杉球果

☆**fire¹** /'faɪə(r) ‖ faɪr/ *noun* **1** [U] hot bright flames produced by sth that is burning 火: *Many animals are afraid of fire.* 很多动物都怕火。**2** [C,U] burning that destroys and is out of control 火灾: *Firemen struggled for three hours to put out the fire.* 消防员花了三个小时才扑灭了大火。○ *It had been a dry* *summer so there were many forest fires.* 整个夏天都很干燥，因此发生过多起山林大火。○ *You need to insure your house against fire.* 你该为房子购买火险。○ *The furniture caught fire within seconds* (= started burning). 家具马上着了火。○ *Did someone set fire to that pile of wood?* 是不是有人放火烧那堆木头？○ *Help! The frying-pan's on fire!* 快来啊！平底锅着火了！ **3** [C] burning wood or coal to warm people or cook food（用以取暖或烹调食物的）炉火/火堆: *They lit a fire to keep warm.* 他们生火取暖。○ *It's cold – don't let the fire go out!* 冷着呢——别让炉火灭掉！○ *a camp fire* 营火 ○ *Many older houses have an open fire in the sitting-room.* 很多老式房子的客厅都有壁炉取暖。 **4** [C] an apparatus for heating a room, etc 暖气装置: *a gas fire* 煤气暖炉 ○ *an electric fire* 电暖炉 **5** [U] shooting from guns 炮火；射击: *The soldiers were under fire from all sides.* 士兵遭受四周枪炮围攻。○ *I could hear gunfire in the distance.* 我听到远处有枪炮声。

(IDIOM 习语) **open fire** ⇨ OPEN[2]

ˈ**fire-alarm** *noun* [C] a bell or other signal to warn people that there is a fire 火灾警报器: *If the fire-alarm goes off, leave the building immediately.* 遇上火灾警报，马上离开楼房。

ˈ**firearm** *noun* [C, usually pl] a gun that you can carry 枪: *Most policemen don't carry firearms.* 大多数的警察都没有配枪。

ˈ**fire brigade** (*US* 美 ˈ**fire-department**) *noun* [C, with sing or pl verb] an organization of people trained to put out (= stop) fires 消防队: *Dial 999 to call the fire brigade.* 拨 999 叫消防队。

ˈ**fire-engine** *noun* [C] a special vehicle that carries equipment for fighting large fires 消防车

ˈ**fire-escape** *noun* [C] a special staircase on the outside of a building that people can escape down if there is a fire 太平梯（设于建筑物的墙外，供发生火警时逃生）

ˈ**fire extinguisher** (*also* 亦作 **extinguisher**) *noun* [C] a metal container with water or chemicals inside that you use for fighting small fires 灭火器: *Shops and offices have fire extinguishers on every floor.* 商店和办公楼的每一层都设有灭火器。

ˈ**fire-fighter** *noun* [C] a person whose job is to fight fires 消防人员

ˈ**firelight** *noun* [U] the light that comes from a fire in a fireplace 壁炉火的光: *It's quite romantic sitting here in the firelight.* 坐在这壁炉的火光旁，实在非常浪漫。

ˈ**fireman** /-mən ‖ -mən/ *noun* [C] (*pl* **firemen** /-mən ‖ -mən/) a person whose job is to fight fires 消防人员: *Firemen have to wear special uniforms.* 消防队员必须穿特别的制服。

ˈ**fireplace** *noun* [C] the open place in a room (at the bottom of a chimney) where you light a fire 壁炉

ˈ**fireside** *noun* [C, usually sing] the part of a room beside the fireplace 壁炉旁边: *Come and sit by the fireside.* 来壁炉旁边坐吧。

ˈ**fire station** *noun* [C] a building where fire-engines are kept and firemen wait to be called 消防站

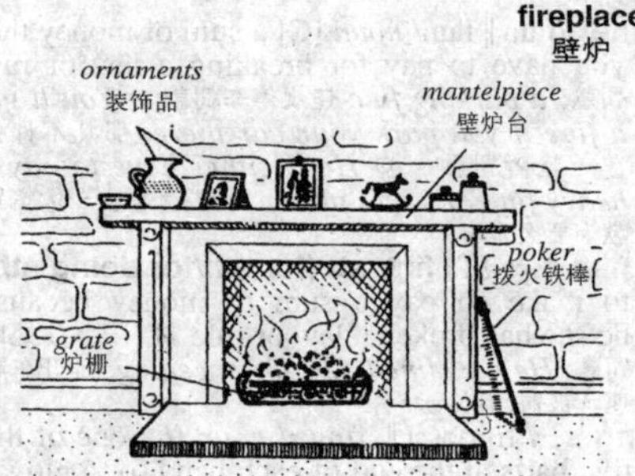

ˈ**firewood** *noun* [U] wood used for burning on fires 木柴

fire[2] /ˈfaɪə(r) ‖ faɪr/ *verb* **1** [I,T] **fire (sth) (at sb/sth); fire (sth) into sth** to shoot with a gun or shoot bullets, etc from a gun 开火；射击: *'Fire!' shouted the officer.* 军官喝道："开火！" ○ *Can you hear the guns firing?* 你听见枪声没有？○ *He fired his gun at the ceiling.* 他向天花板开枪。○ *They fired rubber bullets into the crowd.* 他们向人群发射橡皮子弹。 **2** [T] (*informal* 非正式) to dismiss sb from a job 解雇；开除: *He was fired for always being late.* 他因屡次迟到而被解雇了。 **3** [T] **fire sth at sb** to ask questions, or make remarks, quickly and aggressively 快速而挑衅地发问/说话: *If you stop firing questions at me I might be able to answer!* 如果你停止向我连珠炮似的发问，我或许能回答你！ **4** [T] **fire sb with sth** to produce a strong feeling in sb 激发/激起（某人的感情）: *Her speech fired me with determination.* 她的讲话激发了我的决心。

-**fired** (in compounds 用以构成复合词) using the fuel mentioned 以…为燃料: *gas-fired central heating* 煤气中央供暖设备

ˈ**firing-squad** *noun* [C] a group of soldiers who have been ordered to shoot and kill a prisoner 行刑队（执行枪决命令的士兵）

firework /ˈfaɪəwɜːk ‖ ˈfaɪrˌwɝk/ *noun* [C] a small container with chemicals inside that burns or explodes with coloured lights and bangs, used for entertainment 烟火；烟花: *Be careful not to burn your fingers when you let off that firework.* 放烟火可要小心，别把手指烧伤。○ *a firework display/party* 烟火表演；烟火晚会 ☛ **Firework** is often used in the plural * **firework** 常用复数: *We went to watch the fireworks in Hyde Park.* 我们去海德公园看烟火表演。

fireworks
烟火

☆**firm**[1] /fɜːm ‖ fɝm/ *noun* [C, with sing or pl

verb] a business company 公司；企业: *Which firm do you work for?* 你在哪家企业做事？ ○ *My firm's moving to Manchester soon.* 我的公司快要搬到曼彻斯特去了。

☆**firm**[2] /fɜːm ‖ fɝm/ *adj* **1** able to stay the same shape when pressed; quite hard 受压后不易变形；坚固；坚硬: *a firm mattress* 坚硬的床垫 **2** strong or steady or not likely to change 稳定；坚定；肯定: *She kept a firm grip on her mother's hand.* 她紧握着妈妈的手。 ○ *Have you got a firm date for your holiday yet?* 你决定了度假的日期没有？ ○ *We've taken a firm decision – we're not going to change it now.* 我们已经作了决定，不会再改变。 ○ *I've got a firm offer of a job in New York.* 纽约方面已确定了聘用我。 **3 firm (with sb)** insisting that people do what you want 要求他人绝对服从: *He's very firm with his children.* 他管孩子管得很严。 —**firmly** *adv* —**firmness** *noun* [U]

☆**first**[1] /fɜːst ‖ fɝst/ *det* coming before all others; that has not happened before 第一；最先: *his first day at school* 他上学的头一天 ○ *their first baby* 他们的第一个孩子 ○ *the first half of the game* 上半场比赛 ○ *You've won first prize!* 你赢了头奖！ ○ *My first choice is blue, but I'll take green if there's no blue left.* 我的首选是蓝色，要是没有蓝色，绿色也行。 ○ *first impressions* 最初的印象 ○ *The first time she went skiing, she broke her leg.* 她头一次滑雪就摔断了腿。 ○ *King Charles I* (= King Charles the First) 查尔斯一世

(IDIOMS 习语) **at first glance/sight** when first seen or examined 乍一看: *At first glance it looked like solid gold.* 乍一看那好像是纯金。

first/last/next but one, two, etc: *I live in the first house but one* (= the second house) *on the right.* 我住在右边的第二间房子。 ○ *X is the last letter but two of the alphabet* (= the third letter from the end). ＊X是倒数第三个字母。

first/last thing ⇨ THING

firstly *adv* (used to introduce the first point in a list 用以列出第一点): *They were angry firstly because they had to pay extra, and secondly because no one had told them about it.* 他们气愤的原因有两个：第一，他们要付额外费用；第二，事先没有人告诉过他们。

ˌ**first-ˈaid** *noun* [U] medical help that you give to sb who is hurt or ill before the doctor arrives 急救

ˌ**first ˈclass** *adj, adv* **1** excellent; of the best quality 第一流；最优秀: *a first-class player* 第一流的球员 ○ *This book is really first class.* 这本书是第一流的作品。 **2** giving or using the best and most expensive type of service 头等；提供最佳/最昂贵服务的: *Are the first-class carriages at the front or the back of the train?* 头等车厢在火车的前部还是后部？ ○ *He always travels first class.* 他出外旅行总是坐头等。 ○ *Ten first-class stamps, please.* 请给我十枚快信邮票。 ○ *If you send the letter first class, it should arrive tomorrow.* 要是你用快邮把这封信寄出，明天准可以寄到。

ˌ**first ˈcousin** = COUSIN

ˌ**first ˈfloor** *noun* [C] **1** (*Brit* 英) the floor of a building above the one on street level (**the ground floor**) 二楼（一楼叫做 **the ground floor**）: *I live in a flat on the first floor/a first-floor flat.* 我住在二楼的一个公寓。 **2** (*US* 美) the floor of a building on street level 一楼；底层

ˌ**first ˈgear** *noun* [C] the lowest gear on a car, bicycle, etc（汽车、自行车等的）第一挡/头挡

ˈ**first name** *noun* [C] the name that is given to a child when he/she is born 名字: *'What's Mrs Brown's first name?' 'Alice, I think.'* "布朗太太叫什么名字？""我想是叫艾丽斯。" ○ *Do you know him well enough to call him by his first name?* 你是不是和他很熟，随便到能直呼他的名字？ ☛ Look at the note at **name**[1]. 参看 **name**[1] 的注释。

the ˌfirst ˈperson *noun* [sing] **1** (*grammar* 语法) the words such as 'I', 'me', 'we', and the verb forms that go with them 第一人称形式（如 I、me、we 及其相应的动词形式）: *'I am' is the first person singular of the verb 'to be'.* ＊I am 是动词 to be 的第一人称单数。 **2** the style of telling a story as if it happened to you 用第一人称叙述的文体: *The author writes in the first person* (= he writes, 'I...'). 作者用第一人称叙述。

ˌ**first-ˈrate** *adj* excellent; of the best quality 第一流；质量最好

☆**first**[2] /fɜːst ‖ fɝst/ *adv* **1** before any others 比其他人早: *Sue arrived first at the party.* 苏珊最早到酒会。 ○ *Our team came first in the race* (= we won). 我队夺得赛跑冠军。 ○ *Do you want to go first or second?* 你先去还是随后去？ **2** before doing anything else 比其他事情早: *I'll come out later. I've got to finish my homework first.* 我等会儿出来。我得先把功课做完。 **3** for the first time 首次: *Where did you first meet your husband?* 你在哪儿初次见到你丈夫的？ **4** at the beginning 最初；起初: *When I first started my job I hated it.* 起初我很不喜欢这份工作。 **5** (used for introducing the first thing in a list 用以列出第一项): *There are several people I would like to thank: First, my mother.* 我要感谢几个人：第一，我妈妈。

(IDIOMS 习语) **at first** at the beginning 最初；起初: *At first I thought he was joking, but then I realized he was serious.* 我最初以为他在开玩笑，后来才知道他是认真的。

come first to be more important (to sb) than anything else 最受重视: *Her family has always come first.* 她始终以家庭为重。

first and foremost more than anything else; most importantly 最主要；最重要的是: *He worked in television but he was a stage actor first and foremost.* 他在电视台工作，但最主要的职业是戏剧演员。

first of all as the first thing (to be done or said)（要做或要说到的）第一件事；首先: *In a moment I'll introduce our guest speaker, but first of all, let me thank you all for coming.* 我即将要向你们介绍我们请来的讲演者，但首先我要向各位来宾说声谢谢，感谢你们的光临。

head first ⇨ HEAD

☆**first**[3] /fɜːst ‖ fɝst/ *noun, pron* **1** [C] (*pl* **first**) **the first** the first person or thing, people or things 第一个人/事物；第一批人/事物: *Are we the first to arrive?* 我们是不是最早到？○ *You are the first to hear the news.* 你是最早知道这个消息的人。○ *They enjoyed the holiday – their first for ten years.* 这个假期他们玩得很高兴——那是他们十年来的第一次度假。**2** [sing] an important event that is happening for the first time 首次发生的重要事件；创举: *This operation is a first in medical history.* 这次手术是医学史上的创举。**3** [C] **a first (in sth)** (*Brit* 英) the highest grade of university degree 一级荣誉学位

firsthand /ˌfɜːstˈhænd ‖ ˈfɝstˈhænd/ *adj, adv* (used about information, experience, a story, etc 指资料、经历、报道等) heard, seen or learnt directly, not from other people 第一手；亲身体验: *He gave me a firsthand account of the accident* (= he had seen it). 他告诉我他所目睹的事故发生经过。○ *I've experienced the problem firsthand, so I know exactly how you feel.* 我亲自经历过这种难题，我完全明白你的感受。

☆**fish**[1] /fɪʃ ‖ fɪʃ/ *noun* (*pl* **fish** or **fishes**) **1** [C] an animal that lives and breathes in water using its fins and tail for swimming 鱼: *How many fish have you caught?* 你捉了多少条鱼？○ *I went diving on holiday – it was fantastic to see so many different fishes* (= types or species of fish). 假期我去潜水——看到这么多种不同的鱼类，真叫我大开眼界。☛ The plural form **fish** is more common. 作复数时 **fish** 比 fishes 更为常用。**Fishes** is used when we are talking about different types of fish. * **fishes** 用以指不同类别的鱼。**2** [U] fish as food（食用的）鱼；鱼肉: *We're having fresh fish for supper.* 我们晚饭吃鲜鱼。

fishy *adj* (**fishier**; **fishiest**) **1** of or like a fish, especially in taste or smell 鱼的/像鱼（尤指味道或气味）: *a fishy smell* 腥气 **2** (*informal* 非正式) seeming suspicious or untrue 可疑: *The police thought the man's story sounded extremely fishy.* 警方认为那个男人的口供很不可靠。

ˌ**fish and** ˈ**chips** *noun* [U] fried fish and potato chips often bought already cooked and taken away to eat（外卖的）炸鱼加薯条

> ☛ We buy fish and chips at a **fish and chip shop**. 在炸鱼薯条店 (**fish and chip shop**) 可以买到炸鱼加薯条。The fish is covered with **batter** (a mixture of flour, egg and milk) and **deep-fried**. 鱼肉蘸了由面粉、鸡蛋和牛奶混合而成的面糊 (**batter**) 后放在油里炸 (**deep-fry**)。You find a fish and chip shop in most towns. 多数城市都有炸鱼薯条店。

ˌ**fish** ˈ**finger** (*US* 美 ˈ**fish stick**) *noun* [C] a small oblong piece of fish covered in bread-crumbs（涂上了面包屑的）鱼条: *a packet of fish fingers* 一包鱼条

ˈ**fishmonger** /-mʌŋɡə(r) ‖ -mʌŋɡɚ/ *noun* [C] (*Brit* 英) a person whose job is to sell fish, or a shop that sells fish (= the fishmonger's) 鱼贩；鱼店: *I bought it at the fishmonger's.* 这是我在鱼店买的。

☆**fish**[2] /fɪʃ ‖ fɪʃ/ *verb* [I] **1 fish (for sth)** to try to catch fish with rods, nets, etc 捕鱼；钓鱼: *He's fishing for trout.* 他在捕捉鳟鱼。☛ When we are talking about spending time fishing we usually say **go fishing** 指消闲性质的钓鱼通常说 **go fishing**: *They often go fishing at weekends.* 他们常常在周末去钓鱼。**2 fish for sth** to search for sth in water or in a deep or hidden place（在水中、深处、隐蔽的地方）寻找: *She fished (around) for her keys in the bottom of her bag.* 她把手伸入提包底摸索钥匙。

(PHRASAL VERBS 短语动词) **fish for sth** to try to get sth you want in an indirect way 用间接的方法以求取得某事物: *to fish for an invitation* 拐弯抹角以图获得邀请

fish sth out (of sth) to take or pull sth out (of sth) especially after searching for it（从某物里）掏出/拖出某物（尤指经过寻找后）: *After the accident they fished the car out of the canal.* 事故发生后，运河里的汽车被拖到岸上来。○ *She fished a pair of socks out of the bottom of the cupboard.* 她从衣橱底掏出一双袜子来。

fisherman /ˈfɪʃəmən ‖ ˈfɪʃɚmən/ *noun* [C] (*pl* **fishermen** /ˈfɪʃəmən ‖ ˈfɪʃɚmən/) a person who catches fish especially as a job but also as a sport 渔民；渔夫；钓鱼者 ☛ Look at **angler**. 参看 **angler**。

fishing /ˈfɪʃɪŋ ‖ ˈfɪʃɪŋ/ *noun* [U] catching fish as a job, sport or hobby 捕鱼；钓鱼: *Fishing is a major industry in Iceland.* 捕鱼业是冰岛重要的产业。☛ The sport or hobby of fishing is also called **angling**. 钓鱼作为一种体育或消闲活动，也叫做 **angling**。

ˈ**fishing-rod** *noun* [C] a long thin stick with a line and a hook on it for catching fish 钓竿

☆**fist** /fɪst ‖ fɪst/ *noun* [C] a hand with the fingers closed together tightly 拳头: *She clenched her fists.* 她紧握双拳。

☆**fit**[1] /fɪt ‖ fɪt/ *adj* (**fitter**; **fittest**) **1 fit for sb/sth**; **fit to do sth** good enough; suitable 适合；适宜: *These houses are not fit (for people) to live in.* 这些房子不宜居住。○ *Do you think she is fit for the job?* 这份工作你认为她干得来干不来？**2 fit (for sth/to do sth)** in good physical health (especially because of exercise) 强健/健康（尤指经过体育锻炼）；身体强壮（适合做某事）: *He keeps fit by jogging five miles a day.* 为了保持身体健康，他每天都慢跑五英里路。○ *I'm afraid you won't be fit enough for work for a long time yet.* 恐怕你的身体尚要待一段长时间才适宜工作。○ *She goes to keep-fit classes.* 她参加了健身班。☛ The opposite is **unfit**. 反义词为 **unfit**。

fitness *noun* [U] **1** the condition of being fit(2) 强健；健康: *Fitness is important in most sports.* 很多体育活动都需要有健康的体魄。**2 fitness for sth/to do sth** the quality of being suitable 适合做某事的程度；合宜: *The directors were not sure about his fitness for the job.* 关于这份工作，董事们拿不准他是否干得来。

☆**fit**[2] /fɪt ‖ fɪt/ *verb* (fitting; fitted) **1** [I,T] to be the right size or shape for sb/sth 大小或形状适合；合身；称身: *These jeans don't fit.* 这条牛仔裤不称身。○ *This dress doesn't fit me any* *more.* 这件连衣裙我再也穿不上了。○ *This key doesn't fit the lock.* 这把钥匙开不了这把锁。○ *My car won't fit into your garage.* 你的车库容不下我这辆汽车。**2** [T] **fit sb/sth in/into/on/onto sth** to find enough space for sb/sth 能给（某人/某事物）足够的空间: *Can you fit one more person in the car?* 可以往汽车多挤一个人吗？○ *I can't fit all these books onto the shelf.* 我不能把这些书全放上书架，地方不够。**3** [T] to put or fix sth in the right place 安放/固定在适当的位置；安装: *The builders are fitting new windows today.* 建筑工人会在今天安上新的窗子。○ *I can't fit these pieces of the model together.* 我组装不好这个模型。**4** [T] to be or make sb/sth right or suitable（使）适合/胜任: *Her experience fits her for the job.* 她的经验正好使她胜任这份工作。○ *The punishment should fit the crime.* 罪与罚应该相当。

(PHRASAL VERBS 短语动词) **fit sb/sth in; fit sb/sth in/into sth** to find time to see sb or to do sth 安排时间见某人/干某事: *The doctor managed to fit me in this morning.* 医生今天早上才找到时间给我看病。○ *You're tired because you're trying to fit too much into one day.* 你一天干这么多事情，所以累了。

fit in (with sb/sth) to be able to live, work, etc in an easy and natural way (with sb/sth)（跟某人或某事物）合得来/配合得好的: *The new girl found it difficult to fit in (with the other children) at school.* 那新来的女孩发现在学校里很难同其他孩子合得来。○ *I will happily change my plans to fit in with yours.* 为了配合你的计划，我乐意修改我的计划。

fitted *adj* made or cut to fit a particular space and fixed there 按特定尺寸完成后固定好的: *fitted cupboards* 定做的壁橱 ○ *a fitted carpet* 按尺寸定做的地毯 ○ *a fitted kitchen* (= one with fitted cupboards) 定做好设备的厨房

fit[3] /fɪt ‖ fɪt/ *noun* [sing] (usually after an adjective 通常用于形容词后) the way in which sth (eg a piece of clothing) fits 合适；合身: *a good, bad, tight, etc fit* 很合身；不合身；很贴身…

fit[4] /fɪt ‖ fɪt/ *noun* [C] **1** a sudden loss of consciousness with movements that are not controlled and sometimes violent 癫痫 **2** a sudden (usually short) attack of illness（病的）发作: *a fit of coughing* 一阵咳嗽 **3** a sudden period of activity or violent feeling（活动、感情的）突发: *a fit of laughter, energy, etc* 一阵大笑；一股干劲… ○ *a fit of anger* 一股怒气

fitting[1] /'fɪtɪŋ ‖ 'fɪtɪŋ/ *adj* (*formal* 正式) right; suitable 恰当；适当

fitting[2] /'fɪtɪŋ ‖ 'fɪtɪŋ/ *noun* [C, usually pl] the things that are fixed in a building or on a piece of furniture but that can be changed or moved if necessary（房子或家具的）可移动装置 ☛ Look at **fixture**. 参看 **fixture**。

☆**five** /faɪv ‖ faɪv/ *number* 5; one more than four 五 ☛ Look at **fifth**. 参看 **fifth**。For examples of how to use numbers in sentences, look at **six**. 有关数字在句子中的实际用法，参看 **six**。

five- (used in compounds 用以构成复合词) having five of the thing mentioned 有五个…: *a five-day week* 一周五个工作日 ○ *a five-hour flight* 五个小时的飞行

fiver /'faɪvə(r) ‖ 'faɪvɚ/ *noun* [C] **1** (*Brit informal* 英，非正式) a five pound note; £5 五英镑钞票；5英镑: *Can you lend me a fiver?* 可以借我五英镑吗？**2** (*US informal* 美，非正式) a five dollar note; $5 五美元钞票；5美元

☆**fix**[1] /fɪks ‖ fɪks/ *verb* [T] **1** to put sth firmly in place so that it will not move 固定；安装: *Can you fix this new handle to the door?* 你可以把拉手安在门上吗？○ *He fixed the post firmly in the ground.* 他把柱子牢牢地插在地上。○ (*figurative* 比喻) *I found it difficult to keep my mind fixed on what they were saying.* 我没法集中精神听他们谈话。**2 fix sth (up)** to decide or arrange sth 决定；安排: *We need to fix the price.* 我们要定个价钱。○ *Have you fixed (up) a date for the party?* 你定了聚会的日期没有？**3** to repair 修理: *The electrician's coming to fix the cooker.* 电工就要来修理炉子。**4** (usually passive 通常用于被动语态) (*informal* 非正式) to arrange the result of sth in a way that is not honest or fair 用不正当的手段操纵结果: *The race was fixed* (= the result was arranged before it happened). 这场赛跑的胜负是事先安排好的。**5 fix sth (for sb)** (*especially US* 尤为美) to prepare sth (especially food or drink) for sb（给某人）准备（某物，尤指食物/饮料）: *Can I fix you a drink/a drink for you?* 我给你弄点喝的来好不好？

(PHRASAL VERB 短语动词) **fix sb up (with sth)** (*informal* 非正式) to arrange for sb to have sth 给某人安排（某事物）: *I can fix you up with a job, a car, a place to stay, etc.* 我可以为你安排工作/汽车/住宿…

fixed /fɪkst ‖ fɪkst/ *adj* **1** already decided 已定下的: *a fixed date, rent, price, etc* 定好的日期/租金/价格… **2** not changing 顽固；固定: *He has such fixed ideas that you can't discuss anything with him.* 他的脑袋很顽固，根本没法跟他讨论事情。○ *She looked at him with a fixed smile.* 她看着他，面带着僵硬的笑容。

(IDIOM 习语) **(of) no fixed abode/address** (with) no permanent place to live 没有固定住址: *Mr Smith, of no fixed abode, was found guilty of robbery.* 史密斯先生（无固定住址）被裁定抢劫罪名成立。

fix[2] /fɪks ‖ fɪks/ *noun* [C] **1** [usually sing] (*informal* 非正式) a difficult situation 为难的处境: *I was in a real fix – I'd locked the car keys inside the car.* 真糟糕——我把汽车钥匙锁在汽车里了。**2** (*slang* 俚语) an injection of a drug such as heroin 注射毒品（如海洛因）

fixation /fɪk'seɪʃn ‖ fɪks'eʃən/ *noun* [C] a feeling (about sb/sth) that is too strong and not normal（对某人/某事物的）过分强烈感情

fixture /'fɪkstʃə(r) ‖ 'fɪkstʃɚ/ *noun* [C] **1** [usually pl] a piece of furniture or equipment that is fixed in a house or building and sold with it 房子固定的家具或设备（与房子一起出售）: *Does the price of the house include fixtures and fittings?* 房子里的固定装置和装配件都包括在楼价里吗？☛ Look at **fitting**. 参看 **fitting**。**2** a sporting event arranged for a

F

particular day（安排在某一天的）体育运动项目/比赛: *a fixture list* 赛事表 ○ *We had to cancel our fixture last week.* 我们不得不取消上个星期的比赛。

fizz /fɪz ‖ fɪz/ *verb* [I] to produce many small bubbles and/or make a hissing sound 冒气泡；发嘶嘶声

fizz *noun* [U] the bubbles in a liquid and the sound they make（液体的）气泡/嘶嘶声: *This lemonade's lost its fizz.* 这汽水跑了气。

fizzy /ˈfɪzɪ ‖ ˈfɪzɪ/ *adj* (**fizzier**; **fizziest**) (used about a drink 指饮料) containing many small bubbles 有很多气泡 ☛ Wine or mineral water is usually described as **sparkling**, not fizzy. 形容酒或矿泉水通常用 **sparkling**，不用 fizzy。The opposite of fizzy is **still**. ＊ fizzy 的反义词为 **still**。

fizzle /ˈfɪzl ‖ ˈfɪzḷ/ *verb*

(PHRASAL VERB 短语动词) **fizzle out** to end in a weak or disappointing way 乏力地/令人失望地结束: *The game started well but it fizzled out in the second half.* 比赛开始的时候很精彩，下半场却后劲不济。

fjord = FIORD

flabbergasted /ˈflæbəgɑːstɪd; *US* 美 -gæst- ‖ ˈflæbəˌgæstɪd/ *adj* (*informal* 非正式) extremely surprised 非常吃惊

flabby /ˈflæbɪ ‖ ˈflæbɪ/ *adj* (**flabbier**; **flabbiest**) **1** (used about a person 指人) having too much soft loose flesh 松软肌肉过多的 **2** (used about muscles, arms, legs, etc 指肌肉、胳膊、腿等) too soft 肌肉松弛的

☆**flag¹** /flæg ‖ flæg/ *noun* [C] a piece of cloth with a pattern or picture on it, often attached to a pole (**flag-pole**) or rope and used as a symbol of a country, club, etc or as a signal 旗；旗子（旗杆叫做 **flag-pole**): *The flag is flying for the Queen's birthday.* 旗帜飘扬，庆祝女王生辰吉日。○ *The train will leave when the guard waves his flag.* 站长把旗子一挥，火车就马上离开。

flag² /flæg ‖ flæg/ *verb* [I] (fla**gg**ing; fla**gg**ed) to become tired or less strong or active 变得疲累/微弱/不活跃

flagrant /ˈfleɪgrənt ‖ ˈflegrənt/ *adj* (only *before* a noun 只用于名词前) easily seen to be bad and shocking（罪恶）昭彰；明目张胆

flail /fleɪl ‖ flel/ *verb* [I,T] to wave or swing about without control 胡乱挥动/摆动: *The insect's legs were flailing in the air.* 那只昆虫的腿在空中摆动。○ *The drowning child flailed his arms above his head.* 溺水的小孩双手举过头顶挥动着。

flair /fleə(r) ‖ flɛr/ *noun* **1** **(a) flair for sth** [sing] a natural ability to do sth well 天分: *She has a flair for languages* (= she's good at learning them). 她有语言天才。**2** [U] the quality of being interesting or having style 创新；有风格: *That poster is designed with her usual flair.* 那张海报体现了她一贯的风格。

flake /fleɪk ‖ flek/ *noun* [C] a small thin piece of sth 小薄片: *snowflakes* 雪花 ○ *cornflakes* 玉米片 ○ *soap-flakes* 肥皂片

flake *verb* [I] **flake (off)** to come off in flakes 成薄片剥落: *My skin is very dry – it's beginning to flake (off).* 我的皮肤很干燥——开始掉屑儿了。

flamboyant /flæmˈbɔɪənt ‖ flæmˈbɔɪənt/ *adj* **1** (used about a person 指人) acting in a loud, confident way 自信而爱惹人注目 **2** very easily noticed 显而易见: *flamboyant colours* 鲜艳的色彩 —**flamboyance** /-ˈbɔɪəns ‖ -ˈbɔɪəns/ *noun* [U] —**flamboyantly** *adv*

☆**flame** /fleɪm ‖ flem/ *noun* [C,U] an area of bright burning gas that comes from sth that is on fire 火焰: *The flame of the candle flickered by the open window.* 敞开的窗前烛光摇曳。○ *The house was in flames when the fire-engine arrived.* 消防车赶到的时候，那座房子已经陷入火海了。○ *The piece of paper burst into flame in the fire* (= suddenly began to burn strongly). 那张纸在火中猛地烧起来。☛ picture at **candle**. 见 **candle** 插图。

flaming /ˈfleɪmɪŋ ‖ ˈflemɪŋ/ *adj* (only *before* a noun 只用于名词前) **1** burning brightly 烧得旺盛: *a flaming torch* 熊熊的火把 **2** (used about colours, especially red 指色彩，尤指红色) very bright 鲜艳；火红: *flaming red hair* 火红的头发 ○ *a flaming sunset* 嫣红的落日 **3** (used about anger, an argument, etc 指怒气、争论等) violent 激烈: *He was in a flaming temper.* 他大发雷霆。**4** (*informal* 非正式) (used as a mild swear word 用作温和的咒骂语): *I can't get in – I've lost the flaming key.* 我进不去——我丢了该死的钥匙。

flammable /ˈflæməbl ‖ ˈflæməbḷ/ *adj* able to burn easily 易燃的 ☛ The opposite is **non-flammable**. 反义词为 **non-flammable**。**Inflammable** has the same meaning as flammable and is more common. ＊ **inflammable** 跟 flammable 的意义相同，前者更为常用。

flan /flæn ‖ flæn/ *noun* [C,U] a round open pie that is filled with cheese, vegetables, fruit, etc 果馅饼（内有干酪、菜蔬、水果等）☛ Look at the note at **pie**. 参看 **pie** 的注释。

flank /flæŋk ‖ flæŋk/ *noun* [C] the side of an animal or of an army ready for battle 胁；（军队的）翼侧/侧翼

flank *verb* [T] (usually passive 通常用于被动语态) to be placed at the side or sides of 置于旁边: *The road was flanked by trees.* 路边种上了树。

flannel /ˈflænl ‖ ˈflænḷ/ *noun* **1** [U] a type of soft woollen cloth 法兰绒 **2** [C] = FACE-CLOTH

flap¹ /flæp ‖ flæp/ *noun* [C] a piece of material that is fixed to sth at one side only, often covering an opening 一端固定的片状物（通常用来遮挡开口）: *a tent flap* 帐篷门帘 ○ *a cat flap* (= in a door for a cat to get through) 猫挡子

(IDIOM 习语) **be in/get into a flap** (*informal* 非正式) to be in/get into a state of worry or excitement 慌作一团；激动起来

flap² /flæp ‖ flæp/ *verb* (fla**pp**ing; fla**pp**ed) **1** [I,T] to move sth up and down or from side to side; to move in this way, especially in the wind （使）上下/左右摆动；随风飘扬: *The sails were flapping in the wind.* 船帆迎风拍动。○ *The bird flapped its wings and flew away.* 小鸟振翅飞去。**2** [I] (*informal* 非正式) to become worried or excited 慌作一团；激动起来: *You don't need to flap – it's all organized!* 一切都已安排妥当，你不用紧张。

flare /fleə(r) ‖ flɛr/ *verb* [I] to burn with a sudden bright flame 闪起火光

(PHRASAL VERB 短语动词) **flare up 1** (used about a fire 指火) to suddenly burn more fiercely 突然旺起来 **2** (used about violence, anger, a person's temper, etc 指暴力、怒气、脾气等) to start suddenly or become worse 爆发；加剧

flare *noun* **1** [sing] a sudden bright light or flame 闪光；闪起的火焰 **2** [C] a thing that produces a bright light or flame, used especially as a signal 闪光/闪起火焰的东西（尤指用作信号）

flared /fleə(r)d ‖ flɛrd/ *adj* (used about trousers and skirts 指裤、裙) becoming wider towards the bottom 宽摆的；喇叭形

☆**flash**[1] /flæʃ ‖ flæʃ/ *noun* **1** [C] a sudden bright light that comes and goes quickly 闪光：*a flash of lightning* 闪电 **2** [C] a sudden ability (to guess, understand or imagine sth) 突然产生的理解/想像…能力；灵感；急智: *With a flash of inspiration I saw what the answer must be.* 我灵机一动，想出个答案来。**3** [C,U] a bright light that you use with a camera for taking photographs when the light is not good; the apparatus for producing this light（用来照相的）闪光/闪光灯: *The light's not very good. You'll need flash.* 光线不足，得用闪光灯。○ *My new camera's got a built-in flash.* 我的新相机有内置闪光灯。☛ picture at **camera**. 见 **camera** 插图。

'**flashlight** *noun* [C] (*US* 英) = TORCH

☆**flash**[2] /flæʃ ‖ flæʃ/ *verb* **1** [I,T] to produce a sudden bright light or to make sth produce it（使）闪烁/发出闪光: *The disco lights were flashing on and off all night.* 迪斯科的灯光彻夜闪个不停。○ *That lorry-driver's flashing his lights at us* (= in order to tell us sth). 那边的卡车正向我们打灯。**2** [I] to move very fast 闪过: *I saw something flash past the window.* 我看到有东西从窗前掠过。○ *Thoughts kept flashing through my mind and I couldn't sleep.* 浮想联翩，使我夜不能寐。**3** [T] to show sth quickly 迅速展示: *The detective flashed his card and went straight in.* 那侦探把证件一亮，就往里边走了去。**4** [T] to send a particular look towards sb (suddenly, and only for a moment)（向某人）展示眨眼间的表情: *He flashed a smile at her and drove away.* 他向她展颜一笑，随即开车而去。**5** [T] to send sth by radio, television, etc（通过电台、电视等）发送: *The news of the disaster was flashed across the world.* 灾情传遍寰宇。

(PHRASAL VERB 短语动词) **flash back** (used about a person's thoughts 指思想) to return suddenly to a time in the past 突然回到以往去: *Something he said made my mind flash back to my childhood.* 他的话勾起了我的童年回忆。

'**flashback** *noun* [C,U] a part of a film, play, etc that shows sth that happened before the main story（戏剧、电影等的）倒叙片段

flashy /'flæʃɪ ‖ 'flæʃɪ/ *adj* (**flashier**; **flashiest**) attracting attention by being too bright and smart 艳丽的: *a flashy car* 俗丽的汽车 ○ *flashy clothes* 扎眼的打扮

flask /flɑːsk; *US* 美 flæsk ‖ flæsk/ *noun* [C] **1** a bottle with a narrow neck that is used in a laboratory 烧瓶（实验室中用的细颈瓶）**2** a small flat bottle used for carrying alcoholic drink in a pocket 小酒瓶（可放在衣袋里）**3** = VACUUM FLASK

flat[1] /flæt ‖ flæt/ (*especially US* 美尤作 **apartment**) *noun* [C] a set of rooms that is used as a home (usually on one floor in a larger building) 公寓；套房；单元住宅: *Do you rent your flat or have you bought it?* 你的公寓是租的还是买的？○ *That old house has been divided into luxury flats.* 那座旧房子做了公寓，分成一个一个的豪华套间。☛ **Apartment** is much more common in American English. 美国英语较常用 **apartment**。In British English we usually say a **flat**. 英国英语一般说 **flat**。But we do say apartment when talking about a flat we are renting for a holiday, etc rather than to live in 租作度假用的套间也叫 apartment: *We're renting an apartment in the South of France.* 我们在法国南部租了个套间。You **rent** a flat from a **landlord/landlady**. 套房可向房东/女房东 (**landlord/landlady**) 租用 (**rent**)。The landlord/lady **lets** the flat to you, the **tenant**. 房东把套房出租 (**let**) 给房客 (**tenant**)。The money you have to pay is called **rent**. 房客缴付租金 (**rent**)。Your flat may be **furnished** or **unfurnished**. 出租的套间有两类，有家具的 (**furnished**) 和没有家具的 (**unfurnished**)。A tall modern building that contains many flats is a **block** of flats. 多个套间组成一座公寓 (a **block** of flats)。A person who shares the flat with you is your **flatmate**. 合住同一套间的同寓房客叫做 **flatmate**。

☆**flat**[2] /flæt ‖ flæt/ *adj* (**flatter**; **flattest**) **1** smooth and level, with no parts that are raised above the rest 平（没有高低凹凸，不倾斜）: *The countryside in Essex is quite flat* (= there are not many hills). 埃塞克斯郡的乡间地势平坦。○ *I need a flat surface to write this letter on.* 我需要一块平的地方好写下这个字母。○ *a flat roof* 平屋顶 **2** not high or deep 浅（从上到下的距离小）: *You need flat shoes for walking.* 走路可要穿平跟鞋。○ *a flat dish* 浅碟 **3** (used about a tyre 指车胎) without enough air in it 瘪: *This tyre looks flat – has it got a puncture?* 车胎有点瘪，给戳破了是不是？☛ picture at **puncture**. 见 **puncture** 插图。**4** without much interest or energy 平板；没精打采: *Things have been a bit flat since Alex left.* 亚历克斯走后，这里的生活有点闷。**5** (used about a drink 指饮料) not fresh because it has lost its bubbles 走了气；不起泡: *Open a new bottle. That lemonade has gone flat.* 那瓶汽水跑了气，另外开一瓶吧。**6** (used about a battery 指电池) no longer producing electricity; not working 电力不足: *We couldn't start the car because the battery was completely flat.* 电瓶没电了，开不了车。**7** (*symbol* 符号 *b*) (in music 音乐) half a tone lower than the stated note 降

F

半音: *a symphony in B flat* 降B调交响曲 ☛ Look at **sharp**(9). 参看 **sharp**(9)。**8** (in music 音乐) lower than the correct note 低了调的: *That last note was flat. Can you sing it again?* 末了的音唱低了，可以给我再唱一次吗？ ☛ Look at **sharp**(10). 参看 **sharp**(10)。**9** that will not change; firm (used about sth that you say or decide) 不会变的/断然（用于指说话、决定）: *He answered our request with a flat 'No!'* 他一口拒绝我们的要求。**10** (used about the cost of sth 指价格) that is the same for everybody; that is fixed 划一的；固定的: *We charge a flat fee of £20, however long you stay.* 不管你要住多久，我们一律收取20英镑。

flatly *adv* **1** in a way that shows no interest 没精打采 **2** in a direct way; absolutely 直截了当；绝对地: *He flatly denied the allegations.* 他一口否认那些指控。

flatten /ˈflætn ‖ ˈflætn̩/ *verb* [I,T] **flatten (sth) (out)** to become flat or to make sth flat （使）变平；弄平: *The countryside flattens out as you get nearer the sea.* 靠近海边的郊野地势平坦。○ *The storms have flattened crops all over the country.* 暴风雨席卷全国，吹倒了各处的作物。

☆**flat**[3] /flæt ‖ flæt/ *adv* **1** in a level position 平直地: *She lay flat on her back in the sunshine.* 她仰卧在阳光底下。○ *He fell flat on his face in the mud.* 他脸朝下扑倒在泥沼里。**2** lower than the correct note 低了调: *You're singing flat.* 你唱低了。☛ Look at **sharp**(9). 参看 **sharp**(9)。**3** (used for emphasizing how quickly sth is done 强调做事快捷) in exactly the time mentioned and no longer （所用时间）恰恰: *She can get up and out of the house in ten minutes flat.* 从起床到出门，她只花十分钟。

(IDIOMS 习语) **fall flat** (used about a joke, a story, an event, etc 指笑话、故事、事件等) to fail to produce the effect that you wanted 达不到预期效果

flat out as fast as possible; without stopping 全速；不停: *He's been working flat out for two weeks and he needs a break.* 他一口气干了两星期，也该休息一下了。

flat[4] /flæt ‖ flæt/ *noun* **1** [C] (*symbol* 符号 *b*) (in music 音乐) a note which is half a tone lower than the note with the same letter 降半音 ☛ Look at **sharp**. 参看 **sharp**。**2** [sing] **the flat (of sth)** the flat part or side of sth（某物的）平面/平坦部分: *the flat of your hand* 手掌 **3** [C] (*especially US* 尤为美) a tyre on a car, etc that has no air in it 漏气的轮胎

flatter /ˈflætə(r) ‖ ˈflætɚ/ *verb* [T] **1** to praise sb too much because you want to please him/her or because you want to get an advantage for yourself 恭维 **2** (usually passive 通常用于被动语态) to give pleasure or honour to sb 使高兴；使感到荣幸: *I felt very flattered when they gave me the job.* 我很高兴他们聘用我。**3 flatter yourself (that)** to choose to believe sth good about yourself although you may be wrong 自以为: *He flatters himself that he speaks fluent French.* 他自以为说得一口流利的法语。

flattering /ˈflætərɪŋ ‖ ˈflætərɪŋ/ *adj* making sb look or sound more attractive or important than he/she really is 使人显得比实际好看/重要

flattery /ˈflætərɪ ‖ ˈflætərɪ/ *noun* [U] praise that you do not really mean 恭维的话

flaunt /flɔ:nt ‖ flɔnt/ *verb* [T] to show sth that you are proud of so that other people will admire it 夸示

flautist /ˈflɔ:tɪst ‖ ˈflɔtɪst/ (*US* 美 **flutist**) *noun* [C] a person who plays the flute 吹长笛的人

☆**flavour** (*US* 美 **flavor**) /ˈfleɪvə(r) ‖ ˈflevɚ/ *noun* [C,U] **1** the taste and smell (of food)（食物的）味道: *Do you think a little salt would improve the flavour?* 你看搁点盐能不能提味？○ *ten different flavours of yoghurt* 十种不同味道的酸奶 ○ *yoghurt in ten different flavours* 十种不同味道的酸奶 **2** the particular quality or character of sth 特色；风味

flavour (*US* 美 **flavor**) *verb* [T] to give flavour to sth 调味: *strawberry-flavoured milk shake* 草莓味泡沫奶 ○ *I flavoured the soup with lemon and parsley.* 我在汤里加了柠檬、欧芹调味。

flavouring (*US* 美 **flavoring**) /ˈfleɪvərɪŋ ‖ ˈflevərɪŋ/ *noun* [C,U] something that you add to food or drink to give it a particular taste 调味品

flaw /flɔ: ‖ flɔ/ *noun* [C] **1** a mark or crack in an object that means that it is not perfect 瑕疵 **2** a mistake in sth that makes it not satisfactory 漏洞；破绽: *a flaw in an argument* 论点里的漏洞 **3** a bad quality in sb's character 性格上的缺点

flawed *adj* with a fault or weakness so that it is not perfect 有瑕疵；有缺点

flawless *adj* perfect 完美

flea /fli: ‖ fli/ *noun* [C] a very small jumping insect without wings that lives on animals, eg cats and dogs. Fleas bite people and animals and make them scratch. 跳蚤；跳虱

ˈ**flea market** *noun* [C] a market, often in a street, that sells old and used goods 跳蚤市场（专营旧货，通常露天）

fleck /flek ‖ flɛk/ *noun* [C] a tiny mark on sth; a tiny piece of sth 斑点；小片；碎屑

flee /fli: ‖ fli/ *verb* [I,T] (*pt*, *pp* **fled** /fled ‖ flɛd/) to run away or escape from sth 逃走: *When the hunter fired his gun the tiger turned and fled.* 猎人一放枪，老虎就转身逃走。○ *The man whom the police want to interview has fled the country.* 警方一直想盘问的那个男人已经逃到国外了。

fleet /fli:t ‖ flit/ *noun* [C, with sing or pl verb] **1** a group of ships or boats that are sailing together 船队 **2** a group of vehicles (especially taxis, buses or aircraft) that are travelling together or owned by one person（一同行走/同一人拥有的）一组交通工具（尤指出租汽车、公共汽车、班机）

☆**flesh** /fleʃ ‖ flɛʃ/ *noun* [U] **1** the soft part of a human or animal body (between the bones and under the skin)（人或动物的）肉 ☛ **Flesh** that we eat is called **meat**. 供食用的肉 (**flesh**) 叫做 **meat**。**2** the part of a fruit or vegetable that is soft and can be eaten 果肉；蔬菜的可食部分

flew *pt* of FLY[2] * FLY[2] 的过去时

flex[1] /fleks ‖ flɛks/ (*especially US* 美尤作 **cord**) *noun* [C,U] (a piece of) electric wire inside a plastic tube, used for carrying electricity to electrical equipment 花线/软线（用塑料套着的一种电源线）

> ☛ At the end of a flex there is a **plug** which you fit in to a **power point**. 花线的末端有插头 (**plug**)，插在插座 (**power point**) 上就可以通电。

flex[2] /fleks ‖ flɛks/ *verb* [T] to bend or move a leg, arm, muscle, etc in order to exercise it（为准备运动而）屈曲/活动（四肢、肌肉等）

flexible /'fleksəbl ‖ 'flɛksəbḷ/ *adj* **1** able to bend easily without breaking 柔韧 **2** that can change or be changed in order to suit different situations or conditions 灵活；有弹性 ☛ The opposite is **inflexible**. 反义词为 **inflexible**。—**flexibility** *noun* [U]

flick /flɪk ‖ flɪk/ *verb* **1** [I,T] to move, or to make sth move, with a quick sudden movement（使）迅速/轻快地移动: *The frog's tongue flicked out and caught the fly.* 青蛙的舌头一伸就把苍蝇逮住了。○ *She flicked the switch and the light came on.* 她一按开关，灯就亮了。**2** [T] to hit sb/sth lightly and quickly 急速地拍打

(PHRASAL VERBS 短语动词) **flick sth away; flick sth off sth** to remove sth with a quick movement of your hand or finger 手/手指快速活动以除去某物；弹去某物

flick/flip through sth to turn over the pages of a book, magazine, etc quickly 快速地翻阅（书本、杂志等）

flick *noun* [C] a quick sudden movement or light blow 急速的移动；轻拍

flicker /'flɪkə(r) ‖ 'flɪkɚ/ *verb* [I] **1** (used about a light or a flame 指灯光、火焰) to burn or shine in a weak or unsteady way 闪烁: *The candle flickered and went out.* 烛光摇曳，未几熄灭。**2** to move lightly and quickly up and down or backwards and forwards 轻轻地、快速地上下/前后活动: *His eyelids flickered for a second and then he lay still.* 他眼皮动了几下，就静静地躺着了。

flicker *noun* [C, usually sing] **1** a flickering movement 闪烁 **2** a slight feeling of sth 轻微的感觉: *a flicker of hope* 一线希望

flies /flaɪz ‖ flaɪz/ *noun pl* of FLY[3] * FLY[3] 的复数

☆**flight**[1] /flaɪt ‖ flaɪt/ *noun* **1** [C] a journey in an aeroplane, etc 空中的航行: *The captain and crew hope that you have enjoyed the flight.* 本机组祝阁下旅途愉快。○ *to book a flight* 预订机票 ○ *a direct flight* 直航 ○ *a scheduled flight* 班机 ○ *a charter flight* 包机 ○ *a manned space flight to Mars* 到火星去的载人飞行 **2** [C] an aeroplane that takes you on a particular journey 航班: *Flight number 340 from London to New York is boarding now* (= is ready for passengers to get on it). 由伦敦飞往纽约第340航班现在请乘客登机。**3** [U] the action of flying 飞行: *It's unusual to see swans in flight* (= when they are flying). 飞翔中的天鹅难得一见。**4** [C] a number of stairs or steps leading up or down 一段楼梯/台阶: *a flight of stairs* 一段楼梯

flight[2] /flaɪt ‖ flaɪt/ *noun* [C,U] the act of running away or escaping 逃跑

(IDIOM 习语) **put sb to flight** to make sb run away 逼走某人

flimsy /'flɪmzɪ ‖ 'flɪmzɪ/ *adj* (**flimsier; flimsiest**) **1** (used about material 指物料) light and thin 轻而薄 **2** (used about an object 指物体) not strong; easily broken 脆弱易损 **3** weak; not convincing you that it is true 薄弱；不足信: *He gave a flimsy excuse for his absence.* 他编了一个站不住脚的借口来作为缺席的原因。

flinch /flɪntʃ ‖ flɪntʃ/ *verb* [I] **1** to make a slight movement backwards because of sth painful or frightening（因痛楚、害怕而）向后缩 **2 flinch from sth/from doing sth** to avoid doing sth because it is unpleasant 避免做（令人不快的事情）: *She didn't flinch from telling him the whole truth.* 她没有回避，把真相全告诉他了。

fling[1] /flɪŋ ‖ flɪŋ/ *verb* [T] (*pt, pp* **flung** /flʌŋ ‖ flʌŋ/) to throw sb/sth suddenly or with great force 突然或狠狠地砸/推（某人/事物）: *He flung his book on the floor and rushed out.* 他把书扔在地上，然后跑了出去。

fling[2] /flɪŋ ‖ flɪŋ/ *noun* [C] a short period of fun and pleasure 转瞬即逝的享乐时光

flint /flɪnt ‖ flɪnt/ *noun* **1** [U] very hard grey stone that produces small flames (**sparks**) when you strike it against steel 燧石；火石（火花叫做 **spark**）**2** [C] a small piece of flint or metal that is used to produce sparks (for example in a cigarette lighter)（用于打火机等的）火石

flip /flɪp ‖ flɪp/ *verb* (flipping; flipped) **1** [I,T] to turn with a quick movement 快速翻动: *She flipped the book open and started to read.* 她把书本一翻开就看起来了。**2** [T] to throw sth into the air and make it turn over 往上抛让某物翻转: *Let's flip a coin to see who starts.* 咱们掷硬币来决定谁先谁后。**3** [I] (*informal* 非正式) to become very angry or excited 发狠；紧张起来

(PHRASAL VERB 短语动词) **flick/flip through sth** ⊏⊳ FLICK

flippant /'flɪpənt ‖ 'flɪpənt/ *adj* not serious or respectful enough about things that are important 轻率；轻佻

flipper /'flɪpə(r) ‖ 'flɪpɚ/ *noun* [C] **1** a flat limb that some sea animals use for swimming 鳍足/鳍状肢（某些海洋动物的游泳器官）**2** a rubber shoe shaped like an animal's flipper that people wear so that they can swim better (especially under water)（潜水用的）脚蹼: *a pair of flippers* 一双脚蹼

flipping /'flɪpɪŋ ‖ 'flɪpɪŋ/ *adj, adv* (*informal* 非正式) (used as a mild way of swearing 作温和的诅咒语): *When's the flipping bus coming?* 那可恶的公共汽车到底什么时候来？

flirt /flɜːt ‖ flɝt/ *verb* [I] **1** to behave in a way that suggests you find sb attractive and are trying to attract him/her 打情骂俏: *Who was that boy Irene was flirting with at the party?* 酒会里，艾琳跟他打情骂俏的那个小伙子是谁？**2 flirt with sth** to think about doing sth (but not very seriously)（不太认真地）想干某事

F

flirt *noun* [C] a person who often flirts 爱打情骂俏的人

flit /flɪt ‖ flɪt/ *verb* [I] (fli**tt**ing; fli**tt**ed) to fly or move quickly from one place to another 轻快地飞/移动

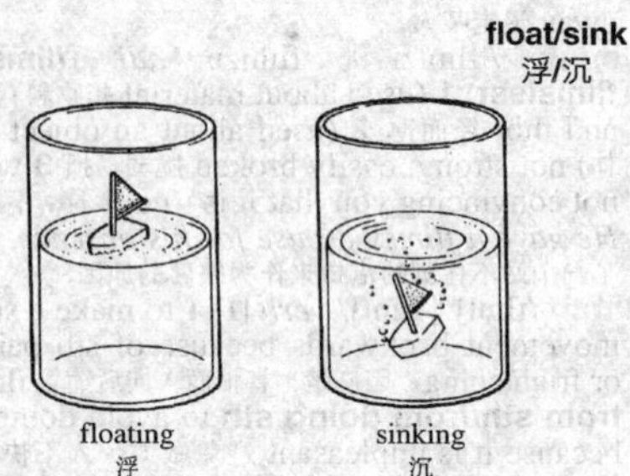

☆**float¹** /fləʊt ‖ flot/ *verb* [I] **1** to stay on the surface of a liquid and not sink; to move gently on the surface of a liquid 浮；浮动: *Cork floats in water.* 木塞浮在水上。○ *There was something floating near the bank of the river.* 河岸旁边漂浮着些什么。**2** to move slowly through the air 在空中飘悠: *A leaf floated gently down to the ground.* 一片叶子无声无息地落到地上。

floating *adj* not fixed; not living permanently in one place 不固定；漂泊: *London's floating population* 伦敦的流动人口 ○ *a floating voter* (= a person who does not always vote for the same political party) 无党派投票人；浮动选民

float² /fləʊt ‖ flot/ *noun* [C] **1** a light floating object used for helping people learn to swim（学游泳用的）浮板 **2** a light floating object used on a fishing-line or net（钓鱼用的）鱼漂/浮子 **3** a lorry or other vehicle that is decorated and used in a procession 花车

flock /flɒk ‖ flɑk/ *noun* [C] **1** a group of sheep, goats or birds 一群（绵羊/山羊/雀鸟）☛ Look at **herd**. 参看 **herd**。**2** a large number of people 一大群人: *Flocks of tourists visit London every summer.* 每逢夏天成批的游客都来伦敦观光。

flock *verb* [I] to gather or go somewhere in large numbers 群集；成群结队而行: *People are flocking to the exhibition in large numbers.* 参观展览的人络绎不绝。

flog /flɒg ‖ flɑg/ *verb* [T] (flo**gg**ing; flo**gg**ed) **1** (*informal* 非正式) to sell sth 出售 **2** to hit sb hard with a whip or stick as a punishment 鞭打/棒打（作为惩罚）

flogging *noun* [C,U] hitting sb with a whip or stick as a punishment 鞭打/棒打（作为惩罚）

☆**flood¹** /flʌd ‖ flʌd/ *verb* [I,T] **1** to fill a place with water; to be filled or overflow with water 淹没；泛滥: *The river burst its banks and flooded the village.* 河水决堤，淹没村庄。○ *The river Trent floods almost every year.* 特伦特河几乎年年泛滥。**2** (used about a thought, feeling, etc 指思想、感觉等) to fill sb's mind suddenly 突然充满心中: *At the end of the day all his worries came flooding back.* 到了晚上，一阵阵的顾虑又袭上了他的心头。

(PHRASAL VERB 短语动词) **flood in** to arrive in large numbers 如潮水般涌至: *Entries for the competition have been flooding in.* 参赛申请如潮水般涌来。

☆**flood²** /flʌd ‖ flʌd/ *noun* [C] **1** (*also* 亦作 **floods** [plural]) a large amount of water (from a river, the sea, etc) that covers an area which should be dry 洪水: *Many people have been forced to leave their homes because of the floods.* 很多人因为洪水被迫离开家园。**2** a large number or amount 大量: *She received a flood of letters after the accident.* 出事后，她收到如雪片般飞来的大量来信。○ *The little boy was in floods of tears* (= crying a great deal). 小男孩泪如泉涌。

floodlight /ˈflʌdlaɪt ‖ ˈflʌdˌlaɪt/ *noun* [C] a powerful light that is used for lighting sports grounds, the outside of public buildings, etc（用来照射体育场地、大厦外墙等的）泛光灯 ☛ picture at **football**. 见 **football** 插图。

floodlit /ˈflʌdlɪt ‖ ˈflʌdlɪt/ *adj* lit by floodlights 用泛光灯照明的: *a floodlit hockey match* 在泛光灯下进行的曲棍球比赛

☆**floor¹** /flɔ:(r) ‖ flɔr/ *noun* **1** [C, usually sing] the flat surface that you walk on indoors（室内的）地面: *Don't come in – there's broken glass on the floor!* 别进来，地板上有玻璃碎片！○ *There aren't enough chairs so some people will have to sit on the floor.* 座位不够，有的要坐在地上。○ *to sweep the floor* 扫地 ○ *a wooden floor* 木板地 ☛ Look at the note at **ground**. 参看 **ground** 的注释。**2** [C, usually sing] the ground or surface at the bottom of the sea, a forest, etc（海洋、树林等的）底部: *the ocean floor* 海底 **3** [C] a level in a building（楼房的）层；楼层: *Which floor is the men's department on, please?* 请问男装部在哪一层？☛ In Britain, the **ground floor** is the floor at street level, and the floor above is the **first floor**. 在英国英语中，地面的一层叫 **ground floor**，之上的一层叫 **first floor**。In US English the **first floor** is the floor at street level. 在美国英语中，地面的一层叫 **first floor**。

ˈ**floorboard** *noun* [C] one of the long wooden boards used to make a floor 铺在地面的长形木板；地板

floor² /flɔ:(r) ‖ flɔr/ *verb* [T] to surprise or completely confuse sb with a question or a problem（问题）把（某人）难倒

flop /flɒp ‖ flɑp/ *verb* [I] (flo**pp**ing; flo**pp**ed) **1** to move or fall in a heavy or an awkward way 笨拙地行动/倒下: *I was so tired that all I could do was to flop onto the sofa and watch TV.* 我累得只能够倒在沙发上看电视。**2** to hang down loosely 松散地垂下来: *I can't bear my hair flopping in my eyes.* 我不喜欢让头发垂到眼前。**3** (used about a book, film, record, etc 指书、电影、唱片等) to be unsuccessful with the public 未获广泛的欢迎；不畅销；不卖座

flop *noun* [C] **1** [usually sing] a floppy movement 笨拙的动作；凌乱的落下 **2** something that is not a success; a failure 失败: *Her first novel was very successful but her second was a*

F

flop. 她的第一部小说很受欢迎，第二部却是失败之作。

floppy /ˈflɒpɪ ‖ ˈflɑpɪ/ *adj* (**floppier**; **floppiest**) soft, loose and hanging downwards; not stiff 松软；下垂的: *a floppy hat* 松软的帽子

ˌ**floppy** ˈ**disk** (*also* 亦作 **floppy**; **diskette**) *noun* [C] a square piece of plastic that can store information for a computer 软磁盘: *Don't forget to back up your files onto a floppy disk.* 别忘了复制档案，存在软磁盘里。☛ picture on page A26. 见第 A26 页插图。Look at **hard disk**. 参看 **hard disk**。

flora /ˈflɔːrə ‖ ˈflɔrə/ *noun* [plural] all the plants growing in a particular area 某一地区的植物: *He's studying the flora and fauna* (= the plants and animals) *of South America.* 他正在研究南美洲的动植物。☛ Look at **fauna**. 参看 **fauna**。

floral /ˈflɔːrəl ‖ ˈflɔrəl/ *adj* decorated with a pattern of flowers, or made with flowers 由花构成；用花卉图案装饰

florist /ˈflɒrɪst; *US* 美 ˈflɔːr- ‖ ˈflɔrɪst/ *noun* [C] a person who has a shop that sells flowers 花商 ☛ The shop itself is called **the florist's** 卖花的店铺叫做 **the florist's**: *I bought her a bunch of flowers at the florist's.* 我在花店里给她买了一束花。

flounder /ˈflaʊndə(r) ‖ ˈflaʊndɚ/ *verb* [I] **1** to move with difficulty or to struggle (eg when you are trying not to sink in water) 举步为艰；挣扎（如在水中）**2** to find it difficult to speak or act in a suitable way (usually in an awkward situation) 不知道该说/做什么（常因处境窘迫）

☆**flour** /ˈflaʊə(r) ‖ flaʊr/ *noun* [U] a fine powder made from wheat or other grain and used for making breads, cakes, biscuits, etc 面粉；其他谷物磨成的粉末

flourish /ˈflʌrɪʃ ‖ ˈflʌrɪʃ/ *verb* **1** [I] to be strong and healthy; to develop in a successful way 勃兴；茁壮生长: *These plants flourish in a sunny position.* 这些植物在向阳的地方长得特别茂盛。○ *a flourishing new sports centre* 办得成功的新体育中心 **2** [T] to wave sth in the air so that people will notice it 挥舞某物（以吸引注意）

flourish *noun* [C, usually sing] a movement that you make to attract attention 用来引起注意的动作；炫耀性的举动

flout /flaʊt ‖ flaʊt/ *verb* [T] to refuse to obey or accept sth 拒不服从/接受: *to flout the rules of the organization* 无视会章 ○ *to flout sb's advice* 对某人的意见拒不接受

☆**flow** /fləʊ ‖ flo/ *verb* [I] **1** to move in a smooth and continuous way (like water)（如潮水般）源源不绝地移动: *This river flows south into the English Channel.* 这条河向南流入英吉利海峡。○ *a fast-flowing stream* 湍急的溪流 ○ *It was three hours before the traffic began to flow normally after the accident.* 事故发生三个小时后，交通才恢复正常。○ *People have been steadily flowing out of the country since the trouble began.* 动乱发生后，民众不断流向国外。**2** (used about hair and clothes 指头发、衣服) to hang down in a loose way 松散地垂下来: *a long flowing dress* 飘逸的长裙

flow *noun* [sing] **1** a steady, continuous movement of sth/sb 源源不绝的移动/流动: *There's a steady flow of young people from the country to the towns.* 农村的年青人不断流入城市。**2** a supply of sth 源；来源: *Press hard on the wound to stop the flow of blood.* 用力按住伤口，不让血流出来。○ *a flow of information between the school and the parents* 学校和学生家长之间的信息交流

☆**flower** /ˈflaʊə(r) ‖ ˈflaʊɚ/ *noun* [C] **1** the beautiful coloured part of a plant or tree from which seeds or fruit grow 花

> ☛ A flower consists of several **petals**. 花有花瓣 (**petal**)。It grows from a **bud** on the end of a **stem**. 花梗 (**stem**) 末端的花蕾 (**bud**) 长出花来。

2 a plant that is grown for its flowers; a flower and its stem 开花植物；带梗的花: *She grows a lot of flowers but no vegetables.* 她栽了很多花，可没有种菜。○ *a lovely bunch of flowers* 一束美丽的花朵

> ☛ We **pick** flowers and **arrange** them in a vase. Flowers that are given or carried on a special occasion are called a **bouquet**. 采摘 (**pick**) 花朵后可以适当搭配着插放 (**arrange**) 瓶中。在特定的场合送人、献上或捧着的花束叫做 **bouquet**。

flower *verb* [I] to produce flowers 开花: *This plant flowers in late summer.* 这种植物在晚夏开花。

flowery *adj* **1** covered or decorated with flowers 铺着/饰上花朵: *a flowery dress, hat, wallpaper, etc* 花裙；花帽；有花的墙纸… ☛ picture at **pattern**. 见 **pattern** 插图。**2** (used about a style of speaking or writing 指说话或写作的风格) using long, difficult words 堆砌辞藻

ˈ**flower-bed** (*also* 亦作 **bed**) *noun* [C] a piece of ground in a garden or park where flowers are grown 花圃；花坛

ˈ**flower-pot** *noun* [C] a pot in which a plant can be grown 花盆 ☛ picture at **pot**. 见 **pot** 插图。

flown *pp* of FLY[2] * FLY[2] 的过去分词

flu /fluː ‖ flu/ (also *formal* 正式 **influenza**) *noun* [U] an illness that is like a bad cold but more serious. You usually have a temperature and your arms and legs ache 流行性感冒；流感: *The whole family has got flu.* 全家都患了流感。○ *They're in bed with flu.* 他们都患了流感，在卧床休息。○ *There's a lot of flu about* (= a lot of people have got it). 当前流感盛行。

fluctuate /ˈflʌktʃʊeɪt ‖ ˈflʌktʃʊˌet/ *verb* [I] **fluctuate (between A and B)** (used about prices and numbers, or people's feelings 指价格、数字、感情) to change frequently from one thing to another 波动: *The number of students fluctuates between 100 and 150.* 学生的数目在100和150人之间波动。○ *Many people find*

F

that their moods fluctuate with the weather. 许多人都觉得心情会随着天气的阴晴而变化。—**fluctuation** /ˌflʌktʃʊ'eɪʃn ‖ ˌflʌktʃʊ'eʃən/ *noun* [C,U]

fluent /'flu:ənt ‖ 'fluənt/ *adj* **1 fluent (in sth)** able to speak or write a language easily and accurately 谙熟（某种语言）: *After a year in France she was fluent in French.* 她在法国呆了一年已经能说流利的法语。**2** (used about speech, reading or writing 指说话、文章) expressed in a smooth and accurate way 流利；流畅: *He speaks fluent German.* 他的德语说得流利。—**fluency** /'flu:ənsɪ ‖ 'fluənsɪ/ *noun* [U] —**fluently** *adv*

fluff /flʌf ‖ flʌf/ *noun* [U] **1** small pieces of waste material (from woollen clothes, etc) that form into balls and collect under furniture, in the corners of a room, etc or on people's clothes（积聚在衣物表面等的）软毛/绒毛/毛球 **2** the soft new fur on young animals or birds（幼兽/雏鸟身上的）又嫩又软的毛；氄毛

fluffy *adj* (**fluffier**; **fluffiest**) very soft and light like fur 像软毛般轻软: *a fluffy jumper* 松软的套衫

fluid /'flu:ɪd ‖ 'fluɪd/ *noun* [C] a substance that can flow; a liquid 流体；液体: *The doctor told her to drink plenty of fluids.* 医生劝她多吃流质。○ *body fluids* 体液 ○ *cleaning fluids* 去污液

fluid *adj* **1** able to flow like a liquid 液态的；可流动 **2** (used about plans, etc 指计划等) able or likely to be changed 未落实；可变

ˌfluid ˈounce *noun* [C] (*abbr* 缩写 **fl oz**) a measure of liquid; in Britain, 0·0284 of a litre; in the USA, 0·0295 of a litre. 液盎斯（液体的容量单位，在英国相当于0.0284升；在美国相当于0.0295升。）Look at Appendix 2. 参看附录二。

fluke /flu:k ‖ fluk/ *noun* [C, usually sing] (*informal* 非正式) something good that happens by accident, not because you have been clever or skilful 侥幸的成功: *The result was not a fluke. The better team won.* 这比赛结果不是偶然的，而是强者得胜。

flung *pt, pp* of FLING[1] ＊ FLING[1] 的过去时及过去分词

fluorescent /flɔ:'resnt ‖ ˌfluə'rɛsn̩t/ *adj* **1** shining with a particular kind of hard white light 发出荧光的: *People often have fluorescent lighting in the kitchen.* 不少人在厨房里装上荧光灯。**2** very bright; seeming to shine 耀眼的: *fluorescent pink socks* 鲜艳的粉红色短袜

fluoride /'flɔ:raɪd; *US* 美 'flʊər- ‖ 'fluəˌraɪd/ *noun* [U] a chemical substance that can be added to water or toothpaste to help prevent tooth decay 氟化物（加在水/牙膏里防止蛀牙）

flurry /'flʌrɪ ‖ 'flʌrɪ/ *noun* [C] (*pl* **flurries**) **1** a small amount of wind, rain or snow that comes suddenly 突然而来的小阵风/雨/雪 **2** a short sudden burst of activity or feelings 一阵频繁的活动/高涨的情绪: *a flurry of excitement* 一阵兴奋

flush[1] /flʌʃ ‖ flʌʃ/ *verb* [I] (used about a person or his/her face 指人或脸孔) to go red 飞红: *Susan flushed and could not hide her embarrassment.* 苏珊窘得涨红了脸。

flush *noun* [C, usually sing] a rush of blood to the face that makes it look red 红晕

flushed *adj* with a hot red face 涨红着脸: *You look very flushed. Are you sure you're all right?* 看你满脸通红，真的没事吗？

flush[2] /flʌʃ ‖ flʌʃ/ *verb* **1** [T] to clean a toilet by pressing or pulling a handle that sends a stream of water into the toilet 抽水冲洗（马桶）: *Please remember to flush the toilet.* 别忘了冲马桶。**2** [I] (used about a toilet 指马桶) to be cleaned with a stream of water 放水冲干净: *The toilet won't flush.* 马桶冲不了水啦。**3** [T] **flush sth away, down, etc** to get rid of sth in a stream of water 把（某物）冲掉: *You can't flush tea-leaves down the sink – they'll block it.* 不要把茶叶渣倒到洗涤槽里去，要不然，会把它堵死的。

fluster /'flʌstə(r) ‖ 'flʌstɚ/ *verb* [T] (usually passive 通常用于被动语态) to make sb feel nervous and confused (because there is too much to do or not enough time) 令人慌乱（因为工作太多或时间不够）: *Don't get flustered – there's plenty of time.* 别手忙脚乱，时间多着呢。

flute 长笛　recorder 竖笛

flute /flu:t ‖ flut/ *noun* [C] a musical instrument like a pipe that you hold sideways and play by blowing over a hole at one side 长笛 —**flutist** /'flu:tɪst ‖ 'flutɪst/ *noun* [C] (*US* 美) = FLAUTIST

flutter /'flʌtə(r) ‖ 'flʌtɚ/ *verb* **1** [I,T] to move up and down or from side to side quickly and lightly; to make sth move in this way（使）轻快地上下/左右摇动: *The flags were fluttering in the wind.* 旗帜在风中飘扬。○ *The bird fluttered its wings and tried to fly.* 小鸟振翅欲飞。**2** [I] to move lightly through the air（在空中）飘动: *The dead leaves fluttered to the ground.* 枯叶飘落到地上。**3** [I] when your heart or stomach flutters, you are feeling nervous and excited（心脏或肚子因紧张、兴奋而）快速跳动

flutter *noun* [C, usually sing] **1** a quick, light movement 轻快的动作 **2** a state of nervous excitement 激动: *I always get in a flutter before I go on holiday.* 每逢度假前，我总是很兴奋。

☆**fly**[1] /flaɪ ‖ flaɪ/ *verb* (*pres part* **flying**; *3rd pers* *sing pres* **flies**; *pt* **flew** /fluː ‖ flu/; *pp* **flown** /fləʊn ‖ flon/) **1** [I] (used about a bird, insect, aeroplane, etc 指鸟类、昆虫、飞机等) to move through the air 飞: *This bird has a broken wing and cannot fly.* 小鸟折了一只翅膀，飞不了啦。○ *I can hear a plane flying overhead.* 我听见有飞机在头上飞过。**2** [I,T] to travel in or to carry sth in an aeroplane, etc 坐飞机；空运: *My daughter is flying (out) to Singapore next week.* 下星期，我女儿会坐飞机到新加坡去。○ *Supplies of food were flown (in) to the starving people.* 飞机把食粮运来给饥民。**3** [I,T] (used about a pilot 指飞机师/飞行员等) to control an aeroplane, etc 驾驶（飞机等）: *You have to have special training to fly a jumbo jet.* 只有受过专门训练，才可以驾驶巨型喷气式飞机。**4** [T] to travel over an area of land or sea by flying 飞越陆地/海洋: *Concorde can fly the Atlantic in three hours.* 协和式飞机只花三个小时就越过大西洋。**5** [I] to move quickly or suddenly 急速或突然移动/行动: *It's late. I must fly.* 太晚了，我得赶快走。○ *A large stone came flying through the window.* 打窗口飞进来一块大石头。**6** [I] (used about time 指时间) to pass quickly 飞逝: *The weekend has just flown (by) and now it's Monday again.* 周末匆匆而过，转眼又到星期一了。**7** [I,T] to move about in the air; to make sth move about in the air （使）飘扬: *The flags are flying.* 旗帜迎风飘扬。○ *Let's go and fly our kite!* 咱们放风筝去！☛ The noun from fly is **flight**. * fly 的名词为 **flight**。

(IDIOMS 习语) **as the crow flies** ⇨ CROW[1]

fly off the handle (*informal* 非正式) to become very angry 冒火

let fly (at sb/sth) **1** to shout angrily at sb 怒骂（某人）: *My parents really let fly at me when I got home late.* 我回家晚了，叫爸妈痛骂了一顿。**2** to attack sb in anger 怒打（某人）: *She let fly at him with her fists.* 她打了他几拳。

☆**fly**[2] /flaɪ ‖ flaɪ/ *noun* [C] (*pl* **flies**) a small insect with two wings 苍蝇: *There were flies buzzing round the dead cow.* 一群苍蝇绕着那条牛的尸体嗡嗡地转。☛ picture at **insect**. 见 **insect** 插图。

fly[3] /flaɪ ‖ flaɪ/ *noun* [C] (*also* 亦作 **flies** [plural]) a flap of cloth that covers the zip or buttons on the front of a pair of trousers 裤子上遮盖着拉链或钮扣的布料: *Henry, your flies are undone.* 亨利，你的拉链没拉上。

flying /ˈflaɪɪŋ ‖ ˈflaɪɪŋ/ *adj* able to fly 能飞: *flying insects* 飞虫

(IDIOMS 习语) **with flying colours** with great success; very well 很成功；出色: *Martin passed the exam with flying colours.* 马丁考得很好。

get off to a flying start to begin sth well and so get some advantage 一起步就占了优势；有好的开始

flying *noun* [U] travelling in an aeroplane, etc 坐飞机等: *I don't like flying.* 我不喜欢坐飞机。

ˌ**flying** ˈ**visit** *noun* [C] a very quick visit 短暂的访问: *I can't stop. This is just a flying visit.* 我待不长，坐一会儿就走。

flyover /ˈflaɪəʊvə(r) ‖ ˈflaɪˌovɚ/ (*Brit* 英) (*US* 美 **overpass**) *noun* [C] a type of bridge that carries a road over another road 立体交叉；立交桥

foal /fəʊl ‖ fol/ *noun* [C] a young horse 马驹子 ☛ Look at the note at **horse**. 参看 **horse** 的注释。

foam /fəʊm ‖ fom/ *noun* [U] **1** a mass of small white bubbles that are formed when air and a liquid are mixed together 泡沫: *white foam on the tops of the waves* 雪白的浪花 **2** an artificial substance that looks like foam 像泡沫的人造物质: *shaving foam* 刮脸膏 **3** (*also* 亦作 ˌ**foam** ˈ**rubber**) soft rubber or plastic that is used inside seats, cushions, etc（座位、垫子等里的）泡沫橡胶

foam *verb* [I] to produce foam 起泡沫: *The dog was foaming at the mouth.* 这只狗口吐白沫。

fob /fɒb ‖ fɑb/ *verb* (fo**bb**ing; fo**bb**ed)

(PHRASAL VERB 短语动词) **fob sb off (with sth)**; **fob sth off on sb** to try to give sb something that is not suitable or that is not what he/she wants 硬要某人接受（不适用/不需要的东西）: *Don't try to fob me off with that old car – I want a new one.* 请不要硬塞给我这辆旧车，我要的是新车。○ *Don't try and fob that old car off on me.* 你不要用这辆旧车来蒙骗我。

focal point /ˈfəʊkl pɔɪnt ‖ ˈfokḷ pɔɪnt/ *noun* [sing] the centre of interest or activity 兴趣所在；活动中心

focus /ˈfəʊkəs ‖ ˈfokəs/ *noun* [C] (*pl* **focuses**) **1** the point at which rays of light meet or from which they appear to come（光线会聚的）焦点 **2** [usually sing] the centre of interest or attention; special attention that is given to sb/sth 兴趣/视线所在；对…的注意: *The school used to be the focus of village life.* 在以前，学校往往是农村生活的中心地点。○ *Tonight our focus will be on modern jazz.* 今天晚上，我们的重点是现代爵士音乐。

(IDIOM 习语) **in focus/out of focus** (used about a photograph or sth in a photograph 指照片或照片里的东西) clear/not clear 清楚；模糊: *It's a shame. Tony's face is out of focus on this photo.* 真可惜，托尼的面孔照得不清楚。

focus *verb* (focu**s**ing; focu**s**ed or focu**ss**ing; focu**ss**ed) **focus (sth) (on sth)** **1** [T] to direct rays of light onto one particular point 聚焦 **2** [I,T] to be or become able to see clearly; to adjust your eyes so that you can see clearly（变得）能看清楚；调节眼睛的焦距以便看清楚: *Gradually his eyes focussed.* 他渐渐看清楚了。○ *She focussed her eyes on the page.* 她的眼睛盯着那一页。**3** [I,T] to adjust a camera so that the picture that you are taking will be clear 调节相机的焦距: *I focussed on the person in the middle of the group.* 我把焦点对准站在人群中央的那个人。**4** [I,T] to give all your attention to sth 把注意力集中/全部放在…上: *to focus on a problem* 把注意力放在一个问题上 ○ *to focus attention on a problem* 把注意力放在一个问题上

fodder /ˈfɒdə(r) ‖ ˈfɑdɚ/ *noun* [U] food that is given to farm animals 饲料

F

foe /fəʊ ‖ fo/ *noun* [C] (*formal* 正式) an enemy 敌人

foetus (*US* 美 **fetus**) /ˈfiːtəs ‖ ˈfitəs/ *noun* [C] (*pl* **foetuses**; **fetuses**) a young human or animal that is still developing in its mother's body（人或动物的）胎/胎儿 ☛ An **embryo** is at an earlier stage of development. 先有胚胎 (**embryo**)，才有胎儿。

☆**fog** /fɒg; *US* 美 fɔːg ‖ fɔg/ *noun* **1** [U] thick cloud that forms close to or just above the land or sea. Fog makes it difficult for us to see 浓雾: *Patches of dense fog are making driving dangerous.* 浓雾重重，驾驶容易肇祸。○ *The fog had lifted/cleared by midday.* 到正午时分，雾已散去。

> ☛ **Fog** is thicker than **mist**. * **fog** 是雾，**mist** 是薄雾/霭。**Haze** is caused by heat. 霾 (**haze**) 来自热气。**Smog** is caused by pollution. 烟雾 (**smog**) 来自废气。Look at the note at **weather**. 参看 **weather** 的注释。

2 [C] a period of fog 雾天: *Bad fogs are common in November.* 十一月多雾的日子很常见。

foggy *adj* (**foggier**; **foggiest**) used to describe the weather when there is a fog 雾气沉沉: *a foggy morning* 浓雾弥漫的早上

(IDIOM 习语) **not have the faintest/foggiest (idea)** ➯ FAINT

foil[1] /fɔɪl ‖ fɔɪl/ *noun* [U] metal that has been rolled or beaten into very thin sheets, often used when you are wrapping or cooking food 箔: *tin/aluminium foil* 锡纸；铝箔

foil[2] /fɔɪl ‖ fɔɪl/ *verb* [T] to prevent sb from succeeding or from carrying out his/her plans; to prevent a plan from succeeding 阻挠；阻碍: *The prisoners tried to escape but all their attempts were foiled.* 那些囚犯设法越狱，但多次尝试都被挫败了。

foist /fɔɪst ‖ fɔɪst/ *verb*

(PHRASAL VERB 短语动词) **foist sth on/upon sb** to force sb to accept sth that he/she does not want 强迫某人接受

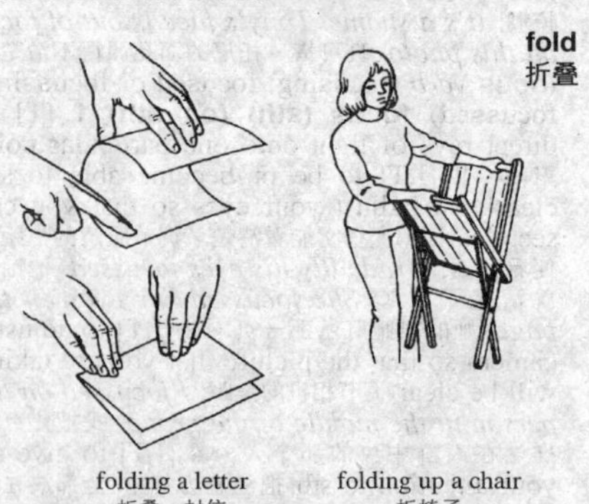

fold 折叠

folding a letter 折叠一封信

folding up a chair 折椅子

☆**fold** /fəʊld ‖ fold/ *verb* **1** [T] **fold sth (up)** to bend one part of sth over another part in order to make it smaller, tidier, etc 折叠: *He folded the letter into three before putting it into the envelope.* 他把信纸叠了三折，然后才放在信封里。○ *Fold up your clothes neatly, please.* 请把衣服折叠整齐。☛ The opposite is **unfold**. 反义词为 **unfold**。**2** [I] **fold (up)** to be able to be folded in order to be easier to carry or to store 可以折叠: *This garden table folds up flat.* 这张放在花园里的桌子可以折叠起来。○ *a folding bed* 折叠床 **3** [I] **fold (up)** (used about a business, a play in the theatre, etc 指企业、戏剧等) to close because it is unsuccessful 因失败而结束；停业/演

(IDIOM 习语) **cross/fold your arms** ➯ ARM[1]

fold *noun* [C] **1** the mark or line where sth has been folded 褶纹（经折叠留下的痕迹）**2** a curved shape that is made by a piece of material, etc that has been folded 褶纹（经折叠而形成的纹）；褶子: *the folds of a dress* 裙子上的褶

folder /ˈfəʊldə(r) ‖ ˈfoldɚ/ *noun* [C] **1** a cardboard or plastic cover that is used for holding papers, etc 文件夹；纸夹 **2** a collection of information or files on one subject that is stored in a computer or on a disk（计算机中或磁盘上储存资料/文件的）折合库；（虚拟存储的）页面叠

foliage /ˈfəʊlɪɪdʒ ‖ ˈfolɪɪdʒ/ *noun* [U] (*formal* 正式) all the leaves of a tree or plant 一棵树/植物的所有叶子

folk /fəʊk ‖ fok/ *noun* **1** [plural] (*US* 美 **folks**) (*informal* 非正式) people in general（泛指）人: *Some folk are never satisfied.* 有些人贪得无厌。**2** [plural] a particular type of people 某一类的人: *Old folk often don't like change.* 老年人不爱变化。○ *country folk* 乡下人 **3 folks** [plural] (*informal* 非正式) your parents or close relatives 父母；家人: *How are your folks?* 您家里人都好吗？

folk *adj* traditional in a community; of a traditional style 民间；民俗；传统: *Robin Hood is an English folk hero.* 罗宾汉是英格兰的民间英雄。○ *folk music* 民间音乐 ○ *a folk song* 民歌

ˈ**folklore** /ˈfəʊklɔː(r) ‖ ˈfokˌlor/ *noun* [U] (the study of) the traditional stories and beliefs 流传在民间的故事和信仰；民俗学

☆**follow** /ˈfɒləʊ ‖ ˈfɑlo/ *verb* **1** [I,T] to come, go or happen after sb/sth 跟在…的后面；发生在…之后: *You go first and I'll follow (on) later.* 你先走，我随后就来。○ *The dog followed her wherever she went.* 她走到哪儿，那条狗就跟到哪儿。○ *The crash was followed by a scream and then there was silence.* 撞车之后一声尖叫，其后就寂静无声了。○ *The news will be followed by a programme on the situation in West Africa.* 新闻报道后，接下去是有关西非局势的节目。○ *We had steak followed by fresh fruit.* 吃过了肉排，还有新鲜水果。**2** [T] to go after sb in order to catch him/her 跟踪；追捕: *Go a bit slower! I think the police are following us!* 走慢一点儿！我看咱们被警察跟上了！**3** [T] to go along a road, etc; to go in the same direction as sth 沿着某条路…；向着同一方向: *Follow this road for a mile and then turn right at the pub.* 沿着这条路走一英里，到了酒吧再向右拐。○ *The road follows the river* *for a few miles.* 公路一直顺着河岸几英里。**4** [T] to accept advice, instructions, an example, etc and do what you have been told or shown to do 听从；效法: *When lighting fireworks, it is important to follow the instructions carefully.* 燃放烟火，必须遵从指示。○ *She always follows the latest fashions.* 她爱赶时髦。**5** [I,T] to understand the meaning of sth 领会: *I'm sorry, I don't follow.* 对不起，我听不明白。○ *The children couldn't follow the plot of that film.* 孩子们看不明白这部电影。**6** [T] to watch or listen to sb/sth very carefully 留心看；倾听: *You'll have to follow what he says very carefully if you want to understand it.* 他的话你要留心听才听得明白。**7** [T] to take an active interest in sth 关注: *Have you been following the tennis championships?* 你有没有留意网球锦标赛的消息？**8** [I] **follow (on) (from sth)** to happen as a result of sth; to be the necessary result of sth 因…而起；是…的必然结果: *It doesn't follow that old people can't lead active lives.* 不能因此就说，老年人不能过活跃的生活。**9** [T] to happen in the planned or expected way 按照安排了的/预期的方式发生: *The day's events followed the usual pattern.* 这天的赛事如常举行。

(IDIOMS 习语) **as follows** (used for introducing a list 用以引出一系列的人/事物): *The names of the successful candidates are as follows ...* 及格考生名单如下：

follow sb's example/lead to do what sb else has done or decided to do 追随某人的榜样

follow suit to do the same thing that sb else has just done 效法；跟着做

(PHRASAL VERBS 短语动词) **follow sth through** to continue doing sth until it is finished 干到底

follow sth up **1** to take further action about sth 对某事采取进一步行动: *You should follow up your letter with a phone call.* 你应该去信之后再去电话。**2** to find out more about sth 进一步了解: *We need to follow up the story about the school.* 我们需要继续报道这条学校新闻。

follower *noun* [C] a person who follows or supports a person, belief, etc 追随者；信徒

ˈ**follow-up** *noun* [C] something that is done to continue sth 后续行动: *As a follow-up to the television series, the BBC is publishing a book on the subject.* 英国广播公司播放完这套电视节目后，即将出版一本有关的书。

following /ˈfɒləʊɪŋ ‖ ˈfɑləwɪŋ/ *adj* **1** next (in time)（时间上）接着: *He was taken ill on Sunday and died the following week.* 他是星期天害的病，在接着那个星期里就死了。**2** (in a list) that I will mention now 下列的: *Please could you bring the following items to the meeting...* 请带下列东西开会：☛ We can also use **the following** as a noun * **the following** 亦可作名词: *The following are the winners of the competition...* 得胜者名单如下：

following *noun* [sing] a group of people who support or admire sth（统称）追随者/支持者: *Buddhism has quite a large following in Japan.* 日本有很多佛教徒。

following *prep* after; as a result of 之后；由于: *Following the riots many students have been arrested.* 骚乱过后，很多学生被拘捕。

folly /ˈfɒlɪ ‖ ˈfɑlɪ/ *noun* [C,U] (*pl* **follies**) (*formal* 正式) a foolish act 愚蠢的行为: *It would be folly to ignore their warnings.* 谁不理会他们的警告，谁就是傻瓜。

☆**fond** /fɒnd ‖ fɑnd/ *adj* **1** (not before a noun 不用于名词前) **fond of sb/sth; fond of doing sth** liking a person or a thing, or liking doing sth 喜欢某人/某事物；喜欢干某事: *We're all very fond of Mrs Simpson.* 我们都很喜欢辛普森太太。○ *He's a good cook. I'm especially fond of his chicken casserole.* 他对烹调真有一手，我特别爱吃他那沙锅鸡。○ *I'm not very fond of staying up late.* 我不爱熬夜。**2** (only *before* a noun 只用于名词前) kind and loving 柔情的；可爱: *I have fond memories of both my aunts.* 我那两个姑母给我留下了温馨的回忆。**3** (only *before* a noun 只用于名词前) wished or hoped for but unlikely to come true 难以实现的: *She had a fond belief that David would come back.* 她对戴维准会回来还抱有幻想。

fondly *adv* **1** in a loving way 怀着深情；充满感情 **2** in a foolish way 愚蠢地: *I fondly imagined that you liked me.* 我真傻，还以为你喜欢我。

fondness *noun* [U] a liking for sb/sth（对人或事物的）喜爱

fondle /ˈfɒndl ‖ ˈfɑndl/ *verb* [T] to touch or stroke sb/sth in a loving way 爱抚；抚摩

☆**food** /fuːd ‖ fud/ *noun* **1** [U] something that people, animals or plants take into their bodies in order to keep them alive and healthy 养料；食物: *Plants get food from the soil.* 植物从泥土里吸收养分。○ *There is a shortage of food in some areas.* 有些地区缺乏食物。**2** [C,U] a particular type of food that you eat 某类食物: *baby food* 婴儿食品 ○ *We eat a lot of health foods.* 我们吃了很多保健食品。○ *food and drink* 食物和饮料

ˈ**food poisoning** *noun* [U] an illness that is caused by eating food that is bad 食物中毒

ˈ**food processor** *noun* [C] an electric machine that can mix food and also cut or slice food into small pieces 食物切碎机；食物搅拌机

ˈ**foodstuff** *noun* [C, usually pl] a substance that is used as food 食物: *There has been a sharp rise in the cost of basic foodstuffs.* 基本食品一直在急速涨价。

☆**fool** /fuːl ‖ ful/ *noun* [C] a person who is silly or who acts in a silly way 蠢人: *I felt such a fool when I realized my mistake.* 到我发现自己的错误时才觉得自己真是一个大傻瓜。○ *She was fool enough to believe it when he said that he loved her.* 他说爱她，她竟傻里傻气地信以为真。☛ Look at **April Fool**. 参看 **April Fool**。

(IDIOM 习语) **make a fool of sb/yourself** to make sb/yourself look foolish or silly 愚弄某人；表现得愚蠢

fool *verb* **1** [T] to trick sb 骗；欺哄: *Don't be fooled into believing everything that the salesman says.* 别让推销员把你骗得糊里糊涂的，他说什么你就信什么。**2** [I] to speak without being serious 开玩笑: *You didn't really believe me when I said I was going to America, did you? I was only fooling.* 你不会真的以为我要到美国去吧？我只是说说罢了，可别当真。

(PHRASAL VERB 短语动词) **fool about/around** to behave in a silly way 干傻事: *Stop fooling around with that knife or someone will get hurt!* 那把刀子玩不得，伤了人才糟糕呢！

foolhardy /ˈfuːlhɑːdɪ ‖ ˈfulˌhɑrdɪ/ *adj* taking unnecessary risks 有勇无谋；鲁莽

☆**foolish** /ˈfuːlɪʃ ‖ ˈfulɪʃ/ *adj* **1** silly; not sensible 愚蠢；荒谬: *I was foolish enough to trust him.* 是我太傻，信了他的话。**2** looking silly or feeling embarrassed 傻里傻气；发窘的: *He felt rather foolish when he couldn't start his motor cycle in front of his friends.* 他在朋友跟前开动不了摩托车，叫他直发窘。—**foolishly** *adv* —**foolishness** *noun* [U]

foolproof /ˈfuːlpruːf ‖ ˈfulˈpruf/ *adj* not capable of going wrong or being wrongly used 不会出毛病/被误用的: *Our security system is absolutely foolproof.* 我们的保安系统绝对可靠。

☆**foot**[1] /fʊt ‖ fʊt/ *noun* [C] (*pl* **feet** /fiːt ‖ fit/) **1** the lowest part of the leg, below the ankle, on which a person or animal stands（人或动物的）脚: *She rose to her feet* (= she stood up). 她站了起来。○ *What size feet have you got?* 你的脚有多大？○ *big/small feet* 大/小脚板 ○ *wide/narrow feet* 宽/窄脚板 ○ *She sat by the fire and the dog sat at her feet.* 她坐在暖炉旁，小狗伏在她的脚边。○ *a foot brake* (= one that is operated by your foot) 脚煞车

☛ When you walk somewhere you go **on foot**. 走路叫 **on foot**。The nails on your feet are called **toe-nails**. 趾甲叫 **toe-nail**。If you have no shoes or socks on you are **barefoot** or **in bare feet**. 没穿鞋子、没穿袜子叫 **barefoot** 或 **in bare feet**。

2 the part of a sock, etc into which you put your foot 穿在脚腕以下部分的袜子 **3** (*abbr* 缩写 **ft**) a measure of length; 30·48 centimetres. There are 12 inches in a foot, and 3 feet in a yard 英尺（长度单位，相当于30.48厘米；1英尺 = 12英寸；1码 = 3英尺）: *'How tall are you?' 'Five foot two (inches).'* "你有多高？" "五英尺二（英寸）。" ○ *a six-foot high wall* 六英尺高的墙 ☛ The plural can be **feet** or **foot**. 复数为 **feet** 或 **foot**。**4** [sing] the bottom of sth 底部: *There's a note at the foot of the page.* 页底有注释。○ *sitting at the foot of the stairs* 坐在楼梯最下面的部分 ☛ The opposite is **top**. 反义词为 **top**。**5** [sing] the end of a bed where the feet go 床尾 ☛ The opposite is **head**. 反义词为 **head**。

(IDIOMS 习语) **find your feet** ⇨ FIND

get/have cold feet ⇨ COLD[1]

put your foot down (*informal* 非正式) to say firmly that sth must (not) happen 坚持让/不容许某事发生: *Susan put her foot down and said that the children could only watch an hour of television each evening.* 苏珊坚持孩子每晚只能看一个钟头电视。

put your foot in it (*informal* 非正式) to say or do sth that upsets or embarrasses sb 说出冒犯别人/令人发窘的话；做出冒犯别人/令人发窘的事

set foot in/on sth ⇨ SET[2]

stand on your own (two) feet to take care of yourself without help; to be independent 不依靠他人；独立

footprints
脚印

ˈ**footprint** *noun* [C] a mark that is left by a foot or a shoe 脚印；足迹

ˈ**footstep** *noun* [C] the sound of sb walking; the mark that a person leaves when walking 脚步声；脚印: *I heard his footsteps in the hall.* 大厅里传来他的脚步声。

ˈ**footwear** *noun* [U] boots or shoes 鞋/靴（总称）

foot[2] /fʊt ‖ fʊt/ *verb*

(IDIOM 习语) **foot the bill (for sth)** to pay (for sth) 付账

☆**football** /ˈfʊtbɔːl ‖ ˈfʊtˌbɔl/ *noun* **1** (*also* 亦作 **soccer**) [U] a game that is played by two teams of eleven players who try to kick a round ball into a goal 足球运动: *a football pitch* 足球场 ○ *a football match* 足球比赛 ☛ The word **soccer** is used in newspapers and on television in Britain. 英国的报章、电视节目用 **soccer**。In the US **soccer** is the usual word for this game since Americans use the word **football** to refer to **American Football**. 在美国，**soccer** 一般指足球，**football** 指美式足球（**American Football**）。**2** [C] the large round ball that is used in this game 足球（足球运动使用的球）

footballer *noun* [C] a person who plays football, especially as a professional 足球运动员（尤指职业性球员）

ˈ**football pools** (*also* 亦作 **the pools**) *noun* [plural] a game in which people bet money on the results of football matches and can win large amounts（把赌注押在比赛结果上的）足球赛赌博

foothold /ˈfʊthəʊld ‖ ˈfʊtˌhold/ *noun* [C] a place where you can safely put your foot when you are climbing（攀爬的时候）可供脚踩的地方: (*figurative* 比喻) *We need to get a foothold in the European market.* 我们要在欧洲市场上找一个立足点。

footing /ˈfʊtɪŋ ‖ ˈfʊtɪŋ/ *noun* [sing] **1** being able to stand firmly on a surface 站稳: *He lost his footing on the wet floor and fell.* 他在湿漉漉的地上滑了一跤。○ (*figurative* 比喻) *The company is now on a firm footing and should soon show a profit.* 公司已经站稳脚跟，即将开始盈利。**2** the level or position of sb/sth (in

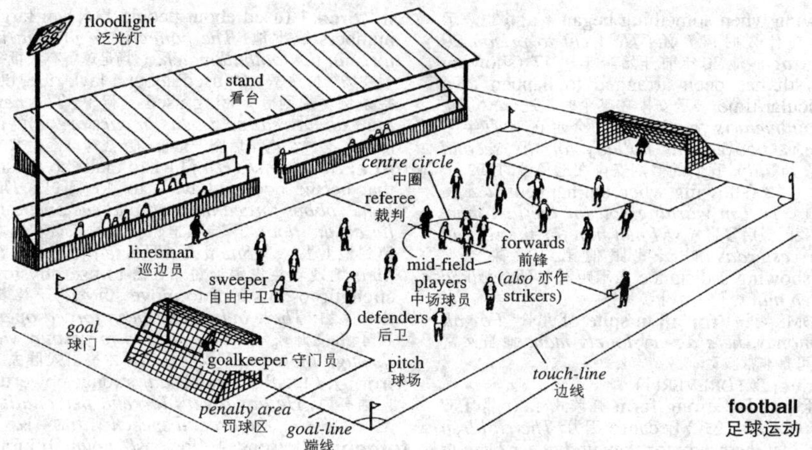

relation to sb/sth else)（相对于其他人/事物的）地位/位置: *to be on an equal footing with sb* 跟某人平起平坐

footnote /ˈfʊtnəʊt ‖ ˈfʊtˌnot/ *noun* [C] an extra piece of information that is added at the bottom of a page in a book 脚注

footpath /ˈfʊtpɑːθ ‖ ˈfʊtˌpæθ/ *noun* [C] a path in the country for people to walk on 人行小径: *a public footpath* 公众小径

☆**for**[1] /fə(r) ‖ fɚ; strong form 强读式 fɔː(r) ‖ fɔr/ *prep* **1** (showing the person who will receive sth 引出接受者): *Here is a letter for you.* 这是你的信。○ *Save a piece of cake for Mary.* 给玛丽留一块蛋糕。○ *He made lunch for them.* 他给他们做午饭。○ *She bought some sweets for the children.* 她给孩子们买了一些糖果。**2** (showing purpose or use 表示目的或用途): *What's this gadget for?* 这是什么玩意？○ *Let's go for a walk.* 咱们去散步吧。○ *Please get me a shampoo for dry hair.* 给我一瓶洗干性头发的洗发剂。○ *Shall we have eggs for breakfast?* 早餐吃鸡蛋，好不好？○ *What did you do that for?* (= Why did you do that?) 你干吗这样做？**3** (showing where sb/sth is going to 引出目的地): *Is this the train for Glasgow?* 这是到格拉斯哥去的火车吗？○ *They set off for the shops.* 他们买东西去了。**4** intended to be used by a particular group or in a particular way 为某些人/某用途而设；专用于: *It's a book for children.* 这是儿童读物。○ *That chair is for visitors.* 那是给访客坐的椅子。○ *Is the flat for sale?* 这个套间卖不卖？**5** in order to help sb/sth 为了帮助…: *What can I do for you?* 请问需要些什么？○ *You should take some medicine for your cold.* 你害了感冒，该吃点药。○ *Doctors are fighting for his life.* 医生们正在抢救他。○ *Take care of her for my sake.* 给我好好儿照顾她。**6** (showing the price of sth 引出价钱): *I bought this car for £2 000.* 这辆汽车我花了2 000英镑买下来的。○ *She gave me their old TV for nothing.* 她把家里的旧电视机送给我。**7** (showing a reason 引出原因): *He was sent to prison for robbery.* 他因为抢劫而坐牢。○ *I couldn't speak for laughing.* 我笑得连话也说不了。**8** on the occasion of 在…场合: *What did they give you for your birthday?* 他们送你什么生日礼物？**9** in support of (sb/sth) 支持…: *Three cheers for the winner!* 为得胜者欢呼三声！○ *Are you for or against shops opening on Sundays?* 商店在星期天开门做生意，你赞成还是反对？**10** as a representative of (sb/sth) 代表…: *Who's the MP for Bradford?* 哪个议员代表布拉德福德市？○ *She plays hockey for England.* 她代表英格兰打曲棍球。**11** meaning or representing (sb/sth) 意为/表示…: *What's the 'C' for in 'BBC'?* * BBC的C代表什么？○ *What's the Russian for 'window'?* * window 在俄语里叫什么？**12** (after a verb 用于动词后) in order to have or get sth 以得到…: *She asked me for help.* 她找我帮忙。**13** (after an adjective 用于形容词后) when you consider what you could expect 就…而言: *She's tall for her age.* 就年纪来说，她的个头算高的了。○ *It's quite warm for January.* 就一月份来说，这样的天气算是暖和的了。**14** (after a comparative adjective 用于形容词比较级后) after sth 在…之后；随着: *We'll all feel better for a good night's sleep.* 睡他一个晚上，咱们准会好过些。**15** (used when you give one thing and get sth else back 表示交换): *I want to exchange this sweater for a larger one.* 这件针织套衫我想换件尺寸大一点的。**16** (showing a length of time 表示一段时间): *I'm going away for a few days.* 我要走开几天。○ *They have left the town for good* (= they will not return). 他们已经搬出这个小镇，不再回来了。○ *He was in prison for 20 years* (= he is not in prison now). 他坐过20年牢。○ *He has been in prison for 20 years* (= he is still in prison). 他坐牢坐了20年了。☛ **Since** is used with a point in time for showing when something began * **since** 用于指事情从时间的某一点开始: *He has been in prison since 1970.* 从1970年起，他一直在坐牢。**Ago** is also used for showing when something began * **ago** 也表示某事在什么时候开始: *He went to prison 20 years ago.* 他20年前开始坐牢。**17** (showing that sth has been arranged to happen at a particular time 表示安排在某个时刻进行): *The appointment is for 10.30.* 约会定在10点半。○*We've booked our holiday for the second week in July.* 我们的假期安排在七月份的第二个星期。**18** (showing when sth happens 表示发生的时间): *I'm warning you for the last time.* 这是我的最后警告。○ *I met him for the second time yesterday.* 昨天我跟他第二次碰头。**19** (showing a distance 表示距离): *He walked for ten miles.* 他走了十英里路。

(IDIOMS 习语) **for all** in spite of 尽管: *For all his money, he's a very lonely man.* 他虽然富有，可是非常寂寞。

for ever ⇨ FOREVER(1)

for² /fə(r) ‖ fɚ; strong form 强读式 fɔ:(r) ‖ 'fɔr/ *conj (formal* 正式) because 因为: *The children soon lost their way for they had never been in the forest alone before.* 那些孩子从没独自到过那森林，所以过不多久就迷路了。

☆**forbid** /fə'bɪd ‖ fɚ'bɪd/ *verb* [T] (*pres part* **forbidding**; *pt* **forbade** /fə'bæd; *US* 美 fə'beɪd ‖ fɚ'bed/ or **forbad** /fə'bæd ‖ fɚ'bæd/; *pp* **forbidden** /fə'bɪdn ‖ fɚ'bɪdn̩/) **1 forbid sb to do sth** to order sb not to do sth 不许某人干某事: *My parents forbade me to see Tim again.* 爸妈不让我跟蒂姆来往。**2** to not allow sth 禁止: *Smoking is forbidden inside the building.* 大厦内不准吸烟。

forbidding *adj* looking unfriendly or unattractive 冷峻；吓人: *The coast near the village is rather grey and forbidding.* 村旁沿海一带，气氛萧索，令人望而生畏。

☆**force¹** /fɔ:s ‖ fɔrs/ *noun* **1** [U] physical strength or power 力；力量: *The force of the explosion knocked them to the ground.* 爆炸威力惊人，震得他们倒在地上。○ *The police used force to break up the demonstration.* 警察使用武力驱散了示威群众。**2** [U] power and influence 说服力；感染力: *His arguments lost some of their force when they were translated into French.* 他的论据翻译成法语后，说服力减弱了。**3** [C] a person or thing that has power or influence 有影响力的人/事物: *Britain is no longer a major force in international affairs.* 在国际事务上，英国已不再举足轻重了。**4** [C,U] (*technical* 术语) a power that can cause change or movement 能够引起改变/移动的力: *the force of gravity* 万有引力 **5** [C, usually sing] a measure of wind strength 风力单位: *a force 9 gale* * 9级大风 **6** [C] a group of people who are trained for a particular purpose (接受训练执行特定职务的)一群人: *a highly trained workforce* 受过充足训练的劳动队伍 ○ *a UN peace-keeping force* 联合国维持和平部队 ○ *the police force* 警察部队

(IDIOMS 习语) **bring sth/come into force** to start using a new law, etc; to start being used 实施(新法规等)；生效: *The government want to bring new anti-pollution legislation into force next year.* 政府有意在明年实施新的反污染法规。

in force 1 (used about people 指人) in large numbers 成批地: *The police were present in force at the football match.* 这场足球赛有大批警察在场维持秩序。**2** (used about a law, rule, etc 指条例、规则等) being used 施行中: *The new laws about rear seat-belts in cars are now in force.* 有关小汽车后座安全带的新法律已经生效。

☆**force²** /fɔ:s ‖ fɔrs/ *verb* [T] **1** to make sb do sth that he/she does not want to do 强迫: *The bank robber forced the staff and customers to lie on the floor.* 匪徒强迫银行里的职员和顾客趴到地上去。○ *She forced herself to speak to him.* 她硬着头皮跟他说话。**2** to use physical strength to do sth or to move sth 强行干某事/搬动某物: *The window had been forced open.* 窗子给撬开了。○ *We had to force our way through the crowd.* 我们好容易才挤出人群去。

forceful /'fɔ:sfl ‖ 'fɔrsfəl/ *adj* strong; powerful 坚强有力: *He has a very forceful personality.* 他个性坚强。○ *a forceful speech* 有力的演说

forceps /'fɔ:seps ‖ 'fɔrsəps/ *noun* [plural] a special instrument that looks like a pair of scissors but is not sharp. Forceps are used by doctors for holding things firmly (医用)镊子/钳子: *a pair of forceps* 一把镊子/钳子

forcible /'fɔ:səbl ‖ 'fɔrsəbl̩/ *adj* (only *before* a noun 只用于名词前) **1** done using (physical) force 使用强力的: *The police made a forcible entry into the building.* 警察强行冲进大厦去了。**2** (used about ideas, an argument, etc 指观点、论点等) strong; convincing 强烈；有说服力: *a forcible reminder* 明确的提示

forcibly /'fɔ:sɪblɪ ‖ 'fɔrsəblɪ/ *adv* using force 强行: *The children were forcibly removed from their parents.* 孩子们被人从父母那里强行带走。

ford /fɔ:d ‖ fɔrd/ *noun* [C] a place in a river where the water is shallow and it is easy to walk or drive across (河的)浅滩

fore /fɔ:(r) ‖ fɔr/ *noun*

(IDIOM 习语) **be/come to the fore** to be in or get into an important position so that you are noticed by people 脱颖而出；初露头角

forearm /'fɔ:rɑ:m ‖ 'fɔr,ɑrm/ *noun* [C] the lower part of your arm between your elbow and your wrist 前臂

foreboding /fɔ:'bəʊdɪŋ ‖ fɔr'bodɪŋ/ *noun* [U, sing] a strong feeling that danger or trouble is coming 不祥的预感

☆**forecast** /'fɔ:kɑ:st; *US* 美 -kæst ‖ 'fɔr,kæst/ *verb* [T] (*pt, pp* **forecast** or **forecasted**) to say (with the help of information) what will probably happen in the future 预测: *The Chancellor did not forecast the sudden rise in inflation.* 物价暴涨，出乎财政大臣的预测。○ *Rain has been forecast for tomorrow.* 气象预报说明天有雨。—**forecast** *noun* [C]: *The weather forecast said it would be fine tomorrow.* 气象预报说明天天气晴朗。

forecourt /'fɔ:kɔ:t ‖ 'fɔr,kort/ *noun* [C] a large open area in front of a building such as a petrol station (建筑物的)前院；加油站前的加油处

forefinger /'fɔ:fɪŋgə(r) ‖ 'fɔr,fɪŋgɚ/ *noun* [C] the finger next to the thumb 食指 ☛ We also say **index finger**. 也可以说 **index finger**。

forefront /ˈfɔːfrʌnt ‖ ˈfɔrˌfrʌnt/ *noun* [sing] the leading position; the position at the front 前列；最前线: *Our department is right at the forefront of scientific research.* 在科研领域里，我部门正处于领先的地位。

forego = FORGO

foregone /ˈfɔːgɒn; *US* 美 -ˈgɔːn ‖ fɔrˈgɔn/ *adj* (IDIOM 习语) **a foregone conclusion** a result that is or was certain to happen 早已料到的结果；必然结局

foreground /ˈfɔːgraʊnd ‖ ˈfɔrˌgraʊnd/ *noun* [sing] **the foreground 1** the part of a view, picture, etc that appears closest to the person looking at it（图画等的）前景: *Notice the artist's use of colour in the foreground of the picture.* 留意画中前景的用色。**2** a position where you will be noticed most 最瞩目的位置: *He likes to be in the foreground at every meeting.* 每逢会议，他都爱出风头。☛ Look at **background**. 参看 **background**。

forehand /ˈfɔːhænd ‖ ˈfɔrˌhænd/ *noun* [C] a stroke in tennis, etc that is made with the inside of your hand facing forward（网球等的）正手击球 ☛ Look at **backhand**. 参看 **backhand**。

☆**forehead** /ˈfɒrɪd; ˈfɔːhed; *US* 美 ˈfɔːrɪd ‖ ˈfɔrɪd/ (*also* 亦作 **brow**) *noun* [C] the flat part of a person's face above the eyes and below the hair 额 ☛ picture on page A21. 见第 A21 页插图。

☆**foreign** /ˈfɒrən; *US* 美 ˈfɔːr- ‖ ˈfɔrɪn/ *adj* **1** belonging to or connected with a country that is not your own 外国的: *a foreign country* 外国 ○ *to learn a foreign language* 学外语 ○ *a foreign coin* 外国硬币 **2** dealing with or involving other countries 涉及其他国家: *foreign policy* (= government decisions concerning other countries) 外交政策 ○ *the French Foreign Minister* 法国外长 **3** (used about an object or a substance 指物体/物质) not belonging where it is 外来的: *The X-ray showed up a foreign body* (= object) *in her stomach.* * X光片显示她胃内有异物。

foreigner *noun* [C] a person who belongs to a country that is not your own 外国人: *London is full of foreigners in the summer.* 每到夏天，伦敦就挤满了外国来客。

foreign exˈchange *noun* [C,U] the system of buying and selling money from a different country; the place where it is bought and sold 国际汇兑；外汇市场: *The pound dropped against the dollar on the foreign exchanges yesterday.* 昨天在外汇市场上，英镑对美元的兑换率下跌了。

ˌ**Foreign ˈSecretary** *noun* [C] the government minister who is responsible for dealing with foreign countries 外交大臣 ☛ Look at **Home Secretary**. 参看 **Home Secretary**。

foremost /ˈfɔːməʊst ‖ ˈfɔrˌmost/ *adj* most famous or important; best 最著名的；首要的；最好的: *Laurence Olivier was among the foremost actors of this century.* 劳伦斯·奥立弗是本世纪最杰出的演员之一。
(IDIOM 习语) **first and foremost** ⇨ FIRST[2]

forename /ˈfɔːneɪm ‖ ˈfɔrˌnem/ *noun* [C] (*formal* 正式) your first name, that is given to you when you are born（出世后所起的）名字 ☛ Look at the note at **name**. 参看 **name** 的注释。

forensic /fəˈrensɪk; *US* 美 -zɪk ‖ fəˈrɛnsɪk/ *adj* connected with the law and finding out about a crime 从法律角度找出罪证；法医的: *The police are carrying out forensic tests to try and find out the cause of death.* 警察委派了法医对尸体进行检验，务求找出死亡原因。○ *forensic medicine* 法医学

forerunner /ˈfɔːrʌnə(r) ‖ ˈfɔrˌrʌnɚ/ *noun* [C] a person or thing that is an early example or a sign of sth that appears or develops later 先驱；先兆

foresee /fɔːˈsiː ‖ fɔrˈsi/ *verb* [T] (*pt* **foresaw** /fɔːˈsɔː ‖ fɔrˈsɔ/; *pp* **foreseen** /fɔːˈsiːn ‖ fɔrˈsin/) to know or guess that sth is going to happen in the future 预见；预计: *Nobody could have foreseen the result of the election.* 谁也无法预料这样的选举结果。☛ Look at **unforeseen**. 参看 **unforeseen**。

foreseeable /-əbl ‖ -əbl̩/ *adj* that can be expected 可预见的: *These problems were foreseeable.* 早就料到这些问题。○ *The weather won't change in the foreseeable future* (= as far ahead as we can see). 未来几天天气将保持稳定。

foresight /ˈfɔːsaɪt ‖ ˈfɔrˌsaɪt/ *noun* [U] the ability to see what will probably happen in the future (and to make wise plans) 预见: *My neighbour had the foresight to move house before the new motorway was built.* 我的邻居真有先见之明，早在高速公路动工前就已经搬走了。☛ Look at **hindsight**. 参看 **hindsight**。

foreskin /ˈfɔːskɪn ‖ ˈfɔrˌskɪn/ *noun* [C] the loose piece of skin that covers the end of the penis（阴茎的）包皮

☆**forest** /ˈfɒrɪst; *US* 美 ˈfɔːr- ‖ ˈfɔrɪst/ *noun* [C,U] a large area of land that is covered with trees 森林: *tropical rain forests* 热带雨林 ○ *A large part of Canada is covered in forest.* 加拿大有大片领土是林地。○ *a forest fire* 森林火灾 ☛ A **forest** is larger than a **wood**. 森林 (**forest**) 比树林 (**wood**) 要大。A **jungle** is a forest in a tropical part of the world. 热带丛林叫 **jungle**。

forestry *noun* [U] the science of planting and taking care of trees in forests 林学

forestall /fɔːˈstɔːl ‖ fɔrˈstɔl/ *verb* [T] to act before sb else in order to prevent him/her from doing sth; to prevent an action from taking place by doing sth that will stop it 抢在（某人）之前采取行动；抢先阻止（某行动）；先发制人

foretell /fɔːˈtel ‖ fɔrˈtɛl/ *verb* [T] (*pt, pp* **foretold** /fɔːˈtəʊld ‖ fɔrˈtold/) (*formal* 正式) to say what will happen in the future 预言；预测

forethought /ˈfɔːθɔːt ‖ ˈfɔrˌθɔt/ *noun* [U] careful thought about, or preparation for, the future 事先的考虑/准备；深谋远虑；预谋

foretold *pt, pp* of FORETELL * FORETELL 的过去时及过去分词

☆**forever** /fəˈrevə(r) ‖ fəˈrɛvɚ/ *adv* **1** (*also* 亦作 **for ever**) for all time; permanently 永远；

F

永久: *I wish the holidays would last forever!* 我真想放假放个没完! ○ *I realized that our relationship had finished forever.* 我知道我们的关系已经永远完结。○ *My sister always takes forever* (= a very long time) *in the bathroom.* 我妹妹总是爱呆在浴室里久久不出来。**2** (with verbs in the continuous forms 跟进行时动词用在一起) very often 经常;老是: *Our neighbours are forever having noisy parties.* 我们的邻居家里常常有吵闹的聚会。

foreword /ˈfɔːwɜːd ‖ ˈfɔrˌwɚd/ *noun* [C] a piece of writing at the beginning of a book that introduces the book and/or its author 前言;序言

forfeit /ˈfɔːfɪt ‖ ˈfɔrfɪt/ *verb* [T] to lose sth or no longer have sth because you have done sth wrong or because you want to achieve an aim (因犯错而)失去;(为了某个目的而)放弃: *Because of his violent behaviour he forfeited the right to visit his children.* 他行为粗暴,所以被剥夺了探望孩子的权利。

forgave *pt* of FORGIVE * FORGIVE 的过去时

forge[1] /fɔːdʒ ‖ fɔrdʒ/ *noun* [C] a workshop where metals are heated and shaped, especially one where a person (**blacksmith**) works making and fitting shoes for horses 锻工车间;铁匠 (**blacksmith**) 钉马掌的铁匠铺

forge[2] /fɔːdʒ ‖ fɔrdʒ/ *verb* [T] **1** to make a copy of sth in order to deceive people 仿制(真品等);伪造: *to forge a signature* 假冒签名 **2** to create a relationship with sb/sth 努力建立(稳固的关系): *Our school has forged links with a school in Romania.* 我校与罗马尼亚的一所学校建立了联系。

forgery /ˈfɔːdʒərɪ ‖ ˈfɔrdʒərɪ/ *noun* (*pl* **forgeries**) **1** [U] the crime of copying a document, signature, painting, etc in order to deceive people 仿制(真品等);伪造 **2** [C] a document, signature, picture, etc that has been forged 伪造物;赝品: *The painting that had been sold as a Rembrandt was discovered to be a forgery.* 那幅当作伦勃朗真迹卖出的画作,后来被发现是赝品。

forge[3] /fɔːdʒ ‖ fɔrdʒ/ *verb*
(PHRASAL VERB 短语动词) **forge ahead** to go forward very quickly; to move into the leading position 快速前进;领先: *The cleverest pupils should be allowed to forge ahead.* 应该让最聪明的学生超越过别人。

☆**forget** /fəˈget ‖ fɚˈgɛt/ *verb* (*pt* **forgot** /fəˈgɒt ‖ fɚˈgɑt/; *pp* **forgotten** /fəˈgɒtn ‖ fɚˈgɑtn̩/) **1** [I,T] **forget about sth** to fail to remember sth; to lose the memory of sth 忘记;忘怀: *'Why didn't you come to the party?' 'Oh dear! I completely forgot about it!'* "你干什么不去酒会?" "哎呀!我都忘了!" ○ *You never forget how to ride a bicycle.* 骑自行车的套数,永远也忘不了。○ *I've forgotten what I was going to say.* 我忘了要说的话。○ *I've forgotten the telephone number.* 我忘了那电话号码。○ *He forgot that he had invited her to the party.* 是他邀请她去酒会的,他却忘了。○ *I'll never forget meeting my husband for the first time.* 我永远也忘不了跟我丈夫初次见面的情景。**2** [I,T] to fail to remember to do sth 忘了干某事: *Try not to forget about feeding the cat!* 不要忘了喂猫! ○ *Don't forget to do your homework!* 别忘了做作业! **3** [T] to fail to bring sth with you 忘了带: *When my father got to the airport he realized he'd forgotten his passport.* 爸爸到了机场才想起他忘了带护照。☛ When we are talking about *where* we have forgotten something we have to use the word **leave**. 把东西丢在某个地方要用 **leave**。We CANNOT say: '*My father forgot his passport at home*'. We have to say: '*He left his passport at home*'. 不可以说 My father forgot his passport at home,而应该说 He left his passport at home。 **4** [T] to stop thinking about sth 不再放在心上: *Forget about your work and enjoy yourself!* 忘记工作,好好玩吧! ○ *'I'm sorry I shouted at you.' 'Forget it.'* (= don't worry about it) "我不该对你大叫大嚷。" "别挂在心里。" **5** [T] **forget yourself** to behave without proper control; to behave in a way that is not like the way you usually behave 忘形;失态: *When he heard the news he completely forgot himself and kissed everybody in the room!* 这消息可把他乐坏了,他竟然吻起房间里的每一个人来了!

forgetful /-fl ‖ -fəl/ *adj* often forgetting things 健忘: *My mother's nearly 80 and she's starting to get a bit forgetful.* 妈妈快80岁了,开始有点儿健忘。

☆**forgive** /fəˈgɪv ‖ fɚˈgɪv/ *verb* [T] (*pt* **forgave** /fəˈgeɪv ‖ fɚˈgev/; *pp* **forgiven** /fəˈgɪvn ‖ fɚˈgɪvən/) **1 forgive sb (sth/for sth/for doing sth)** to stop being angry towards sb or about sth 原谅/饶恕(某人/某人的行为): *I can't forgive his behaviour last night.* 我原谅不了他昨晚的所作所为。○ *I can't forgive him his behaviour last night.* 我原谅不了他昨晚的所作所为。○ *I can't forgive him for his behaviour last night.* 我原谅不了他昨晚的所作所为。○ *I can't forgive him for behaving like that last night.* 我原谅不了他昨晚的所作所为。**2** (used for apologizing politely 客套话,表示请见谅): *Forgive me for asking, but where did you get that dress?* 恕我打扰,这件连衣裙你在哪里买的?

forgivable /-əbl ‖ -əbl̩/ *adj* that can be forgiven 可宽恕/原谅的 ☛ The opposite is **unforgivable**. 反义词为 **unforgivable**。

forgiveness *noun* [U] the act of forgiving 宽恕;原谅

forgiving *adj* ready and willing to forgive 宽容

forgo (*also* 亦作 **forego**) /fɔːˈgəʊ ‖ fɔrˈgo/ *verb* [T] (*pt* **forwent** /fɔːˈwent ‖ fɔrˈwɛnt/; *pp* **forgone** /fɔːˈgɒn; *US* 美 -ˈgɔːn ‖ fɔrˈgɔn/) to be willing not to have sth nice or sth that you have a right to 放弃(好的事物/权利): *We'll have to forgo a holiday this year if we want to buy a car.* 要是买汽车,今年咱们就得放弃度假。

forgot *pt* of FORGET * FORGET 的过去时

forgotten *pp* of FORGET * FORGET 的过去分词

☆**fork** /fɔːk ‖ fɔrk/ *noun* [C] **1** a small implement with a handle and two or more points (**prongs**). You use a fork for lifting food to your mouth when eating 餐叉(叉子的齿儿叫

做 **prong**): *knives, forks and spoons* 刀、叉、匙子 **2** a large tool with a handle and three or more points (**prongs**) that you use for digging the ground 耙(长齿叫做 **prong**) **3** a place where a road, river, etc divides into two parts; one of these parts(路、河等的)分岔处;岔道;岔流: *After about two miles you'll come to a fork in the road. Take the right fork and keep going for another two miles.* 过了两英里左右,有一个岔口,向右拐,再走两英里。

fork *verb* [I] **1** (used about a road, river, etc 指路、河等) to divide into two parts 分岔 **2** to go along the left or right fork of a road 沿着岔路走: *Fork right up the hill.* 到了岔口向右就上了山。

(PHRASAL VERB 短语动词) **fork out** (*informal* 非正式) to pay 付钱: *I forked out over £20 for that book.* 这本书是我花了20多英镑买下来的。

forlorn /fəˈlɔːn ‖ fɚˈlɔrn/ *adj* lonely and unhappy; not cared for 孤苦伶仃;没有人照顾

☆**form**[1] /fɔːm ‖ fɔrm/ *noun* **1** [C] a particular type of sth or way of doing sth 形式;方式: *Swimming is an excellent form of exercise.* 游泳是一种很好的运动。○ *We never eat meat in any form.* 我们从来不吃荤,什么荤也不吃。○ *What form will the meeting take?* (= How will it be organized?) 会议用什么形式进行? **2** [C,U] the shape of sb/sth 形状;形体: *The articles will be published in book form.* 这些文章将汇编成书。 **3** [C] a piece of paper with questions on it and spaces where you give answers and personal information 表格: *a booking form* 预订表格 ○ *an entry form for a competition* 参赛表格 ○ *to fill in an application form* 填申请表格 ☛ In American English we fill **out** a form. 美国英语说 fill **out** a form。 **4** [C] a class in a school 年级: *the sixth form* 六年级 **5** [C] (*grammar* 语法) a way of spelling or changing a word in a sentence(词语拼写等的)形式: *the irregular forms of the verbs* 动词的不规则形式 ○ *The plural form of 'mouse' is 'mice'.* * mouse 的复数写作 mice。 **6** [U] the strength or fitness of a sports player, team, etc (运动员/队伍等的)竞技状态: *to be in/out of form* 状态甚佳/不佳 ○ *to be on/off form* 状态甚佳/欠佳 **7** [U] the record of how well sb/sth has done sth recently 目前的表现: *On present form the Italian team should win easily.* 就目前的状态而言,意大利队会轻易取胜。

(IDIOM 习语) **true to form** ⇨ TRUE

☆**form**[2] /fɔːm ‖ fɔrm/ *verb* **1** [T] to make or organize sth 形成;组成: *They formed a group called 'Citizens for Nature'.* 他们成立了一个团体,叫做"爱护自然之友"。○ *to form a government* 筹组政府 ○ *In English we usually form the past tense by adding '-ed'.* 英语的过去时一般以动词原形加 -ed 的形式构成。 **2** [T] to take the shape of sth 使具有…的形状: *A sofa bed is a sofa that you can pull out to form a bed.* 能够拉开成为一张床的沙发就叫做沙发床。 **3** [T] to move into the shape or order mentioned 排列成…形状/次序: *The police formed a circle around the house.* 警察包围了这座房子。 **4** [T] to be the thing mentioned 是…的组成部分: *Seminars form the main part of the course* (= The main part of the course consists of seminars). 一连串的讨论会构成了这个课程的主要部分。 **5** [I,T] to begin to exist or to make sth exist; to begin to have sth(使)开始存在;形成;发展出: *Buds form on trees in the early spring.* 早春时分,树木长出了新芽。○ *The rain had formed a huge puddle on the road.* 雨水积在路上,汇成了一个大水坑。○ *We formed a very good impression of the school on our first visit.* 初次参观这所学校,给我们留下了很好的印象。

☆**formal** /ˈfɔːml ‖ ˈfɔrml̩/ *adj* **1** (used about language or behaviour 指言语/行为) used when you want to appear serious or official and when you are in a situation in which you do not know the other people very well 正式;拘谨: *'Yours faithfully' is a formal way of ending a letter.* * Yours faithfully 是正式信函的一种结语。○ *She has a very formal manner–she doesn't seem to be able to relax.* 她这个人非常拘谨,看来不懂得放松自己。○ *a formal occasion* (= one where you must behave politely and wear the clothes that people think are suitable) 正式场合 ☛ In this dictionary some words and phrases are marked (*formal*) or (*informal*). This will help you to choose the right word for a particular situation. 为了帮助读者选用得体的词语,本词典在某些词语旁边标上了"正式"(formal) 或"非正式"(informal) 字样。Often there is an informal or neutral word with a similar meaning to a more formal one. 正式场合适用的词语,一般有相应的非正式场合适用的词语或中性词,意思也相近。 **2** public and official 正式;正规: *I shall make a formal complaint to the hospital about the way I was treated.* 我要就我所受到的待遇向医院提出正式的申诉。 **3** (only *before* a noun 只用于名词前) obtained in a school or college 受过正规教育而获得的: *You do not need any formal qualifications for this job but we would like you to have some experience.* 这份工作不需要什么学历,只需要一点经验就行了。—**formally** /-məlɪ ‖ -ml̩ɪ/ *adv*

formality /fɔːˈmælətɪ ‖ fɔrˈmælətɪ/ *noun* (*pl* **formalities**) **1** [C] an action that is necessary according to custom or law 手续;仪式: *There are certain formalities to attend to before we can give you a visa.* 你要办好手续,我们才可以把签证发给你。☛ If an action is **just a formality**, we mean that people think that it is necessary according to custom or law but that it has no real importance or effect otherwise. * **just a formality** 表示只根据习惯或法律上的规定,并无实质意义或效用。 **2** [U] careful attention to rules of language and behaviour 遵守语言和行为规范

format /ˈfɔːmæt ‖ ˈfɔrmæt/ *noun* [C] the shape of sth or the way it is arranged or produced 版式;版面;编排: *It's the same book but in a different format.* 这是同一本书的不同版式。

format *verb* [T] (forma**tt**ing; forma**tt**ed) to arrange sth in a particular format, usually for a computer 编排(常指为计算机磁盘编排格式): *to format a disk* 把磁盘格式化

formation /fɔːˈmeɪʃn ‖ fɔrˈmeʃən/ *noun* **1** [U] the making or developing of sth 形成;组成:

F

the formation of a new government 新政府的筹组 **2** [C,U] an arrangement or pattern (especially of soldiers, aeroplanes, ships, etc) 排列方式（尤用于指士兵、飞机、船只等）；队形: *A number of planes flew over in formation.* 一群飞机从上空编队掠过。**3** [C] a thing that is formed; the particular way in which it is formed 组成物；组成方式: *rock formations* 岩层 ○ *cloud formations* 云层

formative /'fɔ:mətɪv ‖ 'fɔrmətɪv/ *adj* having an important and lasting influence (on sb's character and opinions)（对性格或见解）影响深远的: *A child's early years are thought to be the most formative ones.* 有人认为童年最能影响人的一生。

☆**former**[1] /'fɔ:mə(r) ‖ 'fɔrmɚ/ *adj* (only *before* a noun 只用于名词前) of an earlier time; previous 前些时候的；以前: *Jimmy Carter, the former American President* 前任美国总统吉米·卡特 ○ *Their new neighbour is a former teacher.* 他们的新邻居曾任教师。○ *In former times people often had larger families.* 以往的家庭比现在的要大。

☆**former**[2] /'fɔ:mə(r) ‖ 'fɔrmɚ/ *adj, noun* the first (of two people or things just mentioned)（两者中的）前者: *Of the two hospitals in the town –the General and the Royal –the former* (= the General) *has the better reputation.* 镇内有两家医院：一为综合医院，一为皇家医院。前者的名声比后者好。☛ The opposite is **the latter**. 反义词为 **the latter**。

☆**formerly** /'fɔ:məlɪ ‖ 'fɔrmɚlɪ/ *adv* in the past; previously 以往；原本: *the country of Myanmar (formerly Burma)* 缅甸（Myanmar，以前叫 Burma）○ *The hotel was formerly a castle.* 酒店的前身是城堡。☛ **Used to** is a more common way of expressing the same meaning * **used to** 可表示相同的意思，且更为常用: *The hotel used to be a castle.* 这酒店原本是城堡。

formidable /'fɔ:mɪdəbl ‖ 'fɔrmɪdəbḷ/ *adj* **1** causing you to be rather frightened 相当可怕: *His mother is a rather formidable lady.* 他母亲令人望而生畏。**2** difficult to deal with; needing a lot of effort 难对付；艰巨；繁重: *Reforming the education system will be a formidable task.* 改革教育制度是一件艰巨的工作。

formula /'fɔ:mjʊlə ‖ 'fɔrmjələ/ *noun* [C] (*pl* **formulas** or **formulae** /-mjʊli: ‖ -mjəˌli/) **1** a group of signs, letters or numbers used in science or mathematics to express a general law or fact 分子式；公式；方程式: *The formula for carbon monoxide is CO.* 一氧化碳的分子式是 CO。○ *What is the formula for converting miles to kilometres?* 用什么公式把英里换算成公里？**2** a list of substances used for making sth; the instructions necessary for making sth 配方；处方: *The formula for the new vaccine has not yet been made public.* 新疫苗的配方仍未公诸于世。**3** a plan of how to get sth or how to do sth 计划；方案: *What is her formula for success?* 她成功的诀窍是什么？

formulate /'fɔ:mjʊleɪt ‖ 'fɔrmjəˌlet/ *verb* [T] **1** to prepare and organize a plan or ideas for doing sth 制订（计划/政策等）；构想（意念等）: *The Labour Party still has not formulated its policy on Northern Ireland.* 在北爱尔兰事务上，工党还没有制订好有关的政策。**2** to express sth (clearly and exactly)（清楚而确切地）阐述

forsake /fə'seɪk ‖ fɚ'sek/ *verb* [T] (*pt* **forsook** /fə'sʊk ‖ fɚ'sʊk/; *pp* **forsaken** /fə'seɪkən ‖ fɚ'sekən/) (*formal* 正式) to leave a person or a place for ever (especially when you should stay)（永久地）离弃/离开

fort /fɔ:t ‖ fɔrt/ *noun* [C] a strong building that is used for military defence 碉堡；堡垒

forth /fɔ:θ ‖ fɔrθ/ *adv*

(IDIOMS 习语) **and so forth** and other things like those just mentioned 等等: *The sort of job that you'll be doing is taking messages, making tea and so forth.* 你要做的是接电话、沏茶和收发信件等这类事情。

back and forth ⇨ BACK[3]

forthcoming /ˌfɔ:θ'kʌmɪŋ ‖ 'fɔrθ'kʌmɪŋ/ *adj* **1** going to happen or appear in the near future 即将发生/出现的: *Look in the local paper for a list of forthcoming events.* 想知道有什么活动快要举行，看看当地的报纸吧。**2** (not before a noun 不用于名词前) offered or given 接获/获得的: *If no money is forthcoming we shall not be able to continue the project.* 如果没有资金到位，这个工程就不能继续下去了。**3** (not before a noun 不用于名词前) willing to be helpful, give information, etc 乐于提供协助/消息⋯: *Don't ask the lady in the post office – she's never very forthcoming.* 到了邮局，别问那个女职员，她总是爱理不理的。

forthright /'fɔ:θraɪt ‖ fɔrθ'raɪt/ *adj* saying clearly and honestly what you think 坦率

forthwith /ˌfɔ:θ'wɪθ; *US* 美 -'wɪð ‖ fɔrθ'wɪθ/ *adv* (*formal* 正式) immediately 立即

fortieth ⇨ FORTY

fortify /'fɔ:tɪfaɪ ‖ 'fɔrtəˌfaɪ/ *verb* [T] (*pres part* **fortifying**; *3rd pers sing pres* **fortifies**; *pt, pp* **fortified**) to make a place stronger and ready for an attack 巩固防务: *to fortify a city* 巩固城防

fortification /ˌfɔ:tɪfɪ'keɪʃn ‖ ˌfɔrtəfə'keʃən/ *noun* [C, usually pl] walls, ditches, etc that are built to protect a place against attack 防御工事（如墙垣、壕沟等）

☆**fortnight** /'fɔ:tnaɪt ‖ 'fɔrtnaɪt/ *noun* [C, usually sing] (*Brit* 英) two weeks 两个星期: *We're going on holiday for a fortnight.* 我们休假两周。○ *a fortnight's holiday* 两个星期的休假 ○ *School finishes in a fortnight/in a fortnight's time* (= two weeks from now). 两个星期后学校就要放假了。

fortnightly *adj, adv* (happening or appearing) once a fortnight 每两个星期（发生/出现）一次的（地）: *This magazine is published fortnightly.* 这是一份双周刊。

fortress /'fɔ:trɪs ‖ 'fɔrtrɪs/ *noun* [C] a castle or other large building that has been made strong so that it is not easy to attack 城堡；堡垒

☆**fortunate** /'fɔ:tʃənət ‖ 'fɔrtʃənɪt/ *adj* lucky 幸运: *You were fortunate to have such lovely weather for your holiday.* 你来度假碰上那么好的天气，真是幸运。○ *It was fortunate that he*

F

was at home when you phoned. 你给他挂电话，他恰好在家，可算你走运哪。☛ The opposite is **unfortunate**. 反义词为 **unfortunate**。

fortunately *adv* by good luck; luckily 幸运地: *Fortunately the traffic wasn't too bad so I managed to get to the meeting on time.* 幸好交通不算太拥挤，我才准时赶到会场。○ *Jane arrived late but, fortunately for her, everybody was too busy to notice.* 珍妮到晚了，幸好大家都忙得没有工夫留意她。

☆**fortune** /ˈfɔːtʃuːn ‖ ˈfɔrtʃən/ *noun* **1** [U] the power that affects what happens in a person's life; luck 运气: *Fortune was not on our side that day* (= we were unlucky). 我们那天真倒霉。**2** [C, usually pl] the things (both good and bad) that happen to a person, family, country, etc（个人、家庭、国家等的）命运: *The country's fortunes depend on its industry being successful.* 这个国家的国运有赖于工业。**3** [C] what is going to happen to a person in the future 一个人的前途；命运: *Show me your hand and I'll try to tell your fortune.* 把你的手掌伸给我看，我可以推测你的命运。**4** [C] a very large amount of money 一大笔钱: *I always spend a fortune on presents at Christmas.* 我每年都花一大笔钱买圣诞礼物。

ˈ**fortune-teller** *noun* [C] a person who tells people's fortunes(3) 推断人命运的人；给人算命/看相者

☆**forty** /ˈfɔːtɪ ‖ ˈfɔrtɪ/ *number* 40, one more than thirty-nine 四十 ☛ For examples of how to use numbers in sentences, look at **sixty**. 有关数字在句子中的实际用法，参看 **sixty**。

fortieth /ˈfɔːtɪəθ ‖ ˈfɔrtɪɪθ/ *pron, det, adv* 40th, next after thirty-ninth 第四十（个）☛ Look at the examples at **sixth**. 参看 **sixth** 的示例。

forum /ˈfɔːrəm ‖ ˈfɔrəm/ *noun* [C] a place or meeting where people can exchange and discuss ideas 让人交流意见的场所；论坛；讨论会

☆**forward**[1] /ˈfɔːwəd ‖ ˈfɔrwərd/ *adv* **1** (*also* 亦作 **forwards**) in the direction that is in front of you; towards the front, end or future 向前；朝着前端/终点/未来: *Keep going forward and try not to look back.* 向前直走，不要往后看。○ *We seem to be going backwards, not forwards.* 看来我们在往后走，不是往前走。**2** in the direction of progress; ahead 进展中；向前进: *The new form of treatment is a big step forward in the fight against AIDS.* 这种新疗法把对抗艾滋病的工作推进了一大步。☛ **Forward** is used after many verbs, eg **bring**, **come**, **look**, **put**. For the meaning of the expressions look at the verb entries. 很多动词的后面都用得着 **forward**，如 **bring**、**come**、**look**、**put**。关于这些组合的意义，可参看各动词词条。

(IDIOMS 习语) **backward(s) and forward(s)** ⇨ BACKWARD

put the clock/clocks forward/back ⇨ CLOCK[1]

ˈ**forward-looking** *adj* thinking about or planning for the future; having modern ideas 有远见的；思想进步的

☆**forward**[2] /ˈfɔːwəd ‖ ˈfɔrwərd/ *adj* **1** (only *before* a noun 只用于名词前) towards the front or future 向前的；为将来的: *forward planning* 有关未来的计划 **2** having developed earlier than is normal or expected; advanced 发展比一般/预期快；先进: *Children who read before they are five are considered very forward.* 不到五岁就会阅读的小孩子，就说得上智力发达。☛ The opposite is **backward**(2). 反义词为 **backward**(2)。

forward[3] /ˈfɔːwəd ‖ ˈfɔrwərd/ *verb* [T] to send a letter, etc to a new address 把（信等）转交（至新地址）: *The post office is forwarding all our mail.* 邮局把我们所有邮件都转送到新地址这里。

> ☛ If you are writing to somebody who has moved house and you do not know their new address, write the old address and **please forward** on the envelope. 要寄信给已搬迁者，如果没有新居地址，可以沿用旧地址，在信封面加上 **please forward**。

ˈ**forwarding address** *noun* [C] a new address to which post should be sent（邮件转送的）新地址

forward[4] /ˈfɔːwəd ‖ ˈfɔrwərd/ *noun* [C] an attacking player in a sport such as football（足球等运动中的）前锋 ☛ picture at **football**. 见 **football** 插图。

forwent *pt* of FORGO * FORGO 的过去时

fossil /ˈfɒsl ‖ ˈfɑsl̩/ *noun* [C] the remains, or a mark, of a prehistoric animal or plant that has been buried in rock for a very long time and that has become hard 化石

foster /ˈfɒstə(r); *US* 美 ˈfɔː- ‖ ˈfɔstər/ *verb* [T] **1** to take a child who needs a home into your family and to care for him/her without becoming the legal parents 寄领养/寄抚养（抚养别人的孩子，但不作为法律上的父母）: *to foster a homeless child* 抚育一个无家可归的小孩

> ☛ The people who do this are **foster-parents**. The child is a **foster-child**. 寄养父/母叫做 **foster-parents**，寄养子/女叫做 **foster-child**。Look at **adopt**. 参看 **adopt**。

2 to help or encourage the development of sth (especially feelings or ideas) 促进/鼓励（感情、思想等的）发展

fought *pt, pp* of FIGHT * FIGHT 的过去时及过去分词

foul[1] /faʊl ‖ faul/ *adj* **1** disgusting and dirty (often with a bad smell or taste) 肮脏而令人恶心的（常有恶臭）: *The air in the room was foul and she opened the windows wide.* 房间里的空气很混浊，她敞开窗子透透气。**2** very bad or unpleasant 糟糕；不快: *It's been a foul weekend.* 这个周末可糟透了。○ *Careful what you say – he's got a foul temper* (= he becomes angry very easily). 你说话可要小心，他的脾气不好。○ *What's in this drink? It tastes foul.* 饮料里头搁了什么？味道差极了。**3** (used about weather 指天气) very bad; stormy 恶劣；暴风雨的: *The foul weather prevented our plane from taking off.* 天气恶劣，我们坐的

F

航班不能起飞。**4** (used about language 指言语) very rude; full of swearing 粗鄙；污秽

ˌfoul ˈplay *noun* [U] **1** action that is against the rules of a sport（运动比赛中）犯规行为 **2** violent crime that leads to murder（导致谋杀的）暴行

foul[2] /faʊl ‖ faʊl/ *verb* [T] to make sth dirty (with rubbish, waste, etc)（以垃圾等）弄脏: *Dogs must not foul the pavement.* 携狗外出，不得弄脏人行道。

(PHRASAL VERB 短语动词) **foul sth up** to spoil sth 把…搞糟: *The weather really fouled up our holiday.* 天公不作美，我们的假期给糟蹋了。

foul[3] /faʊl ‖ faʊl/ *noun* [C] (*sport* 体育) an action that is against the rules 犯规行为: *to commit a foul* 犯规 ○ *He was sent off for a foul on the Juventus goalkeeper.* 他对尤文图斯队守门员犯规，被罚出场。

foul *verb* [I,T] (*sport* 体育) to be guilty of a foul (against another player) 犯规: *Van Basten was fouled inside the area and the referee awarded a penalty.* 范·巴斯腾在界内遭对方犯规，裁判因此判予罚球一次。

found[1] *pt, pp* of FIND * FIND 的过去时及过去分词

F

found[2] /faʊnd ‖ faʊnd/ *verb* [T] **1** to start an organization, institution, etc especially by providing money 创立（尤指提供资金）: *Oxford has Britain's oldest public museum (founded 1683).* 牛津这个地方有英国最古老的公共博物馆（创建于 1683 年）。**2** to begin to build a town or establish a country 兴建（城镇）；建立（国家）: *Liberia was founded by freed American slaves.* 利比里亚的立国者是一些获得了解放的美国黑奴。**3** (usually passive 通常用于被动语态) to base sth on sth 以…为根据；建基于: *The book was founded on real life.* 这本书以真人真事为题材。

☆**foundation** /faʊnˈdeɪʃn ‖ faʊnˈdeʃən/ *noun* **1** [U] the act of founding sth (a building, town, organization, etc) 兴建；创建；创立 **2** [C] an organization that provides money for a special purpose, eg for research or to help people who have a particular problem 基金会（提供研究经费、帮助有需要的人）: *The British Heart Foundation* (= researching the causes of heart disease) 英国心脏基金 **3** [plural] **foundations** the parts of a building beneath the ground that form its base（建筑物的）地基: *The builders have only just started to lay the foundations of the new school.* 承建商才不过刚展开新学校的地基工程。**4** [C,U] the idea, principle, or fact on which sth is based（信念、原则、事实等的）基础: *That rumour is completely without foundation* (= it is not true). 那谣言完全没有根据。

founder /ˈfaʊndə(r) ‖ ˈfaʊndɚ/ *noun* [C] a person who founds or establishes sth 创建者；创始人；始祖

founder-ˈmember *noun* [C] one of the first members of a club, organization, etc（社团等的）创办人/发起人

foundry /ˈfaʊndrɪ ‖ ˈfaʊndrɪ/ *noun* [C] (*pl* **foundries**) a place where metal or glass is melted and shaped into objects（金属/玻璃的）铸造车间

fountain
喷水池

☆**fountain** /ˈfaʊntɪn; *US* 美 -tn ‖ ˈfaʊntn̩/ *noun* [C] an ornament (in a garden or in a square in a town) that shoots a stream of water into the air. The water that comes out is also called a fountain. 喷水池；人造喷泉

ˈfountain-pen *noun* [C] a type of pen that you fill with ink 自来水笔

☆**four** /fɔ:(r) ‖ fɔr/ *number* 4, one more than three 四 ☛ For examples of how to use numbers in sentences, look at **six**. 有关数字在句子中的实际用法，参看 **six**。

(IDIOM 习语) **on all fours** with your hands and knees on the ground; crawling 手和脚着地；爬: *The children went through the tunnel on all fours.* 孩子们沿着隧道爬行。

four- (in compounds 用以构成复合词) having four of the thing mentioned 有四个…的: *four-legged animals* 四足动物

fourth /fɔ:θ ‖ fɔrθ/ *pron, det, adv* 4th, next after third 第四（个）☛ For ¼ we use the word **quarter** 四分之一叫做 **quarter**: *a quarter of an hour* (= fifteen minutes) 一刻钟. Look at the examples at **sixth**. 参看 **sixth** 的示例。

fourthly *adv* (used to introduce the fourth point in a list 用以列举出第四点): *Fourthly (and this point is even more important than the other three), you must speak clearly.* 第四（这一点更为重要），说话必须清晰。

ˌfour-letter ˈword *noun* [C] one of a type of word (often with four letters) that people think is very rude 粗话/骂人话（通常由四个字母组成）

ˌfour-wheel ˈdrive *adj* having an engine that turns all four wheels 四轮驱动的（装有驱动四轮的发动机）

☆**fourteen** /ˌfɔ:ˈti:n ‖ fɔrˈtin/ *number* 14, one more than thirteen 十四 ☛ For examples of how to use numbers in sentences, look at **six**. 有关数字在句子中的实际用法，参看 **six**。

fourteenth /ˌfɔ:ˈti:nθ ‖ fɔrˈtinθ/ *pron, det, adv* 14th, next after thirteenth 第十四（个）☛ Look at the examples at **sixth**. 参看 **sixth** 的示例。

fowl /faʊl ‖ faʊl/ *noun* [C] (*pl* **fowl** or **fowls**) a bird, especially a hen that is kept on a farm 家禽（尤指母鸡）

☆**fox** /fɒks ‖ fɑks/ *noun* [C] a wild animal with reddish fur that looks like a dog 狐；狐狸

☛ A fox is often described as **sly** or **cunning**. 人类一般认为狐狸狡猾 (**sly** 或 **cunning**) 成性。A female fox is a **vixen**, a young fox is a **cub**. 雌狐叫做 **vixen**；幼狐叫做 **cub**。

'fox-hunting *noun* [U] a sport in which a fox is hunted by people on horses with dogs (**foxhounds**) 猎狐（捕猎者坐在马上用狗追捕狐狸，猎狐狗叫做 **foxhound**）

foyer /'fɔɪeɪ; *US* 美 'fɔɪər ‖ 'fɔɪɚ/ *noun* [C] an entrance hall in a cinema, theatre, hotel, etc where people can meet or wait（电影院、剧场、饭店等的）入口大厅/门厅

fraction /'frækʃn ‖ 'frækʃən/ *noun* [C] **1** a small part or amount 小部分；小量；一点儿: *For a fraction of a second I thought the car was going to crash.* 一刹那间，眼看要撞车了。**2** an exact part of a number 分数: *½ and ¼ are fractions.* * ½和¼都是分数。

fractionally /-ʃənəlɪ ‖ -ʃənəlɪ/ *adv* to a very small degree; slightly 轻微地: *Prost was fractionally faster than his nearest rival.* 普罗斯特只比身后的对手快了一点点。

fracture /'fræktʃə(r) ‖ 'fræktʃɚ/ *noun* [C] a break in sth hard, especially in a bone 断裂；破裂；（尤指）骨折: *a fracture of the arm* 臂部骨折

fracture *verb* [T] to break sth (especially a bone) 折断（骨头等）: *She fell and fractured her ankle.* 她栽了一跤，把脚腕子摔断了。○ *a fractured ankle* 折断了的踝关节

fragile /'frædʒaɪl; *US* 美 -dʒl ‖ 'frædʒəl/ *adj* easily damaged or broken 易坏的；易碎的: *This bowl is very fragile. Please handle it carefully.* 这只碗易碎，小心点儿拿。

fragment /'frægmənt ‖ 'frægmənt/ *noun* [C] a small piece (that has broken off sth bigger) 碎片: *The builders found fragments of Roman pottery on the site.* 建筑工人在工地发现了一些古罗马陶器的碎片。○ (*figurative* 比喻) *I heard only a fragment of their conversation.* 他们的对话，我只听了个片言只语。

fragment /fræg'ment ‖ fræg'mɛnt/ *verb* [I,T] (*formal* 正式) to be broken into small pieces; to break sth into small pieces 破碎；打碎: *The country is becoming increasingly fragmented by civil war.* 国家正因内战而日趋分裂。

fragrance /'freɪgrəns ‖ 'fregrəns/ *noun* [C,U] a pleasant smell 芬香；芬芳

fragrant *adj* having a pleasant smell 芬香；芬芳

frail /freɪl ‖ frel/ *adj* not strong or healthy 虚弱；不健康: *My aunt is still very frail after her accident.* 姑母遇车祸后，到现在仍然十分虚弱。

frailty /'freɪltɪ ‖ 'freltɪ/ *noun* [C,U] (*pl* **frailties**) moral or physical weakness（身体/精神上）软弱；脆弱；虚弱

☆**frame**[1] /freɪm ‖ frem/ *noun* [C] **1** a border of wood or metal that goes around the outside of a door, picture, window, etc（门、画、窗等的）框: *a window frame* 窗框 **2** [usually pl] a structure made of plastic or metal that holds the lenses of a pair of glasses 眼镜框子 ☛ picture at **glasses**. 见 **glasses** 插图。**3** the basic structure of a piece of furniture, building, vehicle, etc onto which other pieces are added（家具、建筑物、交通工具等的）骨架: *the frame of a bicycle* 自行车的骨架 **4** [usually sing] the shape of a human or animal body 人或动物的体格/骨架: *He has a large frame but he is not fat.* 他个子大，可不算肥胖。

(IDIOM 习语) **frame of mind** a particular state or condition of your feelings; mood 心情；心境；情绪: *I'm not in the right frame of mind for a party. I'd prefer to be on my own.* 我心情不好不想去酒会，想一个人清静点。

frame[2] /freɪm ‖ frem/ *verb* [T] **1** to put a border around sth (especially a picture or photograph)（给图画、照片等）装框架: *Let's have this photograph framed.* 咱们给这张相片配个镜框吧。**2** (*formal* 正式) to express sth in words, in a particular way 以…的言辞表达: *The question was very carefully framed.* 这个问题问得很谨慎。**3** (usually passive 通常用于被动语态) to give false evidence against sb in order to make him/her seem guilty of a crime 罗织诬陷；罗织罪名: *The man claimed that he had been framed by the police.* 这个男人说他被警察诬陷了。

☆**framework** /'freɪmwɜːk ‖ 'frem,wɝk/ *noun* [C] **1** the basic structure of sth that gives it shape and strength 骨架；结构: *A greenhouse is made of glass panels fixed in a metal framework.* 温室以金属为骨架，架上镶着一大块一大块的玻璃板。**2** a system of rules or ideas which help you decide what to do 方案；蓝图: *The plan may be changed but it will provide a framework on which we can build.* 这个方案也许会变，但不失为我们的基本框架。

franc /fræŋk ‖ fræŋk/ *noun* [C] the unit of money that is used in France, Belgium, Switzerland and several other countries 法郎（法国、比利时、瑞士等国的货币单位）

franchise /'fræntʃaɪz ‖ 'fræntʃaɪz/ *noun* **1** [U] (*formal* 正式) the right to vote in elections 选举权 **2** [C] official permission to sell a company's goods or services in a particular area 专营权；专卖权；特许经销权: *a franchise for a fast-food restaurant* 某家快餐馆的专营权

frank /fræŋk ‖ fræŋk/ *adj* showing your thoughts and feelings openly; saying what you mean; honest 坦诚；直率: *To be perfectly frank with you, I don't think you'll pass your driving test.* 老实告诉你，这次驾驶考试你准通不过。

frankly *adv* **1** in a frank manner 坦白地:

F

Please tell me frankly what you think about my idea. 你对我的想法有什么意见，不妨跟我直说。**2** speaking openly and honestly 坦白地说: *Quite frankly, I'm not surprised at what has happened.* 坦率地说，我对这件事并不感到稀奇。—**frankness** *noun* [U]: *She spoke with great frankness about her past life.* 她把过去的生活一五一十地说得十分坦白。

frankfurter /ˈfræŋkfɜːtə(r) ‖ ˈfræŋkfɚtɚ/ (*US* 美 **wiener**) *noun* [C] a type of small smoked sausage 法兰克福香肠

frantic /ˈfræntɪk ‖ ˈfræntɪk/ *adj* **1** in a very emotional state because you are extremely worried or frightened 发狂的（因为极度忧虑/恐慌）: *The mother went frantic when she couldn't find her child.* 母亲找不到孩子，急得像发了疯似的。○ *frantic cries for help* 焦灼的呼救声 **2** very busy or rushed; without organization 忙乱；没有条理: *a frantic search for the keys* 慌忙地找钥匙 —**frantically** /-klɪ ‖ -kl̩ɪ/ *adv*: *They have been working frantically all week trying to get things ready in time.* 他们忙了一个星期，为的是抓紧时间把工作干好。

fraternal /frəˈtɜːnl ‖ frəˈtɝnl̩/ *adj* (*formal* 正式) of or like brothers; friendly 兄弟的；兄弟般的；友好的

fraternity /frəˈtɜːnətɪ ‖ frəˈtɝnətɪ/ *noun* (*pl* **fraternities**) **1** [U] the feeling of friendship between people (like that between brothers) （兄弟般的）友爱 **2** [C] a group of people who share the same work or interests 一群同职业/同兴趣的人: *the medical fraternity* 医学界同人

fraud /frɔːd ‖ frɔd/ *noun* **1** [C,U] (an act of) deceiving or tricking sb in order to get money, etc in a way that is against the law 诈骗、欺诈等违法行为: *The accountant was sent to prison for fraud.* 会计师因诈骗而入狱。○ *Millions of pounds are lost every year in credit card frauds.* 涉及信用卡的欺诈罪行，每年都造成几百万英镑的损失。**2** [C] a person who deceives or tricks sb by pretending to be sb else（假冒别人的）骗子

fraudulent /ˈfrɔːdjʊlənt; *US* 美 -dʒʊ- ‖ ˈfrɔdʒələnt/ *adj* (*formal* 正式) done in order to deceive sb; dishonest 欺诈的；不诚实: *the fraudulent use of stolen cheques* 盗用支票

fraught /frɔːt ‖ frɔt/ *adj* **1** (not before a noun 不用于名词前) filled with sth (unpleasant) 充满（令人不快的事物）: *The situation was fraught with danger.* 危机四伏。**2** (*informal* 非正式) (used about people 指人) worried and nervous 忧虑重重; (used about a situation 指情况) very busy so that people become nervous 忙乱得叫人透不过气: *You look fraught – what's the matter?* 看你愁眉苦脸的，到底有什么事？○ *Things are usually fraught at work on Monday mornings.* 星期一的早上，活儿老是忙个没完。

fray /freɪ ‖ fre/ *verb* [I,T] (used about cloth, etc 指布等) to become worn so that some threads are loose; to cause cloth to do this（使）磨损: *This shirt is beginning to fray at the cuffs.* 衬衫的袖口快要磨破了。○ *a frayed cuff* 磨破了的袖口 ○ (*figurative* 比喻) *Nerves began to fray towards the end of the match* (= the players started to get nervous). 比赛快要结束的时候，球员们更加紧张。

freak /friːk ‖ frik/ *noun* [C] **1** a very strange or unusual event 怪异的/不寻常的事情: *By some strange freak of nature we had snow in May.* 真怪，五月也下起雪来了。○ *a freak accident, storm, etc* 反常的事故/暴风雨等 **2** (*informal* 非正式) a person who has a very strong interest in sth …狂热者: *a health freak* 保健迷 **3** a person or animal that is physically abnormal in some way; a person who behaves in a strange way 畸形人/动物；怪人: *Disabled people should never be treated as freaks.* 绝不应把残障人当作怪物。

freckle /ˈfrekl ‖ ˈfrɛkl̩/ *noun* [C, usually pl] a small brown spot on a person's skin 雀斑: *A lot of people with red hair have got freckles.* 很多红头发的人都有雀斑。—**freckled** *adj*: *a freckled face* 雀斑脸

☆**free**[1] /friː ‖ fri/ *adj* **1** not in prison or in a cage, etc 没有被关在监牢/笼子…里；自由: *After twenty years in prison he was finally set free in 1989.* 他熬过了二十年的铁窗生涯，终于在1989年重获自由。**2 free (to do sth)** not controlled by the government, rules, etc 不受（政府、规则等）操纵/控制；自由: *There is free movement of people across the border.* 人民可以自由进出边境。○ *a free press* 新闻自由 ○ *You're free this afternoon to do exactly what you want.* 今天下午你可自由活动，想干什么就干什么。**3 free from/of sth** not having sth dangerous, unpleasant, etc 没有危险、不快等: *How wonderful to go away for a month, free from all worries and responsibilities.* 难得有一个月的假期，没有烦恼，没有牵挂，多好哇！○ *free from pain* 没有痛楚 **4** costing nothing 免费: *Admission to the museum is free/free of charge.* 博物馆免票入场。○ *a free sample* 免费样品 **5** not being used 未被占用的: *Do you have a single room free for Saturday night?* 星期六那夜有单人空房吗？**6** without appointments; not busy 有空: *I'm afraid Mr Spencer is not free this afternoon.* 斯潘塞先生下午没空。○ *I don't get much free time.* 我没有很多闲工夫。

(IDIOMS 习语) **free and easy** informal or relaxed 不拘礼节；轻松: *The atmosphere in our office is very free and easy.* 我们办公室里气氛轻松自在。

get, have, etc a free hand to get, have, etc permission to make your own decisions about sth 有自主权

of your own free will because you want to, not because sb forces you 出于自愿

free *adv* **1** in a free manner 无拘无束: *There is nowhere around here where dogs can run free.* 附近没有狗的自由活动场地。**2** without cost or payment 免费: *Children under five usually travel free on trains.* 五岁以下的小孩坐火车一般都免票。

free ˈagent *noun* [C] a person who can do what he/she likes because he/she is not responsible to another person 不受牵制的人

free ˈenterprise *noun* [U] the operation of trade and business without government control 自由企业

ˈ**freehand** *adj, adv* (done) by hand, without the help of an instrument, eg a ruler 徒手（做）（的）: *a freehand sketch* 手绘草图

ˌ**free ˈkick** *noun* [C] (in football) a kick by a player of one team after a member of the other team has broken a rule 任意球（足球赛中，一方球员犯规，另一方球员任意把球踢出）

ˌ**free-ˈrange** *adj* produced by hens that are allowed to move around freely 自由放养/可任意走动的鸡所产下的: *free-range eggs* 自由放养鸡的鸡蛋

ˌ**free-ˈspeech** *noun* [U] the right to express any opinion in public 言论自由

☆**free**[2] /fri: ‖ fri/ *verb* [T] **1 free sb/sth (from sth)** to let sb/sth go; to set sb/sth free 释放某人/某物: *to free a prisoner* 释放囚犯 ○ *The protesters freed the animals from their cages.* 示威群众把笼里的动物放了出来。**2 free sb/sth of/from sth** to take away from sb/sth that is unpleasant 使脱离令人不快的事物: *The medicine freed her from pain for a few hours.* 她吃了止痛药，好受了几个钟头。**3 free sb/sth (from sth)** to move sb/sth that is stuck or caught 使脱离被困的环境: *The emergency services took three hours to free the man from the wreckage of his car.* 司机困在汽车的残骸里，抢救队花了三个小时才把他救出来。**4 free sb/sth for sth** to make sth available so that it can be used; to put sb in a position in which he/she can do sth 使某物得以为…所用；使某人得以从事…: *Cuts in defence spending would free money to spend on education.* 减少国防经费可以腾出钱来用在教育上。

☆**freedom** /ˈfri:dəm ‖ ˈfridəm/ *noun* **1** [U] the state of being free, ie of not being in prison or under the control of sb else 自由: *The opposition leader was given his freedom after 25 years.* 反对派领袖终于在25年后重获自由了。**2** [C,U] the right to do or say what you want 行动/言论自由的权利: *You have the freedom to come and go as you please.* 你有来去的自由。○ *freedom of speech* 言论自由 ○ *the rights and freedoms of the individual* 个人权利和个人自由 ☛ Look at **liberty**. 参看 **liberty**。**3 freedom from sth** the state of not having sth unpleasant 没有令人不快的事物: *freedom from fear, hunger, pain, etc* 免受恐惧/饥饿/痛楚…之苦

Freefone /ˈfri:fəʊn ‖ ˈfrifon/ *noun* [U] (*Brit* 英) the system by which the person making a telephone call does not have to pay for the cost of the call 免费电话（一种打电话的人不用付费的安排）☛ Look at **Freepost**. 参看 **Freepost**。

freelance /ˈfri:lɑ:ns; *US* 美 -læns ‖ friˈlæns/ (*also* 亦作 **freelancer**) *noun* [C] a person who works for several different employers and who is paid separately for each piece of work that he/she does 自由职业者（为不同的雇主工作，计件付酬）—**freelance** *adj, adv*: *a freelance journalist* 以自由职业者身分工作的记者 ○ *She works freelance.* 她是自由职业者。

freely /ˈfri:lɪ ‖ ˈfrilɪ/ *adv* **1** in a way that is not controlled or limited 没有受到操纵/管制；自由地: *He is the country's first freely elected president for 40 years.* 他是40年以来全国第一位经过自由选举而产生的总统。○ *There are no roadworks on the motorway and traffic is flowing freely.* 公路上没有施工，交通畅通无阻。☛ Note that if you travel **free** it means that you do not have to pay anything. 不须担负旅费叫做 travel **free**。If you can travel **freely** it means that you can go wherever you like. 可自由安排行程叫做 travel **freely**。**2** willingly, without hesitating 自愿；爽快: *I freely admit that I made a mistake.* 我痛快地承认犯了错。

Freemason /ˈfri:meɪsn ‖ ˈfriˌmesn̩/ (*also* 亦作 **mason**) *noun* [C] a man who belongs to an international secret society whose members help each other and who recognize each other by secret signs 共济会成员（共济会乃国际秘密组织，成员互相接济，各以暗号识别）

Freepost /ˈfri:pəʊst ‖ ˈfripost/ *noun* [U] (*Brit* 英) the system by which the person who sends a letter, etc does not pay for the cost of postage 免费邮寄（一种邮政制度，投寄信件或其他东西的人不用付费）☛ Look at **Freefone**. 参看 **Freefone**。

freeway /ˈfri:weɪ ‖ ˈfriˌwe/ *noun* [C] (*US* 美) = MOTORWAY

☆**freeze** /fri:z ‖ friz/ *verb* (*pt* **froze** /frəʊz ‖ froz/; *pp* **frozen** /ˈfrəʊzn ‖ ˈfrozn̩/) **1** [I,T] to become hard (and often change into ice) because of extreme cold; to make sth do this 结冰；遇冷变硬；冷藏: *Water freezes at 0° Celsius.* 水在零摄氏度结冰。○ *Leave the heating on when you're away or the pipes will freeze.* 不在家时也得开着暖气，要不然水管要冻住了。○ *The ground was frozen solid for most of the winter.* 冬天的大部分时间里，大地都冻得发硬。○ *I've picked ten pounds of raspberries and I'm going to freeze them.* 我拣了十磅覆盆子，现在拿去冷冻。○ *Raspberries freeze well.* 覆盆子最宜冷藏。○ *frozen peas* 冻豌豆 **2** [I] (used with 'it' to describe extremely cold weather, when water turns into ice 跟 it 一起用，形容天气寒冷得要结冰): *I think it's going to freeze tonight.* 我看今晚准冷得要命。**3** [I,T] (to cause a person) to be very cold or to die from cold（使人）感到寒冷；冻死: *The two men froze to death on the mountain.* 那两个人在山上冻死了。○ *Turn the heater up a bit – I'm frozen.* 暖炉开大点儿，我冷得要死。**4** [I] to stop suddenly or become still because you are frightened or shocked 吓呆了: *The terrible scream made her freeze with terror.* 那凄厉的叫声把她吓呆了。**5** [T] to keep wages, prices, fares, etc at a fixed level for a certain period of time 冻结（工资/物价/票价…）: *Spending on defence has been frozen for one year.* 国防开支已经冻结了一年。

freeze *noun* [C] **1** a period of weather when the temperature stays below 0°C (freezing-point) 严寒时节（零摄氏度以下的天气）**2** the fixing of wages, prices, fares, etc at a certain level for a certain period of time（工资、物价、票价等的）冻结

freezing *adj* (*informal* 非正式) very cold (not necessarily below 0° Celsius) 极冷: *Can we turn the central heating on? I'm freezing.* 可以

开中央暖气吗？我冷得要死。○ *It's absolutely freezing outside.* 外边冷得要命。

ˈ**freezing-point** (*also* 亦作 **freezing**) *noun* [C,U] the temperature at which water, etc freezes 冰点: *Last night the temperature fell to six degrees below freezing.* 昨晚气温降至零下六度。

freezer /ˈfri:zə(r) ‖ ˈfrizɚ/ (*also* 亦作 ˌ**deep-ˈfreeze**) *noun* [C] a large box or cupboard in which you can store food for a long time at a temperature below 0°C (freezing-point) so that it stays frozen 冰柜（温度在冰点以下，食物得以冷冻）☛ Look at **fridge**. 参看 **fridge**。

freight /freɪt ‖ fret/ *noun* [U] **1** the method of carrying goods from one place to another 货运: *Your order will be sent by air freight.* 以空运交付订货。**2** = GOODS(2): *a freight train* 货运列车

freighter *noun* [C] a ship or aeroplane that carries only freight 货船；货机

ˈ**freight car** (*US* 美) = WAGON

French fry /ˌfrentʃ ˈfraɪ ‖ ˌfrɛntʃˈfraɪ/ *noun* [C] (*pl* **French fries**) (*especially US* 尤为美) = CHIP[1](3)

F

French window /ˌfrentʃ ˈwɪndəʊ ‖ ˌfrɛntʃ-ˈwɪndo/ (*US* 美 ˌ**French ˈdoor**) *noun* [C] one of a pair of glass doors that open onto a garden or balcony（通往花园/阳台的）落地窗

frenzy /ˈfrenzɪ ‖ ˈfrɛnzi/ *noun* [sing,U] a state of great excitement; a period when a person cannot control his/her actions 狂热；狂躁: *The speaker worked the crowd up into a frenzy.* 那个演讲的人把群众煽动了起来。

frenzied /ˈfrenzɪd ‖ ˈfrɛnzid/ *adj* wild and excited 狂野；疯狂: *a frenzied attack* 疯狂的进攻

frequency /ˈfri:kwənsɪ ‖ ˈfrikwənsi/ *noun* (*pl* **frequencies**) **1** [U] the rate at which sth happens (= the number of times sth happens in a particular period) 频率（在特定时间内某种事情发生的次数）: *Fatal accidents have decreased in frequency in recent years* (= there are fewer of them). 近几年死亡事故发生的频率已经下降。**2** [U] the fact that sth happens often 频繁: *The frequency of child deaths from cancer near the nuclear power station is being investigated.* 在核电厂附近地区，经常有儿童死于癌症，有关当局对这个现象正在进行调查。**3** [C,U] the rate at which a sound wave or radio wave vibrates 频率（声波/无线电波振动的次数）: *high-frequency/low-frequency sounds* 高频/低频声波 ○ *Which frequency does the radio station broadcast on?* 这电台用哪个频率广播？

☆**frequent**[1] /ˈfri:kwənt ‖ ˈfrikwənt/ *adj* happening often 频繁: *There is a frequent bus service from the city centre to the airport.* 来往市中心和机场之间的公共汽车班次频密。☛ The opposite is **infrequent**. 反义词为 **infrequent**。—**frequently** *adv*: *Buses run frequently from the city centre to the airport.* 公共汽车穿梭于市中心和机场之间。

frequent[2] /frɪˈkwent ‖ frɪˈkwɛnt/ *verb* [T] (*formal* 正式) to go to a place often 常到（某地方）: *He spent most of his evenings in Paris frequenting bars and nightclubs.* 他在巴黎的时候，晚上不是泡在酒吧里，就是呆在夜总会里。

☆**fresh** /freʃ ‖ frɛʃ/ *adj* **1** new or different 新的（没有体验过的）；不同的: *They have decided to make a fresh start in a different town.* 他们决定在另一个城市从头干起。○ *I'm sure he'll have some fresh ideas on the subject.* 我敢说，在这个问题上他准有新的想法。○ *I'd like to put on some fresh clothes before we go out.* 我换一件衣服再跟你出去。**2** not old (so there has been no time for any change) 新（还未有变化的）: *There was fresh blood all over the walls.* 墙上溅满了鲜血。○ *Write a few notes while the lecture is still fresh in your mind.* 趁着你还没有忘掉那一课，赶快做些笔记吧。**3** (used about food, flowers, etc 指食品、花朵等) made or picked not long ago 新鲜: *fresh bread* 新鲜面包 ☛ The opposite for food is **stale**. 食物不新鲜叫做 **stale**。**4** (used about food 指食物) not frozen or from a tin 非冷藏的；非罐装的: *fresh fruit and vegetables* 新鲜水果和蔬菜 **5** (used about water 指水) not salt; not sea water 淡水的 ☛ A fish that lives in such water is a **freshwater** fish. 活在淡水里的鱼叫做 **freshwater** fish。**6** (used about the air 指空气) clean and cool 清新；清凉: *Open the window and let some fresh air in.* 打开窗子透透新鲜空气。**7** (used about the weather 指天气) quite cold and windy 清冷 **8** (used about colours, or a person's skin) bright or clear（颜色）鲜明；（皮肤）光润 **9** not tired 不疲倦；精神: *I'll think about the problem again in the morning when I'm fresh.* 明儿早上我精神好的时候再想想这问题吧。**10 fresh from/out of sth** having just finished sth 刚刚做完某事: *Life isn't easy for a young teacher fresh from university.* 对于刚刚毕业的大学生来说，教师生涯并不轻松。

(IDIOM 习语) **break fresh/new ground** ⇨ GROUND[1]

freshly *adv* newly; recently 刚刚；新近: *freshly baked bread* 刚出炉的面包 —**freshness** *noun* [U]

freshen /ˈfreʃn ‖ ˈfrɛʃən/ *verb* **1** [T] **freshen sth (up)** to make sth cleaner or brighter 使清新/明亮: *Some new curtains and wallpaper would freshen up this room.* 换上新窗帘和墙纸可以令房间焕然一新。**2** [I] (used about the wind 指风) to become stronger 增强

(PHRASAL VERB 短语动词) **freshen (yourself) up** to wash and make yourself clean and tidy 梳洗而使自己整洁/精神焕发

fresher /ˈfreʃə(r) ‖ ˈfrɛʃɚ/ *noun* [C] (*Brit informal* 英，非正式) a student who is in his/her first year at university, college, etc（大学、专业学校等的）一年级新生

freshman /ˈfreʃmən ‖ ˈfrɛʃmən/ *noun* [C] (*pl* **freshmen** /-mən ‖ -mən/) (*US* 美) a student who is in his/her first year at college, high school, university, etc（大学、专业学校等的）一年级新生

fret /fret ‖ frɛt/ *verb* [I] (fretting; fretted) **fret (about/at/over sth)** to be unhappy or worried about sth 为…而不快/担忧: *Don't fret. Every-*

thing will be all right. 不用担心，问题总会解决的。

friction /ˈfrɪkʃn ‖ ˈfrɪkʃən/ *noun* [U] **1** the rubbing of one surface or thing against another 相互接触的物体来回移动；摩擦 **2** disagreement between people or groups 个人或团体间的不和；冲突: *There is a lot of friction between the older and the younger members of staff.* 年纪大跟年纪小的职员时常有摩擦。

☆**Friday** /ˈfraɪdɪ ‖ ˈfraɪdɪ/ *noun* [C,U] (*abbr* 缩写 **Fri**) the day of the week after Thursday and before Saturday 星期五 ☛ For examples of the use of the days of the week in sentences, look at **Monday**. 有关星期一、二…在句子里的用法，参看 **Monday**。

☆**fridge** /frɪdʒ ‖ frɪdʒ/ (also *formal* 正式 **refrigerator**) (*US* 美 **icebox**) *noun* [C] a metal container in which food, etc is kept cold (but not frozen) so that it stays fresh 冰箱（用以冷藏而非冰冻食物，使保持新鲜）☛ Look at **freezer**. 参看 **freezer**。

☆**friend** /frend ‖ frɛnd/ *noun* [C] **1** a person that you know and like (not a member of your family) 朋友: *Trevor and I are old friends. We were at school together.* 特雷弗跟我是老朋友，我们一起念过书。○ *We're only inviting close friends and relatives to the funeral.* 我们只邀请亲密的亲朋好友参加葬礼。○ *Do you know Helen Wilson? She's my best friend.* 你认得海伦·威尔逊吗？我跟她最要好。○ *A friend of mine told me about this restaurant.* 这家餐馆是朋友介绍给我的。○ *One of my friends told me about this restaurant.* 这家餐馆是朋友介绍给我的。☛ Look at **boyfriend**, **girlfriend** and **penfriend**. 参看 **boyfriend**、**girlfriend** 及 **penfriend**。**2 a friend of/to sth** a helper or supporter of sth 帮助/支持…的人: *the Friends of the Churchill Hospital* 邱吉尔医院之赞助者

(IDIOM 习语) **be/make friends (with sb)** to be/become a friend (of sb) 跟（某人）做朋友: *Tony is rather shy and finds it hard to make friends.* 托尼很怕羞，觉得很难交朋友。

friendless *adj* without friends 没有朋友

☆**friendly** /ˈfrendlɪ ‖ ˈfrɛndlɪ/ *adj* (**friendlier**; **friendliest**) **1** behaving in a kind and pleasant way; showing kindness and pleasantness 待人友善的；亲切: *Everyone here has been very friendly towards us.* 这里的人对我们都很友善。○ *a friendly smile* 亲切的微笑 ○ *a small friendly hotel near the beach* 海边一家令人宾至如归的小旅馆 **2 friendly with sb** being the friend of sb 跟某人要好: *Nick's become quite friendly with the boy next door.* 尼克跟隔壁的男孩混得很熟。—**friendliness** *noun* [U]

friendly *noun* [C] a sports match that is not part of a serious competition 友谊赛

-friendly (in compounds 用以构成复合词) supporting or helping sb/sth 支持/有助…: *Our computer is extremely user-friendly.* 本公司出产的计算机，极其易学易用。

☆**friendship** /ˈfrendʃɪp ‖ ˈfrɛndʃɪp/ *noun* **1** [U] the state of being friends 朋友的感情；友情: *Our relationship is based on friendship, not love.* 我们是朋友关系，不是情侣关系。**2** [C] a relationship between people who are friends 朋友的关系；友谊: *The friendships that you make at school often last for life.* 求学阶段建立的友谊，常常是一生一世的。

fright /fraɪt ‖ fraɪt/ *noun* [C,U] a sudden feeling of fear 突然而来的恐怖: *That loud bang gave me quite a fright.* 一声巨响，把我吓了一跳。○ *The child cried out in fright.* 那个小孩吓得大叫起来。

☆**frighten** /ˈfraɪtn ‖ ˈfraɪtn̩/ *verb* [T] to fill sb with fear 使害怕/惊恐: *Sorry, I didn't mean to frighten you.* 真对不起，我不是有心要吓你的。

(PHRASAL VERB 短语动词) **frighten sb/sth away/off** to cause a person or animal to go away by frightening him/her/it 把人/动物吓跑: *Walk quietly so that you don't frighten the birds away.* 放轻点儿脚步，别把小鸟吓跑。

frightened *adj* **1** full of fear or worry 受惊；担忧: *Frightened children were calling for their mothers.* 孩子们吓得直喊妈妈。○ *He was frightened at the thought of being alone.* 他一想到孤独就害怕。○ *I was frightened that they would think that I was rude.* 我担心他们以为我很粗鲁。**2 frightened of sb/sth** fearing a particular person, thing or situation 害怕…: *When I was young I was frightened of cats.* 小时候，我见了猫就怕。☛ Look at the note at **afraid**. 参看 **afraid** 的注释。

frightening /ˈfraɪtnɪŋ ‖ ˈfraɪtn̩ɪŋ/ *adj* causing fear 吓人；骇人: *It was a very frightening situation to be in.* 当时的情景非常可怕。○ *It's frightening how quickly time passes.* 时间过得真快，使人害怕。○ *It's frightening that time passes so quickly.* 时间过得真快，使人害怕。

frightful /ˈfraɪtfl ‖ ˈfraɪtfəl/ *adj* **1** very bad or unpleasant 很坏；令人十分不快: *The weather this summer has been frightful.* 这个夏天的天气可真糟糕。○ *I felt frightful so I went home early.* 我很不舒服，所以提早回家了。**2** (*informal* 非正式) (used for emphasizing sth 用以强调) very bad or great 极差；严重: *We're in a frightful rush.* 我们赶得急死了。

frightfully /-fəlɪ ‖ -fəlɪ/ *adv* (*informal* 非正式) very 十分: *I'm frightfully sorry.* 我真是非常抱歉。

frigid /ˈfrɪdʒɪd ‖ ˈfrɪdʒɪd/ *adj* (usually used about a woman 一般指女性) disliking sexual activity 不爱性交；性冷淡

frill /frɪl ‖ frɪl/ *noun* [C] **1** a special edge for a dress, shirt, etc which is made by forming many folds in a narrow piece of cloth（衣服的）褶边/饰边 **2** [usually pl] (*figurative* 比喻) something that is not necessary but is decorative or pleasant 并非必要的装饰；可人但并非必要的东西: *We just want a plain simple meal – no frills.* 一顿便饭就行了，不用大事张罗。

frilly /ˈfrɪlɪ ‖ ˈfrɪlɪ/ (**frillier**; **frilliest**) *adj* having many frills 有很多褶边/饰边: *a frilly dress* 带饰边的连衣裙

fringe /frɪndʒ ‖ frɪndʒ/ *noun* [C] **1** (*US* 美 **bangs** [plural]) the part of your hair that hangs, usually in a straight line, over your forehead 刘海儿: *Your hair looks better with a*

F

fringe. 你梳了个刘海更好看。☛ picture at **hair**. 见 **hair** 插图。**2** a decorative edge on a rug, etc or on clothes, that is made of loose or hanging threads 穗；流苏 **3** a place, part or position that is a long way from the centre or from what is usual 外围；偏激分子: *the outer fringes of London* 伦敦周围地区 ○ *Some people on the fringes of the party are opposed to the policy on Europe.* 党内的一些偏激分子对该党的欧洲政策提出了非议。

fringe *verb*

(IDIOM 习语) **be fringed by/with sth** to have sth as a border 周围有…: *The lake was fringed with pine trees.* 湖边种了松树。

ˈ**fringe benefit** *noun* [C] an extra benefit that is given to an employee in addition to his/her salary（雇员享有的）附加福利: *The fringe benefits of this job include a car and free health insurance.* 这份工作享有汽车、免费医疗保险等附加福利。

frisk /frɪsk ‖ frɪsk/ *verb* **1** [T] to pass your hands over sb's body in order to search for hidden weapons, drugs, etc 搜身 **2** [I] (used about an animal or child 指动物或小孩) to play and jump about in a lively and happy way 欢跃；蹦跳

frisky *adj* (**friskier**; **friskiest**) lively and playful 活泼爱玩的

F

fritter /ˈfrɪtə(r) ‖ ˈfrɪtə/ *verb*

(PHRASAL VERB 短语动词) **fritter sth away (on sth)** to waste time or money on things that are not important（在不重要的事物上）浪费时间/金钱

frivolity /frɪˈvɒlətɪ ‖ frɪˈvɑlətɪ/ *noun* [U] silly behaviour; not acting seriously 无聊的行为；轻浮

frivolous /ˈfrɪvələs ‖ ˈfrɪvələs/ *adj* not serious; silly 轻浮；无聊: *This is a serious issue. Please don't make frivolous remarks.* 这是个严肃的问题，别妄下评语。

frizzy /ˈfrɪzɪ ‖ ˈfrɪzɪ/ *adj* (used about hair 指头发) with a lot of very small curls 有很多小卷儿的

fro /frəʊ ‖ fro/ *adv*

(IDIOM 习语) **to and fro** ⇨ TO[3]

frock /frɒk ‖ frɑk/ *noun* [C] (*old-fashioned* 旧) a dress 女礼服；连衣裙

frog 蛙　toad 蟾蜍

frog /frɒg; *US* 美 frɔːg ‖ frɔg/ *noun* [C] a small animal with smooth skin and long legs that are used for jumping. Frogs live in or near water 蛙；青蛙: *the croaking of frogs* 青蛙的呱呱叫声

ˈ**frogman** /-mən ‖ -mən/ *noun* [C] (*pl* **frogmen** /-mən ‖ -mən/) a swimmer who works underwater wearing special rubber clothes and using breathing equipment（身穿特制的橡皮衣服，使用呼吸仪器在水下工作的）蛙人；潜水员: *Police frogmen searched the river.* 警察派了蛙人到河里搜索。

☆**from** /frəm ‖ frəm; strong form 强读式 frɒm ‖ frɑm/ *prep* **1** (showing the place where sb/sth starts or started 表示人/事物从什么地方来或开始): *Has the bus from London arrived?* 由伦敦开来的公共汽车到了没有？○ *She comes home from work at 7 o'clock.* 下班后，她通常7点钟回到家里来。○ *Water was dripping from the tap.* 水龙头在滴水。○ *A child fell from the seventh floor of a block of flats.* 有个小孩从一栋公寓的七楼掉下来了。**2** (showing the time when sth starts or started 表示在什么时候开始): *Peter's on holiday from next Friday.* 下个星期五彼得开始放假了。○ *The supermarket is open from 8am till 8pm every day.* 这家超级市场每天上午8点开门，晚上8点关门。○ *We lived in Wales from 1979 to 1986.* ＊1979到1986这几年，我们住在威尔士。**3** (showing the person who sent, gave, said, etc sth 表示某物来自某人或话是某人说的): *Have you had a Christmas card from Roy?* 罗伊给你寄来了圣诞卡吗？○ *I borrowed this jacket from my sister.* 这件夹克是我跟妹妹借来的。○ *a phone call from my father* 爸爸打回来的电话 **4** (showing the origin of sb/sth 表示来源，用于人/事物): *'Where do you come from?' 'I'm from Australia.'* "你是哪里人？""我是澳大利亚人。" ○ *quotations from Shakespeare* 莎翁名句 ○ *There's a man from the bank to see you.* 银行有人来见你。**5** (showing the material with which sth is made 指出原料): *Paper is made from wood.* 纸用木材做原料。**6** (showing the distance between two places 表示空间上的距离): *The house is five miles from Oxford.* 这房子离牛津镇有五英里路。**7** (showing the lower limit in a range of prices, figures, etc 表示价格/数字…幅度的下限): *Our prices start from £2.50 a bottle.* 我们的售价从2.5英镑一瓶开始。○ *Tickets cost from £3 to £11.* 票价由3英镑到11英镑不等。**8** (showing the state of sb/sth before a change 表示改动之前的状态，用于人/事物): *The bus fare has gone up from 35p to 40p.* 公共汽车的票价由35便士涨到40便士了。○ *The article was translated from Russian into English.* 这篇文章已由俄语翻译成英语。○ *Things have gone from bad to worse.* 事情越搞越糟。**9** (showing that sb/sth is taken away 表示取去/带走…，用于人/事物): *Children don't like being separated from their parents for a long period.* 孩子不喜欢跟父母分开太久。○ *She borrowed the book from the library.* 这本书是她从图书馆借回来的。○ *8 from 12 leaves 4.* ＊12减8剩4。**10** (showing sth that you want to avoid 表示要避免/防止某事物): *There was no shelter from the wind.* 没有避风的去处。○ *This game will stop you from getting bored.* 这玩意儿准叫你不再烦闷。**11** (showing the reason for sth 表示原因): *People in the camps are suffering from hunger and cold.* 营里的人又饿又冷。**12** (showing the difference between two people, places or things 表示人/地/事物的不同): *Can you tell margarine from butter?* 你能分辨出人造黄油和黄油吗？○ *Is Portuguese* very different from Spanish? 葡萄牙语是不是跟西班牙语很不相同？**13** (showing your position or point of view 表示角度或观点): *There is a wonderful view from the top of the tower.* 从塔顶往下望，风景特别好。○ *From your point of view it would be better to fly to Birmingham rather than to London.* 依你看来，搭飞机去伯明翰比去伦敦好。○ *He always looks at things from his own point of view.* 他老从自己的角度看问题。

(IDIOM 习语) **from... on** starting at a particular time and continuing for ever 从某时间起一直…: *She never spoke to him again from that day on.* 打那天起，她没有再跟他说过半句话。○ *From now on you must earn your own living.* 以后你要自食其力了。

☆**front** /frʌnt ‖ frʌnt/ *noun* **1** [C, usually sing] the side or surface of sth that is most usually seen or that is most important 正面（与侧面和背面相对）: *a dress with buttons down the front* 正面有一排钮扣的连衣裙 ○ *the front of a building* (= the front wall) 建筑物的正面 ○ *a card with flowers on the front* 正面有花的贺卡 **2** [C, usually sing] the most forward part of sth or the area that is just outside of or before sb/sth 前部；（某人/某物的）前面: *Young children should not travel in the front of the car.* 小孩坐汽车不该坐前座。○ *There is a small garden at the front of the house.* 屋前有个小花园。☛ **On the front of** means 'on the front surface of sth' * **on the front of** 指"在…的正面": *The number is shown on the front of the bus.* 公共汽车的正面标上了路线号码。**In front of** means 'further forward than another person or thing' * **in front of** 指"在…外的前方": *A car has stopped in front of the bus.* 公共汽车的前边停了一辆汽车。**At/In the front of** means 'in the most forward part inside sth' * **at/in the front of** 指 "在…内的前部": *The driver sits at the front of the bus.* 公共汽车上的司机都是坐在车前的。Look at these sentences too 再参看以下各句: *The teacher usually stands in front of the class.* 上课的时候，老师通常站在全班同学的面前。○ *The noisy children were asked to sit at the front of the class* (= in the front seats). 爱吵闹的小孩被老师调到前排去。**3 the front** [sing] the line or area where fighting takes place in a war 前线；战线: *to be sent to the front* 被调到前线 **4** [sing] a way of behaving that hides your true feelings 表面的行为/样子: *His brave words were just a front. He was really feeling very nervous.* 他的豪言壮语只为掩饰，其实他心里很紧张。**5** [C] (*technical* 术语) (used when talking about the weather 指天气) a line or area where warm air and cold air meet 锋/锋面（冷暖气团接触的地带）: *A cold front is moving in from the north.* 冷锋从北面移入。**6** [C] a particular area of activity 领域: *Things are difficult on the domestic front at the moment.* 国内现在有困难。

(IDIOMS 习语) **back to front** ⇨ BACK[1]

in front ahead of or further forward than sb/sth 领先；在…前面: *Some of the children ran on in front.* 孩子当中有一些跑在前头。○ *After three laps the Kenyan runner was in front.* 跑过了三圈后，肯尼亚的那位选手领先。

opposite 对面　　in front of 在前面

in front of 1 in a position further forward than but close to sb/sth 在…之前不远处: *The bus stops right in front of our house.* 这班车在我家的门前有站。○ *Don't stand in front of the television.* 别站在电视机前面。○ *The book was open in front of her on the desk.* 她面前桌上摊着一本书。☛ **In front of** does not mean the same as **opposite**. * **in front of** 跟 **opposite** 不是同义词。**2** in the presence of 当着…的面: *I couldn't talk about that in front of my parents.* 我不可以在爸妈面前谈那件事。

up front (*informal* 非正式) as payment before sth is done 预先支付: *I want half the money up front and half when the job is finished.* 我想先支一半工钱，干完了再支另一半。

front *adj* (only *before* a noun 只用于名词前) of or at the front(1,2) 正面的；前部的；前面的: *the front door, garden, room, etc* 正门；前花园；起居室… ○ *front teeth* 门牙

front-ˈpage *adj* interesting or important enough to appear on the front page of a newspaper 头版的（刊在报纸的头版）: *front-page news* 头版新闻

frontal /ˈfrʌntl ‖ ˈfrʌntl/ *adj* (only *before* a noun 只用于名词前) from the front 来自正面的: *a frontal attack* 正面攻击

☆**frontier** /ˈfrʌntɪə(r); *US* 美 frʌnˈtɪər ‖ frʌnˈtɪr/ *noun* **1** [C] **frontier (between A and B); frontier (with A)** the line where one country joins another; border 国界；边界: *We crossed the frontier between France and Italy.* 我们越过了法意两国的边界。○ *France's frontier with Italy* 法意两国的边界 ☛ Look at the note at border. 参看 **border** 的注释。**2 the frontiers** [plural] the border between what we know and what we do not know 知识领域: *Scientific research is constantly pushing back the frontiers of our knowledge about the world.* 科学研究不断扩大我们对这个世界的认识。

☆**frost** /frɒst; *US* 美 frɔ:st ‖ frɔst/ *noun* **1** [C,U] the weather conditions when the temperature falls below freezing-point 严寒；霜冻: *There was a hard frost last night.* 昨晚有严重霜冻。○ *ten degrees of frost* (= minus ten degrees Celsius) 零下十摄氏度 **2** [U] a very thin layer of little pieces of ice that is formed on surfaces when the temperature is below freezing-point 霜: *The branches of the trees were white with frost.* 树枝挂满了白霜。

frost *verb* [T] (*especially US* 尤为美) to decorate the top of a cake with a mixture containing sugar; to ice（在糕饼上面）撒糖霜 (PHRASAL VERB 短语动词) **frost over/up** to become covered with frost(2) 盖满了霜: *The window has frosted over/up.* 窗上挂着一层白霜。

frosted *adj* (used about glass or a window 形容玻璃/窗子) with a special surface so you cannot see through it 磨砂的；毛面的

ˈ**frostbite** *noun* [U] injury to the fingers, toes, etc that is caused by very low temperatures 冻疮（低温引致的皮肤损伤）

frosting /ˈfrɒstɪŋ; *US* 美 ˈfrɔ:stɪŋ ‖ ˈfrɔstɪŋ/ *noun* [U] (*especially US* 尤为美) = ICING

frosty /ˈfrɒstɪ; *US* 美 ˈfrɔ:stɪ ‖ ˈfrɔstɪ/ *adj* (**frostier**; **frostiest**) **1** very cold, with frost 严寒: *a cold and frosty morning* 寒霜凛冽的早晨 **2** cold and unfriendly 冷若冰霜: *a frosty welcome* 冷淡的欢迎

froth /frɒθ; *US* 美 frɔ:θ ‖ frɔθ/ *noun* [U] a mass of small white bubbles on the top of a liquid, etc（液体等表面的）白色泡沫

froth *verb* [I] to have or produce froth 起泡沫: *The mad dog was frothing at the mouth.* 那疯狗在吐白沫。—**frothy** *adj* (**frothier**; **frothiest**): *frothy beer* 冒泡的啤酒

frown /fraʊn ‖ fraun/ *verb* [I] to bring your eyebrows together so that you make lines appear on your forehead. You frown when you are angry or worried 皱眉；蹙额: *'You're late', he said, frowning.* 他皱着眉头说："你迟到了。"

(PHRASAL VERB 短语动词) **frown on/upon sth** to think that sth is not good; to disapprove 不以为然；不赞同: *Smoking is very much frowned upon these days.* 这年头抽烟备受非议。

frown *noun* [C] an act of frowning 皱眉: *She read the letter quickly, a worried frown on her face.* 她很快看了这封信，一边看一边皱起了眉头。

froze *pt* of FREEZE * FREEZE 的过去时

frozen /ˈfrəʊzn ‖ ˈfrozn̩/ *pp* of FREEZE * FREEZE 的过去分词: *The pond is frozen. Let's go skating.* 池塘结了冰，咱们去滑冰吧。○ *frozen vegetables* 冷冻的蔬菜 ○ *I'm frozen* (= very cold). 我冷得要命。

☆**fruit** /fru:t ‖ frut/ *noun* **1** [C,U] the part of a plant or tree that contains seeds and that is used as food 水果: *Try and eat more fresh fruit and vegetables.* 要多吃新鲜水果和蔬菜。○ *Marmalade is made with citrus fruit* (= oranges, lemons, grapefruit, etc). 果子酱是用柑橘类果实（橙子、柠檬、葡萄柚等）做的。○ *Is a tomato a fruit or a vegetable?* 番茄是水果还是蔬菜？○ *fruit juice* 果汁 ☛ When we say 'a fruit' we mean 'a type of fruit' * a fruit 指一种水果: *Most big supermarkets sell all sorts of tropical fruits.* 在许多大规模的超级市场里都可买到各式各样的热带水果。When we are talking about one individual piece, eg a single apple, pear, banana, etc we must say 'a piece of fruit' 单个水果（如一个苹果、一只梨子、一根香蕉等），叫做 a piece of fruit: *What would you like now? Cheese, or a piece of fruit?* 要什么？干酪还是水果？It is more usual to use the uncountable form 不可数形式较常用: *Would you like some fruit?* 要一些水果吗？**2** [C] the part of any plant in which the seed is formed 果实 **3 the fruits** [plural] a good result or a reward for what you have done 成果

fruitful /ˈfru:tfl ‖ ˈfrutfəl/ *adj* producing good results; useful 卓有成效；有用: *fruitful discussions* 有益的讨论

fruition /fru:ˈɪʃn ‖ fruˈɪʃən/ *noun* [U] the time when a plan, etc starts to be successful 取得成果: *After months of hard work, our efforts were coming to fruition.* 经过了好几个月的辛勤劳动，我们快要取得成果。

fruitless /ˈfru:tlɪs ‖ ˈfrutlɪs/ *adj* producing poor or no results; unsuccessful 结果不好；没有结果；失败: *a fruitless search* 徒劳无功的搜索

frustrate /frʌˈstreɪt; *US* 美 ˈfrʌstreɪt ‖ ˈfrʌstret/ *verb* [T] **1** to prevent sb from doing sth or sth from happening 阻挠；阻碍: *The rescue work has been frustrated by bad weather conditions.* 天气恶劣，援救工作受阻。**2** to cause a person to feel angry or dissatisfied because things are not happening as he/she wants 使沮丧/灰心: *It's the lack of money that really frustrates him.* 最令他沮丧的莫过于资金的缺乏。

frustrated *adj* angry or dissatisfied, eg because you cannot have or do what you want 沮丧；灰心: *In the film she plays a bored, frustrated, middle-aged housewife.* 在电影里，她扮演一位厌倦的、苦闷的中年主妇。○ *He felt very frustrated at his lack of progress in learning Chinese.* 他的汉语学来学去也不见起色，令他很丧气。

frustrating *adj* making you angry or dissatisfied 令人沮丧的；令人灰心的: *I spent a frustrating morning at the Passport Office.* 我在护照科那里折腾了一个早上。

frustration /frʌˈstreɪʃn ‖ frʌsˈtreʃən/ *noun* [C,U] a feeling of anger or dissatisfaction, or sth that causes it 沮丧；灰心；令人沮丧/灰心的事物: *He felt anger and frustration at not being able to help the starving children.* 他想到快要饿死的儿童，自己却无能为力，感到又生气又失望。○ *Every job has its frustrations.* 做什么工作都会有不如意的地方。

☆**fry** /fraɪ ‖ fraɪ/ *verb* [I,T] (*pres part* **frying**; *3rd pers sing pres* **fries**; *pt, pp* **fried** /fraɪd ‖

fraɪd/) to be cooked in hot fat or oil; to cook sth in this way（被）放在油里煎: *to fry an egg* 把鸡蛋煎熟 ○ *a fried egg* 煎过的蛋 ○ *There was a smell of frying bacon in the kitchen.* 厨房那里飘出煎熏肉的香味。☛ Look at the note at **cook**. 参看 **cook** 的注释。

'frying-pan (*US* 美 **'fry-pan**) *noun* [C] a flat shallow pan with a long handle that is used for frying food（长柄）平底锅 ☛ picture at **pan**. 见 **pan** 插图。

☆**fuel** /'fju:əl ‖ 'fjuəl/ *noun* **1** [U] material that is burned to produce heat or power 燃料: *unleaded fuel* (= petrol without lead in it) 无铅燃料 ○ *What's the car's fuel consumption?* 这辆汽车的耗油量是多少？○ *Our fuel bills are very high.* 我们花在燃料上的钱可不少。**2** [C] a type of fuel 一种燃料: *I think gas is the best fuel for central heating.* 依我看，煤气这种燃料最适用于中央供暖系统。

fuel *verb* [T] (fuelling; fuelled) (*US* 美 fueling; fueled) to provide fuel for sth 提供燃料: (*figurative* 比喻) *Her interest in the Spanish language was fuelled by a visit to Spain.* 西班牙之行，激发了她对西班牙语的兴趣。

fugitive /'fju:dʒətɪv ‖ 'fjudʒətɪv/ *noun* [C] a person who is running away or escaping (eg from the police) 逃亡者/逃犯（如逃避警察的追捕）☛ Look at **refugee**. 参看 **refugee**。

fulfil (*US* 美 **fulfill**) /fʊl'fɪl ‖ fʊl'fɪl/ *verb* [T] (fulfilling; fulfilled) **1** to perform or carry out a duty, task, etc 执行（任务/职责等）: *Germany now fulfils a most important role within the European Union.* 现在的德国在欧洲联盟扮演着举足轻重的角色。**2** to make sth that you wish for, or have promised, happen 实现（愿望）；履行（承诺）: *He finally fulfilled his childhood dream of becoming a farmer.* 他后来做了农夫，实现了他童年的梦想。○ *to fulfil an ambition* 实现雄心壮志 ○ *The Government has not yet fulfilled its promises on education.* 政府尚未履行在教育方面许下的诺言。**3** to satisfy a need 满足（需要）: *The local town can fulfil most of your shopping needs.* 本地小镇能满足你大多数购物需要。**4** to do or have what is necessary according to a contract, a rule, etc 符合（条件、规定等）: *The conditions of entry to university in this country are quite difficult to fulfil.* 该国大学的招生要求极严，一般人很难达到。**5 fulfil yourself** to develop your character and abilities fully 充分发展个性/发挥自己的才能: *She knew that she couldn't fulfil herself without first leaving home.* 她知道，只有离开了家庭才可以一展抱负。

fulfilled *adj* completely satisfied and happy 心满意足

fulfilling *adj* making you feel happy and satisfied 令人心满意足: *I found working abroad a very fulfilling experience.* 我发现到国外干活很有满足感。

fulfilment (*US* 美 **fulfillment**) *noun* [U] **1** the act of fulfilling or state of being fulfilled 实现；满足；履行: *Moving into our own home was the fulfilment of a dream.* 我们一直希望拥有自己的家，现在终于如愿以偿了。**2** the feeling of satisfaction that you have when you have done sth 心满意足: *Some women find fulfilment in the home and in bringing up their children.* 有些妇女从家庭和抚育孩子中得到满足。

☆**full** /fʊl ‖ fʊl/ *adj* **1 full (of sb/sth)** holding or containing as much or as many as possible 充满（人/物）；满: *The bin needs emptying. It's full up.* 垃圾箱满了，得把它倒干净。○ *a full bottle* 盛得满满的瓶子 ○ *I can't get anything else in my suitcase – it's full.* 我的小提箱装得鼓鼓的，装不下别的东西了。○ *The bus was full so we had to wait for the next one.* 那班车挤满了人，我们只好等下一班。○ *'Is there any coffee left?' 'Yes, this jar's still half full.'* "还有咖啡吗？""有，还有半缸子。" ○ (*figurative* 比喻) *The children are full of energy.* 孩子们精力充沛。○ (*figurative* 比喻) *We need a good night's sleep because we've got a full* (= busy) *day tomorrow.* 我们要好好睡一觉，明天忙着呢。**2** with a lot of people or things in it 有很多人/东西: *The room was full of people.* 房间挤满了人。○ *His work was full of mistakes.* 他干的活儿错漏百出。○ *The streets were full of litter.* 街上堆满了垃圾。**3 full (up)** having had enough to eat and drink 饱；吃喝够了的: *No more, thank you. I'm full (up).* 不要啦，谢谢你，我吃饱了。**4** (only before a noun 只用于名词前) complete; not leaving anything out 完整；没有遗漏的: *I should like a full report on the accident, please.* 关于这次意外，请给我打一份详尽的报告。○ *Full details of today's TV programmes are on page 20.* 今天的电视节目详情刊在第20页。○ *For the full story, please turn to page 14.* 详情请翻阅第14页。○ *He took full responsibility for what had happened.* 对于所发生的事，他承担了全部责任。○ *Please give your full address.* 请写上你的详细地址。**5** (only before a noun 只用于名词前) the highest or greatest possible 最高；最大: *She got full marks in her French exam.* 她考法语考了个满分。○ *The train was travelling at full speed when it hit the cow on the tracks.* 火车撞上铁轨上的牛时正全速前进。**6 full of sb/sth/yourself** thinking or talking a lot about a subject or about yourself 把某件事/关于自己的事想或说个没完: *When she got back from holiday she was full of everything they had seen.* 她度假回来，大谈所见所闻，说个没完。○ *He's very full of himself* (= thinks that he is very important) *since he got that new job.* 他自从担任新职务后就自高自大起来。**7** round in shape 丰满；圆鼓鼓: *a full figure* 丰满的体型 ○ *He's quite full in the face.* 他有一张大圆脸。**8** (used about clothes 指衣服) made with plenty of material 宽松的: *a full skirt* 宽裙子

(IDIOMS 习语) **have your hands full** ⇨ HAND[1]

in full with nothing missing; completely 全部: *Your money will be refunded in full* (= you will get all your money back). 全部款项会退回给你。○ *Please write your name in full.* 请你写上全名。

in full swing at the stage when there is a lot of activity 正处于活跃阶段: *When we arrived*

F

the party was already in full swing. 我们抵达聚会的时候，气氛正十分热烈。

in full view (of sb/sth) in a place where you can easily be seen 在…能轻易看到的地方: *In full view of the guards, he tried to escape over the prison wall.* 他在警卫看得一清二楚的情况下企图越过监狱的围墙逃跑。○ *in full view of the house* 从房子任何地方都可以看到

to the full as much as possible 充分: *to enjoy life to the full* 尽情享受生活

full *adv* directly; straight 直接地；正好: *John hit him full in the face.* 约翰一拳正打在他的脸上。

ˌ**full-'blown** *adj* fully developed 充分发展的: *to have full-blown AIDS* 患了晚期艾滋病

ˌ**full 'board** *noun* [U] (in a hotel, etc) with all your meals 食宿全包（均由旅馆等提供）☛ Look at **half board** and **bed and breakfast**. 参看 **half board** 及 **bed and breakfast**。

ˌ**full-'length** *adj* **1** (used about a picture, mirror, etc 指图画、照片、镜子等) showing a person from head to foot 显示全身的 **2** (used about a dress, skirt, etc 指连衣裙、裙子等) reaching the ankles 及踝的: *a full-length ball gown* 长及足跟的晚礼服 **3** not shorter than normal 标准长度的；没有经过删节: *a full-length film, book, etc* 足本电影/书籍等

ˌ**full 'moon** *noun* [sing] the moon when it appears as a circle 望月；满月 ☛ The opposite is a **new moon**. 反义词为 **new moon**。

ˌ**full-'scale** *adj* **1** (used about a plan, drawing, etc 指计划、绘图等) of the same size as the original object 足尺；原尺寸的 **2** using every means that is available 全面: *The police have started a full-scale murder investigation.* 警察已经展开了谋杀案的全面侦查。

ˌ**full 'stop** (*also* 亦作 ˌ**full 'point**; *especially US* 美尤作 **period**) *noun* [C] a mark (.) that is used when you are writing to show the end of a sentence, etc 英语标点符号 (.)，表示句子的完结；句点

ˌ**full-'time** *adj*, *adv* for a whole of the normal period of work 全职: *He has a full-time job.* 他干的是全职工作。○ *He works full-time.* 他干的是全职工作。○ *We employ 800 full-time and 500 part-time staff.* 我们雇用了800名专职人员，500名兼职人员。☛ Look at **part-time**. 参看 **part-time**。

☆**fully** /'fʊlɪ ‖ 'fʊli/ *adv* completely; to the highest possible degree 完全地；彻底: *John's never been fully accepted by the other members of staff.* 约翰的同事从来没有完全把他当作自己人。○ *I'm fully aware of the problem.* 我完全明白这个问题。○ *All our engineers are fully trained.* 我们的工程师都受过全面的训练。○ *a fully automatic camera* 全自动照相机

ˌ**fully-'fledged** *adj* (*US also* 美亦作 **full-fledged**) completely trained or completely developed 成熟；充分发展的: *Computer science is now a fully-fledged academic subject.* 计算机科学已经是一门成熟的学科。

fumble /'fʌmbl ‖ 'fʌmbḷ/ *verb* [I] to use your hands in an awkward way, especially when you are looking for sth 笨拙地移动双手（尤指为找寻东西）；瞎摸: *'It must be here somewhere', she said, fumbling in her pocket for her key.* "一定在这里边。" 她边说边伸手在口袋里摸她的钥匙。

fume /fju:m ‖ fjum/ *verb* [I] to feel or show anger 气愤；发怒: *They were nearly two hours late. By the time they arrived I was absolutely fuming.* 他们晚了差不多两个钟头，我真是火冒三丈。

fumes /fju:mz ‖ fjumz/ *noun* [plural] smoke or gases that smell unpleasant and that can be harmful if you breathe them in（难闻而有害的）烟/气体: *Six people died in the fire when they were overcome by smoke and fumes.* 大火中死了六个人，他们都是给浓烟呛死的。

☆**fun** /fʌn ‖ fʌn/ *noun* [U] pleasure and enjoyment; an activity or a person that gives you pleasure and enjoyment 乐趣；带来乐趣的人/活动: *There isn't much fun in staying at home on your own.* 自个儿呆在家里一点也不好玩。○ *Staying at home on your own isn't much fun.* 自个儿呆在家里一点也不好玩。○ *We had a lot of fun at the party last night.* 昨晚的聚会我们玩得很开心。○ *The party was great fun.* 这聚会怪好玩的。○ *Have fun!* (= enjoy yourself!) 尽情玩吧！○ *Sailing can be quite good fun if you don't mind getting wet.* 不怕弄湿的话，帆船运动倒是不错的玩意。○ *He was extremely clever but he was also great fun.* 他这个人挺聪明，也挺有趣。☛ Be careful. **Funny** describes something that makes you laugh or that is strange. It is not the same as **fun** * **funny** 形容事物滑稽、古怪，含义与 **fun** 不同: *The party was fun* (= it was enjoyable). 这聚会很好玩。○ *The film was funny* (= it made us laugh). 这电影很好笑。

(IDIOMS 习语) **(just) for fun/for the fun of it** (just) for amusement or pleasure; not seriously（只是）为其中的乐趣: *I don't need English for my work. I am just learning it for fun.* 我的工作用不着英语，学英语是为了好玩儿。

(just) in fun as a joke 说着玩儿: *It was said in fun. They didn't mean to upset you.* 他们说着玩儿，并不想惹你不快。

make fun of sb/sth to laugh at sb/sth in an unkind way; to make other people do this（使）取笑某人/事物: *The older children are always making fun of him because of his accent.* 年纪大的小孩常爱拿他的口音来开玩笑。

poke fun at sb/sth ⇨ POKE

'**funfair** *noun* [C] = FAIR³(1)

☆**function** /'fʌŋkʃn ‖ 'fʌŋkʃən/ *noun* [C] **1** the purpose or special duty of a person or thing 职能；功能: *One function of the school governors is to appoint new teachers.* 学校监理委员的职能包括聘任新教师。○ *The function of the heart is to pump blood through the body.* 心脏的作用就是推动血液循环全身。**2** an important social event, ceremony, etc 社交盛会；仪式: *The princess attends hundreds of official functions every year.* 公主每年出席数以百计的官方活动。

function *verb* [I] to work; to be in action 发挥作用；运作: *The doctor's new appointments* *system doesn't seem to be functioning very well.* 医生的新预约制度运作得不很顺畅。○ *Only one engine was still functioning.* 只有一部发动机仍在运行。

functional /-ʃənl ‖ -ʃənl̩/ *adj* **1** practical and useful rather than attractive 有实际用途: *cheap functional furniture* 又便宜又实用的家具 **2** working; being used 运作中；发挥功用: *The system is now fully functional.* 这个制度已经全面运转。

'function key *noun* [C] a key(3) on a computer which is used to carry out a particular operation（计算机的）功能键

☆**fund** /fʌnd ‖ fʌnd/ *noun* **1** [C] a sum of money that is collected for a particular purpose 专款；基金: *They contributed £30 to the disaster relief fund.* 他们捐了30英镑给赈灾基金。 **2 funds** [plural] money that is available and can be spent 资金；金钱: *The government is making funds available to help pay for the storm damage.* 政府正拨款补救暴风雨造成的破坏。

fund *verb* [T] to provide a project, etc with money 提供资金: *The Channel Tunnel is not funded by government money.* 海峡隧道并非由政府拨款兴建。

fundamental /ˌfʌndəˈmentl ‖ ˌfʌndəˈmɛntl̩/ *adj* important or basic; from which everything else develops 基本的；重要: *There will be fundamental changes in the way the school is run.* 本校的运作方式将有重大变革。○ *There is a fundamental difference between your opinion and mine.* 你我的意见有重大的分歧。—**fundamentally** /-təlɪ ‖ -tl̩ɪ/ *adv*: *The government's policy has changed fundamentally.* 政府政策已有重大改变。

fundamentals *noun* [plural] basic facts or principles 基本事实/原则

☆**funeral** /ˈfju:nərəl ‖ ˈfjunərəl/ *noun* [C] a ceremony (usually in a church) for burying or burning a dead person（一般在教堂里举行的）葬礼: *The funeral will be held next week.* 葬礼在下周举行。○ *The mourners at the funeral were all in black.* 参加葬礼的人都穿黑色衣服。

> ☛ The body of the dead person is carried in a **coffin**, on which there are often **wreaths** of flowers. 葬礼中死者躺在棺木 (**coffin**) 里，棺木上面常常放了花圈 (**wreath**)。The coffin is buried in a **grave** or is burned (**cremated**). 棺木或埋在坟墓 (**grave**) 里，或进行火化 (**cremate**)。

'funeral director *noun* [C] = UNDERTAKER

fungus /ˈfʌŋgəs ‖ ˈfʌŋgəs/ *noun* [C,U] (*pl* **fungi** /-gaɪ; -dʒaɪ ‖ -dʒaɪ/ or **funguses**) a plant that is not green and that does not have leaves or flowers. One type has a thick stem and a big flat top, another type is like a powder. Fungi grow on other plants, decaying wood or food, etc 真菌: *There are many kinds of edible fungi. In Britain we usually only eat the mushroom.* 可吃的真菌有很多种，我们英国人一般只吃蘑菇。○ *The roses are covered in fungus.* 玫瑰花盖满了真菌。☛ Look at **mould** and **toadstool**. 参看 **mould** 及 **toadstool**。

funnel /ˈfʌnl ‖ ˈfʌnl̩/ *noun* [C] **1** an object that is wide at the top and narrow at the bottom, used for pouring liquid, powder, etc into a small opening 漏斗 **2** the metal chimney of a steam-engine, ship, etc（蒸汽机车/轮船等的）金属烟囱

☆**funny** /ˈfʌnɪ ‖ ˈfʌnɪ/ *adj* (**funnier**; **funniest**) **1** that makes you smile or laugh 滑稽；有趣: *She told us a funny story about taking a cow to church.* 她给我们讲了一个笑话，叫做"牵牛去教堂"。○ *He's an extremely funny person* (= he can make people laugh). 他这个人非常滑稽。○ *I didn't think it was very funny when somebody tipped a glass of wine down my dress.* 有人把一杯酒倒在我的裙子上，那有什么好笑。**2** strange or unusual 奇怪；不寻常: *Oh dear, the engine is making a funny noise.* 咦，发动机的声音很古怪。○ *It's funny how English people never talk on trains.* 不明白为什么英国人从来不在火车上交谈。○ *What a funny little cottage!* 这小屋很古怪。○ *It's funny that they didn't phone to let us know they couldn't come.* 他们来不了也不给我们挂个电话，真奇怪。○ *That's funny – he was here a moment ago and now he's gone.* 真奇怪，他方才明明在这儿，现在却不见了。○ *Can I sit down for a minute? I feel a bit funny* (= a bit ill). 我有点不舒服，可以坐一坐吗？

funnily /-ɪlɪ ‖ -ɪlɪ/ *adv* **1** (used for expressing surprise at sth strange that has happened 表示惊诧): *Funnily enough, my parents weren't at all cross about it.* 爸妈对这事一点也不恼火，真奇怪。**2** in a funny way 奇怪地；古怪地: *She's breathing very funnily.* 她呼吸得很古怪。

☆**fur** /fɜ:(r) ‖ fɝ/ *noun* **1** [U] the soft thick hair that covers the bodies of some animals（某些动物身上）又软又厚的毛 **2** [C,U] the skin and hair of an animal that is used for making clothes, etc; a piece of clothing that is made from this 毛皮；毛皮衣物: *These boots are lined with fur.* 短统靴衬了毛皮。○ *a fur coat* 毛皮外衣 ○ *Most of the women were dressed in furs.* 大多数女人这时都穿了毛皮衣服。—**furry** /ˈfɜ:rɪ ‖ ˈfɝɪ/ *adj* (**furrier**; **furriest**): *a small furry animal* 一只毛茸茸的小动物

furious /ˈfjʊərɪəs ‖ ˈfjʊrɪəs/ *adj* **1 furious (with sb)/(at sth)** very angry 勃然大怒: *He was furious with her.* 他对她发火了。○ *He was furious at her behaviour.* 她的所作所为把他惹恼了。☛ The noun is **fury**. 名词为 **fury**。**2** very strong; violent 强烈；猛烈: *A furious row has broken out over the closing of the school.* 双方就是否关闭学校的问题展开了激烈的争论。—**furiously** *adv*

furnace /ˈfɜ:nɪs ‖ ˈfɝnɪs/ *noun* [C] a large enclosed fire that is used for heating water, melting metal, burning rubbish, etc（用来烧水/熔炼金属/烧垃圾等的）火炉；锅炉；熔炉

furnish /ˈfɜ:nɪʃ ‖ ˈfɝnɪʃ/ *verb* [T] to put furniture in a room, house, etc 用家具布置（房间、房子）: *The room was comfortably furnished.* 房间里有舒适的家具。

furnished *adj* having furniture 配备家具的:

She's renting a furnished room in Birmingham. 她在伯明翰租了一个有家具的房间。 ☛ The opposite is **unfurnished**. 反义词为 **unfurnished**。
furnishings *noun* [plural] the furniture, carpets, curtains, etc in a room, house, etc（家具、地毯、窗帘等的）室内陈设

☆**furniture** /'fɜ:nɪtʃə(r) ‖ 'fɝnɪtʃɚ/ *noun* [U] the movable articles, eg tables, chairs, beds, etc in a room, house or office 家具：*modern/antique/second-hand furniture* 现代/旧式/二手家具 ☛ Be careful. 'Furniture' is an uncountable noun 请注意，furniture 为不可数名词：*They only got married recently and they haven't got much furniture.* 他们结了婚不久，家里没有什么家具。If we are talking about an individual item we must say 'a piece of furniture' 一件家具叫做 a piece of furniture: *The only nice piece of furniture in the room was an antique desk.* 房间里像样的家具就只有一张古董书桌。

furrow /'fʌrəʊ ‖ 'fʌro/ *noun* [C] **1** a line in a field that is made by a plough（田里的）犁沟 **2** a line in a person's face, especially on the forehead（脸上的）皱纹

furry ⇨ FUR

☆**further** /'fɜ:ðə(r) ‖ 'fɝðɚ/ *adj* **1** more distant or far; farther 较远的；更远的: *Which is further – Glasgow or Edinburgh?* 哪里远一点，格拉斯哥还是爱丁堡？ **2** more; additional 更多的；附加的: *Are there any further questions?* 还有问题吗？ ○ *Please let us know if you require any further information.* 欲知详情，敬希垂询。 ○ *I have nothing further to say on the subject.* 在这个问题上，我没有别的意见了。 ○ *The museum is closed until further notice* (= until another announcement is made). 博物馆暂时关闭，重开日期容后公布。
further *adv* **1** at or to a greater distance in time or space; farther（时间/空间上）更远: *It's not safe to go any further.* 不要再往前走，前面不安全。 ○ *The hospital is further down the road on the left.* 沿这条路往前一直走，那医院就在左边。 ○ *I can't remember any further back than 1950.* * 1950年以前的事我已经记不起了。 **2** more; to a greater degree 再进一步：*Can I have time to consider the matter further?* 可以让我把这件事再想想吗？ ☛ **Further** and **farther** can both be used when you are talking about distance 表示距离，**further** 和 **farther** 都可以用：*Bristol is further/farther from London than Oxford is.* 布里斯托尔距离伦敦要比距离牛津远一点。 ○ *I jumped further/farther than you did.* 我跳得比你远。In other senses only **further** can be used 表达其他含义则只能用 **further**: *We need a further week to finish the job.* 我们还要一个星期才能完成这项工作。
(IDIOM 习语) **further afield** ⇨ FAR AFIELD
further *verb* [T] (*formal* 正式) to help sth to be successful 促进：*to further the cause of peace* 促进和平事业
furthermore /ˌfɜ:ðə'mɔ:(r) ‖ 'fɝðɚˌmɔr/ *adv* in addition; also 此外：*We are donating £6 million to the disaster fund. Furthermore, we shall send medical supplies immediately.* 我们捐出600万英镑给赈灾基金。此外，我们会马上把医疗用品送去。
ˌ**further eduˈcation** *noun* [U] education for people who have left school (but not at a university)（为已经离开学校的人开办的）继续教育（尤指不是在大学内进行的） ☛ Look at **higher education**. 参看 **higher education**。

☆**furthest** /'fɜ:ðɪst ‖ 'fɝðɪst/ *adj, adv* = FARTHEST

furtive /'fɜ:tɪv ‖ 'fɝtɪv/ *adj* secret, acting as though you are trying to hide sth because you feel guilty 鬼鬼祟祟：*a furtive glance at the letter* 把信偷看了一眼 —**furtively** *adv*: *He crept furtively down the stairs and out of the front door.* 他偷偷摸摸地下楼，打前门出去了。

fury /'fjʊərɪ ‖ 'fjʊrɪ/ *noun* [U] very great anger 震怒；狂怒: *She was speechless with fury.* 她气得说不出话来。 ☛ The adjective is **furious**. 形容词为 **furious**。

fuse[1] /fju:z ‖ fjuz/ *noun* [C] **1** a (long) piece of rope, string, etc that is used for lighting a bomb, etc（燃点炸弹等的）导火线 **2** a device that makes a bomb, etc explode at a particular time（使炸弹等爆炸的）引信/信管

fuse[2] /fju:z ‖ fjuz/ *verb* [I,T] to join together 融合: *Sadness and joy are fused in her poems.* 她的诗歌交织着悲和喜。

fuse[3] /fju:z ‖ fjuz/ *noun* [C] a small piece of wire in an electrical system, machine, etc that melts and breaks if there is too much power. This stops the flow of electricity and prevents fire or damage 保险丝（电流过强就会烧断以截断电路）: *That plug needs a 15 amp fuse.* 这个插头需要15安培的保险丝。 ○ *Do you know how to change a fuse?* 你懂得换保险丝吗？
fuse *verb* [I,T] to stop working because a fuse[3] has melted; to make a piece of electrical equipment do this（电器）因保险丝熔断而中断工作: *The lights have fused.* 保险丝烧断了，电灯也灭了。 ○ *I've fused the lights.* 保险丝给我烧断了，电灯也灭了。

fuselage /'fju:zəlɑ:ʒ; *US* 美 'fju:səlɑ:ʒ ‖ 'fjuzl̩ˌɑʒ/ *noun* [C] the main part of an aeroplane (not the engines, wings or tail)（飞机的）机身（不包括发动机、机翼、机尾）

fusion /'fju:ʒn ‖ 'fjuʒən/ *noun* [C,U] the joining together of different things（不同事物的）融合/契合：*the fusion of two political systems* 两个不同的政治制度的融合 ○ *nuclear fusion* (= a method of releasing nuclear energy) 核聚变（一种释放核能量的方法）

fuss /fʌs ‖ fʌs/ *noun* **1** [sing,U] unnecessary nervous excitement or activity 大惊小怪；小题大作：*Now get on with your work without making a fuss.* 别大惊小怪，继续干你的活。 ○ *What's all the fuss about?* 干嘛大惊小怪的？ **2** [sing] a time when people are angry 恼怒: *There will be a dreadful fuss if my parents find out that I borrowed the car.* 爸妈要是知道我借用了汽车，一定不会放过我的。
(IDIOMS 习语) **make, kick up, etc a fuss (about/over sth)** to complain strongly 大吵大闹
make a fuss of/over sb/sth to pay a lot of attention to sb/sth 对某人/某事物非常关心
fuss *verb* [I] **1 fuss (about)** to be worried or

excited about small things （为小事）烦恼或激动: *Stop fussing. We're not going to be late.* 不要大惊小怪的，我们不会迟到。**2 fuss over sb/sth** to pay too much attention to sb/sth 过分关心某人/某事物: *Stop fussing over all the details.* 不要一味钻牛角尖。

(IDIOM 习语) **not be fussed (about sb/sth)** (*informal* 非正式) not to care very much 不很在乎；不在意: *'Where do you want to go for lunch?' 'I'm not fussed.'* "你想去哪儿吃午饭？" "随你的便。"

fussy /ˈfʌsɪ ‖ ˈfʌsɪ/ *adj* (**fussier**; **fussiest**) **1** (used about people 指人) giving too much attention to small details and therefore difficult to please 爱挑剔的: *He is very fussy about his food* (= there are many things which he does not eat). 他这个人对饮食过分讲究。**2** having too much detail or decoration 烦琐的；过分修饰的: *I don't like that pattern. It's too fussy.* 我不喜欢这个图案，太花哨了。

futile /ˈfjuːtaɪl; *US* 美 -tl ‖ ˈfjutl̩/ *adj* (used about an action 指行动) having no effect or result; useless 徒劳无功的；无用的: *They made a last futile attempt to make him change his mind.* 他们作了最后一次徒劳无功的努力要他回心转意。—**futility** *noun* [U]: *the futility of war* 战争的劳而无功

☆**future** /ˈfjuːtʃə(r) ‖ ˈfjutʃɚ/ *noun* **1** [sing] the time that will come after the present 未来: *Who knows what will happen in the future?* 往后的事情谁知道？○ *in the near/distant future* (= soon/not soon) 不远/遥远的将来 ○ *in the immediate future* (= very soon) 即将 **2** [C] what will happen to sb/sth in the time after the present 前途: *Our children's futures depend on a good education.* 孩子的前途是好是坏，要看他们有没有受过良好的教育。○ *The company's future does not look very hopeful.* 公司的前景不太理想。○ *The future of the local school is still undecided.* 这所学校前途未卜。**3** [U] the possibility of being successful 成功的可能性: *I could see no future in this country so I left to work abroad.* 我觉得留在国内没有前途，所以到国外去工作了。**4** [sing] (*also* 亦作 **future tense**) (*grammar* 语法) the tense of a verb that expresses what will happen after the present（动词的）将来时

(IDIOM 习语) **in future** from now on 以后: *Please try to be more careful in future.* 以后可要小心点儿。

future *adj* (only *before* a noun 只用于名词前) of or happening in the time after the present 将来的: *She met her future husband when she was still at school.* 早在求学时期她就认识了她后来的丈夫。○ *You can keep that book for future reference* (= to look at again later). 这本书你留着用吧，将来可以参考。○ *What are your future plans?* 你以后有什么打算？

fuzzy /ˈfʌzɪ ‖ ˈfʌzɪ/ *adj* (**fuzzier**; **fuzziest**) not clear 不清楚的: *The photo was rather fuzzy but I could just make out my mother on it.* 这张照片怪模糊的，我好不容易才认出妈妈来。

G g

G,g /dʒiː ‖ dʒi/ *noun* [C] (*pl* **G's**; **g's**) the seventh letter of the English alphabet 英语字母表的第七个字母: *'Girl' begins with (a) 'G'.* ＊girl 这个词的第一个字母是 G。

gable /ˈgeɪbl ‖ ˈgebḷ/ *noun* [C] the pointed part at the top of an outside wall between two parts of a roof 山墙；三角墙

gad /gæd ‖ gæd/ *verb* (ga**dd**ing; ga**dd**ed) (PHRASAL VERB 短语动词) **gad about/around** (*informal* 非正式) to go around from one place to another in order to enjoy yourself 游荡；闲逛

gadget /ˈgædʒɪt ‖ ˈgædʒɪt/ *noun* [C] (*informal* 非正式) a small tool or machine 小巧的工具/机器

Gaelic /ˈgeɪlɪk ‖ ˈgelɪk/ *adj*, *noun* [U] **1** (of) the Celtic language and culture of Ireland 有关爱尔兰的凯尔特语和凯尔特文化（的） **2** /*also* 亦作 ˈgælɪk ‖ ˈgælɪk/ (of) the Celtic language and culture of Scotland 有关苏格兰的凯尔特语和凯尔特文化（的）

gag /gæg ‖ gæg/ *noun* [C] **1** a piece of cloth, etc that is put in or over sb's mouth in order to stop him/her from talking（用来防止人说话的）塞口物 **2** a joke or funny story 笑话；滑稽的故事

gag *verb* [T] (ga**gg**ing; ga**gg**ed) to put a gag in or over sb's mouth 塞住/封住…的嘴: (*figurative* 比喻) *The new laws are an attempt to gag the press.* 这些新法律是企图用来钳制新闻界的。

gage (*US* 美) = GAUGE

gaiety /ˈgeɪətɪ ‖ ˈgeətɪ/ *noun* [U] a feeling of happiness and fun 愉快 ☛ The adjective is **gay**. 形容词为 **gay**。

gaily ⇨ GAY

☆**gain**[1] /geɪn ‖ gen/ *noun* **1** [C,U] an increase in money; (a) profit or advantage 利润；利益: *Shares in the electricity companies have made big gains on the London stock market.* 电力公司的股票在伦敦证券市场上赚了个满堂红。○ *We didn't make any gain when we sold our house.* 我们把房子卖了，可没赚什么钱。○ *Everything he did was for personal gain.* 他干什么都是为了一己的私利。**2** [C] an increase in size, amount or power（尺码的）增大；（数量、权力的）增加: *a gain in weight of one kilo* 重了一公斤 ○ *The Liberal Democrat Party is expected to make gains at the next election.* 下届选举，自由民主党应可取得更多的进展。

☆**gain**[2] /geɪn ‖ gen/ *verb* **1** [T] to get or win sth (especially sth that is wanted or needed) 获得；赢得: *They managed to gain access to secret information.* 他们设法把秘密情报弄到手。○ *He has gained an international reputation as an artist.* 他成了蜚声国际的艺术家。○ *You need to gain more experience before you take your driving test.* 要考驾驶就要多练习。**2** [T] to get more of sth 获得更多: *The train was gaining speed.* 火车在加速前进。○ *I've gained a lot of weight recently.* 近来我体重增加了不少。**3** [I] **gain by/from (doing) sth** to get an advantage from sth/from doing sth 从中得到好处: *Many people will gain from the changes in the law.* 不少人都可从这条法律的修改中受惠。○ *I've got nothing to gain by staying in this job.* 我继续留在这个工作岗位上得不到什么好处。**4** [I,T] (used about a clock or watch 指钟表) to go too fast and show the incorrect time 走快: *My watch gains five minutes a day.* 我的表每天快五分钟。☛ When a clock gains we say it is **fast**. 钟走快了，我们可以说 **fast**。☛ The opposite for **2**, **3** and **4** is **lose**. 第 **2**、**3**、**4** 义的反义词为 **lose**。

(IDIOM 习语) **gain ground** to make progress; to become stronger or more popular 取得进展；变得更强烈/更流行: *The Green Party gained ground in the recent elections.* 绿党在最近的选举中取得了进展。

(PHRASAL VERBS 短语动词) **gain in sth** to get more of sth 获得更多: *He's gained in confidence in the past year.* 过去的一年，他变得更有信心。

gain on sb/sth to get closer to sb/sth that you are trying to catch 逼近（所要赶上的人/物）

gait /geɪt ‖ get/ *noun* [sing] the way that sb walks 步态

gala /ˈgɑːlə; *US* 美 ˈgeɪlə ‖ ˈgelə/ *noun* [C] a special social or sporting occasion 社交活动；运动会: *a gala performance at the National Theatre* 国家剧院里的盛大演出 ○ *a swimming gala* 游泳运动会

galaxy /ˈgæləksɪ ‖ ˈgæləksɪ/ *noun* [C] (*pl* **galaxies**) a large group of stars and planets in outer space 星系；银河

gale /geɪl ‖ gel/ *noun* [C] a very strong wind 大风: *It's blowing a gale outside.* 外边刮着大风。☛ Look at the note at **storm**. 参看 **storm** 的注释。

gallant /ˈgælənt ‖ ˈgælənt/ *adj* (*formal* 正式) **1** brave 勇敢: *a gallant soldier* 英勇的士兵 **2** (used about men 指男人) polite to and showing special respect for women 对女人彬彬有礼

gallantry /ˈgæləntrɪ ‖ ˈgæləntrɪ/ *noun* [C,U] (*pl* **gallantries**) **1** bravery, especially in a dangerous situation（尤指在危难当中的）英勇行为 **2** polite behaviour towards women (by men)（男人对待女人的）君子风度

gallery /ˈgælərɪ ‖ ˈgælərɪ/ *noun* [C] (*pl* **galleries**) **1** a building or room where works of art are shown to the public（艺术作品的）陈列馆/陈列室: *an art gallery* 美术馆 **2** the highest level of seating in a theatre, etc（剧院等的）顶层楼座 **3** a raised area around the sides or at the back of a large hall. People can sit in the gallery and watch what is happening in the hall（在礼堂后部或两侧的）楼座: *the public gallery*（议院的）公众旁听席

gallon /ˈgælən ‖ ˈgælən/ *noun* [C] a measure of liquid; 4·5 litres. There are 8 pints in a gallon.

加仑（液量单位，相当于4.5升；1加仑＝8品脱）☛ An American gallon is the same as 3·8 litres. 以美制计算，1加仑＝3.8升。

gallop /ˈgæləp ‖ ˈgæləp/ *verb* [I] (used about a horse or a rider) to go at the fastest speed, when the horse's four feet all leave the ground together（指马）飞跑；（指骑马的人）策马飞奔

gallop *noun* [sing,C] the fastest speed of a horse, etc; a time when you ride at this speed（马等的）飞跑；策马飞奔: *They went for a gallop over the fields.* 他们在田野上策马飞驰。

gallows /ˈgæləʊz ‖ ˈgæloz/ *noun* [C] (*pl* **gallows**) a wooden framework on which criminals used to be hanged 绞架

galore /gəˈlɔː(r) ‖ gəˈlɔr/ *adv* (only *after* a noun 只用于名词后) in large numbers 大量地: *There will be prizes galore at our children's party on Saturday.* 为在星期六孩子们开的庆祝会上会有很多奖品分发。

gamble /ˈgæmbl ‖ ˈgæmbḷ/ *verb* [I,T] to risk money on the result of a card-game, horse-race, etc 赌博；赌（钱）: *He spent every evening gambling at poker.* 他每晚都去赌扑克。○ *She gambled £25 on the last race.* 最后一场赛马，她下了25英镑的赌注。

(PHRASAL VERB 短语动词) **gamble on sth/on doing sth** to act in the hope that sth will happen although it is possible that it will not（虽然没有把握，可是仍）指望某事会发生: *I wouldn't gamble on the weather staying fine.* 我看天气晴不了多久。

gamble *noun* [C] something you do that is a risk (ie you might win sth but you might also lose) 赌博；冒险: *Setting up this business was a bit of a gamble.* 当初搞这个企业确是冒了一些风险的。

(IDIOM 习语) **take a gamble (on sth)** to take a chance (on sth or on sth happening) 冒险（干某事）—**gambler** /ˈgæmblə(r) ‖ ˈgæmblɚ/ *noun* [C]: *He's always been a gambler.* 他从来就是个赌棍。—**gambling** /ˈgæmblɪŋ ‖ ˈgæmblɪŋ/ *noun* [U]: *There has been a big increase in smoking, drinking and gambling among young people.* 抽烟、喝酒、赌博的年青人越来越多。

☆**game**[1] /geɪm ‖ gem/ *noun* **1** [C] a form of play or sport with rules; a time when you play it 游戏；运动: *Let's have a game of chess.* 咱们下一盘棋吧。○ *a game of football, rugby, tennis, etc* 足球/英式橄榄球/网球…比赛 ○ *'Monopoly' is still a very popular game.* "富翁棋" 仍然是十分流行的玩意。○ *Our next game is against the Oxford Tigers.* 下一场比赛，我们对牛津虎。○ *Tonight's game is between Holland and Italy.* 今晚赛事，荷兰对意大利。○ *What an exciting game!* 这场比赛真刺激！○ *The game ended in a draw.* 双方打了个平手。**2** [C] a unit in a match of tennis, etc（网球赛等的）一局: *Becker won the first game of the second set.* 贝克尔赢了第二盘赛事的第一局。**3 games** [plural] an (international) athletics or sports competition（国际性）田径赛/运动会 **4** [C] the set of equipment that you need in order to play a particular (indoor) game（户内的）游戏用具: *We usually buy a new board game at Christmas.* 每逢圣诞节，我们都买一副新棋子回来。**5** [C, usually sing] (*informal* 非正式) a way of behaving according to a secret plan 诡秘的行动: *I wasn't sure what their game was but I didn't trust them.* 他们打什么鬼主意我拿不准，总之，我不相信他们就是了。

(IDIOM 习语) **give the game away** to tell a person sth that you are trying to keep secret 泄露秘密: *It was the expression on her face that gave the game away.* 她的神情露出了马脚。

game[2] /geɪm ‖ gem/ *adj* (used about a person 指人) ready and willing to do sth new, unusual, difficult, etc 敢作敢为: *I have never been sailing but I'm game to try.* 我从未扬帆出海，但我跃跃欲试。

game[3] /geɪm ‖ gem/ *noun* [U] wild animals or birds that are hunted for sport or food 猎物；野味: *Shooting game is popular in Scotland.* 射猎在苏格兰十分流行。○ *big game* (= lions, tigers, etc that are hunted) 大猎物（如狮子、老虎等）

ˈ**gamekeeper** *noun* [C] a person who looks after game[3] on private land（防止偷猎的）私人猎场看守人

gander /ˈgændə(r) ‖ ˈgændɚ/ *noun* [C] a male goose 公鹅

gang /gæŋ ‖ gæŋ/ *noun* [C, with sing or pl verb] **1** an organized group of criminals 匪帮: *The police are looking for the gang that committed the robbery.* 警察正在追捕这宗劫案的一帮抢匪。**2** a group of young people, especially young men, who sometimes cause trouble（尤指年青歹徒/流氓）团伙: *The phone box was vandalized by a gang of youths.* 这个电话亭给一帮阿飞破坏了。**3** a group of prisoners, building workers, etc who work together as a team 一起干活的囚犯/建筑工人… **4** (*informal* 非正式) a group of (young) friends 一伙（年青的）朋友: *The whole gang is here tonight.* 大伙儿今晚都在这儿。

gang *verb* (*informal* 非正式)

(PHRASAL VERB 短语动词) **gang up on sb** to join together with other people in order to act against sb 联合起来对付某人: *She felt that all her friends were ganging up on her.* 她有一种感觉，就是她的朋友都凑在一起来对付她。

gangrene /ˈgæŋgriːn ‖ ˈgæŋgrin/ *noun* [U] the decay of a part of the body because the blood supply to it has been stopped 坏疽

gangster /ˈgæŋstə(r) ‖ ˈgæŋstɚ/ *noun* [C] a member of a gang of criminals 匪徒；匪帮中的一员

gangway /ˈgæŋweɪ ‖ ˈgæŋˌwe/ *noun* [C] **1** a movable bridge that people use for getting on or off a ship（上/下船只用的）跳板 **2** (*Brit* 英) a passage that you can walk along between two rows of seats 座间通道

gaol, gaoler (*Brit* 英) = JAIL, JAILER

☆**gap** /gæp ‖ gæp/ *noun* [C] **a gap (in/between sth) 1** an empty space in sth or between two things（某物内部/两物之间的）缝隙: *The sheep got out through a gap in the fence.* 羊打栅栏

G

缝隙中钻了出来。**2** an absence of sth; a space where sth should be 空白: *There were several gaps in his story.* 他的说法有好几个地方没有交代清楚。○ *I think our new product should fill a gap in the market.* 我相信我们这项新产品可以填补市场上的空白。○ *Her husband's death left a big gap in her life.* 她丈夫死后，她只好过着极为空虚的日子。**3** a period of time that is not filled or when you are not doing what you normally do 空隙（尚未占用的时间）；闲暇: *I returned to teaching after a gap of about five years.* 过了差不多五年我又拿起教鞭授课去了。○ *a gap in the conversation* 谈话时的停顿 **4** a difference between people or their ideas（人与人或思想与思想之间的）差距: *The gap between the rich and the poor is getting wider.* 贫富之间的差距越来越大了。○ *the generation gap* (= the difference in opinions between parents and their children) 代沟

(IDIOM 习语) **bridge a/the gap** ⇨ BRIDGE[1]

gape /geɪp ‖ gep/ *verb* [I] **1** to stare at sb/sth with your mouth open 目瞪口呆地凝视 **2** to be or become wide open 张开: *There was a gaping hole in the wall after the explosion.* 爆炸之后，墙上留下一个大窟窿。

☆**garage** /ˈgærɑ:ʒ; ˈgærɪdʒ; *US* 美 gəˈrɑ:ʒ ‖ gəˈrɑʒ/ *noun* [C] **1** a building where cars, etc are kept 车房: *The house has a double garage* (= with space for two cars). 这座房子有个容得下两部汽车的车房。**2** a place where you can have your car serviced or repaired. It may also sell petrol, etc（有时兼售汽油或其他物品的）修车厂: *a garage mechanic* 修车技工 ☛ Look at **petrol station**. 参看 **petrol station**。

garbage /ˈgɑ:bɪdʒ ‖ ˈgɑrbɪdʒ/ *noun* [U] (*especially US* 尤为美) = RUBBISH

ˈ**garbage can** *noun* [C] (*US* 美) = DUSTBIN

garbled /ˈgɑ:bld ‖ ˈgɑrbḷd/ *adj* (used about a message, story, etc 指口信、故事等) difficult to understand; not clear 不易明白；不清楚

☆**garden** /ˈgɑ:dn ‖ ˈgɑrdṇ/ *noun* [C] **1** (*US* 美 **yard**) a piece of land (usually near a house) where flowers and vegetables are grown, usually with a piece of grass (**lawn**) 花园（通常有草坪 (**lawn**)）: *Let's have lunch in the garden.* 咱们到花园吃午饭吧。○ *the back/front garden* 前/后花园 ○ *garden flowers* 园艺花卉 ○ *garden chairs* (= for using in the garden) 花园里用的椅子 ☛ Look at the note at **yard**. 参看 **yard** 的注释。**2 gardens** [plural] a public park 公园: *the Botanical Gardens* 植物园

garden *verb* [I] to work in a garden 在花园里干活: *She's been gardening all afternoon.* 她在花园里干了一个下午。

gardener /ˈgɑ:dnə(r) ‖ ˈgɑrdnɚ/ *noun* [C] a person who works in a garden as a job or for pleasure 园丁；园艺家: *They're keen gardeners.* 他们都迷上了园艺。

gardening /ˈgɑ:dnɪŋ ‖ ˈgɑrdnɪŋ/ *noun* [U] looking after a garden 园艺（工作）: *I'm going to do some gardening this afternoon.* 下午我要把花园料理一下。○ *gardening gloves* (= used when you are working in a garden) 园艺用的手套

ˈ**garden centre** *noun* [C] a place where plants, seeds, gardening equipment, etc are sold（出售花卉、种子、园艺工具等的）园艺中心

ˈ**garden party** *noun* [C] a formal social event that takes place outside (usually in a large garden) on a summer afternoon 游园会（在夏天的下午举行）

gargle /ˈgɑ:gl ‖ ˈgɑrgḷ/ *verb* [I] to wash your throat with a liquid (which you do not swallow) 漱口；含漱

garish /ˈgeərɪʃ ‖ ˈgɛrɪʃ/ *adj* too bright or highly decorated 过分鲜艳；过多修饰

garlic /ˈgɑ:lɪk ‖ ˈgɑrlɪk/ *noun* [U] a plant with a strong taste and smell that looks like a small onion and is used in cooking 蒜: *a clove of garlic* 一个蒜瓣儿 ☛ picture at **onion**. 见 **onion** 插图。

garment /ˈgɑ:mənt ‖ ˈgɑrmənt/ *noun* [C] (*formal* 正式) one piece of clothing 一件衣服: *This garment must be dry-cleaned.* 这件衣服只可以干洗。

garrison /ˈgærɪsn ‖ ˈgærəsṇ/ *noun* [C] a group of soldiers who are living in and guarding a town or building 驻军

☆**gas** /gæs ‖ gæs/ *noun* (*pl* **gases**; *US also* 美亦作 **gasses**) **1** [C,U] a substance that is like air (ie not solid or liquid) 气体: *Hydrogen and oxygen are gases.* 氢和氧都是气体。**2** [U] a gas(1) or mixture of gases that is used for heating, cooking, etc 气体燃料: *Does your central heating run on gas or electricity?* 你们那儿的中央供热系统用煤气还是用电的？○ *a gas cooker* 煤气炉 ○ *Turn the gas on the cooker up a bit!* 把灶上的煤气开大一点！**3** [U] a poisonous gas(1) that is used in war（作战用的）毒气 **4** [U] (*US* 美) = PETROL

gas *verb* [T] (ga**ss**ing; ga**ss**ed) to poison or kill sb with gas 用毒气毒死/杀死某人

ˈ**gas chamber** *noun* [C] a room that can be filled with poisonous gas in order to kill animals or people（用来毒死人或动物的）毒气室

ˌ**gas-ˈfired** *adj* using gas as fuel 用煤气为燃料的: *gas-fired central heating* 烧煤气的中央供热系统

ˈ**gas mask** *noun* [C] an apparatus that you wear over your face to protect you against poisonous gas 防毒面具

ˈ**gas meter** *noun* [C] an instrument that measures the amount of gas that you use 煤气表

ˈ**gas station** *noun* [C] (*US* 美) = PETROL STATION

gash /gæʃ ‖ gæʃ/ *noun* [C] a long deep cut or wound 又深又长的切口/伤口: *He had a nasty gash in his arm.* 他的胳膊剐了一个口子，伤得厉害。

gash *verb* [T] to make a long deep cut or wound 把（某物）拉了一个又深又长的口子

gasoline (*also* 亦作 **gasolene**) /ˈgæsəli:n ‖ ˈgæsḷˌin/ *noun* [U] (*US* 美) = PETROL

gasp /gɑ:sp ‖ gæsp/ *verb* **1** [I] to breathe quickly and noisily (eg when you have been running fast) 喘气: *At the end of the race some of the runners were gasping for breath.* 到了

G

比赛末段，有些选手跑得上气不接下气。**2** [I] **gasp (at sth)** to breathe in suddenly and noisily because you are surprised or in pain 因惊讶/痛苦而喘气: *She gasped in surprise as she read the letter.* 来信使她吃了一惊，倒抽了一口凉气。**3** [T] **gasp sth (out)** to say sth while you are finding it difficult to breathe 喘着气说: *'I can't go on,' he gasped, 'I've got to sit down.'* "我说不下去了，"他一边喘气，一边说："我得坐下来。"

gasp *noun* [C] a quick breath (when you are surprised, in pain, etc)（因惊异、痛苦等而）喘气/抽气: *Suddenly she gave a gasp of surprise.* 忽然间她吓得倒抽了一口凉气。

gastronomic /ˌgæstrəˈnɒmɪk ‖ ˌgæstrəˈnɑmɪk/ *adj* connected with (good) food 美食法的；美食学的

☆**gate** /geɪt ‖ get/ *noun* [C] **1** a movable structure (like a door) that closes an opening in a wall, fence, hedge, etc 门: *Please keep the garden gate closed.* 请把花园的大门关着别打开。☛ picture at **fence**. 见 **fence** 插图。**2** (*also* 亦作 ˈ**gateway**) an opening in a wall, fence, hedge, etc that is closed by a gate(1) 大门口: *Drive through the gates and you'll find the car park on the right.* 开车穿过那些门口，向右拐就到了停车场。**3** an entrance or exit at an airport 机场的出口/入口: *Swissair Flight 139 to Geneva is now boarding at gate 16.* 瑞士航空公司飞往日内瓦的139号航班，现在开始在16号入口登机。

ˈ**gatecrash** *verb* [I,T] to go to a private party without being invited（未受邀请）闯入（私人聚会）

ˈ**gatecrasher** *noun* [C]

ˈ**gateway** *noun* [C] **1** = GATE(2) **2** [sing] **gateway to sth** the place through which you must pass in order to get to somewhere else 通道: *The port of Dover is England's gateway to Europe.* 多佛尔港是英国通往欧洲大陆的门户。○ (*figurative* 比喻) *A good education can be the gateway to success.* 受过良好的教育是通往成功之路。

gâteau /ˈgætəʊ; *US* 美 gæˈtəʊ ‖ gɑˈto/ *noun* [C] (*pl* **gâteaux** or **gâteaus**) a large cake that is usually decorated with cream, fruit, etc（通常有奶油、水果点缀的）大蛋糕 ☛ picture at **cake**. 见 **cake** 插图。

☆**gather** /ˈgæðə(r) ‖ ˈgæðɚ/ *verb* **1** [I,T] **gather round (sb/sth); gather sb/sth round (sb/sth)** (used about people 用于人) to come together in a group; to make people come together 聚集；使聚集: *A crowd soon gathered at the scene of the accident.* 事发不久，那个地方就聚来了一群人。○ *The children were gathered in a group around the teacher's desk.* 孩子们给聚在一起，围着老师的桌子。**2** [T] **gather sth (together/up)** to bring many things together; to collect 收集: *They gathered up all their picnic things and set off home.* 他们把野餐的东西收拾好了才开始回家去。○ *They have gathered together a lot of information on the subject.* 他们收集了不少资料，都是关于这个题目的。○ *I need some time to gather my thoughts before I can give you an answer.* 我需要时间想一想才能回答你。**3** [T] to collect plants, fruits, etc 采集（花草、水果等）**4** [T] to understand or find out sth (from sb/sth) 从…得知: *I gather from your letter that you have several years' experience of this kind of work.* 从你信里看出，你干这一行已好几年了。○ *'She's been very ill recently.' 'So I gather.'* "她近来病得很厉害。""我也这么想。" **5** [T] to pull material together into small folds and sew it 给（某物）打褶子: *a gathered skirt* 百褶裙 **6** [I,T] to become greater or to make greater; to increase（使）渐增；增加: *The train is gathering speed.* 火车在加速前进。○ *In the gathering darkness it was hard to see the ball.* 天色越来越黑，黑得连球也看不出来了。

gathering *noun* [C] a time when people come together; a meeting 聚会: *a family gathering* 家庭聚会

gaudy /ˈgɔːdɪ ‖ ˈgɔdɪ/ *adj* (**gaudier**; **gaudiest**) too bright or highly decorated 过分鲜艳；过多修饰

gauge (*US also* 美亦作 **gage**) /geɪdʒ ‖ gedʒ/ *noun* [C] **1** an instrument for measuring the amount of sth 计量器: *a fuel gauge on a car* (= to show how much petrol is left) 汽车上的燃料表（可显示剩下多少汽油）**2** the distance between the rails on a railway 火车轨道上钢轨与钢轨之间的距离；轨距: *a narrow-gauge railway* 窄轨铁路 **3** a fact that you can use to judge a situation, sb's feelings, etc（用以评估情势、揣摩某人感受等的）尺度

gauge *verb* [T] **1** to measure sth 测量 **2** to judge a situation, sb's feelings, etc 评估（情势）；揣摩（某人的感受）: *It was difficult to gauge the mood of the audience.* 观众的情绪不易揣摩。

gaunt /gɔːnt ‖ gɔnt/ *adj* (used about a person 指人) very thin because of hunger, illness, etc 骨瘦如柴

gauze /gɔːz ‖ gɔz/ *noun* [U] thin net-like material (often used for covering wounds) 纱布（多用来包扎伤口）

gave *pt* of GIVE * GIVE 的过去时

gawp /gɔːp ‖ gɔp/ *verb* [I] (*informal* 非正式) to look or stare (at sb/sth) in a stupid way (with your mouth open) 傻里傻气地张着嘴看着

gay /geɪ ‖ ge/ *adj* **1** sexually attracted to people of the same sex; homosexual 同性恋的: *He told me he was gay.* 他跟我说，他是搞同性恋的。○ *the gay community of San Francisco* 旧金山的同性恋群体 ☛ The noun is **gayness**. 名词为 **gayness**。**2** (*old-fashioned* 旧) happy and full of fun 欢欣 ☛ The noun is **gaiety**. 名词为 **gaiety**。

gaily /ˈgeɪlɪ ‖ ˈgelɪ/ *adv* in a gay(2) manner 欢欣地

gay *noun* [C] a person, especially a man, who is sexually attracted to people of the same sex; a homosexual 搞同性恋的人（尤指男人）: *a club for lesbians and gays* 专为同性恋男女而开的俱乐部

gaze /geɪz ‖ gez/ *verb* [I] to look steadily for a long time 凝望: *She sat at the window gazing silently into space.* 她靠窗而坐，出神地凝视着天空。

gaze *noun* [sing] a long steady look 凝望: *She*

G

kept her gaze fixed on the man in the front row. 她盯着那个坐在前排的男人。

gear /gɪə(r) ‖ gɪr/ *noun* **1** [C] a set of wheels that fit into another set in order to pass power from one part of a machine to another, eg from a car's engine to its wheels 齿轮组（用来把动力从机器的一部分传递到另一部分，就以汽车来说，车上的排挡可以把动力从发动机传到车轮）: *A car has four (or five) forward gears and a reverse.* 汽车有四个（或五个）前车挡，一个倒车挡。**2** [U] a particular position of the gears (in a car, etc) 齿轮位置

☛ A car can be **in** or **out of** gear. 汽车不是挂上了挡 (**in** gear)，就是脱了挡 (**out of** gear)。You use a **low** gear (**first** gear) when you first start moving and then **change** gear as you go faster. 启动车时用低挡 (**low** gear)，也叫第一挡 (**first** gear)，加速要换挡 (**change** gear)。For the fastest speeds you use **top** gear. 全速前进用快挡 (**top** gear)。

3 [U] equipment or clothing that you need for a particular activity, etc（进行某项活动所需的）装备/衣物: *camping gear* 露营装备 **4** [sing] (in compounds 用以构成复合词) an instrument or part of a machine that is used for a particular purpose 工具；（机器的）构件: *the landing-gear of an aeroplane* 飞机的起落架

G

gear *verb*

(PHRASAL VERBS 短语动词) **gear sth to/towards sth** (often passive 常用于被动语态) to make sth suitable for a particular purpose 使某事物适应另一事物的需要: *There is a special course geared towards the older learner.* 有一个课程是专为年长学员而开办的。

gear up (for sb/sth); gear sb/sth up (for sb/sth) to get ready or to make sb/sth ready（使）准备好: *I was all geared up for the party but it was cancelled at the last minute.* 就在我整装待发的时候，得知酒会临时取消的消息。

'gearbox *noun* [C] the metal case that contains the gears(1) of a car, etc（汽车等的）变速器

'gear lever (*US* 美 **'gearshift**) *noun* [C] a stick that is used for changing gear(2) (in a car, etc)（汽车等的）变速杆/换挡杆

gee /dʒiː ‖ dʒi/ *interj* (*US* 美) (used for expressing surprise, pleasure, etc 表示惊讶、欢欣等): *Gee, I'm sorry. I didn't know you'd been ill.* 唉，真对不起，我不知道你一直有病。

geese *pl* of GOOSE * GOOSE 的复数

gel /dʒel ‖ dʒɛl/ *noun* [C,U] (often in compounds 常用以构成复合词) a thick substance like jelly that is between a liquid and a solid 凝胶；冻胶: *hair-gel* 发胶

gelignite /'dʒelɪgnaɪt ‖ 'dʒɛlɪgˌnaɪt/ *noun* [U] a substance that is used for making explosions 葛里炸药；爆炸胶

gem /dʒem ‖ dʒɛm/ *noun* [C] **1** a jewel or precious stone 宝石 **2** a person or thing that has great value 值得器重的人；精品；宝物

Gemini /'dʒemɪnaɪ ‖ 'dʒɛməˌnaɪ/ *noun* [C,U] the third sign of the zodiac, the Twins; a person who was born under this sign 双子宫（黄道第三宫）；属双子座的人 ☛ picture at **zodiac**. 见 **zodiac** 插图。

gender /'dʒendə(r) ‖ 'dʒɛndɚ/ *noun* [C,U] **1** (*formal* 正式) the classification of people into two sexes: male and female （男、女）性别 **2** (*grammar* 语法) (in some languages) the classification of nouns, pronouns, etc into masculine, feminine and neuter; one of these divisions 性（某些语言里，名词、代词等有阳性、阴性、中性之别）: *There are three genders in German.* 德语有三种性。○ *In French the adjective must agree with the noun in number and gender.* 法语里，形容词的数和性跟名词的数和性都要一致。

gene /dʒiːn ‖ dʒin/ *noun* [C] one of the parts of a cell of a living thing which decide its development. Genes are passed from parents to children. In human beings they decide, for example, the size of a child or the colour of his/her eyes. 基因

☆**general**[1] /'dʒenrəl ‖ 'dʒɛnərəl/ *adj* **1** affecting all or most people, places, things, etc 普遍的: *Fridges were once a luxury, but now they are in general use.* 冰箱以往是奢侈品，但如今已普遍使用。○ *The bad weather has been fairly general* (= it has affected most areas). 恶劣的天气影响着广泛地区。○ *That is a matter of general interest.* 这个问题，大家都很感兴趣。○ *The general feeling is that the situation is improving* (= most people think so). 一般人都觉得情况正在改善。○ *the general public* (= most ordinary people) 大众 **2** (only *before* a noun 只用于名词前) not limited to, or describing, one particular part; not detailed 非个别的；大概的: *Your general health is very good.* 总体来说，你的身体很好。○ *The introduction gives you a general idea of what the book is about.* 导论那部分简要地介绍书的内容。○ *Let's talk in general terms at first and then get down to details.* 咱们先总括地谈一谈，然后再谈具体细节。**3** not limited to one subject or area of study; not specialized 不限于某一个科目的；非专门的: *Children need a good general education.* 孩子们要有良好的全面教育。○ *The quiz tests your general knowledge.* 这是个常识测验。○ *a general hospital* 综合医院 **4** (often in compounds 常用以构成复合词) with responsibility for the whole of an organization 首席的: *The Secretary-General of the United Nations* 联合国秘书长 ○ *a general manager* 总经理

(IDIOM 习语) **in general** in most cases; usually 一般说来: *In general, standards of hygiene are good.* 一般说来，卫生情况良好。

ˌgeneral anaes'thetic *noun* [C,U] a substance that is given to a patient in hospital before an operation so that he/she becomes unconscious and does not feel any pain（用于手术的）全身麻醉剂 ☛ Look at **local anaesthetic**. 参看 **local anaesthetic**。

General Certificate of Secondary Education = GCSE ☛ Look at the list of abbreviations. 参看附录四缩略语表。

ˌgeneral e'lection *noun* [C] an election in

which all the voters in a country choose their national parliament 大选（指国会选举）

ˌ**general pracˈtitioner** *noun* [C] = GP ☛ Look at the list of abbreviations. 参看附录四缩略语表。

general² /ˈdʒenrəl ‖ ˈdʒɛnərəl/ *noun* [C] an army officer of very high rank（陆军）将军：*General Roberts* 罗伯茨将军

generalize (*also* 亦作 **generalise**) /ˈdʒenrəlaɪz ‖ ˈdʒɛnərəlˌaɪz/ *verb* [I] **1 generalize (about sth) (from sth)** to form an opinion using only a small amount of information 从少量资料归纳出看法：*You can't generalize about English food from only two meals.* 可不能单靠两顿饭就对英国菜妄下评语。**2 generalize (about sth)** to make a general statement about sth and not look at the details 对…进行概括：*You're generalizing. Every case is different.* 每件事都不尽相同，你可不能一概而论。

generalization (*also* 亦作 **generalisation**) /ˌdʒenrəlaɪˈzeɪʃn; *US* 美 -lɪˈz- ‖ ˌdʒɛnərələˈzeʃən/ *noun* **1** [U] the act of generalizing 概括 **2** [C] a general statement about sth that does not consider details 概括的叙述

☆**generally** /ˈdʒenrəlɪ ‖ ˈdʒɛnərəlɪ/ *adv* **1** usually 通常：*She generally cycles to work.* 她通常骑自行车上班。**2** by most people 普遍地；广泛地：*He is generally considered to be a good doctor.* 在很多人的心目中，他是个好医生。**3** in a general sense, without looking at the details 概括地：*Generally speaking, houses in America are bigger than houses in this country.* 一般来说，美国的房屋比这个国家的大。

generate /ˈdʒenəreɪt ‖ ˈdʒɛnəˌret/ *verb* [T] **1** to produce power, heat, electricity, etc 产生（力/热/电等）**2** to cause sth to exist 使出现：*I think this new product will generate a lot of income for the company.* 依我看，这种新产品会为公司带来一笔可观的收入。

☆**generation** /ˌdʒenəˈreɪʃn ‖ ˌdʒɛnəˈreʃən/ *noun* **1** [U] the act of generating 产生：*the generation of electricity by water-power* 水力发电 **2** [C] a single stage in a family history（家族中的）一代：*This photograph shows three generations of my family* (= children, parents and grandparents). 这是我家三代同堂的全家福。**3** [C] all the people in a group or country who were born at about the same time 同代人：*My grandmother's generation grew up without electricity or running water.* 我祖母那一代人没有用过电，或自来水。○ *future generations* 后代 ☛ **Generation** is used in the singular with either a singular or plural verb ＊ **generation** 作单数名词用的时候，可与单数或复数动词连用：*The younger generation only seem/seems to be interested in money.* 年青的一代看来只对金钱感兴趣。**4** [C] a period of about 25 or 30 years (ie the time that a person takes to become an adult) ＊ 25年到30年的一个时段(也就是小孩长大成人所需的时间)：*A generation ago foreign travel was still only possible for a few people.* 二三十年前出国旅游只有少数人才能办到。

the geneˈration gap *noun* [sing] the difference in behaviour, and lack of understanding, between young people and older people 代沟

generator /ˈdʒenəreɪtə(r) ‖ ˈdʒɛnəˌretɚ/ *noun* [C] a machine that produces electricity 发电机

generosity /ˌdʒenəˈrɒsətɪ ‖ ˌdʒɛnəˈrɑsətɪ/ *noun* [U] the quality of being generous 慷慨；大方

☆**generous** /ˈdʒenərəs ‖ ˈdʒɛnərəs/ *adj* **1** willing to give more money, help, etc than is usual or necessary 慷慨的；大方的：*It was very generous of your parents to lend us all that money.* 承蒙你父母慷慨借给我们这么多钱。**2** larger than usual 大的：*You get very generous portions in that restaurant.* 那家饭馆的饭菜量大。—**generously** *adv*: *Please give generously.* 请慷慨解囊。

genetics /dʒɪˈnetɪks ‖ dʒəˈnɛtɪks/ *noun* [U] the scientific study of the way that the development of living things is controlled by features that have been passed on from parents to children 遗传学 ☛ Look at **gene**. 参看 **gene**。

genetic /dʒɪˈnetɪk ‖ dʒəˈnɛtɪk/ *adj* connected with genes or genetics 基因的；遗传学的：*The disease is caused by a genetic defect.* 这种疾病的起因是基因有缺陷。—**genetically** /-klɪ ‖ -klɪ/ *adv*

geˌnetic engiˈneering *noun* [U] changes made by scientists in the genetic structure of plants and animals 遗传工程

genial /ˈdʒiːnɪəl ‖ ˈdʒinɪəl/ *adj* (used about a person 指人) pleasant and friendly 和蔼可亲

genitals /ˈdʒenɪtlz ‖ ˈdʒɛnətəlz/ *noun* [plural] (*formal* 正式) the external sex organs 外生殖器 —**genital** /ˈdʒenɪtl ‖ ˈdʒɛnətl̩/ *adj*

genius /ˈdʒiːnɪəs ‖ ˈdʒinjəs/ *noun* (*pl* **geniuses**) **1** [U] very great and unusual ability 天才；非凡的禀赋：*Shakespeare's tragedies show true genius.* 莎士比亚的悲剧体现了他是真正的天才。**2** [C] a person who has very great and unusual ability, especially in a particular subject 天才：*Einstein was a mathematical genius.* 爱因斯坦是数学天才。**3** [sing] **a genius for (doing) sth** great natural ability for (doing) sth 有某方面的天赋：*Our teacher had a genius for explaining difficult things in a simple way.* 我们的老师擅长深入浅出的讲解。

genocide /ˈdʒenəsaɪd ‖ ˈdʒɛnəˌsaɪd/ *noun* [U] the murder of a nation or race 种族灭绝

gent /dʒent ‖ dʒɛnt/ *noun* **1** [C] (*informal* 非正式) gentleman 绅士 **2 a/the Gents** [sing] (*Brit informal* 英，非正式) a public toilet for men 男厕所 ☛ Look at the note at **toilet**. 参看 **toilet** 的注释。

genteel /dʒenˈtiːl ‖ dʒɛnˈtil/ *adj* paying great (perhaps too much) attention to polite manners（过分）有礼貌的—**gentility** /dʒenˈtɪlətɪ ‖ dʒɛnˈtɪlətɪ/ *noun* [U]

☆**gentle** /ˈdʒentl ‖ ˈdʒɛntl̩/ *adj* **1** (used about people 指人) kind; calm; touching or treating people or things in a careful way so that they are not hurt 和蔼；温柔；敦厚：*He was a gentle, patient man who loved playing with his grandchildren.* 他这个人既随和又有耐心，喜欢跟孙子孙女一起玩。○ *'I'll try and be as gentle as I can', said the dentist.* 牙医说："我

会尽量轻一点。” **2** not rough or violent 温和；轻柔；徐缓: *You should be able to take some gentle exercise next week.* 下个礼拜，你可以做点轻柔的运动。○ *It's just a gentle* (= not steep) *climb to the top of the hill.* 山坡不陡，爬上山顶并不困难。—**gentleness** /'dʒentlnɪs ‖ 'dʒɛntl̩nɪs/ *noun* [U] —**gently** /'dʒentlɪ ‖ 'dʒɛntlɪ/ *adv*: *He touched her gently on the shoulder.* 他轻轻拍了一下她的肩膀。○ *The beach slopes gently down to the sea.* 海滩以缓缓的坡度伸向大海。

☆**gentleman** /'dʒentlmən ‖ 'dʒɛntl̩mən/ *noun* [C] (*pl* **gentlemen** /-mən ‖ -mən/) **1** a man who is polite and who behaves well towards other people 彬彬有礼的人；绅士: *He is a real gentleman.* 他这个人真的有君子风度。**2** (*formal* 正式) (used when speaking to or about a man or men in a polite way 用作对男子的尊称) 先生: *Ladies and gentlemen!* (eg at the beginning of a speech) 女士们，先生们！○ *Mrs Flinn, there is a gentleman here to see you.* 弗林太太，有位先生找您。**3** a rich man with a high social position 有钱有地位的男人: *He likes to think of himself as a country gentleman.* 他爱把自己当作乡绅。☛ For meanings **1**, **2** and **3** we use **lady** when we are talking about a woman. 第 **1**、**2**、**3** 义的女性对应词为 **lady**。

☆**genuine** /'dʒenjʊɪn ‖ 'dʒɛnjʊɪn/ *adj* **1** a person or thing that is genuine is exactly what he/she/it seems to be; real 真实: *He thought that he had bought a genuine Rolex watch but it was a cheap fake.* 他以为买的劳力士表是真货，其实那是廉价的冒牌货。○ *There are only three genuine Scotsmen in the team.* 只有三位队员是地道的苏格兰人。**2** (used about a person or his/her feelings or behaviour 指人、感情、行为) honest; real 诚实；真诚: *She seems genuine enough but can I trust her?* 她看来很真诚，可是我能不能相信她？—**genuinely** *adv*: *I'm genuinely interested in a career in teaching.* 我真是很喜欢当教师。

☆**geography** /dʒɪ'ɒgrəfɪ ‖ dʒi'ɑgrəfɪ/ *noun* [U] **1** the study of the countries of the world, of their natural and physical features and of the cities, industries, etc that have been made by man 地理学 **2** the way in which the features of a particular country or place are arranged 地形: *We're studying the geography of Asia.* 我们正在研究亚洲的地形。

geographer /dʒɪ'ɒgrəfə(r) ‖ dʒi'ɑgrəfɚ/ *noun* [C] student of or expert in geography 地理学研究者；地理学家 —**geographic** /ˌdʒɪə'græfɪk ‖ ˌdʒiə'græfɪk/ (*also* 亦作 **geographical** /-ɪkl ‖ -ɪkl̩/) *adj* —**geographically** /-klɪ ‖ -klɪ/ *adv*

geology /dʒɪ'ɒlədʒɪ ‖ dʒi'ɑlədʒɪ/ *noun* [U] the study of rocks and soil, and of their development 地质学 —**geological** /dʒɪə'lɒdʒɪkl ‖ ˌdʒiə'lɑdʒɪkl̩/ *adj*

geologist /dʒɪ'ɒlədʒɪst ‖ dʒi'ɑlədʒɪst/ *noun* [C] student of or expert in geology 地质学研究者；地质学家

geometry /dʒɪ'ɒmətrɪ ‖ dʒi'ɑmətrɪ/ *noun* [U] the study in mathematics of lines, shapes, curves, etc 几何学

geometric /dʒɪə'metrɪk ‖ ˌdʒiə'mɛtrɪk/ (*also* 亦作 **geometrical** /-ɪkl ‖ -ɪkl̩/) *adj* **1** of geometry 几何学的 **2** consisting of regular shapes and lines 由几何图形组成: *a geometric design/pattern* 几何图形设计/图案 —**geometrically** /-klɪ ‖ -klɪ/ *adv*

geriatrics /ˌdʒerɪ'ætrɪks ‖ ˌdʒɛrɪ'ætrɪks/ *noun* [U] the medical treatment of very old people 老年医学 —**geriatric** *adj*: *a geriatric hospital* 老人医院

germ /dʒɜːm ‖ dʒɝm/ *noun* **1** [C] a very small living thing that causes disease. Germs can only be seen with a microscope 微生物；病菌: *This disinfectant kills most germs.* 这种消毒剂可以杀死大多数病菌。☛ Look at **bacteria** and **virus**. 参看 **bacteria** 及 **virus**。**2** [sing] **the germ of sth** the beginning of sth that may develop 萌芽: *the germ of an idea* 观念的萌芽

German measles /ˌdʒɜːmən 'miːzlz ‖ 'dʒɝmən 'miːzl̩z/ (*also* 亦作 **rubella**) *noun* [U] a mild disease that causes red spots all over the body. It may damage an unborn baby if the mother catches it. 风疹

germinate /'dʒɜːmɪneɪt ‖ 'dʒɝməˌnet/ *verb* [I,T] (used about a seed of a plant 指种子) to start growing; to cause a seed to do this（使）发芽 —**germination** /ˌdʒɜːmɪ'neɪʃn ‖ ˌdʒɝmə'neʃən/ *noun* [U]

gerund /'dʒerənd ‖ 'dʒɛrənd/ *noun* [C] (*grammar* 语法) a noun, ending in -ing, that has been made from a verb 动名词: *In the sentence 'His hobby is collecting stamps', 'collecting' is a gerund.* 在 His hobby is collecting stamps 这个句子中，collecting 就是动名词。

gesticulate /dʒe'stɪkjʊleɪt ‖ dʒɛs'tɪkjəˌlet/ *verb* [I] to make movements with your hands and arms in order to express sth 用动作示意

gesture /'dʒestʃə(r) ‖ 'dʒɛstʃɚ/ *noun* [C] **1** a movement of the hand, head, etc that expresses sth 表意的动作；手势: *The driver of the car in front made a rude gesture and drove off.* 前面的司机做了个粗鄙的手势，然后开车离去。**2** something that you do that shows other people what you think or feel 态度；姿态: *It would be a nice gesture to invite the neighbours in for a meal.* 邀请邻居到家里吃一顿饭，不失为一种睦邻的好姿态。

gesture *verb* [I,T] to point at sth, to make a sign to sb 指着（某物）；用手势向（某人）示意: *She asked them if they were going and gestured towards the door.* 她一边问他们是不是要离开，一边指着大门。

☆**get** /get ‖ gɛt/ *verb* (*pres part* **getting**; *pt* **got** /gɒt ‖ gɑt/; *pp* **got**; *US* 美 **gotten** /'gɒtn ‖ 'gɑtn̩/) **1** [T] **have/has got** to have sth 有: *Have you got a bike?* 你有没有自行车？**2** [I] to become 变成: *It's getting dark.* 天色渐渐昏暗。○ *She got angry.* 她生气了。**3** [T] to receive or obtain sth 收到；得到: *I got a letter from my sister.* 我收到妹妹的来信。○ *What did you get for Christmas?* 你们收到了什么圣诞礼物？○ *He went shopping and got a suit.* 他去逛了商店，还买了一件套服。○ *I got a shock when I saw the price.* 我一看那价钱就吓了一跳。○ *She got a job in a travel agency.* 她在旅行社找到一份工

作。○ *You get a wonderful view from that window.* 从那个窗口望出去，景色非常美丽。○ *I'll do it if I get the time.* 一有空我就干这活儿。**4** [T] to fetch or collect sth 取/带回来: *Go and get me a pen, please.* 请把笔拿给我。○ *I'll get the children from school today.* 我今天要接孩子放学。○ *The police have got* (= caught) *the gang who carried out the robbery.* 警察逮捕了那次劫案的抢匪。**5** [T] to hear or understand sth 听见；明白: *I'm sorry, I didn't get that. Could you repeat it?* 对不起，我听不明白，可以再说一遍吗？**6** [T] to catch a disease 患病: *She got malaria in Africa.* 她在非洲染上疟疾。**7** [T] to use a form of transport 乘搭（交通公具）: *I didn't walk – I got the bus.* 我上了公共汽车，没有走路。**8** [I] to move somewhere; to reach a place 去；到: *We got to Dover at about 10.* 我们在10点左右到达多佛尔。☛ Look at **get in**, **on**, etc. 参看 **get in**、**get on** 等。**9** [T] to cause sth to be in a particular place 移动: *We couldn't get the piano upstairs.* 我们无法把钢琴搬到楼上去。**10** [T] to prepare sth; to make sb/sth ready 预备；使…作好准备: *He got the breakfast.* 他做了早饭。**11** [I] (used with a past participle 与过去分词连用) to do sth that you are responsible for 做（应做的事）: *I'm just getting dressed.* 我在穿衣服。○ *They've got divorced.* 他们离婚了。**12** [I] to be in a certain situation 处于: *He's got into trouble with the police.* 他在警察那里惹上了麻烦。**13** [I] (used in a similar way to the passive 跟被动语态用法相似) to have sth happen to you 遇上: *She got bitten by a dog.* 她被狗咬伤了。**14** [T] to cause sb/sth to do sth or to happen 使做某事；使发生: *I got him to agree to the plan.* 我使他同意了这个计划。○ *I can't get the television to work.* 电视机坏了，我怎么也修不好。○ *She finally got the book finished.* 她终于看完了这本书。☛ Note that we also use **get** when we arrange for somebody else to do something 安排别人做事也可以用 **get**: *You must get the car serviced every 10 000 miles* (= at a garage). 汽车每走10 000英里就要维修一次。**15** [I] to have the opportunity to do sth 有机会/能够（做某事）: *Did you get to see the Rembrandt exhibition?* 你看了伦勃朗的画展没有？

(IDIOM 习语) **get somewhere/nowhere (with sb/sth)** to make progress 有/没有进展: *I'm getting nowhere with my research.* 我的研究工作没有什么进展。

> ☛ For other idioms containing **get**, look at the noun and adjective entries, eg for **get rid of** look at **rid**. 查阅含有 **get** 一词的其他习语，参看有关名词、形容词的词条，如 **get rid of** 可参看 **rid** 的词条。

(PHRASAL VERBS 短语动词) **get about/around** to move or travel to and from many places 到处走动/旅行: *Australia this week, Japan next week –you certainly get around!* 这个星期去澳大利亚，下个礼拜去日本，你可真是周游列国啦！

get about/around/round (used about news, a story, etc 指消息、故事等) to spread; to become known by many people 流传

get sth across (to sb) to succeed in making people understand sth 使（某人）明白某事情: *The party failed to get its policies across to the voters.* 这个政党没有让选民了解它的政策。

get ahead to progress and be successful in sth, especially a career（尤指事业）取得进展

get along ⇨ GET ON

get around 1 ⇨ GET ABOUT/AROUND **2** ⇨ GET ABOUT/AROUND/ROUND

get around sb ⇨ GET ROUND/AROUND SB

get around sth ⇨ GET ROUND/AROUND STH

get around to sth/doing sth ⇨ GET ROUND/AROUND TO STH/DOING STH

get at sb to say unkind or critical things to sb 不断指责某人

get at sb/sth to succeed in reaching sb/sth 接触到某人/某事物；够得着: *The pen fell down between my desk and the wall and I couldn't get at it.* 那支笔掉在书桌和墙壁之间，我怎么也够不着。

get at sth (used only in the continuous tenses 只用于进行时) to suggest sth indirectly; to mean sth but not to state it directly 暗示；间接而非直接地表达意思: *I'm not quite sure what you're getting at – am I doing something wrong?* 我拿不准你指的是什么意思，我是不是有什么事情做错了？

get away (from...) to succeed in leaving or escaping from sb or a place 成功地离开/逃去: *He kept talking to me and I couldn't get away from him.* 他不断地跟我说话，使我无法脱身。○ *The thieves got away in a stolen car.* 那些小偷驾驶一辆偷来的车逃走了。

get away with sth/with doing sth to do sth bad and not be punished for it 做坏事而没有受到处分: *He lied but he got away with it.* 他明明是撒谎，可还是过了关。○ *I don't know how they get away with charging such high prices.* 我不明白为什么他们漫天要价却居然得逞。

get back to return to the place where you live or work 回到住处/工作处: *When did you get back from Italy?* 你什么时候从意大利回来的？

get sth back to be given sth that you had lost or lent 寻回（失物）；得回（借出去的东西）: *Can I borrow this book? You'll get it back next week, I promise.* 这本书借给我好吗？我答应下个礼拜还给你。

get back to sb to speak to, write to or phone sb later, especially in order to give an answer or deal with sth 稍后给某人一个答复等: *I'll get back to you when I've got some more information.* 等我多了解些情况再通知你。

get back to sth to return to doing sth or talking about sth 回到某事情上: *I woke up early and couldn't get back to sleep.* 我一早醒来，再也不能入睡。○ *Let's get back to the point you raised earlier.* 咱们还是回到你先前提出的那一点。

get behind (with sth) to fail to do or produce sth on time 不能够按时办好事情/完成生产: *We got behind with our rent.* 我们欠了房租。

get by (on sth) to manage, often with difficulty, to live, using a certain income（以有限的收入等）餬口: *It's very hard to get by on such a low income.* 收入这样微薄，实在难以维生。

get sb down to make sb miserable 令人不快: *These cold winter days get me down.* 冬天寒冷，叫我吃不消。

get sth down to make a note of sth; to write sth down 记下；写下: *Did you get the address for the competition down?* 你把比赛地点记下来没有？

get down to sth/doing sth to start doing or concentrating on sth 开始做/着眼于某事情: *I must get down to answering these letters.* 我要抽点工夫答复这些来信。

get in to reach a place 到达（某地点）: *What time does your train get in?* 你那班火车什么时候到站？

get in; get into sth 1 to climb into a car 上汽车: *We all got in and Tim drove off.* 我们都上了汽车，蒂姆就把车开走了。**2** to be elected to a political position 被选任政治职务: *Who do you think will get in at the next election?* 下届选举你看谁会当选？

get sth in to manage to find an opportunity to say or do sth 插嘴；插手: *He talked all the time and I couldn't get a word in.* 他叨叨不休，我根本插不上嘴。

get into sb (*informal* 非正式) (used about a feeling or attitude 指感觉或态度) to start affecting sb strongly, causing the person to behave in an unusual way 强烈地影响某人（使一反常态）: *I wonder what's got into him – he isn't usually unfriendly.* 我不知道他怎么啦，他平时不是这么冷淡的。

get into sth to start a particular activity; to become involved in sth 开始从事/展开某种活动等: *How did you first get into the music business?* 你当初怎么涉足音乐这一行？ ○ *She has got into the habit of turning up late.* 她养成了迟到的习惯。 ○ *We got into an argument about politics.* 我们为了政治问题而争吵起来。

get off (sth) 1 to leave a bus, train, bicycle, etc; to climb down from a horse 从（公共汽车/火车/自行车等）下来；下马 **2** to leave work with permission at a particular time 获准下班: *I might be able to get off early today.* 我今天也许可以早点下班。

get sth off (sth) to remove sth from sth（从某物上）移去某物: *My foot was swollen and I couldn't get my shoe off.* 我的脚肿得连鞋子都脱不下来了。

get off (with sth) to receive minor or no injuries when serious injury was possible 在意外中避过严重损伤: *She was lucky to get off with only a broken arm in such a bad accident.* 在这样严重的一起事故里，她只不过断了一条胳膊，算是不幸中之大幸了。

get (sb) off (with sth) to receive little or no punishment; to help sb to receive little or no punishment（帮助某人）逃过惩罚: *If you're lucky, you'll get off with a small fine.* 你要是运气好，付上些许罚款就可以了事。 ○ *Her lawyer told her that he was confident he would get her off.* 她的律师告诉她，他有信心为她洗脱罪名。

get off with sb (*Brit informal* 英，非正式) to start a sexual or romantic relationship with sb 跟异性交好/发生关系: *Ruth got off with Steve at the disco.* 鲁思在迪斯科舞厅搭上了史蒂夫。

get on 1 to progress or become successful in life, in a career, etc 在（事业等方面）取得成就/有进展: *After leaving university she was determined to get on.* 大学毕业后，她决定要干出一番事业。 **2** to be getting old 年事渐高: *He's getting on – he's over 60, I'm sure.* 他有年纪了，我敢说他已经60多岁了。 **3** to be getting late 时间逐渐过去；越来越迟: *Time's getting on –we don't want to be late.* 时间不多，我们不想迟到。☛ Senses **2** and **3** are only used in the continuous tenses. 第**2**、**3**义只用于进行时。

get on/along 1 to make progress 进展: *How are you getting on in your course?* 那个课程你念得如何？ **2** to perform in a particular way or to have a good or bad experience in a particular situation 表现: *How did you get on at your interview?* 你去面试结果如何？

get on/onto sth to climb onto a bus, train, bicycle, horse, etc 登上（公共汽车/火车/自行车…）: *I got on just as the train was about to leave.* 火车快要开的时候，我上了车。 ○ *I couldn't get onto the bus because it was full.* 那班公共汽车坐满了，我上不去了。

get sth on to put on a piece of clothing 穿上衣物: *Get your shoes on, we're going out now.* 穿上鞋吧，咱们现在就到外边去。

get on for (used only in the continuous tenses 只用于进行时) to approach a certain time or age 接近某时刻/年龄: *I'm not sure how old he is but he must be getting on for 50.* 他的年纪我可说不准，只知道他快50岁了。

get onto sb (about sth) to speak or write to sb about a particular matter（就某事）联络某人

get on/along with sb; get on/along (together) to have a friendly relationship with sb（跟某人）合得来: *Do you get on well with your colleagues?* 你跟同事合得来合不来？ ○ *We're not close friends but we get on together quite well.* 我们不是亲密朋友，可很合得来。

get on/along with sth to make progress with sth that you are doing 进展: *How are you getting on with that essay?* 你那篇文章有什么进展？

get on with sth to continue doing sth, especially after an interruption（尤指中断后）继续干下去: *Stop talking and get on with your work!* 别说话了，继续干吧！

get out (used about a piece of information 指资料或信息) to become known, having previously been secret 公开

get sth out (of sth) to take sth from its container（从容器等中）取出某物: *I got my keys out of my bag.* 我从提包里掏出钥匙。

get out (of sth) to leave or escape from a place 离开/逃离（某处）: *My grandmother's very old and she doesn't get out of the house much.* 我祖母年纪大，已经很少到屋外走动了。

get out of sth/doing sth to avoid a duty or doing sth that you have said you will do 逃避责任等: *I said I'd go to their party and I can't* *get out of it now.* 我说过我会去参加他们的聚会，现在可不能反悔了。

get sth out of sb to obtain sth from sb by force or persuasion 强行从某人那里得到某物: *His parents finally got the truth out of him.* 他爸妈终于使他说出了真相。

get sth out of sb/sth to gain sth from sb/sth 从某人/某事物那里得到某物: *I get a lot of pleasure out of music.* 我从音乐里得到了不少乐趣。

get over sth 1 to overcome a problem 克服难题: *We'll have to get over the problem of finding somewhere to live first.* 我们要先找个地方解决住的问题。 **2** to recover from sth unpleasant, or from an illness 从不快中恢复过来: *He still hasn't got over his wife's death.* 他仍然摆脱不了丧妻之痛。○ *It took her a long time to get over her operation.* 过了好久，她才不再感觉到手术后的痛楚。○ *I can't get over how rude he was!* (= I still find it surprising) 真想不到他会这么粗鄙。

get sth over with (*informal* 非正式) to do and complete sth unpleasant that has to be done 完成（令人不舒服但必须做的事）: *I'll be glad to get my visit to the dentist's over with.* 去看牙医这事，我巴不得早去早了。

get round ⇨ GET ABOUT/AROUND/ROUND

get round/around sb (*informal* 非正式) to persuade sb to do or agree with sth 劝说使人听从己见: *My father says I can't borrow his car but I think I can get round him.* 爸爸不肯把汽车借给我，可我还是有信心说服他。

get round/around sth to find a way of avoiding or overcoming a problem 能够避过/克服难题等

get round/around to sth/doing sth to find the time to do sth, after a delay 在延迟后腾出时间做某事: *I've been meaning to reply to that letter for ages but I haven't got round to it yet.* 我一直想答复那封信，可是总抽不出时间。

get through sth to use or to complete a certain amount or number of sth 用完；做完；完成: *I got through a lot of money at the weekend.* 这个周末我花了很多钱。○ *I got through an enormous amount of work today.* 今天我干了许多工作。

get (sb) through (sth) to be successful in sth (often sth unpleasant); to help sb to be successful（帮助某人）渡过难关: *She got through her final exams easily.* 她很轻松过了大考这个关。○ *It was a terrible time financially but I got through it and then things improved.* 那些日子手头非常紧张，我熬过去后情况就逐渐好转。○ *Her kindness got me through those awful days.* 她的热心帮助使我熬过了这些可怕的日子。

get through (to sb) 1 to succeed in making a telephone connection with sb 用电话（跟某人）联络上: *I couldn't get through to them because their phone was engaged all day.* 他们的电话整天都占了线，我跟他们联络不上。 **2** to succeed in making sb understand what you are saying 使人明白自己的意思: *They couldn't get through to him that he was completely wrong.* 他完全错了，可是不管他们跟他怎么说，他就是不明白。

get to sb (*informal* 非正式) to affect sb in a bad way 给某人以消极的影响: *Public criticism is beginning to get to the team manager.* 领队开始遭受舆论的压力。

get together (with sb) to meet socially or in order to discuss or do sth 聚在一起（交际往来/商讨事情等）: *We should get together one evening.* 咱们找个晚上聚一聚吧。○ *Let's get together and talk about it.* 咱们聚到一块儿一起来讨论这件事情吧。

get up to rise to a standing position; to stand up 站起来: *He got up to let an elderly woman sit down.* 他站起来，把座位让给了一个老婆婆。

get (sb) up to get out of bed or make sb get out of bed（使某人）起床: *What time do you have to get up in the morning?* 你早上要几点钟起床？○ *Could you get me up at 6 tomorrow?* 明早6点可不可以把我叫醒？

get up to sth 1 to reach a particular point or stage in sth 到达（某一点/某一个阶段）: *We've got up to the last section of our grammar book.* 我们已经学到这本语法书最后的那个部分。 **2** to do sth, especially sth bad 干（坏事等）: *I wonder what the children are getting up to?* 孩子们到底在搞些什么名堂呢？

getaway /ˈgetəweɪ ‖ ˈgɛtəˌwe/ *noun* [C] an escape (after a crime)（犯罪后的）逃跑: *to make a getaway* 逃跑 ○ *a getaway car* 逃跑用的汽车

get-together /ˈget təgeðə(r) ‖ ˈgɛttʊˌgɛðɚ/ *noun* [C] (*informal* 非正式) an informal social meeting or party 非正式的社交聚会: *We're having a little get-together on Saturday evening.* 我们约好在星期六晚上小聚一番。

ghastly /ˈgɑːstlɪ; *US* 美 ˈgæstlɪ ‖ ˈgæstlɪ/ *adj* (**ghastlier**; **ghastliest**) **1** causing fear or shock 可怕: *a ghastly accident* 可怕的事故 **2** (*informal* 非正式) very bad, ugly or unpleasant 糟透的；丑陋；令人不舒服: *a ghastly mistake* 极大的错误 ○ *I think these two colours look ghastly together.* 依我看，这两种颜色很不相衬。 **3** (used about a person 指人) looking pale and ill 脸色苍白的: *You look ghastly. Do you want to lie down?* 你的脸色很苍白，要不要躺下休息？

ghetto /ˈgetəʊ ‖ ˈgɛto/ *noun* [C] (*pl* **ghettoes**) a part of a town where many people of the same race, religion, etc live, often in poor conditions（同种族/宗教…的人聚居的）贫民区

ghost /gəʊst ‖ gost/ (*also* 亦作 **spectre**; *US* 美 **specter**) *noun* [C] the spirit of a dead person that is seen or heard by sb who is still living 鬼魂: *I don't believe in ghosts.* 我不相信鬼魂之说。○ *The tower is haunted by the ghost of Lady Anne.* 据说安妮夫人的鬼魂时常在这个塔里作祟。○ *a ghost story* 鬼故事

ghostly /ˈgəʊstlɪ ‖ ˈgostlɪ/ *adj* (**ghostlier**; **ghostliest**) of or like a ghost 鬼魂的；像鬼魂的: *ghostly noises* 闹鬼似的声音

ˈghost town *noun* [C] a town whose inhabitants have all left 废弃的城镇

ˈghost-writer *noun* [C] a person who writes a book, etc for a famous person (whose name appears as the author) 为人代笔写书的人；捉刀人

☆**giant** /'dʒaɪənt ‖ 'dʒaɪənt/ *noun* [C] **1** (in children's stories) a person of human shape but enormous size and strength（儿童故事中）巨人 **2** something that is very large 庞然大物；大规模的商业机构: *the multinational oil giants* (= very large companies) 跨国石油企业

giant (*also* 亦作 '**giant-size**; '**giant-sized**) *adj* extremely large; enormous 特大的: *a giant new shopping-centre* 一所新建的巨型购物中心

giddy /'gɪdɪ ‖ 'gɪdɪ/ *adj* (**giddier**; **giddiest**) having the feeling that everything is going round and that you are going to fall 晕眩: *I feel giddy. I must sit down.* 我觉得有点晕，得坐下来。—**giddily** /'gɪdɪlɪ ‖ 'gɪdɪlɪ/ *adv* —**giddiness** /'gɪdɪnɪs ‖ 'gɪdɪnɪs/ *noun* [U]

☆**gift** /gɪft ‖ gɪft/ *noun* [C] **1** something that you give to a person; a present 礼物: *wedding gifts* 结婚礼物 ○ *He made a gift of £500 to charity.* 他把500英镑捐给了慈善机构。○ *Their teacher was presented with a gift of flowers and chocolates.* 他们给老师送上了鲜花和巧克力。○ *This week's magazine contains a free gift of some make-up.* 本星期的杂志附送化妆品。☛ Look at the note at **present**. 参看 **present** 的注释。**2 a gift (for sth/doing sth)** natural ability 天赋的才能: *She has a gift for saying the right thing at the right time.* 她生就知道什么时候说什么话。

gifted /'gɪftɪd ‖ 'gɪftɪd/ *adj* having natural ability or great intelligence 有天分的；天赋高的: *an extremely gifted musician* 极有天分的音乐家

G

gig /gɪg ‖ gɪg/ *noun* [C] a performance by pop or jazz musicians 流行/爵士音乐表演

gigantic /dʒaɪ'gæntɪk ‖ dʒaɪ'gæntɪk/ *adj* extremely large 巨大

giggle /'gɪgl ‖ 'gɪgḷ/ *verb* [I] to laugh in a silly way because you are amused or nervous 傻笑；咯咯地笑

giggle *noun* [C] a laugh of this kind 傻笑；咯咯笑: *I've got the giggles* (= I can't stop laughing). 我笑个不停。

gilt /gɪlt ‖ gɪlt/ *noun* [U] a thin covering of gold or sth that looks like gold 镀金；烫金；金色涂层

gimmick /'gɪmɪk ‖ 'gɪmɪk/ *noun* [C] something unusual or amusing that is used to attract people's attention (usually so that they buy sth)（一般指为了招徕而设置的）小玩意/手法: *They're looking for a new gimmick to advertise the restaurant.* 他们为了宣传这家饭馆，正在寻找新招儿。

gin /dʒɪn ‖ dʒɪn/ *noun* [C,U] a colourless alcoholic drink that is made from grain and a particular type of berry 杜松子酒: *I'd like a gin and tonic, please.* 给我一杯搀了奎宁水的杜松子酒。

ginger /'dʒɪndʒə(r) ‖ 'dʒɪndʒɚ/ *noun* [U] **1** the hot-tasting root of a plant (used in cooking) 姜: *ground ginger* 姜末 **2** a reddish-orange colour 姜黄色

ginger *adj* **1** flavoured with ginger 姜味的: *ginger biscuits* 姜汁饼 **2** of a ginger colour 姜黄色的: *ginger hair* 姜黄色的头发

ginger '**ale** *noun* [U] a non-alcoholic drink that is flavoured with ginger, often mixed with alcoholic drinks 干姜水（带姜味的汽水，常常搀了含酒精的饮料一起喝）☛ **Ginger beer** is similar but has a little alcohol and is not mixed with other drinks. 姜啤酒 (**ginger beer**) 跟干姜水很相似，不过姜啤酒含一点酒精，而不搀入其他饮料一起喝。

gingerly /'dʒɪndʒəlɪ ‖ 'dʒɪndʒɚlɪ/ *adv* very slowly and carefully so as not to cause harm, make a noise, etc 小心翼翼地

gipsy = GYPSY

giraffe /dʒɪ'rɑ:f; *US* 美 dʒə'ræf ‖ dʒə'ræf/ *noun* [C] (*pl* **giraffe** or **giraffes**) an African animal with a very long neck and legs and dark spots on its skin 长颈鹿

girder /'gɜ:də(r) ‖ 'gɝdɚ/ *noun* [C] a long iron or steel bar that is used in the construction of bridges, large buildings, etc（用于造桥、建筑大厦等的）钢梁/主梁/大梁

☆**girl** /gɜ:l ‖ gɝl/ *noun* [C] **1** a female child 女孩: *the little girl who lives next door* 隔壁的女孩子 ○ *There are more boys than girls in the class.* 班中男生比女生多。**2** a daughter 女儿: *They have two boys and a girl.* 他们有两个儿子，一个女儿。**3** a young woman 年青女子: *He was eighteen before he became interested in girls.* 他十八岁才开始对女孩子产生兴趣。○ *The girl at the cash desk was very helpful.* 那个女收款员很热心。**4 the girls** [plural] female friends of any age 任何年纪的女性朋友: *a night out with the girls* 跟女伴们外出的一个晚上

girlhood /'gɜ:lhʊd ‖ 'gɝlhʊd/ *noun* [U] the time when sb is a girl 少女时期

girlish *adj* of or like a girl 少女的；女孩子似的

'**girlfriend** *noun* [C] **1** a girl or woman with whom sb has a romantic and/or sexual relationship 女朋友；情人 **2** (*US* 美) a girl or woman's female friend 女伴

Girl '**Guide** (*also* 亦作 **Guide**) (*US* 美 **Girl** '**Scout**) *noun* [C] a member of an organization for girls that encourages helpfulness and teaches practical skills 女童子军 ☛ Look at **Boy Scout**. 参看 **Boy Scout**。

giro /'dʒaɪrəʊ ‖ 'dʒaɪro/ *noun* (*pl* **giros**) (*Brit* 英) **1** [U] the system for transferring money from one bank, etc to another（银行等之间的）直接转账系统 **2** [C] a cheque for money that is given by the government to people who are ill, unemployed, etc（政府发给患病/失业等人的）救济金支票

gist /dʒɪst ‖ dʒɪst/ *noun* **the gist** [sing] the general meaning of sth rather than all the details 主旨；要点: *I know a little Spanish so I was able to get the gist of what he said.* 我懂一点西班牙语，他说的话我听了个大概。

☆**give**[1] /gɪv ‖ gɪv/ *verb* (*pt* **gave** /geɪv ‖ gev/; *pp* **given** /'gɪvn ‖ 'gɪvən/) **1** [T] **give sb sth; give sth to sb** to hand sth to sb as a present; to allow sb to have sth as a present 赠送: *My parents gave me a watch for my birthday.* 爸妈给我一块手表作为生日礼物。○ *We don't usually give presents to all our nephews and nieces.* 我们一般不给所有侄子、侄女、外甥、外甥女都送礼物。○ *She gave most of her money to cancer research.* 她把大部分财产捐给了癌症

研究基金。**2** [T] **give sb sth; give sth to sb** to hand sth to sb so that he/she can look at it, use it or keep it for a time 拿给某人看/用/暂时保留…: *Could you give me that book over there, please?* 可不可以把那本书递给我？○ *I gave my ticket to the lady at the check-in desk.* 我把票递给了那个验票小姐。**3** [T] **give sb sth; give sth to sb** to provide sb with sth he/she wants, asks for or pays for 提供所需/要求/购买的东西: *He was thirsty so I gave him a drink.* 他渴了，所以我给了他一瓶汽水。○ *I hope the doctor will give me some new tablets.* 我希望医生可以给我一些新药片。○ *She gives Italian lessons to the people at work.* 她向在职者教授意大利语。○ *He didn't give me the chance to reply.* 他不让我有机会答话。○ *Could you give me some help with this essay?* 你可以帮帮我写这篇作文吗？**4** [T] **give sth to sb/sth** to spend time, etc on sb/sth 为某人/事物费时/费神…: *I can only give you ten minutes.* 我只能给你十分钟。○ *We'll have to give some more thought to the matter* (= think about it more). 我们都要仔细想想这个问题。**5** [T] **give (sb) sth for sth** to pay（给某人）付钱等以换取某物: *How much would you give me for my old car?* 我这辆旧车，你愿意付多少钱买下来？**6** [T] **give sb sth** to cause sb/sth to have or feel sth 令人有某种感觉: *The news about his father gave him a terrible shock.* 这个关于他爸爸的消息把他吓了一跳。○ *Hard work gives you an appetite.* 干重活可以增加食欲。○ *That noise is giving me a headache.* 那闹声快把我吵死了。○ *She gave me the impression that she was thinking of leaving her job.* 她给我的印象就是她想辞职。**7** [T] **give sth; give sb sth; give sth to sb/sth** to perform an action 作出某种行动: *When the child saw the snow, he gave a shout of delight.* 孩子一看见了雪就兴奋得大叫起来。○ *to give a sigh* 叹了一声 ○ *to give a cry of pain* 痛得叫了一声 ○ *She gave my hand a squeeze* (= she squeezed it). 她紧握一下我的手。○ *They gave us a warm welcome.* 他们热烈地欢迎我们。○ *I asked a short question and he gave me a very long answer.* 我问他一条短问题，可是他给我一个冗长的答案。○ *She gave him a kiss.* 她吻了他一下。**8** [T] to perform sth in public 公开表演；举办活动: *He gave a very interesting lecture on India.* 他就印度的情况讲了一堂十分有趣的课。○ *They're giving* (= having) *a party for their son's eighteenth birthday.* 他们要举行一个派对庆祝儿子的十八岁生日。**9** [I] to bend or stretch under pressure（受压后）弯曲/伸展: *The branch began to give under his weight.* 树枝抵受不住他的重量，弯下来了。

(IDIOMS 习语) **not care/give a damn (about sb/sth)** ⇨ DAMN

give or take more or less the number mentioned 与所述数量差不多: *It took us two hours to get here, give or take five minutes.* 我们到这儿来总共花了两个钟头，快慢不超过五分钟。

give sb to believe/understand (that)... (often passive 常用于被动语态) to give sb the impression that sth is true 令某人相信/明白…: *He gave me to understand that I had got the job.* 他似乎在告诉我，我已经得到了录用。

☛ For other idioms containing **give**, look at the entries for the nouns, adjectives, etc, eg **give way** is at **way**. 查阅含有 **give** 一词的其他习语，参看有关名词、形容词等的词条，如 **give way** 可参看 **way** 的词条。

(PHRASAL VERBS 短语动词) **give sb away** (at a wedding in a church) to go with the bride into the church and officially give her to the bridegroom during the marriage ceremony（在教堂的婚礼上）和新娘一同走进教堂，然后把新娘交给新郎: *Her father gave her away.* 父亲把她托付给了新郎。

give sth away to give sth, often sth that you no longer want, to sb without asking for or receiving money in return 把（例如不再需要的）东西送给他人: *When she got older she gave all her toys away.* 她长大后，把全部玩具送给人家了。○ *We are giving a shirt away with every suit purchased.* 购买每套衣服附送一件衬衫。

give sth/sb away to show or tell the truth about sth/sb which was secret 显露；泄露: *He smiled politely and didn't give away his real feelings.* 他彬彬有礼地面带微笑，并没有把内心的感情泄露出来。

give sb sth back; give sth back (to sb) to return sth to the person from whom you took or borrowed it 把某物归还某人: *I lent him some books months ago and he still hasn't given them back to me.* 好几个月前我借给他几本书，现在他还没有还给我。

give sth in to hand sth to the authority collecting it 交给有关方面；呈交: *I've got to give this essay in to my teacher by Friday.* 我最迟要在礼拜五把这篇论文交给老师。

give in (to sb/sth) to stop fighting against sb/sth; to accept that you have been defeated 投降；屈服

give sth off to send sth (eg a smell, heat, etc) out into the air 发出气味、热气等

give out (used about a machine 指机器) to stop working 失灵

give sth out to hand or pass sth to people 分发: *Could you give out these books to the class, please?* 把这些书分发给班上同学们，好不好？

give up to stop trying to do sth; to accept that you cannot do sth 放弃: *They gave up once the other team had scored their third goal.* 对方射入了第三球后，他们就变得全无斗志了。○ *Don't give up now, you're improving all the time.* 别就此放弃，你一直是有进步的。○ *I give up. What's the answer?* 我不猜了，答案是什么？

give sb up to stop expecting sb to arrive, succeed, improve or recover 不再指望某人到来/成功/改进/痊愈…: *When he was four hours late, I gave him up.* 我等了四个钟头也等不到他，因此就不再等他了。○ *Her work was so poor that all her teachers gave her up.* 她的功课糟透了，所有的老师都觉得她无可救药。○ *The*

G

doctors had given him up when he suddenly started to get better. 正当医生断定他病入膏肓的时候，他的病情突然好转。

give up sth to stop doing or having sth that you had done or had regularly before 停止做某事；放弃原有的东西: *I've tried many times to give up smoking.* 我曾经多次尝试戒烟。○*Don't give up hope. Things are bound to improve.* 不要灰心，情况一定会好转的。

give yourself/sb up (to sb) to go to the police when they are trying to catch you; to tell the police where sb is 投案；举报疑犯: *The suspected murderer gave himself up to the police.* 谋杀案的嫌疑犯向警察投案。

give sth up (to sb) to give sth to sb who needs or asks for it 把某物给所需要/要求的人: *He gave up his seat on the bus to an elderly woman.* 在公共汽车上，他把座位让给了一个老婆婆。

give[2] /gɪv ‖ gɪv/ *noun* [U] the quality of being able to bend or stretch a little 弹性；伸缩性: *The leather has plenty of give in it.* 这种皮革弹性很足。

(IDIOM 习语) **give and take** the willingness, within a relationship, to move towards another person's point of view because he/she is willing to move towards your point of view 互相让步: *This dispute can only be settled if there is give and take on both sides.* 只有双方都作出让步，这场争执才可以解决。

given /ˈgɪvn ‖ ˈgɪvən/ *adj* (only *before* a noun 只用于名词前) already stated or fixed 规定的；约定的: *At a given time they all waved their flags and cheered.* 一到约定时刻，他们就一齐挥旗呐喊。

given *prep* taking sth into consideration 考虑到: *Given that you had very little help, I think you did very well under the circumstances.* 考虑到你是单枪匹马，在这个情况下，依我看你已经干得很不错了。

ˈ**given name** *noun* [C] (*especially US* 尤为美) = CHRISTIAN NAME ☛ Look at the note at **name**. 参看 **name** 的注释。

glacial /ˈgleɪsɪəl; *US* 美 ˈgleɪʃl ‖ ˈgleʃəl/ *adj* **1** caused by ice or a glacier 冰/冰川造成的: *a glacial valley* 冰蚀谷 **2** very cold; like ice 冰冷；冰状的: *glacial winds* 寒风

glacier /ˈglæsɪə(r) ‖ ˈgleʃɚ/ *noun* [C] a mass of ice that moves slowly down a valley 冰川/冰河（沿着倾斜的地势向下移动的大冰块）

☆**glad** /glæd ‖ glæd/ *adj* (**gladder**; **gladdest**) **1** (not before a noun 不用于名词前) **glad (about sth)**; **glad (to do sth/that...)** happy; pleased 开心；高兴: *Are you glad about your new job?* 新工作你满意不满意？○ *I'm glad to hear he's feeling better.* 听说他精神好多了我就安心。○ *I'm glad (that) he's feeling better.* 听说他身体好些了，我很高兴。○ *We'd be glad to see you if you're in the area.* 要是你来这里，我们想跟你见面。☛ You are usually **glad** or **pleased** about a particular event or situation. 对某事情或情况感到满意，一般可用 **glad** 或 **pleased**。 **Happy** is used for describing a state, condition of mind, etc and it can be used before the noun it describes * **happy** 用以描述状态、心境等，可以放在名词前，修饰名词: *This kind of music always makes me feel happy.* 听到这种音乐，我心里总是很快乐。○ *She's such a happy child –she's always laughing.* 她是个无忧无虑的孩子，一天到晚总是乐呵呵的。**2 glad (of sth)** grateful for sth 乐意（接受某事物）: *If you are free, I'd be glad of some help.* 有空的话，请你过来帮帮我。**3** (only *before* a noun 只用于名词前) bringing happiness 令人高兴的: *I want to be the first to tell her the glad news.* 我要第一个告诉她这个好消息。

gladden /ˈglædn ‖ ˈglædn̩/ *verb* [T] to make sb glad or happy 使高兴；使快乐

gladly *adv* (usually used for politely agreeing to a request or accepting an invitation 通常用于答应对方的要求或接受对方的邀请) happily; gratefully 乐意；乐于: *We will gladly help you if we can.* 可以的话，我们一定帮你。○ *'Can you join us tonight?' 'Gladly.'* "今晚跟我们在一起，好不好？" "好的。" ○ *She gladly accepted the invitation to stay the night.* 她欣然接受邀请，在那里过夜。—**gladness** *noun* [U]

glade /gleɪd ‖ gled/ *noun* [C] (*formal* 正式) an open space in a forest or wood where there are no trees 林中空地 ☛ **Clearing** is similar in meaning. * **clearing** 的意义与 glade 相近。

gladiator /ˈglædɪeɪtə(r) ‖ ˈglædɪˌetɚ/ *noun* [C] (in ancient Rome) a man who fought against another man or a wild animal in a public show（古罗马时代，在公众面前跟人/动物表演打斗的）斗士

glamour (*US also* 美亦作 **glamor**) /ˈglæmə(r) ‖ ˈglæmɚ/ *noun* [U] the quality of seeming to be exciting or attractive 吸引力；魅力: *Young people are often attracted by the glamour of city life.* 城市生活的魅力常常使年青人神往。

glamorize (*also* 亦作 **glamorise**) /-məraɪz ‖ -məraɪz/ *verb* [T] to make sth appear more attractive or exciting than it really is 美化: *Television tends to glamorize violence.* 电视节目有渲染暴力的倾向。

glamorous /-mərəs ‖ -mərəs/ *adj* attractive or full of glamour 有吸引力；充满魅力: *She didn't look very glamorous without her make-up.* 她要是没有化妆，并不怎么好看。○ *a glamorous job* 令人向往的工作 —**glamorously** *adv*

☆**glance** /glɑːns; *US* 美 glæns ‖ glæns/ *verb* [I] to take a quick look 一瞥；很快的看一眼: *She glanced round the room to see if they were there.* 她扫视一下房间，看看他们在不在。○ *He glanced at her and smiled.* 他瞥了她一下，脸上泛起笑容。○ *The receptionist glanced down the list of names.* 接待员很快地看了一遍名单。

(PHRASAL VERB 短语动词) **glance off (sth)** to hit sth at an angle and move off again in another direction 击中（某物）后弹开: *The ball glanced off the goalpost and into the net.* 球击中门柱入网。

glance *noun* [C] a quick look 一瞥: *I only had time for a glance at the newspaper.* 我只有把报纸匆匆看一眼的时间。○ *They exchanged glances when no one was looking.* 他们俩趁没有人注意的时候递了个眼色。○ *She stole a glance at her watch.* 她偷偷看了一下手表。

(IDIOMS 习语) **at a (single) glance** with one look 一眼就看出: *I could tell at a glance that something was wrong.* 我一看就知道出了问题。 **at first glance/sight** ⇨ FIRST[1]

gland /glænd ‖ glænd/ *noun* [C] a small part (**an organ**) of the body that separates those substances from the blood that will be used by the body or removed from it 腺（动物体内的器官 (**organ**)，能将血液中的特异性物质供身体使用，或排出体外）: *sweat glands* 汗腺 ○ *the poison glands of a snake* 蛇的毒腺 ○ *swollen glands* (eg in your throat) 肿胀的腺体（如在咽喉里）

glare /gleə(r) ‖ glɛr/ *noun* **1** [U] strong light that hurts your eyes 刺眼的光: *the glare of the sun on snow* 雪地上耀眼的阳光 ○ *the glare of a car's headlights* 汽车前灯的强光 **2** [C] a (long) angry look 怒视

glare /gleə(r) ‖ glɛr/ *verb* [I] **1** to shine with strong light that hurts your eyes 发出刺眼的光芒 **2 glare (at sb/sth)** to stare at sb angrily 怒目而视: *They stood glaring at each other.* 他俩站在那儿，愤怒地看着对方。

glaring /'gleərɪŋ ‖ 'glɛrɪŋ/ *adj* **1** (used about a light, etc 指光线等) too strong and bright 刺眼的 **2** angry 愤怒: *glaring eyes* 愤怒的目光 **3** great or very noticeable 大；显眼的: *a glaring mistake* 显而易见的错误

☆**glass** /glɑ:s; *US* 美 glæs ‖ glæs/ *noun* **1** [U] a hard, usually transparent, substance that windows, bottles, etc are made of 玻璃: *He cut himself on broken glass.* 他让玻璃碎片拉伤了。 ○ *a sheet/pane of glass* 一块玻璃；一块窗玻璃 ○ *In case of emergency, break the glass and press the button.* 遇上紧急事故，把玻璃砸碎，按下按钮。 ○ *a glass jar, dish, etc* 玻璃缸子/碟子… **2** [C] a drinking container made of glass; the amount of liquid it contains 玻璃杯；一杯子的量: *a wineglass, champagne glass, brandy glass, etc* 玻璃酒杯；香槟酒杯；白兰地酒杯… ○ *Could I have a glass of water, please?* 可以给我一杯水吗？ **3** (*also* 亦作 **glassware**) [U] a collection of objects made of glass 玻璃制品/器物/器皿

glassful /-fʊl ‖ -ful/ *noun* [C] the amount of liquid that one glass(2) holds 一杯子的量

glass 'fibre = FIBREGLASS

'glasshouse *noun* [C] a building with glass sides and roof for growing plants 温室 ☛ It is also called a **greenhouse**. 也作 **greenhouse**。

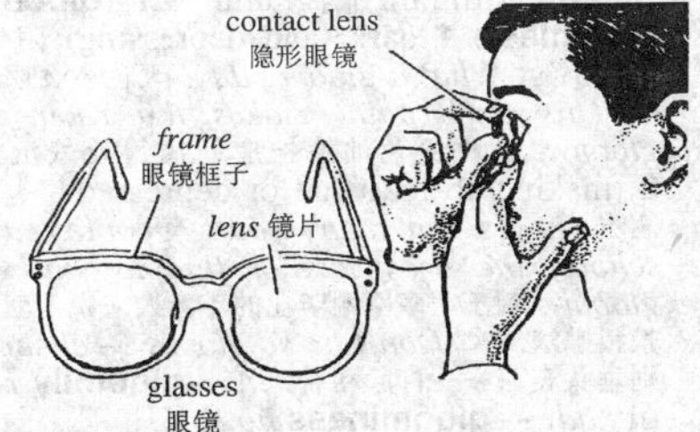

☆**glasses** /'glɑ:sɪz; *US* 美 'glæsɪz ‖ 'glæsɪz/ (*also* 亦作 **spectacles**, *informal* 非正式 **specs**; *US also* 美亦作 **eyeglasses**) *noun* [plural] a pair of lenses in a frame that a person wears in front of his/her eyes (in order to be able to see better) 眼镜: *My sister has to wear glasses.* 我妹妹需要戴眼镜。 ○ *I've lost my glasses.* 我把眼镜丢了。 ○ *reading glasses* 老花镜 ○ *dark glasses/sunglasses* 太阳镜 ○ *Where's my glasses case?* 我的眼镜盒在哪儿？ ☛ **Glasses** is more commonly used than **spectacles**. * **glasses** 比 **spectacles** 常用。 **Specs** is informal. * **specs** 是非正式的用法。 **Glasses** is always plural so we cannot use it with the article *a*. * **glasses** 作复数，不用冠词 a。We cannot say: *I need a new glasses.* 不作：I need a new glasses。We can say: *I need a new pair of glasses.* 可以作：I need a new pair of glasses。

glassy /'glɑ:sɪ ‖ 'glæsɪ/ *adj* (**glassier**; **glassiest**) **1** looking like glass 玻璃似的: *a glassy sea* 光滑如镜的大海 **2** (used about the eyes 指眼睛) showing no interest or expression 呆滞: *a glassy stare* 呆滞的目光

glaze /gleɪz ‖ glez/ *verb* [T] **1** to fit a sheet of glass into a window, etc 给窗户等安装玻璃 ☛ Look at **double-glazing**. 参看 **double-glazing**。 **2 glaze sth (with sth)** to cover a pot, brick, pie, etc with a shiny transparent substance (before it is put into an oven)（把光亮/透明等的物质）涂在壶/砖/馅饼等的表面（然后放进烤炉）: *Glaze the pie with beaten egg.* 给馅饼涂上一层打散了的鸡蛋。

(PHRASAL VERB 短语动词) **glaze over** (used about the eyes 指眼睛) to show no interest or expression 变得呆滞

glaze *noun* [C,U] (a substance that gives) a shiny transparent surface on a pot, brick, pie, etc（壶/砖/馅饼等上面的）光滑透明的涂层；表层涂料

glazed *adj* (used about the eyes, etc 指眼睛等) showing no interest or expression 呆滞

glazier /'gleɪzɪə(r); *US* 美 -ʒər ‖ 'gleʒɚ/ *noun* [C] a person whose job is to fit glass into windows, etc 安装玻璃的工人

gleam /gli:m ‖ glim/ *noun* **1** [C,sing] a soft light (that shines for a short time)（短暂的）微光: *the first gleams of the morning sun* 晨曦 ○ *the gleam of moonlight on the water* 映在水面上的月光 **2** [sing] a brief or sudden show of a quality or emotion（特性或感情的）闪现: *a gleam of hope, interest, etc* 一线希望；一刹那的兴趣…

gleam *verb* [I] **1** to shine softly 发出微光: *The water of the lake gleamed in the moonlight.* 湖水映着柔和的月光。 **2 gleam with sth** (used about the face or eyes 指脸或眼睛) to show a particular (happy) emotion 流露出喜悦等感情: *Their eyes gleamed with pleasure.* 他们流露出欢欣的眼神。

gleaming *adj* shining 洁净得发亮: *gleaming white teeth* 雪亮的牙齿

glee /gli: ‖ gli/ *noun* [U] a feeling of joy or happiness (at sth good that has happened to you or at sth bad that has happened to sb else)（因自己幸运或别人不幸而感到的）快乐；幸灾乐祸: *The children laughed with glee at the*

G

clown's tricks. 小丑的把戏把孩子们逗了个哈哈大笑。○ *She couldn't hide her glee when her rival came last in the race.* 对手在赛跑中得了个最末的名次，她怎么也按捺不住心里的喜悦。—**gleeful** /-fl ‖ -fəl/ *adj* —**gleefully** /-fəlɪ ‖ -fəlɪ/ *adv*

glen /glen ‖ glɛn/ *noun* [C] a narrow mountain valley (in Scotland or Ireland)（苏格兰/爱尔兰的）峡谷

glib /glɪb ‖ glɪb/ *adj* (**glibber**; **glibbest**) **1** (used about a person 指人) speaking quickly and cleverly, in a way that will persuade people but that is not always truthful 油腔滑调: *a glib salesman, politician, etc* 油嘴滑舌的推销员/政治家等 **2** spoken quickly and without hesitation, but not always truthful（说话等）缺乏诚意的: *a glib answer, excuse, etc* 脱口而出的答案/借口… —**glibly** *adv* —**glibness** *noun* [U] ☛ Using the word *glib* shows that you have a low opinion of the person or thing you are describing. * glib 这个词含贬义。

glide /glaɪd ‖ glaɪd/ *verb* [I] **1** to move smoothly without noise or effort 滑行: *The dancers glided across the floor.* 那些舞蹈员打地板上轻轻滑过。○ *The yachts went gliding past.* 帆船轻轻滑过去了。**2** to fly in a glider 驾驶滑翔机

glider /ˈglaɪdə(r) ‖ ˈglaɪdɚ/ *noun* [C] a light aeroplane without an engine that flies using air currents 滑翔机

gliding *noun* [U] the sport of flying in gliders 滑翔运动 ☛ Look at **hang-gliding**. 参看 **hang-gliding**。

glimmer /glɪmə(r) ‖ ˈglɪmɚ/ *verb* [I] to give out a weak unsteady light 发出闪烁的微光

glimmer *noun* [C] **1** a weak unsteady light 闪烁的微光 **2** a weak sign of sth 迹象: *a glimmer of hope* 一线希望

glimpse /glɪmps ‖ glɪmps/ *noun* [C] **a glimpse (at/of sth)** a quick incomplete view of sb/sth 一瞥 ☛ Most often used in the phrase **catch a glimpse of** 通常用在 **catch a glimpse of** 这个短语里: *I caught a glimpse of myself in the mirror as I walked past.* 我走过的时候在镜里瞥见自己。

glimpse *verb* [T] to get a quick look at sb/sth (often by chance)（偶然地）瞥见: *I glimpsed Cathy in the crowd, but I don't think she saw me.* 我瞥见人群中的凯西，但我想她没有看见我。

glint /glɪnt ‖ glɪnt/ *verb* [I] to give out small bright flashes of light 发出耀眼的闪烁微光: *She thought the diamond was lost until she saw something glinting on the carpet.* 她看见地毡上闪闪发光的东西，才知道钻石并没有丢失。○ (*figurative* 比喻) *His eyes glinted at the thought of all that money.* 他一想到那笔钱眼睛就发亮。—**glint** *noun* [C]: *the glint of metal in the grass* 草丛中金属的闪光 ○ (*figurative* 比喻) *a glint of anger in his eyes* 他目光中的一丝怒火

glisten /ˈglɪsn ‖ ˈglɪsn̩/ *verb* [I] (used about wet surfaces 指潮湿的表面) to shine 发光: *Her eyes glistened with tears.* 她眼睛闪着泪光。○ *Tears glistened in her eyes.* 她眼睛闪着泪光。

glitter /ˈglɪtə(r) ‖ ˈglɪtɚ/ *verb* [I] to give out many little flashes of light 闪着微光: *The stars glittered in the frosty sky.* 星星在寒冷的夜空中闪耀。—**glitter** *noun* [U]: *the glitter of jewellery* 珠宝的闪闪光辉 ○ (*figurative* 比喻) *the glitter of a career in show business* 光彩熠熠的演艺生涯

glittering /ˈglɪtərɪŋ ‖ ˈglɪtərɪŋ/ *adj* **1** shining brightly with many little flashes of light 闪闪生辉: *a glittering Christmas tree* 闪闪发光的圣诞树 **2** splendid or successful 辉煌的；成功的: *a glittering career, performance, etc* 辉煌的事业；成功的演出…

gloat /gləʊt ‖ glot/ *verb* [I] **gloat (about/over sth)** to feel or express pleasure at sth good that has happened to you or at sth bad that has happened to sb else（因自己幸福或别人不幸）感到/表示高兴: *Don't gloat – you might be in the same position yourself some time.* 用不着幸灾乐祸，你也许也有这样的一天呢。—**gloatingly** *adv*

global /ˈgləʊbl ‖ ˈglobl̩/ *adj* **1** affecting the whole world 影响全球的: *the global effects of pollution* 污染对全球的影响 ○ *global warming* 全球气温的上升 **2** affecting the whole of a group of facts, possibilities, etc 全面的: *We must take a global view of the problem.* 关于这个问题，我们要综观全局。—**globally** /-bəlɪ ‖ -bəlɪ/ *adv*

globe /gləʊb ‖ glob/ *noun* **1** [C] a model of the earth, in the shape of a ball, with the continents, etc painted on it 地球仪 **2 the globe** [sing] the earth 地球: *to travel (all) over the globe* 环游世界 ○ *With the help of television, we can see things that are going on on the other side of the globe.* 有了电视机，远在天涯的事情也可以看到。

globe ˈartichoke *noun* [C] = ARTICHOKE

globe-trotter /ˈgləʊb trɒtə(r) ‖ ˈglobˌtrɑtɚ/ *noun* [C] (*informal* 非正式) a person who travels to many countries 环游世界的人

globule /ˈglɒbju:l ‖ ˈglɑbjʊl/ *noun* [C] a small drop or ball of a liquid or melted solid 一小滴（液体/溶化了的固体）: *There were globules of fat in the soup.* 汤里面漂着一小点一小点的油花儿。

gloom /glu:m ‖ glum/ *noun* [U] **1** a feeling of sadness or hopelessness 哀愁；沮丧: *The news brought deep gloom to the village.* 消息传来，全村上下一片哀伤。**2** (near) darkness 昏暗；幽暗: *It was hard to see anything in the gloom.* 四周黑黝黝的，几乎什么也看不见。

gloomy /ˈglu:mɪ ‖ ˈglumɪ/ *adj* (**gloomier**; **gloomiest**) **1** dark (and depressing) 阴暗；黑沉沉的: *What a gloomy day!* 天色多么阴沉！○ *This dark paint makes the room very gloomy.* 这种深色油漆把房间搞得死气沉沉。**2** (making sb feel) sad or depressed（令人）哀愁/沮丧: *For many young people leaving school, the prospects of finding work are gloomy.* 对于很多刚刚毕业的年青人来说，就业前景很黯淡。○ *Don't be so gloomy – cheer up!* 别垂头丧气——打起精神来！—**gloomily** /-ɪlɪ ‖ -ɪlɪ/ *adv* —**gloominess** *noun* [U]

glorify /ˈglɔ:rɪfaɪ ‖ ˈglɔrəˌfaɪ/ *verb* (*pres part* **glorifying**; *3rd pers sing pres* **glorifies**; *pt*, *pp* **glorified**) [T] **1** (*formal* 正式) to praise

G

sb/sth highly 颂扬 **2** to make sb/sth appear better or more important than he/she/it really is 吹捧；吹嘘: *His biography does not attempt to glorify his early career.* 他的传记并没有美化他早期事业的成就。

glorified /ˈglɔːrɪfaɪd ‖ ˈglɔrəˌfaɪd/ *adj* (only *before* a noun 只用于名词前) described in a way that makes sb/sth seem better, bigger, more important, etc than he/she/it really is 受吹捧的；美化的: *The 'holiday cottage' turned out to be a glorified barn.* 所谓度假别墅只不过是一座粮仓的美称而已。○ *An air hostess is really just a glorified waitress.* 空中小姐是一个美称，其实就是客机里的女服务员。

glorious /ˈglɔːrɪəs ‖ ˈglɔrɪəs/ *adj* **1** having or deserving fame or glory 光荣；值得称道: *a glorious victory* 光荣的胜利 **2** wonderful or splendid 极好；壮观: *What glorious weather!* 天气真好！○ *a glorious day, view, etc* 阳光灿烂的一天；美丽的景色… —**gloriously** *adv*

☆**glory** /ˈglɔːrɪ ‖ ˈglɔrɪ/ *noun* [U] **1** fame or honour that is won by great achievements 荣耀: *The winning team was welcomed home in a blaze of glory.* 队伍凯旋而归，受到盛大欢迎。**2** great beauty 壮丽: *Autumn is the best time to see the forest in all its glory.* 秋天是观赏森林壮观美景的最佳季节。

glory *verb* (*pres part* **glorying**; *3rd pers sing pres* **glories**; *pt, pp* **gloried**)

(PHRASAL VERB 短语动词) **glory in sth** to take (too much) pleasure or pride in sth 为某事物而感到高兴/自豪: *He gloried in his sporting successes.* 他对自己的体育成就感到很自豪。

gloss /glɒs ‖ glɔs/ *noun* [U,sing] (a substance that gives) brightness or shine on a surface 光泽；造成光泽的物质: *the gloss on wood, hair, silk, etc* 木料/头发/丝绸等的光泽 ○ *gloss paint* 亮光漆 ○ *gloss photographs* 光面照片 ☛ Look at **matt**. 参看 **matt**。

gloss *verb*

(PHRASAL VERB 短语动词) **gloss over sth** to avoid talking about a problem, mistake, etc in detail 掩饰问题、错误等的细节；文过饰非

glossy *adj* (**glossier**; **glossiest**) **1** smooth and shiny 有光泽: *glossy hair* 润泽的头发 **2** (used about a magazine, etc 指杂志等) printed on good quality paper and having many colour photographs 用有光纸印刷且多彩色图片的

glossary /ˈglɒsərɪ ‖ ˈglɑsərɪ/ *noun* [C] (*pl* **glossaries**) a list of special or unusual words and their meanings (at the end of a book) （书末的）词汇表

☆**glove** /glʌv ‖ glʌv/ *noun* [C] a piece of clothing that covers your hand (and has separate parts for the thumb and each finger) 手套: *I need a new pair of gloves for the winter.* 我要一双新手套过冬。☛ Common types of gloves are *boxing gloves, driving gloves, leather gloves, rubber gloves, woollen gloves.* 手套的种类一般有拳击 (boxing) 手套、驾驶 (driving) 手套、皮 (leather) 手套、橡胶 (rubber) 手套、毛线 (woollen) 手套。Look at **mitten**. 参看 **mitten**。

☆**glow** /gləʊ ‖ glo/ *verb* [I] **1** to give out light and/or heat without smoke or flames 发光/热（而没有烟/火焰）: *A cigarette glowed in the dark.* 漆黑之中，有一根香烟燃点着。**2 glow (with sth)** to be warm or red because of excitement, exercise, etc（因为兴奋、运动等）发热/发红: *to glow with health, enthusiasm, pride, etc* 红光满面；兴致勃勃；得意洋洋…

glow *noun* [sing] **1** a warm light 和暖的光线: *the glow of the sky at sunset* 夕阳的余晖 **2** a feeling or look of warmth or satisfaction 暖和的感觉；满足的心情: *a rosy glow on the children's cheeks* 孩子们面颊上的红晕

glowing *adj* giving high praise; favourable 赞扬的: *His teacher wrote a glowing report about his work.* 他的老师给他的学习写了份赞扬有加的报告。—**glowingly** *adv*

glower /ˈglaʊə(r) ‖ ˈglaʊɚ/ *verb* [I] to look angrily (at sb/sth) 狠狠地盯着

glucose /ˈgluːkəʊs ‖ ˈglukos/ *noun* [U] a type of sugar that is found in fruit 葡萄糖

glue /gluː ‖ glu/ *noun* [U] a thick sticky liquid that is used for joining things together 胶水；浆糊: *You can make glue from flour and water.* 用水和面粉可以做浆糊。○ *Stick the photo in with glue.* 用胶水贴照片。

glue *verb* [T] (*pres part* **gluing**) **glue A (to/onto B); glue A and B (together)** to join a thing or things together with glue 用胶水粘: *Do you think you can glue the handle back onto the teapot?* 你看茶壶把儿粘得回去粘不回去？

(IDIOM 习语) **glued to sth** (*informal* 非正式) giving all your attention to sth and unwilling to leave it 紧贴着不愿离开；依恋: *He just sits there every evening glued to the television.* 每天晚上他坐在那儿死盯着看电视。

ˈ**glue-sniffing** *noun* [U] breathing in the chemicals that are given off by glue to get the same effect as that produced by alcohol or drugs 吸胶毒

glum /glʌm ‖ glʌm/ *adj* (**glummer**; **glummest**) (*informal* 非正式) sad or disappointed 哀愁；失望: *What are you looking so glum about?* 看你愁眉苦脸的，到底有什么事？—**glumly** *adv* —**glumness** *noun* [U]

glut /glʌt ‖ glʌt/ *noun* [C, usually sing] more of sth than is needed 过量: *The glut of coffee has forced down the price.* 咖啡供应过剩，价格滑落。

glutton /ˈglʌtn ‖ ˈglʌtn̩/ *noun* [C] **1** a person who eats too much 贪吃的人 **2 a glutton for sth** (*informal* 非正式) a person who is willing to have or do more of sth difficult, unpleasant, etc 甘愿承受困难或使人不快的事情等的人: *She's a glutton for hard work—she never stops.* 她这个人干起苦活儿来从不住手。

gluttony /-tənɪ ‖ -tn̩ɪ/ *noun* [U] the habit of eating too much 暴饮暴食的习惯

gnarled /nɑːld ‖ nɑrld/ *adj* rough and twisted, because of old age or hard work（因年老、操劳等而变得）粗糙/扭曲: *The old man had gnarled fingers.* 老伯的手指扭曲粗糙的。○ *a gnarled oak-tree* 节节疤疤的栎树

gnash /næʃ ‖ næʃ/ *verb*

(IDIOM 习语) **gnash your teeth** to make a

G

noise with your teeth because of anger, pain, worry, etc（因愤怒/痛苦/忧虑等）咬牙

gnat /næt ‖ næt/ *noun* [C] a small insect like a mosquito, that stings 蚋（一种叮咬人畜的小昆虫）

gnaw /nɔː ‖ nɔ/ *verb* [I,T] **gnaw (at) sth** to bite a bone, etc many times 啃（骨头等）: *The dog lay on the carpet gnawing its bone.* 那只狗躺在地毯上啃骨头。○ (*figurative* 比喻): *Fear of the future gnawed away at her all the time.* 她总是为前途担惊受怕，饱受折磨。

gnome /nəʊm ‖ nom/ *noun* [C] (in children's stories, etc) a little old man with a beard and a pointed hat who lives under the ground（童话中住在地下、长着胡子、戴着尖帽的）矮小的老头子: *a garden gnome* (= a model of a gnome that is used to decorate a garden)（用于点缀园景的）花园里的守护神塑像

☆**go**[1] /ɡəʊ ‖ ɡo/ *verb* [I] (*pres part* **going**; *3rd pers sing pres* **goes**; *pt* **went** /went ‖ wɛnt/; *pp* **gone** /ɡɒn; *US* 美 ɡɔːn ‖ ɡɔn/) **1** to move or travel from one place to another 从一处到另一处: *She always goes home by bus.* 她总是坐公共汽车回家。○ *We're going to London tomorrow.* 我们明天去伦敦。○ *He went to the cinema yesterday.* 他昨天去看电影了。○ *We've still got fifty miles to go.* 我们还有五十英里路程。○ *How fast does this car go?* 这辆汽车有多快？☛ **Been** is used as the past participle of **go** when somebody has travelled to a place and has returned. 到某地方又回来了，可以说 **been**，是 **go** 的过去分词。**Gone** means that somebody has travelled to a place but has not yet returned 到某地方去还没有回来，可以说 **gone**: *I've just been to Berlin. I got back this morning.* 我去了柏林，今天早上刚刚回来。○ *John's gone to Peru. He'll be back in two weeks.* 约翰去了秘鲁，两个星期后才回来。**2** to travel to a place to take part in an activity or do sth 往某处（参与活动/做事）: *Are you going to Dave's party?* 你去不去戴夫的聚会？○ *Shall we go swimming this afternoon?* 今天下午我们去游泳好吗？○ *Let's go for a drive.* 咱们去兜一下风吧。○ *My aunt has gone on a cruise.* 我姑母去海上旅行了。○ *They've gone on holiday.* 他们度假去了。○ *We went to watch the match.* 我们看比赛去了。○ *I'll go and make the tea.* 我去沏茶。**3** to visit or attend a place regularly 定期去（某个地方）: *Does Simon go to school yet?* 西蒙入学了没有？**4** to leave a place 离开某处: *I have to go now. It's nearly 4 o'clock.* 快4点了，我得走了。**5** to lead to or reach a place or time 通往（某个地方）；直到（某个时间）: *Where does this road go to?* 这条路通到哪儿？○ *This cut on my hand goes quite deep.* 我手上的口子拉得很深。**6** to have as its usual place 经常给放在某处: *Where does this vase go?* 这个瓶子放在哪儿？**7** to fit into a space 适合放进某处: *My clothes won't all go in one suitcase.* 一个提箱可装不下我所有的衣服。**8** to happen in a particular way; to develop 情况；发展: *How's the new job going?* 你这份新工作干得怎么样？○ *My work's going well.* 我干得很顺利。**9** to work correctly 正常运转: *This clock doesn't go.* 这面钟坏了。**10** to become; to reach a particular state 变成某种状态: *Her hair is going grey.* 她的头发渐渐灰白了。○ *He went blind when he was 20.* * 20岁那一年，他双目失明。○ *Everybody thought that we had gone mad.* 人人都以为我们发了疯。○ *The baby has gone to sleep.* 娃娃睡了。**11** to remain in the state mentioned 停留在…状态: *Many mistakes go unnoticed.* 很多错误都没有查出来。**12** to disappear 消失: *Has your headache gone yet?* 你的头痛好了没有？**13** to become worse or stop working correctly 恶化；失灵: *The brakes on the car have gone.* 刹车坏了。**14** to look or taste good with sth else 相配: *Does this sweater go with my skirt?* 这件羊毛套衫跟我的裙子配得上配不上？**15** to have certain words or a certain tune 用…调子/文字: *How does that song go?* 那首歌怎么唱来着？**16** to make a sound 发出声音: *The bell went early today.* 今天的钟声响早了。○ *Cats go 'miaow'.* 猫都是咪咪叫。**17** (used about time 指时间) to pass 过去: *The last hour went very slowly.* 最后的那个小时过得很慢。○ *There's only one minute left to go.* 还差一分钟。

(IDIOMS 习语) **as people, things, etc go** compared to the average person or thing 与平常人/事物比较: *As Chinese restaurants go, it wasn't bad.* 以中国餐馆来说，这家还不错。

be going to do sth 1 (used for showing what you plan to do in the future 表示将来打算干什么): *We're going to sell our car.* 我们想把汽车卖掉。**2** (used for saying that you are sure sth will happen 表示某事即将发生): *It's going to rain soon.* 快要下雨了。○ *Oh no! He's going to fall!* 糟糕！他快要跌下来了！

go all out for sth; **go all out to do sth** to make a great effort to do sth 全力以赴

have a lot going for you to have many advantages 有许多优点

Here goes! (said just before you start to do sth difficult or exciting 做困难的/刺激的事情前所说的话) 来吧！

> ☛ For other idioms containing **go**, look at the entries for nouns, adjectives, etc, for example **go astray** is at **astray**. 查阅含有 **go** 一词的其他习语，参看有关名词、形容词等的词条，如 **go astray** 可参看 **astray** 的词条。

(PHRASAL VERBS 短语动词) **go about** ⇨ GO ROUND/AROUND/ABOUT

go about sth to continue to do what you usually do 继续进行: *We went about our normal routine.* 我们如常进行工作。

go about sth/doing sth to start trying to do sth difficult 着手干困难的事情: *I wouldn't have any idea how to go about building a house.* 我不知道怎样盖房子。

go about with sb ⇨ GO ROUND/AROUND/ABOUT WITH SB

go against sb to be unfavourable to sb 对某人不利: *The referee's decision went against him.* 裁决对他不利。

go against sb/sth to do sth that is opposed to sb/sth 违抗: *She went against her parents'* *wishes and married him.* 她不顾爸妈的反对，还是跟他结婚了。

go against sth to be opposed or opposite to sth; not to be in agreement with sth 抵触；反对：*It goes against my principles to use violence.* 使用暴力不符合我的原则。

go ahead to take place after being planned 进行：*Although several members were missing, the meeting went ahead without them.* 虽然有好些人缺席，会议还是如期召开。

go ahead (with sth) to begin to do sth that you have planned 着手干（计划好的事情）

go along to continue 继续：*The course gets more difficult as you go along.* 这门课程由浅入深。

go along with sb/sth to agree with sb/sth 同意：*I'm happy to go along with whatever you suggest.* 你有什么提议我都乐意接受。

go around ⇨ GO ROUND/AROUND/ABOUT

go around with sb ⇨ GO ROUND/AROUND/ABOUT WITH SB

go away 1 to leave the place where you live (eg for a holiday) for a period of time of at least one night 暂时离开住处（以度假等）：*We're going away this weekend and we'll be back on Sunday evening.* 这个周末我们不在这儿，星期天晚上才回来。**2** to disappear 消失：*I've tried to remove the stain in the carpet but it won't go away.* 地毯上的污渍我怎么擦也擦不掉。

go back (to...) to return (to a place) 回到（某处）：*It's a wonderful city and I'd like to go back there one day.* 那是个美丽的城市，我总有一天要再回去。

go back (to sth) 1 to return to a previous matter or situation 回到（先前的情况/问题上）：*Let's go back to the subject we were discussing a few minutes ago.* 咱们还是回过头来谈谈刚才谈过的问题吧。**2** to have its origins in a previous period of time 追溯至…；源自…：*A lot of the buildings in the village go back to the fifteenth century.* 村里很多房屋都是在十五世纪兴建的。

go back on sth to break a promise, an agreement, etc 违背承诺/协定…：*I promised to help them and I can't go back on it now.* 我答应过他们愿助一臂之力，现在可不能食言。

go back to sth/to doing sth to start doing again sth that you had stopped doing 中止后再做某事：*When the children got a bit older she went back to full-time work.* 孩子大一点的时候，她又干起全职工作来了。

go by 1 (used about time 指时间) to pass 过去：*As time went by, her confidence grew.* 她的信心与日俱增。**2** to pass a place 经过某个地方：*She stood at the window watching people go by.* 她站在窗旁看着行人走过。

go by sth 1 to obey, follow or be guided by sth 遵从/遵照指引等：*You can't go by the railway timetables, the trains are very unreliable.* 火车常常误点，别信那些火车时刻表。**2** to form an opinion according to a particular thing 根据…作出判断等：*There are no clues so the police have nothing to go by.* 什么线索也没有，警察不知从何下手。

go down 1 (used about a ship, etc 指船等) to sink 下沉 **2** (used about the sun 指太阳) to disappear from the sky 西下 **3** to become lower in price, level, etc; to fall（价钱、水平等）下降：*The price of these computers has gone down in the last two years.* 过去两年，这些计算机一直在掉价。○ *The number of people out of work went down last month.* 上月失业人数减少了。

go down (with sb) (used with adverbs, especially 'well' or 'badly' or in questions beginning with 'how' 跟副词 well、badly 等连用，也用于以 how 开头的问句) (used about sth that is said, a performance, etc 指说话、演出等) to be received by sb 为某人所接受：*The film went down well with the critics.* 这部电影博得了影评人士的赞赏。

go down with sth to catch an illness; to become ill with sth 染病：*Ten of our staff have gone down with flu.* 我们有十个员工患了流感。

go for sb to attack sb 攻击某人

go for sb/sth to be true for a particular person or thing 对某人/某事物来说是真实的：*We've got financial problems but I suppose the same goes for a great many people.* 我们遇到了财务上的问题，可是，依我看很多人也有同样的遭遇。

go in (used about the sun 指太阳) to disappear behind a cloud 被云遮蔽

go in for sth 1 to enter or take part in an examination or competition 参加考试/比赛 **2** to start a career in sth 选择某种职业：*He has decided to go in for journalism.* 他决定投身新闻业。

go in for sth/doing sth to do or have sth as a hobby or interest 为兴趣/消闲做某事：*He doesn't go in for sport much.* 他不大喜欢体育活动。

go into sth 1 to start working in a certain type of job 开始从事某类工作：*When she left school she went into nursing.* 她毕业后就当起护士来了。**2** to look at or describe sth in detail 仔细观察/描述：*I haven't got time to go into all the details now.* 我现在没工夫把所有事情都详细说一遍。

go off 1 to explode 爆炸：*A bomb has gone off in the city centre.* 有一个炸弹在市中心爆炸了。**2** to make a sudden loud noise 突然发出响声：*I woke up when my alarm clock went off.* 闹钟一响我就醒了。**3** (used about lights, heating, etc 指灯、暖气等) to stop working 失灵：*There was a power cut and all the lights went off.* 电力供应停顿，所有灯都灭了。**4** (used about food and drink 指食物/饮料) to become too old to eat or drink; to go bad 变质 **5** (used about an event 指事情) to take place or happen in a certain way 发生/进行情况：*I think their wedding went off very well.* 他们的婚礼看来进行得很顺利。

go off sb/sth to stop liking or being interested in sb/sth 对…不再喜欢/感兴趣

go off with sth to take sth that belongs to sb else 带走别人的东西：*Who's gone off with my cup?* 谁拿了我的杯子？

go on 1 (used about lights, heating, etc 指灯/

G

暖气等) to start working 开始运作；点亮: *I saw the lights go on in the house opposite.* 我看见对面的房子开了灯。**2** (used about time 指时间) to pass 过去: *As time went on, she became more and more successful.* 她的事业一天比一天成功。**3** (used especially in the continuous tenses 尤用于进行时) to happen or take place 发生: *Can anybody tell me what's going on here?* 谁能告诉我这里发生了什么事情？**4** (used about a situation 指情况) to continue without changing 持续: *This is a difficult period but it won't go on forever.* 这个时期困难是困难，可总不会永远这么下去。**5** to continue speaking after stopping briefly 短暂停顿后继续说: *Go on. What happened next?* 说下去吧，后来呢？**6** (used as an order for encouraging sb to do sth 表示命令/鼓励某人): *Oh go on, let me borrow your car. I'll bring it back in an hour.* 来吧，把汽车借给我，一个钟头后准还给你。

go on sth to use sth as information so that you can understand a situation 根据…作出判断: *There were no witnesses to the crime, so the police had very little to go on.* 这起罪案没有目击证人，因此警察也无从着手。

go on (about sb/sth) to talk about sb/sth for a long time in a boring or annoying way 唠叨: *She went on and on about the people she works with.* 她一说起她的同事就说个没完。○ *I know I've made a mistake, there's no need to go on about it.* 我知道我犯了错，可不必说个没完嘛。

go on (at sb) (about sth) to keep complaining about sth 不断（向某人）埋怨（某事物）: *His parents are always going on at him to dress more smartly.* 他爸妈老跟他唠叨，要他穿得体面一点。

go on (with sth) to continue doing sth, perhaps after a pause or break（停顿后）继续做某事: *She ignored me and went on with her meal.* 她只管吃饭，理也不理我。

go on doing sth to continue doing sth without stopping or changing 继续某事情（没有停止/改变）:*We don't want to go on living here for the rest of our lives.* 我们不想一辈子都住在这里。

go out 1 to leave the place where you live or work for a short time, returning on the same day 外出一会儿: *Let's go out for a meal tonight* (= to a restaurant). 咱们今晚下馆子吧。○ *I'm just going out for a walk, I won't be long.* 我出去散一会儿步，不会太久。**2** (used about the tide) to move away from the land 退潮: *The sea was a long way away because the tide had gone out.* 潮水退后，大海显得格外遥远。**3** to stop being fashionable or in use 过时: *That kind of music went out in the seventies.* 这种乐曲早在七十年代就已经过时了。○ *Teaching methods like that went out years ago.* 这些都是老掉牙的教学方法。**4** to stop shining or burning 熄灭: *Suddenly all the lights went out.* 所有灯光一下子都灭了。

go out with sb; go out (together) to spend time regularly with sb, having a romantic and/or sexual relationship 跟某人谈恋爱: *He's going out with Jill Brown now.* 他现在跟吉尔·布朗谈恋爱。○ *They went out together for five years before they got married.* 他们谈恋爱谈了五年才结婚。

go over sth to look at, think about or discuss sth carefully from beginning to end 从头到尾看/想/检查…一遍: *Go over your work before you hand it in.* 把作业从头看一遍再交上来。

go round (used especially after 'enough' 尤用于 enough 之后) to be shared among all the people 分给所有人: *In this area, there aren't enough jobs to go round.* 这里的就业机会并不足够。

go round/around/about 1 (used about a story, a belief, etc 指故事、信念等) to pass from person to person 流传: *There's a rumour going round that he's going to resign.* 有人传说他快要辞职。**2** (used about an illness 指疾病) to pass from person to person in a group or area 流行；传染: *There's a virus going round at work.* 现在公司里传播着一种病毒。

go round (to...) to visit sb's home, usually a short distance away 到（附近）别人家里: *I'm going round to Jo's for dinner tonight.* 我今晚到乔安娜家里吃饭。

go round/around/about with sb to spend time and go to places regularly with sb 跟某人密切往来: *Her parents don't like the people she has started going round with.* 她爸妈不喜欢最近常跟她往来的那些人。

go through to be completed successfully 顺利完成: *The deal went through as agreed.* 这宗交易终于如期顺利完成了。

go through sth 1 to look in or at sth carefully, especially in order to find sth 仔细检查: *I went through all my pockets but I couldn't find my wallet.* 所有衣袋我都找过了，始终找不着我的皮夹子。**2** to look at, think about or discuss sth carefully from beginning to end 从头到尾（看/想/讨论）一次: *Let's go through the arrangements for the trip again.* 咱们再谈谈这次旅行的安排吧。○ *We'll start the lesson by going through your homework.* 讲课之前，咱们先检查一下家庭作业。**3** to suffer an unpleasant experience 经历不快的事: *I'd hate to go through such a terrible ordeal again.* 我不想再受这种苦难。

go through with sth to do sth unpleasant or difficult that you have decided, agreed or threatened to do 做困难/令人不快的事: *Do you think she'll go through with her threat to leave him?* 你看她真的会敢说敢做，离他而去吗？

go together (used about two or more things 用于两个或以上的事物) **1** to belong to the same set or group 属于同一个类别 **2** to look good together 相称

go towards sth to be used as part of the payment for sth 作为对某事物的一部分付款: *The money I was given for my birthday went towards my new bike.* 我用生日得来的钱凑起来买了一辆新自行车。

go under 1 to sink below the surface of water 沉没 **2** (*informal* 非正式) (used about a company 指公司) to go out of business 倒闭: *A lot of firms are going under in the recession.* 经济萧条，陆续有不少公司关门。

go up 1 to start burning suddenly and strongly 突然旺盛地烧起来: *The car crashed into a wall and went up in flames.* 这辆汽车撞到墙上去，起火烧毁了。2 to become higher in price, level, amount, etc; to rise（价格/水平/数量…）上升: *Petrol has gone up again.* 汽油又涨价了。○ *The birth rate has gone up by 10%.* 出生率上升了一成。

go with sth 1 to be included with sth; to happen as a result of sth 伴随: *Pressure goes with the job.* 工作少不了有压力。2 to match or be suitable with sth 与…协调/配合: *What colour carpet would go with the walls?* 什么颜色的地毯才衬得上这些墙壁？

go without (sth) to manage without having sth 将就；凑合: *They went without sleep many nights when the baby was ill.* 小娃娃生病，他们很多天都没有好好睡过。

'**go-ahead** *noun* [sing] permission to do sth 准许: *We've been given the go-ahead for the new building.* 我们获准兴建这座楼房。

'**go-ahead** *adj* willing to try new ways of doing things 愿意尝试新事物的

go² /gəʊ ‖ go/ *noun* (*pl* **goes** /gəʊz ‖ goz/) 1 [C] a turn to play in a game, etc（比赛等）轮到的机会: *Whose go is it?* 轮到谁？○ *Hurry up – it's your go.* 快点吧，该你了。☛ **Turn** has the same meaning. * **turn** 也表示相同的意思。2 [C] (*informal* 非正式) an occasion when you try to do sth 尝试: *Andrew passed his driving-test first go.* 安德鲁头一次考驾驶执照就通过了。3 [U] (*informal* 非正式) energy 劲头: *He's full of go.* 他劲头十足。

(IDIOMS 习语) **be on the go** (*informal* 非正式) to be very active or busy 十分活跃/忙碌: *I'm exhausted. I've been on the go all day.* 我忙了一天，累得要死。

to have a go (at sth/doing sth) (*informal* 非正式) to try to do sth 尝试；设法做: *I'm not sure if I can fix it, but I'll have a go.* 我试试吧，可是我也不知道能不能修理好。

goad /gəʊd ‖ god/ *verb* [T] **to goad sb/sth (into sth/doing sth)** to cause sb to do sth by making him/her angry 激怒某人/动物（使其…）

☆**goal** /gəʊl ‖ gol/ *noun* [C] 1 (in football, rugby, hockey, etc) the area between two posts into which the ball must be kicked, hit, etc for a point to be scored（足球、橄榄球、曲棍球等的）球门: *Who's in goal for Real Madrid?* 谁是皇家马德里队的守门员？☛ picture at **football**. 见 **football** 插图。2 a point that is scored when the ball goes into the goal 射门得分: *Everton won by three goals to two.* 埃弗坦队以三比二取胜。○ *to score a goal* 射门得分 ○ *an own goal* (= when a player kicks, hits, etc the ball into his/her own goal) 本方射入自家球门而让对方得分的球 3 your purpose or aim 目标: *I've finally achieved my goal of visiting all the capital cities of Europe.* 我终于游历了欧洲各国的首都，实现了我的宿愿。

goalless /ˈgəʊllɪs ‖ ˈgollɪs/ *adj* with no goal scored 没得分的: *a goalless draw* 零比零的平局

'**goalkeeper** (also *informal* 非正式 **goalie** /ˈgəʊlɪ ‖ ˈgolɪ/ or **keeper**) *noun* [C] the player who stands in front of the goal(1) and tries to stop the other team from scoring a goal(2) 守门员: *The goalkeeper made a magnificent save.* 守门员救球救得漂亮。☛ picture at **football**. 见 **football** 插图。

'**goalpost** *noun* [C] one of the two posts that form the sides of a goal. They are joined together by a bar (**the crossbar**). 球门柱（由中间的球门横木 (**crossbar**) 连接起来）

goat /gəʊt ‖ got/ *noun* [C] a small animal with horns which lives in mountainous areas or is kept on farms for its milk and meat 山羊

gobble /ˈgɒbl ‖ ˈgɑbl̩/ *verb* [I,T] (*informal* 非正式) **gobble sth (up/down)** to eat quickly and noisily 大口贪婪地吃: *He'd gobbled down all his food before I'd started mine.* 我还未吃他已经狼吞虎咽地吃完了。

gobbledegook (*also* 亦作 **gobbledygook**) /ˈgɒbldɪgu:k ‖ ˈgɑbl̩dɪˌguk/ *noun* [U] (*informal* 非正式) official language that is hard to understand 费解的官样文章

go-between /ˈgəʊ bɪtwi:n ‖ ˈgobəˌtwin/ *noun* [C] a person who takes messages between two people or groups who do not or cannot meet 中间人: *In some countries, marriages are arranged by go-betweens.* 在某些国家里，婚姻是由媒人撮合的。

goblin /ˈgɒblɪn ‖ ˈgɑblɪn/ *noun* [C] (in stories 故事中) a small ugly creature who plays tricks on people 小妖精

☆**god** /gɒd ‖ gɑd/ *noun* 1 (*feminine* 阴性 **goddess**) [C] a being or force who is worshipped by a group of people and who is believed to have the power to control nature and human affairs 神: *Mars was the Roman god of war and Venus was the goddess of love.* 马尔斯是古罗马的战神，维纳斯是爱神。2 **God** [sing] (in Christianity, Islam and Judaism) the creator and ruler of all things（基督教、伊斯兰教、犹太教）万物的创造者/主宰: *Do you believe in God?* 你信上帝吗？○ *Muslims worship God in a mosque.* 穆斯林在清真寺做礼拜。○ *God the Father, God the Son and God the Holy Ghost* 圣父；圣子、圣灵 ☛ 'God' is used in a number of expressions. 很多词组都有 God 这个词。(Some people think that it is wrong to use God's name in this way. 有些人认为这是亵渎神灵。) *Oh my God!* expresses surprise or shock * Oh my God! 表示惊奇/震惊: *Oh my God! I've won £1000!* 我赢了 1 000 英镑啊！We use *thank God* when we are happy and relieved about something

G

* thank God 表示庆幸：*Thank God you've arrived – I was beginning to think you'd had an accident.* 你回来就好了，我还以为你遇上了事故。The expression *God forbid!* is used when we say that we don't want something to happen * God forbid! 表示不希望事情发生：*'I'm going to invite 50 people to the party'. 'God forbid!'* "我想邀请50个人参加舞会。" "千万不可！" We use *for God's sake* when we are asking somebody to do something and want to sound more urgent or when we are angry with somebody 要求对方赶紧做某事或表示愤怒，可以说 for God's sake: *For God's sake, shut up!* 给我住口！

ˈgodchild, ˈgod-daughter, ˈgodson *noun* [C] a person for whom a godparent takes responsibility at a Christian baptism (or christening) 教子；教女

ˈgodfather, ˈgodmother, ˈgodparent *noun* [C] a person who promises to take responsibility for a child (at his/her baptism or christening) and to make sure that he/she is educated as a Christian 教父；教母

goddess /ˈɡɒdɪs ‖ ˈɡɑdɪs/ *noun* [C] a female god 女神

god-forsaken /ˈɡɒd fəseɪkən ‖ ˈɡɑdfɚˈsekən/ *adj* (used about a place 指地方) depressing or having nothing of interest 阴郁的；沉闷的

godsend /ˈɡɒdsend ‖ ˈɡɑdˌsɛnd/ *noun* [C] something unexpected that is a great help to you because it comes just when it is needed 令人喜出望外且来得及时的帮助/事物：*The extra money was a real godsend just before Christmas.* 这笔钱来得真及时，正好用来过圣诞。

goggle /ˈɡɒɡl ‖ ˈɡɑɡl/ *verb* [I] to look at sb/sth with wide round eyes (in surprise)（惊奇地）瞪大眼睛看

goggles /ˈɡɒɡlz ‖ ˈɡɑɡlz/ *noun* [plural] special glasses that you wear to protect your eyes from water, wind, dust, etc（防水/防风/防沙尘等的）护目镜 ☛ Look at **mask**. 参看 **mask**。

going[1] /ˈɡəʊɪŋ ‖ ˈɡoɪŋ/ *noun* **1** [sing] (*formal* 正式) the act of leaving a place; departure 离开：*We were all saddened by his going.* 他的离开叫我们感到很难过。**2** [U] the rate or speed of travel, progress, etc 进展；行进等的速度：*Oxford to London in an hour? That's very good going!* 由牛津到伦敦只花一个钟头？走得很快呀！○ *Three children in four years? That's not bad going!* 四年养三个孩子？真不简单啊！**3** [U] the condition of a path, the ground, etc（道路/地面等的）状况：*The mud made the path very hard going.* 道路泥泞，很不好走。○ (*figurative* 比喻) *It'll be hard going if we need to finish this by Friday!* 要在星期五完成这件工作，可不容易呀！○ (*figurative* 比喻) *I'm finding this novel very heavy going* (= difficult and not very interesting). 我发现这本小说真沉闷。

(IDIOM 习语) **get out, go, leave, etc while the going is good** to leave a place or stop doing sth while it is still easy to do so 趁早离开/停止干某事情

ˌgoings-ˈon *noun* [plural] (*informal* 非正式) unusual things that are happening 不寻常的事情：*The old lady was shocked by the goings-on in the house next door.* 老婆婆给隔壁的怪事搞得胆战心惊。

going[2] /ˈɡəʊɪŋ ‖ ˈɡoɪŋ/ *adj*

(IDIOMS 习语) **a going concern** a successful business 成功的生意/企业

the going rate (for sth) the usual cost (of sth)（货物/服务等的）市价/时价：*The going rate for a cleaner is about £3 an hour.* 清洁工人的一般时薪大约是3英镑。

go-kart /ˈɡəʊ kɑːt ‖ ˈɡoˌkɑrt/ *noun* [C] a very small racing car with no roof（无车篷的）微型竞赛汽车

☆**gold** /ɡəʊld ‖ ɡold/ *noun* **1** [U] a precious yellow metal that is used for making coins, jewellery, etc 黄金：*Is your bracelet made of gold?* 你戴的是金手镯吗？○ *solid, pure, 22-carat, etc* 纯金；赤金；22开金… ○ *What's the price of gold today?* 今天的金价是多少？○ *a gold chain, ring, watch, etc* 金链；金戒指；金表… **2** [C] = GOLD MEDAL

(IDIOM 习语) **(as) good as gold** very well-behaved 很守规矩：*The children were as good as gold while you were out.* 你不在家的时候，孩子们都很乖。

gold *adj* the colour of gold 金色的：*The invitation was written in gold letters.* 请帖是用金色字体写的。☛ Look at **golden**. 参看 **golden**。

ˈgold-dust *noun* [U] gold in the form of powder 砂金；金泥；金粉：(*figurative* 比喻) *Good English teachers are like gold-dust* (= very hard to find). 优秀的英语老师真是凤毛麟角。

ˌgold ˈmedal (*also* 亦作 **gold**) *noun* [C] the prize for first place in a sports competition（体育比赛的）金牌：*How many gold medals did we win in the 1992 Olympics?* 我国在1992年的奥运会夺得多少枚金牌？☛ Look at **silver medal** and **bronze medal**. 参看 **silver medal** 及 **bronze medal**。

ˌgold ˈmedallist *noun* [C] the winner of a gold medal 金质奖章得主

ˈgold-mine *noun* [C] a place where gold is mined 金矿

☆**golden** /ˈɡəʊldən ‖ ˈɡoldn/ *adj* made of gold or like gold 金制的；像黄金的：*a golden crown* 金皇冠 ○ *golden hair* 金发 ○ (*figurative* 比喻) *a golden* (= excellent) *opportunity* 大好时机

ˌgolden ˈjubilee *noun* [C] a 50th anniversary * 50周年纪念 ☛ Look at **silver jubilee**. 参看 **silver jubilee**。

ˌgolden ˈwedding *noun* [C] the 50th anniversary of a wedding 金婚（结婚50周年）☛ Look at **diamond wedding** and **silver wedding**. 参看 **diamond wedding** 及 **silver wedding**。

goldfish /ˈɡəʊldfɪʃ ‖ ˈɡoldˌfɪʃ/ *noun* [C] (*pl* **goldfish**) a small orange fish that is kept as a pet in a bowl or pond 金鱼

☆**golf** /ɡɒlf ‖ ɡɑlf/ *noun* [U] a game that is played outdoors on a large area of grass (**a golf-course**) and in which you use a stick (**a golf club**) to hit a small hard ball (**a golf**

ball) into a series of holes (usually 18) 高尔夫球（高尔夫球场叫 **golf-course**；所用的球棒叫 **golf club**，球叫 **golf ball**。参加者把球打进一般为18个的球洞里）: *to play a round of golf* 打一局高尔夫球 ○ *a golf club* (= a club for golfers; the place where they meet and play golf) 高尔夫球俱乐部

golfer *noun* [C] a person who plays golf 打高尔夫球的人

golly /ˈɡɒlɪ ‖ ˈɡɑlɪ/ *interj* (*informal* 非正式) (used for expressing surprise 表示惊奇)

gone[1] *pp* of GO ＊ GO 的过去分词

gone[2] /ɡɒn; *US* 美 ɡɔːn ‖ ɡɔn/ *adj* (not before a noun 不用于名词前) not present any longer; completely used up 过去了的；用光了的: *He stood at the door for a moment, and then he was gone.* 他在门口站了一会儿，然后就不见了。○ *Can I have some more ice-cream please or is it all gone?* 冰淇淋吃光了没有？我可以再来一点吗？ ☛ *Gone* meaning 'disappeared' or 'finished' is used with the verb *be*, as in the examples above. ＊ gone 表示"消失了"或"用完了"的时候，跟动词 be 用在一起，如以上例句。When we are thinking about where something has disappeared to, we use *have* 表示"去了哪儿"的时候，就用 have: *Nobodyknows where John has gone.* 谁也不知道约翰去了哪儿。

gone[3] /ɡɒn ‖ ɡɔn/ *prep* later than 比…晚: *Hurry up! It's gone six already!* (= later than six o'clock) 快点吧！已过六点了！

gonna /ˈɡɒnə ‖ ˈɡɑnə/ (*informal* 非正式) a way of writing 'going to' to show that sb is speaking in an informal way or with a special accent ＊ going to 的另一种非正式的说法，亦为某些地区的人所用 ☛ Do not write 'gonna' yourself (unless you are copying somebody's accent) because it might be marked as a mistake. gonna 并非标准英语，所以除了引述他人的口音外，宜不用此词。**Wanna** (= want to) 与 **gotta** (= got to) are similar. ＊ **wanna** (= want to) 与 **gotta** (= got to) 的情况相近。

goo /ɡuː ‖ ɡu/ *noun* [U] (*informal* 非正式) a sticky wet substance 湿黏物质

gooey /ˈɡuːɪ ‖ ˈɡuɪ/ (**gooier**; **gooiest**) *adj* (*informal* 非正式) sticky 黏的: *gooey cakes* 黏糊糊的糕饼

☆**good[1]** /ɡʊd ‖ ɡʊd/ *adj* (**better** /ˈbetə(r) ‖ ˈbɛtɚ/, **best** /best ‖ bɛst/) **1** of a high quality or standard 高素质的；高水平的: *a good book, film, concert, etc* 好书；好电影；精彩的音乐会… ○ *The hotel was really good.* 那家旅馆真好。○ *'Why don't you apply for the job?' 'I don't think my English is good enough.'* "你干吗不申请那个职位？" "我看我的英语过不了关。" ○ *The car was in very good condition.* 那辆汽车保养得非常好。**2 good at sth**; **good with sb/sth** able to do sth or deal with sb/sth well; successful 擅长: *Jane's good at chemistry.* 珍妮擅长化学。○ *He's very good with children.* 他很会带孩子。**3** pleasant or enjoyable 宜人: *It's good to be home again.* 能够回家来，我觉得很高兴。○ *good news, weather, etc* 好消息；晴朗的天气… ○ *Have a good time!* 祝你玩得开心！**4** morally right or well behaved 正直；善良；行为良好: *She was a very good person – she spent her whole life trying to help other people.* 她这个人心地好，一生都在帮助人。○ *Were the children good while we were out?* 我们不在家的时候，孩子们听话吗？ **5 good (to sb)** kind; helpful 善良；乐于助人: *They were good to me when I was ill.* 我生病的时候，他们对我很好。○ *It was good of you to come.* 谢谢你能来。**6 good (for sb/sth)** having a positive effect on your health（对健康）有益: *Green vegetables are very good for you.* 绿叶类蔬菜对你很有益。**7** suitable or favourable 适合的: *This beach is very good for surfing.* 这处海滩很适合玩冲浪。○ *I think Paul would be a good person for the job.* 我看保罗是这个岗位的合适人选。○ *'When shall we meet?' 'Thursday would be a good day for me.'* "咱们什么时候见面？" "星期四我有空。" **8** (only used before an adjective or noun 只用于形容词或名词前) great in number, size, length, etc（数目/尺寸等）大的；长的: *a good many people* (= a lot of people) 许多人 ○ *Take a good* (= long and careful) *look at this photograph.* 仔细看看这张照片。**9** (only *before* a noun 只用于名词前) at least 至少: *We waited for a good ten minutes.* 我们等了足足十分钟。○ *It's a good three miles to the station.* 离车站足足有三英里路。**10** (used when you are pleased about sth 表示喜悦): *'Tom's invited us to dinner next week.' 'Oh, good!'* "汤姆邀请我们下个礼拜吃晚饭。" "好哇！"

(IDIOMS 习语) **a good/great many** ⇨ MANY

as good as almost 几乎: *She as good as said I was lying!* 她那种话几乎等于说我在撒谎。○ *The project is as good as finished.* 工程差不多完成了。

in good faith ⇨ FAITH

good for you (*informal* 非正式) (used for congratulating sb 用于祝贺): *Well done! Good for you!* 好！干得好！

good gracious, good grief, good heavens, etc (used for expressing surprise 表示惊讶) ☛ Look at the entries for **gracious**, etc. 参看 **gracious** 等的词条。

good morning/afternoon/evening/night (used for greeting sb 用于问好) ☛ Look at the entries for **morning**, etc. 参看 **morning** 等的词条。

ˌ**good-ˈhumoured** *adj* pleasant and cheerful 友善: *Although there were a lot of complaints, the manager remained polite and good-humoured.* 面对许多怨言，经理还是很有礼貌，笑容可掬。

ˌ**good ˈlooks** *noun* [plural] an attractive appearance (of a person)（人的）漂亮外貌

ˌ**good-ˈlooking** *adj* (usually used about a person 通常指人) attractive 好看 ☛ Look at the note at **beautiful**. 参看 **beautiful** 的注释。

ˌ**good-ˈnatured** *adj* friendly or cheerful 友善；和蔼

ˌ**good ˈsense** *noun* [U] good judgement or intelligence 聪明；有判断力: *He had the good sense to refuse the offer.* 他拒绝了那个提议，真有头脑。

ˌ**good-ˈtempered** *adj* not easily made angry 脾气好；和气

G

good[2] /gʊd ‖ gud/ *noun* [U] **1** the quality of being morally right 道德上正确: *the difference between good and evil* 善恶之别 ○ *I'm sure there's some good in everybody.* 我敢说人人都有善的一面。**2** something that will help sb/sth; advantage 好处；益处: *She did it for the good of her country.* 她这样做是为了国家。○ *I know you don't want to go into hospital, but it's for your own good.* 我知道你不想住院，可是这对你自己的身体有好处。○ *What's the good of learning French if you have no chance of using it?* 要是没有机会用的话，学法语有什么用？
(IDIOMS 习语) **be no good (doing sth)** to be of no use or value（做某事）没用/没价值: *It's no good standing here in the cold. Let's go home.* 站在这儿挨冻有啥用！咱们回家吧。○ *This sweater isn't any good. It's too small.* 这件羊毛套衫没有用处，它太小了。
do you good to help or be useful to you 对人有帮助/有用: *It'll do you good to meet some new people.* 多交一些朋友对你有益处。
for good for ever 永久地: *I hope they've gone for good this time!* 我希望他们不要再回来！

☆**goodbye** /ˌgʊd'baɪ; ˌgʊ'baɪ ‖ gud'baɪ/ *interj* (said when sb goes or you yourself go 道别用语): *Goodbye! See you tomorrow!* 明天见！○ *We said goodbye to Steven at the airport.* 我们在机场跟斯蒂芬告别。☛ *cheerio, cheers* and *bye* are other words with the same meaning. 其他意义相同的词有 cheerio、cheers 和 bye。*Goodbye* can also be used as a noun * goodbye 可以用作名词: *Their goodbye was very sad because they knew they wouldn't see each other again for years.* 一想到往后就会多年不见，他们都黯然神伤，凄然话别。

Good Friday /ˌgʊd 'fraɪdɪ ‖ ˌgud'fraɪdɪ/ *noun* [C] the Friday before Easter when Christians remember the death of Christ 耶稣受难日（复活节前的星期五）

goodies /'gʊdɪz ‖ 'gudɪz/ *noun* [plural] (*informal* 非正式) nice things to eat 好吃的东西

goodness /'gʊdnɪs ‖ 'gudnɪs/ *noun* [U] **1** the quality of being good 好；善 **2** the quality that helps sb/sth to grow 营养；益处: *Wholemeal bread has more goodness in it than white.* 全麦面包的营养比白面包多。

> ☛ 'Goodness' is used in a number of expressions. 很多词组都有 Goodness 这个词。We say *Goodness (me)!* to show that we are surprised. * goodness (me)! 表示惊奇。*Thank goodness* expresses happiness and relief * thank goodness 表示庆幸: *Thank goodness it's stopped raining!* 雨停了，真好！We say *For goodness' sake* when we are asking somebody to do something and want to sound more urgent or when we are angry with somebody 要求对方赶快做某事，或表示气愤时可用 for goodness' sake: *For goodness' sake, hurry up!* 还不快点！

☆**goods** /gʊdz ‖ gudz/ *noun* [plural] **1** things that are for sale 商品: *a wide range of consumer goods* 琳琅满目的消费品 ○ *electrical goods* 电器 ○ *stolen goods* 赃物 **2** (*also* 亦作 **freight**) things that are carried by train or lorry 火车/卡车所运载的货物: *a goods train* 载货火车 ○ *a heavy goods vehicle (= HGV)* 大型运货卡车 ☛ **Freight** (not **goods**) is always used in American English. 美国英语用 **freight**，不用 **goods**。
(IDIOM 习语) **come up with/deliver the goods** (*informal* 非正式) to do what you have promised to do 履行诺言；完成任务

goodwill /ˌgʊd'wɪl ‖ 'gud'wɪl/ *noun* [U] friendly, helpful feelings towards other people 友好的关系: *There is a new atmosphere of goodwill in international politics.* 国际政局出现了新的善意气氛。

goody-goody /'gʊdɪ gʊdɪ ‖ 'gudɪ'gudɪ/ *noun* [C] (*pl* **goody-goodies**) a person who always behaves well so that other people have a good opinion of him/her 伪善者 ☛ If you call somebody a goody-goody it usually means that you do not like him/her. 这个词含贬义。

gooey ⇨ GOO

goof /gu:f ‖ guf/ *verb* [I] (*informal* 非正式) (*especially US* 尤为美) to make a silly mistake 犯愚蠢的错误

goose /gu:s ‖ gus/ *noun* (*pl* **geese** /gi:s ‖ gis/) [C] a large white bird that is like a duck, but larger. Geese are kept on farms for their meat and eggs. 鹅

> ☛ A male goose is called a **gander** and a young goose is a **gosling**. 公鹅叫 **gander**，幼鹅叫 **gosling**。

gooseberry /'gʊzbərɪ; *US* 美 'gu:sberɪ ‖ 'gusˌbɛrɪ/ *noun* [C] (*pl* **gooseberries**) a small green fruit that is covered in small hairs and has a sour taste 醋栗（有茸毛，味酸）: *a gooseberry bush* 醋栗树丛
(IDIOM 习语) **play gooseberry** to be present when two lovers want to be alone 硬跟着一对情侣（俗语说当电灯泡）

goose-flesh /'gu:s fleʃ ‖ 'gusˌflɛʃ/ *noun* [U] (*also* 亦作 '**goose-pimples** *noun* [plural]) small points or lumps which appear on your skin because you are cold or frightened 鸡皮疙瘩

gore[1] /gɔ:(r) ‖ gɔr/ *noun* [U] the blood that comes from a cut or wound 从伤口流出的血: *His new film is full of gore* (= there are many violent scenes in it). 他的新电影充斥着血淋淋的镜头。☛ The adjective is **gory**. 形容词为 **gory**。

gore[2] /gɔ:(r) ‖ gɔr/ *verb* [T] to wound sb with a horn, etc 用角等伤害: *She was gored by a bull.* 她给公牛戳伤了。

gorge[1] /gɔ:dʒ ‖ gɔrdʒ/ *noun* [C] a narrow valley with steep sides and a stream or river running through it 峡谷

gorge[2] /gɔ:dʒ ‖ gɔrdʒ/ *verb* [I,T] **gorge (yourself) (on/with sth)** to eat a lot of food 大吃: *At Christmas people gorge themselves on rich food.* 每逢圣诞，人们都大吃大喝。

gorgeous /'gɔ:dʒəs ‖ 'gɔrdʒəs/ *adj* (*informal*

非正式) very good; wonderful 极好: *What gorgeous weather!* 天气真好! ○ *Thank you for my present – it's absolutely gorgeous!* 谢谢您送我的礼物——真是棒极了! —**gorgeously** *adv*

gorilla /gəˈrɪlə ‖ gəˈrɪlə/ *noun* [C] a very large black African monkey that is the largest of the monkeys that are closely related to man (**apes**) 大猩猩(一种最大的类人猿 (**ape**))

gory /ˈɡɔːrɪ ‖ ˈɡɔrɪ/ *adj* (**gorier**; **goriest**) full of violence and blood 血腥的: *a gory film* 血腥电影 ○ (*figurative* 比喻) *He told me all the gory details about the divorce.* 他绘形绘声地向我讲述这宗离婚案种种令人恶心的细节。

gosh /ɡɒʃ ‖ ɡɑʃ/ *interj* (*informal* 非正式) (used for expressing surprise, shock, etc 表示惊奇/震惊…)

gosling /ˈɡɒzlɪŋ ‖ ˈɡɑzlɪŋ/ *noun* [C] a young goose 小鹅

gospel /ˈɡɒspl ‖ ˈɡɑspl̩/ *noun* **1 Gospel** [sing] one of the four books in the Bible that describe the life and teachings of Jesus Christ 福音(圣经里讲述耶稣的生平和教诲的部分称为四福音): *St Matthew's/Mark's/Luke's/John's Gospel* 马太/马可/路加/约翰福音 **2** [U] the truth 真理: *You can't take what he says as gospel.* 别信他的话。**3** [U] a style of religious music that is especially popular among black American Christians 福音音乐(尤指流行于美国黑人基督教徒中的宗教音乐)

gossip /ˈɡɒsɪp ‖ ˈɡɑsəp/ *noun* **1** [U] informal talk about other people and their private lives 流言;闲话: *Don't believe all the gossip you hear.* 别信人家的闲言碎语。○ *He loves spreading gossip about his neighbours.* 他爱议论邻居的是非长短。**2** [C] a conversation (including gossip) 聊天: *The two neighbours were having a gossip over the fence.* 这两个邻居隔着篱笆闲聊一番。—**gossip** *verb*: *I can't stand here gossiping all day.* 我可不能老站在这儿胡扯。

ˈ**gossip column** *noun* [C] a part of a newspaper or magazine where you can read about the private lives of famous people (报刊上专门谈论名人私生活的)闲话栏

got *pt, pp* of GET * GET 的过去时及过去分词 ☛ Look at the note at **gotten**. 参看 **gotten** 的注释。

gotta /ˈɡɒtə ‖ ˈɡɑtə/ (*informal* 非正式) (*US* 美) a way of writing 'got to' or 'got a' to show that sb is speaking in an informal way or with a special accent * got to 或 got a 的另一种非正式的说法,亦为某些地区的人所用 ☛ Do not write 'gotta' yourself (unless you are copying somebody's accent) because it might be marked as a mistake. gotta 并非标准英语,所以除非引述他人的口音,否则不宜用这个词。**Gonna** and **wanna** are similar * **gonna** 与 **wanna** 的情况相近: *I gotta go* (= I have got to go). 我得走了。○ *Gotta* (= have you got a) *minute?* 有空吗?

gotten (*US* 美) *pp* of GET * GET 的过去分词 ☛ In most cases *gotten* is more commonly used in American English than *got* * gotten 比 got 更常见于美国英语: *Has he gotten back yet?* 他回来没有? ○ *I've gotten myself a new job.* 我找到一份新工作了。

gouge /ɡaʊdʒ ‖ ɡaʊdʒ/ *verb*
(PHRASAL VERB 短语动词) **gouge sth out** to take sth out with force (usually with a tool or with your fingers) (用工具/手指等)挖取某物

gourmet /ˈɡʊəmeɪ ‖ ˈɡʊrme/ *noun* [C] a person who enjoys food and wine and knows a lot about them 美食家: *a gourmet restaurant* 美食餐馆

☆**govern** /ˈɡʌvn ‖ ˈɡʌvən/ *verb* **1** [I,T] to rule or control the public affairs of a country, city, etc 管治: *Britain is governed by the Prime Minister and the Cabinet.* 英国由首相和内阁组成的政府治理。**2** [T] (often passive 常用于被动语态) to influence or control 影响;支配: *Our decision will be governed by the amount of money we have to spend.* 我们的决定主要视所需的费用而定。

☆**government** /ˈɡʌvənmənt ‖ ˈɡʌvənmənt/ *noun* **1** often 常作 **the Government** [C] the group of people who govern a country 政府: *He has resigned from the Government.* 他已经退出了政府。○ *After the Prime Minister's resignation a new government was formed.* 首相辞职后,新政府接着就筹组起来了。○ *The Government has been overthrown.* 政府被推翻了。○ *The foreign governments involved are meeting in Geneva.* 有关外国政府正在日内瓦举行会议。○ *government policy, money, ministers, etc* 政府的政策/款项/部长… ☛ In the singular *government* may be followed by a singular or plural verb. * government 作单数时,后面可以跟单数或复数动词。We use a singular verb when we are thinking of the government as one single unit 政府作为一个机关就用单数动词: *The Government welcomes the proposal.* 政府对这个建议表示欢迎。We use a plural verb when we are thinking about all the individual members of the government 指这个机关的所有成员就用复数动词: *The Government are still discussing the problem.* 政府还在讨论这个问题。Different types of government are: *communist, conservative, democratic, liberal, reactionary, socialist,* etc. 各类型的政府包括共产主义 (communist) 政府、保守 (conservative) 政府、民主 (democratic) 政府、自由主义 (liberal) 政府、反动 (reactionary) 政府、社会主义 (socialist) 政府等。A country or state may also have a *military, provisional, central* or *federal, coalition*, etc government. 另有军事 (military) 政府、临时 (provisional) 政府、中央 (central) 政府、联邦 (federal) 政府、联合 (coalition) 政府等。Look at **local government** and **opposition**. 参看 **local government** 及 **opposition**。**2** [U] the act or method of governing 治理;治理方式: *Six years of weak government had left the economy in ruins.* 经过了六年的治理不力,经济已经一团糟。
(IDIOM 习语) **in government** being the government 执政: *The Labour Party was in government from 1964 to 1970.* 工党在1964年上台执政,1970年下台。—**governmental** /ˌɡʌvnˈmentl ‖ ˌɡʌvənˈmɛntl̩/ *adj*: *a govern-*

G

mental department 政府部门 ○ *different governmental systems* 不同的政体

governor /ˈɡʌvənə(r) ‖ ˈɡʌvənɚ/ *noun* [C] **1** a person who governs a province or state (especially in the USA) 省长；州长（尤指美国的）: *the Governor of New York State* 纽约州州长 **2** the leader or member of a group of people who govern an organization（机构/组织的）领导者: *the governor of the Bank of England* 英伦银行行长 ○ *In many British schools the board of governors is responsible for appointing new teachers.* 很多英国学校的理事会都负责委任教师。

gown /ɡaʊn ‖ ɡaʊn/ *noun* [C] **1** a long woman's dress for a special occasion 女礼服: *a ball-gown* 舞会礼服 **2** a loose piece of clothing that is worn by judges, lawyers, surgeons etc（法官、律师、外科医生等所穿的）长袍

grab /ɡræb ‖ ɡræb/ *verb* (gra**bb**ing; gra**bb**ed) **1** [I,T] to take sth suddenly or roughly 快而粗鲁地夺去；攫取: *Helen grabbed the toy car from her little brother.* 海伦抢去了弟弟手上的玩具汽车。 ○ *Don't grab – there's plenty for everybody.* 别抢——人人都有份，东西多着呢！ ○ (*figurative* 比喻) *He grabbed the opportunity of a free trip to America.* 他走了鸿运，可以免费旅游美国一次。 ○ (*figurative* 比喻) *I grabbed an hour's sleep on the train so I'm not too tired now.* 我在火车上抓紧时间睡了一个钟头，现在不怎么累了。 ☛ Look at **snatch**. It is similar in meaning. 参看 **snatch**，这个词的意义与 grab 相近。**2** [I] **grab at sb/sth** to try to get or catch sb/sth 抓住: *Jonathan grabbed at the ball but missed.* 乔纳森抓球落了空。 —**grab** /ɡræb ‖ ɡræb/ *noun* [C]: *She made a grab for the boy but she couldn't stop him falling.* 她伸手去抓那个男孩，可是他仍然跌倒了。

grace /ɡreɪs ‖ ɡres/ *noun* [U] **1** the ability to move in a smooth and attractive way 动作优美: *to walk, dance, move, etc with grace* 走路/跳舞/移动…的姿势很优美 **2** extra time that is allowed for sth 宽限期: *Payment is due today, but we have been given a week's grace* (= an extra week to pay). 今天是付款限期，但我们得了一个星期的宽限。 **3** a short prayer of thanks to God before or after a meal（饭前/饭后的）简短祷告: *Father always says grace.* 总是由爸爸作饭前谢恩祷告。 **4 His/Her/Your Grace** (used when speaking about, or to, a duke, duchess or archbishop 对公爵/公爵夫人/大主教的尊称)

(IDIOMS 习语) **have the grace to do sth** to be polite enough to do sth 有（做某事的）礼貌/风度: *At least she had the grace to apologize for what she did.* 她至少肯为自己所作的事道歉。 **with good grace** willingly and cheerfully, not showing that you are disappointed 欣然；愿意地: *He accepted the decision with good grace although it wasn't the one that he had been hoping for.* 这个决定虽然不大符合他的意愿，他还是爽快地接受下来了。

graceful /ˈɡreɪsfl ‖ ˈɡresfəl/ *adj* having grace and beauty 优美: *a graceful dancer* 动作优美的舞蹈员 ☛ Look at **gracious**. Its meaning is different. 参看 **gracious**，这个词的意义跟 graceful 不同。—**gracefully** /-fəlɪ ‖ -fəlɪ/ *adv*: *She accepted the decision gracefully* (= without showing her disappointment). 她得体地接受了这个决定。—**gracefulness** *noun* [U]

graceless /ˈɡreɪslɪs ‖ ˈɡreslɪs/ *adj* **1** without grace(1) or beauty 缺乏美感的 **2** rude 粗鄙 —**gracelessly** *adv*

gracious /ˈɡreɪʃəs ‖ ˈɡreʃəs/ *adj* **1** (used about a person or his/her behaviour 指人或其行为) pleasant, kind or polite (to sb of a lower social position) 亲切；和蔼；有礼貌: *The Queen Mother gave a gracious smile as she drove past.* 专车驶过的时候，车上的皇太后露出了亲切的笑容。**2** (only *before* a noun 只用于名词前) (*formal* 正式) (used when speaking about royal people 提及王室成员时用): *by gracious permission of Her Majesty* 承蒙女王陛下恩准 **3** (only *before* a noun 只用于名词前) owned or enjoyed by rich people 富有人家所拥有的/享用的: *gracious living* 优裕的生活 ☛ Look at **graceful**. Its meaning is different. 参看 **graceful**，这个词的意义跟 gracious 不同。

(IDIOM 习语) **good gracious!** (used for expressing surprise 表示惊讶): *Good gracious! Is that the time?* 天哪！都这么晚了！ —**graciously** *adv* —**graciousness** *noun* [U]

☆**grade**[1] /ɡreɪd ‖ ɡred/ *noun* [C] **1** the quality or place in a series that sb/sth has 按质量/地位区分的等级: *Which grade of petrol do you need?* 你要哪一种汽油？ ○ *She has passed her violin exams at Grade 6.* 她通过了小提琴第 6 级考试。 ○ *We need to use high-grade materials for this job.* 这活儿得用上高级材料。 **2** a mark that is given for school work, etc or in an examination 学习/考试成绩的等级: *He got good/poor grades this term.* 他这个学期的成绩挺好/不好。 ○ *Only a small number of our pupils pass A level French with a grade A.* 我们的学生当中只有一小部分在高级程度法语考试里获得了 A 级成绩。 **3** (*US* 美) a class or classes in a school in which all the children are the same age 年级: *My daughter is in the third grade.* 我女儿正在念三年级。

(IDIOM 习语) **make the grade** (*informal* 非正式) to reach the expected standard; succeed 达到规定的水平；成功

ˈ**grade crossing** *noun* [C] (*US* 美) = LEVEL CROSSING

grade[2] /ɡreɪd ‖ ɡred/ *verb* [T] (often passive 常用于被动语态) to divide things or people into groups, according to their quality or size（按质量/大小）分类/等级: *I've graded their work from 1 to 10.* 我按 1 到 10 给他们的作业打分。 ○ *Students with 90% correct are graded A.* 凡答对九成的学生列为甲等。 ○ *Eggs are graded by size.* 鸡蛋按大小分级。

gradient /ˈɡreɪdɪənt ‖ ˈɡredɪənt/ *noun* [C] the steepness of a slope 坡度: *The hill has a gradient of 1 in 4* (= 25%). 那座山的坡度是四分之一 (= 25%)。 ○ *a steep gradient* 陡峭的坡度

☆**gradual** /ˈɡrædʒʊəl ‖ ˈɡrædʒʊəl/ *adj* happening slowly or over a long period of time; not sudden 逐渐的: *There has been a gradual*

G

increase in the number of people without jobs. 失业人数逐渐上升。—**gradually** /-dʒʊlɪ ‖ -dʒulɪ/ *adv*: *After the storm things gradually got back to normal.* 暴风过后，生活渐渐回复正常。

graduate[1] /ˈɡrædʒʊət ‖ ˈɡrædʒuɪt/ *noun* [C] **1 a graduate (in sth)** a person who holds a (first) degree from a university, etc 获得（学士）学位的人: *a law graduate/a graduate in law* 法律系毕业生 ○ *a graduate student* (= a student who has already got a first degree and who is studying for a further (postgraduate) degree) 研究生（获得了学士学位后继续进修的学生） ☛ Look at **postgraduate**, **undergraduate**, **bachelor** and **student**. 参看 **postgraduate**、**undergraduate**、**bachelor** 及 **student**。**2** (*US* 美) a person who has completed a course at a school, college, etc 毕业生: *a high-school graduate* 高中毕业生

graduate[2] /ˈɡrædʒʊeɪt ‖ ˈɡrædʒuˌet/ *verb* [I] **1 graduate (in sth) (from sth)** to get a (first) degree from a university, etc 取得（学士）学位 **2** (*US* 美) **graduate (in sth) (from sth)** to complete a course at a school, college, etc 毕业 **3 graduate (from sth) to sth** to change (from sth) to sth more difficult, important, expensive, etc 循序渐进；由浅入深: *We've finally graduated from black and white to colour TV.* 我们终于从黑白电视机的时代过渡到彩色电视机的时代。

graduation /ˌɡrædʒʊˈeɪʃn ‖ ˌɡrædʒuˈeʃən/ *noun* **1** [U] graduating from a university, etc（大学等）毕业 **2** [sing] a ceremony in which degree certificates are given to people who have graduated from a university, etc（大学等的）毕业典礼

graffiti /ɡrəˈfiːtɪ ‖ ɡrəˈfitɪ/ *noun* [U,plural] pictures or writing on a wall, etc in a public place that are rude, funny or political 涂鸦（涂在公共地方墙壁等上的粗鄙、滑稽或政治性的图画/文字）: *The wall was covered with graffiti.* 墙壁都给涂抹得一塌糊涂。

graft /ɡrɑːft; *US* 美 ɡræft ‖ ɡræft/ *noun* [C] **1** a piece of a living plant that is fixed inside another plant so that it will grow 嫁接的植物 **2** a piece of living skin, bone, etc that is fixed onto a damaged part of a body in a medical operation 移植物（手术中移植到病/伤者身体上的皮肤/骨等）: *a skin graft* 皮肤移植

graft *verb* [T] **graft sth onto sth** to fix sth as a graft onto a plant, body, etc 把…嫁接于植物上；把…移植于身体上 ☛ Look at **transplant**. 参看 **transplant**。

☆**grain**[1] /ɡreɪn ‖ ɡren/ *noun* **1** [U] the seeds of wheat, rice, etc as a product 谷物: *The USA is a major producer of grain.* 美国是谷物生产大国。○ *grain exports* 谷物出口 **2** [C] a single seed of wheat, rice, etc 谷粒 **3** [C] a very small piece of sth 一粒的量: *a grain of sand, salt, sugar, etc* 一粒沙/盐/砂糖… ○ (*figurative* 比喻) *There isn't a grain of truth in what you say.* 你说的没有半句真话。

grain[2] /ɡreɪn ‖ ɡren/ *noun* [U] the natural pattern of lines that can be seen or felt in wood, rock, stone, etc（木、石头等可见或可触摸的）纹理: *to cut a piece of wood along/across the grain* 顺着/逆着纹理砍木头

(IDIOM 习语) **(be/go) against the grain** to be difficult to do because you do not really think that it is the right thing 违背意愿；格格不入: *It goes against the grain to say I'm sorry when I'm not sorry at all.* 没有半点对不起人家而硬要说对不起，有违我的意愿。

gram (*also* 亦作 **gramme**) /ɡræm ‖ ɡræm/ *noun* [C] (*abbr* 缩写 **g**) a measure of weight. There are 1 000 grams in a kilogram. 克（重量单位，1 公斤 = 1 000 克）

☆**grammar** /ˈɡræmə(r) ‖ ˈɡræmɚ/ *noun* **1** [U] the rules of language, eg for forming words or joining words together in sentences 语法: *Russian grammar can be difficult for foreign learners.* 对外国人来说，俄语语法也许很难学。**2** [U] the way in which sb uses the rules of language 运用语法的方式: *You have a good vocabulary, but your grammar needs improvement.* 你的词汇不少，可是语法需要改进。**3** [C] a book that describes and explains the rules of grammar 语法书: *a French grammar* 法语语法书

ˈ**grammar school** *noun* [C] (*Brit* 英) a type of secondary school that provides academic education 文法学校

grammatical /ɡrəˈmætɪkl ‖ ɡrəˈmætɪkḷ/ *adj* **1** connected with grammar 与语法有关: *the grammatical rules for forming plurals* 构成复数形式的语法规则 **2** following the rules of grammar 符合语法规则的: *The sentence is not grammatical.* 这个句子不合语法。☛ The opposite is **ungrammatical**. 反义词为 **ungrammatical**。—**grammatically** /-klɪ ‖ -klɪ/ *adv*

gramme /ɡræm ‖ ɡræm/ *noun* [C] = GRAM

gramophone /ˈɡræməfəʊn ‖ ˈɡræməˌfon/ *noun* [C] (*Brit old-fashioned* 英，旧) = RECORD-PLAYER: *a gramophone record* 唱片

gran /ɡræn ‖ ɡræn/ *noun* [C] (*Brit informal* 英，非正式) = GRANDMOTHER

☆**grand**[1] /ɡrænd ‖ ɡrænd/ *adj* **1** looking splendid in size or appearance (also used in names) 宏伟的（也用于专名之中）: *Our house isn't very grand, but it has a big garden.* 我们的房子虽然不算美轮美奂，可是也有一个大花园。○ *the Grand Canyon* 大峡谷 ○ *the Grand Hotel* 格兰德大酒店 ☛ The noun is **grandeur**. 名词为 **grandeur**。**2** seeming to be important or thinking that you are important 傲慢；自负: *She thinks she's very grand because she drives a Porsche.* 她开的是波什汽车，就以为自己很了不起。**3** (*informal* 非正式) very good or pleasant 极好；称心如意: *You've done a grand job!* 干得好！—**grandly** *adv* —**grandness** *noun* [U]

ˌ**grand piˈano** *noun* [C] a large flat piano (with horizontal strings) 大钢琴；三角钢琴

ˌ**grand ˈslam** *noun* [C] winning all the important matches or competitions in a particular sport, eg rugby or tennis（比赛）大满贯/全胜

ˌ**grand ˈtotal** *noun* [C] the amount that you get when you add several totals together 总和

G

grand[2] /grænd ‖ grænd/ *noun* [C] (*pl* **grand**) (*slang* 俚语) 1 000 pounds or dollars ＊1 000 英镑；1 000美元：*It'll cost you 50 grand!* 这个得花你五万英镑！

☆**grand-** /grænd ‖ grænd/ (used before a noun to show a family relationship 用于名词前，表示亲属关系)

'grandchild, 'granddaughter, 'grandson *nouns* [C] the daughter or son of your child 孙女；孙（子）；外孙女；外孙（子）

'grandfather, 'grandmother, 'grandparent *nouns* [C] the father or mother of one of your parents 祖父；祖母；外祖父；外祖母

> ☛ If you need to distinguish between a grandparent on your mother's and your father's side you can say: *My maternal/paternal grandfather* or *my mother's/father's father*. 如果要区分祖父母和外祖父母，可以说 my maternal/paternal grandfather（我的外祖父/祖父）或 my mother's/father's father（我的外祖父/祖父）。

'grandfather clock *noun* [C] a clock that stands on the floor in a tall wooden case（装于高木匣中的）落地式大摆钟

grandad /'grændæd ‖ 'græn͵dæd/ *noun* [C] (*Brit informal* 英，非正式) = GRANDFATHER

grandeur /'grændʒə(r) ‖ 'grændʒɚ/ *noun* [U] (*formal* 正式) **1** the quality of being large and impressive 伟大；壮丽：*the grandeur of the Swiss alps* 瑞士高山上的壮丽景致 **2** the feeling of being important 自豪感

grandiose /'grændɪəʊs ‖ 'grændɪ͵os/ *adj* bigger or more complicated than necessary 过分华丽/花巧：*Their grandiose scheme was completely impractical.* 他们那个过分宏伟的方案完全不切实际。☛ Using this word about something shows that you do not have a good opinion of it. 这个词含贬义。

grandma /'grænmɑ: ‖ 'grænmɑ/ *noun* [C] (*informal* 非正式) = GRANDMOTHER

grandpa /'grænpɑ: ‖ 'grænpɑ/ *noun* [C] (*informal* 非正式) = GRANDFATHER

grandstand /'grændstænd ‖ 'græn͵stænd/ *noun* [C] rows of seats (covered by a roof) from which you get a good view of a sports competition, etc 大看台

granite /'grænɪt ‖ 'grænɪt/ *noun* [U] a hard grey rock 花岗岩

granny (*also* 亦作 **grannie**) /'grænɪ ‖ 'grænɪ/ *noun* [C] (*pl* **grannies**) (*informal* 非正式) = GRANDMOTHER

☆**grant** /grɑ:nt; *US* 美 grænt ‖ grænt/ *verb* [T] **1** (*formal* 正式) to give sb what he/she has asked for 给予/允许（所求）：*A visa has been granted to one of our journalists.* 我们的一位记者已经拿到了签证。○ *He was granted permission to leave early.* 他获准提早离开。**2** to agree (that sth is true) 同意：*I grant you that New York is an interesting place but I still wouldn't want to live there.* 你说得固然对，纽约是个有趣的地方，可我仍不想住在那里。

(IDIOMS 习语) **take sb/sth for granted** to show too little attention to sb/sth; not be grateful enough to a person or thing 对某人/某事物不予重视；视某人（的做法）/某事为理所当然：*In developed countries we take running water for granted.* 发达国家的人民把自来水看成是得来全不费功夫的东西。○ *She never says thank you – she just takes me for granted.* 她从来没说过半句感激的话；依她的看法，我帮助她是理所当然的。

take sth for granted to accept sth as being true 认为/相信某事属实：*We can take it for granted that the new students will have at least an elementary knowledge of English.* 我们可以认为那些新生的英语水平至少应该达到了初级程度。

grant *noun* [C] money that is given (by the government, etc) for a particular purpose（政府等的）专项拨款：*a student grant* (= to help pay for university education) 助学金

granted *adv* (used for saying that sth is true, before you make a comment about it 用于表示意见之前，承认…属实)：*'We've never had any problems before.' 'Granted, but this year there are 200 more people coming.'* "我们从来没有遇到什么问题。" "不错，可是今年要比往年多200人。"

granule /'grænju:l ‖ 'grænjʊl/ *noun* [C] a small hard piece or grain of sth 微粒；颗粒：*coffee granules* 咖啡粒

☆**grape** /greɪp ‖ grep/ *noun* [C] a green or purple berry that grows in bunches on a climbing plant (**a vine**) and that is used for making wine 葡萄（成串地沿着葡萄藤 (**vine**) 生长）：*a bunch of grapes* 一串葡萄 ☛ Green grapes are usually called 'white' and purple grapes are usually called 'black'. 绿色的葡萄一般叫 white grape（白葡萄），紫色的葡萄一般叫 black grape（黑葡萄）。Grapes that have been dried are called **raisins**, **currants** or **sultanas**. 晒干了的葡萄叫 **raisin**（葡萄干）、**currant**（无核小葡萄干）或 **sultana**（无核小葡萄干）。

the 'grapevine *noun* [sing] the way that news is passed from one person to another 消息传播的途径：*I heard on/through the grapevine that you are moving.* 我听说你要搬家。

grapefruit /'greɪpfru:t ‖ 'grep͵frut/ *noun* [C] (*pl* **grapefruit** or **grapefruits**) a large round yellow fruit with a thick skin that is like a big orange but with a sour taste 葡萄柚

graph /grɑ:f; *US* 美 græf ‖ græf/ *noun* [C] a mathematical diagram in which a line or a curve shows the relationship between two quantities, measurements, etc 图表；曲线图：*a graph showing/to show the number of cars sold each month* 汽车每月销售表 ○ *graph paper* 坐标纸

graph 图表

Temperature in °C; 0, 5, 10, 15, 20; Mar, Apr, May

graphic /'græfɪk ‖ 'græfɪk/ *adj* **1** (only *before* a noun 只用于名词前) connected with drawings, letters, diagrams, etc 绘画的；书写的；图表的：*graphic design* 平面造型设计 **2** (used about descriptions 指描述) clear and giving a lot of detail 清晰细致：*She described the accident in graphic detail.* 她绘影绘声地追述事情经过。—**graphically** /-klɪ ‖ -kḷɪ/ *adv*

graphics *noun* [plural] the production of drawings, letters, diagrams, etc 制图：*computer graphics* 计算机制图学

grapple /ˈgræpl ‖ ˈgræpḷ/ *verb* [I] **grapple (with sb)** to get hold of sb and struggle or fight with him/her 抓住某人并与其搏斗：*She grappled with the thief, but he got away.* 她跟那个小偷扭斗，到头来还是让他溜了。○ (*figurative* 比喻) *We have been grappling with this problem all day.* 为了解决这个问题，我们忙了一整天。

☆**grasp** /grɑːsp; *US* 美 græsp ‖ græsp/ *verb* [T] **1** to take hold of sb/sth suddenly and firmly 突然抓紧：*Lisa grasped the child firmly by the hand before crossing the road.* 莉萨紧握着孩子的手过马路。○ (*figurative* 比喻) *to grasp an opportunity* 抓紧机会 **2** to understand sth 明白：*I don't think you've grasped how serious the situation is.* 你看来还不知道事情已经到了一个很严峻的地步。

(PHRASAL VERB 短语动词) **grasp at sth** to try to seize or grasp sth 设法抓住某物：*He grasped at the swinging rope, but missed.* 他伸手去抓那根摆动着的绳索，可是抓不着。

grasp *noun* [usually sing] **1** a firm hold or control over sb/sth 紧抓：*a strong grasp* 强而有力的一握 **2** the ability to get or achieve sth 掌握：*Finally their dream was within their grasp.* 对他们来说，梦想终于有可能实现了。**3** understanding 理解力：*He has a good grasp of English grammar.* 他精通英语语法。

grasping /ˈgrɑːspɪŋ; *US* 美 ˈgræspɪŋ ‖ ˈgræspɪŋ/ *adj* greedy for money, power, etc 贪婪

☆**grass** /grɑːs; *US* 美 græs ‖ græs/ *noun* **1** [U] the common green plant with thin leaves which covers fields and parts of gardens. Cows, sheep, horses, etc eat grass 草：*She lay on the grass and listened to the birds singing.* 她躺在草地上听着鸟儿歌唱。○ *Don't walk on the grass.* 请勿践踏草地。○ *I must cut the grass at the weekend.* 这个周末我得修剪一下草坪。○ *a blade* (= one leaf) *of grass* 一片草叶 ☛ An area of grass in a garden is called a **lawn**. 花园里的草地叫 **lawn**。**2** [C] one type of grass 一种草：*an arrangement of dried flowers and grasses* 干花草的艺术插束

grassy *adj* covered with grass 覆/盖着青草的；绿油油

ˌ**grass ˈroots** *noun* [plural] the ordinary people in an organization and not those who make decisions 基层；群众；草根阶层：*dissatisfaction with the Triad dictatorship at the grass roots* 基层群众对三巨头专政的不满

grasshopper /ˈgrɑːshɒpə(r); *US* 美 ˈgræs- ‖ ˈgræsˌhɑpɚ/ *noun* [C] an insect that lives in long grass and that can jump high in the air 蚱蜢

grate¹ /greɪt ‖ gret/ *noun* [C] the metal frame that holds the wood, coal, etc in a fireplace; the area surrounding it（壁炉的）炉栅/炉箅子（周围）☛ picture at **fireplace**. 见 **fireplace** 插图。

grate² /greɪt ‖ gret/ *verb* **1** [T] to rub food into small pieces using a metal tool (**a grater**) 磨碎（用来磨碎食物的器具叫做 **grater**）：*Grate the cheese and sprinkle it over the top of the dish.* 把干酪磨碎后撒到食物上去。**2** [I] to make a sharp unpleasant sound (when two surfaces rub against each other) 发出吱吱嘎嘎的摩擦声：*The hinges grated as the gate swung back.* 大门荡回的时候，合叶吱吱直响。**3** [I] **grate (on sb)** to annoy or irritate 使人气恼/难受：*It's her voice that grates on me.* 是她那刺耳的声音令我心烦。

grater *noun* [C] a kitchen utensil with a rough surface that is used for grating food 食物磨碎器

☆**grateful** /ˈgreɪtfl ‖ ˈgretfəl/ *adj* **grateful (to sb) (for sth)**; **grateful (that...)** feeling or showing thanks (to sb) 感谢：*We are very grateful to you for all the help you have given us.* 我们一直得到你的帮忙，心里着实感激不尽。○ *He was very grateful that you did as he asked.* 你答应了他的要求，他心里实在感激不尽。○ *I should be very grateful if you could send me a copy of your brochure.* 倘蒙惠寄手册，不胜感激。☛ The opposite is **ungrateful**. 反义词为 **ungrateful**。The noun is **gratitude**. 名词为 **gratitude**。—**gratefully** /-fəlɪ ‖ -fəlɪ/ *adv*

gratify /ˈgrætɪfaɪ ‖ ˈgrætəˌfaɪ/ *verb* [T] (*pres part* **gratifying**; *3rd pers sing pres* **gratifies**; *pt, pp* **gratified**) (*formal* 正式) (often passive 常用于被动语态) to give sb pleasure 使高兴：*I was gratified to hear that you enjoyed my book.* 听说你喜欢看我的书，我感到非常高兴。—**gratifying** *adj*

grating /ˈgreɪtɪŋ ‖ ˈgretɪŋ/ *noun* [C] a framework of metal bars that is fixed over a window or over a hole in the road, etc 窗栅栏；覆盖路上小洞的铁栅

gratitude /ˈgrætɪtjuːd; *US* 美 -tuːd ‖ ˈgrætəˌtud/ *noun* [U] **gratitude (to sb) (for sth)** the feeling of being grateful or thankful 感激：*We should like to express our gratitude to David Stewart for all his help and advice.* 我们要衷心感谢戴维·斯图尔特，感谢他的帮忙和意见。☛ The opposite is **ingratitude**. 反义词为 **ingratitude**。

grave¹ /greɪv ‖ grev/ *adj* (*formal* 正式) **1** bad or serious 坏；严重：*These events could have grave consequences for us all.* 这些事情能给我们带来严重的后果。**2** (used about people 指人) sad or serious 忧愁；严肃：*He was looking extremely grave.* 他神色极为凝重。☛ The noun is **gravity**. 名词为 **gravity**。**Serious** is much more common for both senses. 就上述两个义项来说，常用得多的词为 **serious**。

grave² /greɪv ‖ grev/ *noun* [C] the place where a dead body is buried 坟墓：*The coffin was lowered into the grave.* 灵柩入了土。○ *I put some flowers on the grave.* 我把花朵放到坟上去。

ˈ**gravestone** *noun* [C] a stone over a grave that shows the name, etc of the person who is buried there 墓碑

G

ˈ**graveyard** *noun* [C] an area of land (near a church) where dead people are buried（教堂附近的）墓地 ☛ Look at **cemetery** and **churchyard**. 参看 **cemetery** 及 **churchyard**。

gravel /ˈgrævl ‖ ˈgrævḷ/ *noun* [U] very small stones that are used for making roads, paths, etc（用来铺路的）砾石

gravity[1] /ˈgrævətɪ ‖ ˈgrævətɪ/ (*also* 亦作 **gravitation**) *noun* [U] the natural force that makes things fall to the ground when you drop them 引力: *the force of gravity* 引力

gravity[2] /ˈgrævətɪ ‖ ˈgrævətɪ/ *noun* [U] (*formal* 正式) importance or seriousness 重要（性）；严重（性）: *Politicians are only now realizing the gravity of the situation.* 这个时候，那些政治家才意识到事态严重。☛ **Seriousness** is more common. * **seriousness** 较为常用。The adjective is **grave**. 形容词为 **grave**。

gravy /ˈgreɪvɪ ‖ ˈgrevɪ/ *noun* [U] a thin sauce that is made from the juices that come out of meat while it is cooking. Gravy is served with meat, vegetables, etc. 肉汁 ☛ Look at **sauce**. 参看 **sauce**。

gray /greɪ ‖ gre/ *adj*, *noun* [C,U] (*especially US* 尤为美) = GREY

graze[1] /greɪz ‖ grez/ *verb* [I] (used about cows, sheep, etc 指牛、羊等) to eat grass (that is growing in a field) 啃食牧草

graze[2] /greɪz ‖ grez/ *verb* [T] **1** to injure your skin because you have scraped it against sth rough 擦破皮肤；擦伤: *The child fell and grazed her knee.* 小孩跌了一交，擦伤了膝盖。**2** to pass sth and touch it lightly 擦过: *The car's tyre grazed the pavement.* 汽车的轮子擦上了人行道。

graze *noun* [C] the small wound where the skin has been grazed 擦伤

grease /gri:s ‖ gris/ *noun* [U] **1** a thick oily substance used, for example, in engines or on hair 油脂（如用于引擎或头发的）: *engine grease* 引擎润滑油 ○ *grease marks* 油渍 **2** animal fat that has been softened by cooking 动物脂: *You'll need very hot water to get all the grease off those pans.* 要很热的水才可以彻底清除那几个锅里的油垢。

grease *verb* [T] to put grease on or in sth 涂上油脂: *Grease the tin thoroughly to stop the cake from sticking.* 把烤模擦满油，那样蛋糕就不会跟烤模粘在一起。

greasy /ˈgri:sɪ ‖ ˈgrisɪ/ *adj* (**greasier**; **greasiest**) covered with or containing a lot of grease 满布油脂的；多油脂的: *greasy fingers* 沾满了油污的手指 ○ *greasy skin* 油性皮肤 ○ *greasy food* 油腻的食物

☆**great** /greɪt ‖ gret/ *adj* **1** large in amount, degree, size, etc; a lot of 大；巨大: *We had great difficulty in solving the problem.* 我们解决这个问题有很大困难。○ *The party was a great success.* 这个酒会搞得很成功。○ *It gives me great pleasure to introduce tonight's guest.* 我很高兴向大家介绍今晚的特别嘉宾。○ (*formal* 正式) *The town was dominated by the great cathedral.* 大教堂高耸，俯视全镇。☛ Look at the note at **big**. 参看 **big** 的注释。**2** particularly important; of unusually high quality 重要；异乎寻常: *Einstein was perhaps the greatest scientist of the century.* 爱因斯坦也许是本世纪最伟大的科学家。○ *Alexander the Great* 亚历山大大帝 ○ *a great moment in history* 历史上重大的一刻 **3** (*informal* 非正式) good; wonderful 极好；非常愉快: *We had a great time in Paris.* 我们在巴黎玩得很开心。○ *It's great to see you again.* 又见到你，我真高兴。☛ We sometimes use **great** in a sarcastic way, that is, when something is not good at all 有时候 **great** 带有讽刺的味道: *Oh great! I've spilled coffee all over my homework!* 啊，这下可糟了！我把咖啡洒到作业上去了！**4** (*informal* 非正式) (used to emphasize sth 用以强调) very; very good 十分；极好: *There was a great big dog in the garden.* 花园那里有只巨大无比的狗。○ *They were great friends.* 他们很要好。

(IDIOMS 习语) **go to great lengths** ⇨ LENGTH

a good/great deal ⇨ DEAL[1]

a good/great many ⇨ MANY

great *noun* [C, usually pl] (*informal* 非正式) a person or thing of special ability or importance 超卓或重要的人/事物: *That film is one of the all-time greats.* 这部电影是历来最叫座的电影之一。

greatly *adv* very much 非常: *She will be greatly missed by friends and family.* 她的亲朋戚友都会深深地想念她。—**greatness** *noun* [U]

ˌ**Great** ˈ**Britain** (*also* 亦作 **Britain**) (*abbr* 缩写 **GB**) England, Wales and Scotland 英格兰、威尔士及苏格兰 ☛ Look at the note at **United Kingdom**. 参看 **United Kingdom** 的注释。

☆**great-** /greɪt ‖ gret/ (used before a noun to show a family relationship 用于名词前，表示亲属关系)

ˌ**great-**ˈ**grandchild**, ˌ**great-**ˈ**granddaughter**, ˌ**great-**ˈ**grandson** *noun* [C] the daughter or son of your grandchild 曾孙（女）；曾外孙（女）

ˌ**great-**ˈ**grandfather**, ˌ**great-**ˈ**grandmother**, ˌ**great-**ˈ**grandparent** *noun* [C] the father or mother of one of your grandparents（外）曾祖父；（外）曾祖母

> ☛ **Great-** can be added to other words for family members to show another generation * **great-** 也可以放在其他表示亲属关系的词语前面，表示"再隔一代": *your great-aunt* (= the aunt of your mother or father) 伯祖母；叔祖母；舅婆；姑婆；姨婆 ○ *your great-nephew* (= the son of your nephew or niece) 侄（外）孙；甥（外）孙 ○ *your great-great-grandfather* (= the grandfather of one of your grandparents) 高祖父

☆**greed** /gri:d ‖ grid/ *noun* [U] **greed (for sth)** a strong desire for more food, money, power, etc than you really need 贪婪

greedy *adj* (**greedier**; **greediest**) **greedy (for sth)** wanting more food, money, power, etc than you really need 贪心；贪婪: *Don't be so greedy – you've had three pieces of cake already.* 你都吃了三块蛋糕了，还要贪心

不足？—**greedily** *adv* —**greediness** *noun* [U]

☆**green**[1] /gri:n ‖ grin/ *adj* **1** of the colour of grass or leaves 绿色的: *dark/light/pale green* 深/嫩/淡绿 ○ *olive green* 橄榄绿 ○ *I love the spring when everything's green.* 我爱春天，我爱它的青葱景致。○ *These bananas aren't ripe yet – they're still green.* 这些香蕉青生生的，还没熟透。**2** (*informal* 非正式) (used about a person 指人) with little experience 经验不足的: *I'm not so green as to believe that!* 我不至于幼稚到相信这个！**3** pale in the face (because you have had a shock or feel ill) 脸色发青的: *At the sight of all the blood he turned green and fainted.* 他一看见那斑斑血迹就吓得脸色发青，昏了过去。**4** envious (wanting to have what sb else has got) 妒忌的: *He was green with envy when he found out how much German teachers earn.* 他知道德国教师薪水有多少之后，心中十分妒忌。**5** connected with protecting the environment or the natural world 环保的: *the Green party* 绿党 ○ *green products* (= that do not damage the environment) 环保产品

(IDIOM 习语) **give sb/get the green light** (*informal* 非正式) to give sb/get permission to do sth 开绿灯；准许某人/获准做某事

greenish /ˈgri:nɪʃ ‖ ˈgrinɪʃ/ *adj* rather green 浅绿色的

ˌ**green ˈbelt** *noun* [C,U] an area of land around a city where building is not allowed （城市的）绿化地带

ˌ**greenˈfingers** *noun* [plural] (*informal* 非正式) the ability to make plants grow well 种植花木的本事

ˌ**green ˈpepper** *noun* [C] ⇨ PEPPER(2)

☆**green**[2] /gri:n ‖ grin/ *noun* **1** [C,U] the colour of grass and leaves 绿色: *They were dressed in green.* 他们穿着绿色的衣服。○ *The room was decorated in greens and blues.* 这个房间用了绿蓝两种颜色来装饰。**2 greens** [plural] green vegetables, eg cabbage, that are usually eaten cooked 菜蔬 **3** [C] (*Brit* 英) an area of grass in the centre of a village（位于乡村中央的）草地: *the village green* 乡村公用草地 **4** [C] a flat area of very short grass used in games such as golf （用作高尔夫球场或其他场地的）草地：*the green at the 18th hole* 第18号球洞区 **5 Green** [C] a member of a green[1](5) political party 绿党成员

greengage /ˈgri:ngeɪdʒ ‖ ˈgrinˌgedʒ/ *noun* [C] a small yellowish-green plum 西洋李子

greengrocer /ˈgri:ngrəʊsə(r) ‖ ˈgrinˌgrosɚ/ *noun* [C] (*Brit* 英) a person who sells fruit and vegetables in a small shop (**a greengrocer's**) 蔬菜水果商人（蔬菜水果店叫做 **greengrocer's**）: *I bought these strawberries at the greengrocer's.* 我在水果店买了这些草莓。

greenhouse /ˈgri:nhaʊs ‖ ˈgrinˌhaʊs/ *noun* [C] a building made of glass in which plants are grown 温室

ˈ**greenhouse effect** *noun* [sing] the warming of the earth's atmosphere as a result of pollution 温室效应（地球大气层因空气污染而变暖）

☆**greet** /gri:t ‖ grit/ *verb* [T] **1** to welcome sb when you meet him/her; to say hallo to sb 致意；打招呼: *He greeted me with a friendly smile.* 他向我微笑致意。○ (*figurative* 比喻) *As we entered the house we were greeted by the smell of cooking.* 我们走进房子的时候，迎面而来的是烧板的气味。**2 greet sth with sth** (usually passive 通常用于被动语态) to receive sth in a particular way 对某事作出某种反应: *The news was greeted with a loud cheer.* 这个消息博得了一片欢呼声。

greeting *noun* [C] **1** the first words you say when you meet sb 问候语: *'Hello' and 'Hi' are informal greetings.* * Hello 和 Hi 都是非正式场合用的问候语。**2** [usually pl] a good wish 祝愿: *a greetings card* 贺卡

gregarious /grɪˈgeərɪəs ‖ grɪˈgɛrɪəs/ *adj* liking to be with other people 喜欢跟其他人在一起的；爱交际的

grenade /grəˈneɪd ‖ grɪˈned/ *noun* [C] a small bomb that is thrown by hand or fired from a gun 手榴弹；枪榴弹: *a hand-grenade* 手榴弹

grew *pt* of GROW * GROW 的过去时

☆**grey** (*especially US* 美尤作 **gray**) /greɪ ‖ gre/ *adj* **1** of the colour between black and white 灰色的: *dark/light/pale grey* 深/浅/淡灰色 ○ *He was wearing a grey suit.* 他穿着一套灰色西服。○ *She looked grey with tiredness.* 她脸色苍白，看来有点累。**2** with grey hair 头发灰白: *He's going grey.* 他头发渐呈灰白。

grey (*especially US* 美尤作 **gray**) *noun* [C,U] the colour between black and white 灰色

greyish (*especially US* 美尤作 **grayish**) *adj* rather grey 略带灰色的

greyhound /ˈgreɪhaʊnd ‖ ˈgreˌhaʊnd/ *noun* [C] a large thin dog that can run very fast and that is used for racing 灵猩: *greyhound racing* 灵猩赛

> ☛ Greyhound racing (at a **stadium** or **track**) is very popular in Britain. 在英国，灵猩赛（在运动场 (**stadium**) 或跑道 (**track**) 上举行）是一种十分流行的玩意。People **bet** on which dog is going to win the race. 人们押下赌注 (**bet**)，看看哪一只狗跑得最快。

grid /grɪd ‖ grɪd/ *noun* [C] **1** a pattern of lines that cross each other to form squares 网格 **2** a system of squares that are drawn on a map so that the position of any place can be described or found（地图上的）坐标方格: *a rid reference* 坐标值 **3** the system of electricity cables, etc taking power to all parts of a country 输电网络: *the National Grid* 全国输电网络

grief /gri:f ‖ grif/ *noun* [U] great sadness (especially because of the death of sb you love) 忧伤（尤指因所爱的人逝世）

(IDIOM 习语) **good grief** (*informal* 非正式) (used for expressing surprise or shock 表示惊奇或震惊): *Good grief! Whatever happened to you?* 哎呀！你怎么了？

grievance /ˈgri:vns ‖ ˈgrivəns/ *noun* [C] **a grievance (against sb)** something that you think is unfair and that you want to complain or protest about 委屈；不满: *The workers aired*

G

(= expressed) *their grievances at the meeting.* 工人在会上大吐苦水。

grieve /gri:v ‖ griv/ *verb* **1** [I] **grieve (for sb)** to feel great sadness (especially about the death of sb you love) 感到悲痛（尤指因所爱的人逝世）: *He is still grieving for his wife.* 他仍感丧妻之痛。**2** [T] to cause unhappiness 使难过: *It grieves me to have to refuse.* 我迫不得已要拒绝，心中实在难受。

☆**grill** /grɪl ‖ grɪl/ *noun* [C] **1** a part of a cooker where the food is cooked by heat from above（灶具里面的）烤架: *Sprinkle with cheese and put under the grill to brown.* 撒上干酪，再放在烤架下面，让它烤至呈金黄色。☛ picture at **cooker**. 见 **cooker** 插图。**2** a framework of metal bars that you put food on to cook over a fire or on a barbecue 烤架

grill *verb* **1** (*especially US* 美尤作 **broil**) [I,T] to cook under a grill 烤炙: *grilled steak* 烤牛排 ☛ Look at the note at **cook**. 参看 **cook** 的注释。**2** [T] (*informal* 非正式) to question sb for a long time 盘问: *When she got home her parents grilled her about where she had been.* 她一回到家里，她爸妈就严词盘问，要她说到底去过哪里。

grille /grɪl ‖ grɪl/ *noun* [C] a framework of metal bars that is placed over a window, etc（窗等的）格栅/铁栅

grim /grɪm ‖ grɪm/ *adj* (**grimmer**; **grimmest**) **1** (used about a person 指人) very serious; not smiling 十分严肃；无笑容的: *The fireman's face was grim when he came out of the burning house.* 消防员从起火的房子走出来的时候，脸色严峻。**2** (used about a situation, news, etc 指情况、消息等) unpleasant or worrying 令人不悦/担忧: *We face the grim prospect of even higher inflation.* 我们面临着通货膨胀不断恶化的严峻前景。○ *The news is grim, I'm afraid.* 看来这是个坏消息。**3** (used about a place 指地方) unpleasant to look at; not attractive 丑陋: *They lived in a grim block of flats in South London.* 他们住在伦敦南部一座丑陋的公寓里。**4** (*informal* 非正式) ill 病了的；不舒服: *I was feeling grim yesterday but I managed to get to work.* 我昨天不大舒服，可我还是上班去了。—**grimly** *adv*

grimace /grɪˈmeɪs; *US* 美 ˈgrɪməs ‖ ˈgrɪməs/ *noun* [C] an expression on your face that shows that you are angry or that sth is hurting you（表示愤怒或痛苦的）怪相: *a grimace of pain* 因痛苦而扭曲了的脸容

grimace *verb* [I] to make a grimace 扮怪相；做鬼脸: *She grimaced with pain.* 她痛得龇牙咧嘴。

grime /graɪm ‖ graɪm/ *noun* [U] a thick layer of dirt 一层厚厚的污垢

grimy *adj* (**grimier**; **grimiest**) very dirty 肮脏；满是污垢

grin /grɪn ‖ grɪn/ *verb* [I] (grin**n**ing; grin**n**ed) to smile broadly (so that you show your teeth) 露齿而笑: *She grinned at me as she came into the room.* 她走进房间的时候，朝我露齿一笑。—**grin** *noun* [C]: *He came in with a big grin on his face and told us the good news.* 他走进来的时候笑容满面，告诉我们这个好消息。

G

grind /graɪnd ‖ graɪnd/ *verb* [T] (*pt, pp* **ground** /graʊnd ‖ graʊnd/) **1** to crush sth into very small pieces or into a powder between two hard surfaces 磨碎: *Wheat is ground into flour.* 小麦被磨成面粉。○ *ground pepper* 胡椒粉 **2** to make sth sharp or smooth by rubbing it on a rough hard surface 磨快；磨光: *to grind a knife on a stone* 在石头上磨刀 **3** to press sth together or into sth firmly 挤压: *Some people grind their teeth while they're asleep.* 有些人睡着时磨牙。

(IDIOM 习语) **grind to a halt/standstill** to stop slowly 慢慢停止: (*figurative* 比喻) *The talks ground to a halt yesterday.* 会谈在昨天停顿。

grinder /ˈgraɪndə(r) ‖ ˈgraɪndɚ/ *noun* [C] a machine for grinding 研磨器械；研磨机: *a coffee-grinder* 磨咖啡机

grip /grɪp ‖ grɪp/ *verb* [T] (gri**pp**ing; gri**pp**ed) to take and keep hold of sb/sth firmly 抓住: *She gripped my arm in fear.* 她怕得要命，死劲儿抓着我的胳膊。○ (*figurative* 比喻) *The story really gripped my imagination.* 这个故事使我浮想联翩。

grip *noun* **1** [sing] **a grip (on sb/sth)** a firm hold (on sb/sth) 紧抓: *I relaxed my grip and he ran away.* 我一松手，他就跑开了。○ *You need tyres that give a good grip.* 你该使用与路面摩擦力强的轮胎。○ (*figurative* 比喻) *The teacher kept a firm grip on the class.* 这位老师把班里的学生管得很严。**2** [C] (*US* 美) a bag that you use when you are travelling or for sports equipment 旅行袋；手提包

(IDIOMS 习语) **come/get to grips with sth** to start dealing with a problem in an effective way 着手解决/对付（难题）: *The government is still trying to get to grips with inflation.* 政府仍在设法对付通胀。

get/keep/take a grip/hold on yourself (*informal* 非正式) to try to behave in a calmer or more sensible way 冷静下来；控制自己

gripping *adj* exciting; holding your attention 令人全神贯注；吸引人的: *a gripping film* 扣人心弦的电影

grisly /ˈgrɪzlɪ ‖ ˈgrɪzlɪ/ *adj* (used for describing sth that is concerned with death 用于描写跟死亡有关的事物) horrible; terrible 恐怖的: *The detective stared at the grisly remains of the bodies.* 侦探凝视着那些令人毛骨悚然的尸首。☛ Look at **gruesome**. It is similar in meaning. 参看 **gruesome**，这个词的意义与grisly 相近。

grit /grɪt ‖ grɪt/ *noun* [U] **1** small pieces of stone 沙砾: *I've got some grit/a piece of grit in my shoe.* 我鞋里进了一些/一粒沙子。**2** (*informal* 非正式) courage; determination 勇气；决心

grit *verb* [T] (gri**tt**ing; gri**tt**ed) to cover with grit 铺上沙砾: *The roads are gritted in icy weather.* 在冬天，结了冰的马路都会铺上一层沙砾。

(IDIOM 习语) **grit your teeth** to have courage or determination in a difficult situation 咬紧牙关: *If things get difficult, you'll have to grit your teeth and keep going.* 就是遇到困难，你也要咬紧牙关干下去。

groan /grəʊn ‖ gron/ *verb* [I] to make a deep sad sound because you are in pain, or to show that you are unhappy or do not approve of sth 呻吟；发…哼声: *He groaned with pain.* 他痛苦地呻吟。○ *The children groaned when I told them we were going on a long walk.* 我告诉孩子们我们要走很远的路，他们发出了反对的哼哼声。○ *The audience groaned at his terrible jokes.* 他的笑话糟透了，引来了听众的嘘声。

groan *noun* [C] the sound that you make when you groan 呻吟；哼声

grocer /ˈgrəʊsə(r) ‖ ˈgrosɚ/ *noun* [C] a person who sells food and other things for the home in a small shop 杂货商 ☛ Note that **the grocer** is the person who runs the shop and **the grocer's** is the shop. * **the grocer** 是杂货商，**the grocer's** 是杂货店。Look at **greengrocer**. 参看 **greengrocer**。

groceries *noun* [plural] food such as flour, sugar, tea, coffee, etc that is sold by a grocer 食品杂货（如面粉、糖、茶叶、咖啡等）

groggy /ˈgrɒgɪ ‖ ˈgrɑgɪ/ *adj* (**groggier**; **groggiest**) (*informal* 非正式) weak and unable to walk steadily because you feel ill, have not had enough sleep, etc（因生病、睡眠不足等）虚弱/蹒跚/摇摇晃晃

groin /grɔɪn ‖ grɔɪn/ *noun* [C] the place where the tops of the legs join the body 腹股沟

groom /gru:m ‖ grum/ *noun* [C] **1** a person who looks after horses 马夫 **2** = BRIDEGROOM

groom *verb* [T] **1** to clean or look after a horse, etc by brushing, etc 刷洗/照料（马等）**2** (usually passive 通常用于被动语态) to choose and prepare sb for a particular career or job 选拔和培养（某人使其可以担任某工作）: *He is clearly being groomed for the top job.* 他受到了培养，显然预备担任那个最高职位。

groove /gru:v ‖ gruv/ *noun* [C] a long deep line that is cut in the surface of sth（物体上的）沟/槽/纹: *the grooves on a record* 唱片上的纹道

grope /grəʊp ‖ grop/ *verb* [I] **grope (about) (for/after sth)** to search for sth using your hands, as you do in the dark 摸索: *He groped for the light-switch.* 他摸索着找电灯开关。

(PHRASAL VERB 短语动词) **grope (your way) across, along, past, etc (sth)** to move across, along, past, etc sth by feeling the way with your hands 摸着走路: *Vic groped his way along the darkened landing and into his bedroom.* 维克在楼梯平台上摸黑回到卧室。

gross /grəʊs ‖ gros/ *adj* **1** very impolite and unpleasant 粗俗；粗鲁: *His behaviour was really gross.* 他的行为简直俗不可耐！**2** (*formal* 正式) obvious or serious 明显；严重: *There is gross inequality between the rich and the poor.* 贫富之间存在着明显的不平等现象。**3** total 总的: *gross income* (= before tax, etc is taken away) 总收入（即扣除税款等之前的收入）☛ The opposite is **net**. 反义词为 **net**。**4** very fat and ugly 臃肿；过胖

grossly *adv* very 很；非常: *That is grossly unfair.* 那很不公平。

grotesque /grəʊˈtesk ‖ groˈtɛsk/ *adj* strange or unnatural in a way that is funny or frightening 怪诞；怪异

grotty /ˈgrɒtɪ ‖ ˈgrɑtɪ/ *adj* (**grottier**; **grottiest**) (*informal* 非正式) unpleasant; not nice 令人不悦的；讨厌的；恶劣: *She lives in a grotty bed-sitting-room in London.* 她住在伦敦一间破旧的卧室、起居室合而为一的房间里。

☆**ground**[1] /graʊnd ‖ graʊnd/ *noun* **1 the ground** [sing] the solid surface of the earth 地面: *We sat on the ground to eat our picnic.* 我们坐在地上吃野餐。○ *He slipped off the ladder and fell to the ground.* 他从梯子上滑了下来，掉到地上去了。○ *waste ground* (= that is not being used) 荒地 ○ *ground level* 地面 **2** [U] an area or type of soil 土地；土壤: *stony ground* 多石的地 ☛ The **Earth** is the name of the planet where we live. 我们居住的星球叫地球 (**the earth**)。**Land** is the opposite of sea 陆地 (**land**) 是相对于海洋而言: *The sailors sighted land.* 水手看见了陆地。*The astronauts returned to Earth.* 宇航员返回地球。**Land** is also something that you can buy or sell * **land** 也指可供买卖的土地: *The price of land in Tokyo is extremely high.* 东京的地价非常高。When you are outside, the surface under your feet is called **the ground**. 室外的地面叫 **the ground**。When you are inside it is called **the floor** 室内的地面叫 **the floor**: *Don't sit on the ground. You'll get wet.* 别坐在地上，你会把自己弄湿的。○ *Don't sit on the floor. I'll get another chair.* 别坐在地板上，我再弄一把椅子来。Plants grow in **earth** or **soil**. 植物生长在泥土 (**earth** 或 **soil**) 中。**3** [C] a piece of land that is used for a particular purpose（作特定用途的）场地: *a sports ground* 运动场 ○ *a playground* 游乐场 **4 grounds** [plural] land or gardens surrounding a large building（建筑物周围的）土地/庭园: *the grounds of Buckingham Palace* 白金汉宫的庭园 **5** [U] an area of interest, study, discussion, etc（兴趣、学习、讨论等的）范围/领域: *The lecture went over the same old ground/ covered a lot of new ground.* 那门课教的是旧东西/教很多新东西。**6** [C, usually pl] a reason for sth 原因: *She retired on medical grounds.* 她因病退休。○ *grounds for divorce* 离婚理由 **7** [C, usually sing] (*US* 美) = EARTH[2]

(IDIOMS 习语) **above/below ground** above/below the surface of the earth 地面之上/下

break fresh/new ground to make a discovery or introduce a new method or activity 开辟新天地；发现新方法: *Scientists are breaking new ground in the field of genetic engineering.* 科学家在遗传工程学方面不断开拓出新领域。

gain ground ⇨ GAIN[2]

get off the ground (used about a business, scheme, etc 指企业、方案等) to make a successful start 成功地开始

ˌground ˈfloor *noun* [C] the floor of a building that is at ground level（建筑物的）底层: *a ground-floor flat* 底层的一套房间 ☛ Look at the note at **floor**. 参看 **floor** 的注释。

ground[2] /graʊnd ‖ graʊnd/ *verb* [T] **1** to force an aeroplane, etc to stay on the ground 使（飞

机等）停留在地上；停飞: *to be grounded by fog* 因浓雾被迫停飞 **2** = EARTH[2]

grounding *noun* [sing] knowledge of the basic facts or principles of a subject（某学科的）基础知识: *This book provides a good grounding in English grammar.* 这本书可以帮助读者打好英语语法的基础。

ground[3] *pt, pp* of GRIND * GRIND 的过去时及过去分词: *ground rice* 米粉（磨碎了的米）

ˌground ˈbeef *noun* [U] (*US* 美) = MINCE

groundless /ˈgraʊndlɪs ‖ ˈgraʊndlɪs/ *adj* without reason 没有理由/根据的: *Our fears were groundless.* 我们是杞人忧天。—**groundlessly** *adv*

groundwork /ˈgraʊndwɜːk ‖ ˈgraʊndwɝk / *noun* [U] work that is done in preparation for further work or study 基础工夫；准备工作

☆**group** /gruːp ‖ grup/ *noun* [C] **1** [with sing or pl verb] a number of people or things that are together or that are connected 群；组: *Our discussion group is/are meeting this week.* 我们的讨论小组将于这个星期开会。○ *A group of us are planning to meet for lunch.* 我们有一些人计划举行午餐会。○ *Groups of people were standing around in the streets.* 街上站满了人群。○ *He is in the 40-50 age group.* 他的年纪在四、五十岁之间。○ *Many young people start smoking because of pressure from their peer group* (= people of the same age). 很多年青人因为受不住同辈的怂恿而抽起烟来。○ *people of many different social groups* 来自不同社群的人 ○ *a pressure group* (= a political group that tries to influence the government) 压力团体（试图影响政府的政治团体）○ *Which blood group* (eg A, O, etc) *do you belong to?* 你是什么血型的？○ *Divide the class into groups.* 把班里的学生分成若干组。○ *group work* 集体劳动 ☛ **Group** can be used in the singular with either a singular or plural verb. * **group** 用作单数名词时，可以与单数或复数动词连用。If you are thinking of the members of the group individually, a plural verb is more common. 如果指群体内的各个成员，复数动词则较为常用。**2** a number of people who play pop music together 一起弹奏流行音乐的人: *a pop group* 流行音乐乐队 ☛ Look at **band**. 参看 **band**。

group *verb* [I,T] to form or put into one or more groups 组成群体；分组；把…归类: *Group these words according to their meaning.* 把这些词按词义分类。

grouse /graʊs ‖ graʊs/ *noun* [C] (*pl* **grouse**) a fat brown bird that lives in hilly areas and that is shot for sport. Grouse can be eaten. 松鸡

grovel /ˈgrɒvl ‖ ˈgrɑvl̩/ *verb* [I] (grovelling; grovelled; *US* 美 groveling; groveled) to act in a very humble way towards sb who is more important than you or who can give you sth that you want 以谦卑态度对待；低声下气: *I had to grovel to the receptionist to get an appointment with the doctor.* 为了预约看病时间，我在接待员面前不得不低声下气。

(PHRASAL VERB 短语动词) **grovel about/around** to move around on your hands and knees (usually when you are looking for sth) 四处爬行（通常为了找东西）

☆**grow** /grəʊ ‖ gro/ *verb* (*pt* **grew** /gruː ‖ gru/; *pp* **grown** /grəʊn ‖ gron/) **1** [I] to increase in size or number; to develop into an adult form 增大；增多；成长: *Goodness, haven't you grown!* 天哪！你还小吗？○ *a growing child* 正在发育的小孩 ○ *You must invest if you want your business to grow.* 想扩大业务，必须投资。○ *The population is growing too fast.* 人口增长过速。○ *Plants grow from seeds.* 种子生出植物。○ *Kittens soon grow into cats.* 小猫很快长成大猫。**2** [I] (used about plants 指植物) to be alive in a particular place 在某地方生长: *Palm trees don't normally grow in Britain.* 棕榈树在英国一般并不生长。**3** [T] to cause or allow something to grow 使生长；种植: *Mary wants to grow her hair long.* 玛丽想留长发。○ *to grow a beard/moustache* 蓄须/髭 ○ *My grandfather grows a lot of vegetables in his garden.* 我爷爷在他的花园里种了很多菜。**4** [I] to become (gradually)（渐渐）成为…: *It began to grow dark.* 天色渐黑。○ *to grow older, wiser, etc* 变老；变得聪明… ☛ **Get** is also possible and is less formal. * **get** 也可以这样用，适用于较非正式的场合。

(PHRASAL VERBS 短语动词) **grow into sth** **1** to become (gradually)（渐渐）成为: *She has grown into a very attractive child.* 她日渐成长，现在已是个挺标致的孩子。**2** to become big enough to fit clothes, etc 长大得以穿某衣服等: *The coat is too big for him, but he will soon grow into it.* 这件外套的尺寸大是大了一点，他现在穿不了，过些时候准穿得上。

grow on sb to become more pleasing 越来越讨人喜欢: *I didn't like it at first, but it's a taste that grows on you.* 这个味道我本来不喜欢，可是后来也喜欢起来了。

grow out of sth to become too big or too old for sth 因长大而穿不下（衣服）/某事物不再适合自己年龄: *She's grown out of that dress.* 她长大了，穿不下那条裙子了。

grow up **1** to become mature or adult 变得成熟；长大成人: *What do you want to be when you grow up?* (= what job do you want to do later?) 你长大后想干什么？○ *Oh, grow up!* (= don't be silly!) 唉，别这么幼稚！**2** (used about a feeling, etc 指感觉等) to develop or become strong 形成；变得强烈: *A close friendship has grown up between them.* 他们建立了亲密的友谊。

growing *adj* increasing 增长中: *a growing problem* 日趋严重的问题

grown /grəʊn ‖ gron/ *adj* physically adult or mature 成熟: *a fully-grown elephant* 一头长大了的象

growth /grəʊθ ‖ groθ/ *noun* **1** [U] growing or development 成长；发展: *A good diet is very important for children's growth.* 营养丰富的食物对儿童的成长非常重要。○ *a growth industry* (= one that is growing) 发展中的工业 **2** [U, sing] an increase (in sth) 增长；增加: *population growth* 人口增长 ○ *There has been a sudden growth in the government's popularity.* 政府的声望突然增加。**3** [C] an abnormal lump that grows in a person's or an animal's body（体内的）肿瘤

ˌgrown ˈup *adj* physically or mentally adult or mature（体格上或心智上）成熟: *What do you want to be when you're grown up?* 你长大后想干什么？○ *She's very grown up for her age.* 就她的年纪来说，她长得很成熟。○ *He must be at least 45 – he's got a grown-up daughter.* 他至少有45岁了——他的女儿都已成年了。

grown-up /ˈgrəʊnʌp ‖ ˈgronˌʌp/ *noun* [C] an adult person 成人: *Don't use the cooker unless a grown-up is there to help you.* 没有大人在旁边协助，别生火煮东西。

growl /graʊl ‖ graʊl/ *verb* [I] (used about dogs and other animals 指狗或其他动物) to make a low noise in the throat to show anger or to give a warning 低沉地咆哮 —**growl** *noun* [C]

grub /grʌb ‖ grʌb/ *noun* **1** [C] the first form that an insect takes (when it has just come out of the egg). Grubs look like short fat worms.（昆虫的）蛆/幼虫 **2** [U] (*informal* 非正式) food 食物: *I'm starving – I need some grub.* 我快饿死了——得吃点东西。

grubby /ˈgrʌbɪ ‖ ˈgrʌbɪ/ *adj* (**grubbier**; **grubbiest**) (*informal* 非正式) dirty 肮脏

grudge /grʌdʒ ‖ grʌdʒ/ *verb* [T] **grudge sth to sb** to be unwilling to give sth to sb 不愿意地把（某东西）给（某人）: *I don't grudge him his success – he deserves it.* 我对他的成功没有异议——他是实至名归的。☛ Look at **begrudge**. 参看 **begrudge**。

grudge *noun* [C] **a grudge (against sb)** unfriendly feelings towards sb, because you are angry about what has happened in the past 怨恨: *She still bears a grudge against me for what happened in Italy.* 她还在为意大利的那件事情对我怀恨在心。

grudging *adj* given or done unwillingly 不愿意；不情愿: *grudging thanks* 勉强的谢意 —**grudgingly** *adv*

gruelling (*US* 美 **grueling**) /ˈgru:əlɪŋ ‖ ˈgruəlɪŋ/ *adj* difficult and tiring 既艰难又累人的: *We had a gruelling journey from Ostend to Warsaw.* 奥斯坦德至华沙那段路程真叫我们苦不堪言。

gruesome /ˈgru:səm ‖ ˈgrusəm/ *adj* (used about sth concerned with death or injury 指与伤亡有关的事物) very unpleasant or shocking 可怕；令人震惊: *A gruesome sight awaited the policemen when they arrived at the accident.* 警察到达事故现场的时候，等待着他们的是可怕的景象。☛ Look at **grisly**. It is similar in meaning. 参看 **grisly**，这个词的意义与 gruesome 相近。

gruff /grʌf ‖ grʌf/ *adj* (used about a person or a voice 指人或说话声) rough and unfriendly 粗鲁；粗野 —**gruffly** *adv* —**gruffness** *noun* [U]

grumble /ˈgrʌmbl ‖ ˈgrʌmbl̩/ *verb* [I] to complain or protest in a bad-tempered way; to keep saying that you do not like sth 埋怨；抱怨: *The students were always grumbling about the standard of the food.* 学生老在埋怨伙食差。☛ People usually **grumble** (or **moan**) when something is not as good as they expect. 人有不满时通常会埋怨（**grumble** 或 **moan**）。If they want to take positive action they **complain** to somebody in authority. 若要采取积极行动就向当局申诉（**complain**）。

grumble *noun* [C] a complaint 抱怨: *I'm tired of listening to your grumbles.* 你那些怨言我都听腻了。

grumpy /ˈgrʌmpɪ ‖ ˈgrʌmpɪ/ *adj* (**grumpier**; **grumpiest**) (*informal* 非正式) bad-tempered 脾气坏 —**grumpily** /-ɪlɪ ‖ -ɪlɪ/ *adv* —**grumpiness** *noun* [U]

grunt /grʌnt ‖ grʌnt/ *verb* [I,T] to make a noise like a pig (a short low sound in the throat). People grunt when they do not like sth or are not interested and do not want to talk 发出猪叫般的哼声（表示厌恶）: *I tried to find out her opinion but she just grunted when I asked her.* 我问她的意见，她只哼了一声，什么也不说。—**grunt** *noun* [C]

☆**guarantee** /ˌgærənˈti: ‖ ˌgærənˈti/ *noun* [C,U] **1** a written promise by a company that it will repair or replace a product if it goes wrong in a certain period of time 保证书: *The watch comes with a year's guarantee.* 这块手表保修一年。○ *It is still under guarantee.* 这件东西的保修期还没有过。○ *The guarantee has expired.* 保修期过了。**2** a promise that sth will be done or that sth will happen 保证: *The refugees are demanding guarantees about their safety before they return home.* 难民要求有关方面保证他们的人身安全，否则他们不会返乡。

guarantee /ˌgærənˈti: ‖ ˌgærənˈti/ *verb* [T] **1** to give a guarantee on a product 保修（产品）: *This washing-machine is guaranteed for three years.* 这台洗衣机保修三年。**2** to promise that sth will be done or that sth is true 保证: *They have guaranteed delivery within one week.* 他们保证一个星期内送到。○ *The food is guaranteed to be free of additives.* 这种食品保证没有添加剂。○ *I can guarantee that you will have a good time.* 我保证你们玩得开心。

☆**guard**[1] /gɑ:d ‖ gɑrd/ *verb* [T] **1** to keep sb/sth safe from other people; protect 守卫；保卫: *The building was guarded by men with dogs.* 这座楼房有带着狗的保安守卫。○ *soldiers guarding the President* 总统的卫兵 **2** to watch over sb and prevent him/her from escaping 看守: *The prisoner was closely guarded on the way to court.* 犯人在严密看守下押送法庭。

(PHRASAL VERB 短语动词) **guard against sth** to try to prevent sth or stop sth happening 防止/预防某事物（发生）: *A good diet helps to guard against disease.* 饮食得宜有助预防疾病。

guarded *adj* (used about an answer, statement, etc 指答案、陈述等) not saying very much; careful 谨慎 —**guardedly** *adv*

☆**guard**[2] /gɑ:d ‖ gɑrd/ *noun* **1** [C] a person who guards sb/sth 警卫: *a border guard* 边防卫兵 ○ *a security guard* 保安人员 ☛ Look at **warder** and **bodyguard**. 参看 **warder** 及 **bodyguard**。**2** [U] the state of being ready to prevent attack or danger 警戒；守卫: *Soldiers are keeping guard at the gate.* 大门那里有士兵站岗。○ *Who is on guard?* 谁在值勤？○ *The prisoner arrived under armed guard.* 犯人由

武装人员押送来了。○ *a guard dog* 看门狗 **3** [sing, with sing or pl verb] a group of soldiers, policemen, etc who guard sb/sth 一队警卫: *the changing of the guard at Buckingham Palace* 白金汉宫警卫换班仪式 ○ *a guard of honour* (= for an important person) 仪仗队 **4** (*US* 美 **conductor**) [C] a person who is in charge of a train 列车长 **5** [C] (often in compounds 常用以构成复合词) something that covers sth dangerous or protects sth 防护装置: *a fire-guard* 炉挡 ○ *a mudguard* (= over the wheel of a bicycle) 挡泥板(自行车轮胎上的)

(IDIOM 习语) **off/on your guard** unprepared/ prepared for an attack, surprise, mistake, etc 没提防/提防: *The question caught me off my guard and I didn't know what to say.* 这条问题问得很突然，我不知道该怎么回答。

guardian /ˈɡɑːdɪən ‖ ˈɡɑrdɪən/ *noun* [C] **1** a person or institution that guards or protects sth 捍卫者: *The police are the guardians of law and order.* 警察的职责就是捍卫法律和秩序。 **2** a person who is responsible for a child whose parents are dead (孤儿的)监护人

guerrilla (*also* 亦作 **guerilla**) /ɡəˈrɪlə ‖ ɡəˈrɪlə/ *noun* [C] a member of a small group of fighters (not an army) who make surprise attacks on the enemy 游击队员: *guerrilla warfare* 游击战

☆**guess** /ɡes ‖ ɡɛs/ *verb* **1** [I,T] to give an answer or opinion about sth without being sure of all the facts 猜想；推测: *Can you guess how much this cost?* 你猜得出这个要多少钱吗? ○ *to guess at sb's age* 猜某人的年纪 ○ *I'd guess that he's about 45.* 依我看，他45岁左右。**2** [T] to give the correct answer when you are not sure about it; to guess correctly 猜中: *He guessed the weight of the cake exactly.* 他猜对了这个蛋糕的重量。○ *'You've passed the test!' 'How did you guess?'* "你测验及格了!""你怎么知道的?" **3** [T] (*informal* 非正式) (*especially US* 尤为美) (used when you think that sth is probably true 用于认为某事大概对) to suppose 认为: *I guess you're tired after your long journey.* 你走了这么长的路，我想一定累了吧。○ *We ought to leave soon, I guess.* 依我看，咱们该早点儿走。

guess *noun* [C] an attempt to give the right answer when you are not sure what it is 猜想；推测: *If you don't know the answer, then have a guess!* 要是不知道答案，猜猜看! ○ *My guess is that they've been delayed by the traffic.* 我看他们准是因为交通堵塞给耽搁了。○ *Your guess is as good as mine* (= I don't know). 我也不知道。

(IDIOM 习语) **at a guess** making a guess 凭猜测: *I don't know how far it is, but at a guess I'd say about 50 miles.* 我不知道有多远，要是让我猜，我会说50英里左右的路程。

ˈ**guesswork** *noun* [U] an act of guessing 猜测: *I arrived at the answer by pure guesswork.* 这个答案我完全是猜出来的。

☆**guest** /ɡest ‖ ɡɛst/ *noun* [C] **1** a person that you invite to your home or to a party, etc 客人；宾客: *We are having guests for the weekend.* 我们邀请了客人共度周末。○ *wedding guests* 参加婚礼的宾客 ○ *an unexpected guest* 料想不到的客人 ○ *an uninvited guest* 不速之客 **2** a person that you invite out and pay for at a restaurant, theatre, etc 被邀请外出(吃饭、看电影等)的人 **3** a person who is staying at a hotel, etc (旅馆等的)客人: *This hotel has accommodation for 500 guests.* 这家旅馆住得下500个客人。**4** a person who is invited to appear on a radio or television show (电台或电视节目上的)嘉宾: *tonight's mystery guest* 今晚的神秘嘉宾 ○ *a guest speaker* 特邀演讲者

ˈ**guest-house** *noun* [C] a small hotel (sometimes in a private house) 小旅馆(有时在私人房子内)

guidance /ˈɡaɪdns ‖ ˈɡaɪdn̩s/ *noun* [U] help or advice 指导: *We need expert guidance on this problem.* 关于这个问题，我们需要专家的意见。

☆**guide**[1] /ɡaɪd ‖ ɡaɪd/ *noun* [C] **1** a person whose job is to show cities, towns, museums, etc to tourists 导游: *a tour guide* 导游 **2** a person who shows the way to others where it is difficult or dangerous 向导: *We found a guide who knew the mountains well.* 我们找到了一个熟悉山地的向导。**3** something that helps you plan what you are going to do 指导；指引: *As a rough guide, add three eggs per pound of flour.* 一般来说，每磅面粉就要三只鸡蛋。**4** (*also* 亦作 **guidebook**) a book for tourists, etc that gives information about interesting places, etc 旅游指南 **5** a book that gives information about a subject 指南；手册: *a guide to French wines* 法国葡萄酒指南 **6 Guide** = GIRL GUIDE

ˈ**guideline** *noun* [C, usually pl] advice on what to do about sth (that is given by sb in authority) 指导原则；守则: *The government has issued new guidelines on food safety.* 政府公布了食品安全的新守则。

☆**guide**[2] /ɡaɪd ‖ ɡaɪd/ *verb* [T] **1** to help a person or a group of people to find the right way or direction to go 给(某人)带路: *He guided us through the busy streets to our hotel.* 他领着我们穿过繁闹的街道回到旅馆。○ *In earlier times sailors were guided by the stars.* 古代的水手借助天上的星星引路。**2** to have an influence on sb/sth 影响: *I was guided by your advice.* 我是照着你的话做的。☛ Look at the note at **lead**[3](1). 参看 **lead**[3](1) 的注释。

guided *adj* led by a guide 由导游/向导带领: *a guided tour* 有导游陪同的游览

guillotine /ˈɡɪlətiːn ‖ ˈɡɪləˌtin/ *noun* [C] a machine with a heavy sharp blade that is dropped from a great height. The guillotine was used (especially in France) for executing criminals by cutting their heads off. 断头台 —**guillotine** *verb* [T]

☆**guilt** /ɡɪlt ‖ ɡɪlt/ *noun* [U] **1** the feeling that you have when you know that you have done sth wrong 内疚: *Now he was dead, she felt terrible guilt at the way she had behaved.* 他死后，她对自己过去的行为感到懊悔。**2** the fact of having broken a law 犯罪: *His guilt was not proved and so he went free.* 控方无法证明他有罪，所以他获释了。☛ The opposite is **innocence**. 反义词为 **innocence**。**3** blame or responsibility for doing sth wrong 罪责；责任:

It's difficult to say whether the guilt lies with the parents or the children. 是父母不对还是孩子不对，这个很难说。

guilty *adj* (**guiltier**; **guiltiest**) **1 guilty (of sth)** having broken a law; being responsible for doing sth wrong 有罪: *She pleaded guilty/not guilty to the crime.* 她认罪/不认罪。○ *to be guilty of murder* 犯了谋杀罪 ☛ The opposite is **innocent**. 反义词为 **innocent**。**2** showing or feeling guilt(1) 内疚: *I feel really guilty about not having written to you for so long.* 很久没有写信给你，实在过意不去。○ *a guilty conscience* 负疚的心 —**guiltily** /-ɪlɪ ‖ -əlɪ/ *adv*

guinea-pig /ˈɡɪnɪpɪɡ ‖ ˈɡɪnɪpɪɡ/ *noun* [C] **1** a small furry animal with no tail that is often kept as a pet 豚鼠 **2** a person who is used in an experiment 供实验的人

☆**guitar** /ɡɪˈtɑː(r) ‖ ɡɪˈtɑr/ *noun* [C] a type of musical instrument with strings that you play with the fingers or with a piece of plastic (**a plectrum**) 吉他（用来弹吉他的拨子叫做 **plectrum**）: *an acoustic guitar* (= wooden, with a hollow body) 原声吉他 ○ *an electric guitar* (= using electricity, with a solid plastic body) 电吉他 ☛ picture at **rock band**. 见 **rock band** 插图。Note that we say 'play **the** guitar'. 注意，弹吉他叫 play **the** guitar。

guitarist /ɡɪˈtɑːrɪst ‖ ɡɪˈtɑrɪst/ *noun* [C] a person who plays the guitar 吉他手

gulf /ɡʌlf ‖ ɡʌlf/ *noun* [C] **1** a part of the sea that is almost surrounded by land 海湾: *the Gulf of Mexico* 墨西哥湾 **2** an important or serious difference between people or their opinions 重大的分歧: *a wide gulf between people of different generations* 不同辈份的人之间的鸿沟

gull /ɡʌl ‖ ɡʌl/ (*also* 亦作 ˈ**seagull**) *noun* [C] a white or grey sea-bird with a loud cry 鸥；海鸥

gullible /ˈɡʌləbl ‖ ˈɡʌləbl̩/ *adj* (used about a person 指人) easily tricked or deceived 易上当；易受骗

gulp /ɡʌlp ‖ ɡʌlp/ *verb* **1** [T] **gulp sth (down)** to eat or drink sth quickly 快速地/大口地吃或喝 **2** [I] to make a swallowing movement because you are afraid, surprised, etc 大口地吸气（出于恐惧、惊愕等）

gulp *noun* [C] **1** the act of gulping 大口吞咽 **2** the amount that you can swallow when you gulp 一口吞下的量: *He took a gulp of coffee and rushed out.* 他喝下了一大口咖啡，然后匆忙地出去了。

gum[1] /ɡʌm ‖ ɡʌm/ *noun* [C, usually pl] the hard pink part of the mouth that holds the teeth 齿龈

☆**gum**[2] /ɡʌm ‖ ɡʌm/ *noun* [U] **1** a substance that you use to stick things together (especially pieces of paper) 胶（用来粘东西，尤其是纸张的）**2** = CHEWING GUM ☛ Look at **bubble gum**. 参看 **bubble gum**。

gum *verb* (gu**mm**ing; gu**mm**ed) [T] **gum A to/onto B**; **gum A and B together** to stick sth with gum(1)（用胶）黏合: *The labels were gummed onto the boxes.* 那些标签是粘到箱子上去的。

☆**gun** /ɡʌn ‖ ɡʌn/ *noun* [C] a weapon that is used for shooting. A gun fires bullets from a metal tube (**a barrel**) 枪；炮（枪管/炮膛叫做 **barrel**）: *The robber held a gun to the bank manager's head.* 劫匪用枪对着银行经理的脑袋。

> ☛ Verbs often used with 'gun' are **load**, **unload**, **point**, **aim**, **fire**. 常与 gun 连用的动词有 **load**（装上弹药）、**unload**（取出弹药）、**point/aim**（瞄准）、**fire**（射击）。Different types of gun include a **machine-gun**, **pistol**, **revolver**, **rifle**, **shotgun**. 枪的种类有机关枪 (**machine-gun**)、手枪 (**pistol**)、左轮手枪 (**revolver**)、步枪 (**rifle**)、猎枪 (**shotgun**)。

gun *verb* [T] (gu**nn**ing; gu**nn**ed)
(PHRASAL VERB 短语动词) **gun sb down** (*informal* 非正式) to shoot sb and kill or seriously injure him/her 枪杀/枪伤某人

ˈ**gunboat** *noun* [C] a small warship that carries heavy guns 炮艇

ˈ**gunfire** *noun* [U] the act of firing a gun or several guns; the sound that it makes 炮火；枪/炮声: *We were awakened by the sound of gunfire.* 我们被枪声惊醒。

ˈ**gunman** /-mən ‖ -mən/ *noun* [C] (*pl* **gunmen** /-mən ‖ -mən/) a man who uses a gun to rob or kill people 持枪歹徒

ˈ**gunpoint** *noun*
(IDIOM 习语) **at gunpoint** threatening to shoot 在枪口下；用枪威胁: *He held the hostages at gunpoint* (= he said that he would shoot them if they did not obey him). 他用枪胁持人质。

ˈ**gunpowder** *noun* [U] an explosive powder that is used in guns and fireworks 火药

ˈ**gunshot** *noun* [C] the firing of a gun or guns or the sound that it makes 射击；枪/炮声: *gunshot wounds* 枪伤

gurgle /ˈɡɜːɡl ‖ ˈɡɝɡl̩/ *noun* [C] a sound like water draining out of a bath 汩汩声；咯咯声

gurgle *verb* [I] to make a gurgle or gurgles 发咯咯声: *The baby gurgled with pleasure.* 小娃娃咯咯地笑。

guru /ˈɡʊruː; *US* 美 ɡəˈruː ‖ ɡəˈru/ *noun* [C] **1** a spiritual leader or teacher in the Hindu religion 古鲁（印度教的宗教领袖或导师）**2** somebody whose opinions you admire and respect, and whose ideas you follow 受到尊崇的人物

gush /ɡʌʃ ‖ ɡʌʃ/ *verb* [I] **1 gush (out) (from sth)** (used about a liquid 指液体) to flow out suddenly and in great quantities（突然）涌出: *Blood gushed from the wound.* 伤口涌出血来了。**2 gush over sb/sth** to express pleasure or admiration in an exaggerated way 夸张地表示喜悦/仰慕之情 —**gush** *noun* [C, usually sing]: *a sudden gush of water* 突然涌出的水 —**gushing** *adj*: *a gushing stream* 湍急的小溪流 ○ *gushing praise* (= given in an exaggerated way) 夸张的赞许

gust /ɡʌst ‖ ɡʌst/ *noun* [C] a sudden rush of wind 阵风: *There will be gusts of wind of up to 80 miles per hour.* 将有时速达 80 英里的阵风。

G

gust *verb* [I] (used about the wind 指风) to blow in gusts 一阵阵地劲吹

gusto /ˈɡʌstəʊ ‖ ˈɡʌsto/ *noun*

(IDIOM 习语) **with gusto** with great enthusiasm 兴致勃勃: *We all joined in the singing with gusto.* 我们都鼓足劲儿唱起歌来。

gut /ɡʌt ‖ ɡʌt/ *noun* **1 guts** [plural] (*informal* 非正式) the organs inside your body (especially those in the lower part of the abdomen) 内脏（尤指位于下腹的）: *a pain in the guts* 肚子痛 **2 guts** [plural] (*informal* 非正式) courage and determination 勇气和决心: *It takes guts to admit that you are wrong.* 认错需要勇气。**3** [C] the tube in the lower part of the body which food passes through 肠 ☛ Look at **intestine**, which is a more technical word. 参看较为专业化词 **intestine**。

gut *verb* (gutting; gutted) [T] **1** to remove the guts(1) from an animal, fish, etc 取出（动物、鱼等的）内脏 **2** to destroy the inside of a building (in a fire)（火灾中）烧毁建筑物的内部: *The warehouse was gutted by fire.* 仓库里头的东西都烧光了。

gut *adj* (only *before* a noun 只用于名词前) based on emotion or feeling rather than on reason 直觉的；本能的: *a gut feeling/reaction* 直觉；本能反应

gutter /ˈɡʌtə(r) ‖ ˈɡʌtɚ/ *noun* [C] **1** a long metal or plastic pipe that is fixed under the edge of a roof to carry away rainwater（排水）檐槽；天沟 **2** a channel between the road and the pavement that carries away rainwater（街道旁边的）排水沟

guy /ɡaɪ ‖ ɡaɪ/ *noun* [C] **1** (*informal* 非正式) a man or a boy 小伙子: *He's a nice guy.* 这个小伙子心肠好。☛ In American English *you guys* is used when speaking to both men and women 在美国英语里，不论对着男或女说话，都可以用you guys: *What do you guys want to eat?* 你们想吃什么？**2** (*Brit* 英) a figure of a man, made of straw and dressed in old clothes, that is burned on 5 November in memory of Guy Fawkes 盖伊·福克斯像（每年11月5日为纪念盖伊·福克斯而燃烧的模拟人像）☛ Look at **Bonfire Night**. 参看 **Bonfire Night**。

guzzle /ˈɡʌzl ‖ ˈɡʌzl̩/ *verb* [I,T] (*informal* 非正式) to eat or drink greedily 贪婪地吃/喝

gym /dʒɪm ‖ dʒɪm/ *noun* (*informal* 非正式) **1** [C] = GYMNASIUM **2** [U] = GYMNASTICS: *gym-shoes* 运动鞋 ○ *a gym class* 体操班

gymnasium /dʒɪmˈneɪzɪəm ‖ dʒɪmˈnezɪəm/ (also *informal* 非正式 **gym**) *noun* [C] (*pl* **gymnasiums** or **gymnasia** /-zɪə ‖ -zɪə/) a large room that contains equipment, eg bars, ropes, etc for doing physical exercises 健身房；体育馆

gymnastics /dʒɪmˈnæstɪks ‖ dʒɪmˈnæstɪks/ (*also* 亦作 **gym**) *noun* [U] physical exercises that are done indoors, often using special equipment such as bars and ropes 体操

gymnast /ˈdʒɪmnæst ‖ ˈdʒɪmnæst/ *noun* [C] a person who is an expert at gymnastics 体操运动员

gynaecology (*US* 美 **gynecology**) /ˌɡaɪnəˈkɒlədʒɪ ‖ ˌɡaɪnɪˈkɑlədʒɪ/ *noun* [U] the study and treatment of diseases and medical problems that only women have 妇科学；妇科

gynaecologist (*US* 美 **gynecologist**) *noun* [C] a doctor who has special training in gynaecology 妇科学家

gypsy (*also* 亦作 **gipsy**) /ˈdʒɪpsɪ ‖ ˈdʒɪpsɪ/ *noun* [C] (*pl* **gypsies**) (*also* 亦作 **traveller**) a member of a race of people who spend their lives travelling around from place to place, living in caravans 吉卜赛人

G

H h

H, h /eɪtʃ ‖ etʃ/ *noun* [C] (*pl* **H's**; **h's**) the eighth letter of the English alphabet 英语字母表的第八个字母: *'Hat' begins with (an) 'H'.* * hat 这个词的第一个字母是H。

ha /hɑː ‖ hɑ/ *interj* **1** (used for showing that you are surprised or pleased 表示惊奇/高兴) 哈 **2** (*also* 亦作 **ha! ha!**) (used in written language to show that sb is laughing 书面语，形容笑声) 哈；哈哈

☆**habit** /'hæbɪt ‖ 'hæbɪt/ *noun* **1** [C] something that sb does very often (sometimes almost without thinking about it) 习惯: *Biting your nails is a horrible habit.* 咬指甲是恶习。○ *He's got an annoying habit of coming round just as we're going out.* 每次我们要出门的时候，他总要过来坐坐，这已成了习惯，真讨厌。☛ The adjective is **habitual**. 形容词为 **habitual**。A **habit** is usually something that is done by one person. * **habit** 通常指个人的习惯。A **custom** is something that is done by a group, community or nation 群体、社团或民族的习惯叫 **custom**: *the custom of giving presents at Christmas* 圣诞送礼的风俗 **2** [U] doing sth regularly 惯常地做某事: *I think I only smoke out of habit now – I don't really enjoy it.* 我并不真的喜欢抽烟，只是习以为常。

(IDIOM 习语) **be in/get into the habit of doing sth; make a habit of sth** to do sth regularly 养成某习惯: *I've got into the habit of going for a jog every morning.* 我每天早上都要来个慢跑，已成习惯。○ *I don't make a habit of chatting to strange men at parties.* 我没有在舞会里跟陌生男人闲聊的习惯。

habitable /'hæbɪtəbl ‖ 'hæbɪtəbḷ/ *adj* (used about buildings 指建筑物) suitable to be lived in 适宜居住 ☛ The opposite is **uninhabitable**. 反义词为 **uninhabitable**。

habitat /'hæbɪtæt ‖ 'hæbəˌtæt/ *noun* [C] the natural home of a plant or an animal（动植物的）天然栖息地

habitation /ˌhæbɪ'teɪʃn ‖ ˌhæbə'teʃən/ *noun* [U] (*formal* 正式) living in a place 居住: *These houses are not fit for human habitation.* 这些房子不宜住人。

habitual /hə'bɪtʃʊəl ‖ hə'bɪtʃʊəl/ *adj* **1** doing sth very often 习惯；常常: *a habitual liar* 撒谎成性的人 **2** which you always have or do; usual 惯常: *He had his habitual cigarette after lunch.* 一如往常，他午饭后就抽起烟来。—**habitually** /-tʃʊəlɪ ‖ -tʃʊəlɪ/ *adv*

hack¹ /hæk ‖ hæk/ *verb* [I,T] to cut sth using rough strokes with a tool such as a large knife or an axe 砍；斩: *He hacked (away) at the branch of the tree until it fell.* 他不断地砍，直至把树枝砍下来。○ *The explorers hacked their way through the jungle.* 探险队在丛林里用刀砍出一条路来。

hack² /hæk ‖ hæk/ *verb* [I,T] **hack (into) (sth)** (*informal* 非正式) to use a computer to look at (and change) information that is stored on another computer（在没有获得准许的情况下）利用计算机查看/更改另一计算机内的资料

hacker *noun* [C] (*informal* 非正式) **1** a person who hacks² 利用计算机窃取资料的人；黑客 **2** a person who spends a lot of time using computers 在计算机上花掉大量时间的人

had¹ *pt, pp* of HAVE¹˒² * HAVE¹˒² 的过去时及过去分词

had² /hæd ‖ hæd/ *adj* (*informal* 非正式) tricked or deceived 受骗: *I've been had. This watch I bought doesn't go.* 我上当了，买了一块不走的表。

haemophilia (*US* 美 **hemophilia**) /ˌhiːmə'fɪlɪə ‖ ˌhimə'fɪlɪə/ *noun* [U] a disease that causes a person to bleed very heavily even from very small injuries because the blood does not thicken (**clot**) properly 血友病（病者因缺乏凝血因子，血液凝固 (**clot**) 缓慢）

haemophiliac (*US* 美 **hemophiliac**) /ˌhiːmə'fɪlɪæk ‖ ˌhimə'fɪlɪˌæk/ *noun* [C] a person who suffers from haemophilia 血友病患者

haemorrhage (*US* 美 **hemorrhage**) /'hemərɪdʒ ‖ 'hɛmərɪdʒ/ *noun* [C,U] very heavy bleeding 大出血；出血

haemorrhoids (*especially US* 美尤作 **hemorrhoids**) /'hemərɔɪdz ‖ 'hɛməˌrɔɪdz/ (*also* 亦作 **piles**) *noun* [plural] painful swellings in the veins near the anus 痔；痔疮

haggard /'hægəd ‖ 'hægəd/ *adj* (used about a person 指人) looking tired or worried 显得疲乏/忧心

haggle /'hægl ‖ 'hægḷ/ *verb* [I] **haggle (with sb) (over/about sth)** to argue about the price of sth 讨价还价

hail¹ /heɪl ‖ hel/ *noun* [U] frozen rain that falls in small hard balls (**hailstones**) 雹；冰雹（雹块叫做 **hailstone**）—**hail** *verb* [I]: *It is hailing.* 下着雹子呢。☛ Look at the note at **weather**. 参看 **weather** 的注释。

hail² /heɪl ‖ hel/ *verb* [T] **1** to call or wave to sb/sth 用言语/动作等使对方注意；招呼: *She raised her umbrella to hail the taxi.* 她举起雨伞示意出租汽车停下。**2 hail sb/sth as sth** to say in public that sth is very good 冠以…美誉: *The book was hailed as a masterpiece.* 这本书被誉为不朽巨著。

☆**hair** /heə(r) ‖ hɛr/ *noun* **1** [C] one of the long thin things that grow on the skin of people and animals 毛发: *There's a hair in my soup.* 我的汤里有根头发。○ *The dog left hairs all over the furniture.* 家具上面到处有狗毛。**2** [U] the mass of hairs on a person's head 头发: *He has got short black hair.* 他的头发又短又黑。

> ☛ Some special words for the colour of hair are: **auburn**, **blond**, **fair**, **ginger** and **red**. 一些关于头发颜色的词有 **auburn**（赭色）、**blond**（金色）、**fair**（浅色）、**ginger**（姜黄色）和 **red**（红色）。In order to look after or style your hair you may **brush**, **comb**, **wash** (or **shampoo**) it and then **blow-dry** it.

护理头发和设计发式，可以刷 (**brush**)、梳 (**comb**)、洗 (**wash** 或 **shampoo**)，然后吹干 (**blow-dry**)。You may **part** it (or have **a parting**) in the middle or on one side. 梳分界/分头（**part** 或 have **a parting**）可以分在中间或在旁边。When you go to the **hairdresser's** you have your hair **cut**, **set** or **permed**. 在理发店 (**hairdresser's**) 里可以剪发 (**cut**)、做头发 (**set**) 或烫发 (**perm**)。

(IDIOMS 习语) **let your hair down** (*informal* 非正式) to relax and enjoy yourself (after being formal)（正襟危坐之后）轻松下来: *After the wedding ceremony you can let your hair down at the reception.* 婚礼过后，你可以在婚宴上歇一口气了。
split hairs ⇨ SPLIT
-haired (in compounds 用以构成复合词) having hair of the stated type …发/毛的: *a long-haired rabbit* 长毛兔
hairless *adj* without hair 没有头发/毛
hairy *adj* (**hairier**; **hairiest**) **1** having a lot of hair 毛茸茸；多毛: *a hairy chest* 毛茸茸的胸脯 **2** (*slang* 俚语) dangerous or worrying 危险；令人担心: *We had a hairy journey down the motorway in freezing fog.* 我们在高速公路上冒着寒雾开车，真是险象环生。
'hairbrush *noun* [C] a brush that you use on your hair 发刷 ☛ picture at **brush**. 见 **brush** 插图。

straight hair 直发
curly hair 鬈发
wavy hair 曲发
he's bald 他秃顶了

'haircut *noun* [C] **1** the cutting of your hair by a hairdresser, etc 理发: *You need to have a haircut.* 你该剪发啦。**2** the style in which your hair has been cut 发型: *That haircut really suits you.* 那个发型很适合你。
'hairdresser *noun* [C] a person whose job is to cut and style people's hair 理发师: *I've made an appointment at the hairdresser's for 10 o'clock.* 我跟理发店约好了10点钟理发。
☛ A **barber** is a hairdresser who only cuts men's hair. ＊ **barber** 是给男子剪发的理发师傅。
'hair-drier (*also* 亦作 **'hair-dryer**) *noun* [C] a machine that dries hair by blowing hot air through it（用以吹干头发的）吹风机
'hairpin *noun* [C] a U-shaped pin that is used for holding the hair in place ＊U形发夹
ˌhairpin 'bend (*US* 美 **ˌhairpin 'curve**; **ˌhairpin 'turn**) *noun* [C] a very sharp bend in a road on a steep hill（山坡上的）U字形急转弯
'hairstyle *noun* [C] the style in which your hair has been cut or arranged 发型；发式
hair-raising /ˈheə(r) reɪzɪŋ ‖ ˈhɛrˌrezɪŋ/ *adj* that makes you very frightened 令人毛骨悚然
☆**half**[1] /hɑːf; *US* 美 hæf ‖ hæf/ *noun* [C] (*pl* **halves** /hɑːvz; *US* 美 hævz ‖ hævz/) one of two equal parts of sth 一半: *Two halves make a whole.* 两个半个合起来成为一个。○ *The second half of the book is more exciting.* 这本书的后半部分比较精彩。○ *Giggs scored in the first half* (= of a match). 吉斯在上半场进了一球。☛ The verb is **halve**. 动词为 **halve**。
(IDIOMS 习语) **break, cut, etc sth in half** to break, etc sth into two parts 把某物分割成两半
go halves with sb to share the cost of sth with sb 跟某人均摊费用
☆**half**[2] /hɑːf; *US* 美 hæf ‖ hæf/ *det, pron* forming one of two equal parts 一半: *Half of this money is yours.* 这笔钱有一半是你的。○ *He got half his aunt's money when she died.* 他继承了他姑母的一半遗产。○ *half a pint/a half-pint* 半品脱 ○ *half an hour* 半个小时 ○ *Half the people in the office leave at 5.* 办公室里有一半人在5点下班。
(IDIOM 习语) **half past...** thirty minutes past an hour on the clock …时/点半: *half past 6* (= 6.30) 六点半
ˌhalf 'board *noun* [U] (in a hotel, etc 旅馆等) breakfast and an evening meal 半食宿（供应早餐和晚餐）☛ Look at **full board** and **bed and breakfast**. 参看 **full board** 及 **bed and breakfast**。
'half-brother, **'half-sister** *noun* [C] a brother or sister with whom you share one parent 同父异母或同母异父的兄弟/姐妹
ˌhalf-'price *adv* at half the usual price 半价
ˌhalf-'term *noun* [C] a short holiday in the middle of a school term 学期中间的短假
ˌhalf-'time *noun* [U] (in sport 体育) the period of time between the two halves of a match 中场休息
ˌhalf'way *adj, adv* at an equal distance between two places; in the middle of a period of time 半路上；（时间）到一半: *We live halfway between Oxford and Reading.* 我们的住所恰好在牛津和雷丁之间。○ *They have a break halfway through the morning.* 他们干了半个早上就休息一会儿。
☆**half**[3] /hɑːf; *US* 美 hæf ‖ hæf/ *adv* to the extent of half; not completely 到一半；不完全: *half full* 半满 ○ *The hotel was only half finished.* 旅馆工程只完成了一半。○ *I half thought he might come, but he didn't.* 我还以为他多半会来，可是他没有来。○ *He's half German.* 他算得上半个德国人。

ˌ**half-ˈhearted** *adj* without interest or enthusiasm 兴趣不大；不热情；半心半意 —ˌ**half-ˈheartedly** *adv*

☆**hall** /hɔ:l ‖ hɔl/ *noun* [C] **1** (*also* 亦作 ˈ**hallway**) a room or passage that is just inside the front entrance of a house or public building（建筑物正门内的）门厅/过道: *Leave your coat in the hall.* 把外套放在门厅里。○ *There is a public telephone in the entrance hall of this building.* 这座楼房的门厅里设有公用电话。**2** a building or large room in which meetings, concerts, dances, etc can be held 会堂；礼堂: *The end-of-year party will be held in the school hall.* 学年年终的舞会定在学校礼堂里举行。○ *a concert hall* 音乐厅 ☛ Look at **town hall**. 参看 **town hall**。

ˌ**hall of ˈresidence** *noun* [C] (in colleges, universities, etc) a building where students live（学院、大学等的）宿舍楼

☆**hallo** (*also* 亦作 **hello, hullo**) /həˈləʊ ‖ həˈlo/ *interj* (used for greeting sb, for attracting sb's attention or when you are using the telephone 用以打招呼、引起注意，或打电话时用) 嘿；喂: *Hallo, how are you?* 嘿，你好吗？○ *Hallo, is anybody there?* 嘿，有人在吗？○ *Hallo, this is Oxford 556767.* 喂，这是牛津556767。

> ☛ **Hallo** is the most common greeting in British English. ＊**hallo** 是英国英语里最常用的招呼语。**Hi** is used in US English. It is also used in British English but is quite informal. ＊**hi** 用于美国英语，也用于英国英语，但较常用于非正式的场合。

Hallowe'en /ˌhæləʊˈi:n ‖ ˌhæloˈin/ *noun* [sing] the night before All Saints' Day, 31 October 万圣节前夕（10月31号）

> ☛ By tradition Hallowe'en is the time when witches and ghosts are said to appear. 根据传统说法，万圣节前夕常有巫妖和鬼魂出没。Children now dress up as witches, etc and play tricks on people. 现在，小孩子喜欢在这个晚上扮成女巫等吓人。

hallucination /həˌlu:sɪˈneɪʃn ‖ həˌlusn̩ˈeʃən/ *noun* [C,U] seeing sth that is not really there (because you are ill or have taken a drug) 幻觉（因患病或吸毒而产生）

halo /ˈheɪləʊ ‖ ˈhelo/ *noun* [C] (*pl* **halos** or **haloes**) the circle of light that is drawn around the head of a holy person in a painting（图画中圣人头上的）光环/灵光

halt /hɔ:lt ‖ hɔlt/ *noun* [sing] a stop (that does not last very long) 暂停；停顿: *Work came to a halt when the machine broke down.* 机器坏了，工作停顿下来。○ *to bring sth to a halt* 使某事物暂停

(IDIOM 习语) **grind to a halt/standstill** ⇨ GRIND

halt *verb* [I,T] to stop for a short time; to make sth stop（使）暂停

halve /hɑ:v; *US* 美 hæv ‖ hæv/ *verb* [T] **1** to divide sth into two equal parts 把…分成两半: *First halve the peach and then remove the stone.* 先把桃子分成两半，再去掉桃核。**2** to make sth half as big as it was before 把…减半: *We aim to halve the number of people on our waiting list in the next six months.* 我们打算在未来六个月内把轮候的人数减少一半。

ham /hæm ‖ hæm/ *noun* [U] meat from a pig's back leg that has been smoked, etc to keep it fresh 火腿: *a slice of ham* 一片火腿 ○ *a ham sandwich* 火腿三明治 ☛ Look at **bacon** and **pork** and at the note at **meat**. 参看 **bacon** 及 **pork**；另参看 **meat** 的注释。

hamburger /ˈhæmbɜ:gə(r) ‖ ˈhæmbɝgɚ/ *noun* **1** (*also* 亦作 **burger**) [C] minced meat that has been formed into a flat round shape. Hamburgers are often eaten in a bread roll. 汉堡包；煎牛肉饼 **2** [U] (*US* 美) = MINCE

hamlet /ˈhæmlɪt ‖ ˈhæmlɪt/ *noun* [C] a very small village 小村庄

hammer[1] /ˈhæmə(r) ‖ ˈhæmɚ/ *noun* **1** [C] a tool with a heavy metal head that is used for hitting nails, etc 锤子 ☛ picture at **tool**. 见 **tool** 插图。**2 the hammer** [sing] a sports event in which a metal ball attached to a wire is thrown 链球运动

hammer[2] /ˈhæmə(r) ‖ ˈhæmɚ/ *verb* **1** [I,T] to hit with a hammer 用锤子敲: *She hammered the nail into the wall.* 她把钉子敲进墙里去。**2** [I] to hit sth, making a loud noise 敲打: *He hammered on the door until somebody opened it.* 他把门捶得咚咚地响，直到有人开门才住手。

(IDIOMS 习语) **hammer sth into sb** to force sb to remember sth by repeating it many times 不断重复使某人记住某事物

hammer sth out **1** to hammer sth back into the shape that it should be 把某物锤成某形状；锻造某物 **2** (*figurative* 比喻) to succeed in making a plan or agreement after a lot of difficulty（经过重重困难后）制订出计划或达成协议: *Eventually a solution was hammered out.* 好容易终于找到了解决办法。

hammering /ˈhæmərɪŋ ‖ ˈhæmərɪŋ/ *noun* **1** [U] the noise that is made by sb using a hammer or by sb knocking sth many times 锤击声；敲打声 **2** [C] (*informal* 非正式) a very bad defeat 惨败

hammock /ˈhæmək ‖ ˈhæmək/ *noun* [C] a bed, made of canvas or strong net, which is hung up at both ends. Hammocks are used on board ships or in the garden. 吊床

hamper[1] /ˈhæmpə(r) ‖ ˈhæmpɚ/ *noun* [C] a large basket with a lid that is used for carrying food（盛食物的）有盖大篮子

hamper[2] /ˈhæmpə(r) ‖ ˈhæmpɚ/ *verb* [T] to make sth difficult 阻碍: *The building work was hampered by bad weather.* 天气不好，建筑工程受阻碍。

hamster /ˈhæmstə(r) ‖ ˈhæmstɚ/ *noun* [C] a small animal that is kept as a pet. Hamsters are like small rats but are fatter and do not have a tail. They store food in the sides of their mouths. 仓鼠

☆**hand**[1] /hænd ‖ hænd/ *noun* **1** [C] the part of a person's arm below the wrist 手: *He took the child by the hand.* 他拉着孩子的手。○ *She* lifted the hot pan out of the oven with her bare hands. 她光着手把烤炉里的热锅端出来。○ He held the bird gently in the palm of his hand. 他把鸟儿轻轻地握在手心里。**2 a hand** [sing] some help 帮助: *I'll give you a hand with the washing up.* 我来帮你洗餐具。**3** [C] the pointer on a clock or watch（钟表的）指针: *the hour/minute/second hand* 时/分/秒针 ☛ picture at **clock**. 见 **clock** 插图。**4** [C] a person who works with his/her hands 用双手劳动的人: *All hands* (= all sailors) *on deck!* 全体船员上甲板！**5** [C] the set of playing-cards that sb has been given in a game of cards（纸牌游戏中的）一手牌

(IDIOMS 习语) **at first, second, etc hand** (used about information that you have received 指消息) from sb who was directly/not directly involved 直接/间接得来: *I have only heard about it at second hand* (= not from sb who was actually there). 这个消息我是间接听来的。☛ Look at **second-hand**. 参看 **second-hand**。

(close/near) at hand (*formal* 正式) near in space or time（空间上或时间上）接近: *Help is close at hand.* 救星就在眼前。

be an old hand (at sth) ⇨ OLD

by hand 1 done by a person and not by machine 用手做（非用机器）: *I had to do all the sewing by hand.* 所有针线活儿我都得用手做。**2** not by post 亲自/由专人送（非经邮寄）: *The letter was delivered by hand.* 这封信由专人送去。

change hands ⇨ CHANGE

get, have, etc a free hand ⇨ FREE[1]

get, etc the upper hand ⇨ UPPER

give sb/get a big hand ⇨ BIG

hand in hand 1 holding each other's hands 手拉手；携手 **2** (*figurative* 比喻) usually happening together; closely connected 同时发生；密切相关

hands off (sb/sth) (*informal* 非正式) (used for ordering sb not to touch sth or to leave sth alone 用以命令对方别碰某物或别干预某事)

hands up 1 (used in a classroom, etc for asking people to raise one hand and give an answer 用以请别人举手回答问题): *Hands up, who'd like to go on the trip this afternoon?* 谁想参加今天下午的旅行？请举手。**2** (used by a person with a gun to tell other people to put their hands in the air 持枪者用以命令他人举手)

have your hands full to be very busy so that you cannot do anything else 忙得没有工夫做别的事情

a helping hand ⇨ HELP[1]

hold sb's hand to give help or comfort to sb in a difficult situation 帮助/安慰某人

hold hands (with sb) (used about two people 指两人) to hold each other's hands (because you like each other)（因互相爱慕）手拉着手

in hand 1 (used about money, etc 指金钱等) not yet used 在手头: *We still have about £50 in hand.* 我们还有50英镑左右。**2** being dealt with at the moment; under control 处理中；受到控制: *Let's finish the job in hand first before we start something new.* 我们先完成手上的工作，再开始新的事情。○ *The situation is in hand.* 局势已受控制。☛ Look at **out of hand**. 参看 **out of hand**。

in your/sb's hands in your/sb's possession, control or care 为某人所拥有/掌握/照顾: *The document is no longer in my hands.* 我手上已经没有这份文件了。○ *The matter is in the hands of a solicitor.* 这件事情已经交给律师处理。○ *She is in capable hands.* 她得到了妥善的照顾。

off your hands not your responsibility any more 不再由某人负责: *Once the children are off our hands we want to go on a world cruise.* 孩子长大后，我们要去环游世界。

on hand available to help or to be used 可帮忙；可用: *There is a teacher on hand to help during your private study periods.* 自修课上有教师在场辅导。

on your hands being your responsibility 由某人负责: *We seem to have a problem on our hands.* 看来我们有问题要处理。

on the one hand... on the other (hand) (used for showing opposite points of view 用以举出相反的观点): *On the one hand, of course, cars are very useful. But on the other, they cause a huge amount of pollution.* 汽车当然很有用，可是另一方面它也造成大量的污染。

out of hand not under control 失却控制: *Violence at football matches is getting out of hand.* 足球比赛中的暴力事件越来越失却控制。☛ Look at **in hand**. 参看 **in hand**。

out of your/sb's hands not in your/sb's control 不受某人管: *I can't help you, I'm afraid. The matter is out of my hands.* 这件事情我管不了。看来我帮不了你。

shake sb's hand/shake hands (with sb)/shake sb by the hand ⇨ SHAKE

to hand near; within reach 在手头: *I'm afraid I haven't got my diary to hand.* 抱歉我那记事本不在手头。

wash your hands of sb/sth ⇨ WASH[1]

-handed (in compounds 用以构成复合词) having, using or made for the stated type of hand(s)... 手的；为…手而设的: *heavy-handed* 粗手粗脚 ○ *right-handed* 用右手的 ○ *left-handed scissors* 左手用的剪刀

handful /ˈhændfʊl ‖ ˈhændful/ *noun* **1** [C] **a handful (of sth)** as much or as many of sth as you can hold in one hand 一手抓起的量；一把: *a handful of sand* 一把沙子 **2** [sing] a small number (of sb/sth) 少数: *Only a handful of people came to the meeting.* 只有那么几个人来开会。**3 a handful** [sing] (*informal* 非正式) a person or an animal that is difficult to control 难以控制的人/动物: *The little girl is quite a handful.* 这个小姑娘可不容易管教。

ˈhandbag (*US* 美 **purse**) *noun* [C] a small bag in which you carry money, keys, etc 手提包

ˈhandbrake *noun* [C] a brake in a car, etc that is operated by hand and that is used when the car is not moving 手刹车；手闸

ˈhandcuffs *noun* [plural] a pair of metal rings that are joined together by a chain and put around the wrists of prisoners 手铐

H

ˈ**hand-luggage** (*US* 美 ˈ**hand-baggage**) *noun* [U] a small bag, etc that you carry with you onto an aeroplane 手提行李

ˌ**handˈmade** *adj* made by hand, not by machine 手工制造

ˌ**hand-ˈpicked** *adj* carefully chosen 经细心拣选

ˈ**handrail** *noun* [C] a wooden or metal bar that you hold on to when going up or down stairs, or that stops you from falling from high places（楼梯等的）扶手

ˈ**handset** *noun* [C] **1** = RECEIVER(1) **2** = TELEPHONE(2)

ˈ**handshake** *noun* [C] the act of shaking sb's right hand with your own as a greeting 握手

ˌ**hands-ˈon** *adj* learnt by you doing sth yourself, not watching sb else do it; practical 实习的: *She has hands-on computer experience.* 她有操作计算机的经验。

ˈ**handwriting** *noun* [U] a person's style of writing by hand 笔迹

ˈ**handwritten** *adj* written by hand, not typed or printed 手写

☆**hand**² /hænd ‖ hænd/ *verb* [T] to give or pass sth to sb 递；交: *Please hand me the scissors.* 请把剪刀递给我。○ *Please hand the scissors to me.* 请把剪刀递给我。○ *Could you hand round the biscuits, please?* 你可以把饼干传给大伙儿吃吗？

(PHRASAL VERBS 短语动词) **hand sth down (to sb)** **1** to pass customs, traditions, etc from older people to younger ones 把风俗、传统等传给（后代）: *These stories have been handed down from generation to generation.* 这些故事世代相传。**2** to pass clothes, toys, etc from older children to younger ones in the family 把衣服、玩具等传给（年幼的家庭成员）

hand sth in (to sb) to give sth to sb in authority 将某物交给（当局等）: *I found a wallet and handed it in to the police.* 我捡到了一个皮夹子，把它交给了警察。○ *She handed in her resignation.* 她呈上了辞职信。

hand sth on (to sb) to send or give sth to another person 转交（他人）: *When you have read the article, please hand it on to another student.* 你看完了这篇文章，请把它传给另一个同学。

hand sth out (to sb) to give sth to many people in a group 分发给（众人）: *Food was handed out to the starving people.* 食物发放给了饥民。

hand sb over to sb (used at a meeting or on the television, radio, etc 用于会议上或电视/电台广播) to let another person speak 让另一人说话: *I'm handing you over now to our foreign correspondent.* 现在请听我们的驻外记者报道。

hand sb/sth over (to sb) to give sb/sth (to sb) 把人/物交给（某人）: *People were tricked into handing over large sums of money.* 人们被骗去了大笔的钱。○ *The terrorist was handed over to the British police.* 那名恐怖分子被送交英国警方。

handout /ˈhændaʊt ‖ ˈhændˌaʊt/ *noun* [C] **1** food, money, etc given to people who need it badly 捐赠的必需品、金钱等 **2** a printed sheet or leaflet that is given to a lot of people, to advertise sth or to explain sth in a lesson or lecture 传单；（分发给学生的）讲义

handbook /ˈhændbʊk ‖ ˈhændˌbʊk/ *noun* [C] a small book that gives useful information and advice about sth 指南；手册

handicap /ˈhændɪkæp ‖ ˈhændɪˌkæp/ *noun* [C] **1** something that makes doing sth more difficult; a disadvantage 障碍: *Not speaking French is going to be a bit of a handicap in my new job.* 我不会说法语，对我的新工作有些影响。**2** something physical or mental that means you cannot lead a completely normal life（生理上或智力上的）障碍/缺陷；残疾: *The local services for people with a mental handicap have improved greatly.* 本区为智力残障者提供的服务有了显著的改善。**3** a disadvantage that is given to a strong competitor in a sports event, etc so that the other competitors have more chance 为使参赛者取胜机会均等而加诸强者的不利条件

handicap *verb* (handica**pp**ing; handica**pp**ed) [T] (usually passive 通常用于被动语态) to give or be a disadvantage to sb 使不利: *They were handicapped by their lack of education.* 他们吃亏在没有受过教育。

handicapped *adj* having sth serious wrong with you (either physically or mentally) that means that you cannot lead a completely normal life（生理上/智力上）有缺陷的: *a handicapped child* 残疾儿童 ○ *a club for the mentally handicapped* 智力残障者俱乐部 ○ *a special machine for the visually handicapped* 视力残疾者的专用机器 ☛ Look at **disabled**. 参看 **disabled**。

handicraft /ˈhændɪkrɑːft; *US* 美 -kræft ‖ ˈhændɪˌkræft/ *noun* **1** [C] an activity that needs skill with the hands as well as artistic ability, eg sewing 手工艺 **2 handicrafts** [plural] the objects that are produced by this activity 手工艺品

☆**handkerchief** /ˈhæŋkətʃɪf; -tʃiːf ‖ ˈhæŋkɚtʃɪf; -ˌtʃif/ *noun* (*pl* **handkerchiefs** or **handkerchieves** /-tʃiːvz ‖ -ˌtʃivz/) a square piece of cloth or soft thin paper that you use for blowing your nose 手帕；纸巾 ☛ picture at **sneeze**. 见 **sneeze** 插图。The informal word is **hanky**. ＊ **hanky** 用于非正式的场合。A handkerchief that is made of soft thin paper is also called a **paper handkerchief** or a **tissue**. 纸巾又叫做 **paper handkerchief** 或 **tissue**。

☆**handle** /ˈhændl ‖ ˈhændḷ/ *noun* [C] a part of sth that is used for holding or opening it 把手；柄: *She turned the handle and opened the door.* 她转了一下拉手，把门打开。○ *the door handle* 门拉手 ○ *the handle of a frying-pan* 平底锅的柄 ☛ picture at **pan**. 见 **pan** 插图。

(IDIOM 习语) **fly off the handle** ⇨ FLY²

handle *verb* [T] **1** to touch sth with, or hold sth in, your hand(s) 触摸；拿: *Wash your hands before you handle food.* 先洗手再拿食物。○ *Handle with care!* 小心轻放！**2** to deal with or to control sb/sth 处理；控制: *This port handles 100 million tons of cargo each*

H

year. 这个港口每年吞吐一亿吨货物。○ *I have a problem at work and I don't really know how to handle it.* 我在工作上遇到了问题，真的不知道怎么处理才好。

'**handlebar** *noun* [C, usually pl] the curved metal bar at the front of a bicycle that you hold when you are riding it（自行车的）把手/车把 ☛ picture at **bicycle**. 见 **bicycle** 插图。

☆**handsome** /ˈhænsəm ‖ ˈhænsəm/ *adj* **1** (used about a man 指男子) good-looking; attractive 容貌俊秀；英俊 ☛ Look at the note at **beautiful**. 参看 **beautiful** 的注释。**2** large or generous 数量大；慷慨: *The company made a handsome profit.* 公司赚了大钱。—**handsomely** *adv*: *Her efforts were handsomely rewarded.* 她的努力得到了可观的回报。

handy /ˈhændɪ ‖ ˈhændɪ/ *adj* (**handier**; **handiest**) **1** useful; easy to use 有用；使用方便: *a handy tip* 窍门 ○ *a handy gadget* 小巧装置 **2** nearby or within easy reach of sth 在手边；近便: *Always keep a first-aid kit handy.* 身边得经常备有急救箱。○ *The house is very handy for the shops.* 这座房子离商店不远，很方便。

(IDIOM 习语) **come in handy** to be useful at some time 派用场: *Don't throw that box away. It may come in handy.* 别扔掉那个箱子，也许用得着。

handyman /ˈhændɪmæn ‖ ˈhændɪmæn/ *noun* (*pl* **handymen** /-men ‖ -mɛn/) a person who is clever at making or mending things 手巧的人

☆**hang**[1] /hæŋ ‖ hæŋ/ *verb* (*pt, pp* **hung** /hʌŋ ‖ hʌŋ/) ☛ The past tense and past participle **hanged** is only used in sense 2. 过去时及过去分词 **hanged** 只适用于第2义。**1** [I,T] to fasten sth or be fastened at the top so that the lower part is free or loose 挂；吊: *Hang your coat on the hook.* 把你的外套挂在钩上。○ *I hung the washing on the line.* 我把洗好了的衣服晾在绳子上。○ *I left the washing hanging on the line all day.* 我把洗好了的衣服晾在绳子上一整天。○ (*figurative* 比喻) *People were hanging out of windows to see the Queen go past.* 女王经过的时候，人们都探身往窗外看。**2** [T] to kill sb by putting a rope around their neck and allowing them to drop 吊死；绞死: *She hanged herself in a fit of depression.* 她一时想不开就上吊了。○ *He was hanged for murder.* 他犯了谋杀罪，被处以绞刑。**3** [I] **hang (above/over sb/sth)** to stay in the air (above/over sb/sth) 悬浮在空中: *Smog hung in the air over the city.* 城市上空笼罩着废气。○ (*figurative* 比喻) *That essay I've got to write is hanging over me.* 我心里惦记着要写的那篇文章。

(PHRASAL VERBS 短语动词) **hang about/around** (*informal* 非正式) to stay in or near a place not doing very much 闲荡: *I really hate hanging around in airports.* 我很讨厌在机场等着闲荡。

hang on 1 to hold sth tightly 抓紧: *Keep hanging on. We're very close to you now.* 别松手，现在我们离你很近了。**2** to wait for a short time 等一等: *Hang on a minute. I'm nearly ready.* 等会儿，我马上就准备好。○ *The line is engaged. Would you like to hang on or call back later?* 电话占线了。你等一等还是一会儿再打来？

hang on to sth 1 to hold sth tightly 抓紧某物 **2** (*informal* 非正式) to keep sth 保留某物: *Let's hang on to the car for another year.* 这辆汽车我们多用一年再说。

hang sth out to put washing, etc on a clothes-line so that it can dry 把衣服等晾干

hang up (on sb) (*informal* 非正式) to end a telephone conversation by putting down the receiver 挂断电话 ☛ Look at the note at **telephone**. 参看 **telephone** 的注释。

hanging *noun* [C,U] death by hanging 绞刑: *Some people would like to bring back hanging.* 有些人主张恢复绞刑。

hanger-on /ˌhæŋərˈɒn ‖ ˈhæŋɚˈɑn/ *noun* (*pl* **hangers-on** /ˌhæŋəzˈɒn ‖ ˈhæŋɚzˈɑn/) a person who tries to be friendly with sb who is rich or important 逢迎拍马的人

'**hang-glider** *noun* [C] a type of large kite from which a person can hang and fly through the air 悬挂式滑翔机

'**hang-gliding** *noun* [U] the sport of flying using a hang-glider 悬挂式滑翔运动

'**hangman** /-mən ‖ -mən/ *noun* (*pl* **hangmen** /-mən ‖ -mən/) a person who hangs criminals 执行绞刑的人

'**hang-up** /ˈhæŋʌp ‖ ˈhæŋˌəp/ *noun* [C] (*slang* 俚语) something that worries you a lot 烦恼: *He has a real hang-up about his height.* 他对自己的身高感到十分苦恼。

hang[2] /hæŋ ‖ hæŋ/ *noun*

(IDIOM 习语) **get the hang of sth** (*informal* 非正式) to learn how to use or do sth 掌握用某物/做某事的方法: *It took me a long time to get the hang of this new car.* 我花了很多工夫才学会驾驶这辆新车。

hangar /ˈhæŋə(r) ‖ ˈhæŋɚ/ *noun* [C] a big building where aeroplanes are kept 飞机棚；飞机库

hanger/hook 衣架/钩

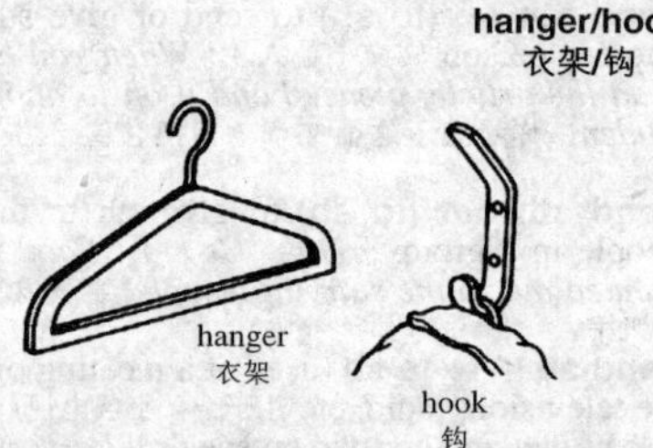

hanger /ˈhæŋə(r) ‖ ˈhæŋɚ/ (*also* 亦作 '**clothes-hanger**; '**coat-hanger**) *noun* [C] a metal, plastic or wooden object with a hook that is used for hanging up clothes in a cupboard 衣架

hangover /ˈhæŋəʊvə(r) ‖ ˈhæŋˌovɚ/ *noun* [C] a headache and a feeling of sickness that you wake up with if you have drunk too much alcohol the night before 宿醉（酒后醒来的头痛和不舒服）

H

hanker /'hæŋkə(r) ‖ 'hæŋkɚ/ *verb* [I] **hanker after/for sth** to want sth very much (often sth that you cannot easily have) 渴望：*I've been hankering for a cigarette all morning.* 我整个上午都想抽烟。

hanky (*also* 亦作 **hankie**) /'hæŋkɪ ‖ 'hæŋkɪ/ *noun* [C] (*pl* **hankies**) (*informal* 非正式) a handkerchief 手帕；纸巾

haphazard /hæp'hæzəd ‖ ˌhæp'hæzɚd/ *adj* without any order or organized plan 没有计划/条理/秩序：*Her system of filing seems to be completely haphazard.* 她的存档办法似乎毫无条理。—**haphazardly** *adv*

☆**happen** /'hæpən ‖ 'hæpən/ *verb* [I] **1** (of an event or situation 指事情或情况) to take place 发生：*Can you describe to the police what happened after you left the party?* 你离开舞会后发生什么事情，可以对警察描述一下吗？○ *How did the accident happen?* 这宗意外是怎样发生的？☛ **Happen** and **occur** are usually used with events that are not planned. ＊**happen** 和 **occur** 通常用于未经计划的事情。**Occur** is more formal than **happen** 与 **happen** 相比，**occur** 适用于较正式的场合。**Take place** suggests that an event is planned 按计划发生的事件用 **take place**: *The wedding took place on Saturday June 13th.* 婚礼在6月13号星期六举行。**2 happen to sb/sth** to be what sb/sth experiences（某人/某物）发生（某情况）: *What do you think has happened to Julie? She should have been here an hour ago.* 你看朱莉出了什么事？都一个小时了，她还没到来。○ *What will happen to the business when your father retires?* 你爸爸退休后，这生意会怎么安排？**3 happen to do sth** to do sth by chance 偶然：*I happened to meet him in London yesterday.* 我昨天在伦敦遇上他。○ *She happened to be in London yesterday, too.* 凑巧她昨天也在伦敦。

(IDIOMS 习语) **as it happens/happened** (used when you are adding to what you have said 用于补充说过的话) by chance; actually 凑巧；真的: *As it happens, I did remember to bring the book you wanted.* 你向我要的那本书我真的给你捎过来了。

it (just) so happens ⇨ SO[1]

happening /'hæpənɪŋ ‖ 'hæpənɪŋ/ *noun* [C, usually pl] a thing that happens; an event (that is usually strange or difficult to explain) 事情（尤指奇怪的或难以解释的）：*Strange happenings have been reported in that old hotel.* 据说那家旧旅馆屡次发生怪事。☛ A **happening** is usually something that happens by chance. ＊**happening** 通常指偶然发生的事情。An **event** is usually something that is planned and suggests something special or important. ＊**event** 通常指已安排的特别或重要事情。

☆**happy** /'hæpɪ ‖ 'hæpɪ/ *adj* (**happier**; **happiest**) **1** feeling, showing or giving pleasure or satisfaction 快乐；满意：*a happy childhood* 快乐的童年 ○ *a happy family* 幸福的家庭 ○ *a happy smile* 快乐的笑容 ○ *The film is sad but it has a happy ending.* 这是一部叫人心酸的电影，但有个大团圆的结局。○ *She doesn't feel happy about the salary she's been offered.* 她不满意所得到的薪水。○ *Are you happy in your work?* 你对你的工作是否满意？○ *I'm not very happy with what you've done.* 我不很满意你的所作所为。○ *Congratulations! I'm very happy for you.* 恭喜！恭喜！我真替你高兴。☛ The opposite is **unhappy**. 反义词为 **unhappy**。Look at the note at **glad**. 参看 **glad** 的注释。**2** (not before a noun 不用于名词前) **happy to do sth** willing; pleased 乐意: *I'll be happy to see you any day next week.* 我乐意跟你见面，下个星期哪一天都行。**3 Happy** (used in greetings to wish sb an enjoyable time 用于祝愿对方快乐): *Happy Birthday!* 生日快乐！○ *Happy Christmas!* 圣诞快乐！**4** (only *before* a noun 只用于名词前) lucky; fortunate 幸运：*He's in the happy position of being able to retire at 50!* 他一到50岁就可以退休，多幸运啊！☛ The opposite is **unhappy**. 反义词为 **unhappy**。

(IDIOM 习语) **many happy returns (of the day)** (used as a greeting to sb on his/her birthday 用于祝贺别人过生日)

happily *adv* **1** in a happy way 快乐；满意: *They all lived happily ever after.* 他们从此全都过着幸福的日子。○ *I would happily give up my job if I didn't need the money.* 要不是需要这些钱，我愿意辞职不干。**2** it is lucky that; fortunately 幸运；幸好: *The police found my handbag and, happily, nothing had been stolen.* 警察找回我的手提包，幸好没有给偷去什么。—**happiness** *noun* [U]: *Money can't buy happiness.* 金钱买不了幸福。

ˌ**happy-go-'lucky** *adj* not worried about life and the future 不为将来打算，随遇而安

harass /'hærəs; *US* 美 hə'ræs ‖ hə'ræs/ *verb* [T] to annoy or put pressure on sb, especially continuously or on many different occasions 骚扰（尤指不断的）: *The court ordered him to stop harassing his ex-wife.* 法庭命令他不得再骚扰前妻。

harassed *adj* tired and worried because you have too much to do 疲累: *Five children came in, followed by a harassed-looking mother.* 走进来五个孩子，后面是他们那个满脸倦容的母亲。—**harassment** *noun* [U]: *She accused her boss of sexual harassment.* 她控告老板对她性骚扰。

☆**harbour** (*US* 美 **harbor**) /'hɑːbə(r) ‖ 'hɑrbɚ/ *noun* [C,U] a place on the coast where ships can be tied up (**moored**) to shelter from the sea 港口（停泊船只叫做 **moor**）: *a busy little fishing harbour* 一个熙来攘往的小渔港 ○ *The weather was too rough for the fishing boats to leave harbour yesterday.* 昨天天气不好，渔船不得不留在港里。

harbour (*US* 美 **harbor**) *verb* [T] **1** to keep sth secret in your mind for a long time 埋藏在心里: *She harboured a deep dislike of him for years.* 多年来她一直隐藏着对他的厌恶之情。**2** to hide or give shelter to sb/sth bad 包庇；窝藏: *They were accused of harbouring terrorists.* 他们被控窝藏恐怖分子。

☆**hard**[1] /hɑːd ‖ hɑrd/ *adj* **1** not soft to touch; not easy to break or bend; very firm 硬；坚硬；

坚固: *The bed was so hard that I couldn't sleep.* 这张床硬邦邦的，我怎么睡也睡不着。○ *Diamonds are the hardest known mineral.* 在已知的矿物中，要数钻石最坚硬。**2 hard (for sb) (to do sth)** difficult to do or understand; not easy 困难；难懂: *The first question in the exam was very hard.* 第一个试题很难答。○ *This book is hard to understand./It is a hard book to understand.* 这本书很难看得明白。○ *It's hard to know why he made that decision.* 真摸不透他为什么作出这样的决定。○ *It's hard for young people to find good jobs nowadays.* 这个年头，年青人很难找到合意的工作。**3** needing or using a lot of effort 费劲；费力: *It's a hard climb to the top of the hill.* 爬上山顶可不容易。○ *Hard work is said to be good for you.* 据说辛苦的工作对你有益。○ *We had some long, hard talks before we came to an agreement.* 经过了又冗长又艰难的对话，我们才达成了协议。○ *He's a hard worker.* 他工作很努力。**4 hard (on sb)** (used about a person 指人) not feeling or not showing kindness or pity; not gentle 严厉；心肠硬；冷酷: *You have to be hard to succeed in business.* 心肠不硬事业很难成功。○ *She used some very hard words to tell him what she thought of him.* 她用了一些很不中听的话来告诉他对他的看法。○ *He's much too hard on his children.* 他管孩子管得太严。**5** (used about conditions 指情况/境况) unpleasant or unhappy 难堪；艰难: *He had a hard time when his parents died.* 父母死后他有一段日子很不好过。**6** (used about the weather 指天气) very cold 严寒: *The forecast is for a hard winter.* 气象预报说，今年的冬天非常寒冷。☛ The opposite is **mild**. 反义词为 **mild**。**7** (used about water 指水) containing particular minerals so that soap does not make many bubbles 含有钙盐等的；(水)硬 ☛ The opposite is **soft**. 反义词为 **soft**。

(IDIOMS 习语) **be hard on sb/sth 1** to hurt sb/sth or to make things difficult 对某人/某事物造成伤害或困难: *Managing with very little money can be hard on students.* 手头没有什么钱，学生们日子不好过。**2** to be unfair to sb 对某人不公平: *It's a bit hard on the people who haven't got a car.* 对没有汽车的人来说，这个有点不公平。

hard facts information that is true, not just people's opinions 铁的事实

hard luck ⇨ LUCK

have a hard/rough time ⇨ TIME[1]

hardness *noun* [U] being hard 硬；坚硬；困难；严厉；生硬；严寒

ˈ**hardback** *noun* [C] a book that has a hard stiff cover 精装书 ☛ Note the phrase **in hardback** 注意 **in hardback** 这个短语: *I'm afraid this book is only available in hardback.* 这本书恐怕只有精装本了。Look at **paperback**. 参看 **paperback**。

ˈ**hard core** *noun* [sing, with sing or pl verb] the members of a group who are the most active (一个集体的)骨干/中坚分子: *The hard core of the organization is/are meeting to discuss the matter.* 这个组织的核心成员将开会讨论这个问题。

ˌ**hard** ˈ**currency** *noun* [U] money belonging to a particular country that is easy to exchange 硬通货/货币(可自由兑换)

ˌ**hard** ˈ**disk** *noun* [C] a piece of hard plastic used for storing information inside a computer. It can hold more information than a floppy disk. (计算机的)硬磁盘

ˌ**hard** ˈ**drug** *noun* [C] a drug that is strong and dangerous because people may become dependent on (**addicted to**) it 烈性毒品(上瘾叫做 **addicted**)

ˌ**hard-**ˈ**headed** *adj* not influenced by feelings 头脑冷静: *a hard-headed businessman* 头脑冷静的商人

ˌ**hard-**ˈ**hearted** *adj* not being kind to or thinking about other people 铁石心肠；冷酷无情

ˌ**hard** ˈ**line** *noun* [sing] a way of thinking or a plan which will not be changed or influenced by anything 强硬立场/政策: *The government has taken a very hard line on people who drink and drive.* 政府对酒后开车的司机采取了强硬对策。

ˌ**hard** ˈ**shoulder** *noun* [C] a narrow strip of road at the side of a motorway where cars are allowed to stop in an emergency 硬质路肩(高速公路旁边供车辆在紧急情况下离开车道停车的地方)

☆**hard**[2] /hɑːd ‖ hɑrd/ *adv* **1** with great effort, energy or attention 努力；费劲；费神: *He worked hard all his life.* 他操劳了一辈子。○ *You'll have to try a bit harder than that.* 你还要加把劲。○ *She looked hard at the man but she didn't recognize him.* 她紧盯着那个男人看，可是认不出他是谁。**2** with great force; heavily 力量大；猛烈: *It was snowing hard.* 下着大雪。○ *He hit her hard across the face.* 他狠狠掴了她一耳光。

(IDIOMS 习语) **be hard up** to have very little money 手头紧: *We're too hard up to afford a holiday this year.* 我们手头紧，今年度不了假。

die hard ⇨ DIE

hard done by not fairly treated 受到不公平对待: *He felt very hard done by when he wasn't chosen for the team.* 他没有入选为队员，心里忿忿不平。

ˌ**hard-**ˈ**boiled** *adj* (used about an egg 指鸡蛋) boiled until it is hard inside 煮得老

ˌ**hard-**ˈ**wearing** *adj* (used about materials, clothes, etc 指材料、衣服等) strong and able to last for a long time 耐用；耐穿

ˌ**hard-**ˈ**working** *adj* working with effort and energy 勤奋: *a hard-working man* 一个勤奋的男人

harden /ˈhɑːdn ‖ ˈhɑrdn̩/ *verb* **1** [I,T] to become or to make sth hard or less likely to change (使)变硬/强硬: *Allow the icing to harden before decorating the cake.* 先让糖霜硬了再给蛋糕加上装饰物。○ *The firm has hardened its attitude on this question.* 公司对这个问题的态度变得强硬了。**2** [T] (usually passive 通常用于被动语态) **harden sb (to sth)** to make sb less sensitive 使麻木不仁: *a hardened reporter* 铁石心肠的记者 ○ *a hardened criminal* 死不悔改的罪犯

☛ **Harden** is only used when hard means 'firm' or 'unkind' * hard 作坚硬、强硬、冷酷等含义时才用 **harden**: *The concrete will harden in 24 hours.* 混凝土可于24小时内凝固。○ *He hardened himself to the feelings of other people.* 他对别人的感情无动于衷。**Get harder** is used when hard has another meaning such as 'difficult' * hard 作困难等意思时用 **get harder**: *Learning a foreign language gets harder as you get older.* 年纪越大，外语越难学到手。

☆**hardly** /'hɑːdlɪ ‖ 'hɑrdlɪ/ *adv* **1** only just; almost not; with difficulty 几乎不；仅仅：*Speak up – I can hardly hear you.* 大声一点儿，我听不清楚。○ *She'd hardly gone to sleep than it was time to get up again.* 她刚睡着就到时间又要起床了。○ *I can hardly wait for the holidays to begin.* 我恨不得马上放假。○ *It hardly matters whether you are there or not.* 你在不在那里无关重要。○ *Winning this money could hardly have come at a better time.* 这笔钱赢得真合时。☛ Note that if 'hardly' is at the beginning of a sentence, the verb follows immediately * hardly 放在句首，后面就要紧接动词：*Hardly had she gone to sleep than it was time to get up again.* 她刚睡着就到时间又要起床了。**2** (used especially before 'any', 'ever', 'anybody', etc 尤用于 any、ever、anybody 等前) almost none, never, nobody, etc 几乎没有/从不/没有人…: *There's hardly any* (= almost no) *coffee left.* 咖啡差不多喝完了。○ *We hardly ever* (= almost never) *go to the theatre nowadays.* 我们现在很少看电影。○ *Hardly anybody I knew was at the party.* 酒会上的人我几乎全不认识。**3** (used when you are saying that sth is not probable or that it is unreasonable 用以表示某事不大可能或不合理): *He can hardly expect me to do all his washing for him!* 他别指望我替他洗所有衣服！○ *She hasn't written for two years – she's hardly likely to write now* (= it's very improbable that she will write now). 她两年来都没写过什么东西，现在不大可能会写了。

hardship /'hɑːdʃɪp ‖ 'hɑrdʃɪp/ *noun* [C,U] difficulty or problems, eg because you do not have enough money; the situation in which these difficulties exist 困难；艰难的处境：*This new tax is going to cause a lot of hardship.* 这个新税项将使民生大受影响。○ *Not having a car is going to be a real hardship for us.* 没有汽车对我们来说会很不便。

☆**hardware** /'hɑːdweə(r) ‖ 'hɑrdˌwɛr/ *noun* [U] **1** tools and equipment that are used in the house and garden（家用）金属器具：*a hardware shop* 五金店 **2** the machinery of a computer, not the programmes written for it（计算机的）硬件 ☛ Look at **software**. 参看 **software**。**3** heavy machinery or weapons 重型机械；重型武器

hardy /'hɑːdɪ ‖ 'hɑrdɪ/ *adj* (**hardier**; **hardiest**) (used about people, animals and plants 指人、动物和植物) able to stand cold weather or difficult conditions 耐寒；能吃苦

hare /heə(r) ‖ hɛr/ *noun* [C] an animal like a rabbit but bigger, faster and with longer ears and legs 野兔

harem /'hɑːriːm; *US* 美 'hærəm ‖ 'hɛrəm/ *noun* [C] a number of women living with one man, especially in Muslim societies. The part of the building the women live in is also called a harem. 哈来姆（伊斯兰教家庭中的女眷，或其住房）

☆**harm** /hɑːm ‖ hɑrm/ *noun* [U] hurt or damage 伤害；损害：*Peter ate some of those berries but they didn't do him any harm.* 这些浆果彼得吃了几个，可他什么事也没有。○ *The tax policy did the Labour party a lot of harm.* 税收政策给工党带来了不少不利影响。

(IDIOMS 习语) **come to harm** (usually with a negative 通常与否定式连用) to be hurt or damaged 被伤害；被损害：*Both the cars were badly damaged but none of the passengers came to any harm.* 两辆汽车撞了个稀巴烂，但乘客都安然无恙。

out of harm's way in a safe place 在安全的地方：*Put the medicine out of harm's way where the children can't reach it.* 把药物放在孩子够不着的安全地方。

there is no harm in doing sth; it does no harm (for sb) to do sth there's nothing wrong in doing sth (and something good may result) 做某事也无妨：*I don't think I'll win the competition but there's no harm in trying, is there?* 这个比赛看来我是赢不了的，可是试试也无妨，你说对不对？

harm *verb* [T] to cause injury or damage; hurt 损害；伤害：*Too much sunshine can harm your skin.* 暴晒会伤害皮肤。○ *It wouldn't harm him to work a bit harder!* 让他加把劲儿干，不会对他有害！

harmful /'hɑːmfl ‖ 'hɑrmfəl/ *adj* causing harm 有害：*The new drug has no harmful side-effects.* 这种新药物没有副作用。

harmless *adj* **1** not able to cause harm; safe 没有害处：*You needn't be frightened – these insects are completely harmless.* 别怕，这些昆虫伤不了人。**2** not unpleasant or likely to upset people 不会令人难堪：*The children can watch that film – it's quite harmless.* 那部电影没有什么不好的地方，让孩子看看也无妨。—**harmlessly** *adv*

harmonica /hɑː'mɒnɪkə ‖ hɑr'mɑnɪkə/ *noun* [C] = MOUTH-ORGAN

harmonious /hɑː'məʊnɪəs ‖ hɑr'monɪəs/ *adj* **1** without disagreement; peaceful 和谐；和睦：*Discussions between the two countries have been extremely harmonious.* 两国代表进行了非常和谐的会谈。**2** (used about musical notes 指音调) producing a pleasant sound when played together 和谐；悦耳 —**harmoniously** *adv*

harmonize (*also* 亦作 **harmonise**) /'hɑːmənaɪz ‖ 'hɑrməˌnaɪz/ *verb* [I,T] to fit in well with other things or to make sth fit in 协调：*That new house doesn't really harmonize with the older houses in the street.* 这座新房子跟街上其他较旧的房屋不大相称。—**harmonization** (*also* 亦作 **harmonisation**) /ˌhɑːmənaɪ'zeɪʃn; *US* 美 -nɪ'z- ‖ ˌhɑrmənɪ'zeʃən/ *noun* [U]

H

harmony /'hɑːmənɪ ‖ 'hɑrmənɪ/ *noun* (*pl* **harmonies**) **1** [U] a state of agreement (of feelings, interests, opinions, etc)（感情、兴趣、意见等）和谐/一致: *There is said to be a lack of harmony within the government.* 据说政府内部有分歧。 **2** [C,U] the pleasant combination of different musical notes played or sung together 和声: *They sang in harmony.* 他们唱和声。 ○ *There are some beautiful harmonies in that music.* 那首乐曲有好几段动人的和声。

harness /'hɑːnɪs ‖ 'hɑrnɪs/ *noun* [C] **1** a set of leather straps with which a horse is fastened to a cart, etc and controlled（用于牵引的马匹的）挽具 **2** a set of straps that fasten sth to a person's body or that stop a small child moving around too much（用以系住人的身体或防止幼儿过分活动的）系带: *a safety harness* 安全带

harness *verb* [T] **1** to put a harness on a horse or to attach a horse to a cart 给（马）套上挽具；给（马）套车 **2** to control sth so that you can use it to produce electricity 利用（某物）以产生电力

harp /hɑːp ‖ hɑrp/ *noun* [C] a large musical instrument which has many strings stretching from the top to the bottom of a frame. You play the harp with your fingers. 竖琴

harp *verb*

(PHRASAL VERB 短语动词) **harp on (about) sth** to keep on talking or to talk too much about sth 唠叨: *He's always harping on about his problems.* 他老说自己的问题，一说就没个完。

harpist *noun* [C] a person who plays the harp 弹竖琴的人

harpoon /hɑː'puːn ‖ hɑr'pun/ *noun* [C] a long thin weapon with a sharp pointed end and a rope attached to it that is thrown or fired when hunting large sea animals 鱼叉；渔猎标枪

harrowing /'hærəʊɪŋ ‖ 'hærəwɪŋ/ *adj* making people feel very sad or upset 悲惨；令人伤心: *The programme showed harrowing scenes of life in the refugee camps.* 这个节目展示了难民营里的一些悲惨景象。

harsh /hɑːʃ ‖ hɑrʃ/ *adj* **1** not thinking of people's feelings; severe or cruel 无情；严苛: *a harsh punishment* 严厉的惩罚 ○ *The England team came in for some harsh criticism.* 英格兰队受到了一些严厉的批评。 ○ *The judge had some harsh words for the journalist's behaviour.* 这个记者的行为受到了法官的严厉批评。 **2** not pleasant to be in（环境）恶劣: *She grew up in the harsh environment of New York City.* 她在纽约市艰难的环境中长大。 **3** (used about light or sound or the way sth feels 指光线、声音或手感) unpleasantly bright, loud or rough 刺眼；刺耳；粗糙: *a harsh light* 刺眼的灯光 —**harshly** *adv* —**harshness** *noun*

harvest /'hɑːvɪst ‖ 'hɑrvɪst/ *noun* **1** [C,U] the cutting and picking of crops when they are ripe; the time when this is done 收割；收成时节: *Farmers always need extra help with the harvest.* 农民在收获期间总需要额外的帮手。 ○ *In our country harvest time is usually June.* 我国的收获时节一般在六月。 **2** [C] the crops that have been gathered in; the amount or quality of them 收成；收成量；收成的质量: *This year's wheat harvest was very poor.* 今年小麦歉收。

harvest *verb* [I,T] to cut, pick or gather a crop 收割（庄稼）；收获 ☛ Look at **combine harvester**. 参看 **combine harvester**。

has ⇨ HAVE[1,2]

has-been /'hæz biːn ‖ 'hæzˌbɪn/ *noun* [C] (*informal* 非正式) a person or thing that is no longer as famous, successful or important as before 全盛时期已过的人/物

hash /hæʃ ‖ hæʃ/ *noun* [U] a meal of meat cut into small pieces and fried with vegetables 肉末

(IDIOM 习语) **make a hash of sth** (*informal* 非正式) to do sth badly 把某事物弄糟: *I made a complete hash of the exam.* 这次考试我考得一塌糊涂。

hashish /'hæʃiːʃ ‖ 'hæʃiʃ/ (*also* 亦作 **hash**) *noun* [U] a drug that is made from a part of the hemp plant and usually smoked or chewed for pleasure 哈希什（印度大麻制成的麻醉品）

hasn't *short for* HAS NOT ＊ HAS NOT 的缩约式

hassle /'hæsl ‖ 'hæsḷ/ *noun* [C,U] (*informal* 非正式) **1** a thing or situation that is difficult or that causes problems 困难/麻烦的事情: *It's going to be a hassle having to change trains with all this luggage.* 带着这么多行李转火车，可不容易呀。 **2** an argument; trouble 争论；麻烦: *I've decided what to do – please don't give me any hassle about it.* 我已经决定怎么做，你用不着跟我唠叨。

hassle *verb* [T] to bother or annoy sb by telling him/her to do sth 不断提出要求，造成烦扰: *I wish he'd stop hassling me about decorating the house.* 我希望他不要再对我啰嗦房子的布置问题。

haste /heɪst ‖ hest/ *noun* [U] doing things too quickly 草率；急忙: *In my haste to get to the airport on time I left my passport at home.* 我为了及时赶到机场，匆忙中连护照也丢在家里了。

(IDIOM 习语) **in haste** quickly; in a hurry 匆忙: *I am writing in haste to let you know that I will be arriving on Monday.* 我草草写这封信是告诉你我星期一到。

hasten /'heɪsn ‖ 'hesn̩/ *verb* (*formal* 正式) **1** [T] to make sth happen or be done earlier or more quickly 加速；催促 **2** [I] **hasten to do sth** to be quick to do or say sth 赶快: *She hastened to apologize.* 她连忙道歉。

hasty /'heɪstɪ ‖ 'hestɪ/ *adj* (**hastier**; **hastiest**) **1 hasty (in doing sth/to do sth)** (used about a person 指人) acting or deciding sth too quickly or without enough thought 急躁；轻率: *Don't be too hasty. This is an important decision.* 这个决定很重要，别操之过急。 **2** said or done too quickly 匆忙；急忙: *He said a hasty 'goodbye' and left.* 他说了一声"再见"就匆匆离开了。 —**hastily** /-ɪlɪ ‖ -ḷɪ/ *adv* —**hastiness** *noun* [U]

hats
帽子

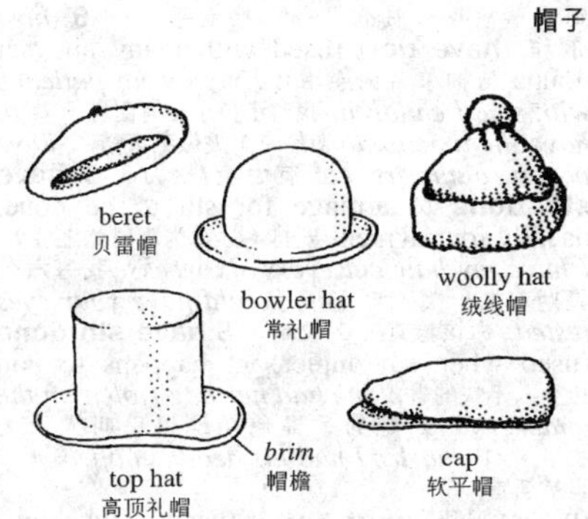

☆**hat** /hæt ‖ hæt/ *noun* [C] a covering that you wear on your head, usually when you are outside 帽子: *to wear a hat* 戴帽子
(IDIOM 习语) **old hat** ⇨ OLD
'**hat trick** *noun* [C] (especially in sport 尤用于体育) three successes, wins, goals, etc scored by the same person or team one after the other 连续三次得分: *to score a hat trick* 连进三球

hatch[1] /hætʃ ‖ hætʃ/ *noun* [C] **1** an opening in the deck of a ship for loading and unloading cargo（船上供装卸货物的）舱口 **2** an opening in a wall between two rooms, especially a kitchen and dining-room, which is used for passing food through（墙上用来传递食物的）小窗口 **3** the door in an aeroplane or spaceship（飞机或宇宙飞船的）舱口

hatch[2] /hætʃ ‖ hætʃ/ *verb* **1** [I] **hatch (out)** (used about a baby bird, insect, fish, etc 指雏鸟、幼虫、小鱼等) to come out of an egg 从蛋/卵中孵出 **2** [T] to make a baby bird, etc come out of an egg 孵（雏鸟等）**3** [I] (used about an egg 指蛋) to break open and allow the baby bird, etc inside to get out 孵化 **4** [T] **hatch sth (out)** to think of a plan (usually to do sth bad) 策划（通常指阴谋）: *He hatched out a plan to avoid paying any income tax.* 为了逃避所得税，他想出了一个鬼主意。

hatchback /'hætʃbæk ‖ 'hætʃˌbæk/ *noun* [C] a car with a large door at the back that opens upwards 掀背式小客车 ☛ picture at **car**. 见 **car** 插图。

hatchet /'hætʃɪt ‖ 'hætʃɪt/ *noun* [C] a small axe 小斧

☆**hate** /heɪt ‖ het/ *verb* [T] **1** to have a very strong feeling of dislike (for sb/sth) 憎恨；讨厌: *She hated her stepmother as soon as she saw her.* 她一见到她继母就憎恨。○ *I hate grapefruit.* 我讨厌葡萄柚。○ *I hate to see the countryside spoilt.* 我不愿看到乡村受人破坏。○ *He hates driving at night.* 他不喜欢在晚上开车。○ *I hate his/him having to work so hard.* 我不愿他工作得这么辛苦。☛ Look at **detest** and **loathe**. 参看 **detest** 及 **loathe**。They express an even stronger feeling. 这两个词表达更加强烈的感情。**2** (used as a polite way of apologizing for sth you are going to say 表示抱歉) to be sorry 对不起: *I hate to bother you but did you pick up my keys by mistake?* 对不起，打搅你了，你是不是拿错了我的钥匙？

hate *noun* **1** [U] a very strong feeling of dislike 憎恨；厌恶 ☛ Another word for hate is **hatred**. * **hatred** 也有同样的意思。**2** [C] a thing that you dislike very much 憎恨/厌恶的事物 ☛ Often used with **pet** to mean something that you especially dislike 常与 **pet** 连用，表示最讨厌的事物: *Plastic flowers are one of my pet hates.* 塑料花是我最讨厌的东西之一。

hateful /'heɪtfl ‖ 'hetfəl/ *adj* extremely unpleasant; horrible 讨厌；可憎: *It was a hateful thing to say.* 这种话真令人讨厌。

hatred /'heɪtrɪd ‖ 'hetrɪd/ *noun* [U] **hatred (for/of sb/sth)** a very strong feeling of dislike 憎恨；厌恶；仇恨 ☛ Another word for hatred is **hate**. * **hate** 也有同样的意思。

haughty /'hɔːtɪ ‖ 'hɔtɪ/ *adj* (**haughtier**; **haughtiest**) proud, and thinking that you are better than other people 傲慢: *She gave me a haughty look and walked away.* 她白了我一眼，然后走开了。—**haughtily** /-ɪlɪ ‖ -ḷɪ/ *adv* —**haughtiness** *noun* [U]

haul /hɔːl ‖ hɔl/ *verb* [T] to pull or drag sth with great effort 用力拉/拖: *Try to haul yourself up using the rope.* 抓着绳子爬上来吧。○ *A lorry hauled the car out of the mud.* 泥沼里的汽车给卡车拖了出来。

haul *noun* **1** [sing] the act of hauling 拉；拖 **2** [sing] a distance to be travelled 路程: *It seemed a long haul from the beach back to the hotel.* 从海滩返回旅馆的路程好像格外长。**3** [C, usually sing] an amount gained, especially of fish in a net or stolen goods in a robbery（一网的）渔获量；（一次盗窃得来的）赃物数量

haulage /'hɔːlɪdʒ ‖ 'hɔlɪdʒ/ *noun* [U] the transport of goods by road, rail, etc; the money charged for this 货运；运费

haunt /hɔːnt ‖ hɔnt/ *verb* [T] **1** (often passive 常用于被动语态) (used about a ghost of a dead person 指鬼魂) to appear in a place regularly 经常出没于（某地方）: *The ghost of a woman haunts the castle.* 这个城堡有女鬼出没。○ *The house is said to be haunted.* 据说这是鬼屋。**2** (used about sth unpleasant or sad 指令人不快/伤感的事物) to be always in your mind 萦绕心间/脑际: *His unhappy face has haunted me for years.* 多年来，他那郁郁不乐的面容时常萦绕我心间。

haunt *noun* [C] a place that a person visits regularly 常去的地方: *This pub has always been a favourite haunt of mine.* 这家酒吧是我爱去的地方。

haunting *adj* having a quality that stays in your mind 令人不易忘怀: *a haunting song* 难忘的歌曲

☆**have**[1] /həv ‖ həv; strong form 强读式 hæv ‖ hæv/ *auxiliary verb*

present tense 现在时	past tense 过去时
I **have** (I'**ve**) you **have** (You'**ve**) he/she/it **has** (he'**s**/she'**s**/it'**s**) we **have** (we'**ve**) you **have** (you'**ve**) they **have** (they'**ve**)	I **had** (I'**d**) you **had** (you'**d**) he/she/it **had** (he'**d**/she'**d**/it'**d**) we **had** (we'**d**) you **had** (you'**d**) they **had** (they'**d**)
past participle 过去分词	**had**
present participle 现在分词	**having**
negative short forms 否定缩约式	**haven't, hasn't, hadn't**

(used for forming perfect tenses 用以构成完成时): *I've seen this film before.* 我看过这部电影。○ *She's been in England for six months.* 她在英格兰住了半年了。○ *Ian hasn't written to me yet.* 伊恩还没给我来信。○ *Have you been waiting long?* 你等了好久吗？○ *They had already told us the news.* 他们已经把消息告诉了我们。

☆**have**[2] /hæv ‖ hæv/ *verb* (*3rd pers sing pres* **has**; *pt*, *pp* **had**) **1 have to** (*also* 亦作 **have got to**) (used for saying that sb must do sth or that sth must happen 表示必须): *I usually have to work on Saturday mornings.* 星期六的早上我通常要上班。○ *Do you have to have a visa to go to America?* 你到美国去要不要签证？○ *She's got to go to the bank this afternoon.* 今天下午她得去银行。○ *Oh good, I haven't got to get up early tomorrow!* 好极了，明天不用一早就起床啦！○ *We had to do lots of boring exercises.* 我们要做很多很多乏味的练习。**2** (*Brit also* 英亦作 **have got**) to own or possess 拥有: *I've got a new camera.* 我有一架新相机。○ *They haven't got a car.* 他们没有汽车。○ *The flat has two bedrooms.* 这套房间有两个卧室。○ *He's got short dark hair.* 他的头发又短又黑。○ *Have you any brothers and sisters?* 你有没有兄弟姐妹？○ *We had a lovely house when I was a child.* 我儿时家里有一座漂亮的房子。**3** (*also* 亦作 **have got**) to be ill with sth 患（病）: *She's got a bad cold.* 她得了重伤风。○ *to have flu, a headache, etc* 染上流感；头痛… ○ *to have Aids, cancer, etc* 患艾滋病/癌症… **4** (used with many nouns to talk about doing sth 与名词连用，表示做某事): *What time do you have breakfast?* 你什么时候吃早餐？○ *have a drink, a cigarette, a cup of coffee, a sandwich, etc* 喝东西；抽烟；喝咖啡；吃三明治… ○ *'Where's Jane?' 'She's having a shower.'* "珍妮在哪儿？""她在洗淋浴。"○ *have an argument, talk, chat, etc* 争论；谈一谈；闲聊… ○ *We're having a meeting next week.* 我们在下个星期开会。**5** (used with many nouns to talk about experiencing sth 与名词连用，表示经历某事): *Did you have a nice holiday?* 这个假期你玩得开心吗？○ *have fun, a good time, etc* 玩得高兴/开心… ○ *have problems, difficulties, etc* 遇到了问题/困难… ○ *He's had a terrible shock.* 他吓呆了。○ *have an accident, a heart attack, an operation, etc* 遇到了事故；心脏病发作；接受手术… **6** (*also* 亦作 **have got**) (used with many abstract nouns 与抽象名词连用): *I've got no patience with small children.* 我对小孩子没有耐性。○ *to have the time to do sth* 有工夫做某事情 ○ *have power, authority, etc* 有力量/权力… **7 have sth done** to arrange for sth to be done, usually for payment 安排（通常为需付款之事）: *I have my hair cut every six weeks.* 我每六个星期剪发一次。○ *You should have your eyes tested.* 你该检查一下眼睛。**8 have sth done** (used when sth unpleasant happens to you 指令人不快的事): *She had her bag stolen on the underground.* 她的手提包在地铁里叫人给偷去了。○ *Charles I had his head cut off.* 查理一世被斩首。

(IDIOM 习语) **have had it** (used about things that are completely broken, or dead 表示已彻底毁坏或死亡): *This television has had it. We'll have to buy a new one.* 这台电视机已经完蛋，我们得买新的了。

(PHRASAL VERB 短语动词) **have (got) sth on** **1** to be wearing sth 穿着某物: *She's got a green jumper on.* 她穿着绿色的套衫。○ *What did the man have on?* 那个男人穿什么衣服？**2** (*informal* 非正式) to have an arrangement to do sth 安排好做某事: *I've got nothing on on Monday. Are you free then?* 星期一我没有事，你有空吗？○ *I've got a lot on this week* (= I'm very busy). 这个星期我很忙。

haven /ˈheɪvn ‖ ˈhevən/ *noun* [C] a place where people feel safe or where they can rest and be quiet 避难所 ☛ A **tax haven** is a country where income tax is low. 对收入征税很低的国家叫做 **tax haven**（避税天堂）。

havoc /ˈhævək ‖ ˈhævək/ *noun* [U] a state of confusion or disorder 混乱: *The rail strikes created havoc all over the country.* 铁路罢工引致全国交通大混乱。

(IDIOM 习语) **play havoc with sth** to damage or upset sth 破坏/扰乱某事物: *The bad weather played havoc with our plans.* 天气不好，打乱了我们的计划。

hawk /hɔːk ‖ hɔk/ *noun* [C] **1** a type of bird that catches and eats small animals and birds. Hawks have very good eyesight. 鹰；隼 ☛ Hawks are a type of **bird of prey**. 隼是一种食肉猛禽 (**bird of prey**)。**2** (in politics 政治) a person who supports strong action and the use of force rather than peaceful solutions 鹰派人物（主张强硬路线者）

hay /heɪ ‖ he/ *noun* [U] grass that has been cut and dried for use as animal food（作饲料的）干草: *a bale of hay* 一捆干草

ˈ**hay fever** *noun* [U] an illness like a bad cold, making a person sneeze a lot 枯草热；花粉病

> ☛ People get hay fever if they are **allergic** to the **pollen** of plants. 枯草热的成因是对花粉 (**pollen**) 产生过敏反应 (**allergy**)。

haywire /ˈheɪwaɪə(r) ‖ ˈheˌwaɪr/ *adj*

H

(IDIOM 习语) **be/go haywire** (*informal* 非正式) to be or become out of control; to be in a state of disorder 乱了套；乱七八糟

hazard /'hæzəd ‖ 'hæzərd/ *noun* [C] a danger or risk 危险；风险: *Smoking is a serious health hazard.* 吸烟危害健康。

hazard *verb* [T] to make a guess or to suggest sth that you know may be wrong 猜测: *I don't know what he paid for the house but I could hazard a guess.* 我不知道他是花了多少钱买下这座房子的，可是我可以猜一猜。

hazardous /'hæzədəs ‖ 'hæzərdəs/ *adj* dangerous; risky 危险；有风险

haze /heɪz ‖ hez/ *noun* [C,U] a thin mist caused by heat, dust or smoke 霾；阴霾 ☛ Look at the note at **fog**. 参看 **fog** 的注释。

hazel /'heɪzl ‖ 'hezl/ *noun* [C] a small tree or bush that produces nuts 榛树

hazel *adj* (used especially about eyes 尤指眼睛) light brown in colour 淡褐色

'**hazelnut** *noun* [C] a small nut that you can eat 榛子（一种可食的小果实）☛ picture at **nut**. 见 **nut** 插图。

hazy /'heɪzɪ ‖ 'hezɪ/ *adj* (**hazier**; **haziest**) **1** not clear; misty 朦胧；有薄雾: *The fields were hazy in the early morning sun.* 晨光初现，田野一片迷蒙。○ (*figurative* 比喻) *I have only a hazy memory of the holiday we spent in France.* 我只依稀记得我们在法国度假的情景。**2** (used about a person 指人) uncertain, not expressing things clearly（言辞、态度、对事物的认识等）不肯定/含糊/含混: *She's a bit hazy about the details of the trip.* 她不大清楚这次旅行的细节。

☆**he** /hi: ‖ hi/ *pron* (the subject of a verb 用作动词的主语) the male person or animal mentioned earlier 他/它（指男子或雄性动物）: *I spoke to John before he left.* 约翰离开之前，我跟他说话来着。○ *Look at that little boy – he's going to fall in!* 看那小孩！他快掉下来了！

he *noun* [sing] a male animal 雄性动物: *Is your cat a he or a she?* 你的猫是公的还是母的？

☛ **He**, **him** and **his** are often used to refer to a member of a group that includes both males and females * **he**、**him** 和 **his** 常用以指有男有女的群体中的一人: *A good teacher prepares his lessons well.* 备课充分，才算好老师。Many people think that this is not fair to women and the use of **he or she**, **him or her**, etc is becoming more common. 很多人都认为，以上这个用法对女性来说并不公平，所以，**he or she**、**him or her** 这些说法越来越普遍了。In writing **he/she**, **s/he** or **(s)he** can be used 在书面语里，可用 **he/she**、**s/he** 或 **(s)he**: *If you are not sure, ask your doctor. He/she can give you further information.* 要是拿不准，问问医生。他/她会向你提供有关详情。○ *When a baby cries, it means that s/he is tired, hungry or just unhappy.* 婴儿哭，表示他/她困倦了、饿了或只是不开心。In informal language **they**, **them** or **their** can be used 在非正式的场合里，可以用 **they**、**them** 或 **their**: *Everybody knows what they want.* 谁都知道自己想要什么。○ *When somebody asks me a question I always try to give them a quick answer.* 有人提问题，我总是尽快回答。Or the sentence can be made plural 把句子改成复数形式亦可以: *A baby cries when he/she is tired* becomes: *Babies cry when they are tired.* * A baby cries when he/she is tired 改成 Babies cry when they are tired。

☆**head**[1] /hed ‖ hɛd/ *noun* [C] **1** the part of the body above the neck which has your eyes, nose, mouth and brain in it 头: *She turned her head to look at him.* 她把头转过去看他。○ *He's in hospital with serious head injuries after the crash.* 撞车之后他脑袋伤得很重，现在躺在医院里。

> ☛ In Britain when you **nod** your head it means 'yes' or shows agreement. 在英国，点头 (**nod**) 表示"对"或同意。When you **shake** your head it means 'no' or shows disagreement. 摇头 (**shake** your head) 表示"不"或不同意。

2 a person's mind, brain or mental ability 头脑；才智: *Use your head!* (= think!) 动动脑筋吧！○ *A horrible thought entered my head...* 我产生了一个可怕的想法…○ *He's got a good head for figures.* 他很会计算数目。**3** the top, front or most important part or end 上端；前端；首要部分: *to sit at the head of the table* 坐在上座 ○ *Put your name at the head of the paper.* 在纸的上端写下自己的名字。○ *We were marching right at the head of the procession.* 我们走在游行队伍的最前列。**4** something that is like a head in shape or position 形状或位置像头的东西: *the head of a hammer* 锤头 **5** the chief or most important person (in a family, company, country, etc)（家庭、公司、国家等的）领导人/首脑: *the head of the family* 一家之主 ○ *The Queen is welcoming heads of state from all over the world.* 女王向全球各国元首表示欢迎。○ *the head waiter* 餐厅服务员领班 ○ *I'm afraid I can't answer your question – I'll have to ask head office* (= the most important office) *in London.* 对不起，你的问题我回答不了——我得问问伦敦总公司。**6** (*also* 亦作 **head teacher**) the teacher in charge of a school; the headmaster or headmistress 校长: *Who is going to be the new head?* 谁是新任校长？**7 heads** the side of a coin with the head of a person on it（有人头像的）硬币正面: *Heads or tails? Heads I go first, tails you do.* 正面还是背面？正面我先去，背面你先去。**8 a head** [sing] the height or length of one head 一个头的高度/长度: *a head taller* 高出一个头 **9 a head** [sing] (for) one person 一人；每人: *The set menu is £12 a head.* 套餐每位12英镑。☛ We also say **per head**. 也说 **per head**。

(IDIOMS 习语) **go to sb's head** **1** to make sb drunk 使某人喝醉: *Wine always goes straight to my head.* 我一喝酒就醉。**2** to make sb too proud 使某人骄傲自满: *If you keep telling him how clever he is, it will go to his head!* 你老说他聪明，就会冲昏他的头脑！

head first **1** with your head before the rest of your body 头在前: *Don't go down the slide head first.* 溜滑梯时不要头朝下。**2** too quickly

H

or suddenly 太快；过急: *Don't rush head first into a decision.* 不要轻率作出决定。

head over heels **1** turning the body over in a forward direction 前滚翻: *She did a head over heels on the mat.* 她在垫子上面翻了一个跟头。**2** completely 完全: *Jane's head over heels in love with her new boyfriend.* 珍妮的新男朋友使她神魂颠倒。

hit the nail on the head ⇨ HIT[1]

keep your head to stay calm 保持冷静

laugh, scream, etc your head off to laugh, scream, etc loudly 高声地笑/尖叫…

lose your head ⇨ LOSE

make head or tail of sth to understand sth 明白某事物: *I can't make head or tail of this exercise.* 这个练习把我弄糊涂了。

off the top of your head ⇨ TOP[1]

shake your head ⇨ SHAKE[1]

'headache *noun* [C] **1** a pain in your head 头痛: *I've got a splitting* (= very bad) *headache.* 我脑袋痛得快要裂开了。☛ Look at the note at **ache**. 参看 **ache** 的注释。**2** a person or thing that causes worry or difficulty 引起忧虑/麻烦的人或事物: *Paying the bills is a constant headache.* 账单没个完，真叫人头痛。

'headlamp (*also* 亦作 **'headlight**) *noun* [C] one of the two large bright lights at the front of a vehicle（车辆的）前灯: *Switch your headlights on – it's getting dark.* 把前灯打开着吧——天色暗下来了。

'headland *noun* [C] a narrow piece of land that sticks out into the sea 陆岬/岬角（伸延入海中的陡峻陆地）

'headlong *adv, adj* **1** with your head before the rest of your body 头在前 **2** too quickly; without enough thought 过急；轻率: *He rushed headlong into buying the business.* 他没想清楚就把这家公司买下来了。

head'master, head'mistress *noun* [C] the man or woman who is in charge of a school 校长；女校长

ˌhead-'on *adj, adv* with the front of one car, etc hitting the front of another（汽车等）迎头相撞: *There's been a head-on crash between two lorries on the A40.* 有两辆卡车在A40公路上迎头相撞。

'headphones *noun* [plural] a pair of speakers that fit over each ear and are joined together with a band over the top of your head. Headphones are used for listening to radio messages, music, etc. 耳机

ˌhead'quarters *noun* [plural, with sing or pl verb] (*abbr* 缩写 **HQ**) the central office, etc of an organization 总部: *Where is/are the firm's headquarters?* 这家公司的总部在哪儿？

ˌhead 'start *noun* [sing] an advantage that you have from the beginning of a race or competition（比赛、竞争等）开始时已获得/存在的有利条件

'headstone *noun* [C] a large stone used to mark the head of a grave, usually with the dead person's name, etc on it 墓碑

'headway *noun*

(IDIOM 习语) **make headway** to go forward or make progress in a difficult situation 在困境中前进/取得进展: *It was impossible for the boat to make any headway against the wind.* 这艘船在逆风中完全无法前进。

head[2] /hed ‖ hɛd/ *verb* **1** [T] to be in charge of or to lead sth 主管；领导: *Do you think that he has the experience necessary to head a government?* 你看他有没有领导政府所需的经验？**2** [T] to be at the front of a line, top of a list, etc 位于…的前头；居首: *to head a procession* 走在游行队伍的最前列 ○ *Two names headed the list of possible suspects.* 嫌疑犯名单之中有两个名字居首。**3** [T] (often passive 常用于被动语态) to give a title or some instructions at the top of a piece of writing 把（标题或指示）放在文章的顶部: *The report was headed 'Private'.* 报告上端标有"保密"字样。**4** [I] to move in the direction mentioned 向…移动: *The ship headed towards the harbour.* 这艘船驶向港口。**5** [T] to hit the ball with your head in football（足球中）用头顶（球）: *He headed the ball into the net.* 他把球顶入网里。

(PHRASAL VERB 短语动词) **head for** to move towards a place 去（某处）；向…行进: *It's getting late – I think it's time to head for home.* 这么晚了，我看该回家了。○ (*figurative* 比喻) *You're heading for trouble if you go on behaving like that.* 要是再这样胡闹下去，你将自讨苦吃。

heading /'hedɪŋ ‖ 'hɛdɪŋ/ *noun* [C] the words written as a title at the top of a page or a piece of writing 标题

headline /'hedlaɪn ‖ 'hɛdˌlaɪn/ *noun* **1** [C] the title of a newspaper article printed in large letters above the story（报纸的）标题 **2 the headlines** [plural] the main items of news read on television or radio（新闻报道的）内容提要

headstrong /'hedstrɒŋ; *US* 美 -strɔːŋ ‖ 'hɛdˌstrɔŋ/ *adj* doing what you want, without listening to advice from other people 刚愎自用

heal /hiːl ‖ hil/ *verb* [I,T] **heal (over/up)** to become healthy again; to make sth healthy again（使）痊愈: *The cut will heal up in a few days if you keep it clean and dry.* 这个伤口只要保持清洁干爽，过不了几天就会愈合。○ *It takes time to heal a broken leg.* 要是把腿摔断了，要花很长时间才能痊愈。○ (*figurative* 比喻) *Nothing he said could heal the damage done to their relationship.* 不管他怎么说也弥补不了他们之间的关系所受到的损害。

☆**health** /helθ ‖ hɛlθ/ *noun* [U] **1** the condition of a person's body or mind（身体或精神的）健康状况: *Fresh fruit and vegetables are good for your health.* 新鲜的水果和菜蔬对身体有益。○ *in good/poor health* 身体好/不好 ○ *Cigarettes carry a government health warning.* 香烟上面标有政府的健康忠告。○ *health insurance* 健康保险 **2** the state of being well and free from illness 健康: *Would you rather have health, wealth or beauty?* 健康、财富、美貌这三样东西，你宁愿要哪一样？

'health centre *noun* [C] the central surgery and offices for a group of doctors, nurses, etc who work together 卫生所；医疗中心

☛ **Health Centres** are not part of hospitals, they are where local doctors and nurses work. * **health centre** 不是医院的一部分，而是地区医生和护士工作的地方。

ˈ**health food** *noun* [C,U] natural food that many people think is especially good for your health because it has been made or grown without adding chemicals 保健食品

ˈ**health service** *noun* [C] the organization of the medical services of a country（国家的）医疗服务 ☛ Look at **National Health Service**. 参看 **National Health Service**。

☆**healthy** /ˈhelθɪ ‖ ˈhɛlθɪ/ *adj* (**healthier**; **healthiest**) **1** not often ill; strong and well 健康；茁壮: *a healthy child, animal, plant, etc* 健康的孩子；健壮的动物；茁壮的植物… **2** showing good health (of body or mind) 显示出（身体/精神）健康: *healthy skin and hair* 健康的皮肤和头发 ○ *There was plenty of healthy competition between the brothers.* 兄弟之间时常进行着有益的竞争。**3** helping to produce good health 有益身心: *a healthy climate* 有益身心的气候 ☛ The opposite for all senses is **unhealthy**. 所有义项的反义词都是 **unhealthy**。—**healthily** *adv*

heap /hi:p ‖ hip/ *noun* [C] **1** a large number or amount of sth which is piled up in an untidy way 一大堆: *All his clothes are in a heap on the floor!* 他的衣服通通堆在地上！○ *a rubbish heap* 垃圾堆 ☛ Look at the note at **pile**. 参看 **pile** 的注释。**2 heaps** [plural] (*informal* 非正式) a large number or amount; plenty 大量；许多: *There's heaps of time before the train leaves.* 火车不会马上开走的，时间多着呢。○ *There are heaps of places to go to.* 要去的地方有很多。

(IDIOM 习语) **heaps better, more, older, etc** (*informal* 非正式) much better, etc 好/多/老…得多

heap *verb* [T] **heap sth (up)** to put things in a pile 堆起: *I'm going to heap all the leaves up over there.* 我要把叶子通通堆到那儿去。○ *Add six heaped tablespoons of flour* (= in a recipe). 把满满的六汤匙面粉加进去。

☆**hear** /hɪə(r) ‖ hɪr/ *verb* (*pt, pp* **heard** /hɜ:d ‖ hɝd/) **1** [I,T] (not in the *-ing* forms 不以 -ing 形式出现) to receive sounds with your ears 听见: *Can you speak a little louder – I don't hear very well.* 我听不清楚，请你说话大声一点儿好吗？○ *I'm sorry I'm late – I didn't hear my alarm clock this morning.* 我迟到了，真对不起。今早没听见闹钟声。☛ Compare **hear** and **listen**. 比较 **hear** 及 **listen**。To **hear** is to receive a sound by chance or in a passive way with your ears; to **listen** is to make a conscious or active effort to hear something 偶然或无意地听到叫做 **hear**；留心听叫做 **listen**: *I always wake up when I hear the milkman come.* 每次那送牛奶的一到，我就给吵醒了。○ *I love listening to music in the evening.* 我爱在晚上听音乐。○ *Listen! I've got something to tell you.* 听着！我有事情告诉你。**2** [T] (not in the *-ing* forms 不以 -ing 形式出现) to be told or informed about sth 听说；获悉: *I hear that you've been offered a job in Canada.* 我听说你在加拿大找到了工作。**3** [T] (used about a judge, a court, etc 指法官、法院等) to listen to the evidence in a trial in order to make a decision about it 审理（案件）；听讼: *Your case will be heard this afternoon.* 你这宗案件将于下午审理。

(IDIOMS 习语) **hear! hear!** (used for showing that you agree with what sb has just said, especially in a meeting 表示同意，尤用于会议)

won't/wouldn't hear of sth to refuse to allow sth 不准许某事: *I wanted to go to art school but my parents wouldn't hear of it.* 我很想念美术学校，可是爸妈不准。

(PHRASAL VERBS 短语动词) **hear from sb** to receive a letter, telephone call, etc from sb 接到某人的音讯/来信/电话…

hear of sb/sth (used especially in questions and negatives 尤用于疑问句及否定句) to know or receive information about the existence of a person, place, thing, etc 得知关于…的存在/消息: *Have you heard of the Bermuda Triangle?* 你有没有听说过百慕大三角区？

hearing /ˈhɪərɪŋ ‖ ˈhɪrɪŋ/ *noun* **1** [U] the ability to hear 听觉: *Her hearing isn't very good so you need to speak louder.* 她的听力不大好，你说话要大声一点儿。**2** [U] the distance within which sb can hear 听得见的距离/范围: *I'd rather not talk about it within his hearing* (= when he's near enough to hear). 我不想在他听得见的范围里说这件事。**3** [C] a chance to give your opinion or explain your position 发表意见的机会: *If everybody comes to the meeting it will give all points of view a fair hearing.* 如果人人都参加会议，各方的意见就可以得到公平听取。**4** [C] a trial in a court of law 审讯: *Will the press be present at the hearing?* 这次审讯会有记者在场吗？

hearsay /ˈhɪəseɪ ‖ ˈhɪrˌse/ *noun* [U] things you have heard another person or other people say, which may or may not be true 传闻

hearse /hɜ:s ‖ hɝs/ *noun* [C] a large car used for carrying a dead body in a box (**coffin**) to the funeral 灵车（棺材叫做 **coffin**）

☆**heart** /hɑ:t ‖ hɑrt/ *noun* **1** [C] the organ inside the chest that sends blood round the body 心脏: *When you exercise your heart beats faster.* 运动时心跳加快。○ *heart disease* 心脏病 **2** [C] the centre of a person's feelings 内心；心肠: *She has a kind heart* (= she is kind and gentle). 她心肠好。○ *In my heart I knew she was right.* 我心里明白她没有错。**3** [sing] the most central part of sth; the middle 中心；中央: *Rare plants can be found in the heart of the forest.* 在森林的中央地带可以找到罕有的植物。○ (*figurative* 比喻) *Let's get straight to the heart* (= to the most important part) *of the matter.* 我们直接谈问题的核心。**4** [C] a symbol that is shaped like a heart, often red or pink and used to show love 心形图案（常为红色或粉红色，象征爱心）: *He sent her a card with a big red heart on it.* 他给她送了一张贺卡，上面画着一个大红心。**5 hearts** [plural] the group (**suit**) of playing-cards with red shapes like hearts on them（总称）扑克中的红桃/红心牌（同花色的一组十三张纸牌叫做 **suit**）: *I know you've got the queen of hearts!* 我知道你手上有红心皇后。☛ picture at **card**. 见 **card** 插图。**6** [C] one of the cards from this suit 扑克中的红桃/红心牌: *Play a heart, if you've got one.* 有红心就出红心。**7** [U] complete interest or attention 心思；想做某事的心情: *He's not working well because his heart isn't in the job.* 他做得不好，因为他对这个工作没有兴趣。

(IDIOMS 习语) **after your own heart** (used about people 指人) similar to yourself or of the type you like best 跟自己很相似；合自己心意

at heart really; in fact 其实: *My father seems strict but he's a very kind man at heart.* 我爸爸看似严厉，其实内心很和善。

break sb's heart to make sb very sad 令人心碎

by heart by remembering exactly; from memory 靠背诵/记忆: *The teacher wanted us to learn the whole poem by heart.* 老师要我们把整首诗背下来。○ *Learning lists of words off by heart isn't a good way to increase your vocabulary.* 背诵单词表不是扩大词汇量的好方法。

a change of heart ⇨ CHANGE²

cross my heart ⇨ CROSS²

your heart sinks you suddenly feel disappointed or depressed 突然感到失望/沮丧: *When I saw the queues of people in front of me my heart sank.* 我看见前面一行一行排队等候的人，我的心就沉下来了。

lose heart ⇨ LOSE

not have the heart (to do sth) to be unable to do sth unkind 不忍心: *I didn't have the heart to say no.* 我不忍心拒绝。

take sth to heart to be greatly affected or upset by sth 受某事困扰

young at heart ⇨ YOUNG

-hearted (in compounds 用以构成复合词) having the type of feelings or character mentioned 心情/性格…: *kind-hearted* 好心

heartless *adj* unkind; cruel 无情；狠心: *heartless behaviour* 冷酷的行径 —**heartlessly** *adv* —**heartlessness** *noun* [U]

'**heartache** *noun* [C,U] great sorrow or worry; emotional pain 伤心；痛心

'**heart attack** *noun* [C] a sudden serious illness when the heart stops working correctly, sometimes causing death 心脏病发作: *She's had a heart attack.* 她心脏病发作。

'**heartbeat** *noun* [C] the regular movement of the heart or the sound it makes 心搏；心脏的正常跳动；心跳声

'**heartbreak** *noun* [U] very great unhappiness 心碎

'**heartbreaking** *adj* very sad 令人心碎

'**heartbroken** (*also* 亦作 **broken-hearted**) *adj* extremely sad 心碎: *Mary was heartbroken at the news of her friend's death.* 玛丽听到朋友的死讯，心里宛如刀割。

'**heartfelt** *adj* deeply felt; sincere 衷心；真诚: *a heartfelt apology* 真诚的道歉

heartland /'hɑ:tlænd ‖ 'hɑrt,lænd/ *noun* [C] the most central or important part of a country, area, etc 腹地: *Germany's industrial heartland* 德国的工业腹地

'**heart-rending** *adj* causing a strong feeling of pity 令人心酸: *The mother of the missing boy made a heart-rending appeal on television.* 这个母亲丢失了男孩儿，在电视上发出叫人心酸的寻人求助。

,**heart-to-'heart** *noun* [C] a conversation in which you say openly what you really feel or think 坦诚相对的谈话；谈心；倾谈: *John's teacher had a heart-to-heart with him and found out what was worrying him.* 约翰的老师与约翰倾谈，了解了他的烦恼。

hearten /'hɑ:tn ‖ 'hɑrtn̩/ *verb* [T] (usually passive 通常用于被动语态) to encourage sb; to make sb feel more cheerful 鼓舞；使振作 ☛ The opposite is **dishearten**. 反义词为 **dishearten**。

hearth /hɑ:θ ‖ hɑrθ/ *noun* [C] the floor of a fireplace or the area in front of it 壁炉前的地面；壁炉前的地方

hearty /'hɑ:tɪ ‖ 'hɑrtɪ/ *adj* (**heartier**; **heartiest**) **1** showing warm and friendly feelings 热情；友好: *They gave us a hearty welcome when we arrived.* 我们到达时受到他们热烈的欢迎。**2** large 大: *a hearty breakfast* 丰富的早餐 ○ *a hearty appetite* 好胃口

heartily /'hɑ:tɪlɪ ‖ 'hɑrtɪlɪ/ *adv* **1** in a loud cheerful way 开怀；舒畅: *He joined in heartily with the singing.* 他也兴致勃勃地一起唱起歌来了。**2** very much; completely 十分；极其: *I heartily dislike that sort of comment.* 我极不喜欢这种说法。—**heartiness** *noun* [U]

☆**heat¹** /hi:t ‖ hit/ *noun* **1** [U] the feeling of sth hot 热: *Too much heat from the sun is being trapped in the Earth's atmosphere.* 大气层里的热能积累过多。○ *This fire doesn't give out much heat.* 这个暖炉不够热。**2** [sing] (often with *the* 常与 the 连用) hot weather 炎热的天气: *I like the English climate because I can't stand the heat.* 我很怕热，英国的气候最适合我。**3** [sing] a thing that produces heat 产生热力的物体: *Remove the pan from the heat* (= the cooker). 把炉子上面的锅拿下来。**4** [U] a state or time of anger or excitement 愤怒；激动: *In the heat of the argument he said a lot of things he didn't mean.* 争辩激烈，他说了很多本不想说的话。**5** [C] one of the first parts of a race or competition. The winners of the heats compete against other winners until the final result is decided 预赛: *He won his heat and went through to the final.* 他赢了预赛，取得了决赛的资格。

(IDIOM 习语) **be on heat** (used about some female animals 指某些雌性动物) to be ready to mate because it is the right time of the year 发情；准备交配

'**heatwave** *noun* [C] a period of time when the weather is much hotter than usual 酷热时期；热浪

☆**heat²** /hi:t ‖ hit/ *verb* [I,T] **heat (sth) (up)** to become or to make sth hot or warm（使）变热；（使）变暖: *Wait for the oven to heat up before you put the cake in.* 让烤炉热起来之

H

后再把蛋糕放进去。○ *Old houses are more difficult to heat than modern ones.* 旧房子取暖要比新房子困难。○ *Is it a heated swimming-pool?* 这是不是温水游泳池？○ *The meal is already cooked but it will need heating up.* 饭菜早做好了，得把它热一热才能吃。

heated *adj* (used about a person or discussion 指人或讨论) angry or excited 愤怒；激烈 —**heatedly** *adv*

heater *noun* [C] an apparatus used for heating water or the air in a room, car, etc 加热器；暖气装置；炉子: *an electric heater* 电炉 ○ *a water-heater* 热水器

heating *noun* [U] a system for heating rooms and buildings 暖气设备；供暖系统: *Our heating goes off at 10pm and comes on again in the morning.* 暖气供应在晚上10点停止，在翌日早上恢复。☛ Look at **central heating**. 参看 **central heating**。

heath /hi:θ ‖ hiθ/ *noun* [C] an area of open land that is not used for farming and that is covered with rough plants and grass 杂草丛生的荒野

heathen /ˈhi:ðn ‖ ˈhiðən/ *noun* [C] (*old-fashioned* 旧) a person who does not belong to one of the major world religions 不信奉主要的几种宗教的人

heather /ˈheðə(r) ‖ ˈhɛðɚ/ *noun* [U] a small tough plant that grows especially on hills and moors and has small purple, pink or white flowers 帚石楠（生长于山坡或沼泽，开紫色、粉红色或白色小花）

heave /hi:v ‖ hiv/ *verb* **1** [I,T] to lift or pull sth heavy, using a lot of effort 用力举起/拉: *Take hold of this rope and heave!* 抓紧绳子，用力拉！○ *We heaved the cupboard up the stairs.* 我们合力把碗柜抬上楼梯。**2** [T] to throw sth heavy 投掷（重物）: *He heaved a brick through the window.* 他把一块砖头从窗口扔进去。**3** [I] to move up and down or in and out in a heavy but regular way 有节奏地起伏/进出: *His chest was heaving with the effort of carrying the cooker.* 他费力地搬着炉子，胸脯起伏着。

(IDIOM 习语) **heave a sigh** to give a big sigh 沉重地叹息: *He heaved a sigh of relief when he heard the good news.* 听见这个好消息，他才舒了一口气。

heave *noun* [C,U] a strong pull, push, throw, etc（强而有力的）拉/推/扔…

☆**heaven** /ˈhevn ‖ ˈhɛvən/ *noun* **1** [sing] the place where it is believed that God and the angels live and good people go when they die 天堂: *to go to/be in heaven* 上/在天堂 ☛ Look at **hell**. 参看 **hell**。**Heaven** (often with a capital H) is used in a number of expressions to mean 'God'. ＊**Heaven**（第一个字母常作大写）这个词在很多词组里都指上帝。For the meaning of *for Heaven's sake, Heaven forbid, etc* look at the entry for **God**. 关于 for Heaven's sake、Heaven forbid 等的意思，参看有关 **God** 的词条。**2 the heavens** [plural] the sky 天空: *The stars shone brightly in the heavens that night.* 当晚天上群星闪烁。

(IDIOM 习语) **(good) heavens!** (used to express surprise 表示惊奇): *Good heavens! I didn't expect to see you!* 哎呀！没想到会见到你！

heavenly /ˈhevnlɪ ‖ ˈhɛvənlɪ/ *adj* **1** (only *before* a noun 只用于名词前) connected with heaven or the sky 与天堂/天空有关: *heavenly music* 圣乐 ○ *heavenly bodies* (= the sun, moon, stars, etc) 天体（太阳、月球、星球等）**2** (*informal* 非正式) very pleasant; wonderful 可人；美妙

☆**heavy** /ˈhevɪ ‖ ˈhɛvɪ/ *adj* (**heavier**; **heaviest**) **1** weighing a lot, and difficult to lift or move 重量大: *This box is too heavy for me to carry.* 这么重的箱子我可搬不了。**2** (used when asking or stating how much sb/sth weighs 用以询问或说明重量): *What's heavier – a ton of bricks or a ton of feathers?* 哪个比较重——一吨砖头还是一吨羽毛？**3** larger or stronger than usual 大量；强烈: *heavy rain* 大雨 ○ *heavy traffic* 繁忙的交通 ○ *He felt a heavy blow on the back of his head.* 他感到脑后被人重击。○ *a heavy smoker/drinker* (= a person who smokes/drinks a lot) 大量吸烟/喝酒的人 ○ *The sound of his heavy* (= loud and deep) *breathing told her that he was asleep.* 听见他那沉重的呼吸声，她就知道他睡着了。**4** (used about a material or substance 指材料或物质) solid or thick 结实；厚: *a heavy soil* 黏土 ○ *a heavy coat* 厚外套 **5** (used about food 指食物) difficult to digest (= difficult for the body to absorb) 难以消化: *He had a heavy meal and dropped off to sleep in the afternoon.* 他吃了一顿油腻的饭菜，下午就打起盹儿来了。**6** full of hard work; (too) busy 工作繁重的；繁忙: *It's been a very heavy day.* 今天的活儿很重。○ *The Queen had a heavy schedule of visits.* 女王的出访日程安排得非常紧。**7** serious, difficult or boring 严肃；艰涩；乏味: *This book makes very heavy reading.* 这本书很不好读。**8 heavy on sth** using large quantities of sth 耗用大量…: *My car is rather heavy on petrol.* 我这辆汽车耗油耗得厉害。

(IDIOM 习语) **make heavy weather of sth** to make sth seem more difficult than it really is 使某事看上去比实际上要困难 —**heavily** *adv* —**heaviness** *noun* [U]

ˌ**heavy ˈindustry** *noun* [U] industry that produces materials such as steel or that makes large, heavy objects 重工业

heavy ˈmetal *noun* [U] a style of very loud rock music that is played on electric instruments 重金属摇滚乐

ˈ**heavyweight** *noun* [C] a boxer weighing over 79.3 kilograms 重量级拳击手（体重超过79.3公斤）

heck /hek ‖ hɛk/ *interj*, *noun* [sing] (*informal* 非正式) (used to express or emphasize annoyance or surprise or to emphasize the amount or size of sth 表示或强调厌烦/惊愕，或用以强调数量/尺寸): *Oh heck! I've missed the train!* 真见鬼！我赶不上火车了！○ *How the heck did you know where I was?* 你怎么知道我在哪里？○ *It's a heck of a long way to drive in one day.* 要一天之内开车走完全程，这段路实在很远。

heckle /ˈhekl ‖ ˈhɛkl̩/ *verb* [I,T] to interrupt a speaker at a public meeting with difficult questions or rude remarks 诘问/用言辞攻击（正在演说的人）—**heckler** /ˈheklə(r) ‖ ˈhɛklɚ/ *noun* [C] —**heckling** /ˈheklɪŋ ‖ ˈhɛklɪŋ/ *noun* [U]

hectare /ˈhekteə(r) ‖ ˈhɛktɛr/ *noun* [C] (*abbr* 缩写 **ha**) a measure of land; 10 000 square metres 公顷（相当于10 000平方米）

hectic /ˈhektɪk ‖ ˈhɛktɪk/ *adj* very busy and full of a lot of things that you have to do quickly 繁忙: *We had a hectic day at the office.* 我们在办公室里忙了一整天。—**hectically** /-klɪ ‖ -kḷɪ/ *adv*

he'd /hi:d ‖ hid/ *short for* HE HAD, HE WOULD ＊HE HAD、HE WOULD 的缩约式

☆**hedge** /hedʒ ‖ hɛdʒ/ *noun* [C] a row of bushes planted close together at the edge of a garden or field 树篱 ☛ picture at **fence**. 见 **fence** 插图。

hedge *verb* **1** [T] to put a hedge round a field, garden, etc 用树篱围住（田地、花园等）**2** [I] to avoid giving a direct answer to a question 避免正面答复；闪烁其词: *Stop hedging and tell us who you're meeting tonight!* 别拐弯抹角，老老实实告诉我们你晚上要见什么人！

(IDIOM 习语) **hedge one's bets** to protect oneself against losing or making a mistake by supporting more than one person or opinion 两/多面下注（以防招致损失/犯错）

ˈ**hedgerow** *noun* [C] a row of bushes, etc forming a hedge especially along a country road or round a field 灌木树篱

hedgehog /ˈhedʒhɒg; *US* 美 -hɔ:g ‖ ˈhɛdʒˌhɔg/ *noun* [C] a small brown animal covered with stiff sharp needles (**prickles**) 刺猬（身上的刺叫做 **prickle**）

heed /hi:d ‖ hid/ *verb* [T] (*formal* 正式) to pay attention to advice, a warning, etc 注意（劝告、警告等）

heed *noun* (*formal* 正式)

(IDIOM 习语) **take heed (of sth)** to pay careful attention to what sb says 注意（某人的话）: *You should take heed of your doctor's advice.* 你要听医生的话。

☆**heel** /hi:l ‖ hil/ *noun* [C] **1** the back part of the foot 脚后跟: *These shoes rub against my heels.* 这双鞋磨脚。☛ picture on page A21. 见第A21页插图。**2** the part of a sock or stocking that covers your heel（袜的）后跟 **3** the raised part of a shoe under the heel of your foot（鞋的）后跟: *High heels* (= shoes with high heels) *are not practical for long walks.* 穿高跟鞋走不了远路。☛ picture at **shoe**. 见 **shoe** 插图。

(IDIOM 习语) **head over heels** ⇨ HEAD[1]

heel *verb* [T] to repair the heel of a shoe 修补（鞋的）后跟

hefty /ˈheftɪ ‖ ˈhɛftɪ/ *adj* (**heftier**; **heftiest**) (*informal* 非正式) strong, heavy or big 精壮；重；大: *a hefty young man* 精壮的小伙子 ○ *He gave the door a hefty kick and it opened.* 他用力一脚踢开了门。○ *She's earning a hefty salary in London.* 她在伦敦挣很高薪水。

☆**height** /haɪt ‖ haɪt/ *noun* **1** [C,U] the measurement from the bottom to the top of a person or thing 高度: *The nurse is going to check your height and weight.* 护士要给你量身高和体重。○ *She's of medium height.* 她是个中等个儿。○ *We need a fence that's about two metres in height.* 我们需要一道大约两米高的栅栏。☛ picture at **length**. 见 **length** 插图。The adjective is **high**. 形容词为 **high**。Look at the note at **tall**. 参看 **tall** 的注释。**2** [U] being tall 高: *He looks older than he is because of his height.* 他个子高，看起来比实际年龄大。**3** [C,U] the distance that sth is above the ground or sea-level（离地面或海面的）距离: *We are now flying at a height of 6 000 metres.* 我们正在6 000米的高空飞行。☛ An aeroplane **gains** or **loses** height. 飞机可以上升/下降 (**gain/lose** height)。**4** [C, usually pl] a high place or area 高地；高处: *I can't go up there. I'm afraid of heights.* 我怕高，上不得那儿。**5** [U] the strongest or most important part of sth 顶点: *the height of summer* 盛夏 ○ *The tourist season is at its height in July and August.* 七、八月是旅游旺季。○ *She's always dressed in the height of fashion.* 她总是打扮得很时髦。

heighten /ˈhaɪtn ‖ ˈhaɪtṇ/ *verb* [I,T] to become or to make sth greater or stronger 增大；增强: *I'm using yellow paint to heighten the sunny effect of the room.* 我把房间刷成黄色，让它光亮一点。

heir /eə(r) ‖ ɛr/ *noun* [C] the person with the legal right to receive (**inherit**) money, property or a title when the owner dies 继承人（继承叫做 **inherit**）: *He's the heir to a large fortune.* 他是一大笔遗产的继承人。○ *Who is the heir to the throne?* (= Who will become king or queen?) 谁是王位的继承人？○ *The queen had no sons so there wasn't an heir.* 女王没有子嗣，所以没有继承人。☛ A female heir is often called an **heiress** especially when we are talking about somebody who has inherited a very large amount of money. 女继承人（尤指一大笔财富的女继承人）一般叫做 **heiress**。

heirloom /ˈeəlu:m ‖ ˈɛrˌlum/ *noun* [C] something valuable that has belonged to the same family for many years 传家宝

held *pt, pp* of HOLD ＊HOLD 的过去时及过去分词

☆**helicopter** /ˈhelɪkɒptə(r) ‖ ˈhɛlɪˌkɑptɚ/ (also *informal* 非正式 **chopper**) *noun* [C] a small aircraft that can go straight up into the air. Helicopters fly with the help of large spinning blades. 直升机

☆**hell** /hel ‖ hɛl/ *noun* **1** [sing] the place that some religions say bad people will go to when they die 地狱: *to go to/be in hell* 下/在地狱 ☛ Look at **heaven**. 参看 **heaven**。**2** [C,U] (*informal* 非正式) a situation or place that is very unpleasant, painful or miserable 难堪/痛苦/恶劣的处境；受苦的地方: *He went through hell when his wife left him.* 自从妻子离去，他可吃尽苦头。**3** [U] (*informal* 非正式) (used as a swear-word to show anger or surprise or to make another expression stronger 用作咒骂语，表示愤怒/惊奇，或用以加强语气): *Oh hell, I've forgotten my money!* 真该死，我没带钱！○ *Go to hell!* (= go away!) 滚开！○ *Who the hell is that at the front door?* 到底谁在前门？

H

(IDIOMS 习语) **a/one hell of a...** (*informal* 非正式) (used to make an expression stronger or to mean 'very' 用以加强语气或表示"十分"): *He got into a hell of a fight* (= a terrible fight). 他跟人狠狠地打了一架。○ *She's a hell of a nice girl.* 她是个非常好的女孩。

give sb hell (*informal* 非正式) to speak to sb very angrily or to treat sb severely 斥责/苛待某人

like hell (*informal* 非正式) (used to make an expression stronger 用以加强语气): *I'm working like hell* (= very hard) *at the moment.* 我正拼命地工作。

he'll /hi:l ‖ hil/ *short for* HE WILL * HE WILL 的缩约式

☆**hello** = HALLO

helm /helm ‖ hɛlm/ *noun* [C] the part of a boat or ship that is used to guide it. The helm can be a handle or a wheel.（船的）舵/舵柄/舵轮

helmet /'helmɪt ‖ 'hɛlmɪt/ *noun* [C] a type of hard hat that you wear to protect your head 头盔: *a crash-helmet* 防撞头盔 ○ *a policeman's helmet* 警察头盔

☆**help**[1] /help ‖ hɛlp/ *verb* **1** [I,T] to do sth for sb in order to be useful or to make a person's work easier 帮助；帮忙: *Can I help?* 要不要帮忙？○ *Could you help me with the cooking?* 可不可以帮我做饭？○ *I helped her to organize the party.* 我帮她筹备酒会。○ *My son's helping in our shop at the moment.* 我儿子目前在我们店里帮工。○ *to help sb off the train, out of a car, across the road, etc* (= to help sb move in the direction mentioned) 扶某人下火车/下汽车/过马路… **2** [I,T] to make sth better or easier（转好/变易）: *If you apologize to him it might help* (= it might make the situation better). 跟他赔个不是吧，也许还有转圜余地。○ *This medicine should help your headache.* 这种药物可以治头痛。**3** [T] **help yourself/sb (to sth)** to take or give sth (especially food and drink) 把某物（尤指食物、饮料等）拿给自己/某人: *Help yourself to a drink!* 别客气，喝点东西吧！○ *Shall I help you to the vegetables?* 让我替你夹点菜好不好？○ *'Can I borrow your pen?' 'Yes, help yourself.'* "借你的笔用用，行吗？""行，拿去吧。" **4** [T] **help yourself to sth** to take sth without asking permission 不问自取: *Don't just help yourself to my money!* 不经我同意不要用我的钱！**5** [I] (used to get sb's attention when you are in danger or difficulty 身处险境或困境的时候用以引人注意): *Help! I'm going to fall!* 救命啊！我快要掉下去了！

(IDIOMS 习语) **can/can't/couldn't help sth** be able/not be able to stop or avoid doing sth 能/不能停止或避免某事: *It was so funny I couldn't help laughing.* 这么好笑，我不由得笑起来。○ *I just couldn't help myself – I had to laugh.* 我忍不住笑出来了。○ *He can't help being so small* (= it's not his fault). 他个子这么小，他也没办法。○ *The accident couldn't be helped* (= it couldn't be avoided so we must accept that). 这次事故无法避免。

a helping hand some help 帮助: *My neighbour is always ready to give me a helping hand.* 我的邻居总是乐意帮忙。

(PHRASAL VERB 短语动词) **help (sb) out** to help sb in a difficult situation or to give money to help sb 帮助/资助某人摆脱困境: *My parents have promised to help us out with buying the car.* 爸妈答应过贴补我们一些钱买汽车。

helper *noun* [C] a person who helps (especially with work) 帮手: *The teacher is always looking for extra helpers in the classroom.* 那位老师喜欢在班里找些小助手。

helping *noun* [C] the amount of food that sb serves 一份（食物）: *A large helping of pudding, please!* 请给我一大份布丁！

☆**help**[2] /help ‖ hɛlp/ *noun* **1** [U] the act of helping 帮助；帮忙: *Do you need any help?* 要不要帮忙？○ *This map isn't much help.* 这张地图的用处不大。○ *I'll give you all the help I can.* 我一定尽力帮助你。**2** [sing] **a help (to sb)** a person or thing that helps（对某人）有帮助的人/事物: *Your directions were a great help – we found the place easily.* 谢谢你的指点，那个地方我们一找就找到了。

helpful /-fl ‖ -fəl/ *adj* giving help 有用；有帮助: *helpful advice* 有益的意见 ○ *Ask Mr Brown. He's always very helpful.* 跟布朗先生说说吧，他总是能够帮忙。☛ The opposite is **unhelpful**. 反义词为 **unhelpful**。—**helpfully** /-fəlɪ ‖ -fəlɪ/ *adv* —**helpfulness** *noun* [U]

helpless *adj* needing help from other people 需要帮助的: *a helpless baby* 需要人照顾的婴孩 —**helplessly** *adv* —**helplessness** *noun* [U]

hem /hem ‖ hɛm/ *noun* [C] the edge of a piece of cloth (especially on a skirt, dress or trousers) that has been turned under and sewn down（布/衣服等的）折边

hem *verb* [T] (he**mm**ing; he**mm**ed) to sew a hem on sth 缝折边

(PHRASAL VERB 短语动词) **hem sb in** to surround sb and prevent him/her from moving away 把某人包围: *We were hemmed in by the crowd and could not leave.* 我们被困在人群里，没法走出去。

hemisphere /'hemɪsfɪə(r) ‖ 'hɛməsˌfɪr/ *noun* [C] **1** the shape of half a ball; half a sphere 半球形；半球 **2** one half of the earth 半个地球: *the northern/southern/eastern/western hemisphere* 北/南/东/西半球 ☛ picture at **earth**. 见 **earth** 插图。

hemophilia, hemophiliac (*US* 美) = HAEMOPHILIA, HAEMOPHILIAC

hemorrhage (*US* 美) = HAEMORRHAGE

hemorrhoids (*especially US* 尤为美) = HAEMORRHOIDS

hemp /hemp ‖ hɛmp/ *noun* [U] a plant that is used for making rope and rough cloth and for producing the illegal drug cannabis 大麻（可用来制造绳子、粗布或毒品的一种植物）

☆**hen** /hen ‖ hɛn/ *noun* [C] **1** a female bird that is often kept on farms for its eggs or its meat 母鸡: *Our hens haven't laid many eggs this week.* 这个星期我们家的母鸡没下多少蛋。○ *the clucking of hens* 母鸡的咯咯叫 ☛ Look at the note at **chicken**. 参看 **chicken** 的注释。**2** the female of any type of bird 雌鸟: *a hen pheasant* 雌雉 ☛ The male bird is a **cock**. 雄鸟叫 **cock**。

H

ˈ**henpecked** *adj* (*informal* 非正式) used to describe a husband who always does what his wife tells him to do 怕老婆

hence /hens ‖ hɛns/ *adv* **1** (*formal* 正式) from here or now 从这里；从现在: *a week hence* (= in a week's time) 一个星期内 **2** for this reason 因此: *I've got some news to tell you – hence the letter.* 有消息相告，特修此函。○ *Microwaves have got cheaper and hence more people can afford them.* 微波炉比较便宜了，很多人都买得起。

henceforth /ˌhensˈfɔːθ ‖ ˌhɛnsˈfɔrθ/ (*also* 亦作 **henceforward** /ˌhensˈfɔːwəd ‖ ˌhɛnsˈfɔrwərd/) *adv* (*formal* 正式) from now on; in future 从今以后: *Henceforth all communication should be in writing.* 今后一律书面往来。

henchman /ˈhentʃmən ‖ ˈhɛntʃmən/ *noun* [C] (*pl* **henchmen** /-mən ‖ -mən/) a person who is employed by a political leader to protect him/her and who may do things that are illegal or violent (政界人物所雇用的)保镖/爪牙/亲信: *the dictator and his henchmen* 独裁者及其爪牙

H

henna /ˈhenə ‖ ˈhɛnə/ *noun* [U] a reddish-brown colour (**dye**) that is obtained from a type of plant. Henna is used to colour and decorate the hair, fingernails, etc 散沫花染剂(从散沫花叶提炼出来的棕红色染剂，用来染发、染指甲等)(染料叫做 **dye**)

hepatitis /ˌhepəˈtaɪtɪs ‖ ˌhɛpəˈtaɪtɪs/ *noun* [U] a serious disease of the liver 肝炎

☆**her**[1] /hɜː(r) ‖ hɝ/ *pron* (the object of a verb or preposition 用作动词或介词的宾语) a female person or animal that was mentioned earlier 她；它(指雌性动物): *He told Sue that he loved her.* 他告诉苏珊他爱她。○ *I've got a letter for your mother. Could you give it to her, please?* 我有信给你妈妈。请你交给她，行吗？○ (*informal* 非正式) *That must be her now.* 那一定是她了。☛ Look at **she** and the note at **he**. 参看 **she**，另参看 **he** 的注释。

☆**her**[2] /hɜː(r) ‖ hɝ/ *det* belonging to a female person or animal that was mentioned earlier 她的；它(指雌性动物)的: *That's her book. She left it there this morning.* 那本书是她的，她早上忘在那儿的。○ *Fiona has broken her leg.* 菲奥纳摔断了腿。

hers /hɜːz ‖ hɝz/ *pron* of or belonging to her 她/它的(东西): *I didn't have a swimsuit but Helen lent me hers.* 我自己没有游泳衣，是海伦借给我的。

herald /ˈherəld ‖ ˈhɛrəld/ *noun* [C] a person in former times who gave important messages from a ruler to the people (旧时的)传令官；信使

herald *verb* [T] to be a sign that sb/sth is coming 预示…的来临: *The minister's speech heralded a change of policy.* 部长的讲话预示政策有变动。

heraldry *noun* [U] the study of the history of old and important families and their special family symbols (**coats of arms**) 纹章学(研究家族世系及其纹章)(盾形纹章叫做 **coat of arms**)

herb /hɜːb; *US* 美 ɜːrb ‖ ɝb/ *noun* [C] a plant whose leaves, seeds, etc are used in medicine or for giving food more flavour (作药用或调味用的)药草/芳草: *Add some herbs, such as rosemary and thyme.* 放些香草，比如迷迭香、百里香。☛ Look at **spice**. 参看 **spice**。

herbal /ˈhɜːbl; *US* 美 ˈɜːrbl ‖ ˈɝbl̩/ *adj* made of or using herbs 药草/芳草制的: *herbal tea* 香草茶 ○ *herbal medicine* 草药

herd /hɜːd ‖ hɝd/ *noun* [C] a large number of animals that live and feed together (一起生活、觅食/喂养的)一大群(动物): *a herd of cattle, deer, elephants, etc* 一大群牛/鹿/象…

herd *verb* [T] to move people or animals forward as if they were in a herd 赶(一群人或动物): *The prisoners were herded onto the train.* 那些囚犯给赶上了火车。

☆**here** /hɪə(r) ‖ hɪr/ *adv* **1** (after a verb or a preposition 用于动词或介词后) in, at or to the place where you are or which you are pointing to 在/向这里: *I live here.* 我住在这儿。○ *Come (over) here.* 过来。○ *The school is a mile from here.* 学校离这儿有一英里路。○ *Please sign here.* 请在这里签名。**2** (used for introducing or drawing attention to sb/sth 用以介绍事物或引起注意): *Here is the nine o'clock news.* 这是九点钟新闻报道。○ *Here comes the bus.* 公共汽车来了。○ *Here we are* (= we've arrived). 我们到了。○ *'Are the others coming?' 'Yes, here they are now.'* "其他人都来了没有？" "来了，都在这儿呢。" ☛ Note the word order in the last two examples. We say: *Here are the children* and: *Here they are.* 注意最后两个例子的词序。我们可以说 Here are the children (孩子在这儿)和 Here they are(他们在这儿)。Note also the expression: *Here you are* which is used when we are giving something to somebody 也要注意：把东西递给某人的时候，说 Here you are: *Here you are – this is that book I was talking about.* 拿去吧——这就是我说的那本书。**3** at this point 这时: *Here the speaker stopped and looked around the room.* 这时候，讲话的人停下来，环顾屋内。**4** (used for emphasizing a noun 用以强调名词): *My friend here saw it happen.* 我的朋友亲眼看见这事情发生。○ *I think you'll find this book here very useful.* 依我看，这本书你准用得着。

(IDIOMS 习语) **here and there** in various places 到处: *We could see small groups of people here and there along the beach.* 海滩到处可见一群一群的泳客。

here goes (*informal* 非正式) (used before doing sth exciting, dangerous, etc 进行刺激、

危险等举动前说): *I've never done a backward dive before, but here goes!* 向后跳水我还没尝试过，现在开始跳了！
here's to sb/sth (used for drinking to the health, success, etc of sb/sth 用于敬酒时的祝福语): *Here's to your future happiness!* 祝你们永远幸福！
neither here nor there not important 不重要: *My opinion is neither here nor there. If you like the dress then buy it.* 我的意见无关紧要，这件连衣裙你喜欢的话就买下来吧。
here *interj* (used for attracting sb's attention, when offering help or when giving sth to sb 用以引起注意，或用于提供协助/物件时): *Here! Get down off that wall immediately!* 嘿，快从墙上爬下来！○ *Here, let me help!* 嘿，我来帮你！○ *Here, take this and buy yourself a bar of chocolate.* 嘿，拿去给自己买块巧克力吧。
hereabouts /ˌhɪərəˈbaʊts ‖ ˌhɪrəˈbaʊts/ (*US* 美 **hereabout**) *adv* (*formal* 正式) around here 在附近
hereafter /ˌhɪərˈɑːftə(r); *US* 美 -ˈæf- ‖ hɪrˈæftɚ/ *adv* (*formal* 正式) (used in legal documents, etc 用于法律文件等) from now on; in the future 此后；今后
herewith /ˌhɪəˈwɪð ‖ hɪrˈwɪθ/ *adv* (*formal* 正式) with this letter, etc 随此函: *Please fill in the form enclosed herewith.* 请填写附表。
hereditary /hɪˈredɪtrɪ; *US* 美 -terɪ ‖ həˈrɛdəˌtɛrɪ/ *adj* passed on from parent to child 世袭的；遗传的: *a hereditary disease* 遗传性疾病 ○ *Do you think intelligence is hereditary?* 你看智力是不是遗传的？○ *a hereditary title* (eg that of a duke, that is passed from father to son) 世袭的称号（如父传子的公爵称号）☛ Look at **inherit**. 参看 **inherit**。
heredity /hɪˈredətɪ ‖ həˈrɛdətɪ/ *noun* [U] the passing on of physical or mental features from parent to child 遗传 ☛ Look at **inherit**. 参看 **inherit**。
heresy /ˈherəsɪ ‖ ˈhɛrəsɪ/ *noun* [C,U] (*pl* **heresies**) a (religious) opinion or belief that is against what is generally accepted to be true in the group you belong to 异端；异见
heretic /ˈherətɪk ‖ ˈhɛrətɪk/ *noun* [C] a person who believes a heresy 信奉异端者；异见者 —**heretical** /hɪˈretɪkl ‖ həˈrɛtɪkl/ *adj*
heritage /ˈherɪtɪdʒ ‖ ˈhɛrətɪdʒ/ *noun* [C, usually sing] the traditions, qualities and cultural achievements of a country that have existed for a long time and that have great importance for the country 民族遗产: *The countryside is part of our national heritage.* 郊野田园是我们的民族遗产的一部分。○ *We must preserve our cultural heritage for future generations.* 我们要保存我们的文化遗产，造福后代。
hermit /ˈhɜːmɪt ‖ ˈhɝmɪt/ *noun* [C] a person who prefers to live alone, without contact with other people. In former times people became hermits for religious reasons. 遁世者；隐修士
hernia /ˈhɜːnɪə ‖ ˈhɝnɪə/ (*also* 亦作 **rupture**) *noun* [C,U] the medical condition when an internal organ (eg the bowel) pushes through the wall of muscle which surrounds it 疝（气）（器官/组织从体腔的正常位置向外突出）
☆**hero** /ˈhɪərəʊ ‖ ˈhɪro/ *noun* [C] (*pl* **heroes**) **1** the most important male character in a book, play, film, etc 男主角 ☛ Look at **villain**. 参看 **villain**。**2** a person who has done sth brave or good and who is admired and remembered for it 英雄: *sporting heroes* 体坛俊杰
heroism /ˈherəʊɪzəm ‖ ˈhɛroˌɪzəm/ *noun* [U] great courage or bravery 英勇
heroic /hɪˈrəʊɪk ‖ hɪˈro·ɪk/ *adj* (used about people or their actions 指人或其行为) very brave 英勇: *a heroic effort* 英勇行为 —**heroically** /-klɪ ‖ -klɪ/ *adv*
heroin /ˈherəʊɪn ‖ ˈhɛro·ɪn/ *noun* [U] a drug (produced from morphine) that is used by doctors to stop pain. Some people take heroin for pleasure and then become addicted to it (= they cannot stop using it) 海洛因（由吗啡提炼而成，可作止痛药，也是一种毒品）
heroine /ˈherəʊɪn ‖ ˈhɛro·ɪn/ *noun* [C] **1** the most important female character in a book, play, film, etc 女主角 **2** a woman who has done sth brave or good and who is admired and remembered for it 女英雄；巾帼英雄
herring /ˈherɪŋ ‖ ˈhɛrɪŋ/ *noun* [C] (*pl* **herring** or **herrings**) a small silver fish that swims in large groups (**shoals**) in the sea and that is used for food 鲱（喜成群结队地出没，可供食用）（鱼群叫做 **shoal**）☛ Look at **kipper**. 参看 **kipper**。
(IDIOM 习语) **a red herring** ⇨ RED[1]
hers ⇨ HER[2]
☆**herself** /hɜːˈself ‖ hɚˈsɛlf/ *pron* **1** (used as the object of a verb or preposition when the female person or animal who does an action is also affected by it 用作动词或介词的宾语，表示女性或雌性动物受自己的行为影响): *She hurt herself quite badly when she fell down stairs.* 她从楼梯上跌下来，伤得颇重。○ *Val bought herself a pie for lunch.* 瓦尔买了一个馅饼做午饭。○ *Irene looked at herself in the mirror.* 艾琳照了一照镜子。**2** (used for emphasis 用以强调): *She told me the news herself.* 她亲自告诉我这个消息。○ *Has Rosemary done this herself?* (= or did sb else do it for her?) 这个是罗斯玛丽自己做的吗？**3** in her normal state; healthy 处于正常状态；健康: *She's not feeling herself today* (= she's feeling ill). 她今天不大舒服。
(IDIOM 习语) **(all) by herself 1** alone 独自: *She lives by herself.* 她独居。☛ Look at the note at **alone**. 参看 **alone** 的注释。**2** without help 独力: *I don't think she needs any help – she can change a tyre by herself.* 轮胎她自己也换得了，我看用不着帮她什么。
he's *short for* HE IS, HE HAS ＊ HE IS、HE HAS 的缩约式
hesitant /ˈhezɪtənt ‖ ˈhɛzətənt/ *adj* **hesitant (to do/about doing sth)** slow to speak or act because you are not sure whether you should or not 踌躇；迟疑: *I'm very hesitant about criticizing him too much.* 该不该狠狠地批评他，我实在犹疑不定。○ *a hesitant manner* 举棋不定

H

的态度 —**hesitancy** /-ənsɪ ‖ -ənsɪ/ *noun* [U] —**hesitantly** *adv*

☆**hesitate** /'hezɪteɪt ‖ 'hɛzəˌtet/ *verb* [I] **1 hesitate (about/over sth)** to pause before you do sth or before you take a decision, usually because you are uncertain or worried 踌躇；犹疑: *He hesitated before going into the room.* 他犹疑了一下才走进房间。○ *She's still hesitating about whether to accept the job or not.* 她对是否接受这份工作仍然拿不定主意。○ *Alan replied without hesitating.* 艾伦毫不犹疑地做了回答。**2 hesitate (to do sth)** to be unwilling to do sth because you are not sure that it is right（不知道对不对，所以）不愿意: *Don't hesitate to phone if you have any problems.* 如有问题，请随时来电话查询。

hesitation /ˌhezɪ'teɪʃn ‖ ˌhɛzə'teʃən/ *noun* [C,U] a time when you wait because you are not sure 踌躇；犹疑: *She agreed without a moment's hesitation.* 她马上同意，毫不迟疑。○ *He continued speaking after a slight hesitation.* 他迟疑了一下，继续说下去。

heterogeneous /ˌhetərə'dʒi:nɪəs ‖ ˌhɛtərə-'dʒinɪəs/ *adj* (*formal* 正式) made up of different kinds of people or things 由不同种类的人/事物组成: *the heterogeneous population of the USA* 美国的多种族人口 ☛ The opposite is **homogeneous**. 反义词为 **homogeneous**。

heterosexual /ˌhetərə'sekʃʊəl ‖ ˌhɛtərə-'sɛkʃuəl/ *adj* sexually attracted to a person of the other sex (= a man to a woman or a woman to a man) 异性恋的 ☛ Look at **bisexual** and **homosexual**. 参看 **bisexual** 及 **homosexual**。—**heterosexual** *noun* [C]

het up /het 'ʌp ‖ hɛt 'ʌp/ *adj* (not before a noun 不用于名词前) **het up (about/over sth)** (*informal* 非正式) worried or excited about sth 焦虑；激动: *What are you getting so het up about?* 你急什么？

hew /hju: ‖ hju/ *verb* [I,T] (*pt* **hewed**; *pp* **hewed** or **hewn** /hju:n ‖ hjun/) (*formal* 正式) to cut sth with an axe, sword, etc（用斧、剑等）劈: *roughly hewn stone* 毛石

hexagon /'heksəgən; *US* 美 -gɒn ‖ 'hɛksəˌgɑn/ *noun* [C] a shape with six sides 六边形；六角形 —**hexagonal** /heks'ægənl ‖ hɛks'ægənḷ/ *adj*

hey /heɪ ‖ he/ *interj* (*informal* 非正式) (what you shout when you want to attract sb's attention or to show that you are surprised or interested 用以引起注意或表示惊讶/雀跃) 嘿/喂: *Hey, what are you doing here?* 喂，你在这儿做什么？○ *Hey, I like your new bike!* 嘿，我真喜欢你新买的自行车！

heyday /'heɪdeɪ ‖ 'heˌde/ *noun* [sing] the period when sb/sth was most powerful, successful, rich, etc 黄金时期；全盛时期

hi /haɪ ‖ haɪ/ *interj* (*informal* 非正式) (used as a greeting when you meet sb 用作招呼语) hallo 喂

hibernate /'haɪbəneɪt ‖ 'haɪbɚˌnet/ *verb* [I] (used about animals 指动物) to spend the winter in a state like deep sleep 冬眠 —**hibernation** /ˌhaɪbə'neɪʃn ‖ ˌhaɪbɚ'neʃən/ *noun* [U]

hiccup (*also* 亦作 **hiccough**) /'hɪkʌp ‖ 'hɪkʌp/ *noun* **1** [C] a sudden stopping of the breath with a noise like a cough, usually caused by eating or drinking too quickly 打嗝 **2 (the) hiccups** [plural] a series of hiccups 连续的打嗝: *Don't eat so fast or you'll get hiccups!* 别吃得这么急，不然会打嗝的！○ *I had the hiccups.* 我打嗝儿来着。**3** [C] a small problem or difficulty 小问题: *There's been a slight hiccup in our holiday arrangements but I've got it sorted out now.* 度假的安排出过一些小问题，可是我已经把它解决了。—**hiccup** (*also* 亦作 **hiccough**) *verb* [I]

☆**hide**[1] /haɪd ‖ haɪd/ *verb* (*pt* **hid** /hɪd ‖ hɪd/; *pp* **hidden** /'hɪdn ‖ 'hɪdṇ/) **1** [T] to put or keep sb/sth in a place where he/she/it cannot be seen 遮藏: *Where shall I hide the money?* 我该把钱藏在哪儿？○ *You couldn't see Bill in the photo – he was hidden behind John.* 照片里看不到比尔——他给约翰挡住了。○ *The trees hid the house from view.* 树木挡着房子。**2** [I] to be or get in a place where you cannot be seen or found 躲藏: *Quick, run and hide!* 快跑，躲起来！○ *The child was hiding under the bed.* 小孩躲在床下。**3** [T] **hide sth (from sb)** to keep sth secret so that other people do not know about it 隐瞒: *She tried to hide her disappointment from them.* 她设法掩饰自己的失望心情，不让他们知道。

hiding *noun* [U]

(IDIOM 习语) **be in/go into hiding** to be in or go into a place where you cannot be found 躲藏起来: *She escaped from prison and went into hiding.* 她越狱躲了起来。

hide-and-seek /ˌhaɪdn'si:k ‖ 'haɪdṇ'sik/ *noun* [U] a children's game in which one person hides and the others try to find him/her 捉迷藏

hide[2] /haɪd ‖ haɪd/ *noun* [C,U] the skin of an animal that will be used for making leather, etc（用来制造皮革等的）兽皮

hideous /'hɪdɪəs ‖ 'hɪdɪəs/ *adj* very ugly or unpleasant 丑陋；可憎；可怕: *a hideous sight* 触目惊心的景象 ○ *a hideous crime* 可憎的罪行 ○ (*informal* 非正式) *That new dress she's got is hideous.* 她那条新连衣裙很难看。—**hideously** *adv* —**hideousness** *noun* [U]

hiding /'haɪdɪŋ ‖ 'haɪdɪŋ/ *noun* [C] (*informal* 非正式) a beating that is given as a punishment（作为惩罚的）一顿痛打: *You deserve a good hiding for what you've done.* 你干出这种事来，该打一顿。

hierarchy /'haɪərɑ:kɪ ‖ 'haɪəˌrɑrkɪ/ *noun* [C] (*pl* **hierarchies**) a system or organization that has many grades or ranks from the lowest to the highest 等级制度 —**hierarchical** /ˌhaɪə'rɑ:kɪkl ‖ ˌhaɪə'rɑrkɪkḷ/ *adj*

hieroglyphics /ˌhaɪərə'glɪfɪks ‖ ˌhaɪərə'glɪfɪks/ *noun* [plural] the system of writing that was used in ancient Egypt in which a type of picture represents a word or sound（古埃及的）象形文字

hi-fi /'haɪfaɪ ‖ 'haɪ'faɪ/ *adj* (*informal* 非正式) = HIGH FIDELITY: *a hi-fi set* 一套高保真度音响设备

higgledy-piggledy /ˌhɪgldɪ'pɪgldɪ ‖ 'hɪgḷdɪ-'pɪgḷdɪ/ *adv, adj* (*informal* 非正式) not in any order; mixed up together 杂乱无章；乱七八糟: *The books were piled up higgledy-piggledy on her desk.* 那些书本横七竖八地堆在她的桌上。

☆**high**[1] /haɪ ‖ haɪ/ *adj* **1** (used about things 指物) measuring a great amount from the bottom to the top 高（从下向上距离大）: *high cliffs* 悬崖 ○ *What's the highest mountain in the world?* 全球哪座山最高？○ *high heels* (= on shoes) 高的鞋后跟 ○ *The garden wall was so high that we couldn't see over it.* 花园的围墙太高了，挡着我们的视线。☛ Look at **height**, **low** and the note at **tall**. 参看 **height**、**low**；另参看 **tall** 的注释。**2** having a particular height 有某高度: *The hedge is one metre high.* 这道树篱有一米高。○ *knee-high boots* 高及膝盖的靴子 **3** at a level which is a long way from the ground, or from sea level 高（离地面/海面远）: *Keep medicines on a high shelf where children cannot reach them.* 把药物放在孩子够不着的橱架上。○ *The castle was built on high ground.* 这座城堡筑在高地上。**4** above the usual or normal level or amount 高（在一般或正常水平/数量之上）: *high prices* 高价 ○ *at high speed* 以高速 ○ *a high level of unemployment* 高失业率 ○ *high-quality goods* 优质货品 ○ *He's got a high temperature.* 他发烧了。○ *Oranges are high in vitamin C.* 橙含有丰富的维生素C。**5** good or favourable 良好；赢得赞许: *Her work is of a very high standard.* 她的作品水准很高。○ *He has a high opinion of you.* 他对你的评价很高。**6** having an important position or rank 职位或等级高: *We shall have to refer the matter to a higher authority.* 我们得把这件事情转呈上级。**7** morally good 崇高: *high ideals* 崇高的理想 **8** (used about a sound or voice 指声音或嗓音) not deep or low 尖；高: *She sang the high notes beautifully.* 她唱高音唱得很好听。**9 high (on sth)** (*informal* 非正式) under the influence of drugs, alcohol, etc（受毒品、酒精等影响）变得亢奋 **10** (not before a noun 不用于名词前) (used about some kinds of food 指某些食物) beginning to go bad 开始变质: *That cheese smells a bit high.* 那块干酪有点馊。**11** (used about a gear in a car 指汽车的排挡) that allows a faster speed 高速

ˌ**high-ˈclass** *adj* **1** of especially good quality 优质: *a high-class restaurant* 高级饭馆 **2** (used about a person 指人) having a high(6) position in society 社会地位高

ˌ**High ˈCourt** *noun* [C] the most important court of law 高等法院

ˌ**higher eduˈcation** *noun* [U] education at a university or polytechnic 高等教育

ˌ**high fiˈdelity** (*also* 亦作 ˈ**hi-fi**) *adj* (only *before* a noun 只用于名词前) (used about electrical equipment for playing records, cassettes, CDs, etc 指唱机、录音机、激光唱机等) producing high-quality sound 高保真度

ˈ**high-jump** *noun* [sing] the sport in which people try to jump over a bar in order to find out who can jump the highest 跳高 ☛ Look at **long-jump**. 参看 **long-jump**。

ˈ**highland** /-lənd ‖ -lənd/ *adj* **1** in or connected with mountainous regions（在）高地/高原的: *highland streams* 高地的溪流 ☛ Look at **lowland**. 参看 **lowland**。**2 the Highlands** [plural] the mountainous part of Scotland 苏格兰高地

ˌ**high-ˈlevel** *adj* involving important people 涉及重要人士/上层: *high-level talks* 高层会谈

ˌ**high-ˈpowered** *adj* **1** (used about things 指物件) having great power 大功率: *a high-powered engine* 大功率的引擎 **2** (used about people 指人) important and successful 重要及成功: *high-powered executives* 高级行政人员

ˌ**high ˈpressure** *noun* [U] the condition of the atmosphere when the pressure of the air is above normal 高气压

ˈ**high school** *noun* [C,U] (*especially US* 尤为美) a secondary school 中学

ˈ**high street** *noun* [C] (*Brit* 英) (often used in names 常用于名称) the main street of a town 大街

ˌ**high-ˈtech** *adj* (*informal* 非正式) **1** using a lot of modern equipment, especially computers 高技术的（尤指运用计算机技术的）**2** using designs or styles taken from industry, etc; very modern 使用工业设计；先进

ˌ**high ˈtide** *noun* [U] the time when the sea comes closest to the shore 涨潮

☆**high**[2] /haɪ ‖ haɪ/ *adv* **1** at or to a high position or level 在/往高处: *The sun was high in the sky.* 烈日当空。○ *I can't jump any higher.* 我不能跳得再高了。○ *The plane flew high overhead.* 飞机在上空飞过。○ *You should aim high.* 你要立下大志。**2** (used about a sound 指声音) at a high level 音调高: *How high can you sing?* 你的嗓门有多高？

(IDIOM 习语) **high and low** everywhere 到处: *We've searched high and low for the keys.* 那串钥匙我们什么地方都找遍了。

☆**high**[3] /haɪ ‖ haɪ/ *noun* [C] **1** a high level or point 高水平；高点: *Profits reached an all-time high last year.* 去年的盈利创下了新纪录。**2** an area of high atmospheric pressure 高气压地带；反气旋: *A high over the Atlantic will move towards Britain in the next few days.* 未来几天，大西洋上空的一个反气旋将移向英国。**3** (*slang* 俚语) a feeling of great pleasure or happiness that may be caused by a drug, alcohol, etc（喝酒、吸毒等后的）亢奋

(IDIOM 习语) **on high** (*formal* 正式) (in) a high place, the sky or heaven（在）高处/天空/天堂: *The order came from on high.* 上面来的命令。○ *God on high* 上帝

highbrow /ˈhaɪbraʊ ‖ ˈhaɪˌbrau/ *noun* [C] a person who is interested in serious intellectual things 文化修养高的人 —**highbrow** *adj*: *highbrow books* 文化水平高的书籍

highlight /ˈhaɪlaɪt ‖ ˈhaɪˌlaɪt/ *noun* **1** [C] the best or most interesting part of sth 最佳/最有趣的部分: *The highlights of the match will be shown on TV tonight.* 电视台今晚将播映这场比赛的精彩片段。**2 highlights** [plural] areas of lighter colour that are put in a person's hair（头发的）染上浅色的部分

highlight *verb* [T] to give special attention to sth 特别注意；强调: *The report highlighted the need for improved safety at football grounds.* 这份报告强调必须改善足球场的安全措施。

H

☆**highly** /'haɪlɪ ‖ 'haɪlɪ/ *adv* **1** to a high degree; very 高度；非常: *The film was highly amusing.* 这部电影十分引人发笑。○ *The disease is highly contagious.* 这种疾病极易传染。**2** (very) well or favourably 极赞赏: *I think highly of your work* (= I have a good opinion of it). 我非常满意你的工作表现。○ *a highly-paid job* 高薪工作

ˌ**highly-'strung** *adj* (used about a person or animal 指人或动物) very nervous and excitable 神经紧张；易激动

Highness /'haɪnɪs ‖ 'haɪnɪs/ *noun* [C] (*pl* **Highnesses**) a title used when speaking about or to a member of a royal family 对王室成员的尊称: *Her Highness the Duchess of Kent* 肯特公爵夫人殿下 ○ *Their Royal Highnesses the Prince and Princess of Wales* 威尔士亲王暨王妃殿下

highway /'haɪweɪ ‖ 'haɪˌwe/ *noun* [C] (*especially US* 尤为美) a main road (between towns)（市镇之间的）公路 ☛ Look at the note at **road**. 参看 **road** 的注释。

hijack /'haɪdʒæk ‖ 'haɪˌdʒæk/ *verb* [T] to take control of a plane, etc by force, usually for political reasons 劫持（飞机等）（通常因政治理由）: *The plane was hijacked on its flight to Sydney.* 飞机在飞往悉尼途中被劫持。

hijacker *noun* [C] a person who hijacks a plane, etc 劫持者

hijacking *noun* [C,U] an occasion when a plane, etc is hijacked 飞机等的劫持: *Measures are being taken to prevent hijacking.* 正在采取措施防止劫持事件。

hike /haɪk ‖ haɪk/ *noun* [C] a long walk in the country 郊外远足 —**hike** *verb* [I] ☛ **Go hiking** is used when you are talking about spending time hiking 远足旅行叫 **go hiking**: *They went hiking in Wales for their holiday.* 他们在威尔士远足度假。—**hiker** *noun* [C]

hilarious /hɪ'leərɪəs ‖ hə'lɛrɪəs/ *adj* very funny 滑稽；有趣 —**hilariously** *adv*

hilarity /hɪ'lærətɪ ‖ hə'lærətɪ/ *noun* [U] great amusement or loud laughter 欢乐；欢笑

☆**hill** /hɪl ‖ hɪl/ *noun* [C] a high area of land that is not as high (or as rocky) as a mountain 山丘: *There was a wonderful view from the top of the hill.* 从小山顶远望，景致非常壮观。○ *Tim enjoys walking in the hills.* 蒂姆喜欢在山里散步。○ *I had to push my bike up the hill – it was too steep to ride.* 上山坡的路太斜了，我不得不推着自行车走。☛ Note the words **uphill** and **downhill** (*adj, adv*) 注意 **uphill** 和 **downhill**（形容词、副词）: *an uphill climb* 上山 ○ *I like riding downhill on my bike.* 我爱骑自行车下山。

hilly /'hɪlɪ ‖ 'hɪlɪ/ *adj* (**hillier**; **hilliest**) having many hills 多小山: *The country's very hilly around here.* 附近一带有很多小山。

'**hillside** *noun* [C] the sloping side of a hill（小山的）山坡: *a house built on the hillside* 筑在山坡上的房子

'**hilltop** *noun* [C] the top of a hill（小山的）山顶

hilt /hɪlt ‖ hɪlt/ *noun* [C] the handle of a sword, etc（剑等的）柄

(IDIOM 习语) **(up) to the hilt** to a high degree or completely 高度；完全: *I'll support you to the hilt.* 我全力支持你。

☆**him** /hɪm ‖ hɪm/ *pron* (the object of a verb or preposition 用作动词或介词的宾语) a male person or animal that was mentioned earlier 他；它（指雄性动物）: *Helen told Ian that she loved him.* 海伦向伊恩表示了爱意。○ *I've got a letter for your father – can you give it to him, please?* 我有信给你爸爸，你可以交给他吗？○ (*informal* 非正式) *That must be him now.* 那一定是他了。☛ Look at the note at **he**. 参看 **he** 的注释。

☆**himself** /hɪm'self ‖ hɪm'sɛlf/ *pron* **1** (used as the object of a verb or preposition when the male person or animal who does an action is also affected by it 用作动词或介词的宾语，表示男性或雄性动物受自己的行为影响): *He cut himself when he was shaving.* 他刮脸的时候把自己割伤了。○ *He's bought himself a new sweater.* 他给自己买了一件针织套衫。○ *John looked at himself in the mirror.* 约翰照了照镜子。☛ picture at **each other**. 见 **each other** 插图。**2** (used for emphasis 用以强调): *He told me the news himself.* 他亲自告诉我这个消息。○ *The minister himself came to see the damage.* 部长亲自来视察灾情。○ *Did he write this himself?* (= or did sb else do it for him?) 这个是不是他自己写的？**3** in his normal state; healthy 处于正常状态；健康: *He's not feeling himself today* (= he's feeling ill). 他今天不大舒服。

(IDIOM 习语) **(all) by himself 1** alone 独自: *He lives by himself.* 他独居。☛ Look at the note at **alone**. 参看 **alone** 的注释。**2** without help 独力: *He should be able to cook a meal by himself.* 他应该能够自己做一顿饭。

hind /haɪnd ‖ haɪnd/ *adj* (used about an animal's legs, etc 指动物的腿等) at the back 在身体后部的 ☛ We also say **back legs**. 后肢也叫 **back leg**。The legs at the front are **front legs** or **forelegs**. 前肢叫 **front leg** 或 **foreleg**。

hinder /'hɪndə(r) ‖ 'hɪndɚ/ *verb* [T] to make it more difficult for sb/sth to do sth 阻碍: *A lot of scientific work is hindered by lack of money.* 由于经费缺乏，很多科研工作都受到影响。

hindrance /'hɪndrəns ‖ 'hɪndrəns/ *noun* [C] a person or thing that makes it difficult for you to do sth 障碍；阻碍者；阻碍物: *Mark wanted to help me but he was more of a hindrance than a help.* 马克想帮我，却越帮越忙。

hindsight /'haɪndsaɪt ‖ 'haɪndˌsaɪt/ *noun* [U] knowing afterwards why sth bad happened and how you could have stopped it happening 事后的认识/领悟: *It's very easy to criticize with the benefit of hindsight.* 事后聪明人人都会。☛ Look at **foresight**. 参看 **foresight**。

Hindu /ˌhɪn'du:; *US* 美 'hɪndu: ‖ 'hɪndu/ *noun* [C] a person whose religion is Hinduism 印度教徒 —**Hindu** *adj*: *Hindu beliefs* 印度教信条

Hinduism /'hɪndu:ɪzəm ‖ 'hɪnduˌɪzəm/ *noun* [U] the main religion of India. Hindus believe in many gods and that, after death, people

H

will return to life in a different form 印度教（印度的主要宗教，是一种多神教，相信转世之说）

hinge[1] /hɪndʒ ‖ hɪndʒ/ *noun* [C] a piece of metal that joins two sides of a box, door, etc together and allows it to be opened or closed 合叶

hinge 合叶

hinge[2] /hɪndʒ ‖ hɪndʒ/ *verb*
(PHRASAL VERB 短语动词) **hinge on sth** to depend on sth 取决于某事物: *The future of the project hinges on the meeting today.* 这个工程的前途取决于今天的会议。

hint /hɪnt ‖ hɪnt/ *noun* [C] **1** something that you suggest in an indirect way 暗示；提示: *She kept looking at her watch as a hint that it was time to go.* 她频频看表，示意现在该走了。**2** a small amount of sth 小量: *There was a hint of sadness in his voice.* 他的声音里带着些许哀愁。**3** a piece of advice or information 供参考的意见/资料: *The magazine had some helpful hints about how to make your own clothes.* 杂志里面有一些有用的指点，教读者如何自己动手做衣服。

hint *verb* [I,T] to suggest sth in an indirect way 暗示；提示: *They only hinted at their great disappointment.* 他们虽然很失望，却只是略作暗示而已。○ *He hinted that he might be moving to Greece.* 他暗示他也许会移居希腊。

hip[1] /hɪp ‖ hɪp/ *noun* [C] the part of the side of your body above your legs and below your waist 臀部: *He stood there angrily with his hands on his hips.* 他愤怒地两手叉腰站在那里。○ *What do you measure round the hips?* 你的臀围是多少？○ *She broke her hip* (= the bone inside her hip) *when she fell.* 她跌伤了髋骨。☛ picture on page A21. 见第 A21 页插图。

hip[2] /hɪp ‖ hɪp/ *interj*
(IDIOM 习语) **hip, hip, hurrah/hurray** (used when a group wants to show that it is pleased with sb or with sth that has happened 人群发出的欢呼)好啊: *'Three cheers for David. He's done a great job. Hip, hip...' 'Hurray!'* "大卫干得好，我们为他连呼三声好啊，好啊…" "好啊！"

hippie (*also* 亦作 **hippy**) /'hɪpɪ ‖ 'hɪpɪ/ *noun* [C] (*pl* **hippies**) a person who does not share the same ideas and values as most people in society. Hippies show that they are different by wearing long hair, colourful clothes, etc and sometimes by living in groups. 嬉皮士（不接受一般人的思想及价值观，喜欢蓄长发及穿奇装异服，有时过群居生活）

hippopotamus /ˌhɪpə'pɒtəməs ‖ ˌhɪpə'pɑtəməs/ *noun* [C] (*pl* **hippopotamuses** /-məsɪz ‖ -məsɪz/ or **hippopotami** /-maɪ ‖ -ˌmaɪ/) (also *informal* 非正式 **hippo** /'hɪpəʊ ‖ 'hɪpo/ (*pl* **hippos**)) a large African river animal with a large head and short legs and thick dark skin 河马（产于非洲）

☆**hire** /'haɪə(r) ‖ haɪr/ *verb* [T] **1** (*US* 美 **rent**) **hire sth (from sb)** to have the use of sth for a short time by paying for it 短暂租用 ☛ In British English, you **hire** something for a short time 英国英语里，租用的时间比较短的，用 **hire**: *We hired a car for the day.* 为那天用车我们租了一辆。○ *I hired a suit for the wedding* 为了婚礼我租了一套礼服 but **rent** something if the period of time is longer 租用的时间比较长的，用 **rent**: *rent a television, video, etc* 租电视机/录像机… ○ *rent a house, flat, holiday cottage, etc* 租房子/公寓/度假小屋…。In American English **rent** is used in both situations. 美国英语里，两种情况都用 **rent**。**2** to give sb a job for a short time 短期雇用（某人）: *We'll have to hire somebody to mend the roof.* 我们要雇人修理一下屋顶。☛ In American English **hire** is also used for talking about permanent jobs 美国英语里，长期聘请也用 **hire**: *We just hired a new secretary.* 我们刚刚请了一位秘书。**3** (*US* 美 **rent**) **hire sth (out) (to sb)** to allow sb to use sth for a short fixed period in exchange for money 短暂租出: *We hire (out) our vans by the day.* 我们按日出租运货车。☛ In British English, **rent** or **let** is used if the period of time is longer 英国英语里，出租的时间比较长的，用 **rent** 或 **let**: *Mrs Higgs rents out rooms to students.* 希格斯太太向学生出租房间。○ *We let out our house while we were in France for a year.* 我们住在法国那一年，把家里的房子租给了别人。

hire *noun* [U] (the cost of) hiring 租用；雇用；租/雇用的费用: *The hire of the hall is £3 an hour.* 礼堂的租金每小时3英镑。○ *Car hire is expensive in this country.* 这里租车费用很高。○ *Bicycles for hire!* 自行车出租！○ *a hire car* 供出租的汽车

ˌ**hire 'purchase** *noun* [U] (*Brit* 英) (*abbr* 缩写 **HP**) a way of buying goods. You do not pay the full price at once but make regular small payments (**instalments**) until the full amount is paid 分期付款（每期付款叫做 **instalment**）: *We're buying the video on hire purchase.* 我们这台录像机是以分期付款的方式购买的。

☆**his** /hɪz ‖ hɪz/ *det* belonging to a male person or animal that was mentioned earlier 他的；它（指雄性动物）的: *That's his book. He left it there this morning.* 那本书是他的，他早上忘在那儿的。○ *Matthew has hurt his shoulder.* 马修伤了肩膀。

his /hɪz ‖ hɪz/ *pron* of or belonging to him 他/它的（东西）: *This is my book so that one must be his.* 这本书是我的，那么那本准是他的。○ *Father has a lot of ties so I borrowed one of his.* 爸爸有好多领带，我跟他借了一条。☛ Look at the note at **he**. 参看 **he** 的注释。

hiss /hɪs ‖ hɪs/ *verb* **1** [I,T] to make a sound like a very long 's' to show that you are angry or do not like sth 发出嘶嘶声（以示愤怒或不满）: *The goose hissed at me.* 那只鹅向我嘶嘶地叫。○ *The speech was hissed and booed.* 那段讲话被人喝倒彩。**2** [T] to say sth in an angry hissing voice 用愤怒的嘘声说出: *'Stay away from me!' she hissed.* 她咬牙切齿地说："滚开！" —**hiss** *noun* [C]

historian /hɪ'stɔːrɪən ‖ hɪs'tɔrɪən/ *noun* [C] a person who studies history 历史学者；历史学家

H

historic /hɪˈstɒrɪk; *US* 美 -ˈstɔːr- ‖ hɪsˈtɔrɪk/ *adj* famous or important in history 历史上著名的；历史上有重要意义的: *The opening of the Berlin Wall was a historic occasion.* 柏林墙的拆除堪称一件历史大事。

☆**historical** /hɪˈstɒrɪkl; *US* 美 -ˈstɔːr- ‖ hɪsˈtɔrɪkḷ/ *adj* **1** connected with history or the study of history 与历史/史学有关的: *There is very little historical evidence about the life of Christ.* 关于耶稣的生平事迹，历史上的记载少得很。○ *This house has great historical interest.* 这座房子很有历史价值。**2** that really lived or happened 真有其人；真有其事: *Was Robin Hood really a historical figure?* 罗宾汉真有其人吗？○ *historical events* 历史事件 —**historically** /-klɪ ‖ -klɪ/ *adv*

☆**history** /ˈhɪstrɪ ‖ ˈhɪstrɪ/ *noun* (*pl* **histories**) **1** [U] the study of past events and social, political and economic developments 史学: *She has a degree in history.* 她有一个历史学学位。○ *History was my favourite subject at school.* 我念书的时候最爱历史这一科。○ *a history teacher* 历史科老师 **2** [U] events of the past (when you are thinking of them as a whole) 历史: *History often repeats itself.* 历史常常重演。○ *an important moment in history* 历史上重要的一刻 ☛ Look at **natural history**. 参看 **natural history**。**3** [C] a written description of past events 以往事件的记载: *a new history of Europe* 一部新的欧洲史 **4** [C, usually sing] the series of events or facts that is connected with a person, place or thing（与某人、某地或某事物有关的）一连串事件: *There is a history of heart disease in our family.* 我们家有心脏病家族病史。☛ **History** is something true that really happened. * **history**（历史）是过去的事实。A **story** is a description of a series of events that may or may not have happened. * **story**（故事）可以是真实的，也可以是虚构的。

☆**hit**[1] /hɪt ‖ hɪt/ *verb* [T] (*pres part* **hitting**; *pt, pp* **hit**) **1** to touch sb/sth with a lot of force 打: *'Don't hit me,' she begged.* 她哀求说："别打我。" ○ *The old man was hit by a car while he was crossing the road.* 那个老人过马路的时候给汽车撞倒了。○ *Someone hit her on the head and stole her handbag.* 她脑袋被人打了一下，手提包也给抢走了。○ *to hit a ball with a bat* 用球拍打球 ○ (*figurative* 比喻) *The smell of burning hit her as she entered the room.* 她一走进房间就闻到了焦糊味。○ (*figurative* 比喻) *Things were going really well until we hit this problem.* 我们遇上这问题之前，事情一直进展得很顺利。☛ **Strike** is a more formal word than **hit**. 与 **hit** 相比，**strike** 适用于较正式的场合。**Beat** means to hit many times 连续地打叫 **beat**: *He was badly beaten in the attack.* 他遇袭击遭人毒打。**2 hit sth (on/against sth)** to knock a part of your body, etc against sth 使（身体的某部分）撞在…: *Peter hit his head on the low beam.* 彼得一头撞在矮梁上。**3** to have a bad effect upon sb/sth 对…有恶劣影响: *Inner city areas have been badly hit by unemployment.* 旧城区失业问题严重。○ *Her father's death has hit her very hard.* 她爸爸的死使她大受打击。**4** to find or reach sth 找到；到达: *If you follow this road you should hit the motorway in about ten minutes.* 沿着这条路一直走，十分钟左右就可以到达高速公路。○ *The price of oil hit a new high yesterday.* 昨天油价创了新高价。

(IDIOMS 习语) **hit it off (with sb)** (*informal* 非正式) to like sb when you first meet him/her 初次见面的时候就喜欢某人: *When I first met Tony's parents, we didn't really hit it off.* 我第一次见托尼的爸妈时，跟他们不大合得来。

hit the nail on the head to say sth that is exactly right 说得好；一针见血

(PHRASAL VERBS 短语动词) **hit back (at sb/sth)** to attack (with words) sb who has attacked you（用言辞）反击（某人）: *The Prime Minister hit back at his critics.* 首相对批评他的人作了反驳。

hit out (at sb/sth) to attack sb/sth 抨击或袭击（某人/某事物）: *The man hit out at the policeman.* 那个男人袭击警察。○ *The newspapers hit out at the company for its poor safety record.* 报纸批评这家公司一直漠视员工的安全。

ˌ**hit-and-ˈrun** *adj* **1** (used about a car driver 指汽车司机) causing an accident and not stopping to see if anybody is hurt 肇事后不顾而去的 **2** (used about a road accident 指交通事故) caused by a hit-and-run driver 为肇事后不顾而去的司机所导致的

ˌ**hit-or-ˈmiss** (*also* 亦作 ˌ**hit-and-ˈmiss**) *adj* (*informal* 非正式) not well organized; careless 安排不周；漫不经心: *She works in rather a hit-and-miss way, I'm afraid.* 看来她做得很马虎。

☆**hit**[2] /hɪt ‖ hɪt/ *noun* [C] **1** the act of hitting sth; a blow 打；打击: *The ship took a direct hit and sank.* 那艘船被直接命中后就沉下去了。○ *What a brilliant hit!* (eg in a game of cricket or baseball) 好球！☛ Look at **miss**. 参看 **miss**。**2** a person or thing that is very popular or successful 十分流行或成功的人/事物: *He was quite a hit in America.* 他在美国很受欢迎。○ *The record was a smash hit.* 这张唱片一鸣惊人，甚受欢迎。

(IDIOM 习语) **make a hit (with sb)** (*informal* 非正式) to make a good impression on sb or to cause sb to like you 给某人留下好感

hitch[1] /hɪtʃ ‖ hɪtʃ/ *verb* **1** [I,T] (*informal* 非正式) to get free rides in other people's cars as a way of travelling cheaply 免费搭车；搭便车: *They hitched a lift in a lorry to London.* 他们截了一辆卡车搭便车到伦敦去了。**2** [T] to fasten sth to sth else 把…系到…去: *The horses were hitched to the fence.* 那些马匹给拴在栅栏上了。○ *to hitch a trailer to the back of a car* 把拖车拴在汽车后面

ˈ**hitchhike** *verb* [I] to travel by getting free rides in other people's cars 免费搭车；搭便车: *He hitchhiked across Europe.* 他搭便车环游欧洲。

ˈ**hitchhiker** *noun* [C]

hitch[2] /hɪtʃ ‖ hɪtʃ/ *noun* [C] a small problem or difficulty 小问题: *The wedding went off without a hitch.* 婚礼进行得很顺利。○ *a technical hitch* 技术故障

hitherto /ˌhɪðəˈtuː ‖ ˌhɪðɚˈtu/ *adv* (*formal* 正式) until now 直至现在为止

hive /haɪv ‖ haɪv/ *noun* [C] = BEEHIVE

hiya /ˈhaɪjə ‖ ˈhaɪjə/ *interj* (*especially US informal* 尤为美，非正式) (used as a greeting when you meet sb 招呼语) hallo 喂

h'm /hm ‖ hm/ *interj* (used when you are not sure or when you are thinking about sth 表示不肯定或正在想什么) 嗯

hoard /hɔːd ‖ hɔrd/ *noun* [C] a store of money, food, etc 储藏起的一批钱财/食物等: *a hoard of treasure* 一批宝藏

hoard *verb* [I,T] **hoard (sth) (up)** to collect and store large quantities of sth (often secretly) （常指秘密地）聚藏（大量物品）

hoarding /ˈhɔːdɪŋ ‖ ˈhɔrdɪŋ/ (*US* 美 **billboard**) *noun* [C] a large board in the street where advertisements are put（街上的）大型广告牌

hoarse /hɔːs ‖ hɔrs/ *adj* **1** (used about a voice 指嗓音) sounding rough and quiet, eg because you have a cold 嘶哑: *a hoarse whisper* 嘶哑的耳语 **2** (used about people 指人) with a hoarse voice 嗓音嘶哑: *The spectators shouted themselves hoarse.* 观众把嗓子都喊哑了。—**hoarsely** *adv*

hoax /həʊks ‖ hoks/ *noun* [C] a trick that is played on sb 骗局；恶作剧: *The fire brigade answered the call, but found that it was a hoax.* 消防队接到电话赶到现场，才知道是个恶作剧。

hob /hɒb ‖ hɑb/ *noun* [C] the flat surface on the top of a cooker that is used for boiling, frying, etc 炉具上部用来煎煮食物的平面搁架

hobble /ˈhɒbl ‖ ˈhɑbl/ *verb* [I] to walk with difficulty because your feet or legs are hurt 跛行: *He hobbled home on his twisted ankle.* 他扭伤了脚踝，一瘸一拐地走回家去。

☆**hobby** /ˈhɒbɪ ‖ ˈhɑbɪ/ *noun* [C] (*pl* **hobbies**) something that you do regularly for pleasure in your free time 爱好；嗜好: *The children's hobbies are swimming and stamp-collecting.* 这些孩子的爱好就是游泳、集邮。

hockey /ˈhɒkɪ ‖ ˈhɑkɪ/ *noun* [U] **1** a game that is played on a field (**a pitch**) by two teams of eleven players who try to hit a small hard ball into a goal with a curved wooden stick (**a hockey stick**) 曲棍球（有两支比赛队伍，每队十一人，双方在球场 (**pitch**) 上用形状弯曲的曲棍球球棍 (**hockey stick**) 把球打进对方球门）☛ In the US hockey is usually called **field hockey** to distinguish it from **ice hockey**. 在美国，为了把曲棍球跟冰上曲棍球 (**ice hockey**) 区别开来，一般都用 **field hockey** 来指曲棍球。**2** (*US* 美) = ICE HOCKEY

hoe /həʊ ‖ ho/ *noun* [C] a garden tool with a long handle that is used for turning the soil and for removing weeds（园艺用的）锄头

hog /hɒg; *US* 美 hɔːg ‖ hɔg/ *noun* [C] (*US* 美) a male pig that is kept for its meat（饲养作食用的）公猪 ☛ Look at the note at **pig**. 参看 **pig** 的注释。

hog *verb* [T] (ho**gg**ing; ho**gg**ed) (*informal* 非正式) to take or keep too much or all of sth in a selfish way（自私地）多取/多占/霸占（某物）: *Don't hog the bathroom when everyone's getting ready to go out!* 人人都要准备出门，你别一个人独占浴室！○ *The red car was hogging the middle of the road so no one could overtake.* 那辆红色汽车在马路中央行驶，其他汽车都无法超过它。

Hogmanay /ˈhɒgmənеɪ ‖ ˌhɑgməˈne/ *noun* [C] the Scottish name for New Year's Eve (31 December) and the celebrations that take place then 除夕（12月31日）及当天的庆祝活动（苏格兰用语）

hoist /hɔɪst ‖ hɔɪst/ *verb* [T] to raise or lift sth by using ropes, etc（用绳索等）升起/吊起: *to hoist a flag, sail, etc* 升旗/帆等

☆**hold**[1] /həʊld ‖ hold/ *verb* (*pt, pp* **held** /held ‖ hɛld/) **1** [T] to take sb/sth and keep him/her/it in your hand, etc 拿着；握着；抱着: *He held a gun in his hand.* 他手中拿着枪。○ *The woman was holding a baby in her arms.* 那个妇人怀中抱着婴儿。○ *He manages to write by holding the pen between his teeth.* 他咬着笔杆写字，好不容易才把字写出来。○ *Hold my hand. This is a busy road.* 这条路车子多，拉住我的手。**2** [T] to keep sth in a certain position 把…保持在某个位置上: *Hold your head up straight.* 抬起头来。○ *Hold the camera still or you'll spoil the picture.* 端稳相机别动，要不就会拍坏的。○ *These two screws hold the shelf in place.* 这两枚螺钉把架子钉得很牢固。**3** [T] to keep a person in a position or place by force 用武力迫使某人留在某位置或地方；拘留: *The terrorists are holding three men hostage.* 恐怖分子胁持着三名男人质。○ *A man is being held at the police station.* 一名男子仍被警局扣押。**4** [I, T] to contain or have space for a particular amount 容纳；装得下: *The car holds five people.* 这辆汽车坐得下五个人。○ *How much does this bottle hold?* 这个瓶子容量是多少？**5** [T] to have sth (usually in an official way) 持有: *Does she hold a British passport?* 她有没有持英国护照？○ *She holds the world record in the 100 metres.* 她保持着100米短跑的世界纪录。**6** [T] to have an opinion, etc 抱有（见解等）: *They hold the view that we shouldn't spend any more money.* 他们认为，我们不该再花钱了。**7** [I] to remain the same 持续；保持: *I hope this weather holds till the weekend.* 这样的天气能一直维持到周末就好了。○ *What I said still holds, nothing has changed.* 我说过的仍算数，什么也没改变。**8** [T] to believe that sth is true about a person 认为；相信: *I hold the parents responsible for the child's behaviour.* 我认为父母应该对儿女的行为负责任。**9** [T] to organize an event 筹办；举行: *They're holding a party for his fortieth birthday.* 他们要举办一个酒会，为他庆祝四十岁生日。○ *The elections will be held in the autumn.* 选举定于秋季举行。**10** [I,T] (when you are telephoning) to wait until the person you are calling is ready 不挂断电话（等对方接听）: *I'm afraid his phone is engaged. Will you hold the line?* 他的电话占线，请等一等，不要挂线。**11** [T] to have a conversation 进行谈话: *It's impossible to hold a conversation with all this noise.* 这么乱哄哄的，无法谈话。

(IDIOM 习语) **Hold it!** Wait! Don't move! 站住！别动！

H

☛ For other idioms containing **hold**, look at the entries for the nouns, adjectives, etc, eg **hold your own** is at **own**. 查阅含有 **hold** 一词的其他习语，参看有关名词、形容词等的词条，如 **hold your own** 可参看 **own** 的词条。

(PHRASAL VERBS 短语动词) **hold sb/sth back** **1** to prevent sb from making progress 阻碍 **2** to prevent sb/sth from moving forward 阻止…前进: *The police tried to hold the crowd back.* 警察努力把人群挡住。

hold sth back not give information 隐瞒；保守秘密: *The police are sure that she is holding something back. She knows much more than she is saying.* 警察认为她必定在隐瞒着什么，她知道的远远不止她说出来的事情。

hold on **1** to wait 等候: *Hold on. I'll be with you in a minute.* 等一等，我马上就来。**2** to manage in a difficult or dangerous situation 在困难/危险的情况下坚持下去: *They managed to hold on until a rescue party arrived.* 他们好不容易坚持到救援队到达。

hold on to sb/sth not let go of sb/sth 紧紧抓住某人/某事物: *The child held on to his mother; he didn't want her to go.* 小孩扯着他妈妈不让她走开。

hold on to sth not give or sell sth 不给/不卖某物: *They've offered me a lot of money for this painting, but I'm going to hold on to it.* 这幅画人家出高价要我卖，不过我还是不卖。

hold out to last (in a difficult situation) (在困境中) 维持/坚持: *How long will our supply of water hold out?* 我们剩下来的水够喝多少天？

hold sth out to offer sth by moving it towards sb 把某物递给某人: *He held out a sweet and offered it to the girl.* 他递过去一块糖给那个女孩。

hold out for sth to continue to ask for sth 不断要求某事物

hold sb/sth up to make sb/sth late 延误某人/某事物: *We were held up by the traffic.* 塞车把我们耽误了。

hold up sth to rob sth, using a gun, etc (用枪等) 抢劫: *Masked men held up a bank in South London yesterday.* 昨天有一帮蒙面歹徒打劫伦敦南部的一家银行。

ˈ**hold-up** *noun* [C] **1** a delay 延误: *What's the hold-up?* 为什么迟到？ **2** a robbery by people with guns 持械抢劫

☆**hold**[2] /həʊld ‖ hold/ *noun* **1** [C,sing] the act or manner of holding sb/sth 抓；拿: *to have a firm hold on the rope* 抓紧绳子 ○ *judo holds* 柔道擒拿法 ☛ 'Hold' is often used with the verbs **catch**, **get**, **grab**, **seize**, **take**, etc ∗ hold 常常跟 **catch**、**get**、**grab**、**seize** 及 **take** 等动词连用: *Catch hold of the other side of this sheet and help me to fold it, please.* 抓住床单那一头，帮我把它叠起来。○ *I can touch it, but I can't quite get hold of it. It's too far away.* 我能够着，可是抓不稳。它离我太远了。**2** [sing] **a hold (on/over sb/sth)** influence or control 影响；控制: *The new government has strengthened its hold on the country.* 新政府对全国加强了控制。**3** [C] a place where a climber can put his/her hand or foot when climbing (登山时) 供手攀/脚踏的地方 ☛ Look at **foothold**. 参看 **foothold**。

(IDIOM 习语) **get hold of sb/sth** **1** to find sth (that will be useful) 找到 (日后有用的) 东西: *I must try and get hold of a good second-hand bicycle.* 我得弄一辆好的二手自行车。**2** to find sb or make contact with sb 跟某人联络上: *I've been trying to get hold of the complaints department all morning.* 我向投诉部门联络了一个早上也没联络上。

hold[3] /həʊld ‖ hold/ *noun* [C] the part of a ship or an aeroplane where goods are carried (船上/飞机上) 供放置货物的地方

holdall /ˈhəʊldɔːl ‖ ˈholdˌɔl/ (*US* 美 **carry-all**) *noun* [C] a large bag that is used for carrying clothes, etc when you are travelling (旅行时用来存放衣物等的) 旅行袋

☆**holder** /ˈhəʊldə(r) ‖ ˈholdɚ/ *noun* [C] (often in compounds 常用以构成复合词) **1** a person who has or holds sth 持有人: *a ticket-holder* 持票人 ○ *the world record-holder in the 100 metres* ∗ 100米短跑世界纪录保持者 ○ *holders of British passports* 英国护照持有人 **2** something that contains or holds sth 盛载/承托某物的东西: *a plant pot holder* 花盆架

☆**hole** /həʊl ‖ hol/ *noun* **1** [C] an opening; a hollow or an empty space in sth solid 洞: *The pavement is full of holes.* 人行道上到处都是窟窿。○ *There are holes in my socks.* 我的袜子破了洞。○ *I've got a hole in my tooth.* 我的牙有个洞。○ (*figurative* 比喻) *The repair of the roof has made a big hole in their savings.* 修理屋顶花掉了他们一大笔积蓄。**2** [C] the place where an animal lives in the ground or in a tree (动物的) 巢穴: *a rabbit hole* 兔穴 **3** [sing] (*informal* 非正式) a small dark and unpleasant room, flat, etc 又黑又小的简陋房间/套间等: *This place is a hole – you can't live here!* 你不能住这样的鬼地方！**4** [C] (in golf 高尔夫球) the hole in the ground that you must hit the ball into. Each section of a golf-course is also called a hole 球穴；球穴区: *an eighteen-hole golf-course* 十八洞的高尔夫球场 ○ *Barbara won the seventh hole.* 芭芭拉赢了第七个洞的比赛。

☆**holiday** /ˈhɒlədeɪ ‖ ˈhɑləˌde/ *noun* **1** [C] a day of rest when people do not go to work, school, etc 假日: *Next Thursday is a holiday in some parts of Germany.* 在德国某些地区，下星期四是假期。○ *New Year's Day is a bank/public holiday in Britain.* 元旦是英国的银行/公众假日。☛ **Holiday** in this sense is used in both British and American English. 就这个意义来说，**holiday** 一词英美通用。A day when you do not go to work is often also called **a day off** 休假一天一般叫 **a day off**: *I'm having two days off next week when we move house.* 下个星期我请了两天假搬家。**2** (*US* 美 **vacation**) [C,U] a period of rest from work or school (often when you go and stay away from home) 假期 (常指到别处度假): *We're going to Italy for our summer holidays this year.* 今年我们要去意大利过暑假。○ *Mr Philips isn't here this week. He's away on holiday.*

这个星期菲利普斯先生不在这里，他度假去了。○ *I'm going to take a week's holiday in May and spend it at home.* 我会在五月休假一个星期，就呆在家里休息。○ *the school, Christmas, Easter, summer, etc holidays* 学校/圣诞节/复活节假期；暑假… ☛ In British English **vacation** means the period of time when universities and courts of law are not working 英国英语里，**vacation** 表示大学假期和法院休庭期: *Maria wants to get a job in the long vacation.* 玛丽亚想在长长的暑假期间打一份工。**Leave** is time when you do not go to work for a special reason 因某种特殊理由而请的假叫做 **leave**: *sick leave* 病假 ○ *maternity leave* (= when you are having a baby) 产假 ○ *unpaid leave* 无薪假期

ˈ**holiday camp** *noun* [C] (*Brit* 英) a place that provides accommodation and organized entertainment for people on holiday 度假营地（给度假人士提供住宿及娱乐的地方）

ˈ**holiday-maker** *noun* [C] (*Brit* 英) a person who is away from home on holiday 度假者

holiness /ˈhəʊlmɪs ‖ ˈholmɪs/ *noun* [U] the state of being holy 神圣

hollow /ˈhɒləʊ ‖ ˈhɑlo/ *adj* **1** with a hole or empty space inside 空心的: *a hollow tree* 空心树 **2** (used about a sound 指声音) seeming to come from a hollow place 似由空洞传来: *hollow footsteps in the empty house* 回荡在空房子里的脚步声

hollow *noun* [C] an area that is lower than the surrounding land 洼地

hollow *verb*

(PHRASAL VERB 短语动词) **hollow sth out** to take the inside part of sth out in order to make sth else 挖空某物（以做成另一物）: *They hollowed out a tree trunk to make a canoe.* 他们挖空了树干做成独木舟。

holly /ˈhɒlɪ ‖ ˈhɑlɪ/ *noun* [U] a plant that has shiny dark-green leaves with prickles and red berries in the winter. It is often used as a Christmas decoration. 冬青（叶色深绿，有光泽且带刺，冬天结红色浆果，常用于圣诞节装饰）

holocaust /ˈhɒləkɔːst ‖ ˈhɑləˌkɔst/ *noun* [C] a situation where a great many things are destroyed and a great many people die 大灾难；浩劫: *a nuclear holocaust* 核灾难

holster /ˈhəʊlstə(r) ‖ ˈholstɚ/ *noun* [C] a leather case for a gun that is fixed to a belt or worn under the arm（系在腰带上/挂在手臂下的）手枪皮套

☆**holy** /ˈhəʊlɪ ‖ ˈholɪ/ *adj* (**holier**; **holiest**) **1** connected with God or with religion and therefore very special or sacred 神圣: *the Holy Bible* 圣经 ○ *holy water* 圣水 ○ *The Koran is the holy book of the Muslims.*《古兰经》是伊斯兰教的圣经。**2** (used about a person 指人) serving God; pure 虔奉上帝的；圣洁

ˌ**Holy Comˈmunion** *noun* [U] = COMMUNION(1)

the ˌHoly ˈGhost (*also* 亦作 **the ˌHoly ˈSpirit**) *noun* [sing] Christians believe God consists of three parts: God the Father, God the Son (Jesus Christ) and God the Holy Ghost 圣灵（基督徒相信上帝是圣父、圣子（耶稣基督）、圣灵三位一体）

☆**home**[1] /həʊm ‖ hom/ *noun* **1** [C,U] the place where you live (with your family) or where you feel that you belong 家: *She left home at the age of 21.* 她21岁那年离家而去。○ *Children from broken homes* (= whose parents are divorced) *sometimes have learning difficulties.* 破碎家庭的儿童有时在学习上会遇到困难。○ *That old house would make an ideal family home.* 那座旧房子不失为一个理想的居所。○ *Stephen went abroad and made his home in Canada.* 斯蒂芬去加拿大定居了。○ *Now we've got this computer, we'd better find a home for it* (= somewhere to keep it). 现在添置了这台电脑，我们得找个地方安置它。☛ Look at the note at **house**. 参看 **house** 的注释。Be careful. The preposition *to* is not used before 'home' 注意 home 一词前面不可与介词 to 连用: *It's time to go home.* 该回家了。○ *She's usually tired when she gets home.* 她回到家里的时候，常常觉得很疲倦。If you want to talk about somebody else's home you have to say: *at Jane and Andy's* or: *at Jane and Andy's place/house.* 谈及别人的家，得说：at Jane and Andy's 或 at Jane and Andy's place/house（两句均指在珍妮和安迪的家里）**2** [C] a place that provides care for a particular type of person or for animals 为某类人或动物提供照顾的地方: *a children's home* (= for children who have no parents to look after them) 儿童收容所 ○ *an old people's home* 养老院 **3** [sing] the place where sth began 发源地；发祥地: *Greece is said to be the home of democracy.* 希腊被誉为民主的发源地。

(IDIOM 习语) **at home 1** in your house, flat, etc 在家: *Is anybody at home?* 家里有人吗？○ *Tomorrow we're staying at home all day.* 我们明天不出门，整天在家。☛ In US English **home** is often used without the preposition *at* 美国英语里，**home** 往往不与介词 at 连用: *Is anybody home?* 家里有人吗？**2** as if you were in your own home; comfortable 就像在自己家里一样；舒服；无拘束: *Please make yourself at home.* 别客气，随便些吧。○ *They were warm and welcoming and I felt at home straight away.* 他们热情好客，我一点陌生的感觉也没有。

homeless *adj* having no home 无家可归的

the homeless *noun* [plural] people without a home 无家可归的人 —**homelessness** *noun* [U]

homeward /ˈhəʊmwəd ‖ ˈhomwɚd/ *adj* going towards home 归家的；返国的: *the homeward journey* 归途；回程

homewards /-wədz ‖ -wɚdz/ *adv* towards home 归家；返国

the ˌHome ˈCounties *noun* [plural] the area of Britain around London 英国伦敦周围地区

ˌ**home-ˈgrown** *adj* (used about fruit and vegetables 指水果、蔬菜) grown in your own garden 在自家园子里种植的

ˈ**homeland** *noun* [C] **1** the country where you were born or that your parents came from, or to which you feel you belong 祖国；故乡 **2** [usually pl] one of the areas that are reserved for black people in the Republic of

H

South Africa 黑人家园（南非共和国境内划归黑人生活的地区之一）

ˌ**home-ˈmade** *adj* made at home; not bought in a shop 家里做的；不是从商店买来的: *home-made cakes* 自制糕饼

the ˈHome Office *noun* [sing] the department of the British Government that is responsible for affairs inside the country, the police, prisons, etc. The Home Office also decides who can come and live in Britain.（英国的）内政部（负责国内事务，也管理警察、监狱等组织或机构，并负责审批入境和居留的申请）

ˌ**Home ˈSecretary** *noun* [C] the British Government minister who is in charge of the Home Office（英国的）内政大臣

ˈ**homesick** *adj* sad because you are away from home 思乡的: *She was very homesick for Canada.* 她想念着加拿大的老家。

ˈ**homesickness** *noun* [U]

ˈ**homework** *noun* [U] the work that teachers give to pupils to do away from school（学生的）家庭作业: *Have we got any homework?* 我们有没有作业要做？○ *We've got a translation to do for homework.* 我们的家庭作业有一篇翻译要做。○ (*figurative* 比喻) *The minister had not done his homework and there were several questions that he couldn't answer.* 这位部长准备不足，有好几个问题都回答不上。☛ Look at the note at **housework**. 参看 **housework** 的注释。

☆**home**[2] /həʊm ‖ hom/ *adj* (only *before* a noun 只用于名词前) **1** connected with home 与家庭有关的: *home cooking* 家庭烹调 ○ *a happy home life* 幸福的家庭生活 **2** connected with your own country, not with a foreign country 与本国有关的: *The Home Secretary is responsible for home affairs.* 内政大臣负责国内事务。○ *goods for the home market* 内销商品 **3** (used in sport 用于体育) connected with your own sports team or ground 主队的；主场的: *The home team has a lot of support.* 主队得到热烈的支持。○ *a home game* 主场赛事 ☛ The opposite is **away**. 反义词为 **away**。

☆**home**[3] /həʊm ‖ hom/ *adv* at, in or to your home or home country 在家；往家里去；在本国；往本国去: *We must be getting home soon.* 我们该回去了。○ *She'll be flying home for Christmas.* 她会搭飞机回家过圣诞。

(IDIOMS 习语) **bring sth home to sb** to make sb understand sth fully 使某人彻底明白某事物: *Looking at those pictures of hungry children really brought home to me how lucky we are.* 看看照片上那些挨饿的儿童，我才体会到我们是多么幸运。

drive sth home (to sb) ⇨ DRIVE[1]

ˈ**home-coming** *noun* [C,U] the arrival home (especially of sb who has been away for a long time) 回家（尤指某人久别后归来）

homely /ˈhəʊmlɪ ‖ ˈhomlɪ/ *adj* (**homelier**; **homeliest**) **1** (*Brit* 英) plain and simple but also comfortable or welcoming 既简单又宜人的: *a homely atmosphere* 温馨的气氛 ○ *The farmer's wife was a large homely woman.* 那农夫的妻子是个质朴的胖女人。**2** (*US* 美) (used about a person 指人) not very attractive 其貌不扬的

homicide /ˈhɒmɪsaɪd ‖ ˈhɑməˌsaɪd/ *noun* [U] the illegal killing of one person by another; murder 杀人；谋杀 —**homicidal** /ˌhɒmɪˈsaɪdl ‖ ˌhɑməˈsaɪdl̩/ *adj*

homoeopathy (*US* 美 **homeopathy**) /ˌhəʊmɪˈɒpəθɪ ‖ ˌhomɪˈɑpəθɪ/ *noun* [U] the treatment of a disease by giving very small amounts of a drug that would cause the disease if given in large amounts 顺势疗法（用一种如果大量使用就会导致同样疾病的药物来治病，治疗过程中只用极少的剂量）

homoeopath (*US* 美 **homeopath**) /ˈhəʊmɪəpæθ ‖ ˈhomɪəˌpæθ/ *noun* [C] a person who treats sick people by using homoeopathy 使用顺势疗法的医生 —**homoeopathic** (*US* 美 **homeopathic**) /ˌhəʊmɪəˈpæθɪk ‖ ˌhomɪəˈpæθɪk/ *adj*: *homoeopathic medicine* 用作顺势治疗的药物

homogeneous /ˌhɒməˈdʒiːnɪəs ‖ ˌhɑməˈdʒinɪəs/ *adj* made up of parts that are all of the same type 由同种类成分组成的；同性质的 ☛ The opposite is **heterogeneous**. 反义词为 **heterogeneous**。

homonym /ˈhɒmənɪm ‖ ˈhɑməˌnɪm/ *noun* [C] a word that is spelt and pronounced like another word but that has a different meaning 同形同音异义词

homosexual /ˌhɒməˈsekʃʊəl ‖ ˌhoməˈsɛkʃʊəl/ *adj* sexually attracted to people of the same sex 同性恋的 ☛ Look at **heterosexual**, **bisexual**, **gay** and **lesbian**. 参看 **heterosexual**、**bisexual**、**gay** 及 **lesbian**。

homosexual *noun* [C] a homosexual person 同性恋者 —**homosexuality** /ˌhɒməsekʃʊˈælətɪ ‖ ˌhoməˌsɛkʃʊˈælətɪ/ *noun* [U]

☆**honest** /ˈɒnɪst ‖ ˈɑnɪst/ *adj* **1** (used about a person 指人) telling the truth; not deceiving people or stealing 诚实的: *Just be honest – do you like this skirt or not?* 老实说，你喜欢不喜欢这条裙子？○ *We need somebody who's completely honest for this job.* 这个工作得由绝对诚实的人来做。**2** showing honest qualities 显示真诚的: *an honest face* 诚实的面孔 ○ *I'd like your honest opinion, please.* 有意见，只管直说。☛ The opposite for both senses is **dishonest**. 两个义项的反义词都是 **dishonest**。

honestly *adv* **1** in an honest way 诚实地: *He tried to answer the lawyer's questions honestly.* 他打算老老实实地回答律师的问题。**2** (used for emphasizing sth 用于强调): *I honestly don't know where she has gone.* 我真的不知道她去了哪儿。**3** (used for expressing disapproval 表示不满): *Honestly! What a mess!* 哎！真是一团糟！

☆**honesty** /ˈɒnəstɪ ‖ ˈɑnəstɪ/ *noun* [U] the quality of being honest 诚实 ☛ The opposite is **dishonesty**. 反义词为 **dishonesty**。

honey /ˈhʌnɪ ‖ ˈhʌnɪ/ *noun* [U] the sweet sticky substance that is made by bees and that people eat 蜂蜜: *Would you like honey on your bread?* 面包上要不要抹些蜂蜜？☛ **Honey** is also another word for **darling** (used especially in the US). * **honey** 也是 **darling** 的同义词（在美国尤为常用）。

ˈ**honeycomb** /ˈhʌnɪkəʊm ‖ ˈhʌnɪˌkom/ *noun*

H

[C,U] the wax structure with many six-sided holes that bees make for keeping their honey and eggs in 蜂巢

honeymoon /ˈhʌnimu:n ‖ ˈhʌnɪˌmun/ *noun* [C] a holiday that is taken by a man and a woman who have just got married 蜜月：*We went to Hawaii for our honeymoon.* 我们去夏威夷度蜜月。

honk /hɒŋk ‖ hɔŋk/ *verb* [I,T] to sound the horn of a car; to make this sound 鸣（汽车喇叭）

honorary /ˈɒnərərɪ; *US* 美 ˈɒnərerɪ ‖ ˈɑnəˌrɛrɪ/ *adj* **1** given as an honour (without the person needing the usual qualifications) 作为荣誉而授与的（接受者无须具备有关资历）：*to be awarded an honorary degree* 被授与荣誉学位 **2** often 常作 **Honorary** (*abbr* 缩写 **Hon**) not getting any money for doing a job 义务的：*He is the Honorary President.* 他是名誉会长。

☆**honour**[1] (*US* 美 **honor**) /ˈɒnə(r) ‖ ˈɑnɚ/ *noun* **1** [sing] something that gives pride or pleasure 光荣：*It was a great honour to be asked to speak at the conference.* 承蒙邀请在会上致辞，深感荣幸。○ *He did me the honour of mentioning my name in the introduction.* 他在序言里提到我的名字，真让我感到荣幸。**2** [U] the respect from other people that a person, country, etc gets because of high standards of behaviour and moral character 崇敬：*a man of honour* 君子 ○ *to fight for the honour of your country* 为祖国而战 ☛ Look at **dishonour**. 参看 **dishonour**。**3** [C] something that is given to a person officially, to show great respect 授予某人借以表示敬意之物：*He has been given several honours for his work with handicapped children.* 他由于对残疾儿童的福利作出了突出贡献而屡获表扬。**4 Honours** [plural] a type of university degree that is higher than an ordinary degree 荣誉学位

(IDIOM 习语) **in honour of sb/sth; in sb/sth's honour** out of respect for sb/sth 为了向某人/某事物表示敬意：*A party was given in honour of the guests from Bonn.* 为来自波恩的宾客举行了欢迎酒会。

☆**honour**[2] (*US* 美 **honor**) /ˈɒnə(r) ‖ ˈɑnɚ/ *verb* [T] **1 honour sb/sth (with sth)** to show great (public) respect for sb/sth or to give sb pride or pleasure 向…表示敬意：*I am very honoured by the confidence you have shown in me.* 承蒙器重，不胜荣幸。**2** to keep a promise to do sth 实践/履行（诺言）

honourable (*US* 美 **honorable**) /ˈɒnərəbl ‖ ˈɑnərəbl̩/ *adj* **1** acting in a way that makes people respect you; having or showing honour 体面的；光荣的：*The only honourable thing to do was to resign.* 惟一体面的做法是辞职。○ *an honourable person* 配受敬重的人 ☛ Look at **dishonourable**. 参看 **dishonourable**。**2 the Honourable** (*abbr* 缩写 **Hon**) a title that is given to some high officials, to the children of some noblemen and to Members of Parliament when they are speaking to each other 对某些高级官员/某些贵族子女的尊称；下议院议员互相之间的尊称 —**honourably** /-əblɪ ‖ -əblɪ/ *adv*

hood /hʊd ‖ hʊd/ *noun* [C] **1** the part of a coat, etc that you use to cover your head and neck in bad weather（外衣上的）风帽 ☛ picture on page A25. 见第A25页插图。**2** a soft cover for a car, or baby's pram that can be folded down in good weather（汽车、婴儿车的）折叠式车篷（天气良好时可以折叠起来）**3** (*US* 美) = BONNET(1)

hoof /hu:f ‖ huf/ *noun* [C] (*pl* **hoofs** or **hooves** /hu:vz ‖ huvz/) the hard part of the foot of horses and some other animals（马或其他动物的）蹄 ☛ picture at **horse**. 见 **horse** 插图。

hook[1] /hʊk ‖ hʊk/ *noun* [C] **1** a curved piece of metal, plastic, etc that is used for catching sth or hanging sth on 钩：*a fish-hook* 鱼钩 ○ *Put your coat on the hook over there.* 把你的外套挂在那边的钩子上。☛ picture at **hanger**. 见 **hanger** 插图。**2** (used in boxing 用于拳击比赛) a blow or punch that is given with the elbow bent 钩拳：*a right hook* (= with the right arm) 右钩拳

(IDIOM 习语) **off the hook 1** (used about the telephone receiver 指电话听筒) not in position, so that telephone calls cannot be received 没有挂好（因此电话打不进来）**2** (*informal* 非正式) out of a difficult situation 摆脱困境：*My father paid the money I owed and got me off the hook.* 爸爸给我还了债，为我解了难。

hook[2] /hʊk ‖ hʊk/ *verb* **1** [I,T] to fasten sth or to be fastened with a hook or sth like a hook（用钩/被）钩；（用钩状物/被）钩（住）**2** [T] to catch hold of sth with a hook or with sth shaped like a hook 用钩/钩状物钩住（某物）

(IDIOM 习语) **be/get hooked (on sth)** (*slang* 俚语) **1** to like (doing) sth very much 迷上某事物：*Brian is hooked on computer games.* 布赖恩迷上了电脑游戏。**2** to be dependent on (**addicted to**) drugs, alcohol, etc 服用毒品/喝酒…成瘾（对…上瘾叫做 **addicted to**）：*to be hooked on gambling* 赌钱上了瘾

(PHRASAL VERB 短语动词) **hook (sth) up (with sth)** to link one television station with another（某电视台跟另一家电视台）联播：*The BBC is hooked up with American television by satellite.* 英国广播公司通过人造卫星跟美国的电视台联播。

hooked *adj* shaped like a hook 钩状的：*a hooked nose* 鹰钩鼻

hooligan /ˈhu:lɪgən ‖ ˈhulɪgən/ *noun* [C] a young person who behaves in a violent and aggressive way in public places 小流氓：*football hooligans* 足球迷小流氓 ☛ Look at **lout**. It is similar in meaning. 参看 **lout**，这个词的意义与 hooligan 相近。—**hooliganism** /-ɪzəm ‖ -ˌɪzəm/ *noun* [U]

hoop /hu:p ‖ hup/ *noun* [C] a large metal or plastic ring 大的金属/塑料环

hooray /hʊˈreɪ ‖ hʊˈre/ *interj* = HURRAY

hoot /hu:t ‖ hut/ *noun* **1** [C] the sound that is made by an owl, a ship's or car's horn, etc 猫头鹰的叫声；船笛/汽车喇叭等的响声 **2** [sing] (*informal* 非正式) something that is very funny 滑稽可笑的事物：*That film is a real hoot!* 这部电影令人捧腹！

hoot *verb* [I,T] to sound the horn of a car or to make a loud noise（汽车喇叭）鸣响；发出

H

巨响：*The driver hooted at the dog but it wouldn't move.* 司机使劲按喇叭，想把狗轰走，但它就是不肯走开。○ *They hooted with laughter at the suggestion.* 他们对这个建议报以嗤笑。

Hoover /ˈhuːvə(r) ‖ ˈhuvɚ/ *noun* [C] (*trade mark* 商标) a vacuum cleaner (used to clean carpets by sucking up the dirt) 真空吸尘器

hoover *verb* [I,T] to clean a carpet, etc with a vacuum cleaner 用真空吸尘器打扫（地毯等）: *This carpet needs hoovering.* 这块地毯需用吸尘器打扫一下。○ *We'd better hoover up before our visitors arrive.* 趁客人还没有来，得用吸尘器把地方打扫一下。

hooves /huːvz ‖ huvz/ *pl* of HOOF ＊ HOOF 的复数

hop[1] /hɒp ‖ hɑp/ *verb* [I] (hopping; hopped) **1** (used about a person 指人) to jump on one leg 单足跳跃 ☛ picture at **bounce**. 见 **bounce** 插图。**2** (used about an animal or bird 指鸟兽) to jump with both or all feet together 双足/四足齐跳 **3** (*informal* 非正式) to go somewhere quickly or for a short time 快速地/短暂地到某处去: *Hop upstairs and get my glasses, would you?* 快跑上楼去把我的眼镜拿来，好吗？

(IDIOM 习语) **hop it!** (*slang* 俚语) Go away! 滚开！

(PHRASAL VERBS 短语动词) **hop in/into sth**; **hop out/out of sth** (*informal* 非正式) to get in or out of a car, etc (quickly)（快速地）上/下汽车等: *Hop in! I'll give you a lift to town.* 快上车！我可以让你搭车到镇里去。

hop on/onto sth; **hop off sth** to get onto/off a bus, etc (quickly)（快速地）上/下公共汽车等

hop *noun* [C] an act of hopping 单足跳；齐足跳

hop[2] /hɒp ‖ hɑp/ *noun* **1** [C] a tall climbing plant with flowers 忽布；啤酒花藤（一种攀缘植物）**2 hops** [plural] the flowers of this plant that are used in making beer 啤酒花（用来酿制啤酒）

☆**hope** /həʊp ‖ hop/ *noun* **1** [C,U] **hope (of/for sth); hope (of doing sth/that...)** the feeling of wanting sth to happen and thinking that it will 希望: *She never gave up hope that a cure for the disease would be found.* 她坚信总有一天能找到治愈这种疾病的方法。○ *What hope is there for the future?* 未来还有什么希望？○ *There is no hope of finding anybody else alive.* 再没有希望找到生还者了。○ *David has high hopes of becoming an accountant.* 戴维自信可以成为会计师。**2** [C, usually sing] a person or thing that gives you hope 带来希望的人/事物: *Please can you help me? You're my last hope.* 求你帮帮我，你是我的惟一指望了。

(IDIOM 习语) **in the hope of sth/that...** because you want sth to happen 因为想…: *I came here in the hope that we could talk privately.* 我到这里来，是想跟你单独谈谈。

hope *verb* [I,T] **hope (for sth); hope to do sth; hope (that) sth will happen** to want sth to happen or be true 希望（某事发生/成真）: *I hope that you feel better soon.* 祝你早日痊愈。○ *Hoping to hear from you soon* (= at the end of a letter). 伫候回音（写于信的末尾）。○ *'Is it raining?' 'I hope not. I haven't got a coat with me.'* "会下雨吗？""希望不会吧。我没带雨衣呢。" ○ *'Are you coming to London with us?' 'I'm not sure yet but I hope so.'* "你会跟我们一起到伦敦去吗？""有这个想法，不过还说不准。" ○ *We're hoping for snow in January – we're going skiing.* "我们希望一月份下雪，到时候我们要去滑雪。"

hopeful /ˈhəʊpfl ‖ ˈhopfəl/ *adj* **1** thinking that sth that you want to happen will happen 抱有希望的: *He's very hopeful about the success of the business.* 他对这笔生意成功抱有很大的希望。○ *The ministers seem hopeful that an agreement will be reached.* 那些部长看来有信心达成协议。**2** making you think that sth good will happen 带来/有希望: *a hopeful sign* 令人鼓舞的征兆

hopefully *adv* **1** in a hopeful way 怀着希望: *She smiled hopefully at me, waiting for my answer.* 她满怀希望地微笑，等待着我的回答。**2** I/We hope; if everything happens as planned 有望；若一切顺利: *Hopefully, we'll be finished by six o'clock.* 如果一切顺利，我们可以在六点之前完成工作。

hopeless /ˈhəʊplɪs ‖ ˈhoplɪs/ *adj* **1** giving no hope that sth will be successful or get better 无望；绝望: *This is a hopeless situation. There is nothing we can do.* 到了这个绝境，我们也拿它没办法。**2 hopeless (at sth)** (*informal* 非正式) (used about a person 指人) often doing things wrong; very bad at doing sth 无可救药；一无是处；某事情做得差: *You're hopeless. You always forget my birthday.* 你真糟糕，老忘了我的生日。○ *I'm absolutely hopeless at tennis.* 无论我怎样学，也打不好网球。—**hopelessly** *adv*: *They were hopelessly lost.* 他们完全迷了路。—**hopelessness** *noun* [U]

horde /hɔːd ‖ hɔrd/ *noun* [C] a very large number of people 一大群人: *There were hordes of people shopping in town on Saturday.* 星期六那一天，镇里挤满了一群群购物者。

☆**horizon** /həˈraɪzn ‖ həˈraɪzn̩/ *noun* [C] the line where the earth and sky appear to meet 地平线: *The ship appeared on/disappeared over the horizon.* 那条船出现在/没入水天交接处。

horizontal /ˌhɒrɪˈzɒntl; *US* 美 ˌhɔːr- ‖ ˌhɔrəˈzɑntl̩/ *adj* going from side to side, not up and down; flat or level 横的；水平的: *The gymnasts were exercising on the horizontal bars.* 体操运动员在单杠上练习。☛ picture at **vertical**. 见 **vertical** 插图。—**horizontally** /-təlɪ ‖ -tl̩ɪ/ *adv*

hormone /ˈhɔːməʊn ‖ ˈhɔrmon/ *noun* [C] a substance in the body that influences growth and development 激素/荷尔蒙（人体内一种影响生长及发育的物质）

☆**horn** /hɔːn ‖ hɔrn/ *noun* [C] **1** one of the hard pointed things that cows, goats, etc have on their heads（牛/羊等的）角 ☛ picture at **cow**. 见 **cow** 插图。**2** the thing in a car, etc that gives a loud warning sound（汽车等的）喇叭:

H

Don't sound your horn late at night. 别在深夜响喇叭。○ *a fog-horn* 雾角 **3** one of the family of brass musical instruments that you play by blowing into them 号角；喇叭: *a French horn* 法国号

horoscope /ˈhɒrəskəʊp; *US* 美 ˈhɔːr- ‖ ˈhɔrəˌskop/ *noun* [C] (*also* 亦作 **stars** [plural]) a statement about what is going to happen to a person in the future, based on the position of the stars and planets when he/she was born 星象；据星象算命: *What does my horoscope for next week say?* 星象说我下星期运气如何？ ☛ Look at **astrology** and **zodiac**. 参看 **astrology** 及 **zodiac**。

horrendous /hɒˈrendəs ‖ hɔˈrɛndəs/ *adj* (*informal* 非正式) very bad or unpleasant 糟糕；难堪: *The queues were absolutely horrendous.* 排队的人多得不得了。—**horrendously** *adv*

horrible /ˈhɒrəbl; *US* 美 ˈhɔːr- ‖ ˈhɔrəbl̩/ *adj* **1** causing fear or shock 可怕: *a horrible murder* 恐怖的谋杀案 **2** (*informal* 非正式) very bad or unpleasant 糟糕；难堪: *We had a horrible day in London.* 我们在伦敦过了可怕的一天。○ *This tastes horrible!* 真难吃！○ *Don't be so horrible!* 别这样讨厌！○ *I've got a horrible feeling that I've forgotten something.* 我有个可怕的感觉，就是我忘了什么东西。—**horribly** /-əblɪ ‖ -əblɪ/ *adv*

horrid /ˈhɒrɪd; *US* 美 ˈhɔːrɪd ‖ ˈhɔrɪd/ *adj* (*informal* 非正式) very unpleasant or unkind 难堪；极不友好: *We had horrid weather in Italy.* 我们在意大利遇到了可怕的天气。○ *I'm sorry that I was so horrid last night.* 昨晚我太无礼了，真对不起。

horrific /həˈrɪfɪk ‖ hɔˈrɪfɪk/ *adj* **1** causing fear or shock 可怕: *a horrific road accident* 可怕的交通事故 **2** (*informal* 非正式) very bad or unpleasant 糟糕；难堪: *We had a horrific journey – we were stuck in a traffic jam for two hours.* 我们在路上因塞车被困了两个钟头，真倒霉！—**horrifically** /-klɪ ‖ -klɪ/ *adv*: *horrifically expensive* 贵得惊人

horrify /ˈhɒrɪfaɪ; *US* 美 ˈhɔːr- ‖ ˈhɔrəˌfaɪ/ *verb* [T] (*pres part* **horrifying**; *3rd pers sing pres* **horrifies**; *pt*, *pp* **horrified**) to shock sb greatly 使惊骇: *I was horrified by the conditions they were living in.* 他们的居住环境令我震惊。—**horrifying** *adj*

horror /ˈhɒrə(r); *US* 美 ˈhɔːr- ‖ ˈhɔrɚ/ *noun* **1** [U,sing] a feeling of great fear or shock 恐惧；震惊: *They watched in horror as the building collapsed.* 眼看着楼房倒塌，他们大惊失色。○ *She has a horror of rats.* 她怕老鼠怕得要命。**2** [C] something that makes you feel frightened or shocked 引起恐惧/震惊的事物: *I'll never forget the horror of what I saw that day.* 我永远也不会忘记那天看到的可怕情景。○ *the horrors of war* 战争的恐怖景象

ˈ**horror film** *noun* [C] a film that entertains people by showing frightening or shocking things 恐怖片

☆**horse** /hɔːs ‖ hɔrs/ *noun* [C] a large animal that is used for riding on or for pulling or carrying heavy loads 马

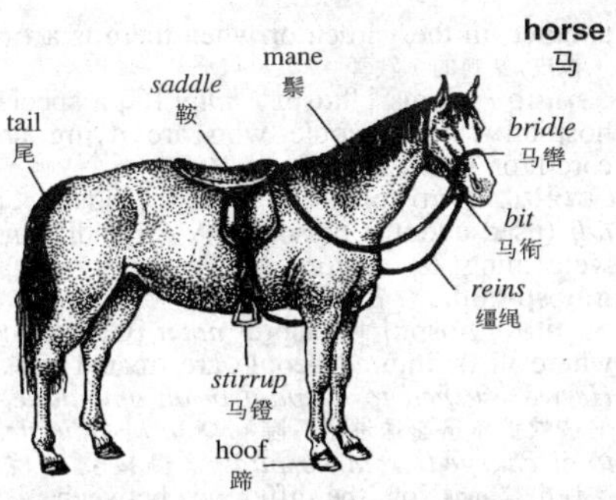

☛ A male horse is a **stallion**, a female horse is a **mare** and a young horse is a **foal**. 公马叫 **stallion**，牝马叫 **mare**，马驹子叫 **foal**。

(IDIOM 习语) **on horseback** sitting on a horse 骑着马: *Policemen on horseback were controlling the crowds.* 骑警正在控制人群。☛ Police on horseback are also called **mounted police**. 骑警也叫 **mounted police**。

ˈ**horseman** /-mən ‖ -mən/ *noun* [C] (*pl* **horsemen** /-mən ‖ -mən/) a man who rides a horse (well) 骑马者；骑手: *an experienced horseman* 老练的骑士

ˈ**horse-racing** (*also* 亦作 **racing**) *noun* [U] the sport in which a person (**jockey**) rides a horse in a race to win money 赛马（参赛骑手叫做 **jockey**）

☛ Horse-racing takes place at a **racecourse**. 赛马场叫 **racecourse**。People often **bet** on the results of **horse-races**. 人们常常下注 (**bet**) 赌赛马 (**horse-race**) 结果。

ˈ**horseshoe** (*also* 亦作 **shoe**) *noun* [C] a U-shaped piece of metal that is fixed to the bottom of a horse's hoof. People believe that horseshoes bring good luck. 马蹄铁（人们相信马蹄铁可带来好运）

ˈ**horsewoman** /-ˌwʊmən ‖ -ˌwumən/ *noun* [C] (*pl* **horsewomen** /-ˌwɪmɪn ‖ -ˌwɪmɪn/) a woman who rides a horse (well) 女骑士；女骑手: *a good horsewoman* 出色的女骑士

horse chestnut /ˌhɔːs ˈtʃesnʌt ‖ ˌhɔrs ˈtʃɛsnʌt/ *noun* [C] **1** a large tree that has leaves divided into seven sections and pink or white flowers 七叶树 **2** (also *informal* 非正式 **conker**) the nut from this tree 七叶树果

horsepower /ˈhɔːspaʊə(r) ‖ ˈhɔrsˌpaʊɚ/ *noun* [C] (*pl* **horsepower**) (*abbr* 缩写 **hp**) a measure of the power of an engine, etc 马力: *a ten horsepower engine* 一台十马力的发动机

horticulture /ˈhɔːtɪkʌltʃə(r) ‖ ˈhɔrtɪˌkʌltʃɚ/ *noun* [U] the study of how to grow flowers, fruit and vegetables 园艺学 —**horticultural** /ˌhɔːtɪˈkʌltʃərəl ‖ ˌhɔrtɪˈkʌltʃərəl/ *adj*

hose /həʊz ‖ hoz/ (*also* 亦作 ˈ**hose-pipe**) *noun* [C,U] a long rubber or plastic tube that is used for getting water from one place to another, in the garden or when there is a fire （橡皮/塑料的）软管

hospice /ˈhɒspɪs ‖ ˈhɑspɪs/ *noun* [C] a special hospital where people who are dying are cared for 末期病人安养所；善终医院

hospitable /hɒˈspɪtəbl; ˈhɒspɪtəbl ‖ ˈhɑspɪtəbḷ/ *adj* (used about a person 指人) friendly and welcoming to visitors 好客 ☛ Look at **inhospitable**. 参看 **inhospitable**。

☆**hospital** /ˈhɒspɪtl ‖ ˈhɑspɪtḷ/ *noun* [C] a place where ill or injured people are treated 医院：*He was rushed to hospital in an ambulance.* 他被救护车迅速送进了医院。○ *to be admitted to/discharged from hospital* 获得接受入院/准许出院 ☛ Note the difference between 注意这两句的分别：*My brother works in the local hospital* 我哥哥在当地的医院工作 and 和：*He's very ill in hospital.* 他病重住院。'In hospital', 'to hospital' are special expressions that are used without 'a' or 'the' ＊ in hospital、to hospital 两种说法都用不着 a 或 the: *All the people who were hurt in the accident have been taken to hospital.* 在事故里受了伤的人全给送到医院去了。A person who is being treated in a hospital by **doctors** and **nurses** is a **patient**. 在医院里受到医生 (**doctor**) 和护士 (**nurse**) 照料的病人叫 **patient**。If you have an accident you are taken first to the **casualty** department (*US* **emergency room**). 遇到事故受伤就先送进急诊室 (**casualty** department)（美国英语叫 **emergency room**）。

hospitality /ˌhɒspɪˈtæləti ‖ ˌhɑspɪˈtæləti/ *noun* [U] looking after guests and being friendly and welcoming towards them 好客；殷勤款待：*We're very grateful for your hospitality.* 承蒙款待，不胜感激。

H

☆**host**[1] /həʊst ‖ host/ *noun* [C] **1** a person who receives and entertains visitors 主人：*He acted as our host and showed us the city.* 他当向导，领着我们游览全市。○ *It's polite to write a thank-you letter to your host.* 主人予以款待，客人应该去信答谢才算有礼貌。○ *the host country for the next Olympic Games* 下一届奥林匹克运动会的主办国 ☛ Look at **hostess**. 参看 **hostess**。**2** a person who introduces a television or radio show and talks to visiting guests（电视/电台的）节目主持人

host *verb* [T] to act as a host or hostess（作为主人）招待；作…的主持

host[2] /həʊst ‖ host/ *noun* [C] a large number (of people or things) 大量的人/事物：*I've got a whole host of things I want to discuss with him.* 我有很多事情要跟他商量。

☆**hostage** /ˈhɒstɪdʒ ‖ ˈhɑstɪdʒ/ *noun* [C] a person who is caught and kept prisoner by a person or group. The hostage may be killed or injured if that person or group does not get what it is asking for 人质：*The hijackers released the women and children but kept the men as hostages.* 劫机者释放了妇孺，但仍然劫持着男人作为人质。

(IDIOM 习语) **take/hold sb hostage** to catch/keep sb as a hostage 捉住/扣押某人作为人质

hostel /ˈhɒstl ‖ ˈhɑstḷ/ *noun* [C] a place (like a cheap hotel) where people can stay when they are living away from home 招待所；旅舍：*a youth hostel* 青年招待所 ○ *a hostel for the homeless* 流浪者收容所 ○ *a student hostel* 学生宿舍

hostess /ˈhəʊstɪs ‖ ˈhostɪs/ *noun* [C] **1** a woman who receives and entertains visitors 女主人 **2** a woman who introduces a television or radio show and talks to visiting guests（电视/电台的）节目女主持人 **3** = AIR-HOSTESS

hostile /ˈhɒstaɪl; *US* 美 -tl ‖ ˈhɑstḷ/ *adj* very unfriendly towards sb/sth; not having a good opinion of sb/sth 敌意的：*a hostile crowd* 怀有敌意的人群 ○ *They are very hostile to any change.* 他们抗拒任何形式的变革。

hostility /hɒˈstɪləti ‖ hɑsˈtɪləti/ *noun* **1** [U] being unfriendly towards sb/sth 敌意：*She didn't say anything but I could sense her hostility.* 她什么也没有说，可是我能感受到她那种敌意。**2** [U] thinking that sth is bad 敌视：*They didn't try to hide their hostility to the government.* 他们不掩饰对政府的敌意。**3 hostilities** [plural] fighting in a war 战事：*Negotiations have led to an end to hostilities.* 谈判终于导致敌对行动结束。

☆**hot** /hɒt ‖ hɑt/ *adj* (**hotter**; **hottest**) **1** having (quite) a high degree of heat; not cold 热：*Can I open the window? I'm really hot.* 我可不可以开窗？我热得很。○ *Be careful. The plates are hot.* 小心，盘子烫手。○ *It's hot today, isn't it?* 今天好热，你说呢？○ *Do you like this hot weather?* 你喜欢不喜欢这种炎热的天气？○ *a hot meal* 一顿热饭

> ☛ You can describe the temperature of sth as **freezing (cold), cold, cool, tepid** (used about water), **warm, hot** or **boiling (hot).** 形容东西的温度，可以用 **freezing (cold)**（冰冷）、**cold**（冷）、**cool**（凉）、**tepid**（不热不冷）（指水）、**warm**（暖）、**hot**（热）或 **boiling (hot)**（滚烫）。

2 (used about food 指食物) causing a burning feeling in your mouth 辣：*hot curry* 辣咖喱

(IDIOM 习语) **be hot at/on sth** to know a lot about sth 熟悉某事物：*Don't ask me. I'm not very hot on British history.* 别问我，我对英国历史不大熟悉。

hot *verb* (hotting; hotted)

(PHRASAL VERB 短语动词) **hot up** (*Brit informal* 英，非正式) to become more exciting, with more things happening, etc 热烈/活跃…起来：*The election campaign has really hotted up in the past few days.* 竞选运动在过去几日开展得热烈起来。

hotly *adv* **1** angrily or with force 愤怒地；用力地：*They hotly denied the newspaper reports.* 他们强烈驳斥报章的报道。**2** closely 紧密地：*The dog ran off, hotly pursued by its owner.* 那只狗跑开了，它的主人紧紧跟在后面。

hot-ˈair balloon *noun* [C] = BALLOON(2)

ˌhot ˈdog *noun* [C] a hot sausage that is eaten in a soft bread roll 热狗（裹在软面包卷里吃的热香肠）

ˈhothouse *noun* [C] a heated building, made of glass, where plants are grown 温室 ☛ Look at **greenhouse**. 参看 **greenhouse**。

ˌhot-ˈwater bottle *noun* [C] a rubber container that is filled with hot water and put in a bed to warm it 热水袋

☆**hotel** /həʊ'tel ‖ ho'tɛl/ *noun* [C] a place where you pay to stay (and perhaps have your meals) when you are on holiday or travelling 旅馆；饭店: *We stayed in a really nice hotel in Devon.* 我们住在德文郡一家蛮不错的旅馆里。○ *I've booked a double room at the Grand Hotel.* 我在格兰德旅馆订了一个双人房间。○ *a two-star hotel* 二星级旅馆

☛ You book a **double**, **single** or **twin-bedded** room at a hotel. 预订旅馆房间有双人房间 (**double** room)、单人房间 (**single** room) 或对床房间 (**twin-bedded** room)。When you arrive you **check in** or **register** and when you leave you **check out**. 到达旅馆要办理登记手续 (**check in/register**)；离开旅馆要办理结账手续 (**check out**)。Look at the note at **inn**. 参看 **inn** 的注释。

hotelier /həʊ'telɪə(r); *US* 美 ˌhəʊtel'jeɪ ‖ ˌhotɛl-'je/ *noun* [C] a person who owns or manages a hotel 旅馆老板/经理

hotline /'hɒtlaɪn ‖ 'hɑtlaɪn/ *noun* [C] a direct telephone line 热线；直线电话

hound /haʊnd ‖ haʊnd/ *noun* [C] a type of dog that is used for hunting or racing 猎狗: *a fox-hound* 猎狐狗

hound *verb* [T] to follow and disturb sb 追逼；烦扰: *The Royal Family are always being hounded by the press.* 新闻界总是把目光盯着那些王室成员。

☆**hour** /'aʊə(r) ‖ aʊr/ *noun* **1** [C] a period of 60 minutes 小时；钟头: *He worked for three hours after supper.* 晚饭后，他工作了三个钟头。○ *The programme lasts about half an hour.* 那个节目长半小时。○ *I've been waiting here for hours.* 我在这儿等了好几个钟头。○ *I'm going shopping now. I'll be back in about an hour.* 我要去买些东西，大约一个钟头后回来。○ *a four-hour journey* 四个小时的路程 **2 the hour** [sing] the time when a new hour starts (ie 1 o'clock, 2 o'clock, etc) …点钟: *Trains to Reading leave at two minutes past the hour.* 去雷丁的火车在每个小时的零二分开出。**3 hours** [plural] the period of time when sb is working or a shop, etc is open 工作/营业时间: *Office hours are usually from 9am to 5pm.* 办公时间一般为早上9点到下午5点。○ *Visiting hours in the hospital are from 2 to 3pm.* 医院的探视时间为下午2点到3点。○ *The men are demanding shorter working hours.* 男工们要求缩短工作时间。**4** [C] a period of time 时段: *I'm going shopping in my lunch hour.* 午饭时候，我要去买东西。○ *The traffic is very bad in the rush hour.* 上下班的时候交通最为拥挤。

(IDIOMS 习语) **at/till all hours** at/till any time 在/到任何时候: *She stays out till all hours* (= very late). 她很晚才回来。

the early hours ⇨ EARLY

on the hour at exactly 1, 2, 3, etc o'clock 正点（在某一钟点整）；在1点正/2点正/3点正…: *The buses for London leave on the hour.* 去伦敦的公共汽车每个钟头正点开出一班车。

hourly /'aʊəlɪ ‖ 'aʊrlɪ/ *adv* every hour 每小时（一次）: *This medicine must be taken hourly.* 这种药物必须每小时服用一次。

hourly *adj* **1** done or happening every hour 每小时一次的: *an hourly news bulletin* 每小时一次的新闻简报 **2** for an hour 以钟点计算的: *What is your hourly rate of pay?* 你的小时工资有多少？

☆**house**[1] /haʊs ‖ haʊs/ *noun* [C] (*pl* **houses** /'haʊzɪz ‖ 'haʊzɪz/) **1** a building that is made for one family to live in 家（家庭的住所）: *Is yours a four-bedroomed or a three-bedroomed house?* 你家里有四间卧室还是三间卧室？☛ Look at **bungalow**, **cottage** and **flat**. 参看 **bungalow**、**cottage** 及 **flat**。Your **home** is the place where you live, even if it is not a house 居所是房子也好，不是房子也好，都叫 **home**: *Let's go home to my flat.* 我们到我的公寓房子去吧。Your home is also the place where you feel that you belong. * home 也指给人归属感的地方。A house is just a building * house 只是一座建筑物: *We've only just moved into our new house and it doesn't feel like home yet.* 我们刚刚搬进新房子，但是新居还没有家的气氛。You can **build**, **do up**, **redecorate** or **extend** a house. You may **rent** a house from somebody or **let** it out to somebody else. 你可以盖 (**build**)、装修 (**do up**)、翻新 (**redecorate**) 或扩建 (**extend**) 房子；也可以租用 (**rent**) 或租出 (**let**) 房子。If you want to **move house** you go to an **estate agent**. 要是想搬家 (**move house**)，可以找地产经纪人 (**estate agent**) 办理。**2** [usually sing] all the people who live in one house 住在一所房子的所有人: *Don't shout. You'll wake the whole house up.* 别叫，要不准把全家吵醒。**3** a building that is used for a particular purpose（作特定用途的）建筑物: *a warehouse* 仓库 ○ *a public house* 酒馆 **4 House** a group of people who meet to make a country's laws 议院: *the House of Commons* 下议院 ○ *the Houses of Parliament* 国会两院 ☛ Look at the note at **Parliament**. 参看 **Parliament** 的注释。**5** [usually sing] the people at a theatre or cinema, or the area where they sit（剧院/电影院里的）观众/观众座位: *There was a full house for the play this evening.* 今天晚上这场戏客满。

(IDIOMS 习语) **move house** ⇨ MOVE[2]

on the house paid for by the pub, restaurant, etc that you are visiting; free 由酒馆/餐厅等支付费用；免费: *Your first drink is on the house.* 头一杯饮品是免费的。

'**houseboat** *noun* [C] a boat on a river, etc where sb lives and which usually stays in one place 船屋，水上住宅（通常停泊在一地不走，供人居住的船）

'**housebound** *adj* unable to leave your house because you are old or ill（因病/年老而）居家不能外出的

'**housekeeper** *noun* [C] a person who is paid to look after sb else's house and organize the work in it 管家

'**housekeeping** *noun* [U] **1** managing and organizing the work in a house 料理家务 **2** the money that you need to manage a house 家务开支

'**houseman** /-mən ‖ -mən/ *noun* [C] (*pl*

housemen /-mən ‖ -mən/) (*US* 美 **intern**) a young doctor who lives and works at a hospital while he/she is completing his/her training（在医院居住及工作的）实习医生 ☛ Look at the note at **housewife**. 参看 **housewife** 的注释。

the ˌHouse of ˈCommons *noun* [sing] the group of people (**Members of Parliament**) who are elected to make new laws in Britain 下议院（在英国负责立法工作的民选国会议员 (**Members of Parliament**)）

the ˌHouse of ˈLords *noun* [sing] the group of people (who are not elected) who meet to discuss the laws that have been suggested by the House of Commons 上议院（非民选议员，负责讨论下议院提出的法案）

the ˌHouse of ˌRepreˈsentatives *noun* [sing] the group of people who are elected to make new laws in the USA 众议院（在美国由负责立法工作的民选议员组成）☛ Look at **Congress** and **Senate**. 参看 **Congress** 及 **Senate**。

ˈhouse-proud *adj* paying great attention to the care, cleaning, etc of your house 热中于打理、美化家庭的

ˌhouse-to-ˈhouse *adj* going to each house 挨家逐户的：*The police are making house-to-house enquiries.* 警察正在挨家挨户调查。

ˈhouse-warming *noun* [C] a party that you give when you have just moved into a new home（搬入新居后举行的）乔迁宴

ˈhousewife *noun* [C] (*pl* **housewives**) a woman who does not have a full-time job outside the home and who spends her time doing housework, cooking, looking after her family, etc 家庭妇女/主妇 ☛ A man who does this is called a **house husband**. 主持家务的男人叫 **house husband**。

ˈhousework *noun* [U] the work that is needed to keep a house clean and tidy 家务 ☛ Be careful. The word for work that is given to pupils by teachers to be done out of school hours is **homework**. 注意，学生的家庭作业叫 **homework**。

house[2] /haʊz ‖ haʊz/ *verb* [T] **1** to provide sb with a place to live 为（某人）提供住所：*The Council must house homeless families.* 市政会必须为无家可归的家庭提供居所。**2** to contain or keep sth 包含；让…存在于其中：*Her office is housed in a separate building.* 她的办公室在另一座楼房里。

☆**household** /ˈhaʊshəʊld ‖ ˈhausˌhold/ *noun* [C] all the people who live in one house and the housework, money, organization, etc that is needed to look after them 户；家庭：*Almost all households have a television.* 差不多家家户户都有电视机。○ *household expenses* 家庭开支

householder /-həʊldə(r) ‖ -ˌholdɚ/ *noun* [C] a person who rents or owns a house 住户；户主

☆**housing** /ˈhaʊzɪŋ ‖ ˈhaʊzɪŋ/ *noun* [U] houses, flats, etc for people to live in 住房：*We need more housing that is suitable for elderly people.* 我们需要更多适合老年人居住的房屋。○ *the Council's housing department* 市政会的房屋部门

ˈhousing estate *noun* [C] an area where a large number of houses are planned and built at the same time（同时期规划、兴建的）住宅区

hover /ˈhɒvə(r); *US* 美 ˈhʌvər ‖ ˈhʌvɚ/ *verb* [I] **1** (used about a bird, etc 指鸟等) to stay in the air in one place 在空中盘旋 **2** (used about a person 指人) to wait near sb/sth 在某处徘徊：*He hovered outside until he could see that she was free.* 他一直在外边徘徊，直到她有空为止。

ˈhovercraft *noun* [C] (*pl* **hovercraft**) a type of boat that moves over land or water on a cushion of air 气垫船

☆**how** /haʊ ‖ haʊ/ *adv* **1** (used in questions 用于疑问句) in what way 以什么方式：*How do you spell your name?* 你的名字是怎么拼的？○ *Can you show me how to use this machine?* 能给我介绍一下这台机器的用法吗？**2** (used when you are asking about sb's health 用以询问健康状况)：*'How is your mother?' 'She's much better, thank you.'* "你妈妈怎么样？" "好多了，谢谢你的关心。" ☛ You use 'how' only when you are asking about a person's health. When you are asking about a person's character or appearance you say **what…like**? 询问健康状况用 how；询问某人的性格或外表可以用 **what…like?**: *'What is your mother like?' 'Well, she's much taller than me and she's got dark hair.'* "你妈妈是什么样子的？" "她呀，比我高得多，黑色头发。" **3** (used when you are asking about a thing or a situation 用于询问事情/情况)：*How was the weather?* 天气怎么样？○ *How is your meal?* 那顿饭吃得开心不开心？**4** (used in questions before an adjective or adverb when you are asking about the degree, amount, age, etc of sb/sth 用于疑问句，放在形容词或副词的前面，询问程度、数量、年纪等)：*How old are you?* 你多大年纪？○ *How much is that?* 那个多少钱？○ *How long did it take to get here?* 来这儿要多久？**5** (used for expressing surprise, shock, thanks, pleasure, etc 表示惊奇、震惊、谢意、喜悦等)：*How sweet of you to remember my birthday.* 你真有心，还记得我的生日。○ *How could he have lied to me?* 他怎么能对我撒谎？

(IDIOMS 习语) **how/what about…?** ⇨ ABOUT[2]

how do you do? (*formal* 正式) (used when meeting sb for the first time 初次见面时用的问候语) ☛ Be careful. **How are you?** and **How do you do?** are answered quite differently 注意 **How are you?** 跟 **How do you do?** 的回应说话并不相同：*'How do you do?'* is answered with the same words: *'How do you do?'* 对方说 How do you do? 就应回答说 How do you do? The answer to: *'How are you?'* depends on how you are feeling: *'I'm fine.'/'Very well.'/'Much better.'* 对方说 How are you? 就可视情况而回答说 I'm fine。/Very well。/Much better。

how *conj* the way in which 以什么方式/方法；怎么样；怎样：*I can't remember how to get there.* 我忘了到那里去该怎样走。

☆**however**[1] /haʊˈevə(r) ‖ haʊˈɛvɚ/ *adv* (before an adjective or adverb 用于形容词或副词前) to whatever degree 不管什么程度：*He won't wear a hat however cold it is.* 不管天气怎么冷，他也

不戴帽子。○ *You can't catch her however fast you run.* 你跑得再快也追不上她。

however *conj* in whatever way 不管用什么方式/方法: *However I sat I couldn't get comfortable.* 我怎么坐也坐不舒服。○ *You can dress however you like.* 你爱穿什么就穿什么。

however *adv* (used in questions for expressing surprise 用于疑问句，表示惊奇) in what way; how 到底以什么方式；究竟怎样: *However did you manage to find me here?* 你怎么知道我在这儿？○ *However could he afford a car like that?* 他怎么买得起那样一辆汽车？☛ When you use only **how** in a question like this there is not so much feeling of surprise. 这类问句要是换上了 **how**，惊奇的语气就会减弱。

☆**however**[2] /haʊ'evə(r) ‖ haʊ'ɛvɚ/ *adv* (used for adding a comment on what you have just said 用以补充刚说过的话) although sth is true 可是；不过: *Sales are poor this month. There may, however, be an increase before Christmas.* 这个月的销售量很不理想。不过，圣诞节之前也许会增长。

howl /haʊl ‖ haʊl/ *noun* [C] a long loud cry made by a dog or a wolf（狗/狼的）长嚎: (*figurative* 比喻) *The Prime Minister's statement met with howls of protest.* 首相的言论引来了一片抗议声。

howl *verb* [I] to make a howl or say sth with a howl 嗥叫；咆哮；怒吼: *The wind howled around the house.* 大风在房子周围怒吼着。

hub /hʌb ‖ hʌb/ *noun* [C] the round central part of a wheel 毂（车轮的中心部分）

huddle /'hʌdl ‖ 'hʌdl̩/ *verb* [I] **1** to get close to other people because you are cold or frightened（因寒冷/害怕而）靠拢/挤在一起: *The campers huddled (together) around the fire.* 野营的人都挤在一块儿围着火堆取暖。**2 huddle (up)** to curl your body up and wrap your arms around yourself because you are cold or frightened（因寒冷/害怕而把身体）缩作一团: *She huddled up in her sleeping-bag and tried to get some sleep.* 她在睡袋里缩成一团，希望可以睡一觉。

huddle *noun* [C] a small group of people or things that are close together 挤在一起的一小群人/一小堆物件: *They all stood in a huddle, laughing and chatting.* 他们靠拢着站在一起，有说有笑。—**huddled** *adj*: *We found the children lying huddled together on the ground.* 我们看见那些孩子凑拢着躺在地上。

huff /hʌf ‖ hʌf/ *noun* [C, usually sing] a state of bad temper. You go off in a huff when you want to show people how angry you are. 生气；恼怒

hug /hʌg ‖ hʌg/ *verb* [T] (hu**gg**ing; hu**gg**ed) **1** to put your arms around sb to show that you love him/her 拥抱: *He hugged his mother and sisters and got on the train.* 他拥抱母亲及姐妹，然后步上火车。**2** (used about a ship, car, etc 指船、汽车等) to keep close to sth 凑近: *to hug the coast* 靠着海岸航行

hug *noun* [C] an act of hugging 拥抱: *She gave the child a hug and he stopped crying.* 她搂着小孩，小孩就不哭了。

☆**huge** /hju:dʒ ‖ hjudʒ/ *adj* very large 巨大: *There is a huge amount of work still to be done.* 还有好多工作要做。○ *a huge building* 一座巨大的建筑物 —**hugely** *adv*: *The play was hugely successful.* 这台戏演得很出色。

huh /hʌ ‖ hʌ/ *interj* (*informal* 非正式) (used for expressing anger, surprise, etc or for asking a question 表示愤怒、惊奇等，也用来发问): *They've gone away, huh? They didn't tell me.* 什么，他们走了？他们没跟我说过。

hull /hʌl ‖ hʌl/ *noun* [C] the body of a ship 船身

hullabaloo /ˌhʌləbə'lu: ‖ 'hʌləbəˌlu/ *noun* [C, usually sing] a lot of loud noise, eg people shouting 大吵大嚷；吵闹声

hullo = HALLO

hum /hʌm ‖ hʌm/ *verb* (hu**mm**ing; hu**mm**ed) **1** [I] to make a continuous low noise like the noise bees make 发出连续低沉的声音（如蜜蜂的嗡嗡声）: (*figurative* 比喻) *The classroom was humming with activity.* 教室里一片忙碌的声音。**2** [I,T] to sing with your lips closed 哼（曲子）: *You can hum the tune if you don't know the words.* 要是你不知歌词，可以哼调子。

hum *noun* [C, usually sing] a humming sound 连续低沉的声音: *the hum of distant traffic* 远处往来车辆的嗡嗡声

☆**human** /'hju:mən ‖ 'hjumən/ *adj* connected with people, not with animals or machines; typical of people 人类；人: *the human body* 人体 ○ *The famine caused a terrible loss of human life.* 这场饥荒已经夺去了无数人的生命。○ *A human skeleton was found by the building workers.* 建筑工人发现了一具骸骨。○ *The disaster was caused by human error.* 人为错误导致了这场灾难。○ *It's only human to be upset in a situation like that.* 遇上这种情况，烦恼不安是人之常情。

human (*also* 亦作 ˌ**human 'being**) *noun* [C] a person; a man, woman or child 人 —**humanly** *adv*: *They did all that was humanly possible to rescue him* (= everything that a human being could possibly do). 他们已经尽了一切努力抢救他。

ˌ**human 'nature** *noun* [U] feelings, behaviour, etc that are common to all people 人性: *It's only human nature to want the best for yourself and your family.* 为自己和家人谋求最好的东西不过是人的本性而已。

the ˌhuman 'race *noun* [sing] all the people in the world (when you are thinking of them as a group) 人类

ˌ**human 'rights** *noun* [plural] the basic freedoms that all people should have, eg the right to say what you think, travel freely, etc 人权

humane /hju:'meɪn ‖ hju'men/ *adj* having or showing kindness or understanding especially to a person or animal that is suffering 人道的: *A civilized society treats mentally handicapped people in a humane way.* 文明社会必然以人道善待弱智人士。☛ The opposite is **inhumane**. 反义词为 **inhumane**。—**humanely** *adv*

humanitarian /hju:ˌmænɪ'teərɪən ‖ hjuˌmænə'tɛrɪən/ *adj* concerned with trying to make

H

people's lives better and reduce suffering 博爱；人道主义的

humanity /hju:ˈmænətɪ ‖ hjuˈmænətɪ/ *noun* [U] **1** all the people in the world, thought of as a group; the human race 人类: *crimes against humanity* 危害人类的罪行 **2** the quality of being kind and understanding 仁慈；人道: *The prisoners were treated with humanity.* 囚犯获得了人道的待遇。☛ The opposite is **inhumanity**. 反义词为 **inhumanity**。

humble /ˈhʌmbl ‖ ˈhʌmbḷ/ *adj* **1** not thinking that you are better or more important than other people; not proud 谦卑；谦恭: *He became very rich and famous but he always remained a very humble man.* 他变得有钱也有名气，可是待人接物仍然很谦和。☛ The noun is **humility**. 名词为 **humility**。**2** low in social status; unimportant 卑微；低下: *She comes from a humble background.* 她出身卑微。

humble *verb* [T] to make sb/yourself humble 使谦卑/卑微: *a humbling experience* 一次使人不得不低声下气的经历 —**humbly** /ˈhʌmblɪ ‖ ˈhʌmblɪ/ *adv*: *He apologized very humbly for his behaviour.* 他低声下气地为自己的行为道歉。

humid /ˈhju:mɪd ‖ ˈhjumɪd/ *adj* (used about the air or climate 指空气或气候) containing a lot of water; damp 潮湿: *Hong Kong is hot and humid in summer.* 香港的夏天又炎热又潮湿。—**humidity** /hju:ˈmɪdətɪ ‖ hjuˈmɪdətɪ/ *noun* [U]

humiliate /hju:ˈmɪlɪeɪt ‖ hjuˈmɪlɪˌet/ *verb* [T] to make sb feel ashamed 使丢脸: *Did you have to humiliate me in front of all those people?* 你有必要在那么多人面前让我丢脸么？—**humiliating** *adj*: *a humiliating defeat* 可耻的失败 —**humiliation** /hju:ˌmɪlɪˈeɪʃn ‖ hju-ˌmɪlɪˈeʃən/ *noun* [C,U]

humility /hju:ˈmɪlətɪ ‖ hjuˈmɪlətɪ/ *noun* [U] the quality of being modest or humble, ie not thinking that you are better than other people 谦虚；谦逊

humorous /ˈhju:mərəs ‖ ˈhjumərəs/ *adj* amusing or funny 诙谐；幽默: *It's a very humorous book.* 这本书妙趣横生。○ *a humorous speaker* 幽默的演讲者 —**humorously** *adv*

☆**humour** (*US* 美 **humor**) /ˈhju:mə(r) ‖ ˈhjumɚ/ *noun* [U] **1** the funny or amusing quality or qualities of sb/sth 诙谐；幽默: *It's an awful situation but at least you can see the humour of it.* 处境虽然尴尬，但也有使人感到幽默的一面。○ *It is sometimes hard to understand the humour* (= the jokes) *of another country.* 外国的笑话有时很难领会。**2** being able to see when sth is funny and to laugh at things 幽默感: *Rose has a good sense of humour.* 罗斯很有幽默感。

humour (*US* 美 **humor**) *verb* [T] to keep sb happy by doing what he/she wants 迁就: *When she's in a mood like this it's best to humour her.* 她心情这样坏，最好还是迁就她。

-humoured (*US* 美 **-humored**) (in compounds 用以构成复合词) having or showing a particular mood 有…心情的: *good-humoured* 脾气好

humourless (*US* 美 **humorless**) *adj* not able to see when things are funny 缺乏幽默感的

hump /hʌmp ‖ hʌmp/ *noun* [C] a round lump, eg on the back of a camel 骆驼等的峰 ☛ picture at **camel**. 见 **camel** 插图。

hunch[1] /hʌntʃ ‖ hʌntʃ/ *noun* [C] (*informal* 非正式) a thought or an idea that is based on a feeling rather than on facts or information（基于直觉而非基于事实的）想法；预感: *I'm not sure, but I've got a hunch that she's got a new job.* 我有种感觉，就是她可能有了新的工作，可是我说不准。

hunch[2] /hʌntʃ ‖ hʌntʃ/ *verb* [I,T] to bend your back and shoulders forward in a round shape 弓着背: *They sat there hunched up with the cold.* 他们坐在那儿，冷得缩头弓腰。

ˈ**hunchback** *noun* [C] a person with a back that has a round lump (**hump**) on it 驼背的人/驼子（脊柱隆起的部分叫做 **hump**）

☆**hundred** /ˈhʌndrəd ‖ ˈhʌndrəd/ *number* 100; one more than ninety-nine 百；一百: *two hundred* 二百 ○ *There were a/one hundred people in the room.* 房间里有一百人。○ *She's a hundred today.* 她今天一百岁了。☛ Note that when we are saying a number, eg 420, we put 'and' after the word **hundred** 注意念数字的时候，如说 420，应该在 **hundred** 后面加上 and: *four hundred and twenty.* The plural **hundreds** is used when we mean 'many' or 'a lot' 复数 **hundreds** 表示许多: *The boat cost hundreds of pounds.* 这条船值数百英镑。○ *Hundreds of people were left without electricity after the storm.* 暴风过后，数以百计的人受到了电力供应停顿的影响。Look at Appendix 2. 参看附录二。

hundredth /ˈhʌndrədθ ‖ ˈhʌndrədθ/ *pron, det, adv* 100th; next after ninety-ninth 第一百

hundredth *noun* [C] the fraction 1/100; one of a hundred equal parts of sth 百分之一

ˈ**hundredweight** *noun* [C] (*pl* **hundredweight**) (*abbr* 缩写 **cwt**) a measure of weight; 50.8 kilograms. There are 112 pounds in a hundredweight. 英担（重量单位，相当于 50.8 公斤或 112 磅）☛ An American hundredweight is 100 pounds (45.4 kilograms). 在美国，一英担相当于 100 磅（45.4 公斤）。

hung *pt, pp* of HANG * HANG 的过去时及过去分词

☆**hunger** /ˈhʌŋgə(r) ‖ ˈhʌŋgɚ/ *noun* [U] **1** the wish or need for food 饥饿: *Hunger is one reason why babies cry.* 婴儿哭可能由于肚子饿。**2** a lack of food 饥荒: *In the Third World many people die of hunger each year.* 第三世界每年都有许多人饿死。☛ Look at **thirst**. 参看 **thirst**。Be careful. You cannot say *I have hunger* in English. You must say: *I am hungry.* 注意，不能说 I have hunger，应该说 I am hungry。

hunger *verb* (*formal* 正式)

(PHRASAL VERB 短语动词) **hunger for/after sb/sth** to have a strong desire for sth 渴求/渴望得到…

ˈ**hunger strike** *noun* [C,U] a time when people (especially prisoners) refuse to eat because they are protesting about sth（尤指囚犯）绝食抗议

☆**hungry** /ˈhʌŋgrɪ ‖ ˈhʌŋgrɪ/ *adj* (**hungrier**;

hungriest) wanting to eat 饿：*I'm hungry. Let's eat soon.* 我饿着呢，我们快吃吧。○ *There were hungry children begging for food in the streets.* 街上有挨饿的儿童在乞食。☛ Look at **thirsty**. 参看 **thirsty**。

(IDIOM 习语) **go hungry** not have any food 挨饿: *I'd rather go hungry than eat that!* 我宁可挨饿，也不吃这东西！—**hungrily** /'hʌŋgrəlɪ ‖ 'hʌŋgrɪlɪ/ *adv*

hunk /hʌŋk ‖ hʌŋk/ *noun* [C] a large piece of sth 一大片: *a hunk of bread* 一大块面包

☆**hunt**[1] /hʌnt ‖ hʌnt/ *verb* [I,T] **1** to chase wild animals, etc in order to catch or kill them either for sport or for food 猎取；猎杀: *Owls hunt at night.* 猫头鹰在晚上猎食。○ *Are tigers still hunted in India?* 印度是不是仍然有人捕猎老虎？☛ We often use the expression **go hunting** when we are talking about spending time hunting. 打猎消闲叫 **go hunting**。**2 hunt (for) (sb/sth)** to look or search for sb/sth 搜寻；缉捕: *I've hunted everywhere for my gloves but I can't find them.* 我到处找也找不到我的手套。○ *The police are still hunting the murderer.* 警察仍在缉捕那个谋杀犯。

hunter *noun* [C] a person or animal that hunts 捕捉禽兽的人/动物: (*figurative* 比喻) *a bargain-hunter* 搜寻便宜货的人

hunting *noun* [U] the chasing and killing of wild animals 打猎/狩猎/猎食（指一种活动）☛ Look at **shoot**. 参看 **shoot**。

☆**hunt**[2] /hʌnt ‖ hʌnt/ *noun* [C] **1** the act of hunting wild animals, etc 打猎/猎食的行动: *a fox-hunt* 一次猎狐行动 **2** [usually sing] the act of searching or looking for sb/sth 搜寻；搜索: *The police have launched a hunt for the missing child.* 警察四出搜索那个失踪的小孩。

hurdle /'hɜːdl ‖ 'hɝdl̩/ *noun* **1** [C] a type of light fence that you jump over in a race（跨栏赛跑所用的）栏架 **2 hurdles** [plural] a race over hurdles 跨栏赛跑: *the 200 metres hurdles* * 200米跨栏赛跑 **3** [C] a problem or difficulty that you must overcome 难关；障碍

hurdle *verb* [I] to jump over a hurdle 跨越（栏架）

hurl /hɜːl ‖ hɝl/ *verb* [T] to throw sth with force（用力）掷；猛投

☆**hurray** (*also* 亦作 **hooray**) /hʊ'reɪ ‖ hʊ're/ (*also* 亦作 **hurrah** /hʊ'rɑː ‖ hʊ'rɑ/) *interj* (used for expressing great pleasure, approval, etc 用以表达欢欣、赞许等): *Hurray! We've won!* 哈哈！我们赢了！○ *Hip, hip, hurray!* 表示满意或赞许的欢呼声

hurricane /'hʌrɪkən; *US* 美 -keɪn ‖ 'hʌrɪˌken/ *noun* [C] a storm with very strong winds 飓风 ☛ Look at the note at **storm**. 参看 **storm** 的注释。

☆**hurry** /'hʌrɪ ‖ 'hʌrɪ/ *noun* [U] a need or wish to do sth quickly 急忙；匆忙: *Take your time. There's no hurry.* 慢慢来，别急。○ *What's the hurry?* 急什么？

(IDIOMS 习语) **in a hurry 1** quickly 急忙: *She got up late and left in a hurry.* 她起床起得晚，匆忙出门去了。**2** wanting to do sth soon 急于: *They are in a hurry to get the job done before the winter.* 他们急于在冬天之前把工作做妥。

in no hurry; **not in any hurry 1** not needing or wishing to do sth quickly 不急忙: *We weren't in any hurry so we stopped to admire the view.* 我们有的是工夫，所以停下来欣赏一下景色。**2** (*informal* 非正式) unwilling 不愿意: *I am in no hurry to repeat that experience.* 我才不会重蹈覆辙呢。

hurry *verb* (*pres part* **hurrying**; *3rd pers sing pres* **hurries**; *pt*, *pp* **hurried**) **1** [I] to move or do sth quickly 急忙行动/做某事: *Don't hurry. There's plenty of time.* 别急，时间多着呢。○ *They hurried back home after school.* 他们一下课就赶回家里去。○ *Several people hurried to help.* 有好几个人赶来帮忙。**2** [T] to cause sb/sth to do sth or to happen more quickly 催促: *Don't hurry me. I'm going as fast as I can.* 别催我，我已经尽可能的快了。○ *He was hurried into a decision.* 他在催逼之下做出了决定。

(PHRASAL VERB 短语动词) **hurry up** (*informal* 非正式) to move or do sth more quickly 赶紧行动/做某事: *Hurry up or we'll miss the train.* 快点，要不赶不上火车了。

hurried *adj* done (too) quickly 仓促完成的: *a hurried meal* 匆匆忙忙的一顿饭 ☛ The opposite is **unhurried**. 反义词为 **unhurried**。—**hurriedly** *adv*

☆**hurt** /hɜːt ‖ hɝt/ *verb* (*pt*, *pp* **hurt**) **1** [T] to cause pain or injury 弄痛；使受伤: *Did he hurt himself?* 他把自己弄伤了吗？○ *I fell and hurt my arm.* 我栽了一跤，伤了胳膊。○ *No one was seriously hurt in the accident.* 这次意外受伤的人伤势都不很重。○ (*figurative* 比喻) *The new tax will hurt families on low incomes.* 这个新税项会给低收入的家庭带来负担。☛ Compare **hurt**, **injure** and **wound**. 比较 **hurt**、**injure** 及 **wound**。A person may be **wounded** by a knife, sword, gun, etc, usually as a result of fighting 在打斗中受刀伤、剑伤、枪伤等都叫 **wounded**: *a wounded soldier* 伤兵. People are usually **injured** in an accident 在事故中受伤通常叫 **injured**: *Five people were killed in the crash and twelve others were injured.* 撞车事故中有五人死亡，十二人受伤。**Hurt** and **injured** are similar in meaning but **hurt** is more often used when the damage is not very great * **hurt** 跟 **injured** 的意思相近，但 **hurt** 一般用于不大严重的伤势: *I hurt my leg when I fell off my bike.* 我骑自行车的时候掉了下来，摔伤了腿。**2** [I] to produce a feeling of pain 产生疼痛的感觉: *My leg hurts.* 我的腿痛。○ *It hurts when I lift my leg.* 腿一提起来就痛。○ *These shoes hurt; they're too tight.* 这双鞋太紧了，脚都穿痛了。**3** [T] to make sb unhappy; to upset sb 使伤心/烦恼: *His unkind remarks hurt her deeply.* 他那些无情的话伤了她的心。

(IDIOM 习语) **it won't/wouldn't hurt (sb/sth) (to do sth)** (*informal* 非正式) it would be a good thing for sb/sth (to do)（做某事）（对某人/某事物）没有害处/有好处: *It wouldn't hurt you to leave the car at home and walk.* 把车留在家中，安步当车未尝不好。

hurt *noun* [U] (*formal* 正式) mental pain or suffering 精神上的痛楚

hurt *adj* unhappy because sb has been unkind to you 伤心

hurtful /-fl ‖ -fəl/ *adj* unkind; upsetting 冷酷无情；伤感情的: *Don't say such hurtful things to your father!* 别跟你爸爸说这些叫他伤心的话吧！

hurtle /ˈhɜːtl ‖ ˈhɝtḷ/ *verb* [I] to move with great speed, perhaps causing danger 猛冲（也许带来危险）: *Rocks hurtled down the mountainside.* 石头滚下山边。

☆**husband** /ˈhʌzbənd ‖ ˈhʌzbənd/ *noun* [C] a man that a woman is married to 丈夫: *a good husband and father* 一个好的丈夫和爸爸 ○ *Her ex-husband sees the children once a month.* 她的前夫每月来探望孩子一次。

hush /hʌʃ ‖ hʌʃ/ *verb*

(PHRASAL VERB 短语动词) **hush sth up** to stop people knowing about sth; to keep sth secret 隐瞒；掩饰；不让张扬/传开: *The police managed to hush up the whole affair.* 警察好容易才把整件事情掩盖起来。

hush *noun* [sing] silence 寂静: *As he rose to speak a hush fell over the audience.* 他起来说话的时候，全场鸦雀无声。

ˌ**hush-ˈhush** *adj* (*informal* 非正式) very secret 机密: *Her work is very hush-hush.* 她做的是机密工作。

husky[1] /ˈhʌskɪ ‖ ˈhʌskɪ/ *adj* (**huskier**; **huskiest**) (used about a voice 指嗓音) sounding rough and quiet as if your throat were dry 沙哑

husky[2] /ˈhʌskɪ ‖ ˈhʌskɪ/ *noun* [C] (*pl* **huskies**) a strong dog with thick fur that is used in teams for pulling heavy loads over snow（可用来在雪地拖曳重物的）北极犬

hustle /ˈhʌsl ‖ ˈhʌsḷ/ *verb* [T] to push or move sb roughly 猛推: *The demonstrators were hustled into police vans.* 示威者给推上了警车。

hut /hʌt ‖ hʌt/ *noun* [C] a small building with one room, usually made of wood or metal 只有一个房间的小屋（一般用木料或金属搭成）

hydrant /ˈhaɪdrənt ‖ ˈhaɪdrənt/ *noun* [C] a pipe in a street from which water can be taken for putting out fires, street-cleaning, etc（可用来救火、冲洗路面等的）消防龙头

hydraulic /haɪˈdrɔːlɪk ‖ haɪˈdrɔlɪk/ *adj* worked by water or another liquid moving through pipes, etc 由水或其他液体运作的；水力的；液压的: *hydraulic brakes* 液压制动器

hydroelectric /ˌhaɪdrəʊɪˈlektrɪk ‖ ˌhaɪdro·ɪˈlɛktrɪk/ *adj* **1** using the power of water to produce electricity 水力发电的: *a hydroelectric dam* 水电闸 **2** (used about electricity 指电) produced by the power of water 由水力发生: *hydroelectric power* 水力电能

hydrogen /ˈhaɪdrədʒən ‖ ˈhaɪdrədʒən/ *noun* [U] (*symbol* 符号 **H**) a light colourless gas. Hydrogen and oxygen form water (**H_2O**). 氢/氢气（氢与氧气可构成水 (**H_2O**)）

hygiene /ˈhaɪdʒiːn ‖ ˈhaɪdʒin/ *noun* [U] (the rules of) keeping yourself and things around you clean, in order to prevent illness 卫生: *High standards of hygiene are essential when you are preparing food.* 烹制食物的过程要严格讲求卫生。○ *personal hygiene* 个人卫生

hygienic /haɪˈdʒiːnɪk; *US* 美 ˌhaɪdʒɪˈenɪk; haɪˈdʒenɪk ‖ ˌhaɪdʒɪˈɛnɪk/ *adj* clean, without the germs that cause disease 卫生的: *hygienic conditions* 卫生的环境 ☛ The opposite is **unhygienic**. 反义词为 **unhygienic**。—**hygienically** /-klɪ ‖ -klɪ/ *adv*

hymn /hɪm ‖ hɪm/ *noun* [C] a song of praise to God that Christians sing together in church, etc（基督徒在教堂等颂唱的）圣歌/赞美诗

hypermarket /ˈhaɪpəmɑːkɪt ‖ ˈhaɪpɚˌmɑrkɪt/ *noun* [C] (*Brit* 英) a very large supermarket that is usually outside a town（一般设在市郊的）大型自选商场

hyphen /ˈhaɪfn ‖ ˈhaɪfən/ *noun* [C] the punctuation mark (-) used for joining two words together (eg *knock-out*, *red-hot*) or to show that a word has been divided and continues on the next line 连字符，连接号（把两个词连接起来，如 knock-out 、red-hot；也表示单词移行）

hyphenate /ˈhaɪfəneɪt ‖ ˈhaɪfənˌet/ *verb* [T] to write with a hyphen 用连字号: *Do you hyphenate 'girlfriend'?* * girlfriend 这个词要不要加连字号？—**hyphenation** /ˌhaɪfəˈneɪʃn ‖ ˌhaɪfəˈneʃən/ *noun* [U]

hypnosis /hɪpˈnəʊsɪs ‖ hɪpˈnosɪs/ *noun* [U] (the producing of) a state that is like deep sleep where sb's mind and actions can be controlled by another person 催眠；催眠状态: *She was questioned under hypnosis.* 她在催眠状态下接受问话。—**hypnotic** /hɪpˈnɒtɪk ‖ hɪpˈnɑtɪk/ *adj*: *The rhythmic dance had a hypnotic effect on the audience.* 这场节奏明快的舞蹈使观众看得如痴如醉。

hypnotism /ˈhɪpnətɪzəm ‖ ˈhɪpnəˌtɪzəm/ *noun* [U] using hypnosis 催眠术

hypnotist /ˈhɪpnətɪst ‖ ˈhɪpnətɪst/ *noun* [C] a person who uses hypnosis on other people 催眠师

hypnotize (*also* 亦作 **hypnotise**) /ˈhɪpnətaɪz ‖ ˈhɪpnəˌtaɪz/ *verb* [T] to use hypnosis on sb 对（某人）施催眠术

hypochondriac /ˌhaɪpəˈkɒndrɪæk ‖ ˌhaɪpəˈkɑndrɪˌæk/ *noun* [C] a person who is always worried about his/her health even when there is nothing wrong 疑病症患者（此种病人时常过分担心自己的身体健康）

hypocrisy /hɪˈpɒkrəsɪ ‖ hɪˈpɑkrəsɪ/ *noun* [U] pretending to feel, believe, etc sth that is different from what you really feel, etc; saying one thing and doing another 虚伪；伪善

hypocrite /ˈhɪpəkrɪt ‖ ˈhɪpəˌkrɪt/ *noun* [C] a person who pretends to have feelings and opinions which he/she does not, in fact, have. Hypocrites say one thing and do another 虚伪的人；伪君子: *What a hypocrite!* 好一个伪君子！—**hypocritical** /ˌhɪpəˈkrɪtɪkl ‖ ˌhɪpəˈkrɪtɪkḷ/ *adj* —**hypocritically** /-klɪ ‖ -klɪ/ *adv*

hypodermic /ˌhaɪpəˈdɜːmɪk ‖ ˌhaɪpəˈdɝmɪk/ *adj* used for injecting drugs beneath the skin 用于皮下注射的: *a hypodermic needle/syringe* 皮下注射器针头；皮下注射器

hypothesis /haɪˈpɒθəsɪs ‖ haɪˈpɑθəsɪs/ *noun* [C] (*pl* **hypotheses** /-siːz ‖ -ˌsiz/) an idea that is suggested as the possible explanation for sth 假说（对客观事物的假定说明）: *The hypothesis has been put forward that some* *chemicals used in food can affect children's behaviour.* 有一个假说认为，食物里添加的一些化学物质可以影响儿童的行为。

hypothetical /'haɪpə'θetɪkl ‖ ˌhaɪpə'θɛtɪkḷ/ *adj* based on situations that have not yet happened, not on facts 假定: *That's a hypothetical question because we don't know what the situation will be next year.* 这只是一个假设问题，因为我们根本不知道来年的情况。 —**hypothetically** /-klɪ ‖ -klɪ/ *adv*

hysteria /hɪ'stɪərɪə ‖ hɪs'tɪrɪə/ *noun* [U] a state of excitement in which a person or a group of people cannot control their emotions, eg cannot stop laughing, crying, shouting, etc 歇斯底里；癔病；情绪激动；举止失常: *mass hysteria* 群情鼎沸

hysterical /hɪ'sterɪkl ‖ hɪs'tɛrɪkḷ/ *adj* **1** caused by or suffering from hysteria 歇斯底里的: *hysterical laughter* 狂笑 ○ *She was hysterical with grief.* 她伤心过度，患上了癔病。 **2** (*informal* 非正式) very funny 十分滑稽 —**hysterically** /-klɪ ‖ -klɪ/ *adv*

hysterics /hɪ'sterɪks ‖ hɪs'tɛrɪks/ *noun* [plural] **1** a state of hysteria 歇斯底里的状态: *She went into hysterics when they told her the news.* 她一听到这个消息，就歇斯底里地发作了。○ (*informal* 非正式) *My father would have hysterics if he knew I was going out with you.* 我爸爸要是知道我跟你相好，准会大发雷霆。 **2** (*informal* 非正式) uncontrolled laughter 狂笑: *The audience was in hysterics.* 观众笑个没完。

H

I i

I, i[1] /aɪ ‖ aɪ/ *noun* [C] (*pl* **I's; i's**) the ninth letter of the English alphabet 英语字母表的第九个字母: *'Island' begins with (an) 'I'.* * island 这个词的第一个字母是 I。

☆**I**[2] /aɪ ‖ aɪ/ *pron* (the subject of a verb) the person who is speaking or writing 我: *I phoned and said that I was busy.* 我打过电话说我没有空。○ *I'm not going to fall, am I?* 我不会掉下去的，对吗？○ *I'm taller than you, aren't I?* 我比你高，对吗？○ *She and I are planning to go out later.* 我跟她打算过会儿到外边去。

☆**ice**[1] /aɪs ‖ aɪs/ *noun* **1** [U] water that has frozen solid 冰: *Do you want ice in your orange juice?* 你的橙汁里要不要搁点冰？○ *I slipped on a patch of ice.* 我踩在冰块上，滑倒了。○ *The ice on the lake isn't thick enough for skating.* 湖面的冰不够厚，玩不了滑冰。○ *The ice quickly melted in the sunshine.* 冰块在阳光下迅速融化。○ *black ice* (= ice on roads, that cannot be seen easily) 黑冰（结在马路上不易被察觉的冰）**2** [C] an ice-cream 冰淇淋: *Would you like an ice?* 你来个冰淇淋，好不好？

iced /aɪst ‖ aɪst/ *adj* (used about drinks 指饮料) very cold 冰冻；冰凉

icy /'aɪsɪ ‖ 'aɪsɪ/ *adj* (**icier**; **iciest**) **1** very cold 冰冷: *an icy wind* 凛冽寒风 **2** covered with ice 结满冰；冰封: *icy roads* 冰封的道路

'**iceberg** *noun* [C] a very large block of ice that is floating in the sea 冰山: *The ship hit an iceberg and sank.* 那条船撞着冰山沉没了。

(IDIOM 习语) **the tip of the iceberg** ⇨ TIP[1]

'**icebox** *noun* [C] (*US* 美) = FRIDGE

ˌ**ice-'cold** *adj* very cold 冰冷: *ice-cold beer* 冰镇啤酒 ○ *Your hands are ice-cold.* 你的手冰冷。

ˌ**ice-'cream** *noun* **1** [U] a frozen sweet food that is made from cream (or other types of fat) 冰淇淋 **2** [C] a portion of ice-cream, usually in paper or a special container (**a cone**) 一客冰淇淋（圆锥形的部分叫做 **cone**）: *Four strawberry ice-creams, please.* 请给我四个草莓冰淇淋。

'**ice-cube** *noun* [C] a small block of ice that you put in a drink to make it cold（冰镇用的）小冰块

'**ice hockey** (*US* 美 **hockey**) *noun* [U] a game that is played on ice by two teams who try to hit a small flat rubber object (**a puck**) into a goal with long wooden sticks 冰球/冰上曲棍球（冰上运动，由两队用长木棍把冰球打进对方球门；所用的冰球为饼状，用橡胶制成，叫做 **puck**）

ˌ**ice 'lolly** *noun* [C] (*pl* **ice lollies**) (*US* 美 **popsicle**) a piece of flavoured ice on a stick 冰棍；冰糕

'**ice-rink** *noun* [C] = SKATING-RINK

'**ice-skate** *noun* [C] = SKATE

'**ice-skate** *verb* [I] = SKATE

'**ice-skating** *noun* [U] = SKATING(1)

ice[2] /aɪs ‖ aɪs/ *verb*

(PHRASAL VERB 短语动词) **ice (sth) over/up** to cover or become covered with ice（使）结冰/被冰覆盖: *The windscreen of the car had iced over in the night.* 一夜之间，汽车的挡风玻璃结满了冰。

ice[3] /aɪs ‖ aɪs/ *verb* [T] to cover a cake with icing 往糕饼上撒糖霜

icicle /'aɪsɪkl ‖ 'aɪsɪkl/ *noun* [C] a pointed piece of ice that is formed by water freezing as it falls or runs down from sth 冰柱/冰锥（滴水形成锥形的冰）

icing /'aɪsɪŋ ‖ 'aɪsɪŋ/ (*US* 美 **frosting**) *noun* [U] a mixture of powdery sugar and egg-white or butter, flavouring, etc that is used for decorating cakes 糖霜（以糖、蛋白、黄油等混合而成，放在糕饼上作装饰）: *chocolate icing* 巧克力糖霜

I'd /aɪd ‖ aɪd/ *short for* I HAD, I WOULD * I HAD、I WOULD 的缩约式

☆**idea** /aɪ'dɪə ‖ aɪ'dɪə/ *noun* **1** [C] a plan or suggestion 计划；提议: *That's a good idea!* 好主意！○ *He's got an idea for a new play.* 他构思了一出新戏。○ *I had the bright idea of getting Jane to help me with my homework.* 我想出了一个好主意，就是让珍妮帮我做作业。○ *Has anyone got any ideas of how to tackle this problem?* 有谁知道怎么解决这个问题？ *It was your idea to invite so many people to the party.* 邀请这么多的人来聚会是你的主意。**2** [U,sing] a picture or thought in your mind 想法；概念: *Have you any idea how much this cost?* 你看这件东西值多少钱？○ *You have no idea* (= you can't imagine) *how difficult it was to find a time that suited everybody.* 你有所不知，找一个适合每一个人的时间可不容易呀。○ *The programme gave a good idea of what life was like before the war.* 这个节目使你对战前的生活有个很清楚的了解。**3** [C] an opinion or belief 意见；信念: *She has her own ideas about how to bring up children.* 在管教儿女方面，她有自己的主张。○ *Hiding my handbag? If that's your idea of a joke, I don't think it's funny!* 是不是藏了我的手袋？你认为这是开玩笑，可我并不觉得好玩！

4 the idea [sing] the aim or purpose of sth 目的: *The idea of the course is to teach the basics of car maintenance.* 这门课程就是教授汽车维修的基本知识。

(IDIOMS 习语) **get the idea** to understand 明了: *Right! I think I've got the idea now.* 是啊！我想我如今明白了。

get the idea that... to get the feeling or impression that... 形成/得到…感觉或印象: *Where did you get the idea that I was paying for this meal?* 你怎么会以为这顿饭由我来付钱的？

have an idea that... to have a feeling that... 觉得…: *I'm not sure but I have an idea that they've gone on holiday.* 我有个感觉，就是他们度假去了，可是拿不准。

not have the faintest/foggiest (idea) ⇨ FAINT

☆**ideal** /aɪ'dɪəl ‖ aɪ'dɪəl/ *adj* the best possible; perfect 理想；完美: *In an ideal world there would be no poverty.* 理想的世界里没有贫困。

ideal *noun* [C] **1** an idea or principle that seems perfect to you and that you want to achieve 理想: *She finds it hard to live up to her parents' high ideals.* 她发觉很难满足她爸妈对她的期望。○ *socialist ideals* 社会主义理想 **2** [usually sing] a perfect example of a person or thing 完美的人或事: *My ideal would be to live in the country and have a flat in London.* 我认为最好能够住在郊区，又在伦敦拥有一套公寓。

ideally *adv* **1** perfectly 完美: *They are ideally suited to each other.* 他们俩十分相配。**2** in an ideal situation 理想状况: *Ideally, no class should be larger than 25.* 理想的安排是，每班不多于25人。

idealism /aɪ'dɪəlɪzəm ‖ aɪ'dɪəlˌɪzəm/ *noun* [U] the belief that people should have high ideals and live according to them, or that the world can be made perfect 理想主义（主张人类应有崇高理想并据以行事，或坚信世界终可达致至善境界）: *Young people are usually full of idealism.* 年轻人一般都崇尚理想主义。☛ Look at **realism**. 参看 **realism**。

idealist /aɪ'dɪəlɪst ‖ aɪ'dɪəlɪst/ *noun* [C] a person who has high ideals (but who is sometimes not very practical) 理想主义者（抱有崇高理想，但有时不切实际）—**idealistic** /ˌaɪdɪə'lɪstɪk ‖ aɪˌdɪəl'ɪstɪk/ *adj*

idealize (*also* 亦作 **idealise**) /aɪ'dɪəlaɪz ‖ aɪ'dɪəlˌaɪz/ *verb* [T] to imagine or show sth as being better than it really is 把…理想化/美化: *Old people often idealize their early life.* 老年人常常美化他们的早年生活。

identical /aɪ'dentɪkl ‖ aɪ'dɛntɪkḷ/ *adj* **1 the identical** the same 同一的；相同: *This is the identical room we stayed in last year.* 这是我们去年住过的房间。**2 identical (to/with sb/sth)** exactly the same as（跟…）一模一样: *I can't see any difference between these two pens –they look identical to me.* 这两支笔我看不出有什么分别，像是一模一样的。—**identically** /-klɪ ‖ -kḷɪ/ *adv*

iˌdentical 'twin *noun* [C, usually pl] Identical twins come from the same egg of the mother and so are of the same sex and look exactly alike. 单合子双胎/单卵性双胎（由同一个受精卵形成，性别相同、外貌酷似）

☆**identify** /aɪ'dentɪfaɪ ‖ aɪ'dɛntəˌfaɪ/ *verb* [T] (*pres part* **identifying**; *3rd pers sing pres* **identifies**; *pt, pp* **identified**) **1 identify sb/sth (as sb/sth)** to recognize or say who or what sb/sth is 认出: *The police need someone to identify the body.* 警方需要有人出来辨认这具尸体。○ *We must identify the cause of the problem before we look for solutions.* 我们先摸清楚问题的原因，再找出解决的方法。**2 identify sth with sth** to think or say that sth is the same as sth else 把…等同于…: *You can't identify nationalism with fascism.* 你可不能把民族主义跟法西斯主义混为一谈。

(PHRASAL VERBS 短语动词) **identify with sb** to feel that you understand and share what sb else is feeling 认同某人的感情: *I found it hard to identify with the woman in the film.* 电影里面的那个妇人无法引起我的共鸣。

identify (yourself) with sb/sth to be connected with sb/sth 使（自己）与…有关联；支持某人/事: *She became identified with the new political party.* 她支持那个新成立的政治团体。

identification /aɪˌdentɪfɪ'keɪʃn ‖ aɪˌdɛntəfə'keʃən/ *noun* [U] **1** the act of identifying or being identified 辨认；认同: *The identification of the people killed in the explosion was very difficult.* 爆炸事件的死难者难以辨认。○ *children's identification with TV heroes* 儿童对电视英雄的认同 **2** (*abbr* 缩写 **ID**) an official paper, etc that proves who you are 身分证明文件: *Do you have any identification?* 你有没有身分证明文件？

☆**identity** /aɪ'dentətɪ ‖ aɪ'dɛntətɪ/ *noun* [C,U] (*pl* **identities**) who or what a person or a thing is 身分；特性: *There are few clues to the identity of the killer.* 关于杀人凶手的身分，线索并不多。○ *The region has its own cultural identity and is demanding more independence.* 这个地区有自己的文化特色，要求自主的呼声与日俱增。○ *The arrest was a case of mistaken identity* (= the wrong person was arrested by the police). 这次缉捕行动警察抓错了人。○ *Children of immigrants often suffer from a loss of identity* (= they are not sure which culture they belong to). 移民的子女常常因为搞不清自己的身分而苦恼。

i'dentity card *noun* [C] a card that proves who you are 身分证

ideology /ˌaɪdɪ'ɒlədʒɪ ‖ ˌaɪdɪ'ɑlədʒɪ/ *noun* [C, U] (*pl* **ideologies**) a set of ideas which form the basis for a political or economic system（政治或经济制度赖以建立的）意识形态/思想体系: *Marxist ideology* 马克思主义思想体系 —**ideological** /ˌaɪdɪə'lɒdʒɪkl ‖ ˌaɪdɪə'lɑdʒɪkḷ/ *adj*

idiom /'ɪdɪəm ‖ 'ɪdɪəm/ *noun* [C] an expression with a meaning that you cannot guess from the meanings of the separate words 习语；成语；惯用语: *The idiom 'bring sth home to sb' means 'make sb understand sth'.* * bring sth home to sb 这个习语的意思是"使某人明白某事物"。

idiomatic /ˌɪdɪə'mætɪk ‖ ˌɪdɪə'mætɪk/ *adj* **1** containing an idiom or idioms 含有一个/多个习语的: *an idiomatic expression* 惯用语 **2** using language in a way that sounds natural（语言）地道的: *He speaks good idiomatic English.* 他的英语说得很地道。

idiot /'ɪdɪət ‖ 'ɪdɪət/ *noun* [C] (*informal* 非正式) a stupid or foolish person 笨蛋；白痴: *I was an idiot to forget my passport.* 我真糊涂，护照也忘了带。—**idiotic** /ˌɪdɪ'ɒtɪk ‖ ˌɪdɪ'ɑtɪk/ *adj* —**idiotically** /-klɪ ‖ -kḷɪ/ *adv*

idle /'aɪdl ‖ 'aɪdḷ/ *adj* **1** not doing anything; not being used 闲散；闲置: *She is always busy. She can't bear to be idle.* 她不习惯闲呆着，老是忙忙碌碌的。○ *The factory stood idle while the machines were being repaired.* 由于机器进行维修，工厂停工。**2** not wanting to work hard; lazy 不工作的；懒散: *He has the ability* *to succeed but he is just bone* (= very) *idle.* 他要是做一定做得好，可就是懒骨头，不肯做。**3** (only *before* a noun 只用于名词前) not to be taken seriously because it will not have any result 无须认真对待: *an idle promise* 随口说出的诺言 —**idleness** *noun* [U]—**idly** /ˈaɪdlɪ ‖ ˈaɪdlɪ/ *adv*

idol /ˈaɪdl ‖ ˈaɪdl̩/ *noun* [C] **1** a statue that people worship as a god 偶像；神像 **2** a person (such as a film star or pop musician) who is admired or loved 崇拜的对象（如电影明星/流行音乐家）: *When I was 14, Elvis Presley was my idol.* 我14岁时，十分崇拜埃尔维斯·普雷斯利。

idolize (*also* 亦作 **idolise**) /ˈaɪdəlaɪz ‖ ˈaɪdl̩ˌaɪz/ *verb* [T] to love or admire sb very much or too much 崇拜；极度/过分喜爱或仰慕: *He is an only child and his parents idolize him.* 他是独子，父母对他十分溺爱。

idyllic /ɪˈdɪlɪk; *US* 美 aɪˈd- ‖ aɪˈdɪlɪk/ *adj* very pleasant and peaceful 怡人；平和: *We had an idyllic holiday in the West of Ireland.* 我们在爱尔兰西部度过了一个诗情画意的假期。

☆**if** /ɪf ‖ ɪf/ *conj* **1** (used in sentences in which one thing happens or is true, depending on whether another thing happens or is true 用以表示一事之发生或真实与否取决于另一事之发生或真实与否): *If you see him, give him this letter.* 你见到他的话，把这封信给他。○ *We won't go to the beach if it rains.* 下雨的话，我们不去海滩了。○ *If I had more time, I would learn another language.* 要是有时间，我会再学门外语。○ *If I had known about the accident, I would have gone to see her in hospital.* 要是我知道她遇上了事故，我早就去医院看她了。○ *I might see her tomorrow. If not, I'll see her at the weekend.* 我明天或许会见到她，要不就会在周末见到。**2** (used after verbs such as 'ask', 'know', 'remember' 用于 ask、know、remember 等动词之后): *They asked if we would like to go too.* 他们问我们是不是也想去。○ *I can't remember if I posted the letter or not.* 我记不起我把信寄了没有。Look at the note at **whether**. 参看 **whether** 的注释。**3** (used when you are asking sb to do sth or suggesting sth politely 用于礼貌的请求/建议): *If you could just come this way, sir.* 先生，请跟我来。○ *If I might suggest something...* 我想提个建议…

(IDIOMS 习语) **as if** ⇨ AS

even if ⇨ EVEN[2]

if I were you (used when you are giving sb advice 用以提出忠告): *If I were you, I'd leave now.* 我要是你，现在就走。

if only (used for expressing a strong wish 用以表达强烈的愿望): *If only I could drive.* 我会开车就好了。○ *If only he'd write.* 要是他写信给我就好了。

igloo /ˈɪglu: ‖ ˈɪglu/ *noun* [C] (*pl* **igloos**) a small house that is built from blocks of hard snow by people in the Arctic regions (**Eskimos**) 伊格鲁（爱斯基摩人所盖的冰屋，爱斯基摩人叫做 **Eskimo**）

ignite /ɪgˈnaɪt ‖ ɪgˈnaɪt/ *verb* [I,T] (*formal* 正式) to start burning or to make sth start burning（使）着火: *A spark from the engine ignited the petrol.* 引擎的火花燃着了汽油。

ignition /ɪgˈnɪʃn ‖ ɪgˈnɪʃən/ *noun* **1** [U] the process of igniting 着火；点火 **2** [C] the electrical system that starts the engine of a car（启动汽车引擎的）点火装置: *to turn the ignition on/off* 开/关点火装置

ignominious /ˌɪgnəˈmɪnɪəs ‖ ˌɪgnəˈmɪnɪəs/ *adj* (*formal* 正式) making you feel ashamed 丢脸: *The team suffered an ignominious defeat* 这支球队打了一场不光彩的败仗。—**ignominiously** *adv*

ignorance /ˈɪgnərəns ‖ ˈɪgnərəns/ *noun* [U] lack of information or knowledge (about sth)（对某事）缺乏认识；无知: *The workers were in complete ignorance of the management's plans.* 工人对资方的计划一无所知。○ *The mistake was due to ignorance.* 因为无知，才有这个错误。

ignorant /ˈɪgnərənt ‖ ˈɪgnərənt/ *adj* **1** not knowing about sth 不认识某事物: *Many people are ignorant of their rights.* 很多人都不知道自己的权利。○ *I'm very ignorant about modern technology, I'm afraid.* 对不起，我对现代技术没有什么认识。**2** (*informal* 非正式) rude or impolite (because you don't know how to behave) 莽撞；无礼: *That was a very ignorant remark!* 这样说话太无礼了！

☆**ignore** /ɪgˈnɔ:(r) ‖ ɪgˈnɔr/ *verb* [T] to pay no attention to sb/sth 不理: *I said hello to Debby but she totally ignored me* (= acted as though she hadn't seen me). 我跟戴比打招呼，可她理也不理。○ *George ignored his doctor's advice about drinking and smoking less.* 医生叫乔治少喝酒、少抽烟，他就是不听。☛ Be careful. **Ignore** and **be ignorant** are quite different in meaning. 注意：**ignore** 和 **be ignorant** 的意思很不同。

☆**ill**[1] /ɪl ‖ ɪl/ *adj* **1** (*US* 美 **sick**) (not before a noun 不用于名词前) not in good health; not well 生病；身体不适: *I went to bed early because I felt ill but I felt even worse when I woke up.* 我不大舒服，早早就睡了，第二天起来，更加不舒服。○ *I have been ill with flu.* 我染了流感，身体不舒服。○ *My mother was taken ill suddenly last week.* 我妈妈上个星期突然病了。○ *My grandfather is seriously ill in hospital.* 我爷爷躺在医院里，病得利害。☛ Look at the note at **sick**. 参看 **sick** 的注释。**2** (only *before* a noun 只用于名词前) bad or harmful 坏；有害: *There should be no ill will* (= bad feelings) *between friends.* 朋友之间，不该记恨。○ *I'm glad to say I suffered no ill effects from all that rich food.* 虽然我吃了这些油腻的东西，可庆幸什么事也没有。

ill[2] /ɪl ‖ ɪl/ *adv* **1** (often in compounds 常用以构成复合词) badly or wrongly 恶劣；错误: *You would be ill-advised to drive until you have fully recovered.* 除非你完全康复，否则不该开车。**2** only with difficulty; not easily 困难；不容易: *They could ill afford the extra money for better heating.* 好一点的暖气供应就要额外开支，他们可付不起。

(IDIOMS 习语) **augur well/ill for sb/sth** ⇨ AUGUR

bode well/ill (for sb/sth) ⇨ BODE

ˌ**ill-ˈfated** *adj* unlucky 不幸

ˌ**ill-ˈtreat** *verb* [T] to treat sb/sth badly or unkindly 虐待某人/某物: *This cat has been ill-treated.* 这只猫受到了虐待。

ˌ**ill-ˈtreatment** *noun* [U]

I'll /aɪl ‖ aɪl/ *short for* I WILL, I SHALL ＊I WILL、I SHALL 的缩约式

☆**illegal** /ɪˈliːgl ‖ ɪˈligl̩/ *adj* not allowed by the law; not legal 不合法的；非法: *It is illegal to own a gun without a special licence.* 没有特别执照拥有枪械是非法的。—**illegally** /-gəlɪ ‖ -glɪ/ *adv*

illegible /ɪˈledʒəbl ‖ ɪˈlɛdʒəbl̩/ *adj* difficult or impossible to read; not legible 难以辨认: *The doctor's handwriting is quite illegible.* 这个医生的字迹相当潦草。—**illegibly** /-əblɪ ‖ -əblɪ/ *adv*

illegitimate /ˌɪlɪˈdʒɪtɪmət ‖ ˌɪlɪˈdʒɪtəmɪt/ *adj* **1** (used about a child 指小孩) born to parents who are not married to each other 非夫妻关系所生的；非婚生的 **2** not allowed by law; against the rules 法律不容许的；非法的 —**illegitimacy** /ˌɪlɪˈdʒɪtɪməsɪ ‖ ˌɪlɪˈdʒɪtəməsɪ/ *noun* [U]

illicit /ɪˈlɪsɪt ‖ ɪˈlɪsɪt/ *adj* (used about an activity or substance 指活动/物质) not allowed by law or by the rules of society 违法；违禁: *the illicit trade in ivory* 非法的象牙贸易 ○ *They were having an illicit affair.* 他们俩有奸情。☛ The usual opposite of illicit is **legal**. ＊illicit 的相反意义一般用 **legal**。

illiterate /ɪˈlɪtərət ‖ ɪˈlɪtərɪt/ *adj* **1** not able to read or write; not literate 不会读或写；不识字 **2** showing that you have little education 文化水平不高: *You must be illiterate if you've never heard of Sartre!* 连萨特这名字也未听说过，那也就未免太浅陋了。—**illiteracy** /ɪˈlɪtərəsɪ ‖ ɪˈlɪtərəsɪ/ *noun* [U]: *adult illiteracy* 文盲的现象

☆**illness** /ˈɪlnɪs ‖ ˈɪlnɪs/ *noun* **1** [U] the state of being physically or mentally ill（身体/精神）有病: *In case of illness you can cancel the holiday.* 你要是有病，可以把休假取消。○ *There is a history of mental illness in the family.* 这个家族有精神病史。**2** [C] a type or period of physical or mental ill health（身体/精神方面的）疾病；患病期间: *Although it is serious, cancer is not always a fatal illness.* 癌症虽然是重症，但不一定是绝症。○ *Father is just getting over his illness.* 爸爸病后刚刚痊愈。☛ Look at the note at **disease**. 参看 **disease** 的注释。

illogical /ɪˈlɒdʒɪkl ‖ ɪˈlɑdʒɪkl̩/ *adj* not sensible or reasonable; not logical 不合理；不合逻辑: *It seems illogical to me to pay somebody for doing work that you could do yourself.* 在我看来，自己做得来的事情似乎没有理由要花钱叫别人做。—**illogicality** /ɪˌlɒdʒɪˈkæləti ‖ ɪˌlɑdʒɪˈkæləti/ *noun* [C,U] (*pl* **illogicalities**) —**illogically** /-klɪ ‖ -kl̩ɪ/ *adv*

illuminate /ɪˈluːmɪneɪt ‖ ɪˈlumәˌnet/ *verb* [T] (*formal* 正式) **1** to give light to sth or to decorate sth with lights 照亮/用灯装饰（某物）: *The palace was illuminated by spotlights.* 聚光灯把皇宫照得通亮。○ *an illuminated Christmas tree* 一棵灯光闪耀的圣诞树 **2** to explain sth or make sth clear 解释；阐明

illuminating *adj* helping to explain sth or make sth clear 有助阐释的；有启发作用的: *an illuminating discussion* 使人大开眼界的讨论

illumination /ɪˌluːmɪˈneɪʃn ‖ ɪˌluməˈneʃən/ *noun* **1** [U] the act of illuminating or state of being illuminated 阐明；启发；照明 **2 illuminations** [plural] (*Brit* 英) bright colourful lights that are used for decorating a street, town, etc 灯彩；灯饰

illusion /ɪˈluːʒn ‖ ɪˈluʒən/ *noun* **1** [C,U] a false idea, belief or impression 错误的观念；幻想: *I have no illusions about the situation – I know it's serious.* 我知道形势严峻，对它不抱幻想。**2** [C] something that your eyes tell you is there or is true but in fact is not 错觉: *That line looks longer, but in fact they're the same length. It's an optical illusion.* 那条线看上去长一点，其实两条线都一样长，这是错觉使然。

(IDIOM 习语) **be under an/the illusion (that)** to believe wrongly 误以为: *I think Peter's under the illusion that he will be the new director.* 我想彼得误以为自己是下一任的董事长。

☆**illustrate** /ˈɪləstreɪt ‖ ˈɪləstret/ *verb* [T] **1** to explain or make sth clear by using examples, pictures or diagrams 用例子、图片等说明: *These statistics illustrate the point that I was making very well.* 这些统计资料把我要说的都说清楚了。**2** to add pictures, diagrams, etc to a book or magazine（为书本/杂志）加插图: *Most cookery books are illustrated.* 大部分烹饪书籍都附有插图。

illustration /ˌɪləˈstreɪʃn ‖ ˌɪləsˈtreʃən/ *noun* **1** [C] an example that makes a point or an idea clear 例证: *Can you give me an illustration of what you mean?* 可不可以举例说明你的想法？**2** [C] a drawing, diagram or picture in a book or magazine 插图；图示: *colour illustrations* 彩色插图 **3** [U] the activity or art of illustrating 说明；图解

I'm /aɪm ‖ aɪm/ *short for* I AM ＊I AM 的缩约式

☆**image** /ˈɪmɪdʒ ‖ ˈɪmɪdʒ/ *noun* [C] **1** a mental picture or idea of sb/sth 脑海中的形象: *I have an image of my childhood as always sunny and happy.* 我记忆中的童年生活总是快乐无忧的。**2** the general impression that a person or organization gives to the public:（某人/组织给公众留下的）整体印象: *Advertising has to create an attractive image for the product it is selling.* 广告的作用是为产品树立一个醒目的形象。**3** a picture or description that appears in a book, film or painting（书本、电影或图画里的）图像/描述: *horrific images of war* 触目惊心的战争图片 **4** a copy or reflection 副本；影像: *A perfect image of the building was reflected in the lake.* 湖水映着这座楼房的清晰倒影。○ *He's the image of his father* (= he looks exactly like him). 他跟他爸爸一个模样。

imagery /ˈɪmɪdʒərɪ ‖ ˈɪmɪdʒərɪ/ *noun* [U] the use of descriptions and comparisons in language in order to have a strong effect on people's imagination and emotions 形象化描述

imaginable /ɪ'mædʒɪnəbl ‖ ɪ'mædʒɪnəbl̩/ *adj* (often *after* a noun 常用于名词后) that you can think of 想象得到的: *His house was equipped with every luxury imaginable.* 他这座房子极尽奢华之能事。

☆**imaginary** /ɪ'mædʒɪnərɪ; *US* 美 -ənerɪ ‖ ɪˌmædʒə-ˌnerɪ/ *adj* existing only in the mind; not real 想像中的；假想的: *Many children have imaginary friends.* 很多孩子心里都有假想的朋友。

☆**imagination** /ɪˌmædʒɪ'neɪʃn ‖ ɪˌmædʒə'neʃən/ *noun* **1** [C,U] the ability to create mental pictures or new ideas 想象力: *He has a lively imagination.* 他有丰富的想象力。○ *You need a lot of imagination to see what the building will be like when it's finished.* 你不动脑筋无法想象这座楼房完工之后的外貌。○ *She's very clever but she hasn't got much imagination.* 她这个人聪明是聪明，可是没什么想象力。☛ **Imagination** is a creative quality that a person has. **Fantasy** consists of day-dreams about stories and situations that are not related to reality. 想象叫 **imagination**。幻想叫 **fantasy**。**2** [C] the part of the mind that uses this ability 富于想象力的头脑: *If we really use our imaginations we should find a solution to this problem!* 好好动动脑筋，这个问题就不难解决了！

imaginative /ɪ'mædʒɪnətɪv; *US* 美 -əneɪtɪv ‖ ɪ'mædʒəˌnetɪv/ *adj* having or showing imagination 富于想象力: *She's always full of imaginative ideas.* 她经常有新奇的念头。○ *His writing is highly imaginative.* 他的文章极富想象力。☛ The opposite is **unimaginative**. 反义词为 **unimaginative**。—**imaginatively** *adv*

☆**imagine** /ɪ'mædʒɪn ‖ ɪ'mædʒɪn/ *verb* [T] **1** to form a picture or idea of sth in the mind 想象: *Imagine the seaside in summer.* 想象一下夏天的海边。○ *Imagine that you're lying on a beach.* 想象一下你躺在海滩上。○ *It's not easy to imagine your brother as a doctor.* 很难想象你哥哥当医生的样子。○ *I can't imagine myself cycling 20 miles a day.* 我无法想象自己每天骑自行车走20英里路是什么样子。○ *I can imagine what you felt like.* 我可以体会你的感受。**2** to see, hear or think sth that is not true or does not exist 幻想: *She's always imagining that she's ill but she's fine really.* 她老以为自己有病，可是她真的没有病。**3** to think of sth as probable; to suppose 认为；以为: *I imagine he'll be coming by car.* 我想他会开车来的。

imbalance /ˌɪm'bæləns ‖ ɪm'bæləns/ *noun* [C] a difference or lack of equality 不平衡: *an imbalance between our import and export trade* 进出口贸易不平衡

imbecile /'ɪmbəsi:l; *US* 美 -sl ‖ 'ɪmbəsl̩/ *noun* [C] a stupid person; a fool 傻瓜；蠢才

imitate /'ɪmɪteɪt ‖ 'ɪməˌtet/ *verb* [T] **1** to copy the behaviour of sb/sth 学…的样；仿造；仿制: *Small children learn by imitating their parents.* 小孩子的学习方法就是模仿父母。**2** to copy the speech or actions of sb/sth, often in order to be amusing（常为逗乐）模仿（别人的言谈举止）: *She could imitate her mother perfectly.* 她学起她妈妈来很是惟妙惟肖。

imitation /ˌɪmɪ'teɪʃn ‖ ˌɪmə'teʃən/ *noun* **1** [C] a copy (of a real thing) 仿制品: *Some artificial flowers are good imitations of real ones.* 有些人造花几可乱真。○ *This suitcase is made of imitation leather* (= of material that is made to look like leather). 这是个人造革小提箱。☛ Look at **genuine**. 参看 **genuine**。**2** [C] a copy (of a person's speech or behaviour) 模仿的言谈/动作: *That comedian does very good imitations of politicians.* 这个滑稽演员学起政客来学得惟妙惟肖。**3** [U] the act of copying sth 模仿: *Good pronunciation of a language is best learnt by imitation.* 模仿是学习正确发音的最佳方法。

immaculate /ɪ'mækjʊlət ‖ ɪ'mækjəlɪt/ *adj* **1** perfectly clean and tidy 十分整洁: *Her house is always immaculate.* 她的房子总是又整齐又干净。○ *immaculate white shirts* 洁白的衬衫 **2** without any mistakes; perfect 没有瑕疵；完美: *His performance of 'Romeo' was immaculate.* 他演罗密欧演得非常出色，可谓天衣无缝。—**immaculately** *adv*

immaterial /ˌɪmə'tɪərɪəl ‖ ˌɪmə'tɪrɪəl/ *adj* **immaterial (to sb)** not important 不重要: *It's immaterial to me whether we go today or tomorrow.* 对我来说，我们今天去还是明天去并不重要。

immature /ˌɪmə'tjʊə(r); *US* 美 -tʊər ‖ ˌɪmə'tʊr/ *adj* **1** not fully grown or developed; not mature 发育未全的；不成熟: *an immature body* 发育未全的身躯 **2** (used about a person 指人) not behaving as sensibly as you would expect for a person of that age 幼稚（头脑简单，处事方法欠成熟）: *Some students are very immature when they go to university.* 有些大学新生还很不成熟。

☆**immediate** /ɪ'mi:dɪət ‖ ɪ'midɪɪt/ *adj* **1** happening or done at once or without delay 立即；尽快: *I'd like an immediate answer to my proposal.* 关于我的建议，我想尽快得到答复。○ *The government responded with immediate action.* 政府马上采取了行动。**2** (only *before* a noun 只用于名词前) existing now and needing attention 当前的: *Tell me what your immediate needs are.* 你有什么急切需要可以告诉我。**3** (only *before* a noun 只用于名词前) nearest in time, position or relationship（在时间、位置或关系上）最接近的: *They won't make any changes in the immediate future.* 他们在短时间内不会作出任何改变。○ *You can see the cathedral to your immediate right.* 挨着你的右边的就是主教座堂。○ *He has left most of his money to his immediate family* (= parents, children, brothers and sisters). 他把大部分金钱留给了直系亲属。

immediacy /-əsɪ ‖ -əsɪ/ *noun* [U] the close presence of sth that makes you notice it and become involved in it 即时性；直接性

immediately *adv* **1** at once; without delay 马上: *Can you come home immediately after work?* 你下班后可以马上回家吗？○ *I couldn't immediately see what he meant.* 我一时摸不清楚他的意思。**2** directly; very closely 直接地；

紧接地: *He wasn't immediately involved in the crime.* 他跟这项罪行没有直接牵连。**3** nearest in time or position（时间/位置）最接近地: *Who's the girl immediately in front of Simon?* 挨在西蒙前面的那个女孩子是谁？ ○ *What did you do immediately after the war?* 战事刚刚结束的时候，你做什么来着？

immediately *conj* (*Brit* 英) as soon as 马上: *I opened the letter immediately I got home.* 我一回到家里就把信拆开。

immense /ɪˈmens ‖ ɪˈmɛns/ *adj* very large or great 巨大；重大: *immense difficulties* 重大困难 ○ *She gets immense pleasure from her garden.* 她那个花园带给她莫大的乐趣。

immensely *adv* extremely; very much 极度；非常: *immensely enjoyable* 趣味无穷 ○ *'Did you enjoy the party?' 'Yes, immensely.'* "这个舞会你玩得开心不开心？" "开心极了。"

immensity /ɪˈmensətɪ ‖ ɪˈmɛnsətɪ/ *noun* [U] very large size or extent 巨大；重大: *the immensity of the universe* 宇宙的浩瀚

immerse /ɪˈmɜːs ‖ ɪˈmɝs/ *verb* [T] **1 immerse yourself (in sth)** to involve yourself deeply in sth so that you give it all your attention 醉心/沉浸/沉迷于（某事物）: *Rachel's usually immersed in a book.* 雷切尔常常埋首书本。 **2 immerse sth (in sth)** to put sth into a liquid so that it is covered 泡/浸（在某物中）: *Immerse the spaghetti in boiling water and cook for ten minutes.* 把意大利面条放在沸水里煮十分钟。

☆**immigrant** /ˈɪmɪgrənt ‖ ˈɪməgrənt/ *noun* [C] a person who has come into a foreign country to live there permanently（外来）移民: *Many immigrants to Britain have come from Asia.* 住在英国的移民很多都来自亚洲。○ *The government plans to tighten controls to prevent illegal immigrants* (= people coming to live in the country without permission). 政府打算加强管制，防止非法移民进入。○ *London has a high immigrant population.* 伦敦住了大量移民。

> ☛ Great Britain has many immigrant communities which make it a **multicultural society.** 英国有很多移民社区，构成一个多元文化社会 (**multicultural society**)。Groups of immigrants or children of immigrants who share a common cultural tradition form an **ethnic minority.** 保留共同文化传统的移民及其子女就成为少数族裔 (**ethnic minority**)。

immigration /ˌɪmɪˈgreɪʃn ‖ ˌɪməˈgreʃən/ *noun* [U] **1** entering a country in order to live there permanently 移民: *There are greater controls on immigration than there used to be.* 入境移民管制比过去严格。○ *the immigration office* 移民局 **2** (*also* 亦作 **immigration control**) the control point at an airport, port, etc where the passports and documents of people who want to come into a country are checked 入境管理站: *When you leave the plane you have to go through customs and immigration.* 下机后得办理过关及入境手续。

> ☛ There is a verb 'immigrate' but it is very rarely used. * immigrate 这个动词很少用。We normally use the expression 'be an immigrant' or the verb 'emigrate' which is used in connection with the place that somebody has come from 一般用 be an immigrant，也可以说从某地 emigrate: *'Were you born here in Britain?' 'Yes I was, but my parents emigrated to Britain from Barbados.'* "你在英国出生吗？" "是啊，可是我父母从巴巴多斯移居到这里的。" Look at **emigrate**, **emigrant** and **emigration**. 参看 **emigrate**、**emigrant** 及 **emigration**。

imminent /ˈɪmɪnənt ‖ ˈɪmənənt/ *adj* (usually used about sth unpleasant 通常指不好的事情) almost certain to happen very soon 即将发生: *Heavy rainfall in the south of England means that flooding is imminent.* 英国南部的连场暴雨预示马上要发洪水。—**imminently** *adv*

immobile /ɪˈməʊbaɪl; *US* 美 -bl ‖ ɪˈmobl̩/ *adj* not moving or not able to move 不（能）移动的: *The hunter stood immobile until the lion had passed.* 猎人站着动也不动，直到狮子走过去为止。

immobility /ˌɪməˈbɪlətɪ ‖ ˌɪmoˈbɪlətɪ/ *noun* [U] the state of being immobile 静止状态；固定

immobilize (*also* 亦作 **immobilise**) /ɪˈməʊbəlaɪz ‖ ɪˈmobl̩ˌaɪz/ *verb* [T] to prevent sb/sth from moving or working normally 使不能正常活动/运作: *The railways have been completely immobilized by the strike.* 这次工潮令铁路完全瘫痪。

immoral /ɪˈmɒrəl; *US* 美 ɪˈmɔːrəl ‖ ɪˈmɔrəl/ *adj* wrong or wicked according to the accepted rules of behaviour; not moral 不道德: *I think experiments on animals are immoral.* 我认为用动物来做试验品是不道德的行为。—**immorality** /ˌɪməˈrælətɪ ‖ ˌɪməˈrælətɪ/ *noun* [U] —**immorally** /-rəlɪ ‖ -rəlɪ/ *adv*

immortal /ɪˈmɔːtl ‖ ɪˈmɔrtl̩/ *adj* living or lasting for ever 永生: *Nobody is immortal – we all have to die some time.* 人的生命有限，总免不了一死。○ (*figurative* 比喻) *Shakespeare's immortal plays* 莎士比亚不朽的剧作 —**immortality** /ˌɪmɔːˈtælətɪ ‖ ˌɪmɔrˈtælətɪ/ *noun* [U]

immortalize (*also* 亦作 **immortalise**) /ɪˈmɔːtəlaɪz ‖ ɪˈmɔrtl̩ˌaɪz/ *verb* [T] to give lasting fame to sb/sth (especially in a book, film or painting)（通过著作、电影、绘画等）使不朽/流芳百世: *He immortalized their relationship in a poem.* 他把他们的关系写进了诗篇，让它永垂千古。

immune /ɪˈmjuːn ‖ ɪˈmjun/ *adj* **1 immune (to sth)** protected against a certain disease or illness because you have a resistance to it 有免疫力的: *You should be immune to measles if you've had it already.* 染过麻疹的人，由于具有免疫能力，不会再染上这种病。**2 immune (to sth)** not affected by sth 不受（某事物）影响的: *You can say what you like – I'm immune to criticism!* 你有什么话只管说，我受得了批评。 **3 immune (from sth)** protected from a

I

danger or punishment 免除（危险/惩罚）: *Young children are immune from prosecution.* 年幼的儿童免予起诉。

immunity /ɪ'mju:nətɪ ‖ ɪ'mjunətɪ/ *noun* [U] the ability to avoid or be unaffected by disease, criticism, prosecution, etc 豁免；免疫: *In many countries people have no immunity to diseases like measles.* 很多国家的人民对麻疹和其他疾病都没有免疫能力。○ *Ambassadors to other countries receive diplomatic immunity* (= protection from prosecution, etc). 驻外大使享有外交豁免权（使免于司法裁判等）。

immunize (*also* 亦作 **immunise**) /'ɪmjʊnaɪz ‖ 'ɪmjʊˌnaɪz/ *verb* [T] to make sb immune to a disease, usually by giving an injection of a substance (**vaccine**) 使免疫（通常靠注射疫苗 (**vaccine**)）: *Before visiting certain countries you will need to be immunized against cholera.* 去某些国家之前，必须注射霍乱疫苗。☛ Look at **inoculate** and **vaccinate**. 参看 **inoculate** 及 **vaccinate**。—**immunization** (*also* 亦作 **immunisation**) /ˌɪmjʊnaɪ'zeɪʃn; *US* 美 -nɪ'z- ‖ ˌɪmjʊnə'zeʃən/ *noun* [C,U]

imp /ɪmp ‖ ɪmp/ *noun* [C] (in stories 故事中) a small creature like a little devil 小妖精

☆**impact** /'ɪmpækt ‖ 'ɪmpækt/ *noun* **1** [C, usually sing] **an impact (on/upon sb/sth)** an effect or impression（对…的）影响；（给…留下的）印象: *Her speech made a great impact on the audience.* 她的演说给听众留下了非常深刻的印象。**2** [U] the action or force of one object hitting another 撞击: *The impact of the crash threw the passengers out of their seats.* 这下撞击的冲力把乘客抛离了座位。○ *The bomb exploded on impact* (= when it hit something). 炸弹受到碰撞就马上爆炸了。

impair /ɪm'peə(r) ‖ ɪm'pɛr/ *verb* [T] to damage or weaken sth 损害；使减弱: *Ear infections can result in impaired hearing.* 耳朵感染细菌能导致听觉受损。

impale /ɪm'peɪl ‖ ɪm'pel/ *verb* [T] **impale sb/sth (on sth)** to stick a sharp pointed object through sb/sth（给尖的物体）刺穿: *The boy fell out of the tree and was impaled on the railings.* 小孩从树上掉了下来，身体戳在栏杆上。

impart /ɪm'pɑ:t ‖ ɪm'pɑrt/ *verb* [T] (*formal* 正式) **1 impart sth (to sb)** to tell 告诉: *He rushed home eager to impart the good news.* 他赶回家里宣布好消息。**2 impart sth (to sth)** to give a certain quality to sth 使（某事物）有某种特性等: *The low lighting imparted a romantic atmosphere to the room.* 昏暗的灯光给房间增添了浪漫的气氛。

impartial /ɪm'pɑ:ʃl ‖ ɪm'pɑrʃəl/ *adj* fair or neutral; not preferring one to another 公正；无偏见: *The referee must be impartial.* 裁判必须不偏不倚。—**impartiality** /ˌɪmˌpɑ:ʃɪ'ælətɪ ‖ ˌɪmpɑrʃɪ'ælətɪ/ *noun* [U] —**impartially** /-ʃəlɪ ‖ -ʃəlɪ/ *adv*

impassable /ɪm'pɑ:səbl; *US* 美 -'pæs- ‖ ɪm'pæsəbl̩/ *adj* (used about a road, etc 指马路等) impossible to travel on because it is blocked 不能通行的: *Flooding and fallen trees have made many roads impassable.* 很多马路都被洪水和倒下来的树木堵塞住。

impassive /ɪm'pæsɪv ‖ ɪm'pæsɪv/ *adj* (used about a person 指人) showing no emotion or reaction 无动于衷 —**impassively** *adv*

☆**impatient** /ɪm'peɪʃnt ‖ ɪm'peʃənt/ *adj* **1 impatient (at sth/with sb)** not able to wait for sb/sth calmly; easily annoyed by sb/sth that seems slow; not patient 无耐性的；不耐烦的: *Don't be so impatient – it's your turn next.* 别急躁，下一个就轮到你了。○*The passengers are getting impatient at the delay.* 这次延误使乘客越来越不耐烦。○ *It's no good being impatient with small children.* 对小孩子光着急没有用。**2 impatient (to do sth); impatient (for sth)** (not before a noun 不用于名词前) wanting sth to happen soon 迫不及待: *By the time they are sixteen many young people are impatient to leave school.* 很多上了十六岁的年轻人都急不可待要离开学校。○ *At the end of winter we are often impatient for spring to arrive.* 一到冬末，我们总巴不得春天快点来到。—**impatience** /ɪm'peɪʃns ‖ ɪm'peʃəns/ *noun* [U]: *He began to explain for the third time with growing impatience.* 他第三次解释的时候，就开始越来越不耐烦了。—**impatiently** *adv*

impeccable /ɪm'pekəbl ‖ ɪm'pɛkəbl̩/ *adj* perfect; without any mistakes 完美；无懈可击: *impeccable behaviour* 无可挑剔的品行 ○ *His accent is impeccable.* 他的口音很纯正。—**impeccably** /-blɪ ‖ -blɪ/ *adv*

impede /ɪm'pi:d ‖ ɪm'pid/ *verb* [T] (*formal* 正式) to make it difficult for sb/sth to move or make progress 阻碍；妨碍: *The completion of the new motorway has been impeded by bad weather conditions.* 天气不好，这条高速公路未能如期竣工。

impediment /ɪm'pedɪmənt ‖ ɪm'pɛdəmənt/ *noun* [C] (*formal* 正式) **1** something that makes it difficult for a person or thing to move or progress 障碍: *The high rate of tax will be a major impediment to new businesses.* 高税率将对新企业构成重大打击。**2** something that makes speaking difficult 生理障碍（尤指言语方面的）: *a speech impediment* 言语障碍

impending /ɪm'pendɪŋ ‖ ɪm'pɛndɪŋ/ *adj* (only before a noun 只用于名词前) (usually used about sth bad 一般指不好的事物) that will happen soon 即将发生: *There was a feeling of impending disaster in the air.* 大有灾难将临之势。

impenetrable /ɪm'penɪtrəbl ‖ ɪm'pɛnətrəbl̩/ *adj* **1** impossible to enter or get through 不能通过的: *The jungle was impenetrable.* 这片丛林难以穿越。**2** impossible to understand 费解: *an impenetrable mystery* 无可解答之谜

imperative /ɪm'perətɪv ‖ ɪm'pɛrətɪv/ *adj* very important or urgent 十分重要；紧急: *It's imperative that you see a doctor immediately.* 你一定要马上找医生看看。

imperative *noun* [C] (*grammar* 语法) the form of the verb that is used for giving orders 祈使语气: *In 'Shut the door!' the verb is in the imperative.* 在 Shut the door! 这个句子里，动词用了祈使语气。

imperceptible /ˌɪmpə'septəbl ‖ ˌɪmpɚ'sɛptəbl̩/

adj too small to be seen or noticed; very slight 极轻微而不易察觉的: *The difference between the original painting and the copy was almost imperceptible.* 原画与摹本几乎一模一样，实在难分真假。☛ The verb is **perceive**. 动词为 **perceive**。—**imperceptibly** /-əblɪ ‖ -əblɪ/ *adv*: *Almost imperceptibly winter was turning into spring.* 冬去春来，季节的交替竟是这样无声无息。

imperfect /ɪmˈpɜːfɪkt ‖ ɪmˈpɝfɪkt/ *adj* **1** with mistakes or faults; not perfect 有缺点；不完美: *This is a very imperfect system.* 这个制度漏洞百出。**2** (only *before* a noun 只用于名词前) (*grammar* 语法) used for expressing action in the past that is not completed 未完成时: *In 'While I was having a bath', the verb is in the imperfect tense.* 在 While I was having a bath 这个句子里，动词用了未完成时。☛ We can also use **imperfect** as a noun and say ∗ **imperfect** 也可以用作名词: *The verb is in the imperfect.* 这个动词用了未完成时。It is more usual to call this tense the **past continuous** or **past progressive**. 未完成时一般叫过去进行时(**past continuous/past progressive** tense)。—**imperfectly** *adv*

imperial /ɪmˈpɪərɪəl ‖ ɪmˈpɪrɪəl/ *adj* **1** connected with an empire or its ruler 与帝国/君主有关: *the imperial palace* 皇宫 ○ *imperial power* 王权 **2** belonging to a system of weighing and measuring that was previously used for all goods in the United Kingdom and is still used for some（度量衡）英制 ☛ Look at **metric** and at **inch**, **foot**, **yard**, **ounce**, **pound**, **pint** and **gallon**. 参看 **metric**、**inch**、**foot**、**yard**、**ounce**、**pound**、**pint** 及 **gallon**。The entries will tell you what these weights and measures are in metres, kilos and litres. 这些词条都分别标有米、公斤、升的等值。

imperialism /ɪmˈpɪərɪəlɪzəm ‖ ɪmˈpɪrɪəlˌɪzəm/ *noun* [U] a political system in which a rich and powerful country controls other countries (**colonies**) which are not so rich and powerful as itself 帝国主义（由强国控制较弱小的国家/地区，后者为殖民地 (**colony**)）

imperialist /ɪmˈpɪərɪəlɪst ‖ ɪmˈpɪrɪəlɪst/ *noun* [C] a person who supports or believes in imperialism 帝国主义者

impersonal /ɪmˈpɜːsənl ‖ ɪmˈpɝsn̩l/ *adj* **1** not showing friendly human feelings; cold in feeling or atmosphere 冷漠；冷清: *A large organization can be very impersonal to work for.* 在大机构工作有时会觉得缺少了人情味。○ *The hotel room was very impersonal.* 那个旅馆房间冷冷清清的，一点生气也没有。**2** not referring to any particular person 非专指某个人的: *Can we try to keep the discussion as impersonal as possible, please?* 我们讨论的时候，尽量不要针对某个人好吗？

impersonate /ɪmˈpɜːsəneɪt ‖ ɪmˈpɝsn̩ˌet/ *verb* [T] to copy the actions and way of speaking of a person or to pretend to be a different person 模仿/冒充（某人）: *an actress who often impersonates the Queen* 一个常常扮演女王的女演员 ○ *He was arrested for impersonating a policeman.* 他因冒充警察而被捕。—**impersonation** /ɪmˌpɜːsəˈneɪʃn ‖ ˌɪmpɝsn̩ˈeʃən/ *noun* [C,U] —**impersonator** *noun* [C]

impertinent /ɪmˈpɜːtɪnənt ‖ ɪmˈpɝtn̩ənt/ *adj* rude; not showing respect 粗鲁；无礼: *I do apologize. It was impertinent of my daughter to speak to you like that.* 对不起，我女儿真无礼，用这种语气跟你说话。☛ The opposite is NOT **pertinent**. It is **polite** or **respectful**. 反义词不是 **pertinent**，而是 **polite** 或 **respectful**。—**impertinence** /-əns ‖ -əns/ *noun* [U]—**impertinently** *adv*

imperturbable /ˌɪmpəˈtɜːbəbl ‖ ˌɪmpɚˈtɝbəbl/ *adj* (*formal* 正式) not easily worried; calm 不轻易激动的；冷静 ☛ The verb is **perturb**. 动词为 **perturb**。

impervious /ɪmˈpɜːvɪəs ‖ ɪmˈpɝvɪəs/ *adj* **1** not allowing water, etc to pass through 不透水的；抗渗的 **2** not affected or influenced by sth 不受某事物影响的: *impervious to criticism* 不为批评所动

impetuous /ɪmˈpetʃʊəs ‖ ɪmˈpɛtʃʊəs/ *adj* acting or done quickly and without thinking 鲁莽: *Her impetuous behaviour often got her into trouble.* 她这个人举止鲁莽，老闯祸。☛ A more common word is **impulsive**. ∗ **impulsive** 比 impetuous 更为常用。—**impetuously** *adv*

impetus /ˈɪmpɪtəs ‖ ˈɪmpətəs/ *noun* [U,sing] something that encourages sth else to happen 促进；推动力: *I need fresh impetus to start working on this essay again.* 我要有新的动力，才能重新开始写这篇短文。

impinge /ɪmˈpɪndʒ ‖ ɪmˈpɪndʒ/ *verb* [I] **impinge on/upon sth** (*formal* 正式) to have an effect on sth; to interfere with sth 影响；干涉: *I'm not going to let my job impinge on my home life.* 我不会让工作影响我的家庭生活。

implausible /ɪmˈplɔːzəbl ‖ ɪmˈplɔzəbl/ *adj* not easy to believe 令人难以置信: *an implausible excuse* 叫人难以置信的借口

implement[1] /ˈɪmplɪmənt ‖ ˈɪmpləmənt/ *noun* [C] a tool or instrument (especially for work outdoors) 工具（尤指用于户外劳动的）: *farm implements* 农具 ☛ Look at the note at **tool**. 参看 **tool** 的注释。

implement[2] /ˈɪmplɪment ‖ ˈɪmpləˌmɛnt/ *verb* [T] to start using a plan, system, etc 实施；执行: *Some teachers are finding it difficult to implement the government's educational reforms.* 有些教师发现很难推行政府提出的教育改革。—**implementation** /ˌɪmplɪmenˈteɪʃn ‖ ˌɪmpləmɛnˈteʃən/ *noun* [U]

implicate /ˈɪmplɪkeɪt ‖ ˈɪmplɪˌket/ *verb* [T] **implicate sb (in sth)** (*formal* 正式) to show that sb is involved in sth unpleasant, especially a crime 显示某人牵连于（罪行等）: *A well-known politician was implicated in the scandal.* 有一位知名政客卷入了这宗丑闻之中。

implication /ˌɪmplɪˈkeɪʃn ‖ ˌɪmplɪˈkeʃən/ *noun* **1** [C,U] something that is suggested but that is not said openly 暗示: *The implication of what she said was that we had made a bad mistake.* 她这番话的言外之意是我们犯了大错。☛ The verb is **imply**. 动词为 **imply**。**2** [C] the effect that sth will have on sth else in the future 对另一事物将会产生的影响: *The new law*

I

will have serious implications for our work. 新法规将对我们的工作产生重大的影响。

implicit /ɪm'plɪsɪt ‖ ɪm'plɪsɪt/ *adj* **1** not expressed directly but understood by the people involved 不明言；含蓄：*We had an implicit agreement that we would support each other.* 我们有个默契，就是互相帮助、互相支持。☛ Look at **explicit**. 参看 **explicit**。**2** complete and asking no questions 毫无保留：*I have implicit faith in your ability to do the job.* 我毫不怀疑你完成这项工作的能力。

implicitly *adv* completely 完全地：*I trust you implicitly.* 我绝对相信你。

implore /ɪm'plɔː(r) ‖ ɪm'plɔr/ *verb* [T] (*formal* 正式) to ask sb for sth or to do sth. You implore sb when the situation is very serious and you feel desperate 乞求；哀求：*She implored him not to leave her alone.* 她求他不要撇下她一个人。○ *'Don't leave me alone', she implored.* 她哀求说："别撇下我不管。" ☛ Look at **beg**. It is similar in meaning. 参看 **beg**，这个词的意义与 implore 相近。

imply /ɪm'plaɪ ‖ ɪm'plaɪ/ *verb* [T] (*pres part* **implying**; *3rd pers sing pres* **implies**; *pt, pp* **implied**) to suggest sth in an indirect way or without actually saying it 暗示：*He didn't say so – but he implied that I was lying.* 虽然他没有直说，但在暗示我扯谎。☛ The noun is **implication**. 名词为 **implication**。

impolite /ˌɪmpə'laɪt ‖ ˌɪmpə'laɪt/ *adj* rude; not polite 粗鲁；没有礼貌的：*I think it was impolite of him to ask you to leave.* 他竟然叫你离开，真没有礼貌。—**impolitely** *adv*

☆**import**[1] /ɪm'pɔːt ‖ ɪm'pɔrt/ *verb* [T] **import sth (from...)**; **import sth (into...)** to buy goods, etc from a foreign country and bring them into your own country 进口；入口：*This country has to import most of its raw materials.* 这个国家必须进口大部分原料。○ *imported goods* 进口货品 ○ *Britain imports wine from France, Italy, Spain, etc.* 英国从法国、意大利、西班牙等国家进口葡萄酒。○ (*figurative* 比喻) *We need to import some extra help from somewhere.* 我们需要从什么地方找些额外的人手来帮忙。—**importer** *noun* [C]: *Is Britain the world's largest importer of tea?* 英国是不是全球最大的茶叶进口国？☛ The opposites are **export** and **exporter**. 反义词为 **export** 及 **exporter**。

☆**import**[2] /'ɪmpɔːt ‖ 'ɪmpɔrt/ *noun* **1** [C, usually pl] goods bought from a foreign country for sale or use in your own country 进口商品：*What are your country's major imports?* 你们国家主要进口些什么？☛ The opposite is **export**. 反义词为 **export**。**2** [U] (*also* 亦作 **importation**) the action of importing goods 进口：*The government is introducing new controls on the import of certain goods from abroad.* 政府采取新措施限制某些国外产品的进口。

☆**important** /ɪm'pɔːtnt ‖ ɪm'pɔrtn̩t/ *adj* **1** having great value or influence; very necessary 重要；必须：*an important meeting, decision, etc* 重要会议/决定… ○ *Tomorrow will be the most important day of my life!* 明天是我一生最重要的日子。○ *Is money important for happiness?* 幸福是否建筑于金钱之上？○ *It's important not to be late.* 千万不可迟到。○ *It's important that people should learn at least one foreign language.* 重要的是每个人都必须学习至少一门外语。○ *It's important for people to see the results of what they do.* 每个人都必须清楚自己所作所为的结果。○ *It was important to me that you were there.* 你当时在场对我很重要。**2** (used about a person 指人) having great influence or authority 有影响力；有权力：*He was one of the most important writers of his time.* 他是那个年代最重要的作家之一。○ *I soon got to know who was important in the company and who wasn't.* 这家公司里谁的地位重要，谁的地位不重要，我很快就摸清楚了。☛ The opposite is **unimportant**. 反义词为 **unimportant**。

importance /-tns ‖ -tn̩s/ *noun* [U] the state of being important; value 重要；价值：*The decision was of great importance to the future of the business.* 这个决定对公司的前途有非常重大的意义。—**importantly** *adv*

importation /ˌɪmpɔː'teɪʃn ‖ ˌɪmpɔr'teʃən/ *noun* [U] = IMPORT[2](2)

impose /ɪm'pəʊz ‖ ɪm'poz/ *verb* **1** [T] to make sth be accepted because you are the person with power 把（某事物）加于别人身上：*A new tax will be imposed on cigarettes.* 当局将对香烟征收新税。○ *The government should impose restrictions on the use of harmful chemicals.* 政府应该对有害化学物品的使用加以限制。○ *Parents should try not to impose their own ideas on their children.* 父母应避免把自己的想法强加在孩子身上。**2** [I] **impose (on/upon sb/sth)** to ask or expect sb to do sth that may cause extra work or trouble 要求某人做（额外/可能带来麻烦的事）：*I hope I'm not imposing – but could you look after our cats while we're away?* 我们不想麻烦你，可是我们要出门，请你照顾一下家里的猫，行吗？○ *I hate to impose on you but can you lend me some money?* 我实在不想麻烦你，可是你借点钱给我好吗？

imposition /ˌɪmpə'zɪʃn ‖ ˌɪmpə'zɪʃən/ *noun* **1** [U] the action of imposing 强加：*I'm against the imposition of unnecessary rules and regulations on people.* 我反对把不必要的法规加诸人民头上。**2** [C] an unfair or unpleasant thing that sb has to accept; sth that causes extra work or trouble（被逼接受的）不公平/令人不快的要求：*'Do stay for supper.' 'Are you sure it's not an imposition?'* "吃过晚饭再走好吗？""真的不打扰你们吗？"

imposing /ɪm'pəʊzɪŋ ‖ ɪm'pozɪŋ/ *adj* making an impression on people because it is big or important 给人深刻印象的；壮观：*They lived in a large, imposing house near the park.* 他们住在公园附近那一座宏伟的住宅里。

☆**impossible** /ɪm'pɒsəbl ‖ ɪm'pɑsəbl̩/ *adj* **1** not able to be done or to happen; not possible 不可能：*It's impossible for me to be there before 12.* * 12点之前我可赶不到那儿。○ *I find it almost impossible to get up in the morning!* 我早上差点起不了床。○ *That horse is impossible to control.* 那匹马怎么也不听话。

○ *That's impossible!* (= I don't believe it!) 不可能！**2** very difficult to deal with or to make better 难以应付；无可救药: *This is an impossible situation!* 这真是个无法对付的局面！○ *He's always been an impossible child.* 他一直是个无可救药的顽童。—**impossibility** /ɪmˌpɒsəˈbɪlətɪ ‖ ˌɪmpɑsəˈbɪlətɪ/ *noun* [C,U] (*pl* **impossibilities**): *the impossibility of reaching an agreement* 不可能达成协议 ○ *What you are suggesting is a complete impossibility!* 你这个提议完全行不通！

the impossible *noun* [sing] something that cannot be done 不可能办到的事情: *Don't attempt the impossible!* 可要量力而为呀！

impossibly /-əblɪ ‖ -əblɪ/ *adv* extremely 极度: *impossibly complicated* 极为复杂

impostor /ɪmˈpɒstə(r) ‖ ɪmˈpɑstɚ/ *noun* [C] a person who pretends to be sb else in order to deceive other people 冒充他人以图欺骗者

impotent /ˈɪmpətənt ‖ ˈɪmpətənt/ *adj* **1** without enough power or influence 力量/影响力不足；无能为力 ☛ The opposite is **powerful**. 反义词为 **powerful**。**2** (used about men 指男性) not capable of having sexual intercourse 阳痿的 —**impotence** /-əns ‖ -əns/ *noun* [U]

impoverish /ɪmˈpɒvərɪʃ ‖ ɪmˈpɑvərɪʃ/ *verb* [T] (*formal* 正式) to make sb/sth poor or poor in quality 使贫困/贫瘠 ☛ Look at **enrich**. 参看 **enrich**。

impracticable /ɪmˈpræktɪkəbl ‖ ɪmˈpræktɪkəbḷ/ *adj* impossible to use or do in practice 不能实行的: *Your plan is completely impracticable.* 你这个计划完全行不通。

impractical /ɪmˈpræktɪkl ‖ ɪmˈpræktɪkḷ/ *adj* **1** not sensible or reasonable; not practical 不切实际的: *an impractical suggestion* 不切实际的建议 ○ *It would be impractical to take our bikes on the train.* 把我们的自行车放到火车上，这个方法行不通。**2** (used about a person 指人) not good at doing ordinary everyday jobs 不擅长做实际的工作: *He's clever but completely impractical.* 他这个人聪明倒聪明，可是一点也不实际。

imprecise /ˌɪmprɪˈsaɪs ‖ ˌɪmprɪˈsaɪs/ *adj* not clear or exact; not precise 不清楚；不精确: *imprecise instructions* 不明确的指示

☆**impress** /ɪmˈpres ‖ ɪmˈprɛs/ *verb* [T] **1 impress sb (with sth)** to make sb feel admiration and respect 令人称羡/尊重: *She's always trying to impress people with her new clothes.* 她总喜欢穿上新衣服引人注意。○ *It impressed me that he understood immediately what I meant.* 我一说他就明白了，真叫我佩服。**2** (*formal* 正式) **impress sth on/upon sb** to make sth very clear to sb 使某人清楚某事情: *I wish you could impress on John that he must pass these exams.* 请你跟约翰说清楚，这些考试他必须考及格。

☆**impression** /ɪmˈpreʃn ‖ ɪmˈprɛʃən/ *noun* [C] **1** the effect that a person or thing produces on sb else 印象: *She gives the impression of being older than she really is.* 她看起来比实际年龄大。○ *I want to create an impression of light and space in the house.* 我想给这座房子一种光亮和开阔的感觉。○ *Do you think I made a good impression on your parents?* 你看我有没有给你爸妈好印象？**2** an opinion about sb/sth (that is sometimes unclear or wrong) 对…的感觉: *What's your impression of the new director?* 你对新董事长有什么看法？○ *I'm not sure but I have the impression that Jane's rather unhappy.* 我感觉到珍妮不大高兴，可是这个我拿不准。○ *I was under the impression that you were married.* 我以为你已经结了婚。**3** an amusing imitation of the behaviour or speech of a well-known person（对名人的）滑稽模仿: *My brother does some marvellous impressions of TV stars.* 哥哥学起电视明星来倒学得惟妙惟肖。**4** a mark made by pressing an object hard into a surface（经硬物挤压留下的）印记

impressionable /ɪmˈpreʃənəbl ‖ ɪmˈprɛʃənəbḷ/ *adj* easy to influence 易受影响: *Sixteen is a very impressionable age.* 十六岁的年轻人易受熏染。

☆**impressive** /ɪmˈpresɪv ‖ ɪmˈprɛsɪv/ *adj* causing a feeling of admiration and respect because of importance, size, excellent quality, etc 给人以深刻印象: *an impressive building, speech, etc* 宏伟的楼房；令人难忘的演说… ○ *The way he handled the situation was most impressive.* 他应付当时局面的手法令人赞叹。☛ The opposite is **unimpressive**. 反义词为 **unimpressive**。

imprint /ˈɪmprɪnt ‖ ˈɪmprɪnt/ *noun* [C] the mark made by pressing an object on a surface（挤压留下的）印记: *the imprint of a foot in the sand* 沙地上的脚印

imprison /ɪmˈprɪzn ‖ ɪmˈprɪzṇ/ *verb* [T] (often passive 常用于被动语态) to put or keep in prison 监禁: *He was imprisoned for robbery with violence.* 他因犯了暴力抢劫罪而给关进监牢。

imprisonment /-mənt ‖ -mənt/ *noun* [U] the state of being imprisoned 监禁: *She was sentenced to five years' imprisonment.* 她被判处五年徒刑。○ *life imprisonment* 终身监禁

improbable /ɪmˈprɒbəbl ‖ ɪmˈprɑbəbḷ/ *adj* not likely to be true or to happen; not probable 不大可能: *an improbable explanation* 说不通的解释 ○ *an improbable result* 不大可能的结果 ○ *It is highly improbable that she will arrive tonight.* 她今晚准来不了。☛ Look at **unlikely**. 参看 **unlikely**。—**improbability** /ɪmˌprɒbəˈbɪlətɪ ‖ ɪmˌprɑbəˈbɪlətɪ/ *noun* [U] —**improbably** /-əblɪ ‖ -əblɪ/ *adv*

impromptu /ɪmˈprɒmptju:; *US* 美 -tu: ‖ ɪmˈprɑmptu/ *adj, adv* (done) without being prepared or organized 即兴: *an impromptu party* 即兴酒会

improper /ɪmˈprɒpə(r) ‖ ɪmˈprɑpɚ/ *adj* **1** rude or not suitable for the situation 粗鄙；不适合所处场合: *That was a very improper remark!* 这是什么话！**2** illegal or not honest 非法；不诚实: *It seems that she had been involved in improper business deals.* 看来她卷入了一些不正当的交易。**3** rude (in a sexual way) 猥亵；下流: *He lost his job for making improper suggestions to several of the girls.* 他对好几个年轻女同事都说过些猥亵的话，结果被开除了。—**improperly** *adv*

impropriety /ˌɪmprəˈpraɪətɪ ‖ ˌɪmprəˈpraɪətɪ/ *noun* [C,U] (*pl* **improprieties**) (*formal* 正式) the state of being improper; an improper act 不适当；不适当的行为: *She was unaware of the impropriety of her remark.* 她还不知道自己说了不得体的话。○ *We are certain there were no improprieties in the handling of the deal.* 我们敢说，进行这笔交易没有不正当之处。

☆**improve** /ɪmˈpruːv ‖ ɪmˈpruv/ *verb* [I,T] to become or to make sth better 改进: *Your work has greatly improved.* 你的工作表现改进了不少。○ *I hope the weather will improve later on.* 我希望天气好转。○ *Your vocabulary is excellent but you could improve your pronunciation.* 你的词汇用得很好，但可改进一下你的发音。

(PHRASAL VERB 短语动词) **improve on/upon sth** to produce sth that is better than sth else 生产出比某物更好的东西: *I think the film improved on the book* (= the film was better than the book). 依我看，这部电影比原著好一点。○ *Nobody will be able to improve on that score* (= nobody will be able to make a higher score). 没有人可以超过这个成绩。

improvement *noun* [C,U] **improvement (on/in sth)** (a) change which makes the quality or condition of sb/sth better 改进: *There's been a considerable improvement in your mother's condition.* 你妈妈的情况好多了。○ *These marks are an improvement on your previous ones.* 你这些分数比过去的高。○ *Housing and public transport are areas which need improvement.* 住房和交通问题都需要改善。

improvise /ˈɪmprəvaɪz ‖ ˈɪmprəˌvaɪz/ *verb* [I,T] **1** to make, do, or manage sth quickly or without preparation, using what you have 临时凑合: *If you're short of teachers today you'll just have to improvise* (= manage somehow with the people that you've got). 如果今天老师缺员的话，就得将就一下了。**2** to play music, speak or act using your imagination instead of written or remembered material 即兴演奏/讲演/行动；临时创作: *It was obvious that the actor had forgotten his lines and was trying to improvise.* 那个男演员明显是忘了台词，正在想办法应付过去。○ *a brilliant improvised speech* 一次漂亮的即兴演说

improvisation /ˌɪmprəvaɪˈzeɪʃn; *US* 美 ɪmˌprɒvəˈzeɪʃn ‖ ˌɪmprɑvəˈzeʃən/ *noun* [C,U] the act of improvising 临时凑合；即兴演出

impudent /ˈɪmpjʊdənt ‖ ˈɪmpjudənt/ *adj* very rude; not respectful or polite 粗鲁；无礼

impudence /-əns ‖ -əns/ *noun* [U] impudent behaviour or speech 粗鲁的行为/言论 —**impudently** *adv*

impulse /ˈɪmpʌls ‖ ˈɪmpʌls/ *noun* [C] **1** a sudden desire to do sth without thinking about the results 冲动；突如其来的念头: *She felt a terrible impulse to rush out of the house and never come back.* 突然间她心里有个冲动，恨不得冲出屋去，再也不回来。**2** a single push or signal in a nerve, wire, etc that causes a reaction 神经冲动；电路脉冲: *electrical impulses* 脉冲

(IDIOM 习语) **on impulse** without thinking or planning 一时冲动: *Sometimes it's fun to go away on impulse when the weather's nice.* 遇上天朗气清，心血来潮外出走动一下也是乐事。

impulsive /ɪmˈpʌlsɪv ‖ ɪmˈpʌlsɪv/ *adj* likely to act suddenly and without thinking; done without careful thought 鲁莽；冲动: *an impulsive character* 冲动的个性 ○ *an impulsive remark* 莽撞的言论 —**impulsively** *adv* —**impulsiveness** *noun* [U]

impure /ɪmˈpjʊə(r) ‖ ɪmˈpjʊr/ *adj* **1** consisting of more than one substance (and therefore not of good quality); not pure 不纯净；有杂质: *impure metals* 不纯的金属 **2** (*old-fashioned* 旧) (used about thoughts and actions connected with sex 指跟性有关的言行思想) not moral; bad 不道德；下流

impurity /ɪmˈpjʊərətɪ ‖ ɪmˈpjʊrətɪ/ *noun* (*pl* **impurities**) **1** [C, usually pl] a substance that is present in another substance, making it of poor quality 杂质: *People are being advised to boil their water because certain impurities have been found in it.* 水里发现了一些杂质，当局呼吁大家把水煮开。**2** [U] the state of being impure 不纯净

☆**in**[1] /ɪn ‖ ɪn/ *adv* ☛ For special uses with many verbs, eg **give in**, look at the verb entries. 可与许多动词连用，如 **give in**，其用法见有关动词词条。**1** to a position within a particular area 到某范围内；进入: *She opened the door and went in.* 她把门一开就进去了。○ *My suitcase is full. I can't get any more in.* 我的小提箱鼓鼓囊囊的，再也装不下什么东西了。○ *When does the train get in?* (= to the station). 火车什么时候到站？**2** at home or at work 在家里/工作的地方: *She won't be in till late today.* 她今天很晚才回来。**3** (used about the tides of the sea 指潮水) at the highest point, when the water is closest to the land 涨；升高: *The tide's coming in.* 现在开始涨潮了。**4** received by sb official 正式收到: *Entries should be in by 20 March.* 报名期限为3月20号。

(IDIOMS 习语) **be in for sth** to be going to experience sth unpleasant 将要经历令人不快的事情: *He'll be in for a shock when he gets the bill.* 他收到账单的时候准要大吃一惊。

be/get in on sth to have a share in sth; to know about sth that is happening 参与；知道正在发生的事情: *I'd like to be in on the new project.* 我想了解一下这项新工程。

have (got) it in for sb (*informal* 非正式) to be unpleasant to sb because he/she has done sth to upset you 对某人怀有恶意

☆**in**[2] /ɪn ‖ ɪn/ *prep* ☛ For special uses with many nouns, eg **in time**, look at the noun entries. 可与许多名词连用，如 **in time**，其用法见有关名词词条。**1** (showing place 表示地方) within the area of sth; enclosed by sth 在某范围内: *a country in Africa* 一个非洲国家 ○ *a town in France* 一个法国小镇 ○ *an island in the Pacific* 太平洋上的一个岛屿 ○ *in a box* 在箱子里 ○ *I read about it in the newspaper.* 我在报纸上看到这个消息。○ *in bed* 在床上 ○ *She put the keys in her pocket.* 她把钥匙放在口

袋里。○ *They were working in the garden.* 他们在花园里干活。○ *His wife's in hospital.* 他妻子在医院就医。**2** (showing time 表示时间) during a period of time 在某段时间内: *My birthday is in August.* 我的生日在八月。○ *He was born in 1980.* 他生于1980年。○ *You could walk there in about an hour* (= it would take that long to walk there). 走一个钟头左右的路就到那儿。**3** (showing time 表示时间) after a period of time 某段时间后: *I'll be finished in ten minutes.* 我十分钟后可以做完。**4** contained in; forming the whole or part of sth 包括在…内；构成整体/部分: *There are 366 days in a leap year.* 闰年有366日。**5** (used for giving the rate of sth 用于比率): *a new rate of tax of 50p in the pound* 每英镑纳50便士税的新税率 ○ *One family in ten owns a dishwasher.* 每十个家庭就有一家拥有洗碗机。**6** wearing sth 穿着: *They were all dressed in black for the funeral.* 葬礼上人人都穿着黑色衣服。○ *I've never seen you in a suit before.* 以前我从没看过你穿西装。**7** (used for saying how things are arranged 用于事物的编排): *We sat in a circle.* 我们围成一个圈儿坐。**8** (used for saying how sth is written or expressed 表示书写/表达方式): *Please write in pen.* 请用墨水笔书写。○ *They were talking in Italian.* 当时他们说的是意大利语。**9** (used with feelings 表示感觉): *I watched in horror as the plane crashed to the ground.* 我看见飞机撞到地面去，吓得魂飞魄散。**10** (showing the condition or state of sb/sth 表示状况或状态): *My parents are in poor health.* 我爸妈身体不好。○ *This room is in a mess!* 这个房间乱七八糟！○ *Richard's in love.* 理查德堕入了情网。**11** (showing sb's job or the activity sb is involved in 表示所从事的工作或活动): *He's got a good job in advertising.* 他有一份理想的广告业工作。○ *All her family are in politics.* 她全家都在政界做事。○ *He's in the army.* 他正在当兵。

in³ /ɪn ‖ ɪn/ *noun*
(IDIOM 习语) **the ins and outs (of sth)** the details and difficulties (involved in sth) 详情；细节: *Will somebody explain the ins and outs of the situation to me?* 谁能向我解释一下当前局势的来龙去脉？

inability /ˌɪnəˈbɪlətɪ ‖ ˌɪnəˈbɪlətɪ/ *noun* [U] **inability (to do sth)** lack of ability, power or skill 没有能力/技术: *He has a complete inability to listen to other people's opinions.* 他对别人的意见充耳不闻。☛ The adjective is **unable**. 形容词为 **unable**。

inaccessible /ˌɪnækˈsesəbl ‖ ˌɪnəkˈsɛsəbl̩/ *adj* very difficult or impossible to reach or contact 难以到达/接触到: *That beach is inaccessible by car.* 那个海滩汽车到不了。○ (*figurative* 比喻) *His books are inaccessible to* (= cannot be understood by) *the average reader.* 他的著作一般读者看不懂。—**inaccessibility** /ˌɪnækˌsesəˈbɪlətɪ ‖ ˌɪnækˌsɛsəˈbɪlətɪ/ *noun* [U]

inaccurate /ɪnˈækjərət ‖ ɪnˈækjərɪt/ *adj* not correct; not accurate 不真确；不准确: *an inaccurate report, description, etc* 不准确的报道/描述…

inaccuracy /ɪnˈækjərəsɪ ‖ ɪnˈækjərəsɪ/ *noun* (*pl* **inaccuracies**) **1** [U] being inaccurate 不准确；不真确: *The inaccuracy of the statistics was immediately obvious.* 一眼就可以看出这些统计资料并不准确。**2** [C] an inaccurate statement; a written or spoken mistake 不准确的言论；文章/讲话中的谬误: *There are always some inaccuracies in newspaper reports.* 报纸上的报道总有不准确的地方。

inaction /ɪnˈækʃn ‖ ɪnˈækʃən/ *noun* [U] doing nothing; lack of action 无行动；缺乏行动: *The crisis was blamed on the government's earlier inaction.* 有人把这次危机归咎于政府较早之前没有采取行动。

inactive /ɪnˈæktɪv ‖ ɪnˈæktɪv/ *adj* doing nothing; not active 没有行动的；不活跃的: *The virus remains inactive in the body.* 病毒依然潜伏在体内。—**inactivity** /ˌɪnækˈtɪvətɪ ‖ ˌɪnækˈtɪvətɪ/ *noun* [U]

inadequate /ɪnˈædɪkwət ‖ ɪnˈædəkwɪt/ *adj* **1** not sufficient; not good enough 不足够；不够好: *the problem of inadequate housing* 住房不足的问题 **2** (used about a person 指人) not able to deal with a problem or situation, etc; not confident 不能胜任的；信心不足: *There was so much to learn in the new job that for a while I felt totally inadequate.* 新工作有好多东西要学，我一时感到力不从心。—**inadequacy** /ɪnˈædɪkwəsɪ ‖ ɪnˈædəkwəsɪ/ *noun* [C,U] (*pl* **inadequacies**): *his inadequacy as a parent* 他是个不称职的家长 ○ *The inadequacies of the health service are often blamed on the government.* 有人往往把医疗服务的不足归咎于政府。—**inadequately** /ɪnˈædɪkwətlɪ ‖ ɪnˈædəkwɪtlɪ/ *adv*

inadvertent /ˌɪnədˈvɜːtənt ‖ ˌɪnədˈvɝtn̩t/ *adj* (used about actions 指行动) done without thinking, not on purpose; not intentional 粗心大意；非故意 —**inadvertently** *adv*: *She had inadvertently left the letter where he could find it.* 她一时大意，竟把信放在他找得到的地方。

inadvisable /ˌɪnədˈvaɪzəbl ‖ ˌɪnədˈvaɪzəbl̩/ *adj* not sensible or wise 不明智: *It is inadvisable to go swimming when you have a cold.* 患了伤风就不宜去游泳。

inane /ɪˈneɪn ‖ ɪnˈen/ *adj* without any meaning; silly 无聊；愚蠢: *an inane remark* 无聊话 —**inanely** *adv*

inappropriate /ˌɪnəˈprəʊprɪət ‖ ˌɪnəˈproprɪɪt/ *adj* not suitable 不合适；不适当: *Isn't that dress rather inappropriate for the occasion?* 那条裙子是不是不大适合那个场合？☛ Look at **unsuitable**. 参看 **unsuitable**。

inarticulate /ˌɪnɑːˈtɪkjʊlət ‖ ˌɪnɑrˈtɪkjəlɪt/ *adj* **1** (used about a person 指人) not able to express ideas and feelings clearly 不善表达思想感情的 **2** (used about speech 指言谈) not clear or well expressed 含糊不清的—**inarticulately** *adv*

inasmuch as /ˌɪnəzˈmʌtʃ əz ‖ ˌɪnəzˈmʌtʃəz/ *conj* (*formal* 正式) because of the fact that; to the extent that 因为；在…限度内: *We felt sorry for the boys inasmuch as they had not realized that what they were doing was wrong.* 这些小伙子做了错事自己还不知道，就这一点来说，我们觉得很遗憾。

I

inattention /ˌɪnəˈtenʃn ‖ ˌɪnəˈtɛnʃən/ *noun* [U] lack of attention 忽略: *a moment of inattention* 稍一疏忽

inattentive /ˌɪnəˈtentɪv ‖ ˌɪnəˈtɛntɪv/ *adj* not paying attention; not attentive 不经心；不注意: *One inattentive student can disturb the whole class.* 一个学生不专心听课，全班也会受到影响。

inaudible /ɪnˈɔːdəbl ‖ ɪnˈɔdəbl̩/ *adj* not loud enough to be heard（因声音小）听不见的 —**inaudibly** /ɪnˈɔːdəblɪ ‖ ɪnˈɔdəblɪ/ *adv*

inaugural /ɪˈnɔːgjʊrəl ‖ ɪnˈɔgjərəl/ *adj* (only *before* a noun 只用于名词前) (used about a speech or meeting that marks the beginning of a new organization, leadership, etc 指言论或会议) first 就职/开幕…的: *the President's inaugural speech* 总统就职演说

inaugurate /ɪˈnɔːgjʊreɪt ‖ ɪnˈɔgjəˌret/ *verb* [T] **1** to introduce a new official, leader, etc at a special ceremony 在典礼上使正式就任: *He will be inaugurated as President next month.* 他下个月将正式就任总统。**2** to start, introduce or open sth new (often at a special ceremony)（常以举行特殊仪式来）展示/开创…新事物 —**inauguration** /ɪˌnɔːgjʊˈreɪʃn ‖ ɪnˌɔgjəˈreʃən/ *noun* [C,U]

incalculable /ɪnˈkælkjʊləbl ‖ ɪnˈkælkjələbl̩/ *adj* very great; too great to calculate 极大；无数: *an incalculable risk* 无可估量的风险 ○ *incalculable damage* 不可估量的损失

incapable /ɪnˈkeɪpəbl ‖ ɪnˈkepəbl̩/ *adj* **1 incapable of sth/doing sth** not able to do sth; not capable of sth/doing sth 没有能力/不能做某事: *She is incapable of hard work/working hard.* 她干不了苦活。○ *He's quite incapable of unkindness* (= too nice to be unkind). 他这个人硬不起心肠。**2** not able to do, manage or organize anything well 无能: *As a doctor, she's totally incapable.* 作为医生，她是完全不能胜任的。

incapacitate /ˌɪnkəˈpæsɪteɪt ‖ ˌɪnkəˈpæsəˌtet/ *verb* [T] to make sb unable (to work, live normally, etc) 使不能（工作、正常生活等）: *They were completely incapacitated by the heat in Spain.* 西班牙的酷热叫他们无法工作。

incarnation /ˌɪnkɑːˈneɪʃn ‖ ˌɪnkɑrˈneʃən/ *noun* [C] **1** (a person that is) a perfect example of a particular quality（体现某一品质的）完美代表，典型人物 **2** a life on earth in a particular form 以某一特种形体存在于世界上的生命；化身

incendiary /ɪnˈsendɪərɪ; *US* 美 -dɪerɪ ‖ ɪnˈsɛndɪˌɛrɪ/ *adj* that causes a fire 能引起燃烧的: *an incendiary bomb* 燃烧弹

incense /ˈɪnsens ‖ ˈɪnsɛns/ *noun* [U] a substance that produces a sweet smell when burnt, used especially in religious ceremonies（用于宗教仪式的）香

incentive /ɪnˈsentɪv ‖ ɪnˈsɛntɪv/ *noun* [C,U] **incentive (to do sth)** something that encourages you (to do sth) 激励；刺激: *The company is offering cash incentives to staff to move to another area.* 公司预备了一笔奖金，鼓励员工到其他地方上班。○ *There's no incentive for young people to do well at school because there aren't any jobs when they leave.* 毕业后就业机会不多，青年学生也就没有什么学习的热情了。

incessant /ɪnˈsesnt ‖ ɪnˈsɛsn̩t/ *adj* never stopping 不停: *incessant rain, noise, etc* 连绵不断的雨；连续不断的噪音… ☛ Look at **continual**. 参看 **continual**。—**incessantly** *adv*

incest /ˈɪnsest ‖ ˈɪnsɛst/ *noun* [U] sexual intercourse between close members of a family, eg brother and sister 乱伦

incestuous /ɪnˈsestjʊəs; *US* 美 -tʃʊəs ‖ ɪnˈsɛstʃʊəs/ *adj* **1** involving incest 涉及乱伦的: *an incestuous relationship* 乱伦的关系 **2** (used about a group of people and their relationships with each other 指一群人及他们之间的关系) too close; not open to anyone outside the group 过分亲密的；排外的: *Life in a small community can be very incestuous.* 小社区的生活有时是非常排外的。

☆**inch** /ɪntʃ ‖ ɪntʃ/ *noun* [C] (*abbr* 缩写 **in**) a measure of length; 2·54 centimetres. There are 12 inches in a foot 英寸（长度单位，相当于2·54厘米；一英尺相当于12英寸）: *He's 5 foot 10 inches tall.* 他的高度是5英尺10英寸。○ *Three inches of rain fell last night.* 昨晚的降雨量有三英寸。

(PHRASAL VERB 短语动词) **inch forward, past, through, etc** to move slowly and carefully in the direction mentioned 小心翼翼地向某个方向移动: *Inch the car forward till I tell you to stop.* 把车子慢慢向前开，直到我叫你停下为止。

incidence /ˈɪnsɪdəns ‖ ˈɪnsədəns/ *noun* [sing] the number of times sth (usually sth unpleasant) happens; the rate of sth 发生率（一般指不好的事情）；比率: *a high incidence of crime, disease, unemployment, etc.* 高犯罪率；高发病率；高失业率…

☆**incident** /ˈɪnsɪdənt ‖ ˈɪnsədənt/ *noun* [C] (*formal* 正式) **1** an event (especially one that involves violence, danger, something strange, etc)（尤指暴力的/危险的/奇怪的…）事件: *There were a number of unpleasant incidents after the football match.* 足球赛结束后，发生了多宗不愉快事件。○ *Various strange incidents had made people suspicious.* 接二连三的奇怪事件使人们变得多疑。○ *The publishing of the book resulted in a diplomatic incident* (= a dangerous or unpleasant situation between countries). 这本书的出版引起了外交风波。**2** something that happens that is not very important 小事: *There was an amusing incident at work today.* 我工作的地方今天发生了一件趣事。

incidental /ˌɪnsɪˈdentl ‖ ˌɪnsəˈdɛntl̩/ *adj* happening as part of sth more important; minor 伴随而来的；次要: *The incidental expenses of a holiday are often more than expected.* 旅行的杂费通常比预算的要多。○ *The book contains various themes that are incidental to the main plot.* 这本小说除了主要情节外，还有很多伴随的枝节。

incidentally /ˌɪnsɪˈdentlɪ ‖ ˌɪnsəˈdɛntl̩ɪ/ *adv* (used to introduce extra news, information, etc that the speaker has just thought of 用以带

出想起的额外消息、资料等): *Incidentally, that new restaurant you told me about is excellent.* 顺便说一句，你跟我提起的那一家餐馆很不错。☛ Another way of saying 'incidentally' is **by the way**. 也可以说 **by the way**。

incinerate /ɪnˈsɪnəreɪt ‖ ɪnˈsɪnəˌret/ *verb* [T] (*formal* 正式) to destroy sth completely by burning 把（某物）烧成灰烬

incinerator /ɪnˈsɪnəreɪtə(r) ‖ ɪnˈsɪnəˌretɚ/ *noun* [C] a container or machine for burning rubbish, etc（垃圾等的）焚化炉

incision /ɪnˈsɪʒn ‖ ɪnˈsɪʒən/ *noun* [C,U] (*formal* 正式) a cut carefully made into sth (especially into a person's body as part of a medical operation)（尤指手术的）切口

incite /ɪnˈsaɪt ‖ ɪnˈsaɪt/ *verb* [T] **incite sb (to sth)** to encourage sb to do sth by making him/her very angry or excited 激发/煽动某人（做某事）: *He was accused of inciting the crowd to violence.* 他被指控煽动群众使用暴力。—**incitement** *noun* [C,U]: *He was guilty of incitement to violence.* 他犯了煽动暴乱罪。

inclination /ˌɪŋklɪˈneɪʃn ‖ ˌɪnkləˈneʃən/ *noun* [C,U] a feeling that makes sb want to behave in a particular way 意向: *My inclination is to say 'no', but what do you think?* 我有意拒绝，你呢？

incline /ɪnˈklaɪn ‖ ɪnˈklaɪn/ *verb* **1** [T] (*formal* 正式) to bend (your head) forward 使弯腰/垂头: *They sat round the table, heads inclined, deep in discussion.* 他们围着桌子曲身向前坐着，专注地讨论问题。**2** [I] **incline towards sth** to lean or slope in the direction of sth 向某方向倾斜: *The land inclines towards the shore.* 陆地向岸边倾斜。

inclined /ɪnˈklaɪnd ‖ ɪnˈklaɪnd/ *adj* **1 inclined to do sth** likely to do sth 很可能做某事: *She's inclined to change her mind very easily.* 她这个人很容易改变主意。**2 inclined (to do sth)** wanting to behave in a particular way 倾向/偏于（某事物）: *I know Andrew well so I'm inclined to believe what he says.* 我跟安德鲁很熟悉，他说的我多半相信。**3 inclined to do sth** (used to make what is said sound less sure 用以表示不太肯定) holding a particular opinion 认为: *I'm inclined to say 'yes', but I'll have to ask James first.* 我本人倾向于赞同，可是我得先问问詹姆斯。**4** having a natural ability in the subject mentioned 在某方面有天分: *to be musically inclined* 有音乐天分

☆**include** /ɪnˈkluːd ‖ ɪnˈklud/ *verb* [T] **1** to have as one part; to contain (among other things) 包括: *The price of the holiday includes the flight, the hotel and car-hire.* 度假旅费包括机票费用、住宿费及租车费。○ *The crew included one woman.* 工作人员里面有一位女性。☛ Look at **exclude** and at the note at **contain**. 参看 **exclude**，另参看 **contain** 的注释。**2** to make sb/sth part (of another group, etc)（使）成为其中一分子/一部分: *The children immediately included the new girl in their games.* 孩子们马上和这个新来的小女孩一起玩耍。○ *Everyone was disappointed, myself included.* 谁都感到失望，我也是。

including /ɪnˈkluːdɪŋ ‖ ɪnˈkludɪŋ/ *prep* having as a part 包括: *It costs £17.99, including postage and packing.* 一共要 17.99 英镑，邮费和包装费也算在里面。—**inclusion** /ɪnˈkluːʒn ‖ ɪnˈkluʒən/ *noun* [U]: *The inclusion of all that violence in the film was unnecessary.* 那部电影根本无必要加插那么多的暴力镜头。

inclusive /ɪnˈkluːsɪv ‖ ɪnˈklusɪv/ *adj* **1 inclusive (of sth)** (used about a price, charge, fee, etc 指价格、费用等) including or containing everything; including the thing mentioned 包括所有项目；包括…: *Is that an inclusive price or are there some extras?* 这个价格是不是什么都包括了？有没有额外收费？○ *The rent is inclusive of electricity.* 电费也算在房租里面。**2** (only *after* a noun 只用于名词后) including the dates, numbers, etc mentioned 包括所说的日期、数目等在内: *You are booked at the hotel from Monday to Friday inclusive* (= including Monday and Friday). 我已经给你订了从星期一到星期五的旅馆房间（首尾两天也包括在内）。☛ When talking about time **through** is often used in American English instead of **inclusive** 指日期时，美国英语一般说 **through**，不说 **inclusive**: *We'll be away from Friday through Sunday.* 星期五到星期日我们都不在家。

incognito /ˌɪŋkɒgˈniːtəʊ; *US* 美 ɪŋˈkɒgnətəʊ ‖ ɪnˈkɒgnɪˌto/ *adj, adv* hiding your real name and identity (especially if you are famous and do not want to be recognized)（尤指名人）隐姓埋名: *to travel incognito* 隐藏身分出行

incoherent /ˌɪŋkəʊˈhɪərənt ‖ ˌɪnkoˈhɪrənt/ *adj* not clear or easy to understand; not expressing yourself clearly 说话/表达不清楚或不合逻辑 —**incoherence** /-əns ‖ -əns/ *noun* [U] —**incoherently** *adv*

☆**income** /ˈɪŋkʌm ‖ ˈɪnˌkʌm/ *noun* [C,U] the money you receive regularly as payment for your work or as interest on investments 收入（包括薪俸/投资所得利息）: *It's sometimes difficult for a family to live on one income.* 有时只有一份收入并不能维持一家的生计。

> ☛ We talk about a **monthly** or an **annual** income. 收入可以按月 (**monthly**) 或者按年 (**annual**) 计算。An income may be **high** or **low**. 收入高可用 **high** 形容，收入低用 **low**。Your **gross** income is the amount you earn before paying tax. Your **net** income is your income after tax. 未扣除应缴税款前的总收入叫做 **gross** income，扣税后的净收入叫做 **net** income。Look at the note at **pay**. 参看 **pay** 的注释。

ˈ**income tax** *noun* [U] the tax you pay on the money you earn 所得税

incoming /ˈɪnkʌmɪŋ ‖ ˈɪnˌkʌmɪŋ/ *adj* (only *before* a noun 只用于名词前) **1** coming in or arriving 进来的: *incoming flights, passengers, etc* 到来的班机/旅客等… ○ *incoming telephone calls* 打进来的电话 **2** new; recently elected 新；新近选出的: *the incoming government* 新政府

incomparable /ɪnˈkɒmprəbl ‖ ɪnˈkɑmprəbl̩/ *adj* so good or great that it does not have an equal 无与伦比: *incomparable beauty* 绝世美貌 ☛ The verb is **compare**. 动词为 **compare**。

incompatible /ˌɪŋkəmˈpætəbl ‖ ˌɪnkəmˈpætəbl̩/ *adj* **incompatible (with sb/sth)** not able to live or work happily with sb; not able to exist in harmony with sb/sth else 不能与某人融洽相处；不能兼容；与…不相容: *Their marriage won't last, they're completely incompatible.* 他们俩完全合不来，所以他们的婚姻是不会长久的。—**incompatibility** /ˌɪŋkəmˌpætəˈbɪləti ‖ ˌɪnkəmˌpætəˈbɪləti/ *noun* [C,U] (*pl* **incompatibilities**)

incompetent /ɪnˈkɒmpɪtənt ‖ ɪnˈkɑmpətənt/ *adj* lacking the necessary skill to do sth well 不能胜任: *He is completely incompetent at his job.* 他完全不能胜任他的工作。—**incompetence** /-əns ‖ -əns/ *noun* [U] —**incompetently** *adv*

incomplete /ˌɪŋkəmˈpliːt ‖ ˌɪnkəmˈplit/ *adj* having a part or parts missing; not total or complete 不完整；不完全: *The witness could only give an incomplete account of what had happened.* 证人对事情经过只能作出不完整的陈述。○ *His happiness was incomplete without her.* 没有她，他就不能得到完全的幸福。○ *Unfortunately the jigsaw puzzle was incomplete.* 这个拼图玩具丢失了几块图片，真可惜。—**incompletely** *adv*

incomprehensible /ɪnˌkɒmprɪˈhensəbl ‖ ˌɪnkɑmprɪˈhɛnsəbl̩/ *adj* impossible to understand 不可理解: *an incomprehensible explanation* 叫人听不明白的解释 ○ *Her attitude is incomprehensible to the rest of the committee.* 其他委员都摸不透她的立场。

inconceivable /ˌɪŋkənˈsiːvəbl ‖ ˌɪnkənˈsivəbl̩/ *adj* impossible or very difficult to believe or imagine 令人不能/难以相信或想象的

inconclusive /ˌɪŋkənˈkluːsɪv ‖ ˌɪnkənˈklusɪv/ *adj* not leading to a definite decision or result 不能得到明确结论/结果的: *an inconclusive discussion* 毫无结果的讨论 ○ *inconclusive evidence* (= that doesn't prove anything) 不确切的证据 —**inconclusively** *adv*

incongruous /ɪnˈkɒŋɡruəs ‖ ɪnˈkɑŋɡruəs/ *adj* strange; not in harmony; out of place 不相称；不一致: *He looked very incongruous in his T-shirt and jeans at the ball.* 他那一身短袖汗衫配牛仔裤的打扮在舞会里显得格格不入。—**incongruity** /ˌɪŋkɒŋˈɡruːəti ‖ ˌɪnkɑŋˈɡruəti/ *noun* [U] —**incongruously** *adv*

inconsiderate /ˌɪŋkənˈsɪdərət ‖ ˌɪnkənˈsɪdərɪt/ *adj* (used about a person 指人) not thinking or caring about the feelings, or needs of other people 不替别人着想的: *It was inconsiderate of you not to offer her a lift.* 你真的考虑不周，没让她搭一程你的车。☛ Another word for inconsiderate is **thoughtless**. * inconsiderate 的同义词为 **thoughtless**。—**inconsiderately** *adv* —**inconsiderateness** *noun* [U]

inconsistent /ˌɪnkənˈsɪstənt ‖ ˌɪnkənˈsɪstənt/ *adj* **1** (used about a person 指人) likely to change (in attitude, behaviour, etc); not reliable 在态度/行为上不一贯的；不能信任的: *She's so inconsistent – sometimes her work is good and sometimes it's really awful.* 她的表现反复无常，有时做得好，有时做得很糟糕。**2 inconsistent (with sth)** not in agreement with sth 跟…不一致: *These new facts are inconsistent with the earlier information.* 新近掌握的事实跟先前的资料不吻合。—**inconsistency** /-ənsɪ ‖ -ənsɪ/ *noun* [C,U] (*pl* **inconsistencies**) —**inconsistently** *adv*

inconspicuous /ˌɪŋkənˈspɪkjʊəs ‖ ˌɪnkənˈspɪkjuəs/ *adv* not easily noticed 不显眼: *inconspicuous colours such as grey and dark blue* 灰色、暗蓝色等不起眼的颜色 ○ *I tried to make myself as inconspicuous as possible so that no one would ask me a question.* 我尽量不叫自己惹人注意，以免有人向我提问题。—**inconspicuously** *adv*

incontinent /ɪnˈkɒntɪnənt ‖ ɪnˈkɑntənənt/ *adj* unable to control the passing of waste (urine and faeces) from the body 失禁的 —**incontinence** /-əns ‖ -əns/ *noun* [U]

inconvenience /ˌɪŋkənˈviːnɪəns ‖ ˌɪnkənˈvinjəns/ *noun* [C,U] (something that causes) difficulty or discomfort 困难；不便；引起困难/不便的事物: *We apologize for any inconvenience caused by the delays.* 若因延误引致不便，我们谨致歉意。—**inconvenience** *verb* [T]

inconvenient /ˌɪŋkənˈviːnɪənt ‖ ˌɪnkənˈvinjənt/ *adj* causing difficulty or discomfort; not convenient 引起困难/不安/不便: *It's a bit inconvenient at the moment – could you phone again later?* 现在不太方便，一会儿再来电话，好不好？—**inconveniently** *adv*

incorporate /ɪnˈkɔːpəreɪt ‖ ɪnˈkɔrpəˌret/ *verb* [T] **incorporate sth (in/into sth)** to make sth part of sth else or to have sth as a part; to include 把…并入/包括（在某事物内）: *I'd like you to incorporate this information into your report.* 希望你把这份资料纳入你的报告里面。○ *The new car incorporates all the most modern safety features.* 这辆新式汽车配备了所有最先进的安全设施。

incorporated /ɪnˈkɔːpəreɪtɪd ‖ ɪnˈkɔrpəˌretɪd/ *adj* (*abbr* 缩写 **Inc**) (following the name of a company 放在公司的名称后面) formed into a legal organization (**corporation**) 组成法人团体/公司的 (**corporation**)

incorrect /ˌɪŋkəˈrekt ‖ ˌɪnkəˈrɛkt/ *adj* not right or true; not correct 不真实；不正确: *Incorrect answers should be marked with a cross.* 不对的答案应该打叉。

incorrectly *adv* wrongly 错误: *The envelope was incorrectly addressed.* 信封上面地址写错了。

incorrigible /ɪnˈkɒrɪdʒəbl; *US* 美 -ˈkɔːr- ‖ ɪnˈkɔrɪdʒəbl̩/ *adj* (used about a person or behaviour 指人/行为) very bad; too bad to be corrected or improved 不可救药: *an incorrigible liar* 说谎成性的人

☆**increase**[1] /ɪnˈkriːs ‖ ɪnˈkris/ *verb* [I,T] to become or to make sth larger in number or amount 增加/增大（数目或数量）: *The number of people working from home will increase steadily during the next decade.* 未来十年，将有越来越多的人在家中工作。○ *The rate of* *inflation has increased by 1% to 7%.* 通胀率上升了一个百分点，即已升达百分之七。○ *My employer would like me to increase my hours of work from 25 to 30.* 老板要我把工作时间从25小时增加到30小时。○ *She increased her speed to overtake the lorry.* 她加快速度超过那一辆卡车。☛ The opposite is **decrease** or **reduce**. 反义词为 **decrease** 或 **reduce**。

increasingly /ɪn'kri:sɪŋlɪ ‖ ɪn'krisɪŋlɪ/ *adv* more and more 越来越…；愈加: *increasingly difficult, important, unhappy, etc* 越来越困难/重要/愁闷…

☆**increase²** /'ɪŋkri:s ‖ 'ɪnkris/ *noun* [C,U] **increase (in sth)** a rise in the number, amount or level of sth 增加: *a steady increase in the number of people taking holidays abroad* 到外国度假的人稳步增多 ○ *There has been a sharp increase of nearly 50% on last year's figures.* 今年的数字比去年激增了接近五成。○ *Doctors expect some further increase in the spread of the disease.* 医生预测，这种疾病蔓延的范围仍会稍为扩大。○ *They are demanding a large wage increase in line with inflation.* 他们要求把工资大幅度调高，跟通胀率看齐。☛ The opposite is **decrease** or **reduction**. 反义词为 **decrease** 或 **reduction**。

(IDIOM 习语) **on the increase** becoming larger or more frequent; increasing 正在增加: *Attacks by dogs on children are on the increase.* 恶狗袭击儿童的事件越来越多。

incredible /ɪn'kredəbl ‖ ɪn'krɛdəbl̩/ *adj* **1** amazing or fantastic; very great 惊人；了不起: *He earns an incredible salary.* 他的工资高得了不得。**2** impossible or very difficult to believe 不可思议: *I found his account of the event incredible.* 他说的事情经过实在叫我难以相信。

incredibly /ɪn'kredəblɪ ‖ ɪn'krɛdəblɪ/ *adv* extremely 非常；极端: *We have had some incredibly strong winds recently.* 近来有时刮极大的强风。

incriminate /ɪn'krɪmɪneɪt ‖ ɪn'krɪmə,net/ *verb* [T] to provide evidence that sb is guilty of a crime 提供证据以证明某人有罪: *The police searched the house but found nothing to incriminate the man.* 警察搜过那座房子，可是找不到可以证明这个男人有罪的证据。

incubate /'ɪŋkjʊbeɪt ‖ 'ɪŋkjə,bet/ *verb* [I,T] **1** (used about eggs 用于卵) to keep or be kept warm until the young birds come out (**hatch**) 孵（卵）；（卵）被孵化（孵卵又叫做 **hatch**）**2** (used about an infectious disease, etc 指传染病等) to develop 处于潜伏期；培养（细菌等）；（细菌等）繁殖: *Some viruses take weeks to incubate.* 有些病毒要经过几个星期的潜伏期才发作出来。

incubation /,ɪnkjʊ'beɪʃn ‖ ,ɪnkjə'beʃən/ *noun* **1** [U] the process of incubating eggs 孵卵；孵育 **2** [C] (*also* 亦作 **incu'bation period**) the period between catching a disease and the time when signs of it (**symptoms**) appear（疾病的）潜伏期（症状叫做 **symptom**）

incubator /'ɪŋkjʊbeɪtə(r) ‖ 'ɪŋkjə,betɚ/ *noun* [C] **1** a heated apparatus used in hospitals for keeping small or weak babies alive（医院里用来放置弱小婴儿的）恒温箱/保温箱 **2** a similar apparatus for keeping eggs warm until they break open (**hatch**) 孵化器（孵化叫做 **hatch**）

incur /ɪn'kɜ:(r) ‖ ɪn'kɝ/ *verb* [T] (incurred; incurring) (*formal* 正式) to cause or suffer sth unpleasant as a result of your own actions 招致；招惹: *to incur debts/sb's anger, etc* 负债；惹起某人的愤怒…

incurable /ɪn'kjʊərəbl ‖ ɪn'kjurəbl̩/ *adj* not able to be cured or changed 无法治愈；不可救药: *an incurable disease* 不治之症 —**incurably** /-əblɪ ‖ -əblɪ/ *adv*: *incurably ill* 病入膏肓

indebted /ɪn'detɪd ‖ ɪn'dɛtɪd/ *adj* **indebted to sb (for sth)** very grateful to sb（因某事）感激某人: *I am deeply indebted to my family and friends for all their help and support.* 我衷心感激我的家人和朋友，感谢他们的帮助和支持。

indecent /ɪn'di:snt ‖ ɪn'disn̩t/ *adj* offending against accepted sexual, moral or social standards of behaviour; not decent 猥亵；有伤风化的 —**indecency** /-nsɪ ‖ -n̩sɪ/ *noun* [C,U] (*pl* **indecencies**) —**indecently** *adv*

indecision /,ɪndɪ'sɪʒn ‖ ,ɪndɪ'sɪʒən/ *noun* [U] being unable to decide 无法肯定: *This indecision about the future is really worrying me.* 前途未卜，我真的忧心如焚。

indecisive /,ɪndɪ'saɪsɪv ‖ ,ɪndɪ'saɪsɪv/ *adj* (used about a person 指人) not able to make decisions 犹疑不决；优柔寡断 —**indecisively** *adv*

☆**indeed** /ɪn'di:d ‖ ɪn'did/ *adv* **1** (used for agreeing with sth that has just been said or for emphasis 用以表示同意或强调) really; certainly 真正；当然: *'Have you had a good holiday?' 'We have indeed.'* "假期玩得开心吗？" "很开心。" **2** (used for emphasizing a point that has just been made 用以强调) in fact 实在；确实: *It's important that you come at once. Indeed, it's essential.* 你得马上来，这十分重要。**3** (used for emphasis after 'very' plus an adjective or adverb 放在 very 加形容词或副词后面，用以强调): *Thank you very much indeed.* 实在很感谢你们。○ *She's very happy indeed.* 她真是高兴极了。**4** (used for showing interest, surprise, anger, etc 表示兴趣、惊奇、愤怒等): *'They were talking about you last night.' 'Were they indeed!'* "他们昨晚谈起你来着。" "真的吗？" ○ *'Why did he go without us?' 'Why indeed?'* "他为什么撇下我们自己去？" "是啊！为什么这样？"

indefensible /,ɪndɪ'fensəbl ‖ ,ɪndɪ'fɛnsəbl̩/ *adj* (used about behaviour, etc 指行为等) completely wrong; that cannot be defended or excused 不可原谅的；站不住脚的

indefinable /,ɪndɪ'faɪnəbl ‖ ,ɪndɪ'faɪnəbl̩/ *adj* difficult or impossible to describe 难以/不能描绘；说不清楚的: *There was an indefinable atmosphere of hostility.* 当时有着一种无法说清楚的敌对气氛。—**indefinably**/-əblɪ ‖ -əblɪ/ *adv*

indefinite /ɪn'defɪnət ‖ ɪn'dɛfənɪt/ *adj* not fixed or clear; not definite 不确定；不明确: *Our plans are still rather indefinite.* 我们的计划仍然很不明确。

indefinitely *adv* for an indefinite period of

I

time (= you do not know how long it will last) 期限不明；无定期：*The meeting was postponed indefinitely.* 会议无限期推延。

in,definite 'article *noun* [C] (*grammar* 语法) the name used for the words *a* and *an* 不定冠词 a 及 an ☛ Look at **definite article**. 参看 **definite article**。

indelible /ɪn'deləbl ‖ ɪn'dɛləbḷ/ *adj* that cannot be removed or washed out 除/洗不掉的：*indelible ink* 不褪色墨水 ○ (*figurative* 比喻) *an indelible impression* 不能磨灭的印象 —**indelibly** /-əblɪ ‖ -əblɪ/ *adv*

indent /ɪn'dent ‖ ɪn'dɛnt/ *verb* [I,T] to start a line of writing further from the left-hand side of the page than the other lines 缩格书写

☆**independence** /ˌɪndɪ'pendəns ‖ ˌɪndɪ'pɛndəns/ *noun* [U] **independence (from sb/sth)** (used about a person, country, etc 指人、国家等) the state of being free or not controlled by another person, country, etc 独立；自主：*In 1947 India achieved independence from Britain.* 印度在1947年脱离英国独立。○ *The old lady refused to go into a nursing home because she didn't want to lose her independence.* 这位老太太不想失去自主，所以拒绝入住养老院。○ *financial independence* 财政自主

> ☛ On **Independence Day** (4 July) Americans celebrate the day in 1776 when America declared itself independent from Britain. ＊1776年7月4日美国宣布脱离英国独立，美国人以该日为独立纪念日(**Independence Day**)。

☆**independent** /ˌɪndɪ'pendənt ‖ ˌɪndɪ'pɛndənt/ *adj* **1 independent (of sb/sth)** not dependent on or controlled by another person, country, etc 不依赖/依靠（别人）；不受（别人、别的国家等）控制/支配；独立：*Many former colonies are now independent nations.* 从前的殖民地如今很多都变成了独立国家。○ *to be independent of your parents* 不再依赖父母 ○ *independent schools, television, etc* (= not dependent on the government for money) 私立学校；私营电视台… **2** not needing or wanting help 不需要/不想依靠外力；自力更生；自立：*My son likes travelling on his own – he's very independent for his age.* 我儿子爱独个儿旅行，以他这个年纪来说，算是非常独立的了。**3** not influenced by or connected with sb/sth 与…没有关连：*Complaints against the police should be investigated by an independent body.* 针对警察的投诉应该由独立机构加以调查。○ *Two independent opinion polls have obtained similar results.* 两个独立的民意测验都得到了近似的结果。—**independently** *adv*: *Scientists working independently of each other have had very similar results in their experiments.* 独立进行研究的科学家都得到了非常近似的实验结果。

indescribable /ˌɪndɪ'skraɪbəbl ‖ ˌɪndɪ'skraɪbəbḷ/ *adj* too good or bad to be described（好或坏得）难以形容/描写：*indescribable poverty, luxury, etc* 难以名状的贫困/奢侈… —**indescribably** /-əblɪ ‖-əblɪ/ *adv*

indestructible /ˌɪndɪ'strʌktəbl ‖ ˌɪndɪ'strʌktəbḷ/ *adj* that cannot be easily damaged or destroyed 难以破坏/毁灭的

☆**index** /'ɪndeks ‖ 'ɪndɛks/ *noun* [C] **1** (*pl* **indexes**) an alphabetical list of names or subjects at the end of a book（书后的）索引 **2** (*pl* **indexes**) (*also* 亦作 **card index**) an alphabetical list of names, books, subjects, etc written on a series of cards (**index cards**) 卡片索引/目录（按顺序排列，记录人名、书名、类目名称等一套卡片的总称，其中的卡片叫做 **index card**）**3** (*pl* **indexes** or **indices**) a way of showing how the price, value, rate, etc of sth has changed 指数（显示价格、数值等的变动）：*the cost-of-living index* 生活费指数

index *verb* [T] to make an index or include sth in an index 编索引/指数

'index finger *noun* [C] the finger next to your thumb that is used for pointing 食指 ☛ We also say **forefinger**. 食指也叫 **forefinger**。

☆**Indian** /'ɪndɪən ‖ 'ɪndɪən/ *noun* [C], *adj* **1** (a person) from the Republic of India 印度人；印度的：*Indian food is hot and spicy.* 印度菜又辣香料又多。**2** = NATIVE AMERICAN: *The Sioux were a famous Indian tribe.* 苏人是一个著名的印第安部落。☛ Look also at **West Indian**. 另参看 **West Indian**。

☆**indicate** /'ɪndɪkeɪt ‖ 'ɪndəˌket/ *verb* **1** [T] to show or point to sth 指给人看；指示：*The receptionist indicated where I should sign.* 接待员指示我在什么地方签名。○ (*figurative* 比喻) *The report indicates a need for more spending on research.* 这份报告显示需要增加研究经费。**2** [T] to be or give a sign about sth 象征：*If a horse has its ears forward, that indicates that it is happy.* 马的耳朵向前表示它心情好。**3** [T] to say sth briefly and in a general way 简要地陈述：*The spokesman indicated that an agreement was likely soon.* 发言人表示协议快将达成。**4** [I,T] to signal that your car, etc is going to turn 发出（汽车等）转弯的信号：*Why didn't you indicate?* 你为什么不打信号？○ *The lorry indicated left but turned right.* 这辆卡车打左转信号，却向右边拐去。

indication /ˌɪndɪ'keɪʃn ‖ ˌɪndə'keʃən/ *noun* [C,U] something that shows sth; a sign 迹象；标示：*There was no indication of a struggle.* 那里没有搏斗的痕迹。○ *There is every indication that he will make a full recovery.* 他的情况现在显示出他有望完全康复。

indicative /ɪn'dɪkətɪv ‖ ɪn'dɪkətɪv/ *adj* (*formal* 正式) being or giving a sign of sth 指示；表示：*Is the unusual weather indicative of fundamental climatic changes?* 这种异常的天气是否意味着气候已经发生了根本的变化？

indicator /'ɪndɪkeɪtə(r) ‖ 'ɪndəˌketɚ/ *noun* [C] **1** something that gives information or shows sth; a sign 显示资料/情况的东西；指示器：*The indicator showed that we had plenty of petrol.* 指示器显示我们的汽车有充足的汽油。○ *I've just seen my flight announced on the indicator board.* 我刚刚看到我那班飞机出现在指示牌上。**2** the flashing light on a car, etc that shows that it is going to turn right or left (汽车等的)变向指示灯

indices *pl* of INDEX＊INDEX 的复数

indictment /ɪnˈdaɪtmənt ‖ ɪnˈdaɪtmənt/ *noun* [C] **1** a written paper that officially accuses sb of a crime 起诉书 **2** (*figurative* 比喻) something that shows how bad sth is 控诉: *The fact that many children leave school with no qualifications is an indictment of our education system.* 很多儿童未能毕业就离校，这个事实本身就是对我们的教育制度的严厉批评。

indifference /ɪnˈdɪfrəns ‖ ɪnˈdɪfrəns/ *noun* [U] a lack of interest or feeling (towards sb/sth) 冷漠；不关心: *He treated our suggestion with complete indifference.* 他对我们的建议一点也不感兴趣。

indifferent /ɪnˈdɪfrənt ‖ ɪnˈdɪfrənt/ *adj* **1 indifferent (to sb/sth)** not interested in or caring about sb/sth 冷漠: *How can you remain indifferent when children are suffering?* 孩子受苦受难，你怎么能无动于衷？**2** of low quality 素质低劣: *The standard of football in the World Cup was rather indifferent.* 这次世界杯的足球比赛水准相当低下。—**indifferently** *adv*

indigenous /ɪnˈdɪdʒɪnəs ‖ ɪnˈdɪdʒənəs/ *adj* (used about people, animals or plants 指人或动植物) living or growing in the place where they are from originally 本土的；土生土长

indigestible /ˌɪndɪˈdʒestəbl ‖ ˌɪndəˈdʒɛstəbḷ/ *adj* (used about food 指食物) difficult or impossible to eat and digest 难以消化

indigestion /ˌɪndɪˈdʒestʃən ‖ ˌɪndəˈdʒɛstʃən/ *noun* [U] pain in the stomach that is caused by difficulty in digesting food 消化不良: *Onions give me terrible indigestion.* 我吃洋葱就严重消化不良。

indignant /ɪnˈdɪgnənt ‖ ɪnˈdɪgnənt/ *adj* shocked or angry (because sb has said or done sth that you do not like and do not agree with) 愤慨: *They were indignant that they had to pay more for worse services.* 服务越来越差，费用却越来越高，他们很气愤。—**indignantly** *adv*

indignation /ˌɪndɪgˈneɪʃn ‖ ˌɪndɪgˈneʃən/ *noun* [U] shock and anger 愤慨；愤怒: *The growing levels of unemployment have aroused public indignation.* 越来越严重的失业问题引起了公愤。○ *to express indignation* 表达愤慨

indirect /ˌɪndɪˈrekt; -daɪˈr- ‖ ˌɪndəˈrɛkt/ *adj* **1** not going in a straight line or using the shortest route; not direct 迂回；间接: *We came the indirect route to avoid driving through London.* 我们开车绕道避免驶过伦敦市中心。**2** not directly caused by or connected with sth 间接: *an indirect result* 间接的结果 **3** not mentioning sth openly 转弯抹角: *She gave only an indirect answer to my question.* 她只给我一个转弯抹角的答复。—**indirectly** *adv* —**indirectness** *noun* [U]

ˌindirect ˈobject *noun* [C] (*grammar* 语法) an additional object[1](3) that is used after some verbs 间接宾语: *In the sentence, 'I wrote him a letter', 'him' is the indirect object.* 在 I wrote him a letter 这句句子里，him 是间接宾语。

ˌindirect ˈspeech (*also* 亦作 **reported speech**) *noun* [U] (*grammar* 语法) reporting what sb has said, not using the actual words 间接引语 ☛ Tim's words were: *'I'll phone again later.'* In indirect speech this becomes: *Tim said that he would phone again later.* 蒂姆说："我过会儿再打电话来。" 在间接引语中，这句话就变为：蒂姆说他过会儿再打电话来。

indiscreet /ˌɪndɪˈskri:t ‖ ˌɪndɪˈskrit/ *adj* not careful or polite in what you say or do 轻率；莽撞 —**indiscreetly** *adv*

indiscretion /ˌɪndɪˈskreʃn ‖ ˌɪndɪˈskrɛʃən/ *noun* [C,U] behaviour that is indiscreet 轻率/莽撞的行为

indiscriminate /ˌɪndɪˈskrɪmɪnət ‖ ˌɪndɪˈskrɪmənɪt/ *adj* not carefully chosen or done with careful thought 不加区别；恣意: *the indiscriminate shooting of civilians* 开枪滥杀平民 —**indiscriminately** *adv*

indispensable /ˌɪndɪˈspensəbl ‖ ˌɪndɪˈspɛnsəbḷ/ *adj* very important, so that it is not possible to be without it; essential or necessary 不可或缺: *A car is indispensable nowadays if you live in the country.* 现今住在郊外的人不可没有汽车。

indisputable /ˌɪndɪˈspju:təbl ‖ ˌɪndɪˈspjutəbḷ/ *adj* definitely true; that cannot be proved wrong 无可置疑

indistinct /ˌɪndɪˈstɪŋkt ‖ ˌɪndɪˈstɪŋkt/ *adj* not clear; not distinct 模糊: *indistinct figures, sounds, memories, etc* 模糊的身影/声音/记忆… —**indistinctly** *adv*

indistinguishable /ˌɪndɪˈstɪŋgwɪʃəbl ‖ ˌɪndɪˈstɪŋgwɪʃəbḷ/ *adj* **indistinguishable (from sth)** appearing to be the same 难以区别: *From a distance the two colours are indistinguishable.* 从远处看，这两种颜色可没有分别。

☆**individual** /ˌɪndɪˈvɪdʒʊəl ‖ ˌɪndəˈvɪdʒʊəl/ *adj* **1** (only *before* a noun 只用于名词前) single or particular 个别: *Each individual animal is weighed and measured before being set free.* 先给每只动物称体重、量高度然后把它们放掉。**2** for or from one person 给每个人的；属于每个人的: *an individual portion of butter* (= for one person) 一份黄油 ○ *Children need individual attention when they are learning to read.* 孩子学习阅读的时候，应该给以个别辅导。

individual *noun* [C] **1** one (single) person 个人: *Are the needs of society more important than the rights of the individual?* 社会的需求是不是比个人的权利更为重要？**2** (*informal* 非正式) a person of the type that is mentioned 某类型的人: *She's an awkward individual.* 她这个人很难相处。

individually /-dʒʊəlɪ ‖ -dʒʊəlɪ/ *adv* separately; one by one 个别: *The teacher talked to each member of the class individually.* 老师跟班里的学生个别谈话。

individuality /ˌɪndɪˌvɪdʒʊˈælətɪ ‖ ˌɪndəˌvɪdʒʊˈælətɪ/ *noun* [U] the qualities that make sb/sth different from other people/things 特性: *Young people often try to express their individuality by the way they dress.* 年轻人喜欢以衣着表现个性。

indivisible /ˌɪndɪˈvɪzəbl ‖ ˌɪndəˈvɪzəbḷ/ *adj* not able to be divided or split into smaller pieces 不可分割的

indoctrinate /ɪnˈdɒktrɪneɪt ‖ ɪnˈdɑktrɪnˌet/ *verb* [T] to put ideas or beliefs into sb's mind so that they are accepted without criticism 灌输: *For 20 years the people have been indoctrinated by the government.* * 20年来，政府一直向人民进行思想灌输。☛ Using the word **indoctrinate** shows that you disapprove of what is happening. * **indoctrinate** 为贬义词。 —**indoctrination** /ɪnˌdɒktrɪˈneɪʃn ‖ ɪnˌdɑktrɪˈneʃən/ *noun* [U]: *the indoctrination of prisoners* 对监犯进行思想灌输

☆**indoor** /ˈɪndɔ:(r) ‖ ˈɪnˌdɔr/ *adj* (only *before* a noun 只用于名词前) done or used inside a building 室内: *indoor games* 室内赛事 ○ *indoor shoes* 室内鞋 ○ *an indoor swimming-pool* 室内游泳池 ☛ The opposite is **outdoor**. 反义词为 **outdoor**。

☆**indoors** /ˌɪnˈdɔ:z ‖ ˈɪnˈdɔrz/ *adv* in or into a building 在/往室内: *Let's go/stay indoors.* 我们到/留在室内吧。○ *Oh dear. I've left my sunglasses indoors.* 哎呀！我把太阳镜丢在屋里了。☛ Look at **outdoors** and **out of doors**. 参看 **outdoors** 及 **out of doors**。

induce /ɪnˈdju:s; *US* 美 -du:s ‖ ɪnˈdus/ *verb* [T] (*formal* 正式) **1** to make or persuade sb to do sth 诱使/使（某人）做某事: *Nothing could induce him to change his mind.* 什么东西也无法使他改变主意。**2** to cause or produce 引起；引致

inducement *noun* [C,U] something that is offered to sb to make him/her do sth 鼓励；引诱

indulge /ɪnˈdʌldʒ ‖ ɪnˈdʌldʒ/ *verb* **1** [T] to allow sb to have or do whatever he/she wants 纵容: *You shouldn't indulge that child. It will make him very selfish.* 这个孩子宠不得，惯坏了准使他变得十分自私自利。**2** [I] **indulge (in sth)** to allow yourself to have or do sth for pleasure 让自己享受（某事物带来的乐趣）；沉迷；沉溺；放纵: *I'm going to indulge in a meal at that new French restaurant.* 我要到那家刚开张的法国餐馆大快朵颐。○ *to indulge in self-pity* 沉陷于自我怜惜

indulgence /ɪnˈdʌlgəns ‖ ɪnˈdʌldʒəns/ *noun* **1** [U] the state of having or doing whatever you want 放纵: *a life of indulgence* 放纵的生活 **2** [C] something that you have or do because it gives you pleasure 嗜好: *A cigar after dinner is my only indulgence.* 晚饭后抽一枝雪茄是我唯一的嗜好。

indulgent /-ənt ‖ -ənt/ *adj* allowing sb to have or do whatever he/she wants 纵容: *indulgent parents* 惯纵子女的父母 —**indulgently** *adv*

☆**industrial** /ɪnˈdʌstrɪəl ‖ ɪnˈdʌstrɪəl/ *adj* **1** (only *before* a noun 只用于名词前) connected with industry(1) 与工业有关: *industrial development* 工业发展 ○ *industrial workers* 产业工人 ○ *coal for industrial purposes* 工业用煤 **2** having a lot of factories, etc 工业发达的: *an industrial region, country, etc* 工业地区/国家…

industrialist /-ɪst ‖ -ɪst/ *noun* [C] a person who owns or manages a large industrial company 工业家

industrialize (*also* 亦作 **industrialise**) /-aɪz ‖ -aɪz/ *verb* [T] to develop industries in a country 使…工业化: *Japan was very rapidly industrialized in the late nineteenth century.* 日本在十九世纪末迅速实现了工业化。○ *the industrialized nations of the world* 世界上的工业化国家 —**industrialization** (*also* 亦作 **industrialisation**) /ɪnˌdʌstrɪəlaɪˈzeɪʃn; *US* 美 -lɪˈz- ‖ ɪnˌdʌstrɪələˈzeʃən/ *noun* [U]

inˌdustrial ˈaction *noun* [U] the situation when a group of workers go on strike or refuse to work normally, eg because they want more money, shorter working hours, etc 工潮（如怠工、罢工，以要求改善工作条件等）

industrious /ɪnˈdʌstrɪəs ‖ ɪnˈdʌstrɪəs/ *adj* hard-working 辛勤

☆**industry** /ˈɪndəstrɪ ‖ ˈɪndəstrɪ/ *noun* (*pl* **industries**) **1** [U] the work of making things in factories 工业: *Is British industry being threatened by foreign imports?* 英国工业是否受到了外国进口产品的威胁？○ *heavy/light industry* 重/轻工业 **2** [C] all the people, buildings, etc that are involved in producing sth, providing a service, etc 行业: *The new high-tech industries are replacing manufacturing industries in many areas.* 在很多领域里，新兴的高技术行业正逐渐取代旧有的制造业。○ *the tourist, catering, entertainment, etc industry* 旅游/饮食/娱乐…行业

inedible /ɪnˈedɪbl ‖ ɪnˈɛdəbḷ/ *adj* (*formal* 正式) not suitable to be eaten 不宜食用的: *an inedible plant* 不宜食用的植物 ○ *The food in the canteen is absolutely inedible.* 这家食堂的东西完全无法下咽。

ineffective /ˌɪnɪˈfektɪv ‖ ˌɪnəˈfɛktɪv/ *adj* not producing the effect or result that you want 无效；无能

inefficient /ˌɪnɪˈfɪʃnt ‖ ˌɪnəˈfɪʃənt/ *adj* not working or producing results in the best way, so that time and money is wasted 低效率: *an inefficient way of working* 没有效率的工作方式 ○ *an inefficient use of space* 不经济的空间利用 ○ *Our heating system is very old and extremely inefficient.* 我们的暖气设备非常陈旧，根本不管用。○ *The new manager is very nice but he's very inefficient.* 新经理人很好，可是办事效率非常低。—**inefficiency** /-nsɪ ‖ -nsɪ/ *noun* [U] —**inefficiently** *adv*

ineligible /ɪnˈelɪdʒəbl ‖ ɪnˈɛlɪdʒəbḷ/ *adj* **ineligible (for sth/to do sth)** without the necessary qualifications to do or get sth 没有资格: *She was ineligible for the job because she wasn't a German citizen.* 她不是德国公民，没有资格担当这项工作。○ *ineligible to vote* 未符合投票资格 —**ineligibility** /ɪnˌelɪdʒəˈbɪlətɪ ‖ ɪnˌɛlɪdʒəˈbɪlətɪ/ *noun* [U]

inept /ɪˈnept ‖ ɪnˈɛpt/ *adj* not able to do sth well 不胜任；不善于: *She is totally inept at dealing with people.* 她完全不善交际。

inequality /ˌɪnɪˈkwɒlətɪ ‖ ˌɪnɪˈkwɑlətɪ/ *noun* [C,U] (*pl* **inequalities**) (a) difference between groups in society because one has more money, advantages, etc than the other 不平等: *There will be problems as long as inequality between the races exists.* 种族间的不平等存在一天，就永远会有问题。

inert /ɪˈnɜ:t ‖ ɪnˈɝt/ *adj* not able to move or ac[t] 无活动力的

I

inertia /ɪˈnɜːʃə ‖ ɪnˈɝʃə/ *noun* [U] **1** a feeling of laziness, when you do not want to do anything 惰性 **2** the physical force that tends to keep things in the position they are in or to keep them moving in the direction they are travelling（物理学上的）惯性: (*figurative* 比喻) *The inertia of the system makes change very difficult.* 这个制度本身的惰性使改革非常困难。

inescapable /ˌɪnɪˈskeɪpəbl ‖ ˌɪnəˈskepəbḷ/ *adj* (*formal* 正式) that cannot be avoided 无可避免: *an inescapable conclusion* 必然的结论

inevitable /ɪnˈevɪtəbl ‖ ɪnˈɛvətəbḷ/ *adj* that cannot be avoided or prevented from happening 无可避免/防范: *With more cars on the road, traffic jams are inevitable.* 汽车增加，路上也就少不了交通挤塞。○ *It was inevitable that she would find out the truth one day.* 总有一天她会发现真相的。—**inevitability** /ɪnˌevɪtəˈbɪlətɪ ‖ ˌɪnɛvətəˈbɪlətɪ/ *noun* [U]

the inevitable *noun* [sing] something that cannot be avoided or stopped from happening 不可避免的事 —**inevitably** /-əblɪ ‖ -əblɪ/ *adv*: *Building new roads inevitably creates huge problems* (= they cannot be avoided). 兴建马路总少不了造成一些棘手问题。

inexcusable /ˌɪnɪkˈskjuːzəbl ‖ ˌɪnɪkˈskjuzəbḷ/ *adj* that cannot be allowed or forgiven 无可宽恕: *Their behaviour was quite inexcusable.* 他们的行径实在不可宽恕。○ *inexcusable delays* 不可宽恕的延误

inexhaustible /ˌɪnɪgˈzɔːstəbl ‖ ˌɪnɪgˈzɔstəbḷ/ *adj* that cannot be finished or used up 不尽的；用不完的: *Our energy supplies are not inexhaustible.* 能源并非取之不尽。

inexpensive /ˌɪnɪkˈspensɪv ‖ ˌɪnɪkˈspɛnsɪv/ *adj* low in price; not expensive 便宜: *an inexpensive camping holiday* 花费不多的露营式度假 —**inexpensively** *adv*

inexperience /ˌɪnɪkˈspɪərɪəns ‖ ˌɪnɪkˈspɪrɪəns/ *noun* [U] not knowing how to do sth because you have not done it before; lack of experience 缺乏经验；经验不足: *The mistakes were all due to inexperience.* 出现这些错误完全是因为经验不足。

inexperienced *adj* not having the knowledge that you get from having done sth before; lacking in experience 缺乏经验；经验不足: *He's too young and inexperienced to be given such responsibility.* 他太年轻，经验不足，挑不起这个重担。

inexplicable /ˌɪnɪkˈsplɪkəbl ‖ ˌɪnɪkˈsplɪkəbḷ/ *adj* that cannot be explained 莫名其妙；难以理解/解释: *Her sudden disappearance is quite inexplicable.* 她突然失踪，叫人百思不解。—**inexplicably** /-əblɪ ‖ -əblɪ/ *adv*

infallible /ɪnˈfæləbl ‖ ɪnˈfæləbḷ/ *adj* **1** (used about a person 指人) never making mistakes or being wrong 不会犯错的: *Even the most careful typist is not infallible.* 哪怕是最小心的打字员也有出错的时候。**2** always doing what you want it to do; never failing 绝对可靠: *There is no infallible method of birth control.* 没有一种控制生育的方法是绝对可靠的。—**infallibility** /ɪnˌfæləˈbɪlətɪ ‖ ɪnˌfæləˈbɪlətɪ/ *noun* [U]

infamous /ˈɪnfəməs ‖ ˈɪnfəməs/ *adj* **infamous (for sth)** famous for being bad 臭名昭著: *an infamous dictator* 臭名昭著的独裁者 ○ *The area is infamous for drugs and prostitution.* 这个地区以毒品和卖淫活动而臭名远扬。

infancy /ˈɪnfənsɪ ‖ ˈɪnfənsɪ/ *noun* [U] the period when you are a baby or young child 婴儿期；幼年: (*figurative* 比喻) *Research in this field is still in its infancy.* 这个领域的研究工作仍在初步阶段。

infant /ˈɪnfənt ‖ ˈɪnfənt/ *noun* [C] a baby or very young child 婴儿；幼儿: *There is a high rate of infant mortality* (= many children die when they are still babies). 婴儿死亡率很高。○ *Mrs Davies teaches infants* (= children aged between five and seven). 戴维斯太太是幼儿教师。○ *2 adults, 2 children, 1 infant* (eg on an air ticket) 两个成人，两个小孩，一个婴儿（如在机票上所示）☛ **Baby**, **toddler** or **child** are more common in spoken or informal English. 口语及非正式英语里，**baby**、**toddler** 或 **child** 比较常用。

ˈinfant school *noun* [C] a school for children between the ages of five and seven 幼儿学校（对象是五岁至七岁的儿童）

infantile /ˈɪnfəntaɪl ‖ ˈɪnfənˌtaɪl/ *adj* of or like a baby or very young child 婴儿的；幼稚: *infantile* (= very silly) *behaviour* 幼稚的行为

infantry /ˈɪnfəntrɪ ‖ ˈɪnfəntrɪ/ *noun* [U, with sing or pl verb] soldiers who fight on foot 步兵: *The infantry was/were supported by heavy gunfire.* 步兵得到了强大炮火的掩护。

infatuated /ɪnˈfætʃʊeɪtɪd ‖ ɪnˈfætʃʊˌetɪd/ *adj* having a strong but foolish feeling of love for sb/sth that usually does not last long 迷恋/痴迷（常为不长久的）: *The young girl was infatuated with one of her teachers.* 这个小姑娘迷恋着她的一位老师。—**infatuation** /ɪnˌfætʃʊˈeɪʃn ‖ ɪnˌfætʃʊˈeʃən/ *noun* [C,U]

☆**infect** /ɪnˈfekt ‖ ɪnˈfɛkt/ *verb* [T] (usually passive 通常用于被动语态) to cause sb/sth to have a disease or illness or to become dirty or full of germs 传染；使感染: *We must clean the wound before it becomes infected.* 尽快清洗伤口，免得受到感染。○ *Many thousands of people have been infected with the virus.* 数以千计的人感染了这种病毒。○ (*figurative* 比喻) *Paul's happiness infected the whole family.* 保罗的喜悦感染了全家上下。

☆**infection** /ɪnˈfekʃn ‖ ɪnˈfɛkʃən/ *noun* **1** [U] making sb ill 传染；感染: *A dirty water supply can be a source of infection.* 不洁的供水可以成为感染疾病的来源。○ *There is a danger of infection.* 有感染病毒的危险。**2** [C] a disease or illness that is caused by germs 传染病: *She is suffering from a chest infection.* 她肺部受了感染。○ *an ear infection* 耳部感染

☛ Infections can be caused by **bacteria** or **viruses**. 传染病的起因是感染了细菌 (**bacteria**) 或病毒 (**virus**)。An informal word for these is **germs**. 非正式的用词为 **germ**。

I

☆**infectious** /ɪnˈfekʃəs ‖ ɪnˈfɛkʃəs/ *adj* (used about a disease, illness, etc 指疾病) that can be easily passed on to another person 传染的: *Flu is very infectious.* 流感极易传染。○ (*figurative* 比喻) *infectious laughter* 很有感染力的笑声 ☛ Look at **contagious**. 参看 **contagious**。

infer /ɪnˈfɜː(r) ‖ ɪnˈfɝ/ *verb* [T] (inferring; inferred) **infer sth (from sth)** to reach a conclusion from the information you have （从…）归结/推断出…: *I inferred from our conversation that he was unhappy with his job.* 从我们的谈话中，可以推断出他不大满意那份工作。

inferior /ɪnˈfɪərɪə(r) ‖ ɪnˈfɪrɪɚ/ *adj* **inferior (to sb/sth)** low or lower in social position, importance, quality, etc 社会地位/重要性/质量（较）低；低下: *I felt very inferior when they started using long words that I didn't understand.* 他们开始说我听不懂的很长的词语时，我觉得十分自卑。○ *Cheaper goods are generally of inferior quality.* 一般来说，便宜货质地都较低劣。☛ The opposite is **superior**. 反义词为 **superior**。

inferior *noun* [C] a person who has a lower social position 社会地位较低的人 —**inferiority** /ɪnˌfɪərɪˈɒrətɪ; *US* 美 -ˈɔːr- ‖ ɪnˌfɪrɪˈɔrətɪ/ *noun* [U] **inferiˈority complex** *noun* [C] the state of feeling less important, clever, successful, etc than other people 自卑情结

infertile /ɪnˈfɜːtaɪl; *US* 美 -tl ‖ ɪnˈfɝtl̩/ *adj* **1** (used about land 指土地) not able to grow strong healthy plants 贫瘠 **2** (used about a person or animal 指人或动物) not able to have a baby or young animal 不育的 —**infertility** /ˌɪnfəˈtɪlətɪ ‖ ˌɪnfɚˈtɪlətɪ/ *noun* [U]: *treatment for infertility* 不育症的治疗

infested /ɪnˈfestɪd ‖ ɪnˈfɛstɪd/ *adj* **infested (with sth)** (used about a building 指楼房) with large numbers of unpleasant animals or insects in it 满布令人讨厌的动物/昆虫: *The warehouse was infested with rats.* 货仓尽是老鼠。

I

infiltrate /ˈɪnfɪltreɪt ‖ ɪnˈfɪltret/ *verb* [T] to enter an organization, etc secretly so that you can find out what it is doing 渗透/渗入（组织等）: *The police managed to infiltrate the gang of terrorists.* 警方好不容易才渗入这个恐怖组织。—**infiltration** /ˌɪnfɪlˈtreɪʃn ‖ ˌɪnfɪlˈtreʃən/ *noun* [C,U] —**infiltrator** /ˈɪnfɪltreɪtə(r) ‖ ˈɪnfɪlˌtretɚ/ *noun* [C]

infinite /ˈɪnfɪnət ‖ ˈɪnfənɪt/ *adj* **1** without end or limits 无穷；无限: *Supplies of oil are not infinite.* 石油供应并非取之不尽。**2** very great 巨大；无比: *You need infinite patience for this job.* 你要有无比的耐性才做得来这项工作。

infinitely *adv* very much 十分: *Compact discs sound infinitely better than audio cassettes.* 论音色，激光唱片比盒式录音带好得多。

infinitive /ɪnˈfɪnətɪv ‖ ɪnˈfɪnətɪv/ *noun* [C] (*grammar* 语法) the basic form of a verb（动词的）不定式 ☛ In English the infinitive is sometimes used with and sometimes without to 英语的不定式后面有时接 to，有时不接 to: *He can sing.* 他会唱歌。○ *He wants to sing.* 他想唱歌。

infinity /ɪnˈfɪnətɪ ‖ ɪnˈfɪnətɪ/ *noun* [U] **1** endless space or time 无限的空间/时间 **2** (in mathematics 数学) the number that is larger than any other that you can think of 无穷大；无限大

infirm /ɪnˈfɜːm ‖ ɪnˈfɝm/ *adj* ill or weak, eg because of old age（因年老等）虚弱/衰弱

infirmity /ɪnˈfɜːmətɪ ‖ ɪnˈfɝmətɪ/ *noun* [C,U] (*pl* **infirmities**) weakness or illness 衰弱；体弱

infirmary /ɪnˈfɜːmərɪ ‖ ɪnˈfɝmərɪ/ *noun* [C] (*pl* **infirmaries**) a hospital (used mainly in names) 医院（主要用于专有名词中）: *The Manchester Royal Infirmary* 曼彻斯特皇家医院

inflamed /ɪnˈfleɪmd ‖ ɪnˈflemd/ *adj* (used about a part of the body 指身体的某部分) red and swollen because of some infection 红肿；发炎

inflammable /ɪnˈflæməbl ‖ ɪnˈflæməbl̩/ *adj* that burns easily 易燃: *Petrol is highly inflammable.* 汽油极易燃烧。☛ Look at **flammable**. It has the same meaning. 参看 **flammable**，这个词的意义与 inflammable 相同。The opposite is **non-flammable**. 反义词为 **non-flammable**。

inflammation /ˌɪnfləˈmeɪʃn ‖ ˌɪnfləˈmeʃən/ *noun* [C,U] redness and swelling in a part of the body, because of infection（身体某部分）红肿/发炎

inflate /ɪnˈfleɪt ‖ ɪnˈflet/ *verb* [I,T] (*formal* 正式) to fill sth with air; to become filled with air （使）充气 ☛ The opposite is **deflate**. 反义词为 **deflate**。

inflatable /-əbl ‖ -əbl̩/ *adj* that can or must be filled with air 可/须充气的: *an inflatable boat* 充气式小船

☆**inflation** /ɪnˈfleɪʃn ‖ ɪnˈfleʃən/ *noun* [U] a general rise in prices 通货膨胀: *High wage rises cause inflation.* 工资加幅过高可导致通胀。○ *the inflation rate/rate of inflation* 通胀率 ○ *Inflation now stands at 10%.* 通胀率现为百分之十。○ *The government is taking measures to control inflation.* 政府正采取措施压抑通胀。○ *They've reduced inflation by 2%.* 他们把通胀率减低了百分之二。

inflection (*also* 亦作 **inflexion**) /ɪnˈflekʃn ‖ ɪnˈflɛkʃən/ *noun* **1** [U] the act of changing the ending or form of a word to show its grammatical function 词形的屈折变化 **2** [C] something that is added to a word that changes its grammatical function, eg *-ed*, *-est* 词形的屈折部分（如 -ed、-est）**3** [U] the rise and fall of your voice when you are talking 说话时的抑扬顿挫；语调 ☛ Look at **intonation**. 参看 **intonation**。

inflexible /ɪnˈfleksəbl ‖ ɪnˈflɛksəbl̩/ *adj* not able to bend or be bent easily 不可/不易弯曲: (*figurative* 比喻) *He has a very inflexible attitude to change.* 他这个人对改革很不知变通。—**inflexibility** /ɪnˌfleksəˈbɪlətɪ ‖ ɪnˌflɛksəˈbɪlətɪ/ *noun* [U] —**inflexibly** /-əblɪ ‖ -əblɪ/ *adv*

inflict /ɪnˈflɪkt ‖ ɪnˈflɪkt/ *verb* [T] **inflict sth (on sb)** to force sb to have sth unpleasant or unwanted 迫使（别人）接受令人不快/不想要的事物: *Don't inflict your problems on me – I've got enough of my own.* 别把你的问题推到我头上来，我自己的问题多着呢。

in-flight /ˌɪnˈflaɪt ‖ ˈɪnˈflaɪt/ *adj* happening or provided during a journey in a plane 飞行旅途中发生/提供的: *in-flight entertainment* 飞行旅途中提供的娱乐

☆**influence** /ˈɪnflʊəns ‖ ˈɪnflʊəns/ *noun* **1** [U] **influence (on/over sb/sth)** the power to affect, change or control sb/sth 对…的影响: *I used my influence with the boss to get things changed.* 我借助跟老板的交情对事情做了一些改革。○ *The fact that he's rich and famous had no influence on our decision.* 他有钱有名气，但我们不会因此改变决定。○ *Nobody should drive while they are under the influence of alcohol.* 谁也不得酒后开车。**2** [C] **influence (on sb/sth)** a person or thing that affects or changes sb/sth 产生影响的人/事物: *His new girlfriend has been a good influence on him.* 他的新女朋友对他有着好的影响。

influence *verb* [T] to have an effect or influence on sb/sth 影响: *You must decide for yourself. Don't let anyone else influence you.* 你必须自己决定，别受他人的影响。○ *Her style of painting has been influenced by Japanese art.* 她的画风一直受到日本艺术的影响。☛ **Affect** and **influence** are often very similar in meaning. * **affect** 和 **influence** 的意义很相近。**Affect** is usually used when the change is physical and **influence** is more often used to describe a change of feeling or attitude * **affect** 一般指生理/物质上的改变，**influence** 较多用于指感觉/态度上的改变: *Drinking alcohol can affect your ability to drive.* 喝酒可影响驾驶能力。○ *The TV advertisements have influenced my attitude towards drinking and driving.* 电视广告改变了我对酒后驾驶的看法。

influential /ˌɪnflʊˈenʃl ‖ ˌɪnflʊˈɛnʃəl/ *adj* having power or influence 有影响力: *an influential politician* 有影响力的政治家 ○ *He was influential in getting the hostages set free.* 是他运用影响力，使人质获得释放。

influenza /ˌɪnflʊˈenzə ‖ ˌɪnflʊˈɛnzə/ *noun* [U] (*formal* 正式) = FLU

influx /ˈɪnflʌks ‖ ˈɪnˌflʌks/ *noun* [C] a sudden arrival of people or things in large numbers 涌入: *the summer influx of visitors from abroad* 夏天来自国外的观光人潮

☆**inform** /ɪnˈfɔːm ‖ ɪnˈfɔrm/ *verb* **1** [T] **inform sb (of/about sth)** to give sb information (about sth)（就某事）告知/通知某人: *You should inform the police of the accident.* 你应该向警察报告这起事故。○ *Do keep me informed of any changes.* 有什么变动，请你通知我。**2** [I] **inform against/on sb** to give information, etc to the police, etc about what sb has done wrong 告发: *The wife of the killer informed on her husband.* 杀人凶手的妻子告发了他。

informant /-ənt ‖ -ənt/ *noun* [C] a person who gives sb knowledge or information 提供消息或资料的人: *The journalist refused to name his informant.* 这个记者拒绝透露提供消息的人是谁。

informed *adj* having knowledge or information about sth 有认识的；获得信息的: *The radio keeps me well-informed about what is happening.* 收音机能让我随时知道世界上发生的事情。○ *Consumers cannot make informed choices unless they are told all the facts.* 除非把一切情况告诉顾客，否则他们无法作出明智的选择。

informer *noun* [C] a person who gives the police, etc information about what sb has done wrong 检举人；告密者

☆**informal** /ɪnˈfɔːml ‖ ɪnˈfɔrml̩/ *adj* relaxed and friendly or suitable for a relaxed occasion; not formal 不拘礼节；非正式: *I wear a suit to work but more informal clothes at the weekends.* 我平时穿西服上班，周末就穿便服。○ *Don't get dressed up for the party – it'll be very informal.* 这个酒会并不隆重，用不着盛装出席。○ *The two leaders had informal discussions before the conference began.* 两位领袖在会议之前进行过非正式的讨论。☛ Some words and expressions in this dictionary are described as *(informal)*. This means that you can use them when you are speaking to friends or people that you know well but that you should not use them in written work, official letters, etc. 本词典里有些词语、词组都有（*informal* 非正式）这个标示，表示这些词语可在跟熟人讲话时使用，书面语或正式信件则不宜用。—**informality** /ˌɪnfɔːˈmælətɪ ‖ ˌɪnfɔrˈmælətɪ/ *noun* [C,U] (*pl* **informalities**): *an atmosphere of informality* 轻松的气氛 —**informally** /ɪnˈfɔːməlɪ ‖ ɪnˈfɔrml̩ɪ/ *adv*: *I was told informally* (= unofficially) *that our plans had been accepted.* 我接到非正式的通知，我们的计划已经通过了。

☆**information** /ˌɪnfəˈmeɪʃn ‖ ˌɪnfɚˈmeʃən/ *noun* [U] **information (on/about sb/sth)** knowledge or facts 资料；信息: *For further information please send for our fact sheet.* 欲知详情，请来函索取简介。○ *Can you give me some information about evening classes in Italian, please?* 可不可以给我一些有关意大利语晚间课程的资料？○ *The information is fed into the computer and the results are printed out in the form of a graph.* 这些资料打进电脑去，整理出的结果再以图表的形式打印出来。☛ The word **information** is uncountable so you CANNOT say: *I need an information.* You can, however, talk about **a bit** or **piece** of information. * **information** 为不可数名词，不能说 I need an information，只可以说 **a bit/piece** of information。

information technology *noun* [U] the study or use of computer systems, etc for collecting, storing and sending out all kinds of information 信息技术

informative /ɪnˈfɔːmətɪv ‖ ɪnˈfɔrmətɪv/ *adj* giving useful knowledge or information 提供知识/资料的 ☛ The opposite is **uninformative**. 反义词为 **uninformative**。

infrequent /ɪnˈfriːkwənt ‖ ɪnˈfrikwənt/ *adj* not happening often 不常发生: *infrequent visits* 偶然的拜访 —**infrequently** *adv*

infringe /ɪnˈfrɪndʒ ‖ ɪnˈfrɪndʒ/ *verb* (*formal* 正式) **1** [T] to break a rule, law, agreement, etc 违反（规则/法律/协议…）**2** [I] **infringe on/upon sth** to reduce or limit sb's rights, freedom, etc 侵犯…的权利/自由… —**infringement** /-mənt ‖ -mənt/ *noun* [C,U]

I

infuriate /ɪn'fjʊərɪeɪt ‖ ɪn'fjʊrɪˌet/ *verb* [T] to make sb very angry 使大怒 —**infuriating** *adj*: *an infuriating habit* 令人气愤的恶习 —**infuriatingly** *adv*

ingenious /ɪn'dʒi:nɪəs ‖ ɪn'dʒinjəs/ *adj* **1** (used about a person 指人) clever at finding answers to problems or at thinking of new things 头脑灵敏 **2** (used about a thing or an idea 指物件或想法) cleverly made or thought out 精巧；巧妙: *an ingenious plan for making lots of money* 发财妙计 —**ingeniously** *adv* —**ingenuity** /ˌɪndʒɪ'nju:ətɪ; *US* 美 -'nu:- ‖ ˌɪndʒə'nuətɪ/ *noun* [U]

ingrained /ɪn'greɪnd ‖ ɪn'grend/ *adj* deeply fixed; difficult to change 根深蒂固

ingratiate /ɪn'greɪʃɪeɪt ‖ ɪn'greʃɪˌet/ *verb* [T] (*formal* 正式) **ingratiate yourself (with sb)** to make yourself liked by doing or saying things that will please people 奉承/逢迎（某人）: *He was always trying to ingratiate himself with his teachers.* 他总想巴结老师。 —**ingratiating** *adj*: *an ingratiating smile* 谄媚的微笑 —**ingratiatingly** *adv*

ingratitude /ɪn'grætɪtju:d; *US* 美 -tu:d ‖ ɪn'grætəˌtud/ *noun* [U] (*formal* 正式) the state of not showing or feeling thanks for sth that has been done for you; a lack of gratitude 没有感谢的心意/表示；忘恩负义 ☛ A less formal word is **ungratefulness**. * **ingratitude** 用于正式场合，非正式场合宜用 **ungratefulness**。

ingredient /ɪn'gri:dɪənt ‖ ɪn'gridɪənt/ *noun* [C] one of the items of food you need to make sth to eat（食物的）成分: (*figurative* 比喻) *The film has all the ingredients of success.* 这部电影具备了一切成功的因素。

☆**inhabit** /ɪn'hæbɪt ‖ ɪn'hæbɪt/ *verb* [T] to live in a place 居住: *Are the Aran Islands still inhabited?* 还有人住在阿伦群岛吗？

inhabitable *adj* that can be lived in 可以居住的: *The house was no longer inhabitable after the fire.* 火灾过后，这座房子不能住人了。 ☛ The opposite is **uninhabitable**. 反义词为 **uninhabitable**。

inhabitant /-ənt ‖ -ənt/ *noun* [C] a person or animal that lives in a place 居住于某地方的人/动物: *How many inhabitants has Paris got?* 巴黎有多少居民？ ○ *The local inhabitants protested at the plans for a new motorway.* 当地居民强烈反对兴建新的高速公路的计划。

inhale /ɪn'heɪl ‖ ɪn'hel/ *verb* [I,T] to breathe in 吸气；吸入: *Be careful not to inhale the fumes from the paint.* 小心不要吸入油漆的气味。

inherit /ɪn'herɪt ‖ ɪn'hɛrɪt/ *verb* [T] **inherit sth (from sb) 1** to receive property, money, etc from sb who has died 继承遗产: *I inherited quite a lot of money from my mother. She left me £12 000 when she died.* 我继承了妈妈的一大笔遗产。她死时留给我 12 000 英镑。 **2** to receive a quality, disease, etc from your parents or family 遗传: *She has inherited her father's gift for languages.* 她的语言天分得自父亲的遗传。

inheritance /-əns ‖ -əns/ *noun* [C,U] the act of inheriting; what you inherit 继承；遗产；遗传: *inheritance tax* 遗产税

inhibit /ɪn'hɪbɪt ‖ ɪn'hɪbɪt/ *verb* [T] to prevent sth or make sth happen more slowly 阻止；抑制: *a drug to inhibit the growth of tumours* 抑制肿瘤生长的药物

inhibited *adj* not able to express your feelings freely or naturally; not relaxed 局促不安；拘束: *The young man felt shy and inhibited in the roomful of women.* 在满屋子的女人面前，这个小伙子又害羞又拘谨。 ○ *inhibited about sex* 对性行为抑制 ☛ The opposite is **uninhibited**. 反义词为 **uninhibited**。 —**inhibition** /ˌɪnhɪ'bɪʃn; ˌɪnɪ- ‖ ˌɪnhɪ'bɪʃən; ˌɪnɪ-/ *noun* [C,U]: *She has no inhibitions about speaking in front of a large group of people.* 她当着一大群人说话也不怯场。

inhospitable /ˌɪnhɒ'spɪtəbl ‖ ɪn'hɑspɪtəbl̩/ *adj* **1** (used about a person 指人) not friendly or welcoming 不好客 **2** (used about a place 指地方) not pleasant to live in 不适宜居住: *the inhospitable Arctic regions* 不适宜居住的北极地带

inhuman /ɪn'hju:mən ‖ ɪn'hjumən/ *adj* very cruel, not seeming to be human 残酷；不人道；非人: *inhuman treatment* 非人待遇

inhumanity /ˌɪnhju:'mænətɪ ‖ ˌɪnhju'mænətɪ/ *noun* [U] very cruel behaviour 惨无人道的行为: *The twentieth century is full of examples of man's inhumanity to man.* 二十世纪充斥着人类互相残杀的例子。

inhumane /ˌɪnhju:'meɪn ‖ ˌɪnhju'men/ *adj* very cruel; not caring if people or animals suffer 残酷；不人道: *the inhumane conditions in which animals are kept on some large farms* 一些大农庄里动物受到的残酷待遇

☆**initial** /ɪ'nɪʃl ‖ ɪ'nɪʃəl/ *adj* (only *before* a noun 只用于名词前) that is at the beginning; first 最初的: *My initial reaction was to refuse, but I later changed my mind.* 我最初的反应是拒绝，但后来改变了主意。 ○ *the initial stages of our survey* 我们调查的初步阶段

initial *noun* [C, usually pl] the first letter of a name（姓名的）首字母: *Patricia Anne Morgan's initials are P. A. M.* * Patricia Anne Morgan 的首字母是 P. A. M。

initial *verb* [T] (initia**ll**ing; initia**ll**ed; *US* 美 initia**l**ing; initia**l**ed) to mark or sign sth with your initials 用姓名的首字母作标记/签名

initially /-ʃəlɪ ‖ -ʃəlɪ/ *adv* at the beginning; at first 最初: *I liked the job initially but it soon got quite boring.* 这份工作我最初是挺喜欢的，可是不久就觉得厌倦了。

initiate /ɪ'nɪʃɪeɪt ‖ ɪ'nɪʃɪˌet/ *verb* [T] **1** (*formal* 正式) to start sth 着手进行；开始: *to initiate a programme of reform* 开始实行改革计划 **2 initiate sb (into sth)** to bring sb into a group by means of a special ceremony or by giving him/her special knowledge（通过特别仪式/授予特别知识）吸收某人（加入某组织）: *to initiate somebody into a secret society* 正式接纳某人加入秘密会社 —**initiation** /ɪˌnɪʃɪ'eɪʃn ‖ ɪˌnɪʃɪ'eʃən/ *noun* [U]

☆**initiative** /ɪ'nɪʃətɪv ‖ ɪ'nɪʃɪətɪv/ *noun* **1** [C] official action that is taken to solve a problem or improve a situation 官方为了解决问题/扭转逆势而作出的行动: *a new government initiative* *to help people start small businesses* 政府为鼓励人民开办小企业的新措施 **2 the initiative** [sing] the stronger position because you have done sth first; the advantage 有利的位置；主动权: *The enemy forces have lost the initiative.* 敌军丧失了主动权。**3** [U] the ability to see and do what needs to be done without help from others 主动性；自发性: *Don't keep asking me how to do it. Use your own initiative.* 不要老问我怎么做，你自己也要发挥主动精神。

(IDIOMS 习语) **on your own initiative** without being told by sb else what to do 主动地

take the initiative to be first to do sth 采取主动；发起: *Let's take the initiative and start organizing things now.* 我们采取主动，现在就着手筹备工作吧。

☆**inject** /ɪn'dʒekt ‖ ɪn'dʒɛkt/ *verb* [T] **1** to put a drug into sb/sth with a needle (**syringe**) 给…注射（注射器叫做 **syringe**）: *Something was injected into my arm and I soon fell asleep.* 我手臂给注射了一针，不知什么东西，不久我就睡着了。**2** to add sth 加入；注入: *They injected a lot of money into the business.* 他们给这家企业投入了巨款。—**injection** /ɪn'dʒekʃn ‖ ɪn'dʒɛkʃən/ *noun* [C,U] **injection (of sth) (into sb/sth)**: *The baby had her first injection yesterday.* 这个婴儿昨天首次接受注射。○ *a tetanus injection* 破伤风注射剂 ○ *fuel-injection* 燃料喷射

injunction /ɪn'dʒʌŋkʃn ‖ ɪn'dʒʌŋkʃən/ *noun* [C] an official order from a court of law to do/not do sth（法院的）命令；禁令: *A court injunction prevented the programme from being shown on TV.* 法庭颁布禁令，不准这个节目在电视上播放。

☆**injure** /'ɪndʒə(r) ‖ 'ɪndʒɚ/ *verb* [T] to harm or hurt a person, animal or part of the body 伤害；损害: *David was badly injured in the accident.* 戴维在这起事故里受了重伤。○ *seriously injured* 重伤 ○ *She fell and injured her back.* 她栽了一跤，伤了背脊。☛ Look at the note at **hurt**. 参看 **hurt** 的注释。

injured *adj* physically or mentally hurt（肉体/精神上）受伤/受创: *an injured leg* 受伤的腿 ○ *'Oh, don't be so nasty!' she said in an injured voice.* 她以受委曲的语气说："别这么讨厌！"

the injured *noun* [plural] people who have been hurt 受伤的人: *The injured were rushed to hospital.* 受了伤的人被迅速送到医院去。

☆**injury** /'ɪndʒərɪ ‖ 'ɪndʒərɪ/ *noun* [C,U] (*pl* **injuries**) harm or hurt done to a person, animal or part of the body 伤害；损害: *They escaped from the accident with only minor injuries.* 事故中他们只受了轻伤，总算逃过了大难。○ *Injury to the head can be extremely dangerous.* 头部受伤可能极为危险。○ [U] (*figurative* 比喻): *injury to your pride, reputation, etc* 自尊心/名誉…受损

'**injury time** *noun* [U] (*Brit* 英) time that is added to the end of a sports match when there has been time lost because of injuries to players 受伤延长赛时（为补偿运动员受伤所耽搁的时间而在比赛结束时追加的额外赛时）

injustice /ɪn'dʒʌstɪs ‖ ɪn'dʒʌstɪs/ *noun* [C,U] **1** unfairness; a lack of justice 不公正: *People are protesting about the injustice of the new tax.* 人们抗议新税项不公平。**2** an unjust action 不公正的行为

(IDIOM 习语) **do sb an injustice** to judge sb unfairly 不公正地对待某人: *I'm afraid I've done you both an injustice.* 看来我错怪了你们俩。

☆**ink** /ɪŋk ‖ ɪŋk/ *noun* [C,U] a coloured liquid that is used for writing, drawing, etc 墨水: *Please write in ink, not pencil.* 请用墨水笔写，别用铅笔写。

inky /'ɪŋkɪ ‖ 'ɪŋkɪ/ *adj* made black with ink 给墨水弄黑: *inky fingers* 沾了墨水的手指

inkling /'ɪŋklɪŋ ‖ 'ɪŋklɪŋ/ *noun* [sing] a slight feeling (about sth) 模糊的感觉；略知: *I had an inkling that something was wrong.* 我有种感觉似乎什么地方出了毛病。

inland /'ɪnlənd ‖ 'ɪnlənd/ *adj* in the middle of a country away from the coast or borders 内陆的；内地的: *inland regions, away from the coast* 远离海岸的内陆地区

inland /ˌɪn'lænd ‖ 'ɪnˌlænd/ *adv* in or towards the middle of a country 在/向内陆: *Goods are carried inland along narrow mountain roads.* 货物沿着狭窄的山路运往内地。

ˌ**Inland** ˈ**Revenue** *noun* [sing] (*Brit* 英) the government department that collects taxes 国内税务部

in-laws /'ɪn lɔːz ‖ 'ɪnˌlɔz/ *noun* [plural] (*informal* 非正式) your husband's or wife's mother and father or other relations 丈夫或妻子的父母/亲属；姻亲: *My in-laws are coming to lunch on Sunday.* 这个星期天我的岳父岳母要来吃午饭。

inmate /'ɪnmeɪt ‖ 'ɪnmet/ *noun* [C] one of the people living in an institution such as a prison or mental hospital（监牢/精神病院…的）被收容者

inn /ɪn ‖ ɪn/ *noun* [C] (*Brit* 英) a small hotel or old pub in the country（乡村的）小客栈/小酒馆

> ☛ A **hotel** is a place where you can stay, and have your meals if you wish. 旅馆（**hotel**）是供旅客住宿，也可以用膳的地方。A **pub** is a place where you go to drink alcohol or cold soft drinks. 酒吧（**pub**）就是喝酒或喝冷饮的地方。An **inn** is an old pub, usually in the country. * **inn** 是旧式的小酒馆，一般在乡村里。Some pubs and inns serve food and some inns have rooms where you can stay. 有些酒吧和客栈供应食物，部分客栈还设有房间，供客人住宿。

innate /ɪ'neɪt ‖ ɪ'net/ *adj* being a natural quality of sb/sth 天生的；天赋的: *innate ability* 天赋的能力

☆**inner** /'ɪnə(r) ‖ 'ɪnɚ/ *adj* (only *before* a noun 只用于名词前) **1** (of the) inside 内部的: *The inner ear is very delicate.* 内耳非常脆弱。☛ The opposite is **outer**. 反义词为 **outer**。**2** (used about a feeling, etc 指感觉等) that you do not express or show to other people 藏在心里的: *Everyone has inner doubts.* 人人心里都有疑虑。

I

innermost /-məʊst ‖ -most/ *adj* (only *before* a noun 只用于名词前) **1** furthest from the outside 最深处的 **2** (used about a feeling, etc 指感觉等) most secret or private 藏在内心深处的；最秘密/私人的：*She never told anyone her innermost thoughts.* 她从没有向人剖白过心迹。

ˌ**inner 'city** *noun* [C] the poor parts of a large city, near the centre, that often have a lot of social problems 大城市的贫民区（近市中心，常充斥着社会问题）: *Inner-city schools often have difficulty in attracting good teachers.* 市内贫民区学校常常难以找到好教师。

innings /ˈɪnɪŋz ‖ ˈɪnɪŋz/ *noun* [C] (*pl* **innings**) a period of time in a game of cricket when it is the turn of one player or team to hit the ball (**bat**)（板球）局/回合（每队/队员击球的时间，击球叫做 **bat**）

☆**innocent** /ˈɪnəsnt ‖ ˈɪnəsn̩t/ *adj* **1 innocent (of sth)** not having done wrong; not guilty 清白；无辜: *An innocent man was arrested by mistake.* 有一个无辜的人被误捕了。○ *to be innocent of a crime* 清白无罪 **2** not causing harm or intended to upset sb 没有造成伤害；没有恶意: *He got very aggressive when I asked an innocent question about his past life.* 我就他的过去提了一条没有恶意的问题，他就变得非常暴躁。**3** not knowing the bad things in life; believing everything you are told 不谙世故；天真: *Twenty years ago I was still young and innocent.* 二十年前我还小，不懂世故。○ *She was so innocent as to believe that politicians never lie.* 她天真得以为政治家从不撒谎。—**innocence** /-sns ‖ -sn̩s/ *noun* [U]: *The accused man protested his innocence throughout his trial.* 被告受审的时候，一直声称自己清白。☛ The opposite is **guilt**. 反义词为 **guilt**。—**innocently** *adv*

innocuous /ɪˈnɒkjʊəs ‖ ɪˈnɑkjuəs/ *adj* (*formal* 正式) not causing harm or intended to upset sb 没有造成伤害；没有恶意: *I made an innocuous remark about teachers and she got really angry.* 我说了一些批评老师的话，虽然一点恶意也没有，但她真的生气了。—**innocuously** *adv*

innovate /ˈɪnəveɪt ‖ ˈɪnəˌvet/ *verb* [I] to introduce sth new; to change 创新；改革

innovation /ˌɪnəˈveɪʃn ‖ ˌɪnəˈveʃən/ *noun* [C,U] something new that has been introduced 创新的事物: *technological innovations in industry* 工业上的技术革新

innovator /ˈɪnəveɪtə(r) ‖ ˈɪnəˌvetɚ/ *noun* [C] a person who introduces changes 创新者

Innuit (*also* 亦作 **Inuit**) /ˈɪnuːɪt; -njuː- ‖ ˈɪnjuɪt/ *noun* [C] = ESKIMO

innumerable /ɪˈnjuːmərəbl; *US* 美 ɪˈnuː- ‖ ɪˈnumərəbl̩/ *adj* too many to be counted 无数；不计其数

inoculate /ɪˈnɒkjʊleɪt ‖ ɪnˈɑkjəˌlet/ *verb* [T] **inoculate sb (with sth) (against sth)** to inject sb with a mild form of a disease. This protects him/her from getting the serious form 接种（以预防疾病）: *The children have been inoculated against tetanus.* 孩子们都注射了破伤风预防针。☛ Look at **immunize** and **vaccinate**. 参看 **immunize** 及 **vaccinate**。

—**inoculation** /ɪˌnɒkjʊˈleɪʃn ‖ ɪnˌɑkjəˈleʃən/ *noun* [C,U]

inoffensive /ˌɪnəˈfensɪv ‖ ˌɪnəˈfɛnsɪv/ *adj* not upsetting or unpleasant 不伤人感情的/不会令人不快的

inordinate /ɪnˈɔːdɪnət ‖ ɪnˈɔrdn̩ɪt/ *adj* (*formal* 正式) much greater than usual or expected 比平常或预期多/大；过度 —**inordinately** *adv*

inorganic /ˌɪnɔːˈgænɪk ‖ ˌɪnɔrˈgænɪk/ *adj* not made of or coming from living things 无机（来自非生物体）: *Rocks and metals are inorganic substances.* 石头和金属都是无机物。

input /ˈɪnpʊt ‖ ˈɪnˌpʊt/ *noun* [C,U] **input (into/to sth)** what you add to sth to make it better; what you put into sth 投入物；加进去的东西: *We need some input from teachers into this book.* 我们希望老师为这本书提供一些资料。○ *The computer breakdown means we have lost the whole day's input.* 计算机失灵，这意味着我们一整天输入的数据都化为乌有了。☛ Look at **output**. 参看 **output**。

input *verb* [T] (*pres part* **inputting**; *pt*, *pp* **input** or **inputted**) to put information into a computer 把资料输入计算机

inquest /ˈɪŋkwest ‖ ˈɪnkwɛst/ *noun* [C] an official inquiry to find out about an unexplained death 死因调查/讯问: *to hold an inquest* 进行死因讯问

☆**inquire** (*also* 亦作 **enquire**) /ɪnˈkwaɪə(r) ‖ ɪnˈkwaɪr/ *verb* (*formal* 正式) [I,T] to ask for information about sth 询问: *We must inquire whether it is possible to get a bus on a Sunday.* 星期天能不能有公共汽车坐，我们要问个清楚。○ *Could you inquire when the trains to Cork leave?* 给我查询一下去科克的火车什么时候开出，可以吗？○ *We need to inquire about hotels in Vienna.* 我们要打听一下维也纳的旅馆的情况。○ *'Do they take travellers' cheques here?' 'I don't know. I'll inquire.'* "这儿可以用旅行支票吗？" "不知道，让我问一下吧。"

(PHRASAL VERBS 短语动词) **inquire after sb** to ask about sb's health 问候某人

inquire into sth to study or investigate sth to find out all the facts 调查某事: *The journalist inquired into the politician's financial affairs.* 记者追问有关这个政客的财务状况。

inquirer /ɪnˈkwaɪərə(r) ‖ ɪnˈkwaɪrɚ/ *noun* [C] a person who inquires 询问/调查者

inquiring /ɪnˈkwaɪərɪŋ ‖ ɪnˈkwaɪrɪŋ/ *adj* **1** interested in learning new things 好奇: *We should encourage children to have an inquiring mind.* 要鼓励孩子多思考多发问。**2** asking for information 探问的: *an inquiring look* 探问的神色 —**inquiringly** *adv*

☆**inquiry** (*also* 亦作 **enquiry**) /ɪnˈkwaɪərɪ; *US* 美 ˈɪnkwərɪ ‖ ˈɪnkwərɪ/ *noun* (*pl* **inquiries**) **1** [C] **inquiry (about/concerning sb/sth)** (*formal* 正式) a question that you ask about sth（有关…）所提出的问题；询问: *I have made some inquiries into English language courses in Oxford.* 我查询了一些牛津大学英语课程的资料。**2** [U] the act of asking about sth 询问；调查: *After weeks of inquiry he finally found what he was looking for.* 经过几个星期的查问，他终于找到了要找的东西。**3** [C] **inquiry (into sth)** an official investigation to find out the cause of sth 官方/正式调查: *After the accident there were many calls for an inquiry into safety procedures.* 事故过后，很多人都要求有关部门检查安全措施。

inquisitive /ɪnˈkwɪzətɪv ‖ ɪnˈkwɪzətɪv/ *adj* (*formal* 正式) very interested in finding out about what other people are doing 爱打听别人的情况: *Don't be so inquisitive. It's none of your business.* 别这么爱打听，这不关你的事。 —**inquisitively** *adv* —**inquisitiveness** *noun* [U]

insane /ɪnˈseɪn ‖ ɪnˈsen/ *adj* **1** mad or mentally ill 精神错乱/失常 **2** very foolish 十分愚蠢: *You must be insane to leave your job before you've found another one.* 没找到别的工作就辞职，你实在太愚蠢了。☛ Look at the note at **mad**. 参看 **mad** 的注释。—**insanely** *adv*: *insanely jealous* 嫉妒得不得了 —**insanity** /ɪnˈsænətɪ ‖ ɪnˈsænətɪ/ *noun* [U]

insanitary /ɪnˈsænɪtrɪ; *US* 美 -terɪ ‖ ɪnˈsænəˌterɪ/ *adj* (*formal* 正式) likely to cause disease 不卫生；可引起疾病的: *The restaurant was closed because of the insanitary conditions of the kitchen.* 厨房的卫生条件太差，餐馆为此被勒令关门。

insatiable /ɪnˈseɪʃəbl ‖ ɪnˈseʃəbḷ/ *adj* not able to be satisfied; very great 无法满足的；程度深的: *an insatiable desire for knowledge* 无尽的求知欲 ○ *an insatiable appetite* 贪得无厌的胃口

inscribe /ɪnˈskraɪb ‖ ɪnˈskraɪb/ *verb* [T] (*formal* 正式) **inscribe A (on/in B)**; **inscribe B (with A)** to write or cut (**carve**) words on sth. You inscribe sth when you want it to be a permanent record 在某物上写/刻上（字）（刻/雕刻叫做 **carve**）: *The book was inscribed with the author's name.* 书上有作者的签名。○ *The names of all the previous champions are inscribed on the cup.* 奖杯上刻有历届冠军的名字。

inscription /ɪnˈskrɪpʃn ‖ ɪnˈskrɪpʃən/ *noun* [C] words that are written or cut on sth 铭刻；题字: *There was a Latin inscription on the tombstone.* 墓碑上面刻有拉丁铭文。

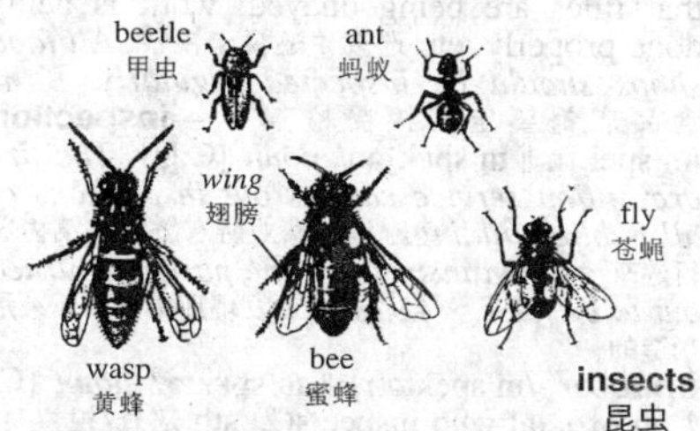

insects
昆虫

☆**insect** /ˈɪnsekt ‖ ˈɪnsɛkt/ *noun* [C] a small animal with six legs and a body which is divided into three parts 昆虫: *Ants, flies, beetles, butterflies and mosquitoes are all insects.* 蚂蚁、苍蝇、甲虫、蝴蝶、蚊子都是昆虫。○ *an insect bite/sting* 虫子咬/螫了一下 ☛ Some other small animals, eg spiders, are often also called insects although this is technically incorrect. 其他小动物如蜘蛛一般也叫昆虫，其实在学术上是不确切的。

insecticide /ɪnˈsektɪsaɪd ‖ ɪnˈsɛktəˌsaɪd/ *noun* [C,U] a substance that is used for killing insects 杀虫剂 ☛ Look at **pesticide**. 参看 **pesticide**。

insecure /ˌɪnsɪˈkjʊə(r) ‖ ˌɪnsɪˈkjʊr/ *adj* **1** not supported very well; not safe or secure 不安稳；不稳妥: *Emily felt very insecure at the top of the ladder.* 埃米莉站在梯子最上面感到很不安全。○ *The future of the company looks very insecure.* 公司的前景看来很不稳固。 **2 insecure (about sb/sth)** feeling anxious and not sure of yourself; not confident 心神不定；信心不足: *Some young people feel lost and insecure when they first leave home.* 有些年轻人初次离家的时候，感到失落和惶然不安。—**insecurely** *adv* —**insecurity** /ˌɪnsɪˈkjʊərətɪ ‖ ˌɪnsɪˈkjʊrətɪ/ *noun* [U]: *Their aggressive behaviour is really a sign of insecurity.* 他们的好斗行为正是缺乏自信感的表现。

insensitive /ɪnˈsensətɪv ‖ ɪnˈsɛnsətɪv/ *adj* **1** not knowing or caring how another person feels and whether you have hurt or upset him/her 不知/不顾他人感受；麻木不仁: *Some insensitive reporters tried to interview the families of the accident victims.* 有些麻木不仁的记者还想采访这次事故的受害者家属。 **2 insensitive (to sth)** not able to feel sth 感觉不到；（对…）没有知觉: *insensitive to pain, cold, etc* 感觉不到痛楚/寒冷… —**insensitively** *adv* —**insensitivity** /ɪnˌsensəˈtɪvətɪ ‖ ɪnˌsɛnsəˈtɪvətɪ/ *noun* [U]

inseparable /ɪnˈseprəbl ‖ ɪnˈsɛprəbḷ/ *adj* not able to be separated from sb/sth 不可分离的: *inseparable friends* 形影不离的朋友

insert /ɪnˈsɜːt ‖ ɪnˈsɝt/ *verb* [T] (*formal* 正式) to put sth into sth or between two things 插入；放进: *Insert your money and then dial the number.* 先投入硬币，再拨号码。—**insertion** /ɪnˈsɜːʃn ‖ ɪnˈsɝʃən/ *noun* [C,U]

inshore /ˌɪnˈʃɔː(r) ‖ ˈɪnˌʃɔr/ *adj*, *adv* in or towards the part of the sea that is close to the land 近岸；向海岸的: *inshore fishermen* 近海作业的渔民 ○ *Sharks don't often come inshore.* 鲨鱼通常不在近海出没。

☆**inside**[1] /ɪnˈsaɪd ‖ ˈɪnˈsaɪd/ *noun* **1** [C] the inner part or surface of sth 内部；内面: *The insides of the windows need a good clean.* 窗户的里面得好好擦一擦。○ *The door was locked from the inside.* 门从里面锁上了。 **2** [sing] (*also* 亦作 **insides** /ɪnˈsaɪdz ‖ ɪnˈsaɪdz/ [plural]) (*informal* 非正式) the stomach 胃: *I've got a pain in my insides.* 我胃痛。

inside out
里面朝外

(IDIOM 习语) **inside out 1** with the inner surface on the outside 里面朝外: *You've got your jumper on inside*

I

out. 你把羊毛套衫穿反了。**2** very well, in great detail 仔细；彻底：*She knows these streets inside out.* 她对这些街道了如指掌。

inside *adj* (only *before* a noun 只用于名词前) **1** in or on the inner part or surface of sth 内部的；内面的：*the inside pocket of a jacket* 上衣的内袋 ○ *the inside pages of a newspaper* 报纸的内页 **2** (used about information, etc 指资讯等) told secretly by sb who belongs to a group, organization, etc 外界不知道的；内幕：*The robbers seemed to have had some inside information about the bank's security system.* 看来劫匪掌握了一些有关这家银行保安系统的内部情况。

insider /ɪn'saɪdə(r) ‖ ɪn'saɪdɚ/ *noun* [C] a person who is a member of a group or an organization（某团体或组织的）成员/会员

ˌ**inside 'lane** *noun* [C] the part of a wide road or motorway where traffic moves more slowly 宽阔路面/高速公路上车速较慢的靠近路边的内车道

☆**inside**[2] /ɪn'saɪd ‖ ɪn'saɪd/ (*especially US* 尤为美 **inside of**) *prep* **1** in or on the inner part or surface of sb/sth 在…里面：*Is there anything inside the box?* 箱子里面有没有东西？○ *It's safer to be inside the house in a thunderstorm.* 遇有雷暴，留在屋内较安全。**2** (*formal* 正式) (used about time 用于时间) in less than 少于；在…之内：*Your photos will be ready inside an hour.* 一个钟头内准把你的照片冲好。

inside *adv* **1** in or to the inner part or surface of sth 在或往内部/里面：*We'd better stay inside until the rain stops.* 等雨停了，我们再出去吧。○ *It's getting cold. Let's go inside.* 越来越冷了，我们到里边去吧。○ *Have a look inside and see what's in it.* 进去看看里面有什么。**2** (*slang* 俚语) in prison 坐牢；在狱中

insight /'ɪnsaɪt ‖ 'ɪnˌsaɪt/ *noun* [C,U] **insight (into sth)** (an example of) understanding the true nature of sb/sth 洞悉；洞察力：*The book gives a good insight into the lives of the poor.* 这本书使人们对贫民的生活有了透彻了解。○ *You need insight into human nature for this job.* 负责这项工作必须对人性有充分的认识。

insignificant /ˌɪnsɪg'nɪfɪkənt ‖ ˌɪnsɪg'nɪfəkənt/ *adj* of little value or importance 微不足道：*an insignificant detail* 不重要的细节 —**insignificance** /-kəns ‖ -kəns/ *noun* [U] —**insignificantly** *adv*

insincere /ˌɪnsɪn'sɪə(r) ‖ ˌɪnsɪn'sɪr/ *adj* not meaning what you say; not truthful; not sincere 不真诚；不诚恳：*His apology sounded insincere.* 他的道歉没有诚意。—**insincerely** *adv* —**insincerity** /ˌɪnsɪn'serətɪ ‖ ˌɪnsɪn'sɛrətɪ/ *noun* [U]

insinuate /ɪn'sɪnjʊeɪt ‖ ɪn'sɪnjʊˌet/ *verb* [T] to suggest sth unpleasant in an indirect way 婉转地说出（不好的东西）：*She seemed to be insinuating that our work was below standard.* 她话里有话，意思就是我们的工作不合格。—**insinuation** /ɪnˌsɪnjʊ'eɪʃn ‖ ɪnˌsɪnju-'eʃən/ *noun* [C,U]: *to make insinuations about sb's honesty* 对某人的忠诚提出婉转的质疑。

insipid /ɪn'sɪpɪd ‖ ɪn'sɪpɪd/ *adj* without a strong taste, flavour or colour 淡而无味的；无特色的

☆**insist** /ɪn'sɪst ‖ ɪn'sɪst/ *verb* **1** [I,T] **insist (on sth/on doing sth)** to say or demand that you must have or do sth or that sb else must do sth 坚决要求；坚持（要做某事）：*He always insists on the best.* 他总是要求完美。○ *My parents insist that I come home by taxi.* 爸妈千叮万嘱要我搭出租汽车回家。○ *Dick insisted on coming too.* 迪克坚持也要来。○ *'Have another piece of cake.' 'Oh all right, if you insist.'* "再来一块蛋糕。""好吧，如果你一定要我再来一块。" **2** [I,T] **insist (on sth)** to say firmly that sth is true (when sb does not believe you) 坚决认为/坚持（某事属实）：*She insisted on her innocence.* 她坚持说自己是清白的。○ *James insisted that the accident wasn't his fault.* 詹姆斯坚决认为这起事故不是他的过失。

insistent /-ənt ‖ -ənt/ *adj* saying or demanding that you must have or do sth or that sb else must do sth 坚持：*Grandma was most insistent that we should all be there.* 奶奶一定要我们所有人都到齐。○ (*figurative* 比喻) *We could not ignore the insistent ringing of the telephone.* 我们不可能不顾电话响个不停（而不去接）。—**insistence** /-əns ‖ -əns/ *noun*[U] —**insistently** *adv*

insolent /'ɪnsələnt ‖ 'ɪnsələnt/ *adj* (*formal* 正式) rude or impolite 粗鲁；无礼：*The school cannot tolerate such insolent behaviour.* 校方不能姑息这种肆无忌惮的行为。—**insolence** /-əns ‖ -əns/ *noun* [U]—**insolently** *adv*

insoluble /ɪn'sɒljʊbl ‖ ɪn'sɑljəbl/ *adj* **1** impossible to dissolve in a liquid 不溶解于液体中；不能溶解 **2** not able to be explained or solved 不能解释/解决的：*We faced almost insoluble problems.* 摆在我们面前的是几乎无法解决的问题。

insomnia /ɪn'sɒmnɪə ‖ ɪn'sɑmnɪə/ *noun* [U] if you suffer from insomnia you find it difficult to get to sleep and to sleep well 失眠

☆**inspect** /ɪn'spekt ‖ ɪn'spɛkt/ *verb* [T] **1 inspect sb/sth (for sth)** to look at sth closely or in great detail 检查或审视某人/某物（以寻找…）：*The detective inspected the room for fingerprints.* 侦探在房间里搜索，寻找指印。**2** to make an official visit to make sure that rules are being obeyed, work is being done properly, etc 巡查；巡视；视察：*All food shops should be inspected regularly.* 所有食品店都要定期接受检查。—**inspection** /ɪn'spekʃn ‖ ɪn'spɛkʃən/ *noun* [C,U]: *The fire prevention service carries out inspections of all public buildings.* 消防队对所有公共建筑物进行巡查。○ *On inspection, the passport turned out to be false.* 一经检查，就发现那本护照原来是伪造的。

☆**inspector** /ɪn'spektə(r) ‖ ɪn'spɛktɚ/ *noun* [C] **1** an official who inspects(2) sth 巡查/视察员：*Keep your bus ticket. An inspector may ask to see it.* 保留车票，以备查票员查看。○ *a health and safety inspector* 卫生及安全检查员 **2** a police officer of middle rank 督察（中级警官）

inspiration /ˌɪnspə'reɪʃn ‖ ˌɪnspə'reʃən/ *noun* **1** [C,U] **inspiration (to/for sb)**; **inspiration (to do sth)** (a person or thing that causes) a feeling of wanting and being able to do sth good, create a work of art, etc 灵感；触发灵感的人/事物: *The beauty of the mountains was a great source of inspiration to the writer.* 山间美景是作者灵感的泉源。○ *Her example has been an inspiration to many younger women.* 她的榜样启发了很多年轻妇女。**2** [C] (*informal* 非正式) a (sudden) good idea（突如其来的）好主意: *I've had an inspiration – why don't we all go?* 我突然有个想法，我们为什么不一起去？

inspire /ɪn'spaɪə(r) ‖ ɪn'spaɪr/ *verb* [T] **1** to give sb a feeling of wanting and being able to do sth good, create a work of art, etc 启发/引起灵感: *His novel was inspired by his relationship with his first wife.* 他的这本小说的灵感来自他跟第一任妻子的聚散情缘。**2 inspire sb (with sth); inspire sth (in sb)** to make sb feel, think, etc sth 使产生某种感觉、思想等；启发: *The guide's nervous manner did not inspire much confidence in us.* 这个向导慌慌张张的，实在不能使我们有什么信心。○ *to be inspired with enthusiasm* 心中泛起了热诚

inspired *adj* produced with the help of inspiration(1) 凭灵感而产生的: *The pianist gave an inspired performance.* 这位钢琴家做了一次精彩绝伦的演奏。○ *I didn't know the answer. It was just an inspired guess.* 我只是凭灵感猜中的，实际上并不知道答案。☛ The opposite is **uninspired**. 反义词为 **uninspired**。—**inspiring** /ɪn'spaɪərɪŋ ‖ ɪn'spaɪrɪŋ/ *adj*: *I'm afraid it was not a very inspiring speech.* 很抱歉，我觉得这个讲话不大精彩。☛ The opposite is **uninspiring**. 反义词为 **uninspiring**。

instability /ˌɪnstə'bɪlətɪ ‖ ˌɪnstə'bɪlətɪ/ *noun* [U] the state of being likely to change 不稳定: *There are growing signs of political instability.* 越来越多的迹象显示政局不稳。☛ The adjective is **unstable**. 形容词为 **unstable**。

☆**install** (*US also* 美亦作 **instal**) /ɪn'stɔ:l ‖ ɪn'stɔl/ *verb* [T] **1** to put a piece of equipment, etc in place so that it is ready to be used 安装: *We are waiting to have our new washing-machine installed.* 我们正等着新洗衣机安装妥当。**2** put sb/sth or yourself in a position or place 安排…在某位置/地方；（接受）任命: *He was installed as President yesterday.* 他昨天就任总统。○ *She installed herself in a deck-chair for the afternoon.* 她在躺椅上坐了一个下午。—**installation** /ˌɪnstə'leɪʃn ‖ ˌɪnstə'leʃən/ *noun* [C,U]

instalment (*US* 美 **installment**) /ɪn'stɔ:lmənt ‖ ɪn'stɔlmənt/ *noun* [C] **1** a single part of a book, television show, etc that is published or shown regularly over a period of time（分期连载的文字、分期播送的电视节目等的）一期/一集: *Don't miss next week's exciting instalment.* 下个星期的续集十分精彩，千万不要错过。**2** one of the regular payments that you make for sth. People buy sth in instalments when they do not want to pay the whole amount at once.（分期付款的）一笔付款

☆**instance** /'ɪnstəns ‖ 'ɪnstəns/ *noun* [C] an example or case (of sth) 例子: *There have been several instances of racial attacks in the area.* 这个地区发生了好几次种族袭击事件。○ *In most instances the drug has no side-effects.* 在大多数的情况下，这种药物没有副作用。

(IDIOM 习语) **for instance** for example 比如: *There are several interesting places to visit around here – Dorchester, for instance.* 这里有好几处地方都很值得游览，比如说，多尔切斯特。

☆**instant**[1] /'ɪnstənt ‖ 'ɪnstənt/ *adj* **1** happening suddenly or at once; immediate 立即；即刻；即时的: *The film was an instant success.* 这部电影一炮打响。○ *A new government cannot bring about instant change.* 新上任的政府不可能说改就改。**2** (used about food 指食物) able to be prepared quickly and easily 即食；方便: *instant coffee* 速溶咖啡

instantly *adv* at once; immediately 立即；即刻: *I asked him a question and he replied instantly.* 我一问，他就马上回答。

instant[2] /'ɪnstənt ‖ 'ɪnstənt/ *noun* [usually sing] **1** a particular point in time 某个时刻: *At that instant I realized I had been tricked.* 就在那一刻，我知道自己上当了。○ *Stop doing that this instant!* (= now) 马上给我住手！**2** a very short period of time 片刻: *Alex thought for an instant and then agreed.* 亚历克斯想了一下，然后表示同意。

instantaneous /ˌɪnstən'teɪnɪəs ‖ ˌɪnstən'tenɪəs/ *adj* happening at once or immediately 即时的: *Well, at least death was instantaneous.* 不管怎么说，死者至少（没受什么苦）很快就断气了。—**instantaneously** *adv*

☆**instead** /ɪn'sted ‖ ɪn'stɛd/ *adv* in the place of sb/sth 代替: *I couldn't go so my husband went instead.* 我去不了，所以我先生代我去。○ *There's nothing on at the cinema, let's go to the pub instead.* 没有什么好电影，我们到酒吧去吧。

instead of *prep* in the place of 代替: *You should play football instead of just watching it on TV.* 别只管对着电视机看足球，你要亲身去踢一踢。○ *Could I come at 8.00 instead of 7.30?* 我7点半不来，8点来行吗？

instigate /'ɪnstɪgeɪt ‖ 'ɪnstəˌget/ *verb* [T] (*formal* 正式) to make sth start to happen 使开始/发生；煽动；教唆 —**instigation** /ˌɪnstɪ'geɪʃn ‖ ˌɪnstə'geʃən/ *noun* [U]

instil (*US* 美 **instill**) /ɪn'stɪl ‖ ɪn'stɪl/ *verb* [T] (instilling; instilled) **instil sth (in/into sb)** to make sb think or feel sth 培养（某人的）/灌输（思想/感觉）: *Parents should try to instil a sense of responsibility into their children.* 父母应该培养孩子的责任感。

instinct /'ɪnstɪŋkt ‖ 'ɪnstɪŋkt/ *noun* [C,U] the natural force that causes a person or animal to behave in a certain way without thinking or learning about it 本能: *Birds learn to fly by instinct.* 鸟类有飞翔的本能。○ *I didn't stop to think. I just acted on instinct.* 我没有停下来想想，只是凭直觉做了。—**instinctive** /ɪn'stɪŋktɪv ‖ ɪn'stɪŋktɪv/ *adj*: *Your instinctive reaction is to run from danger.* 躲避危险是人的本能反应。—**instinctively** *adv*

☆**institute**[1] /'ɪnstɪtju:t; *US* 美 -tu:t ‖ 'ɪnstəˌtut/ *noun* [C] (a building that contains) an academic society or organization 学会/学术

I

机构（的建筑物）: *the Institute of Science and Technology* 科技学院

institute[2] /ˈɪnstɪtjuːt; *US* 美 -tuːt ‖ ˈɪnstəˌtut/ *verb* [T] (*formal* 正式) to set up or start a system, course of action, etc 开展；设立；推行: *The government has instituted a new scheme for youth training.* 政府制定了一项崭新的青年培训计划。

☆**institution** /ˌɪnstɪˈtjuːʃn; *US* 美 -tuːʃn ‖ ˌɪnstə-ˈtuʃən/ *noun* [C] **1** a large organization such as a bank, a university, etc 大机构（如银行、大学等）: *the financial institutions in the City of London* 伦敦商业区的金融机构 **2** a building where certain people with special needs live and are looked after 为有特殊需要者设立的建筑物: *a mental institution* (= a hospital for the mentally ill) 精神病院 **3** a social custom or habit that has existed for a long time 习俗: *the institution of marriage* 婚俗

institutional /-ʃənl ‖ -ʃənl̩/ *adj* connected with an institution(1,2,3) 与大机构/特殊用途建筑物/习俗有关的: *The old lady is in need of institutional care.* 这位老太太需要有关机构的照顾。

☆**instruct** /ɪnˈstrʌkt ‖ ɪnˈstrʌkt/ *verb* [T] **1 instruct sb (in sth)** (*formal* 正式) to teach 教导: *Children must be instructed in road safety before they are allowed to ride a bike on the road.* 必须先教导儿童道路安全的知识，才可以让他们骑自行车上街。**2 instruct sb (to do sth)** to give an order to sb; to tell sb to do sth 指示/命令某人（做某事）: *The soldiers were instructed to shoot above the heads of the crowd.* 士兵接到指示，只许朝人群头顶上空开枪。

instructor *noun* [C] a person who teaches (usually not in a school) 教练: *a driving instructor* 驾驶教练

☆**instruction** /ɪnˈstrʌkʃn ‖ ɪnˈstrʌkʃən/ *noun* **1** [U] **instruction (in sth)** teaching or being taught 教导；接受教导: *The staff need instruction in the use of computers.* 员工必须接受计算机应用的训练。**2** [C] an order or direction that tells you what to do or how to do sth 指示；命令: *The guard was under strict instructions not to let anyone in or out.* 守卫接到指示，严禁任何人出入。○ *The instruction you gave was confusing.* 你的指示很含混。**3 instructions** [plural] information on how you should use sth, do sth, etc 用法/做法…说明: *Read the instructions on the back of the packet carefully.* 包装背面有用法说明，请仔细阅读。○ *to follow the instructions* 遵从指示

instructive /ɪnˈstrʌktɪv ‖ ɪnˈstrʌktɪv/ *adj* giving useful information 供给有用资料；有教益 —**instructively** *adv*

☆**instrument** /ˈɪnstrʊmənt ‖ ˈɪnstrəmənt/ *noun* [C] **1** a tool that is used for doing a particular job or task 器械；工具；仪器: *surgical instruments* 外科器材 ☛ Look at the note at **tool**. 参看 **tool** 的注释。**2** something that is used for measuring speed, fuel levels, etc in a car, plane or ship 仪表: *the instrument panel of an aeroplane* 飞机的仪表板 **3** something that is used for playing music 乐器: *'What instrument do you play?' 'The violin.'* "你演奏什么乐器？""小提琴。"

> ☛ **Musical instruments** may be **stringed** (*violins, guitars, etc*), **brass** (*horns, trumpets, etc*) or **woodwind** (*flutes, clarinets, etc*). **Percussion** instruments include *drums* and *cymbals*. 乐器 (**musical instrument**) 分为下列几类：弦乐器 (**strings**)（小提琴、吉他等）、铜管乐器 (**brass**)（号角、小号等）、木管乐器 (**woodwind**)（长笛、单簧管等）。鼓、钹都是打击乐器 (**percussion**)。

☆**instrumental** /ˌɪnstrʊˈmentl ‖ ˌɪnstrəˈmɛntl̩/ *adj* **1** (not before a noun 不用于名词前) **instrumental in doing sth** helping to make sth happen 起推动作用: *She was instrumental in getting him the job.* 凭着她的帮忙，他才找到这份工作。**2** for musical instruments without voices 用乐器演奏（不含歌唱部分）的: *instrumental music* 器乐

insubordinate /ˌɪnsəˈbɔːdɪnət ‖ ˌɪnsəˈbɔrdn̩ɪt/ *adj* (*formal* 正式) (used about a person or behaviour 指人或行为) not obedient; not easily controlled 不服从；不易控制 —**insubordination** /ˌɪnsəˌbɔːdɪˈneɪʃn ‖ ˌɪnsə-ˌbɔrdn̩ˈeʃən/ *noun* [U]

insubstantial /ˌɪnsəbˈstænʃl ‖ ˌɪnsəbˈstænʃəl/ *adj* not large, solid or strong; not substantial 不大；没有实质；不坚实: *a hut built of insubstantial materials* 用不大结实的材料盖起来的小屋 ○ *an insubstantial meal* 不够吃的一顿饭

insufferable /ɪnˈsʌfrəbl ‖ ɪnˈsʌfrəbl̩/ *adj* (used about a person or behaviour 指人或行为) extremely unpleasant or annoying 极度讨厌；令人难以忍受 —**insufferably** /-əblɪ ‖ -əblɪ/ *adv*

insufficient /ˌɪnsəˈfɪʃnt ‖ ˌɪnsəˈfɪʃənt/ *adj* **insufficient (for sth/to do sth)** not enough; not sufficient 不足够: *The students complained that they were given insufficient time for the test.* 学生抱怨没有足够的时间准备这次测验。

insular /ˈɪnsjʊlə(r); *US* 美 -sələr ‖ ˈɪnsələ/ *adj* not interested in, or able to accept new people or different ideas 心胸狭隘；器量狭窄 —**insularity** /ˌɪnsjʊˈlærətɪ; *US* 美 -səˈl- ‖ ˌɪnsə-ˈlærətɪ/ *noun* [U]

insulate /ˈɪnsjʊleɪt; *US* 美 -səl- ‖ ˈɪnsəˌlet/ *verb* [T] to protect or cover sth with a material that prevents electricity, heat or sound from passing through 使绝缘/隔热/隔音: *You can save a lot of money on heating if your house is well insulated.* 如果房屋保温设备好，也可省不少暖气费用。

insulation /ˌɪnsjʊˈleɪʃn; *US* 美 -səˈl- ‖ ˌɪnsə-ˈleʃən/ *noun* [U] **1** the material used for insulating sth 绝缘/隔热/隔音材料 **2** the process of insulating or the state of being insulated 绝缘；隔热；隔音: *Foam rubber provides good insulation.* 泡沫橡胶是一种很好的隔热和隔音材料。

☆**insult** /ɪnˈsʌlt ‖ ɪnˈsʌlt/ *verb* [T] to speak or act rudely to sb 侮辱；辱骂: *I felt very insulted when I didn't even get an answer to my letter.* 对方连回信也没有，我觉得受到侮辱。

insult /ˈɪnsʌlt ‖ ˈɪnsʌlt/ *noun* [C] a rude

remark or action 侮辱；辱骂: *The drivers were standing in the road yelling insults at each other.* 司机站在马路上互相辱骂。○ *Some television advertisements are an insult to people's intelligence.* 有些电视广告简直有辱观众的判断力。

insulting *adj* rude 侮辱的；无礼: *A lot of women find his manner quite insulting.* 很多妇女都觉得他的态度很无礼。

insuperable /ɪn'su:pərəbl; *Brit also* 英亦作 -'sju:- ‖ ɪn'supərəbl̩/ *adj* (*formal* 正式) (used about a problem, etc 指难题等) impossible to solve or overcome 无法解决/克服的

☆**insurance** /ɪn'ʃɔ:rəns; *US* 美 -'ʃʊər- ‖ ɪn'ʃurəns/ *noun* **1** [U] **insurance (against sth)** a contract in which, in return for regular payment, a company or the state agrees to pay a sum of money if sth (eg illness, death, loss of or damage to property) happens to sb 保险契约；保险: *Our roof was blown off in the storm but we claimed for it on the insurance.* 我们家房顶被暴风吹掉了，但我们已向保险公司索取赔偿。○ *Builders should always have insurance against personal injury.* 建筑工人应该购买人身伤害保险。

☛ We **take out** an **insurance policy**. 投保叫 **take out** an **insurance policy**。An **insurance premium** is the regular amount you pay to the insurance company. 保险费 (**insurance premium**) 是定期付予保险公司的费用。We can take out **life**, **health**, **car**, **travel** and **household insurance**. 各类保险包括人寿保险 (**life** insurance)、健康保险 (**health** insurance)、汽车保险 (**car** insurance)、旅游保险 (**travel** insurance)、家庭财产保险 (**household** insurance)。

2 [U] the business of providing insurance contracts 保险业: *He works in insurance.* 他从事保险业。**3** [sing] **an insurance (against sth)** something you do to protect yourself (against sth unpleasant) 保障措施: *Many people take vitamin pills as an insurance against illness.* 为了预防疾病，很多人都服用维生素丸。

☆**insure** /ɪn'ʃɔ:(r); *US* 美 ɪn'ʃʊər ‖ ɪn'ʃur/ *verb* [T] **1 insure sb/sth (against sth)** to take out or to provide insurance 投保；承保: *They insured the painting for £10 000 against damage or theft.* 为了预防损坏、失窃可能带来的损失，他们为这幅画买了10 000英镑的保险。○ *Are you insured against accident and medical expenses on your trip?* 你有没有为这次旅程购买意外保险和医疗保险？**2** (*US* 美) = ENSURE

insurmountable /ˌɪnsə'maʊntəbl ‖ ˌɪnsɚ'maʊntəbl̩/ *adj* (*formal* 正式) (used about a problem, etc 指难题等) impossible to solve or overcome 不能解决/克服的

insurrection /ˌɪnsə'rekʃn ‖ ˌɪnsə'rɛkʃən/ *noun* [C,U] violent action against the rulers of a country or the government 叛乱；起义

intact /ɪn'tækt ‖ ɪn'tækt/ *adj* (not before a noun 不用于名词前) complete; not damaged 完整；未受损: *Very few of the buildings remained intact after the earthquake.* 经过地震之后，只有极少数的楼房保持完整无损。

intake /'ɪnteɪk ‖ 'ɪnˌtek/ *noun* [C, usually sing] **1** (used about food, liquid, air, etc 指食物、饮料、空气等) the amount that sb/sth takes in or the process of taking it in 摄取；摄取量: *If you're driving you should watch your alcohol intake carefully.* 你要开车的话，就要留意自己喝了多少酒。**2** the (number of) people who enter an organization or institution during a certain period（组织或机构的）新成员（数目）

intangible /ɪn'tændʒəbl ‖ ɪn'tændʒəbl̩/ *adj* (used about a quality or an idea 指特性或概念) difficult to describe, understand or explain; not tangible 难以描述/理解；不易捉摸

integral /'ɪntɪgrəl ‖ 'ɪntəgrəl/ *adj* essential (in order to make sth complete)（构成整体所）不可或缺的；固有: *Spending a year in France is an integral part of the university course.* 大学课程的一个必要部分就是到法国生活一年。

☆**integrate** /'ɪntɪgreɪt ‖ 'ɪntəˌgret/ *verb* **1** [I,T] **integrate (sb) (into sth/with sth)** to join in and become part of a group or community or to make sb do this（使）加入（成为一分子）: *The government has various schemes to help integrate immigrants into their local communities.* 政府制订了各种方案，借以帮助移民融入当地社区。☛ Look at **segregate**. 参看 **segregate**。**2** [T] **integrate sth (into sth)**; **integrate A and B/integrate A with B** to join things so that they become one thing or fit together 使成为一体: *The two small schools were integrated to form one larger school.* 两所小型学校合并成一所规模较大的学校。

—**integration** /ˌɪntɪ'greɪʃn ‖ ˌɪntə'greʃən/ *noun* [U]: *racial integration* 种族融合 ☛ Look at **segregation**. 参看 **segregation**。

integrity /ɪn'tegrətɪ ‖ ɪn'tɛgrətɪ/ *noun* [U] the quality of being honest; firmness of character and moral ideas 正直；诚实: *He's a person of great integrity who will say exactly what he thinks.* 他这个人很诚实，不会口是心非。

intellect /'ɪntəlekt ‖ 'ɪntl̩ˌɛkt/ *noun* [C,U] the power of the mind to think and to learn 智力

☆**intellectual** /ˌɪntɪ'lektʃʊəl ‖ ˌɪntl̩'ɛktʃuəl/ *adj* (only *before* a noun 只用于名词前) using or able to use the power of the mind（懂得）运用智力/思维能力的: *The boy's intellectual development was very advanced for his age.* 就他的年纪来说，这个男孩的智力非常发达。○ *intellectual people, interests, discussions, etc* 善于动脑筋的人；讲求智能的爱好；运用智力的讨论…

intellectual *noun* [C] a person who is interested in ideas, literature, art, etc 知识分子: *The café was a well-known meeting place for artists and intellectuals.* 这家咖啡馆很有名气，因为艺术家和知识分子常常在这里出入。

—**intellectually** *adv*

☆**intelligence** /ɪn'telɪdʒəns ‖ ɪn'tɛlədʒəns/ *noun* [U] **1** the ability to understand, learn and think 智力: *Examinations are not necessarily the best way to measure intelligence.* 考试不一定是衡量智力的最佳方法。○ *a person of normal intelligence* 智力正常的人 ○ *an intel-*

I

ligence test 智力测验 **2** important information about an enemy country（关于敌国的）情报: *The British intelligence service is called MI5.* 英国的情报机构叫做MI5。

intelligent /-dʒənt ‖ -dʒənt/ *adj* having or showing intelligence; clever 聪颖；聪明；有才智的: *All their children are very intelligent.* 他们的孩子都很聪明。○ *an intelligent question* 巧妙的问题 ☛ The opposite is **unintelligent**. 反义词为 **unintelligent**。—**intelligently** *adv*

intelligible /ɪnˈtelɪdʒəbl ‖ ɪnˈtɛlɪdʒəbl/ *adj* (used especially about speech or writing 尤指说话、文章) possible or easy to understand 明白易懂 ☛ The opposite is **unintelligible**. 反义词为 **unintelligible**。

☆**intend** /ɪnˈtend ‖ ɪnˈtɛnd/ *verb* [T] **1** to plan or mean to do sth 计划；打算: *I'm afraid I spent more money than I had intended.* 看来我的开支已经超出了预算。○ *I intended to telephone but I completely forgot.* 我本来想打电话，后来却完全忘了。○ *They had intended staying in Wales for two weeks but the weather was so bad that they left after one.* 他们本来想在威尔士逗留两个星期，可是天气太差，他们只呆一星期便离开了。○ *I certainly don't intend to wait here all day!* 我当然不想在这儿等一整天！☛ The noun is **intention**. 名词为 **intention**。**2 intend sth for sb/sth; intend sb to do sth** to plan, mean or make sth for a particular person or purpose 为某人或某目的而计划/预备某事物: *You shouldn't have read that letter – it wasn't intended for you.* 你不该看那封信，它不是给你的。○ *This dictionary is intended for intermediate learners of English.* 这本词典的对象是中等程度的英语学习者。○ *I didn't intend you to have all the work.* 我没打算让你把所有工作都包揽下来。

☆**intense** /ɪnˈtens ‖ ɪnˈtɛns/ *adj* very great, strong or serious 强烈；严重: *intense heat* 酷热 ○ *intense anger* 盛怒 ○ *an intense* (= very serious) *young man* 一丝不苟的小伙子 —**intensely** *adv*: *They obviously dislike each other intensely.* 他们显然都十分讨厌对方。

intensify /-sɪfaɪ ‖ -səˌfaɪ/ *verb* (*pres part* **intensifying**; *3rd pers sing pres* **intensifies**; *pt, pp* **intensified**) [I,T] to become or to make sth greater or stronger 加强；剧化: *The government has intensified its anti-smoking campaign.* 政府已经加强推行反吸烟运动。—**intensity** /-sətɪ ‖ -sətɪ/ *noun* [U]: *I wasn't prepared for the intensity of his reaction to the news.* 我没想到他对这个消息的反应会这么激烈。

intensive /ɪnˈtensɪv ‖ ɪnˈtɛnsɪv/ *adj* concentrated on a particular activity or area within a limited amount of time 集中的: *an intensive investigation* 深入细致的调查 ○ *The course only lasted a week but it was very intensive.* 这个课程为期短短一周，但内容却非常紧凑。—**intensively** *adv*

inˌtensive ˈcare *noun* [U] special care for patients who are very seriously ill or injured (or the department that gives this care) 重病特别护理（部）: *I'm afraid your son's been seriously hurt and he's in intensive care.* 你的儿子伤得很重，正在接受特别护理。

intent /ɪnˈtent ‖ ɪnˈtɛnt/ *adj* **1** showing great attention 专注；用心: *He listened to the whole story with an intent expression on his face.* 他神情专注地听着整件事的来龙去脉。**2 intent on/upon sth/doing sth** determined to do sth or concentrating on sth 一心想…: *He's always been intent on making a lot of money.* 他总是想赚大钱。○ *She was so intent upon her work that she didn't hear me come in.* 她很专心工作，所以没听见我进来。—**intently** *adv*

☆**intention** /ɪnˈtenʃn ‖ ɪnˈtɛnʃən/ *noun* [C,U] what sb intends or means to do; a plan or purpose 意图；打算；计划；目的: *It's still not clear what his intentions are when he leaves university.* 现在仍不清楚他大学毕业后有什么打算。○ *Our intention was to leave early in the morning.* 我们打算一早就走。○ *I've got no intention of staying indoors on a nice sunny day like this.* 天气这么好，阳光灿烂，我可不想呆在屋里。

☆**intentional** /ɪnˈtenʃənl ‖ ɪnˈtɛnʃənl̩/ *adj* done on purpose, not by chance 故意: *I'm afraid what he told you was an intentional lie.* 他对你说的恐怕都是故意骗人的鬼话。○ *I'm sorry I took your jacket– it wasn't intentional!* 我误拿了你的上衣，真对不起。—我不是故意的！☛ The opposite is **unintentional**. 反义词为 **unintentional**。Look at **deliberate**. It is similar in meaning. 参看 **deliberate**，这个词的意义与 intentional 相近。—**intentionally** /-ʃənəlɪ ‖ -ʃnəlɪ/ *adv*: *I can't believe the boys broke the window intentionally.* 依我看，那些男孩并不是故意把窗子打破的。

interact /ˌɪntərˈækt ‖ ˌɪntɚˈækt/ *verb* [I] **1** (used about people 指人) to communicate or mix in a way that has an influence or effect on sb else 交相感应: *He is studying the way children interact with each other at different ages.* 他正在研究儿童彼此间在不同年龄段的相互影响。**2** (of two things) to have an effect on each other（两个事物间）相互作用

interaction /-ˈækʃn ‖ -ˈækʃən/ *noun* [C,U] (an example of) co-operation or mixing 交相感应；相互作用: *An interaction of two chemicals produced the explosion.* 两种化学物质的相互作用产生了爆炸。○ *There is a need for greater interaction among the different departments.* 不同部门之间必须加强互相配合。

interactive /-ˈæktɪv ‖ -ˈæktɪv/ *adj* (*technical* 术语) (used about computers 用于计算机) involving or allowing direct two-way communication between the computer and the person using it 人机交互式的: *interactive computer games* 人机交互式的计算机游戏

intercept /ˌɪntəˈsept ‖ ˌɪntɚˈsɛpt/ *verb* [T] to stop or catch sb or sth that is moving from one place to another 拦截: *Detectives intercepted him at the airport.* 警探在机场把他拦截住了。—**interception** /ˌɪntəˈsepʃn ‖ ˌɪntɚˈsɛpʃən/ *noun* [C,U]

interchangeable /ˌɪntəˈtʃeɪndʒəbl ‖ ˌɪntɚˈtʃendʒəbl̩/ *adj* able to be used in place of each other without making any difference 可互换: *Are these two words interchangeable?* 这两个词语可以对等互换吗？—**interchangeably** *adv*

intercom /ˈɪntəkɒm ‖ ˈɪntərˌkɑm/ *noun* [C] a system of microphones and loudspeakers for communication between people in different parts of a factory, aeroplane, etc（用于工厂、飞机等的）内部通话设备: *Please try to contact Mr Pearson on/over the intercom.* 请通过内部通话系统跟皮尔逊先生联络。

interconnect /ˌɪntəkəˈnekt ‖ ˌɪntərkəˈnɛkt/ *verb* [I] to be connected or linked 互相连接 —**interconnected** /-tɪd ‖ -tɪd/ *adj*

intercontinental /ˌɪntəˌkɒntɪˈnentl ‖ ˌɪntərˌkɑntəˈnɛntl/ *adj* between continents 洲与洲之间；洲际: *intercontinental flights* 洲际飞行

intercourse /ˈɪntəkɔːs ‖ ˈɪntərˌkɔrs/ *noun* [U] = SEX(3)

interdependent /ˌɪntədɪˈpendənt ‖ ˌɪntərdɪˈpɛndənt/ *adj* depending on each other 互相依赖: *Exercise and good health are generally interdependent.* 一般来讲，运动与健康互相依存。—**interdependence** /-əns ‖ -əns/ *noun* [U]

☆**interest**[1] /ˈɪntrəst ‖ ˈɪntrɪst/ *noun* **1** [U,sing] **an interest (in sb/sth)** a desire to learn or hear more about sb/sth or to be involved with sb/sth 兴趣: *She's begun to show a great interest in politics.* 她开始表现出对政治的浓厚兴趣。○ *I wish he'd take more interest in his children.* 我希望他多关心一下自己的孩子。○ *Don't lose interest now!* 现在就不要虎头蛇尾啦！ **2** [C] something that you enjoy doing or learning about 感兴趣的事物: *When applying for a job you often have to state your interests and hobbies.* 申请职位，通常要说明自己的兴趣和爱好。**3** [U] the quality that makes sb curious or attracts sb's attention 趣味: *I thought this article might be of interest to you.* 我以为你也许会对这篇文章感兴趣。**4** [C] something that gives a benefit, profit or advantage to sb 利益: *We have your interests at heart.* 我们会关照你的利益。**5** [C] a legal right to share in a business, etc, especially in its profits 权益: *When he retired he sold his interests in the company.* 他退休的时候，把他的公司股分也卖了。**6** [U] **interest (on sth)** the money that you earn from investments or that you pay for borrowing money 利息: *If you invest your capital wisely it will earn a lot of interest.* 投资得宜，利息自然丰厚。○ *We pay 10% interest on our mortgage at the moment.* 现在我们的抵押贷款利率是10%。○ *The interest rate has never been so high/low.* 利率从来没有过这么高/低的。○ *Some companies offer interest-free loans.* 有些公司提供免息贷款。

(IDIOMS 习语) **in sb's interest(s)** to sb's advantage 有利于某人: *Using lead-free petrol is in the public interest.* 使用无铅汽油对大家都有益。

in the interest(s) of sth in order to achieve or protect sth 为了实现/保障某事物: *In the interest(s) of safety, please fasten your seat-belts.* 为安全起见，请系上安全带。

☆**interest**[2] /ˈɪntrəst ‖ ˈɪntrɪst/ *verb* [T] **1** to make sb want to learn or hear more about sth or to become involved in sth 使感兴趣；使介入: *The subject of the talk was one that interests me greatly.* 这个讲演主题使我很感兴趣。**2** to make sb want to buy, have or do sth 使产生购买/做…的欲望: *Can I interest you in our new brochure?* 让我给你介绍一下这本新手册，好不好？

interested /-tɪd ‖ -tɪd/ *adj* **1** (not before a noun 不用于名词前) **interested (in sth/sb)** wanting to know or hear about sth/sb; or to do or achieve sth（对…）感兴趣: *They weren't interested in my news at all!* 他们对我这个消息一点也不感兴趣。○ *I was interested to hear that you've got a new job. Where is it?* 听说你找了一份新工作，告诉我，在什么地方上班？○ *Are young people nowadays more interested in success than they used to be?* (= in achieving success) 现在的年青人比过去更在乎成功吗？ ☛ The opposite is **uninterested.** 反义词为 **uninterested**。**2** (only *before* a noun 只用于名词前) involved in or affected by (a particular situation, etc) 和…有关连: *I think they should have talked to the interested parties* (= people, groups, etc) *before they made that decision.* 依我看，他们不该未和有关各方磋商就迳自作出决定。☛ The opposite is **disinterested.** 反义词为 **disinterested**。

interesting *adj* enjoyable and entertaining to do, think about, talk to, etc; holding your attention 有趣；有意思: *an interesting person, book, idea, job, etc* 有趣的人/书/主意/工作… ○ *It's always interesting to hear about the customs and traditions of other societies.* 异域的风俗和传统总能引起大家的兴趣。☛ The opposite is **uninteresting.** 反义词为 **uninteresting**。—**interestingly** *adv*

☆**interfere** /ˌɪntəˈfɪə(r) ‖ ˌɪntərˈfɪr/ *verb* [I] **1 interfere (in sth)** to try to take part in sb's affairs, etc when you and your help are not wanted 干涉；干预: *You shouldn't interfere – let your children make their own decisions.* 让孩子自己做决定，我们不该插手。**2 interfere (with sb/sth)** to prevent sth or slow down the progress that sb/sth makes 妨碍: *Every time the telephone rings it interferes with my work.* 电话一响就打断我的工作。**3 interfere (with sth)** to touch or alter sth without permission 未经许可就接触/改变某事物: *Many people feel that scientists shouldn't interfere with nature.* 很多人都认为科学家不该做干扰大自然的事情。

interference /ˌɪntəˈfɪərəns ‖ ˌɪntərˈfɪrəns/ *noun* [U] **1 interference (in/with sth)** the act of interfering 干涉: *I left home because I couldn't stand my parents' interference in my affairs.* 爸妈喜欢干涉我的事情，我忍受不了，只好离家出走。**2** noise that prevents the clear reception of radio, television or telephone signals (because of other signals or bad weather)（电台或电视广播/电话信号所受到的）干扰

interfering *adj* involving yourself in other people's affairs when you are not wanted 好干涉的；好管闲事的

interim /ˈɪntərɪm ‖ ˈɪntərɪm/ *noun*

(IDIOM 习语) **in the interim** in the time between two things happening 在过渡期间

interim *adj* (only *before* a noun 只用于名词前) not final or lasting 暂时的: *an interim* *arrangement* (= before sth definite can be decided) 临时安排

☆**interior** /ɪn'tɪərɪə(r) ‖ ɪn'tɪrɪɚ/ *noun* **1** [C, usually sing] the inner part; inside 内部；里面: *I'd love to see the interior of the castle.* 我想到城堡里面看看。○ *interior walls* (= ones that are in the inside of a building) 内墙 ☛ The opposite is **exterior**. 反义词为 **exterior**。**2 the interior** [sing] the part of a country or continent that is not near the coast 内地；腹地

interjection /ˌɪntə'dʒekʃn ‖ ˌɪntɚ'dʒɛkʃən/ *noun* [C] **1** (*formal* 正式) something you say that interrupts sb else 插话 **2** (*grammar* 语法) a word or phrase that is used as an expression of surprise, pain, pleasure, etc (eg Oh!, Hurray! or Wow!) 感叹语（如 Oh!、Hurray!、Wow!）☛ Look at **exclamation**. 参看 **exclamation**。

interlude /'ɪntəlu:d ‖ 'ɪntɚˌlud/ *noun* [C] a short period of time when an entertainment or activity stops for a break; an interval（娱乐表演/活动中的）休息时间: *There will now be a 20-minute interlude.* 现在有20分钟的休息时间。

intermarry /ˌɪntə'mærɪ ‖ ˌɪntɚ'mærɪ/ *verb* (*pres part* **intermarrying**; *3rd pers sing pres* **intermarries**; *pt, pp* **intermarried**) [I] (used about people of different races, religions, etc) to marry each other（不同种族、宗教等的人）通婚

intermarriage /ˌɪntə'mærɪdʒ ‖ ˌɪntɚ'mærɪdʒ/ *noun* [U] marriage between people of different races, religions, etc（不同种族、宗教等的人）通婚

intermediary /ˌɪntə'mi:dɪərɪ; *US* 美 -dɪerɪ ‖ ˌɪntɚ'midɪˌɛrɪ/ *noun* [C] (*pl* **intermediaries**) a person who passes communications between two people or groups, usually in order to help them reach an agreement 中间人（常协助双方达成协议）

☆**intermediate** /ˌɪntə'mi:dɪət ‖ ˌɪntɚ'midɪɪt/ *adj* **1** coming between two people or things in position, level, etc 中间 **2** between two stages (elementary and advanced) 中等程度: *an intermediate student, class, course, book, level, etc* 中级学生/班级/课程/书本/程度…

interminable /ɪn'tɜ:mɪnəbl ‖ ɪn'tɝmɪnəbḷ/ *adj* going on for a very long time or for too long 冗长 —**interminably** /-əblɪ ‖ -əblɪ/ *adv*

intermission /ˌɪntə'mɪʃn ‖ ˌɪntɚ'mɪʃən/ *noun* [C] (*especially US* 尤为美) an interval in a film, play, etc（电影、戏剧等的）中间/幕间休息时间

intermittent /ˌɪntə'mɪtənt ‖ ˌɪntɚ'mɪtṇt/ *adj* stopping for a while and then starting again 断断续续: *There will be intermittent showers.* 将有间歇性阵雨。—**intermittently** *adv*

intern[1] /ɪn'tɜ:n ‖ ɪn'tɝn/ *verb* [T] (*formal* 正式) to keep sb in prison for political reasons, especially during a war（尤指战时）拘押（俘虏等）—**internment** /ɪn'tɜ:nmənt ‖ ɪn'tɝnmənt/ *noun* [U]

intern[2] (*also* 亦作 **interne**) /'ɪntɜ:n ‖ 'ɪntɝn/ *noun* [C] (*US* 美) = HOUSEMAN

☆**internal** /ɪn'tɜ:nl ‖ ɪn'tɝnḷ/ *adj* **1** of or on the inside (of a place, person or object) 内部的: *He was rushed to hospital with internal injuries.* 他受了内伤，马上被送到医院。**2** (used about political or economic affairs 指政治或经济事务) inside a country; not abroad 国内的: *a country's internal affairs* 一国的内政 **3** happening or existing inside a particular organization 某组织内部的: *an internal examination* (= one arranged and marked inside a particular school or college) 校内考试 ☛ The opposite for all senses is **external**. 以上所有义项的反义词均为 **external**。

internally /-nəlɪ ‖ -nḷɪ/ *adv* on the inside 在里面: *This medicine is not to be taken internally* (= not swallowed). 这药不可内服。

☆**international** /ˌɪntə'næʃnəl ‖ ˌɪntɚ'næʃənḷ/ *adj* involving two or more countries 国际: *an international agreement, flight, football match, etc* 国际协议/航班/足球比赛… ○ *international trade, law, etc* 国际贸易/法律…

international *noun* [C] a sports match between teams from two different countries or a player in such a match 国际体育运动比赛；国际体育运动比赛选手 —**internationally** /-nəlɪ ‖ -nḷɪ/ *adv*

☆**interpret** /ɪn'tɜ:prɪt ‖ ɪn'tɝprɪt/ *verb* **1** [T] **interpret sth (as sth)** to explain or understand the meaning of sth 把某事物诠释为…；解释: *I don't know how to interpret his behaviour.* 我不知道怎样解释他的行为。○ *How would you interpret this part of the poem?* 你怎么理解诗的这个部分？**2** [I] to translate what sb is saying into another language 口译；传译: *He'll need somebody to interpret for him.* 他需要有人把他的话翻译一下。

interpretation /ɪnˌtɜ:prɪ'teɪʃn ‖ ɪnˌtɝprɪ'teʃən/ *noun* [C,U] **1** an explanation or understanding of sth 解释；理解；诠释: *He's always putting a wrong interpretation on what I say* (= understanding it wrongly). 他总是曲解我的话。○ *What's your interpretation of these statistics?* 你怎么理解这些统计资料？**2** the way an actor or musician chooses to perform or understand a character or piece of music 演员对某个角色的处理手法；音乐家对某段乐曲的处理手法: *The actor's interpretation of Hamlet was severely criticized.* 这位演员对哈姆雷特这个角色的处理手法受到严厉的批评。

interpreter *noun* [C] a person whose job is to translate what sb is saying immediately into another language 口/传译员；译员；翻译: *The president spoke through an interpreter.* 总统通过传译员发表讲话。☛ Look at **translator**. 参看 **translator**。

interrelate /ˌɪntərɪ'leɪt ‖ ˌɪntɚrɪ'let/ *verb* [I,T] (usually passive 通常用于被动语态) (*formal* 正式) (used about two or more things) to connect or be connected very closely so that they have an effect on each other 互相关联

interrelated *adj* connected with each other 互相关联

interrogate /ɪn'terəgeɪt ‖ ɪn'tɛrəˌget/ *verb* [T] **interrogate sb (about sth)** to ask sb questions in a thorough and sometimes aggressive way (in order to get information)

审问；盘问；讯问：*The prisoner was interrogated for six hours.* 这个囚犯被盘问了六个钟头。

interrogation /ɪnˌterəˈgeɪʃn ‖ ɪnˌtɛrəˈgeʃən/ *noun* [C,U] the time when a person is interrogated 审问：*The interrogations took place in a small underground room.* 讯问是在一间地下小室里进行的。○ *The prisoner was led away for interrogation.* 囚犯被带往别处受审。

interrogator *noun* [C] a person who interrogates 审讯者

interrogative /ˌɪntəˈrɒgətɪv ‖ ˌɪntəˈrɑgətɪv/ *adj* (*grammar* 语法) having the form of a question 疑问的：*We use 'any' in an interrogative or negative sentence.* ＊any 用于疑问句及否定句。

interrogative *noun* [C] (*grammar* 语法) a word used for asking a question 疑问词：*'Who', 'what' and 'where' are interrogatives.* ＊who、what 及 where 都是疑问词。

☆**interrupt** /ˌɪntəˈrʌpt ‖ ˌɪntəˈrʌpt/ *verb* **1** [I,T] **interrupt (sb/sth) (with sth)** to make sb stop speaking or doing sth by saying or doing sth yourself 打岔；打断（某人的讲话/行动等）：*I'm sorry to interrupt but there's a phone call for you.* 真对不起打扰你，有电话找你。○ *Stop interrupting me when I'm talking.* 我在说话，你别打岔。**2** [T] to stop sth or make a break in it 中止：*The programme was interrupted by an important news flash.* 电视节目突然中断，随即是一条重要消息的宣布。

interruption /ˌɪntəˈrʌpʃn ‖ ˌɪntəˈrʌpʃən/ *noun* **1** [C] something that prevents an activity or situation continuing 干扰：*I've had so many interruptions this morning that I've done nothing!* 这个早上老是有人打岔，我什么事也没做。**2** [U] the act of interrupting sb/sth 打岔；中止：*I need one whole day without any interruption.* 我需要一整天的时间，不要有任何打扰。

intersect /ˌɪntəˈsekt ‖ ˌɪntɚˈsɛkt/ *verb* **1** [I,T] (used about roads, lines, etc 指马路、线条等) to meet and go across each other 交叉；相交 **2** [T] (usually passive 通常用于被动语态) to divide sth by going across it 横贯：*The fields were intersected by hedges and streams.* 树篱和溪流横贯田野。

intersection /ˌɪntəˈsekʃn ‖ ˌɪntɚˈsɛkʃən/ *noun* [C] the place where two or more roads, lines, etc meet and cross each other（马路、线条等的）交点：*a dangerous intersection* 危险的十字路口

intersperse /ˌɪntəˈspɜːs ‖ ˌɪntɚˈspɝs/ *verb* [T] (usually passive 通常用于被动语态) to put things at various points in sth 点缀；散落：*His speech was interspersed with jokes.* 他的讲演夹杂着笑话。

☆**interval** /ˈɪntəvl ‖ ˈɪntɚvl̩/ *noun* [C] **1** a period of time between two events 间隔时间：*There was a long interval between sending the letter and getting a reply.* 信件寄出很久，才收到了回信。○ *I hope we'll have a few sunny intervals between the showers!* 希望老天有时会放晴，别让雨下个不停。**2** a short break between the parts of a play, film, concert, etc（戏剧、电影、音乐会等的）幕间/中场休息时间：*There will be two 15-minute intervals when the bar will be open.* 将有两段15分钟的休息时间，到时酒吧间会开放。☛ Some words that have a similar meaning to interval are **intermission**, **break**, **recess** and **pause**. ＊**intermission**、**break**、**recess**、**pause** 这些词都有相近的意思。In British English we use **interval** for a break in a performance. The US word is **intermission**. 演出中的休息时间，英国英语叫 **interval**，美国英语叫 **intermission**。A **break** is especially used in connection with periods of work or study eg **a lunch/tea-break** in an office, factory or school 工作中或学习中的小歇，叫 **break**，如午膳/下午茶时间 (**lunch/tea-break**)：*The children play outside in the breaks at school.* 课间休息时，学生都在教室外面玩耍。○ *You've worked so hard you've earned a break.* 你干得这样卖力，理该歇一歇。In US English a break at school is called **(a) recess**. 课间小歇，美国英语叫 **(a) recess**。In British English **recess** is a longer period of time when work or business stops, especially in Parliament or the lawcourts 英国英语里，**recess** 指较长的假，尤指国会或法庭的长假：*Parliament is in recess.* 国会现正休会。○ *the summer recess* 暑假 A **pause** is a short temporary stop in action or speech 行动/言语上的暂停叫 **pause**：*After a moment's pause, she answered.* 她停了一下，然后回答问题。

(IDIOM 习语) **at intervals** with time or with spaces between 每隔…（时间/距离）；间隔：*I always write home at regular intervals.* 我定时给家里写信。○ *The trees should be planted at two-metre intervals.* 应该每隔两米种一棵树。

intervene /ˌɪntəˈviːn ‖ ˌɪntɚˈvin/ *verb* [I] **1 intervene (in sth/between A and B)** to act in a way that prevents sth happening or influences the result of sth 介入：*The police had to intervene between the two groups.* 警察不得不介入这两群人之间的纠纷。○ *to intervene in a dispute* 调停纠纷 **2** to say sth that interrupts sb who is speaking 打断：*'Wait a minute,' he intervened.* 他插嘴说："等一等。" **3** (used about events, etc 指事件等) to happen in the meantime or to delay sth 干扰/阻碍某事：*If no further problems intervene we should be able to finish in time.* 如果没有什么新问题来干扰的话，我们准可以按时完成。**4** (used about time 指时间) to come between 期间：*During the months that intervened they wrote to each other nearly every day.* 在这期间的几个月里，他们几乎每天都给对方写信。

intervening *adj* (only *before* a noun 只用于名词前) coming or existing between (two events, dates, objects, etc) 发生于其间：*the intervening years* 中间的那几年

intervention /ˌɪntəˈvenʃn ‖ ˌɪntɚˈvɛnʃən/ *noun* [C,U] an act of intervening, especially to prevent sth happening 干预；阻碍：*military intervention in the crisis* 对这场危机的军事干预

☆**interview** /ˈɪntəvjuː ‖ ˈɪntɚˌvju/ *noun* [C] **1** a meeting at which sb is asked questions to find out if he/she is suitable for a job 招聘面谈：*Interviews will be held on June 10th.* 面试定于6月10号举行。○ *You are invited to attend an interview for the position of assistant sales* *manager.* 请你参加销售部副经理这个职位的面试。**2** a meeting at which a journalist asks sb questions in order to find out his/her opinion, etc (often shown on television or printed in a newspaper)（记者的）采访/访谈: *There was an interview with the Prime Minister on television last night.* 首相昨晚在电视上接受访谈。○ *an exclusive interview with a top television personality* 电视红人的独家专访 ○ *The actress refused to give an interview.* 那位女演员拒绝接受采访。

interview *verb* [T] **1 interview sb (for sth)** to ask sb questions in an interview (to find out if he/she is suitable for a job, etc) 对某人进行面试: *How many applicants did you interview for the job?* 你对多少位申请这个职位的人进行了面试？**2 interview sb (about sth)** (used about a reporter, etc 指记者等) to ask sb questions in an interview (to find out his/her opinions, etc) 访问某人

interviewer /ˈɪntəvjuːə(r) ‖ ˈɪntɚˌvjuɚ/ *noun* [C] a person who asks the questions in an interview 进行面试者；采访者

intestine /ɪnˈtestɪn ‖ ɪnˈtɛstɪn/ *noun* [C, usually pl] the tube in your body that carries food from your stomach 肠脏；肠子 —**intestinal** /ɪnˈtestɪnl; ˌɪntesˈtaɪnl ‖ ɪnˈtɛstɪnl̩/ *adj*

intimate /ˈɪntɪmət ‖ ˈɪntəmət/ *adj* **1** having a very close relationship 亲密；要好: *They're intimate friends.* 他们很要好。**2** private and personal 私人；个人: *They told each other their most intimate thoughts and secrets.* 他们互诉心曲。**3** (used about a place, an atmosphere, etc 指地方、气氛等) quiet and friendly 恬静；怡人: *I know an intimate little restaurant we could go to.* 我知道有一家幽静的小餐馆，我们可以到那儿坐坐。**4** very detailed 详尽: *He's lived here all his life and has an intimate knowledge of the area.* 他一辈子都就住在这里，对这个地方了如指掌。

intimacy /ˈɪntɪməsɪ ‖ ˈɪntəməsɪ/ *noun* [U] the state of being very close 亲密: *Their intimacy grew with the years.* 这些年来他们的关系越来越密切。

intimately *adv* in a close or personal way 亲密地；私下里: *Do you know him intimately?* 你跟他相熟不相熟？

intimidate /ɪnˈtɪmɪdeɪt ‖ ɪnˈtɪməˌdet/ *verb* [T] **intimidate sb (into sth/doing sth)** to frighten sb (often in order to make him/her do sth) 恫吓/恐吓（某人做某事）

intimidating *adj* frightening (because of size or difficulty) 吓人 —**intimidation** /ɪnˌtɪmɪˈdeɪʃn ‖ ɪnˌtɪməˈdeʃən/ *noun* [U]: *The rebel troops controlled the area by intimidation.* 叛军用威吓手段控制了那个地方。

☆**into** /ˈɪntə ‖ ˈɪntə; before vowels 元音前 ˈɪntuː ‖ ˈɪntʊ/ *prep* **1** moving to a position inside or in sth 进；入: *Come into the house.* 到屋里来。○ *I'm going into town.* 我要进城去。**2** in the direction of sth 朝着；对着: *Please speak into the microphone.* 请用话筒说话。**3** to a point at which you hit sth 跟…猛然碰上；撞: *I backed the car into a wall.* 我倒车时撞到墙上了。**4** (showing a change 表示改变): *We're turning the spare room into a study.* 我们要把备用房间改成书房。○ *She changed into her jeans.* 她换上了牛仔裤。○ *The new rules will come into force next year.* 新规则将于来年实施。**5** (used when you are dividing numbers 用于除法运算): *4 into 10 won't go.* ＊4除10除不尽。

(IDIOM 习语) **be into sth** to be very interested in sth (eg as a hobby) 对…很感兴趣: *I'm really into canoeing.* 我很喜欢划独木舟。

intolerable /ɪnˈtɒlərəbl ‖ ɪnˈtɑlərəbl̩/ *adj* too bad or severe to stand or accept; not tolerable 难以忍受: *The living conditions were intolerable.* 那里的生活条件真让人受不了。○ *intolerable pain* 难以忍受的痛楚 ☛ The verb is **tolerate**. 动词为 **tolerate**。—**intolerably** /-əblɪ ‖ -əblɪ/ *adv*

intolerant /ɪnˈtɒlərənt ‖ ɪnˈtɑlərənt/ *adj* **intolerant (of sb/sth)** not able to accept behaviour or opinions that are different from your own; not tolerant 心胸狭窄的；不容忍的 —**intolerance** /-əns ‖ -əns/ *noun* [U] —**intolerantly** *adv*

intonation /ˌɪntəˈneɪʃn ‖ ˌɪntoˈneʃən/ *noun* [C, U] the rise and fall of the level of your voice while you are speaking 语调；说话的抑扬顿挫

intoxicated /ɪnˈtɒksɪkeɪtɪd ‖ ɪnˈtɑksəˌketɪd/ *adj* (*formal* 正式) **1** having had too much alcohol to drink; drunk 喝醉；醉醺醺 **2** very excited 非常兴奋: *She was intoxicated by her success.* 她陶醉在她的成就里。—**intoxication** /ɪnˌtɒksɪˈkeɪʃn ‖ ɪnˌtɑksəˈkeʃən/ *noun* [U]

intransitive /ɪnˈtrænsətɪv ‖ ɪnˈtrænsətɪv/ *adj* (*grammar* 语法) (used about a verb 指动词) used without an object 不及物 ☛ Intransitive verbs are marked [I] in this dictionary. 本词典里，不及物动词都用[I]标示。—**intransitively** *adv*

intrepid /ɪnˈtrepɪd ‖ ɪnˈtrɛpɪd/ *adj* (*formal* 正式) (used about people and their actions 指人/行动) brave and without any fear 勇敢无畏

intricate /ˈɪntrɪkət ‖ ˈɪntrəkɪt/ *adj* having many small parts put together in a complicated way 复杂精细: *an intricate pattern* 复杂的图案 ○ *an intricate plot to the story* 复杂的故事情节

intricacy /ˈɪntrɪkəsɪ ‖ ˈɪntrəkəsɪ/ *noun* **1 intricacies** [plural] the complicated details (of sth) 错综复杂的细节: *It's difficult to understand all the intricacies of the situation.* 当前错综复杂的局势实在不易理解。**2** [U] the quality of being intricate 错综复杂: *I was impressed by the intricacy of the design.* 这么精细的设计实在使我叹为观止。—**intricately** /-ətlɪ ‖ -ətlɪ/ *adv*

intrigue /ɪnˈtriːg ‖ ɪnˈtrig/ *verb* [T] to make sb very interested or curious 使感兴趣；使好奇: *The idea intrigues me – tell me more!* 这个想法让我感兴趣，说下去吧！

intrigue /ˈɪntriːg; ɪnˈtriːg ‖ ˈɪntrig; ɪnˈtrig/ *noun* [C,U] the making of a secret plan to do sth bad 密谋；阴谋: *The book is about political intrigues against the government.* 这本书讲的都是反政府的阴谋。

intriguing *adj* very interesting; fascinating 迷人；引人入胜

intrinsic /ɪnˈtrɪnsɪk; -zɪk ‖ ɪnˈtrɪnsɪk/ *adj* (only

before a noun 只用于名词前) (*formal* 正式) (used about the value or quality of sth 指事物的价值/素质) belonging to sth as part of its nature; basic 内在；本质的: *The object is of no intrinsic value* (= the material it is made of is not worth anything). 这件东西本身没有什么价值。—**intrinsically** /-klɪ ‖ -klɪ/ *adv*

☆**introduce** /ˌɪntrəˈdju:s; *US* 美 -du:s ‖ ˌɪntrəˈdus/ *verb* [T] **1 introduce sb (to sb)** to tell two or more people who have not met before what each others' names are so that they can get to know each other 把某人介绍（给另一人）: *'Who's that girl over there?' 'Come with me and I'll introduce you to her.'* "那个女孩是谁？""跟我来，我给你们介绍一下。" **2 introduce yourself (to sb)** to tell sb what your name is so that you can get to know him/her 自我介绍: *He just walked over and introduced himself to me!* 他径直走过来向我作了一番自我介绍！ **3** to tell an audience the name of the person, who is going to speak, perform, entertain, etc 向观众介绍即将致词/演出/做表演…的人: *May I introduce my guest on the show tonight…* 让我介绍一下今晚的嘉宾… **4** to announce and give details of a radio or television programme 宣布及介绍电台/电视节目: *The programme was introduced by Charles Gordon.* 这个节目由查尔斯·戈登主持。 **5 introduce sth (in/into sth)** to bring in, use, or take sth to a place for the first time 引进/带入新事物: *The new law was introduced in 1991.* 新法则在1991年制定。 **6 introduce sb to sth** to make sb begin to learn about sth or do sth for the first time 给某人介绍某事物: *This pamphlet will introduce you to the basic aims of our society.* 这本小册子介绍了我们协会的基本目标。

☛ In Britain, when we introduce one person to another, there are a number of different ways of doing so, depending on the occasion 在英国，不同的场合有不同的介绍方式: (*informal* 非正式) *'John, meet Mary.'* "约翰，这是玛丽。" ○ (*informal* 非正式) *'Mrs Smith, this is my daughter, Jane.'* "史密斯太太，这是小女珍妮。" ○ (*formal* 正式) *'May I introduce you. Sir Godfrey, this is Mr Jones. Mr Jones, Sir Godfrey.'* "让我介绍一下。戈弗雷爵士，这是琼斯先生。琼斯先生，这是戈弗雷爵士。" An informal response to an introduction is 'Hello' or 'Nice to meet you.' 非正式的回答可以是 Hello，也可以是 Nice to meet you。A formal response is 'How do you do?' The other person also replies: 'How do you do?' 较为正式的回答就是 How do you do?，对方也说 How do you do? When people are introduced they often shake hands. 相互介绍时，双方一般都互相握手。

☆**introduction** /ˌɪntrəˈdʌkʃn ‖ ˌɪntrəˈdʌkʃən/ *noun* **1** [U] bringing in or using of sth for the first time 首度使用；引进: *the introduction of computers into the classroom* 教室内的首次使用计算机 **2** [sing] **introduction to sth** first experience of sth 初次经历: *My first job – in a factory – was not a pleasant introduction to work.* 我的第一份工作——在一家工厂里干活——可不怎么令人愉快。 **3** [C] the first part of a book or a talk which gives an explanation of the rest of it（书的）导论；（讲话的）开场白 **4** [C] a book for people who are beginning to study a subject 入门书: *'An Introduction to English Grammar'*《英语语法入门》 **5** [C] the act of telling two or more people each others' names for the first time 介绍（使双方相识）: *I think I'll get my husband to make the introductions – he's better at remembering names!* 还是让我先生来介绍吧，他记名字的本事比我大。 ○ *Well, you don't need an introduction to each other, do you?* (= you already know each other) 你们用不着我来介绍了吧？

introductory /ˌɪntrəˈdʌktərɪ ‖ ˌɪntrəˈdʌktərɪ/ *adj* happening or said at the beginning in order to give a general idea of what will follow 介绍性质的: *an introductory speech, chapter, remark, etc* 开场白；绪篇；引言…

introvert /ˈɪntrəvɜ:t ‖ ˈɪntrəˌvɝt/ *noun* [C] a quiet, shy person who is concerned with his/her own thoughts or feelings 性格内向的人 ☛ The opposite is **extrovert**. 反义词为 **extrovert**。

introverted /-tɪd ‖ -tɪd/ *adj* quiet and shy 内向

intrude /ɪnˈtru:d ‖ ɪnˈtrud/ *verb* [I] **intrude (on/upon sb/sth)** to enter a place or situation without permission or when you are not wanted 闯入；不请自进: *I'm sorry to intrude on your Sunday lunch but…* 打扰你们的星期天午饭，真对不起，可是… ○ *You're intruding – this is a private party.* 这是私人聚会，你们不应闯进来。

intruder *noun* [C] a person who enters a place without permission and often secretly 闯入者

intrusion /ɪnˈtru:ʒn ‖ ɪnˈtruʒən/ *noun* [C,U] **intrusion (on/upon/into sth)** something that disturbs you or your life when you want to be private 侵入；闯入；打扰 —**intrusive** /ɪnˈtru:sɪv ‖ ɪnˈtrusɪv/ *adj*

intuition /ˌɪntju:ˈɪʃn; *US* 美 -tu:- ‖ ˌɪntuˈɪʃən/ *noun* [C,U] the feeling or understanding that makes you believe or know sth without any reason or proof 直觉: *She knew, by intuition, about his illness although he never mentioned it.* 虽然他没有说，可是她凭直觉知道他患了病。 —**intuitive** /ɪnˈtju:ɪtɪv; *US* 美 -tu:- ‖ ɪnˈtuɪtɪv/ *adj* —**intuitively** *adv*

Inuit (*also* 亦作 **Innuit**) /ˈɪnuɪt; -nju:- ‖ ˈɪnjuɪt/ *noun* [C] = ESKIMO

inundate /ˈɪnʌndeɪt ‖ ˈɪnʌnˌdet/ *verb* [T] (usually passive 通常用于被动语态) **1 inundate sb (with sth)** to give or send sb so many things that he/she can hardly deal with them all 给予或交予（太多事物）使难以应付: *We were inundated with applications for the job.* 这个职位的申请信件如雪片飞来，我们实在应付不过来。 **2** (*formal* 正式) to cover with water; to flood 淹没: *After the heavy rains the fields were inundated.* 大雨之后农田都给水淹了。

I

☆**invade** /ɪn'veɪd ‖ ɪn'ved/ *verb* **1** [I,T] to enter a country with an army in order to attack, conquer it, etc 侵略: *They invaded the country with tanks and guns.* 他们在坦克和炮火的支援下入侵这个国家。**2** [T] (usually passive 通常用于被动语态) to enter in large numbers 大批进入: *The town is invaded with tourists every summer.* 每逢夏天都有游客涌到这个小镇。**3** [T] to come in and disturb 侵扰: *Everywhere you go new motorways invade the countryside.* 每到一处都见到新开的高速公路侵占了乡野。

invader *noun* [C, usually pl] a person or thing that invades 入侵者: *They forced back the invaders.* 他们击退了入侵者。☛ Look at **invasion**. 参看 **invasion**。

invalid[1] /'ɪnvəlɪd; 'ɪnvəliːd ‖ 'ɪnvəlɪd/ *noun* [C] a person who has been very ill for a long time and needs to be looked after by sb else 病残者；久病衰弱者: *He's been an invalid since the accident.* 事故之后，他一直卧病不起。

invalid[2] /ɪn'vælɪd ‖ ɪn'vælɪd/ *adj* **1** not correct according to reason; not valid 站不住脚；无效: *an invalid argument* 站不住脚的论据 **2** not able to be accepted by law; not valid 没有法律效力: *I'm afraid your passport is invalid.* 看来你的护照已经失效了。

invaluable /ɪn'væljʊəbl ‖ ɪn'væljuəbl̩/ *adj* very useful or valuable 非常宝贵/有用: *The mobile library is an invaluable service to many people.* 对很多人来说，流动图书馆是一项非常有用的服务。☛ Be careful. Invaluable is not the opposite of valuable. The opposite is **valueless** or **worthless**. 注意 invaluable 不是 valuable 的反义词，valuable 的反义词为 **valueless** 或 **worthless**。

invariable /ɪn'veərɪəbl ‖ ɪn'vɛrɪəbl̩/ *adj* not changing 不变；始终如一

invariably /ɪn'veərɪəblɪ ‖ ɪn'vɛrɪəblɪ/ *adv* almost always 总是: *She invariably arrives late.* 她总是迟到。

☆**invasion** /ɪn'veɪʒn ‖ ɪn'veʒən/ *noun* [C,U] a time when the armed forces of one country enter another country in order to attack it 侵略: *Germany's invasion of Poland in 1939* 1939年德国对波兰的侵略 ○ (*figurative* 比喻) *Such questions are an invasion of privacy.* 这些问题侵犯了隐私。☛ The verb is **invade**. 动词为 **invade**。

☆**invent** /ɪn'vent ‖ ɪn'vɛnt/ *verb* [T] **1** to think of or make sth for the first time 发明；创造: *Laszlo Biro invented the ball-point pen.* 伯罗发明了圆珠笔。○ *When was the camera invented?* 照相机是在什么时候发明的？**2** to make up a story, excuse, etc that is not true 捏造；虚构: *He had invented the whole story.* 整个故事都是他捏造出来的。

inventive /ɪn'ventɪv ‖ ɪn'vɛntɪv/ *adj* having clever and original ideas 善于发明；有创造才能

inventor *noun* [C] a person who invents(1) sth for the first time 发明家

☆**invention** /ɪn'venʃn ‖ ɪn'vɛnʃən/ *noun* **1** [C] a thing that has been made or designed by sb for the first time 创造出的新事物；发明: *The microwave oven is a very useful invention.* 微波炉是一项十分有用的发明。**2** [U] the act or process of making or designing sth for the first time 创造新事物；发明: *Books had to be written by hand before the invention of printing.* 发明印刷术之前，书本都是手抄的。**3** [U] telling a story or giving an excuse that is not true 捏造；虚构: *lies and invention* 谎言和杜撰

inventory /'ɪnvəntrɪ; *US* 美 -tɔːrɪ ‖ 'ɪnvənˌtorɪ/ *noun* [C] (*pl* **inventories**) a detailed list, eg of all the furniture in a house 清单

invert /ɪn'vɜːt ‖ ɪn'vɝt/ *verb* [T] (*formal* 正式) to put sth in the opposite order or position to the way it should be or usually is 倒置

inˌverted 'commas *noun* [plural] (*Brit* 英) = QUOTATION MARKS: *to put sth in inverted commas* 加上引号

☆**invest** /ɪn'vest ‖ ɪn'vɛst/ *verb* **1** [I,T] to put money in a bank, or use it to buy property or shares in a business, etc in the hope that you will make a profit 投入资金；投资: *We've invested in the Channel Tunnel project.* 我们在海峡隧道工程有投资。○ *I've invested all my money in the bank.* 我把所有积蓄都放在银行里。○ (*figurative* 比喻) *You have to invest a lot of time if you really want to learn a language well.* 你如真的要掌握一种语言得花上很多工夫。**2** [I] (*informal* 非正式) to buy sth (usually sth quite expensive) 购买（一般指昂贵物品）: *Perhaps we should invest in some new garden chairs for the summer.* 夏天快到，我们也许要给花园添置一些椅子。

investment *noun* **1** [U] **investment (in sth)** the act of putting money in a bank, property, business, etc 投资: *The industry needs new capital investment.* 这个工业在基本建设方面需要进一步的投资。○ *investment in local industry* 对地方工业的投资 **2** [C] **investment (in sth)** an amount of money that has been put in a business, etc 投资额: *We got a good return on our original investment of £10 000.* 我们原来那 10 000 英镑的投资获得了丰厚的回报。○ *Those shares were a good long-term investment.* 这些股票是理想的长期投资。**3** (*informal* 非正式) [C] a thing that you have bought 买回来的东西: *This coat has been a good investment – I've worn it for three years.* 这件外衣买得合算，我已穿了三年。

investor *noun* [C] a person who invests(1) in sth 投资者

☆**investigate** /ɪn'vestɪgeɪt ‖ ɪn'vɛstəˌget/ *verb* [I,T] to try to find out all the facts about sth 调查；研究: *A murder was reported and the police were sent to investigate.* 凶杀案发生后，警察被派去调查。○ *A group of experts are investigating the cause of the crash.* 专家小组正在调查坠机原因。—**investigation** /ɪnˌvestɪ'geɪʃn ‖ ɪnˌvɛstə'geʃən/ *noun* [C,U] **investigation (into sth)**: *The airlines are going to carry out a thorough investigation into security procedures at airports.* 航空公司将彻底调查机场的保安措施。○ *The matter is still under investigation.* 事情仍在调查阶段。

investigative /ɪn'vestɪgətɪv; *US* 美 -geɪtɪv ‖ ɪn'vɛstəˌgetɪv/ *adj* trying to find out all the facts about sb/sth 调查性质的: *investigative journalism* 调查性报道

investigator /ɪnˈvestɪgeɪtə(r) ‖ ɪnˈvɛstəˌgetɚ/ *noun* [C] a person who investigates sth 调查者

invigilate /ɪnˈvɪdʒɪleɪt ‖ ɪnˈvɪdʒəˌlet/ *verb* [I,T] (*Brit* 英) to watch the people taking an examination to make sure that nobody is cheating 监考 —**invigilator** /ɪnˈvɪdʒɪleɪtə(r) ‖ ɪnˌvɪdʒɪˈletɚ/ *noun* [C]

invigorate /ɪnˈvɪgəreɪt ‖ ɪnˈvɪgəˌret/ *verb* [I,T] to make sb feel fresher, more energetic, etc 使生气勃勃/精力充沛… —**invigorating** *adj*: *an invigorating early-morning swim* 令人精神焕发的晨泳

invincible /ɪnˈvɪnsəbl ‖ ɪnˈvɪnsəbḷ/ *adj* too strong or powerful to be defeated or beaten 战无不胜；不屈不挠

invisible /ɪnˈvɪzəbl ‖ ɪnˈvɪzəbḷ/ *adj* not able to be seen 看不见的: *bacteria that are invisible to the naked eye* 肉眼看不见的细菌 ○ *Frodo put on the magic ring and became invisible.* 弗罗多一戴上那个魔术环就隐了身。○ (*figurative* 比喻) *Britain's invisible exports include tourism and insurance.* 英国的无形出口包括旅游业和保险业。—**invisibility** /ɪnˌvɪzəˈbɪlətɪ ‖ ˌɪnvɪzəˈbɪlətɪ/ *noun* [U] —**invisibly** *adv*

☆**invite** /ɪnˈvaɪt ‖ ɪnˈvaɪt/ *verb* [T] **invite sb (to/for sth)** to ask sb to come (to a party, etc) 邀请: *We invited all the family to the wedding.* 我们邀请了家族所有成员出席婚礼。○ *Shall we invite Louise and Peter for a meal next Saturday?* 我们邀请路易丝和彼得下个星期六到家里吃饭，好不好？○ (*figurative* 比喻) *Don't invite thieves by leaving your windows open.* 出门的时候，紧记关上窗户，别引贼入室。

(PHRASAL VERBS 短语动词) **invite sb back** **1** to ask sb to return with you to your home 邀请某人和自己一起回到家里: *Shall we invite the others back for coffee after the meeting?* 会议后我们邀请其他人到家里喝杯咖啡，好不好？ **2** to ask sb to come to your home after you have been a guest at his/her home 回请某人到家里

invite sb in to ask sb to come into your home 请某人进家里来

invite sb over/round (*informal* 非正式) to ask sb to come to your home 邀请某人到自己家里作客: *I've invited Trevor and his family round for tea on Sunday.* 我邀请了特雷弗一家星期天到家里喝茶。☛ Note that **ask** can be used instead of invite in all senses. 注意 invite 在以上所有义项中都可以用 **ask** 来代替。

invitation /ˌɪnvɪˈteɪʃn ‖ ˌɪnvəˈteʃən/ *noun* **1** [U] inviting or being invited 邀请: *Entry is by invitation only.* 凭请柬入场。○ *a letter of invitation* 邀请信；请柬 **2** [C] **an invitation to sb/sth (to sth/to do sth)** a written or spoken request to go somewhere or do sth 邀请: *He has been sent an invitation to the opening ceremony.* 已发请柬邀请他出席开幕典礼。

> ☛ You may **accept** an invitation or **turn it down**. 接受邀请可以说 **accept** an invitation，拒绝就用 **turn it down**。(**Decline** is more formal. 比较正式的说法是 **decline**。)

inviting /ɪnˈvaɪtɪŋ ‖ ɪnˈvaɪtɪŋ/ *adj* attractive and pleasant 吸引人的；令人神往的: *The log fire and smell of cooking were very inviting.* 柴火加上烧菜的香味可真诱惑人。

invoice /ˈɪnvɔɪs ‖ ˈɪnvɔɪs/ *noun* [C] an official paper that lists goods or services that you have received and says how much you must pay for them 发票

involuntary /ɪnˈvɒləntrɪ; *US* 美 -terɪ ‖ ɪnˈvɑlənˌtɛrɪ/ *adj* done without wanting or meaning to 非自愿；不由自主: *She gave an involuntary gasp of pain as the doctor inserted the needle.* 医生给她打针的时候，她痛得倒抽了一口气。—**involuntarily** /ɪnˈvɒləntrəlɪ; *US* 美 ɪnˌvɒlənˈterəlɪ ‖ ɪnˈvɑlənˌtɛrəlɪ/ *adv*

☆**involve** /ɪnˈvɒlv ‖ ɪnˈvɑlv/ *verb* [T] **1** to make necessary 需要: *The job involves a lot of travelling.* 做这份工作需要经常出差。**2 involve sb/sth in (doing) sth** to cause sb/sth to take part in or be concerned with sth 卷入；牵涉；参与: *More than 100 people were involved in the project.* 100多人参与这项工程。○ *Please don't involve me in your family arguments.* 你们家里的争执别把我牵扯进去。

involved *adj* **1** difficult to understand; complicated 复杂: *The book has a very involved plot.* 这本小说的情节非常复杂。**2 involved (in sth)** taking part in sth because you are very interested in it 投入；参与: *I'm very involved in local politics.* 我积极参与本地政治活动。**3 involved (with sb)** to be emotionally or sexually connected with sb（感情上/性关系方面）（跟某人）有关连: *She is involved with an older man.* 她搭上了一个年纪较大的男人。—**involvement** *noun* [C,U]

inward /ˈɪnwəd ‖ ˈɪnwɚd/ *adj* inside your mind, not shown to other people 内心的: *my inward feelings* 我内心的感觉 ☛ The opposite is **outward**. 反义词为 **outward**。

inward (*also* 亦作 **inwards**) *adv* towards the inside or centre 向内；向着中心: *Stand in a circle facing inwards.* 面对面围成圈儿站着。☛ The opposite is **outward**. 反义词为 **outward**。

inwardly *adv* secretly or privately 秘密地；暗自: *He was inwardly relieved that they could not come.* 他暗自庆幸他们来不了。

iodine /ˈaɪədiːn; *US* 美 -daɪn ‖ ˈaɪəˌdaɪn/ *noun* [U] a dark-coloured substance that is found in sea water and used in photography and to clean wounds 碘

irate /aɪˈreɪt ‖ aɪˈret/ *adj* (*formal* 正式) very angry 盛怒 —**irately** *adv*

iris /ˈaɪərɪs ‖ ˈaɪrɪs/ *noun* [C] the coloured part of the eye（眼睛的）虹膜

☆**Irish** /ˈaɪərɪʃ ‖ ˈaɪrɪʃ/ *adj* of Ireland, its people, language, culture, etc 爱尔兰的；爱尔兰人/语/文化…的: *Irish folk-music* 爱尔兰民间音乐 ○ *Irish whiskey* 爱尔兰威士忌酒 ○ *the Irish Republic* (= Eire) 爱尔兰共和国

Irish *noun* **1 the Irish** [plural] the Irish people 爱尔兰人（总称）**2** [U] the original language of Ireland 爱尔兰语: *Few people speak Irish nowadays.* 现今很少人说爱尔兰语。

ˈ**Irishman** /-mən ‖ -mən/ ˈ**Irishwoman** /-wʊmən ‖ -ˌwʊmən/ *noun* [C] (*pl* **Irishmen** /-mən ‖ -mən/, **Irishwomen** /-wɪmɪn ‖ -ˌwɪmɪn/) a man or woman who comes from Ireland 爱尔兰男人/女人

☆**iron**[1] /ˈaɪən; *US* 美 ˈaɪərn ‖ ˈaɪən/ *noun* [U] (*symbol* 符号 **Fe**) a common hard grey metal. Iron is used for making steel and is found in small quantities in food and in blood 铁: *an iron bar* 铁棒 ○ *wrought-iron railings* 锻铁栏杆 ○ *The roof of the hut was made of corrugated iron.* 小屋的屋顶是用瓦楞铁盖的。○ *a pot made of cast iron* 铸铁壶 ○ *iron ore* 铁矿 ○ (*figurative* 比喻) *The general has an iron* (= very strong) *will.* 这位将军有顽强的意志。

iron
熨斗

☆**iron**[2] /ˈaɪən; *US* 美 ˈaɪərn ‖ ˈaɪən/ *noun* [C] an electrical instrument with a flat bottom that is heated and used to smooth clothes after you have washed and dried them 电熨斗: *Use a hot iron on cotton and a cool iron on polyester.* 棉布用高温熨斗来熨，聚脂纤维用低温熨斗来熨。○ *a steam iron* 蒸气熨斗

iron *verb* [I,T] to use an iron to get the creases out of clothes 熨: *Could you iron this dress for me?* 可以给我熨一下这条连衣裙吗？○ *That shirt needs ironing.* 那件衬衫要好好熨一下。 ☛ **Do the ironing** is often used instead of iron 熨衣服一般叫 **do the ironing**，不说 iron: *I usually do the ironing on Sunday.* 我通常在星期天熨衣服。

ironing *noun* [U] clothes, etc that need ironing or that have just been ironed 待熨/熨好了的衣服: *a large pile of ironing* 一大堆要熨的衣服

ˈ**ironing-board** *noun* [C] a special table that is used for ironing clothes on 熨衣板

ironic /aɪˈrɒnɪk ‖ aɪˈrɑnɪk/ (*also* 亦作 **ironical** /aɪˈrɒnɪkl ‖ aɪˈrɑnɪkl̩/) *adj* **1** meaning the opposite of what you say 说反话的；带讽刺意味；冷嘲热讽: *'Oh, I'm so pleased,' she said in an ironic way.* 她夹着讽刺的语气说："我好开心。" ☛ Look at **sarcastic**. 参看 **sarcastic**。 **2** (used about a situation 指情境) strange or amusing because it is unusual or unexpected 出乎意料的；令人啼笑皆非: *It is ironic that the busiest people are often the most willing to help.* 最乐意提供协助的往往是那些最忙碌的人，这真令人意想不到。—**ironically** /-klɪ ‖ -klɪ/ *adv*

irony /ˈaɪərənɪ ‖ ˈaɪrənɪ/ *noun* (*pl* **ironies**) **1** [U] the way of speaking that shows you are joking or that you mean the opposite of what you say 反话: *'The English are such good cooks,' he said with heavy irony.* 他故意挖苦说："英国人真懂烹饪。" **2** [C,U] the unusual or unexpected side of a situation, etc that seems strange or amusing 出乎意料/令人啼笑皆非的事: *The irony was that he was killed in a car accident soon after the end of the war.* 战争一结束他却死于交通事故，真是造化弄人。

irradiate /ɪˈreɪdɪeɪt ‖ ɪˈredɪˌet/ *verb* [T] to send rays of radioactivity through sth 用放射线照射: *Irradiated food lasts longer, but some people think it is not safe.* 受过射线处理的食物可以存放久一些，有些人却认为这个做法不大安全。

irrational /ɪˈræʃənl ‖ ɪˈræʃənl̩/ *adj* not based on reason or clear thought 不以理性或清晰思考为根据；荒谬；不合逻辑: *an irrational fear of spiders* 对蜘蛛有莫名的恐惧 —**irrationality** /ɪˌræʃəˈnælətɪ ‖ ɪˌræʃəˈnælətɪ/ *noun* [U] **irrationally** /ɪˈræʃnəlɪ ‖ ɪˈræʃənl̩ɪ/ *adv*

irreconcilable /ɪˈrekənsaɪləbl; ɪˌrekənˈsaɪləbl ‖ ɪˈrɛkənˌsaɪləbl̩/ *adj* (*formal* 正式) (used about people or their ideas and beliefs 指人/观念/信仰) so different that they cannot be made to agree 势不两立；不可调和 —**irreconcilably** /-əblɪ ‖ -əblɪ/ *adv*

☆**irregular** /ɪˈregjʊlə(r) ‖ ɪˈrɛgjələ/ *adj* **1** having parts or sides of different sizes or lengths; not even or regular 不对称；不规则: *an irregular shape* 不规则的形状 **2** happening at unequal intervals; not regular 不定期: *His visits became more and more irregular.* 他的探视越来越没有定规了。○ *an irregular pulse* 不规则的脉搏 **3** not allowed according to the rules or social customs 不合规范: *It is highly irregular for a doctor to give information about patients without their permission.* 医生未经病人同意把他们的资料公开是不合规矩的。**4** not following the usual rules of grammar; not regular 不规则变化的: *'Caught' is an irregular past tense form.* * caught 是不规则过去时态动词。—**irregularity** /ɪˌregjʊˈlærətɪ ‖ ˌɪrɛgjəˈlærətɪ/ *noun* [C,U] (*pl* **irregularities**) —**irregularly** *adv*

irrelevant /ɪˈreləvənt ‖ ɪˈrɛləvənt/ *adj* not connected with sth or important to it 不相关；无关重要: *That's completely irrelevant to the subject under discussion.* 这跟讨论的主题完全不相关。

irrelevance /-əns ‖ -əns/ *noun* [U] the state of being irrelevant 不相关

irrelevancy /-ənsɪ ‖ -ənsɪ/ *noun* (*pl* **irrelevancies**) **1** [U] = IRRELEVANCE **2** [C] something that is irrelevant 不相关的事物 —**irrelevantly** *adv*

irreparable /ɪˈrepərəbl ‖ ɪˈrɛpərəbl̩/ *adj* not able to be repaired or put right 不能修复；不可弥补: *Irreparable damage has been done to the forests of Eastern Europe.* 东欧的森林遭受了无可弥补的破坏。—**irreparably** *adv*

irreplaceable /ˌɪrɪˈpleɪsəbl ‖ ˌɪrɪˈplesəbl̩/ *adj* (used about sth very valuable or special 指贵重/特别物件) not able to be replaced 不能替代的

irrepressible /ˌɪrɪˈpresəbl ‖ ˌɪrɪˈprɛsəbl̩/ *adj* not able to be controlled; cheerful 难以控制；精神愉快的: *young people full of irrepressible good humour* 处处自然地流露出幽默感的年轻人 —**irrepressibly** /-əblɪ ‖ -əblɪ/ *adv*

I

irresistible /ˌɪrɪˈzɪstəbl ‖ ˌɪrɪˈzɪstəbl̩/ *adj* **1** very strong or powerful so that you cannot stop yourself doing or agreeing with sth 无法抗拒的：*Their arguments were irresistible – I had to agree.* 他们的论据很有说服力，我也不得不同意。○ *an irresistible urge to laugh* 憋不住想笑 **2** very attractive 诱惑人的：*The swimming-pool is irresistible on a hot day like this.* 这样热辣辣的天气，游泳池的魅力实在无法抗拒。☛ The verb is **resist**. 动词为 **resist**。—**irresistibly** /-əblɪ ‖ -əblɪ/ *adv*

irrespective /ˌɪrɪˈspektɪv ‖ ˌɪrɪˈspɛktɪv/ **irrespective of** *prep* not affected by 不因…受影响；不论；不管：*Anybody can take part in the competition, irrespective of age.* 不论老少，谁都可以参加比赛。

irresponsible /ˌɪrɪˈspɒnsəbl ‖ ˌɪrɪˈspɑnsəbl̩/ *adj* (used about a person or his/her actions 指人或行为) not thinking about the effect your actions will have; not responsible 不负责任：*It is irresponsible to let small children go out alone when it's dark.* 天黑后还让小孩子单独出去，这是很不负责的行为。—**irresponsibility** /ˌɪrɪˌspɒnsəˈbɪlətɪ ‖ ˌɪrɪˌspɑnsəˈbɪlətɪ/ *noun* [U] —**irresponsibly** /-əblɪ ‖ -əblɪ/ *adv*

irreverent /ɪˈrevərənt ‖ ɪˈrɛvərənt/ *adj* not feeling or showing respect 不敬；无礼 —**irreverence** /-əns ‖ -əns/ *noun* [U] **irreverently** *adv*

irreversible /ˌɪrɪˈvɜːsəbl ‖ ˌɪrɪˈvɝsəbl̩/ *adj* not able to be stopped or changed 无法改变/逆转：*Once taken, the decision is irreversible.* 决定一旦作出，无论如何也不可撤回。

irrigate /ˈɪrɪgeɪt ‖ ˈɪrəˌget/ *verb* [T] to supply land and crops with water by means of pipes, channels, etc 灌溉 —**irrigation** /ˌɪrɪˈgeɪʃn ‖ ˌɪrəˈgeʃən/ *noun* [U]

irritable /ˈɪrɪtəbl ‖ ˈɪrətəbl̩/ *adj* easily made angry 易怒；暴躁 —**irritability** /ˌɪrɪtəˈbɪlətɪ ‖ ˌɪrətəˈbɪlətɪ/ *noun* [U] —**irritably** /-əblɪ ‖ -əblɪ/ *adv*

irritate /ˈɪrɪteɪt ‖ ˈɪrəˌtet/ *verb* [T] **1** to make sb angry; to annoy 激怒；使厌烦：*It really irritates me the way he keeps repeating himself.* 他说来说去都是那些话，我真听烦了。**2** to cause a part of the body to be painful or sore 使（身体某部分）疼痛：*Very bright sunlight can irritate your eyes.* 过强的阳光可使眼睛不适。—**irritation** /ˌɪrɪˈteɪʃn ‖ ˌɪrəˈteʃən/ *noun* [C,U]

is ➪ BE

☆**Islam** /ɪzˈlɑːm; *US* 美 ˈɪslɑːm ‖ ˈɪsləm/ *noun* [U] the religion of Muslim people. Islam teaches that there is only one God and that Muhammad is His Prophet. 伊斯兰教；回教 —**Islamic** /ɪzˈlæmɪk; *US* 美 ɪsˈlɑːmɪk ‖ ɪsˈlɑmɪk/ *adj*: *Islamic law* 伊斯兰法律

☆**island** /ˈaɪlənd ‖ ˈaɪlənd/ *noun* [C] **1** a piece of land that is surrounded by water 岛屿：*the tropical islands of the Caribbean* 加勒比海的热带岛屿 ○ *Robinson Crusoe spent many years living on a desert island.* 鲁滨孙在荒岛上生活了很多年。**2** = TRAFFIC ISLAND

islander *noun* [C] a person who lives on a (small) island 岛民：*the Shetland Islanders* 设得兰岛民

isle /aɪl ‖ aɪl/ *noun* [C] an island 岛：*the Isle of Wight* 怀特岛 ○ *the British Isles* 不列颠群岛 ☛ **Isle** is most commonly used in names. * **isle** 普遍用于专有名词。

isn't *short for* IS NOT * IS NOT 的缩约式：*It isn't far now.* 快到了。○ *This is enough, isn't it?* 够了，是不是？

isolate /ˈaɪsəleɪt ‖ ˈaɪsl̩ˌet/ *verb* [T] **isolate sb/sth (from sb/sth)** to put or keep sb/sth apart or separate from other people or things 隔离：*Some farms were isolated by the heavy snowfalls.* 有些农场被大雪所困，不能与外界联络。○ *We need to isolate all the animals with the disease so that the others don't catch it.* 我们要把所有染病的动物隔离，以免其他动物受到传染。

isolated *adj* **1** not connected with others; separate 孤立；单独：*Is this an isolated case or part of a general pattern?* 这是个别事例还是一般现象？**2** alone or apart from other people or things 隔离的；与世隔绝：*an isolated village deep in the countryside* 乡间极偏僻处一个与世隔绝的村庄

isolation /ˌaɪsəˈleɪʃn ‖ ˌaɪsl̩ˈeʃən/ *noun* [U] being away from other people or things; a feeling of being alone and lonely 隔离；与世隔绝：*The millionaire man lived in complete isolation from the outside world.* 这位富翁过着与世隔绝的生活。

(IDIOM 习语) **in isolation (from sb/sth)** alone or separately 单独；个别：*Acting in isolation is not very effective. We must work together as a team.* 个别行动不大有效，我们要群策群力，一齐行动。

☆**issue** /ˈɪʃuː; ˈɪsjuː ‖ ˈɪʃu/ *noun* **1** [C] a problem or subject for discussion 问题；论题：*I want to raise the issue of overtime pay at the meeting.* 我要在会上提出加班费的问题。○ *The government cannot avoid the issue of homelessness any longer.* 政府不能再逃避有些人无家可归的问题。**2** [C] one in a series of things that are published or produced 一次/一期发行：*Do you have last week's issue of this magazine?* 你有没有上个星期那一期的这份杂志？○ *There's usually a special issue of stamps for Christmas.* 圣诞节通常都有特别邮票发行。**3** [U] the act of publishing or giving sth to people 发行；给予：*the issue of blankets to the refugees* 向难民发放毛毯

(IDIOM 习语) **make an issue (out) of sth** to give too much importance to a small problem 小题大做：*OK, we disagree on this but let's not make an issue of it.* 好吧，我们在这一点上有分歧，可是不要小题大做。

issue *verb* **1** [T] to publish or give out sth for the public to use 发行：*When was the new £5 note issued?* * 5英镑票面的新钞票在什么时候发行的？**2** [T] to give or supply sth to sb 提供：*The new employees were issued with uniforms.* 给新员工都分发了制服。○ *to issue a visa* 发签证 **3** [I] (*formal* 正式) to come or go out 传出；冒出；流出：*Strange sounds issued from the castle.* 城堡传来怪异的声音。

I

☆**it**[1] /ɪt ‖ ɪt/ *pron* **1** (used as the subject or object of a verb, or after a preposition 用作动词的主语/宾语，或放在介词后面) an animal or thing mentioned earlier or that is being talked about now 它: *Look at that car. It's going much too fast.* 你看那汽车，开得太快了。○ *The children went up to the dog and patted it.* 小孩走到那只狗的身旁，用手轻拍它。○ *This box is heavy. What's inside it?* 这个箱子这么沉，里面是什么？ ☛ **It** can also refer to a baby whose sex you do not know 如果不知道婴儿的性别，也可以用 **it**: *Is it a boy or a girl?* 这是男娃娃还是女娃娃？**2** (used for identifying a person 用以确认某人): *It's your Mum on the phone.* 你妈妈来电话找你。○ *'Who's that?' 'It's the postman.'* "是谁？" "是邮递员。" ○ *It's me!* 是我！○ *It's him!* 是他！

(IDIOM 习语) **that's it 1** (used for saying that you have had enough of a situation 表示受够了): *That's it. I'm leaving and I'm not coming back.* 我受够了，我要走，以后也不回来了。**2** that's right 对了: *Just move it a little bit to the right – that's it, you've done it.* 把它稍稍移向右边。对啦，就是这个位置。

its /ɪts ‖ ɪts/ *det* belonging to a thing, animal, etc 它的: *The cat's had its dinner.* 小猫已吃了晚饭。○ *The swimming club held its Annual General Meeting last night.* 游泳俱乐部昨晚召开了周年大会。

☆**it**[2] /ɪt ‖ ɪt/ *pron* **1** (used in the position of the subject or object of a verb when the real subject or object is at the end of the sentence 用作动词的主语/宾语，而真正的主语/宾语就在句末): *It's hard for them to talk about their problems.* 要他们谈自己的问题并不容易。○ *I think it doesn't really matter what time we arrive.* 依我看，我们在什么时候到达并不重要。**2** (used in the position of the subject of a verb when you are talking about time, the date, distance, the weather, etc 谈及时间、日期、距离、天气等时，用作动词的主语): *It's nearly half past eight.* 快到八点半了。○ *It's Tuesday today.* 今天是星期二。○ *It's about 100 kilometres from London.* 离伦敦约100公里。○ *It was very cold at the weekend.* 上周末非常寒冷。○ *It's raining.* 下着雨呢。**3** (used when you are talking about a situation 谈及某情况时用): *It gets very crowded here in the summer.* 这儿一到夏天就拥挤起来。○ *I'll come at 7 o'clock if it's convenient.* 方便的话，我会在7点来。○ *It's a pity they can't come to the party.* 他们来不了这个聚会，真可惜。**4** (used for emphasizing a part of a sentence 用以强调句子的某一部分): *It's John who's good at cooking, not me.* 做菜做得好的是约翰，不是我。○ *It's your health I'm worried about, not the cost.* 叫我担心的是你的健康，不是费用。

italics /ɪ'tælɪks ‖ ɪ'tælɪks/ *noun* [U,plural] the type of writing or printing in which the letters slope forwards 斜体（一种字体）: *This sentence and all the example sentences in the dictionary are printed in italics.* 这个句子和本词典的其他例句都以斜体印刷。—**italic** *adj*: *italic handwriting* 斜体书法

itch /ɪtʃ ‖ ɪtʃ/ *noun* [C] the feeling on your skin that makes you want to rub or scratch it 痒

itch *verb* [I] to have or cause an itch（使）发痒: *My nose is itching.* 我鼻子发痒。○ *The spots itch terribly.* 那些疙瘩痒得要命。

itchy *adj* having or causing an itch（使）发痒的 —**itchiness** *noun* [U]

it'd /'ɪtəd ‖ 'ɪtəd/ *short for* IT HAD, IT WOULD ＊ IT HAD、IT WOULD 的缩约式

☆**item** /'aɪtəm ‖ 'aɪtəm/ *noun* [C] **1** one single thing on a list or in a collection 项；项目: *Some items arrived too late to be included in the catalogue.* 有些品种来得太晚，不能在这个目录上罗列出来。○ *What is the first item on the agenda?* 议程上的第一项是什么？○ *an item of clothing* 一件衣物 **2** a single piece of news 一条消息: *There was an interesting item about Spain in yesterday's news.* 昨天有一条关于西班牙的趣闻。

itemize (*also* 亦作 **itemise**) /'aɪtəmaɪz ‖ 'aɪtəm͵aɪz/ *verb* [T] to make a list of all the items (1) in sth 把…列出清单: *an itemized bill* 逐项开列的账单

itinerant /aɪ'tɪnərənt; ɪ'tɪnərənt ‖ aɪ'tɪnərənt; ɪ'tɪnərənt/ *adj* (only *before* a noun 只用于名词前) travelling from place to place 巡回: *an itinerant circus family* 家庭巡回马戏团

itinerary /aɪ'tɪnərərɪ; ɪ'tɪnərərɪ; *US* 美 -rerɪ ‖ aɪ'tɪnə͵rɛrɪ; ɪ'tinə͵rɛrɪ/ *noun* [C] (*pl* **itineraries**) a plan of a journey, route, etc 旅程；行程

it'll /'ɪtl ‖ 'ɪtl̩/ *short for* IT WILL ＊ IT WILL 的缩约式

its ⇨ IT[1]

it's /ɪts ‖ ɪts/ *short for* IT IS, IT HAS ＊ IT IS、IT HAS 的缩约式 ☛ Be careful. **It's** is a short way of saying *it is* or *it has*. **Its** means 'belonging to it' 注意，**it's** 为 it is 及 it has 的缩写形式，**its** 表示"它的": *The bird has broken its wing.* 小鸟的翅膀折断了。

☆**itself** /ɪt'self ‖ ɪt'sɛlf/ *pron* **1** (used as the object of a verb or preposition when the animal or thing that does an action is also affected by it 用作动词/介词的宾语，表示反身动作): *The cat was washing itself.* 小猫在清洁自己。○ *The company has got itself into financial difficulties.* 这家公司使自己陷入了困境。**2** (used for emphasis 用以强调): *The village itself is pretty but the surrounding countryside is rather dull.* 这个乡村美丽倒是美丽，可是周围的田野景色相当单调。

(IDIOM 习语) **(all) by itself 1** without being controlled by a person; automatically 自动: *The central heating comes on by itself before we get up.* 我们起来之前，中央暖气已经自动运行了。**2** alone 单独: *The house stood all by itself on the hillside.* 这座房子孤零零地坐落在山腰上。☛ Look at the note at **alone**. 参看 **alone** 的注释。

I've /aɪv ‖ aɪv/ *short for* I HAVE ＊ I HAVE 的缩约式

ivory /'aɪvərɪ ‖ 'aɪvərɪ/ *noun* [U] the hard white substance that an elephant's tusks are made of 象牙

ivy /'aɪvɪ ‖ 'aɪvɪ/ *noun* [U] a climbing plant that has dark leaves with three or five points 常春藤

J j

J, j /dʒeɪ ‖ dʒe/ *noun* [C] (*pl* **J's**; **j's**) the tenth letter of the English alphabet 英语字母表的第十个字母: *'Jam' begins with (a) 'J'.* * jam 这个词的第一个字母是 J。

jab /dʒæb ‖ dʒæb/ *verb* [I,T] **1 jab (at sb/sth) (with sth); jab sb/sth (with sth)** to push at sb/sth roughly, usually with sth sharp（用某物）刺/戳/捅某人/物: *He kept jabbing at his potato with his fork.* 他不停地用餐叉戳着马铃薯。○ *She jabbed me in the ribs with her elbow.* 她用肘戳我的肋骨。**2 jab sth into sb/sth** to push sth roughly into sb/sth 把某物戳向某人/某物: *The robber jabbed a gun into my back and ordered me to move.* 歹徒用枪顶着我的背，喝令我往前走。

jab *noun* [C] **1** a sudden rough push with sth sharp 刺；戳；捅 **2** (*informal* 非正式) a medical injection 医疗注射: *Have you had your typhoid jab yet?* 你打了伤寒预防针没有？

jack[1] /dʒæk ‖ dʒæk/ *noun* [C] **1** a piece of equipment for lifting a car, etc off the ground, eg so that you can change its wheel 千斤顶；汽车起重器 **2** the card between the ten and the queen in a pack of cards（扑克牌中的）杰克/J: *the jack of hearts* 红桃杰克 ☛ Look at the note at **card**. 参看 **card** 的注释。

jack[2] /dʒæk ‖ dʒæk/ *verb*

(PHRASAL VERBS 短语动词) **jack sth in** (*slang* 俚语) to stop doing sth 停止做: *Jerry got fed up with his job and jacked it in.* 杰里对这份工作感到腻烦了，所以不再做下去了。

jack sth up to lift a car, etc using a jack 用千斤顶将汽车或其他物件升高

☆**jacket** /ˈdʒækɪt ‖ ˈdʒækɪt/ *noun* [C] **1** a short coat with sleeves 夹克；短上衣: *a tweed sports jacket* 花呢运动夹克 ○ *a formal dinner-jacket* 男式晚礼服 ☛ Look at **life-jacket**. 参看 **life-jacket**。**2** a cover for a hot-water tank, etc that stops heat from being lost（热水缸等的）绝热罩/保温罩 **3** (*US* 美) = SLEEVE (2)

ˌ**jacket poˈtato** *noun* [C] a potato that is cooked in the oven in its skin 带皮烤焗的土豆

jackknife /ˈdʒæknaɪf ‖ ˈdʒækˌnaɪf/ *noun* [C] (*pl* **jackknives**) a large pocket-knife that folds in half when not in use（可放在口袋里的）大折刀

jackknife *verb* [I] (used about a lorry that is in two parts 指铰接式卡车) to bend in the middle in an uncontrolled way 弯折

jackpot /ˈdʒækpɒt ‖ ˈdʒækˌpɑt/ *noun* [C] the largest prize that you can win in a game（比赛中可获得的）最大的奖金/奖品

Jacuzzi /dʒəˈkuːzɪ ‖ dʒəˈkuzɪ/ *noun* [C] (*trade mark* 商标) a special bath with jets of water that make your body feel relaxed 漩水按摩浴缸

jaded /ˈdʒeɪdɪd ‖ ˈdʒedɪd/ *adj* tired and overworked 疲惫；精疲力竭

jagged /ˈdʒægɪd ‖ ˈdʒægɪd/ *adj* rough and uneven with sharp points 凹凸不平（并且有尖突）；锯齿状: *Be careful not to cut yourself, that metal has a jagged edge.* 小心，这块金属边上有凹凸不平的缺口，别给它拉伤啦。○ *jagged rocks* 凹凸不平的岩石

jaguar /ˈdʒægjʊə(r) ‖ ˈdʒægjʊˌɑr/ *noun* [C] a large spotted wild cat that comes from Central and South America 美洲豹

☆**jail** /dʒeɪl ‖ dʒel/ *noun* [C,U] (a) prison 监狱: *She was sent to jail for ten years.* 她被判处十年徒刑。

jail *verb* [T] to put sb in prison 监禁: *She was jailed for ten years.* 她坐了十年牢。

jailer *noun* [C] a person whose job is to guard prisoners 监狱看守人；狱卒 ☛ In British English **jail** and **jailer** can also be spelt **gaol** and **gaoler**. 英国英语里，**jail** 及 **jailer** 分别可以写成 **gaol** 及 **gaoler**。

☆**jam**[1] /dʒæm ‖ dʒæm/ *noun* [U] a sweet substance that you spread on bread, made by boiling fruit and sugar together 果酱: *Let's have bread and jam for tea.* 我们拿果酱抹面包当茶点吧。○ *a jar of raspberry jam* 一瓶山莓酱 ○ *a jam jar* (= a glass container for jam) 果酱瓶

☛ Note that jam made from oranges or lemons is called **marmalade**. 用橙/柠檬制成的果酱叫 **marmalade**。

jam[2] /dʒæm ‖ dʒæm/ *verb* (ja**mm**ing; ja**mm**ed) **1** [T] **jam sb/sth in, under, between, etc sth** to push or force sb/sth into a place where there is not much room 把…塞入/挤进: *There were three of us jammed into a phone box.* 我们三个人都挤在电话亭里。○ *She managed to jam everything into her suitcase.* 她好不容易才把所有东西塞到手提箱里面去。**2** [I,T] **jam (sth) (up)** to fix sth or to be fixed in one position 卡住: *Something is jamming up the machine.* 有东西把机器卡住了。○ *I can't open the door. The lock has jammed.* 门锁给卡住了，我开不了这道门。**3** [T] (usually passive 通常用于被动语态) **jam sth (up)** to fill sth so that it is difficult to move 挤满: *All the roads were jammed with cars and people.* 所有马路都挤满了汽车和行人。**4** [T] to send out signals in order to stop radio programmes, etc from being received or heard clearly（电波）干扰（电台广播等）

(PHRASAL VERB 短语动词) **jam sth on** to push on a car's brakes, etc with force 用力煞车: *I jammed on the brakes as the child ran into the road.* 突然有个小孩跑到马路中央，我连忙把车煞住。

jam *noun* [C] **1** a lot of people or things that are crowded together making it difficult to move 拥挤；拥塞: *a traffic jam* 交通堵塞 **2** (*informal* 非正式) a difficult situation 困境: *Oh dear. We're in a bit of a jam.* 哎，我们有些麻烦了。

jangle /ˈdʒæŋgl ‖ ˈdʒæŋgl/ *verb* [I,T] to make a noise like metal striking against metal; to move sth so that it makes this noise（使）发出叮当声: *The baby smiles if you jangle your keys.* 你在小娃娃面前把钥匙弄得叮当作响，他便会笑起来。—**jangle** *noun* [U]

janitor /'dʒænɪtə(r) ‖ 'dʒænətɚ/ *noun* [C] (*US* 美) = CARETAKER

☆**January** /'dʒænjʊəri; *US* 美 -jʊeri ‖'dʒænjʊˌɛrɪ/ *noun* [C,U] (*pl* **Januaries**) (*abbr* 缩写 **Jan**) the first month of the year, coming before February 一月: *We're going skiing in January.* 我们一月里要去滑雪。○ *We go skiing every year in January.* 每年一月我们都去滑雪。○ *last/next January* 去年/明年一月 ○ *the January before last* 前年一月 ○ *the January after next* 后年一月 ○ *Christine's birthday is (on) January 17.* 克里斯廷的生日是1月17日。(we say 'January the seventeenth' or 'the seventeenth of January' or, in American English, 'January seventeenth' 1月17日，可以说 January the seventeenth 或 the seventeenth of January；美国英语就说 January seventeenth). ○ *The last two Januaries have been extremely cold.* 最近两年的一月份都非常寒冷。○ *January mornings can be very dark.* 一月份早上天还很黑。

☆**jar**[1] /dʒɑ:(r) ‖ dʒɑr/ *noun* [C] **1** a container with a lid, usually made of glass and used for keeping food, etc in 瓶子: *a jam jar* 果酱瓶 ○ *a large storage jar for flour* 装面粉的大罐子 ○ *I can't unscrew the lid of this jar.* 我拧不开这瓶子的盖子。☛ picture at **container**. 见 **container** 插图。**2** the food that a jar contains 一瓶子（食物）: *a jar of honey* 一瓶蜂蜜

jar[2] /dʒɑ:(r) ‖ dʒɑr/ *verb* (ja**rr**ing; ja**rr**ed) **1** [I] **jar (on sb/sth)** to have an unpleasant effect 产生令人不舒服的感觉: *The dripping tap jarred on my nerves.* 龙头的滴水声听着叫人心烦。**2** [T] to hurt or damage sth as a result of a sharp knock 撞伤: *He fell and jarred his back.* 他摔了一跤，伤了背部。

jargon /'dʒɑ:gən ‖ 'dʒɑrgən/ *noun* [U] special or technical words that are used by a particular group of people and that other people do not understand 术语: *scientific, legal, computer, etc jargon* 科学/法律/计算机…术语

jaundice /'dʒɔ:ndɪs ‖ 'dʒɔndɪs/ *noun* [U] a disease that makes the skin and eyes yellow 黄疸病

javelin /'dʒævlɪn ‖ 'dʒævlɪn/ *noun* [C] a long pointed pole like a spear that is thrown in sports competitions 标枪

J

jaw /dʒɔ: ‖ dʒɔ/ *noun* **1** [C] either of the bones in your face that contain the teeth 颌: *the lower/upper jaw* 上/下颌 ☛ picture on page A21. 见第 A21 页插图。**2 jaws** [plural] the mouth (especially of an animal)（尤指动物的）口: *The lion was coming towards him with its jaws open.* 狮子张开口，一步一步地朝他走去。

☆**jazz** /dʒæz ‖ dʒæz/ *noun* [U] a style of popular music with a strong rhythm, originally played by black Americans 爵士乐: *modern/traditional jazz* 现代/传统爵士乐 ○ *a jazz band* 爵士乐队

jazz *verb*

(PHRASAL VERB 短语动词) **jazz sth up** (*informal* 非正式) to make sth brighter, more interesting or lively 使更光亮/有趣/有生气

☆**jealous** /'dʒeləs ‖ 'dʒɛləs/ *adj* **1** feeling upset because you think that sb loves another person more than you 吃醋: *Tim seems to be jealous whenever Sue speaks to another boy!* 每当苏珊跟其他小伙子说话，蒂姆就吃醋。**2** feeling angry or sad because you want to be like sb else or because you want what sb else has 忌妒: *He's always been jealous of his older brother.* 他总是忌妒他哥哥。○ *I'm very jealous of your new car – how much did it cost?* 你这辆新车叫我看着眼红，到底花了多少钱？—**jealously** *adv* —**jealousy** /'dʒeləsɪ ‖ 'dʒɛləsɪ/ *noun* [C,U] (*pl* **jealousies**)

☆**jeans** /dʒi:nz ‖ dʒinz/ *noun* [plural] trousers made of strong, usually blue, cotton cloth (**denim**) 牛仔裤（所用的粗斜棉布叫做 **denim**）: *These jeans are a bit too tight.* 这条牛仔裤紧了点儿。○ *a pair of jeans* 一条牛仔裤

Jeep /dʒi:p ‖ dʒip/ *noun* [C] (*trade mark* 商标) a small, strong vehicle suitable for travelling over rough ground 吉普车

jeer /dʒɪə(r) ‖ dʒɪr/ *verb* [I,T] **jeer (at sb/sth)** to laugh or shout rudely at sb/sth 嘲笑；嘲弄；（向…）叫嚣: *The spectators jeered the losing team.* 观众向负方队大喝倒彩。

jeer *noun* [C] an unkind or rude remark or shout 嘲笑；叫嚷

jelly /'dʒelɪ ‖ 'dʒɛlɪ/ *noun* (*pl* **jellies**) **1** [U,sing] a transparent soft solid substance that shakes when it is moved 透明的胶状凝固软物: *My legs felt like jelly before the exam* (= not steady because of fear, etc). 考试之前我紧张得两腿发软。**2** [C,U] a transparent, soft food made with gelatine that shakes when it is moved. Jelly usually has a fruit flavour and is eaten as a pudding. 果冻 **3** [U] a type of jam made of fruit juice and sugar（用果汁和糖制成的）果酱

jellyfish /'dʒelɪfɪʃ ‖ 'dʒɛlɪˌfɪʃ/ *noun* [C] (*pl* **jellyfish or jellyfishes**) a sea animal with a body that looks like colourless jelly. Jellyfish sometimes sting. 水母；海蜇

jeopardize (*also* 亦作 **jeopardise**) /'dʒepədaɪz ‖ 'dʒɛpɚdˌaɪz/ *verb* [T] to do sth that may damage sth or put it in a dangerous position 危害；损害；破坏

jeopardy /'dʒepədɪ ‖ 'dʒɛpɚdɪ/ *noun*

(IDIOM 习语) **in jeopardy** in danger of losing, failing, being injured or damaged, etc 处于险境；存在风险

jerk /dʒɜ:k ‖ dʒɝk/ *noun* [C] a sudden pull, push or other movement 急拉/推: *The car started with a jerk and we were off.* 我们的汽车猛然一动就开走了。

jerk *verb* **1** [T] to pull sb/sth suddenly and quickly 猛地一拉: *She jerked the door open.* 她猛地把门拉开。**2** [I] to move with a jerk or a series of jerks 颠簸: *The lorry jerked from one side to the other over the bumpy road.* 卡车在崎岖不平的道路上左摇右摆地往前驶。—**jerky** *adj* —**jerkily** /-ɪlɪ ‖ -əlɪ/ *adv*

jersey /'dʒɜ:zɪ ‖ 'dʒɝzɪ/ *noun* (*pl* **jerseys**) **1** [C] a piece of clothing made of knitted wool that you wear over a shirt or blouse 针织羊毛套衫 ☛ Look at **jumper**, **pullover** and **sweater**. 参看 **jumper**、**pullover** 及 **sweater**。These words are more common than **jersey**. 这些词语都较 **jersey** 常用。Look also at the note at **sweater**. 另参看 **sweater** 的注释。**2** [U] a soft woollen material used for making clothes 细毛纱

Jesus /ˈdʒi:zəs ‖ ˈdʒizəs/ = CHRIST

☆**jet** /dʒet ‖ dʒɛt/ *noun* [C] **1** a fast modern aeroplane with a jet engine 喷气式飞机 **2** a fast, thin stream of water, gas, etc coming out of a small hole 从小孔喷出来的水/气体等

ˈ**jet engine** *noun* [C] an engine that makes aeroplanes fly by pushing out a stream of hot air and gases at the back（用于飞机的）喷气发动机

ˈ**jet lag** *noun* [U] the tired feeling that people often have after a long journey in an aeroplane to a place where the local time is different 飞行时差反应（乘坐飞机后因时差而产生的疲劳感觉）

ˈ**jet-lagged** *adj*

the ˈ**jet set** *noun* [sing] the group of rich, successful and fashionable people (especially those who travel around the world a lot) 富有、成功且时髦的一群（尤指经常环游世界的）

jet-black /ˌdʒet ˈblæk ‖ ˈdʒɛtˈblæk/ *adj* very dark black in colour 深黑色

jetty /ˈdʒetɪ ‖ ˈdʒɛtɪ/ *noun* [C] (*pl* **jetties**) a stone wall or wooden platform built out into the sea or a river as a landing-place for boats（伸延至大海/河流的）登岸码头

☆**Jew** /dʒu: ‖ dʒu/ *noun* [C] a person whose family was originally from the ancient land of Israel or whose religion is Judaism 犹太人；犹太教徒 —**Jewish** /ˈdʒu:ɪʃ ‖ ˈdʒuɪʃ/ *adj*: *He's Jewish.* 他是犹太人。○ *a Jewish synagogue* 犹太教堂

jewellery
首饰

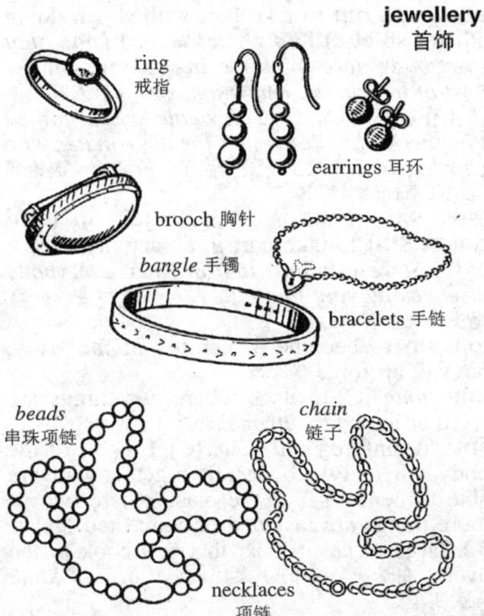

☆**jewel** /ˈdʒu:əl ‖ ˈdʒuəl/ *noun* [C] a valuable stone (eg a diamond) or a necklace, ring, etc with such a stone in it 宝石；镶有宝石的首饰

jeweller (*US* 美 **jeweler**) *noun* [C] a person whose job is to buy, sell, make or repair jewellery and watches 买卖、制造或修理珠宝饰物及钟表的人；珠宝商；钟表商: *Take the watch to the jeweller's to see if he can mend it.* 把手表拿到钟表店那里，看看能否修理好。

jewellery (*US* 美 **jewelry**) /ˈdʒu:əlrɪ ‖ ˈdʒuəlrɪ/ *noun* [U] rings, necklaces, bracelets, etc that are worn as personal ornaments 首饰: *a piece of jewellery* 一件首饰

jig /dʒɪg ‖ dʒɪg/ *noun* [C] a lively folk dance 吉格舞（一种轻快的民间舞蹈）

jig *verb* [I] (ji**gg**ing; ji**gg**ed) **jig about/around** to move about in a way that shows that you are excited or impatient 兴奋/烦躁地又蹦又跳

jiggle /ˈdʒɪgl ‖ ˈdʒɪgl/ *verb* [T] (*informal* 非正式) to move sth quickly from side to side 使（某物快速）抖动/轻摇

jigsaw
拼图游戏

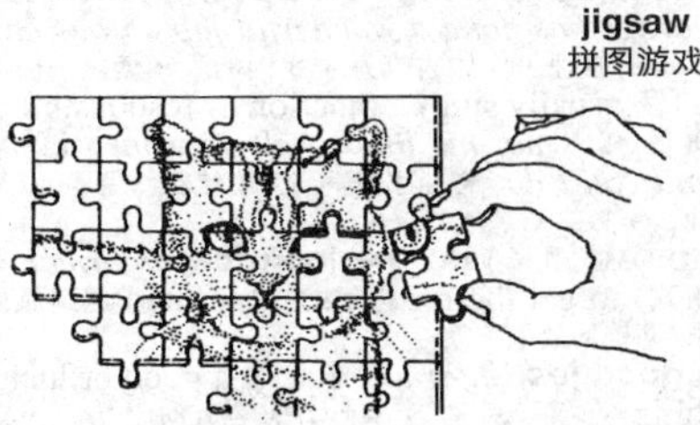

jigsaw /ˈdʒɪgsɔ: ‖ ˈdʒɪgˌsɔ/ (*also* 亦作 ˈ**jigsaw puzzle; puzzle**) *noun* [C] a picture on cardboard or wood that is cut into small pieces. The pieces are then fitted together again as a game. 拼图游戏

jingle /ˈdʒɪŋgl ‖ ˈdʒɪŋgl/ *noun* **1** [sing] a ringing sound like metal objects gently hitting each other（金属物件轻碰发出的）叮当声: *the jingle of coins* 硬币的叮当声 **2** [C] a short simple tune or song, especially one that is used in an advertisement on television or radio（电视/电台广告等的）简短曲调/歌曲

jingle *verb* **1** [I] to make a gentle ringing sound 发出叮当声 **2** [T] to move sth so that it makes a gentle ringing sound 使发出叮当声: *He jingled the coins in his pockets.* 他把口袋里的硬币弄得叮当响。

jinx /dʒɪŋks ‖ dʒɪŋks/ *noun* [C, usually sing] bad luck; a person or thing that is thought to bring bad luck 厄运；不祥的人/事物

jinx *verb* [T] (usually passive 通常用于被动语态) (*informal* 非正式) to bring bad luck to (sb/sth) 给…带来厄运

jitters /ˈdʒɪtəz ‖ ˈdʒɪtɚz/ *noun* [plural] (*informal* 非正式) extremely nervous or anxious feelings 极度紧张: *Just thinking about the exam gives me the jitters!* 一想到考试我就极为紧张。

jittery /ˈdʒɪtərɪ ‖ ˈdʒɪtərɪ/ *adj* (*informal* 非正式) nervous or anxious 惴惴不安；神经过敏

☆**job** /dʒɒb ‖ dʒɑb/ *noun* **1** [C] the work that you do regularly to earn money 职业；工作

J

☛ We **look for**, **apply for** or **find** a job. 找工作叫 **look for**、**apply for** 或 **find** a job。A job can be **well-paid/highly-paid** or **badly-paid/low-paid**. 高薪的工作可以用 **well-paid/highly-paid** 形容，低薪的就说 **badly-paid/low-paid**。A job can be **full-time** or **part-time**, **permanent** or **temporary**. 工作又分全职的 (**full-time**) 或兼职/半职的(**part-time**)、固定的 (**permanent**) 或临时的 (**temporary**)。**Job sharing** is becoming popular with people who want to work part-time. 一工分做制 (**job sharing**) 越来越普遍。Look at the note at **work**[1] 参看 **work**[1] 的注释。

2 [C] a task or a piece of work that may be paid or unpaid 有/无薪的工作；任务: *I always have a lot of jobs to do in the house at weekends.* 每到周末我总有很多家务要做。○ *The garage has done a wonderful job on our car.* 车房的修理工作做得真好，我们的汽车焕然一新。**3** [C, usually sing] a function or responsibility 责任: *It's not his job to tell us what we can and can't do.* 告诉我们可以做什么，不可以做什么，根本不是他的分内事。

(IDIOMS 习语) **do the job/trick** (*informal* 非正式) to get the result that is wanted 达到所要求/期望的效果

a good job (*informal* 非正式) a good or lucky thing 好事；幸运事: *It's a good job you reminded me – I had completely forgotten!* 多亏你提醒我，要不我全都忘了。

the job (*informal* 非正式) exactly what is needed 正是想要的东西: *This dress will be just the job for Helen's party.* 这条连衣裙可正好穿着去参加海伦的舞会。

make a bad, good, etc job of sth to do sth badly, well, etc 做得不好/好…

make the best of a bad job ⇨ BEST[3]

out of a job without paid work 失业 ☛ A more formal word is **unemployed**. 较正式的场合用 **unemployed**。

jobless *adj* (used about large numbers of people 用于为数多的人) without paid work 失业

the jobless *noun* [plural] the people who are without work 失业者 —**joblessness** *noun* [U]

jockey /'dʒɒkɪ ‖ 'dʒɑkɪ/ *noun* [C] (*pl* **jockeys**) a person who rides in horse races, especially as a profession 骑师 ☛ Look at **disc jockey**. 参看 **disc jockey**。

jodhpurs /'dʒɒdpəz ‖ 'dʒɑdpɚz/ *noun* [plural] special trousers that you wear for riding a horse 马裤

jog /dʒɒg ‖ dʒɑg/ *verb* (jo**gg**ing; jo**gg**ed) **1** [I] to run slowly, especially as a form of exercise 慢跑（尤指作为锻炼）☛ We often say **go jogging** rather than **jog** 通常说 **go jogging**，不说 **jog**: *I go jogging most evenings.* 我差不多每晚都去慢跑。**2** [T] to push or knock sb/sth slightly 轻推；轻碰: *He jogged my arm and I spilled the milk.* 他碰了一下我的胳膊，我手里拿的牛奶就洒了出来。

(IDIOM 习语) **jog sb's memory** to make sb remember sth 唤起记忆: *I've got a photograph that will jog your memory.* 我有一张照片，准叫你缅怀一番。

jog *noun* [sing] **1** a slow run as a form of exercise 慢跑（一种运动）: *She goes for a jog before breakfast.* 早饭前她常去慢跑。**2** a slight push or knock 轻推；轻碰

jogger /'dʒɒgə(r) ‖ 'dʒɑgɚ/ *noun* [C] a person who goes jogging for exercise 慢跑的人

☆**join** /dʒɔɪn ‖ dʒɔɪn/ *verb* **1** [I,T] **join (up) (with sb/sth)** to meet or unite (with sb/sth) 与（某人/某物）会合或相聚: *Do the two rivers join (up) at any point?* 这两条河有没有在什么地方汇流？○ *Where does this road join the motorway?* 这条路在什么地方跟高速公路会合？○ *Would you like to join us for a drink?* 跟我们一起喝一杯，好不好？**2** [T] to become a member of a club or organization 加入（俱乐部或其他组织）: *James is going to join the army when he leaves school.* 詹姆斯要在毕业后入伍。**3** [T] to take your place in sth or to take part in sth 参加；加入…行列: *We'd better go and join the queue if we want to see the film.* 我们要看电影的话，现在就去排队吧。**4** [T] **join A onto/to B; join A and B (together/up)** to fasten or connect one thing to another 连结；连接: *The Channel Tunnel will join Britain to Europe by road.* 海峡隧道将成为连接英国和欧洲大陆的陆路干线。○ *The two pieces of wood had been carefully joined together.* 这两块木板接得很牢固。○ *We've knocked down the wall and joined the two rooms into one.* 我们把中间那道墙拆了，两间房间连成了一间大房间。**5** [I,T] **join (with) sb in doing sth/to do sth; join together in doing sth/to do sth** to take part with sb (in doing sth for sb else) 跟某人一起做…: *I know that everybody here joins me in wishing you the best of luck in your new job.* 我们所有人都祝你新工作胜任愉快。○ *The whole school joined together to buy a present for the teacher who was leaving.* 全校上下凑钱买了一份礼物，送给那位快将离任的老师。

(PHRASAL VERBS 短语动词) **join in (sth/doing sth)** to take part in an activity 参加；参与: *Steve wouldn't join in when everybody else was playing football.* 人人都在踢足球，就是史蒂夫没有参加。

join up to become a member of the army, navy or air force 参军

join *noun* [C] a place where two things are fixed or joined together 接合处

☆**joint**[1] /dʒɔɪnt ‖ dʒɔɪnt/ *noun* [C] **1** a part of the body where two bones fit together and are able to bend 关节 **2** the place where two or more things are fastened or connected 接合处 **3** a large piece of meat that you cook in the oven（在炉里烤煮的）大块肉: *a joint of lamb* 一大块羊肉

☆**joint**[2] /dʒɔɪnt ‖ dʒɔɪnt/ *adj* (only *before* a noun 只用于名词前) shared or owned by two or more people 共享；共有: *Have you and your husband got a joint account?* (= at a bank) 你跟你先生有没有联合账户？○ *a joint decision* 共同决定 ○ *The joint winners of the* *competition will each receive £500.* 在这次比赛同时获胜的参赛者每人可获奖金500英镑。—**jointly** *adv*

☆**joke** /dʒəʊk ‖ dʒok/ *noun* **1** [C] something said or done to make you laugh, especially a funny story 玩笑；笑话：*Have you heard the joke about the three men in a taxi?* 你听过"出租汽车三人行"这个笑话没有？○ *a dirty joke* (= about sex) 下流的笑话 ○ *I'm sorry, I didn't get that joke. Can you explain it to me?* 对不起，我听不明白这个笑话，解释一下好吗？☛ A **practical joke** is something you do, not just say. 恶作剧叫 **practical joke**。**2** [sing] a ridiculous person, thing or situation 可笑的人/事物/情形：*The salary he was offered was a joke!* 只给他这么少的工资，简直是开玩笑！
(IDIOMS 习语) **play a joke on sb** to trick sb in order to amuse yourself or other people 愚弄某人
see the joke to understand what is funny about a joke or trick 明白某个笑话的意思
take a joke to accept a trick or sth said about you in fun without getting angry 不介意做笑柄
joke *verb* [I] to say things that are not meant to be serious 开玩笑：*I never joke about religion.* 我从不拿宗教开玩笑！
(IDIOM 习语) **you must be joking** (used to express great surprise 表示极度惊奇) you cannot be serious 你真会开玩笑

joker /ˈdʒəʊkə(r) ‖ ˈdʒokɚ/ *noun* [C] **1** a person who likes to make jokes or play tricks 爱开玩笑/爱耍把戏的人 **2** an extra playing-card in a pack which can be used instead of any card in some games（纸牌游戏中的）百搭

jolly /ˈdʒɒlɪ ‖ ˈdʒɑlɪ/ *adj* (**jollier**; **jolliest**) happy and cheerful 快活
jolly *adv* (*Brit informal* 英，非正式) very 十分：*It's a jolly good school.* 这是一所很了不起的学校。
(IDIOM 习语) **jolly well** (used for emphasizing what you are saying especially when you are angry 用以加强语气，特别在愤怒时用) certainly 必定：*I jolly well won't invite her again!* 我发誓今后不再邀请她！

jolt /dʒəʊlt ‖ dʒolt/ *verb* **1** [T] to shake sth or make it move suddenly 摇动；抛：*The crash jolted all the passengers forward.*（汽车）这一撞，把乘客都抛到前边去了。**2** [I] to move in a jerky way 颠簸：*The lorry jolted along the bumpy track.* 卡车沿着崎岖不平的道路颠簸向前。
jolt *noun* [usually sing] **1** a sudden movement 突然的摇动/摇晃：*The train stopped with a jolt.* 火车猛的一颠就停了下来。**2** a surprise or shock 震惊：*His sudden anger gave her quite a jolt.* 他突然发火，使她大吃一惊。

jostle /ˈdʒɒsl ‖ ˈdʒɑsl/ *verb* [I,T] to push against sb in a rough way (often in a crowd)（常指在人群中）推撞

jot /dʒɒt ‖ dʒɑt/ *verb* (jotting; jotted)
(PHRASAL VERB 短语动词) **jot sth down** to make a quick short note of sth 匆匆记下：*Let me jot down your address.* 让我写下你的地址。

journal /ˈdʒɜːnl ‖ ˈdʒɝnl̩/ *noun* [C] **1** a magazine, especially one in which all the articles are about a particular subject（专题）刊物：*a medical journal* 医学学报 **2** a written account of what you have done each day 日记：*Have you read his journal of the years he spent in India?* 你有没有看过他在印度生活的日记？

journalism /ˈdʒɜːnəlɪzəm ‖ ˈdʒɝnl̩ˌɪzəm/ *noun* [U] the profession of collecting, writing and publishing news in newspapers and magazines and on television and radio 新闻业

☆**journalist** /ˈdʒɜːnəlɪst ‖ ˈdʒɝnl̩ɪst/ *noun* [C] a person whose job is to collect, write or publish news, in newspapers and magazines or on television and radio 新闻工作者；记者：*a job as a journalist on the local paper* 在一家本地报馆任职记者 ☛ Look at **reporter**. 参看 **reporter**。

☆**journey** /ˈdʒɜːnɪ ‖ ˈdʒɝnɪ/ *noun* [C] (*pl* **journeys**) the act of travelling from one place to another 行程；旅程：*Did you have a good journey?* 旅途愉快吗？○ *a two-hour journey* 两个钟头的行程 ○ *a twenty-mile journey to work* 二十英里的上班路程 ○ *We'll have to break the journey* (= stop for a rest). 我们得先歇歇脚再继续旅程。☛ Look at the note at **travel**. 参看 **travel** 的注释。

jovial /ˈdʒəʊvɪəl ‖ ˈdʒovɪəl/ *adj* (used about a person 指人) very cheerful and friendly 快活而友好

joy /dʒɔɪ ‖ dʒɔɪ/ *noun* **1** [U] a feeling of great happiness 欢欣：*We'd like to wish you joy and success in your life together.* 祝你们俩一起生活快乐、事事如意。○ *to dance, jump, shout, etc for joy* (= because you feel so happy) 高兴得跳起舞来/跳起来/叫起来⋯ **2** [C] a person or thing that gives you great pleasure 使人高兴的人/事物：*That class is a joy to teach.* 这班学生很好教。
joyful /-fl ‖ -fəl/ *adj* very happy 十分快乐：*It was a joyful occasion.* 那是一个喜气洋洋的场合。—**joyfully** /-fəlɪ ‖ -fəlɪ/ *adv* —**joyfulness** *noun* [U]
joyless *adj* unhappy 不快乐：*a joyless marriage* 没有欢乐的婚姻

joyride /ˈdʒɔɪraɪd ‖ ˈdʒɔɪˌraɪd/ *noun* [C] (*informal* 非正式) a drive or ride (usually in a stolen car) just for fun and excitement（通常指驾驶偷来的汽车）兜风 —ˈ**joyrider** *noun* [C] —ˈ**joyriding** *noun* [U]

joystick /ˈdʒɔɪstɪk ‖ ˈdʒɔɪˌstɪk/ *noun* [C] a handle used for controlling movement on a computer, aeroplane, etc（计算机、飞机等的）控制杆

jubilant /ˈdʒuːbɪlənt ‖ ˈdʒubl̩ənt/ *adj* (*formal* 正式) extremely happy, especially because of a success 欢欣；欢腾：*The football fans were jubilant at their team's victory in the cup.* 看见自己支持的足球队赢了锦标赛，球迷都欣喜若狂。
jubilation /ˌdʒuːbɪˈleɪʃn ‖ ˌdʒubl̩ˈeʃən/ *noun* [U] great happiness because of a success 欢欣；欢腾

jubilee /ˈdʒuːbɪliː ‖ ˈdʒubl̩ˌi/ *noun* [C] a day or period when people celebrate because it is a particular number of years after a special event 周年纪念：*It's the company's golden* *jubilee this year* (= it is fifty years since it was founded). 今年是公司成立五十周年纪念。☛ There is also a **silver** jubilee (25 years) and a **diamond** jubilee (60 years). ＊25 周年纪念称为 **silver** jubilee，60 周年纪念 **diamond** jubilee。Look at **anniversary**. 参看 **anniversary**。

Judaism /ˈdʒu:deɪɪzəm; *US* 美 -dɪɪzəm ‖ ˈdʒudɪˌɪzəm/ *noun* [U] the religion of the Jewish people 犹太教

☆**judge**[1] /dʒʌdʒ ‖ dʒʌdʒ/ *noun* [C] **1** a person whose job is to apply the law and decide what punishment should be given to sb found guilty in a court of law 法官：*The judge sentenced the man to three years in prison.* 法官判处那个男人三年徒刑。**2** a person who decides who has won a competition（比赛的）裁判员/评判员：*The judges included several well-known television personalities.* 有好几个评判员都是电视界名人。○ *The judges' decision is final* (= it cannot be changed). 以裁判员的裁决为最终判决。**3** a person who has the ability or knowledge to give an opinion about sth 有鉴别能力的人：*You're a good judge of character – what do you think of him?* 你看人看得准，依你之见，他这个人怎么样？

☆**judge**[2] /dʒʌdʒ ‖ dʒʌdʒ/ *verb* **1** [T] to decide the result or winner (in a competition) 评定比赛结果/胜负：*The headmaster will judge the competition.* 校长会担任比赛的评判员。**2** [I,T] to form or give an opinion about sb/sth; to consider 判断；考虑：*Judging from what he said, his work is going well.* 依他的话看来，他工作进展顺利。○ *Don't judge people by their appearance!* 不要以貌取人！○ *I would judge that this is not the right time to start a new business.* 依我之见，这不是开办企业的适当时机。○ *It's difficult to judge how long the project will take.* 这个工程要多久才完工，实在很难说。○ *The party was judged a great success by everybody.* 人人都认为这个酒会办得很成功。**3** [T] to be critical about sb; to decide whether he/she is good or bad 批评：*Don't judge him too harshly – he's had a difficult time.* 不要对他太苛刻，他已经够受的了。**4** [I,T] to act as a judge, in a court of law 审理（案件）：*He said it was the hardest case he had ever had to judge.* 他说这是他生平最难审理的案件。

J

☆**judgement** (*also* 亦作 **judgment**) /ˈdʒʌdʒmənt ‖ ˈdʒʌdʒmənt/ *noun* **1** [C] an opinion 意见：*What, in your judgement, would be the best course of action?* 依你之见，什么是最理想的做法？**2** [C,U] an official decision made by a judge or a court of law（法官/法庭的）裁决：*The man collapsed when the judgment was read out in court.* 那个男人一听到裁决就晕倒在地。**3** [U] the ability to form sensible opinions or to make wise decisions 判断力：*He always shows excellent judgement in his choice of staff.* 他在挑选员工方面一直都很有眼光。

judicial /dʒu:ˈdɪʃl ‖ dʒuˈdɪʃəl/ *adj* of a judge, a judgement or a court of law 与法官/判决/法庭有关：*a judicial decision* 法庭的裁决 ○ *judicial powers* 司法权

judicious /dʒu:ˈdɪʃəs ‖ dʒuˈdɪʃəs/ *adj* (used about a decision or an action 指决定或行动) sensible 明智；有见地 —**judiciously** *adv*

judo /ˈdʒu:dəʊ ‖ ˈdʒudo/ *noun* [U] a sport from Asia in which two people try to throw each other to the ground. Judo is also a form of self-defence. 柔道

jug /dʒʌg ‖ dʒʌg/ (*US* 美 **pitcher**) *noun* [C] a container with a handle used for holding or pouring liquids（有柄的）壶：*a milk jug* 牛奶壶 ○ *a jug of water* 一壶水 ☛ picture at **cup**. 见 **cup** 插图。

juggle /ˈdʒʌgl ‖ ˈdʒʌgl̩/ *verb* [I,T] **1 juggle (with sth)** to keep several objects in the air at the same time by throwing and catching them quickly 玩杂耍/手技（灵巧地运用双手抛接/耍弄若干物件）：*He can dance, sing, juggle – whatever you like!* 他会跳、会唱、会玩杂耍，一句话，什么都会！**2 juggle (with sth)** to keep changing the arrangement of sth in order to get a certain result 为某目的不断调动某物：*I'll have to juggle my working days round so that I'm free on Mondays.* 我得把工作日调整一下，以便在每个星期一休息。

juggler /ˈdʒʌglə(r) ‖ ˈdʒʌglɚ/ *noun* [C] a person who juggles to entertain people 杂耍演员

☆**juice** /dʒu:s ‖ dʒus/ *noun* [C,U] **1** the liquid that comes from fruit and vegetables（水果、蔬菜的）汁：*lemon juice* 柠檬汁 ○ *I'll have an orange juice, please.* 请给我一杯橙汁。**2** the liquid that comes from a piece of meat when it is cooked 肉汁 **3** the liquid in the stomach or another part of the body that helps you to digest food 胃液；肠液；消化液

juicy /ˈdʒu:sɪ ‖ ˈdʒusɪ/ *adj* (**juicier**; **juiciest**) **1** containing a lot of juice 多汁：*juicy oranges* 多汁的橘子 **2** (*informal* 非正式) interesting because it is connected with sth bad 富于刺激性的：*Tell me all the juicy details!* 给我说说那些过瘾的细节！

jukebox /ˈdʒu:kbɒks ‖ ˈdʒukˌbɑks/ *noun* [C] a machine in a café or bar, that plays records when a coin is put in（设于咖啡馆/酒吧的）投币式点唱机

☆**July** /dʒu:ˈlaɪ ‖ dʒuˈlaɪ/ *noun* [C,U] (*pl* **Julys**) (*abbr* 缩写 **Jul**) the seventh month of the year, coming before August 七月 ☛ For examples of the use of the months in sentences, look at **January**. 有关句子中月份的用例，参看 **January**。

jumble /ˈdʒʌmbl ‖ ˈdʒʌmbl̩/ *verb* [T] (usually passive 通常用于被动语态) **jumble sth (up)** to mix things up so that they are untidy or in the wrong place 使杂乱：*I must sort my clothes out – they're all jumbled up in the drawer.* 我的衣服都乱堆在抽屉里，我要整理一下。○ (*figurative* 比喻) *People from different stages of my life were all jumbled up together in my dream.* 在我生命中不同阶段遇过的人都一下子出现在我的梦境里。

jumble *noun* **1** [sing] an untidy group of things; a mess 杂乱的一堆 **2** [C] (*Brit* 英) a collection of old things for a jumble sale 作义卖的旧杂货：*Have you got any jumble you don't* *want?* 有没有你用不着的旧东西可以作义卖？

'jumble sale (*US* 美 **'rummage sale**) *noun* [C] a sale of old things that people do not want any more. Clubs, churches, schools and other organizations hold jumble sales to get money 旧杂货义卖: *a jumble sale in the village hall in aid of the school* 为资助本地学校而在村礼堂举行的旧杂货义卖

jumbo /ˈdʒʌmbəʊ ‖ ˈdʒʌmbo/ *adj* (*informal* 非正式) (only *before* a noun 只用于名词前) very large 巨大

jumbo *noun* [C] (*pl* **jumbos**) (*also* 亦作 **ˌjumbo ˈjet**) a very large jet aeroplane 珍宝机（大型喷气式客机）

☆**jump¹** /dʒʌmp ‖ dʒʌmp/ *verb* **1** [I] to move quickly off the ground by pushing yourself up with your legs and feet 跳；跃: *to jump into the air, over a stream, off the edge, onto a chair, etc* 跳起；跳过小河；从…边缘跳下；跳到椅子上去… ○ *How high can you jump?* 你能跳多高？ ○ *Jump up and down to keep warm.* 为求保暖而跳上跳下。☛ picture at **bounce**. 见 **bounce** 插图。 **2** [I] to move quickly and suddenly 快速地、突然地移动: *The telephone rang and she jumped up to answer it.* 电话一响，她就赶忙站起来去接。○ *He jumped out of bed when he realized what time it was.* 他发现时间晚了，连忙从床上跳了下来。 **3** [T] to get over sth by jumping 跳过: *The dog jumped the fence and ran off down the road.* 那条狗跳过栏杆沿着马路跑开了。 **4** [I] to make a sudden movement because of surprise, fear or excitement 因诧异/害怕/兴奋而突然一动；吓了一跳: *'Oh, it's only you – you made me jump,' he said.* 他说："哦，原来是你，真把我吓了一跳。" **5** [I] **jump (from sth) to sth; jump (by) (sth)** to increase suddenly by a very large amount（从…）激增至…；激增（某个幅度）: *His salary jumped from £15 000 to £25 000 last year.* 去年他的薪水由15 000英镑激增至25 000英镑。○ *Prices jumped (by) 50% in the summer.* 夏季价钱一下子涨了五成。 **6** [I] **jump from sth to sth** to change suddenly from one subject to another 突然改变话题: *The book kept jumping from the present to the past.* 这本书的内容穿梭于现在与过去之间。

(IDIOMS 习语) **climb/jump on the bandwagon** ⇨ BANDWAGON

jump the queue to go to the front of a queue of people without waiting for your turn 插队；加塞儿

jump to conclusions to decide that sth is true without thinking about it carefully enough 匆匆下结论

(PHRASAL VERB 短语动词) **jump at sth** to accept an opportunity, offer, etc eagerly 抓紧机会；急切地接纳建议: *They asked me if I'd like to go on holiday with them and I jumped at it!* 他们问我想不想跟他们一道度假，我立即答应下来。

☆**jump²** /dʒʌmp ‖ dʒʌmp/ *noun* [C] **1** an act of jumping 跳跃: *With a huge jump the horse cleared the hedge.* 那匹马使劲地一跳就跳过了树篱。☛ Look at **high-jump** and **long-jump**. 参看 **high-jump** 及 **long-jump**。 **2 a jump (in sth)** a sudden increase in amount, price or value（数量/价钱/价值的）激增/跳升 **3** a thing to be jumped over 供跳越的障碍: *The third jump consisted of a five-bar gate.* 第三障是一道五柱闸门。

jumpy *adj* (*informal* 非正式) nervous or anxious 紧张；忧虑: *I always get a bit jumpy if I'm travelling by air.* 我每次坐飞机旅行心情总有点紧张。

jumper /ˈdʒʌmpə(r) ‖ ˈdʒʌmpɚ/ *noun* [C] **1** (*Brit* 英) a piece of clothing with sleeves, usually made of wool, that you wear on the top part of your body 套衫；套头毛衣 ☛ Look at the note at **sweater**. 参看 **sweater** 的注释。 **2** a person or animal that jumps 跳跃的人/动物

junction /ˈdʒʌŋkʃn ‖ ˈdʒʌŋkʃən/ *noun* [C] a place where roads or railway lines meet or join（公路、铁轨的）会合点/交汇点: *Leave the motorway at junction 4 and follow the signs to Bath.* 在4号交汇点驶离高速公路，依照路牌所示驶往巴斯。

☆**June** /dʒuːn ‖ dʒun/ *noun* [C,U] (*abbr* 缩写 **Jun**) the sixth month of the year, coming before July 六月 ☛ For examples of the use of the months in sentences, look at **January**. 有关句子中月份的用例，参看 **January**。

jungle /ˈdʒʌŋgl ‖ ˈdʒʌŋgl/ *noun* [C,U] a thick forest in a hot tropical country 热带丛林/密林: *the jungles of Africa and South America* 非洲与南美洲的茂密丛林 ☛ Look at the note at **forest**. 参看 **forest** 的注释。

junior /ˈdʒuːnɪə(r) ‖ ˈdʒunjɚ/ *adj* **1 junior (to sb)** having a low or lower position (than sb) in an organization, etc（在某组织等内的）处于较低地位的: *a junior officer* 下级军官 ○ *A lieutenant is junior to a captain in the army.* 论官阶，陆军中尉比陆军上尉低。☛ The opposite is **senior**. 反义词为 **senior**。 **2 Junior** (*abbr* 缩写 **Jnr**; **Jr**; **Jun**) (*especially US* 尤为美) (used after the name of a son who has the same first name as his father 表示同名父子中的子，放在儿子的名字之后): *Sammy Davis, Junior* 小萨米·戴维斯 **3** (*Brit* 英) of or for children from the ages of about seven to eleven 适合/属于约7岁至11岁儿童: *She's moving from the infant class to the junior class next term.* 她现在念幼儿班，下学期会升小学。

junior *noun* **1** [C] a person who has a low position in an organization, etc（组织等之内）地位较低者 **2** [sing] (with *his*, *her*, *your*, etc 跟 his、her、your 等一起使用) a person who is younger than sb else by the number of years mentioned 比某人年幼…的人: *She's two years his junior/his junior by two years.* 她比他小两岁。☛ Look at **senior**. 参看 **senior**。 **3** [C] (*Brit* 英) a child who goes to junior school 小学生: *The juniors are having an outing to a museum today.* 那些小学生今天参观博物馆。

'junior school *noun* [C] a school for children aged between seven and eleven 小学（对象是七岁至十一岁的儿童）

junk /dʒʌŋk ‖ dʒʌŋk/ *noun* [U] (*informal* 非正式) things that are old or useless or do not have much value 陈旧/无用/不值钱的东西: *There's an awful lot of junk up in the attic –*

J

we ought to clear it. 阁楼有一大堆废物，我们要清理掉。

ˈ**junk food** *noun* [U] (*informal* 非正式) food that is not very good for you but that is ready to eat or easy to prepare（方便或易于烹调的）无益食物: *junk food like crisps and sweets* 薯片、糖果等无益食物

junta /ˈdʒʌntə; *US* 美 ˈhʊntə ‖ ˈdʒʌntə/ *noun* [C, with sing or pl verb] a group, especially of military officers, who rule a country by force（用武力统治国家的）军人集团

Jupiter /ˈdʒu:pɪtə(r) ‖ ˈdʒupətɚ/ *noun* [sing] the planet that is fifth in order from the sun 木星（太阳系行星，按离太阳远近次序计为第五颗）

jurisdiction /ˌdʒʊərɪsˈdɪkʃn ‖ ˌdʒʊrɪsˈdɪkʃən/ *noun* [U] legal power or authority; the area in which this power can be used 司法权；司法管辖范围: *That question is outside the jurisdiction of this council.* 该问题不在本市政会管辖范围之内。

juror /ˈdʒʊərə(r) ‖ ˈdʒʊrɚ/ *noun* [C] a member of a jury 陪审员

☆**jury** /ˈdʒʊərɪ ‖ ˈdʒʊrɪ/ *noun* [C, with sing or pl verb] (*pl* **juries**) **1** a group of twelve people in a court of law who listen to the facts about a crime and decide whether the accused person is guilty or not guilty（十二人的）陪审团: *Do/does the jury have to reach a unanimous decision?* 陪审团是否必须作出一致的决定？ ○ *The jury gave a verdict of not guilty.* 陪审团作出了无罪裁决。**2** a group of people who decide who is the winner in a competition（比赛的）评判团: *The jury is/are about to announce the winners.* 评判团将要宣布得胜者名单。

☆**just**[1] /dʒʌst ‖ dʒʌst/ *adj* fair and right; reasonable 公正；合理: *I don't think that was a very just decision.* 我不认为这是一个公正的决定。○ *a just punishment* 合理的惩罚 ☛ The opposite is **unjust**. 反义词为 **unjust**。

justly *adv* fairly or correctly 公正；正确

☆**just**[2] /dʒʌst ‖ dʒʌst/ *adv* **1** a very short time ago 刚刚: *She's just been to the shops.* 她刚刚去过商店。○ *He'd just returned from France when I saw him.* 我看见他的时候，他刚刚从法国回来。**2 just (about to do sth); just (going to do sth)** at this/that moment; now or very soon 正在；即将: *We were just finishing supper when the telephone rang.* 电话响起来的时候，我们正好快要吃完晚饭。○ *Wait a minute! I'm just coming.* 等一等，我马上就来。○ *I was just about to phone my mother when she arrived.* 我妈妈到来的时候，我正准备打电话给她。**3** exactly 正好；正是: *It's just eight o'clock.* 正好八点。○ *That's just what I meant.* 这正是我的意思。○ *You're just as clever as he is.* 你跟他一样聪明。**4** at exactly the same time (as); when 就在那个时刻；当时: *Just as I was beginning to enjoy myself, John said it was time to go.* 我正开始玩得开心的时候，约翰说我们该走了。○ *Just then the door opened.* 就在这个时候，门打开了。**5** only 只是: *She's just a child.* 她只是一个孩子。○ *It's not just the money, it's the principle of the thing too.* 这不单是金钱的问题，也是原则的问题。○ *It was worth it just to see her face as she opened the present.* 看一下她打开礼物时的表情也就满足了。○ *Just a minute! I'm nearly ready.* 等一等，我马上就准备好。**6** (often after *only* 常用于 only 后) almost not; hardly 几乎不: *I could only just hear what she was saying.* 我勉强能听见她说的话。**7** (often with the imperative 常与祈使语气动词连用) (used for getting attention or for emphasis 用以引起注意/加强语气): *Just let me speak for a moment, will you?* 让我说几句话，好不好？○ *I just don't want to go to the party.* 我真的不想去参加这个酒会。○ *Just imagine how awful she must feel.* 想一想她该有多难过！**8** really; absolutely 真的；绝对: *The holiday was just wonderful.* 这个假期可真精彩。

(IDIOMS 习语) **all/just the same** ⇨ SAME[2]

it is just as well (that) it is a good thing 是好事；倒也不错: *It's just as well you remembered to bring your umbrella!* 好在你带了雨伞！☛ Look also at **(just) as well (to do sth)** at **well**. 另参看 **well** 条下的 **(just) as well (to do sth)**。

just about almost; very nearly 几乎；近乎: *I've just about finished.* 我差不多完成了。

just in case in order to be completely prepared or safe 以防万一: *It might be hot in France – take your shorts just in case.* 法国也许很热，把短裤也带着，以防万一。

just now at this exact moment or during this exact period 眼下；现在: *I can't come with you just now – can you wait 20 minutes?* 我现在不能跟你去，请你等20分钟，行吗？○ *We haven't got very much money to spend just now.* 目前我们手头没多少钱可花。

just so tidy and correct; exactly as it should be 有条不紊；正是如此

☆**justice** /ˈdʒʌstɪs ‖ ˈdʒʌstɪs/ *noun* **1** [U] fair behaviour or treatment 公正的行为/待遇: *a struggle for justice* 为正义而奋斗 **2** [U] the law and the way it is used 司法: *a miscarriage of justice* (= a wrong legal decision) 误判；司法失误 **3** [U] the quality of being fair or reasonable 公正；合理: *Everybody realized the justice of what he was saying.* 谁都认为他说得有理。**4** [C] (used as a title of a judge 法官的尊称): *Mr Justice Smith* 史密斯法官 **5** [C] (*US* 美) a judge of a lawcourt 法官

(IDIOMS 习语) **do yourself justice** to do as well as you should do 充分发挥自己的能力: *Because of his recent illness he wasn't able to do himself justice in the race.* 他最近病了，因此在赛跑中发挥不出应有的水平。

do justice to sb/sth; do sb/sth justice to treat sb/sth fairly or to show the real quality of sb/sth 公正对待；显示…的真实本质: *I don't like him, but to do him justice, he's a very clever man.* 我不大喜欢他，可是话又得说回来，他这个人很聪明。○ *The photograph doesn't do you justice* (= make you look as nice as you are). 你这张照片不及你本人好看。

ˌ**Justice of the** ˈ**Peace** (*abbr* 缩写 **JP**) *noun* [C] a person who judges less serious cases in a lawcourt in Britain 治安法官（在英国审理一般案件）

☆**justify** /ˈdʒʌstɪfaɪ ‖ ˈdʒʌstəˌfaɪ/ *verb* [T] (*pres part* **justifying**; *3rd pers sing pres* **justifies**;

J

pt, *pp* **justified**) to give or be a good reason for sth 证明…正当/合理: *Can you justify your decision?* 你可不可以证明你的决定是对的？ ○ *Nothing can justify being unkind to children.* 虐待儿童，怎么说也说不过去。

justifiable /ˌdʒʌstɪˈfaɪəbl; ˈdʒʌstɪfaɪəbl ‖ ˈdʒʌstəˌfaɪəbl̩/ *adj* possible to accept because there is a good reason for it 无可非议: *His action was entirely justifiable.* 他的做法完全有理由。☛ The opposite is **unjustifiable**. 反义词为 **unjustifiable**。—**justifiably** /-əblɪ ‖ -əblɪ/ *adv*: *She was justifiably angry and upset.* 难怪她又恼又烦。

justification /ˌdʒʌstɪfɪˈkeɪʃn ‖ ˌdʒʌstəfəˈkeʃən/ *noun* [C,U] **justification (for sth/doing sth)** (a) good reason 充分/正当的理由

jut /dʒʌt ‖ dʒʌt/ *verb* (ju**tt**ing; ju**tt**ed) (PHRASAL VERB 短语动词) **jut out** to stand out from sth; to be out of line with the surroundings 突出；伸出: *rocks that jut out into the sea* 伸延入大海的岩石

juvenile /ˈdʒuːvənaɪl ‖ ˈdʒuvənaɪl/ *noun* [C] (*formal* 正式) a child or young person who is not yet adult 少年；青少年

juvenile *adj* **1** (*formal* 正式) of, for or involving young people who are not yet adults 适合/有关青少年: *juvenile crime* 青少年犯罪 **2** childish 像孩子般；幼稚: *He's twenty but he has a rather juvenile manner.* 他都二十岁了，行为还这么幼稚。

ˌ**juvenile deˈlinquent** *noun* [C] a young person who is guilty of committing a crime 青少年罪犯

juxtapose /ˌdʒʌkstəˈpəʊz ‖ ˌdʒʌkstəˈpoz/ *verb* [T] (*formal* 正式) to put two people, things, etc very close together, especially in order to show a contrast 把（两个人/物）并列（以突出其不同）: *The artist achieves a special effect by juxtaposing light and dark.* 那位艺术家在作品里突出了光与暗的对比，产生出一种特别的效果。—**juxtaposition** /ˌdʒʌkstəpəˈzɪʃn ‖ ˌdʒʌkstəpəˈzɪʃən/ *noun* [U]

J

K k

K, k /keɪ ‖ ke/ *noun* [C] (*pl* **K's**; **k's**) the eleventh letter of the English alphabet 英语字母表的第十一个字母: *'Kate' begins with (a) 'K'.* ＊Kate 这个名字的第一个字母是 K。

kaleidoscope /kə'laɪdəskəʊp ‖ kə'laɪdəˌskop/ *noun* [C] a toy that consists of a tube containing mirrors and small pieces of coloured glass. When you look into one end of the tube and turn it, you see changing patterns of colours. 万花筒

kangaroo /ˌkæŋgə'ru: ‖ ˌkæŋgə'ru/ *noun* [C] (*pl* **kangaroos**) an Australian animal that moves by jumping on its strong back legs and that carries its young in a pocket of skin (**a pouch**) on its stomach 袋鼠（产于澳大利亚，雌性袋鼠的腹部皮肤上有一个育儿袋 (**pouch**)）

karat (*US* 美) = CARAT

karate /kə'rɑ:tɪ ‖ kə'rɑtɪ/ *noun* [U] a style of fighting originally from Japan in which the hands and feet are used as weapons 空手道

kart /kɑ:t ‖ kɑrt/ *noun* [C] = GO-KART

kayak /'kaɪæk ‖ 'kaɪæk/ *noun* [C] a small narrow boat for one person, like a canoe（类似独木舟的）单人小舟

kebab /kɪ'bæb ‖ kɪ'bæb/ *noun* [C] small pieces of meat, vegetable, etc that are cooked (and served) on a stick (**a skewer**) 烤肉串（串肉用的扦叫做 **skewer**）

keel /ki:l ‖ kil/ *noun* [C] the wooden or metal bar at the bottom of a boat（船的）龙骨

keel *verb*

(PHRASAL VERB 短语动词) **keel over** to fall over sideways 倒下；倾覆: *Several people keeled over in the heat.* 有好几个人在大热天里晕倒了。

K ☆**keen** /ki:n ‖ kin/ *adj* **1** very interested in sth; wanting to do sth 热心: *They are both keen gardeners.* 他们都很热中于园艺。○ *I failed the first time but I'm keen to try again.* 我头一次失败了，可是我很想再试一次。○ *She was keen that we should all be there.* 她很希望我们都去。**2** (used about one of the senses, a feeling, etc 指官能、感觉等) good or strong 敏锐；灵敏: *Foxes have a keen sense of smell.* 狐狸的嗅觉很灵敏。

(IDIOM 习语) **keen on sb/sth** very interested in or having a strong desire for sb/sth 喜爱；热中于: *He's very keen on jazz.* 他很喜欢爵士乐。○ *Tracey seems very keen on a boy at college.* 特蕾西看来爱上了大学里的一个男生。○ *I'm not very keen on the idea of going camping.* 我对露营不大感兴趣。—**keenly** *adv* —**keenness** *noun* [U]

☆**keep**[1] /ki:p ‖ kip/ *verb* (*pt*, *pp* **kept** /kept ‖ kɛpt/) **1** [I] to continue to be in a particular state or position 保持某状态或位置: *You must keep warm.* 你要保持身体暖和。○ *That child can't keep still.* 那个小孩坐不定。○ *Remember to keep left when you're driving in Britain.* 在英国开车，别忘了靠左行驶。**2** [T] to make sb/sth remain in a particular state, place or condition 使（某人/某物）保持某状态或位置: *Please keep this door closed.* 请保持此门紧闭。○ *He kept his hands in his pockets.* 他双手一直插在口袋里。○ *It's hard to keep the children amused when they can't go outside.* 孩子不能外出，你就很难使他们不感到腻烦。○ *I'm sorry to keep you waiting.* 要你久等，真对不起。**3** [T] to continue to have sth, permanently or for a period of time 保留: *You can keep that book – I don't need it any more.* 那本书你可以留着，我再也用不着了。○ *Can I keep the car until next week?* 这辆汽车我可不可以留到下个星期再还给你？○ *Does the village shop keep batteries?* (= do they have them in stock) 这家乡村小店有没有电池卖？**4** [T] to have sth in a particular place 放置: *Where do you keep the matches?* 你把火柴放在哪儿？**5** [T] **keep doing sth** to continue doing sth; to do sth again and again 继续/重复做某事: *Keep going until you get to the church and then turn left.* 一直往前走，到达教堂的时候再向左拐。○ *She keeps asking me silly questions.* 她老问我一些愚蠢的问题。**6** [T] to delay sb/sth; to prevent sb from leaving 耽搁；妨碍: *Where's the doctor? What's keeping him?* 医生在哪里？什么事情把他拖住了？**7** [T] to support sb financially 供养: *You can't keep a family on the money I earn.* 我挣回来的钱不足养家。**8** [T] to own and manage a shop or a restaurant 经营（商店/餐馆）: *Her father keeps a pub in Devon.* 她爸爸在德文郡开了一家酒馆。**9** [T] to have and look after animals 饲养: *They keep ducks on their farm.* 他们在农场里养鸭。**10** [T] to do what you promised or arranged 履行诺言: *Can you keep a promise?* 你能履行诺言吗？○ *She didn't keep her appointment at the dentist's.* 她在牙医那里挂了号，后来没有去。○ *to keep a secret* (= not tell it to anyone) 保守秘密 **11** [T] to write down sth that you want to remember 把…记录下来: *Keep a record of how much you spend.* 记下你的开支。**12** [I] (used about food 指食物) to stay fresh 保持新鲜: *Drink up all the milk – it won't keep in this weather.* 把牛奶喝光，这个天气牛奶放不久。

(IDIOM 习语) **keep it up** to continue doing sth as well as you are doing it now 保持成绩，不要放松: *You've made very good progress this year. Keep it up!* 今年你进步得很快，继续努力，不要放松！

☛ For other expressions using **keep**, look at the entries for the nouns and adjectives, eg **keep count** is at **count**. 查阅用 **keep** 构成的其他词组，参看有关名词及形容词的词条，如 **keep count** 可参看 **count** 的词条。

(PHRASAL VERBS 短语动词) **keep at it/sth** to continue to work on/at sth 做下去: *Keep at it – we should be finished soon.* 做下去，我们很快就可以做完了。

keep away from sb/sth to not go near sb/sth 远离某人/某事物: *Keep away from the town centre this weekend.* 这个周末不要到市中心去。

keep sb/sth back to prevent sb/sth from moving forwards 使某人/某事物不靠近: *The police tried to keep the crowd back.* 警察设法阻止人群向前涌。

keep sth back (from sb) to refuse to tell sb sth（对某人）隐瞒某事物: *I know he's keeping something back; he knows much more than he says.* 我知道他在隐瞒着一些事情，他知道的要比说出来的多得多。

keep sth down to make sth remain at a low level, to stop sth increasing 抑制: *Keep your voice down.* 小声一点儿。○ *The government is trying to keep prices down.* 政府正设法平抑物价。

keep sb from sth/from doing sth to prevent sb from doing sth 不让某人做某事: *His injury kept him from playing in the game yesterday.* 他受了伤，昨天不能出赛。

keep sth from sb to refuse to tell sb sth 隐瞒

keep off sth to not approach or go on sth 不走近某事物: *Keep off the grass!* 不要践踏草地！

keep sth off (sb/sth) to stop sth touching or going on sb/sth 使某物不接近某人/某事物

keep on (doing sth) to continue doing sth; to do sth again and again 继续/重复做某事: *He keeps on interrupting me.* 他一次又一次地打断我的话。

keep on (at sb) (about sb/sth) to continue talking to sb in an annoying or complaining way 向某人唠叨: *Stop keeping on at me about my homework!* 不要唠唠叨叨地说我的作业的事！

keep out (of sth) to not enter sth 不进入（某处）: *The sign said 'Danger – Keep out!'* 牌子上写着"危险！不准进入！"

keep to sth to not leave sth 不离开某事物: *Keep to the path!* 沿着这条路走，不要乱跑！○ *He didn't keep to the subject* (= he started talking about sth else). 他扯远了。

keep sth up 1 to prevent sth from falling down 不让某物跌下 **2** to cause sth to remain at a high level 使停留于高水平: *We want to keep up standards of education.* 我们要保持教育的水准，不让它下降。**3** to continue doing sth 继续做: *How long can the baby keep up that crying?* 小娃娃还要哭多久？

keep up (with sb) to move at the same speed as sb 跟上某人: *Can't you walk a bit slower? I can't keep up.* 你可以走慢一点吗？我跟不上。

keep up (with sth) to know about what is happening 知道正在发生的事情: *You have to read the latest magazines if you want to keep up.* 你不想跟时事脱节，就要看看最新出版的杂志。

keep² /ki:p ‖ kip/ *noun* [U] food and other things that you need for life 必需品: *Gary lives at home and gives his mother £25 a week for his keep.* 加里住在家里，每星期给他妈妈25英镑作为生活费用。○ *to earn your keep* 谋生

(IDIOM 习语) **for keeps** (*informal* 非正式) for always 永久: *Take it. It's yours for keeps.* 收下吧，这个是给你永久保留的。

keeper /'ki:pə(r) ‖ 'kipə/ *noun* [C] **1** a person who guards or looks after sth 看守人: *a zoo-keeper* 动物园饲养员 **2** (*informal* 非正式) = GOALKEEPER

keeping /'ki:pɪŋ ‖ 'kipɪŋ/ *noun*

(IDIOM 习语) **in/out of keeping (with sth)** **1** that does/does not look right with sth 与（某事物）一致/不一致；与（某事物）相称/不相称: *That modern table is out of keeping with the style of the room.* 那张时髦桌子跟房间的风格不大相称。**2** correct or expected according to a rule, belief, etc 与（规定/信念等）一致: *The Council's decision is in keeping with government policy.* 议会的决定符合国家的政策。

keg /keg ‖ kɛg/ *noun* [C] a small barrel 小桶

kennel /'kenl ‖ 'kɛnl̩/ *noun* [C] a small house for a dog 狗窝

kept *pt, pp* of KEEP¹ * KEEP¹ 的过去时及过去分词

kerb (*especially US* 美尤作 **curb**) /kɜ:b ‖ kɝb/ *noun* [C] the line of stones that form the edge of the pavement where it joins the road 人行道的路缘；马路牙子: *They stood on the kerb waiting to cross the road.* 他们站在人行道边缘准备过马路。

kerosene (*also* 亦作 **kerosine**) /'kerəsi:n ‖ 'kɛrəˌsin/ *noun* [U] (*US* 美) = PARAFFIN

ketchup /'ketʃəp ‖ 'kɛtʃəp/ *noun* [U] a sauce made from tomatoes that is eaten cold with hot or cold food 番茄酱

kettles
水壶

☆**kettle** /'ketl ‖ 'kɛtl̩/ *noun* [C] a metal pot with a lid, handle and spout that is used for boiling water（烧水用的）水壶: *Shall I put the kettle on for a cup of tea?* 要不要我烧水沏茶？○ *The kettle's boiling.* 壶里的水开了。

☆**key¹** /ki: ‖ ki/ *noun* [C] **1** a metal object that is used for locking or unlocking a door, etc 钥匙: *Have you seen my car keys anywhere?* 你有没有见过我的汽车钥匙？○ *We need a spare key to the front door.* 前门要配上一把备用钥匙。○ *a bunch of keys* 一串钥匙 **2** a set of musical notes that is based on one particular note（音乐的）调: *The concerto is in the key of A minor.* 这是一首A小调协奏曲。**3** one of the parts of a piano, typewriter, etc that you press

K

with your fingers to make it work（钢琴、打字机等的）键 **4** a set of answers to exercises or problems 答案: *The key to the crossword will appear in next week's issue.* 填字游戏的答案将于下周揭晓。 **5** a list of the symbols and signs used in a map or book, showing what they mean（地图或书本上的）符号表/图例 **6** [usually sing] something that helps you achieve or understand sth 关键: *A good education is the key to success.* 良好的教育是成功的关键。○ *This letter holds the key to the mystery.* 这封信是解开这个谜的关键。

ˈkeyhole *noun* [C] the hole in a lock where you put the key 锁眼；钥匙孔

ˈkey-ring *noun* [C] a ring on which you keep keys 钥匙圈

key² /kiː ‖ ki/ (*also* 亦作 **keyboard**) *verb* [T] **key sth (in)** to put information into a computer or give it an instruction by typing on the keyboard 把资料输入计算机；按键盘（向计算机）发出指令: *to key in some data* 输入一些数据 ○ *First, key in your password.* 首先，输入口令。

key³ /kiː ‖ ki/ *adj* (only *before* a noun 只用于名词前) very important 十分重要: *Tourism is a key industry in Spain.* 旅游业是西班牙一个十分重要的行业。

keyboard /ˈkiːbɔːd ‖ ˈkiˌbɔrd/ *noun* [C] **1** the set of keys¹(3) on a piano, computer, etc（钢琴、计算机等的）键盘 ☛ picture on page A26. 见第A26页插图。 **2** [usually pl] an electrical musical instrument like a small piano 电子琴 ☛ picture at **rock band**. 见 **rock band** 插图。 —**keyboard** *verb* [T] = KEY²

khaki /ˈkɑːkɪ ‖ ˈkɑkɪ/ *adj, noun* [U] (of) a dull brownish-yellow colour 土黄色；卡其布: *the khaki uniforms of the desert soldiers* 沙漠士兵的卡其布制服

kibbutz /kɪˈbʊts ‖ kɪˈbuts/ *noun* [C] (*pl* **kibbutzim** /kɪbʊˈtsiːm ‖ kɪbuˈtsim/) a farm or village in Israel where many people live and work together, sharing the work and the money that is earned（以色列的）合作农场

K

☆**kick¹** /kɪk ‖ kɪk/ *verb* **1** [T] to hit or move sb/sth with your foot 踢: *She was knocked to the ground and kicked in the stomach.* 她被推倒在地，腹部又挨了几脚。○ *He kicked the ball over the top of the net.* 他把球踢过球门飞了出去。 **2** [I] to move your foot or feet 踢腿: *You must kick harder if you want to swim faster.* 要更用力踢腿才可以游得更快。○ *The protesters were dragged kicking and screaming into the police vans.* 示威者被拖上警车的时候，乱叫乱踢。

(IDIOM 习语) **make, kick up, etc a fuss** ⇨ FUSS

(PHRASAL VERBS 短语动词) **kick off** to start a game of football（足球）开赛

kick sb out (of sth) (*informal* 非正式) to force sb to leave a place 开除: *to be kicked out of university* 被开除出大学

ˈkick-off *noun* [C] the start of a game of football（足球）开赛: *The kick-off is at 2.30.* 足球赛在2时30分开始。

☆**kick²** /kɪk ‖ kɪk/ *noun* **1** [C] an act of kicking 踢: *She gave the door a kick and it closed.* 她用脚一踢，把门关上了。○ *After one of our players was tripped up, our team got a free kick.* 我方一名球员被对方绊倒，我方因此得了一个任意球。 **2** [C] (*informal* 非正式) a feeling of great pleasure, excitement, etc 欢悦；刺激: *He gets a real kick out of rock-climbing.* 他从攀岩运动中得到很大乐趣。○ *Some young people drive very fast just for kicks.* 有些年轻人开快车只是为了追求刺激。

☆**kid¹** /kɪd ‖ kɪd/ *noun* [C] **1** (*informal* 非正式) a child or young person 孩子；年轻人: *How are your kids?* 你的孩子好吗？ **2 kid brother/sister** (*informal* 非正式) (*especially US* 尤为美) younger brother/sister 弟弟；妹妹 **3** a young goat 小山羊 ☛ picture at **goat**. 见 **goat** 插图。

ˈkiddy (*also* 亦作 **kiddie**) *noun* [C] (*pl* **kiddies**) (*informal* 非正式) a child 小孩

kid² /kɪd ‖ kɪd/ *verb* [I,T] (ki**dd**ing; ki**dd**ed) (*informal* 非正式) to trick or deceive sb/yourself; to make a joke about sth 欺骗；开玩笑: *I didn't mean it. I was only kidding.* 我说着玩儿的，别认真。○ *People were always kidding him about his funny name.* 人们老在取笑他那滑稽的名字。○ *Don't kid yourself Martin, she doesn't really love you.* 马丁，别骗自己啦，她不是真心爱你的。

kidnap /ˈkɪdnæp ‖ ˈkɪdnæp/ *verb* [T] (kidna**pp**ing; kidna**pp**ed; *US* 美 kidna**p**ing; kidna**p**ed) to take sb away by force and demand money for his/her safe return 绑架: *The child was kidnapped and £50 000 was demanded for her release.* 小孩给绑架了，歹徒要求50 000英镑赎金才肯放她。☛ Look at **hijack**. 参看 **hijack**。

kidnapper *noun* [C] a person who kidnaps sb 绑匪 —**kidnapping** *noun* [C,U]: *The kidnapping took place just outside his home.* 绑架就发生在他住所外面。

kidney /ˈkɪdnɪ ‖ ˈkɪdnɪ/ *noun* [C] (*pl* **kidneys**) one of the two parts of the body that separate waste liquid from the blood 肾脏: *My mother has had a kidney transplant.* 我妈妈接受过肾脏移植。

☆**kill** /kɪl ‖ kɪl/ *verb* **1** [I,T] to make sb/sth die 杀死: *Smoking kills.* 吸烟可以致命。○ *She was killed instantly in the crash.* 她在这起撞车事故里当场死亡。☛ **Murder** means to kill a person on purpose 谋杀叫 **murder**: *This was no accident. The old lady was murdered.* 这决不是意外，老太太是被人谋杀的。 **Assassinate** means to kill for political reasons 因政治目的行刺叫 **assassinate**: *President Kennedy was* *assassinated.* 肯尼迪总统遇刺。**Slaughter** and **massacre** mean to kill a large number of people 屠杀叫 **slaughter** 或 **massacre**: *Hundreds of people were massacred when the army opened fire on the crowd.* 军队向群众开火，导致数以百计的人死亡。**Slaughter** is also used of killing an animal for food. 屠宰动物也叫 **slaughter**。**2** [T] (*informal* 非正式) to cause sb pain; hurt 使疼痛: *My feet are killing me.* 我的脚痛得要命。**3** [T] to cause sth to end or fail 使完结；使失败: *The minister's opposition killed the idea stone dead.* 部长反对，这个想法于是就彻底告吹了。

(IDIOMS 习语) **have an hour, etc to kill** to have some time when you have nothing to do, usually when you are waiting for sb/sth 有一段时间无事可做（一般指等待时）

kill time to do sth uninteresting or unimportant to pass the time 打发时间

kill two birds with one stone to do one thing which will achieve two results 一石二鸟；一箭双雕；一举两得

kill *noun* [sing] **1** the act of killing (an animal) 杀死（动物）: *Lions often make a kill in the evening.* 狮子通常在晚上猎食。**2** an animal or animals that have been killed 被杀死的动物: *The eagle took the kill back to its young.* 鹰把啄死的猎物带回去给雏鸟吃。

killer *noun* [C] a person, animal or thing that kills 杀戮者（指人、动物或事物）: *a killer disease* 致命疾病 ○ *He's a dangerous killer who may strike again.* 他是个很危险的杀人犯，随时都可能会再犯罪。

☆**killing** /ˈkɪlɪŋ ‖ ˈkɪlɪŋ/ *noun* [C] an act of killing a person on purpose; a murder 谋杀: *There have been a number of brutal killings in the area recently.* 这个地区最近发生了几起残忍的凶杀案。

☆**kilo** /ˈkiːləʊ ‖ ˈkilo/ (*also* 亦作 **kilogram**; **kilogramme** /ˈkɪləɡræm ‖ ˈkɪləˌɡræm/) *noun* [C] (*pl* **kilos**) (*abbr* 缩写 **kg**) a measure of weight; 1 000 grams 公斤（重量单位，相当于 1 000 克）

☆**kilometre** (*US* 美 **kilometer**) /ˈkɪləmiːtə(r); kɪˈlɒmɪtə(r) ‖ ˈkɪləˌmitə/ *noun* [C] (*abbr* 缩写 **km**) a measure of length; 1 000 metres 公里（长度单位，相当于 1 000 米）

kilt /kɪlt ‖ kɪlt/ *noun* [C] a skirt with many folds (**pleats**) that is worn by men as part of the national dress of Scotland 短褶裙（苏格兰男子穿的一种民族服装，褶子叫做 **pleat**）☛ picture at **bagpipes**. 见 **bagpipes** 插图。

kin /kɪn ‖ kɪn/ *noun* [plural] members of your family; relatives 家属；亲属 ☛ Kin is now a formal or old-fashioned word and is rarely used. * kin 现在属正式或旧式用语，已很少用。**Next of kin** however, is still common. 不过，**next of kin** 仍然经常使用。It means your closest relative who should be told first if you are injured or killed. 如遇有人受伤或死亡，首先要通知的人就是他最亲的家属 (next of kin)。

☆**kind**[1] /kaɪnd ‖ kaɪnd/ *noun* [C] a group whose members all have the same qualities 种类: *The concert attracted people of all kinds.* 音乐会吸引了各种各样的听众。○ *The concert attracted all kinds of people.* 音乐会吸引了各种各样的听众。○ *Many kinds of plant and animal are being lost every year.* 每一年都有很多种动植物从世上消失。☛ *Kinds of* may be followed by a singular noun or a plural noun * kinds of 后面可以用单数名词，也可以用复数名词: *There are so many kinds of camera/cameras on the market that it's hard to know which is best.* 市面上的相机种类繁多，很难知道哪一种才是最好的。Sometimes you may hear people say something like: *Those kind/sort of dogs are really dangerous* but this is still thought by many people not to be correct English. 有时也许会听见人们说 Those kind/sort of dogs are really dangerous, 但很多人仍然认为这种说法不规范。

(IDIOMS 习语) **a kind of** (*informal* 非正式) (used for describing sth in a way that is not very clear 用于不大清晰的描述): *I had a kind of feeling that something would go wrong.* 我总觉得有什么地方会出毛病。○ *There's a funny kind of smell in here.* 这儿有点古怪的气味。

kind of (*informal* 非正式) rather; a little bit 相当；有点儿: *I'm kind of worried about the interview.* 我有点担心这次面试。

of a kind **1** very much the same 很相近: *The friends were two of a kind – very similar in so many ways.* 这对朋友在很多方面都十分相似。**2** of poor quality 低劣；差劲: *The village has a bus service of a kind – two buses a week!* 这个乡村也算有公共汽车服务——一个星期才有两班车！

☆**kind**[2] /kaɪnd ‖ kaɪnd/ *adj* friendly and thoughtful about what other people want or need 仁慈；体贴: *Would you be kind enough to give Sue a lift to the station?* 可不可以让苏珊搭你的车去车站？○ *It was kind of you to offer, but I don't need any help.* 谢谢你的好意，可是不用帮我，我自己做得来。○ *A present! How kind of you.* 一份礼物！你真有心哪。○ *to be kind to children and animals* 对小孩和动物都很仁慈 ☛ The opposite is **unkind**. 反义词为 **unkind**。

kindly *adv* **1** in a kind way 友善；亲切: *The nurse smiled kindly.* 这个护士笑得很亲切。**2** (used for asking sb to do sth 表示请求) please 请: *Would you kindly wait a moment?* 请等一等好吗？○ *Kindly leave me alone!* 求求你，别打扰我！

kindness *noun* **1** [U] the quality of being kind 友善；仁慈: *Be grateful. It was done out of kindness.* 你应该心存感谢，别人这样做是出于一番好意。**2** [C] a kind act 友善的行为: *How can I repay your many kindnesses?* 我该怎么报答你的大恩大德？

kind-'hearted *adj* having a kind nature 好心肠；仁慈

kindergarten /ˈkɪndəɡɑːtn ‖ ˈkɪndɚˌɡɑrtn̩/ *noun* [C] a school for very young children, aged from about 3 to 5 幼儿园（对象是3岁至5岁的儿童）☛ Look at **nursery school**. 参看 **nursery school**。

☆**kindly**[1] /ˈkaɪndlɪ ‖ ˈkaɪndlɪ/ *adj* (**kindlier**; **kindliest**) kind and friendly 友善；仁慈；亲切:

K

a kindly face 和蔼的脸色 ○ *kindly advice* 善意的意见 —**kindliness** *noun* [U]

kindly[2] ⇨ KIND[2]

☆**king** /kɪŋ ‖ kɪŋ/ *noun* [C] **1** (the title of) a man who rules a country. A king is usually the son or close relative of the previous ruler 国王；君主；国王/君主的称号: *The new king was crowned in Westminster Abbey.* 新国王在威斯敏斯特教堂接受加冕。○ *King Edward VII* 英王爱德华七世 ○ *The king was deposed by a group of generals.* 国王被一群将官废黜了。○ (*figurative* 比喻) *The lion is the king of the jungle.* 狮子是丛林之王。☛ Look at **queen**. 参看 **queen**。**2** one of the four playing-cards in a pack with a picture of a king（纸牌游戏的）K: *the king of spades* 黑桃K ☛ Look at the note at **card**. 参看 **card** 的注释。

'**king-size** (*also* 亦作 '**king-sized**) *adj* very large 特大号: *a king-size bed* 特大的床

☆**kingdom** /'kɪŋdəm ‖ 'kɪŋdəm/ *noun* [C] **1** a country that is ruled by a king or queen 王国: *the United Kingdom* 联合王国；英国 **2** one of the parts of the natural world 自然界的一个部分: *the animal kingdom* 动物界

kink /kɪŋk ‖ kɪŋk/ *noun* [C] a turn or bend in sth that should be straight 扭曲的地方: *There's a kink in the hose-pipe so the water won't come out.* 软管打了个结，所以水流不出来。

kiosk /'ki:ɒsk ‖ kɪ'ɑsk/ *noun* [C] **1** a small hut where newspapers, sweets, cigarettes, etc are sold（出售报纸、糖果、香烟等的）小亭 **2** (*Brit* 英) a public telephone box 公用电话亭

kip /kɪp ‖ kɪp/ *noun* [sing,U] (*Brit slang* 英，俚语) sleep 睡眠: *It's time to have a kip.* 现在该睡一觉了。

kip *verb* [I] (kipping; kipped) (*Brit* 英) to sleep 睡觉: *You could kip on the sofa if you like.* 你喜欢的话，可以睡在沙发上。

kipper /'kɪpə(r) ‖ 'kɪpɚ/ *noun* [C] a type of fish that has been cut open, salted and hung in smoke 腌制后熏干的鲱鱼

☆**kiss** /kɪs ‖ kɪs/ *verb* [I,T] to touch sb with your lips as a greeting or to show love or affection 吻: *They sat in the back row of the cinema, kissing and cuddling.* 他们坐在电影院的后排座位上，又抱又吻的。○ *He kissed her tenderly on the cheek.* 他在她脸颊上轻轻吻了一下。○ *They kissed each other goodbye.* 他们互相吻别。

kiss *noun* [C] a touch with the lips 吻: *Give Daddy a goodnight kiss.* 给爸爸一个吻向他道晚安吧。○ *a kiss on the lips* 接吻

K

kit /kɪt ‖ kɪt/ *noun* **1** [U] the clothes and other things that are needed eg by a soldier（士兵等的）衣服及其他必需品: *He packed all his kit into a rucksack and set off around Europe.* 他把所有用品放在背包里，然后出发环游欧洲。**2** [C,U] equipment that you need for a particular sport, activity, situation, etc（某种运动、活动、场合等所需的）用具/用品: *a first-aid kit* 一套急救用品 ○ *a tool kit* 一套工具 ○ *sports kit* 运动用品 **3** [C] a set of parts that you buy and put together in order to make sth 配套元件: *a kit for a model aeroplane* 飞机模型的配套元件

kit *verb* (kitting; kitted)

(PHRASAL VERB 短语动词) **kit sb out/up (with sth)** to give sb all the necessary clothes, equipment, tools, etc for sth 给某人装备: *Before you go skiing you must get kitted out with all the proper clothing.* 去滑雪前别忘了带适合滑雪的衣服。

☆**kitchen** /'kɪtʃɪn ‖ 'kɪtʃɪn/ *noun* [C] a room where food is prepared and cooked 厨房: *We usually eat in the kitchen.* 我们通常在厨房里吃饭。○ *a kitchen cupboard* 厨柜

kite /kaɪt ‖ kaɪt/ *noun* [C] a toy which is a light framework covered with paper or cloth. Kites are flown in the wind on the end of a long piece of string 风筝: *Several people were flying kites on the hill.* 山上有几个人在放风筝。

kitten /'kɪtn ‖ 'kɪtn̩/ *noun* [C] a young cat 小猫 ☛ picture at **cat**. 见 **cat** 插图。

kitty /'kɪtɪ ‖ 'kɪtɪ/ *noun* [C] (*pl* **kitties**) a sum of money that is collected from a group of people and used for a particular purpose（为特定用途凑出的）一笔钱: *All the students in the flat put £5 a week into the kitty.* 住在这个公寓里的学生每个星期都拿出5英镑来存在一起。

kiwi /'ki:wi: ‖ 'kiwɪ/ *noun* [C] **1** a New Zealand bird with a long beak and short wings that cannot fly 几维（产于新西兰的鸟，喙长，翼短，不能飞）**2** (*also* 亦作 '**kiwi fruit**) a fruit with brown skin that is green inside with black seeds 猕猴桃

knack /næk ‖ næk/ *noun* [sing] the ability to do sth (difficult) 本领；技巧: *Knitting isn't difficult once you've got the knack of it.* 编织并不怎么困难，只要掌握窍门就行了。

knead /ni:d ‖ nid/ *verb* [T] to press and squeeze sth with your hands 捏；揉: *To make bread you mix flour and water into a dough and knead it for ten minutes.* 做面包的方法是：先往面粉里掬点水，把面粉和成面团，然后再揉十分钟。

☆**knee** /ni: ‖ ni/ *noun* [C] **1** the place where your leg bends in the middle 膝盖: *Angie fell and grazed her knee.* 安吉栽了一跤，擦伤了膝盖。○ *Come and sit on my knee.* 过来坐在我的腿上。☛ picture on page A21. 见第A21页插图。**2** the part of a pair of trousers, etc that covers the knee（裤子等的）膝部: *There's a hole in the knee of those jeans.* 这条牛仔裤的膝部破了一个洞。

'**kneecap** *noun* [C] the bone that covers the front of the knee 膝盖骨

ˌ**knee-'deep** *adj* deep enough to reach the knees 齐膝深: *The water was knee-deep in places.* 有些地方的水齐膝深。

kneeling
跪着

crouching
蹲着

☆**kneel** /ni:l ‖ nil/ *verb* [I] (*pt, pp* **knelt** /nelt ‖ nɛlt/ or **kneeled**) **kneel (down)** to go down on one or both knees; to be in this position 跪；跪着: *Kneel down while I comb your hair* 跪着，我给你梳头。○ *to kneel in prayer* 跪着祷告

knew *pt* of KNOW ＊ KNOW 的过去时

☆**knickers** /ˈnɪkəz ‖ ˈnɪkɚz/ *noun* [plural] (*Brit* 英) a woman's or girl's underpants 女用短衬裤 ☛ Note that you talk about *a pair of knickers* 一条女用短衬裤叫做 a pair of knickers: *There's a clean pair of knickers in your drawer.* 你的抽屉里有一条干净的短衬裤。

☆**knife** /naɪf ‖ naɪf/ *noun* [C] (*pl* **knives** /naɪvz ‖ naɪvz/) a sharp flat piece of metal (**a blade**) with a handle. A knife is used for cutting things or as a weapon 刀（刀刃叫做 **blade**）: *The carving-knife is rather blunt.* 这把切肉刀钝得很。○ *Be careful. That bread-knife is very sharp.* 那把面包刀非常锋利，小心点儿。○ *Don't use your fingers. Use a knife and fork.* 别用手，用刀叉。○ *a pocket-knife* 折刀

knife *verb* [T] to injure sb with a knife 用刀伤害；捅: *The young man had been knifed in the chest.* 这个青年给人在胸口上捅了一刀。

knight /naɪt ‖ naɪt/ *noun* [C] **1** a man who has been given a rank of honour and who can use *Sir* in front of his name 爵士（姓名前冠上 Sir 这个尊称）**2** a soldier who fought on horseback in the Middle Ages（中世纪的）骑士

knighthood /-hʊd ‖ -hʊd/ *noun* [C,U] the title or rank of a knight 爵士或骑士的称号/身分: *He was given a knighthood in last year's Honours List.* 去年的授勋名单上他榜上有名，他获封为爵士。

☆**knit** /nɪt ‖ nɪt/ *verb* [I,T] (knit**t**ing; knit**t**ed) to make sth (eg an article of clothing) with wool using long needles(2) or a special machine 编织: *Grandma loves knitting.* 奶奶爱编织。○ *I'm knitting a sweater for my nephew.* 我正在给外甥织套衫。

stitch 一（编）针 **knit** 编织 *wool* 毛线

-knit (in compounds 用以构成复合词) closely joined together 紧密地结合在一起的: *a closely-knit village community* 十分团结的乡村社区

knitting *noun* [U] the act of knitting or sth that is being knitted 编织；编织物: *She put down her knitting and yawned.* 她放下了毛活儿，打起哈欠来。○ *I usually do some knitting while I'm watching TV.* 我喜欢一边看电视一边织毛衣。○ *a knitting machine* 编织机；针织机

ˈ**knitting needle** *noun* [C] = NEEDLE(2)

ˈ**knitwear** *noun* [U] articles of clothing that have been knitted 针织衣服: *the knitwear department* 针织服装部

knob /nɒb ‖ nɑb/ *noun* [C] **1** a round handle on a door, etc（门户等处）圆形把手 **2** a round button on a machine that controls a part of it（控制机械的）圆形按钮 **3** (*Brit* 英) a (small) round lump 小块: *Grease the pan with a knob of butter.* 把一小块黄油擦在锅上。

☆**knock**[1] /nɒk ‖ nɑk/ *noun* [C] a sharp blow or the sound it makes 敲击；敲击声: *a nasty knock on the head* 往头上狠狠一击 ○ *I thought I heard a knock at the door.* 我好像听见有人敲门。○ (*figurative* 比喻) *She has suffered some hard knocks in her life.* 她在生活中遇到过一些很大的挫折。

☆**knock**[2] /nɒk ‖ nɑk/ *verb* **1** [T] to hit sb/sth with a sharp blow 敲；击；碰: *He knocked the vase onto the floor.* 花瓶给他一碰就掉到地上。○ *Be careful not to knock your head when you get up.* 起床的时候，小心撞头。○ *to knock sb unconscious* 把某人打晕 **2** [I] to make a noise by hitting sth 使发出敲击的声音: *Someone is knocking at the door.* 有人在敲门。**3** [T] (*informal* 非正式) to say bad or unfavourable things about sb/sth（用言词）攻击；批评: *That newspaper is always knocking the government.* 那份报纸老是批评政府。

(PHRASAL VERBS 短语动词) **knock about/around** (*informal* 非正式) to be in a place 在某个地方: *I'm sure last week's newspaper is knocking around here somewhere.* 我肯定上个星期的报纸准在这里的什么地方。○ *I spent a few months knocking around Europe before I went to university.* 我在欧洲漫游了几个月，然后才上大学念书。

knock sb down to cause sb to fall to the ground/floor 击倒/撞倒某人: *The old lady was knocked down by a cyclist.* 这个老太太被骑自行车的撞倒了。

knock sth down to destroy a building, etc 拆除（建筑物等）: *The old houses are to be knocked down to make way for blocks of flats.* 为了腾出地方兴建公寓，这些旧房子将要拆毁。

knock off (sth) (*informal* 非正式) to stop doing work, etc 停止做（工作等）: *What time do you knock off?* 你什么时候下班？

knock sth off 1 (*informal* 非正式) to reduce a price by a certain amount 降价: *He agreed to knock £10 off the price.* 他同意把价钱减掉10英镑。**2** (*slang* 俚语) to steal sth 偷东西

knock sb out 1 to hit sb so that he/she becomes unconscious or cannot get up again for a while 击晕；击倒: *The punch on the nose knocked him out.* 一拳打在鼻子上把他打晕了。**2** (used about a drug, alcohol, etc 指毒品、酒等) to cause sb to sleep 使人入睡: *Three glasses of vodka knocked her out.* 她喝了三杯伏特加酒后便醉倒了。

knock sb out (of sth) to beat a person or team in a competition so that they do not play any more games in it 比赛中淘汰某人: *Belgium was knocked out of the European Cup by France.* 比利时队在欧洲杯大赛中被法国队淘汰出局。

knock sb/sth over to cause sb/sth to fall over 使某人/某物翻倒: *Be careful not to knock over the drinks.* 小心别把饮料打翻了。

ˈ**knockout** *noun* [C] **1** a blow that causes sb to become unconscious or to be unable to get up again for a while 把某人击晕/击倒的一击 **2** a competition in which the winner of each game goes on to the next part but the loser plays no more games 淘汰赛

knocker /ˈnɒkə(r) ‖ ˈnɑkɚ/ *noun* [C] a piece of metal on the outside of a door that you knock to attract the attention of the people inside 门环

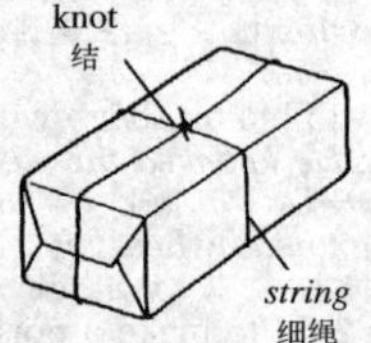

knot[1] /nɒt ‖ nɑt/ *noun* [C] a place where two ends or pieces of rope, string, etc have been tied together firmly 结: *to tie/untie a knot* 打/解开结子 ○ *This knot is very tight – I can't undo it.* 这个结很紧，我解不开。

knot *verb* [T] (kno**tt**ing; kno**tt**ed) to tie a knot in sth 打结: *They knotted sheets together and climbed down them.* 他们把被单结在一起，然后抓着被单往下爬。

knot[2] /nɒt ‖ nɑt/ *noun* [C] a measure of the speed of a ship or an aeroplane; 1 850 metres per hour 节（船/飞机的航速单位，为每小时 1 850米）

☆**know** /nəʊ ‖ no/ *verb* (*pt* **knew** /nju:; *US* 美 nu: ‖ nu/; *pp* **known** /nəʊn ‖ non/) (not in the continuous tenses 不用于进行时) **1** [I,T] to have knowledge or information in your mind 知道；认识: *I don't know much about sport.* 我对体育运动懂得不多。○ *Do you know their telephone number?* 你知道他们的电话号码吗？○ *'You've got a flat tyre.' 'I know.'* "你的轮胎瘪了。" "我知道。" ○ *Did you know that Jonathan was a keen painter?* 你知道乔纳森很喜欢画画吗？○ *Do you know the whole poem by heart?* 你能够把整首诗背出来吗？○ *Knowing Barbara, she'll be out with her friends.* 我了解巴巴拉，她准会跟朋友出去玩的。**2** [T] to have met or seen sb before 认识（某人）: *We've known each other for years.* 我们已相识多年。☛ Notice the expression **get to know sb** 请留意 **get to know sb** 的用法: *Kevin's wife seems very interesting. I'd like to get to know her better.* 凯文的妻子似乎很特别，我想多了解她一点。**3** [T] to have seen, heard, etc sth 见过；听过: *I've known him go a whole day without eating.* 我听说他曾经整天不吃东西。○ *It's been known to snow in June.* 有一年六月竟然下雪。**4** [T] to be familiar with a place 熟悉（某地方）: *I don't know this part of London well.* 我不大熟悉伦敦的这一地区。**5** [T] (often passive 常用于被动语态) to give sth a particular name; to recognize sb/sth as sth 给予特定的名称；把…看做…: *Istanbul was previously known as Constantinople.* 伊斯坦布尔以前叫做君士坦丁堡。○ *She's known as an excellent manager.* 人们都知道她是一个出色的经理。○ *He knows a genuine antique when he sees one.* 他一眼就可分辨出真古董和假古董。**6** [T] to speak or understand a language 能说/通晓（某种语言）: *I don't know much Spanish.* 我不大会说西班牙语。**7** [T] to be able to do sth 能做某事: *Do you know how to swim?* 你会游泳吗？☛ Be careful. You must use **how to**; you CANNOT say: *I know swim.* 请注意，know 后面一定要接 **how to**；不能说 I know swim。**8** [T] to have experience of sth 有某种经历: *They have known both wealth and poverty.* 贫与富的滋味他们都尝过了。○ *Many people in western countries don't know what it's like to be hungry.* 西方国家里有很多人都没有体验过饥饿的滋味。

(IDIOMS 习语) **God/goodness/Heaven knows** **1** I don't know 我不知道: *They've ordered a new car but goodness knows how they're going to pay for it.* 他们订了一辆新车，真不知道他们哪来的钱去支付。**2** (used for emphasizing sth 用以强调): *I hope I get an answer soon. Goodness knows, I've waited long enough.* 天哪，我实在等了很久了，我希望不久就会有一个答复。

know better (than that/than to do sth) to have enough sense (not to do sth) 知道（不该做某事）: *I thought you knew better than to go out in the rain with no coat on.* 我以为你应该知道，没穿雨衣就不该冒雨出门。

know sb by sight to recognize sb without knowing him/her well 认得某人，但与对方并不熟悉

know sth inside out/like the back of your hand (*informal* 非正式) to be very familiar with sth 熟悉某事物: *I grew up here. I know these woods like the back of my hand.* 我在这儿长大，对这片树林我了如指掌。

know what you are talking about (*informal* 非正式) to have knowledge of sth from your own experience 有切身体会因而熟知

know what's what (*informal* 非正式) to have all the important information about sth 洞悉

let sb know to tell sb; inform sb about sth 告诉: *Could you let me know when you've made up your mind?* 决定了就告诉我，可以吗？

you know (used when the speaker is thinking of what to say next 说话的人正在考虑说什么话时用): *Well, you know, it's rather difficult to explain.* 这个嘛…很难说个明白。

(PHRASAL VERB 短语动词) **know of sb/sth** to have information about or experience of sb/sth 知道某人/某事物的情况: *Do you know of any pubs around here that serve food?* 据你所知，附近有没有售卖食物的酒馆？

know *noun*

(IDIOM 习语) **in the know** (*informal* 非正式) having information that other people do not 知情；熟知内幕: *People in the know say that the minister is going to resign.* 消息灵通人士透露，部长快要辞职。

ˈ**know-how** *noun* [U] (*informal* 非正式) knowledge of or skill in sth 知识；技术: *We are looking for someone with technical know-how in this field.* 我们需要这个行业的专业技术人才。

knowing /ˈnəʊɪŋ ‖ ˈnoɪŋ/ *adj* showing that you know a lot about sth 知悉的；心照不宣的: *a knowing look* 会意的眼神

knowingly *adv* **1** on purpose 故意；存心: *I've never knowingly lied to you.* 我从没有存心欺

K

骗你。**2** in a way that shows that you understand 会意地: *He smiled knowingly.* 他会意地笑了。

☆**knowledge** /ˈnɒlɪdʒ ‖ ˈnɑlɪdʒ/ *noun* [U,sing] information or facts that you have in your mind about sth 知识: *He has extensive knowledge of Ancient Egypt.* 他掌握了有关古埃及的广泛知识。○ *I have a working knowledge of French.* 我的法语达到了可沟通的地步。○ *To my knowledge they are still living there.* 就我所知，他们还住在那里。○ *She did it without my knowledge.* 她背着我做出这种事来。

(IDIOM 习语) **be common/public knowledge** to be known by a lot of people 人尽皆知的

knowledgeable /-əbl ‖ -əbl̩/ *adj* having a lot of knowledge; well-informed 知识渊博: *She's very knowledgeable about history.* 她十分熟悉历史。—**knowledgeably** /-əblɪ ‖ -əblɪ/ *adv*

knuckle /ˈnʌkl ‖ ˈnʌkl̩/ *noun* [C] the bones where the fingers join the rest of the hand 指节 ☛ picture on page A21. 见第A21页插图。

koala /kəʊˈɑːlə ‖ koˈɑlə/ (*also* 亦作 **koala bear**) *noun* [C] an Australian animal with thick grey fur that lives in trees and looks like a small bear 树袋熊（产于澳大利亚的树栖动物，毛密，色灰）

Koran /kəˈrɑːn; *US* 美 -ˈræn ‖ kəˈræn/ *noun* [sing] **the Koran** the holy book of the Muslims《古兰经》/《可兰经》（伊斯兰教经典）

kosher /ˈkəʊʃə(r) ‖ ˈkoʃɚ/ *adj* (used about food 指食物) suitable to be eaten by religious Jews 符合犹太教规

K

L l

L, l /el ‖ ɛl/ *noun* [C] (*pl* **L's**; **l's**) the twelfth letter of the English alphabet 英语字母表的第十二个字母: *'Lake' begins with (an) 'L'.* * lake 这个词的第一个字母是L。

☆**label** /'leɪbl ‖ 'lebl̩/ *noun* [C] a piece of paper, etc on an object which gives information about it 标签: *There is a list of all the ingredients on the label.* 标签上面有一个成分表。○ (*figurative* 比喻) *She hated the label of 'housewife'.* 她不喜欢被人叫做"家庭主妇"。

label *verb* [T] (labelling; labelled; *US* 美 labeling; labeled) **1** to put a label or labels on sth 把标签贴/加在…上: *All items of clothing should be clearly labelled with your name.* 所有衣物都要清楚地加上写有你姓名的标签。 **2 label sb/sth (as) sth** to describe sb/sth as sth 把…称为…: *The press had labelled him an extremist.* 报界把他称为极端主义者。

☆**laboratory** /lə'bɒrətrɪ; *US* 美 'læbrətɔ:rɪ ‖ 'læbrəˌtorɪ/ *noun* [C] (*pl* **laboratories**) (also *informal* 非正式 **lab**) a room or building that is used for scientific work or for teaching about science 实验室；化验所: *The blood samples were sent to the laboratory for analysis.* 血液样本被送到化验所进行分析。○ *a physics laboratory* 物理实验室 ☛ Look at **language laboratory**. 参看 **language laboratory**。

laborious /lə'bɔ:rɪəs ‖ lə'borɪəs/ *adj* needing a lot of effort 吃力；费力 —**laboriously** *adv*

labour¹ (*US* 美 **labor**) /'leɪbə(r) ‖ 'lebɚ/ *noun* **1** [U] work, usually of a hard, physical kind 劳动（一般指体力劳动）: *manual labour* 体力劳动 **2** [U] workers, when thought of as a group 劳工（总称）: *There is a shortage of skilled labour.* 熟练工人呈现短缺。○ *Most of the cotton plantations used slave labour.* 大部分棉花种植园从前都以奴隶作为劳动力。○ *Labour relations* (= between workers and managers) *have improved in recent years.* 近年劳资关系已有改善。**3** [C,U] the process of giving birth 分娩: *She was in labour for ten hours.* 她分娩时阵痛了十个小时。○ *She had a difficult labour.* 她难产。

the 'Labour Party (*also* 亦作 **Labour**) *noun* [sing, with sing or pl verb] one of the main political parties in Britain. The Labour Party supports the interests of working people（英国的）工党: *Labour is/are in opposition.* 工党在野。○ *The Labour Party lost the election in 1992.* 工党在1992年的选举中落败。 ☛ Look at **Conservative Party** and **Liberal Democrats**. 参看 **Conservative Party** 及 **Liberal Democrats**。

'labour-saving *adj* reducing the amount of work needed to do sth 节省劳力: *labour-saving devices* 节省劳力的装置

labour² (*US* 美 **labor**) /'leɪbə(r) ‖ 'lebɚ/ *verb* [I] **1** (*formal* 正式) to work hard 努力工作: *She laboured on her book for two years.* 她这本书花去了两年的心血。**2** to do sth with difficulty 吃力地做: *The old man laboured up the steep hill.* 这个老人吃力地走上陡峭的山坡。

laboured (*US* 美 **labored**) *adj* done slowly or with difficulty 缓慢；吃力: *laboured breathing* 吃力地呼吸

labourer (*US* 美 **laborer**) *noun* [C] a person whose job needs hard physical work 体力劳动者: *Unskilled labourers are not usually well paid.* 一般来说，没有特殊技能的工人挣不到多少钱。○ *a farm labourer* 农场工人

labyrinth /'læbərɪnθ ‖ 'læbəˌrɪnθ/ *noun* [C] a complicated set of paths and passages, through which it is difficult to find your way 迷宫: *a labyrinth of corridors* 迷宫般的走廊 ☛ Look at **maze**. 参看 **maze**。

lace
网眼织物

lace /leɪs ‖ les/ *noun* **1** [U] cloth that is made of very fine threads in beautiful patterns 网眼织物: *lace curtains* 网眼窗帘 ○ *a collar made of lace* 网眼花边衣领 **2** [C] a string that is used for tying a shoe, etc 鞋带；系带: *Do up your shoe-laces or you'll trip over them.* 系好鞋带，要不准会绊倒。 ☛ picture at **shoe**. 见 **shoe** 插图。

lace *verb* [I,T] **lace (sth) (up)** to fasten sth with a lace(2) 用带子绑紧

☆**lack** /læk ‖ læk/ *verb* [T] to have too little or none of sth 缺乏: *She seems to lack the will to succeed.* 她看来缺少取胜的决心。

(IDIOMS 习语) **be lacking** to be needed 缺乏: *Money is still lacking for the new hospital.* 修建新医院的经费仍然不足。

be lacking in sth not have enough of sth 缺乏: *He's certainly not lacking in intelligence.* 他这个人绝对有才智。

lack *noun* [U,sing] an absence of sth that is needed 缺乏: *A lack of food forced many people to leave their homes.* 很多人吃不饱，被迫背井离乡。

laconic /lə'kɒnɪk ‖ lə'kɑnɪk/ *adj* (*formal* 正式) using few words（说话/文章）简洁 —**laconically** /-klɪ ‖ -klɪ/ *adv*

lacquer /'lækə(r) ‖ 'lækɚ/ *noun* [U] **1** a type of transparent paint that is put on wood, metal, etc in order to protect it and make it shiny（涂在木材、金属等上面的）漆 **2** a liquid that is put on hair to keep the hairstyle in place 喷发胶

lacy /'leɪsɪ ‖ 'lesɪ/ *adj* of or like lace 网眼花边的；网眼花边状的

lad /læd ‖ læd/ *noun* [C] (*informal* 非正式) a boy or young man 小伙子: *School has changed* *since I was a lad.* 今天的学校跟我小时候已经不一样。

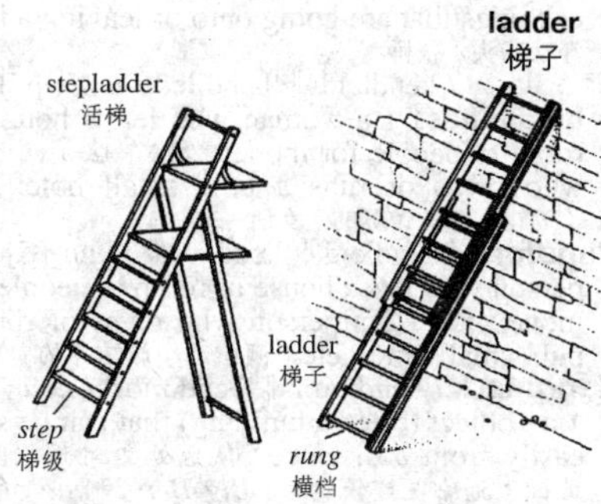

☆**ladder** /ˈlædə(r) ‖ ˈlædɚ/ *noun* [C] **1** a piece of equipment that is used for climbing up sth. A ladder consists of two long pieces of metal, wood or rope with steps fixed between them 梯子: (*figurative* 比喻) *to climb the ladder of success* 爬上成功的阶梯 **2** (*US* 美 **run**) a place in a stocking, etc where it has torn (长筒袜) 脱线/抽丝: *Oh no! I've got a ladder in my tights.* 哎呀！我的裤袜抽丝了。

laden /ˈleɪdn ‖ ˈledn̩/ *adj* (not before a noun 不用于名词前) having or carrying a lot of sth 提着很多东西: *The travellers were laden down with luggage.* 旅客提着很多行李。○ (*figurative* 比喻) *to be laden with guilt* 内疚得厉害

Ladies /ˈleɪdɪz ‖ ˈledɪz/ *noun* [sing] (*Brit* 英) a public toilet for women 女厕所: *Is there a Ladies near here?* 附近有没有女厕所？ ☛ Look at **Gents** and at the note at **toilet**. 参看 **Gents**；另参看 **toilet** 的注释。

☆**lady** /ˈleɪdɪ ‖ ˈledɪ/ *noun* [C] (*pl* **ladies**) **1** a polite way of saying 'woman' (对妇女的尊称) 女士/小姐: *The old lady next door lives alone.* 隔壁的老太太自个儿住。○ *a lady doctor* 女医生 ○ *The lady at reception told me to wait here.* 接待处的女士叫我在这儿等一等。**2** a woman who is polite and who behaves well to other people 淑女: *A real lady does not scream and shout.* 真正的淑女不叫也不嚷。 ☛ Look at **gentleman**. 参看 **gentleman**。**3** a woman who has a high social position 地位高的女子: *The lords and ladies began arriving at the ball.* 绅士淑女陆续抵达舞会场地。☛ Look at **lord**. 参看 **lord**。**4 Lady** a title that is used before the name of a woman who has a high social position (对地位高的女子的尊称) 夫人/小姐: *Lady Randolph Churchill* 伦道夫·邱吉尔夫人 ○ *Lady Phillipa Stewart* 菲利帕·斯图尔特小姐 ☛ Look at **Lord**. 参看 **Lord**。

(IDIOM 习语) **ladies and gentlemen** (used when you start making a speech to a large group of people 发表演讲时的用语) 各位先生、各位女士；先生们、女士们

ˈ**ladylike** *adj* having or showing suitable behaviour for a lady(2) 淑女的；端庄；文雅: *That's not a very ladylike way to sit.* 有教养的女子不会这样坐的。

ladybird /ˈleɪdɪbɜːd ‖ ˈledɪˌbɝd/ (*US* 美 **ladybug** /ˈleɪdɪbʌg ‖ ˈledɪˌbʌg/) *noun* [C] a small insect that is red or yellow with black spots 瓢虫

lag /læg ‖ læg/ *verb* [I] (lag**g**ing; lag**g**ed) **lag (behind) (sb/sth)** to go more slowly than sb/sth 落后: *I'm always lagging behind when we go walking in the mountains.* 在山上远足的时候，我总落在后面。○ (*figurative* 比喻) *James has been ill and is lagging behind the others at school.* 詹姆斯生了病，功课就落在别人后面。

lag (*also* 亦作 **time-lag**) *noun* [C] a period of time between two events 两件事之间相隔的时间: *There will be a nine-month lag between the opening of the first part of the motorway and its completion.* 高速公路第一段启用之后，再过九个月整条公路才完工。☛ Look at **jet lag**. 参看 **jet lag**。

lager /ˈlɑːgə(r) ‖ ˈlɑgɚ/ *noun* [C,U] (a glass or bottle of) a type of light beer (一杯/一瓶) 贮藏啤酒: *Three pints of lager, please.* 请给我三品脱贮藏啤酒。

lagoon /ləˈguːn ‖ ləˈgun/ *noun* [C] a salt-water lake 咸水湖；潟湖

laid *pt, pp* of LAY¹ * LAY¹ 的过去时及过去分词

laid-back /ˌleɪd ˈbæk ‖ ˈledˈbæk/ *adj* (*informal* 非正式) (used about a person 指人) not worried; relaxed 悠闲: *He's a really laid-back sort of person – he never gets worried about things going wrong.* 他这个人真是悠哉游哉，就算出了问题他也从来不发愁。

lain *pp* of LIE² * LIE² 的过去分词

☆**lake** /leɪk ‖ lek/ *noun* [C] a large area of water that is surrounded by land 湖: *They've gone sailing on the lake.* 他们到湖上泛舟去了。○ *Lake Constance* 康斯坦茨湖 ○ *the Lake District* 湖区 ☛ A **pond** is smaller than a lake. 池塘 (**pond**) 比湖泊小。

☆**lamb** /læm ‖ læm/ *noun* **1** [C] a young sheep 小羊；羔羊 ☛ Look at the note and picture at **sheep**. 参看 **sheep** 的注释及插图。**2** [U] the flesh of a lamb when eaten as meat 小羊肉: *lamb chops* 羊排 ☛ Look at the note at **meat**. 参看 **meat** 的注释。

lame /leɪm ‖ lem/ *adj* **1** not able to walk properly because of an injury to the leg 跛: *The horse is lame and cannot work.* 这匹马跛了腿，干不了活。☛ **Lame** is not often used about a person. The verb and noun **limp** are more often used 说人跛脚一般不用 **lame** 而常用 **limp** 这个动词兼名词: *He's got a limp.* 他跛了一条腿。○ *You're limping. Have you hurt your leg?* 看你一瘸一拐的，是不是伤了腿？ **2** (used about an excuse, argument, etc 指借口、论据等) not easily believed; weak 不足信；站不住脚

lament /ləˈment ‖ ləˈmɛnt/ *verb* [I,T] (*formal* 正式) to feel or express great sadness (about sth) 感到/表示哀痛

☆**lamp** /læmp ‖ læmp/ *noun* [C] a piece of equipment that uses electricity, gas or oil to produce light 灯: *a street lamp* 街灯 ○ *an oil lamp* 油灯 ○ *a sunlamp* 太阳灯 ○ *a table lamp* 台灯 ☛ picture at **light**. 见 **light** 插图。

ˈ**lamppost** *noun* [C] a tall pole in a public place with a street lamp on the top 路灯柱

ˈ**lampshade** *noun* [C] a cover for a lamp that makes it look more attractive and makes the light softer 灯罩 ☛ picture at **light**. 见 **light** 插图。

☆**land**[1] /lænd ‖ lænd/ *noun* **1** [U] the solid part of the surface of the earth (= not water) 陆地: *After three months at sea she was glad to reach dry land.* 经过三个月的海上旅程，她很高兴回到陆地上来。○ *Penguins can't move very fast on land.* 企鹅在陆地上走不快。☛ Look at the note at **ground**. 参看 **ground** 的注释。**2** [U] a piece of ground 土地: *They have bought a plot of land and plan to build a house on it.* 他们买了一块地，打算在上面盖房子。○ *The moors are public land. You can walk where you like.* 荒野是公共地方，你喜欢去哪就去哪。**3** [U] ground, soil or earth of a particular kind 某一种土地/土壤: *The land is rich and fertile.* 这是一片肥沃的土地。○ *barren land* 不毛之地 **4** [C] (*formal* 正式) a country 国家: *She died far from her native land.* 她客死异邦。☛ Look at the note at **country**. 参看 **country** 的注释。

ˈ**landslide** *noun* [C] the sudden fall of earth, rocks, etc down the side of a mountain 山崩；滑坡: (*figurative* 比喻) *a landslide* (= very great) *victory at the election* 在选举里大获全胜

☆**land**[2] /lænd ‖ lænd/ *verb* **1** [I,T] to go onto land or put sth onto land from a ship (使)上岸；从船上卸下东西: *The troops landed on the beaches in Normandy.* 部队在诺曼底的滩头登陆。○ *The dockers refused to land the dangerous chemicals.* 码头工人拒绝卸下那些危险的化学物品。**2** [I,T] to come down from the air or bring sth down to the ground 降落；着地；(使)着陆: *The bird landed on the roof.* 小鸟落在屋顶上。○ *He fell off the ladder and landed on his back.* 他从梯子上摔了下来，背部着地。○ *The pilot landed the aeroplane safely.* 驾驶员使飞机安全着陆。○ *He is due to land at 3 o'clock.* 他乘坐的那班飞机定于3点着陆。☛ Look at **take off**. 参看 **take off**。**3** [T] to get sth 获得；赢得: *The company has just landed a big contract.* 这家公司刚刚赢得一份大合同。

(PHRASAL VERBS 短语动词) **land up (in...)** (*informal* 非正式) to finish in a certain position or situation 最终到达某一位置/处境: *One of the balloons they released landed up in Spain.* 他们放出的气球有一个飘到西班牙去了。

land sb with sb/sth (*informal* 非正式) to give sb a problem or sth difficult to do 要某人处理问题或承担重责: *I've been landed with all the organization of the Youth Club disco.* 我被委派去负责青年俱乐部迪斯科舞会的筹备工作。

☆**landing** /ˈlændɪŋ ‖ ˈlændɪŋ/ *noun* [C] **1** coming down onto the ground (in an aeroplane) (乘飞机)着陆: *The plane made an emergency landing in a field.* 飞机在田里紧急着陆。○ *a crash landing* 强行着陆 ○ *a safe landing* 安全着陆 ☛ Look at **take-off**. 参看 **take-off**。**2** the area at the top of a staircase or between one staircase and another 楼梯平台

ˈ**landing-stage** *noun* [C] a platform for people or things that are going onto or leaving a boat 浮动码头；栈桥

landlady /ˈlændleɪdɪ ‖ ˈlændˌledɪ/ *noun* [C] (*pl* **landladies**) **1** a woman who lets a house or room to people for money 女房东 **2** a woman who owns or runs a pub, small hotel, etc (酒馆、小旅馆等的)女店主

landlord /ˈlændlɔːd ‖ ˈlændˌlɔrd/ *noun* [C] **1** a person who lets a house or room to people for money 房东 **2** a person who owns or runs a pub, small hotel, etc (酒馆、小旅馆等的)店主

landmark /ˈlændmɑːk ‖ ˈlændˌmɑrk/ *noun* [C] **1** an object (often a building) that can be seen easily from a distance (从远处也可辨识的)地标(通常为建筑物): *Big Ben is one of the landmarks on London's skyline.* 大本钟是伦敦的一个标志物。**2** an important stage or change in the development of sth 里程碑: *The Russian Revolution was a landmark in world history.* 俄国革命是人类历史上的里程碑。

☆**landscape** /ˈlændskeɪp ‖ ˈlændskep/ *noun* [C] **1** an area of country (when you are thinking about what it looks like) 风景；景色: *Heather-covered hills dominate the Scottish landscape.* 长满帚石楠的小山是苏格兰的主要景色。○ *an urban landscape* 城市景色 ☛ Look at the note at **scenery**. 参看 **scenery** 的注释。**2** a picture that shows a view of the countryside 郊外风景画: *one of Constable's landscapes* 一幅康斯特布尔绘的风景画

☆**lane** /leɪn ‖ len/ *noun* [C] **1** a narrow road in the country 乡间小路: *We found a route through the lanes to avoid the traffic jam on the main road.* 我们沿着乡间小路往前走，避开了大路上的繁忙交通。**2** (often used in names 通常用于路名) a narrow street between buildings 建筑物之间的小巷: *Penny Lane* 彭尼巷 **3** a part of a wide road for one line of traffic 车道: *You should look in your mirror and signal before you change lanes.* 转车道之前，要先看后视镜及打信号。○ *a four-lane motorway* 四车道高速公路 ○ *Get into the inside lane. We leave the motorway soon.* 驶入内车道吧，我们快要离开高速公路了。**4** a route or path that is regularly used by ships or aeroplanes (船/飞机的)航道: *the busy shipping lanes of the English Channel* 英吉利海峡的繁忙航道 **5** a part of a sports track, swimming-pool, etc for one competitor in a race (跑道、游泳池等的)分道/泳道: *The British athlete is in lane two.* 英国选手在第二跑道。

☆**language** /ˈlæŋgwɪdʒ ‖ ˈlæŋgwɪdʒ/ *noun* **1** [U] the system of sounds and writing that human beings use to express their thoughts, ideas and feelings 语言: *written language* 书面语 ○ *the spoken language* 口语 ○ *the language development of young children* 小孩子的语言发展 **2** [C,U] any system of signs, symbols, movements, etc that is used to express sth 表意的手势/符号/姿势…: *BASIC is a common computer language.* * BASIC 是一种通用的计算机语言。○ *sign language* 手势语 **3** [C] a

L

form of language that is used by a particular group (usually in one country) 民族共同语（一般指某个国家的）: *to learn to speak a foreign language* 学习说一种外国语 ○ *What is your first language?* 你的母语是什么？○ *Latin is a dead language.* 拉丁语是一种死语言。**4** [U] words of a particular type or words that are used by a particular person or group 某人/某群人的用语；术语: *bad* (= rude) *language* 脏话 ○ *legal language* 法律用语 ○ *the language of Shakespeare* 莎士比亚用语

'language laboratory *noun* [C] (*pl* **language laboratories**) a room that has special equipment, eg tape-recorders, to help you learn a foreign language 语言实验室（设有特别仪器以供学习外语的房间）

lanky /'læŋkɪ ‖ 'læŋkɪ/ *adj* (used about a person 指人) very tall and thin 又高又瘦

lantern /'læntən ‖ 'læntən/ *noun* [C] a type of light that can be carried. A lantern usually consists of a metal framework with glass sides and a lamp or candle inside. 提灯；灯笼

lap¹ /læp ‖ læp/ *noun* [C] the flat area that is formed by the upper part of your legs when you are sitting down（人坐着时）大腿的上方: *The child sat on his mother's lap and listened to the story.* 孩子坐在妈妈膝上听故事。

lap² /læp ‖ læp/ *noun* [C] **1** one journey around a race-track, etc（跑道等的）一圈: *There are three more laps to go in the race.* 还有三圈的赛程。**2** one part of a long journey（路程的）一段

lap *verb* [T] (la**pp**ing; la**pp**ed) to pass another competitor in a race who is one lap behind you 比对手领先一圈

lap³ /læp ‖ læp/ *verb* (la**pp**ing; la**pp**ed) **1** [T] **lap sth (up)** (usually used about an animal 通常指动物) to drink sth using the tongue 舔: *The cat lapped up the cream.* 小猫舔光了奶油。**2** [I] (used about water 指水) to make gentle sounds as it splashes against sth 发出轻轻的拍打声: *The waves lapped against the side of the boat.* 波浪轻轻拍打着船舷。

(PHRASAL VERB 短语动词) **lap sth up** (*informal* 非正式) to listen to or read sth eagerly and accept it as true 热切地听/读某事物并信以为真

lapel /lə'pel ‖ lə'pɛl/ *noun* [C] one of the two parts of the front of a coat or jacket that are folded back（大衣/夹克上的）翻领

lapse /læps ‖ læps/ *noun* [C] **1** a short time when you cannot remember sth or you are not thinking about what you are doing 短暂遗忘/分神: *a lapse of memory* 记错 ○ *The crash was the result of a temporary lapse in concentration.* 司机偶一分神造成了这次撞车事故。**2** a piece of bad behaviour that is unlike a person's usual behaviour 一时行为失检 **3** a period of time in which you do not do sth, go somewhere, etc（时间上的）间隔: *She returned to work after a lapse of ten years bringing up her family.* 她花了十年照顾家庭，然后又返回工作岗位了。☛ Look at the verb **elapse**. 参看 **elapse** 这个动词。

lapse *verb* [I] **1** to go into a particular state 陷入某种状态: *to lapse into silence, a coma, etc* 安静下来；陷入昏迷… **2** to be lost because it is not used, claimed or paid for（权利等）丧失: *My membership has lapsed because I forgot to renew it.* 我忘了办理续期手续，结果丧失了会籍。

larder /'lɑ:də(r) ‖ 'lɑrdə/ *noun* [C] a large cupboard or small room that is used for storing food 食物贮藏柜/室

☆**large** /lɑ:dʒ ‖ lɑrdʒ/ *adj* greater in size or amount than is usual 大: *Have you got this shirt in a large size?* 这款衬衫你们有没有大号的？○ *Large amounts of money are spent on advertising.* 广告费花了很多钱。○ *There is a large increase in the numbers of young people going to college.* 念大学的年轻人增加了不少。☛ Look at the note at **big**. 参看 **big** 的注释。

(IDIOM 习语) **by and large** mostly; in general 总体上；大致上: *By and large the school is very efficient.* 总体上说，这所学校很有效率。

large *noun*

(IDIOM 习语) **at large 1** (used about a criminal, animal, etc 指犯人、动物等) free 自由: *One of the escaped prisoners is still at large.* 仍有一个逃犯未被逮回。**2** as a whole; in general 整个；总体上: *Society at large is becoming more concerned about the environment.* 整个社会的环保意识越来越强。

largely *adv* mostly 大半；大部分；主要: *His success was largely due to hard work.* 他获得成功主要由于努力工作。

'large-scale *adj* happening over a large area or affecting a lot of people 大规模

lark /lɑ:k ‖ lɑrk/ *noun* [C] a small brown bird that sings beautifully 云雀

laryngitis /ˌlærɪn'dʒaɪtɪs ‖ ˌlærɪn'dʒaɪtɪs/ *noun* [U] a mild disease of the throat that makes it difficult to speak 喉炎

laser /'leɪzə(r) ‖ 'lezə/ *noun* [C] (a piece of equipment that produces) a very strong beam of light. Laser beams are used in weapons and medical operations and can also cut hard substances such as metals. 激光（器）

lash¹ /læʃ ‖ læʃ/ *noun* [C] **1** a blow that is given by a whip 鞭打: *The prisoner was given twenty lashes.* 囚犯被抽了二十鞭。**2** = EYELASH

lash² /læʃ ‖ læʃ/ *verb* **1** [I,T] to hit (as if) with a whip 鞭打；猛击: *The rain lashed against the windows.* 雨点打在窗上。**2** [T] to move sth like a whip 摆动: *The tiger lashed its tail from side to side.* 老虎摆动着尾巴。**3** [T] **lash A to B; lash A and B together** to tie two things together firmly with rope, etc 用绳子等把物品绑紧在一起: *The two boats were lashed together.* 这两只船给拴在一起。

(PHRASAL VERBS 短语动词) **lash out (at/against sb/sth)** to suddenly attack sb/sth (with words or by hitting them)（用说话/动作）突然袭击: *When he came home drunk his wife lashed out at him.* 他醉醺醺回到家里，给老婆狠狠骂了一顿。

lash out (on sth) (*informal* 非正式) to spend a lot of money on sth 在某事物上大花金钱:

We've decided to lash out on a foreign holiday next year. 我们决定来年花一笔钱去国外度假。

lass /læs ‖ læs/ (*also* 亦作 **lassie** /'læsɪ ‖ 'læsɪ/) *noun* [C] (*informal* 非正式) a girl or young woman 小姑娘；少女 ☛ **Lass** is most commonly used in Scotland and the North of England. * **lass** 一词最常用于苏格兰和英格兰北部。

lasso /læ'su:; *US* 美 'læsəʊ ‖ 'læso/ *noun* [C] (*pl* **lassos** or **lassoes**) a long rope with a circle (**noose**) at one end that is used for catching cows and horses（套捕牛、马等用的一头有活结 (**noose**) 的）套索 —**lasso** *verb* [T]

☆**last**[1] /lɑ:st; *US* 美 læst ‖ læst/ *adj* **1** coming at the end; final 最后：*December is the last month of the year.* 十二月是全年最后一个月份。○ *Would the last person to leave please turn off the lights?* 最后离开的人请把电灯关掉。○ *Our house is the last one in the row.* 我们的房子就是这一排最后那幢。○ *She lived alone for the last years of her life.* 她晚年独居。**2** (only *before* a noun 只用于名词前) (used about a time, period, event, etc in the past that is nearest to the present 指刚过去的时间、事件等) 上一个；刚过去的：*I went shopping last Saturday.* 上个星期六我去购物。○ *We have been working on the book for the last six months.* 过去六个月我们一直在编写这本书。○ *The last time I saw her was in London.* 上次我是在伦敦看见她的。☛ **The latest** means 'most recent' or 'new'. **The last** means the one before the present one * **the latest** 解作"最近"或"最新"，**the last** 解作"上一个"：*His last novel was a huge success, but the latest one is much less popular.* 他上一本小说很成功，最近这一本却没有那么受欢迎。**3** (only *before* a noun 只用于名词前) only remaining 最后：*This is my last chance to take the exam.* 对我来说，这是参加考试的最后机会。○ *Who's going to have the last cake?* 最后一块蛋糕谁来吃？**4** most unlikely; not suitable 最不可能；不适合：*He's the last person to be trusted with money.* 不要把钱交到他手上，他这个人最信不过。○ *She's on a diet. Chocolates are the last thing she wants.* 她在节食，最不宜吃的就是巧克力了。

(IDIOMS 习语) **first/last/next but one, two, etc** ⇨ FIRST[1]

first/last thing ⇨ THING

have, etc the last word 1 to make the final remark in a discussion or argument（辩论等中）作最后发言 **2** to make the final decision about sth after a discussion 讨论后作出最后决定

in the last resort; (as) a last resort when everything else has failed; the person or thing that helps when everything else has failed（作为）最后一着：*In the last resort we can always walk home.* 没有其他办法的话，我们总可以走回家。

the last/final straw ⇨ STRAW

the last minute/moment the final minute/moment before sth happens 最后一刻：*We arrived at the last minute to catch the train.* 我们刚好赶上那班即将开走的火车。○ *a last-minute change of plan* 在最后一刻改变计划

a week yesterday/last Monday, etc ⇨ WEEK

lastly *adv* finally; last of all 最后：*Lastly, I would like to wish you all a Happy New Year.* 最后，祝大家新年快乐。

'**last name** *noun* [C] = SURNAME ☛ Look at the note at **name**. 参看 **name** 的注释。

☆**last**[2] /lɑ:st; *US* 美 læst ‖ læst/ *adv* **1** at the end; after all the others 在最后/末尾：*The British athlete came in last.* 英国选手跑在最后一个。○ *Her name is last on the list.* 她名列榜末。**2** on the occasion in the past that is nearest to the present 最近一次：*When did you last have your eyes checked?* 你上一次检查视力是在什么时候？○ *When I saw her last she seemed very happy.* 我上一次遇见她的时候，她看来很开心。

(IDIOM 习语) **last but not least** (used before the final item in a list 列举时用于最后一项的前面) just as important as all the other items 最后的但同样重要的：*And last but not least, I'd like to thank you all very much.* 最后我有一句很重要的话，就是衷心感谢你们每一位。

☆**last**[3] /lɑ:st; *US* 美 læst ‖ læst/ *verb* [I,T] **1** to continue for a period of time 持续：*Do you think this weather will last till the weekend?* 你看这种天气会不会持续到周末？○ *The exam lasts three hours.* 考试长达三小时。**2** to remain in a good condition 维持良好状态：*It's only a cheap radio but it'll probably last a year or so.* 这台收音机虽然是便宜货，用上一年半载也不是没有可能。**3** (used about the quantity, condition, etc of sth 指数量、状况等) to be good enough or sufficient for what sb needs 够用；能用：*The coffee won't last till next week.* 这些咖啡不够我们喝到下个星期。○ *This old coat will have to last another winter. I can't afford a new one.* 我买不起新的大衣，这件旧大衣得再穿一个冬天。○ *I've only got ten pounds to last me till Saturday.* 我手头只有十英镑，我要靠它支持到星期六。

lasting *adj* continuing for a long time 持久：*The children's faces left a lasting impression on me.* 孩子的面孔在我的脑海里留下了不灭的印象。

last[4] /lɑ:st; *US* 美 læst ‖ læst/ *noun* [C] (*pl* **last**) **1** a person or thing that is last 最后的人/事物：*Alex was the last to arrive.* 亚历克斯是最后一个来到的。**2 the last (of sb/sth)** the only remaining part of sth 剩下来的事物：*We finished the last of the bread at breakfast so we'd better get some more.* 最好再买些面包，因为早餐的时候我们已经把面包吃光了。

(IDIOM 习语) **at (long) last** in the end; finally 最后：*After months of separation they were together at last.* 分离多月，他们终于又聚在一起了。

latch /lætʃ ‖ lætʃ/ *noun* [C] **1** a small metal bar that is used for fastening a door or a gate. You have to lift the latch in order to open the door. 门闩 **2** a type of lock for a door that must be opened from the outside with a key 碰锁

(IDIOM 习语) **on the latch** (*Brit* 英) (used about a door 指门) closed but not locked 只关上但没有锁上

L

latch *verb*
(PHRASAL VERB 短语动词) **latch on (to sth)** (*informal* 非正式) to understand 明白；理解: *It took them a while to latch on to what she was talking about.* 他们想了一会儿才明白她说的是什么意思。

☆**late** /leɪt ‖ let/ *adj, adv* **1** after the usual or expected time 迟；晚: *She was ten minutes late for school.* 她上学迟到了十分钟。○ *The ambulance arrived too late to save him.* 救护车来得太晚，救不了他。○ *to be late with the rent* 迟缴租金 ○ *It's never too late to learn.* 学习永不嫌晚。○ *to stay up late* 很晚才睡觉 ○ *The buses are running late today.* 今天的公共汽车晚点。**2** near the end of a period of time 晚期: *The late nineteenth century was a time of great change.* 十九世纪末是一个大变革的时代。○ *in the late morning* 在上午较晚的时候 ○ *His mother's in her late fifties* (= between 55 and 60). 他妈妈五十好几岁了。○ *They are going on holiday in late May.* 他们五月末去度假。○ *We got back home late in the evening.* 我们晚上很晚才回家。**3 latest** very recent or new 最新；最近: *the latest fashions* 最新时装 ○ *the latest news* 最新消息 ○ *the terrorists' latest attack on the town* 恐怖分子对该镇所发动的最新一次袭击 ☛ Look at the note at **last**[1]. 参看 **last**[1] 的注释。**4** (only *before* a noun 只用于名词前) no longer alive; dead 已故的: *his late wife* 他的亡妻
(IDIOMS 习语) **at the latest** no later than 至迟: *I need your report on my desk by Friday at the latest.* 你至迟要在星期五把报告交给我。
an early/a late night ⇨ NIGHT
later on at a later time 稍后；后来；以后: *Later on you'll probably wish that you'd worked harder at school.* 总有一天，你会明白当初读书应该用功些。○ *Bye – I'll see you a bit later on.* 好，一会儿见。
sooner or later ⇨ SOON
latish /ˈleɪtɪʃ ‖ ˈletɪʃ/ *adj, adv* rather late 稍晚
ˈ**latecomer** *noun* [C] a person who arrives late 迟来的人

☆**lately** /ˈleɪtlɪ ‖ ˈletlɪ/ *adv* in the period of time up till now; recently 近来: *What have you been doing lately?* 近来你在忙些什么？○ *Hasn't the weather been dreadful lately?* 近来的天气很不好，是吗？

latest /ˈleɪtɪst ‖ ˈletəst/ *noun* [U] (*informal* 非正式) the most recent (fashion, news, etc) 最新的东西（如时装、消息等）: *Have you heard the latest?* (= news) 你听到什么最新消息没有？○ *This is the latest in a series of attacks by the IRA.* 爱尔兰共和军的袭击浪潮之中，这是最新一次。○ *They have the very latest in new machinery.* 他们拥有最新式的机械。

lather /ˈlɑːðə(r); US 美 ˈlæð- ‖ ˈlæðɚ/ *noun* [U] white bubbles that you get when you mix soap with water（肥皂在水里所产生的）泡沫

Latin /ˈlætɪn; US 美 ˈlætn ‖ ˈlætn̩/ *noun* [U] the language that was used in ancient Rome 拉丁语
Latin *adj* **1** of or in Latin 拉丁语的；用拉丁语写成: *Latin poetry* 拉丁语诗歌 **2** of the countries or people that use languages that developed from Latin, such as French, Italian, Spanish or Portuguese 拉丁语系国家/民族的（拉丁语系包括法语、意大利语、西班牙语、葡萄牙语等）
ˌ**Latin Aˈmerican** *noun* [C], *adj* (a person who comes) from Latin America (the parts of Central and South America where Spanish or Portuguese is spoken) 拉丁美洲的；拉丁美洲人: *Latin American music* 拉丁美洲的音乐

latitude /ˈlætɪtjuːd; US 美 -tuːd ‖ ˈlætəˌtud/ *noun* [U] (*abbr* 缩写 **lat**) the distance of a place north or south of the equator 纬度 ☛ picture at **earth**. 见 **earth** 插图。Latitude is measured in **degrees**. 纬度是用度数 (**degree**) 表示的。Look at **longitude**. 参看 **longitude**。

☆**latter** /ˈlætə(r) ‖ ˈlætɚ/ *adj* (*formal* 正式) (only *before* a noun 只用于名词前) nearer to the end of a period of time; later 较后；接近末尾: *Interest rates should fall in the latter half of the year.* 利率可望在下半年回落。
latter *noun* [sing], *pron* the second of two people or things that are mentioned（两者之中的）后者: *The options were History and Geography. I chose the latter.* 历史和地理都是选修科目，我选择了后者。☛ The first of two people or things that are mentioned is **the former**. 两者之中的前者就叫 **the former**。
latterly *adv* (*formal* 正式) lately; recently 最近: *She has taught at the universities of London and Bristol and latterly at Durham.* 她在伦敦和布里斯托尔的大学教过书，最近在达勒姆的大学。

☆**laugh** /lɑːf; US 美 læf ‖ læf/ *verb* [I] to make the sounds that show you are happy or amused 笑: *His jokes always make me laugh.* 他一说起笑话来，我就忍不住要笑。○ *to laugh out loud* 放声大笑 ○ *We laughed till we cried.* 我们笑出眼泪来。
(PHRASAL VERB 短语动词) **laugh at sb/sth** **1** to show, by laughing, that you think sb/sth is funny 觉得某人/某事物滑稽而笑起来: *The children laughed at the clown.* 小丑把孩子们逗得咯咯笑。**2** to show that you think sb is ridiculous 嘲笑: *Don't laugh at him. He can't help the way he speaks.* 别笑他，他实在改不掉那样的说话方式。
laugh *noun* [C] **1** the sound or act of laughing 笑声；笑: *Her jokes got a lot of laughs.* 她的笑话博得了不少笑声。○ *We all had a good laugh at what he'd written.* 他写的东西叫我们笑得很开心。**2** (*informal* 非正式) a person or thing that is amusing 引人发笑的人/事物: *Let's invite Tony. He's a good laugh.* 我们邀请托尼吧，有他也就有笑声。
(IDIOM 习语) **for a laugh** as a joke 为开玩笑: *The boys put a spider in her bed for a laugh.* 那些男孩为了跟她开玩笑，就把一只蜘蛛放到她的床上。
laughable /-əbl ‖ -əbl̩/ *adj* (used about sth that is of poor quality 指素质低劣的事物) deserving to be laughed at; foolish or ridiculous 可笑

laughing /ˈlɑːfɪŋ; US 美 ˈlæfɪŋ ‖ ˈlæfɪŋ/ *adj* showing amusement or happiness by laughter 笑；带笑的: *laughing faces* 笑脸

(IDIOM 习语) **burst out laughing** to suddenly start to laugh loudly 大笑起来

'**laughing-stock** *noun* [C] a person or thing that other people laugh at or make fun of (in an unpleasant way) 笑柄

☆**laughter** /'lɑ:ftə(r); *US* 美 'læf- ‖ 'læftɚ/ *noun* [U] the sound or act of laughing 笑声；笑: *Everyone roared with laughter.* 人人都捧腹大笑。

launch[1] /lɔ:ntʃ ‖ lɔntʃ/ *verb* [T] **1** to send a ship into the water or a rocket, etc into the sky 使（船）下水；发射（火箭等）**2** to start sth new or to show sth for the first time 发动；推出: *The enemy launched an attack at midnight.* 敌军在午夜发动进攻。○ *to launch a new product onto the market* 在市场上推出新产品

launch *noun* [C, usually sing] the act of launching a ship, rocket, new product, etc（船）下水；（火箭）发射；（新产品）推出: *The shuttle launch has been delayed by 24 hours.* 航天飞机的发射推迟了24小时。

launch[2] /lɔ:ntʃ ‖ lɔntʃ/ *noun* [C] a large motor boat 大游艇

launderette /ˌlɔ:ndə'ret ‖ ˌlɔndə'rɛt/ (*also* 亦作 **laundrette** /lɔ:n'dret ‖ lɔ:n'drɛt/) (*US* 美 **laundromat** /'lɔ:ndrəmæt ‖ 'lɔndrəˌmæt/) *noun* [C] a type of shop where you pay to wash and dry your clothes in washing-machines 自助洗衣店

laundry /'lɔ:ndrɪ ‖ 'lɔndrɪ/ *noun* (*pl* **laundries**) **1** [U] clothes, etc that need washing or that are being washed 需要/正在清洗的衣物: *a laundry basket* 洗衣篮 ☛ **Do the washing** is more common in spoken British English than 'do the laundry.' 与 do the laundry 相比，**do the washing** 较常用于英国英语的口语。**2** [C] a business where you send sheets, clothes, etc to be washed 洗衣店

lava /'lɑ:və ‖ 'lɑvə/ *noun* [U] hot liquid rock that comes out of a volcano（火山的）熔岩

☆**lavatory** /'lævətrɪ; *US* 美 -tɔ:rɪ ‖ 'lævəˌtɔrɪ/ *noun* [C] (*pl* **lavatories**) **1** a large bowl, joined to a pipe and a drain, used for getting rid of waste that people pass from the body. Another word for 'toilet'. 抽水马桶（也叫 toilet）**2** a room that contains a toilet, wash-basin, etc 厕所: *Where's the ladies' lavatory, please?* 请问女厕所在哪儿？☛ Look at the note at **toilet**. 参看 **toilet** 的注释。

lavender /'lævəndə(r) ‖ 'lævəndɚ/ *noun* [U] a garden plant with purple flowers that smells very pleasant 薰衣草

lavish /'lævɪʃ ‖ 'lævɪʃ/ *adj* **1** giving or spending generously or in large quantities 慷慨: *She was always very lavish with her presents.* 她送礼总是出手很大方。**2** large in amount or number 大量的: *a lavish meal* 一顿丰盛的饭菜

lavish *verb*

(PHRASAL VERB 短语动词) **lavish sth on sb/sth** to give sth generously or in large quantities to sb 慷慨地赠送等: *He lavished expensive gifts on her.* 他出手阔绰，送给她很贵重的礼物。

☆**law** /lɔ: ‖ lɔ/ *noun* **1** [C] an official rule of a country, etc that says what a person, company, etc may or may not do 法律；法规；法令: *Parliament has recently passed a law about wearing seat-belts in the back of cars.* 国会最近就汽车后座乘客系安全带的问题通过了一条法律。**2 the law** [U] all the laws in a country, etc（国家等的）法律/法规/法令: *Stealing is against the law.* 偷窃是违法行为。○ *to break the law* 违法 ○ *to obey the law* 守法 ☛ Look at **legal**. 参看 **legal**。**3** [U] the law(2) as a subject of study or as a profession 法律学；法学；法律专业: *She is studying law.* 她在念法律。○ *My brother works for a law firm in Brighton.* 我哥哥在布赖顿的一家律师事务所工作。☛ Look at **legal**. 参看 **legal**。**4** [C] (in science 科学) a statement of what always happens in certain circumstances 定律: *the laws of mathematics* 数学定律 ○ *the laws of gravity* 引力定律

(IDIOM 习语) **law and order** a situation in which the law is obeyed 治安: *There has been a breakdown of law and order in this country over the past ten years.* 过去十年这个国家治安不靖。

lawful /-fl ‖ -fəl/ *adj* allowed or recognized by law 合法: *We shall use all lawful means to obtain our demands.* 我们要运用一切合法手段争取我们的要求。○ *his lawful wife* 他的合法妻子 ☛ Look at **legal**. 参看 **legal**。The opposite is **unlawful**. 反义词为 **unlawful**。

lawless *adj* (used about a person or his/her actions 指人或行为) breaking the law 违法: *a gang of lawless hooligans* 一帮目无法纪的流氓 —**lawlessness** *noun* [U]

'**law-abiding** *adj* (used about a person 指人) obeying the law 守法: *We are all respectable law-abiding citizens.* 我们都是奉公守法的规矩正派的公民。

'**lawbreaker** *noun* [C] a person who does not obey the law; a criminal 违法者

'**lawcourt** (*also* 亦作 **court of law**) *noun* [C] a place where a judge or jury decides legal matters (eg whether a person is innocent or guilty) 法庭；法院

> ☛ A **case** is **tried** in a lawcourt. 案件 (**case**) 是在法院审理 (**try**) 的。Look at **defence**, **prosecution** and **witness**. 参看 **defence**、**prosecution** 及 **witness**。

'**lawsuit** *noun* [C] a legal argument in a court of law that is between two people or groups and not between the police and a criminal（非刑事案件的）诉讼

lawn /lɔ:n ‖ lɔn/ *noun* [C,U] an area of grass in a garden or park that is regularly cut（花园/公园里的）草坪: *I'm going to mow the lawn this afternoon.* 今天下午我要给草坪割草。

'**lawnmower** *noun* [C] a machine that is used for cutting the grass in a garden（用于园圃的）割草机

ˌ**lawn 'tennis** *noun* [U] = TENNIS

☆**lawyer** /'lɔ:jə(r) ‖ 'lɔjɚ/ *noun* [C] a person who has studied law and whose job is to give advice on legal matters 律师: *to consult a lawyer* 征询律师意见

☛ A **solicitor** is a lawyer who gives legal advice, prepares legal documents, arranges the buying or selling of land, etc. 事务律师 (**solicitor**) 的职责包括提供法律意见，起草法律文件，安排土地买卖等。A **barrister** is a lawyer who speaks for you in a court of law. 出庭律师 (**barrister**) 的职责是在法庭上为当事人辩护。The American term is **attorney**. 在美国，律师叫做 **attorney**。

lax /læks ‖ læks/ *adj* not having high standards; not strict 马虎；不严格: *Their security checks are rather lax.* 他们的安全审查做得很马虎。

☆**lay**[1] /leɪ ‖ le/ *verb* [T] (*pt*, *pp* **laid** /leɪd ‖ led/) **1** to put sb/sth carefully in a particular position or on a surface 放置: *She laid a sheet over the dead body.* 她把布盖在尸体上。○ *He laid the child gently down on his bed.* 他把小孩轻轻放到床上。○ *'Don't worry,' she said, laying her hand on my shoulder.* "别担心。" 她一边说，一边把手放在我的肩上。**2** to put sth in the correct position for a particular purpose 为某用途把…放在正确位置: *They're laying new electricity cables in our street.* 我们那条街道正在铺设新电缆。**3** to prepare sth for use 准备: *The police have laid a trap for him; I think they'll catch him this time.* 警察已经布下陷阱，这一次看来可以把他逮住了。○ *Can you lay the table please?* (= put the knives, forks, plates, etc on it) 可不可以请你把餐具摆好？**4** to produce eggs 产卵: *Does a snake lay eggs?* 蛇会不会下蛋？**5** (used with some nouns to give a similar meaning to a verb 跟某些名词连用，表达与动词相同的意思): *They laid all the blame on him* (= they blamed him). 他们把所有过错都推到他的头上。○ *lay emphasis on sth* (= emphasize it) 强调某事物

(PHRASAL VERBS 短语动词) **lay sth down** to give sth as a rule 制定规则: *It's all laid down in the rules of the club.* 俱乐部的规则已清楚说明这一切。

lay off (sb) (*informal* 非正式) to stop annoying sb 停止打扰: *Can't you lay off me for a bit?* 别再骚扰我，行吗？

lay sb off to stop giving work to sb 解雇: *They've laid off 500 workers at the car factory.* 这家汽车厂已经解雇了500名工人。

lay sth on (*informal* 非正式) to provide sth 提供: *They're laying on a trip to London for everybody.* 他们正安排所有人去伦敦旅行。

lay sth out 1 to spread out a group of things so that you can see them easily or so that they look nice（为易见或美观而）摊开；陈列: *All the food was laid out on a table in the garden.* 所有食物都放在花园里的桌子上。**2** to arrange sth in a planned way 有计划地安排: *The new shopping centre is very attractively laid out.* 这座新盖的购物中心设计得很美观。

lay[2] /leɪ ‖ le/ *adj* (only *before* a noun 只用于名词前) **1** a member of a church who is not a priest（指教会内）非神职人员: *a lay preacher* 非神职传道人 **2** without special training in or knowledge of a particular subject 外行；非专业的

'**layman** /-mən ‖ -mən/ *noun* [C] (*pl* **laymen** /-mən ‖ -mən/) a person who does not have special training in or knowledge of a particular subject 门外汉: *a medical reference book for the layman* 以行外人士为对象的医学参考书

☆**lay**[3] *pt* of LIE[2] * LIE[2] 的过去时

layabout /'leɪəbaʊt ‖ 'leəˌbaʊt/ *noun* [C] (*Brit informal* 英，非正式) a person who is lazy and does not do much work 懒骨头

lay-by /'leɪbaɪ ‖ 'leˌbaɪ/ (*US* 美 **rest stop**) *noun* [C] (*pl* **lay-bys**) an area at the side of a road where vehicles can park for a short time out of the way of the traffic 路边停车带

☆**layer** /'leɪə(r) ‖ 'leɚ/ *noun* [C] a thickness or quantity of sth that is on sth else or between other things（物质的）一层: *A thin layer of dust covered everything in the room.* 房间里的东西全都盖上了一层薄薄的尘埃。○ *The cake has a layer of jam in the middle.* 蛋糕中间有一层果酱。○ *It's very cold. You'll need several layers of clothing.* 天气很冷，得多穿几件衣服。○ *the top/bottom layer* 顶/底层 ○ *the inner/outer layer* 内/外层

layman ⇨ LAY[2]

laze /leɪz ‖ lez/ *verb* [I] **laze (about/around)** to do very little; to rest or relax 闲呆: *We just lazed around all afternoon.* 我们闲混了一个下午。

☆**lazy** /'leɪzɪ ‖ 'lezɪ/ *adj* (**lazier**; **laziest**) **1** (used about a person 指人) not wanting to work 懒惰: *Don't be lazy. Come and give me a hand.* 别偷懒，快来帮我一把。**2** moving slowly or without much energy 慢吞吞；无精打采: *a lazy smile* 无精打采的微笑 **3** making you feel that you do not want to do very much 令人懒洋洋: *a lazy summer's afternoon* 夏天里一个令人慵怠的下午 —**lazily** *adv* —**laziness** *noun* [U]

☆**lead**[1] /led ‖ lɛd/ *noun* **1** [U] (*symbol* 符号 **Pb**) a soft heavy grey metal. Lead is used in pipes, roofs, etc. 铅 **2** [C,U] the black substance inside a pencil that makes a mark when you write 铅笔心

☆**lead**[2] /li:d ‖ lid/ *noun* **1** [sing] a position ahead of other people, organizations, etc 领导地位: *Britain has taken the lead in developing computer software for that market.* 就这个市场而言，英国在计算机软件的开发技术方面处于领导地位。**2 the lead** [sing] the first place or position 领先位置: *The French athlete has gone into the lead.* 法国选手已经把其他选手甩到后面去了。○ *Who is in the lead?* 谁正领先？**3** [sing] the distance or amount by which sb/sth is in front of another person or thing 领先的距离/数量: *The company has a lead of several years in the development of the new technology.* 这家公司在开发新技术方面比其他对手领先了好几年。**4** [C] the main part or role in a play or show 主角: *Who's playing the lead in the new film?* 这部新影片的主角是谁演的？**5** [C] a piece of information that may help to give the answer to a problem

线索：*The police are following all possible leads to track down the killer.* 警察正循着可利用的一切线索追缉凶手。**6** [C] a long chain or piece of leather that is attached to the collar around a dog's neck and used for keeping the dog under control（用来牵狗的）铁链/皮带：*All dogs must be kept on a lead.* 狗一律要系上皮带。**7** [C] a piece of wire that is used for carrying electric current 导线

(IDIOM 习语) **follow sb's example/lead** ⇨ FOLLOW

'lead story *noun* [C] the most important piece of news in a newspaper or news broadcast（报纸/新闻广播的）头条新闻

☆**lead³** /li:d ‖ lid/ *verb* (*pt*, *pp* **led** /led ‖ lɛd/) **1** [T] to go with or in front of a person or animal to show the way or to make them go in the right direction 引领（人/动物）；领路：*The teacher led the children out of the hall and back to the classroom.* 老师领着孩子从礼堂出来回到教室去。○ *She led the horse into its stable.* 她把那匹马牵到马厩去。○ *The receptionist led the way to the boardroom.* 接待员把人们领到会议室去。○ *to lead sb by the hand* 牵着某人的手在前引路 ☛ You usually **guide** a tourist or somebody who needs special help 给游客或需要某种帮助的人领路通常用 **guide** 这个动词：*to guide visitors around Oxford* 带领游客参观牛津 ○ *He guided the blind woman to her seat.* 他把那个失明女人领到她的座位去。If you **direct** somebody, you explain with words how to get somewhere 给某人指路用 **direct** 这个动词：*Could you direct me to the nearest Post Office, please?* 请问最近的邮局怎么去？**2** [T] to influence what sb does or thinks 影响（某人的行为/思想）：*He led me to believe he really meant what he said.* 他使我相信他说的是真心话。**3** [I] (used about a road or path 指路或小径) to go to a place 通向：*I don't think this path leads anywhere.* 看来这条路是走不通的。**4** [I] **lead to sth** to have sth as a result 导致：*Eating too much sugar can lead to all sorts of health problems.* 糖吃得太多，会造成各种各样的健康问题。**5** [T] to have a particular type of life 过某种生活：*They lead a very busy life.* 他们过着忙碌的生活。○ *to lead a life of crime* 过着罪恶的生活 **6** [I,T] **lead (sb/sth) (in sth)** to be the best at sth or to be in first place 领先：*Becker is leading by two sets to love.* 贝克尔领先两盘，未失一分。○ *Becker is leading Lendl by two sets to love.* 贝克尔领先伦德尔两盘，未失一分。**7** [I,T] to be in control or the leader of sth 率领；领导：*Who is going to lead the discussion?* 谁来主持讨论？

(PHRASAL VERB 短词动词) **lead up to sth** to be an introduction to or cause of sth 导致：*What were the events that led up to the First World War?* 是什么事件导致第一次世界大战爆发的？

☆**leader** /'li:də(r) ‖ 'lidɚ/ *noun* [C] **1** a person who is the head of sth or in charge of sth 领袖：*Who is the leader of the Conservative Party?* 保守党的领袖是谁？○ *a weak/strong leader* 软弱/坚强有力的领导人 ○ *She is a natural leader* (= she knows how to tell other people what to do). 她有当领袖的天赋。**2** the person or team that is best or in first place 领先的人/队伍：*The leader has just finished the third lap.* 那位领先的选手刚刚跑完了第三圈。○ (*figurative* 比喻) *The new brand of shampoo soon became a market leader.* 这种新上市的洗发剂不久就成了最畅销的货品。

leadership *noun* **1** [U] the state of being a leader(1) 领导地位：*Who will take over the leadership?* 谁来接任领导角色？**2** [U] the qualities that a leader(1) should have 领导才能 **3** [C, with sing or pl verb] a group of leaders(1) 领导阶层：*Has/Have the leadership lost touch with ordinary people?* 领导层是不是跟老百姓缺乏沟通？

leading /'li:dɪŋ ‖ 'lidɪŋ/ *adj* **1** best or very important 最好；首要：*He's one of the leading experts in this field.* 他是这方面最杰出的专家之一。○ *She played a leading role in getting the business started.* 在开办企业的过程中，她扮演了首要的角色。**2** in front or in first place 首位；头号：*Aldridge has been the leading goal scorer this season.* 奥尔德里奇一直是这一季的头号射手。

☆**leaf** /li:f ‖ lif/ *noun* [C] (*pl* **leaves** /li:vz ‖ livz/) one of the thin, flat parts of a plant or tree. Leaves are usually green and grow from a branch but different plants have different shaped leaves 叶子：*autumn leaves* 秋叶 ○ *The leaves rustled in the breeze.* 树叶在微风中沙沙作响。○ *tea leaves* 茶叶 ☛ picture at **tree**. 见 **tree** 插图。

leaf *verb*

(PHRASAL VERB 短语动词) **leaf through sth** to turn the pages of a book, etc quickly and without looking at them carefully 快速地翻阅书页等

leafy *adj* (**leafier**; **leafiest**) **1** having many leaves 多叶：*cabbage, spinach, lettuce and other leafy vegetables* 卷心菜、菠菜、生菜和其他多叶蔬菜 **2** (used about a place 指地方) having many trees and plants 树木茂盛：*a pleasant leafy suburb* 树木茂盛，令人赏心悦目的郊区

☆**leaflet** /'li:flɪt ‖ 'liflɪt/ *noun* [C] a small printed piece of paper that advertises or gives information about sth. Leaflets are usually given free of charge 传单：*I picked up a leaflet about bus services to Heathrow.* 我拿了一张传单，里面介绍了前往希思罗机场的公共汽车服务。

league /li:g ‖ lig/ *noun* [C] **1** a group of sports clubs that compete with each other for a prize 一组为角逐奖项而互相比试的体育俱乐部：*the football league*（由参加联赛的足球俱乐部组成的）足球联合会 ○ *Which team is top of the league at the moment?* 现在哪一队名列联赛榜首？☛ Look at **rugby league**. 参看 **rugby league**。**2** a group of people, countries, etc that join together for a particular purpose 联盟：*the League of Nations* 国际联盟 **3** (*informal* 非正式) a standard of quality or achievement 等级：*He is so much better than the others. They're just not in the same league.* 论素质，他比其他人好得多。他们可不是同一档次的人。

(IDIOM 习语) **in league (with sb)** having a

secret agreement (with sb) (跟某人)勾结: *I don't trust them. I'm sure they're in league with each other.* 我信不过他们，我敢说他们都是串通一起的。

☆**leak** /li:k ‖ lik/ *noun* [C] **1** a small hole or crack which liquid or gas can get through 漏洞；裂缝: *There's a leak in the pipe.* 管子上有裂缝。○ *The roof has sprung a leak.* 屋顶漏水。**2** the liquid or gas that gets through such a hole 漏出的液体/气体: *I can smell gas. Perhaps there's a leak.* 我嗅到煤气味，也许煤气漏了。**3** giving away information that should be kept secret 泄漏(机密)

leak *verb* **1** [I,T] to allow liquid or gas to get through a hole or crack 漏水；漏气: *The boat was leaking badly.* 这艘船漏得很厉害。**2** [I] (used about liquid or gas 指液体或气体) to get out through a hole or crack 渗；漏: *Water is leaking in above the window frame.* 水从窗框上面渗进来了。**3** [T] **leak sth (to sb)** to give secret information 泄漏机密: *The committee's findings were leaked to the press before the report was published.* 委员会还没有发表报告，他们的调查结果已经泄漏给新闻界了。

(PHRASAL VERB 短语动词) **leak out** (used about secret information 指秘密) to become known 泄漏出去: *The government did not want the details to leak out.* 政府不想让这些细节曝光。

leakage /'li:kɪdʒ ‖ 'likɪdʒ/ *noun* [C,U] an example of leaking; sth that has been leaked 渗漏；漏出物: *a leakage of dangerous chemicals* 危险性化学物质的漏出

leaky *adj* having a hole or holes through which liquid or gas can get in or out 有缝隙

lean[1] /li:n ‖ lin/ *adj* **1** (used about a person or animal 指人或动物) thin and in good health 瘦而健康 **2** (used about meat 指肉) having little or no fat 少/不带脂肪 **3** not producing much 产量少: *a lean harvest* 歉收

☆**lean**[2] /li:n ‖ lin/ *verb* (*pt, pp* **leant** /lent ‖ lɛnt/ or **leaned** /li:nd ‖ lind/) **1** [I] to be in a position that is not straight or upright 倾斜: *the Leaning Tower of Pisa* 比萨斜塔 ○ *He leaned across the table to pick up the phone.* 他在桌子上俯过身去拿起电话筒。○ *Don't lean out of the window when the train is moving.* 火车前进的时候别探身窗外。○ *to lean forwards, backwards, over to one side, etc* 靠前；靠后；往一边靠… **2** [I] **lean against/on sth** to rest against sth so that it gives support 靠在某物上: *She had to stop and lean on the gate.* 她不得不停下来，靠在大门上歇歇。○ (*figurative* 比喻) *You can rely on me. I'll always be there for you to lean on.* 你可以信赖我，什么时候我都会支持你。**3** [T] to put sth against sth 使靠在某物上: *Please don't lean bicycles against this window.* 别把自行车靠在这扇窗上。

leap /li:p ‖ lip/ *verb* (*pt, pp* **leapt** /lept ‖ lɛpt/ or **leaped** /li:pt ‖ lipt/) [I] **1** to jump high or a long way 跳；跳跃: *The horse leapt over the wall.* 那匹马跳过了那道墙。○ *The children leapt up and down with excitement.* 孩子们都兴奋得跳上跳下。**2** to move quickly 快速地移动: *I leapt upstairs when I heard the scream.* 我一听见叫声就冲到楼上去。

(PHRASAL VERB 短语动词) **leap at sth** to accept a chance or offer with enthusiasm 连忙抓住机会/接纳提议: *She leapt at the chance to work in television.* 她抓住了在电视台工作的这个机会。

leap *noun* [C] **1** a big jump 跳跃: *He took a flying leap at the wall but didn't get over it.* 他想靠助跑跳过那道墙，可是没有跳过去。**2** a great change (for the better) or an increase in sth (好的)骤变；增加: *The development of penicillin was a great leap forward in the field of medicine.* 青霉素的发现是医药领域中的一大进步。○ *a leap in the price of land* 地价的暴涨

'leap-frog *noun* [U] a children's game in which one person bends over and another person jumps over him/her 跳背游戏(从弯背站立的人身上跳过)

'leap year *noun* [C] one year in every four, in which February has 29 days instead of 28 闰年(每隔四年一次)

☆**learn** /lɜ:n ‖ lɝn/ *verb* (*pt, pp* **learnt** /lɜ:nt ‖ lɝnt/ or **learned** /lɜ:nd ‖ lɝnd/) **1** [I,T] **learn (sth) (from sb/sth)** to get knowledge, a skill, etc (from sb/sth) 学习: *I'm not very good at driving yet – I'm still learning.* 我还在学习驾驶，所以技术不大好。○ *Debby is learning to play the piano.* 黛比正在学弹钢琴。○ *to learn a foreign language* 学一门外语 ○ *Where did you learn how to swim?* 你在哪儿学会游泳的？○ *I find it really difficult to learn lists by heart.* 一张一张的名单我怎么背也背不下来。**2** [I] **learn (of/about) sth** to get some information about sth; to find out 获悉；听到: *I was sorry to learn of your father's death.* 听到你爸爸的死讯，我心里很难过。**3** [T] to understand or realize 明白: *We should have learned by now that we can't rely on her.* 现在我们该明白她这个人信不过。

learned /'lɜ:nɪd ‖ 'lɝnɪd/ *adj* **1** (used about a person 指人) having a lot of knowledge from studying 博学的: *a learned scholar* 学者 **2** for learned people 适合学者的: *a learned journal* 学报

learner *noun* [C] a person who is learning 学习者；学员：*The 'L' plate on a car means the driver is a learner and hasn't passed the test yet.* 汽车上如挂着写有L字的牌子，即表示司机是还没有通过驾驶考试的学员司机。

learning *noun* [U] knowledge that you get from studying 学识：*men and women of learning* 有学问的男女

lease /li:s ‖ lis/ *noun* [C] an official written agreement (**a contract**) in which land, a building, etc is let to sb else (**a tenant**) for a certain period of time in return for rent 租约（为把房地产以一个约定的期限租予他人而签订的契约(**contract**)，承租人叫做 **tenant**）

☆**least**[1] /li:st ‖ list/ *det, pron* (used as the superlative of *little* 用作 little 的最高级) smallest in size, amount, extent, etc 最少；最小：*He's got the least experience of all of us.* 我们所有人中间，要算他最没有经验。○ *You've done the most work, and I'm afraid John has done the least.* 你做得最多，看起来约翰却做得最少。

☆**least**[2] /li:st ‖ list/ *adv* to the smallest extent or degree; less than anybody/anything else 最少；最小：*He's the person who needs help least.* 他这个人不大需要别人的帮助。○ *I bought the least expensive tickets.* 我买了最便宜的门票。

(IDIOMS 习语) **at least 1** not less than, and probably more 至少：*It'll cost at least £200.* 这个至少要200英镑。**2** even if other things are wrong 至少；起码：*It may not be beautiful but at least it's cheap.* 这个也许不美，至少便宜。**3** (used for correcting sth that you have just said 修正刚说过的话)：*I saw him, at least I think I saw him.* 我见到过他，至少我想我是见到过他。**4** (used for saying that sth is the minimum you expect sb to do 表示对某人的最低要求)：*You could at least say you're sorry!* 至少，你应该说声对不起！

least of all especially not 更不用说：*Nobody should be worried, least of all you.* 谁也用不着担心，不用说你了。

not in the least not at all 一点也不：*It doesn't matter in the least.* 一点儿也不重要。

last but not least ⇨ LAST[2]

☆**leather** /'leðə(r) ‖ 'lɛðɚ/ *noun* [U] the skin of animals which has been specially treated. Leather is used to make shoes, bags, coats, etc 皮革：*a leather jacket* 皮夹克

☆**leave**[1] /li:v ‖ liv/ *verb* (*pt, pp* **left** /left ‖ lɛft/) **1** [I,T] to go away from sb/sth 离开：*When should we leave for the airport?* 我们什么时候去机场？○ *The train leaves Reading at just after ten.* 火车在十点后就要离开雷丁了。○ *He left his mother in tears.* 他向妈妈含泪告别。○ *Barry left his wife for another woman.* 巴里抛弃妻子去追求另一个女人。☛ Notice that if you leave sb/sth it may be permanently or just for a short time * leave 可以指永久地离开，也可以指短暂地离开：*He leaves home at 8.00 every morning.* 他每天早上8点出门。○ *He left home and went to live with his girlfriend.* 他离开自己的家，跟女朋友一起生活。**Depart** is a more formal word and is used about boats, trains, aeroplanes, etc * **depart** 这个词较为正式，用于船、火车、飞机等：*The 6.15 train for Southampton departs from Platform 3.* 前往南安普敦的火车于6点15分从3号月台开出。**2** [T] to cause or allow sb/sth to stay in a particular place or condition 使处于某个地方/某种状态：*Leave the door open, please.* 请让门开着。○ *Don't leave the iron on when you are not using it.* 不用熨斗就别让它开着。○ *Don't leave your friend outside in the cold. Invite him in.* 别让你的朋友呆在外边受冻，请他进来吧。**3** [T] to forget to bring sth with you 忘了带：*You go on. I've left my keys on the kitchen table.* 我把钥匙丢在厨房的桌子上了，你先走一步，我马上来。○ *I can't find my glasses. Where could I have left them?* 我找不到我的眼镜，我把它放在哪里了呢？**4** [T] to cause sth to remain as a result 留下痕迹：*Don't put that cup on the table. It'll leave a mark.* 别把那杯子放在桌上，它会在桌面留下痕迹。**5** [T] not use sth 剩下：*Leave some cake for me, please.* 请给我留些蛋糕。○ *Is there any bread left?* 还有没有面包？**6** [T] to put sth somewhere 把某物留在某处：*Val left a message on her answerphone.* 瓦尔在她的电话留言机上留下了口信。○ *I left him a note.* 我给他留了张字条。**7** [T] to wait until later to do sth 暂时不做某事：*Let's leave the washing-up till tomorrow.* 我们明天再洗碗碟吧。**8** [T] to give sth to sb when you die（死后）将某物遗留给某人：*In his will he left everything to his three sons.* 他在遗嘱中把所有东西都留给了他那三个儿子。**9** [T] to give the care of sb/sth to another person 将某人/某事托付给他人：*I'll leave it to you to organize all the food.* 我把筹备食物的工作全交给你。○ *He left his assistant in charge when he went away on holiday.* 他去度假的时候，由他的助手代理一切事务。

(IDIOMS 习语) **leave sb/sth alone** not touch, bother or speak to sb/sth 不打扰：*Leave other people's things alone!* 别管闲事！○ *She's very upset. Leave her alone for a few minutes.* 她心烦极了，让她一个人呆一会儿吧。

leave/let go (of sth) to stop touching or holding sth 放开某物：*Let go of my arm or I'll scream.* 放开我的手臂，要不我要大声喊了。

leave sb in the lurch to leave sb without help in a difficult situation 在困境中丢下某人不顾

leave sth on one side ⇨ SIDE[1]

(PHRASAL VERBS 短语动词) **leave sb/sth behind** to forget to bring sth with you 忘带：*I left my gloves behind and now my hands are cold.* 我忘了带手套，双手冷着呢。

leave sb/sth out (of sth) not include sb/sth 遗漏；不包括：*This doesn't make sense. I think the typist has left out a line.* 这儿意思不通，看来打字员漏掉了一行字。

☆**leave**[2] /li:v ‖ liv/ *noun* [U] a period of time when you do not go to work 休假：*Diplomats working abroad usually get a month's home leave each year.* 一般来说，驻外外交人员每年都可以回国休假一个月。○ *annual leave* 年假 ○ *sick, maternity, etc leave* 病假；产假… ○ *to be on leave* 正在休假 ☛ Look at the note at **holiday**. 参看 **holiday** 的注释。

leaves *pl* of LEAF ＊LEAF 的复数

☆**lecture** /ˈlektʃə(r) ‖ ˈlɛktʃɚ/ *noun* [C] **1 a lecture (on/about sth)** a talk or speech to a group of people on a particular subject 讲演: *He gave a very interesting lecture on the geology of the Pacific.* 他就太平洋的地质作了一次趣味盎然的讲演。○ *a course of lectures* 讲座课程 **2** a serious talk to sb that explains what he/she has done wrong or how he/she should behave 训斥

lecture *verb* **1** [I] **lecture (on sth)** to give a lecture or lectures (on a particular subject) 作讲演 **2** [T] **lecture sb (about sth)** to talk seriously to sb about what he/she has done wrong or how he/she should behave 训斥；警诫: *The policeman lectured the boys about the dangers of playing ball games in the road.* 警察告诫那些小孩在路上打球多么危险。

lecturer /ˈlektʃərə(r) ‖ ˈlɛktʃərɚ/ *noun* [C] a person who gives lectures (especially one who teaches at a college or university)（尤指专科学校/大学的）讲师

led *pt, pp* of LEAD[3] ＊LEAD[3] 的过去时及过去分词

ledge /ledʒ ‖ lɛdʒ/ *noun* [C] a narrow shelf underneath a window, or a narrow piece of rock that sticks out on the side of a cliff or mountain 窗台；悬崖窄长的突出部分

leek /li:k ‖ lik/ *noun* [C] a long thin vegetable that is white at one end with thin green leaves. Leeks taste rather like onions. 韭葱 ☛ picture at **onion**. 见 **onion** 插图。

☆**left**[1] *pt, pp* of LEAVE[1] ＊LEAVE[1] 的过去时及过去分词

left-ˈluggage office (*Brit* 英) (*US* 美 **baggage room**) *noun* [C] the place at a railway station, etc where you can leave your luggage for a short time（火车站等的）行李寄放处

ˈ**leftovers** *noun* [plural] food that has not been eaten when a meal has finished 残羹剩饭

☆**left**[2] /left ‖ lɛft/ *adj, adv* on or to the side (of your body) that is towards the west when you face north 在左边；向左边: *Turn left just past the Post Office.* 一过了邮局就左转。○ *I've hurt my left arm.* 我伤了左臂。○ *Can you write with your left hand?* 你能用左手写字吗？

left *noun* **1** [U] the left side 左边: *In Britain we drive on the left.* 在英国汽车靠左侧行驶。○ *Take the first turning on the left.* 在第一个转弯处向左转。**2 the Left** [with sing or pl verb] political parties or groups that support socialism 左派政党/组织: *The Left is getting popularity.* 左派渐渐获得民心。

ˈ**left-hand** *adj* (only *before* a noun 只用于名词前) of or on the left 左边；在左边: *the left-hand side of the road* 马路的左边 ○ *a left-hand drive car* (= where the steering-wheel is on the left-hand side) 左座驾驶的汽车

ˌ**left-ˈhanded** *adj* **1** (used about a person 指人) using the left hand more easily than the right 惯用左手: *Are you left-handed?* 你是不是左撇子？**2** made for left-handed people to use 专为左撇子而制造: *left-handed scissors* 左手用的剪刀

ˌ**left ˈwing** *noun* [sing, with sing or pl verb] the members of a political party, group, etc that want more social change than the others in their party（某政党内的）左翼: *the left wing of the Labour Party* 工党中的左翼

left-wing *adj*: *left-wing extremists* 极左分子 ○ *They're both very left-wing.* 他们俩都非常左倾。

☆**leg** /leg ‖ lɛg/ *noun* [C] **1** the part of the body on which a person or animal stands or walks 腿: *A spider has eight legs.* 蜘蛛有四对脚。○ *long/short legs* 长/短腿 ○ *She sat down and crossed her legs.* 她坐了下来，交叉着双腿。○ *Can you balance on one leg?* 你会不会单腿站立？○ *See if you can bend your leg at the knee.* 试试把腿弯起来。○ (*figurative* 比喻) *the leg of a table, chair, etc* 桌子腿儿；椅子腿儿… **2** the part of a pair of trousers, shorts, etc that covers the leg 裤腿 **3** one part or section of a journey, competition, etc 一段旅程/比赛…

(IDIOMS 习语) **pull sb's leg** ⇨ PULL[1]

stretch your legs ⇨ STRETCH

legacy /ˈlegəsɪ ‖ ˈlɛgəsɪ/ *noun* [C] (*pl* **legacies**) money or property that is given to you after sb dies, because he/she wanted you to have it 遗产

☆**legal** /ˈli:gl ‖ ˈligl̩/ *adj* **1** allowed by law 合法: *It is not legal to own a gun without a licence.* 没有执照持有枪械是非法的。☛ The opposite is **illegal**. 反义词为 **illegal**。Look at **lawful** and **legitimate**. 参看 **lawful** 及 **legitimate**。**2** (only *before* a noun 只用于名词前) using or connected with the law 依据法律；与法律有关: *legal advice* 法律意见 ○ *to take legal action against sb* 对某人采取法律行动 ○ *the legal profession* 法律专业 —**legally** /ˈli:gəlɪ ‖ ˈliglɪ/ *adv*: *Schools are legally responsible for the safety of their pupils.* 学校对学生的安全负有法律责任。

legality /li:ˈgælətɪ ‖ lɪˈgælətɪ/ *noun* [U] the state of being legal 合法: *The legality of the agreement is not certain.* 这份合约是否合法，还没有定论。

legalize (*also* 亦作 **legalise**) /ˈli:gəlaɪz ‖ ˈligl̩ˌaɪz/ *verb* [T] to make sth legal 使合法

legend /ˈledʒənd ‖ ˈlɛdʒənd/ *noun* **1** [C] an old story that may or may not be true 传说: *the legend of Robin Hood* 罗宾汉传奇 **2** [U] such stories when they are grouped together 民间传说: *According to legend, Robin Hood lived in Sherwood Forest.* 根据传说，罗宾汉住在舍伍德森林里。**3** [C] a famous person or event 名人；著名事件

legendary /ˈledʒəndrɪ; *US* 美 -derɪ ‖ ˈlɛdʒəndˌɛrɪ/ *adj* **1** from a legend or legends 传说的: *the legendary heroes of Greek myths* 希腊神话中的英雄 **2** very famous 闻名: *Bjorn Borg, the legendary tennis star* 网球巨星比约恩 · 博格

leggings /ˈlegɪŋz ‖ ˈlɛgɪŋz/ *noun* [plural] a piece of clothing, usually worn by women, that fits tightly over both legs and reaches from your waist to your ankles 护腿（穿在大腿上的紧身裤，穿者以妇女居多）

legible /ˈledʒəbl ‖ ˈlɛdʒəbl̩/ *adj* (used about handwriting or things that are printed 指字迹或

印刷）clear enough to be read easily 清晰 ☛ The opposite is **illegible**. 反义词为 **illegible**。—**legibility** /ˌledʒəˈbɪləti ‖ ˌlɛdʒəˈbɪləti/ *noun* [U] —**legibly** /-əblɪ ‖ -əblɪ/ *adv*

legislate /ˈledʒɪsleɪt ‖ ˈlɛdʒɪsˌlet/ *verb* [I] **legislate (for/against sth)** to make a law or laws 立法；制定法律: *It is very difficult to legislate against racial discrimination.* 立法禁止种族歧视，又谈何容易。

legislation /ˌledʒɪsˈleɪʃn ‖ ˌlɛdʒɪsˈleʃən/ *noun* [U] **1** the act of making laws 立法；法律的制定 **2** a group of laws 一组法律: *The government is introducing new legislation to help small businesses.* 政府正在提出新的法律扶持小企业。

legitimate /lɪˈdʒɪtɪmət ‖ lɪˈdʒɪtəmɪt/ *adj* **1** having parents who are married to each other（子女）婚生的 ☛ The opposite is **illegitimate**. 反义词为 **illegitimate**。**2** reasonable or acceptable 合理；可以接受: *Is government advertising a legitimate use of taxpayers' money?* 政府是不是在宣传一个合理使用税款的方案？**3** allowed by law 合法: *Could he earn so much from legitimate business activities?* 要是他做正当生意，哪里赚得了这么多钱？☛ Look at **lawful** and **legal**. 参看 **lawful** 及 **legal**。—**legitimately** *adv*

☆**leisure** /ˈleʒə(r); *US* 美 ˈliːʒər ‖ ˈliʒɚ/ *noun* [U] the time when you do not have to work; spare time 闲暇: *Shorter working hours mean that people have more leisure.* 工时缩短能带来多一点闲暇。○ *leisure activities* 消遣

(IDIOM 习语) **at your leisure** when you have free time 有空的话: *Look through the catalogue at your leisure and then order by telephone.* 有空的话，看看这个目录，要订货就给我们打个电话。

leisurely *adj* without hurry 从容: *a leisurely Sunday breakfast* 悠闲自在的星期天早餐

ˈ**leisure centre** *noun* [C] (*Brit* 英) a public building that has sports facilities and other activities for people to do in their free time 娱乐中心

lemon /ˈlemən ‖ ˈlɛmən/ *noun* [C,U] a yellow fruit with sour juice that is used for giving flavour to food and drink 柠檬: *a slice of lemon* 一片柠檬 ○ *Add the juice of 2 lemons.* 加上两个柠檬的柠檬汁。

ˈ**lemon-squeezer** *noun* [C] an instrument that is used for pressing the juice out of a lemon 柠檬榨汁器

lemonade /ˌleməˈneɪd ‖ ˌlɛmənˈed/ *noun* [C,U] **1** (*Brit* 英) a colourless sweet drink that is fizzy (= has many bubbles in it) 汽水（味甜，充气）**2** a drink that is made from fresh lemon juice, sugar and water 柠檬水（用糖、水、柠檬汁搅和而成）

☆**lend** /lend ‖ lɛnd/ *verb* [T] (*pt, pp* **lent** /lent ‖ lɛnt/) **1** to allow sb to use sth for a short time or to give sb money that must be paid back after a certain period of time 借给: *Could you lend me £5 until Friday?* 我想跟你借5英镑，星期五还给你，行吗？○ *He lent me his car.* 他把汽车借给我。○ *He lent his car to me.* 他把汽车借给我。

☛ If a bank, etc lends you money you must **pay** it **back/repay** it over a fixed period of time with extra payments (called **interest**). 向银行贷款，要限期清还 (**pay back/repay**)，而且要缴付利息 (**interest**)。picture at **borrow**. 见 **borrow** 插图。

2 to lend sth (to sth) (*formal* 正式) to add or give 添上；给与: *to lend advice, support, etc* 提意见；给以支持… ○ *The flowers lent a touch of colour to the room.* 花儿给房间添了几分色彩。

lender *noun* [C] a person or organization that lends sth 借贷者

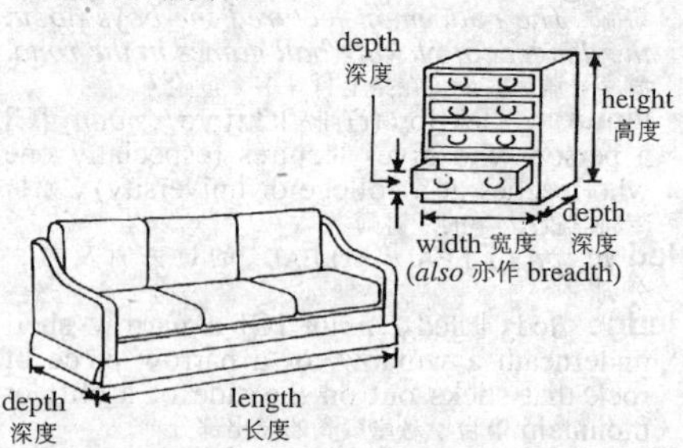

☆**length** /leŋθ ‖ lɛŋθ/ *noun* **1** [U] the distance or amount that sth measures from one end to the other; how long sth is 长度: *to measure the length of a room* 量度房间的长度 ○ *It took an hour to walk the length of Oxford Street.* 在牛津街从头走到底得花一个小时。○ *The tiny insect is only one millimetre in length.* 这只小昆虫的长度只有一毫米。○ *the length of a book, letter, etc* 一本书/一封信…的篇幅 **2** [U] the amount of time that sth takes or lasts 时间的长短: *Many people complained about the length of time they had to wait.* 很多人埋怨等得太久了。**3** [C] the length(1) of a swimming-pool 游泳池的长度: *I can swim a length in twenty seconds.* 我用二十秒就能游一个游泳池的距离。**4** [C] a piece of sth (that is long and thin) 一段（细长的东西）: *a length of material, rope, string, etc* 一块材料；一段绳索；一根绳子…

(IDIOMS 习语) **at length** for a long time or in great detail 长时间；详尽: *We discussed the matter at great length.* 我们详谈了此事。

the length and breadth of sth to or in all parts of sth 到处；处处: *They travelled the length and breadth of India.* 他们走遍了印度。

go to great lengths to make more effort than usual in order to achieve sth 不遗余力

lengthen *verb* [I,T] to become longer or to make sth longer（使）延长

lengthways (*also* 亦作 **lengthwise**) *adv* in a direction along the length of sth 依纵向: *Fold the paper lengthwise.* 把纸纵向折叠。

lengthy /ˈleŋθɪ ‖ ˈlɛŋθɪ/ *adj* (**lengthier**; **lengthiest**) very long 很长: *lengthy discussions* 冗长的讨论 ○ *Recovery from the illness will be a lengthy process.* 这种病的治愈是个长期过程。

L

lenient /'li:nɪənt ‖ 'linɪənt/ *adj* (used about a punishment or person who punishes 指惩罚、施惩罚的人) not strict or severe 宽大；不严苛 —**lenience** /-əns ‖ -əns/ (*also* 亦作 **leniency** /-ənsɪ ‖ -ənsɪ/) *noun* [U] —**leniently** *adv*

lens /lenz ‖ lɛnz/ *noun* [C] (*pl* **lenses**) a piece of glass, etc that has one or more curved surfaces. Lenses are used in glasses, cameras, telescopes, microscopes, etc.（眼镜、照相机、望远镜、显微镜等的）透镜 ☛ picture at **glasses** and **camera**. 见 **glasses** 及 **camera** 插图。You may wear **contact lenses** to help you see better. 视力有问题可配戴隐形眼镜 (**contact lens**)。You may use a **zoom** or **telephoto lens** on your camera. 在照相机里可安上可变焦距镜头 (**zoom lens**) 或摄远镜头 (**telephoto lens**)。

lent *pt, pp* of LEND * LEND 的过去时及过去分词

lentil /'lentl ‖ 'lɛntḷ/ *noun* [C] the small orange or brown seed of a plant that is like a bean. Lentils are dried and then cooked and eaten 小扁豆: *lentil soup* 小扁豆汤

Leo /'li:əʊ ‖ 'lio/ *noun* [C,U] (*pl* **Leos**) the fifth sign of the zodiac, the Lion; a person who was born under this sign 狮子宫（黄道第五宫）；属狮子座的人 ☛ picture at **zodiac**. 见 **zodiac** 插图。

leopard /'lepəd ‖ 'lɛpəd/ *noun* [C] a large wild animal of the cat family that has yellow fur with dark spots. Leopards live in Africa and Southern Asia. 豹 ☛ picture at **lion**. 见 **lion** 插图。A female leopard is called a **leopardess** and a baby is called a **cub**. 雌豹叫做 **leopardess**，幼豹叫做 **cub**。

leotard /'li:ətɑ:d ‖ 'liəˌtɑrd/ *noun* [C] a piece of clothing that fits close to the body and arms but does not cover the legs. Leotards are worn by dancers, people doing exercises, etc.（舞蹈员、体操运动员等所穿的）紧身衣

leper /'lepə(r) ‖ 'lɛpə/ *noun* [C] a person who has leprosy 麻风病患者

leprosy /'leprəsɪ ‖ 'lɛprəsɪ/ *noun* [U] a serious infectious disease that affects the skin, nerves and flesh. Leprosy can cause fingers and toes to drop off. 麻风

lesbian /'lezbɪən ‖ 'lɛzbɪən/ *noun* [C] a woman who is sexually attracted to other women 女同性恋者 —**lesbian** *adj*: *a lesbian relationship* 女同性恋关系 —**lesbianism** *noun* [U] ☛ Look at **gay** and **homosexual**. 参看 **gay** 及 **homosexual**。

☆**less**[1] /les ‖ lɛs/ *det, pron* (used with uncountable nouns 与不可数名词连用) a smaller amount (of) 较少: *It took less time than I thought.* 花的时间比我预计的要少。○ *I'm too fat – I must try to eat less.* 我太胖了，一定要设法节食。○ *It's not far – it'll take less than an hour to get there.* 到那儿不远，用不了一小时。☛ Many people use **less** with plural nouns: *less cars* , but **fewer** is the form which is still considered to be correct: *fewer cars*. 很多人把 **less** 跟复数名词连用：less cars，不过，**fewer** 后接复数名词仍被视为规范的用法：fewer cars。

☆**less**[2] /les ‖ lɛs/ *adv* to a smaller extent; not so much (as) 较少: *He's less intelligent than his brother.* 他没有他哥哥聪敏。○ *It rains less in London than in Manchester.* 伦敦下雨下得比曼彻斯特少。○ *People work less well when they're tired.* 人一累了，干活自然比较差。

(IDIOMS 习语) **less and less** becoming smaller and smaller in amount or degree 越来越少: *I seem to have less and less time for the children.* 对我来说，跟孩子在一起的工夫看来是越来越少了。

more or less ⇨ MORE[2]

less *prep* taking a certain number or amount away; minus 减去: *You'll earn £10 an hour, less tax.* 扣税后，每小时你可以挣10英镑。

lessen /'lesn ‖ 'lɛsṇ/ *verb* [I,T] to become less; to make sth less 减少: *This medicine will lessen the pain.* 这种药可以减轻痛苦。

lesser /'lesə(r) ‖ 'lɛsə/ *adj, adv* (only *before* a noun 只用于名词前) not as great/much as 比较少: *He is guilty and so, to a lesser extent, is his wife.* 他有罪，他妻子也有罪，只不过程度比他轻。○ *a lesser-known artist* 比较不知名的画家

(IDIOM 习语) **the lesser of two evils** the better of two bad things 两害之较轻者

☆**lesson** /'lesn ‖ 'lɛsṇ/ *noun* [C] **1** a period of time when you learn or teach sth 课: *When does the next lesson start?* 下一节课什么时候开始？○ *How many English lessons do you have a week?* 每星期你要上多少节英语课？○ *She gives piano lessons.* 她教钢琴。○ *I want to take extra lessons in English conversation.* 我要多上几课英语会话。○ *a driving lesson* 驾驶课 **2** something that you have learnt or that must be learnt 教训: *I hope we can learn some lessons from this disaster.* 我希望我们能从这场灾难中汲取一些教训。

☆**let**[1] /let ‖ lɛt/ *verb* [T] (*pres part* **letting**; *pt, pp* **let**) **1** to allow or permit sb/sth to do sth; to allow sth to happen 让；准许: *My parents let me stay out till 11 o'clock.* 爸妈允许我在外面呆到11点回家。○ *How could you let her run away like that?* 你怎能就这样让她跑了？○ *He wanted to go on a course but his boss wouldn't let him.* 他想继续去上课，可他老板不放他去。☛ You cannot use **let** in the passive here. You must use **allow** or **permit** and **to** 被动语态不能用 **let**，得用 **allow** 或 **permit**，再加上 **to**: *They let him take the exam again.* 他们让他重考。○ *He was allowed to take the exam again.* 他获准重考。Look at the note at **allow**. 参看 **allow** 的注释。**2** (used for offering help to sb 表示可给予帮助): *Let me help you carry your bags.* 我来帮你提袋子。○ *Let us lend you the money for a new car.* 由我们借钱给你买辆新车吧。**3** (used for making requests or giving instructions 用于要求或指示): *Don't help him. Let him do it himself.* 别帮他，让他自己做。○ *If she refuses to come home with us now, let her walk home.* 她要不跟我们马上回家，就让她自己走回去。**4** to allow sb/sth to move in a particular direction 让…朝某方向移动: *She forgot to let the cat out this morning.* 今天早上她忘了把猫放出去。○ *Open the windows and let some fresh air in.* 打开窗，换些新鲜空气进来。○ *They let him out of prison yesterday.* 他昨天获释出狱。**5** (used for

L

making suggestions about what you and other people can do 用以提出建议): *'Let's go to the cinema tonight.' 'Yes, let's.'* "我们晚上去看电影，好不好？""好哇。" ☛ The negative is **let's not** or (in British English only) **don't let's** 否定式是 **let's not**，也可以是 **don't let's**（限于英国英语）: *Let's not/Don't let's go to that awful restaurant again.* 我们可别再到那家破餐馆去了。

(IDIOMS 习语) **let alone** and certainly not 更不用说: *We haven't decided where we're going yet, let alone booked the tickets.* 我们还未决定到哪里去，更不用说订票的事情了。

let sb/sth go; let go of sb/sth to stop holding sb/sth 放开某人/某物: *Let me go. You're hurting me!* 痛死啦，放开我！ ○ *I tried to take the book but he wouldn't let go of it.* 我要把书拿过来，他就是不放手。 ○ *Hold the rope and don't let go.* 抓紧绳子，不要放手。

let me see; let's see (used when you are thinking or trying to remember sth 表示正在思考或回想): *Where did I put the car keys? Let's see. I think I left them by the telephone.* 我把车钥匙搁到哪儿去了？让我想想看。大概就搁在电话旁边。

let us/let's say for example 比如: *You could work two mornings a week, let's say Tuesday and Friday.* 你每星期工作两个上午，比如说星期二和星期五的上午。

let yourself go to allow yourself to behave as you wish; to feel free 随自己的意愿行事；放松自己: *Just relax. Let yourself go!* 别客气，请随便吧。

let yourself/sth go to allow yourself/sth to become untidy, dirty, etc 不修边幅: *She used to be so smart but after her husband died she just let herself go.* 她从前打扮可时髦了，可丈夫死后，她就随便起来了。

(PHRASAL VERBS 短语动词) **let sb down** not to do sth that you promised to do for sb; to disappoint sb 食言；使某人失望

let on (about sth) (to sb) to tell sb a secret 把秘密告诉（某人）: *He didn't let on how much he'd paid for the vase.* 他没有说花多少钱买了这个瓶子。

let sb off not to punish sb, or to give sb a lighter punishment than usual 饶恕某人；从宽处理: *He expected to go to prison but they let him off with a fine.* 他本来以为要坐牢，但他们罚了他一笔款就放过了他。

let sth out to tell people sth that was secret 泄密: *Who let the story about Princess Diana out?* 黛安娜王妃的私事是谁泄露出来的？

let sth out/down to make clothes larger/longer 把衣服放宽/放长: *These trousers are too tight. I'll have to let them out.* 这条裤子太紧，我得把它放宽一点。

L

☆**let**[2] /let ‖ lɛt/ *verb* [T] (*Brit* 英) to offer a house, flat, etc for sb to live in, in exchange for rent 出租（房屋）: *She lets the cottage to holiday-makers in the summer.* 她把房子租给夏天来度假的人。 ○ *There's a flat to let in our block.* 我们那座大厦有一套公寓出租。 ☛ Look at the note at **hire**. 参看 **hire** 的注释。

lethal /ˈli:θl ‖ ˈliθəl/ *adj* able to cause death or great damage 致命；导致伤害 —**lethally** /ˈli:θəlɪ ‖ ˈliθəlɪ/ *adv*

lethargy /ˈleθədʒɪ ‖ ˈlɛθɚdʒɪ/ *noun* [U] the feeling of being very tired and not having any energy 没精打采 —**lethargic** /ləˈθɑ:dʒɪk ‖ lɪˈθɑrdʒɪk/ *adj*

☆**letter** /ˈletə(r) ‖ ˈlɛtɚ/ *noun* [C] **1** a written or printed sign that represents a sound in a language 字母: *'Z' is the last letter of the English alphabet.* * Z 是英语字母表最末的一个字母。

☛ Letters may be written or printed as **capitals**, (also **upper case**), or **small** letters (also **lower case**) 手写或印刷体的大写字母叫做 **capital**（也叫 **upper case**）；小写字母叫做 **small** letter（也叫 **lower case**）: *Is 'east' written with a capital or a small 'e'?* 英语 east 的 e 是大写的还是小写的？

2 a written or printed message. A letter is usually put in an envelope and sent to sb by post 信: *I have written Denise a letter but I haven't sent it yet.* 我给丹尼斯写了一封信，不过还没有寄出。 ○ *Have you had a letter from your son?* 有没有收到你儿子的来信？ ○ *Letters are delivered by the postman.* 送信的是邮递员。

☛ When you have written a letter you put it in an **envelope**, **address** it, **put/stick** a **stamp** on it and then **post** (*US* **mail**) it. 信写好了，放在信封 (**envelope**) 里，写上地址 (**address**)，贴上 (**put/stick**) 邮票 (**stamp**)，然后寄出 (**post**，美国英语为 **mail**)。You may **forward** a letter to a person who has moved away. 要是收信人搬了家，你可以要邮局把信转递 (**forward**) 给他。

ˈ**letter-box** *noun* [C] **1** a hole in a door or wall through which letters, etc are delivered（门/墙上的）送信口 **2** (*US* 美 **mailbox**) a box outside a house or building which letters can be left in when they are delivered 信箱 **3** = POSTBOX

lettuce /ˈletɪs ‖ ˈlɛtɪs/ *noun* [C,U] a plant with large green leaves that are eaten raw in salads 莴苣/生菜（用于色拉中生吃）☛ picture at **salad**. 见 **salad** 插图。

leukaemia (*US* 美 **leukemia**) /lu:ˈki:mɪə ‖ luˈkimɪə/ *noun* [U] a serious disease of the blood which often results in death 白血病

☆**level**[1] /ˈlevl ‖ ˈlɛvl̩/ *adj* **1** with no part higher than any other; flat 平: *Make sure the shelves are level before you fix them in position.* 先把搁板放平，然后再把它们安上去。 ○ *Put the tent up on level ground.* 把帐篷搭在平地上。 ○ *a level teaspoon of sugar* 一平茶匙的糖 **2** at the same height, standard or position（高度/水平/位置）不相上下: *The boy's head was level with his father's shoulder.* 小男孩的头和他爸爸的肩膀一般高。 ○ *A red car drew level with mine at the traffic-lights* (= stopped next to mine). 一辆红色汽车驶近，跟我的汽车齐头停在红绿灯前。

ˌ**level** ˈ**crossing** (*US* 美 **grade crossing**) *noun* [C] a place where a road and a railway cross each other (where there is no bridge) (铁路和马路的)平面交叉口;道口

ˌ**level-ˈheaded** *adj* able to act calmly in a difficult situation 头脑冷静

☆**level²** /ˈlevl ‖ ˈlɛvḷ/ *noun* [C] **1** the height or position of sth in relation to sth else 水平高度;层次: *We are at 500 metres above sea level.* 我们身处海拔500米的高度。○ *During the flood the water reached knee-level.* 洪水涨得齐了膝盖。○ *ground level* 地面 ○ *an intermediate-level student* 中等程度的学生 ○ *top-level discussions* 高层会谈 **2** the amount, size or number of sth (compared to sth else) 数量;大小: *a high level of unemployment* 高失业率 ○ *low levels of pollution* 轻微污染 **3** a flat surface or layer 平面;层: *a multi-level shopping centre* 多层购物中心

level³ /ˈlevl ‖ ˈlɛvḷ/ *verb* [T] (levelling; levelled; *US* 美 leveling; leveled) to make sth flat, equal or level 使平坦/平均: *Lineker's goal levelled the score.* 莱因克尔射入一球拉平了比分。○ *The ground needs levelling before we lay the patio.* 在铺露台之前,场地需要平整一下。

(PHRASAL VERBS 短语动词) **level sth at sb/sth** to aim sth at sb/sth 把矛头指向某人/某事物: *They levelled serious criticisms at the standard of teaching.* 他们对教学水平提出了严厉批评。

level off/out to become flat, equal or level 变得平坦/平均: *Share prices rose sharply yesterday but today they have levelled out* (= stayed at one level). 昨天股价急升,今天却稳定下来了。

lever /ˈliːvə(r); *US* 美 ˈlevər ‖ ˈlɛvɚ/ *noun* [C] **1** a bar or tool that is used to lift or open sth when you put pressure or force on one end 杠杆 **2** a handle that you pull or push in order to make a machine, etc work (机器的)控制杆: *a gear-lever* 变速杆

lever *verb* [T] to move or lift sth with a lever (用杠杆)撬动/撬起: *How did ancient man lever those huge lumps of stone into position?* 古代人是怎么撬动那些大石头到位的?

leverage /-ərɪdʒ ‖ -ərɪdʒ/ *noun* [U] the force or pressure that is put on sth by a lever 杠杆作用

levy /ˈlevɪ ‖ ˈlɛvɪ/ *verb* [T] (*pt, pp* **levied**) **levy sth (on sb)** to officially demand and collect money, etc 征收: *The new tax will be levied on all adults in the country.* 这项新税将向全国的成年人征收。

liability /ˌlaɪəˈbɪlətɪ ‖ ˌlaɪəˈbɪlətɪ/ *noun* (*pl* **liabilities**) **1** [U] **liability (for sth)** the state of being responsible (for sth) (对某事物)有责任: *The company cannot accept liability for damage to cars in this car park.* 停车场内的汽车若有损坏,本公司概不负责。**2** [C] (*informal* 非正式) a person or thing that can cause a lot of problems, cost a lot of money, etc 累赘: *Our car's a real liability – it's always breaking down.* 我们的汽车动不动就抛锚,对我们反而是个累赘。

liable /ˈlaɪəbl ‖ ˈlaɪəbḷ/ *adj* (not before a noun 不用于名词前) **1 liable to do sth** likely to do sth 可能干起某事来: *We're all liable to have accidents when we are very tired.* 人累得疲劳不堪的时候,谁都可能发生事故。**2 liable to sth** likely to have or suffer from sth 可能陷入某处境: *The area is liable to floods.* 这个地方常有水患。**3 liable (for sth)** responsible (in law) (for sth) 负(法律)责任: *Is a wife liable for her husband's debts?* 妻子对丈夫的债务负法律责任吗?

liaise /lɪˈeɪz ‖ lɪˈez/ *verb* [I] **liaise (with sb/sth)** (*informal* 非正式) to work closely with a person, group, etc and give him/her/it regular information about what you are doing 建立联系;联络

liaison /lɪˈeɪzn; *US* 美 ˈlɪəzɒn ‖ ˈlɪəˌzɑn/ *noun* **1** [U] communication between two or more people or groups that work together (工作上的)联系/交流 **2** [C] a sexual relationship between two people who are not married to each other (男女间的)私通

liar /ˈlaɪə(r) ‖ ˈlaɪɚ/ *noun* [C] a person who tells lies (= who says or writes things that are not true) 说谎的人: *She called me a liar.* 她说我撒谎。☛ Look at the verb and noun **lie¹**. 参看 **lie¹**(兼作动词和名词)。

libel /ˈlaɪbl ‖ ˈlaɪbḷ/ *noun* [C,U] something false that is written or printed about sb that would make other people think badly of him/her 诽谤性文字: *The singer is suing the newspaper for libel.* 那个歌手控告报社诽谤。—**libel** *verb* [T] (libelling; libelled; *US* 美 libeling; libeled)

liberal /ˈlɪbərəl ‖ ˈlɪbərəl/ *adj* **1** willing to accept different opinions or kinds of behaviour; tolerant 开明 **2** generous (used to describe either the person who is giving or the amount that is given) 慷慨;大方: *We were given liberal quantities of food and drink.* 我们收到了大批食物和饮料。

liberal *noun* [C] a person who is liberal(1) in his/her way of thinking 开明的人 —**liberalism** /-ɪzəm ‖ -ˌɪzəm/ *noun* [U]

liberally /-rəlɪ ‖ -rəlɪ/ *adv* freely or generously 开明地;慷慨地

the ˌ**Liberal** ˈ**Democrats** *noun* [plural] a political party in Britain that represents moderate views 自由民主党

liberate /ˈlɪbəreɪt ‖ ˈlɪbəˌret/ *verb* [T] **liberate sb/sth (from sth)** to set sb/sth free 解放某人/某物: *France was liberated in 1945.* 法国于1945年解放。○ *to liberate people from poverty* 拯救人民脱离贫困

liberated *adj* not sharing traditional opinions or ways of behaving 思想解放 —**liberation** /ˌlɪbəˈreɪʃn ‖ ˌlɪbəˈreʃən/ *noun* [U]: *The women's liberation movement wants equal rights for women.* 妇女解放运动的宗旨,就是为广大妇女争取平等权利。○ *an army of liberation* 解放军

liberator *noun* [C] a person who liberates 解放者

liberty /ˈlɪbətɪ ‖ ˈlɪbɚtɪ/ *noun* [C,U] (*pl* **liberties**) the freedom to go where you want, do what you want, etc 自由: *We must defend our civil liberties at all costs.* 不管付出任何代

价，我们都要保卫公民权利。○ *loss of liberty* (= being put in prison) 丧失自由（坐牢）

(IDIOM 习语) **at liberty (to do sth)** free or allowed to do sth 随意；获准：*You are at liberty to leave when you wish.* 你随时可以离开。○ *I am not at liberty to tell you how I got this information.* 消息怎么得来，恕我无权奉告。

Libra /ˈliːbrə ‖ ˈlibrə/ *noun* [C,U] the seventh sign of the zodiac, the Scales; a person who was born under this sign 天平宫（黄道第七宫）；属天平座的人 ☛ picture at **zodiac**. 见 **zodiac** 插图。

☆**library** /ˈlaɪbrərɪ; *US* 美 -brerɪ ‖ ˈlaɪˌbrɛrɪ/ *noun* [C] (*pl* **libraries**) **1** a room or building that contains a collection of books, etc that can be looked at or borrowed 图书馆：*My library books are due back tomorrow.* 我从图书馆借来的几本书，明天到期了。

> ☛ Most towns and large villages in Britain have a **public library** where you can borrow books and read magazines and newspapers. 英国的大部分城镇和村落都有公共图书馆 (**public library**)，方便当地人士借阅图书和报刊。

2 a private collection of books, etc 私人藏品（如私人藏书等）

librarian /laɪˈbreərɪən ‖ laɪˈbrɛrɪən/ *noun* [C] a person who works in or is in charge of a library 图书馆管理员/馆长

lice *pl* of LOUSE * LOUSE 的复数

☆**licence** (*US* 美 **license**) /ˈlaɪsns ‖ ˈlaɪsn̩s/ *noun* **1** [C] an official paper that shows you are allowed to do or have sth 执照；许可证：*a driving-licence* 驾驶执照 ○ (*US* 美) *a driver's license* 驾驶执照 ○ *The shop has applied for a licence to sell alcoholic drinks.* 这铺子已申请卖酒许可证。**2** [U] (*formal* 正式) freedom to do sth 行动的自由：*The soldiers were given licence to kill if they were attacked.* 军队接到指示，如有人来袭击，格杀勿论。

ˈ**licence plate** (*US* 美 **license plate**) *noun* [C] = NUMBER-PLATE

license /ˈlaɪsns ‖ ˈlaɪsn̩s/ *verb* [T] to give official permission for sth 正式批准：*Is that gun licensed?* 那枝枪领了执照没有？

licensee /ˌlaɪsənˈsiː ‖ ˌlaɪsn̩ˈsi/ *noun* [C] a person who has a licence to sell alcoholic drinks, etc 执照持有者（如持有卖酒许可证的人等）

ˈ**licensing laws** *noun* [plural] (*Brit* 英) the laws that control when and where alcoholic drinks may be sold 酒类销售法（限定酒类销售的地点和时间的法规）

lick /lɪk ‖ lɪk/ *verb* [T] to move your tongue across sth 舔：*The child licked the spoon clean.* 小孩舔干净了匙子。○ *I licked the envelope and stuck it down.* 我舔了舔信封口，然后把它粘牢。—**lick** *noun* [C]: *Let me have a lick of your ice-cream.* 让我舔一口你的冰淇淋。

licorice = LIQUORICE

☆**lid** /lɪd ‖ lɪd/ *noun* [C] **1** the top part of a box, pot, etc that can be lifted up or taken off 盖子

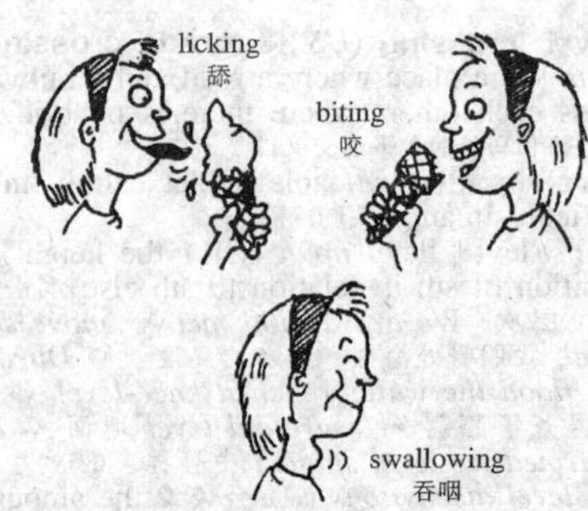

☛ picture at **pan**. 见 **pan** 插图。Look at the note at **top**. 参看 **top** 的注释。**2** = EYELID

☆**lie**[1] /laɪ ‖ laɪ/ *verb* [I] (*pres part* **lying**; *pt*, *pp* **lied**) **lie (to sb) (about sth)** to say or write sth that you know is not true 说谎：*He lied about his age in order to join the army.* 他为了当兵，虚报年龄。○ (*figurative* 比喻) *The camera cannot lie.* 照相机不会撒谎。

lie *noun* [C] a statement that you know is not true 谎话：*to tell a lie* 说谎 ☛ You tell a **white lie** in order not to hurt sb's feelings. 为了让别人好过一点，可以跟他说一个善意的假话 (**white lie**)。Look at **liar** and **fib**. 参看 **liar** 及 **fib**。

ˈ**lie-detector** *noun* [C] a piece of equipment that can show if a person is lying or not 测谎机

☆**lie**[2] /laɪ ‖ laɪ/ *verb* [I] (*pres part* **lying**; *pt* **lay** /leɪ ‖ le/; *pp* **lain** /leɪn ‖ len/) **1** to be or put yourself in a flat or horizontal position (so that you are not standing or sitting) 平卧：*He lay on the sofa and went to sleep.* 他躺在沙发上睡着了。○ *to lie on your back/side/front* 仰卧；侧卧；俯卧 ○ *The book lay open in front of her.* 那本书摊开在她面前。☛ Remember that **lie** cannot be used with an object. 请注意，**lie** 后面不接宾语。If you put an object in a flat position you **lay** it down. 把物件平放，叫 **lay** it down。**2** to be or remain in a certain state or position 处于某状态/位置：*Snow lay thick on the ground.* 地上积了一层厚厚的雪。○ *The hills lie to the north of the town.* 小镇的北面有山。○ *The factory lay idle during the strike.* 罢工期间，工厂停产。○ *The final decision lies with the managing director.* 决定权在总经理手上。○ *They are young and their whole lives lie ahead of them.* 他们还年轻，来日方长呢。

(PHRASAL VERBS 短语动词) **lie about/around** to relax and do nothing 闲着不做事：*We just lay around all day on Sunday.* 星期天，我们整天都闲着。

lie back to relax and do nothing while sb else works, etc（别人工作的时候自己却）闲着不做事

lie down (used about a person 指人) to be or put yourself in a flat or horizontal position so that you can rest 躺下休息：*My head is spinning – I must lie down.* 我脑袋天旋地转，得躺下来休息休息。☛ Note the related expression **have a lie-down**. 有关的说法为 **have a lie-down**。

lie in (*informal* 非正式) to stay in bed later than usual 赖着不起床；睡懒觉 ☛ Note the related expression **have a lie-in**. 有关的说法为 **have a lie-in**。

lieutenant /lef'tenənt; *US* 美 lu:'t- ‖ lu'tɛnənt/ *noun* [C] a junior officer in the army or navy 陆军中尉；海军上尉

☆**life** /laɪf ‖ laɪf/ *noun* (*pl* **lives** /laɪvz ‖ laɪvz/) **1** [U] the quality that people, animals or plants have when they are not dead 生命: *Life on earth began in a very simple form.* 地球上最初的生存形态非常简单。○ *Do you believe in life after death?* 你相信来生吗？**2** [U] living things 生物: *No life was found on the moon.* 月球上找不到生命的痕迹。○ *There was no sign of life in the deserted house.* 这座丢弃的房子看不到有任何生命的痕迹。○ *plant life* 植物 **3** [C] the existence of an individual person 个人的生命: *He risked his life to save the child.* 他舍命抢救那个小孩。○ *Doctors fought all night to save her life.* 医生彻夜不懈，希望救回她一命。○ *Three lives were lost in the fire.* 这场火夺去了三条人命。**4** [U] the state of being alive as a human being（人的）生存: *The hostages were rescued without loss of life.* 人质安然获救。○ *to bring sb back to life* 救回某人的性命 **5** [C] the period between your birth and death or between your birth and the present 一生；一辈子；有生以来: *He worked as a doctor all his life.* 他一生行医。○ *I spent my early life in London.* 我早年住在伦敦。○ *to ruin sb's life* 毁掉某人的一生 **6** [U] the things that you may experience during your life (5) 生活: *Life can be hard for a single parent.* 单身父母的日子可不好过。○ *That's life. You can't change it.* 生活就是这样，你改变不了。○ *I want to travel and see something of life.* 我想到外边走走，体验生活。**7** [U] the period between the present and your death 由现在到死亡的日子: *She was sent to prison for life.* 她被判终身监禁。○ *life membership of a club* 俱乐部的终身会员资格 **8** [C,U] way of living 生活方式: *They went to America to start a new life.* 他们去了美国过新生活。○ *They lead a busy life.* 他们过着忙碌的生活。○ *married life* 婚姻生活 **9** [U] activity; liveliness 活力；生气: *Young children are full of life.* 小孩子充满活力。○ *This town comes to life in the evenings.* 每到晚上，这个小镇就热闹起来。**10** [C] the story of sb's life 传记: *He's writing a life of John Lennon.* 他正在写约翰·列农的传记。

(IDIOMS 习语) **the facts of life** ⇨ FACT

lose your life ⇨ LOSE

take your (own) life to kill yourself 自杀

a walk of life ⇨ WALK[2]

a/sb's way of life ⇨ WAY[1]

lifeless *adj* **1** dead 已死；无生命的 **2** without life(9) or energy 毫无生气

ˌ**life-and-'death** (*also* 亦作 ˌ**life-or-'death**) *adj* (only *before* a noun 只用于名词前) very serious or dangerous 生死攸关；极其危险: *a life-and-death struggle* 生死斗争

'**lifebelt** (*also* 亦作 **lifebuoy** /'laɪfbɔɪ ‖ 'laɪfbɔɪ/) *noun* [C] (*Brit* 英) a ring that is made from light material which will float. A lifebelt is thrown to a person who has fallen into water to stop him/her from sinking. 救生圈

'**lifeboat** *noun* [C] **1** a small boat that is carried on a large ship and that is used by people to escape from the ship if it is in danger of sinking（船上的）救生艇 **2** a special boat that is used for rescuing people who are in danger at sea 救生船

'**life cycle** *noun* [C] the series of forms or stages of development that a plant, animal, etc goes through from the beginning of its life to the end 生命周期

'**life expectancy** *noun* [C,U] (*pl* **life expectancies**) the number of years that a person is likely to live 预期寿命

'**lifeguard** *noun* [C] a person at a beach or swimming-pool whose job is to rescue people who are in difficulties in the water（海滩/游泳池的）救生员

'**life-jacket** *noun* [C] a plastic or rubber sleeveless jacket that can be filled with air. A life-jacket is worn by sb to stop him/her from drowning in water. 救生衣

'**lifelike** *adj* looking like the real person or thing 栩栩如生: *The flowers are made of silk but they are very lifelike.* 这些丝织花看上去倒像是真的。

'**lifeline** *noun* [C] a rope that you throw to sb who is in difficulties in water 救生索: (*figurative* 比喻) *For many old people their telephone is a lifeline.* 对于很多老人来说，电话是不可或缺的。

'**lifelong** *adj* (only *before* a noun 只用于名词前) for all of your life 终身的: *a lifelong friend* 终身的朋友

'**life-size(d)** *adj* of the same size as the real person or thing 跟真人/实物一样大小: *a life-sized statue* 等身像

'**life-span** *noun* [C] the length of time that sb/sth lives, works, lasts, etc 寿命

'**life story** *noun* [C] (*pl* **life stories**) the story of sb's life 传记

'**lifestyle** *noun* [C] the way that you live 生活方式: *Getting married often means a sudden change in lifestyle.* 结婚常常会突然改变生活方式。

'**lifetime** *noun* [C] the period of time that sb is alive 一生: *It's a chance of a lifetime. Don't miss it!* 这是一生难逢的机会，别放过！

☆**lift** /lɪft ‖ lɪft/ *verb* **1** [T] **lift sb/sth (up)** to move sb/sth to a higher level or position 举起: *He lifted the child up onto his shoulders so that she could see better.* 他把小孩驮在肩上，好让她看得更清楚。○ *Lift your arm very gently and see if it hurts.* 把胳膊慢慢抬起，看看痛不痛。○ *It took two men to lift the grand piano.* 这架大钢琴要两个人才抬得动。**2** [T] to take hold of sb/sth and move him/her/it to a different position 把…抬起然后搬到别的位置上: *She lifted the suitcase down from the rack.* 她把手提箱从架上搬下来。**3** [I] (used about clouds, fog, etc 指云、雾等) to rise up or disappear 升起；消散: *The mist lifted towards*

L

the end of the morning. 快到中午的时候，薄雾才渐渐散去。**4** [T] **lift sth (from sb/sth)** (*informal* 非正式) to steal or copy sth 偷；抄袭: *Most of his essay was lifted straight from the textbook.* 他这篇短文的大部分内容都是从教科书上直接搬过来的。☛ Look at **shoplift**. 参看 **shoplift**。**5** [T] to end or remove a rule, law, etc 撤销（规则、法令等）: *The ban on public meetings has been lifted.* 公众集会的禁令已经撤销了。

(PHRASAL VERB 短语动词) **lift off** (used about a rocket 指火箭) to rise straight up from the ground 发射升空

lift *noun* **1** [sing] lifting or being lifted（被）举起 **2** [C] (*US* 美 **elevator**) a machine in a large building that is used for carrying people or goods from one floor to another 电梯: *It's on the third floor so we'd better take the lift.* 在三楼，我们还是乘电梯吧。**3** [C] = SKI-LIFT **4** [C] a free ride in a car, etc 搭便车: *Can you give me a lift to the station, please?* 我想到车站去，可以让我搭便车吗？○ *I got a lift from a passing car.* 我搭了一辆路过的汽车。**5** [sing] (*informal* 非正式) a feeling of happiness or excitement 欢欣；鼓舞: *Her words of encouragement gave the whole team a lift.* 听了她鼓励的话，全队士气为之一振。

(IDIOM 习语) **thumb a lift** ⇨ THUMB

ˈ**lift-off** *noun* [C] the start of the flight of a rocket（火箭的）发射: *Only ten seconds to lift-off!* 还有十秒就要发射！

ligament /ˈlɪgəmənt ‖ ˈlɪgəmənt/ *noun* [C] a strong band in a person's or animal's body that holds the bones, etc together 韧带

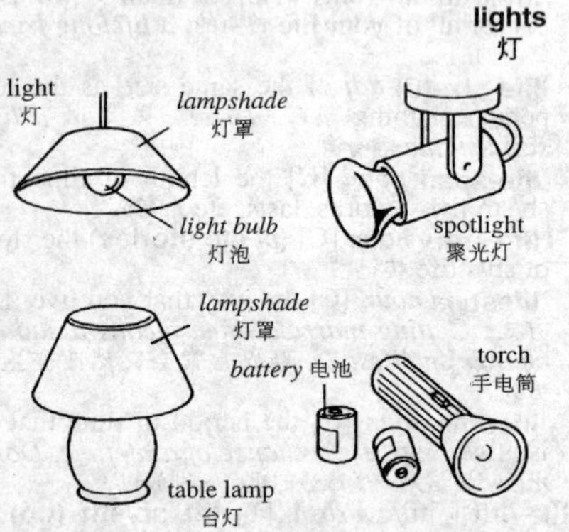

lights 灯

light 灯 · *lampshade* 灯罩 · *light bulb* 灯泡 · spotlight 聚光灯 · *lampshade* 灯罩 · *battery* 电池 · torch 手电筒 · table lamp 台灯

☆**light**[1] /laɪt ‖ laɪt/ *noun* **1** [U] the brightness that allows you to see things 光: *the light of the sun* 阳光 ○ *The light was too bad for us to read by.* 光线太暗，我们不能看书。○ *Strong light is bad for the eyes.* 强光有损视力。

> ☛ You may see things by **sunlight**, **moonlight**, **firelight**, **candlelight**, **lamplight**, etc. 可以凭借阳光 (**sunlight**)、月光 (**moonlight**)、火光 (**firelight**)、烛光 (**candlelight**)、灯光 (**lamplight**) 等看东西。

2 [C] something that produces light, eg an electric lamp 发光的东西（如电灯）: *the lights of the city in the distance* 远处的城市灯火 ○ *traffic lights* 红绿灯 ○ *a neon light* 霓虹灯 ○ *That car hasn't got its lights on.* 那辆汽车还没有开灯。☛ A light may be **on** or **off**. You **put**, **switch** or **turn** a light **on**, **off** or **out** 灯可以开着 (**on**)，也可以关着 (**off**)；开灯叫 **put/switch/turn** a light **on**，关灯叫 **put/switch/turn** a light **off/out**: *Shall I put the light on? It's getting dark in here.* 我去开灯，好不好？这里越来越暗了。○ *Please turn the lights out before you leave.* 离开之前，请把灯熄掉。**3** [C] something, eg a match, that can be used to light a cigarette, start a fire, etc 点火物（如火柴）: *Have you got a light?* 你有火吗？

(IDIOMS 习语) **cast light on sth** ⇨ CAST[2]

come to light to be found or become known 显露；为人所知

give sb/get the green light ⇨ GREEN

in a good, bad, etc light (used about the way that sth is seen or described by other people 指描述的角度) well, badly, etc 好；坏: *The newspapers often portray his behaviour in a bad light.* 报纸常常丑化他的行为。

in the light of because of; considering 因为；考虑到: *We shall have to change our decision in the light of what you have just said.* 考虑到你刚刚发表的意见，我们要改变我们的决定。

set light to sth to cause sth to start burning 点燃

light *adj* **1** having a lot of light; not dark 光亮: *In summer it's still light at 10 o'clock.* 在夏天，晚上10点仍很光亮。○ *a light room* 明亮的房间 **2** (used about a colour 指颜色) pale; not dark 淡；浅: *a light-blue sweater* 淡蓝色羊毛套衫

ˈ**light-bulb** *noun* [C] = BULB(1)

ˈ**lighthouse** *noun* [C] a tall building with a light at the top that guides ships or warns them of dangerous rocks, etc 灯塔

☆**light**[2] /laɪt ‖ laɪt/ *verb* (*pt*, *pp* **lit** or **lighted**) **1** [I,T] to begin to burn or to make sth do this 燃烧；点燃: *The gas cooker won't light.* 煤气炉怎么点也点不着。○ *to light a fire* 生火 ☛ **Lighted** is usually used as an adjective before the noun. * **lighted** 通常用作形容词，放在名词前。**Lit** is used as the past participle of the verb * **lit** 用作过去分词: *Candles were lit in memory of the dead.* 人们点了蜡烛，追悼死者。○ *The church was full of lighted candles.* 教堂里面到处都是烛光。**2** [T] to give light to sth 照亮: *The room was lit with one 40 watt bulb.* 房间里面用了一个40瓦的灯泡照明。

(PHRASAL VERB 短语动词) **light up** (used about sb's face, eyes, etc 指面孔、眼睛等) to become bright with happiness or excitement 露出快乐/兴奋之色

lighting *noun* [U] the quality or type of lights used in a room, building, etc 照明（设备）: *Soft lighting helps to make people more relaxed.* 柔和的灯光可以令人轻松一点。○ *street lighting* 街道照明设备

☆**light**[3] /laɪt ‖ laɪt/ *adj* **1** not of great weight; not heavy 轻: *Carry this bag – it's the lightest.*

L

SPECIAL PAGES 分类专页

USING THE DICTIONARY 词典用法说明

Dictionary quiz 词典知识测验 A 2
Words that go together 连用的词 A 4
Checking your work 作文复查要点 A 6

STUDY NOTES 研习小记

Word formation 词的构造 A 8
List of prefixes and suffixes 前缀与后缀一览表 A 10
Phrasal verbs 短语动词 A 13
Punctuation 标点符号 A 15
Letter-writing 书信写法 A 18
American English 美国英语 A 20

VOCABULARY PAGES 词汇专页

Health and fitness 健康 A 21
The Family 家族 A 22
Houses 房屋 A 23
Clothes 衣服 A 24
Computers 计算机 A 26
Education 教育 A 27
Government 政府 A 31
The Environment 环境 A 35
Keeping vocabulary records 记录生词的方法 A 37

MAPS AND GEOGRAPHICAL NAMES 地图及地名表

Geographical names 地名表 A 39
Map of the World 世界地图 A 40
The British Isles 不列颠群岛 A 47
North America 北美洲 A 48
Australia and New Zealand 澳大利亚及新西兰 A 49
Southeast Asia 东南亚 A 50
China 中华人民共和国 A 51
Hong Kong Special Administrative Region 香港特别行政区 A 52

Dictionary quiz
词典知识测验

这个测验可以说明《牛津中阶英汉双解词典》能够在哪些方面帮助使用本词典的人。下列问题的答案均可在本词典中找到。

1 What is **toffee** made of? **toffee** 是用什么做的？

2 Who would wear a **nappy**? 谁要用 **nappy** ？

3 What does a **teetotaller** not do? **teetotaller** 不做什么？

MEANINGS 词义
本词典使用简明易懂的语言解释词语意义，并利用示例揭示词语的正确用法。

---

4 What's the name of the part of a **telephone** that you pick up when you want to make a phone call? 你要打电话的时候，手里拿着的是 **telephone** 的哪个部分？

5 What's the opposite of **honest**? **honest** 的反义词是什么？

6 *I could see the* ***shade*** *of a man outside the window.* In this sentence the word **shade** is wrong. What's the correct word? 上述句子中 **shade** 这个词用错了。用哪个词才对呢？

VOCABULARY 词汇
另附有注释（以 ☛ 符号标示），列出实用的相关词语以扩大词汇量，并对容易混淆的词语进行辨析。

---

7 Which word in this sentence would you NOT use in an informal situation 下列句子中，哪个词不适用于非正式的场合：*What time does the seminar commence?*

STYLE 风格
本词典注明词语的适用范围，是正式的场合 (**formal**) 还是非正式的场合 (**informal**)，并常常列出大多数情况下同样适用的其他词语。

---

8 Is the word **meek** a noun, a verb or an adjective? **meek** 这个词是名词、动词还是形容词？

9 Is the word **luggage** countable or uncountable? **luggage** 这个词是可数名词还是不可数名词？

10 What's the past tense of **swear**? **swear** 的过去时是什么？

GRAMMAR 语法
本词典注明词语的词类，是名词 (**noun**)、动词 (**verb**) 或形容词 (**adjective**) 等，名词是可数的 (**countable**) 还是不可数的 (**uncountable**)，并列出不规则形式 (**irregular form**)（例如动词过去时的不规则变化 (**irregular past tense of a verb**)）。

---

11 How do you spell the plural of **factory**? **factory** 的复数是怎样拼写的？

12 How do you spell the *-ing* form of the verb **travel**? **travel** 这个动词的 -ing 形式是怎样拼写的？

SPELLING 拼写
本词典可用以查检词语的拼写方法，也可以查出词语的其他形式在拼写方面的细微变化（例如不规则复数形式 (**irregular plural**)）。

13 Which letter is silent in the word **receipt**? **receipt** 这个词，哪个字母不发声？

14 Where's the stress in the word **policeman**? **policeman** 这个词的重音在哪里？

PRONUNCIATION 读音

本词典标示词语的读音。词语的主重音以(ˈ)或(ˈ)标示。

---

15 How many idioms are there that have the word **kill** in them? 有多少个习语包含 **kill** 这个词？

16 How many phrasal verbs can you make with the word **burn**? 有多少个短语动词可由 **burn** 这个词组成？

IDIOMS AND PHRASAL VERBS 习语和短语动词

习语与短语动词分开两个部分列于有关词语的主要义项之后。（另参看第 A13 页的“ **Phrasal verbs** 短语动词”。）

---

17 What two adjectives can you form from the word **cloud**? 用 **cloud** 这个词可以构成哪两个形容词？

18 How many compounds can you make from the word **lamp**? 用 **lamp** 这个词可以组成多少个复合词？

WORDS FORMED FROM OTHER WORDS 由其他词语组成的词语

派生词 (**derivative**)（ **happily** 和 **happiness** 都是 **happy** 的派生词）和复合词 (**compound**)（ **rainfall** 这个复合词就是由 **rain** 和 **fall** 组合而成）同样分两部分列于有关词语的主要义项之后。

---

19 What's the American English word for **handbag**? 美国英语是怎样叫 **handbag** 的？

20 How do Americans spell the word **centre**? 美国人是怎样拼写 **centre** 这个词的？

AMERICAN ENGLISH 美国英语

本词典指出英国英语与美国英语之间的差别，并列出美国拼写方法。（第 A20 页另附更多关于美国英语的资料。）

---

21 How do you say this **date** 下列 **date** 怎样读出：15 April 1993?

22 What do the letters **GCSE** mean? **GCSE** 这组字母是什么意思？

EXTRA INFORMATION 额外资料

本词典后面附有与数目有关的用语表、不规则动词表、缩略语表等。

倒转本页，核对答案。

答案

1 sugar, butter and milk (or water) **2** a baby or very young child **3** drink alcohol **4** the receiver **5** dishonest **6** shadow **7** commence **8** an adjective **9** uncountable **10** swore **11** factor**ies** **12** travel**l**ing **13** the 'p' **14** po'liceman **15** three (have an hour, etc to kill; kill time; kill two birds with one stone) **16** four (burn (sth) down; burn sth out; burn up; burn sth up) **17** cloudless; cloudy **18** two (lamppost; lampshade) **19** purse **20** cent**er** **21** April the fifteenth (or the fifteenth of April), nineteen ninety-three **22** General Certificate of Secondary Education

Words that go together
连用的词

除解释词义外，本词典亦指出词语在短语或句子中的正确用法。

THE EXAMPLE SENTENCES 示例

淡味干酪叫做 **weak** cheese 还是 **mild** cheese？讲笑话叫做 **say** a joke 还是 **tell** a joke？（答案是 **mild** 和 **tell**。）用本词典查找某个词的解释，有关示例会显示有哪些词语经常与该词一起使用。

> **cheque** (*US* 美 **check**) /tʃek ‖ tʃɛk/ *noun* [C,U] a piece of paper printed by a bank that you can fill in, sign and use to pay for things 支票：*She wrote out a cheque for £20.* 她开了一张20英镑的支票。○ *I went to the bank to cash a cheque.* 我去银行兑现支票。

write out 和 **cash** 都是经常与 **cheque** 一起使用的动词。

> ☆**wind1** /wɪnd ‖ wɪnd/ *noun* **1** [C,U] (*also* 亦作 **the wind**) air that is moving across the surface of the earth 风：*There was a strong wind blowing.* 当时外面刮着大风。○ *A gust of wind blew his hat off.* 一阵风把他的帽子刮掉了。○ *high winds* 强风 ○ *a cold north wind* 寒冷的北风

strong、**high**、**cold**、**north** 都是经常与 **wind** 一起使用的形容词。

练习一

把 A 组里的词语跟 B 组里的词语配对。用本词典查找 B 组词语的解释，并参看有关示例。

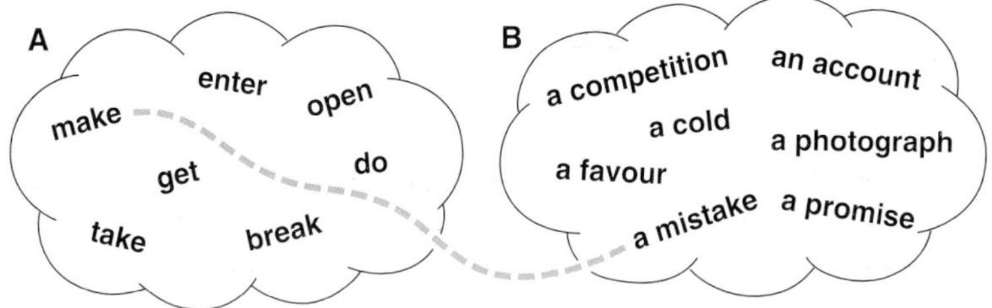

练习二

下列词语的反义词分别是…

a) weak tea? ___strong tea___

b) sweet wine? ______________

c) dark skin? ______________

d) calm sea? ______________

e) a high salary? ______________

f) heavy traffic? ______________

g) a mild curry? ______________

h) an even number? ______________

PREPOSITIONS AND VERB PATTERNS 介词与动词模式

本词典指出每个名词、动词或形容词后面可用哪些介词，也指出动词后面可用哪些结构。

> **married** /ˈmærɪd ‖ ˈmærɪd/ *adj* **1 married (to sb)** having a husband or wife 已婚；有配偶：*Shula's married to Mark.* 舒拉嫁给了马克。

这表示跟 **married** 一起使用的介词是 **to**。

> **enjoy** /ɪnˈdʒɔɪ ‖ ɪnˈdʒɔɪ/ *verb* [T] **1 enjoy sth/enjoy doing sth** to get pleasure from 享受；喜欢：*I really enjoyed that meal—thank you very much.* 这顿饭吃得很高兴，谢谢您。○ *Do you enjoy your work?* 你喜欢自己的工作吗？○ *He enjoys listening to music while he's driving.* 他爱一边开车一边听音乐。

我们可以说 **enjoy something**，也可以说 **enjoy doing something**。

练习三

翻查本词典，给下列句子填上适当的介词。

a) Everybody laughed ________________ the joke.
b) We were very pleased ________________ the hotel.
c) She says she's found a solution ________________ the problem.
d) It took her a long time to recover ________________ the accident.
e) Do you believe ________________ life after death?
f) I apologized ________________ Sam ________________ breaking the chair.
g) She's very proud ________________ her new motor bike.
h) The house is quite close ________________ the shops.

练习四

在下列句子的空位中填上括号内所示动词的适当形式。

a) Haven't you finished ________________ (clean) your room yet?
b) He keeps ________________ (phone) me up.
c) I've persuaded Jan ________________ (come) to the party.
d) Try to avoid ________________ (make) mistakes.
e) You're not allowed ________________ (smoke) in here.
f) The bank has agreed ________________ (lend) me the money.

答案

练习一：make a mistake; enter a competition; open an account; do a favour; break a promise; get a cold; take a photograph.

练习二：a) strong tea b) dry wine c) fair skin d) rough sea e) a low salary f) light traffic g) a hot curry h) an odd number.

练习三：a) at b) with c) to d) from e) in f) to, for g) of h) to.

练习四：a) cleaning b) phoning c) to come d) making e) to smoke f) to lend.

Checking your work
作文复查要点

不论是写信，写文章，还是写其他东西，如果错漏百出，别人就可能看不懂。遇上测验或考试，还会严重失分呢！所以，停笔之后，还要仔细复查，尽量改正错误。这时候，词典就是你的好助手。

看看这篇错漏百出的作文。用本词典小心复查，并把错误改正。参看下一页所载的复查清单，完成每项复查工作后，请在相关的方格内打上☑号。

Last summer I went to Oxford to study english in a langage school. I was in Oxford during two months. I stayed with an english family, who dwell quite close to the city centre. Mrs. Taylor works as a sollicitor, and her spouse has a good work in an insuranse company.

I enjoyed to be at the langage school. I meeted students of many different nationalitys — Japanesse, Italien, Portugal and Spain. The professors were very sympathetic and teached me a lot, but I didn't like making so many homeworks!

CHECKLIST 复查清单

☐ **1 Have I used the right word** 选词是否恰当？

本词典附有注释，对容易混淆的词语进行辨析。查检 **work**、**sympathetic** 或其他意思不大清楚的词语。

☐ **2 What about style** 文章风格适合吗？

有没有用上太正式或太随便的词语？要是不大肯定的话，用本词典查找答案。

☐ **3 Have I used the right word combinations** 词语的搭配是否恰当？

做功课叫做 **make** homework 还是 **do** homework？要是不大肯定的话，可以用本词典查找关键词 (**homework**)，看看在示例中是跟哪个词搭配。

☐ **4 What about prepositions** 介词怎样用？

用 close **to** 还是 close **from**？人所共知，名词、动词、形容词后面的介词容易用错。请用本词典小心核对。

☐ **5 Have I used the correct verb patterns** 动词模式用得对不对？

用 enjoy **to do** something 还是 enjoy **doing** something？查阅 **enjoy** 这个词条下的示例就可以知道应该用哪个结构。这类结构绝不能用错。

☐ **6 What about spelling** 拼写又怎样？

注意国家名称和国籍名称的拼写方法。可参考第 A39 页至第 A46 页的地名表。复数、过去时、-ing 形式、比较级及最高级形容词的拼写方法都要加以复查。

☐ **7 Is the grammar all right** 语法有没有错？

有没有复查各个名词是可数的还是不可数的？不规则动词的过去时和过去分词用得对不对？本词典后面的不规则动词表可以帮助复查。

倒转本页，核对答案。

答案

Last summer I went to Oxford to study **E**nglish in a lang**u**age school. I was in Oxford **for** two months. I stayed with an **E**nglish family, who **live** quite close to the city centre. Mrs Taylor works as a sol**i**citor, and her **husband** has a good **job** in an insuran**c**e company.

I enjoyed **being** at the lang**u**age school. I **met** students of many different national**ities** – Japan**ese**, Italian, Portug**uese** and **Spanish**. The **teachers** were very **nice** and **taught** me a lot, but I didn't like **doing** so **much** homework!

Word formation
词的构造

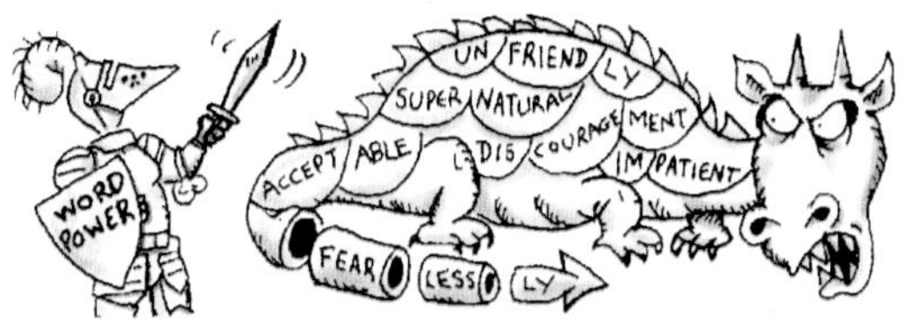

碰上英语生词，你会怎样做？翻查词典？翻查英语词典还是英汉双解词典呢？还是请教老师、同学？还是联系上下文猜测词义呢？其实，还有别的方法，就是把艰深的词简化。一般来说，字母多的词是由大家熟悉的字母较少的词加上前缀 (**prefix**) 或后缀 (**suffix**) 构成的；加在词的前面的构词成分就是前缀；加在后面的就是后缀。由于前缀和后缀可以跟很多不同的词语搭配，只要了解词缀的意义，便可掌握大量生词。以下列出几类重要的前缀和后缀。后面还有一个按字母顺序排列的词缀表，可供大家做下列测验题时参考。

Numbers 数目

许多常用词的前缀都是表示数目的。以 **bi-** 开头的词表示“有两个…”。bicycle 有两个车轮 (tricycle 就有三个)。表示计量单位的词语一般常用 **cent-**、**kilo-** 等前缀。100 centimetres（厘米）= 1 metre（米）；1 kilogram（千克）= 1000 grams（克）；诸如此类，不胜枚举。

1 *How many sides has an **octagon**?* **octagon** 这种形状有多少条边？
2 *If 1991 was the **bicentenary** of Mozart's death, in which year did he die?* 如果说 1991 was the **bicentenary** of Mozart's death，莫扎特是在哪一年逝世的？
3 *Which word is a **monosyllable**, 'but', 'although', or 'however'?* 下列哪一个词属 **monosyllable**: but、although 或 however？
4 *Does a **multi-storey car park** have more than one floor?* **multi-storey car park** 是否指超过一层的停车场？

Time 时间

一些前缀与时间有关，**pre-**（先于；预先）、**ex-**（以前；前任）是其中两例：pre-arranged meeting 是预先安排的会议；男子离了婚可以把以前的妻子叫做 ex-wife；ex-president 就是前任总统。

5 *If a house was built in the **postwar** period, was it built before or after the war?* 如果说一幢房子建于 **postwar** period，它是建于战前还是战后呢？
6 *Would a woman go to **ante-natal** classes before or after her baby was born?* 一个母亲会在婴儿出生前还是出生后参加 **ante-natal** classes？
7 *If your teacher told you to **rewrite** your essay, why would you be angry?* 如果老师对你说：**rewrite** your essay，你为什么会生气？

Size and degree 大小与程度

一些常用的前缀可表示大小或多寡。以 **maxi-** 开头的词有“大”或“最大”的意思；**mini-** 表示“小”（例如 miniskirt、minibus 等）。**extra-** 表示“超过”，所以 extra-strong glue 就是特强胶水。

8 *Which flies faster than the speed of sound, a **subsonic** plane or a **supersonic** plane?* 下列哪一种飞机的飞行速度比声速快：**subsonic** plane 还是 **supersonic** plane？
9 *Is a **micro-organism** a very large or very small creature?* **micro-organism** 指非常大还是非常小的生物？
10 *How do you feel if you have **overeaten** – very full or still hungry?* 如果说 you have **overeaten**，你会感到很饱，还是仍然感到饿呢？

Negative 否定

许多前缀可以改变一个词的意义，使该词变为相反或否定的意思。non-smoker 就是不抽烟的人；happy 的反义词就是 unhappy。除了 **non-** 和 **un-** 之外，还可以用 **in-**（在某些字母前可以用 **im-**、**il-** 或 **ir-**）。哪个前缀可以跟哪个词结合构成反义词，必须用心学习。

11 *Which of the prefixes **un-**, **in-**, **im-**, **il-**, **ir-** would you use to make the opposites of these words?* 下列词语可以跟哪些前缀 (**un-**、**in-**、**im-**、**il-** 或 **ir-**) 结合构成反义词？

correct ***certain*** ***possible***
regular ***sure*** ***legal*** ***valid***
relevant ***patient*** ***legible***

If you are not sure, use the list to help you. 要是不大肯定的话，可在词缀表中查找答案。

Position 位置
这类前缀表示某物的所在或某事发生的地点。例如 **sub-** 表示“底下；下面”：subway 就是地下过道； subtitles 就是外语电影画面底下的字幕。

12 *Is an activity that is* ***extra-curricular*** *part of the curriculum of a school?* **extra-curricular activity** 是否学校课程的一部分？
13 *Is a flight from London to New York* ***trans-atlantic****?* 由伦敦乘飞机往纽约的旅程可否用 **transatlantic** 来形容？
14 *In America, is an* ***Interstate*** *a road within one state or a road that links two or more states?* 在美国，**interstate** 是指一州境内的道路，还是连接两个或以上的州的道路？

后缀 (**suffix**) 加在词的末尾，通常能改变词的功能。大家也许常常使用 **-ly** 这个后缀，把形容词转为副词。(例如 He sings beautifully. The car was badly damaged.）后缀也可用以把名词转为形容词：Japan 这个名词加了后缀 **-ese** 就成为形容词 Japanese，用以表示日本人的国籍。

如要构成表示状态 (**state**)、动作 (**action**) 或特质 (**quality**) 的名词，可加上 **-ation** 等后缀，例如 inform + ation = information; examine + ation = examination。拼法或有细微变化，例如 examination 一词中省去了第二个 e。

15 *Use one of the suffixes* ***-ation, -ment, -ness*** *to make nouns from these verbs and adjectives* 试在下列动词或形容词后面加上后缀 (**-ation**、**-ment** 或 **-ness**)，使他们变成名词：
develop　***kind***　***arrange***　***imagine***
happy　***organize***
What happens to the spelling of 'happy'? happy 转为名词是怎样拼写的？

还有其他后缀可用以构成表示人的名词，例如 **-er**、**-or**、**-ist**、**-ian**、**-ee**、**-ant**、**-ent**。这些后缀可以加在动词后面，表示动作的执行者，例如 rider、sailor、typist 等；也可以加在名词后面，表示从事某范畴工作的人，例如 artist、historian 等。

16 *Fill the gaps to make words that describe people and their jobs* 试在空位中填上适当的字母组成词语，这些词语可表示从事括号内所述工作的人：
a--or　*(works in a theatre* 在剧院工作的*)*
b----er　*(uses bricks and stone to make houses* 用砖石建造房屋的*)*
c------or　*(stands in front of the orchestra* 站于管弦乐队前面的*)*
e-----er　*(goes out to discover new countries* 四处探险搜寻新地方的*)*

名词或形容词如加上 **-ize**、**-en**、**-ify** 等后缀，可转为动词。例如：表示拓宽某事物 (to make something wider) 可以用 widen；表示简化某事物 (to make something simpler) 可以用 simplify；表示使某事物现代化 (to make something more modern) 可以用 modernize。

17 *Which verbs can you make from these words, using one of the suffixes* ***-ize, -en*** *and* ***-ify****?* 试在下列词语后面加上后缀 (***-ize***、***-en*** 或 ***-ify***)，看看可构成哪些动词？
magnet　***beauty***　***sharp***　***general***
loose　***pure***
(You may need to change the spelling a little. 注意拼写方面的细微变化。*)*

很多后缀都可用以构成形容词。下面是一些很常用的：通常解作“可能”的 **-able**（有时作 **-ible**，或简作 **-ble**），例如 acceptable、avoidable 等；形容特质的 **-y** 和 **-ful**，例如 cloudy、helpful、beautiful 等。如要表示欠缺某物，可加上 **-less** 这个后缀，例如：指情况没有希望可用 hopeless。

18 *Solve the clues to find these adjectives* 根据下列线索找出形容词：
(They all end in one of the suffixes mentioned 这些形容词均以左面列出的后缀结尾*)*
a) *practical, that can be used a lot* 实用、可经常使用
b) *having no friends* 没有朋友
c) *easy to see or notice* 容易看见或引起注意
d) *needing something to drink* 口渴

倒转本页，核对答案。

1 eight 2 1791 3 but 4 yes 5 after 6 before 7 because you have to write it again 8 supersonic 9 very small 10 very full 11 incorrect uncertain impossible irregular unsure illegal invalid irrelevant impatient illegible 12 no 13 yes 14 a road that links two or more states 15 development kindness arrangement imagination happiness organization (the 'y' of 'happy' becomes an 'i') 16 actor builder conductor explorer 17 magnetize beautify sharpen generalize loosen purify 18 useful friendless noticeable thirsty

List of prefixes and suffixes
前缀与后缀一览表

PREFIXES 前缀

a- not 不；非: *atypical* 非典型的

Anglo- English 英国（的）: *Anglo-German relations* 英德关系

ante- before 在…之前: *antenatal* (= before birth) 出生前

anti- against 反对；反抗: *anti-European* 反对欧洲联盟的, *anti-social* 反社会的

auto- self 自己: *autobiography* (= the story of the writer's own life) 自传

bi- two 双；两: *bicycle* 自行车, *bilingual* (= using two languages) 双语的, *bimonthly* (= twice a month or every two months) 每月两次或每两月一次

cent-, centi- hundred 一百: *centenary* (= the hundredth anniversary) 一百周年纪念, *centimetre* (= one hundredth of a metre) 百分之一米；厘米

circum- around 环绕: *circumnavigate* (= sail around) 环绕…航行

co- with; together 共同；联合: *copilot* 副驾驶员, *coexist* 共存, *cooperation* 合作

con- with; together 与…一起: *context* (= the words or sentences that come before and after a particular word or sentence) 上下文

contra- against; opposite 反抗；反对；相反: *contradict* (= say the opposite) 反驳, *contraflow* (= traffic travelling in the opposite direction to normal) 反方向行驶

counter- against; opposite 反抗；反对；相反: *counter-revolution* 反革命, *counter-productive* (= producing the opposite of the desired effect) 产生相反效果的

de- taking sth away; the opposite 除去；相反: *defrost* (= removing the layers of ice from a fridge, etc) 给冰箱等除霜, *decentralize* 分散

deci- one tenth 十分之一: *decilitre* 分升

dis- reverse or opposite 颠倒；相反: *displease* 使不愉快, *disembark* 上岸, *discomfort* 使不适

Euro- European 欧洲（的）: *Euro-MP* (= member of the European Parliament) 欧洲议会成员

ex- former 以前的；前任: *ex-wife* 前妻, *ex-president* 前任总统

extra- **1** very; more than usual 非常；格外: *extra-thin* 极瘦, *extra-special* 格外特别 **2** outside; beyond 在…之外；超出: *extraordinary* 不平常, *extra-terrestrial* (= coming from somewhere beyond the earth) 来自地球以外的

fore- **1** before; in advance 在…之前；预先: *foretell* (= say what is going to happen) 预言, *foreword* (= at the beginning of a book)（写在书前的）前言 **2** front 前面: *foreground* (= the front part of a picture)（图画的）前景, *forehead* 前额

in- (**il-**, **im-**, **ir-**) not 不；非: *incorrect* 不正确, *invalid* 无效, *illegal* 不合法, *illegible* 难以辨认的, *immoral* 不朽, *impatient* 无耐性, *impossible* 不可能, *irregular* 不规则, *irrelevant* 不相关

inter- between; from one to another 在…之间；从一个到另一个: *international* 国际的, *interracial* 种族间的

kilo- thousand 千: *kilogram* 千克, *kilowatt* 千瓦（特）

maxi- most; very large 最；很大: *maximum* 最大限度

mega- million; very large 百万；兆；很大: *megabyte* 兆字节, *megastar* (= a very famous person) 超级巨星

micro- one millionth; very small 百万分之一；很小: *microgram* 微克, *micro-organism* 微生物

mid- in the middle of 在…中间: *mid-afternoon* 下午3点左右, *mid-air* 空中

milli- thousandth 千分之一: *milligram* 毫克, *millilitre* 毫升

mini- small 小；袖珍；迷你: *miniskirt* 迷你裙, *minibus* 小型公共汽车, *miniseries* 电视连续剧

mis- bad or wrong; not 坏；错；不: *misunderstand* 误解, *misbehave* 行为不端, *miscalculate* 误算

mono- one; single 一；单: *monolingual* (= using one language) 一种语言的, *monorail* 单轨

multi- many 多: *multinational* (= involving many countries) 多国的

non- not 不；非: *nonsense* 胡说, *non-*

resident 不住在某地的, *non-smoker* 不抽烟的人

out- more; to a greater degree 超过；极大地: *outdo* 胜过, *outrun* (= run faster or better than sb) 跑得比某人快/好

over- more than normal; too much 过分；过多: *overeat* 吃得过多, *oversleep* (= sleep too long) 睡得过久, *overestimate* (= guess too high) 高估

post- after 在…之后: *postwar* 战后

pre- before 在…之前；预先: *prepaid* 预付费用的, *preview* 预映

pro- for; in favour of 支持；赞同: *pro-European* 支持欧洲联盟的, *pro-democracy* 支持民主

quad- four 四: *quadruple* (= multiply by four) 四倍, *quadruplet* (= one of four babies born at the same time) 四胞胎之一

re- again 再次: *rewrite* 重写, *rebuild* 重建

semi- half 半: *semicircle* 半圆, *semi-detached* (= a house joined to the next at one side only) 半独立式的（指房子有一堵墙壁与另一所房子相连）

sub- **1** below; less than 低于；少于: *subzero* 零度以下的, *subsonic* (= less than the speed of sound) 低于音速的 **2** under 在…之下: *subway* 地下人行道, *subtitles* (= translation under the pictures of a film) 影片字幕

super- extremely; more than 极；超过: *superhuman* (= having greater power than humans normally have)（力量）超乎常人, *supersonic* (= faster than the speed of sound) 超音速的

tele- far; over a long distance 远；远程的: *telecommunications* 电信, *television* 电视, *telephoto lens* 摄远镜头

trans- across; through 横越；通过: *transatlantic* 横渡大西洋的, *transcontinental* 横贯大陆的

tri- three 三: *triangle* 三角形, *tricolour* (= a flag with three colours) 三色旗

ultra- extremely; beyond a certain limit 极度；超过某一限度: *ultra-modern* 超时髦的, *ultraviolet* (= light that is beyond what we can normally see) 紫外线的

un- not; opposite; taking sth away 不；非；相反；除去: *uncertain* 不确定, *uncomfortable* 不舒服, *unsure* 不肯定, *undo* 解开, *undress* 脱掉衣服

uni- one; single 一；单: *uniform* (= having the same form) 形式相同的

SUFFIXES 后缀

-able, -ible, -ble to make adjectives; possible to ~（用以构成形容词）可…的: *acceptable* 可以接受的, *noticeable* 显而易见的, *convertible* 可转化的, *divisible* (= possible to divide) 可除尽的, *irresistible*(=that you cannot resist) 不可抗拒的

-age to make nouns; a process or state（用以构成名词）指过程或状态: *shortage* 不足, *storage* 贮藏

-al to make adjectives; connected with（用以构成形容词）与…有关: *experimental* 实验的, *accidental* 意外的, *environmental* 有关环境的

-ance, -ence, (-ancy, -ency) to make nouns; an action, process or state（用以构成名词）指动作、过程或状态: *appearance* 出现, *performance* 演出, *elegance* 优雅, *importance* 重要性, *existence* 存在, *intelligence* 智力, *patience* 耐性

-ant, -ent to make nouns; a person who does sth（用以构成名词）施动者: *assistant* 助手, *immigrant* 移民, *student* 学生

-ation to make nouns; a state or action（用以构成名词）指状态或动作: *examination* 考试, *imagination* 想象力, *organization* 组织

-ble look at **-able** 参看 **-able**

-ee to make nouns; a person to whom sth is done（用以构成名词）受动者: *employee* (= sb who is employed) 雇员, *trainee* (= sb who is being trained) 受训者

-en to make verbs; to give sth a particular quality; to make sth more ~（用以构成动词）给某物某特质；使某物增多: *shorten*（使）变短, widen（使）变宽, *blacken*（使）变黑, *sharpen*（使）锋利, *loosen* 放松, (*but note* 但注意: *lengthen*（使）变长)

-ence (-ency) look at **-ance** 参看 **-ance**

-ent look at **-ant** 参看 **-ant**

-er to make nouns; a person who does sth（用以构成名词）施动者: *rider* 骑自行车/马…的人, *painter* 画家, *baker* 面包师傅, *builder* 建造者, *driver* 司机, *teacher* 教师

-ese to make adjectives; from a place（用以构成形容词）来自某一地方: *Japanese* 日本的, *Chinese* 中国的, *Viennese* 维也纳的

-ess to make nouns; a woman who does sth as a job（用以构成名词）干某事作为职业的女性: *waitress* 女服务员, *actress* 女演员

-ful to make adjectives; having a particular quality（用以构成形容词）有某种特质: *helpful* 有帮助, *useful* 有用, *thankful* 感谢的, *beautiful* 美丽

-hood to make nouns; a state, often during a particular period of time（用以构成名词）（通常指在某一段时间内的）一种状态: *childhood* 童年, *motherhood* 母亲身分

-ian to make nouns; a person who does sth as a job or hobby（用以构成名词）干某事作为职业或兴趣的人: *historian* 历史学家, *comedian* 喜剧演员, *politician* 政治家

-ible look at **-able** 参看 **-able**

-ical to make adjectives from nouns ending in -y or -ics; connected with（与以-y或-ics结尾的词结合构成形容词）与…有关: *economical* 经济的, *mathematical* 数学的, *physical* 物理学的

-ify to make verbs; to produce a state or quality（用以构成动词）产生某种状态或特质: *beautify* 美化, *simplify* 简化, *purify* 净化

-ise look at **-ize** 参看 **-ize**

-ish to make adjectives（用以构成形容词） **1** describing nationality or language 形容国籍或语言: *English* 英国人的；英语的, *Swedish* 瑞典人的；瑞典语的, *Polish* 波兰人的；波兰语的 **2** like sth …似的: *babyish* 婴儿般的, *foolish* 愚蠢 **3** rather, quite 颇为: *longish* (= fairly long, but not very long) 颇长, *youngish* 颇年轻, *brownish* 带褐色的

-ist to make nouns（用以构成名词）**1** a person who has studied sth or does sth as a job 研究某东西或干某事作为职业的人: *artist* 画家, *scientist* 科学家, *typist* 打字员 **2** a person who believes in sth or belongs to a particular group 相信某事物或属于某一群体的人: *capitalist* 资本家, *pacifist* 和平主义者, *feminist* 女权主义者

-ion to make nouns; a state or process（用以构成名词）指状态或过程: *action* 行动, *connection* 连接, *exhibition* 展览

-ive to make adjectives; able to ~, having a particular quality（用以构成形容词）能…的；有某种特质: *attractive* 有吸引力的, *effective* 有效的

-ize, -ise to make verbs; actions producing a particular state（用以构成动词）产生某种状态的动作: *magnetize* 使磁化, *standardize* 使统一, *modernize* 使现代化, *generalize* 归纳

-less to make adjectives; not having sth（用以构成形容词）没有…的: *hopeless* 绝望, *friendless* 没有朋友的

-like to make adjectives; similar to（用以构成形容词）与…相似/类似: *childlike* 孩子般的

-ly to make adverbs; in a particular way（用以构成副词）以某种方式: *badly* 不好, *beautifully* 美妙地, *completely* 完全地

-ment to make nouns; a state, action or quality（用以构成名词）指状态、行动或特质: *development* 发展, *arrangement* 安排, *excitement* 兴奋, *achievement* 成就

-ness to make nouns; a state or quality（用以构成名词）指状态或特质: *kindness* 仁慈, *sadness* 悲哀, *happiness* 幸福, *weakness* 软弱

-ology to make nouns; the study of a subject（用以构成名词）某学科的研究: *biology* 生物学, *psychology* 心理学, *zoology* 动物学

-or to make nouns; a person who does sth, often as a job（用以构成名词）干某事（通常作为职业）的人: *actor* 演员, *conductor* 指挥, *sailor* 海员

-ous to make adjectives; having a particular quality（用以构成形容词）有某种特质: *dangerous* 危险, *religious* 宗教的, *ambitious* 野心勃勃

-ship to make nouns; showing status（用以构成名词）显示身分、地位: *friendship* 友谊, *membership* 会员身分, *citizenship* 公民资格

-wards to make adverbs; in a particular direction（用以构成副词）向某方向: *backwards* 向后, *upwards* 向上

-wise to make adverbs; in a particular way（用以构成副词）以某种方式: *clockwise* 顺时针方向

-y to make adjectives; having the quality of the thing mentioned（用以构成形容词）具有所提及的事物的特质: *cloudy* 多云的, *rainy* 多雨的, *fatty* 肥, *thirsty* 口渴, *greeny* (= similar to green) 带绿色的

Phrasal verbs 短语动词

短语动词是指由两个（或三个）部分组成的动词 —— 一个普通动词再加上另一个（或另一些）词，如 **in**、**for** 或 **off** 等词。短语动词在英语里十分常见。以下是一些例子：

lie down 躺下 **give up** 放弃
look for 寻找 **get on with** 继续

虽然有些短语动词的词义容易理解（只要知道 **lie** 和 **down** 这两个词的意义，便可猜出 **lie down** 的含义），但很多短语动词的词义是较难明白的，因为他们有特殊的含义（即使知道 **give** 和 **up** 这两个词的意义，也不能猜到 **give up** smoking 是指“戒烟”）。

如要在本词典中查找短语动词的含义，可查阅该短语动词中第一个词的词条（查找 **give up** 的含义，可查阅 **give** 的词条）。短语动词的部分就列在有关动词的一般词义后面。

练习一
翻查本词典，给下列句子填上适当的词语。

a) This meat smells horrible. It must have gone ____________.
(over, off, past)

b) UK stands ____________ United Kingdom.
(out, to, for)

c) I can't work ____________ how to use this video.
(up, out, for)

d) Sue came ____________ the letter while she was tidying her room.
(to, across, for)

e) I'm sure that story wasn't true. I think Pete made it ____________.
(up, for, in)

f) She was offered a job in London, but she decided to turn it ____________.
(over, up, down)

g) Oh no, I've run out ____________ milk. We'll have to buy some more.
(for, of, with)

h) Can you write ____________ your address and telephone number, please?
(down, up, in)

（答案：a) off b) for c) out d) across e) up f) down g) of h) down）

THE FOUR TYPES 四类短语动词

短语动词可分为四大类：

TYPE 1 – phrasal verbs *without* an object
第一类 —— 没有宾语的短语动词

The fire **went out**. 火熄灭了。
My car **broke down** on the motorway. 我的汽车在高速公路上抛锚。

在本词典中，这些短语动词是这样表示的：
go out
break down

TYPE 2 – phrasal verbs that can be separated by an object
第二类 —— 可被宾语分隔的短语动词

a. 宾语如果是名词，可置于短语动词的两个部分的后面或中间：

She **tried on** the red dress. 她试穿了那条红色的连衣裙。
She **tried** the red dress **on**. 她试穿了那条红色的连衣裙。

b. 宾语如果是代名词，则必须置于短语动词的两个部分之间：

She **tried** it **on**. 她试穿了它。(NOT 不能说 She tried on it.)

在本词典中，这个短语动词是这样表示的：**try sth on**。如果看到 **sth** 或 **sb** 是置于短语动词的两个部分之间，就知道这个短语动词是可以给宾语分隔的。

TYPE 3 – phrasal verbs that cannot be separated by an object
第三类 —— 不可被宾语分隔的短语动词

短语动词的两个部分必须连用：

John's **looking after** the children. 约翰正照顾那些孩子。
(NOT 不能说 John's looking the children after.)

John's **looking after** them. 约翰正照顾他们。
(NOT 不能说 John's looking them after.)

在本词典中，这个短语动词是这样表示的：**look after sb**。如果看到 **sb** 或 **sth** 是置于短语动词的两个部分之后，就知道这个短语动词是不可以被宾语分隔的。

TYPE 4 – phrasal verbs with three parts
第四类 —— 由三个部分组成的短语动词

组成短语动词的三个部分必须连用：

I can't **put up with** this noise any longer. 我再也无法忍受这噪音。

在本词典中，这个短语动词是这样表示的：**put up with sb/sth**。一如上文所述，如果看到 **sb** 或 **sth** 是置于短语动词的三个部分之后，就知道这个短语动词是不可以被宾语分隔的。

练习二

在下列句子的适当位置填上 **it**，每个句子都要留有一个空位。

a) You must be hot with your coat on. Why don't you take ______ off ______ ?
b) If you don't understand this word, look ______ up ______ in your dictionary.
c) He's had a big shock, and it will take him some time to get ______ over ______ .
d) I was going to do my homework last night, but I'm afraid I didn't get round ______ to ______ .
e) I thought you'd read the newspaper, so I threw ______ away ______ .
f) Jill can't come to the meeting tomorrow, so we'll have to put ______ off ______ till next week.

（答案：a) take it off　b) look it up　c) get over it　d) round to it　e) threw it away　f) put it off）

Punctuation 标点符号

.

句号（**full stop**，美国英语称 **period**）(**.**)，用于句子末尾，疑问句及感叹句除外：
We're leaving now. 我们现在走了。○ *That's all.* 就是这样。○ *Thank you.* 谢谢。
也常用于缩略语之后：
Acacia Ave. 阿卡斯亚大道 ○ *a.m.* 上午 ○ *Walton St.* 沃尔顿街

?

问号（**question mark**）(**?**)，用于直接疑问句末尾：
'Who's that man?' Jenny asked. "那个男人是谁？" 珍妮问道。
但不可用于间接疑问句之后：
Jenny asked who the man was. 珍妮问那个男人是谁。

!

感叹号（**exclamation mark**，美国英语称 **exclamation point**）(**!**)，用于表达惊奇、热情、震惊或恐惧的句子末尾：
What an amazing story! 多么惊人的故事！○ *How well you look!* 你的气色真好！○ *Oh no! The cat's been run over!* 哎呀！那头猫给辗过了！
或用于感叹词或一些形容巨响的词语之后：
Bye! 再见！○ *Ow!* 噢！○ *Crash!* 轰！

,

逗号（**comma**）(**,**)，用以表示句子中的短暂停顿：
I ran all the way to the station, but I still missed the train. 我虽然一路奔往车站，但仍然赶不上那班火车。○ *Although it was cold, the sun was shining.* 天气虽然寒冷，但依然有阳光。○ *He did, nevertheless, leave his phone number.* 尽管如此，他还是留下了电话号码。○ *However, we may be wrong.* 但是，我们可能错了。
也用于引文或直接引语之前：
Fiona said, 'I'll help you.' 菲奥纳说："我会帮你的。"○ *'I'll help you', said Fiona, 'but you'll have to wait till Monday.'* "我会帮你的，" 菲奥纳说，"但要等到星期一才行。"
逗号也用于连串并列的项目之间，但在and之前有时会略去：
It was a cold, rainy day. 这是个寒冷的雨天。○ *This shop sells records, tapes, and compact discs.* 这家商店售卖唱片、录音带和激光唱片。
在关系从句中，逗号用于补充非必需的额外资料的短语前后。试比较下列两句：
The boy who had lots of sweets gave some to the boy who had none. 那个男孩有很多糖果，他把其中一些送给那个没有糖果的男孩。
The boy, who had lots of sweets, was already eating. 那个男孩已在吃了，他有很多糖果。
在第一句中，如果没有由 who 引出的资料，我们便不能理解句子的意思。但在第二句中，短语 "who had lots of sweets" 只是提供额外的资料，可以用逗号把它与句子的主要部分分隔开来。

冒号（colon）（:），用于引出下文，如列出长的引文或清单：
There is a choice of main course: roast beef, turkey or omelette. 有下列各款主菜可供选择：烧牛肉、火鸡或煎蛋卷。

分号（semicolon）（;），用于分隔句子中两个意思相反的部分：
John wanted to go; I did not. 约翰想去；我却不想去。
或用于分隔清单中已含逗号的各个项目：
The school uniform consists of navy skirt or trousers; grey, white or pale blue shirt; navy jumper or cardigan; grey, blue or white socks. 校服包括深蓝色的裙子或长裤，灰色、白色或浅蓝色的衬衫，深蓝色的套头毛衣或对襟的毛衣，灰色、蓝色或白色的袜子。

撇号（apostrophe）（'），表示字母的省略，如 hasn't、don't、I'm、he's 等缩约式。
或表示某人与某人的关系，又或表示某物是属于某人的：
Peter's scarf 彼得的围巾 ○ *Jane's mother* 珍妮的母亲 ○ *my friend's car* 我朋友的汽车
以 s 结尾的名字，后面通常不用加 s：
Jesus' name 耶稣的名字
注意撇号在单数名词和复数名词中的位置：
the girl's keys (= the keys belonging to the girl) 那女孩的钥匙
the girls' keys (=the keys belonging to the girls) 那些女孩的钥匙

引号（quotation marks 或 inverted commas）（' ' 或 " "），用于标示某人的说话：
'Come and see,' said Martin. "来看看吧。" 马丁说。 ○ *'Oh, no!' said Martin. 'Come and see what's happened.'* "哎呀！" 马丁说，"快来看看发生了什么事。" ○ *Angela shouted , 'Over here !'* 安杰拉喊道："在这里呀！"
或标示某人的想法，即以说话的形式把想法表示出来：
'Will they get here on time?' she wondered. "他们会不会准时到来呢？" 她在想。
也用于名称的前后，例如书籍、戏剧、电影等的名称：
'Pinocchio' was the first film I ever saw. 我看的第一部电影是《木偶奇遇记》。
'Have you read "Emma"?' he asked. "你有没有看过《埃玛》这本小说？" 他问道。

连接号（hyphen）（-），用于连接两个词以形成一个意思：
the dining-room 饭厅 ○ *a ten-ton truck* 一辆十吨重的货车
或有时用于连接前缀和另一个词
non-violent 非暴力 ○ *anti-British* 反英国的
或用于复合数字：
thirty-four 三十四 ○ *seventy-nine* 七十九
如果在一行文字的末尾，要断开一个词，把这个词的后半部写在第二行，就可以在第一行的末尾使用连接号。

–

破折号（**dash**）(**–**)，用于隔开句子中的短语。

假如靠近句子末尾有一个归纳全句语意的短语，那么在这个短语的前面就可以用破折号：

The burglars had taken the furniture, the TV and stereo, the paintings – absolutely everything. 窃贼盗去了家具、电视机、立体声音响器材、画 —— 把所有东西都偷去了。

也可以在提供额外资料的短语的前后加上破折号：

A few people – not more than ten – had already arrived. 有些人 —— 不超过十个——已经到了。

破折号也可表示说话者给打断说话：

'Have you seen –' 'Look out!' she screamed as the ball flew towards them. "你有没有看过 ——""小心！"看见那个球向他们直飞过去，她大喊道。

( )

括号（**brackets**，美国英语尤作 **parentheses**）**( )**，用于把额外资料与句中其余部分隔开：

Two of the runners (Johns and Smith) finished the race in under an hour. 有两名赛跑选手（约翰斯和史密斯）在一小时内完成了这项比赛。

句子中的数字或字母的后面或前后也可用括号：

The camera has three main advantages: 1) its compact size 2) its low price and 3) the quality of the photographs. 这照相机有三大优点：1) 外形纤巧；2) 价格廉宜；3) 能拍出高质量的照片。○ *What would you do if you won a lot of money? (a) save it (b) travel round the world (c) buy a new house (d) buy presents for your friends.* 假如你赢得巨款，你会做些什么呢？(a) 把钱储蓄起来；(b) 环游世界；(c) 买新房子；(d) 送礼物给朋友。

Letter-writing 书信写法

FORMAL LETTERS 公函

```
                                    42 Orchard Road
                                    Bootle
                                    Liverpool
                                    L20 6HB

The Director
Tourist Information Centre
High Street
Exeter
Devon
EX1 7PZ                             7 March 1993


Dear Sir or Madam

I am writing to enquire about holiday
accommodation in the Exeter area.

I would be grateful if you could send me
details of cheap hotels and bed and breakfast
accommodation in or near Exeter, together
with a map of the city centre.

I look forward to hearing from you.

Yours faithfully

    Kate Burton

Kate Burton
```

your address but NOT your name 写信人的地址，并不是写信人的姓名

the name or title of the person you are writing to 收信人的姓名或头衔

the date 日期

introduction 引言

conclusion 结语

your signature 写信人的签名

1 如果不知道收信人的姓名，可用 Dear Sir or Madam 开头，结尾时用 Yours faithfully（美国英语则用 Sincerely yours 或 Yours truly）。

2 如果知道收信人的姓名，可用 Dear Mr Roberts、Dear Ms Cooper、Dear Mrs Williams、Dear Miss Thomas 等称谓开头，结尾时用 Yours sincerely（美国英语则用 Sincerely yours 或 Yours truly）。

3 公函应该采用正式语体，因此不应使用缩略写法，例如用 I am 和 do not，不要用 I'm 和 don't。

INFORMAL LETTERS 便函

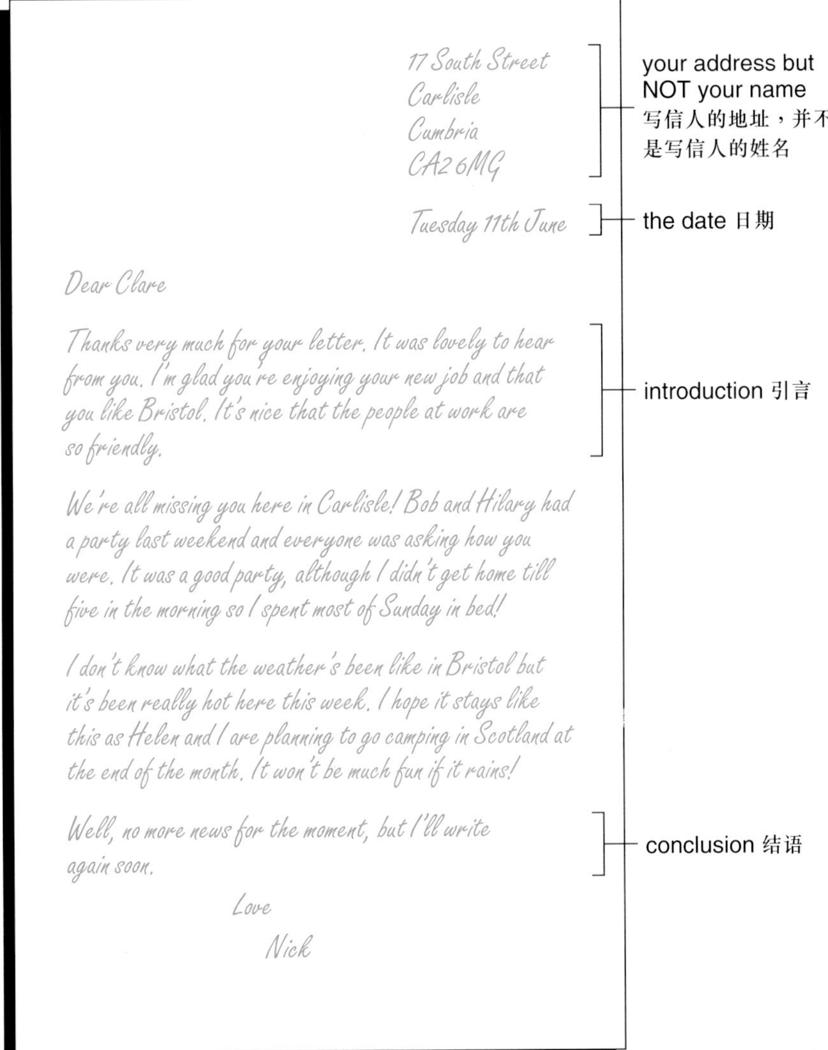
17 South Street
Carlisle
Cumbria
CA2 6MG

Tuesday 11th June

Dear Clare

Thanks very much for your letter. It was lovely to hear from you. I'm glad you're enjoying your new job and that you like Bristol. It's nice that the people at work are so friendly.

We're all missing you here in Carlisle! Bob and Hilary had a party last weekend and everyone was asking how you were. It was a good party, although I didn't get home till five in the morning so I spent most of Sunday in bed!

I don't know what the weather's been like in Bristol but it's been really hot here this week. I hope it stays like this as Helen and I are planning to go camping in Scotland at the end of the month. It won't be much fun if it rains!

Well, no more news for the moment, but I'll write again soon.

Love

Nick

1 如果跟收信人很熟悉，可用 Love 或 Lots of love 结尾。如果想正式一点，可用 Best wishes 或 With best wishes 结尾。

2 由于这封信采用非正式语体，所以写信人用了很多缩略写法 —— it's、we're、didn't 等。

American English 美国英语

"Did you see the movie about the man who kidnaped a salesclerk?"

是什么人在说话呢？是美国人还是英国人？如果你听到这句说话，你大概可以从说话人的发音知道他或她是什么人，但你也可以从这句句子的用语、语法及拼写，猜出答案来。

VOCABULARY 词汇

本词典提供很多资料，说明哪些词只限用于美国英语，哪些词在英国英语和美国英语中分别有不同的意思（例如美国英语中的 **elevator** = 英国英语中的 **lift**；美国英语中的 **gas** = 英国英语中的 **petrol**）。

试用本词典查找下列各词：
expressway, cab, rest room, purse, flat1, pants。

SPELLING 拼写

本词典亦提供英国英语和美国英语的不同拼写方法，下列是一些常见的例子：

	英国	美国
a	trave**ll**ed	trave**l**ed
	cance**ll**ing	cance**l**ing
b	met**re**	met**er**
	cent**re**	cent**er**
c	col**our**	col**or**
	hon**our**	hon**or**
d	defen**ce**	defen**se**
	licen**ce**	licen**se**
e	dialo**gue**	dialo**g**
	catalo**gue**	catalo**g**

GRAMMAR 语法

1. 英国人用现在完成时的时候，美国人通常用简单过去时：

英国　I**'ve** just **seen** her. 我刚见过她。
美国　I just **saw** her. 我刚见过她。
英国　**Have** you **heard** the news?
　　　你听到那消息没有？
美国　**Did** you **hear** the news?
　　　你听到那消息没有？

2. 英国人用 **have got** 的时候，美国人通常用 **have**

英国　I **haven't got** much time.
　　　我没有太多时间。
美国　I **don't have** much time.
　　　我没有太多时间。
英国　**Have** you **got** a camera?
　　　你有照相机吗？
美国　**Do** you **have** a camera?
　　　你有照相机吗？

3. 介词和副词的用法通常也有细微分别：

英国　stay **at** home 留在家里
美国　stay home 留在家里
英国　Monday **to** Friday
　　　星期一至星期五
美国　Monday **through** Friday
　　　星期一至星期五

PRONUNCIATION 读音

如果一个词在美国英语中有不同的读音，在英国读音后会标示出美国读音：

tomato /təˈmɑːtə; *US* 美 təˈmeɪtəʊ/

一些主要的分别细列如下：

1. 美国英语中的重读元音通常较长，例如 **packet** 一词中的 /æ/ 较长，**shop** 一词中的 /ɒ/ 也较英国英语的长。

2. 在英国英语中，r 只有在元音之前（如在 **red**、**bedroom** 等词中）才发音，在其他情况下（如在 **car**、**learn**、**over** 等词中）是不需发音的。在美国英语中，r 一定要发音。

3. 在美国英语中，两个元音之间的 t 和 d 都发出很相似的轻音 /d/，因此 **writer** 与 **rider** 的读音差不多一样。在英国英语中，t 的发音较强。

那么，本页开头的那句话是什么人说的呢？

（答案：美国人）

Health and fitness 健康

HEAD 头部

hair 头发
ear 耳朵
cheek 面颊
jaw 颌
forehead 额
eyebrow 眉毛
eyelash 睫毛
eye 眼睛
nose 鼻子
nostril 鼻孔
mouth 嘴
lips 嘴唇
chin 下巴
throat 颈前部

FACE 脸

HAND 手部

thumb 大拇指
fingernail 指甲
wrist 手腕
fingers 手指
palm 手掌
knuckle 指节

neck 脖子
shoulder 肩膀
chest 胸
stomach 腹部
armpit 腋窝
ARM 手臂
elbow 肘
back 背部
waist 腰
hip 髋
bottom 臀
thigh 大腿
LEG 腿
knee 膝盖
calf 腓
shin 外胫

WAYS OF DESCRIBING YOUR BODY
形容身体状况的用语

fit/unfit 健康；不健康
healthy/unhealthy 健康；不健康
out of condition 身体不好
in/out of shape 身体好/不好
overweight/underweight 过重；过轻

WAYS OF KEEPING FIT 各种健身方法

do exercises 做运动
work out in a gym 在健身房锻炼身体
do aerobics 做增氧健身运动
go jogging/running/cycling 慢跑；跑步；骑自行车
play tennis/badminton/squash 打网球/羽毛球/壁球

WAYS OF BECOMING HEALTHIER
各种保健方式

go on a diet 节食
lose/put on weight 减轻/增加体重
give up smoking/drinking 戒烟；戒酒
cut down on sweet things 少吃甜食
eat more fresh fruit 多吃新鲜水果

有关这些词组的详细说明，请查阅本词典的正文。

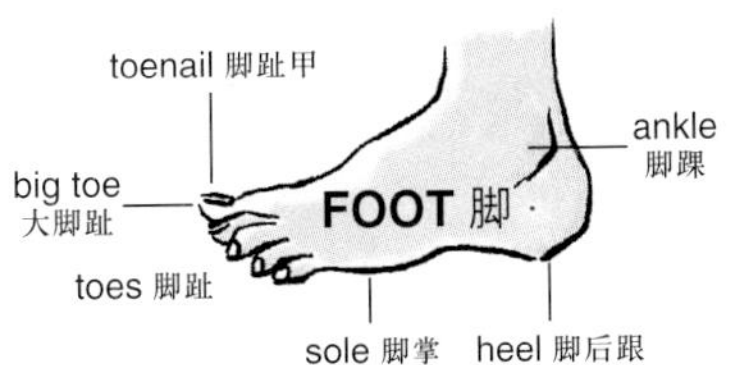

The Family 家族

这是萨拉的家谱图。图中的人都是萨拉的亲属。

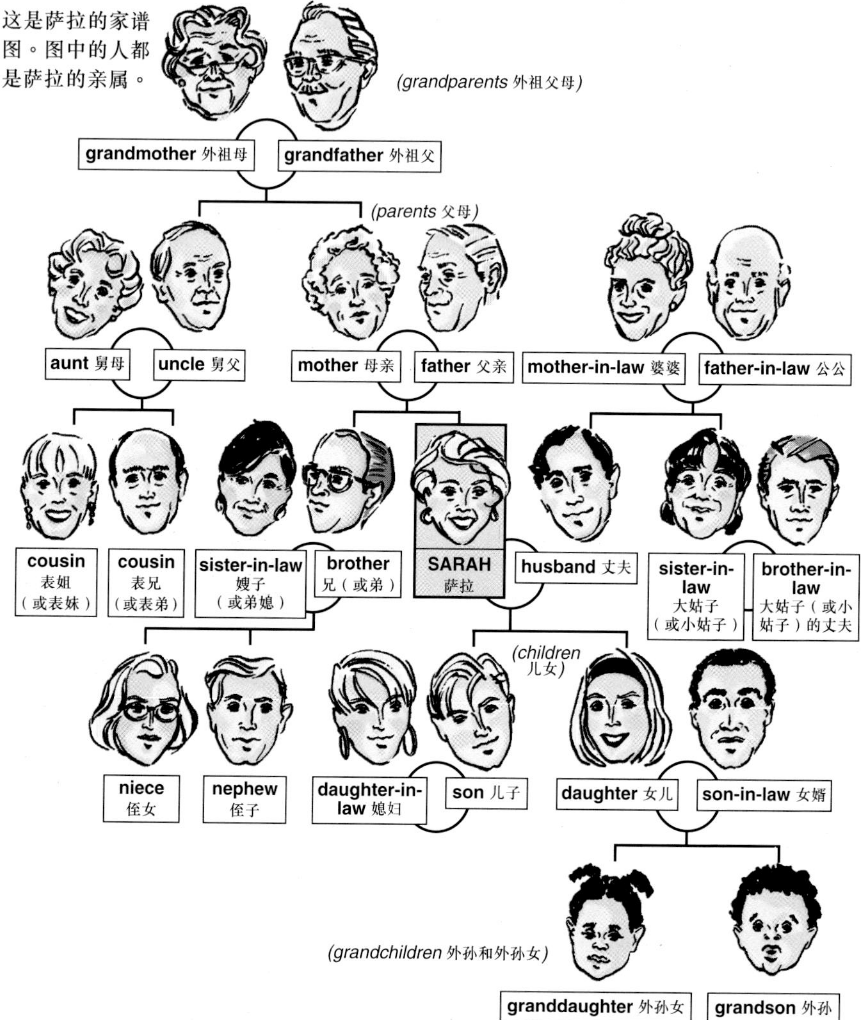

OTHER RELATIONSHIPS 其他关系

与某人谈恋爱叫做 **go out with** somebody。如果想结婚，可先订婚 (**get engaged**)，然后才结婚 (**get married**)。不结婚而同居是 **live with** somebody。离婚叫做 **get divorced**。

假如你的父亲身故或者父母离异，你的母亲或会再婚，她的新丈夫就是你的继父 (**stepfather**)。如果是父亲再娶，他的新妻子就是你的继母 (**stepmother**)。你的继父与其前妻（或你的继母与其前夫）所生的女儿或儿子就是你的 **stepsister** 或 **stepbrother**，也就是你母亲（或父亲）的 **stepchild**。你的母亲与你的继父（或你的父亲与你的继母）所生的儿子或女儿就是你的 **half-brother** 或 **half-sister**。

Houses 房屋

独立式房子 (**detached** house) 不与其他房子相连。

半独立式房子 (**semi-detached** house) 与另一所房子有一侧相连。

排屋 (**terraced** house) 是相连的一排房子中的一座。

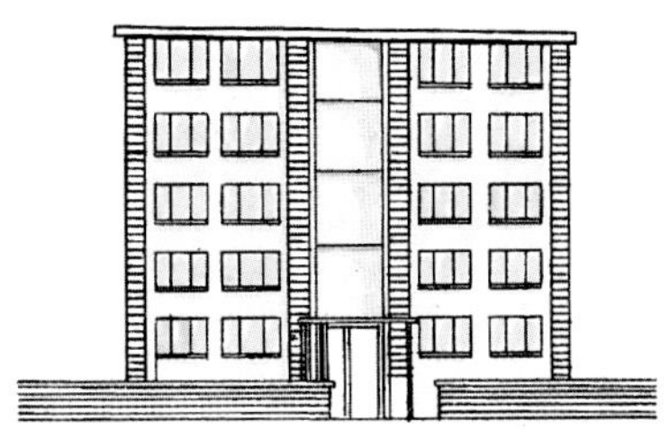

公寓楼 (**block of flats**) 是一座分为若干套公寓的新式高楼。

村舍 (**cottage**) 是乡村或郊野中的小屋，一般是旧式房子，通常很雅致。

平房 (**bungalow**) 是只有一层，没有上层的房子，一般是新式房子。

英国大多数人住在只有一两层的房子里，不过，在大城市里比较多的人住在公寓里。很多人的居所都是自置的。想买卖房屋可以找房地产经纪人 (**estate agent**)。自置居所的人通常是向建房互助协会 (**building society**) 借钱来支付购屋款项，这笔贷款叫做抵押贷款 (**mortgage**)。

租房子或公寓须向房东 (**landlord**) 或女房东 (**landlady**) 缴纳租金 (**rent**)。地方当局也兴建房子 (**council house**) 或公寓 (**council flat**)，以低廉价格出租。

Clothes 衣服

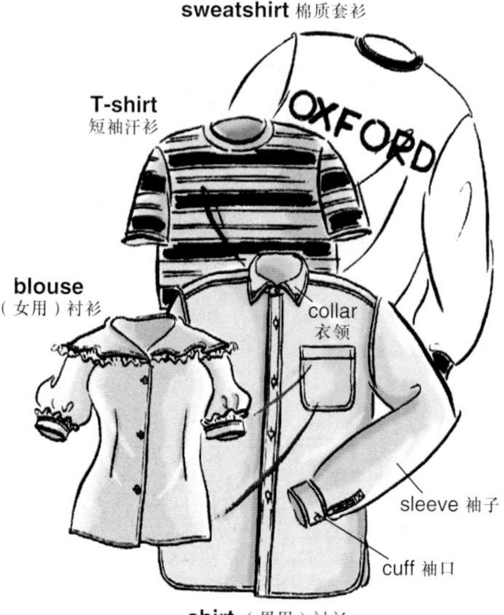

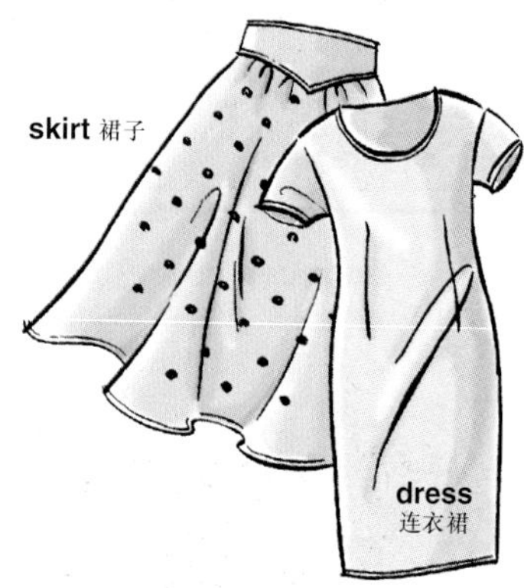

USEFUL EXPRESSIONS 实用的词组

to be wearing sth 穿着某种衣服
to have (got) sth on 穿着某种衣服
to be dressed in sth 穿着某种衣服

to get dressed/undressed 穿/脱衣服
to dress/undress 穿/脱衣服
to put sth on 穿衣服
to take sth off 脱衣服
to get changed 换衣服
to change into sth 换衣服
to try sth on 试穿衣服

to dress well/badly/smartly/casually
穿得很好/不好/很帅/很随便
to be well-dressed/elegant/scruffy
穿得很好；衣着讲究；衣衫褴褛
to dress up 穿上盛装

指衣服合身可用 **fit**；指衣服适合某人可用 **suit**。

有关这些词组用法的详细说明，请查阅本词典的正文。

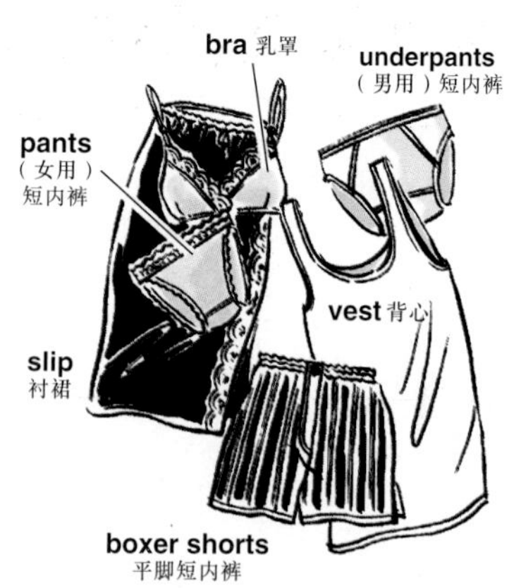

Clothes 衣服

raincoat 雨衣
hood 风帽
coat 大衣
jacket
甲克
belt 腰带
umbrella 雨伞
scarf 围巾

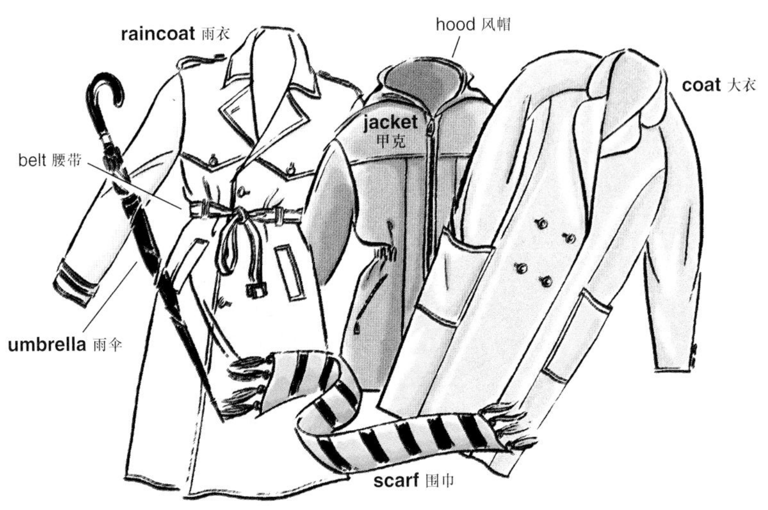

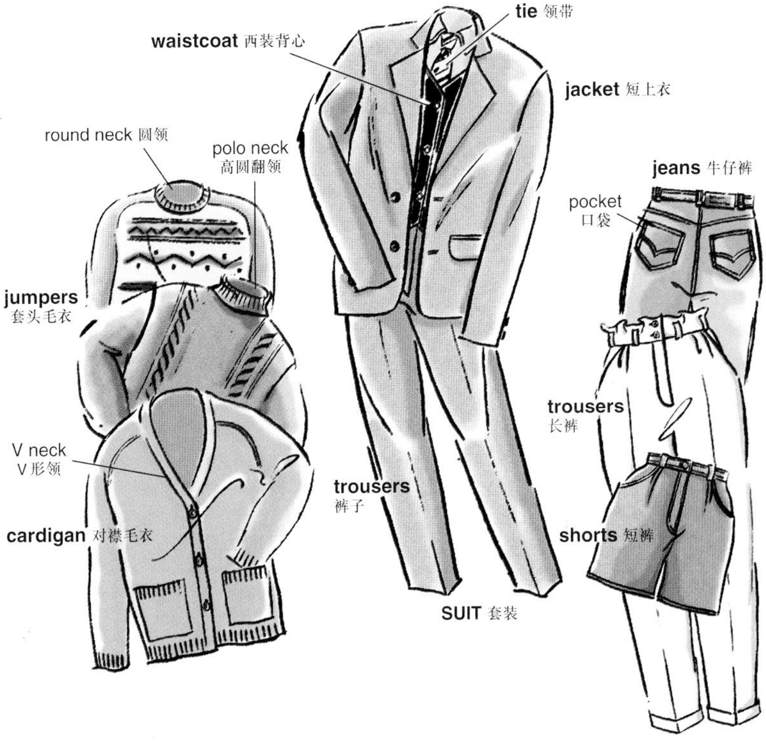

tie 领带
waistcoat 西装背心
jacket 短上衣
round neck 圆领
polo neck
高圆翻领
jeans 牛仔裤
pocket
口袋
jumpers
套头毛衣
trousers
长裤
V neck
V形领
trousers
裤子
cardigan 对襟毛衣
shorts 短裤
SUIT 套装

Computers 计算机

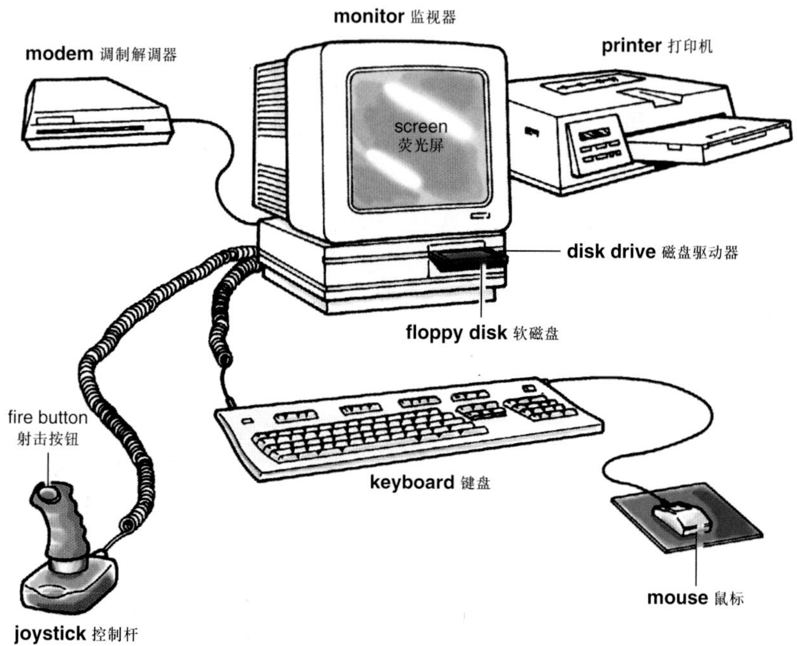

以下是一些计算机技术的特别用语，在日常英语里这些用语往往都有别的意思。有关这些用语的详细说明，请参阅本词典的正文。

打入计算机的资料叫做数据 (**data**)。数据一经键入 (**enter** 或 **key in**)，计算机就予以处理 (**process**)。计算机处理数据时须遵从的指令序列叫做程序(**program**)。

把程序或数据保存在磁盘或磁带上叫做储存 (**save**)。要整理数据，可以把数据存放在不同的文件 (**file**) 或文件夹 (**folder**) 内。把磁盘或磁带放回计算机内，叫做装入 (**load**)。计算机的资料可以打印 (**print out**) 在纸上，打印在纸上的资料就叫做 **printout**。

字节 (**byte**) 是计算机的记忆单位，通常由八个较小的单位比特 (**bit**) 组成。一字节的存储量只够储存一个字母或一个数字。

计算机及与其连接的设备叫做硬件 (**hardware**)。计算机中所用的各种程序叫做软件 (**software**)。

编写计算机程序的人叫做程序编制员 (**programmer**)。

计算机荧光屏上显示的图形叫做 **graphics**。

The British Education System
英国的教育制度

SECONDARY SCHOOLS 中学

中学大多是综合中学 (**comprehensive school**)，为所有学生，不分资质高下，提供普通教育。在某些地区，学生要接受甄选，以决定入读文法学校 (**grammar school**)（这类学校较注重学科教育），还是实用中学 (**secondary modern school**)。

英国推行免费教育，学生大多就读公立学校；也有一些父母自费送子女就读私立学校 (**independent school**)。在英格兰和威尔士，一些历史比较悠久的私立学校叫做 **public school**，但名不副实，这些学校绝不是为公众而办的！这些学校多是寄宿学校 (**boarding school**)，学生在学期间由学校照料起居饮食。

下图说明英格兰和威尔士的教育制度，该制度与苏格兰和北爱尔兰的教育制度略有不同。

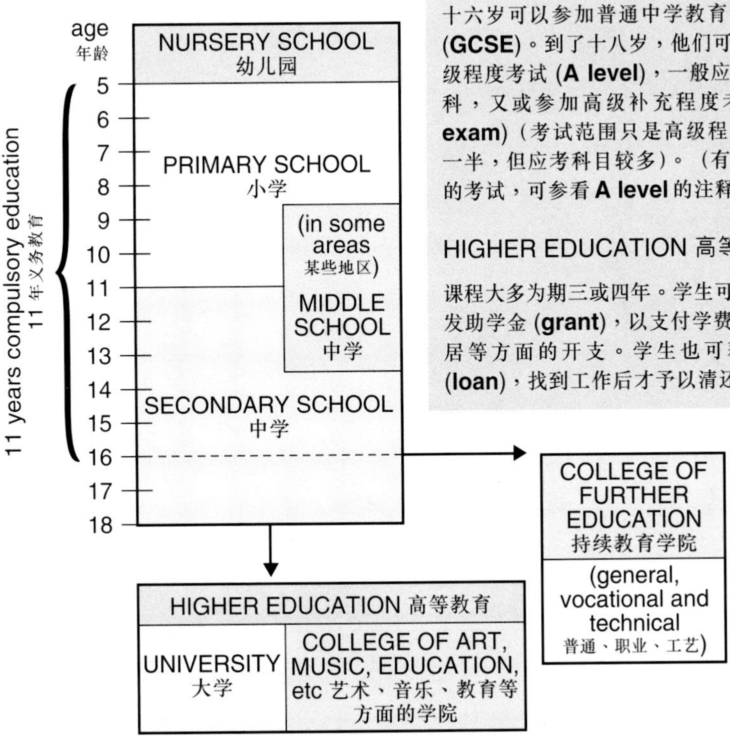

THE CURRICULUM 课程

英格兰和威尔士的学校必须教授的科目称为全国课程 (**national curriculum**)。

EXAMS 考试

在英格兰、威尔士和北爱尔兰，学生到了十六岁可以参加普通中学教育证书考试 (**GCSE**)。到了十八岁，他们可以参加高级程度考试 (**A level**)，一般应考两或三科，又或参加高级补充程度考试 (**AS exam**)（考试范围只是高级程度考试的一半，但应考科目较多）。（有关苏格兰的考试，可参看 **A level** 的注释。）

HIGHER EDUCATION 高等教育

课程大多为期三或四年。学生可获政府颁发助学金 (**grant**)，以支付学费及饮食起居等方面的开支。学生也可获得贷款 (**loan**)，找到工作后才予以清还。

The American Education System
美国的教育制度

SCHOOLS 学校

美国儿童大多就读公立学校，接受免费教育。在美国，公立学校叫做 **public school**。（英国的私立学校也叫 **public school**，两者不可混淆！）此外，也有私立学校，一般由宗教团体资助。

ASSESSMENT 评核

美国没有全国考试，不过有些州和学校则设有独立的考试。一般来说，学校以持续评核 (**continuous assessment**) 的方法来评定学生的成绩，也就是说，教师就学生全年在测验、课堂讨论、作业、口试等多方面的表现作出评核。有些学院和大学要求学生参加学习能力倾向测验 (**Scholastic Aptitude Test (SAT)**) 再决定是否取录他们。

GRADUATION 毕业

中学学生修读足够单元 (**unit**)（每学科约需上课 120 小时）即可毕业。学生大多在最初几年修读必修课程 (**requirement**)，取得必要单元后才在最后两年攻读叫做选修课程的专门学科 (**elective**)。

HIGHER EDUCATION 高等教育

学院课程或大学课程大多为期四年。大学大多是私立的；不论私立大学还是州立大学，就读的学生一律要缴学费。学生无须参加毕业考试，他们只要在某门学科上取得足够学分 (**credit**)，即可获颁学位 (**degree**)。

下图说明美国的教育制度，不过，有些州的教育制度可能有所不同。

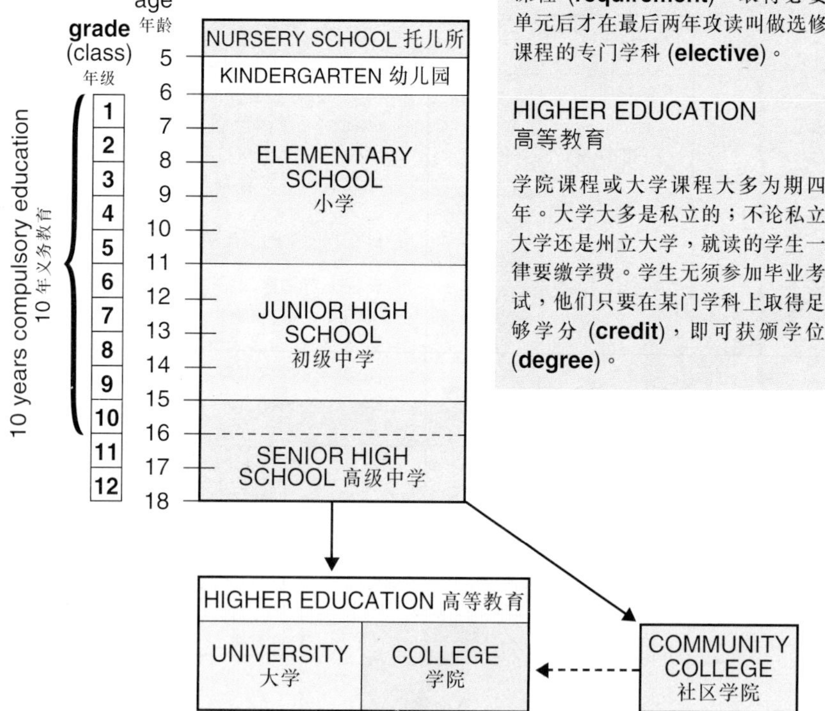

The Chinese Education System
中国的教育制度

COMPULSORY EDUCATION 义务教育

中国实行九年制义务教育，凡年满七岁至十六岁（有条件的可提前一年，即六岁至十五岁）的儿童、少年，不分性别、民族、种族均须入学接受义务教育。九年义务教育分初等教育和初级中等教育两个阶段。接受义务教育的学生免缴学费。

SECONDARY EDUCATION 中等教育

普通中学分为初级中学 (**junior middle school**) 和高级中学 (**senior middle school**) 两个阶段，修业年限为初中三年，高中三年。初中毕业生除了可以就读普通中学的高中部之外，也可就读农业中学 (**agricultural middle school**)、职业学校或职业高中 (**vocational school**) 、技工学校 (**skilled workers training school**)、中等专业学校 (**technical secondary school**) 等中等学校。

HIGHER EDUCATION 高等教育

高等院校 (**institution of higher learning**) 包括大学和专门学院，招收高中毕业生，修业年限一般为四年。高中毕业生如要就读高等院校，须参加高等院校全国统一招生考试 (**national examination for admission to institutions of higher learning**)。运用卫星、广播、电视等进行远距离教学的广播电视大学 (**university over radio and television**)、高等院校所开设的函授和夜大学等均为推行成人高等教育 (**higher education for adults**) 的高等院校。高等教育自学考试制度 (**examination system of higher education by self-study**) 是高等教育体系的一个组成部分，有关的考试由指定的全日制高等院校定期举办，一般是一年两次。根据这个制度，一门课程合格的，可获发单科合格证书；规定课程全部考试合格，并通过品德鉴定的，可获颁大学本科或专科的毕业证书。

下图说明中国的教育制度

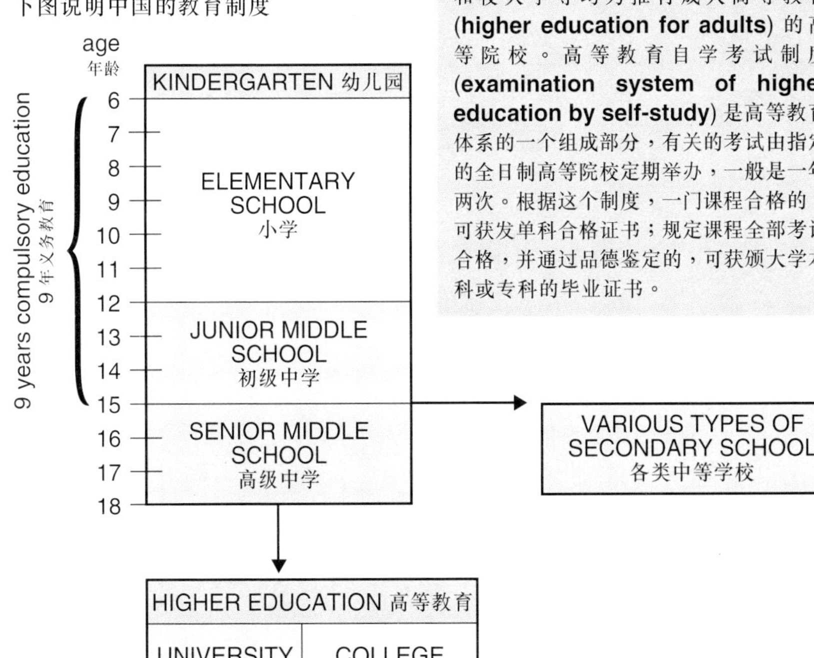

The Hong Kong Education System
香港的教育制度

SCHOOLS 学校

香港实行九年免费普及教育 (**free and compulsory education**)，所有六岁至十五岁的儿童必须接受日校教育或完成中三课程。香港的学校可分为三大类：由政府管理的官立学校 (**government school**)、政府资助而由志愿团体主办的资助学校 (**aided school**)，以及私立学校 (**private school**)。

PRIMARY EDUCATION 小学教育

香港实行六年制免费普及小学教育。大部分学校是中文小学，以英文为第二语文 (**second language**) 科目。

SECONDARY EDUCATION 中学教育

学生修毕小学课程后，即可获分配免费初中学额，现行分配学额制度称为「中学学位分配办法」(**Secondary School Places Allocation System (SSPA)**)，该制度根据经学能测验 (**Academic Aptitude Test (AAT)**) 调整的校内成绩，并考虑家长的选择，按学校网 (**school net**) 而分配学额。当学生完成初中教育后，有关当局按照「中四学位分配办法」 (**Secondary Four Places Allocation Method**)，分配学生升读资助中四学位。

就学校的课程而言，中学大致上可分为三大类：文法中学 (**grammar school**)、工业学校 (**technical school**) 和职业先修学校 (**prevocational school**)。学生完成五年制中学课程后，可参加香港中学会考 (**Hong Kong Certificate of Education Examination (HKCEE)**)。中学毕业生可继续攻读为期两年的预科课程，然后参加香港高级程度会考 (**Hong Kong Advanced Level Examination**)，申请就读大专院校 (**tertiary institution**)。

TERTIARY EDUCATION 大专教育

香港共有八所政府资助的大专院校，其中六所为具备自行评审资格的大学，这些大专院校分别提供全日制 (**full-time**) 及兼读制 (**part-time**) 课程。课程大多为期三或四年。

下图说明香港的教育制度

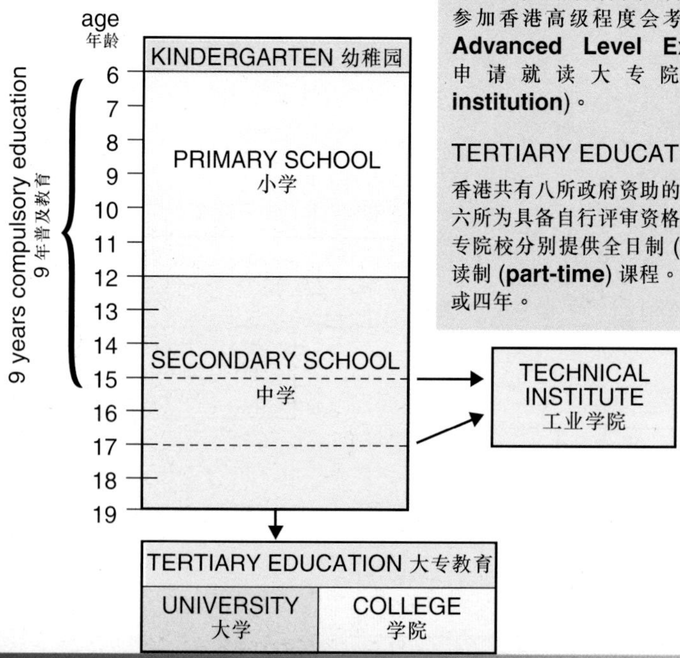

British Government
英国政府

PARLIAMENT 议会

英国议会由下议院 (**House of Commons**) 和上议院 (**House of Lords**) 组成。下议院有650名议员 (**Member of Parliament (MP)**)，全部由人民直接选出。上议院的议员人数超过1000名，他们不是由选举产生，而是由贵族、主教、法官及首相委任的人士担任。

GOVERNMENT 政府

首相 (**Prime Minister**) 挑选大约20名大臣 (**minister**) 组成内阁 (**Cabinet**)。内阁成员大多为政府部门的首长。财政大臣 (**Chancellor of the Exchequer**) 就是财政部 (**Treasury**) 的首长，外交大臣 (**Foreign Secretary**) 就是主管外交事务部门的首长。

ELECTIONS 选举

大选 (**general election**) 每五年举行一次，各选区 (**constituency**) 的选民可投票选出代表本区的下院议员。也有地方选举 (**local election**)，由人民投票选出各市、各自治市、各区的议会议员 (**councillor**)。18岁以上的人士均可投票。

The European Union
欧洲联盟

欧洲联盟 (**European Union**) 是一个由某些欧洲国家组成的政治暨经济组织。欧洲联盟的政策大多由部长理事会 (**Council of Ministers**) 决定，该理事会由各成员国的部长组成。各成员国也可分别选出若干欧洲议会议员 (**MEP** 或 **Euro-MP**) 参加在斯特拉斯堡举行的欧洲议会。

欧洲委员会 (**European Commission**) 是一个以布鲁塞尔为基地的常设组织，其职责为就欧洲联盟的政策提供建议，并将有关政策付诸实行。欧洲联盟的政策须提交欧洲议会讨论，但部长理事会对政策有最终决定权。

欧洲法院 (**European Court of Justice**) 可行使权力迫使各成员国遵守欧洲联盟所制定的法律。

American Government
美国政府

THE FEDERAL SYSTEM 联邦制

根据美国宪法 (**American Constitution**)，联邦政府 (**federal government**) 与州政府分享权力。各州都有自己的法律及政府架构。联邦政府则负责经济、外交政策等全国性事务。

联邦政府分为三大机关：行政机关（以总统 (**President**) 为首）；立法机关（也就是国会 (**Congress**)，由参议院 (**Senate**) 和众议院 (**House of Representatives**) 组成）；司法机关（即最高法院 (**Supreme Court**) 及其他联邦法院）。国会负责制定法律，但总统可予以否决 (**veto**)，最高法院也可以宣布某条法律违反宪法。

ELECTIONS 选举

各州可分别选出两名参议员 (**senator**) 和若干众议员 (**representative**)（数目根据人口而定）。众议员选举每两年举行一次；三分之一的参议员也是每两年选举一次。总统选举 (**presidential elections**) 每四年举行一次。

The United Nations
联合国

世界上大多数国家都是联合国 (the **United Nations** (the **UN**)) 的成员。联合国成立于1945年，是一个维护国际和平与安全、促进国际合作的组织，总部设于纽约，秘书长 (**Secretary-General**) 为其行政首长。

各会员国在联合国大会 (**General Assembly**) 均有席位，该大会经常就国际问题进行讨论。安全理事会 (**UN Security Council**) 是联合国的常设机构，其宗旨是以和平手段排解国与国之间的纷争。如有必要，安全理事会可派遣联合国维持和平部队 (**UN Peace-keeping Force**) 到某个地区执行维持和平的任务。

联合国设有专门机构 (specialized **agency**)，负责粮食、农业、卫生、教育等方面的事务。

Government of the People's Republic of China
中华人民共和国政府

PEOPLE'S CONGRESS 人民代表大会

中国实行人民代表大会制度，全国人民代表大会 (**National People's Congress**) 是最高国家权力机关，主要职权包括修改宪法、制定法律、选举国家主席、决定国家的重大事项及监督国务院 (**State Council**)、中央军事委员会 (**Central Military Commission**)、最高人民法院 (**Supreme People's Court**)、最高人民检察院 (**Supreme People's Procuratorate**) 的工作等。地方各级人民代表大会 (**local people's congresses at various levels**) 是地方国家权力机关。

PEOPLE'S GOVERNMENT 人民政府

国务院即中央人民政府 (**Central People's Government**)，是最高国家行政机关，下设各部、各委员会，分别管理国家的各项行政事务。地方各级人民政府 (**local people's governments at various levels**)包括省、自治区、直辖市、市、县、市辖区、乡、民族乡、镇的人民政府，是地方各级国家行政机关。

ELECTIONS 选举

全国人民代表大会代表由省、自治区、直辖市的人民代表大会和人民解放军间接选举产生，省、自治区、直辖市、设区的市、自治州的人民代表大会代表分别由下一级人民代表大会选举产生，任期均为五年。县、自治县、不设区的市、市辖区、乡、民族乡、镇的人民代表大会代表由选民直接选举产生，任期为三年。国家主席 (**President of the People's Republic of China**) 由全国人民代表大会选举产生。国务院总理 (**Premier**) 由国家主席提名，经全国人民代表大会以全体代表的过半数通过。国务院的组成人员由总理提名，经全国人民代表大会以全体代表的过半数通过。

Government of the Hong Kong Special Administrative Region
香港特别行政区政府

香港特别行政区直辖于中华人民共和国中央人民政府。根据《中华人民共和国香港特别行政区基本法》 (**Basic Law of the Hong Kong Special Administrative Region of the People's Republic of China**) 规定，除外交、防务及任命行政长官和行政机关的主要官员等事务由中央人民政府管理外，香港特别行政区享有高度的自治权，即行政管理权、立法权、独立的司法权和终审权。行政长官 (**Chief Executive**) 是特别行政区的首长，有权决定政府政策、发布行政命令、提名并报请中央人民政府任命主要官员、依照法定程序任免各级法院法官和公职人员，以及解散立法会。行政会议 (**Executive Council**) 是协助行政长官决策的机构，会议成员由行政长官从行政机关的主要官员、立法会议员和社会人士中委任。

立法会 (**Legislative Council**) 是特别行政区的立法机关，职权包括依照法定程序制定、修改和废除法律、根据政府的提案，审核通过财政预算、对特别行政区政府的工作提出质询等。各级法院是特别行政区的司法机关 (**judiciary**)，行使特别行政区的审判权。香港特别行政区设终审法院、高等法院、区域法院、裁判署法庭和其他专门法庭，终审权属于终审法院 (**Court of Final Appeal**)。法院独立进行审判，不受任何干涉。

香港特别行政区政府是特别行政区的行政机关 (**executive authority**)，首长是行政长官。特别行政区政府设政务司 (**Department of Administration**)、财政司 (**Department of Finance**)、律政司(**Department of Justice**) 和各局、处、署，职权包括制定并执行政策、管理各项行政事务、办理基本法规定的中央人民政府授权的对外事务、编制并提出财政预算、决算、拟定并提出法案、议案、附属法规、委派官员列席立法会并代表政府发言。

行政长官由一个具有广泛代表性的选举委员会 (**Election Committee**) 根据基本法选出，由中央人民政府任命，任期五年。立法会议员 (**member of the Legislative Council**) 由选举产生，除第一届任期为两年外，每届任期四年。

The Environment
环境

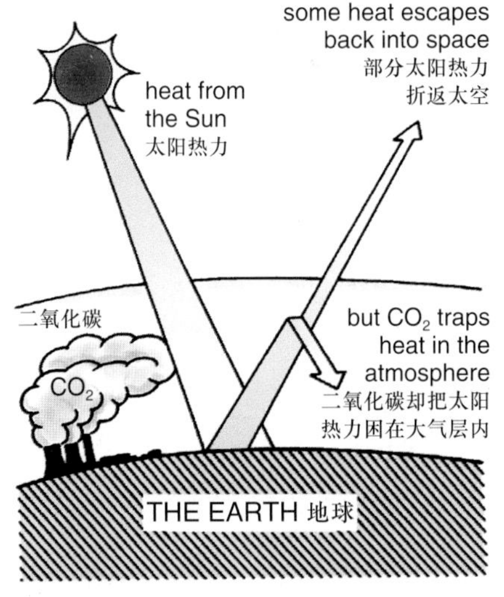

GLOBAL WARMING 全球气温上升

科学家预测未来50年内全球气温将上升3摄氏度。这种现象可能导致一些地区出现旱灾 (**drought**)，而随着南北两极冰块逐渐融化，海平面上升，另一些地区则可能发生水灾 (**flood**)。

全球气温上升这种现象源于温室效应 (**greenhouse effect**)。正常的现象是太阳向地球供给热力，其后热力折返太空。可是，大气层内的二氧化碳 (**carbon dioxide**) 及其他气体却把太阳的热力堵住，导致地球的气温逐渐上升。

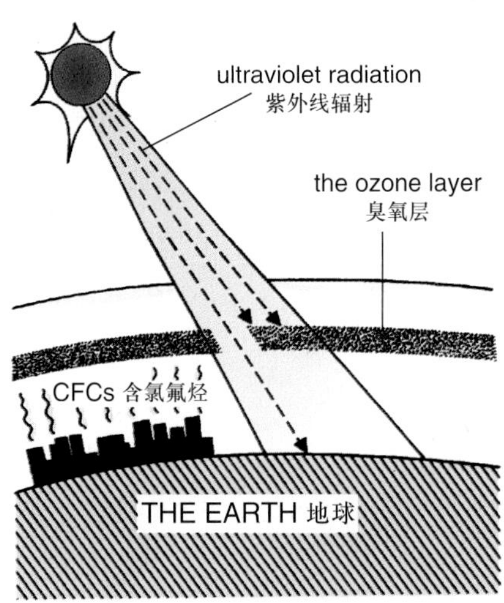

THE OZONE LAYER 臭氧层

臭氧层 (**ozone layer**) 是地面之上的一层气体，这层气体对地球起着保护作用，使地球免受太阳的紫外线辐射 (**ultraviolet radiation**) 影响。紫外线辐射能伤害皮肤，导致癌症 (**cancer**)。科学家最近发现臭氧层出现缺口，这些缺口是由含氯氟烃 (**chlorofluorocarbon (CFC)**) 所造成的。

含氯氟烃用于冰箱、喷雾剂容器 (**aerosol can**)，也用于制造某些塑料产品。有些生产商现已制造无含氯氟烃的喷雾剂，这些喷雾剂通常标有“不损害臭氧层” (**ozone-friendly**) 字样。

DEFORESTATION 砍伐森林

雨林 (**rainforest**) 能吸收二氧化碳，故有助抑制全球气温上升。近年大片雨林不是遭砍伐以取木材，就是遭焚毁以取耕地。焚烧雨林使大量二氧化碳涌入大气层。

很多雨林生长在贫瘠的土地上。雨林一旦遭砍伐或焚毁，土壤就会被热带的大雨冲走，于是该地就有可能沦为沙漠 (**desert**)。很多在该地生长的动植物也就可能绝种 (**extinct**)。

The Environment
环境

POLLUTION 污染

工厂、发电站、汽车都排出大量二氧化碳和其他废气，这是导致温室效应的主要原因。很多汽油都含有铅 (**lead**)；铅是有毒物质，能损害儿童的脑部。现在很多人都宁用无铅汽油 (**unleaded petrol**)。

有些有毒气体能溶解于大气层的水分中，变成酸雨 (**acid rain**) 落到地面上。酸雨能破坏树木和建筑物，也能使湖泊及河流中的鱼类死亡。工厂排出的工业废物、农民所用的化学肥料 (**chemical fertilizer**) 及农药 (**pesticide**) 都能污染河水。

ALTERNATIVE ENERGY 其他能源

今天我们所用的能源大多来自煤、石油和天然气。但是，这些物质并非取之不尽的，而且燃烧这些物质的过程更会逐渐破坏大气层。因此，我们需要寻找其他能源。

太阳动力 (**solar power**) 是指利用太阳能来发热和发电。我们也可以利用新式风车产生风力 (**wind-power**)。水力 (**water-power**) 有好几种：山区的河水可用来发电，叫做水电动力 (**hydro-electric power**)；涨落的潮水也可以用来发电。

RECYCLING 废物回收

废物回收 (**recycling**) 是指处理用过的东西或材料，使可重新再用。家居及工厂所弃置的垃圾中，约百分之六十含有可以回收 (**recycle**) 的材料。废物回收既省能源，又省原料，大自然所遭受的损害亦得以减少。

回收玻璃、纸张和铝罐都是轻而易举的事。很多市镇都设有空瓶回收箱 (**bottle bank**) 和空罐回收箱 (**can bank**)，供人们放置可回收的空瓶或空罐。现时很多纸袋、信纸、贺卡都是用再造纸 (**recycled paper**) 制造的。

Keeping vocabulary records 记录生词的方法

学习词汇就要把所有要记的生词记录下来。

VOCABULARY NOTEBOOKS 生词笔记簿

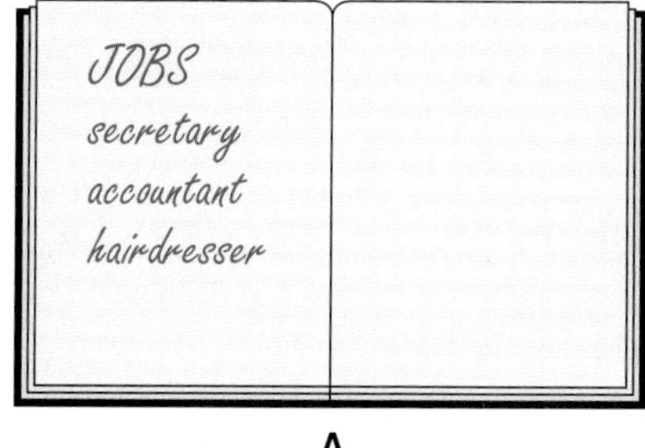

A

H
honey
hairdresser
however

B

很多人都喜欢把生词写在买回来的笔记簿上。既可以按词语的类别把笔记簿分页（如图A），也可以按词语的字母顺序分页排列（如图B）。先在买回来的笔记簿上写下几个生词，然后在遇到其他生词时逐渐添加。

VOCABULARY CARDS 词汇卡

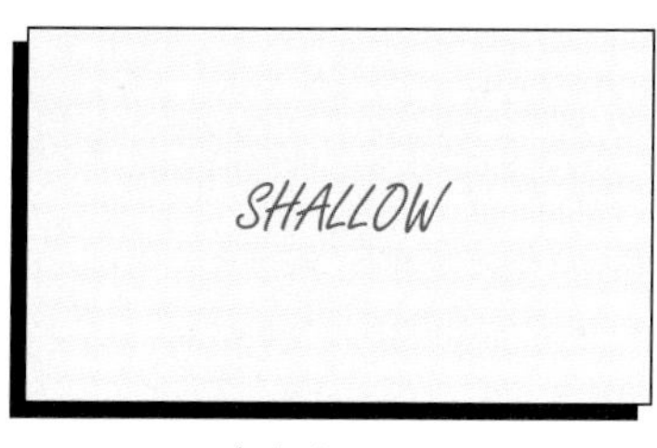

（卡片正面）

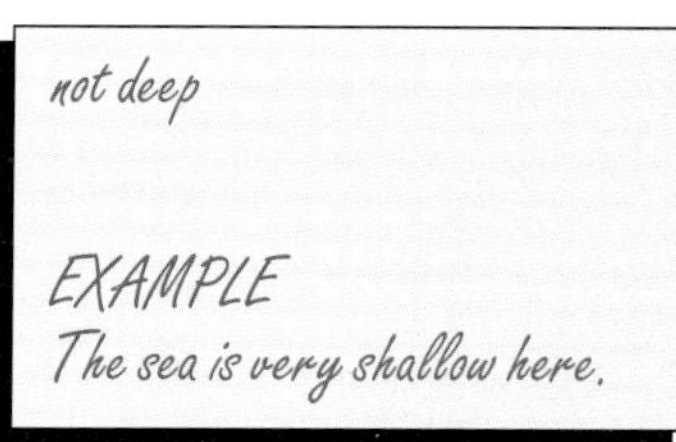

（卡片背面）

另一个记录生词的方法就是把生词写在卡片上，一张卡片记下一个生词，然后把全部卡片都放在盒子里。卡片的正面写上生词，背面写上解释和示例。过些时候，可以自我测验：看看卡片正面的生词，看是否记得该词的词义；又或看看卡片背面的资料，看是否记得是哪个生词。

RECORDING MEANINGS 记录词义

记录词义可以有几种不同的方法：

可以画图

可以用英语解释词义

salary = the money you receive from your job

可以用母语记下词义

tired = 疲倦

也可利用示例说明词义

Although it was raining, we decided to go for a walk.

练习一
你会怎样把这些词语的词义记录下来呢？给每个词语选择最好的记录方法。
banana autumn since above museum rich

RECORDING OTHER INFORMATION 记录其他资料

你或会有其他与生词有关的重要资料想记下，可先用词典查找生词，然后再决定需要记下哪些有关的资料。最好能写上示例，因为示例有助记忆词语的用法。

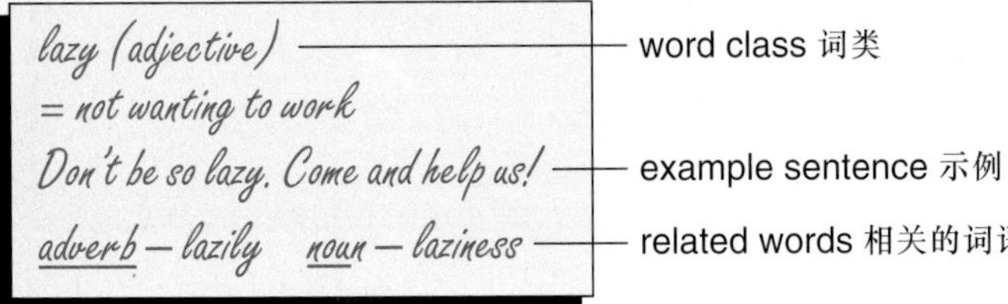

练习二
把你认为与这些词语有关的最重要的资料写下来。可参看本词典的正文。
bleed deaf on the ball fluent swap

TABLES AND DIAGRAMS 图表

把词语分组记录有时也是有用的学习方法。请看以下两种分组记录相关词语的方法：

a) WORD TABLES 相关词语表

SPORT	PERSON	PLACE
football	footballer	pitch
athletics	athlete	track
golf	golfer	course
tennis	tennis player	court

b) WORD DIAGRAMS 词语关系图

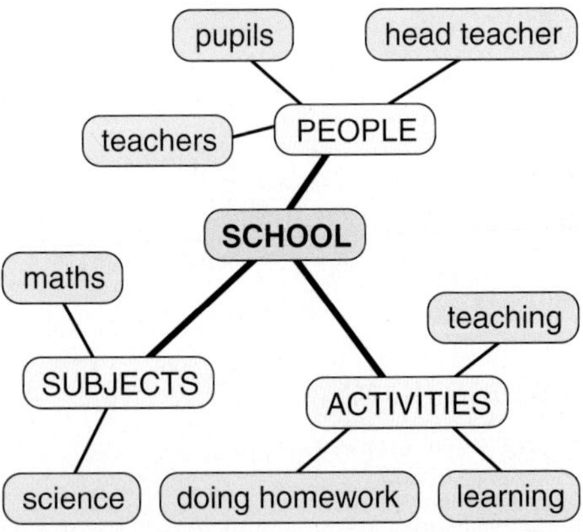

练习三
a) 动手设计相关词语表，表内须列出 JOBS 、PLACES OF WORK 、THINGS PEOPLE USE IN THEIR JOBS 这几项词语。
b) 动手画词语关系图，列出与 HOLIDAYS 这个词有关的词语。可以把这些词语分成 places to stay 、ways of travelling 、activities 三组。

Geographical names 地名表

下表列出一些地区名称在英语中的拼写法和读音，以及用作指这些地区的形容词。如果用作指这些地区的形容词和用作指这些地区的人的名词分别为两个不同的词，则两个词都一并列出，如 **Denmark** 丹麦：**Danish** 丹麦的; **Dane** 丹麦人。

指某个国家的人的词用作复数时，可在结尾加 **-s**，但 **Swiss**（瑞士人）这个词和以 **-ese** 结尾的词（如 Japanese（日本人））则属例外，其复数形式不变。至于以 **-man** 或 **-woman** 结尾的词，其复数形式改为以 **-men** 或 **-women** 结尾，如 three Frenchmen 三个法国男子、two Englishwomen 两个英格兰女子。

指某个国家的全体人民的词以括号标示：

France 法国：**French** 法国的; **Frenchman, Frenchwoman (the French)** 法国人。

列于下表的地区不一定是主权国家。

Noun 名词	*Adjective; Person* 形容词；人
Afghanistan /æf'gænɪstɑ:n; *US* 美 -stæn ‖ æf'gænəˌstæn/ 阿富汗	**Afghan** /'æfgæn ‖ 'æfˌgæn/; **Afghani** /æf'gænɪ ‖ æf'gænɪ/; **Afghanistani** /æf'gænɪstɑ:nɪ; *US* 美 -stænɪ ‖ æf'gænəˌstænɪ/ 阿富汗的/人
Africa /'æfrɪkə ‖ 'æfrɪkə/ 非洲	**African** /'æfrɪkən ‖ 'æfrɪkən/ 非洲的/人
Albania /æl'beɪnɪə ‖ æl'benɪə/ 阿尔巴尼亚	**Albanian** /æl'beɪnɪən ‖ æl'benɪən/ 阿尔巴尼亚的/人
Algeria /æl'dʒɪərɪə ‖ æl'dʒɪrɪə/ 阿尔及利亚	**Algerian** /æl'dʒɪərɪən ‖ æl'dʒɪrɪən/ 阿尔及利亚的/人
America /ə'merɪkə ‖ ə'mɛrɪkə/ 美国	**American** /ə'merɪkən ‖ ə'mɛrɪkən/ 美国的/人
Andorra /æn'dɔ:rə ‖ æn'dɔrə/ 安道尔	**Andorran** /æn'dɔ:rən ‖ æn'dɔrən/ 安道尔的/人
Angola /æŋ'gəʊlə ‖ æŋ'golə/ 安哥拉	**Angolan** /æŋ'gəʊlən ‖ æŋ'golən/ 安哥拉的/人
Anguilla /æŋ'gwɪlə ‖ æŋ'gwɪlə/ 安圭拉岛	**Anguillan** /æŋ'gwɪlən ‖ æŋ'gwɪlən/ 安圭拉岛的/人
Antigua /æn'ti:gə ‖ æn'tigə/ 安提瓜岛	**Antiguan** /æn'ti:gən ‖ æn'tigən/ 安提瓜岛的/人
Argentina /ˌɑ:dʒən'ti:nə ‖ ˌɑrdʒən'tinə/, **the Argentine** /'ɑ:dʒəntaɪn ‖ 'ɑrdʒənˌtaɪn/ 阿根廷	**Argentinian** /ˌɑ:dʒən'tɪnɪən ‖ ˌɑrdʒən'tɪnɪən/; **Argentine** /'ɑ:dʒəntaɪn ‖ 'ɑrdʒəntaɪn/ 阿根廷的/人
Armenia /ɑ:'mi:nɪə ‖ ɑr'minɪə/ 亚美尼亚	**Armenian** /ɑ:'mi:nɪən ‖ ɑr'minɪən/ 亚美尼亚的/人
Asia /'eɪʃə ‖ 'eʃə/ 亚洲	**Asian** /'eɪʃn ‖ 'eʃən/ 亚洲的/人
Australasia /ˌɒstrə'leɪʃə ‖ ˌɔstrəl'eʃə/ 澳大拉西亚	**Australasian** /ˌɒstrə'leɪʃn ‖ ˌɔstrəl'eʃən/ 澳大拉西亚的/人
Australia /ɒ'streɪlɪə; *US* 美 ɔ:'s- ‖ ɔ'streljə/ 澳大利亚	**Australian** /ɒ'streɪlɪən; *US* 美 ɔ:'s- ‖ ɔ'streljən/ 澳大利亚的/人
Austria /'ɒstrɪə; *US* 美 'ɔ:s- ‖ 'ɔstrɪə/ 奥地利	**Austrian** /'ɒstrɪən; *US* 美 'ɔ:s- ‖ 'ɔstrɪən/ 奥地利的/人
Azerbaijan /ˌæzəbaɪ'dʒɑ:n ‖ ˌæzɚbaɪ'dʒɑn/ 阿塞拜疆	**Azerbaijani** /ˌæzəbaɪ'dʒɑ:nɪ ‖ ˌæzɚbaɪ'dʒɑnɪ/; **Azeri** /ə'zeərɪ ‖ ə'zɛrɪ/ 阿塞拜疆的/人
(the) Bahamas /bə'hɑ:məz; *US* 美 -'heɪm- ‖ bə'heməz/ 巴哈马	**Bahamian** /bə'heɪmɪən ‖ bə'hemɪən/ 巴哈马的/人
Bahrain, Bahrein /bɑ:'reɪn ‖ bɑ'ren/ 巴林	**Bahraini, Bahreini** /bɑ:'reɪnɪ ‖ bɑ'renɪ/ 巴林的/人
Bangladesh /ˌbæŋglə'deʃ ‖ ˌbæŋglə'dɛʃ/ 孟加拉国	**Bangladeshi** /ˌbæŋglə'deʃɪ ‖ ˌbæŋglə'dɛʃɪ/ 孟加拉国的/人
Barbados /bɑ:'beɪdɒs ‖ bɑr'bedəs/ 巴巴多斯	**Barbadian** /bɑ:'beɪdɪən ‖ bɑr'bedɪən/ 巴巴多斯的/人
Belarus /'belərʊs ‖ bɛlə'rus/ 白俄罗斯	**Belorussian** /ˌbelə'rʌʃn ‖ ˌbɛlə'ruʃən/ 白俄罗斯的/人
Belgium /'beldʒəm ‖ 'bɛldʒəm/ 比利时	**Belgian** /'beldʒən ‖ 'bɛldʒən/ 比利时的/人
Belize /be'li:z ‖ bɛ'liz/ 伯利兹	**Belizean** /be'li:zɪən ‖ bɛ'lizɪən/ 伯利兹的/人
Benin /be'ni:n ‖ bə'nɪn/ 贝宁	**Beninese** /ˌbenɪ'ni:z ‖ bəˌnɪn'iz/ 贝宁的/人
Bermuda /bə'mju:də ‖ bɚ'mjudə/ 百慕大	**Bermudan** /bə'mju:dən ‖ bɚ'mjudən/ 百慕大的/人
Bhutan /bu:'tɑ:n ‖ bu'tæn/ 不丹	**Bhutani** /bu:'tɑ:nɪ ‖ bu'tænɪ/; **Bhutanese** /ˌbu:tɑ:'ni:z ‖ ˌbutə'niz/ 不丹的/人
Bolivia /bə'lɪvɪə ‖ bə'lɪvɪə/ 玻利维亚	**Bolivian** /bə'lɪvɪən ‖ bə'lɪvɪən/ 玻利维亚的/人
Bosnia-Herzegovina /ˌbɒznɪəˌhɜ:tsəgə'vi:nə ‖ 'bɑznɪəˌhɝtsəgo'vinə/ 波斯尼亚—黑塞哥维那	**Bosnian** /'bɒznɪən ‖ 'bɑznɪən/ 波斯尼亚的/人

(cont on page A42 下接第 A42 页)

MAP OF THE WORLD 世界地图

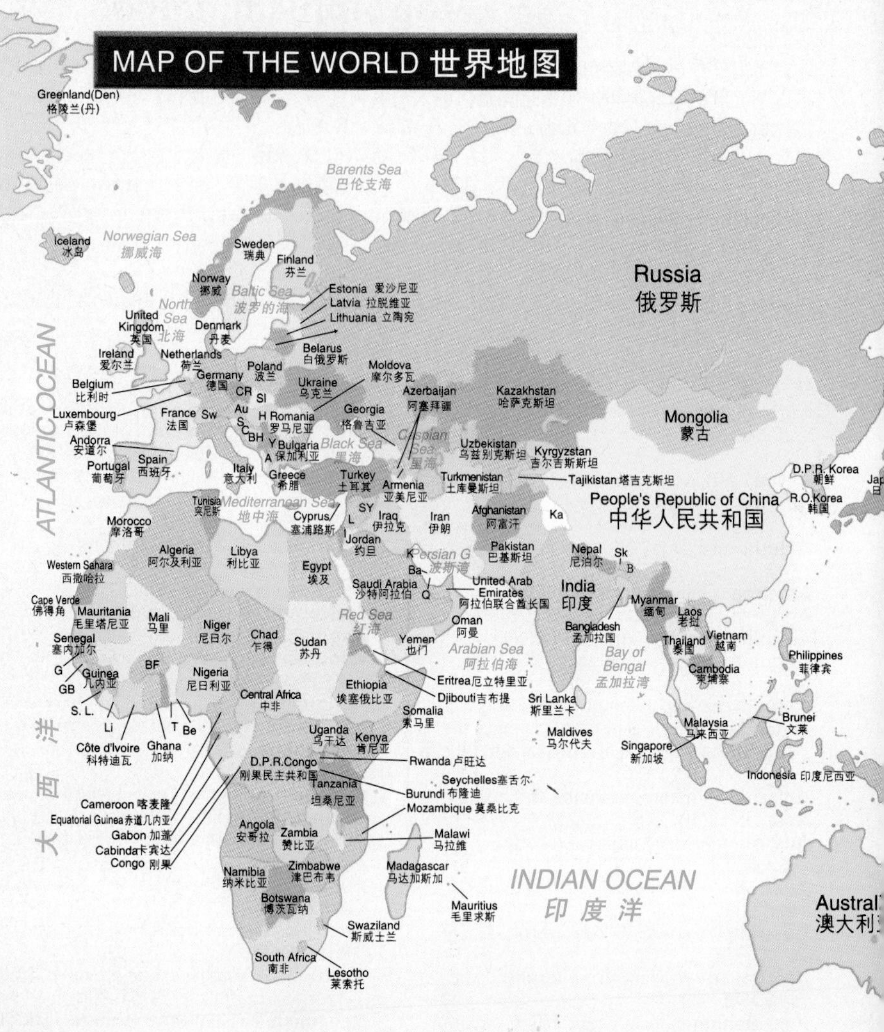

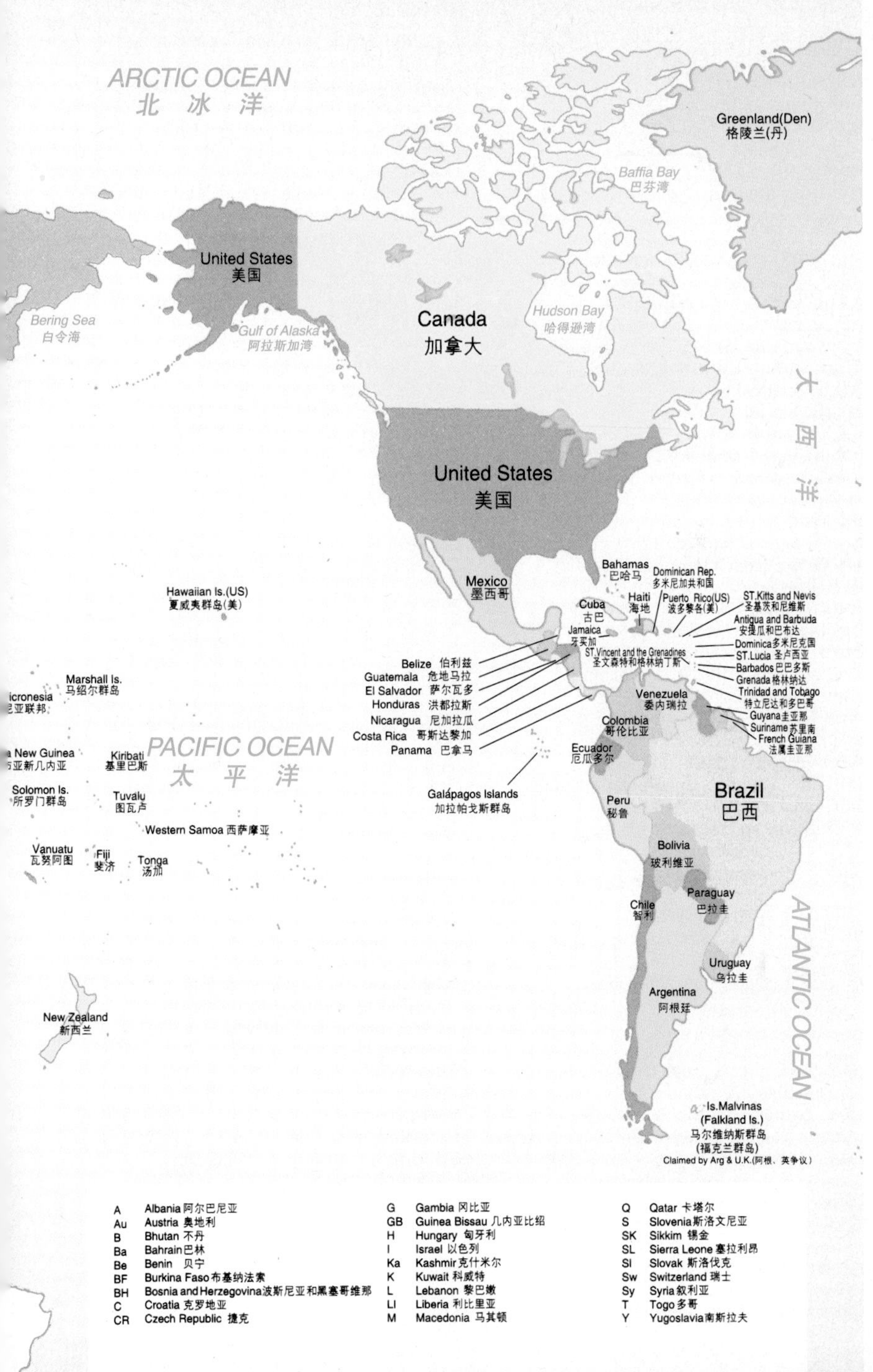

A	Albania 阿尔巴尼亚	G	Gambia 冈比亚	Q	Qatar 卡塔尔
Au	Austria 奥地利	GB	Guinea Bissau 几内亚比绍	S	Slovenia斯洛文尼亚
B	Bhutan 不丹	H	Hungary 匈牙利	SK	Sikkim 锡金
Ba	Bahrain巴林	I	Israel 以色列	SL	Sierra Leone 塞拉利昂
Be	Benin 贝宁	Ka	Kashmir克什米尔	Sl	Slovak 斯洛伐克
BF	Burkina Faso布基纳法索	K	Kuwait 科威特	Sw	Switzerland 瑞士
BH	Bosnia and Herzegovina波斯尼亚和黑塞哥维那	L	Lebanon 黎巴嫩	Sy	Syria叙利亚
C	Croatia 克罗地亚	Ll	Liberia 利比里亚	T	Togo多哥
CR	Czech Republic 捷克	M	Macedonia 马其顿	Y	Yugoslavia南斯拉夫

Noun 名词	*Adjective; Person* 形容词；人
Botswana /bɒt'swɑ:nə ‖ bat'swɑnə/ 博茨瓦纳	**Botswanan** /bɒ'tswɑ:nən ‖ bɑt'swɑnən/ 博茨瓦纳的/人
Brazil /brə'zɪl ‖ brə'zɪl/ 巴西	**Brazilian** /brə'zɪlɪən ‖ brə'zɪljən/ 巴西的/人
Brunei /'bru:naɪ ‖ 'bru,naɪ/ 文莱	**Brunei, Bruneian** /bru:'naɪən ‖ bru'naɪən/ 文莱的/人
Bulgaria /bʌl geərɪə ‖ bʌl'gɛrɪə/ 保加利亚	**Bulgarian** /bʌl'geərɪən ‖ bʌl'gɛrɪən/ 保加利亚的/人
Burkina /bɜ:'ki:nə ‖ bur'kinə/ 布基纳	**Burkinese** /bɜ:kɪ'ni:z ‖ burkɪn'iz/ 布基纳的/人
Burundi /bʊ'rʊndɪ ‖ bu'rundɪ/ 布隆迪	**Burundian** /bʊ'rʊndɪən ‖ bu'rundɪən/ 布隆迪的/人
Cambodia /kæm'bəʊdɪə ‖ kæm'bodɪə/ 柬埔寨	**Cambodian** /kæm'bəʊdɪən ‖ kæm'bodɪən/ 柬埔寨的/人
Cameroon /ˌkæmə'ru:n ‖ ˌkæmə'run/ 喀麦隆	**Cameroonian** /ˌkæmə'ru:nɪən ‖ ˌkæmə'runɪən/ 喀麦隆的/人
Canada /'kænədə ‖ 'kænədə/ 加拿大	**Canadian** /kə'neɪdɪən ‖ kə'nedɪən/ 加拿大的/人
Cape Verde Islands /ˌkeɪp 'vɜ:d aɪləndz ‖ ˌkep'vɝdaɪləndz/ 佛得角群岛	
Central African Republic /ˌsentrəl ˌæfrɪkən rɪ'pʌblɪk ‖ ˌsɛntrəlˌæfrɪkənrɪ'pʌblɪk/ 中非共和国	
Chad /tʃæd ‖ tʃæd/ 乍得	**Chadian** /'tʃædɪən ‖ 'tʃædɪən/ 乍得的/人
Chile /'tʃɪlɪ ‖ 'tʃɪlɪ/ 智利	**Chilean** /'tʃɪlɪən ‖ 'tʃɪlɪən/ 智利的/人
China /'tʃaɪnə ‖ 'tʃaɪnə/ 中国	**Chinese** /ˌtʃaɪ'ni:z ‖ tʃaɪ'niz/ 中国的/人
Colombia /kə'lɒmbɪə ‖ kə'lʌmbɪə/ 哥伦比亚	**Colombian** /kə'lɒmbɪən ‖ kə'lʌmbɪən/ 哥伦比亚的/人
Comoros /'kɒmərəʊz ‖ 'kɑməˌroz/ 科摩罗	
Congo /'kɒŋgəʊ ‖ 'kɑŋgo/ 刚果	**Congolese** /ˌkɒŋgə'li:z ‖ ˌkɑŋgə'liz/ 刚果的/人
Costa Rica /ˌkɒstə 'ri:kə ‖ ˌkɑstə'rikə/ 哥斯达黎加	**Costa Rican** /ˌkɒstə 'ri:kən ‖ ˌkɑstə'rikən/ 哥斯达黎加的/人
Croatia /krəʊ'eɪʃə ‖ kro'eʃə/ 克罗地亚	**Croatian** /krəʊ'eɪʃən ‖ kro'eʃən/ 克罗地亚的/人
Cuba /'kju:bə ‖ 'kjubə/ 古巴	**Cuban** /'kju:bən ‖ 'kjubən/ 古巴的/人
Cyprus /'saɪprəs ‖ 'saɪprəs/ 塞浦路斯	**Cypriot** /'sɪprɪət ‖ 'sɪprɪət/ 塞浦路斯的/人
(the) **Czech Republic** /tʃek rɪ'pʌblɪk ‖ tʃɛkrɪ'pʌblɪk/ 捷克	**Czech** /tʃek ‖ tʃɛk/ 捷克的/人
Denmark /'denmɑ:k ‖ 'dɛnˌmɑrk/ 丹麦	**Danish** /'deɪnɪʃ ‖ 'denɪʃ/ 丹麦的; **Dane** /deɪn ‖ den/ 丹麦人
Djibouti /dʒɪ'bu:tɪ ‖ dʒə'butɪ/ 吉布提	**Djiboutian** /dʒɪ'bu:tɪən ‖ dʒə'buʃən/ 吉布提的/人
Dominica /də'mɪnɪkə; ˌdɒmɪ'ni:kə ‖ də'mɪnɪkə; ˌdɑmə'nikə/ 多米尼加	**Dominican** /də'mɪnɪkən ‖ də'mɪnɪkən/ 多米尼加的/人
(the) **Dominican Republic** /dəˌmɪnɪkən rɪ'pʌblɪk ‖ dəˌmɪnɪkənrɪ'pʌblɪk/ 多米尼加共和国	**Dominican** /də'mɪnɪkən ‖ də'mɪnɪkən/ 多米尼加的/人
Ecuador /'ekwədɔ:(r) ‖ 'ɛkwəˌdɔr/ 厄瓜多尔	**Ecuadorian** /ˌekwə'dɔ:rɪən ‖ ˌɛkwə'dɔrɪən/ 厄瓜多尔的/人
Egypt /'i:dʒɪpt ‖ 'idʒɪpt/ 埃及	**Egyptian** /ɪ'dʒɪpʃn ‖ ɪ'dʒɪpʃən/ 埃及的/人
El Salvador /el 'sælvədɔ:(r) ‖ ɛl'sælvəˌdɔr/ 萨尔瓦多	**Salvadorean** /ˌsælvə'dɔ:rɪən ‖ ˌsælvə'dɔrɪən/ 萨尔瓦多的/人
England /'ɪŋglənd ‖ 'ɪŋglənd/ 英格兰	**English** /'ɪŋglɪʃ ‖ 'ɪŋglɪʃ/ 英格兰的; **Englishman** /'ɪŋglɪʃmən ‖ 'ɪŋglɪʃmən/, **Englishwoman** /'ɪŋglɪʃwʊmən ‖ 'ɪŋglɪʃˌwumən/ (**the English**) 英格兰人
Equatorial Guinea /ˌekwəˌtɔ:rɪəl 'gɪnɪ ‖ ˌɛkwəˌtɔrɪəl'gɪnɪ/ 赤道几内亚	**Equatorial Guinean** /ˌekwəˌtɔ:rɪəl 'gɪnɪən ‖ ˌɛkwəˌtɔrɪəl'gɪnɪən/ 赤道几内亚的/人
Eritrea /ˌerɪ'treɪə ‖ ˌɛrɪ'triə/ 厄立特里亚	**Eritrean** /ˌerɪ'treɪən ‖ ˌɛrɪ'triən/ 厄立特里亚的/人
Estonia /e'stəʊnɪə ‖ ɛs'tonɪə/ 爱沙尼亚	**Estonian** /e'stəʊnɪən ‖ ɛs'tonɪən/ 爱沙尼亚的/人
Ethiopia /ˌi:θɪ'əʊpɪə ‖ ˌiθɪ'opɪə/ 埃塞俄比亚	**Ethiopian** /ˌi:θɪ'əʊpɪən ‖ ˌiθɪ'opɪən/ 埃塞俄比亚的/人
Europe /'jʊərəp ‖ 'jurəp/ 欧洲	**European** /ˌjʊərə'pɪən ‖ ˌjurə'pɪən/ 欧洲的/人
Fiji /ˌfi:'dʒi:; *US* 美 'fi:dʒi: ‖ 'fidʒi/ 斐济	**Fijian** /ˌfi:'dʒi:ən; *US* 美 'fi:dʒɪən ‖ 'fidʒɪən/ 斐济的/人
Finland /'fɪnlənd ‖ 'fɪnlənd/ 芬兰	**Finnish** /'fɪnɪʃ ‖ 'fɪnɪʃ/ 芬兰的; **Finn** /fɪn ‖ fɪn/ 芬兰人
France /frɑ:ns; *US* 美 fræns ‖ fræns/ 法国	**French** /frentʃ ‖ frɛntʃ/ 法国的; **Frenchman** /'frentʃmən ‖ 'frɛntʃmən/, **Frenchwoman** /'frentʃwʊmən ‖ 'frɛntʃˌwumən/ (**the French**) 法国人

Gabon /gæ'bɒn ‖ gæ'bon/ 加蓬	**Gabonese** /ˌgæbə'ni:z ‖ ˌgæbə'niz/ 加蓬的/人
(the) Gambia /'gæmbɪə ‖ 'gæmbɪə/ 冈比亚	**Gambian** /'gæmbɪən ‖ 'gæmbɪən/ 冈比亚的/人
Germany /'dʒɜ:mənɪ ‖ 'dʒɝmənɪ/ 德国	**German** /'dʒɜ:mən ‖ 'dʒɝmən/ 德国的/人
Georgia /'dʒɔ:dʒə ‖ 'dʒɔrdʒə/ 格鲁吉亚	**Georgian** /'dʒɔ:dʒən ‖ 'dʒɔrdʒən/ 格鲁吉亚的/人
Ghana /'gɑ:nə ‖ 'gɑnə/ 加纳	**Ghanaian** /gɑ:'neɪən ‖ gɑ'neən/ 加纳的/人
Gibraltar /dʒɪ'brɔ:ltə(r) ‖ dʒə'brɔltɚ/ 直布罗陀	**Gibraltarian** /ˌdʒɪbrɔ:l'teərɪən ‖ dʒəˌbrɔl'tɛrɪən/ 直布罗陀的/人
Great Britain /ˌgreɪt 'brɪtn ‖ ˌgret'brɪtn̩/ 英国	**British** /'brɪtɪʃ ‖ 'brɪtɪʃ/ 英国的; **Briton** /'brɪtn ‖ 'brɪtn̩/ **(the British)** 英国人
Greece /gri:s ‖ gris/ 希腊	**Greek** /gri:k ‖ grik/ 希腊的/人
Grenada /grɪ'neɪdə ‖ grɪ'nedə/ 格林纳达	**Grenadian** /grɪ'neɪdɪən ‖ grə'nedɪən/ 格林纳达的/人
Guatemala /ˌgwɑ:tə'mɑ:lə ‖ ˌgwɑtə'mɑlə/ 危地马拉	**Guatemalan** /ˌgwɑ:tə'mɑ:lən ‖ ˌgwɑtə'mɑlən/ 危地马拉的/人
Guinea /'gɪnɪ ‖ 'gɪnɪ/ 几内亚	**Guinean** /'gɪnɪən ‖ 'gɪnɪən/ 几内亚的/人
Guinea Bissau /ˌgɪnɪ bɪ'saʊ ‖ ˌgɪnɪbɪ'sau/ 几内亚比绍	
Guyana /gaɪ'ænə ‖ gaɪ'ænə/ 圭亚那	**Guyanese** /ˌgaɪə'ni:z ‖ ˌgaɪə'niz/ 圭亚那的/人
Haiti /'heɪtɪ ‖ 'hetɪ/ 海地	**Haitian** /'heɪʃn ‖ 'heʃən/ 海地的/人
Honduras /hɒn'djʊərəs; *US* 美 -'dʊə- ‖ hɑn'durəs/ 洪都拉斯	**Honduran** /hɒn'djʊərən; *US* 美 -'dʊə- ‖ hɑn'durən/ 洪都拉斯的/人
Hong Kong /ˌhɒŋ 'kɒŋ ‖ 'hɑŋ'kɑŋ/ 香港	
Hungary /'hʌŋgərɪ ‖ 'hʌŋgərɪ/ 匈牙利	**Hungarian** /hʌŋ'geərɪən ‖ hʌŋ'gɛrɪən/ 匈牙利的/人
Iceland /'aɪslənd ‖ 'aɪslənd/ 冰岛	**Icelandic** /aɪs'lændɪk ‖ aɪs'lændɪk/ 冰岛的; **Icelander** /'aɪsləndə(r) ‖ 'aɪˌsləndɚ/ 冰岛人
India /'ɪndɪə ‖ 'ɪndɪə/ 印度	**Indian** /'ɪndɪən ‖ 'ɪndɪən/ 印度的/人
Indonesia /ˌɪndə'ni:zɪə; *US* 美 -'ni:ʒə ‖ ˌɪndə'niʒə/ 印度尼西亚	**Indonesian** /ˌɪndə'ni:zɪən; *US* 美 -ʒn ‖ ˌɪndə'niʒən/ 印度尼西亚的/人
Iran /ɪ'rɑ:n ‖ ɪ'ræn/ 伊朗	**Iranian** /ɪ'reɪmɪən ‖ ɪ'renɪən/ 伊朗的/人
Iraq /ɪ'rɑ:k ‖ ɪ'rɑk/ 伊拉克	**Iraqi** /ɪ'rɑ:kɪ ‖ ɪ'rɑkɪ/ 伊拉克的/人
(the Republic of) Ireland /'aɪələnd ‖ 'aɪrlənd/ (*also* 亦作 **Eire** /'eərə ‖ 'ɛrə/) 爱尔兰(共和国)	**Irish** /'aɪərɪʃ ‖ 'aɪrɪʃ/ 爱尔兰的; **Irishman** /'aɪərɪʃmən ‖ 'aɪrɪʃmən/, **Irishwoman** /'aɪərɪʃwʊmən ‖ 'aɪrɪʃˌwumən/ **(the Irish)** 爱尔兰人
Israel /'ɪzreɪl ‖ 'ɪzreəl/ 以色列	**Israeli** /ɪz'reɪlɪ ‖ ɪz'relɪ/ 以色列的/人
Italy /'ɪtəlɪ ‖ 'ɪtl̩ɪ/ 意大利	**Italian** /ɪ'tælɪən ‖ ɪ'tæljən/ 意大利的/人
Ivory Coast /ˌaɪvərɪ 'kəʊst ‖ ˌaɪvərɪ'kost/ 象牙海岸	**Ivorian** /ˌaɪ'vɔ:rɪən ‖ ˌaɪ'vɔrɪən/ 象牙海岸的/人
Jamaica /dʒə'meɪkə ‖ dʒə'mekə/ 牙买加	**Jamaican** /dʒə'meɪkən ‖ dʒə'mekən/ 牙买加的/人
Japan /dʒə'pæn ‖ dʒə'pæn/ 日本	**Japanese** /ˌdʒæpə'ni:z ‖ ˌdʒæpə'niz/ 日本的/人
Java /'dʒɑ:və ‖ 'dʒɑvə/ 爪哇	**Javanese** /ˌdʒɑ:və'ni:z ‖ ˌdʒævə'niz/ 爪哇的/人
Jordan /'dʒɔ:dn ‖ 'dʒɔrdn̩/ 约旦	**Jordanian** /dʒɔ:'deɪnɪən ‖ dʒɔr'denɪən/ 约旦的/人
Kazakhstan /ˌkæzæk'stɑ:n ‖ ˌkæzæk'stæn/ 哈萨克斯坦	**Kazakh** /kæ'zæk ‖ kə'zæk/ 哈萨克斯坦的/人
Kenya /'kenjə; *US* 美 'ki:njə ‖ 'kinjə/ 肯尼亚	**Kenyan** /'kenjən; *US* 美 'ki:njən ‖ 'kinjən/ 肯尼亚的/人
Kirgyzstan /ˌkɪəgɪ'stɑ:n ‖ ˌkɪrgɪ'stæn/ 吉尔吉斯斯坦	**Kirgyz** /kɪə'gi:z ‖ kɪr'giz/ 吉尔吉斯斯坦的/人
Kiribati /ˌkɪrɪ'bɑ:tɪ ‖ 'kɪrəˌbæs/ 基里巴斯	
Korea /kə'rɪə ‖ kə'rɪə/ 朝鲜;韩国:	
North Korea 北朝鲜	**North Korean** /ˌnɔ:θ kə'rɪən ‖ ˌnɔrθkə'rɪən/ 北朝鲜的/人
South Korea 南韩	**South Korean** /ˌsaʊθ kə'rɪən ‖ ˌsauθkə'rɪən/ 南韩的/人
Kuwait /kʊ'weɪt; *US* 美 -'waɪt ‖ ku'waɪt/ 科威特	**Kuwaiti** /kʊ'weɪtɪ; *US* 美 kʊ'waɪtɪ ‖ ku'waɪtɪ/ 科威特的/人
Laos /'lɑ:ɒs ‖ 'lɑos/ 老挝	**Laotian** /'lɑ:ɒʃn; *US* 美 leɪ'əʊʃn ‖ le'oʃən/ 老挝的/人
Latvia /'lætvɪə ‖ 'lætvɪə/ 拉脱维亚	**Latvian** /'lætvɪən ‖ 'lætvɪən/ 拉脱维亚的/人
Lebanon /'lebənən; *US* 美 -nɒn ‖ 'lɛbənɑn/ 黎巴嫩	**Lebanese** /ˌlebə'ni:z ‖ ˌlɛbə'niz/ 黎巴嫩的/人

Lesotho /lə'su:tu: ‖ lə'soto/ 莱索托

Liberia /laɪ'bɪərɪə ‖ laɪ'bɪrɪə/ 利比里亚
Libya /'lɪbɪə ‖ 'lɪbɪə/ 利比亚
Liechtenstein /'lɪktənstaɪn ‖ 'lɪktənˌstaɪn/ 列支敦士登
Lithuania /ˌlɪθju:'eɪnɪə ‖ ˌlɪθjʊ'enɪə/ 立陶宛

Luxembourg /'lʌksəmbɜ:g ‖ 'lʌksəmˌbɝg/ 卢森堡
Madagascar /ˌmædə'gæskə(r) ‖ ˌmædə'gæskɚ/ 马达加斯加

Malawi /mə'lɑ:wɪ ‖ mə'lɑwɪ/ 马拉维
Malaysia /mə'leɪzɪə; *US* 美 -'leɪʒə ‖ mə'leʒə/ 马来西亚
Maldives /'mɔ:ldi:vz ‖ 'mɔlˌdivz/ 马尔代夫
Mali /'mɑ:lɪ ‖ 'mɑlɪ/ 马里
Malta /'mɔ:ltə ‖ 'mɔltə/ 马尔他
Mauritania /ˌmɒrɪ'teɪnɪə; *US* 美 ˌmɔ:r- ‖ ˌmɔrɪ'tenɪə/ 毛里塔尼亚
Mauritius /mə'rɪʃəs; *US* 美 mɔ:- ‖ mɔ'rɪʃəs/ 毛里求斯
Mexico /'meksɪkəʊ ‖ 'mɛksɪˌko/ 墨西哥
Micronesia /ˌmaɪkrəʊ'ni:zɪə; *US* 美-'ni:ʒə ‖ ˌmaɪkro'niʒə/ 密克罗尼西亚
Moldova /mɒl'dəʊvə ‖ mɑl'dovə/ 摩尔多瓦

Monaco /'mɒnəkəʊ ‖ 'mɑnəˌko/ 摩纳哥

Mongolia /mɒŋ'gəʊlɪə ‖ mɑŋ'golɪə/ 蒙古

Montserrat /ˌmɒntsə'ræt ‖ ˌmɑntsə'ræt/ 蒙塞拉特
Morocco /mə'rɒkəʊ ‖ mə'rɑko/ 摩洛哥
Mozambique /ˌməʊzæm'bi:k ‖ ˌmozəm'bik/ 莫桑比克
Myanmar /ˌmi:æn'mɑ:(r) ‖ 'mɪænˌmɑr/ (*formerly* 旧作 **Burma**) 缅甸
Namibia /nə'mɪbɪə ‖ nə'mɪbɪə/ 纳米比亚
Nauru /'naʊru: ‖ nɑ'uru/ 瑙鲁
Nepal /nɪ'pɔ:l ‖ nə'pɔl/ 尼泊尔
(the) **Netherlands** /'neðələndz ‖ 'neðɚləndz/ 荷兰

New Zealand /ˌnju: 'zi:lənd; *US* 美 ˌnu:- ‖ nu'zilənd/ 新西兰
Nicaragua /ˌnɪkə'rægjʊə; *US* 美 -'rɑ:gwə ‖ nɪkə'rɑgwə/ 尼加拉瓜
Niger /ni:'ʒeə(r) ‖ 'naɪdʒɚ/ 尼日尔
Nigeria /naɪ'dʒɪərɪə ‖ naɪ'dʒɪrɪə/ 尼日利亚
Northern Ireland /ˌnɔ:ðən 'aɪələnd ‖ ˌnɔrðɚn-'aɪrlənd/ 北爱尔兰
Norway /'nɔ:weɪ ‖ 'nɔrˌwe/ 挪威
Oman /əʊ'mɑ:n ‖ o'mɑn/ 阿曼
Pakistan /ˌpɑ:kɪ'stɑ:n; *US* 美 'pækɪstæn ‖ 'pækɪˌstæn/ 巴基斯坦
Palestine /'pæləstaɪn ‖ 'pæləˌstaɪn/ 巴勒斯坦

Panama /'pænəmɑ: ‖ 'pænəˌmɑ/ 巴拿马

Sotho /'su:tu: ‖ 'soto/ 莱索托的/人; (person 人: **Mosotho** /mə'su:tu: ‖ mə'soto/; people 民族: **Basotho** /bə'su:tu: ‖ bə'soto/)
Liberian /laɪ'bɪərɪən ‖ laɪ'bɪrɪən/ 利比里亚的/人
Libyan /'lɪbɪən ‖ 'lɪbɪən/ 利比亚的/人
Liechtenstein 列支敦士登的; **Liechtensteiner** /'lɪktənstaɪnə(r) ‖ 'lɪktənˌstaɪnɚ/ 列支敦士登人
Lithuanian /ˌlɪθju:'eɪnɪən ‖ ˌlɪθjʊ'enɪən/ 立陶宛的/人
Luxembourg 卢森堡的; **Luxembourger** /'lʌksəmbɜ:gə(r) ‖ 'lʌksəmˌbɝgɚ/ 卢森堡人
Madagascan /ˌmædə'gæskən ‖ ˌmædə'gæskən/; **Malagasy** /ˌmælə'gæsɪ ‖ ˌmælə'gæsɪ/ 马达加斯加的/人
Malawian /mə'lɑ:wɪən ‖ mə'lɑwɪən/ 马拉维的/人
Malaysian /mə'leɪzɪən; *US* 美 -'leɪʒn ‖ mə'leʒən/ 马来西亚的/人

Malian /'mɑ:lɪən ‖ 'mɑlɪən/ 马里的/人
Maltese /mɔ:l'ti:z ‖ mɔl'tiz/ 马尔他的/人
Mauritanian /ˌmɒrɪ'teɪnɪən; *US* 美 ˌmɔ:r- ‖ ˌmɔrə'tenɪən/ 毛里塔尼亚的/人
Mauritian /mə'rɪʃn; *US* 美 mɔ:- ‖ mɔ'rɪʃən/ 毛里求斯的/人
Mexican /'meksɪkən ‖ 'mɛksɪkən/ 墨西哥的/人
Micronesian /ˌmaɪkrəʊ'ni:zɪən; *US* 美 -'ni:ʒən ‖ ˌmaɪkro'niʒən/ 密克罗尼西亚的/人
Moldovan /mɒl'dəʊvən ‖ mɑl'dovən/ 摩尔多瓦的/人
Monegasque /ˌmɒnə'gæsk ‖ ˌmɑnɪ'gæsk/ 摩纳哥的/人
Mongolian /mɒŋ'gəʊlɪən ‖ mɑŋ'golɪən/; **Mongol** /'mɒŋgl ‖ 'mɑŋgəl/ 蒙古的/人
Montserratian /ˌmɒntsə'ræʃn ‖ ˌmɑntsə'ræʃən/ 蒙塞拉特的/人
Moroccan /mə'rɒkən ‖ mə'rɑkən/ 摩洛哥的/人
Mozambiquean /ˌməʊzæm'bi:kən ‖ ˌmozəm-'bikən/ 莫桑比克的/人
Myanmar /ˌmi:æn'mɑ:(r) ‖ 'mɪænˌmɑr/ 缅甸的/人
Namibian /nə'mɪbɪən ‖ nə'mɪbɪən/ 纳米比亚的/人
Nauruan /naʊ'ru:ən ‖ nɑ'rəwən/ 瑙鲁的/人
Nepalese /ˌnepə'li:z ‖ ˌnɛpə'liz/ 尼泊尔的/人
Dutch /dʌtʃ ‖ dʌtʃ/ 荷兰的; **Dutchman** /'dʌtʃmən ‖ 'dʌtʃmən/, **Dutchwoman** /'dʌtʃwʊmən ‖ 'dʌtʃˌwʊmən/ (**the Dutch**) 荷兰人
New Zealand 新西兰的; **New Zealander** /ˌnju: 'zi:ləndə(r); *US* 美 ˌnu:- ‖ nu'ziləndɚ/新西兰人
Nicaraguan /ˌnɪkə'rægjʊən; *US* 美 -'rɑ:gwən ‖ ˌnɪkə'rɑgwən/ 尼加拉瓜的/人
Nigerien /ni:'ʒeərɪən ‖ naɪ'dʒɛrɪən/ 尼日尔的/人
Nigerian /naɪ'dʒɪərɪən ‖ naɪ'dʒɪrɪən/ 尼日利亚的/人
Northern Irish /ˌnɔ:ðən 'aɪərɪʃ ‖ ˌnɔrðɚn'aɪrɪʃ/ (*adj only* 只用作形容词) 北爱尔兰的
Norwegian /nɔ:'wi:dʒən ‖ nɔr'widʒən/ 挪威的/人
Omani /əʊ'mɑ:nɪ ‖ o'mɑnɪ/ 阿曼的/人
Pakistani /ˌpɑ:kɪ'stɑ:nɪ; *US* 美 ˌpækɪ'stænɪ ‖ ˌpækɪ'stænɪ/ 巴基斯坦的/人
Palestinian /ˌpælə'stɪnɪən ‖ ˌpælə'stɪnɪən/ 巴勒斯坦的/人
Panamanian /ˌpænə'meɪnɪən ‖ ˌpænə'menɪən/ 巴拿马的/人

Papua New Guinea /ˌpæpʊə ˌnjuː ˈɡɪnɪ; *US* 美 -ˌnuː- ‖ ˌpæpjuəˌnuˈɡɪnɪ/ 巴布亚新几内亚	**Papuan** /ˈpæpʊən ‖ ˈpæpjuən/ 巴布亚新几内亚的/人
Paraguay /ˈpærəɡwaɪ; *US* 美 -ɡweɪ ‖ ˈpærəˌɡwe/ 巴拉圭	**Paraguayan** /ˌpærəˈɡwaɪən; *US* 美 -ˈɡweɪən ‖ ˌpærəˈɡweən/ 巴拉圭的/人
Peru /pəˈruː ‖ pəˈru/ 秘鲁	**Peruvian** /pəˈruːvɪən ‖ pəˈruvɪən/ 秘鲁的/人
(the) **Philippines** /ˈfɪlɪpiːnz ‖ ˈfɪləˌpinz/ 菲律宾	**Philippine** /ˈfɪlɪpiːn ‖ ˈfɪləˌpin/ 菲律宾的; **Filipino** /ˌfɪlɪˈpiːnəʊ ‖ ˌfɪləˈpino/ 菲律宾人
Poland /ˈpəʊlənd ‖ ˈpolənd/ 波兰	**Polish** /ˈpəʊlɪʃ ‖ ˈpolɪʃ/ 波兰的; **Pole** /pəʊl ‖ pol/ 波兰人
Portugal /ˈpɔːtʃʊɡl ‖ ˈpɔrtʃəɡl̩/ 葡萄牙	**Portuguese** /ˌpɔːtʃʊˈɡiːz ‖ ˈpɔrtʃəˌɡiz/ 葡萄牙的/人
Puerto Rico /ˌpwɜːtəʊˈriːkəʊ ‖ ˌpwɛrtəˈriko/ 波多黎各	**Puerto Rican** /ˌpwɜːtəʊ ˈriːkən ‖ ˌpwɛrtəˈrikən/ 波多黎各的/人
Qatar /ˈkʌtɑː(r) ‖ ˈkɑtɚ/ 卡塔尔	**Qatari** /kʌˈtɑːrɪ ‖ ˈkɑtərɪ/ 卡塔尔的/人
Romania /ruːˈmeɪnɪə ‖ roˈmenɪə/ 罗马尼亚	**Romanian** /ruːˈmeɪnɪən ‖ roˈmenɪən/ 罗马尼亚的/人
Russia /ˈrʌʃə ‖ ˈrʌʃə/ 俄罗斯	**Russian** /ˈrʌʃn ‖ ˈrʌʃən/ 俄罗斯的/人
Rwanda /rʊˈændə ‖ rʊˈɑndə/ 卢旺达	**Rwandan** /rʊˈændən ‖ rʊˈɑndən/ 卢旺达的/人
St Kitts and Nevis /snt ˌkɪts ən ˈnevɪs; *US* 美 ˌseɪnt ‖ ˌsent ˈkɪtsənˈnivəs/ 圣基茨 — 尼维斯	
St Lucia /snt ˈluːʃə; *US* 美 ˌseɪnt ‖ sentˈluʃə/ 圣卢西亚	
St Vincent /snt ˈvɪnsənt; *US* 美 ˌseɪnt- ‖ sent-ˈvɪnsənt/ 圣文森特	
San Marino /ˌsæn məˈriːnəʊ ‖ ˌsænməˈrino/ 圣马力诺	**San Marinese** /ˌsæn ˌmærɪˈniːz ‖ ˌsæn-ˌmærəˈniz/ 圣马力诺的/人
Sao Tomé and Principe /ˌsaʊ təˌmeɪ ən ˈprɪnsɪpeɪ ‖ ˌsaʊtəˈmeənˈprɪnsəpə/ 圣多美和普林西比	
Saudi Arabia /ˌsaʊdɪ əˈreɪbɪə ‖ ˌsaudɪəˈrebɪə/ 沙特阿拉伯	**Saudi** /ˈsaʊdɪ ‖ ˈsaudɪ/; **Saudi Arabian** /ˌsaʊdɪ əˈreɪbɪən ‖ ˌsaudɪəˈrebɪən/ 沙特阿拉伯的/人
Scotland /ˈskɒtlənd ‖ ˈskɑtlənd/ 苏格兰	**Scottish** /ˈskɒtɪʃ ‖ ˈskɑtɪʃ/ 苏格兰的; **Scot** /skɒt ‖ skɑt/, **Scotsman** /ˈskɒtsmən ‖ ˈskɑtsmən/, **Scotswoman** /ˈskɒtswʊmən ‖ ˈskɑtsˌwʊmən/ (**the Scots**) 苏格兰人
Senegal /ˌsenɪˈɡɔːl ‖ ˌsɛnɪˈɡɔl/ 塞内加尔	**Senegalese** /ˌsenɪɡəˈliːz ‖ ˌsɛnɪɡəˈliz/ 塞内加尔的/人
(the) **Seychelles** /seɪˈʃelz ‖ seˈʃɛl(z)/ 塞舌尔	**Seychellois** /seɪˈʃelwɑː ‖ ˌseʃəlˈwɑ/ 塞舌尔的/人
Sierra Leone /sɪˌerə lɪˈəʊn ‖ sɪˌɛrəlɪˈon/ 塞拉利昂	**Sierra Leonean** /sɪˌerə lɪˈəʊnɪən ‖ sɪˌɛrəlɪ-ˈonɪən/ 塞拉利昂的/人
Singapore /ˌsɪŋəˈpɔː(r) ‖ ˈsɪŋəˌpɔr/ 新加坡	**Singaporean** /ˌsɪŋəˈpɔːrɪən ‖ ˌsɪŋəˈpɔrɪən/ 新加坡的/人
Slovakia /sləʊˈvækɪə ‖ sloˈvækɪə/ 斯洛伐克	**Slovak** /ˈsləʊvæk ‖ ˈslovæk/ 斯洛伐克的/人
Slovenia /sləʊˈviːnɪə ‖ sloˈvinɪə/ 斯洛文尼亚	**Slovene** /ˈsləʊviːn ‖ ˈslovin/; **Slovenian** /sləʊ-ˈviːnɪən ‖ sloˈvinɪən/ 斯洛文尼亚的/人
(the) **Solomon Islands** /ˈsɒləmən aɪləndz ‖ ˈsɑləmənaɪləndz/ 所罗门群岛	
Somalia /səˈmɑːlɪə ‖ səˈmɑlɪə/ 索马里	**Somali** /səˈmɑːlɪ ‖ səˈmɑlɪ/ 索马里的/人
South Africa /ˌsaʊθ ˈæfrɪkə ‖ ˌsauθˈæfrɪkə/ 南非	**South African** /ˌsaʊθ ˈæfrɪkən ‖ ˌsauθˈæfrɪkən/ 南非的/人
Spain /speɪn ‖ spen/ 西班牙	**Spanish** /ˈspænɪʃ ‖ ˈspænɪʃ/ 西班牙的; **Spaniard** /ˈspænɪəd ‖ ˈspænjɚd/ (**the Spanish**) 西班牙人
Sri Lanka /ˌsriːˈlæŋkə ‖ srɪˈlɑŋkə/ 斯里兰卡	**Sri Lankan** /ˌsriːˈlæŋkən ‖ srɪˈlɑŋkən/ 斯里兰卡的/人
Sudan /suːˈdɑːn ‖ suˈdæn/ 苏丹	**Sudanese** /ˌsuːdəˈniːz ‖ ˌsudəˈniz/ 苏丹的/人
Sumatra /sʊˈmɑːtrə ‖ suˈmɑtrə/ 苏门答腊	**Sumatran** /sʊˈmɑːtrən ‖ suˈmɑtrən/ 苏门答腊的/人
Surinam /ˌsʊərɪˈnæm ‖ ˌsurɪˈnæm/ 苏里南	**Surinamese** /ˌsʊərɪnæˈmiːz ‖ ˌsurɪnæˈmiz/ 苏里南的/人
Swaziland /ˈswɑːzɪlænd ‖ ˈswɑzɪˌlænd/ 斯威士兰	**Swazi** /ˈswɑːzɪ ‖ ˈswɑzɪ/ 斯威士兰的/人
Sweden /ˈswiːdn ‖ ˈswidn̩/ 瑞典	**Swedish** /ˈswiːdɪʃ ‖ ˈswidɪʃ/ 瑞典的; **Swede** /swiːd ‖ swid/ 瑞典人

Switzerland /'swɪtsələnd ‖ 'swɪtsɚlənd/ 瑞士	**Swiss** /swɪs ‖ swɪs/ 瑞士的/人 (**the Swiss**)
Syria /'sɪrɪə ‖ 'sɪrɪə/ 叙利亚	**Syrian** /'sɪrɪən ‖ 'sɪrɪən/ 叙利亚的/人
Tahiti /tɑ:'hi:tɪ ‖ tɑ'hitɪ/ 塔希提岛	**Tahitian** /tɑ:'hi:ʃn ‖ tɑ'hitɪən/ 塔希提岛的/人
Tajikistan /tæ'dʒi:kɪstɑ:n ‖ tɑˌdʒɪkɪ'stæn/ 塔吉克斯坦	**Tajik** /tæ'dʒɪk ‖ tɑ'dʒɪk/ 塔吉克斯坦的/人
Tanzania /ˌtænzə'nɪə ‖ ˌtænzə'nɪə/ 坦桑尼亚	**Tanzanian** /ˌtænzə'nɪən ‖ ˌtænzə'nɪən/ 坦桑尼亚的/人
Thailand /'taɪlænd ‖ 'taɪˌlænd/ (*formerly* 旧作 **Siam**) 泰国	**Thai** /taɪ ‖ taɪ/ 泰国的/人
Timor, East /ˌi:st 'ti:mɔ:(r) ‖ ˌist'timɔr/ 东帝汶	**Timorese** /ˌti:mɔ:'ri:z ‖ ˌtimɔ'riz/ 帝汶的/人
Togo /'təʊgəʊ ‖ 'togo/ 多哥	**Togolese** /ˌtəʊgə'li:z ‖ ˌtogə'liz/ 多哥的/人
Tonga /'tɒŋə, *also* 亦作 'tɒŋgə ‖ 'tɑŋə, 'tɑŋgə/ 汤加	**Tongan** /'tɒŋən, *also* 亦作 'tɒŋgən ‖ 'tɑŋən, 'tɑŋgən/ 汤加的/人
Trinidad /'trɪnɪdæd ‖ 'trɪnəˌdæd/ **and Tobago** /tə'beɪgəʊ ‖ tə'bego/ 特立尼达和多巴哥	**Trinidadian** /ˌtrɪnɪ'dædɪən ‖ ˌtrɪnə'dædɪən/ 特立尼达的/人; **Tobagan** /tə'beɪgən ‖ tə'begən/; **Tobagonian** /ˌtəʊbə'gəʊnɪən ‖ ˌtobə'gonɪən/ 多巴哥的/人
Tunisia /tju:'nɪzɪə; *US* 美 tu:'nɪʒə ‖ tu'nɪʒə/ 突尼斯	**Tunisian** /tju:'nɪzɪən; *US* 美 tu:'nɪʒən ‖ tu'nɪʒən/ 突尼斯的/人
Turkey /'tɜ:kɪ ‖ 'tɝkɪ/ 土耳其	**Turkish** /'tɜ:kɪʃ ‖ 'tɝkɪʃ/ 土耳其的; **Turk** /tɜ:k ‖ tɝk/ 土耳其人
Turkmenistan /tɜ:k'mi:nɪstɑ:n ‖ ˌtɝkmɛnɪ'stæn/ 土库曼斯坦	**Turkmen** /'tɜ:kmen ‖ 'tɝkmɛn/ 土库曼斯坦的/人
Tuvalu /ˌtu:vɑ:'lu: ‖ tu'vɑlu/ 图瓦卢	**Tuvaluan** /ˌtu:vɑ:'lu:ən ‖ tuvɑ'luən/ 图瓦卢的/人
Uganda /ju:'gændə ‖ ju'gændə/ 乌干达	**Ugandan** /ju:'gændən ‖ ju'gændən/ 乌干达的/人
Ukraine /ju:'kreɪn ‖ 'jukren/ 乌克兰	**Ukrainian** /ju:'kreɪnɪən ‖ ju'krenɪən/ 乌克兰的/人
United Arab Emirates /ju:ˌnaɪtɪd ˌærəb 'emɪrəts ‖ juˌnaɪtɪdˌærəb'ɛmərəts/ 阿拉伯联合酋长国	
(**the**) **United Kingdom** /ju:ˌnaɪtɪd 'kɪŋdəm ‖ juˌnaɪtɪd'kɪŋdəm/ 联合王国；英国	**British** /'brɪtɪʃ ‖ 'brɪtɪʃ/ 英国的; **Briton** /'brɪtn ‖ 'brɪtn̩/ (**the British**) 英国人
(**the**) **United States of America** /ju:ˌnaɪtɪd ˌsteɪts əv ə'merɪkə ‖ juˌnaɪtɪdˌ stetsəvə'mɛrɪkə/ 美利坚合众国；美国	**American** /ə'merɪkən ‖ ə'mɛrɪkən/ 美国的/人
Uruguay /'jʊərəgwaɪ; *US* 美 -gweɪ ‖ 'jʊrəˌgwe/ 乌拉圭	**Uruguayan** /ˌjʊərə'gwaɪən; *US* 美 -'gweɪən ‖ ˌjʊrə'gweən/ 乌拉圭的/人
Uzbekistan /ʊz'bekɪstɑ:n ‖ ʊzbɛkɪ'stæn/ 乌兹别克斯坦	**Uzbek** /'ʊzbek ‖ 'ʊzbɛk/ 乌兹别克斯坦的/人
Vanuatu /ˌvænu:'ætu: ‖ ˌvæn'wɑtu/ 瓦努阿图	
Vatican City /ˌvætɪkən'sɪtɪ ‖ 'vætɪkən'sɪtɪ/ 梵蒂冈	
Venezuela /ˌvenɪ'zweɪlə ‖ ˌvɛnə'zwelə/ 委内瑞拉	**Venezuelan** /ˌvenɪ'zweɪlən ‖ ˌvɛnə'zwelən/ 委内瑞拉的/人
Vietnam /vjet'næm; *US* 美 -'nɑ:m ‖ vjɛt'nɑm/ 越南	**Vietnamese** /ˌvjetnə'mi:z ‖ vjɛtnə'miz/ 越南的/人
Wales /weɪlz ‖ welz/ 威尔士	**Welsh** /welʃ ‖ wɛlʃ/ 威尔士的; **Welshman** /'welʃmən ‖ 'wɛlʃmən/, **Welshwoman** /'welʃ-wʊmən ‖ 'wɛlʃˌwʊmən/ (**the Welsh**) 威尔士人
(**the**) **West Indies** /ˌwest 'ɪndɪz ‖ ˌwɛst'ɪndɪz/ 西印度群岛	**West Indian** /ˌwest 'ɪndɪən ‖ ˌwɛst'ɪndɪən/ 西印度群岛的/人
Western Samoa /ˌwestən sə'məʊə ‖ ˌwɛstɚnsə-'moə/ 西萨摩亚	**Samoan** /sə'məʊən ‖ sə'moən/ 萨摩亚的/人
(**the Republic of**) **Yemen** /'jemən ‖ 'jɛmən/ 也门（共和国）	**Yemeni** /'jemənɪ ‖ 'jɛmənɪ/ 也门的/人
Yugoslavia /ˌju:gəʊ'slɑ:vɪə ‖ ˌjugo'slɑvɪə/ 南斯拉夫	**Yugoslavian** /ˌju:gəʊ'slɑ:vɪən ‖ ˌjugo'slɑvɪən/ 南斯拉夫的/人; **Yugoslav** /'ju:gəʊslɑ:v ‖ 'jugoˌslɑv/ 南斯拉夫人
Zaire /zɑ:'ɪə(r) ‖ zɑ'ɪr/ 扎伊尔	**Zairean** /zɑ:'ɪərɪən ‖ zɑ'ɪrɪən/ 扎伊尔的/人
Zambia /'zæmbɪə ‖ 'zæmbɪə/ 赞比亚	**Zambian** /'zæmbɪən ‖ 'zæmbɪən/ 赞比亚的/人
Zimbabwe /zɪm'bɑ:bwɪ ‖ zɪm'bɑbwɪ/ 津巴布韦	**Zimbabwean** /zɪm'bɑ:bwɪən ‖ zɪm'bɑbwɪən/ 津巴布韦的/人

The British Isles 不列颠群岛

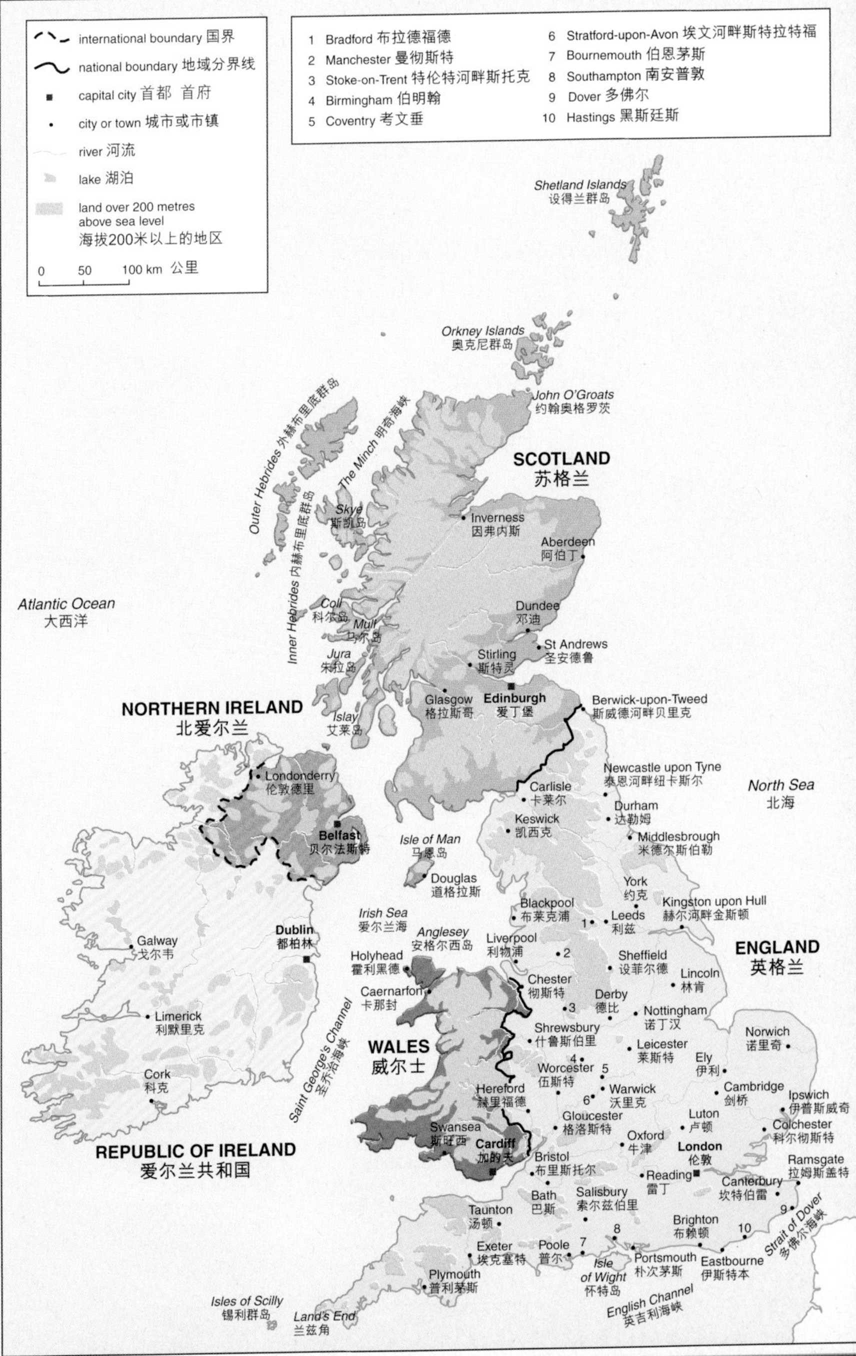

North America 北美洲

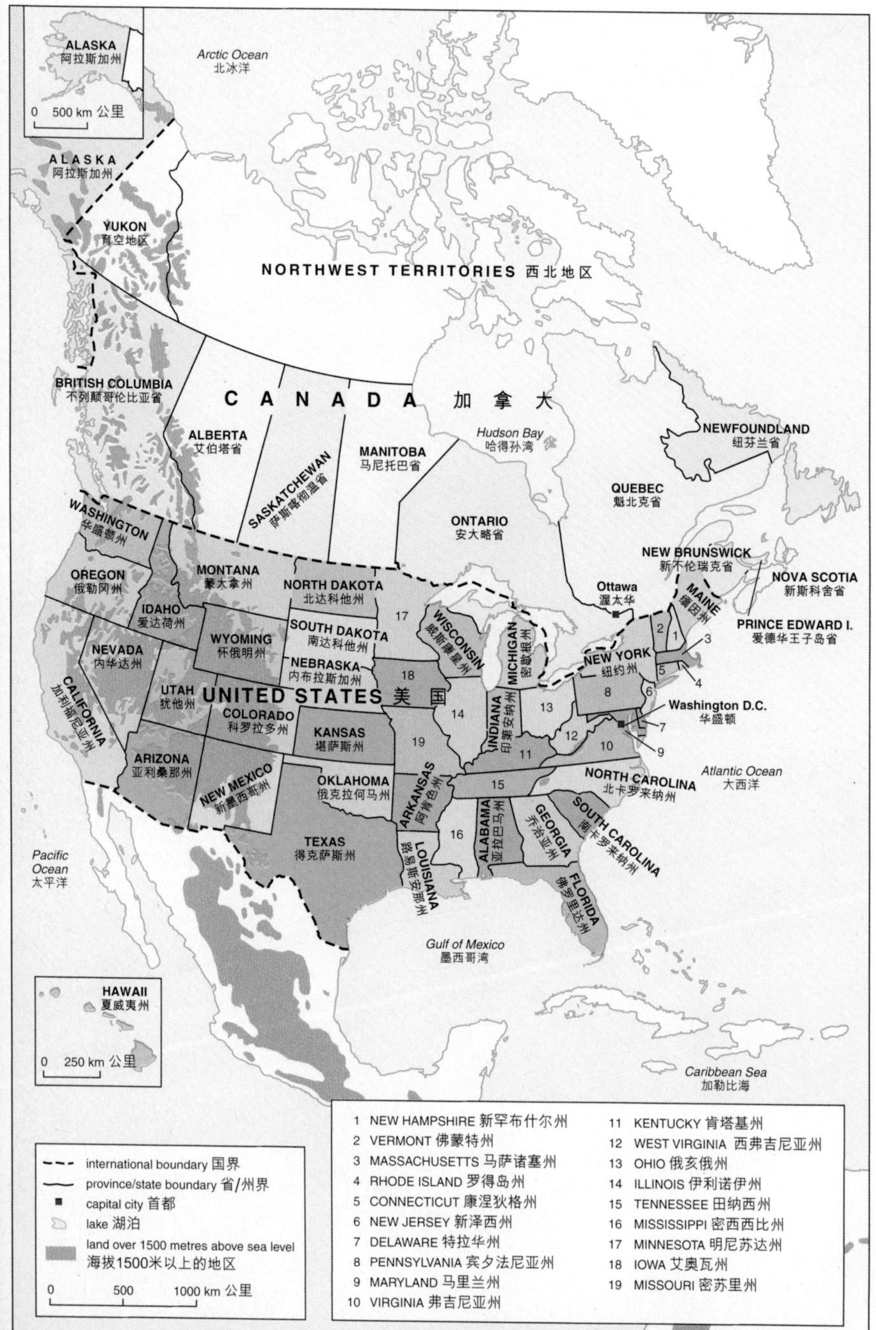

Australia and New Zealand 澳大利亚及新西兰

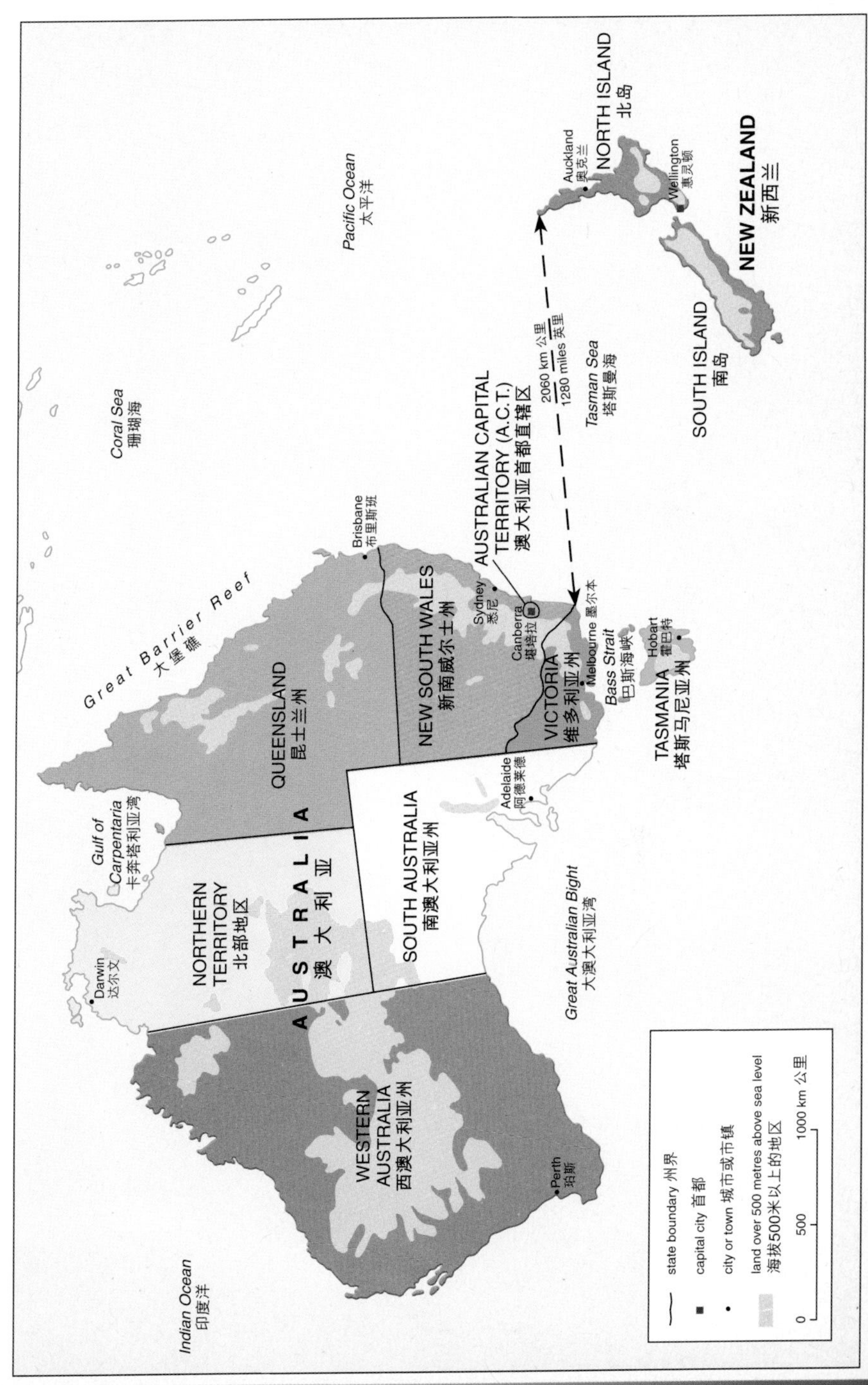

Southeast Asia 东南亚

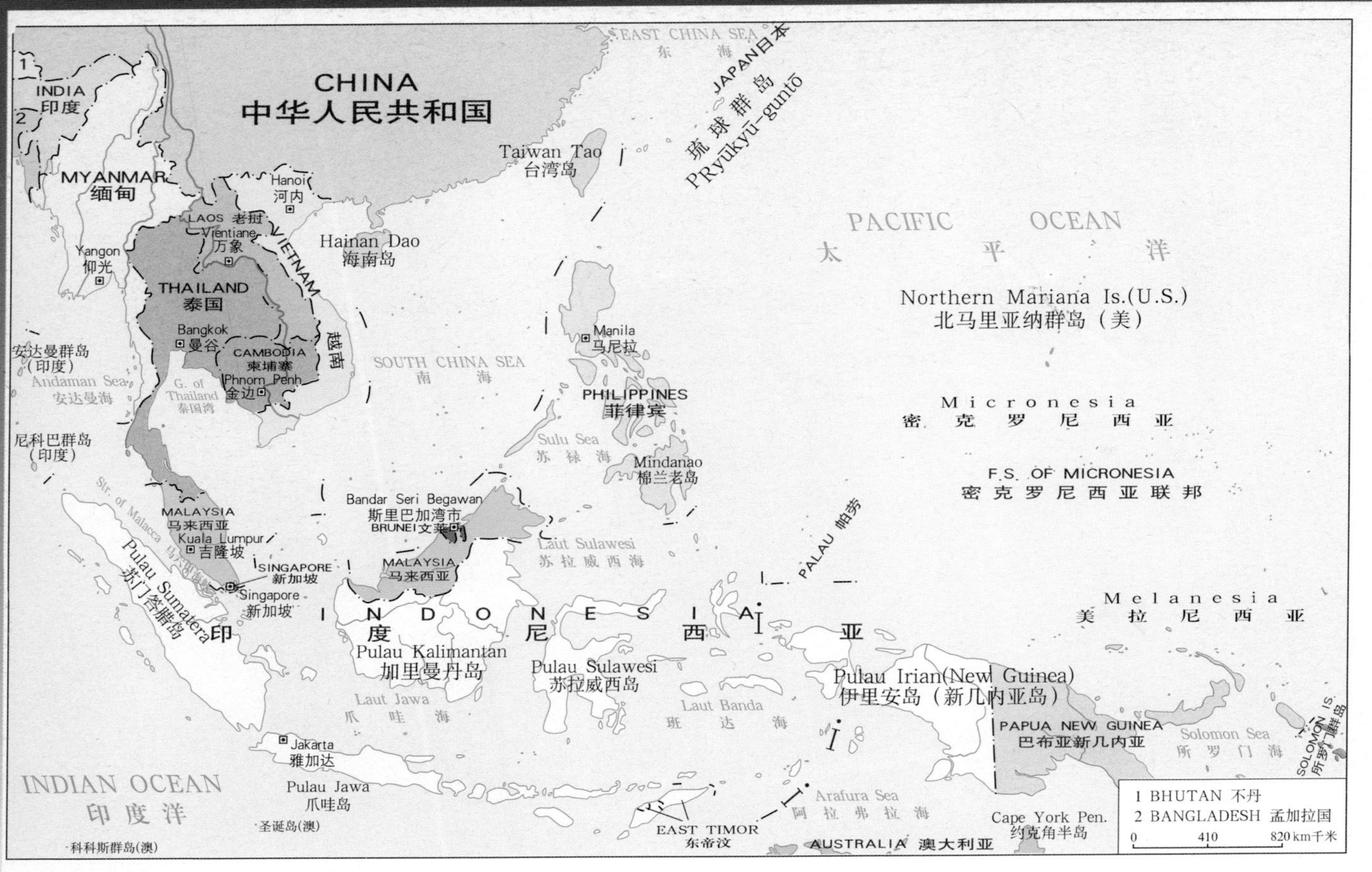

China 中华人民共和国

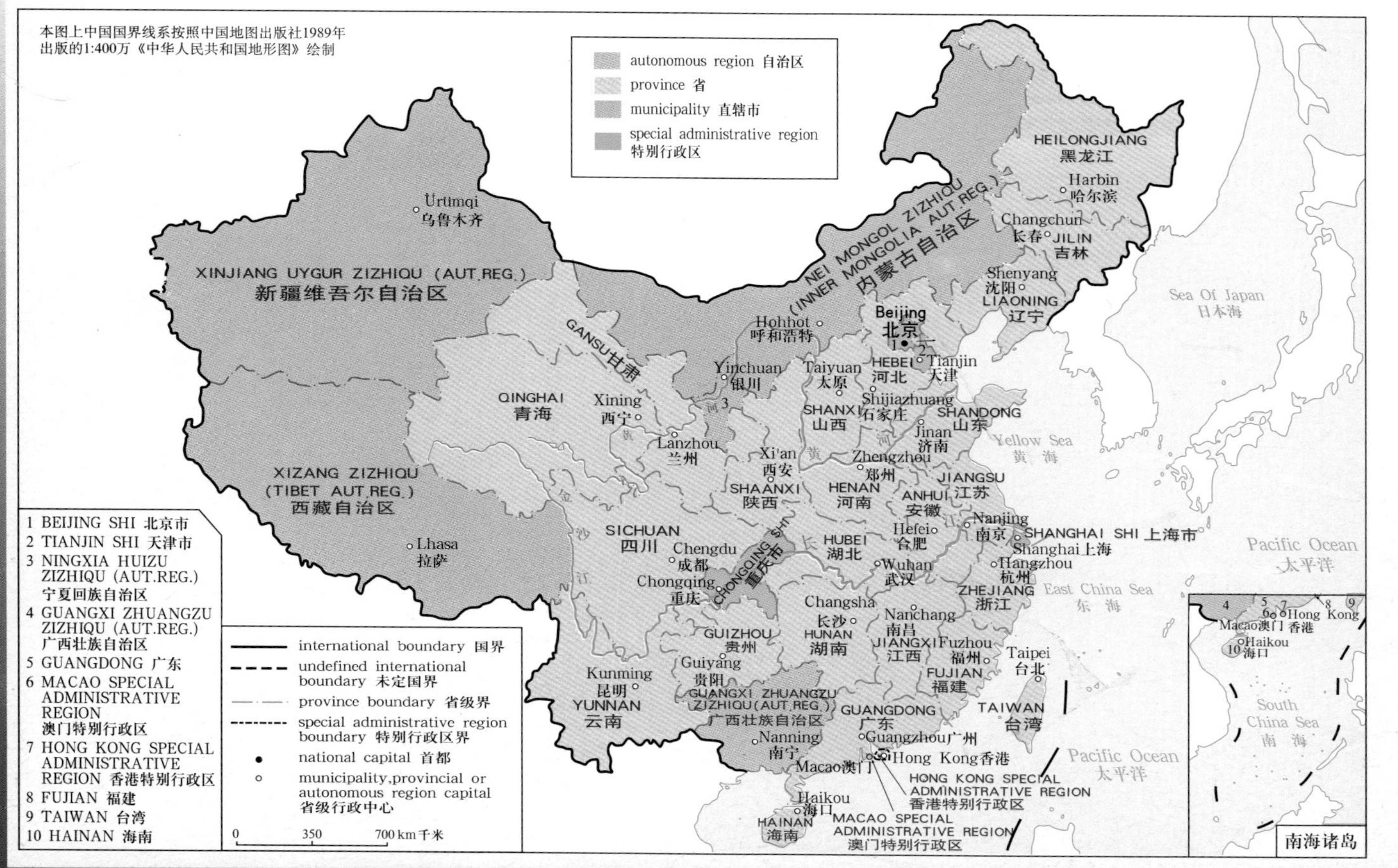

Hong Kong Special Administrative Region
香港特别行政区

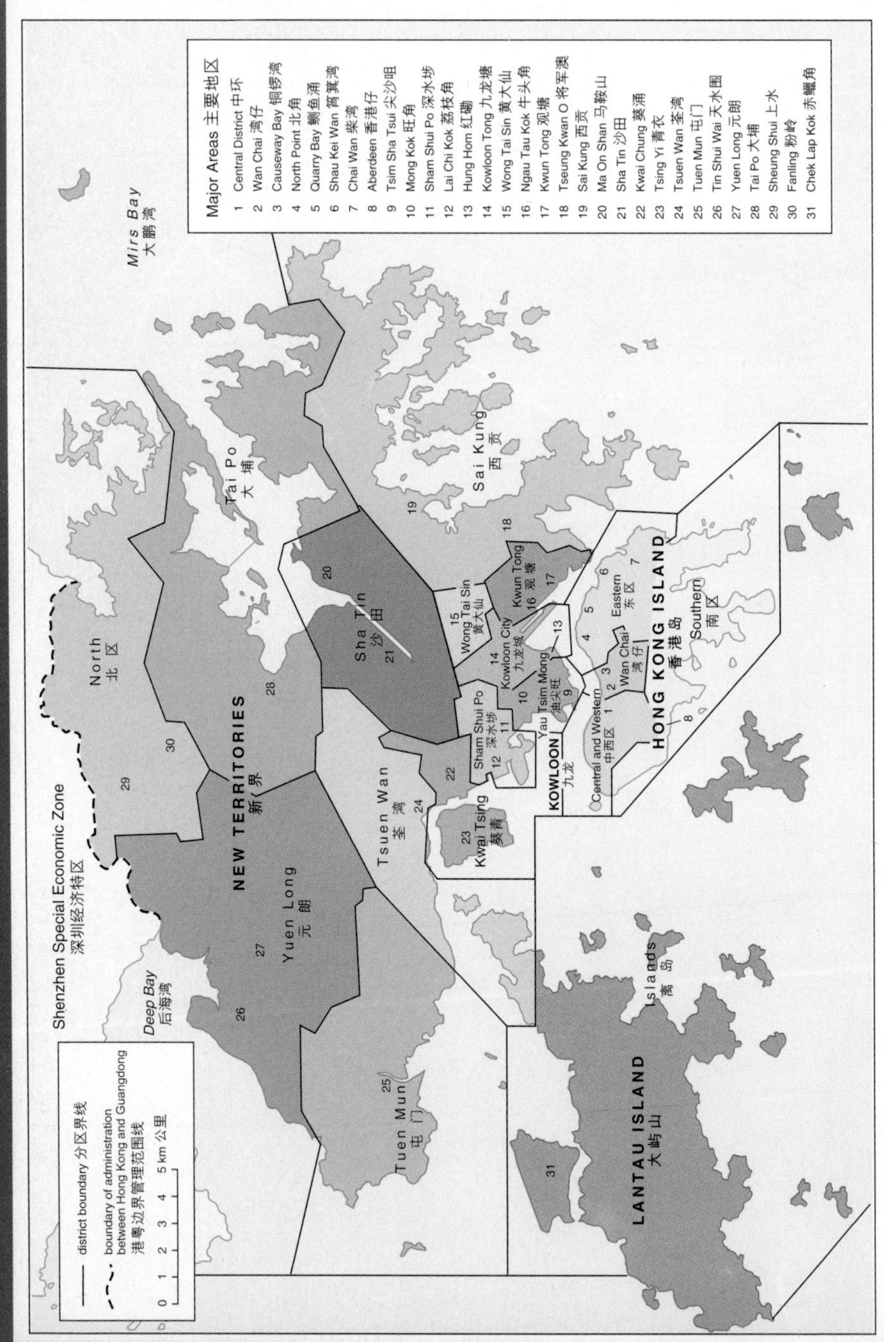

这一袋最轻，你拿着吧。○ *I've lost weight – I'm five kilos lighter than I used to be.* 我比以前轻了五公斤。○ *light clothes* (= for summer) 轻便衣服（夏天穿的）**2** not great in amount, degree, etc 小；少: *Traffic in London is light on a Sunday.* 星期天伦敦街上车辆较少。○ *a light prison sentence* 从轻判处徒刑 ○ *a light wind* 和风 ○ *a light breakfast* 一顿简单的早餐 **3** not using much force; gentle 轻柔: *a light touch on the shoulder* 往肩上轻轻一拍 **4** (used about work, etc 指工作等) easy to do 容易做: *light exercise* 轻微的运动 **5** not very serious or hard to understand 不大严肃；不难明白: *light reading* 消遣读物 **6** (used about sleep 指睡眠) not deep 不酣

light *adv* without much luggage 行李不怎么多；轻装地: *to travel light* 轻装旅行

lightly *adv* **1** in a light(3) way 轻轻: *He touched her lightly on the arm.* 他轻轻碰了一下她的手臂。**2** not seriously; without serious thought 轻松: *She speaks lightly of her debts, but I know she is really worried.* 谈到她的负债，虽然她表现得很轻松，可是我知道她实在忧心如焚。

(IDIOM 习语) **get off lightly** to avoid serious punishment or trouble 避过严惩/麻烦: *Some houses were badly damaged in the storms but we got off quite lightly* (= we had very little damage). 有些房子在暴风中受到严重破坏，可是我们的房子损坏却不重。—**lightness** *noun* [U]

ˌ**light-'headed** *adj* (used about a person who is ill, drunk, etc 指患病/喝醉的人) feeling dizzy, as if things are going round 晕眩

ˌ**light-'hearted** *adj* **1** without cares; happy 无忧无虑；轻松愉快 **2** funny; amusing 有趣；好笑

'**lightweight** *noun* [C], *adj* **1** (a boxer) weighing between 59 and 61 kilograms 轻量级的（拳击手）（体重在 59 和 61 公斤之间）**2** (a person or thing) weighing less than usual 低于平均重量的（人/物）: *a lightweight suit for the summer* 一套轻便的夏季西服

lighten[1] /'laɪtn ‖ 'laɪtn̩/ *verb* [I,T] to become lighter in weight or to make sth lighter（使）变轻: *to lighten a load* 减轻负荷

lighten[2] /'laɪtn ‖ 'laɪtn̩/ *verb* [I,T] to become brighter or to make sth brighter（使）变光亮

lighter /'laɪtə(r) ‖ 'laɪtɚ/ *noun* [C] = CIGARETTE LIGHTER

lightning[1] /'laɪtnɪŋ ‖ 'laɪtnɪŋ/ *noun* [U] a bright flash of light that appears in the sky during a thunderstorm 闪电: *The tree was struck by lightning and burst into flames.* 那棵树被雷电击中，着火焚烧。○ *a flash of lightning* 一道闪电

lightning[2] /'laɪtnɪŋ ‖ 'laɪtnɪŋ/ *adj* (only *before* a noun 只用于名词前) very quick or sudden 快速；突然: *a lightning attack* 闪电式袭击

☆**like**[1] /laɪk ‖ laɪk/ *verb* [T] **1** to find sb/sth pleasant; to be fond of sb/sth 喜欢: *He's nice. I like him a lot.* 他这人很好，我非常喜欢他。○ *Do you like their new flat?* 你喜欢不喜欢他们的新公寓？○ *I like my coffee with milk.* 我喜欢往咖啡里面加点牛奶。○ *I like playing tennis.* 我喜欢打网球。○ *She didn't like it when I shouted at her.* 她不喜欢我跟她大声说话。☛ The opposite is **dislike**. 反义词为 **dislike**。When **like** means 'have the habit of...' or 'think it's a good thing to...', it is followed by the infinitive 如果 **like** 解作"惯于…"或"喜欢做…"，后面就紧接不定式动词: *I like to get up early so that I can go for a run before breakfast.* 我爱一早起来，这样能够在吃早餐之前跑步。Look at **likes and dislikes**. 参看 **likes and dislikes**。**2** to want 想: *Do what you like. I don't care.* 你爱做什么就做什么，我不在乎。☛ **Would like** is a more polite way to say 'want' 要表达"想"这个意义，用 **would like** 比较有礼貌: *Would you like to come to lunch on Sunday?* 您星期天来吃午饭好吗？○ *I would like some more cake, please.* 我想多要一些蛋糕。○ *I'd like to speak to the manager.* 我想跟经理说几句话。**Would like** is always followed by the infinitive, never by the *-ing* form. * **would like** 后面一定紧接不定式动词而非 -ing 形式。**3** (in negative sentences 用于否定句) to be unwilling to do sth 不愿意做: *I didn't like to disturb you while you were eating.* 你吃东西的时候，我不想打扰你。

(IDIOMS 习语) **if you like** (used for agreeing with sb or suggesting sth in a polite way 有礼貌地表示同意或提议): *'Shall we stop for a rest?' 'Yes, if you like!'* "我们歇一歇，好不好？""嗯，也好。"

I like that! (*Brit* 英) (*informal* 非正式) (used for saying that sth is not true or not fair 表示某事不真实或不公平): *Well, I like that! She got a present but I didn't.* 哼，居然有这样的事！她有礼物，我却没有。

like the look/sound of sb/sth to have a good impression of sb/sth after seeing or hearing about him/her/it 对有关某人/某事物的所见所闻有好印象

likeable (*also* 亦作 **likable**) /'laɪkəbl ‖ 'laɪkəbl̩/ *adj* (used about a person 指人) easy to like; pleasant 可爱

☆**like**[2] /laɪk ‖ laɪk/ *prep* **1** similar to sb/sth 相似: *He looks like his father.* 他像他爸爸。○ *That sounded like thunder.* 一声巨响，好像打雷。○ *Their car is like ours.* 他们的汽车跟我们的汽车很相似。○ *With a coat of paint it will look like new.* 刷上一层漆，准叫它焕然一新。☛ Look at **unlike**. 参看 **unlike**。If you want somebody to give a description of something you ask: **'What's it like?'** "是个怎么样的人/东西？"，英语说 **What's it like?**: *Tell me about your town. What's it like?* 给我说说你那个小镇。它是怎么样的？**2** showing what is usual or typical for sb 符合（某人）的特点: *It was just like him to be late.* 他就是这样的人，总是迟到。☛ Notice the difference in meaning between 'as' and 'like' when used about a person's job, occupation, etc 表示工作的时候，请注意 as 和 like 的分别: *Geoff acted as our leader* (= he was our leader). 杰夫充当我们的头儿。○ *Geoff acted like our leader* (= but he was, in fact, not our leader). 杰夫做事就像我们的头儿那样。**3** in the same way or manner as sb/sth 像…一样: *Stop behaving like children.* 别像孩子一样。○ *That's not right.*

Do it like this. 不对，这么做才对。**4** for example 比如: *They enjoy most team games, like football and rugby.* 大部分的集体运动他们都喜欢，比如足球、橄榄球。

(IDIOM 习语) **like anything** (*informal* 非正式) very much, fast, hard, etc 非常；非常快；非常努力: *We had to pedal like anything to get up the hill.* 我们拼命骑着车才上了山。

like *conj* (*informal* 非正式) **1** in the same way or manner as 像…一样: *She can't draw like her sister can.* 论画画，她比不上她妹妹。**2** (*especially US informal* 尤为美，非正式) as if 好像: *She behaves like she owns the place.* 她表现得好像她就是那个地方的主人。

-like (in compounds 用以构成复合词) in the manner of; similar to 像…: *ladylike* 淑女般 ○ *lifelike* 栩栩如生

like[3] /laɪk ‖ laɪk/ *adj* (*formal* 正式) similar 相似: *We're of like mind* (= we have the same opinion). 我们有相同的看法。

like[4] /laɪk ‖ laɪk/ *noun* [sing] a person or thing that is similar to sb/sth else 相似的人/物: *to compare like with like* 拿两个相似的东西做比较

likelihood /ˈlaɪklɪhʊd ‖ ˈlaɪklɪˌhʊd/ *noun* [U] probability 可能性: *There seems very little likelihood of success.* 看来成功的机会不大。

☆**likely** /ˈlaɪklɪ ‖ ˈlaɪklɪ/ *adj* (**likelier**; **likeliest**) **1** probable or expected 有可能: *Do you think it's likely to rain?* 你看会不会下雨？○ *The boss is not likely to agree.* 老板不大可能同意。○ *It's not likely that the boss will agree.* 老板不大可能同意。**2** probably suitable 也许适合: *a likely candidate for the job* 这个职位的可能人选

likely *adv*

(IDIOMS 习语) **as likely as not; most/very likely** very probably 很有可能: *They were very late leaving. They will very likely miss the train.* 他们很晚才走，很可能赶不上火车。

not likely! (*informal* 非正式) certainly not 绝对不

liken /ˈlaɪkən ‖ ˈlaɪkən/ *verb* [T] (*formal* 正式) **liken sth to sth** to compare sth with sth else 把…比作: *Youth is sometimes likened to a spring flower.* 青年人有时被喻为春天的花朵。

likeness /ˈlaɪknɪs ‖ ˈlaɪknɪs/ *noun* [C,U] (an example of) being alike or similar in appearance 相似；相似物: *There is a strong family likeness.* 他们一家人很相像。○ *The portrait is a very good likeness of Grandpa.* 爷爷这幅肖像画得很逼真。

likes *noun*

(IDIOM 习语) **likes and dislikes** the things that you like or do not like 个人的好恶

likewise /ˈlaɪkwaɪz ‖ ˈlaɪkˌwaɪz/ *adv* (*formal* 正式) the same 同样地: *I intend to send a letter of apology and suggest that you do likewise.* 我打算发出道歉信，希望你也这样做。

liking /ˈlaɪkɪŋ ‖ ˈlaɪkɪŋ/ *noun*

(IDIOMS 习语) **have a liking for sth** to like or be fond of sth 喜欢某事物: *to have a liking for French cheese* 喜欢吃法国干酪

to your liking (*formal* 正式) the way that you like sth 合某人意: *I trust that everything is to your liking.* 我相信所有东西都合你意。

lilac /ˈlaɪlək ‖ ˈlaɪlək/ *noun* [C,U] a tree or large bush that has large purple or white flowers in spring. The flowers are also called lilac. 丁香；丁香花

lilac *adj* of a pale purple colour 淡紫色

Li-Lo /ˈlæɪləʊ ‖ ˈlaɪˌlo/ *noun* [C] (*pl* **Lilos**) (*Brit trade mark* 英，商标) a plastic or rubber bed that you fill with air when you want to use it. A Li-Lo is used on the beach or for camping.（用于海滩/营地的）充气床垫

lily /ˈlɪlɪ ‖ ˈlɪlɪ/ *noun* [C] (*pl* **lilies**) a type of plant that grows from a bulb and that has large white or coloured flowers 百合

limb /lɪm ‖ lɪm/ *noun* [C] **1** a leg or an arm of a person（人的）肢/手臂/腿 **2** one of the main branches of a tree（树的）主干

lime[1] /laɪm ‖ laɪm/ *noun* [U] a white substance that is used for making cement and also for adding to soil to improve its quality 石灰

lime[2] /laɪm ‖ laɪm/ (*also* 亦作 ˈ**lime-tree**) *noun* [C] (*Brit* 英) a large tree with smooth pale-green leaves and yellow flowers 欧椴树

lime[3] /laɪm ‖ laɪm/ *noun* **1** [C] a small yellowish-green fruit that tastes like a lemon 酸橙（味道像柠檬）**2** [U] (*also* 亦作 ˌ**lime-ˈgreen**) a yellowish-green colour 淡黄绿色

limelight /ˈlaɪmlaɪt ‖ ˈlaɪmˌlaɪt/ *noun*

(IDIOM 习语) **in the limelight** getting a lot of attention from the public 受人注目: *The pop star was in the limelight wherever he went.* 不管走到哪里，这位流行音乐歌星都大出风头。

☆**limit**[1] /ˈlɪmɪt ‖ ˈlɪmɪt/ *noun* [C] **1** a point or line that must not be passed 限度；界限；极限: *No lorries are allowed within a three-mile limit of the city centre.* 市中心三英里之内不准卡车驶入。**2** the greatest amount of sth that is possible, allowed, etc 限制的数量: *What's the speed limit on this road?* 这条路的车速限制是多少？○ *He was fined for exceeding the speed limit.* 他超越了车速限制，被罚了款。○ *There's a limit to the amount of time I'm prepared to spend on this.* 我准备花在这上面的时间是有限度的。

(IDIOMS 习语) **off limits** (*US* 美) = OUT OF BOUNDS

within limits as long as it is not too much, great, etc 有限度；适度: *I don't mind how much it costs – within limits.* 在一定限度内，我不在乎花多少钱。

☆**limit**[2] /ˈlɪmɪt ‖ ˈlɪmɪt/ *verb* [T] **limit sb/sth (to sth)** to keep sb/sth within or below a certain amount, size, degree or area 把…限制在: *Each person is limited to 2000 sheires.* 每人限购两千股。○ *Red squirrels are limited to a few areas in Britain.* 红松鼠只能在英国的某几个地区找到。

limited *adj* small in number or amount 有限的: *Book early because there are only a limited number of seats available.* 座位有限，请预先订座。

ˌ**limited ˈcompany** *noun* [C] (*abbr* 缩写 **Ltd**) a company whose owners need only pay part of the money it owes if it goes bankrupt 有限公司

limitation /ˌlɪmɪˈteɪʃn ‖ ˌlɪməˈteʃən/ *noun*

1 [C,U] controlling sth or making sth smaller; a condition that puts a limit on sth 限制；受限制: *There are certain limitations on what we can do.* 我们能做什么，是有一定局限的。 **2** [plural] **limitations** what you cannot do 不许做的事: *It is important to know your own limitations.* 一定要认清自己的局限。

limousine /ˈlɪməziːn; ˌlɪməˈziːn ‖ ˈlɪməˌzin; ˌlɪməˈzin/ (also *informal* 非正式 **limo** /ˈlɪməʊ ‖ ˈlɪmo/) *noun* [C] a large expensive car that usually has a sheet of glass between the driver and the passengers in the back 豪华轿车（通常指有玻璃将司机座位隔开的）

limp[1] /lɪmp ‖ lɪmp/ *adj* not stiff or strong 软而无力: *These roses have gone all limp.* 这些玫瑰花都蔫了。

limp[2] /lɪmp ‖ lɪmp/ *verb* [I] to walk in an uneven way, eg because you have hurt your leg or foot 瘸着走: (*figurative* 比喻) *After the accident the ship limped back to the harbour.* 事故后，那艘船好不容易才驶回港口。—**limp** *noun* [sing]: *to walk with a bad limp* 一瘸一拐地走

☆**line**[1] /laɪn ‖ laɪn/ *noun* **1** [C] a long thin mark on the surface of sth（在某物表面的）线/线条: *Double yellow lines at the side of the road mean 'no parking'.* 路边的双黄线表示"不准停车"。○ *The old lady had lines on her forehead.* 这位老太太的额头上有皱纹。○ *to draw a line* 画一条线

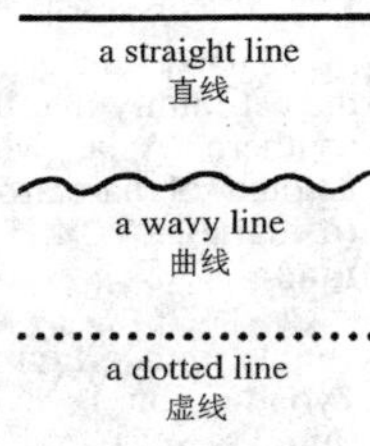

☛ A line may be **horizontal**, **vertical**, **diagonal**, **parallel** to sth, etc. 线可分为水平 (**horizontal**) 线、垂直 (**vertical**) 线、对角 (**diagonal**) 线、平行 (**parallel**) 线等。 **2** [C] a line on the ground that marks the side or end of a race-track, sports field, etc（跑道、运动场等的）场线/场界/界线: *The ball was definitely over the line.* 那球肯定出了界。○ *the finishing line of a race* 赛跑的终点线 **3** [C] a row of people, things, words on a page, etc（人、物、文字等的）排/列/行: *There was a long line of people waiting at the Post Office.* 邮政局内等待着的人们排了长队。○ *long lines of houses, all exactly the same* 长长的一排排房子，都是一模一样 ○ *a five-line poem* 一首五行诗 ○ *Start each paragraph on a new line.* 每段开始要另起一行。 **4** (*US* 美) = QUEUE **5** [C] a piece of rope or string 线；绳；索: *Hang out the clothes on the washing-line, please.* 请把衣服挂在晾衣绳上。○ *a fishing-line* 钓鱼线 **6** [C] a telephone or electricity wire or connection 电话线；电线；电缆: *I'm sorry – the line is engaged. Can you try again later?* 很抱歉，电话占线了。可否请你过一会再打来？○ *The strong winds blew down many power lines.* 强风吹倒了很多电缆。 **7** [C] a section of railway track（铁路的）段/线: *The accident was caused by a cow on the line.* 那宗事故是由铁路上的一头牛引致的。○ *a main line* 铁路干线 **8 lines** [plural] the words that are spoken by an actor in a play, etc 台词（演员在戏剧中所说的话）: *to learn your lines* 把台词背熟 **9** [sing] a direction or course of thought or action 思路；（思想/行动的）路线: *If this policy doesn't work, we'll have to take another line.* 如果这项政策行不通，我们要采取另一种方针。○ *a line of argument* 论辩的思路 **10** [C] a company that provides transport by air, ship, etc 运输公司；航运公司…: *an airline* 一家航空公司 **11** [sing] a type of goods in a shop, etc（商店内货物的）类/种: *a new line in environment-friendly detergents* 一系列新的环保洗涤剂 **12** [C] a route that people move along or send messages, goods, etc along 路线: *lines of communication* 交通路线 ○ *Before you travel on the London Underground, check which line you need.* 在搭乘伦敦地下铁路之前，先看清楚你要搭乘的路线是哪一条。 **13** [C] the place where an army is fighting 前线（军队开战的地方）: *a spy working behind enemy lines* 一个在敌方防线后面活动的间谍

(IDIOMS 习语) **along/on the same, etc lines** in the way that is mentioned 以某种方式: *We both think along the same lines, so we work well together.* 我俩的想法相同，所以共事融洽。

draw the line at sth/doing sth ⇨ DRAW[2]

drop sb a line ⇨ DROP[1]

hold the line to wait on the telephone, eg while sb finds the person you want to speak to 不挂断电话: *The extension is engaged. Would you like to hold the line or call back later?* 那分机占线了。你想继续等还是过一会再打来呢？

in line for sth likely to get sth 很可能/快要得到（某事物）: *She's next in line for promotion.* 下一次晋升该轮到她了。

in line with sth similar to sth and fitting in with it 与某事物类似/一致

on line connected to a computer system 联机；联线；与计算机系统接驳

stand in line (*US* 美) to wait in a queue 排队等候

toe the (party) line ⇨ TOE

line[2] /laɪn ‖ laɪn/ *verb* [T] **1** (often passive 常用于被动语态) to mark sth with lines[1](1) 画线于（某物）: *lined paper* 印有横线的纸 ○ *a face lined with age* 因年老而起了皱纹的脸 **2** to make or form a line[1](3) along sth 沿着…排成/形成一行: *Crowds lined the streets to welcome the Prince.* 人群夹道欢迎王子。○ *a tree-lined avenue* 林阴大道

(PHRASAL VERBS 短语动词) **line up (for sth)** (*US* 美) to form a line or queue (for sth) 排成行列；排队（做某事）

line sth up (*informal* 非正式) to arrange or organize sth 安排/组织（某事）: *What have you got lined up for the weekend?* 周末你有什么安排？

line[3] /laɪn ‖ laɪn/ *verb* [T] (often passive 常用于被动语态) to cover the inside surface of sth with a different material 安衬里；在…内部加上一种不同的材料: *fur-lined boots* 毛皮作里的长靴

lineman *noun* [C] (*US* 美) = LINESMAN

linen /ˈlɪnɪn ‖ ˈlɪnɪn/ *noun* [U] **1** a type of strong cloth that is made from a natural substance (**flax**) 亚麻布（由一种叫亚麻 (**flax**) 的

天然物质制成的耐用布料）**2** sheets, tablecloths, etc (which often used to be made of linen)（旧时多以亚麻布制成的）被单/桌布…: *bed linen* 床单

liner[1] /'laɪnə(r) ‖ 'laɪnɚ/ *noun* [C] a large ship that carries people, etc long distances 邮轮/大客轮（用于远程运输）

liner[2] /'laɪnə(r) ‖ 'laɪnɚ/ *noun* [C] something that is put inside sth else to keep it clean or protect it. A liner is usually thrown away after it has been used 活衬套/活衬里/活动衬垫（起防污或保护作用的）: *a dustbin liner* 衬在垃圾桶内的垃圾袋

linesman /'laɪnzmən ‖ 'laɪnzmən/ (*US* 美 **lineman** /'laɪnmən ‖ 'laɪnmən/) (*pl* **linesmen** /-mən ‖ -mən/) *noun* [C] an official person in some games such as football or tennis. The linesman watches to see if a player breaks a rule or if the ball goes over the line[1](2). 边线裁判；（足球）巡边员；（网球）司线员 ☛ picture at **football**. 见 **football** 插图。

linger /'lɪŋgə(r) ‖ 'lɪŋgɚ/ *verb* [I] **1** to stay somewhere for a long time 逗留；徘徊；留恋不走 **2** to take a long time doing sth 拖延；用很多时间做（某事）: *to linger over a meal* 慢腾腾地进餐

lingerie /'læn̩ʒəri:; *US* 美 ˌlɑ:ndʒə'reɪ ‖ 'lænʒəˌri/ *noun* [U] (used in shops, etc 用于商店等) women's underclothes 女装内衣

linguist /'lɪŋgwɪst ‖ 'lɪŋgwɪst/ *noun* [C] a person who is good at learning foreign languages; a person who studies or teaches language(s) 精通数国语言者；语言学家

linguistic /lɪŋ'gwɪstɪk ‖ lɪŋ'gwɪstɪk/ *adj* of language or linguistics 语言的；语言学的

linguistics *noun* [U] the scientific study of language 语言学

lining /'laɪnɪŋ ‖ 'laɪnɪŋ/ *noun* [C,U] material that covers the inside surface of sth 衬里；里子: *I've torn the lining of my coat.* 我撕破了外套的衬里。

☆**link** /lɪŋk ‖ lɪŋk/ *noun* [C] **1** one ring in a chain（链的）环 ☛ picture at **chain**. 见 **chain** 插图。**2** a person or thing that connects two other people or things 联系两人或两物的人/事物；关系；联系: *There is a strong link between smoking and heart disease.* 吸烟和心脏病之间有很大的关系。○ *Sporting links with South Africa were broken for many years.* 与南非在体育运动方面的联系曾经中断了很多年。○ *a rail link* 铁路连接线

link *verb* [T] **link A with B; link A and B (together)** to make or suggest a connection between two or more people or things 连接；联系: *The new tunnel will link Britain and France.* 新隧道将连接英国和法国。○ *The police have evidence that links the priest with a terrorist organization.* 警方有证据显示那牧师与某个恐怖主义组织有关联。○ *to link arms* 挽着手臂

(PHRASAL VERB 短语动词) **link up (with sb/sth)** to join together (with sb/sth)（将某人/某物）连接起来/联系在一起: *All our branches are linked up by computer.* 我们所有分店都已用计算机连接起来。

L

'**link-up** *noun* [C] the joining together or connection of two or more things 连接；接合

linoleum /lɪ'nəʊlɪəm ‖ lɪ'nolɪəm/ (also *informal* 非正式 **lino** /'laɪnəʊ ‖ 'laɪno/) *noun* [U] a type of covering for floors 油地毡

☆**lion** /'laɪən ‖ 'laɪən/ *noun* [C] a large animal of the cat family that lives in Africa and parts of southern Asia. Male lions have a large amount of hair around their head and neck (**a mane**). 狮（雄狮的头和颈上浓密的长毛叫做 **mane**）

> ☛ A female lion is called a **lioness** and a young lion is called a **cub**. 雌狮叫做 **lioness**，幼狮叫 **cub**。The noise a lion makes is a **roar**. 狮子的吼声叫做 **roar**。

☆**lip** /lɪp ‖ lɪp/ *noun* [C] **1** one of the two soft red parts above and below your mouth 唇；嘴唇: *to kiss somebody on the lips* 吻某人的嘴唇 ☛ picture on page A21. 见第 A21 页插图。You have a **top/upper** lip and a **bottom/lower** lip. 嘴唇分上唇 (**top/upper** lip) 及下唇 (**bottom/lower** lip)。**2** the edge of a cup or sth that is shaped like a cup 杯口；杯状物件的边缘

'**lip-read** *verb* [I,T] (*pt, pp* /-red ‖ -rɛd/) to understand what sb is saying by looking at the movements of his/her lips 唇读（看别人嘴唇的动作而知道他在说什么）

'**lipstick** *noun* [C,U] a substance that is used for giving colour to your lips 口红；唇膏: *to put on some lipstick* 涂口红 ○ *a new lipstick* 一支新的唇膏

liqueur /lɪ'kjʊə(r); *US* 美 -'kɜ:r ‖ lɪ'kɝ/ *noun* [U] a strong alcoholic (usually sweet) drink that is often drunk in small quantities after a meal（通常是味甜的）烈酒（多在餐后饮用少量）

☆**liquid** /'lɪkwɪd ‖ 'lɪkwɪd/ *noun* [C,U] a substance, eg water, that is not solid and that can flow or be poured 液体

liquid *adj* in the form of a liquid 液态；流质: *The patient can only take liquid food.* 这病人只能进食流质食物。

liquidate /'lɪkwɪdeɪt ‖ 'lɪkwɪˌdet/ *verb* [T] **1** to close down a business because it has no money left 清算/清理（公司）**2** to kill sb 杀掉/

清除（某人）—**liquidation** /ˌlɪkwɪˈdeɪʃn ‖ ˌlɪkwɪˈdeʃən/ *noun* [U]: *to go into liquidation* (= of a business) 公司倒闭 ○ *the liquidation of political opponents* 肃清政敌

liquidize (*also* 亦作 **liquidise**) /ˈlɪkwɪdaɪz ‖ ˈlɪkwəˌdaɪz/ *verb* [T] to cause sth to become liquid 使液化；将…榨成汁: *He liquidized the vegetables to make soup.* 他将蔬菜榨成汁来煮汤。

liquidizer (*also* 亦作 **liquidiser**; **blender**) *noun* [C] an electric machine that is used for liquidizing food 电动榨汁机

liquor /ˈlɪkə(r) ‖ ˈlɪkɚ/ *noun* [U] (*US* 美) strong alcoholic drinks; spirits 烈酒

liquorice (*also* 亦作 **licorice**) /ˈlɪkərɪs ‖ ˈlɪkərɪs/ *noun* [U] a black substance, made from a plant, that is used in sweets 欧甘草

lisp /lɪsp ‖ lɪsp/ *noun* [C] an incorrect way of speaking in which 's' sounds like 'th' 咬舌（发音不正确，发 s 音时像发 th 音）: *He speaks with a slight lisp.* 他说话时有轻微的咬舌音。—**lisp** *verb* [I,T]

☆**list** /lɪst ‖ lɪst/ *noun* [C] a series of names, figures, items, etc that are written or printed one after another 名单；目录；一览表；表: *Can you put butter on your shopping list?* 请在购物单上加上黄油。○ *a checklist of everything that needs to be done* 一张记录了所有要做的事的核对清单 ○ *an alphabetical list* 按字母顺序排列的单子 ○ *Your name is third on the waiting-list.* 你的名字在候补名单上排第三。

list *verb* [T] to make a list of sth; to put or include sth on a list 造表；列出清单；列于表上: *to list items in alphabetical order* 按字母顺序列出项目 ○ *Her name is not listed on police files.* 她的名字并没有被列入警方的档案内。

☆**listen** /ˈlɪsn ‖ ˈlɪsn̩/ *verb* [I] **1 listen (to sb/sth)** to pay attention to sb/sth in order to hear him/her/it 留心听；聆听: *Now please listen carefully to what I have to say.* 现在请仔细听我要讲的话。○ *to listen to the radio, music, etc* 听电台广播/音乐… ☛ Look at the note at **hear**. 参看 **hear** 的注释。**2 listen to sb/sth** to take notice of or believe what sb says, etc 听从；听信: *I try to give them advice but they never listen to what I tell them.* 我给他们提意见，但他们从不听我的话。

(PHRASAL VERB 短语动词) **listen (out) for sth** to wait to hear sth 留心听着；等着听（某声音）: *to listen (out) for a knock on the door* 留心听着有没有敲门声

listen *noun* [sing] (*informal* 非正式) the act of listening 留心听: *Have a listen and see if you can hear anything.* 你听一听，有声音吗？

listener *noun* [C] a person who listens 聆听者；听者: *He is a good listener* (= he pays attention to you when you are speaking). 他是个好的聆听者（别人说话时，他会留心聆听）。

listless /ˈlɪstlɪs ‖ ˈlɪstlɪs/ *adj* tired and without energy 倦怠；无精打采 —**listlessly** *adv*

lit *pt, pp* of LIGHT² * LIGHT² 的过去时及过去分词

liter (*US* 美) = LITRE

literacy /ˈlɪtərəsɪ ‖ ˈlɪtərəsɪ/ *noun* [U] the ability to read and write 读写能力 ☛ Look at **illiteracy**. 参看 **illiteracy**。

literal /ˈlɪtərəl ‖ ˈlɪtərəl/ *adj* **1** (used about the meaning of a word or phrase 指一个词/词组的意思) original or basic 原义；本义: *The word 'mad' isn't used very much in its literal sense any more.* * mad 这个词的本义已经不太常用了。☛ Look at **figurative** and **metaphorical**. 参看 **figurative** 及 **metaphorical**。**2** (used about a translation, etc 指译本等) translating each word separately without looking at the general meaning 逐字翻译（没有顾及整体意思）

literally /ˈlɪtərəlɪ ‖ ˈlɪtərəlɪ/ *adv* **1** in a literal(2) way 逐字: *You can't translate this text literally.* 你不能逐字直译这篇文稿。**2** (*informal* 非正式) (used for emphasizing sth 用以强调某事物) 简直；真是: *We were literally frozen to death* (= we were very cold). 我们简直冻得要死。

literary /ˈlɪtərərɪ; *US* 美 ˈlɪtərerɪ ‖ ˈlɪtəˌrerɪ/ *adj* of or concerned with literature 文学的；与文学有关: *literary criticism* 文学批评 ○ *a literary journal* 文学期刊

literate /ˈlɪtərət ‖ ˈlɪtərɪt/ *adj* **1** able to read and write 会读会写；识字 ☛ The opposite is **illiterate**. 反义词为 **illiterate**。Look at **numerate**. 参看 **numerate**。**2** well-educated 有教养；受过良好教育

☆**literature** /ˈlɪtrətʃə(r); *US* 美 -tʃʊər ‖ ˈlɪtərəˌtʃʊr/ *noun* [U] **1** writing that is considered to be a work of art. Literature includes novels, plays and poetry 文学；文学作品: *French literature* 法国文学 **2** printed material on a particular subject 印刷资料；印刷物；刊物: *Have you got any literature on opening a bank account in Britain?* 你们有没有在英国开银行账户的资料呢？

☆**litre** (*US* 美 **liter**) /ˈliːtə(r) ‖ ˈlitɚ/ *noun* [C] (*abbr* 缩写 **l**) a measure of liquid 升/公升（液量单位）: *ten litres of petrol* 十公升汽油 ○ *a litre bottle of wine* 一瓶一公升的酒

litter /ˈlɪtə(r) ‖ ˈlɪtɚ/ *noun* **1** [U] pieces of paper, packets, etc that are left in a public place（弃置在公共场所的）垃圾/杂物 **2** [C] all the young animals that are born to one mother at the same time 一胎所生的小动物；一窝: *a litter of six puppies* 一胎六只的小狗

litter *verb* [T] to make sth untidy with litter 乱抛废物: *The streets were littered with rubbish.* 这些街道到处是垃圾。

ˈ**litter-bin** *noun* [C] a container to put litter in 垃圾箱；垃圾桶 ☛ picture at **bin**. 见 **bin** 插图。

ˈ**litter-lout** (*US* 美 ˈ**litter-bug**) *noun* [C] a person who drops litter in a public place（在公共场所）乱抛垃圾的人；垃圾虫

☆**little**¹ /ˈlɪtl ‖ ˈlɪtl̩/ *adj* **1** not big; small 小: *There's a little hole in my sock.* 我的袜子上有个小洞。○ *the little hand of the clock* 钟上的短针 ○ *your little finger/toe* 小指；小脚趾 ☛ **Little** is often used with another adjective * **little** 常与其他形容词连用: *a little old lady* 矮小的老妇人 ○ *a dear little kitten* 可爱的小猫 ○ *What a funny little shop!* 多么有趣的小商店！☛ Look at the note at **small**. 参看 **small** 的注释。**2** (used about distance or time 指距离或时间) short 短: *Do you mind waiting a little while?* 等我一会儿，好吗？○ *It's only a little*

L

further. 没多远就到了。**3** young 年轻；年幼: *a little girl/boy* 小女/男孩 ○ *my little brother* 我的弟弟 **4** not important 不重要: *a little problem* 一个小问题

☆**little²** /ˈlɪtl ‖ ˈlɪtl̩/ *det* (with uncountable [U] nouns 与不可数名词连用) not much or not enough 很少；不足够: *They have very little money.* 他们只有很少的一点钱。○ *There is little hope that she will recover.* 她痊愈的希望很渺茫。☛ Look at **less** and **least**. 参看 **less** 及 **least**。

little *pron* (also as a noun after *the* 在 the 之后亦用作名词) a small amount; not enough 少量；少许；不足够: *We studied Latin at school but I remember very little.* 虽然我们在学校里学过拉丁语，但我只记得很少一点点。○ *The little I know of him has given me a good impression.* 我只知道一点点关于他的事情，但这已经给我不错的印象。

little *adv* not much or not enough 很少；不足够: *I slept very little last night.* 昨夜我睡得很少。○ *a little-known author* 一位鲜为人知的作家

(IDIOM 习语) **little by little** slowly 慢慢地；渐渐地；逐渐: *After the accident her strength returned little by little.* 意外事故之后，她的体力逐渐恢复。

little³ /ˈlɪtl ‖ ˈlɪtl/ **a little** *det* (with uncountable [U] nouns 与不可数名词连用) a small amount of sth 少量；少许: *I like a little sugar in my tea.* 我喜欢在茶里加点糖。○ *Could I have a little help, please?* 请你帮我一点小忙，可以吗？

a little *pron* a small amount 少量；少许: *'Is there any butter left?' 'Yes, just a little.'* "还有黄油吗？" "有，但只剩下一点。"

(IDIOM 习语) **after/for a little** after/for a short distance or time（经过）一段短距离/时间: *You must rest for a little.* 你一定要休息一会儿。

a little *adv* rather 颇为；稍为: *This skirt is a little too tight.* 这裙子稍为紧了一点。☛ **A little bit** or **a bit** is often used instead of 'a little' ＊ **a little bit** 或 **a bit** 较 a little 常用: *I was feeling a little bit tired so I decided not to go out.* 我感到有点疲倦，所以决定不外出了。

☆**live¹** /laɪv ‖ laɪv/ *adj* **1** having life; not dead 有生命；活着: *Have you ever touched a real live snake?* 你有没有摸过活蛇？☛ Look at **alive** and **living**. 参看 **alive** 及 **living**。**2** (used about a bomb 指炸弹) that has not yet exploded 未爆炸 **3** (used about a wire, etc 指金属线等) carrying electricity. If you touch sth that is live you will get an electric shock. 带电 **4** (used about a radio or TV programme 指电台/电视节目) seen or heard as it is happening 现场转播/直播: *live coverage of the Wimbledon tennis tournament* 温布尔登网球大赛的实况报道 **5** recorded from a concert, etc, ie not made in a studio（音乐会等的）现场录音（不是在录音室录制的）: *a live recording of Bob Dylan's last concert* 鲍勃·迪伦最近一次音乐会的现场录音

live *adv* broadcast at the same time as it is happening 实地；以现场直播方式: *This programme is coming live from Wembley Stadium.* 这节目是在威布利运动场现场直播的。○ *to go out live on TV* 电视现场直播

☆**live²** /lɪv ‖ lɪv/ *verb* **1** [I] to be or remain alive 生存；活着: *You can't live without water.* 没有水人就无法生存。○ *She hasn't got long to live.* 她已活不了多久。○ *to live to a great age* 活到高龄 **2** [I] to have your home 居住；住: *Where do you live?* 你住在哪里？○ *He still lives with his parents.* 他仍然与父母同住。**3** [I,T] to pass or spend your life in a certain way 生活；过活: *to live a quiet life* 过着宁静的生活 ○ *They have plenty of money and live well.* 他们有很多钱，生活得很好。**4** [I] to be able to buy the things that you need 有足够的钱过活: *Many families don't have enough to live.* 很多家庭都没有足够的钱过活。**5** [I] to enjoy all the opportunities of life fully 充分享受人生；过多彩多姿的生活: *I want to live a bit before settling down and getting married.* 我想在安定下来结婚之前，好好享受一下生活。

(PHRASAL VERBS 短语动词) **live sth down** to make people forget sth bad or embarrassing that has happened to you 使人们淡忘以往在自己身上发生的糟糕事/尴尬的事情: *They lost 10–nil? They'll never live it down!* 他们以10比0输了？他们恐怕不会咽下这口气的。

live on to continue to live 继续生存/活着: *After his retirement he lived on for another 25 years.* 他退休后，还活了25年。○ (*figurative* 比喻) *Mozart is dead but his music lives on.* 虽然莫扎特人已作古，但他的音乐永留人间。

live on sth 1 to have sth as your only food 以…为主要粮食/维持生命: *to live on bread and water* 以面包和水维持生命 **2** to have sth as your income 靠…过活: *I don't know how they live on £8 000 a year!* 我不知道他们一年只靠8 000英镑怎样过活！

live together to live in the same house, etc as sb and have a sexual relationship with him/her 同居；住在一起（指有性关系）

live up to sth to be as good as expected 不辜负/达到（期望）: *Children sometimes find it hard to live up to their parents' expectations.* 小孩有时会觉得难以达到父母的期望。

live with sb = LIVE TOGETHER

live with sth to accept sth unpleasant that you cannot change 接受/容忍（一些不可改变的不愉快事情）: *It can be hard to live with the fact that you are getting older.* 年龄的增长会是个叫人难以接受的事实。

livelihood /ˈlaɪvlɪhʊd ‖ ˈlaɪvlɪˌhud/ *noun* [C, usually sing] the way that you earn money 生计；营生；营生方式: *to lose your livelihood* 失业

☆**lively** /ˈlaɪvlɪ ‖ ˈlaɪvlɪ/ *adj* (**livelier**; **liveliest**) full of energy, interest, excitement, etc 有生气；活泼；充满活力: *lively children* 活泼的孩子 ○ *There was a lively debate on the route of the new motorway.* 关于新高速公路的路线，有过一场热烈的辩论。○ *a lively imagination* 生动的想象力

liven /ˈlaɪvn ‖ ˈlaɪvən/ *verb*

(PHRASAL VERB 短语动词) **liven (sb/sth) up** to become lively or to make sb/sth lively（使）某人/某物变得有生气或充满活力: *Once the band began to play the party livened up.* 乐队一开始演奏，聚会就热闹起来。

liver /ˈlɪvə(r) ‖ ˈlɪvɚ/ *noun* **1** [C] the part of your body that cleans your blood 肝脏 **2** [U] the liver of an animal when it is cooked and eaten as food（动物的）肝（供食用）: *fried liver and onions* 洋葱煎肝

ˈ**liver sausage** (*US* 美 **liverwurst** /ˈlɪvəwɜ:st ‖ ˈlɪvɚˌwɝst/) *noun* [U] a type of sausage that contains cooked liver and that is usually eaten cold with bread 肝泥香肠

lives *pl* of LIFE * LIFE 的复数

livestock /ˈlaɪvstɒk ‖ ˈlaɪvˌstɑk/ *noun* [U] animals that are kept on a farm, eg cows, pigs, sheep, etc 家畜/牲畜（在农场内饲养的动物，如牛、猪、羊等）

living[1] /ˈlɪvɪŋ ‖ ˈlɪvɪŋ/ *adj* **1** alive now 活着；在世: *He has no living relatives.* 他已没有在世的亲属。**2** (used about a language, etc 指语言等) still used 仍然通用 ☛ The opposite for both meanings is **dead**. 两个义项的反义词都是 **dead**。

☆**living**[2] /ˈlɪvɪŋ ‖ ˈlɪvɪŋ/ *noun* **1** [C, usually sing] a means of earning money to buy the things you need 生计；营生: *What do you do for a living?* 你做什么工作谋生的？**2** [U] your way or quality of life 生活方式/素质/水平: *The cost of living has risen in recent years.* 近年的生活费用上升了。☛ Look at **standard of living**. 参看 **standard of living**。

ˈ**living-room** (*especially Brit* 英尤作 **sitting-room**) *noun* [C] the room in a house where people sit, relax, watch TV, etc together 客厅；起居室

lizard 蜥蜴

lizard /ˈlɪzəd ‖ ˈlɪzɚd/ *noun* [C] a small reptile with four legs, rough skin and a long tail. A lizard has a long tongue that it uses for catching insects. 蜥蜴

☆**load**[1] /ləʊd ‖ lod/ *noun* [C] **1** something (heavy) that is being or is going to be carried（沉重的）负担；负荷；负荷物 **2** (often in compounds 常用以构成复合词) the quantity of sth that can be carried 装载量；负载量: *a lorry-load of sand* 满满一卡车的沙子 ○ *bus-loads of tourists* 一车车的游客 **3 loads (of sth)** [plural] (*informal* 非正式) a lot (of sth) 很多；大量: *There are loads of things to do in London in the evenings.* 在伦敦，可供选择的晚间活动多的是。

(IDIOM 习语) **a load of rubbish, etc** (*informal* 非正式) nonsense 一派胡言；胡说八道

☆**load**[2] /ləʊd ‖ lod/ *verb* **1** [I,T] to put or have a load or large quantity of sth in or on sb/sth（将大量的东西）装载（在某人/某物上）: *Have you finished loading yet?* 你装完货了没有？○ *Uncle Tim arrived loaded down with presents.* 蒂姆叔叔提着大包小包的礼物到来了。○ *They loaded the plane with supplies for the refugees.* 他们把供给难民的必需品装上飞机。○ *Load the washing into the machine and then add the powder.* 把需要清洗的衣物放进洗衣机内，然后加入洗衣粉。**2** [I] to receive a load 接收货物；装货: *The ship is still loading.* 那艘船仍在装货。**3** [T] to put a program or disk into a computer 把（程式）读入/输入计算机；把（磁盘）放入/装入计算机: *First, switch on the machine and load the disk.* 首先，开启计算机，再放入磁盘。**4** [T] to put a film in a camera or a bullet in a gun 把胶卷装入照相机；把子弹上膛

loaded *adj* **1** carrying a load 载着或满载（货物/人）的 **2** giving an advantage 偏袒；有利于: *The system is loaded in their favour.* 这制度对他们的一方有利。

☆**loaf** /ləʊf ‖ lof/ *noun* [C] (*pl* **loaves** /ləʊvz ‖ lovz/) bread shaped and baked in one piece 一整条面包: *a loaf of bread* 一条面包 ○ *Two sliced loaves, please.* 烦劳你，我要两条已切片的面包。

☆**loan** /ləʊn ‖ lon/ *noun* **1** [C] money, etc that sb/sth lends you 借出物；借款；贷款: *to take out a bank loan* 正式获得一笔银行贷款 ○ *to make a loan to sb* 贷款给某人 ○ *to pay off a loan* 清还一笔贷款 **2** [U] the act of lending sth or state of being lent 借出: *The books are on loan from the library.* 这些书是从图书馆借来的。

loan *verb* [T] (*formal* 正式) **loan sth (to sb)** to lend sth 借出（某物）: *The painting is loaned from the Louvre for the period of the exhibition.* 这幅画是从罗浮宫借出的，以供展览期内展出。☛ In American English **loan** is less formal and more common. 在美国英语中，**loan** 多用于较为非正式的场合，也更为常用。

loathe /ləʊð ‖ loð/ *verb* [T] to feel strong hatred or dislike for sb/sth 十分厌恶；极其憎恨 —**loathing** *noun* [U]

loathsome /-səm ‖ -səm/ *adj* causing a strong feeling of dislike 令人极其讨厌的

loaves *pl* of LOAF * LOAF 的复数

lob /lɒb ‖ lɑb/ *verb* [I,T] (lo**bb**ing; lo**bb**ed) (*sport* 体育) to hit or throw a ball high into the air, so that it lands behind your opponent 击/投高球 —**lob** *noun* [C]

lobby /ˈlɒbɪ ‖ ˈlɑbɪ/ *noun* (*pl* **lobbies**) **1** [C] the area that is just inside a large building. A lobby often has a reception desk and doors, stairs, lifts, etc that lead to other parts of the building（大型建筑物的）大堂/大厅/入口厅堂: *a hotel lobby* 旅馆大堂 **2** [C, with sing or pl verb] a group of people who try to persuade the government, etc to do or not to do sth 游说团（对政府等进行游说的团体）: *the anti-abortion lobby* 反对堕胎的游说团

lobby *verb* [I,T] (*pres part* **lobbying**; *3rd pers sing pres* **lobbies**; *pt, pp* **lobbied**) to try to persuade the government, etc that sth should or should not be done 游说（政府等）: *to lobby the Transport Minister for improved rail services* 游说运输大臣改善铁路服务

lobe /ləʊb ‖ lob/ *noun* [C] the round soft part at the bottom of your ear 耳垂

lobster /ˈlɒbstə(r) ‖ ˈlɑbstɚ/ *noun* **1** [C] a large shellfish that has eight legs. A lobster is bluish-black but it turns red when it is cooked. 龙虾 ☛ picture at **shellfish**. 见 **shellfish** 插图。**2** [U] a lobster when it is cooked and eaten as food（经烹调作为食物的）龙虾

☆**local** /ˈləʊkl ‖ ˈlokḷ/ *adj* of a particular place (near you) 本地；当地；地方的: *local newspapers* 本地报纸 ○ *The local school is the centre of the community.* 这所本地的学校是我们社区的中心。

local *noun* [C] **1** [usually pl] a person who lives in a particular place 当地人；本地人；当地居民: *One of the locals agreed to be my guide.* 一名当地人答应充当我的导游。**2** (*Brit informal* 英，非正式) a pub that is near your home where you often go to drink 住处附近的酒馆 —**locally** *adv*: *I do most of my shopping locally.* 我大多在本区购物。

ˌ**local anaesˈthetic** *noun* [C,U] medicine that is injected into one part of your body so that you do not feel pain there 局部麻醉剂 ☛ Look at **general anaesthetic**. 参看 **general anaesthetic**。

ˌ**local auˈthority** *noun* [C, with sing or pl verb] (*pl* **local authorities**) the group of people who are responsible for local government in an area 地方当局/政权

ˈ**local call** *noun* [C] a telephone call to sb who is not far away（电话）本市通话 ☛ Look at **long-distance**. 参看 **long-distance**。

ˌ**local ˈgovernment** *noun* [U] the government of a particular place by a group of people who are elected by the local residents 地方政府

> ☛ The group of elected officials who are in charge of local government is called the **council**. 负责地方政府的一组民选官员组成议会 (**council**)。The **local authority** consists of officials who are paid. These officials carry out the decisions that the council has made. 地方当局 (**local authority**) 由受薪的官员组成，这些官员负责执行议会所通过的决策。

ˈ**local time** *noun* [U] the time at a particular place in the world 当地时间: *We arrive in Singapore at 2 o'clock in the afternoon, local time.* 我们在新加坡当地时间下午2时抵达。

localize (*also* 亦作 **localise**) /ˈləʊkəlaɪz ‖ ˈlokḷˌaɪz/ *verb* [T] to limit sth to a particular place or area（使）限于某一区域/范围: *localized pain* 局部痛楚

locate /ləʊˈkeɪt; *US* 美 ˈləʊkeɪt ‖ ˈloket/ *verb* [T] **1** to find the exact position of sb/sth 找出确实位置: *The damaged ship has been located and helicopters are arriving to rescue the crew.* 已经找到那艘受损的船的位置，直升机正赶往搭救船员。**2** (often passive 常用于被动语态) to put, build, etc sth in a particular place 设置/建筑在（某地点）；位于: *The railway station is located to the west of the city.* 火车站位于城市的西面。

location /ləʊˈkeɪʃn ‖ loˈkeʃən/ *noun* **1** [C] a place or position 地方；地点；位置: *Several locations have been suggested for the new housing estate.* 有几处适合兴建新住宅区的地点已经被提出来。**2** [U] finding where sb/sth is（某人/某物）所在的地点: *Police enquiries led to the location of the terrorists' hide-out.* 经警方调查后，终于找到恐怖分子的藏匿地点。

(IDIOM 习语) **on location** (used about a film, television programme, etc 指电影、电视节目等) made in a suitable place (= not in a studio) 外景拍摄: *The series was filmed on location in Thailand.* 这一辑节目在泰国实地拍摄。

loch /lɒk ‖ lɑk/ *noun* [C] the Scottish word for a lake（苏格兰语）湖: *the Loch Ness monster* 内斯湖水怪

☆**lock**[1] /lɒk ‖ lɑk/ *noun* [C] **1** something that is used for fastening a door, lid, etc so that you need a key to open it again 锁: *to turn the key in the lock* 转动锁里的钥匙 ☛ picture at **key**. 见 **key** 插图。Look at **padlock**. 参看 **padlock**。**2** a part of a river or a canal where the level of water changes. Locks have gates at each end and are used to allow boats to move to a higher or lower part of the canal or river.（河流或运河的）闸段/水闸/船闸

☆**lock**[2] /lɒk ‖ lɑk/ *verb* **1** [I,T] to close or fasten with a lock 锁上: *Have you locked the car?* 你锁好了车门没有？○ *The door won't lock.* 这扇门锁不上。☛ Look at **unlock**. 参看 **unlock**。**2** [T] to put sb/sth inside sth that is locked 把（某人）关押起来；把（某物）装起来锁好: *Lock your passport in a safe place.* 把你的护照锁在安全的地方。**3** [I,T] to fix sth or be fixed in one position（使）固定/卡住/锁定: *The wheels locked and the car crashed into the wall.* 车轮卡住了，车子于是撞向那堵墙。

(PHRASAL VERBS 短语动词) **lock sth away** to keep sth in a safe or secret place (that is locked) 把某物锁起妥藏

lock sb in/out to lock a door so that a person cannot get in/out 把某人关在里面/外面: *All the prisoners are locked in for the night.* 所有囚犯在夜里都被关起来。○ *to lock yourself out of your house* 把自己关在屋外

lock (sth) up to lock all the doors, windows, etc of a building 锁好（一栋建筑物内的所有门窗等）: *Make sure that you lock up before you leave.* 离开之前，务必锁好所有门窗。

lock sb up to put sb in prison 监禁某人

locker /ˈlɒkə(r) ‖ ˈlɑkɚ/ *noun* [C] a small cupboard where personal things can be kept or left. Lockers are found in schools, sports centres, railway stations, etc. 锁柜；寄物柜；有锁衣物柜

locket /ˈlɒkɪt ‖ ˈlɑkɪt/ *noun* [C] a piece of jewellery that is worn around the neck on a chain. A locket is a small case that often contains a photograph. 盒式项链坠（通常内里装有相片）

locomotive /ˈləʊkəməʊtɪv ‖ ˌlokəˈmotɪv/ *noun* [C] = ENGINE(2): *a steam locomotive* 蒸汽机车

locust /ˈləʊkəst ‖ ˈlokəst/ *noun* [C] a flying insect from Africa and Asia that moves in very large groups, eating and destroying large quantities of plants 蝗虫

lodge[1] /lɒdʒ ‖ lɑdʒ/ *noun* [C] **1** a small house at the gate of a large house（大宅门口的）小屋 **2** a house in the country that is used by hunters, sportsmen, etc（猎人、运动员等用的）郊野房舍: *a shooting lodge* 狩猎用的房舍 **3** a room at the entrance to a college, block of flats, factory, etc（学校、公寓、工厂等入口处的）小房间/门房

lodge[2] /lɒdʒ ‖ lɑdʒ/ *verb* **1** [I] to live at sb's house in return for rent 租住；寄宿: *He lodged with a family for his first term at university.* 他读大学的第一个学期寄住在一家人家里。**2** [I,T] to become firmly fixed or to make sth do this（使）固定于/嵌入/卡住: *The bullet lodged in her shoulder.* 子弹射入了她的肩膀。☛ Look at **dislodge**. 参看 **dislodge**。**3** [T] (*formal* 正式) to make an official statement complaining about sth 正式提出（投诉）: *to lodge a complaint* 正式提出投诉

lodger *noun* [C] a person who pays rent to live in a house as a member of the family 房客；租住者；寄宿者

lodging /ˈlɒdʒɪŋ ‖ ˈlɑdʒɪŋ/ *noun* **1** [C,U] a place where you can stay 寄宿/住宿的地方: *Their nanny is paid £70 a week, plus board and lodging* (= her room and all meals are paid for). 他们的保姆周薪70英镑，另免费提供膳宿。**2 lodgings** [plural] a room or rooms in sb's house where you can stay in return for paying rent 出租的房间；寄宿舍

loft /lɒft; *US* 美 lɔːft ‖ lɔft/ *noun* [C] the room or space under the roof of a house or other building 阁楼；顶楼: *Our loft has been converted into a bedroom.* 我们的阁楼已改为卧室。☛ Look at **attic**. 参看 **attic**。

log[1] /lɒg; *US* 美 lɔːg ‖ lɔg/ *noun* [C] **1** the trunk or large branch of a tree that has been cut or has fallen down（伐下或倒下的）树干；圆材；原木 **2** a small piece of wood for a fire（用于生炉火的）柴/柴枝

log[2] /lɒg; *US* 美 lɔːg ‖ lɔg/ (*also* 亦作 **'logbook**) *noun* [C] the official written record of a ship's or an aeroplane's journey 航海或飞行日志/记录: *to keep a log* 记日志

log *verb* [T] (lo**gg**ing; lo**gg**ed) to write sth in the log of a ship or aeroplane 记录于航海/飞行日志上

(PHRASAL VERBS 短语动词) **log in/on** to start using a computer that is part of a larger system 连接/接驳到/登记进入（计算机系统）

log off/out to finish using a computer that is part of a larger system 脱离/登记离开（计算机系统）

logarithm /ˈlɒgərɪðəm; *US* 美 ˈlɔːg-‖ ˈlɔgəˌrɪðəm/ (also *informal* 非正式 **log**) *noun* [C] one of a series of numbers arranged in special charts (**tables**) that allow you to solve mathematical problems by adding or subtracting numbers instead of multiplying or dividing 对数（特别排列成表 (**table**) 的数字，表上数字可让你无需用乘法或除法，而只需用加法或减法便可解决数学问题）

loggerheads /ˈlɒgəhedz ‖ ˈlɔgɚˌhɛdz/ *noun* (IDIOM 习语) **at loggerheads (with sb)** strongly disagreeing (with sb)（与某人）不和/相争

logic /ˈlɒdʒɪk ‖ ˈlɑdʒɪk/ *noun* [U] **1** the science of using reason 逻辑学 **2** the use of reason 逻辑（的运用）: *There is no logic in your argument.* 你的论点不合逻辑。

logical /ˈlɒdʒɪkl ‖ ˈlɑdʒɪkl̩/ *adj* **1** according to the rules of logic; reasonable 符合逻辑；合理: *As I see it, there is only one logical conclusion.* 依我看来，合理的结论只有一个。**2** able to use logic 能使用逻辑推理的；有推理能力: *a logical mind* 有推理能力的头脑 ☛ The opposite is **illogical**. 反义词为 **illogical**。—**logically** /-klɪ ‖ -klɪ/ *adv*

logo /ˈləʊgəʊ ‖ ˈloˌgo/ *noun* [C] a symbol or design that is used as an advertisement by a company or organization. A logo appears on the things the company owns and produces. 标志；标记；商标

loiter /ˈlɔɪtə(r) ‖ ˈlɔɪtɚ/ *verb* [I] to stand somewhere or walk around without any real purpose 闲站着；闲逛；游荡

lollipop /ˈlɒlɪpɒp ‖ ˈlɑlɪˌpɑp/ (also *informal* 非正式 **lolly**) *noun* [C] a large sweet of boiled sugar on a stick 棒棒糖；棒糖 ☛ Look at **ice lolly**. 参看 **ice lolly**。

lone /ləʊn ‖ lon/ *adj* (only *before* a noun 只用于名词前) without any other people; alone 孤单；孤独；单独: *a lone swimmer on the beach* 海滩上惟一的泳客

loner *noun* [C] (*informal* 非正式) a person who likes to be alone 喜欢孤独的人

☆**lonely** /ˈləʊnlɪ ‖ ˈlonlɪ/ *adj* (**lonelier**; **loneliest**) **1** unhappy because you are not with other people 孤寂；寂寞: *to feel sad and lonely* 感到悲伤和寂寞 **2** (only *before* a noun 只用于名词前) far from other people and places where people live 偏僻；人迹罕至: *a lonely house in the hills* 在山区偏僻处的一座孤零零的房子 ☛ Look at the note at **alone**. 参看 **alone** 的注释。—**loneliness** *noun* [U]

lonesome /ˈləʊnsəm ‖ ˈlonsəm/ *adj* (*US* 美) lonely or making you feel lonely 寂寞；令人感觉寂寞 ☛ Look at the note at **alone**. 参看 **alone** 的注释。

☆**long**[1] /lɒŋ; *US* 美 lɔːŋ ‖ lɔŋ/ *adj* (**longer** /-ŋgə(r) ‖ -ŋgɚ/, **longest** /-ŋgɪst ‖ -ŋgɪst/) measuring a great amount in distance or time（距离或时间）长: *She has lovely long hair.* 她留有一头美丽的长发。○ *We had to wait a long time.* 我们要等一段长时间。○ *a very long journey* 十分漫长的旅程 ○ *War and Peace is a very long book.*《战争与和平》是一本篇幅很长的书。○ *a long dress* (= down to the floor) 长连衣裙（长到拖在地上）☛ Look at **length**. 参看 **length**。**Long** is also used when you are asking for or giving information about how much something measures in length, distance or time * **long** 也用于提出或答复有关长度、距离或时间的问题: *How long is the film?* 这影片有多长？○ *The insect was only 2 millimetres long.* 这只昆虫只有2毫米长。○ *a five-mile-long traffic jam* 五英里长的堵塞车流

(IDIOMS 习语) **at the longest** not longer than the stated time（时间上）最久/最长/最多: *It will take a week at the longest.* 最多要花一星期。

go a long way (used about money, food, etc 指金钱、食物等) to be used for buying a lot of things, feeding a lot of people, etc 经用；维持很久：*to make a little money go a long way* 钱虽然少，但省着花，可以多花些日子

in the long run after a long time; in the end 最终；长远来说：*We ought to buy a new car – it'll be cheaper in the long run.* 我们应买辆新车——这从长远来说较为合算。

in the long/short term ⇨ TERM

ˌlong-ˈdistance *adj, adv* (used about travel or communication 指旅行或通讯) between places that are far from each other 长距离；长途；长程：*a long-distance lorry driver* 跑长途的卡车司机 ○ *to phone long-distance* 打长途电话 ☛ Look at **local**. 参看 **local**。

ˈlong-jump *noun* [sing] the sport in which people try to jump as far as possible（体育项目中的）跳远 ☛ Look at **high-jump**. 参看 **high-jump**。

ˌlong-ˈlife *adj* lasting for a long time 持久；耐久：*a long-life battery* 一枚耐用电池 ○ *long-life milk* 保鲜牛奶

ˈlong-range *adj* **1** of or for a long period of time starting from the present 长期；远期；长远：*the long-range weather forecast* 远期气象预报 **2** that can go or be sent over long distances 长程；远程；长距离：*long-range nuclear missiles* 远程导弹

ˌlong-ˈsighted (*US* 美 **ˌfar-ˈsighted**) *adj* able to see things clearly only when they are quite far away 远视 ☛ The opposite is **short-sighted** (*US* **near-sighted**). 反义词为 **short-sighted**（美国英语为 **near-sighted**）。

ˌlong-ˈterm *adj* of or for a long period of time 长期；长远：*long-term planning* 长远计划

ˈlong wave *noun* [U] (*abbr* 缩写 **LW**) the system of broadcasting radio using sound waves of 1 000 metres or more 长波（波长在1 000米以上的无线电广播频道）☛ Look at **short wave** and **medium wave**. 参看 **short wave** 及 **medium wave**。

ˌlong-ˈwinded *adj* (used about sth that is written or spoken 指写下来的东西或所说的话) boring because it is too long 冗长而令人生厌

☆**long**[2] /lɒŋ; *US* 美 lɔːŋ ‖ lɔŋ/ *noun* [U] a long time 长时间：*They won't be gone for long.* 他们不会去得太久。○ *It shouldn't take long.* 那应该不会花太长时间。

☆**long**[3] /lɒŋ; *US* 美 lɔːŋ ‖ lɔŋ/ *adv* **1** for a long time 长时间地；长期地；长久：*She didn't stay long.* 她没有久留。○ *You shouldn't have to wait long.* 你应该不用等多久。○ *I hope we don't have to wait much longer.* 我希望我们不需要再等下去。☛ **Long** and **a long time** are both used as expressions of time. * **long** 和 **a long time** 都用以形容时间。In positive sentences **a long time** is usually used 在肯定句中，通常用 **a long time**: *They stood there for a long time.* 他们在那里站了很久。**Long** is only used in positive sentences with another adverb, eg 'too', 'enough', 'ago', etc 在肯定句中，**long** 必须与另一个副词连用，如 too、enough、ago等：*We lived here long ago.* 我们很久以前住在这里。○ *I've put up with this noise long enough. I'm going to make a complaint.* 这噪音我已经受够了，我要去投诉。Both **long** and **a long time** can be used in questions * **long** 和 **a long time** 同样可用于疑问句：*Were you away long/a long time?* 你离开了一段长时间吗？In negative sentences there is sometimes a difference in meaning between **long** and **a long time** 在否定句中，**long** 和 **a long time** 有时意思上是有差别的：*I haven't been here long* (= I arrived only a short time ago). 我到这里没多久。○ *I haven't been here for a long time* (= it is a long time since I was last here). 我已很久没到这里来了。**2** at a time that is distant from a particular point in time（距离某一时间）很久：*All that happened long ago.* 所有事情都是在很久以前发生的。○ *We got married long before we moved here.* 我们搬来这里很久之前已经结婚了。**3** for the whole of the time that is mentioned（所谈及的）整段时间：*The baby cried all night long.* 婴孩整晚哭个不停。

(IDIOMS 习语) **as/so long as** on condition that 只要；如果：*As long as no problems arise we should get the job finished by Friday.* 只要没有问题出现，我们应该可以在星期五前完成工作。

no/not any longer not any more 再没有；已没有：*They no longer live here.* 他们已不再住在这里。○ *They don't live here any longer.* 他们已不再住在这里。

ˌlong-drawn-ˈout *adj* lasting longer than necessary 过久；拖得太长：*long-drawn-out negotiations* 旷日持久的谈判

ˌlong-ˈlived *adj* living or lasting for a long time 长寿；持久；长期：*a long-lived dispute* 持久的争论

ˌlong-playing ˈrecord *noun* [C] (*abbr* 缩写 **LP**) a record that plays for about 30 minutes on each side and turns 33⅓ times in a minute 慢转唱片/密纹唱片（每面播放时间为30分钟，每分钟转33⅓次的唱片）

ˌlong-ˈstanding *adj* that has lasted for a long time 存在已久；为时甚久：*a long-standing arrangement* 长期有效的安排

ˌlong-ˈsuffering *adj* (used about a person 指人) having a lot of troubles that he/she bears without complaining 能长期忍受；坚忍；吃得苦

long[4] /lɒŋ; *US* 美 lɔːŋ ‖ lɔŋ/ *verb* [I] **long for sth; long (for sb) to do sth** to want sth very much 渴望；极想得到：*He longed to hold her in his arms.* 他渴望把她抱在怀里。

longing /ˈlɒŋɪŋ; *US* 美 ˈlɔːŋɪŋ ‖ ˈlɔŋɪŋ/ *noun* [C,U] a great desire (for sb/sth) 渴望；热望 —**longingly** *adv*: *She gazed longingly at the cakes in the shop window.* 她眼巴巴地望着商店橱窗内的蛋糕。

longitude /ˈlɒndʒɪtjuːd; *US* 美 -tuːd ‖ ˈlandʒəˌtud/ *noun* [U] the distance of a place east or west of a line from the North Pole to the South Pole that passes through Greenwich in England. Longitude is measured in degrees. 经度 ☛ picture at **earth**. 见 **earth** 插图。Look at **latitude**. 参看 **latitude**。

loo /luː ‖ lu/ *noun* [C] (*Brit informal* 英，非正式) toilet 厕所：*I need to go to the loo.* 我要上厕所。☛ Look at the note at **toilet**. 参看 **toilet** 的注释。

L

☆**look**[1] /lʊk ‖ lʊk/ *verb* **1** [I,T] to turn your eyes in a particular direction (in order to pay attention to sb/sth) 看/望/瞧（为了留意某人/某物）: *Look carefully at the two pictures and try to spot the differences between them.* 仔细看清楚这两幅图画，指出它们之间不同的地方。○ *She blushed and looked away.* 她脸红了，转头望向别的地方。○ *to look out of the window* 往窗外望 ○ *Look who's come to see us.* 看！谁来看我们了！○ *Look where you are going!* 当心走路！☛ You can **see** something without paying attention to it * **see** 用于指无需特别用心而看到东西: *I saw a girl riding past on a horse.* 我看见一个女孩骑马走过。If you **look** at something you pay attention to it with your eyes * **look** 指留心看某事物: *Look carefully. Can you see anything strange?* 仔细看看，你有没有见到一些奇怪的东西？**2** [I] **look (like sb/sth) (to sb)**; **look (to sb) as if.../as though...** to seem or appear 看来像是；显得；看上去: *You look very smart in that shirt.* 你穿上那件衬衫看起来很帅。○ *to look tired, ill, sad, well, happy, etc* 看来疲倦/生了病/悲伤/很好/快乐… ○ *The boy looks like his father.* 这男孩样子像他父亲。○ *The room looks (to me) as if it needs a coat of paint.* 这间房间（依我）看来好像需要粉刷一遍。○ *It looks like rain* (= as if it is going to rain). 看来好像要下雨。**3** [I] **look (for sb/sth)** to try to find (sb/sth) 寻找: *We've been looking for you everywhere. Where have you been?* 我们一直到处找你，你哪里去了？○ *'Have you found your watch?' 'No, I'm still looking.'* "找到了你的手表没有？""没有，我还在找呢。" ○ *to look for work* 找工作 **4** [I] to face a particular direction 向；朝向: *Our hotel room looks onto the sea.* 我们住的旅馆房间面向大海。

(IDIOMS 习语) **look good** to seem to be encouraging 看来令人鼓舞: *This year's sales figures are looking good.* 今年的销售额看来令人鼓舞。

look here **1** (used for protesting about sth 用以表示抗议): *Now look here! That's not fair!* 请注意！那是不公平的！**2** (used for asking sb to pay attention to sth 用以引人注意): *Look here everyone. Let's form a committee to decide what to do next.* 各位请注意，让我们成立一个委员会来决定下一步的行动。

(not) look yourself to (not) look as well or healthy as usual（不）像平常那个样子: *What's the matter? You're not looking yourself today.* 怎么啦？你今天不像平常那个样子。

(PHRASAL VERBS 短语动词) **look after sb/sth/yourself** to be responsible for or take care of sb/sth/yourself 照顾/照料某人或自己；处理某事: *I want to go back to work if I can find somebody to look after the children.* 如果可以找到人照顾孩子，我想再工作。○ *The old lady's son looked after all her financial affairs.* 那老太太的财务全部由儿子料理。

look ahead to think about or plan for the future 向前看；为未来打算: *Looking ahead a few years, there's going to be a shortage of skilled workers.* 预料未来几年将会出现技术工人短缺的情况。

look at sth **1** to examine sth (closely)（彻底）检查: *My tooth aches. I think a dentist should look at it.* 我牙痛，想找牙医检查一下。**2** to think about or study sth 考虑；研究: *The government is looking at ways of reducing the number of stray dogs.* 政府正研究减少野狗数目的方法。**3** to read sth 读；阅读: *Could I look at the newspaper when you've finished with it?* 你看完那份报纸后，可以给我看吗？**4** to consider sth 认为；看待: *Different races and nationalities look at life differently.* 不同种族和国籍的人对生命都有不同看法。

look back (on sth) to think about sth in your past 回顾；回忆

look down on sb/sth (*informal* 非正式) to think that you are better than sb/sth 认为某人/某物不如己；轻视或瞧不起某人/某物: *Don't look down on them just because they haven't been as successful as you.* 不要因为他们没有你那么成功，就瞧不起他们。

look forward to sth/doing sth to wait with pleasure for sth to happen (because you expect to enjoy it) 欣然盼望/期待（某事发生或做某事）: *The children are really looking forward to their holiday.* 儿童热切盼望假期快到。○ *I'm looking forward to seeing you again.* 我期望再次见到你。

look into sth to study or investigate sth 研究/调查（某事物）: *A committee was set up to look into the causes of the accident.* 当局已经成立委员会，调查那宗意外的起因。

look on to watch sth happening 目睹/观看/旁观（某事发生）: *All we could do was look on as the house burned.* 我们只能眼巴巴看着那幢房子给烧掉。

look out to be careful or to pay attention to sth dangerous, etc 当心；小心；注意: *Look out! There's a bike coming.* 当心！有辆自行车骑来了。

look out (for sb/sth) to pay attention in order to see, find or be careful of sb/sth 当心；提防: *Look out for pickpockets!* 提防扒手！

look round **1** to turn your head in order to see sb/sth 掉过头看 **2** to look at many things (before buying sth)（购物之前）四处看看/浏览: *She looked round but couldn't find anything she liked.* 她东看西看，但找不到任何喜欢的东西。

look round sth to visit a place of interest, etc 观光；游览: *to look round the cathedral* 游览大教堂

look through sth to read sth quickly 很快地阅读；浏览

look to sb for sth; **look to sb to do sth** to expect sb to do or to provide sth 指望/依靠/依赖（某人做某事或提供某物）: *He always looked to his father for advice.* 他经常依靠父亲给他提供意见。○ *You shouldn't look to the state to support you.* 你不应指望国家供养你。

look up **1** to raise your eyes 仰视；向上看；抬头望: *She looked up and smiled.* 她抬头微笑。**2** (*informal* 非正式) to improve 改善；好转: *Business is looking up.* 生意逐渐好转。

look sth up to search for information in a

book 查看/查检书中的资料: *to look up a word in a dictionary* 翻词典查一个词

look up to sb to respect or admire sb 尊敬/仰慕/钦佩某人

look *interj* (used for asking sb to listen to what you are saying 用于说话时唤起别人注意): *Look, William, I know you are busy but could you give me a hand?* 哎，威廉，我知道你很忙，但是你可以帮帮忙吗？

-looking (used in compounds to form adjectives 用于复合词中以构成形容词) having the stated appearance 具有…模样的: *an odd-looking building* 外观奇特的建筑物 ○ *He's very good-looking.* 他外表很英俊。

☆**look²** /lʊk ‖ lʊk/ *noun* **1** [C] the act of looking 看；视；望: *Have a look at this article.* 看看这篇文章。○ *I knew something was wrong – everybody was giving me funny looks* (= looking at me strangely). 我知道有些不对头——人人都对着我露出奇怪的表情。**2** [C, usually sing] a search 查看；察看: *I've had a look but I can't find it.* 我已经查看过一遍，但是仍然找不到。**3** [C] the expression or appearance of sb/sth 表情；神情；外观；外貌: *He had a worried look on his face.* 他脸上露出忧心忡忡的神情。**4** [C] a fashion or style 式样；款式: *The shop has a new look to appeal to younger customers.* 这商店已装潢一新，以吸引年轻顾客。**5 looks** [plural] a person's appearance 容貌；仪表: *He's lucky – he's got good looks and intelligence.* 他很幸运——既有英俊的外表，又有聪明的头脑。

(IDIOMS 习语) **by/from the look of sb/sth** judging by the appearance 照某人/某物样子看来: *It's going to be a fine day by the look of it.* 从天色看来，将会是天朗气清。

like the look/sound of sb/sth ⇨ LIKE¹

look-in *noun*

(IDIOM 习语) **(not) give sb/get/have a look-in** (*informal* 非正式) (not) give sb/have a chance to do sth（不）给某人机会；（没）有机会做某事: *The older children spend a lot of time on the computer so the younger ones don't get a look-in.* 年纪较大的小孩常用着计算机，年纪较小的便没有机会用。

lookout /ˈlʊkaʊt ‖ ˈlʊkˌaʊt/ *noun* [C] a person who watches out for danger 守望员；看守员；了望员

(IDIOM 习语) **be on the lookout for sb/sth, keep a lookout for sb/sth** = LOOK OUT FOR SB/STH

loom¹ /luːm ‖ lum/ *noun* [C] a machine that is used for making (**weaving**) cloth by passing pieces of thread across and under other pieces 织布机（织布叫做 **weave**）

loom² /luːm ‖ lum/ *verb* [I] to appear as a shape that is not clear and in a way that seems frightening 隐约地出现（看来令人生畏的）: *The mountain loomed (up) in the distance.* 这座山在远处隐约地显现。○ (*figurative* 比喻) *The threat of war loomed over the country.* 国家面临战争的威胁。

loony /ˈluːnɪ ‖ ˈlunɪ/ *noun* [C], *adj* (*pl* **loonies**) (*slang* 俚语) (a person who is) crazy or mad 疯子；狂人；疯狂；疯癫；狂乱

loop /luːp ‖ lup/ *noun* [C] a curved or circular shape, eg in a piece of rope or string（绳、线等绕成的）圈/环

loop 环

loop *verb* [T] **1** to make sth into a loop 把…打成环/圈 **2** to fasten or join sth with a loop 打环扣住；缠绕

loophole /ˈluːphəʊl ‖ ˈlupˌhol/ *noun* [C] a way of avoiding sth because the words of a rule or law are badly chosen（规则或法律上的）漏洞: *a loophole in the tax law* 税务法的漏洞

☆**loose** /luːs ‖ lus/ *adj* **1** not tied up or shut in sth 不受束缚；没有关住: *The dog broke loose and ran away.* 那只狗挣开脖子上的绳子跑了。○ *She wore her long hair loose.* 她长发披肩。**2** not firmly fixed 不牢固；松动/开: *a loose tooth* 一只松动的牙齿 **3** not contained in sth or joined together 零散: *loose change in your trouser pocket* 裤袋里的零钱 ○ *some loose sheets of paper* 几张散页的纸 **4** not fitting closely; not tight 宽松；不紧: *These trousers don't fit. They're much too loose round the waist.* 这条裤子不合身，裤腰太松了。

(IDIOM 习语) **at a loose end** having nothing to do and feeling bored 无所事事；闲着并感到烦闷

loosely *adv* in a loose way 宽松；松弛

loose-ˈleaf *adj* (used about a notebook, etc 指笔记簿等) with pages that can be removed or added 活页的；活页钉装的: *a loose-leaf album* 活页相片簿

loosen /ˈluːsn ‖ ˈlusn̩/ *verb* [I,T] to become or make sth loose or looser 松开；放松；使松弛: *to loosen your tie* 松开领带

(PHRASAL VERB 短语动词) **loosen (sb/sth) up** to relax or make sb move more easily（使某人）松弛/放松: *These exercises will help you to loosen up.* 这些运动可帮助你放松。

loot /luːt ‖ lut/ *noun* [U] goods that have been stolen 赃物

loot *verb* [I,T] to steal things during a war or period of fighting 抢劫；劫掠；掠夺: *Many shops were looted during the riot.* 发生动乱时多家商店都被人抢掠。

lop /lɒp ‖ lɑp/ *verb* [T] (lo**pp**ing; lo**pp**ed) to cut branches, etc off a tree 砍去/砍掉树枝等

(PHRASAL VERB 短语动词) **lop sth off/away** to cut sth off/away 砍去/剪掉（某物）

lopsided /ˌlɒpˈsaɪdɪd ‖ ˈlɑpˈsaɪdɪd/ *adj* with one side lower or smaller, etc than the other 歪；不对称: *a lopsided smile* 歪着嘴微笑

lord /lɔːd ‖ lɔrd/ *noun* [C] **1** a man in a position of authority 权要 **2 the Lord** [sing] God; Christ 上帝；基督 **3** a nobleman or a man who has been given the title 'Lord' 贵族；勋爵: *lords and ladies* 贵族与贵族夫人、小姐 **4 the Lords** [with sing or pl verb] (*Brit* 英) (members of) the House of Lords 上议院（议员）: *The Lords has/have voted against the bill.* 上议院议员对法案投反对票。**5** (*Brit* 英) used as the title of some high officials or of men who have been made a lord(3) 用作高级官

员或贵族/勋爵的头衔: *the Lord Mayor of London* 伦敦市长 ○ *Lord Derby* 德比勋爵 **6 My Lord** (used for addressing a judge, bishop, nobleman, etc 用于称呼法官、主教、贵族等) 大人；阁下

(IDIOM 习语) **(Good) Lord** (used for expressing surprise, worry, etc 用于表示惊奇、忧虑等)

the Lord's Prayer *noun* [sing] a very important Christian prayer that was first taught by Christ to his followers (**disciples**) 主祷文；天主经（耶稣基督的门徒叫做 **disciple**）

lordship /'lɔ:dʃɪp ‖ 'lɔrdʃɪp/ *noun* [C] (used when speaking to or about a judge, bishop, nobleman, etc 用于称呼法官、主教、贵族等): *Their lordships cannot be disturbed.* 现在不能去打扰爵爷大人们。

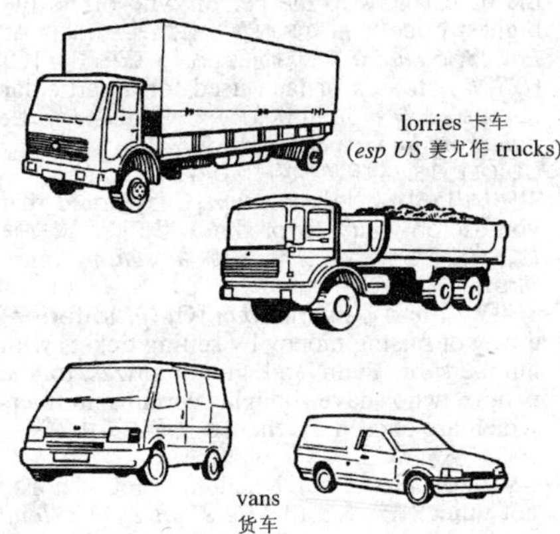

lorries 卡车 (*esp US* 美尤作 trucks)

vans 货车

☆**lorry** /'lɒrɪ; *US* 美 'lɔ:rɪ ‖ 'lɔrɪ/ (*Brit* 英) *noun* [C] (*pl* **lorries**) (*especially US* 美尤作 **truck**) a large strong motor vehicle that is used for carrying goods, etc by road 卡车；运货卡车

☆**lose** /lu:z ‖ luz/ *verb* (*pt, pp* **lost** /lɒst; *US* 美 lɔ:st ‖ lɔst/) **1** [T] to be unable to find sth 遗失；丢失: *I've lost my purse. I can't find it anywhere.* 我刚遗失了钱包，到处找也找不到。 **2** [T] to no longer have sb/sth 失去；丧失: *She lost a leg in the accident.* 她在那宗意外中失去了一条腿。 ○ *He lost his wife last year* (= she died). 他去年丧妻。 ○ *to lose your job* 失业 **3** [T] to have less of sth 降低；减低；减少: *to lose weight, interest, patience, etc* 减轻体重；失去兴趣；缺乏耐性… ○ *Small shops are losing business to the large supermarkets.* 小商店的生意正被大型超级市场抢去。 **4** [I,T] not to win; to be defeated 输掉；未能获胜；失败: *The team lost by three goals to two.* 该队以三比二失利。 ○ *to lose a court case* 输了一场诉讼 ○ *Cambridge lost to Oxford in the boat race.* 在划艇比赛中，剑桥输了给牛津。 ○ *to lose an argument* 辩论输了 **5** [T] to waste time, a chance, etc 浪费（时间）；错过（机会）: *Hurry up! There's no time to lose.* 快点！没有多余时间了。 **6** [I,T] to become poorer (as a result of sth)（因某事导致）亏损/亏蚀: *The company lost on the deal.* 公司在那笔交易上亏了本。 **7** [I,T] (used about a clock, watch, etc 指钟、表等) to go too slowly 慢: *My watch loses two minutes a day.* 我的手表一天慢两分钟。 ☛ The opposite is **gain**. 反义词为 **gain**。 **8** [T] (*informal* 非正式) to cause sb not to understand sth 使人无法理解: *You've totally lost me! Please explain again.* 你说的我完全听不懂！请再解释。

(IDIOMS 习语) **keep/lose your balance** ⇨ BALANCE[2]

keep/lose your cool ⇨ COOL[1]

keep/lose count ⇨ COUNT[2]

keep/lose your temper ⇨ TEMPER[1]

keep/lose track of sb/sth ⇨ TRACK

lose your bearings ⇨ BEARING

lose face to lose the respect of other people 丢脸

lose your head to become confused or very excited 慌乱；冲动；昏了头

lose heart to believe that you will be unsuccessful 失去信心；灰心；泄气

lose your life to be killed 死去；被杀

lose your place to be unable to find the place in a book, etc where you stopped reading（在书中等）忘记上次读到的地方

lose sight of sb/sth **1** to no longer be able to see sb/sth 再看不见某人/某事物 **2** to forget sb/sth 忘记某人/某事物: *We mustn't lose sight of our original aim.* 我们决不可忘记原来的目的。

lose your touch to lose a special skill or ability to do sth 失去做某事的技能

lose touch (with sb/sth) to no longer have contact (with sb/sth)（与某人）失去联系；脱离/不熟悉（某事物）: *I've lost touch with a lot of my old school friends.* 我已经与很多老同学失去联系。

a losing battle a competition, struggle, etc in which it seems that you will be unsuccessful 看来要失利的一仗/比赛

win/lose the toss ⇨ TOSS

(PHRASAL VERB 短语动词) **lose out (on sth)** (*informal* 非正式) to be at a disadvantage 处于不利情况: *If a teacher pays too much attention to the bright students, the others lose out.* 如果老师过分重视聪明的学生，其他学生就会被忽视。

loser *noun* [C] a person who is (often) defeated 失败者；输家: *He is a bad loser. He always gets cross if I beat him.* 他是个输不起的人。每次我赢了他，他就发脾气。

☆**loss** /lɒs; *US* 美 lɔ:s ‖ lɔs/ *noun* **1** [U] no longer having sth or not having as much as before; the act of losing sth 失去；丧失；减少；损失: *loss of blood, money, etc* 失血；失去金钱… ○ *The loss* (= death) *of his wife was very sad for him.* 丧妻使他非常难过。 ○ *The plane crashed with great loss of life.* 飞机失事，很多人罹难。 **2** [C] a disadvantage 不利；损失: *If she leaves, it will be a big loss to the school.* 如果她离开，这将会是学校的一大损失。 **3** [C] the amount of money which is lost by a business 亏损额: *The firm made a loss of £5 million.* 公司的亏损额达五百万英镑。

(IDIOM 习语) **at a loss** not knowing what to do or say（茫然）不知所措

lost[1] *pt, pp* of LOSE ＊ LOSE 的过去时及过去分词

☆**lost**[2] /lɒst; *US* 美 lɔːst ‖ lɔst/ *adj* **1** (used about a person or an animal 指人或动物) unable to find the way 迷途；迷路: *This isn't the right road – we're completely lost!* 这条路不对——我们完全迷路了！○ *Don't get lost!* 不要掉队！**2** difficult or impossible to find; missing 难以/没法找到；遗失的；失踪的: *The notice said, 'Lost: a black and white cat in North Street.'* 这启事说："寻猫：寻找在北街失踪的一只黑白色花猫。" **3 lost (without)** not able to work in an efficient way or to live happily 没有…便不能有效率地工作/便感到不快: *I'm lost without my diary!* 没有了日记簿我真不知所措！○ *He would be lost without his old dog for company.* 没有他的狗作伴，他会感到失落。**4 lost on** not noticed or understood 不为人注意；不被理解: *The humour of the situation was completely lost on Joe and he got quite angry.* 约瑟夫完全看不出当时处境的幽默之处，居然很生气。

(IDIOMS 习语) **get lost** (*slang* 俚语) go away 走开: *'Get lost!' she said rudely and walked off.* "滚开！" 她粗鲁地说，然后离开。

a lost cause an ambition or aim that cannot be achieved 不能达成的志向/目标

ˌ**lost ˈproperty** *noun* [U] things that people have lost or left in a public place and that are kept in a special office for the owners to collect 尚未被认领的失物

☆**lot**[1] /lɒt ‖ lɑt/ *noun* [sing] ☛ 'Lot' in this sense is always used in the phrases **the lot**, **all the lot**, **the whole lot**. ＊ lot 按本词条的两项意义理解时一定用于 **the lot**、**all the lot**、**the whole lot** 等词组中。It can be used with either a singular or plural verb. 可与单数或复数动词连用。**1** the whole amount (of sth)（某物的）全体/全部/总量: *When we opened the bag of potatoes the whole lot was/were bad.* 我们打开那袋马铃薯一看，发觉全部都坏了。○ *Just one more suitcase and that's the lot!* 还只有一个手提箱，全部就是这么多了！**2** a whole group (of people) 一整群/一整组（人）: *The manager has just sacked the lot of them!* 经理刚刚把他们整组人都解雇了！

☆**lot**[2] /lɒt ‖ lɑt/ *pron* **a lot**; **lots** (*informal* 非正式) a large amount or number 大量；许多: *'How many people are coming to the party?' 'I'm not sure but a lot!'* "有多少人来聚会？" "我不能确定，但是会有很多人。" ○ *Have another piece of cake. There's lots left.* 再来一块蛋糕吧，还剩下很多呢。

a lot of (also *informal* 非正式 **lots of**) *det* a large amount or number of (sb/sth) 许多；大量: *There's been a lot of rain this year.* 今年已经下了很多雨。○ *Lots of love, Billy.* (= an informal ending for a letter) 献上无尽的爱。比利。（用于非正式的书信结尾）○ *There were a lot of people at the meeting.* 有很多人参加会议。

☆**lot**[3] /lɒt ‖ lɑt/ *adv* (*informal* 非正式) **1 a lot**; **lots** (before adjectives and adverbs 用于形容词及副词前) very much 很；非常: *It's a lot faster now that there's a motorway.* 有了高速公路，开车快得多了。○ *They see lots more of each other than before.* 他们见面比以前频繁多了。**2 a lot** very much or often 很；非常；常常: *Thanks a lot – that's very kind.* 多谢，十分感激。○ *It generally rains a lot at this time of year.* 每年这个时候都经常下雨。

lot[4] /lɒt ‖ lɑt/ *noun* **1** [C, with sing or pl verb] a group or set (of people or things of the same type) 一组/一套（同类事物）；一组/一班（人）: *This lot of clothes needs/need ironing – can you do it?* 这批衣服需要烫一下，你来做好吗？**2** [sing] the quality or state of a person's life; your fate 遭遇；命运；运气: *Although things have not been easy for him, he's always been perfectly happy with his lot.* 虽然他遇到的事情并不是那么顺利，但他对于自己的际遇一向都很满足。**3** [C] an object or group of objects that are for sale at an auction, (= a sale at which the object goes to the person who offers the highest price)（拍卖时的）一件物品/一批物品: *Lot 27: 6 chairs* 第27批拍卖品：6张椅子 **4** [C] (*US* 美) an area of land used for a particular purpose（作特定用途的）一块土地/场地: *a parking lot* (= a car-park) 停车场

(IDIOM 习语) **draw lots** ⇨ DRAW[2]

lotion /ˈləʊʃn ‖ ˈloʃən/ *noun* [C,U] liquid that you use on your hair or skin（用于头发或皮肤的）洗液/洗剂/涂液/涂剂；护肤液: *suntan lotion* 防晒油

lottery /ˈlɒtərɪ ‖ ˈlɑtərɪ/ *noun* [C] (*pl* **lotteries**) a way of raising money by selling tickets with numbers on them and giving prizes to the people who have bought certain numbers which are chosen by chance 抽彩给奖法（利用发行彩票筹款的方式）

☆**loud** /laʊd ‖ laud/ *adj* **1** making a lot of noise; not quiet 响亮；喧闹: *He's got such a loud laugh you can hear it next door!* 他的笑声那么响亮，你在隔壁也可以听到。○ *Can you turn the television down, it's a bit loud.* 可否把电视机的音量调低些，有点儿太吵了。☛ **Loud** is usually used to describe the sound itself or the thing producing the sound ＊ **loud** 通常用于形容声音本身或发出声响的东西: *a loud noise, a loud bang, loud music* 吵闹的声音；一声巨响；嘹亮的音乐. **Noisy** is used to describe a person, animal, place, event, etc that is very or too loud ＊ **noisy** 用于形容十分/过于嘈杂或喧闹的人、动物、地方、活动等: *a noisy road, party, etc, noisy neighbours, children, etc* 喧闹的道路/聚会…；吵闹的邻居/小孩… **2** (used about clothes, colours, behaviour 指衣服、颜色、行为) too bright or noticeable 太鲜艳；显眼；招摇: *Isn't that shirt a bit loud for a formal dinner?* 对于正式晚宴来说，那件衬衫是不是太鲜艳了一点？

loud *adv* making a lot of noise 大声；高声；喧闹: *Could you speak a bit louder – the people at the back can't hear.* 你说话可否大声一点？坐在后面的人听不到。

(IDIOM 习语) ˌ**out ˈloud** so that people can hear it 大声（以便别人可以听到）: *Shall I read this bit out loud to you?* 要我把这一段大声读给你听吗？

loudly *adv* in a loud way 高声 —**loudness** *noun* [U]

L

ˌ**loud'speaker** *noun* [C] **1** an apparatus for making sounds, voices, etc louder 扩音器；扬声器；喇叭: *The winner of the competition was announced over the loudspeaker.* 扬声器中宣布比赛优胜者的名字。**2** (*also* 亦作 **speaker**) the part of a radio, record-player, etc from which the sound comes out（收音机、唱机等的）扬声器/喇叭

lounge /laʊndʒ ‖ laʊndʒ/ *noun* [C] **1** a room in a house or hotel where you can sit comfortably（房子或旅馆内供人闲坐的）休息室/休息厅: *Let's go and have coffee in the lounge.* 我们一起去休息厅喝咖啡吧。**2** a room at an airport where passengers wait（机场的）候机室/候机厅: *the departure lounge* 离境候机室

lounge *verb* [I] **1** to sit or stand in a lazy way; to relax（懒洋洋地）坐着/站着；放松: *That looks a very comfortable sofa to lounge on.* 看来那是张可以懒洋洋靠着的舒服沙发。

2 lounge about/around to spend your time in a lazy way, not doing very much 懒洋洋地打发时间；百无聊赖地消磨时间: *I wish Ann wouldn't lounge around in her room all day reading magazines.* 我希望安妮不要再整天百无聊赖地在房间内看杂志。

'**lounge bar** (*also* 亦作 **sa'loon bar**) *noun* [C] a smart, comfortable bar in a pub or hotel (where the drinks are usually more expensive)（酒馆或旅馆内的）雅座酒吧 ☛ Look at **public bar**. 参看 **public bar**。

louse /laʊs ‖ laʊs/ *noun* [C] (*pl* **lice** /laɪs ‖ laɪs/) a small insect that lives on the bodies of animals and people 虱

lousy /'laʊzɪ ‖ 'laʊzi/ *adj* (**lousier**; **lousiest**) (*informal* 非正式) very bad 糟糕；极坏；很差: *We had lousy weather on holiday.* 假日天气很坏。○ *You'll feel lousy tomorrow if you drink too much.* 如果你喝太多酒，明天会感到很不舒服。

lout /laʊt ‖ laʊt/ *noun* [C] a young man who behaves in a rude, rough or stupid way 举止粗鲁/笨拙的年轻人: *The train was full of louts returning from the football match.* 火车上满是看完足球比赛的粗鲁青年。☛ Look at **hooligan**. It is similar in meaning. 参看 **hooligan**，这个词的意义与 lout 相近。—**loutish** *adj*

lovable /'lʌvəbl ‖ 'lʌvəbḷ/ *adj* easy to love because attractive and pleasant 可爱；讨人喜欢的

☆**love¹** /lʌv ‖ lʌv/ *noun* **1** [U] a very strong feeling of affection for sb/sth 爱；爱情；热爱: *The deep love and understanding between them lasted throughout their lives.* 他们俩情投意合，终身不变。○ *It was love at first sight.* 这是一见钟情。○ *I don't think she's marrying him for love!* 我不认为她是因爱他而嫁给他的！○ *Love of one's country is perhaps less important to the young people of today.* 对今天的年轻人来说，爱国或许已经不那么重要。☛ The opposite is **hate** or **hatred**. 反义词为 **hate** 或 **hatred**。**2** [U,sing] a strong feeling of interest in or enjoyment of sth 喜爱；爱好: *a love of adventure* 爱好冒险 **3** [C] a thing in which you are very interested 十分喜爱/感兴趣的东西: *Computers are the love of his life at the moment.* 目前计算机是他最感兴趣的东西。**4** [C] a person who is loved 爱人；情人；所爱的人: *Of course, my love.* 当然啦，亲爱的。☛ Look at **darling**. 参看 **darling**。**5** [C] (*Brit informal* 英，非正式) (a friendly way of speaking to sb (often sb you don't know) and used by women, or by men to women or children 对别人（多是不认识的人）的友善称呼语，女性用以称呼他人，男性用以称呼女性或儿童): *'Hello, love. What can I do for you?'* "你好，有什么要我帮忙吗？" ☛ Often written **luv**. 常写作 **luv**。**6** [U] (used in tennis 用于网球比赛) a score of zero 零分: *'15-love', called the umpire.* ＊"15 比 0。" 裁判员说。**7** [U] (*informal* 非正式) (a way of ending a letter to a friend or a member of your family 致友人或家人的书信中结尾的用语): *Lots of love from us all, Denise.* 谨此献上我们最诚挚的爱。丹尼斯上。

(IDIOMS 习语) **be in love (with sb)** to have a strong feeling of affection and sexual attraction (for sb) 热恋着（某人）: *They're very much in love (with each other).* 他们（彼此）爱得很深。

fall in love (with sb) to start to feel a strong affection and attraction for sb 爱上（某人）: *They fell in love and were married within two months.* 他们堕入爱河，两个月之内就结了婚。

give/send sb your love to give/send sb a friendly greeting 向（某人）问好/问候: *I haven't seen Mary for ages – give her my love, will you?* 我已经很久没有见过玛丽了——请代我向她问好，可以吗？

make love (to sb) to have sex（与某人）做爱/发生性行为

'**love-affair** *noun* [C] a (usually sexual) relationship between two people who love each other but are not married 恋爱关系；风流韵事

'**love-story** *noun* [C] (*pl* **love-stories**) a story or novel that is mainly about love 爱情故事；爱情小说

☆**love²** /lʌv ‖ lʌv/ *verb* [T] **1** to have a strong feeling of affection for sb/sth 爱（某人/某事物）: *'Do you love him?' 'Yes, very much.'* "你爱他吗？" "我很爱他。" ○ *It's wonderful to be loved.* 被爱真是幸福。**2** to like very much or to enjoy 喜爱；喜欢: *I love the summer!* 我喜爱夏季！○ *My father loves to listen/listening to music.* 我父亲喜欢听音乐。○ *'Would you like to come?' 'I'd love to.'* "你来吗？" "我很乐意。" ○ *'What about a drink?' 'I'd love one.'* "喝点东西好吗？" "好呀，要一杯。" ○ *We'd love you to come and stay with us.* 我们很希望你来，在我们这儿暂住。○ *The cat loves you stroking her just here.* 这猫喜欢你轻轻抚摸它这里。

☆**lovely** /'lʌvlɪ ‖ 'lʌvli/ *adj* (**lovelier**; **loveliest**) **1** beautiful or attractive 漂亮；动人；可爱: *a lovely room* 漂亮的房间 ○ *You look lovely with your hair short.* 你留短发看起来很可爱。**2** very nice, enjoyable or pleasant 美好；令人愉快的: *We had a lovely holiday in Wales.* 我们在威尔士过了一个愉快的假期。○ *It's lovely* *to see you again.* 再次见到你真叫人高兴。 —**loveliness** *noun* [U]

☆**lover** /ˈlʌvə(r) ‖ ˈlʌvɚ/ *noun* [C] **1** a person who is having a sexual relationship outside marriage（婚姻关系以外的）情人；情夫；情妇 ☛ Look at **mistress**. 参看 **mistress**。 **2 lovers** [plural] (*old-fashioned* 旧) two people who are in love or are having a sexual relationship without being married 情侣：*In the evening the park was full of young lovers walking hand in hand.* 晚上，公园内到处都是手挽着手漫步的年轻情侣。 ○ *It wasn't long before they became lovers.* 他们不久便成为情侣。 **3** a person who likes or enjoys the thing mentioned（某事物的）爱好者/热爱者：*a music lover* 音乐爱好者 ○ *an animal lover* 动物爱好者

loving /ˈlʌvɪŋ ‖ ˈlʌvɪŋ/ *adj* feeling or showing love or care 爱的；表示爱意的；钟爱的 —**lovingly** *adv*

☆**low**[1] /ləʊ ‖ lo/ *adj* **1** not high 矮；不高：*The dog will be able to jump over that fence – it's much too low.* 这条狗能够跳过那道栅栏——那太矮了。 **2** close to the ground or to the bottom of sth 低；接近地面；接近（某物）底部：*Hang that picture a bit higher, it's much too low!* 把那幅画挂高一点，那太低了！ **3** below the usual or normal level or amount 低于/少于通常或正常的水平或数量：*Temperatures were very low last winter.* 去年冬天的气温很低。 ○ *The price of fruit is lower in the summer.* 夏天的水果价格较便宜。 ○ *low wages* 低薪 **4** below what is normal in quality, importance or development（素质、重要性或发展）低于正常：*a low standard of living* 生活水平低 ○ *low status* 地位低微 **5** (used about behaviour, etc 指行为等) unpleasant; not respectable or honest 令人讨厌；卑劣；不诚实：*That was a rather low trick to play on you!* 那样玩弄你真是相当卑鄙的伎俩！ **6** (used about a sound or voice 指声音或嗓音) deep or soft and quiet 低沉；低声：*I'll play the low notes and you play the high ones.* 我奏低音，你奏高音。 **7** not cheerful or bright 不快乐；消沉；无精打采：*He's been feeling rather low since his illness.* 他自患病以来一直情绪低落。 **8** (used about a gear in a car 指车的排挡) that allows a slower speed 低：*You'll need to change into a low gear on this hill.* 在这山坡上，你需要转低速挡。

(IDIOM 习语) **high and low** ⇨ HIGH[2]

ˌ**lower** ˈ**case** *adj, noun* [U] (in) small letters, not capitals 用小写字母的；小写的：*A lower case R looks like this: r.* * R的小写字母是这样的：r。 ☛ The opposite is **upper case**. 反义词为 **upper case**。

ˌ**lower** -ˈ**class** *adj* belonging to a low social class 低下阶层的；下层阶级的 ☛ Look at **middle-class**, **upper-class**, and **working-class**. 参看 **middle-class**、**upper-class** 及 **working-class**。

ˌ**low**-ˈ**key** *adj* (used about the style of sth 指事物的风格) quiet, without a lot of preparation or fuss 低调；不招摇：*The wedding will be very low-key. We're only inviting ten people.* 婚礼从简，我们只邀请十个人。

lowland /ˈləʊlənd ‖ ˈlolənd/ *noun* [C, usually pl] a flat area of land usually around sea level 低地：*the lowlands near the coast* 近海岸的低地 ○ *lowland areas* 低洼地区

ˌ**low** ˈ**tide** *noun* [U] the time when the sea is at its lowest level 低潮：*At low tide you can walk out to the island.* 低潮时你可以步行到那小岛。 ☛ The opposite is **high tide**. 反义词为 **high tide**。

☆**low**[2] /ləʊ ‖ lo/ *adv* **1** in or to a low position, level, etc; near the ground or bottom; not high 在或向低的位置/水平；接近地面/底部；低；矮：*He reached down lower and lower – at last he had got it!* 他向下伸手越伸越低——终于拿到了！ ○ *'Whereabouts is the pain? Here?' 'A bit lower down,' she replied.* "哪里痛？这里？" "往下一点。" 她答道。 **2** (in music 音乐) with deep notes 低音调；低音：*Can you sing a bit lower?* 你能不能把音调唱低一点？

ˌ**low**-ˈ**lying** *adj* (used about land 指陆地) near to sea-level; not high 低洼的

ˌ**low**-ˈ**paid** *adj* not paying or earning much money 低工资：*low-paid workers* 低工资工人

low[3] /ləʊ ‖ lo/ *noun* [C] a low point, level, figure, etc 低点；低水平；小数目：*The pound has fallen to a new low against the dollar.* 英镑兑美元跌至新低点。

low-down /ˈləʊdaʊn ‖ ˈloˌdaʊn/ *noun* [sing] (*informal* 非正式)

(IDIOM 习语) **give sb/get the low-down (on sb/sth)** to tell sb/be told the true facts or secret information (about sb/sth) 告诉某人或得悉（有关某人/某事的）真相/实情/内幕：*Jeremy will give you the low-down on what went on at the meeting.* 杰里米会告诉你那次会议上所发生的事情的内幕。

☆**lower**[1] /ˈləʊə(r) ‖ ˈloɚ/ *adj* at the bottom of sth; being the bottom part of sth 较低；较下；下层的：*She bit her lower lip.* 她咬着下唇。 ○ *Write your notes in the lower left-hand corner.* 把评注写在左下角。 ☛ The opposite is **upper**. 反义词为 **upper**。

☆**lower**[2] /ˈləʊə(r) ‖ ˈloɚ/ *verb* [T] **1** to move sb/sth down 放下；降下：*They lowered the boat into the water.* 他们把小船放进水里。 **2** to make sth less in amount or quality 减低；降低；削弱：*The virus lowers resistance to other diseases.* 这病毒削弱身体对其他疾病的抵抗能力。 ☛ The opposite for **1** and **2** is **raise**. 第 **1**、**2** 义的反义词为 **raise**。

☆**loyal** /ˈlɔɪəl ‖ ˈlɔɪəl/ *adj* (used about a person 指人) not changing in your friendship or beliefs; faithful 忠诚；忠贞；忠心：*a loyal friend* 忠实的朋友 ○ *Will you remain loyal to the Conservatives at the next election?* 在下一次选举中，你会不会继续投保守党的票？ ☛ The opposite is **disloyal**. 反义词为 **disloyal**。 —**loyally** /ˈlɔɪəlɪ ‖ ˈlɔɪəlɪ/ *adv*

loyalty /ˈlɔɪəltɪ ‖ ˈlɔɪəltɪ/ *noun* (*pl* **loyalties**) **1** [U] the quality of being loyal 忠心；忠诚：*A dog is capable of great loyalty to its master.* 狗可以对主人极为忠心。 **2** [C] a feeling of friendship that makes you faithful towards sth/sb 忠于…的感情；忠诚：*I know where my loyalties lie.* 我知道我该忠于谁。

lozenge /ˈlɒzɪndʒ ‖ ˈlɑzɪndʒ/ *noun* [C] a sweet

L

that you suck if you have a cough or sore throat（咳嗽/喉病时吃的）锭剂；止咳糖；喉片

L-plate /'elpleɪt ‖ 'ɛlplet/ *noun* [C] a sign with a large red letter L (for 'learner') on it, that you fix to a car when you are learning to drive ＊L字牌（上面有红色L字母的牌，置于车辆的前后，以表示驾驶者在学习驾驶。L即learner）

lubricant /'lu:brɪkənt ‖ 'lubrɪkənt/ *noun* [C,U] a substance like oil used for making a machine, etc work smoothly 润滑剂；润滑油

lubricate /'lu:brɪkeɪt ‖ 'lubrɪˌket/ *verb* [T] to put oil, etc onto or into sth so that it works smoothly 加润滑油 —**lubrication** /ˌlu:brɪ'keɪʃn ‖ ˌlubrɪ'keʃən/ *noun* [U]

lucid /'lu:sɪd ‖ 'lusɪd/ *adj* (*formal* 正式) **1** (used about sth that is said or written clear and easy to understand 指说话或所写的东西) 清楚；易懂 **2** (used about a person's mind 指人的头脑) not confused; clear and normal 清醒；清晰 —**lucidly** *adv* —**lucidity** /lu:'sɪdətɪ ‖ lu'sɪdətɪ/ *noun* [U]

☆**luck** /lʌk ‖ lʌk/ *noun* [U] **1** the fact of something happening by chance 运气；机遇：*There's no skill in this game – it's all luck.* 这游戏没有什么技巧可言——全靠运气。○ *to have good, bad, etc luck* 运气好/差… **2** success or good things that happen by chance 好运；幸运；侥幸：*We'd like to wish you lots of luck in your new career.* 我们祝你在新的工作上事事顺利。○ *A four-leaved clover is supposed to bring you luck!* 四叶车轴草据说可以为你带来好运！

(IDIOMS 习语) **bad luck!**; **hard luck!** (used to express sympathy 表示同情)：*'Bad luck, darling. You can always try again.'* "真倒霉，亲爱的。但是你总可以再试一试。"

be bad/hard luck (on sb) to be unlucky (for sb) 不幸；倒霉：*It was very hard luck on you that he changed his mind at the last minute.* 你真倒霉，他在最后一刻改变了主意。

be in/out of luck to be lucky/unlucky 走运；不走运：*I was in luck – the shop had the book I wanted.* 我真走运，这家商店有我想买的那本书。

good luck (to sb) (used to wish that sb is successful 用于祝贺别人成功)：*Good luck! I'm sure you'll get the job.* 祝你好运！我相信你会得到那份工作。

worse luck ⇨ WORSE

☆**lucky** /'lʌkɪ ‖ 'lʌkɪ/ *adj* (**luckier**; **luckiest**) **1** (used about a person 指人) having good luck 幸运；运气好：*We were very lucky with the weather on holiday* (= it was fine). 我们真幸运，假期有这样好的天气。○ *I'm very lucky to have such good friends.* 我真幸运，有这样好的朋友。 **2** (used about a situation, event, etc 指情况、事件等) having a good result 有好的结果；完满：*It's lucky you reminded me* (= or I would have forgotten). 幸好你提醒了我。○ *a lucky escape* 侥幸逃脱 **3** (used about a thing 指事物) bringing success or good luck 带来好运的；吉祥：*a lucky number* 幸运号码 ○ *It was not my lucky day.* 那天我运气不好。

☛ The opposite for all senses is **unlucky**. 上述各义项的反义词均为 **unlucky**。

luckily /'lʌkɪlɪ ‖ 'lʌkɪlɪ/ *adv* fortunately 幸运地；幸好：*Luckily, I remembered to bring my umbrella.* 幸好我记得带雨伞。

lucrative /'lu:krətɪv ‖ 'lukrətɪv/ *adj* (*formal* 正式) producing a lot of money 有利润；赚钱的

ludicrous /'lu:dɪkrəs ‖ 'ludɪkrəs/ *adj* very silly; ridiculous 愚蠢；荒谬：*What a ludicrous idea!* 何等荒谬的念头！—**ludicrously** *adv*

lug /lʌg ‖ lʌg/ *verb* [T] (lu**gg**ing; lu**gg**ed) (*informal* 非正式) to carry or pull sth with great difficulty 费力地携带；用力拉

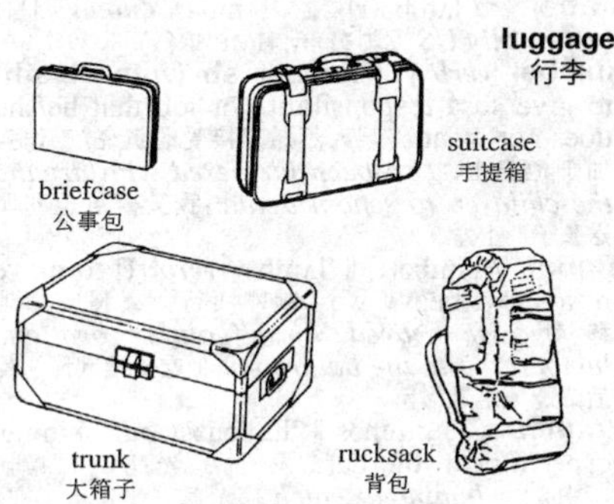

☆**luggage** /'lʌgɪdʒ ‖ 'lʌgɪdʒ/ (*also* 亦作 **baggage**) *noun* [U] bags, suitcases, etc used for carrying a person's things on a journey 行李：*'How much luggage are you taking with you?' 'Only one suitcase.'* "你带多少件行李？""只带一只手提箱。" ○ *We can fit one more piece of luggage in the boot!* 我们还可以在行李箱里多放一件行李！○ *All luggage should be checked in at the airport at least one hour before departure.* 旅客须在飞机起飞前最少一小时之内在机场办理行李托运手续。

> ☛ When flying you will be asked to pay for **excess luggage** if your suitcases weigh more than is allowed. 搭乘飞机时，行李超过所准许的重量，就要为超重行李 (**excess luggage**) 缴付费用。You are only allowed one piece of **hand luggage** that you carry with you on the aeroplane. 每人只准携带一件手提行李 (**hand luggage**) 上飞机。

'**luggage rack** *noun* [C] a shelf above the seats in a train or coach for putting your luggage on（火车或长途公共汽车座位上方的）行李架 ☛ picture at **rack**. 见 **rack** 插图。

lukewarm /ˌlu:k'wɔ:m ‖ 'luk'wɔrm/ *adj* **1** (used about liquids 指液体) only slightly warm 温热；微温 **2 lukewarm (about sb/sth)** not showing much interest; not keen 冷淡；不热心：*John's rather lukewarm about going to Iceland for a holiday.* 约翰对于去冰岛度假相当冷淡。

lull /lʌl ‖ lʌl/ *verb* [T] **1** to make sb/sth quiet or sleepy 使安静；使静下来入睡：*She sang a song to lull the children to sleep.* 她唱一首歌哄孩子

们入睡。**2** to make sb/sth feel safe, especially by deceiving them 使感到安全（尤指借哄骗）: *Our first success lulled us into a false sense of security.* 首次的成功使我们产生了一种虚假的安全感。

lull *noun* [C, usually sing] a short period of quiet; a pause in activity 平静下来的一段短时间；（活动的）暂停: *When she entered the room there was a lull in the conversation.* 她一进去，房间里的人就暂停谈话。

lullaby /ˈlʌləbaɪ ‖ ˈlʌləˌbaɪ/ *noun* [C] (*pl* **lullabies**) a gentle song that you sing to help a child to go to sleep 摇篮曲；催眠曲

lumber[1] /ˈlʌmbə(r) ‖ ˈlʌmbɚ/ *noun* [U] (*especially US* 尤为美) = TIMBER(1)

lumber *verb* [T] **lumber sb (with sb/sth)** to give sb a responsibility or job that he/she does not want 将某人不愿意接受的责任/工作强加于他身上: *I've been lumbered with driving the children to school again.* 我又要被迫驾车送孩子们上学。

lumber[2] /ˈlʌmbə(r) ‖ ˈlʌmbɚ/ *verb* [I] to move in a slow, heavy way 蹒跚而行；缓慢吃力地移动: *He heaved himself out of bed and lumbered into the bathroom.* 他吃力地起床，然后蹒跚地走进浴室。

luminous /ˈluːmɪnəs ‖ ˈlumənəs/ *adj* shining, especially in the dark 发光的/光亮（尤指黑暗中）: *a luminous watch* 夜光表

☆**lump**[1] /lʌmp ‖ lʌmp/ *noun* [C] **1** a piece of sth solid of any size or shape（任何大小/形状的）一块（固体）: *a lump of coal* 一块煤 ○ *The sauce was full of lumps.* 这酱汁内满是结块。**2** a hard swelling on or in the body 肿块: *You'll have a bit of a lump on your head where you banged it.* 你头上给撞伤的地方将会有个小肿块。

lump *verb* [T] **lump sb/sth (together)** to put people or things together; to consider or treat them as being all alike 把（人/事物）归并在一起；同等对待；归为一类

lumpy *adj* (**lumpier**; **lumpiest**) full of or covered with lumps 多块状物的；覆盖着块状物的

ˈ**lump sum** *noun* [C] an amount of money paid all at once rather than in several smaller amounts 一次总付的款项: *You'll receive a lump sum when you retire as well as your pension.* 你退休时除了退休金以外还会得到一笔一次性的款项。

lump[2] /lʌmp ‖ lʌmp/ *verb*

(IDIOM 习语) **lump it** (*informal* 非正式) to accept sth unpleasant whether you want to or not 忍受；勉强地接受（讨厌/不想要的事物）: *'I don't like this sweater Mum.' 'Well you'll just have to lump it – it's the only one that's clean!'* "妈，我不喜欢这件羊毛套衫。" "唉，你不喜欢也得穿上它——干净的就只有这一件！"

lunacy /ˈluːnəsɪ ‖ ˈlunəsɪ/ *noun* [U] very foolish behaviour 很愚蠢的行为: *It was lunacy to swim so far out to sea.* 游泳到离海岸太远的地方是很愚蠢的。

lunar /ˈluːnə(r) ‖ ˈlunɚ/ *adj* connected with the moon 月球的；与月球有关: *lunar dust* 月球尘 ○ *a lunar spacecraft* 登月太空船

lunatic /ˈluːnətɪk ‖ ˈlunəˌtɪk/ *noun* [C] **1** (*informal* 非正式) a person who behaves in a very foolish way 举止很愚蠢的人；怪人 **2** (*old-fashioned* 旧) a person who is mad 疯子

lunatic *adj* very foolish 极端愚蠢: *a lunatic idea* 极愚蠢的念头 ☛ Look at the note at **mad**. 参看 **mad** 的注释。

ˈ**lunatic asylum** *noun* [C] (*old-fashioned* 旧) a place where mentally ill people were kept in the past 疯人院

☆**lunch** /lʌntʃ ‖ lʌntʃ/ *noun* [C,U] a meal that you have in the middle of the day 午餐；午饭: *Hot and cold lunches are served between 12 and 2.* * 12时至2时供应冷热午餐。○ *What would you like for lunch?* 你午饭想吃些什么？

> ☛ You might take a **packed lunch** or a **picnic lunch** if you're out for the day. 如果整天都在外面，就可能需要带盒装午餐 (**packed lunch**) 或便携午餐 (**picnic lunch**)。If you're working you might have a **business lunch** or a **working lunch** (= working at the same time as having lunch). 工作日可能要吃业务午餐 (**business lunch**) 或工作午餐（**working lunch**，即一边工作一边吃午餐）。Look at the note at **dinner**. 参看 **dinner** 的注释。

lunch *verb* [I] to eat lunch 吃午饭；吃午餐: *Could you lunch with me one day next week?* 下星期你可以找一天跟我一起吃午饭吗？

ˈ**lunch-time** *noun* [C,U] the time around the middle of the day when lunch is eaten 午餐时间；午饭时间: *I'll meet you at lunch-time.* 我在午饭时间和你会面。

luncheon /ˈlʌntʃən ‖ ˈlʌntʃən/ *noun* **1** [C] a formal meal eaten in the middle of the day 正式的午餐/午饭；午宴: *The opening of the new shopping centre was followed by a luncheon in the town hall.* 举行新购物中心的开幕仪式之后，紧接着就是在市政厅所设的午餐会。**2** [U] (*formal* 正式) lunch 午餐；午饭

☆**lung** /lʌŋ ‖ lʌŋ/ *noun* [C] one of the two parts of the body that are inside your chest and are used for breathing 肺: *lung cancer* 肺癌

lunge /lʌndʒ ‖ lʌndʒ/ *noun* [C, usually sing] a sudden forward movement of the body, especially when trying to attack sb 突然向前冲/扑（尤指袭击人时）—**lunge** *verb*: *He lunged towards me with a knife.* 他持刀向我冲来。

lurch[1] /lɜːtʃ ‖ lɝtʃ/ *noun* [sing]

(IDIOM 习语) **leave sb in the lurch** ⇨ LEAVE[1]

lurch[2] /lɜːtʃ ‖ lɝtʃ/ *noun* [C] a sudden movement to one side, especially when out of control 突然倾斜/倾侧（尤指不受控制）: *The ship gave a tremendous lurch as it hit the iceberg.* 那艘船撞到了冰山之后突然倾斜得很厉害。—**lurch** *verb* [I]

lure /lʊə(r) ‖ lʊr/ *noun* [C] the power of attracting sb 吸引力；诱惑力；魅力: *the lure of money, fame, adventure, etc* 金钱/名气/冒险…的吸引力

lure *verb* [T] to attract or tempt sb/sth 吸引；

引诱；诱惑: *It's such a nice day – can I lure you away from your work?* 今天天气真好——你可不可以把工作暂时放下出去玩？

lurid /'lʊərɪd ‖ 'lʊrɪd/ *adj* **1** shocking, especially because violent or unpleasant 可怕/骇人听闻（尤指暴烈或令人讨厌的事物）: *The newspaper was criticized for its lurid description of the disaster.* 这份报纸对那场灾难的描述十分骇人听闻，因而受到批评。**2** having colours that are very or too bright（颜色）刺目/耀眼: *a lurid dress in purple and orange* 耀眼的橙紫色连衣裙 —**luridly** *adv*

lurk /lɜːk ‖ lɝk/ *verb* [I] to wait where you cannot be seen, especially when intending to do sth bad 潜伏/埋伏（尤指企图做坏事）: *I thought I saw somebody lurking among the trees.* 我仿佛看见有人潜伏在树丛中。

luscious /'lʌʃəs ‖ 'lʌʃəs/ *adj* (used about food 指食物) tasting very good 好吃；美味

lush /lʌʃ ‖ lʌʃ/ *adj* (used about plants 指植物) growing very thickly and well 茂盛；繁密

lust /lʌst ‖ lʌst/ *noun* **1** [U] strong sexual desire 强烈的性欲 **2** [C,U] (a) very strong desire to possess or get sth（拥有/取得某物的）强烈欲望；渴望: *a lust for power* 对权力的强烈欲望

lust *verb* [I] **lust after/for sb/sth** to have a very strong desire for sb/sth 贪求；渴求；渴望: *to lust for power, success, fame, etc* 贪求权力/成就/名誉…

lustful /-fl ‖ -fəl/ *adj* full of (sexual) desire 好色；淫荡: *lustful thoughts* 淫念 —**lustfully** /-fəlɪ ‖ -fəlɪ/ *adv*

luxurious /lʌg'ʒʊərɪəs ‖ lʌg'ʒʊrɪəs/ *adj* very comfortable; full of luxury 十分舒适；奢华；豪华: *a luxurious hotel* 豪华的旅馆 —**luxuriously** *adv*

☆**luxury** /'lʌkʃərɪ ‖ 'lʌkʃərɪ/ *noun* (*pl* **luxuries**) **1** [U] great comfort and pleasure, often including the use and enjoyment of expensive and beautiful things 奢侈；奢华；豪华: *They are said to be living in Barbados, in the greatest luxury.* 听说他们住在巴巴多斯，过着穷奢极侈的生活。○ *to lead a life of luxury* 过奢华的生活 ○ *a luxury hotel, car, yacht, etc* 豪华的旅馆/汽车/游艇… **2** [C] something that is enjoyable and expensive that you do not really need 奢侈品: *A holiday is a luxury we just can't afford this year.* 度假对我们来说是奢侈品，我们今年实在负担不起。○ *luxury goods, such as wine and cigarettes* 奢侈品，如酒和香烟 **3** [U,sing] a pleasure which you do not often have（不能够常常享有的）乐事/享受: *It was (an) absolute luxury to do nothing all weekend.* 整个周末闲着不做事，真是极其难得的享受。

lynch /lɪntʃ ‖ lɪntʃ/ *verb* [T] (used about a crowd of people 指一群人) to kill sb who is thought to be guilty of a crime, without a legal trial 以私刑处死（某人）

lyric /'lɪrɪk ‖ 'lɪrɪk/ *adj* (used about poetry 指诗) expressing personal feelings 抒情的

lyrics *noun* [plural] the words of a song 歌词: *Who wrote the lyrics?* 这阕歌词是谁写的？

lyrical /'lɪrɪkl ‖ 'lɪrɪkl̩/ *adj* like a song or a poem, expressing strong personal feelings 抒情诗般；感情丰富

M m

M, m /em ‖ ɛm/ *noun* [C] (*pl* **M's; m's**) the thirteenth letter of the English alphabet 英语字母表的第十三个字母: *'Manchester' begins with (an) 'M'.* ＊Manchester 这个词的第一个字母是 M。

ma'am /mæm; mɑːm ‖ mæm; mɑm/ *noun* [sing] (used when speaking to a woman, as a short form for 'madam' 用于称呼妇女，是 madam 的缩约式) ☛ In British English **ma'am** is old-fashioned but it is often used in US English as a polite way of addressing a woman. 在英国英语中，**ma'am** 是旧式用语；但在美国英语中，是对妇女礼貌的称呼。

mac = MACKINTOSH

macabre /mə'kɑːbrə ‖ mə'kɑbrə/ *adj* horrible and frightening because connected with death（与死亡有关）恐怖/可怕/令人毛骨悚然

macaroni /ˌmækə'rəʊnɪ ‖ ˌmækə'ronɪ/ *noun* [U] a type of Italian food made from dried flour and water (**pasta**) in the shape of hollow tubes 通心粉/通心面（意大利面食 (**pasta**) 的一种）

☆**machine** /mə'ʃiːn ‖ mə'ʃin/ *noun* [C] **1** (often in compounds 常用以构成复合词) a piece of equipment with several moving parts, made to perform a particular task 机器；机械: *a washing-machine* 洗衣机 ○ *Can you operate/work this machine?* 你能操作这部机器吗？○ *One of the machines has broken down.* 其中一部机器坏了。☛ Look at the note at **tool**. 参看 **tool** 的注释。**2** a system or organization carefully controlled and organized by a group of people（由一班人控制及组织的）工作体系/机构: *It's hard to understand the workings of the party machine* (= a political party). 人们难以明白政党组织机构的运作。

machinery /mə'ʃiːnərɪ ‖ mə'ʃinərɪ/ *noun* [U] machines in general or the moving parts of a machine 机器；机械（的总称）；机器的运转部分: *There's an exhibition of the latest farm machinery.* 有一个展出最新农业机器的展览。○ *the delicate machinery of a watch* 手表的精密机件

ma'chine-gun *noun* [C] a gun that fires bullets very quickly and continuously 机关枪；机枪

macho /'mætʃəʊ ‖ 'mætʃo/ *adj* (*informal* 非正式) (used about a man or his behaviour 指男子或其行为) very masculine in an aggressive way 有男子气概的；强健勇猛

mackintosh /'mækɪntɒʃ ‖ 'mækɪnˌtɑʃ/ (*also* 亦作 **mac**; **mack** /mæk ‖ mæk/) *noun* [C] (*especially Brit* 尤为英) a coat that is made to keep out the rain 雨衣

☆**mad** /mæd ‖ mæd/ *adj* (**madder**; **maddest**) **1** with a sick mind; mentally ill 疯癫；精神失常: *In the past people who were considered mad were locked up in the most terrible conditions.* 从前，那些被认为精神失常的人，会被关在环境极差的地方。☛ It is not usual nowadays to use **mad** or **insane** to describe a person who is not mentally normal. 今天通常不用 **mad** 或 **insane** 来形容精神有问题的人。We would use the expression **mentally ill**. 一般用 **mentally ill**。**2** very foolish; crazy 傻；愚蠢；荒唐: *My parents think I'm mad to leave school at 16.* 父母认为我 16 岁就退学是十分愚蠢的。**3 mad (at/with sb)** very angry 极为愤怒；十分恼火: *His laziness drives me mad!* 他这样懒惰，真把我气死了！○ *Don't get mad at him. He didn't mean to do it.* 别对他大动肝火，他不是有心这样做的。**4** not controlled; wild or very excited 不受控制；狂乱；野蛮: *We're always in a mad rush to get ready in the morning.* 我们早上总要拼命赶才能准备好出门。○ *The audience was cheering and clapping like mad* (= very hard). 观众疯狂地欢呼鼓掌。**5** (*informal* 非正式) **mad about/on sb/sth** extremely interested in sb/sth 对…极感兴趣/着迷: *He's mad on computer games at the moment.* 他近来沉迷于电脑游戏。○ *Steve's mad about Jane* (= he likes her very much). 史蒂夫迷恋着珍妮。

madly *adv* **1** in a wild or crazy way 疯狂；猛烈: *Stop rushing about madly and sit down for a minute!* 不要乱闯，坐一会儿！**2** extremely 极；非常: *They're madly in love.* 他们正在热恋中。

madness *noun* [U] **1** the state of being mad(1) 疯狂；精神失常 **2** foolish behaviour 愚蠢的行为: *It would be madness to take a boat out in such rough weather.* 天气这样恶劣还开船，真蠢。

'madman /-mən ‖ -mən/ **'madwoman** /-wʊmən ‖ -ˌwʊmən/ *noun* [C] a person who is mad(1) or who behaves in a foolish way 疯人；疯子；行为愚蠢的人: *Stop behaving like a madman!* 不要像个疯子那样！○ *There's a madman trying to overtake a bus on the hill!* 有个傻瓜在山坡上拼命奔跑，想超越一辆公共汽车。

madam /'mædəm ‖ 'mædəm/ *noun* [sing] **1** (*formal* 正式) a polite way of speaking to a woman, especially to a customer in a shop 女士/夫人（对妇女的礼貌称呼，尤用于招呼顾客）: *Can I help you, madam?* 太太，你想要买些什么？☛ Look at **ma'am** and **sir**. 参看 **ma'am** 及 **sir**。**2 Madam** used for beginning a formal letter to a woman when you do not know her name 用于公函的开头，以称呼不知姓名的妇女: *Dear Madam, I am writing in reply...* 敬启者：现谨就…回复…

madden /'mædn ‖ 'mædn̩/ *verb* [T] to make sb very angry or annoyed 激怒；使狂怒/生气 —**maddening** /'mædnɪŋ ‖ 'mædnɪŋ/ *adj*: *She has some really maddening habits.* 她有些使人极为气恼的恶习。—**maddeningly** *adv*

made *pt, pp* of MAKE ＊MAKE 的过去时及过去分词

☆**magazine** /ˌmægə'ziːn; *US* 美 'mægəziːn ‖ 'mægəˌzin/ *noun* [C] (also *informal* 非正式 **mag** /mæg ‖ mæg/) a type of book with a paper cover which is published every week or month and contains articles, advertisements, photographs and stories by various writers 杂志；期刊: *a woman's, computer, gardening, etc magazine* 妇女/计算机/园艺…杂志 ○ *a magazine article* 杂志上的一篇文章 ○ *How often does this magazine come out?* 这本杂志隔多久出版一次？

maggot /ˈmægət ‖ ˈmægət/ *noun* [C] an insect that looks like a small worm. Maggots grow from the eggs of flies, which have been laid in meat, cheese, etc. 蛆（外貌像小蚯蚓的昆虫，由蝇的卵孵出）

☆**magic** /ˈmædʒɪk ‖ ˈmædʒɪk/ *noun* [U] **1** (in stories 故事中) a power that can make extraordinary or impossible things happen 魔法；法术；巫术: *The witch had used her magic to turn the children into frogs.* 女巫用巫术把那些小孩变成了青蛙。☛ Look at **black magic**. 参看 **black magic**。**2** the art of performing extraordinary tricks to entertain people 魔术；戏法；幻术 **3** a special or fascinating quality or sth that has this quality 魔力；魅力: *I'll never forget the magic of that moment.* 我永不会忘记那使人陶醉的一刻。○ *The whole holiday was magic from beginning to end.* 整个假期从头至尾都使人着迷。

magic *adj* **1** used in or using magic 用于或施行巫术/魔术的: *a magic spell* 魔法咒语 **2** wonderful; excellent 令人惊叹；极佳: *The way she sings is absolutely magic.* 她的歌唱技巧真是妙不可言。

magical /-kl ‖ -kl/ *adj* **1** that seems to use magic or to produce it 巫术/魔术般；用巫术/魔术般: *This is a magical box that makes things disappear.* 这是个能够使物件消失的魔术箱。**2** mysterious and exciting 神秘；不可思议: *Father Christmas has a magical fascination for many children.* 对很多小孩来说，圣诞老人有不可思议的魅力。—**magically** /-klɪ ‖ -klɪ/ *adv*

magician /məˈdʒɪʃn ‖ məˈdʒɪʃən/ *noun* [C] **1** a person who performs magic tricks to entertain people 魔术师；变戏法的人 ☛ Look at **conjuror**. 参看 **conjuror**。**2** (in stories 故事中) a man who has magic power 巫师；术士 ☛ Look at **wizard**. 参看 **wizard**。

magistrate /ˈmædʒɪstreɪt ‖ ˈmædʒɪsˌtret/ *noun* [C] a judge in the lowest rank of lawcourt that deals especially with less serious crimes 地方法官

magnanimous /mægˈnænɪməs ‖ mægˈnænəməs/ *adj* generous (especially towards an enemy or a rival that you have beaten) 宽宏大量/慷慨（尤指对敌人或被自己击败的对手）

magnet /ˈmægnɪt ‖ ˈmægnɪt/ *noun* [C]a piece of iron that can attract and pick up iron and steel 磁铁；磁石

magnet
磁铁

magnetic /mægˈnetɪk ‖ mægˈnɛtɪk/ *adj* **1** having the ability of a magnet to attract iron and steel 有磁性: *Let's see if this metal is magnetic or not.* 让我们看看这块金属是否带有磁性。**2** having a quality that strongly attracts people 极有吸引力；有魅力: *She was the most magnetic speaker I have ever listened to.* 她是我所听过的演讲者中最有吸引力的一位。

magnetism /ˈmægnɪtɪzəm ‖ ˈmægnəˌtɪzəm/ *noun* [U] **1** the power of magnets to attract 磁性；磁力 **2** strong personal attraction 个人吸引力；魅力: *His magnetism made him a powerful and dangerous political figure.* 他的魅力使他成为一个既有势力又危险的政治人物。

magnetize (*also* 亦作 **magnetise**) /ˈmægnətaɪz ‖ ˈmægnəˌtaɪz/ *verb* [T] **1** to make sth become magnetic 使磁化 **2** to attract sb strongly 深深吸引；迷住

magnetic ˈtape *noun* [C,U] plastic tape covered with a magnetic substance and used for recording sound, films, etc 磁带

magnificent /mægˈnɪfɪsnt ‖ mægˈnɪfəsnt/ *adj* extremely good or beautiful; splendid 极美；宏伟；壮观: *What a magnificent castle!* 多么宏伟的城堡啊！—**magnificently** *adv* —**magnificence** /-sns ‖ -sns/ *noun* [U]

magnify
放大

magnifying glass
放大镜

magnify /ˈmægnɪfaɪ ‖ ˈmægnəˌfaɪ/ *verb* [T] (*pres part* **magnifying**; *3rd pers sing pres* **magnifies**; *pt, pp* **magnified**) **1** to make sth look bigger than it is 放大；扩大: *to magnify sth under a microscope* 用显微镜放大某物 **2** to make sth seem more important than it really is 夸大；夸张；渲染: *to magnify a problem* 把一个问题夸大 —**magnification** /ˌmægnɪfɪˈkeɪʃn ‖ ˌmægnəfəˈkeʃən/ *noun* [U]

ˈ**magnifying glass** *noun* [C] a lens that is held in your hand, and used for making things look bigger than they are 放大镜

magnitude /ˈmægnɪtjuːd; *US* 美 -tuːd ‖ ˈmægnəˌtud/ *noun* [U] the great size or importance of sth 巨大；庞大；重要（性）: *the magnitude of the problem* 问题的重要性

mahogany /məˈhɒgənɪ ‖ məˈhɑgənɪ/ *noun* [U] hard reddish-brown wood (from a tropical tree) that is used for making expensive furniture 红木/桃花心木（用以制造昂贵家具）

maid /meɪd ‖ med/ *noun* [C] a woman servant in a hotel or large house（旅馆或大宅的）女仆/女佣: *a chambermaid*（旅馆中整理房间的）女服务员 ○ *a housemaid* 女佣人

maiden /ˈmeɪdn ‖ ˈmedn/ *noun* [C] (*old-fashioned* 旧) a girl or unmarried woman 少女；年轻女子；未婚女子

ˈ**maiden name** *noun* [C] the surname that a

woman had before she got married（女子的）婚前姓氏；娘家姓氏

maiden 'voyage *noun* [C] the first journey of a new ship（船的）处女航/首航

☆**mail** /meɪl ‖ mel/ *noun* [U] **1** the system for collecting and delivering letters and parcels 邮政；邮递（制度）：*to send a parcel by airmail/surface mail* 以空邮/平邮方式邮寄包裹 ○ *a mail van* 邮政汽车 **2** = POST[3]: *junk mail* (= letters, usually advertising sth, that are sent to people although they have not asked for them) 垃圾邮件（自动寄来的邮件，通常是广告宣传品）☛ Look at the note at **post**. 参看 **post** 的注释。—**mail** *verb* [T] (*especially US* 尤为美) = POST[4]

'mailbox *noun* [C] (*US* 美) **1** = LETTER-BOX(2) **2** = POSTBOX

'mailing list *noun* [C] a list of the names and addresses of people to whom advertising material or information is sent（广告宣传品或印刷资料的）邮寄名单

'mailman /-mæn ‖ -ˌmæn/ *noun* [C] (*pl* **mailmen** /-mən ‖ -mən/) (*US* 美) = POSTMAN

'mail order *noun* [U] a method of shopping. You choose what you want from a special book (**a catalogue**) and the goods are then sent to you by post. 邮购（顾客从目录册 (**catalogue**) 里选购货品，卖方以邮递方式把货品寄出）

maim /meɪm ‖ mem/ *verb* [T] to hurt sb so badly that part of the body can no longer be used 使残废

☆**main**[1] /meɪn ‖ men/ *adj* (only *before* a noun 只用于名词前) most important; chief 最重要；主要：*My main reason for wanting to learn English is to get a better job.* 我想学英语的主要原因是为了找一份更好的工作。○ *a busy main road* 繁忙的大路 ○ *Do you eat your main meal at midday or in the evening?* 你是在中午还是在晚上吃正餐？○ *Don't write everything down – just make a note of the main points.* 不要把所有东西都写下来，只需记下重点便可。○ *He doesn't earn very much but he's happy. That's the main thing.* 他赚钱不多，但他很快乐。那才是最重要的。

(IDIOM 习语) **in the main** generally; mostly 一般说来；大体上：*We found English people very friendly in the main.* 我们发觉英国人大体上都很友善。

mainly *adv* mostly 大部分：*The students here are mainly from Japan.* 这里的学生大部分来自日本。

ˌmain 'line *noun* [C] the main railway line between two places 铁路主线；铁路干线：*a main-line station* 铁路干线车站

main[2] /meɪn ‖ men/ *noun* [C] a large pipe or wire that carries water, gas or electricity to a building or that takes waste water away from it（自来水、煤气或污水的）总管/主要管道；（电力的）总线/干线：*The water main has burst.* 总水管爆裂了。☛ Often the form **mains** is used and this can take either a singular or plural verb 常用 **mains** 这个形式，可与单数或复数动词连用：*Turn the water off at the mains.* 关掉总水管的开关。

mainland /'meɪnlænd ‖ 'menˌlænd/ *noun* [sing] the main part of a country or continent, not including the islands around it 大陆；本土：*They took the ferry back from Skye to the mainland.* 他们乘坐渡轮从斯凯岛返回英国本土。

mainstay /'meɪnsteɪ ‖ 'menˌste/ *noun* [C] (*figurative* 比喻) a person or thing that helps sb/sth to work well or to be strong 主要依靠；主要支柱；台柱；靠山

mainstream /'meɪnstri:m ‖ 'menˌstrim/ *noun* [sing] the way that most people think or behave 主流（思想或行为）；主要倾向：*The Green Party is not in the mainstream of British politics.* 绿党不属于英国政治的主流。

☆**maintain** /meɪn'teɪn ‖ men'ten/ *verb* [T] **1** to continue to have or do sth; to keep sth at the same level or standard 使继续；维持；保持：*We need to maintain the quality of our goods but not increase the price.* 我们要保持货品的质量但不加价。○ *to maintain law and order* 维持法律和秩序 ○ *to maintain a constant temperature* 保持恒温 **2** to support sb by paying for the things he/she needs 供给；赡养；扶养：*He has to maintain two children from his previous marriage.* 他要扶养前次婚姻的两名子女。**3** to keep sth in good condition 保养；维修：*to maintain a road, building, machine, etc* 保养道路/建筑/机器… **4** to say that sth is true 坚称；断言；相信：*In the Middle Ages people maintained that the Sun went round the Earth.* 中世纪的人相信太阳围绕地球运行。

maintenance /'meɪntənəns ‖ 'mentənəns/ *noun* [U] **1** keeping sth in good condition 保养；维修：*This house needs a lot of maintenance.* 这房子需要维修的地方很多。○ *car maintenance* 汽车维修 **2** money that you pay to the people that you are legally responsible for, when you no longer live with them 赡养费；扶养费：*He has to pay maintenance to his ex-wife and children.* 他要给前妻及子女付扶养费。

maisonette (*also* 亦作 **maisonnette**) /ˌmeɪzə'net ‖ ˌmezə'nɛt/ *noun* [C] a flat on two floors that is part of a larger building（占有两层楼的）公寓套房

maize /meɪz ‖ mez/ (*US* 美 **corn**) *noun* [U] a tall plant that produces yellow grains in a large mass (**a cob**) 玉蜀黍；玉米（玉米棒子叫做 **cob**）☛ picture at **corn**. 见 **corn** 插图。Look at **sweet corn**. 参看 **sweet corn**。

majestic /mə'dʒestɪk ‖ mə'dʒɛstɪk/ *adj* making a strong impression because it is dignified or beautiful 雄伟；壮丽；威严；高贵：*a majestic mountain landscape* 雄伟壮丽的山区景色 —**majestically** /-klɪ ‖ -klɪ/ *adv*

majesty /'mædʒəstɪ ‖ 'mædʒəstɪ/ *noun* (*pl* **majesties**) **1** [U] the quality of being grand or dignified like a king or queen（像国王或女王般的）庄重/威严/尊贵：*the splendour and majesty of the palace and its gardens* 皇宫及四周庭园建筑宏伟，气派庄严 **2 Majesty** [C] (used when speaking to or about a royal person 称呼或提及君主/皇室成员时用) 陛下：*Her Majesty the Queen* 女王陛下

☆**major**[1] /'meɪdʒə(r) ‖ 'medʒɚ/ *adj* (only *before* a noun 只用于名词前) great in size, importance,

M

seriousness, etc 庞大；重要；严重: *The patient needs major heart surgery.* 病人的心脏需要施行大手术。○ *a major road* 要道 ○ *There haven't been any major problems.* 从没有任何重大的难题。☛ The opposite is **minor**. 反义词为 **minor**。

major *verb*

(PHRASAL VERB 短语动词) **major in sth** (*US* 美) to study sth as your main subject at college or university 主修/专研（学院或大学的某一科目）

major² /ˈmeɪdʒə(r) ‖ ˈmedʒɚ/ *noun* [C] an officer of middle rank in the army 陆军少校

ˌmajor-ˈgeneral *noun* [C] an officer of high rank in the army 陆军少将

☆**majority** /məˈdʒɒrətɪ; *US* 美 -ˈdʒɔːr- ‖ məˈdʒɔrətɪ/ *noun* (*pl* **majorities**) **1** [sing] the largest number or part of sth 大多数；多数: *The majority of students in the class come from Japan.* 班上大多数的学生来自日本。Look at **minority**. 参看 **minority**。**2** [C] **majority (over sb)** the difference in the number of votes in an election for the person/ party who came first and the person/party who came second 超过对方的票数: *He was elected by a majority of over 5 000 votes.* 他以超过对方5 000余票当选。☛If you have an **overall majority** you got more votes than all the other people/parties added together. 得到全部大多数票数 (**overall majority**)，即所得的选票比所有其他候选者/政党所得的总和多。

(IDIOM 习语) **be in the/a majority** to form the largest number or part of sth 占多数；属多数: *The Labour Party is in the majority on the Council.* 工党占议会多数的议席。

☆**make¹** /meɪk ‖ mek/ *verb* [T] (*pt*, *pp* **made** /meɪd ‖ med/) **1** to produce sth or to cause sth to appear 做；制作；制造；创造: *Can you make me a cup of tea, please?* 请给我泡杯茶好吗？○ *They make VW cars in Wolfsburg.* 他们在沃尔夫斯伯格制造大众牌汽车。○ *made in Britain* (= on a label) 英国制造（用于标签上）○ *What's that shirt made of?* (= what material) 那件衬衫是用什么料子制成的？○ *The coffee made a stain on the carpet.* 咖啡在地毯上形成了一处污渍。**2** (used with nouns 与名词连用) to perform a certain action 发表某行动：*to make a mistake, a noise, a statement, a suggestion, etc* 犯错；发出声音；发表声明；提出建议… ○ *to make progress* 有进步 ☛ Often there is a verb with a similar form, eg **decide/make a decision**. 通常都有一个形式相似的动词，如 **decide/make a decision**。If you use 'make' + noun, you can use an adjective with it 如果用 make + 名词，可在名词前面加上形容词: *He made the right decision.* 他作出了正确的决定。○ *They made a generous offer.* 他们提出了一个优厚的价钱。**3** to cause a particular action, feeling or situation 引起/导致（某行动、感受或情况）: *The film made me cry.* 看这部电影使我哭起来。○ *That dress makes you look thin.* 那件连衣裙使你看起来很窈窕。○ *Flying makes him nervous.* 坐飞机使他紧张。○ *Her remarks made the situation worse.* 她的话使情况更坏。○ *We can make this room into a bedroom.* 我们可以把这个房间改成卧室。**4** to force sb/sth to do sth 迫使: *They made him wait at the police station all day.* 他们要他整天在警察局里等候。☛ In the passive we must use **to** 在被动语态中必须用 **to**: *He was made to wait at the police station.* 他被迫在警察局里等待。**5** (used with *clear*, *certain* and *sure* 与 clear、certain、sure 连用): *She made it clear that she didn't agree.* 她清楚表示她不同意。○ *Make sure you lock the car.* 要确保汽车已经锁好。○ *I made certain I had enough money.* 我肯定我有足够的钱。**6** (used with money, numbers and time 与金钱/数字/时间连用): *He makes* (= earns) *£20 000 a year.* 他一年挣20 000英镑。○ *to make a lot of money* 赚很多钱 ○ *5 and 7 make 12.* * 5加7等于12。○ *'What do you make the answer?' '28.'* "你得出的答案是多少？" "28。" ○ *'What's the time?' 'I make it 6.45.'* "现在几点钟？" "我看是6点45分。" **7** to have the right qualities to be sth; to make sth perfect 使成为…；使完美: *She'll make a good teacher.* 她会是一位好老师。○ *The beautiful weather really made our holiday.* 风和日丽的天气真的使我们的假期十全十美。**8** to give sb a job or elect sb to a position 委派；任命；选举: *She was made Minister of Health.* 她出任卫生大臣。**9** to reach a place; to be able to go somewhere 到；抵达；可到达: *We should make Bristol by about 10.* 我们应该在10时左右抵达布里斯托尔。○ *I'm afraid I can't make the meeting next week.* 我恐怕不能出席下星期的会议。

(IDIOMS 习语) **make do with sth** to use sth that is not good enough because nothing better is available 将就使用；用某种东西勉强应付: *If we can't get limes, we'll have to make do with lemons.* 如果我们没有酸橙，只好将就一下用柠檬。

make it 1 to get to a place (in time); to go to a place you have been invited to 及时抵达/赶到；出席；到（被邀请去的地方）: *The train leaves in 5 minutes. We'll never make it!* 火车5分钟后便开出，我们肯定赶不上。○ *I'm afraid I can't make it to your party.* 很抱歉，我不能出席你的宴会。**2** to be successful 成功: *She'll never make it as an actress.* 她将永远不能成为出色的演员。

make the most of sth to get as much pleasure, profit, etc as possible from sth 充分利用某事物（以求取得最大的满足感、利润等）: *You won't get another chance – make the most of it!* 你不会有另一次机会——好好把握它啊！☛ For other expressions with **make**, look at the noun and adjective entries, eg for **make love** look at **love**. 查阅其他与 **make** 搭配组成的词语，参看有关名词及形容词词条，如 **make love** 可参看 **love** 的词条。

(PHRASAL VERBS 短语动词) **make for sb/sth** to move towards sb/sth 走向；朝某人/某物前进

make for sth to help or allow sth to happen 有助于/造成/促成某事发生: *Arguing all the time doesn't make for a happy marriage.* 经常争吵不利于维系美满的婚姻。

be made for sb/each other to be well suited to sb/each other 非常协调；（彼此间）天

造地设: *Jim and Alice seem made for each other.* 吉姆和艾丽斯真似天生的一对。

make sb/sth into sb/sth to change sb/sth into sb/sth 使变成/转变为: *She made her spare room into an office.* 她把那个多余的房间改装为办公室。

make sth of sb/sth to understand sb/sth 懂得；理解: *I don't know what to make of my boss* (= I can't understand him). 我无法理解我的上司。

make off (*informal* 非正式) to leave or escape in a hurry 匆忙离开/逃走

make off with sth (*informal* 非正式) to steal sth and leave quickly with it 偷走某物后匆匆离去: *Someone's made off with my wallet!* 有人偷走了我的钱包！

make sb/sth out **1** to understand sb/sth 了解或明白某人/某事物: *I just can't make him out.* 我真的没法了解他。○ *Can you make this form out?* 你是否看得懂这份表格？ **2** to be able to see or hear sb/sth; to manage to read sth 看出/听出/辨认出某人或某物: *I could just make out her signature.* 我只能勉强辨认出她的签名。

make sth out to write or complete sth 写出；开出；填写: *She made out a cheque for £100.* 她开出了一张100英镑的支票。

make out that...; make yourself out to be sth to say that sth is true and try to make people believe it 声称；企图证明某事是真的: *He made out that he was a millionaire.* 他声称自己是百万富翁。○ *She's not as clever as she makes herself out to be.* 她并不像她自己所说的那么聪明。

make (sb) up to put powder, lipstick, etc on the face（为自己/某人）化妆

make sth up **1** to form 构成；组成: *the different groups that make up our society* 组成我们这个社会的不同群体 **2** to invent sth, often sth that is not true 编造；捏造；虚构: *to make up an excuse* 编造借口 **3** to make a number or an amount complete 补充；补足；凑足: *We need one more person to make up our team.* 我们还需要添一个人才可以凑足一队。

make up for sth to do sth that corrects a bad situation 补救；弥补: *Her enthusiasm makes up for her lack of experience.* 她的热诚弥补了她的经验不足。

make it up to sb (*informal* 非正式) to do sth that shows that you are sorry for what you have done to sb or that you are grateful for what they have done for you 向某人赔罪；报答/酬谢某人: *You've done me a big favour. How can I make it up to you?* 你帮了我大忙，我怎样才能报答你呢？

make (it) up (with sb) to become friends again after a quarrel 和好；和解；言归于好: *Has she made it up with him yet?* 她跟他和解了没有？

☆**make²** /meɪk ‖ mek/ *noun* [C] the name of the company that produced sth 牌子: *'What make is your television?' 'It's a Sony.'* "你的电视机是什么牌子？" "索尼。"

make-believe /'meɪk bɪli:v ‖ 'mekbəˌliv/ *noun* [U] pretending or imagining sth; the things that are imagined 假装；想像；想像出来的东西: *I don't believe his stories – they're all make-believe.* 我不相信他那些话——全是编造出来的故事。

☆**maker** /'meɪkə(r) ‖ 'mekɚ/ *noun* [C] a person or company that makes sth 制造者；制造商；制造厂: *a dressmaker* 裁缝

makeshift /'meɪkʃɪft ‖ 'mekˌʃɪft/ *adj* used for a short time until there is sth better 权宜；临时；暂时代用的: *The refugees built makeshift shelters out of old cardboard boxes.* 难民用旧纸箱搭起了临时的栖身之所。

make-up /'meɪkʌp ‖ 'mekˌʌp/ *noun* **1** [U] powder, cream, etc that you put on your face to make yourself more attractive. Actors use make-up to change their appearance when they are acting 化妆品: *to put on/take off make-up* 化妆；卸妆 ○ *She wears a lot of make-up.* 她的化妆很浓。☛ Look at **cosmetics**. 参看 **cosmetics**。The verb is **make up/make yourself up**. 动词为 **make up/make yourself up**。 **2** [sing] a person's character 性格；气质: *He can't help his temper. It's part of his make-up.* 他控制不住自己的脾气，这是性格使然。

making /'meɪkɪŋ ‖ 'mekɪŋ/ *noun* [sing] the act of doing or producing sth 造成；制造；产生: *breadmaking* 烘制面包

(IDIOMS 习语) **be the making of sb** be the reason that sb is successful 为某人成功的因素: *Rachel worked for a year before she went to university and it was the making of her.* 雷切尔在上大学前工作了一年，这是她成绩优秀的原因。

have the makings of sth to have the necessary qualities for sth 具备必要条件: *The book has the makings of a good film.* 这本书可以改编成一部好电影。

maladjusted /ˌmælə'dʒʌstɪd ‖ ˌmælə'dʒʌstɪd/ *adj* (used about a person 指人) not able to behave well with other people 与他人格格不入 —**maladjustment** /ˌmælə'dʒʌstmənt ‖ ˌmælə-'dʒʌstmənt/ *noun* [U]

malaria /mə'leərɪə ‖ mə'lɛrɪə/ *noun* [U] a serious disease that you may get when you have been bitten by a small flying insect (**a mosquito**) that lives in hot countries 疟疾（由蚊子 (**mosquito**) 传播）

☆**male** /meɪl ‖ mel/ *adj* belonging to the sex that does not give birth to babies or lay eggs 男性；雄性；公: *A male goat is called a billy.* 公山羊叫 billy。☛ Look at the note at **female**. 参看 **female** 的注释。

male *noun* [C] a male person or animal 男人；雄性动物

male 'chauvinism *noun* [U] the belief that men are better than women 大男子主义

male 'chauvinist *noun* [C]

malice /'mælɪs ‖ 'mælɪs/ *noun* [U] a wish to hurt other people 恶意；恶念 —**malicious** /mə'lɪʃəs ‖ mə'lɪʃəs/ *adj* —**maliciously** *adv*

malignant /mə'lɪgnənt ‖ mə'lɪgnənt/ *adj* (used to describe tumours in the body 用以形容肿瘤) likely to cause death if not controlled 恶性；

M

致命 ☛ The opposite is **benign**. 反义词为 **benign**。

mall /mæl; mɔːl ‖ mɔl/ *noun* [C] = SHOPPING MALL

mallet /ˈmælɪt ‖ ˈmælɪt/ *noun* [C] a heavy wooden hammer 木槌 ☛ picture at **tool**. 见 **tool** 插图。

malnutrition /ˌmælnjuːˈtrɪʃn; *US* 美 -nuː- ‖ ˌmælnuˈtrɪʃən/ *noun* [U] bad health that is the result of not having enough food or enough of the right kind of food 营养不良

malt /mɔːlt ‖ mɔlt/ *noun* [U] grain that has been left in water for a long time and then dried. Malt is used for making beer and whisky 麦芽（用于制啤酒及威士忌酒）

maltreat /ˌmælˈtriːt ‖ mælˈtrit/ *verb* [T] (*formal* 正式) to treat a person or animal cruelly or unkindly 残暴地对待/虐待（人或动物）—**maltreatment** *noun* [U]

mammal /ˈmæml ‖ ˈmæml̩/ *noun* [C] an animal of the type that gives birth to live animals and does not lay eggs. Mammals feed their babies on milk from their bodies 哺乳动物：*Birds and fish are not mammals but whales and dolphins are.* 鸟和鱼都不是哺乳动物，而鲸鱼和海豚则是。

mammoth /ˈmæməθ ‖ ˈmæməθ/ *adj* very big 巨大；庞大

☆**man**[1] /mæn ‖ mæn/ *noun* (*pl* **men** /men ‖ mɛn/) **1** [C] an adult male person（成年）男子；男人：*a handsome man in his mid-twenties* 一个二十多岁的英俊男子 ○ *men, women and children* 男人、女人和儿童 **2** [C] a person of either sex, male or female（不论性别的）人：*All men are equal.* 人人平等。○ *No man could survive long in such conditions.* 在那种情况下，没有人能活得久。**3** [sing] the human race; human beings 人类：*Early man lived by hunting and gathering.* 原始人以狩猎和采集为生。○ *Why is man so destructive?* 为什么人类这么喜欢破坏？☛ Some people do not like the way **man** is used in senses 2 and 3 (or the use of **mankind** to mean 'all men and women') because it seems that women are not included. 有些人不喜欢 **man** 在第2及第3义项里的用法（又或者用 **mankind** 指所有男人和女人），因为这好像不包括女人。They prefer to use **humanity**, **the human race**, or **people**. 这些人比较喜欢用 **humanity**、**the human race** 或 **people**。**4** [C] a husband, boyfriend or male lover 丈夫；男朋友；（男性）情人：*to become man and wife* (= to get married) 结婚 **5** [C, usually pl] a man of low rank in the army, etc who takes orders from an officer（军队中低级的）男性士兵：*officers and men* 军官与士兵 **6** (*informal* 非正式) (used when you are talking to sb 当面招呼时用)：*Hey, man, can you lend me a pound?* 喂，老兄，可以借一英镑给我吗？

(IDIOMS 习语) **the man in the street** (*Brit* 英) an ordinary man or woman 普通人；常人；一般人

the odd man/one out ⇨ ODD

-man (in compounds 用以构成复合词) **1** a person who lives in a particular place 居住在某地方的人：*a Frenchman* 法国人 ○ *a countryman* 乡下人 **2** a person who has a particular job 从事某职业的人：*a businessman* 商人 ○ *a fireman* 消防员

man[2] /mæn ‖ mæn/ *verb* [T] (ma**nn**ing; ma**nn**ed) to operate sth or to provide people to operate sth 操纵；操作；提供操作人员：*to man a boat, gun, telephone, etc* 驾驶小艇；用枪；用电话… ○ *When was the first manned space flight?* 第一次由人操纵的宇宙飞行是在什么时候？

☆**manage** /ˈmænɪdʒ ‖ ˈmænɪdʒ/ *verb* **1** [T] to be in charge or control of sth 管理；掌管；控制：*She manages a small advertising business.* 她经营一家小规模的广告公司。**2** [I,T] (often with *can* or *could* 常与 can 或 could 连用) to be able to do sth or to deal with sth 能够做到/应付：*We are sorry we didn't manage to see you while we were in Scotland.* 可惜我们在苏格兰的时候没法见到你。○ *I can't manage this suitcase. It's too heavy.* 我拿不动这个手提箱，太重了。○ *However did you manage to find us here?* 你到底是怎样在这里找到我们的？○ *Paula can't manage next Tuesday* (= she can't come then) *so we'll meet another day.* 下星期二葆拉不能来，因此我们要改天见面。**3** [I] **manage (on sth); manage (without sb/sth)** to have a reasonable way of life（生活上）过得去/能够应付过去：*They live in the country and couldn't manage without a car.* 他们住在乡下，没有车是不行的。○ *It's hard for a family to manage on just one income.* 一个家庭单靠一个人的收入是很难维持生活的。

manageable *adj* not too big or too difficult to control or look after 可控制；可管理；可应付：*a garden of manageable size* 面积不太大的花园

ˌ**managing diˈrector** *noun* [C] a person who controls a business or company 常务董事；总裁；总经理

☆**management** /ˈmænɪdʒmənt ‖ ˈmænɪdʒmənt/ *noun* **1** [U] the control or organization of sth 管理；处理；经营：*Good management is the key to success in business.* 良好的管理是生意成功的关键。○ *management training* 管理训练 **2** [C] the people who control a business or company 管理人员；管理阶层；管理部门：*The hotel is now under new management.* 这家旅馆现在由新的管理人员管理。☛ In the singular, **management** can be used with a singular or plural verb * **management** 的单数形式可与单数或复数动词连用：*The management is/are considering making some workers redundant.* 管理部门正考虑裁员。

☆**manager** /ˈmænɪdʒə(r) ‖ ˈmænɪdʒɚ/ *noun* [C] **1** a man or woman who controls an organization or part of an organization 经理：*Clive's the manager of a shoe shop.* 克莱夫是一家鞋店的经理。○ *a bank manager* 银行经理 ○ *a sales manager* 销售经理 ○ *an assistant manager* 助理经理 **2** a person who looks after the business affairs of a singer, actor, etc 经理人/经理（处理歌手、演员等演出事务的人）**3** a person who looks after a sports team（体育队伍的）经理：*the England team manager* 英格兰队的经理

manageress /ˌmænɪdʒəˈres ‖ ˈmænɪdʒərɪs/ *noun* [C] the woman who is in charge of a shop or restaurant（商店或餐馆的）女经理/女管理人

mandarin /ˈmændərɪn ‖ ˈmændərɪn/ (*also* 亦作 **mandarin orange**) *noun* [C] a type of small orange whose skin comes off easily 橘子

mandate /ˈmændeɪt ‖ ˈmændet/ *noun* [usually sing] the power that a group of people has to do sth as a result of winning an election（赢得选举后所获的）授权: *The union leaders had a clear mandate from their members to call a strike.* 那些工会领袖得到会员的明确授权，发动罢工。

mane /meɪn ‖ men/ *noun* [C] the long hair on the neck of a horse or male lion（马）鬃；（狮）鬣 ☛ picture at **horse**. 见 **horse** 插图。

maneuver (*US* 美) = MANOEUVRE

mangle /ˈmæŋgl ‖ ˈmæŋgl̩/ *verb* [T] to damage sth greatly so that it is difficult to see what it used to look like 严重损坏，使面目全非: *The motorway was covered with the mangled wreckage of cars and vans.* 高速公路上满布损坏不堪的汽车和货车的残骸。☛ **Mangle** is most often used in the passive. * **mangle** 大多用于被动语态。

mango /ˈmæŋgəʊ ‖ ˈmæŋgo/ *noun* [C] (*pl* **mangoes** or **mangos**) a tropical fruit that has a yellowish red skin and is yellow inside 芒果

manhole /ˈmænhəʊl ‖ ˈmænˌhol/ *noun* [C] a hole in the street with a lid over it through which sb can go to look at the pipes, wires, etc that are underground 人孔/检修孔（街道的有盖洞口，供有关人员检查地下的管道、电线等）

manhood /ˈmænhʊd ‖ ˈmænhʊd/ *noun* [U] the state of being a man rather than a boy（男性的）成年（阶段）: *to reach manhood* 成年

mania /ˈmeɪnɪə ‖ ˈmenɪə/ *noun* **1** [U] a serious mental illness that may cause a person to be very excited or violent 癫狂/躁狂（一种严重的精神病）**2** [C] (*informal* 非正式) a very great love (for sth) 癖好；狂热: *She's got a mania for keeping things tidy.* 她有把东西保持得整整齐齐的癖习。

maniac /ˈmeɪnɪæk ‖ ˈmenɪˌæk/ *noun* [C] **1** a person who is mad and dangerous 疯子；狂人: (*figurative* 比喻) *to drive like a maniac* 发疯似地驾车 **2** a person who has a great love for sth 狂热者: *a football maniac* 足球迷

manicure /ˈmænɪkjʊə(r) ‖ ˈmænɪˌkjʊr/ *noun* [C,U] treatment to make your hands and fingernails look nice 修剪指甲

manifest /ˈmænɪfest ‖ ˈmænəˌfɛst/ *verb* [T] (*formal* 正式) **1** to show sth clearly 表明；清楚显示 **2 manifest itself/themselves** to appear 出现；显露: *Mental illness can manifest itself in many forms.* 精神病的症状有很多。

manifestation /ˌmænɪfeˈsteɪʃn ‖ ˌmænəfɛsˈteʃən/ *noun* [C,U] (*formal* 正式) a sign that sth is happening 表现；现象；显示

manifesto /ˌmænɪˈfestəʊ ‖ ˌmænəˈfɛsto/ *noun* [C] (*pl* **manifestos** or **manifestoes**) a written statement by a political party that explains what it hopes to do if it becomes the government in the future 宣言；声明

manipulate /məˈnɪpjʊleɪt ‖ məˈnɪpjəˌlet/ *verb* [T] **1** to use or control sth with skill（技巧地）使用/控制 **2** to influence sb so that they do or think what you want 操纵；控制；影响: *Clever politicians know how to manipulate public opinion.* 聪明的政治家知道怎样操纵舆论。—**manipulation** /məˌnɪpjʊˈleɪʃn ‖ məˌnɪpjəˈleʃən/ *noun* [C,U]

mankind /ˌmænˈkaɪnd ‖ mænˈkaɪnd/ *noun* [U] all the people in the world（全）人类: *A nuclear war would be a threat to all mankind.* 一旦爆发核战争，全人类都会受到威胁。☛ Look at the note at **man**. 参看 **man** 的注释。

manly /ˈmænlɪ ‖ ˈmænlɪ/ *adj* typical of or suitable for a man 具有男子气概；适合男人: *a deep manly voice* 低沉的男声 —**manliness** *noun* [U]

man-made /ˌmæn ˈmeɪd ‖ ˌmænˈmed/ *adj* made by people, not formed in a natural way; artificial 人造；非天然；人工: *man-made fabrics such as nylon and polyester* 人造纤维，如尼龙和聚酯纤维 ☛ The opposite is **natural**. 反义词为 **natural**。

☆**manner** /ˈmænə(r) ‖ ˈmænɚ/ *noun* **1** [sing] the way that you do sth or that sth happens 方法；方式: *Stop arguing! Let's try to act in a civilized manner.* 不要再吵！大家尽量表现得斯文点吧！**2** [sing] the way that sb behaves towards other people 态度；举止: *Don't you think that David has got a very arrogant manner?* 你难道不觉得戴维的态度很傲慢吗？**3 manners** [plural] the way of behaving that is thought to be polite in your society or culture 礼貌；礼仪；规矩: *In some countries it is bad manners to show the soles of your feet.* 在某些国家里，给人看到你的脚底是没有礼貌的行为。○ *Their children have beautiful table manners.* 他们的子女进餐时很有规矩。

(IDIOM 习语) **all manner of...** every kind of... 形形色色；各种各样

mannerism /ˈmænərɪzəm ‖ ˈmænəˌrɪzəm/ *noun* [C] a way of speaking or a movement of part of the body that is typical for a particular person 特殊的说话或动作习惯；习性；癖性

manoeuvre (*US* 美 **maneuver**) /məˈnuːvə(r) ‖ məˈnuvɚ/ *noun* **1** [C] a movement that needs care or skill（小心或灵巧的）动作: *In the driving-test you must perform several manoeuvres such as reversing around a corner.* 在驾驶考试中，你要完成几个灵巧的动作，例如沿着弯角倒车。**2** [C] something clever that you do in order to win sth, trick sb, etc（用于取胜、欺骗等的）巧计/伎俩/手法 **3 manoeuvres** [plural] a way of training soldiers when large numbers of them practise fighting in battles（军队的）演习: *large-scale military manoeuvres* 大规模军事演习

manoeuvre (*US* 美 **maneuver**) *verb* [I,T] to move to a different position using skill（运用技巧）移动: *The parking space wasn't very big but I managed to manoeuvre into it quite easily.* 虽然停车位不很大，但我仍能灵巧地把车子开进去，还颇为轻松呢。

manor /ˈmænə(r) ‖ ˈmænɚ/ (*also* 亦作 **manor-**

M

house) *noun* [C] a large house in the country that has land around it 庄园大宅

☛ In the Middle Ages the family who lived in the manor-house owned all the surrounding land and villages. 在中世纪，住在庄园大宅的家庭拥有大宅周围的所有土地及村庄。Look at **feudalism**. 参看 **feudalism**。

manpower /'mænpaʊə(r) ‖ 'mænˌpaʊɚ/ *noun* [U] the people that you need to do a particular job 人力；劳动力：*There is a shortage of skilled manpower in the computer industry.* 计算机行业缺乏熟练的技术人员。

mansion /'mænʃn ‖ 'mænʃən/ *noun* [C] a very large house 大厦；大楼；巨宅

manslaughter /'mænslɔ:tə(r) ‖ 'mænˌslɔtɚ/ *noun* [U] the crime of killing sb without intending to do so 误杀罪；过失杀人罪；非预谋杀人罪 ☛ Look at **murder**. 参看 **murder**。

mantelpiece /'mæntlpi:s ‖ 'mæntlˌpis/ *noun* [C] a shelf that is above a fireplace 壁炉架；壁炉台 ☛ picture at **fireplace**. 见 **fireplace** 插图。

manual[1] /'mænjʊəl ‖ 'mænjʊəl/ *adj* using your hands; operated by hand 用手的；用手操作的；手控：*Office work can sometimes be more tiring than manual work.* 办公室工作有时比体力劳动更累。○ *Does your car have a manual or an automatic gear-box?* 你的汽车用的是手动变速器还是自动变速器？○ *a skilled manual worker* 熟练的体力劳动工人

manually /-jʊəlɪ ‖ -jʊəlɪ/ *adv* by hand, not automatically 用手操作；非自动

manual[2] /'mænjʊəl ‖ 'mænjʊəl/ *noun* [C] a book that explains how to do or operate sth 手册；指南：*a training manual* 训练手册 ○ *Full instructions are given in the owner's manual.* 详细说明载于使用者手册内。

☆**manufacture** /ˌmænjʊ'fæktʃə(r) ‖ ˌmænjə'fæktʃɚ/ *verb* [T] to make sth in large quantities using machines（用机器）大量制造：*a local factory that manufactures high-quality furniture* 一家制造高品质家具的本地工厂 ○ *manufacturing industries* 制造业 —**manufacture** *noun* [U]: *The manufacture of chemical weapons should be illegal.* 制造化学武器应该是违法的。

manufacturer *noun* [C] a person or company that manufactures sth 制造商；制造厂；厂主：*Faulty goods should be returned to the manufacturer.* 次品应退还给制造商。

manure /mə'njʊə(r) ‖ mə'njʊr/ *noun* [U] the waste matter from animals that is put on the ground in order to make plants grow better 肥料；粪肥 ☛ Look at **fertilizer**. 参看 **fertilizer**。

manuscript /'mænjʊskrɪpt ‖ 'mænjəˌskrɪpt/ *noun* [C] **1** a very old book or document that was written by hand 手抄本；手写本 **2** a typed or hand-written copy of a book that has not yet been printed 原稿（尚未印刷成书的打字稿或手稿）

Manx /mæŋks ‖ mæŋks/ *adj* of the Isle of Man, its people or language 马恩岛的；马恩岛人的；马恩语的

☆**many** /'menɪ ‖ 'mɛnɪ/ *det, pron* (used with plural nouns or verbs 与复数名词或动词连用) **1** a large number of people or things 许多；很多；大量：*Many people do not get enough to eat.* 很多人吃不饱。○ *There are too many mistakes in this essay.* 这篇文章有太多错误。○ *Many of the people at the meeting left early.* 会议中不少人很早便离开。○ *Many of the mistakes were just careless.* 很多错误都只因不细心所致。**2** (used with 'how' to ask about the number of people or things 与 how 连用，问有关人/物的数目): *How many children have you got?* 你有几个孩子？○ *How many mistakes did you make?* 你犯了多少个错误？○ *How many came to the meeting?* 有多少人来开会？**3 many a** (used with a singular noun and verb 与单数名词及动词连用) (*formal* 正式) a large number of 许多；很多：*I've heard him say that many a time.* 我已多次听过他那样说。(IDIOM 习语) **a good/great many** very many 很多；极多

Maori /'maʊrɪ ‖ 'maʊrɪ/ *noun* [C] a member of the race of people who were the original inhabitants of New Zealand 毛利人（新西兰的土著）—**Maori** *adj*

☆**map** /mæp ‖ mæp/ *noun* [C] a drawing or plan of (part of) the surface of the earth that shows countries, rivers, mountains, roads, etc 地图：*a map of the world* 世界地图 ○ *a road map* 公路图 ○ *a street map of Oxford* 牛津的街道图 ○ *I can't find Cambridge on the map.* 我在这张地图上找不到剑桥。○ *to read a map* 看地图 ○ *My house is not easy to find so I'll draw you a map.* 我的房子不易找，我给你画张地图吧。☛ A book of maps is called an **atlas**. 地图册称为 **atlas**。

map *verb* [T] (ma**pp**ing; ma**pp**ed) to make a map of a place 绘制地图

maple /'meɪpl ‖ 'mepl̩/ *noun* [C] a tree that has leaves with five points and that produces a very sweet liquid 槭树；枫树：*maple syrup* 槭糖浆

marathon /'mærəθən; *US* 美 -θɒn ‖ 'mærəˌθɑn/ *noun* [C] a long-distance running race in which people run about 42 kilometres or 26 miles 马拉松赛跑（路程约为42公里或26英里的长途赛跑）: *Have you ever run a marathon?* 你有没有参加过马拉松赛跑？○ *the London Marathon* 伦敦马拉松赛跑 ○ (*figurative* 比喻) *a marathon meeting* (= one that lasts a very long time) 马拉松式的会议（持续很长时间的会议）

marble /'mɑ:bl ‖ 'mɑrbl̩/ *noun* **1** [U] a hard attractive stone that is used to make statues and parts of buildings 大理石（用于制石像及建筑）: *a marble statue* 大理石雕像 ○ *This staircase is made of marble.* 这楼梯是大理石制的。**2** [C] a small ball of coloured glass that children play with 玻璃弹子 **3 marbles** [plural] the children's game that you play by rolling marbles along the ground trying to hit other marbles 弹子游戏

☆**March** /mɑ:tʃ ‖ mɑrtʃ/ *noun* [C,U] (*abbr* 缩写

Mar) the third month of the year, coming before April 三月 ☛ For examples of the use of the months in sentences, look at **January**. 有关句子中月份的用例，参看 **January**。

☆**march**[1] /mɑːtʃ ‖ mɑrtʃ/ *verb* **1** [I] to walk with regular steps (like a soldier)（如士兵般）齐步走/前进/行进: *The President saluted as the troops marched past.* 军队齐步走过时，总统向他们敬礼。○ *He marched in and demanded an explanation.* 他大踏步走进来要求解释。**2** [I] to walk in a large group to protest about sth 游行抗议: *The demonstrators marched through the centre of town.* 示威群众穿过市中心游行抗议。**3** [T] to cause sb to walk or march somewhere 使行进；使齐步前进: *The prisoner was marched away.* 囚犯被押走。

march[2] /mɑːtʃ ‖ mɑrtʃ/ *noun* [C] **1** an act of marching 齐步走/前进；行进: *The soldiers were tired after their long march.* 经过长途行军，士兵们都疲倦了。**2** an organized walk by a large group of people who are protesting about sth 抗议游行: *a peace march* 反战游行 ☛ Look at **demonstration**. 参看 **demonstration**。

mare /meə(r) ‖ mɛr/ *noun* [C] a female horse or donkey 母马；牝马；母驴 ☛ Look at the note at **horse**. 参看 **horse** 的注释。

margarine /ˌmɑːdʒəˈriːn; *US* 美 ˈmɑːrdʒərɪn ‖ ˈmɑrdʒəˌrɪn/ *noun* [U] a food that looks like butter, made of animal or vegetable fats. Margarine is used for spreading on bread and for cooking. 人造黄油

margin /ˈmɑːdʒɪn ‖ ˈmɑrdʒɪn/ *noun* [C] **1** the empty space at the side of a page in a book, etc 页边空白；空白边缘: *notes in the margin* 写在页边的笔记 ○ *a wide/narrow margin* 阔/窄的页边 **2** the amount of space, time, votes, etc by which you win sth（胜出的空间距离、时间、票数等的）差数/差额/差距: *He won the race by a comfortable margin.* 这场比赛他赢得很轻松。**3** an amount of space, time, etc that is more than you need（多于所需空间、时间等的）余额/余地: *a safety margin* 安全距离 **4** the amount of profit that a company makes on sth 利润（额）；盈利（额）

marginal /-nl ‖ -nl̩/ *adj* small in size or importance 细小；不重要: *The differences are marginal.* 这些差别微不足道。

marginally /-nəlɪ ‖ -nl̩ɪ/ *adv* a little; slightly 一点儿；稍微地: *In most cases costs will increase only marginally.* 在大部分的情况下，成本只会略微增加。

marijuana (*also* 亦作 **marihuana**) /ˌmærɪjʊˈɑːnə ‖ ˌmɑrɪˈhwɑnə/ *noun* [U] an illegal drug that is smoked in cigarettes 大麻

marina /məˈriːnə ‖ məˈrinə/ *noun* [C] a small harbour for pleasure boats 游艇停泊港；游艇用小型港口

marine[1] /məˈriːn ‖ məˈrin/ *adj* **1** connected with the sea 与海洋有关: *the study of marine life* 海洋生物的研究 **2** connected with ships or sailing 与船舶/航行有关: *marine insurance* 海事保险

marine[2] /məˈriːn ‖ məˈrin/ *noun* [C] a soldier who has been trained to fight on land or at sea 海军陆战队队员

marital /ˈmærɪtl ‖ ˈmærətl̩/ *adj* (only *before* a noun 只用于名词前) connected with marriage 与婚姻有关: *marital problems* 婚姻问题

ˌ**marital ˈstatus** *noun* [U] (*formal* 正式) whether you are married, single, widowed or divorced 婚姻状况（已婚、单身、丧偶或离婚）

maritime /ˈmærɪtaɪm ‖ ˈmærəˌtaɪm/ *adj* connected with the sea or ships 与海洋/船舶有关

☆**mark**[1] /mɑːk ‖ mɑrk/ *noun* [C] **1** a spot or line that spoils the appearance of sth 痕迹；污点；斑渍: *There's a dirty mark on the front of your shirt.* 你的衬衫正面有一点污渍。○ *If you put a hot cup down on the table it will leave a mark.* 如果你将一只热杯子放在桌上，会留下痕迹。☛ Look at **birthmark**. 参看 **birthmark**。**2** something that shows who or what sb/sth is or that gives information about sb/sth（用于识别或提供资料的）标记/标识/记号: *Crusoe made a mark on a stick for each day that passed.* 鲁宾逊每过一天就在棍子上作个记号。**3** a written or printed symbol that is a sign of sth（书写或印刷的）符号/记号/标签: *a question, punctuation, exclamation, etc mark* 问号；标点符号；感叹号… **4** a sign of a quality or feeling（性质或感受的）表示/迹象: *They stood in silence for two minutes as a mark of respect.* 他们静默两分钟，以示敬意。**5** a number or letter you get for school work that tells you how good your work was 成绩；分数；等级: *She got very good marks in the exam.* 她在考试中取得很高的分数。○ *The pass mark is 60 out of 100.* * 100分中的及格分数是 60分。○ *to get full marks* (= everything correct) 取得满分 **6** the level of sth 水平；指标: *The company's sales have now reached the million pound mark.* 公司的销售额现已达到一百万英镑。

(IDIOM 习语) **on your marks, get set, go!** (used at the start of a sports race 起跑前的号令语)

☆**mark**[2] /mɑːk ‖ mɑrk/ *verb* [T] **1** to put a sign on sth 作记号；加上符号: *We marked the price on all items in the sale.* 减价期间，我们把所有货品都标上了价钱。○ *The route is marked with yellow arrows.* 这条路线标有黄色箭号。**2** to look at school, etc work that sb has done, show where there are mistakes and give it a number or letter to show how good it is 评定；评分；评等级: *Why did you mark that answer wrong?* 为什么你把那答案判为不对？○ *He has 100 exam papers to mark before the weekend.* 他要在周末前给100份试卷评分。**3** to show where sth is or where sth happened 标志/表示（所在之处或所发生的地点）: *Flowers mark the spot where he died.* 鲜花标出他死亡的地点。**4** to celebrate sth 庆祝: *The ceremony marked the fiftieth anniversary of the opening of the school.* 这典礼庆祝学校创校五十周年。**5** (in sport 体育) to stay close to a player of the opposite team so that he/she cannot play easily 钉住/紧贴对手

(PHRASAL VERB 短语动词) **mark sth out** to draw lines to show the position of sth 画线标出位置: *Spaces for each car were marked out* *in the car-park.* 停车场上的每个车位都用线画出。

marked /mɑ:kt ‖ mɑrkt/ *adj* clear; noticeable 明显；显著: *There has been a marked increase in vandalism in recent years.* 近年毁坏公物的事件明显增加。

marker *noun* [C] something that shows the position of sth（显示位置的）标记/标志/标识: *A marker flag shows where the water is dangerous.* 记号旗标示出水深有危险的地方。

marking *noun* [C, usually pl] patterns of colour on an animal or bird（动物或鸟类的）斑点/花纹

mark[3] /mɑ:k ‖ mɑrk/ *noun* [C] the unit of money in Germany 马克（德国货币单位）

☆**market**[1] /ˈmɑ:kɪt ‖ ˈmɑrkɪt/ *noun* **1** [C] a place where people go to buy and sell things 市场；市集: *There is a market in the town every Wednesday.* 每逢星期三城里都有集市。○ *an open-air/covered market* 露天/有棚顶的市场 ○ *Wallingford is an old market town.* 沃林福德是个古老的集镇。○ *The farmers sell their sheep at the market in Hereford.* 农夫在赫里福德的集市上卖绵羊。☛ Look at **flea market**, **hypermarket** and **supermarket**. 参看 **flea market**、**hypermarket** 及 **supermarket**。**2** [U,sing] the desire to buy a particular thing（对某物的）需求；购买欲: *There's no market for very large cars when petrol is so expensive.* 汽油这么贵的时候，特大型的汽车是没有市场的。**3** [C] a country, area or group of people that may want to buy sth 市场；行销地区: *The company is hoping to expand into the European Market.* 公司希望开拓欧洲市场。○ *the home/overseas market* 本土/海外市场 ☛ Look at **black market** and **stock market**. 参看 **black market** 及 **stock market**。

(IDIOM 习语) **on the market** for sale 出售；待售: *This is one of the best automatic cameras on the market.* 这是市面上出售的最好的自动摄影机之一。

ˌ**market ˈgarden** *noun* [C] a farm where vegetables and fruit are grown in large quantities 商品菜园；蔬菜农场

ˈ**market-place** (*also* 亦作 ˌ**market ˈsquare**) *noun* [C] the place in a town where a market is or used to be held 市场；集市

ˌ**market reˈsearch** *noun* [U] the study of what people want to buy and why 市场研究；市场调查

market[2] /ˈmɑ:kɪt ‖ ˈmɑrkɪt/ *verb* [T] to sell sth with the help of advertising（借助广告宣传）推销

marketable *adj* able to be sold easily, because people want it 有销路；畅销

marketing *noun* [U] deciding how sth can be sold most easily, eg what price it should be or how it should be advertised 销售/经销（策略）；市场研究: *Effective marketing will lead to increased sales.* 有效的销售策略能提高销售额。○ *the marketing department* 市场拓展部

marksman /ˈmɑ:ksmən ‖ ˈmɑrksmən/ *noun* [C] (*pl* **marksmen** /-mən ‖ -mən/) a person who can shoot very well with a gun 射击能手；神枪手；神射手

marmalade /ˈmɑ:məleɪd ‖ ˈmɑrmḷ,ed/ *noun* [U] a type of jam that is made from oranges or lemons 橘子酱；柠檬酱: *toast and marmalade for breakfast* 早餐吃烤面包片涂橘子酱

maroon /məˈru:n ‖ məˈrun/ *adj* dark brownish-red in colour 褐红色；茶色 ☛ Look at **crimson** and **scarlet**. 参看 **crimson** 及 **scarlet**。

marooned /məˈru:nd ‖ məˈrund/ *adj* in a place that you cannot leave 流落某地无法离开的；被放逐的: *The sailors were marooned on a desert island.* 那些水手被困荒岛之上。

marquee /mɑ:ˈki: ‖ mɑrˈki/ *noun* [C] a very large tent that is used for parties, shows, etc（宴会、表演等用的）大帐篷/大营帐/大帐幕

☆**marriage** /ˈmærɪdʒ ‖ ˈmærɪdʒ/ *noun* **1** [C,U] the state of being husband and wife 婚姻；婚姻生活: *They are getting divorced after five years of marriage.* 经过五年婚姻生活后，他们正在办离婚。○ *a happy/an unhappy marriage* 美满/不美满的婚姻 ○ *an arranged marriage* (= one where your partner is chosen for you by your parents) 包办婚姻 ○ *a mixed marriage* (= one between people of different races or religions) 异族/异教通婚 **2** [C] a wedding ceremony 结婚仪式；婚礼: *The marriage took place at a registry office in Birmingham.* 婚礼在伯明翰一所注册处举行。☛ The verb is **marry**. 动词为 **marry**。Look at the note at **wedding**. 参看 **wedding** 的注释。

☆**married** /ˈmærɪd ‖ ˈmærɪd/ *adj* **1 married (to sb)** having a husband or wife 已婚；有配偶: *a married man/woman/couple* 已婚男子；已婚女子；一对夫妇 ○ *They've been married for nearly 50 years.* 他们结婚差不多已有50年了。○ *Shula's married to Mark.* 舒拉嫁给了马克。○ *They're getting married in June.* 他们将于六月结婚。☛ The opposite is **unmarried** or **single**. 反义词为 **unmarried** 或 **single**。**2** (only *before* a noun 只用于名词前) of marriage(1) 婚姻的: *Married life seems to suit him.* 婚姻生活似乎很适合他。

marrow[1] /ˈmærəʊ ‖ ˈmæro/ *noun* [U] = BONE MARROW

marrow[2] /ˈmærəʊ ‖ ˈmæro/ *noun* [C,U] a large vegetable with dark green skin that is white inside 西葫芦（一种深绿色皮、白色果肉的瓜类）

☆**marry** /ˈmærɪ ‖ ˈmærɪ/ *verb* (*pres part* **marrying**; *3rd pers sing pres* **marries**; *pt*, *pp* **married**) **1** [I,T] to take sb as your husband or wife 与某人结婚；娶；嫁: *They married when they were very young.* 他们很年轻便结了婚。○ *When did Roger ask you to marry him?* 罗杰什么时候向你求婚的？☛ **Get married** is more commonly used than **marry** * **get married** 比 **marry** 较常用: *When are Sue and Ian getting married?* 苏珊和伊恩会在什么时候结婚？○ *They got married in 1982.* 他们于1982年结婚。○ *Many people live together without getting married.* 很多人同居但没有结婚。○ *Are you getting married in church or at the registry office?* 你在教堂还是在注册处举行婚礼呢？**2** [T] to join two people together as husband and wife 使结为夫妇；主持婚礼: *We asked the local vicar to marry us.* 我

们邀请了本教区的牧师为我们主持婚礼。☛ The noun is **marriage**. 名词为 **marriage**。

Mars /mɑːz ‖ mɑrz/ *noun* [sing] the planet that is fourth in order from the sun and second nearest to the earth 火星（由太阳数起的第四个行星，也是第二个最接近地球的行星）☛ Look at **Martian**. 参看 **Martian**。

marsh /mɑːʃ ‖ mɑrʃ/ *noun* [C,U] an area of soft wet land 沼泽；湿地 —**marshy** *adj*

marshal /ˈmɑːʃl ‖ ˈmɑrʃəl/ *noun* [C] **1** a person who helps to organize or control a large public event（协助组织或指挥大型公众活动的）司仪/典礼官/协调员: *Marshals are directing traffic in the car-park.* 协调员正指挥停车场内的交通。**2** (*US* 美) an officer of high rank in the police or fire department or in a court of law 警察局长；消防局长；执法官

martial /ˈmɑːʃl ‖ ˈmɑrʃəl/ *adj* (*formal* 正式) connected with war 与战争有关

Martian /ˈmɑːʃn ‖ ˈmɑrʃən/ *noun* [C] (in stories 故事中) a creature that comes from the planet Mars 来自火星的生物

martyr /ˈmɑːtə(r) ‖ ˈmɑrtɚ/ *noun* [C] **1** a person who is killed because of what he/she believes 为信仰而被杀的人；烈士；殉难者；殉道者 **2** a person who does not do or have what he/she wants in order to help other people or to be admired by them 作出牺牲以帮助他人/博得别人赞赏的人: *Don't be such a martyr! You don't have to do all the housework.* 别假装圣人的模样！你无需做所有的家务。—**martyrdom** /ˈmɑːtədəm ‖ ˈmɑrtɚdəm/ *noun* [U]

marvel /ˈmɑːvl ‖ ˈmɑrvl̩/ *noun* [C] a person or thing that is wonderful or that makes you feel surprised 令人惊奇的人物/事物；奇迹: *the marvels of modern technology* 现代科技的奇迹 ○ *It's a marvel that no one was killed in the accident.* 事故中没有人死亡，这真是奇迹。

marvel *verb* [I] (marvelling; marvelled; *US* 美 marveling; marveled) (*formal* 正式) to be very surprised at how good, beautiful, etc sb/sth is 大为惊讶；赞叹: *We marvelled at how much they had been able to do in a short time.* 他们能够在短时间内做了这么多事情，我们感到惊讶。

marvellous (*US* 美 **marvelous**) /ˈmɑːvələs ‖ ˈmɑrvl̩əs/ *adj* very good; wonderful 极好；绝妙；了不起: *Peter was marvellous while I was ill. He took care of everything.* 我生病的时候，彼得打点一切，真够意思。○ *It's marvellous to have such lovely weather.* 天气这么好，真是棒极了！—**marvellously** (*US* 美 **marvelously**) *adv*

Marxism /ˈmɑːksɪzəm ‖ ˈmɑrksɪzəm/ *noun* [U] the political and economic thought of Karl Marx, who said that important changes in history were caused by the struggle between social classes 马克思主义（卡尔·马克思的政治及经济思想，认为历史上的重大转变都是由社会不同阶级之间的斗争所引起。）☛ Look at **communism** and **socialism**. 参看 **communism** 及 **socialism**。

Marxist /ˈmɑːksɪst ‖ ˈmɑrksɪst/ *noun* [C] a person who believes in Marxism 马克思主义者 —**Marxist** *adj*: *Marxist ideology* 马克思主义的思想体系

marzipan /ˈmɑːzɪpæn; ˌmɑːzɪˈpæn ‖ ˈmɑrzəˌpæn/ *noun* [U] a food that is made of sugar, egg and almonds. Marzipan is used to make sweets or to put on cakes. 杏仁糖浆/杏仁蛋白糊（用糖、蛋及杏仁制成，用于做糖果或浇在糕饼上）

mascara /mæˈskɑːrə; *US* 美 -ˈskærə ‖ mæsˈkærə/ *noun* [U] a type of make-up that is used to make your eyelashes look darker and thicker（染）睫毛油；（染）睫毛膏

mascot /ˈmæskət; -skɒt ‖ ˈmæskət; -skɑt/ *noun* [C] a person, animal or thing that is thought to bring good luck 吉祥物（可以是人、动物或物件）

masculine /ˈmæskjʊlɪn ‖ ˈmæskjəlɪn/ *adj* with the qualities that people think are typical of men 有男子气概的；阳刚 ☛ Look at **male** and **manly**, and at **feminine** and the note at **female**. 参看 **male**、**manly** 及 **feminine**；另参看 **female** 的注释。In English grammar **masculine** words refer to male people or animals 在英语语法里，阳性 (**masculine**) 字眼用于男子或雄性动物: *'He' is a masculine pronoun.* ＊he 是阳性代名词。In some other languages all nouns are given a gender, either (**masculine**), (**feminine**) or (**neuter**). 在其他一些语言中，所有名词都有性别之分，分为阳性 (**masculine**)、阴性 (**feminine**) 或中性 (**neuter**)。—**masculinity** /ˌmæskjʊˈlɪnətɪ ‖ mæskjəˈlɪnətɪ/ *noun* [U]

mash /mæʃ ‖ mæʃ/ *verb* [T] to mix or crush sth until it is soft 把…捣成糊状: *mashed potatoes* 马铃薯泥

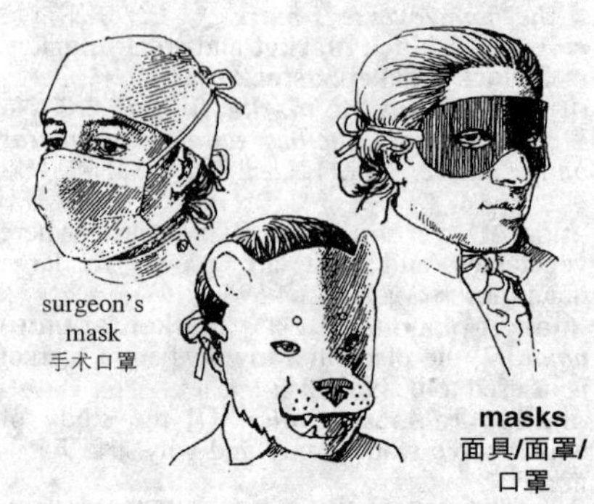

masks
面具/面罩/口罩

mask /mɑːsk; *US* 美 mæsk ‖ mæsk/ *noun* [C] something that you wear that covers your face or part of your face. People wear masks in order to hide or protect their faces or to make themselves look different 面具；面罩；口罩: *The bank robbers wore stocking masks.* 银行劫匪用长筒袜蒙面。○ *The doctors and nurses had surgical masks on.* 医生和护士戴着手术口罩。○ *The children wore animal masks to the party.* 孩子们戴着动物面具参加联欢会。☛ Look at **gas mask** and **goggles**. 参看 **gas mask** 及 **goggles**。

mask *verb* [T] **1** to cover or hide your face

with a mask 戴面罩；戴面具；戴口罩: *a masked gunman* 戴着面罩的枪手 **2** to hide your feelings 掩饰（感受）: *He masked his anger with a smile.* 他以微笑掩饰愤怒。

masochism /ˈmæsəkɪzəm ‖ ˈmæzəˌkɪzəm/ *noun* [U] getting (sexual) pleasure from suffering or pain（性）受虐狂 ☛ Look at **sadism**. 参看 **sadism**。—**masochist** /-kɪst ‖ -kɪst/ *noun* [C] —**masochistic** /ˌmæsəˈkɪstɪk ‖ ˌmæsəˈkɪstɪk/ *adj*

mason /ˈmeɪsn ‖ ˈmesn̩/ *noun* [C] **1** a person who makes things from stone 石匠；石工 **2** = FREEMASON

masonry /ˈmeɪsənrɪ ‖ ˈmesn̩rɪ/ *noun* [U] the parts of a building that are made of stone 建筑物的石砖部分: *The building is old and the masonry is crumbling.* 这座建筑物很破旧，石砖部分正在剥落。

masquerade /ˌmɑːskəˈreɪd; *US* 美 ˌmæsk- ‖ ˌmæskəˈred/ *verb* [I] to pretend to be sb/sth 假冒；假扮；伪装: *Two people, masquerading as doctors, knocked at the door and asked to see the child.* 两个人假扮成医生，敲门要见那小孩。

Mass (*also* 亦作 **mass**) /mæs ‖ mæs/ *noun* [C,U] the ceremony in some Christian churches when people eat bread and drink wine in order to remember the last meal that Christ had before he died 弥撒: *to go to Mass* 参加弥撒

☆**mass** /mæs ‖ mæs/ *noun* **1** [C] a large amount or number of sth 大量；很多: *The garden was a mass of flowers.* 花园里种满了花。○ *a dense mass of smoke* 浓烟密布 ○ (*informal* 非正式) *There were masses of people at the market today.* 今天集市上人山人海。**2** [U] (in physics 物理) the amount of material that sth contains; weight 质量（某物所含物质的量）**3 the masses** [plural] ordinary people when considered as a political group 群众；百姓

mass *adj* (only *before* a noun 只用于名词前) involving a large number of people 涉及许多人的；人数众多的: *a mass murderer* 杀人如麻的谋杀犯 ○ *a mass meeting* 群众大会

mass *verb* [I,T] to gather together in a mass 聚集；集结: *The students massed in the square.* 学生在广场聚集。

ˌ**mass ˈmedia** *noun* [plural] the means of communicating with large numbers of people, ie newspapers, television and radio 大众传播媒介（如报纸、电视、电台等）

ˌ**mass-proˈduce** *verb* [T] to make large numbers of similar things by machine in a factory 大量生产

ˌ**mass proˈduction** *noun* [U]

massacre /ˈmæsəkə(r) ‖ ˈmæsəkɚ/ *noun* [C] the killing of a large number of people or animals 大屠杀 —**massacre** *verb* [T] ☛ Look at the note at **kill**. 参看 **kill** 的注释。

massage /ˈmæsɑːʒ; *US* 美 məˈsɑːʒ ‖ məˈsɑʒ/ *noun* [C,U] rubbing or pressing sb's body in order to reduce pain or to help the person move more easily 按摩；推拿: *to give sb a massage* 为某人按摩 —**massage** *verb* [T]

massive /ˈmæsɪv ‖ ˈmæsɪv/ *adj* very big 庞大；巨大: *a massive increase in prices* 大幅加价

mast /mɑːst; *US* 美 mæst ‖ mæst/ *noun* [C] **1** a tall wooden or metal pole for a flag, ship's sails, etc（挂旗用的木制或金属）长杆；旗杆；船桅 ☛ picture at **boat**. 见 **boat** 插图。**2** a tall pole that is used for sending out radio or television broadcasts（用作发送电台/电视广播的）天线杆

master[1] /ˈmɑːstə(r); *US* 美 ˈmæs- ‖ ˈmæstɚ/ *noun* [C] **1** a man who has people or animals in his control（男）主人/主子: *The dog ran to his master.* 那条狗朝它的主人跑去。○ (*figurative* 比喻) *to be master of a difficult situation* 控制难局 ☛ Look at **mistress**. 参看 **mistress**。**2** a person who has great skill at doing sth 大师；名家；专家: *a master builder* 建筑大师 **3** a male teacher (usually in a private school) 男教师（通常指私校的）: *the chemistry master* 化学教师 ☛ Look at **mistress** and **headmaster**. 参看 **mistress** 及 **headmaster**。**4 Master** (sometimes used when speaking or writing to a boy who is too young to be called Mr 有时在说话或书信中，用以称呼因年纪太轻，不便称为 Mr 的男孩) 少爷；少主人: *Master James Wilson* 詹姆斯·威尔逊少爷 **5** a film or tape from which copies can be made（胶卷或磁带的）原版/母片/母带

Master's degree (*also* 亦作 **Master's**) *noun* [C] a second or higher university degree. You usually get a Master's degree by studying for one or two years after your first degree 硕士学位: *Master of Arts (MA)* 文科硕士 ○ *Master of Science (MSc)* 理科硕士 ☛ Look at **Bachelor's degree**. 参看 **Bachelor's degree**。

master[2] /ˈmɑːstə(r); *US* 美 ˈmæs- ‖ ˈmæstɚ/ *verb* [T] **1** to learn how to do sth well 掌握；精通: *It takes a long time to master a foreign language.* 掌握一门外语需花一段很长时间。**2** to control sth 控制；操纵: *to master a situation* 控制局面

mastermind /ˈmɑːstəmaɪnd; *US* 美 ˈmæs- ‖ ˈmæstɚˌmaɪnd/ *noun* [C] a very clever person (who planned or organized sth) 有才智的人；智囊；主谋 —**mastermind** *verb* [T]: *The police failed to catch the man who masterminded the whole operation.* 警方未能拘捕策划整个行动的幕后主谋。

masterpiece /ˈmɑːstəpiːs; *US* 美 ˈmæs- ‖ ˈmæstɚˌpis/ *noun* [C] a work of art, music, literature, etc that is of the highest quality 杰作；名著；代表作: *Tolstoy's masterpiece, War and Peace* 托尔斯泰的名著《战争与和平》

mastery /ˈmɑːstərɪ ‖ ˈmæstərɪ/ *noun* [U] **1 mastery (of sth)** great skill at doing sth 熟练；精通: *His mastery of the violin was quite exceptional for a child of his age.* 以他这个年纪的孩子来说，他拉小提琴的熟练程度已很突出。**2 mastery (of/over sb/sth)** control over sb/sth 控制；驾驭: *The battle was fought for mastery of the seas.* 这场战役是为了争夺海域控制权而进行的。

masturbate /ˈmæstəbeɪt ‖ ˈmæstɚˌbet/ *verb* [I] to make yourself feel sexually excited by handling and rubbing your sex organs 手淫

—**masturbation** /ˌmæstəˈbeɪʃn ‖ ˌmæstə-ˈbeʃən/ *noun* [U]

mat[1] /mæt ‖ mæt/ *noun* [C] **1** a piece of carpet or other thick material that you put on the floor 垫；地毯；席: *a doormat* 门口地垫 ○ *an exercise mat for gymnasts* 为体操运动员而设的运动垫子 ○ *a straw mat* 草席 ☛ Look at **rug**. 参看 **rug**。 **2** a small piece of material that you put under a hot dish, cup, glass, etc（用以垫热盘子、杯等的）垫子: *a table-mat* 桌垫 ○ *a beer mat* 啤酒杯垫子

mat[2] = MATT

☆**match**[1] /mætʃ ‖ mætʃ/ *noun* [C] a short piece of wood with a tip that catches fire when it is rubbed against another surface 火柴: *to light/strike a match* 擦/点燃火柴 ○ *a box of matches* 一盒火柴

ˈ**matchbox** *noun* [C] a small box for matches 火柴盒

ˈ**matchstick** *noun* [C] the thin wooden part of a match 火柴杆

☆**match**[2] /mætʃ ‖ mætʃ/ *noun* **1** [C] an organized game or sports event 比赛；竞赛: *a tennis, football, etc match* 网球/足球…比赛 ○ *They beat us last time but we hope to win the return match.* 虽然他们上次击败了我们，但我们希望在下一次比赛中获胜。○ *Game, set and match to Becker!* 比赛结果，贝克尔赢了。 **2** [sing] a person or thing that is as good as or better than sb/sth else 旗鼓相当的人；对手: *Carol is no match for her mother when it comes to cooking* (= she doesn't cook as well as her mother). 卡罗尔在烹饪方面不是她妈妈的对手。 **3** [sing] **a match (for sb/sth)** something that looks good with sth else, eg because it has the same colour or pattern 相匹配的/相衬的事物（如因颜色或款式相同）: *Those shoes aren't a very good match with your dress.* 这双鞋与你的连衣裙不太相配。○ (*figurative* 比喻) *Bill and Sue are a good match. They should be very happy together.* 比尔和苏珊十分匹配，他们在一起应该会很快乐。

☆**match**[3] /mætʃ ‖ mætʃ/ *verb* **1** [I,T] to have the same colour or pattern as sth else, or to look nice with sth else 与…相匹配；与…相配衬: *That blouse doesn't match your skirt.* 那件女衬衫与你的裙子不相衬。○ *We've chosen the curtains but now we need a carpet to match.* 我们已选了窗帘，但还要一张地毯来配衬。 **2** [T] to find sb/sth that is like or suitable for sb/sth else 为某人/某物找寻相近或适合的配对: *The agency tries to match single people with suitable partners.* 这家介绍所尝试替单身人士找寻合适的伴侣。 **3** [T] to be as good as or better than sb/sth else 敌得过；比得上: *The two teams are very evenly matched.* 这两队球队势均力敌。○ *Taiwan produces the goods at a price that Europe cannot match.* 台湾的产品在价钱方面是欧洲无法竞争的。

(PHRASAL VERBS 短语动词) **match up** to be the same 相同；相符: *The statements of the two witnesses don't match up.* 两名证人的供词不吻合。

match sth up (with sth) to fit or put sth together (with sth else) 配对；拼凑成一整体: *What you have to do is match up each TV personality with his or her pet.* 你要做的是把每个电视圈中的名人和他们自己的宠物配成一对。

match up to sb/sth to be as good as sb/sth 比得上…；跟…一样好: *The film didn't match up to my expectations* (= it wasn't as good as I thought it was going to be). 这部电影没有我想像中的那么好。

mate[1] /meɪt ‖ met/ *noun* [C] **1** (*informal* 非正式) a friend or sb you live or work with 朋友；同寓房客；同事；伙伴: *He's an old mate of mine.* 他是我的老朋友。○ *a flatmate* 同寓室友 ○ *a classmate* 同学 **2** (*Brit slang* 英，俚语) (used when speaking to a man 用于称呼男子) 老兄；朋友: *Hallo mate!* 喂，老兄！ **3** one of a male and female pair of animals, birds, etc（鸟兽等的）配偶: *The female sits on the eggs while her mate hunts for food.* 雌性孵卵，配偶则外出猎食。 **4** an officer on a ship（轮船的）大副/副手

mate[2] /meɪt ‖ met/ *verb* **1** [I] (used about animals and birds 指动物及鸟类) to have sex and produce young 交配: *Pandas rarely mate in zoos.* 熊猫很少在动物园内交配。 **2** [T] to bring two animals together so that they can mate 使动物交配

mate[3] /meɪt ‖ met/ *noun* = CHECKMATE

☆**material**[1] /məˈtɪərɪəl ‖ məˈtɪrɪəl/ *noun* **1** [C,U] a substance that can be used for making or doing sth 材料；原料: *Many African countries export raw materials and import manufactured goods.* 很多非洲国家都出口原材料，进口成品。○ *writing materials* (= pens, paper, ink) 书写用具 ○ *This new material is strong but it is also very light.* 这种新材料牢固，但一样轻巧。 **2** [C,U] cloth (for making clothes, etc) 衣料；布料: *Is there enough material for a dress?* 有足够的衣料做一件连衣裙吗？ **3** [U] facts or information that you collect before you write a book, article, etc（写作前搜集的）资料/素材

☆**material**[2] /məˈtɪərɪəl ‖ məˈtɪrɪəl/ *adj* **1** connected with real or physical things rather than the spirit or emotions 物质的；实体的；肉体的: *We should not value material comforts too highly.* 我们不应把物质上的享受看得太重。 ☛ Look at **spiritual**. 参看 **spiritual**。 **2** important 重要: *material evidence* 重要证据 ☛ This word is not common but look at **immaterial**. 这个词并不常用。参看 **immaterial**。

materialism /məˈtɪərɪəlɪzəm ‖ məˈtɪrɪəlˌɪzəm/ *noun* [U] the belief that money and possessions are the most important things in life 物质主义（认为金钱和财产是生命中最重要的东西）

—**materialist** /məˈtɪərɪəlɪst ‖ məˈtɪrɪəlɪst/ *noun* [C] —**materialistic** /məˌtɪərɪəˈlɪstɪk ‖ məˌtɪrɪəlˈɪstɪk/ *adj*

materialize (*also* 亦作 **materialise**) /məˈtɪərɪəlaɪz ‖ məˈtɪrɪəlˌaɪz/ *verb* [I] to become real; to happen 成为现实；实现；发生: *The pay rise that they had promised never materialized.* 他们曾承诺加薪，但从没有兑现。

maternal /məˈtɜːnl ‖ məˈtɝnl̩/ *adj* **1** of or like a

mother 母亲的；母亲般: *maternal love* 母爱 **2** related through your mother's side of the family 母系；母亲一方: *your maternal grandfather* 外祖父 ☛ Look at **paternal**. 参看 **paternal**。

maternity /məˈtɜːnətɪ ‖ məˈtɝnətɪ/ *adj* connected with women who are going to have or have just had a baby 与孕妇或产妇有关: *maternity clothes* 孕妇服装 ○ *the hospital's maternity ward* 医院的产科病房

☆**mathematics** /ˌmæθəˈmætɪks ‖ ˌmæθəˈmætɪks/ *noun* [U] the science or study of numbers, quantities or shapes 数学 ☛ The British abbreviation is **maths**, the US is **math** 英国英语的缩写为 **maths**，美国英语的缩写为 **math**: *Maths is my favourite subject.* 数学是我最喜欢的科目。—**mathematical** /ˌmæθəˈmætɪkl ‖ ˌmæθəˈmætɪkl̩/ *adj* —**mathematically** /-klɪ ‖ -klɪ/ *adv*

mathematician /ˌmæθəməˈtɪʃn ‖ ˌmæθəməˈtɪʃən/ *noun* [C] a person who studies or is an expert in mathematics 数学家

matinée /ˈmætneɪ; *US* 美 ˌmætnˈeɪ ‖ ˌmætn̩ˈe/ *noun* [C] an afternoon performance of a play, film, etc（戏剧、电影等）日场/下午场

matrimony /ˈmætrɪmənɪ; *US* 美 -məʊnɪ ‖ ˈmætrəˌmonɪ/ *noun* [U] (*formal* 正式) the state of being married 婚姻关系；婚姻生活 —**matrimonial** /ˌmætrɪˈməʊnɪəl ‖ ˌmætrəˈmonɪəl/ *adj*

matron /ˈmeɪtrən ‖ ˈmetrən/ *noun* [C] **1** a nurse who is in charge of the other nurses in a hospital 护士长 ☛ **Senior nursing officer** is now more commonly used. 现在较常用 **senior nursing officer**。**2** an older married woman 年纪大的已婚妇人；老太太

matt (*also* 亦作 **mat**; *US also* 美亦作 **matte**) /mæt ‖ mæt/ *adj* not shiny 无光泽；暗淡: *This paint gives a matt finish.* 这种油漆使东西表面色泽暗淡。☛ Look at **glossy**. 参看 **glossy**。

☆**matter**[1] /ˈmætə(r) ‖ ˈmætɚ/ *noun* **1** [C] a subject or situation that you must think about and give your attention to（必须考虑并注意的）事情/问题/情况: *It's a personal matter and I don't want to discuss it with you.* 这是私事，我不想跟你讨论。○ *They should try to settle matters between themselves before going to court.* 他们应该首先设法私下调解，真的解决不了再诉诸法庭。○ *to simplify/complicate matters* 使事情简化/变得复杂 **2** [U] all physical substances; a substance of a particular kind 所有物质；（某类）材料/物品: *waste matter* 废物 ○ *reading matter* 读物

(IDIOMS 习语) **as a matter of fact** to tell the truth; in reality 其实；事实上: *I like him very much, as a matter of fact.* 其实，我很喜欢他。

for that matter in addition; as well 另外；也；还: *Mick is really fed up with his course. I am too, for that matter.* 迈克真的极厌倦他所修的课程，我也一样。

make matters/things worse ⇨ WORSE

(be) the matter (with sb/sth) to be the reason for unhappiness, pain, problems, etc（不快乐、痛苦、问题等的）理由/原因: *She looks sad. What's the matter with her?* 她看来很伤心，她怎么了？○ *There seems to be something the matter with the car.* 似乎是车子出了毛病。○ *Eat that food! There's nothing the matter with it.* 吃吧！那些食物没有什么问题。

a matter of course something that you do regularly; the usual practice 例行/惯常的事；常规: *Goods leaving the factory are checked as a matter of course.* 出厂的货物都要经过例行检查。

a matter of opinion a subject on which people do not agree 看法不一致的问题: *'I think the government is doing a good job.' 'That's a matter of opinion.'* "我认为政府做得很好。""那倒是见仁见智啊。"

a matter of sth/doing sth something that needs or requires sth 有赖于某事物的事情: *Learning a language is largely a matter of practice.* 学习语言主要依靠多练习。

no matter who, what, where, etc whoever, whatever, wherever, etc 不管谁/什么/哪里…: *They never listen no matter what you say.* 不管你说什么，他们总是不听。

☆**matter**[2] /ˈmætə(r) ‖ ˈmætɚ/ *verb* [I] to be important 要紧；重要: *It doesn't really matter how much it costs.* 它价钱多少根本不要紧。○ *Does it matter if we are a little bit late?* 我们迟到一会儿可以吗？○ *What matters most is giving the children a good start in life.* 最重要的是让孩子们的人生有一个好开始。○ *Some things matter more than others.* 有些事情更重要。

☛ **Matter** is often used in negative sentences, questions and sentences containing *what, who, when, if,* etc. It is not used in the *-ing* forms. * **matter** 常用于否定句、疑问句、及有 what、who、when、if 等的句子，不用 -ing 形式。

mattress /ˈmætrɪs ‖ ˈmætrɪs/ *noun* [C] a large soft thing that you lie on to sleep, usually put on a bed 褥垫；床垫: *Don't worry about us – we can sleep on a mattress on the floor.* 不用担心我们，我们可以铺褥垫睡在地板上。☛ picture at **bed**. 见 **bed** 插图。

mature[1] /məˈtjʊə(r); *US* 美 -ˈtʊər ‖ məˈtʊr/ *adj* **1** fully grown or fully developed 成熟的；完全发育的: *a mature tree, bird, animal, etc* 完全长成的树；发育成熟的鸟/动物… ☛ Look at **immature**. 参看 **immature**。**2** behaving in a sensible adult way 成熟稳重的: *Is she mature enough for such responsibility?* 她是否够成熟得可以担当这个责任？☛ Look at **immature**. 参看 **immature**。—**maturity** /məˈtjʊərətɪ; *US* 美 -ˈtʊə- ‖ məˈtʊrətɪ/ *noun* [U]

mature[2] /məˈtjʊə(r); *US* 美 -ˈtʊər ‖ məˈtʊr/ *verb* [I] to become mature 变得成熟: *He matured a lot during his two years at college.* 在大学的两年间，他成熟了很多。

maul /mɔːl ‖ mɔl/ *verb* [T] (usually used about a wild animal 通常指野生动物) to attack and injure sb 袭击并伤害人

mauve /məʊv ‖ mov/ *adj*, *noun* [U] reddish purple 紫红色

maxim /ˈmæksɪm ‖ ˈmæksɪm/ *noun* [C] a few

words that express a rule for good or sensible behaviour 格言；箴言；座右铭: *Their maxim is: 'If a job's worth doing, it's worth doing well.'* 他们的格言是："值得做的工作，就值得好好地做。"

maximize (*also* 亦作 **maximise**) /ˈmæksɪmaɪz ‖ ˈmæksəˌmaɪz/ *verb* [T] to increase sth as much as possible 尽量增加；使扩大至最大限度: *to maximize profits* 尽量提高利润 ☛ Look at **minimize**. 参看 **minimize**。

☆**maximum** /ˈmæksɪməm ‖ ˈmæksəməm/ *noun* [sing] (*abbr* 缩写 **max**) the greatest amount or level of sth that is possible, allowed, recorded, etc 最大数量；最高极限，最高水平: *The bus can carry a maximum of 40 people.* 这辆公共汽车最多可载40人。○ *£500 is the maximum we can afford.* 我们最多能付500英镑。○ *to set the dial to maximum* 把标度盘调校至最大 ☛ The opposite is **minimum**. 反义词为 **minimum**。—**maximum** *adj* (only *before* a noun 只用于名词前): *a maximum speed of 120 miles per hour* 最高速度每小时120英里 ○ *a maximum security prison* 设防最严的监狱

☆**May** /meɪ ‖ me/ *noun* [C,U] the fifth month of the year, coming before June 五月 ☛ For examples of the use of the months in sentences, look at **January**. 有关句子中月份的用例，参看 **January**。

ˈ**May Day** *noun* [C] 1st May 五月一日；五朔节；五一国际劳动节

> ☛ **May Day** is traditionally celebrated as a spring festival and in some countries it is also a day for socialist groups to hold meetings and demonstrations. * **May Day** 是传统上庆祝春天的节日。一些国家的社会主义团体亦会在这天举行集会及游行。

☆**may** /meɪ ‖ me/ *modal verb* (*negative* **may not**) **1** (used for saying that sth is possible 用于表示可能): *'Where's Sue?' 'She may be in the garden.'* "苏珊在哪儿？""她可能在花园里。" ○ *You may be right.* 你也许是对的。○ *I may be going to China next year.* 明年我可能到中国去。○ *They may have forgotten the meeting.* 他们或许已忘记了这会议。○ *He may have been driving too fast.* 他可能把车开得太快了。**2** (used as a polite way of asking for and giving permission 用于礼貌地要求及给予准许): *May I use your phone?* 我可以借用你的电话吗？○ *You may only borrow books for two weeks.* 借书只可以借两个星期。**3** (used in the negative as a way of forbidding sb to do sth 用于否定式，禁止某人做某事): *You may not take photographs in the museum.* 博物馆内不可拍照。**4** (used for contrasting two facts 用于对比两项事实): *He may be very clever but he can't do anything practical.* 他可能很聪明，但是什么实际的事情都做不来。**5** (*formal* 正式) (used for expressing wishes and hopes 表示愿望和希望): *May God be with you.* 愿主与你同在。

(IDIOM 习语) **may/might as well (do sth)** ⇨ WELL[3]

M

☆**maybe** /ˈmeɪbi: ‖ ˈmebi/ *adv* perhaps; possibly 也许；或许；可能: *'Are you going to come?' 'Maybe.'* "你会来吗？""可能。" ○ *There were three, maybe four armed men.* 有三个，或许四个持械男子。○ *Maybe I'll accept the invitation and maybe I won't.* 也许我会接受邀请，也许不会。○ *Maybe we ought to try again.* 或者我们应该再试一次。☛ Look at the note at **perhaps**. 参看 **perhaps** 的注释。

mayn't /ˈmeɪənt ‖ ment/ *short for* MAY NOT * MAY NOT 的缩约式

mayonnaise /ˌmeɪəˈneɪz; *US* 美 ˈmeɪəneɪz ‖ ˌmeəˈnez/ *noun* [U] a thick yellow sauce made with eggs and oil and often eaten with salad 蛋黄酱（一种黏稠的黄色酱汁，用蛋和油制成，一般用来拌色拉吃）

mayor /meə(r); *US* 美 ˈmeɪər ‖ ˈmeɚ/ *noun* [C] a person who is elected to be the leader of the group of people (**a council**) who manage the affairs of a town or city 市长（由负责处理市镇或城市事务的议会 (**council**) 推选出来，以领导该议会运作）

mayoress /meəˈres; *US* 美 ˈmeɪərəs ‖ ˈmeərəs/ *noun* [C] **1** a mayor who is a woman 女市长 **2** the wife of a mayor or a woman who helps the mayor with his official duties 市长夫人；市长女助理

maze /meɪz ‖ mez/ *noun* [C] a system of paths which is meant to confuse you so that it is difficult to find your way in or out 迷宫: *We got lost in Hampton Court maze.* 我们在汉普顿宅第的迷宫中迷路了。○ (*figurative* 比喻) *a maze of winding streets* 迷宫似的蜿蜒街道

☆**me** /mi: ‖ mi/ *pron* (used as an object or after the verb *be* 用作宾语或用于动词 be 之后) the person who is speaking or writing 我: *He telephoned me yesterday.* 昨天他打电话给我。○ *She wrote to me last week.* 上星期她写信给我。○ *Could you pass me the salt?* 把盐递给我好吗？○ *'Somebody's spilt the wine.' 'I'm afraid it was me.'* "有人把酒洒了。""很抱歉，是我不小心。" ○ *'Who's this photograph of?' 'Me.'* "这照片上的人是谁？""是我。" ☛ **It is/was me** is much more common than **it is/was I**, although this can be used in formal speech or writing. 虽然 **it is/was I** 可用于正式的场合或书面语中，但是 **it is/was me** 仍较常用得多。

meadow /ˈmedəʊ ‖ ˈmɛdo/ *noun* [C] a field of grass 草地

meagre (*US* 美 **meager**) /ˈmi:gə(r) ‖ ˈmigɚ/ *adj* too small in amount 量少: *a meagre salary* 菲薄的工资 ○ *The food was good but the portions were meagre.* 这食品不错，可惜分量太少。

☆**meal** /mi:l ‖ mil/ *noun* [C] a certain time when you eat or the food that is eaten at that time 进餐时间；餐；饭食；膳食: *We're going out for a meal on Friday.* 星期五我们外出吃饭。○ *The pub round the corner serves hot and cold meals.* 街角那家酒馆有热餐和冷餐供应。○ *Do you have your main meal at lunchtime or in the evening?* 你是在午饭时间还是在晚上吃主餐的？○ *a heavy/light meal* 丰盛的/清淡的一顿饭

☛ The main meals of the day are **breakfast**, **lunch** and **dinner**. 每天的主餐有 **breakfast**（早餐）、**lunch**（午餐）和 **dinner**（晚餐）。**Tea** and **supper** are usually smaller meals (but look at the note at **dinner**). ＊ **tea**（下午茶）和 **supper**（晚餐）通常是分量较少的餐（参看 **dinner** 的注释）。A very small meal is called a **snack**. ＊ **snack**（小吃）的分量更少。

'**mealtime** *noun* [C] a time at which a meal is usually eaten 进餐时间；用膳时间

☆**mean**[1] /mi:n ‖ min/ *verb* [T] (*pt*, *pp* **meant** /ment ‖ mɛnt/) **1** (not in the *-ing* forms 不用 -ing 形式) to express, show or have as a meaning 表达；表示；含有…的意思: *What does this word mean?* 这个词是什么意思？○ *The bell means that the lesson has ended.* 钟声表示这节课完了。○ *'What does that symbol mean?' 'Environment-friendly.'* "这个符号是什么意思？" "不含对环境有害的物质。" ○ *Does the name 'Charles Bell' mean anything to you?* "查尔斯·贝尔"这名字你有印象吗？**2** to want or intend to say sth; to refer to sb/sth 想说；意指: *I don't understand what you mean.* 我不明白你的意思。○ *Well, she said 'yes' but I think she really meant 'no'.* 唉，她说"是"，但我想她真正的意思是"不"。○ *What do you mean by 'a lot of money'?* 你所说的"很多钱"是指什么？○ *I only meant that I couldn't come tomorrow – any other day would be fine.* 我只是想说明天我不能来——其他日子都没有问题。☛ Note that **mean** cannot be used with the meaning 'to have the opinion that'. 注意：**mean** 不指 to have the opinion that（意见是…）。We say: *I think that...* or *In my opinion...* 应说 I think that …（我认为…）或 In my opinion …（依我看来…）: *I think that she'd be silly to buy that car.* 我认为她要是买那辆车便很傻。**I mean** is often used in conversation when you want to explain something you have just said or to add more information 在对话中，**I mean** 常用于解释或补充所说的话: *What a terrible summer – I mean it's rained almost all the time.* 今年夏天多么糟糕啊——我是说今年差不多整个夏天都在下雨。○ *I think the film will have started – I mean it's past 8 o'clock.* 我相信电影已经开始播映了——现在已过了8点钟。**I mean** is also used to correct something you have just said ＊ **I mean** 亦可用于更正刚才所说的话: *We went there on Tuesday, I mean Thursday.* 我们星期二去了那里，我该说星期四才对。**3** (not in the *-ing* forms 不用 -ing 形式) to be important to sb 对某人重要: *This job means a lot to me.* 这份工作对我很重要。**4** (not in the *-ing* forms 不用 -ing 形式) to make sth likely; to cause 意味；引起；促使: *The shortage of teachers means that classes are larger.* 教师短缺意味着每班学生人数增加。○ *His new job means him travelling more.* 他的新工作使他要更多地出差。**5** (not in the *-ing* forms 不用 -ing 形式) to be serious or sincere about sth 对某事认真/真诚: *He said he loved me but I don't think he meant it!* 他说他爱我，但我不认为他是认真的！○ *I'm never coming back – I mean it!* 我永远都不会回来——我不是开玩笑！**6** to want or plan to do sth; to intend sth 想要/计划/打算做某事: *I'm sure she didn't mean to upset you.* 我可以肯定她并不是有意要你不高兴的。○ *She meant the card for both of us.* 她那张卡是给我们俩的。○ *I didn't mean you to cook the whole meal!* 我并不打算要你做整顿饭的！**7** (usually passive 通常用于被动语态) to intend or expect sb/sth to be or do sth 原意是…；预期；期望: *It was only meant as a joke.* 这只是开玩笑。○ *What's this picture meant to be?* 这幅图画画的是什么？○ *You're meant to get to work at 9 o'clock.* 你应该在9时开始工作。○ *That restaurant is meant to be excellent* (= people say that it is). 那家餐馆口碑很好。

(IDIOM 习语) **mean well** to want to be kind and helpful but usually without success 怀有善意/出于好心（但通常帮不上忙）: *My mother means well but I wish she'd stop treating me like a child.* 母亲是出于好意，但我希望她不要再把我当作小孩看待。

☆**mean**[2] /mi:n ‖ min/ *adj* **1 mean (with sth)** not willing to give or use sth (especially money); not generous 吝啬/自私（尤指金钱方面）；不慷慨: *It's no good asking him for any money – he's much too mean.* 向他要钱是没有用的——他太吝啬了。○ *Don't be mean with the cream.* 尽量多放点奶油。**2 mean (to sb)** (used about people or their behaviour 指人或行为) unkind 不友善；小气: *It was mean of him not to invite you too.* 他没有把你也邀请来，太小气了。—**meanness** *noun* [U]

mean[3] /mi:n ‖ min/ *adj* (only *before* a noun 只用于名词前) average 平均: *What is the mean annual temperature in California?* 加州的全年平均气温是多少？

meander /mɪ'ændə(r) ‖ mɪ'ændɚ/ *verb* [I] **1** (used about a river, road, etc 指河流、道路等) to have a lot of curves and bends 蜿蜒；多弯 **2** (used about a person or animal 指人或动物) to walk or travel slowly or without any definite direction 漫步；徘徊；闲逛

☆**meaning** /'mi:nɪŋ ‖ 'minɪŋ/ *noun* **1** [C,U] what sth means or expresses; its sense or intention 意思；意义；含意: *This word has two different meanings in English.* 这个词在英语中有两个不同的意思。○ *What do you think is the meaning of the last line of the poem?* 你认为这首诗最后一行是什么意思？**2** [U] purpose or importance 目的；重要性: *With his child dead there seemed to be no meaning in life.* 他的孩子死后，生活对他似乎已失去意义。

meaningful /-fl ‖ -fl̩/ *adj* **1** useful, important or interesting 有意义；有用；重要；有趣: *Most people need a meaningful relationship with another person.* 大部分人都需要与别人建立有意义的关系。**2** (used about a look, expression, etc 指眼神、表情等) trying to express a certain feeling or idea 欲表达某种感觉/意念的；意味深长: *They kept giving each other meaningful glances across the table.* 他们两人隔着桌子，不断向对方投以意味深长的目光。—**meaningfully** /-fəlɪ ‖ -fl̩ɪ/ *adv*

meaningless *adj* without meaning, reason or sense 无意义；无动机：*The figures are meaningless if we have nothing to compare them with.* 如果不和其他东西作比较的话，这些数字是没有意义的。

☆**means**[1] /miːnz ‖ minz/ *noun* [C] (*pl* **means**) a method of doing sth 方法；手段：*Have you any means of transport?* (= a car, bicycle, etc) 你有没有任何代步工具？○ *Is there any means of contacting your husband?* 有没有任何方法可以联络你的丈夫呢？

(IDIOMS 习语) **a means to an end** a way of achieving sth where the thing or method you use is not as important as the result 达到目的的方法（重要的是结果而非手段）

by means of by using 使用；借着：*We got out of the hotel by means of the fire-escape.* 我们从太平梯逃出酒店。

by no means; not by any means (used for emphasis 用以强调) not at all 决不；一点也不：*I'm by no means sure that this is the right thing to do.* 我一点也不能肯定这样做是对的。

means[2] /miːnz ‖ minz/ *noun* [plural] (*formal* 正式) money or wealth 金钱；财富

meant *pt, pp* of MEAN[1] ＊MEAN[1] 的过去时及过去分词

meantime /ˈmiːntaɪm ‖ ˈminˌtaɪm/ *noun*

(IDIOM 习语) **in the meantime** in the time between two things happening 在此期间：*The builders haven't finished so in the meantime we're living with my mother.* 建筑商还没有完工，所以在此期间我们与母亲同住。

☆**meanwhile** /ˈmiːnwaɪl; *US* 美 -hwaɪl ‖ ˈminˌhwaɪl/ *adv* during the same time or during the time between two things happening 当时；与此同时；在此期间：*Peter was at home studying. Tony, meanwhile, was out with his friends.* 当时彼得正在家里温习，而托尼就与朋友出去了。○ *The new computer will arrive next week. Meanwhile you'll have to manage without.* 新的计算机下星期运到，你暂时只好在没有计算机的情况下工作。

measles /ˈmiːzlz ‖ ˈmizḷz/ *noun* [U] a common infectious disease, especially among children. You have a temperature and your skin is covered in small red spots 麻疹 ☛ **Measles** looks like a plural noun but it is used with a singular verb ＊**measles** 看似复数名词，但要与单数动词连用：*In many countries measles is a very dangerous disease.* 在不少国家里，麻疹是一种很危险的疾病。

measly /ˈmiːzlɪ ‖ ˈmizlɪ/ *adj* (*informal* 非正式) much too small in size, amount or value（大小、数量或价值）微不足道：*a measly helping of ice-cream* 一份少得可怜的冰淇淋

☆**measure**[1] /ˈmeʒə(r) ‖ ˈmɛʒɚ/ *verb* **1** [I,T] to find the size, weight, etc of sb/sth often by using an instrument such as a ruler 量/量度/测量（大小、轻重等）：*to measure the height, width, length, depth, etc of sth* 量度高度/宽度/长度/深度… ○ *Could you measure the table to see if it will fit into our room?* 请你测量一下桌子，看看是否适合我们的房间。○ *Height is measured in metres and centimetres.* 测量高度是以米和厘米为单位的。○ *Britain now uses the metric system for measuring.* 英国现在采用公制计量单位。**2** [I] to be a certain height, width, length, etc 高度/宽度/长度等为…：*The room measures five metres across.* 房间宽五米。○ *The pool measures 25 metres by 5 metres.* 游泳池长 25 米，宽 5 米。**3** [T] to show or judge the size, amount, etc of sth 显示/估量/衡量（事物的大小、数量等）：*A speedometer measures speed.* 速度计是量度速度的。○ (*figurative* 比喻) *How do you measure a person's success?* 你如何衡量一个人的成就呢？

(PHRASAL VERB 短语动词) **measure up (to sth)** to be as good as you need to be or as sb expects you to be 达到/符合（自己或别人的期望）：*Did the holiday measure up to your expectations?* 这假期你满意吗？

measurement *noun* **1** [C] a size, amount, etc that is found by measuring（量得的）大小/数量…：*What are the exact measurements of the room?* (= how wide, long, etc is it?) 房间的确切面积是多少？○ *What's your waist measurement?* 你的腰围是多少？○ *Let's start by taking your measurements* (= measuring the size of your chest, waist and other parts of the body). 首先给你量尺寸。**2** [U] the act of measuring 量度；测量；衡量：*I'm not sure how accurate his measurement of the area was.* 我不能肯定他测量那地方的面积有多准确。

ˈ**measuring-tape** *noun* [C] = TAPE MEASURE

☆**measure**[2] /ˈmeʒə(r) ‖ ˈmɛʒɚ/ *noun* **1** [sing] (*formal* 正式) a certain amount or quantity; some but not much 一定数量/程度；有些（但不多）：*The play achieved a measure of success.* 这戏剧获得了一定程度的成功。**2** [sing] a way of understanding or judging sth（了解或评估的）标准/尺度：*The school's popularity is a measure of the teachers' success.* 学校的声望是衡量老师教学成绩的一项标准。**3** [C, usually pl] an action that is done for a special reason 措施；步骤：*The government is taking new measures to reduce inflation.* 政府正采取新措施抑制通货膨胀。○ *As a temporary measure, the road will have to be closed.* 这条道路将会暂时封闭。○ *emergency measures* 紧急措施 ○ *New safety measures are to be introduced after a child was killed.* 自从一名儿童丧生后，当局开始实施新的安全措施。**4** [C] a way of describing the size, amount, etc of sth 计量或量度的单位或标准：*A metre is a measure of length.* 米是长度单位。

☆**meat** /miːt ‖ mit/ *noun* [U] the flesh of animals or birds that people eat（食用的）肉：*She doesn't eat meat – she's a vegetarian.* 她不吃肉，她吃素。

> ☛ Some types of meat have different names from the animals they come from. 有些动物的肉的名称跟动物本身的名称不同。We get **pork**, **ham** or **bacon** from a pig, **beef** from a cow and **veal** from a calf. 来自猪的有 **pork**（猪肉）、**ham**（火腿）或 **bacon**（熏咸肉）；来自牛的有 **beef**（牛肉）；来自小牛的有 **veal**（小牛肉）。

Mutton comes from a sheep but we get **lamb** from a lamb. 羊肉叫做 **mutton**，但羔羊 (lamb) 的肉跟羔羊的名称一样，也叫做 **lamb**。For birds and fish there is not a different word. 至于鸟类及鱼类的肉就没有别的名称。We often call beef, mutton and lamb **red meat**. The meat from birds is called **white meat**. 牛肉、羊肉、羔羊肉通常叫做 **red meat**（红肉），鸟肉叫 **white meat**（白肉）。We can **fry**, **grill**, **roast** or **stew** meat. 肉的烹调方法有多种，可以 **fry**（煎）、**grill**（烧）、**roast**（烤）或 **stew**（炖）。We **carve** a **joint** of meat. 切一大块肉就说 **carve** a **joint** of meat。Meat can be described as **tough** or **tender**, **lean** or **fatty**. 形容肉类可以用 **tough**（老）、**tender**（嫩）、**lean**（瘦）或 **fatty**（肥）。Uncooked meat is **raw**. 形容肉未煮熟用 **raw**。

Mecca /ˈmekə ‖ ˈmɛkə/ *noun* **1** the city in Saudi Arabia where Muhammad was born, which is the centre of Islam 麦加（沙特阿拉伯城市，穆罕默德诞生地，伊斯兰教圣地）**2** [C, usually sing] **mecca** a place that many people wish to visit because of a particular interest 很多人渴望去的地方；（旅游）胜地: *Italy is a mecca for art-lovers.* 意大利是艺术爱好者神往的地方。

mechanic /mɪˈkænɪk ‖ məˈkænɪk/ *noun* [C] a person whose job is to repair and work with machines and tools 机械工；机器修理工；技工: *a car mechanic* 汽车修理工人

☆**mechanical** /mɪˈkænɪkl ‖ məˈkænɪkl/ *adj* **1** connected with, worked by or produced by machines 与机械有关；机器操纵的；机器制的: *a mechanical pump* 机械泵 ○ *mechanical engineering* 机械工程 ○ *a mechanical mind* (= a mind that understands machines) 精通机械的脑瓜儿（懂得机械）**2** (used about a person's behaviour 指人的行为) done like a machine as if you are not thinking about what you are doing 机械的；无意识的: *He played the piano in a dull and mechanical way.* 他以呆板的机械方式弹奏钢琴。—**mechanically** /-klɪ ‖ -klɪ/ *adv*

mechanics /mɪˈkænɪks ‖ məˈkænɪks/ *noun* **1 the mechanics** [plural] the way in which sth works or is done 运作；操作: *Don't ask me – I don't understand the mechanics of the legal system.* 不要问我，我不了解法律制度的运作。**2** [U] the science of how machines work 机械学

mechanism /ˈmekənɪzəm ‖ ˈmɛkəˌnɪzəm/ *noun* [C] **1** a part of a piece of equipment or a machine that does a certain task 机械装置: *Our car has an automatic locking mechanism.* 我们的车子备有自动锁门装置。**2** the way in which sth works or the process by which sth is done 运作；操作；机制；程序: *the mechanism of the heart* 心脏的活动方式 ○ *I'm afraid there is no mechanism for dealing with your complaint.* 我恐怕无法处理你的投诉。

mechanize (*also* 亦作 **mechanise**) /ˈmekənaɪz ‖ ˈmɛkəˌnaɪz/ *verb* [I,T] to use machines instead of people to do work 机械化: *We have mechanized the entire production process.* 我们已把整个生产过程机械化。—**mechanization** (*also* 亦作 **mechanisation**) /ˌmekənaɪˈzeɪʃn; *US* 美 -nɪˈz- ‖ ˌmɛkənəˈzeʃən/ *noun* [U]: *Increased mechanization has led to unemployment.* 机械化工序的增加导致失业问题。

Med (*informal* 非正式) = MEDITERRANEAN

medal /ˈmedl ‖ ˈmɛdḷ/ *noun* [C] a flat piece of metal, usually with a design and words on it, which is given to sb for bravery or as a prize in a sporting event 奖牌；奖章；纪念章；勋章: *He was awarded a medal for bravery.* 他荣获英勇奖章。○ *to win a gold/silver/bronze medal in the Olympics* 在奥林匹克运动会上赢得金/银/铜牌

medallist (*US* 美 **medalist**) /ˈmedəlɪst ‖ ˈmɛdḷɪst/ *noun* [C] a person who has won a medal, especially in sport 奖牌得主（尤指体育竞赛的）: *an Olympic gold medallist* 一位奥林匹克金牌得主

medallion /mɪˈdælɪən ‖ məˈdæljən/ *noun* [C] a small round piece of metal on a chain which is worn as jewellery around the neck（戴在颈上的）圆形金属小饰物

meddle /ˈmedl ‖ ˈmɛdḷ/ *verb* [I] **meddle (in/with sth)** to take too much interest (in sb's private affairs) or to handle sth that you should not 对（他人私事）过分关注；管闲事；干预；干涉: *She criticized her mother for meddling in her private life.* 她指责母亲干涉她的私生活。○ *Somebody's been meddling with the papers on my desk.* 有人翻动过我书桌上的文件。

☆**media** /ˈmiːdɪə ‖ ˈmidɪə/ *noun* [plural] **the media** television, radio and newspapers used as a means of communication 传播媒介/新闻媒介（如电视、电台、报纸等）: *The reports in the media have been greatly exaggerated.* 传媒的报道把事情夸大了许多。☛ Sometimes **media** is used with a singular verb, although it is a plural noun＊**media** 是复数名词，但有时可与单数动词连用: *The media always take/takes a great interest in the Royal family.* 传播媒介一直对王室十分感兴趣。Look at **mass media** and **the press**. 参看 **mass media** 及 **the press**。

mediaeval = MEDIEVAL

mediate /ˈmiːdɪeɪt ‖ ˈmidɪˌet/ *verb* [I,T] to try to settle a disagreement between two or more people or groups 调解；调停；斡旋: *As a supervisor she had to mediate between her colleagues and the management.* 身为监工，她必须斡旋于同事与管理部门之间。—**mediation** /ˌmiːdɪˈeɪʃn ‖ ˌmidɪˈeʃən/ *noun* [U] —**mediator** *noun* [C]

☆**medical** /ˈmedɪkl ‖ ˈmɛdɪkḷ/ *adj* connected with medicine and the treatment or prevention of illness 与医药/医学/医疗有关: *a medical school/student* 医学院；医科学生 ○ *Have you had any medical treatment during the last three years?* 在过去三年内你有没有接受过任何治疗？○ *Some people take out an insurance that pays for private medical care.* 有些人投购私人医疗保险。○ *medical research* 医学研究

medical *noun* [C] an examination of your body by a doctor to check your state of health

体格检查；身体检查: *to have a medical* 做体格检查

medicated /'medɪkeɪtɪd ‖ 'mɛdɪˌketɪd/ *adj* containing a substance like a medicine 含药物的；药制的: *medicated shampoo* 药制洗发剂

medication /ˌmedɪ'keɪʃn ‖ ˌmɛdɪ'keʃən/ *noun* [C,U] (*especially US* 尤为美) medicine that a doctor has given you（医生所开的）药物/药剂: *I shall prescribe some medication for your heart problem.* 我给你开些治疗心脏病的药。

☆**medicine** /'medsn; *US* 美 'medɪsn ‖ 'mɛdəsn̩/ *noun* **1** [U] the science of preventing and treating illness 医学；医术: *to study/ practise medicine* 学医；行医 **2** [C,U] pills, liquids, etc that you take in order to treat an illness 药；药物: *Medicines should be kept out of the reach of children.* 药物应放在儿童拿不到的地方。○ *to take medicine* 服药 ○ *Did the doctor prescribe any medicine?* 医生有没有开药？○ *cough medicine* 止咳药

medieval (*also* 亦作 **mediaeval**) /ˌmedɪ'i:vl; *US* 美 ˌmi:d- *also* 亦作 mɪ'di:vl ‖ ˌmidɪ'ivl̩/ *adj* of the Middle Ages in European history; ie between about 1100 and 1500 AD 中世纪的（约公元1100至1500年）: *medieval art* 中世纪的艺术

mediocre /ˌmi:dɪ'əʊkə(r); ˌmed- ‖ ˌmidɪ'okɚ/ *adj* of not very high quality 平庸；普普通通: *a mediocre performance* 平庸的演出 —**mediocrity** /ˌmi:dɪ'ɒkrətɪ; ˌmed- ‖ ˌmidɪ-'ɑkrətɪ/ *noun* [U]

meditate /'medɪteɪt ‖ 'mɛdəˌtet/ *verb* **1** [I,T] to think carefully and deeply (about sth) 沉思；深思: *I've been meditating on what you said last week.* 我一直在考虑你上星期所讲的话。**2** [I] to spend time thinking deeply in a special way so that you become calm and peaceful, often as part of religious training. 冥想/默想（借以达致心境宁静平和，常为宗教上的操练方式）—**meditation** /ˌmedɪ'teɪʃn ‖ ˌmɛdə-'teʃən/ *noun* [U]: *Meditation is practised by certain Eastern religions.* 一些东方宗教信徒经常练习冥想。

the Mediterranean /ˌmedɪtə'reɪnɪən ‖ ˌmɛdətə-'renɪən/ (also *informal* 非正式 **the Med**) *noun* [sing] the Mediterranean Sea or the countries around it 地中海；地中海沿岸国家 —**Mediterranean** *adj*: *Mediterranean cookery* 地中海式烹调方法

☆**medium**[1] /'mi:dɪəm ‖ 'midɪəm/ *noun* [C] **1** (*pl* usually 复数通常作 **media**) a means you can use to express or communicate sth（表达或沟通的）媒介/方法/手段: *Many actors feel that the theatre is a more rewarding medium than the cinema.* 很多演员都觉得，比起电影，戏剧是一种可以给予他们更大满足感的媒体。○ *He tried to keep the story out of the media* (= television, radio and newspapers). 他尽量不让传播媒介知悉那件事。☛ Look at **media** and **mass media**. 参看 **media** 及 **mass media**。**2** (*pl* **mediums**) a person who says that he/she can speak to and take messages from the spirits of dead people（声称能与鬼魂沟通的）灵媒

☆**medium**[2] /'mi:dɪəm ‖ 'midɪəm/ *adj* of a size or amount that is neither very large nor very small; average 中等；中间的；适中；平均: *She was of medium height and weight.* 她高度和体重适中。○ *Would you like the small, medium or large packet?* 你想要小、中，还是大包装？○ *a medium-sized dog* 个头中等的狗

ˈ**medium wave** *noun* [U] the system of broadcasting radio using sound waves between 100 and 1 000 metres 中波（波长在100至1 000米之间的无线电广播频道）☛ Look at **long wave** and **short wave**. 参看 **long wave** 及 **short wave**。

meek /mi:k ‖ mik/ *adj* (used about people 指人) quiet, and doing what other people say without asking questions or arguing 温顺；驯服: *She seems very meek but she can get very angry.* 她似乎很温顺，但也会发很大的脾气。—**meekly** *adv* —**meekness** *noun* [U]

☆**meet** /mi:t ‖ mit/ *verb* (*pt, pp* **met** /met ‖ mɛt/) **1** [I,T] to come together by chance or because you have arranged it 遇见；碰见；见面；会面: *We happened to meet in the middle of Oxford Street!* 我们恰巧在牛津街中央碰见了！○ *Where did you first meet your husband?* 你第一次在哪里遇见你丈夫的？○ *What time shall we meet for lunch?* 我们几点钟一块儿吃午饭？**2** [I,T] to be introduced to sb for the first time 初次见面；相识: *Have you two met before?* 你们两人是不是已认识？**3** [T] to go to a place and wait for sb/sth to arrive 迎接；接: *I'll come and meet you at the station.* 我来车站接你。○ *A coach will meet your plane and take you to your destination.* 接客车会到机场接你，载你到目的地去。**4** [I] (used about a group of people 指一组人) to come together for a special purpose 为某目的而会面/见面；开会: *Representatives from both countries will meet for talks in London.* 两国代表将于伦敦举行会谈。○ *How often does the parish council meet?* 堂区议会是多久开一次会的？**5** [T] to be enough for sth; to be able to deal with sth 满足；应付；符合: *The money that I earn is enough to meet our basic needs.* 我所赚的钱能满足我们的基本需要。○ *I'm afraid this piece of work doesn't meet the requirements* (= it's not good enough). 我恐怕这作品未能符合要求。○ *This year is going to be difficult but I'm sure that we can meet the challenge.* 今年将会困难重重，但相信我们能够应付这个挑战。**6** [I,T] to touch, join or make contact with 接触；联系；连接: *The rivers meet in Oxford.* 两条河在牛津汇合。○ *Can you see where the road meets the motorway on the map?* 你能在地图上找到那条道路和高速公路的交会点吗？○ *His eyes met hers.* 他与她的目光相遇。

(IDIOMS 习语) **make ends meet** ⇨ END[1]

there is more to sb/sth than meets the eye sb/sth is more interesting or complex than you might think at first 某人/某物比原想的更有趣或更复杂: *Do you think there's more to their relationship than meets the eye?* 你是否认为他们的关系不像表面看上去的那么简单？

(PHRASAL VERBS 短语动词) **meet up (with sb)** to meet sb, especially after first going in different directions or doing different things

M

再碰见/与…见面（尤指到不同地方或做不同的事后）: *Let's both do our own shopping and meet up with each other for coffee.* 我们俩先各自购物，然后再会合一起喝咖啡。

meet with sb (*US* 美) to meet sb, especially for discussion 和某人会晤（尤指为讨论）: *The President met with his advisers early this morning.* 总统今天一大早就会晤了他的顾问。

meet with sth to get a certain answer, reaction or result 得到答案/反应/结果: *I'm afraid the play did not meet with success.* 很遗憾这出戏并不很成功。

☆**meeting** /ˈmiːtɪŋ ‖ ˈmitɪŋ/ *noun* **1** [C] an organized occasion when a number of people come together in order to discuss or decide sth 会议；集会: *The next committee meeting will be held on 19 August.* 下次委员会会议将于8月19日召开。○ *What's on the agenda for the staff meeting?* 职员会议的议程上有什么讨论事项？○ *to attend a meeting* 参加会议 ○ *a public meeting in the town hall* 在市政厅举行的公众集会

☛ We **call**, **arrange** or **organize** a meeting. 召开/筹备/组织会议叫 **call/ arrange/ organize** a meeting。We can also **cancel** or **postpone** a meeting. 取消会议叫 **cancel** a meeting。延期举行会议叫 **postpone** a meeting。

2 [sing] the people at a meeting 会众；与会者: *The meeting was in favour of the new proposals.* 与会者都支持新的提案。**3** [C] the coming together of two or more people（两个或以上的人）聚会/见面: *Christmas is a time of family meetings and reunions.* 圣诞节是阖家欢聚团圆的日子。○ *Can you remember your first meeting with your future husband?* 你记得第一次与你的未来丈夫见面的情形吗？

megaphone /ˈmegəfəʊn ‖ ˈmɛgəˌfon/ *noun* [C] a piece of equipment that you speak through to make your voice sound louder, especially outside 扩音器/喇叭筒/传声筒（尤用于户外）

melancholy /ˈmelənkɒlɪ ‖ ˈmɛlənˌkɑlɪ/ *noun* [U] (*formal* 正式) a feeling of sadness which lasts for a long time 忧郁；抑郁 —**melancholy** *adj*

mellow /ˈmeləʊ ‖ ˈmɛlo/ *adj* **1** (used about colours or sounds 指颜色或声音) soft, warm and pleasant 柔和悦目/悦耳 **2** (used about people 指人) wise, mature or relaxed because of age or experience 成熟稳重；老练 —**mellow** *verb*: *The colour of natural stone mellows with age.* 天然石块年代越久，色泽越柔和。○ *Experience had mellowed her views about many things.* 人生阅历使她对很多事物的看法变得成熟。

melodrama /ˈmelədrɑːmə ‖ ˈmɛləˌdrɑmə/ *noun* [C,U] a type of play or novel in which a lot of exciting things happen and in which people's emotions are stronger than in real life 情节剧/传奇小说（一种小说或戏剧，情节跌宕刺激，而人物情感与现实生活相比有所夸大）

melodramatic /ˌmelədrəˈmætɪk ‖ ˌmɛlədrəˈmætɪk/ *adj* (used about a person's behaviour 指人的行为) making things seem more exciting and serious than they really are 夸张的；耸人听闻

melody /ˈmelədɪ ‖ ˈmɛlədɪ/ *noun* [C] (*pl* **melodies**) **1** a song or tune 歌曲；曲调: *to play a melody* 奏一首歌曲 **2** the main tune in a piece of music that is in several parts 主调；主旋律: *The tenors have the melody here.* 男高音歌手在这里唱出主调。

melon /ˈmelən ‖ ˈmɛlən/ *noun* [C,U] a large round fruit with a thick yellow or green skin and many seeds 瓜: *Would you like melon to start, or soup?* 你喜欢先吃瓜，还是先喝汤？

☆**melt** /melt ‖ mɛlt/ *verb* **1** [I,T] to change from solid to liquid by means of heat 融化；熔化；溶解: *When we got up in the morning the snow had melted.* 我们早上起床时，雪已融化。○ *First melt the butter in a saucepan.* 先把黄油放在平底锅内溶化。**2** [I] (used about sb's feelings, etc 指感情等) to become softer or less strong 软化；感动: *My heart melted when I saw the tiny puppy.* 看见那小狗，我心就软下来了。

(PHRASAL VERBS 短语动词) **melt away** to disappear 消失；消散: *The crowd slowly melted away when the speaker had finished.* 演讲完毕，听众就慢慢地散去。

melt sth down to heat a metal or glass object until it becomes soft 熔化（金属或玻璃）

ˈ**melting-pot** *noun* [C] a place where large numbers of people from different countries live together 熔炉（大量来自不同国家的人聚居的地方）: *New York is a melting-pot of different nationalities.* 纽约是不同民族聚居的熔炉。

☆**member** /ˈmembə(r) ‖ ˈmɛmbɚ/ *noun* [C] a person, animal or thing that belongs to a group, club, organization, etc 成员；分子；会员: *All the members of the family were there.* 全家人都在那里。○ *If you would like to become a member of the club, please let us have your subscription as soon as possible.* 如果你想成为会员，请尽快把申请表交回来给我们。○ *a member of staff* 一个职员

membership *noun* **1** [U] the state of being a member of a group, organization, etc 会员身分；会员资格: *To apply for membership, please fill in the enclosed form.* 欲申请成为会员，请填妥附上的表格。○ *Annual membership costs £200.* 会员年费200英镑。**2** [C,U] the people who belong to a group, organization, etc 全体会员: *Membership has fallen in the past year* (= the number of members). 去年会员人数减少了。☛ In the singular **membership** can be used with either a singular or a plural verb. * **membership** 作单数时可与单数或复数动词连用。

ˌ**Member of ˈParliament** (*also* 亦作 **Member**) *noun* [C] (*abbr* 缩写 **MP**) a person who has been elected to represent people in Parliament 国会议员

membrane /ˈmembreɪn ‖ ˈmɛmbren/ *noun* [C] (*formal* 正式) a thin skin which covers or connects parts of a person's or animal's body 膜；薄膜

M

memento /mɪˈmentəʊ ‖ mɪˈmɛnto/ *noun* [C] (*pl* **mementos** or **mementoes**) something that you keep to remind you of a person, a place or of sth that has happened 纪念品；纪念物

memo /ˈmeməʊ ‖ ˈmɛmo/ *noun* [C] (*pl* **memos**) (also *formal* 正式 **memorandum**) a note sent from one person or office to another within an organization 备忘录；便条

memoirs /ˈmemwɑ:z ‖ ˈmɛmwɑrz/ *noun* [plural] a person's written account of his/her own life and experiences 回忆录

memorable /ˈmemərəbl ‖ ˈmɛmərəbl̩/ *adj* worth remembering or easy to remember because it is special in some way 值得纪念；难忘的: *The concert was a memorable experience.* 那音乐会真令人难以忘怀。—**memorably** *adv*

memorandum /ˌmeməˈrændəm ‖ ˌmɛməˈrændəm/ *noun* [C] (*pl* **memoranda** /-də ‖ -də/ or **memorandas**) (*formal* 正式) = MEMO

memorial /məˈmɔ:rɪəl ‖ məˈmɔrɪəl/ *noun* [C] **memorial (to sb/sth)** something that is built or done to remind people of an event or a person 纪念碑；纪念物；纪念仪式: *a war memorial* (= a statue or cross) 战争纪念碑 ○ *a memorial service* 追悼仪式

memorize (*also* 亦作 **memorise**) /ˈmeməraɪz ‖ ˈmɛməˌraɪz/ *verb* [T] to learn sth so that you can remember it exactly 记住；牢记；熟记；背熟: *Actors have to memorize their lines.* 演员必须背熟台词。

☆**memory** /ˈmemərɪ ‖ ˈmɛmərɪ/ *noun* (*pl* **memories**) **1** [C] a person's ability to remember things 记忆力；记性: *a good/bad memory* 记忆力好/差 ○ *A teacher needs to have a good memory for names.* 教师需要善于记名字。**2** [C,U] the part of your mind in which you store things that you remember 记忆: *That day remained firmly in my memory for the rest of my life.* 那一天牢牢地留在我的记忆里，永不磨灭。○ *The appointment completely slipped my memory* (= I forgot it). 我完全忘记了那约会。○ *He played the music from memory* (= without looking at notes or music). 他凭记忆奏出那首乐曲。**3** [C] something that you remember 回忆；记忆中的事物: *That is one of my happiest memories.* 那是我最快乐的回忆之一。○ *I have no memories of that time at all.* 我完全记不起那时的事情。○ *childhood memories* 童年的回忆 **4** [C,U] the part of a computer where information is stored 存储器/记忆体（计算机内储存资料的部分）: *This computer has a 640k memory/640k of memory.* 这部计算机有640k的存储量。
(IDIOMS 习语) **in memory of sb/to the memory of sb** in order to remind people of sb who has died 纪念某人: *A service was held in memory of the dead.* 为死者举行了悼念仪式。
refresh your/sb's memory ⇨ REFRESH

men *pl* of MAN ＊ MAN的复数

menace /ˈmenəs ‖ ˈmɛnəs/ *noun* **1** [C] a danger or threat 危险；威胁；威吓: *The road is a menace to everyone's safety.* 这条道路对每个人的安全都构成威胁。**2** [U] a quality, feeling, etc that is threatening or frightening 威胁性；威胁的感觉: *He spoke with menace in his voice.* 他说话带着恫吓的语气。

menace *verb* [T] to be likely to hurt sb/sth; to threaten 可能危害；威胁；威吓；恐吓

menacing *adj* threatening or frightening 造成威胁；有恐吓作用

☆**mend** /mend ‖ mɛnd/ *verb* [T] to put sth that is broken or torn into a good condition again; to repair sth 修补；缝补；修理: *Can you mend the hole in this jumper for me?* 你可以给我补好这件套头毛衣的破洞吗？○ *This window needs mending – it won't shut properly.* 这扇窗子需要修理——现在关不严实了。

mend *noun*
(IDIOM 习语) **be on the mend** (*informal* 非正式) to be getting better after an illness or injury; to be recovering 逐渐康复: *She's been in bed for a week but she's on the mend now.* 她已卧床一周，现在正逐渐康复。

menial /ˈmi:nɪəl ‖ ˈminɪəl/ *adj* (used about work 指工作) not skilled or important 不需技巧的；不重要: *a menial job* 杂务

meningitis /ˌmenɪnˈdʒaɪtɪs ‖ ˌmɛnɪnˈdʒaɪtɪs/ *noun* [U] a serious illness which affects the brain and the spine 脑（脊）膜炎

menopause /ˈmenəpɔ:z ‖ ˈmɛnəˌpɔz/ *noun* [sing] **the menopause** the time when a woman stops losing blood once a month (**menstruating**). This usually happens around the age of 50. 绝经期/更年期（女性在这个时期，通常是50岁左右，开始停止行经（**menstruate**））。

menstruate /ˈmenstrʊeɪt ‖ ˈmɛnstrʊˌet/ *verb* [I] (*formal* 正式) to lose blood from the uterus about once a month 行经；月经来潮 ☛ A less formal way of saying this is **to have periods**. 非正式场合用 **to have periods**。

menstruation /ˌmenstrʊˈeɪʃn ‖ ˌmɛnstrʊˈeʃən/ *noun* [U] the process or time of menstruating 行经（期）；月经（期）

☆**mental** /ˈmentl ‖ ˈmɛntl̩/ *adj* (only *before* a noun 只用于名词前) **1** of or in the mind 精神的；思想上；心理的；智力的: *It's fascinating to watch a child's mental development.* 观察儿童的心智发展是很有趣的。○ *I've got a mental picture of the man but I can't remember his name.* 我脑海中记得那男子的相貌，但记不起他的名字。**2** connected with illness of the mind 与精神病有关: *a mental hospital* 精神病院 —**mentally** /ˈmentəlɪ ‖ ˈmɛntl̩ɪ/ *adv*: *a home for mentally ill people* 为精神病患者而设的疗养院

mentality /menˈtælətɪ ‖ mɛnˈtælətɪ/ *noun* [C] (*pl* **mentalities**) a type of mind or way of thinking 心态；心理；思想方式: *I just can't understand his mentality!* 我真没法理解他的心态！○ *the criminal mentality* 犯罪心理

☆**mention** /ˈmenʃn ‖ ˈmɛnʃən/ *verb* [T] to say or write sth about sb/sth; to talk about sb/sth 谈到；写到；提到: *I wouldn't mention her exams to her – she's feeling nervous.* 我不会对她提及她的考试——她现在已经紧张不安了。○ *He mentioned (to me) that he might be late.* 他（向我）提及可能会迟到。○ *Did she mention what time the film starts?* 她有没有提到电影几

M

点钟开场？○ *Whenever I mention going out together she makes an excuse.* 每当我提出一起外出时，她总是借故推托。○ *She mentioned Milton Keynes as a good place for shopping.* 她说过米尔顿·凯恩斯是购物的好地方。

(IDIOMS 习语) **don't mention it** (used as a polite reply when sb thanks you for sth 用以礼貌地回复别人的道谢) I'm pleased to help; not at all 不用客气；不用谢: *'Thank you for all your help.' 'Don't mention it.'* "多谢你帮忙。" "不用客气。"

not to mention (used for emphasis 用以强调) and also; as well as 除…外，还…；更不用说: *She's a housewife and a doctor, not to mention being a Conservative MP.* 她除了是家庭主妇和医生外，还是保守党国会议员。

mention *noun* [C,U] a brief remark about sb/sth 提及；简述: *It was odd that there wasn't even a mention of the riots in the newspaper.* 对于那些暴乱，报章上连简短的报道也没有，真奇怪。○ *I've heard no mention of a salary rise this year.* 我没有听到过今年加薪的事。

☆**menu** /ˈmenjuː ‖ ˈmɛnju/ *noun* [C] **1** a list of the food that you can choose at a restaurant 菜单: *Could we have/see the menu, please?* 请让我们看看菜单。○ *I hope there's some soup on the menu.* 我希望菜单上有汤。○ *The menu here is always excellent* (= there's always a good choice of food). 这里的菜肴一向都很不错。**2** a list of choices in a computer program which is shown on the screen（计算机程序在荧光屏上显示的）选项单/选择单/菜单

mercenary /ˈmɜːsɪnərɪ; *US* 美 -nerɪ ‖ ˈmɝsn̩ˌɛrɪ/ *adj* interested only in making money 只对赚钱有兴趣的；惟利是图: *His motives are entirely mercenary.* 他的动机完全在于图利。

mercenary *noun* [C] (*pl* **mercenaries**) a person who fights for any group or country that will pay him/her 雇佣兵

merchandise /ˈmɜːtʃəndaɪz ‖ ˈmɝtʃənˌdaɪz/ *noun* [U] goods that are for sale 商品；货品

merchant /ˈmɜːtʃənt ‖ ˈmɝtʃənt/ *noun* [C] a person whose job is to buy and sell goods, usually of one particular type, in large amounts 商人（通常指大量买卖某种货品的）: *a wine merchant* 酒商

ˌmerchant ˈnavy *noun* [C, with sing or pl verb] all the ships and seamen of a country that are involved in carrying goods for trade（一个国家的）全部商船/商船队/全体商船船员

Mercury /ˈmɜːkjʊrɪ ‖ ˈmɝkjərɪ/ *noun* [sing] the planet that is nearest to the sun 水星

mercury /ˈmɜːkjʊrɪ ‖ ˈmɝkjərɪ/ *noun* [U] (*symbol* 符号 **Hg**) a heavy silver-coloured metal that is usually in liquid form. Mercury is used in thermometers. 汞；水银

☆**mercy** /ˈmɜːsɪ ‖ ˈmɝsɪ/ *noun* [U] kindness or forgiveness (that is shown to sb who has done sth wrong) 慈悲；仁慈；怜悯；宽容: *The prisoners begged for mercy from the king.* 囚犯乞求国王宽恕他们。○ *The rebels were shown no mercy. They were taken out and shot.* 叛乱分子没有得到宽大处理，全被带出去枪毙了。

(IDIOM 习语) **at the mercy of sb/sth** having no power against sb/sth strong 任凭某人/某事物摆布/控制；在某人/某事物面前无能为力: *The climbers spent the night on the mountain at the mercy of the wind and rain.* 登山者在山上过的夜，任凭风吹雨打。

merciful /-fl ‖ -fəl/ *adj* feeling or showing mercy 仁慈；慈悲；宽容: *His death was a merciful release from pain.* 死亡让他从痛苦中解脱。

mercifully /-fəlɪ ‖ -fəlɪ/ *adv* **1** in a merciful way 仁慈地；宽大地 **2** (*informal* 非正式) luckily 幸运地: *It was bitterly cold but mercifully it was not raining.* 天气寒冷彻骨，幸好没有下雨。

merciless *adj* showing no mercy 不宽容；冷酷无情 —**mercilessly** *adv*

☆**mere** /mɪə(r) ‖ mɪr/ *adj* (only *before* a noun 只用于名词前) (used for emphasizing how small or unimportant sth is 用于强调某事物小得可怜或微不足道) nothing more than 只不过；仅仅: *A mere ten per cent of young people in Britain go to university.* 仅仅百分之十的英国青年可以上大学。

(IDIOM 习语) **the merest** even a small amount of sth 极小量的；仅一点点的: *The merest smell of the fish market made her feel ill.* 一点点鱼市场的气味就使她感到不适。

merely *adv* only; just 只；仅仅；不过: *I don't want to place an order. I am merely making an enquiry.* 我不是要订货，只不过询问一下罢了。

merge /mɜːdʒ ‖ mɝdʒ/ *verb* **1** [I] **merge (with/into sth); merge (together)** to become part of sth else 合并；成为一部分: *Three small companies merged into one large one.* 三家小公司合并为一家大公司。○ *This stream merges with the Thames a few miles downstream.* 这条小溪在下游数英里的地方与泰晤士河汇合。○ *Those colours seem to merge into each other.* 那些颜色似乎互相混和了。**2** [T] to join things together so that they become one 使合并；使合为一体: *We have merged the two classes into one.* 我们已经将两个班合并成一个班。

merger /ˈmɜːdʒə(r) ‖ ˈmɝdʒɚ/ *noun* [C,U] the act of joining two or more companies together（两家或多家公司）合并

meridian /məˈrɪdɪən ‖ məˈrɪdɪən/ *noun* [C] an imaginary line on the surface of the earth from the North Pole to the South Pole that passes through a particular place 经线；子午线: *the Greenwich meridian* 格林尼治子午线

☛ Look at **longitude**. 参看 **longitude**。

meringue /məˈræŋ ‖ məˈræŋ/ *noun* **1** [U] a mixture of sugar and egg whites that is beaten together and cooked in the oven（用糖和蛋白混和而烘成的）酥皮/饼皮 **2** [C] a small cake that is made of meringue 蛋白酥皮小饼

merit /ˈmerɪt ‖ ˈmɛrɪt/ *noun* **1** [U] something that has merit is of high quality 价值；优秀之处: *There is a lot of merit in her ideas.* 她的意见有很多可取之处。○ *a certificate of merit* 奖状 ○ *a novel of great artistic merit* 一部具有极高艺术价值的小说 **2** [C, usually pl] an advantage or a good quality of sb/sth 优点；

长处；好处：*What are the merits of this new scheme?* 这个新方案有什么优点？○ *Each case must be judged separately on its own merits* (= not according to general principles). 每个案例必须根据其本身的是非曲直分别作出判断。

merit *verb* [T] (*formal* 正式) to be good enough for sth; to deserve 值得；应该获得：*This suggestion merits further discussion.* 这个提议值得进一步讨论。

mermaid /ˈmɜːmeɪd ‖ ˈmɝˌmed/ *noun* [C] (in stories 故事中) a woman who has the tail of a fish instead of legs and who lives in the sea 美人鱼

merry /ˈmerɪ ‖ ˈmɛrɪ/ *adj* (**merrier**; **merriest**) **1** happy and cheerful 欢乐；愉快；快乐：*merry laughter* 欢笑声 ○ *Merry Christmas!* 圣诞快乐！**2** (*informal* 非正式) rather drunk 微醉 —**merrily** /ˈmerəlɪ ‖ ˈmɛrəlɪ/ *adv*

merriment /ˈmerɪmənt ‖ ˈmɛrɪmənt/ *noun* [U] (*formal* 正式) laughter and enjoyment 欢乐；欢笑；享乐

ˈ**merry-go-round** *noun* [C] = ROUNDABOUT²(2)

mesh /meʃ ‖ mɛʃ/ *noun* [C,U] material that is like a net (= made of plastic, wire or rope threads with holes in between) 网状物（用塑料线、金属线或绳子制成）：*a fence made of wire mesh* 用铁丝网制成的围栏

mesmerize (*also* 亦作 **mesmerise**) /ˈmezməraɪz ‖ ˈmɛzməˌraɪz/ *verb* [T] to hold sb's attention completely 迷住；迷惑：*The audience seemed to be mesmerized by the speaker's voice.* 观众好像给演讲者的声音迷住了。

☆**mess¹** /mes ‖ mɛs/ *noun* **1** [C, usually sing] the state of being dirty or untidy 肮脏；凌乱：*The kitchen's in a terrible mess!* 这个厨房凌乱不堪！**2** [sing] a person or thing that is dirty or untidy 肮脏或不整洁的人/东西：*You look a mess! You can't go out like that!* 你看上去太邋遢了！你不能这样子出去！○ *My hair is a mess.* 我的头发太乱了。**3** [sing] the state of having problems or troubles 狼狈的困境；混乱的局面；麻烦的情况：*The company is in a financial mess.* 公司正处于财政困境。○ *to make a mess of your life* 把生活搞得一塌糊涂

mess *verb* [T] (*informal* 非正式) (*US* 美) to make sth dirty or untidy 弄脏；弄乱：*Don't mess your hands.* 别把你的手弄脏。

(PHRASAL VERBS 短语动词) **mess about/around** **1** to behave in a foolish way 举止愚昧；胡闹 **2** to pass your time in a relaxed way without any real purpose 逍遥自在地度日；悠闲地过日子：*We spent Sunday just messing around at home.* 星期日我们只是留在家里，轻松随意地度过。

mess sb about/around to treat sb in a way that is not fair or reasonable, eg by changing your plans without telling him/her 不公平地/无理地对待某人（例如改变计划而不告知对方）：*The builders really messed us around. They never turned up when they promised to.* 那些建筑工人实在是在敷衍我们，他们老是不依约前来工作。

mess about/around with sth to touch or use sth in a careless way 草率处理/瞎弄/乱搞某事物：*It is dangerous to mess about with fireworks.* 乱弄烟火是很危险的。

mess sth up **1** to make sth dirty or untidy 把某物弄脏/搞乱 **2** to do sth badly or spoil sth 把某事物弄糟；搞乱某事物：*I really messed up the last question in the exam.* 考试中最后一个问题我答得糟极了。

messy *adj* (**messier**; **messiest**) **1** dirty or untidy 肮脏；凌乱：*a messy room* 凌乱的房间 **2** needing a lot of cleaning up 要花很多工夫清理的：*Painting the ceiling is a messy job.* 粉刷天花板是一件脏活。**3** having or causing problems or trouble 难办；棘手；麻烦：*a messy divorce* 一宗棘手的离婚案

mess² /mes ‖ mɛs/ *noun* [C] the room or building where soldiers eat together（军人的）食堂：*the officers' mess* 军官食堂

☆**message** /ˈmesɪdʒ ‖ ˈmɛsɪdʒ/ *noun* **1** [C] a written or spoken piece of information that is passed from one person to another 信息；消息；口信：*Mr Thomas is not here at the moment. Can I take a message?* 托马斯先生现在不在。请问有没有口信要留给他呢？○ *Could you give this message to the headmaster, please?* 请你把这个消息告诉校长，可以吗？○ *to get/receive a message from sb* 从某人那儿收到/接到一个信息 **2** [sing] the main idea of a book, speech, etc（书本、演说等的）要点/主旨/主题思想：*It was a funny film but it also had a serious message.* 那是一部滑稽的电影，但也有严肃的中心思想。

(IDIOM 习语) **get the message** (*informal* 非正式) to understand what sb means even if it is not said directly 懂得/明白/领悟某人没有明白表示的意思：*He finally got the message and left Dick and Sarah alone together.* 他终于也领会了意思，便让迪克和萨拉单独在一起。

messenger /ˈmesɪndʒə(r) ‖ ˈmɛsn̩dʒɚ/ *noun* [C] a person who carries a message 报信者；送信人；信使；信差

Messiah (*also* 亦作 **messiah**) /mɪˈsaɪə ‖ məˈsaɪə/ *noun* [C] a person, eg Jesus Christ, who is expected to come and save the world 弥赛亚/救世主（来拯救世界的人，如耶稣基督）

messy ⇨ MESS¹

met *pt* of MEET * MEET 的过去时

☆**metal** /ˈmetl ‖ ˈmɛtl̩/ *noun* [C,U] a type of solid mineral substance, eg tin, iron, gold, steel, etc 金属（如锡、铁、金、钢等）：*Aluminium is a non-magnetic metal.* 铝是一种非磁性金属。○ *to recycle scrap metal* 将废金属循环再用 ○ *a metal bar* 金属棒

metallic /mɪˈtælɪk ‖ məˈtælɪk/ *adj* looking like metal or making a noise like one piece of metal hitting another 金属般；发出金属撞击似的声音：*a metallic blue car* 闪亮的蓝色汽车 ○ *harsh metallic sounds* 刺耳的金属撞击声

metamorphosis /ˌmetəˈmɔːfəsɪs ‖ ˌmɛtəˈmɔrfəsɪs/ *noun* [C] (*pl* **metamorphoses** /-əsiːz ‖ -əˌsiz/) (*formal* 正式) a complete change of form (as part of natural development) 蜕变；变形；变态：*the metamorphosis of a tadpole into a frog* 从蝌蚪蜕变成蛙

metaphor /ˈmetəfə(r) ‖ ˈmɛtəfɚ/ *noun* [C,U] a way of describing sth by comparing it to sth else which has the same qualities (but without using the words 'as' or 'like'). For example, if you call sb a 'parrot' you are using a metaphor to say that the person just repeats things without thinking. 隐喻；暗喻 —**metaphorical** /ˌmetəˈfɒrɪkl; *US* 美 -ˈfɔːr- ‖ ˌmɛtəˈfɔrɪkl̩/ *adj*: *a metaphorical expression* 一个隐喻 —**metaphorically** /-klɪ ‖ -klɪ/ *adv*

mete /miːt ‖ mit/ *verb*
(PHRASAL VERB 短语动词) **mete sth out (to sb)** (*formal* 正式) to give a punishment, reward, etc 施以或给予惩罚/奖励…

meteor /ˈmiːtɪɔː(r) ‖ ˈmitɪɚ/ *noun* [C] a small piece of rock, etc in space. When a meteor enters the earth's atmosphere it makes a bright line in the night sky 流星；陨星
meteoric /ˌmiːtɪˈɒrɪk; *US* 美 -ˈɔːr- ‖ ˌmitɪˈɔrɪk/ *adj* very fast or successful 飞快；迅疾；很成功: *a meteoric rise to fame* 迅速成名

meteorology /ˌmiːtɪəˈrɒlədʒɪ ‖ ˌmitɪəˈrɑlədʒɪ/ *noun* [U] the study of the weather and climate 气象学 —**meteorological** /ˌmiːtɪərəˈlɒdʒɪkl; *US* 美 ˌmiːtɪɔːr- ‖ ˌmitɪɔrəˈlɑdʒɪkl̩/ *adj*: *the Meteorological Office*（英国）国家气象局
meteorologist /ˌmiːtɪəˈrɒlədʒɪst ‖ ˌmitɪəˈrɑlədʒɪst/ *noun* [C] a person who studies the weather 气象学工作者；气象学家

meter[1] /ˈmiːtə(r) ‖ ˈmitɚ/ *noun* [C] a piece of equipment that measures the amount of gas, water, electricity, time, etc you have used（用于计量煤气、水、电、时间等的）计/仪/表: *The man has come to read the gas meter.* 那抄煤气表的人来了。○ *a parking-meter* 停车计时收费器
meter *verb* [T] to measure sth with a meter（用仪表）计算/测量

meter[2] (*US* 美) = METRE

☆**method** /ˈmeθəd ‖ ˈmɛθəd/ *noun* [C] a way of doing sth 方法；办法: *What method of payment do you prefer? Cash, cheque or credit card?* 你喜欢用什么方法付款？现金、支票还是信用卡？○ *modern methods of teaching languages* 教授语文的新方法
methodical /mɪˈθɒdɪkl ‖ məˈθɑdɪkl̩/ *adj* having or using a well-organized and careful way of doing sth 有条理；有组织的: *Paul is a very methodical worker.* 保罗是个办事极有条理的人。—**methodically** /-klɪ ‖ -klɪ/ *adv*

Methodist /ˈmeθədɪst ‖ ˈmɛθədɪst/ *noun* [C], *adj* (a member) of a Protestant Church that was started by John Wesley in the 18th century 循道公会的信徒；循道公会的

meticulous /mɪˈtɪkjʊləs ‖ məˈtɪkjələs/ *adj* giving or showing great attention to detail; very careful 极注意细节的；非常仔细；一丝不苟 —**meticulously** *adv*

☆**metre** (*US* 美 **meter**) /ˈmiːtə(r) ‖ ˈmitɚ/ *noun* [C] (*abbr* 缩写 **m**) a measure of length; 100 centimetres 米（公制长度单位，1米等于100厘米）: *A metre is about 39 inches.* 一米约等于39英寸。○ *What's the record for the 100 metres?* (= the race) * 100米赛跑的最快纪录是多少时间？

metric /ˈmetrɪk ‖ ˈmɛtrɪk/ *adj* using the system of measurement that is based on metres, grams, litres, etc (**the metric system**)（采用公制的（国际公制/米制叫做 **metric system**）☛ Look at **imperial**. 参看 **imperial**。

metropolis /məˈtrɒpəlɪs ‖ məˈtrɑpl̩ɪs/ *noun* [C] a very large city, usually the chief city of a country 大城市；大都会；首都 —**metropolitan** /ˌmetrəˈpɒlɪtən ‖ ˌmɛtrəˈpɑlətn̩/ *adj*

miaow /miːˈaʊ ‖ mɪˈaʊ/ *noun* [C] one of the sounds that a cat makes 咪/喵（猫叫声）
miaow *verb* [I] to make the sound 咪咪叫；喵喵叫 ☛ Look at **purr**. 参看 **purr**。

mice *pl* of MOUSE * MOUSE的复数

mickey /ˈmɪkɪ ‖ ˈmɪkɪ/ *noun*
(IDIOM 习语) **take the mickey (out of sb)** (*informal* 非正式) to make sb look silly by laughing at them 嘲笑/取笑某人: *Stop taking the mickey! You can't dance any better yourself.* 别嘲笑别人了！你自己跳舞也好不了多少。☛ Look at **tease**. 参看 **tease**。

microchip /ˈmaɪkrəʊtʃɪp ‖ ˈmaɪkrotʃɪp/ (also *informal* 非正式 **chip**) *noun* [C] a very small piece of a special material (**silicon**) that is used inside a computer, etc to make it work 微晶片/芯片（用硅/矽 (**silicon**) 制成，用于计算机等的集成电路晶片）

microcomputer /ˌmaɪkrəʊkəmˈpjuːtə(r) ‖ ˌmaɪkrokəmˈpjutɚ/ (also *informal* 非正式 **micro**) *noun* [C] a small computer that is not part of a larger system 微型计算机；微型电脑

microcosm /ˈmaɪkrəʊkɒzəm ‖ ˈmaɪkrəˌkɑzəm/ *noun* [C] something that is a small example of sth larger 缩影；缩图: *Our little village is a microcosm of society as a whole.* 我们的小村庄是整个社会的缩影。

microfiche /ˈmaɪkrəʊfiːʃ ‖ ˈmaɪkrofiʃ/ *noun* [C,U] a piece of film on which information is stored in very small print 缩微软片

microphone /ˈmaɪkrəfəʊn ‖ ˈmaɪkrəˌfon/ (also *informal* 非正式 **mike**) *noun* [C] a piece of electrical equipment that is used for making sounds louder or for recording them 扩音器；麦克风；传声器: *Speak into the microphone so that everyone can hear you.* 对着扩音器说话，好让每个人都可以听见。

microscope /ˈmaɪkrəskəʊp ‖ ˈmaɪkrəˌskop/ *noun* [C] a piece of equipment that makes very small objects look large enough for you to be able to see them 显微镜: *to examine sth under a microscope* 把某物放在显微镜下仔细观察
microscopic /ˌmaɪkrəˈskɒpɪk ‖ ˌmaɪkrəˈskɑpɪk/ *adj* too small to be seen without a microscope 非用显微镜不可见的；微小

microwave /ˈmaɪkrəweɪv ‖ ˈmaɪkrəˌwev/ *noun* [C] **1** a short electric wave that is used for sending radio messages and for cooking food 微波（用于传送无线电信息及烹饪）**2** (*also* 亦作 **microwave oven**) a type of oven that cooks or heats food very quickly using microwaves 微波炉

mid /mɪd ‖ mɪd/ *adj* (only *before* a noun 只用于名词前) the middle of 中间的；中部的；中央的: *I'm away from mid June.* 从六月中起我出门去。○ *the mid 1950s* * 20世纪50年代中期

mid- /mɪd ‖ mɪd/ (in compounds 用以构成复合词) in the middle of 在中间/中部/中央: *mid-*

morning coffee 上午十时左右喝的咖啡 ○ *a mid-air collision* 在空中相撞

the Midwest *noun* [sing] the northern central part of the USA 美国中西部

☆**midday** /ˌmɪdˈdeɪ ‖ ˈmɪdˌde/ *noun* [U] twelve o'clock in the middle of the day; noon 正午；中午；中午十二时: *We just have a light snack at midday.* 我们在中午只吃了少许点心。☛ Look at **midnight**. 参看 **midnight**。

☆**middle** /ˈmɪdl ‖ ˈmɪdl̩/ *noun* **1 the middle** [sing] the part, point or position that is at about the same distance from the two ends of sth 中间；中部；中央: *An unbroken white line in the middle of the road means you must not overtake.* 马路中央的白色实线表示不可超车。○ *Here's a photo of me with my two brothers. I'm the one in the middle.* 这里有一张我和两个兄弟的合照。中间那个就是我。☛ **Centre** and **middle** are often very similar in meaning but centre is used when you mean the exact middle of something * **centre** 和 **middle** 通常意思很相近，但 centre 用以表示正中心: *How do you find the centre of a circle?* 如何找出圆心？○ *There was a large table in the middle of the room.* 房间的中央有一张大桌子。When you are talking about a period of time only **middle** may be used 用于一段时间时，只可说 **middle**: *The baby woke up in the middle of the night.* 婴孩在半夜醒了。○ *the middle of July* 七月中 **2** [C] (*informal* 非正式) your waist 腰部: *I want to lose weight around my middle.* 我想使腰部苗条些。

middle *adj* (only *before* a noun 只用于名词前) in the middle 中间的: *I wear my mother's ring on my middle finger.* 我把母亲的戒指戴在中指上。○ *There are three houses in a row and ours is the middle one.* 那里一排有三幢房子，我们的在中间。

ˌ**middle ˈage** *noun* [U] the time when you are about 40 to 60 years old 中年（指40至60岁之间）: *in late middle age* 中年后期

ˌ**middle-ˈaged** *adj* of or in middle age 中年的: *middle-aged people* 中年人

the ˌMiddle ˈAges *noun* [plural] the period of European history from about AD1100 to AD1500 中世纪（欧洲历史上大约公元1100年至1500年间的时期）

ˌ**middle ˈclass** *noun* [C] the group of people in society who are between the working class and the upper class. Middle-class people include business people, managers, teachers, doctors, etc 中产阶级: *Most of the people who work here are middle class.* 在这里工作的大多是中产阶级人士。○ *a comfortable middle-class lifestyle* 舒适的中产阶级生活方式

the ˌMiddle ˈEast *noun* [sing] the group of countries that are situated at the point where Europe, Africa and Asia meet 中东（国家）

ˈ**middleman** /-mæn ‖ -ˌmæn/ *noun* [C] (*pl* **middlemen** /-men ‖ -mɛn/) a person who buys sth from a producer or manufacturer and then sells it to sb else for more money 中间人；经纪人

ˌ**middle ˈname** *noun* [C] the second of two Christian or given names 中名（欧美人士名字与姓之间的另一名字）

ˈ**middle school** *noun* [C] (*Brit* 英) a school for children aged between nine and thirteen 中学/中间学校（九至十三岁儿童入读的学校）

midge /mɪdʒ ‖ mɪdʒ/ *noun* [C] a very small flying insect like a mosquito that can bite people 蠓；摇蚊 ☛ Look at **gnat**. 参看 **gnat**。

midget /ˈmɪdʒɪt ‖ ˈmɪdʒɪt/ *noun* [C] a very small person 矮人；侏儒

Midlands /ˈmɪdləndz ‖ ˈmɪdləndz/ *noun* [sing, with sing or pl verb] **the Midlands** the central part of England. The Midlands contains the industrial towns of Birmingham, Nottingham, Coventry, etc. 英格兰中部（包括伯明翰、诺丁汉、考文垂等工业城镇）

☆**midnight** /ˈmɪdnaɪt ‖ ˈmɪdˌnaɪt/ *noun* [U] twelve o'clock at night 晚上十二时；午夜；子夜: *They left the party at midnight.* 他们在午夜离开了聚会。○ *The clock struck midnight.* 钟敲晚上十二点。☛ Look at **midday**. 参看 **midday**。

midriff /ˈmɪdrɪf ‖ ˈmɪdrɪf/ *noun* [C] the part of your body between your chest and your waist 上腹部；膈

midst /mɪdst ‖ mɪdst/ *noun* [U] (after a preposition 用于介词后) the middle part or position 中部；中间；中央；当中: *They realized with a shock that there was an enemy in their midst* (= among them). 他们惊觉到他们当中有一个是敌人。

midsummer /ˌmɪdˈsʌmə(r) ‖ ˈmɪdˈsʌmɚ/ *noun* [U] the time around the middle of summer 仲夏: *a beautiful midsummer/midsummer's evening* 美丽的仲夏之夜

midway /ˌmɪdˈweɪ ‖ ˈmɪdˈwe/ *adj, adv* **midway (between sth and sth)** in the middle or halfway (between sth and sth) 位于中间；中途: *Our cottage is midway between Alston and Penrith.* 我们的村舍就在奥尔斯顿和彭里思中间。

midweek /ˌmɪdˈwiːk ‖ ˈmɪdˈwik/ *noun* [U] the middle of the week (= Tuesday, Wednesday and Thursday) 一星期的中段（即星期二、星期三及星期四）—**midweek** *adv*: *If you travel midweek it will be less crowded.* 如果你在一星期的中段时间外出旅行，就没有那么拥挤了。

midwife /ˈmɪdwaɪf ‖ ˈmɪdˌwaɪf/ *noun* [C] (*pl* **midwives** /-waɪvz ‖ -ˌwaɪvz/) a person who has been trained to help women give birth to babies 助产士；接生员

midwifery /ˈmɪdwɪfərɪ; *US* 美 -waɪf- ‖ ˈmɪdˌwaɪfərɪ/ *noun* [U] the work of a midwife 助产；接生

midwinter /ˌmɪdˈwɪntə(r) ‖ ˈmɪdˈwɪntɚ/ *noun* [U] the time around the middle of winter 仲冬

☆**might**[1] /maɪt ‖ maɪt/ *modal verb* (*negative* **might not**; *short form* **mightn't** /ˈmaɪtnt ‖ ˈmaɪtn̩t/) **1** (used as the past form of 'may' when you report what sb has said 复述别人的话时用作 may 的过去时): *He said he might be late* (= his words were, 'I may be late'). 他说他可能迟到。**2** (used for saying that sth is possible 表示某事可能发生): *'Where's William?' 'He might be upstairs.'* "威廉在哪儿？" "他可能在楼上。" ○ *We might be going*

M

to Spain on holiday this year. 今年我们可能去西班牙度假。○ *She might not come if she's very busy.* 如果她很忙，就可能不来了。○ *If I'd have known the film was about Wales, I might have gone to see it* (= but I didn't know, so I didn't go). 如果我早知道那部电影是有关威尔士的，就可能会去看。**3** (used in formal British English to ask for sth very politely 在正式的英国英语中，用以很礼貌地提出要求): *I wonder if I might go home half an hour early today?* 不知道今天我可不可以早半小时回家呢？○ *Might I say something?* 我可以说几句话吗？**4** (used in formal British English to suggest sth politely 在正式的英国英语中，用以礼貌地提出建议): *Might I suggest that we discuss this in private?* 我想提议我们私下讨论这个问题好不好？○ *If you need more information, you might try phoning our customer service department.* 如果你需要更多资料，可以试试打电话给我们的客户服务部。

(IDIOMS 习语) **may/might as well (do sth)** ☞ WELL[3]

you, etc might do sth (used when you are angry with sb 表示生气) you should 你应该: *You might tell me if you're going to be late.* 既然你要晚到，就应该预先告诉我。○ *They might at least have phoned if they're not coming.* 他们要是不能来，至少也应该打个电话给我。

I might have known (used for saying that you are not surprised that sth has happened 表示某事发生并不使你感到惊奇): *I might have known he wouldn't help.* 我早该知道他不会愿意帮忙。

might[2] /maɪt ‖ maɪt/ *noun* [U] (*formal* 正式) great strength or power（极大的）力气/力量/权力: *We pushed with all our might, but the rock did not move.* 我们用尽力气推，但大石块动也不动。

mighty /'maɪtɪ ‖ 'maɪtɪ/ *adj* (**mightier**; **mightiest**) very strong or powerful 非常强大/有力

mighty *adv* (*US informal* 美，非正式) very 很；极；非常: *That's mighty kind of you.* 真是非常感激你。

migraine /'mi:greɪn; *US* 美 'maɪgreɪn ‖ 'maɪgren/ *noun* [C,U] a very bad headache that makes you feel ill 偏头痛

migrate /maɪ'greɪt; *US* 美 'maɪgreɪt ‖ 'maɪgret/ *verb* [I] **1** (used about animals and birds 指动物及鸟类) to travel from one part of the world to another at the same time every year 迁徙；移栖 **2** to move from one place to go and live and work in another 移居；移民；迁徙: *Many of the poorer people were forced to migrate to the cities to look for work.* 很多较穷的人都被迫迁移到城市找寻工作。☛ Look at **emigrate**. 参看 **emigrate**。

migrant /'maɪgrənt ‖ 'maɪgrənt/ *noun* [C] a person who goes from place to place in search of work 到处寻找工作的人；流动工人: *migrant workers* 流动工人 —**migration** /maɪ'greɪʃn ‖ maɪ'greʃən/ *noun* [C,U]: *the annual migration to the south* 一年一度的向南迁徙

mike /maɪk ‖ maɪk/ *noun* [C] (*informal* 非正式) = MICROPHONE

milage = MILEAGE

☆**mild** /maɪld ‖ maɪld/ *adj* **1** not hard, strong or severe 温和；不强烈；不严厉: *a mild soap that is gentle to your skin* 不刺激皮肤、性质温和的肥皂 ○ *a mild winter* 暖和的冬天 ○ *a mild punishment* 轻微的惩罚 **2** kind and gentle 温和: *He's a very mild man – you never see him get angry.* 他是个性情温和的人——从来没有人见过他发脾气。**3** (used about food 指食物) not having a strong taste 味道不浓烈；清淡: *mild cheese* 淡味干酪

mild (*also* 亦作 **mild ale**) *noun* [U] (*Brit* 英) a type of beer that does not have a very strong flavour 淡味啤酒

mildly *adv* **1** in a mild way 温和地 **2** not very; slightly 有些；稍微；轻微: *I found the talk mildly interesting.* 我觉得这次谈话有些趣味。—**mildness** *noun* [U]

☆**mile** /maɪl ‖ maɪl/ *noun* [C] **1** a measure of length; 1·6 kilometres. There are 1 760 yards in a mile 英里（长度单位，一英里等于1.6公里或1 760码）: *The nearest beach is seven miles away.* 最近的海滩在七英里外。○ *It's a seven-mile drive to the sea.* 要驾驶七英里路才到海边。○ *He ran the mile in less than four minutes.* 他不需四分钟就跑完一英里。○ *My car does 35 miles to the gallon.* 我的车子一加仑汽油可以走35英里。○ *From the top of the hill you can see for miles and miles.* 在山顶上可以看到很远很远的地方。**2** (*also* 亦作 **miles**) a lot 很多: *to miss a target by a mile* 远远没有击中目标 ○ *I'm feeling miles better this morning.* 我今早觉得好得多了。**3 miles** a long way 很远的路: *How much further is it? We've walked miles already.* 还有多远才到？我们已经走了很长路程了。

'**milestone** *noun* [C] **1** a stone at the side of the road that shows how far it is to the next town 里程碑 **2** a very important event 十分重要的事件

mileage (*also* 亦作 **milage**) /'maɪlɪdʒ ‖ 'maɪlɪdʒ/ *noun* **1** [C,U] the distance that has been travelled (measured in miles) 英里里数: *The car is five years old but it has a low mileage.* 这辆车虽然用了五年，但只走了很少里数。**2** [U] (*informal* 非正式) the amount of use or benefit you get from sth 用处；好处；利益

militant /'mɪlɪtənt ‖ 'mɪlətənt/ *adj* using or willing to use force or strong pressure to get what you want 激进；好战；好斗: *The workers were in a very militant mood.* 工人们的态度很强硬。—**militancy** /-ənsɪ ‖ -ənsɪ/ *noun* [U]

militant *noun* [C] a militant person 激进分子；好斗分子

☆**military** /'mɪlɪtrɪ; *US* 美 -terɪ ‖ 'mɪlə͵tɛrɪ/ *adj* (only *before* a noun 只用于名词前) of or for soldiers, the army, navy, etc 军队的；军事的；军用的: *Do you have military service in your country?* 贵国公民需要服兵役吗？○ *to take military action* 采取军事行动

militia /mɪ'lɪʃə ‖ mə'lɪʃə/ *noun* [C, with sing or pl verb] a group of people who are not regular soldiers but who have had military training 民兵

☆**milk** /mɪlk ‖ mɪlk/ *noun* [U] **1** a white liquid

that is produced by women and animals to feed their babies. People drink cows', goats', etc milk and use it to make butter and cheese 奶；乳: *skimmed, powdered, long-life, low-fat, etc milk* 脱脂奶；奶粉；保鲜牛奶；低脂肪奶… ○ *Don't use that milk – it's gone sour.* 别用那奶——它已经变酸了。○ *I don't take milk in my coffee, thank you.* 我喝咖啡不加奶，谢谢你。○ *a bottle of milk* 一瓶牛奶 ○ *a milk bottle* 牛奶瓶 **2** the juice of some plants or trees that looks like milk（植物的）乳液: *coconut milk* 椰汁

milk *verb* **1** [I,T] to take milk from a cow, goat, etc 挤（牛、羊等的）奶 **2** [T] (*figurative* 比喻) to get as much money, information, etc as you can from sb/sth 榨取；剥削: *The colonists milked the country of its natural resources.* 那些殖民者榨取了这个国家的天然资源。

ˌmilk ˈchocolate *noun* [U] chocolate that is made with milk 牛奶巧克力

ˈmilkman /-mən ‖ -mən/ *noun* [C] (*pl* **milkmen**) a person who delivers milk to your house 送牛奶的人

ˈmilk shake *noun* [C,U] a drink made of milk, flavouring and sometimes ice-cream 奶昔/泡沫牛奶（牛奶加香料，有时再加上冰淇淋而制成的饮品）

milky /ˈmɪlkɪ ‖ ˈmɪlki/ *adj* (**milkier**; **milkiest**) **1** made with milk 奶类的；乳制的: *a hot milky drink* 热的奶类饮品 **2** of a pale white colour 乳白色

mill[1] /mɪl ‖ mɪl/ *noun* [C] **1** a building that contains a large machine that is used for grinding grain into flour 磨坊；磨粉厂: *a windmill* 风车 ○ *a water-mill* 水磨 **2** a kitchen tool that is used for grinding sth into powder 磨粉机: *a pepper-mill* 胡椒碾磨机 **3** a factory that is used for making certain kinds of material 厂；工厂: *a paper-mill* 造纸厂 ○ *a steel-mill* 炼钢厂

mill[2] /mɪl ‖ mɪl/ *verb* [T] to grind sth in a mill 磨；碾

(PHRASAL VERB 短语动词) **mill about/around** (*informal* 非正式) (used about a large number of people or animals 指大批人或动物) to move around in one place with no real purpose 无目的地兜圈子

millet /ˈmɪlɪt ‖ ˈmɪlɪt/ *noun* [U] grass-like plant whose seeds are used as food for people and birds 黍类；小米

milligram (*US* 美 **milligramme**) /ˈmɪlɪɡræm ‖ ˈmɪləˌɡræm/ *noun* [C] (*abbr* 缩写 **mg**) a measure of weight. There are 1 000 milligrams in a gram. 毫克（重量单位，1克有1 000毫克）

millilitre (*US* 美 **milliliter**) /ˈmɪlɪliːtə(r) ‖ ˈmɪləˌlitɚ/ *noun* [C] (*abbr* 缩写 **ml**) a measure of liquid. There are 1 000 millilitres in a litre. 毫升（容量单位，1升有1 000毫升）

millimetre (*US* 美 **millimeter**) /ˈmɪlɪmiːtə(r) ‖ ˈmɪləˌmitɚ/ *noun* [C] (*abbr* 缩写 **mm**) a measure of length. There are 1 000 millimetres in a metre. 毫米（长度单位，1米有1 000毫米）

millinery /ˈmɪlɪnərɪ; *US* 美 ˈmɪlɪnerɪ ‖ ˈmɪləˌnɛrɪ/ *noun* [U] making or selling women's hats 女帽制造业；女帽销售业

☆**million** /ˈmɪljən ‖ ˈmɪljən/ *number* 1 000 000 ＊100万: *Nearly 60 million people live in Britain.* 近六千万人居住在英国。○ *Millions are at risk from the disease.* 数以百万计的人受到那种疾病的威胁。○ *'How much does it cost?' 'Half a million.'* "那值多少钱？" "五十万。" ☛ Notice that when you are counting you use million without **s** 表示数目时，要注意 million 后面是没有 **s** 的: *six million pounds* 六百万英镑 For more information about numbers, look at Appendix 2. 查阅其他有关数字的资料可参看附录二。

millionth *det* 1 000 000th 第100万（个）的: *the firm's millionth customer* 公司的第一百万个顾客

millionth *noun* [C] one of a million equal parts of sth 百万分之一: *a millionth of a second* 百万分之一秒

millionaire /ˌmɪljəˈneə(r) ‖ ˌmɪljənˈɛr/ *noun* [C] a person who has a million pounds, dollars, etc; a very rich person 百万富翁；富翁；富豪 ☛ A female millionaire is a **millionairess**. 女富豪叫 **millionairess**。

milometer (*also* 亦作 **mileometer**) /maɪˈlɒmɪtə(r) ‖ maɪˈlɑmɪtɚ/ (*US* 美 **odometer**) *noun* [C] a piece of equipment that measures the distance you have travelled 计程器（计算路程的仪器）

mime /maɪm ‖ maɪm/ *noun* [C,U] acting or telling a story without speaking, by using your hands, body and the expressions on your face 哑剧；默剧

mime *verb* [I,T] to act or express sth using mime 演哑剧；用手势/动作表示

mimic /ˈmɪmɪk ‖ ˈmɪmɪk/ *verb* [T] (*pres part* **mimicking**; *pt*, *pp* **mimicked**) to copy sb's behaviour in an amusing way 以谐趣的方式模仿（别人的行为）

mimic *noun* [C] a person who can mimic other people 善于模仿别人的人

mince /mɪns ‖ mɪns/ *verb* [T] to cut meat into very small pieces using a special machine 用机器把肉切碎/剁碎/切细: *a pound of minced beef* 一磅碎牛肉

mince (*Brit* 英) (*US* 美 **hamburger**; **ground beef**) *noun* [U] meat that has been cut into very small pieces with a special machine 剁碎的肉；肉末

ˌmince ˈpie *noun* [C] a small round cake with a mixture of dried fruit, sugar, etc (**mincemeat**) inside, traditionally eaten in Britain at Christmas time 百果馅饼（馅(**mincemeat**)用水果干、糖等混合拌成，是英国圣诞节的传统食品）

mincemeat /ˈmɪnsmiːt ‖ ˈmɪnsˌmit/ *noun* [U] a mixture of dried fruit, nuts, sugar, etc 百果馅（用水果干、果仁、糖等混合而成）

☆**mind**[1] /maɪnd ‖ maɪnd/ *noun* [C,U] the part of your brain that thinks and remembers; your thoughts and intelligence 头脑；脑筋；思想；智力: *He has a brilliant mind.* 他头脑聪颖。○ *Not everybody has the right sort of mind for this work.* 并不是每个人都有适合做这项工作的头脑。

(IDIOMS 习语) **be out of your mind** (*informal*

非正式) to be crazy or mad 发狂；发疯: *He must be out of his mind to give up a good job like that.* 他必定是疯了，竟然放弃那样好的工作。

bear/keep sb/sth in mind to remember sb/sth 记住某人/某事物: *We'll bear/keep your suggestion in mind for the future.* 我们会记住你的提议，以备将来之用。

change your mind ⇨ CHANGE[1]

cross your mind ⇨ CROSS[2]

ease sb's mind ⇨ EASE[2]

frame of mind ⇨ FRAME[1]

have/keep an open mind ⇨ OPEN[1]

keep your mind on sth to continue to pay attention to sth 注意/用心/专心于某事物: *Stop talking and try to keep your mind on your work!* 停止说话，用心工作吧！

make up your mind to decide 下定决心；拿定主意: *I can't make up my mind which sweater to buy.* 我拿不定主意买哪件羊毛套衫。

on your mind worrying you 使担心/担忧: *Don't bother her with that. She's got enough on her mind already.* 别为那事烦她，已经有很多事情够她担心了。

put/set your/sb's mind at rest to make you/sb stop worrying 使自己/某人安心或放心: *The results of the blood test set his mind at rest.* 验血的结果使他安心。

slip your mind ⇨ SLIP[1]

state of mind ⇨ STATE[1]

take your/sb's mind off sth to help you/sb not to think or worry about sth 使自己/某人不再想或担心某事

☆**mind**[2] /maɪnd ‖ maɪnd/ *verb* **1** [I,T] (especially in questions, answers, and negative sentences 尤用于疑问句、答复和否定句) to feel annoyed, unhappy or uncomfortable 介意；反对: *'Do you mind if I smoke?' 'No, not at all.'* "我抽烟你介意吗？""不，一点也不。" ○ *I'm sure Simon won't mind if you don't invite him.* 如果你不邀请西蒙，我肯定他也不会介意。 ○ *We've got four children so I hope you won't mind about the mess!* 我们有四个孩子，希望你不要介意这里乱七八糟。 ○ *I don't mind what you do – it's your decision.* 我不在乎你做什么——那是你的决定。 ○ *Do you mind having to travel so far to work every day?* 你愿意每天走那么远的路上班吗？ ○ *Are you sure your parents won't mind me coming?* 你肯定你父母不会介意我来吗？ ○ *'Would you like red or white wine?' 'I don't mind.'* (= I'm happy to have either) "你喜欢红酒还是白酒？""随便。" ○ *I wouldn't mind a holiday in the sun this year!* (= I would like it.) 我希望今年有一个充满阳光的假期！ **2** [T] (used in a question as a polite way of asking sb to do sth 用于礼貌的请求) could you...? 能不能请你…？: *Would you mind closing the window for me?* 能不能请你替我把窗关上？ ○ *Do you mind driving? I'm feeling rather tired.* 能不能请你驾车？我觉得很疲倦。 **3** [T] (used as a command 用作命令) be careful of/about... 小心；留意: *It's a very low doorway so mind your head.* 那个门口很低，小心碰头。 ○ *Mind that step!* 小心台阶！ ○ *Mind you don't slip on the ice.* 小心，不要在冰上滑倒了。

(IDIOMS 习语) **mind you** (used for attracting attention to a point you are making or for giving more information 提出要点或作补充时用以吸引注意): *Paul seems very tired. Mind you, he has been working very hard recently.* 保罗好像很疲倦。告诉你吧，他近来一直很努力工作呢。

mind your own business to pay attention to your own affairs, not other people's 管自己的事，别管闲事: *Stop telling me what to do and mind your own business!* 不要老是告诉我要做什么，管你自己的事罢！

never mind don't worry; it doesn't matter 不必担心；没关系；不要紧: *'I forgot to post your letter.' 'Never mind, I'll do it later.'* "我忘记帮你寄信了。""不要紧，我一会儿寄。" ○ *Never mind about the cost – just enjoy yourself!* 不必担心费用——只管尽情玩吧！

(PHRASAL VERB 短语动词) **Mind out** (*informal* 非正式) Get out of the way! 走开；让开: *Mind out! There's a bicycle coming.* 快让开！有辆自行车过来了。

minder *noun* [C] (especially in compounds 尤用以构成复合词) a person whose job is to look after sb/sth 照料某人/某物的人员: *My son goes to a child-minder so that I can work part-time.* 我的儿子已经交给照料孩子的人，这样我就可以做兼职工作了。

-minded /ˈmaɪndɪd ‖ ˈmaɪndɪd/ *adj* **1** (in compounds 用以构成复合词) having the type of mind mentioned 有…头脑/思想/观念: *a strong-minded person* 意志坚强的人 **2** (in compounds 用以构成复合词) interested in the thing mentioned 对…有兴趣: *money-minded* 热中于赚钱

mindless /ˈmaɪndlɪs ‖ ˈmaɪndlɪs/ *adj* not having or not needing thought or intelligence 没头脑的；不用脑子的；无需动脑筋的: *mindless violence* 盲目的暴力 ○ *mindless factory work* 不用动脑子的工厂活儿

☆**mine**[1] /maɪn ‖ maɪn/ *pron* of or belonging to me 我的: *'Whose is this jacket?' 'It's mine.'* "这件短上衣是谁的？""是我的。" ○ *Don't take your car – you can come in mine.* 你不用取车，可以坐我的来。 ○ *May I introduce a friend of mine?* (= one of my friends) 让我给你介绍我的一位朋友好吗？ ☛ Look at **my**. 参看 **my**。

☆**mine**[2] /maɪn ‖ maɪn/ *noun* [C] **1** a hole, or system of holes and passages, that people dig under the ground in order to obtain coal, tin, gold, etc 矿场；矿: *a coal-mine* 煤矿 **2** a bomb that is hidden under the ground or under water 地雷；水雷

ˈ**minefield** *noun* [C] **1** an area of land or sea where mines(2) have been hidden 雷区；布雷区域 **2** a situation that is full of hidden dangers or difficulties 充满潜在危险/困难的情况

mine[3] /maɪn ‖ maɪn/ *verb* **1** [I,T] to dig in the ground for coal, gold, etc; to get coal, etc by digging 采矿；开矿: *Diamonds are mined in South Africa.* 钻石是在南非开采的。 ☛ Look at **mining**. 参看 **mining**。 **2** [T] to put hidden mines(2) in an area of land or sea 布雷

☆**miner** /ˈmaɪnə(r) ‖ ˈmaɪnɚ/ *noun* [C] a person whose job is to work in a mine to get coal, etc 矿工；采矿工人

☆**mineral** /ˈmɪnərəl ‖ ˈmɪnərəl/ *noun* [C] a natural substance such as coal, salt, oil, etc, especially one that is dug out of the ground for people to use 矿物（尤指从地下掘出供人使用的天然物质，如煤、盐、石油等）: *a country rich in minerals* 矿藏丰富的国家

ˈ**mineral water** *noun* [U] water that comes directly from the ground, contains minerals and is thought to be good for your health 矿泉水

mingle /ˈmɪŋgl ‖ ˈmɪŋgḷ/ *verb* [I,T] to mix with another thing or with other people 混合；混在一起: *The colours slowly mingled together to make a muddy brown.* 颜色慢慢地混合在一起，呈现出泥土般的棕色。○ *His excitement was mingled with fear.* 他兴奋之中夹杂着恐惧。

mini- /ˈmɪnɪ ‖ ˈmɪnɪ/ (in compounds 用以构成复合词) very small 小型；袖珍: *a miniskirt* 超短裙 ○ *minigolf* 小型高尔夫球

miniature /ˈmɪnətʃə(r); *US* 美 ˈmɪnɪətʃʊər ‖ ˈmɪnɪətʃɚ/ *noun* [C] a small copy of sth which is much larger 微型复制品；微小模型: *The children loved the miniature village with its tiny houses, church and farm.* 孩子们都喜欢那个村落模型，里面有小巧的房子、教堂和农场。

(IDIOM 习语) **in miniature** in a very small form 微型；小规模

minibus /ˈmɪnɪbʌs ‖ ˈmɪnɪˌbʌs/ *noun* [C] (*especially Brit* 尤为英) a small bus, usually for no more than 12 people 小型公共汽车（通常载客量不超过 12 人）

minimal /ˈmɪnɪməl ‖ ˈmɪnɪmḷ/ *adj* very small in amount or level 很少的（量）；很低的（程度）: *The project has had minimal support.* 计划得到很少的支持。

minimize (*also* 亦作 **minimise**) /ˈmɪnɪmaɪz ‖ ˈmɪnəˌmaɪz/ *verb* [T] to make sth as small as possible (in amount or level) 减到最少量/最低程度: *We shall try to minimize the risks to the public.* 我们将会尽量把公众所面对的风险减到最低。☛ The opposite is **maximize**. 反义词为 **maximize**。

☆**minimum** /ˈmɪnɪməm ‖ ˈmɪnəməm/ *noun* [sing] the smallest amount or level that is possible or allowed 最少量；最低限度；最低额: *I need a minimum of seven hours' sleep.* 我需要最少七小时睡眠。○ *The minimum he will accept is £15 000 a year.* 他愿意接受的最低金额是一年 15 000 英镑。○ *We will try and keep the cost of the tickets to a minimum.* 我们会尽量把票价维持在最低水平。☛ The opposite is **maximum**. 反义词为 **maximum**。

minimum *adj* (only *before* a noun 只用于名词前) the smallest possible or allowed 最小；最少量；最低: *What's the minimum age for leaving school in Britain?* 英国的最低退学年龄是多少岁？☛ The opposite is **maximum**. 反义词为 **maximum**。

mining /ˈmaɪnɪŋ ‖ ˈmaɪnɪŋ/ *noun* [U] (often in compounds 常用以构成复合词) the process or industry of getting coal, metals, salt, etc out of the ground by digging 采矿；矿业: *tin-mining* 采锡业 ○ *a mining town* 一个矿业城镇

☆**minister** /ˈmɪnɪstə(r) ‖ ˈmɪnɪstɚ/ *noun* [C] **1** (*US* 美 **secretary**) a member of the government, often the head of a government department 部长/大臣（政府成员之一，常为部门首长）: *the Minister of Trade and Industry* 贸易及工业大臣 ☛ Look at **Prime Minister** and **Cabinet Minister**. 参看 **Prime Minister** 及 **Cabinet Minister**。**2** a priest, especially in a Protestant church 牧师 ☛ Look at **vicar**. 参看 **vicar**。

ministerial /ˌmɪnɪˈstɪərɪəl ‖ ˌmɪnəsˈtɪrɪəl/ *adj* of a government minister or department 部长的；大臣的；部级的: *a ministerial decision* 部长级的决定

☆**ministry** /ˈmɪnɪstrɪ ‖ ˈmɪnɪstrɪ/ *noun* (*pl* **ministries**) **1** (*also* 亦作 **department**) [C] a division of the government responsible for a particular subject 部（政府内专门负责某方面事务的部门）: *the Ministry of Defence* 国防部 ☛ **Department** is the only word used in US English. 美国英语只用 **department** 一词。**2 the ministry** [sing] the profession of being a priest (in Protestant Churches)（基督教的）牧师职位: *to enter the ministry* (= to become a priest) 做牧师

mink /mɪŋk ‖ mɪŋk/ *noun* [C] a small wild animal whose fur is used for expensive coats 水貂；貂: *a mink coat* 貂皮大衣

☆**minor** /ˈmaɪnə(r) ‖ ˈmaɪnɚ/ *adj* **1** not very big, serious or important (when compared with others)（与其他事物相比）较少/较小/程度较轻/次要: *It's only a minor problem. Don't worry.* 这只是个小问题，不用担心。○ *She's gone into hospital for a minor operation.* 她进了医院接受小手术。☛ The opposite is **major**. 反义词为 **major**。**2** of one of the two types of key[1](2) in which music is usually written（音乐）小调的: *a symphony in F minor* * F 小调交响曲

minor *noun* [C] a person who is not legally an adult 未成年的人

> ☛ In Britain you are a minor until you are eighteen. 在英国 minor 指不满十八岁的未成年人。

☆**minority** /maɪˈnɒrətɪ; *US* 美 -ˈnɔːr- ‖ maɪˈnɔrətɪ/ *noun* [C] (*pl* **minorities**) **1** [usually sing, with sing or pl verb] the smaller number or part of a group; less than half（一群中的）较少数/较小部分；少于半数: *Most women continue to work when they are married. Only a minority stays/stay at home.* 大部分妇女婚后仍然继续外出工作，只有少数留在家里。○ *a minority interest* (= of only a small number of people) 少数人的权益 ☛ The opposite is **majority**. 反义词为 **majority**。**2** a group of people who are of a different race or religion to most of the people in the community or country where they live 少数民族；信仰不同的少数派: *Schools in Britain need to do more to help children of ethnic minorities.* 英国的学校需要做更多工作来帮助少数民族儿童。

(IDIOM 习语) **be in a/the minority** to be the smaller of two groups 为（两个团体之中的）较小团体；占少数: *We take both boys and girls, but girls are in the minority.* 男孩和女孩我们都招收，但女孩占少数。☛ Look at **in a/the majority**. 参看 **in a/the majority**。

M

mint[1] /mɪnt ‖ mɪnt/ *noun* **1** [U] a small plant (**a herb**) whose leaves are used for giving a flavour to food, drinks, toothpaste, etc 薄荷（一种香草 (**herb**)，叶可制成香料，用于食物、饮品、牙膏等）: *lamb with mint sauce* 薄荷汁拌羔羊肉 ○ *mint chocolate* 薄荷巧克力 **2** [C] a sweet with a strong fresh flavour 薄荷糖 ☛ Another word is a **peppermint**. 另一名称为 **peppermint**。

minty /ˈmɪntɪ ‖ ˈmɪntɪ/ *adj* tasting of mint 含薄荷味的

mint[2] /mɪnt ‖ mɪnt/ *noun* [sing] a place where coins and notes are made by the government （政府）造币厂 —**mint** *verb* [T]

minus /ˈmaɪnəs ‖ ˈmaɪnəs/ *prep* **1** less; subtract; take away 减；减去: *Six minus two is four.* 六减二是四。☛ The opposite is **plus**. 反义词为 **plus**。**2** (used about a number 指数字) below zero 零下；负: *The temperature will fall to minus 10.* 气温将会降到零下10度。**3** (*informal* 非正式) without 没有；缺少: *Are you minus your husband this evening?* 今晚你丈夫不在吗？

minus *adj* (used with grades given for school work 学校功课的等级) slightly lower than 略差；低于: *I got A minus (A–) for my essay.* 我的文章取得A–。☛ Look at **plus**. 参看 **plus**。

minus (*also* 亦作 ˈ**minus sign**) *noun* [C] the sign (–) which is used in mathematics to show that a number is below zero or that you should subtract the second number from the first 负号；减号

minuscule /ˈmɪnəskjuːl ‖ mɪˈnʌskjul/ *adj* very small; tiny 极小；微小

☆**minute**[1] /ˈmɪnɪt ‖ ˈmɪnɪt/ *noun* **1** [C] one of the 60 parts that make up one hour; 60 seconds 分（1分钟等于60秒）: *It's five minutes to/past nine.* 现在是9点差5分/9点5分。○ *He telephoned ten minutes ago.* 他十分钟前打过电话来。○ *Hurry up! The plane leaves in twenty minutes!* 快些！飞机二十分钟后起飞！○ *The programme lasts for about fifty minutes.* 节目长约五十分钟。**2** [sing] a very short time; a moment 瞬间；一会儿: *Wait a minute! You've forgotten your notes.* 等一下！你忘记了笔记本。○ *Have you got a minute to spare? I want to talk to you.* 你能不能抽出一点时间？我想跟你谈谈。**3 the minutes** [plural] a written record of what is said and decided at a meeting 会议记录；议事录: *to take the minutes* (= to write them down) 做会议记录

(IDIOMS 习语) **(at) any minute/moment (now)** (*informal* 非正式) very soon 随时；马上: *The plane will be landing any minute now.* 飞机即将降落。

in a minute very soon 立刻；马上: *I think it's going to rain in a minute.* 我想马上就要下雨了。

just a minute (*informal* 非正式) (used for stopping a person, pausing to think, etc 阻止某人或停下来想想时用) to wait for a short time 等一下: *Just a minute. Is that your book or mine?* 等一下，那是你的书还是我的书？

the last minute/moment ⇨ LAST[1]

the minute/moment (that) as soon as 一…就: *I'll tell him you rang the minute (that) he gets here.* 他一到这里我就告诉他你打来过电话。

up to the minute (*informal* 非正式) recent; not old 最新；新近: *For up to the minute information on flight times, phone the following number…* 查询飞机航班时间的最新资料，请致电下列号码…

minute[2] /maɪˈnjuːt; *US* 美 -ˈnuːt ‖ maɪˈnut/ *adj* (**minuter**; **minutest**) **1** very small; tiny 极小；微小: *I couldn't read his writing. It was minute!* 我看不清他的字迹，写得太小了！**2** very exact or accurate 缜密；准确；精确: *She was able to describe the man in minute detail.* 她能把那名男子相貌细微之处准确地描述出来。

miracle /ˈmɪrəkl ‖ ˈmɪrəkl̩/ *noun* [C] a wonderful and extraordinary event that is impossible to explain and that is thought to be caused by God or a god 神迹；奇迹: *Christ performed many miracles, even bringing dead people back to life.* 基督创了很多神迹，甚至使人死而复生。○ *She's doing her best but nobody can work miracles!* 她尽了最大努力，但没有人能创造奇迹。○ *It will be a miracle if he passes his driving test.* 如果他通过驾驶考试，那真是个奇迹。

miraculous /mɪˈrækjʊləs ‖ məˈrækjələs/ *adj* impossible to explain or understand; extraordinary 不可思议；神奇；非凡 —**miraculously** *adv*

mirage /ˈmɪrɑːʒ; mɪˈrɑːʒ ‖ məˈrɑʒ/ *noun* [C] something that you think you see in very hot weather but which does not really exist, especially water in a desert 海市蜃楼；幻景

☆**mirror** /ˈmɪrə(r) ‖ ˈmɪrɚ/ *noun* [C] a piece of special glass that you can look into in order to see yourself or what is behind you 镜子: *That dress looks lovely on you. Have a look in the mirror.* 那件连衣裙穿在你身上很好看。照照镜子看。○ *Use your rear mirror before you overtake.* 超车前要看一看后视镜。

> ☛ A mirror **reflects** images. 镜子反映出 (**reflect**) 影像。What you see in a mirror is a **reflection**. 在镜中见到的是反映出来的影像 (**reflection**)。

mirror *verb* [T] to reflect sth as if in a mirror 反射；映照: *The trees were mirrored in the lake.* 湖水映出树木的倒影。

mirth /mɜːθ ‖ mɝθ/ *noun* [U] (*formal* 正式) amusement or laughter 欢乐；欢笑

misapprehension /ˌmɪsæprɪˈhenʃn ‖ ˌmɪsæprɪˈhɛnʃən/ *noun*

(IDIOM 习语) **to be under a/the misapprehension** (*formal* 正式) to have a wrong idea or impression 误解；误会

misbehave /ˌmɪsbɪˈheɪv ‖ ˌmɪsbɪˈhev/ *verb* [I] to behave badly 行为恶劣；举止不检点

misbehaviour (*US* 美 **misbehavior**) /ˌmɪsbɪˈheɪvɪə(r) ‖ ˌmɪsbɪˈhevjɚ/ *noun* [U] bad behaviour 恶劣的行为；不检点的举止

miscalculate /ˌmɪsˈkælkjʊleɪt ‖ mɪsˈkælkjəˌlet/ *verb* [I,T] to make a mistake in calculating or estimating (a situation or an amount, distance, etc)（对情况、数量、距离等）计

算错误/估计错误/算错: *The driver miscalculated the speed at which the other car was travelling.* 司机对另一辆车的行车速度估计错误。—**miscalculation** /ˌmɪskælkjʊˈleɪʃn ‖ ˌmɪskælkjəˈleʃən/ *noun* [C,U]

miscarriage /ˈmɪskærɪdʒ ‖ mɪsˈkærɪdʒ/ *noun* [C,U] giving birth to a baby before it is ready to be born, with the result that it cannot live 流产;小产: *She's had several miscarriages.* 她曾经几次小产。☛ Look at **abortion**. 参看 **abortion**。

miscarry /ˌmɪsˈkærɪ ‖ mɪsˈkærɪ/ *verb* [I] (*pres part* **miscarrying**; *3rd pers sing pres* **miscarries**; *pt, pp* **miscarried**) **1** to give birth to a baby before it is ready to be born, with the result that it cannot live 流产;小产 **2** (used about a plan, idea, etc 指计划、想法等) to fail 失败

miscellaneous /ˌmɪsəˈleɪnɪəs ‖ ˌmɪslˈenɪəs/ *adj* of various, different types; mixed 各式各样的;不同种类的;混杂的: *a box of miscellaneous items for sale* 一箱待售的杂货

mischief /ˈmɪstʃɪf ‖ ˈmɪstʃɪf/ *noun* [U] bad behaviour (usually of children) that is not very serious(通常指儿童的)恶作剧/顽皮或捣蛋的行径: *Why are the children so quiet? Are they up to mischief again?* 为什么孩子们那么安静?他们是不是又在搞恶作剧呢? ○ *You can go and see your friends but keep out of mischief this time.* 你可以去见你的朋友,但这次不要捣蛋了。

mischievous /ˈmɪstʃɪvəs ‖ ˈmɪstʃɪvəs/ *adj* (usually used about children 通常指儿童) fond of having fun in a rather naughty way 好捣乱;喜欢恶作剧;顽皮 —**mischievously** *adv*

misconception /ˌmɪskənˈsepʃn ‖ ˌmɪskənˈsɛpʃən/ *noun* [C] a wrong idea or understanding of sth 错误的想法;误解: *It is a popular misconception* (= many people wrongly believe) *that people need meat to be healthy.* 很多人都有一个错误的想法,认为需要吃肉才健康。

misconduct /ˌmɪsˈkɒndʌkt ‖ mɪsˈkɑndʌkt/ *noun* [U] (*formal* 正式) bad behaviour, especially by a professional person 行为不端/在履行职责时犯严重过失(尤指专业人士)

misdemeanour (*US* 美 **misdemeanor**) /ˌmɪsdɪˈmiːnə(r) ‖ ˌmɪsdɪˈminɚ/ *noun* [C] something slightly bad or wrong that a person does; a minor crime 小错;轻罪;较轻微的罪行

miser /ˈmaɪzə(r) ‖ ˈmaɪzɚ/ *noun* [C] a person who loves having a lot of money but hates spending any 守财奴;吝啬鬼

☆**miserable** /ˈmɪzrəbl ‖ ˈmɪzrəbl̩/ *adj* **1** very unhappy; sad 悲惨;忧伤: *Oh dear, you look miserable. What's wrong?* 啊,你看来很不开心,有什么事? ○ *It's a miserable story. Are you sure you want to hear it?* 那是个悲惨的故事,你真的想听? **2** unpleasant (because difficult or uncomfortable) 令人不愉快/令人难受(因困难或感到不舒服): *It's miserable working in such an unfriendly atmosphere.* 在那样冷漠的气氛下工作,真叫人难受。**3** too small or of bad quality 小/少得可怜;质量差: *I was offered a miserable salary so I didn't take the job.* 那份工作的薪金少得可怜,所以我没有接受。

miserably /-əblɪ ‖ -əblɪ/ *adv* in a miserable way 令人难受;苦恼地;糟糕地: *I stared miserably out of the window.* 我苦恼地凝望窗外。○ *We failed miserably* (= in a disappointing way) *to achieve our aim.* 我们一败涂地,无法成事。

☆**misery** /ˈmɪzərɪ ‖ ˈmɪzərɪ/ *noun* [C,U] (*pl* **miseries**) great unhappiness or lack of comfort; suffering 悲哀;痛苦;不幸;苦难: *There was an expression of pain and misery on his face.* 他脸上流露出悲痛的神情。○ *The period after the war was a time of economic and social misery.* 战后时期经济萧条,社会贫困。○ *the miseries of war* 战争带来的苦难

misfire /ˌmɪsˈfaɪə(r) ‖ mɪsˈfaɪr/ *verb* [I] to fail to have the right result or effect 未能达到预期的结果/效果: *The plan misfired.* 计划失败了。

misfit /ˈmɪsfɪt ‖ ˈmɪsˌfɪt/ *noun* [C] a person who is or feels different from other people 与别人格格不入的人: *He's always lived in a town before so he seems a bit of a misfit in the village.* 他一向住在城市,所以对于乡村生活好像有点不太适应。

misfortune /ˌmɪsˈfɔːtʃuːn ‖ mɪsˈfɔrtʃən/ *noun* [C,U] (an event, accident, etc that brings) bad luck or disaster 不幸;厄运;灾难;灾祸: *Various misfortunes had made her sad and bitter.* 种种不幸使她伤心难受。○ *I hope I don't ever have the misfortune to meet him again.* 我希望从此以后不要再碰到他。

misgiving /ˌmɪsˈgɪvɪŋ ‖ mɪsˈgɪvɪŋ/ *noun* [C,U] a feeling of doubt, worry or suspicion 疑虑;担忧;怀疑: *I had serious misgivings about leaving him on his own in that condition.* 在这种情形下让他独自去对付,我是极为担忧的。

misguided /ˌmɪsˈgaɪdɪd ‖ mɪsˈgaɪdɪd/ *adj* **1** (used about a person 指人) acting in a way that is not sensible 做事不明智 **2** (used about behaviour or opinions 指行为或意见) based on wrong ideas or information 受错误意见/资料所引导

mishap /ˈmɪshæp ‖ ˈmɪsˌhæp/ *noun* [C,U] an unlucky accident or bad luck that does not have serious results(后果不严重的)意外事故/不幸/倒霉事: *to have a slight mishap* 遇到一宗轻微的事故

misinform /ˌmɪsɪnˈfɔːm ‖ ˌmɪsɪnˈfɔrm/ *verb* [T] to give sb the wrong information 提供错误资料;误报: *It seems that the public have been misinformed about the cause of the disease.* 有关疾病的起因,公众好像是被误导了。

misinterpret /ˌmɪsɪnˈtɜːprɪt ‖ ˌmɪsɪnˈtɝprɪt/ *verb* [T] to understand sth wrongly 误解;领会错误

misinterpretation /ˌmɪsɪntɜːprɪˈteɪʃn ‖ ˌmɪsɪnˌtɝprɪˈteʃən/ *noun* [C,U] understanding sth in the wrong way 误解: *Parts of the speech were open to misinterpretation* (= easy to misunderstand). 演讲的部分内容易被误解。

misjudge /ˌmɪsˈdʒʌdʒ ‖ mɪsˈdʒʌdʒ/ *verb* [T] to form a wrong opinion of sb/sth or to estimate sth wrongly 错误地判断/估计

misjudgement (*also* 亦作 **misjudgment**) *noun* [C,U] (the forming of) a wrong opinion or idea 判断/估计错误

mislay /ˌmɪsˈleɪ ‖ mɪsˈle/ *verb* [T] (*pres part* **mislaying**; *3rd pers sing pres* **mislays**; *pt, pp* **mislaid** /-ˈleɪd ‖ -ˈled/) to lose sth, usually for a short time because you cannot remember where you left it（因忘记将某物放在什么地方而）遗失（通常是暂时的）: *I'm afraid I've mislaid my car keys.* 我恐怕忘记了到底把汽车钥匙放在哪里。

mislead /ˌmɪsˈliːd ‖ mɪsˈlid/ *verb* [T] (*pt, pp* **misled** /-ˈled ‖ -ˈlɛd/) to make sb have the wrong idea or opinion 使产生错误的想法；误导；欺骗: *Don't be misled by his smile – he's not very friendly really.* 不要被他的笑容所欺骗，他其实并不太友好。

misleading *adj* giving a wrong idea or impression 使人产生误解的；给人错误印象的；骗人的: *a misleading advertisement* 骗人的广告

mismanage /ˌmɪsˈmænɪdʒ ‖ mɪsˈmænɪdʒ/ *verb* [T] to manage or organize sth badly or without skill 对管理不善/处理不当 —**mismanagement** *noun* [U]

misplaced /ˌmɪsˈpleɪst ‖ mɪsˈplest/ *adj* given to sb/sth that does not deserve to have it 寄托/给予不值得寄托/给予的对象: *misplaced loyalty* 枉费一片忠心

misprint /ˈmɪsprɪnt ‖ ˈmɪsˌprɪnt/ *noun* [C] a mistake in printing 印刷错误

mispronounce /ˌmɪsprəˈnaʊns ‖ ˌmɪsprəˈnaʊns/ *verb* [T] to pronounce a word or letter wrongly 发错（字/字母的）音: *Be careful not to mispronounce 'live' as 'leave'.* 小心不要把 live 念成 leave。—**mispronunciation** /ˌmɪsprəˌnʌnsɪˈeɪʃn ‖ ˌmɪsprəˌnʌnsɪˈeʃən/ *noun* [C,U]

misread /ˌmɪsˈriːd ‖ mɪsˈrid/ *verb* [T] (*pt, pp* **misread** /-ˈred ‖ -ˈrɛd/) to read or understand sth wrongly 读错；看错；误解: *He misread my silence as a refusal.* 他把我的沉默误解为拒绝。○ *I misread the bus timetable and missed the last bus home.* 我看错了公共汽车的时间表，因而错过了最后一班回家的车。

misrepresent /ˌmɪsˌreprɪˈzent ‖ ˌmɪsrɛprɪˈzɛnt/ *verb* [T] (usually passive 通常用于被动语态) to give a wrong description of sb/sth 歪曲；作失实的描述

misrepresentation /ˌmɪsˌreprɪzenˈteɪʃn ‖ ˌmɪsrɛprɪzɛnˈteʃən/ *noun* [C,U] (a) wrong description 歪曲；失实的描述: *That's a misrepresentation of what was actually said.* 这就歪曲了原话。

☆**Miss** /mɪs ‖ mɪs/ (used as a title before the name of a girl or unmarried woman 用作年轻女子或未婚女子姓名之前的称谓语) 小姐: *'Is there a Miss Dean living here?' the postman asked.* "有没有一位迪安小姐住在这里？" 邮差问道。○ *'Dear Miss Harris,' the letter began.* "亲爱的哈里斯小姐：" 那封信开首写道。

☆**miss**[1] /mɪs ‖ mɪs/ *verb* **1** [T] to not see, hear, understand, etc sb/sth 没有看到/听到；不理解: *The house is on the corner so you can't miss it.* 那座房子就在街角，所以你不会看不到。○ *There was so much noise that I missed a lot of what the speaker said.* 那里很嘈杂，演讲者所说的很多话我都听不到。○ *They completely missed the point of what I was saying.* 他们完全不明白我的意思。**2** [I,T] to not hit, catch, etc sth 未击中；未抓住: *She tried hard to hit the ball but missed.* 她努力击球，但击不中。○ *Drive more carefully. You only just missed that car.* 要小心点驾车。你差点儿撞上了那辆车。**3** [T] to feel sad because sb is not with you any more, or because you have not got or cannot do sth that you once had or did 惦念；挂念；（因失去某物/再不能做某事而）感到遗憾: *I'll miss you terribly when you go away.* 你离开以后，我会很挂念你。○ *I don't miss teaching at all. I prefer my new job.* 我完全不怀念教书工作，我比较喜欢我的新职务。**4** [T] to arrive too late for sth or to fail to be at sth 赶不上；缺席: *Hurry up or you'll miss the bus!* 赶快吧，不然你就赶不上公共汽车！○ *She'll be very cross if you miss her birthday party.* 如果你不去她的生日庆祝会，她会很生气的。**5** [T] to notice that you have lost sb/sth 发觉某物遗失/某人不在: *When did you first miss your handbag?* 你在什么时候发觉遗失了手提包？

(PHRASAL VERBS 短语动词) **miss sb/sth out** to not include sb/sth 不包括或略去某人/某事物: *You've missed out several important points in your report.* 你的报告遗漏了几项要点。

miss out (on sth) to lose a chance to gain sth/enjoy yourself, etc 错过（获得某物、享乐等的机会）: *You'll miss out on all the fun if you stay at home.* 如果你呆在家中，便会错过所有好玩的事儿。

missing *adj* lost, or not in the right or usual place 失踪的；遗失的；不在适当/惯常的位置: *Some of my books are missing – have you seen them?* 我有几本书找不到，你有没有见过？○ *The roof has got some tiles missing.* 屋顶上缺了几块瓦片。○ *The little girl has been missing from home for two days.* 那小女孩自离家以后已经失踪了两天。○ *a missing person* 一名失踪者

miss[2] /mɪs ‖ mɪs/ *noun* [C] a failure to hit, catch, etc sth that you are aiming at 未击中/未抓住目标；失误: *After several misses he finally managed to hit the target.* 几次失误之后，他终于击中目标。

(IDIOMS 习语) **give sth a miss** (*informal* 非正式) to decide not to do sth, have sth, go to sth, etc 决定不做某事/不要某物/不去某处…: *I think I'll give the party a miss. I don't feel too well.* 我想我不参加聚会了，我有点不舒服。

a near miss ⇨ NEAR[1]

missile /ˈmɪsaɪl; *US* 美 ˈmɪsl ‖ ˈmɪsḷ/ *noun* [C] **1** a powerful exploding weapon that can be sent long distances through the air 导弹；飞弹: *nuclear missiles* 核导弹 **2** an object or weapon that is fired from a gun or thrown（用枪发射或用手投掷的）投射物/投掷物: *Among the missiles thrown during the riot were broken bottles and stones.* 在暴乱期间所投掷的物件中，有破玻璃瓶和石头。

mission /ˈmɪʃn ‖ ˈmɪʃən/ *noun* [C] **1** an important task or purpose that a person or group of people are sent somewhere to do 任务；使命: *Your mission is to send back information about the enemy's movements.* 你的任务就是把有关敌人行动的情报送回来。

M

2 a group of people who are sent abroad to perform a special task（派往外地执行任务的）代表团: *a British trade mission to China* 英国派往中国的贸易代表团 **3** a special journey made by a space rocket or military aeroplane（航天火箭或军用飞机的）飞行任务: *a mission to the moon* 往月球的航天任务 **4** a particular task or duty which you feel that you should do 使命；天职: *Her work with the poor was more than just a job – it was her mission in life.* 她对穷人所做的事不仅仅是一项工作——那是她人生的使命。**5** a place where the local people are taught about religion, given medical help, etc by people who are sent to do this (**missionaries**). 传教机构；传道会；布道所（传教士叫做 **missionary**）

missionary /ˈmɪʃənrɪ; *US* 美 -nerɪ ‖ ˈmɪʃənˌɛrɪ/ *noun* [C] (*pl* **missionaries**) a person who is sent abroad to teach about the Christian religion 传教士；宣教士

misspell /ˌmɪsˈspel ‖ mɪsˈspɛl/ *verb* [T] (*pt*, *pp* **misspelled** or **misspelt** /-ˈspelt ‖ -ˈspɛlt/) to spell sth wrongly 拼写错

misspent /ˌmɪsˈspent ‖ mɪsˈspɛnt/ *adj* (of time or money 指时间或金钱) used in a foolish way; wasted 滥用的；虚度的；浪费的

☆**mist**[1] /mɪst ‖ mɪst/ *noun* **1** [C,U] clouds made of small drops of water, close to the ground, which make it difficult to see very far; a thin fog 雾霭；薄雾: *Early morning mists often mean it will be sunny later on.* 清晨有薄雾通常意味着过后将会阳光普照。○ *The fields were covered in mist.* 田野披上了薄雾。☛ Look at the notes at **fog** and **weather**. 参看 **fog** 及 **weather** 的注释。**2** [U] a very thin layer of tiny drops of water on a window, mirror, etc（窗子、镜子等上面的）水汽/水蒸气: *Is the mist on the inside or the outside of the windscreen?* 那水汽是在挡风玻璃的里面还是外面？

misty *adj* (**mistier**; **mistiest**) full of or covered with mist 薄雾笼罩的；充满雾气的: *a misty day* 有雾的日子 ☛ Look at **foggy**. 参看 **foggy**。

mist[2] /mɪst ‖ mɪst/ *verb*

(PHRASAL VERB 短语动词) **mist (sth) up** to cover or be covered with mist（被）蒙上水汽: *The back window's misted up again. Can you wipe it?* 后面的窗又蒙上水汽了，你可不可以抹抹它？

☆**mistake**[1] /mɪˈsteɪk ‖ məˈstek/ *noun* [C,U] something that you think or do that is wrong 错误；过失: *The teacher corrected the mistakes in my essay.* 老师给我更正了文章里的错误。○ *a spelling mistake* 拼写错误 ○ *Waiter! I think you've made a mistake over the bill.* 服务员！我看你把账单弄错了。○ *I think there must be some mistake. My name is Sedgley, not Selley.* 我想一定是弄错了，我的名字是塞奇利，不是塞利。○ *It was a big mistake not to book our flight earlier.* 没有及早订机票真是一大错误。○ *We made the mistake of asking Paul to look after the house while we were away.* 我们不该叫保罗在我们外出的时候看管房子。

(IDIOM 习语) **by mistake** as a result of a mistake or carelessness 弄错；误为；由于不小心: *The terrorists shot the wrong man by mistake.* 那些恐怖分子因认错人而开枪打伤了那名男子。☛ **Error** is more formal than **mistake** 与 **mistake** 相比，**error** 适用于较正式的场合: (*formal* 正式) *Please accept my apologies. I opened your letter in error.* 请接受我的道歉，我错拆了你的信。○ (*informal* 非正式) *I'm sorry. I opened your letter by mistake.* 对不起，我错拆了你的信。**Fault** indicates who is to blame * **fault** 表明应该归咎谁人: *The accident wasn't my fault. The other driver pulled out in front of me.* 这起事故不是我的过错，而是另一个司机突然冲到了我前面。**Fault** is also used to describe something that is wrong with, or not good about, a person or a thing * **fault** 也指人/事物的毛病或不足之处: *a technical fault* 技术性故障 ○ *Laziness is not one of her faults.* 懒惰可不是她的缺点。

☆**mistake**[2] /mɪˈsteɪk ‖ məˈstek/ *verb* [T] (*pt* **mistook** /mɪˈstʊk ‖ mɪsˈtʊk/; *pp* **mistaken** /mɪsˈteɪkən ‖ məˈstekən/) **1** to be wrong about sth 误会；误解: *to mistake sb's meaning* 误解某人的意思 **2** to think (wrongly) that sb/sth is sb/sth else 误认为: *I'm sorry. I mistook you for a friend of mine.* 对不起，我把你误认为我的一位朋友。

mistaken *adj* wrong; not correct 错误；不正确: *I thought the film was a comedy but I must have been mistaken.* 我以为那部电影是喜剧，但我一定是弄错了。○ *a case of mistaken identity* 认错人 —**mistakenly** *adv*

mister /ˈmɪstə(r) ‖ ˈmɪstɚ/ ⇨ MR

mistletoe /ˈmɪsltəʊ ‖ ˈmɪslˌto/ *noun* [U] a plant with white berries and leaves that are green at all times of the year. Mistletoe grows on trees. 槲寄生（一种寄生于树上的常绿植物，结白色浆果）

> ☛ Mistletoe is used as a decoration inside houses in Britain at Christmas time. 英国人在圣诞节时把槲寄生放在屋内作为装饰。There is a tradition of kissing people 'under the mistletoe'. 根据传统，人们在槲寄生下面接吻。

mistook *pt* of MISTAKE[2] * MISTAKE[2] 的过去时

mistreat /ˌmɪsˈtriːt ‖ mɪsˈtrit/ *verb* [T] to behave badly or cruelly towards a person or animal 虐待（人/动物）—**mistreatment** *noun* [U]

mistress /ˈmɪstrɪs ‖ ˈmɪstrɪs/ *noun* [C] **1** a man's mistress is a woman who is having a (secret) sexual relationship with him 情妇 ☛ Look at **lover**. 参看 **lover**。**2** a female teacher (usually in a private school) 女教师（通常指私立学校的）: *the chemistry mistress* 化学科的女教师 ☛ Look at **master**. 参看 **master**。**3** a woman who has people or animals in her control 女主人 ☛ Look at **master**. 参看 **master**。

mistrust /ˌmɪsˈtrʌst ‖ mɪsˈtrʌst/ *verb* [T] to not believe sb/sth; to have no confidence in sb/sth; not to trust 不相信；不信任；怀疑: *I always mistrust the information in* *newspapers.* 我一向不相信报纸上的消息。 —**mistrust** *noun* [U,sing]

misty ⇨ MIST

misunderstand /ˌmɪsʌndəˈstænd ‖ ˌmɪsʌndɚˈstænd/ *verb* [T] (*pt, pp* **misunderstood** /-ˈstʊd ‖ -ˈstʊd/) to understand sb/sth wrongly 误解；误会: *Don't misunderstand me. I'm only trying to do what's best for you.* 别误会我，我只想做对你最有益的事情。○ *I misunderstood the instructions and answered three questions instead of four.* 我误解了解题指示，只答了三个问题而不是四个。

misunderstanding *noun* [C,U] not understanding sb/sth properly; an example of this 误解；误会；曲解: *There must be some misunderstanding. I ordered spaghetti, not pizza.* 一定是有些误会，我点的是意大利细面条，不是意大利薄饼。○ *It was all a misunderstanding but we've got it sorted out now.* 那全是个误会，但我们现在已经弄清楚了。

misuse /ˌmɪsˈjuːz ‖ mɪsˈjuz/ *verb* [T] to use sth in the wrong way or for the wrong purpose 错用；误用；滥用: *These chemicals can be dangerous if misused.* 误用这些化学品是很危险的。

misuse /ˌmɪsˈjuːs ‖ mɪsˈjus/ *noun* [C,U] using sth in the wrong way or for the wrong purpose 错用；误用；滥用: *That project is a misuse of public money.* 推行那个计划就是滥用公款。

mitigate /ˈmɪtɪgeɪt ‖ ˈmɪtəˌget/ *verb* [T] (*formal* 正式) to make sth less serious, painful, unpleasant, etc 缓和；减轻（痛苦等） —**mitigating** *adj*: *Because of the mitigating circumstances* (= that made the crime seem less bad) *the judge gave her a lighter sentence.* 由于有可予减轻罪状的情况，法官于是对她轻判。

mitten /ˈmɪtn ‖ ˈmɪtn̩/ *noun* [C] a type of glove that has one part for the thumb and another part for the other four fingers 连指手套（手套分为两部分，四指相连而拇指分开）: *a pair of mittens* 一双连指手套

☆**mix**[1] /mɪks ‖ mɪks/ *verb* **1** [T] to put two or more substances together and shake or stir them until they form a new substance 拌和；使混合: *to mix oil and vinegar together to make a salad-dressing* 把油和醋拌和制成色拉调味汁 ○ *Mix yellow and blue together to make green.* 把黄色和蓝色混合在一起变成绿色。**2** [I] to join together to form a separate substance 相混合: *Oil and water don't mix.* 油和水不相混合。**3** [T] to make sth (by mixing two or more substances together)（混合两种或以上的物质以）拌成/配制: *to mix cement* 拌水泥 **4** [T] to do or have two or more things at the same time 同时做（两件或以上的事情）；同时拥有（两件或以上的东西）: *to mix business and pleasure* 寓工作于娱乐 **5** [I] to be with and talk to other people 与人交往；相处: *He mixes with all types of people at work.* 他在工作中要和各种人打交道。○ *She is very shy and doesn't mix well.* 她很害羞，不善于交际。

(IDIOM 习语) **be/get mixed up in sth** (*informal* 非正式) to be/become involved in sth bad or unpleasant 被卷入/被牵连到（坏事或不愉快的事情）

(PHRASAL VERBS 短语动词) **mix sth up** to put something in the wrong order 弄乱某物: *He was so nervous that he dropped his speech and got the pages all mixed up.* 他紧张得把演讲稿掉到地上，以致所有页数次序都弄乱了。

mix sb/sth up (with sb/sth) to confuse sb/sth with sb/sth else 把人/事物混淆: *I think you've got us mixed up. I'm Jane and she's Sally.* 你一定是把我们认错了：我是珍妮，她是萨莉。

ˈ**mix-up** *noun* [C] (*informal* 非正式) a mistake in the planning or organization of sth（计划或组织上的）错误/混乱: *Because of a mix-up at the travel agent's we didn't get our tickets on time.* 由于旅行社出错，我们未能准时取得机票。

mix[2] /mɪks ‖ mɪks/ *noun* **1** [C, usually sing] a group of different types of people or things 一组不同种类的东西；一群不同类型的人: *We need a good racial mix in the police force.* 警队成员要比例相当地来自不同的种族。**2** [C,U] a special powder that contains all the substances needed to make a cake, bread, etc. You add water or another liquid to this powder 食品混合干配料/混合料（用于制蛋糕、面包等，使用时加水拌和）: *a packet of cake mix* 一包蛋糕混合料

☆**mixed** /mɪkst ‖ mɪkst/ *adj* **1** made or consisting of different types of sth 混合的；混杂的: *a mixed salad* 什锦色拉 ○ *The reaction to our suggestion has been very mixed.* 对于我们的建议，其他人的反应极为不一。**2** for both sexes, male and female 男女混合的: *a mixed school* 男女合校 ☛ The opposite is **single-sex**. 反义词为 **single-sex**。Look also at **unisex**. 另参看 **unisex**。

(IDIOM 习语) **have mixed feelings (about sb/sth)** to have some good and some bad feelings about sb/ sth; not to be sure about what you think（对某人/某事物）产生矛盾的感情；爱恨交织；对自己的想法不肯定: *I have very mixed feelings about leaving school.* 对于离开学校，我悲喜交集，非常矛盾。

ˌ**mixed** ˈ**doubles** *noun* [U] a game of tennis, etc in which there is a man and a woman on each side 男女混合双打（如网球比赛的）

ˌ**mixed** ˈ**marriage** *noun* [C] a marriage between people of different races or religions 异族通婚；不同宗教人士通婚

ˌ**mixed-**ˈ**up** *adj* (*informal* 非正式) confused or unsure about sth/yourself（对某事物/自己）思想混乱/迷惑不解/头脑糊涂: *He has been very mixed-up since his parents' divorce.* 自从父母离婚后，他便变得很迷惘。

mixer /ˈmɪksə(r) ‖ ˈmɪksɚ/ *noun* [C] a machine that is used for mixing sth 搅拌器: *a food-mixer* 食物搅拌器

☆**mixture** /ˈmɪkstʃə(r) ‖ ˈmɪkstʃɚ/ *noun* **1** [C,U] something that is made by mixing together two or more substances 混合物；混合料: *cough mixture* 止咳合剂 ○ *Put the mixture into a baking dish and cook for half an hour.* 将混合料放在烤盘上烤半小时。**2** [sing] something that consists of several things that are different from one another 掺杂了多种不同东西的混合物: *I stood and stared with a mixture of amazement and horror.* 我站着，怀着惊奇和恐惧交杂的心情凝视着。

moan /məʊn ‖ mon/ *noun* [C] a low sound that you make if you are in pain or very sad 呻吟（声）；呜咽（声）

moan *verb* [I] **1** to make the sound of a moan 呻吟；呜咽: *to moan with pain* 痛苦呻吟 **2** (*informal* 非正式) to keep saying what is wrong about sth; to complain 咕哝；抱怨；发牢骚: *The English are always moaning about the weather.* 英国人老是抱怨天气。

moat /məʊt ‖ mot/ *noun* [C] a deep ditch that was dug around a castle and filled with water in order to protect the castle 护城河；城壕

mob /mɒb ‖ mɑb/ *noun* [C, with sing or pl verb] a large crowd of people that may become violent or cause trouble 乱民；暴民；乌合之众: *The police used tear-gas to disperse the angry mob.* 警方用催泪瓦斯驱散愤怒的暴民。

mob *verb* [T] (mo**bb**ing; mo**bb**ed) to gather round sb, with a large crowd of people, because you are angry or are very interested in him/her（因愤怒或对某人甚感兴趣）包围/成群围住: *The pop star was mobbed as he left the hotel.* 流行歌手离开酒店时被人群包围。

mobile /ˈməʊbaɪl; *US* 美 -bl ‖ ˈmobḷ/ *adj* able to move or be moved easily 可动的；流动的；活动的: *My daughter is much more mobile now she has her own car.* 我的女儿有了自己的车子，现在到什么地方就方便多了。○ *a mobile phone* (= one that you can carry around with you) 手提电话 ☛ Look at **immobile**. 参看 **immobile**。 —**mobility** /məʊˈbɪlətɪ ‖ moˈbɪlətɪ/ *noun* [U]

ˌ**mobile ˈhome** *noun* [C] a large caravan that sb lives in permanently (not just for holidays) 活动住房；旅游居住车

mobilize (*also* 亦作 **mobilise**) /ˈməʊbɪlaɪz ‖ ˈmoblˌaɪz/ *verb* **1** [T] to organize sb/sth for a particular purpose 为某目的而使…组织起来；动员；调动: *They mobilized the local residents to oppose the new development.* 他们鼓动当地居民反对新的发展计划。**2** [I,T] to get ready for war 动员起来备战

mock[1] /mɒk ‖ mɑk/ *verb* [I,T] (*formal* 正式) to laugh at sb/sth in an unkind way or to make other people laugh at him/her 嘲笑；讥笑；嘲弄 ☛ **Laugh at** and **make fun of** are less formal and more common. * mock 用于正式场合，非正式场合较常用 **laugh at** 或 **make fun of**。

mock[2] /mɒk ‖ mɑk/ *adj* (only *before* a noun 只用于名词前) not real or genuine 假装；仿制；模拟: *We have mock* (= practice) *exams four months before the real ones.* 我们在真正考试举行之前四个月进行模拟考试。○ *The houses are built in a mock Georgian style.* 这些房子是仿照乔治王朝时期的风格建成的。

ˈ**mock-up** *noun* [C] a model of sth that shows what the real thing looks like or how it will work 实体模型（显示实体的样子和运作情况）

modal /ˈməʊdl ‖ ˈmodḷ/ (*also* 亦作 ˈ**modal verb**; **modal auˈxiliary**) *noun* [C] a verb, eg 'might', 'can', 'must' that is used with another verb for expressing possibility, permission, necessity, etc 情态动词（如 might、can、must 等，与另一动词连用，以表示可能、准许、必须等意思）

mode /məʊd ‖ mod/ *noun* [C] (*formal* 正式) a type of sth or way of doing sth（事物的）种类；（做事的）方法/方式: *a mode of transport* 一种交通工具 ○ *The mode of life in the village has not changed for 500 years.* 这个村的生活方式在过去500年都没有改变。

☆**model**[1] /ˈmɒdl ‖ ˈmɑdḷ/ *noun* [C] **1** a copy of sth that is usually smaller than the real thing 模型: *a scale model of the railway station* 火车站的比例模型 ○ *a model aeroplane* 模型飞机 **2** one of the machines, vehicles, etc that is made by a particular company（某公司制的机器、汽车等的）型号: *The Ford Sierra has been a very popular model.* 福特牌塞拉型已成为一种很受欢迎的汽车型号。**3** a person or thing that is a good example to copy 模范；榜样: *America's education system has been taken as a model by other countries.* 美国的教育制度成为其他国家效法的榜样。**4** a person who is employed to wear clothes at a fashion show or for magazine photographs 时装模特儿: *a male fashion model* 男时装模特儿 **5** a person who is painted, drawn or photographed by an artist（艺术家绘画或拍照时用的）模特儿

☆**model**[2] /ˈmɒdl ‖ ˈmɑdḷ/ *verb* (mode**ll**ing; mode**ll**ed; *US* 美 mode**l**ing; mode**l**ed) **1** [T] to try to copy or be like sb/sth 以…为榜样；仿效；模仿: *He modelled himself on his favourite teacher.* 他以最喜爱的老师为榜样。○ *The house is modelled on the Palace of Versailles.* 房子是仿照凡尔赛宫设计建造的。**2** [I,T] to wear and show clothes as a model[1](4) 做模特儿: *to model swimsuits* 做游泳衣模特儿 **3** [I,T] to make a model[1](1) of sth（为…）做模型

modelling (*US* 美 **modeling**) *noun* [U] working as a model[1](4) 当模特儿: *a career in modelling* 当模特儿作为职业

modem /ˈməʊdem ‖ ˈmodɛm/ *noun* [C] a piece of equipment that connects two or more computers together by means of a telephone line so that information can go from one to the other 调制解调器（利用电话线接驳两部或更多计算机，以传递资料）

☆**moderate**[1] /ˈmɒdərət ‖ ˈmɑdərɪt/ *adj* **1** average or not very great in size, amount or degree 一般；平均；适度；不过分: *a moderate speed* 中速 ○ *The change will affect thousands of people on moderate incomes.* 这一改变将影响数以千计中等收入的人。**2** (used about a person's political opinions 用于指政见) not very different from those of most other people; not extreme 温和；不极端；不激进: *to hold moderate views* 持温和的观点 ☛ Look at **extreme** and **radical**. 参看 **extreme** 及 **radical**。

moderate /ˈmɒdərət ‖ ˈmɑdərɪt/ *noun* [C] a person who has moderate political, etc opinions 持温和意见的人；温和派 ☛ Look at **extremist**. 参看 **extremist**。

moderately *adv* not very; quite 适中地；相当: *His career has been moderately successful.* 他的事业尚算成功。

moderate[2] /ˈmɒdəreɪt ‖ ˈmɑdəˌret/ *verb* [I,T] to become or to make sth less strong or extreme 缓和；减弱: *The stormy weather has moderated a little.* 暴风雨已经缓和了一点。

moderation /ˌmɒdəˈreɪʃn ‖ ˌmɑdəˈreʃən/ *noun* [U] the quality of being able to control your feelings or actions 克制；节制；温和: *The people reacted violently but their leaders called for moderation.* 群众反应激烈，但领袖们要求大家克制。

(IDIOM 习语) **in moderation** within limits that are sensible 适度；有节制地: *Alcohol can harm unborn babies even if it's taken in moderation.* 就算有节制地喝酒也会危害胎儿。

☆**modern** /ˈmɒdn ‖ ˈmɑdɚn/ *adj* **1** of the present or recent times 现代的；近代的: *Pollution is one of the major problems in the modern world.* 污染是现今世界的主要问题之一。○ *Do you prefer modern or classical ballet?* 你喜欢现代芭蕾舞还是古典芭蕾舞？○ *Radar is very important in modern warfare.* 雷达对于现代战争十分重要。☛ Look at **ancient** and **traditional**. 参看 **ancient** 及 **traditional**。**2** with all the newest methods, equipment, buildings, etc 现代化；新式；时髦: *It is one of the most modern hospitals in the country.* 那是这个国家最现代化的医院之一。☛ Look at **old-fashioned**. 参看 **old-fashioned**。

ˌ**modern** ˈ**language** *noun* [C] a language that is spoken now 现代语言

modernize (*also* 亦作 **modernise**) /ˈmɒdənaɪz ‖ ˈmɑdɚnˌaɪz/ *verb* [I,T] to become or to make sth suitable for what is needed today 现代化；使适应现今需要: *The railway system is being modernized and high speed trains introduced.* 铁路系统正进行现代化，并采用高速列车。—**modernization** (*also* 亦作 **modernisation**) /ˌmɒdənaɪˈzeɪʃn; *US* 美 -nɪˈz- ‖ ˌmɑdɚnəˈzeʃən/ *noun* [U]: *The house is large but is in need of modernization.* 房子很大，但需要加装现代化设备。

modest /ˈmɒdɪst ‖ ˈmɑdɪst/ *adj* **1** not having or expressing a high opinion of your own qualities or abilities 谦虚；谦逊: *She got the best results in the exam but she was too modest to tell anyone.* 她在考试中名列前茅，但她很谦虚，并没有告诉任何人。☛ Look at **humble** and **proud**. 参看 **humble** 及 **proud**。**2** shy and easily embarrassed by anything that is connected with sex 羞怯（对于与性有关的事物感到尴尬）**3** not very large 不太大: *They live in a modest little house near the centre of town.* 他们居住在市中心附近的一所普通的小房子里。○ *a modest increase in price* 轻微的涨价 —**modestly** *adv*

modesty /ˈmɒdɪstɪ ‖ ˈmɑdəstɪ/ *noun* [U] the quality of being modest(1,2) 谦虚；谦逊；羞怯

modify /ˈmɒdɪfaɪ ‖ ˈmɑdəˌfaɪ/ *verb* [T] (*pres part* **modifying**; *3rd pers sing pres* **modifies**; *pt, pp* **modified**) to change sth slightly（稍微）修改/更改: *We shall need to modify the existing plan.* 我们将需要修改一下现行计划。

modification /ˌmɒdɪfɪˈkeɪʃn ‖ ˌmɑdəfəˈkeʃən/ *noun* [C,U] a small change（轻微的）修改/更改: *There have been some small modifications to our original design.* 我们把原来的设计略为修改了。

module /ˈmɒdjuːl; *US* 美 -dʒuːl ‖ ˈmɑdʒul/ *noun* [C] a unit that forms part of sth bigger 单元；组件；模件: *The lunar module separated from the spacecraft to land on the moon.* 登月舱从太空船分离出来，在月球上登陆。○ *You must complete three modules* (= courses that you study) *in your first year.* 你必须在第一年完成三个学习单元。

mohair /ˈməʊheə(r) ‖ ˈmoˌhɛr/ *noun* [U] very soft wool that comes from a type of goat 安哥拉山羊毛

moist /mɔɪst ‖ mɔɪst/ *adj* slightly wet; damp 湿润；潮湿: *Her eyes were moist with tears.* 她双眼含着泪水。○ *Keep the soil moist or the plant will die.* 要保持泥土湿润，不然植物会枯死。☛ Look at the note at **wet**. 参看 **wet** 的注释。

moisten /ˈmɔɪsn ‖ ˈmɔɪsn̩/ *verb* [I,T] to become or to make sth moist 变得湿润；弄湿；沾湿

moisture /ˈmɔɪstʃə(r) ‖ ˈmɔɪstʃɚ/ *noun* [U] water in small drops on a surface, in the air, etc（在东西表面、空气中…的）潮气/湿气/水汽

molar /ˈməʊlə(r) ‖ ˈmolɚ/ *noun* [C] one of the large teeth at the back of your mouth 臼齿

mold (*US* 美) = MOULD[1,2]

moldy (*US* 美) = MOULDY

mole[1] /məʊl ‖ mol/ *noun* [C] a small dark spot on a person's skin that never goes away 痣 ☛ Look at **freckle**. 参看 **freckle**。

mole[2] /məʊl ‖ mol/ *noun* [C] **1** a small animal with dark fur that lives underground and is almost blind 鼹鼠；地鼠 **2** (*informal* 非正式) a person who works in one organization and gives secret information to another organization or country 内奸；间谍 ☛ Look at **spy**. 参看 **spy**。

ˈ**molehill** *noun* [C] a small pile of earth that is made by a mole while it is digging underground 鼹鼠丘（鼹鼠掘地洞时所堆积的泥土丘）

molecule /ˈmɒlɪkjuːl ‖ ˈmɑləˌkjul/ *noun* [C] the smallest unit into which a substance can be divided without changing its chemical nature. A molecule consists of one or more atoms. 分子（在化学性质没有改变的情况下，一种物质所能够被分解出来的最细小单位。一个分子包含一个或多个原子）

molest /məˈlest ‖ məˈlɛst/ *verb* [T] to seriously annoy sb or to attack sb in a sexual way 调戏；进行性骚扰

molt (*US* 美) = MOULT

molten /ˈməʊltən ‖ ˈmoltn̩/ *adj* (used about metal or rock 指金属或岩石) made liquid by very great heat 熔化的；熔解的: *molten lava* 熔岩

mom /mɒm ‖ mɑm/ *noun* [C] (*US informal* 美，非正式) = MUM

☆**moment** /ˈməʊmənt ‖ ˈmomənt/ *noun* **1** [C] a very short period of time 片刻；瞬间: *Would you mind waiting for a moment?* 可不可以

请你稍候片刻呢？○ *He hesitated for a few moments and then knocked on the door.* 他犹豫了一会，接着就敲门。**2** [sing] a particular point in time（某个）时刻/时候: *Just at that moment my mother arrived.* 就在那个时刻，我母亲到了。○ *the moment of birth/death* 出生/死亡的一刻

(IDIOMS 习语) **(at) any minute/moment (now)** ⇨ MINUTE[1]

at the moment now 现在；此刻: *I'm afraid she's busy at the moment. Can I take a message?* 抱歉，她现在很忙，我可不可以记下你的口信呢？

for the moment/present for a short time; for now 暂时；目前: *I'm not very happy at work but I'll stay there for the moment.* 我工作得不太开心，但暂时仍然会留在那里。

in a moment very soon 立刻；马上；一会儿: *Just wait here. I'll be back in a moment.* 就在这里等，我一会儿就回来。

the last minute/moment ⇨ LAST[1]

the minute/moment (that) ⇨ MINUTE[1]

momentary /ˈməʊməntrɪ; *US* 美 -terɪ ‖ ˈmomənˌtɛrɪ/ *adj* lasting for a very short time 短暂；片刻: *a momentary lack of concentration* 一时间不能集中精神

momentarily /ˈməʊməntrəlɪ; *US* 美 ˌməʊmənˈterəlɪ ‖ ˈmomənˌtɛrəlɪ/ *adv* for a very short time 短暂；片刻

momentous /məˈmentəs; məʊˈm- ‖ moˈmɛntəs/ *adj* very important 重要；重大: *There have been momentous changes in Eastern Europe in the last few years.* 近几年来东欧出现了一些重大变化。

momentum /məˈmentəm; məʊˈm- ‖ moˈmɛntəm/ *noun* [U] strength or speed 力量；速度；冲力；势头: *The ball gained momentum as it rolled downhill.* 球沿着山坡滚下去，冲力越来越大。○ *The environmental movement is gathering momentum.* 环境保护运动的势头日益强大。

momma /ˈmɒmə ‖ ˈmɑmə/ (*also* 亦作 **mommy** /ˈmɒmɪ ‖ ˈmɑmɪ/) *noun* [C] (*US informal* 美，非正式) = MUMMY[1]

monarch /ˈmɒnək ‖ ˈmɑnɚk/ *noun* [C] a king or queen 君主；国王；女王

monarchy /ˈmɒnəkɪ ‖ ˈmɑnɚkɪ/ *noun* (*pl* **monarchies**) **1** [sing,U] the system of government or rule by a monarch 君主政体；君主制: *Should Britain abolish the monarchy?* 英国应否废除君主制？ **2** [C] a country that is governed by a monarch 君主制国家；君主国 ☛ Look at **republic**. 参看 **republic**。

monastery /ˈmɒnəstrɪ; *US* 美 -terɪ ‖ ˈmɑnəsˌtɛrɪ/ *noun* [C] (*pl* **monasteries**) a place where men (**monks**) live in a religious community 修道院；寺院（修士、僧侣叫做 **monk**）☛ Look at **convent**. 参看 **convent**。

☆**Monday** /ˈmʌndɪ ‖ ˈmʌndɪ/ *noun* [C,U] (*abbr* 缩写 **Mon**) the day of the week after Sunday and before Tuesday 星期一: *I'm going to see her on Monday.* 我星期一和她见面。○ *I'm going to see her Monday* 我星期一和她见面 (in American English and informal British English 用于美国英语及非正式场合的英国英语). ○ *We usually play badminton on Mondays/on a Monday.* 我们通常在星期一打羽毛球。○ *They go to the youth club every Monday.* 他们每逢星期一都去青年俱乐部。○ *'What day is it today?' 'It's Monday.'* "今天是星期几？""星期一。" ○ *Monday morning/afternoon/evening/night* 星期一早上/下午/傍晚/晚上 ○ *last/next Monday* 上/下星期一 ○ *the Monday before last* 上上个星期一 ○ *the Monday after next* 再下一个星期一 ○ *a week on Monday/Monday week* (= not next Monday, but the Monday after that) 隔一个星期的星期一 ○ *The museum is open Monday to Friday, 10 till 4.30.* 博物馆开放时间是星期一至星期五，上午10时至下午4时30分。○ *Did you see that article about Italy in Monday's paper?* 星期一那天的报纸上有篇关于意大利的文章，你看过没有？

monetary /ˈmʌnɪtrɪ; *US* 美 -terɪ ‖ ˈmʌnəˌtɛrɪ/ *adj* connected with money 与金钱/货币有关: *the government's monetary policy* 政府的货币政策

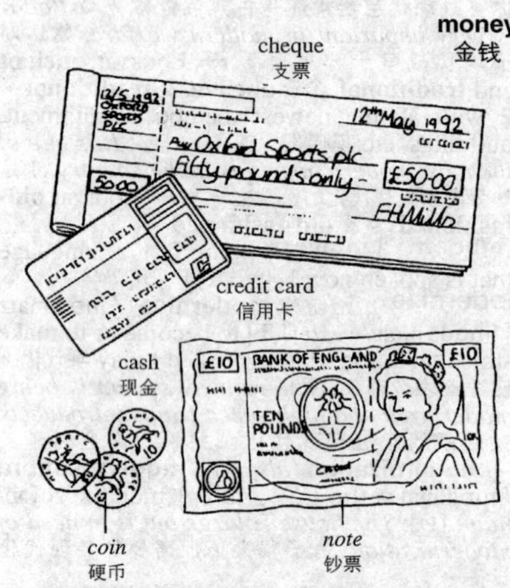

☆**money** /ˈmʌnɪ ‖ ˈmʌnɪ/ *noun* [U] the means of paying for sth or buying sth (= coins or notes) 货币；金钱；钱: *How much money do you earn a week?* 你每星期赚多少钱？○ *Young people spend a lot of money on clothes.* 年轻人往往在衣着方面花很多钱。○ *Our holiday cost an awful lot of money.* 度假耗去了我们一大笔钱。○ *Don't change your money at the airport. They charge a lot there.* 不要在机场兑换货币，他们收费很高。○ *If we do the work ourselves we will save a lot of money.* 如果我们自己动手做，可以省许多钱。○ *to borrow/lend money* 向人借钱；借钱给人 ○ *My father invested his money in stocks and shares.* 父亲把钱投资在股票上。○ *Is this picture worth a lot of money?* 这幅画是不是很值钱？☛ Look also at **pocket money**. 另参看 **pocket money**。

(IDIOMS 习语) **get your money's worth** to get full value for the money you have spent 花费物有所值；花得合算: *The meal was*

M

expensive but we got our money's worth because there were five courses. 这顿饭虽然价钱贵，但有五道菜，也可说是物有所值。

make money to earn money or to make a profit on a business 赚钱

ˈ**money box** *noun* [C] a box into which you put money that you want to save 储蓄钱箱

mongrel /ˈmʌŋgrəl ‖ ˈmʌŋgrəl/ *noun* [C] a dog which has parents of different types (**breeds**) 杂种狗（品种叫做 **breed**）

monitor /ˈmɒnɪtə(r) ‖ ˈmɑnətɚ/ *noun* [C] **1** a machine that shows information or pictures on a screen like a television 监视器；监视器荧光屏 ☛ picture on page A26. 见第 A26 页插图。**2** a machine that records or checks sth 监测器（用作记录或检查的机器）: *A monitor checks the baby's heartbeat.* 监测器检查婴儿的心跳。**3** a pupil who has a special job to do in the classroom （学生）班长

monitor *verb* [T] **1** to check, record or test sth regularly for a period of time （定期）监测/检测: *Pollution levels in the lake are being monitored closely.* 当局正密切监测湖水的污染程度。**2** to listen to and record foreign radio or television broadcasts 监听（外国电台广播）；监视（外国电视广播）

monk /mʌŋk ‖ mʌŋk/ *noun* [C] a man who has decided to leave the ordinary world and live a religious life in a community (**monastery**) 修道士；僧侣（修道院、寺院叫做 **monastery**）☛ Look at **nun**. 参看 **nun**。

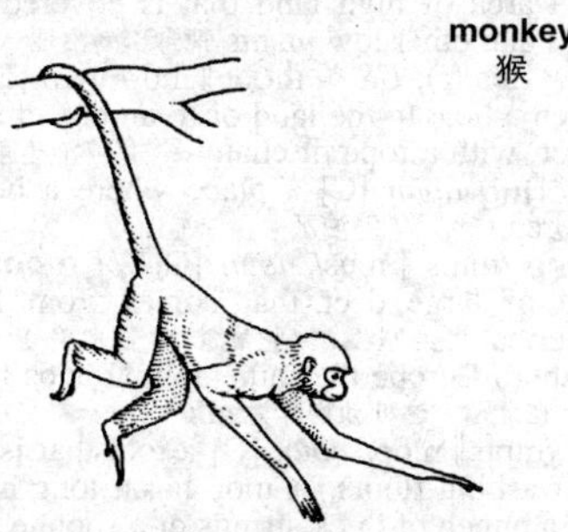
monkey
猴

☆**monkey** /ˈmʌŋkɪ ‖ ˈmʌŋkɪ/ *noun* [C] (*pl* **monkeys**) a small, usually brown, animal with a long tail that lives in hot countries and can climb trees 猴；猿 ☛ Look at **ape**. 参看 **ape**。 **Chimpanzees** and **gorillas** are apes, although people often call them monkeys. 黑猩猩 (**chimpanzee**) 和大猩猩 (**gorilla**) 都是猿 (ape)，但人们常把它们称为猴 (monkey)。

mono /ˈmɒnəʊ ‖ ˈmɑno/ *adj* (used about recorded music, etc, or a system for playing it 指收录的音乐或播放音乐的系统) having the sound directed through one channel only 单声道的 ☛ Look at **stereo**. 参看 **stereo**。—**mono** *noun* [U]: *The concert was recorded in mono.* 音乐会以单声道收录。

monolingual /ˌmɒnəˈlɪŋgwəl ‖ ˌmɑnəˈlɪŋgwəl/ *adj* using only one language 单语的；只使用一种语言的: *This is a monolingual dictionary.* 这是一部单语词典。☛ Look at **bilingual**. 参看 **bilingual**。

monologue (*US also* 美亦作 **monolog**) /ˈmɒnəlɒg; *US* 美 -lɔ:g ‖ ˈmɑnḷ,ɔg/ *noun* [C] a long speech by one person, eg in a play 独白（如戏剧中的）

monopolize (*also* 亦作 **monopolise**) /məˈnɒpəlaɪz ‖ məˈnɑpḷ,aɪz/ *verb* [T] to control sth so that other people cannot have or use it 垄断；独占；完全控制: *She completely monopolized the conversation. I couldn't get a word in.* 全是她一人在滔滔不绝地说话，我根本无法插嘴。

monopoly /məˈnɒpəlɪ ‖ məˈnɑpḷɪ/ *noun* [C] (*pl* **monopolies**) **1** the control of an industry or service by one company 垄断；专卖；专利: *British Telecom had a monopoly on supplying telephone lines to people's houses.* 英国电讯公司享有专利权，可独家经营住宅电话服务。**2** a company or organization that controls an industry 专卖公司；垄断企业: *British Rail was a state monopoly.* 英国铁路公司是国营专利机构。

monorail /ˈmɒnəʊreɪl ‖ ˈmɑnə,rel/ *noun* [C] a railway in which the train runs on a single track 单轨铁路

monosyllable /ˈmɒnəsɪləbl ‖ ˈmɑnə,sɪləbḷ/ *noun* [C] a short word, such as 'leg', that has only one syllable 单音节词（只有一个音节的词，如 leg）

monotonous /məˈnɒtənəs ‖ məˈnɑtṇəs/ *adj* boring and uninteresting because it does not change 单调乏味；缺乏变化: *monotonous work* 单调的工作 ○ *a monotonous voice* 单调的嗓音 —**monotonously** *adv*

monotony /məˈnɒtənɪ ‖ məˈnɑtṇɪ/ *noun* [U] the state of being boring and uninteresting 单调乏味；千篇一律: *The monotony of the speaker's voice made us all feel sleepy.* 那演讲者声音单调，使我们感到昏昏欲睡。

monsoon /ˌmɒnˈsu:n ‖ mɑnˈsun/ *noun* [C] the season of heavy rain in Southern Asia, or the wind which brings the rain （东南亚的）雨季；季风

monster /ˈmɒnstə(r) ‖ ˈmɑnstɚ/ *noun* [C] (in stories 故事中) a type of animal that is large, ugly and frightening 怪兽；怪物: *Did you see the Loch Ness monster?* 你有没有见到尼斯湖水怪？○ *a story of dragons, serpents and other monsters* 一个有关龙、蛇及其他怪兽的故事 ○ (*figurative* 比喻) *The murderer was described as a dangerous monster.* 凶手被描述为极其凶残的危险人物。

monstrous /ˈmɒnstrəs ‖ ˈmɑnstrəs/ *adj* **1** very bad or unfair 丑恶；不公正: *a monstrous crime* 骇人听闻的罪行 ○ *It's monstrous that she earns less than he does for the same job!* 工作相同，但是她挣的竟比他少，真是不公平啊！**2** very large (and often ugly or frightening) 巨大/庞大（通常是丑陋或骇人的）: *a monstrous block of flats* 一幢极大的公寓 ○ *a monstrous creature from the sea* 从海中出现的一只庞然大物

monstrosity /mɒnˈstrɒsətɪ ‖ mɑnˈstrɑsətɪ/ *noun* [C] (*pl* **monstrosities**) something that is ugly (and usually very large) 丑陋的东西（通常很巨大）: *That new building on the High Street is a monstrosity.* 位于海伊街的那座新建筑物简直是大怪物。

☆**month** /mʌnθ ‖ mʌnθ/ *noun* [C] **1** (*also* 亦作 ˌ**calendar** ˈ**month**) one of the twelve periods of time into which the year is divided, eg January 月（份）: *They are starting work next month.* 他们将于下个月开始工作。○ *We went on holiday last month.* 上个月我们度假去了。○ *The rent is £300 a month.* 租金每月300英镑。○ *'When are the exams?' 'Later in the month.'* "什么时候考试？" "本月稍后的时候。" ○ *at the beginning/end of the month* 月初；月底 **2** (*also* 亦作 ˌ**calendar** ˈ**month**) the period of time from a certain date in one month to the same date in the next, eg 13 May to 13 June 一个月的某一日至下一个月的相同日子（如5月13日至6月13日）**3** a period of about four weeks 约四周的时间；一个月: *'How long will you be away?' 'For about a month.'* "你要离开多久？" "大约一个月。" ○ *a three-month course* 为期三个月的课程 ○ *The window cleaner will come again in a month/in a month's time.* 擦窗工人将会在一个月后再来。○ *I've got two children – the baby is six months old and I've also got a toddler of eighteen months.* 我有两个孩子——小的六个月大，另一个孩子十八个月大，正在学走路。

monthly *adj*, *adv* (happening or produced) once a month or every month 每月一次的；按月的: *a monthly meeting* 月会 ○ *a monthly magazine* 月刊 ○ *Are you paid weekly or monthly?* 你领周薪还是月薪？

monthly *noun* [C] (*pl* **monthlies**) a magazine that is published once a month 月刊

monument /ˈmɒnjʊmənt ‖ ˈmɑnjəmənt/ *noun* [C] **1** a building or statue that is built to remind people of a famous person or event 纪念馆；纪念碑；纪念像 **2** an old building or other place that is of historical importance 历史遗迹；古迹: *Stonehenge is a famous ancient monument.* 英国的圆形石林是著名的古代遗迹。

monumental /ˌmɒnjʊˈmentl ‖ ˌmɑnjəˈmɛntl̩/ *adj* **1** (used about a building 指建筑物) very large and impressive 高大；宏伟 **2** very great 巨大；重大: *a monumental success* 空前的成功

moo /mu: ‖ mu/ *noun* [C] the sound that a cow makes 哞（牛叫声）—**moo** *verb* [I]

☆**mood** /mu:d ‖ mud/ *noun* **1** [C,U] the way that you feel at a particular time, ie if you are happy, sad, etc 心情；情绪: *Leave Dad alone for a while. He's in a very bad mood.* 让爸爸独个儿歇一会吧，他心情极坏。○ *You're in a good mood today!* 你今天心情很好！○ *a sudden change of mood* 情绪突然转变 ○ *Turn that music down a bit – I'm not in the mood for it.* 把音乐调低一点——我没有心情听音乐。**2** [C] a time when you are angry or bad-tempered 生气/脾气坏/心情不好的时候: *Debby's in one of her moods again.* 戴比又闹情绪了。**3** [sing] the way that a group of people feel about sth 一群人对某事物的感觉；（整体的）气氛: *The mood of the crowd changed and some stones were thrown.* 群众情绪开始有异样，并且有人投掷石块。

moody *adj* (**moodier**; **moodiest**) **1** having moods(1) that change often 心情多变；喜怒无常 **2** bad-tempered or unhappy 脾气坏；郁郁寡欢；闷闷不乐 —**moodily** /-ɪlɪ ‖ -əlɪ/ *adv* **moodiness** *noun* [U]

☆**moon** /mu:n ‖ mun/ *noun* **1 the moon** [sing] the object that shines in the sky at night and that moves round the earth once every 28 days 月球；月亮: *The moon's very bright tonight.* 今夜月色十分皎洁。○ *When was the first landing on the moon?* 人类是什么时候首次登陆月球的？☛ You may see a **new moon**, a **full moon** or a **crescent moon**. 月相有新月(**new moon**)、满月(**full moon**)或蛾眉月(**crescent moon**)。**2** [C] an object like the moon that moves around another planet 卫星: *How many moons does Neptune have?* 海王星有多少个卫星？

(IDIOMS 习语) **once in a blue moon** ⇨ ONCE

over the moon (*informal* 非正式) very pleased or happy 非常高兴；十分愉快

ˈ**moonlight** *noun* [U] light that comes from the moon 月光: *The lake looked beautiful in the moonlight.* 湖水在月光映照下显得很美丽。

ˈ**moonlit** *adj* having light from the moon 月光照耀下的: *a moonlit evening* 月夜

moor[1] /mɔ:(r); *US* 美 mʊər ‖ mʊr/ (*also* 亦作 **moorland** /-lənd ‖ -ˌlənd/) *noun* [C,U] a wild open area of high land that is covered with grass and other low plants 荒野；高沼地

moor[2] /mɔ:(r); *US* 美 mʊər ‖ mʊr/ *verb* [I,T] to fasten a boat to the land or to an object in the water, with a rope or chain 系泊/停泊（船只）

mooring *noun* [C] a place where a boat is moored（船只）停泊区

moose /mu:s ‖ mus/ *noun* [C] (*pl* **moose**) a type of large deer that comes from North America 北美麋；麋/驼鹿（产于北美）☛ In northern Europe the same animal is called an **elk**. 在北欧，这种动物称为 **elk**。

mop /mɒp ‖ mɑp/ *noun* [C] a tool that is used for washing floors. A mop has a long handle and a bunch of thick strings or a sponge at the end. 拖把

mop *verb* [T] (mo**pp**ing; mo**pp**ed) **1** to clean sth with a mop 用拖把清洁 **2** to remove liquid from sth using a dry cloth 用布抹干: *to mop your forehead with a handkerchief* 用手帕抹前额

(PHRASAL VERB 短语动词) **mop sth up** to clean unwanted liquid with a mop or dry cloth 用拖把/干布擦掉液体: *Mop up that tea you've spilt or it'll leave a stain!* 抹干净你洒出来的茶，不然会留下污渍的。

mope /məʊp ‖ mop/ *verb* [I] to feel unhappy and not try to do anything to make yourself feel better 闷闷不乐；百无聊赖: *Moping in your room won't make the situation any better.* 闷闷不乐地呆在屋里也于事无补。

moped /ˈməʊped ‖ ˈmopɛd/ *noun* [C] a type of small, not very powerful, motor cycle with pedals（一种小型的、马力不大的）机动自行车

☛ picture at **motor bike**. 见 **motor bike** 插图。

☆**moral**[1] /ˈmɒrəl; *US* 美 ˈmɔːrəl ‖ ˈmɔrəl/ *adj* **1** concerned with what you believe is the right way to behave 道德（上）的；与道德/道义/是非有关: *Some people refuse to eat meat on moral grounds* (= because they believe it to be wrong). 有些人因道德理由而不吃肉。○ *Is the high divorce rate the result of declining moral standards?* 离婚率高是不是道德标准下降的结果呢？○ *the moral dilemma of whether or not abortion should be allowed* 应否容许堕胎这个道德上的难题 ○ *The state has a moral obligation to house homeless people.* 国家有道义上的责任，要安置无家可归的人。**2** having high standards of behaviour 有道德；品行端正；品格高尚: *She has always led a very moral life.* 她一向都过着很规矩的生活。☛ The opposite is **immoral**. 反义词为 **immoral**。

morally /-rəlɪ ‖ -rəlɪ/ *adv* **1** in a way that is good or right 有道德；品行端正: *to behave morally* 行为端正 **2** connected with standards of what is right or wrong 与道德标准/道义准则/是非观念有关: *to be morally responsible for sb* (eg because it is your duty to look after them) 对某人要负道义上的责任（例如有责任要照顾他们）○ *What he did wasn't illegal but it was morally wrong.* 虽然他所做的事并非违法，但是缺德。

ˌ**moral supˈport** *noun* [U] help or encouragement that you give to sb (by being with him/her or saying that you agree with him/her) 道义上的支持；精神上的支持/鼓励: *I went to the dentist's with him just to give him some moral support.* 我陪他一起去看牙医只是想给他一点精神上的支持。

☆**moral**[2] /ˈmɒrəl; *US* 美 ˈmɔːrəl ‖ ˈmɔrəl/ *noun* **1** [C] a lesson in the right way to behave that can be learnt from a story or from sth that happens（从故事或某事件所得到的）教训；寓意: *The moral of the play is that friendship is more important than money.* 这出戏剧的寓意是友情比金钱更重要。**2 morals** [plural] standards or principles of good behaviour 道德标准/原则/规范

morale /məˈrɑːl; *US* 美 -ˈræl ‖ məˈræl/ *noun* [U] the way that a group of people feel at a particular time 士气: *The team's morale was high before the match* (= they were confident that they would win). 这队伍比赛前士气高昂。○ *Low pay in recent years has led to low morale.* 近年来工资低已导致员工士气低落。

☆**morality** /məˈrælətɪ ‖ məˈrælətɪ/ *noun* [U] whether sth is right or wrong 道德；道义；道德观: *There was a lively debate about the morality of abortion.* 人们热烈地讨论有关堕胎的道德问题。☛ The opposite is **immorality**. 反义词为 **immorality**。

moralize (*also* 亦作 **moralise**) /ˈmɒrəlaɪz; *US* 美 ˈmɔːr- ‖ ˈmɔrəlˌaɪz/ *verb* [I] **moralize (about/on sth)** to talk or write about what is the right or wrong way to behave 讨论道德问题；说教

morbid /ˈmɔːbɪd ‖ ˈmɔrbɪd/ *adj* having or showing great interest in unpleasant things, eg disease and death 病态的（特别对疾病、死亡等令人不快的事物感兴趣）

☆**more**[1] /mɔː(r) ‖ mɔr/ *det, pron* a larger number of people/things or larger amount of sth; sth in addition to what you already have 较多；较大；更多；更大: *There were more people than I expected.* 那里的人比我预料的要多。○ *I've bought some more plants for the garden.* 我为这花园又买了一些植物。○ *We had more time than we thought.* 时间比我们原先想像的充裕。○ *There's room for three more people.* 还有地方可多容纳三个人。○ *I couldn't eat any more.* 我一点也吃不下了。○ *Tell me more about your job.* 再告诉我一些有关你工作的事情。○ *I've found some more of those magazines you wanted.* 我又找到几本你想要的那些杂志。

(IDIOM 习语) **more and more** an increasing amount or number 越来越多: *There are more and more cars on the road.* 路上车辆越来越多。

☆**more**[2] /mɔː(r) ‖ mɔr/ *adv* **1** (used to form the comparative of adjectives and adverbs with two or more syllables 用以构成两音节或多音节形容词及副词的比较级) 更: *He was more frightened than I was.* 他比我更惊慌。○ *Please write more carefully.* 请格外用心书写。**2** to a greater extent 更大程度地；更加: *I like him more than his wife.* 我喜欢他而不喜欢他的妻子。○ *This one costs more.* 这一个比较贵。

(IDIOMS 习语) **not any/no more** not any longer 不再: *She doesn't live here any more.* 她已经不再住在这里了。

more or less approximately; almost 大约；差不多: *We are more or less the same age.* 我们年纪差不多。

what's more (used for adding another fact 用以引入新的资料) 而且；此外；更有甚者: *The hotel was awful and what's more it was miles from the beach.* 这旅馆极差，离开海滩又远。

☆**moreover** /mɔːˈrəʊvə(r) ‖ mɔrˈovɚ/ *adv* (*formal* 正式) (used, especially in writing, when you are giving some extra information that supports what you are saying 用于提供更多资料，以支持所说的话，尤用于书面语) in addition; also 此外；而且: *This firm did the work very well. Moreover, the cost was not too high.* 这公司做得十分出色，而且费用也不太昂贵。

morgue /mɔːg ‖ mɔrg/ *noun* [C] a building where dead bodies are kept until they are buried or burned 停尸房；陈尸所 ☛ Look at **mortuary**. 参看 **mortuary**。

☆**morning** /ˈmɔːnɪŋ ‖ ˈmɔrnɪŋ/ *noun* [C,U] **1** the early part of the day between the time when the sun rises and midday 早晨；上午；早上: *Pat's going to London tomorrow morning.* 帕特将于明天早上去伦敦。○ *Pat stayed with us on Sunday night and went to London the next/the following morning.* 帕特星期日在我们家中过夜，第二天早上便去伦敦了。○ *I've been studying hard all morning.* 整个上午我都在努力温习。○ *Dave makes breakfast every morning.* 戴夫每天早上都做早餐。○ *She only works in the mornings. She's free in the after-*

noons. 她只在上午工作，下午没事。○ *morning coffee* 早晨的咖啡 ○ *the morning paper* 日报 **2** the part of the night that is after midnight 自午夜至日出的一段时间；凌晨: *I was woken by a strange noise in the early hours of the morning.* 我在凌晨时分被奇怪的声音惊醒。

(IDIOMS 习语) **good morning** (used when you see sb for the first time in the morning 早上初次见面时的问候语)早；早安 ☛ Often we just say **Morning** 通常只说 **Morning**: *'Good morning, Mrs Stevenson.' 'Morning, Mr Johnson.'* "史蒂文森太太，早安。""约翰逊先生，早安。"

in the morning 1 during the morning of the next day; tomorrow morning 次日的上午；明天早上: *I'll try to speak to her about it in the morning.* 我明天早上会设法跟她谈谈那件事。**2** not in the afternoon or evening 在早上/上午: *The time of death was about 10.30 in the morning.* 死亡时间大约是上午10时30分。

☛ When you use the adjectives *early* or *late* before 'morning', 'afternoon' or 'evening' you must use the preposition **in** * morning、afternoon 或 evening 前面用形容词 early 或 late 时，必须用介词 **in**: *The accident happened in the early morning.* 事故在清晨发生。○ *We arrived in the late afternoon.* 我们于下午较晚的时候抵达。With other adjectives, use **on** 与其他形容词连用时，则用 **on**: *School starts on Monday morning.* 学校于星期一早上开始上课。○ *They set out on a cold, windy afternoon.* 他们在一个寒风凛烈的下午出发。○ *The accident happened on the following evening.* 事故就在接着的那个晚上发生。No preposition is used before *this, tomorrow, yesterday* 前面用 this、tomorrow、yesterday 时则不加任何介词: *Let's go swimming this morning.* 我们今天上午一起去游泳吧。○ *I'll phone Liz tomorrow evening.* 明晚我会打电话给利兹。○ *We went to the zoo yesterday afternoon.* 昨天下午我们到动物园去了。

moron /ˈmɔːrɒn ‖ ˈmɔrɑn/ *noun* [C] (*informal* 非正式) a very foolish or stupid person 蠢人；傻子 —**moronic** /məˈrɒnɪk ‖ məˈrɑnɪk/ *adj*

morose /məˈrəʊs ‖ məˈros/ *adj* bad-tempered, and not saying much to other people 脾气坏；孤僻；不喜欢与人交谈的

morphine /ˈmɔːfiːn ‖ ˈmɔrfin/ *noun* [U] a drug made from opium that is used for reducing pain 吗啡（由鸦片制成的镇痛药）

morsel /ˈmɔːsl ‖ ˈmɔrsl̩/ *noun* [C] a very small piece of food 少量/一小块/一口（食物）

mortal /ˈmɔːtl ‖ ˈmɔrtl̩/ *adj* **1** not living forever 不能永生；终有一死: *We are all mortal.* 我们所有人总有一死。☛ The opposite is **immortal**. 反义词为 **immortal**。**2** that will result in death 致命的；致死的: *a mortal wound* 致命伤 ☛ Look at **fatal**, which is more common. 参看较常用的词 **fatal**。**3** very great or extreme 极大；极度: *They were in mortal fear of the enemy.* 他们极度害怕敌人。

mortal *noun* [C] a human being 人；凡人

mortally /-təlɪ ‖ -tl̩ɪ/ *adv* **1** in a way that will result in death 致命: *to be mortally wounded* 受致命伤 **2** very; extremely 非常；极度

mortality /mɔːˈtælətɪ ‖ mɔrˈtælətɪ/ *noun* [U] **1** the fact that nobody can live forever（人）必死的事实 **2** the number of deaths in a certain period of time or in a certain place（某段时间/某个地方的）死亡人数/夭折率: *Infant mortality is high in the region.* 这个地区的婴儿夭折率高。

mortar[1] /ˈmɔːtə(r) ‖ ˈmɔrtɚ/ *noun* [U] a mixture of cement, sand and water that you put between bricks when you are building sth 砂浆/灰泥（水泥、沙和水的混合物，用于砌砖）

mortar[2] /ˈmɔːtə(r) ‖ ˈmɔrtɚ/ *noun* [C] a type of heavy gun 迫击炮

mortgage /ˈmɔːgɪdʒ ‖ ˈmɔrgɪdʒ/ *noun* [C] money that you borrow in order to buy a house（用以购买房屋的）抵押借款: *We took out a £40 000 mortgage.* 我们获得40 000英镑抵押借款。○ *mortgage repayments* 抵押贷款的分期付还款项

> ☛ You usually borrow money from a **bank** or a **building society**, who decide what **rate** of **interest** you must pay on the **loan**. 人们通常向银行 (**bank**) 或建屋互助会 (**building society**) 借款。贷款 (**loan**) 应付的利率 (**rate of interest**) 由该等机构厘定。

mortician /mɔːˈtɪʃn ‖ mɔrˈtɪʃən/ *noun* [C] (*US* 美) = UNDERTAKER

mortuary /ˈmɔːtʃərɪ; *US* 美 ˈmɔːtʃʊerɪ ‖ ˈmɔrtʃuˌɛrɪ/ *noun* [C] (*pl* **mortuaries**) a place in a hospital, etc where dead bodies are kept before they are buried or burned 太平间；停尸间 ☛ Look at **morgue**. 参看 **morgue**。

mosaic /məʊˈzeɪɪk ‖ moˈze·ɪk/ *noun* [C,U] a picture or pattern that is made by placing together small coloured stones, pieces of glass, etc 马赛克（用细小的彩色石块、玻璃片等拼/砌成的镶嵌画或图案）

Moslem = MUSLIM

mosque /mɒsk ‖ mɑsk/ *noun* [C] a building where Muslims worship 清真寺

☆**mosquito** /məsˈkiːtəʊ; *Brit also* 英亦作 mɒs- ‖ məˈskito/ *noun* [C] (*pl* **mosquitoes**) a small flying insect found in hot countries. Mosquitoes bite people and animals in order to suck their blood and some types of mosquito spread a very serious disease (**malaria**). 蚊（有些种类的蚊会传播疟疾 (**malaria**)）

moss /mɒs; *US* 美 mɔːs ‖ mɔs/ *noun* [C,U] a small green plant, with no flowers, that grows in a flat mass in damp places, especially on rocks or trees 苔藓

☆**most**[1] /məʊst ‖ most/ *det*, *pron* (used as the superlative of *many*, *much* * many 和 much 的最高级) **1** greatest in number or amount 最大；最多: *Who picked the most apples?* 谁采的苹果最多？○ *The children had the most fun.* 孩子们玩得最开心。○ *We all worked hard but I did the most.* 我们所有人都努力工作，但我做得最多。**2** nearly all of a group of people or things 几乎全部；大多数；大部分: *Most families in this country have a television.* 这个国家大部分家庭都有电视机。○ *I like most Italian food.* 差不多所有意大利食品我都喜欢吃。☛ When

M

most is followed by a noun which has **the**, **this**, **my**, etc before it, we must use **most of** 当 **most** 后接名词，而名词前又有 **the**、**this**、**my** 等词时，必须用 **most of**: *Most of the people I invited were able to come.* 我邀请的客人大部分都能出席。○ *It rained most of the time we were in Ireland.* 我们在爱尔兰的时候，差不多一直下雨。

(IDIOMS 习语) **at (the) most** not more than a certain number, and probably less 至多；不超过: *There were 20 people there, at the most.* 那里至多只有20人。

make the most of sth ⇨ MAKE[1]

mostly *adv* **1** almost all 差不多全部；大多: *The people at work are mostly very nice.* 与我一起工作的人大都很亲切。**2** usually 通常: *We mostly go shopping in Oxford, not Reading.* 我们通常到牛津购物，不是里丁。

☆**most**[2] /məʊst ‖ most/ *adv* **1** (used to form the superlative of adjectives and adverbs that have two or more syllables 用以构成两音节或多音节形容词及副词的最高级) 最: *It's the most beautiful house I've ever seen.* 那是我所见过的房子中最漂亮的一栋。○ *I think this machine works the most efficiently.* 我认为这机器的运作已达到最高效率。**2** more than anybody/anything else 比任何人/事物都要多；最多: *What do you miss most when you're abroad?* 你在国外的时候，最挂念的是什么？**3** (*formal* 正式) very 很；极；十分: *We heard a most interesting talk about Japan.* 我们听了一个有关日本的最有趣的讲话。

motel /məʊ'tel ‖ mo'tɛl/ *noun* [C] a hotel for people who are travelling by car. In a motel you can usually park your car near your room. 汽车旅馆（供驾车的旅客住宿，住客可在房间附近停放自己的汽车）

moth /mɒθ; *US* 美 mɔ:θ ‖ mɔθ/ *noun* [C] an insect like a butterfly that usually flies at night. Moths do not have such bright colours as butterflies. 蛾；飞蛾 ☛ picture at **butterfly**. 见 **butterfly** 插图。

'**mothball** *noun* [C] a small ball made of a chemical substance that protects clothes in cupboards from moths 樟脑丸

☆**mother** /'mʌðə(r) ‖ 'mʌðɚ/ *noun* [C] the female parent of a person or animal 母；母亲；母兽；母畜: *an expectant mother* 孕妇 ○ *an unmarried mother* 未婚妈妈 ○ *a foster mother* 养母 ○ *Working mothers need good child-care arrangements.* 做了母亲的职业妇女需要为年幼子女作妥善的托儿安排。○ *a mother cow and her calf* 母牛与它的小牛 ☛ Look at **mum**, **mummy** and **stepmother**. 参看 **mum**、**mummy** 及 **stepmother**。

mother *verb* [T] to care for sb as a mother does（母亲般）照顾: *He looked so young and helpless. All the women in the office tried to mother him.* 他看来是那么年轻和无助，办公室里的所有女士都设法照顾他，像母亲那样呵护备至。

motherhood /-hʊd ‖ -ˌhʊd/ *noun* [U] the state of being a mother 母亲身分；母性

motherless *adj* having no mother 丧失母亲的

motherly *adj* of a mother or like a mother 母亲的；母亲般: *She's a motherly sort of person.* 她是个慈母型的人。

'**mother country** *noun* [C] (*formal* 正式) the country where a person was born or grew up 祖国（一个人出生或长大的国家）

'**mother-in-law** *noun* [C] (*pl* **mothers-in-law**) the mother of your husband or wife 婆婆；岳母

'**mother tongue** *noun* [C] the first language that you learned to speak as a child 母语；本国语

motif /məʊ'ti:f ‖ mo'tif/ *noun* [C] a picture or pattern on sth 图案；式样: *The blouse has a butterfly motif on each sleeve.* 这件女衬衫每只衣袖上都有一个蝴蝶图案。

motion /'məʊʃn ‖ 'moʃən/ *noun* **1** [U] movement or a way of moving 动；移动；移动的方式: *The swaying motion of the ship made us all feel sick.* 这船摇摆不定，使我们所有人都感到不适。○ *Pull the lever to set the machine in motion.* 拉那控制杆来开动机器。☛ Look at **slow motion**. 参看 **slow motion**。**2** [C] a suggestion that you discuss and vote at a meeting（会议中提出并投票表决的）提议/动议: *The motion was carried/rejected by a majority of eight votes.* 动议以八票的多数票获得通过/被否决。

motion *verb* [T] to make a movement that tells sb what to do 向（某人）做动作示意: *The manager motioned me to sit down.* 经理示意我坐下来。

motionless *adj* not moving 不动；静止

motivate /'məʊtɪveɪt ‖ 'motəˌvet/ *verb* [T] **1** to cause sb to act in a particular way 促使某人以某方式行动；激起；使有动机: *Her reaction was motivated by fear.* 她的反应出于恐惧。○ *The attack was politically motivated.* 那袭击事件带有政治动机。**2** to make sb want to do sth (by making it interesting) 激发做某事的兴趣；激励: *Our new teacher certainly knows how to motivate his classes.* 我们的新老师显然知道怎样激发学生的学习兴趣。—**motivated** *adj*: *highly motivated students* 热中于学习的学生

motivation /ˌməʊtɪ'veɪʃn ‖ ˌmotə'veʃən/ *noun* [C,U] the need or reason for doing sth; a feeling of interest in doing sth 动机；诱因；兴趣: *I'm suffering from a lack of motivation. My new job is really boring.* 我变得缺乏干劲，因为我的新工作极为沉闷。

motive /'məʊtɪv ‖ 'motɪv/ *noun* [C,U] a reason for doing sth 动机；原因: *Nobody seemed to have a motive for the murder.* 对于那宗谋杀案，似乎没有人有行凶动机。

☆**motor** /'məʊtə(r) ‖ 'motɚ/ *noun* [C] a machine that changes power into movement 电动机；发动机；马达: *The washing-machine doesn't work. I think something is wrong with the motor.* 洗衣机失灵，我想是发动机出问题了。○ *to start/turn off a motor* 开动/关掉电动机 ☛ **Engine**, not **motor**, is usually used in connection with cars and motor cycles, but sometimes **motor** is also used. 与汽车和摩托车有关的通常用 **engine**，不是 **motor**，但有时也会用 **motor**。Cars are, in fact, sometimes called **motor cars**. 事实上，汽车有时亦称为 **motor car**。 **Engines** generally use petrol and

motors use electricity. * **engine** 一般用汽油，而 **motor** 则用电力。

motor *adj* (only *before* a noun 只用于名词前) connected with vehicles that have an engine or a motor 机动；与装有引擎/电动机的车辆有关: *a motor boat* 摩托艇 ○ *motor racing* 赛车 ○ *a motor mechanic* 电动机技工

motoring /ˈməʊtərɪŋ ‖ ˈmotərɪŋ/ *noun* [U] driving in a car 开汽车；乘汽车: *to commit a motoring offence* 违反汽车驾驶规则 ○ *a motoring holiday* 乘汽车去旅行的假期

motorist /ˈməʊtərɪst ‖ ˈmotərɪst/ *noun* [C] a person who drives a car 驾驶汽车的人；驾驶者 ☛ Look at **pedestrian**. 参看 **pedestrian**。

motorized (*also* 亦作 **motorised**) /ˈməʊtəraɪzd ‖ ˈmotəˌraɪzd/ *adj* having an engine 机动；装有引擎: *motorized transport* 机动化运输工具

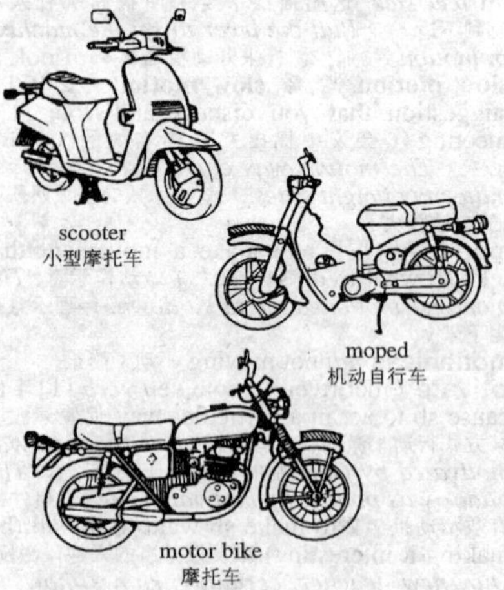

scooter 小型摩托车

moped 机动自行车

motor bike 摩托车

ˈ**motor bike** (*also* 亦作 ˈ**motor cycle**) *noun* [C] (*informal* 非正式) a large bicycle with an engine 摩托车

ˈ**motor boat** *noun* [C] a small fast boat that has an engine 汽艇 ☛ picture at **boat**. 见 **boat** 插图。

ˈ**motor car** *noun* [C] (*Brit formal* 英，非正式) = CAR(1)

ˈ**motor cycle** *noun* [C] = MOTOR BIKE

ˈ**motor cyclist** *noun* [C] a person who rides a motor cycle 骑摩托车的人

ˈ**motorway** (*US* 美 **expressway**; **freeway**) *noun* [C] a wide road that is specially built for fast traffic 高速公路: *to join/leave a motorway* 驶进/驶离高速公路 ○ *a motorway service station* 高速公路汽车加油服务站

> ☛ A motorway has two or three **lanes** on each **carriageway**. 高速公路每一方向的车行道 (**carriageway**) 都有两至三条分车道 (**lane**)。On the left of each carriageway there is a **hard shoulder**. 每一方向的车行道的左边有紧急停车处 (**hard shoulder**)。Look at the note at **road**. 参看 **road** 的注释。

M

motto /ˈmɒtəʊ ‖ ˈmɑto/ *noun* [C] (*pl* **mottoes**) a short sentence that expresses a rule for a person's or an organization's behaviour 箴言；格言；座右铭: *My motto is: 'It could be worse'.* 我的格言是："乐天知命"。○ *Everton Football Club's motto means: 'Nothing but the best'.* 埃弗顿足球俱乐部的格言的意思是："务求完美"。

mould[1] (*US* 美 **mold**) /məʊld ‖ mold/ *noun* **1** [C] a hollow container that you use for making sth into a particular shape. You put a liquid substance into a mould and wait for it to become solid (**set**) in the shape of the mould. 模子；铸模（液体凝结或凝固成模子的样子叫做 **set**）**2** [sing] a particular type (of person)（人的）类型/性格: *She doesn't fit into the usual mould of sales directors.* 她可不落一般销售经理常见的那种老一套路。

mould *verb* [T] to make sth into a particular shape or form 用模子制作；塑造

mould[2] (*US* 美 **mold**) /məʊld ‖ mold/ *noun* [U] a soft green substance (a type of fungus) that grows in warm, damp places or on food that has been kept too long 霉；霉；霉菌 —**mouldy** (*US* 美 **moldy**) *adj*: *The cheese had gone mouldy.* 干酪已经发霉了。

moult (*US* 美 **molt**) /məʊlt ‖ molt/ *verb* [I] (used about an animal or bird 指动物或鸟类) to lose hair or feathers 脱毛；换羽

mound /maʊnd ‖ maʊnd/ *noun* [C] **1** a large pile of earth; a small hill 土堆；小丘；小山岗 **2** a pile or heap of things 一摞；一堆: *I've got a mound of papers to work through.* 我有一摞文件要处理。

mount[1] /maʊnt ‖ maʊnt/ *noun* [C] (*abbr* 缩写 **Mt**) (used in names 用于名称) a mountain 山；峰: *Mt Blanc* 勃朗峰

☆**mount**[2] /maʊnt ‖ maʊnt/ *verb* **1** [T] (*formal* 正式) to go to the top of sth 登上/走上（某物的顶端）: *to mount the stairs* 上楼梯 ○ *He mounted the platform and began to speak.* 他走上讲台开始说话。**2** [I,T] to get on a horse or bicycle 骑上（马或自行车）☛ The opposite is **dismount**. 反义词为 **dismount**。**3** [I] to increase in level or amount 上升；增加；增长: *The tension mounted as the end of the match approached.* 比赛接近结束时，气氛越发紧张。**4** [T] to fix sth on or in sth else 安放/安装/镶嵌（在某物之上或之内）: *The gas boiler was mounted on the wall.* 煤气热水器安装在墙上。**5** [T] to organize sth 组织；筹备: *to mount an exhibition* 筹备展览 ○ *to mount an attack* 发动攻击

(PHRASAL VERB 短语动词) **mount up (to sth)** to increase (often more than you want) 增加/上升（通常比所想要的多）: *When you're buying food for six people the cost soon mounts up.* 要买六个人吃的食物，费用便会迅速增加。

mounted *adj* riding a horse 骑马的: *mounted police* 骑警

mounting *adj* increasing 逐渐增加的: *mounting unemployment* 逐渐上升的失业人数

☆**mountain** /ˈmaʊntɪn; *US* 美 -ntn ‖ ˈmaʊntn̩/ *noun* [C] **1** a very high hill（大）山；山岳；高山；山脉: *Which is the highest mountain in the* *world?* 哪座是世界上最高的山？○ *Have you ever climbed a mountain?* 你爬过山没有？○ *a steep mountain road* 陡峭的山路 ○ *a range of mountains* 山脉 **2** a large amount of sth 大量；大堆：*There is a mountain of unanswered letters on her desk.* 在她的书桌上有一大堆未回复的信。

mountaineer /ˌmaʊntɪˈnɪə(r); *US* 美 -ntnˈɪər ‖ ˌmaʊntn̩ˈɪr/ *noun* [C] a person who climbs mountains 爬山者；登山运动员

mountaineering /ˌmaʊntɪˈnɪərɪŋ; *US* 美 -ntnˈɪə- ‖ ˌmaʊntn̩ˈɪrɪŋ/ *noun* [U] the sport of climbing mountains 登山/爬山（运动）

mountainous /ˈmaʊntɪnəs; *US* 美 -ntənəs ‖ ˈmaʊntn̩əs/ *adj* **1** having many mountains 多山的：*mountainous countryside* 多山的乡村地区 **2** very large 巨大；高大：*The mountainous waves made sailing impossible.* 巨浪滔天，使人无法驾船出海。

ˈ**mountainside** *noun* [C] one of the steep sides of a mountain 山坡；山腰

mourn /mɔːn ‖ mɔrn/ *verb* [I,T] **mourn (for/over sb/sth)** to feel great sadness, especially because sb has died（为…）感到悲痛；（尤指）哀悼：*She is still mourning for her child.* 她仍然为她孩子的死感到哀痛。

mourner *noun* [C] a person who goes to a funeral as a friend or relative of the person who has died 哀悼者；送丧者

mournful /-fl ‖ -fəl/ *adj* sad 悲痛；忧伤：*a mournful song* 忧伤的歌曲 —**mournfully** /-fəlɪ ‖ -fəlɪ/ *adv*

mourning *noun* [U] a time when people feel or show great sadness because sb has died 服丧期；举哀期；服丧，戴孝：*He wore a black armband to show he was in mourning.* 他臂缠黑纱，表示他正在戴孝。

☆**mouse** /maʊs ‖ maʊs/ *noun* [C] (*pl* **mice** /maɪs ‖ maɪs/) **1** a small furry animal with a long tail 鼠：*The cat has caught a mouse.* 那猫捉了一只老鼠。○ *a field-mouse* 田鼠 ☛ **Mice**, like **rats**, **hamsters**, etc are members of the **rodent** family. ＊ **mouse** 像 **rat**（大鼠）和 **hamster**（仓鼠）一样，都是啮齿类动物 **(rodent)**。 **2** a piece of equipment, attached to a computer, for entering commands without using the keyboard 滑鼠/鼠标器（与电脑接驳的设备之一，用于代替键盘输入指令）☛ picture on page A26. 见第 A26 页插图。 The mouse controls the **cursor** when you **click** on it. 按动 **(click)** 滑鼠便可控制光标 **(cursor)**。

mousse /muːs ‖ mus/ *noun* [C,U] a type of food that is made by beating together cream and eggs with either sth sweet (eg chocolate) or sth savoury (eg fish) 奶油冻（用奶油和鸡蛋搅打而成的食品，有甜味（如加入巧克力）或咸味（如加入鱼肉））：*a chocolate mousse* 巧克力奶油冻 ○ *salmon mousse* 鲑鱼奶油冻

☆**moustache** /məˈstɑːʃ ‖ məˈstæʃ/ (*US* 美 **mustache** /ˈmʌstæʃ ‖ ˈmʌstæʃ/) *noun* [C] hair that grows on the top lip, between the mouth and the nose 小胡子；髭：*Has he got a moustache?* 他有没有留小胡子？

moustache/beard
髭（须）/胡子

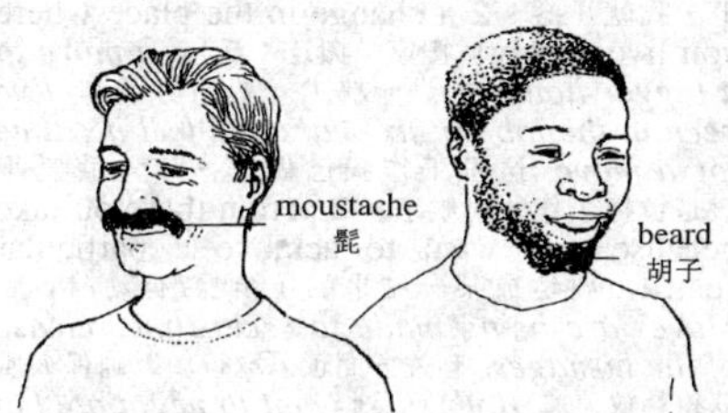

☆**mouth**[1] /maʊθ ‖ maʊθ/ *noun* [C] (*pl* **mouths** /maʊðz ‖ maʊðz/) **1** the part of your face that you use for eating and speaking 嘴；口；口腔：*Don't speak with your mouth full.* 嘴里满是食物时不要说话。○ *Open your mouth, please!* 请张开嘴。○ *You can close your mouth now.* 现在可以合上嘴。○ *Keep your mouth closed when you're eating.* 吃东西时要合上嘴。○ (*figurative* 比喻) *They have a low income and five mouths to feed.* 他们收入微薄，但要养活五口子。**2** the place where a river enters the sea 河口

-mouthed /maʊðd ‖ maʊðd/ (in compounds 用以构成复合词) **1** having a particular type of mouth 有…的口：*We stared open-mouthed in surprise.* 我们惊奇得目瞪口呆。**2** having a particular way of speaking 有某种说话方式的：*He's loud-mouthed and ill-mannered.* 他说话大嗓门，举止粗鲁。

mouthful /-fʊl ‖ -ˌfʊl/ *noun* **1** [C] the amount of food or drink that you can put in your mouth at one time 一口（食物或饮料）**2** [sing] a word or phrase that is long or difficult to say 长而拗口的词/词组

ˈ**mouth-organ** (*also* 亦作 **harmonica**) *noun* [C] a small musical instrument that you play by moving it across your lips while you are blowing 口琴

ˈ**mouthpiece** *noun* [C] **1** the part of a telephone, musical instrument, etc that you put in or near your mouth（乐器的）吹口；（电话的）送话口 **2** a person, newspaper, etc that a particular group uses to express its opinions 喉舌/代言人（代表某组织表达意见的人、报纸等）：*Pravda was the mouthpiece of the Soviet government.* 真理报是前苏联政府的喉舌。

ˈ**mouthwash** *noun* [U] liquid that you use for cleaning your mouth and making it smell nice 漱口剂/液

ˈ**mouthwatering** *adj* (used about food 指食物) that looks or smells very good 令人垂涎；美味

mouth[2] /maʊð ‖ maʊð/ *verb* [I,T] to move your mouth as if you were speaking but without making any sound 嘴动而不出声地说；用口形默示

movable /ˈmuːvəbl ‖ ˈmuvəbl̩/ *adj* that can be moved 可移动的；活动的 ☛ Look at **portable**. 参看 **portable**。

☆**move**[1] /muːv ‖ muv/ *noun* [C] **1** a change of place or position 动；移动：*She sat watching*

M

every move I made. 她坐着，看着我的一举一动。○ *One false move and I'll shoot!* 乱动一下，我就开枪！**2** a change in the place where you live or work 搬家；搬迁；迁移：*a move to a bigger house* 搬进一栋大一些的房子 ○ *I've been in the job for six years and feel it's time for a move.* 这份工作我已做了六年，我觉得该是调换工作的时候了。**3** action that you take because you want to achieve a particular result（要达成某一结果的）步骤/行动/措施：*Moves are being made to secure the release of the hostages.* 有关方面正采取行动以确保人质获得释放。○ *Both sides want to negotiate but neither is prepared to make the first move.* 双方都想谈判，但没有一方准备踏出第一步。○ *Asking him to help me was a good move.* 找他帮我是个好办法。**4** a change in the position of a piece in a game like chess（棋类游戏的）一步/一着

(IDIOM 习语) **get a move on** (*informal* 非正式) to hurry 赶快；加紧：*I'm late. I'll have to get a move on.* 我迟了，得赶快一点。

☆**move²** /mu:v ‖ muv/ *verb* **1** [I,T] to change position or to put sth in a different position 改变位置；移动；搬动：*Don't move – there's a bee on your arm.* 别动，有只蜜蜂在你的手臂上。○ *Please move your car. It's blocking the drive.* 请开走你的车，它阻塞着路。○ *I thought I heard something moving in the bushes over there.* 我仿佛听见那边的灌木丛里有东西在移动着。○ *They are moving the patient to another hospital.* 他们要把那病人转送到另一所医院。**2** [I] to go and live in another house, etc 搬家；迁居：*Our neighbours have sold their house and are moving next week.* 我们的邻居刚卖掉房子，下星期搬家。**3** [I] to change or make progress 改变；进展：*When the new team of builders arrived things started moving very quickly.* 新一批建筑工人到来后，工作开始进展迅速。**4** [T] to cause sb to have strong feelings (often of sadness) 激起强烈情感（尤指伤感）；感动：*The reports about the starving children moved many people to tears.* 看到有关饥饿儿童的报道，很多人感动得落泪。**5** [I] to take action 采取行动：*Unless we move quickly lives will be lost.* 我们不赶快采取行动，有人就会丧失生命。**6** [I,T] to change the position of a piece in a game like chess 走（一步棋）

(IDIOMS 习语) **get moving** to go, leave or do sth quickly 快走；快走开；赶快做某事

get sth moving to cause sth to make progress 使某事有所进展

move house to move your furniture, etc to another home 搬家

(PHRASAL VERBS 短语动词) **move across/along/down/over/up** to move further in a particular direction in order to make space for sb/sth else 往某方向移（以腾出空间给某人/某物）：*The conductor asked the passengers to move down the bus.* 售票员要求乘客往车厢里边走。

move in to start living in a new house 搬入/迁入新居

move off (used about a vehicle 指车辆) to start a journey; to leave 出发；离开：*Maria waved from the window as the train moved off.* 火车离开时，玛丽亚在窗旁挥手。

move out to stop living in a house 搬出；迁出

moving *adj* **1** (only *before* a noun 只用于名词前) that moves 活动的：*a moving staircase* 自动扶梯 ○ *It's a computerized machine with few moving parts.* 那是一台活动部件甚少的电脑化机器。**2** causing strong feelings 动人；感人：*The film is a moving story about a young boy's fight against cancer.* 这部电影描述一个小男孩对抗癌症的感人故事。

☆**movement** /ˈmu:vmənt ‖ ˈmuvmənt/ *noun* **1** [C,U] an action that involves changing position or place or using the body in some way 移动；动作；活动：*The dancer's movements were smooth and beautifully controlled.* 那位舞蹈演员动作流畅，舞姿优美。○ *The man lay still in the long grass, knowing that any movement would be seen by the police.* 那男子躺在长草丛中动也不动，他知道一有任何动静便会给警察发现。○ *the slow movement of the clouds across the sky* 在空中慢慢飘过的云朵 **2** [C, usually sing] **a movement (away from/towards sth)** a general change in the way people think or behave（人们在思想上或行为上的）倾向/趋势/动向：*There's a slight movement away from the materialism of the 1980s.* ＊20世纪80年代崇尚物质的风气已略微减退。**3 movements** [plural] a person's actions or plans during a period of time（一个人在某段时间内的）举动/活动/计划：*Detectives have been watching the man's movements for several days.* 警探过去数日一直监视那名男子的行动。**4** [C] a group of people who have the same aims or ideas (and who want to persuade other people that they are right) 积极开展运动的团体（其成员有着共同目标或思想，借展开运动以获得支持）：*I support the Animal Rights movement.* 我支持动物权益运动。**5** [C] one of the main parts of a long piece of music 乐章：*a symphony in four movements* 一首四个乐章的交响曲

movie /ˈmu:vɪ ‖ ˈmuvɪ/ *noun* (*especially US* 尤为美) **1** [C] = FILM[1](1): *Would you like to see a movie?* 你想看电影吗？○ *a science fiction movie* 科幻电影 ○ *a movie director* 电影导演 **2 the movies** [plural] = CINEMA: *Let's go to the movies.* 让我们一起去看电影吧。

mow /məʊ ‖ mo/ *verb* [I,T] (*pt* **mowed**; *pp* **mown** /məʊn ‖ mon/ or **mowed**) to cut grass using a machine or an instrument（用机器/工具）割草：*You need to mow the lawn at least once a week.* 你最少要一星期修剪草坪一次。

mower *noun* [C] a machine for cutting grass or crops 割草机；收割机：*a lawnmower* 割草机 ○ *an electric mower* 电动割草/收割机

☆**Mr** /ˈmɪstə(r) ‖ ˈmɪstɚ/ (used as a title before the name of a man 冠于男子姓名前的称呼) 先生：*Mr (John) Brown*（约翰·）布朗先生

☆**Mrs** /ˈmɪsɪz ‖ ˈmɪsɪz/ (used as a title before the name of a married woman 冠于已婚妇女姓名前的称呼) 太太；夫人：*Mrs (Jane) Brown*（珍妮·）布朗太太

☆**Ms** /məz; mɪz ‖ mɪz/ (used as a title before

the name of a woman, either married or unmarried 冠于已婚或未婚妇女姓名前的称呼)女士: *Ms (Joan) Smith*（琼·）史密斯女士

☛ Some women prefer the title **Ms** to **Mrs** or **Miss**. * **Ms**、**Mrs** 和 **Miss** 三种称呼中，有些女性比较喜欢 **Ms** 的称呼。We can also use it when we do not know whether or not a woman is married. 不清楚对方是否已婚时，也可以用 **Ms**。

☆**much**[1] /mʌtʃ ‖ mʌtʃ/ *det, pron* (used with uncountable nouns, mainly in negative sentences and questions, or after *as, how, so, too* 与不可数名词连用，主要用于否定句及疑问句，或 as、how、so、too 之后) a large amount of sth 大量；很多: *I haven't got much money.* 我没有很多钱。○ *Did you have much difficulty finding the house?* 这房子是不是很难找？○ *You've given me too much food.* 你给我的食物太多了。○ *How much time have you got?* 你有多少时间？○ (*formal* 正式) *I have much pleasure in introducing our speaker.* 我很高兴能给大家介绍我们的演讲者。○ *I didn't write much.* 我写信不多。○ *Did she say much?* 她说了很多话吗？○ *How much do you want?* 你想要多少？○ *Eat as much as you can.* 尽量吃吧。○ *'Is there any post?' 'Not much.'* "有没有邮件？" "不多。" ☛ In statements we usually use **a lot of**, not **much** (which is extremely formal) 陈述句通常用 **a lot of**，而不用 **much**（**much** 是极正式的用语）: *I've got a lot of experience.* 我经验丰富。

(IDIOMS 习语) **not much of a...** not very good 不很好: *She's not much of a cook.* 她的烹饪技术不太好。

not up to much ⇨ UP

☆**much**[2] /mʌtʃ ‖ mʌtʃ/ *adv* **1** to a great extent or degree 达到很大的程度: *I don't like her very much.* 我不怎么喜欢她。○ *We are very much looking forward to meeting you.* 我们很渴望再见到你。○ *Do you go to the cinema much?* (= very often) 你常常看电影吗？○ *Their house is much nicer than ours.* 他们的房子比我们的漂亮得多。○ *You ate much more than me.* 你吃得远比我多。**2** (with past participles used as adjectives 与过去分词连用，用作形容词) to a great extent or degree 达到很大的程度: *a much-needed rest* 极需休息 ○ *She was much loved by all her friends.* 她深受所有朋友爱戴。☛ Compare 比较: *She was* **very** *popular.*

(IDIOMS 习语) **much the same** very similar 很相似；差不多一样: *Polish food is much the same as German.* 波兰食品与德国食品十分相似。

not much good (at sth) not very good 不很好；不善于: *I'm not much good at singing.* 我不善于唱歌。

muck[1] /mʌk ‖ mʌk/ *noun* [U] (*informal* 非正式) **1** dirt 脏物；污物 **2** the waste from farm animals, used to make the land more fertile（牲畜的）粪便/粪肥 ☛ A more common word is **manure**. 比较常用的词为 **manure**。

muck[2] /mʌk ‖ mʌk/ *verb*

(PHRASAL VERBS 短语动词) **muck about/around** (*informal* 非正式) to behave in a silly way or to waste time 胡闹；混日子；浪费时间: *Stop mucking around and come and help me!* 别胡闹了，快来帮我吧！

muck sth up (*informal* 非正式) to do sth badly; to spoil sth 做得差；弄糟；破坏: *I was so nervous that I completely mucked up my interview.* 我紧张得把面试完全弄糟了。

mucus /'mju:kəs ‖ 'mjukəs/ *noun* [U] (*formal* 正式) a sticky substance that is produced in some parts of the body, especially the nose 黏液（尤指鼻涕）

☆**mud** /mʌd ‖ mʌd/ *noun* [U] soft, wet earth 泥；淤泥；烂泥: *He came home from the football match covered in mud.* 他足球比赛后回家，满身都是泥。

muddy *adj* (**muddier**; **muddiest**) full of or covered in mud 沾满泥的；泥泞的: *Take those muddy boots off at the door!* 在门口脱去沾满泥的靴子！○ *It's very muddy down by the river.* 河的下游很混浊。

'**mudguard** *noun* [C] a metal or plastic cover over the wheel of a bicycle, etc which stops mud and water from splashing up（自行车等轮胎上用金属或塑胶制的）挡泥板

muddle /'mʌdl ‖ 'mʌdl̩/ *verb* [T] **1 muddle sth (up)** to put things in the wrong place or order or to make them untidy 把…乱放；弄乱: *Try not to get those papers muddled up – I've got them all in the right order.* 请不要把文件弄乱——我刚把它们排好次序。**2 muddle sb (up)** to confuse sb 把（某人）弄糊涂: *Stop muddling me up! I can only answer one question at a time.* 别把我弄糊涂啦！我一次只能答一个问题。

muddle *noun* [C,U] a state of disorder or confusion, in a place or in the mind（思想）混乱/糊涂；（地方）混乱/一团糟: *Your room's in a terrible muddle.* ○ 你的房间乱七八糟。*I don't know who's responsible for all the muddle there's been.* 我不知道这么混乱的情况是谁造成的。○ *I'm in a complete muddle! Is it Thursday or Friday?* 我完全糊涂了！今天是星期四还是星期五？

muddled *adj* not clear; confused 模糊；糊涂；混乱: *He gave me a rather muddled explanation.* 他给我一个相当含糊的解释。

muesli /'mju:zlɪ ‖ 'mjuzlɪ/ *noun* [U] food made of grains, nuts, dried fruit, etc that you eat with milk for breakfast 穆兹利（用谷物、果仁、水果干等混合制成，拌以牛奶吃的早餐食品）

muffle /'mʌfl ‖ 'mʌfl̩/ *verb* [T] to make a sound quieter and more difficult to hear 使声音低沉，较难听见: *He put his hand over her mouth to muffle her cries.* 他用手捂着她的嘴，不让她叫出声。

muffled *adj* (used about sounds 指声音) difficult to hear; quiet or not clear 不清楚；模糊: *I could hear muffled voices outside but I couldn't tell what they were saying.* 我听到外面有一些模糊的说话声，但不清楚他们在说什么。

muffled up *adj* wrapped up in warm clothes 用御寒衣服裹着

muffler (*US* 美) = SILENCER

mug[1] /mʌg ‖ mʌg/ *noun* [C] a deep cup with straight sides, used without a saucer; the

M

contents of a mug 圆筒形有柄大杯；一大杯的容量: *Would you prefer a cup or a mug?* 你喜欢小杯还是大杯？○ *a mug of coffee* 一大杯咖啡 ☛ picture at **cup**. 见 **cup** 插图。

mug² /mʌg ‖ mʌg/ *verb* [T] (mu**gg**ing; mu**gg**ed) to attack and rob sb in the street（在街上）行凶抢劫

mugger *noun* [C] a person who attacks sb in this way 行凶抢劫犯

mugging *noun* [C,U] an occasion when a person is mugged 行凶抢劫

mug³ /mʌg ‖ mʌg/ *noun* [C] (*informal* 非正式) a stupid person who is easy to trick or deceive 容易被戏弄/欺骗的人；笨人

muggy /ˈmʌgɪ ‖ ˈmʌgɪ/ *adj* (used about the weather 指天气) too warm and damp 闷热而潮湿

mule /mju:l ‖ mjul/ *noun* [C] an animal that has a horse and a donkey as its parents 骡: *to be as stubborn as a mule* 像骡子那样顽固

☛ We say that a mule is a **cross** between a horse and a donkey. 骡是马和驴交配所生的杂种 (**cross**)。

mull /mʌl ‖ mʌl/ *verb*

(PHRASAL VERB 短语动词) **mull sth over** to think about sth carefully and for a long time 仔细考虑；反复思考: *Don't ask me for a decision right now. I'll have to mull it over.* 别要我现在作出决定，我要先仔细考虑清楚。

multilateral /ˌmʌltɪˈlætərəl ‖ ˌmʌltɪˈlætərəl/ *adj* involving more than two groups of people, countries, etc 多方的；多国的；多边的: *a multilateral agreement* 多边协议 ☛ Look at **unilateral**. 参看 **unilateral**。

multinational /ˌmʌltɪˈnæʃnəl ‖ ˌmʌltɪˈnæʃənəl/ *adj* involving many countries 涉及多国的

multinational *noun* [C] a company that has offices or factories in many countries 跨国公司

multiple /ˈmʌltɪpl ‖ ˈmʌltəpl̩/ *adj* involving many people or having many parts, types, etc 涉及很多人的；由多个部分、类型等组成的: *a multiple crash on the motorway* 高速公路上多车追尾相撞 ○ *to receive multiple injuries* 受多种伤

multiple *noun* [C] a number that contains another number an exact number of times 倍数: *12, 18 and 24 are multiples of 6.* ＊12、18和24都是6的倍数。

ˌ**multiple-ˈchoice** *adj* (used about examination questions 指考试题目) showing several different answers from which you have to choose the right one 多项选择的（从几个答案中选择正确答案）

ˌ**multiple scleˈrosis** *noun* [U] (*abbr* 缩写 **MS**) a serious disease which slowly causes you to lose control of your body and of the ability to move 多发性硬化（症）（一种使人逐渐失去身体控制及活动能力的严重疾病）

multiplication /ˌmʌltɪplɪˈkeɪʃn ‖ ˌmʌltəplə-ˈkeʃən/ *noun* [U] the process of multiplying a number 乘法: *The children will be tested on addition, subtraction and multiplication and division.* 那些儿童将要接受的测验包括加、减、乘、除的运算。

☆**multiply** /ˈmʌltɪplaɪ ‖ ˈmʌltəˌplaɪ/ *verb* (*pres part* **multiplying**; *3rd pers sing pres* **multiplies**; *pt, pp* **multiplied**) **1** [I,T] **multiply A by B; multiply A and B (together)** to increase a number by the number of times mentioned 乘；使相乘: *to learn to multiply and divide* 学习乘法和除法 ○ *2 multiplied by 4 makes 8* (2 × 4 = 8) ＊2乘以4等于8 ○ *What do you get if you multiply 13 and 11?* ＊13和11相乘等于多少？○ *Multiply the two numbers together and you should get the answer.* 把那两个数字相乘便可得出答案。**2** [I,T] to become bigger or greater; to make sth bigger or greater; to increase（使）变大；增加: *Our profits have multiplied over the last two years.* 我们的利润在过去两年增加了。○ *Using this method, you can multiply your profit in a very short time.* 利用这个方法，你便可在短时间内增加利润。**3** [I] (used especially about animals 尤指动物) to increase in number by producing large numbers of young 繁殖

multitude /ˈmʌltɪtju:d; *US* 美 -tu:d ‖ ˈmʌltə-ˌtud/ *noun* [C] (*formal* 正式) a very large number of people or things 数目庞大的人/物: *a multitude of difficulties* 困难重重

mum /mʌm ‖ mʌm/ (*US* 美 **mom** /mɒm ‖ mɑm/) *noun* [C] (*informal* 非正式) mother 妈；妈妈: *Is that your mum?* 那是不是你的妈妈？○ *What's for tea, Mum?* 妈，下午茶吃什么？☛ Look at **mummy**. 参看 **mummy**。

mumble /ˈmʌmbl ‖ ˈmʌmbl̩/ *verb* [I,T] to speak quietly without opening your mouth properly, so that people cannot really hear the words 含糊/叽哩咕噜地说；咕哝: *I can't hear if you mumble – speak up!* 我听不到你叽哩咕噜地说什么，大声点说吧！○ *Last night you kept mumbling something about a car crash in your sleep.* 昨晚你睡着的时候，叽哩咕噜地不断说着什么一宗车祸。☛ Look at **mutter**. 参看 **mutter**。

☆**mummy¹** /ˈmʌmɪ ‖ ˈmʌmɪ/ *noun* [C] (*pl* **mummies**) (*US* 美 **mommy** /ˈmɒmɪ ‖ ˈmɑmɪ/) (*informal* 非正式) (used by or to children 儿童用语) mother 妈妈: *Here comes your mummy now.* 你的妈妈来了。

mummy² /ˈmʌmɪ ‖ ˈmʌmɪ/ *noun* [C] (*pl* **mummies**) a dead body of a person or animal which has been preserved by rubbing it with special oils and wrapping it in cloth 木乃伊；干尸: *an Egyptian mummy* 埃及木乃伊

mumps /mʌmps ‖ mʌmps/ *noun* [U] an infectious disease, especially of children. Mumps causes the neck and lower face to swell 腮腺炎（儿童尤其容易患上的一种传染病，症状为颈及腮部肿胀）: *to have/catch (the) mumps* 患/染上腮腺炎 ○ *Mumps usually lasts for about one week.* 腮腺炎通常持续一星期左右。

munch /mʌntʃ ‖ mʌntʃ/ *verb* [I,T] to eat steadily. You usually munch sth hard, that makes a noise as you chew it. 用力/出声咀嚼: *He sat there munching an apple and didn't say a word.* 他坐在那里津津有味地吃着苹果，一句话也没说。

mundane /mʌnˈdeɪn ‖ ˈmʌnden/ *adj* ordinary; not interesting or exciting 普通；平凡；平淡: *a* *mundane life, job, conversation, etc* 平淡的生活/工作/对话…

municipal /mjuːˈnɪsɪpl ‖ mjuˈnɪsəpl̩/ *adj* connected with a town or city that has its own local government 市的；市政的；市办的：*municipal buildings* (= the town hall, public library, etc) 市政府建筑物（如市政厅、公共图书馆等）

munitions /mjuːˈnɪʃnz ‖ mjuˈnɪʃənz/ *noun* [plural] military supplies, especially bombs and guns 军需品；（尤指）军火

mural /ˈmjʊərəl ‖ ˈmjʊrəl/ *noun* [C] a large picture which is painted on a wall 壁画

☆**murder** /ˈmɜːdə(r) ‖ ˈmɝdɚ/ *noun* **1** [C,U] the crime of killing a person illegally and on purpose 谋杀（罪）：*It is thought that both murders were committed by the same person.* 据信两宗谋杀案都是同一个人所为。○ *He was sentenced to life imprisonment for murder.* 他因谋杀罪被判终身监禁。○ *the murder victim* 谋杀案受害者 ○ *the murder weapon* 谋杀凶器 **2** [U] (*informal* 非正式) a very difficult or unpleasant experience 十分艰难/不愉快的经历：*It's murder trying to work when it's as hot as this.* 在这么酷热的环境下工作，真是活受罪。

murder *verb* [T] to kill a person illegally and on purpose 谋杀：*It seems that she was murdered with a knife.* 她似乎是被人用刀杀死的。☛ Look at the note at **kill**. 参看 **kill** 的注释。

murderer /ˈmɜːdərə(r) ‖ ˈmɝdərɚ/ (*feminine* 阴性 **murderess** /ˈmɜːdərɪs ‖ ˈmɝdərɪs/) *noun* [C] a person who has murdered sb 谋杀犯；凶手

murderous /ˈmɜːdərəs ‖ ˈmɝdərəs/ *adj* likely to murder or capable of murder 像要杀人的；蓄意谋杀的

murky /ˈmɜːkɪ ‖ ˈmɝkɪ/ *adj* (**murkier**; **murkiest**) dark and unpleasant or dirty 漆黑；阴暗；肮脏：*The water in the river looked very murky.* 河水看来又黑又脏。

murmur /ˈmɜːmə(r) ‖ ˈmɝmɚ/ *noun* **1** [C] the sound of words that are spoken quietly 低语声；喁喁细语；窃窃私语：*A murmur of disagreement ran round the room.* 房间内响起表示反对的窃窃私语。**2** [sing] a low, gentle, continuous sound that is often not very clear 低沉、柔和、持续而含糊不清的声音：*the murmur of the wind in the trees* 树林里沙沙的风声

murmur *verb* [I,T] to say sth in a low quiet voice 低声说：*'I love you,' he murmured.* "我爱你。"他低声说。○ *Samantha murmured an answer.* 萨曼莎低声回答。

☆**muscle** /ˈmʌsl ‖ ˈmʌsl̩/ *noun* [C,U]a piece of flesh inside the body which you can tighten or relax to produce movement 肌肉：*Don't carry such heavy weights or you'll pull* (= damage) *a muscle.* 不要搬这么重的东西，不然你会拉伤肌肉的。○ *Riding a bicycle is good for developing the leg muscles.* 骑自行车有助锻炼腿部肌肉。○ *The heart is made of muscle.* 心脏是肌肉组织。

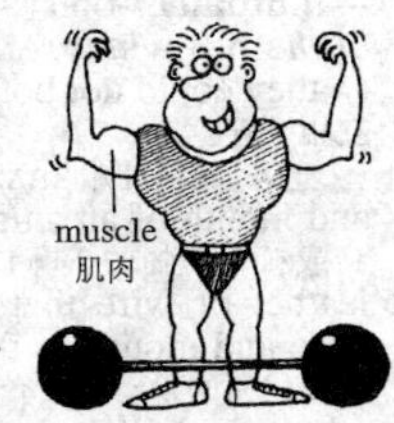

muscular /ˈmʌskjʊlə(r) ‖ ˈmʌskjəlɚ/ *adj* **1** connected with muscles 与肌肉有关：*muscular pain* 肌肉疼痛 **2** having large strong muscles 肌肉发达：*a muscular body* 肌肉发达的身体

☆**museum** /mjuːˈzɪəm ‖ mjuˈzɪəm/ *noun* [C] a building where collections of valuable and interesting objects are kept and shown to the public 博物馆：*Have you been to the Science Museum in London?* 你有没有去过伦敦的科学博物馆？○ *There's an exhibition of dinosaurs at the Natural History Museum.* 在自然历史博物馆内有一个恐龙展览。

mushroom /ˈmʌʃrʊm; -ruːm ‖ ˈmʌʃrʊm; -rum/ *noun* [C] a type of plant (**a fungus**) which grows very quickly, has a flat rounded top on a short stem and can be eaten as a vegetable 蘑菇（一种真菌类植物 (**fungus**)）：*mushrooms with garlic* 蒜煮蘑菇 ○ *mushroom soup* 蘑菇汤 ☛ A mushroom is a type of **fungus**. Some, but not all, **fungi** can be eaten. 蘑菇是真菌类植物 (**fungus**，复数为 **fungi**)。真菌有些可供食用，有些不可。**Toadstool** is another name for some types of poisonous fungi. ＊某些种类的有毒真菌叫 **toadstool**。

☆**music** /ˈmjuːzɪk ‖ ˈmjuzɪk/ *noun* [U] **1** an arrangement of sounds in patterns to be sung or played on instruments 音乐：*What sort of music do you like?* 你喜欢哪类音乐呢？○ *classical, folk, pop, rock, etc music* 古典/民间/流行/摇滚…音乐 ○ *Who composed this piece of music?* 这首乐曲是谁作的？○ *That poem has been set to music.* 那首诗歌已配上音乐。○ *a music lover* 音乐爱好者 ○ *a music lesson* 音乐课 **2** the written signs that represent the sounds of music 乐谱；曲谱：*Can you read music?* 你能看乐谱吗？○ *I've forgotten my music – can I share yours?* 我忘了带乐谱，让我跟你一起看你的乐谱好吗？

☆**musical** /ˈmjuːzɪkl ‖ ˈmjuzɪkl̩/ *adj* **1** connected with music 与音乐有关：*musical instruments* (= the piano, the violin, the trumpet, etc) 乐器 ○ *Would you like our programme of this month's musical events?* 你想要一份我们这个月的音乐节目单吗？**2** interested in or good at music 爱好音乐；擅长音乐：*He's very musical.* 他很喜欢音乐。○ *a musical child* 一个有音乐天分的孩子 **3** pleasant to listen to because it is like music（像音乐般）悦耳/动听：*a musical voice* 悦耳的嗓音

musical *noun* [C] a play or film which has singing and dancing in it 音乐剧；音乐片；歌舞剧；歌舞片：*'Cats' is one of the most successful musicals ever produced.* "猫"是迄今公演的音乐剧中最成功的作品之一。

☆**musician** /mjuːˈzɪʃn ‖ mjuˈzɪʃən/ *noun* [C] **1** a person whose job is to play a musical instrument 乐师；乐手：*The band consists of ten musicians.* 这支乐队由十位乐师组成。**2** a person who is good at writing or playing music 作曲家；音乐家：*At ten he was already a fine musician.* 他在十岁的时候已经是出色的音乐家。

☆**Muslim** /ˈmʊzlɪm; *US* 美 ˈmʌzləm ‖ ˈmʌzləm/

(*also* 亦作 **Moslem** /ˈmɒzləm ‖ ˈmɑzləm/) *noun* [C] a person whose religion is Islam 穆斯林；伊斯兰教教徒 —**Muslim** (*also* 亦作 **Moslem**) *adj*: *Muslim traditions, beliefs, etc* 伊斯兰教传统/信仰…

mussel /ˈmʌsl ‖ ˈmʌsl̩/ *noun* [C] a type of sea animal that lives inside a black shell and can be eaten 贻贝；淡菜 ☛ picture at **shellfish**. 见 **shellfish** 插图。

☆**must** /məst ‖ məst; strong form 强读式 mʌst ‖ mʌst/ *modal verb* (*negative* **must not**; *short form* **mustn't** /ˈmʌsnt ‖ ˈmʌsn̩t/) **1** (used for saying that it is necessary that sth happens 表示必须): *I must remember to go to the bank today.* 我今天一定要记着去银行。○ *Cars must not park in front of the entrance.* 入口前面不准停放车辆。○ *You mustn't take photographs in here. It's forbidden.* 你不可在这里拍照，这里禁止摄影。○ *'Must we finish this exercise today?' 'Yes, you must.'* "我们今天是不是一定要做完这个练习呢？""是，一定要。" ☛ The negative for the last example is '*No, you don't have to*'. 最后一个例句的否定式为 'No, you don't have to' "不，不一定要"。 **2** (used for giving sb advice 提供意见时用): *You really must see that film. It's wonderful.* 你真的要去看看那部电影，真精彩。 **3** (used for saying that you are sure that sth is true 表示确信某事属实): *Have something to eat. You must be hungry.* 吃点东西吧，你一定饿了。○ *There's a lot of noise from next door. They must be having a party.* 隔壁那么吵，他们一定是在开舞会。○ *I can't find my cheque book. I must have left it at home.* 我找不到我的支票簿，肯定是留在家里了。○ *It must have been a great shock when your mother died.* 你母亲去世时，你必定受到很大的打击。○ *That car that passed us must have been doing 100 miles an hour.* 从我们身旁驶过的那辆汽车，时速肯定有100英里。

must *noun* [C] a thing that is absolutely necessary, or that must be seen, done, etc 绝对必需的事物；必须看的东西/做的事: *This book is a must for all science-fiction fans.* 这是所有科幻小说迷必看的书。

mustache (*US* 美) = MOUSTACHE

mustard /ˈmʌstəd ‖ ˈmʌstɚd/ *noun* [U] a yellow or brown sauce which is made from the seeds of the mustard plant. The sauce has a very strong taste and is eaten in very small amounts, usually with meat. 芥子酱；芥末

musty /ˈmʌstɪ ‖ ˈmʌstɪ/ *adj* having an unpleasant stale or damp smell 有霉味的；有潮湿气味的: *The rooms in the old house were dark and musty.* 那古老房子的房间不但阴暗，而且发出一阵阵发霉的气味。

mutant /ˈmju:tənt ‖ ˈmjutənt/ *noun* [C] a living thing that is different from other living things of the same type because of a change in its basic (**genetic**) structure 突变体（因遗传基因结构 (**genetic** structure) 改变以致与同类生物有异的生物）

mutation /mju:ˈteɪʃn ‖ mjuˈteʃən/ *noun* [C,U] a change in the basic structure of a living or developing thing; an example of such a change 突变；变化；突变体: *mutations caused by radiation* 由辐射引致的突变

muted /ˈmju:tɪd ‖ ˈmjutɪd/ *adj* **1** (used about colours or sounds 指颜色或声音) not bright or loud; soft 不耀眼；不吵闹；柔和 **2** (used about a feeling or reaction 指感受或反应) not strong or not openly expressed 不强烈；不外露；含蓄: *muted criticism* 温和的批评 ○ *a muted response* 含蓄的回应

mutilate /ˈmju:tɪleɪt ‖ ˈmjutl̩ˌet/ *verb* [T] (usually passive 通常用于被动语态) to damage sb's body very badly, often by cutting off parts 严重残害…的身体；（割掉四肢或器官）使残缺不全；肢解: *The body was too badly mutilated to be identified.* 这尸体支离破碎，难以辨认。—**mutilation** /ˌmju:tɪˈleɪʃn ‖ ˌmjutl̩ˈeʃən/ *noun* [C,U]

mutiny /ˈmju:tɪnɪ ‖ ˈmjutn̩ɪ/ *noun* [C,U] (*pl* **mutinies**) an act that involves a group of people, especially sailors or soldiers, refusing to obey the person who is in command 叛乱；（尤指水手或士兵的）兵变/哗变: *There'll be a mutiny if conditions don't improve.* 如果情况没有改善，就会出现兵变。

mutiny *verb* [I] (*pres part* **mutinying**; *3rd pers sing pres* **mutinies**; *pt, pp* **mutinied**) **mutiny (against sb/sth)** to refuse to obey your leader or to accept sth 违抗上级命令；叛变；反叛

mutter /ˈmʌtə(r) ‖ ˈmʌtɚ/ *verb* [I,T] to speak in a low, quiet and sometimes rather angry voice that is difficult to hear 咕哝；低声抱怨；含糊不清地说: *He muttered something about being late for an appointment and left the room.* 他喃喃地说着约会要迟到了，然后离开房间。

mutton /ˈmʌtn ‖ ˈmʌtn̩/ *noun* [U] the meat from an adult sheep 羊肉: *a leg/shoulder of mutton* 羊腿；羊肩肉 ☛ Look at the note at **meat**. 参看 **meat** 的注释。

mutual /ˈmju:tʃʊəl ‖ ˈmjutʃʊəl/ *adj* **1** (used about a feeling or an action 指感受或行动) felt or done by both or all the people involved 相互；彼此: *We have a mutual agreement* (= we both agree) *to help each other out when necessary.* 我们彼此间有个约定，就是在需要时互相帮助。○ *I just can't stand her and I'm sure the feeling is mutual* (= she doesn't like me either). 我真是不能容忍她，而我肯定她也无法容忍我。 **2** shared by two or more people 共同；共有: *We get on very well together because we have so many mutual interests.* 我们相处得很融洽，因为我们有很多共同兴趣。○ *It seems that Jane is a mutual friend of ours.* 珍妮好像是我们共同的朋友。

—**mutually** /-ʊəlɪ ‖ -ʊəlɪ/ *adv*: *The statements of the two witnesses were mutually exclusive* (= they could not both be true). 两位证人的供词互相矛盾。

muzzle /ˈmʌzl ‖ ˈmʌzl̩/ *noun* [C] **1** the nose and mouth of an animal (eg a dog or fox)（如狗或狐等动物的）鼻口部分 **2** a cover made of leather or wire that is put over an animal's nose and mouth so that it cannot bite（皮革或金属线制的）动物口套 **3** the open end of a gun where the bullets come out 枪口

M

☆**my** /maɪ ‖ maɪ/ *det* **1** of or belonging to me 我的；属于我的: *This is my husband, Jim.* 这是我丈夫，吉姆。○ *It's my turn, not yours!* 这回轮到我，不是你！○ *My favourite colour is blue.* 我最喜欢的颜色是蓝色。**2** (used before a noun or adjective as a way of talking to sb 用于名词或形容词前作为称呼某人的方式): *My dear Anne, …* 亲爱的安妮… ○ *Goodbye, my darling.* 再见，我亲爱的。**3** (used in exclamations 用于感叹): *My goodness! Look at the time.* 天哪！看看几点钟了。

☆**myself** /maɪˈself ‖ maɪˈsɛlf/ *pron* **1** (used as the object of a verb or preposition when the person who does an action is also affected by it 用作动词或介词的宾语，以表示某人的行动同时影响自己本身) 自己: *I saw myself in the mirror.* 我在镜里看见自己。○ *I felt rather pleased with myself.* 我对自己相当满意。**2** (used for emphasis 用于强调): *I'll speak to her myself.* 我会亲自对她说。○ *I myself don't agree.* 我本人就不同意。○ *I'll do it myself* (= if you don't want to do it for me). 我自己会做。

(IDIOM 习语) **(all) by myself** **1** alone 单独: *I live by myself.* 我自己一个人住。☛ Look at the note at **alone**. 参看 **alone** 的注释。**2** without help 独自；独力: *I painted the house all by myself.* 我自己一个人给房子刷了油漆。

☆**mysterious** /mɪˈstɪərɪəs ‖ mɪsˈtɪrɪəs/ *adj* **1** that you do not know about or cannot explain; strange 神秘；无法解释的；奇怪: *Several people reported seeing mysterious lights in the sky.* 有几个人报称看见天空上出现神秘的光。**2** (used about a person 指人) keeping sth secret or refusing to explain sth 神秘；诡秘: *They're being very mysterious about where they're going this evening.* 他们对于今天晚上要去哪里，一直表现得十分神秘。—**mysteriously** *adv*

☆**mystery** /ˈmɪstərɪ ‖ ˈmɪstərɪ/ *noun* (*pl* **mysteries**) **1** [C] a thing that you cannot understand or explain 难以理解/无法解释的事物；神秘的事物；谜: *The cause of the accident is a complete mystery.* 那宗意外的起因完全是个谜。○ *Detectives are still trying to solve the mystery of his disappearance.* 警探仍然在设法解开他失踪的疑团。○ *It's a mystery to me what my daughter sees in her boyfriend.* 我想不通女儿究竟看上她男朋友什么。○ *It's one of the great mysteries of the natural world.* 那是自然界一大奥秘。○ *a mystery guest, tour, etc* (= one that you don't know anything about) 神秘嘉宾/旅游… **2** [U] the quality of being strange and secret and full of things that are difficult to explain 神秘；神秘感: *novels full of mystery and suspense* 充满神秘和悬疑的小说 ○ *a mystery story* 疑案故事

mystic /ˈmɪstɪk ‖ ˈmɪstɪk/ *noun* [C] a person who spends his/her life developing the spirit and communicating with God or a god 神秘主义者（致力发展精神境界，借此与上帝或神沟通的人）

mystical /ˈmɪstɪkl ‖ ˈmɪstəkl̩/ (*also* 亦作 **mystic** /ˈmɪstɪk ‖ ˈmɪstɪk/) *adj* of the spirit; involving hidden meaning, powers and feelings that are outside our normal everyday experience 心灵的；精神的；神秘主义的；玄妙；不可思议: *a mystical experience* 不可思议的经历

mysticism /ˈmɪstɪsɪzəm ‖ ˈmɪstəˌsɪzəm/ *noun* [U] the belief that you can reach complete truth and knowledge of God or gods by prayer, thought and development of the spirit 神秘主义（借祈祷、默想及发展精神境界以认识真理及上帝/神明的信仰）

mystify /ˈmɪstɪfaɪ ‖ ˈmɪstəˌfaɪ/ *verb* [T] (*pres part* **mystifying**; *3rd pers sing pres* **mystifies**; *pt, pp* **mystified**) to make sb puzzled or confused 使困惑不解；把人弄糊涂: *I was mystified by the strange note. What did it mean?* 我被那奇怪的便条弄糊涂了。究竟它是什么意思？

myth /mɪθ ‖ mɪθ/ *noun* [C] **1** a very old story, especially one about gods and heroes. Myths often explain natural or historical events. 神话 **2** an idea, belief or story which is untrue or impossible 不真实或不可能的观点/想法/故事；谎话: *The idea that money makes you happy is a complete myth.* 金钱能令人快乐这种想法完全是个谎话。

mythical /ˈmɪθɪkl ‖ ˈmɪθɪkl̩/ *adj* **1** existing only in myths(1) 神话的；只存在于神话之中: *mythical heroes* 神话中的英雄 **2** not real; existing only in the imagination 不真实；虚构的；想像的

mythology /mɪˈθɒlədʒɪ ‖ mɪˈθɑlədʒɪ/ *noun* [U] very old stories and the beliefs contained in them 神话（总称）: *Greek and Roman mythology* 希腊及罗马神话

N

N n

N, n /en ‖ ɛn/ *noun* [C] (*pl* **N's** or **n's**) the fourteenth letter of the English alphabet 英语字母表的第十四个字母: *'Nicolas' begins with (an) 'N'.* * Nicolas 这个名字的第一个字母是N。

nag /næg ‖ næg/ *verb* (na**gg**ing; na**gg**ed) **1** [I,T] **nag (at) sb** to talk to sb continuously in a complaining or critical way 不停地抱怨；不断地挑剔: *Stop nagging! I'll do it as soon as I can.* 别唠叨个没完！我一有时间就会去做。○ *My parents are always nagging me about working harder.* 父母老是怪我，说我读书不够用功。**2** [T] to worry or hurt sb continuously 不断困扰/伤害某人: *a nagging doubt in my mind* 我心中一直困惑的一个疑团。○ *a nagging headache* 恼人的头痛

☆**nail** /neɪl ‖ nel/ *noun* [C] **1** a small thin piece of metal with a point at one end. It is used for holding pieces of wood together, hanging pictures on, etc 钉；钉子: *We'll need some small nails, a hammer and some string.* 我们需要一些小钉子、一把锤子和一些绳子。○ *to hammer in a nail* 用锤把钉子敲进去 ☛ picture at **tool**. 见 **tool** 插图。**2** the thin hard layer that covers the ends of your fingers and toes 指甲；趾甲: *fingernails* 手指甲 ○ *toenails* 脚趾甲 ○ *I still bite my nails sometimes when I'm nervous.* 当我紧张的时候，有时仍然会咬指甲。☛ picture on page A21. 见第 A21 页插图。

(IDIOM 习语) **hit the nail on the head** ⇨ HIT[1]

nail *verb* [T] to fasten sth with a nail or nails 用钉把…钉牢: *Do you think we should nail these pieces together or use glue?* 你认为我们应该用钉把这几块钉在一起，还是用胶水呢？

(PHRASAL VERB 短语动词) **nail sb down (to sth)** to make a person say clearly what he/she wants or intends to do 使某人明确说出想要什么/打算做什么: *She says she'll visit us in the summer but I can't nail her down to a definite date.* 她说她将会在夏季探望我们，但我无法使她说定准确日期。

ˈ**nail-brush** *noun* [C] a small brush for cleaning your fingernails 指甲刷 ☛ picture at **brush**. 见 **brush** 插图。

ˈ**nail-file** *noun* [C] a small metal tool with a rough surface that you use for shaping your nails 指甲锉

ˈ**nail-scissors** *noun* [plural] small scissors for cutting your nails 指甲剪: *a pair of nail-scissors* 一把指甲剪 ○ *Have you got any nail-scissors?* 你有没有指甲剪？

ˈ**nail-varnish** (*Brit* 英) (*US* 美 ˈ**nail polish**) *noun* [U] a liquid that people paint on their nails to give them colour or to make them shine 指甲油

naive (*also* 亦作 **naïve**) /naɪˈi:v ‖ nɑˈiv/ *adj* without enough experience of the world and too ready to believe what other people say; 幼稚；天真；轻信的: *I was too naive to really understand what was going on.* 我那时太缺乏经验了，根本不明白会发生什么事。○ *a naive remark* 幼稚的评语 —**naively** (*also* 亦作 **naïvely**) *adv*: *She naively accepted the first price he offered.* 她天真地接受了他第一次开的价钱。—**naivety** (*also* 亦作 **naïvety** /naɪˈi:vətɪ ‖ nɑˈivtɪ/) *noun* [U]: *He showed complete naivety in financial matters.* 他在财务方面显得完全幼稚无知。

☆**naked** /ˈneɪkɪd ‖ ˈnekɪd/ *adj* **1** without any clothes on 裸露；没有穿衣服: *He came to the door naked except for a towel.* 他来开门，身上什么也没穿，只裹着一条毛巾。☛ Look at **bare** and **nude**. 参看 **bare** 及 **nude**。**2** (only *before* a noun 只用于名词前) not covered (used about sth that is usually covered) 无遮蔽/无覆盖（指通常有遮盖物的东西）: *a naked flame* 明火 **3** (only *before* a noun 只用于名词前) openly shown or expressed; easy to see and often shocking 赤裸裸/公开/明显/露骨（通常使人震惊）: *naked aggression* 明目张胆的侵略

(IDIOM 习语) **the naked eye** the eye without the help of a microscope or telescope 肉眼: *Bacteria are too small to be seen with the naked eye.* 细菌太微小以致无法用肉眼看见。

☆**name**[1] /neɪm ‖ nem/ *noun* **1** [C] a word or words by which a person, animal, place or thing is known 名字；名称: *What's your name, please?* 请问你叫什么名字？○ *Do you know the name of this flower?* 你知不知道这种花的名称？○ *Has your house got a name or a number?* 你的房子有没有名称或门牌号码？**2** [sing] an opinion that people have of a person or thing; reputation（人或事物的）名声/名望/名誉: *That area of London has rather a bad name.* 伦敦那个区声名狼藉。○ *The company needs to build up a good name for itself.* 公司需要为自己建立良好的声誉。**3** [C] a famous person 名人: *All the big names in show business were invited to the party.* 所有演艺界的名人都获邀出席这个宴会。

(IDIOMS 习语) **by name** using the name of sb/sth 以名字称呼；指名道姓: *It's a big school but the headmaster knows all the children by name.* 这所学校规模很大，但是校长叫得出所有孩子的名字。

in the name of sth because you believe in sth; for the sake of 凭…而言；依凭；为…的缘故；为了: *They acted in the name of democracy.* 他们以民主的名义行事。

in the name of sb representing a certain group of people 代表某群人: *Could you write a letter in the name of all the young people in the village?* 你可不可以代表村里所有年轻人写一封信呢？

make a name for yourself; make your name to become well known and respected 成名；出名；受人敬佩: *It's not easy to make your name as a writer.* 要成为出名的作家并不容易。

ˈ**namesake** *noun* [C] a person who has the same name as another 同姓/名的人

N

☛ Your **first name** (*US* often **given name**) is the name your parents choose for you when you are born. 父母在孩子出生时给他起的名字叫 **first name**（美国英语常作 **given name**）。It is very common in Christian countries to call this your **Christian name**. 在基督教国家普遍称为 **Christian name**（教名）。It can also be called your **forename**, although this is more formal and may be found on forms, documents, etc. 也可称为 **forename**，但这个词用于较正式场合，如见于表格、文件等中。**Surname** is the word usually used for your **family name** which you are born with. 家族的姓氏 **(family name)** 叫 **surname**（姓）。When a woman marries she may change her surname to be the same as her husband's. Her surname before marriage is then called her **maiden name**. 女子婚后或许会改用丈夫的姓氏，而其婚前姓氏则称为 **maiden name**（娘家姓氏）。

☆**name²** /neɪm ‖ nem/ *verb* [T] **1 name sb/sth (after sb)** to give sb/sth a name 给（某人/某物）取名；为（某人/某物）命名: *The boy was named James after his grandfather.* 这个男孩按他祖父的名字取名为詹姆斯。○ *Columbia was named after Christopher Columbus.* 哥伦比亚是以克里斯托弗·哥伦布的名字命名的。☛ Be careful. When you are talking about being known by a particular name **be called** is used 如所指的是某人/某物叫什么名字，应用 **be called**: *The baby is called Dan and his brother is Joe.* 那婴孩名叫丹尼尔，而他的哥哥则叫约瑟夫。**2** to say what the name of sb/sth is 说出（某人/某物的）名字或名称: *The journalist refused to name the person who had given her the information.* 新闻记者拒绝说出给她消息的人的名字。○ *Can you name all the planets in order?* 你能够依次说出所有行星的名称吗？**3** to state a date, price, etc 指定/决定（日期、价钱等）: *Have Alex and Julie named a date for their wedding?* 亚历克斯和朱莉决定了婚期没有？

nameless /ˈneɪmlɪs ‖ ˈnemlɪs/ *adj* **1** without a name or with a name that you do not know or want to say 没有名字；不知姓名；匿名: *the nameless slaves who built the pyramids* 建筑金字塔的无名奴隶 **2** not easily described or explained, eg because it is so terrible（可怕得）无以名状/难以形容: *the nameless horrors of war* 战争中无以名状的恐怖

namely /ˈneɪmlɪ ‖ ˈnemlɪ/ *adv* (used for giving more detail about what you are saying 用以提供更多细节资料) that is to say 即；即是说；就是；就是说: *There is only one person who can overrule the death sentence, namely the President.* 只有一个人可以否决死刑判决，那就是总统。

nanny /ˈnænɪ ‖ ˈnænɪ/ *noun* [C] (*pl* **nannies**) (*Brit* 英) a woman whose job is looking after young children. A nanny usually works at or lives in the child's home. 保姆

nap /næp ‖ næp/ *noun* [C] a short sleep that you have during the day（白天的）小睡/盹

nap *verb* [I] (na**pp**ing; na**pp**ed) to have a short sleep 小睡；打盹

nape /neɪp ‖ nep/ *noun* [sing] the back part of the neck 项；后颈

napkin /ˈnæpkɪn ‖ ˈnæpkɪn/ *noun* [C] a piece of cloth or paper that you use when you are eating to protect your clothes or for wiping your hands and mouth 餐巾: *a paper napkin* 纸餐巾 ☛ Look at **serviette**. 参看 **serviette**。

nappy /ˈnæpɪ ‖ ˈnæpɪ/ *noun* [C] (*pl* **nappies**) (*US* 美 **diaper**) a piece of soft thick cloth or paper that a baby or very young child wears around its bottom and between its legs 尿布；尿片: *Does her nappy need changing?* 她的尿片是不是要换呢？○ *disposable nappies* (= that you throw away when they have been used) 用后即弃尿片

narcotic /nɑːˈkɒtɪk ‖ nɑrˈkɑtɪk/ *noun* [C] a drug that makes you feel sleepy or stops you feeling pain. Some people take narcotics for pleasure and then cannot stop taking them (= they become addicted). 麻醉药（能使人昏昏欲睡或具止痛作用，有些人为了得到快感而滥用这些药物，结果使自己上了瘾）—**narcotic** *adj*

narrate /nəˈreɪt; *US* 美 ˈnæreɪt ‖ ˈnæret/ *verb* [T] (*formal* 正式) to tell a story 讲（故事）

narration /nəˈreɪʃn ‖ næˈreʃən/ *noun* [C,U] telling a story; the story that you tell 讲故事；故事

narrative /ˈnærətɪv ‖ ˈnærətɪv/ *noun* [C] (*formal* 正式) a story or an account 故事；报道；陈述

narrator *noun* [C] the person who tells a story or explains what is happening in a play, film, etc（故事的）讲述者；（戏剧、电影等的）旁述员/解说员

☆**narrow** /ˈnærəʊ ‖ ˈnæro/ *adj* **1** having only a short distance from side to side 狭窄: *The bridge is too narrow for two cars to pass.* 这桥太窄了，两辆汽车不能同时驶过。☛ The opposite is **wide** or **broad**. 反义词为 **wide** 或 **broad**。**2** not large 小；不大: *a narrow circle of friends* 交游不广 **3** by a small amount 以小的数量；勉强: *That was a very narrow escape. You were lucky.* 那真是死里逃生，你真幸运。○ *a narrow defeat/victory* 在相差极少的情况下失利/获胜

narrow *verb* [I,T] to become narrow or to make sth narrow（使）变窄: *The road narrows in 50 metres.* 再走50米，这道路就变窄。

(PHRASAL VERB 短语动词) **narrow sth down** to make a list of things smaller 把一连串东西缩减: *We had a huge list of places we wanted to go to on holiday but we've managed to narrow it down to three.* 我们在假期里有许多地方想去，但最后缩减为三处。

narrowly *adv* only by a small amount 勉强；差点（就）；以毫厘之差: *The driver swerved and narrowly missed hitting the boy.* 那个司机转了个急弯，才差点没有撞到那男孩。—**narrowness** *noun* [U]

ˌ**narrow-ˈminded** /-ˈmaɪndɪd ‖ -ˈmaɪndɪd/ *adj* not willing to accept new ideas or the opinions of other people if they are not the same as your own 思想狭隘；胸襟狭窄

N

nasal /ˈneɪzl ‖ ˈnezl̩/ *adj* connected with the nose 与鼻有关

☆**nasty** /ˈnɑːstɪ; *US* 美 ˈnæ- ‖ ˈnæstɪ/ *adj* (**nastier**; **nastiest**) **1** ugly or unpleasant 丑陋；使人难受: *What's that nasty smell in this cupboard?* 这小橱柜里的难闻气味是什么？ ○ *The new furniture looked cheap and nasty.* 那些新的家具看起来既低劣又俗气。 **2** angry or aggressive 气恼；有攻击性: *When she was asked to leave she got really nasty.* 她被要求离开时，感到十分恼火。 ○ *Luke has a really nasty temper.* 卢克脾气极坏。 **3** unkind 不友善；有恶意: *That was a nasty thing to say to your brother.* 对你的哥哥说这些话，太过分了。 **4** very bad 很坏；严重；恶劣: *a nasty accident* 严重事故 ○ *a nasty cut on the arm* 手臂上严重割伤 —**nastily** *adv* —**nastiness** *noun* [U]

☆**nation** /ˈneɪʃn ‖ ˈneʃən/ *noun* [C] a country or all the people in a country 国家；全国人民: *The President is going to speak to the nation on television.* 总统将会上电视向国民发表演说。 ○ *a summit of the leaders of seven nations* 七国领袖的高峰会议

ˌnationˈwide *adj*, *adv* over the whole of a country 全国性；遍及全国: *The police launched a nationwide hunt for the killer.* 警方展开全国性缉捕行动，要捉拿杀人凶手。

☆**national** /ˈnæʃnəl ‖ ˈnæʃənl̩/ *adj* concerning all of a nation or country; typical of a particular nation 涉及/关系到整个国家；全国性: *Here is today's national and international news.* 以下播发今天的国内和国际新闻。 ○ *a national newspaper* 全国性报纸 ○ *a young Swede dressed in his national costume* 一位身穿自己国家民族服装的年轻瑞典人 ○ *a national holiday* 国定假日 ☛ Look at **international** and **local**. 参看 **international** 及 **local**.

national *noun* [C] (*formal* 正式) a person who comes from a particular country 来自某国的人；国民: *There are many Algerian nationals working in France.* 有很多阿尔及利亚侨民在法国工作。 —**nationally** *adv*: *to advertise sth nationally* 在全国各地宣传某事物

ˌnational ˈanthem *noun* [C] the official song of a country that is played at public events 国歌

ˌNational ˈHealth Service *noun* [sing] (*abbr* 缩写 **NHS**) (*Brit* 英) the system that provides free or cheap medical care for everybody in Britain and that is paid for by taxes 国民保健制度（英国为所有国民提供的免费或低廉医疗制度，费用由税收支付）: *Can you get glasses on the NHS?* 可以从国民保健制度得到配眼镜的服务吗？

ˌNational Inˈsurance *noun* [U] (*abbr* 缩写 **NI**) (*Brit* 英) the system by which employers and employees pay money to the government so that the government can help people who are ill, unemployed, retired, etc 国民保险制度（雇主及雇员均需付款给政府的保险制度，以便政府可以帮助患病、失业、退休等的人）: *National Insurance contributions* 国民保险供款

ˌnational ˈpark *noun* [C] a large area of beautiful land that is protected by the government so that the public can enjoy it 国家公园

ˌnational ˈservice *noun* [U] the period of time that a young person must spend in the army, navy, etc of his/her country 兵役（青年人根据规定加入军队一段时间为国家服务）: *to do national service* 服兵役

☆**nationalism** /ˈnæʃnəlɪzəm ‖ ˈnæʃənl̩ˌɪzəm/ *noun* [U] **1** the strong feeling of love or pride that you feel for your own country. Nationalism often makes people think that their own country is better than others. 爱国主义；爱国心 **2** the desire of a group of people to form an independent country 民族主义；国家主义: *Nationalism is quite strong in Scotland.* 民族主义在苏格兰广获支持。

nationalist /ˈnæʃnəlɪst ‖ ˈnæʃənl̩ɪst/ *noun* [C] a person who wants a particular group of people to be able to form an independent country 民族主义者；国家主义者: *a Welsh nationalist* 威尔士民族主义者

nationalistic /ˌnæʃnəˈlɪstɪk ‖ ˌnæʃənl̩ˈɪstɪk/ *adj* having or showing strong feelings of love for or pride in your own country 国家主义的 ☛ **Nationalistic** is usually used in a critical way, meaning that a person's feelings of pride are too strong. * **nationalistic** 通常带有贬义，指某人对国家感到自豪的情感过分强烈。

☆**nationality** /ˌnæʃəˈnælətɪ ‖ ˌnæʃənˈælətɪ/ *noun* [C,U] (*pl* **nationalities**) being a member of a particular nation or country 国籍（属于某国家的身分）: *Stuart lives in America but he still has British nationality.* 斯图尔特居于美国，但他仍然保留英国国籍。 ○ *students of many nationalities* 许多不同国籍的学生 ○ *to have dual nationality* (= of two countries) 有双重国籍 ○ *Am I eligible to take out British nationality?* 我是否有资格获得英国国籍呢？

nationalize (*also* 亦作 **nationalise**) /ˈnæʃnəlaɪz ‖ ˈnæʃənl̩ˌaɪz/ *verb* [T] to put a company or organization under the control of the state 收归国有；国有化: *The railways were nationalized after the war.* 战后铁路都收归国有。 ☛ Look at **privatize**. 参看 **privatize**。 —**nationalization** (*also* 亦作 **nationalisation**) /ˌnæʃnəlaɪˈzeɪʃn; *US* 美 -lɪˈz- ‖ ˌnæʃənl̩ɪˈzeʃən/ *noun* [U]

☆**native** /ˈneɪtɪv ‖ ˈnetɪv/ *noun* [C] **1** a person who was born in a particular place 在某地出生的人；当地人: *She lives in Oxford but she's a native of York.* 她在牛津居住，但出生于约克。 **2** (usually used by white people about non-white people 白人常用以指非白种人) a person who lives in a particular place 土著；原居民: *When European explorers first arrived in South America they were given a warm welcome by the natives.* 欧洲探险家初次抵达南美洲时，受到土著的热情欢迎。 ☛ This sense of **native** is used by people who feel that they are better than the local people and it is becoming rare. 用 **native** 表达这个意思的人认为自己比当地人优越。这种用法已经越来越少。 **3** an animal or plant that lives or grows naturally in a particular place 在某地天然生长的动物或植物: *The koala is a native of Australia.* 树袋熊是澳大利亚的土产动物。

native *adj* **1** (only *before* a noun 只用于名词前) connected with the place where you were born 与出生地有关: *Tadeusz's native land is Poland but he left in 1938.* 塔德乌什的出生地是波兰，但他于1938年离开了。**2** (used about an animal or plant 指动物或植物) living or growing naturally in a particular place 土生: *There are many grey squirrels in England but they are not a native species.* 英国有很多灰松鼠，但它们不是当地土生的物种。

ˌNative Aˈmerican (*also* 亦作 **American Indian**; **Indian**) *adj*, *noun* [C] (of) a member of the race of people who were the original inhabitants of America 印第安人（的）

ˌnative ˈspeaker *noun* [C] a person who learnt a particular language as a very young child 说本族语的人；说母语的人: *Are you a native speaker of Dutch?* 你是不是以荷兰语为母语的？

natter /ˈnætə(r) ‖ ˈnætɚ/ *verb* [I] (*Brit informal* 英，非正式) to talk a lot about things that are not very important 闲聊；瞎扯 ☛ Look at **chat**. 参看 **chat**。—**natter** *noun* [sing]: *to have a natter* 闲聊一会儿

☆**natural** /ˈnætʃrəl ‖ ˈnætʃrəl/ *adj* **1** connected with things that were not made by people 天然；与自然界/大自然有关: *natural disasters such as earthquakes and floods* 地震、洪水等自然灾害 ○ *I prefer to see animals in their natural surroundings rather than in zoos.* 我喜欢动物在自然环境之中生活，不愿看见它们在动物园里。○ *Britain's natural resources include coal, oil and gas.* 英国的天然资源包括煤、石油及天然气。☛ If somebody dies of **natural causes** they die because they were ill or old, not because they were killed in an accident. 死于 **natural cause**（自然原因）就是因疾病或年老而死亡，非因遇到意外身亡。**2** usual or normal; what you would expect 通常；正常；预料之中: *It's natural to feel nervous before an interview.* 在面试之前感到紧张是人之常情。○ *It's only natural for people to be nervous.* 人会紧张是很正常的。☛ The opposite is **unnatural**. 反义词为 **unnatural**。**3** that you had from birth or that was easy for you to learn 天生；天赋；与生俱来: *a natural gift for languages* 语言方面的天赋 ○ *natural charm* 天生的魅力

ˌnatural ˈhistory *noun* [U] the study of plants and animals 动植物学；博物学

naturalist /ˈnætʃrəlɪst ‖ ˈnætʃrəlɪst/ *noun* [C] a person who studies plants and animals 动植物学家

naturalize (*also* 亦作 **naturalise**) /ˈnætʃrəlaɪz ‖ ˈnætʃrəlˌaɪz/ *verb* [T] (usually passive 通常用于被动语态) to make sb a citizen of a country where he/she was not born 接受（某人）成为国民；使入籍；使归化: *Lee was born in Hong Kong but was naturalized after living in Britain for five years.* 李出生于香港，在英国居住了五年后入了英国籍。—**naturalization** (*also* 亦作 **naturalisation**) /ˌnætʃrəlaɪˈzeɪʃn; *US* 美 -lɪˈz- ‖ ˌnætʃrəlɪˈzeʃən/ *noun* [U]

naturally /ˈnætʃrəlɪ ‖ ˈnætʃrəlɪ/ *adv* **1** in a natural(3) way 天生；与生俱来: *Vera is naturally a very cheerful person.* 薇拉天生是个很开朗的人。○ *Working with computers comes naturally to Nick.* 用计算机工作尼克一学就会。**2** of course; as you would expect 当然；必然: *The team was naturally upset about its defeat.* 球队被打败，当然感到沮丧。**3** in a way that is normal 像平常/往常一般: *You look very stiff and tense. Try to stand naturally.* 你看来很局促紧张，试试站得自然一点。○ *Don't try and impress people. Just act naturally.* 不要企图引人注意，表现得像平常一般就行了。**4** in a way that is not made or done by people 非人为；天然；天生: *naturally wavy hair* 天生的鬈发

☆**nature** /ˈneɪtʃə(r) ‖ ˈnetʃɚ/ *noun* **1** [U] all the things in the world that were not made or caused by people 大自然；自然界: *the forces of nature* (eg volcanoes, hurricanes, etc) 大自然的力量（如火山、飓风等）○ *If we destroy too many forests we may upset the balance of nature.* 如果我们破坏森林太多，就可能影响大自然的平衡。○ *the wonders of nature* 大自然的奇观 ○ *On holiday we like to get away from civilization and back to nature.* 在假日我们喜欢远离文明返回大自然。**2** [C,U] the qualities or features of a person or thing（人的）天性/性情；（事物的）本质/性质: *He's basically honest by nature.* 他基本上是个品性老实的人。○ *Our new cat has a very nice nature.* 我们新养的猫有很讨人喜欢的性情。○ *The nature of my work is secret and I cannot discuss it.* 我的工作性质属于机密，因此我不能讲。○ *It's human nature never to be completely satisfied.* 永不会完全满足是人的天性。**3** [sing] the type or sort of sth 种类；类型: *I'm not very interested in things of that nature.* 我对那种东西没有太大兴趣。

(IDIOM 习语) **second nature** ⇨ SECOND[1]

-natured (in compounds 用以构成复合词) having a particular quality or feature 有…性质/特点: *good-natured* 本性善良

naughty /ˈnɔːtɪ ‖ ˈnɔtɪ/ *adj* (**naughtier**; **naughtiest**) (used when you are talking to or about a child 用于对小孩说话或谈及小孩时) not doing what an adult says; badly-behaved; causing trouble 顽皮；不听话: *She's one of the naughtiest children in the class.* 她是班里最顽皮的孩子之一。○ *It was very naughty of you not to tell me where you were going.* 你真太不听话了，不肯告诉我你去哪儿。—**naughtily** *adv* —**naughtiness** *noun* [U]

nausea /ˈnɔːsɪə; *US* 美 ˈnɔːʒə ‖ ˈnɔʒə/ *noun* [U] the feeling that you are going to vomit (= bring up food from your stomach) 作呕；恶心；反胃: *A wave of nausea came over him at the sight of all the blood.* 他看到满是鲜血的情景，觉得一阵恶心。☛ Look at **sick**(2). 参看 **sick**(2)。

nauseate /ˈnɔːsɪeɪt; *US* 美 ˈnɔːz- ‖ ˈnɔzɪˌet/ *verb* [T] to cause sb to feel nausea or strong dislike 使恶心；使感到厌恶 —**nauseating** *adj*

nautical /ˈnɔːtɪkl ‖ ˈnɔtɪkl̩/ *adj* connected with ships, sailors or sailing 与船舶/海员/航海有关

naval /ˈneɪvl ‖ ˈnevl̩/ *adj* connected with the navy 与海军有关: *a naval battle* 海战

navel /ˈneɪvl ‖ ˈnevl̩/ *noun* [C] the small hollow in the middle of your stomach 肚脐 ☛ Look at **umbilical cord**. 参看 **umbilical cord**。

N

navigable /ˈnævɪgəbl ‖ ˈnævəgəbl̩/ *adj* that boats can sail along 可供船只航行: *a navigable river* 可供船只航行的河流

navigate /ˈnævɪgeɪt ‖ ˈnævəˌget/ *verb* **1** [I] to use a map, etc to find out which way a car, ship, plane, etc should go（用地图等）领航/导航/带路: *Early explorers used the stars to navigate.* 早期的探险家利用星星导航。○ *If you drive, I'll navigate.* 如果你开车，我负责带路。**2** [T] to move or guide a ship, etc in a particular direction; to find a way through a difficult place 引导/驾驶船只；从艰险中找寻出路: *We managed to navigate the yacht through the rocks.* 我们终于勉强把帆船驶过那些礁石。○ *Nobody had navigated the Amazon until then.* 在那时以前，没有人曾航行过亚马孙河。—**navigation** /ˌnævɪˈgeɪʃn ‖ ˌnævəˈgeʃən/ *noun* [U] **navigator** *noun* [C] a person who navigates 领航员；航海者

☆**navy** /ˈneɪvɪ ‖ ˈnevɪ/ *noun* [C] (*pl* **navies**) **1 the Navy** the organization that controls the warships of a country and the people that work on them 海军（一国的海上作战组织）: *to join the Navy* 加入海军 ☛ When it is used in the singular **Navy** can take either a singular or a plural verb 作单数时，**Navy** 可带单数或复数动词: *The Navy is/are introducing a new warship this year.* 今年海军要采用一种新式战舰。Look at **army, air force** and **merchant navy**. 参看 **army**、**air force** 及 **merchant navy**。**2** a group of warships belonging to a country（国家）舰队: *Does Switzerland have a navy?* 瑞士有没有舰队？

ˌ**navy ˈblue** (*also* 亦作 **navy**) *adj, noun* [U] dark blue 深蓝色

☆**near**[1] /nɪə(r) ‖ nɪr/ *adj* **1** not far in time or distance (from sb/sth)（以时间或距离而言）近/接近: *Let's walk to the library. It's quite near.* 图书馆离这儿不远，我们一起走路去吧。○ *We're hoping to move to Wales in the near future.* 我们希望在不久的将来搬到威尔士居住。○ *Where's the nearest Post Office?* 最近的邮政局在哪里？○ *The day of the interview was getting nearer.* 面试的日子越来越近。☛ **Close** and **near** are often the same in meaning but in some phrases only one of them may be used * **close** 及 **near** 通常意思相同，但在某些短语中，只能用其中一个: *a close friend* 密友 ○ *the near future* 不久的将来 ○ *a close contest* 势均力敌的比赛. Look at the note at **next**. 参看 **next** 的注释。**2** closely related to you 关系接近: *My nearest relative who's still alive is my great-aunt.* 在世的与我最亲的亲戚就是我的伯祖母。

(IDIOMS 习语) **or near(est) offer; ono** (used when you are selling sth 用于售卖某物时) or an amount that is less than but near the amount that you have asked for 略低于此价；可还价: *Motor cycle for sale. £750 ono.* 摩托车出售：750英镑，可还价。

a near miss a situation where sth nearly hits you or where sth bad nearly happens 接近击中；侥幸脱险；幸免于难: *The bullet flew past his ear. It was a very near miss.* 子弹从他耳朵旁边飞过，差点儿击中他。

ˌ**near-ˈsighted** *adj* (*US* 美) = SHORT-SIGHTED

☆**near**[2] /nɪə(r) ‖ nɪr/ *adv, prep* not far in time or distance; close to（以时间或距离而言）近/接近: *It's a little village near Cardiff.* 那是一个接近加的夫的小村落。○ *I don't want to sit near the window.* 我不想坐在靠近窗口的地方。○ *I'd like to live near my parents, if possible.* 如果可能的话，我想住在靠近我父母的地方。○ *Her birthday is very near Christmas.* 她的生日与圣诞节很接近。○ *I wasn't sitting near enough to see.* 我坐得不够近，所以看不见。○ *They live quite near.* 他们住得很近。

(IDIOM 习语) **nowhere near** far from 相距很远；远不及: *We've sold nowhere near enough tickets to make a profit.* 我们售出的门票远远未能赢利。

ˈ**nearby** *adj* (only *before* a noun 只用于名词前) not far away in distance 附近的: *We went out to a nearby restaurant.* 我们去了附近的一家餐馆。☛ Notice that **nearby** is only used before the noun. * **nearby** 只能用于名词前。**Near** cannot be used before a noun in this way * **near** 则不能像以上示例那样用于名词前: *We went out to a restaurant near our house.* 我们外出，去了一家靠近我们房子的餐馆。○ *The restaurant is quite near.* 那家餐馆很近。

nearˈby *adv* not far away in distance 在附近: *A new restaurant has opened nearby.* 附近新开了一家餐馆。

near[3] /nɪə(r) ‖ nɪr/ *verb* [I,T] to get closer to sth in time or distance（在时间或距离方面）靠近/接近: *The day was nearing when we would have to decide.* 距离我们要作出决定的日子越来越近。○ *The job is nearing completion.* 这件工作接近完成。

☆**nearly** /ˈnɪəlɪ ‖ ˈnɪrlɪ/ *adv* almost; not completely or exactly 差不多；几乎；不完全地: *It's nearly five years since I've seen him.* 自从上次见过他之后差不多已有五年了。○ *It's nearly time to go.* 差不多是该走的时候了。○ *Linda was so badly hurt she nearly died.* 琳达受的伤很严重，她几乎丧命。○ *It's not far now. We're nearly there.* 路不远了。我们差不多到达了。○ *I've nearly finished.* 我差不多已完成了工作。○ *He earns nearly £20 000 a year.* 他一年差不多挣20 000英镑。

(IDIOM 习语) **not nearly** far from 远不及；离很远: *It's not nearly as warm as it was yesterday.* 今天远远不及昨天温暖。

☆**neat** /ni:t ‖ nit/ *adj* **1** arranged or done carefully or tidily 整洁；整齐: *Please keep your room neat and tidy.* 请保持你的房间整齐清洁。○ *neat rows of figures* 小心编排的几列数字 **2** (used about a person 指人) liking things to be done or arranged carefully or tidily 爱整洁/整齐 **3** (*US* 美) good; nice 好: *That's a really neat car!* 真是一辆好车！**4** (*US* 美 **straight**) (used about alcoholic drinks 指含酒精饮品) on its own, without ice, water or any other liquid 纯/净（不加冰、水等）: *a neat whisky* 一份纯威士忌 —**neatly** *adv* —**neatness** *noun* [U]

☆**necessarily** /ˌnesəˈserəlɪ ‖ ˈnɛsəˌsɛrəlɪ/ *adv* in all cases; always 必要；必定；总是: *Shouting is not necessarily the best way to make yourself understood.* 大声叫喊不一定是使别人明白你的最佳方法。

☆**necessary** /ˈnesəsərɪ; US 美 -serɪ ‖ ˈnɛsəˌsɛrɪ/ *adj* needed in order to get sth or to do sth 必需；必要: *A good diet is necessary for a healthy life.* 良好的饮食习惯对于健康的身体是必需的。○ *Don't spend more than £20 unless it's absolutely necessary.* 除非有绝对需要，否则花费不要超过20英镑。○ *It's not necessary for you all to come.* 你们不必全都来。

necessitate /nɪˈsesɪteɪt ‖ nəˈsɛsəˌtet/ *verb* [T] (*formal* 正式) to make sth necessary 使成为必需

☆**necessity** /nɪˈsesətɪ ‖ nəˈsɛsətɪ/ *noun* (*pl* **necessities**) **1** [U] **necessity (for sth/to do sth)** being necessary; need 必要；需要: *Is there any necessity for change?* 是否有必要更改？○ *There's no necessity to write every single name down.* 不必把所有名字都一一写下来。**2** [C] something that you must have 必要的东西；必需品: *Clean water is an absolute necessity.* 清洁的水是不可或缺的东西。○ *Food, clothing and shelter are all necessities of life.* 衣、食、住全部都是生活所必需的。

☆**neck** /nek ‖ nɛk/ *noun* [C] **1** the part of the body that joins your head to your shoulders 颈；颈项；脖子: *She wrapped a scarf around her neck.* 她的颈上围了一条围巾。○ *I've got a stiff neck.* 我落枕了。○ *Giraffes have long necks.* 长颈鹿有长长的脖子。**2** the part of a piece of clothing that goes round your neck （衣服的）领圈/领口；衣领: *a polo-neck sweater* 高领毛衣 ○ *a V-neck sweater* * V领毛衣 ☛ picture on page A25. 见第A25页插图。**3** the narrow part of sth that looks like a neck 颈状的狭长部分: *the neck of a bottle* 瓶颈

(IDIOMS 习语) **neck and neck (with sb/sth)** equal or level 不相伯仲；并驾齐驱；难分高下: *At the half-way point the two cars were neck and neck.* 赛程过半时，两部汽车仍斗得难分高低。

up to your neck in sth very deeply involved in sth 投入某事中: *We're up to our necks in work at the moment.* 我们正埋头工作。

necklace /ˈneklɪs ‖ ˈnɛklɪs/ *noun* [C] a piece of jewellery that you wear around your neck 项链 ☛ picture at **jewellery**. 见 **jewellery** 插图。

ˈ**necktie** *noun* [C] (*US* 美) = TIE[1](1)

née /neɪ ‖ ne/ *adj* (used before the surname that a woman had before she got married 用于娘家姓氏之前): *Christine Cowley, née Morgan* 娘家姓摩根的克里斯廷·考利 ☛ Look at **maiden name**. 参看 **maiden name**。

☆**need**[1] /niːd ‖ nid/ *verb* [T] (not usually used in the continuous forms 通常不用于进行时) **1** to require sth; to think that sth is necessary 需要；要: *All living things need water.* 所有生物都需要水。○ *I need a new film for my camera.* 我的照相机需要新的胶卷。○ *Does Bob need any help?* 鲍勃要帮忙吗？○ *We've got enough coffee. We don't need any more.* 我们的咖啡够了，不再需要了。○ *Can I borrow your dictionary or do you need it?* 我可不可以借你的词典一用？你还要用吗？○ *She needs three volunteers to bring the food.* 她需要三个人自愿负责运送食物。○ *This jumper needs washing/to be washed.* 这件套头毛衣要洗洗。○ *He needed his eyes tested/testing.* 他需要做眼睛检查。**2** to have to; to be obliged to 定要；须要: *Do we need to buy the tickets in advance?* 我们要不要预先买票呢？○ *I need to ask some advice.* 我必须向人征求一些意见。○ *You didn't need to bring any food but it was very kind of you.* 你其实无需带任何食物，你真是非常周到。☛ Note that the question form of the main verb **need** is **do I need**?, etc and the past tense is **needed** (question form **did you need**?, etc; negative **didn't need**). 主要动词 **need** 的疑问式是 **do I need**？，而过去时是 **needed**（疑问式是 **did you need**?，否定式是 **didn't need**）。

☆**need**[2] /niːd ‖ nid/ *verb* ☛ present tense **need** in all persons; negative **need not** (**needn't**), question form **need I**?, etc 现在时的所有人称都是 **need**；否定式是 **need not** (**needn't**)，疑问式是 **need I**? (not used in the continuous forms; used mainly in questions or negative sentences or with words like *hardly*, *only*, *never* 不用于进行时；主要用于疑问句或否定句，或与 hardly、only、never 等词连用) to have to; to be obliged to 定要；须要: *Need we pay the whole amount now?* 我们是不是现在就须缴付全数呢？○ *You needn't come to the meeting if you're too busy.* 如果你太忙的话就不一定要来开会。○ *I'll help you any time. You only need ask.* 我随时都会帮你，你只要告诉我一声就行。○ *I hardly need remind you that this is very serious.* 我想你自己也明白这是十分严重的事。☛ **Need not have** or **needn't have** and the past participle means that you did something but it was not necessary * **need not have** 或 **needn't have** 及其过去分词表示做了不必要的事: *We needn't have packed our thick clothes. The weather was really warm.* 天气相当暖和，我们其实不需要把厚衣服装进行李。○ *He needn't have gone to the hospital* (= he went but it wasn't necessary). 他当时用不着去医院的。Compare this with the past tense of the main verb which usually means that the action did not take place 比较上句与主要动词的过去时，主要动词的过去时一般只表示没有作出该行动: *He didn't need to go to the hospital* (= he didn't go because it wasn't necessary). 他不需要去医院。

☆**need**[3] /niːd ‖ nid/ *noun* **1** [U,sing] a situation in which sth is wanted or required 需要；必要: *We are all in need of a rest.* 我们全都需要休息。○ *There is a growing need for low-cost housing in the London area.* 伦敦一带对廉价房屋的需求日益增长。○ *There's no need for you to come if you don't want to.* 如果你不想来，是可以不来的。○ *Is there any need for all that noise?* 有必要那么吵吗？○ *Do phone me if you feel the need to talk to someone.* 如果需要跟别人谈谈，就打电话给我吧。**2 needs** [plural] the things that you must have 必需的东西；必需品: *He doesn't earn enough to pay for his basic needs.* 他赚得的钱不足以支付他的基本需要。○ *Parents must consider their children's emotional as well as their physical needs.* 除物质上的需要外，父母定要顾及子女在感情上的

N

需要。**3** [U] the state of not having enough money 贫困: *a campaign to help families in need* 帮助贫困家庭的运动

needless *adj* that is not necessary 不必要: *We had gone through a lot of needless worry. He was safe at home.* 我们其实不必担心，他在家里很安全。☛ Look at **unnecessary**. 参看 **unnecessary**。—**needlessly** *adv*

☆**needle** /ˈniːdl ‖ ˈnidḷ/ *noun* [C] **1** a small thin piece of metal with a point at one end and a hole (**an eye**) at the other that is used for sewing 缝衣物用的针（针眼叫做 **eye**）: *to thread a needle with cotton* 用棉线穿针 ☛ picture at **sew**. 见 **sew** 插图。**2** (*also* 亦作 **knitting needle**) a long thin piece of metal, plastic or wood with a point at one end that is used for knitting 织针 ☛ picture at **knit**. 见 **knit** 插图。**3** the thin hollow part of a syringe that is used for injecting liquids into your body 注射器针头 **4** something that looks like a needle 针状物: *a pine needle* 松针 ○ *the needle of a compass* 罗盘的磁针

(IDIOM 习语) **pins and needles** ⊳ PIN[1]

ˈ**needlework** *noun* [U] work that you do by hand using a needle(1). Needlework includes sewing and embroidery. 针黹；针线活儿

needy /ˈniːdɪ ‖ ˈnidɪ/ *adj* (**needier**; **neediest**) not having enough money etc; poor 贫困

☆**negative** /ˈnegətɪv ‖ ˈnɛgətɪv/ *adj* **1** (used about a word, phrase or sentence 指词、短语或句子) saying or meaning 'no' or 'not' 表示否定: *a negative sentence* 否定句 ○ *'Don't you like England?' is a negative question.* "你不喜欢英格兰吗？"是个否定问句。☛ Look at **affirmative**. 参看 **affirmative**。**2** only thinking about the bad qualities of sb/sth 消极；负面: *I'm feeling very negative about my job – in fact I'm thinking about moving.* 我对我的工作感到很没劲——事实上我正考虑换工作。☛ The opposite is **positive**. 反义词为 **positive**。**3** (used about a medical or scientific test 指医学或科学测试) showing that sth has not happened or has not been found 负的；阴性: *The results of the pregnancy test were negative.* 妊娠试验结果呈阴性。☛ The opposite is **positive**. 反义词为 **positive**。**4** (used about a number 用于数字) less than zero 少于零；负（数）☛ The opposite is **positive**. 反义词为 **positive**。

negative *noun* [C] **1** a word, phrase or sentence that says or means 'no' or 'not' 否定词/短语/句: *Carol answered in the negative* (= she said no). 卡罗尔的答复是否定的。○ *'Never', neither' and 'nobody' are all negatives.* * never、neither 及 nobody 都是否定词。**2** a piece of film from which we can make a photograph. The light areas of a negative are dark on the final photograph and the dark areas are light 负片: *If you give me the negative, I can have another print made.* 你给我底片，我可以再印一张相片。

☆**neglect** /nɪˈglekt ‖ nɪˈglɛkt/ *verb* [T] to give too little or no attention or care to sb/sth 忽视；忽略: *Try hard not to neglect your health even when you are studying for your exams.* 就算你正在预备考试也切勿忽视身体健康。

neglect *noun* [U] giving too little care to sb/sth; the state of being neglected 忽略；疏忽；被忽略: *The house was empty and in a state of total neglect.* 房子是空的，完全没有人照看。

neglected *adj* having or showing a lack of care and attention 被忽视；被忽略；缺乏照管: *Neglected children often get into trouble.* 无人照顾的儿童常常会有麻烦。

negligence /ˈneglɪdʒəns ‖ ˈnɛglədʒəns/ *noun* [U] not being careful enough; lack of care 不小心；疏忽: *The accident was a result of human negligence.* 那宗意外是人为疏忽的结果。

negligent /ˈneglɪdʒənt ‖ ˈnɛglədʒənt/ *adj* not giving enough care or attention to sth (that you are responsible for) 疏忽的；忽略的 —**negligently** *adv*

negligible /ˈneglɪdʒəbl ‖ ˈnɛglədʒəbḷ/ *adj* not important because it is too small 微不足道；不重要

negotiable /nɪˈgəʊʃɪəbl ‖ nɪˈgoʃɪəbḷ/ *adj* that can be decided or changed by discussion 可磋商；可商议；可谈判: *The price is not negotiable* (= it can't be changed). 价格不容商议。

☆**negotiate** /nɪˈgəʊʃɪeɪt ‖ nɪˈgoʃɪˌet/ *verb* **1** [I] to talk to sb in order to decide or agree about sth 谈判；协商；商议: *The unions are still negotiating with management about this year's pay claim.* 工会现在仍然就今年加薪的要求与管理部门谈判。**2** [T] **negotiate sth (with sb)** to decide or agree sth by talking about it（与某人）通过谈判达成（某事）: *to negotiate an agreement* 通过谈判订立协议 **3** [T] to get over, past or along sth difficult 超越/越过（障碍）: *The canoeists had to negotiate several rapids on the river.* 划独木舟的人要越过河里的几处湍滩。

negotiator *noun* [C] a person who negotiates(1, 2) 谈判人；洽谈人

☆**negotiation** /nɪˌgəʊʃɪˈeɪʃn ‖ nɪˌgoʃɪˈeʃən/ *noun* [C,U] discussions at which people try to decide or agree sth 谈判；洽谈: *The salary is a matter for negotiation.* 薪金是个要谈判的问题。○ *The negotiations were extremely difficult.* 谈判极其困难。○ *to enter into/break off negotiations* 开始/中止谈判

Negro /ˈniːgrəʊ ‖ ˈnigro/ *noun* [C] (*pl* **Negroes**) a black person 黑人 ☛ Many people now find this word offensive. 现在很多人觉得这个词有冒犯之意。

neigh /neɪ ‖ ne/ *noun* [C] the long high sound that a horse makes 马嘶声 —**neigh** *verb* [I]

☆**neighbour** (*US* 美 **neighbor**) /ˈneɪbə(r) ‖ ˈnebɚ/ *noun* [C] **1** a person who lives near you 邻居；邻人: *Don't make too much noise or you'll wake the neighbours.* 不要弄得太响，不然会吵醒邻居的。○ *our next-door neighbours* 我们隔壁的邻居 **2** a person or thing that is near or next to another 邻近的人或物: *Britain's nearest neighbour is France.* 英国最近的邻邦就是法国。○ *Try not to look at what your neighbour is writing.* 切勿看邻桌在写什么。

neighbourhood (*US* 美 **neighborhood**) /ˈneɪbəhʊd ‖ ˈnebɚˌhʊd/ *noun* [C] a particular part of a town and the people who live there 某地区和该区居民；街坊四邻: *We've just moved into the neighbourhood and don't know our way around yet.* 我们刚搬到这地区，仍然不熟悉周围环境。○ *a friendly neighbourhood* 和睦的四邻

neighbouring (*US* 美 **neighboring**) /ˈneɪbərɪŋ ‖ ˈnebərɪŋ/ *adj* (only *before* a noun 只用于名词前) near or next to 附近；邻近: *Farmers from neighbouring villages come into town each week for the market.* 邻近村落的农夫每周都进城到集市来做买卖。

neighbourly (*US* 美 **neighborly**) *adj* friendly and helpful 友善；和睦；乐于助人

☆**neither** /ˈnaɪðə(r)；ˈniːðə(r) ‖ ˈniðɚ/ *det, pron* (used about two people or things 用于两人或物) not one and not the other 两者都不；也不: *Neither team played very well.* 两队都打得不太好。○ *Neither of the teams played very well.* 两队都打得不太好。○ *'Would you like a sandwich? Or a piece of cake?' 'Neither, thank you. I'm not hungry.'* "你想吃一块三明治，还是蛋糕？" "两样都不要，谢谢你，我不饿。" ○ *There were two candidates for the job but neither of them was very good.* 这个职位有两人申请，但两者都不太好。☛ Notice that **neither** is followed by a singular noun and verb ＊ **neither** 之后接单数名词及动词: *Neither day was suitable.* 两日都不适宜。The noun or pronoun that follows **neither of** is in the plural but the verb may be singular or plural 接在 **neither of** 之后的名词或代名词要用复数，但动词可以用单数或复数形式: (*formal* 正式) *Neither of the days is suitable.* 两日皆不适宜。○ (*informal* 非正式) *Neither of the days are suitable.* 两日皆不适宜。

neither *adv* **1** also not; not either 也不；也没有: *I don't eat meat and neither does Tom.* 我不吃肉，汤姆也不吃。○ *Stella didn't attend the meeting and neither did Jane.* 斯特拉没有出席会议，珍妮也没有。○ *'I haven't seen that film.' 'Neither have I.'* "我没有看过那部电影。" "我也没有。" ☛ In this sense **nor** can be used in the same way 就这个意义而言，用 **nor** 亦可: *'I haven't seen that film.' 'Nor have I.'* "我没有看过那部电影。" "我也没有。" Notice that when you use **not… either** the order of words is different 用 **not… either** 时，词语的次序就有所不同: *I don't eat meat and Tom doesn't either.* 我不吃肉，汤姆也不吃。○ *'I haven't seen that film.' 'I haven't either.'* "我没有看过那部电影。" "我也没有。" **2 neither… nor** not… and not（既）不…也不；…和…也不: *Neither Tom nor I eat meat.* 汤姆和我都不吃肉。☛ **Neither**… **nor** can be used with a singular or a plural verb ＊ **neither**… **nor** 可以带单数或复数动词: (*formal* 正式) *Neither Stella nor Jane was at the meeting.* 斯特拉和珍妮均未出席会议。○ (*informal* 非正式) *Neither Stella nor Jane were at the meeting.* 斯特拉和珍妮都没有出席会议。

neon /ˈniːɒn ‖ ˈniɑn/ *noun* [U] (*symbol* 符号 **Ne**) a type of gas that is used for making bright lights and signs 氖（用于霓虹灯及信号灯等）: *the neon lights of the city* 城市的霓虹灯

☆**nephew** /ˈnevjuː; ˈnefjuː ‖ ˈnɛfju/ *noun* [C] the son of your brother or sister, or the son of your husband's or wife's brother or sister 侄子；外甥 ☛ Look at **niece**. 参看 **niece**。

Neptune /ˈneptjuːn; *US* 美 -tuːn ‖ ˈnɛptun/ *noun* [sing] the planet that is eighth in order from the sun 海王星（太阳系行星，按离太阳远近次序计为第八颗）

☆**nerve** /nɜːv ‖ nɝv/ *noun* **1** [C] one of the long thin threads in your body that carry feelings or other messages to and from your brain 神经（在中枢神经系统及各器官之间传递感觉及其他信息的组织）**2 nerves** [plural] the ability to stay calm and not get worried 沉着；冷静: *You need strong nerves for this job.* 做这份工作需要沉着冷静。**3 nerves** [plural] the state of being very nervous or worried 神经过敏；紧张不安: *Breathing deeply should help to calm your nerves.* 深呼吸可以舒缓紧张的神经。**4** [U] the courage that you need to do sth difficult or dangerous 勇气；胆量: *Racing drivers need a lot of nerve.* 赛车手需要很大的胆量。○ *He didn't have the nerve to ask Mandy to go out with him.* 他没有约会曼迪的勇气。○ *She climbed to the highest diving-board but lost her nerve and couldn't jump.* 她爬上了最高的跳板，但失去了勇气，没有敢跳下来。**5** [U] the rudeness that is needed to do sth 大胆；厚脸皮: *He had the nerve to ask me to lend him money, and he still owes me £20.* 他脸皮真厚，竟然问我借钱，可是他还欠我20英镑呢。

(IDIOM 习语) **get on sb's nerves** (*informal* 非正式) to annoy sb or make sb angry 把某人惹恼/激怒: *Turn that music down – it's getting on my nerves.* 将音乐声调低——那声音真烦人。

ˈ**nerve-racking** *adj* making you very nervous or worried 使人神经过敏/忐忑不安: *Waiting for exam results can be very nerve-racking.* 等待考试成绩有时真使人心绪不宁。

☆**nervous** /ˈnɜːvəs ‖ ˈnɝvəs/ *adj* **1** connected with the nerves of the body 与神经有关: *a nervous disorder* 神经错乱 **2** worried or afraid 紧张；提心吊胆: *I'm a bit nervous about travelling on my own.* 自己要单独旅行使我有点紧张。○ *I always get nervous just before a match.* 比赛前的一刻我经常都会感到紧张。○ *nervous laughter* 神经质的笑声 ○ *She was nervous of giving the wrong answer.* 她担心说错答案。—**nervously** *adv*: *He sat there, biting his fingers nervously.* 他坐在那儿，神经质地咬着手指。—**nervousness** *noun* [U]

nervous ˈbreakdown (*also* 亦作 **breakdown**) *noun* [C] a time when sb is so depressed that he/she cannot continue living and working normally 神经失常；精神崩溃: *to have a nervous breakdown* 神经失常

ˈ**nervous system** *noun* [C] your brain and all the nerves in your body 神经系统

☆**nest** /nest ‖ nɛst/ *noun* [C] **1** a round hollow structure that a bird builds to lay its eggs in 鸟巢；鸟窝 ☛ picture at **bird**. 见 **bird** 插图。**2** the home of certain animals or insects（某些动物或昆虫的）巢/窝/穴: *a wasps' nest* 黄蜂巢

N

N

nest *verb* [I] to use or build a nest 筑巢；做窝

nestle /'nesl ‖ 'nɛsḷ/ *verb* [I,T] to move yourself or a part of your body into a comfortable position, against a person or sth soft 舒适地靠着（人或软的物件）: *The child nestled up against his mother and fell asleep.* 小孩舒适地倚在母亲旁边睡着了。○ *The baby nestled her head on her mother's shoulder.* 那婴孩把头靠在母亲的肩膀上。○ (*figurative* 比喻) *Ulfa is a typical German village nestling in a beautiful river valley.* 乌尔法是位于美丽河谷的一个典型的德国村庄。

☆**net**[1] /net ‖ nɛt/ *noun* **1** [U] material that is made of long pieces of string, thread, etc that are tied together, with spaces between them 网: *net curtains* (= very thin curtains that are used to stop people from seeing into a room) 网眼帘 **2** [C] a piece of net that is used for a particular purpose（某种用途的）网织品/网状物: *a tennis net* (= in the centre of the court) 网球网 ○ *a fishing net* 鱼网 ○ *a hair-net* 发网 ☛ picture at **tennis**. 见 **tennis** 插图。Look at **safety net**. 参看 **safety net**。

net *verb* [T] (netting; netted) to catch sth with a net; to kick a ball into a net 用网捕捉；把（球）踢进球门

'**netball** *noun* [U] a game similar to basketball that is played by two teams of seven players. Each team tries to score goals by throwing a ball through a round net at the top of a pole. Netball is usually played by women. 落网球；女子无档板篮球

☆**net**[2] (*also* 亦作 **nett**) /net ‖ nɛt/ *adj* **net (of sth)** from which nothing more needs to be taken away 净的；纯的: *What is your net income?* (= after tax, etc has been paid) 你的净收入是多少？○ *The net weight of the jam is 350g* (= not including the jar). 这果酱净重350克。○ *net profit* 纯利 ☛ The opposite is **gross**. 反义词为 **gross**。

net *verb* [T] (netting; netted) to gain sth as a profit 净得/净获（多少利润）: *The sale of land netted £2 million.* 卖地净得二百万英镑。

netting /'netɪŋ ‖ 'nɛtɪŋ/ *noun* [U] material that is made of long pieces of string, thread, wire, etc that are tied together with spaces between them 网状物: *a fence made of wire-netting* 用铁丝网制成的围栏

nettle /'netl ‖ 'nɛtḷ/ *noun* [C] a wild plant with hairy leaves. Some nettles sting and make your skin red and painful if you touch them 荨麻: *stinging nettles* 能刺伤人的荨麻

☆**network** /'netwɜ:k ‖ 'nɛt͵wɝk/ *noun* [C] **1** a complicated system of roads, railway lines, etc 网状系统；（道路、铁路等）网络: *The underground railway network covers all areas of the capital.* 地下铁路网遍布首都的所有地区。**2** a group of people or companies, etc that work together closely 合作紧密的一组人/公司…: *We have a network of agents who sell our goods all over the country.* 我们有一个代理商网络把货品销售到全国各地。**3** a group of television or radio companies that broadcasts the same programmes in different parts of a country 电视/广播联播网（一组电视或电台广播公司在国家的不同地区播放相同的节目）

neurosis /njʊə'rəʊsɪs; *US* 美 nʊ- ‖ nʊ'rosɪs/ *noun* [C] (*pl* **neuroses** /-əʊsi:z ‖ -osiz/) a mental illness that causes strong feelings of fear and worry 神经症；神经官能症；神经机能病

neurotic /njʊə'rɒtɪk; *US* 美 nʊ- ‖ nʊ'rɑtɪk/ *adj* **1** suffering from neurosis 神经症的；神经官能症的；神经机能病的 **2** worried about things in a way that is not normal 神经过敏；神经质

neuter /'nju:tə(r); *US* 美 'nu:- ‖ 'nutɚ/ *adj* (used about a word 指一个词) not masculine or feminine according to the rules of grammar 非阴性/阳性

neuter *verb* [T] to remove the sexual parts of an animal 阉割；去势 ☛ Look at **castrate**. 参看 **castrate**。

neutral /'nju:trəl; *US* 美 'nu:- ‖ 'nutrəl/ *adj* **1** not supporting or belonging to either side in an argument, war, etc 中立（在争执、战争等中不支持或属于任何一方）: *Switzerland remained neutral during the war.* 瑞士在大战期间保持中立。○ *The two sides agreed to meet on neutral ground.* 双方同意在中立地区会面。**2** having or showing no strong qualities, feelings or colour 没有明确/强烈特性；颜色不鲜艳: *a blouse of a neutral colour that will go with anything* 一件可以配衬任何衣服的中性色衬衫

neutral *noun* [U] the position that the gears of a car, etc are in when no power is sent from the engine to the wheels 空挡（引擎没有动力时汽车排挡的位置）: *Make sure the car is in neutral before you turn on the engine.* 开动引擎之前，要确定汽车是在空挡。

neutrality /nju:'træləti; *US* 美 nu:- ‖ nu'trælətɪ/ *noun* [U] the state of being neutral(1) 中立；中性

neutralize (*also* 亦作 **neutralise**) *verb* [T] to take away the effect of sth 抵消；中和

☆**never** /'nevə(r) ‖ 'nɛvɚ/ *adv* **1** at no time; not ever 从不；从未；永不: *I never start work before 9 o'clock.* 我从不会在9时之前开始工作。○ *I've never been to Portugal.* 我从未到过葡萄牙。○ *After that he never saw his father again.* 从此以后，他再没有见过父亲。○ *We shall never go back to that hotel.* 我们永不会再去那家旅馆。○ *You should never leave valuables in your car.* 任何时候都不要把贵重物品留在车里。○ *He never ever eats meat.* 他从不吃肉。○ (*formal* 正式) *Never before has such a high standard been achieved.* 以前从没有达到过这么高的水准。**2** (used for emphasizing a negative statement 用以强调否定句): *I never realized she was so unhappy.* 我从不知道她是那么不快乐。○ *Roy never so much as looked at us* (= he didn't even look at us). 罗伊甚至连看也不看我们一眼。

(IDIOM 习语) **never mind** ⇨ MIND[2]

☆**nevertheless** /͵nevəðə'les ‖ ͵nɛvɚðə'lɛs/ *adv* in spite of that 虽然如此: *It was a cold, rainy day. Nevertheless, more people came than we had expected.* 那是一个寒冷的雨天。虽然如此，到来的人比我们预料的要多。○ *She knew that the accident wasn't her fault. She still felt* *guilty, nevertheless.* 她知道那事故不是她的错，然而她仍然感到内疚。

☆**new** /nju:; *US* 美 nu: ‖ nu/ *adj* **1** that has recently been built, made, invented, etc 新建成/制成/创造出…的: *The Prince of Wales is coming to open the new hospital.* 威尔士王储将会莅临，为新落成的医院揭幕。○ *There have been record sales of new cars this month.* 本月的新车销售额创最高纪录。○ *Have you seen Tom Cruise's new film?* 你看过汤姆·克鲁斯的新片没有？○ *a new method of treating mental illness* 治疗精神病的新方法 ○ *Paula came to show us her new baby.* 葆拉来给我们看她那刚出生的小宝宝。**2** different; other; changed from what was before 不同的；另一个；更新的: *Our new house is much bigger than the old one.* 我们的新房子比旧的大很多。○ *I've just started reading a new book.* 我刚开始看一本新书。○ *to make new friends* 结识新朋友 ○ *The star of the film is a housewife who dreams of a new life in Greece.* 电影的主角是一个梦想在希腊过新生活的家庭主妇。**3 new (to sb)** that has not been seen, learnt, etc before 未见过/知道/熟悉…的: *This type of machine is new to me.* 我从未见过这类机器。○ *to learn a new language* 学习一种新的语言 ○ *We've only just arrived here so the area is still new to us.* 我们刚到这里来，这地方对我们来说仍然很陌生。**4 new (to sth)** having just started being or doing sth 刚开始成为/做（某事）；对（某事物）感到陌生: *We are new to the area.* 我们对这地区很陌生。○ *a new parent* 初为人父母者 ○ *She's new to the job and needs a lot of help.* 她刚做这份工作，因此需要很多帮助。○ *a new member of the club* 这个俱乐部的新成员

(IDIOM 习语) **break fresh/new ground** ⇨ GROUND[1]

new- (in compounds 用以构成复合词) recently 新近: *a newborn baby* 新生婴儿

newness *noun* [U] the state of being new 新

ˈ**newcomer** *noun* [C] a person who has just arrived in a place 新近到达（某地）的人

ˈ**newfangled** *adj* new or modern in a way that the speaker dislikes or refuses to accept 新花样/时髦（带贬义）: *I don't need all these newfangled gadgets in the kitchen.* 我不需要厨房里的所有这些新奇的小玩意。

new ˈmoon *noun* [sing] the moon when it appears as a thin line 新月 ☛ Look at **full moon**. 参看 **full moon**。

ˈ**new town** *noun* [C] (*Brit* 英) a town that is planned and built all at one time（整体规划和建设的）新市镇

new ˈyear *noun* [sing] the first few days of January 新年: *Happy New Year!* 新年快乐！○ *We will get in touch in the new year.* 我们会在新的一年中互相联络。

New Year's ˈDay *noun* [U] 1 January 元旦；1月1日

New Year's ˈEve *noun* [U] 31 December 除夕；12月31日

newly /ˈnju:lɪ ‖ ˈnjulɪ/ *adv* (usually before a past participle 通常用于过去分词前) recently 新近；最近: *the newly appointed Minister of Health* 新任卫生大臣

ˈ**newly-wed** *noun* [C, usually pl] a person who has recently got married 新婚者；新近结婚的人

☆**news** /nju:z; *US* 美 nu:z ‖ nuz/ *noun* **1** [U] information about sth that has happened recently 新闻；消息: *Have you heard the latest news? Mary and Joe are getting married!* 你听到最新的消息没有？玛丽和约瑟夫快要结婚了！○ *She writes each Christmas telling us all her news.* 她每个圣诞节都写信给我们，详谈她的近况。○ *Have you had any news from Malcolm recently?* 你最近有没有马尔科姆的消息？○ *That's news to me* (= I didn't know that). 那对我来说是新闻。○ *News is coming in of a plane crash in Thailand.* 有消息传来说泰国发生空难。○ *There will be a further news bulletin at 1 o'clock.* * 1点钟有进一步的新闻简报。○ *Our town has been in the news a lot recently* (= a lot has been written in newspapers, etc). 本镇最近成为热门的新闻话题。☛ **News** is an uncountable noun. * **news** 是不可数名词。If we are talking about an individual item we must say 'a piece of news' 指个别事件用 a piece of news: *We had a piece of good news yesterday.* 昨天我们接到一个好消息。**2 the news** [sing] a regular broadcast of the latest news on the radio and TV（电台或电视台的）新闻报道: *We always watch the nine o'clock news on television.* 我们经常收看九点钟的电视新闻报道。○ *I heard on the news that there's been a plane crash in Thailand.* 我听到新闻报道说泰国发生了空难。○ *the local/national news* 本地/全国新闻报道

(IDIOM 习语) **break the news (to sb)** to be the first to tell sb about sth important that has happened 首先（向某人）宣布重要消息

ˈ**newsagent** (*US* 美 ˈ**newsdealer**) *noun* [C] a shopkeeper who sells newspapers, magazines, sweets, cigarettes, etc 报刊经售人；报贩: *I must pop round to the newsagent's* (= the shop) *for my paper.* 我要去报摊买报纸。

ˈ**newscaster** (*also* 亦作 ˈ**newsreader**) *noun* [C] a person who reads the news on the radio or on TV（电台或电视台的）新闻广播员/新闻报道员

ˈ**newsletter** *noun* [C] a printed report about a club or organization that is sent regularly to members and other people who may be interested（机构或组织的）通讯/简讯

ˈ**news-stand** *noun* [C] (*US* 美) = BOOKSTALL

☆**newspaper** /ˈnju:speɪpə(r); *US* 美 ˈnu:z- ‖ ˈnuz-ˌpepɚ/ *noun* **1** (*also* 亦作 **paper**) [C] large folded pieces of paper printed with news, advertisements and articles on various subjects. Newspapers are printed and sold either daily or weekly 报纸；报章: *a daily/weekly/Sunday paper* 每日/每周/每星期日出版的报纸 ○ *a national/local newspaper* 全国性/本地报纸 ○ *a morning/evening paper* 日/晚报 ○ *a newspaper article* 报纸上的一篇文章 ○ *a newspaper headline* 报纸标题 **2** (*also* 亦作 **paper**) [C] an organization that produces a newspaper 报社；报馆: *Which paper is he from?* 他来自哪家报社？**3** [U] the paper on which newspapers are printed 白报纸；新闻纸: *We wrapped the*

N

plates in newspaper so they would not get damaged in the move. 我们用报纸把碟子包好，以免搬运时受损。

☛ **Journalists** and **reporters** collect news for newspapers. 新闻记者 (**journalist**) 和记者 (**reporter**) 负责采访新闻。The **editor** decides what is printed. 编辑 (**editor**) 决定刊登些什么。**Quality** newspapers deal with the news in a serious way. 素质高 (**quality**) 的报章以严谨态度对待新闻。**Tabloids** are popular papers and are smaller in size with many more pictures. 通俗小报 (**tabloid**) 指大众化的报纸，开张较小，图片较多。

☆**next**[1] /nekst ‖ nɛkst/ *adj* **1** (usually with *the* 通常与 the 连用) coming immediately after sth in order, space or time; closest 接下来的；下一个；紧接在后的: *The next bus leaves in twenty minutes.* 下一班公共汽车在二十分钟后开出。○ *She went into hospital on a Sunday and the next day she died.* 她于星期日入医院，第二天便死了。○ *Before we all go we'd better set a date for the next meeting.* 我们离开之前，最好定下下次会议的日期。○ *the next name on the list* 名单上的下一个名字 ○ *I must get this finished today because I will be on holiday for the next two weeks.* 我今天要把这个做完，接下来的两个星期我休假。○ *How far is it to the next service station?* 下一个维修站离这里有多远？○ *Go to the Post Office and take the next turning on the left.* 走到邮政局，然后在下一个转弯处向左转。○ *I felt dizzy and the next thing I knew I was lying on the ground.* 我感到头昏，接下来所知道的就是自己躺在地上。☛ Compare **nearest** and **next**. 比较 **nearest** 及 **next**。**The next** means 'the following' in a series of events or places * **the next** 表示一连串事件或地方中接着的下一个: *When is your next appointment?* 你下一个约会在什么时候？○ *Turn left at the next traffic lights.* 在下一个交通灯处向左拐。**(The) nearest** means 'the closest' in time or place * **(the) nearest** 表示时间或地方上最接近: *Where's the nearest supermarket?* 最近的超级市场在哪儿？**2** (used without *the* before days of the week, months, seasons, years, etc 用于一周中的某一天/月份/季节/年份等前，不加 the) the one immediately following the present one 下一个；接着的一个: *See you again next Monday.* 下星期一再见。○ *Let's go camping next weekend.* 下个周末一起去露营吧。○ *We are going to Greece next spring.* 下个春季我们去希腊。○ *Rachel hopes to get a job abroad next year.* 雷切尔希望明年能够在海外找一份工作。

(IDIOM 习语) **first/last/next but one, two etc** ⇒ FIRST[1]

the next *noun* [sing] the person or thing that is next(1) 下一个人/事物: *If we miss this train we'll have to wait two hours for the next.* 如果我们赶不上这班火车，就要等两个钟头才有下一班。

ˌ**next ˈdoor** *adj, adv* in or into the next house or building 隔壁: *our next-door neighbours* 我们隔壁的邻居 ○ *Who lives next door?* 谁住在隔壁？○ *The school is next door to an old people's home.* 那所学校与养老院相邻。○ *I'm going next door to borrow some eggs.* 我去隔壁借几只鸡蛋。

ˌ**next of ˈkin** *noun* [plural,U] your closest living relative or relatives 在世的最近的亲属 ☛ **Next of kin** is used to mean both a single relative and a group of relatives * **next of kin** 可以指一位或多位亲属: *My husband is my next of kin.* 我的丈夫是我最亲的亲人。○ *Her next of kin have been informed of her death.* 她最近的亲属已接到她去世的消息。

next to *prep* **1** at the side of sb/sth; beside 在旁边/附近: *He sat down next to Pam.* 他在帕姆旁边坐下。○ *There's a public telephone next to the pub.* 在酒馆旁边有个公用电话。**2** in a position after sth 在（某事物）之后；次于: *Next to Paris I think my favourite city is Madrid.* 除了巴黎之外，我想我最喜欢的城市是马德里。

(IDIOM 习语) **next to nothing** almost nothing 几乎什么都没有: *We took £50 but we've got next to nothing left.* 我们带了 50 英镑，但差不多已经花光了。

☆**next**[2] /nekst ‖ nɛkst/ *adv* after this or that; then 接下去；然后: *I wonder what will happen next.* 我想知道接着会发生什么事。○ *I know Joe arrived first, but who came next?* 我知道约瑟夫是第一个到来的，但谁是第二个呢？○ *It was ten years until I next saw her.* 到我第二次见她的时候已经过了十年。

ˌ**next-ˈbest** *adj* not the best, but good enough if you cannot have the best 仅次于最好

nib /nɪb ‖ nɪb/ *noun* [C] the metal point of a pen where the ink comes out 钢笔尖

nibble /ˈnɪbl ‖ ˈnɪbl̩/ *verb* [I,T] to eat sth by taking small bites 细咬；一点一点地咬 —**nibble** *noun* [C]

☆**nice** /naɪs ‖ naɪs/ *adj* **1** pleasant; good 令人舒服；不错；很好: *The weather was quite nice yesterday.* 昨天的天气很不错。○ *Have a nice day!* 祝你有愉快的一天！○ *You look very nice today.* 你今天看上去气色很好。○ *I'm not eating this – it doesn't taste very nice.* 我不吃这个——这个味道不太好。**2** kind; friendly 好心；友善: *What a nice girl!* 心肠多么好的女孩！○ *Try and be nice to Julie. She's not feeling very well.* 对朱莉态度放好一些，她不太舒服。

(IDIOM 习语) **nice and ...** (*informal* 非正式) (used for saying that you like sth 用以表示喜欢某事物): *It's nice and warm by the fire.* 坐在炉火旁边挺温暖舒适的。

nicely *adv* **1** in a pleasant way 令人舒服: *You can have a biscuit if you ask nicely.* 你好好请求的话，就可以得到一块饼干。**2** (*informal* 非正式) very well 很好；恰好: *This flat will suit us nicely.* 这套房十分适合我们。—**niceness** *noun* [U]

niche /nɪtʃ; niːʃ ‖ nɪtʃ/ *noun* [C] **1** a hollow place in a wall, often with a shelf 壁龛（墙壁上的凹入处，多设有架子）**2** a job, position, etc that is suitable for you 合适的职务/位置: *to find your niche in life* 寻找可以安身立命的位置

nick[1] /nɪk ‖ nɪk/ *noun* [C] a small cut in sth 缺口；凹痕

(IDIOMS 习语) **in good, bad, etc nick** (*Brit*

slang 英，俚语) in a good, bad, etc state or condition 情况良好/不妙…
in the nick of time only just in time 正好及时；刚来得及: *The ambulance arrived in the nick of time.* 救护车及时到达。
nick *verb* [T] to make a nick or small cut in sb/sth 使（某人/某物）有缺口或凹痕
nick² /nɪk ‖ nɪk/ *noun* **the nick** [sing] (*Brit slang* 英，俚语) prison 监狱
nick *verb* [T] (*Brit slang* 英，俚语) **1 nick sb (for sth)** to arrest sb 逮捕/拘捕（某人）**2 nick sth (from sb/sth)** to steal sth（从…）偷某物
nickel /'nɪkl ‖ 'nɪkl̩/ *noun* **1** [U] (*symbol* 符号 **Ni**) a hard silver-white metal that is often mixed with other metals 镍 **2** [C] an American or Canadian coin that is worth five cents（美国或加拿大的）五分钱币
nickname /'nɪkneɪm ‖ 'nɪkˌnem/ *noun* [C] an informal name that is used instead of your own name, usually by your family or friends 诨名；绰号；外号
nicotine /'nɪkəti:n ‖ 'nɪkəˌtin/ *noun* [U] the poisonous chemical substance in tobacco 尼古丁
☆**niece** /ni:s ‖ nis/ *noun* [C] the daughter of your brother or sister; the daughter of your husband's or wife's brother or sister 侄女；甥女 ☛ Look at **nephew**. 参看 **nephew**。
nigger /'nɪgə(r) ‖ 'nɪgɚ/ *noun* [C] an extremely offensive word for a black person 黑鬼/老黑（指黑人，带有强烈的侮辱成分）
niggle /'nɪgl ‖ 'nɪgl̩/ *verb* **1** [I] to pay too much attention to things that are not very important 过分为小事操心: *It's not worth niggling over a few pence.* 不值得为区区几便士过分计较。**2** [T] to annoy or worry sb 使某人烦恼/忧虑: *His untidy habits really niggled her.* 他那些不顾整洁的习惯实在使她厌恶。
niggling /'nɪglɪŋ ‖ 'nɪglɪŋ/ *adj* not very serious (but that does not go away) 不太严重（但挥之不去的）: *I've still got niggling doubts about whether we've done the right thing.* 对于我们是否做得对，我仍有些不放心。
☆**night** /naɪt ‖ naɪt/ *noun* [C,U] **1** the part of the day when it is dark and when most people sleep 夜；夜晚: *The nights are short in the summer.* 夏天夜短。○ *a dark night* 天色阴暗的晚上 ○ *We will be away for a few nights.* 我们将会离开几晚。○ *Did you sleep well last night?* 昨夜你睡得安稳吗？○ *a sleepless night* 失眠的夜晚 ○ *The baby cried all night long.* 婴孩整夜都在哭。○ *It's a long way home. Why don't you stay the night?* 回家的路很远。你为什么不留下来过夜呢？○ *Owls come out at night.* 猫头鹰昼伏夜出。**2** the time between late afternoon and when you go to bed 晚上（由黄昏至上床睡觉的一段时间）: *Let's go out on Saturday night.* 我们星期六晚上一起出去玩吧。○ *He doesn't get home until 8 o'clock at night.* 直至晚上8时他才回家。○ *I tried to phone Nigel last night but he was out.* 昨晚我打电话找奈杰尔，但他不在。☛ Note the use of different prepositions with **night**. 与 **night** 连用的介词有多个。**At** is most common 最常见的是 **at**: *I'm not allowed out after 11 o'clock at night.* 晚上11时后，不准我外出。**By** is used about something that you usually do in the daytime * **by** 用于通常为日间做的事情: *They slept by day and travelled by night.* 他们日间睡觉，夜间上路。**in/during** the night is usually used for the night that has just passed * **in/during** 常用于刚过了的晚上: *I woke up twice in the night.* 我昨晚醒了两次。**On** is used when you are talking about one particular night * **on** 用于所提及的某一晚: *On the night of Saturday 30 June.* 在6月30日星期六晚。**Tonight** means the night or evening that will come next * **tonight** 指即将来临的晚上或傍晚: *Where are you staying tonight?* 你今晚在哪儿过夜？
(IDIOMS 习语) **an early/a late night** an evening when you go to bed earlier/later than usual 早睡/晚睡的夜晚
a night out an evening that you spend away from home enjoying yourself 在外玩一晚
in the/at dead of night ⇨ DEAD
good night (said late in the evening, before you go home or before you go to sleep 傍晚回家或睡觉前说的) 晚安
nightly *adj, adv* (done or happening) every night 每夜/每晚（的）: *You can see the play nightly, except Sundays, at the Abbey Theatre.* 除了星期天晚上之外，每晚都可在阿比剧场看到这出戏剧。
'**nightclub** *noun* [C] a place where you can go to eat, drink, dance, etc until late at night 夜总会
'**nightdress** (*also* 亦作 '**nightgown**, *informal* 非正式 **nighty**; **nightie** (*pl* **nighties**)) *noun* [C] a loose dress that a girl or woman wears in bed（女性穿的）睡衣
'**night-life** *noun* [U] the entertainment that is available at night in a particular place 夜生活: *It's a small town with very little night-life.* 那是个小城镇，夜生活很少。
'**night school** *noun* [C] a place where adults can go to classes in the evening 夜校
'**night-time** *noun* [U] the time when it is dark 夜间: *Many women are afraid to go out at night-time.* 很多妇女害怕夜间外出。
ˌ**night-'watchman** *noun* [C] (*pl* **night-watchmen**) a person who guards a building at night（建筑物的）夜间警卫/守卫人员
nightingale /'naɪtɪŋgeɪl; *US* 美 -tng- ‖ 'naɪtn̩ˌgel/ *noun* [C] a small brown bird that sings very beautifully 夜莺（一种叫声悦耳的棕色小鸟）
nightmare /'naɪtmeə(r) ‖ 'naɪtˌmɛr/ *noun* [C] **1** a dream that is frightening 恶梦；梦魇: *I had a terrible nightmare last night.* 昨晚我做了一个可怕的恶梦。**2** something that is very unpleasant or frightening 令人极不愉快或可怕的事物: *Travelling in the rush-hour can be a real nightmare.* 在上下班繁忙时间的奔波真可怕。
☆**nil** /nɪl ‖ nɪl/ *noun* [U] nothing (used especially about the score in a game) 无/零（尤指游戏或比赛中的分数）: *We won by one goal to nil.* 我们以一比零取胜。☛ Look at the note at **zero**. 参看 **zero** 的注释。

N

N

nimble /ˈnɪmbl ‖ ˈnɪmbḷ/ *adj* able to move quickly and lightly 灵巧；敏捷: *For a large person she's very nimble on her feet.* 以一个体型大的人而言，她的腿脚算是很敏捷。—**nimbly** /ˈnɪmblɪ ‖ ˈnɪmblɪ/ *adv*

☆**nine** /naɪn ‖ naɪn/ *number* 9; one more than eight 九 ☛ For examples of how to use numbers in sentences, look at **six**. 有关数字在句子中的实际用法，参看 **six**。

(IDIOM 习语) **nine to five** the hours that you work in most offices 通常的办公时间；早九晚五: *a nine-to-five job* 一份早九晚五的工作

ninth /naɪnθ ‖ naɪnθ/ *pron, det, adv* 9th; next after eighth 第九

ninth *pron, noun* [C] the fraction ⅑; one of nine equal parts of sth 九分之一 ☛ Look at the examples at **sixth**. 参看 **sixth** 的示例。

☆**nineteen** /ˌnaɪnˈtiːn ‖ naɪnˈtin/ *number* 19; one more than eighteen 十九 ☛ For examples of how to use numbers in sentences, look at **six**. 有关数字在句子中的实际用法，参看 **six**。

nineteenth /ˌnaɪnˈtiːnθ ‖ naɪnˈtinθ/ *pron, det, adv* 19th; next after eighteenth 第十九 ☛ Look at the examples at **sixth**. 参看 **sixth** 的示例。

☆**ninety** /ˈnaɪntɪ ‖ ˈnaɪntɪ/ *number* 90; one more than 89 九十 ☛ For examples of how to use numbers in sentences, look at **sixty**. 有关数字在句子中的实际用法，参看 **sixty**。

ninetieth /ˈnaɪntɪəθ ‖ ˈnaɪntɪəθ/ *pron, det, adv* 90th; next after 89th 第九十 ☛ Look at the examples at **sixth**. 参看 **sixth** 的示例。

nip /nɪp ‖ nɪp/ *verb* (ni**pp**ing; ni**pp**ed) **1** [I,T] to bite or pinch sb/sth lightly 轻咬/轻捏/轻拧（某人/某物）: *The dog nipped him on the ankle.* 那狗轻咬他的踝部。**2** [I] (*informal* 非正式) to move quickly; to hurry 赶快到某处；赶紧；急忙: *She nipped round to the shops for some bread and milk.* 她急忙赶去商店买些面包和牛奶。

nipple /ˈnɪpl ‖ ˈnɪpḷ/ *noun* [C] **1** the dark hard part in the centre of a woman's breast from which a baby drinks milk（女性的）乳头/奶头 **2** the similar part on a man's chest（男性的）乳头

nit /nɪt ‖ nɪt/ *noun* [C] **1** the egg of a small insect that lives in the hair of people or animals 虮子（寄生在人或动物的毛发上的虱子虫卵）**2** (*informal* 非正式) (*especially Brit* 尤为英) a silly person 傻瓜；笨蛋

ˈ**nit-picking** *adj, noun* [U] paying too much attention to small, unimportant details 吹毛求疵；挑剔

nitrogen /ˈnaɪtrədʒən ‖ ˈnaɪtrədʒən/ *noun* [U] (*symbol* 符号 **N**) a gas that has no colour, taste or smell. Nitrogen forms about 80% of the air around the earth. 氮；氮气

nitty-gritty /ˌnɪtɪˈgrɪtɪ ‖ ˌnɪtɪˈgrɪtɪ/ *noun* [sing] **the nitty-gritty** (*informal* 非正式) the most important facts, not the small or unimportant details 最重要的事实；关键实情

☆**no** /nəʊ ‖ no/ *det* **1** not any; not a 没有；不: *I have no time to talk now.* 我现在没有时间谈。○ *No two days are the same.* 没有两天是相同的。○ *No visitors may enter without a ticket.* 无票的人士不得进入。○ *He's no friend of mine.* 他不是我的朋友。○ *There are no jobs for school-leavers in the town.* 这城市没有适合离校生的工作。○ *No news is good news.* 没有消息就是好消息。**2** (used for saying that sth is not allowed 表示不准许) 不准；禁止: *No smoking.* 不准吸烟。○ *No flash photography.* 不准用闪光灯拍照。○ *No parking.* 不准停放车辆。

no *interj* **1** (used for giving a negative reply or statement 用于否定的答复或陈述): *'Are you ready?' 'No, I'm not.'* "你准备好没有？" "没有，我未准备好。" ○ *'Would you like something to eat?' 'No, thank you. I'm not hungry.'* "你要吃点东西吗？" "不要了，谢谢你。我不饿。" ○ *'Can I borrow the car?' 'No, you can't.'* "我可以借用那辆车吗？" "不，不可以。" ○ *It's about 70 – no, I'm wrong – 80 kilometres from London.* 大约离伦敦70公里，不，应该是80公里才对。○ *No! Don't touch it. It's very hot.* 嘿！不要碰，很烫的。☛ You can also use **no** when you want to agree with a negative statement 同意一个否定陈述时，也可用 **no**: *'This programme's not very good.' 'No, you're right. It isn't.'* "这节目不太好。" "你说得对。不太好。" **2** (used for expressing surprise or shock 表示惊奇或震惊): *'Mike's had an accident.' 'Oh, no!'* "迈克出了意外。" "啊呀，我的天！"

no *adv* not any 毫不；毫无: *Alice is feeling no better this morning.* 艾丽斯今早并不觉得好过一些。○ *Applications must be returned no later than 31 July.* 申请表须于7月31日前交回。

ˈ**no man's land** *noun* [U] land between two armies in a war, between two frontiers, etc（战争中两方防线之间的）无人区域/地带

ˈ**no one** *pron* = NOBODY

nobility /nəʊˈbɪlətɪ ‖ noˈbɪlətɪ/ *noun* **1** [U] the quality of being noble 高贵；高尚；崇高 **2 the nobility** [sing, with sing or pl verb] the group of people who belong to the highest social class 贵族

noble /ˈnəʊbl ‖ ˈnobḷ/ *adj* **1** honest; brave; that other people should admire 高尚；崇高: *They made a noble effort in the face of many difficulties.* 面对重重困难，他们仍然勇往直前。**2** belonging to the highest social class, with a title 属于贵族: *a noble family* 贵族家庭

noble *noun* [C] (in former times 古时) a person who belonged to the highest social class 贵族 ☛ Look at **peer**. 参看 **peer**。—**nobly** /ˈnəʊblɪ ‖ ˈnoblɪ/ *adv*: *He nobly sacrificed his own happiness for that of his family.* 他牺牲自己的快乐，换取家人的幸福。

☆**nobody** /ˈnəʊbədɪ ‖ ˈnobədɪ/ (*also* 亦作 **no one** /ˈnəʊwʌn ‖ ˈnoˌwʌn/) *pron* no person; not anybody 没有（任何）人: *He screamed but nobody came to help him.* 他尖声呼叫，但没有人来帮他。○ *No one else was around.* 附近没有人。○ *There was nobody at home.* 家里没有人。☛ **None of**, not **nobody**, must be used before words like *the, his, her, those*, etc or before a pronoun ＊ the、his、her、those 等词或代词的前面一定要用 **none of**，而不是 **nobody**: *Nobody remembered my birthday.*

没有人记得我的生日。○ *None of my friends remembered my birthday.* 我的朋友没有一个记得我的生日。○ *I've asked all my classmates but nobody is free.* 我问过我所有的同学，但没有人有空。○ *None of them are free.* 他们没有一个有空。

nobody *noun* [C] (*pl* **nobodies**) a person who is not very important 小人物；无足轻重的人: *Do you want to be a nobody all your life?* 你是不是想庸庸碌碌过一辈子？

nocturnal /nɒk'tɜ:nl ‖ nɑk'tɝnl̩/ *adj* **1** happening in the night 夜间发生: *a nocturnal adventure* 夜间冒险行动 **2** (used about animals and birds 用于动物及鸟类) awake and active at night 夜间出没/活动: *Owls are nocturnal birds.* 猫头鹰是夜间出没的鸟类。

☆**nod** /nɒd ‖ nɑd/ *verb* (no**dd**ing; no**dd**ed) [I,T] to move your head down and then up again quickly as a way of saying 'yes' or as a greeting or a sign 点头（以表示同意、打招呼或作为信号）: *'Would you like to come too?' he asked. She nodded and slowly got up.* "你也来吗？"他问道。她点点头，慢慢地站起来。○ *Everybody at the meeting nodded in agreement.* 会议上每人都点头表示同意。○ *Nod your head if you understand what I'm saying and shake it if you don't.* 明白我说的话就点点头，不明白就摇摇头。○ *We nodded to each other across the room.* 我们在房间两头分别向对方点头。○ *'Somebody will have to do it,' she said, nodding in my direction.* "反正一定要有人干的。"她一边说，一边朝着我这边点头。—**nod** *noun* [C]: *Give him a nod to show that you recognize him.* 向他点头以表示你认得他。

☆**noise** /nɔɪz ‖ nɔɪz/ *noun* [C,U] something that you hear; a sound, especially one that is loud, unpleasant or unwanted 噪音；喧闹声: *Did you hear a noise downstairs?* 你听见楼下的声音没有？○ *Try not to make a noise if you come home late.* 如果你回家晚了，不要太吵。○ *What an awful noise!* 多么刺耳的声音！○ *Why is the engine making so much noise?* 发动机为什么这样响？

noiseless *adj* making no sound 无声；寂静 —**noiselessly** *adv*

☆**noisy** /'nɔɪzɪ ‖ 'nɔɪzɪ/ *adj* (**noisier**; **noisiest**) making a lot of or too much noise; full of noise 喧闹；吵闹；充满噪音: *The clock was so noisy that it kept me awake.* 那钟太吵了，使我不能入睡。○ *Are small boys noisier than girls?* 小男孩是不是比小女孩吵闹呢？○ *We live on a very noisy road.* 我们住在一条十分喧闹的道路旁边。☛ Look at the note at **loud**. 参看 **loud** 的注释。—**noisily** /-ɪlɪ ‖ -ɪlɪ/ *adv*

nomad /'nəʊmæd ‖ 'nomæd/ *noun* [C] a member of a tribe that travels around to find grass for its animals instead of living in one place 游牧部落的人 —**nomadic** /nəʊ'mædɪk ‖ no'mædɪk/ *adj*

nominal /'nɒmɪnl ‖ 'nɑmənl̩/ *adj* **1** being sth in name only but not in reality 名义上；有名无实；挂名: *the nominal leader of the country* (= sb else is really in control) 国家名义上的领导人 **2** (used about a price, sum of money, etc 指价钱、金额等) very small; less than is normal 微不足道；很少；远低于实际价值: *Because we were friends he only charged me a nominal fee.* 由于我们是朋友，他只是象征性地收了我少许费用。

nominate /'nɒmɪneɪt ‖ 'nɑmə,net/ *verb* [T] **1 nominate sb/sth (for/as sth)** to suggest that sb/sth should be considered for an official position 提名: *I would like to nominate Don Jones as chairman.* 我提名唐·琼斯为主席。○ *The novel has been nominated for the Booker prize.* 这本小说获提名为布克奖的候选作品。**2 nominate sb (to/as sth) (to do sth)** to choose sb/sth for a position 任命；委派: *You may nominate a representative to speak for you.* 你可以指定一位代表代你发言。

nomination /ˌnɒmɪ'neɪʃn ‖ ˌnɑmə'neʃən/ *noun* [C,U] a formal suggestion that sb should be considered for an official position; the appointment of sb to such a position 提名；任命: *The closing date for nominations is September 8th.* 提名的截止日期是9月8日。○ *The film has received 10 Oscar nominations.* 这部电影获得10项奥斯卡金像奖提名。○ *His nomination as leader of the party was announced this morning.* 今天早上宣布了提名他为该党领袖。

nominee /ˌnɒmɪ'ni: ‖ ˌnɑmə'ni/ *noun* [C] a person who is suggested or chosen for a position 获得任命/提名的人

non-aligned /ˌnɒn ə'laɪnd ‖ ˌnɑnə'laɪnd/ *adj* (used about a country 指国家) not supporting any major country or group of countries 不结盟

nonchalant /'nɒnʃələnt ‖ 'nɑnʃələnt/ *adj* not feeling or showing interest or excitement; seeming calm 漠不关心；冷淡；貌似冷静 —**nonchalance** /-ləns ‖ -ləns/ *noun* [U] —**nonchalantly** *adv*

noncommittal /ˌnɒnkə'mɪtl ‖ ˌnɑnkə'mɪtl̩/ *adj* not saying or showing exactly what you think, or what you are going to do 不表态；不明确表示

nonconformist /ˌnɒnkən'fɔ:mɪst ‖ ˌnɑnkən'fɔrmɪst/ *noun* [C] a person who behaves or thinks differently from most other people in society 与社会上一般人的行为或想法不同的人；反传统者；不墨守成规的人 —**nonconformist** *adj*

nondescript /'nɒndɪskrɪpt ‖ 'nɑndɪˌskrɪpt/ *adj* not very interesting; dull 平淡无奇；枯燥乏味

☆**none** /nʌn ‖ nʌn/ *pron* not any, not one (of a group of three or more) 全无；（三个或以上之中）一个也没有: *'Could you pass me the wine, please?' 'I'm afraid there's none left.'* "请你把那瓶酒递给我好吗？""恐怕瓶里已没有酒了。"○ *They gave me a lot of information but none of it was very helpful.* 他们给我很多资料，但全部都不是太有用的。○ *I've got four brothers but none of them live/lives nearby.* 我有四个兄弟，但没有一个住在附近。○ *'Have you brought any books to read?' 'No, none.'* "你有没有带书来看？""没有，一本也没有。"○ *I went to several shops but none had what I was looking for.* 我去过几家商店，但全都没有我要找的东西。☛ When we use **none of** with a

N

plural noun, the verb can be singular, which is formal, or plural, which is informal * **none of** 与复数名词连用时较正式的说法宜用单数动词，非正式的说法可用复数动词: *None of the trains is/are going to London.* 这些火车没有一列是去伦敦的。When we are talking about two people or things we use **neither** not **none** 指两个人或两件事物时要用 **neither**，而不是 **none**: *Neither of my brothers lives nearby.* 我两个兄弟都不住在附近。Note the difference between **none** and **no** 注意 **none** 与 **no** 的分别: *I told him that I had no money left.* 我告诉他我的钱都花光了。○ *When he asked me how much money I had left, I told him that I had none.* 他问我还剩下多少钱，我说一个钱也不剩了。

(IDIOM 习语)**none the worse** ⇨ WORSE

none *adv* (with *the* and a comparative adjective 与 the 及比较级形容词连用) not at all 毫不；一点也不: *We talked for a long time but I'm still none the wiser* (= I don't know any more than before). 我们谈了很久，但我仍不明白。

nonetheless /ˌnʌnðəˈles ‖ nʌnðəˈlɛs/ (*also* 亦作 **ˌnone the ˈless**) *adv* anyway; in spite of what has just been said 无论如何；虽然如此: *It won't be easy but they're going to try nonetheless.* 那是不会容易的，但无论如何他们都会试试。☛ **Nevertheless** has the same meaning. * **nevertheless** 表示相同的意思。

non-existent /nɒnɪgˈzɪstənt ‖ ˌnɑnɪgˈzɪstənt/ *adj* not existing or not available 不存在；没有: *In some areas public transport is completely non-existent.* 有些地区完全没有公共交通工具。

non-fiction /ˌnɒnˈfɪkʃn ‖ ˌnɑnˈfɪkʃən/ *noun* [U] writing that is about real people, events and facts 非虚构作品；写实文学/作品

nonplussed /ˌnɒnˈplʌst ‖ nɑnˈplʌst/ *adj* very surprised or confused 十分惊奇；极其困惑

☆**nonsense** /ˈnɒnsns; *US* 美 -sens ‖ ˈnɑnsɛns/ *noun* [U] **1** something that sb says or writes that is not true or is just silly 胡说；废话；不真实的话或文章: *What you're saying is nonsense.* 你说的真是一派胡言。○ *My father thinks people talk a lot of nonsense about health foods and fitness.* 父亲认为人们说的有关健康食品及健康的话都是一派胡言。○ *I'm hopeless at sport,' said Tim. 'Nonsense!' said his mother, 'You're very good.'* "我在运动方面没有希望。"蒂姆说。"胡说！"他的母亲说，"你很不错啊。" ○ *I think that newspaper article is absolute nonsense.* 我认为报纸上的那篇文章完全是胡说八道。**2** foolish or bad behaviour 愚蠢或恶劣的行为: *The headmaster doesn't allow any nonsense.* 校长不准任何人胡闹。

nonsensical /nɒnˈsensɪkl ‖ nɑnˈsɛnsɪkl̩/ *adj* not intelligent or sensible; stupid 荒谬；愚蠢: *That was a completely nonsensical thing to say.* 说那种话真荒唐。

non-smoker /ˌnɒnˈsməʊkə(r) ‖ nɑnˈsmokɚ/ *noun* [C] a person who does not smoke 不抽烟的人 —**ˌnon-ˈsmoking** *adj*: *Would you like a seat in the smoking or the non-smoking part of the plane?* 你想要不禁烟还是禁烟的飞机舱位呢？

non-starter /ˌnɒnˈstɑːtə(r) ‖ ˌnɑnˈstɑrtɚ/ *noun* [C] a person, plan or idea that has no chance of success 没有成功机会的人/计划/主意

non-stick /ˌnɒnˈstɪk ‖ nɑnˈstɪk/ *adj* (used about a pan, etc 指平底锅等) covered with a substance that prevents food from sticking to it 不粘食物；易清洗的

non-stop /ˌnɒnˈstɒp ‖ ˌnɑnˈstɑp/ *adj*, *adv* without a stop or a break 直达；中途不停: *a non-stop flight to Bombay* 直飞孟买的班机 ○ *The 9.30 train goes non-stop to Manchester.* * 9时30分那班火车直开曼彻斯特。○ *He talked non-stop for two hours about his holiday.* 他滔滔不绝地谈论自己的假期达两小时。

non-violence /ˌnɒnˈvaɪələns ‖ nɑnˈvaɪələns/ *noun* [U] the refusal to use force to bring about political or social change（以）非暴力方式（争取政治/社会改革）—**nonviolent** /-lənt ‖ -lənt/ *adj*

noodle /ˈnuːdl ‖ ˈnudl̩/ *noun* [C, usually pl] long thin pieces of pasta (= food made of flour, egg and water) that are cooked in boiling water or used in soups 面条

nook /nʊk ‖ nʊk/ *noun* [C] a small quiet place or corner (in a house, garden, etc)（房子、花园等的）偏僻处/角落

(IDIOM 习语) **every nook and cranny** every part of a place（一处地方的）每个角落

☆**noon** /nuːn ‖ nun/ *noun* [U] 12 o'clock in the middle of the day; midday 正午；中午: *At noon the sun is at its highest point in the sky.* 中午时太阳位于天空的最高点。○ *They arrived around noon and stayed all afternoon.* 他们大约在中午到达，逗留了整个下午。

noose /nuːs ‖ nus/ *noun* [C] **1** a circle that is tied in the end of a rope and that can be made tighter or looser 活结；索套 **2** a circle like this in a rope that is used for hanging a person（绞刑用的）绞索

☆**nor** /nɔː(r) ‖ nɔr/ *conj*, *adv* **1** (used after *neither* or *not* 用于 neither 或 not 后) and not 也不；也没: *I received neither a telephone call nor a letter during the whole six months.* 我在整整六个月内没有接到一个电话，也没有收过一封信。○ (*formal* 正式) *Not a building nor a tree was left standing.* 地面上没有剩下一座建筑物，甚至一棵树。**2** (used after a negative statement to add some further information 用于否定句后以提供补充资料) also not 也没有: *The sun hardly shone at all during the first week. Nor during the second, for that matter.* 第一个星期差不多完全没有阳光，第二个星期也没有。**3** (used before a positive verb to agree with sth negative that has just been said 用于肯定式动词前，以表示同意刚才所说的否定句) also not; neither 也没有；两者也不: *'I don't like football.' 'Nor do I.'* "我不喜欢足球。""我也不喜欢。" ○ *'I couldn't afford to stay there.' 'Nor could I.'* "我负担不起留在那里。""我也负担不起。" ○ *'We haven't been to America.' 'Nor have we.'* "我们没有到过美国。""我们也没有。"

norm /nɔːm ‖ nɔrm/ *noun* [C] (often with *the* 常与 the 连用) a pattern of behaviour that is normal or expected（行为的）常规/规范/标准: *Is it the norm in your country for children to* *leave home before they marry?* 你们国家里，子女在结婚前离家自立是不是普遍现象呢？

☆**normal** /ˈnɔːml ‖ ˈnɔrml̩/ *adj* **1** usual, ordinary or what you expect 通常；正常；平常: *I'll pick you up at the normal time.* 我会在平常的时间来接你。○ *If you need to see a doctor outside normal surgery hours, ring the following number.* 如果你需要在正常门诊以外的时间看医生，请拨下列号码。○ *I just want to lead a normal life again.* 我只想重新过正常的生活。○ *We're just a normal respectable family.* 我们只是一个平常的规矩人家。○ *It's quite normal to feel angry in a situation like this.* 在这种处境之下生气是很正常的。○ *The amount of traffic was described as normal for a holiday weekend.* 就周末假期来说，这交通流量已算正常。○ *Under normal circumstances the meeting would only have lasted an hour.* 在正常情形下，会议只会开一个钟头。**2** (used about a person or animal 指人或动物) formed or developed in the usual way 发育正常；发展正常；正常: *The child was completely normal at birth.* 这小孩出生时完全正常。☛ Look at **abnormal**. 参看 **abnormal**。

normal *noun* [U] the usual or average state, level, standard, etc 正常/一般（状态、水平、标准等）: *Your temperature is slightly above normal.* 你的体温比正常高了一点。○ *I hope the situation will soon return to normal.* 我希望这情况会很快恢复正常。○ *Things are back to normal at work now.* 一切都已回复正常运作了。

normality /nɔːˈmæləti ‖ nɔrˈmæləti/ (*US* 美 **normalcy** /ˈnɔːmlsi ‖ ˈnɔrml̩si/) *noun* [U] the state of being normal 正常状态

normalize (*also* 亦作 **normalise**) /ˈnɔːməlaɪz ‖ ˈnɔrml̩ˌaɪz/ *verb* [I,T] (*formal* 正式) to become or make sth normal, good or friendly again 使正常；回复常态

normally /ˈnɔːməli ‖ ˈnɔrml̩i/ *adv* **1** usually 通常: *I normally leave the house at 8 o'clock.* 我通常在8时离家。○ *We don't normally have people round to dinner.* 我们很少邀请人家来家里吃饭。○ *Normally he gets the bus.* 他一般都坐这班公共汽车。**2** in a usual or an ordinary way 平常地；正常地: *The man wasn't behaving normally.* 那男子的行为有些不寻常。

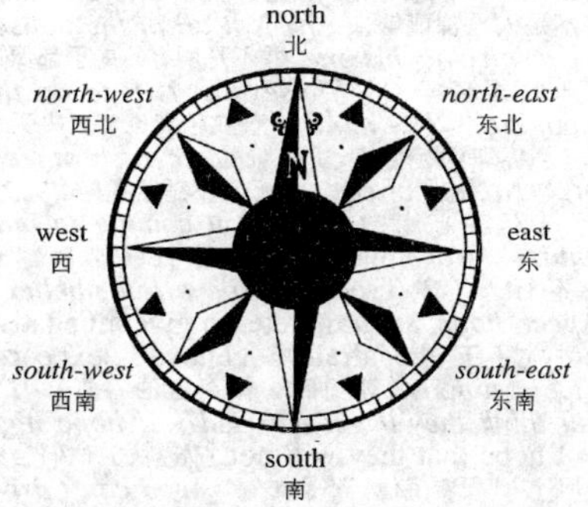

☆**north** /nɔːθ ‖ nɔrθ/ *noun* [sing] (*abbr* 缩写 **N**) **1** (*also* 亦作 **the north**) one of the four main points of the compass; the direction that is on your left when you face the sunrise 北；北方: *cold winds from the north* 从北方吹来的寒风 ○ *Which way is north?* 哪个方向是北面？**2 the north**; **the North** the part of any country, city, etc that lies further towards the north than other parts（国家、城市等的）北部: *Leeds is in the North of England.* 利兹位于英格兰北部。○ *I live in the north of London.* 我居住在伦敦北部。

north (*also* 亦作 **North**) *adj* in or towards the north, or from the north 在北方；向北方；从北方来: *The new offices will be in North Oxford.* 新的办事处将位于北牛津。○ *The north wing of the castle was destroyed in a fire.* 古堡的北翼遭大火烧毁了。○ *a cold north wind* 寒冷的北风

north *adv* to or towards the north 向北方；朝北: *We got onto the motorway going north instead of south.* 我们进入了高速公路向北延伸的路段，而不是向南。○ *The house faces north.* 这房子朝北。○ *Is Leeds north of Manchester?* 利兹是不是在曼彻斯特的北面呢？

northerly /ˈnɔːðəli ‖ ˈnɔrðərli/ *adj* **1** to, towards or in the north 向/朝/在北: *Keep going in a northerly direction.* 向着北面继续前进。**2** (used about a wind 指风) coming from the north 从北方吹来

northward /ˈnɔːθwəd ‖ ˈnɔrθwərd/ *adj* towards the north 向北: *in a northward direction* 向北方

northward (*also* 亦作 **northwards**) *adv* towards the north 向北: *Continue northwards out of the city for about five miles.* 出了城继续向北走大约五英里。

ˈ**northbound** *adj* travelling or leading towards the north 向北走；通往北面: *the northbound carriageway of the motorway* 高速公路上通往北面的车行道

ˌ**north-ˈeast** *noun* [sing] (*abbr* 缩写 **NE**) **1** (*also* 亦作 **the north-east**) the direction or point of the compass that is between north and east 东北；东北方 **2 the north-east**; **the North-East** a region that is towards the north-east 东北部: *the North-East of France* 法国的东北部

ˌ**north-ˈeast** *adj*, *adv* in, from or to the north-east of a place or country 在东北；自东北；向东北: *the north-east coast of England* 英格兰的东北海岸 ○ *If you look north-east you can see the sea.* 向东北方望去，可以看见大海。

ˌ**north-ˈeasterly** *adj* **1** towards the north-east 向东北: *in a north-easterly direction* 向东北的方向 **2** (used about a wind 指风) coming from the north-east 从东北方吹来

ˌ**north-ˈeastern** /-ˈiːstən ‖ -ˈistərn/ *adj* in or from the north-east of a place or country 在/来自东北部: *north-eastern Africa* 非洲的东北部

ˌ**north-ˈeastward** /-ˈiːstwəd ‖ -ˈistwərd/ (*also* 亦作 ˌ**north-ˈeastwards**) *adv* towards the north-east 向东北: *Follow the A619 north-eastward.* 沿着A619号公路向东北面走。

the ˌ**North** ˈ**Pole** *noun* [sing] the point on the earth's surface which is furthest north 北极 ☛ picture at **earth**. 见 **earth** 插图。

ˌ**north-ˈwest** *noun* [sing] (*abbr* 缩写 **NW**)

N

1 (*also* 亦作 **the north-west**) the direction or point of the compass that is between north and west 西北；西北方 **2 the north-west**; **the North-West** a region that is towards the north-west 西北部: *the North-West of France* 法国的西北部

ˌ**north-ˈwest** *adj*, *adv* in, from or to the north-west of a place or country 在西北；自西北；向西北: *the north-west coast of Scotland* 苏格兰的西北海岸 ○ *If you look north-west you can see the sea.* 向西北方望去，可以看见大海。

ˌ**north-ˈwesterly** *adj* **1** towards the north-west 向西北: *in a north-westerly direction* 向西北的方向 **2** (used about a wind 指风) coming from the north-west 从西北方吹来

ˌ**north-ˈwestern** /-ˈwestən ‖ -ˈwɛstərn/ *adj* in or from the north-west of a place or country 在/来自西北部: *north-western Australia* 澳大利亚的西北部

ˌ**north-ˈwestward** /-ˈwestwəd ‖ -ˈwɛstwərd/ (*also* 亦作 ˌ**north-ˈwestwards**) *adv* towards the north-west 向西北: *Follow the A40 north-westward.* 沿着西北面的A40号公路走。

☆**northern** (*also* 亦作 **Northern**) /ˈnɔːðən ‖ ˈnɔrðərn/ *adj* of, in or from the north of a place 北部的；在北部；来自北部: *She has a northern accent.* 她有北方的口音。○ *in northern Australia* 在北澳大利亚 ○ *the northern hemisphere* 北半球

northerner (*also* 亦作 **Northerner**) /ˈnɔːðənə(r) ‖ ˈnɔrðərnər/ *noun* [C] a person who was born in or who lives in the northern part of a country 在（一国的）北部出生/居住的人

northernmost /-məʊst ‖ -most/ *adj* furthest north 最北；极北

☆**nose**[1] /nəʊz ‖ noz/ *noun* [C] **1** the part of the face, above the mouth, that is used for breathing and smelling 鼻；鼻子: *a broken nose* 受伤的鼻子 ○ *He received a nasty blow on the nose.* 他被人在鼻子上重击一拳。○ *This medicine should stop your nose running.* 这药应可制止你流鼻涕。○ *Breathe in through your nose and out through your mouth.* 用鼻子尽力吸气，然后用口慢慢呼出。○ *Picking your nose is not a nice habit.* 掏鼻子不是好习惯。☛ The adjective is **nasal**. 形容词为 **nasal**。**2** the front part of sth, especially an aeroplane（飞机等的）前端/突出部分: *The nose of the plane was badly damaged.* 飞机的前端严重毁坏。

(IDIOMS 习语) **blow your nose** ⇨ BLOW[1]

look down your nose at sb/sth to think that you are better than sb; to think that sth is of poor quality 小看或藐视某人/某事物

poke/stick your nose into sth to interfere in sth when you should not 干预不应该干预的事；好管闲事: *He's always poking his nose into other people's business!* 他总爱干预别人的事。

turn your nose up at sth to refuse sth because you do not think it is good or do not like it 瞧不起

-nosed (in compounds 用以构成复合词) having a nose of the type mentioned 有个…的鼻子: *red-nosed* 红鼻子 ○ *runny-nosed* 不住流鼻涕的

ˈ**nosebleed** *noun* [C] a time when a lot of blood comes from your nose 鼻出血

ˈ**nosedive** *verb* [I] to make a fast drop downwards towards the ground 俯冲: *All of a sudden the plane nosedived.* 那飞机突然俯冲下去。—ˈ**nosedive** *noun* [C]

nose[2] /nəʊz ‖ noz/ *verb* [I] to go forward slowly and carefully 小心地慢慢前进: *The bus nosed out into the line of traffic.* 那辆公共汽车小心翼翼，慢慢地驶入车流里去了。

(PHRASAL VERB 短语动词) **nose about/around** (*informal* 非正式) to look around a private place trying to find sth interesting（在私人地方）搜索/寻找有趣的东西

nosey (*also* 亦作 **nosy**) /ˈnəʊzɪ ‖ ˈnozɪ/ *adj* (**nosier**; **nosiest**) too interested in other people's affairs 好管闲事

nostalgia /nɒˈstældʒə ‖ nɑˈstældʒə/ *noun* [U] a feeling of affection, mixed with sadness, for things that are in the past 怀旧；缅怀过去 —**nostalgic** /nɒˈstældʒɪk ‖ nɑˈstældʒɪk/ *adj* —**nostalgically** /-klɪ ‖ -klɪ/ *adv*

nostril /ˈnɒstrəl ‖ ˈnɑstrəl/ *noun* [C] one of the two openings at the end of the nose 鼻孔 ☛ picture on page A21. 见第A21页插图。

☆**not** /nɒt ‖ nɑt/ *adv* **1** (used to form the negative with verbs like *be*, *can*, *do*, *have*, *must*, *will*, etc and often shortened to *n't* in speech and informal writing 与 be、can、do、have、must、will 等动词连用，以构成否定式，在口语及非正式的书面语中缩写为 n't) 不；没有: *It's not/it isn't raining now.* 现在没有下雨。○ *He's not coming/He isn't coming.* 他不会来。○ *I'm not coming.* 我不会来。○ *I cannot/can't see from here.* 我在这里看不到。○ *You shouldn't have said that.* 你不应该说那些话。○ *He didn't invite me.* 他没有邀请我。○ *Don't you like spaghetti?* 你不喜欢意大利面条吗？○ *I hope she will not/won't be late.* 我希望她不会迟到。○ *You're German, aren't you?* 你是德国人，是吗？**2** (used to give the following word or phrase a negative meaning or to reply in the negative 用于为后接的词语加上否定的意思或给予否定的答复): *He told me not to telephone.* 他叫我不要打电话。○ *I remember her but not her sister.* 我记得她，但不记得她的妹妹。○ *Not everybody was able to come.* 并不是人人都能够来。○ *Not all of the houses are as nice as this one.* 并不是所有的房子都像这座一样漂亮。○ *'Whose turn is it to do the shopping?' 'Not mine.'* "现在轮到谁负责去买东西？" "不是我。" ○ *'Do you see each other a lot?' 'No, not often.'* "你们是不是经常见面呢？" "不，不常见。" ○ *'Are you coming to play tennis?' 'Not now.'* "你来不来打网球？" "现在不行。" **3** (used after *be afraid*, *believe*, *expect*, *hope*, *suppose*, etc, to give a negative reply 用于 be afraid、believe、expect、hope、suppose 等词后，作否定的答复): *'Do you think they'll get married?' 'I hope not.'* (= I hope that they will not.) "你认为他们会结婚吗？" "我希望他们不会。" ○ *'You can't drive all that way alone.' 'I suppose not.'* "你不能单独开车走完全程。" "我想不能。" ○ *'Did you see her?' 'I'm afraid not.'* "你有没有见过她？" "我

恐怕没有。" **4** (used with *or* to give a negative possibility 与 or 连用，表示否定的可能性) 或不: *Shall we tell her or not?* 我们要告诉她，还是不告诉她呢？ ○ *I don't know if he's telling the truth or not.* 我不知道他说的是真话还是假话。 **5** (used for saying that sth is not possible or that you do not want to do sth 表示不可能或不想做某事): *'Can I borrow £20?' 'Certainly not!'* "我可不可向你借20英镑？" "当然不行！" ○ *'Are you coming to the theatre with us?' 'I'd rather not, if you don't mind.'* "你与我们一起去看戏吗？" "我不想去，如果你不介意的话。" **6** (used for showing that you mean the opposite of the word or phrase that follows 表示与后接的词语相反的意思): *It's not easy* (= it's difficult). 那不容易。

(IDIOMS 习语) **not at all 1** (a way of saying 'no' or 'not' * no 或 not 的另一种说法) 一点也不: *'Do you mind if I come too?' 'Not at all.'* "如果我也来你会介意吗？" "一点也不。" ○ *The instructions are not at all clear.* 指示一点也不清楚。 **2** (a way of replying when sb has thanked you 别人道谢时用于回应) 别客气；不用谢: *'Thanks for the present.' 'Not at all, don't mention it.'* "谢谢你的礼物。" "别客气，不用谢了。"

not only... (but) also (used for emphasizing the fact that there is something more 用于强调还有其他事物) 不但/不仅…而且/还…: *They not only have two houses in London, they also have one in France.* 他们不但在伦敦有两座房子，在法国还有一座。

notable /'nəʊtəbl ‖ 'notəbḷ/ *adj* deserving to be noticed; interesting or important 值得注意；显著；有趣；重要: *The area is notable for its scenery and wildlife.* 这个地区以风景和野生生物而著名。

notably /'nəʊtəblɪ ‖ 'notəblɪ/ *adv* (used for giving an especially important example of what you are talking about 用于举出鲜明的例子): *Many countries, notably Denmark, have refused to sign the agreement.* 很多国家，最明显的是丹麦，已拒绝签订协议。

notch /nɒtʃ ‖ nɑtʃ/ *noun* [C] **1** a cut in an edge or surface in the shape of a V *（V字形）凹口/凹痕 **2** a level on a scale of quality 等；级；水平: *This meal is certainly a notch above the last one we had here.* 这顿饭显然比我们上次在这里吃的那顿好。

notch *verb*

(PHRASAL VERB 短语动词) **notch sth up** to score or achieve sth 赢得；达到: *Lewis notched up his best ever time in the 100 metres.* 刘易斯在100米赛跑中取得他从来未有过的最佳成绩。

☆**note**[1] /nəʊt ‖ not/ *noun* **1** [C] a short letter 便条；简短的信: *This is just a note to thank you for having us all to stay.* 这短笺只为表示感谢你让我们在你家留宿。 **2** [C] some words that you write down quickly to help you remember sth 笔记；随笔: *I'd better make a note of your name and address.* 我最好还是记下你的姓名和住址。 ○ *Keep a note of who has paid and who hasn't.* 记录谁人已付钱，谁人还没有。 ○ *The lecturer advised the students to take* (= write down) *notes while he was speaking.* 讲师提议学生在他讲课的时候记笔记。 **3** [C] a short explanation or extra piece of information that is given at the back of a book, etc or at the bottom or side of a page 注释；注解；补充说明；按语: *an edition of Shakespeare with student's notes* 附有学生注解的莎士比亚作品集 ○ *See note 5, page 340.* 见第340页，注释5。 ☛ Look at **footnote**. 参看 **footnote**。 **4** [C] (*also* 亦作 **'banknote**; *US* 美 **bill**) a piece of paper money 纸币；钞票: *I'd like the money in £10 notes, please.* 这些钱请给我10英镑面额的纸币。 ☛ picture at **money**. 见 **money** 插图。 **5** [C] a single musical sound made by a voice or an instrument（一个）音: *I can only remember the first few notes of the song.* 我只记得那首歌开头的几个音。 ○ *high/low notes* 高/低音 **6** [C] a written sign that represents a musical sound 音符 **7** [sing] (something that suggests) a certain quality or feeling 调子；口气；声调: *There was a note of embarrassment in her voice.* 她的声调中显得有些尴尬。 ○ *The meeting ended on a rather unpleasant note.* 会议结束时的气氛很不愉快。

(IDIOM 习语) **compare notes (with sb)** ☞ COMPARE

'notebook *noun* [C] a small book in which you write things that you want to remember 笔记簿

'notepad *noun* [C] some sheets of paper in a block that are used for writing notes(2) on 笔记本；记事手册: *I always keep a notepad by the telephone.* 我总是在电话旁放一个便条本。

'notepaper *noun* [U] paper that you write letters on 信纸；信笺；便条纸: *a sheet of notepaper* 一张信纸

☆**note**[2] /nəʊt ‖ not/ *verb* [T] **1** to notice or be aware of sth 注意；留意: *He noted a slight change in her attitude towards him.* 他留意到她对他的态度有细微改变。 ○ *Note the fine detail in the painting.* 注意那幅画的细节。 **2** to mention sth 提及；谈到: *I'd like to note that the project has so far been extremely successful.* 我想提一下，这计划到目前为止极为成功。

(PHRASAL VERB 短语动词) **note sth down** to write sth down so that you remember it 记录/记下某事: *The policeman noted down the girl's description of the man.* 警察记下女孩对那名男子的描述。

noted *adj* **noted (for/as sth)** (*formal* 正式) well-known; famous（以…）著名/知名: *The hotel is noted for its food.* 那旅馆以美食驰名。

'noteworthy *adj* deserving to be noticed; interesting or important 值得注意；显著；有趣；重要

☆**nothing** /'nʌθɪŋ ‖ 'nʌθɪŋ/ *pron* not anything; no thing 什么也没有；没有东西: *There's nothing in this suitcase.* 这手提箱内什么也没有。 ○ *Nothing exciting ever happens to me.* 我从来没有遇到过什么令人兴奋的事情。 ○ *There's nothing to do here.* 这里没什么可做。 ○ *There was nothing else to say.* 没有别的要说。 ○ *'What's the matter?' 'Oh, nothing.'* "什么事啊？" "啊，没什么事。" ○ *'Thank you*

N

so much for all your help.' 'It was nothing.' (= nothing of any importance) “很感谢你的帮助。”“小意思！小意思！” ☛ Look at the note at **zero**. 参看 **zero** 的注释。

(IDIOMS 习语) **be/have nothing to do with sb/sth** to have no connection with sb/sth 与某人/某事物无关: *That question has nothing to do with what we're discussing.* 那个问题与我们正讨论的事无关。○ *Put my diary down – it's nothing to do with you* (= you do not have the right to look at it). 把我的日记簿放下——那与你无关。

come to nothing ⇨ COME

for nothing **1** for no good reason or with no good result 无缘无故；没有结果: *His hard work was all for nothing.* 他的努力付诸东流。**2** for no payment; free 不需付款；免费: *Children under four are allowed in for nothing.* 四岁以下的儿童可免费入场。

nothing but only 仅仅；只是: *He was wearing nothing but a pair of swimming trunks.* 他只穿着游泳裤。

(there's) nothing to it (it's) very easy（那）很容易: *You'll soon learn – there's nothing to it really.* 你很快便会知道那其实是很容易的。

there is/was nothing for it (but to do sth) there is/was no other action possible 没有其他可行的办法: *There was nothing for it but to resign.* 别无他法，惟有辞职。

☆**notice** /ˈnəʊtɪs ‖ ˈnotɪs/ *noun* **1** [C] a written statement giving information or news that is put where everybody can read it 通告；启事: *There's a notice on the board saying that the meeting has been cancelled.* 布告板上的通告说会议已经取消了。**2** [U] a warning that sth is going to happen 警告；通知: *I can't produce a meal at such short notice!* 这么迟才通知我，我没办法做出一顿饭来的！○ *I wish you had given me more notice that you were going on holiday.* 你应预先通知我你要休假了。○ *The swimming pool is closed until further notice* (= until we are told that it will open again). 游泳池已经关闭，直至另行通知。○ *We've been given a month's notice to leave the flat* (= we have been told we must leave in a month). 我们接到一个月内要迁走的通知。○ *My boss has given me a month's notice* (= told me to leave my job in a month). 我上司给我一个月后解雇的通知。○ *She handed in her notice last week* (= a letter saying that she is going to leave her job). 她上星期递交了离职通知书。

(IDIOMS 习语) **come to sb's notice** (*formal* 正式) be seen or heard by sb 某人看见/听到: *It has come to my notice that you have missed a lot of classes.* 我已经注意到你多次缺课。

take notice (of sth) to act in a way that shows that you know sth is important 注意/关注（重要的事情）: *The protests are finally making the government take notice.* 抗议行动最终引起了政府关注。

take no notice/not take any notice (of sb/sth) to pay no attention (to sb/sth) 不注意或不理会（某人/某事物）: *Take no notice of what he said – he was just being silly.* 不要理会他所说的话——他只是一时糊涂。○ *Some people don't take any notice of speed limits.* 有些人完全不顾速度限制。☛ If you **don't notice** something, eg a speed limit, it means that you don't see it at all. * **don't notice** 表示没有注意到，例如速度限制等。However if you **don't take any notice** of it, it means that you see it but you choose to ignore it. * **don't take any notice** 表示知道某事但不加理会。

notice *verb* [I,T] to see and be aware of sth 注意到；察觉: *'What kind of car was the man driving?' 'I'm afraid I didn't notice.'* “那个男子驾着什么类型的车呢？”“对不起，我没有留意到。”○ *Did you notice her eyes? They were the most brilliant blue.* 你有没有留意她的眼睛？是很明亮的蓝色。○ *I noticed (that) he was carrying a black briefcase.* 我看见他提着黑色公事包。○ *Did you notice which direction she went in?* 你有没有留意到她向哪个方向走去？○ *We didn't notice him leave/him leaving.* 我们没有注意到他离去。

noticeable /-əbl ‖ -əbl̩/ *adj* easy to see or notice 显而易见；容易察觉: *The scar from the accident was hardly noticeable.* 那次意外造成的伤痕并不显眼。○ *a noticeable difference* 显而易见的差别 —**noticeably** /-əblɪ ‖ -əblɪ/ *adv*

ˈ**notice-board** (*US* 美 ˈ**bulletin board**) *noun* [C] a board on a wall for putting notices(1) on 布告板

notify /ˈnəʊtɪfaɪ ‖ ˈnotəˌfaɪ/ *verb* [T] (*pres part* **notifying**; *3rd pers sing pres* **notifies**; *pt*, *pp* **notified**) **notify sb (of sth)** to inform sb (about sth) officially（就某事）正式通知某人: *The police should be notified of the theft.* 应该把那次失窃事件报告警方。○ *You must notify your landlady that you intend to leave.* 你必须通知女房东你打算迁出。—**notification** /ˌnəʊtɪfɪˈkeɪʃn ‖ ˌnotəfəˈkeʃən/ *noun* [C,U]

notion /ˈnəʊʃn ‖ ˈnoʃən/ *noun* [C] something that you have in your mind; an idea 概念；印象；见解；想法: *I had a vague notion that I had seen her before.* 我有一个模糊的印象，我以前曾经见过她。○ *You seem to have no notion of how difficult it is going to be.* 你好像完全想像不到那将会是何等困难。

notional /-ʃənl ‖ -ʃənl̩/ *adj* existing only in the mind; based on a guess not a real figure 概念/想像/猜想/假设性质的: *The figures I gave you were only notional.* 我给你的数字只是一种假设。

notoriety /ˌnəʊtəˈraɪətɪ ‖ ˌnotəˈraɪətɪ/ *noun* [U] the state of being famous for sth bad 臭名；恶名；狼藉的声名

notorious /nəʊˈtɔːrɪəs ‖ noˈtɔrɪəs/ *adj* **notorious (for/as sth)** well-known for sth bad（因…）臭名远扬/声名狼藉: *a notorious drug dealer* 声名狼藉的毒品贩子 ○ *This road is notorious for the number of accidents on it.* 这条路因交通意外频仍而著称。—**notoriously** *adv*: *The British are notoriously bad at learning languages.* 英国人学习语言能力之差是人所共知的。

notwithstanding /ˌnɒtwɪθˈstændɪŋ ‖ ˌnɑtwɪθˈstændɪŋ/ *prep* (*formal* 正式) without being affected by; in spite of 尽管；虽然: *The plane landed on time, notwithstanding the terrible* *weather conditions.* 尽管天气恶劣，飞机仍然准时着陆。

notwithstanding *adv* (*formal* 正式) anyway; in spite of this 无论如何；虽然如此: *He was advised against the deal, but went ahead notwithstanding.* 别人建议他放弃该项交易，尽管如此，他还是进行了。

nought /nɔ:t ‖ nɔt/ *noun* [C] the figure 0 ＊ 0；零: *We say 0·1 'nought point one'.* ＊ 0.1 就说 nought point one。
(IDIOM 习语) **noughts and crosses** a game for two players that is played with a pencil and paper. Each person tries to win by writing three 0s or three Xs in a line. 划圈打叉游戏（参与游戏的双方分别在井字图形上画○或×，最先把三个相同符号连成直线的一方胜出）

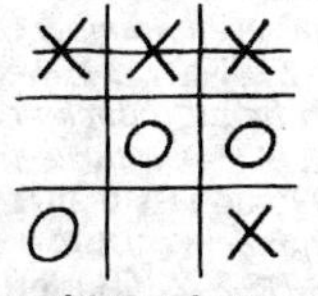

noughts and crosses 划圈打叉游戏

☆**noun** /naʊn ‖ naʊn/ *noun* [C] (*grammar* 语法) a word that is the name of a person, place, thing or idea 名词: *'Jane', 'London', 'table' and 'happiness' are all nouns.* ＊ Jane、London、table、happiness 都是名词。 ☛ Look at **countable** and **uncountable**. 参看 **countable** 及 **uncountable**。

nourish /ˈnʌrɪʃ ‖ ˈnʌrɪʃ/ *verb* [T] **1** to give a person or animal the right kind of food so that they can grow and be healthy 给予食物/养分使健康生长 **2** (*formal* 正式) to allow a feeling or belief to grow stronger 让（感觉、信念等）继续发展

nourishment *noun* [U] food that you need to stay healthy 食物；养料

☆**novel**[1] /ˈnɒvl ‖ ˈnɑvl̩/ *noun* [C] a book that tells a story about people and events that are not real 小说: *the novels of Charles Dickens* 查尔斯·狄更斯的小说 ○ *a romantic novel* 浪漫小说

novelist /ˈnɒvəlɪst ‖ ˈnɑvl̩ɪst/ *noun* [C] a person who writes novels 小说家

novel[2] /ˈnɒvl ‖ ˈnɑvl̩/ *adj* new and different 新颖；创新: *That's a novel idea! Let's try it.* 这意念有创新！我们试试吧。

novelty /ˈnɒvltɪ ‖ ˈnɑvl̩tɪ/ *noun* (*pl* **novelties**) **1** [U] the quality of being new and different 新颖；创新；新鲜感: *The novelty of her new job soon wore off.* 她那份新工作的新鲜感很快便消失了。 **2** [C] something new and unusual 新奇的事物: *It was quite a novelty not to have to get up at 7 o'clock.* 不需要7点钟起床，我有一种很新奇的感觉。 **3** [C] a small, cheap object that is sold as a toy or souvenir 小巧而廉价的玩具/纪念品

☆**November** /nəʊˈvembə(r) ‖ noˈvɛmbɚ/ *noun* [C,U] (*abbr* 缩写 **Nov**) the eleventh month of the year, coming before December 十一月 ☛ For examples of the use of the months in sentences, look at **January**. 有关句子中月份的用例，参看 **January**。

novice /ˈnɒvɪs ‖ ˈnɑvɪs/ *noun* [C] a person who is new and without experience in a certain job, situation, etc; a beginner 生手；新手；初学者

☆**now** /naʊ ‖ naʊ/ *adv* **1** (at) the present time 现在；如今；当今；目前: *We can't go for a walk now – it's pouring with rain.* 外面正下着大雨，我们不能去散步。 ○ *Where are you living now?* 你现在住在哪里？ ○ *It's too late now to do anything about it.* 事到如今，做什么都太迟了。 ○ *From now on the nights will be getting longer.* 从现在起，夜会越来越长。 ○ *I've been living with my parents until now.* 直至现在我仍然与父母同住。 ○ *Up till now we haven't been able to afford a house of our own.* 到目前为止，我们仍没有能力拥有自己的房子。 ○ *He will be on his way home by now.* 这个时候他应该在回家途中。 ○ *You must go to the doctor right now.* 你得立即找医生看病。 **2** because of what has happened 由于发生了某事；因此: *I've lost my pen. Now I'll have to buy a new one.* 我遗失了钢笔，所以我得买一枝新的。 **3** (used to introduce a new subject or to emphasize a request, command, etc, or while pausing to think 用以引出新话题、加强一项要求、命令等，也在停下来思索时用): *Now this is how it all began.* 整件事就是这样开始的。 ○ *Now listen to what he's saying.* 请留心听他说些什么。 ○ *Be quiet, now!* 喂！肃静。 ○ *Now, let me think.* 好了，让我想想。 ☛ **Now then** is also used 用 **now then** 亦可: *Now then, are there any questions?* 好了，有没有问题？ ○ *Now then, what was I saying?* 好了，我说到哪儿啦？
(IDIOMS 习语) **(every) now and again/then** occasionally 时而；偶尔: *We see each other now and then, but not very often.* 我俩偶尔会见面，但不是经常见面。
just now ⇨ JUST[2]

now *conj* **now (that)...** because of the fact that 由于；既然: *Now (that) the children have left home we can move to a smaller house.* 既然子女都搬了出去，我们可以搬到一所比较小的房子住。

☆**nowadays** /ˈnaʊədeɪz ‖ ˈnaʊəˌdez/ *adv* at the present time (when compared with the past) 现今/现在（与过去相比）: *I don't go to London much nowadays* (= but I did in the past). 我现在不常去伦敦。

☆**nowhere** /ˈnəʊweə(r); *US* 美 -hweər ‖ ˈnoˌhwɛr/ *adv* not anywhere; (in or to) no place 没有任何地方；不在或不到任何地方/位置: *I'm afraid there's nowhere to stay in this village.* 我恐怕在这村里没有地方留宿。 ○ *There's nowhere interesting to go round here.* 这里没有什么特别的地方可以去。 ○ *It's so hot I'm getting nowhere with this work* (= making no progress). 天气太热了，我这工作毫无进展。 ○ *'Don't leave the car there!' 'There's nowhere else to park it.'* "不要把车留在那里！" "没有其他的地方可以停车了。"
(IDIOM 习语) **nowhere near** ⇨ NEAR[2]

noxious /ˈnɒkʃəs ‖ ˈnɑkʃəs/ *adj* (*formal* 正式) harmful or poisonous 有害；有毒: *noxious gases* 有害气体

nozzle /ˈnɒzl ‖ ˈnɑzl̩/ *noun* [C] a narrow tube that is put on the end of a pipe, etc to control the liquid or gas coming out 喷管；喷嘴

nuance /ˈnju:ɑ:ns; *US* 美 ˈnu:- ‖ ˈnuɑns/ *noun*

N

[C] a very small difference in meaning, feeling, sound, etc（意义、感觉、声音等的）细微差别

☆**nuclear** /ˈnjuːklɪə(r); *US* 美 ˈnuː ‖ ˈnuklɪɚ/ *adj* **1** connected with the nucleus of an atom 与原子核有关: *nuclear physics* 原子核物理学 **2** connected with the energy that is produced when the nucleus of an atom is split 与核能/原子能有关: *nuclear energy* 核能 ○ *a nuclear-power station* 核电厂 ○ *nuclear weapons* 核武器 ☛ The opposite is **non-nuclear**. 反义词为 **non-nuclear**。Look at **atomic**. 参看 **atomic**。

ˌ**nuclear disˈarmament** *noun* [U] stopping the use and development of nuclear weapons 核裁军

ˌ**nuclear-ˈfree** *adj* not having or allowing nuclear weapons or nuclear energy 没有或不准有核武器/核能；无核: *This town has been declared a nuclear-free zone.* 这个市镇已宣布为无核区。

ˌ**nuclear ˈreactor** (*also* 亦作 **reactor**) *noun* [C] a very large machine that produces nuclear energy 核反应堆

nucleus /ˈnjuːklɪəs; *US* 美 ˈnuː- ‖ ˈnuklɪəs/ *noun* [C] (*pl* **nuclei** /-klɪaɪ ‖ -klɪaɪ/) **1** the central part of an atom 原子核；核子 **2** the central or most important part of sth（某事物的）核心/中心/最重要部分

nude /njuːd; *US* 美 nuːd ‖ nud/ *adj* not wearing any clothes 裸体；全裸 ☛ Look at **bare** and **naked**. 参看 **bare** 及 **naked**。

nude *noun* [C] a picture or photograph of a person who is not wearing clothes 裸体画或照片

(IDIOM 习语) **in the nude** not wearing any clothes 赤裸裸；赤身裸体

nudist /-ɪst ‖ -ɪst/ *noun* [C] a person who likes to be nude, often in groups with other people 裸体主义者: *a nudist beach* 天体海滩

nudity /ˈnjuːdətɪ; *US* 美 ˈnuː- ‖ ˈnudətɪ/ *noun* [U] the state of being nude 裸体；赤裸

nudge /nʌdʒ ‖ nʌdʒ/ *verb* [T] to touch or push sb/sth with your elbow 用肘轻碰或轻推 —**nudge** *noun* [C]: *to give sb a nudge* 用肘轻推某人一下

☆**nuisance** /ˈnjuːsns; *US* 美 ˈnuː- ‖ ˈnusn̩s/ *noun* [C] a person, thing or situation that annoys you or causes you trouble 令人讨厌或引致麻烦的人/事物/情况: *My pen's run out. What a nuisance!* 我的钢笔墨水用完了，真恼人！○ *I'm sorry to be a nuisance, but could you change my appointment to next Thursday?* 要麻烦你，我很抱歉，你可不可以把我预约好的时间改为下星期四呢？

null /nʌl ‖ nʌl/ *adj*

(IDIOM 习语) **null and void** (*formal* 正式) not valid in law 法律上无效/无约束力

numb /nʌm ‖ nʌm/ *adj* not able to feel anything; not able to move 麻木；失去感觉: *My fingers were numb with cold.* 我的手指冻僵了。○ *I'll give you an injection and the tooth will go completely numb.* 我给你打一针，那颗牙便会完全失去知觉。○ *He was numb with fear.* 他惊得发呆。

numb *verb* [T] to make sb/sth numb 使麻木；使失去知觉: *The whole family was numbed and shocked by the news.* 全家人都给那消息吓得目瞪口呆。—**numbness** *noun* [U]: *The numbness should wear off after a few hours.* 几小时后那麻痹的感觉便会逐渐消失。

☆**number** /ˈnʌmbə(r) ‖ ˈnʌmbɚ/ *noun* **1** [C] a word or symbol that indicates a quantity 数；数目；数字: *Choose a number between ten and twenty.* 在十至二十之间选一个数字。○ *2 is an even number and 3 is an odd number.* ＊2是双数，3是单数。○ *Thirteen is considered to be an unlucky number.* 十三被视为不吉祥的数字。○ *a three-figure number* (= more than 99 and less than 1 000) 一个三位数 ○ *high/low numbers* 大/小数目 ○ *cardinal/ordinal numbers* 基/序数 **2** [C] a group of numbers that is used to identify sb/sth 号码；编号: *What is the number of your car?* 你的车牌号是什么？○ *a telephone number* 电话号码 **3** [C,U] a quantity or amount 数额；数量: *a large number of visitors* 大批来宾 ○ *Pupils in the school have doubled in number in recent years.* 近年来学校的学生数目已多了一倍。○ *a number of questions* (= several) 几个问题 ○ *We must reduce the number of accidents in the home.* 我们一定要减低家庭意外事件的数字。☛ When **number** has an adjective before it, it is always followed by a plural verb ＊ **number** 前有形容词，后面应接复数动词: *A small number of pupils study Latin.* 有少数学生修读拉丁文。**4** [C] (*abbr* 缩写 **No**; **no**) (used before a number to show the position of sth in a series 用于数字前，表示所排列的位置): *We live in Croft Road, at number 25.* 我们住在克罗夫特路25号。○ *room no 347* ＊347号房间 ○ *No 10 (Downing Street) is the official home of the British Prime Minister.*（唐宁街）10号是英国首相的官邸。**5** [C] a copy of a magazine, newspaper, etc（杂志、报纸等的）一期: *Back numbers of 'New Scientist' are available from the publishers.* 过期的《新科学家》杂志可向出版社去买。**6** [C] (*informal* 非正式) a song or dance 一支歌曲/舞曲

(IDIOMS 习语) **any number of** very many 很多；许多: *There are any number of language schools in Oxford.* 牛津有很多语言学校。

in round figures/numbers ⇨ ROUND[1]

opposite number ⇨ OPPOSITE

number *verb* **1** [T] to give a number to sth 给…编号: *It's a country lane and the houses are not numbered.* 那是乡间小路，房子没有编号。**2** [I] (used for expressing how many people or things there are 用以表示数量) 计有；为数: *Our forces number 40 000.* 我们的军队总数有40 000人。

ˈ**number-plate** (*US* 美 **license plate**) *noun* [C] the sign on the front and back of a vehicle that gives its registration number 牌照号码牌（放在车辆前后）

numeral /ˈnjuːmərəl; *US* 美 ˈnuː- ‖ ˈnumərəl/ *noun* [C] a sign or symbol that represents a quantity 数目字；数字: *Roman numerals* 罗马数目字

numerate /ˈnjuːmərət; *US* 美 ˈnuː- ‖ ˈnumərɪt/ *adj* having a good basic knowledge of mathematics 懂数学的；有良好基本数学知识的 ☛ Look at **literate**. 参看 **literate**。

numerical /nju:ˈmerɪkl; *US* 美 nu:- ‖ nuˈmɛrɪkl/ *adj* of or shown by numbers 数字的；用数字表示的: *to put sth in numerical order* 按数目次序排列某事物

numerous /ˈnju:mərəs; *US* 美 ˈnu:- ‖ ˈnumərəs/ *adj* (*formal* 正式) very many; existing in large quantities 很多；为数众多

nun /nʌn ‖ nʌn/ *noun* [C] a woman who has left the ordinary world and has gone to live in a religious community (**convent**) 尼姑；修女（女修道院叫做 **convent**）☛ Look at **monk**. 参看 **monk**。

☆**nurse**[1] /nɜ:s ‖ nɝs/ *noun* [C] a person whose job is to look after sick or injured people 护士；护理员: *a trained nurse* 受过专门训练的护士 ○ *a male nurse* 男护士 ○ *Nurse Mills* 米尔斯护士

> ☛ A **community** or **district** nurse visits sick people in their homes to give them the care that they need. 社区/地区护士 (**community/district** nurse) 到病人家中提供护理服务。A **health visitor** is a nurse who gives help and advice to parents of babies and young children. 访视护士 (**health visitor**) 为婴儿及幼儿的家长提供协助及有关照顾孩子的知识。

nurse[2] /nɜ:s ‖ nɝs/ *verb* [T] **1** to take care of sb who is sick or injured 照料/护理（患病或受伤的人）: *She nursed her mother until she died in 1969.* 她母亲在1969年逝世之前，一直由她照料。**2** to hold sb/sth in a loving way 搂；搂抱: *He nursed the child in his arms.* 他把小孩搂在怀里。**3** (*formal* 正式) to think a lot about sth 心里常存有某种感觉/想法: *Dan had long nursed the hope that Paula would marry him.* 丹尼尔一直都希望葆拉会嫁给他。

nursing *noun* [U] the job of being a nurse 护理专业；护理工作: *She has decided to go into nursing.* 她决定从事护理工作。

ˈ**nursing-home** *noun* [C] a small private hospital, often for old people（通常私营而以老人为对象的）疗养院

☆**nursery** /ˈnɜ:sərɪ ‖ ˈnɝsərɪ/ *noun* [C] (*pl* **nurseries**) **1** a place where small children and babies are looked after so that their parents can go to work 托儿所 ☛ Look at **crèche**. 参看 **crèche**。**2** a place where young plants are grown and sold 苗圃；幼苗培育场

ˈ**nursery rhyme** *noun* [C] a traditional poem or song for children 童谣；儿歌

ˈ**nursery school** *noun* [C] a school for children aged from three to five 幼儿园/幼稚园（为三至五岁的儿童而设）☛ Look at **kindergarten**. 参看 **kindergarten**。

☆**nut** /nʌt ‖ nʌt/ *noun* [C] **1** a dry fruit that consists of a hard shell with a seed (**kernel**) inside. Many types of nut may be eaten 干果；

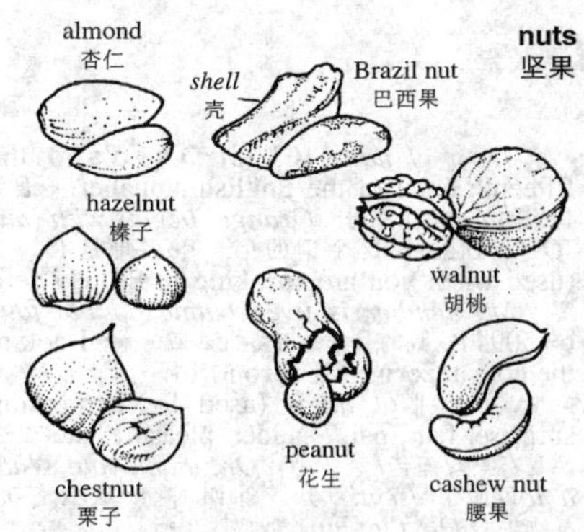

坚果；硬壳果（里面的仁叫做 **kernel**）: *chopped hazelnuts and almonds* 碎榛子及杏仁 **2** a six-sided piece of metal with a round hole in the middle through which you screw a long round piece of metal (**bolt**). Nuts and bolts are used for fixing things together 螺母/螺帽（中间有圆形空心部分的六角形金属环，可与螺栓 (**bolt**) 啮合以固定物件）: *Tighten the nut with a spanner.* 用扳子拧紧螺帽。**3** (*Brit slang* 英，俚语) the head 头；脑袋 **4** (*also* 亦作 **nutter**) (*slang* 俚语) a mad or foolish person 疯子；傻瓜

(IDIOM 习语) **do your nut** (*Brit slang* 英，俚语) to be very angry 大发雷霆；震怒

nutty *adj* (**nuttier**; **nuttiest**) **1** containing or tasting of nuts 含有坚果；有坚果味 **2** (*slang* 俚语) mad or foolish 疯；愚蠢

ˈ**nutcrackers** *noun* [plural] a tool that you use for breaking open the shell of a nut 坚果夹子；硬壳果夹子

ˈ**nutshell** /-ʃel ‖ -ʃɛl/ *noun*

(IDIOM 习语) **in a nutshell** using few words 概括地说；总而言之: *That, in a nutshell, is the answer to your question.* 概括地说，那就是你问题的答案。

nutmeg /ˈnʌtmeg ‖ ˈnʌtmɛg/ *noun* [C,U] a type of spice, used for giving flavour to food 肉豆蔻（用于调味）

nutrition /nju:ˈtrɪʃn; *US* 美 nu:- ‖ nuˈtrɪʃən/ *noun* [U] the food that you eat and the way that it affects your health 营养；营养品: *Good nutrition is essential for children's growth.* 营养充足对于儿童的成长非常重要。

nutritious /nju:ˈtrɪʃəs; *US* 美 nu:- ‖ nuˈtrɪʃəs/ *adj* (used about a food 指食物) very good for you 有益健康

nuzzle /ˈnʌzl ‖ ˈnʌzl̩/ *verb* [T] to press or rub sb/sth gently with the nose 用鼻轻压/轻擦

nylon /ˈnaɪlɒn ‖ ˈnaɪlɑn/ *noun* [U] a very strong man-made material that is used for making clothes, rope, brushes, etc 尼龙: *The blouse is 50% nylon.* 这件衬衫含百分之五十尼龙。

O o

O

O, o /əʊ ‖ o/ *noun* [C] (*pl* **O's**; **o's**) **1** the fifteenth letter of the English alphabet 英语字母表的第十五个字母: *'Orange' begins with (an) 'O'.* * orange 这个词的第一个字母是 O。**2** (used when you are speaking 用于口语) zero 零: *My number is five O nine double four* (= 50944). 我的号码是五零九四四。☛ Look at the note at **zero**. 参看 **zero** 的注释。

O, Oh /əʊ ‖ o/ *interj* (used for expressing surprise, fear, pain, sudden pleasure, etc 表达惊讶/恐惧/痛苦/惊喜…): *Oh, thank you! What a lovely present!* 啊，谢谢你！多么好的礼物！○ *Oh, that hurt.* 哎哟，很痛。

oak /əʊk ‖ ok/ *noun* **1** (*also* 亦作 **'oak-tree**) [C] a type of large tree with hard wood that is common in many northern parts of the world 橡树 **2** [U] the wood from the oak tree 橡木: *a solid oak table* 用实心橡木制成的桌子

> ☛ The fruit of the oak is an **acorn**. 橡树的果实叫 **acorn**。

oar /ɔ:(r) ‖ ɔr/ *noun* [C] a long pole that is flat at one end and that is used for moving a small boat through water (**rowing**) 桨（用于划船(**rowing**)）☛ Look at **paddle**. 参看 **paddle**。

oasis /əʊ'eɪsɪs ‖ o'esɪs/ *noun* [C] (*pl* **oases** /-si:z ‖ -siz/) a place in the desert where there is water and where plants grow 绿洲（沙漠中有水和植物的地方）

oath /əʊθ ‖ oθ/ *noun* [C] **1** a formal promise 誓言；誓约；誓: *They have to swear an oath of loyalty.* 他们要进行忠诚宣誓。**2** a word or words that are very impolite and that you use when you are really angry 诅咒语；咒骂语 ☛ **Swear-word** is more common nowadays. 现在 **swear-word** 比 oath 更为常用。

(IDIOM 习语) **be on/under oath** to have made a formal promise to tell the truth in a court of law 已经宣誓（在法庭上作出正式承诺要说真话）

oats /əʊts ‖ ots/ *noun* [plural] a type of grain that is used as food for people and animals 燕麦: *porridge oats* 燕麦粥

☆**obedient** /ə'bi:dɪənt ‖ ə'bidɪənt/ *adj* doing what you are told to do 服从；顺从；听话: *He was an obedient child and never caused any problems.* 他是个听话的孩子，从来没有惹什么麻烦。☛ The opposite is **disobedient**. 反义词为 **disobedient**。—**obedience** /-əns ‖ -əns/ *noun* [U]: *unquestioning obedience* 绝对的服从 —**obediently** *adv*

☆**obey** /ə'beɪ ‖ ə'be/ *verb* [I,T] to do what you are told to do 服从；顺从；听从: *Soldiers are trained to obey orders.* 军人受过训练要服从命令。☛ The opposite is **disobey**. 反义词为 **disobey**。

obituary /ə'bɪtʃʊərɪ; *US* 美 -tʃʊerɪ ‖ ə'bɪtʃʊˌɛrɪ/ *noun* [C] (*pl* **obituaries**) an article about a person's life that is printed in a newspaper soon after he/she has died 讣告；讣闻

☆**object**[1] /'ɒbdʒɪkt ‖ 'ɑbdʒɪkt/ *noun* [C] **1** a thing that can be seen and touched 物体；实物；物件: *The shelves were filled with objects of all shapes and sizes.* 架子上放满了形状大小不同的物件。**2 the object of sth** a person or thing that causes a feeling, interest, thought, etc 引起某种感觉/兴趣/思想…的人或事物；对象 **3** an aim or purpose 目标；目的: *Making money is his sole object in life.* 赚钱是他生活的惟一目标。**4** (*grammar* 语法) the noun or phrase describing the person or thing that is affected by the action of a verb 宾语（受动词影响，用于形容人或物的名词或短语）☛ In the sentences: *I sent a letter to Moira* ○ *I sent Moira a letter* 'a letter' is the **direct** object of the verb and 'Moira' is the **indirect** object. 在句子 I sent a letter to Moira/I sent Moira a letter 中，a letter 是动词的直接宾语 (**direct** object)，Moira 是间接宾语 (**indirect** object)。

(IDIOM 习语) **money, etc no object** money, etc is not important or is no problem 金钱等不重要/不成问题: *They always buy the best. Money is no object.* 他们一向都买最好的东西，金钱对他们来说不成问题。

☆**object**[2] /əb'dʒekt ‖ əb'dʒɛkt/ *verb* **1** [I] **object (to sb/sth)** to not like or to be against sb/sth 不喜欢或反对（某人/某事物）: *Many people object to the new tax.* 很多人反对新的税项。**2** [T] to say that you do not like sth or to say that sth is wrong 表示不喜欢/反对；指（某事）不对/错: *'I think that's unfair,' he objected.* "我认为那不公平。"他反对说。

objector *noun* [C] a person who objects to sth 反对者

☆**objection** /əb'dʒekʃn ‖ əb'dʒɛkʃən/ *noun* [C,U] a statement or feeling that you do not like or are against sb/sth 表示或感觉不喜欢/反对/不同意: *We listed our objections to the proposed new road and sent them to the council.* 对于建议修筑的新道路，我们已列出反对的理由呈交给议会。○ *My parents have no objection to our marriage.* 对于我们结婚的事，我父母不反对。

objectionable /əb'dʒekʃənəbl ‖ əb'dʒɛkʃənəbl̩/ *adj* very unpleasant 令人非常不快/讨厌

objective[1] /əb'dʒektɪv ‖ əb'dʒɛktɪv/ *adj* not influenced by your own personal feelings (= based only on facts) 不带个人感情，只根据事实；客观: *Please try and give an objective report of what happened.* 请就所发生的事情尽量作客观的报告。○ *It's hard to be objective about your own strengths and weaknesses.* 要客观地看自己的优点和缺点是很困难的。☛ The opposite is **subjective**. 反义词为 **subjective**。—**objectively** *adv*: *He is too upset to see things objectively.* 他太心烦意乱，不能客观地作出判断。—**objectivity** /ˌɒbdʒek'tɪvətɪ ‖ ˌɑbdʒɛk'tɪvətɪ/ *noun* [U]

objective[2] /əb'dʒektɪv ‖ əb'dʒɛktɪv/ *noun* [C] your aim or purpose 目标；目的: *Our objective is to finish by the end of the year.* 我们的目标

就是在年底前完成工作。○ *to achieve your objective* 达到你的目标

obligation /ˌɒblɪˈgeɪʃn ‖ ˌɑbləˈgeʃən/ *noun* **1** [C] something that you must do because it is your duty or because you promised to do it 分内应做/基于承诺而应做的事；义务；责任: *We have a moral obligation to help people who are in need.* 我们有道义上的责任帮助需要帮助的人。**2** [U] having to do sth because it is your duty 负有责任；应履行义务: *Unfortunately the shop is under no obligation to give you your money back* (= they do not have to give you your money back). 遗憾的是那家商店并没有义务把钱退还给你。

obligatory /əˈblɪgətrɪ; *US* 美 -tɔːrɪ ‖ əˈblɪgəˌtɔrɪ/ *adj* (*formal* 正式) that you must do 必须的: *It is obligatory to get insurance before you drive a car.* 驾驶汽车之前必须购买保险。

☆**oblige** /əˈblaɪdʒ ‖ əˈblaɪdʒ/ *verb* **1** [T] (usually passive 通常用于被动语态) to force sb to do sth 强使/迫使（某人做某事）: *You are not obliged to answer these questions but it would be a great help if you did.* 你不一定要回答这些问题，但回答的话，将会对我们有很大帮助。**2** [I,T] (*formal* 正式) to do what sb asks; to be helpful 为（某人）效劳；乐于帮忙: *The service there is excellent. They are always happy to oblige.* 那里的服务极佳，他们总是乐意为你效劳。

obliged *adj* grateful 感激的: *Thanks for your help. I'm much obliged to you.* 谢谢你帮忙。我十分感激你。

obliging *adj* friendly and helpful 友善；乐于助人

obliterate /əˈblɪtəreɪt ‖ əˈblɪtəˌret/ *verb* [T] (*formal* 正式) to destroy or ruin sth completely 毁灭；消灭；使不留痕迹

oblivion /əˈblɪvɪən ‖ əˈblɪvɪən/ *noun* [U] **1** the state of having forgotten sth or of not being aware of sth 记不起/不察觉所发生的事: *I was in a state of complete oblivion.* 我的脑里一片空白。**2** the state of being forgotten 被遗忘；湮没: *His work faded into oblivion after his death.* 他死后，作品就渐渐湮没无闻。

oblivious /əˈblɪvɪəs ‖ əˈblɪvɪəs/ *adj* not noticing or being aware of sth 没注意到；不察觉: *The baby slept, oblivious to all that was going on around him.* 婴孩睡着了，完全不知道周围发生的事。

oblong /ˈɒblɒŋ; *US* 美 -lɔːŋ ‖ ˈɑblɔŋ/ *adj*, *noun* [C] (of) a shape with two long sides and two short sides and four angles of 90° (**right angles**) 长方形（直角叫做 **right angle**）☛ Look at **rectangle**. 参看 **rectangle**。

obnoxious /əbˈnɒkʃəs ‖ əbˈnɑkʃəs/ *adj* very unpleasant 令人十分不快；冒犯的

oboe /ˈəʊbəʊ ‖ ˈobo/ *noun* [C] a musical instrument that is made of wood. You play an oboe by blowing through it. 双簧管

obscene /əbˈsiːn ‖ əbˈsin/ *adj* (used about words, thoughts, books, pictures, etc 指言词/思想/书籍/图画等) shocking or disgusting (usually because of the way they talk about or show sex) 淫秽；猥亵；下流: *an obscene book* 淫秽书刊 ○ (*figurative* 比喻) *It's obscene to spend so much on food when millions are starving.* 数以百万计的人正在挨饿的时候，把这么多钱花在食物上真是要不得。

obscenity /əbˈsenətɪ ‖ əbˈsɛnətɪ/ *noun* (*pl* **obscenities**) **1** [U] the state of being obscene 淫秽；猥亵；下流 **2** [C] an obscene word or act 淫秽的言语或行为

obscure /əbˈskjʊə(r) ‖ əbˈskjʊr/ *adj* **1** not easy to see or understand 模糊不清；费解；含混: *The reasoning behind his comments was a bit obscure.* 他的评语背后的论据有点模糊不清。**2** not well-known 不出名；默默无闻: *an obscure Spanish poet* 一个名不见经传的西班牙诗人

obscure *verb* [T] to make sth difficult to see or understand 使难以被看见/明白等: *Our view was obscured by a high fence.* 我们的视线被一堵高高的栅栏挡住了。—**obscurity** /əbˈskjʊərətɪ ‖ əbˈskjʊrətɪ/ *noun* [U]: *The artist died penniless and in obscurity.* 那个艺术家去世时身无分文，默默无闻。

observance /əbˈzɜːvəns ‖ əbˈzɝvəns/ *noun* [U] (*formal* 正式) obeying or following a law, custom, ceremony, etc（对法律、习俗、仪式等）遵守/奉行

observant /əbˈzɜːvənt ‖ əbˈzɝvənt/ *adj* quick at noticing things 善于观察；机警: *An observant witness gave the police a description of the men.* 一位机警的目击者向警方说出那些男子的相貌。☛ The opposite is **unobservant**. 反义词为 **unobservant**。

☆**observation** /ˌɒbzəˈveɪʃn ‖ ˌɑbzɚˈveʃən/ *noun* **1** [U] the act of watching sb/sth carefully or the state of being watched carefully 观察: *the observation of animals in their natural surroundings* 对动物在自然环境下生活的观察 **2** [U] the ability to notice things 观察力: *Scientists need good powers of observation.* 科学家要有良好的观察力。**3** [C] something that you say or write; a remark 言论；评论；评语: *to make an observation about the weather* 对天气作出报告 ☛ Look at **remark** and **comment**. These words are more common. 参看 **remark** 及 **comment**，这些词更为常用。

(IDIOM 习语) **be under observation** to be watched carefully 受小心观察；受监视: *The police are keeping the house under observation.* 警方继续监视那所房子。

observatory /əbˈzɜːvətrɪ; *US* 美 -tɔːrɪ ‖ əbˈzɝvəˌtɔrɪ/ *noun* [C] (*pl* **observatories**) a building from which scientists can look at the stars, the moon, etc with telescopes 天文台；气象台

☆**observe** /əbˈzɜːv ‖ əbˈzɝv/ *verb* [T] **1** to notice sb/sth or watch sb/sth carefully 注意到；察觉到；观察；监视: *A man and a woman were observed leaving by the back door.* 有人目睹一名男子和一名女子从后门离开。○ *We observed the birds throughout the breeding season.* 整个繁殖季节我们都在观察那些鸟类。**2** (*formal* 正式) to say or remark 说；评述: *'We're late,' she observed.* "我们迟到了。" 她说。**3** (*formal* 正式) to obey a law, rule, etc 遵守/奉行（法律/规则等）: *to observe the speed limit* 遵守车速限制

observer *noun* [C] **1** a person who watches

sb/sth 观察者: *Political observers have been predicting trouble for some time.* 在过去一段时间里，政治观察家一直预言会出问题。**2** a person who attends a meeting, lesson, etc to watch and listen but who does not say anything（出席会议、课堂等的）观察员/旁听者

obsess /əb'ses ‖ əb'sɛs/ *verb* [T] (usually passive 通常用于被动语态) to fill sb's mind all the time 常在脑海中；萦绕脑际: *He became obsessed with getting his revenge.* 他变得一心只想报复。○ *Alison is obsessed with an older man.* 艾莉森迷上一个年纪较大的男子。

obsession /əb'seʃn ‖ əb'sɛʃən/ *noun* **1** [U] the state of being obsessed 萦绕于心 **2** [C] a person or thing that obsesses you 萦绕于心的人/事物: *Football is an obsession to some people.* 有些人对足球简直着了迷。

obsessive /əb'sesɪv ‖ əb'sɛsɪv/ *adj* having or showing a way of thinking or behaving that you cannot stop 着迷似的；欲罢不能: *He's obsessive about not being late.* 他时刻都想着不要迟到。○ *obsessive cleanliness* 洁癖

obsolete /'ɒbsəliːt ‖ 'ɑbsəˌlit/ *adj* no longer used because it is out of date 因过时而废弃；已被淘汰

obstacle /'ɒbstəkl ‖ 'ɑbstəkl̩/ *noun* [C] something that makes it difficult for you to go somewhere or do sth 障碍: *Not speaking a foreign language was a major obstacle to her career.* 不会说外语是她事业的一大障碍。

obstetrician /ˌɒbstə'trɪʃn ‖ ˌɑbstɛ'trɪʃən/ *noun* [C] a doctor who looks after women who are pregnant 产科医生

obstinate /'ɒbstənət ‖ 'ɑbstənɪt/ *adj* not willing to change your mind if you have decided sth 顽固；固执: *an obstinate refusal to apologize* 固执地拒绝道歉 ☛ The word **obstinate** is usually used in a critical way. * **obstinate** 通常用于批评。Look at **stubborn**, which has the same meaning. 参看 **stubborn**，这个词与 **obstinate** 表示相同的意思。—**obstinacy** /'ɒbstənəsɪ ‖ 'ɑbstənəsɪ/ *noun* [U] —**obstinately** *adv*

obstruct /əb'strʌkt ‖ əb'strʌkt/ *verb* [T] to stop sb/sth from happening or moving 阻止；阻碍；妨碍；阻塞: *Could you move on, please? You're obstructing the traffic if you park there.* 请你把车开走好吗？车子停在那里会阻碍交通。

obstruction /əb'strʌkʃn ‖ əb'strʌkʃən/ *noun* **1** [U] stopping sth from happening or making progress 阻碍；妨碍 **2** [C] a thing that stops sb/sth from moving 阻塞物；障碍物: *This car is causing an obstruction.* 这辆车使道路阻塞。

obstructive /əb'strʌktɪv ‖ əb'strʌktɪv/ *adj* trying to stop sth from happening 引致阻碍/妨碍；设法阻碍

☆**obtain** /əb'teɪn ‖ əb'ten/ *verb* [T] (*formal* 正式) to get sth 得到；获；取: *This book can now be obtained in paperback.* 现在可以买到这本书的平装版。

obtainable *adj* that can be obtained 可以得到/获得: *That make of vacuum cleaner is no longer obtainable.* 那种类型的吸尘器已经买不到了。☛ The opposite is **unobtainable**. 反义词为 **unobtainable**。

☆**obvious** /'ɒbvɪəs ‖ 'ɑbvɪəs/ *adj* easily seen or understood; clear 明显；明白；清楚: *It was obvious that he was unwell.* 很明显，他不舒服。○ *His disappointment was obvious to everyone.* 人人都看得出他的失望。○ *an obvious lie* 明显的谎话

obviously *adv* as can easily be seen or understood; clearly 明显地；明白地；清楚地: *There has obviously been a mistake.* 那显然是出错了。○ *Obviously we don't want to spend too much money if we can avoid it.* 可以避免的话，我们显然不想花太多钱。

☆**occasion** /ə'keɪʒn ‖ ə'keʒən/ *noun* **1** [C] a particular time when sth happens（某事发生的）时刻/时候；场合: *I have met Bill on two occasions.* 我见过比尔两次。**2** [sing] **occasion (for sth)** the suitable or right time (for sth)（做某事的）时机/机会: *I shall tell her what I think if the occasion arises.* 待有合适时机，我就会把我的想法告诉她。☛ You use **occasion** when you mean the time is right or suitable for something 指某时刻适合做某事时，用 **occasion**: *I saw them at the funeral, but it was not a suitable occasion for discussing holiday plans.* 我在葬礼上见到他们，但那不是讨论假期计划的适当时候。You use **opportunity** or **chance** when you mean that it is possible to do something 指某时若有可能做某事时，用 **opportunity** 或 **chance**: *I was only in Paris for one day and I didn't get the opportunity/chance to visit the Louvre.* 我只在巴黎逗留了一天，没有机会去参观罗浮宫。**3** [C] a special event, ceremony, etc 特别的活动；典礼: *Their wedding was a memorable occasion.* 他们的婚礼是值得纪念的大事。○ *an official, special, great, etc occasion* 官方/特殊/盛大…活动

(IDIOM 习语) **on occasion(s)** sometimes 有时

☆**occasional** /ə'keɪʒənl ‖ ə'keʒənl̩/ *adj* done or happening from time to time but not very often 偶然；偶尔: *I rarely drink alcohol – just the occasional glass of wine.* 我很少喝含酒精的饮料，只是偶尔喝杯葡萄酒。—**occasionally** /-nəlɪ ‖ -nl̩ɪ/ *adv*: *We see each other occasionally.* 我俩有时会见面。

occult /ɒ'kʌlt; *US* 美 ə'kʌlt ‖ ə'kʌlt/ *adj* connected with magic or supernatural powers 与魔术或超自然力量有关

the occult *noun* [sing] magic or occult powers, ceremonies, etc 神秘力量/仪式等

occupant /'ɒkjʊpənt ‖ 'ɑkjəpənt/ *noun* [C] (*formal* 正式) a person who lives in or uses a room, house, etc（房间、房子等的）居住人/占用人

☆**occupation** /ˌɒkjʊ'peɪʃn ‖ ˌɑkjə'peʃən/ *noun* **1** [U] living in a room, house, etc 居住；占用: *The new houses are now ready for occupation.* 新建成的房子现在随时都可供人居住。**2** [C] your job or sth that you do in your free time 工作；职业；消遣: *Please state your occupation on the form.* 请在表格上申明你的职业。○ *Fishing is his favourite occupation.* 钓鱼是他最喜欢的消遣。☛ Look at the note at **work**[1]. 参看 **work**[1] 的注释。**3** [U] the control of a country by the army of another country（军事）占领/占据

occupational /-ʃənl ‖ -ʃənl/ *adj* connected with your work 与职业有关: *Accidents are an occupational risk on building sites.* 在建筑工地发生意外是职业风险。

occupier /ˈɒkjʊpaɪə(r) ‖ ˈɑkjəˌpaɪɚ/ *noun* [C] a person who lives in or uses a house, piece of land, etc（房子、土地等的）居住人/占用人

☆**occupy** /ˈɒkjʊpaɪ ‖ ˈɑkjəˌpaɪ/ *verb* [T] (*pres part* **occupying**; *3rd pers sing pres* **occupies**; *pt, pp* **occupied**) **1** to live in or use a house, piece of land, etc 居住/占用/用（房子、土地等）: *The house next door has not been occupied for some months.* 隔壁的房子已有几个月没有人住。 **2** to take control of a building, country, etc by force（武力）占领/占据（建筑物、国家等）: *The rebel forces have occupied the television station.* 叛军占据了电视台。 **3** to fill a space or period of time 占用（空间/时间）: *The large table occupied most of the room.* 大桌子占去了房间的大部分空间。 **4 occupy sb/yourself (in doing sth/with sth)** to keep sb/yourself busy 使某人/自己投入（某活动）: *How does he occupy himself now that he's retired?* 他已经退休了，日子怎样打发呢？

occupied *adj* **1** being used 被占用: *Is this seat occupied?* 这个座位有人吗？ **2** busy 忙碌: *Looking after the children keeps me fully occupied.* 照顾孩子们使我忙得不可开交。 **3** (used about a country or a piece of land 指国家或土地) under the control of another country 被占领/占据

☆**occur** /əˈkɜː(r) ‖ əˈkɝ/ *verb* [I] (occu**rr**ing; occu**rr**ed) **1** (*formal* 正式) to happen 发生: *The accident occurred late last night.* 那宗意外于昨晚深夜发生。 ☛ Look at the note at **happen**. 参看 **happen** 的注释。 **2** to be or exist 存在: *Child abuse occurs in all classes of society.* 虐待儿童的事件在社会各个阶层都时有发生。 **3 occur to sb** to come into sb's mind 想起；想到: *It never occurred to John that his wife might be unhappy.* 约翰从没有想到他的妻子可能会不快活。

occurrence /əˈkʌrəns ‖ əˈkʌrəns/ *noun* [C] something that happens 发生的事情/事件: *Car theft is now a very common occurrence.* 汽车盗窃现在十分普遍。

☆**ocean** /ˈəʊʃn ‖ ˈoʃən/ *noun* **1** [sing] the mass of salt water that covers most of the surface of the earth 海洋；大海: *the ocean floor* 海底 ○ *an ocean-going yacht* 远洋游艇 **2** [C] **Ocean** one of the five main areas into which the sea is divided 洋（地球上的五大洋之一）: *the Atlantic Ocean* 大西洋

☆**o'clock** /əˈklɒk ‖ əˈklɑk/ *adv* (used after the numbers one to twelve for saying what the time is 用于一至十二的数字后，表示时间上的某一点): *Lunch is at twelve o'clock.* 午饭在十二时正。 ☛ Be careful. **o'clock** can only be used with full hours * **o'clock** 只用于指…点正/整: *We arranged to meet at 5 o'clock. It's 5.30 already and he's still not here.* 我们安排了5点钟见面，现在已是5时30分，可是他还没有到。

octagon /ˈɒktəgən; *US* 美 -gɒn ‖ ˈɑktəˌgɑn/ *noun* [C] a shape that has eight straight sides 八边形；八角形 —**octagonal** /ɒkˈtægənl ‖ ɑkˈtægənl/ *adj*

octave /ˈɒktɪv ‖ ˈɑktɪv/ *noun* [C] the set of eight musical notes that western music is based on（西方音乐的）八度音阶

O

☆**October** /ɒkˈtəʊbə(r) ‖ ɑkˈtobɚ/ *noun* [C,U] (*abbr* 缩写 **Oct**) the tenth month of the year, coming before November 十月 ☛ For examples of the use of the months in sentences, look at **January**. 有关句子中月份的用例，参看 **January**。

octopus /ˈɒktəpəs ‖ ˈɑktəpəs/ *noun* [C] (*pl* **octopuses**) a sea animal with a soft body and eight long arms (**tentacles**) 章鱼（软体海洋动物，有八只可伸展的腕足 (**tentacle**)）

☆**odd** /ɒd ‖ ɑd/ *adj* **1** strange; unusual 奇怪；不寻常: *There's something odd about him.* 他有些奇怪。 ○ *It's a bit odd that she didn't phone to say she couldn't come.* 她没打电话来说她不能到，我觉得有点不寻常。 **2** (used about a number 用于数字) that cannot be divided by two 单的；奇: *One, three, five and seven are all odd numbers.* 一、三、五、七全都是单数。 ☛ The opposite is **even**. 反义词为 **even**。 **3** being one of a pair, from which the other is missing 单（与"双"相对）；单个儿: *You're wearing odd socks.* 你穿的袜子不成对儿。 **4** that remains after other similar things have been used 剩余: *He made the bookshelves out of a few odd bits of wood.* 他用剩余的木块制造了那些书架。 **5** (usually used after a number 通常用于数字后) a little more than 多一些；多一点: *'How old do you think he is?' 'Well, he must be 30 odd, I suppose.'* "你认为他有多大年纪呢？""我想他一定有30多岁了。" **6** not regular or fixed 并非经常；并非固定: *I do my exercises at odd moments during the day.* 我并不是每天在固定的时间做运动。

(IDIOM 习语) **the odd man/one out** one that is different from all the others or that is left behind when all the others are in groups 落单的；与其他不同的: *Her brothers and sisters were much older than she was. She was always the odd one out.* 她的哥哥姐姐年纪比她大得多，她总是给撇在一旁。 ○ *'Carrot', 'lettuce', 'tomato' – which is the odd one out?* 胡萝卜、生菜、番茄——哪一样与其他的不同？

oddly *adv* in a strange way 奇怪: *He's behaving very oddly.* 他的举止十分奇怪。 —**oddness** *noun* [U]

ˌ**odd** ˈ**jobs** *noun* [plural] small jobs of various kinds 零工；散工

oddity /ˈɒdɪtɪ ‖ ˈɑdətɪ/ *noun* (*pl* **oddities**) **1** [U] the quality of being strange or unusual 奇怪；不寻常 **2** [C] a person or thing that is unusual 奇怪的人/事物

oddment /ˈɒdmənt ‖ ˈɑdmənt/ *noun* [C, usually pl] something that remains after the rest has been used 剩余的东西

odds /ɒdz ‖ ɑdz/ *noun* [plural] the chance or probability that sth will or will not happen 机会；可能性: *The odds on him surviving are very slim.* 他存活的机会很渺茫。 ○ *The odds* *are against you.* 你成功的机会甚小。○ *The odds on that horse winning are seven to one* (= if you bet one pound and the horse wins, you will win seven pounds). 那匹马的投注赔率是七比一（输一赢七）。

O

(IDIOMS 习语) **against (all) the odds** happening although it seemed impossible; in spite of problems or disadvantages 虽然好像不可能但发生了；尽管有问题或不利: *Graham passed his exam against all the odds.* 虽然困难重重，格雷厄姆仍然考试及格。

odds and ends (*Brit informal* 英，非正式) small things of little value or importance 零碎的东西；琐碎杂物

odometer /ɒ'dɒmɪtə(r); əʊ'- ‖ o'dɑmətɚ/ *noun* [C] (*US* 美) = MILOMETER

odour (*US* 美 **odor**) /'əʊdə(r) ‖ 'odɚ/ *noun* [C] (*formal* 正式) a smell (often an unpleasant one) (常指难闻的) 气味

odourless *adj* without a smell 没有气味

☆**of** /əv ‖ əv; strong form 强读式 ɒv ‖ ɑv/ *prep* **1** belonging to, relating to, or part of sth 属于（某物）；与（某事物）有关；是（某事物）的一部分: *the roof of the house* 房顶 ○ *the result of the exam* 考试成绩 ○ *the back of the book* 书的背面 ○ *the leader of the party* 政党的领袖 **2** relating to a person 与某人有关: *a friend of mine* (= one of my friends) 我的一位朋友 ○ *the poems of Milton* 米尔顿的诗 ○ *That was nice of her* (= she was nice to do that). 那是她的好意。**3** (used for saying what sb/sth is or what a thing contains or consists of 用以带出人/事物的性质或事物所包含/包括的东西): *a woman of intelligence* 一位聪明的女子 ○ *the city of Paris* 巴黎市 ○ *a glass of milk* 一杯奶 ○ *a crowd of people* 一群人 ○ *It's made of silver.* 这是银制的。○ *a feeling of anger* 怒气 **4** showing sth 显示某事物: *a map of York* 约克的地图 **5** (showing that sb/sth is part of a larger group 显示部分与整体的关系): *some of the people* 其中一些人 ○ *three of the houses* 其中三座房子 **6** (with measurements and expressions of time and age 与度量衡及有关时间/年岁的词语连用): *five miles north of Leeds* 利兹以北五英里 ○ *a litre of milk* 一公升奶 ○ *the fourth of July* 七月四日 ○ *a girl of 12* 一个12岁的女孩 **7** (with some adjectives 与某些形容词连用): *I'm proud of you.* 我为你感到骄傲。○ *She's jealous of her.* 她妒忌她。**8** (with some verbs 与某些动词连用): *This perfume smells of roses.* 这香水有玫瑰香味。○ *Think of a number.* 想到一个数字。○ *It reminds me of you.* 那使我想起你。**9** (used after a noun which is connected with a verb. The noun after 'of' can be either the subject or the object 用于与动词有关的名词后，这名词可以是主语或宾语): *the arrival of the president* (= he arrives) 总统的到访 ○ *the murder of the president* (= he is murdered) 谋杀总统事件

☆**off**[1] /ɒf; *US* 美 ɔːf ‖ ɔf/ *adv, prep* ☛ For special uses with many verbs, eg **go off**, look at the verb entries. 可与许多动词连用，如 **go off**，其用法见有关动词词条。**1** down or away from a place 从某地方落下或离开: *He fell off the ladder.* 他从梯子上跌下来。○ *We got off the bus.* 我们下了公共汽车。○ *I shouted to him but he just walked off.* 我向他大叫，但是他走开了。○ *I must be off. It's getting late.* 我得告辞了，时间不早了。○ *When are you off to Spain?* 你什么时候去西班牙呢？○ (*figurative* 比喻) *We've got off the subject.* 我们离题了。**2** (used with verbs that mean 'remove' 与表示"移去、除去"等意思有关的动词连用): *She took her coat off.* 她脱下了外套。○ *He shook the rain off his umbrella.* 他抖去雨伞上的雨水。○ *Don't leave the top off the toothpaste.* 别忘记给牙膏盖上盖儿。**3** at a distance from sth 与某物在空间上相隔: *The Isle of Wight is just off the south coast of England.* 怀特岛离英格兰南岸不远。○ *Christmas is still a long way off* (= it is a long time till then). 离圣诞节仍然有好一段日子。**4** joined to and leading from 由…伸延开来: *The bathroom is off the main bedroom.* 浴室通往主睡房。**5** (used about a machine, a light, etc 指机器、电灯等) not working or being used 没有开动；关着；停用: *Please make sure the lights are off.* 请确保电灯已经关闭。**6** not present at work, school, etc 缺席；没有上班/上学: *She's off work with a cold.* 她因伤风而没有上班。**7** when you do not work 休假；假期；不用上班的时候: *I'm having a day off next week.* 下星期我有一天假。**8** no longer happening（安排/计划好的事情）告吹/被取消: *The meeting next Monday is off.* 下星期一的会议取消了。**9** cheaper; costing a certain amount less 比较便宜；少花（某金额）: *cars with £400 off* 便宜400英镑的汽车 ○ *£400 off the price of a car* 一辆减价400英镑的汽车 **10** not eating or using sth 不想要；不需要: *The baby's off his food.* 那婴孩不想吃东西。

(IDIOMS 习语) **off and on; on and off** sometimes, but not all the time 有时；间或

well/badly off having/not having a lot of money 有钱；没有钱

off[2] /ɒf; *US* 美 ɔːf ‖ ɔf/ *adj* (not before a noun 不用于名词前) **1** no longer fresh (used about food or drink)（食物或饮料）不新鲜/变了质: *The milk's off.* 牛奶已坏了。**2** (*informal* 非正式) unfriendly 不友善: *My neighbour was rather off with me today. I wonder if I've upset her.* 我的邻居今天对我很不友善，我怀疑是不是得罪了她。

'off chance *noun* [sing] a slight possibility 少许的可能性: *She popped round on the off chance of finding him at home.* 她突然到他的家里，希望或许能找到他。

offal /'ɒfl; *US* 美 'ɔːfl ‖ 'ɔfl̩/ *noun* [U] the heart, liver, kidneys, etc of an animal, used as food 杂碎（供食用的动物内脏）

off-day /'ɒfdeɪ; *US* 美 'ɔːf- ‖ 'ɔfde/ *noun* [C] (*informal* 非正式) a day when things go badly or you do not work well 倒霉/工作状态不佳的日子

☆**offence** (*US* 美 **offense**) /ə'fens ‖ ə'fɛns/ *noun* **1** [C] **offence (against sth)** (*formal* 正式) a crime; breaking the law 罪行；违反法律: *to commit an offence* 犯法 ○ *The new law makes it a criminal offence to drink alcohol in public places.* 根据新的法律，在公共场所喝酒是刑事罪行。○ *a minor/serious offence* 轻微/

严重罪行 ○ *She pleaded guilty to five driving offences.* 她承认了五项违反驾驶规章的控罪。 **2** [U] **offence (to sb/sth)** annoyance, anger or sadness or sth that causes these feelings 冒犯；得罪；不悦；伤感情: *I didn't mean to cause you any offence.* 我不是有意使你不高兴的。

(IDIOM 习语) **take offence (at sth)** to feel upset or hurt（对…）感到生气/受伤害: *Be careful what you say – she takes offence rather easily.* 小心说话，她很容易生气。

☆**offend** /ə'fend ‖ ə'fɛnd/ *verb* **1** [T] (often passive 常用于被动语态) to hurt sb's feelings; to upset sb 使受伤害；使不悦: *I hope they won't be offended if I don't come.* 我希望如果我不来的话，他们不会生气。○ *He felt offended that she hadn't written for so long.* 他因她很久没有写信给他而感到生气。 **2** [I] **offend (against sb/sth)** (*formal* 正式) to be wrong or act wrongly according to law, usual behaviour, certain beliefs, etc 触犯/违犯/违反（法律、惯常行为、某些信念等）: *The prisoner had offended* (= committed a crime) *again within days of his release from jail.* 那囚犯获释后数天内又再犯罪。○ *Parts of the book offended against their religious beliefs.* 那本书的部分内容与他们的宗教信仰有抵触。

offender *noun* [C] **1** (*formal* 正式) a person who commits a crime 违法者；犯罪者；犯人；罪犯: *Young offenders should not be sent to adult prisons.* 青少年犯人不应被送往成人监狱。○ *a first offender* 初犯者 **2** a person or thing that causes harm or trouble 引致损害或麻烦的人/事物: *When it comes to polluting the North Sea, Britain is the worst offender.* 谈到北海的污染，英国就是罪魁祸首。

offensive /ə'fensɪv ‖ ə'fɛnsɪv/ *adj* **1** unpleasant; insulting 令人不快；无礼；侮辱: *an offensive remark* 冲撞的话语 ○ *offensive behaviour* 冒犯别人的举止 ☛ Look at **inoffensive**. 参看 **inoffensive**。 **2** (*formal* 正式) used for or connected with attacking 用于攻击；与攻击有关: *offensive weapons* 攻击性武器 ☛ The opposite is **defensive**. 反义词为 **defensive**。

offensive *noun* [C] an attack 攻击

(IDIOM 习语) **take the offensive** to be the first to attack 首先发动攻击

offensively *adv* unpleasantly; rudely 令人不快；无礼；唐突: *He was offensively outspoken in his remarks.* 他的评语直率得很不客气。

☆**offer** /'ɒfə(r); *US* 美 'ɔ:f- ‖ 'ɔfɚ/ *verb* **1** [T] **offer sth (to sb)** to ask if sb would like sth or to give sb the opportunity to have sth 问某人是否需要某物；（向某人）提供…机会: *He offered his seat on the bus to an old lady.* 在公共汽车上他把座位让给一位老太太。○ *I've been offered a job in London.* 有人请我到伦敦工作。○ *She offered me a cigarette.* 她敬了我一支烟。 **2** [I,T] to say or show that you are willing to do sth 表示/显示愿意做某事: *I don't want to do it but I suppose I'll have to offer.* 我不想做那件事，但我认为我还是应该自动请缨。○ *My brother's offered to help me paint the house.* 我的哥哥表示愿意帮我粉刷房子。 **3** [T] to give or provide sth 给予；提供: *The brochure offers very little information about the surrounding area.* 小册子只提供极少有关周围地区的资料。○ *The job offers plenty of opportunity for travel.* 那份工作提供很多出差的机会。 **4** [T] to say that you will pay a certain amount 出价；开价: *He offered (me) £2 000 for the car and I accepted.* 他向我出价2 000英镑购买这汽车，我接受了。

offer *noun* [C] **1** a statement offering to do sth or give sth to sb（做某事/供给某事物的）提议: *She accepted my offer of help.* 她接受了我的提议，让我帮她忙。○ *Thank you for your kind offer.* 谢谢你帮助的好意。☛ We can **make**, **accept**, **refuse** or **withdraw** an offer. 我们可以 **make**（作出）、**accept**（接受）、**refuse**（拒绝）或者 **withdraw**（取消）an offer。 **2** a low price for sth in a shop, or sth extra that you get when buying sth（购买某物时的）优惠价/赠品: *'Amazing offers,' the advertisement said, 'Buy now!'* 广告这样写：“惊喜价，请即购买！”○ *See below for details of our special holiday offer.* 有关假期特别优惠的详情，请参阅下文。 **3** an amount of money that you say you will give for sth 开价；出价: *They've made an offer for the house.* 他们出价想买下房子。○ *We've turned down* (= refused) *an offer of £90 000.* 我们拒绝了90 000英镑的开价。

(IDIOMS 习语) **on offer 1** for sale or available 供出售；提供: *The college has a wide range of courses on offer.* 学院有多项课程可供选择。 **2** for sale at a lower price than usual for a certain time（在一段时间内）削价出售: *This wine is on offer until next week.* 这种酒现正减价出售，直至下星期为止。

or nearest offer ⇨ NEAR[1]

offering /'ɒfərɪŋ; *US* 美 'ɔ:f- ‖ 'ɔfərɪŋ/ *noun* [C] something that is given or produced 提供/给予/制作的东西: *He gave me a bottle of wine as a peace offering.* 他送我一瓶酒以示双方和解。○ *The latest offering from the Oxford Youth Theatre is 'Macbeth'.* 牛津青年剧院最新公演的戏剧是《麦克佩斯》。

offhand /ˌɒf'hænd; *US* 美 ˌɔ:f- ‖ 'ɔf 'hænd/ *adj* (used about behaviour 指行为) not friendly or polite 不友善；不礼貌

offhand *adv* without having time to think; immediately 未经考虑；立刻；即席: *I can't tell you what it's worth offhand.* 我不能立刻告诉你这东西值多少钱。

offhandedly *adv* in an unfriendly way or in a way that shows that you are not interested 不友善；不经心: *'Oh really?' she said offhandedly, looking at her watch.* “嗯？真的吗？”她看着手表，不经心地说。

☆**office** /'ɒfɪs; *US* 美 'ɔ:f- ‖ 'ɔfɪs/ *noun* **1** [C] a room or building where written work is done, especially work connected with a business 办公室；办事处: *I usually get to the office at about 9 o'clock.* 我通常大约在9时左右到达办公室。○ *The firm's head office is in Glasgow.* 那家公司的总办事处设在格拉斯哥。○ *office furniture, equipment, etc* 办公室家具/设备等 ○ *Please phone again during office* *hours.* 请于办公时间内再来电话。☛ In America doctors and dentists have **offices.** 在美国，医生及牙医的诊所称为 **office**。In Britain they have **surgeries.** 在英国则称为 **surgery**。**2 Office** [sing] (often in compounds 常用以构成复合词) a government department, including the people who work there and the work they do 政府机关: *the Foreign Office* 外交部 **3** [C] (often in compounds 常用以构成复合词) a room or building that is used for a particular purpose, especially for providing a service 某机构的办公室/办公厅: *the tax office* 税务大楼 ☛ Look at **booking-office, box office** and **post office.** 参看 **booking-office**、**box office** 及 **post office**。**4** [U] an official position, often as part of a government or other organization（政府或其他机构的）要职；公职: *The chairman holds office for one year.* 主席的任期为一年。○ *The Conservative party has been in office for over fourteen years.* 保守党执政已超过十四年了。

☆**officer** /ˈɒfɪsə(r); *US* 美 ˈɔːf- ‖ ˈɔfəsɚ/ *noun* [C] **1** a person who gives the orders to others in the army, navy, etc 军官: *an army, a naval, an air-force officer* 陆军/海军/空军军官 **2** (often in compounds 常用以构成复合词) a person with a position of authority or responsibility in the government or other organization 身居要职/担任公职的人: *a prison officer* 监狱官员 **3** = POLICE OFFICER: *Excuse me, officer, is this the way to Victoria Station?* 警察先生，请问这条路到维多利亚车站吗？☛ Look at the note at **official.** 参看 **official** 的注释。

☆**official** /əˈfɪʃl ‖ əˈfɪʃəl/ *adj* **1** accepted and approved by the government or some other authority 政府或当局接受并认可；官方；法定: *the official unemployment figures* 官方公布的失业数字 ○ *The scheme has not yet received official approval.* 那计划还没有得到官方批准。**2** connected with a position of authority 与公职/官职有关: *official duties* 公务 ○ *Her official title is now 'The Princess Royal'.* 她现在的正式头衔是"公主"。**3** known publicly 公开的；人所共知: *Their engagement is not yet official.* 他们的婚约还没有公开宣布。○ *The official reason for his resignation* (= but perhaps not the real reason) *was that he wanted to spend more time with his family.* 他辞职的表面理由是他想多花些时间陪伴家人。☛ The opposite is **unofficial.** 反义词为 **unofficial**。

official *noun* [C] a person who has a position of authority 官员；高级职员: *The reception was attended by MPs and high-ranking officials.* 出席招待会的有国会议员及高级官员。○ *a council official* 议会官员 ☛ An **office worker** is a person who works in an office, at a desk. * **office worker** 指在办公室从事文职工作者。An **official** is a person who has a position of responsibility in an organization, often the government * **official** 常指政府或其他机构中担任负责职务者: *senior government officials* 高级政府官员。An **officer** is either a person who gives orders to others in the army, navy, etc or a policeman or -woman. * **officer** 指陆军、海军等军官或（女）警官。However the word is sometimes used like **official** 这个词的用法有时与 **official** 一样: *She's an executive officer in the Civil Service.* 她在政府机关担任行政主任一职。

officialdom /-dəm ‖ -dəm/ *noun* [U] officials as a group 官员（总称）；官僚

officially /əˈfɪʃəlɪ ‖ əˈfɪʃəlɪ/ *adv* **1** as announced publicly but perhaps not strictly true 根据公布（但未必与事实相符）: *Officially we don't accept children under 6, but we'll make an exception in this case.* 根据规定，我们不接纳6岁以下的儿童，但对这个情况我们会作例外处理。**2** in an official way 正式地；官方地: *The new school was officially opened last week.* 新学校上星期正式启用。

officious /əˈfɪʃəs ‖ əˈfɪʃəs/ *adj* too ready to tell other people what to do 爱出主意；好管闲事；好为人师

offing /ˈɒfɪŋ; *US* 美 ˈɔːf- ‖ ˈɔfɪŋ/ *noun*

(IDIOM 习语) **in the offing** likely to appear or happen soon 即将出现；即将发生: *Do you think there's a romance in the offing? Jane and Trevor seem to be getting on very well.* 你认为很快就有恋情出现吗？珍妮和特雷弗似乎十分投契。

off-licence /ˈɒflaɪsns ‖ ˈɔfˌlaɪsn̩s/ *noun* [C] (*Brit* 英) (*US* 美 **ˈpackage store**) a shop which sells beer, wine, spirits, etc 酒铺

offload /ˌɒfˈləʊd; *US* 美 ˌɔːf- ‖ ˈɔfˌlod/ *verb* [T] **offload sb/sth on/onto sb** (*informal* 非正式) to give sb/sth that you do not want to sb else（把不想要的人/事物）交给/推卸给（某人）

off-peak /ˌɒfˈpiːk; *US* 美 ˌɔːf- ‖ ˈɔf ˈpik/ *adj* available or used at a less popular or busy time 用于非高峰时段的: *an off-peak train ticket* 非高峰时段的火车票

off-putting /ˌɒf ˈpʊtɪŋ; *US* 美 ˌɔːf- ‖ ˈɔfˌpʊtɪŋ/ *adj* unpleasant or unattractive 令人不快；叫人讨厌；倒胃口: *I must say that I find her manner rather off-putting.* 我得说我发觉她的态度叫人很讨厌。

offset /ˈɒfset; *US* 美 ˈɔːf- ‖ ɔf ˈsɛt/ *verb* [T] (**offsetting**; *pt*, *pp* **offset**) to make the effect of sth less strong or noticeable; to balance 把影响减少；抵消；补偿: *The disadvantages of the scheme are more than offset by the advantages.* 该计划虽有缺点，但它的优点更多。

offshore /ˌɒf ˈʃɔː(r); *US* 美 ˌɔːf- ‖ ˈɔf ˈʃɔr/ *adj* in the sea not far from the land 靠近岸: *an offshore island* 离岸不远的一个岛

offside[1] /ˌɒf ˈsaɪd ‖ ˈɔf ˈsaɪd/ *adj*, *adv* (used about a player in football, etc 指足球等球员) in a position that is not allowed by the rules of the game 越位（处于游戏规则不容许的位置）: *the offside rule* 越位规则 ○ *The Liverpool player seemed to be offside but the goal was allowed.* 利物浦队的球员似乎越位了，但那个入球的得分仍然算数。

offside[2] /ˌɒf ˈsaɪd; *US* 美 ˌɔːf- ‖ ˈɔf ˈsaɪd/ *adj* (*Brit* 英) (used about a car, etc 指汽车等) on the right side when you are driving 右侧；右边: *The front offside tyre is punctured.* 前面右边的轮胎给扎破了。

offspring /ˈɒfsprɪŋ; *US* 美 ˈɔːf- ‖ ˈɔfˌsprɪŋ/ *noun* [C] (*pl* **offspring**) (*formal* 正式) a child or children; the young of an animal 子女；幼崽：*Parents can pass many diseases on to their offspring.* 多种疾病都可由父母遗传给子女。

off-white /ˌɒf ˈwaɪt; *US* 美 ˌɔːf ˈhwaɪt ‖ ˈɔf ˈhwaɪt/ *adj* not pure white 灰白色；米色

☆**often** /ˈɒfn; ˈɒftən *US* 美 ˈɔːfn ‖ ˈɔfən/ *adv* **1** many times; frequently 多次；时常；经常：*We often go swimming at the weekend.* 我们常常在周末去游泳。○ *I've often seen him on the train.* 我常常在火车上碰见他。○ *I'm sorry I didn't write very often.* 对不起，我没有经常写信。○ *How often should you go to the dentist?* 你应该多久去看一次牙医呢？○ *Write as often as you can.* 你一有空便写信吧。**2** in many cases 在许多情形下；一般：*Women often go back to work after they have had a baby.* 妇女产下孩子后，大多都重返社会工作。

(IDIOMS 习语) **more often than not** usually 通常；往往：*More often than not the buses are late in the morning.* 早上的公共汽车通常都会迟一些到。

every so often occasionally; from time to time 有时；偶尔；不时

ogre /ˈəʊgə(r) ‖ ˈogɚ/ *noun* [C] **1** (in children's stories 儿童故事中) a cruel and frightening giant 残酷可怕的巨妖 **2** a person who is unpleasant and frightening 可怕的人

☆**oh** /əʊ ‖ o/ *interj* **1** (used for introducing a reply or remark, for attracting sb's attention or when pausing to think 为引出回复/评语，或吸引注意，亦于停下来思考时用)：*'What time should we leave?' 'Oh, early, I think.'* "我们该在什么时候出发呢？""我想要早一点。"○ *'I'm a teacher.' 'Oh? Where?'* "我是教书的。""噢，在哪里任教？"○ *Oh, Simon, take this letter to the post, would you?* 喂，西蒙，拿这封信到邮政局去发了，可以吗？○ *'What time do you think it is?' 'Oh... about 3.30.'* "你知道现在是几点钟？""唔…大约3时30分。" **2** (used for expressing surprise, fear, etc 表示惊奇、恐惧等)：*'Oh no!' she cried as she began to read the letter.* "哎呀，不好了！"她刚开始读那封信就大叫起来。

☆**oil** /ɔɪl ‖ ɔɪl/ *noun* [U] **1** a thick liquid that comes from under the ground and is used as a fuel or to make machines work smoothly 石油；燃油；润滑油：*Britain obtains oil from the North Sea.* 英国从北海海底采油。○ *Your bicycle chain needs a little oil.* 你的自行车链条该加点润滑油了。○ *Crude oil* (= the raw material) *is transported by tanker to the refinery.* 原油由油船运往炼油厂。**2** a thick liquid that comes from animals or plants and is used in cooking（动物或植物的）油（用于烹饪）：*cooking, vegetable, olive, etc oil* 烹饪用油；植物油；橄榄油…

oil *verb* [T] to put oil on or into sth, to make it work smoothly 给…加润滑油

oily /ˈɔɪlɪ ‖ ˈɔɪlɪ/ *adj* (**oilier**; **oiliest**) covered with oil or like oil 油乎乎；油腻；似油的

ˈ**oilfield** *noun* [C] an area where oil is found under the ground or the sea 油田（地下或海底有石油的地方）

ˈ**oil-painting** *noun* [C] a painting that has been done using paint made with oil 油画

ˈ**oil-slick** *noun* [C] an area of oil that floats on the sea, usually when a ship carrying oil has leaked（通常因油船漏油而造成的）浮在海面的一层油

ˈ**oil well** (*also* 亦作 **well**) *noun* [C] a hole that is made deep in the ground or under the sea in order to obtain oil 油井（在地下或海底开采石油时所掘的深孔）

ointment /ˈɔɪntmənt ‖ ˈɔɪntmənt/ *noun* [C,U] a smooth substance that you put on sore skin or on an injury to help it to heal（用于止痛或治疗的）药膏/油膏/软膏：*The doctor gave me an ointment to rub in twice a day.* 医生给了我药膏，每日涂两次。

☆**okay** (*also* 亦作 **OK**) /ˌəʊˈkeɪ ‖ ˈoˈke/ *adj, adv* (*informal* 非正式) all right; good or well enough 不错；还好；很好：*'Did you have a nice day?' 'Well, it was OK, I suppose.'* "你今天开心吗？""嗯，还好。"○ *'How's your mother now?' 'Okay.'* "你的母亲好吗？""她很好。"○ *If it's okay with you, I'll come at about 7.* 如果你方便的话，我7点钟左右来。

okay (*also* 亦作 **OK**) *interj* yes; all right 好吧；行；可以：*'Would you like to come to the cinema?' 'Okay.'* "你来不来看电影？""好吧。"

okay (*also* 亦作 **OK**) *noun* [sing] agreement or permission 同意；批准：*My parents have given me the OK to stay out late.* 父母准许我晚一点回去。

☆**old** /əʊld ‖ old/ *adj* **1** (used about people, animals, etc 指人、动物等) having lived a long time; not young 老；年老；年迈：*My mother wasn't very old when she died.* 母亲去世时并不很老。○ *He's only 50 but he looks older.* 他只有50岁，但看起来要老一些。○ *to get, grow, become old* 年事渐高 **2** having existed for a long time; not modern 古老；古旧：*a beautiful old stone house* 古老而美丽的石屋 ○ *old ideas, traditions, etc* 老观念/传统等 **3** having been used a lot; not new 破旧；陈旧；旧：*My younger brother gets all my old clothes.* 我弟弟穿我所有的旧衣服。○ *I'm going to exchange my old car for a new one.* 我要以我的旧车换一辆新的。○ *Oh no, not that old joke again!* 哎呀，不要再说那个老笑话了！**4** (only *before* a noun 只用于名词前) former; previous 从前；以前：*I earn more now than I did in my old job.* 我现在的工作比以前那份赚钱较多。**5** (used with a period of time or with *how* 与一段时期或与 how 连用) of a particular age 某年岁的：*Our car is only a year old.* 我们的车子只用了一年。○ *My best friend and I have known each other since we were five years old.* 我和我最要好的朋友从五岁就相识了。○ *They have a two-year-old* (= a child who is two years old). 他们有一个两岁的孩子。○ *How old are you?* 你多大岁数啦？○ *Are you older or younger than your sister?* 你们两姊妹谁大谁小？☛ Look at the note at **age**[1]. 参看 **age**[1] 的注释。☛ **Older** and **oldest** are the usual comparative and superlative forms of **old** * **old** 的比较级和最高级一般为 **older** 及 **oldest**：*My father's older than my mother.* 我父亲比母亲年纪大。○

O

That's the oldest story in the world! 那是世界上最古老的故事。**Elder** and **eldest** can be used when comparing the ages of people, especially members of a family. However they cannot be used with *than*. ＊ **elder** 及 **eldest** 用于比较年岁，尤常用于家庭成员，但不与 than 连用。The adjectives are only used *before* the noun. 作形容词时只用于名词前。**6** (only *before* a noun 只用于名词前) known for a long time (but maybe not old in years) 熟悉；认识了很久: *She's a very old friend of mine. We knew each other at school.* 她是我的老朋友，我们在求学时就相识了。**7** (only *before* a noun 只用于名词前) (*informal* 非正式) (used for expressing friendship and affection 表示友谊及钟爱): *Good old Tom has solved the problem!* 老友汤姆已经解决了问题。**8** (only *before* a noun 只用于名词前) (*informal* 非正式) (used for emphasizing that sth is not important 强调某事并不重要): *'What time shall I come?' 'Oh, any old time – it doesn't matter.'* "我该什么时候来？" "啊，什么时候都行，不要紧。"

(IDIOMS 习语) **be an old hand (at sth)** to be good at sth because you have done it often before 老手；熟手；富有经验

old hat (*informal* 非正式) not new; old-fashioned 旧式；过时；陈腐

the old *noun* [plural] old people 老人；老人家

ˌold ˈage *noun* [U] the part of your life when you are old 老年；晚年: *He's enjoying life in his old age.* 他正安享晚年。☛ Look at **youth**. 参看 **youth**。

ˌold-age ˈpension *noun* [U] money paid by the state to people above a certain age 养老金

ˌold-age ˈpensioner (*also* 亦作 **pensioner**) *noun* [C] (*abbr* 缩写 **OAP**) a person who gets the old-age pension 领养老金的人 ☛ Nowadays the expression **senior citizen** is more acceptable. 现在人们更喜欢用 **senior citizen** 来指称老年人。

ˌold-ˈfashioned *adj* **1** not modern; not commonly worn, used, etc now 旧式；过时: *a long old-fashioned skirt* 一条旧式的长裙 **2** (used about people 指人) believing in old ideas, customs, etc 守旧；老派；陈腐: *My parents are rather old-fashioned about some things.* 我父母对有些事物的看法很守旧。

the ˌOld ˈTestament *noun* [sing] the first part of the Bible, that tells the history of the Jewish people.（《圣经》中的）旧约（圣经的第一部分，记载犹太人的历史）

olive /ˈɒlɪv ‖ ˈɑlɪv/ *noun* [C] a small green or black fruit with a bitter taste, used for food and oil 橄榄

olive (*also* 亦作 **olive-green**) *adj* of a colour between yellow and green 橄榄绿

ˌolive ˈoil *noun* [U] oil obtained from olives and used in cooking or on salads 橄榄油（供食用）

Olympic /əˈlɪmpɪk ‖ əˈlɪmpɪk/ *adj* connected with the Olympic Games 与奥林匹克运动会有关: *Who holds the Olympic record for the 1500 metres?* 奥林匹克运动会1 500米长跑的纪录保持者是谁？

the Oˌlympic ˈGames (*also* 亦作 **the Olympics**) *noun* [plural] the international sports competitions which are organized every four years in a different country 奥林匹克运动会: *to win a medal at/in the Olympics* 在奥林匹克运动会赢得奖牌

ombudsman /ˈɒmbʊdzmən; -mæn ‖ ˈɑmbudzmən/ *noun* [C] (*pl* **ombudsmen** /-mən ‖ -mən/) a government official who reports on complaints made by ordinary people against public authorities 投诉调查官/投诉专员（负责调查公众对政府机关投诉的官员）

omelette (*also* 亦作 **omelet**) /ˈɒmlɪt ‖ ˈɑmlɪt/ *noun* [C] eggs, mixed and beaten and fried 煎蛋卷；煎蛋饼；煎蛋: *A plain omelette and a salad, please.* 请来一份纯煎蛋饼和一份色拉。○ *a mushroom omelette* 蘑菇煎蛋卷

omen /ˈəʊmen ‖ ˈomɪn/ *noun* [C] a sign of sth that will happen in the future 预兆；征兆；兆头: *a good/bad omen* 好/坏征兆

ominous /ˈɒmɪnəs ‖ ˈɑmənəs/ *adj* suggesting that sth bad is going to happen 不祥；不吉利: *Those black clouds look ominous.* 那些黑云看上去势头不妙。

omission /əˈmɪʃn ‖ əˈmɪʃən/ *noun* **1** [C] something that has not been included 省略的东西；遗漏的一部分: *There were several omissions on the list of names.* 名单上有几处遗漏的地方。**2** [U] the act of not including sb/sth 省略；遗漏: *The film was criticized for its omission of certain important details.* 那部电影因剪掉了某些重要的情节而受人批评。

omit /əˈmɪt ‖ əˈmɪt/ *verb* [T] (omi**tt**ing; omi**tt**ed) **1** to not include sth 省略；遗漏；删除: *Several verses of the song can be omitted.* 那首歌有好几句可以删除。**2** (*formal* 正式) to not do sth 不做（某事）: *He omitted to mention the man's name.* 他没有提到那个男子的姓名。

☆**on** /ɒn ‖ ɑn/ *adv, prep* ☛ For special uses with many verbs and nouns, eg **get on**, **on holiday**, see the verb and noun entries. 可与许多动词及名词连用，如 **get on**、**on holiday**，其用法见有关动词及名词词条。**1** supported by a surface 在…上: *The plates are on the table.* 碟子就在桌上。○ *We sat on the floor.* 我们坐在地板上。○ *Make sure you put the lid on.* 记得把盖子盖上。**2** touching or forming part of sth 接触/构成某物: *There's a mark on your skirt.* 你的裙子上有一处污渍。○ *paintings on the wall* 墙上的画 ○ *Write it down on a piece of paper.* 将它写在一张纸上。**3** in an area of land; near the sea, a river, etc 在（一处地方）；接近大海/河流等: *on the farm* 在农庄 ○ *We live on a large housing estate.* 我们住在一个大型住宅区。○ *a house on the river Thames* 泰晤士河边的一座房子 **4** (showing direction 表示方向) 朝；向: *on the right/left* 向右/左 **5** (used with means of transport 与运输工具连用): *on the bus, train, plane* 在公共汽车/火车/飞机上 ○ *'I got the bus.' 'Where did you get on?'* "我赶上了公共汽车。" "你在哪儿上的车？" ○ *We came on foot* (= walking). 我们步行来的。○ *on a bicycle* 骑自行车 ☛ Note that we say **in** a car. 乘坐汽车用 **in** a car。**6** (with expressions of time 与表

示时间/日期的用语连用) 于；在: *on August 19th* 在八月十九日 ○ *on Monday* 在星期一 ○ *on Christmas Day* 在圣诞日 ○ *What are you doing on your birthday?* 你生日那天打算做什么？**7** immediately; soon after 立刻；不久后: *He telephoned her on his return from New York.* 他从纽约一回来便打电话给她。○ *She began to weep on hearing the news.* 她听到那消息就哭起来。**8** (showing that sth continues 表示某事持续): *The man shouted at us but we walked on.* 那男子向我们大声叫喊，但我们继续往前走。○ *The war went on for five years.* 战争持续了五年。**9** about sth 有关；关于: *We've got a test on irregular verbs tomorrow.* 明天我们有不规则动词测验。○ *a talk on Japan* 有关日本的讲座 **10** working; being used 运作/使用中；开着: *All the lights were on.* 所有电灯都开着。○ *Switch the television on.* 将电视机打开。**11** happening 进行: *What's on at the cinema?* 电影院现在上映什么电影？○ *We haven't got anything on this weekend.* 我们这个周末没有什么节目。**12** using sth; by means of sth 借某种途径: *I spoke to her on the phone.* 我在电话上跟她说了话。○ *There's a good film on the television tonight.* 今天晚上电视上有一部好电影。**13** wearing sth 穿着: *What did she have on?* 她穿了什么？**14** having sth with you 拥有；带着: *I've got no money on me.* 我没有带钱。**15** using drugs or medicine 服用毒品或药物: *I've been on antibiotics for two weeks.* 我服用抗生素已有两星期。**16** receiving a certain amount of money 收到一定金额: *I can't support a family on the salary I earn.* 靠我赚来的薪金不足以维持一家。**17** (showing the way sth is spent 表示花费某物的方式): *He spends a lot on clothes.* 他在衣着方面花很多钱。○ *Don't waste your time on that.* 不要把你的时间花在那事情上。**18** paid for by sb 由（某人）付钱: *The drinks are on me!* 喝吧，我请客！

(IDIOMS 习语) **from now/then on** starting from this/that time and continuing 从这时/那时起: *From then on he never smoked another cigarette.* 从那时起，他再也没有抽过香烟。

not on not acceptable 没有被接受: *No, you can't stay out that late. It's just not on.* 不，你不可以在外面呆得那么晚。那是不可以的。

off and on; on and off ⇨ OFF[1]

on and on without stopping 不停；持续不断: *He just went on and on about his work.* 他只是继续不停地工作。

on at sb talking in a complaining way 抱怨地说: *She's always on at me to mend the roof.* 她常常向我唠叨，要我修补屋顶。

☆**once** /wʌns ‖ wʌns/ *adv* **1** one time only; on one occasion 一次；一回: *I've only been to France once.* 我只去过法国一次。○ *once a week, month, year, etc* 一星期/一月/一年一次等 ○ *I have the car serviced once every six months.* 我每六个月就把车子送去检修一次。**2** at some time in the past; formerly 曾经；一度；从前: *This house was once the village school.* 这座房子从前是村里的学校。

(IDIOMS 习语) **all at once** all at the same time or suddenly 同时；一起；突然；忽然: *People began talking all at once.* 大家都同时开始说起话来。○ *All at once she got up and left the room.* 她突然站起来离开了房间。

at once 1 immediately; now 立刻；马上；现在: *Come here at once!* 立刻来这里！○ *I'll telephone at once, before I forget.* 我立刻打电话去，免得忘记。**2** at the same time 同时: *You can't all go on the slide at once! Take it in turns.* 你们不能全都一起玩那滑梯！轮流玩吧。

just this once on this occasion only 只此一次: *'Have a glass of wine.' 'Oh, all right. Just this once.'* "喝杯酒吧！" "好吧。只此一次。"

once again/more again, as before 再一次: *Spring will soon be here once again.* 春天不久又将重临。

once and for all now and for the last time 最后一次: *You've got to make a decision once and for all.* 你得作出最后决定。

once in a blue moon (*informal* 非正式) very rarely; almost never 罕有；差不多从不: *We live in Glasgow, so I only go to London once in a blue moon.* 我们居住在格拉斯哥，我很难得才去伦敦一趟。

once in a while occasionally but not often 偶尔；间或

once more one more time 再一次: *Let's listen to that cassette once more, shall we?* 那盒录音带我们再听一次吧，好吗？

once upon a time (used at the beginning of a children's story 用于儿童故事的开头) a long time ago; in the past 很久以前；从前: *Once upon a time there was a beautiful princess...* 从前有一位美丽的公主…

once *conj* as soon as; when 一…就；当…: *Once you've practised a bit you'll find that it's quite easy.* 稍稍练习之后，你会发觉那是很容易的。○ *Once the meal was finished, the discussions began.* 饭一吃完，讨论就开始了。

oncoming /ˈɒnkʌmɪŋ ‖ ˈɑnˌkʌmɪŋ/ *adj* (only *before* a noun 只用于名词前) coming towards you 迎面而来: *oncoming traffic* 迎面而来的车辆

☆**one**[1] /wʌn ‖ wʌn/ *pron, det, noun* [C] **1** the number 1（数字）一: *There's only one biscuit left.* 只剩下一块饼干了。○ *The journey takes one hour.* 走一趟要花一小时。○ *If you take one from ten it leaves nine.* 十减一等于九。☛ Look at **first**. 参看 **first**。**2** (used for emphasizing sth 用于加强语气) only 惟一: *She's the one person I trust.* 她是我惟一信赖的人。**3** (used when you are talking about a time in the past or future without actually saying which one 非明确指出过去/将来的某段时间时用) a certain 某一: *He came to see me one evening last week.* 上星期的一个晚上他来探望我。○ *We must go and visit them one day.* 我们得找一天去探访他们。**4** (*formal* 正式) (used in front of sb's name to show that you do not know the person 用于不相识者的名字前) a certain 某一；一位: *I believe that one Mary Smith is the lady you need to see.* 我想有位玛丽·史密斯女士你需要见一见。**5** (used with *the other, another* or *other(s)* to make a contrast 与 the other、another 或 other(s) 连用以作对比): *The twins are so alike that it's hard to tell one from the other.* 那双胞胎相似得使人难以辨别出谁是谁。**6** the same 同一: *We can't all* *get in the one car.* 我们不能全部一起坐同一辆汽车。

(IDIOMS 习语) **(all) in one** all together or combined 一起；合在一起: *It's a bag and a raincoat all in one.* 那是手提袋和雨衣二合一。

one after another/the other first one, then the next, etc 一个接一个；先后: *One after another the winners went up to get their prizes.* 优胜者一个接一个上台领奖。

one by one individually or separately 个别地；分别地；一个接一个: *I'd like to see the three boys one by one.* 我想逐一接见那三个男孩。

one or two a few 少量；少数；一两个；一二: *I've borrowed one or two new books from the library.* 我从图书馆借了一两本书。○ *Just take one or two – not too many.* 只拿一两个，不能拿太多。

ˌ**one-'off** *noun* [C], *adj* (*informal* 非正式) (a thing) that is available or happens only once 只能获得/只出现一次（的事物）: *You'll never get a flight at that price again. It was a one-off.* 你再不能以这个价钱买到机票的。只此一次。○ *a one-off opportunity* 千载难逢的机会

ˌ**one-'sided** *adj* **1** involving one person more than the other 单方面；一面倒: *Her feelings for him seem to be rather one-sided* (= he doesn't feel the same). 她对他的感情似乎只是一厢情愿。**2** unfair; seeing only one side (of an argument, etc) 不公正；片面；偏颇: *I think you're being very one-sided. Think of my point of view.* 我认为你太片面了。试从我的观点想想。

ˌ**one-to-'one** *adj, adv* between only two people 一对一: *one-to-one English lessons* (= one teacher to one student) 一对一的英语课

ˌ**one-'way** *adv, adj* **1** (used about roads 指道路) that you can only drive along in one direction 单向；单行；单程: *a one-way street* 单行道 **2** (used about a ticket 指票务) that you can use to travel somewhere but not back again 单程: *I'd like to buy a one-way ticket to the Caribbean!* 我想买一张去加勒比海的单程票！

☆**one**[2] /wʌn ‖ wʌn/ *pron* **1** (used instead of repeating a noun 用以代替重复的名词): *I think I'll have an apple. Would you like one?* 我想要个苹果，你要不要？**2 one of** one member (of a certain group) 一组/一群…中的一个: *One of the plates is broken.* 有一只碟子给打碎了。○ *He's staying with one of his friends.* 他在朋友家住。○ *One of the children is crying.* 有一个孩子在哭。☛ **One of** is always followed by a plural noun. ＊ **one of** 后常接复数名词。The verb is singular because the subject is **one** 因主语为 **one**，应用单数动词: *One of our assistants is ill.* 我们有一名助理人员病了。○ *One of the buses was late.* 有一辆公共汽车迟到了。

ˌ**one a'nother** *pron* each other 互相；彼此: *We exchanged news with one another.* 我们互通消息。○ *You should listen to one another a bit more.* 你们应该多听取彼此的意见。

☆**one**[3] /wʌn ‖ wʌn/ *noun* [C] **1** (used after *this, that, which* or after an adjective which cannot stand alone 用于 this、that、which 或不能单独出现的形容词后): *'Which dress do you like?' 'This one.'* "你喜欢哪件连衣裙？" "这一件。" ○ *'Can I borrow some books of yours?' 'Yes. Which ones?'* "我可以向你借几本书吗？" "可以，哪几本？" ○ *'This coat's a bit small. You need a bigger one.'* "这外衣小了一点，你需要一件大些的。" ○ *That idea is a very good one.* 那主意很不错。**2** (used before a group of words that show which person or thing you are talking about 用于一组词语前，指示出所说的是哪个人/物): *My house is the one after the post office.* 我的房子是邮政局隔壁的那间。○ *The girl he's going out with is the one with the red hair.* 跟他约会外出的那个女孩是红头发的。○ *If you find some questions difficult, leave out the ones you don't understand.* 如果你发觉有些问题难答，就把不明白的略去。**3** someone 某人: *She's not one to get upset easily.* 她不是容易沮丧的人。

☆**one**[4] /wʌn ‖ wʌn/ *pron* (*formal* 正式) (used for referring to people in general, including the speaker or writer 泛指人，包括表达意见者在内): *One should try not to get annoyed.* 做人应设法使自己不发脾气。○ *Plenty of exercise makes one fit.* 多做运动使你体魄强健。○ *Fresh fruit is good for one.* 新鲜水果有益健康。☛ It is very formal to use **one** in this way. ＊ **one** 的这个用法非常正式。In everyday English it is more common to use **you**. 在日常英语中，**you** 更为常用。Note that the possessive form is **one's** 注意所有格形式为 **one's**: *One must be sure of one's facts before criticizing other people.* 在批评别人之前，一定要弄清事实。**One's** is also the short form of 'one is' or 'one has'. ＊ **one's** 亦为 one is 或 one has 的缩约式。

☆**oneself** /wʌn'self ‖ wʌn'sɛlf/ *pron* **1** (used for referring to people in general when *one* is the subject of the sentence ＊ one 作为句中的主语时，泛指人): *One can teach oneself to play the piano but it is easier to have lessons.* 弹钢琴是可以自学的，但有别人教授，学习起来就比较容易。**2** (used for emphasizing *one* 用以强调 one): *One could easily arrange it all oneself.* 谁都可以自己安排好。

(IDIOM 习语) **(all) by oneself 1** alone 独自 **2** without help 独力

ongoing /'ɒngəʊɪŋ ‖ 'ɑnˌgoɪŋ/ *adj* (only *before* a noun 只用于名词前) continuing to exist now 现存；持续存在: *It's an ongoing problem.* 那是一直存在的难题。○ *an ongoing relationship* 持续的关系

☆**onion** /'ʌnɪən ‖ 'ʌnjən/ *noun* [C,U] a small white vegetable with many layers and a brown skin. Onions have a strong smell and taste, and are often used in cooking 洋葱: *a pound of onions* 一磅洋葱 ○ *onion soup* 洋葱汤

on-line /ˌɒn'laɪn ‖ ˌɑn'laɪn/ *adj* (*technical* 术语) connected to and controlled by a computer 联机/联线（与一部计算机连接并由它控制）: *an on-line ticket booking system* 计算机联机订票系统

onlooker /'ɒnlʊkə(r) ‖ 'ɑnˌlʊkɚ/ *noun* [C] a person who watches sth happening without

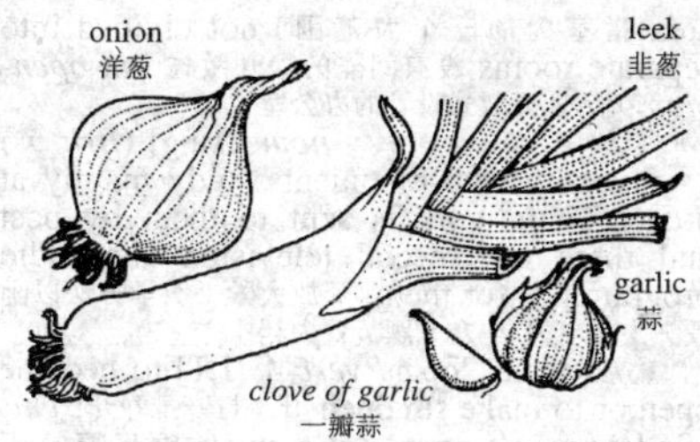

taking part in it 旁观者: *The police were questioning several onlookers about the incident.* 当时警方正在向几个围观的人查问那宗意外。

☆**only**[1] /ˈəʊnlɪ ‖ ˈonlɪ/ *adj* (only *before* a noun 只用于名词前) **1** with no others existing or present 惟一; 仅有: *I was the only woman in the bar.* 当时我是酒吧内惟一的女性。○ *This is the only dress we have in your size.* 这是我们仅有的一条合你身的连衣裙。**2** the most suitable or the best 最合适; 最好: *It's so cold that the only thing to do is to sit by the fire.* 天气太冷了, 惟一能做的事就是坐在炉火旁边。

ˌ**only** ˈ**child** *noun* [C] a child who has no brothers or sisters 独生子; 独生女

☆**only**[2] /ˈəʊnlɪ ‖ ˈonlɪ/ *adv* and no one or nothing else; no more than 只; 仅: *She only likes pop music.* 她只喜欢流行音乐。○ *I've only asked a few friends to the party.* 我只叫了几个朋友来这个聚会。○ *It was only a little spider.* 那只不过是只小蜘蛛。○ *It's only one o'clock. There's plenty of time.* 现在才一点钟, 还有很多时间。

☛ In written English **only** is usually placed before the word it refers to. 在书面语中, **only** 通常放在所指的词前面。In spoken English we can use stress to show which word it refers to and so **only** can have different positions 在口语中, 可用重读显示所指的词, 因而 **only** 可以在不同的位置: *I only kissed ˈJane* (= I kissed Jane and no one else). 我只吻过珍妮(没有吻过其他人)。○ *I only ˈkissed Jane* (= I kissed Jane but I didn't do anything else). 我只吻过珍妮(没有做过其他的事)。

(IDIOMS 习语) **if only** ⇨ IF

not only... but also both... and 不但…而且…: *He not only did the shopping but he also cooked the meal.* 他不但买了菜, 还做了饭。

only just 1 not long ago 刚才; 刚刚: *I've only just started the job.* 我刚刚开始做这工作。**2** almost not; hardly 几乎不; 仅仅: *We only just had enough money to pay for the meal.* 我的钱只够付那顿饭的费用。

☆**only**[3] /ˈəʊnlɪ ‖ ˈonlɪ/ *conj* (*informal* 非正式) except that; but 只是; 可是; 不过: *The film was very good, only it was a bit too long.* 这部电影很好看, 不过略微长了一点。

onset /ˈɒnset ‖ ˈɑnˌsɛt/ *noun* [sing] the beginning (often of sth unpleasant) 开始(常指令人不快的事): *the onset of winter* 冬天的开始

onslaught /ˈɒnslɔːt ‖ ˈɑnˌslɔt/ *noun* [C] **onslaught (on sb/sth)** a fierce attack 猛攻: *an onslaught on government policy* 对政府政策的猛烈抨击

☆**onto** (*also* 亦作 **on to**) /ˈɒntə ‖ ˈɑntə; before vowels 用于元音前 ˈɒntuː ‖ ˈɑntu/ *prep* to a position on sth 到…之上: *The cat jumped onto the sofa.* 猫儿跳到沙发上面。○ *The bottle fell onto the floor.* 瓶子掉到地板上。

(IDIOMS 习语) **be onto sb** (*informal* 非正式) **1** to have found out about sth illegal that sb is doing 发现某人干非法勾当: *The police were onto the car thieves.* 警方发现了那些汽车窃贼。**2** to talk to sb in order to pass on information or persuade him/her to do sth 与某人谈话以求劝导对方/传达信息: *I've been onto the children to tidy their room.* 我经常劝导孩子们要保持房间整洁。

be onto sth to have some information, etc that could lead to an important discovery 掌握重要证据/线索

onward /ˈɒnwəd ‖ ˈɑnwɚd/ (*also* 亦作 **onwards** /ˈɒnwədz ‖ ˈɑnwɚdz/) *adv* **1** and after 以后; 之后; 从…起: *From September onwards it usually begins to get colder.* 从九月起天气通常开始转冷。**2** forward or towards progress 向前: *The road stretched onwards into the distance.* 道路向着远方延伸。

ooze /uːz ‖ uz/ *verb* [I,T] to flow slowly out or to allow sth to flow slowly out (让某物)渗出/慢慢冒出或溢出: *Blood was oozing from a cut on his head.* 鲜血从他头上的伤口慢慢渗出来。○ *The toast was oozing with butter.* 烤面包蘸满了黄油。○ (*figurative* 比喻) *She was oozing confidence* (= she was very confident). 她充满自信。

op /ɒp ‖ ɑp/ *noun* [C] (*informal* 非正式) = OPERATION(3)

opaque /əʊˈpeɪk ‖ oˈpek/ *adj* **1** that you cannot see through; not transparent 不透明; 不透光: *opaque glass in the door* 门上的不透明玻璃 **2** (*formal* 正式) difficult to understand; not clear 难理解; 不清楚

☆**open**[1] /ˈəʊpən ‖ ˈopən/ *adj* **1** not closed 开着: *Don't leave the door open.* 不要让门开着。○ *an open window* 一扇开着的窗 ○ *I can't get this bottle of wine open.* 我无法开这瓶酒。○ *She stared at me with her eyes wide open.* 她睁大眼睛盯着我。○ *The diary was lying open on her desk.* 日记簿翻开着, 摊放在她的书桌上。○ *The curtains were open so that we could see into the room.* 窗帘已经拉开, 我们可以望进房间。**2** honest and willing to talk 坦率; 坦白: *Jane will tell you exactly what happened at the meeting – she's a very open person.* 珍妮可以确实地告诉你会议上发生的事——她这个人很坦率。**3** not hidden or secret 公开; 不隐瞒; 公然: *He looked at him with open dislike.* 他不加掩饰地以憎恶的目光望着他。**4** with its doors unlocked so that customers can enter 开门营业: *The bank isn't open till 9.30.* 银行到9时30分才开始营业。**5** (used about a new building, public area, etc 指新建筑物、公共场所等) ready to be used for the first time 开幕; 启用: *The new shopping centre will soon be open.* 新的购物中心即将开张。**6 open (to sb/sth)** (used about a road, a course of

O

O

action, etc 指道路、做法等) possible to use, do, etc 供…使用: *After the heavy snow many minor roads were not open to traffic.* 大雪之后，很多次要的道路都不通车。**7** (used about clothes 指衣服) with the buttons not fastened 没有扣上钮扣: *His shirt was open at the neck.* 他的衬衫没有系上领口的钮扣。**8** (only *before* a noun 只用于名词前) with few buildings, villages, etc near (used about an area of land 指土地) 空旷: *open country* 空旷的郊野 **9** (only *before* a noun 只用于名词前) at a distance from the land (used about an area of sea) (指海域) 离岸很远: *Once we were out in the open sea, the wind got stronger.* 我们一到大海上，风就变得更强劲。**10** (only *before* a noun 只用于名词前) not covered 没有遮盖: *an open fire* 明火 **11 open (to sb/sth)** that anyone can enter, visit, etc 开放/公开(给…参加/使用等): *The competition is open to everyone.* 任何人都可参加那项比赛。○ *The gardens are open to the public in the summer.* 花园在夏季对公众开放。**12** not finally decided; still being considered 未作最后决定；仍在考虑中: *Let's leave the details open.* 我们暂时不就细节作最后决定。

(IDIOMS 习语) **have/keep an open mind (about/on sth)** to be willing to listen to or consider new ideas and suggestions (对某事) 持开通的态度

in the open air outside 户外；露天: *Somehow, food eaten in the open air tastes much better.* 不知怎的，在户外吃的东西总是好吃很多。

keep an eye open/out (for sb/sth) ➾ EYE[1]

open to sth willing to receive sth 乐意接受某事物: *I'm always open to suggestions.* 我一向乐于听取建议。

with your eyes open ➾ EYE[1]

with open arms in a friendly way that shows that you are pleased to see sb or have sth 热诚欢迎某人/接受某事物

the open *noun* [sing] outside or in open country 户外；露天；野外: *After working in an office I like to be out in the open at weekends.* 一直在办公室里工作，我喜欢周末到野外走走。

(IDIOM 习语) **bring sth out into the open; come out into the open** to make sth known publicly; to be known publicly 公开: *I'm glad our secret has come out into the open at last.* 我很高兴我们的秘密最终都公开了。

openly *adv* not secretly; honestly 公开；坦率: *I think you should discuss your feelings openly with each other.* 我认为你们应该坦率地讨论彼此的感觉。

openness *noun* [U] the quality of being honest and willing to talk 坦率；爽快: *I was surprised by her openness about her relationship with James.* 她对于自己与詹姆斯的关系那么坦白，我感到意外。

ˌopen-ˈair *adj* outside; not indoor 户外；露天: *an open-air swimming-pool* 室外游泳池

ˈopen day *noun* [C] a day when the public can visit a place that is usually closed to them 开放日(特别开放给外界参观的一天)

ˌopen-ˈminded *adj* willing to consider new ideas and opinions 思想开通；开明

ˌopen-ˈplan *adj* (used about a large indoor area 指室内的一个大范围) not divided into separate rooms 没有间隔的；开敞式: *an open-plan office* 开放式设计的办公室

the ˌOpen Uniˈversity *noun* [sing] (*Brit* 英) a university whose students study mainly at home. Their work is sent to them by post and there are special television and radio programmes for them. 开放大学(教学方法以函授为主，电视/电台专题节目为辅)

☆**open**[2] /ˈəʊpən ‖ ˈopən/ *verb* **1** [I,T] to become open or to make sth open 开；打开；睁开: *This window won't open – it's stuck.* 这扇窗打不开——给卡住了。○ *Do you mind if I open this window?* 我可以打开这窗吗？○ *When I opened my eyes, she was gone.* 我睁开眼睛时，她已经走了。**2** [I,T] **open (sth) (out)** to fold out, back, etc 翻开；张开；展开: *The book opened at the very page I needed.* 那本书刚好翻到我要看的那一页。○ *Open your hand – what have you got inside?* 摊开手——你拿着什么？○ *She opened the curtains and looked out.* 她拉开了窗帘往外望。**3** [I,T] (used about a shop, office, etc 指商店、办事处等) to be unlocked so that business, work, etc can start; to unlock sth 开门办公/营业；开放: *The shop hasn't opened yet.* 那家商店还没有开门。○ *They open the museum an hour later on Sundays.* 博物馆在星期日要晚一个小时才开放。**4** [T] to say officially that a new building, etc is ready for use (新建筑物等)正式启用/开幕: *The Mayor will open the college next week.* 市长将于下星期主持新学校的开幕典礼。**5** [I,T] to start 开始: *The play opens in London next month.* 比赛于下个月在伦敦开始。○ *The chairman opened the meeting by welcoming everybody.* 主席为会议致开幕词，欢迎各位莅会。○ *I'd like to open a bank account.* 我想开一个银行账户。**6** [T] to make a road, etc available for use again 使道路等重新通车: *Snow-ploughs have opened many major roads.* 除雪机使多条主要道路恢复通车。

(IDIOM 习语) **open fire (at/on sb/sth)** to start shooting (对某人/某物)开火: *He ordered his men to open fire.* 他命令部下开火。

(PHRASAL VERBS 短语动词) **open into/onto sth** to lead straight to sth 直接通往/朝向某处: *This door opens onto the garden.* 这门通向花园。

open out to become wider 变得宽阔: *The road opened out and we were able to overtake the tractor.* 路面变得宽阔，我们能够超越那辆拖拉机。

open (sth) up 1 to become available or to make sth available (使)可供使用；开发: *When I left school all sorts of opportunities opened up for me.* 我离开学校时，各种各样的机会都在等待着我。○ *Parts of the desert may soon be opened up for farming.* 那沙漠的部分地区不久可能开发作农业用途。**2** to open a door 开门: *'Open up,' shouted the police to the man inside.* "开门！"警察向屋内的男子大声喊道。

opener /ˈəʊpnə(r) ‖ ˈopənɚ/ *noun* [C] (in compounds 用以构成复合词) a thing that takes the lid, etc off sth 开启盖子等的工具: *a tin-opener* 开罐器

☆**opening** /ˈəʊpnɪŋ ‖ ˈopənɪŋ/ *noun* **1** [sing] beginning 开始；开端: *The book is famous for its dramatic opening.* 这本书以精彩的开端闻名。**2** [C] a hole; a way in or out 洞；孔；出/入口；通道: *We were able to get through an opening in the hedge.* 我们设法穿过了篱笆上的一个豁口。**3** [C] an opportunity 机会: *There are many new openings for trade with Eastern Europe.* 与东欧做生意的新机会十分多。**4** [C] a job which is available（职位）空缺: *We have an opening for a sales manager at the moment.* 我们现在有一个销售经理的空缺。**5** [C] a ceremony when a public building, etc is ready for use 开幕/启用仪式；开幕典礼: *the opening of the new theatre* 新剧院的开幕仪式

opening *adj* (only *before* a noun 只用于名词前) first 第一: *the opening chapter of a book* 书的第一章 ○ *His opening remarks were rather tactless.* 他的开场白很不圆通。

☆**opera** /ˈɒprə ‖ ˈɑpərə/ *noun* **1** [C] a play in which the actors (**opera singers**) sing the words to music 歌剧（歌剧演员叫做 **opera singer**）: *an opera by Wagner* 瓦格纳的歌剧 ○ *a comic opera* 喜歌剧 **2** [U] works of this kind 歌剧作品: *Do you like opera?* 你喜欢歌剧吗？○ *grand* (= serious) *opera* 大型歌剧 ○ *light* (= not serious) *opera* 轻歌剧 ☛ Look at **soap opera**. 参看 **soap opera**。

operatic /ˌɒpəˈrætɪk ‖ ˌɑpəˈrætɪk/ *adj* connected with opera 与歌剧有关: *operatic music* 歌剧音乐

ˈ**opera-house** *noun* [C] a theatre where operas are performed 歌剧院

☆**operate** /ˈɒpəreɪt ‖ ˈɑpəˌret/ *verb* **1** [I,T] to do business; to manage or direct sth 经营（业务）；管理；指挥: *The firm operates from its central office in Bristol.* 那家公司由设于布里斯托尔的总办事处管理。○ *Many companies operate mail order services nowadays.* 现时很多公司经营邮购服务。**2** [I] to act or to have an effect 起作用；有影响: *Several factors were operating to our advantage.* 当时有几个因素都对我们有利。**3** [I,T] to work, or to make sth work 操作；操控；运作: *I don't understand how this machine operates.* 我不明白这部机器是怎样运作的。○ *These switches here operate the central heating.* 这里的开关可控制中央暖气系统。**4** [I] **operate (on sb/sth) (for sth)** to cut open a patient's body in order to deal with a part that is damaged, diseased, etc（给某人/身体某部分）动手术/开刀: *The surgeon is going to operate on her in the morning.* 外科医生将于早上替她动手术。○ *He was operated on for appendicitis.* 他动了阑尾炎手术。

ˈ**operating system** *noun* [C] a computer program that organizes a number of other programs at the same time（计算机）操作系统/作业系统

ˈ**operating theatre** (*also* 亦作 **theatre**) *noun* [C] a room in a hospital where operations(3) are performed 手术室

☆**operation** /ˌɒpəˈreɪʃn ‖ ˌɑpəˈreʃən/ *noun* **1** [C] an activity, often highly organized, that involves many people, actions, days, etc（常为组织严密的）集体行动: *A rescue operation was mounted to find the missing children.* 失踪儿童的营救行动已经展开了。○ *military operations* 军事行动 ○ *Building the garden shed was quite a tricky operation.* 建造花园工具房是件颇费周章的工作。**2** [C] a business company 企业: *a huge international operation* 庞大的国际企业 **3** [C] (*also informal* 非正式 **op**) **operation (on sb) (for sth); operation (to do sth)** cutting open a patient's body in order to deal with a part inside 手术: *The surgeon performed an operation on her for a kidney problem.* 外科医生给她施行肾脏手术。○ *He had an operation to remove some damaged lung tissue.* 他要动手术切除已坏的肺组织。**4** [U] the way in which sth works; working 运作/操作/工作（方式）: *The operation of these machines is quite simple.* 这些机器的操作很简单。

(IDIOM 习语) **be in operation; come into operation** to start working or having an effect 工作中；操作中；起作用；生效: *The new tax system will come into operation in the spring.* 新的税制将于春季开始生效。

operational /ˌɒpəˈreɪʃənl ‖ ˌɑpəˈreʃənl/ *adj* **1** connected with an operation(1,4) 与集体行动/操作有关 **2** ready for use 可使用: *The new factory is now fully operational.* 新工厂现已全面投产。

operative /ˈɒpərətɪv; *US* 美 -reɪt- ‖ ˈɑpəˌretɪv/ *adj* (*formal* 正式) working, able to be used; in use 运作中；可使用的；在使用中: *The new law will be operative from 1 May.* 新法规将于5月1日起生效。

☆**operator** /ˈɒpəreɪtə(r) ‖ ˈɑpəˌretə/ *noun* [C] **1** a person whose job is to connect telephone calls, for the public or in a particular building 话务员；接线员: *Dial 100 for the operator.* 拨100找接线员。○ *a switchboard operator* 电话总机接线员 **2** a person whose job is to work a particular machine or piece of equipment（机器、设备等的）操作员: *a computer operator* 计算机操作员 **3** a person or company that does certain types of business（生意）经营者；公司: *a tour operator* 旅行社

☆**opinion** /əˈpɪnɪən ‖ əˈpɪnjən/ *noun* **1** [C] **opinion (of sb/sth); opinion (on/about sth)** what you think about sb/sth 意见；看法: *She asked me for my opinion of her new hairstyle and I told her.* 她问我对她那新发型有什么看法，我就告诉了她。○ *He has very strong opinions on almost everything.* 他差不多对所有的事情都抱有很固执的看法。**2** [U] what people in general think about sth 一般人的看法；舆论: *Public opinion is in favour of a change in the law.* 舆论支持修改法律。

(IDIOMS 习语) **be of the opinion that...** (*formal* 正式) to think or believe that... 认为…；相信…: *In this case we are of the opinion that you took the right decision.* 在这种情况下，我们认为你作出了正确的决定。

have a good, bad, high, low, etc opinion of sb/sth to think that sb/sth is good, bad, etc 对某人或某事物的评价很好/很坏/很高/很低…

in my, your, etc opinion I, you, etc think that... 我/你…认为；我/你…的意见是: *In my*

O

opinion, you're making a terrible mistake. 我认为你犯了一个严重的错误。

a matter of opinion ⇨ MATTER[1]

o'pinion poll *noun* [C] = POLL[1](1)

opium /'əʊpɪəm ‖ 'opɪəm/ *noun* [U] a drug that is made from the seeds of the poppy flower 鸦片

O

☆**opponent** /ə'pəʊnənt ‖ ə'ponənt/ *noun* [C] **1** (in sport or games 体育或游戏) a person who plays against sb 对手；敌手 **2 an opponent (of sth)** a person who disagrees with sb's actions, plans or beliefs and tries to stop or change them 反对者

☆**opportunity** /ˌɒpə'tju:nətɪ; *US* 美 -'tu:n- ‖ ˌɑpɚ-'tunətɪ/ *noun* [C,U] (*pl* **opportunities**) a chance to do sth that you would like to do; a situation or a time in which it is possible to do sth that you would like to do 机会；时机: *There will be plenty of opportunity for asking questions later.* 过一会儿有很多机会提问。○ *I should have gone abroad when I was young – it was a missed opportunity.* 我早该在年轻时候就出国去——真是错失良机了。○ *an equal opportunity employer* (= an employer who employs people regardless of sex, colour, etc) 一位提供均等机会的雇主（招聘员工时不论性别、肤色等）☛ Look at the note at **occasion**. 参看 **occasion** 的注释。

(IDIOM 习语) **take the opportunity to do sth/of doing sth** to make use of a chance that you have to do sth 利用/把握机会做某事: *When we were finally alone, I took the opportunity to ask him a few personal questions.* 最后只剩下我们两人的时候，我便乘机问了他几个私人问题。

☆**oppose** /ə'pəʊz ‖ ə'poz/ *verb* [T] to disagree with sb's beliefs, actions or plans and to try to change or stop them 反对；阻挡: *They opposed the plan to build new houses in the village.* 他们反对在村内兴建新房子。

opposed *adj* **opposed to sth** disagreeing with a plan, action, etc; believing that sth is morally wrong 反对（计划/行动等）；认为…不道德: *I'm not opposed to the idea but I need more details.* 我并不反对那个主张，但我需要更多详细资料。○ *She has always been opposed to experiments on animals.* 她一向都反对用动物来做实验。

(IDIOM 习语) **as opposed to** (used to emphasize the difference between two things 用以强调两个事物之间的差别) in contrast with 与…对比: *Your work will be judged by quality, as opposed to quantity.* 衡量你的工作以质量作标准，而不以数量。

☆**opposite** /'ɒpəzɪt ‖ 'ɑpəzɪt/ *adj, adv* **1** in a position directly on the other side of sb/sth; facing 对面；相对: *The two cathedrals are on opposite sides of the river.* 那两座大教堂位于河的两岸。○ *The two families sat at opposite ends of the room to each other.* 那两家人面对面坐在房间的两边。○ *You sit there and I'll sit opposite.* 你坐在那里，我就坐在你的对面。☛ picture at **front**. 见 **front** 插图。Sometimes **opposite** is used after the noun * **opposite** 有时用于名词后: *Write your answer in the space opposite.* 把你的答案写在另一边的空白处。**2** as different as possible 相反；全然不同: *I can't walk with you because I'm going in the opposite direction.* 我不能与你一起走，因为我要去的方向与你相反。○ *the opposite sex* (= men for women, women for men) 异性（性别不同的人）

opposite *prep* directly on the other side of a space between sth and sth else; facing sb/sth 在对面: *I always buy my paper from the shop opposite our flat.* 我一向都在公寓对面的商店买报纸。

opposite *noun* [C] the word, thing or person that is as different as possible from sb/sth 反义词；相反的事物/人: *'Hot' is the opposite of 'cold'.* "热"是"冷"的反义词。○ *She's very friendly whereas her brother is the complete opposite.* 她很友善，而她的弟弟就跟她完全相反。

ˌ**opposite 'number** *noun* [C] a person who does the same job or has the same position in a different company, organization, team, etc（在不同公司、机构、队伍等）做相同工作或职位相同的人: *He played better than his opposite number in the other team.* 他比在另一队打相同位置的球员打得好。

☆**opposition** /ˌɒpə'zɪʃn ‖ ˌɑpə'zɪʃən/ *noun* [U] **1 opposition (to sb/sth)** the feeling of disagreeing with sth and the action of trying to change it 反对；对抗: *Despite strong opposition from local people, the city centre was completely rebuilt.* 虽然当地人士强烈反对，市中心仍然全面重建。○ *to express your opposition to sth* 表示你对某事物的反对 **2 the opposition** [sing] the person or team who plays against sb in sport or games（体育/游戏中的）对手: *Their manager has told them not to underestimate the opposition.* 他们的经理已对他们说不要低估对手。**3 the Opposition** [sing] the politicians or the political parties that are in Parliament but not in the government 在野党；反对党；反对党议员: *the leader of the Opposition* 反对党领袖 ○ *Opposition MPs* 反对党议员 ☛ In numbers **2** and **3**, **opposition** can be used with either a singular or a plural verb. 在第 **2**、**3** 义项中，**opposition** 可与单数或复数动词连用。

oppress /ə'pres ‖ ə'prɛs/ *verb* [T] (usually passive 通常用于被动语态) to rule sb (especially a nation or a part of society) in a way that allows the people no freedom; to control sb in an unjust way, using force 压迫；压制；欺压

oppressed *adj* unfairly ruled or treated; not free 受压迫；被欺压: *an oppressed minority* 被压迫的少数集团

oppression /ə'preʃn ‖ ə'prɛʃən/ *noun* [U] the system or act of oppressing; the state of being oppressed 压迫；受压迫: *a struggle against oppression* 反抗压迫的斗争

oppressive /ə'presɪv ‖ ə'prɛsɪv/ *adj* **1** allowing no freedom; controlling by force; unjust 严苛；暴虐；不公正: *The military government announced oppressive new laws.* 军政府宣布了严厉的新法律。**2** (used especially about heat or the atmosphere 尤指热或空气) causing you to feel very uncomfortable 难以忍受；闷热

oppressor *noun* [C] a person who oppresses 压迫者；暴君

opt /ɒpt ‖ ɑpt/ *verb* [T] **opt to do sth** to choose or decide to do sth after thinking about it 选择/决定（做某事）

(PHRASAL VERBS 短语动词) **opt for sb/sth** to choose sth after you have decided that you do not want the other possibilities 选择某人/某事物

opt out (of sth) to choose not to take part in sth; to decide to stop being involved in sth 选择不参与；决定退出: *Schools and hospitals can now opt out of local government control and manage their own finances.* 学校及医院现在可以选择不受当地政府控制，自行管理财政。

optical /ˈɒptɪkl ‖ ˈɑptɪkl̩/ *adj* connected with the sense of sight 与视觉有关: *optical instruments* 光学仪器

ˌ**optical ilˈlusion** *noun* [C] something that tricks the eye and makes you believe sth is there or is true when it is not 视错觉；错视；光幻觉

optician /ɒpˈtɪʃn ‖ ɑpˈtɪʃən/ *noun* [C] a person who is qualified to test eyes, sell glasses, etc 验光师；眼镜商: *to go to the optician's* (= the shop) 上眼镜店去

optimism /ˈɒptɪmɪzəm ‖ ˈɑptəˌmɪzəm/ *noun* [U] the feeling that the future or sth in the future will be good or successful 乐观: *There is considerable optimism that the economy will improve.* 有相当多的人抱乐观态度，认为经济将会好转。☛ The opposite is **pessimism**. 反义词为 **pessimism**。

optimist /-mɪst ‖ -mɪst/ *noun* [C] a person who is always hopeful that things will be good or successful in the future 乐观者；乐观主义者 ☛ The opposite is **pessimist**. 反义词为 **pessimist**。

optimistic /ˌɒptɪˈmɪstɪk ‖ ˌɑptəˈmɪstɪk/ *adj* hoping or believing that what happens in the future will be good or successful 乐观: *I've applied for the job but I'm not very optimistic about my chances of getting it.* 我申请了那份工作，但对于能否获得并不太乐观。☛ The opposite is **pessimistic**. 反义词为 **pessimistic**。 —**optimistically** /-klɪ ‖ -kl̩ɪ/ *adv*

☆**option** /ˈɒpʃn ‖ ˈɑpʃən/ *noun* **1** [U,sing] the freedom to choose; choice 选择的自由；选择: *If you're late again, you will give us no option but to dismiss you.* 如果你再迟到，我们就没有选择的余地，只好开除你。**2** [C] a thing that you choose or can choose; choice 可选择的事物；选择: *She looked carefully at all the options before deciding on a career.* 她仔细考虑过所有可供选择的职业，然后再决定做哪一份。

optional /-ʃənl ‖ -ʃənl̩/ *adj* that you can choose or not choose 可选择的；非强制性: *an optional subject at school* 学校里的选修科目 ○ *an optional extra* (= sth that you can have as an extra thing but must pay for) 要另外付款的额外货品 ☛ The opposite is **compulsory**. 反义词为 **compulsory**。

☆**or** /ɔ:(r) ‖ ɔr/ *conj* **1** (used before another possibility or the last of a series of possibilities 用于另一个可能性之前或一连串可能性的最后一个之前) 或；或者；还是: *Would you like to sit here or next to the window?* 你想坐在这里还是窗旁？○ *Are you interested or not?* 你有兴趣没有？○ *For the main course, you can have lamb, beef or fish.* 至于主菜，你可选择羊肉、牛肉或鱼。☛ Look at **either...or**. 参看 **either...or**。**2** if not; otherwise 否则；不然: *Don't drive so fast or you'll have an accident!* 不要开车开得那么快，否则会出事的！○ *She must have loved him or she wouldn't have married him.* 她一定曾经很爱他，不然不会嫁给他。

☛ **Or else** and **otherwise** can be used with this meaning. 用于这个意义时，也可用 **or else** 或 **otherwise**。**3** (after a negative 用于否定式后) and neither; and not 也不；也没有: *She hasn't phoned or written to me for weeks.* 她已经好几个星期没有打电话或写信给我。○ *I've never been to Italy or Spain.* 我从没有到过意大利或西班牙。☛ Look at **neither...nor**. 参看 **neither...nor**。 **4** (used before a word or phrase that explains or comments on what has been said before 用于作说明的词或词组前) 即；那就是: *20% of the population, or one in five* 人口的百分之二十，即每五个人之中有一个 ○ *Oxford and Cambridge Universities, or 'Oxbridge' as they are sometimes known* 牛津及剑桥大学，有时称作 "Oxbridge"

(IDIOMS 习语) **or else** ⇨ ELSE(4)

or so about 大约: *I should think the repairs will cost you £100 or so.* 我认为维修费要花你100英镑左右。

or sb/sth/somewhere (*informal* 非正式) (used for showing that you are not sure, cannot remember or do not know which person, thing or place 表示不肯定、不记得或不知道是哪个人/事物/地方): *She's a computer programmer or something.* 她是计算机编程员这类的人。○ *The film was set in Sweden or somewhere.* 那部电影的背景是瑞典之类的地方。

☛ Another phrase that shows that you are not sure is **...or other** 另一个表示不肯定的词组是 **...or other**: *He muttered something or other about having no time and disappeared.* 他咕哝着没有时间什么的，接着就不见了。

☆**oral** /ˈɔ:rəl ‖ ˈɔrəl/ *adj* **1** spoken, not written 口述；口头: *an oral test* 口试 **2** concerning or using the mouth 与口有关；用口的: *oral hygiene* 口腔卫生

oral *noun* [C] a spoken examination 口试: *I've got my German oral next week.* 我下星期要参加德语口试。

orally *adv* **1** using speech, not writing 口头: *Orally her English is good.* 她的英语说得不错。**2** through the mouth and swallowed（药物等）用于口服

☆**orange** /ˈɒrɪndʒ; *US* 美 ˈɔ:r- ‖ ˈɔrɪndʒ/ *noun* **1** [C] a round fruit with a thick skin, that is divided into sections (**segments**) inside, and is a colour between red and yellow 橙/柑/橘（每一瓣儿叫做 **segment**）: *orange juice* 橙汁 **2** [U] the colour of this fruit, between red and yellow 橙色 **3** [U] a drink made from oranges or with the taste of oranges; a glass of this drink（一杯）橙汁: *vodka and orange*

伏特加酒加橙汁 ○ *freshly squeezed orange* 鲜榨橙汁

orange *adj* having the colour orange 橙色：*orange paint* 橙色的油漆

ˌ**orange** ˈ**squash** *noun* [C,U] (*Brit* 英) a drink made by adding water to an orange-flavoured liquid 橘子水

O

orator /ˈɒrətə(r); *US* 美 ˈɔ:r- ‖ ˈɔrətɚ/ *noun* [C] (*formal* 正式) a person who is good at making public speeches 演说家

orbit /ˈɔ:bɪt ‖ ˈɔrbɪt/ *noun* [C,U] the path taken by sth (a planet, a moon, a spacecraft, etc) going round sth else in space（行星、卫星、太空船等运行的）轨道/轨迹: *to put a satellite into orbit* 把一个人造卫星发射到轨道上

orbit *verb* [I,T] to move round sth (the moon, the sun, a planet etc) in orbit 环绕（月球、太阳、行星等的）轨道运行

orchard /ˈɔ:tʃəd ‖ ˈɔrtʃɚd/ *noun* [C] a piece of land in which fruit trees are grown 果园：*a cherry orchard* 樱桃园

☆**orchestra** /ˈɔ:kɪstrə ‖ ˈɔrkɪstrə/ *noun* [C] a large group of musicians who play different musical instruments together 管弦乐队：*a symphony orchestra* 交响乐团

> ☛ An orchestra usually plays classical music. 管弦乐队通常演奏古典音乐。Pop music, jazz, etc are played by a **group** or **band**. 演奏流行音乐、爵士乐等的乐队叫做 **group** 或 **band**。

orchestral /ɔ:ˈkestrəl ‖ ɔrˈkɛstrəl/ *adj* played by or written for an orchestra 管弦乐队演奏的；供管弦乐队演奏的

orchid /ˈɔ:kɪd ‖ ˈɔrkɪd/ *noun* [C] a plant that has flowers of unusual shapes and bright colours 兰花

ordeal /ɔ:ˈdi:l; ˈɔ:di:l ‖ ɔrˈdil; ˈɔrdil/ *noun* [C] a very unpleasant experience 苦难经历；折磨；煎熬: *The woman who was attacked last night is in hospital recovering from her ordeal.* 昨晚遭袭击的女子住进了医院，正从那可怕的事故中复原过来。

☆**order**[1] /ˈɔ:də(r) ‖ ˈɔrdɚ/ *noun* **1** [C,U] the way in which people or things are arranged in relation to each other 次序；顺序：*a list of names in alphabetical order* 依字母次序排列的名单 ○ *a list of dates in chronological order* 依时间先后排列的日期表 **2** [U] an organized state, when everything is in its right place 有条理；整齐；井然有序：*I really must put my notes in order, because I can never find what I'm looking for.* 我真的要把笔记整理好，因为我常常都找不到要找的东西。**3** [U] the situation in which laws, rules, authority, etc are obeyed 秩序；治安：*Following last week's riots, order has now been restored.* 上星期暴乱之后，现在已恢复秩序。☛ Look at **disorder**. 参看 **disorder**。**4** [C] an instruction or demand that sb must do sth, given by sb who has power over that person 指示；命令：*In the army, you have to obey orders at all times.* 在军队里时刻都要服从命令。**5** [C] a request asking for sth to be made, supplied or delivered 订购；订货；订单: *The company has just received a major export order.* 公司刚接到一份重要的出口订单。**6** [C] a request for food, drink, etc in a hotel, restaurant, etc 点菜；叫菜: *Can I take your order now, sir?* 先生，你要点些什么吗？

(IDIOMS 习语) **in order to do sth** with the purpose or intention of doing sth; so that sth can be done 为了做某事: *In order to obtain a passport, you need a birth certificate and two photographs.* 申请护照，需要出示出生证书并附照片两张。○ *We left early in order to avoid the traffic.* 我们很早便出发，以免遇上塞车。

in/into reverse order ⇨ REVERSE[1]

in working order (used about machines, etc 指机器等) working properly, not broken 情况良好；操作正常: *It's an old fridge but it's in perfect working order.* 那个冰箱用了很久，但仍然操作正常。

law and order ⇨ LAW

out of order **1** (used about a machine, etc 指机器等) not working properly or not working at all 发生故障；失灵；坏了 **2** (*informal* 非正式) (used about a person's behaviour 指人的行为) unacceptable, because it is rude, etc 不恰当；（因粗鲁而）不能接受: *That comment was completely out of order!* 那种批评完全不能接受！

ˈ**order-form** *noun* [C] a form that is filled in by sb ordering goods 订货单

☆**order**[2] /ˈɔ:də(r) ‖ ˈɔrdɚ/ *verb* **1** [T] **order sb (to do sth)** to tell sb to do sth in a strong way which does not permit him/her to refuse, and without saying 'please' 下令；命令：*I'm not asking you to do your homework, I'm ordering you!* 我不是在请求你做课外作业，我是命令你去做！○ *The police ordered the demonstrators to stop.* 警方命令示威者停止前进。**2** [T] to ask for sth to be made, supplied or delivered 订购；预订: *The shop didn't have the book I wanted so I ordered it.* 那家商店没有我想要的那本书，所以我订购了一本。○ *We've ordered some new chairs for the living-room.* 我们给客厅订购了几张新椅子。**3** [I,T] to ask for food, drink, etc in a restaurant, hotel, etc 叫（饭菜、饮料等）: *Are you ready to order yet, madam?* 太太，你可以点菜了吗？

(PHRASAL VERB 短语动词) **order sb about/around** to keep telling sb what to do and how to do it 不断差遣某人: *Stop ordering me about! You're not my father.* 别再把我支使来支使去的！你又不是我父亲。

orderly[1] /ˈɔ:dəlɪ ‖ ˈɔrdɚlɪ/ *adj* **1** well-arranged; well-organized; tidy 有条理；有秩序；整齐: *an orderly office* 井井有条的办公室 ○ *an orderly life* 有规律的生活 **2** well-behaved; peaceful 守规矩；守秩序；和平: *The teacher told the pupils to form an orderly queue.* 老师叫学生守秩序排队。

orderly[2] /ˈɔ:dəlɪ ‖ ˈɔrdɚlɪ/ *noun* [C] (*pl* **orderlies**) a hospital assistant who has not had special training（没有受过特别训练的）医务助理/护理员

ordinal /ˈɔ:dɪnl; *US* 美 -dənl ‖ ˈɔrdn̩əl/ (*also* 亦

作 ˌ**ordinal ˈnumber**) *noun* [C] a number that shows the order or position in a series 序数: *'First', 'second', and 'third' are ordinals.* * first、second、third 是序数词。

☆**ordinary** /ˈɔːdənrɪ; *US* 美 ˈɔːrdənerɪ ‖ ˈɔrdnɛrɪ/ *adj* normal; not special or unusual or different from others 正常;普通;一般;平凡: *It's interesting to see how ordinary people live in other countries.* 看看其他国家的普通人怎样生活是很有趣的。○ *They live in an ordinary sort of house.* 他们住在一座普通的房子里。☛ The opposite is **extraordinary**. 反义词为 **extraordinary**。

(IDIOM 习语) **out of the ordinary** unusual; different from normal 不寻常;特殊

ordinarily /ˈɔːdənrəlɪ; *US* 美 ˌɔːrdnˈerəlɪ ‖ ˌɔrdn̩ˈɛrəlɪ/ *adv* usually; generally 通常;一般: *Ordinarily, I don't work as late as this.* 我一般都不会工作到这么晚。

ore /ɔː(r) ‖ ɔr/ *noun* [C,U] rock or earth from which metal can be obtained 矿;矿石

☆**organ**[1] /ˈɔːgən ‖ ˈɔrgən/ *noun* [C] a part of the body that has a particular function 器官: *vital organs* (= those such as the heart which help to keep you alive) 生命器官(维持生命所必需的器官,如心脏等)○ *sexual organs* 性器官

☆**organ**[2] /ˈɔːgən ‖ ˈɔrgən/ *noun* [C] a large musical instrument of the piano family, with pipes through which air is forced. Organs are often found in churches 风琴/管风琴(常见于教堂): *a church organ* 教堂风琴 ○ *organ music* 风琴音乐 ☛ Note that you play **the** organ 弹奏风琴叫做 play **the** organ: *When did you learn to play the organ?* 你是在什么时候学会弹奏风琴的?

organist *noun* [C] a person who plays the organ 风琴手;风琴演奏者

organic /ɔːˈgænɪk ‖ ɔrˈgænɪk/ *adj* **1** produced by or existing in living things 有机;有机体的;生物体的: *You need to add a lot of organic matter to the soil.* 你要把大量的有机物质加进泥土里。☛ The opposite is **inorganic**. 反义词为 **inorganic**。**2** (used about food or agricultural methods 指食物或耕作方法) produced by or using natural materials, not chemicals 用有机肥料: *organic vegetables* 用有机肥料培植的蔬菜 ○ *organic farming* 有机肥料耕作

organism /ˈɔːgənɪzəm ‖ ˈɔrgənˌɪzəm/ *noun* [C] an animal or plant, especially one that is so small that you can only see it with a special instrument (**microscope**)(用显微镜(**microscope**)才可看见的)微生物;生物

☆**organization** (*also* 亦作 **organisation**) /ˌɔːgənaɪˈzeɪʃn; *US* 美 -nɪˈz- ‖ ˌɔrgənəˈzeʃən/ *noun* **1** [C] an organized group of people who do sth together 组织;机构: *She works for a voluntary organization helping homeless people.* 她为志愿机构工作,帮助无家可归的人。**2** [U] the activity of organizing or arranging 组织;安排: *An enormous amount of organization went into the festival.* 为那个节日作了大量的筹备工作。**3** [U] the way in which sth is organized 组织的方式;结构: *The students all complained about the poor organization of their course.* 学生都抱怨课程编排不当。

—**organizational** (*also* 亦作 **organisational**) /-ʃənl ‖ -ʃən̩l/ *adj*: *The job requires a high level of organizational ability.* 担任那份工作要有高度的组织能力。

☆**organize** (*also* 亦作 **organise**) /ˈɔːgənaɪz ‖ ˈɔrgənˌaɪz/ *verb* **1** [T] to plan or arrange an event, an activity, etc 筹备;安排;组织: *The school organizes trips to various places of interest.* 校方安排参观各个旅游点。**2** [I,T] to put things into order; to arrange into a system or logical order 编排;整理;编成系统: *Can you decide what needs doing? I'm hopeless at organizing.* 需要做什么工作,你能决定吗?我对安排工作毫不在行。

organized (*also* 亦作 **organised**) *adj* **1** planned or arranged 有计划;有组织: *My department is badly organized.* 我所属的部门组织混乱无序。○ *organized crime* 有组织的犯罪活动 **2** having a good system; working well 有系统;运作良好: *I wish I was as organized as you are!* 我真希望自己能像你那样井井有条!

—**organizer** (*also* 亦作 **organiser**) *noun* [C]: *The organizers of the concert said that it had been a great success.* 筹办人说音乐会办得极为成功。

orgasm /ˈɔːgæzəm ‖ ˈɔrgæzəm/ *noun* [C,U] the point of greatest sexual pleasure 性高潮: *to have an orgasm* 达到性高潮

orgy /ˈɔːdʒɪ ‖ ˈɔrdʒɪ/ *noun* [C] (*pl* **orgies**) **1** a wild party, involving a lot of sex and/or alcohol or drugs(沉湎酒色或毒品的)狂欢聚会 **2 an orgy (of sth)** a period of doing sth in an uncontrolled way 放纵/放荡(的一段时间): *an orgy of violence* 肆无忌惮地使用暴力

orient /ˈɔːrɪənt ‖ ˈɔrɪənt/ *noun* [sing] **the Orient** (*formal* 正式) the countries of the East or the Far East (China, Japan, etc) 东方/远东(国家)(指中国、日本等地方)

oriental /ˌɔːrɪˈentl ‖ ˌɔrɪˈɛntl/ *adj* coming from or belonging to the East or Far East 来自/属于东方或远东: *oriental languages* 东方语言

orientate /ˈɔːrɪənteɪt ‖ ˈɔrɪɛnˌtet/ *verb* [T] **orientate yourself** to find out where you are; to become familiar with a place 确定自己的方位;使自己熟悉(某地方): *When I came out of the station I couldn't orientate myself at first.* 我走出车站时,一开始还不能辨别自己所处的方位。

orientated /ˈɔːrɪənteɪtɪd ‖ ˈɔrɪɛnˌtetɪd/ (*also* 亦作 **oriented** /ˈɔːrɪəntɪd ‖ ˈɔrɪˌɛntɪd/) *adj* aimed or directed at a particular type of person or thing 以…为目标;以…为方向: *Our products are male-orientated.* 我们的产品以男性为对象。○ *She's very career-orientated.* 她的事业心很重。

orienteering /ˌɔːrɪənˈtɪərɪŋ ‖ ˌɔrɪənˈtɪrɪŋ/ *noun* [U] a sport in which you find your way across country on foot, using a map and compass 越野识途比赛(利用地图及指南针在郊野觅路行进)

☆**origin** /ˈɒrɪdʒɪn ‖ ˈɑrədʒɪn/ *noun* [C,U] **1** the time when or place where sth first comes into existence; the reason why sth starts 起源;来源;由来;起因: *Could you explain to me the origins of this tradition?* 你可以向我解释这个

传统的起源吗？○ *Many English words are of Latin origin.* 很多英语词语都源于拉丁语。**2** the family, race, class, etc that a person comes from 血统；出身: *people of African origin* 非洲血统的人 ○ *working-class origins* 工人阶级出身

O

☆**original** /əˈrɪdʒənl ‖ əˈrɪdʒənḷ/ *adj* **1** first; earliest (before changes or developments) 最先；最初；原先: *The original meaning of this word is different from the meaning it has nowadays.* 这个词最初的意义与现在的意义不同。**2** new and interesting; different from others of its type 新颖有趣；与众不同: *There are no original ideas in his work.* 他的作品没有什么新意。**3** made or created first, before copies 原作品的；原版的: *'Is that the original painting?' 'No, it's a copy.'* "那幅画是不是原作呢？""不是，是仿制品。"

original *noun* [C] **the original** the first one made or created; not a copy 原作；原版；原件；原文: *Could you make a photocopy and give the original back to me?* 请影印一份，然后把原件交还给我。

originality /əˌrɪdʒəˈnæləti ‖ əˌrɪdʒəˈnæləti/ *noun* [U] the quality of being new and interesting 新颖；独创性；独特

originally /-nəli ‖ -nḷi/ *adv* **1** in the beginning; in the first form (before changes or developments) 起初；原先；原来: *I'm from London originally, but I left there when I was very young.* 我在伦敦出生，但在年幼的时候就离开了那里。**2** in a way or style that is unlike others 独创；与众不同: *She has a talent for expressing simple ideas originally.* 她能用新颖的方式表达简单的意念。

originate /əˈrɪdʒɪneɪt ‖ əˈrɪdʒəˌnet/ *verb* (*formal* 正式) **1** [I] to start or be caused to start 源自；（使）开始: *This game originated in the nineteenth century.* 这种游戏起源于十九世纪。**2** [T] to start or create first 首创；发明: *I wonder who originated the custom of sending birthday cards.* 不知道是谁创始送生日贺卡这个习俗的。

ornament /ˈɔːnəmənt ‖ ˈɔrnəmənt/ *noun* [C] an object that you have because it is attractive, not because it is useful. Ornaments are used to decorate rooms, etc. 装饰品；装饰物 ☛ picture at **fireplace**. 见 **fireplace** 插图。

ornamental /ˌɔːnəˈmentl ‖ ˌɔrnəˈmɛntḷ/ *adj* made or put somewhere in order to look attractive, not for any practical use 装饰用的；装饰性的

ornate /ɔːˈneɪt ‖ ɔrˈnet/ *adj* having a lot of decoration 装饰华丽: *an ornate building* 装饰华丽的建筑物

ornithology /ˌɔːnɪˈθɒlədʒi ‖ ˌɔrnəˈθɑlədʒi/ *noun* [U] the study of birds 鸟类学

ornithologist /ˌɔːnɪˈθɒlədʒɪst ‖ ˌɔrnɪˈθɑlədʒɪst/ *noun* [C] a person who studies birds 鸟类学家

orphan /ˈɔːfn ‖ ˈɔrfən/ *noun* [C] a child whose parents are dead 孤儿

orphan *verb* [T] (usually passive 通常用于被动语态) to cause a child to become an orphan 使成为孤儿: *She was orphaned when she was three and went to live with her grandparents.* 她三岁时成了孤儿便与祖父母同住。

orphanage /ˈɔːfənɪdʒ ‖ ˈɔrfənɪdʒ/ *noun* [C] an institution where orphans live and are looked after 孤儿院

orthodox /ˈɔːθədɒks ‖ ˈɔrθəˌdɑks/ *adj* **1** generally believed, done or accepted 公认的；普遍接受的: *orthodox opinions* 传统的看法 ○ *orthodox methods* 公认的做法 ☛ The opposite is **unorthodox**. 反义词为 **unorthodox**。**2** practising the old, traditional beliefs, ceremonies, etc of certain religions 正统；正宗: *an orthodox Jew* 正统派犹太教徒 ○ *the Greek Orthodox Church* 希腊东正教会

ostentatious /ˌɒstenˈteɪʃəs ‖ ˌɑstɛnˈteʃəs/ *adj* showing wealth, importance, etc very openly in order to attract attention and impress other people 炫耀的；卖弄的；夸耀的 —**ostentatiously** *adv*

ostracize (*also* 亦作 **ostracise**) /ˈɒstrəsaɪz ‖ ˈɑstrəˌsaɪz/ *verb* [T] (*formal* 正式) (used about a group of people 指一群人) to refuse to talk to or be with sb because he/she has done sth that you do not like 排斥（某人）: *When she left her husband, his family ostracized her.* 她跟丈夫分手，婆家的人就排斥她。

ostrich /ˈɒstrɪtʃ ‖ ˈɔstrɪtʃ/ *noun* [C] a very large African bird with a long neck and long legs, which can run very fast but which cannot fly 鸵鸟

☆**other** /ˈʌðə(r) ‖ ˈʌðɚ/ *det, pron* **1** in addition to or different from the one or ones that have already been mentioned or understood 另外；其余；其他: *I hadn't got any other plans that evening so I accepted their invitation.* 那晚我没有其他安排，所以接受了他们的邀请。○ *How many other students are there in your class?* 你那班里还有多少学生？○ *If you're busy now, I'll come back some other time.* 如果你现在没空，我改天再来。○ *I like this jumper but I'm not keen on the colour. Have you got any others?* 我喜欢这件套头毛衣，但不太喜欢这颜色。有没有其他的颜色？○ *Some of my friends went to university, others didn't.* 我有些朋友进了大学，有些就没有。○ *She doesn't care what other people think.* 她不在乎别人的想法。☛ **Other** cannot be used after 'an'. * **other** 不可用于 an 后。Look at **another**. 参看 **another**。**2** (after *the* or a possessive with a singular noun 用于 the 或所有格后，与单数名词连用) second of two（两者中的）另一个: *I can only find one sock. Have you seen the other one?* 我只找到一只袜子，你有没有见到另一只？○ *My glasses broke, but fortunately I had my other pair with me.* 我的眼镜破了，幸好身边还有另外一副。**3** (after *the* or a possessive with a plural noun 用于 the 或所有格后，与复数名词连用) the rest of a group or number of people or things 其余的（人或物）: *Their youngest son still lives with them but their other children have left home.* 他们最小的儿子仍然与他们同住，但其余的子女已经自立门户。○ *I'll have to wear this shirt because all my others are dirty.* 我只得穿这件衬衫，因为其余的全都脏了。(IDIOMS 习语) **every other** ⇨ EVERY

in other words saying sth in a different way 换言之；换句话说
one after another/the other ⇨ ONE[1]
the other day, morning, week, etc recently, not long ago 最近；不久之前的某天/某个早上/某个星期: *An old friend rang me the other day.* 最近有一天一位老朋友打电话给我。
sb/sth/somewhere or other ⇨ OR
other than *prep* **1** (usually after a negative 通常用于否定式后) apart from; except (for) 除了；除此以外: *The plane was a bit late but other than that the journey was fine.* 那班机迟了一点，但除此以外，这次旅程不错。**2** different(ly) from; not 不同于；非；不: *I've never seen her other than very smartly dressed.* 我每一次见到她，她都穿戴得十分入时。

☆**otherwise** /ˈʌðəwaɪz ‖ ˈʌðɚˌwaɪz/ *adv* **1** in all other ways; apart from that 在其他方面；除此以外: *I'm a bit tired but otherwise I feel fine.* 我有点累，但除此以外，感觉良好。**2** in a different or another way 以其他方式: *I'm afraid I can't see you next weekend, I'm otherwise engaged* (= I will be busy doing sth else). 我恐怕下周末不能见你，我有别的事。**3** of a different type 别样: *I have no opinion, good or otherwise, on this subject.* 在这件事上我没有意见，好或不好的都没有。
otherwise *conj* (used for stating what would happen if you do not do sth or if sth does not happen 用以指出如不做某事或某事不发生就会如何) if not 否则；不然: *You have to press the red button, otherwise it won't work.* 你要按那红色的按钮，否则机器就不会开动。

otter /ˈɒtə(r) ‖ ˈɑtɚ/ *noun* [C] a river animal with brown fur that eats fish 水獭

ouch /aʊtʃ ‖ aʊtʃ/ *interj* (used when reacting to a sudden feeling of pain 表示突然感到疼痛) 哎哟: *Ouch! You're hurting me.* 哎哟！你弄得我很痛。

☆**ought to** /ˈɔːt tə ‖ ˈɔttə; before vowels and in final position 在元音前或句末 ˈɔːt tuː/ ‖ ˈɔttu/ *modal verb* (*negative* **ought not to**; *short form* **oughtn't to** /ˈɔːtnt tə ‖ ˈɔtn̩t tə/ before vowels and in final position 在元音前或句末 /ˈɔːtnt tuː ‖ ˈɔtn̩t tu/) **1** (used for asking for and giving advice about what to do 用以征求或提出建议): *What ought I to say to him?* 我应该对他说些什么呢？ ○ *You ought to read this book. It's really interesting.* 你该看看这本书，真的很有趣。○ *You ought to have come to the meeting. It was very useful.* 你本该参加那个会议，十分有用。○ *He asked if he ought to put the car in the garage.* 他问是否应该把车停在车房里。**2** (used for telling sb what his/her duty is 表示责任): *You ought to visit your parents more often.* 你应该多些去探望你的父母。○ *She oughtn't to make private phone calls in work time.* 她不应在工作时间内打私人电话。○ *I ought to have helped. I'm sorry.* 我本该帮忙的，很对不起。○ *He oughtn't to have been driving so fast.* 他不该开车开得那么快。**3** (used for saying that you expect sth is true, or that you expect sth to happen/to have happened 表示期望): *She ought to pass her test.* 她应该可以测验及格的。○ *They ought to be here by now. They left at six.* 他们现在应该到了，他们是六点钟出发的。○ *I bought six loaves of bread. That ought to have been enough.* 我买了六个面包，应该够了。

ounce /aʊns ‖ aʊns/ *noun* **1** [C] (*abbr* 缩写 **oz**) a measure of weight; 28·35 grams. There are 16 ounces in a pound 盎司（重量单位，相等于28·35克。一磅有16盎司）: *For this recipe you need four ounces of flour, six ounces of butter…* 照这个食谱说的，你需要四盎司面粉、六盎司黄油… **2** [sing] **an ounce of sth** a very small amount of sth 少量；一点点: *He hasn't got an ounce of imagination.* 他一点想像力也没有。

☆**our** /ɑː(r); ˈaʊə(r) ‖ ɑr; aʊr/ *det* belonging to or connected with us 我们的；与我们有关: *Our house is at the bottom of the road.* 我们的房子就在路的尽头。○ *Our teacher is excellent.* 我们的老师很好。○ *This is our first visit to Britain.* 这是我们第一次到英国。
ours /ɑːz; ˈaʊəz ‖ ɑrz; aʊrz/ *pron* the one or ones belonging to, connected with or done by us 我们的（东西）；与我们有关的（东西）: *Your hi-fi system is exactly the same as ours.* 你的高保真度音响设备与我们的那套一模一样。○ *Their garden is quite nice but I prefer ours.* 他们的花园很不错，但我还是喜欢我们的。

☆**ourselves** /ɑːˈselvz; aʊəˈselvz ‖ ɑrˈsɛlvz; aʊrˈsɛlvz/ *pron* **1** (used as the object of a verb or preposition when 'we' do an action and are also affected by it 我们受自己的行动影响时，用作动词或介词的宾语) 我们自己: *We should be angry with ourselves for making such a stupid mistake.* 犯了这么愚蠢的错误，我们应该生自己的气才对。○ *They asked us to wait so we sat down and made ourselves comfortable.* 他们叫我们等候，所以我们就舒舒服服坐下来等。**2** (used for emphasis 用以强调): *We haven't got children ourselves, but many of our friends have.* 我们自己没有子女，但我们很多朋友都有。○ *Do you think we should paint the flat ourselves?* (= or should we ask sb else to do it for us?) 你认为我们是不是应该自己动手粉刷房子？
(IDIOM 习语) **(all) by ourselves 1** without help from anyone else 靠我们自己: *We managed to move all our furniture into the new flat by ourselves.* 我们自己把所有的家具搬到新的公寓里去了。**2** not with anyone else; alone 我们单独；只剩下我们在一起: *Now that we're by ourselves, could I ask you a personal question?* 既然只剩下我们两人，我可以问你一个私人问题吗？☛ Look at the note at **alone**. 参看 **alone** 的注释。

☆**out** /aʊt ‖ aʊt/ *adj, adv* ☛ For special uses with many verbs, eg **try sb/sth out**, look at the verb entries. 可与许多动词连用，如 **try sb/sth out**，其用法见有关动词词条。**1** (used for showing movement away from a place 表示离开某处): *He opened the box and took a gun out.* 他打开盒子，拿出一枝枪来。○ *I threw out that old shirt of yours.* 我扔掉了你那件旧衬衫。○ *Her ears stick out.* 她有对扇风耳。○ *He opened the window and put his head out.* 他打开窗，把头伸了出去。**2** not at home or in your place of work 不在家；不在工作地点: *I was out*

O

when she called. 她来电话时我不在。○ *They took me out for a meal when I was in Bristol.* 我在布里斯托尔时，他们带我外出吃过饭。**3** outside a house, building, etc 在室外: *You should be out in the fresh air.* 你应该到室外呼吸一下新鲜空气。**4** (used for showing that sth is no longer hidden 表示某事物再没有被遮掩): *Oh look! The sun's out.* 喏，你看！太阳出来了。**5** not in fashion 过时；不再流行: *Short skirts are completely out.* 短裙已经完全过时了。**6** (used about a light or a fire 指灯火) not on; not burning 已关掉；已熄灭: *The lights are out. They must be in bed.* 电灯熄了。他们一定已上床睡了。**7** (used when you are calculating sth 用于计算) making or containing a mistake 出差错: *This bill's out by five pounds.* 这张账单算错了五英镑。**8** not possible or acceptable 不可能；不能接受；不行: *I'm afraid Friday is out. I've got a meeting that day.* 我恐怕星期五不行，那天我有个会。**9** in a loud voice; clearly 大声；清楚: *She cried out in pain.* 她痛得大叫。**10** (used about the tide 指潮汐) away from the shore 退潮: *Don't swim when the tide is going out.* 退潮时不要游泳。

(IDIOMS 习语) **be out for sth; be out to do sth** to try hard to get or do sth 力图获得某事物/做某事

out-and-out complete 完全；全面: *It was out-and-out war between us.* 我们全面开战了。

ˌout ˈloud *adv* = ALOUD

out of /ˈaʊt əv ‖ ˈaʊtəv/ *prep* **1** (used with verbs expressing movement away from the inside of sth 与动词连用，表示从某物里离开): *She took her purse out of her bag.* 她从手提包里取出钱包。○ *to get out of bed* 起床 **2** away from, or no longer in, a place or situation 离开（某处）；脱离（某情况）: *He's out of the country on business.* 他到国外出差去了。○ *The doctors say she's out of danger.* 医生们说她已脱离危险。**3** at a distance from a place 离（某地方）一段距离: *We live a long way out of London.* 我们居住的地方离伦敦很远。**4** (used for saying what you use to make sth 用以说明某物用什么制成) 利用；用: *You could make a table out of this wood.* 你可利用这木料做一张桌子。**5** from among a number 从（一个数目）中: *Nine out of ten people prefer this model.* 十个人之中有九个都喜欢这个型号。**6** (used for saying that you no longer have sth 表示缺乏或没有): *We're out of milk.* 我们没有牛奶了。○ *I'm out of breath.* 我喘不过气来了。○ *out of work* 失业 **7** (used for saying which feeling causes you to do sth 表示因为某种感觉而做某事) 出于: *I only helped them out of pity.* 我帮他们只是出于同情。**8** from 从: *I copied the recipe out of a book.* 我从一本书上抄下那食谱。○ *I prefer to drink tea out of a cup, not a mug.* 我喜欢用杯子喝茶，而不用缸子。**9** (used for saying that sth is not as it should be 表示情况不正常): *The telephone's out of order.* 电话坏了。

(IDIOMS 习语) **be/feel out of it** to be/feel lonely and unhappy because you are not included in sth（因不是某事物的一分子而）闷闷不乐/难过: *I didn't speak the language and I felt rather out of it at the meeting.* 我不懂那种语言，所以在会上感到很不自在。

out of bounds ☞ BOUNDS

outback /ˈaʊtbæk ‖ ˈaʊtbæk/ *noun* [sing] the part of a country (especially Australia) which is a long way from where most people live 内地/内陆（尤指澳大利亚的）

outboard motor /ˌaʊtbɔːdˈməʊtə(r) ‖ ˌaʊtbɔrdˈmotɚ/ *noun* [C] an engine that can be attached to a boat 舷外发动机

outbreak /ˈaʊtbreɪk ‖ ˈaʊtˌbrek/ *noun* [C] the sudden beginning or appearance of sth unpleasant (especially disease or violence) 爆发/突然发生（尤指疾病或暴力事件）: *an outbreak of cholera* 霍乱突发 ○ *outbreaks of fighting* 战事爆发

outburst /ˈaʊtbɜːst ‖ ˈaʊtˌbɝst/ *noun* [C] a sudden expression of a strong feeling, especially anger（情感的）爆发（尤指愤怒）: *an angry outburst* 勃然大怒

outcast /ˈaʊtkɑːst; *US* 美 -kæst ‖ ˈaʊtˌkæst/ *noun* [C] a person who is no longer accepted by society or by a group of people 被社会/某群人遗弃的人: *a social outcast* 遭社会遗弃者

outclass /ˌaʊtˈklɑːs; *US* 美 -ˈklæs ‖ aʊtˈklæs/ *verb* [T] to be much better than sb/sth, especially in a game or competition 大大胜过/超过（尤指在游戏或比赛中）

outcome /ˈaʊtkʌm ‖ ˈaʊtˌkʌm/ *noun* [C, usually sing] how an event, action or situation ends; the result of sth 结局；结果: *We shall inform you of the outcome of the interview within a week.* 我们将于一星期内通知你面试的结果。

outcry /ˈaʊtkraɪ ‖ ˈaʊtˌkraɪ/ *noun* [C, usually sing] (*pl* **outcries**) a strong protest by a large number of people because they disagree with sth（很多人提出的）强烈抗议: *The public outcry forced the government to change its mind.* 公众的强烈抗议迫使政府改变主意。

outdated /ˌaʊtˈdeɪtɪd ‖ aʊtˈdetɪd/ *adj* not useful or common any more; old-fashioned 已遭废弃；过时；不流行；陈旧: *A lot of the computer equipment is getting outdated.* 很多计算机设备都渐渐显得陈旧。

outdo /ˌaʊtˈduː ‖ aʊtˈdu/ *verb* [T] (*pres part* **outdoing**; *3rd pers sing pres* **outdoes** /-ˈdʌz ‖ -ˈdʌz/; *pt* **outdid** /-ˈdɪd ‖ -ˈdɪd/; *pp* **outdone** /-ˈdʌn ‖ -ˈdʌn/) to do sth better than another person; to be more successful than sb else 胜过；优于: *He doesn't want to be outdone by his brother.* 他不想让他的弟弟胜过自己。

☆**outdoor** /ˈaʊtdɔː(r) ‖ ˈaʊtˌdɔr/ *adj* happening, done, or used in the open air (not in a building) 户外；露天；供户外使用: *an outdoor job* 户外工作 ○ *outdoor furniture* 供户外使用的家具 ☛ The opposite is **indoor**. 反义词为 **indoor**。

outdoors /ˌaʊtˈdɔːz ‖ aʊtˈdɔrz/ *adv* in the open air; outside a building 在户外；在露天: *It's a very warm evening so why don't we sit outdoors?* 今晚暖和得很，我们为什么不坐在外面？☛ The opposite is **indoors**. 反义词为 **indoors**。

☆**outer** /ˈaʊtə(r) ‖ ˈaʊtɚ/ *adj* **1** on the outside

外面的；在外面：*the outer layer of skin* 皮肤的外层 **2** far from the inside or the centre 远离内部或中心：*the outer suburbs of a city* 城市的远郊 ☛ The opposite is **inner**. 反义词为 **inner**。

outermost /ˈaʊtəməʊst ‖ ˈaʊtɚˌmost/ *adj* furthest from the inside or centre; most distant 离内部或中心最远；最遥远：*the outermost planet in the solar system* 太阳系最远的行星 ☛ The opposite is **innermost**. 反义词为 **innermost**。

ˌouter ˈspace *noun* [U] = SPACE(2)

outfit /ˈaʊtfɪt ‖ ˈaʊtˌfɪt/ *noun* [C] **1** a set of clothes that are worn together 全套服装 **2** (*informal* 非正式) an organization, a company, etc 机构；公司：*He works for a computer outfit I've never heard of.* 他在一家我从未听说过的计算机公司里工作。

outgoing /ˈaʊtgəʊɪŋ ‖ ˈaʊtˌgoɪŋ/ *adj* **1** friendly and interested in other people and new experiences 友善而好交际；外向的 **2** leaving a job or a place 即将离职；即将离开：*The outgoing headmaster made a short speech.* 即将离职的校长发表了简短的演说。○ *Put all the outgoing mail in a pile on that table.* 将所有要寄出的邮件摞好放在那桌子上吧。☛ The opposite is **incoming**. 反义词为 **incoming**。

outgoings /ˈaʊtgəʊɪŋz ‖ ˈaʊtˌgoɪŋz/ *noun* [plural] the amounts of money that you spend 支出；开支：*Last month my outgoings were greater than my income.* 上个月我入不敷出。

outgrow /ˌaʊtˈgrəʊ ‖ aʊtˈgro/ *verb* [T] (*pt* **outgrew** /-ˈgruː ‖ -ˈgru/; *pp* **outgrown** /-ˈgrəʊn ‖ -ˈgron/) to become too old or too big for sth (especially clothes) 因长大而穿不下（尤指衣服）：*Children outgrow their shoes so quickly.* 孩子们的脚长得快，鞋子总是很快就穿不下了。

outing /ˈaʊtɪŋ ‖ ˈaʊtɪŋ/ *noun* [C] a short trip for pleasure 短途旅行：*to go on an outing to the zoo* 去动物园游玩

outlandish /aʊtˈlændɪʃ ‖ aʊtˈlændɪʃ/ *adj* very strange or unusual 古怪；奇特：*outlandish clothes* 奇装异服

outlast /ˌaʊtˈlɑːst; *US* 美 -ˈlæst ‖ aʊtˈlæst/ *verb* [T] to last or live longer than sb/sth 比…持久；比…活得长

outlaw /ˈaʊtlɔː ‖ ˈaʊtˌlɔ/ *noun* [C] (*old-fashioned* 旧) a criminal who is living outside society and trying to avoid being captured 逃犯；亡命之徒：*The film is about a band of outlaws in the Wild West.* 这部电影是关于西部蛮荒的一帮亡命之徒。

outlaw *verb* [T] to make sth illegal 使不合法；使非法

outlay /ˈaʊtleɪ ‖ ˈaʊtˌle/ *noun* [C, usually sing] money that is spent, especially in order to start a business or a project 经费/支出/费用（尤指创业或实行计划的）

outlet /ˈaʊtlet ‖ ˈaʊtˌlɛt/ *noun* [C] a hole through which a gas or liquid can escape 排气口；排水口：(*figurative* 比喻) *Gary found an outlet for his energy in playing football.* 加里以踢足球作为发泄精力的途径。

☆**outline** /ˈaʊtlaɪn ‖ ˈaʊtˌlaɪn/ *noun* [C] **1** a line that shows the shape or outside edge of sb/sth 外形；轮廓：*She could see the outline of a person through the mist.* 她在薄雾中可以看到一个人的轮廓。**2** the most important facts or ideas about sth 要点；概要；大纲；提纲：*a brief outline of Indian history* 印度史概要

outline *verb* [T] to give the most important facts or ideas about sth 概述；略述

outlive /ˌaʊtˈlɪv ‖ aʊtˈlɪv/ *verb* [T] to live or exist longer than sb/sth 比…活得长；比…存在得更久：*He outlived his wife by nearly twenty years.* 他比他的妻子多活近二十年。

☆**outlook** /ˈaʊtlʊk ‖ ˈaʊtˌlʊk/ *noun* [C] **1** your attitude to or feeling about life（对人生的）看法/观点/态度：*an optimistic outlook on life* 乐观的人生态度 **2 outlook (for sth)** what will probably happen 前景；前途；展望：*The outlook for the economy is not good.* 经济前景不好。

outlying /ˈaʊtlaɪɪŋ ‖ ˈaʊtˌlaɪɪŋ/ *adj* (only *before* a noun 只用于名词前) far from the centre of a town or city 远离城市中心；边远：*The bus service to the outlying villages is very poor.* 来往边远村庄的公共汽车十分稀少。

outmoded /ˌaʊtˈməʊdɪd ‖ aʊtˈmodɪd/ *adj* (only *before* a noun 只用于名词前) no longer common or fashionable 不流行；过时；老式

outnumber /ˌaʊtˈnʌmbə(r) ‖ aʊtˈnʌmbɚ/ *verb* [T] (often passive 常用于被动语态) to be greater in number than sb/sth 数量上超过：*The enemy troops outnumbered us by three to one.* 我们的人数只及敌军的三分之一。○ *We were completely outnumbered.* 我们的人数比对方少得多。

out-patient /ˈaʊtpeɪʃnt ‖ ˈaʊtˌpeʃənt/ *noun* [C] a person who goes to see a doctor in hospital but who does not stay there overnight 门诊病人；不住院的病人

☆**output** /ˈaʊtpʊt ‖ ˈaʊtˌpʊt/ *noun* [sing] **1** the amount that a person or machine produces 产量：*Output has increased in the past year.* 去年产量增加了。**2** the information that is given by a computer（计算机的）输出/输出数据 ☛ Look at **input**. 参看 **input**。

outrage /ˈaʊtreɪdʒ ‖ ˈaʊtˌredʒ/ *noun* **1** [C] something that is very bad or wrong and that causes you to feel great anger 令人愤慨的事：*It's an outrage that such poverty should exist in the 20th century.* 在20世纪竟然还有这么穷困的情况，真使人愤慨。**2** [U] great anger 愤慨；大怒：*a feeling of outrage* 愤慨

outrage *verb* [T] (often passive 常用于被动语态) to make sb feel very angry or upset 激怒；使生气：*His parents were outraged when he dyed his hair green.* 他把头发染成绿色，使他的父母十分生气。

outrageous /aʊtˈreɪdʒəs ‖ aʊtˈredʒəs/ *adj* **1** making you very angry 令人极为愤怒：*I refuse to pay such outrageous prices.* 我拒绝付那么无理的价钱。**2** very strange or unusual; shocking 极不寻常；惊人 —**outrageously** *adv*

outright /ˈaʊtraɪt ‖ ˈaʊtˌraɪt/ *adv* **1** without hiding anything; openly 毫无隐瞒；坦率：*She told them outright what she thought about it.* 她毫无保留地对他们说出她对那件事的想法。**2** immediately or completely 立即；完全：*to be killed outright* 立即被杀 ○ *They were able to* *buy the house outright.* 他们能够立刻用现款买下那所房子。

outright *adj* (only *before* a noun 只用于名词前) complete and clear, without any doubt 毫无疑问: *Lester was the outright winner.* 毫无疑问莱斯特是优胜者。

O

outset /ˈaʊtset ‖ ˈaʊtˌsɛt/ *noun* (IDIOM 习语) **at/from the outset (of sth)** at/from the beginning (of sth) 在开始时；从一开始: *There have been difficulties with this firm right from the outset.* 这家公司从一开始就有不少困难。

☆**outside**[1] /ˌaʊtˈsaɪd ‖ ˈaʊtˈsaɪd/ *noun* **1** [C, usually sing] the outer side or surface of sth 外面；外表；外部: *There is a list of all the ingredients on the outside of the packet.* 在商品的包装上列有全部成分。○ *to paint the outside of a house* 油漆房子的外面 **2** [sing] the area that is near or round a building, etc（建筑物等的）外面/外围: *We've only seen the church from the outside.* 我们只从外面看过这座教堂。 (IDIOM 习语) **at the outside** at the most 至多；最多: *It will cost £200 at the outside.* 这个最多值200英镑。

outside /ˈaʊtsaɪd ‖ ˈaʊtˈsaɪd/ *adj* **1** of or on the outer side or surface of sth 外面；外表；在外面；在外表: *the outside walls of a building* 建筑物的外墙 **2** not part of the main building 室外；户外: *Many cottages still have outside toilets.* 很多村舍的厕所仍然设在户外。**3** not connected with or belonging to a particular group or organization 外界；局外: *We can't do all the work by ourselves. We'll need outside help.* 我们自己不能做完所有工作，需要外界的帮助。**4** (used about a chance, possibility, etc 指机会、可能性等) very small 很微；很小 (IDIOM 习语) **the outside world** ⇨ WORLD

ˌ**outside ˈbroadcast** *noun* [C] a television or radio programme that was not made in a studio（电视/电台的）实况/现场广播（节目）

ˌ**outside ˈlane** *noun* [C] the part of a wide road or motorway that is for the fastest cars（高速公路的）外车道

☆**outside**[2] /ˌaʊtˈsaɪd ‖ aʊtˈsaɪd/ *prep* **1** in, at or to a place that is not in but close to a building, etc 在…外面: *Leave your muddy boots outside the door.* 把你那双沾满泥的靴子放在门外。**2** (*US also* 美亦作 **outside of**) not in 在…以外: *You may do as you wish outside office hours.* 在办公时间以外你做什么都行。○ *a small village just outside Southampton* 南安普敦外边的一个小村庄

outside *adv* **1** in or to a place that is not in a room 在/向房间外面: *Please wait outside for a few minutes.* 请在外面稍候。**2** in or to a place that is not in a building 在/到建筑物外面: *Let's eat outside. The weather is lovely.* 我们在外面吃饭吧，天气很好。○ *Go outside and see if it's raining.* 出去看看是不是在下雨。☛ Look at **outdoors** and **out of doors** (at the entry for **door**). 参看 **outdoors** 及 **out of doors**（见 **door** 词条）。

outsider /ˌaʊtˈsaɪdə(r) ‖ aʊtˈsaɪdɚ/ *noun* [C] **1** a person who is not accepted as a member of a particular group 外人；非会员 **2** a person or animal in a race or competition that is not expected to win（赛跑或比赛中）预料不会获胜的人/动物

outsize /ˈaʊtsaɪz ‖ ˈaʊtˌsaɪz/ *adj* (often used about clothes 常指衣服) larger than usual 特大号

outskirts /ˈaʊtskɜːts ‖ ˈaʊtˌskɝts/ *noun* [plural] **the outskirts** the parts of a town or city that are farthest from the centre 市郊；郊区

outspoken /ˌaʊtˈspəʊkən ‖ aʊtˈspokən/ *adj* saying exactly what you think or feel 直言不讳；坦率: *Linda is very outspoken in her criticism.* 琳达的批评十分坦率。—**outspokenness** *noun* [U]

☆**outstanding** /ˌaʊtˈstændɪŋ ‖ ˈaʊtˈstændɪŋ/ *adj* **1** very good indeed; excellent 突出；出众；杰出: *The results in the exams were quite outstanding.* 考试的成绩很突出。**2** not yet paid or done 未缴付；未完成: *Some of the work is still outstanding.* 有些工作还未完成。

outstandingly *adv* very well 很好；出色: *Huw played outstandingly.* 修弹得很出色。

outstretched /ˌaʊtˈstretʃt ‖ aʊtˈstrɛtʃt/ *adj* spread out as far as possible 尽量伸展的；张开的: *outstretched arms* 张开的双臂

outward /ˈaʊtwəd ‖ ˈaʊtwɚd/ *adj* (only *before* a noun 只用于名词前) **1** (used about a journey 指旅程) going away from the place that you will return to later 向外；往外 ☛ The opposite is **return**. 反义词为 **return**。**2** of or on the outside 外表的；表面的: *Her outward good humour hid her inner sadness.* 她表面的愉快掩藏了内心的悲伤。

outwardly *adv* on the outside or surface 外表上；表面上: *He remained outwardly calm so as not to frighten the children.* 他表面上保持镇定，以免把孩子们吓坏。

outwards /-wədz ‖ -wɚdz/ (*especially US* 美尤作 **outward**) *adv* towards the outside or away from the place where you are 向外: *This door opens outwards.* 这扇门是向外开的。

outweigh /ˌaʊtˈweɪ ‖ aʊtˈwe/ *verb* [T] to be more important than sth 比…更重要: *The advantages outweigh the disadvantages.* 利大于弊。

outwit /ˌaʊtˈwɪt ‖ aʊtˈwɪt/ *verb* [T] (outwi**tt**ing; outwi**tt**ed) to defeat or get an advantage over sb by being cleverer than him/her 以智慧胜过；骗过

oval /ˈəʊvl ‖ ˈovl̩/ *adj, noun* [C] shaped like an egg; a shape like that of an egg 椭圆；椭圆形: *an oval mirror* 椭圆形的镜子 ☛ picture at **shape**. 见 **shape** 插图。

ovary /ˈəʊvərɪ ‖ ˈovərɪ/ *noun* [C] (*pl* **ovaries**) one of the two parts of the female body that produce eggs 卵巢

ovation /əʊˈveɪʃn ‖ oˈveʃən/ *noun* [C] a long period of clapping and applause 热烈鼓掌欢呼: *The dancers were given a standing ovation* (= people stood up and clapped). 观众起立向舞蹈演员热烈鼓掌欢呼。

☆**oven** /ˈʌvn ‖ ˈʌvən/ *noun* [C] the part of a cooker that has a door. You put things inside an oven to cook them 烤箱；烤炉: *Cook in a hot oven for 50 minutes.* 放于烤炉内烤50分钟。

○ *a microwave oven* 微波炉 ☛ You **roast** or **bake** food in an oven. 烤炉可用来烤 (**roast**) 或烘 (**bake**) 食物。picture at **cooker**. 见 **cooker** 插图。

over/above
上方/上面

☆**over** /ˈəʊvə(r) ‖ ˈovɚ/ *adv, prep* ☛ For special uses with many verbs, eg **get over sth**, look at the verb entries. 可与许多动词连用，如 **get over sth**，其用法见有关动词词条。**1** directly above sth, but not touching 在…的上方/在…之上（但不接触）: *There's a painting over the bookcase.* 书架上方有幅画。○ *We jumped when the plane flew over.* 飞机飞过把我们吓了一跳。**2** on, and partly or completely covering or touching（部分或全部）覆盖在…的上面: *There's a cover over the chair.* 椅子上面有个套子。○ *She hung her coat over the back of the chair.* 她把外衣挂在椅背上。**3** down or sideways from an upright position 从直立的位置倒下或侧向一边: *He leaned over to speak to the woman next to him.* 他靠过去与身边的女子说话。○ *I fell over in the street this morning.* 今早我在街上跌倒。**4** across to the other side of sth 越过: *The dog is jumping over the fence.* 那条狗正跳过篱笆。○ *a bridge over the river* 河上的一座桥 **5** on or to the other side 在/向另一边: *She lives over the road.* 她住在马路的另一边。○ *Turn the patient over.* 帮病人翻身。**6** (used for expressing distance 表示距离): *He's over in America at the moment.* 此刻他远在美国。○ *Sit down over there.* 坐在那儿。**7** not used 余下；剩下: *There are a lot of cakes left over from the party.* 宴会后剩下很多糕饼。**8** above or more than a number, price, etc 超过/多过（某数目、价钱等）: *She lived in Athens for over ten years.* 她在雅典居住了十年以上。○ *suitable for children aged 10 and over* 适宜于10岁或以上的儿童 **9** (used with *all* 与 all 连用) in every part or place 遍布；到处: *There was blood all over the place.* 到处都是鲜血。○ *I can't find my glasses. I've looked all over for them.* 我找不到我的眼镜。我已找过所有地方。**10** (used for saying that sth is repeated 表示重复): *You'll have to start all over again* (= from the beginning). 你要重新开始。○ *She kept saying the same thing over and over again.* 她不断重复着相同的话。**11** about; on the subject of 关于: *We quarrelled over money.* 我们为钱而争吵。**12** during 在…期间: *We met over the Christmas holiday.* 我们在圣诞节假期中见过面。

over *adj* finished 已完结；已结束: *The exams are all over now.* 所有考试都已经结束了。

over- (used to form verbs, nouns, adjectives and adverbs 用以构成动词、名词、形容词或副词) too; too much 过度；过多: *They're over-excited.* 他们太激动了。○ *I'm overworked.* 我工作过度劳累。○ *He overeats.* 他吃得过饱。

overall[1] /ˌəʊvərˈɔːl ‖ ˈovɚˌɔl/ *adj* (only *before* a noun 只用于名词前) including everything 包括一切；总的；全部: *The overall cost of the work will be about £200.* 全部制作费用大约要200英镑。

overall *adv* **1** including everything 包括一切；全部: *What does the garden measure overall?* 花园的总面积有多少？**2** speaking generally about sth 总的说来；大体上: *Overall, I can say that we are pleased with the year's work.* 总的说来，我们对这一年的工作很满意。

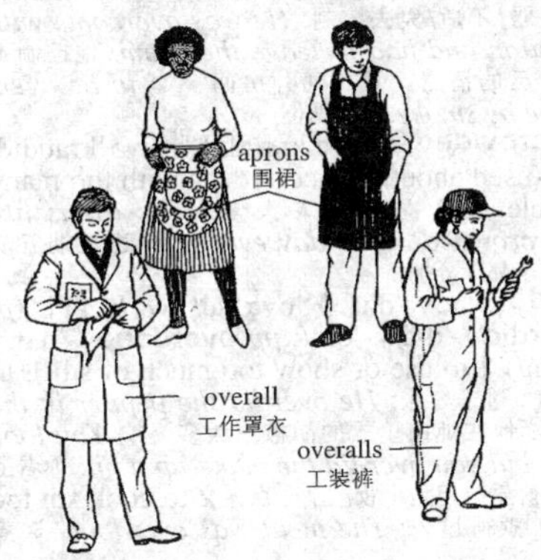

overall[2] /ˈəʊvərɔːl ‖ ˈovɚˌɔl/ *noun* **1** [C] a piece of clothing that is like a coat and that you wear over your clothes to keep them clean when you are working 工作罩衣 **2 overalls** (*US* 美 **coveralls**) [plural] a piece of clothing that covers your legs and body (and sometimes your arms) and that you wear over your clothes to keep them clean when you are working 工装裤；工作服

overawe /ˌəʊvərˈɔː ‖ ˌovɚˈɔ/ *verb* [T] (usually passive 通常用于被动语态) to cause sb to admire sb/sth and feel a little afraid 使敬畏；慑服: *They were rather overawed by the atmosphere in the hall.* 他们给大厅里的气氛吓住了。

overbalance /ˌəʊvəˈbæləns ‖ ˌovɚˈbæləns/ *verb* [I] to fall over or nearly fall over because you cannot stand steadily 失去平衡；跌倒

overboard /ˈəʊvəbɔ:d ‖ ˈovɚˌbɔrd/ *adv* over the side of a boat or ship into the water 越过船边落入水中: *Man overboard!* 有人掉进水里！○ *She fell overboard and drowned.* 她从船上掉进水里淹死了。

(IDIOM 习语) **go overboard (about sb/sth)** to be too excited about sb/sth（对某人/某事物）着迷/过分感兴趣

overcast /ˌəʊvəˈkɑ:st; *US* 美 -ˈkæst ‖ ˌovɚˈkæst/ *adj* (used about the sky 指天空) covered with cloud 多云；乌云密布

overcharge /ˌəʊvəˈtʃɑ:dʒ ‖ ˈovɚˈtʃɑrdʒ/ *verb* [I,T] to ask sb to pay too much money 要价过高；多收: *The man in the post office overcharged me by 50p.* 邮政局的职员多收了我50便士。

overcoat /ˈəʊvəkəʊt ‖ ˈovɚˌkot/ *noun* [C] a long thick coat that you wear in cold weather 大衣

☆**overcome** /ˌəʊvəˈkʌm ‖ ˌovɚˈkʌm/ *verb* [T] (*pt* **overcame** /-ˈkeɪm ‖ -ˈkem/; *pp* **overcome**) **1** to control or succeed in defeating sb/sth 克服；战胜: *She tried hard to overcome her fear of flying.* 她努力克服对飞行的恐惧。**2** (usually passive 通常用于被动语态) to cause sb to become weak or ill or to lose control 使软弱/不适/失去控制: *He was overcome with emotion and had to leave the room.* 他控制不了自己的情绪，只好离开房间。○ *to be overcome by smoke* 被烟熏倒

overcrowded /ˌəʊvəˈkraʊdɪd ‖ ˌovɚˈkraʊdɪd/ *adj* (used about a place 指地方) with too many people 过度拥挤；人太多: *The trains are overcrowded on Friday evenings.* 逢星期五晚上火车都十分拥挤。

overdo /ˌəʊvəˈdu: ‖ ˈovɚˈdu/ *verb* [T] (*pt* **overdid** /-ˈdɪd ‖ -ˈdɪd/; *pp* **overdone** /-ˈdʌn ‖ -ˈdʌn/) **1** to use or show too much of sth 过度使用；过于夸张: *He overdid the pepper in the stew.* 他在炖肉里放的胡椒粉太多。○ *You look nice but you overdid the make-up a bit.* 你看上去很好看，但是化妆浓了一点。**2** to cook sth too long 煮得过久: *The meat was overdone.* 肉煮老了。

(IDIOM 习语) **overdo it/things** to work, etc too hard 工作等过度: *Exercise is fine but don't overdo it.* 运动是好的，但不要过度。

overdose /ˈəʊvədəʊs ‖ ˈovɚˌdos/ *noun* [C] an amount of a drug or medicine that is too large and so is not safe（药物）过量: *Hugh killed himself by taking an overdose.* 修服药过量，自杀身亡。

overdraft /ˈəʊvədrɑ:ft; *US* 美 -dræft ‖ ˈovɚdræft/ *noun* [C] an amount of money that you have spent or want to spend that is greater than the amount you have in your bank account 透支: *We took out an overdraft to pay for the holiday.* 我们用透支来支付度假的费用。○ *to pay off an overdraft* 清还透支

overdrawn /ˌəʊvəˈdrɔ:n ‖ ˈovɚˈdrɔn/ *adj* having spent more money than you have in your bank account 透支的: *Darren is £500 overdrawn.* 达林透支了500英镑。

overdue /ˌəʊvəˈdju:; *US* 美 -ˈdu: ‖ ˈovɚˈdu/ *adj* late in arriving, happening, being paid, returned, etc 迟到；过时；过期: *Their train is ten minutes overdue.* 他们的火车迟了十分钟。○ *Change is long overdue* (= it should have happened before now). 早就该有改变。

overestimate /ˌəʊvərˈestɪmeɪt ‖ ˈovɚˈɛstəˌmet/ *verb* [T] to think that sb/sth is bigger, better, more expensive, etc than he/she/it really is 对…估计过高: *I overestimated how much we could paint in a day.* 我对我们一天可以油漆多少估计过高。☛ The opposite is **underestimate**. 反义词为 **underestimate**。

'Oh no! The bath's overflowing!'
"糟糕！浴缸的水溢出来了。"

overflow
溢出

overflow /ˌəʊvəˈfləʊ ‖ ˌovɚˈflo/ *verb* [I,T] to have liquid pouring over the edge; to pour over the edge of sth 溢出: *The tap was left on and the bath overflowed.* 水龙头开着，浴缸的水满得溢出来了。○ *After the heavy rains the river overflowed its banks.* 大雨之后，河水猛涨，溢出堤岸。

overgrown /ˌəʊvəˈgrəʊn ‖ ˌovɚˈgron/ *adj* covered with plants that have not been looked after and that have grown too big 杂草丛生: *The garden is neglected and overgrown.* 花园没有人料理，杂草丛生。

overhang /ˌəʊvəˈhæŋ ‖ ˌovɚˈhæŋ/ *verb* [I,T] (*pt, pp* **overhung**) to stick out from or hang over sth 突出于/悬于（某物之上）: *I hit my head on an overhanging branch and fell off my bike.* 我的头撞到一枝突出来的树枝，使我从自行车上跌了下来。

overhaul /ˌəʊvəˈhɔ:l ‖ ˌovɚˈhɔl/ *verb* [T] to look at sth carefully and change or repair it if necessary 检修: *to overhaul an engine* 检修引擎 —**overhaul** /ˈəʊvəhɔ:l ‖ ˈovɚˌhɔl/ *noun* [C]: *a complete overhaul of the social security system* 社会保障制度的全面改革

overhead /ˈəʊvəhed ‖ ˈovɚˌhɛd/ *adj* above your head 在头顶上: *overhead electricity cables* 高空电缆 —**overhead** /ˌəʊvəˈhed ‖ ˈovɚˈhɛd/ *adv*: *A helicopter flew overhead.* 一架直升机在头顶上飞过。

overheads /ˈəʊvəhedz ‖ ˈovɚˌhɛdz/ *noun* [plural] money that a company must spend on things like salaries, heat, light, rent, etc（公司的）间接费用/经常费用（如薪金、暖气费、电费、租金等）

overhear /ˌəʊvəˈhɪə(r) ‖ ˌovɚˈhɪr/ *verb* [T] (*pt, pp* **overheard** /-ˈhɜ:d ‖ -ˈhɝd/) to hear what sb is saying when he/she is speaking to sb else and not to you 无意中听到；偷听到

overjoyed /ˌəʊvəˈdʒɔɪd ‖ ˈovɚˈdʒɔɪd/ *adj* (not before a noun 不用于名词前) **overjoyed (at sth/to do sth)** very happy 大喜；非常高兴: *We were overjoyed at the news.* 我们听到那消息感到十分高兴。

overland /ˈəʊvəlænd ‖ ˈovɚˌlænd/ *adj* not by sea or by air 经由陆路: *an overland journey* 陆路旅行 —**overland** *adv*: *We travelled overland from Paris to China.* 我们经由陆路从巴黎前往中国。

overlap /ˌəʊvəˈlæp ‖ ˌovɚˈlæp/ *verb* [I,T] (overla**pp**ing; overla**pp**ed) **1** when two things overlap, part of one covers part of the other 重叠；复叠: *Make sure that the two pieces of material overlap.* 确保两块材料迭在一起大小相当。**2** to be partly the same as sth 部分相同；部分重复: *Our jobs overlap to some extent.* 我们的工作在某程度上重叠。—**overlap** /ˈəʊvəlæp ‖ ˈovɚˌlæp/ *noun* [C]: *There will be a period of overlap between the new teacher arriving and the old one going.* 将会有一段时间是新老师已到，而原先的老师还未离去。

overlapping tiles
重叠的瓦片

overleaf /ˌəʊvəˈli:f ‖ ˈovɚˈlif/ *adv* on the other side of the page 在某页的背面；在次页: *Full details are given overleaf.* 详情参阅背页。

overload /ˌəʊvəˈləʊd ‖ ˌovɚˈlod/ *verb* [T] **1** (often passive 常用于被动语态) to put too many people or things into or onto sth 使超载；使过量负载: *an overloaded vehicle* 超载的车辆 ○ (*figurative* 比喻) *to be overloaded with work* 工作负担过重 **2** to put too much electricity through sth 使电负荷过度: *If you use too many electrical appliances at one time you may overload the system.* 同时使用太多电器的话，可能会使电力系统负荷过重。

☆**overlook** /ˌəʊvəˈlʊk ‖ ˌovɚˈlʊk/ *verb* [T] **1** to have a view over sth 俯视；俯瞰；眺望: *The sitting-room overlooks the river.* 从起居室可以眺望那条河。**2** to fail to see, take notice of or remember sth 漏看；忽视；忽略；忘记: *to overlook a spelling mistake* 看漏一个拼写错误 ○ *The local people felt that their opinions had been completely overlooked.* 当地居民感到他们的意见完全被忽视。**3** to take no action about sth that sb has done wrong 宽恕；原谅: *I will overlook your behaviour this time but don't let it happen again.* 这次我原谅你的行为，但不要再这样了。

overnight /ˌəʊvəˈnaɪt ‖ ˈovɚˈnaɪt/ *adj, adv* **1** for or during the night（为）过夜（的）: *an overnight bag* 装过夜用品的旅行袋 ○ *Why don't you stay overnight?* 你何不留下来过夜呢？**2** (happening) very suddenly 一下子；突然: *an overnight success* 突然功成名就 ○ *She became a star overnight.* 她一下子成了明星。

overpass /ˈəʊvəpɑ:s; *US* 美 -pæs ‖ ˈovɚˌpæs/ *noun* [C] (*US* 美) = FLYOVER

overpower /ˌəʊvəˈpaʊə(r) ‖ ˌovɚˈpaʊɚ/ *verb* [T] to be too strong for sb; to defeat sb because you are stronger than him/her 压倒；制伏: *The police overpowered the burglars.* 警方制伏了窃贼。○ *The fireman was overpowered by the heat and smoke.* 消防员受不了那高温和浓烟。

overpowering /ˌəʊvəˈpaʊərɪŋ ‖ ˌovɚˈpaʊərɪŋ/ *adj* very strong 强劲；强烈；浓烈: *an overpowering smell* 浓烈的气味

overrate /ˌəʊvəˈreɪt ‖ ˈovɚˈret/ *verb* [T] (often passive 常用于被动语态) to have too high an opinion of sb/sth 评价过高: *I think that the play is greatly overrated.* 我认为人们对那出戏评价过高了。☛ The opposite is **underrate**. 反义词为 **underrate**。

override /ˌəʊvəˈraɪd ‖ ˌovɚˈraɪd/ *verb* [T] (*pt* **overrode** /-ˈrəʊd ‖ -ˈrod/; *pp* **overridden** /-ˈrɪdn ‖ -ˈrɪdn̩/) **1** (used about sb/sth with authority 指有权力的人/机构) to pay no attention to a person's decisions or actions 不理会/不顾（某人的决定/行动）: *They overrode my protest and continued with the meeting.* 他们不理我的反对，继续开会。**2** to be more important than sth 比…更重要

overriding /ˌəʊvəˈraɪdɪŋ ‖ ˌovɚˈraɪdɪŋ/ *adj* (only *before* a noun 只用于名词前) more important than anything else 首要；压倒一切

overrule /ˌəʊvəˈru:l ‖ ˌovɚˈrul/ *verb* [T] (used about sb/sth with authority 指有权力的人/机构) to decide that another person's decisions or actions are not valid 否决/驳回（某人的决定/行动）；宣布…无效: *The Home Secretary has the power to overrule the council's decision.* 内政大臣有权否决议会的决定。

overrun /ˌəʊvəˈrʌn ‖ ˌovɚˈrʌn/ *verb* (*pt* **overran** /-ˈræn ‖ -ˈræn/; *pp* **overrun** /-ˈrʌn ‖ -ˈrʌn/) **1** [T] (often passive 常用于被动语态) to spread all over an area in great numbers 遍布；覆盖: *The city was overrun by rats.* 这城市鼠患猖獗。**2** [I,T] to continue later than the expected time 超时: *The meeting overran by 30 minutes.* 会议超时30分钟。

☆**overseas** /ˌəʊvəˈsi:z ‖ ˈovɚˈsiz/ *adj* (only *before* a noun 只用于名词前) in, to or from another country (that you have to cross the sea to get to) 在/到/来自海外或国外: *There are many overseas students studying in Britain.* 有很多海外学生在英国留学。

overseas *adv* in or to another country（在/到）海外或国外: *Frank has gone to live overseas.* 弗兰克到国外生活去了。○ *People overseas will be able to vote in the election.* 海外的居民将可以在选举中投票。

oversee /ˌəʊvəˈsi: ‖ ˌovɚˈsi/ *verb* [T] (*pt* **oversaw** /-ˈsɔ: ‖ -ˈsɔ/; *pp* **overseen** /-ˈsi:n ‖ -ˈsin/) to watch sth to make sure that it is done properly 监督；监管

overshadow /ˌəʊvəˈʃædəʊ ‖ ˌovɚˈʃædo/ *verb* [T] **1** to cause sth to be less happy 使快乐减少；给…蒙上阴影: *The Christmas celebrations were overshadowed by her illness.* 圣诞节的庆祝活动因她的病而蒙上阴影。**2** to cause sb/sth to

O

O

seem less important or successful 使显得较不重要；使相形见绌: *Colin always seemed to be overshadowed by his sister.* 科林好像总比他的妹妹逊色。

oversight /ˈəʊvəsaɪt ‖ ˈovɚˌsaɪt/ *noun* [C,U] something that you do not notice or do (that you should have noticed or done) 失察；疏忽: *Through an oversight Len's name did not appear on the list.* 一时疏忽，没有把莱恩的名字放在名单内。

oversimplify /ˌəʊvəˈsɪmplɪfaɪ ‖ ˌovɚˈsɪmpləˌfaɪ/ *verb* [I,T] (*pres part* **oversimplifying**; *3rd pers sing pres* **oversimplifies**; *pt, pp* **oversimplified**) to explain sth in such a simple way that its real meaning is lost（使）过于简单化

oversleep /ˌəʊvəˈsliːp ‖ ˌovɚˈslip/ *verb* [I] (*pt, pp* **overslept** /-ˈslept ‖ -ˈslɛpt/) to sleep longer than you should have done 睡得过久；睡过了头

☆**overtake** /ˌəʊvəˈteɪk ‖ ˌovɚˈtek/ *verb* [I,T] (*pt* **overtook** /-ˈtʊk ‖ -ˈtʊk/; *pp* **overtaken** /-ˈteɪkən ‖ -ˈtekən/) to go past another person, car, etc because you are moving faster 赶过；超过: *The continuous white line in the middle of the road means you must not overtake.* 路中间的白色实线表示不准超车。○ *I overtook a lorry.* 我超过了一辆货车。○ *He overtook me on the bend.* 他在弯道赶过了我。

overthrow /ˌəʊvəˈθrəʊ ‖ ˌovɚˈθro/ *verb* [T] (*pt* **overthrew** /-ˈθruː ‖ -ˈθru/; *pp* **overthrown** /-ˈθrəʊn ‖ -ˈθron/) to remove a leader or government from power, by using force（武力）推翻/打倒（领袖或政府）: *The dictator was overthrown in a military coup.* 那独裁者在一次军事政变中被推翻。—**overthrow** /ˈəʊvəθrəʊ ‖ ˈovɚˌθro/ *noun* [sing]: *the overthrow of the French monarchy in 1789* 法国君主制于1789年被推翻

overtime /ˈəʊvətaɪm ‖ ˈovɚˌtaɪm/ *noun* [U] time that you spend at work after your usual working hours 加班时间；加班: *Betty did ten hours overtime last week.* 上星期贝蒂加班十小时。○ *Do you get paid overtime?* 你加班有加班费吗？—**overtime** *adv*: *I have been working overtime for weeks.* 这几个星期我一直在加班工作。

overtone /ˈəʊvətəʊn ‖ ˈovɚˌton/ *noun* [C, usually pl] something that is suggested but not expressed openly 含义；暗示；弦外之音: *It's a funny play but it has serious overtones.* 那是一出滑稽的戏剧，但有严肃的含义。

overture /ˈəʊvətjʊə(r) ‖ ˈovɚˌtʃʊr/ *noun* **1** [C, usually pl] (*formal* 正式) an act of being friendly towards sb (perhaps because you want sth) 表示友好的行动: *It's time to make some peace overtures to the boss.* 是时候向上司作出和解姿态了。**2** [C] a piece of music that is the introduction to an opera, ballet, etc（歌剧、芭蕾舞等的）序曲/前奏曲

overturn /ˌəʊvəˈtɜːn ‖ ˌovɚˈtɝn/ *verb* [I,T] to turn over so that the top is at the bottom 翻转；打翻: *The car overturned but the driver escaped unhurt.* 汽车翻了，但司机安然无恙。○ (*figurative* 比喻): *to overturn a decision* (= to change it) 推翻一个决定

overweight /ˌəʊvəˈweɪt ‖ ˈovɚˈwet/ *adj* too heavy or fat 超重；过重；太肥胖: *You're a bit overweight. Perhaps you should go on a diet?* 你有点过重了，或许你应该节食？☛ Look at the note at **fat**. 参看 **fat** 的注释。

overwhelm /ˌəʊvəˈwelm; *US* 美 -ˈhwelm ‖ ˌovɚˈhwɛlm/ *verb* [T] (usually passive 通常用于被动语态) **1** to cause sb to feel a very strong emotion 使受到强烈情绪冲击: *The new world champion was overwhelmed by all the publicity.* 新的世界冠军因受到大众注目而感到飘飘然。**2** to defeat sb/sth because you have more people（因人数众多而）击败/击溃/压倒

overwhelming *adj* very great or strong 巨大；极强: *Anna had an overwhelming desire to return home.* 安娜思家心切。—**overwhelmingly** *adv*: *The meeting voted overwhelmingly against the plan.* 会议以压倒多数否决那项计划。

overwork /ˌəʊvəˈwɜːk ‖ ˈovɚˈwɝk/ *verb* [I,T] to work too hard or to make sb work too hard（使）工作过劳: *They are overworked and underpaid.* 他们工作繁重而工资过低。—**overwork** /ˈəʊvəwɜːk ‖ ˈovɚˈwɝk/ *noun* [U]

☆**owe** /əʊ ‖ o/ *verb* [T] **1 owe sth (to sb) (for sth); owe sb for sth** to have to pay money to sb for sth that they have done or given 欠: *We owe the bank £5 000.* 我们欠银行5 000英镑。○ *We owe £5 000 to the bank.* 我们欠银行5 000英镑。○ *I still owe you for that bread you bought me yesterday.* 你昨天给我买的面包，我现在还没有把钱给你呢。○ (*figurative* 比喻) *Claudia owes me an explanation.* 克劳迪娅应该给我一个解释。**2** to feel grateful to sb for sth 感激: *I owe you a lot for all you did for me when I was young.* 你在我年幼时为我所做的一切，我十分感激。**3 owe sth (to sb/sth)** to have sth (for the reason given) 把…归功于: *Britain owed her strength in the 19th century to her naval power.* 英国在19世纪的强大该归功于她的海军力量。

owing /ˈəʊɪŋ ‖ ˈoɪŋ/ *adj* (not before a noun 不用于名词前) not yet paid 未付: *How much is still owing to you?* 还欠你多少钱？

owing to *prep* because of 因为；由于: *The match was cancelled owing to the bad weather.* 比赛因天气恶劣而取消了。

owl /aʊl ‖ aʊl/ *noun* [C] a bird that flies at night and that catches and eats small animals. Owls are used as a symbol of wisdom. 猫头鹰（用作智慧的象征）

owl
猫头鹰

☆**own**[1] /əʊn ‖ on/ *det, pron* **1** (used to emphasize that sth belongs to a particular person 强调某物属于某人所有) 自己的: *I saw him do it with my own eyes.* 我亲眼看见他做那件事。○ *Use your own pen. I need mine.* 用你自己的钢笔吧，我需要用我的那枝。○ *This is his own house.* 这是他自己的房子。○ *This house is his own.* 这房子是他自

己的。○ *Rachel would like her own room* (= she doesn't want to share one). 雷切尔想要一间自己的房间。☛ **Own** cannot be used after *a* or *the*. * **own** 不可用于 a 或 the 之后。You CANNOT say: *I would like an own car*. Say: *I would like my own car* or *I would like a car of my own*. 不能说 I would like an own car，要说 I would like my own car 或 I would like a car of my own。**2** (used to show that sth is done or made without help from another person 表示独力做某事) 自己做的: *The children are old enough to get their own breakfast.* 孩子们够大了，可以自己弄早餐了。○ *They grow all their own vegetables.* 他们吃的蔬菜全是自己种的。

(IDIOMS 习语) **come into your own** to have your real value recognized 真正价值获得承认: *The car phone really comes into its own when you break down on a country road.* 车子在乡间道路上抛锚的时候，汽车电话就真的可以派上用场了。

hold your own (against sb/sth) to be as strong, good, etc as sb/sth else 足与（某人/某事物）抗衡或较量

of your, etc own belonging to you and not to anyone else 属于自己: *Kate has always wanted a pony of her own.* 凯特一直想拥有一匹属于自己的小马。

(all) on your, etc own **1** alone 单独；独自: *John lives all on his own.* 约翰独自一人住。☛ Look at the note at **alone**. 参看 **alone** 的注释。**2** without help 独力: *I managed to repair the car all on my own.* 我终于独力把汽车修好了。

get/have your own back (on sb) (*informal* 非正式) to hurt or do harm to sb who has hurt or done harm to you（向某人）报复/报仇

☆**own²** /əʊn ‖ on/ *verb* [T] to have sth belonging to you; possess 有；拥有: *We don't own the video. We just rent it.* 那部录像机不属于我们，是租用的。○ *Who is this land owned by?* 这块土地是谁的？

(PHRASAL VERB 短语动词) **own up (to sth)** (*informal* 非正式) to tell sb that you have done sth wrong 承认（做错事）: *None of the children owned up to breaking the window.* 没有一个孩子承认打破了窗子。☛ Look at **confess**. It is more formal. 参看 **confess**，这个词适用于较正式的场合。

☆**owner** /ˈəʊnə(r) ‖ ˈonə/ *noun* [C] a person who owns sth 物主；业主；所有人: *a dog owner* 狗主

ownership *noun* [U] the state of owning sth 所有权；拥有权

ox /ɒks ‖ ɑks/ *noun* [C] (*pl* **oxen** /ˈɒksn ‖ ˈɑksn̩/) a male cow that has been castrated. Oxen are sometimes used for pulling or carrying heavy loads.（阉割了的）公牛（有时用以拉重物）☛ Look at **bull**. 参看 **bull**。

☆**oxygen** /ˈɒksɪdʒən ‖ ˈɑksədʒən/ *noun* [U] (*symbol* 符号 **O**) a gas that you cannot see, taste or smell. Plants and animals cannot live and fire cannot burn without oxygen. 氧；氧气

oyster /ˈɔɪstə(r) ‖ ˈɔɪstə/ *noun* [C] a shellfish that is eaten as food. Some oysters produce pearls. 蚝/牡蛎（有些可产珍珠）☛ picture at **shellfish**. 见 **shellfish** 插图。

ozone /ˈəʊzəʊn ‖ ˈozon/ *noun* [U] a form of oxygen 臭氧（氧的一种形式）

ˌ**ozone-ˈfriendly** *adj* (used about household products, etc 指家庭用品等) not containing chemicals that could damage the ozone layer 不含破坏臭氧层的化学品: *Most aerosol sprays are now ozone-friendly.* 现在大部分喷雾剂都不含破坏臭氧层的物质。

ˈ**ozone layer** *noun* [sing] the layer of ozone high above the surface of the earth that helps to protect it from the dangerous rays of the sun 臭氧层（可防止太阳有害光线的伤害）: *a hole in the ozone layer* 臭氧层中的一个洞

P p

P

P, p /pi: ‖ pi/ *noun* [C] (*pl* **P's; p's**) the sixteenth letter of the English alphabet 英语字母表的第十六个字母: *'Pencil' begins with (a) 'P'.* * pencil 这个词的第一个字母是 P。

☆**pace**[1] /peɪs ‖ pes/ *noun* **1** [C] the distance that you move when you take one step 一步；一步的距离: *Take two paces forward and then stop.* 向前走两步然后停下来。**2** [sing] the speed at which you do sth or at which sth happens 速度；节奏: *Run at a steady pace and you won't get tired so quickly.* 以稳定的步伐跑，这样便不会很快就累了。○ *I can't stand the pace of life in London.* 我受不了伦敦那种生活节奏。

(IDIOMS 习语) **keep pace (with sb/sth)** to move or do sth at the same speed as sb/sth else; to change as quickly as sth else is changing 跟得上（某人/某事物）: *Wages are not keeping pace with inflation.* 工资增长跟不上通货膨胀。

set the pace to move or do sth at the speed that others must follow 定速度（其他人必须跟从）；成为榜样；带头

'**pacemaker** *noun* [C] **1** a person who sets the pace that others must follow 定速度的人；带头的人 **2** a machine that helps to make a person's heart beat regularly or more strongly 心脏起搏器

pace[2] /peɪs ‖ pes/ *verb* [I,T] to walk with slow regular steps 踱步；慢步行走: *Fran paced nervously up and down the room, waiting for news.* 弗朗紧张地在房间内踱来踱去，等待着消息。

pacifism /'pæsɪfɪzəm ‖ 'pæsəˌfɪzəm/ *noun* [U] the belief that all wars are wrong and that you should not fight in them 和平主义；反战主义

pacifist /-ɪst ‖ -ɪst/ *noun* [C] a person who believes in pacifism 和平主义者；反战主义者

pacify /'pæsɪfaɪ ‖ 'pæsəˌfaɪ/ *verb* [T] (*pres part* **pacifying**; *3rd pers sing pres* **pacifies**; *pt, pp* **pacified**) to cause sb who is angry or upset to be calm or quiet 使平静；使安静；抚慰

☆**pack**[1] /pæk ‖ pæk/ *noun* [C] **1** a number of things that are wrapped or tied together and that you carry on your back or that are carried by an animal 包/包裹/背包（负在人或动物背上）: *a packhorse* 驮马 ☛ Look at **backpack**. 参看 **backpack**。**2** a packet or group of things that are sold together 一包（一同出售的货品）: *The pack contains a pencil, 10 envelopes and 20 sheets of writing-paper.* 包内有一枝铅笔、10个信封及20张信纸。○ (*figurative* 比喻) *Everything she told me was a pack of lies.* 她对我所说的全是一派谎言。**3** [with sing or pl verb] a group of animals that hunt together（一起猎食的）一群（动物）: *a pack of wolves* 一群狼 **4** (*US* 美 **deck**) a complete set of playing-cards 一副（纸牌）☛ Look at the note at **card**. 参看 **card** 的注释。

☆**pack**[2] /pæk ‖ pæk/ *verb* **1** [I,T] to put your things into a suitcase, etc before you go away or go on holiday 把…放进行李；收拾行李: *I'll have to pack my suitcase in the morning.* 我要在早上收拾好手提箱。○ *Have you packed yet?* 你收拾好行李没有？○ *Have you packed your toothbrush?* 你把牙刷放进行李里没有？☛ Note the expression **do your packing** 收拾行李又叫 **do your packing**: *I'll do my packing in the morning.* 我会在早上收拾行李。**2** [I,T] to put things into boxes, in a factory or when you move house 打包；装箱 ☛ The opposite for **1** and **2** is **unpack**. 第 **1**、**2** 义的反义词为 **unpack**。**3** [T] (often passive 常用于被动语态) to fill or crowd 填满；挤满；塞满: *The train was absolutely packed. We couldn't get a seat.* 火车完全挤满了人，我们无法找到一个座位。○ *an action-packed film* 一部充满动作的电影

(PHRASAL VERBS 短语动词) **pack sth in** (*informal* 非正式) to stop doing sth 停止做某事: *I've packed in my job. I'm leaving next month.* 我已经洗手不干了，准备下个月离职。

pack sth in; pack sth in/into sth to do a lot in a short time 在短时间内做很多事情: *They packed an awful lot into their three days in Rome.* 他们在罗马三天，满满当当地安排了很多活动项目。

pack sth out to fill sth with people 使某处挤满人: *The cinemas are packed out every night.* 电影院每晚都挤满了人。

pack up (*informal* 非正式) **1** to finish working or doing sth 收工；结束工作: *There was nothing else to do so we packed up and went home.* 没有其他事情要做，所以我们收工回家。**2** (used about a machine, engine, etc 指机器、引擎等) to stop working 发生故障；停止运作

packed 'lunch *noun* [C] sandwiches, etc that you take with you to work or school 盒装午餐

☆**package** /'pækɪdʒ ‖ 'pækɪdʒ/ *noun* [C] **1** something, or a number of things, wrapped up in paper（用纸包的）包/包裹: *It was a strangely shaped package and no one could guess what was inside.* 包裹外形奇特，没有人能够猜出里面有什么。☛ Look at the note at **parcel**. 参看 **parcel** 的注释。**2** (*US* 美) = PACKET **3** a number of things that must be bought or accepted together（要一并买下或接受的）整套/组合: *a word-processing package* 一套文字处理设备 ○ *The strike will go on until the firm offers a better pay and conditions package.* 罢工将会继续，直至公司提出一套更好的薪金方案为止。

package *verb* [T] to put sth into a packet, box, etc before it is sold or sent somewhere（在出售或运送前）包装/装箱: *Goods that are attractively packaged sell more quickly.* 包装诱人的货品能更快售出。

packaging *noun* [U] all the materials that are used to wrap sth before it is sold or sent somewhere 包装用的材料: *Chocolates sometimes have four or five layers of packaging.* 巧克力有时会有四、五层包装。

'**package holiday** *noun* [C] a holiday that is organized by a travel agent who arranges your travel and accommodation for you（由旅行社统一安排行程及住宿的）承包旅游

ˈ**package store** *noun* [C] (*US* 美) = OFF-LICENCE

☆**packet** /ˈpækɪt ‖ ˈpækɪt/ (*US* 美 **package**) *noun* [C] a box, bag, etc in which things are packed to be sold in a shop（包装商品的）盒/包/袋: *a packet of sweets, cigarettes, biscuits, etc* 一包糖果/香烟/饼干… ○ *a cigarette packet* 香烟盒 ☛ Look at the note at **parcel**. 参看 **parcel** 的注释。picture at **container**. 见 **container** 插图。

packing /ˈpækɪŋ ‖ ˈpækɪŋ/ *noun* [U] **1** putting things into a box or suitcase 装箱；打包；收拾行李: *I haven't done any packing yet and we're going away this evening.* 我们今晚就要出发，我还没有收拾行李。**2** soft material that you use when you are packing to stop things from being damaged or broken（包装时用以防止物件损坏的）柔软物料/填塞物/包装材料: *Add 95p to the price for postage and packing.* 邮费及包装费另加 95 便士。

ˈ**packing-case** *noun* [C] a wooden box that you put things in before they are transported or stored 装货木箱

pact /pækt ‖ pækt/ *noun* [C] a formal agreement between two people, groups or countries（两人、两团体或两国间的）协议/契约/协定/公约

☆**pad**[1] /pæd ‖ pæd/ *noun* [C] **1** a thick piece of soft material, used for cleaning or protecting sth 软垫；护垫: *Footballers wear shin pads to protect their legs.* 足球运动员穿上护腿来保护腿部。○ *a jacket with shoulder pads* 有垫肩的短上衣 ○ *Press the cotton-wool pad onto the wound to stop the bleeding.* 把药棉贴在伤口上止血。**2** a number of pieces of paper that are fastened together at one end 拍纸簿；便笺簿: *a writing pad* 信笺簿 **3** the place from which helicopters and space rockets take off 直升机机场；火箭发射台: *a launch pad* 发射台 **4** the soft part on the bottom of the foot of some animals, eg dogs, cats, etc 垫（某些动物，如猫、狗趾部下方的脂肪组织块）

pad[2] /pæd ‖ pæd/ *verb* [T] (pa**dd**ing; pa**dd**ed) (usually passive 通常用于被动语态) to fill or cover sth with soft material in order to protect it, make it larger or more comfortable, etc 用衬垫、保护垫或其他柔软材料填塞/覆盖: *a padded bra* 有软垫的胸罩 ○ *Violent prisoners are put in padded cells so they do not hurt themselves.* 狂暴的囚犯关在墙上有软垫的囚室里，以免他们伤害自己。

(PHRASAL VERB 短语动词) **pad sth out** to make a book, speech, etc longer by adding things that are not necessary 使书、演说等冗长

padding *noun* [U] material that you use to pad² sth 垫料；衬料

pad[3] /pæd ‖ pæd/ *verb* [I] (pa**dd**ing; pa**dd**ed) **pad about, along, around, etc** to walk rather quickly and quietly 放轻脚步走

paddle[1] /ˈpædl ‖ ˈpædḷ/ *noun* [C] a short pole that is wide at one or both ends and that you use for moving a small boat through water 短桨 ☛ Look at **oar**. 参看 **oar**。

paddle *verb* [I,T] to move a small boat through water using a paddle 划桨 ☛ Look at **row**. 参看 **row**。

paddle[2] /ˈpædl ‖ ˈpædḷ/ *verb* [I] to walk with bare feet in shallow water 赤足涉水

paddock /ˈpædək ‖ ˈpædək/ *noun* [C] a small field where horses are kept 牧马场

padlock /ˈpædlɒk ‖ ˈpædˌlɑk/ *noun* [C] a type of lock that is used for fastening gates, bicycles, etc 挂锁；扣锁 ☛ picture at **chain**. 见 **chain** 插图。

padlock *verb* [T] to fasten sth with a padlock 扣上挂锁

paediatrician (*US* 美 **pediatrician**) /ˌpi:dɪəˈtrɪʃn ‖ ˌpidɪəˈtrɪʃən/ *noun* [C] a doctor who specializes in looking after sick children 儿科医生

pagan /ˈpeɪgən ‖ ˈpegən/ *adj* having religious beliefs that do not belong to any of the main religions 属于异教/非主要宗教: *Hallowe'en is an ancient pagan festival.* 万圣节前夕是古代异教节日。

☆**page**[1] /peɪdʒ ‖ pedʒ/ *noun* [C] (*abbr* 缩写 **p**) **1** one side of a piece of paper 页；纸的一面: *The letter was three pages long.* 这封信有三页长。○ *Start each answer on a new page.* 每题的答案都要在新的一页上写。○ *to turn over the page* 翻到下一页 ○ *Full flight details are given on page 63.* 航班的详细资料刊于第 63 页。○ *the front page of a newspaper* 报纸的头版 ○ *the sports page* 体育版 **2** one piece of paper in a book, etc（书页等的）一张: *One page had been torn from her diary.* 她的日记簿有一页给撕掉了。

page[2] /peɪdʒ ‖ pedʒ/ *verb* [T] to call sb's name over a loudspeaker in a place where there are a lot of people, so that you can give him/her a message（用扬声器）传唤（某人接收信息）

pageant /ˈpædʒənt ‖ ˈpædʒənt/ *noun* [C] **1** a type of outdoor public entertainment at which there is a procession of people, often dressed up in historical costume 游行（常穿传统服装）**2** any colourful ceremony 盛典

pageantry /ˈpædʒəntrɪ ‖ ˈpædʒəntrɪ/ *noun* [U] the feeling and appearance of a grand ceremony when people are dressed in fine colourful clothes 盛况；盛典: *The pageantry of the Changing of the Guard is very popular with tourists.* 游客很喜欢观看白金汉宫警卫换岗的盛况。

paid *pt, pp* of PAY² ＊ PAY² 的过去时及过去分词

pail /peɪl ‖ pel/ *noun* [C] a bucket 桶

☆**pain** /peɪn ‖ pen/ *noun* **1** [C,U] the unpleasant feeling that you have when a part of your body has been hurt or when you are ill 痛；疼: *to be in great pain* 感到剧痛 ○ *I've got a terrible pain in my back.* 我的背很疼痛。○ *to scream with pain* 痛得尖叫 ○ *chest pains* 胸痛 ○ *After I took the tablets the pain wore off.* 我吃了药片，疼痛渐渐消失。○ *The tablets relieved the pain.* 药片减轻了痛楚。☛ Look at **ache**. 参看 **ache**。Notice that we usually say: *I've got a headache, etc* instead of using an expression with 'pain'. 头痛一般说 headache，不说 pain，例如 I've got a headache。**2** [U] unhappiness that you feel because sth bad has happened or because sb has been unkind 痛苦；悲痛：*It took me years to get over the pain of my mother's death.* 我经过了很多年才从丧母之痛中解脱出来。**3** [C] (*informal* 非正式) a person, thing or situation that causes you to be angry or annoyed 烦人的人/事物：*Having to clean the ice off the windscreen every morning is a real pain.* 每天早上都要清理挡风玻璃上的冰，真讨厌。

pain *verb* [T] to cause sb to feel unhappy or upset 使痛苦/烦恼

pained *adj* showing that you are unhappy or upset 痛苦的；烦恼的：*a pained expression* 痛苦的表情

painful /-fl ‖ -fəl/ *adj* that causes pain 使疼痛/痛苦的：*A wasp sting can be very painful.* 给黄蜂螫过会很痛。○ *The breakup of their marriage was very painful for the children.* 他们婚姻的破裂给子女带来深深的痛苦。—**painfully** /-fəlɪ ‖ -fəlɪ/ *adv*: *Progress is still painfully slow.* 进展仍然困难而缓慢。

painless *adj* that does not cause pain 无痛；不引起痛苦：*The animals' death is quick and painless.* 这些动物的死亡迅速而无痛。—**painlessly** *adv*

'**painkiller** *noun* [C] medicine that is used for reducing or removing pain 止痛药

pains /peɪnz ‖ penz/ *noun*

(IDIOMS 习语) **be at (great) pains to do sth** to make a special effort to do sth 努力/费尽心机做某事：*He was at pains to hide his true feelings.* 他努力掩饰真正的感受。

take great pains (with/over/to do sth) to take great care with sth or to make a special effort to do sth 认真/努力/费尽心机（做某事）：*She always takes great pains with her writing.* 她总是极其用心地写作。

painstaking /ˈpeɪnzteɪkɪŋ ‖ ˈpenzˌtekɪŋ/ *adj* very careful 十分小心：*The painstaking search of the wreckage gave us clues as to the cause of the crash.* 彻底检查残骸之后，我们得到了失事原因的线索。—**painstakingly** *adv*

☆**paint**[1] /peɪnt ‖ pent/ *noun* **1** [U] a liquid that you put onto a surface with a brush in order to give it colour or to protect it 油漆；涂料：*The door will need two more coats of paint.* 这扇门需要多涂两层油漆。○ *Wet paint!* 油漆未干！○ *spray paint* 喷漆 ○ *The paint was peeling off the walls.* 墙上的漆陆续剥落。**2** [U] coloured liquid that you can use to make a picture 颜料：*red paint* 红色颜料 ○ *oil paint* 油画颜料 **3 paints** [plural] a collection of tubes, blocks, etc of paint that an artist uses 一套颜料

'**paintbox** *noun* [C] a box that contains blocks of paint of many colours 颜料盒

'**paintbrush** *noun* [C] a brush that you use for painting with 画笔；油漆刷子 ☛ picture at **brush**. 见 **brush** 插图。

'**paintwork** *noun* [U] a surface that has been painted 已涂漆的表面

☆**paint**[2] /peɪnt ‖ pent/ *verb* [I,T] **1** to put paint onto sth 油漆；（用油漆）刷：*The bathroom needs painting.* 浴室需要油漆。○ *Wear old clothes when you're painting.* 粉刷油漆时要穿旧衣服。○ *The walls were painted pink.* 墙壁刷成粉红色。**2** to make a picture of sb/sth using paints（用颜料）画/绘画：*Vicky paints well.* 维基擅长绘画。○ *to paint a self-portrait* 画自画像

☆**painter** /ˈpeɪntə(r) ‖ ˈpentɚ/ *noun* [C] **1** a person whose job is to paint buildings, walls, etc 油漆工人 **2** a person who paints pictures 画家 ☛ Look at **artist**. 参看 **artist**。

☆**painting** /ˈpeɪntɪŋ ‖ ˈpentɪŋ/ *noun* **1** [U] the act of painting pictures or buildings 绘画；上油漆 **2** [C] a picture that sb has painted 画：*a famous painting by Van Gogh* 梵高的名画 ☛ Look at **drawing**. 参看 **drawing**。

☆**pair** /peə(r) ‖ pɛr/ *noun* **1** [C] two things that are almost the same and that are used together 一对；一双：*a pair of shoes* 一双鞋 ○ *a pair of gloves* 一对手套 **2** [C] a thing that consists of two parts that are joined together 由两部分组成的东西：*a pair of scissors* 一把剪刀 ○ *a pair of glasses* 一副眼镜 ○ *two pairs of trousers* 两条裤子 **3** [C, with sing or pl verb] two people or animals that are closely connected with each other 紧密联系的两人/两只动物：*The pair from Didcot won all their matches easily.* 从迪德科特来的一对选手轻易打赢了所有比赛。○ *A pair of blackbirds are nesting in the apple tree.* 一对黑鹂在苹果树上筑巢。☛ Look at **couple**. 参看 **couple**。

(IDIOM 习语) **in pairs** two at a time 成对；成双：*These earrings are only sold in pairs.* 这些耳环只能成对出售。

pair *verb*

(PHRASAL VERBS 短语动词) **pair (sb/sth) off (with sb)** to form a pair or pairs 配对；配合成双：*Stop trying to pair me off with your brother – I'm not interested.* 别想撮合我和你哥哥——我对他没有兴趣。

pair up (with sb) to join together with another person or group（与另一人或另一组）联合/联手/合作

pajamas /pəˈdʒæməz ‖ pəˈdʒæməz/ (*US* 美) *noun* [plural] = PYJAMAS

pal /pæl ‖ pæl/ *noun* [C] (*informal* 非正式) a friend 朋友

☆**palace** /ˈpælɪs ‖ ˈpælɪs/ *noun* [C] a large house that is or was the home of a king or queen 皇宫；宫殿

palate /ˈpælət ‖ ˈpælɪt/ *noun* [C] the top part of the inside of your mouth 腭

☆**pale** /peɪl ‖ pel/ *adj* **1** (used about a person or his/her face, etc 指人或脸色等) having less colour than usual; rather white 苍白：*Are you OK? You look a bit pale.* 你没事吧？你看来有点苍白。☛ The noun is **pallor**. 名词为 **pallor**。Look at **pallid**. 参看 **pallid**。**2** not bright or strong in colour 浅色；淡色：*pale yellow* 淡黄色

pall /pɔːl ‖ pɔl/ *verb* [I] to become uninteresting or annoying 变得令人腻烦/乏味

pallid /ˈpælɪd ‖ ˈpælɪd/ *adj* (used about a person or his/her face, etc 指人或脸色等) pale or rather white because he/she is ill or frightened（因生病/受惊而）苍白

pallor /ˈpælə(r) ‖ ˈpælɚ/ *noun* [U] the state of

being pale or rather white because you are ill or frightened（因生病/受惊）脸色苍白

palm[1] /pɑːm ‖ pɑm/ *noun* [C] the flat part of the front of your hand 手掌；掌心；手心: *Dora held the bird in the palm of her hand.* 多拉用掌心托着鸟儿。☛ picture on page A21. 见第A21页插图。

palm *verb*

(PHRASAL VERBS 短语动词) **palm sb off (with sth)** (*informal* 非正式) to persuade sb to accept sth that is not true or that is of poor quality 劝说（某人）接受（劣质或并非真实的事物）: *He tried to palm me off with some story about the train being late.* 他企图用火车误点的谎话来骗我。

palm sb/sth off (on sb) to get rid of sb/sth that you do not want by giving it to sb else 劝说别人接受自己不想要的人/事物

palm-trees 棕榈树

palm[2] /pɑːm ‖ pɑm/ (*also* 亦作 ˈ**palm-tree**) *noun* [C] a type of tree that grows in hot countries. Palms have no branches and a mass of large leaves at the top 棕榈树: *a date/coconut palm* 枣椰树；椰子树

paltry /ˈpɔːltrɪ ‖ ˈpɔltrɪ/ *adj* very small and so not worth very much 微不足道；无价值

pamper /ˈpæmpə(r) ‖ ˈpæmpɚ/ *verb* [T] to treat sb very or too kindly 纵容；娇养；溺爱

pamphlet /ˈpæmflɪt ‖ ˈpæmflɪt/ *noun* [C] a thin book with a paper cover that gives you information about sth 小册子

pans 锅

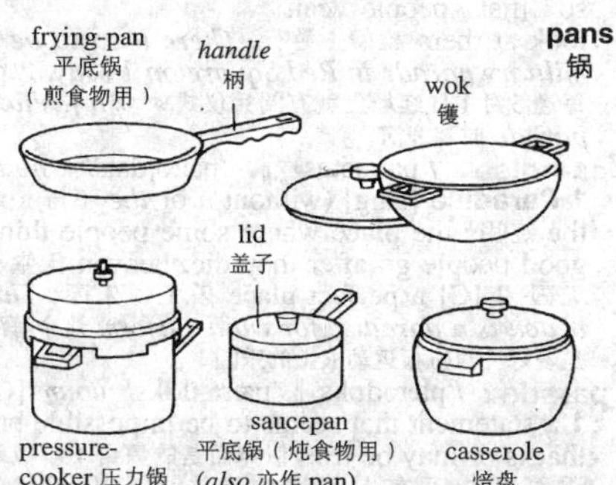

☆**pan** /pæn ‖ pæn/ *noun* [C] a metal container that is used for cooking 平底锅；锅: *Cook the spaghetti in a large pan of boiling salted water.* 把意大利面条放在一大锅沸盐水里煮。○ *a frying-pan* 煎锅 ○ *All the pots and pans are kept in that cupboard.* 所有锅、盘都放在那个碗橱里。

pancake /ˈpæŋkeɪk ‖ ˈpæŋˌkek/ *noun* [C] a type of very thin round cake that is made by frying a mixture of flour, milk and eggs (**batter**) 薄煎饼（所用的面糊叫做 **batter**）

ˈ**Pancake Day** (*also* 亦作 **Shrove Tuesday**) a Tuesday in February when people traditionally eat pancakes. Pancake Day is the day before the period of Lent begins. 薄煎饼日（大斋期前一日，在二月某星期二，按传统吃薄煎饼）

panda /ˈpændə ‖ ˈpændə/ *noun* [C] a large black and white animal that looks like a bear and that comes from China. Pandas are very rare nowadays. 熊猫

pandemonium /ˌpændɪˈməʊnɪəm ‖ ˌpændɪˈmonɪəm/ *noun* [U] a state of great noise and confusion 骚动；喧扰

pander /ˈpændə(r) ‖ ˈpændɚ/ *verb*

(PHRASAL VERB 短语动词) **pander to sb/sth** to do or say what sb wants even if it is wrong or unpleasant 迎合某人/某事物；逢迎

pane /peɪn ‖ pen/ *noun* [C] a piece of glass in a window, etc（窗等的）大玻璃片: *a pane of glass* 一块大玻璃 ○ *the window-pane* 窗玻璃

panel /ˈpænl ‖ ˈpænl̩/ *noun* **1** [C, with sing or pl verb] a group of people who are chosen to discuss sth, decide sth, answer questions, etc 委员会；专责小组；参赛队伍: *All the candidates were interviewed by a panel of four.* 所有候选人都要接受一个四人评选小组的面试。○ *a panel of experts* 专家小组 ○ *a panel game on TV* 电视上的小组游戏 ○ *What do/does the panel think about the changes in the education system?* 委员会对于教育制度的改变有什么意见？ **2** [C] a piece of wood, metal or glass that forms part of a door, wall, etc or that is fixed to it（门、墙等的）镶板/嵌板；护墙板: *They smashed the glass panel in the front door.* 他们打碎了前门的玻璃。**3** [C] a surface that contains the equipment for controlling a car, machine, etc 仪表板；控制板: *the instrument panel* 仪表板

panellist (*US* 美 **panelist**) /ˈpænəlɪst ‖ ˈpænl̩ɪst/ *noun* [C] a member of a panel(1) 委员会/专责小组/参赛队伍成员

pang /pæŋ ‖ pæŋ/ *noun* [C, usually pl] a sudden strong feeling (of pain, hunger, guilt, etc) 一阵强烈的感觉（如剧痛、饥饿、内疚等）

☆**panic** /ˈpænɪk ‖ ˈpænɪk/ *noun* [C,U] a sudden feeling of fear that makes you do things without thinking carefully about them 恐慌；惊慌: *The rumours of war spread panic on the stock market.* 战争爆发的谣言使股票市场人心惶惶。○ *to be in a state of panic* 处于恐慌的状态 ○ *There was a mad panic when the alarm went off.* 警报响起，大家都惊慌失措。

panic *verb* [I] (pani**ck**ing; pani**ck**ed) to have a sudden feeling of fear that makes you act without thinking carefully 恐慌；惊慌: *Stay calm and don't panic.* 保持冷静，不要惊慌。

ˈ**panic-stricken** *adj* very frightened 惶恐不安

panorama /ˌpænəˈrɑːmə; *US* 美 -ˈræmə ‖ ˌpænəˈræmə/ *noun* [C] a view over a wide area of land 全景 —**panoramic** /ˌpænəˈræmɪk ‖ ˌpænəˈræmɪk/ *adj*: *a panoramic view from the top of the hill* 从山顶鸟瞰的景致

pant /pænt ‖ pænt/ *verb* [I] to take short quick breaths, eg after running or because it is very hot 喘气；喘息

pant *noun* [C] a short quick breath 喘气；喘息

panther /ˈpænθə(r) ‖ ˈpænθɚ/ *noun* [C] a large wild cat (usually black) 豹；黑豹

panties /ˈpæntɪz ‖ ˈpæntɪz/ *noun* [plural] (*informal* 非正式) a small piece of clothing that women and girls wear under their other clothes (from their waists to the top of their legs) (女子穿的) 短衬裤/短内裤 ☛ Look at **pants** and **knickers**. 参看 **pants** 及 **knickers**。

pantihose (*also* 亦作 **pantyhose**) /ˈpæntɪhəʊz ‖ ˈpæntɪˌhoz/ *noun* [plural] (*US* 美) = TIGHTS

pantomime /ˈpæntəmaɪm ‖ ˈpæntəˌmaɪm/ *noun* [C] a type of play for children that is usually performed just after Christmas. Pantomimes are based on traditional children's stories. They are funny and have singing and dancing in them. (圣诞节) 童话剧 (通常在十二月末演出，取材于童话故事，结合丑角表演及歌舞音乐)

pantry /ˈpæntrɪ ‖ ˈpæntrɪ/ *noun* [C] (*pl* **pantries**) a small room where food is kept 食品储藏室 ☛ Look at **larder**. 参看 **larder**。

☆**pants** /pænts ‖ pænts/ *noun* [plural] **1** (*Brit* 英) = UNDERPANTS **2** (*US* 美) = TROUSERS

☆**paper** /ˈpeɪpə(r) ‖ ˈpepɚ/ *noun* **1** [U] a material that consists of thin sheets that you use for wrapping things in, writing or drawing on, etc 纸；纸张: *a blank piece/sheet of paper* 一张白纸 ○ *wallpaper* 墙纸 ○ *Scrap paper can be recycled.* 废纸可以循环再用。○ *a brown paper bag* 牛皮纸袋 ○ *a paper handkerchief* 纸巾 ☛ Types of paper include **filter**, **tissue**, **toilet** and **writing-paper**. 各种纸包括滤纸 (**filter-paper**)、薄棉纸 (**tissue-paper**)、卫生纸 (**toilet-paper**) 和书写用纸 (**writing-paper**)。**2** [C] = NEWSPAPER: *Where's today's paper?* 今天的报纸在哪儿？○ *a daily paper* 每日出版的报纸 ○ *a national/local paper* 全国性/地区性报纸 ☛ You buy a paper at a **paper shop** or **newsagent's**. 在报摊 (**paper shop** 或 **newsagent's**) 可买到报纸。**3 papers** [plural] pieces of paper that have information written on them. Papers are usually important 证件；文件: *If you don't have all your papers with you, you won't be allowed to cross the border.* 如果你没有带齐所有证件，他们不会允许你越过边界。○ *The document you want is somewhere in the pile of papers on her desk.* 你想要的文件大概就在她书桌上那堆文件里面。**4** [C] an examination in which you have to write answers to a number of questions 考试；笔试: *We have to take three papers in history.* 我们历史科要完成三份试卷。**5** [C] a piece of writing on a particular subject that is written for or read to specialists 论文

(IDIOM 习语) **on paper 1** in writing 书面；用文字表达: *I've had nothing on paper to say that I've been accepted.* 我没有接到任何书面通知，表示我已获得接纳。**2** from what appearances show; in theory 表面上；理论上: *The scheme sounds fine on paper, but would it work in practice?* 这计划理论上不错，但实际上是否可行呢？

ˈ**paperback** *noun* [C,U] a book that has a paper cover 平装本: *The novel is available in paperback.* 这本小说有平装本售卖。○ *a cheap paperback* 廉价的平装书

ˈ**paper-boy**, ˈ**paper-girl** *noun* [C] a boy or girl who delivers newspapers to people's houses 送报男童；送报女童

ˈ**paper-clip** *noun* [C] a piece of wire or plastic that is used for holding pieces of paper together 回形针；曲别针

ˈ**paperwork** *noun* [U] the written work that you do in an office, including writing letters and reports, filling in forms, etc 文书工作

par /pɑː(r) ‖ pɑr/ *noun*

(IDIOMS 习语) **below par** (*informal* 非正式) not as good or as well as usual 在一般水平以下；不佳

on a par with sb/sth of an equal level, standard, etc to sb/sth else 与某人/某事物平起平坐/水平相同

parable /ˈpærəbl ‖ ˈpærəbl̩/ *noun* [C] a short story (especially in the Bible) that teaches a lesson 寓言；圣经里的比喻

parachute /ˈpærəʃuːt ‖ ˈpærəˌʃut/ *noun* [C] a piece of strong cloth that is folded and fastened with thin ropes to a person's body. A parachute lets the person fall to the ground slowly when they jump from an aeroplane 降落伞: *a parachute jump* 跳伞 —**parachute** *verb* [I]

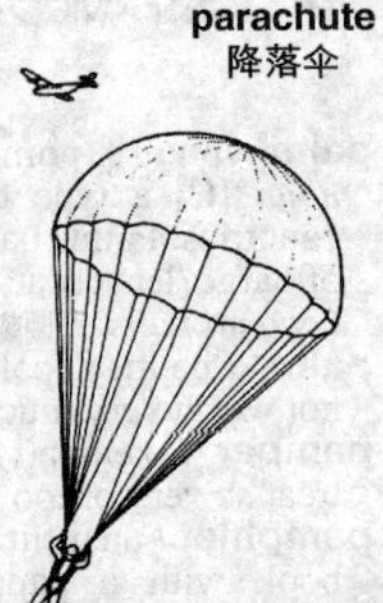
parachute
降落伞

parade /pəˈreɪd ‖ pəˈred/ *noun* [C] an occasion when a group of people stand or walk in a procession so that people can look at them 检阅；游行: *There used to be a military parade in Red Square on 1 May.* 以往每逢5月1日红场上就有阅兵仪式。○ *a fashion parade* 时装表演

paradise /ˈpærədaɪs ‖ ˈpærəˌdaɪs/ *noun* **1 Paradise** [sing] (without *a* or *the* 不与 a 或 the 连用) the place where some people think good people go after they die; heaven 天堂；天国 **2** [C] a perfect place 乐土；乐园: *This beach is a paradise for wind-surfers.* 这个海滩是爱好冲浪帆板运动人士的乐园。

paradox /ˈpærədɒks ‖ ˈpærəˌdɑks/ *noun* [C] **1** a statement that seems to be impossible but that is or may be true 似非而是的隽语；貌似矛盾而实为/可能是正确的说法: *'A deafening silence' is a paradox.* * a deafening silence 这说法表面上用词冲突 (意思就是完全没有反应/回应)。**2** a situation that has two or more qualities that you would not expect to find together 矛盾: *It's a paradox that some* *countries produce too much food while in other countries people are starving.* 有些国家生产的食物太多，而另一些国家的人民则在挨饿，真是矛盾。—**paradoxical** /ˌpærəˈdɒksɪkl ‖ ˌpærəˈdɑksɪkl/ *adj*

paraffin /ˈpærəfɪn ‖ ˈpærəfɪn/ (*US* 美 **kerosene**) *noun* [U] (*Brit* 英) a type of oil that is used in heaters, lamps, etc 煤油（用于炉、灯等）

☆**paragraph** /ˈpærəgrɑːf; *US* 美 -græf ‖ ˈpærəˌgræf/ *noun* [C] a part of a piece of writing that consists of one or more sentences. A paragraph always starts on a new line. 段落

parallel /ˈpærəlel ‖ ˈpærəˌlɛl/ *adj, adv* **1** (used about two lines, etc 指两条线等) with the same distance between them for all their length 平行: *parallel lines* 平行线 ○ *The railway runs parallel to the road.* 铁路与公路平行。**2** similar 类似: *The two brothers followed parallel careers in different companies.* 两兄弟在不同的公司分别从事类似的职业。

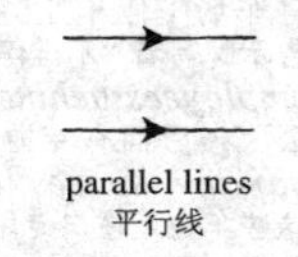
parallel lines
平行线

parallel *noun* **1** [C] (*also* 亦作 ˌ**parallel** ˈ**line**) a line, etc that is parallel to another 平行线 **2** [C,U] a person, thing or situation that is similar to sb/sth else 相似的人/事物/情况: *Japan's economic success is without parallel in the post-war period.* 战后日本的经济成就实在是无与伦比。**3** [C] an act of comparing sb/sth with sb/sth else 比较: *He drew a parallel between Margaret Thatcher and Winston Churchill.* 他把撒切尔夫人与丘吉尔作比较。

paralyse (*US* 美 **paralyze**) /ˈpærəlaɪz ‖ ˈpærəˌlaɪz/ *verb* [T] **1** to make a person unable to move his/her body or a part of it 使瘫痪/麻痹: *Miriam is paralysed from the waist down.* 米里亚姆下半身瘫痪。**2** to make sb/sth unable to work in a normal way 使不能如常工作/运作: *The railway system was completely paralysed by the strike.* 罢工使铁路系统完全瘫痪。

paralysis /pəˈræləsɪs ‖ pəˈræləsɪs/ *noun* [U] **1** the state of being unable to move your body or a part of it 瘫痪；麻痹 **2** being unable to work in the normal way 不能如常工作/运作: *There has been complete paralysis of the railway system.* 铁路系统已经完全瘫痪。

paramedic /ˌpærəˈmedɪk ‖ ˈpærəˌmɛdɪk/ *noun* [C] a person who has had special training in caring for people who are ill or hurt, but who is not a doctor or nurse 医务辅助人员；护理人员

paramilitary /ˌpærəˈmɪlɪtrɪ; *US* 美 -terɪ ‖ ˌpærəˈmɪlɪˌtɛrɪ/ *adj* organized in the same way as, but not belonging to, an official army 准军事的；辅助军事的；属于武装力量但非正规军队

paramount /ˈpærəmaʊnt ‖ ˈpærəˌmaunt/ *adj* (*formal* 正式) most important 首要

paranoia /ˌpærəˈnɔɪə ‖ ˌpærəˈnɔɪə/ *noun* [U] a type of mental illness in which sb wrongly believes that other people are trying to hurt him/her 妄想狂；偏执狂

paranoid /ˈpærənɔɪd ‖ ˈpærəˌnɔɪd/ *adj* wrongly believing that other people are trying to hurt you 有妄想狂/偏执狂倾向的

paraphernalia /ˌpærəfəˈneɪlɪə ‖ ˌpærəfəˈnelɪə/ *noun* [U] a large number of different objects that you need for a particular purpose（进行某活动所需的多种）零碎设备/私人用品

paraphrase /ˈpærəfreɪz ‖ ˈpærəˌfrez/ *verb* [T] to express sth again using different words so that it is easier to understand 释义；用较浅白的语词转述 —**paraphrase** *noun* [C]

parasite /ˈpærəsaɪt ‖ ˈpærəˌsaɪt/ *noun* [C] a plant or an animal that lives in or on another plant or animal and gets its food from it 寄生植物；寄生虫

paratroops /ˈpærətruːps ‖ ˈpærəˌtrups/ *noun* [plural] soldiers who are trained to drop from an aeroplane by parachute 伞兵；伞兵部队

☆**parcel** /ˈpɑːsl ‖ ˈpɑrsl̩/ (*US also* 美亦作 **package**) *noun* [C] something that is wrapped in paper and sent by post, or carried 包裹；一包物品: *to wrap/unwrap a parcel* 包扎/打开包裹 ☛ A **parcel** (US **package**) is something that is wrapped up and sent by post, etc. * **parcel**（美国英语作 **package**）指邮寄等的包裹。A **package** is similar to a parcel but it is usually given by hand. 以人手传送的一般叫做 **package**。A package may have an unusual shape. * **package** 可以有不同的形状。A **packet** (US **pack**) is one item or a number of things in a special box, bag, etc to be sold in a shop. * **packet**（美国英语作 **pack**）是放在盒、袋等出售的一件或几件物件。A **pack** is a number of things that are not the same that are sold together * **pack** 用于指一同出售的不同物件: *The pack contains needles, a reel of white cotton and a pair of scissors.* 这包内有缝衣针、一卷白棉线及一把剪刀。**Packaging** is the material, box, bag, etc that something is put in before it is sold. * **packaging** 是用以包装商品的物料、盒、袋等。

parcel *verb* (parcelling; parcelled; *US* 美 parceling; parceled)

(PHRASAL VERB 短语动词) **parcel sth up** to wrap sth up into a parcel 包扎成件；打包裹

parch /pɑːtʃ ‖ pɑrtʃ/ *verb* [T] (usually passive 通常用于被动语态) to make sb/sth very hot, dry or thirsty 使燥热/焦干/焦渴: *Can I have a drink? I'm parched!* 可以给我点喝的吗？我渴得要命！

☆**pardon**[1] /ˈpɑːdn ‖ ˈpɑrdn̩/ *noun* [C,U] an act of forgiving sb. If a prisoner receives a pardon, he/she is released from prison. 原谅；饶恕；宽恕；赦免（囚犯）☛ **I beg your pardon** is a formal way of saying 'sorry' * **I beg your pardon** 用于正式的场合，表示对不起: *Oh, I do beg your pardon. I had no idea this was your seat.* 噢，请你原谅，我不知道这个座位是你的。It can also be used when you want to ask somebody to repeat what they have said because you did not understand. 听不明白而请对方重复所说的话时亦可用 I beg your pardon。

pardon[2] /ˈpɑːdn ‖ ˈpɑrdn̩/ *verb* [T] **pardon sb (for sth/for doing sth)** to forgive sb or to say that sb will not be punished 原谅；饶恕；宽恕

pardon (*also* 亦作 ˌ**pardon** ˈ**me**) *interj* (used for asking sb to repeat what he/she has just said because you did not hear or understand it, and also for saying that you are sorry for sth that you have done 用于因听不到或听不明白而请对方重复刚才所说的话，亦用于表示歉意)

pardonable /'pɑ:dnəbl ‖ 'pɑrdnəbl̩/ *adj* that can be forgiven or excused 可以原谅；可以宽恕

☆**parent** /'peərənt ‖ 'pɛrənt/ *noun* [C] a mother or father 父亲；母亲: *Most parents try to bring up their children to be polite.* 大部分父母都力求将子女教养得彬彬有礼。

P

> ☛ A **single parent** is a mother or father who is bringing up their child or children alone, without the other parent. 单亲 (**single parent**) 家庭的父亲或母亲独自抚养子女。A **foster parent** is a person who looks after a child who is not legally their own. 养父或养母 (**foster parent**) 领养并照顾非亲生的孩子。

parental /pə'rentl ‖ pə'rɛntl̩/ *adj* (only *before* a noun 只用于名词前) of a parent or parents 父亲的；母亲的；父母的: *parental support* 父母的养育

parenthood /'peərənthʊd ‖ 'pɛrənt,hʊd/ *noun* [U] the state of being a parent 父母身分: *the joys and sorrows of parenthood* 身为父母的喜与忧

parentheses /pə'renθəsi:z ‖ pə'rɛnθə,siz/ *noun* [plural] (*especially US* 尤为美) = BRACKETS (BRACKET 1)

parenthesis /pə'renθəsɪs ‖ pə'rɛnθəsɪs/ *noun* (IDIOM 习语) **in parenthesis** as an extra comment or piece of information 作为额外评语/附加资料；作为插入语

parish /'pærɪʃ ‖ 'pærɪʃ/ *noun* [C] **1** an area or district which has its own church and priest 教区/堂区(有本身的教堂及牧师/司铎): *the vicar of a country parish* 乡村教区的牧师 ○ *the parish church* 教区教堂 **2** a small area which has its own local government (有地方政府的)行政区

parishioner /pə'rɪʃənə(r) ‖ pə'rɪʃənɚ/ *noun* [C] a person who lives in a parish(1), especially one who goes to church there 堂区教徒/居民

,parish 'council *noun* [C, with sing or pl verb] a division of local government which looks after the interests of a very small area, especially a village 教区行政委员会/地方参事会(尤指乡村的) ☛ Look at **local government** and **local authority**. 参看 **local government** 及 **local authority**。

☆**park**[1] /pɑ:k ‖ pɑrk/ *noun* [C] **1** an open area with grass and trees, usually in a town, where anybody can go to walk, play, etc 公园: *a walk in the park* 在公园散步 ○ *the park gates* 公园大门 ○ *Hyde Park* 海德公园 **2** (*Brit* 英) the land that surrounds and belongs to a large country house (乡村大宅的)庭园/园林 **3** (in compounds 用以构成复合词) a large area of land that is open to the public and is used for special purposes 作特定用途的公共场地: *Windsor Safari Park* 温莎野生动物园 ○ *a national park* 国家公园 ○ *a theme park* 主题乐园 **4** (*US* 美) a sports ground or field 运动场；体育场

☆**park**[2] /pɑ:k ‖ pɑrk/ *verb* [I,T] to stop and leave a car, lorry, etc somewhere for a time 停放(车辆)；停车: *You can't park in the centre of town.* 市中心不准停车。○ *Somebody's parked their car in front of my garage.* 有人把车停在我的车房前面。

parka /'pɑ:kə ‖ 'pɑrkə/ *noun* [C] a warm jacket or coat with a hood 连风帽的夹克/大衣

parking /'pɑ:kɪŋ ‖ 'pɑrkɪŋ/ *noun* [U] leaving a car, lorry, etc somewhere for a time; an area where you can do this 停放(车辆)；停车；停车场；停车处: *The sign said 'No Parking'.* 告示牌写着"不准停车"。○ *There is parking for employees behind the office buildings.* 这些办公大楼后面有专为雇员而设的停车处。○ *These parking spaces are reserved for residents.* 这些车位是住户专用的。

'parking-lot *noun* [C] (*US* 美) = CAR PARK

'parking-meter *noun* [C] a metal post that you put coins into to pay for parking a car in the space beside it 停车计时收费表

'parking-ticket *noun* [C] a piece of paper that orders you to pay money (**a fine**) for parking your car where it is not allowed 违例停车罚款传票(罚款叫做 **fine**)

☆**parliament** /'pɑ:ləmənt ‖ 'pɑrləmənt/ *noun* [C] **1** the group of people who discuss and make the laws of a country 国会；议会: *The German parliament is called the 'Bundestag'.* 德国的议会称为 Bundestag。☛ When **parliament** is singular it can be used with either a singular or plural verb. ＊**parliament** 作单数时，可与单数或复数动词连用。**2 Parliament** [sing] the group of people in the United Kingdom who discuss and make the laws 英国议会: *the Houses of Parliament* (= the buildings where Parliament meets) 议会大厦 ○ *a Member of Parliament (MP)* 议会议员

> ☛ The UK Parliament consists of **The House of Commons** and **The House of Lords**. 英国议会包括下议院 (**The House of Commons**) 及上议院 (**The House of Lords**)。The House of Commons consists of Members of Parliament, who have been elected to represent areas of the country (called **constituencies**). 下议院议员由选举产生，代表全国各选区 (**constituency**)。The House of Lords consists of members of the nobility, bishops and other people who have been appointed, not elected. 上议院由贵族、主教及其他委任成员组成。

parliamentary /,pɑ:lə'mentrɪ ‖ ,pɑrlə'mɛntərɪ/ *adj* (only *before* a noun 只用于名词前) connected with parliament 与议会/国会有关: *parliamentary debates* 议会辩论

parody /'pærədɪ ‖ 'pærədɪ/ *noun* **1** [C,U] (*pl* **parodies**) (a piece of) writing, speech or music that copies a writer's or musician's style (模仿某作家或音乐家风格的)文章/演说/乐曲: *His first novel, 'Snow White', is a parody of a traditional fairy story.* 他的第一部

小说《白雪公主》模仿一个传统童话故事。**2** [C] a very bad example or copy (of sth) 拙劣的事例/模仿

parody *verb* [T] (*pres part* **parodying**; *3rd pers sing pres* **parodies**; *pt, pp* **parodied**) to make a parody of sb/sth 模仿

parole /pəˈrəʊl ‖ pəˈrol/ *noun* [U] allowing a prisoner to go free before the end of his/her term in prison on condition that he/she continues to behave well 假释（暂时释放刑期未满的犯人，条件为假释期间不犯新罪）: *She's hoping to get parole.* 她正期待假释的机会。○ *He's going to be released on parole.* 他就要获得假释了。

parrot /ˈpærət ‖ ˈpærət/ *noun* [C] a type of tropical bird with a curved beak and usually with very bright feathers. Parrots that are kept as pets often copy what people say. 鹦鹉

ˈparrot-fashion *adv* without thinking about or understanding the meaning of sth 鹦鹉学舌地；机械地: *to learn sth parrot-fashion* 机械地学习

parsley /ˈpɑːslɪ ‖ ˈpɑrslɪ/ *noun* [U] a plant (**herb**) with small curly leaves that are used for flavouring or decorating food 欧芹/芫荽（用以调味或装饰菜肴）（草本植物叫做 **herb**）

parsnip /ˈpɑːsnɪp ‖ ˈpɑrsnɪp/ *noun* [C] a cream-coloured vegetable, shaped like a carrot, that grows under the ground 防风根（一种乳白色的蔬菜，状似胡萝卜，生于地下）

☆**part**[1] /pɑːt ‖ pɑrt/ *noun* **1** [C] (often without *a/an* 常不与 a/an 连用) **part (of sth)** one of the pieces, areas, periods, divisions, etc of sth; some, but not all 一部分；部分: *Which part of Spain do you come from?* 你从西班牙的哪个地区来？○ *This part of the church has been rebuilt.* 教堂的这个部分曾经重建。○ *I enjoyed some parts of the film.* 我喜欢这电影中的某几个部分。○ *A large part of my job involves dealing with the public.* 我的工作大部分要跟公众打交道。○ *Part of the problem is lack of information.* 问题之一是缺乏资料。○ *a part of the body* 身体的一部分 ○ *Getting up in the morning is always the hardest part of the day.* 早上起床往往是一日之中最难办的事情。**2** [C] one of the essential pieces that make up a machine（机器的）零件/部件/元件/配件；机件: *We always take a box of spare parts for the car with us when we go abroad.* 我们到外地时，总带一箱汽车备用零件。**3** [C] an amount or quantity (of a liquid or substance)（液体或物质的）份/等份: *Use one part of lemonade to three parts of beer.* 三份啤酒兑一份柠檬水。**4** [C] a role or character in a play, film, etc（戏剧、电影等的）角色: *He played the part of Macbeth.* 他演麦克佩斯的角色。○ *a small part in the school play* 学校话剧中的一个小角色 **5** [C,U] **part (in sth)** a person's share in an activity, event, etc 份儿；本分: *Did you have any part in the decision?* 你曾参与作出这个决定吗？

(IDIOMS 习语) **the best/better part of sth** most of sth; more than half of sth, often a period of time 大半的时间；某事物的绝大部分/大部分: *They've lived here for the best part of forty years.* 四十年之中，他们大部分时间都住在这里。

for the most part usually or mostly 通常；多半: *The countryside is, for the most part, flat and uninteresting.* 这里的乡野主要是平川广野，没有什么景色。

for my, your, etc part as far as it concerns me, you, etc 就我/你…来说: *I, for my part, am willing to go.* 就我来说，我是愿意去的。

in part not completely; to some extent 部分；某程度上: *The accident was, in part at least, the fault of the driver.* 这宗意外至少有部分是司机的过失。

on the part of sb/on sb's part made, done or felt by sb 某人所做；就某人而言: *I'm sorry. It was a mistake on my part.* 我很抱歉，这是我的错。○ *There is concern on the part of the teachers that class size will increase.* 教师方面都担心班级的人数会增加。

play a part (in sth) to have a share in sth or to have an effect on sth 参与/影响（某事物）

take part (in sth) to join with other people in an activity 参加/参与（活动）: *He was unable to take part in the race because of his recent accident.* 他因最近的意外而未能参加这次赛跑。○ *Everybody took part in the discussion.* 人人都参与讨论。

part *adv* not completely one thing and not completely another 部分: *A mule is part donkey and part horse.* 骡是驴和马的杂种。

partly *adv* to some extent; not completely 某程度上；不完全；部分: *She was only partly responsible for the mistake.* 这次的过失她只应负部分责任。○ *I love Italy. Partly because of the weather, but mostly because of the people.* 我喜欢意大利，部分是因为那里的天气，但最主要的是因为那里的人。

ˌpart-exˈchange *noun* [U] a way of buying sth in which you give a used article as part of the payment for a more expensive one 部分抵换交易（将旧物作为部分货款以购买较高价的货品）

ˌpart of ˈspeech *noun* [C] (*grammar* 语法) one of the groups that words are divided into, eg noun, verb, adjective, etc 词类（如名词、动词、形容词等）

ˌpart-ˈtime *adj, adv* for only a part of the working day or week 兼职；半职；部分时间工作: *She's got a part-time job.* 她有一份兼职。○ *I work part-time, about 20 hours a week.* 我只是部分时间工作，大约一星期20小时。☛ Look at **full-time**. 参看 **full-time**。

part[2] /pɑːt ‖ pɑrt/ *verb* **1** [I,T] **part (from sb); part sb (from sb)** to leave or go away from sb; to separate people or things 离开（某人）；使分开: *We exchanged telephone numbers when we parted.* 我们告别时，交换了电话号码。○ *She parted from her husband several years ago.* 她几年前跟丈夫分手了。○ *He hates being parted from his children for long.* 他不愿跟子女分开太久。**2** [I,T] to divide or separate 分开: *The curtains parted and a face looked out.* 窗帘拉开了，一张脸望出来。**3** [T] to separate the hair on the head with a comb so as to make a clear line 把头发向两边分开梳: *Don't* *part your hair in the middle. It looks awful.* 你别把头发梳成中间分头，难看极了。☛ Look at **parting**. 参看 **parting**。

(IDIOM 习语) **part company (with sb/sth)** to go different ways or to separate after being together（与某人/某物）分手/分道扬镳

(PHRASAL VERB 短语动词) **part with sth** to give or sell sth to sb else 把某物送出/卖出: *When we went to live in Italy, we had to part with our horses and dogs.* 我们到意大利居住前，只好把马匹和狗卖掉。

P

partial /'pɑ:ʃl ‖ 'pɑrʃəl/ *adj* **1** not complete 部分；不完全: *The outing was only a partial success.* 这次远足只是部分成功而已。**2 partial to sb/sth** (*old-fashioned* 旧) liking sth very much 偏爱…: *He's very partial to a glass of wine.* 他特别喜欢喝酒。

partiality /ˌpɑ:ʃɪ'ælətɪ ‖ ˌpɑrʃɪ'ælətɪ/ *noun* [U] acting unfairly towards one person or side 偏袒；偏心: *The referee was accused of partiality towards the home team.* 裁判员被指责偏袒主队。☛ The opposite is **impartiality**. 反义词为 **impartiality**。Look at **impartial**. 参看 **impartial**。

partially /'pɑ:ʃəlɪ ‖ 'pɑrʃəlɪ/ *adv* partly; not completely 部分；不完全: *The road was partially blocked by a fallen tree.* 这条路有一部分被倒下的树阻塞了。

participate /pɑ:'tɪsɪpeɪt ‖ pɑr'tɪsəˌpet/ *verb* [I] **participate (in sth)** to share or join (in an activity); to take part 参加/参与（活动）: *Students are encouraged to participate in sporting activities.* 校方鼓励学生参与体育活动。

participant /pɑ:'tɪsɪpənt ‖ pɑr'tɪsəpənt/ *noun* [C] a person who takes part in an activity, etc 参加者；参与者 —**participation** /pɑ:ˌtɪsɪ'peɪʃn ‖ pɑrˌtɪsə'peʃən/ *noun* [U]

participle /'pɑ:tɪsɪpl ‖ 'pɑrtəˌsɪpl/ *noun* [C] (*grammar* 语法) a word that is formed from a verb and that ends in *-ing* (*present participle*) or *-ed, -en*, etc (*past participle*). Participles are used to form tenses of the verb, or as adjectives 分词（由动词变化而成，以 -ing 结尾者为现在分词 (present participle)；以 -ed、-en 等结尾者为过去分词 (past participle)。分词或用以表示时态，或作形容词用）: *'Hurrying' and 'hurried' are the present and past participles of 'hurry'.* * hurrying 及 hurried 是 hurry 的现在分词和过去分词。

particle /'pɑ:tɪkl ‖ 'pɑrtɪkl/ *noun* [C] **1** a very small piece; a bit 微粒；一点儿: *Particles of the substance were examined under a microscope.* 把物质的微粒放在显微镜下仔细观察。**2** (*grammar* 语法) a minor word that is not as important as a noun, verb or adjective 小词（如介词、副词等）；介副词: *In the phrasal verb 'break down', 'down' is an adverbial particle.* 在短语动词 break down 中，down 是副词小词。

☆**particular** /pə'tɪkjʊlə(r) ‖ pə'tɪkjələ/ *adj* **1** (only *before* a noun 只用于名词前) (used to make it clear that you are talking about one person, thing, time, etc and not about others 用以特指某人、某事物、某时间等): *At that particular time I was working in London. It wasn't until later that I moved to Bristol.* 那时我在伦敦工作，直至后来才搬到布里斯托尔去。○ *One particular school, which I won't name, is having a lot of problems.* 有一所学校出现了很多问题，学校的名字我不提了。**2** (only *before* a noun 只用于名词前) special or extra; more than usual 特别；特殊；分外: *Are you going to Dublin for any particular reason?* 你去都柏林有什么特别的原因吗？○ *This article is of particular interest to you.* 这篇文章对你特别有用。**3** connected with one person or thing and not with others 与某一人/物有关: *Everybody has their own particular problems.* 人人都有自己的烦恼。**4** (not before a noun 不用于名词前) **particular (about/over sth)** difficult to please 难以取悦；挑剔: *Some people are extremely particular about the wine they drink.* 有些人对酒极为挑剔。☛ Look at **fussy**. 参看 **fussy**。

(IDIOM 习语) **in particular 1** especially 尤其；特别: *Is there anything in particular you'd like to do this weekend?* 这个周末你有没有什么特别想做的事呢？**2** (used for giving more detail about sth that you have said 补充细节时用): *You must be careful about what you eat. In particular, avoid anything fatty.* 你要注意饮食，尤其要避免吃脂肪多的食物。

particularly *adv* especially 尤其；特别: *I'm particularly interested in European history.* 我对欧洲历史特别感兴趣。○ *The meal was excellent, particularly the dessert.* 这顿饭很美味，尤其是甜点。

particulars *noun* [plural] (*formal* 正式) details; facts 细节；细目；详情: *The police took down all the particulars about the missing child.* 警方记下了那名失踪小孩的所有详细资料。

parting /'pɑ:tɪŋ ‖ 'pɑrtɪŋ/ *noun* **1** [C,U] saying goodbye to, or being separated from, another person (usually for quite a long time) 离别/告别/分开/分离（通常指长时间的）: *the sadness of parting* 离别的悲伤 **2** [C] the line on your head where you divide your hair and comb it in different directions 梳分头的界线；分缝: *a side parting* 侧面分头 ☛ picture at **plait**. 见 **plait** 插图。

partition /pɑ:'tɪʃn ‖ pɑr'tɪʃən/ *noun* **1** [C] something that divides a room, etc into two parts, especially a thin or temporary wall in a house 把房间等隔开的隔板 **2** [U] the division of a country into two or more countries（国家的）分割/划分/瓜分: *the partition of Germany after the war* 战后德国的分裂 —**partition** *verb* [T]

☆**partner** /'pɑ:tnə(r) ‖ 'pɑrtnə/ *noun* [C] **1** the person that you are married to or have a sexual relationship with 伴侣；配偶 **2** a person that you are dancing with or playing a game with 舞伴；（游戏的）搭档 **3** one of the people who own a business 合伙人；股东: *a partner in a private medical practice* 私营诊所的合伙人 ○ *business partners* 商业合伙人 ○ *a junior/senior partner* 资历浅/深的合伙人 **4** a country or organization that has an agreement with another 伙伴（与另一国家或机构有协议的国家或

机构）: *Britain's EU partners* 英国在欧洲联盟的伙伴

partner *verb* [T] to be sb's partner in a dance, game, etc（游戏/跳舞…时）搭档: *Husbands were not allowed to partner their wives.* 丈夫不许找妻子做搭档。

partnership /-ʃɪp ‖ -ʃɪp/ *noun* **1** [U] the state of being a partner or partners, especially in business 合伙；合股: *Mary went into partnership with her sister and opened a toy shop in York.* 玛丽与妹妹合伙在约克开了一家玩具店。 **2** [C] an arrangement or business with two or more partners 合伙协议；合伙企业: *'Does your husband own the firm?' 'Well, it's a partnership.'* "这家公司是你丈夫的吗？" "那是合伙经营的。" ○ *Their partnership has been extremely successful.* 他们的合伙生意极成功。

☆**party** /ˈpɑːtɪ ‖ ˈpɑrtɪ/ *noun* [C] (*pl* **parties**) **1** a social occasion to which people are invited in order to eat, drink and enjoy themselves 聚会；宴会；舞会: *to have a party* 举行宴会 ○ *to go to a party* 参加聚会 ○ *a birthday party* 生日宴会 ○ *When they moved into the new house they had a house-warming party.* 他们搬进新房子时举办了乔迁宴。 ○ *a garden party* 游园会 ○ *a farewell party* 欢送会 ○ *a dinner party* 宴会 **2** (*also* 亦作 **Party**) a group of people who have the same political aims and ideas and who are trying to win elections to parliament, etc 政党: *Which party are you going to vote for in the next election?* 下次选举你投哪个政党的票？ ○ *a member of the Labour Party* 工党党员 ○ *the Conservative Party conference* 保守党大会 ○ *the party leader* 政党领袖 ○ *party policy on defence* 政党在国防方面的政策 ○ *a left-wing/right-wing/centre party* 左翼/右翼/中间派政党 ○ *the party in power* (= in government) 执政党

☛ The two main political parties in Great Britain are the **Conservative** (or **Tory**) Party (right-wing) and the **Labour** Party (left-wing). 英国的两大政党是保守党 (**Conservative/Tory** Party)（右翼）及工党 (**Labour** Party)（左翼）。There is also a centre party called the **Liberal Democrats** and some other smaller parties. 还有一个中间派的自由民主党 (**Liberal Democrats**) 及其他一些较小的政党。In the United States the main political parties are the **Republicans** and the **Democrats**. 美国的主要政党是共和党 (**Republicans**) 及民主党 (**Democrats**)。

3 (often in compounds 常用以构成复合词) a group of people who are working, travelling, etc together（一同工作、旅游等的）一组人/一队人: *A search party has set out to try and find the missing child.* 搜索队已出发寻找那名失踪孩童。 ○ *a party of tourists* 旅游团 **4** (*formal* 正式) a person or group of people forming one side of a legal agreement or argument（合同、诉讼等的）一方: *the guilty party* 有罪的一方 ☛ Look at **third party**. 参看 **third party**。

☆**pass**[1] /pɑːs; *US* 美 pæs ‖ pæs/ *noun* [C] **1** the act of kicking, hitting or throwing the ball to sb on your own team in various sports 传球 **2** a successful result in an examination 考试及格: *Grades A, B and C are passes. D and E are fails.* * A、B、C 级表示及格，D、E 级表示不及格。 **3** an official piece of paper that gives you permission to enter or leave a building, travel on a bus or train, etc 通行证；乘车证: *Visitors to the research centre must obtain a pass from the reception desk.* 到研究中心的人必须在接待处取得通行证。 ○ *to show a pass* 出示通行证 ○ *a bus pass* 公共汽车乘车证 **4** a road or way over or through mountains 山路: *The pass was blocked by heavy falls of snow.* 山路被大量积雪堵塞。

☆**pass**[2] /pɑːs; *US* 美 pæs ‖ pæs/ *verb* **1** [I,T] to move forward or to the other side of sb/sth; to leave sth behind or on one side as you go past 向前移动；通过；经过；超过: *The street was crowded and the two buses couldn't pass.* 街道挤满人群，那两辆公共汽车无法驶过。 ○ *They passed a police checkpoint.* 他们通过了一个警方检查站。 ○ *Do we pass a post-box on the way to the station?* 我们去车站途中会经过邮筒吗？ ○ (*figurative* 比喻) *The number of children at the school has passed 500.* 那所学校的学童数目已超过 500 人。 ☛ The past tense of **pass** is **passed**. It sounds like **past** which is an adjective or a preposition * **pass** 的过去时为 **passed**，读音与形容词或介词 **past** 相似: *The summer months passed slowly.* 夏季慢慢地过去了。 ○ *The past week was very hot.* 上星期很热。 ○ *Our house is just past the church.* 过了教堂就是我们的房子了。 **2** [I] **pass along, down, etc (sth)** to go or move in the direction mentioned（沿某方向）走/移动: *Which towns do we pass through on the way to Bath?* 我们去巴斯的途中会经过哪些城镇呢？ ○ *You pass over a bridge and then the pub is on the right.* 走过一座桥，酒馆就在右面。 **3** [T] **pass sth (to sb)** to pick sth up and give it to sb; to hand sth 递；传递: *Could you pass (me) the salt, please?* 请你把盐递给我好吗？ ○ *He passed the bottle to his father.* 他把瓶子递给他父亲。 **4** [T] **pass sth across, around, through, etc sth** to put or move sth in the direction mentioned 使移到某位置/沿某方向移动: *We'll have to pass the wire through the window.* 我们要把电线穿过窗口。 **5** [I,T] **pass (sth) (to sb)** to kick, hit or throw the ball to sb on your own team in various sports 传（球） **6** [I] (used about time 指时间) to go by 过去: *At least a year has passed since I last saw them.* 自从我上次见过他们至今最少已过了一年。 ○ *The time passed very quickly.* 时间过得很快。 **7** [T] to spend time 打发/消磨（时间）: *I'll have to think of something to do to pass the time in hospital.* 我要找些事情做，以消磨在医院的时间。 **8** [I,T] to achieve the necessary standard in an examination, test, etc 通过（考试、测试等）；及格: *Good luck in the exam! I'm sure you'll pass.* 祝你考试成功！我相信你一定会及格的。 **9** [T] to test sb/sth and say that they are good enough 评定为及格: *The examiner passed most of the candidates.* 主考

人评定大部分考生及格。**10** [T] to officially approve a law, proposal, etc 正式通过（法案、建议等）: *One of the functions of Parliament is to pass new laws.* 英国议会的职能之一就是通过新的法律。**11** [T] **pass sth (on sb/sth)** to give an opinion, judgement, etc 提出意见；作出判决；宣判: *The judge passed sentence on the young man* (= said what his punishment would be). 法官对这个年轻人作出了判决。**12** [I] to be allowed or accepted 获得容许/接受: *The headmaster won't let that sort of behaviour pass.* 校长是不会放过那种行为的。○ *I didn't like what they were saying but I let it pass without comment.* 我不喜欢他们说的话，但我并没有加以评论就让它过去了。

(IDIOMS 习语) **pass the buck (to sb)** to give the responsibility or the blame for sth to sb else 把责任推诿（给某人）；归咎（于某人）

pass water (*formal* 正式) to urinate 小便

(PHRASAL VERBS 短语动词) **pass away** a way of saying 'die' 去世: *The old man passed away in his sleep.* 老人在睡眠中去世。

pass by (sb/sth) to go past 在旁边/前面…经过: *I pass by your house on the way to work.* 我上班途中经过你的住处。

pass sth down to give sth (to people who live after you have died) 留传: *The family home has been passed down from one generation to the next.* 这祖居是一代一代传下来的。

pass sb/sth off (as sb/sth) to say that a person or a thing is sth that he/she/it is not 冒充/假冒（某人/某物）: *He managed to pass the work off as his own.* 他以别人的作品冒充自己的而得逞。

pass sth on (to sb) to give sth (to sb else) especially after you have been given it or used it yourself 把某物转交/传递给（另一人）: *Could you pass the message on to Mr Roberts?* 你可以把这个信息告知罗伯茨先生吗？

pass out to become unconscious; to faint 失去知觉；昏倒

ˌpasser-ˈby /ˌpɑːsə ˈbaɪ; *US* 美 ˌpæsər- ‖ ˈpæsɚ-ˈbaɪ/ *noun* [C] (*pl* **passers-by** /ˌpɑːsəz ˈbaɪ ‖ ˈpæsɚzˈbaɪ/) a person who is walking past sb/sth (by chance) 过路人；路人；途人: *None of the passers-by had seen how the accident happened.* 没有路人看见意外发生的经过。

passable /ˈpɑːsəbl; *US* 美 ˈpæs- ‖ ˈpæsəbl̩/ *adj* **1** good enough but not very good 过得去；尚可: *My French is not brilliant but it's passable.* 我的法语不十分流利，但还过得去。**2** (not before a noun 不用于名词前) (used about roads, rivers, etc 指道路、河流等) possible to use or cross; not completely blocked 通行；通车；通航 ☛ The opposite is **impassable**. 反义词为 **impassable**。

☆**passage** /ˈpæsɪdʒ ‖ ˈpæsɪdʒ/ *noun* **1** [C] (*also* 亦作 ˈ**passage-way**) a long, narrow way through sth, especially one in a building that leads to other rooms; a corridor（建筑物内的）通道；走廊: *We had to go down a dark passage to reach the bathroom.* 我们要通过黑暗的走廊才能到浴室。**2** [C] a tube in your body which air, liquid, etc can pass through（人体内的）道/通道: *the nasal passages* 鼻腔通道 **3** [C] a short part of a book, a speech or a piece of music（书/演说/乐曲的）段/节: *The students were given a passage from the novel to study in detail.* 从小说中抽出一段给学生详细研读。**4** [U] the movement or progress of sb/sth from one place or stage to another 通过；横过；经过；过渡: *We watched the ants' slow passage across the road.* 我们看着蚂蚁缓慢地爬过马路。**5** [C] a route by sea or a journey by ship（海上）航线/航程/旅行: *You are advised to book your passage well in advance.* 你最好尽早订船票。**6** [U] (used about time 指时间) the passing 消逝；过去: *With the passage of time these rocks will be broken into stones.* 随着时间的流逝，这些岩石会碎裂成石块。

☆**passenger** /ˈpæsɪndʒə(r) ‖ ˈpæsn̩dʒɚ/ *noun* [C] a person who is travelling in a car, bus, train, plane, etc but who is not driving it or working on it 乘客: *Passengers are asked to remain seated until the plane has come to a complete standstill.* 乘客请留在座位上，直到飞机完全停住为止。○ *the passenger seat of a car* 汽车的乘客座位

passing /ˈpɑːsɪŋ; *US* 美 ˈpæs- ‖ ˈpæsɪŋ/ *adj* lasting for only a short time; brief 短暂；一时: *No, I wasn't serious about going to Italy. It was only a passing thought.* 不，我不是真的要去意大利，那只是一时的想法罢了。

passing *noun* [U] the process of going by 经过: *the passing of time* 时间的流逝

(IDIOM 习语) **in passing** done or said quickly, while you are thinking or talking about sth else 顺便: *He mentioned the house in passing but he didn't give any details.* 他顺带提到那座房子，但没有详述。

passion /ˈpæʃn ‖ ˈpæʃən/ *noun* **1** [U] very strong sexual love or attraction 强烈的情欲/吸引力: *They loved each other but there was no passion in their relationship.* 他们互相爱慕，但没有强烈的情欲。**2** [C,U] (a) very strong feeling, especially of love, hate or anger 强烈的情感（尤指爱/恨/愤怒）；激情: *He was a violent man, controlled by his passions.* 他性情暴烈，感情用事。○ *She argued her case with passion.* 她激动地陈述自己的理由 **3** [sing] **a passion for sth** a very strong liking for or interest in sth 酷爱；热爱: *He has a passion for chocolate.* 他十分喜欢巧克力。

passionate /ˈpæʃənət ‖ ˈpæʃənɪt/ *adj* showing or caused by very strong, sometimes sexual feelings 热情/感情强烈（有时指性欲方面）: *a passionate believer in democracy* 民主的狂热信徒 ○ *a passionate speech* 激昂的演说 ○ *a passionate relationship* 热烈的恋情 ○ *a passionate kiss* 热烈的吻 —**passionately** *adv*

passive /ˈpæsɪv ‖ ˈpæsɪv/ *adj* **1** showing no reaction, feeling or interest; not active 冷漠；不关心；被动: *Television encourages people to be passive.* 看电视使人变得消极。○ *passive smoking* (= breathing in smoke from other people's cigarettes) 被动吸烟（吸入吸烟者喷出的烟）**2** (used about the form of a verb or a sentence when the subject of the sentence is affected by the action of the verb 用于动词形式或句子) 被动语态的；被动式的: *In the sentence*

'He was bitten by a dog', the verb is passive. ＊ He was bitten by a dog 这句中，动词是被动式。☛ You can also say: 'The verb is in the passive'. 动词是被动式也可以说 The verb is in the passive。Look at **active**. 参看 **active**。—**passively** *adv*

☆**passport** /ˈpɑːspɔːt; *US* 美 ˈpæs- ‖ ˈpæsˌpɔrt/ *noun* [C] **1** an official document that identifies you and that you have to show when you enter or leave a country 护照: *Do you have to show your passport at the check-in desk?* 办理登机手续时是否需要出示护照呢？

> ☛ You **apply for** or **renew** your passport at the **passport office**. 在护照办事处 (**passport office**) 可以申请 (**apply for**) 或更换 (**renew**) 新护照。This office **issues** new passports. 这办事处负责签发 (**issue**) 护照。

2 a passport to sth a thing that makes it possible to achieve sth 手段；门路；途径: *a passport to success* 达到成功的手段

password /ˈpɑːswɜːd; *US* 美 ˈpæs- ‖ ˈpæsˌwɝd/ *noun* [C] **1** a secret word or phrase that you need to know in order to be allowed into a place（进入某处的）口令/密码 **2** a secret word that you must type in order to use a computer system（使用计算机时需要输入的）口令/通行字: *Please enter your password.* 请输入口令。

☆**past**[1] /pɑːst; *US* 美 pæst ‖ pæst/ *adj* **1** already gone; belonging to a time before the present 已经过去；过去的；以前的: *in past years, centuries, etc* 过去的年代/世纪… ○ *I'd rather forget some of my past mistakes.* 我宁愿忘记自己过去的一些错误。**2** (only *before* a noun 只用于名词前) just finished; last 刚结束；刚过去: *He's had to work very hard during the past year.* 去年他不得不工作得很辛苦。○ *The past few weeks have been very difficult.* 过去的几个星期困难重重。**3** (not before a noun 不用于名词前) over; finished; no longer existing 已经结束；不再存在: *Suddenly his childhood was past and he was a young man.* 忽然间童年已逝，他成了青年人。

past *noun* **1 the past** [sing] the time before the present; the things that happened in that time 过去；过去发生的事；往事: *The story was set in the distant past.* 这故事以遥远的过去为背景。○ *We spent the evening talking about the past.* 我们整个晚上都在谈往事。**2** [C] a person's life before now 过去的生活: *May I ask you a few questions about your past?* 我可以问你几个有关你过去的问题吗？○ *I think his past has been rather unhappy.* 我想他过去一直都很不快乐。**3** [sing] (*also* 亦作 **past tense**) a form of a verb used to describe actions in the past 过去式；过去时: *The past tense of the verb 'come' is 'came'.* 动词 come 的过去时是 came。

past ˈperfect (*also* 亦作 **pluperfect**) *noun* [sing] (*grammar* 语法) the tense of a verb that describes an action that was finished before another event happened 过去完成时（表示一事发生在另一事之前）: *In the sentence 'After they had finished the meal, they went for a walk', 'had finished' is in the past perfect.* 在 After they had finished the meal, they went for a walk 一句中，had finished 是过去完成时。

☆**past**[2] /pɑːst; *US* 美 pæst ‖ pæst/ *prep* **1** (used when telling the time 用以说明时间) after; later than …后: *It's ten (minutes) past three.* 现在是三点十分。○ *It's a quarter past seven.* 现在是七点一刻。**2** older than（年龄）大于: *She's past 40.* 她年逾 40。**3** from one side to the other of sb/sth; further than or on the other side of sb/sth 在旁边/前面…经过；在另一边: *He walked straight past me.* 他从我面前径直走了过去。○ *Go past the pub and our house is the second on the right.* 过了酒馆后，右面第二幢就是我们的房子。○ *The phone-box is just past the village shop.* 过了乡村商店就有电话亭。**4** beyond the limits or age when you can do sth 超过（做某事的限制或年龄）: *I'm so tired that I'm past caring what we eat.* 我累得没有心思理会我们吃什么。○ *She was past the age when she could have children.* 她已过了生育的年龄。

(IDIOMS 习语) **not put it past sb (to do sth)** ⇨ PUT

past it (*informal* 非正式) too old 年纪太大: *I don't think I'll go skiing this year. I'm afraid I'm past it.* 我想我今年不去滑雪了，我的年纪太大。

past *adv* by; from one side of sb/sth to another 经过；从一端到另一端: *The bus went straight past without stopping.* 公共汽车直驶过去，没有停下来。○ *He waved as he drove past.* 他驾车经过时挥了挥手。

pasta /ˈpæstə; *US* 美 ˈpɑːstə ‖ ˈpɑstə/ *noun* [U] a type of food made from a mixture of flour, eggs and water which is cut into various shapes and cooked 面食: *Macaroni is a type of pasta.* 通心粉是面食的一种。

paste[1] /peɪst ‖ pest/ *noun* **1** [C,U] a soft, wet mixture, usually made of a powder and a liquid and sometimes used for sticking things 糊状物；浆糊: *wallpaper paste* 糊墙纸用的浆糊 ○ *Mix the flour and milk into a paste.* 将面粉及牛奶混成糊状。**2** [U] (usually in compounds 通常用以构成复合词) a soft mixture of food that you can spread onto bread, etc（涂面包等的）酱: *fish paste* 鱼酱 ○ *chicken paste* 鸡肉酱

paste[2] /peɪst ‖ pest/ *verb* [T] to stick sth to sth else using glue or paste（用胶水或浆糊）粘/贴: *He pasted the picture into his book.* 他把图片贴在书上。

pastel /ˈpæstl; *US* 美 pæˈstel ‖ pæsˈtɛl/ *adj* (used about colours 指颜色) pale; not strong 淡；柔和

pasteurized (*also* 亦作 **pasteurised**) /ˈpɑːstʃəraɪzd; *US* 美 ˈpæs- ‖ ˈpæstəˌraɪzd/ *adj* (used about milk or cream 指牛奶或奶油) free from bacteria because it has been heated 已加热消毒

pastime /ˈpɑːstaɪm; *US* 美 ˈpæs- ‖ ˈpæsˌtaɪm/ *noun* [C] something that you enjoy doing when you are not working 消遣；娱乐: *What are your favourite pastimes?* 你最喜爱的娱乐是什么？☛ Look at **hobby**. 参看 **hobby**。

pastoral /ˈpɑːstərəl; *US* 美 ˈpæs- ‖ ˈpæstərəl/ *adj* **1** giving advice on personal rather than religious or educational matters 对个人（而非宗教或学校教育上的）问题提供意见：*Each child will have a tutor who is responsible for pastoral care.* 每个儿童将有一位导师负责就其个人问题提供辅导。**2** connected with the countryside and country life 与郊野/乡村生活有关

pastry /'peɪstrɪ ‖ 'pestrɪ/ *noun* (*pl* **pastries**) **1** [U] a mixture of flour, fat and water that is used for making pies, etc and is baked in an oven（用面粉、油及水混合而成的）油酥面团 **2** [C] a small cake made with pastry 用油酥面团制成的糕点；酥：*Danish pastries* 丹麦酥

pasture /'pɑːstʃə(r); *US* 美 'pæs- ‖ 'pæstʃɚ/ *noun* [C,U] a field or land covered with grass, where cattle can feed 牧场；草原

pasty /'pæstɪ ‖ 'pæstɪ/ *noun* [C] (*pl* **pasties**) a small pie containing meat and/or vegetables 肉/菜馅饼：*Cornish pasties* 康沃尔馅饼

pat[1] /pæt ‖ pæt/ *verb* [T] (pa**tt**ing; pa**tt**ed) to hit sb/sth very gently with a flat hand or with sth flat（用手掌或扁平物）轻拍：*'Good dog,' she said, patting him.* 她轻拍着狗说："乖狗儿。"

pat *noun* [C] a gentle tap with a flat hand or with sth flat（用手掌或扁平物）轻拍：*'Well done,' said the teacher, giving the child a pat on the head.* "干得好。"老师拍拍孩子的头说。

(IDIOM 习语) **a pat on the back** congratulations for sth good that a person has done 祝贺；赞扬

pat[2] /pæt ‖ pæt/ *adv* at once; without hesitation 立即；毫不犹豫：*The answer came back pat.* 问题随即就有了回应。

pat *adj* (only *before* a noun 只用于名词前) too quick (used about an answer, comment, etc) 太快（作答、作出评论等）

patch[1] /pætʃ ‖ pætʃ/ *noun* [C] **1** a piece of material that you use to mend a hole in clothes, etc 补丁；补钉；补靪：*an old pair of jeans with patches on both knees* 一条双膝有补丁的旧牛仔裤 ○ *to sew a patch on* 打补丁 **2** a small piece of material that you wear over one eye 眼罩：*an eye patch* 眼罩 **3 a patch (of sth)** a part of a surface that is different in some way from the area around it 与周围表面不同的部分：*Drive carefully. There are patches of ice on the roads.* 小心驾驶。路上有几处冰块。○ *a damp patch on the ceiling* 天花板上一块湿了的地方 **4** a small piece of land 一小块地：*a vegetable patch* 一块菜地

(IDIOMS 习语) **a bad patch** a difficult or unhappy period of time 一段艰难/不快乐的时间

not a patch on sb/sth (*informal* 非正式) not nearly as good as sb/sth 比不上或远不如某人/某事物：*The new singer isn't a patch on the old one.* 这新歌手远不如老的好。

patch[2] /pætʃ ‖ pætʃ/ *verb* [T] to put a piece of material over a hole in clothes, etc or to mend sth by doing this 打补丁；修补：*to patch a hole in sth* 修补窟窿 ○ *to patch an old pair of trousers* 给旧裤子打补丁

(PHRASAL VERB 短语动词) **patch sth up 1** to mend sth quickly or not very carefully 草草修理某物：*The car had been patched up after an accident.* 这辆车在意外之后曾草草修理过。**2** to settle a quarrel 和解：*It's time the boys patched up their differences and made friends.* 这些男孩早该停止争吵，好好相处了。

patchwork /'pætʃwɜːk ‖ 'pætʃˌwɝk/ *noun* **1** [U] a type of sewing in which small pieces of cloth of different colours and patterns are sewn together 拼缝（用不同颜色/花纹的布块拼凑起来）**2** [sing] a thing that is made of many different pieces or parts 拼凑成的东西：*a patchwork of fields* 一块块田地

patchy /'pætʃɪ ‖ 'pætʃɪ/ *adj* (**patchier**; **patchiest**) **1** not all the same or not complete 不一致；不完整；零碎：*His work is patchy* (= some, but not all, of it is good). 他的工作只有一部分干得好。○ *I've only got some rather patchy* (= not complete) *information on the subject.* 关于那题目，我只有一些零碎的资料。**2** in small quantities, not everywhere 零散；局部：*patchy fog* 部分地区出现的雾

pâté /'pæteɪ; *US* 美 pɑː'teɪ ‖ pɑ'te/ *noun* [U] food that is made by mixing up meat, fish or vegetables into a smooth, thick form that you can spread on bread, etc（用肉、鱼或蔬菜制成，涂在面包上的）酱：*liver pâté* 肝酱

patent[1] /'peɪtnt; *US* 美 'pætnt ‖ 'pætn̩t/ *adj* (*formal* 正式) clear; obvious 清楚；明显：*a patent lie* 明显的谎话

patently *adv* clearly 显然：*She was patently very upset.* 她显然很生气。○ *He was patently honest.* 他显然很老实。

patent[2] /'pætnt; 'peɪtnt; *US* 美 'pætnt ‖ 'pætn̩t/ *noun* [C] an official licence from the government that gives one person or company the right to make or sell a certain product and prevents others from copying it 专利/专利证（政府准许某人/某公司独自拥有制造或出售某产品的权利）：*a patent on a new invention* 一项新发明的专利

patent *verb* [T] to obtain a patent[2] for sth 取得专利

patent leather /'peɪtnt 'leðə(r); *US* 美 'pætnt ‖ 'pætn̩t 'lɛðɚ/ *noun* [U] a type of leather with a hard, shiny surface 漆皮

paternal /pə'tɜːnl ‖ pə'tɝnl̩/ *adj* (only *before* a noun 只用于名词前) **1** of a father 父亲的：*the importance of paternal interest and support* 父亲关心和支持的重要性 **2** related through the father's side of the family 父系：*my paternal grandparents* 我的祖父母 ☛ Look at **maternal**. 参看 **maternal**。

paternity /pə'tɜːnətɪ ‖ pə'tɝnətɪ/ *noun* [U] the state of being a father 父亲的身分

☆**path** /pɑːθ; *US* 美 pæθ ‖ pæθ/ *noun* [C] (*pl* **paths** /pɑːðz; *US* 美 pæðz ‖ pæðz/) **1** a way across a piece of land that is made by or used by people walking 小路；小径：*The path follows the coastline for several hundred miles.* 这小路沿着海岸线延伸几百英里。○ *the garden path* 花园小径 ○ *Keep to the path or you may get lost.* 沿着小路走，否则可能迷路。○ *Where does this path lead?* 这条小路通往哪里？○ (*figurative* 比喻) *We're on the path to victory!* 我们正在通向胜利的路上前进！

☛ **Pathway** is similar in meaning＊**pathway** 与 path 的意义相近：*There was a narrow pathway leading down the cliff.* 有一条狭窄的

小路通往下面的悬崖。Look at **footpath**. 参看 **footpath**。 **2** the line along which sb/sth moves 路线: *the flight path of an aeroplane* 飞机的飞行路线 ○ *The locusts moved across the country eating everything in their path.* 蝗虫飞过乡野，所经之处所有的东西都被它们吃个干净。

pathetic /pə'θetɪk ‖ pə'θɛtɪk/ *adj* **1** causing you to feel pity or sadness 引起怜悯；可怜；可悲: *the pathetic cries of the hungry children* 饥饿儿童可怜的哭声 **2** (*informal* 非正式) very bad, weak or useless 差劲；弱；无用: *What a pathetic performance! The team deserved to lose.* 多么差劲的表现！这球队该输。 —**pathetically** /-klɪ ‖ -klɪ/ *adv*

pathological /ˌpæθə'lɒdʒɪkl ‖ ˌpæθə'lɑdʒɪkl/ *adj* **1** connected with pathology 与病理学有关 **2** (*informal* 非正式) caused by feelings that you cannot control; not reasonable 病态的；由不能控制的感情引致；不合理: *He's a pathological liar.* 他是个病态说谎者。○ *a pathological fear of water* 对水的病态恐惧 —**pathologically** /-klɪ ‖ -klɪ/ *adv*

pathology /pə'θɒlədʒɪ ‖ pə'θɑlədʒɪ/ *noun* [U] the scientific study of the diseases of the body 病理学

pathologist /pə'θɒlədʒɪst ‖ pə'θɑlədʒɪst/ *noun* [C] a person who is an expert in pathology, especially one who tries to find out why a person has died 病理学家（尤指研究死因者）

☆**patience** /'peɪʃns ‖ 'peʃəns/ *noun* [U] **1 patience (with sb/sth)** the quality of being able to remain calm and not get angry, especially when there is a difficulty or you have to wait a long time 忍耐；容忍；耐性: *I'm sorry – I've got no patience with people who don't even try.* 对不起，我不能容忍那些连试一下都不肯的人。○ *to lose patience with sb* 对某人失去耐性 ○ *After three hours of delay our patience was wearing thin.* 耽误了三小时，我们越来越不耐烦了。☛ The opposite is **impatience**. 反义词为 **impatience**。**2** (*US* 美 **solitaire**) a card-game for one player 单人纸牌游戏

☆**patient**[1] /'peɪʃnt ‖ 'peʃənt/ *adj* able to remain calm and not get angry, especially when there is a difficulty or you are waiting for sth 有耐性；耐心: *It's hard to be patient with a screaming child.* 一个不断尖叫的小孩实在叫人难以忍耐。○ *It won't be long now. Just sit there and be patient.* 不会太久的，就坐在那里，耐心点吧。☛ The opposite is **impatient**. 反义词为 **impatient**。—**patiently** *adv*: *to wait patiently* 耐心等候

☆**patient**[2] /'peɪʃnt ‖ 'peʃənt/ *noun* [C] a person who is receiving medical treatment 病人: *a hospital patient* 住院病人 ○ *a specialist who treats patients with heart problems* 医治心脏病的专科医生 ○ *a private patient* (= one who pays for his/her treatment) 自费病人

patio /'pætɪəʊ ‖ 'pɑtɪˌo/ *noun* [C] (*pl* **patios** /-əʊz ‖ -oz/) an area next to a house where people can sit, eat, etc outdoors 天井；庭院；院子 ☛ Look at **verandah** and **terrace**. 参看 **verandah** 及 **terrace**。

patriot /'pætrɪət; *US* 美 'peɪt- ‖ 'petrɪət/ *noun* [C] a person who loves his/her country 爱国者

patriotism /-ɪzəm ‖ -ɪzəm/ *noun* [U] love of your country 爱国心/主义

patriotic /ˌpætrɪ'ɒtɪk; *US* 美 ˌpeɪt- ‖ ˌpetrɪ'ɑtɪk/ *adj* having or showing a love for your country 爱国 —**patriotically** /-klɪ ‖ -klɪ/ *adv*

patrol /pə'trəʊl ‖ pə'trol/ *verb* [I,T] (patro**ll**ing; patro**ll**ed) to go round a town, building, etc to make sure that there is no trouble and that nothing is wrong 巡逻；巡查: *Guards patrol the grounds at regular intervals.* 守卫定时巡视这些场地。

patrol *noun* [C] **1** the act of patrolling 巡逻；巡查: *The army makes hourly patrols of the area.* 军队每小时巡逻这地区一次。**2** a person or group of people that patrols sth 巡逻者；巡逻队: *a police patrol* 巡警

(IDIOM 习语) **on patrol** patrolling sth 在巡逻中

patron /'peɪtrən ‖ 'petrən/ *noun* [C] **1** a person who gives money to artists, musicians, etc or who supports a good cause（艺术家、音乐家、善举等的）赞助人/资助人: *a patron of the arts* 艺术赞助人 ○ *The princess is a patron of the 'Save the Children' fund.* 公主是救助儿童会的赞助人。**2** a person who goes to a shop, theatre, restaurant, etc 主顾；顾客: *This car-park is for patrons only.* 这停车场只供顾客使用。

ˌpatron 'saint *noun* [C] a saint who is believed to give help and protection to a particular place or to people doing a particular activity 主保圣人；守护神: *St David is the patron saint of Wales.* 圣戴维是威尔士的守护神。

patronize (*also* 亦作 **patronise**) /'pætrənaɪz; *US* 美 'peɪt- ‖ 'petrənˌaɪz/ *verb* [T] **1** to treat sb in a friendly way but as if you were better than him/her 以屈尊俯就的态度对待（某人）**2** to go to a shop, theatre, restaurant, etc 光顾；惠顾

patronizing (*also* 亦作 **patronising**) *adj* treating sb in a friendly way but as if you were better than him/her 屈尊俯就；恩赐般: *I really hate that patronizing smile of hers.* 我真讨厌她那恩赐般的笑容。—**patronizingly** (*also* 亦作 **patronisingly**) *adv*

patter /'pætə(r) ‖ 'pætɚ/ *noun* [sing] the sound of many quick light steps or knocks on sth 急而轻的脚步/敲击声: *the patter of the children's feet on the stairs* 孩子们走过楼梯时的啪嗒啪嗒声 —**patter** *verb*: *The rain pattered on the window-pane.* 雨点啪嗒啪嗒地打在玻璃窗上。

☆**pattern** /'pætn ‖ 'pætɚn/ *noun* [C] **1** an arrangement of lines, shapes, colours, etc. Patterns are often used to decorate clothes, wallpapers, carpets, etc 图案/花纹/花样（常用以点缀衣服、墙纸、地毯等）: *Our new china has a flower pattern on it.* 我们的新瓷器有花朵图案。○ *a geometrical pattern* 几何图案 **2** the way in which sth happens, develops, is arranged, etc（事物发生、发展或安排的）方式/模式: *Her periods of mental illness all followed the same pattern.* 她的精神病发作时间

P

patterns
花纹/图案

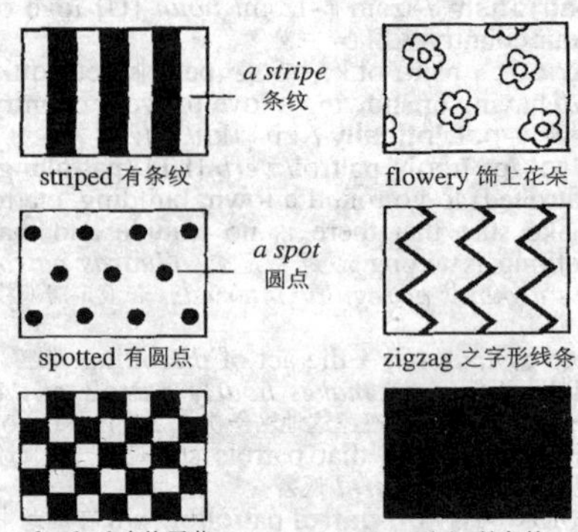

存在着一定的规律。○ *patterns of behaviour* 行为模式 ○ *The second half of the match followed a similar pattern to the first.* 比赛的下半场与上半场的情况相似。**3** something that helps you to make sth, eg a piece of clothing, by showing the shape it should be 式样；纸样；模型；样子: *a paper pattern* 纸样

patterned *adj* having a pattern(1) 有图案；有花纹: *patterned curtains* 有花纹的窗帘

☆**pause** /pɔ:z ‖ pɔz/ *noun* [C] a short stop in sth 暂停；停顿: *He continued playing for twenty minutes without a pause.* 他连续演奏二十分钟没有停过。○ *a pause in the conversation* 谈话中的暂停 ☛ Look at the note at **interval**. 参看 **interval** 的注释。

pause *verb* [I] **pause (for sth)** to stop for a short time 暂停；停顿: *to pause for breath* 停下来喘喘气

pave /peɪv ‖ pev/ *verb* [T] (often passive 常用于被动语态) to cover an area of ground with flat stones 用石板铺路

'**paving stone** *noun* [C] a flat piece of stone that is used for covering the ground 铺路石板

pavement /'peɪvmənt ‖ 'pevmənt/ *noun* [C] (*US* 美 **sidewalk**) the path at the side of the road that is for people to walk on 人行道: *Children should ride on the pavement, not on the road.* 小孩应在人行道上骑自行车，不要在马路上骑。

pavilion /pə'vɪlɪən ‖ pə'vɪljən/ *noun* [C] (*Brit* 英) a building at a sports ground where players can change their clothes（运动场的）更衣室

☆**paw** /pɔ: ‖ pɔ/ *noun* [C] the foot of animals such as dogs, cats, bears, etc（狗、猫、熊等动物的）脚掌/脚爪 ☛ Look at **hoof**. 参看 **hoof**。picture at **cat**. 见 **cat** 插图。Paws have sharp **claws** and soft **pads** underneath. 脚爪有利爪 (**claw**) 和柔软的肉掌 (**pad**)。

paw *verb* [I,T] **paw (at) sth** (used about an animal 指动物) to touch sb/sth with a paw or foot 用脚掌或脚爪碰/抓

pawn[1] /pɔ:n ‖ pɔn/ *noun* [C] **1** one of the eight pieces in the game of chess that are of least value and importance（国际象棋中的）兵/卒 ☛ picture at **chess**. 见 **chess** 插图。**2** a person who is used or controlled by another person 被人利用/控制的人；小卒

pawn[2] /pɔ:n ‖ pɔn/ *verb* [T] to give sth of value to a pawnbroker in return for money. If you cannot pay back the money after a certain period, the pawnbroker can keep or sell the thing that you gave him/her. 典当；抵押；质

'**pawnbroker** *noun* [C] a person who lends money to people when they leave sth of value with him/her 典当商

☆**pay**[1] /peɪ ‖ pe/ *noun* [U] money that you get regularly for work that you have done 工资；薪金: *It's a dirty job but the pay is good.* 这是一份肮脏的工作，但工资不错。○ *a pay increase* 加薪 ☛ **Pay** is the general word for money that you get regularly for work that you have done. * **pay** 泛指工资。**Wages** are paid weekly or daily in cash. * **wages** 指每日或每周以现金支付的工资。A **salary** is paid monthly, directly into a bank account. * **salary** 按月支付，直接转入银行账户。You pay a **fee** for professional services, eg to a doctor, lawyer, etc. * **fee** 指专业服务的费用，付给医生、律师等。**Payment** is money for work that you do once or not regularly. 一次性或不定期工作所得的报酬叫做 **payment**。

☆**pay**[2] /peɪ ‖ pe/ *verb* (*pt*, *pp* **paid**) **1** [I,T] **pay (sb) (for sth); pay sth (to sb) (for sth)** to give sb money for sth 付钱: *She is very well paid.* 她薪金优厚。○ *Do you want to pay by cheque or by credit card?* 你想用支票还是用信用卡付款呢？○ *The work's finished but we haven't paid the builders yet.* 工程完成了，我们还没有付钱给建筑商。○ *to be paid by the hour* 计时支付工资 ○ *We paid the dealer £3 000 for the car.* 我们付给汽车商 3 000 英镑买这汽车。**2** [T] **pay sth (to sb)** to give the money that you owe for sth 缴付；偿还: *Have you paid the gas bill?* 你缴付了煤气费没有？**3** [I,T] to make a profit; to be worth doing 赚钱；值得做: *The factory closed down because the owners couldn't make it pay.* 工厂倒闭是因为赚不到钱。○ *It would pay you to get professional advice before making a decision.* 在作出决定之前，征询一下专业人士的意见会有好处。**4** [I,T] **pay (for sth)** to suffer because of sth 受惩罚

(IDIOMS 习语) **pay attention (to sb/sth)** to listen carefully to or to take notice of sb/sth 用心聆听/留意/注意（某人/某事物）

pay sb a compliment; pay a compliment to sb to say that you like sth about sb; to praise sb 赞美某人

pay your respects (to sb) (*formal* 正式) to visit sb as a sign of respect 拜访（某人）以示敬意

pay tribute to sb/sth to praise and show your respect for sb/sth 对某人/某事物称赞及表示敬意

put paid to sth to destroy or finish sth 毁灭/结束某事物: *The bad weather put paid to our idea of a picnic.* 恶劣的天气打消了我们去野餐的念头。

(PHRASAL VERBS 短语动词) **pay sb back sth;**

pay sth back to give money back to sb that you borrowed from him/her 把钱还给某人: *Can you lend me £5? I'll pay you back/I'll pay it back to you on Friday.* 你可以借5英镑给我吗？我星期五还给你。

pay sb back (for sth) to do sth unpleasant to sb who did sth unpleasant to you（为某事）向某人报复: *What a mean trick! I'll pay you back one day.* 多么卑劣的花招！终有一天我会回敬你的。

pay off (*informal* 非正式) to be successful 取得成功: *All their hard work has paid off! The house is finished at last.* 他们的辛勤努力终于得到报偿！房子建成了！

pay sth off to pay all the money that you owe for sth 把钱全部还清: *to pay off a debt* 还清债务

pay up (*informal* 非正式) to pay the money that you owe 清偿: *If you don't pay up, we'll take you to court.* 如果你不清还欠款，我们就起诉你。

payable /ˈpeɪəbl ‖ ˈpeəbl̩/ *adj* that should or must be paid 应缴付: *This bill is payable immediately.* 这账单上的款项必须立即缴付。○ *Make the cheque payable to Diane Weller.* 支票抬头写黛安娜·韦勒。

payee /peɪˈiː ‖ peˈi/ *noun* [C] a person that you must pay money to 受款人；收款人

ˌpaid-ˈup *adj* having paid all the money that you owe, eg to become a member of sth 已缴清全部费用/会费: *He's a fully paid-up member of Friends of the Earth.* 他是"地球之友"已缴清会费的会员。

☆**payment** /ˈpeɪmənt ‖ ˈpemənt/ *noun* **payment (for sth) 1** [U] paying or being paid 支付；付款；报酬: *You get a 5% discount for prompt payment.* 即时付款可得百分之五的折扣优惠。○ *payment of a bill* 付账 ○ *I did the work last month but I haven't had any payment yet.* 我上月做了那项工作，但还没有收到报酬。☛ Look at the note at **pay**[1]. 参看 **pay**[1] 的注释。**2** [C] an amount of money that you must pay 应付的款额: *They asked for a payment of £100 as a deposit.* 他们要求付100英镑作为订金。

pea /piː ‖ pi/ *noun* [C] a small round green seed that is eaten as a vegetable. A number of peas grow together in a pod. 豌豆（一个豆荚内有数粒豌豆）

☆**peace** /piːs ‖ pis/ *noun* [U] **1** the state of not being at war or of not having fighting, disorder, etc 和平；太平；平静: *forty years of peace in Europe* 欧洲四十年的和平 ○ *a peace treaty* 和约 ○ *Peace has returned to the streets of Los Angeles.* 洛杉矶的街道已恢复平静。**2** the state of being calm or quiet 安静；宁静: *He longed to escape from the city to the peace of the countryside.* 他渴望离开城市，到乡间享受宁静。○ *I'm tired – can't you just leave me in peace?* 我很累，你不能让我静一静吗？○ *The noise of lawn-mowers disturbed the peace of the afternoon.* 割草机的声音破坏了下午的宁静。

ˈ**peacetime** *noun* [U] a period when a country is not at war 和平时期

☆**peaceful** /ˈpiːsfl ‖ ˈpisfəl/ *adj* **1** not wanting or involving war, fighting or disorder 和平；太平: *a peaceful demonstration* 和平示威 ○ *Nuclear power can be used for peaceful or military purposes.* 核能可用于和平或军事目的。○ *a peaceful solution to the conflict* 和平解决争端的办法 **2** calm and quiet 安静；宁静: *a peaceful village near Oxford* 牛津附近一个宁静乡村 —**peacefully** /-fəlɪ ‖ -fəlɪ/ *adv* —**peacefulness** *noun* [U]

peach /piːtʃ ‖ pitʃ/ *noun* [C] a soft round fruit with orange-red skin. A peach is soft inside and has a large stone in its centre 桃；桃子: *tinned peaches* 罐装桃子

peacock 孔雀

peacock /ˈpiːkɒk ‖ ˈpiˌkɑk/ *noun* [C] a large bird with beautiful long blue and green tail feathers that it can lift up and spread out like a fan 孔雀

peak[1] /piːk ‖ pik/ *noun* [C] **1** the pointed top of a mountain 山峰；顶峰；巅峰: *snow-covered peaks in the distance* 远处白雪覆盖的山峰 **2** the pointed front part of a hat that is above your eyes 帽舌 **3** the highest level, value, rate, etc 顶点；顶峰；最高点: *In the early evening demand for electricity is at its peak.* 傍晚时候的用电需求最高。○ *a man at the peak of his career* 处于事业顶峰的男子 ○ *Summer is the peak period for most hotels.* 夏季是大部分旅馆的旺季。☛ Look at **off-peak**. 参看 **off-peak**。

peak[2] /piːk ‖ pik/ *verb* [I] to reach the highest level, value, rate, etc 到达高峰/最高点: *Sales usually peak just before Christmas.* 销售额通常在圣诞节前夕达到高峰。

peal /piːl ‖ pil/ *noun* [C] the loud ringing of a bell or of a set of bells that all have different notes 响亮的钟声；一组不同音调的钟发出的钟声: (*figurative* 比喻) *peals of laughter* 阵阵笑声

peanut /ˈpiːnʌt ‖ ˈpiˌnʌt/ (*also* 亦作 **groundnut**) *noun* [C] a nut that grows in a shell under the ground 花生；落花生: *roasted and salted peanuts* 烤盐腌花生 ☛ picture at **nut**. 见 **nut** 插图。

pear /peə(r) ‖ pɛr/ *noun* [C] a fruit that has a yellow or green skin and is white inside. Pears are thinner at the top (ie where they join onto the tree) than at the bottom. 梨

☆**pearl** /pɜːl ‖ pɝl/ *noun* [C] a small, hard, round, white object that grows inside the shell of an oyster (a type of shellfish). Pearls are used to make jewellery 珍珠: *a pearl necklace* 珍珠项链

peasant /ˈpeznt ‖ ˈpɛznt/ *noun* [C] a person who owns or rents a small piece of land on which he/she grows food and keeps animals in order to feed his/her family 农民；农夫

peat /pi:t ‖ pit/ *noun* [U] a natural substance that is made of decayed plants. Peat is formed underground in cool, wet places. It can be burnt as a fuel or put on the garden to make plants grow better. 泥炭（由腐烂植物在地下湿冷处形成的天然物质，可用作燃料或肥料）

pebble /ˈpebl ‖ ˈpɛbḷ/ *noun* [C] a smooth round stone that is found in or near water 卵石（见于水中或近水处）

P

peck /pek ‖ pɛk/ *verb* [I,T] **peck (at sth)** (used about a bird 指雀鸟) to eat or bite sth with the beak 啄食；啄: *The sparrows were pecking around for food.* 麻雀在到处啄食。○ *Don't touch the bird – it might peck you.* 不要碰那只鸟，它可能会啄你的。—**peck** *noun* [C] (*figurative* 比喻) *She gave him a quick peck* (= kiss) *on the cheek and then left.* 她在他脸颊上匆匆吻了一下便走了。

peckish /ˈpekɪʃ ‖ ˈpɛkɪʃ/ *adj* (*informal* 非正式) hungry 饥饿

peculiar /pɪˈkju:lɪə(r) ‖ pɪˈkjuljɚ/ *adj* **1** odd or strange 古怪；奇怪: *'Moira left without saying goodbye.' 'How peculiar!'* "莫伊拉没有说再见就走了。""真奇怪！" ○ *There's a very peculiar smell in here.* 这里有一种很怪异的气味。**2** only belonging to a particular person or found in a particular place 特有；独有；独特: *a fruit peculiar to South East Asia* 一种东南亚特有的水果

peculiarity /pɪˌkju:lɪˈærətɪ ‖ pɪˌkjulɪˈærətɪ/ *noun* (*pl* **peculiarities**) **1** [U] the quality of being strange or odd 奇怪；古怪 **2** [C] something that is strange or odd 奇怪/古怪的事物: *One of his peculiarities is that he never wears socks.* 他的怪癖之一是从不穿袜子。**3** [C] sth that only belongs to or is only found in sb/sth 独特/特有的事物；特性；特质

peculiarly *adv* **1** in a peculiar(1) way 古怪；奇怪: *Luke is behaving very peculiarly.* 卢克的举止很奇怪。**2** especially; very 尤其；很: *The noise of chalk on a blackboard can be peculiarly annoying.* 用粉笔在黑板上写字的声音有时很讨厌。**3** in a way that is especially typical of sb/sth 独特；有特色: *They demonstrated the peculiarly English refusal to take anything seriously.* 他们显示了英国人不肯认真处事的典型态度。

pedagogical /ˌpedəˈgɒdʒɪkl ‖ ˌpɛdəˈgɑdʒɪkḷ/ *adj* connected with ways and methods of teaching 与教学法有关

pedal /ˈpedl ‖ ˈpɛdḷ/ *noun* [C] the part of a bicycle or other machine that you push with your foot in order to make it move or work（自行车或其他机器的）踏板 ☛ picture at **bicycle**. 见 **bicycle** 插图。

pedal *verb* [I,T] (pedalling; pedalled; *US* 美 pedaling; pedaled) to push the pedals of a bicycle 踩自行车的踏板: *She had to pedal hard to get up the hill.* 她要用力才能够骑着自行车上山。

pedantic /pɪˈdæntɪk ‖ pɪˈdæntɪk/ *adj* too worried about rules or small details 迂腐；太拘泥于规则或细节 —**pedantically** /-klɪ ‖ -klɪ/ *adv*

pedestal /ˈpedɪstl ‖ ˈpɛdɪstḷ/ *noun* [C] the base on which a column, statue, etc stands（柱子、雕塑等的）底座/基座

pedestrian /pɪˈdestrɪən ‖ pəˈdɛstrɪən/ *noun* [C] a person who is walking in the street (not travelling in a vehicle) 行人: *a subway for pedestrians to cross the busy junction* 供行人越过繁忙交叉路口的地下通道 ☛ Look at **motorist**. 参看 **motorist**。

pedestrian *adj* **1** of or for pedestrians 行人的；为行人而设: *a pedestrian bridge* 人行天桥 **2** ordinary; not interesting; dull 平凡；乏味；沉闷

peˌdestrian ˈcrossing (*US* 美 **crosswalk**) *noun* [C] a place for pedestrians to cross the road 人行横道线 ☛ Look at **zebra crossing**. 参看 **zebra crossing**。

peˌdestrian ˈprecinct *noun* [C] a part of a town where there are many shops and where cars are not allowed 行人专用区；步行街

pediatrician (*US* 美) = PAEDIATRICIAN

pedigree /ˈpedɪgri: ‖ ˈpɛdəˌgri/ *noun* [C] **1** the parents, grandparents and other previous family members of an animal. The names of the ancestors are recorded on a document which is also called a 'pedigree'. 世系；家谱；系谱；族谱 **2** a person's background 出身；背景

pedigree *adj* of high quality because the parents, grandparents, etc are all of the same breed and specially chosen 纯种

pee /pi: ‖ pi/ *verb* [I] (*informal* 非正式) to send out waste water from your body; urinate 撒尿；小便 —**pee** *noun* [sing] (*informal* 非正式): *I'm going to have a pee.* 我要去撒泡尿。

peek /pi:k ‖ pik/ *verb* [I] (*informal* 非正式) **peek (at sth)** to look at sth quickly or secretly 很快地看；偷看；窥视: *No peeking at the presents before Christmas Day.* 圣诞节之前不准偷看礼物。—**peek** *noun* [sing]: *to have a quick peek at the answers* 匆匆地偷看了答案一眼

peel /pi:l ‖ pil/ *verb* **1** [T] to take the skin off a fruit or vegetable 削去/剥去（水果或蔬菜的皮）: *Could you peel the potatoes, please?* 请你削去马铃薯的皮可以吗？**2** [I] to come off in one piece or in small pieces 剥落；脱落: *Soak the envelope in water and the stamp will peel off easily.* 把信封浸在水中，邮票就很容易脱落。○ *My nose got sunburnt and now it is peeling* (= the skin is coming off). 我的鼻子给晒伤了，现在正脱皮呢。○ *The paint is starting to peel off.* 油漆开始剥落。

peel *noun* [U] the skin of a fruit or vegetable（水果或蔬菜的）皮: *lemon peel* 柠檬皮 ☛ Look at **rind**. 参看 **rind**。

peep[1] /pi:p ‖ pip/ *verb* [I] **1 peep (at sth)** to look at sth quickly and secretly 很快地看；偷看；窥视: *to peep through a keyhole* 从钥匙孔偷看 **2** (used about part of sth 指某物的一部分) to appear 出现；显露: *The moon is peeping out from behind the clouds.* 月亮从云层后面探出头来。

peep *noun* [sing] a quick or secret look 一瞥；偷看: *Have a peep in the bedroom and* *see if the baby is asleep.* 去卧室看一看小宝宝是不是睡熟了。

peep² /piːp ‖ pip/ *noun* **1** [sing] the weak high sound that is made, for example, by a young bird 吱吱声；（小鸟等发出）微弱而尖的声音: *There hasn't been a peep out of the children for hours.* 孩子们已有好几小时一声不响了。 **2** [C] **peep ˈpeep** the sound that a car's horn makes 汽车的喇叭声 —**peep** *verb* [I]

peer¹ /pɪə(r) ‖ pɪr/ *noun* [C] **1** a person who is of the same age or rank 年龄/地位相同的人: *Peer pressure is a great influence on the way people behave.* 来自同辈的压力对人的行为有很大影响。 **2** (*Brit* 英) (*feminine* 阴性 **peeress**) a person of noble rank 贵族；有爵位的人

peerage /ˈpɪərɪdʒ ‖ ˈpɪrɪdʒ/ *noun* **1** [with sing or pl verb] all the peers(2) in a country 贵族 **2** [C] the rank of a peer 爵位: *an hereditary peerage* 世袭爵位

ˈpeer group *noun* [C] a group of people who are of the same age and rank 同龄/同等地位的一群人

peer² /pɪə(r) ‖ pɪr/ *verb* [I] **peer (at sb/sth)** to look closely or carefully at sb/sth, eg because you cannot see very well 凝视/仔细看（以便看清楚等）: *I peered outside but it was too dark to see much.* 我向外凝望，但因太暗看不到什么。 ○ *I had to peer very hard at the handwriting to make out what it said.* 我要很吃力地细看字迹才知道写的是什么。

peeved /piːvd ‖ pivd/ *adj* (*informal* 非正式) rather angry; annoyed 很生气；感到烦厌

peevish /ˈpiːvɪʃ ‖ ˈpivɪʃ/ *adj* easily annoyed by things that are not important 易怒；容易因小事生气 —**peevishly** *adv*

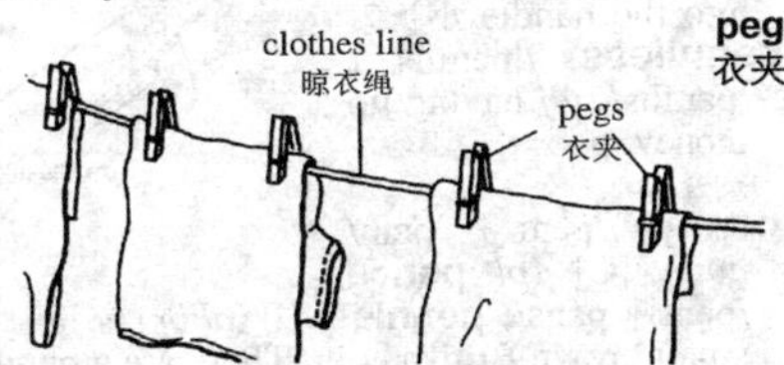

peg¹ /peg ‖ pɛg/ *noun* [C] **1** a piece of wood, metal, etc on a wall or door that you hang your coat, etc on（挂衣服等的）挂钉/挂钩: *Your coat is hanging on the peg in the hall.* 你的大衣挂在门厅的挂钩上。 **2** (*also* 亦作 **tent-peg**) a piece of metal that you hammer into the ground to keep one of the ropes of a tent in place 系帐篷的桩 **3** (*also* 亦作 **clothes-peg**) (*US* 美 **clothes-pin**) a type of small wooden or plastic object used for fastening clothes to a clothes line（晾衣服用的）衣夹

peg² /peg ‖ pɛg/ *verb* [T] (pe**gg**ing; pe**gg**ed) **1** to fix sth with a peg 用钉子/夹子固定: *He pegged the washing out on the line.* 他用衣夹把洗过的衣服夹在晾衣绳上。 **2** to fix or keep sth at a certain level 使固定在（某水平）: *Wage increases were pegged at 7%.* 薪金加幅限于百分之七。

pelican /ˈpelɪkən ‖ ˈpɛlɪkən/ *noun* [C] a large water-bird that lives in warm countries. A pelican has a large beak that it uses for catching and holding fish. 鹈鹕（一种居于温暖地区的水鸟，有大喙用来捉鱼）

pellet /ˈpelɪt ‖ ˈpɛlɪt/ *noun* [C] a small hard ball that is made from paper, mud, metal, etc（纸、泥土、金属等的）坚硬小球/小丸: *shotgun pellets* 猎枪子弹

pelt /pelt ‖ pɛlt/ *verb* **1** [T] to attack sb/sth by throwing things 投掷物件以撞击某人/某物: *The speaker was pelted with tomatoes.* 讲话者被人掷番茄。 **2** [I] **pelt (down)** (used about rain 指雨) to fall very heavily 下得很大 **3** [I] to run very fast 很快地跑

pelvis /ˈpelvɪs ‖ ˈpɛlvɪs/ *noun* [C] (*pl* **pelvises**) the set of wide bones at the bottom of your back, to which your leg bones are joined 骨盆（背部底下连接股骨的一组骨）—**pelvic** /ˈpelvɪk ‖ ˈpɛlvɪk/ *adj*

☆**pen¹** /pen ‖ pɛn/ *noun* [C] an instrument that you use for writing in ink（用墨水的）笔；钢笔: *a fountain pen* 自来水笔 ○ *a ball-point pen* 圆珠笔 ○ *a felt-tip pen* 毡头笔

ˈpen-friend (*especially US* 美尤作 **pen-pal**) *noun* [C] a person that you become friendly with by exchanging letters 笔友

pen² /pen ‖ pɛn/ *noun* [C] a small piece of ground with a fence around it that is used for keeping animals in（养禽畜的）圈/围栏

penal /ˈpiːnl ‖ ˈpinḷ/ *adj* (only *before* a noun 只用于名词前) connected with punishment by law 与刑罚有关

penalize (*also* 亦作 **penalise**) /ˈpiːnəlaɪz ‖ ˈpinḷˌaɪz/ *verb* [T] **1** to punish sb for breaking a law or rule 对（犯法/犯规的人）予以惩罚: *Players must be penalized if they behave badly.* 球员行为恶劣一定要受处罚。 ○ *Motorists who drink and drive should be heavily penalized.* 酒后驾车的人应该受到重罚。 **2** to cause sb to suffer a disadvantage 使处于不利地位: *Children should not be penalized because their parents cannot afford to pay.* 儿童不应因父母付不起钱而受到不公平对待。

penalty /ˈpenltɪ ‖ ˈpɛnḷtɪ/ *noun* [C] (*pl* **penalties**) **1** a punishment for breaking a law or rule 处罚；惩罚；刑罚: *We need stiffer penalties for people who drop litter.* 对于乱抛垃圾的人需要加重处罚。 ○ *the death penalty* 死刑 ○ *No parking. Penalty £25.* 不准停放车辆。违者罚款25英镑。 **2** a disadvantage or sth unpleasant that happens as the result of sth（某事导致的）不利/不愉快情况；后果: *I didn't work hard enough and I paid the penalty. I failed all my exams.* 我没有努力温习，因而自食其果，所有考试都不及格。 **3** (in sport 体育) a punishment for one team and an advantage for the other team because a rule has been broken 对犯规队伍的处罚（让另一方得益）: *The goalkeeper was fouled and the referee awarded a penalty.* 有球员对守门员犯规，裁判员判了罚球。 ☛ In football, a penalty is a free shot at goal 在足球赛中，罚球是让对方射一个任意球: *If the match ends in a draw, the result will be decided by a penalty shoot-out.* 如果比赛打成平局，胜负就以射点球来决定。

ˈpenalty area *noun* [C] the marked area in

P

front of the goal in football（足球）罚球区/禁区 ☛ picture at **football**. 见 **football** 插图。

penance /ˈpenəns ‖ ˈpɛnəns/ *noun* [C,U] a punishment that you give yourself to show you are sorry for doing sth wrong 赎罪的行动

☆**pence** *pl* of PENNY * PENNY的复数

☆**pencil** /ˈpensl ‖ ˈpɛnsl̩/ *noun* [C,U] an object that you use for writing or drawing. Pencils are usually made of wood and contain a thin stick of a black or coloured substance 铅笔: *coloured pencils for children* 儿童用的彩色铅笔 ○ *Write in pencil, not ink.* 用铅笔写，不要用墨水笔。

pencil *verb* [T] (pencilling; pencilled; *US* 美 penciling; penciled) to write or draw with a pencil 用铅笔写/画

ˈ**pencil-case** *noun* [C] a small bag or box that you keep pens, pencils, etc in 铅笔盒；笔袋

ˈ**pencil-sharpener** *noun* [C] an instrument that you use for making pencils sharp 铅笔刀；削铅笔器

pendant /ˈpendənt ‖ ˈpɛndənt/ *noun* [C] an ornament that you wear on a chain around your neck（项链的）垂饰/坠儿

pending /ˈpendɪŋ ‖ ˈpɛndɪŋ/ *adj* (*formal* 正式) waiting to be done or decided 待办；待决: *The judge's decision is still pending.* 法官仍未作出决定。

pending *prep* (*formal* 正式) until 直至: *He took over the leadership pending the elections.* 他接任了领袖一职，直至选举为止。

pendulum /ˈpendjʊləm; *US* 美 -dʒʊləm ‖ ˈpɛndʒələm/ *noun* [C] a string or stick with a heavy weight at the bottom. Some large clocks are worked by a swinging pendulum. 摆；摆捶；钟摆

penetrate /ˈpenɪtreɪt ‖ ˈpɛnəˌtret/ *verb* [I,T] **1** to make or force a way into or through sth 进入；渗入；透过；穿透: *The nail hadn't penetrated the skin.* 钉子没有刺入皮肤。○ *The car's headlamps could not penetrate the thick fog.* 雾气太大，车的前灯也照不亮路面。○ (*figurative* 比喻) *We've penetrated the Spanish market.* 我们已经打入了西班牙市场。**2** to be understood 被了解/明白: *I've tried to explain what is going to happen, but I'm not sure if it's penetrated.* 我已尽力解释将会怎样，但我还不能肯定他们到底明白了没有。

penetrating *adj* **1** showing the ability to think and understand quickly and well 敏锐；有洞察力；聪明: *a penetrating question* 尖锐的问题 **2** (used about a voice or sound 指说话声或声音) loud and carrying for a long way 响亮: *a penetrating scream* 响亮的尖叫

penetration /ˌpenɪˈtreɪʃn ‖ ˌpɛnəˈtreʃən/ *noun* [U] **1** the act of penetrating 进入；渗透；穿透 **2** the ability to think and understand quickly and well 敏锐；洞察力

penguin /ˈpeŋgwɪn ‖ ˈpɛŋgwɪn/ *noun* [C] a quite large black and white sea-bird that lives in the Antarctic. Penguins cannot fly. 企鹅（居于南极地区）

penicillin /ˌpenɪˈsɪlɪn ‖ ˌpɛnɪˈsɪlɪn/ *noun* [U] a substance that is used as a medicine for preventing and treating diseases caused by bacteria. Penicillin is a type of antibiotic. 青霉素/盘尼西林（一种抗生素）

penguin 企鹅

peninsula /pəˈnɪnsjʊlə; *US* 美 -nsələ ‖ pəˈnɪnsələ/ *noun* [C] an area of land that is almost surrounded by water 半岛: *the Iberian peninsula* (= Spain and Portugal) 伊比利亚半岛（西班牙和葡萄牙）

penis /ˈpiːnɪs ‖ ˈpinɪs/ *noun* [C] the male sex organ that is used for passing waste water and having sex 阴茎

penitent /ˈpenɪtənt ‖ ˈpɛnətənt/ *adj* (*formal* 正式) sorry for having done sth wrong 悔过的；后悔的

penitentiary /penɪˈtenʃərɪ ‖ ˌpɛnəˈtɛnʃərɪ/ *noun* [C] (*pl* **penitentiaries**) (*US* 美) a prison 监狱

penknife /ˈpennaɪf ‖ ˈpɛnˌnaɪf/ *noun* [C] (*pl* **penknives**) (*also* 亦作 **pocket knife**) a small knife with one or more blades that fold down into the handle 小折刀

penknife 小折刀
blade 刀锋

penniless /ˈpenɪlɪs ‖ ˈpɛnɪlɪs/ *adj* having no money; poor 一文不名；贫穷

☆**penny** /ˈpenɪ ‖ ˈpɛnɪ/ *noun* [C] (*pl* **pence** /pens ‖ pɛns/, **pennies**) **1** (*abbr* 缩写 **p**) a small brown British coin. There are a hundred pence in a pound 便士（英国辅币。一英镑等于一百便士）: *Petrol costs 53p a litre.* 汽油每公升53便士。○ *a fifty pence coin* 一个五十便士硬币 ☛ You use the plural form **pennies** when you are talking about penny coins 当谈及便士硬币时，要用复数形式 **pennies**: *She put five pennies in the slot.* 她把五个便士硬币放入投币孔。You use **pence** or **p** when you are talking about an amount of money. 当谈及金钱数额时，要用 **pence** 或 **p**。**P** is more informal than pence. 与 pence 相比，**p** 多用于非正式的场合。**2** (*US informal* 美，非正式) a cent 一分

☆**pension** /ˈpenʃn ‖ ˈpɛnʃən/ *noun* [C] money that is paid regularly to sb who has stopped working (**retired**) because of old age. Pensions are also paid to people who are widowed or who cannot work because they are ill（给年老退休 (**retired**) 的人的）退休金；（给丧偶/因病不能工作的人的）抚恤金: *to live on a pension* 靠退休金过活

☛ Almost all men over 65 and women over 60 in Britain receive a pension from the government. This is called a **state pension**. 在英国，差不多所有超过65岁的男性及超过60岁的女性都可得到政府发放的养老金，叫做 **state pension**。Many people also get a **company pension** from their former employer. 很多人亦可得到原来雇主给予的退休金，叫做 **company pension**。

pensioner /ˈpenʃənə(r) ‖ ˈpɛnʃənɚ/ *noun* [C] = OLD-AGE PENSIONER

pentagon /ˈpentəgən; *US* 美 -gɒn ‖ ˈpɛntəˌgɑn/ *noun* [C] a shape that has five straight sides 五边形；五角形

pentathlon /penˈtæθlən; -lɒn ‖ pɛnˈtæθlən; -lɑn/ *noun* [C] a sports competition in which each person has to take part in five different events 五项全能运动（每人要参加五个不同项目的体育比赛）

penthouse /ˈpenthaʊs ‖ ˈpɛntˌhaʊs/ *noun* [C] an expensive flat at the top of a tall building（高楼的）顶层公寓；阁楼

pent up /ˌpent ˈʌp ‖ ˈpɛntˈʌp/ *adj* (used about feelings 指感情) that you do not express 被压抑；被抑制: *pent up anger and frustration* 被压抑的愤怒和挫折感

penultimate /penˈʌltɪmət ‖ pɪˈnʌltəmɪt/ *adj* (in a series 一连串事物) the one before the last one 倒数第二: *'Y' is the penultimate letter of the alphabet.* * Y是字母表中倒数第二个字母。

☆**people** /ˈpi:pl ‖ ˈpipḷ/ *noun* **1** [plural] more than one person 人；人们: *How many people are coming to the party?* 这个聚会有多少人来呢？○ *Young people often rebel against their parents.* 年轻人常常不听父母的话。○ *What will people say if you go out looking like that?* 如果你这个样子走到街上，人家会说些什么呢？○ *He meets a lot of famous people in his job.* 他的工作使他认识了许多名人。☛ Be careful. **People** is almost always used instead of the plural form **persons**. * **people** 一词差不多常用以代替 **persons** 这个复数形式。**Persons** is very formal and is usually used in legal language, etc * **persons** 为非常正式的用语，通常只作法律语言等: *Persons under the age of eighteen are not permitted to buy alcohol.* 十八岁以下人士不准购买酒精饮料。**Folk** is an informal word for people. * **folk** 用于非正式场合。It is often used when you are talking about older people or people who live in the country 常指长者或居住在乡村的人: *The old folk have seen many changes in the village over the years.* 这些长者目睹了这个村庄过去多年来的许多变化。**2** [C] (*pl* **peoples**) a nation, race, etc 民族；种族: *The Japanese are a hard-working people.* 日本人是勤奋的民族。○ *the French-speaking peoples of the world* 世界上说法语的民族 **3** [plural] the inhabitants of a particular place 居民: *the people of London* 伦敦居民 **4 the people** [plural] the ordinary citizens of a country, ie not those of high social rank（一个国家的）人民/民众: *a man of the people* 受民众欢迎的人

pepper /ˈpepə(r) ‖ ˈpɛpɚ/ *noun* **1** [U] a powder with a hot taste that is used for flavouring food 胡椒粉: *salt and pepper* 盐及胡椒粉 **2** [C] a hollow green, red or yellow vegetable 辣椒: *stuffed green peppers* 填有馅料的青椒

pepper *verb* [T] **1** to put pepper(1) on sth 撒胡椒粉 **2 pepper sb/sth with sth** to hit sb/sth many times with sth 用（某物）打击…多次；密集攻击: *The wall had been peppered with bullets.* 这道墙曾被子弹扫射过。

peppermint /ˈpepəmɪnt ‖ ˈpɛpɚˌmɪnt/ *noun* **1** [U] a natural substance with a strong flavour that is used in sweets and medicines 薄荷（用于制糖果及药物）**2** [C] (*also* 亦作 **mint**) a sweet with a peppermint flavour 薄荷糖

pep talk /ˈpep tɔ:k ‖ ˈpɛp tɔk/ *noun* [C] (*informal* 非正式) a speech that is given to encourage people or to make them work harder 鼓励的/激励的话语

☆**per** /pə(r) ‖ pɚ; strong form 强读式 pɜ:(r) ‖ pɝ/ *prep* for each 每；每一: *The speed limit is 30 miles per hour.* 速度限制是每小时30英里。○ *To hire a boat costs £5 per hour.* 租船每小时5英镑。

perceive /pəˈsi:v ‖ pɚˈsiv/ *verb* [T] (*formal* 正式) **1** to notice or realize sth 留意到；察觉到；意识到: *Scientists failed to perceive how dangerous the levels of pollutants had become.* 科学家没有察觉到污染物的浓度已有多危险。**2** to see or think of sth in a particular way 把（某事物）看作；认为: *I perceived his comments as a criticism.* 我把他的意见视为批评。☛ The noun is **perception**. 名词为 **perception**。

☆**per cent** (*US* 美 **percent**) /pəˈsent ‖ pɚˈsɛnt/ *adj*, *adv* (*symbol* 符号 **%**) in or of each hundred 每一百之中: *There is a ten per cent service charge.* 要收百分之十的服务费。○ *a two per cent fall in the price of oil* 燃油价格下跌百分之二

per cent (*US* 美 **percent**) *noun* [C, with sing or pl verb] (*pl* **per cent**) (*symbol* 符号 **%**) one part in every hundred 百分之一: *Nearly ten per cent of all children attend private schools.* 近百分之十的儿童在私立学校读书。○ *90% of the population owns a television.* 人口中有百分之九十拥有电视机。○ *The price of bread has gone up by 50 per cent in two years.* 面包的价格在两年内已上升了百分之五十。

percentage /pəˈsentɪdʒ ‖ pɚˈsɛntɪdʒ/ *noun* [C, with sing or pl verb] a part of an amount, expressed as a number of hundredths of that amount 百分比；百分率: *'What percentage of people voted Labour in 1992?' 'About 30 per cent.'* "在1992年投票支持工党的人占百分之几？" "百分之三十左右。" ○ *Please express your answer as a percentage.* 请以百分率的形式作答。

perceptible /pəˈseptəbl ‖ pɚˈsɛptəbḷ/ *adj* (*formal* 正式) that can be seen or felt 可察觉；可感知: *a barely perceptible change in colour* 几乎察觉不到的颜色变化 ☛ The opposite is **imperceptible**. 反义词为 **imperceptible**。—**perceptibly** /-əblɪ ‖ -əblɪ/ *adv*

perception /pəˈsepʃn ‖ pɚˈsɛpʃən/ *noun* **1** [U]

the ability to notice or understand sth 感知能力；洞察力；理解力 **2** [C] a particular way of looking at or understanding sth; an opinion 看法；领悟；意见: *What is your perception of the situation?* 你对这个情况有什么看法？
☛ The verb is **perceive**. 动词为 **perceive**。

perceptive /pəˈseptɪv ‖ pɚˈsɛptɪv/ *adj* (*formal* 正式) quick to notice or understand things 洞察力强；敏锐；理解力强 —**perceptively** *adv*

perch /pɜːtʃ ‖ pɝtʃ/ *noun* [C] a branch (or a bar in a cage) where a bird sits 鸟类栖息的栖枝/栖木（如树枝或鸟笼中的棍）

perch *verb* **1** [I] (used about a bird 指鸟类) to rest from flying on a branch, etc（在树枝上）暂歇/栖息 **2** [I,T] to sit, or be put, on the edge of sth（使）坐落于/置于（某物的边缘）: *The house was perched on the edge of a cliff.* 这栋房子坐落于悬崖边上。

percussion /pəˈkʌʃn ‖ pɚˈkʌʃən/ *noun* [sing] **the percussion** [with sing or pl verb] the section of an orchestra that consists of the drums and other instruments that you play by hitting them（管弦乐队中的）打击乐器组

perennial /pəˈreniəl ‖ pəˈrɛnɪəl/ *adj* that happens often or that lasts for a long time 经常出现；长期；持久: *the perennial problem of poverty in Britain* 英国长期存在的贫穷问题

☆**perfect**[1] /ˈpɜːfɪkt ‖ ˈpɝfɪkt/ *adj* **1** as good as can be; without fault 完善；完美；无瑕: *The car is two years old but it is still in perfect condition.* 虽然这辆汽车已用了两年，但性能仍然良好。○ *Nobody is perfect!* 没有人是完美的！○ *These shoes are a perfect fit.* 这双鞋子完全合脚。○ *What perfect weather!* 天气好极啦！○ *a perfect piece of work* 一件完美的作品 **2 perfect (for sb/sth)** very suitable or right 很适合；很恰当: *Ken would be perfect for the job.* 肯尼思很适合做那份工作。○ *Wales is the perfect place for a family holiday.* 威尔士这个地方很适合一家人去度假。○ *the perfect solution to a problem* 解决问题的正确方法 **3** (used to describe the tense of a verb that is formed with *has/have/had* and the past participle 指动词的时态，由 has/have/had 加过去分词组成) 完成时 **4** (only *before* a noun 只用于名词前) complete; total 完全；全部: *What he was saying made perfect sense to me.* 他说的话，我完全明白。○ *a perfect stranger* 完全陌生的人

the perfect *noun* [sing] the perfect tense 完成时: *the present/past perfect* 现在/过去完成时

perfectly *adv* **1** in a perfect way 完美；完善: *He played the piece of music perfectly.* 他把那首乐曲演奏得完美无瑕。**2** very; completely 很；完全: *Laura understood perfectly what I meant.* 劳拉完全明白我的意思。

perfect[2] /pəˈfekt ‖ pɚˈfɛkt/ *verb* [T] to make sth perfect 使完美；改善: *Hugh is spending a year in France to perfect his French.* 休将到法国生活一年，以提高自己的法语水平。

perfection /pəˈfekʃn ‖ pɚˈfɛkʃən/ *noun* [U] the state of being perfect or without fault 完美；完善: *Perfection is impossible to achieve.* 要达到十全十美是不可能的。○ *The steak was cooked to perfection.* 这牛排烹调得色香味俱全。

perfectionist /-ʃənɪst ‖ -ʃənɪst/ *noun* [C] a person who always does things as well as he/she possibly can and who expects others to do the same 完美主义者（做事经常要求做得十全十美，并要求别人也这样做的人）

perforate /ˈpɜːfəreɪt ‖ ˈpɝfəˌret/ *verb* [T] to make a hole or holes in sth 开孔: *Tear along the perforated line.* 沿齿孔撕开。

perforation /ˌpɜːfəˈreɪʃn ‖ ˌpɝfəˈreʃən/ *noun* **1** [U] making a hole in sth 穿孔；打孔 **2** [C] a series of small holes in paper, etc that make it easy for you to tear（纸等上的）一排孔眼/齿孔

☆**perform** /pəˈfɔːm ‖ pɚˈfɔrm/ *verb* **1** [T] (*formal* 正式) to do a piece of work or sth that you have been ordered to do 执行；进行: *Doctors performed an emergency operation.* 医生们施行了一项紧急手术。○ *to perform a task* 执行任务 **2** [I,T] to take part in a play, or to sing, dance, etc in front of an audience 演出；表演: *She is currently performing at the London Palladium.* 她目前正在伦敦的帕拉狄昂女神剧院表演。○ *Children performed local dances for the Prince.* 孩子们为王子表演本地舞蹈。○ *This play has never been performed previously.* 这出戏以前从来没有演出过。**3** [I] (used about a machine, etc 指机器等) to work 运作；操作: *The car performs badly in cold weather.* 这辆汽车在天气寒冷时运作得很差劲。

performer *noun* [C] a person who performs(2) in front of an audience 表演者；演出者

☆**performance** /pəˈfɔːməns ‖ pɚˈfɔrməns/ *noun* **1** [sing] (*formal* 正式) doing sth 执行；进行；履行: *the performance of your duties* 履行职责 **2** [C] sth that you perform(2) in front of an audience 表演；演出: *a live performance by the band 'Nirvana'* "涅槃"乐队的现场表演 ○ *The Royal Shakespeare Company is putting on a performance of 'King Lear'.* 皇家莎士比亚剧团将会公演《李尔王》。**3** [C] the way in which you do sth, especially how successful you are 表现: *The company's performance was disappointing last year.* 去年这家公司的表现令人失望。○ *Germany's fine performance in the World Cup* 世界杯大赛中德国队的出色表现 **4** [U] (used about a machine, etc 指机器等) the ability to work well 良好的工作能力: *This car has a high performance engine.* 这辆汽车有一部性能很好的引擎。

☆**perfume** /ˈpɜːfjuːm; *US also* 美亦作 pərˈfjuːm ‖ ˈpɝfjum; pɚˈfjum/ *noun* [C,U] **1** a pleasant smell 香气；芳香 **2** (*Brit also* 英亦作 **scent**) a liquid with a sweet smell that you put on your body to make yourself smell nice 香水: *French perfume* 法国香水

☆**perhaps** /pəˈhæps; præps ‖ pɚˈhæps; præps/ *adv* (used when you are not sure about sth 用以表示不肯定) maybe; possibly 或许；大概；可能: *Perhaps he isn't coming.* 也许他不来了。○ *She was, perhaps, one of the most famous writers of the time.* 她可能是当时最有名的作家之一。○ *'Are you sure that you're doing the right thing?' 'No, perhaps not.'* "你肯定你所做的事是对的吗？""不，可能不是。" ○ *If Barnes had played, they might have won. Or perhaps* *not.* 如果巴恩斯出赛，他们可能会赢。但也可能不会。☛ **Perhaps** and **maybe** are similar in meaning. * **perhaps** 和 **maybe** 的意思相近。They are often used to make what you are saying sound more polite 这两个词常用以使说话听起来更有礼貌: *Perhaps I could borrow your book, if you're not using it?* 如果你不是在看那本书的话，可以借给我吗？○ *Maybe I'd better explain...* 也许我该解释一下…

peril /ˈperəl ‖ ˈpɛrəl/ *noun* (*formal* 正式) **1** [U] great danger 十分危险 **2** [C] sth that is very dangerous 极危险的事物: *the perils of the sea* 海上的危险

perilous /ˈperələs ‖ ˈpɛrələs/ *adj* (*formal* 正式) dangerous 危险 ☛ **Danger** and **dangerous** are more common. * **danger** 及 **dangerous** 较为常用。

perimeter /pəˈrɪmɪtə(r) ‖ pəˈrɪmətə˞/ *noun* [C] the outside edge or boundary of an area of land 周边；周围；边缘地带: *the perimeter fence of the army camp* 军营四周的围墙

☆**period** /ˈpɪərɪəd ‖ ˈpɪrɪəd/ *noun* [C] **1** a length of time (一段) 时间/时期: *The weather tomorrow will be cloudy with sunny periods.* 明天天气多云间晴。○ *The scheme will be introduced for a six-month trial period.* 这计划将有六个月的试验期。○ *Her son is going through a difficult period at the moment.* 她的儿子目前正经历一段艰苦的时期。○ *The play is set in the Tudor period in England.* 这出戏剧以都铎时期的英格兰为背景。○ *period costume* (= costume of a particular period) 当时的服装 **2** a lesson in school (学校里的) 一节课/一堂课: *We have five periods of English a week.* 我们每星期有五节英语课。**3** the monthly loss of blood from a woman's body (妇女的) 月经: *period pains* 经痛 ○ *My period started this morning.* 我今早开始来月经。**4** (*especially US* 尤为美) = FULL STOP

periodic /ˌpɪərɪˈɒdɪk ‖ ˌpɪrɪˈɑdɪk/ (*also* 亦作 **periodical** /-kl ‖ -kl̩/) *adj* happening fairly regularly 定期；定期发生 —**periodically** /-klɪ ‖ -kl̩ɪ/ *adv*: *All machines need to be checked periodically.* 所有机器都需要定期检查。

periodical /ˌpɪərɪˈɒdɪkl ‖ ˌpɪrɪˈɑdɪkl̩/ *noun* [C] (*formal* 正式) a magazine that is produced at regular intervals 期刊 (定期出版的杂志)

perish /ˈperɪʃ ‖ ˈpɛrɪʃ/ *verb* [I] (*formal* 正式) to die or be destroyed 死亡；被毁灭: *Thousands perished in the war.* 数以千计的人在战争中死去。

perishable *adj* (used about food 指食物) that will go bad quickly 容易腐坏

perjure /ˈpɜːdʒə(r) ‖ ˈpɝdʒə˞/ *verb* [T] **perjure yourself** to tell lies in a court of law (在法庭上) 作伪证

perjury /ˈpɜːdʒərɪ ‖ ˈpɝdʒərɪ/ *noun* [U] (*formal* 正式) telling a lie (in a court of law) (在法庭上) 作伪证

perk[1] /pɜːk ‖ pɝk/ *verb*
(PHRASAL VERBS 短语动词) **perk up** to become more cheerful or lively 高兴起来；活跃起来
perk sb/sth up to make sb/sth more cheerful or lively 使某人高兴/活跃起来；使某物更有生气

perk[2] /pɜːk ‖ pɝk/ *noun* [C] (*informal* 非正式) something extra that you get from your employer in addition to your salary (薪金之外的) 额外津贴/额外利益/附带福利/外快: *Travelling abroad is one of the perks of the job.* 可以到国外出差是这份工作的好处之一。

perm /pɜːm ‖ pɝm/ *noun* [C] (*informal* 非正式) = PERMANENT WAVE —**perm** *verb* [T]: *She has had her hair permed.* 她刚烫了头发。

permanence /ˈpɜːmənəns ‖ ˈpɝmənəns/ *noun* [U] the state of lasting or remaining for a very long time or for ever 持久(性)；永久；永恒

☆**permanent** /ˈpɜːmənənt ‖ ˈpɝmənənt/ *adj* lasting for a long time or for ever; that will not change 持久；永久；不变；固定: *The accident left him with a permanent scar.* 那宗意外留给他一个永久的伤疤。○ *Are you looking for a permanent or a temporary job?* 你要找固定的还是临时性的工作呢？—**permanently** *adv*: *Has she left permanently?* 她是永远地离开了吗？

permanent ˈwave (*also informal* 非正式 **perm**) *noun* [C] (*formal* 正式) the treatment of hair with special chemicals in order to make it curly or wavy 烫发

permissible /pəˈmɪsəbl ‖ pə˞ˈmɪsəbl̩/ *adj* (*formal* 正式) that is allowed (by the rules) (根据规则) 许可(的)/允许(的): *They have been exposed to radiation above the permissible level.* 他们所接触到的辐射已高于许可的水平。

☆**permission** /pəˈmɪʃn ‖ pə˞ˈmɪʃən/ *noun* [U] the act of allowing sb to do sth 准许；许可；批准: *I'm afraid you can't leave without permission.* 我很抱歉，不经批准你是不可以离开的。○ *Children under 18 need their parents' permission to attend.* * 18岁以下的青少年要有家长的许可才能参加。○ *to ask permission for sth* 要求准许做某事 ○ *to give permission for sth* 准许做某事 ○ *The refugees have been refused permission to stay in this country.* 这些难民申请在这个国家居留，但已被拒绝。☛ Be careful. **Permission** is uncountable. * **permission** 是不可数的。A piece of paper that says that you are allowed to do something is a **permit**. 准许某人做某事的文件叫做 **permit**。

permissive /pəˈmɪsɪv ‖ pə˞ˈmɪsɪv/ *adj* having, allowing or showing a lot of freedom, especially in sexual matters 放任/放纵/开放 (尤指性方面): *the permissive society of the 1960s* * 60年代的性开放社会

☆**permit** /pəˈmɪt ‖ pə˞ˈmɪt/ *verb* (*formal* 正式) (permi**tt**ing; permi**tt**ed) **1** [T] to allow sth 允许；准许: *Food and drink are not permitted in this building.* 在本建筑物内不准饮食。○ *You are not permitted to smoke in the hospital.* 医院内不准吸烟。○ *His visa does not permit him to work.* 他的签证不允许他找工作。☛ Look at the note at **allow**. 参看 **allow** 的注释。**2** [I,T] to make possible 使有可能: *Let's have a picnic at the weekend, weather permitting.* 如果天气好的话，周末一起去野餐吧。

permit /ˈpɜːmɪt ‖ ˈpɝmɪt/ *noun* [C] an official paper that says you are allowed to do sth 许可证；执照: *a work permit* 工作许可证

perpendicular /ˌpɜːpənˈdɪkjʊlə(r) ‖ ˌpɝpən-

'dɪkjələ/ *adj* **1** at an angle of 90° to sth 垂直；成直角 ☛ Look at **horizontal** and **vertical**. 参看 **horizontal** 及 **vertical**。**2** pointing straight up; upright 直立的

perpetual /pə'petʃʊəl ‖ pə'pɛtʃʊəl/ *adj* not stopping or changing 连续不断；无休止；不变: *They lived in perpetual fear of losing their jobs.* 他们时时刻刻都活在害怕会失业的恐惧之中。○ *the perpetual roar of traffic* 来往车辆连续不断的喧闹声

perpetually /-tʃʊəlɪ ‖ -tʃʊəlɪ/ *adv* always 经常: *People are perpetually complaining about the hospital food.* 人们经常投诉医院的膳食不好。

perpetuate /pə'petʃʊeɪt ‖ pə'pɛtʃʊˌet/ *verb* [T] (*formal* 正式) to cause sth to continue 使继续；保持

perplexed /pə'plekst ‖ pə'plɛkst/ *adj* not understanding sth; confused 困惑；糊涂

persecute /'pɜːsɪkjuːt ‖ 'pɜsɪˌkjut/ *verb* [T] to cause sb to suffer, especially because of what he/she believes（尤指因信仰而）迫害（某人）—**persecution** /ˌpɜːsɪ'kjuːʃn ‖ ˌpɜsɪ'kjuʃən/ *noun* [C,U]: *the persecution of minorities* 对少数派的迫害 —**persecutor** /'pɜːsɪkjuːtə(r) ‖ 'pɜsɪˌkjutə/ *noun* [C]

persevere /ˌpɜːsɪ'vɪə(r) ‖ ˌpɜsə'vɪr/ *verb* [I] **persevere (at/in/with sth)** to continue trying or having sth that is difficult 坚持；坚守；坚忍；锲而不舍: *The treatment is painful but I'm going to persevere with it.* 虽然这治疗很痛苦，但是我会坚持下去。—**perseverance** /ˌpɜːsɪ'vɪərəns ‖ ˌpɜsə'vɪrəns/ *noun* [U]: *It takes a lot of perseverance to become a champion at any sport.* 无论什么体育项目，要成为冠军都需要很大的毅力坚持到底才有希望。

persist /pə'sɪst ‖ pə'sɪst/ *verb* [I] **1 persist (in sth/in doing sth)** to continue doing sth even though other people say that you are wrong or that you cannot do it 坚持/执意要/继续做: *If you persist in making so much noise, I shall call the police.* 如果你继续那样吵人，我就会报警。○ *She persists in her belief that he did not kill himself.* 她坚信他不是自杀的。**2** to continue to exist 持续: *If your symptoms persist you should consult your doctor.* 如果你的病征持续，你就应该去看医生。

persistence /-əns ‖ -əns/ *noun* [U] **1** the state of continuing to do sth even though people say that you are wrong or that you cannot do it 坚持；固执；执意: *Finally her persistence was rewarded and she got what she wanted.* 她的执著终于得到回报，她得到了她想要的东西。**2** the state of continuing to exist 持续的状态: *the persistence of unemployment at high levels* 失业数字居高不下

persistent /-ənt ‖ -ənt/ *adj* **1** continuing to do sth even though people say that you are wrong or that you cannot do it 执著；坚持不懈: *Some salesmen can be very persistent.* 有些推销员对客户纠缠不休。**2** lasting for a long time or happening often 持续；持久；经常发生: *a persistent cough* 久咳 ○ *persistent rain* 持续的雨水 —**persistently** *adv*

☆**person** /'pɜːsn ‖ 'pɜsn̩/ *noun* [C] (*pl* **people** or **persons**) ☛ Look at the note at **people**. 参看 **people** 的注释。**1** a man or woman 人: *I would like to speak to the person in charge.* 我想与负责人谈谈。**2** one of the three types of pronoun in grammar. *I/we* are the first person, *you* is the second person and *he/she/it/they* are the third person. 人称（语法中三类代名词之一。第一人称是 I/we，第二人称是 you，第三人称是 he/she/it/they）

(IDIOM 习语) **in person** seeing or speaking to sb face to face, (not speaking on the telephone or writing a letter) 亲自；本人: *I went to apologize to her in person.* 我已亲自去向她道歉了。

☆**personal** /'pɜːsənl ‖ 'pɜsn̩l/ *adj* **1** (only *before* a noun 只用于名词前) of or belonging to a particular person 私人；个人；属于某人: *Judges should not let their personal feelings influence their decisions.* 法官不应让个人感情影响自己的判决。○ *The car is for your personal use only.* 这辆汽车只供你个人使用。**2** of or concerning your feelings, health, relations with other people, etc 私人；私下: *I should like to speak to you in private. I have something personal to discuss.* 我想私下与你谈谈，我有些私人事情跟你商量。○ *The letter was marked 'personal' so I did not open it.* 这信标明是"私人信件"，所以我没有拆开。**3** (only *before* a noun 只用于名词前) done or made by a particular person 亲自；亲身: *The Prime Minister made a personal visit to the victims in hospital.* 首相亲自到医院探望受害者。**4** speaking about sb's appearance or character in an unpleasant or unfriendly way（恶意地）针对个人；人身攻击: *It started as a general discussion but then people started making personal remarks and an argument began.* 开始时是一般性的讨论，但后来人们开始作出一些针对个人的批评，便起了争执。**5** (only *before* a noun 只用于名词前) connected with the body 与身体有关: *personal hygiene* 个人卫生

personally /-ənəlɪ ‖ -n̩lɪ/ *adv* **1** in person, not with sb else acting for you 亲自；本人直接地: *I should like to deal with this matter personally.* 我想亲自处理这件事情。**2** (used for expressing your own opinions 用于表达自己的意见) 就本人而言: *Personally, I think that nurses deserve more money.* 我个人认为护士应该得到更高薪金。**3** as a person 作为个人: *I wasn't talking about you personally – I meant all teachers.* 我不是在说你个人——我是指所有教师。○ *The ship's captain was held personally responsible for the accident.* 船长本人要对那宗意外负责。

personal 'pronoun *noun* [C] (*grammar* 语法) any of the pronouns *I, me, she, her, he, him, we, us, you, they, them,* etc 人称代名词（如 I、me、she、her、he、him、we、us、you、they、them 等）

personality /ˌpɜːsə'nælətɪ ‖ ˌpɜsn̩'ælətɪ/ *noun* (*pl* **personalities**) **1** [C] the qualities and features of a person 个性；人品；性格: *Joe has a very forceful personality.* 约瑟夫性格很坚强。**2** [C,U] the quality of having a strong, interesting and attractive character; a person who has this quality 独特的性格（如刚强、有趣、有魅力）；性格独特的人: *A good entertainer needs a lot of personality.* 一个出色的表演者需要有过人的独特性格。○ *I think you'll like Judy – she's quite a personality.* 我想你会喜欢朱迪——她很有个性。**3** [C] a famous person (especially in sport, on television, etc) 名人/明星（尤指体育/电视等的）: *a television personality* 电视明星

personalize (*also* 亦作 **personalise**) /'pɜːsənəlaɪz ‖ 'pɝsn̩ˌaɪz/ *verb* [T] to mark sth with your initials, etc to show that it belongs to you 写上姓名的首字母（以表示某物属于自己）: *a car with a personalized number-plate* 车牌有个人姓名首字母的汽车

personify /pə'sɒnɪfaɪ ‖ pɚ'sɑnəˌfaɪ/ *verb* [T] (*pres part* **personifying**; *3rd pers sing pres* **personifies**; *pt, pp* **personified**) **1** to be an example in human form of a particular quality 为（某特质）的化身 **2** to describe sth as if it were a person, eg in a poem 把（某事物）拟人化（如在诗中）

personnel /ˌpɜːsə'nel ‖ ˌpɝsn̩'ɛl/ *noun* **1** [plural] the people who work for a large organization （一个大机构的）人员/员工/职员: *The army cannot afford to lose qualified personnel.* 军队绝不能没有合格的人员。**2** [U, with sing or pl verb] (*also* 亦作 **person'nel department**) the department of a large organization that looks after the people who work there 人事部

perspective /pə'spektɪv ‖ pɚ'spɛktɪv/ *noun* **1** [U] the art of drawing on a flat surface so that some objects appear to be farther away than others 透视: *the laws of perspective* 透视法 ○ *in/out of perspective* 按照/不按照透视法 **2** [C,U] the way that you think about sth; your point of view 看法；观点: *If you go away for a few days you will see everything in a new perspective.* 如果你外出几天，你将能以新的观点看待事物。

perspire /pə'spaɪə(r) ‖ pɚ'spaɪr/ *verb* [I] (*formal* 正式) to lose liquid through your skin 出汗；流汗 ☛ **Sweat** is more informal. * **sweat** 多用于非正式的场合。

perspiration /ˌpɜːspə'reɪʃn ‖ ˌpɝspə'reʃən/ *noun* [U] **1** the act of perspiring 出汗；流汗 **2** the liquid that you lose through your skin 汗；汗水: *a drop of perspiration* 一滴汗水

☆**persuade** /pə'sweɪd ‖ pɚ'swed/ *verb* [T] **1 persuade sb (to do sth); persuade sb (into/out of sth)** to cause sb to do sth by giving him/her good reasons（用合理的理由）说服/劝服/劝说（某人做某事）: *It was difficult to persuade Louise to change her mind.* 要说服路易丝改变主意是很难的事。○ *We eventually persuaded Tim into coming with us.* 我们最后说服了蒂姆与我们一起去。☛ Look at **dissuade.** 参看 **dissuade**。**2 persuade sb (of sth)** (*formal* 正式) to cause sb to believe sth 使（某人）相信（某事物）: *The jury was persuaded of her innocence.* 陪审团相信她是清白的。☛ Look at **convince.** 参看 **convince**。

persuasion /pə'sweɪʒn ‖ pɚ'sweʒən/ *noun* **1** [U] persuading or being persuaded 说服；劝说；被说服: *It took a lot of persuasion to get Alan to agree.* 劝说了很久，艾伦才同意。○ *I suggested going to the beach and the others didn't need much persuasion.* 我提议到海滩去，而其他人不需我怎样劝就都同意了。**2** [C] (*formal* 正式) a religious or political belief（宗教或政治）信念/信仰: *The school is open to people of all persuasions.* 这所学校接受不同信仰的人就读。

persuasive /pə'sweɪsɪv ‖ pɚ'swesɪv/ *adj* able to make sb do or believe sth 有说服力: *The arguments were very persuasive.* 这些论据很有说服力。—**persuasively** *adv* —**persuasiveness** *noun* [U]

pertinent /'pɜːtɪnənt; *US* 美 -tənənt ‖ 'pɝtn̩ənt/ *adj* directly connected with sth 有直接关系；相关的: *to ask a pertinent question* 提出一个直接有关的问题

perturb /pə'tɜːb ‖ pɚ'tɝb/ *verb* [T] (often passive 常用于被动语态) (*formal* 正式) to make sb worried or upset 使担忧/烦恼

pervade /pə'veɪd ‖ pɚ'ved/ *verb* [T] to spread to all parts of sth 弥漫；遍布: *The smell from the factory pervaded the whole town.* 从工厂发出来的气味弥漫着整个市镇。

pervasive /pə'veɪsɪv ‖ pɚ'vesɪv/ *adj* that is present in all parts of sth 弥漫；遍布: *a pervasive mood of pessimism* 弥漫着悲观情绪

perverse /pə'vɜːs ‖ pɚ'vɝs/ *adj* (*formal* 正式) having or showing behaviour that is not reasonable or that upsets other people 有悖常情；故意作对；刻意执拗: *Derek gets perverse pleasure from shocking his parents.* 德里克经常故意吓唬自己父母，从中得到快感。—**perversely** *adv* —**perversity** *noun* [U]

perversion /pə'vɜːʃn; *US* 美 -ʒn ‖ pɚ'vɝʒən/ *noun* [C,U] **1** the changing of sth from right to wrong or good to bad 歪曲；曲解；变坏；反常: *That statement is a perversion of the truth.* 那说法歪曲了真相。**2** sexual behaviour that is unnatural or not acceptable 性欲反常；性变态

pervert /pə'vɜːt ‖ pɚ'vɝt/ *verb* [T] **1** to change sth so that it becomes bad or is used wrongly 误用；滥用: *to pervert scientific knowledge for military purposes* 滥用科学知识作军事用途 **2** to cause sb to think or behave in a way that is not right or natural 使变坏/堕落/走上邪道: *Children should be protected from influences that may pervert them.* 不要让儿童受到可能使他们堕落的事物的影响。

pervert /'pɜːvɜːt ‖ 'pɝvɝt/ *noun* [C] a person whose sexual behaviour is not natural or normal 性欲反常者；性变态者

pessimism /'pesɪmɪzəm ‖ 'pɛsəˌmɪzəm/ *noun* [U] the state of expecting or believing that bad things will happen 悲观

pessimist /-ɪst ‖ -ɪst/ *noun* [C] a person who always thinks that what is going to happen will be bad 悲观者；悲观主义者 —**pessimistic** /ˌpesɪ'mɪstɪk ‖ ˌpɛsə'mɪstɪk/ *adj* —**pessimistically** /-klɪ ‖ -klɪ/ *adv* ☛ Look at **optimism, optimist,** and **optimistic.** 参看 **optimism**、**optimist** 及 **optimistic**。

pest /pest ‖ pɛst/ *noun* [C] **1** an insect or animal that destroys plants, food, etc（破坏植

P

物、食物等的）害虫/有害的动物: *pest control* 害虫防治 **2** (*informal* 非正式) a person or thing that annoys you 讨厌的人/事物

pester /ˈpestə(r) ‖ ˈpɛstɚ/ *verb* [T] to annoy or bother sb, eg by asking him/her sth many times 打扰/骚扰/烦扰（如不断向某人提出要求）: *to pester sb for money* 因要钱而不断骚扰某人

pesticide /ˈpestɪsaɪd ‖ ˈpɛstəˌsaɪd/ *noun* [C, U] a chemical substance that is used for killing animals or insects that eat food crops（农用）杀虫剂 ☛ Look at **insecticide**. 参看 **insecticide**。

☆**pet** /pet ‖ pɛt/ *noun* [C] **1** an animal that you keep in your home for company or for pleasure 宠物；玩赏动物: *a pet guinea pig* 一只作宠物养的天竺鼠 ○ *to keep a pet* 养宠物 **2** a person who is treated as a favourite 受宠爱的人；宠儿；宝贝: *teacher's pet* 受老师宠爱的学生

pet *verb* (pe**tt**ing; pe**tt**ed) **1** [T] to treat an animal with affection, eg by stroking it 宠爱（动物）（如以手抚摸来赏玩）**2** [I] (*informal* 非正式) (used about two people 指两个人) to kiss and touch in a sexual way 拥吻抚摸；抚摸调情

pet ˈsubject *noun* [C] a subject that you are very interested in or that you feel very strongly about 极感兴趣的话题

petal /ˈpetl ‖ ˈpɛtl̩/ *noun* [C] one of the thin soft coloured parts of a flower 花瓣

peter /ˈpiːtə(r) ‖ ˈpitɚ/ *verb*

(PHRASAL VERB 短语动词) **peter out** to finish or come to an end gradually（逐渐）完结/消失: *The flow of water slowed down and finally petered out.* 水流慢下来，最后没有了。

petition /pəˈtɪʃn ‖ pəˈtɪʃən/ *noun* [C] a written document, signed by many people, that asks a government, etc to do sth 请愿信；请愿书: *More than 50 000 people signed the petition protesting about the new road.* 超过50 000人签署请愿书，反对兴建那条新道路。

petrified /ˈpetrɪfaɪd ‖ ˈpɛtrəˌfaɪd/ *adj* very frightened 吓呆的

☆**petrol** /ˈpetrəl ‖ ˈpɛtrəl/ (*US* 美 **gas**; **gasoline**) *noun* [U] the liquid that is used as fuel for motor vehicles such as cars and aeroplanes 汽油: *a petrol pump* 汽油泵 ○ *to fill up with petrol* 装满汽油

ˈpetrol station (*also* 亦作 **filling station**; **service station**; *US* 美 **gas station**) *noun* [C] a place where you can buy petrol and other things for your car 汽车加油站

petroleum /pəˈtrəʊlɪəm ‖ pəˈtrolɪəm/ *noun* [U] oil that is found under the surface of the earth and that is used for making petrol and other types of chemical substances 石油

petticoat /ˈpetɪkəʊt ‖ ˈpɛtɪˌkot/ *noun* [C] a thin piece of women's clothing that is worn under a dress or a skirt（妇女穿的）衬裙

petty /ˈpetɪ ‖ ˈpɛtɪ/ *adj* **1** small or not important 小；琐碎；不重要: *He didn't want to get involved with the petty details.* 他不想牵涉到琐碎的细节。○ *petty crime* 轻微罪行 **2** unkind or unpleasant (for a reason that does not seem very important) 气量小；心胸狭窄；小气: *He's tried so hard that it would be petty to criticize him now.* 他这么努力地尝试，现在还要挑剔他的话，就实在太小气了。

pew /pjuː ‖ pju/ *noun* [C] one of the long seats in a church 教堂长椅

phantasy *noun* [C] (*pl* **phantasies**) = FANTASY

phantom /ˈfæntəm ‖ ˈfæntəm/ *noun* [C] **1** something with the shape of a dead person that seems to appear on earth and behave as if it was alive 幽灵；鬼魂 ☛ **Ghost** is a more common word. * **ghost** 较为常用。**2** something that you think exists, but that is not real 幻觉；幻象

pharmaceutical /ˌfɑːməˈsjuːtɪkl; *US* 美 -ˈsuː- ‖ ˌfɑrməˈsutɪkl̩/ *adj* connected with the production of medicines 与制药有关

pharmacist /ˈfɑːməsɪst ‖ ˈfɑrməsɪst/ *noun* [C] = CHEMIST(1)

pharmacy /ˈfɑːməsɪ ‖ ˈfɑrməsɪ/ *noun* (*pl* **pharmacies**) **1** [U] (the study of) the preparation of medicines 配药；制药；药剂学 **2** [C] a place where medicines are prepared and given out or sold 药房；药店

> ☛ A shop that sells medicine is also called **a chemist's (shop)** in British English or a **drugstore** in American English. 卖药的商店在英国英语中亦称为 **chemist's (shop)**，在美国英语中称为 **drugstore**。

☆**phase** /feɪz ‖ fez/ *noun* [C] a period in the development of sth（某事物发展的）阶段/时期: *the final phase of the hospital building programme* 医院兴建计划的最后阶段 ○ *to enter a new phase* 进入一个新阶段 ○ *Julie went through a difficult phase when she started school.* 朱莉开始上学时经历了一段艰难的时期。

phase *verb*

(PHRASAL VERBS 短语动词) **phase sth in** to introduce sth slowly or over a period of time 逐步/分阶段引进: *The metric system was phased in over several years.* 公制分数年逐步推行。

phase sth out to take away or remove sth slowly or over a period of time 逐步/分阶段淘汰或取消: *The older machines are gradually being phased out and replaced by new ones.* 旧的机器正逐渐淘汰，由新的机器取代。

pheasant /ˈfeznt ‖ ˈfɛznt/ *noun* [C] (*pl* **pheasants** or **pheasant**) a type of bird with a long tail. The males have brightly coloured feathers. Pheasants are often shot for sport and are eaten as food. 雉；野鸡

phenomenal /fəˈnɒmɪnl ‖ fəˈnɑmənl̩/ *adj* unusual because it is so good or so great 显著；惊人；杰出；不寻常: *phenomenal success* 惊人的成就 —**phenomenally** /-nəlɪ ‖ -nl̩ɪ/ *adv*

phenomenon /fəˈnɒmɪnən; *US* 美 -nɒn ‖ fəˈnɑməˌnɑn/ *noun* [C] (*pl* **phenomena** /-ɪnə ‖ -ənə/) something that happens or exists (often sth unusual) 现象（常指不寻常的）: *Acid rain is not a natural phenomenon. It is caused by pollution.* 酸雨并不是自然现象，而是污染造成的。

phew /fjuː ‖ fju/ (*also* 亦作 **whew**) *interj* (used

to show the sound which expresses tiredness, surprise, relief, shock, etc 用以表示疲倦、惊讶、松口气、震惊等的声音): *Phew, it's hot in here!* 唷，这里真热！

philosopher /fɪˈlɒsəfə(r) ‖ fəˈlɑsəfɚ/ *noun* [C] a person who has developed a set of ideas and beliefs about the meaning of life 哲学家

☆**philosophy** /fɪˈlɒsəfɪ ‖ fəˈlɑsəfɪ/ *noun* (*pl* **philosophies**) **1** [U] the study of ideas and beliefs about the meaning of life 哲学 **2** [C] a belief or set of beliefs that tries to explain the meaning of life or give rules about how to behave 哲学思想；哲学体系；人生哲学: *the philosophy of Nietzsche* 尼采的哲学思想 ○ *Her philosophy is 'If a job's worth doing, it's worth doing well'.* 她的人生哲学是："如果一件工作值得做，就值得把它做好"。

philosophical /ˌfɪləˈsɒfɪkl ‖ ˌfɪləˈsɑfɪkl̩/ (*also* 亦作 **philosophic**) *adj* **1** of or concerning philosophy 哲学的；与哲学有关: *a philosophical debate* 哲学辩论 **2 philosophical (about sth)** having or showing a calm, quiet attitude when you are in danger, suffering or disappointed（面对危险、苦难或失望）泰然自若/达观/沉着: *He was quite philosophical about failing the exam and says he will try again next year.* 对于考试不及格，他泰然自若，并表示会在明年再次应考。—**philosophically** /-klɪ ‖ -klɪ/ *adv*

phlegm /flem ‖ flɛm/ *noun* [U] the thick yellow substance that is produced in your nose and your throat when you have a cold 痰

phlegmatic /flegˈmætɪk ‖ flɛgˈmætɪk/ *adj* (*formal* 正式) not easily excited or upset; calm 沉着；冷静；镇定

phobia /ˈfəʊbɪə ‖ ˈfobɪə/ *noun* [C] a very strong fear or dislike that you cannot explain（不可解释的）恐惧/憎恶

☆**phone** /fəʊn ‖ fon/ *noun* (*informal* 非正式) **1** [U] = TELEPHONE(1): *a phone call* 一通电话 ○ *You can book the tickets by phone.* 你可用电话订票。**2** [C] = TELEPHONE(2): *The phone is ringing – could you answer it?* 电话铃在响——你去接好吗？

(IDIOM 习语) **on the phone/telephone** **1** using the telephone 用电话；打电话: *'Where's Ian?' 'He's on the phone.'* "伊恩在哪儿？""他正在打电话。" **2** having a telephone in your home（在家里）装有电话: *I'll have to write to her because she's not on the phone.* 她家里没有电话，我只好写信给她。—**phone** *verb* [I,T] = TELEPHONE: *Did anybody phone while I was out?* 我不在时有人打电话来吗？○ *Could you phone the restaurant and book a table?* 你打电话到那饭店订位子可以吗？

ˈ**phone book** *noun* [C] = TELEPHONE DIRECTORY

ˈ**phone box** *noun* [C] = TELEPHONE BOX

ˈ**phone call** *noun* [C] = TELEPHONE CALL

ˈ**phonecard** *noun* [C] a small plastic card that you can use to pay for calls in a public telephone box 电话卡（在公共电话亭打电话时用以付账的塑料卡）☛ picture at **telephone**. 见 **telephone** 插图。

ˈ**phone-in** (*US* 美 **call-in**) *noun* [C] a radio or television programme during which you can ask a question or give your opinion by telephone 有听众/观众来电话发问或提出意见的电台/电视直播节目

ˈ**phone number** *noun* [C] = TELEPHONE NUMBER

phonetic /fəˈnetɪk ‖ fəˈnɛtɪk/ *adj* **1** connected with the sounds of human speech 与语音有关 **2** using a system for writing a language that has a different sign for each sound 标示语音的: *the phonetic alphabet* 音标 —**phonetically** /-klɪ ‖ -klɪ/ *adv*

phonetics *noun* [U] the study of the sounds of human speech 语音学

phoney (*also* 亦作 **phony**) /ˈfəʊnɪ ‖ ˈfonɪ/ *adj* not real; false 不真实；虚假

phoney (*also* 亦作 **phony**) *noun* [C] (*pl* **phoneys**) a person who is not what he/she pretends to be 假冒者；骗子 —**phoniness** *noun* [U]

☆**photo** /ˈfəʊtəʊ ‖ ˈfoto/ *noun* [C] (*pl* **photos** /-təʊz ‖ -toz/) (*informal* 非正式) = PHOTOGRAPH

photocopy /ˈfəʊtəʊkɒpɪ ‖ ˈfotoˌkɑpɪ/ *noun* [C] (*pl* **photocopies**) a copy of a piece of paper, page in a book, etc that is made by a special machine (**a photocopier**) that can photograph sth quickly 复印本（用复印机(**photocopier**)复制出来的副本）

photocopy *verb* [I,T] (*pres part* **photocopying**; *3rd pers sing pres* **photocopies**; *pt, pp* **photocopied**) to make a photocopy of sth 复印

photocopier *noun* [C] a machine that makes photocopies 复印机

☆**photograph** /ˈfəʊtəgrɑːf; *US* 美 -græf ‖ ˈfotəˌgræf/ (also *informal* 非正式 **photo**) *noun* [C] a picture that is taken with a camera 相片；照片: *to take a photo* 拍照 ○ *a colour photograph* 彩色相片 ○ *She looks younger in real life than she did in the photograph.* 她真人比相片显得年轻。○ *This photo is a bit out of focus.* 这张相片有点模糊。○ *to have a photo enlarged* 把相片放大 ☛ Look at **negative** and **slide**. 参看 **negative** 及 **slide**。

photograph *verb* [T] to take a photograph of sb/sth 给（某人/某物）拍照

photographer /fəˈtɒgrəfə(r) ‖ fəˈtɑgrəfɚ/ *noun* [C] a person who takes photographs 摄影者；摄影师 ☛ Look at **cameraman**. 参看 **cameraman**。

photographic /ˌfəʊtəˈgræfɪk ‖ ˌfotəˈgræfɪk/ *adj* connected with photographs or photography 摄影的；与摄影有关: *photographic equipment* 摄影器材

photography /fəˈtɒgrəfɪ ‖ fəˈtɑgrəfɪ/ *noun* [U] the skill or process of taking photographs 摄影术；摄影: *wildlife photography* 野生动植物摄影

phrasal verb /ˈfreɪzl vɜːb ‖ ˈfrezl̩ vɝb/ *noun* [C] a verb that is combined with an adverb or a preposition to give a new meaning, such as 'look after' or 'put sb off' 短语动词（与副词或介词连用而产生新意义的动词，如 look after 或 put sb off）

☆**phrase** /freɪz ‖ frez/ *noun* [C] a group of words that are used together. A phrase does not contain a full verb 词组/短语/片语（一同使用的一组词语，其中没有谓语动词）: *'First of all' and 'a bar of chocolate' are phrases.* ＊ first of all（首先）及 a bar of chocolate（一块巧克力）都是短语。

phrase *verb* [T] to express sth in a particular way 用某种方式表达: *The statement was phrased so that it would offend no one.* 这声明措辞小心，避免冒犯任何人。

ˈ**phrase book** *noun* [C] a book that gives common words and phrases in a foreign language. People use phrase books when they travel abroad to a country whose language they do not know.（外语）常用语手册（供不懂外语的人士到外国旅行时用）

P

☆**physical** /ˈfɪzɪkl ‖ ˈfɪzɪkḷ/ *adj* **1** of or for your body 与身体/肉体有关: *physical exercise* 体育活动 ○ *Parents must consider their children's physical and emotional needs.* 家长必须同时顾及子女身体上和精神上的需要。**2** connected with real things that you can touch, or with the laws of nature 与实物/自然规律有关: *physical geography* 自然地理学 ○ *It is a physical impossibility to be in two places at once.* 按自然规律，一个人不可能同时身处两地。**3** connected with physics 与物理学有关 —**physically** /-klɪ ‖ -kḷɪ/ *adv*: *to be physically fit* 身体很健康 ○ *It will be physically impossible to get to London before ten.* 要在十时以前抵达伦敦是完全没有实际可能的。

physician /fɪˈzɪʃn ‖ fəˈzɪʃən/ *noun* [C] a doctor, especially one who treats diseases with medicine (= not a surgeon) 医生；（尤指）内科医生（能开药治病但不是替人施手术的外科医生）

physicist /ˈfɪzɪsɪst ‖ ˈfɪzəsɪst/ *noun* [C] a person who studies physics 物理学家；物理学研究者

☆**physics** /ˈfɪzɪks ‖ ˈfɪzɪks/ *noun* [U] the scientific study of natural forces such as light, sound, heat, electricity, pressure, etc 物理/物理学（自然力量的科学研究，如研究光、声音、热、电力、压力等）

physiotherapy /ˌfɪzɪəʊˈθerəpɪ ‖ ˌfɪzɪoˈθɛrəpɪ/ *noun* [U] the treatment of disease or injury by exercise, massage, heat, etc 物理治疗；理疗

physiotherapist /-pɪst ‖ -pɪst/ *noun* [C] a person who is trained to use physiotherapy 物理治疗师；理疗医生

physique /fɪˈziːk ‖ fɪˈzik/ *noun* [C] the size and shape of a person's body 体形；体格: *a strong muscular physique* 肌肉发达的体格

☆**piano** /pɪˈænəʊ ‖ pɪˈæno/ *noun* [C] (*pl* **pianos** /-nəʊz ‖ -noz/) (also *formal* 正式 **pianoforte** /pɪˌænəʊˈfɔːtɪ; *US* 美 pɪˈænəfɔːrt ‖ pɪˈænəˌfɔrt/) a large musical instrument that you play by pressing down black and white bars (**keys**). This causes small hammers to hit strings inside the instrument 钢琴（琴键叫做 **key**）: *an upright piano* 竖式钢琴 ○ *a grand piano*（平台式）大钢琴 ☛ Note that, as with all musical instruments, we play **the** piano. 与其他乐器一样，"弹钢琴"我们说 play **the** piano。

pianist /ˈpɪənɪst ‖ ˈpiənɪst/ *noun* [C] a person who plays the piano 钢琴演奏者；钢琴家

☆**pick**[1] /pɪk ‖ pɪk/ *verb* [T] **1** to choose sb/sth from a group of people or things 选出；挑出；挑选: *She picked her words carefully so as not to upset anybody.* 她小心地斟酌字句，以免冒犯他人。○ *to be picked to play for the team* 获选加入球队 ○ *We picked a good day to go to the beach.* 我们选了一个好日子到海边去。**2** to take a flower, fruit or vegetable from the place where it is growing 采/摘（花朵/水果/蔬菜）: *I've picked you a bunch of flowers.* 我为你采了一束鲜花。○ *Don't pick wild flowers.* 不要采摘野花。○ *to go fruit-picking* 去摘水果 **3** to remove a small piece or pieces of sth with your fingers（用手指）掏/扒/挖掉（细小的东西）: *Don't pick your nose!* 别掏鼻孔！**4** to take sth off sth 拿走；取去: *Don't pick all the nuts off the top of the cake.* 别挑去蛋糕上所有的果仁。○ *She picked a hair off her jacket.* 她从短上衣上拈去一根头发。**5** to open a lock without a key, eg with a piece of wire 撬开（锁）

(IDIOMS 习语) **have a bone to pick with sb** ⇨ BONE

pick a fight (with sb) to start a fight with sb deliberately 故意招惹某人打架

pick sb's pocket to steal money, etc from sb's pocket or bag 扒窃

(PHRASAL VERBS 短语动词) **pick on sb** to behave unfairly or unkindly towards sb 挑剔/针对某人

pick sb/sth out to choose or recognize sb/sth from a number of people or things（从很多人或物件中）选出/认出: *I immediately picked Jean out in the photo.* 我立刻在相片中把琼认出来了。

pick up to become better; to improve 好转；改善

pick sb up 1 to collect sb, in a car, etc（用车等）接载某人: *We've ordered a taxi to pick us up at ten.* 我们已叫了一辆计程车在十点钟来接我们。**2** (*informal* 非正式) to start talking to sb you do not know and try to start a sexual relationship with him/her 结识；勾搭 **3** (used about the police 指警察) to stop sb and question them 拦住盘问；拘捕盘问: *The drug dealers were picked up in Dover.* 这些毒品贩子在多佛被拘捕。

pick sb/sth up 1 to take hold of and lift sb/sth 捡起；拿起；提起: *The phone stopped ringing just as I picked up the receiver.* 我一拿起听筒，电话铃就不响了。○ *Lucy picked up the child and gave him a cuddle.* 露西抱起那小孩，紧紧地搂了他一下。○ *Pick those things up off the floor!* 捡起地板上的东西！**2** to hear or see sb/sth by means of a radio, television, etc（从电台、电视等）收听到/收看到: *In the north of France you can pick up English television programmes.* 在法国的北部可以收看到英国播放的电视节目。

pick sth up 1 to learn sth without formal lessons 没有正式上课而学会某事物: *Joe picked up a lot of Italian by playing with the local children.* 约瑟夫在与当地孩子玩耍的时候，学到了许多意大利话。**2** to get or find sth 得到/找到某事物: *You can pick up a lot of information* *about local history by talking to the older residents.* 与那些老一辈的居民交谈可以从中得到很多有关当地历史的资料。**3** to go and get sth; to collect sth 取/收集某事物: *We must pick up the tickets half an hour before the show begins.* 我们要在电影开场前半小时去拿戏票。

ˈ**pickpocket** /ˈpɪkpɒkɪt ‖ ˈpɪkˌpɑkɪt/ *noun* [C] a person who steals things from other people's pockets or bags in public places 扒手

pick[2] /pɪk ‖ pɪk/ *noun* [sing] **1** the one that you choose; your choice 选出来的东西；选择: *You can have whichever cake you like. Take your pick.* 你想要哪一样蛋糕都可以，挑吧。**2** the best of a group 精华；最佳的部分: *You can see the pick of the new films at this year's festival.* 在今年的电影节中可以看到最佳的新影片。

pick[3] /pɪk ‖ pɪk/ *noun* [C] (*also* 亦作 **pickaxe**; *US* 美 **pickax** /ˈpɪkæks ‖ ˈpɪkˌæks/) a tool that consists of a curved iron bar with sharp points at both ends, fixed onto a wooden handle. Picks are used for breaking stones or hard ground. 鹤嘴锄/镐（用于击碎石头或掘地）

picket /ˈpɪkɪt ‖ ˈpɪkɪt/ *noun* [C] a worker or group of workers who stand outside a place of work during a strike and try to persuade other people not to go in（说服其他人加入罢工的）罢工纠察队员/罢工纠察队 —**picket** *verb* [I,T]

pickle /ˈpɪkl ‖ ˈpɪkḷ/ *noun* [C,U] food such as fruit and vegetables that is put in vinegar or salt water so that it can be kept for a long time（用醋或盐水）腌制过的食品；泡菜: *a supper of cold meat and pickles* 有冷肉及泡菜的晚餐 —**pickle** *verb*: *pickled onions* 腌制过的洋葱

picky /ˈpɪkɪ ‖ ˈpɪkɪ/ *adj* (**pickier**; **pickiest**) (*informal* 非正式) (*especially US* 尤为美) difficult to please 难以取悦；爱挑剔 ☛ Look at **fussy**. 参看 **fussy**。

☆**picnic** /ˈpɪknɪk ‖ ˈpɪknɪk/ *noun* [C] **1** a meal that you eat outdoors (in the country or on a beach, etc) 户外用餐；野餐: *a picnic lunch* 盒饭 ○ *We had a picnic on the beach.* 我们在海滩野餐。**2** a trip that you make for pleasure during which you eat a picnic 郊游野餐；野餐: *It's a lovely day – let's go for a picnic.* 天气真好——一起去野餐吧。—**picnic** *verb* [I] (*pres part* **picnicking**; *pt, pp* **picnicked**)

pictorial /pɪkˈtɔːrɪəl ‖ pɪkˈtɔrɪəl/ *adj* expressed in pictures 用图片表示的

☆**picture** /ˈpɪktʃə(r) ‖ ˈpɪktʃɚ/ *noun* **1** [C] a painting, drawing or photograph 画；图画；图片；相片；照片: *Many of Turner's pictures are of the sea.* 特纳的画很多都是画海的。○ *to draw/paint a picture* 画一幅画 ○ *Look at the picture on page 96 and describe what you see.* 看看第96页的图画并加以描述。○ *Come and have your picture* (= photograph) *taken.* 来拍照吧。**2** [C] an idea or memory of sth in your mind（脑海里对某事物的）概念/印象: *Dickens' novels give a good picture of what life was like in Victorian England.* 狄更斯的小说形象地描述了维多利亚时代英格兰的生活。**3** [C] the quality of what you see on a television（电视的）画面/图像: *I'm sorry, the television's quite old and the picture isn't very good.* 很抱歉，这部电视机很旧了，画面不很清晰。**4** [C] (*Brit* 英) a film (in a cinema) 电影；影片 **5 the pictures** [plural] (*Brit* 英) the cinema 电影院: *We're going to the pictures this evening.* 今晚我们去看电影。

picture *verb* [T] **1** to imagine sth in your mind 想像；构想: *Kevin used to be so wild. I can't picture him as a father.* 凯文过去那么放荡，我没法想像他是怎样当爸爸的。**2** to make a picture of sb/sth 绘；画；拍摄: *The happy couple, pictured above, left for a honeymoon in Bali.* 上面那张照片中的恩爱夫妻已出发到巴厘岛度蜜月去了。

picturesque /ˌpɪktʃəˈresk ‖ ˌpɪktʃəˈrɛsk/ *adj* (usually used about a place 通常指地方) attractive and interesting 风光如画: *a picturesque fishing village* 风景如画的渔村

☆**pie** /paɪ ‖ paɪ/ *noun* [C,U] a type of food. A pastry case is filled with fruit, vegetables or meat and then baked 馅饼（内有水果、蔬菜或肉的烤饼）: *apple pie and custard* 苹果馅饼和蛋奶沙司 ☛ Look at **shepherd's pie** and **mince pie**. 参看 **shepherd's pie** 及 **mince pie**。In Britain a **pie** usually has pastry underneath and on top of the filling. (An American pie may only have pastry underneath). 在英国，馅饼 (**pie**) 馅儿的上面和底下通常都有油酥皮。（美式的馅饼有些只在底下有油酥皮）。A **tart** or **flan** only has pastry under the filling and is usually sweet. * **tart** 或 **flan** 只在馅儿底下有油酥皮，而且通常是甜的。A **quiche** is a type of flan with a savoury filling. * **quiche** 是一种有咸味馅儿的馅饼，只在馅儿底下有油酥皮。

☆**piece**[1] /piːs ‖ pis/ *noun* [C] **1** an amount or example of sth 片；块；段；张: *a piece of paper* 一张纸 ○ *a lovely piece of furniture* 一件漂亮的家具 ○ *Would you like another piece of cake?* 你要再吃一块蛋糕吗？○ *a very good piece of work* 一件极佳的作品 ○ *a piece of advice* 一个忠告 ○ *a very interesting piece of information* 一段很有趣的资料 **2** one of the parts that sth is made of（组成某物的）部分/部件: *She took the model to pieces and started again.* 她把那模型拆开，然后又重新开始做。○ *We need a new three-piece suite* (= a sofa and two chairs). 我们需要一套新的三件一套的沙发（一张长沙发和两张单座沙发）。**3** one of the parts into which sth breaks 碎片；碎块；断片: *The plate fell to the floor and smashed to pieces.* 那只碟子掉在地上，摔成碎片。☛ **Bit** and **piece** are very similar in meaning but **bit** is more informal. * **bit** 与 **piece** 意思很相近，但 **bit** 多用于非正式的场合。**4** one of the small objects that you use when you are playing indoor board games 棋子: *chess pieces* 国际象棋的棋子 **5** a coin 一枚硬币: *Does the machine accept fifty-pence pieces?* 这机器可以投五十便士硬币吗？**6** an article in a newspaper or magazine（报纸或杂志上的）一篇文章 **7** a single work of art, music, etc: 一件（艺术作品）；一首（乐曲）*He played a piece by Chopin.* 他演奏了肖邦的一首作品。

(IDIOMS 习语) **bits and pieces** ⇨ BIT[1]

go to pieces to be unable to control yourself 不能控制自己: *When his wife died he seemed to go to pieces.* 他的妻子去世时，他悲伤得好像整个人都崩溃了。

a piece of cake (*informal* 非正式) something that is very easy 很容易的事情

piece[2] /pi:s ‖ pis/ *verb*
(PHRASAL VERB 短语动词) **piece sth together** **1** to put sth together from several pieces 拼合；凑合 **2** to discover the truth about sth from different pieces of information 从不同的资料中发现某事物的真相

P

piecemeal /'pi:smi:l ‖ 'pis,mil/ *adj, adv* done or happening a little at a time 零碎地；逐渐

pier /pɪə(r) ‖ pɪr/ *noun* [C] a large wooden or metal structure that is built out into the sea. Boats can stop at piers so that people can get on or off and goods can be loaded or unloaded. 码头（供船只上卸客/货的地方）

> ☛ A **pier** in a seaside holiday town is a similar structure which is used as a place of entertainment, with a theatre, amusements, etc. 海滨的度假城镇里用作娱乐场所的同类建筑亦叫做 **pier**，里面设有剧院、游乐场等。

pierce /pɪəs ‖ pɪrs/ *verb* [T] **1** to make a hole in sth with a sharp point（用尖物）刺穿/刺破/刺入/穿孔于: *Colin has had one ear pierced.* 科林的一只耳朵已扎了耳朵眼。○ *The sharp thorns pierced the ball.* 那些尖刺刺穿了球。**2** (used about light or a sound 用于光或声音) to be seen or heard suddenly 突然看见/听见: *A scream pierced the air.* 一声尖叫响彻云天。

piercing *adj* **1** (used about the wind, pain, a loud noise, etc 指风、痛楚、噪音等) strong and unpleasant 剧烈；刺耳；尖厉；刺骨 **2** (used about eyes or a look 指眼神或神态) seeming to know what you are thinking 能看透似的；敏锐；有洞察力的

piety /'paɪətɪ ‖ 'paɪətɪ/ *noun* [U] strong religious belief 虔诚；虔敬 ☛ The adjective is **pious**. 形容词为 **pious**。

☆**pig** /pɪg ‖ pɪg/ *noun* [C] **1** a fat animal with short legs and a curly tail that is kept on farms for its meat (**pork**) 猪（供食用的猪肉叫做 **pork**）

> ☛ A male pig is a **boar**, a female pig is a **sow** and a young pig is a **piglet**. 公猪叫做 **boar**，母猪叫做 **sow**，小猪叫做 **piglet**。When they make a noise, pigs **grunt**. 指猪发出叫声可用 **grunt**。Look at the note at **meat**. 参看 **meat** 的注释。

2 (*informal* 非正式) an unpleasant person or one who eats too much 令人讨厌的人；贪吃的人

pig *verb* [T] (pi**gg**ing; pi**gg**ed) **pig yourself** to eat or drink too much 吃喝过度

'piggyback *noun* [C] the way of carrying sb in which he/she rides on your back with his/her arms round your neck and knees round your waist 背；背负（用背负载某人）: *to give sb a piggyback* 背某人

'piggy bank *noun* [C] a small box, often shaped like a pig, that children use for saving money in 储蓄罐/扑满（常为猪形）

,pig'headed *adj* (*informal* 非正式) unwilling to change your mind or say that you are wrong 顽固；固执；倔强 ☛ Look at **stubborn** and **obstinate**. They are more formal. 参看 **stubborn** 及 **obstinate**，这两个词适用于较正式的场合。

'pigsty /-staɪ ‖ -staɪ/ (*also* 亦作 **sty**; *US* 美 **'pigpen**) *noun* [C] (*pl* **pigsties**) a small building where pigs are kept 猪栏；猪圈；猪舍: (*figurative* 比喻) *Tidy up your bedroom – it's a pigsty!* 整理一下你的卧室吧——都脏得像猪圈一样了！

pigeon /'pɪdʒɪn ‖ 'pɪdʒən/ *noun* [C] a fat grey bird that often lives in towns 鸽子

'pigeon-hole *noun* [C] one of a set of small open boxes that are used for putting papers or letters in（用于放文件或信件的）文件格/分类架

piglet /'pɪglɪt ‖ 'pɪglɪt/ *noun* [C] a young pig 小猪

pigment /'pɪgmənt ‖ 'pɪgmənt/ *noun* [C,U] a substance that gives colour to things 色素: *The colour of your skin depends on the amount of pigment in it.* 肤色是由皮肤里的色素多少决定的。

pigtail /'pɪgteɪl ‖ 'pɪg,tel/ *noun* [C] a piece of hair that has been divided into three and twisted together (**plaited**) 辫子（将头发分为三股编成一条辫子 (**plait**)）

☆**pile**[1] /paɪl ‖ paɪl/ *noun* [C] **1** a number of things lying on top of one another, or an amount of sth that is in a large mass（一）摞；（一）叠；（一）堆: *He always left his books in a neat pile.* 他总是把书摞得整整齐齐的。○ *A large pile of sand blocked the pavement.* 一大堆沙土阻塞了人行道。☛ A **pile** may be tidy or untidy. A **heap** is untidy. * **pile** 可以指整齐的一摞，也可以指不整齐的一堆，而 **heap** 则是指不整齐的一堆。**2** (often plural) (*informal* 非正式) a lot of sth 大量；一大堆: *I've got piles of work to do this evening.* 今晚我有大量工作要做。☛ **Loads of** is also common. * **loads of** 也很常用。

pile[2] /paɪl ‖ paɪl/ *verb* [T] **1 pile sth (up)** to put things one on top of the other to form a pile 摞/叠/堆起来: *Pile them on top of each other.* 把它们一个一个叠起来吧。**2 pile A on(to) B; pile B with A** to put a lot of sth on sth 把（大量的东西）堆在/放在（某物）上: *She piled the papers on the desk.* 她把文件堆放在书桌上。○ *The desk was piled with papers.* 书桌上堆满文件。

(PHRASAL VERBS 短语动词) **pile into sth/out of sth** (*informal* 非正式) to go in or out of sth in a disorganized way 蜂拥而入/出: *All the children tried to pile into the bus at the same time.* 所有孩子都想在同一时间挤进公共汽车。

pile up 1 to increase in quantity 积累；堆积: *The problems really piled up while I was away.* 我不在的时候，问题确实越积越多。**2** to put sth in a pile 把（某物）堆起来: *They piled up the logs at the side of the house.* 他们把木柴堆放在房子的旁边。**3** (used about several cars, etc 指数辆汽车等) to crash into each other 撞成一堆

ˈ**pile-up** *noun* [C] a crash that involves several cars, etc 多车相撞

piles /paɪlz ‖ paɪlz/ *noun* [plural] = HAEMORRHOIDS

pilgrim /ˈpɪlgrɪm ‖ ˈpɪlgrəm/ *noun* [C] a person who travels to a holy place for religious reasons 朝圣者: *Many pilgrims visit Mecca every year.* 每年都有很多人前往麦加朝圣。

pilgrimage /-ɪdʒ ‖ -ɪdʒ/ *noun* [C,U] a journey that is made by a pilgrim 朝圣: *to make a pilgrimage to Lourdes* 往卢尔德朝圣

pill /pɪl ‖ pɪl/ *noun* **1** [C] a small round piece of medicine that you swallow 药丸；药片: *Take one pill, three times a day after meals.* 饭后服，每日三次，每次一粒。○ *a sleeping pill* 安眠药片 ☛ Look at **tablet**. 参看 **tablet**。**2 the pill** (*also* 亦作 **the Pill**) [sing] a pill that some women take regularly so that they do not become pregnant 避孕药丸/药片: *She is on the pill.* 她正按时服用避孕药。

pillar /ˈpɪlə(r) ‖ ˈpɪlɚ/ *noun* [C] **1** a column of stone, wood or metal that is used for supporting part of a building 柱子；支柱 **2** an important and active member of sth 重要而活跃的成员；台柱；中坚分子: *a pillar of the local golf club* 本地高尔夫球会的中坚分子

ˈ**pillar-box** *noun* [C] (*Brit* 英) a tall round red box in a public place into which you can post letters, which are then collected by a postman 邮筒 ☛ Look at **postbox**. 参看 **postbox**。

pillion /ˈpɪlɪən ‖ ˈpɪljən/ *noun* [C] a seat for a passenger behind the driver on a motor cycle 摩托车后座

☆**pillow** /ˈpɪləʊ ‖ ˈpɪlo/ *noun* [C] a large cushion that you put under your head when you are in bed 枕头 ☛ picture at **bed**. 见 **bed** 插图。You use a **pillow** in bed. In other places, eg on a chair, you use a **cushion**. 在床上可用 **pillow**，而在其他地方，如椅子上则用 **cushion**（软垫）。

ˈ**pillowcase** (*also* 亦作 ˈ**pillowslip**) *noun* [C] a cover for a pillow 枕套

☆**pilot** /ˈpaɪlət ‖ ˈpaɪlət/ *noun* [C] **1** a person who flies an aircraft 飞机驾驶员: *Philip is an airline pilot.* 菲利普是航空公司的飞机驾驶员。**2** a person with special knowledge of a difficult area of water, who guides ships through it（船舶的）领航员/领港

pilot *adj* (only *before* a noun 只用于名词前) done as an experiment or to test sth 试验性；实验的: *The pilot scheme will run for six months and then we will judge how successful it has been.* 那试验计划将实行六个月，然后我们将判定它成功的程度。

pilot *verb* [T] **1** to guide or help sb/sth (through sth) 指导；指引；引导；带领 **2** to act as the pilot of a vehicle 驾驶

pimp /pɪmp ‖ pɪmp/ *noun* [C] a man who controls prostitutes, finds customers for them and takes part of the money they earn（为妓女）拉皮条的男子

pimple /ˈpɪmpl ‖ ˈpɪmpl̩/ *noun* [C] a small red spot on your skin 丘疹；粉刺

☆**pin**[1] /pɪn ‖ pɪn/ *noun* [C] **1** a short thin piece of metal with a round head at one end and a sharp point at the other. Pins are used for fastening together pieces of cloth, paper, etc. 大头针；别针 ☛ Look at **drawing-pin** and **safety pin**. 参看 **drawing-pin** 及 **safety pin**。**2** a small piece of wood or metal that is used for a particular purpose 钉子；夹子: *a hairpin* 发夹

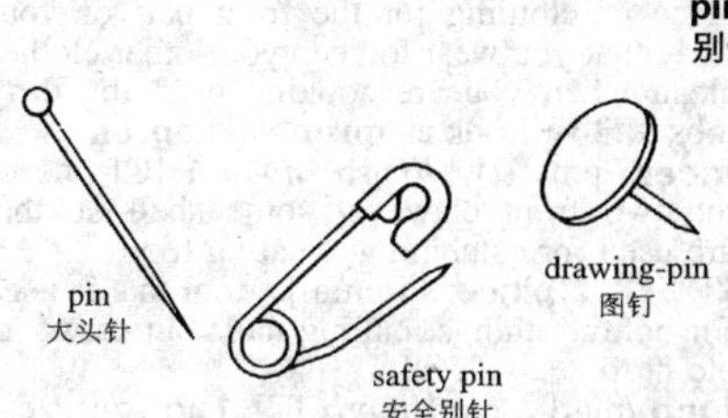

ˈ**pinpoint** *verb* [T] **1** to find the exact position of sth 找出某物的确切位置: *to pinpoint a place on the map* 在地图上找出某个地方的位置 **2** to describe or explain exactly what sth is 准确地描述/解释: *Once the cause of the failure has been pinpointed, we can decide what to do about it.* 一旦确定了失败的原因，我们就可以决定怎样去做。

ˌ**pins and** ˈ**needles** *noun* [plural] (*informal* 非正式) the little pains that you get in a part of your body after it has been in one position for too long and when the blood is returning to it 发麻；针刺感: *I've got pins and needles in my hand.* 我的手发麻。

pin[2] /pɪn ‖ pɪn/ *verb* [T] (pi**nn**ing; pi**nn**ed) **pin sth to/on sth; pin sth together** to fasten sth with a pin or pins（用针）钉住/固定: *Could you pin this notice on the board, please?* 请你把这张通告钉在布告板上，可以吗？○ *The dress is just pinned together. I've not sewn it yet.* 这条连衣裙只是用大头针别在一起，我还没有把它缝好。○ (*figurative* 比喻) *The policeman held him with his arms pinned to his sides.* 警察抓住了他，把他的胳膊按在胁部。○ (*figurative* 比喻) *All our hopes are pinned on him.* 我们所有的希望都寄托在他身上。

(PHRASAL VERBS 短语动词) **pin sb/sth against/under sth** to keep sb/sth in one position so that it is impossible to move 使处于不能动弹的位置；按住；压住: *He was pinned under the fallen tree.* 他被那棵倒下来的树压住了。○ *to be pinned against a wall* 被人按在墙上

pin sb down 1 to cause sb to be unable to move 使某人不能移动；按住某人 **2** to make sb decide sth or say exactly what he/she is going to do 使某人决定某事或确切说明意图: *Can you pin her down and find out what time she will be coming?* 你可以让她定下来访的时间吗？

pin sth down to describe or explain exactly what sth is 确切地描述/解释某事物

ˈ**pin-up** *noun* [C] (*informal* 非正式) a picture of an attractive person, in a magazine or pinned on a wall（杂志上或钉在墙上的）漂亮的人的画像/照片

pinafore /ˈpɪnəfɔ:(r) ‖ ˈpɪnəˌfɔr/ *noun* [C] a

piece of clothing for the front part of your body that you wear to keep your other clothes clean when you are cooking or doing dirty jobs 围裙 ☛ Look at **apron**. 参看 **apron**。

pincer /ˈpɪnsə(r) ‖ ˈpɪnsɚ/ *noun* **1** [C] one of the two front claws of some shellfish that are used for catching and eating food（甲壳动物的）螯 **2 pincers** [plural] a tool that is used for holding things, pulling nails out of wood, etc 钳子

pinch /pɪntʃ ‖ pɪntʃ/ *verb* [T] **1** to squeeze a piece of sb's skin tightly between your thumb and first finger（用拇指和食指）捏/拧/掐: *The lesson was so boring I had to pinch myself to stay awake.* 那节课沉闷得我要拧我自己来保持清醒。○ *Paul pinched his brother and made him cry.* 保罗掐他的弟弟，使他哭了起来。 **2** (*informal* 非正式) to steal 偷窃: *Someone's pinched my umbrella.* 有人偷了我的雨伞。

pinch *noun* [C] **1** an act of pinching(1) 捏；拧；掐: *She gave him a little pinch on the arm.* 她轻轻地捏了他的胳膊一把。 **2** the amount of sth that you can pick up with your thumb and first finger 一撮（用拇指和食指可拿取的分量）: *a pinch of salt* 一撮盐

(IDIOMS 习语) **at a pinch** if necessary but with some difficulty 必要时: *We really need three but we could manage with two at a pinch.* 我们确实需要三个，但必要时两个也可应付得来。

take sth with a pinch of salt to believe that sth is probably not true or completely accurate 半信半疑

pinched *adj* (used about sb's face 指某人的脸) thin and pale because of illness, cold, etc（因疾病、寒冷等）瘦削苍白

pine[1] /paɪn ‖ paɪn/ *noun* **1** [C] (*also* 亦作 ˈ**pine tree**) a tall tree that has thin sharp leaves (**needles**) and woody fruit (**pine cones**) 松树（一种有针叶 (**needle**) 及松果 (**pine cone**) 的高大树木）: *a Swedish pine forest* 一个瑞典松树林 ☛ Trees, like the pine, that do not lose their leaves in winter are called **evergreen**. 像松树等在冬天不会落叶的树木称为常绿树 (**evergreen**)。 **2** [U] the wood from pine trees (which is often used for making furniture) 松木（常用于制造家具）: *a pine table* 松木桌子

pine[2] /paɪn ‖ paɪn/ *verb* [I] to be very unhappy because sb has died or gone away or because you cannot have sth that you want（因生离死别或得不到想要的东西而）悲伤/憔悴: *I hope you haven't been pining for me while I've been away.* 我不在的时候，希望你没有太思念我。

pineapple /ˈpaɪnæpl ‖ ˈpaɪnˌæpl/ *noun* [C,U] a large juicy fruit that is yellow inside and has a thick brown skin with sharp points. Pineapples grow in hot countries 菠萝；凤梨: *pineapple juice* 菠萝汁

ping /pɪŋ ‖ pɪŋ/ *noun* [C] the short high noise that is made by a small bell or by a metal object hitting against sth hard（小铃或金属物件撞击硬物所发出的）短而尖的声音；乒；铛 —**ping** *verb*: *The microwave oven will ping when the food is ready.* 食物一做好，微波炉就会发出叮铛的一声。

ping-pong /ˈpɪŋpɒŋ ‖ ˈpɪŋˌpɑŋ/ *noun* [U] (*informal* 非正式) = TABLE TENNIS

☆**pink** /pɪŋk ‖ pɪŋk/ *adj* pale red in colour 粉红色的；淡红色的: *Baby girls are often dressed in pink clothes.* 女婴常常穿上粉红色的衣服。

pink *noun* [U] a pink colour 粉红色；淡红色: *The bedroom was decorated in pink.* 睡房漆成了粉红色。

pinkish *adj* rather pink 带粉红色

pinnacle /ˈpɪnəkl ‖ ˈpɪnəkl̩/ *noun* [C] **1** a pointed stone ornament on the top of a church or castle（教堂/堡垒顶端的）尖塔 **2** a high rock on a mountain 山峰 **3** the highest point of sth（某事物的）最高点/顶点: *Mary is at the pinnacle of her career.* 玛丽的事业正处于顶峰。

☆**pint** /paɪnt ‖ paɪnt/ *noun* [C] **1** (*abbr* 缩写 **pt**) a measure of liquid; 0.57 of a litre. There are 8 pints in a gallon 品脱（液体量度单位，一品脱等于0.57升，一加仑有8品脱）: *a pint of milk* 一品脱牛奶 ☛ An American pint is 0.47 of a litre. 美制一品脱等于0.47升。 **2** (*informal* 非正式) a pint of beer 一品脱啤酒: *Let's have a pint at the pub.* 咱们一起去酒馆喝杯啤酒吧。

pioneer /ˌpaɪəˈnɪə(r) ‖ ˌpaɪəˈnɪr/ *noun* [C] **1** a person who is one of the first to go and live in a particular area 拓荒者；开拓者；开辟者: *the pioneers of the American West* 美国西部的拓荒者 **2** a person who is one of the first to go somewhere or do sth 先锋；先驱者；创办者；倡导者: *Yuri Gagarin was one of the pioneers of space exploration.* 尤里·加加林是太空探险的先驱者之一。

pioneer *verb* [I,T] to be one of the first people or organizations to go somewhere, do sth or develop sth 始创；作先驱；开拓；倡导: *The hospital is famous for its pioneering work in heart surgery.* 这家医院以最先研究心脏手术而驰名。

pious /ˈpaɪəs ‖ ˈpaɪəs/ *adj* having or showing a deep belief in and love of religion 虔诚；笃信的 —**piously** *adv* ☛ The noun is **piety**. 名词为 **piety**。

pip[1] /pɪp ‖ pɪp/ *noun* [C] the small seed of an apple, a lemon, an orange, etc（苹果、柠檬、橘子等的）种子/籽

pip[2] /pɪp ‖ pɪp/ *verb* (pi**pp**ing; pi**pp**ed)

(IDIOM 习语) **pip sb at the post** to defeat sb at the last moment or by a small amount 在最后一刻击败某人；险胜某人

☆**pipe**[1] /paɪp ‖ paɪp/ *noun* [C] **1** a hollow tube that carries gas or liquid（输送气体或液体的）管子: *The burglar climbed up a drainpipe and got in through an open window.* 窃贼爬上排水管，从一个敞开着的窗户进入屋里。○ *a gas-pipe* 煤气管 ○ *The hot-water pipe has burst.* 热水管裂开了。 **2** a small tube with a bowl at one end that is used for smoking tobacco 烟斗: *Does Don smoke a pipe?* 唐纳德吸烟斗吗？ **3** a simple musical instrument that consists of a tube with holes. You blow into it to play it. 管乐器 **4 pipes** [plural] = BAGPIPES

ˈ**pipeline** *noun* [C] a line of pipes[1](1) that are used for carrying liquid or gas（输送液体或气体的）一列管道: *The oil pipeline stretches from*

Iraq to the Turkish coast. 这条输油管由伊拉克伸展到土耳其海岸。
(IDIOM 习语) **in the pipeline** being planned or prepared 在计划中；在准备中

pipe[2] /paɪp ‖ paɪp/ *verb* **1** [T] to carry liquid or gas in pipes(1) 用管子输送（液体/气体）: *Water is piped to all the houses in the village.* 水是经管道输送到村内各所房子的。○ (*figurative* 比喻) *Many supermarkets have piped music playing all the time.* 很多超级市场通过有线系统不断播放音乐。**2** [I,T] to play music on a pipe(3) 吹奏管乐器

piper /ˈpaɪpə(r) ‖ ˈpaɪpɚ/ *noun* [C] a person who plays a pipe(3) or the bagpipes 管乐器吹奏者；风笛吹奏者

pirate /ˈpaɪərət ‖ ˈpaɪrət/ *noun* [C] **1** a sailor who attacks and robs ships at sea 海盗 **2** a person who copies books, video tapes, computer programs, etc in order to sell them illegally 非法翻印或复制者；盗印者；盗制者
piracy /ˈpaɪərəsɪ ‖ ˈpaɪrəsɪ/ *noun* [U] **1** robbery by pirates 海盗的劫掠 **2** illegal copying of books, video tapes, etc 非法翻印；非法复制
pirate *verb* [T] to copy a book, video tape, etc in order to sell it 非法翻印；非法复制

Pisces /ˈpaɪsi:z ‖ ˈpaɪsiz/ *noun* [C,U] the twelfth sign of the zodiac, the Fishes; a person who was born under this sign 双鱼宫（黄道第十二宫）；属双鱼座的人 ☛ picture at **zodiac**. 见 **zodiac** 插图。

pistol /ˈpɪstl ‖ ˈpɪstl̩/ *noun* [C] a small gun that you hold in one hand 手枪: *She aimed the pistol and fired.* 她用手枪瞄准，然后开枪。○ *a water-pistol* 玩具水枪 ☛ Look at the note at **gun**. 参看 **gun** 的注释。

piston /ˈpɪstən ‖ ˈpɪstn̩/ *noun* [C] a piece of metal in an engine, etc that fits tightly inside a tube. The piston is moved up and down inside the tube and itself causes other parts of the engine to move. 活塞

pit[1] /pɪt ‖ pɪt/ *noun* [C] **1** a large hole that is made in the ground 坑: *a gravel-pit* 采石场 **2** = COALMINE: *to work down the pit* 在煤矿工作 **3 the pits** [plural] the place near a race-track where cars stop for fuel, new tyres, etc during a race（赛车道旁的）检修加油站
(IDIOM 习语) **be the pits** (*informal* 非正式) (*especially US* 尤为美) to be very bad 极坏: *The food in that restaurant is the pits!* 那饭店的食物很差劲！

pit[2] /pɪt ‖ pɪt/ *verb* [T] (pit**t**ing; pit**t**ed) to make shallow holes in the surface of sth 使（某物表面）凹陷: *The front of the building was pitted with bullet marks.* 那座建筑物的正面布满弹痕。
(PHRASAL VERB 短语动词) **pit sb/sth against sb/sth** to test sb/sth against sb/sth else in a fight or competition 使某人/某物与他人/他物较量: *The two strongest teams were pitted against each other in the final.* 最强的两队在总决赛中互相对垒。

pitch[1] /pɪtʃ ‖ pɪtʃ/ *verb* **1** [T] to set sth at a particular level 把（某物）定于某水平: *The talk was pitched at people with far more experience than me.* 这个讲座是为经验比我丰富得多的人而设的。○ *a high-pitched voice* 高噪音 **2** [I,T] (to cause sb/sth) to fall over（使）跌倒；（使）倒下: *His bike hit a stone and he was pitched forwards over the handlebars.* 他的自行车撞到了一块石头，把他从车上抛了出去。**3** [I] (used about a ship or an aeroplane 指船或飞机) to move up and down or from side to side 上下颠簸；左右摇摆 **4** [T] to put up a tent or tents 搭（帐篷）；扎（营）: *They pitched camp in the valley.* 他们在山谷中扎营。**5** [T] to throw sth (often a ball) 投/掷/抛（球等）
(PHRASAL VERB 短语动词) **pitch in** (*informal* 非正式) to join in and work together with other people 加入并与别人一起工作；协力做: *Everybody has to pitch in when we're on holiday.* 我们放假的时候，大家要齐心合力。

P

pitch[2] /pɪtʃ ‖ pɪtʃ/ *noun* **1** [C] a special area of ground where you play certain sports 球场: *a cricket, football, hockey, etc pitch* 板球/足球/曲棍球…的球场 ○ *on/off the pitch* 在场上；在场外 ○ *The fans invaded the pitch when the match ended.* 比赛一结束，大批球迷涌进了球场。☛ picture at **football**. 见 **football** 插图。Look at **court**. 参看 **court**。**2** [sing] the level of sth 程度: *The children's excitement almost reached fever pitch.* 孩子们兴奋得近乎疯狂。**3** [U] the degree of highness or lowness of a musical note or a voice（音符的）音高；（说话声调的）高低 **4** [U] the movement of a ship or an aeroplane up or down or from side to side（船或飞机）上下颠簸/左右摇摆

pitch-black /ˌpɪtʃ ˈblæk ‖ ˈpɪtʃˈblæk/ (*also* 亦作 **pitch-dark**) *adj* completely dark; with no light at all 漆黑；黑暗无光

pitcher /ˈpɪtʃə(r) ‖ ˈpɪtʃɚ/ *noun* [C] a large container for holding and pouring liquids（盛载液体的）大罐/大壶 ☛ In US English this is the usual word for **jug**. 美国英语常用 pitcher 而不用 **jug**。

piteous /ˈpɪtɪəs ‖ ˈpɪtɪəs/ *adj* (*formal* 正式) that makes you feel pity or sadness 可怜；令人同情；使人怜悯 —**piteously** *adv*

pitfall /ˈpɪtfɔ:l ‖ ˈpɪtˌfɔl/ *noun* [C] an unexpected danger; a mistake that you might easily make 意想不到的危险；易犯的错误

pith /pɪθ ‖ pɪθ/ *noun* [U] the white substance inside the skin of an orange, etc（橘子等）外皮下的海绵层

pithy /ˈpɪθɪ ‖ ˈpɪθɪ/ *adj* expressed in a clear, direct way 清楚而直接了当；简练: *a pithy comment* 言简意赅的评语

pitiful /ˈpɪtɪfl ‖ ˈpɪtɪfəl/ *adj* causing you to feel pity or sadness 可怜；令人同情: *the pitiful groans of the wounded soldiers* 伤兵可怜的呻吟声 ☛ Look at **pathetic**. 参看 **pathetic**。—**pitifully** /-fəlɪ ‖ -fəlɪ/ *adv*: *The children were pitifully thin.* 那些孩子瘦得可怜。

pitiless /ˈpɪtɪlɪs ‖ ˈpɪtɪlɪs/ *adj* having or showing no pity for other people's suffering 无同情心；无情；对别人的苦痛无动于衷 —**pitilessly** *adv*

☆**pity** /ˈpɪtɪ ‖ ˈpɪtɪ/ *noun* **1** [U] a feeling of sadness that you have for sb/sth that is suffering or in trouble 同情；怜悯；可怜: *The dog was in such a terrible state that we took it home with us out of pity.* 那条狗的情况是那样恶劣，以至于

P

使我们动了同情心，把它带回家。○ *He showed no pity at the way they had been treated.* 对于别人如何对待他们，他表现得无动于衷。○ *All I feel for her now is pity – I'm not angry any more.* 现在我对她只有同情——我再也不生气了。**2** [sing] something that makes you feel a little sad or disappointed 可惜的事情；遗憾的事情: *'You're too late. Emily left five minutes ago.' 'Oh, what a pity!'* "你太迟了，埃米莉在五分钟前已走了。" "哎，真可惜！" ○ *Isn't it a pity that Jane couldn't come after all?* 珍妮还是不能来，这不是很可惜吗？○ *It would be a pity not to use the car now that we've got it.* 我们现在有汽车而不用是很可惜的。○ *'There's a street map in the car.' 'It's a pity you didn't think of it before.'* "车里有一张街道图。" "可惜你刚才没想起来。"

(IDIOM 习语) **take pity on sb** to help sb who is suffering or in trouble because you feel sorry for him/her 出于同情/怜悯而帮助某人

pity *verb* [T] (*pres part* **pitying**; *3rd pers sing pres* **pities**; *pt, pp* **pitied**) to feel pity or sadness for sb who is suffering or in trouble 同情/可怜/怜悯（某人）: *It is not enough to pity these people; we must try to help them.* 单单同情这些人是不够的，我们还要设法帮助他们。○ *I pity the person who has to clean his room!* 我同情那个要给他收拾房间的人！

pitying *adj* showing pity 同情的；怜悯的: *a pitying look* 同情的神色

pivot /ˈpɪvət ‖ ˈpɪvət/ *noun* [C] the central point on which sth balances or turns 支点；枢轴

pivot *verb* [I] to balance or turn on a central point 在支点上保持平衡；在枢轴上转动

pixie (*also* 亦作 **pixy**) /ˈpɪksɪ ‖ ˈpɪksɪ/ *noun* [C] (*pl* **pixies**) (in children's stories 童话故事中) a small person (a kind of fairy) who has magic powers 小精灵；小仙子

pizza /ˈpiːtsə ‖ ˈpitsə/ *noun* [C,U] a round flat piece of dough (like bread) that is covered with tomatoes, cheese, onions, etc and cooked in an oven 意大利馅饼（用面粉、番茄、干酪、洋葱等烤制而成的圆形扁饼）

placard /ˈplækɑːd ‖ ˈplækɑrd/ *noun* [C] a large notice that is fixed onto a wall or carried (in a demonstration, etc)（贴于墙上或示威时手持的）大海报/大型告示牌

placate /pləˈkeɪt; *US* 美 ˈpleɪkeɪt ‖ ˈpleket/ *verb* [T] to make sb feel less angry 平息（某人）愤怒的情绪；安抚；抚慰

☆**place**[1] /pleɪs ‖ ples/ *noun* [C] **1** a particular position or area 地方；地点；地区: *No one can be in two places at once.* 没有人能够同一时间身处两地。○ *This is a good place for a picnic.* 这是野餐的好地方。○ *The wall was damaged in several places.* 这堵墙上有几处受损了。○ *to mark your place in a book* (= where you have read to) 在书中读到的地方标上记号 ○ *Do you think that lamp is in the right place?* 你认为那盏灯放置得合适吗？**2** a building, village, town, country, etc 建筑物；村落；市镇；国家: *What is your place of birth?* 你在哪里出生？○ *Vienna is a very beautiful place.* 维也纳是个很美丽的地方。○ *a popular meeting-place for young people* 年轻人约会常去的地方 **3** a seat or position for sb/sth（某人/某物的）座位/位子/席位/位置: *They went into the classroom and sat down in their places.* 他们走进教室便坐在自己的位子上。○ *Go on ahead and save me a place in the queue.* 你先去排队，替我留个位子。○ *to lay six places for dinner* 摆好六位客人晚餐用的桌子 ☛ A **place** [C] is a seat or position for sb/sth * **place** 是指某人/某物占据的座位或位置: *If you arrive first, can you keep a place for me?* 如果你先到，可以给我留个位子吗？A place where you can park your car is also called a **space** [C]. 用来停放车辆的位置亦可叫做 **space**。You use **space** [U] and **room** [U] when you are talking about area in general * **space**（不可数名词）和 **room**（不可数名词）可用以泛指任何空间: *This piano takes up a lot of space/ room.* 这台钢琴占去了很多空间。○ *There is enough space/room for three people in the back of the car.* 汽车后座有足够空间容纳三个人。**4** your rank or position in society; your role（社会上的）地位/阶级/身分/职位: *I feel it is not my place to criticize my boss.* 我认为我没有资格批评上司。**5** an opportunity to study at a college, play for a team, etc 入读某学校/入选某体育队的机会: *Douglas has got a place to study law at Hull.* 道格拉斯已获准进入赫尔攻读法律。○ *Lucy is now sure of a place in the England team.* 露西现已入选英格兰队。**6** the usual or proper position or occasion for sth（某物）惯常或适当的位置；适当的场合/时刻: *The room was tidy. Everything had been put away in its place.* 这个房间很整齐，每样东西都放在适当的位置。○ *I saw him at the funeral but it was not the place to discuss business.* 我在葬礼上碰到他，但那不是跟他商讨业务的适当场合。**7** the position of a number after the decimal point（小数点后的）位: *Your answer should be correct to three decimal places.* 你的答案必须准确到小数点后三位数。**8** the position that you have at the end of a race, competition, etc（赛跑、比赛等的）名次: *Clare finished in second place.* 克莱尔得了第二名。**9** (*informal* 非正式) the house, etc where you live 住所；寓所: *Why not stay the night at our place?* 就在我们家里过夜吧。

(IDIOMS 习语) **change/swap places (with sb)** to take sb's seat, position, etc and let him/her have yours 与某人交换座位/位置等: *Let's change places so that you can look out of the window.* 让我们掉换座位吧，这样你就可以往窗外看。

fall, fit, slot, etc into place (used about sth that is complicated or difficult to understand 指复杂或费解的事物) to become organized or clear in your mind 变得清楚/明朗: *Pete spent two hours working on the timetable before it all fell into place.* 皮特花了两小时才把那时间表整理妥当。

in the first, second, etc place (used when you are explaining or giving reasons for sth 用于解释或提出理由) firstly, secondly, etc 第一；第二…

in my, your, etc place in my, your, etc situation or position 在我/你…的处境或地位: *If I were in your place I would wait a year* *before getting married.* 如果我处于你的情况，我会等待一年再结婚。

in place of sb/sth; in sb/sth's place instead of sb/sth 代替/取代某人或某物: *The professor was too ill to travel but she sent one of her colleagues in her place.* 教授病重不能出行，但她派了一位同事代她去。

put yourself in sb else's/sb's place to imagine that you are sb else 设身处地；站在他人的立场想: *Put yourself in Steve's place and you will realize how worried he must be.* 试站在史蒂夫的立场想想，你就知道他是多么担心了。

out of place **1** not in the correct or usual place 不在适当/惯常的位置 **2** not suitable for a particular situation（对某情况）不适应/格格不入: *I felt very out of place among all those clever people.* 跟这些聪明人在一起，我真感到与他们格格不入。

take place to happen 发生；进行: *The ceremony took place in glorious sunshine.* 典礼在灿烂的阳光中举行。

'place-name *noun* [C] the name of a city, town, hill, etc 地名

☆**place²** /pleɪs ‖ ples/ *verb* [T] **1** to put sth in a particular position or in its usual or proper position 放置；安放: *Dominic placed the cup on the table.* 多米尼克把茶杯放在桌子上。○ *The chairs had all been placed in neat rows.* 全部椅子都已整齐地一排一排放好了。○ *to place an advertisement in a newspaper* 在报纸上登广告 ○ (*figurative* 比喻) *We placed our trust in you and you failed us.* 我们信任你，而你却使我们失望。○ (*figurative* 比喻) *The blame for the disaster was placed firmly on the company.* 那宗灾难的责任肯定要由那家公司承担。**2** to put sb in a particular position or situation 使（某人）处于某境地/某情况: *His behaviour placed me in a difficult situation.* 他的举止使我很尴尬。○ *to place sb in charge* 委任某人作主管 ○ *Jane was placed third.* 珍妮得了第三名。**3** to remember who sb is or where you have seen them before 认出（某人）；记得在哪里见过（某人）**4** to give an order for sth to a person or company 发出（订单）；订购（货物）: *We placed an order for 150 T-shirts with a company in York.* 我们向约克的一家公司订了150件短袖汗衫。

placid /'plæsɪd ‖ 'plæsɪd/ *adj* calm or not easily excited 安静；平静；温和；沉着 —**placidly** *adv*

plague /pleɪg ‖ pleg/ *noun* **1** [C,U] a disease that spreads quickly and kills many people 瘟疫 **2** [C] a large number of unpleasant animals or insects that come into an area at one time 同一时间侵扰某地方的一大群令人厌烦的动物/昆虫: *a plague of ants* 蚁灾

plague *verb* [T] to cause sb/sth trouble or discomfort 给（某人/某事物）造成麻烦；使感到不适: *The project was plagued by a series of disasters.* 这项工程为接连发生的意外灾祸所困。

plaice /pleɪs ‖ ples/ *noun* [C,U] (*pl* **plaice**) a type of flat sea-fish, eaten as food 鲽（一种扁平的海鱼，可供食用）

☆**plain¹** /pleɪn ‖ plen/ *adj* **1** (only *before* a noun 只用于名词前) all one colour; without a pattern, etc 单色的；没有装饰；没有花纹；素净: *Shall we have a plain or patterned carpet?* 我们要一张单色的还是有花纹的地毯呢？ ☛ picture at **pattern**. 见 **pattern** 插图。**2** simple in style 朴素；简朴；简单: *The rooms are quite plain, but very comfortable.* 这些房间虽然布置得很简朴，但也十分舒适。○ *My father likes plain English cooking.* 我父亲喜欢清淡的英国菜。○ *Do you prefer plain* (= dark and strong) *or milk chocolate?* 你喜欢纯巧克力还是牛奶巧克力呢？**3** easy to see, hear or understand; clear 清晰；清楚；明显；明白: *It was plain that he didn't want to talk about it.* 他显然不想谈论这件事。○ *She made it plain that she didn't want to see me again.* 她清楚地表示她不想再见到我。○ *His instructions were very plain.* 他的指示很清楚。**4** (used about people, thoughts, actions, etc 指人、思想、行动等) saying what you think; direct and honest 直截了当；坦率；真诚: *I'll be plain with you. I don't like the idea.* 我坦白对你说，我不喜欢那主意。**5** (used especially about a woman or girl 尤指妇女或女孩) not beautiful 不美的: *She's a rather plain child.* 她是个相貌平庸的女孩。

plain *adv* (*especially US* 尤为美) completely 完全: *That is plain wrong.* 那完全错了。

plainly *adv* clearly 清楚: *Smoke was plainly visible nearly twenty miles away.* 浓烟在差不多二十英里外都可以清楚地看见。○ *He was plainly very upset.* 他显然很生气。

,plain 'clothes *noun* [plural] (used in connection with the police 用于指警察) ordinary clothes; not uniform 便衣: *The detectives were in plain clothes.* 这些警探身穿便衣。○ *a plain-clothes detective* 便衣警探

,plain 'flour *noun* [U] flour that does not contain a powder (**baking powder**) which makes cakes, etc rise 不含发酵粉 (**baking powder**) 的面粉 ☛ Look at **self-raising flour**. 参看 **self-raising flour**。

plain² /pleɪn ‖ plen/ *noun* [C] a large area of flat land with few trees 平原: *the great plains of the American Midwest* 美国中西部的大平原

plain³ /pleɪn ‖ plen/ *noun* [C] a simple stitch used in knitting（编织的）平针: *knit two plain, one purl* 两针平织，一针反织

plaintiff /'pleɪntɪf ‖ 'plentɪf/ *noun* [C] (*formal* 正式) a person who starts a legal action against sb in a court of law 原告 ☛ Look at **defendant**. 参看 **defendant**。

plaintive /'pleɪntɪv ‖ 'plentɪv/ *adj* sounding sad（声音听来）哀伤/悲伤/悲哀 —**plaintively** *adv*

plait /plæt ‖ plet/ (*US* 美 **braid**) *verb* [T] to twist three or more long thin pieces of hair, rope, etc over and under each other to make one thick piece（将头发、绳等）编成辫子/搓成粗绳

plait *noun* [C] a long piece of hair, rope, etc that has been plaited 辫子；搓成的粗绳: *to wear your hair in a plait/in plaits* 把头发编成一条/几条辫子 ☛ picture on next page. 见下页插图。

☆**plan** /plæn ‖ plæn/ *noun* [C] **1** an idea or arrangement for doing or achieving sth in the future 打算；计划: *Have you got any plans* *for the weekend?* 这个周末你有什么计划没有？○ *We usually make our holiday plans in January.* 我们通常在一月定出我们的度假计划。○ *The firm has no plans to employ more people.* 这家公司不打算增加人手。○ *The best plan is to ask him to meet us on Monday.* 最好的办法是叫他在星期一跟我们见面。**2** a list, drawing or diagram that shows how sth is to be organized 计划；进度表；大纲: *Before you start writing an essay, it's a good idea to make a brief plan.* 在开始写文章之前，最好先定出一个简单的大纲。**3** a map showing how a particular place is arranged 地图: *a plan of the Safari Park* 野生动物园的地图 ○ *a street plan of Berlin* 柏林的街道图 **4** a drawing that shows a building, part of a building, machine, road, etc as seen from different positions（建筑物、机器、道路等的）平面图/示意图/图样: *We're getting an architect to draw up some plans for a new kitchen extension.* 我们正在找建筑师替新的厨房扩建部分绘制图样。○ *You can study the plans for the motorway at the Town Hall.* 你可参阅市政厅那里的高速公路图样。

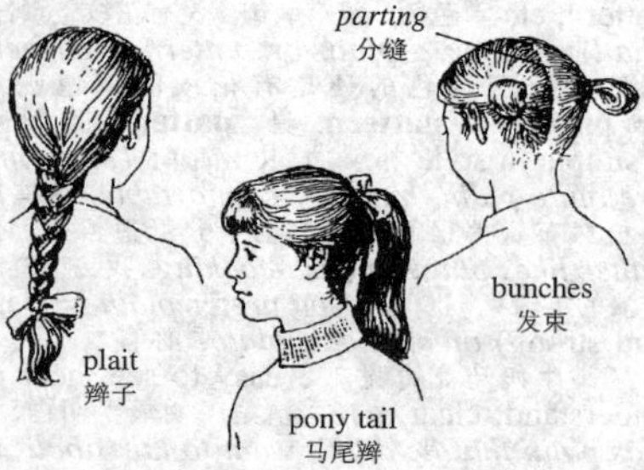

(IDIOM 习语) **go according to plan** to happen as planned 按计划进行

plan *verb* (pla**nn**ing; pla**nn**ed) **1** [I,T] to decide, organize or prepare for sth 计划；筹划；打算；安排: *to plan for the future* 为未来打算 ○ *You need to plan your work more carefully.* 你要更小心地安排自己的工作。**2** [I,T] **plan (on sth)** to intend doing sth 打算/计划做: *I'm planning on having a holiday in July.* 我打算在七月放假。○ *We're planning to arrive at about 4 o'clock.* 我们打算在4点钟左右到达。**3** [T] to make a plan of or for sth; to design sth 为（某事物）定计划/绘设计图；设计（某事物）: *You need an expert to help you plan the garden.* 你需要一个专家来帮你设计花园。○ *The new shopping centre seems to be very badly planned.* 新的购物中心似乎设计得很差。

planning *noun* [U] making plans or arrangements 计划；规划；策划: *The project requires careful planning.* 这项计划需要小心策划。○ *Family planning* (= using contraception) *enables people to control the number of children they have.* 家庭生育计划使人们可以控制他们的子女数目。

☆**plane**[1] /pleɪn ‖ plen/ *noun* [C] = AEROPLANE: *We boarded the plane in Geneva.* 我们在日内瓦登机。○ *a plane ticket* 一张飞机票 ○ *Has her plane landed yet?* 她乘坐的那班机降落了没有？○ *a Pan Am plane* 一架泛美航空公司的飞机 ○ *a plane crash* 一次飞机失事

plane[2] /pleɪn ‖ plen/ *noun* [C] (*technical* 术语) a flat surface 平面

plane[3] /pleɪn ‖ plen/ *noun* [C] a tool used for making the surface of wood smooth by taking very thin pieces off it 刨子（能把木材表面弄得平滑的工具）—**plane** *verb* [T]

☆**planet** /ˈplænɪt ‖ ˈplænɪt/ *noun* [C] a large body in space (like a star) that moves around the sun or another star 行星: *the natural resources of our planet* (= of the Earth) 我们这个行星（地球）的天然资源 ○ *The planets of our solar system are Mercury, Venus, Earth, Mars, Jupiter, Saturn, Uranus, Neptune and Pluto.* 太阳系的行星有水星、金星、地球、火星、木星、土星、天王星、海王星和冥王星。

planetarium /ˌplænɪˈteərɪəm ‖ ˌplænəˈtɛrɪəm/ *noun* [C] (*pl* **planetariums** or **planetaria** /-ɪə ‖ -ɪə/) a building that contains an apparatus for showing the positions and movements of the planets and stars 天文馆

plank /plæŋk ‖ plæŋk/ *noun* [C] a long flat piece of wood (that is used for making floors, etc)（铺地面等用的）木板

☆**plant**[1] /plɑ:nt; *US* 美 plænt ‖ plænt/ *noun* **1** [C] a living thing that grows in earth and has a stem, leaves and roots 植物: *a tomato plant* 一株番茄 ○ *a house plant* (= one that grows in a pot inside a house) 室内盆栽 ○ *to water the plants* 给植物浇水 **2** [C] a building where an industrial process takes place; a large factory 工厂

☆**plant**[2] /plɑ:nt; *US* 美 plænt ‖ plænt/ *verb* [T] **1** to put plants, seeds, etc in the ground to grow 种植；播种: *Bulbs should be planted in the autumn.* 鳞茎植物应该在秋季播种。**2 plant sth (with sth)** to cover or supply a garden, area of land, etc with plants 在花园里/土地上栽种植物: *It takes a lot of hard work to plan and plant a new garden.* 设计和种植一个新花园是很费心力的。○ *The field's been planted with wheat this year.* 今年这块田地已种了小麦。**3** to put sb/sth firmly in a certain position 牢固地把某人/某物安置于（某位置）: *He planted himself in the best seat.* 他稳坐在最好的位子。**4 plant sth (on sb)** to hide sth somewhere for a secret and usually criminal purpose (sometimes in order to make sb seem guilty of a crime) 隐藏/暗藏（通常指有犯罪意图）；栽赃: *The police think that terrorists may have planted the bomb.* 警方认为恐怖分子可能已暗中放置了炸弹。○ *The women claimed that the drugs had been planted on them.* 那些女子声称那些毒品是别人给她们栽的赃。

plantation /plænˈteɪʃn; plɑ:n- ‖ plænˈteʃən/ *noun* [C] **1** a large area of land, especially in a tropical country, where tea, cotton, tobacco, etc are grown（茶、棉、烟草等的）种植园/大农场（尤指热带国家的）**2** an area of land planted with trees 造林地；造林区；人工林: *plantations of fir and pine* 枞树及松树的造林区

plaque[1] /plɑ:k; *US* 美 plæk ‖ plæk/ *noun* [C] a flat piece of stone or metal that is fixed on a wall as a way of remembering a famous person or past event（纪念名人或历史事件的）饰板/匾: *a memorial plaque* 纪念饰板

plaque² /plɑːk; *US* 美 plæk ‖ plæk/ *noun* [U] a harmful substance that forms on teeth 牙斑

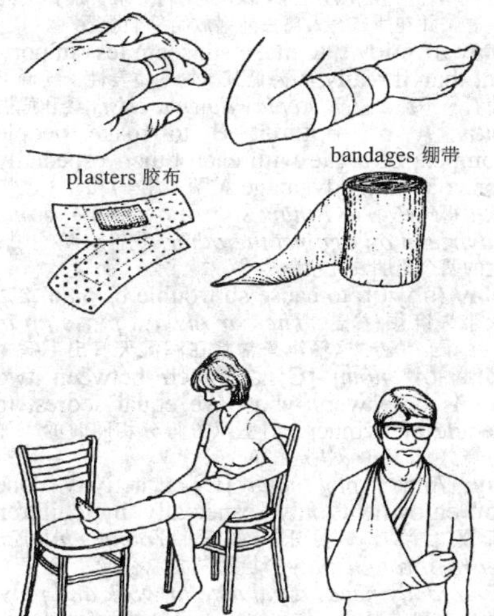

She's got her leg in **plaster**. 她的腿上敷了石膏。

He's got his arm in a **sling**. 他用悬带吊着手臂。

plaster /ˈplɑːstə(r); *US* 美 ˈplæs- ‖ ˈplæstɚ/ *noun* **1** [U] a soft mixture of sand, water, etc that becomes hard when it is dry. Plaster is put on walls and ceilings to form a smooth surface. 灰泥（用于涂平墙壁和天花板）**2** [C] a small piece of sticky material that is used to cover a cut, etc on the body 橡皮膏；胶布: *a waterproof plaster* 防水橡皮膏 ☛ Another word for a plaster is a **sticking plaster**. * plaster 又称为 **sticking plaster**。**3** [U] a white substance that becomes hard when dry and is used for putting round broken bones, etc until they mend 熟石膏（用于固定断骨直至痊愈为止）: *When Alan broke his leg it was in plaster for six weeks.* 艾伦断了腿，上了六个星期石膏。

plaster *verb* [T] **1** to cover a wall, etc with plaster(1) 在（墙壁等）上抹灰泥 **2** to cover sth thickly with sth; to put things onto a surface 厚厚地覆盖；涂抹上；贴上: *The car was plastered with mud.* 这辆汽车沾满了泥。○ *She had plastered her room with posters.* 她在自己的房间内贴上海报。○ *She had plastered pictures of the singer all over her room.* 她在自己的房间里贴满了那歌手的相片。

☆**plastic** /ˈplæstɪk ‖ ˈplæstɪk/ *noun* [C,U] a light, artificial material which does not break easily and is used for making many different sorts of objects 塑料: *A lot of kitchen utensils are made of plastic.* 很多厨房用具都是塑料制的。○ *Plastics and other synthetic materials are commonly used today.* 塑料及其他人工合成材料现在很常用。

plastic *adj* (used about goods 指货物) made of plastic 塑料制: *plastic cups and spoons* 塑料杯子和羹匙 ○ *a plastic bag* 塑料袋

ˌ**plastic ˈsurgery** *noun* [U] doing a surgical operation to repair or replace damaged skin or to improve the appearance of a person's face or body 整形外科手术: *Several of the fire victims needed plastic surgery.* 几个火灾的受害者需要进行整形外科手术。

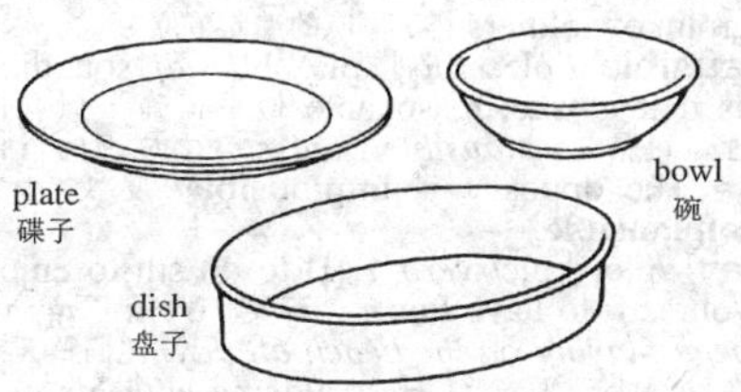

☆**plate** /pleɪt ‖ plet/ *noun* **1** [C] a flat, usually round, dish for eating or serving food from 碟子；盘子: *Put the cake on a plate.* 把蛋糕放在碟子上。○ *a plastic plate* 塑料碟子 ○ *a paper plate* 纸碟

> ☛ You eat your main course from a **dinner plate.** 吃主菜时用餐碟 (**dinner plate**)。You may put bread, etc on a **side plate**. 放面包可用面包碟 (**side plate**)。You usually eat cereal or a pudding from a **bowl**. 吃麦片粥或布丁通常用碗 (**bowl**)。

2 [C] a thin flat piece of metal or glass（金属/玻璃）薄片 **3** [C] a flat piece of metal with sth written on it（印有或写上东西的）金属牌: *I couldn't read the car's number-plate.* 我看不到那辆汽车的号码牌。**4** [U] metal that has a thin covering of gold or silver 镀金/镀银的金属: *gold plate* 镀金金属 **5** [C] a picture or photograph in a book that takes up a whole page（书籍中的）整版插图/全页照片: *colour plates*（数幅）全页彩色插图 **6** [C] a piece of plastic with false teeth fixed to it that fits inside a person's mouth 托牙板

plateful /-fʊl ‖ -fʊl/ *noun* [C] the amount of food that a plate(1) can hold 一碟/一盘的量

plateau /ˈplætəʊ; *US* 美 plæˈtəʊ ‖ plæˈto/ *noun* [C] (*pl* **plateaus** or **plateaux** /-təʊz ‖ -ˈtoz/) **1** a large area of high, flat land 高原 **2** a state where there is little development or change 停滞状态；稳定水平: *House prices seem to have reached a plateau.* 房屋价格似乎已经稳定下来了。

☆**platform** /ˈplætfɔːm ‖ ˈplætˌfɔrm/ *noun* [C] **1** a raised floor in a public place, where people stand to make speeches or to perform（用于演讲或表演的）台；讲台；舞台 **2** a flat raised surface, especially the area beside the track at a railway station where passengers get on and off trains（尤指火车站内供乘客上下的）月台/站台: *Which platform does the train to York leave from?* 到约克的火车在哪个月台开出呢？**3** the ideas and aims of a political party, especially as expressed before an election（政党的）政纲/纲领（尤指选举前发表的）

platinum /ˈplætɪnəm ‖ ˈplætṇəm/ *noun* [U] a valuable greyish-white metal that is often used for making jewellery 白金/铂（常用于制造首饰）: *a platinum ring* 白金指环

platonic /pləˈtɒnɪk ‖ pləˈtɑnɪk/ *adj* (used about a relationship between two people 指两人的关系) not sexual 柏拉图式；纯精神而无性欲的

platoon /pləˈtuːn ‖ pləˈtun/ *noun* [C] a small group of soldiers 排（军队的编制单位）

P

plausible /ˈplɔːzəbl ‖ ˈplɔzəbḷ/ *adj* sounding as if it is true; reasonable 似乎正确；似有道理；可信: *a plausible excuse* 言之成理的借口 ☛ The opposite is **implausible**. 反义词为 **implausible**。

☆**play**[1] /pleɪ ‖ ple/ *verb* **1** [I] to do sth to enjoy yourself; to have fun 玩；玩耍；游乐: *They've been playing on the beach all day.* 他们整天都在沙滩上玩耍。○ *He's playing with his new toy.* 他正在玩他的新玩具。○ *Jane's found a new friend to play with.* 珍妮找到了一个新朋友跟她一起玩耍。**2** [I,T] to take part in a sport, game or match 参与（体育运动/游戏/比赛）: *'What about a game of chess?' 'I'm afraid I don't know how to play.'* "下一盘棋好吗？" "很抱歉，我不会下棋。" ○ *Who's playing in the World Cup tonight?* 今晚世界杯有哪队比赛？○ *I play football on Saturdays.* 每个星期六我都踢足球。**3** [I,T] **play (sth) (with/against sb)**; **play sb (at sth)** to compete against sb in a game or sport（在游戏或体育运动中）与他人比赛: *I usually play against Bob.* 我通常都以鲍勃为对手。○ *The school plays rugby against other schools nearby.* 这所学校经常与附近的学校进行英式橄榄球比赛。○ *She played him at cards and won!* 她跟他玩纸牌游戏赢了！**4** [T] **play sth (on sb)** to do sth which may surprise or annoy sb for your own amusement 作弄；开（某人）的玩笑: *School children often play tricks on their teachers.* 学童经常作弄老师。**5** [I,T] to make music with a musical instrument（用乐器）演奏（音乐）: *My son's learning the piano. He plays very well.* 我的儿子正在学弹钢琴，他弹得很好。○ *She played a few notes of the tune on the violin.* 她用小提琴拉出那首曲调的几个音。○ *Could you play that piece of music again?* 你可以把那首曲子再弹奏一次吗？☛ We always use the definite article **the** before the names of musical instruments 在乐器名称前经常用定冠词 **the**: *to play the piano* 弹奏钢琴 ○ *to learn the trumpet, etc* 学吹喇叭等. **6** [T] to turn on a record, tape, etc so that it produces sound 播放（唱片/录音带…）: *Shall I play the tape for you again?* 我再放那录音带给你听好吗？**7** [I] (*formal* 正式) to move quickly and lightly 轻快地移动: *A smile played on her lips.* 她露出一丝微笑。

(PHRASAL VERBS 短语动词) **play at sth/being sth** to do sth with little interest or effort 不太热心/不认真/敷衍地做: *He's only playing at studying. He'd prefer to get a job now.* 他读书只是敷衍而已，他宁愿立即找份工作。○ *Whatever is that driver playing at?* (= doing) 那司机究竟在做什么？

play sth back (to sb) to turn on a tape or a film after recording the material on it（在录音带或胶卷上收录了资料后）播放: *We made a video of the occasion and played it back to all the guests before they left.* 我们摄录了那盛会的实况，并在所有客人离去前播放给他们观看。

play sth down to make sth seem less important than it really is 降低某事物的重要性；贬低；使看来不那么重要: *to play down a crisis* 缓和危机

play A off against B to make people compete or argue with each other, especially for your own advantage 使两人相争/相斗（尤指从中得到好处）: *I think she enjoys playing one boyfriend off against the other.* 我想她喜欢挑拨她的两个男朋友互相争斗。

play (sb) up to cause sb trouble or pain 给某人带来麻烦/痛苦: *The car always plays up in wet weather.* 这辆汽车常常在潮湿天气出毛病。

ˈ**play-off** *noun* [C] a match between two teams or players who have equal scores, to decide the winner（对垒双方得分相同时的）加时赛/延长赛（以决定胜负）

☆**play**[2] /pleɪ ‖ ple/ *noun* [U] **1** activity done for enjoyment only, especially by children 玩耍；游戏；耍乐；娱乐: *Young children learn through play.* 幼童从游戏中学习。○ *Everybody needs a balance of work and play.* 每个人都需要在工作和娱乐之间取得平衡。**2** the playing of a game or sport; the way it is played（游戏或体育运动的）举行/进行方式/玩法/打法: *Bad weather stopped play yesterday.* 昨天的比赛因天气恶劣中止了。○ *rough play* 粗野的打法 ☛ We **play** tennis, football, etc but we CANNOT say **a play** of tennis. We have **a game** of tennis. 打网球、踢足球等说 **play** tennis/ football…，但不能说 **a play** of tennis，只能说 **a game** of tennis。

(IDIOM 习语) **fair play** ⇨ FAIR[1]

ˈ**playboy** *noun* [C] a rich man who spends his time enjoying himself and spending money 花花公子；整天寻欢作乐的有钱人

ˈ**playground** *noun* [C] a public area of land where children can play 操场；儿童游乐场: *the school playground* 学校操场

ˈ**plaything** *noun* [C] (*formal* 正式) a toy 玩具

ˈ**playtime** *noun* [C,U] a period of time when children at school can go outside to play（学校的）游戏时间

☆**play**[3] /pleɪ ‖ ple/ *noun* [C] a story which is written to be performed by actors in the theatre, on television or radio 戏剧: *Would you like to see/go to a play while you're in London?* 你在伦敦的时候，想去看戏吗？○ *a radio play* 广播剧 ○ *The children always put on a school play at Christmas.* 孩子们经常会在圣诞节在学校里演戏。○ *the opening night of the play* 那出戏的首场演出之夜

☛ Actors and actresses **rehearse** a play. 演员排演（**rehearse**）一出戏剧。A theatre company, drama group, etc **produces** a play. 剧团上演（**produce**）戏剧。A play is usually acted on a **stage**. 戏剧通常在舞台（**stage**）上演出。

play *verb* [I,T] to act a part in a play 扮演（某角色）；演（戏）: *Simon is going to play Romeo.* 西蒙将扮演罗密欧。

> ☛ **Play a part**, **role**, etc is often used in a figurative way * **play a part / role** 多用作比喻: *Britain has played an active part in the recent discussions.* 在近期的讨论中，英国起了积极的作用。○ *John played a key role in organizing the protest.* 约翰在组织那次抗议活动中扮演了一个重要的角色。

playwright /ˈpleɪraɪt ‖ ˈpleˌraɪt/ *noun* [C] a person who writes plays 剧作家

☆**player** /ˈpleɪə(r) ‖ ˈpleɚ/ *noun* [C] **1** a person who plays a game 游戏者；运动员；选手: *a game for four players* 四人玩的游戏 ○ *She's an excellent tennis player.* 她是个出色的网球选手。**2** a person who plays a musical instrument 乐器演奏者；乐师: *a piano player* 钢琴演奏者 **3** (*old-fashioned* 旧) an actor 演员

playful /ˈpleɪfl ‖ ˈplefəl/ *adj* **1** done or said in fun; not serious 开玩笑的；不认真的: *a playful remark* 开玩笑的话 **2** full of fun; lively 十分有趣；活泼: *a playful puppy* 一只活泼的小狗

playing-card /ˈpleɪɪŋ kɑːd ‖ ˈpleɪŋˌkɑrd/ *noun* [C] = CARD(4)

playing-field /ˈpleɪɪŋ fiːld ‖ ˈpleɪŋˌfild/ *noun* [C] a large field used for sports such as cricket and football（板球、足球等的）球场/运动场

plea /pliː ‖ pli/ *noun* [C] **1** a strong request; an appeal 恳求；请求: *a last plea for mercy* 最后一次恳求宽恕 **2** a statement made by sb in a court of law in which he/she claims to be guilty or not guilty of a certain crime（被告在庭上所作的）答辩/抗辩: *a plea of guilty/not guilty* 承认/否认有罪

plead /pliːd ‖ plid/ *verb* (*pt*, *pp* **pleaded**; *US* 美 **pled** /pled ‖ plɛd/) **1** [I] **plead (with sb) (for sth)** to ask sb for sth in a very strong and serious way 恳求/请求（某人做某事）: *She pleaded with him not to leave her.* 她求他不要离开她。○ *The hostages' families pleaded for their release.* 那些人质的家属恳求绑架者释放人质。**2** [T] to give sth as an excuse or explanation for sth 提出（某事物）作为借口或解释: *He pleaded family problems as the reason for his lack of concentration.* 他以家庭问题作为他精神不集中的理由。**3** [I,T] **plead (for/against sb)** (*formal* 正式) (used especially about a lawyer in a court of law 尤指法庭上的律师) to support sb's case 为（某人）辩护/抗辩: *He needs the very best lawyer to plead for him.* 他需要最好的律师为他辩护。**4** [T] (*formal* 正式) (used about sb accused of a crime in a court of law 指法庭上的被告) to say that you are guilty or not guilty 认罪；不认罪: *The defendant pleaded not guilty to the charge of theft.* 被告不承认偷窃的指控。

☆**pleasant** /ˈpleznt ‖ ˈplɛznt/ *adj* nice, enjoyable or friendly 舒适；令人愉快；友善: *The weather was very pleasant.* 天气十分宜人。○ *What a pleasant surprise!* 真令人惊喜！○ *It must be pleasant to live in such a peaceful place.* 在这样宁静的地方居住一定会很舒适。○ *He's a very pleasant young man.* 他是个很友善可亲的年轻人。○ *My father's never very pleasant to my boyfriends.* 我父亲对我的男朋友从来都不很友善。☛ The opposite is **unpleasant**. 反义词为 **unpleasant**。—**pleasantly** *adv*

☆**please** /pliːz ‖ pliz/ *verb* **1** [I,T] to make sb happy; to satisfy 讨好（某人）；使（某人）高兴/满足/满意: *The shop assistant was a bit too eager to please.* 那个店员有点儿过分讨好客人。○ *I'll put on my best clothes to please my mother.* 我会穿上最漂亮的衣服来取悦母亲。○ *That teacher's very difficult to please.* 那位老师很难讨好。**2** [I] (not used as the main verb in a sentence; used after words like *as*, *what*, *whatever*, *anything*, etc 不用作句中的主要动词，用于 as、what、whatever、anything 等词之后) to want; to choose 要；想要；选择: *You can't always do exactly as you please.* 你不是经常都可以想怎样做就怎样做的。○ *She has so much money she can buy anything she pleases.* 她这么有钱，可以买任何她喜欢的东西。

please *interj* (used as a polite way of making a request, an inquiry or giving an order 用于礼貌的请求、询问或吩咐) 请；烦劳: *Come in, please.* 请进。○ *Is this the right road for Brighton, please?* 请问到布赖顿是走这条路吗？○ *Please don't spend too much money.* 请不要花太多钱。○ *Sit down, please.* 请坐。○ *Two cups of coffee, please.* 请来两杯咖啡。

> ☛ We do not use **please** in English when we are giving something to somebody. 把东西给别人时，英语里不用 **please**。

(IDIOM 习语) **yes, please** (used when you are accepting sth politely 用于礼貌地接受某物) 好，谢谢你: *'Sugar?' 'Yes, please.'* "要糖吗？" "好的，谢谢你。"

pleased *adj* (not before a noun 不用于名词前) **pleased (with sb/sth)**; **pleased to do sth** happy or satisfied 高兴；满意: *John seems very pleased with his new car.* 约翰对他的新车好像很满意。○ *My parents aren't at all pleased with me at the moment.* 目前父母对我不大满意。○ *We were very pleased to hear your wonderful news.* 听到你那好消息，我们都很高兴。○ *I'm pleased that you've decided to stay another week.* 我很高兴你决定多留一个星期。☛ Look at the note at **glad**. 参看 **glad** 的注释。The opposite is **displeased**. 反义词为 **displeased**。

pleasing *adj* giving pleasure 令人快乐: *The results are very pleasing, I must say.* 我认为那些结果实在令人高兴。☛ The opposite is **displeasing**. 反义词为 **displeasing**。

☆**pleasure** /ˈpleʒə(r) ‖ ˈplɛʒɚ/ *noun* **1** [U] the feeling of being happy or satisfied 快乐；愉快；满足: *Parents get a lot of pleasure out of watching their children grow up.* 父母看着自己的子女成长会感到十分欣慰。○ *He stood back and looked at his work with obvious pleasure.* 他退后站着，看着自己的作品，脸上露出心满意足的表情。○ *It gives me great pleasure to introduce our next speaker.* 我很高兴向大家介

绍下一位讲者。**2** [U] enjoyment (rather than work) 娱乐；消遣：*Are you in Paris on business, or is it for pleasure?* 你来巴黎是出差还是旅游呢？**3** [C] an event or activity, that you enjoy or that makes you happy 令人享受或快乐的事/活动；乐事：*It's been a pleasure to work with you.* 与你一起工作真是一件乐事。○ *This car is a pleasure to drive.* 驾驶这辆汽车乐趣无穷。○ *'Thanks for your help.' 'It's a pleasure.'* "谢谢你的帮忙。" "别客气。"

(IDIOMS 习语) **take (no) pleasure in sth/doing sth** to enjoy/not enjoy (doing) sth 喜欢/不喜欢做某事

with pleasure (used as a polite way of saying that you are happy to accept or agree to sth 用于礼貌地表示乐于接受或同意某事): *'Could you give me a lift into town?' 'Yes, with pleasure.'* "你可以载我进城一趟吗？" "好的，非常乐意。"

pleasurable /ˈpleʒərəbl ‖ ˈplɛʒərəbl̩/ *adj* (*formal* 正式) enjoyable 令人高兴；愉快：*a pleasurable experience* 一次愉快的经验

pleat /pliːt ‖ plit/ *noun* [C] a fold that is sewn or pressed into a piece of cloth（布料上缝的或压的）褶：*a skirt with pleats at the front* 前面有褶的裙子

pled (*US* 美) *pt*, *pp* of PLEAD ＊ PLEAD 的过去时及过去分词

pledge /pledʒ ‖ plɛdʒ/ *noun* [C] a promise or agreement 承诺；协定：*The government made a pledge to bring down interest rates.* 政府作出了承诺，保证降低利率。

pledge *verb* [T] **pledge (sth) (to sb/sth)** to promise to give or do sth 保证/承诺给予（某物）或做（某事）：*They pledged their support to us.* 他们承诺支持我们。○ *The Government has pledged £250 000 to help the victims of the crash.* 政府承诺向那宗失事惨剧的受害者提供250 000英镑的援助。○ *The President pledged to find a peaceful solution.* 总统保证会找出一个和平方案。○ *The management pledged that an agreement would be reached.* 管理当局保证会达成协议。

plentiful /ˈplentɪfl ‖ ˈplɛntɪfəl/ *adj* available in large amounts or numbers 多；充足；丰富；大量：*Fruit is plentiful at this time of year.* 每年这个时候都会有大量水果供应。☛ Look at **scarce**. 参看 **scarce**。

☆**plenty** /ˈplentɪ ‖ ˈplɛntɪ/ *pron* as much or as many as you need; a lot 充足；丰富；大量；众多：*'Shall I get some more coffee?' 'No, we've still got plenty.'* "我再拿点咖啡来好吗？" "不用了，我们还有很多。" ○ *Make sure you take plenty of warm clothes with you.* 你一定要记得带上足够的御寒衣服。○ *There's still plenty of time to get there.* 要到那里去还有很充足的时间。○ *Have you brought plenty to drink?* 你带了足够的饮料没有？

plenty *adv* **1** (before *more* 用于 more 前) a lot 很多：*There's plenty more ice-cream.* 还有很多冰淇淋。**2** (with *big*, *long*, *tall*, etc followed by *enough* 与 big、long、tall 等词语连用，后接 enough): *'This shirt's too small.' 'Well, it looks plenty big enough to me.'* "这件衬衫太小了。" "嗯，我看够大了。"

pliable /ˈplaɪəbl ‖ ˈplaɪəbl̩/ (*also* 亦作 **pliant** /ˈplaɪənt ‖ ˈplaɪənt/) *adj* **1** easy to bend or shape 易弯的；易塑型的：*Plastic is more pliable than wood.* 塑料比木材更易弯曲。**2** (used about a person or a person's mind 指人或思想) easy to influence 易受影响

pliers /ˈplaɪəz ‖ ˈplaɪəz/ *noun* [plural] a tool that is used for holding things tightly, pulling nails out of wood, cutting wire, etc 钳子：*Have you got the/some pliers?* 你有没有钳子？○ *a pair of pliers* 一把钳子 ☛ picture at **tool**. 见 **tool** 插图。

plight /plaɪt ‖ plaɪt/ *noun* [sing] (*formal* 正式) a bad or difficult state or situation 困境；苦境：*to be in an awful plight* 处于艰难的困境中

plimsoll /ˈplɪmsəl ‖ ˈplɪmsl̩/ *noun* [C] (*Brit* 英) (*US* 美 **sneaker**) a light shoe made of canvas that is especially used for sports, etc（尤指进行体育运动时穿的）橡皮底帆布鞋：*a pair of plimsolls* 一双橡皮底运动鞋 ☛ Look at **trainer**. 参看 **trainer**。

plod /plɒd ‖ plɑd/ *verb* [I] (plo**dd**ing; plo**dd**ed) **plod (along/on) 1** to walk slowly and in a heavy or tired way 沉重/疲倦地慢慢往前走：*We plodded on through the rain for nearly an hour.* 我们在雨中跋涉了差不多一个小时。**2** to do sth or to work slowly and with difficulty 吃力而缓慢地做：*I just plod on with the work day after day and never seem to get anywhere.* 我日复一日埋头地干，但似乎没有什么进展。

plonk[1] /plɒŋk ‖ plɑŋk/ *noun* [sing] (*informal* 非正式) a sound of sth dropping heavily 物件沉重落下的声音；砰的一声：*The tin fell onto the floor with a plonk.* 罐头掉在地板上，发出砰的一声。—**plonk** *adv*: *The lamp fell plonk onto the floor.* 那灯砰的一声掉到地板上。

plonk *verb* [T] **plonk sth (down)** (*informal* 非正式) to put sth down or to drop sth heavily 猛力地摔下；重重放下：*He plonked his suitcase down on my foot.* 他把手提箱猛力地摔到我的脚上。

plonk[2] /plɒŋk ‖ plɑŋk/ *noun* [U] (*informal* 非正式) (*Brit* 英) cheap wine 廉价酒：*Let's open a bottle of plonk!* 让我们开一瓶廉价酒喝吧！

plop /plɒp ‖ plɑp/ *noun* [usually sing] a sound like that of a smooth object dropping into water 光滑物件落入水中的声音；扑通声：*With a tiny plop the ring disappeared into the water.* 小小一声扑通后，指环便在水里消失了。

plop *verb* [I] (plo**pp**ing; plo**pp**ed) to fall with a plop 扑通落下：*The fish plopped back into the water.* 那条鱼扑通一声跳回水里。

☆**plot**[1] /plɒt ‖ plɑt/ *noun* [C] **1** a secret plan made by several people, to do sth that is wrong 阴谋；密谋；秘密的计划（多指做坏事）：*a plot to kill the Pope* 刺杀教皇的阴谋 **2** the events in a story, film, etc and how they develop（故事、电影等的）情节：*The play had a very strong plot but the acting was terrible.* 这出戏剧有扣人心弦的情节，可惜演员演得很差劲。○ *I can't follow the plot of this novel.* 我看不懂这本小说的情节。

plot *verb* [I,T] to make a secret plan to do sth 密谋/秘密计划（做某事）：*They were accused of plotting against the government.*

他们被控密谋反对政府。○ *The terrorists had been plotting this campaign for years.* 恐怖分子密谋策划这场运动已有多年了。

plot² /plɒt ‖ plɑt/ *noun* [C] a small piece of land, used for a special purpose（作特别用途的）小块土地: *a vegetable plot* 一小块菜地 ○ *They're selling two plots of land for development.* 他们打算卖出两块土地作开发用途。

plot *verb* [T] (plo**tt**ing; plo**tt**ed) to mark sth on a map, diagram, graph, etc 在地图/示意图/图表…上标明: *to plot the ship's course on the map* 在地图上画出该船的航线 ○ *to plot the figures on a graph* 把那些数字用曲线图标示

plough (*US* 美 **plow**) /plaʊ ‖ plaʊ/ *noun* [C] a large tool which is used on a farm and is pulled by a tractor or by an animal. A plough turns the soil over and is used especially before seeds are planted 犁（翻土用的农具，用拖拉机或动物牵引）: *a snowplough* (= a tool like a plough that is used for clearing snow from roads) 扫雪机（清除路面积雪的工具）

plough (*US* 美 **plow**) *verb* [I,T] to break up and turn over the soil, with a plough 犁（地）；耕（田）: *to plough the fields* 耕田 ○ (*figurative* 比喻) *The book was long and boring but I managed to plough through it* (= read it with difficulty). 这本书又长又乏味，但我终于费力地都看完了。

ploy /plɔɪ ‖ plɔɪ/ *noun* [C] something that you say or do in order to get what you want or to persuade sb to do sth 策略/计策/手段（为了取得想要的东西，或说服别人做某事）: *He realized that her kindness had been a ploy to get him to stay.* 他明白她对他态度亲切是为了要他留下来。

pluck /plʌk ‖ plʌk/ *verb* **1** [T] to pull sth in order to pick or remove it 拔除；摘去；拉: *He plucked the letter from my hands.* 他从我手上抢去了那封信。○ *to pluck your eyebrows* (= to pull out the hairs you do not want) 拔眉毛 **2** [I,T] **pluck (at sth)** to pull sth, often in order to get attention 拉/扯（某物以取得别人注意）: *The little girl plucked at her mother's skirt.* 那小女孩拉着母亲的裙子。**3** [T] to pull the feathers out of a chicken, etc in order to prepare it for cooking 拔去（鸡等）的毛（以备烹调）**4** [T] to pull the strings of a musical instrument and let them go again, in order to make music 弹/拨（乐器的弦）

(IDIOM 习语) **pluck up courage** to try to be brave enough to do sth 鼓起勇气/振作起来（做某事）

pluck *noun* [U] (*informal* 非正式) courage 勇气；胆量

plucky *adj* (**pluckier**; **pluckiest**) brave 勇敢

plug /plʌg ‖ plʌg/ *noun* [C] **1** a plastic or rubber object with two or three metal pins, which connects the wire on a piece of electrical equipment to a point in the wall where there is electricity (**a socket**) 插头（可将电器的导线连接到插座 (**socket**) 上）: *Everybody should learn how to change a plug* (= to put on a new one). 人人都应该学会怎样更换插头。**2** (*informal* 非正式) = SOCKET: *I'll get the electrician to fit a plug beside the bed.* 我要找电工在床边装一个插座。**3** a piece of rubber, metal or plastic that fits tightly into a hole (eg in a bath, basin, etc)（橡胶、金属或塑料制的）塞子（如用以塞浴缸、洗脸池等的）**4** a favourable reference to a book, record, etc made in public in order to make people buy the thing mentioned（书籍、唱片等的）推销广告/公开推荐

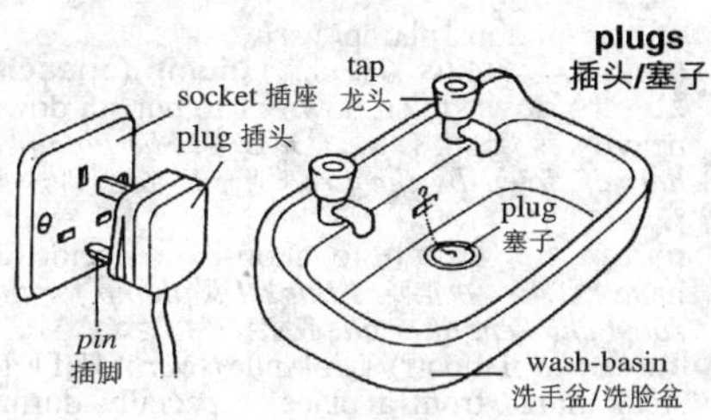

plug *verb* [T] (plu**gg**ing; plu**gg**ed) **1** to fill or block a hole with sth（用某物）填塞/堵塞/塞住（孔洞）: *He managed to plug the leak in the pipe with a piece of plastic.* 他用一块塑料堵住了管子上的裂缝。**2** (*informal* 非正式) to praise a book, record, etc in public in order to make people buy the thing mentioned 大事宣传/公开推荐（书籍、唱片等）: *They're really plugging that song on the radio at the moment.* 他们这时正在电台上大事宣传那首歌。

(PHRASAL VERB 短语动词) **plug sth in** to connect sth to the electricity supply with a plug(1) 将某物的插头接上电源: *The video isn't plugged in.* 录像机还没有接通电源。☛ The opposite is **unplug**. 反义词为 **unplug**。

ˈ**plug-hole** *noun* [C] (*Brit* 英) a hole in a bath, sink, etc into which you put a plug(3)（浴缸、洗涤槽等的）排水孔

plum /plʌm ‖ plʌm/ *noun* [C] a soft, round fruit with red or yellow skin and a stone in the middle 梅子；李子

plumber /ˈplʌmə(r) ‖ ˈplʌmɚ/ *noun* [C] a person whose job is to put in and repair water-pipes, baths, sinks, etc 管子工；水暖工

plumbing /ˈplʌmɪŋ ‖ ˈplʌmɪŋ/ *noun* [U] **1** all the pipes, water tanks, etc in a building 建筑物内的水管装置（如水管、水箱等）: *The plumbing in this house is very old and noisy.* 这房子的水管装置很旧了，而且还发出噪音。**2** the work of a person who puts in and repairs the water-pipes, tanks, etc 管子工的工作（安装或修理水管/水箱…）

plume /plu:m ‖ plum/ *noun* [C] **1** a large and often bright feather（常指颜色鲜艳的）大羽毛 **2** something worn in the hair or on a hat, made from feathers or long, thin pieces of material（戴在头上或放在帽上的）羽毛状饰物/羽饰 **3** a quantity of smoke that rises in the air 一缕烟

plump¹ /plʌmp ‖ plʌmp/ *adj* (used about a person or an animal 指人或动物) rather fat (but looking nice) 胖得好看的；丰满: *the baby's plump cheeks* 那婴孩胖乎乎的脸颊 ○ *a nice, plump chicken* 一只肉厚滚圆的鸡

plump² /plʌmp ‖ plʌmp/ *verb*
(PHRASAL VERBS 短语动词) **plump (oneself/ sb/sth) down** to sit down or to put sth down heavily 猛力地坐下；重重地放下: *She plumped herself down by the fire.* 她一屁股坐到炉火旁边。
plump for sb/sth to choose or decide to have 选择要；决定要: *I think I'll plump for the roast chicken, after all.* 我想我还是要烤鸡。

plunder /ˈplʌndə(r) ‖ ˈplʌndɚ/ *verb* [I,T] to steal things from a place, especially during war or fighting（尤指在战争或殴斗中）掠夺/劫掠: *They captured the city, killing and plundering as they advanced.* 他们攻占了那个城市，推进时一路上杀人越货。
plunder *noun* [U] **1** the act of stealing from people or places 掠夺；劫掠 **2** the goods that are stolen 赃物；劫掠得来的财物: *to escape with the plunder* 带同赃物逃走

plunge /plʌndʒ ‖ plʌndʒ/ *verb* **1** [I] **plunge (into sth)** to go, jump, dive, fall, etc suddenly and with force into sth 突然猛力走进/跳进/扑进/跌进: *He turned and plunged into the crowd.* 他转身冲入人群里。○ *A woman plunged to her death from the cliffs at Beachy Head yesterday.* 昨天有一名妇人在比奇角跳崖自杀。**2** [T] **plunge sth in/into sth** to push sth suddenly and with force into sth 突然用力把（某物）插入/刺进（某物）: *He plunged the knife into the woman's arm and ran off.* 他突然把刀刺进那妇人的手臂，然后逃掉了。**3** [T] to cause sb/sth to be in the state mentioned 使（某人/某事物）陷入（某种状态）: *The country has been plunged into chaos by the first snow of the winter.* 全国因第一场冬雪而陷入混乱之中。**4** [I] **plunge into sth** to suddenly start or become involved in sth 突然开始/骤然涉及（某事物）: *She plunged into the life of the village with enthusiasm.* 她兴致勃勃地投入了乡村生活。**5** [I] to move suddenly downwards; to decrease 猛跌；骤降；减少: *The horse tripped and plunged to the ground.* 那匹马绊倒后摔在地上。○ *The value of the pound plunged overnight.* 一夜之间英镑的价值急泻。
plunge *noun* [C] a sudden forward or downward movement, a dive, fall or decrease 突然向前/向下移动；跳下；下跌；下降: *a plunge into cold water* 跳进冷水中 ○ *the plunge in house prices* 房价骤跌
(IDIOM 习语) **take the plunge** to decide to do sth difficult after thinking about it for quite a long time（经过颇长时间考虑后）决定做困难的事情

pluperfect /ˌpluːˈpɜːfɪkt ‖ ˌpluˈpɝfɪkt/ *noun* [sing] (*grammar* 语法) = PAST PERFECT

☆**plural** /ˈplʊərəl ‖ ˈplʊrəl/ *noun* [C] (*grammar* 语法) the form of a noun, verb, etc which refers to more than one person or thing（名词、动词等的）复数/复数形式: *The plural of 'man' is 'men'.* ＊man 的复数形式是 men。○ *The verb should be in the plural.* 这个动词在这儿应该用复数形式。
plural *adj* (*grammar* 语法) referring to more than one person or thing 表示复数；复数的: *A plural noun must be followed by a plural verb.* 复数名词必须后接复数动词。☛ Look at **singular**. 参看 **singular**。

☆**plus** /plʌs ‖ plʌs/ *prep* **1** and; added to 加；加上: *Two plus two is four (2 + 2 = 4).* 二加二等于四。☛ Look at **minus**. 参看 **minus**。**2** as well as 和: *I've got an essay to write this evening plus some reading to do.* 今天晚上我要写一篇文章，另外还要读一些书。
plus *adj* (only *after* a noun 只用于名词后) **1** or more 或更多: *He gets a salary of £30 000 plus.* 他的薪金超过 30 000 英镑。**2** (used for marking work done by students 用于评定学生功课的等级) slightly above 略高一些: *I got a B plus (written 'B+') for my homework.* 我的家庭作业得乙加 (写作 B+)。☛ Look at **minus**. 参看 **minus**。
plus *noun* [C] **1** the sign (+) 加号/正号 (+): *He mistook a plus for a minus.* 他误把加号当作减号。**2** an advantage 利益；好处；优点: *The job involves a lot of travel, which is a definite plus.* 这份工作有很多出差的机会，这显然是个好处。☛ Look at **minus**. 参看 **minus**。

plush /plʌʃ ‖ plʌʃ/ *adj* smart and expensive 豪华: *a plush hotel* 一家豪华旅馆

Pluto /ˈpluːtəʊ ‖ ˈpluto/ *noun* [sing] the planet that is furthest from the sun 冥王星（离太阳最远的行星）

plutonium /pluːˈtəʊnɪəm ‖ pluˈtonɪəm/ *noun* [U] a radioactive substance used especially as a fuel in nuclear power stations 钚（一种放射性物质，尤用作核能发电站的燃料）

ply /plaɪ ‖ plaɪ/ *verb* (*pres part* **plying**; *3rd pers sing pres* **plies**; *pt, pp* **plied** /plaɪd ‖ plaɪd/) [I,T] (used about ships, boats, buses, etc 指船、公共汽车等) to travel regularly on a certain route 定时往来（某一路线）: *ships that ply the Atlantic* 经大西洋的定期班轮
(PHRASAL VERB 短语动词) **ply sb with sth** to keep giving sb food and drink, or asking sb questions 不断供给某人食物和饮料；不断向某人发问: *He plied her with one glass of wine after another.* 他一杯又一杯不停地给她斟酒。

plywood /ˈplaɪwʊd ‖ ˈplaɪˌwʊd/ *noun* [U] board made by sticking thin layers of wood on top of each other 夹板/胶合板（用多层薄木板粘合成的）

pneumonia /njuːˈməʊnɪə; *US* 美 nuː- ‖ nuˈmonjə/ *noun* [U] a serious illness of the lungs which makes breathing difficult 肺炎

poach¹ /pəʊtʃ ‖ potʃ/ *verb* [T] **1** to cook an egg without its shell in boiling water 把蛋直接打入沸水中煮: *poached eggs* 水煮荷包蛋 **2** to cook food (especially fish) in water or milk that is boiling gently 把食物（尤指鱼）放入水或牛奶中用文火煮

poach² /pəʊtʃ ‖ potʃ/ *verb* **1** [I,T] to catch or shoot birds, animals or fish on sb else's land without permission（在他人的地方）偷猎/偷捕（鸟、兽或鱼）**2** [T] to take an idea from sb else and use it in an unfair way 窃取（思想）；盗用 **3** [T] to take members of staff from another company 挖走（别家公司的职员）；挖墙角
poacher *noun* [C] a person who catches

birds, animals or fish on sb else's land without permission 偷猎者；偷捕者

☆**pocket** /ˈpɒkɪt ‖ ˈpɑkɪt/ *noun* [C] **1** a small bag that is sewn inside or on sth you wear and is used for carrying things in 衣袋；口袋：*He always walks with his hands in his trouser pockets.* 他走路时经常都把双手插在裤袋里。○ *a pocket dictionary, calculator, etc* (= one small enough to fit in your pocket) 袖珍字典/计算机等 ☛ picture on page A25. 见第 A25 页插图。**2** a bag or flap that is fixed to the inside of a car-door, suitcase, etc and used for putting things in（汽车门、手提箱等内侧的）袋子：*There are safety instructions in the pocket of the seat in front of you.* 你前面座位的袋子里有安全守则。**3** a small area or group of sth 小的范围/群体；一小群；一小团：*pockets of unemployment* 小批的失业现象 ○ *a pocket of warm air* 一团暖空气

(IDIOM 习语) **pick sb's pocket** ⇨ PICK[1]

pocket *verb* [T] **1** to put sth in your pocket 把…放入口袋里：*He took the letter and pocketed it quickly.* 他拿了那封信，然后迅速地把它放进口袋里。**2** to steal sth or to keep money for yourself 偷取；把金钱据为己有

pocketful /-fʊl ‖ -fʊl/ *noun* [C] the amount that a pocket holds 一口袋的量

ˈ**pocketbook** *noun* [C] **1** a small book or notebook 袖珍记事簿；小笔记簿 **2** (*US* 美) = WALLET

ˈ**pocket knife** *noun* [C] (*pl* **pocket knives**) = PENKNIFE

ˈ**pocket money** *noun* [U] an amount of money that parents give a child, usually every week（父母给子女的）零用钱

pod /pɒd ‖ pɑd/ *noun* [C] the long, green part of some plants, such as peas and beans, that holds the seeds（植物的）荚；豆荚

podium /ˈpəʊdɪəm ‖ ˈpodɪəm/ *noun* [C] a small platform for a speaker, a performer, etc to stand on（给讲演者、表演者等站立的）讲台/讲坛/舞台

☆**poem** /ˈpəʊɪm ‖ ˈpo·ɪm/ *noun* [C] a piece of writing, often arranged in short lines which rhyme. Poems try to express thoughts and feelings with the help of sound and rhythm 诗；韵文：*a Wordsworth poem* 一首华兹华斯的诗 ○ *to write a poem* 写诗

☆**poet** /ˈpəʊɪt ‖ ˈpoɪt/ *noun* [C] a person who writes poems 诗人 ☛ There is a word **poetess** for a woman poet but it is rarely used nowadays. * **poetess** 指女诗人，但现今很少用。

poetic /pəʊˈetɪk ‖ poˈɛtɪk/ (*also* 亦作 **poetical** /-kl ‖ -kl̩/) *adj* **1** beautiful and full of imagination 充满诗情画意；富有想象力 **2** of or like poets and poetry 诗人（似）的；诗（一般）的：*poetic language* 诗歌用语 —**poetically** /-klɪ ‖ -kl̩ɪ/ *adv*

☆**poetry** /ˈpəʊɪtrɪ ‖ ˈpoɪtrɪ/ *noun* [U] poems, thought of as a group or a form of literature 诗篇；诗体：*Shakespeare's poetry and plays* 莎士比亚的诗歌和戏剧 ○ *poetry and prose* 诗歌与散文

poignant /ˈpɔɪnjənt ‖ ˈpɔɪnjənt/ *adj* causing sadness or pity 令人悲伤；惹人怜悯：*a poignant memory* 一段辛酸的回忆

poignancy /-jənsɪ ‖ -jənsɪ/ *noun* [U] (*formal* 正式) the state or quality of being poignant 悲伤；伤心；痛苦；辛酸 —**poignantly** /-jəntlɪ ‖ -jəntlɪ/ *adv*

☆**point**[1] /pɔɪnt ‖ pɔɪnt/ *noun* [C,sing] **1** [C] something that you say as part of a discussion; a particular fact, idea or opinion 论点；事实；主张；意见：*During the meeting she made some interesting points.* 她在会议中提出了一些值得关注的意见。○ *I see your point but I don't agree with you.* 我明白你的意思，但我不同意。☛ We **bring up**, **raise**, **make**, **argue**, **emphasize** and **illustrate** a point. 我们可以提出 (**bring up/raise/make**)、讨论 (**argue**)、强调 (**emphasize**) 和说明 (**illustrate**) 一个论点。**2** [C] an important idea or thought that needs to be considered（需考虑的）要点/核心问题：*'Supposing it rains – where shall we have the barbecue?' 'That's a point!'* "如果下雨，我们到哪儿举行烤肉野餐呢？" "这真是个要考虑的问题！" **3 the point** [sing] the most important part of what is being said; the main piece of information 重点；问题所在：*The point is that we can't go on holiday until the car's been repaired.* 问题是我们不能去度假，要待那辆汽车修好才可以。○ *She always talks and talks and takes ages to get to the point.* 她老是说了又说，要花好半天才说到正题。**4** [C] a detail, single item, quality of sb/sth 细节；特点；特征：*What would you say are your strong and your weak points?* (= good and bad qualities) 你认为自己有哪些长处和短处呢？**5** [sing] the meaning, reason, purpose, etc of sth 意义；理由；目的：*What's the point of telephoning her again?* 再打电话给她有什么用呢？○ *There's no point in telling my parents all my problems.* 将我所有的问题告诉父母也没什么用。**6** [C] (often in compounds 常用以构成复合词) a particular place or position 地点；位置：*We should be reaching the point where the road joins the motorway.* 我们应该快要到达这条路和那条高速公路交接的地方了。○ *The library is a good starting-point for that sort of information.* 要找那类资料的话，该先从图书馆下手。○ *He aimed the gun at a point just above the man's head.* 他用枪瞄准那个男子的头顶上方。**7** [C] any of the 32 marks on a compass that show direction, especially North, South, East and West 罗盘上 32 个方位刻度之一（尤指东、南、西、北）**8** [C] the thin sharp end of sth（某物的）尖/尖端：*the point of a pin, needle, pencil, etc* 大头针/缝衣针/铅笔等的尖儿 **9 points** [plural] (*Brit* 英) a set of rails where a railway line divides into two tracks. Points can be moved to allow a train to use either track.（铁路干线一分为二的）道岔 **10** [C] a small round dot used when writing parts of numbers 点；小数点 **11** [C] a particular time or moment; a stage of progress, development, etc 某时刻；（进展、发展等的）阶段：*At one point I thought I was going to laugh.* 曾经有一刻，我以为自己要大笑起来。○ *He has reached the high point of his career.* 他的事业已到了

高峰。○ *the boiling/freezing point of water* 水的沸/冰点 **12** [C] a single mark in some games, sports, etc that you add to others to get the score（某些游戏、体育比赛等的）分/点: *to score a point* 取得一分 ○ *After the first round of the competition Mrs Wilson had scored 32 points.* 经过第一回合赛事之后，威尔逊太太已取得32分。○ *Agassi has two match points.* 阿加西有两次机会可以取得决胜分。**13** [C] a unit of measurement for certain things（作计量用的单位）点/分: *The value of the dollar has fallen by a few points.* 美元的币值刚下跌了几点。

P

(IDIOMS 习语) **beside the point** not connected with the subject you are discussing 离题

have your, etc points to have some good qualities 有某些优点

if/when it comes to the point if or when the moment to act or decide comes 到必须采取行动/决定时: *If it comes to the point I will have to tell him what I really think.* 必要时我会把我真正的想法告诉他。

make a point of doing sth to be especially careful to do sth 特别小心地做某事；着重某事: *I'll make a point of inviting them to our next party.* 我将会特别邀请他们参加我们下次的聚会。

on the point of doing sth just going to do sth 正要做某事；就要做某事的时候: *I was on the point of going out when the bell rang.* 我正要外出时，门铃就响了。

point of view a way of looking at a situation; an opinion 观点；看法；意见: *You must try to understand other people's points of view.* 你得设法了解其他人的观点。○ *From my point of view it would be better to wait a little longer.* 依我看，最好是多等一会儿。☛ Do not confuse **from my point of view** with **in my opinion**. 不要把 **from my point of view** 与 **in my opinion** 混淆。The first means 'from my position in life' ie as a woman, child, teacher, etc. * from my point of view 指从我生活中所处位置的角度来看，即身为一个女人、儿童、教师等。The second means 'I think' * in my opinion 是指我认为: *From an advertiser's point of view, television is a wonderful medium.* 从登广告的人的角度来看，电视是个很了不起的媒介。○ *In my opinion people watch too much television.* 我认为人们看电视看得太多了。

prove your/the case/point ⇨ PROVE

a sore point ⇨ SORE

stretch a point ⇨ STRETCH[1]

sb's strong point ⇨ STRONG

take sb's point to understand and accept what sb is saying 明白并接受某人的论点: *I tried to explain what I meant but I don't think he took my point.* 我设法解释我的意思，但我不相信他明白并接受我的话。

to the point connected with what is being discussed 切题；中肯: *His speech was short and to the point.* 他的演说简短而切题。

up to a point partly 部分: *I agree with you up to a point.* 我同意你部分的见解。

☆**point**[2] /pɔɪnt ‖ pɔɪnt/ *verb* **1** [I] **point (at/to sb/sth)** to show where sth is or to draw attention to sth using your finger, a stick, etc（用手指、木棒等）指/指出: *'I'll have that one,' she said, pointing to a big chocolate cake.* "我想要这个。" 她指着一块大的巧克力蛋糕说。**2** [T] **point sth (at/towards sb/sth)** to aim sth in the direction of sb/sth（用某物）指向/对准/瞄准（某人/某物的方向）: *The farmer pointed his gun at the rabbit and fired.* 农夫把枪对准那只兔子，然后开火。**3** [I] to face in a particular direction or to show that sth is in a particular direction 面向/朝向/指向（某方向）: *Go down this road and you'll see the sign pointing towards the motorway.* 沿这条路走，你会见到那个指向高速公路的路标。**4** [I] **point to sth** to show that sth is likely to exist, happen, be true, etc 显示/表明/证明（某事物很可能存在、发生、是正确的等）: *Research points to a connection between smoking and cancer.* 已有研究显示吸烟与癌症有关。

(PHRASAL VERB 短语动词) **point sth out (to sb)** to direct attention to sth; to make sth clear to sb 使注意某事物；向某人指出某事物: *The guide pointed out all the places of interest to us on the way.* 途中导游指给我们看各个名胜。○ *I'd like to point out that we haven't got much time left to decide the matter.* 我想指出我们要来决定这件事情剩下的时间不多了。

pointed *adj* **1** having a point at one end 尖的: *a pointed nose* 尖鼻 **2** done or spoken in a way that makes it clear that you are being critical 尖锐；直截了当: *She made a pointed comment about people who are always late.* 她对于经常迟到的人作出了尖锐的批评。—**pointedly** *adv*

point-blank /ˌpɔɪnt ˈblæŋk ‖ ˈpɔɪntˈblæŋk/ *adj, adv* **1** (used about sth that is said 指说话) in a way that is very direct and often rather rude; not allowing any discussion 直截了当；断然；不容讨论: *He told her point-blank to get out of the house.* 他干脆叫她离开那房子。**2** (used about a shot 用于射击) from a very close position 近距离: *The shot was fired at point-blank range.* 子弹是在近距离射程内射出的。

pointer /ˈpɔɪntə(r) ‖ ˈpɔɪntɚ/ *noun* [C] **1** a piece of helpful advice or information（有用的）建议/意见/提示: *Could you give me some pointers on how best to tackle the problem?* 这个问题最好怎样处理，你可以给我指点一下吗？**2** a stick or rod which is used to point to things on a map, etc（作指示用的）棍/棒；教鞭

pointless /ˈpɔɪntlɪs ‖ ˈpɔɪntlɪs/ *adj* without any use or purpose 没有用；没有意义: *It's pointless to try and make him agree.* 要想使他同意是没有用的。○ *My whole life seemed pointless after my husband died.* 我丈夫死后，我整个生命似乎变得毫无意义。—**pointlessly** *adv* —**pointlessness** *noun* [U]

poise /pɔɪz ‖ pɔɪz/ *noun* [U] a calm, confident way of behaving 泰然自若；沉着自信: *The job requires poise and an ability to deal with people.* 做这份工作要有自信，而且要善于与人交往。

poised *adj* **1** not moving but ready to move 作好准备（随时行动）的: *'Shall I call the* *doctor or not?' he asked, his hand poised above the telephone.* "要我叫医生吗？"他一边问道，一边把手按在电话上。**2 poised (to do sth)** ready to act; about to do sth 准备行动；刚要做（某事）: *The government is poised to take action if the crisis continues.* 如果危机继续下去的话，政府准备随时采取行动。**3** calm and confident 冷静沉着；泰然自若

☆**poison** /ˈpɔɪzn ‖ ˈpɔɪzn̩/ *noun* [C,U] a substance that kills or harms you if you eat or drink it 毒药；毒物: *The label on the bottle said, 'Poison. Not to be taken internally.'* 瓶上的标签注明："毒药。不可内服。" ○ *rat poison* 老鼠药 ○ *poison gas* 毒气

poison *verb* [T] **1** to give poison to sb/sth; to kill, harm or damage sb/sth with poison 给（某人/某物）服毒药；（用毒药）毒死/毒害（某人/某物）: *The police confirmed that the murder victim had been poisoned.* 警方证实那宗谋杀案的受害者是被人毒死的。**2** to put poison in sth（在某物中）放毒: *The cup of coffee had been poisoned.* 那杯咖啡已被人下毒。**3** to spoil or ruin sth 破坏/损害（某事物）: *The quarrel had poisoned their relationship.* 那次争吵损害了他们的关系。

poisoned *adj* **1** containing poison 有毒的: *a poisoned drink* 下了毒的饮料 **2** damaged by dangerous substances 受有害物质污染的: *our poisoned water* 我们那些受有害物质污染的水

poisoner /ˈpɔɪzənə(r) ‖ ˈpɔɪzn̩ɚ/ *noun* [C] a person who uses poison to murder sb 用毒杀人者；施毒者

poisoning /ˈpɔɪzənɪŋ ‖ ˈpɔɪzn̩ɪŋ/ *noun* [U] the giving or taking of poison or a dangerous substance 下毒；中毒: *His death was the result of poisoning.* 他是死于中毒的。○ *food poisoning* (= illness as a result of eating bad food) 食物中毒

poisonous /ˈpɔɪzənəs ‖ ˈpɔɪzn̩əs/ *adj* **1** causing death or illness if you eat or drink it（吃或喝后）引起中毒的: *a poisonous plant* 一棵有毒的植物 **2** (used about animals, etc 指动物等) producing and using poison to attack its enemies 以毒物攻击敌人: *poisonous snakes, insects, etc* 毒蛇；有毒的昆虫… **3** very unpleasant 令人极不愉快；恶意的；恶毒: *She wrote him a poisonous letter criticizing his behaviour.* 她给他写了一封极不客气的信，批评他的行为。

poke /pəʊk ‖ pok/ *verb* [T] **1** to push sb/sth with a finger, stick or other long, thin object（用手指、木棒或其他细长的物件）捅/拨: *He poked the insect with his finger to see if it was alive.* 他用手指拨弄那昆虫，看看它是不是还活着。**2 poke sth into, through, out of, down, etc** to push sth quickly into sth or in a certain direction（把某物）插向/推向/刺向（某物/某方向）: *'Hello Jane,' she called, poking her head out of the window.* "喂，珍妮。"她把头伸出窗外叫道。○ *He poked the stick down the hole to see how deep it was.* 他把木棒伸进洞里，看看洞有多深。

(IDIOMS 习语) **poke fun at sb/sth** to make jokes about sb/sth, often in an unkind way 拿某人/某事物开玩笑；取笑/嘲笑某人/某事物

poke/stick your nose into sth ⇨ NOSE[1]

(PHRASAL VERBS 短语动词) **poke about/around** (*informal* 非正式) to try to find sth by looking behind, under, etc things 四周寻找；到处拨动: *I noticed that somebody had been poking about in my desk.* 我发觉有人曾经翻动过我书桌上的东西。

poke out of/through sth; poke out/through/up to appear in a certain place in a sudden or surprising way 突然出现: *A rabbit's head poked up in the middle of the field and then disappeared.* 田里突然有只兔子伸出头来，后来又不见了。

poke *noun* [C] a sharp push 捅；拨；推；刺: *I gave him a poke in the side to wake him up.* 我在他身侧捅了一下弄醒他。

poker[1] /ˈpəʊkə(r) ‖ ˈpokɚ/ *noun* [C] a metal stick for moving the coal or wood in a fire 拨火铁棒；通条 ☛ picture at **fireplace**. 见 **fireplace** 插图。

poker[2] /ˈpəʊkə(r) ‖ ˈpokɚ/ *noun* [U] a type of card game usually played to win money 扑克牌戏（一种纸牌游戏）: *a game of poker* 一局扑克牌戏

poky /ˈpəʊkɪ ‖ ˈpokɪ/ *adj* (**pokier**; **pokiest**) (*informal* 非正式) (used about a house, room, etc 指房子、房间等) too small 小；狭小: *It's a nice house but the bedrooms are a bit poky.* 那是一座不错的房子，可惜睡房狭小了一点。

polar /ˈpəʊlə(r) ‖ ˈpolɚ/ *adj* (only *before* a noun 只用于名词前) of or near the North or South Pole 北极的；南极的；接近北极/南极: *the polar regions* 极区

ˈpolar bear *noun* [C] a large white bear that lives in the area near the North Pole 北极熊；白熊

☆**pole**[1] /pəʊl ‖ pol/ *noun* [C] either of the two points at the exact top and bottom of the earth 地极: *the North/South Pole* 北/南极 ☛ picture at **earth**. 见 **earth** 插图。

pole[2] /pəʊl ‖ pol/ *noun* [C] a long, thin piece of wood or metal, used especially to hold sth up 杆/柱/棒（尤用于悬挂物品）: *a flag-pole* 旗杆 ○ *a tent pole* 帐篷支柱

the ˈpole-vault *noun* [C] the sport of jumping over a high bar with the help of a long pole 撑竿跳高

☆**police** /pəˈliːs ‖ pəˈlis/ *noun* [plural] the official organization whose job is to make sure that people obey the law, and to prevent and solve crime, etc 警察部门；警方: *Dial 999 if you need to call the police.* 如要报警，拨999。○ *Have the police been informed of the incident?* 那宗事故报告了警方没有？○ *a police car* 警车 ○ *a police report* 警方报告 ○ *There were over 100 police on duty* (= members of the police). 有超过100名警察值班。☛ **Police** is a plural noun, always used with a plural verb. * **police** 是复数名词，与复数动词连用。You cannot say 'a police' meaning one man or woman. 指一个男警察或女警察时，不能说 a police。When we are talking about the organization, we always use **the** 如果所指的是警察部门，就一定要用 **the**: *The police are investigating the murder.* 警方正调查那宗谋杀案。

P

police *verb* [T] to keep control in a place by using the police or a similar official group 管治；维持（某地方的）治安/秩序: *The cost of policing football games is extremely high.* 用警力维持足球比赛场内秩序的费用十分昂贵。

poˌlice ˈconstable (*also* 亦作 **constable**) *noun* [C] (*abbr* 缩写 **PC**) a policeman or policewoman of the lowest rank（职位最低的）警察

poˈlice force *noun* [C] (the organization of) all the police officers in a country or area（一个国家或地区的）警察部队全体警察: *We don't have a national police force in Britain.* 在英国我们没有全国性的警察部队。○ *the Thames Valley Police Force* 泰晤士河流域警队

poˈliceman /-mən ‖ -mən/ *noun* [C] (*pl* **policemen** /-mən ‖ -mən/) a man who is a member of the police（男）警察

poˈlice officer (*also* 亦作 **officer**) *noun* [C] a policeman or policewoman（男或女）警察: *a plain-clothes police officer* (= one who is not wearing uniform) 便衣警察 ☛ Look at **detective**. 参看 **detective**。

poˈlice station *noun* [C] an office of a local police force 警察分局；派出所

poˈlicewoman *noun* [C] (*pl* **-women**) a woman who is a member of the police（女）警察

☆**policy**[1] /ˈpɒləsɪ ‖ ˈpɑləsɪ/ *noun* [C,U] (*pl* **policies**) **policy (on sth)** a plan of action or statement of aims and ideas, especially that of a government, company or other organization（尤指政府、公司或其他组织的）方针/政策: *Labour has a new set of policies on health and education.* 工党在卫生及教育方面有一套新政策。○ *It is company policy not to allow smoking in meetings.* 会议中不准吸烟是公司的规定。☛ Look at the note at **politics**. 参看 **politics** 的注释。

policy[2] /ˈpɒləsɪ ‖ ˈpɑləsɪ/ *noun* [C] (*pl* **policies**) a document that shows an agreement that you have made with an insurance company 保险单: *an insurance policy* 一份保险单

polio /ˈpəʊlɪəʊ ‖ ˈpolɪo/ (also *formal* 正式 **poliomyelitis** /ˌpəʊlɪəʊˌmaɪəˈlaɪtɪs ‖ ˌpolɪo-ˌmaɪəˈlaɪtɪs/) *noun* [U] a serious disease which can cause you to lose the power in certain muscles 小儿麻痹症/脊髓灰质炎（一种可引致某些肌肉失去活动能力的严重疾病）

polish /ˈpɒlɪʃ ‖ ˈpɑlɪʃ/ *verb* [T] to make sth shine by rubbing it and often by putting a special cream or liquid on it（用特别的软膏或液体）磨光/擦亮（某物）: *Don't forget to polish your shoes!* 别忘记把你的鞋擦亮呀！

(PHRASAL VERB 短语动词) **polish sth off** (*informal* 非正式) to finish sth quickly 迅速地完成某事: *I'm just going to polish off one or two jobs and then I'll join you.* 我要赶快完成一两件工作，然后再跟你会合。

polish *noun* **1** [U] a cream, liquid, wax, etc that you put on sth to clean it and make it shine 擦亮剂；上光剂: *a tin of shoe polish* 一罐鞋油 **2** [sing] an act of polishing 磨光；擦亮: *I'll give the glasses a quick polish before the guests arrive.* 在宾客到来前，我会赶快把那些玻璃杯擦得亮晶晶的。

polished *adj* **1** shiny because of polishing 磨光了的；擦亮了的: *polished wood floors* 擦亮了的木地板 **2** (used about a performance, etc 指表演等) of a high standard 高水准: *a polished performance of Mozart's 'Magic Flute'* 莫扎特《魔笛》的精湛演出

☆**polite** /pəˈlaɪt ‖ pəˈlaɪt/ *adj* having or showing good manners, eg that you are helpful and thoughtful towards other people and do not say or do things that might upset them; not rude 有礼貌；客气: *The assistants in that shop are always very helpful and polite.* 那家商店的店员总是乐于为顾客服务，而且很有礼貌。○ *It's polite to say thank you.* 道声谢谢是有礼貌的表现。○ *He gave me a polite smile.* 他礼貌地对我笑了一笑。☛ The opposite is **impolite**. 反义词为 **impolite**。—**politely** *adv* —**politeness** *noun* [U]

☆**political** /pəˈlɪtɪkl ‖ pəˈlɪtɪkḷ/ *adj* **1** connected with politics and government 政治的；与政治/政府有关: *The two main political parties are Conservative and Labour.* 两大政党是保守党和工党。○ *She has very strong political opinions.* 她有很强烈的政见。○ *a political prisoner* (= one who has been put in prison for criticizing the government) 政治犯 ○ *Michael White, political correspondent of the 'Guardian'*《卫报》的政评记者，迈克尔·怀特。**2** (used about people 指人) interested or active in politics 对政治感兴趣；活跃于政治: *I'm afraid I'm not very political.* 很抱歉，我对政治并没有太大兴趣。

politically /-klɪ ‖ -klɪ/ *adv* with regard to politics 在政治方面；政治上: *Politically he's fairly right wing.* 在政治方面，他相当右倾。

poˌlitical aˈsylum *noun* [U] protection given by a state to a person who has left his/her own country for political reasons 政治庇护（某个国家对因政治理由逃离本国的人所提供的保护）: *to seek political asylum* 要求政治庇护

☆**politician** /ˌpɒlɪˈtɪʃn ‖ ˌpɑləˈtɪʃən/ *noun* [C] a person whose job is in politics, especially one who is a member of parliament or of the government 政治家/从政者（尤指国会议员或政府官员）: *a Conservative politician* 一位保守党国会议员 ○ *Politicians of all parties supported the war.* 各党各派的政客都支持战争。

☆**politics** /ˈpɒlətɪks ‖ ˈpɑləˌtɪks/ *noun* **1** [U, with sing or pl verb] the work and ideas that are connected with governing a country, a town, etc 政治；政务: *Are you interested in politics?* 你对政治感兴趣吗？○ *My son wants to go into politics* (= become a politician). 我的儿子想从政。○ *local politics* 地方政治 ○ *Politics has/have never been of great interest to me.* 我对政治从来不大感兴趣。**2** [plural] a person's political opinions and beliefs（个人的）政治见解/政治主张: *What are your politics?* 你有什么政治见解呢？☛ A government's **policy** (= plan of action or aim) will depend on its **politics** (= its ideas and beliefs). 一个政府的政策 (**policy**) 视乎它的政见 (**politics**) 而定。**3** [U] the scientific study of government 政治学: *She* *studied Politics, Philosophy and Economics at university.* 她在大学里选修政治学、哲学和经济学。

poll[1] /pəʊl ‖ pol/ *noun* [C] **1** (*also* 亦作 **opinion poll**) a way of finding out public opinion by asking a number of people their views on sth 民意调查；民意测验：*The Conservatives had a five point lead over Labour in the latest poll.* 在最近的民意调查中，保守党领先工党五个百分点。**2** (giving votes at) a political election 政治选举；大选；选举投票：*The result of the poll is still uncertain.* 选举的结果仍然不确定。○ *There was a heavy poll at the local elections* (= a large number of people voted). 地方选举有很高的投票率。

ˈ**poll tax** *noun* [sing] a tax to pay for local services. Every adult in a particular area must pay at the same rate. 人头税

poll[2] /pəʊl ‖ pol/ *verb* [T] **1** to ask sb his/her opinion on a subject 对（某人）进行民意调查：*Of those polled, only 20 per cent were in favour of changing the law.* 在这些接受民意调查的人之中，只有百分之二十是支持修改那项法律的。**2** to receive a certain number of votes in an election（选举中）获得（选票）：*The Liberal Democrat candidate polled over 3 000 votes.* 那位自由民主党的候选人获得3 000多票。

polling *noun* [U] voting in an election（在选举中）投票：*Polling takes place today in the Henley by-election.* 亨利地区的补选今天举行投票。

ˈ**polling-day** *noun* [C] the day when people vote in an election 投票日；选举日

pollen /ˈpɒlən ‖ ˈpɑlən/ *noun* [U] a fine, usually yellow, powder which is formed in flowers. It makes other flowers of the same type produce seeds when it is carried to them by the wind, insects, etc. 花粉

☆**pollute** /pəˈluːt ‖ pəˈlut/ *verb* [T] to make air, rivers, etc dirty and dangerous 污染/弄脏（空气、河流等）：*Almost all of Britain's beaches are polluted.* 英国所有的海滩几乎都被污染了。

pollutant /-ənt ‖ -ənt/ *noun* [C] a substance that pollutes air, water, etc 污染物质

pollution /pəˈluːʃn ‖ pəˈluʃən/ *noun* [U] **1** the act of polluting 污染：*Major steps are being taken to control the pollution of beaches.* 现正采取重要措施来控制海滩的污染。**2** substances that pollute 污染物质：*Five years after the disaster the pollution on the coast of Alaska has still not been cleared.* 那宗灾难发生五年后，阿拉斯加沿海地区的污染物仍然没有清理掉。

polo /ˈpəʊləʊ ‖ ˈpolo/ *noun* [U] a game for two teams of horses and riders. The players try to score goals by hitting a ball with long wooden hammers. 马球（一种体育运动，球员骑在马上用长木槌击球来取分）

polo neck /ˈpəʊləʊ nek ‖ ˈpolo nɛk/ *noun* [C] a high collar (on a sweater, etc) that is rolled over and that covers most of your neck（套衫等的）高圆翻领：*I'd like a jumper with a polo neck.* 我想要一件高圆翻领的套头毛衫。☛ picture on page A25. 见第A25页插图。The sweater itself can also be called a **polo neck**. 这种套衫亦可称为 **polo neck**。

poly /ˈpɒlɪ ‖ ˈpɑlɪ/ *noun* [C] (*pl* **polys**) (*informal* 非正式) = POLYTECHNIC

polyester /ˌpɒlɪˈestə(r); *US* 美 ˈpɒliːestər ‖ ˈpɑlɪˌɛstɚ/ *noun* [U] a type of man-made material that is used for making clothes, etc 聚酯纤维（一种人造物料，用于制衣等）：*The sheets are half cotton and half polyester.* 这些被单是半棉半聚酯纤维制的。

polystyrene /ˌpɒlɪˈstaɪriːn ‖ ˌpɑlɪˈstaɪrin/ *noun* [U] a light firm plastic substance that is used for stopping heat from escaping or for packing things so that they do not get broken 聚苯乙烯（一种轻而硬的塑料物质，用以隔热，也用于包装物品以防破碎）

polytechnic /ˌpɒlɪˈteknɪk ‖ ˌpɑləˈtɛknɪk/ (also *informal* 非正式 **poly**) *noun* [C] (formerly in Britain) a college for students who are 18 or over, offering more practical courses than those at traditional universities. Since 1992 polytechnics have had university status.（以前英国的）理工学院（专为18岁或以上的学生而设，比传统大学提供较多实用性课程。自1992年起，这些学院已获得大学资格）

polythene /ˈpɒlɪθiːn ‖ ˈpɑləθin/ *noun* [U] a type of very thin plastic material often used to make bags for food or to keep things dry 聚乙烯（一种很薄的塑料，多用于制造盛载食物或保持物品干燥的袋）

polyunsaturated /ˌpɒlɪʌnˈsætʃəreɪtɪd ‖ ˌpɑlɪʌnˈsætʃəˌretɪd/ *adj* (used about fats and oils 指脂肪及油) having the type of chemical structure that is thought to be good for your health 多不饱和的（含有一种对人体有益的化学结构）：*polyunsaturated margarine* 多不饱和人造黄油

pomp /pɒmp ‖ pɑmp/ *noun* [U] the splendid nature of a public ceremony（公众典礼的）盛况/壮观：*the pomp of the royal tour of Australia* 王室访问澳大利亚的盛况

pompous /ˈpɒmpəs ‖ ˈpɑmpəs/ *adj* feeling or showing that you think you are more important than other people, eg by using long and important-sounding words 自大；爱炫耀；自命不凡 ☛ This word is used in a critical way. 这个词带贬义。

pond /pɒnd ‖ pɑnd/ *noun* [C] an area of water that is smaller than a lake 池塘；水池 ☛ A **lake** is usually big enough to sail on * **lake**（湖）的面积通常大得足以划船：*a boating lake* 划船湖. A **pond** may be big enough for animals to drink from or may be a very small area of water in a garden * **pond** 可能只足够供动物饮水，或指花园中的小水池：*We have a fish pond in our garden.* 我们的花园有一个鱼池。A **pool** is a much smaller area of water * **pool** 是范围更小的水洼：*When the tide went out, pools of water were left among the rocks.* 潮退后，岩石之间留下一滩滩水。

ponder /ˈpɒndə(r) ‖ ˈpɑndɚ/ *verb* [I,T] **ponder (on/over sth)** to think about sth carefully or for a long time 仔细考虑；沉思

pong /pɒŋ ‖ pɔŋ/ *noun* [C] (*Brit informal* 英，非正式) a strong unpleasant smell 浓烈的臭气；

P

难闻的气味 —**pong** (*Brit informal* 英，非正式) *verb* [I]

pony /'pəʊnɪ ‖ 'ponɪ/ *noun* [C] (*pl* **ponies**) a type of small horse 小型马；矮种马

'**pony-tail** *noun* [C] long hair that is tied at the back of the head and that hangs down like the tail of a horse 马尾辫（发型）☛ picture at **plait**. 见 **plait** 插图。

'**pony-trekking** *noun* [U] riding horses for pleasure in the country (often for several days, as a holiday) 骑马旅行

P

poodle /'pu:dl ‖ 'pudl̩/ *noun* [C] a type of dog with thick curly hair that is often cut into a special pattern 鬈毛狗

pooh /pu:‖ pu/ *interj* (*informal* 非正式) (used when you smell sth unpleasant 表示嗅到难闻气味) 啐；呸

☆**pool**[1] /pu:l ‖ pul/ *noun* [C] **1** a small shallow area of water 小池；水洼；小水坑: *The heavy rain left pools of water on the pavement.* 大雨过后人行道上都是水洼儿。○ *rock pools* 岩石区潮水潭 ☛ Look at **puddle** and at the note at **pond**. 参看 **puddle**；另参看 **pond** 的注释。**2** a small area of any liquid or of light 一小滩（液体）；一小片（光）: *They found her lying in a pool of blood.* 他们发现她躺在血泊中。○ *a pool of light* 一小片光亮 **3** = SWIMMING-POOL: *a heated indoor pool* 室内温水游泳池 ○ *He swam ten lengths of the pool.* 他在游泳池游了五个来回。

pool[2] /pu:l ‖ pul/ *noun* **1** [C] a quantity of money, goods, workers, etc that is shared between a group of people（由一群人共用的）共同基金；共用物；共用人员: *There is a pool of cars that anyone in the company can use.* 公司有一批公用汽车，任何员工都可以使用。**2** [U] an indoor game that is played on a table with 16 coloured and numbered balls. Two players try to hit these balls into holes in the table (**pockets**) with long thin sticks (**cues**). 落袋弹子/台球戏（一种室内游戏，桌上有16个有数字的彩色球。两个人每人要用球杆 (**cue**) 把球击入桌边洞内的袋 (**pocket**) 中）☛ Look at **billiards** and **snooker**. 参看 **billiards** 及 **snooker**。**3 the pools** [plural] = FOOTBALL POOLS

pool *verb* [T] to collect money, ideas, etc from a number of people and share them（从一群人）收集（金钱/意见等）然后分享: *If we pool our ideas we should come up with a good plan.* 大家一起来凑主意，一定能想出个好办法。

☆**poor** /pɔ:(r); *US* 美 pʊər ‖ pur/ *adj* **1** having very little money and a very low standard of living 贫穷；贫困: *The family was too poor to buy proper food.* 这一家穷得连正常的饭食也负担不起。○ *We have a duty to help poorer countries.* 我们有责任帮助比较贫穷的国家。☛ The opposite is **rich**. 反义词为 **rich**。**2** of low quality or in a bad condition 质劣；状况差: *Paul is in very poor health.* 保罗健康很差。○ *a poor harvest* 歉收 ○ *The industry has a poor safety record.* 这行业的安全纪录很差。○ *Attendance at the meeting was poor* (= not as many people came as had been expected). 那个会议的出席人数未如预期的那样多。**3** (used when you are showing that you feel sorry for somebody 用于表示对某人感到难过) 可怜；不幸: *That poor child has lost both her parents.* 那不幸的小孩失去了双亲。○ *Poor Don! He's very upset!* 唐纳德真可怜！他苦恼死了！

the poor *noun* [plural] people who have little money 穷人；贫民 ☛ Note that we use **the poor** in the plural. It always means 'poor people' and CANNOT mean 'the poor person'. 注意：**the poor** 是复数，意思是 poor people（贫民），而不是 the poor person（那个穷人）。

poorly[1] /'pɔ:lɪ; *US* 美 'pʊərlɪ ‖ 'purlɪ/ *adv* not well; badly 拙劣；不足: *a poorly-paid job* 薪金微薄的工作 ○ *The science lab is very poorly equipped.* 这科学实验室设备十分简陋。

poorly[2] /'pɔ:lɪ; *US* 美 'pʊərlɪ ‖ 'purlɪ/ *adj* (*informal* 非正式) not well; ill 身体不适；健康不佳；有病的: *I'm feeling a bit poorly.* 我感到有点不舒服。

pop[1] /pɒp ‖ pɑp/ *noun* **1** [C] a short sharp sound like a small explosion 短而尖的爆裂声；砰（的一声）；啪（的一声）: *There was a loud pop as the champagne cork came out of the bottle.* 香槟酒瓶塞拔了出来，响亮地发出啪的一声。**2** [U] (*informal* 非正式) a sweet drink with bubbles in it that does not contain alcohol.（不含酒精的）含气甜味饮料；汽水 —**pop** *adv*: *The balloon went pop.* 那气球啪的一声破了。

pop[2] /pɒp ‖ pɑp/ *verb* (po**pp**ing; po**pp**ed) [I,T] (to cause sth) to make a short sharp sound like a small explosion（使）发出短而尖的爆裂声: *The balloon popped.* 那气球啪的一声爆了。○ *He popped the balloon.* 他啪的一声把那气球弄破了。

(PHRASAL VERBS 短语动词) **pop across, down, out, etc** to come or go somewhere quickly or suddenly 迅速地或突然地来/去（某地）: *I'm just popping out to the shops.* 我正想赶去商店。

pop sth across, in, into, etc sth to put or take sth somewhere quickly or suddenly 迅速地或突然地放下/取去（某物）: *He popped his head round the door and said goodbye.* 他突然从门口探进头来说了声再见。

pop in to make a quick visit 匆匆探访: *Why don't you pop in for a cup of tea?* 你怎么不进来喝杯茶？

pop out to come out (of sth) suddenly or quickly（某物）突然/迅速地出现: (*figurative* 比喻) *Her eyes nearly popped out of her head in surprise.* 她惊讶得瞪大了眼睛。

pop up (*informal* 非正式) to appear or happen when you are not expecting it 出其不意地出现/发生

'**popcorn** /'pɒpkɔ:n ‖ 'pɑpˌkɔrn/ *noun* [U] a type of corn (**maize**) that is heated until it bursts and becomes light and fluffy 爆玉米花（玉米叫做 **maize**）

☆**pop**[3] /pɒp ‖ pɑp/ *noun* [U] (*informal* 非正式) modern music that is most popular among young people 流行音乐: *I like pop and jazz.* 我喜欢流行音乐和爵士乐。○ *pop music* 流行音乐 ○ *a pop group* 流行乐队 ☛ Look at

jazz, **rock** and **classical**. 参看 **jazz**、**rock** 及 **classical**。

pop[4] /pɒp ‖ pɑp/ *noun* [C] (*US informal* 美，非正式) father 爸爸

☆**pope** /pəʊp ‖ pop/ *noun* [C] the head of the Roman Catholic Church（天主教）教皇；教宗: *Pope John Paul* 约翰·保罗教皇（若望·保禄教宗）

popper /ˈpɒpə(r) ‖ ˈpɑpər/ (*Brit* 英) (*also* 亦作 **press-stud**) *noun* [C] two round pieces of metal or plastic that you press together in order to fasten a piece of clothing（衣服的）按扣/揿扣/子母扣 ☛ picture at **zip**. 见 **zip** 插图。

poppy /ˈpɒpɪ ‖ ˈpɑpɪ/ *noun* [C] (*pl* **poppies**) a bright red wild flower that has small black seeds 罂粟（一种结有细小黑色种子的鲜红色野生花朵）: *a roll with poppy seeds on top* 上面有罂粟籽的面包卷

popsicle /ˈpɒpsɪkl ‖ ˈpɑpsɪkl/ *noun* [C] (*US* 美) = ICE LOLLY

☆**popular** /ˈpɒpjʊlə(r) ‖ ˈpɑpjələr/ *adj* **1** liked by many people or by most people in a group 很多人喜爱的；（一组人中）大部分人喜欢的；普遍；流行；受欢迎: *Discos are popular with young people.* 迪斯科深受年轻人欢迎。○ *Spain is a popular holiday destination.* 西班牙是个热门的度假地点。○ *He's always been very popular with his pupils.* 他一向深受学生的爱戴。☛ The opposite is **unpopular**. 反义词为 **unpopular**。**2** for ordinary people (= not for specialists or people with a high level of education) 大众化/通俗（不是为专家或教育水平高的人而设的）: *The popular newspapers seem more interested in scandal than news.* 那些通俗报章似乎对丑闻的兴趣甚于新闻。**3** (only *before* a noun 只用于名词前) of or for a lot of people 大多数人的；为大多数人而设的: *The programme is being repeated by popular demand.* 这节目应大众要求正在重播。

popularity /ˌpɒpjʊˈlærətɪ ‖ ˌpɑpjəˈlærətɪ/ *noun* [U] the quality or state of being liked by many people 讨人喜欢的特点；普及；流行；声望: *The Green Party has been gaining in popularity recently.* 最近绿党已渐渐得到人们支持。○ *to lose popularity* 声望下跌

popularize (*also* 亦作 **popularise**) /ˈpɒpjʊləraɪz ‖ ˈpɑpjələˌraɪz/ *verb* [T] to make sth popular with, or known to, a lot of people 使普及；推广；宣传: *The film did a lot to popularize her novels.* 那部电影大大地推广了她的小说。

popularly *adv* by many people; generally 由大众/很多人；普遍；一般: *The Conservatives are popularly known as Tories.* 保守党普遍称为托利党。

populate /ˈpɒpjʊleɪt ‖ ˈpɑpjəˌlet/ *verb* [T] (usually passive 通常用于被动语态) to fill a particular area with people（人）居住于/生活于（某地）: *Parts of Wales are very thinly populated.* 威尔士有一些地区人口十分稀少。○ *Britain as a whole is very densely populated.* 英国总的来说人口很稠密。

☆**population** /ˌpɒpjʊˈleɪʃn ‖ ˌpɑpjəˈleʃən/ *noun* **1** [C,U] a number of people who live in a particular place（某地方的）人口/居住人数: *What is the population of your country?* 你们国家的人口有多少？○ *an increase/a fall in population* 人口的增加/减少 **2** [C] all the people who live in a particular area（居住在某地的）全部人/全体人民: *The report examines the effects of the changes on the local population.* 那份报告研究这些转变对当地居民的影响。○ *The local population is/are very much against the changes.* 当地居民强烈反对那些改变。**3** [C] all the people or animals of a particular type that live in an area（居住于一个地区的）所有同类的人/动物: *The prison population has greatly increased in recent years.* 近年来，监狱内的囚犯人数已大大增加了。○ *the black population of South Africa* 南非的所有黑人 ○ *the civilian population* (= the people who are not soldiers) 平民 ○ *the penguin population of the island* 那岛上的所有企鹅 ☛ In senses **2** and **3**, **population** is sometimes used in the singular with a plural verb when you are thinking about the individual people who form the population. 在第 **2**、**3** 义中，指构成 **population** 的每一个人时，**population** 有时用单数形式，与复数动词连用。

porcelain /ˈpɔːsəlɪn ‖ ˈpɔrsḷɪn/ *noun* [U] a hard white substance that is made by baking clay in an oven. Porcelain is used for making expensive cups, plates, etc. 瓷；瓷器

porch /pɔːtʃ ‖ pɔrtʃ/ *noun* [C] **1** a covered area at the entrance to a house or church（房子或教堂的）门廊/入口处 **2** (*US* 美) = VERANDA

pore[1] /pɔː(r) ‖ pɔr/ *noun* [C] one of the small holes in your skin through which sweat can pass（皮肤上的）毛孔/气孔（让汗水排出的小孔）

pore[2] /pɔː(r) ‖ pɔr/ *verb*

(PHRASAL VERB 短语动词) **pore over sth** to study or read sth very carefully 钻研；专心阅读；研读

pork /pɔːk ‖ pɔrk/ *noun* [U] meat from a pig 猪肉: *roast pork* 烤猪肉 ○ *pork sausages* 猪肉肠 ☛ Look at **bacon** and **ham** and at the note at **meat**. 参看 **bacon** 及 **ham**；另参看 **meat** 的注释。

pornography /pɔːˈnɒɡrəfɪ ‖ pɔrˈnɑɡrəfɪ/ (also *informal* 非正式 **porn** /pɔːn ‖ pɔrn/) *noun* [U] books, magazines, films, etc that describe or show sexual acts in order to cause sexual excitement 色情物品（如色情书刊、电影等）—**pornographic** /ˌpɔːnəˈɡræfɪk ‖ ˌpɔrnəˈɡræfɪk/ *adj*: *pornographic films* 色情电影

porous /ˈpɔːrəs ‖ ˈpɔrəs/ *adj* allowing liquid or air to pass through slowly 可渗透；渗水的；透气的: *Sand is a porous material.* 沙是一种可渗透的物质。

porpoise /ˈpɔːpəs ‖ ˈpɔrpəs/ *noun* [C] a sea animal that looks like a large fish. It is very similar to a dolphin and also lives in groups. 鼠海豚（一种海中动物，与海豚十分相似，成群生活）

porridge /ˈpɒrɪdʒ; *US* 美 ˈpɔːr- ‖ ˈpɔrɪdʒ/ *noun* [U] a food that is made from oats mixed with milk or water and usually eaten for breakfast（用燕麦混和牛奶或水制成的）粥/糊（通常作早餐）；麦片粥

P

☆**port**[1] /pɔːt ‖ pɔrt/ *noun* **1** [C,U] an area where ships load and unload goods and passengers 港；港口: *a fishing port* 渔港 ○ *The fleet spent two days in port.* 那船队在港口停泊了两天。○ *The damaged ship reached port safely.* 那艘损坏了的船安全地抵达了港口。**2** [C] a town or city that has a harbour 港市/口岸（有港口的市镇/城市）: *Hull is a major port.* 赫尔是一个重要的港口城市。

port[2] /pɔːt ‖ pɔrt/ *noun* [U] the side of a ship that is on the left when you are facing towards the front of the ship（船舶的）左舷/左边 ☛ The opposite is **starboard**. 反义词为 **starboard**。

port[3] /pɔːt ‖ pɔrt/ *noun* [U] a strong sweet red wine that is often drunk after a meal 波尔图葡萄酒（一种性醇的甜味红酒，多于餐后饮用）

portable /ˈpɔːtəbl ‖ ˈpɔrtəbl̩/ *adj* that can be moved or carried easily 可轻易移动；易于携带；手提: *a portable television set* 手提电视机

porter /ˈpɔːtə(r) ‖ ˈpɔrtɚ/ *noun* [C] **1** a person whose job is to carry suitcases, etc at a railway station, airport, etc（火车站、机场等的）搬运工人/行李工/脚夫 **2** a person whose job is to be in charge of the entrance of a hotel or other large building（旅馆或其他大型建筑物的）守门人/看门人/门房: *a hotel porter* 旅馆门房

porthole /ˈpɔːthəʊl ‖ ˈpɔrtˌhol/ *noun* [C] a small round window in a ship or an aeroplane（船或飞机的）舷窗

portion /ˈpɔːʃn ‖ ˈpɔrʃən/ *noun* [C] **1** a part or share of sth（某物的）一部分；一份: *What portion of your salary goes on tax?* 你薪金中有多少用来付税款呢？○ *We must both accept a portion of the blame.* 我们两人都必须负部分责任。**2** an amount of food for one person (especially in a restaurant)（食物的）一份/一客: *Could we have two extra portions of chips, please?* 麻烦你，我们想多要两份炸马铃薯条。☛ Look at **helping**. 参看 **helping**。

portrait /ˈpɔːtreɪt ‖ ˈpɔrtret/ *noun* [C] **1** a picture, painting or photograph of a person（一个人的）肖像/画像/照片: *to paint sb's portrait* 画某人的肖像 **2** a description of sb/sth in words（用文字对某人/某事物的）描述/描写

portray /pɔːˈtreɪ ‖ pɔrˈtre/ *verb* [T] **1** to make a picture, painting or photograph of sb 画肖像；拍人像照: *The writer was portrayed sitting at his desk.* 画像中那作家坐在自己的书桌前。**2** to describe sb/sth in words; to show sb/sth in a particular way 描述；描写；以某方式表现: *Dickens portrayed life in 19th century England.* 狄更斯描述了19世纪英格兰的生活。○ *In many of his novels life is portrayed as being hard and brutal.* 他的很多小说都把人生描绘成艰辛而残酷的。**3** to act the part of sb in a play or film（在戏剧或电影中）扮演/饰演（某人）: *It's hard for a young actress to portray a very old woman.* 要年轻的女演员扮演老婆婆是很困难的。—**portrayal**/pɔːˈtreɪəl ‖ pɔrˈtreəl/ *noun* [C]: *He won an award for his portrayal of King Lear.* 他凭扮演李尔王的出色表现获奖。

pose /pəʊz ‖ poz/ *verb* **1** [I] to sit or stand in a particular position for a painting, photograph, etc（绘画或拍照时）摆姿势: *After the wedding we all posed for photographs.* 婚礼后，我们所有人都摆好姿势拍照。**2** [I] to behave in a way that makes other people notice you 装模作样/矫揉造作（借以引人注意）: *They hardly swam at all. They just sat posing at the side of the pool.* 他们根本没有游泳，而是装模作样坐在游泳池旁边。**3** [I] **pose as sb/sth** to pretend to be sb/sth 假扮/假装/冒充（某人/某物）: *The robbers got into the house by posing as telephone engineers.* 那些劫匪假扮电话工程人员进入房子。**4** [T] to set, cause or create sth 引起；造成: *The rise in the cost of living is posing problems for many families.* 生活费用上升给很多家庭带来难题。○ *to pose a question* 产生一个问题

pose *noun* [C] **1** a position in which you pose, eg for a painting or photograph（绘画或拍照时的）姿势 **2** a way of behaving that is intended to trick people or to make people notice you 装腔作势（企图骗人或使人注意）

posh /pɒʃ ‖ pɑʃ/ *adj* (*informal* 非正式) **1** fashionable and expensive 时髦而昂贵；豪华: *We went for a meal in a really posh hotel.* 我们到了一家极豪华的旅馆吃饭。**2** (used about people 指人) belonging to or typical of a high social class 上流社会的: *He's got a really posh accent.* 他一口上流社会的腔调。

☆**position** /pəˈzɪʃn ‖ pəˈzɪʃən/ *noun* **1** [C,U] the place where sb/sth is or should be（某人/某物所在或应在的）位置: *The enemy's position was marked on the map.* 地图上标示了敌人的位置。○ *That plant's in the wrong position. It doesn't like too much sun.* 那棵植物放错了位置，它并不需要多晒太阳。○ *All the dancers were in position waiting for the music to begin.* 所有舞蹈演员已经各就各位，等候音乐开始。**2** [C,U] the way in which sb/sth sits, stands or is placed（某人的）姿势；（某物的）摆放方式: *I've got a stiff neck. I must have been sitting in an awkward position.* 我的脖子僵了。我一定是以不恰当的姿势坐得太久了。○ *Turn the switch to the off position.* 把开关转到关的位置。○ *He woke in pain every time he changed position.* 他每次改变姿势都会痛醒。**3** [C] **a position (on sth)** what you think about sth; your opinion（对某事物的）态度/立场/意见: *What is your government's position on South Africa?* 贵国政府对南非的态度如何？**4** [C, usually sing] a state or situation 处境；状况: *What would you do if you were in my position?* 如果你处在我的地位，你会怎么办？○ *I'm in a very difficult position.* 我真为难。○ *I'm sorry, I'm not in a position to help you financially.* 很抱歉，金钱方面我无能为力，帮不了你。**5** [C,U] your place or rank in society, in a group, or in a race or competition（社会上或在某个圈子里的）地位/身分/等级；（比赛的）名次: *Max finished the race in second position.* 马克斯在赛跑项目中取得第二名。**6** [C] a job 职位: *There have been over a hundred applications for the position of Sales Manager.* 已经收到一百多封申请销售经理职位的应征信。**7** [C] the part you play in a team game（球队等中的）位置: *'What position do you play?'*

'I'm the goalkeeper.' "你踢什么位置？" "我是守门员。"

position *verb* [T] to put sb/sth in a particular place or position 把（某人/某物）安置在（某地方/某位置）: *Mary positioned herself near the door so she could get out quickly.* 玛丽站在靠近门口的地方，那样一下子就可以离开。

☆**positive** /'pɒzətɪv ‖ 'pɑzətɪv/ *adj* **1 positive (about sth/that...)** certain; sure 确定；肯定: *Are you positive that this is the woman you saw?* 你肯定这就是你见过的那个妇人吗？ **2** clear; definite 明确；清楚；确切: *There is no positive evidence that he is guilty.* 没有确凿的证据证明他有罪。○ *We must take positive action to stop the situation getting worse.* 我们一定要采取明确的行动，制止情况继续恶化。 **3** helpful or encouraging 有助力；给予肯定的: *The teacher tried to make positive suggestions.* 那位老师尝试提出一些有建设性的建议。○ *Their reaction to my idea was generally positive.* 他们对我那个意见的反应大致上都是肯定的。 **4** hopeful or confident 有希望；有信心；积极: *I feel very positive about our team's chances this season.* 对这个赛季我非常乐观，我们球队肯定有机会取胜。○ *Positive thinking will help you to succeed.* 积极的想法能助你成功。 **5** (used about a medical or scientific test 用于医学检验或科学试验) showing that sth has happened or is present 阳性的（显示某事物已发生/存在）: *The result of the pregnancy test was positive.* 妊娠验查结果呈阳性。 **6** (used about a number 指数字) more than zero 正的/正数的（大于零的）☛ In senses **3-6** the opposite is **negative**. 第 **3** 至第 **6** 义的反义词为 **negative**。

positively *adv* **1** (*informal* 非正式) (used for emphasizing sth 用于强调) really; extremely 很；极: *Mother was positively furious when I told her.* 母亲听了我告诉她的消息勃然大怒。 **2** quite certainly or firmly 肯定；坚决: *I was positively convinced that I was doing the right thing.* 我肯定自己做得对。

☆**possess** /pə'zes ‖ pə'zɛs/ *verb* [T] **1** (*formal* 正式) to have or own 具有；拥有: *They lost everything they possessed in the fire.* 他们在火灾中失去了所有财产。○ *It is illegal to possess a gun without a licence.* 未领执照持有枪械是违法的。 **2** to influence sb or to make sb do sth 影响（某人）；驱使（某人做某事）: *Whatever possessed you to say a thing like that!* 究竟是什么使你说出这样的话！

possessor *noun* [C] a person who has or owns sth 持有人；拥有者

☆**possession** /pə'zeʃn ‖ pə'zɛʃən/ *noun* **1** [U] the state of having or owning sth（某物的）有/持有/拥有/占有: *Enemy forces took possession of the hill.* 敌军占据了那个山头。○ *He was arrested for possession of an illegal weapon.* 他因非法藏有武器而被捕。 **2** [C, usually pl] something that you have or own 所有物；财产；财物: *Bob packed all his possessions into a suitcase and left without a word.* 鲍勃把他所有的财物装进手提箱后一声不响地走了。○ *to insure your possessions* 给财物买保险

(IDIOM 习语) **in possession (of sth)** having or owning sth 有/持有/拥有（某物）: *Two youths were caught in possession of stolen goods.* 两名青年因藏有贼赃而被捕。

possessive /pə'zesɪv ‖ pə'zɛsɪv/ *adj* **1** not wanting to share sb/sth 不愿与人分享: *Dan is so possessive with his toys – he won't let anyone else play with them.* 丹尼对于自己的玩具很吝啬——他不让别人玩。 **2** (used in grammar to describe words that show who or what a person or thing belongs to 语法上的用语，表示某人/某物是属于谁人或何物) 属格的；所有格的: *'My', 'your', 'his' are possessive adjectives.* * my、your、his 是所有格形容词。○ *'Mine', 'yours', 'his' are possessive pronouns.* * mine、yours、his 是所有格代名词。

☆**possibility** /ˌpɒsə'bɪlətɪ ‖ ˌpɑsə'bɪlətɪ/ *noun* (*pl* **possibilities**) **1** [U] **possibility (of sth/of doing sth); possibility (that...)** the situation when sth might happen or be true; the state of being possible 可能的情况（指某事可能发生/属实）；可能；可能性: *Is there any possibility that I can see you this weekend?* 这个周末我有可能见到你吗？○ *What's the possibility of the weather getting better before the weekend?* 周末之前天气转好的可能性有多大？○ *There's not much possibility of the letter reaching you before Saturday.* 星期六之前那封信不大可能寄到你手中。 **2** [C] something that might happen or be true; sth that is possible 可能发生的事情；可能的事实；可能的事: *There is a strong possibility that the fire was started deliberately.* 那场大火的起因很有可能是有人蓄意纵火。○ *One possibility would be for you to go by train and for me to come later by car.* 一个办法就是你先乘火车去，然后我坐汽车去。

☆**possible** /'pɒsəbl ‖ 'pɑsəbḷ/ *adj* **1** that can happen or be done 可能发生/做到；可能的: *I'll phone you back as soon as possible.* 我会尽快回电话给你。○ *It is now possible to phone America direct.* 现在可以直接打电话到美国了。○ *Could you give me your answer today, if possible?* 可能的话，今天答复我好吗？○ *The doctors did everything possible to save his life.* 医生们已尽其所能去拯救他。○ *You were warned of all the possible dangers.* 已经警告过你所有可能发生的危险。☛ Look at **impossible.** 参看 **impossible**。 **2** that may be true or suitable 可能属实/合适的: *There are several possible explanations for her strange behaviour.* 对于她的奇怪行为，有几种可能的解释。○ *There are four possible candidates for the job.* 这个职位有四名可能合适的人选。☛ Look at **probable.** 参看 **probable**。

possibly /-əblɪ ‖ -əblɪ/ *adv* **1** perhaps 也许；或许；或者: *'Will you be free on Sunday?' 'Possibly.'* "星期日你有空吗？" "也许。" ○ *Edward phoned to say he would possibly be late home.* 爱德华打电话来说，他也许要晚一点回家。 **2** (used for emphasizing sth 用于强调) according to what is possible 可能: *I will leave as soon as I possibly can.* 我会尽快离开。

☆**post**[1] /pəʊst ‖ post/ *noun* [C] an upright piece of metal or wood that is put in the ground to mark a position or to support sth 柱；杆: *The wooden gate post is rotten.* 那木制的门柱腐烂了。○ *a goal post* 球门柱 ○ *Can you see a*

P

signpost anywhere? 你有没有在什么地方见到路标呢？

(IDIOM 习语) **pip sb at the post** ⇨ PIP[2]

☆**post**[2] /pəʊst ‖ post/ *noun* [C] **1** a job 职位；工作: *the best candidate for the post* 那个职位的最佳人选 ○ *The post was advertised in the local newspaper.* 那个职位的广告在本地的报纸上刊登了出来。**2** a place where sb is on duty or is guarding sth 岗位；哨所；守卫地区；驻守地: *The soldiers had to remain at their posts all night.* 士兵必须整夜守在岗位上。

post *verb* [T] **1** to send sb to go and work somewhere 委派（某人）去（某地）工作: *After two years in London, Rosa was posted to the Tokyo office.* 在伦敦工作了两年后，罗莎被派往东京办事处工作。**2** to put sb on guard or on duty in a particular place 使（某人在某地）驻守/站岗: *Policemen were posted at the front door of the building.* 建筑物的前门有警察把守。

posting /-ɪŋ ‖ -ɪŋ/ *noun* [C] a job in another country that you are sent to do by your employer 受雇主派往国外工作的职位

☆**post**[3] /pəʊst ‖ post/ (*especially US* 美尤作 **mail**) *noun* **1** [U] the system or organization for collecting and delivering letters, parcels, etc 邮政；邮递: *The document is too valuable to send by post.* 这文件太重要了，不可用邮递方式送去。○ *Your cheque is in the post.* 你的支票已寄出了。**2** [sing,U] letters, parcels, etc that are collected or delivered 邮件；信件: *Has the post come yet this morning?* 今早邮件到了没有？○ *There wasn't any post for you.* 没有你的信件。○ *I'll stop now or I'll miss the post* (= collection). 现在我要停一停，不然我会错过收信时间。○ *to open the post* 打开邮件

(IDIOM 习语) **by return (of post)** ⇨ RETURN[2]

'**postbox** (*also* 亦作 **letter-box**) (*US* 美 **mailbox**) *noun* [C] a box in a public place where you put letters, etc that you want to send 邮筒；邮箱 ☛ Look at **pillar-box**. 参看 **pillar-box**。

'**postcard** *noun* [C] a card that you write a message on and send to sb. Postcards often have a picture on one side and are usually sent without an envelope. 明信片

'**postcode** (*also* 亦作 **postal code**) (*US* 美 **Zip code**) *noun* [C] a group of letters and/or numbers that you put at the end of an address. The postcode helps the Post Office to sort letters by machine. 邮政编码（帮助邮政局人员用机器分信的号码）

'**postman** *noun* [C] (*pl* **postmen**) (*US* 美 **mailman**) a person whose job is to collect and deliver letters, parcels, etc 邮差；信差；邮递员

'**postmark** *noun* [C] an official mark over a stamp on a letter, parcel, etc that says when and where it was posted 邮戳（盖在信/包裹等的邮票上的标记，用以表示邮递的日期及地点）

'**post office** *noun* [C] **1** a building or part of a shop where you can buy stamps, post parcels, etc 邮局（指建筑物）**2 the Post Office** the national organization that is responsible for collecting and delivering letters, parcels, etc 邮政局（指机构）

'**post-office box** *noun* [C] (*abbr* 缩写 **PO box**) a place in a post office where letters, parcels, etc are kept until they are collected by the person they were sent to 邮政信箱（邮局内保存邮件让收件人来取的地方）

☆**post**[4] /pəʊst ‖ post/ (also *especially US* 美尤作 **mail**) *verb* [T] to send a letter, parcel, etc to sb by putting it in a post-box or taking it to a post office 投寄；邮寄: *This letter was posted in Edinburgh yesterday.* 这封信昨天在爱丁堡寄出。

> ☛ **Post** (noun and verb) is more commonly used in British English and **mail** in American English. ＊**post**（名词及动词）较常用于英国英语，美国英语以 **mail** 较为常用。However, British English uses the noun **mail** quite often. The official name of the Post Office organization is the **Royal Mail**. 但是，作名词用的 **mail** 在英国英语中也相当常用，英国邮政机关的正式名称就是 **Royal Mail**。Note too, the expressions **airmail** and **surface mail**. 同时请注意 **airmail**（空邮）及 **surface mail**（平邮）等用语。When we order goods in a letter, we use a **mail-order** service. 邮购服务称为 **mail-order** service。

☆**postage** /ˈpəʊstɪdʒ ‖ ˈpostɪdʒ/ *noun* [U] the amount that you must pay to send a letter, parcel, etc 邮资；邮费: *The cost of postage and packing is £2.* 邮费及包装费共2英镑。

'**postage stamp** *noun* [C] = STAMP[1]

☆**postal** /ˈpəʊstl ‖ ˈpostl̩/ *adj* connected with the collecting and delivering of letters, parcels, etc 邮政的；邮务的；邮递的: *postal charges* 邮费

'**postal code** *noun* [C] = POSTCODE

'**postal order** *noun* [C] a piece of paper that you can buy at a post office that represents a certain amount of money. A postal order is a safe way of sending money by post. 邮政汇票（可在邮局购买，是用来代替某数目金钱的票据。这是一种以邮递方式汇款的安全方法）

☆**poster** /ˈpəʊstə(r) ‖ ˈpostɚ/ *noun* [C] a large printed picture or a notice in a public place, often used to advertise sth 海报；告示；广告

posterity /pɒˈsterətɪ ‖ pɑsˈtɛrətɪ/ *noun* [U] the future and the people who will be alive then 后世；后代: *We should look after our environment for the sake of posterity.* 为了后代，我们应该保护环境。

postgraduate /ˌpəʊstˈgrædʒʊət ‖ postˈgrædʒʊɪt/ *noun* [C] a person who is doing further studies at a university after taking his/her first degree 研究生（取得第一个学位后继续在大学深造的学生）☛ Look at **graduate** and **undergraduate**. 参看 **graduate** 及 **undergraduate**。

posthumous /ˈpɒstjʊməs; *US* 美 ˈpɒstʃəməs ‖ ˈpɑstʃʊməs/ *adj* given or happening after sb has died 死后（给予或发生）；身后: *a posthumous medal for bravery* 死后追颁的英勇奖章 —**posthumously** *adv*: *Her last novel* *was published posthumously.* 她最后一本小说在她死后才出版。

post-mortem /ˌpəʊst ˈmɔːtəm ‖ ˌpostˈmɔrtəm/ *noun* [C] a medical examination of a dead body to find out how the person died 验尸；尸体解剖

postpone /pəˈspəʊn ‖ posˈpon/ *verb* [T] to arrange that sth will happen at a later time than the time you had planned; to delay 延期；延迟；延缓: *The wedding was postponed until August because the bride's mother was ill.* 由于新娘的母亲病了，婚礼延迟到八月举行。○ *Because of illness, the concert is postponed until further notice* (= no date for it can be given now). 音乐会因表演者生病要延期，直至另行通告为止。☛ Look at **cancel**. 参看 **cancel**。—**postponement** *noun* [C,U]

postscript /ˈpəʊsskrɪpt ‖ ˈposskrɪpt/ *noun* [C] (*abbr* 缩写 **PS**) a short message that you add to the end of a letter after you have signed your name 附笔/又及/再启（信末签名后附加的简短信息）: *PS, I love you.* 附笔：我爱你。

posture /ˈpɒstʃə(r) ‖ ˈpɑstʃɚ/ *noun* **1** [U] the way that a person sits, stands, walks, etc 姿态；仪态: *Poor posture can lead to backache.* 不适当的姿势可引致背痛。**2** [C] a position that your body is in 姿势: *an upright posture* 挺直的姿势

postwar /ˌpəʊstˈwɔː(r) ‖ ˌpostˈwɔr/ *adj* existing or happening in the period after the end of a war 战后的: *postwar reconstruction* 战后重建

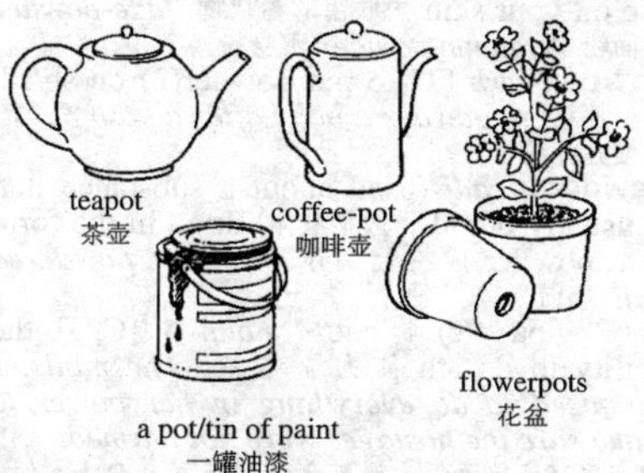
teapot 茶壶
coffee-pot 咖啡壶
a pot/tin of paint 一罐油漆
flowerpots 花盆

☆**pot**[1] /pɒt ‖ pɑt/ *noun* [C] **1** a round container that is used for cooking food（用于煮食的）锅: *pots and pans* 深锅及平底锅 **2** a container that you use for a particular purpose（某特定用途的）罐/壶/盆/瓶: *That plant needs a larger pot.* 那棵植物要用一个较大的花盆。○ *a flowerpot* 花盆 ○ *a teapot* 茶壶 ○ *a pot of paint* 一罐油漆 **3** the amount that a pot contains 一罐/一壶（的量）: *We drank two pots of tea.* 我们喝了两壶茶。

ˈ**pot plant** *noun* [C] a plant that you keep indoors 盆栽

pot[2] /pɒt ‖ pɑt/ *verb* [T] (potting; potted) to put a plant into a flowerpot 把（植物）栽种于花盆内

☆**potato** /pəˈteɪtəʊ ‖ pəˈteto/ *noun* [C,U] (*pl* **potatoes**) a round vegetable with a brown, yellow or red skin. Potatoes are white or yellow inside. They grow under the ground on the roots of the potato plant 马铃薯；土豆: *mashed potato* 马铃薯泥 ○ *potatoes baked in their jackets* 带皮烘的马铃薯 ○ *roast potatoes* (= cooked in fat in the oven) 烤马铃薯 ○ *Linda peeled the potatoes for supper.* 琳达把马铃薯削去皮用来煮晚餐。

potato ˈcrisp (*US* 美 **poˈtato chip**) *noun* [C] = CRISP[2]

potent /ˈpəʊtnt ‖ ˈpotn̩t/ *adj* strong or powerful 强而有力；浓烈；有效力；有权势: *This cider is very potent.* 这苹果酒很浓。—**potency** /-nsɪ ‖ -nsɪ/ *noun* [U]

☆**potential** /pəˈtenʃl ‖ pəˈtɛnʃəl/ *adj* (only *before* a noun 只用于名词前) that may possibly become sth, happen, be used, etc 可能的；潜在的: *Wind power is a potential source of energy.* 风力是一种潜在的能源。○ *potential customers* 有可能成为顾客的人

potential *noun* [U] the qualities or abilities that sb/sth has but that may not be fully developed yet 潜力；潜能；潜质: *That boy has great potential as a pianist.* 那男孩极具成为钢琴家的潜质。○ *to realize your full potential* 充分发挥潜能 —**potentially** /-ʃəlɪ ‖ -ʃəlɪ/ *adv*: *That machine is in bad condition and is potentially very dangerous.* 那部机器损坏不堪，具有极大的潜在危险。

pothole /ˈpɒthəʊl ‖ ˈpɑtˌhol/ *noun* [C] **1** a deep hole in rock that was made by water. Potholes often lead to underground caves. 壶穴/锅穴/瓯穴（岩石被水侵蚀而形成的深洞，多通至地下洞穴）**2** a hole in the surface of a road, etc（路面等上的）凹坑/小坑/坑洞

ˈ**potholing** *noun* [U] going down inside potholes and underground caves as a sport 洞穴探索运动

potter[1] /ˈpɒtə(r) ‖ ˈpɑtɚ/ (*US* 美 **putter** /ˈpʌtər ‖ ˈpʌtɚ/) *verb* [I] **potter (about/around)** to spend your time doing small jobs in an unhurried way 慢条斯理地花时间做琐碎的事: *Grandpa spends most of the day pottering in the garden.* 祖父在花园里慢慢吞吞地拾掇了大半天。

potter[2] /ˈpɒtə(r) ‖ ˈpɑtɚ/ *noun* [C] a person who makes pots, dishes, etc (**pottery**) from baked clay 陶工；制陶工人（陶器叫做 **pottery**）

pottery /ˈpɒtərɪ ‖ ˈpɑtərɪ/ *noun* (*pl* **potteries**) **1** [U] pots, dishes, etc that are made from baked clay 陶器；陶瓷器皿 **2** [U] the activity of making pottery 制造陶瓷 **3** [C] a place where pottery is made 陶瓷厂；陶瓷作坊

potty[1] /ˈpɒtɪ ‖ ˈpɑtɪ/ *adj* (**pottier**; **pottiest**) (*Brit informal* 英，非正式) **1** mad or foolish 疯狂；愚蠢 **2 potty about sb/sth** liking sb/sth very much 对…着迷；极喜欢（某人/某事物）

potty[2] /ˈpɒtɪ ‖ ˈpɑtɪ/ *noun* [C] (*pl* **potties**) (*informal* 非正式) a pot that children sit on when they are too small to use a toilet 幼儿用便盆；小孩用尿壶

pouch /paʊtʃ ‖ paʊtʃ/ *noun* [C] **1** a small leather bag 小皮袋 **2** a pocket of skin in which some animals, eg kangaroos, carry their babies（袋鼠等有袋类动物的）育儿袋 ☛ picture at **kangaroo**. 见 **kangaroo** 插图。

P

poultry /ˈpəʊltrɪ ‖ ˈpoltrɪ/ *noun* **1** [plural] birds, eg hens, ducks, geese, turkeys, etc that are kept for their eggs or their meat 家禽（如鸡、鸭、鹅、火鸡等）: *to keep poultry* 饲养家禽 **2** [U] the meat from these birds 家禽的肉 ☛ Look at the note at **meat**. 参看 **meat** 的注释。

pounce /paʊns ‖ paʊns/ *verb* [I] **pounce (on sb/sth)** to jump or land on sb/sth suddenly in order to attack 猛扑；突袭: *The cat sat motionless, waiting to pounce on the mouse.* 猫儿不动声色，伺机扑向老鼠。○ (*figurative* 比喻) *He was quick to pounce on any mistakes I made.* 他轻易不放过我所犯的任何错误。

P

☆**pound**[1] /paʊnd ‖ paʊnd/ *noun* **1** [C] (*also* 亦作 ˌ**pound ˈsterling**) (*symbol* 符号 **£**) the unit of money in Britain; one hundred pence (100p) 英镑（英国货币单位。1英镑等于100便士）: *Melissa earns £16 000 a year.* 梅利莎每年挣16 000英镑。○ *a ten-pound note* 一张十英镑纸币 ○ *Grandpa sent me a cheque for £25.* 祖父寄给我一张25英镑的支票。○ *a pound coin* 面额一英镑的硬币 ○ *How many pesetas will I get for a pound?* 我用一英镑可以兑换多少比塞塔？ **2** [sing] **the pound** the value of the British pound on international money markets 英镑在国际货币市场上的价值: *The pound has fallen against the dollar.* 英镑兑美元下跌。○ *The pound used to be worth 13 deutschmarks.* 一英镑过去值13德国马克。○ *How many pesetas are there to the pound?* 一英镑可兑换多少比塞塔？ **3** [C] (*abbr* 缩写 **lb**) a measure of weight; 0·454 of a kilogram. There are 16 ounces in a pound 磅（重量单位。1磅等于0.454千克。1磅有16盎司）: *The carrots cost 30p a pound.* 胡萝卜30便士一磅。○ *The baby weighed six pounds at birth.* 那婴孩出生时重六磅。○ *Half a pound of mushrooms, please.* 请给我半磅蘑菇。

pound[2] /paʊnd ‖ paʊnd/ *verb* **1** [T] to beat sth with a heavy tool to make it soft or like powder 把…打至松软；捣碎 **2** [I] **pound (away) (at/against/on sth)** to hit or beat sth many times（连续）重击/打击: *Great waves pounded against the rocks.* 巨浪拍击岩石。○ *to pound on a door* 猛力敲门 ○ (*figurative* 比喻) *My heart was pounding with excitement.* 我的心兴奋得砰砰直跳。**3** [I] **pound along, down, up, etc** to move quickly and with heavy steps in a particular direction 脚步沉重地向某方向跑: *Jason went pounding up the stairs three at a time.* 贾森一步三级，噔噔地跑上楼梯。

☆**pour** /pɔː(r) ‖ pɔr/ *verb* **1** [I] (used about a liquid 指液体) to flow out of or into sth, quickly and steadily, and in large quantities（大量）涌出/涌入/流出/流入: *Water poured through the hole in the sea-wall.* 海水从防波堤的裂口涌入。○ *Tears were pouring down her cheeks.* 泪水汩汩地从她的脸颊淌下。○ *There was blood pouring out of the wound.* 伤口处不停地流出许多血来。○ (*figurative* 比喻) *People were pouring out of the station.* 人们从车站蜂拥而出。**2** [T] to make sth flow steadily out of or into a container 灌；注；倒: *I spilled some of the oil when I tried to pour it back into the bottle.* 我把油倒回瓶内时，洒了一些出来。○ *Pour the sugar into a bowl.* 把糖倒进碗内。**3** [T] **pour sth (for sb)** to serve drinks to sb 给…倒/斟（饮料）: *Have you poured out the tea?* 你斟了茶没有？○ *Pour me another glass of wine, would you?* 给我再倒一杯酒，可以吗？ **4** [I] to rain heavily 倾盆大雨: *The rain poured down all day long.* 从早到晚都下着倾盆大雨。○ *I'm not going out. It's pouring.* 我不外出了，下着大雨呢。

(PHRASAL VERB 短语动词) **pour sth out** to speak freely about what you think or feel about sth that has happened to you 倾吐；倾诉；尽情地诉说: *to pour out all your troubles* 倾吐你所有的烦恼

pout /paʊt ‖ paʊt/ *verb* [I] to push your lips, or your bottom lip, forward to show that you are not pleased about sth 撅起（嘴唇）/撅嘴（以表示不悦）—**pout** *noun* [C]

☆**poverty** /ˈpɒvətɪ ‖ ˈpɑvətɪ/ *noun* [U] the state of having very little money; the state of being poor 贫穷；贫困: *There are millions of people in this country who are living in poverty.* 这国家有数以百万计的人过着贫困的生活。

ˈ**poverty-stricken** *adj* very poor 极贫穷

☆**powder** /ˈpaʊdə(r) ‖ ˈpaʊdɚ/ *noun* **1** [C,U] a dry substance that is in the form of very small particles or grains 粉；粉末: *This new washing-powder doesn't get the clothes very clean.* 这种新的洗衣粉洗衣服不太干净。○ *baking-powder* 发酵粉 **2** [U] powder that you use on your skin 护肤用的粉状物: *face-powder* 扑面粉 ○ *talcum powder* 爽身粉

powder *verb* [T] to put powder(2) on sb/sth 给…扑粉: *to powder a baby after a bath* 洗澡后给婴儿扑粉

powdered *adj* (used about a substance that is usually liquid 一般指液体) dried in the form of a powder 成粉状；弄干成粉状: *powdered milk* 奶粉

☆**power** /ˈpaʊə(r) ‖ ˈpaʊɚ/ *noun* **1** [C,U] the ability to do sth 能力；本领: *The minister promised to do everything in her power to make sure the hostages were not harmed.* 大臣答应尽其所能确保人质不会受到伤害。○ *He has great powers of observation.* 他有很强的观察力。**2** [U] force or strength 力；力量: *The ship was helpless against the power of the storm.* 那艘船无法抗御风暴。**3** [U] control or influence over other people（控制他人的）权力；影响力: *When did this government come to power?* 这届政府是何时上台执政的？○ *the power of the trade unions* 工会的影响力 ○ *He sacrificed everything for power and money.* 他为了权力和金钱而牺牲一切。○ *to have sb in your power* 对某人有控制权 **4** [C] the right or authority to do sth 权力；权限；职权: *Do the police have the power to stop cars without good reason?* 警方是不是有权在没有充分理由下截停车辆？ **5** [C] a person, organization or country that controls or influences others 有权势或影响力的人物/机构/国家: *Britain is no longer a world power.* 英国已不是世界强国了。**6** [U] energy that is used for making machines work, giving light, heat, etc 动力；能源: *nuclear power* 核能 ○ *the power supply* 电力供应 ○ *This car has power steering.* 这辆车有动力转向系统。

powered *adj* driven by or having a particular type of energy 以…作能源推动的；有…动力的: *a nuclear-powered submarine* 核能推动的潜艇 ○ *a high-powered engine* 马力强大的引擎

'power cut *noun* [C] a time when the supply of electricity is cut off 停电；供电中断

'power point *noun* [C] = SOCKET(1)

'power station *noun* [C] a place where electricity is made (**generated**) 发电站；发电厂（发电叫做 **generate** electricity）

☆**powerful** /'paʊəfl ‖ 'paʊəfəl/ *adj* **1** very strong in a physical way 强壮；强劲；强大: *That car has a very powerful engine.* 那辆汽车的引擎十分强劲。○ *Adrian is a powerful swimmer.* 阿德里安是个游泳健将。**2** having a strong effect 效力大；有影响力；强而有力: *The Prime Minister made a powerful speech.* 首相发表了一篇有力的演说。**3** having a lot of influence over other people 有势力的: *There was a meeting of some of the most powerful people in the country.* 该国一些最有权势的人开了一次会。—**powerfully** /-fəlɪ ‖ -fəlɪ/ *adv*

powerless /'paʊəlɪs ‖ 'paʊəlɪs/ *adj* **1** without strength or influence 无力；无影响力 **2** not able to do sth 无能为力: *I stood and watched him struggle, powerless to help.* 我站着，眼巴巴看着他挣扎却无从救助。

practicable /'præktɪkəbl ‖ 'præktɪkəbḷ/ *adj* that can be done successfully 可行；行得通；能实行: *The scheme is just not practicable. It is too complicated and too expensive.* 那计划确实不可行——太复杂也太昂贵了。☛ The opposite is **impracticable**. 反义词为 **impracticable**。

☆**practical** /'præktɪkl ‖ 'præktɪkḷ/ *adj* **1** concerned with actually doing sth rather than ideas or theory 实际: *A degree in agriculture is not very useful without practical experience of working on a farm.* 如果缺乏在农场工作的实际经验，即使拥有农学学位也没有多大帮助。☛ Look at **theoretical**. 参看 **theoretical**。**2** very suitable for a particular purpose; useful 很切合实际；有用；实用: *Plastic tablecloths are practical but they're not very elegant.* 塑料桌布实用但不甚高雅。**3** (used about people 指人) making sensible decisions and good at dealing with problems 实事求是；善于处理问题: *We must be practical. It's no good buying a house we cannot afford.* 我们必须实事求是——买一座我们负担不起的房子不是明智的做法。**4** that is likely to succeed 能成功；可行；行得通: *Your plan just isn't practical.* 你的计划确实是不可行的。☛ The opposite in senses **2**, **3**, **4** is **impractical**. 第 2、3、4 义的反义词为 **impractical**。**5** clever at doing things with your hands 手巧；技巧好: *A dentist has to have good practical skills.* 牙医要有熟练的牙齿护理实际技巧。

practical *noun* [C] (*informal* 非正式) a lesson or examination where you do or make sth rather than just writing 实习课；实习考试

practicality /ˌpræktɪ'kælətɪ ‖ ˌpræktɪ'kælətɪ/ *noun* [U] the state of being sensible or possible 实际性；实用性；实践性；可能性: *I am not convinced of the practicality of the scheme.* 我不相信这项计划行得通。

practically /-klɪ ‖ -kḷɪ/ *adv* **1** almost; nearly 几乎；差不多: *The city centre is practically deserted on Sundays.* 星期日的市中心差不多空无一人。○ *He practically begged me not to go.* 他几乎是哀求我不要走。**2** in a practical way 实际上

ˌpractical 'joke *noun* [C] a trick that you play on sb (that involves doing sth that will make him/her look silly) 恶作剧

☆**practice** /'præktɪs ‖ 'præktɪs/ *noun* **1** [U] the actual doing of sth rather than ideas or theory 实践；实行: *Your suggestion sounds fine in theory, but would it work in practice?* 你的提议在理论上听来不错，但实际上行得通吗？○ *I can't wait to put what I've learnt into practice.* 我急不可待要把我所学的付诸实践。**2** [C,U] (a period of) doing sth many times so that you become good at it 练习；进行练习的一段时间: *You need plenty of practice when you're learning to drive.* 学习驾驶要多练习。○ *His accent should improve with practice.* 只要多练习，他的口音应能改善。○ *The team met for a practice twice a week.* 球队每周练习两次。**3** [C,U] (*formal* 正式) the usual way of doing sth; sth that is done regularly 惯常做法；惯例；习俗: *It is standard practice not to pay bills until the end of the month.* 惯常的做法是到月底才付账。○ *The practice of banks closing at 3.30 is very annoying.* 银行在3时30分关门的惯例十分令人讨厌。**4** [U] the work of a doctor or lawyer 医生/律师的工作: *Dr Roberts doesn't work in a hospital. He's in general practice* (= he's a family doctor). 罗伯茨医生不是在医院里工作的，他自己开业当全科医生（他是个家庭医生）。**5** [C] the business of a doctor or lawyer 医生或律师的业务/执业: *There are two practices in our local health centre.* 我们这里的健康中心有两名医生执业。

(IDIOM 习语) **in/out of practice** having spent/not having spent a lot of time practising sth recently 近来勤/疏于练习: *I'm not playing very well at the moment. I'm really out of practice.* 我现在打得不好，因为近来实在疏于练习。

☆**practise** (*US* 美 **practice**) /'præktɪs ‖ 'præktɪs/ *verb* **1** [I,T] to do sth many times so that you become very good at it 练习；实践: *If you want to play a musical instrument well, you must practise every day.* 如果你奏乐器想奏得好，必须天天练习。○ *They practised the dance until it was perfect.* 他们反复排练那个舞蹈直到完美为止。○ *You need to practise saying 'th' in front of a mirror.* 你需要在镜子前面练习发 th 音。**2** [T] to do sth or take part in sth regularly or openly 经常或公开地做/参与: *For many years people were not allowed to practise their religion.* 多年来当局都不准许人们公开信奉自己的宗教。**3** [I,T] to work as a doctor or lawyer（医生/律师）开业/执业: *She's practising as a doctor in Leeds.* 她在利兹当医生。

P

practised (*US* 美 **practiced**) *adj* very good at sth, because you have had a lot of practice 精通…的；熟练；训练有素；有经验

practitioner /præk'tɪʃənə(r) ‖ præk'tɪʃənɚ/ *noun* [C] (*formal* 正式) a person who works as a doctor or lawyer 执业医生；执业律师 ☛ Look at **general practitioner**. 参看 **general practitioner**。

pragmatic /præg'mætɪk ‖ præg'mætɪk/ *adj* dealing with problems in a practical way rather than by following theory or principles 实事求是；实干的；务实

P

prairie /'preərɪ ‖ 'prɛrɪ/ *noun* [C] a very large area of flat land covered in grass with few trees (especially in North America) 大草原（尤指北美洲的）

☆**praise**[1] /preɪz ‖ prez/ *verb* [T] **praise sb/sth (for sth)** to say that sb/sth is good and should be admired 赞扬；表扬；称赞: *Her new novel has been highly praised.* 她的新小说获得高度赞扬。○ *The Prime Minister praised the efforts of the rescue services.* 首相赞扬救援队在救援工作上表现出色。○ *The fireman was praised for his courage.* 那消防员因表现英勇而获得嘉许。

☆**praise**[2] /preɪz ‖ prez/ *noun* [U] what you say when you are expressing admiration for sb/sth 赞扬；表扬；赞许: *His new play has received a lot of praise.* 他那出新剧好评如潮。○ *Children respond better to praise than to criticism.* 对孩子来说，嘉奖比责备容易接受。

'**praiseworthy** /-wɜːðɪ ‖ -wɝðɪ/ *adj* deserving praise 值得赞扬

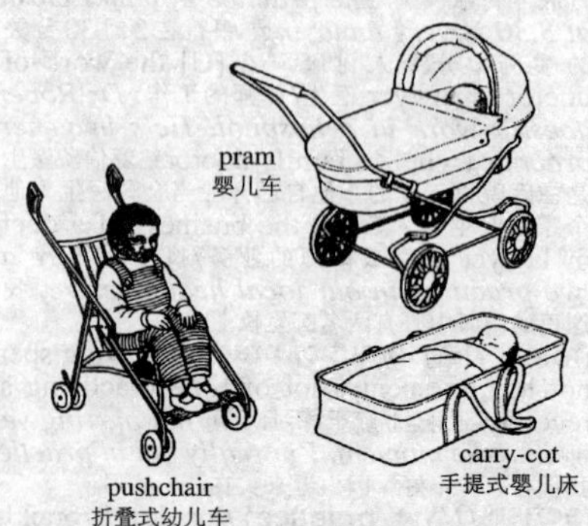

pram /præm ‖ præm/ (*US* 美 '**baby carriage**) *noun* [C] a small carriage for a baby to go out in. A pram has four wheels, a hood and a handle to push it with. 婴儿车

prance /prɑːns; *US* 美 præns ‖ præns/ *verb* [I] to move about with quick steps, as if you were jumping or dancing, often because you feel proud or pleased with yourself 雀跃；欢欣地跳跃；轻快地走

prat /præt ‖ præt/ *noun* [C] (*slang* 俚语) a stupid person 傻瓜；笨蛋: *What a prat!* 真是个傻瓜！

prawn /prɔːn ‖ prɔn/ *noun* [C] a small sea animal with a shell. Prawns can be eaten as food; they turn pink when you cook them. 虾 ☛ picture at **shellfish**. 见 **shellfish** 插图。Look at **scampi** and **shrimp**. 参看 **scampi** 及 **shrimp**。

☆**pray** /preɪ ‖ pre/ *verb* [I,T] **pray (to sb) (for sb/sth)** to speak to God or a god in order to give thanks or to ask for sth 祈祷；祷告；祈求: *Let us pray.* 让我们一起祈祷。○ *They knelt down and prayed for peace.* 他们跪下祈求和平。○ *to pray to Allah* 向真主祈祷 ○ *They prayed that the war would end soon.* 他们祈求战争尽快结束。

☆**prayer** /preə(r) ‖ prɛr/ *noun* **1** [C] the words that you use when you speak to God or a god 祷文；祷辞；经文: *to say your prayers* 做祷告 ○ *The vicar said a prayer for all the people who were ill.* 教区牧师为所有患病的人祈祷。○ *a prayer book* (= a book containing the prayers regularly used in a religious service) 祈祷书 **2** [U] the act of praying 祈祷；祷告: *to kneel in prayer* 跪下祷告

preach /priːtʃ ‖ pritʃ/ *verb* **1** [I,T] to give a talk (**a sermon**) on a religious subject 讲道；布道；传教（讲道的内容叫做 **sermon**）: *Who's preaching in church today?* 今天在教堂讲道的是谁？○ *The vicar preached a sermon on the meaning of love.* 教区牧师以爱的意义为题讲道。○ *Jesus preached that we should love our neighbours as ourselves.* 耶稣劝诫我们应当爱人如己。○ (*figurative* 比喻): *Stop preaching at me! You're no better than I am.* 别教训我了！你不比我好多少。**2** [T] to say that sth is good and to persuade others to accept it 鼓吹；倡导；宣扬: *I always preach caution in situations like this.* 我经常都主张在这样的情况下应该小心谨慎。

preacher *noun* [C] a person who gives religious talks (**sermons**), eg in a church 传道者；讲道员；布道人；牧师（讲道的内容叫做 **sermon**）

precarious /prɪ'keərɪəs ‖ prɪ'kɛrɪəs/ *adj* not safe or certain; dangerous 不稳定；不确定；危险: *Working on the roof of that building looks very precarious.* 在那座楼宇的屋顶上干活看来很危险。—**precariously** *adv*: *They lived precariously on his part-time earnings.* 他们依靠他的兼职收入过着朝不保夕的生活。

precaution /prɪ'kɔːʃn ‖ prɪ'kɔʃən/ *noun* [C] something that you do in order to avoid danger or problems 预防/防备（措施或办法）: *We took the precaution of locking our valuables in the hotel safe.* 我们采取了防盗措施，把贵重物件锁进了旅馆的保险箱内。○ *precautions against fire* 防火措施 —**precautionary** /prɪ'kɔːʃənərɪ; *US* 美 -nerɪ ‖ prɪ'kɔʃən,ɛrɪ/ *adj*: *I'm going to photocopy all these documents as a precautionary measure.* 我要把所有文件影印下来以防万一。

precede /prɪ'siːd ‖ prɪ'sid/ *verb* [I,T] (*formal* 正式) to come or go before sb/sth 在…之前；先于某人/某事物: *The Queen was preceded by soldiers on horseback.* 骑兵走在女王前面为她开路。○ *The results of the experiment are given in the table on the preceding page.* 实验结果以图表形式刊于前一页。

precedence /'presɪdəns ‖ 'prɛsədəns/ *noun* [U] **precedence (over sb/sth)** the right that sb/sth has to come before sb/sth else because of greater importance 优先权: *In business, making a profit seems to take precedence over everything else.* 在商业上来说，利润似乎比其他任何东西都来得重要。

precedent /ˈpresɪdənt ‖ ˈprɛsədənt/ *noun* [C,U] something that is considered as an example or rule for what happens later 先例；前例；惯例: *We don't want to set a precedent by allowing one person to come in late or they'll all want to do it.* 我们不想开了准许有人迟到的先例，不然的话所有人都会仿效的。○ *The princess was not allowed to break with precedent and marry a divorced man.* 公主未获准打破惯例去下嫁一个离婚男子。☛ Look at **unprecedented**. 参看 **unprecedented**。

precinct /ˈpri:sɪŋkt ‖ ˈprisɪŋkt/ *noun* **1** [C] (*Brit* 英) a special area of shops in a town where cars are not allowed 城镇中禁止汽车驶进的特别商业区: *a shopping precinct* 购物区 **2** [C] (*US* 美) a part of a town that has its own police and fire services (有本身警队及消防服务的)辖区/分区 **3 precincts** [plural] the area near or around a building, etc (建筑物等的)周围地区: *Security guards patrol the hospital and its precincts.* 警卫在医院及其周围巡逻。

☆**precious** /ˈpreʃəs ‖ ˈprɛʃəs/ *adj* **1** of great value (usually because it is rare or scarce) 贵重/宝贵(通常因罕有或稀少): *Gold and silver are precious metals.* 金和银都是贵金属。○ *In overcrowded Hong Kong, every small piece of land is precious.* 在地少人多的香港，每一小块土地都很宝贵。**2** loved very much 心爱的；受到珍爱的: *My mother's old ring is one of my most precious possessions.* 母亲的旧指环是我最宝贵的物品之一。○ *Her husband was very precious to her.* 她的丈夫是她极其珍视的。

precious ˈstone *noun* [C] a stone which is very rare and valuable and often used in jewellery 宝石: *diamonds, rubies and other precious stones* 钻石、红宝石及其他宝石

precipice /ˈpresɪpɪs ‖ ˈprɛsəpɪs/ *noun* [C] a very steep slope on the side of a mountain 悬崖；峭壁: (*figurative* 比喻) *The British economy is on the edge of a precipice.* 英国的经济濒临绝境。

précis /ˈpreɪsi:; *US* 美 preɪˈsi: ‖ preˈsi/ *noun* [C,U] (*pl* **précis**) a shortened form of a speech or written text that contains only the most important points 提要；撮要；摘要；大纲；梗概 ☛ Look at **summary**. 参看 **summary**。

☆**precise** /prɪˈsaɪs ‖ prɪˈsaɪs/ *adj* **1** clear and accurate 明确；精确；确切: *Try to be precise in your measurements.* 测量结果请尽量精确。○ *I gave them precise instructions how to get here.* 我给他们明确指示怎样到这里来。○ *The answer was 10, or 9·98 to be precise.* 答案是10，确切地说是9.98。○ *She couldn't be very precise about what her attacker was wearing.* 对于袭击她的人的衣着她不能十分确切地描述出来。**2** (only *before* a noun 只用于名词前) exact; particular 恰好；正是: *I'm sorry. I can't come just at this precise moment.* 对不起。恰好这个时候我不能来。**3** (used about a person 指人) taking care to get small details right 严谨；小心谨慎: *He's very precise.* 他是个十分严谨的人。☛ In senses **1** and **3** the opposite is **imprecise**. 第 **1** 及第 **3** 义的反义词为 **imprecise**。

precisely *adv* **1** clearly or exactly 清晰地；明确地；正好: *The time is 10.03 precisely.* 时间正好是10时零3分。○ *That's precisely what I mean.* 那正好是我的意思。○ *I mean precisely what I say.* 我说这话是完全当真的。**2** (used before 'because' to emphasize that the reason you are giving is different from the reason that people might expect 用于 because 前，以强调你所提出的原因与别人预期的不同) 恰好；正: *'But he was so friendly.' 'I didn't trust him precisely because he was so friendly.'* "但他是那么友好。" "正是因为他态度那么友好，我才不信任他。" **3** (used for agreeing with a statement 用于表示同意) yes, that is right 对；正是如此: *'So, if we don't book now, we probably won't get a flight?' 'Precisely.'* "那么，如果我们现在不预订机票，我们很可能没法成行？" "说得对。"

precision /prɪˈsɪʒn ‖ prɪˈsɪʒən/ (*also* 亦作 **preciseness**) *noun* [U] the quality of being clear or exact 明确(性)；清晰(性)；准确(性)；精确(性): *The plans were drawn with great precision.* 那些设计图画得极为精确。

precocious /prɪˈkəʊʃəs ‖ prɪˈkoʃəs/ *adj* **1** (used about children 指儿童) acting in a way that makes them seem older than they really are 少年老成；老气的 ☛ This word is often used in a critical way. 这个词多带贬义。**2** developed very early 过早发育的；过早发展的；早熟: *a precocious talent for playing the piano* 早年已显露出来的弹钢琴天才

preconceived /ˌpri:kənˈsi:vd ‖ ˌprikənˈsivd/ *adj* (used about an idea or opinion 指想法或意见) formed before you have knowledge or experience 事先形成的；先入为主的: *When I visited Russia last year I soon forgot all my preconceived ideas about the country.* 去年我游览俄罗斯时，很快就忘记了自己对那国家的原有成见。

preconception /ˌpri:kənˈsepʃn ‖ ˌprikənˈsɛpʃən/ *noun* [C] an idea or opinion that you have formed about sb/sth before you have enough knowledge or experience 事先形成的看法；先入为主的意见；成见

predator /ˈpredətə(r) ‖ ˈprɛdətɚ/ *noun* [C] an animal that kills and eats other animals 捕食其他动物为生的动物；捕食者

predecessor /ˈpri:dɪsesə(r); *US* 美 ˈpredə- ‖ ˌprɛdɪˈsɛsɚ/ *noun* [C] **1** the person who was formerly in the job or position that sb else is in now 前任；前辈: *The new head teacher is much better than her predecessor.* 新上任的校长远比她的前任出色。**2** something that is no longer used and has been replaced by sth else 被取代的事物；前身: *Our latest car is more reliable than most of its predecessors.* 我们最新的汽车比大部分原先的汽车更可靠。☛ Look at **successor**. 参看 **successor**。

predicament /prɪˈdɪkəmənt ‖ prɪˈdɪkəmənt/ *noun* [C] a difficult situation 困境

predicative /prɪ'dɪkətɪv; *US* 美 'predɪkeɪtɪv ‖ 'prɛdɪˌketɪv/ *adj* (used about an adjective 指形容词) not used before a noun; coming after a verb such as 'be', 'become', 'get', 'seem', 'look' 用作表语的（不用于名词前，而用于 be、become、get、seem、look 等动词后）: *You cannot say 'an asleep child' because 'asleep' is a predicative adjective.* 不能说 an asleep child，因为 asleep 是表语形容词。—**predicatively** *adv*: *'Asleep' can only be used predicatively.* * asleep 只作表语用。

P

☆**predict** /prɪ'dɪkt ‖ prɪ'dɪkt/ *verb* [T] to say that sth will happen (often because you have special knowledge) 预言；预料；预计: *to predict the results of the election* 预测选举的结果 ○ *Scientists still cannot predict when earthquakes will happen.* 科学家仍然不能预测地震会在什么时候发生。○ *Mrs Jones predicted that all the students would pass the exam, and they did.* 琼斯太太预料所有学生都能通过考试，而他们真的做到了。

predictable /-əbl ‖ -əbl/ *adj* **1** that was or could be expected 可预料；能逆料 **2** (used about a person 指人) always behaving in the way that is expected 墨守成规: *I knew you were going to say that – you're so predictable.* 我知道你会这么说——你真是墨守成规。☛ The opposite is **unpredictable**. 反义词为 **unpredictable**。—**predictably** *adv*: *Predictably, all the applause came from the politician's own supporters.* 一如所料，所有欢呼声都来自政客自己的支持者。

prediction /prɪ'dɪkʃn ‖ prɪ'dɪkʃən/ *noun* [C,U] saying what will happen; what sb thinks will happen 预言；预报；预告；预测: *Prediction of the result is extremely difficult.* 要预测结果是极其困难的。○ *The Institute's prediction of economic chaos has been proved correct.* 协会对于经济混乱的预测已证明是正确的。

predominant /prɪ'dɒmɪnənt ‖ prɪ'dɑmənənt/ *adj* most noticeable, powerful or important 最显著的；最有势力的；最重要的；占主导地位的: *The predominant colour was yellow.* 主色是黄色。

predominance /-əns ‖ -əns/ [sing,U] the state of being most important or greatest in number 主导；优势；占大多数: *There is a predominance of Japanese tourists in Hawaii.* 在夏威夷，日本游客占大多数。

predominantly *adv* mostly; mainly 大多；主要: *The population of the island is predominantly Spanish.* 那岛上的居民几乎全部都是西班牙人。

predominate /prɪ'dɒmɪneɪt ‖ prɪ'dɑməˌnet/ *verb* [I] **predominate (over sb/sth)** (*formal* 正式) to be most important or greatest in number 占主导地位；占优势；占大多数: *In the colder regions, pine trees predominate.* 在较寒冷的地区，绝大多数树木是松树。

preface /'prefɪs ‖ 'prɛfɪs/ *noun* [C] a written introduction to a book that explains what it is about or why it was written（书的）序言/前言

prefect /'pri:fekt ‖ 'prifɛkt/ *noun* [C] (*Brit* 英) an older pupil in a school who has special duties and responsibilities. Prefects often help to make sure that the younger pupils behave properly. 学生长（负责维持纪律和协助管理低年级生的一个年长的学生）

☆**prefer** /prɪ'fɜ:(r) ‖ prɪ'fɝ/ *verb* [T] (prefe**rr**ing; prefe**rr**ed) **prefer sth (to sth)** to choose sth rather than sth else; to like sth better 宁可选择；较喜欢: *Would you prefer tea or coffee?* 你喜欢喝茶还是咖啡？○ *I prefer skating to skiing.* 我喜爱溜冰多于滑雪。○ *You go to the cinema if you want. I'd prefer to stay in tonight.* 如果你喜欢的话，可以去看电影。今晚我宁愿留在家里。○ *Marianne prefers not to walk home on her own at night.* 玛丽安娜不愿在晚上独自走路回家。☛ Notice the different ways that **prefer** can be used 注意 **prefer** 的不同用法: *Helen prefers going by train to flying.* 海伦宁愿乘火车而不想坐飞机。○ *Helen prefers to go by train rather than to fly.* 比起坐飞机，海伦宁愿坐火车去。○ *My parents would prefer me to study law at university.* 父母认为我还是在大学修读法律好。○ *My parents would prefer it if I studied law at university.* 如果我在大学修读法律，父母会更加赞成。○ *My parents would prefer that I studied law at university.* 父母会更加赞成我在大学修读法律。The last two sentences are more formal. 后两句是比较正式的说法。Note that **prefer** is generally rather formal. 注意：**prefer** 一般来说是相当正式的用语。Instead of 除了可以说: *Would you prefer tea or coffee?* 你选择喝茶还是咖啡？we can say 我们可以说: *Would you rather have tea or coffee?* 你想要茶还是咖啡？Instead of 除了可以说: *I prefer skating to skiing* 我喜爱溜冰多于滑雪 we can say 我们可以说: *I like skating better than skiing.* 比起滑雪，我还是喜欢溜冰。

preferable /'prefrəbl ‖ 'prɛfrəbl/ *adj* **preferable (to sth/to doing sth)** better or more suitable 更好；更适合: *Going anywhere is preferable to staying at home for the weekend.* 周末去任何地方都总比留在家里好。○ *Cold drinks are preferable in hot weather.* 在炎热的天气里喝冷饮更好。

preferably /'prefrəblɪ ‖ 'prɛfrəblɪ/ *adv* more suitably; better 更适合；更好: *Come round on Sunday morning but preferably not before ten!* 星期日早上来，但最好不要早于十点钟！

☆**preference** /'prefrəns ‖ 'prɛfrəns/ *noun* **1** [sing, U] **preference (for sth)** a liking for sth rather than for sth else 更加喜爱；偏爱: *What you wear is entirely a matter of personal preference.* 穿什么完全是个人喜好的事情。○ *We have both red and white wine. Do you have a preference for one or the other?* 我们红酒和白酒都有。你喜欢喝哪一种呢？**2** [U] **preference (to/towards sb)** special treatment that you give to one person or group rather than to others 优先权；优待；优惠: *When allocating accommodation, we will give preference to families with young children.* 分配住房时，有年幼子女的家庭可获优先处理。○ *Please list your choices in order of preference* (= put the thing you want most first on the list, and so on). 请把你的选择依优先次序列出。

preferential /ˌprefə'renʃl ‖ ˌprɛfə'rɛnʃəl/ *adj* giving or showing preference(2) 优先的；优待

的；优惠的：*I don't see why he should get preferential treatment – I've worked here just as long!* 我不明白为什么他应该得到优待——我在这里也一样工作了这么久。

prefix /ˈpriːfɪks ‖ ˈpriˌfɪks/ *noun* [C] a word or group of letters that you put at the beginning of a word to change its meaning 前缀（置于单词前以改变其意义的词或一组字母）：*The prefix 'im-' means 'not', eg 'impossible'.* 前缀 im-表示"不"，如 impossible（不可能）。☛ Look at **suffix**. 参看 **suffix**。

☆**pregnant** /ˈpregnənt ‖ ˈprɛgnənt/ *adj* (used about a woman or female animal 指妇女或雌性动物) having a baby developing in her body 怀孕的；妊娠的：*Liz is five months pregnant.* 利兹怀孕已有五个月了。☛ It is more common and less formal to say 较常用及较通俗的说法是：*She's expecting a baby* 她怀孕了 or 或：*She's going to have a baby.* 她快生孩子了。

pregnancy /-nənsɪ ‖ -nənsɪ/ *noun* (*pl* **pregnancies**) **1** [U] the state of being pregnant 怀孕；妊娠：*You should try to rest during pregnancy.* 你在怀孕期间要多休息。○ *a pregnancy test* 妊娠试验 **2** [C] the period of time when a woman or female animal is pregnant 怀孕期；妊娠期：*to have a difficult pregnancy* 妊娠困难

prehistoric /ˌpriːhɪˈstɒrɪk; *US* 美 -ˈstɔːrɪk ‖ ˌprihɪsˈtɔrɪk/ *adj* of the time before history was written down 有历史记载以前；史前：*prehistoric cave paintings* 史前洞穴壁画

☆**prejudice** /ˈpredʒʊdɪs ‖ ˈprɛdʒədɪs/ *noun* [C,U] a strong feeling of like or dislike towards sb/sth that is not based on reason or experience 偏见；成见；偏爱；歧视：*racial prejudice* 种族偏见 ○ *He has a prejudice against women doctors.* 他对女医生有偏见。

prejudice *verb* [T] **1 prejudice sb (against/in favour of sb/sth)** to influence sb; to cause sb to have a prejudice 影响（某人）；使有偏见/偏爱：*The newspaper stories had prejudiced the jury against him.* 那些新闻报道使陪审团对他有偏见。**2** to hurt or weaken sth 损害/削弱（某事物）；对…不利：*Your appearance may prejudice your chances of getting the job.* 你的外表可能对你获得这一职位有不利影响。

prejudiced *adj* having or showing prejudice 有偏见；有成见：*You can't rely on his opinion – he's prejudiced.* 你不能相信他的意见——他心存偏见。

preliminary /prɪˈlɪmɪnərɪ; *US* 美 -nerɪ ‖ prɪˈlɪməˌnɛrɪ/ *adj* coming before sth else that is more important 预备的；初步的：*After a few preliminary remarks the discussions began.* 在几句开场白之后，讨论正式开始。

preliminary *noun* [C] a thing that you do before sth more important 初步措施；准备工作：*Once the preliminaries are over, we can get down to business.* 说完客套话后，我们便可言归正传。

prelude /ˈpreljuːd ‖ ˈprɛljud/ *noun* [C] **1** something that comes before sth else or that forms an introduction to sth 前奏；序幕：*The build-up of troops seemed to be a prelude to war.* 军队集结似乎是战争的前奏。**2** a piece of music that forms the first part of a longer piece（音乐的）前奏曲/序曲

premature /ˈpremətjʊə(r); *US* 美 ˌpriːməˈtʊər ‖ ˌpriməˈtʊr/ *adj* **1** coming or happening before the proper or expected time 比正常或预期时间早的；提前的；过早的：*Premature babies* (= babies who are born before the expected time) *need special care.* 早产的婴孩需要特别照顾。**2** acting or happening too soon 不成熟；草率；仓促：*I think our decision was premature. We should have thought about it for longer.* 我认为我们的决定很仓促，应该多花一点时间详细考虑。—**prematurely** *adv*: *The shock caused her to go prematurely grey.* 那次打击使她白发骤生。

premeditated /ˌpriːˈmedɪteɪtɪd ‖ prɪˈmɛdəˌtetɪd/ *adj* planned in advance 预先计划的；预谋的：*Was the attack premeditated?* 那次袭击是预先策划的吗？

premier /ˈpremɪə(r); *US* 美 ˈpriːmɪər ‖ ˈprimɪɚ/ *adj* (only *before* a noun 只用于名词前) most important; best 最重要；首要；最好：*the premier division of the football league* 足球甲组联赛

premier *noun* [C] the leader of the government of a country 总理；首相

première /ˈpremɪeə(r); *US* 美 prɪˈmɪər ‖ prɪˈmɪr/ *noun* [C] the first performance of a play, film, etc（戏剧、电影等的）首次公演/首映

premises /ˈpremɪsɪz ‖ ˈprɛmɪsɪz/ *noun* [plural] (*formal* 正式) a building and the land that surrounds it 建筑物及四周的地方：*The company is moving to larger premises.* 公司将搬往一个更大的地方办公。○ *Smoking is not allowed on the premises.* 场内不准吸烟。

premium /ˈpriːmɪəm ‖ ˈprimɪəm/ *noun* [C] **1** an amount of money that you pay regularly to a company for insurance 保险费：*monthly premiums of £25* 每月保险费 25 英镑 **2** an extra payment 附加费；额外费用：*You must pay a premium for express delivery.* 如要使用快递服务，便得缴付额外费用。

premonition /ˌpreməˈnɪʃn; priː- ‖ ˌpriməˈnɪʃən; ˌprɛ-/ *noun* [C] a feeling that sth unpleasant is going to happen（不祥的）预感/预兆

preoccupation /ˌpriːɒkjʊˈpeɪʃn ‖ priˌɑkjəˈpeʃən/ *noun* **1** [U] **preoccupation (with sth)** the state of thinking or being worried about sth all the time 全神贯注；入神；忧心忡忡 **2** [C] a thing that you think or worry about all the time 使人全神贯注/经常忧心的事物：*The family's main preoccupation at that time was finding somewhere to live.* 一家人那时的当务之急就是找一个安顿的地方。

preoccupy /priːˈɒkjʊpaɪ ‖ priˈɑkjəˌpaɪ/ *verb* [T] (*pres part* **preoccupying**; *3rd pers sing pres* **preoccupies**; *pt*, *pp* **preoccupied**) to fill sb's mind so that he/she does not think about anything else 占据某人的思绪；使全神贯注/入神

preoccupied *adj* not paying attention to sb/sth because you are thinking or worrying about sb/sth else 心不在焉；全神贯注；入神

☆**preparation** /ˌprepəˈreɪʃn ‖ ˌprɛpəˈreʃən/ *noun* **1** [U] the act of getting sb/sth ready 预备；

P

准备: *Hygiene is essential during the preparation of food.* 烹调食物时必须注重卫生。○ *exam preparation* 考试前的准备 **2** [C, usually pl] **preparation (for sth/to do sth)** something that you do to get ready for sth 筹备;筹划;预备工作: *The wedding preparations are almost complete.* 婚礼的筹备工作差不多完成了。

(IDIOM 习语) **in preparation (for sth)** in order to get ready for sth 为(某事)做准备: *Get a good night's sleep in preparation for the journey.* 好好睡上一觉以准备应付旅程。

preparatory /prɪˈpærətrɪ; *US* 美 -tɔ:rɪ ‖ prɪˈpærəˌtorɪ/ *adj* done in order to get ready for sth 预备的;准备的: *a preparatory course in English for students who wish to study at a British university* 为有意到英国升读大学的学生而设的英语预备课程

preˈparatory school (also *informal* 非正式 **ˈprep school**) *noun* [C] **1** (*Brit* 英) a private school for pupils aged between seven and thirteen. 预备学校(为七至十三岁学童而设的私立学校) **2** (*US* 美) a private school that prepares students for college or university 预科学校(为准备上大学的学生而设的私立学校)

☆**prepare** /prɪˈpeə(r) ‖ prɪˈpɛr/ *verb* [I,T] **prepare (sb/sth) (for sb/sth)** to get ready or to make sb/sth ready 准备;预备;使作好准备;把…预备好: *Bob helped me prepare for the party.* 鲍勃协助我筹备宴会。○ *I didn't leave myself enough time to prepare for the exam.* 我没有预留足够的时间来准备考试。○ *to prepare a meal* 做饭 ○ *The spokesman read out a prepared statement but refused to answer any questions.* 发言人宣读一份预先拟好的声明,但拒绝回答任何问题。○ *I'm afraid you're going to have to prepare yourself for a shock.* 恐怕你要作好心理准备经受意外打击。

(IDIOMS 习语) **be prepared for sth** to be ready for sth difficult or unpleasant 对困难/不愉快的事情作好准备

be prepared to do sth to be willing to do sth 愿意做某事: *I am not prepared to stay here and be insulted.* 我不甘留在这里,受人凌辱。

preposition /ˌprepəˈzɪʃn ‖ ˌprɛpəˈzɪʃən/ *noun* [C] a word or phrase that is used before a noun or pronoun to show place, time, direction, etc 介词(用于名词或代名词前的单词或词组,表示地方、时间、方向等): *'In', 'for', 'to', 'out of', 'on behalf of' are all prepositions.* * in、for、to、out of、on behalf of 全都是介词。

preposterous /prɪˈpɒstərəs ‖ prɪˈpɑstərəs/ *adj* silly; ridiculous; not to be taken seriously 愚蠢;荒谬;不像话

prerequisite /ˌpri:ˈrekwɪzɪt ‖ priˈrɛkwəzɪt/ *noun* [C] **prerequisite (for/of sth)** something that is necessary for sth to happen or exist 先决条件;必备条件: *Is a good education a prerequisite of success?* 良好的教育是不是成功的先决条件呢?

prerogative /prɪˈrɒgətɪv ‖ prɪˈrɑgətɪv/ *noun* [C] a special right that sb/sth has 特权: *It is the Prime Minister's prerogative to fix the date of the general election.* 决定大选日期是首相的特权。

prescribe /prɪˈskraɪb ‖ prɪˈskraɪb/ *verb* [T] **1** to say what medicine or treatment you should have; to order medicine on a special form (**prescription**) 开药(方)/处方(药方或处方叫做 **prescription**): *Can you prescribe something for my cough please, doctor?* 医生,请你给我开一些咳嗽药,可以吗? **2** (*formal* 正式) (used about a person or an organization with authority 指有权力的人或机构) to say that sth must be done 规定;命令: *The law prescribes that the document must be signed in the presence of two witnesses.* 法律规定这份文件必须在两个见证人在场的情况下签署。

prescription /prɪˈskrɪpʃn ‖ prɪˈskrɪpʃən/ *noun* **1** [C,U] a form on which a doctor has written the name of the medicine that you need. You take your prescription to a chemist's and get the medicine there 药方;处方: *a prescription for sleeping-pills* 安眠药的处方 ○ *Some medicines are only available on prescription* (= with a prescription from a doctor). 有些药物只有凭医生的处方才买得到。**2** [U] the act of prescribing sth 规定;指定

☆**presence** /ˈprezns ‖ ˈprɛzn̩s/ *noun* **1** [U] being in a place or with sb 出席;在场;与某人一起: *He apologized to her in the presence of the whole family.* 他当着全家人的面向她道歉。○ *to request sb's presence at a meeting* 邀请某人出席会议 ☛ The opposite is **absence**. 反义词为 **absence**。**2** [sing] a number of soldiers or policemen who are in a place for a special reason 为执行某种职务而在场的士兵/警察: *There was a huge police presence at the demonstration.* 示威进行期间有大批警察在场戒备。

☆**present**[1] /ˈpreznt ‖ ˈprɛzn̩t/ *adj* **1** (not before a noun 不用于名词前) being in a particular place 在场;出席: *There were 200 people present at the meeting.* 有200人出席会议。☛ The opposite is **absent**. 反义词为 **absent**。**2** (only *before* a noun 只用于名词前) existing or happening now 现存;现在;目前: *We hope to overcome our present difficulties very soon.* 我们希望很快就能克服目前的困难。

(IDIOM 习语) **the present day** modern times 现代;当代;当今: *In some countries traditional methods of farming have survived to the present day.* 在一些国家里,传统的耕种方法沿用至今。○ *present-day attitudes to women* 现今社会对妇女的态度

present *noun* [sing] **1 the present** the time now 现在;目前;现代: *We live in the present but we must learn from the past.* 我们虽然生活在当代,但必须从过去的历史里汲取经验。**2 the present** = PRESENT TENSE

(IDIOMS 习语) **at present** now 现在;这时: *I'm rather busy at present. Can I call you back later?* 现在我很忙,待会儿给你回电话好吗?

for the moment/present ⇨ MOMENT

ˌpresent ˈparticiple *noun* [C] the form of the verb that ends in *-ing* 现在分词(以 -ing 结尾的动词形式): *'Going', 'walking' and 'trying' are all present participles.* * going、walking、trying 全都是现在分词。

ˌpresent ˈtense *noun* [C] the tense of the

verb that you use when you are talking about what is happening or what exists now 现在时（一种动词时态，用于表示所谈及的事物是现在发生/现存的）

☆**present**[2] /ˈpreznt ‖ ˈprɛznt/ *noun* [C] something that you give to sb or receive from sb; a gift 礼物；赠品: *The tie was a present from my sister.* 这条领带是妹妹送给我的礼物。○ *a birthday, wedding, Christmas, etc present* 生日/结婚/圣诞…礼物 ○ *I must buy a present for my friend.* 我要给朋友买一份礼物。☛ **Gift** is more formal and is often used in shops, catalogues, etc. ＊**gift** 适用于较正式的场合，常见于商店、目录等。

☆**present**[3] /prɪˈzent ‖ prɪˈzɛnt/ *verb* [T] **1 present sb with sth; present sth (to sb)** to give sth to sb, eg at a formal ceremony 赠送；给予；授予；呈献: *All the dancers were presented with flowers.* 所有舞蹈演员都有人献上鲜花。○ *Flowers were presented to all the dancers.* 将鲜花献给所有舞蹈演员。○ *The duchess presented a silver cup to the winner.* 公爵夫人将银杯颁给优胜者。**2 present sb (to sb)** to introduce sb to a person of higher social rank（向地位较高的人）介绍/引见（某人）: *to be presented to the Queen* 被引见给女王 **3** to give or show sth 提交；呈交；显示；呈现: *Good teachers try to present their material in an interesting way.* 好的教师会设法以有趣的方式讲课。○ *to present a report to the board of directors* 向董事会提交一份报告 **4** to cause or provide sth 引致；造成；提供: *Learning English presented no problem to him.* 学习英语对他不成问题。○ *The course aims to present each participant with new challenges.* 课程的目的是为给每个参加者新的挑战。**5** to show a play, etc to the public 公演；演出；上演: *The Theatre Royal is presenting a new production of 'Ghosts'.* 皇家剧院正公演全新制作的《鬼魂》。**6** to introduce a television or radio programme or the people who appear on it 介绍（电视/电台节目或在节目中出现的人）

presenter *noun* [C] a person who introduces a television or radio programme（电视或电台节目）主持人

presentable /prɪˈzentəbl ‖ prɪˈzɛntəbl̩/ *adj* quite good, and suitable to be seen in public 像样；体面；拿得出去: *I'm going to wear this dress to the party – it's still quite presentable.* 我会穿这件连衣裙赴宴——它看起来仍然很体面呢。

presentation /ˌpreznˈteɪʃn; *US* 美 ˌpriːzen- ‖ ˌprizɛnˈteʃən/ *noun* **1** [U] presenting sth or being presented 赠送；授予；呈献；显示；呈现: *the presentation of new material in a textbook* 一本教科书内新资料的编排 **2** [U] the appearance of sth or the impression that it makes on other people 外观；外表；仪表；仪容: *Untidy presentation of your work may lose you marks.* 作业写得杂乱无章可能会使你丢分。**3** [C] a formal ceremony at which a prize, etc is given to sb 颁奖仪式；授予典礼 **4** [C] (*formal* 正式) a talk that gives information on a particular subject 讲座

presently /ˈprezntlɪ ‖ ˈprɛzn̩tlɪ/ *adv* **1** soon 不久；马上: *I'll be finished presently.* 我马上就要完成。**2** after a short time 在一段短时间之后；过了一会儿: *Presently I heard the car door shut.* 过了一会儿，我听见车门关上的声音。**3** (*especially US* 尤为美) now 现在；目前: *The management are presently discussing the matter with the unions.* 管理当局现在正与工会讨论这件事。☛ Notice that when **presently** means 'soon' it usually comes at the end of the sentence and when it means 'after a short time' it usually comes at the beginning of the sentence. 注意：**presently** 指"马上"时，通常在句末出现；**presently** 指"过了一会儿"时，通常在句首出现。When **presently** means 'now' it goes with the verb. ＊**presently** 指"现在"时，则与动词连用。

☆**preservation** /ˌprezəˈveɪʃn ‖ ˌprɛzɚˈveʃən/ *noun* [U] keeping sth in the same or in good condition 维持；保持；保存: *the preservation of law and order* 维持治安 ○ *The society is working for the preservation of wildlife.* 协会致力保护野生生物。

preservative /prɪˈzɜːvətɪv ‖ prɪˈzɝvətɪv/ *noun* [C,U] a substance that is used for keeping food, etc in good condition（食物等的）防腐剂

☆**preserve** /prɪˈzɜːv ‖ prɪˈzɝv/ *verb* [T] to keep sth safe or in good condition 保护；维持；保持；保存: *They've managed to preserve most of the wall-paintings in the caves.* 他们设法保存了那些洞穴内的大部分壁画。○ *You can preserve fruit by making it into jam.* 可以把水果制成果酱加以保存。○ *Efforts to preserve peace have failed.* 维持和平的努力已告失败。

preside /prɪˈzaɪd ‖ prɪˈzaɪd/ *verb* [I] to be in charge of a discussion, meeting, etc 主持（讨论、会议等）

(PHRASAL VERB 短语动词) **preside over sth** to be in control of or responsible for sth 掌管；主管；负责: *Our present director has presided over a period of expansion.* 我们的现任董事负责扩展工作已经有一段时间了。

presidency /ˈprezɪdənsɪ ‖ ˈprɛzədənsɪ/ *noun* (*pl* **presidencies**) **1 the presidency** [sing] the position of being president 总统/主席等的职位: *to be nominated for the presidency* 被提名角逐总统职位 **2** [C] the period of time that sb is president 总统/主席…任期；担任（总统/主席等）的期间

☆**president** /ˈprezɪdənt ‖ ˈprɛzədənt/ *noun* [C] **1** (*also* 亦作 **President**) the leader of the country and head of the government in many countries that do not have a king or queen. A president is usually chosen in an election 总统（在不采用君主制的国家里，通常由选举产生的国家领导人及政府首长）: *President Mitterrand of France* 法国总统密特朗 ○ *the vice-president* 副总统 **2** the person with the highest position in some organizations 总裁；董事长

presidential /ˌprezɪˈdenʃl ‖ ˌprɛzəˈdɛnʃəl/ *adj* connected with a president 与总统有关

☆**press**[1] /pres ‖ prɛs/ *noun* **1** [sing] often 常作 **the press** [with sing or pl verb] newspapers, and the journalists who work for them. The news departments of television and radio are

P

also part of the press 报界；新闻界：*The minister refused to speak to the press.* 那大臣拒绝与记者谈话。○ *the local/national press* 本地/全国新闻界 ○ *a press photographer* 摄影记者 ○ *The press support/supports government policy.* 新闻界支持政府的政策。

☛ If a person gets **a good press** it means that he/she is praised by the press. 说一个人 get **a good press**，意思是他得到新闻界的好评。The opposite is **a bad press**. 反义词为 **a bad press**。

P

2 [U] the act of printing books, newspapers, etc（书报等的）印刷：*All details were correct at the time of going to press.* 在付印的时候所有细节都已经核对正确。**3** = PRINTING-PRESS **4** [C] an act of pushing sth firmly（用力的）压/推/挤/按：*With a press of a button you can call up all the information you need.* 按一下按钮就能调出你所需要的所有资料。○ *This shirt needs a press* (= with an iron). 这衬衫需要烫一烫。

ˈ**press conference** *noun* [C] a meeting when a famous or important person answers questions from newspaper and television journalists 记者招待会：*to hold a press conference* 召开记者招待会

☆**press**[2] /pres ‖ prɛs/ *verb* **1** [I,T] to push firmly（用力地）压/推/挤/按：*Just press that button and the door will open.* 只需按那个按钮，门就会开。○ *Don't press too hard on the brakes.* 不要太用力踏制动器。○ *The child pressed her nose against the window.* 那小孩把鼻子贴到窗子上面。**2** [T] to put weight onto sth, eg in order to get juice out of it 挤压；榨取（如榨取果汁）：*to press grapes* 压榨葡萄 ○ *to press wild flowers between the pages of a book* 把野花夹在书页中 **3** [T] to make a piece of clothing smooth and smart by using an iron（用熨斗）熨平 **4** [T] to hold sb/sth firmly as a sign of love, etc 紧握/紧抱（某人/某物以表示爱意等）：*She pressed his hand to her heart.* 她把他的手紧按到自己心口上。**5** [I,T] **press (sb) (for sth)** to try to get sth or to make sb do sth 设法取得（某物）/使（某人）做（某事）：*I pressed them to stay for supper.* 我挽留他们吃晚饭。○ *to press sb for an answer* 催促某人答复 ○ *The opposition is pressing for a public inquiry into the accident.* 反对党要求公开调查那宗意外。**6** [T] to try to get sth accepted 尝试使人接受（某事物）：*I don't want to press the point, but you do owe me £200.* 我不想老提这一点的，但是你确实欠我200英镑。

(IDIOM 习语) **be pressed for sth** to not have enough of sth 缺少/缺乏（某物）：*I must hurry. I'm really pressed for time.* 我得赶紧去，时间实在紧迫。

(PHRASAL VERBS 短语动词) **press across, against, around, etc (sth)** (used about people 指人) to move in a particular direction by pushing 向某方向挤着走：*The crowd pressed against the wall of policemen.* 人群向警察组成的人墙推挤。

press ahead/forward/on (with sth) to continue doing sth even though it is difficult or hard work（虽然困难或艰辛仍）继续/坚持干（某事）：*They pressed on with the building work in spite of the bad weather.* 虽然天气恶劣，他们仍然坚持进行建筑工程。

pressing *adj* that you must do or deal with immediately 紧迫；急迫；须立刻处理的：*I can't stop now. I have a pressing engagement.* 现在我不能停下来，我有一个紧急的约会。

press-stud /ˈprestʌd ‖ ˈprɛsˌstʌd/ *noun* [C] = POPPER

ˈ**press-up** (*US* 美 ˈ**push-up**) *noun* [C] a type of exercise in which you lie on your front on the floor and push your body up with your arms 俯卧撑

☆**pressure** /ˈpreʃə(r) ‖ ˈprɛʃɚ/ *noun* **1** [U] the force that is produced when you press on or against sth 按；挤；压：*Apply pressure to the cut and it will stop bleeding.* 用力按着伤口便能止血。○ *The pressure of the water caused the dam to crack.* 水的压力引致堤坝崩裂。○ (*figurative* 比喻) *His illness was caused by pressure of work.* 他的病是工作压力引起的。**2** [C,U] the force that a gas or liquid has when it presses against sth（气体或液体的）压力：*high/low blood pressure* 高/低血压 ○ *You should check your tyre pressures regularly.* 你应定期检查轮胎气压。○ *Low air pressure often brings rain.* 低气压常常带来雨水。**3** [C,U] a situation that causes you to be worried or unhappy 压力：*financial pressures* 财务压力 ○ *They moved to the country to escape the pressures of city life.* 他们搬往郊区，以逃避城市生活的压力。

(IDIOMS 习语) **put pressure on sb (to do sth)** to persuade or force sb to do sth 劝说/强迫某人（做某事）；向某人施加压力（要他做某事）：*The press are putting pressure on the minister to resign.* 新闻界向那大臣施加压力，迫他辞职。

under pressure 1 (used about liquid or gas 指液体或气体) having great force 在压力下：*Water is forced out through the hose under pressure.* 在压力下水通过那软管被压了出来。**2** being forced to do sth 被迫（做某事）：*The workers were under pressure to get the job finished as quickly as possible.* 工人被迫尽快完成工作。○ *Anna was under pressure from her parents to leave school and get a job.* 安娜在父母的逼迫下退学找工做。—**pressure** *verb* [T] = PRESSURIZE

ˈ**pressure-cooker** *noun* [C] a large pan with a lid in which you can cook things quickly using steam under high pressure 压力锅/高压锅（一种有盖的锅，利用高压下的蒸气迅速把食物煮熟）☛ picture at **pan**. 见 **pan** 插图。

ˈ**pressure group** *noun* [C, with sing or pl verb] a group of people who are trying to influence what a government or other organization does 压力团体（尝试影响政府或其他机构的一组人）：*Transport 2000 is a pressure group that is campaigning for better public transport.* 运输2 000是一个压力团体，致力争取改善公众运输服务。

pressurize (*also* 亦作 **pressurise**) /ˈpreʃəraɪz

‖ 'prɛʃəˌraɪz/ (*also* 亦作 **pressure** /'preʃə(r) ‖ 'prɛʃər/) *verb* [T] **pressurize sb into sth/into doing sth** to use force or influence to make sb do sth 利用武力/影响力使某人做某事: *Some workers were pressurized into taking early retirement.* 有些工人被迫提早退休。

pressurized (*also* 亦作 **pressurised**) *adj* (used about air in an aeroplane, etc 指飞机座舱等的空气) kept at the pressure at which people can breathe 气压正常的（维持人可以呼吸的压力）

prestige /pre'sti:ʒ ‖ prɛs'tiʒ/ *noun* [U] the respect and admiration that people feel for a person because he/she has a high social position or has been very successful 威望；声望；威信: *Nursing isn't a very high-prestige job but it gives you a lot of satisfaction.* 虽然护理并不是很令人羡慕的工作，但可以给你很大的满足感。

prestigious /pre'stɪdʒəs ‖ prɛ'stɪdʒəs/ *adj* respected or admired; bringing prestige 受敬仰；有威望；带来声望的: *Eton is one of Britain's most prestigious schools.* 伊顿公学是英国最享盛名的学校之一。

presumably /prɪ'zju:məblɪ; *US* 美 -'zu:- ‖ prɪ'zuməblɪ/ *adv* I imagine; I suppose 据推测；大概: *Presumably this rain means the match will be cancelled?* 下这场雨大概赛事要取消了吧？

presume /prɪ'zju:m; *US* 美 -'zu:m ‖ prɪ'zum/ *verb* [T] to think that sth is true even if you do not know for sure; to suppose 推测；假设；假定: *The house looks empty so I presume they are away on holiday.* 房子看来空无一人，我推测他们度假去了。○ *The soldiers were missing, presumed dead.* 那些士兵失踪，据信已经阵亡。

presumption /prɪ'zʌmpʃn ‖ prɪ'zʌmpʃən/ *noun* [C] something that you presume or suppose to be true 推测；假设；假定

presumptuous /prɪ'zʌmptʃʊəs ‖ prɪ'zʌmptʃʊəs/ *adj* doing sth that you have no right or authority to do 放肆；专横；自行其是的: *It was very presumptuous of him to say that I would help without asking me first.* 他实在太自作主张了，竟然没有先向我征询便说我会帮忙。

pretence (*US* 美 **pretense**) /prɪ'tens ‖ prɪ'tɛns/ *noun* [U,sing] an action that makes people believe sth that is not true 假装；矫饰；虚伪: *Why make any pretence? You don't like it, so say so!* 为什么要假装呢？你不喜欢，只管说出来吧！○ *to make a pretence of being ill* 假装有病 (IDIOM 习语) **on/under false pretences** ⇨ FALSE

☆**pretend** /prɪ'tend ‖ prɪ'tɛnd/ *verb* [I,T] to appear to do or be sth, in order to trick or deceive sb 假装；伪装；装作: *Frances walked past pretending (that) she hadn't seen me.* 弗朗西丝走过的时候，假装没有看见我。○ *Paul's not really asleep. He's just pretending.* 保罗不是真的睡着了，只是装睡而已。○ *The children are pretending to be space explorers.* 小孩假装自己是太空探险家。

pretentious /prɪ'tenʃəs ‖ prɪ'tɛnʃəs/ *adj* trying to appear more serious or important than you really are 自命不凡；自抬身价；狂妄: *a pretentious modern film* 一部自命不凡的现代电影 ☛ The opposite is **unpretentious**. 反义词为 **unpretentious**。

pretext /'pri:tekst ‖ 'pritɛkst/ *noun* [C] a reason that you give for doing sth that is not the real reason 借口；托辞: *Clive left on the pretext of having an appointment at the dentist's.* 克莱夫以约了牙医看病为借口离去。

☆**pretty**[1] /'prɪtɪ ‖ 'prɪtɪ/ *adj* (**prettier**; **prettiest**) pleasant to look at; attractive 漂亮；标致；俊俏: *Rachel looks really pretty in that dress, doesn't she?* 雷切尔穿着那件连衣裙真漂亮，不是吗？○ *What a pretty garden!* 多么漂亮的花园啊！○ *very pretty material with yellow and blue flowers on it* 印有黄色及蓝色花朵图案的漂亮布料 ☛ When we are talking about people, we use **pretty** to describe girls and women. To describe men we use **good-looking** or **handsome**. * **pretty** 用于形容女孩子及妇女的外貌，形容男子则用 **good-looking** 或 **handsome**。Look at the note at **beautiful**. 参看 **beautiful** 的注释。—**prettily** *adv*: *to smile prettily* 动人地微笑 —**prettiness** *noun* [U]

☆**pretty**[2] /'prɪtɪ ‖ 'prɪtɪ/ *adv* (*informal* 非正式) quite; rather 很；相当: *It's pretty cold outside.* 外面很冷。○ *I'm pretty certain that Alex will agree.* 我相当肯定亚历克斯会同意。☛ Look at the note at **rather**. 参看 **rather** 的注释。

(IDIOM 习语) **pretty much/nearly/well** almost 差不多；几乎: *I won't be long. I've pretty well finished.* 我不会花太长时间，我差不多完成了。

prevail /prɪ'veɪl ‖ prɪ'vel/ *verb* [I] **1** to exist or be common 存在；流行；盛行: *In some remote areas a lot of superstition still prevails.* 在一些偏远地区，很多迷信的风俗仍然盛行。**2** (*formal* 正式) to win or gain control 获胜；占优势: *In the end justice prevailed and the men were set free.* 最后，正义得以伸张，那些男子也获得释放。

prevailing *adj* (only *before* a noun 只用于名词前) **1** most common or general 流行；盛行；普遍的；总的: *the prevailing climate of opinion* 流行的舆论气氛 **2** (used about the wind 指风) most common in a particular area 在某地区最常刮的: *The prevailing wind is from the south-west.* 风常从西南面吹来。

prevalent /'prevələnt ‖ 'prɛvələnt/ *adj* (*formal* 正式) common in a particular place at a particular time（在某时某地）流行/盛行/普遍；占主导地位: *The prevalent atmosphere was one of fear.* 当时的气氛人心惶惶。

☆**prevent** /prɪ'vent ‖ prɪ'vɛnt/ *verb* [T] **prevent sb/sth (from) (doing sth)** to stop sth happening or to stop sb doing sth 防止；预防；阻止；制止: *Everyone hopes the negotiations will prevent a war.* 人人都希望谈判能制止战争爆发。○ *I don't think that we can prevent them finding out about this.* 我想我们是很难阻止他们探究这件事的。○ *Her parents tried to prevent her from going to live with her boyfriend.* 她的父母设法阻止她去与男朋友同居。

☛ **Prevent** is more formal than **stop**. 与 **stop** 相比，**prevent** 适用于较正式的场合。

preventable *adj* that can be prevented 可防

止；可预防: *Many accidents are preventable.* 很多意外是可以预防的。

☆**prevention** /prɪˈvenʃn ‖ prɪˈvɛnʃən/ *noun* [U] the act of preventing sth 防止；阻止；预防: *The NSPCC is the National Society for the Prevention of Cruelty to Children.* * NSPCC 即全国防止虐待儿童协会。

preventive /prɪˈventɪv ‖ prɪˈvɛntɪv/ (*also* 亦作 **preventative** /prɪˈventətɪv ‖ prɪˈvɛntətɪv/) *adj* intended to stop or prevent sth (especially crime or disease) from happening 预防的/防止的（尤指罪行或疾病）: *preventive measures to reduce crime* 减少罪案的预防措施 ○ *preventive medicine* 预防医学

preview /ˈpriːvjuː ‖ ˈpri͵vju/ *noun* [C] a chance to see a play, film, etc before it is shown to the general public（戏剧、电影等）试映/预映

☆**previous** /ˈpriːvɪəs ‖ ˈprivɪəs/ *adj* coming or happening before or earlier 以前的；先前的: *Do you have previous experience of this type of work?* 你以前做过这种工作吗？○ *Giles has two children from his previous marriage.* 贾尔斯先前的婚姻生了两个孩子。○ *The previous owners of our house moved to Liverpool.* 我们这座房子的以前业主已搬到利物浦去了。—**previously** *adv*: *Before I moved to France I had previously worked in Italy and Spain.* 我移居法国前，曾经在意大利及西班牙工作。

prey /preɪ ‖ pre/ *noun* [U] an animal or bird that is killed and eaten by another animal or bird 被捕食的鸟兽；猎物: *Antelope and zebra are prey for lions.* 羚羊及斑马是狮子的猎物。○ *The eagle is a bird of prey* (= it kills and eats other birds or small animals). 鹰是一种食肉猛禽（捕食其他鸟类或小动物）。

prey *verb*

(IDIOM 习语) **prey on sb's mind** to cause sb to worry or think about sth 使某人忧虑困扰: *The thought that he was responsible for the accident preyed on the train-driver's mind.* 火车司机认为意外事件自己有责，内心终日惴惴不安。

(PHRASAL VERB 短语动词) **prey on sth** (used about an animal or bird 指动物或鸟类) to kill and eat other animals or birds 捕食: *Cats prey on rats and mice.* 猫捕食老鼠。

☆**price** /praɪs ‖ praɪs/ *noun* [C] the amount of money that you must pay in order to buy sth 价格；价钱: *What's the price of petrol now?* 现在汽油的价格是多少？○ *to charge high/low prices* 要价高/低 ○ *We can't afford to buy the car at that price.* 以那个价钱，我们买不起那辆车。○ *She offered me a fair price for the car.* 那辆车她给我开了一个公道的价钱。○ (*figurative* 比喻) *Is pollution the price we have to pay for progress?* 污染是不是我们为进步而不得不付出的代价呢？☛ A **charge** is the amount of money that you must pay for using something * **charge** 指使用某物而要缴付的金额: *Is there a charge for parking here?* 在这里停放车辆需要缴费吗？○ *admission charges.* 入场费 You use **cost** when you are talking about paying for services or about prices in general without mentioning an actual sum of money * **cost** 是指服务的收费或一般的价钱，并且没有确实款额: *The cost of electricity is going up.* 电费在上涨。○ *the cost of living* 生活费用 The **price** of something is the amount of money that you must pay in order to buy it. * **price** 是指购物时所要缴付的金额。A shop may **raise/increase**, **reduce/bring down** or **freeze** its prices. 商店可以提高 (**raise/increase**)、减低 (**reduce/bring down**) 或冻结 (**freeze**) 价格。The prices **rise/go up** or **fall/go down**. 价格可能上涨 (**rise/go up**) 或下跌 (**fall/go down**)。

(IDIOMS 习语) **at any price** even if the cost is very high or if it will have unpleasant results 不惜任何代价；无论如何: *Richard was determined to succeed at any price.* 理查德决心不惜任何代价争取成功。

not at any price in no circumstances; never 决不；永不

price *verb* [T] **1** to fix the price of sth 给…定价: *The books were priced between £5 and £10.* 那些书籍定价在5至10英镑之间。**2** to mark the price on goods in a shop 给商品标明价格

priceless *adj* of very great value 无价；贵重: *priceless jewels and antiques* 贵重的珠宝和古董 ☛ Look at **worthless**, **valuable** and **invaluable**. 参看 **worthless**、**valuable** 及 **invaluable**。

pricey (*also* 亦作 **pricy**) /ˈpraɪsɪ ‖ ˈpraɪsɪ/ *adj* (**pricier**; **priciest**) (*Brit informal* 英，非正式) expensive 昂贵

ˈ**price-list** *noun* [C] a list of the prices of the goods that are on sale 价目表；价目单

prick[1] /prɪk ‖ prɪk/ *noun* [C] the sharp pain that you feel when sth pricks you 刺痛: *the sharp prick of a needle* 被针刺的一阵痛楚

prick[2] /prɪk ‖ prɪk/ *verb* [T] to make a small hole in sth or to cause sb pain with a sharp point 在（某物）上扎孔；（用尖物）刺痛（某人）: *You should prick the sausage skins before you cook them.* 煮香肠应该先在香肠皮上扎孔。○ *Ouch! I pricked myself on that needle.* 哎哟！我被那针扎了。

(IDIOM 习语) **prick up your ears** (used about an animal 指动物) to raise the ears in order to listen carefully to sth 竖起耳朵仔细听: (*figurative* 比喻) *He pricked up his ears when he heard Mandy's name.* 他一听到曼迪的名字便立刻注意起来。

prickle /ˈprɪkl ‖ ˈprɪkḷ/ *noun* [C] one of the sharp points on some plants and animals（植物或动物的）棘/尖刺: *Hedgehogs are covered in prickles.* 刺猬身上长满尖刺。

prickle *verb* [I] to have a feeling of pricking 感到刺痛: *His skin prickled with fear.* 他恐惧得皮肤感到刺痛。

prickly /ˈprɪklɪ ‖ ˈprɪklɪ/ *adj* **1** covered with prickles 满布针刺的；多刺的: *a prickly bush* 一棵多刺的灌木 **2** (*informal* 非正式) (used about a person 指人) easily made angry 易怒；脾气暴躁

pricy = PRICEY

☆**pride** /praɪd ‖ praɪd/ *noun* **1** [U] **pride (in sb/sth)** the feeling of pleasure that you have when you (or people who are close to you) do sth good or own sth good 自豪；得意: *Her* *parents watched with pride as Mary went up to collect her prize.* 玛丽的父母自豪地看着她上台领奖。○ *to feel pride in your achievement* 为自己的成就感到自豪 ☛ The adjective is **proud**. 形容词为 **proud**。**2** [sing] **the pride of sth** a person or thing that is very important or of great value to sb 引以自豪的人/事物: *The new stadium was the pride of the whole town.* 这座新运动场使全城的人都感到自豪。**3** [U] the feeling that you are better than other people 骄傲；自大；自负: *the sin of pride* 骄傲这一罪过 **4** [U] the sense of your own worth or value; self-respect 自尊（心）: *You'll hurt his pride if you refuse to accept the present.* 如果你拒绝接受礼物，便会伤害他的自尊心。

(IDIOMS 习语) **take (a) pride in sb/sth** to feel pleased and proud about sth good that sb has done 对…感到自豪: *The manager took great pride in his team's success.* 球队经理对他那支球队的成就感到很自豪。

take pride in sth/in doing sth to do sth very well or carefully 做某事做得很好/很小心: *I wish you'd take more pride in your work.* 我希望你工作能认真一些。

pride *verb*

(PHRASAL VERB 短语动词) **pride yourself on sth/on doing sth** to feel pleased about sth good or clever that you can do 以…自豪；对…感到得意: *Henry prides himself on his ability to cook.* 亨利对自己的烹饪技巧感到自豪。

☆**priest** /priːst ‖ prist/ *noun* [C] **1** a person (usually a man) who performs religious ceremonies in the Christian Church 神父/牧师/教士（通常为男性，负责在基督教教会中主持宗教礼仪）☛ **Priest** is a general word and is used in all churches but especially in the Roman Catholic Church. A priest in the Anglican Church is also called a **vicar** or a **clergyman**. A priest in other Protestant churches is also called a **minister**. * **priest** 是一般用语，适用于所有教会，尤其罗马天主教教会。这样的神职人员在圣公会亦称 **vicar** 或 **clergyman**，在其他基督教教会亦称 **minister**。**2** a person who performs religious ceremonies in some other religions（基督教以外一些宗教里负责主持礼仪的）祭司/教士/僧侣 ☛ For sense **2** there is a feminine form **priestess**. 第 **2** 义的阴性词为 **priestess**。

prim /prɪm ‖ prɪm/ *adj* (used about a person 指人) always behaving very correctly and easily shocked by anything that is rude 一本正经；拘谨；古板 —**primly** *adv*

☆**primary**[1] /ˈpraɪmərɪ; *US* 美 -merɪ ‖ ˈpraɪˌmɛrɪ/ *adj* most important; main 最重要；首要；主要: *Smoking is one of the primary causes of lung cancer.* 吸烟是引致肺癌的主要原因之一。○ *A high standard of service should be of primary importance.* 最重要的应该是提供高水准的服务。

primarily /ˈpraɪmərəlɪ; *US* 美 praɪˈmerəlɪ ‖ ˈpraɪˌmɛrəlɪ/ *adv* more than anything else; mainly 首要；主要: *The course will be aimed primarily at people who have no previous experience.* 课程将主要为没有经验的人而设。

primary ˈcolour *noun* [C] any of the colours red, yellow or blue. You can make any other colour by mixing primary colours in different ways. 原色/基色（即红、黄、蓝三色之一）

primary eduˈcation *noun* [U] the education of children in their first years at school 小学教育；初等教育

ˈprimary school *noun* [C] (*Brit* 英) a school for children aged five to eleven 小学（供五至十一岁小孩就读的学校）

primary[2] /ˈpraɪmərɪ; *US* 美 -merɪ ‖ ˈpraɪˌmɛrɪ/ (*also* 亦作 **primary eˈlection**) *noun* [C] (*pl* **primaries**) (*US* 美) an election in which a political party chooses the person who will be its candidate in a later important election, eg for president 初选（政党通过初选选出党内候选人参与公职选举，如总统竞选）

prime[1] /praɪm ‖ praɪm/ *adj* (only *before* a noun 只用于名词前) **1** most important; main 最重要；首要；主要: *The prime cause of the company's failure was high interest rates.* 那家公司倒闭的主要原因是利率居高不下。**2** of very good quality; best 优质的；最好；上等: *prime pieces of beef* 上等牛肉 **3** having all the typical qualities 最典型；最具代表性: *That's a prime example of what I was talking about.* 这例子可充分印证我所说的话。

prime ˈminister *noun* [C] the leader of the government in Britain and some other countries（英国等的）首相/总理

prime[2] /praɪm ‖ praɪm/ *noun* [sing] the time when sb is strongest, most beautiful, most successful, etc 壮年；最美好的岁月；颠峰时期: *Becker is past his prime as a tennis player.* 贝克尔已过了作为网球手的颠峰时期。○ *to be in the prime of life* 正值盛年

prime[3] /praɪm ‖ praɪm/ *verb* [T] to give sb information in order to prepare him/her for sth 事先向（某人）提供资料使就某事作好准备；预先指导: *The minister had been well primed with all the facts before the interview.* 那大臣在接受采访前已充分掌握了一切有关资料。

primitive /ˈprɪmɪtɪv ‖ ˈprɪmətɪv/ *adj* **1** (only *before* a noun 只用于名词前) connected with a very early stage of development (particularly of human life) 原始/早期的（尤指人类生活）: *Primitive man lived in caves and hunted wild animals.* 原始人居住在洞穴里，以捕猎为生。**2** very simple; not developed 简单；简陋；不发达: *The washing facilities in the camp were very primitive.* 营地的洗涤设施十分简陋。○ *a primitive shelter made out of bits of wood and cloth* 用木板和布搭成的简陋居所

primrose /ˈprɪmrəʊz ‖ ˈprɪmˌroz/ *noun* [C] a common yellow spring flower 报春花/樱草花（春天常见的黄色花朵）

☆**prince** /prɪns ‖ prɪns/ *noun* [C] **1** a son or other close male relative of a king or queen 王子；亲王；国王或王后的男性近亲: *In Britain the eldest son of the king or queen has the title 'Prince of Wales'.* 在英国，国王或女王的长子获颁威尔士亲王的封号。**2** the male ruler of a small country（小国的）君主/国王

princess /prɪnˈses ‖ ˈprɪnsɪs/ *noun* [C] **1** a daughter or other close female relative of a king or queen 公主；国王或王后的女性近亲: *Princess Margaret is the Queen's sister.* 玛格

丽特公主是女王的妹妹。**2** the wife of a prince 王妃: *Princess Diana* 黛安娜王妃

☆**principal** /'prɪnsəpl ‖ 'prɪnsəpḷ/ *adj* (only *before* a noun 只用于名词前) most important; main 最重要;首要;主要: *The principal aim of the talks is to reduce the numbers of weapons.* 会谈的主要目的是削减武器的数量。○ *the principal characters in a play* 戏剧里的主要角色

principal *noun* [C] the head of some schools, colleges, etc 校长;院长

principally /-plɪ ‖ -pḷɪ/ *adv* mainly; mostly 主要;大部分: *Our products are designed principally for the European market.* 我们的产品主要为欧洲市场而设计。

☆**principle** /'prɪnsəpl ‖ 'prɪnsəpḷ/ *noun* **1** [C] a basic general rule or truth about sth 原则;原理: *We believe in the principle of equal opportunity for everyone.* 我们信奉人人机会均等的原则。○ *The course teaches the basic principles of car maintenance.* 那课程教授汽车维修保养的基本原理。**2** [C,U] a rule for good behaviour, based on what each person believes is right 道义;操守;行为准则: *She refuses to wear fur. It's a matter of principle with her.* 她拒绝穿毛皮,对她来说,那是原则的问题。○ *a person of high moral principles* 道德操守高尚的人 **3** [sing] a law of science (科学)定律/原理: *The system works on the principle that heat rises.* 那系统根据热空气上升的原理运作。

(IDIOMS 习语) **in principle** in general, but possibly not in detail 基本上;大体上: *His proposal sounds fine in principle, but there are a few points I'm not happy about.* 他的建议听起来大体上不错,但有几点我不太满意。

on principle because of your moral beliefs or principles(2) 由于道德信念/原则: *Tessa refuses to eat meat on principle.* 基于道德原则,泰萨拒不吃肉。

☆**print**[1] /prɪnt ‖ prɪnt/ *noun* **1** [U] the letters, words, etc in a book, newspaper, etc 印出的字;印刷字体: *The print is too small for me to read without my glasses.* 印出的字体太小了,我不戴眼镜就看不清。**2** [C] a mark that is made by sth pressing onto sth else 印痕;印记: *The police are searching the room for fingerprints.* 警方正在房间里寻找指纹。○ *footprints in the snow* 雪地上的脚印 **3** [C] a picture that was made by printing (印出来的)图片/图画 **4** [C] a photograph (when it has been printed from a negative) (由底片印出的)照片/相片: *24 colour prints for only £4.99!* 冲印24张彩色相片只需4.99英镑!

(IDIOM 习语) **out of print** (used about a book, etc 指书籍等) that is not available from the publisher; not being printed any more 售完;绝版: *I'm sorry, the book you ordered is out of print.* 对不起,你订购的那本书已经绝版。

☆**print**[2] /prɪnt ‖ prɪnt/ *verb* **1** [T] to put words, pictures, etc onto paper by using a metal or wood surface covered with ink 印;印刷;印制: *How much did it cost to print the posters?* 印制这些海报要多少钱?**2** [I,T] to make a book, newspaper, etc in this way 印制(书籍、报纸等): *50 000 copies of the textbook were printed.* 那本教科书已印了50 000册。**3** [T] to include sth in a book, newspaper, etc 刊载于/印于(书籍、报纸等): *The newspaper should not have printed the photograph of the princess in her bikini.* 那份报纸不应刊载王妃穿着比基尼泳装的照片。**4** [I,T] to write with letters that are not joined together 用印刷体/楷体书写: *Children learn to print when they first go to school.* 孩子们开始上学时便要学习用楷体写字。**5** [T] to put a pattern onto cloth, paper, etc (在布、纸等上)印图案: *printed cotton, wallpaper, etc* 印花棉布/墙纸等 **6** [T] to make a photograph from a piece of negative film 晒印相片

(PHRASAL VERB 短语动词) **print (sth) out** to print information from a computer onto paper (用计算机)打印: *I'll just print out this file.* 让我打印出这个档案来。○ *The computer's printing out the results now.* 计算机现正打印出结果。

printer *noun* [C] **1** a person or company that prints books, newspapers, etc 印刷业者;印刷商;印刷公司 **2** a machine that prints out information from a computer onto paper 打印机(把计算机上储存的资料印出的机器): *a laser printer* 激光打印机 ☛ picture on page A26. 见第A26页插图。—**printing** *noun* [U]: *the invention of printing by Gutenberg* 谷登堡发明的印刷术

'**printing-press** (*also* 亦作 **press**) *noun* [C] a machine that is used for printing books, newspapers, etc 印刷机

printout /'prɪntaʊt ‖ 'prɪnt,aut/ *noun* [C,U] information from a computer that is printed onto paper 打印出来的资料;打印输出

prior /'praɪə(r) ‖ 'praɪɚ/ *adj* (only *before* a noun 只用于名词前) coming before or earlier 在先;在前;预先: *Miss Parker was unable to attend because of a prior engagement.* 帕克小姐因为有约在先,所以未能出席。

prior to *prep* (*formal* 正式) before 在…之前: *Passengers are asked to report to the check-in desk prior to departure.* 乘客须在飞机起飞前到柜台办理登机手续。

☆**priority** /praɪ'ɒrətɪ; *US* 美 -'ɔ:r- ‖ praɪ'ɔrətɪ/ *noun* (*pl* **priorities**) **1** [U] **priority (over sb/sth)** the state of being more important than sb/sth or of coming before sb/sth else 优先(权): *Families with small children will be given priority.* 有小孩的家庭将会得到优先处理。○ *Emergency cases take priority over other patients in hospital.* 在医院里,急症病人较其他病人得到优先治疗。○ *On roundabouts in Britain traffic coming from the right has priority.* 在英国的环状交叉路,从右边驶来的车辆有优先通行权。**2** [C] something that is most important or that you must do before anything else 最重要的事物;优先处理的事情: *Our top priority is to get food and water to the refugee camps.* 当务之急是向难民营供应水和食物。○ *You must decide what your priorities are.* 你必须决定什么是你要优先考虑的事项。

prise /praɪz ‖ praɪz/ (*especially US* 美尤作 **prize**, **pry**) *verb* [T] to use force to open sth, remove a lid, etc（用力）撬/撬开/撬起（盖子等）: *He prised the door open with an iron bar.* 他用一根铁杆把门撬开了。

☆**prison** /ˈprɪzn ‖ ˈprɪzn̩/ (*also* 亦作 **jail**) *noun* [C,U] a building where criminals are kept as a punishment 监狱: *She was sent to a maximum-security prison.* 她被送进高度戒备的监狱里。○ *The terrorists were sent to prison for twenty-five years.* 恐怖分子被判入狱二十五年。○ *to escape from prison* 越狱 ○ *He will be released from prison next month.* 他将于下月释放出狱。○ *a prison warder* 狱吏 ☛ You talk about **prison** (no '**the**') when you are talking about somebody going or being there as a prisoner 指人入狱或在狱中用 **prison**（前面没有 **the**）: *He's in prison.* 他在狱中。You talk about **the prison** if you are talking about people going there for a different reason 指人为了其他原因到监狱用 **the prison**: *The minister visited the prison and said that conditions were poor.* 大臣参观了监狱，并说那里的环境很差。You also use **a** or **the** when more information is given 就所谈及的监狱提供更多资料时也用 **a** 或 **the**: *a high-security prison* 一所高度戒备的监狱. Look at **imprison** and **jail**. 参看 **imprison** 及 **jail**。

☆**prisoner** *noun* [C] a person who is being kept in a prison 犯人；囚犯: *In many prisons, there are three prisoners in a cell.* 很多监狱把三个犯人关在一间囚室里。○ *a political prisoner* 政治犯

ˌprisoner of ˈwar *noun* [C] a soldier, etc who is caught by the enemy during a war and who is kept in a prison until the end of the war 战俘（战争期间被敌方俘虏囚禁的士兵等）

privacy /ˈprɪvəsɪ; ˈpraɪv- ‖ ˈpraɪvəsɪ/ *noun* [U] the state of being alone or away from other people who may disturb you 清静；独处；不受他人干扰的状况: *There is not much privacy in large hospital wards.* 在医院的大病房里很难不受人干扰。

☆**private** /ˈpraɪvɪt ‖ ˈpraɪvɪt/ *adj* **1** belonging to one particular person or group and not to be used by others 私有；私人（用）的: *This is private property. You may not park here.* 这是私人产业，你不可以在这里停放车辆。**2** secret; not to be shared by other people 秘密的；私人的: *a private letter* 私人信件 **3** with no one else present 没有其他人在场；私下；单独: *I would like a private interview with the personnel manager.* 我想私下与人事部经理见面。**4** not connected with work or business 与工作或业务无关；个人的；私人的: *He never discusses his private life with his colleagues at work.* 他从来不会与在一起工作的同事谈论自己的私生活。**5** owned, done or organized by a person or company, and not by the government 私立；私营；民办的: *a private hospital* (= you must pay to go there) 私立医院 ○ *a private school* 私立学校 ○ *The Channel Tunnel is being paid for by private enterprise, not by public money.* 海峡隧道是私人企业投资兴建的，用的不是国家拨款。○ *a private detective* (= one who is not in the police) 私人侦探 ☛ Look at **public**. 参看 **public**。

(IDIOM 习语) **in private** with no one else present 没有其他人在场；私下；单独: *May I speak to you in private?* 我可以单独跟你谈谈吗？

private *noun* [C] a soldier of the lowest rank 列兵；二等兵

privately *adv* not in public 不公开；私下: *She said she agreed but privately she had her doubts.* 她虽然表示同意，但私下仍有疑虑。

privatize (*also* 亦作 **privatise**) /ˈpraɪvɪtaɪz ‖ ˈpraɪvətˌaɪz/ *verb* [T] to change the ownership of an organization from the government to a private company 把机构由国家所有转为私人所有；私有化: *The water industry has been privatized.* 供水服务已经私营化。☛ The opposite is **nationalize**. 反义词为 **nationalize**。—**privatization** (*also* 亦作 **privatisation**) /ˌpraɪvɪtaɪˈzeɪʃn; *US* 美 -tɪˈz- ‖ ˌpraɪvətəˈzeʃən/ *noun* [U]

☆**privilege** /ˈprɪvəlɪdʒ ‖ ˈprɪvl̩ɪdʒ/ *noun* **1** [C,U] a special right or advantage that only one person or group has 特权；优待: *Prisoners who behave well enjoy special privileges.* 行为良好的囚犯可享有特别优待。○ *the wealth and privilege of the upper classes* 上流社会的财富与特权 **2** [C] a special advantage or opportunity that gives you great pleasure 特殊的待遇/机会；荣幸: *It was a great privilege to hear her sing in Milan.* 可以在米兰听她一展歌喉是难得的事。

privileged *adj* having an advantage or opportunity that most people do not have 享有特权: *I feel very privileged to be playing for the England team.* 能够入选英格兰队出赛，我感到很荣幸。

☆**prize**[1] /praɪz ‖ praɪz/ *noun* [C] something of value that is given to sb who is successful in a race, competition, game, etc（优胜者所得的）奖品/奖金: *She won first prize in the competition.* 她在比赛中赢得头奖。○ *He was awarded second prize for his painting.* 他画的画获得二等奖。○ *a prize-winning novel* 获奖的小说

prize *adj* (only *before* a noun 只用于名词前) winning, or good enough to win, a prize 获奖的；该获奖的: *a prize flower display* 获奖的花卉展示

prize *verb* [T] to consider sth to be very valuable 重视；珍视: *This picture is one of my most prized possessions.* 这幅画是我最珍视的财产之一。

prize[2] *verb* [T] (*especially US* 尤为美) = PRISE

pro[1] /prəʊ ‖ pro/ *noun*

(IDIOM 习语) **the pros and cons** the reasons for and against doing sth 赞成和反对的理由；成败利钝: *We should consider all the pros and cons before reaching a decision.* 在作出决定之前，我们应该考虑所有赞成和反对的理由。

pro[2] /prəʊ ‖ pro/ *noun* [C] (*pl* **pros**) (*informal* 非正式) a person who is a professional(2,3) 专业人士；职业选手: *a golf pro* 高尔夫球职业选手

probability /ˌprɒbəˈbɪlətɪ ‖ ˌprɑbəˈbɪlətɪ/ *noun* (*pl* **probabilities**) **1** [U] the state of being probable or likely 可能性；或然性；概率:

At that time there seemed little probability of success. 在那时看来，似乎不大可能成功。 **2** [C] something that is probable or likely 可能发生的事情: *There is a high probability that mistakes will be made.* 出错的可能性很大。

☆**probable** /ˈprɒbəbl ‖ ˈprɑbəbl̩/ *adj* that you expect to happen or to be true; likely 大概会发生/成为事实；很可能: *I suppose it's possible that they might still come but it doesn't seem very probable.* 我想他们或许仍会来，但可能性不大。☛ The opposite is **improbable**. 反义词为 **improbable**。

probable *noun* [C] a person or thing that is likely to be chosen for sth or to win sth 很可能入选或获胜的人/物: *a probable for the next Olympic team* 有可能成为下届奥林匹克运动会代表队成员的人选

probably /-əblɪ ‖ -əblɪ/ *adv* almost certainly 很可能；几乎肯定: *I will phone next week, probably on Wednesday.* 我会在下星期打电话，很可能在星期三。○ *'Are you coming to London with us?' 'Probably not.'* "你跟我们一起来伦敦吗？""大概不会。" ☛ Notice that **probable** and **likely** mean the same but are used differently 注意：**probable** 和 **likely** 的意思相同，但用法不同: *It's probable that he will be late.* 他大概会迟到。○ *He is likely to be late.* 他很可能会迟到。

probation /prəˈbeɪʃn; *US* 美 prəʊ- ‖ proˈbeʃən/ *noun* [U] **1** the system of keeping an official check on a person who has broken the law instead of sending him/her to prison 缓刑制: *The prisoner was released on probation.* 那囚犯获缓刑释放。 **2** a period of time at the start of a new job when you are tested to see if you are really suitable 试用期: *a three-month probation period* 三个月的试用期

proˈbation officer *noun* [C] a person who keeps an official check on people who are on probation(1) 缓刑犯监视官/监护官

probe /prəʊb ‖ prob/ *noun* [C] **1** a long thin tool that you use for examining sth that is difficult to reach, especially a part of the body 探针/探子（用于探查某物，尤指身体部位） **2** asking questions, collecting facts, etc in order to find out all the information about sth 调查；探查；查问: *a police probe into illegal financial dealing* 警方对非法金融交易的调查

probe *verb* **1** [T] to examine sth carefully with a probe(1) or sth like it（用探针或类似物件）探查/探测 **2** [I,T] **probe (into sth)** to try to find out all the facts about sth 调查；探查；探究 —**probing** *adj*: *to ask probing questions* 提出探索性的问题

☆**problem** /ˈprɒbləm ‖ ˈprɑbləm/ *noun* [C] **1** a difficult situation that you must deal with 困难的情况；问题；难题: *Unemployment causes a lot of social problems.* 失业引致很多社会问题。○ *The problem of racial discrimination is very difficult to solve.* 种族歧视问题甚难解决。○ *I'm facing a lot of problems at work at the moment.* 现在我正遇到很多工作上的难题。○ *to have financial problems* 出现财政问题 ○ *There's a problem with the washing-machine. It won't work.* 洗衣机有故障，开不动。○ *'Can you fix this for me?' 'No problem.'* "你可以替我拾掇一下这个吗？""没问题。" ○ *It's a problem finding a good plumber these days.* 如今要找一个好的管子工真难。 **2** a question that you must solve by thinking about it 问题；课题；习题: *Vicky had ten problems to do for homework.* 维基的课外作业是做十道习题。

☆**procedure** /prəˈsiːdʒə(r) ‖ prəˈsidʒɚ/ *noun* [C,U] the action that you must take in order to do sth in the usual or correct way 程序；手续；步骤: *If you want to make a complaint, please follow the correct procedure.* 如有任何投诉，请循正规手续提出。

☆**proceed** /prəˈsiːd; prəʊ- ‖ prəˈsid; pro-/ *verb* [I] **1** to go on to do sth else 接着做（别的事情）: *After getting an estimate we can decide whether or not to proceed with the work.* 我们取得估计数字后，便可决定是不是进行那项工作。○ *Once he had calmed down he proceeded to tell us what had happened.* 他一冷静下来，便开始告诉我们发生了什么事。 **2** (*formal* 正式) to continue 继续进行下去；持续: *The building work was proceeding according to schedule.* 建筑工程按计划进行。

proceedings /prəˈsiːdɪŋz ‖ prəˈsidɪŋz/ *noun* [plural] **1 proceedings (against sb/for sth)** legal action 法律行动；诉讼（程序）: *to start divorce proceedings* 提出离婚诉讼 **2** events that happen, especially at a formal meeting, ceremony, etc 议项/项目/节目（尤指正式会议、典礼等的）: *The proceedings of the council were interrupted by the demonstrators.* 议会的议程被示威者打断了。

proceeds /ˈprəʊsiːdz ‖ ˈprosidz/ *noun* [plural] **proceeds (of/from sth)** money that you get when you sell sth, or for sth that you have organized（从出售物品或所筹办的活动而来的）收入/收益/所得: *The proceeds from the sale will go to charity.* 这次拍卖的收益将捐作慈善用途。

☆**process** /ˈprəʊses; *US* 美 ˈprɒses ‖ ˈprɑsɛs/ *noun* [C] **1** a series of actions that you do for a particular purpose 步骤；程序；工序: *the process of producing steel* 炼钢的程序 ○ *Foreigners wishing to work in Britain have to go through the complicated process of getting a work permit.* 拟在英国工作的外国人必须通过繁杂的程序才能获发工作许可证。 **2** a series of changes that happen naturally（自然发生的）变化过程: *Trees go through the process of growing and losing leaves every year.* 树木每年必定经过长叶和落叶这一变化过程。

(IDIOMS 习语) **in the process** while you are doing sth else 在（进行某事的）过程中: *We washed the dog yesterday – and we all got very wet in the process.* 昨天我们给狗洗澡的时候大家都弄得浑身湿透了。

in the process of sth/doing sth in the middle of doing sth 在…的过程中: *They are in the process of moving house.* 他们正在搬家呢。

process *verb* [T] **1** to change a raw material, eg with chemicals, before it is sold or used （对原料）进行加工/处理: *Cheese is processed so that it lasts longer.* 干酪经过加工，以便保存。○ *to process a film* (= to develop it so that you can print photographs from it) 冲洗胶卷（即把底片显影出来以便印出相片）**2** to deal with information, eg on a computer 处理资料（如存储于计算机的）: *When we have collected all the data the computer will process it for us.* 我们收集好所有数据后，计算机便会处理。○ *It will take about ten days to process your application.* 处理你的申请大约需时十天。

processor *noun* [C] a machine that processes food or information 处理食物或资料的机器；加工机；处理器: *a food processor* 食品加工器 ○ *a word processor* 文字处理机

procession /prə'seʃn ‖ prə'sɛʃən/ *noun* [C,U] a number of people, vehicles, etc that move slowly in a line, eg as part of a ceremony（人、车等）缓慢前进的行列/队伍（如见于仪式中的）: *to walk in procession* 列队行进 ○ *a funeral procession* 送葬行列

proclaim /prə'kleɪm ‖ pro'klem/ *verb* [T] (*formal* 正式) to make sth known officially or publicly（正式或公开）宣布/声明；公布: *The day of the royal wedding was proclaimed a national holiday.* 当局正式宣布王室大婚之日为全国假日。○ *to proclaim a state of emergency* 宣布进入紧急状态 —**proclamation** /ˌprɒklə'meɪʃn ‖ ˌprɑklə'meʃən/ *noun* [C,U]: *to make a proclamation of war* 宣战

procure /prə'kjʊə(r) ‖ pro'kjʊr/ *verb* [T] **procure sth (for sb)** (*formal* 正式) to obtain or get sth 获得；取得

prod /prɒd ‖ prɑd/ *verb* [I,T] (pro**dd**ing; pro**dd**ed) to push or press sb/sth with your finger or other pointed object（用手指或尖物）刺/戳: (*figurative* 比喻): *Ruth works quite hard but she does need prodding occasionally.* 鲁思工作颇勤快，但偶尔也需要有人督促一下。—**prod** *noun* [C]: *to give the fire a prod with a stick* 用棒把炉火拨亮 —**prodding** *noun* [U] (*figurative* 比喻): *Harold needs a lot of prodding before he will go and see a doctor.* 哈罗德需要多次催促才会去看医生。

prodigious /prə'dɪdʒəs ‖ prə'dɪdʒəs/ *adj* very great 巨大；庞大: *He seemed to have a prodigious amount of energy.* 他好像有过人的精力。

prodigy /'prɒdɪdʒɪ ‖ 'prɑdədʒɪ/ *noun* [C] (*pl* **prodigies**) a person (especially a child) who is unusually good at sth 天才/奇才（尤指儿童）: *Mozart was a child prodigy.* 莫扎特是个神童。☛ Look at **genius**. 参看 **genius**。

☆**produce** /prə'dju:s; *US* 美 -'du:s ‖ prə'dus/ *verb* [T] **1** to make or grow sth 制造；生产；种植: *VW cars are produced in Wolfsburg.* 大众牌轿车在沃尔夫斯堡制造。○ *East Anglia produced much of the country's wheat.* 东英吉利生产的小麦占全国总产量的大部分。○ *The children have produced some beautiful pictures for the exhibition.* 孩子们为这次展览画了一些美丽的图画。○ *The burning of coal produces carbon dioxide.* 烧煤产生二氧化碳。**2** to cause sth to happen 引起；引致；招致: *Her remarks produced roars of laughter.* 她的话惹来哄堂大笑。**3** to give birth to a young animal 生；生育；生产: *Our cat's just produced six kittens!* 我们养的猫刚生了六只小猫！**4** to show sth so that sb else can look at or examine it 出示；拿出；提出: *The inspector got on the bus and asked all the passengers to produce their tickets.* 检票员登上公共汽车，要求所有乘客出示车票。○ *to produce evidence in court* 在法庭上提出证据 **5** to organize a play, film, etc so that it can be shown to the public 制作/公演/上演/上映（戏剧、电影等）: *She is producing 'Romeo and Juliet' at the local theatre.* 她正在当地的剧院安排演出《罗密欧与朱丽叶》。

produce /'prɒdju:s; *US* 美 -du:s ‖ 'prɑdus/ *noun* [U] food, etc that is grown on a farm and sold 农产品；农作物: *fresh farm produce* 新鲜的农场产品 ☛ Look at the note at **production**. 参看 **production** 的注释。

producer /prə'dju:sə(r); *US* 美 -'du:- ‖ prə'dusɚ/ *noun* [C] **1** a person, company or country that makes or grows sth 生产者；制造商；出产地: *Brazil is a major producer of coffee.* 巴西是出产咖啡的主要国家。**2** a person who deals with the business side of organizing a play, film, etc（戏剧、电影等的）监制人/制片人

☆**product** /'prɒdʌkt ‖ 'prɑdʌkt/ *noun* [C] **1** something that is made in a factory or that is formed naturally 产品；制品；产物: *Coal was once a major product of South Wales.* 煤曾经是南威尔士的主要物产。○ *waste products* 废品 ○ *We have to find the right product for the market.* 我们要找出适合市场需要的产品。○ *The finished product should look very much like this design.* 成品应该与这图样十分接近。☛ Look at the note at **production**. 参看 **production** 的注释。**2 product of sth** the result of sth 结果；成果: *The industry's problems are the product of government policy.* 这个行业的种种问题是政府政策造成的恶果。**3** the amount that you get if you multiply one number by another 积（两数相乘后所得的数目）: *The product of three and five is fifteen.* 三乘五的积是十五。

☆**production** /prə'dʌkʃn ‖ prə'dʌkʃən/ *noun* **1** [U] the act of making or growing sth 制造；生产: *This farm specializes in the production of organic vegetables.* 这农场专门生产施用有机肥料的蔬菜。○ *mass production* 大量生产 ○ *The price increases were the result of rising production costs.* 价格上升是生产成本上涨的结果。**2** [U] the amount of sth that is made or grown 产量: *Saudi Arabia is increasing its production of oil.* 沙特阿拉伯的石油产量正在增加。**3** [C] a play, film, etc 戏剧；电影 ☛ Notice that **produce** means food, etc that comes from a farm and a **product** is something that was made in a factory. 注意：**produce** 指农场出产的食物等，而 **product** 则是工厂制造的产品。A **production** is a play, film, etc * **production** 指戏剧、电影等: *The label on the bottle says 'Produce of Italy'.* 瓶上的标签写着"意大利产品"。○ *The company's main products are plastic toys.* 公司的主要制品是塑料玩具。○ *the Bolshoi Ballet's production of Swan Lake* 大剧院芭蕾舞团演出的芭蕾舞剧《天鹅湖》

(IDIOMS 习语) **in production** being made

P

在制造中：*The new car is now in production.* 新车正在制造中。

on production of sth when you show sth 出示某物：*You can get a ten per cent discount on production of your membership card.* 出示会员证可获九折优待。

productive /prəˈdʌktɪv ‖ prəˈdʌktɪv/ *adj* **1** that can make or grow sth well or in large quantities 有生产力；肥沃；多产：*The company wants to sell off its less productive factories.* 公司计划出售那些效率较低的工厂。○ *productive land* 肥沃的土地 **2** useful (because results come from it) 有成效的：*a productive discussion* 富有成效的讨论 ☛ The opposite is **unproductive**. 反义词为 **unproductive**。

productivity /ˌprɒdʌkˈtɪvətɪ ‖ ˌprɑdʌkˈtɪvətɪ/ *noun* [U] the state of being productive(1) or the amount that sb/sth produces(1) 生产能力；生产率：*More efficient methods will lead to greater productivity.* 使用更有效的方法能提高生产率。

profess /prəˈfes ‖ prəˈfɛs/ *verb* [T] **1** (*formal* 正式) to say that sth is true (even if it is not) 声称；伪称；妄称：*Marianne professed to know nothing at all about it, but I did not believe her.* 玛丽安娜声称对那事一无所知，但是我不相信她。**2** to say openly that you think or believe sth 公开表明（想法或信念）：*He professed his hatred of war.* 他公开表示厌恶战争。

☆**profession** /prəˈfeʃn ‖ prəˈfɛʃən/ *noun* [C] **1** a job that requires a lot of training and that is respected by other people 专业：*the medical, legal, teaching, etc profession* 医学/法律/教育…专业 ☛ Look at the note at **work**[1]. 参看 **work**[1] 的注释。**2 the profession** [with sing or pl verb] all the people who work in a particular profession（统称）从事某专业的人：*The legal profession is/are trying to resist the reforms.* 法律界人士正设法抵制改革。

(IDIOM 习语) **by profession** as your profession or job 作为专业/职业：*Graham is an accountant by profession.* 格雷厄姆的职业是会计师。

☆**professional** /prəˈfeʃənl ‖ prəˈfɛʃənḷ/ *adj* **1** (only *before* a noun 只用于名词前) of or concerning sb who has a profession 专业的；职业的：*The flat would be ideal for a professional couple.* 这套公寓十分适合职业夫妇居住。○ *Get professional advice from your lawyer before you take any action.* 采取任何行动之前，应先征询你的律师的专业意见。**2** doing sth in a way that shows skill, training or care 专业的；专门的；在行：*The police are trained to deal with every situation in a calm and professional manner.* 警察都受过训练，能够以冷静而专业的态度应付各种情况。○ *Her application was neatly typed and looked very professional.* 她的申请书打印得很整洁，并具有专业水准。☛ The opposite is **unprofessional**. 反义词为 **unprofessional**。**3** doing a sport, etc as a job or for money（从事运动等）职业（性）的；带薪的：*After his success at the Olympic Games he turned professional.* 他在奥林匹克运动会获胜后，便转为职业运动员。**4** (used about a sport, etc 指体育活动等) done by people who are paid 由受薪人士担任：*professional football* 职业足球 ☛ The opposite for **3** and **4** is **amateur**. 第 **3**、**4** 义的反义词为 **amateur**。

professional *noun* [C] **1** a person who works in a profession(1) 专业人士 **2** (also *informal* 非正式 **pro**) a person who plays or teaches a sport, etc for money 职业选手；职业教练 **3** (also *informal* 非正式 **pro**) a person who does his/her work with skill and care 内行；专家

professionalism /-ʃənəlɪzəm ‖ -ʃənəlɪzṃ/ *noun* [U] the quality of showing great skill or care when you are doing a job 专业作风；专业精神；职业道德：*Although they were students, they performed with great professionalism.* 他们虽然是学生，但做起事来很有专业水准。

professionally /-ʃənəlɪ ‖ -ʃənḷɪ/ *adv* **1** in a professional(1,2) way 专业地；以专业工作方式 **2** for money, by a professional person 受薪；由专业人士担任：*Rob plays the saxophone professionally.* 罗布专职吹奏萨克斯管。○ *to have your photograph taken professionally* 由专业摄影师替你拍照

☆**professor** /prəˈfesə(r) ‖ prəˈfɛsɚ/ *noun* [C] (*abbr* 缩写 **Prof**) **1** a university teacher of the highest rank（大学）教授：*Professor Brown* 布朗教授 ○ *Professor Anthony Clare* 安东尼·克莱尔教授 ○ *She's professor of English at Bristol University.* 她是布里斯托尔大学的英语教授。**2** (*US* 美) a teacher at a college or university（学院或大学的）教师

proficient /prəˈfɪʃnt ‖ prəˈfɪʃənt/ *adj* **proficient (in/at sth/doing sth)** able to do a particular thing well; skilled 精通；熟练：*We are looking for someone who is proficient in French.* 我们正在找一个精通法语的人。

proficiency /-nsɪ ‖ -nsɪ/ *noun* [U] **proficiency (in sth/doing sth)** the ability to do sth well; skill 精通；熟练：*a cycling proficiency test* 骑自行车水准测试 ○ *a certificate of proficiency in English* 英语程度证书

profile /ˈprəʊfaɪl ‖ ˈprofaɪl/ *noun* [C] **1** a person's face or head seen from the side, not the front（面部或头部的）侧面/侧影 **2** a short description of sb's life, character, etc 人物简介；传略

(IDIOM 习语) **a high/low profile** a way of behaving that does/does not attract other people's attention 高/低姿态：*I don't know much about the subject – I'm going to keep a low profile at the meeting tomorrow.* 我对那题目所知不多，明天的会议上我会保持低调。

☆**profit**[1] /ˈprɒfɪt ‖ ˈprɑfɪt/ *noun* [C,U] the money that you make when you sell sth for more than it cost you 利润；利得：*Did you make a profit on your house when you sold it?* 你售出你的房子赚了钱吗？○ *an annual profit of £25 000* 年利25 000英镑 ○ *I'm hoping to sell my shares at a profit.* 我希望出售股票时会赚钱。○ *We won't make much profit in the first year.* 我们首年的盈利不会太多。☛ Look at **loss**. 参看 **loss**。

profit[2] /ˈprɒfɪt ‖ ˈprɑfɪt/ *verb*

(PHRASAL VERB 短语动词) **profit from sth**

(*formal* 正式) to get some advantage from sth 从…中得到好处: *Who will profit most from the tax reforms?* 税制改革对谁最有利？

profitable /'prɒfɪtəbl ‖ 'prɑfɪtəbl̩/ *adj* **1** that makes a profit 有利可图；获利的: *a profitable business* 有利可图的生意 **2** helpful or useful 有益；有用: *We had a very profitable discussion yesterday.* 昨天我们进行了一次有益的讨论。

profitability /ˌprɒfɪtə'bɪlətɪ ‖ ˌprɑfɪtə'bɪlətɪ/ *noun* [U] the state of being profitable(1) 获利（状况）；盈利（程度）

profitably /-əblɪ ‖ -əblɪ/ *adv* in a profitable(1,2) way 有利可图；有利益；有益: *to invest money profitably* 运用金钱进行获利投资 ○ *to spend your time profitably* 善用时间

profound /prə'faʊnd ‖ prə'faʊnd/ *adj* **1** great; that you feel very strongly 巨大；深刻: *The experience had a profound influence on her.* 那经历对她有巨大的影响。**2** serious; showing knowledge or thought 严肃；渊博；深奥: *She's always making profound statements about the meaning of life.* 她经常说一些有关生命意义的深奥的话。

profoundly *adv* very; extremely 很；极: *I was profoundly relieved to hear the news.* 听到那消息使我如释重负。

profuse /prə'fju:s ‖ prə'fjus/ *adj* (*formal* 正式) produced in great quantity 大量；很多: *profuse apologies* 再三道歉 —**profusely** *adv*: *She apologized profusely for being late.* 她为迟到一再道歉。○ *The blood was flowing profusely.* 血流如注。

program /'prəʊgræm; *US* 美 -grəm ‖ 'progrəm/ *noun* [C] **1** a set of instructions that you give to a computer so that it will carry out a particular task 程式/程序（用以使计算机执行某项工作的一组指令）: *to write a program* 编写一个程式 ○ *to load a program into the computer* 把一个程式装进计算机内 ☛ When we are talking about computers both the US and the British spelling is **program**. 指计算机程式时，美国英语及英国英语的拼法都是 **program**。For every other meaning the British spelling is **programme** and the US spelling is **program**. 指其他意义时，英国英语的拼法是 **programme**，而美国英语的拼法是 **program**。**2** (*US* 美) = PROGRAMME

program *verb* [T] (program**m**ing; program**m**ed; *US also* 美亦作 progra**m**ing; progra**m**ed) to give a set of instructions to a computer 把指令输入（计算机）；发出指令

programmer (*US also* 美亦作 **programer**) *noun* [C] a person whose job is to write programs for a computer （计算机）程式编写员/程序编制员: *a computer programmer* 计算机程式编写员

☆**programme** (*US* 美 **program**) /'prəʊgræm; *US* 美 -grəm ‖ 'progrəm/ *noun* [C] **1** a show or other item that is broadcast on the radio or television（电台或电视）节目: *a TV/ radio programme* 电视/电台节目 ○ *Do you want to watch the programme on Italian cookery at 8 o'clock?* 你想收看 8 点钟那个关于意大利式烹饪的节目吗？○ *We've just missed an interesting programme on California.* 我们刚错过了一个介绍加利福尼亚州的精彩节目。**2** a plan of things to do; a scheme 计划；程序: *What's (on) your programme today?* (= what are you going to do today?) 今天你有什么事情要做？○ *The leaflet outlines the government's programme of educational reforms.* 这小册子概述政府在教育改革方面的计划。**3** a little book or piece of paper which you get at a play, concert, etc that gives you information about what you are going to see（戏剧、音乐会等的）节目表/节目单/程序表

programme (*US* 美 **program**) *verb* [T] (program**m**ing; program**m**ed; *US also* 美亦作 progra**m**ing; progra**m**ed) to make sb/sth work or act automatically in a particular way 使按某方式自动地工作/运作: *The lights are programmed to come on as soon as it gets dark.* 天一黑，电灯就会自动开亮。

☆**progress** /'prəʊgres; *US* 美 'prɒg- ‖ 'prɑgrɛs/ *noun* [U] **1** movement forwards or towards achieving sth 行进；前进；进展: *The heavy traffic meant that we made very slow progress.* 由于交通严重阻塞，我们行进得十分缓慢。○ *Anna's making steady progress at school.* 安娜的学业持续进步。○ *The talks have made very little progress towards solving the problem.* 会谈在解决问题方面进展甚少。○ *a progress report* 进度报告 **2** change or improvement in society 改进；改变；进步；发展: *scientific progress* 科学发展 ○ *People who oppose new roads are accused of holding back progress.* 反对兴建新路的人被指责为阻碍发展。

(IDIOM 习语) **in progress** happening 进行中: *Silence! Examination in progress.* 请安静！考试正在进行。

progress /prə'gres ‖ prə'grɛs/ *verb* [I] **1** to become better; to develop (well) 改善；进步；发展（出色）: *Medical knowledge has progressed rapidly in the last twenty years.* 过去的二十年，医学知识发展迅速。**2** to move forward; to continue 前进；继续；持续: *I got more and more tired as the evening progressed.* 夜越深，我越觉得累。

progression /prə'greʃn ‖ prə'grɛʃən/ *noun* [C,U] **progression (from sth) (to sth)** movement forward or a development from one stage to another 前进；行进；（由一阶段至另一阶段的）发展/进展: *There seems to be no logical progression in your thoughts in this essay.* 在这篇文章中，你似乎未能有条理地阐述你的意见。

progressive /prə'gresɪv ‖ prə'grɛsɪv/ *adj* **1** using or agreeing with modern methods and ideas 采用现代方法和意念的；先进: *a progressive school* 一所采用先进教学法的学校 **2** happening or developing steadily 循序渐进；稳步发展: *a progressive reduction in the number of staff* 职员数目的逐渐减少

progressively *adv* steadily; a little at a time 稳定；逐渐: *The situation became progressively worse.* 情况逐渐恶化。

progressive 'tense *noun* [sing] = CONTINUOUS TENSE

prohibit /prə'hɪbɪt; *US* 美 prəʊ- ‖ pro'hɪbɪt/

verb [T] (*formal* 正式) **prohibit sb/sth (from doing sth)** to say that sth is not allowed by law; to forbid（法律）禁止；阻止: *English law prohibits children under 16 from buying cigarettes.* 英国法律禁止16岁以下儿童购买香烟。○ *That sign means that smoking is prohibited.* 那个标志的意思是禁止吸烟。

prohibition /ˌprəʊhɪˈbɪʃn; *US* 美 ˌprəʊəˈbɪʃn ‖ ˌproəˈbɪʃən/ *noun* **1** [C] (*formal* 正式) a law or rule that forbids sth 禁例；禁令 **2** [U] the forbidding of sth 禁止: *the prohibition of corporal punishment in schools* 学校内禁止体罚

P

prohibitive /prəˈhɪbətɪv; *US* 美 prəʊ- ‖ proˈhɪbɪtɪv/ *adj* (used about a price etc 指价格等) so high that people cannot afford it 高得负担不起；使人不敢问津；过分高昂: *It's a lovely shop but the prices are prohibitive.* 那是一家很不错的商店，可惜货品售价令人不敢问津。—**prohibitively** *adv*: *prohibitively expensive* 昂贵得令人不敢问津

☆**project**[1] /ˈprɒdʒekt ‖ ˈprɑdʒɛkt/ *noun* [C] **1** a piece of work, often involving many people, that is planned and organized carefully; a plan for some work 计划/工程/项目（经细心策划，常有多人参与的工作）: *The new television series was an extremely expensive project.* 那辑新的电视节目是一项相当昂贵的制作计划。○ *a major project to reduce pollution in our rivers* 一项减轻河水污染的大型计划 ○ *the Channel Tunnel project* 海峡隧道工程 ○ *His latest project is making a pond in the garden.* 他最新的计划是在花园内建造一个水池。**2** a piece of school work in which the student has to collect information about a certain subject and then write about it（学校的）研究项目/作业/课题: *The whole class is doing a project on rainforests.* 全班学生正在进行一项雨林的研究。

project[2] /prəˈdʒekt ‖ prəˈdʒɛkt/ *verb* **1** [T] (usually passive 通常用于被动语态) to plan 计划；打算: *the Queen's projected tour of Canada* 女王访问加拿大的计划 **2** [T] (usually passive 通常用于被动语态) to estimate or calculate 估计；计算: *a projected increase of 10%* 估计增长率为百分之十 **3** [T] **project sth (on/onto sth)** to make sth (light, a shadow, a picture from a film, etc) fall on a surface 投射（光线、影子、电影影像等）: *Coloured lights were projected onto the dance floor.* 五光十色的灯光投射到舞台地板上。**4** [T] to show or represent sb/sth/yourself in a certain way 以某方式表现某人/某物/自己: *The government is trying to project a more caring image.* 政府设法要树立一种较为关心人民的形象。**5** [I] (*formal* 正式) to stick out 伸出；突出: *The balcony projects one metre out from the wall.* 阳台从墙体往外伸出一米。

projection /prəˈdʒekʃn ‖ prəˈdʒɛkʃən/ *noun* **1** [C] a guess about a future amount, situation, etc based on the information you have at present（根据现有资料对数量、情况等所作的）预测/估计/推测: *sales projections for the next five years* 未来五年的估计销售额 **2** [U] the act of making light, a picture from a film, etc fall on a surface（光线、电影影像等的）投影/投射: *film projection* 电影放映

projector /prəˈdʒektə(r) ‖ prəˈdʒɛktə/ *noun* [C] an apparatus that projects pictures or films onto a screen or wall 放映机；投影机；幻灯机: *a film projector* 电影放映机 ○ *a slide projector* 幻灯机 ○ *an overhead projector* 高射投影机

proliferate /prəˈlɪfəreɪt; *US* 美 prəʊ- ‖ proˈlɪfəˌret/ *verb* [I] (*formal* 正式) to increase quickly in number（数量）激增/迅速增加 —**proliferation** /prəˌlɪfəˈreɪʃn; *US* 美 prəʊ- ‖ proˌlɪfəˈreʃən/ *noun* [U]

prolific /prəˈlɪfɪk ‖ prəˈlɪfɪk/ *adj* (used especially about a writer, artist, etc 尤指作家、艺术家等) producing a lot 多产；作品丰富: *a prolific writer of short stories* 一位专写短篇小说的多产作家

prologue (*US* 美 **prolog**) /ˈprəʊlɒg; *US* 美 -lɔːg ‖ ˈprolɔg/ *noun* [C] a piece of writing or a speech that introduces the rest of a play, poem, etc 序言；前言；（戏剧等的）开场白/序幕；（诗的）序诗 ☛ Look at **epilogue**. 参看 **epilogue**。

prolong /prəˈlɒŋ; *US* 美 -ˈlɔːŋ ‖ prəˈlɔŋ/ *verb* [T] to make sth last longer 延长；拖延；使维持更久: *Careful treatment will prolong the life of the furniture.* 小心护理能使家具更加持久耐用。

prolonged *adj* continuing for a long time 持续很久的；维持了一段长时间的: *There was a prolonged silence before anybody spoke.* 经过一段长时间的沉默后，人们才开始发言。

prom /prɒm ‖ prɑm/ *noun* [C] **1** = PROMENADE **2** (*US* 美) a formal dance that is held by a high school class at the end of a school year（高中每学年结束时举行的）正式舞会

promenade /ˌprɒməˈnɑːd; *US* 美 -ˈneɪd ‖ ˌprɑməˈned/ *noun* [C] a wide path or pavement where people walk beside the sea in a seaside town 海滨散步道；海边行人道

prominent /ˈprɒmɪnənt ‖ ˈprɑmənənt/ *adj* **1** important or famous 重要；著名: *a prominent political figure* 一位著名的政治人物 ○ *The new party hopes to play a prominent role in political life.* 新成立的政党希望在政治上扮演重要的角色。**2** noticeable; easy to see 显著；突出；显眼: *The church is the most prominent feature of the village.* 那座教堂是村庄里最显著的建筑。

prominence /-əns ‖ -əns/ *noun* [U] the state of being important or easily noticed 重要；显著；突出: *The newspaper gave the affair great prominence.* 那份报纸突出报道这宗事件。—**prominently** *adv*: *Display your ticket prominently at the front of your car.* 把通行证张贴在车前显眼的地方。

promiscuous /prəˈmɪskjʊəs ‖ prəˈmɪskjuəs/ *adj* having sexual relations with many people 滥交的；与很多人有性关系的

promiscuity /ˌprɒmɪˈskjuːətɪ ‖ ˌprɑmɪsˈkjuətɪ/ *noun* [U] promiscuous behaviour 滥交

☆**promise**[1] /ˈprɒmɪs ‖ ˈprɑmɪs/ *noun* **1** [C] a written or spoken statement or agreement that you will or will not do sth 约定；协定；承诺；诺言；保证: *He made a promise not to tell anyone what he had seen.* 他承诺不把看见的事告诉别人。○ *Her parents kept their promise* *to buy her a dog for her birthday.* 她的父母履行诺言，给她买了一条狗作生日礼物。○ *You should not break a promise* (= you should do what you have said you will do). 你不应该食言。○ *They both gave me a promise of their complete support.* 他们俩都答应全力支持我。**2** [U] signs that you will be able to do sth well or be successful 能有成就/可望成功的迹象；有前途；有希望: *He showed great promise as a musician.* 他极有希望成为音乐家。

☆**promise**[2] /ˈprɒmɪs ‖ ˈprɑmɪs/ *verb* **1** [I,T] to say definitely that you will or will not do sth 答应；允诺；保证: *I'll try to be back at 6 o'clock but I can't promise.* 我尽量在6点钟回来，但我不能保证。○ *'I'll pay you back tomorrow,' his friend promised.* "我明天还钱给你。"他的朋友答应说。○ *She promised that she would write every week.* 她答应过会每周写信。○ *She promised not to forget to write.* 她答应过不会忘记写信。○ *Tom promised me that he'd never be late again.* 汤姆向我保证以后不再迟到。○ *The finance minister has promised to bring down the rate of inflation by the end of the year.* 财政大臣保证要在年底前使通胀率下降。**2** [T] **promise sth (to sb)** to say definitely that you will give sth to sb 答应给予（某人）（某物）: *My father has promised me a new bicycle.* 父亲答应给我买一辆新的自行车。○ *Can you promise your support?* 你可以答应支持我吗？**3** [T] to show signs of sth, so that you expect it to happen 有（某事将会发生的）迹象；预示: *It promises to be a lovely day.* 看来今天天气一定晴朗。

promising *adj* showing signs of being very good or successful 有前途；大有可为: *a promising writer* 有前途的作家

promote /prəˈməʊt ‖ prəˈmot/ *verb* [T] **1** (often passive 常用于被动语态) to give sb a higher position, more important job, etc 提升；擢升: *He's been promoted from assistant manager to manager.* 他已由助理经理晋升为经理。**2** to encourage sth; to help sth to happen or develop 促进/促使/协助/推动（某事发生或发展）: *The meetings of the leaders have helped to promote good relations between the two countries.* 两国领袖的多次会谈有助增进两国间的友好关系。**3** to advertise sth (in order to increase its sales or popularity) 宣传/推销（以增加销量或受欢迎程度）: *In order to sell a new product you need to promote it in the right way.* 你需要用合适的方式来推销新产品。

promoter *noun* [C] a person who organizes or provides the money for an event 组织者；筹划人；赞助人；资助人

☆**promotion** /prəˈməʊʃn ‖ prəˈmoʃən/ *noun* **1** [C,U] (the giving or receiving of) a higher position or more important job 提升；晋级；擢升: *The new job is a promotion for her.* 这个新职务对她来说是一次提升。○ *The job offers a good salary and excellent chances of promotion.* 这份工作有优厚的薪金和极佳的晋升机会。○ *the team's promotion from Division 2 to Division 1* 球队由乙组升为甲组 **2** [U] making sth successful or popular 促进；提倡: *We need to work on the promotion of health, not the treatment of disease.* 我们需要在促进卫生健康方面多加努力，而不是在医治疾病方面。**3** [C,U] things that you do in order to advertise a product 宣传；推广；促销: *It's all part of a special promotion of the new book.* 这都是新书促销活动的一部分。○ *Millions of pounds were spent on advertising and promotion.* 在广告和促销方面花了数以百万计的英镑。

☆**prompt**[1] /prɒmpt ‖ prɑmpt/ *adj* **1** quick; done without delay 即时；迅速；立刻: *I received a prompt reply from the solicitor.* 我收到了律师的即时回复。○ *We need a prompt decision on this matter.* 我们在这事情上需要立刻作出决定。**2 prompt (in doing sth/to do sth)** (used about a person 指人) quick; acting without delay 敏捷；行事爽快: *We are always prompt in paying our bills.* 我们一向都即时付账。○ *She was prompt to point out my mistake.* 她很快便指出了我的错处。

prompt *adv* exactly 正；正好: *I'll pick you up at 7 o'clock prompt.* 我将准时在7点整来接你。

promptly *adv* **1** immediately; without delay 立即；马上；即时: *I invited her to dinner and she promptly accepted.* 我邀请她吃晚饭，她立即答应了。**2** punctually; at the time that you have arranged 准时；于安排的时间: *We arrived promptly at 12 o'clock.* 我们12时整准时抵达。

prompt[2] /prɒmpt ‖ prɑmpt/ *verb* **1** [T] to cause sth; to make sb decide to do sth 引致；促使；使（某人）决定做（某事）；驱使；激起: *Whatever prompted that remark?* 到底是什么让他说出那样的话来？○ *What prompted you to give up your job?* 什么驱使你放弃这个工作的呢？**2** [I,T] to help sb to continue speaking or to remind an actor of his/her words 引导/提示（使某人继续说下去）；（为演员）提词/提示台词: *'And can you tell the court what happened next?' the lawyer prompted.* "你可以把其后发生的事告诉庭上吗？"律师引导说。○ *The speaker had to be prompted several times.* 讲话者要别人多番提示（才继续说下去）。○ *We need somebody to prompt at the performance tonight.* 今晚的表演我们需要有人提示台词。

prompting *noun* [C,U] an act of persuading or reminding sb to do sth 敦促；劝说；提醒: *He apologized without any prompting.* 他不用别人提醒就道歉了。

prone /prəʊn ‖ pron/ *adj* (not before a noun 不用于名词前) **prone to sth/to do sth** likely to suffer from sth or to do sth 很可能遭受（某事）；很可能做（某事）: *Young people are especially prone to this disease.* 年轻人尤其容易患上这种病症。○ *This area is very prone to fog in winter.* 这地区在冬天经常有雾。○ *to be accident-prone* (= to have a lot of accidents) 容易发生意外 ○ *He's rather prone to criticize people without thinking first.* 他往往不经考虑就批评别人。

pronoun /ˈprəʊnaʊn ‖ ˈpronaʊn/ *noun* [C] (*grammar* 语法) a word that is used in place of a noun or a phrase that contains a noun 代名词（用以代替名词或包含名词的短语）: *'He', 'it', 'hers', 'me', 'them' are all pronouns.* * he、it、hers、me、them 全都是代名词。

☆**pronounce** /prə'naʊns ‖ prə'naʊns/ *verb* **1** [T] to make the sound of a word or letter 发（词或字母的）音；念: *You don't pronounce the 'b' at the end of 'comb'.* * comb 一词的最后一个字母 b 不发音。○ *How do you pronounce your surname?* 你的姓怎样念？**2** [T] (*formal* 正式) to say in a formal or official way that sb/sth is in a particular state（正式地或以官方形式）宣称/宣布/表示: *The doctors pronounced him fit.* 医生们宣布他很健康。**3** [I,T] **pronounce (on sth)** (*formal* 正式) to give your opinion on sth, especially formally 就某事情发表/提出意见（尤指正式表态）: *I can't pronounce on the quality of a wine.* 我无法就酒的品质表示意见。○ *The play was pronounced 'brilliant' by all the critics.* 所有评论家都认为这出戏剧"非常出色"。

pronounced *adj* very noticeable 很明显；很显著: *His English is excellent although he speaks with a pronounced French accent.* 他讲英语虽然带着明显的法国口音，但他的英语水准的确一流。

☆**pronunciation** /prəˌnʌnsɪ'eɪʃn ‖ prəˌnʌnsɪ'eʃən/ *noun* **1** [C,U] the way in which a language or a word is pronounced 发音（法）；读法: *The dictionary gives two different pronunciations for this word.* 词典给这个词列出两个不同的读法。○ *American pronunciation* 美国发音 **2** [U] a person's way of speaking a language（某人的）发音/发音方式: *His grammar is good but his pronunciation is awful!* 他语法掌握得不错，但发音糟糕！

☆**proof**[1] /pru:f ‖ pruf/ *noun* [U] a fact or piece of information which shows that sth is true 证据；证明: *'We need some proof of your identity,' the shop assistant said.* "我们需要看看你的身分证明文件。" 店员说。○ *What proof have we got that what he is saying is true?* 我们有什么证据证明他在说真话？☛ The verb is **prove**. 动词为 **prove**。

proof[2] /pru:f ‖ pruf/ *adj* (in compounds 用以构成复合词) able to protect from or to be protected against the thing mentioned 耐…的；防…的；抗…的: *a soundproof room* 隔音室 ○ *bulletproof glass* 防弹玻璃

prop[1] /prɒp ‖ prɑp/ *noun* [C] a stick or other object that you use to support sth 支撑物；支柱

prop *verb* [T] (pro**pp**ing; pro**pp**ed) **1** to support sth or keep sth in position 支持；支撑；使保持在某个位置: *I'll use this book to prop the window open* 我要用这本书撑开窗子。**2** to lean sth against sth else 把…倚在/靠在…上: *He propped his bicycle against the wall.* 他把自行车靠墙放。

(PHRASAL VERBS 短语动词) **prop sb/sth up** to put an object under or behind sb/sth in order to give support 把物件放在某人/某物下面或后面以支撑

prop sth up to support sth that would otherwise fail 支持/维持（某事物）

prop[2] /prɒp ‖ prɑp/ *noun* [C, usually pl] a piece of furniture or another object that is used in a play, film, etc（戏剧、电影中用的）道具

propaganda /ˌprɒpə'gændə ‖ ˌprɑpə'gændə/ *noun* [U] information and ideas that are made public by a government or large organization, in order to influence people or persuade them about sth（政府或大机构对公众所作的）宣传: *political propaganda* 政治宣传 ○ *anti-German propaganda* 反德宣传

propel /prə'pel ‖ prə'pɛl/ *verb* [T] (prope**ll**ing; prope**ll**ed) to move, drive or push sb/sth forward 推进；推动

propeller *noun* [C] a device with several blades, which turns round very fast in order to make a ship or a plane move（船或飞机的）螺旋桨/推进器

☆**proper** /'prɒpə(r) ‖ 'prɑpə/ *adj* **1** (only *before* a noun 只用于名词前) real or genuine 真实；真正: *I've been to stay with my mother but I haven't had a proper holiday this year.* 我去母亲那儿住过一阵子，但是今年并没有真正度过假。○ *We haven't got any proper friends around here.* 我们在这里没有真正的朋友。○ *I didn't see much of the flat yesterday. I'm going to go today and have a proper look.* 昨天我没有怎么看那公寓，今天我要去看个清楚。**2** (only *before* a noun 只用于名词前) right, suitable or correct 适宜；合适；正确: *That's not the proper way to eat spaghetti!* 意大利面条不该这么吃的！○ *If you're going skiing you must have the proper clothes.* 如果你去滑雪，一定要穿上适当的衣服。○ *I've got to get these pieces of paper in the proper order.* 我得把这些文件按顺序排好。**3** (*formal* 正式) accepted as socially correct 合乎社会规范；正规；合乎体统: *I think it would be only proper for you to apologize.* 我认为你应该道歉才是。☛ The opposite for **3** is **improper**. 第 **3** 义的反义词为 **improper**。**4** (only *after* a noun 只用于名词后) real or main 真正；主要: *We travelled through miles of suburbs before we got to the city proper.* 我们在近郊走了好几英里路才到达市区。

properly *adv* **1** correctly; in an acceptable way 正确；以可接受的方式；适当地: *The teacher said I hadn't done my homework properly.* 老师说我没有好好做课外作业。○ *These shoes don't fit properly.* 这双鞋子不合脚。**2** in a way that is socially correct; politely 以合乎社会规范的方式；有礼貌地 ☛ The opposite for **2** is **improperly**. 第 **2** 义的反义词为 **improperly**。

ˌ**proper name** (*also* 亦作 '**proper noun**) *noun* [C] (*grammar* 语法) a word which is the name of a particular person or place and begins with a capital letter 专有名词（以大写字母开头的人名或地名）: *'Mary', 'Rome' and 'the Houses of Parliament' are all proper names.* * Mary、Rome 和 the Houses of Parliament 都是专有名词。

☆**property** /'prɒpətɪ ‖ 'prɑpətɪ/ *noun* (*pl* **properties**) **1** [U] something that belongs to sb; all the things that belong to sb 所有物；财产；财物: *'Is this your property?' the policeman asked, pointing to a small brown suitcase.* "这是不是你的东西呢？" 警察指着一个棕色的小手提箱问道。○ *The sack contained stolen property.* 袋子里盛着贼赃。○ *private/public property* 私人/公共财产 ○ *When she* *died she left her entire property to a cousin in America.* 她死后所有财产都留给在美国的一个表亲。☛ Look at **lost property**. 参看 **lost property**。**2** [C] (*formal* 正式) a building and the land around it 建筑物及其四周的地方；房地产: *'What sort of property are you hoping to buy?' asked the estate agent.* "你想买哪类房地产呢？"地产代理商问道。**3** [U] land and buildings 地产；房地产: *to invest your money in property* 把钱投资在房地产上 **4** [C] a special quality that a substance, etc has（物质等的）特质/特性: *Some plants have healing properties.* 有些植物具有治疗的功效。

prophecy /'prɒfəsɪ ‖ 'prɑfəsɪ/ *noun* [C] (*pl* **prophecies**) a statement about what is going to happen in the future 预言: *His prophecy that there would be a disaster has come true.* 他曾预言会有灾难，现在已经应验了。

prophesy /'prɒfəsaɪ ‖ 'prɑfəˌsaɪ/ *verb* [T] (*pres part* **prophesying**; *3rd pers sing pres* **prophesies**; *pt, pp* **prophesied**) to say what you think will happen in the future 预言: *to prophesy disaster* 预言有灾难发生 ○ *to prophesy that there will be a war* 预言将会爆发战争

prophet /'prɒfɪt ‖ 'prɑfɪt/ *noun* [C] **1** (*also* 亦作 **Prophet**) a person who is chosen by God to give his message to people 先知（神选出来代表他向人传达讯息的人）: *the Prophet Muhammad* 先知穆罕默德 ○ *the prophets of the Old Testament* 旧约的先知 **2** a person who tells or claims to tell what will happen in the future 预言者；预言家 —**prophetic** /prə'fetɪk ‖ prə'fɛtɪk/ *adj*

☆**proportion** /prə'pɔːʃn ‖ prə'pɔrʃən/ *noun* **1** [C] a part or share of a whole 部分；份儿: *A large proportion of the earth's surface is covered by sea.* 地球表面大部分都由海水所覆盖。**2** [C] **proportion (of sth to sth)** the relationship between the size or amount of two things（两物在大小或数量上的）比/比例: *I was not impressed by the proportion of teachers to students* (= there were not enough teachers for the number of students). 我觉得他们的师生比例并不恰当（相对于学生的人数，教师的人数并不足够）。**3 proportions** [plural] the size and shape of sth 大小；形状；规模: *He stood and gazed at the magnificent proportions of the cathedral.* 他站着凝视那座宏伟庄严的大教堂。○ *Political unrest is reaching alarming proportions.* 政治动乱快达到令人忧虑的地步。

(IDIOMS 习语) **in proportion** in the correct relation to other things 符合比例；均衡；相称: *to draw sth in proportion* (= so that the parts are balanced as they are in reality) 按实物的正确比例画出某物 ○ *She's so upset that she can't see the problem in proportion any more* (= it seems more important than it really is). 她心烦意乱，无法恰如其分地看待那问题。（问题显得比实际的重要）

in proportion to sth **1** by the same amount or number as sth else 按照某事物的数量或数目相应变动；与…相称: *Salaries have not risen in proportion to inflation.* 薪金没有按照通胀率上涨。**2** compared with 与…相比: *In proportion to the number of students as a whole, there are very few women.* 与学生总人数相比，女生只属极少数。

out of proportion (to sth) **1** too big, small, etc in relation to other things（因大小等与其他事物）不相称/不成比例 **2** too great, serious, important, etc in relation to sth 与其他事物相比显得过大/过分严重/过分重要…: *His reaction was completely out of proportion to the situation.* 他对情况的反应完全是小题大作。○ *Haven't you got this matter rather out of proportion?* (= you think it's more important than it really is) 你把这件事看得过分严重了，是不是？

proportional /prə'pɔːʃənl ‖ prə'pɔrʃənl̩/ *adj* directly linked in size, amount, etc 成比例；与大小/数量等相称: *The cost will be proportional to the amount used.* 成本将会与使用量相称。

proˌportional ˌrepresen'tation *noun* [U] a system in which all political parties have a number of representatives in parliament in proportion to the number of votes they receive in an election 比例代表制（各政党按其在选举中所得票数的比例在议会中获得议席的选举制度）

☆**proposal** /prə'pəʊzl ‖ prə'pozl̩/ *noun* [C] **1** a plan that is suggested; a scheme 提案；建议；计划；方案: *a new proposal for raising money* 新的筹款计划 ○ *The recent proposal has been rejected.* 最近的提案已被否决了。○ *May I put forward a proposal that the canteen should serve more salads?* 容我提出一个建议，就是食堂应该多供应些色拉。**2** an offer of marriage 求婚

☆**propose** /prə'pəʊz ‖ prə'poz/ *verb* **1** [T] to suggest sth as a possible plan or action 提议；建议: *I propose a day in the country and lunch at a pub. What do you think?* 我提议找一天到郊外去，午饭到酒馆吃，你认为如何？○ *Our neighbours proposed that we should go on holiday together.* 邻居建议我们大家一起去度假。○ *John Carter proposed the motion* (= the idea to be discussed) *at last night's student debate.* 约翰·卡特在昨晚举行的学生辩论会上提出这个动议。**2** [T] to intend; to have as a plan 打算；计划: *It seems they propose to build a motorway behind our house.* 看来他们打算在我们的房子后面兴建一条高速公路。**3** [I,T] **propose (to sb)** to ask sb to marry you 向某人求婚: *We've been going out for a long time but he still hasn't proposed.* 我们已经交往了好一段时间，但他还没有向我求婚。○ *to propose marriage* 求婚 **4** [T] **propose sb for/as sth** to suggest sb for an official position 提名/推荐（某人担任某职务）: *I'd like to propose Denise Roberts for/as Chair.* 我提名丹尼斯·罗伯茨出任主席。

proposition /ˌprɒpə'zɪʃn ‖ ˌprɑpə'zɪʃən/ *noun* [C] **1** an idea or opinion that sb expresses about sth（对于某事物的）意见/主张/见解: *That's a very interesting proposition. But can you prove it?* 那是很有意思的见解，但你可以加以证明吗？**2** an arrangement or offer, especially in business; a suggestion 安排/出价（尤指业务上的）；提议；建议: *He made me a proposition to buy my share of the company.*

P

他给我出了个价，拟购入我在那家公司的股分。○ *A month's holiday in Spain is an attractive proposition.* 到西班牙度假一个月是个很有吸引力的提议。**3** a problem or task that you must deal with（必须处理的）问题/工作: *Getting the work finished on time is going to be quite a difficult proposition.* 要准时完成那项工作会是颇为困难的事。

proprietor /prə'praɪətə(r) ‖ prə'praɪətɚ/ (*feminine* 阴性 **proprietress** /prə'praɪətrɪs ‖ prə'praɪətrɪs/) *noun* [C] the owner, especially of a hotel, business, newspaper etc 所有人；业主；（尤指旅馆、公司、报社等的）老板

P

prose /prəʊz ‖ proz/ *noun* [U] written or spoken language that is not in verse 散文: *to write in prose* 以散文方式写作 ○ *a prose writer* 散文作家 ☛ Look at **poetry**. 参看 **poetry**。

prosecute /'prɒsɪkju:t ‖ 'prɑsɪˌkjut/ *verb* [I,T] **prosecute sb (for sth)** to accuse sb of a crime and to try to prove it in a court of law 检控；对…提出起诉: *Which of the barristers is prosecuting?* 是哪个讼务律师提出起诉？○ *He was prosecuted for theft.* 他被控盗窃。☛ Look at **defend**. 参看 **defend**。

prosecution /ˌprɒsɪ'kju:ʃn ‖ ˌprɑsɪ'kjuʃən/ *noun* **1** [C,U] (an example of) accusing sb of a crime and trying to prove it in a court of law 检控；起诉: *to bring a prosecution against sb for a driving offence* 控告某人违规驾驶 ○ *the Director of Public Prosecutions* 检察长 ○ *Failure to pay your parking fine will result in prosecution.* 不缴纳违规停放车辆的罚款会被起诉。**2** [sing, with sing or pl verb] a person or group of people who try to prove in a court of law that sb is guilty of a crime 控方；原告: *a witness for the prosecution* 控方证人 ○ *The prosecution claim/claims that Lloyd was driving at 100 miles per hour.* 控方声称劳埃德当时以每小时100英里的车速驾驶。☛ Look at **defence**. 参看 **defence**。

prospect /'prɒspekt ‖ 'prɑspɛkt/ *noun* **1** [C,U] **prospect (of sth/of doing sth)** the chance or hope that sth will happen（某事发生的）机会/希望: *There's little prospect of better weather before next week.* 下星期之前天气好转的机会不大。○ *Prospects for peace do not look good.* 看来出现和平的机会不太大。**2** [C,U] an idea of what may or will happen 期望；预期；展望: *'We'll have to manage without central heating this winter.' 'What an awful prospect.'* "今年我们将不得不在没有集中供暖的情况下过冬。""那会是多么糟糕啊！" **3 prospects** [plural] chances of being successful 前途；前景: *The job offers a good salary and excellent prospects.* 这份工作薪金优厚，而且晋升机会极佳。

prospective /prə'spektɪv ‖ prə'spɛktɪv/ *adj* likely to be or to happen; possible 可能出现；即将发生；预期中的: *prospective changes in the law* 法律上可能出现的改变 ○ *a prospective buyer for the car* 可能购买那辆车的人

prospectus /prə'spektəs ‖ prə'spɛktəs/ *noun* [C] a small book which gives details about a school, college, new business, etc 学校简介；（新办企业的）计划书/说明书

prosper /'prɒspə(r) ‖ 'prɑspɚ/ *verb* [I] to be successful, especially financially 兴旺/繁荣/成功（尤指经济方面）

prosperity /prɒ'sperətɪ ‖ prɑs'pɛrətɪ/ *noun* [U] the state of being successful, especially financially 兴旺/繁荣/成功（尤指经济方面）: *Tourism has brought prosperity to many parts of Spain.* 旅游业使西班牙许多地区繁荣起来。○ *economic prosperity* 经济繁荣

prosperous /'prɒspərəs ‖ 'prɑspərəs/ *adj* rich and successful 发达；富饶；兴旺；成功: *the prosperous countries of Western Europe* 繁荣富饶的西欧国家

prostitute /'prɒstɪtju:t; *US* 美 -tu:t ‖ 'prɑstəˌtut/ (also *old-fashioned* 旧 **whore**) *noun* [C] a person, especially a woman, who earns money by having sex with people 卖淫者；妓女；娼妓；男妓

prostitution /ˌprɒstɪ'tju:ʃn; *US* 美 -'tu:ʃn ‖ ˌprɑstə'tuʃən/ *noun* [U] working as a prostitute 卖淫；当娼；当男妓

prostrate /'prɒstreɪt ‖ 'prɑstret/ *adj* lying flat on the ground, facing downwards 俯卧在地

☆**protect** /prə'tekt ‖ prə'tɛkt/ *verb* [T] **protect sb/sth (against/from sth)** to keep sb/sth safe; to defend sb/sth 保护；防御: *It was interesting to watch the bird trying to protect its young.* 我看着那只鸟设法保护自己的幼鸟，觉得很有趣。○ *Wear something to protect your head against the sun.* 你在头上戴些东西以防晒伤。○ *Politicians always try to protect themselves against criticism.* 政治家总是设法保护自己免受批评。○ *Parents try to protect their children from danger as far as possible.* 父母都尽量保护自己的子女免受危险。○ *Bats are a protected species* (= they must not be killed). 蝙蝠是受保护的物种。

☆**protection** /prə'tekʃn ‖ prə'tɛkʃən/ *noun* [U] **protection (against sth)** (a way of) keeping sb/sth safe so that he/she/it is not harmed or damaged 保护；防御: *the protection of the environment* 环境保护 ○ *Vaccination against measles gives you protection against the disease.* 接种麻疹疫苗可预防麻疹。○ *the Royal Society for the Protection of Birds* 皇家鸟类保护学会 ○ *After the attack he was given police protection.* 他遇袭后得到了警方的保护。

protective /prə'tektɪv ‖ prə'tɛktɪv/ *adj* **1** that prevents sb/sth from being damaged or harmed 保护的；防护的: *In certain jobs workers need to wear protective clothing.* 某些工作的工人需要穿着防护服。**2 protective (towards sb)** wanting to protect sb and keep him/her safe 希望保护（某人）；对（某人）呵护备至: *He's been very protective towards his wife since she became ill.* 自从他的妻子生病后，他一直对她呵护备至。

protector /prə'tektə(r) ‖ prə'tɛktɚ/ *noun* [C] a person who protects 保护者；防御者

protein /'prəʊti:n ‖ 'protin/ *noun* [C,U] a substance found in food such as meat, fish and beans. It is important for helping people and animals to grow and be healthy. 蛋白质（肉类、鱼类、豆类等食物蕴含的物质，有助人和动物的生长，是促进健康的要素）

☆**protest**[1] /'prəʊtest ‖ 'protɛst/ *noun* [C,U] the showing of disagreement; a statement or action that shows that you do not like or agree with sth 抗议/反对（的声明或行动）: *The union organized a protest against the redundancies.* 工会组织了抗议行动，反对裁员。○ *The centre has been closed after protests from local residents.* 自从当地居民提出抗议后，那中心便关闭了。○ *We've received thousands of letters of protest.* 我们已收到数以千计的抗议信。○ *He resigned in protest against the decision.* 他为抵制那项决定而辞职。○ *a protest march* 抗议游行

(IDIOM 习语) **under protest** not happily or willingly 被迫；不情愿: *Fiona agreed to pay in the end but only under protest.* 菲奥纳最后还是勉强同意付款。

☆**protest**[2] /prə'test ‖ prə'tɛst/ *verb* **1** [I,T] **protest (about/against/at sth)** to say or show that you do not like or agree with sth 反对；抗议；抱怨: *The prisoner was brought, protesting, into the court room.* 那囚犯被带上法庭，一边口口声声地表示抗议。○ *Students have been protesting against the government's decision.* 学生们一直抗议政府的决定。○ *The children protested loudly at being taken home early.* 孩子们大声抗议过早被带回家。○ *Many of the holiday-makers protested about the lack of information at the airport.* 很多度假人士抱怨机场没有提供足够信息。☛ In American English **protest** is used without a preposition 在美国英语中，**protest** 无需与介词连用: *They protested the government's handling of the situation.* 他们反对政府处理局势的手法。**2** [T] to say sth firmly 坚决表示；断言；坚称: *He protested a total lack of knowledge of the affair.* 他坚称对那事件毫不知情。○ *He protested that he hadn't been in the country when the robbery took place.* 他坚决表示，劫案发生时他不在国内。○ *'That's simply not true,' she protested.* "那根本就不是真的。" 她反驳说。☛ **Protest** is stronger and usually used about more serious things than **complain**. * **protest** 比 **complain** 语气更强，通常用于较严重的事情。You **protest** about something that you feel is not right or fair, you **complain** about the quality of something or about a less serious action 就那些我们认为不对或不公平的事情提出抗议用 **protest**，而投诉事物的品质差，或者针对不太严重的事情则用 **complain**: *to protest about the new tax* 抗议增收新税 ○ *to complain about the weather* 抱怨天气不好

protester *noun* [C] a person who protests 抗议者；反对者: *Protesters blocked the road as the minister's car drove up.* 大臣的汽车驶上前时，抗议者阻塞了道路。

☆**Protestant** /'prɒtɪstənt ‖ 'prɑtɪstənt/ *noun* [C] a member of the Christian church that separated from the Catholic church in the 16th century 新教徒: *to be a Protestant* 成为新教徒 —**Protestant** *adj*: *The majority of the population is Protestant.* 人口中大部分是新教徒。○ *a Protestant church* 基督教教堂 ○ *a Protestant area of Belfast* 贝尔法斯特的一个新教徒区 ☛ Look at **Roman Catholic**. 参看 **Roman Catholic**。

prototype /'prəʊtətaɪp ‖ 'protə,taɪp/ *noun* [C] the first model or design of sth from which other forms will be copied or developed 原型；模型；雏形

protrude /prə'tru:d; *US* 美 prəʊ- ‖ pro'trud/ *verb* [I] to stick out from a surface（从表面）伸出/突出: *protruding teeth* 凸出的牙齿

☆**proud** /praʊd ‖ praʊd/ *adj* **1 proud (of sb/sth); proud (to do sth/that...)** feeling pleased and satisfied about sth that you own or have done, or are connected with 感到自豪/光彩/得意的: *a proud father of twins* 有一对双胞胎而感到自豪的父亲 ○ *They are very proud of their new house.* 他们很满意自己的新房子。○ *I feel very proud to be part of such a successful organization.* 身为这么成功的机构的一分子，我感到很光彩。○ *You should feel very proud that you have been chosen.* 你给选中了，应该感到很自豪。**2** not wanting help from other people 不想别人帮助；有自尊: *He was too proud to ask for help.* 他自尊心太强了，不会要求别人帮忙。**3** feeling that you are better than other people 高傲；自大；自负: *Now she's at university she'll be much too proud to talk to us!* 她既已进了大学，必定自大得不屑与我们说话！☛ The noun is **pride**. 名词为 **pride**。—**proudly** *adv*: *'I did all the work myself,' he said proudly.* "我独力做了所有工作。" 他骄傲地说。

☆**prove** /pru:v ‖ pruv/ *verb* (*pp* **proved**; *US* 美 **proven**) **1** [T] **prove sth (to sb)** to show that sth is true 证明；证实: *It will be difficult to prove that she was lying.* 要证明她在说谎会很困难。○ *to prove sb's innocence to the court* 向法庭证明某人无罪 ☛ The noun is **proof**. 名词为 **proof**。**2** [I,T] to be found to be sth 被发现为…: *The job proved more difficult than we'd expected.* 那项工作原来比我们想象的难得多。○ *He was proved innocent.* 已证明他是清白的。○ *Lisa proved herself to be just as strong as the men.* 莉萨的表现说明了她像男子一样坚强。

(IDIOM 习语) **prove your/the case/point** to show that what you say is true 证明/证实自己所说的话是真的: *No one will believe you unless you have evidence to prove your case.* 除非你有证据证明自己所说的话是真的，否则没有人会相信你。

proven /'pru:vn ‖ 'pruvən/ *adj* that has been shown to be true 已经证实: *a proven fact* 已经验证的事实

proverb /'prɒvɜ:b ‖ 'prɑvɝb/ *noun* [C] a short well-known sentence or phrase that gives advice or a general truth about life 谚语；俗语；格言: *'A stitch in time saves nine,' is a proverb.* "一针及时，可省九针" 是句谚语。

☆**provide** /prə'vaɪd ‖ prə'vaɪd/ *verb* [T] **provide sb (with sth); provide sth (for sb)** to give or supply sth to sb 提供；供应: *This book will provide you with all the information you need.* 这本书能提供你需要的所有资料。○ *We are able to provide accommodation for two students.* 我们能够为两名学生提供住宿。○

The course lasts all day and lunch will be provided. 课程为期一整天，有午餐供应。

(PHRASAL VERBS 短语动词) **provide for sb** to give sb all that he/she needs to live 抚养/赡养/供养某人: *Robin has four children to provide for.* 罗宾有四名子女要抚养。

provide for sth to make arrangements to deal with sth that might happen in the future 为可能发生的事作安排/作准备: *We did not provide for such a large increase in prices.* 我们没有想到价格的增幅这么大，所以没有充分的准备。

P

☆**provided** /prə'vaɪdɪd ‖ prə'vaɪdɪd/ (*also* 亦作 **provided that**; **providing**; **providing that**) *conj* only if 除非；假若: *She agreed to go and work abroad provided that her family could go with her.* 她同意到海外工作，不过她的家人也要能跟她一起去。

☆**province** /'prɒvɪns ‖ 'prɑvɪns/ *noun* **1** [C] one of the main parts into which some countries are divided for the purposes of government 省；行政区: *Canada has ten provinces.* 加拿大有十个省。☛ Look at **county** and **state**. 参看 **county** 及 **state**。**2 the provinces** [plural] the part of a country that is not the capital city 外省

provincial /prə'vɪnʃl ‖ prə'vɪnʃəl/ *adj* **1** (only *before* a noun 只用于名词前) of a province or the provinces 省的；外省的: *the provincial government* 省政府 ○ *a provincial town* 外省的城镇 **2** (used about a person or his/her ideas 指人或其想法) typical of the provinces; not modern or fashionable 狭隘；不合潮流；守旧: *provincial attitudes* 不合潮流的看法

☆**provision** /prə'vɪʒn ‖ prə'vɪʒən/ *noun* **1** [U] the act of giving or supplying sth to sb 提供；供应: *The council is responsible for the provision of education and social services.* 地方议会负责提供教育及社会服务。**2** [U] **provision for/against sth** arrangements that you make to deal with sth that might happen in the future (为可能发生的事作出的)预备/准备/安排: *She made provision for the children in the event of her death.* 她为防备自己去世为子女预先作好安排。**3 provisions** [plural] (*formal* 正式) supplies of food and drink 食物和饮料的供应

provisional /prə'vɪʒənl ‖ prə'vɪʒənl̩/ *adj* only for the present time, that may be changed 临时；暂时: *The provisional date for the next meeting is 18 November.* 下次会议的日期暂定为11月18日。○ *a provisional driving-licence* (= that you use when you are learning to drive) 临时驾驶执照(学习驾驶时用的执照) —**provisionally** /-nəlɪ ‖ -nl̩ɪ/ *adv*: *The meeting has been provisionally arranged for 18 November.* 会议暂时安排在11月18日举行。

provocation /ˌprɒvə'keɪʃn ‖ ˌprɑvə'keʃən/ *noun* **1** [U] the act of trying to make sb angry 挑衅；触怒: *You should never hit children, even under extreme provocation.* 就算有什么事惹得你极为恼火，也绝不能打孩子。**2** [C] something that sb does to make you angry 挑衅的行为；触怒人的行为: *It was a provocation to call him a liar.* 说他撒谎是挑衅的行为。

provocative /prə'vɒkətɪv ‖ prə'vɑkətɪv/ *adj* **1** intending to cause anger or argument 企图激怒；蓄意引起争执；挑衅的: *He made a provocative remark about a woman's place being in the home.* 他说了一句挑衅的话，说什么女人的地位是在家中。**2** intending to cause sexual excitement 蓄意激起性欲；挑逗的

provoke /prə'vəʊk ‖ prə'vok/ *verb* [T] **1** to make a person or an animal angry by annoying them 挑衅；激怒: *The cat will scratch if you provoke it.* 如果惹怒那只猫，它会抓人的。○ *Stop trying to provoke me!* 别惹我！**2** to cause a feeling or reaction 激起/引起(感觉或反应): *Edwina's remarks provoked a storm of controversy.* 埃德温娜的话引起激烈的争议。

prow /praʊ ‖ praʊ/ *noun* [C] the front part of a ship or boat 船头；船首 ☛ The back of a ship is the **stern**. 船尾叫做 **stern**。

prowess /'praʊɪs ‖ 'praʊɪs/ *noun* [U] (*formal* 正式) skill at doing sth 高超的技艺

prowl /praʊl ‖ praʊl/ *verb* [I,T] **prowl (about/around)** (used about an animal that is hunting or a person who is waiting for a chance to steal sth, etc 指在猎食的动物，或等候机会偷东西的人等) to move quietly so that you are not seen or heard 悄悄地移动；潜行: *I could hear someone prowling around outside so I called the police.* 我听见有人在外面悄悄徘徊，所以就报警。☛ A person or animal that is prowling is **on the prowl**. 指人或动物悄悄地移动可以用 **on the prowl**。—**prowler** *noun* [C]: *The police arrested a prowler outside the hospital.* 警察在医院外面拘捕了一名鬼鬼祟祟地徘徊的人。

proximity /prɒk'sɪmətɪ ‖ prɑk'sɪmətɪ/ *noun* [U] (*formal* 正式) the state of being near to sth 接近；邻近: *One advantage is the town's proximity to London.* 那城镇邻近伦敦是一大优点。

proxy /'prɒksɪ ‖ 'prɑksɪ/ *noun* [U] the right that you give to sb to act for you 代理权；代表权: *to vote by proxy* 由他人代为投票

prude /pruːd ‖ prud/ *noun* [C] a person who does not like to see or hear anything connected with sex 回避与性有关的事物的人；拘守礼仪的人 —**prudish** /'pruːdɪʃ ‖ 'prudɪʃ/ *adj*

prudent /'pruːdnt ‖ 'prudn̩t/ *adj* having or showing careful thought; wise and sensible 审慎；小心；精明: *It would be prudent to find out more before you decide.* 查问清楚再作决定是审慎的做法。☛ The opposite is **imprudent**. 反义词为 **imprudent**。—**prudence** *noun* [U] —**prudently** *adv*

prune[1] /pruːn ‖ prun/ *noun* [C] a dried plum 梅脯；李干

prune[2] /pruːn ‖ prun/ *verb* [T] to cut branches or parts of branches off a tree or bush in order to make it a better shape 修剪(树木等)

pry /praɪ ‖ praɪ/ *verb* (*pres part* **prying**; *3rd pers sing pres* **pries**; *pt, pp* **pried**) **1** [I] **pry (into sth)** to try to find out about other people's private affairs 打听/刺探(别人的私事): *I don't want to pry – but is everything all right?* 我不想打听你的私事，但我想知道是不

是一切如常呢？**2** [T] (*especially US* 尤为美) = PRISE

pseudonym /ˈsjuːdənɪm; *US* 美 ˈsuːdənɪm ‖ ˈsudn̩ˌɪm/ *noun* [C] a name used by an author, etc that is not his/her real name 假名；笔名: *to write under a pseudonym* 用笔名发表作品

psych /saɪk ‖ saɪk/ *verb*

(PHRASAL VERB 短语动词) **psych yourself up** (*informal* 非正式) to prepare yourself in your mind for sth difficult, eg by telling yourself that you will be successful 在心理上作好准备（面对困难）

psychiatry /saɪˈkaɪətrɪ; *US* 美 sɪ- ‖ saɪˈkaɪətrɪ/ *noun* [U] the study and treatment of mental illness 精神病学；精神病治疗 ☛ Look at **psychology**. 参看 **psychology**。

psychiatric /ˌsaɪkɪˈætrɪk ‖ ˌsaɪkɪˈætrɪk/ *adj* connected with psychiatry 与精神病学有关: *a psychiatric hospital* 精神病院

psychiatrist /-ɪst ‖ -ɪst/ *noun* [C] a doctor who is trained to treat people with mental illness 精神科医生

psychic /ˈsaɪkɪk ‖ ˈsaɪkɪk/ *adj* (used about a person or his/her mind 指人或其思维) having unusual powers, eg knowing what sb else is thinking or being able to see into the future 通灵的/有超自然能力（例如可以知道别人在想什么或预知未来）

psychoanalysis /ˌsaɪkəʊəˈnæləsɪs ‖ ˌsaɪkoəˈnæləsɪs/ *noun* [U] a way of treating sb with a mental illness by asking about his/her past life and dreams in order to find out what is making him/her ill 精神分析/心理分析（询问精神病患者的过去及梦境，从而找出病源）

psychoanalyst /ˌsaɪkəʊˈænəlɪst ‖ ˌsaɪkoˈænl̩ɪst/ *noun* [C] a person who uses psychoanalysis to treat people 精神分析家；心理分析家

psychoanalyse (*US* 美 **-lyze**) /ˌsaɪkəʊˈænəlaɪz ‖ ˌsaɪkoˈænl̩ˌaɪz/ *verb* [T] to treat sb with a mental illness using psychoanalysis 用精神分析法治疗（精神病患者）

psychology /saɪˈkɒlədʒɪ ‖ saɪˈkɑlədʒɪ/ *noun* **1** [U] the study of the mind and the way that people behave 心理学: *child psychology* 儿童心理学 ☛ Look at **psychiatry**. 参看 **psychiatry**。**2** [sing] the type of mind that a person or group of people has 心理: *If we understood the psychology of the killer we would have a better chance of catching him.* 如果我们懂得凶手的心理，捉到他的可能性就会大一点。

psychological /ˌsaɪkəˈlɒdʒɪkl ‖ ˌsaɪkəˈlɑdʒɪkl̩/ *adj* **1** connected with the mind or the way that it works 与心理有关: *Has her ordeal caused her long-term psychological damage?* 她的苦难经历有没有对她造成长期的心灵创伤呢？ **2** connected with psychology 与心理学有关: *psychological tests* 心理测试 —**psychologically** /-klɪ ‖ -klɪ/ *adv*: *Psychologically it was a bad time to be starting a new job.* 在心理上，那不是开始干一份新工作的适当时候。

psychologist /-ɪst ‖ -ɪst/ *noun* [C] a person who is trained in psychology 心理学家

psychopath /ˈsaɪkəʊpæθ ‖ ˈsaɪkəˌpæθ/ *noun* [C] a person who has a serious mental illness and who may hurt or kill other people 精神变态者（可能会伤害/杀害他人）

psychotherapy /ˌsaɪkəʊˈθerəpɪ ‖ ˌsaɪkoˈθɛrəpɪ/ *noun* [U] the treatment of people with mental illness by psychological methods rather than with drugs 精神疗法/心理治疗（与药物治疗相对）

☆**pub** /pʌb ‖ pʌb/ (also *formal* 正式 **public house**) *noun* [C] (*Brit* 英) a place where people go to have a drink and meet their friends. Pubs can serve alcoholic drinks and they also often serve food 酒馆: *He's gone down to the pub.* 他到酒馆去了。○ *We're having a pub lunch.* 我们要到酒馆吃午餐。

> ☛ In a pub you order your own drinks at the **bar**. 在酒馆里，可以在酒吧 (**bar**) 叫饮料。There are often two parts of a pub: the **public bar** and the **saloon** or **lounge bar**. 酒馆通常分为两部分：普通酒吧 (**public bar**) 及雅座酒吧 (**saloon bar** 或 **lounge bar**)。Look at the note at **inn**. 参看 **inn** 的注释。

puberty /ˈpjuːbətɪ ‖ ˈpjubɚtɪ/ *noun* [U] the time when a child's body is changing and becoming physically like that of an adult 青春期: *to reach puberty* 到达青春期

pubic /ˈpjuːbɪk ‖ ˈpjubɪk/ *adj* of the area around the sexual organs 阴部的；性器官附近的: *pubic hair* 阴毛

☆**public** /ˈpʌblɪk ‖ ˈpʌblɪk/ *adj* **1** of or concerning all the people in a country or area 公众的；与公众有关: *The rubbish tip is a danger to public health.* 垃圾倾倒场危害公众健康。○ *How much public support is there for the government's policy?* 有多少人支持政府的政策呢？○ *to increase public awareness* 提高公众认识 ○ *The public announcement urged people to use water carefully.* 公告呼吁大众节约用水。**2** provided for the use of people in general; not private 为公众而设；公共: *a public library* 公共图书馆 ○ *a public telephone* 公用电话 ○ *public spending* (= money that the government spends on education, health care, etc) 公共开支（政府在教育、保健等方面的支出） **3** known by many people 公开；众所周知: *We're going to make the news public soon.* 我们快要公开这个消息了。☛ Compare **keep sth secret**. 与 **keep sth secret** 比较。

(IDIOM 习语) **be common/public knowledge** ⊃ KNOWLEDGE

public *noun* [sing, with sing or pl verb] **1 the public** people in general 公众；民众；人民: *Is Buckingham Palace open to the public?* 白金汉宫开放给公众参观吗？○ *The police have asked for help from members of the public.* 警方已向公众要求协助。○ *The public is/are generally in favour of the new law.* 公众一般都支持这项新法令。**2** a group of people who are all interested in sth or who have sth in common（有共同兴趣/特点的）一群人: *the travelling public* 爱外出旅行的人

(IDIOM 习语) **in public** when other people are present 当众；公开；公然: *This is the first time* that Jane has spoken about her experience in public. 这是简首次公开讲述自己的经历。 —**publicly** /-klɪ ‖ -klɪ/ *adv*: *The company refused to admit publicly that it had acted wrongly.* 那家公司拒绝公开承认犯错。

ˌpublic ˈbar *noun* [C] one of the rooms in a pub, where the furniture is less comfortable and the drinks are cheaper than in other bars 普通酒吧（酒馆内设备较简陋、饮料较便宜的酒吧）☛ Look at **lounge bar** and **saloon bar**. 参看 **lounge bar** 及 **saloon bar**。

ˌpublic ˈcompany (*also* 亦作 **ˌpublic ˌlimited ˈcompany**) *noun* [C] (*abbr* 缩写 **PLC**; **plc**) a large company that sells shares(2) in itself to the public 公共有限公司/公股公司（向公众出售股分的公司）

ˌpublic conˈvenience *noun* [C] (*Brit* 英) a toilet in a public place that anyone can use 公共厕所；公厕 ☛ Look at the note at **toilet**. 参看 **toilet** 的注释。

ˌpublic ˈhouse *noun* [C] (*formal* 正式) = PUB

ˌpublic oˈpinion *noun* [U] what people in general think about sth 舆论；民意：*Public opinion was in favour of the war.* 民意支持开战。

ˌpublic reˈlations *noun* (*abbr* 缩写 **PR**) **1** [plural] the state of the relationship between an organization and the public 公共关系/公关（某机构与公众的关系）：*Giving money to local charities is good for public relations.* 捐款给本地慈善机构有助促进公共关系。**2** [U] the job of making a company, organization, etc popular with the public 公关工作

ˌpublic ˈschool *noun* [C] **1** (*Brit* 英) a private school for children aged between 13 and 18. Parents must pay to send their children to one of these schools. Many of the children at public schools live (**board**) there during term-time. 公学（供13至18岁学生就读的私立学校，需缴学费，很多学生都在学校里寄宿(**board**)）**2** (*US* 美) a local school that any child can go to, that provides free education 公立学校（地方办的学校，免学费，任何儿童都可就读）

ˌpublic-ˈspirited *adj* willing to help other people and the public in general 热心公益；有服务公众的精神

ˌpublic ˈtransport *noun* [U] (the system of) buses, trains, etc that run according to a timetable and that anybody can use 公共交通系统；公共交通工具（如公共汽车、火车等）：*to travel by public transport* 搭乘公共交通工具

publican /ˈpʌblɪkən ‖ ˈpʌblɪkən/ *noun* [C] a person who owns or manages a pub 酒馆老板

☆**publication** /ˌpʌblɪˈkeɪʃn ‖ ˌpʌblɪˈkeʃən/ *noun* **1** [U] the act of printing a book, magazine, etc and making it available to the public （书籍、杂志等的）出版/刊行：*His latest book has just been accepted for publication.* 他最近写成的那本书刚获同意出版。**2** [C] a book, magazine, etc that has been published 出版物（如书籍、杂志等）**3** [U] the act of making sth known to the public 发表；公布：*the publication of exam results* 考试结果的公布

publicity /pʌbˈlɪsətɪ ‖ pʌbˈlɪsətɪ/ *noun* [U] **1** notice or attention from the newspapers, television, etc 传媒的注意/关注：*to seek/avoid publicity* 一心要/避免引起传媒注意 **2** giving information about sth in order to attract people's attention; advertising 宣传；推广：*There has been a lot of publicity for Dustin Hoffman's latest film.* 达斯廷·霍夫曼的新片作了许多宣传。○ *a publicity campaign* 宣传活动

publicize (*also* 亦作 **publicise**) /ˈpʌblɪsaɪz ‖ ˈpʌblɪˌsaɪz/ *verb* [T] to attract people's attention to sth or to give people information about sth 宣传；推广：*The event has been well publicized and should attract a lot of people.* 那活动已广为宣传，应该可以吸引不少人。

☆**publish** /ˈpʌblɪʃ ‖ ˈpʌblɪʃ/ *verb* **1** [I,T] to prepare and print a book, magazine, etc and make it available to the public 出版/刊行（书籍、杂志等）：*This dictionary was published by Oxford University Press.* 本词典由牛津大学出版社出版。**2** [T] (used about a writer, etc 指作家等) to have your work put in a book, magazine, etc （在书籍、杂志等上）发表/刊登（作品）：*Dr Fraser has published several articles on the subject.* 弗雷泽博士已发表了数篇有关那个题目的文章。**3** [T] to make sth known to the public 宣布；公布：*Large companies must publish their accounts every year.* 大公司必须每年公布账目。

publisher *noun* [C] a person or company that publishes books, magazines, etc 出版者；出版社

publishing *noun* [U] the business of preparing books, magazines, etc to be printed and sold 出版业

☆**pudding** /ˈpʊdɪŋ ‖ ˈpʊdɪŋ/ *noun* [C,U] **1** (*Brit* 英) the sweet part (**course**) of a meal that is eaten at the end of it 甜点（最后吃的一道菜(**course**)）：*What's for pudding today?* 今天的甜点吃什么？☛ **Dessert** is more formal. * **dessert** 用于较正式的场合。**2** (*Brit* 英) sweet food that is made from bread, flour or rice with fat, eggs, milk, etc and cooked in the oven or over water 布丁（用面包、面粉或米拌以油、鸡蛋、牛奶等经烘烤或蒸煮而成的）：*rice pudding* 大米布丁 ○ *Christmas pudding* 圣诞布丁

puddle /ˈpʌdl ‖ ˈpʌdḷ/ *noun* [C] a small amount of water (especially rain) that has gathered on the ground （地上的）小水坑/一摊积水（尤指雨水）☛ Look at **pool**. 参看 **pool**。

puff[1] /pʌf ‖ pʌf/ *noun* [C] **1** a small amount of air, smoke, wind, etc that is blown or sent out 一缕/一股/一阵（空气、烟、风等）：*a puff of smoke* 一缕烟 **2** one breath that you take when you are smoking a cigarette or pipe 一口（抽香烟或烟斗）：*to take a puff on a cigarette* 抽一口香烟

puffy *adj* (used about a part of a person's body 指人体的一部分) looking soft and swollen 浮肿；肿胀：*Your eyes look a bit puffy. Have you been crying?* 你的眼睛看来有点浮肿。你哭过吗？

puff[2] /pʌf ‖ pʌf/ *verb* **1** [I,T] (to cause air, smoke, wind, etc) to blow or come out in puffs（使空气、烟、风等）一阵阵地吹/喷出：

Smoke was puffing out of the chimney. 烟从烟囱一阵一阵地喷出来。○ *Stop puffing smoke in my face.* 别再把烟喷到我的脸上。**2** [I,T] to smoke a cigarette, pipe etc 抽（香烟、烟斗等）: *to puff away at a cigarette* 一口一口抽着香烟 ○ *He sat puffing his pipe.* 他坐着抽烟斗。**3** [I] to breathe loudly or quickly, eg when you are running 大声地或急促地呼吸/喘气（如跑步的时候）: *He was puffing hard as he ran up the hill.* 他一路跑上山，喘气喘得很厉害。

(PHRASAL VERBS 短语动词) **puff along, in, out, up, etc** to move in a particular direction with loud breaths or small clouds of smoke 喘着气走向/喷着烟移向某方向: *to puff up the stairs* 喘着气爬上楼梯 ○ *The train puffed into the station.* 火车喷着烟驶进了车站。

puff sth out/up to cause sth to become larger by filling it with air 注入空气使某物膨胀

puffed (*also* 亦作 **puffed out**) *adj* finding it difficult to breathe, eg because you have been running 喘不过气来/喘气的（如因跑步）: *She was puffed out after running to catch the bus.* 赶上了公共汽车，她已喘不过气来。

puffin /ˈpʌfɪn ‖ ˈpʌfɪn/ *noun* [C] a N Atlantic sea-bird with a large brightly-coloured beak 海鹦（产于北大西洋的海鸟，喙大而颜色鲜艳）

puke /pjuːk ‖ pjuk/ *verb* [I,T] (*slang* 俚语) to be sick; to vomit 感到不适；呕吐 —**puke** *noun* [U]

She **pulled** the boat out of the water. 她把小船拉上岸。

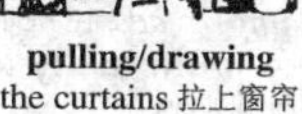

pulling/drawing the curtains 拉上窗帘

a horse **pulling** a cart 马拉车子

pull 拉

☆**pull**[1] /pʊl ‖ pʊl/ *verb* **1** [I,T] to use force to move or try to move sb/sth towards yourself（用力）拉/拖/扯: *Ian pulled at the rope to make sure that it was secure.* 伊恩拉了拉绳子，以确保绳子已经系好。○ *to pull sb's hair* 扯某人的头发 ○ *to pull a door open* 把门拉开 ○ *You push and I'll pull.* 你来推，我来拉。○ *to pull the trigger of a gun* 扳动枪的扳机 ○ *I felt someone pull at my sleeve and turned round.* 我觉得有人拉我的衣袖，就转过身去。○ *They managed to pull the child out of the water just in time.* 他们及时把那小孩从水里拉上来。**2** [T] to move sth in the direction that is described 把（某物）拉/拖/扯向（某方向）: *She pulled her sweater on/She pulled on her sweater.* 她穿上了针织套衫。○ *He pulled up his trousers/He pulled his trousers up.* 他穿上了裤子。○ *Pull your chair a bit nearer to the table.* 把你的椅子拉近桌子一些。○ *to pull the curtains* (= across the windows) 拉上窗帘 **3** [T] to move sth behind you in the direction that you are moving 拖/牵后面的（某物）: *The train is pulling six coaches.* 火车牵着六节车厢。○ *That cart is too heavy for one horse to pull.* 那大车太重，一匹马拉不了。**4** [T] to damage a muscle, etc by using too much force 拉伤（肌肉）

(IDIOMS 习语) **make/pull faces/a face** ⇨ FACE

pull sb's leg (*informal* 非正式) to make fun of sb by trying to make him/her believe sth that is not true 跟某人开玩笑；戏弄某人

pull strings to use your influence to gain an advantage 利用影响力从中取得好处

pull your weight to do your fair share of the work 做好自己的本分

(PHRASAL VERBS 短语动词) **pull (sth) away** to move your body or part of it away with force 用力（把身体或身体的某部分）移开/退开: *She pulled away as he tried to kiss her.* 他想吻她，她立刻抽身走开了。

pull sth down to destroy a building 拆掉/拆毁（建筑物）: *The old cinema has been pulled down.* 那座旧的电影院已给拆掉了。

pull in (to sth); pull into sth 1 (used about a train 指火车) to enter a station 到达/驶入（车站）**2** (used about a car, etc 指汽车等) to move to the side of the road in order to stop 驶向路边停下

pull sth off (*informal* 非正式) to succeed in sth 成功完成/办妥（某事）: *to pull off a business deal* 成功达成一宗商业交易

pull out (used about a car, etc 指汽车等) to move away from the side of the road 驶离路边；驶出: *I braked as a car suddenly pulled out in front of me.* 一辆汽车突然在我前面从旁驶出，我立刻刹住了车。

pull out (of sth) (used about a train 指火车) to leave a station 驶出/离开（车站）

pull (sb/sth) out (of sth) (to cause sb/sth) to leave sth（使某人/某物）离开（某事物）: *The Americans have pulled their forces out of the island.* 美国已从岛上撤走了军队。○ *We've pulled out of the deal.* 我们已退出了那宗交易。

pull sth out to take sth out of a place suddenly or with force 突然/用力地把某物取出: *She walked into the bank and pulled out a gun.* 她走进银行，突然拔出了枪。

pull yourself together to control your feelings and behave in a calm way 控制自己的感情；使自己镇静: *Pull yourself together and stop crying.* 控制一下你自己，别哭了。

pull up (to cause a car, etc) to stop（使汽车等）停下来: *to pull up at traffic-lights* 在红绿灯前停下来

pull[2] /pʊl ‖ pʊl/ *noun* **1** [C] **a pull (at/on sth)** an act of pulling 拉；拖；扯；抽（香烟等）: *The diver gave a pull on the rope to show she wanted to go back up to the surface.* 潜水员拉了绳子一下，表示她想返回水面。○ *He took a long pull on his cigarette.* 他深深地抽了一

口烟。**2** [sing] a hard climb that takes a lot of effort 费力的攀爬: *It was a hard pull to the top of the hill.* 费了很大力气才爬到山顶。

pulley /ˈpʊlɪ ‖ ˈpʊlɪ/ *noun* [C] (*pl* **pulleys**) a piece of equipment, consisting of a wheel and a rope, that is used for lifting heavy things 滑轮（组）（用以提起重物）

pullover /ˈpʊləʊvə(r) ‖ ˈpʊlˌovɚ/ *noun* [C] a piece of clothing that is usually made of wool and that covers the top part of your body and your arms. You put on a pullover by pulling it over your head. 套头毛衣 ☛ Look at the note at **sweater**. 参看 **sweater** 的注释。

P

pulp /pʌlp ‖ pʌlp/ *noun* **1** [U] the soft inner part of some fruits or vegetables 果肉；蔬菜的肉质部分 **2** [U] a soft substance made from wood that is used for making paper 纸浆（用以造纸）**3** [sing,U] a soft substance that you make by pressing and mixing sth for a long time 浆；酱；糊状物: *Crush the strawberries to a pulp.* 把草莓捣成酱。

pulpit /ˈpʊlpɪt ‖ ˈpʊlpɪt/ *noun* [C] a raised wooden or stone platform in a church where the priest stands when he/she is speaking to the people there（教堂内牧师讲道时站立的）讲坛/布道台

pulsate /pʌlˈseɪt; *US* 美 ˈpʌlseɪt ‖ ˈpʌlset/ *verb* [I] to move or shake with strong regular movements 强劲而有规律地跳动/颤动: *a pulsating rhythm* 强劲的节奏

pulse /pʌls ‖ pʌls/ *noun* [C, usually sing] the regular beating in your body as blood is pumped through it by your heart. You can feel your pulse at your wrist, neck, etc 脉搏: *Your pulse rate increases after exercise.* 运动后脉搏会加快。○ *to have a strong/weak pulse* 脉搏强/弱 ○ *to feel/take sb's pulse* (= to count how many times it beats in one minute) 量脉搏（数一数每分钟心跳的次数）

pulse *verb* [I] **pulse (through sth)** to move with strong regular movements 强劲而有规律地跳动/振动

pulses /ˈpʌlsɪz ‖ ˈpʌlsɪz/ *noun* [C,plural] the seeds of some plants, eg peas, beans, etc that are cooked and eaten as food（食用的）豆子/豆类: *Some pulses such as lentils and soya beans are very rich in protein.* 有些豆类含有很丰富的蛋白质，例如小扁豆和黄豆。

☆**pump** /pʌmp ‖ pʌmp/ *noun* [C] a machine that is used for forcing a gas or liquid in a particular direction 泵；抽气机；抽水机；打气筒: *Have you got a bicycle pump? My tyre's flat.* 你有没有自行车打气筒？我的车胎漏气了。○ *a petrol pump* 汽油泵

pump *verb* [I,T] to force a gas or liquid to go in a particular direction 泵入/泵出（气体或液体）: *Your heart pumps blood around your body.* 心脏把血液压送至身体各部分去。

(PHRASAL VERB 短语动词) **pump sth up** to fill sth with air, eg by using a pump 给某物充气: *to pump up a car tyre* 给轮胎充气

pumpkin /ˈpʌmpkɪn ‖ ˈpʌmpkɪn/ *noun* [C,U] a very large round fruit with thick orange-coloured skin that is cooked and eaten like a vegetable 南瓜: *pumpkin pie* 南瓜馅饼 ○ *The children made a lantern out of a pumpkin.* 孩子们用南瓜做了个灯笼。

pun /pʌn ‖ pʌn/ *noun* [C] **pun (on sth)** an amusing use of a word that can have two meanings or of different words that sound the same 双关语（利用词的一词多义或同音异义现象产生出的诙谐用法）: *'A Major success' and other puns on the Prime Minister's name were in all the papers.* "一项重大（梅杰）的成就"及其他与首相的名字一语双关的用语，各报都有刊载。

punch[1] /pʌntʃ ‖ pʌntʃ/ *verb* [T] to hit sb/sth hard with your closed hand (**fist**)（用拳）打击/重击（拳头叫做 **fist**）: *Annie punched him hard in the stomach and ran away.* 安妮对着他的胃部重重地打了一拳便跑开了。

punch *noun* [C] a hard blow with your closed hand (**fist**) 一拳；用拳一击（拳头叫做 **fist**）

ˈ**punch-line** *noun* [C] the last and most important words of a joke or story（笑话或故事中）末尾而又最重要的语句/妙语

ˈ**punch-up** *noun* [C] (*Brit informal* 英，非正式) a fight in which people punch or hit each other 打架；殴斗

punch[2] /pʌntʃ ‖ pʌntʃ/ *noun* [U] a drink made from wine, fruit juice, sugar, etc 潘趣酒（用酒、果汁、糖等制成的混合饮料）

punch[3] /pʌntʃ ‖ pʌntʃ/ *noun* [C] a machine or tool that you use for making holes in sth 打孔器；穿孔机: *a ticket punch* 剪票钳

punch *verb* [T] to make a hole in sth with a punch（用打孔器）打孔: *He punched a hole in the ticket.* 他在票上打了个孔。○ *He punched the ticket.* 他把票打了孔。

☆**punctual** /ˈpʌŋktʃʊəl ‖ ˈpʌŋktʃʊəl/ *adj* doing sth or happening at the right time; not late 准时；守时: *It is important to be punctual for your classes.* 准时上课很重要。☛ We often say the train, etc was **on time** rather than punctual. 说火车等准时，常用 **on time** 而较少用 punctual。—**punctuality** /ˌpʌŋktʃʊˈælətɪ ‖ ˌpʌŋktʃʊˈælətɪ/ *noun* [U]: *The punctuality of British Rail services has improved.* 在准时方面，英国铁路服务已有改善。—**punctually** *adv*: *to pay your bills punctually* 准时付账

punctuate /ˈpʌŋktʃʊeɪt ‖ ˈpʌŋktʃʊˌet/ *verb* **1** [I,T] to use punctuation marks when you are writing 使用/加上标点符号 **2** [T] **punctuate sth (with sth)** to interrupt sth many times 多次打断: *Her speech was punctuated with bursts of applause.* 她的演说多次被掌声打断。

punctuation /ˌpʌŋktʃʊˈeɪʃn ‖ ˌpʌŋktʃʊˈeʃən/ *noun* [U] the use of punctuation marks when you are writing 标点符号的使用

punctuˈation mark *noun* [C] one of the signs that you use when you are writing in order to divide the words into sentences, show that sb is speaking, etc 标点符号: *Punctuation marks include full stops, commas, question marks and speech marks.* 标点符号包括句号、逗号、问号、引号等。

puncture /ˈpʌŋktʃə(r) ‖ ˈpʌŋktʃɚ/ *noun* [C] **1** a bicycle or car tyre that has a hole in it 刺穿了

'Oh no! I've got a puncture!'
"糟糕！轮胎给刺穿了！"

的轮胎: *Oh, no! My tyre's flat. I must have a puncture.* 啊呀！我的轮胎漏气了，一定是刺穿了。**2** a small hole in a bicycle or car tyre（轮胎上的）刺孔/小孔: *If you put the tyre in water you should be able to see where the puncture is.* 如果你把那轮胎放在水中，应该可以见到刺孔在哪里。

puncture *verb* [T] to make a small hole in sth with sth sharp（用尖物）穿孔/刺穿: *That stone must have punctured the tyre.* 一定是那石头扎破了轮胎。

pungent /ˈpʌndʒənt ‖ ˈpʌndʒənt/ *adj* (used about a smell 指气味) very strong 浓烈；强烈

☆**punish** /ˈpʌnɪʃ ‖ ˈpʌnɪʃ/ *verb* [T] **punish sb (for sth) (by/with sth)** to cause sb to suffer because he/she has done sth wrong 处罚；惩罚: *They have broken the law and they deserve to be punished.* 他们犯了法，应当受惩罚。○ *The children were severely punished for telling lies.* 那些孩子因说谎而被重罚。○ *Minor offenders should be punished by being made to work for the community.* 犯轻罪的人应判罚社区服务。○ *Dangerous driving should be punished with imprisonment.* 危险驾驶者应处以监禁。

punishable *adj* **punishable (by sth)** (used about a crime, etc 指罪行等) that you can be punished for doing 应受惩罚: *a punishable offence* 应受惩罚的过错 ○ *In some countries drug-smuggling is punishable by death.* 在一些国家里，贩毒是死罪。

punishing *adj* that makes you very tired or weak 令人疲累；辛苦: *The Prime Minister had a punishing schedule, visiting five countries in five days.* 首相的行程十分辛苦，要在五天内访问五个国家。

punishment *noun* **1** [U] the act of punishing or the state of being punished 处罚；（受）惩罚: *Do you have capital punishment* (= punishment by death) *in your country?* 贵国有没有死刑？**2** [C] a way in which sb is punished 惩罚的方式: *Ideally, the punishment should fit the crime.* 最理想的是罪罚相当。

punitive /ˈpju:nətɪv ‖ ˈpjunətɪv/ *adj* (*formal* 正式) **1** intended as a punishment 惩罚性的: *a punitive expedition against the rebels* 对叛乱分子的讨伐 **2** very hard or severe 苛刻；严厉: *punitive taxation* 苛捐杂税

punk /pʌŋk ‖ pʌŋk/ *noun* **1** [U] a type of rock music that was popular in Britain in the late 1970s and early 1980s. Punk music often protests strongly about the way that society is organized. 蓬客摇滚乐（一种在70年代后期至80年代初在英国流行的摇滚乐；内容多是强烈抗议社会制度）**2** [C] a person who likes punk music and often has brightly-coloured hair and unusual clothes 蓬客（喜欢蓬客摇滚乐的人，常把头发染成五颜六色，身穿奇装异服）: *punks wearing torn jeans and safety pins in their ears* 穿破牛仔裤、耳朵戴着别针的蓬客

puny /ˈpju:nɪ ‖ ˈpjunɪ/ *adj* (**punier**; **puniest**) small and weak 瘦弱；弱小

pup /pʌp ‖ pʌp/ *noun* [C] **1** = PUPPY **2** the young of some animals, eg seals 某些幼小动物（如小海豹）

☆**pupil**[1] /ˈpju:pl ‖ ˈpjupḷ/ *noun* [C] **1** a child in school 学童: *There are 28 pupils in the class.* 班里有28名学童。**2** a person who is being taught 学生；门生 ☛ Look at **student**. 参看 **student**。

pupil[2] /ˈpju:pl ‖ ˈpjupḷ/ *noun* [C] the round black hole in the middle of the eye 瞳孔

puppet /ˈpʌpɪt ‖ ˈpʌpɪt/ *noun* [C] **1** a model of a person or animal that you can move by pulling the strings which are attached to it or by putting your hand inside it and moving your fingers 提线木偶；布偶（套在手上利用手指操纵的）**2** a person or organization that is controlled by sb else 傀儡（受人操纵的人/组织）

puppy /ˈpʌpɪ ‖ ˈpʌpɪ/ *noun* [C] (*pl* **puppies**) (*also* 亦作 **pup**) a young dog 小狗；幼犬

☆**purchase**[1] /ˈpɜ:tʃəs ‖ ˈpɝtʃəs/ *noun* (*formal* 正式) **1** [U] the act of buying sth 购买: *to take out a loan for the purchase of a car* 取得一笔贷款购买汽车 ○ *Please state the date and place of purchase.* 请说明购买的日期及地点。**2** [C] something that you buy 所购买的物件: *to make a purchase* 买东西

☆**purchase**[2] /ˈpɜ:tʃəs ‖ ˈpɝtʃəs/ *verb* [T] (*formal* 正式) to buy sth 买；购买: *Many employees have the opportunity to purchase shares in the company they work for.* 很多雇员都有机会购买他们任职公司的股票。

purchaser *noun* [C] (*formal* 正式) a person who buys sth 购买人；买主: *The purchaser of the house agrees to pay a deposit of 10%.* 购屋者同意先付一成房价作订金。☛ The opposite is **vendor**. 反义词为 **vendor**。

☆**pure** /pjʊə(r) ‖ pjʊr/ *adj* **1** not mixed with anything else 纯净；不含其他物质: *a pure silk blouse* 纯丝女衬衫 ○ *She was dressed in pure white.* 她穿上了纯白色的衣服。○ *Declan is of pure Irish descent.* 德克兰有纯粹的爱尔兰血统。**2** not containing any harmful substances 不含有害物质: *the pure mountain air* 清新的山间空气 **3** not doing or knowing anything evil or anything that is connected with sex 纯洁；纯真: *a young girl still pure in mind and body* 身心纯洁的少女 ☛ The opposite for **2** and **3** is **impure**. 第 **2**、**3** 义的反义词为 **impure**。**4** (only *before* a noun 只用于名词前) (*informal* 非正式) complete 完全: *We met by pure chance.* 我们完全是碰巧见面的。○ *a pure waste of time* 纯粹浪费时间 **5** (used about a sound 指声音) clear 清晰 **6** (only *before* a noun 只用于名词前) (used about an area of learning 指学习领域) concerned only with theory rather than practical uses 纯理论的: *pure mathematics* 纯数学 ☛ The opposite for **6** is **applied**. 第 **6** 义的反义词为 **applied**。

purely *adv* only or completely 纯粹；只是；完全: *It's not purely a question of money.* 这不只是金钱的问题。

purée /'pjʊəreɪ; *US* 美 pjʊə'reɪ ‖ pjʊ're/ *noun* [C,U] a food that you make by cooking a fruit or vegetable and then pressing and mixing it until it is smooth and liquid（用煮过的水果或蔬菜压制拌和而成的）泥/酱: *apple purée* 苹果泥

P

purge /pɜ:dʒ ‖ pɝdʒ/ *verb* [T] to remove people that you do not want from a political party or other organization 清洗（清除政党或组织内的异己）

purge *noun* [C] an action to remove people that you do not want from a political party or other organization 清洗（行动）: *a purge of disloyal members* 对不忠诚分子的清洗行动

purify /'pjʊərɪfaɪ ‖ 'pjʊrə,faɪ/ *verb* [T] (*pres part* **purifying**; *3rd pers sing pres* **purifies**; *pt, pp* **purified**) to remove dirty or harmful substances from sth 净化；使纯净: *purified water* 经净化的水

puritan /'pjʊərɪtən ‖ 'pjʊrətn̩/ *noun* [C] a person who thinks that it is wrong to enjoy yourself 清教徒；严守清规戒律的人 —**puritan** (*also* 亦作 **puritanical** /,pjʊərɪ'tænɪkl ‖ ,pjʊrə-'tænɪkl̩/) *adj*: *a puritan attitude to life* 清教徒般的生活态度

purity /'pjʊərətɪ ‖ 'pjʊrətɪ/ *noun* [U] the state of being pure 纯净；纯粹；纯洁: *to test the purity of the air* 测定空气的纯度 ☛ Look at **impurity**. 参看 **impurity**。

purl /pɜ:l ‖ pɝl/ *noun* [U] a simple stitch used in knitting（编织的）反针/倒针: *knit two plain, one purl* 织两针平针，一针反针

☆**purple** /'pɜ:pl ‖ 'pɝpl̩/ *adj* of a reddish-blue colour 紫色: *the purple robes of the King* 国王的紫袍

purple *noun* [U] a reddish-blue colour 紫色

☆**purpose** /'pɜ:pəs ‖ 'pɝpəs/ *noun* **1** [C] the reason for doing or making sth 目的；意图: *The main purpose of this meeting is to decide what we should do about the problem of noise.* 这个会议的主要目的是要决定我们应该做些什么来解决噪音问题。○ *You may only use the telephone for business purposes.* 这个电话只可用于公务。**2** [U] (*formal* 正式) having an aim or plan and acting according to it 有目标/计划并据此行事: *A good leader inspires people with a sense of purpose.* 好的领导人能带动人们朝着目标努力。

(IDIOMS 习语) **on purpose** not by accident; with a particular intention 故意；蓄意: *'You've torn a page out of my book!' 'I'm sorry, I didn't do it on purpose.'* "我的书给你撕掉一页啦！" "很对不起，我不是故意的。" ○ *I came a bit early on purpose, to see if I could help you.* 我特地早一点来，看看能不能帮你的忙。

serve your/the purpose ⇨ SERVE

purposeful /-fl ‖ -fəl/ *adj* having a definite aim or plan 有明确目标的；有确定计划的: *Graham strode off down the street looking purposeful.* 格雷厄姆大步走在街上，神态自若，步伐坚定。—**purposefully** /-fəlɪ ‖ -fəlɪ/ *adv*

purposely *adv* with a particular intention 故意；蓄意；特地: *I purposely waited till everyone had gone so that I could speak to you in private.* 我特地等到所有人都离开了，以便单独与你谈话。

purr /pɜ:(r) ‖ pɝ/ *verb* [I] (used about a cat 指猫) to make a continuous low sound that shows pleasure 发出呼噜声/呜呜声（表示高兴）

☆**purse**[1] /pɜ:s ‖ pɝs/ *noun* [C] **1** a small bag that you keep money in 钱包 ☛ Look at **wallet**. 参看 **wallet**。**2** (*US* 美) = HANDBAG

purse[2] /pɜ:s ‖ pɝs/ *verb* [T] to press your lips together to show that you do not like sth 撅起（嘴唇）（表示不喜欢）

purser /'pɜ:sə(r) ‖ 'pɝsɚ/ *noun* [C] the person on a ship who looks after the accounts and who deals with passengers' problems（船上的）事务长（负责管理账目及处理乘客的问题）

☆**pursue** /pə'sju; *US* 美 -'su: ‖ pɚ'su/ *verb* [T] (*formal* 正式) **1** to follow sb/sth in order to catch him/her/it 追捕；追逐: *The robber ran off pursued by two policemen.* 劫匪逃跑，两名警察在后追捕。○ (*figurative* 比喻) *The goal that he is pursuing is completely unrealistic.* 他追求的目标完全不切实际。☛ **Pursue** is more formal than **chase**. 与 **chase** 相比，**pursue** 适用于较正式的场合。**2** to continue with sth; to find out more about sth 继续；进一步研究: *to pursue a career in banking* 从事银行业 ○ *She didn't seem to want to pursue the discussion so I changed the subject.* 她似乎不想继续讨论，所以我换了话题。

pursuer *noun* [C] a person who pursues(1) sb/sth 追捕者

pursuit /pə'sju:t; *US* 美 -'su:t ‖ pɚ'sut/ *noun* **1** [U] the act of pursuing sb/sth 追捕；追逐；追求: *the pursuit of pleasure* 追求快乐 **2** [C] something that you spend your time doing, either for work or for pleasure 花时间做的事（指工作或娱乐）: *outdoor pursuits* 户外活动 ○ *leisure pursuits* 消遣

(IDIOM 习语) **in pursuit (of sb/sth)** trying to catch or get sb/sth 追捕/追逐/追求（某人/某事物）: *a dog in pursuit of a cat* 一只追猫的狗 ○ *He neglected his family in pursuit of his own personal ambitions.* 他只顾设法实现个人抱负而忽略了家庭。

pus /pʌs ‖ pʌs/ *noun* [U] a thick yellowish liquid that may form in a part of your body that has been hurt 脓

☆**push**[1] /pʊʃ ‖ pʊʃ/ *verb* **1** [I,T] to use force to move or try to move sb/sth forward or away from you（用力）推/推动: *You push and I'll pull.* 你推，我来拉。○ *You can pull a rope but you can't push it!* 绳子可以拉，但不可以推。○ *Christine pushed him into the water.* 克里斯廷把他推进水里。○ *to push sb in a wheelchair* 推着坐轮椅的人 ○ *to push a pram* 推婴儿车 ○ *She pushed the door shut with her foot.* 她用脚推门，把门关上。**2** [I,T] to move forward by pushing sb/sth 挤向前: *John pushed his way through the crowd.* 约翰从人群中挤过去。○ *to push past sb* 从某人身旁挤过去 **3** [I,T] to press

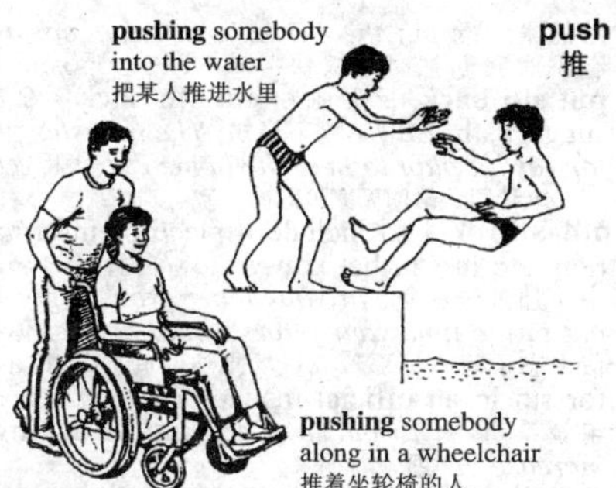

or use force, eg with your finger, to move sth 按（如用手指）: *Push the red button if you want the bus to stop.* 如果想公共汽车停站，按红色按钮。**4** [T] (*informal* 非正式) to try to make sb do sth, eg by asking or telling him/her many times 催促；逼迫: *Ella will not work hard unless you push her.* 除非有人督促埃拉，不然她是不会努力的。○ *to push sb for an answer* 催促某人作答 **5** [T] (*informal* 非正式) to try to make sth seem attractive, eg so that people will buy it 推销: *They are launching a major publicity campaign to push their new product.* 他们正发动一个大规模的宣传运动，推销他们的新产品。

(IDIOM 习语) **be pushed for sth** (*informal* 非正式) to not have enough of sth 缺乏某物: *Hurry up. We're really pushed for time.* 快一点，我们真的时间不多。

(PHRASAL VERBS 短语动词) **push ahead (with sth)** to continue with sth 继续（做某事）

push for sth to try hard to get sth 努力争取某事物: *The Opposition are pushing for greater freedom of information.* 反对党正努力争取更大的新闻自由。

push in to join a queue in front of other people who were there before you 插队；加塞儿

pusher *noun* [C] a person who sells illegal drugs 贩毒者；毒品贩子

ˈ**push-button** *adj* (only *before* a noun 只用于名词前) (used about a machine, etc 指机器等) that you work by pushing a button 按钮操纵的: *a radio with push-button tuning* 按钮选台的收音机

ˈ**pushchair** (*Brit also* 英亦作 **buggy**) *noun* [C] a chair on wheels that you use for pushing a young child in. You can fold up a pushchair when you are not using it. 折叠式婴儿车 ☛ picture at **pram**. 见 **pram** 插图。

ˈ**pushover** *noun* [C] (*informal* 非正式) **1** something that is easy to do or win 容易做的事情；轻易赢得的东西: *With four of their players injured, the game won't be a pushover for Liverpool.* 利物浦队有四个球员受伤，要赢这场比赛绝对不是轻而易举的事。**2** a person who is easy to persuade or convince 容易被劝服/说服的人

ˈ**push-up** *noun* [C] (*US* 美) = PRESS-UP

☆**push²** /pʊʃ ‖ pʊʃ/ *noun* [C] an act of pushing 推；按: *Paul gave the door a push and it opened.* 保罗推了一下，门就开了。○ *Can you help me give the car a push to get it started?* 你可以帮我推车，让我开动车子吗？○ *The car windows opened at the push of a button.* 按一下按钮，车窗就打开了。

(IDIOMS 习语) **at a push** (*informal* 非正式) if it is necessary (but only with difficulty) 必要时（…但不得不费点劲）: *We can get ten people round the table at a push.* 必要时，这桌子挤得下十个人。

give sb the push to end a relationship with sb or to dismiss sb from a job 与某人断绝关系；解雇/开除某人

pushy /ˈpʊʃɪ ‖ ˈpʊʃɪ/ *adj* (**pushier**; **pushiest**) (*informal* 非正式) (used about a person 指人) behaving in a forceful way in order to get an advantage or to make people notice you 积极进取；爱出风头: *You need to be pushy to be successful in show business.* 要突出自己，积极进取，才能在演艺界取得成功。

puss /pʊs ‖ pʊs/ *noun* [C] (used when you are speaking to or calling a cat 用于对猫说话或呼唤猫) 猫咪

pussy /ˈpʊsɪ ‖ ˈpʊsɪ/ *noun* [C] (*pl* **pussies**) (*informal* 非正式) a cat 猫

☆**put** /pʊt ‖ pʊt/ *verb* [T] (*pres part* **putting**; *pt*, *pp* **put**) **1** to move sb/sth so that it is in a particular place or position 放；放置: *She put the book on the table.* 她把书放在桌子上。○ *I put the knife back in the drawer.* 我把刀放回抽屉里。○ *Did you put sugar in my tea?* 你在我的茶里搁了糖吗？○ *When do you put the children to bed?* 你是在什么时候让孩子们上床睡觉的呢？**2** to fix sth to or in sth else（把某物）固定/安装（在另一物上）: *Can you put* (= sew) *a button on this shirt?* 请你给这件衬衫缝上一颗纽扣好吗？○ *We're going to put a new window in this room.* 我们要在这房间内安装一扇新窗。**3** to make sb feel or experience sth 使感到/经历到: *This sort of weather always puts me in a bad mood.* 这样的天气总使我心情不佳。○ *Your decision puts me in a difficult position.* 你的决定使我处于尴尬的境地。**4** to say or express sth 说；表达: *I don't know exactly how to put this, but...* 我不知道该怎样说，但是… **5** to ask sb a question, make a suggestion, etc 提出（问题/建议等）: *I'd like to put a question to the minister.* 我想向大臣问一个问题。○ *Can I put a suggestion to you?* 我可以向你提个建议吗？**6** to write sth 写下: *12.30 on Friday? I'll put it in my diary.* 星期五12时半？我会写在记事簿上。○ *What did you put for question 2?* 第2个问题你写了什么？

(IDIOMS 习语) **not put it past sb (to do sth)** (used with *would* 与 would 连用) to think sb is capable of doing sth bad 认为某人会（做坏事）: *I wouldn't put it past him to do a thing like that.* 我认为他是不会做出那种事的。

put it to sb that... (*formal* 正式) to suggest to sb that sth is true 向某人提出（某事是真的）: *I put it to you that this man is innocent.* 我告诉你这个男子是清白的。

put together (used after a noun or nouns referring to a group of people or things 用于名词后，指一组人或事物) combined 合起来；加

在一起: *You got more presents than the rest of the family put together.* 你的礼物比家里其他人合起来的还要多。

☛ For other idioms containing **put**, look at the entries for the nouns, adjectives, etc, eg **put an end to sth** is at **end**. 查阅其他含有 **put** 一词的习语，参看有关名词、形容词等的词条，如 **put an end to sth** 可参看 **end** 的词条。

P

(PHRASAL VERBS 短语动词) **put sth across/over** to say sth clearly, so that people can understand it 清楚说出某事物: *He didn't put his ideas across very well at the meeting.* 他在会上未能清楚表达他的意见。

put sth aside to save sth, especially money, to use later 储蓄（尤指金钱）

put sb away (*informal* 非正式) to send sb to prison 把某人关进监牢；监禁某人

put sth away to put sth where you usually keep it, eg in a cupboard 把某物收好/放好（如放回橱柜）

put sth back **1** to return sth to its place 把某物放回原处: *to put books back on the shelf* 把书放回书架上 **2** to change the time shown on a clock, etc to an earlier time 把时钟等拨回/拨慢: *We have to put the clocks back tonight.* 今晚我们要把时钟拨回去。☛ The opposite is **put sth forward**. 反义词为 **put sth forward**。**3** to change sth to a later time or date; to postpone 推迟；延迟；延期: *I'll have to put back my dental appointment till next week.* 我要把看牙医的预约日期延迟至下星期。

put sth by to save money to use later 储蓄: *Her grandparents had put some money by for her wedding.* 她的祖父母为她的婚礼存了一些钱。

put sb down (*informal* 非正式) to say things to make sb seem stupid or foolish 奚落/羞辱某人: *He's always putting his wife down.* 他常常奚落他的妻子。

put sth down **1** to place sth, eg on the floor, a table, etc 把某物放下；把某物放在地板/桌子…上面: *The policeman persuaded him to put the gun down.* 警察劝他把枪放下。**2** (used about a government, an army or the police 指政府、军队或警方) to stop sth by force 用武力阻止/镇压某事物: *to put down a rebellion* 镇压叛乱 **3** to kill an animal because it is old, sick or dangerous 杀死某动物（因年老/疾病/有危险性）: *The dog was put down because it attacked a child.* 那条狗给杀掉了，因为它袭击过一名小孩。

put sth down to sth to believe that sth is caused by sth 把…归因于…；相信…由…所引起: *The education minister puts the children's reading problems down to bad teaching.* 教育大臣把儿童的阅读问题归咎于教学方法不当。

put yourself/sb forward to suggest that you or a particular person should be considered for a job, etc 自荐；推荐某人: *His name was put forward for the position of chairman.* 他获推荐出任主席的职位。

put sth forward **1** to change the time shown on a clock, etc to a later time 把时钟等拨快/向前拨: *We put the clocks forward in spring.* 春季时我们把时钟拨快。☛ The opposite is **put sth back**. 反义词为 **put sth back**。**2** to suggest sth 提出/建议某事物: *The minister put forward a plan to help the homeless.* 大臣提出了一个计划，帮助无家可归的人。

put sth in **1** to include a piece of information, etc in sth that you write（在所写的东西中）加进资料等: *In your letter, you forgot to put in the time your plane would arrive.* 你在信中忘了写下你那班飞机的抵达时间。**2** to ask for sth in an official manner 正式提出/正式申请某事物: *to put in a demand for a wage increase* 正式要求加薪

put sth in; put sth into sth/into doing sth to spend time, etc on sth 为某事付出时间等: *She puts all her time and energy into her business.* 她把所有时间和精力都花在生意上。

put sb off **1** to make sb dislike a person 使某人反感；使某人不喜欢（某人）: *I'm sure he's a very nice person but his accent puts me off.* 我相信他是个很好的人，只是我不喜欢他的口音。**2** to say to a person that you can no longer do what you had agreed 取消与某人约定的事: *They were coming to stay last weekend but I had to put them off at the last moment.* 本来约定他们上星期来度周末的，可是我临时叫他们别来了。

put sb off (sth/doing sth) **1** to cause sb to dislike sth/doing sth 引致某人不喜欢（某事物/做某事）: *My first visit to Liverpool put me off the place.* 我首次到利物浦游览便不喜欢那地方。○ *The accident put me off driving for a long time.* 那宗意外使我很久不想驾车。**2** to make sb unable to concentrate 使某人不能集中精神/分心: *Don't stare at me – you're putting me off!* 不要盯着我——你使我不能集中精神！

put sth off to turn or switch a light off 关掉/熄灭灯火: *She put off the light and went to sleep.* 她把灯熄了，然后去睡觉。

put sth off; put off doing sth to move sth to a later time; to delay doing sth 延迟/延期/拖延做某事: *'I've got an appointment.' 'Can't you put it off?'* "我有个约会。""你不可以把约会推后吗？" ○ *She put off writing her essay until the last minute.* 她拖延到最后一分钟才写那篇文章。

put sth on **1** to pretend to be feeling sth; to pretend to have sth 装出/假装有某种感觉或有某物: *He's not angry with you really: he's just putting it on.* 他不是真的生你的气，只是装出生气的样子。○ *She put on a Scottish accent.* 她假装操苏格兰口音。**2** to place clothes on your body 穿上衣服；戴上某物: *Put on your coat!* 穿上你的大衣！○ *I'll have to put my glasses on.* 我要戴上眼镜。**3** to make a piece of electrical equipment, etc start working, usually by pressing a switch（通常指按钮）开动/启动电器等: *It's too early to put the lights on yet.* 这时开灯太早了。**4** to make sth (eg a record, a tape, etc) begin to play 播放唱片/录音带等: *Let's put some music on.* 我们播些音乐吧。**5** to become fatter or heavier (by the amount mentioned) 变得更胖/更重；增加某数量的体重: *I put on weight very easily.* 我很容易长胖。○

She's put on several pounds since I last saw her. 自从我上次见过她后，她重了几磅。

put sth on sth to add an amount of money, etc to the cost or value of sth 把某物的价钱/价值增加某数量: *The government want to put 50p on the price of a packet of cigarettes.* 政府想把每包香烟的价格增加50便士。

put sb out **1** to give sb trouble or extra work 给某人添麻烦: *He put his hosts out by arriving very late.* 他迟到了很多时间，给主人家带来麻烦。**2** to make sb upset or angry 使某人不高兴/恼怒/生气: *I was quite put out by their selfish behaviour.* 他们的自私行为使我很生气。

put sth out **1** to make sth stop burning 使某物停止燃烧；扑熄/弄熄某物: *to put out a fire* 扑灭一场火 **2** to switch sth off 关掉/熄灭某物: *They put out the lights and locked the door.* 他们关掉了灯，并锁上了门。**3** to give or tell the public sth, often by using the television, radio or newspapers 公布/发布（常指通过电视、电台或报纸）: *The police put out a warning about the escaped prisoner.* 警方公布了那个囚犯越狱的消息，叫公众提高警觉。

put yourself out (*informal* 非正式) to do sth for sb, even though it brings you trouble or extra work 纵使给自己带来麻烦仍然为某人做某事: *'I'll give you a lift home.' 'I don't want you to put yourself out. I'll take a taxi.'* "让我捎带你回家吧。" "我不想麻烦你，我搭计程车就行了。"

put sth over ⇨ PUT STH ACROSS

put sb through sth to make sb experience sth unpleasant 使某人经受不愉快的事情

put sb/sth through to make a telephone connection that allows sb to speak to sb 给某人接通电话: *Could you put me through to flight reservations, please?* 请替我接机票预订处。

put sth to sb to suggest sth to sb; to ask sb sth 向某人提出/建议某事；向某人问某事: *I put the question to her.* 我向她提出了那个问题。

put sth together to build or repair sth by joining its parts together 装配/修配某物: *The furniture comes with instructions on how to put it together.* 这家具附有装配说明书。

put up sth to offer or give resistance in a fight, etc（在打斗等之中）进行抵抗: *The old lady put up a struggle against her attacker.* 老妇奋力反抗袭击她的人。

put sb up to give sb food and a place to stay 向某人提供食宿: *She had missed the last train home, so I offered to put her up for the night.* 她错过了回家的最后一班火车，所以我给她提供过夜的地方。

put sth up **1** to raise or hold sth up 举起/抬起某物: *Put your hand up if you know the answer.* 知道答案的请举手。**2** to build sth 建造/筑起某物: *to put up a fence* 筑起围栏 **3** to fix sth to a wall, etc so that everyone can see it（在墙上等）张贴某物: *to put up a notice* 张贴告示 **4** to increase sth 增加/提高某事物: *Some shops put up their prices just before Christmas.* 有些商店在圣诞节临近的时候提高价格。

put up with sb/sth to suffer sb/sth unpleasant and not complain about it 容忍或忍受某人/某事物: *I don't know how they put up with this noise.* 我不知道他们怎么可以忍受这噪声。

putt /pʌt ‖ pʌt/ *verb* [I,T] (used in golf 用于高尔夫球运动) to hit the ball gently when it is near the hole（球接近洞时）轻击（球）

putter /ˈpʌtər ‖ ˈpʌtɚ/ *verb* [I] (*US* 美) = POTTER[1]

putty /ˈpʌtɪ ‖ ˈpʌti/ *noun* [U] a substance that is used for fixing glass into windows. Putty is soft when you use it but it turns hard later. 油灰（用以镶玻璃窗的泥状物，干后变硬）

puzzle /ˈpʌzl ‖ ˈpʌzl̩/ *noun* [C] **1** [usually sing] something that is difficult to understand or explain; a mystery 难题；疑团；谜: *The reasons for his action have remained a puzzle to historians.* 他为什么采取这行动，历史学家仍然大惑不解。**2** a game or toy that tests your knowledge, skill, intelligence, etc 测验知识/技巧/智力等的游戏或玩具；谜: *to do a crossword puzzle* 玩纵横填字游戏 ○ *The solution to the puzzle is on page 27.* 谜底在第27页。○ *a jigsaw puzzle* 拼图玩具

puzzle *verb* **1** [T] to cause sb to think hard about sth he/she cannot understand or explain 使大惑不解/困惑: *The appearance of strange circles in fields of corn has puzzled all the experts.* 玉米地里出现的奇怪圆圈儿使所有专家大惑不解。**2** [I] **puzzle over sth** to think hard about sth in order to understand or explain it 苦思/深思（以求明白或解释某事物）: *to puzzle over a mathematical problem* 苦思一个数学问题 (PHRASAL VERB 短语动词) **puzzle sth out** to find the answer to sth by thinking hard 苦思某事物的答案: *The letter was in Italian and it took us an hour to puzzle out what it said.* 那封信是用意大利文写的，我们琢磨了一小时才知道它说些什么。

puzzled /ˈpʌzld ‖ ˈpʌzl̩d/ *adj* not able to understand or explain sth 不解的；困惑: *a puzzled expression* 困惑的表情

☆**pyjamas** /pəˈdʒɑːməz ‖ pəˈdʒɑməz/ (*US* 美 **pajamas** /pəˈdʒæməz ‖ pəˈdʒæməz/) *noun* [plural] loose trousers and a loose jacket or top that you wear in bed 睡衣裤 ☛ Notice that you use **pyjama** (without an 's') before another noun 用于另一个名词之前，要用 **pyjama**（不加 s）: *pyjama trousers* 睡裤

pylon /ˈpaɪlən; *US* 美 ˈpaɪlɒn ‖ ˈpaɪlɑn/ *noun* [C] a tall metal tower that carries heavy electricity wires（高压）电缆塔

pyramid /ˈpɪrəmɪd ‖ ˈpɪrəmɪd/ *noun* [C] a shape with a flat base and three or four triangular sides 角锥体；棱锥体；金字塔形 ☛ picture at **cube**. 见 **cube** 插图。

python /ˈpaɪθn; *US* 美 ˈpaɪθɒn ‖ ˈpaɪθɑn/ *noun* [C] a large snake that kills animals by squeezing them very hard 蟒蛇

P

Q q

Q, q /kjuː ‖ kju/ *noun* [C] (*pl* **Q's**; **q's** /kjuːz ‖ kjuz/) the seventeenth letter of the English alphabet 英语字母表的第十七个字母: *'Queen' begins with (a) 'Q'.* * queen 这个词的第一个字母是Q。

quack /kwæk ‖ kwæk/ *noun* [C] the sound that a duck makes 鸭叫声；（鸭子的）呱呱声 —**quack** *verb* [I]

quadrangle /'kwɒdræŋgl ‖ 'kwɑdræŋgḷ/ (also *informal* 非正式 **quad**) *noun* [C] a square open area with buildings round it, in a school, college, etc（学校、大学等中的）四周有建筑物的方形空地/四方院子

Q

quadruple /'kwɒdrʊpl; *US* 美 kwɒ'druːpl ‖ kwɑd'rupḷ/ *verb* [I,T] to multiply or be multiplied by four 乘以四；成四倍: *Profits have quadrupled in the past ten years.* 利润在过去十年增加至四倍。

quaint /kweɪnt ‖ kwent/ *adj* attractive or unusual because it seems to belong to the past 古雅；古色古香；古老别致: *The village has quaint narrow streets leading down to the sea.* 这个村庄有些古朴别致的小径直通往海边。

quake /kweɪk ‖ kwek/ *verb* [I] to shake 颤抖；发抖；震动；抖动: *to quake with fear, cold, etc* 怕/冷…得发抖 —**quake** *noun* [C] (*informal* 非正式) = EARTHQUAKE

☆**qualification** /ˌkwɒlɪfɪ'keɪʃn ‖ ˌkwɑləfə'keʃən/ *noun* **1** [C] an examination that you have passed or a course of study that you have completed 资格；学历: *a teaching qualification* 教师资格 ○ *Please list your qualifications on your CV.* 请在履历上填写你的学历。○ *40 per cent of children left school at 16 with no formal qualifications.* 百分之四十的学童没有取得正式学历就在16岁辍学了。**2** [C] a skill or quality that you need to do a particular job（做某份工作所需的）技能/特质/资格/资历: *Is there a height qualification for the police force?* 当警察是否有身高要求？**3** [C,U] something that limits or weakens the meaning of a general statement 限制；条件: *I can recommend him for the job without qualification.* 我可以无条件推荐他干那份工作。○ *She accepted the proposal with only a few qualifications.* 她接受了建议，只提出了几个条件。

☆**qualify** /'kwɒlɪfaɪ ‖ 'kwɑləˌfaɪ/ *verb* (*pres part* **qualifying**; *3rd pers sing pres* **qualifies**; *pt, pp* **qualified**) **1** [I] to pass the examination that is necessary to do a particular job; to have the qualities that are necessary for sth 取得资格；有资格；符合要求: *It takes five years to qualify as a vet.* 要花五年时间才可取得当兽医的资格。○ *A cup of coffee and a sandwich doesn't really qualify as a meal.* 一杯咖啡和一份三明治实在算不上一顿饭。**2** [T] to give sb the right to do a particular job 给予/授予（做某工作的）资格: *This exam will qualify me to teach music.* 这次考试及格我就有资格教授音乐。**3** [I] to be successful in one part of a competition and to go on to the next part 成功进入（下一阶段的比赛）: *Our team has qualified for the final.* 我们的球队已成功进入决赛。**4** [I,T] to have or give sb the right to have or do sth（使）有权利（得到某物/做某事）: *How many years must you work to qualify for a pension?* 你要工作多少年才有资格领退休金？○ *Residence in this country does not qualify you to vote.* 在这国家居住并不就有投票权。**5** [T] to limit or weaken the meaning of a general statement 限制；修正: *I must qualify what I said earlier – it wasn't quite true.* 我得修正我较早前所说的话——因为说得不太准确。

qualified *adj* **1** having passed an examination or completed a course of study 有资格；合格: *Edward is well qualified for this job.* 爱德华具备了做这项工作所需的条件。○ *a fully qualified doctor* 完全合格的医生 **2** having the skill, knowledge or quality that you need to do sth 具有做某事所需的技巧/知识/特质；胜任: *I don't feel qualified to comment – I know nothing about the subject.* 我认为我没有资格发表意见——我对那个问题一无所知。**3** not complete; limited 不完全；有限制；有限度: *My boss gave only qualified approval to the plan.* 我的上司对那计划只予以有限度的同意。☛ The opposite is **unqualified**. 反义词为 **unqualified**。

☆**quality** /'kwɒlətɪ ‖ 'kwɑlətɪ/ *noun* (*pl* **qualities**) **1** [U] how good or bad sth is 品质；质地；素质: *This paper isn't very good quality.* 这纸张的质地不太好。○ *These photos are of poor quality.* 这些相片的质地很差。○ *a high-quality magazine* 质量高的杂志 ○ *the quality of life in our cities* 我们那些城市的生活素质 **2** [U] a high standard or level 高水准；高水平；优质: *We aim to provide quality at a reasonable price.* 我们致力以合理的价格提供优质服务。○ *'The Times' is a quality newspaper.*《泰晤士报》是一份高水平的报纸。**3** [C] something that is typical of a person or thing 品质；特性: *Vicky has all the qualities of a good manager.* 维基具备一位好经理的所有品质。○ *One quality of oil is that it floats on water.* 油的一种特性是能浮在水上。

qualm /kwɑːm ‖ kwɑm/ *noun* [C, usually pl] a feeling of doubt or worry about whether what you are doing is right 疑虑；忧虑；不安: *I don't have any qualms about asking them to lend us some money.* 我们向他们借钱，我觉得没有什么不好。

quandary /'kwɒndərɪ ‖ 'kwɑndərɪ/ *noun* [C] (*pl* **quandaries**) a state of not being able to decide what to do; a difficult situation 不知所措；窘境；困境: *to be in a quandary* 处于困境

☆**quantity** /'kwɒntətɪ ‖ 'kwɑntətɪ/ *noun* (*pl* **quantities**) **1** [U] the measurement of sth by stating how much of it there is 量；数量: *Don't write too much in your essay – quality is more important than quantity.* 你的文章不要写得太长——质比量更重要。**2** [C,U] a number or an amount 数目；数量: *Add a small quantity* *of salt.* 加少量盐。○ *It's cheaper to buy goods in quantity* (= in large amounts). 大批购入货品比较便宜。○ *It's cheaper to buy goods in large quantities.* 大批量购入货品比较便宜。

(IDIOM 习语) **an unknown quantity** ⇨ UNKNOWN

quarantine /ˈkwɒrəntiːn ‖ ˈkwɔrənˌtin/ *noun* [U] a period of time when a person or animal that has or may have an infectious disease must be kept away from other people or animals 隔离期（把患传染病/可能患传染病的人或动物隔离的一段时期）: *All dogs brought into Britain must be kept in quarantine for six months.* 带到英国的所有的狗都要经过六个月的检疫隔离。

☆**quarrel** /ˈkwɒrəl; *US* 美 ˈkwɔːrəl ‖ ˈkwɔrəl/ *noun* [C] **1** an angry argument or disagreement 争吵；吵嘴；不和: *We're always having quarrels about who should do the washing-up.* 我们老是为了该谁洗餐具而争吵。☛ Look at **argument** and **fight**. 参看 **argument** 及 **fight**。**2 quarrel with sb/sth** a reason for complaining about or disagreeing with sb/sth 抱怨/不同意的原因或理由: *I have no quarrel with what has just been said.* 我对于刚才所说的东西没有异议。

quarrel *verb* [I] (quarrelling; quarrelled; *US* 美 quarreling; quarreled) **1 quarrel (with sb) (about/over sth)** to have an angry argument or disagreement 争吵；吵嘴: *The children are always quarrelling!* 孩子们总是争吵！○ *I don't want to quarrel with you about it.* 我不想与你在那事情上争吵。☛ Look at **argue** and **fight**. 参看 **argue** 及 **fight**。**2 quarrel with sth** to disagree with sth 不赞同/不同意（某事物）: *I wouldn't quarrel with Moira's description of what happened.* 我不反对莫伊拉对事件经过的描述。

quarry[1] /ˈkwɒrɪ; *US* 美 ˈkwɔːrɪ ‖ ˈkwɔrɪ/ *noun* [C] (*pl* **quarries**) a place where sand, stone, etc is dug out of the ground 采石场 ☛ Look at **mine**. 参看 **mine**。

quarry *verb* [T] (*pres part* **quarrying**; *3rd pers sing pres* **quarries**; *pt, pp* **quarried**) to dig stone, sand, etc out of the ground（从采石场）开采（石、沙等）: *to quarry for marble* 开采大理石

quarry[2] /ˈkwɒrɪ; *US* 美 ˈkwɔːrɪ ‖ ˈkwɔrɪ/ *noun* [sing] a person or animal that is being hunted 被追捕的人/动物；猎物

quart /kwɔːt ‖ kwɔrt/ *noun* [C] (*abbr* 缩写 **qt**) a measure of liquid; 1·14 litres. There are 2 pints in a quart. 夸脱（液体容量单位，一夸脱等于1.14升或2品脱）☛ An American quart is 0·94 of a litre. 美制一夸脱等于0.94升。

☆**quarter** /ˈkwɔːtə(r) ‖ ˈkwɔrtɚ/ *noun* **1** [C] one of four equal parts into which sth is divided 四分之一: *The programme lasts for three quarters of an hour.* 节目长四十五分钟。○ *a mile and a quarter* 一又四分之一英里 ○ *to cut an apple into quarters* 将一个苹果分为四份 **2** [sing] fifteen minutes before or after every hour 一刻钟；（每小时之前或之后的）十五分钟: *I'll meet you at (a) quarter past six.* 我六点一刻和你见面。○ *It's (a) quarter to three.* 现在是两点三刻。☛ In American English you say '(a) quarter **after**' and '(a) quarter **of**' 在美国英语中则用 (a) quarter **after** 及 (a) quarter **of**: *I'll meet you at (a) quarter after six.* 我六点一刻和你见面。○ *It's a quarter of three.* 现在是三点差一刻。**3** [C] a period of three months 三个月；一季: *You get a gas bill every quarter.* 煤气账单按季支付。**4** [C] four ounces of sth; ¼ of a pound 四盎司；¼磅: *A quarter of mushrooms, please.* 请给我四盎司蘑菇。**5** [C] a part of a town, especially a part where a particular group of people live（城镇内的）区/地区（尤指某一群人居住的地方）: *the Chinese quarter of the city* 市内的华人区 **6** [C] a person or group of people who may give help or information or who have certain opinions 可能提供协助、资料或有某些意见的人/一群人: *Jim's parents haven't got much money so he can't expect any help from that quarter.* 吉姆的父母并不富有，所以他不能期望从他们那方面得到任何帮助。○ *Racist attitudes still exist in some quarters.* 在某些群体中，种族偏见仍然存在。**7** [C] (in America or Canada) a coin that is worth 25 cents (¼ dollar)（在美国或加拿大）25分硬币（或¼美/加元）**8 quarters** [plural] a place that is provided for a person (especially a soldier) to live in 住所；宿舍；（尤指）营房/军营: *married quarters* (= for soldiers and their families) 已婚军人宿舍

(IDIOM 习语) **at close quarters** ⇨ CLOSE[1]

ˌ**quarter-ˈfinal** *noun* [C] one of the four matches between the eight remaining players or teams in a competition. The players that win in the quarter-finals go on to the semi-finals. 四分之一决赛/半准决赛（比赛中剩下八个选手或球队时所作的四场比赛之一，获胜者可进入半决赛/准决赛）

quarterly /ˈkwɔːtəlɪ ‖ ˈkwɔrtɚlɪ/ *adj*, *adv* (produced or happening) once every three months 按季；一季一次；三个月一次: *a quarterly magazine* 季刊 ○ *The committee meets quarterly.* 委员会每季度开一次会。

quartet /kwɔːˈtet ‖ kwɔrˈtɛt/ *noun* [C] **1** four people who sing or play music together（由四人组成的）四重唱/四重奏小组 **2** a piece of music for four people to sing or play together 四重唱（曲）；四重奏（曲）

quartz /kwɔːts ‖ kwɔrts/ *noun* [U] a type of hard rock that is used in making very accurate clocks or watches 石英（用以制钟表）

quash /kwɒʃ ‖ kwɑʃ/ *verb* [T] (*formal* 正式) **1** to declare that an official decision, judgment, etc is no longer true or legal（正式）宣布（决定或判决）无效；撤销（决定或判决）: *The appeal court quashed the verdict of the lower court.* 上诉法院宣布下级法院的判决无效。**2** to stop or defeat sth by force 用武力阻止/制止/击败/镇压: *to quash a rebellion* 镇压叛乱

quay /kiː ‖ ki/ *noun* [C] a stone or metal platform in a harbour where boats are loaded and unloaded 码头

quayside *noun* [sing] the area of land that is near a quay 码头附近的地方

☆**queen** /kwiːn ‖ kwin/ *noun* [C] **1** (*also* 亦作 **Queen**) the female ruler of a country 女王:

Queen Victoria reigned for more than fifty years. 维多利亚女王在位超过五十年。○ *to crown a new queen* 为新女王加冕 ○ *Should the Queen abdicate in favour of her son?* 女王应否让位给她的儿子呢？☛ Queen Elizabeth **II** is pronounced 'Queen Elizabeth **the Second**'. * Queen Elizabeth **II**（女王伊丽莎白二世）读作 Queen Elizabeth **the Second**。Look at **king** and **princess.** 参看 **king** 及 **princess**。**2** (*also* 亦作 **Queen**) the wife of a king 王后 **3** the largest and most important female in a group of insects 一群昆虫中最大及最重要的雌性: *the queen bee* 蜂王 **4** one of the four playing-cards in a pack with a picture of a queen（纸牌中的）王后牌: *the queen of hearts* 红心王后 ☛ Look at the note at **card.** 参看 **card** 的注释。

queen 'mother *noun* [C] the mother of a king or queen（王）太后

queer /kwɪə(r) ‖ kwɪr/ *adj* **1** strange; odd 异常；古怪: *His behaviour seemed rather queer.* 他的行为看来很古怪。○ *The meat has a queer smell.* 这肉有一股异味。**2** (*slang* 俚语) homosexual 同性恋的 ☛ Look at **gay.** 参看 **gay**。**Queer** is often used in an offensive way, but some homosexuals use it about themselves. * **queer** 常带有冒犯的意味，但一些同性恋者亦这样自称。

queer *noun* [C] (*slang* 俚语) a homosexual man 男同性恋者

quell /kwel ‖ kwɛl/ *verb* [T] to put an end to sth 结束；制止: *to quell a rebellion* 平息叛乱 ○ *to quell sb's fears* 消除某人的恐惧

quench /kwentʃ ‖ kwɛntʃ/ *verb* [T] to satisfy your feeling of thirst by drinking（喝…以）解（渴）: *to quench your thirst* 解渴

query /'kwɪərɪ ‖ 'kwɪrɪ/ *noun* [C] (*pl* **queries**) a question 问题；疑问: *Does anyone have any queries?* 各位有问题吗？

query *verb* [T] (*pres part* **querying**; *3rd pers sing pres* **queries**; *pt, pp* **queried**) to ask a question about sth 询问；查问；质问: *We queried the bill but were told it was correct.* 我们就账单提出疑问，但得到的回答说那账单是正确无误的。

quest /kwest ‖ kwɛst/ *noun* [C] (*formal* 正式) a long search for sth that is difficult to find 追寻；追求；寻求: *the quest for eternal youth* 对青春不老的追求

☆**question**[1] /'kwestʃən ‖ 'kwɛstʃən/ *noun* **1** [C] a sentence or phrase that asks for an answer 疑问句；问题: *Are there any questions on what I've just said?* 对于我刚才所说的话有没有任何问题呢？○ *Put up your hand if you want to ask a question.* 想发问就举手。○ *In the examination, you must answer five questions in one hour.* 这个考试规定必须在一小时内答五个问题。○ *What's the answer to Question 5?* 第5个问题的答案是什么？**2** [C] a problem or difficulty that needs to be discussed or dealt with 难题；问题: *His resignation raises the question of who will take over from him.* 他的辞职引起了由谁接替他的问题。○ *It's not difficult. It's just a question of finding the time to do it.* 这事不困难，问题只是要安排时间来做。○ *We all agree that more money should be spent on education. The question is where that money is going to come from.* 我们全都同意应该在教育方面多花些钱，问题是钱从哪里来。**3** [U] doubt or uncertainty 疑问；不确定: *There is no question about Brenda's enthusiasm for the job.* 布伦达毫无疑问对工作充满热诚。○ *His honesty is beyond question.* 他的诚实是不容怀疑的。

(IDIOMS 习语) **in question** that is being considered or talked about 正在考虑的；正在谈论的: *The lawyer asked where she was on the night in question.* 律师问她当晚在哪里。

no question of no possibility of …是没有可能的: *I'm afraid there is no question of any new jobs here at present.* 我恐怕现时这里没有可能有新的工作。

out of the question impossible 不可能: *A new car is out of the question. It's just too expensive.* 买新车是不可能的，那实在太昂贵了。

'question mark *noun* [C] the sign (?) that you use when you write a question 问号

'question tag (*also* 亦作 **tag**) *noun* [C] a short phrase at the end of a sentence that changes it into a question 疑问尾句/附加疑问句（附加在句末使句子变成疑问句）: *In the sentence 'It's very expensive, isn't it?', the use of the question tag means that the speaker is asking the listener to agree.* 在 It's very expensive, isn't it? 这句子中，疑问尾句表示说话者要求听者赞同。

☆**question**[2] /'kwestʃən ‖ 'kwɛstʃən/ *verb* [T] **1** to ask sb a question or questions 询问；查问；审问: *The police questioned him for several hours.* 警方审问了他几个小时。○ *The interviewers questioned me on my past experience.* 主持面试的人问及我过去的经验。**2** to express or feel doubt about sth 表示/感到怀疑: *She told me she was from the council so I didn't question her right to be there.* 她告诉我她是议会派来的，所以我没有怀疑她是否有权在那里。○ *to question sb's sincerity* 怀疑某人的诚意

questionable *adj* **1** that is not certain 不肯定；不确定: *It's questionable whether we'll be able to finish in time.* 我们没有把握是否能如期完成。**2** that may not be true, suitable or honest 有问题；可疑；值得怀疑: *A lot of money has been spent on very questionable projects.* 大量金钱花在一些大有疑问的计划上。○ *questionable motives* 可疑的动机

questionnaire /ˌkwestʃə'neə(r) ‖ ˌkwɛstʃən'ɛr/ *noun* [C] a list of questions that are answered by many people. A questionnaire is used to collect information about a particular subject 问卷；问题单；调查表: *to complete/fill in a questionnaire* 填问卷

☆**queue** /kju: ‖ kju/ (*US* 美 **line**) *noun* [C] a line of people, cars, etc that are waiting for sth or to do sth（人、车等的）行列/队/长龙: *We had to wait in a queue for hours to get tickets.* 我们要排队等候好几个小时才买得到票。○ *to join the end of a queue* 排在队的末尾

(IDIOM 习语) **jump the queue** ⇨ JUMP[1]

queue *verb* [I] **queue (up) (for sth)** to form

a line when you are waiting for sth 排队等候: *to queue for a bus* 排队等候公共汽车 ○ *They're queueing up to see the film.* 他们排队等候看电影。

quiche /kiːʃ ‖ kiʃ/ *noun* [C,U] a pie without a top that is filled with a mixture of eggs and milk with cheese, ham, etc and cooked in the oven. You can eat quiche hot or cold. 蛋奶火腿馅饼（用鸡蛋、牛奶、干酪、火腿等混合制成，可热吃或冷吃）☛ Look at the note at **pie**. 参看 **pie** 的注释。

☆**quick** /kwɪk ‖ kwɪk/ *adj* **1** doing sth at speed or in a short time 快；迅速；快捷: *It's quicker to travel by train.* 搭乘火车比较快。○ *Nick is a quick worker.* 尼克是个办事快的人。○ *She was quick to point out all the mistakes I had made.* 她很快便指出了我犯的所有错误。○ *Run and get your coat and be quick about it.* 跑去拿你的大衣，快点。**2** done in a short time 在短时间内做的: *May I make a quick telephone call?* 可以让我很快地打个电话吗？☛ **Fast** is more often used for describing a person or thing that moves or can move at great speed * **fast** 较常用来形容动作或速度快的人/物: *a fast horse, car, runner, etc* 跑得快的马/车/人… **Quick** is more often used for describing sth that is done in a short time * **quick** 较常用来形容在短时间内完成的事: *a quick decision, breakfast, visit, etc* 很快作出的决定；简便的早餐；短暂的探访…

(IDIOM 习语) **quick/slow on the uptake** ⇨ UPTAKE

quick *adv* (*informal* 非正式) quickly 快捷；迅速: *to get rich quick* 很快地富起来

quickly *adv* at speed or in a short time 迅速；在短时间内: *Tom quickly undressed and got into bed.* 汤姆很快地脱去衣服上了床。○ *The cooker's on fire! Do something quickly!* 炉子着火了！快想法子！○ *I'd like you to get here as quickly as possible.* 我要你尽快到这里来。

quid /kwɪd ‖ kwɪd/ *noun* [C] (*pl* **quid**) (*Brit informal* 英，非正式) a pound (in money); £1 一英镑: *It costs a quid.* 那东西要一英镑。○ *The tickets are five quid each.* 每张票要五英镑。

☆**quiet**[1] /'kwaɪət ‖ 'kwaɪət/ *adj* **1** with very little or no noise 静；安静；肃静；无声: *Be quiet!* 肃静！○ *His voice was quiet but firm.* 他的说话声音很轻，但语调坚定。○ *Please keep the children quiet when I'm on the phone.* 我在通电话时，请叫孩子们安静些。○ *Go into the library if you want to work. It's much quieter in there.* 你要工作就进图书馆里去吧，那里清静得多。☛ The opposite is **loud**. 反义词为 **loud**。**2** without many people or much activity; without anything very exciting happening 宁静；平静: *London is very quiet on Sundays.* 星期日的伦敦很寂静。○ *'Have you been busy?' 'No, we've had a very quiet day today.'* "你忙吗？" "不，今天我们很清闲。" ○ *a quiet country village* 宁静的乡村 ○ *a quiet life* 平静的生活 **3** (used about a person 指人) not saying very much; not attracting other people's attention 沉默；不引人注意: *You're very quiet today. Is anything wrong?* 今天你很沉默。没事吧？

(IDIOM 习语) **keep quiet about sth**; **keep sth quiet** to say nothing about sth 对某事保密；不透露某事: *Would you keep quiet about me leaving until I've told the boss?* 关于我辞职的事，在我向上司提出之前请你暂时保密，行吗？

quietly *adv* in a quiet way 静静地；静悄悄: *Try and shut the door quietly!* 请尽量轻点关门！○ *'She was my best friend,' Rose said quietly.* "她是我最要好的朋友。" 罗斯悄悄地说。○ *He quietly got up and left the room.* 他轻轻地站起来，然后离开了房间。—**quietness** *noun* [U]

quiet[2] /'kwaɪət ‖ 'kwaɪət/ *noun* [U] the state of being quiet 宁静；清静；平静: *the peace and quiet of the countryside* 乡间的宁静

(IDIOM 习语) **on the quiet** secretly 秘密地；偷偷地: *She's given up smoking but she still has an occasional cigarette on the quiet.* 她已戒烟，但是偶尔仍然会偷偷地抽一根。

quieten /'kwaɪətn ‖ 'kwaɪətn̩/ *verb* [T] to make sb/sth quiet 使…安静/平静

(PHRASAL VERB 短语动词) **quieten (sb/sth) down** to become quiet or to make sb/sth quiet（使某人/某事物）安静/平静下来: *When you've quietened down, I'll tell you what happened.* 等你情绪安定下来，我就告诉你发生了什么事。

quilt /kwɪlt ‖ kwɪlt/ *noun* [C] a cover for a bed that has a thick warm material, eg feathers, inside it 被子 ☛ Look at **duvet**. 参看 **duvet**。

quintet /kwɪn'tet ‖ kwɪn'tɛt/ *noun* [C] **1** a group of five people who sing or play music together（由五人组成的）五重唱/五重奏小组 **2** a piece of music for five people to sing or play together 五重唱（曲）；五重奏（曲）

quirk /kwɜːk ‖ kwɝk/ *noun* [C] **1** a strange habit or type of behaviour 怪癖；古怪的行为 **2** a strange happening 怪事；奇事: *By a quirk of fate they met again several years later.* 命运安排得也真巧，他们在数年后竟又偶然重逢。

quirky *adj* (used about a person's behaviour 指人的行为) unusual 不寻常；奇特

quit /kwɪt ‖ kwɪt/ *verb* (*pres part* **quitting**; *pt, pp* **quit**) **1** [I,T] (often used in newspapers, etc 常用于报章等) to leave a job, etc or to go away from a place 辞职；离去: *Tennis star says, 'I felt the time had come to quit.'* 网球明星说："我觉得该是引退的时候了。" ○ *Thousands of people have decided to quit that country for good.* 数以千计的人已决定离开那个国家，不再回去。**2** [T] (*informal* 非正式) to stop doing sth 停止（做某事）: *to quit smoking* 戒烟 **3** [I,T] (*computing* 计算机技术) to close a computer program 关闭/退出（计算机程序）

☆**quite** /kwaɪt ‖ kwaɪt/ *adv* **1** not very; to a certain degree; rather 很；颇为；相当: *The film was quite good.* 那部电影相当不错。○ *Beth plays the piano quite well but she needs more practice.* 贝思弹钢琴弹得相当不错，但她还需要多练习。○ *My husband quite enjoys cooking.* 我丈夫颇喜欢烹饪。○ *They had to wait quite a long time.* 他们要等候一段很长的时间。○ *It's quite cold today.* 今天相当冷。○ *We still meet up quite often.* 我们仍然不时相遇。☛ Look at the note at **rather**. 参看 **rather** 的注释。**2** (used for emphasizing sth 用以强调) com-

Q

pletely; very 完全；很: *Are you quite sure you don't mind?* 你真的不介意吗？ ○ *Life in Japan is quite different from here.* 日本的生活与这里的很不同。 ○ *I quite agree – you're quite right.* 我很同意——你完全正确。 ○ *To my surprise, the room was quite empty.* 使我感到意外的是那个房间竟然空无一物。○ *The party was quite awful.* 那聚会糟透了。**3** (used for showing that you agree with or understand sth 表示同意或明白) 是的；对呀: *'I feel that we shouldn't spend more than £20.' 'Quite.'* "我认为我们花钱不应超出20英镑。" "对呀。"

(IDIOMS 习语) **not quite** (used for showing that there is nearly enough of sth, or that it is nearly suitable 表示差一点就足够或适合) 不太: *There's not quite enough bread for breakfast.* 作早餐的面包不太够。 ○ *These shoes don't quite fit.* 这双鞋子不太合脚。

quite a (used for showing that sth is unusual 表示不寻常): *It's quite a climb to the top of the hill.* 要爬上山顶挺不容易。 ○ *That's quite a problem.* 那很成问题。

quite a few; **quite a lot (of)** not a lot, but a certain amount of sb/sth 不少；相当多: *We've received quite a few enquiries.* 我们已接到不少查询。○ *They've worked hard but there's still quite a lot left to do.* 他们工作很努力，但是仍然剩下相当多的工作要做。

quits /kwɪts ‖ kwɪts/ *adj*

(IDIOM 习语) **be quits (with sb)** if two people are quits, it means that neither of them owes the other any money（与某人）两不相欠: *You give me £2 and then we're quits.* 你给我两英镑，这样我们就两不相欠了。

quiver /ˈkwɪvə(r) ‖ ˈkwɪvɚ/ *verb* [I] to tremble or shake 颤抖；发抖；抖动: *to quiver with rage, excitement, fear, etc* 愤怒/兴奋/恐惧…得发抖

quiz /kwɪz ‖ kwɪz/ *noun* [C] (*pl* **quizzes**) a game or competition in which you must answer questions 问答游戏/比赛: *a quiz programme on TV* 电视上的问答游戏节目 ○ *a general knowledge quiz* 常识问答比赛

quizzical /ˈkwɪzɪkl ‖ ˈkwɪzɪkl̩/ *adj* (used about a look, smile, etc 指神情、微笑等) seeming to ask a question 有疑问的；好像要发问 —**quizzically** /-klɪ ‖ -klɪ/ *adv*

quorum /ˈkwɔːrəm ‖ ˈkwɔrəm/ *noun* [sing] the minimum number of people that must be at a meeting before it can make decisions 法定人数（会议上要通过决议时所必须有的最低出席人数）

quota /ˈkwəʊtə ‖ ˈkwotə/ *noun* [C] the number or amount of sth that is allowed or that you must do 配额；限额；定额: *There is a quota on the number of cars that can be imported each year.* 每年可以进口的车辆数目有限额限制。 ○ *We have a fixed quota of work to get through each day.* 我们每天都有定额的工作要完成。

quotation /kwəʊˈteɪʃn ‖ kwoˈteʃən/ (also *informal* 非正式 **quote**) *noun* [C] **1** a group of words from a book, speech, play, etc, that you repeat exactly（引自书籍、演讲辞、戏剧等的）引文/引语: *That's a quotation from a poem by Keats.* 那是从济慈的一首诗中引的一句。 ○ *Please include quotations from the text to support your argument.* 请引用原文来支持你的论点。**2** the amount that sb thinks a piece of work will probably cost 报价: *You should get a quotation from three builders.* 你应该向三个建筑商取报价。 ☛ Look at **estimate**. 参看 **estimate**。

quoˈtation marks (also *informal* 非正式 **quotes**; *Brit also* 英亦作 **inverted commas**) *noun* [plural] the signs ('...') or ("...") that you use at the beginning and end of words that were spoken or that are being quoted 引号

☆**quote** /kwəʊt ‖ kwot/ *verb* **1** [I,T] **quote (sth) (from sb/sth)** to repeat exactly sth that sb else has said or written before 引用/引述（某人的话或文字）: *The interviewer quoted a statement that the minister had made several years earlier.* 采访记者引述了大臣在多年前作出的声明。○ *to quote from the Bible* 引用《圣经》 ○ *She was quoted as saying that she disagreed with the decision.* 有人引述她的话，说她不同意那个决定。 ○ *The minister asked the newspaper not to quote him.* 大臣要求那份报章不要引述他的话。**2** [T] to give sth as an example to support what you are saying 提出/援引（某事物）以支持（所说的话）: *She quoted several reasons why she was unhappy about the decision.* 她提出了几种理由来说明她为什么对那个决定感到不满。**3** [T] to say what the cost of a piece of work, etc will probably be 报（价）: *The catering company quoted us £4.50 a head for a buffet lunch.* 膳食承办公司给我们的报价是自助午餐每位4.5英镑。

R r

R, r /ɑ:(r) ‖ ɑr/ *noun* [C] (*pl* **R's**; **r's**) the eighteenth letter of the English alphabet 英语字母表的第十八个字母: *'Rabbit' begins with (an) 'R'.* ∗ rabbit 这个词的第一个字母是R。

rabbi /'ræbaɪ ‖ 'ræbaɪ/ *noun* [C] (*pl* **rabbis**) a Jewish religious leader and teacher of Jewish law 拉比（犹太教领袖及犹太法学教师）

☆**rabbit** /'ræbɪt ‖ 'ræbɪt/ *noun* [C] a small animal with long ears 兔: *a wild rabbit* 野兔 ○ *a tame rabbit* (= one that you keep as a pet) 家兔 ○ *a rabbit-hutch* (= a cage for rabbits) 兔笼 ☛ The children's word for rabbit is **bunny**. 儿童称兔为 **bunny**。

rabbit 兔

rabble /'ræbl ‖ 'ræbl̩/ *noun* [C] a noisy uncontrolled crowd of people 暴民；乌合之众

rabies /'reɪbi:z ‖ 'rebiz/ *noun* [U] a serious, usually fatal, disease that can be given to humans by the bite of an animal that has the disease 狂犬病（一种严重的，通常会致命的疾病，人给有这种病的动物咬过便会染上）

☆**race**[1] /reɪs ‖ res/ *noun* **1** [C] **race (against/with sb/sth)** a competition between people, animals, cars etc to see which is the fastest 速度比赛；赛跑: *to run/win/lose a race* 参加/赢得/输掉一场赛跑 ○ *to come first, second, last, etc in a race* 在赛跑中跑第一/第二/最后… ○ *a five kilometre race* 五公里赛跑 ○ *a horse-race* 赛马 ○ *What a close race!* 真是势均力敌啊！*Let's have a race to the end of the road.* 我们比赛跑到路的尽头吧。○ (*figurative* 比喻) *the race to find a cure for AIDS* 尽快找出艾滋病的治疗方法 **2 the races** [plural] (*Brit* 英) an occasion when a number of horse-races are held in one place 赛马: *We're going to the races for the day.* 我们要去看今天的赛马。

(IDIOM 习语) **rat race** ⇨ RAT

'**racecourse** (*US* 美 '**racetrack**) *noun* [C] a place where horse-races are held 赛马场

'**racehorse** *noun* [C] a horse that is trained to run in horse-races 赛马用的马

☛ In Britain going to horse-races and greyhound races is very popular. 在英国，看赛马及赛狗是很流行的。People often **bet** with a **bookie** on the result of a race. 人们经常与赌注登记经纪人 (**bookie**) 赌 (**bet**) 比赛的结果。

☆**race**[2] /reɪs ‖ res/ *verb* **1** [I,T] **race (against/with/sb/sth)** to have a competition with sb/sth to find out who is the fastest 与…比赛速度；赛跑: *I'll race you home.* 我跟你比赛谁先跑回家。○ *In the 5 000 metres he'll be racing against some of the finest runners in the country.* 在 5 000 米赛跑中，他将会跟国内一些最优秀的赛跑选手比赛。**2** [I,T] to go very fast or to move sb/sth very fast 跑；疾走；使很快地移动: *We raced to catch the bus.* 我们跑去追赶公共汽车。○ *The child had to be raced to hospital.* 那小孩得迅速送往医院。**3** [T] to cause an animal or a car, etc to take part in a race 使（动物、汽车等）进行速度比赛

racing *noun* [U] **1** = HORSE-RACING **2** the sport of taking part in races 速度竞赛运动: *motor racing* 赛车 ○ *a racing car* 赛车用的汽车 ○ *powerboat racing* 汽艇赛

☆**race**[3] /reɪs ‖ res/ *noun* **1** [C,U] one of the groups into which people can be divided according to the colour of their skin, their hair type, the shape of their face, etc 人种；种族: *the different races of South Africa* 南非的不同种族 ○ *a child of mixed race* 混血的小孩 ○ *People should not be discriminated against on grounds of race, religion or sex.* 人们不应因种族、宗教或性别的原因而受到歧视。☛ Look at **human race**. 参看 **human race**。**2** [C] a group of people who have the same language, customs, history, etc 民族: *the Spanish race* 西班牙民族

ˌ**race re'lations** *noun* [plural] the relations between people of different races who live in the same town, area, etc 种族关系（在同一城市、地区等居住的不同种族人士之间的关系）: *Community leaders are working to improve race relations.* 社区领袖正努力改善种族关系。

racial /'reɪʃl ‖ 'reʃəl/ *adj* connected with people's race; happening between people of different races 与种族有关；不同种族之间的: *racial tension* 种族间的紧张关系 ○ *racial discrimination* 种族歧视 —**racially** /-ʃəlɪ ‖ -ʃəlɪ/ *adv*: *a racially mixed school* 有不同种族学生的学校

racism /'reɪsɪzəm ‖ 'resɪzəm/ *noun* [U] the belief that some races are better than others and people of other races are not as good as people of your own race; ways of treating people that show this belief 种族主义；种族偏见；种族主义政策: *to take measures to combat racism* 采取措施打击种族主义 —**racist** /'reɪsɪst ‖ 'resɪst/ *noun* [C], *adj*: *He's a racist.* 他是个种族主义者。○ *a racist remark* 带有种族偏见的言论

rack[1] /ræk ‖ ræk/ *noun* [C] (often in compounds 常用以构成复合词) a sort of shelf, made of bars, that you can put things in or on（放置物件的）架子: *Put your coat in the luggage rack.* 把你的大衣放在行李架上。○ *We need a roof-rack on the car for all this luggage.* 我们需要一个车顶架来放这些行李。☛ picture on next page. 见下页插图。

rack[2] /ræk ‖ ræk/ *verb*

(IDIOM 习语) **rack your brains** to try hard to think of sth or remember sth 绞尽脑汁（思考或回忆）: *Steve racked his brains trying to remember where they'd met before.* 史蒂夫绞尽脑汁回想他们以前曾经在哪里见过面。

rack[3] /ræk ‖ ræk/ *noun*

racks
架子

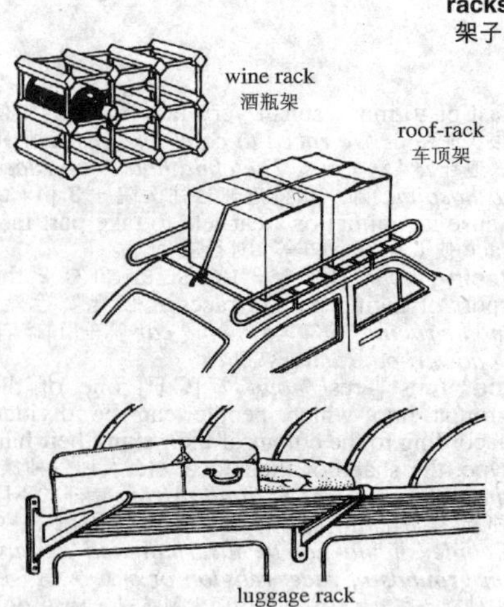

(IDIOM 习语) **go to rack and ruin** to be in or get into a bad state because of lack of care（因缺乏照料而）变坏/一团糟

racket[1] (*also* 亦作 **racquet**) /ˈrækɪt ‖ ˈrækɪt/ *noun* [C] a piece of sports equipment that you use to hit the ball with in the games of tennis, badminton and squash（网球/羽毛球/壁球的）球拍 ☛ picture at **tennis**. 见 **tennis** 插图。Rackets are different from **bats** because they have **strings**. * racket 与球棒/球板 (**bat**) 不同，racket 上有弦线 (**string**)。Look also at **club**[2](2) and **stick**[1](3). 另参看 **club**[2](2) 及 **stick**[1](3)。

racket[2] /ˈrækɪt ‖ ˈrækɪt/ *noun* (*informal* 非正式) **1** [sing] a loud noise 喧哗声: *Stop making that terrible racket!* 别那么闹好不好！ **2** [C] an illegal way of making money 非法的赚钱方法；非法勾当: *a drugs racket* 贩毒的勾当

radar /ˈreɪdɑː(r) ‖ ˈredɑr/ *noun* [U] the system for finding out the position of sth that you cannot see, with the help of radio waves 雷达（利用无线电波探测某物位置的设备）

radiant /ˈreɪdɪənt ‖ ˈredɪənt/ *adj* **1** sending out light or heat 发光的；发热的；辐射的: *radiant energy* 辐射能 **2** showing great happiness 洋溢着幸福的；喜气洋洋: *a radiant smile* 幸福的微笑

radiate /ˈreɪdɪeɪt ‖ ˈredɪˌet/ *verb* **1** [T] to send out heat or light 发射/发出（热或光）: (*figurative* 比喻) *to radiate health* 容光焕发 **2** [I] **radiate from sth** to go out in all directions from a central point 由中心向四面八方伸展: *Narrow streets radiate from the harbour.* 狭窄的街道从港口向四面八方伸展开去。

radiation /ˌreɪdɪˈeɪʃn ‖ ˌredɪˈeʃən/ *noun* [U] powerful and very dangerous rays that are sent out from certain substances. You cannot see or feel radiation but it can cause serious illness or death 辐射/放射（某些物质散发出来的有害射线，能引致严重疾病或死亡）: *High levels of radiation have been recorded near the power station.* 在发电站附近记录到高水平的辐射。○ *to be exposed to radiation* 暴露于辐射下 ☛ Look at **radioactive**. 参看 **radioactive**。

radiator /ˈreɪdɪeɪtə(r) ‖ ˈredɪˌetɚ/ *noun* [C] **1** a piece of equipment that is used for heating a room. Radiators are made of metal and filled with hot water. They are usually part of a central heating system 暖气装置: *Turn the radiator down a bit!* 把暖气的温度调低一点！ **2** a piece of equipment that is used for keeping an engine cool 引擎散热器

radical /ˈrædɪkl ‖ ˈrædɪkḷ/ *adj* **1** (used about changes in sth 指改变) very great 很大；彻底: *The tax system needs radical reform.* 税制需要彻底改革。○ *radical change* 彻底的改变 **2** wanting great social or political change 希望社会/政治有很大改变；激进；偏激: *The students' demands were too radical to be accepted.* 那些学生的要求偏激得令人不能接受。○ *to hold radical views* 持激进的观点 ☛ Look at **moderate**. 参看 **moderate**。

radical *noun* [C] a person who wants great social or political change 激进分子 —**radically** /-klɪ ‖ -klɪ/ *adv*: *The First World War radically altered the political map of Europe.* 第一次世界大战彻底改变了欧洲的政治地图。

☆**radio** /ˈreɪdɪəʊ ‖ ˈredɪˌo/ *noun* (*pl* **radios**) **1** [U] the process of sending or receiving messages through the air by electrical signals 无线电传送（通过电波在空中传送/接收信息）: *The yachtsman was in contact with the coast by radio.* 那快艇驾驶员利用无线电与岸上的人保持联系。○ *a radio signal* 无线电信号 **2** [C] (also *old-fashioned* 旧 **wireless**) a piece of equipment that is used for receiving and/or sending radio messages or broadcasts (on a ship, aeroplane, etc or in the house) 收音机；无线电设备: *a ship's radio* 船只的无线电设备 ○ *a portable radio* 手提收音机 ○ *A radio cassette player was stolen from the car.* 车里一部收音录音机被人偷去了。☛ You may **put**, **switch** or **turn** a radio **on** or **off**. 开收音机叫做 **put/switch/turn** a radio **on**；关收音机叫做 **put/switch/turn** a radio **off**。You may also **turn** it **up** or **down** to make it louder or quieter. 调高音量叫做 **turn** it **up**；调低音量叫做 **turn** it **down**。 **3** often 常作 **the radio** [U,sing] the broadcasting of programmes for people to listen to on their radios 无线电广播: *I always listen to the radio in the car.* 我经常都在车内收听无线电广播。○ *I heard an interesting report on the radio this morning.* 今早我从广播中听到一则有趣的报道。○ *a radio station, programme, etc* 电台；电台节目… ○ *national/local radio* 全国性/地区性广播

radio *verb* [I,T] (*pt*, *pp* **radioed**) to send a message by radio 用无线电发送（信息）；发报: *to radio for help* 用无线电呼救

radioactive /ˌreɪdɪəʊˈæktɪv ‖ ˌredɪoˈæktɪv/ *adj* sending out powerful and very dangerous rays that are produced when atoms are broken up. These rays cannot be seen or felt but can cause serious illness or death 放射性的/有放射性的（能放出强力而有害的射线，可引致严重疾病或死亡）: *the problem of the disposal of radioactive waste from power stations* 发电站放射性废料的处理问题 ☛ Look at **radiation**. 参看 **radiation**。

radioactivity /ˌreɪdɪəʊæk'tɪvətɪ ‖ 'redɪˌoæk'tɪvətɪ/ *noun* [U] **1** the state of being radioactive 放射性 **2** the energy that is produced by radioactive substances 辐射能

radiographer /ˌreɪdɪ'ɒgrəfə(r) ‖ ˌredɪ'ɑgrəfɚ/ *noun* [C] a person who is trained to take X-rays for medical purposes * X射线摄影师；放射照相技术员

radish /'rædɪʃ ‖ 'rædɪʃ/ *noun* [C] a small red or white vegetable with a strong taste that you eat raw. A radish is the root of a radish plant. 萝卜

radius /'reɪdɪəs ‖ 'redɪəs/ *noun* [C] (*pl* **radii**) /-dɪaɪ ‖ -dɪˌaɪ/ **1** the distance from the centre of a circle to the outside edge 半径 ☛ Look at **diameter**. 参看 **diameter**。**2** a circular area that is measured from a point in its centre 半径范围: *The wreckage of the plane was scattered over a radius of several miles.* 飞机的残骸散落到方圆数英里的地方。

raffle /'ræfl ‖ 'ræfl̩/ *noun* [C] a way of making money for a good cause by selling tickets with numbers on them. Later some numbers are chosen and the tickets with these numbers on them win prizes.（为慈善目的而举办的）奖券售卖

raft /rɑːft; *US* 美 ræft ‖ ræft/ *noun* [C] a type of simple flat boat that you make by tying pieces of wood together 木筏

rafter /'rɑːftə(r); *US* 美 'ræf- ‖ 'ræftɚ/ *noun* [C] one of the long pieces of wood that support a roof 椽（支撑屋顶的木条）

rag /ræg ‖ ræg/ *noun* **1** [C,U] a small piece of old cloth that you use for cleaning 旧布/破布（用以抹东西）**2 rags** [plural] clothes that are very old and torn 破烂衣服: *to be dressed in rags* 穿着破烂衣服

rage /reɪdʒ ‖ redʒ/ *noun* [C,U] great anger 盛怒；极愤怒: *He was trembling with rage.* 他气得发抖。○ *to fly into a rage* 勃然大怒

rage *verb* [I] **1** to show great anger about sth 大发雷霆；发怒 **2** (used about a battle, disease, storm, etc 指战役、疾病、风暴等) to continue with great force 剧烈地持续: *The battle raged for several days.* 激烈的战役持续了数天。

raging *adj* (only *before* a noun 只用于名词前) very strong 很强烈: *a raging headache* 剧烈的头痛

ragged /'rægɪd ‖ 'rægɪd/ *adj* **1** (used about clothes 指衣服) old and torn 破旧；破烂 **2** not straight; untidy 凹凸不平；不整齐: *a ragged edge* 参差不齐的边缘

raid /reɪd ‖ red/ *noun* [C] **raid (on sth) 1** a surprise attack on an enemy 突袭；突击: *an air raid* 空袭 **2** an attack in order to steal sth 抢劫: *a bank raid* 抢劫银行 **3** a surprise visit by the police（警方的）突然搜查/突击抄查: *Police found 2 kilos of cocaine during a raid on a London hotel last night.* 昨晚警方突击搜查伦敦一家旅馆，搜出2公斤可卡因。

raid *verb* [T] to make a raid on a place 突击搜查/抄查；抢劫；抢掠: *Police raided the club looking for guns.* 警方突击搜查俱乐部寻找枪械。

☆**rail** /reɪl ‖ rel/ *noun* **1** [C] a bar fixed to a wall, which you can hang things on（固定在墙上用来挂物件的）横杆/横档: *a towel rail* 挂毛巾的横杆 ○ *a curtain rail* 挂窗帘的横杆 **2** [C] a bar, usually of metal or wood, which protects people from falling (on stairs, from a building, etc)（楼梯、栏杆等的）扶手: *Hold on to the handrail – these steps are very slippery.* 握紧扶手——这些梯级很滑。**3** [C, usually pl] the tracks that trains run on 铁路；路轨 **4** [U] the railway system; trains as a means of transport 铁路系统；火车: *British Rail* 英国铁路公司 ○ *I much prefer travelling by rail to flying.* 我觉得乘火车比乘飞机旅行好得多。○ *There's going to be a new rail link between Paddington and Liverpool Street stations.* 将会有新线路连接帕丁顿和利物浦街火车站。

'**railcard** *noun* [C] a special card that allows you to buy train tickets more cheaply if you are an old person, student, etc 火车优惠证（优待老人、学生等）

railing /'reɪlɪŋ ‖ 'relɪŋ/ *noun* [C, usually pl] a fence (around a park, garden, etc) that is made of metal bars（公园、花园等的）金属栏杆/围栏: *The boys climbed over the railings and got into the zoo without paying.* 那些男孩爬过围栏进入动物园，没有买门票。☛ picture at **fence**. 见 **fence** 插图。

☆**railway** /'reɪlweɪ ‖ 'relˌwe/ (*US* 美 **railroad**) *noun* [C] **1** the metal lines on which trains run between one place and another 铁路；铁道: *In Canada there is a railway which goes right across the Rocky Mountains.* 加拿大有一条穿越落基山脉的铁路。**2** (*also* 亦作 **railways**) the system that organizes travel by train 铁路系统: *He works on the railways.* 他在铁路公司工作。○ *a railway engine* 火车头

'**railway line** *noun* [C] the track for trains to run on; the route by train between two places 铁路；路轨；铁路线: *the railway line between London and Bristol* 伦敦与布里斯托尔之间的铁路线

'**railway station** *noun* [C] = STATION(1)

☆**rain**[1] /reɪn ‖ ren/ *noun* **1** [U] the water that falls from the sky 雨；雨水: *The grass is so green in England because we get so much rain.* 英格兰的草那么翠绿是因为雨水充足。○ *Take your umbrella, it looks like rain.* 带着雨伞吧，好像要下雨。○ *It's pouring with rain* (= the rain is very heavy). 外面下着倾盆大雨。☛ Look at **shower**(3) and **acid rain** and at the note at **weather**. 参看 **shower**(3) 及 **acid rain**；另参看 **weather** 的注释。**2 rains** [plural] (in tropical countries) the time of the year when there is a lot of rain（热带地区的）雨季: *When the rains come in July, the people move their houses to higher ground.* 七月份雨季来临，居民就搬迁到地势较高的地方。

R

(IDIOM 习语) **(as) right as rain** ⇨ RIGHT²(6)

ˈ**raincoat** *noun* [C] a special coat which you wear when it is raining 雨衣

ˈ**raindrop** *noun* [C] a single drop of rain 雨点

ˈ**rainfall** *noun* [U] the total amount of rain that falls in a particular place during a month, year, etc（某地在一个月、一年等之中的）雨量: *The annual rainfall in Cairo is less than 3cm.* 开罗的年降雨量不足3厘米。

ˈ**rain forest** *noun* [C] a forest in a tropical part of the world（热带）雨林

☆**rain²** /reɪn ‖ ren/ *verb* [I] (used with *it* 与 it 连用) to fall as rain 下雨；降雨: *Oh no! It's raining again!* 哎呀，又下雨了！○ *Is it raining hard?* 雨下得大吗？○ *We'll go out when it stops raining.* 雨停了我们便出去。

(PHRASAL VERB 短语动词) **rain (sth) off** (usually passive 通常用于被动语态) to stop sth happening because it is raining 因下雨而停止（某事）: *I'm sorry but the picnic has been rained off.* 很抱歉，野餐已因下雨而取消了。

rainbow /ˈreɪnbəʊ ‖ ˈrenˌbo/ *noun* [C] an arch of many colours that sometimes appears in the sky when the sun shines through rain 彩虹: *all the colours of the rainbow* 彩虹的颜色

rain check /ˈreɪn tʃek ‖ ˈrentʃɛk/ *noun* (*US* 美) (IDIOM 习语) **take a rain check on sth** (*informal* 非正式) to refuse an invitation or offer but say that you might accept it later（作为受邀一方这一次不能应邀）下次可接受邀请/改天再来

rainy /ˈreɪnɪ ‖ ˈrenɪ/ (**rainier**; **rainiest**) *adj* having a lot of rain 多雨: *In my country spring is the rainy season.* 我故乡的春天是雨季。

(IDIOM 习语) **keep/save sth for a rainy day** to save money or sth valuable or useful so that you can use it at a later time when you really need to 留下财物等以备不时之需；未雨绸缪

☆**raise¹** /reɪz ‖ rez/ *verb* [T] **1** to lift sth 举起；抬起: *If you want to leave the room raise your hand.* 想离开房间的人，请举手。○ *The captain of the winning team raised the cup in the air.* 获胜球队的队长高举奖杯。**2** to increase sth or to make sth better or stronger 提高；增加；改善；改进: *They've raised their prices a lot since last year.* 从去年起，他们已把价格提高了许多。○ *The hotel needs to raise its standards.* 那旅店需要提高服务水平。○ *There's no need to raise your voice* (= speak angrily). 你不必提高嗓门啊。**3** to get sth; obtain 筹措: *We managed to raise nearly £1 000 for the school at the Christmas bazaar.* 我们在圣诞节义卖中为学校筹得将近1 000英镑。**4** to look after a child until he/she is grown up 养育；抚养；教养: *You can't raise a family on what I earn.* 我所赚的钱不够养家。**5** to make a plant or animal grow so that you can use it 栽种植物/饲养动物（以供使用）: *In New Zealand sheep are raised for meat and wool.* 新西兰人养羊以供给羊肉及羊毛。**6** to introduce a subject that needs to be talked about 提出（讨论的话题）: *I would like to raise the subject of money.* 我想提出金钱方面的问题。○ *This raises the question of why nothing was done before.* 这引出了一个问题，就是为什么以前没有采取任何行动。**7** to cause sth or make sth happen 引致；使发生: *The neighbours raised the alarm when they saw smoke coming out of the window.* 邻居看见浓烟从窗口冒出，就报警求助。

(IDIOM 习语) **raise your eyebrows** to show that you are surprised or that you do not approve of sth（惊讶或不赞同时）抬起眉头

raise² /reɪz ‖ rez/ *noun* [C] (*US* 美) = RISE¹(2)

raisin /ˈreɪzn ‖ ˈrezn̩/ *noun* [C] a dried grape, used in cakes, etc 葡萄干（用于做糕饼等）☛ Look at **sultana**. 参看 **sultana**。

rake /reɪk ‖ rek/ *noun* [C] a garden tool with a long handle, used for collecting leaves or making the earth smooth 耙子（用以聚拢树叶或平整泥土）

rake *verb* [T] to use a rake on sth（用耙子）耙: *to rake up the leaves* 把树叶耙在一起

(PHRASAL VERB 短语动词) **rake sth up** to start talking about sth that it would be better to forget 重提最好忘记的事: *Don't rake up all those old stories again.* 不要再提那些旧事了。

rally¹ /ˈrælɪ ‖ ˈrælɪ/ *noun* [C] (*pl* **rallies**) **1** a race for cars or motor bikes 汽车/摩托车比赛 **2** a meeting of people for a political reason 政治性质的集会: *20 000 people attended the peace rally in Trafalgar Square.* * 20 000人参加了在特拉法尔加广场举行的和平集会。**3** the series of strokes in a game of tennis before a point is won（网球中）得分前的连续击球

rally² /ˈrælɪ ‖ ˈrælɪ/ *verb* (*pres part* **rallying**; *3rd pers sing pres* **rallies**; *pt, pp* **rallied**) **1** [I] to get stronger 恢复健康/力量等: *The pound has rallied against the mark.* 英镑兑马克已回升。**2** [I,T] to come together or to bring people together 聚集；集合；召集；团结: *Mr de Klerk has rallied the party behind him.* 德克勒克先生已使他的党支持他的政策。

(PHRASAL VERB 短语动词) **rally round** to come together to help sb 团结起来提供协助: *When I was in trouble my family rallied round.* 我有麻烦的时候，家人都向我伸出援手。

ram¹ /ræm ‖ ræm/ *noun* [C] a male sheep 公羊 ☛ Look at the note and picture at **sheep**. 参看 **sheep** 的注释及插图。

ram² /ræm ‖ ræm/ *verb* [T] (ra**mm**ing; ra**mm**ed) to crash into sth or push sth with great force（猛烈地）撞/推（向）某物: *The battleship rammed the submarine.* 战舰撞向潜艇。

ramble /ˈræmbl ‖ ˈræmbl̩/ *verb* [I] **1** to walk in the countryside（在郊野）散步/漫步 **2 ramble (on) (about sth)** to talk for a long time in a confused way 拉拉杂杂的闲谈

ramble *noun* [C] an organized walk in the country, usually for a group of people 乡间漫步

rambling *adj* **1** (used about sth written 指文章) not saying things in a clear way; confused 散漫零乱 **2** (used about a building 指建筑物) spreading in many directions 向多个方向伸展；杂乱

ramp /ræmp ‖ ræmp/ *noun* [C] a sloping path which we can use instead of steps to get from one place to another higher or lower place（代替梯级的）斜坡/坡道: *We drove the car up* *the ramp and onto the ship.* 我们把汽车驶上坡道进入船内。

rampage /ræmˈpeɪdʒ ‖ ræmˈpedʒ/ *verb* [I] to rush from one place to another, breaking things and attacking people 横冲直撞: *The football fans rampaged through the town.* 足球迷在城镇里横冲直撞。

rampage /ˈræmpeɪdʒ ‖ ˈræmpedʒ/ *noun* (IDIOM 习语) **be/go on the rampage** to rush around breaking things and attacking people 横冲直撞地砸东西伤人

rampant /ˈræmpənt ‖ ˈræmpənt/ *adj* very common and very difficult to control 普遍而难控制；猖獗: *Car theft is rampant in this town.* 这城镇的汽车盗窃十分猖獗。

ramshackle /ˈræmʃækl ‖ ˈræmʃækl̩/ *adj* (used about a building or a car, etc 指建筑物、汽车等) old and needing repair 破旧；失修

ran *pt* of RUN[1] ＊RUN[1] 的过去时

ranch /rɑːntʃ; *US* 美 ræntʃ ‖ ræntʃ/ *noun* [C] a large farm in the US or Canada, usually where cows or horses are kept（美国或加拿大饲养牛或马的）大牧场/大农场

random /ˈrændəm ‖ ˈrændəm/ *adj* chosen by chance 随机抽样: *a random number, selected by a computer* 由计算机选出的随机数 ○ *For the opinion poll they interviewed a random selection of people in the street.* 他们在街上随意抽出一些人来做民意调查。

(IDIOM 习语) **at random** not in any special order or for any special reason 随意；无规则: *He ran through the town shooting people at random.* 他在城里飞跑而过，向人胡乱开枪射击。○ *The competitors were chosen at random from the audience.* 参赛者是从观众之中随意抽出的。—**randomly** *adv*

randy /ˈrændɪ ‖ ˈrændɪ/ *adj* (*informal* 非正式) sexually excited 性欲冲动

rang *pt* of RING[2] ＊RING[2] 的过去时

☆**range**[1] /reɪndʒ ‖ rendʒ/ *noun* **1** [C] different things that belong to the same group 同一种类之中的一系列/一连串事物: *The course will cover a whole range of topics.* 课程包括一系列的课题。○ *This shop has a very small range of clothes.* 这家商店的衣服款式有限。**2** [C] the amount between certain limits 范围；幅度: *There's a very wide range of ability in the class.* 这班学生的程度参差不齐。○ *That car is outside my price range.* 那汽车的价钱超出我能负担的价格范围。○ *What's the salary range for this job?* 这份工作的薪金幅度是多少？○ *I don't think this game is suitable for all age ranges.* 我不认为这个游戏适合任何年龄的人。**3** [C] a line of mountains or hills 山脉 **4** [U] the distance that it is possible for sb or sth to travel, see or hear, etc 可达到的距离；视力/听力范围: *Keep out of range of the guns.* 不要走进那些枪的射程范围。○ *The gunman shot the policeman at close range.* 枪手在近距离向那名警察开枪。○ *They can pick up signals at a range of 400 metres.* 他们可在400米的范围内接收到信号。

range[2] /reɪndʒ ‖ rendʒ/ *verb* **1** [I] **range between A and B; range from A to B** to stretch from one thing to another, within certain limits 在某范围内；由…伸展至…: *The ages of the students range from 15 to 50.* 学生的年龄从15岁至50岁不等。**2** [T] (usually passive 通常用于被动语态) to arrange things or people in a line 把…排列成行 **3** [I] (used about sth that is written or spoken 指文章或讲话) dealing with a large number of subjects 范围广泛；涉及多个题目: *The discussion ranged widely but we didn't come to any conclusions.* 讨论所涉及的范围很广泛，我们没有得出任何结论。

☆**rank** /ræŋk ‖ ræŋk/ *noun* **1** [C,U] the level of importance that sb has in an organization, particularly the army, or in society 等级；阶级；阶层；军阶: *General is one of the highest ranks in the army.* 将军是军队里最高级的军阶之一。○ *She's much higher in rank than I am.* 她的级别比我高许多。○ *As a writer, he's absolutely first rank.* 作为作家，他绝对是第一流的。**2** [C] a group or line of things or people, especially soldiers 一组/一行/一排（尤指士兵）: *a taxi rank* 一排计程车 **3 ranks** [plural] the ordinary soldiers in the army; the members of any large group（军队的）普通士兵；（群体的）成员: *the ranks of the unemployed* 失业行列

(IDIOM 习语) **the rank and file** the ordinary members of an organization（组织的）普通成员

rank *verb* [I,T] to have or to give a place in an order of importance 评定等级；处于某地位/位置: *She's ranked as one of the world's top players.* 她被列为世界顶尖选手之一。○ *I think Tokyo ranks as one of the world's most expensive cities.* 我相信东京是全世界物价最高的城市之一。○ *a high-ranking police officer* 高级警官

ransom /ˈrænsəm ‖ ˈrænsəm/ *noun* [C,U] the money that you must pay to free sb who has been captured by terrorists or criminals 赎金: *The kidnappers demanded a ransom of £500 000 for the boy's release.* 绑匪要求500 000英镑赎金才释放那男孩子。

(IDIOM 习语) **hold sb to ransom** to capture sb and say that you will not free them until you have received some money 绑架某人以勒索赎金；绑票 ☛ Look at **hostage**. 参看 **hostage**。

rap /ræp ‖ ræp/ *noun* **1** [C] a knock, on a door or window, etc, which is quick and quite loud 在门、窗等上的急促敲打 **2** [C,U] a style or piece of rock music with a strong beat, in which the words of a song are spoken, not sung 一种摇滚乐，其节奏强劲，歌词不是唱出来而是念出来

rap *verb* (ra**pp**ing; ra**pp**ed) **1** [I,T] to hit sth quickly and lightly, making a noise 急促的轻敲 **2** [T] (*informal* 非正式) to criticize sb strongly 强烈批评；抨击: *Minister raps police over rise in crime.* 罪案增加，大臣强烈批评警方。**3** [I] to speak the words of a song (**a rap**) that has music with a very strong beat 以快速节奏念歌词（这种歌曲叫做 **rap**）

rape /reɪp ‖ rep/ *verb* [T] to force a person to have sex when he/she does not want to 强奸

R

rape *noun* [C,U] **1** the act of forcing sb to have sex 强奸：*to commit rape* 犯强奸罪 **2** destroying sth beautiful 蹂躏/破坏（美丽的事物）：*Industry has been responsible for the rape of the countryside.* 工业一直在破坏乡村的环境。

rapist /ˈreɪpɪst ‖ ˈrepɪst/ *noun* [C] a person who is guilty of rape 强奸犯

☆**rapid** /ˈræpɪd ‖ ˈræpɪd/ *adj* happening very quickly or moving with great speed 快；快捷；迅速：*She made rapid progress and was soon the best in the class.* 她进步得很快，不久便成为班中成绩最好的学生。○ *After leaving hospital he made a rapid recovery and was soon back at work.* 出院后，他复原得很快，不久又重新工作了。—**rapidity** /rəˈpɪdətɪ ‖ rəˈpɪdətɪ/ *noun* [U] (*formal* 正式)：*The rapidity of change has astonished most people.* 转变之快令大部分人感到惊讶。—**rapidly** *adv*

rapids /ˈræpɪdz ‖ ˈræpɪdz/ *noun* [plural] the part of a river where the water flows very fast over rocks 急流；湍流

rapture /ˈræptʃə(r) ‖ ˈræptʃɚ/ *noun* [U] a feeling of great joy or happiness 狂喜

(IDIOM 习语) **go into raptures (about/over sb/sth)** to show that you think that sb/sth is very good（为某人/事物）欣喜若狂/着迷：*I didn't like the film much but my boyfriend went into raptures about it.* 我不太喜欢那部电影，但我的男朋友却对它着了迷。

☆**rare**[1] /reə(r) ‖ rɛr/ *adj* not found or seen very often 稀有；罕有；少见：*a rare bird, flower, etc* 稀有的鸟/花朵… ○ *It's very rare to have hot weather like this in April.* 在四月，很少有这样炎热的天气。

rarely *adv* not happening often 很少；难得：*The Queen is rarely seen at football matches.* 女王很少在足球比赛场上露面。

rare[2] /reə(r) ‖ rɛr/ *adj* (used about meat 指肉) not cooked for very long 煮得嫩；不全熟：*a rare steak* 半熟的牛排

raring /ˈreərɪŋ ‖ ˈrɛrɪŋ/ *adj* **raring to do sth** wanting to start doing sth very much 渴望做某事：*They were raring to try out the new computer.* 他们渴望试试那部新计算机。○ *When can we start work on the new project? We're all raring to go* (= very eager to start). 我们什么时候可以开始进行那项新计划呢？我们全都巴不得快些开始。

rarity /ˈreərətɪ ‖ ˈrɛrətɪ/ *noun* (*pl* **rarities**) **1** [U] being unusual or difficult to find 稀有；罕有：*The rarity of this stamp increases its value a lot.* 这枚邮票因罕有而大幅度升值。**2** [C] a thing or a person that is not found very often 罕有的东西/人：*Women lorry drivers are still quite a rarity.* 女货车司机仍然是很少见的。

rascal /ˈrɑːskl; *US* 美 ˈræskl ‖ ˈræskl/ *noun* [C] a dishonest person or a child who does naughty things 不诚实的人；顽皮的小孩 ☛ When you call a person a rascal, it usually means that you are not seriously angry with them. 称人为 rascal 通常并非真正生气。

rash[1] /ræʃ ‖ ræʃ/ *noun* [C, usually sing] **1** an area of small red spots that appear on your skin when you are ill or have been stung by an insect, plant, etc（因病或被昆虫、植物等刺后皮肤上起的）疹：*He came out in a rash where the plant had touched him.* 他给那植物碰到的地方出了红疹。**2** a series of unpleasant events of the same kind happening close together 接连发生的不愉快事情：*There has been a rash of attacks on old people this month.* 这个月有一连串袭击老人的事件发生。

rash[2] /ræʃ ‖ ræʃ/ *adj* **1** doing things that might be dangerous without thinking about it 冲动；鲁莽；轻率行事：*You were very rash to give up your job before you had found another one.* 你还未找到另一份工作就放弃了原来的，真是太鲁莽了。**2** done without much thought 仓促；未经深思熟虑的：*a rash decision* 仓促的决定 ○ *a rash promise* (= one which you cannot keep easily) 轻率的承诺 —**rashly** *adv*

rasher /ˈræʃə(r) ‖ ˈræʃɚ/ *noun* [C] a slice of bacon 咸肉片；熏肉片

raspberry /ˈrɑːzbrɪ; *US* 美 ˈræzberɪ ‖ ˈræzˌbɛrɪ/ *noun* [C] (*pl* **raspberries**) **1** a small, soft, red fruit which grows on bushes 悬钩子：*raspberry jam* 悬钩子果酱 **2** a rude sound that you make with your mouth to show sb that you think they are stupid 表示鄙夷的声音：*to blow a raspberry at sb* 向某人发出呸声

☆**rat** /ræt ‖ ræt/ *noun* [C] an animal like a large mouse 大鼠 ☛ Rats belong to the family of animals that are called **rodents**. 大鼠属啮齿类动物 (**rodent**)。If you call a person a **rat** it means that you have a very low opinion of them. 称人为 **rat**，表示对这人的评价甚低。

(IDIOM 习语) **rat race** the way of life in which everyone is rushing to be better or more successful than everyone else 人与人的激烈竞争

☆**rate**[1] /reɪt ‖ ret/ *noun* [C] **1** a measurement of one amount or of how fast or how often sth is happening in relation to another amount 率；比率：*The birth rate is falling.* 出生率在下降。○ *a rise in the annual rate of inflation from 6 to 7%* 年通货膨胀率由百分之六升至百分之七 ○ *The population increased at the rate of less than 0.5% a year.* 每年的人口增长率不到百分之零点五。○ *an exchange rate of one pound to ten francs* 一英镑兑十法郎的汇率 **2** the amount that sth costs or that sb is paid 费用；价格：*The higher rate of income tax is 40%.* 较高的所得税率是百分之四十。○ *The basic rate of pay is £10 an hour.* 基本工资一小时10英镑。☛ Look at **first-rate** and **second-rate**. 参看 **first-rate** 及 **second-rate**。

(IDIOMS 习语) **at any rate 1** (used when you are giving more exact information about sth 用于补充更确切的资料)：*He said that they would be here by ten. At any rate, I think that's what he said.* 他说过他们在十时到达这里。反正，我想他是这样说的。**2** whatever else might happen 无论如何；不管怎样：*Well, that's one good piece of news at any rate.* 好了，无论如何，总算有个好消息。

the going rate (for sth) ⇨ GOING[2]

rate[2] /reɪt ‖ ret/ *verb* [T] **1** to say how good you think sb/sth is 评价：*She's rated among the best tennis players of all time.* 她被评为有史

以来最佳的网球选手之一。**2** to deserve or to get sth 值得；应得: *The accident wasn't very serious – it didn't rate a mention in the local newspaper.* 那宗意外并不太严重，不值得在本地报纸上一提。

☆**rather** /ˈrɑːðə(r); *US* 美 ˈræ- ‖ ˈræðɚ/ *adv* quite; to some extent 很；颇；相当程度上: *It was a rather nice present.* 那是份很好的礼物。○ *It was rather a nice present.* 那是份很好的礼物。○ *No, I didn't fail the exam, in fact I did rather well.* 不，考试我并没有不及格，其实我考得很好。○ *I'm afraid I owe her rather a lot of money.* 我恐怕我欠她很多钱。○ *He spoke rather too quickly for me to understand.* 他说话太快了，我听不明白。○ *It's rather a pity that you can't come tomorrow.* 明天你不能来，太可惜了。○ *I was rather hoping that you'd be free on Friday.* 我很希望你星期五有空。☛ **Fairly**, **quite**, **rather** and **pretty** can all mean 'not very', or 'moderately'. ∗ **fairly**、**quite**、**rather** 及 **pretty** 均表示"不太"或"适度"。**Fairly** is the weakest. ∗ **fairly** 的程度最浅。**Rather** and **pretty** (informal) are the strongest. ∗ **rather** 及 **pretty**（非正式）的程度最深。**Fairly** is mostly used with words that are positive ∗ **fairly** 大多与正面的词连用: *This room was fairly tidy.* 这房间颇为整洁。**Rather** is used when you are criticizing sth ∗ **rather** 用于批评: *This room's rather untidy.* 这房间很凌乱。If you use **rather** with a positive word, it sounds as if you are surprised or pleased ∗ **rather** 若与正面的词连用，则令人觉得含有惊讶或高兴的意思: *The new teacher is rather nice. I'm surprised – he didn't look very friendly.* 新老师人很好。我感到意外——他样子不太友善呢。

(IDIOMS 习语) **or rather** a way of correcting sth you have said, or making it more exact（用于更正或进一步说清楚刚才说的话）: *She lives in London, or rather she lives in a suburb of London.* 她住在伦敦，更确切地说，是伦敦近郊。

rather than in the place of; instead of 取代；代替: *I think I'll just have a sandwich rather than a full meal.* 我只想要一份三明治，不要整份餐。

would rather... (than) would prefer to 宁愿: *'How old are you?' 'I'd rather not say.'* "你年纪有多大？""我不想说。" ○ *Would you rather eat at home tonight or go to a restaurant?* 今晚你喜欢在家里吃饭，还是上餐馆呢？

rating /ˈreɪtɪŋ ‖ ˈretɪŋ/ *noun* [C] **1** a measurement of how popular or how good sth is 受欢迎程度；质量的等级: *The government's popularity rating has fallen sharply.* 政府的受欢迎程度已大减。**2** usually 通常作 **the ratings** a measurement of the number of people who have watched a TV programme, etc（电视节目等的）收视率/收听率: *Soap operas are always high in the ratings.* 肥皂剧收视率经常都很高。

ratio /ˈreɪʃɪəʊ ‖ ˈreʃɪˌo/ *noun* [C] the relation between two numbers which shows how much bigger one quantity is than another 比例；比率: *The ratio of boys to girls in this class is three to one* (= there are three times as many boys as girls). 这班的男生与女生的比例是三比一。

ration /ˈræʃn ‖ ˈræʃən/ *noun* [C] the amount of food, petrol, etc that you get when there is not enough for everybody to get as much as they want 配给量: *During the war our bread ration was three loaves a week.* 在战争期间，我们的面包配给量是一星期三条。

ration *verb* [T] to give people only a small amount of sth, not as much as they want 配给: *In the desert water is strictly rationed.* 在沙漠，水的配给很严格。—**rationing** *noun* [U]: *In the oil crisis of 1973 the government introduced petrol rationing.* ∗ 1973 年石油危机期间，政府实施了汽油定量配给。

rational /ˈræʃnəl ‖ ˈræʃənḷ/ *adj* **1** (used about a person 指人) able to use thought to make decisions, not just feelings 理性的；理智: *We're both rational human beings – let's sit down and talk about the problem.* 我俩都是理智的人——让我们坐下来谈谈这个问题。☛ The opposite is **irrational**. 反义词为 **irrational**。**2** based on reason; sensible or logical 基于理性；合理: *There must be a rational explanation for why he's behaving like this.* 他为什么有这样的表现，一定要有合理的解释。—**rationally** *adv*

rationalize (*also* 亦作 **rationalise**) /ˈræʃnəlaɪz ‖ ˈræʃənḷˌaɪz/ *verb* **1** [I,T] to find reasons that explain why you have done sth (perhaps because you do not like the real reason) 辩解；找借口: *She rationalized her decision to buy the car by saying that it would save money on bus fares.* 她为买车的决定辩解，说可以省下搭乘公共汽车的车费。**2** [T] to make a business, etc better organized（使企业等）合理化 —**rationalization** (*also* 亦作 **rationalisation**) /ˌræʃnəlaɪˈzeɪʃn; *US* 美 -lɪˈz- ‖ ˌræʃənəlɪˈzeʃən/ *noun* [C,U]

rattle[1] /ˈrætl ‖ ˈrætḷ/ *verb* **1** [I,T] to make a noise like things hitting each other or to shake sth so that it makes this noise（使）发出连续的碰撞声: *The windows were rattling all night in the wind.* 窗子整晚被风刮得格格作响。○ *He rattled the money in the tin.* 他把罐内的钱摇得当当响。**2** [T] (*informal* 非正式) to make sb unsure and afraid 使不安/惊慌: *The news of his arrival really rattled her.* 他到来的消息使她惶恐不安。

(PHRASAL VERB 短语动词) **rattle off** to say a list of things you have learned very quickly 很快地背诵: *She rattled off the names of every player in the team.* 她一口气说出了队中每个球员的名字。

rattle[2] /ˈrætl ‖ ˈrætḷ/ *noun* **1** [C,sing] a noise made by things hitting each other 连续的碰撞声: *There's a funny rattle coming from the back of the car.* 一阵古怪的碰撞声从车的后面传来。**2** [C] a toy that a baby can shake to make a noise 拨浪鼓

raucous /ˈrɔːkəs ‖ ˈrɔkəs/ *adj* (used about people's voices 指嗓音) loud and rough 粗犷: *The raucous laughter of the men in the bar could be heard across the road.* 在马路的另一边也可听到酒吧间里那些男子粗犷的笑声。

R

ravage /ˈrævɪdʒ ‖ ˈrævɪdʒ/ *verb* [T] to damage sth very badly 严重破坏；毁坏：*The forests were ravaged by the winter storms.* 森林被冬季风暴严重地破坏了。

rave /reɪv ‖ rev/ *verb* [I] **1 rave (about sb/sth)** (*informal* 非正式) to praise sb/sth very much 大力赞扬：*Everyone's raving about her latest record!* 人人都对她的最新唱片赞不绝口。**2** to speak angrily or wildly 愤怒地/胡乱地说话

raving *adj* (*informal* 非正式) acting in a wild, uncontrolled way 疯；狂乱：*I think you're all raving mad!* 我认为你已完全疯了！

ˌ**rave reˈview** *noun* [C] an article in a newspaper, etc that praises a book, film, record, etc very much（报纸等中对书、电影、唱片等）高度赞扬的文章

raven /ˈreɪvn ‖ ˈrevən/ *noun* [C] a large black bird, like a crow, that has a harsh voice 渡鸦（一种像乌鸦的大黑鸟，叫声低沉）

ravenous /ˈrævənəs ‖ ˈrævənəs/ *adj* very hungry 饿极：*After spending the whole day walking we were ravenous.* 走了一整天的路，我们都饿极了。—**ravenously** *adv*

R

ravine /rəˈviːn ‖ rəˈvin/ *noun* [C] a narrow deep valley with steep sides 沟壑

☆**raw** /rɔː ‖ rɔ/ *adj* **1** not cooked 生；未经烹调：*The Japanese eat raw fish.* 日本人吃生鱼片。○ *Raw vegetables are good for your teeth.* 生吃蔬菜对牙齿有益。**2** used about an injury where the skin has been rubbed away（指伤口）擦破了皮：*There's a nasty raw place on my heel where my shoes have rubbed.* 我的足跟上有一块给皮鞋严重磨破的伤口。**3** in the natural state 处于自然状态；未经加工：*raw sugar* 原糖 ○ *raw materials* (= that are used to make things with, in factories, etc) 原料

☆**ray** /reɪ ‖ re/ *noun* [C] a line of light, heat or energy（光、热或能源的）线/射线：*A single ray of light came through a hole in the roof.* 一缕光线从屋顶的孔射进来。○ *the rays of the sun* 一缕一缕的太阳光 ☛ Look at **X-ray**. 参看 **X-ray**。

(IDIOM 习语) **a ray of hope** a small chance that things will get better 一线希望

☆**razor** /ˈreɪzə(r) ‖ ˈrezɚ/ *noun* [C] a sharp instrument which people use to cut off the hair from their skin (= to **shave**) 剃刀；刮胡刀（剃毛发叫做 **shave**）：*an electric razor* 电动剃刀

ˈ**razor-blade** *noun* [C] the thin sharp piece of metal that you put in a razor 剃刀刀片

☆**reach** /riːtʃ ‖ ritʃ/ *verb* **1** [T] to arrive at a place or condition 到达；抵达；达至；达到：*The letter will reach you on Wednesday.* 那封信会在星期三寄到你手上。○ *We won't reach Dover before 12.* 我们在12点前到不了多佛尔。○ *Tell me when you have reached the end of the book.* 看完书就告诉我。○ *Anyone who has reached the age of 60 knows something about the world.* 一个人活到60岁，自然对这个世界有些了解。○ *Sometimes the temperature reaches 45°C.* 气温有时达到45摄氏度。○ *We finally reached an agreement after hours of discussion.* 经过几小时的讨论，我们终于达成协议。○ *Have you reached a decision yet?* 你作出了决定没有？**2** [I,T] **reach (out) (for sb/sth)** to stretch out your arm to try and touch sth or get sth 伸手（接触或取…）：*The child reached for her mother.* 小孩把手伸向母亲。○ *The monkey reached out its hand for the banana.* 猴子伸手拿香蕉。○ *She reached into her bag for her purse.* 她把手伸进提包里拿钱包。**3** [I,T] to be able to touch sth 够得着（某物）：*Can you get me that book off the top shelf? I can't reach.* 你可以替我拿书架最上层那本书吗？我够不着。○ *He couldn't reach the light switch.* 他够不着电灯开关。○ *I need a longer ladder. This one won't reach.* 我需要较高的梯子，用这把够不着我要的东西。**4** [T] to contact sb 联络：*You can reach me at this number.* 你可以拨这个号码找我。○ *She can't be reached until Monday morning.* 直到星期一早上才能和她联络上。

reach *noun* [U] the distance that you can stretch 伸手可达到的距离

(IDIOMS 习语) **beyond/out of (sb's) reach 1** outside the distance that you can stretch your arm 在伸手够不着的距离：*Keep this medicine out of reach of children.* 将这药放在儿童拿不到的地方。**2** not able to be got or done by sb 不能得到或做到；能力范围以外：*A job like that is completely beyond his reach.* 像那样的一份工作他完全不能胜任。

within (sb's) reach 1 inside the distance that you can stretch your arm 在伸手可及的距离：*The boat's almost within reach. I can nearly touch it now.* 小艇差不多伸手可及，现在我几乎够得着它。○ *Always keep a glass of water within reach.* 经常放一杯水在伸手可及的地方。**2** able to be got or done by sb 能够得到或做到；能力范围以内：*Becker led by five games to two – victory was almost within reach!* 贝克尔以五局比二局领先——胜利在望了！

within (easy) reach of sth not far from 离某处不远：*The school is within easy reach of the house.* 学校离这所房子很近。

☆**react** /rɪˈækt ‖ rɪˈækt/ *verb* [I] **1 react (to sb/sth)** to do or say sth because of sth that has happened or been said 作出反应；回应：*If she's rude I won't react. I don't want an argument.* 如果她粗鲁无礼，我不会理她。我不想吵架。○ *He wasn't sure how to react to the news.* 消息传来之后他不知道该怎么办。**2 react (against sb/sth)** to behave or talk in a way that shows that you do not like the influence of sb/sth (eg authority, your family, etc) 反对/反抗（当权者、家庭等）：*She reacted against the strict way she had been brought up.* 她反抗那种管教她的严厉方式。

☆**reaction** /rɪˈækʃn ‖ rɪˈækʃən/ *noun* **1** [C,U] **(a) reaction (to sb/sth)** sth that you do or say because of sth that has happened or been said 反应；回应：*Could we have your reaction to the latest news, Minister?* 部长先生，能不能告诉我们你对这个最新消息有什么看法？○ *a hostile reaction* 敌对反应 ○ *I shook him to try and wake him up but there was no reaction.* 我摇摇他想把他弄醒，但他没有反应。**2** [C,U] **(a) reaction (against sb/sth)** behaviour that shows that you do not like the influence of sb/sth (eg authority, your family, etc)（对当权者、家庭等的）反抗/反对: *Her strange clothes are a reaction against the conservative way she was brought up.* 她穿奇装异服是要对她自小接受的保守的教养方式表示反抗。**3** [C, usually pl] the physical ability to act quickly when sth happens 本能的反应: *If the other driver's reactions hadn't been so good, there would have been an accident.* 如果另外那个司机的反应不这么快，早就发生意外了。

reactionary /rɪ'ækʃənrɪ; *US* 美 -ənerɪ ‖ rɪ'ækʃənˌɛrɪ/ *adj* trying to prevent (political) progress or change 反动；企图妨碍（政治）进步/改革

reactionary *noun* [C] (*pl* **reactionaries**) a person who tries to prevent (political) progress or change 反动分子；企图妨碍（政治）进步/改革的人: *The reactionaries in the party want to bring back hanging.* 政党内的反动分子想恢复绞刑。

reactor /rɪ'æktə(r) ‖ rɪ'æktɚ/ *noun* [C] = NUCLEAR REACTOR

☆**read** /ri:d ‖ rid/ *verb* (*pt, pp* **read** /red ‖ rɛd/) **1** [I,T] to look at words and understand them 读；阅读；看得懂: *In their first years at school, children learn to read and write.* 孩子们入学的头几年都学习读书和写字。○ *Don't interrupt me, I'm reading.* 不要打断我，我在看书。○ *Have you read any good books lately?* 最近有没有看过什么好书？○ *I read an interesting article about Japan recently.* 我最近看过一篇关于日本的有趣文章。○ *I read in the paper that they've found a cure for migraine.* 我读报得知他们找到了一种医治偏头痛的方法。**2** [I,T] **read (sb) (sth); read sth (to sb)** to say written words to sb 朗读；看着文字念出声音: *My father used to read me stories when I was a child.* 小时候父亲经常给我读故事。○ *Read that sentence to me again, I didn't understand it.* 再给我读一次那句子，我不明白。○ *I hate reading out loud.* 我讨厌大声朗读。**3** [T] to be able to see and understand sth 看明白: *I can't read the clock – I haven't got my glasses on.* 我看不清楚时钟——我没有戴眼镜呢。○ (*figurative* 比喻) *She doesn't know what you're thinking. She can't read your mind.* 她不知你在想什么——她无法识透你的心思。**4** [I] to show sth; to have sth written on it 标明；显示；写着: *The sign read 'Keep Left'.* 标志写着"靠左行驶"。○ *What does the thermometer read?* 温度计的读数是多少？

(PHRASAL VERBS 短语动词) **read on** to continue reading; to read the next part(s) of sth 继续读；看下去: *If you read on, you'll find that the story gets exciting.* 你继续看下去，就会觉得故事情节越来越紧张。

read sth into sth to think that there is meaning in sth that it may not really have 假想有其他含意: *Don't read too much into the letter. They're only asking you for an interview, not offering you the job.* 不要把信的内容理解得太主观，他们只是叫你去面试而不是给你工作。

read sth out to read sth to other people 朗读；宣读；诵读

read /ri:d ‖ rid/ *noun* [sing] (*informal* 非正式) a period or an act of reading 阅读（的时间）: *I had a quick read of the newspaper during breakfast.* 吃早餐时，我匆匆看了一下报纸。☛ A writer or book that is interesting is **a good read**. 有趣的书或其作者叫做 **a good read**。

readable /'ri:dəbl ‖ 'ridəbḷ/ *adj* **1** able to be read 可读: *machine-readable data* 机器可读数据 ☛ Look at **legible**. 参看 **legible**。**2** easy or pleasant to read 读起来有趣味；容易读

☆**reader** /'ri:də(r) ‖ 'ridɚ/ *noun* [C] **1** a person who reads sth (a particular newspaper, magazine, type of book, etc) 读者 **2** (with an adjective 与形容词连用) a person who reads (in a particular way) 以某方式阅读的人: *a fast/slow reader* 看书看得快/慢的人 **3** a book for practising reading 读本；用作阅读练习的书

readership *noun* [sing] the number of people who regularly read a particular newspaper, magazine, etc（报章、杂志等的）读者人数

☆**reading** /'ri:dɪŋ ‖ 'ridɪŋ/ *noun* [U] **1** what you do when you are reading 读；阅读: *I haven't had time to do much reading lately.* 最近我没有时间多看书。○ *On the form she described her interests as reading and tennis.* 她在表格上写了她的兴趣是阅读和打网球。○ *This report makes interesting reading* (= reading it is an interesting thing to do). 这报告读起来很有趣。**2** the figure or measurement that is shown on an instrument（仪器上显示的）读数: *a reading of 20* 读数是20

readjust /ˌri:ə'dʒʌst ‖ ˌriə'dʒʌst/ *verb* **1** [I,T] **readjust (to sth)** to get used to being in a situation again that you have been in before 重新适应: *After her divorce, it took her a long time to readjust to being single again.* 她离婚后花了好一段时间来重新适应单身生活。**2** [T] to change the position or organization of sth again in order to make it correct 重新调节；重新调整

readjustment *noun* [C,U] the act of readjusting(1,2) 重新适应；重新调节；重新调整

☆**ready** /'redɪ ‖ 'rɛdɪ/ *adj* **1 ready (for sb/sth); ready (to do sth)** prepared and able to be used or to do sth 准备好；准备就绪: *Dinner will be ready in ten minutes.* 晚饭十分钟后准备好。○ *The car will be ready for you to collect on Friday.* 你星期五可以来取汽车。○ *He isn't ready for his driving test, he hasn't had enough lessons.* 他上课不足，还未准备好接受驾驶执照考试。○ *I can't talk now, I'm getting ready to go out.* 现在我没法谈，我正准备出去。**2 ready to do sth** willing to do sth 愿意；乐于: *You know me – I'm always ready to help.* 你是知道的，我随时都乐意帮忙。**3** in a place which makes it possible for you to use or reach it easily and quickly 在手头；在可及的范围内: *Have your money ready before you get on the bus.* 上公共汽车前先准备好车费。

readily /-ɪlɪ ‖ -ɪlɪ/ *adv* **1** easily, without difficulty 容易；轻易；没有困难: *Most vegetables are readily available at this time of year.* 这季节很容易买到大部分蔬菜。**2** without hesitating

毫不犹豫: *He readily admitted that he was wrong.* 他毫不犹豫地承认自己错了。

readiness /ˈredɪnɪs ‖ ˈrɛdɪnɪs/ *noun* [U] **1** the state of being ready or prepared 准备就绪 **2** willingness 愿意；乐意: *The bank have indicated their readiness to lend him the money.* 银行已表示愿意借钱给他。

ready *adv* (before a past participle 用于过去分词前) already; previously 预先；已经: *ready-cooked food* 预先烹调好的食物

ˌready-ˈmade *adj* already prepared and ready for use, not made especially for you 预先制成；现成: *You can buy ready-made reading glasses now.* 现在可以买到现成的老花眼镜。○ (*figurative* 比喻) *He always has a ready-made answer to every question.* 他对每个问题总有现成的答案。

☆**real** /rɪəl ‖ ˈrɪəl/ *adj* **1** actually existing, not imagined 现实的；存在的: *The film is based on real life.* 那部电影取材于现实生活。○ *This isn't a real word, I made it up.* 这个词不是真有的，是我编造出来的。**2** actually true, not what may appear to be true 真；真正；真实: *The name he gave to the police wasn't his real name.* 他给警方的姓名并不是他的真实姓名。○ *She said she had missed the bus, but that's not the real reason why she was late.* 她说错过了那班公共汽车，但那不是她迟到的真正原因。**3** natural, not imitation or artificial 天然；不是仿制或人造的: *This shirt is real silk.* 这衬衫是真丝制的。**4** (used when you are making what you say stronger, usually when you are saying how bad sth is 用以加强语气，尤其强调反面的意思) big; complete 重大；完全: *The meal I cooked was a real disaster.* 我做的那顿饭真是糟透了。○ *Money is a real problem for us at the moment.* 目前金钱对我们来说是个大问题。

(IDIOM 习语) **the real thing 1** something genuine, not an imitation 真迹；原作；非赝品: *This painting is just a copy. The real thing is in a gallery.* 这幅画只是复制品，原作藏于美术馆内。**2** the truest and best example of sth 最真及最佳的一个: *She's had boyfriends before but this time she says it's the real thing* (= real love). 她曾经有过一些男朋友，但她说这个才是真心所爱的。

real *adv* (*US informal* 美，非正式) very; really 非常；真正: *It was real kind of you to help me.* 非常感激你帮了我的忙。

ˈ**real estate** *noun* [U] property that cannot be moved, such as land and buildings 不动产；房地产

ˈ**real estate agent** *noun* [C] (*US* 美) = ESTATE AGENT

realism /ˈrɪəlɪzəm ‖ ˈrɪəlˌɪzəm/ *noun* [U] **1** behaviour that shows that you accept the facts of a situation and are not too influenced by your feelings 实事求是的态度 **2** (in art, literature, etc 艺术、文学等) showing things as they really are 现实主义；写实主义

realist *noun* [C] a person who accepts the facts of life and situations, and who thinks and behaves according to them 实事求是的人: *I'm a realist, I don't expect the impossible.* 我是个实事求是的人，不会期望发生不可能的事。

realistic /ˌrɪəˈlɪstɪk ‖ ˌrɪəˈlɪstɪk/ *adj* **1** accepting the facts of a situation (not believing or making yourself believe that they are different) 实事求是；现实: *Be realistic! You're not going to get a job like that without qualifications.* 现实点吧！没有学历是找不到那样一份工作的。○ *a realistic price* 合乎实际的价格 **2** showing things as they really are 写实: *a realistic description of the lives of ordinary people in London* 伦敦市民生活的真实写照 **3** not real but appearing to be real 逼真；栩栩如生: *The monsters in the film were very realistic.* 电影中的怪物很逼真。☛ The opposite for **1**, **2** and **3** is **unrealistic**. 第 1、2、3 义的反义词为 **unrealistic**。—**realistically** /-klɪ ‖ -klɪ/ *adv*: *Think about your future realistically.* 现实地想想你的将来。

☆**reality** /rɪˈælətɪ ‖ rɪˈælətɪ/ *noun* (*pl* **realities**) **1** [U] the way life really is, not the way it may appear to be or what you would like it to be 现实: *It's been a lovely holiday but now it's back to reality.* 这是个愉快的假期，但现在要返回现实了。**2** [C] the way sth really is when you experience it 事实；实际情况: *We had hoped that things would get easy but the reality was very different.* 我们原以为事情会好办一些，但事实却相差很远。○ *The realities of living in a foreign country were too much for Susie and she went home.* 苏茜受不了国外的生活，于是返回家乡。**3** [C] something that really exists, not sth that is imagined 真实存在的事物: *Death is a reality that everyone has to face eventually.* 死亡是人人最终都要面对的现实。

(IDIOM 习语) **in reality** in fact, really (not the way sth appears or has been described) 事实上；实际上: *People say this is an exciting city but in reality it's rather boring.* 人们说这是个充满刺激的城市，事实上却很沉闷。

☆**realize** (*also* 亦作 **realise**) /ˈrɪəlaɪz ‖ ˈrɪəˌlaɪz/ *verb* [T] **1** to know and understand that sth is true or that sth has happened 明白/了解到: *I'm sorry I mentioned the subject, I didn't realize how much it upset you.* 我很抱歉提及那话题，我不知道会使你这样生气的。○ *Do you realize how much work I've done today?* 你知道今天我做了多少工作吗？**2** to become aware of sth or that sth has happened, usually some time later 察觉；发觉；意识到: *When I got home, I realized that I had left my keys at the office.* 我回到家里，才发觉把钥匙忘在办公室里了。○ *I'm beginning to realize that this job isn't as easy as I thought it was.* 我开始发觉这份工作并不像我想的那么容易。**3** to make sth (an ambition, hope, etc) become reality 实现（抱负、希望等）: *She finally realized her ambition to see the Taj Mahal.* 她终于实现了她的心愿，参观了泰吉·马哈尔陵。

realization (*also* 亦作 **realisation**) /ˌrɪəlaɪˈzeɪʃn; *US* 美 -lɪˈz- ‖ ˌrɪələˈzeʃən/ *noun* [U] the act of realizing sth 理解；明白；察觉；实现: *He was suddenly hit by the realization that he might die.* 他突然意识到他可能会死。○ *Becoming Managing Director was the realization of all her dreams.* 成为总经理，她所有的梦想都实现了。

☆**really** /ˈrɪəlɪ ‖ ˈrɪəlɪ/ *adv* **1** actually; in fact; truly 确实；事实上；真正: *I couldn't believe it was really happening.* 我无法相信这事真的发生了。○ *He said that he was sorry but I don't think he really meant it.* 他说他很抱歉，但我不认为他是真心的。○ *She wasn't really angry, she was only pretending.* 她不是真的生气，只是假装而已。○ *Is it really true?* 真有其事吗？ **2** very; very much 非常；十分: *I'm really tired.* 我非常累。○ *He really enjoys his job.* 他十分喜爱他的工作。○ *Are you really sure?* 你十分肯定吗？○ *I really tried but I couldn't do it.* 我已很努力尝试，但是干不来。**3** (used as a question for expressing surprise, interest, doubt, etc 用作问句，表示惊奇、感兴趣、怀疑等): *'She's left her husband.' 'Really? When did that happen?'* "她离开了丈夫。" "真的吗？是在什么时候发生的？" ○ *'He's a very happy person.' 'Really? I've never seen him smile.'* "他是个很快乐的人。" "真的吗？我从没有见过他笑。" **4** (used in questions when you are expecting sb to answer 'No' 用于问句中，预料对方作出否定的回答): *You don't really expect me to believe that, do you?* 你不是真的以为我会相信吧？

realm /relm ‖ rɛlm/ *noun* [C] (*formal* 正式) a country that has a king or queen 王国（有国王/女王的国家）

Realtor /ˈrɪəltə(r) ‖ ˈriəltɚ/ *noun* [C] (*US* 美) (*trade mark* 商标) = ESTATE AGENT

reap /riːp ‖ rip/ *verb* [T] to cut and collect a crop (corn, wheat, etc) 收割（谷物、小麦等）: (*figurative* 比喻) *Work hard now and you'll reap the benefits later on.* 现在努力工作，不久就会有所收获。

reappear /ˌriːəˈpɪə(r) ‖ ˌriəˈpɪr/ *verb* [I] to appear again or be seen again 再出现: *If any signs of the illness reappear, see your doctor immediately.* 如果再有任何病征出现，立即找你的医生诊治。—**reappearance** /-rəns ‖ -rəns/ *noun* [C,U]

reappraisal /ˌriːəˈpreɪzl ‖ ˌriəˈprezl̩/ *noun* [C,U] the examination of sth (a situation, way of doing sth, etc) in order to decide whether any changes are necessary 重新估计/研究

☆**rear**[1] /rɪə(r) ‖ rɪr/ *noun* [sing] **1 the rear** the back part 后部；后面: *Smoking is only permitted at the rear of the bus.* 只准许在公共汽车的后部吸烟。○ *I only saw him from the rear* (= from behind). 我只看到他的背面。**2** the part of your body that you sit on; bottom 臀部；屁股

(IDIOM 习语) **bring up the rear** to be the last one in a race, parade, etc（赛跑、游行等）跑/走在最后: *At the moment the British runner is bringing up the rear.* 此刻英国的选手跑在最后的位置。

rear *adj* (used especially about parts of a car 尤指汽车的部件) placed at the back 在后部；在后面: *the rear window* 后窗 ○ *rear lights* 尾灯

rear[2] /rɪə(r) ‖ rɪr/ *verb* **1** [T] to care for and educate children 教养；养育；抚养: *This generation of children will be reared without fear of war.* 这一代的儿童将在没有战争恐惧的情况下养育成人。**2** [T] to look after animals on a farm, etc 饲养（动物）: *They rear ducks in their garden.* 他们在花园里饲养鸭子。**3** [I] **rear (up)** (used about horses 指马匹) to stand on the back legs 用后腿站立

rearrange /ˌriːəˈreɪndʒ ‖ ˌriəˈrendʒ/ *verb* [T] **1** to change a plan, appointment, etc that has been fixed 更改/改变（计划、约会等）: *The match has been rearranged for next Wednesday.* 那场比赛已改为下星期三举行。**2** to change the way that sth is organized or arranged 重新整理；重新安排: *We've rearranged the living-room to make more space.* 我们重新布置了客厅，好腾出更多的空间。

☆**reason**[1] /ˈriːzn ‖ ˈrizn̩/ *noun* **1** [C,U] **reason (for sth/for doing sth); reason (why.../that...)** the cause of sth; sth that explains why sth happens or exists 原因；理由: *What's your reason for being so late?* 你迟到了这么久有什么原因？○ *Is there any reason why you couldn't tell me this before?* 为什么你以前没有告诉我这件事，是不是有什么原因？○ *The reason that I'm phoning you is to ask a favour.* 我打电话给你是想请你帮忙。○ *For some reason or another they can't give us an answer until next week* (= I don't know what the reason is). 由于某种原因，他们要到下星期才能给我们答复。○ *She left the job for personal reasons.* 她因私人理由离职了。**2** [C,U] **reason (for sth) (to do sth)** something that shows that it is right or logical to do sth 充分/合理的理由: *I think we have reason for complaint.* 我认为我们有充分理由作出投诉。○ *There is a reason for doing things this way – it's cheaper.* 这样做是有理由的——这样比较便宜。○ *I chose this colour for a reason* (= the reason was important). 我选了这个颜色是有理由的。○ *He had no reason to be rude to me, I hadn't been rude to him.* 他没有理由对我无礼，我从没有对他无礼过。○ *You have every reason* (= you are completely right) *to be angry, considering how badly you've been treated.* 你受到那样恶劣的对待，完全有理由生气。○ *I have reason to believe that you've been lying.* 我有理由相信你一直在说谎。**3** [U] the ability to think and to make sensible decisions 理智；理性: *I tried to persuade him not to drive but he just wouldn't listen to reason.* 我试过劝他不要驾车，但他就是不听劝说。

(IDIOMS 习语) **make sb see reason** to persuade sb not to continue acting in a stupid or extreme way 劝某人不要继续愚蠢或极端的行为: *They were determined to have a fight and nobody could make them see reason.* 他们决意要大打出手，没有人能劝阻。

(do anything) in/within reason if it is not too extreme or completely unacceptable（只要）合理/可接受: *I'll pay anything within reason for a ticket.* 只要价钱合理，我就会购票。

reason[2] /ˈriːzn ‖ ˈrizn̩/ *verb* [T] to form a judgement or opinion, after thinking about sth in a logical way 推断；推论；推理

(PHRASAL VERB 短语动词) **reason with sb** to talk to sb in order to persuade him/her to behave or think in a more reasonable or less extreme way 与某人讲道理；劝服某人诉诸理性: *The police tried to reason with the gunman but he refused to give them his gun.* 警方试行劝说枪手，但他拒绝交枪。

reasoning *noun* [U] **reasoning (behind sth)** the process of thinking and making a judgement or decision（事情的）前因后果/来龙去脉: *What's the reasoning behind his sudden decision to leave?* 他突然决定离开，背后有什么原因？

☆**reasonable** /'ri:znəbl ‖ 'riznəbḷ/ *adj* **1** (used about people 指人) willing to listen to other people's opinions; not asking too much; fair 讲道理；无过分的要求；公平: *You're not being reasonable – I can't change all my plans for you.* 你不讲道理，我不能为了你改变所有计划。○ *I tried to be reasonable even though I was very angry.* 虽然我很生气，但我仍尽量讲理。**2** (used about actions, decisions, etc 指行动、决定等) resulting from good reasons; logical 有道理；合理；合逻辑: *That seems a reasonable decision in the circumstances.* 以客观环境看来，那是个合理的决定。**3** (used about opinions or about what you expect people to do 指意见或要求) not expecting too much; fair 不过分；合情合理；公平: *I think it's reasonable to expect people to keep their promises.* 我认为要求人们遵守承诺是合乎情理的。**4** (used about a price 指价格) not too high; not higher than it should be 不太高；合理；公道: *It was a lovely meal and the bill was very reasonable!* 这顿饭很不错，而价钱也很公道。○ *'How much do you want for the car?' 'About £1 000.' 'Well, that seems a reasonable price.'* "你的车要卖多少钱？" "大约1 000英镑。" "嗯，那似乎是个公道的价钱。"
☛ The opposite for **1, 2, 3** and **4** is **unreasonable**. 第 **1**、**2**、**3**、**4** 义的反义词为 **unreasonable**。**5** quite good; not bad 尚好；不错: *His work is of a reasonable standard.* 他的工作水准还过得去。**6** (used about amounts or numbers 指数量或数目) not very large 不太大: *They've got a reasonable amount of money but they certainly aren't rich.* 他们尚算有钱，但肯定谈不上富有。

reasonably /-əblɪ ‖ -əblɪ/ *adv* **1** fairly or quite (but not very) 相当；颇: *The weather was reasonably good but not brilliant.* 天气还过得去，但阳光不算灿烂。**2** in a reasonable way 合理地: *If you think about my suggestion reasonably, you'll realize that I'm right.* 如果你理智地考虑我的提议，就会明白我是对的。

reassure /ˌri:ə'ʃɔ:(r); *US* 美 -'ʃʊər ‖ ˌriə'ʃur/ *verb* [T] to say or do sth in order to make sb feel less frightened, worried or nervous 安慰；使放心/安心: *I keep trying to reassure my parents that there are no problems at school, but they just don't believe me.* 我向父母一再保证在学校里没有问题，但他们就是不相信我。

reassurance /-rəns ‖ -rəns/ *noun* **1** [U] the act of reassuring or being reassured 安慰；安心: *I don't think there's anything wrong with you but go to another doctor for reassurance, if you like.* 我不认为你有什么问题，但为放心起见，你可以咨询另一位医生。○ *I need some reassurance that I'm doing things the right way.* 我需要确信我的做法正确。**2** [C] something that reassures 使安心的事物；保证: *The people in the village are asking for reassurances that the water is fit to drink.* 村里的人要求当局保证自来水适宜饮用。

reassuring *adj* causing sb to feel less worried, frightened or nervous 予人安慰；使人安心 —**reassuringly** *adv*

rebate /'ri:beɪt ‖ 'ribet/ *noun* [C] a sum of money that is given back to you (by sb official) because you have paid too much 退款: *a tax rebate* 退还税款

☆**rebel** /'rebl ‖ 'rɛbḷ/ *noun* [C] **1** a person who fights against or refuses to co-operate with authority, society, an order, a law, etc 反叛者/反抗者（不服从权威、社会、命令、法律等）: *At school he had a reputation as a rebel.* 在学校里，他以反叛出名。**2** a person who fights against his/her country's government because he/she wants things to change 造反者；叛乱分子；反政府的人: *During the revolution, the rebels took control of the capital.* 革命期间，叛乱分子控制了首都。

rebel /rɪ'bel ‖ rɪ'bɛl/ (rebe**ll**ing; rebe**ll**ed) *verb* [I] **rebel (against sb/sth) 1** to fight against authority, society, an order, a law, etc 反抗/对抗（权威、社会、命令、法律等）: *She rebelled against her parents by marrying a man she knew they didn't approve of.* 她反抗父母，与一名她明知他们不喜欢的男子结婚。**2** to fight against the government in order to bring change 造反；反政府

rebellion /rɪ'belɪən ‖ rɪ'bɛljən/ *noun* [C,U] fighting against authority or the government 造反；叛乱；反抗；反叛: *The rebellion ended in failure when all the leaders were shot.* 所有带头造反的人被击毙后，造反以失败告终。○ *Voting against the leader of the party was an act of open rebellion.* 对政党领袖投反对票是公开反叛。

rebellious /rɪ'belɪəs ‖ rɪ'bɛljəs/ *adj* not doing what authority, society, etc wants you to do 反叛的；造反的；反抗的: *Why do little children have to turn into rebellious teenagers?* 为什么小孩会变成反叛的青少年？

rebound /rɪ'baʊnd ‖ ri'baund/ *verb* [I] to hit sth and then go in a different direction 反弹: *The ball rebounded off a defender and went into the goal.* 球击中一名防守的球员反弹入球门。

rebuff /rɪ'bʌf ‖ rɪ'bʌf/ *noun* [C] an unkind refusal of an offer, etc 不友好/不客气的拒绝 —**rebuff** *verb* [T]

rebuild /ˌri:'bɪld ‖ ri'bɪld/ *verb* [T] (*pt, pp* **rebuilt** /ˌri:'bɪlt ‖ ri'bɪlt/) to build again 重建: *Following the storm, a great many houses will have to be rebuilt.* 风暴过后，大量房屋将需要重建。○ (*figurative* 比喻) *She's trying to rebuild her life now that her husband is dead.* 丈夫去世后，她正努力重新适应生活。

rebuke /rɪ'bju:k ‖ rɪ'bjuk/ *verb* [T] (*formal* 正式) to speak angrily to sb because he/she has done sth wrong 指责；斥责；责骂 —**rebuke** *noun* [C]

recall /rɪ'kɔ:l ‖ rɪ'kɔl/ *verb* [T] to remember sth (a fact, event, action, etc) from the past 记起；回想起: *I don't recall exactly when I first met her.* 我记不清楚什么时候第一次跟她见面。○ *She couldn't recall meeting him before.* 她记不起曾经见过他。

recapitulate /ˌri:kə'pɪtʃʊleɪt ‖ ˌrikə'pɪtʃəˌlet/ (*informal* 非正式) (*also* 亦作 **recap** /ˌri:'kæp ‖ 'rikæp/) *verb* [I,T] to repeat or look again at the main points of sth to make sure that they have been understood 复述要点；摘要重述: *Let's quickly recap what we've done in today's lesson, before we finish.* 下课之前，我们重温一下今天课堂上的要点。

recapture /ˌri:'kæptʃə(r) ‖ ri'kæptʃɚ/ *verb* [I,T] **1** to capture again a person or animal that has escaped 再俘虏/再捕获（已逃走的人或动物）**2** to create or experience again a feeling or period from the past 再次体验（某种感觉等）；使（某段时间的情境）再现: *The film brilliantly recaptures the lives of ordinary people in the 1930s.* 这部电影出色地再次展现了30年代老百姓的生活。

recede /rɪ'si:d ‖ rɪ'sid/ *verb* [I] **1** to move away or seem to move away and begin to disappear 后退并开始消失；远去: *The coast began to recede into the distance.* 海岸开始往后退，在远处逐渐消失。☛ If a person's **hairline is receding** or if a person **is receding**, he is losing his hair from the front of the head. 说一个人 **hairline is receding** 或 **is receding**，表示他的头发从前额开始往后秃。**2** (used about a hope, a fear, a chance, etc 指希望、忧虑、机会等) to become smaller or less strong 逐渐渺茫/减少: *The threat of war is receding because negotiations between the two countries have started.* 战争的威胁正逐渐减少，因为两国已展开谈判。

☆**receipt** /rɪ'si:t ‖ rɪ'sit/ *noun* **1** [C] a piece of paper that is given to show that you have paid for sth 收据；收条: *Keep the receipt in case you want to exchange the pullover.* 留下收据，以防万一你想更换那套头毛衣。○ *Could I have a receipt, please?* 我想要收据，可以吗？**2** [U] **receipt (of sth)** (*formal* 正式) the act of receiving 收到；接到: *Payment must be made within seven days of receipt of the goods.* 收货后七天之内必须付款。

☆**receive** /rɪ'si:v ‖ rɪ'siv/ *verb* [T] **1 receive sth (from sb/sth)** to get or take sth that sb sends or gives to you 收到；接到: *Have you received the parcel I sent you?* 你收到我寄给你的包裹没有？○ *I received a letter from an old friend last week.* 上星期我收到一位老朋友的信。**2** (often passive 常用于被动语态) to react to sth (news, ideas, work, etc) in a particular way 对（消息、主意、作品等）作出某种反应: *My suggestions at the meeting were received in silence.* 在会上，他们对我的建议默不作声。

receiver /rɪ'si:və(r) ‖ rɪ'sivɚ/ (*also* 亦作 **handset**) *noun* [C] **1** the part of a telephone that is used for listening and speaking 电话听筒 ☛ To answer or make a telephone call you **pick up** or **lift** the receiver. 接电话或打电话时要拿起 (**pick up** 或 **lift**) 听筒。To end a telephone call you **put down** or **replace** the receiver or you **hang up**. 谈话完毕后要放好 (**put down** 或 **replace**) 听筒或挂断电话 (**hang up**)。picture at **telephone**. 见 **telephone** 插图。**2** a radio or television set 无线电接收机；收音机；电视机

☆**recent** /'ri:snt ‖ 'risn̩t/ *adj* having happened, been done or produced a short time ago 最近的；近来的: *In recent years there have been many changes.* 最近几年来有很多变化。○ *Does this brochure include all the most recent information?* 这本小册子是不是包括了所有最新资料？○ *This is a recent photograph of my daughter.* 这是我女儿的近照。

recently *adv* **1** a short time ago 不久前: *I don't know her very well, I only met her recently.* 我跟她不太熟，只是最近才认识她。○ *She worked here until quite recently.* 直到不久之前她还在这里工作。**2** during a period between not long ago and now 最近；近来: *Have you seen Paul recently?* 你最近见过保罗没有？○ *She's been feeling ill recently.* 她最近一直感到身体不适。☛ **Recently** can refer to both a point in time and a period of time. * **recently** 可以指时间上的某一点或某一段时间。If it refers to a point in time, use the past simple tense 指时间上的某一点，就用简单过去时: *He died recently.* 他最近去世了。If it refers to a period, use the present perfect or present perfect continuous tense 指一段时间，则用现在完成时或现在完成进行时: *I haven't done anything interesting recently.* 我最近没有做过什么有趣的事情。○ *She's been working hard recently.* 她近来一直很努力工作。**Lately** can only refer to a period of time. Use only present perfect or present perfect continuous tense * **lately** 只用以指一段时间，同时要用现在完成时或现在完成进行时: *I've seen a lot of films lately.* 我近来看了很多部电影。○ *I've been spending too much money lately.* 我最近花钱花得太多了。

receptacle /rɪ'septəkl ‖ rɪ'sɛptəkl̩/ *noun* [C] (*formal* 正式) a container that is used for putting or keeping things in 容器

☆**reception** /rɪ'sepʃn ‖ rɪ'sɛpʃən/ *noun* **1** [U] the place in a hotel or office building where you go to say that you have arrived, to make enquiries, appointments, etc（旅馆/办公大楼的）接待处: *Leave your key at reception if you go out, please.* 你外出的话，请把钥匙留在接待处。○ *All visitors must report to reception.* 所有到访者必须在接待处报到。**2** [C] a formal party to celebrate sth (especially a wedding) or to welcome an important person 庆祝会（尤指婚宴）；欢迎会: *Their wedding reception was held at a local hotel.* 他们的婚宴在本地一家旅馆举行。○ *There will be an official reception at the Embassy for the visiting Ambassador.* 大使馆里将有一个正式招待会，欢迎到访的大使。**3** [sing] the way people react to sth 反应: *The play got a mixed reception* (= some people liked it, some people didn't). 这出戏剧获得毁誉参半的评论。○ *The President received a warm reception during his visit to China* (= people showed that they liked him).

R

总统在访问中国期间受到热情招待。**4** [U] the quality of radio or television signals（无线电或电视的）接收效果: *TV reception is very poor where we live.* 在我们居住的地方，电视的接收效果很差。

receptionist *noun* [C] a person who works in a hotel, office, etc answering the phone, dealing with guests, customers, visitors, etc（旅馆、办事处等的）接待员: *a hotel receptionist* 旅馆接待员

receptive /rɪˈseptɪv ‖ rɪˈsɛptɪv/ *adj* **receptive (to sth)** willing to listen to new ideas, suggestions, etc 愿意接受新事物

recess /rɪˈses; *US* 美 ˈriːses ‖ ˈrisɛs/ *noun* **1** [C,U] a period when Parliament, etc is on holiday（国会等的）休会（期）**2** [U] (*US* 美) a short period of free time between classes at school 课间的休息时间 ☛ Look at the note at **interval**. 参看 **interval** 的注释。

recession /rɪˈseʃn ‖ rɪˈsɛʃən/ *noun* [C,U] a period when the business and industry of a country is not successful 经济衰退（期）: *The country is now in recession.* 国家正处于经济衰退期。○ *How long will the recession last?* 经济衰退会持续多久？

☆**recipe** /ˈresəpɪ ‖ ˈrɛsəpɪ/ *noun* [C] **1 a recipe (for sth)** the instructions for cooking or preparing sth to eat. A recipe tells you what to use (**the ingredients**) and what to do. 食谱；烹饪法（烹饪用的材料叫做 **ingredient**）**2 a recipe for sth** the way to get or produce sth 促成某事的途径；某事的起因: *What's the recipe for a happy marriage?* 幸福婚姻的秘诀是什么？

recipient /rɪˈsɪpɪənt ‖ rɪˈsɪpɪənt/ *noun* [C] a person who receives sth 接受者；收受者

reciprocal /rɪˈsɪprəkl ‖ rɪˈsɪprəkl̩/ *adj* both given and received 交互；相互；互惠: *The arrangement is reciprocal. They help us and we help them.* 那安排是互惠的。他们帮助我们，而我们也帮助他们。

recital /rɪˈsaɪtl ‖ rɪˈsaɪtl̩/ *noun* [C] a public performance of music or poetry, by one person or a small group 一个人或小组的歌唱/奏乐/朗诵表演: *a piano recital* 钢琴独奏 ☛ Look at **concert**. 参看 **concert**。

recite /rɪˈsaɪt ‖ rɪˈsaɪt/ *verb* [I,T] to say aloud a piece of writing (especially a poem) or a list from memory 朗诵/背诵（尤指诗篇）: *He can recite the names and dates of all the kings and queens of England.* 他能说出英国所有国王及女王的姓名和在位年份。

reckless /ˈreklɪs ‖ ˈrɛklɪs/ *adj* not thinking about whether what you are doing is dangerous or might have bad results 鲁莽；不顾后果的: *reckless driving* 鲁莽驾驶 —**recklessly** *adv*

reckon /ˈrekən ‖ ˈrɛkən/ *verb* [T] **1** to believe or consider; to have the opinion 相信；认为: *This is generally reckoned to be the nicest area in the city.* 这里被公认为城中居住环境最好的地区。**2** (*informal* 非正式) to think or suppose 想；假设: *She's very late now. I reckon she isn't coming.* 她已经迟到了许多。我想她不来了。**3** to calculate approximately or guess 估计: *I reckon the journey will take about half an hour.* 我估计行程将会花半小时。**4** to expect to do sth 期望/预计（做某事）: *We reckon to sell about twenty of these suits a week.* 我们预计一星期可以售出约二十套这种套装。

(PHRASAL VERBS 短语动词) **reckon on sb/sth** to expect sth to happen and therefore to base a plan or action on it 基于某种估计/期望而作出行动/计划: *I didn't book in advance because I wasn't reckoning on tickets being so scarce.* 我没有预订，因为我没料到票会这么少。

reckon with sb/sth to expect sth; to think about sth as a possible problem 考虑到某人/某事物: *When they decided to buy a bigger house, they didn't reckon with the enormous cost involved.* 他们决定买一所较大的房子时，没有考虑到需要这么多的金钱。

reclaim /rɪˈkleɪm ‖ rɪˈklem/ *verb* [T] **1 reclaim sth (from sb/sth)** to get back sth that you have lost or put in a place where it is kept for you to collect 取回；收回: *Reclaim your luggage after you have been through passport control.* 通过护照检查后，请取回行李。**2** to get back useful materials from waste products（从废物中）回收（有用的材料）: *The aluminium used in cans can be reclaimed and recycled.* 罐头所用的铝可以回收再用。**3** to make land suitable for use 开垦；开拓（土地）: *The Dutch have reclaimed huge areas of land from the North Sea.* 荷兰人在北海填海，开拓了大量土地。

recline /rɪˈklaɪn ‖ rɪˈklaɪn/ *verb* [I] to lie back or down in order to be more comfortable 斜躺；躺: *If you wish to recline, press the button on the side of your seat.* 想躺下就按座位旁边的按钮。

reclining *adj* lying back; able to be adjusted so that you can lie back 斜躺的；可调校以便斜躺的: *The car has reclining seats at the front.* 这汽车的前排座位可调校靠背。

recognition /ˌrekəgˈnɪʃn ‖ ˌrɛkəgˈnɪʃən/ *noun* [U] the act of recognizing sth or of showing or receiving respect 认出；承认；认可；表扬；受尊重: *He showed no sign of recognition when he passed me in the street.* 他在街上走过我身边时，没有认出我。○ *She has received public recognition for her services to charity.* 她热心公益，深受公众赞赏。

☆**recognize** (*also* 亦作 **recognise**) /ˈrekəgnaɪz ‖ ˈrɛkəgˌnaɪz/ *verb* [T] **1 recognize sb/sth (by/from sth)** to know again sb/sth that you have seen or heard before 认得；辨认出: *I recognized him but I couldn't remember his name.* 我认得他，但记不起他的姓名。○ *This district has changed so much since I was last here that I hardly recognize it now.* 自从我上次来过之后，这个区已改变了很多，现在我几乎认不出来了。**2** to accept or admit that sth is true 承认（某事属实）: *I recognize that some of my ideas are unrealistic.* 我承认我有些主意是不切实际的。**3** to accept sth officially (usually done by institutions or governments)（通常由有关机构或政府）确认/认可: *My qualifications are not recognized in other countries.* 我的资

R

格在其他国家不被承认。**4** to show that you think sth that sb has done is good 表扬：*The company gave her a special present to recognize her long years of service.* 公司送给她一份特别礼物，以表扬她多年来所作出的贡献。

recognizable (*also* 亦作 **recognisable**) /'rekəgnaɪzəbl; ˌrekəg'naɪzəbl ‖ 'rɛkəgˌnaɪzəbl/ *adj* able to be recognized 可辨认出的 —**recognizably** (*also* 亦作 **recognisably**) /-əblɪ ‖ -əblɪ/ *adv*

recoil /rɪ'kɔɪl ‖ rɪ'kɔɪl/ *verb* [I] to react to sb/sth with a feeling of fear, horror, etc 畏缩；退缩：*to recoil from the sight of blood* 看见血而退缩

recollect /ˌrekə'lekt ‖ ˌrɛkə'lɛkt/ *verb* [I,T] to remember sth from the past 回忆起；回想起：*I don't recollect exactly when it happened.* 我记不起是在什么时候发生的。

recollection /ˌrekə'lekʃn ‖ ˌrɛkə'lɛkʃən/ *noun* **1** [U] **recollection (of sb/sth)** the ability to remember 记忆：*I have no recollection of promising to lend you money.* 我记不起曾经答应过借钱给你。**2** [C, usually pl] something that you remember 回忆的事物：*I have only vague recollections of the town where I spent my early years.* 我对于童年时住的城镇只有模糊的记忆。

☆**recommend** /ˌrekə'mend ‖ ˌrɛkə'mɛnd/ *verb* [T] **1** to say that sb/sth is good and that it would be liked or useful 推荐；介绍：*Which film would you recommend?* 你推荐哪一部电影？○ *Could you recommend me a good hotel in Paris?* 你可以给我介绍一家巴黎的好旅馆吗？○ *We hope that you'll recommend this restaurant to all your friends.* 我们希望你向所有朋友推荐这家餐馆。○ *The head of her department recommended her for promotion.* 她的部门主管举荐她升职。○ *Doctors don't always recommend drugs as the best treatment for every illness.* 医生不总是认为使用药物是治疗任何疾病的最好方法。**2** to strongly suggest sth; to tell sb what you strongly believe he/she should do 建议；劝告：*My doctor has recommended a long period of rest.* 医生嘱咐我长时间休息。○ *I don't recommend you to park there because it's against the law.* 我劝你不要在那里停车，因为那是违法的。○ *I recommend that you get some legal advice.* 我建议你去咨询一下法律意见。○ *I wouldn't recommend (your) travelling on your own. It could be dangerous.* 我劝你不要单独旅游，可能会有危险的。

recommendation /ˌrekəmen'deɪʃn ‖ ˌrɛkəmɛn'deʃən/ *noun* **1** [C,U] saying that sth is good and will be liked or useful 推荐；介绍：*I visited Seville on a friend's recommendation and I really enjoyed it.* 在朋友的推荐下，我游览了塞维利亚。我真的很喜欢那里。**2** [C] a statement about what should be done in a particular situation 建议：*After the train crash, a committee of enquiry made several recommendations on how safety could be improved.* 火车失事后，调查委员会作出了几项改善安全措施的建议。

recompense /'rekəmpens ‖ 'rɛkəmˌpɛns/ *verb* [T] (*formal* 正式) to give money, etc to sb for special efforts or work or because you are responsible for a loss he/she has suffered（以金钱等）酬劳/赔偿/补偿：*The airline has agreed to recompense us for the damage to our luggage.* 航空公司答应赔偿我们行李受到的损失。—**recompense** *noun* (*formal* 正式)：*Please accept this cheque in recompense for our poor service.* 请接受这张支票，作为我们服务欠佳的补偿。

reconcile /'rekənsaɪl ‖ 'rɛkənˌsaɪl/ *verb* [T] **1** (often passive 常用于被动语态) **reconcile sb (with sb)** to cause people to become friendly with or close to each other again（使）与某人重修旧好：*After years of not speaking to each other, she and her parents were eventually reconciled.* 她与父母多年来互不理睬，后来终于和好了。**2 reconcile sth (with sth)** to find a way to make two things (ideas, situations, statements, etc) be possible together, when in fact they seem to oppose each other 协调；调和：*She finds it difficult to reconcile her career ambitions with her responsibilities to her children.* 她发觉很难兼顾事业上的抱负和对子女的责任。**3 reconcile yourself to sth** to accept an unpleasant situation because there is nothing you can do to change it 无可奈何地接受

reconciliation /ˌrekənˌsɪlɪ'eɪʃn ‖ ˌrɛkənˌsɪlɪ'eʃən/ *noun* [C,U] becoming friendly or close again (after an argument, etc) 和解；和好：*to bring about a reconciliation between the two sides* 使双方和解

reconnaissance /rɪ'kɒnɪsns ‖ rɪ'kɑnəsəns/ *noun* [C,U] the study of a place or area for military reasons 侦察

reconsider /ˌri:kən'sɪdə(r) ‖ ˌrikən'sɪdɚ/ *verb* [I,T] to think again about sth (a decision, situation, etc) 重新考虑：*Public protests have forced the government to reconsider their policy.* 公众的抗议迫使政府重新考虑它的政策。

reconstruct /ˌri:kən'strʌkt ‖ ˌrikən'strʌkt/ *verb* [T] **1** to build again sth that has been destroyed or damaged 重建（已毁/坏的东西）：*The cathedral was reconstructed after the fire.* 主教座堂在火灾后重建了。**2** to get a full description or picture of sth using the facts that are known 用已知的事实重新描述/推想出整体情况：*The police are trying to reconstruct the victim's movements on the day of the murder.* 警方正设法重新构想受害人在凶杀案当日的行踪。—**reconstruction** /-'strʌkʃn ‖ -'strʌkʃən/ *noun* [C,U]: *Reconstruction of the city after the earthquake took years.* 地震后重建城市花了多年时间。○ *a reconstruction of the crime using actors* 由演员重演作案过程

☆**record**[1] /'rekɔ:d; *US* 美 'rekərd ‖ 'rɛkɚd/ *noun* [C] **1 record (of sth)** a written account of what has happened, been done, etc 记录；记载：*The teachers keep records of the children's progress.* 老师把孩子们的进度记录下来。○ *medical records* 病历 **2** (*also* 亦作 **disc**) a thin, round piece of plastic which can store music and other sound so that you can play it when you want 唱片：*to put on/play/listen to some records* 放/播放/听唱片 ○ *a record*

R

collection 唱片集 **3** the best performance or the highest or lowest level, etc ever reached in sth, especially in sport（尤指体育方面的）记录/最高成绩: *Who holds the world record for high jump?* 谁是跳高的世界记录保持者？○ *to set a new record* 创新记录 ○ *to break a record* 打破记录 ○ *We've had so little rain this year – I'm sure it must be a record* (= the lowest amount ever). 今年雨水这么少——我肯定这是历年来最少的记录。○ *He did it in record time* (= very fast). 他以破记录的时间完成。○ *record sales* 创记录的销售额 **4** [sing] the facts, events, etc that are known (and sometimes written down) about sb/sth 档案资料；履历；记录: *The police said that the man had a criminal record* (= he had been found guilty of crimes in the past). 警方说那人有犯罪记录。○ *This airline has a bad safety record.* 这家航空公司的安全记录不佳。

(IDIOM 习语) **put/set the record straight** to correct a misunderstanding by telling sb the true facts 说明事实以澄清误会

'record-breaking *adj* (only *before* a noun 只用于名词前) the best, fastest, highest, etc ever 有史以来最佳/最快/最高等记录: *We did the journey in record-breaking time.* 我们以破记录的时间完成了旅程。

'record-player (*Brit also* 英亦作 **gramophone**) *noun* [C] a machine that you use for playing records（电）唱机；留声机

☆**record²** /rɪ'kɔ:d ‖ rɪ'kɔrd/ *verb* **1** [T] to write sth down, put it into a computer, film it, etc so that it can be used later and will not be forgotten 记下；记录；记载: *Their childhood is recorded in diaries and photographs of those years.* 当年的日记和照片记录了他们的童年。**2** [I,T] to put music, a film, a programme, etc onto a cassette or record so that it can be listened to or watched again later 用录音或录像设备将声音/影像记录下来: *Quiet, please! We're recording.* 请肃静！我们正在录音。○ *The band has recently recorded a new album.* 乐队最近录制了一张新唱片。○ *There's a concert I would like to record from the radio this evening.* 今晚电台播放一个音乐会，我想把它录下来。

recorder /rɪ'kɔ:də(r) ‖ rɪ'kɔrdɚ/ *noun* [C] **1** a machine for recording sound or pictures or both 记录声音/影像的设备: *a tape recorder* 录音机 ○ *a video recorder* 录像机 **2** a type of musical instrument that is often played by children. You play it by blowing through it and covering the holes in it with your fingers 竖笛 ☛ picture at **flute**. 见 **flute** 插图。

recording /rɪ'kɔ:dɪŋ ‖ rɪ'kɔrdɪŋ/ *noun* **1** [C] sound or pictures that have been put onto a cassette, record or film 录下来的声音/影像: *the Berlin Philharmonic's recording of Mahler's Sixth symphony* 柏林交响乐团演奏马勒第六交响乐的录音 **2** [U] the process of making cassettes, records or films 录制: *a recording studio* 音像录制室

recount /rɪ'kaʊnt ‖ ˌri'kaʊnt/ *verb* [T] (*formal* 正式) to tell a story or describe an event 讲述/详述（一件事情）: *He recounted the story to us in vivid detail.* 他绘影绘声地给我们讲述那故事。

recourse /rɪ'kɔ:s ‖ rɪ'kɔrs/ *noun*

(IDIOM 习语) **have recourse to sb/sth** (*formal* 正式) to turn to sb/sth for help 需要某人/某物的帮助

☆**recover** /rɪ'kʌvə(r) ‖ rɪ'kʌvɚ/ *verb* **1** [I] **recover (from sth)** to become well again after you have been ill 康复；复原；痊愈: *It took him two months to recover from the operation.* 手术后，他过了两个月才康复。**2** [I] **recover (from sth)** to get back to normal again after a bad experience, etc 平复；复苏: *It took her a long time to recover from her father's death.* 她在父亲逝世后过了好长一段时间情绪才平复。**3** [T] **recover sth (from sb/sth)** to find or get back sth that has been lost or stolen 寻回/取回（遗失或被盗去的某物）: *Police recovered the stolen goods from a warehouse in South London.* 警方在伦敦南部的一个仓库中寻回赃物。**4** [T] to get back a state of health, an ability to do sth, etc 恢复（健康、做某事的能力…）: *He needs daily exercise if he's going to recover the use of his legs.* 他要恢复双腿的功能，就得每天做运动。○ *She recovered consciousness in the ambulance.* 她在救护车上恢复了知觉。

☆**recovery** /rɪ'kʌvərɪ ‖ rɪ'kʌvərɪ/ *noun* **1** [sing,U] **recovery (from sth)** a return to good health after an illness or to a normal state after a difficult period of time 康复；痊愈；平复；复苏: *to make a good, quick, slow, etc recovery* 康复得好/快/慢等 ○ *Nobody is optimistic about the prospects of economic recovery this year.* 展望今年经济能否复苏，大家都不敢乐观。**2** [U] **recovery (of sth/sb)** getting sth back 寻回；取回: *He offered a reward for the recovery of the paintings.* 他悬赏寻回那些画。

recreation /ˌrekrɪ'eɪʃn ‖ ˌrikrɪ'eʃən/ *noun* [C,U] enjoying yourself and relaxing when you are not working; a way of doing this 消闲及松弛身心；消遣；娱乐: *What do you do for recreation?* 你平时是怎么消遣的？○ *His only recreation is watching TV.* 看电视是他的惟一娱乐。

recruit /rɪ'kru:t ‖ rɪ'krut/ *noun* [C] a person who has just joined the army or another organization; a new member 新兵；（机构的）新成员

recruit *verb* [I,T] to get sb to join sth, to work as sth or to help with sth 招聘；招募；招收: *to recruit young people to the teaching profession* 招聘年轻人从事教学工作

recruitment *noun* [U] the process of getting people to join sth or work as sth 招聘；招募；招收: *Many companies are having problems with recruitment.* 很多公司在招聘人才方面都出现问题。

rectangle /'rektæŋgl ‖ 'rɛktæŋgl̩/ *noun* [C] a shape with four straight sides and four angles of 90 degrees (**right angles**). Two of the sides are usually longer than the other two. 矩形；长方形（四个角均为直角 (**right angle**)）☛picture at **shape**. 见 **shape** 插图。

—**rectangular** /rek'tæŋgjələ(r) ‖ rɛk'tæŋgjəlɚ/ *adj*

rectify /'rektɪfaɪ ‖ 'rɛktəˌfaɪ/ *verb* [T] (*pres part*

rectifying; *3rd pers sing pres* **rectifies**; *pt, pp* **rectified**) (*formal* 正式) to change sth so that it is right 更正；改正；纠正: *All these errors will need to be rectified.* 这些错误全都需要更正。

rector /ˈrektə(r) ‖ ˈrɛktɚ/ *noun* [C] (in the Church of England 英国教会) a priest in charge of a certain area (**parish**) 教区长；负责某一教区 (**parish**) 的牧师 ☛ Look at **vicar**. 参看 **vicar**。

recuperate /rɪˈku:pəreɪt ‖ rɪˈkupəˌret/ *verb* [I] to get well again after an illness or injury (病后或受伤后) 复原/康复 —**recuperation** *noun* [U]

recur /rɪˈkɜ:(r) ‖ rɪˈkɝ/ *verb* [I] (recu**rr**ing; recu**rr**ed) to happen again or many times 再次或多次发生/出现: *a recurring problem* 一再出现的问题 ○ *It was a theme that recurred in many of her books.* 这个主题一再出现在她的多部书里面。—**recurrence** /rɪˈkʌrəns ‖ rɪˈkʌrəns/ *noun* [C,U] —**recurrent** /-ənt ‖ -ənt/ *adj*

recycle /ˌri:ˈsaɪkl ‖ riˈsaɪkl̩/ *verb* [T] **1** to process used objects and materials so that they can be used again 使循环再用；把用过的物件处理后再用: *recycled paper* 再生纸 ○ *Aluminium cans can be recycled.* 铝罐可以回收再用。○ *We take our empty bottles to the bottle bank for recycling.* 我们把空瓶送到瓶子收集站以便循环再用。**2** to keep used objects and materials and use them again 保留用过的物件再用；废物利用: *Don't throw away your plastic carrier bags – recycle them!* 不要抛掉塑料购物袋——可以留下再用的。

recyclable *adj* that can be recycled 可循环再用；可废物利用的: *Most plastics are recyclable.* 大部分塑料制品都可回收再用。

☆**red**[1] /red ‖ rɛd/ *adj* (**redder**; **reddest**) **1** of the colour of blood 红色的: *red wine* 红酒 ○ *The berries on that bush turn bright red in October.* 那棵灌木上的浆果在十月的时候会变成鲜红色。☛ We use **crimson**, **maroon** and **scarlet** to describe different shades of red. 不同的红色有 **crimson** (深红色)、**maroon** (褐红色) 及 **scarlet** (鲜红色) 等。**2** (used about a person's face 指人的脸) a darker colour than usual because of anger, sadness, shame, etc (因愤怒、悲伤、羞愧等而) 通红/发红: *He went bright red when she spoke to him.* 她跟他说话时，他满脸绯红。○ *to turn/be/go red in the face* 脸变得通红 **3** (used about a person's hair or an animal's fur 指人的头发或动物的皮毛) of a colour between red, orange and brown 淡红色: *She's got red hair and freckles.* 她有一头淡红色的头发，一脸雀斑。

(IDIOM 习语) **a red herring** an idea or subject which takes people's attention away from what is really important 分散注意力的枝节

ˈ**redbrick** *adj* (*Brit* 英) (of British universities) started in the late 19th or early 20th century *(指英国的大学) 19世纪末至20世纪初设立的

ˌ**red ˈcard** *noun* [C] (in football, etc 足球等) a card that is shown to a player who is being sent off the field 红牌 (向球员出示，要球员立即退出赛场) ☛ Look at **yellow card**. 参看 **yellow card**。

ˌ**red ˈcarpet** *noun* [sing] a piece of red carpet that is put out to receive an important visitor; a special welcome for an important visitor (欢迎贵宾用的) 红地毯；对贵宾的隆重招待

ˌ**redˈcurrant** *noun* [C] a small red berry that you can eat 红醋栗 (供食用): *redcurrant jelly* 红醋栗果冻

ˈ**redhead** *noun* [C] a person, especially a woman, who has red hair 红发的女子

ˌ**red-ˈhot** *adj* (used about a metal 指金属) so hot that it turns red 炽热的

ˌ**Red ˈIndian** *noun* [C] a North American Indian 北美印第安人 ☛ It is offensive to call somebody a Red Indian nowadays. Use **Native American**. 现时称人为 Red Indian 有冒犯的意味，应用 **Native American**。

ˌ**red ˈtape** *noun* [U] official rules that seem unnecessary and often cause delay and difficulty in achieving sth 不必要的繁琐规章制度

ˌ**red ˈwine** *noun* [U] wine that is made from black grapes 红酒 (用黑葡萄酿制的酒) ☛ Look at **white wine** and **rosé**. 参看 **white wine** 及 **rosé**。

☆**red**[2] /red ‖ rɛd/ *noun* [C,U] the colour of blood 红色: *She was dressed in red* (= in red clothes). 她身穿红色衣服。

(IDIOM 习语) **be in the red** (*informal* 非正式) to have spent more money than you have in the bank, etc 出现赤字；负债；入不敷出

redden /ˈredn ‖ ˈrɛdn̩/ *verb* [I,T] to become red or to make sth red (使) 红起来: *She reddened with embarrassment.* 她尴尬得两颊发红。☛ **Go red** or **blush** are more common. * **go red** 或 **blush** 较 redden 常用。

reddish /ˈredɪʃ ‖ ˈrɛdɪʃ/ *adj* slightly red 淡红色

redeem /rɪˈdi:m ‖ rɪˈdim/ *verb* [T] **1** to prevent sth from being completely bad 弥补；补救: *The redeeming feature of the job is the good salary.* 这份工作的可取之处是薪金优厚。**2 redeem yourself** to save yourself from blame 赎罪；挽回声誉: *It was all his fault. There's nothing he can say to redeem himself.* 这全是他的错，他说什么也不能使自己免受责备。**3** to get sth back by paying the amount needed 赎回

redemption /rɪˈdempʃn ‖ rɪˈdɛmpʃən/ *noun* [U] (*formal* 正式) being saved or redeemed 得救；救赎；赎回

(IDIOM 习语) **beyond redemption** not able to be saved 无可救药；无法挽救

redevelop /ˌri:dɪˈveləp ‖ ˌridɪˈvɛləp/ *verb* [T] to build or arrange an area, a town, a building, etc in a different and more modern way 重新发展/重建 (地区、城镇、建筑物等): *They're redeveloping the city centre.* 他们正在重建市中心。

redevelopment *noun* [U] new building work 重建；重建工程: *There's a lot of redevelopment going on around us at the moment.* 现时在我们周围有多项重建工程正在进行。

red-handed /redˈhændɪd ‖ ˈrɛdˈhændɪd/ *adj*

(IDIOM 习语) **to catch sb red-handed** ⇨ CATCH[1]

redistribute /ˌriːdɪˈstrɪbjuːt ‖ ˌridɪsˈtrɪbjʊt/ *verb* [T] to share sth among people, groups, etc in a different way 重新分配/分派 —**redistribution** /ˌriːdɪstrɪˈbjuːʃn ‖ ˌridɪstrəˈbjuʃən/ *noun* [U]

☆**reduce** /rɪˈdjuːs; *US* 美 -ˈduːs ‖ rɪˈdus/ *verb* [T] **1** to make sth less 减少；减低：*The sign said 'Reduce speed now'.* 标志上写着"开始减速"。○ *Doctors have advised us to reduce the amount of fat in our diets.* 医生建议我们减少日常饮食中的脂肪含量。☛ The opposite is **increase**. 反义词为 **increase**。**2 reduce sb/sth (from sth) to sth** (often passive 常用于被动语态) to make sb/sth be in the (usually bad) state mentioned 使处于某种（不佳的）状态：*One of the older boys reduced the little child to tears.* 其中一个年纪较大的男孩把那个小孩弄哭了。○ *They were reduced from wealth to poverty almost overnight.* 他们差不多在一夜之间由富人沦为穷人。

☆**reduction** /rɪˈdʌkʃn ‖ rɪˈdʌkʃən/ *noun* **1** [U] making sth less or becoming less; an example of this happening 减少；减低：*a reduction in the numbers of people unemployed* 失业人数的减少 ○ *a reduction in the rate of inflation* 通货膨胀率的下降 **2** [C] the amount by which sth is made smaller, especially in price 减幅；减少的数量：*There were huge price reductions during the sale.* 减价销售期间，货品大幅削价。

redundant /rɪˈdʌndənt ‖ rɪˈdʌndənt/ *adj* **1** (used about employees 指雇员) no longer needed for a job and therefore out of work 过剩的；（因过剩而）被解雇的/失业的：*When the factory closed 800 people were made redundant.* 工厂关闭时，800人被解雇了。**2** not necessary or wanted 多余；不需要的

redundancy /-ənsɪ ‖ -ənsɪ/ *noun* (*pl* **redundancies**) **1** [C, usually pl] a case of having lost your job because there is no work for you（因人力过剩的）裁员/解雇：*Due to economic pressure the firm were forced to announce fifty redundancies.* 由于经济压力，公司被迫宣布解雇五十人。**2** [U] the state of having lost your job because there is no work（人力过剩导致）失业/遭解雇：*Computers have caused some redundancy but have also created jobs.* 计算机的应用引致一些人失业，但亦提供新的就业机会。○ *redundancy pay* 裁员补贴

reed /riːd ‖ rid/ *noun* [C,U] a tall plant, like grass, that grows in or near water 芦苇/苇草（生长在水中或水旁的高大禾草）

reef /riːf ‖ rif/ *noun* [C] a long line of rocks, sand, etc just below or above the surface of the sea 礁；礁石：*a coral reef* 珊瑚礁

reek /riːk ‖ rik/ *noun* [sing] a strong bad smell 恶臭

reek *verb* [I] to smell strongly of sth unpleasant 发出浓烈的臭味：*His breath reeked of alcohol.* 他口中带有浓烈的酒臭气。

reel[1] /riːl ‖ ril/ *noun* [C] a round object that cotton, wire, film for cameras, a fishing-line, etc is wound around 卷轴；卷筒；线轴：*a cotton reel* 棉线轴

reel *verb* [T] **reel sth in/out** to wind sth on or off a reel or to pull it towards you using a reel 把东西用卷轴卷起来/从卷轴上放出来/用卷轴拉过来：*to reel out the hosepipe* 把成卷的塑胶水管拉出来 ○ *to reel in a fish* 收线把鱼钓上来

(PHRASAL VERB 短语动词) **reel sth off** to say or repeat sth from memory quickly and without effort 一口气说出/重复记忆起的事物：*She reeled off a list of all the people she'd invited to the party.* 她一口气便说出了她邀请到来聚会的所有人的名单。

reel[2] /riːl ‖ ril/ *verb* [I] **1** to move in an unsteady way 蹒跚地走路；摇晃着移动：*They reeled home from the pub soon after midnight.* 午夜后，他们从酒馆摇摇晃晃地走回家。**2** (used about the mind 指头脑) to be unclear or confused 发昏；发热：*His mind was reeling at the shock.* 他吃惊得脑袋发晕。

refectory /rɪˈfektrɪ ‖ rɪˈfɛktərɪ/ *noun* [C] (*pl* **refectories**) a large dining-room in a college, school, etc（学院、学校等的）食堂/餐厅

☆**refer** /rɪˈfɜː(r) ‖ rɪˈfɝ/ *verb* (refe**rr**ing; refe**rr**ed) **1** [I] **refer to sb/sth** to mention or talk about sb/sth 提及；谈到；指：*When he said 'some students', do you think he was referring to us?* 他说"一些学生"，你认为是指我们吗？○ *Many people still refer to Germany as West Germany.* 很多人仍然称德国为西德。**2** [I] **refer to sb/sth** to be used to describe sb/sth 用于形容；指：*The term 'adolescent' refers to young people between the ages of 12 and 17.* "青少年"这个词指12至17岁的人。**3** [I] to be connected with or important for 关系到；关乎：*The figures in brackets refer to holidays in July.* 有括号的数字是七月里的假日。**4** [I] **refer to sb/sth** to go to sb/sth or to look at sth for information 参考；查阅；查询；询问：*If you don't understand a word you may refer to your dictionaries.* 遇有不明白的词，可以翻查词典。**5** [T] **refer sb/sth to sb/sth** to send or direct sb/sth to sb/sth for help or to be dealt with 转送往或指引至某人/某处以便处理或获得协助：*The doctor has referred me to a specialist.* 那位医生把我转给一个专科医师治疗。○ *The dispute was referred to the United Nations.* 争端已提交联合国处理。

referee /ˌrefəˈriː ‖ ˌrɛfəˈri/ *noun* [C] (also *informal* 非正式 **ref**) the person in football, boxing, etc who controls the match and prevents the rules from being broken（足球、拳击等的）裁判（员）☛ picture at **football**. 见 **football** 插图。Look at **umpire**. 参看 **umpire**。

referee *verb* [I,T] to act as a referee 担任裁判：*Who refereed the match?* 谁是比赛的裁判？

☆**reference** /ˈrefərəns ‖ ˈrɛfərəns/ *noun* **1** [C,U] **reference (to sb/sth)** a statement that mentions sb/sth; the act of mentioning sb/sth 有关某人/某事物的陈述或谈话等：*The article made a direct reference to a certain member of the royal family.* 文章直接提到了一位王室成员。○ *Don't make any reference to his behaviour last night.* 不要提及他昨晚的行为。**2** [C] a note, especially in a book, etc, that tells you where certain information has been or can be found. 参考书目；引文出处 **3** [C] a statement or letter describing a person's character and ability. When you are applying for a job, you give names as references（保证别人品格或能力符合要求的）推荐书/推荐人/保证人: *My former employer provided me with a very good reference.* 我以前的雇主给我写了一封很好的介绍信。○ *May I give your name as a reference?* 我可以提供你的名字作为保证人吗？ **4** [C] (*abbr* 缩写 **ref**) (used on business letters, etc 用于商业书信等) a special number that identifies a letter, etc 档案编号: *Please quote our reference when replying.* 回复时请注明我方的参考编号。

(IDIOM 习语) **with reference to sb/sth** (*formal* 正式) about or concerning sb/sth 有关；关于: *I am writing with reference to your letter of 10 April...* 本人谨此回复先生4月10日的来函…

ˈ**reference book** *noun* [C] a book that is used for obtaining information, not for reading right through 工具书；参考书

referendum /ˌrefəˈrendəm ‖ ˌrɛfəˈrɛndəm/ *noun* [C] (*pl* **referendums** or **referenda** /-də ‖ -də/) an occasion when all the people of a country are able to vote on a particular political question（就某政治问题的）公民投票

refill /ˌriːˈfɪl ‖ riˈfɪl/ *verb* [T] to fill sth again 再注满；重新装满: *Can I refill your glass?* 给你再斟一杯好吗？

refill /ˈriːfɪl ‖ ˈriˌfɪl/ *noun* [C] (*informal* 非正式) the container which holds the amount that is needed to refill sth（放在容器中）可重新注满某物的材料: *a refill for a pen* 钢笔的替换笔芯

refine /rɪˈfaɪn ‖ rɪˈfaɪn/ *verb* [T] **1** to make a substance pure and free from other substances 提炼；净化: *to refine sugar, oil, etc* 提炼糖、石油等 **2** to improve sth by changing little details 琢磨；精简: *to refine a theory* 使理论更完善

refined *adj* **1** (used about a person 指人) having extremely good manners 举止优雅/造作 **2** that has been improved or made pure 经过改良/提炼: *refined sugar* 精制糖 ☛ The opposite for **1** and **2** is **unrefined**. 第 **1**、**2** 义的反义词为 **unrefined**。

refinery /-nərɪ ‖ -nərɪ/ *noun* [C] (*pl* **refineries**) a factory where a certain substance is refined 提炼厂: *an oil refinery* 炼油厂

refinement /rɪˈfaɪnmənt ‖ rɪˈfaɪnmənt/ *noun* **1** [C] (often plural) a small change that improves sth 细微的改良: *The new model has electric windows and other refinements.* 新型号有电动窗和其他改良装置。**2** [U] good manners, polite behaviour, etc 优雅/高贵的举止等: *a person of great refinement* 举止优雅的人

☆**reflect** /rɪˈflekt ‖ rɪˈflɛkt/ *verb* **1** [T] to show or express sth 反映；显示；表达: *The increase in wages will be reflected in prices soon.* 工资增加很快便会反映在物价上。**2** [T] to send back light, heat or sound 反射（光、热或声音）: *Silver paper behind a radiator helps to reflect heat into the room.* 暖气装置后面的银色纸有助于把热力反射进房间内。**3** [T] **reflect sb/sth (in sth)** (used about a mirror, water, etc 指镜、水等) to send back an image of sb/sth 照出/映出/反映（某人/某物的影像）: *She caught sight of herself reflected in the shop window.* 她看见自己反映在商店橱窗上的影像。**4** [I,T] **reflect (on/upon sth)** to think, especially deeply 考虑；深思: *I really need some time to reflect on what you've said.* 我真的需要时间好好思考你所说的话。

(PHRASAL VERB 短语动词) **reflect (well, badly, etc) on sb/sth** to give a particular impression of sb/sth 影响某人/某事物的形象或给人的印象: *It reflects badly on the whole school if some of the pupils misbehave in public.* 如果有些学生在公众场所行为不检，整个学校就会予人不良的印象。

☆**reflection** (*also* 亦作 **reflexion**) /rɪˈflekʃn ‖ rɪˈflɛkʃən/ *noun* **1** [C] a thing that shows or expresses sth 反映或表达某事物的东西: *His success is a reflection of all the hard work he puts into his job.* 他的成就反映了他在工作上的所有努力。**2** [sing] **reflection on/upon sb/sth** a thing that causes a bad impression of sb/sth 有损…形象的事物: *Parents often feel that their children's behaviour is a reflection on themselves.* 父母往往觉得子女的行为会有损他们的声誉。**3** [C] an image that you see in a mirror or in water（镜中或水中的）映像/倒影 **4** [U] (*technical* 术语) the process of sending light, heat or sound back from a surface（光/热/声音的）反射 **5** [C,U] thinking deeply about sth 深思: *A moment's reflection will show you that you are wrong.* 你只要深思一下，便会发觉自己错了。

(IDIOM 习语) **on reflection** after thinking again 经过重新考虑: *I think, on reflection, that we were wrong.* 经过再三考虑之后，我认为我们错了。

reflective /rɪˈflektɪv ‖ rɪˈflɛktɪv/ *adj* **1** (used about a person, mood, etc 指人、心理活动等) thoughtful 深思熟虑的；沉思中的: *a reflective expression* 沉思的样子 **2** (used about a surface 指物体的表面) reflecting light 反光: *Wear reflective strips when you're cycling at night.* 在夜间骑自行车要穿着反光衣服。

reflector /rɪˈflektə(r) ‖ rɪˈflɛktɚ/ *noun* [C] a thing that reflects light, heat or sound 反射器；反射光/热/声音的物体

reflex /ˈriːfleks ‖ ˈriflɛks/ *noun* **1** [C] (*also* 亦作 ˈ**reflex action**) a sudden movement or action that you make automatically 反射动作: *'I'm going to tap your knee to test your reflexes,' said the doctor.* 医生说："我轻敲你的膝盖，测试你的反应灵敏度。" **2 reflexes** [plural] the ability to act quickly when necessary 反应能力: *A good tennis player needs to have excellent reflexes.* 出色的网球员需要有极佳的反应能力。

reflexion (*Brit* 英) = REFLECTION

reflexive /rɪˈfleksɪv ‖ rɪˈflɛksɪv/ *adj, noun* [C] (*grammar* 语法) (a word or verb form 词或动词形式) showing that the action of a sentence is done to the subject of the sentence 反身的；反身（表示句中动作的对象为主语）: *In the*

R

sentence 'He cut himself', 'himself' is a reflexive pronoun. ＊ He cut himself 一句中，himself 是反身代词。

☆**reform** /rɪ'fɔ:m ‖ rɪ'fɔrm/ *verb* **1** [T] to change sth in order to make it better 改革；改良：*to reform the examination system* 改革考试制度 **2** [I,T] to behave better or fit into society better; to make sb do this（使）改正缺点/改过自新：*He's done wrong in the past but he has made serious efforts to reform.* 他过去做过错事，但已认真地努力改过了。○ *Our prisons aim to reform criminals, not simply to punish them.* 我们设立监狱的目的是使罪犯改过自新，而不仅仅是惩罚他们。

reform *noun* [C,U] (a) change in sth in order to make it better 改革；改良：*a major reform to the system* 制度上的一大改革 ○ *political reform in Eastern Europe* 东欧的政治改革

reformer *noun* [C] a person who tries to change society and make it better 社会改革者

refrain[1] /rɪ'freɪn ‖ rɪ'fren/ *verb* [I] **refrain (from sth)** (*formal* 正式) to stop yourself doing sth; not do sth 抑制（某种活动）；自我克制；不做（某事）：*Please refrain from smoking in the hospital.* 请尽量不要在医院内吸烟。

refrain[2] /rɪ'freɪn ‖ rɪ'fren/ *noun* [C] a part of a song which is repeated, especially at the end of each verse 副歌（歌曲的一部分，常在每节后重复）

refresh /rɪ'freʃ ‖ rɪ'frɛʃ/ *verb* [T] to make sb/sth feel fresh, strong or full of energy again 使精神焕发/恢复精神：*He looked refreshed after a good night's sleep.* 好好睡了一晚之后，他又容光焕发了。

(IDIOM 习语) **refresh your/sb's memory (about sb/sth)** to remind yourself/sb about sth 唤起（关于某人/某事物的）回忆：*Could you refresh my memory about what we said on this point last week?* 关于这一点，上星期我们怎么说的，我都忘了，请你提醒我一下好吗？

refreshing *adj* **1** interesting, different and enjoyable 耳目一新的；新颖；新鲜：*It's refreshing to meet somebody who is so enthusiastic.* 遇见这样热心的人，精神为之一振。**2** making you feel fresh and strong again 使人精神焕发/恢复精神的：*a refreshing swim* 游一会泳使人精神爽利

refreshment /rɪ'freʃmənt ‖ rɪ'frɛʃmənt/ *noun* **1 refreshments** [plural] light food and drinks that are available at a cinema, theatre or other public event（电影院/剧院/其他公众活动中售卖的）小吃/茶点/点心：*Refreshments will be sold during the interval.* 幕间休息时间将有小吃出售。**2** [U] being refreshed, or the food and drink that makes you feel refreshed 精神恢复；令人精神起来的食物及饮料：*There will be two stops for refreshment on the coach journey.* 这次旅程中长途公共汽车将停站两次，让大家休息吃点东西。○ *Can I offer you some refreshment?* 给你一些点心好吗？

refrigerate /rɪ'frɪdʒəreɪt ‖ rɪ'frɪdʒəˌret/ *verb* [T] to put food, etc in a fridge in order to keep it fresh 冷藏；冷冻 —**refrigerator** /rɪ'frɪdʒəreɪtə(r) ‖ rɪ'frɪdʒəˌretə/ *noun* [C] (*formal* 正式) = FRIDGE

refuge /'refju:dʒ ‖ 'rɛfjudʒ/ *noun* [C,U] **refuge (from sb/sth)** a place that is safe; the protection that this place gives you against sth unpleasant 避难所；庇护所；避难；庇护：*a refuge from the heat of the sun* 烈日蔽阴处 ○ *They took refuge in foreign embassies.* 他们在外国大使馆内避难。

☆**refugee** /ˌrefjʊ'dʒi:; *US* 美 'refjʊdʒi: ‖ ˌrɛfjʊ'dʒi/ *noun* [C] a person who has been forced to leave his/her country for political or religious reasons, because there is a war, not enough food, etc 难民（因政治或宗教原因/战争/食物短缺等而被迫离开家乡的人）：*political refugees* 政治难民 ○ *a refugee camp* 难民营

refund /rɪ'fʌnd; 'ri:fʌnd ‖ rɪ'fʌnd/ *verb* [T] to pay back money 退回/退还（已收下或支出的款项）：*Your travelling expenses will be refunded.* 交通费可以报销。

refund /'ri:fʌnd ‖ 'riˌfʌnd/ *noun* [C] a sum of money that is returned to you, for example if you take goods back to a shop 退款

refundable *adj* that will be paid back 可退还；可归还：*The deposit is not refundable.* 定金概不退还。

☆**refusal** /rɪ'fju:zl ‖ rɪ'fjuzḷ/ *noun* **1** [U] not wanting or not being able to do sth or to accept sth 拒绝；办不到：*Refusal to pay the new tax may result in imprisonment.* 拒绝缴付新税可能被判入狱。**2** [C] a statement or act that shows you will not do or accept sth 拒绝（做某事/接受某事物）的声明或行为：*The employers warned that a refusal to return to work would result in people losing their jobs.* 那些雇主警告说，拒绝复工的人将会被解雇。○ *So far we've had ten replies to the invitation: eight acceptances and two refusals.* 到现时为止，有十个人就这邀请作出回复：八个接受，两个拒绝。

☆**refuse**[1] /rɪ'fju:z ‖ rɪ'fjuz/ *verb* [I,T] to say or show that you do not want to do, give, accept, etc sth 拒绝：*I asked her to come but she refused.* 我请她来，但她拒绝了。○ *He refused to listen to what I was saying.* 他不听我说的。○ *My application for a grant has been refused.* 我申请拨款被拒绝了。○ *We offered her a lift but she refused it.* 我们提议开车送她一程，但她拒绝了。

refuse[2] /'refju:s ‖ 'rɛfjus/ *noun* [U] (*formal* 正式) things that you throw away; rubbish 废物；垃圾：*household refuse* 住户垃圾 ○ *the refuse collection* (= when dustbins are emptied) 垃圾收集

regain /rɪ'geɪn ‖ rɪ'gen/ *verb* [T] to get sth back that you have lost 恢复（失去的东西）：*to regain your freedom* 重获自由 ○ *to regain consciousness* 恢复知觉

regal /'ri:gl ‖ 'rigḷ/ *adj* very splendid; like or suitable for a king or queen 庄严；适合/像帝王

☆**regard**[1] /rɪ'gɑ:d ‖ rɪ'gɑrd/ *verb* [T] **1 regard sb/sth (as sth); regard sb/sth (with sth)** to think of sb/sth (in the way mentioned) 把某人/某事物看作…；以某种心态看某人/某事物：*I regard him as my best friend.* 我把他看作我

R

最要好的朋友。○ *Do you regard this issue as important?* 你认为这问题重要吗？○ *Her work is highly regarded* (= people have a high opinion of it). 她的工作得到高度评价。○ *In some villages newcomers are regarded with suspicion.* 在一些村庄里，新来的人会受到怀疑。**2** (*formal* 正式) to look steadily at sb/sth 凝望: *She regarded herself thoughtfully in the mirror.* 她若有所思地呆望着镜中自己的影子。

(IDIOM 习语) **as regards sb/sth** (*formal* 正式) about or concerning sb/sth 有关或关于某人/某事物: *What are your views as regards this proposal?* 就这个提案，你有什么看法？

regarding *prep* (*formal* 正式) about or concerning 有关；关于: *Please write if you require further information regarding this matter.* 如果需要这方面的进一步资料，请来函。

regard[2] /rɪ'gɑ:d ‖ rɪ'gɑrd/ *noun* **1** [U] **regard (for sb/sth)** a feeling of admiration for sb/sth; respect (对某人/某事物的) 钦佩/赞赏/器重/尊敬: *She obviously has great regard for your ability.* 她显然很赞赏你的能力。**2** [U] **regard to/for sb/sth** care or consideration for sb/sth 对某人/某事物的关心或考虑: *He shows little regard for other people's feelings.* 他不太关心别人的感受。**3 regards** [plural] (used especially at the end of a letter 尤用于书信的结尾) kind thoughts and greetings 致意；问候: *Please give my regards to your parents.* 请代我问候你双亲。

(IDIOM 习语) **in/with regard to sb/sth**; **in this/that/one regard** (*formal* 正式) about sb/sth; concerning this or that 关于某人/某事物；在这/那方面: *With regard to the details – these will be finalized later.* 至于细节，过些时候就会落实。○ *It has been a successful year financially, so in this regard we have been fortunate.* 在财政上这是成功的一年，在这方面我们很幸运。

regardless *adv* paying no attention to sb/sth 不理某人/某事物；不顾一切: *I suggested she should stop but she carried on regardless.* 我建议她应该停止，但她不顾一切继续下去。

regardless of *prep* paying no attention to sb/sth 不管/无论…: *Everybody will receive the same, regardless of how long they've worked here.* 不管在这里工作多久，每人所得的将会是一样。

regatta /rɪ'gætə ‖ rɪ'gætə/ *noun* [C] an event at which there are boat races 划船比赛；赛船大会

reggae /'regeɪ ‖ 'rɛge/ *noun* [U] a type of West Indian popular music with a strong rhythm 雷盖（一种节奏强劲的西印度流行音乐）

☆**regime** /reɪ'ʒi:m; 'reʒi:m ‖ re'ʒim/ *noun* [C] a method or system of government 统治方式；政制；政体；政权: *a military regime* 军事政权

regiment /'redʒɪmənt ‖ 'rɛdʒəˌmənt/ *noun* [C, with sing or pl verb] a group of soldiers in the army, under the command of a colonel 团（由上校指挥的一支部队）—**regimental** /ˌredʒɪ'mentl ‖ ˌrɛdʒə'mɛntl̩/ *adj*

regimented /'redʒɪmentɪd ‖ 'rɛdʒəˌmɛntɪd/ *adj* (*formal* 正式) (too) strictly controlled 控制严密的: *University life is much less regimented than life at school.* 大学生活比中学生活少了很多限制。

☆**region** /'ri:dʒən ‖ 'ridʒən/ *noun* [C] **1** a part of the country or the world; a large area of land (世界上或国家的) 地区；地带: *desert, tropical, polar, etc regions* 沙漠、热带、南北极等地区 ○ *This region of France is very mountainous.* 法国的这一地区有很多山。○ *She is responsible for the organization in the London region.* 她负责伦敦地区的组织工作。☛ Look at the note at **district**. 参看 **district** 的注释。**2** an area of your body 身体的某部分/部位: *He's been having pains in the region of his heart.* 他一直都感到心脏部位疼痛。

(IDIOM 习语) **in the region of sth** about or approximately 大约；大概: *It must have cost somewhere in the region of £1 000.* 这大概已经花了1 000英镑。

regional /-nl ‖ -nl̩/ *adj* connected with a particular region 地区的；地区性: *regional accents* 地方口音

☆**register**[1] /'redʒɪstə(r) ‖ 'rɛdʒɪstɚ/ *noun* [C] an official list of names, etc or a book that contains such a list 名单；名册；登记册: *The teacher calls the register first thing in the morning.* 老师在早上首先做的事就是点名。○ *the electoral register* (= of people who are able to vote in an election) 选民名册

'**register office** *noun* [C] ⇨ REGISTRY OFFICE

☆**register**[2] /'redʒɪstə(r) ‖ 'rɛdʒɪstɚ/ *verb* **1** [I,T] to put a name on an official list 登记；注册: *I'd like to register for the course in June.* 我想在六月份注册学习该课程。○ *You should register with a doctor while you're living in England.* 你在英格兰居住期间，应该到一位医生那里登记。○ *All births, deaths and marriages must be registered.* 所有出生、死亡及结婚事项都必须注册。**2** [I,T] to show on a measuring instrument (在测量仪器上) 显示: *The thermometer registered 32°C.* 温度计显示出32摄氏度。**3** [T] to show feelings, opinions, etc 流露/表露/表达（感受、意见等）: *Her face registered intense dislike.* 她脸上露出非常憎恶的神情。**4** [T] to send a letter or parcel by special (**registered**) post 以挂号方式 (**registered**) 邮寄: *Parcels containing valuable goods should be registered.* 贵重物件的包裹应该挂号邮寄。

ˌ**registered** '**post** *noun* [U] a postal service that you pay extra for. If your letter or parcel is lost the post office will make some payment to you. 挂号邮寄（须付额外费用，邮件如有遗失，由邮局负责赔偿）

registrar /ˌredʒɪ'strɑ:(r); 'redʒɪstrɑ:(r) ‖ 'rɛdʒɪˌstrɑr/ *noun* [C] **1** a person whose job is to keep official lists, especially of births, marriages and deaths 注册/登记员（负责为出生、结婚、死亡等事项登记）**2** a person who is responsible for admissions, examinations, etc at a college or university (学院或大学的) 注册/教务主任

registration /ˌredʒɪ'streɪʃn ‖ ˌrɛdʒɪ'streʃən/ *noun* [U] the act of putting sth or sb's name on an official list 登记；注册: *Registration for evening classes will take place on*

R

8 September. 夜间课程的注册手续将于9月8日开始办理。

regiˈstration number *noun* [C] the numbers and letters on the front and back of a car, etc that are used to identify it（汽车等）登记号码/牌照编号

registry /ˈredʒɪstrɪ ‖ ˈrɛdʒɪstrɪ/ *noun* [C] (*pl* **registries**) a place where official lists are kept 登记处；注册处: *the church registry* 教堂登记处

ˈregistry office (*also* 亦作 **ˈregister office**) *noun* [C] an office where a marriage can take place and where births, marriages and deaths are officially recorded（出生、婚姻、死亡的）登记处 ☛ Look at the note at **wedding**. 参看 **wedding** 的注释。

☆**regret**[1] /rɪˈgret ‖ rɪˈgrɛt/ *noun* [C,U] a feeling of sadness about sth that cannot now be changed 遗憾；后悔；懊悔；惋惜: *Do you have any regrets that you didn't go to university?* 你没有上大学，觉得遗憾吗？○ *I accepted his decision to leave with great regret.* 我以极惋惜的心情接受他的辞呈。

regretful /-fl ‖ -fl̩/ *adj* feeling or expressing sadness 遗憾；懊悔；惋惜 —**regretfully** /-fəlɪ ‖ -fəlɪ/ *adv*

☆**regret**[2] /rɪˈgret ‖ rɪˈgrɛt/ *verb* [T] (regre**tt**ing; regre**tt**ed) **1** to feel sorry or sad about sth; to wish that you had not done sth 感到遗憾/惋惜/后悔/懊悔: *I hope you won't regret your decision later.* 我希望你以后不会后悔作出这决定。○ *I soon regretted having been so rude.* 我很快便后悔自己这么无礼。○ *Do you regret what you said to him?* 你后悔对他说了那些话吗？○ *Everyone regretted his leaving the school.* 他离开学校，大家都感到惋惜。**2** (*formal* 正式) (used as a way of saying that you are sorry for sth 表示抱歉): *I regret to inform you that your application has been unsuccessful.* 很抱歉通知你，你的申请没有成功。

regrettable /-əbl ‖ -əbl̩/ *adj* that you should feel sorry or sad about 令人遗憾/惋惜/懊悔的

regrettably /-əblɪ ‖ -əblɪ/ *adv* **1** in a way that makes you feel sad or sorry 令人遗憾/惋惜地 **2** it is to be regretted that 令人遗憾/惋惜的是…: *Regrettably, most hotels are not well-equipped for disabled people.* 令人遗憾的是大部分旅馆都没有足够设施供伤残人士使用。

☆**regular** /ˈregjʊlə(r) ‖ ˈrɛgjələ˞/ *adj* **1** having the same amount of space or time between each thing or part 有规则；均匀；有规律；按时: *regular breathing* 均匀的呼吸 ○ *Nurses checked her blood pressure at regular intervals.* 护士每隔一定的时间给她量血压。**2** happening at the same time each day, week, etc (as a result of an arrangement or a plan) 定时；定期: *We have regular meetings every Thursday.* 我们每星期四定期开会。**3** going somewhere or doing sth often 经常: *a regular customer* 老主顾 ○ *We're regular visitors to Britain.* 我们是英国的常客。**4** normal or usual 正常；通常: *Who is your regular dentist?* 你通常找哪个牙医看病？**5** evenly shaped 整齐；匀称: *regular teeth* 整齐的牙齿 ○ *a regular geometric pattern* 匀称的几何图案 **6** (*grammar* 语法) (used about a noun, verb, etc 指名词或动词等) having the usual or expected plural, verb form, etc 按规则变化: *'Walk' is a regular verb.* * walk 是规则动词。☛ Look at **irregular**. 参看 **irregular**。

regular *noun* [C] **1** (*informal* 非正式) a person who goes to a particular shop, pub, etc very often 老主顾；常客 **2** a permanent member of the army, navy, etc（陆军、海军等的）正规军/常备兵

regularity /ˌregjʊˈlærətɪ ‖ ˌrɛgjəˈlærətɪ/ *noun* [U] the state of being regular 规律

regularly *adv* **1** at regular times or in a regular way 按时；定期；有规律地: *to have a car serviced regularly* 定期把汽车送去检修 **2** often 经常: *Mr Davis regularly takes part in competitions but this is the first one that he has won.* 戴维斯先生经常参加比赛，但这是他首次获胜。

regulate /ˈregjʊleɪt ‖ ˈrɛgjəˌlet/ *verb* [T] **1** to control sth by using laws（用法律）管制: *a strict law to regulate carbon dioxide emissions from factories* 严格管制工厂排放二氧化碳的一项条例 **2** to control a machine, piece of equipment, etc 控制（机器、设备…）；调节: *Special valves in the radiator allow you to regulate the temperature in each room.* 暖气装置内有特制活门，可调节每个房间的温度。

☆**regulation** /ˌregjʊˈleɪʃn ‖ ˌrɛgjəˈleʃən/ *noun* **1** [U] control of sth 管理；管制；控制: *state regulation of agriculture* 国家对农业的管理 **2** [C, usually pl] a law or rule that controls how sth is done 法规；条例；规则: *to observe/obey the safety regulations* 遵守/遵从安全规则 ○ *It is against the fire regulations to smoke on underground trains.* 在地铁车上吸烟是违反防火条例的。○ *The plans must comply with the new EC regulations.* 那些计划必须符合欧盟的新规定。○ *to enforce a regulation* 执行某项规章

rehabilitate /ˌriːəˈbɪlɪteɪt ‖ ˌriəˈbɪləˌtet/ *verb* [T] to help sb to live a normal life again after an illness, being in prison, etc 使病后/出狱后…重过正常生活 —**rehabilitation** /ˌriːəˌbɪlɪˈteɪʃn ‖ ˌriəˌbɪləˈteʃən/ *noun* [U]

rehearse /rɪˈhɜːs ‖ rɪˈhɝs/ *verb* [I,T] to practise a play, dance, piece of music, etc before you perform it to other people（戏剧、舞蹈等正式演出前）排练/排演/彩排

rehearsal /-sl ‖ -sl̩/ *noun* [C,U] the time when you practise a play, dance, piece of music, etc before you perform it to other people（戏剧、舞蹈等正式演出前的）排练/练习/彩排: *a dress rehearsal* (= when all the actors wear their stage clothes)（正式演出前的化装排演）彩排

reign /reɪn ‖ ren/ *noun* [C] the period of time that a king or queen rules a country（某国王或女王的）统治时期/在位期: *the long reign of Queen Victoria* 由维多利亚女王统治的悠长岁月

reign *verb* [I] **1 reign (over sb/sth)** (used about a king or queen 指国王或女王) to rule a country 统治: (*figurative* 比喻) *the reigning world champion* 本届的世界冠军 **2** to be present as the most important feature of a particular situation 支配；占优势：*Chaos reigned after the first snow of the winter.* 冬季第一次下雪后，到处一片混乱。

reimburse /ˌriːɪmˈbɜːs ‖ ˌriɪmˈbɝs/ *verb* [T] (*formal* 正式) to pay money back to sb 付还（损失/已支出的金钱）：*The company will reimburse you in full for your travelling expenses.* 公司会把出差费全数付还给你。○ *Your expenses will be reimbursed in full.* 你的花费将会悉数付还给你。

rein /reɪn ‖ ren/ *noun* [C, usually pl] a long thin piece of leather that you use for controlling a horse. Reins are joined to a bridle which fits over a horse's head.（控制马匹的）缰绳 ☛ picture at **horse**. 见 **horse** 插图。

reindeer /ˈreɪndɪə(r) ‖ ˈrenˌdɪr/ *noun* [C] (*pl* **reindeer**) a type of large deer that lives in Arctic regions 驯鹿（居住在北极地区的一种大鹿）

> ☛ According to tradition, reindeer pull Santa Claus's sledge at Christmas when he brings presents to children. 传说中圣诞老人坐着由驯鹿拉着的雪橇，给儿童派送礼物。

reinforce /ˌriːɪnˈfɔːs ‖ ˌriɪnˈfɔrs/ *verb* [T] to make sth stronger 增强；加强；巩固：*Concrete can be reinforced by putting steel bars inside it.* 放入钢筋可加固混凝土。○ *evidence to reinforce her argument* 使她的论据更充实的证明

reinforcement *noun* **1** [U] the act of supporting or strengthening sth 增强；加强；强化：*The sea wall is weak in places and needs reinforcement.* 海塘的一些地方不太牢靠，需要加固。**2 reinforcements** [plural] extra people who are sent to make an army, navy, etc stronger 援兵；援军；增援部队

reinstate /ˌriːɪnˈsteɪt ‖ ˌriɪnˈstet/ *verb* [T] to put sb back into his/her previous job or position 使复职；使恢复原状 —**reinstatement** *noun* [U]

☆**reject** /rɪˈdʒekt ‖ rɪˈdʒɛkt/ *verb* [T] to refuse to accept sb/sth 拒绝接受：*The plan was rejected as being impractical.* 计划因不切实际而遭否决。○ *I've rejected all the candidates for the job except one.* 除了其中一位之外，我拒绝了该职位的其他申请者。

reject /ˈriːdʒekt ‖ ˈridʒɛkt/ *noun* [C] a person or thing that is not accepted because he/she/it is not good enough 因未符合要求而被拒绝的人/物：*Rejects are sold at half price.* 次品以半价出售。—**rejection** *noun* [C,U]: *Penny got a rejection from Leeds University.* 彭尼报读利兹大学被拒绝了。○ *There has been total rejection of the new policy.* 人们完全不接受那项新政策。

rejoice /rɪˈdʒɔɪs ‖ rɪˈdʒɔɪs/ *verb* [I] **rejoice (at/over sth)** (*formal* 正式) to feel or show great happiness 欢欣；欢腾：*The people rejoiced at the news of the victory.* 胜利的消息传来，大家不禁欢欣鼓舞。—**rejoicing** *noun* [U]

rejuvenate /rɪˈdʒuːvəneɪt ‖ rɪˈdʒuvəˌnet/ *verb* [T] (often passive 常用于被动语态) to cause sb/sth to feel or look younger 使某人/某事物感觉或看来较年轻/具有生命力 —**rejuvenation** /rɪˌdʒuːvəˈneɪʃn ‖ rɪˌdʒuvəˈneʃən/ *noun* [U]

relapse /rɪˈlæps ‖ rɪˈlæps/ *verb* [I] to become worse again after an improvement（改善后）再恶化；故态复萌：*to relapse into bad habits* 再染恶习 —**relapse** *noun* [C]: *The patient had a relapse and then died.* 病人旧病复发后不久就去世了。

☆**relate** /rɪˈleɪt ‖ rɪˈlet/ *verb* **1** [T] **relate sth to/with sth** to show a connection between two or more things 显示…与…有关：*The report relates heart disease to high levels of stress.* 这报告显示心脏病与精神压力过重有关。**2** [T] **relate sth (to sb)** (*formal* 正式) to tell a story to sb（向某人）讲述/叙述某事情

(PHRASAL VERB 短语动词) **relate to sb/sth** **1** to be concerned with; to have sth to do with 与某人/某事物有关：*That question is very interesting but it doesn't really relate to the subject that we're discussing.* 那个问题十分有趣，但其实与我们现在讨论的题目无关。**2** to be able to understand how sb feels 领略/理解别人的感受：*Some teenagers find it hard to relate to their parents.* 有些青年人觉得很难理解父母。

related *adj* **related (to sb/sth) 1** connected with sb/sth（与某人/某事物）有关/相关：*The rise in the cost of living is directly related to the price of oil.* 生活费上升与油价直接有关。**2** of the same family 有亲属关系；属于同一家族：*We are related by marriage.* 我们有姻亲关系。○ *to be closely/distantly related* 是近亲/远亲

☆**relation** /rɪˈleɪʃn ‖ rɪˈleʃən/ *noun* **1** [U] **relation (between sth and sth); relation (to sth)** the connection between two or more things（两个或更多事物之间的）关系/关联：*There seems to be no relation between the cost of the houses and their size.* 房子的价格与大小似乎没有关系。○ *The film bore no relation to the book* (= it was very different). 那部影片与书的内容毫无关系。**2** [C] a member of your family 家庭成员：*a close/distant relation* 近/远亲 ☛ Note the expressions 注意以下两种不同的说法：*'What relation are you to each other?'* "你们有什么亲属关系？" and 及 *'Are you any relation to each other?'* "你们是亲戚吗？" **3 relations** [plural] the way that people, groups, countries, etc feel about or behave towards each other（国家、群体、人际等的）关系：*The police officer stressed that good relations with the community were essential.* 那位警官强调，与区内的人维持良好关系是十分重要的。○ *to break off diplomatic relations* 断绝外交关系

(IDIOM 习语) **in/with relation to sb/sth** **1** concerning sb/sth 关乎某人/某事物：*Many questions were asked, particularly in relation to the cost of the new buildings.* 大家提出的问题很多，尤其是涉及新大厦成本的。**2** compared with 与…相比：*Prices are low in relation to those in other parts of Europe.* 与欧洲其他地方相比，这里的物价是较低的。

☆**relationship** /rɪˈleɪʃnʃɪp ‖ rɪˈleʃənˌʃɪp/ *noun* [C] **1** the way that people, groups, countries, etc feel about or behave towards each other (人际、群体、国家等的)关系: *The police have a poor relationship with the local people.* 警方与当地居民关系恶劣。○ *The relationship between the parents and the school has improved greatly.* 家长与校方的关系已大大改善了。**2** a friendship or love affair 友谊;友情;爱情;恋情: *to have a relationship with sb* 与某人谈恋爱 ○ *The film describes the relationship between a young man and an older woman.* 影片描述一个年青男子与一个年纪较大的女子的恋情。○ *a close relationship* 亲密关系 **3** a family connection 亲属/家属关系: *'What is your relationship to Bruce?' 'He is married to my cousin.'* "你与布鲁斯有什么亲属关系?""他是我表妹的丈夫。" **4** the connection between two or more things (两样或以上事物的)关系: *Is there a relationship between violence on TV and the increase in crime?* 电视上的暴力与罪案增加有关系吗?

☆**relative**[1] /ˈrelətɪv ‖ ˈrɛlətɪv/ *noun* [C] a member of your family 亲戚;亲属: *a close/distant relative* 近/远亲

☆**relative**[2] /ˈrelətɪv ‖ ˈrɛlətɪv/ *adj* **1** when compared to sb/sth else 与…相比;比较上;相对: *They live in relative luxury.* 他们的生活比较奢华。○ *We're in a period of relative calm after the winds of the past few days.* 风刮了几天,现在相对平静下来了。○ *It's hard to assess the relative importance of the two jobs.* 要衡量这两件工作中哪件重要些真叫人为难。**2** (*grammar* 语法) referring to an earlier noun, phrase or sentence 与前述的名词、短语或句子相关联的: *In the phrase 'the lady who lives next door', 'who' is a relative pronoun.* 在 the lady who lives next door 这短语中,who 是关系代词。

relatively *adv* to a certain degree; quite 一定程度上;相当: *Spanish is a relatively easy language.* 西班牙语是一种颇易学的语言。○ *It's a small house but the garden is relatively large.* 房子虽小,花园却比较大。

☆**relax** /rɪˈlæks ‖ rɪˈlæks/ *verb* **1** [I,T] to make or become less worried or tense; to spend time not doing very much (使)轻松;休息: *This holiday will give you a chance to relax.* 假期中你可以有机会休息一下。○ *A hot bath will relax you after a hard day's work.* 经过一天辛劳工作,洗个热水浴会使你轻松舒畅。○ *They spent the evening relaxing in front of the television.* 他们舒舒服服地看电视,度过了一个晚上。**2** [I,T] to make or become less stiff or tight 放松;变得松弛: *You should be able to feel all your muscles relaxing.* 你应该感觉到全身的肌肉逐渐放松。**3** [T] to make rules or laws less strict 放宽(条例或法律): *The regulations on importing animals have been relaxed.* 当局已放宽动物进口的条例。

relaxation /ˌriːlækˈseɪʃn ‖ ˌrilæksˈeʃən/ *noun* **1** [U] the act of relaxing (1,2,3) 松弛;放松;放宽: *the relaxation of a rule* 放宽规则 **2** [C,U] sth that you do in order to rest or relax(1) 娱乐;消遣: *Everyone needs time for rest and relaxation.* 人人都需要有休息和娱乐的时间。○ *He paints as a relaxation.* 他以绘画作为消遣。

relaxed *adj* not worried or tense 不忧虑/紧张;轻松: *The relaxed atmosphere made everyone feel at ease.* 轻松的气氛使每人都感到轻松自在。

relaxing *adj* pleasant, helping you to rest and become less worried 舒服;轻松自在: *a quiet relaxing holiday* 一个安静适意的假期

relay[1] /ˈriːleɪ ‖ ˈrile/ (*also* 亦作 ˈ**relay race**) *noun* [C] a race in which each member of a team runs, swims, etc one part of the race 接力赛: *the 4 x 100m relay* * 4乘100米接力赛 (IDIOM 习语) **in relays** with one group of people replacing another when the first group has completed a period of work 轮流;轮番;轮班工作: *The men worked in relays throughout the night to get the building finished.* 那些人整夜轮流工作,以期及时完成建筑。

relay[2] /ˈriːleɪ; rɪˈleɪ ‖ rɪˈle/ *verb* [T] (*pt, pp* **relayed**) **1** to receive and send on a signal or message 传递(信号或信息) **2** (*Brit* 英) to broadcast a radio or television programme 广播/播放/转播(电台或电视节目)

☆**release** /rɪˈliːs ‖ rɪˈlis/ *verb* [T] **1** to allow sb/sth to be free 释放;使自由: *The hostages will be released before Christmas.* 人质将于圣诞节前释放。○ *He's been released from prison.* 他已获释出狱。○ *The driver of the wrecked car had to be released by firemen.* 失事汽车的司机要由消防员救出来。○ (*figurative* 比喻) *His firm released him for two months so he could take part in the Olympic Games.* 公司准许他暂时离开两个月,好让他参加奥林匹克运动会。**2** to stop holding sth 放开;松开: *She released his hand and walked off.* 她放开他的手,突然走了开去。**3** to move sth from a fixed position (把某物)从固定位置移开: *He released the handbrake and drove off.* 他放开手刹车,开车走了。**4** to allow sth to be known by the public 公开: *The identity of the victim has not been released.* 受害者的身分还没有公开。**5** to make a film, record, etc available so the public can see or hear it 发行(影片、唱片等): *Their new single is due to be released next week.* 他们的新单曲唱片定于下周发行。**6** to let substances escape into the air, sea, etc 释放(某种物质): *The new power station would release 230 000 tons of carbon dioxide into the atmosphere every year.* 新发电站每年向大气层排放23万吨二氧化碳。

release *noun* **1** [C,U] **release (from sth)** the act of freeing or the state of being freed 释放;获释: *The release of the hostages took place this morning.* 人质已于今晨获释。○ *I had a great feeling of release when my exams were finished.* 考试结束,我如释重负。**2** [C] a book, film, record, piece of news, etc that has been made available to the public 发行的新书/电影/唱片;发布的新闻: *a press release* 新闻稿 ○ *The band played their latest release.* 乐队演奏他们最新发行的唱片歌曲。(IDIOM 习语) **on (general) release** being shown or available to the public (正在)发行;发布;公演: *Batman flies into action in a new video out on release this month.* 本月将有新的蝙蝠侠录像带公开发售。

relegate /ˈrelɪgeɪt ‖ ˈrɛlə͵get/ *verb* [T] to put sb/sth into a lower rank or position 把（某人/某事物）降级/置于较次要位置: *West Ham was relegated to the Second Division* (= in football). 西汉姆队被降为乙级球队。—**relegation** /͵relɪˈgeɪʃn ‖ ͵rɛləˈgeʃən/ *noun* [U]

relent /rɪˈlent ‖ rɪˈlɛnt/ *verb* [I] to become less strict or hard, eg by allowing sth that you had previously forbidden 放宽要求/限制等；变得宽容: *Her parents finally relented and allowed her to go.* 她父母最后态度软化，准许她去。

relentless *adj* not stopping or changing 不间断；持续；无情: *the relentless fight against crime* 不间断地与罪恶搏斗 —**relentlessly** *adv*: *The sun beat down relentlessly.* 烈日无情地暴晒着大地。

☆**relevant** /ˈreləvənt ‖ ˈrɛləvənt/ *adj* **relevant (to sb/sth) 1** connected with what is happening or being talked about（与正在发生/谈论的事情）有关: *Please enclose all the relevant documents with your visa application.* 签证申请表内请附上所有有关的文件。○ *Much of what was said was not directly relevant to my case.* 所说的内容大部分都与我的情况没有直接关连。**2** important and useful 重要: *Many people feel that poetry is no longer relevant in today's world.* 很多人认为在现今的世界上，诗歌已无足轻重了。☛ The opposite is **irrelevant**. 反义词为 **irrelevant**。—**relevance** /-əns ‖ -əns/ *noun* [U]: *I honestly can't see the relevance of what he said.* 我实在看不出他所说的话有什么意义。○ *Does the Bible have any relevance for life today?* 圣经和今天的生活是否有关联呢？

☆**reliable** /rɪˈlaɪəbl ‖ rɪˈlaɪəbl̩/ *adj* that you can trust 值得信赖；可靠: *Japanese cars are usually very reliable.* 日本汽车一般质量都很靠得住。○ *I'm surprised she didn't phone back – she's usually very reliable.* 我很奇怪她没有复电——她通常都很可靠的。○ *reliable information* 可靠的情报 ○ *Is he a reliable witness?* 他是个值得信赖的证人吗？☛ The opposite is **unreliable**. 反义词为 **unreliable**。Look at the verb **rely**. 参看动词 **rely**。—**reliability** /rɪ͵laɪəˈbɪlətɪ ‖ rɪ͵laɪəˈbɪlətɪ/ *noun* [U]: *These cars have a good reputation for reliability.* 这些汽车在质量方面口碑甚佳。—**reliably** /-əblɪ ‖ -əblɪ/ *adv*: *It has been reliably estimated that £10 million will be needed to complete the project.* 据可靠的估计，要完成该项计划需要一千万英镑。

reliance /rɪˈlaɪəns ‖ rɪˈlaɪəns/ *noun* [U] **1 reliance on sb/sth** being able to trust sb/sth（对某人/某事物的）信任/信赖: *Don't place too much reliance on her promises.* 不要太相信她的承诺。**2** not being able to live or work without sb/sth; being dependent on sb/sth（对某人/某事物的）依赖/依靠: *the country's reliance on imported oil* 该国对进口石油的依赖

reliant /-ənt ‖ -ənt/ *adj* **reliant on sb/sth** (not before a noun 不用于名词前) not being able to live or work without sb/sth（对某人/某事物）依赖/依靠: *They are totally reliant on the state for financial support.* 他们完全依靠国家的财政支持。☛ The verb is **rely**. 动词为 **rely**。Look at **self-reliant**. 参看 **self-reliant**。

relic /ˈrelɪk ‖ ˈrɛlɪk/ *noun* [C] something from the past that still exists today 古迹；遗迹；文物

☆**relief** /rɪˈli:f ‖ rɪˈlif/ *noun* **1** [U,sing] **relief (from sth)** the feeling that you have when sth unpleasant stops or becomes less strong（不愉快感受的）解除/缓和: *The drugs brought him some relief from the pain.* 药物稍为缓和了他的痛楚。○ *What a relief! That awful noise has stopped.* 真叫人松一口气！那讨厌的声音停了。○ *It was a great relief to know they were safe.* 知道他们安全，我觉得很安慰。○ *to breathe a sigh of relief* 舒一口气 ○ *To my relief, he didn't argue with my suggestion at all.* 他完全没有反驳我的建议，令我舒了一口气。**2** [U] money or food that is given to help people who are in trouble 救济物品/物资；救济金: *disaster relief for the flood victims* 为水灾灾民提供的赈济物资 **3** [U] a reduction in the amount of tax you have to pay 税款宽免；免税额

☆**relieve** /rɪˈli:v ‖ rɪˈliv/ *verb* [T] to make an unpleasant feeling or situation better 舒缓/缓和（令人不快的感觉或情境）: *This injection should relieve the pain.* 这一针注射下去应可减轻疼痛。○ *Four new prisons are being built to relieve overcrowding.* 兴建中的四座新监狱将可缓和过度拥挤的情况。

(PHRASAL VERB 短语动词) **relieve sb of sth** to take sth away from sb 从某人身上取去某物

relieved *adj* pleased because your fear or worry has been taken away 宽心；宽慰: *I was very relieved to hear that you weren't seriously hurt.* 听到你的伤势不严重，我就放心得多。

☆**religion** /rɪˈlɪdʒən ‖ rɪˈlɪdʒən/ *noun* **1** [U] the belief in a god or gods who made the world and who can control what happens in it 宗教信仰: *I never discuss politics or religion with them.* 我从不与他们讨论政治或宗教信仰问题。**2** [C] one of the systems of worship that is based on this belief 宗教: *the Christian, Hindu, Muslim, etc religion* 基督教；印度教；伊斯兰教…

☆**religious** /rɪˈlɪdʒəs ‖ rɪˈlɪdʒəs/ *adj* **1** connected with religion 与宗教有关: *religious faith* 宗教信仰 **2** having a strong belief in a religion 虔诚；忠实地（信仰）: *I'm not very religious, I'm afraid, but I do go to church at Christmas.* 很抱歉，我并不十分虔诚，但圣诞节我也会上教堂的。

religiously *adv* **1** in a religious way 虔诚地 **2** regularly 有规律地；定时地: *They clean their teeth religiously, every night and every morning.* 他们早晚都定时刷牙。

relinquish /rɪˈlɪŋkwɪʃ ‖ rɪˈlɪŋkwɪʃ/ *verb* [T] (*formal* 正式) to stop having or doing sth 放弃（拥有某物/做某事）☛ **Give up** is more common. * **give up** 比 relinquish 更为常用。

relish /ˈrelɪʃ ‖ ˈrɛlɪʃ/ *verb* [T] to enjoy sth or to look forward to sth very much 享受；盼望

relive /͵ri:ˈlɪv ‖ riˈlɪv/ *verb* [T] to remember sth and imagine that it is happening again 在想象中再一次经历（某事）

R

reluctant /rɪ'lʌktənt ‖ rɪ'lʌktənt/ *adj* **reluctant (to do sth)** not willing and so rather slow to agree to do sth 不愿意；勉强: *I was rather reluctant to lend him the car because he's such a fast driver.* 我很不愿意把车借给他，因为他爱开快车。—**reluctance** /-əns ‖ -əns/ *noun* [U]: *Tony left with obvious reluctance* (= it was clear that he didn't want to go). 托尼显然是很勉强地离开的。—**reluctantly** *adv*

☆**rely** /rɪ'laɪ ‖ rɪ'laɪ/ *verb* [I] (*pres part* **relying**; *3rd pers sing pres* **relies**; *pt, pp* **relied**) **rely on/upon sb/sth (to do sth) 1** to need sb/sth and not be able to live or work properly without them 依赖/依靠（某人/某事物）: *The old lady had to rely on other people to do her shopping for her.* 那位老太太要依靠别人替她购物。○ *Many students do not like having to rely on their parents for money.* 很多学生不喜欢在金钱方面要依赖父母。**2** to trust sb/sth to work or behave well 相信/信任/指望（某人表现良好或某事物可行）: *You can't rely on the weather in Britain.* 英国的天气靠不住。○ *Can I rely on you to keep a secret?* 我可以相信你会保守秘密吗？☛ The noun is **reliance** and the adjective is **reliable**. 名词为 **reliance**，形容词为 **reliable**。

R

☆**remain** /rɪ'meɪn ‖ rɪ'men/ *verb* [I] **1** to be left after other people or things have gone 剩下；余下；剩余: *Today only a few stones remain of the castle.* 今天这座城堡只剩下了几块石头。○ *to remain behind after class* 下课后留下 ○ *They spent the two remaining days of their holidays buying presents to take home.* 他们利用剩下的两天假期买礼物回家。○ *Tottenham scored with five minutes of the match remaining.* 托特汉队在比赛最后还有五分钟的时候得分。**2** to stay or continue in the same place or condition 逗留/停留（在某地/某状况）: *They remained silent throughout the trial.* 他们在整个审讯中都保持沉默。○ *They're divorced but they remain friends.* 他们已离婚，但仍然是朋友。○ *Josef went to live in America but his family remained behind in Europe.* 约瑟夫到美国居住，但他的家人仍然留在欧洲。○ (*figurative* 比喻) *Although he seems very pleasant, the fact remains that I don't trust him.* 虽然他看来很和蔼可亲，但我仍然不信任他。

remainder /rɪ'meɪndə(r) ‖ rɪ'mendɚ/ *noun* [sing, with sing or pl verb] the people, things, etc that are left after the others have gone away or been dealt with; the rest 剩余/余下/其余的人或物等: *There are seats for twenty people – the remainder must stand.* 这里有二十个座位——其余的人要站着。○ *They couldn't decide what to do for the remainder of the afternoon.* 他们无法决定下午剩下的时间要干些什么。

remains /rɪ'meɪnz ‖ rɪ'menz/ *noun* [plural] **1** what is left behind after other parts have been used or taken away 剩下/其余的部分: *The builders found the remains of a Roman mosaic floor.* 建筑工人发现了一处有罗马式拼花地板的遗迹。**2** (*formal* 正式) a dead body (sometimes one that has been found somewhere a long time after death) 遗骨；骸骨；尸骨: *Human remains were discovered in the wood.* 树林内发现了人类骸骨。

remand /rɪ'mɑ:nd; *US* 美 -'mænd ‖ rɪ'mænd/ *verb* [T] to order sb to come back to court at a later date 还押（候审）: *to remand sb in custody* 将某人还押候审

remand *noun* [U] the time before a prisoner's trial takes place 候审期: *a remand prisoner* 候审囚犯

(IDIOM 习语) **on remand** (used about a prisoner 指囚犯) waiting for the trial to take place 还押候审

☆**remark** /rɪ'mɑ:k ‖ rɪ'mɑrk/ *verb* [I,T] **remark (on/upon sb/sth)** to say or write sth; to comment 说/写/评论（关于某人/某事物）: *'What a strange film,' he remarked.* "多么奇怪的一部影片，" 他说。○ *Millie remarked that she had found the film very interesting.* 米利说她认为那部影片很有趣。○ *A lot of people have remarked on the similarity between them.* 很多人都说过他们有相似之处。

remark *noun* [C] something that you say or write; a comment 关于某人/事物的话；评论: *a few personal remarks at the end of the letter* 信末的几句个人意见 ○ *to make a rude remark* 说出无礼的话

remarkable /-əbl ‖ -əbl̩/ *adj* unusual or noticeable 不寻常；非凡；显著: *She certainly is a remarkable woman.* 她无可否认是个不平凡的女子。○ *That is a remarkable achievement for someone so young.* 对于这样年青的人来说，那是非凡的成就。—**remarkably** /-əblɪ ‖ -əblɪ/ *adv*

remedy /'remədɪ ‖ 'rɛmədɪ/ *noun* [C] (*pl* **remedies**) **remedy (for sth) 1** something that makes you better when you are ill or in pain 治疗；治疗法；药物: *Hot lemon with honey is a good remedy for colds.* 热柠檬水加蜂蜜是治疗伤风的良药。**2** a way of solving a problem 解决问题的方法: *There is no easy remedy for unemployment.* 没有简单的方法可解决失业问题。

remedial /rɪ'mi:dɪəl ‖ rɪ'midɪəl/ *adj* **1** used to improve sth (eg sb's health or a difficult situation) 用于治疗/救治/补救的 **2** helping people who are slow at learning sth 为补救学习上缺失而设的；补习性质的: *remedial English classes* 英语补习班

remedy *verb* [T] (*pres part* **remedying**; *3rd pers sing pres* **remedies**; *pt, pp* **remedied**) to change or improve sth that is wrong or bad 纠正；改正；改善: *to remedy an injustice* 纠正一件不公正的事

☆**remember** /rɪ'membə(r) ‖ rɪ'mɛmbɚ/ *verb* **1** [I,T] to have sth in your mind or to bring sth back into your mind 记得；记忆: *When did we go to Spain? I just don't remember.* 我们什么时候去过西班牙？我确实记不起来了。○ *I'm sorry. I don't remember your name.* 很抱歉，我记不起你的名字。○ *Do you remember the night we first met?* 你记得我们首次见面的那一晚吗？○ *Remember that we're having visitors tonight.* 记住今晚我们有客来。○ *I know her face but I can't remember what she's called.* 我认得她的面孔，但记不起她叫什么名字。○ *Can* *you remember when we bought the stereo?* 你记得我们是在什么时候买的立体声唱机吗？ ☛ If you remember **to do** something, you don't forget to do it * remember **to do** something 表示记得/没有忘记做某事: *I remembered to buy the coffee.* 我记得买咖啡。○ *Remember to turn the lights off before you leave.* 你离开之前，记住把灯关上。If you remember **doing** something, you have a picture or memory in your mind of doing it * remember **doing** something 是指记忆起曾做过某事: *Polly remembers seeing her keys on the table yesterday.* 波利记得昨天见过自己的钥匙在桌子上。**2** [T] to give money, etc to sb/sth 把（金钱等）给…: *to remember sb in your will* 在遗嘱中给某人遗赠

(PHRASAL VERB 短语动词) **remember sb to sb** to pass greetings from one person to another 转达问候: *Please remember me to your wife.* 请代我问候你的太太。☛ Look at the note at **remind**. 参看 **remind** 的注释。

remembrance /rɪˈmembrəns ‖ rɪˈmɛmbrəns/ *noun* [U] (*formal* 正式) the act of remembering and showing respect for sb who is dead 纪念；怀念: *a service in remembrance of those killed in the war* 纪念战争牺牲者的礼拜仪式

☆**remind** /rɪˈmaɪnd ‖ rɪˈmaɪnd/ *verb* [T] **1** to say sth to help sb remember sth 提醒: *'It's Christmas in two weeks!' 'Oh don't remind me, I haven't bought any presents yet.'* "两星期后就是圣诞节了！""啊，不用提醒我，我还没有买礼物呢。" ○ *She reminded him of his dentist's appointment at two o'clock.* 她提醒他两点钟约好了去看牙医。○ *He reminded the children to wash their hands.* 他提醒孩子们要洗手。○ *The doctor reminded me that I should see her again in two months.* 医生提醒我两个月后应该再去见她。**2 remind sb of sb/sth** to cause sb to remember sb/sth 使（某人）记起…: *This song reminds me of Paris.* 这首歌曲使我想起巴黎。○ *You remind me of your father.* 你使我想起你的父亲。☛ You **remember** something by yourself. If somebody or something **reminds** you of something he/she/it causes you to remember it 自己记起就说 **remember**，若别人或某事物令你记起就用 **remind**: *Lucy remembered to say thank you after the party.* 露西没有忘记在宴会之后道谢。○ *Mother reminded Lucy to say thank you after the party.* 母亲提醒露西不要忘了在宴会后要道谢。

reminder *noun* [C] sth that makes you remember sth 使记起某事物的东西: *We received a reminder that we hadn't paid the electricity bill.* 我们收到一张催账单，说我们还没有缴付电费。○ *Eddie kept the ring as a reminder of happier days.* 埃迪保留了指环，纪念以往的快乐日子。

reminisce /ˌremɪˈnɪs ‖ ˌrɛməˈnɪs/ *verb* [I] **reminisce (about sb/sth)** to talk about (pleasant) things that happened in the past 谈论往事（通常为乐事）；话旧

reminiscent /ˌremɪˈnɪsnt ‖ ˌrɛməˈnɪsn̩t/ *adj* (not before a noun 不用于名词前) that makes you remember sb/sth; like 话旧的；使人想起某人/某事物的；相似: *I think that painting is very reminiscent of one by Monet.* 我认为那幅画与莫奈的一幅作品十分相似。

remnant /ˈremnənt ‖ ˈrɛmnənt/ *noun* [C] a piece of sth that remains after the rest has gone 剩余；残余；剩余物

remorse /rɪˈmɔːs ‖ rɪˈmɔrs/ *noun* [U] a feeling of sadness because you have done sth wrong 悔恨；懊悔: *She was filled with remorse for what she had done.* 她为自己所做的事懊悔不已。☛ Look at **guilt**. 参看 **guilt**。

remorseful /-fl ‖ -fəl/ *adj* feeling remorse 悔恨；懊悔

remorseless *adj* **1** showing no pity 无情；无怜悯之心的 **2** not stopping or becoming less strong 无休止；不间断；没有减弱的 —**remorselessly** *adv*

remote /rɪˈməʊt ‖ rɪˈmot/ *adj* **1** far away from where other people live 边远；偏僻: *a cottage in a remote area of Scotland* 在苏格兰边远地区的一间茅舍 ○ (*figurative* 比喻) *The film star's life-style was very remote from that of most ordinary people.* 那电影明星的生活方式与一般人的相距很远。**2** far away in time（时间上）久远/遥远: *the remote past/future* 遥远的过去/将来 **3** not very great 不太大；绝少；极小: *I haven't the remotest idea who could have done such a thing.* 是谁干的这种事，我一点头绪也没有。○ *a remote possibility* 极小的可能性 **4** not very friendly 不太友好的；冷漠的: *He seemed rather remote.* 他看来很冷漠。

remotely *adv* (used in negative sentences 用于否定句) to a very small degree; at all 极小；完全: *I'm not remotely interested in your problems.* 我对你的问题完全不感兴趣。—**remoteness** *noun* [U]

reˌmote conˈtrol *noun* [U] a system for controlling sth from a distance 遥控（系统）: *You can change channels on the television by remote control.* 你可用遥控器转换电视频道。

☆**remove** /rɪˈmuːv ‖ rɪˈmuv/ *verb* [T] (*formal* 正式) **1 remove sb/sth (from sth)** to take sb/sth off or away 移开；拿走；除去；消除: *Please remove your shoes before entering the temple.* 进入庙宇前请脱鞋。○ *This washing-powder will remove most stains.* 这种洗衣粉可除去大部分污渍。○ *to remove doubts, fears, problems, etc* 消除疑虑/恐惧/问题等 ○ *I would like you to remove my name from your mailing list.* 请把我的名字从你的邮寄名单中删去。☛ **Take off, out, etc** is less formal. * **take off/out** 等用于非正式场合。**2 remove sb (from sth)** to make sb leave his/her job or position 开除；解雇: *The person responsible for the error has been removed from his post.* 对那次错误要负责的人已被撤职。

removal /-vl ‖ -vl̩/ *noun* **1** [U] taking sb/sth away 除去；拿去: *I demanded the removal of my name from the list.* 我要求把我的名字从名单中除去。**2** [C,U] an act of moving from one house, etc to another 搬迁: *The company has agreed to pay all our removal expenses.* 公司同意支付我们所有的搬迁费用。○ *a removal van* 搬运车

removed *adj* (not before a noun 不用于名

词前) far or different from sth 远离；不相同: *Hospitals today are far removed from what they were fifty years ago.* 今天的医院与五十年前的已大大不同了。

remover *noun* [C,U] a substance that cleans off paint, stains, etc 清除污渍等的物质: *a stain remover* 去污剂

render /ˈrendə(r) ‖ ˈrɛndɚ/ *verb* [T] (*formal* 正式) **1** to give help, etc to sb 提供/给予(协助等): *to render sb a service* 为某人服务 **2** to cause sb/sth to be in a certain condition 使处于某状况: *She was rendered speechless by the attack.* 这样的抨击使她哑口无言。

rendezvous /ˈrɒndɪvuː ‖ ˈrɑndəˌvu/ *noun* [C] (*pl* **rendezvous** /-z ‖ -z/) **1 rendezvous (with sb)** a meeting that you have arranged with sb 约会；会面 **2** a place where people often meet (某些人常到的)约会地点

renew /rɪˈnjuː; *US* 美 -ˈnuː ‖ rɪˈnu/ *verb* [T] **1** to give new strength or energy 使重新充满力量: *After a break he set to work with renewed enthusiasm.* 休息了一会儿后，他又充满干劲地继续工作。 **2** to start sth again 重新开始: *renewed outbreaks of violence* 再次爆发暴力行为 ○ *to renew a friendship* 重修旧好 **3** to make sth valid for a further period of time 使继续有效一段时期: *to renew a contract* 使合同展期

renewable /-əbl ‖ -əbl̩/ *adj* that can be continued or renewed for another period of time 可继续一段时期；可展期/续期: *The contract is for two years but it is renewable.* 合同为期两年，但可展期。 —**renewal** /-ˈnjuːəl; *US* 美 -ˈnuːəl ‖ -ˈnuəl/ *noun* [C,U]

renounce /rɪˈnaʊns ‖ rɪˈnaʊns/ *verb* [T] (*formal* 正式) to say formally that you no longer have a right to sth or that you no longer want to be connected with sth 正式声明放弃某权利/与…断绝关系: *When he married a divorced woman he renounced his right to be king.* 他与一名离婚妇人结婚时，正式宣布放弃继位为王的权利。 ☛ The noun is **renunciation**. 名词为 **renunciation**。

renovate /ˈrenəveɪt ‖ ˈrɛnəˌvet/ *verb* [T] to repair an old building and put it back into good condition 修复/修葺/翻新(旧建筑物) —**renovation** /ˌrenəˈveɪʃn ‖ ˌrɛnəˈveʃən/ *noun* [C,U]: *The house is in need of complete renovation.* 这房子需要全面修葺。

☆**rent** /rent ‖ rɛnt/ *noun* [C,U] money that you pay regularly for the use of land, a house or a building 租金: *a high/low rent* 租金昂贵/便宜 ○ *How much rent do you pay?* 你付多少租金？

rent *verb* [T] **1** to pay money for the use of land, a building, a machine, etc 租用；租借: *Do you own or rent your television?* 你的电视机是买的还是租的？ ○ *to rent a holiday cottage* 租一间度假别墅 ☛ Look at the note at **hire**(1). 参看 **hire**(1) 的注释。 **2** (*US* 美) = HIRE(1) **3 rent sth (out) (to sb)** to allow sb to use land, a building, a machine, etc for money (向某人)出租(土地、建筑物、机器等): *We could rent out the small bedroom to a student.* 我们可以把小卧室租给学生。 ☛ Look at **hire**(3). 参看 **hire**(3)。 **4** (*US* 美) = HIRE(3)

rental /ˈrentl ‖ ˈrɛntl̩/ *noun* [C,U] money that you pay when you rent a telephone, television, etc (租用电话、电视机等的)租金

renunciation /rɪˌnʌnsɪˈeɪʃn ‖ rɪˌnʌnsɪˈeʃən/ *noun* [U] (*formal* 正式) saying that you no longer want sth or believe in sth 放弃；摒弃: *the renunciation of chemical weapons* 声明放弃化学武器 ☛ The verb is **renounce**. 动词为 **renounce**。

reorganize (*also* 亦作 **reorganise**) /ˌriːˈɔːɡənaɪz ‖ riˈɔrɡəˌnaɪz/ *verb* [I,T] to organize sth again or in a new way so that it works better 重新组织；改组 —**reorganization** (*also* 亦作 **reorganisation**) /ˌriːˌɔːɡənaɪˈzeɪʃn; *US* 美 -nɪˈz- ‖ riˌɔrɡənəˈzeʃən/ *noun* [C,U]

rep /rep ‖ rɛp/ (*informal* 非正式) (also *formal* 正式 **representative**) *noun* [C] a person whose job is to travel round a particular area and visit companies, etc, to sell the products of the firm for which he/she works 推销员: *a sales rep* 推销员

☆**repair** /rɪˈpeə(r) ‖ rɪˈpɛr/ *verb* [T] to put sth old or damaged back into good condition 修理；修补: *How much will it cost to repair the car?* 修理这辆汽车要多少钱？ ○ (*figurative* 比喻) *It's difficult to see how their marriage can be repaired.* 他们的婚姻已到了难于补救的地步。 ☛ Look at **irreparable**. 参看 **irreparable**。

repair *noun* [C,U] something that you do to mend sth that is damaged 修理；修补: *The bridge is under repair.* 那座桥正在维修中。○ *The swimming-pool is closed for repairs to the roof.* 游泳池现已关闭，以便修理天顶。 ○ *to be damaged beyond repair* 损坏得无法修理 (IDIOM 习语) **in good, bad, etc repair** in a good, bad, etc condition 保养良好/不善等

repatriate /riːˈpætrɪeɪt; *US* 美 -ˈpeɪt- ‖ riˈpetrɪˌet/ *verb* [T] to send sb back to his/her own country (把某人)遣返回国 —**repatriation** *noun* [C,U]

repay /rɪˈpeɪ ‖ rɪˈpe/ *verb* [T] (*pt, pp* **repaid** /rɪˈpeɪd ‖ rɪˈped/) **1 repay sth (to sb)** to pay back money that you owe to sb 清还/偿还(欠款): *to repay a debt* 清还债务 **2 repay sb (for sth)** to give sth to sb in return for help, kindness, etc 报答；回报: *How can I ever repay you for all you have done for me?* 我怎样才可以报答你为我所做的一切呢？

repayable /-əbl ‖ -əbl̩/ *adj* that you can or must pay back 可偿还的；应偿还的: *The loan is repayable over three years.* 这笔贷款须于三年内清还。

repayment *noun* **1** [U] paying sth back 清还；偿还: *the repayment of a loan* 清还贷款 **2** [C] money that you must pay back to sb/sth regularly 定期清还款额；分期偿还额: *monthly mortgage repayments* 抵押贷款每月的还款额

repeal /rɪˈpiːl ‖ rɪˈpil/ *verb* [T] (in a parliament) to make a law no longer valid 国会撤销/废除(法律)

☆**repeat** /rɪˈpiːt ‖ rɪˈpit/ *verb* **1** [I,T] to say, write or do sth more than once 重说；重写；重做；重复: *Don't repeat the same mistake again.* 不要重犯同一错误。 ○ *Could you repeat what you said? I didn't quite catch it.* 你可以重复一

下你说的话吗？我听得不大清楚。○ *'I really don't want to do it,' he repeated.* "我真的不想干这事。"他重复说。○ *The essay is quite good, but you repeat yourself several times* (= you say the same thing more than once). 你这篇文章不错，但有多处重复。○ *History often seems to repeat itself.* 历史好像常常重演。**2** [T] to say or write sth that sb else has said or written or that you have learnt 复述；把听到、看到或学到的说给或写给（某人）: *Repeat each sentence after me.* 跟着我念每句句子。○ *Please don't repeat what you've heard here.* 请不要把这里所听到的事对别人说。☛ The noun is **repetition**. 名词为 **repetition**。

repeat *noun* [C] something that is done, shown, given, etc again, especially a programme on television 重复做的事；重播的电视节目

repeated *adj* (only *before* a noun 只用于名词前) done or happening many times 重复；反复发生: *There have been repeated accidents on this stretch of road.* 这段路上反复发生了多宗意外。

repeatedly *adv* many times; often 多次地；常常

repel /rɪˈpel ‖ rɪˈpɛl/ *verb* [T] (repelling; repelled) **1** to send or push sb/sth back or away 驱逐；击退；排斥: *The army repelled the enemy attack.* 军队击退了敌人的攻击。**2** to cause sb to feel strong dislike or disgust 使感到厌恶/反感: *The dirt and smell repelled her.* 污垢和臭气使她感到厌恶。☛ The noun is **repulsion**. 名词为 **repulsion**。

repellent /-ənt ‖ -ənt/ *adj* causing a strong feeling of dislike or disgust 令人厌恶/反感的

repellent *noun* [C,U] a chemical substance that is used to keep insects, etc away 驱除蚊虫等的化学品: *a mosquito repellent* 杀蚊剂

repent /rɪˈpent ‖ rɪˈpɛnt/ *verb* [I,T] **repent (of sth)** (*formal* 正式) to be very sorry about sth bad that you have done 悔改；悔悟: *to repent of your sins* 为罪过忏悔 —**repentance** /-əns ‖ -əns/ *noun* [U] —**repentant** /-ənt ‖ -ənt/ *adj*

repercussion /ˌriːpəˈkʌʃn ‖ ˌripɚˈkʌʃən/ *noun* [C, usually pl] the unpleasant effect or result of sth you do 不良的影响/结果: *His resignation will have serious repercussions.* 他的辞职会有严重的后果。

repertoire /ˈrepətwɑː(r) ‖ ˈrɛpɚˌtwɑr/ *noun* [C] all the plays or music that an actor or a musician knows and can perform（一位演员/音乐家所能表演的）全部剧目/曲目/节目；保留剧目

repetition /ˌrepɪˈtɪʃn ‖ ˌrɛpɪˈtɪʃən/ *noun* [C,U] doing sth again; sth that you do or that happens again 重复；重复做/发生的事: *We don't want any repetition of what happened on Friday.* 我们不想星期五所发生的事情重演。○ *We're trying to avoid a repetition of what happened on Friday.* 我们正努力避免星期五所发生的事情重演。☛ The verb is **repeat**. 动词为 **repeat**。

repetitive /rɪˈpetətɪv ‖ rɪˈpɛtɪtɪv/ (*also* 亦作 **repetitious** /ˌrepɪˈtɪʃəs ‖ rɛpɪˈtɪʃəs/) *adj* not interesting because the same thing is repeated many times 重复而没有变化: *repetitive factory work* 单调重复的工厂工作

☆**replace** /rɪˈpleɪs ‖ rɪˈples/ *verb* [T] **1** to put sth back in the right place 放回原位: *Please replace the books on the shelves when you have finished with them.* 你看完那些书后，请放回书架。☛ **Put back** is more common and less formal. ＊ **put back** 比 replace 更为常用，宜用于非正式场合。**2** to take the place of sb/sth 取代；代替: *Margaret Thatcher was replaced as Prime Minister by John Major.* 约翰·梅杰取代玛格丽特·撒切尔成为首相。**3 replace sb/sth (with sb/sth)** to exchange sb/sth for sb/sth that is better or newer（以…）替换某人/某事物: *We will replace any goods that are damaged.* 我们会更换任何损坏了的货物。

replaceable /-əbl ‖ -əbl̩/ *adj* that can be replaced 可更换；可替换 ☛ The opposite is **irreplaceable**. 反义词为 **irreplaceable**。

replacement *noun* **1** [U] exchanging sb/sth for sb/sth that is better or newer 更换；调换；替换: *The carpets are in need of replacement.* 这些地毯需要更换。**2** [C] a person or thing that will take the place of sb/sth 接替者；代替某物的东西: *Mary is leaving next month so we must advertise for a replacement for her.* 玛丽将于下月离职，我们必须登广告招聘人接替她。

replay /ˌriːˈpleɪ ‖ riˈple/ *verb* [T] **1** to play a sports match, etc again 重新比赛 **2** to play again sth that you have recorded 重播（已录下的东西）

replay /ˈriːpleɪ ‖ ˈriˌple/ *noun* [C] **1** a sports match that is played again 重赛 **2** something on the television, on a film or a cassette tape that you watch or listen to again 重播；重放: *Now let's see an action replay of that tremendous goal!* 现在让我们看看那精彩的入球动作的重播！

replica /ˈreplɪkə ‖ ˈrɛplɪkə/ *noun* [C] an exact copy of sth 复制品

☆**reply** /rɪˈplaɪ ‖ rɪˈplaɪ/ *verb* [I,T] (*pres part* **replying**; *3rd pers sing pres* **replies**; *pt, pp* **replied**) to give an answer 回答；答复: *I wrote to Sue but she hasn't replied.* 我写了信给苏珊，但她还没有回复。○ *'Yes, I will,' she replied.* "是呀，我会的。"她答道。○ *I asked Matthew how he had got on at the interview but he replied that it was none of my business.* 我问马修面试情况如何，他叫我别多管闲事。○ *to reply to a question* 回答问题 ☛ Look at the note at **answer**. 参看 **answer** 的注释。

reply *noun* [C,U] (*pl* **replies**) (an) answer 答案；回答；答复: *Adrian nodded in reply to my question.* 对于我的提问，阿德里安点头表示同意。○ *How many replies did you get to your advertisement?* 你登了广告后收到多少回复？

☆**report**[1] /rɪˈpɔːt ‖ rɪˈpɔrt/ *verb* **1** [I,T] **report (on sb/sth)(to sb/sth); report sth (to sb)** to say or write what you have seen, heard, done, etc 报告；汇报: *All accidents must be reported to the police.* 所有意外事故都必须报告警方。○ *Several people reported having seen the boy.* 几个人说曾经见过那男孩。○ *Several people reported that they had seen the boy.* 几个人说

他们曾经见过那男孩。**2** [I,T] (in a newspaper or on the television or radio) to write or speak about sth that has happened 报道: *Kate reported on the events in China for the BBC.* 凯特在英国广播公司报道中国新闻。○ *The strike was not reported in the newspapers.* 报上没有报道这次罢工事件。**3** [T] **report sb (to sb) (for sth)** to tell a person in authority about sth wrong that sb has done (向有权力的人)告发(某人做错事): *She was reported to the head teacher for smoking.* 有人向校长告发她吸烟。**4** [I] **report (to sb/sth) for sth** to tell sb that you have arrived 报到: *On your arrival, please report to the reception desk.* 你抵达后，请到接待处报到。

reporter *noun* [C] a person who writes about the news in a newspaper or speaks about it on the television or radio 新闻记者；新闻报道员 ☛ Look at **journalist**. 参看 **journalist**。

reˌported 'speech *noun* [U] = INDIRECT SPEECH

R

☆**report²** /rɪ'pɔ:t ‖ rɪ'pɔrt/ *noun* [C] **1** a written or spoken description of what you have seen, heard, done, studied, etc 报告；报道: *a report of a bomb attack in Northern Ireland* 有关北爱尔兰炸弹袭击的报道 ○ *newspaper reports* 新闻报道 ○ *an annual report on the company's finances* 公司的年度财务报告 ○ *a firsthand report* (= from the person who saw what happened) 第一手报告 **2** a written statement about the work of a school pupil 成绩表；成绩报告单: *a school report* 学生成绩报告单

☆**represent** /ˌreprɪ'zent ‖ ˌrɛprɪ'zɛnt/ *verb* [T] **1** to be a picture, sign, example, etc of sb/sth 代表；表示；象征: *The yellow lines on the map represent minor roads.* 地图上的黄线代表小路。○ *an abstract painting that represents pain* 一幅象征痛苦的抽象画 ○ *Each phonetic symbol represents one sound.* 每个音标都代表一个音。○ *Some people think that having to carry an identity card represents a loss of freedom.* 有人认为要随身携带身分证就是失去自由。**2** to describe sb/sth in a particular way (以某方式)描述；描写为: *In the book Susan is represented as a very ordinary person.* 书中的苏珊被描绘成一个很平常的人。**3** to be equal to 相等于: *A pay-rise of 5% represents a drop in income if you take inflation into account.* 如果把通货膨胀计算在内，加薪百分之五就等于收入下降。**4** to act or speak in the place of sb else; to be the representative of a group or country 代表(某人做某事)；作为(一个群体/国家的)代表: *You will need a lawyer to represent you in court.* 你需要一位律师代表出庭。○ *The British Ambassador represented the Prime Minister at the funeral.* 英国大使代表首相出席葬礼。

representation /ˌreprɪzen'teɪʃn ‖ ˌrɛprɪzɛn'teʃən/ *noun* **1** [U] representing or being represented 代表: *Minority groups are demanding more representation in Parliament.* 少数派正要求在国会里有更多的代表议席。☛ Look at **proportional representation**. 参看 **proportional representation**。**2** [C] (*formal* 正式) a picture, sign, etc of sb/sth (某人/某事物的)图片/象征等

☆**representative** /ˌreprɪ'zentətɪv ‖ ˌrɛprɪ'zɛntətɪv/ *adj* **representative (of sb/sth)** typical of a larger group to which it belongs 典型；有代表性: *Tonight's audience is not representative of national opinion.* 今晚的观众不能代表全国的意见。☛ The opposite is **unrepresentative**. 反义词为 **unrepresentative**。

representative *noun* [C] **1** a person who has been chosen to act or speak for sb else or for a group 代表 **2** (*formal* 正式) = REP

repress /rɪ'pres ‖ rɪ'prɛs/ *verb* [T] **1** to control an emotion or to try to prevent it from being shown or felt 压抑/抑制(感情) **2** to prevent an action or a protest 制止(某项行动)；镇压(抗议)

repressed *adj* **1** (used about an emotion 指情绪) that you do not show 潜藏的 **2** (used about a person 指人) not showing natural, especially sexual, feelings 受压抑(尤指性方面) —**repression** /rɪ'preʃn ‖ rɪ'prɛʃən/ *noun* [U]: *Religion is still alive in Eastern Europe after forty years of repression.* 经过四十年的压制，东欧的宗教仍然存在。

repressive /rɪ'presɪv ‖ rɪ'prɛsɪv/ *adj* allowing little freedom 采取高压手段；压制的: *a repressive government* 采取高压手段的政府

reprieve /rɪ'pri:v ‖ rɪ'priv/ *verb* [T] to stop or delay the punishment of a prisoner who has been condemned to death 缓期执行死刑；缓刑 —**reprieve** *noun* [C]: *to grant sb a last-minute reprieve* 某人在最后一分钟获准暂缓处决

reprimand /'reprɪmɑ:nd; *US* 美 -mænd ‖ 'rɛprəˌmænd/ *verb* [T] **reprimand sb (for sth)** to tell sb officially that he/she has done sth wrong 谴责；斥责 —**reprimand** *noun* [C]: *a severe reprimand* 严厉的谴责

reprisal /rɪ'praɪzl ‖ rɪ'praɪzl̩/ *noun* [C,U] punishment, especially by military force, for harm that one group of people does to another 报复(尤指军事的): *The army carried out reprisals on the village that had sheltered the rebels.* 军队攻击那村庄，以报复他们窝藏叛乱分子。○ *Civilian targets were bombed in reprisal.* 在报复行动中平民目标遭到了轰炸。

reproach /rɪ'prəʊtʃ ‖ rɪ'protʃ/ *verb* [T] **reproach sb (for/with sth)** to tell sb that he/she has done sth wrong (or not done sth that he/she ought to have done); to blame 责备；指责；归咎于: *You've nothing to reproach yourself for. It wasn't your fault.* 你毋须自责，这不是你的错。

reproach *noun* [C,U] blame or criticism; a comment, etc that shows that you do not approve of sth 责备；指责: *His behaviour is beyond reproach* (= cannot be criticized). 他的行为十分得体，无瑕可击。○ *Alison felt his reproaches were unjustified.* 艾莉森认为他的指责是没有根据的。—**reproachful** /-fl ‖ -fl̩/ *adj*: *a reproachful look* 责备的眼神 —**reproachfully** /-fəlɪ ‖ -fəlɪ/ *adv*

☆**reproduce** /ˌri:prə'dju:s; *US* 美 -'du:s ‖ ˌriprə'dus/ *verb* **1** [T] to produce a copy of sth 复制；仿制: *It is very hard to reproduce a* *natural environment in the laboratory.* 在实验室内很难模拟大自然环境。**2** [I,T] (used about people, animals and plants 指人、动物及植物的) to produce young 繁殖;生殖: *Fish reproduce by laying eggs.* 鱼类以产卵的方式繁殖。

reproduction /ˌri:prəˈdʌkʃn ‖ ˌriprəˈdʌkʃən/ *noun* **1** [U] the act or process of reproducing or being reproduced 复制: *The sound reproduction on a compact disc is better than on a cassette.* 激光唱片的放音效果比录音带为好。○ *sexual reproduction* 有性生殖 **2** [C] a copy of a painting, etc 复制品;仿制品: *That painting is a reproduction, not an original.* 那幅画是复制品,并非原作。

reproductive /ˌri:prəˈdʌktɪv ‖ ˌriprəˈdʌktɪv/ *adj* connected with the production of young animals, plants, etc 与繁殖/生殖有关: *the male reproductive organs* 雄性生殖器官

reproof /rɪˈpru:f ‖ rɪˈpruf/ *noun* [C,U] (*formal* 正式) something that you say to tell sb that you do not approve of what he/she has done 斥责;反对;非难

reptile /ˈreptaɪl; *US* 美 -tl ‖ ˈrɛptḷ/ *noun* [C] an animal, such as a snake or a crocodile, that has a scaly skin, is cold-blooded and lays eggs 爬行动物(如蛇或鳄鱼,有鳞或甲,冷血,卵生)

☆**republic** /rɪˈpʌblɪk ‖ rɪˈpʌblɪk/ *noun* [C] a country that has an elected government and an elected leader (**president**) 共和国(政府和国家元首 (**president**) 均由选举产生): *the Republic of Ireland* 爱尔兰共和国

republican /rɪˈpʌblɪkən ‖ rɪˈpʌblɪkən/ *adj* connected with or supporting a republic 有关/支持共和国的

republican *noun* [C] **1** a person who supports the system of republican government 支持共和政体的人 **2 Republican** a member of the Republican Party (one of the two main political parties in the US) 共和党员(共和党为美国两大政党之一) ☛ The other main party is the Democratic Party, whose members are called **Democrats**. 另一个主要政党为民主党,成员称 **Democrat**。

repudiate /rɪˈpju:dɪeɪt ‖ rɪˈpjudɪˌet/ *verb* [T] to say that you will not accept sth 拒绝;批驳

repulsion /rɪˈpʌlʃn ‖ rɪˈpʌlʃən/ *noun* [U] a strong feeling of dislike; disgust 厌恶;反感

repulsive /rɪˈpʌlsɪv ‖ rɪˈpʌlsɪv/ *adj* that causes a strong feeling of dislike; disgusting 令人讨厌/反感

reputable /ˈrepjʊtəbl ‖ ˈrɛpjətəbḷ/ *adj* that is known to be good 声誉良好: *Make sure that your boiler is fitted by a reputable engineer.* 确保你的锅炉是由信誉良好的工程师来安装。☛ Look at **disreputable**. 参看 **disreputable**。

☆**reputation** /ˌrepjʊˈteɪʃn ‖ ˌrɛpjəˈteʃən/ *noun* [C] **reputation (for sth)** the opinion that people in general have about what sb/sth is like 信誉;名誉;声誉: *to have a good/bad reputation* 信誉高/低 ○ *The restaurant has a reputation for serving some of the finest food in the country.* 这家餐馆以供应全国最好的一些珍馐佳肴而闻名。○ *an international reputation* 国际声誉 ○ *She began to make her reputation as a novelist in the 1960s.* 她在60年代起成为知名的小说家。

reputed /rɪˈpju:tɪd ‖ rɪˈpjutɪd/ *adj* generally said to be sth, although it is not certain 普遍被认为(并非一定符合事实)的: *He's reputed to earn more than £100 000 a year.* 人们一般认为他每年收入超过100 000英镑。—**reputedly** *adv*

☆**request** /rɪˈkwest ‖ rɪˈkwɛst/ *noun* [C] **request (for sth/that...)** an act of asking for sth 要求;请求: *a request for help* 要求帮助 ○ *to make an official request* 作出正式要求 ○ *to grant/turn down a request* 答应/拒绝一个要求

(IDIOMS 习语) **at sb's request/at the request of sb** because sb asked for it 应某人的要求/请求: *Aid was sent to the earthquake victims at the request of the Iranian government.* 应伊朗政府的要求,救援物资已运送给地震灾民。

on request if you ask 如果要求的话: *Single rooms are available on request.* 如有需要,可提供单人房间。

request *verb* [T] **request sth (from/of sb)** (*formal* 正式) to ask for sth (向某人)要求/请求某事: *Passengers are requested not to smoke on this bus.* 乘客请勿在本车内吸烟。○ *to request a loan from the bank* 向银行申请贷款 ☛ **Request** is more formal than **ask**. 与 **ask** 相比,**request** 适用于较正式的场合。

☆**require** /rɪˈkwaɪə(r) ‖ rɪˈkwaɪr/ *verb* [T] **1** to need 需要: *Do you require any assistance?* 你需要帮助吗?○ *a situation that requires tact and diplomacy* 需要圆通技巧及外交手腕来处理的局面 ☛ **Require** is more formal than **need**. 与 **need** 相比,**require** 适用于较正式的场合。**2** (often passive 常用于被动语态) to demand or order sth 要求;命令: *Passengers are required by law to wear seat-belts.* 乘客必须依法系上安全带。

requirement *noun* [C] something that you need or that is demanded 需要;要求;规定: *They grow enough vegetables for their own requirements.* 他们种植的蔬菜足够他们自己食用。○ *university entrance requirements* 大学入学条件

☆**rescue** /ˈreskju: ‖ ˈrɛskjʊ/ *verb* [T] **rescue sb/sth (from sb/sth)** to save sb/sth from a situation that is dangerous or unpleasant 使…脱离(困境/危险);拯救;解救;挽救: *to rescue sb from drowning* 拯救某人免于溺毙 ○ *You rescued me from an embarrassing situation.* 你使我摆脱了尴尬的处境。

rescue *noun* [C,U] an act of rescuing or the state of being rescued 拯救;救援;挽救: *Ten fishermen were saved in a daring sea rescue off the Welsh coast.* 在威尔士海岸一次英勇的海上拯救行动中,有十个渔民获救。

(IDIOM 习语) **come/go to the/sb's rescue** to try to help or rescue sb 帮助/援救某人: *She was attacked in the street and no one came to her rescue.* 她在街上受到袭击,但没有人去救她。

rescuer *noun* [C] a person who rescues sb/sth 救人者

☆**research** /rɪˈsɜ:tʃ; *US* 美 ˈri:sɜ:tʃ ‖ rɪˈsɝtʃ; ˈrisɝtʃ/ *noun* [U] (*also* 亦作 **researches**

R

[plural]) **research (into/on sth)** a detailed and careful study of sth to find out more information about it 研究；调查: *Bob is doing research into the practical applications of solar power.* 鲍勃正在进行太阳能实际应用的研究。○ *scientific, medical, historical, etc research* 科学/医学/历史…研究 ○ *Market research has shown that many people now prefer lager to beer.* 市场调查显示现在很多人喜欢淡啤酒甚于啤酒。

research /rɪˈsɜːtʃ ‖ rɪˈsɝtʃ/ *verb* [I,T] to study sth carefully and in detail 研究；调查: *Scientists are still researching the possible causes of childhood cancer in the area.* 科学家仍然在研究这地区儿童癌症的可能成因。

researcher *noun* [C] a person who carries out research 研究员

resemble /rɪˈzembl ‖ rɪˈzɛmbl̩/ *verb* [T] to be or look like sb/sth else 相似；类似: *Laura resembles her brother.* 劳拉长得像她哥哥。—**resemblance** /rɪˈzembləns ‖ rɪˈzɛmbləns/ *noun* [C,U] **resemblance (between A and B)**: *a family resemblance* 亲属间的相似之处 ○ *The film bore no resemblance to the novel.* 这部影片与小说原著没有相似之处。

resent /rɪˈzent ‖ rɪˈzɛnt/ *verb* [T] to feel angry about sth because you think it is unfair（认为某事不公平而）愤怒: *Louise bitterly resented being treated differently from the men.* 路易丝因受到与男性不同的待遇而极感愤慨。—**resentful** /-fl ‖ -fl̩/ *adj*: *William felt very resentful at being unfairly criticized.* 威廉受到不公正的批评，感到很愤慨。—**resentment** *noun* [sing,U]: *Do you feel any resentment towards her new husband?* 你恨她的新任丈夫吗？

reservation /ˌrezəˈveɪʃn ‖ ˌrɛzɚˈveʃən/ *noun* **1** [C] a seat, table, room, etc that you have booked 预订的座位/桌子/房间等: *I made a reservation for a table for two in the name of Morgan.* 我以摩根的名字预订了一张两人座位的桌子。**2** [C,U] a feeling of doubt about sth (such as a plan or an idea)（对某计划、想法等的）保留态度/存疑: *I would recommend Irene for the job without reservation.* 我毫无保留地推荐艾琳做那份工作。○ *I don't share your reservations about the flat – I think it's fine.* 我不同意你对那套公寓房间的异议——我认为那不错。

☆**reserve**[1] /rɪˈzɜːv ‖ rɪˈzɝv/ *verb* [T] **reserve sth (for sb/sth) 1** to keep sth for a special reason or to use at a later time 预留；保留: *The car-park is reserved for hotel patrons only.* 这停车场只供酒店的顾客使用。**2** to book a seat, table, room, etc 预订座位/桌子/房间…: *to reserve theatre tickets* 预订戏票

reserve[2] /rɪˈzɜːv ‖ rɪˈzɝv/ *noun* **1** [C, usually pl] something that you keep for a special reason or to use at a later date 储存备用之物；储备: *The US have huge oil reserves.* 美国有庞大的石油储备。**2** [C] (in sport 体育) a person who will play in a game if one of the usual members of the team cannot play 替补/后补/预备队员；后备 **3** [C] an area of land where the plants, animals, etc are protected by law 保护区（区内的动植物等均受法律保护）: *a nature reserve* 自然保护区 **4** [U] the quality of being shy or keeping your feelings hidden 含蓄；克制；矜持；拘谨: *It took a long time to break down her reserve and get her to relax.* 我们花了很长时间才化解了她的拘谨态度，使她放松下来。

(IDIOM 习语) **in reserve** that you keep and do not use unless you need to 储备；备用: *Keep some money in reserve for emergencies.* 留下一点钱以应急需。

reserved /rɪˈzɜːvd ‖ rɪˈzɝvd/ *adj* shy and keeping your feelings hidden 矜持；拘谨: *Fred is very reserved until you get to know him well.* 你跟弗雷德熟稔之前，他很拘谨寡言。

reservoir /ˈrezəvwɑː(r) ‖ ˈrɛzɚˌvwɑr/ *noun* [C] a large lake where water to be used in a town or city is stored 水库；蓄水池

reside /rɪˈzaɪd ‖ rɪˈzaɪd/ *verb* [I] (*formal* 正式) **reside (in/at...)** to have your home in or at（在…）居住/定居

residence /ˈrezɪdəns ‖ ˈrɛzədəns/ *noun* **1** [C] (*formal* 正式) the place where sb (famous or important) lives 住宅；宅第；公馆；官邸: *The Prime Minister's official residence is 10 Downing Street.* 首相的官邸在唐宁街10号。**2** [U] the state of having your home in a particular place 居留；居住: *The family applied to take up permanent residence in the United States.* 这个家庭申请在美国永久居留。○ *a hall of residence for college students* 为学生而设的宿舍

☆**resident** /ˈrezɪdənt ‖ ˈrɛzədənt/ *noun* [C] **1** a person who lives in a place 居民: *Local residents have complained of the smell from the factory.* 当地的居民投诉工厂发出臭味。**2** a person who is staying in a hotel（旅馆的）住客: *The hotel bar is open to non-residents.* 旅馆的酒吧间欢迎非住客惠顾。

resident *adj* living in a place 居住在某处: *If you are resident abroad, you lose your right to vote.* 在海外居住就会失去投票权。

residential /ˌrezɪˈdenʃl ‖ ˌrɛzəˈdɛnʃəl/ *adj* **1** (used about a place or an area 指地方或地区) that has houses rather than offices, large shops or factories 以住宅为主: *residential suburbs* 近郊住宅区 **2** where you live or stay 居住的；家居的: *This home provides residential care for the elderly.* 这疗养所为老人提供住宿护理。○ *a residential course* 住读课程

residue /ˈrezɪdjuː; *US* 美 -duː ‖ ˈrɛzəˌdu/ *noun* [C, usually sing] what remains of sth after the main part is taken or used 剩余物；残渣

☆**resign** /rɪˈzaɪn ‖ rɪˈzaɪn/ *verb* **1** [I,T] **resign (from sth)** to leave your job or position 辞去工作/职位: *She's threatening to resign if she doesn't get a pay increase.* 她扬言如果得不到加薪就要辞职。○ *He's resigned as chairman of the committee.* 他辞去了委员会主席的职位。○ *I wonder why she resigned her job?* 我不明白她为什么辞职？**2** [T] **resign yourself to sth/doing sth** to accept sth that is unpleasant but that cannot be changed 接受/忍耐（无法改变的事物）: *Larry resigned himself to the fact* *that she was not coming back to him.* 拉里只好接受她不会返回自己身边这个事实。

resigned *adj* accepting sth that is unpleasant but that cannot be changed 无奈地接受的: *a resigned sigh* 无奈地叹一口气

(IDIOM 习语) **be, etc resigned to sth/doing sth** to accept sth that is unpleasant but that cannot be changed 接受无法改变的事实: *Ben was resigned to the fact that he would never be a rock star.* 本杰明只好接受自己永不会成为摇滚乐明星的事实。

☆**resignation** /ˌrezɪɡˈneɪʃn ‖ ˌrɛzɪɡˈneʃən/ *noun* **1** [C,U] **resignation (from sth)** a letter or statement that says you want to leave your job or position 辞职书/声明；辞呈: *to hand in your resignation* 递交辞职书 ○ *He has threatened resignation many times in the past.* 他曾经多次扬言要辞职。○ *a letter of resignation* 辞职信 **2** [U] the state of accepting sth unpleasant that you cannot change（对无法改变的事实的）接受

resilient /rɪˈzɪlɪənt ‖ rɪˈzɪlɪənt/ *adj* strong enough to recover quickly from damage, illness, a shock, change, etc 适应力强的；容易复原；有弹性 —**resilience** /-əns ‖ -əns/ *noun* [U]

☆**resist** /rɪˈzɪst ‖ rɪˈzɪst/ *verb* **1** [I,T] to try to stop sth happening or to stop sb from doing sth; to fight against sb/sth 抵抗；抵制；反抗；对抗；阻止: *The trade unions are resisting the introduction of new technology.* 工会抵制引进新技术。○ *If the enemy attacks, we shall not resist.* 如果敌人发动攻击，我们将不会抵抗。○ *to resist arrest* 拒捕 **2** [T] to stop yourself from having or doing sth that you want to have or do 制止（自己做某事）: *The cakes looked so delicious that I couldn't resist them.* 蛋糕看上去这么好吃，我实在无法抗拒。○ *I couldn't resist opening my present.* 我忍不住要打开礼物。

☆**resistance** /rɪˈzɪstəns ‖ rɪˈzɪstəns/ *noun* [U] **1 resistance (to sb/sth)** trying to stop sth from happening or to stop sb from doing sth; fighting against sb/sth 抵抗；抵制；反抗；阻力: *The government troops overcame the resistance of the rebel army.* 政府军克服了叛军的抵抗。○ *There is strong resistance to the plan for a new motorway in the area.* 在这一带建筑新高速公路的计划受到强烈的反对。**2 resistance (to sth)** the power in a person's body not to be affected by disease（对疾病的）抵抗能力: *People with AIDS have very little resistance to infection.* 艾滋病患者对传染病的抵抗能力很低。

resistant /rɪˈzɪstənt ‖ rɪˈzɪstənt/ *adj* **resistant (to sth) 1** not wanting sth and trying to prevent it happening 抗拒的；抵抗的: *resistant to change* 抗拒改变 **2** not harmed by sth 抗御/抵挡/禁得住（某事物）: *This watch is water-resistant.* 这块是防水手表。

resolute /ˈrezəluːt ‖ ˈrɛzəˌlut/ *adj* (used about a person or his/her actions 指人或其行动) firm and determined; not willing to change because other people want you to 坚决；断然；坚定: *a resolute refusal to make any concessions* 坚决拒绝作出任何让步

☛ **Determined** is more common. * **determined** 比 resolute 更为常用。—**resolutely** *adv*: *They are resolutely opposed to any change.* 他们坚决反对任何改变。

resolution /ˌrezəˈluːʃn ‖ ˌrɛzəˈluʃən/ *noun* **1** [U] the quality of being firm and determined 决心；坚决 **2** [C] a firm decision to do or not to do sth（做或不做某事的）决定/决心: *Rose made a New Year's resolution to give up smoking.* 罗斯在新年下定决心要戒烟。**3** [C] a formal decision that is taken after a vote by a group of people 决议（经投票作出的决定）: *The UN resolution condemned the invasion.* 联合国的决议谴责那次侵略行为。

resolve /rɪˈzɒlv ‖ rɪˈzɑlv/ *verb* (*formal* 正式) **1** [T] to find a solution to a problem 解决；解答: *Most of the difficulties have been resolved.* 大部分难题已经解决了。**2** [I,T] to decide sth and be determined not to change your mind 决意: *Ray resolved never to let the same thing happen again.* 雷下定决心，永不让这种事情再发生。

resort[1] /rɪˈzɔːt ‖ rɪˈzɔrt/ *verb* [I] **resort to sth** to do or use sth bad or unpleasant because you feel you have no choice（因别无选择而）采用: *People who owe huge amounts of money have had to resort to selling their houses.* 欠下大笔金钱的人只好卖掉房子。

resort[2] /rɪˈzɔːt ‖ rɪˈzɔrt/ *noun*

(IDIOM 习语) **in the last resort; (as) a last resort** ⇨ LAST[1]

resort[3] /rɪˈzɔːt ‖ rɪˈzɔrt/ *noun* [C] a place where a lot of people go on holiday 度假胜地: *a seaside resort, such as Blackpool or Brighton* 海边的度假胜地，如布莱克浦或布赖顿

resounding /rɪˈzaʊndɪŋ ‖ rɪˈzaʊndɪŋ/ *adj* (only before a noun 只用于名词前) **1** very loud 响亮；大声: *resounding cheers* 大声欢呼 **2** (used about a success, etc 指成功的事等) very great 伟大；重大: *a resounding victory* 巨大的胜利

☆**resource** /rɪˈsɔːs; -ˈzɔːs; *US* 美 ˈriːsɔːrs ‖ ˈrisɔrs/ *noun* [C, usually pl] something that a person, country, etc has or can use 资源: *Russia is rich in natural resources such as oil and minerals.* 俄罗斯有丰富的天然资源，比如石油和矿物。○ *The video is an excellent resource for teachers.* 对于教师来说，录像设备是很好的教具。

resourceful /-fl ‖ -fəl/ *adj* good at finding ways of doing things 足智多谋

☆**respect**[1] /rɪˈspekt ‖ rɪˈspɛkt/ *noun* **1** [U] **respect (for sb/sth)** the feeling that you have when you admire or have a very high opinion of sb/sth 尊敬；敬重；景仰；钦佩: *They stood in silence for one minute as a mark of respect for the dead.* 他们站立静默一分钟，以表示对死者的尊敬。○ *to win/lose sb's respect* 赢得/失去某人的尊敬 ☛ Look at **self-respect**. 参看 **self-respect**。**2** [U] **respect (for sb/sth)** the quality of being polite to sb 敬意；尊重；礼貌: *We should all treat older people with more respect.* 我们大家都应该更加尊重老年人。

☛ The opposite is **disrespect**. 反义词为 **disrespect**。**3** [U] **respect (for sb/sth)** care for or attention to sb/sth 关心；尊重；重视: *The secret police show little respect for human rights.* 秘密警察很少尊重人权。○ *Electricity is dangerous and should be treated with respect.* 电力危险，应该小心使用。**4** [C] a detail or point 方面；点: *In what respects do you think things have changed in the last ten years?* 你认为过去十年间，哪些方面的事物有所改变呢？○ *Her performance was brilliant in every respect.* 她的表演在各个方面都很出色。

(IDIOMS 习语) **with respect to sth** (*formal* 正式) about or concerning 有关/关于某事物: *I am writing with respect to your recent enquiry.* 关于你最近的查询，现函复如下。

pay your respects ⇨ PAY[2]

☆**respect**[2] /rɪ'spekt ‖ rɪ'spɛkt/ *verb* [T] **1 respect sb/sth (for sth)** to admire or have a high opinion of sb/sth 尊敬；敬重；景仰；钦佩: *I respect him for his honesty.* 我因他诚实而尊敬他。**2** to show care for or pay attention to sb/sth 关心；注重；重视: *We should respect other people's cultures and values.* 我们应该尊重其他民族的文化和价值观。○ *to respect sb's wishes* (= do what they want) 尊重某人的意愿

respectable /rɪ'spektəbl ‖ rɪ'spɛktəbl̩/ *adj* **1** considered by society to be good, proper or correct（社会上认为）好/正当/正确；体面；正派: *a respectable middle-class family* 体面的中产家庭 ○ *Wear something respectable to the party!* 赴宴要衣着得体！**2** quite good or large 相当好；相当大: *a respectable salary* 可观的薪酬 —**respectability** /rɪˌspektə'bɪlətɪ ‖ rɪˌspɛktə'bɪlətɪ/ *noun* [U]

respectful /rɪ'spektfl ‖ rɪ'spɛktfəl/ *adj* **respectful (to/towards sb)** showing respect(2) or politeness towards sb/sth 以恭敬态度（对待某人/某物）: *The crowd listened in respectful silence.* 群众肃静聆听。☛ The opposite is **disrespectful**. 反义词为 **disrespectful**。—**respectfully** /-fəlɪ ‖ -fəlɪ/ *adv*

respective /rɪ'spektɪv ‖ rɪ'spɛktɪv/ *adj* (only *before* a noun 只用于名词前) belonging separately to each of the people who have been mentioned 分别；各自；个别: *After lunch we all got on with our respective jobs.* 午饭后，我们各自继续工作。

respectively *adv* in the same order that sb/sth was mentioned 依次；顺序: *German and Italian courses are held in Munich and Rome respectively.* 德语及意大利语的课程分别在慕尼黑和罗马开办。

respiration /ˌrespə'reɪʃn ‖ ˌrɛspə'reʃən/ *noun* [U] (*formal* 正式) the act of breathing 呼吸

respite /'respaɪt ‖ 'rɛspɪt/ *noun* [sing,U] **respite (from sth)** a short period of rest from sth that is difficult or unpleasant（在困难/不愉快的事情中）短暂休息: *There was a brief respite from the fighting.* 这场打斗中曾经出现短暂的平息。

☆**respond** /rɪ'spɒnd ‖ rɪ'spɑnd/ *verb* [I] **1 respond (to sb/sth) (with/by sth)** (*formal* 正式) to say or do sth as an answer or reaction to sth 回答；回复；回应；反应: *I wrote to them last week but they haven't responded.* 上星期我写信给他们，但他们还没有回复。○ *He responded to my question with a nod.* 他对我的提问点头表示同意。○ *The government has responded to criticism by giving an extra £5 million to the National Health Service.* 政府对批评已作出回应，向国家卫生局追加五百万英镑拨款。☛ **Respond** is more formal than **answer** or **reply**. 与 **answer** 或 **reply** 相比，**respond** 适用于较正式的场合。**2 respond (to sb/sth)** to have or show a good or quick reaction to sb/sth 对（某人/某事物）有良好或灵敏的反应: *The patient did not respond well to the new treatment.* 病人接受新疗法后，没有什么好转。

☆**response** /rɪ'spɒns ‖ rɪ'spɑns/ *noun* [C,U] **response (to sb/sth)** an answer or reaction to sb/sth（对某人/某事物的）回答/回复/反应/回应: *I've sent out 20 letters of enquiry but I've had no responses yet.* 我已寄出了20封询问信，但还没有收到回复。○ *The government acted in response to economic pressure.* 政府因应经济压力而采取行动。○ *He knocked on the door but there was no response.* 他敲门，但没有人应。○ *Meryl Streep's new film has received a very favourable response.* 梅里尔斯特里普的新片获得极佳的评价。

☆**responsibility** /rɪˌspɒnsə'bɪlətɪ ‖ rɪˌspɑnsə'bɪlətɪ/ *noun* (*pl* **responsibilities**) **1** [U] **responsibility (for sb/sth)** the state of being responsible; having to take decisions about sth so that you are blamed if sth goes wrong 责任: *The new job means taking on more responsibility.* 这份新工作意味着要承担更多责任。○ *I refuse to take responsibility if anything goes wrong.* 如果有任何事情出错，我拒绝负责。○ *The IRA has admitted responsibility for planting the bomb.* 爱尔兰共和军已就放置炸弹的事承认责任。○ *a minister with special responsibility for women's affairs* 专门负责女权事务的大臣 **2** [U] the quality of being sensible 明智；合情理: *I wish that you would show a little more responsibility.* 我希望你表现得明智一点。**3** [C] a job or duty that you must do 职责；任务；义务: *It is John's responsibility to make sure the orders are sent out on time.* 确保预订的货品如期发运是约翰的职责。○ *I feel that I have a responsibility to help them – after all, they did help me.* 我认为我有义务帮助他们——毕竟他们曾经帮助过我。○ *the responsibilities of parenthood* 做父母的责任 ○ *The children are my responsibility* (= I am responsible for them). 养育孩子是我的责任。

☆**responsible** /rɪ'spɒnsəbl ‖ rɪ'spɑnsəbl̩/ *adj* **1** (not before a noun 不用于名词前) **responsible (for sb/sth); responsible (for doing sth)** having the job or duty of doing or looking after sb/sth (so that you are blamed if sth goes wrong) 应负…责任: *The school is responsible for the safety of the children between 9 am and 3 pm.* 上午9时至下午3时，校方负责孩子们的安全。○ *The manager is responsible for making sure the shop is run properly.* 经理有责任确保商店正常运作。**2** (not before a noun 不用于名词前) **responsible (for sth)** being the cause of or to blame for sth 作为原由；应受归咎: *Who was responsible for the accident?* 这宗意外应归咎谁呢？**3** (not before a noun 不用于名词前) **responsible (to sb/sth)** having to report to sb/sth with authority or in a higher position about what you have been doing（向某人/某物）负责/交代: *Members of Parliament are responsible to the electors.* 国会议员要对选民负责。**4** (used about a person 指人) that you can trust to behave well and sensibly 可靠；可信赖；负责: *All children must be accompanied by a responsible adult.* 所有儿童必须由可靠的成人陪同。☛ The opposite is **irresponsible**. 反义词为 **irresponsible**。**5** (used about a job 指工作) that is important and that should be done by a person who can be trusted 责任重大，需由可靠的人做的

responsibly /-əblɪ ‖ -əblɪ/ *adv* in a responsible(4) way 有责任感地；负责可靠地；能履行义务地: *Please behave responsibly while I am out.* 我外出时，请克己尽责。

responsive /rɪˈspɒnsɪv ‖ rɪˈspɑnsɪv/ *adj* paying attention to sb/sth and reacting in a suitable or positive way 注意（某人/某事）并作出适当/正面反应的: *By being responsive to changes in the market, the company has had great success.* 公司对于市场动态反应灵敏，因而大获成功。

☆**rest**[1] /rest ‖ rɛst/ *verb* **1** [I] to relax, sleep or do nothing after a period of activity or because of illness 休息；歇息: *We've been walking for hours. Let's rest here for a while.* 我们走了几个小时的路，现在休息一会儿吧。○ *The nurse said we couldn't visit him because he was resting.* 护士表示当时他在休息，我们不宜探望他。**2** [T] to allow sb/sth to rest(1) 让…休息: *Your knee will get better as long as you rest it as much as you can.* 你尽量让膝盖休息，膝盖便会逐渐痊愈。**3** [I,T] **rest (sth) on/against sth** to place sth in a position where it is supported by sth else; to be in such a position 把（某物）靠在/倚着…: *She rested her head on his shoulder and went to sleep.* 她把头靠在他的肩膀上，然后睡着了。**4** [I] not be talked about any longer 停止有关的讨论: *He didn't want to answer any more questions so I let the subject rest.* 他不想再回答任何问题，我就让这题目的讨论到此为止。

(PHRASAL VERB 短语动词) **rest on sb/sth** to depend or be based on sth 依靠/视乎/基于某人/某事物: *The whole theory rests on a very simple idea.* 整个理论基于一个很简单的概念。

☆**rest**[2] *noun* [C,U] a period or the action of relaxing, sleeping or doing nothing 休息；睡眠: *I can't walk any further! I need a rest.* 我不能再走了！我需要休息一下。○ *Try not to worry now. Get some rest and think about it again tomorrow.* 现在先别担忧。稍作休息明天再想吧。○ *Yes, okay, you're right and I'm wrong. Now give it a rest!* (= Stop talking about it) 好啦！你对我错啦，不要再说了！

(IDIOMS 习语) **at rest** not moving 静止不动: *Do not open the door until the vehicle is at rest.* 汽车未停定，不要打开车门。

come to rest to stop moving 停下来；静止下来: *The car crashed through a wall and came to rest in a field.* 汽车撞穿墙壁，在一块空地上停下来。

put/set your/sb's mind at rest ⇨ MIND[1]

restful /-fl ‖ -fəl/ *adj* giving a relaxed, peaceful feeling 宁静；恬静: *I find this piece of music very restful.* 我觉得这音乐听起来很恬静。

ˈ**rest room** *noun* [C] (*US* 美) a public toilet in a hotel, shop, restaurant, etc（旅馆、商店、餐馆等的）公共厕所/洗手间 ☛ Look at the note at **toilet**. 参看 **toilet** 的注释。

☆**rest**[3] *noun* **the rest (of sth) 1** [sing] the part that is left 剩余/其余部分: *We had lunch and spent the rest of the day on the beach.* 我们吃过午饭后，当天剩余的时间就在沙滩上度过。○ *If you don't want the rest, I'll eat it.* 剩下的如果你不要了，就由我吃吧。○ *She takes no interest in what happens in the rest of the world.* 她对世界上其他地方所发生的事毫无兴趣。**2** [plural] the ones that are left; the others 剩下来的东西；其他: *One of the questions was difficult but the rest were quite easy.* 其中一条问题很难，其余的则颇为容易。○ *They were the first people to arrive. The rest came later.* 他们是首先抵达的人，其他的迟些才到。○ *The rest of our bags are still in the car.* 我们其余的手提包仍然留在车上。

☆**restaurant** /ˈrestrɒnt; *US* 美 -tərənt ‖ ˈrɛstərənt/ *noun* [C] a place where you can buy and eat a meal 餐馆；餐室: *a Chinese restaurant* 中国餐馆 ○ *We went out to a restaurant to celebrate my birthday.* 我们出去到一家餐馆庆祝我的生日。○ *She's taken a job as a waitress in a local restaurant.* 她在当地餐馆找到一份服务员的工作。☛ Look at **café** and **take-away**. 参看 **café** 及 **take-away**。

restless /ˈrestlɪs ‖ ˈrɛstlɪs/ *adj* **1** unable to relax or be still because you are bored, nervous or impatient（因烦闷、紧张或不耐烦）不能安静下来: *The children always get restless on long journeys.* 长途旅行中，孩子们通常都静不下来。**2** (of a period of time) without sleep or rest（一段时间）没有睡眠/休息: *a restless night* 彻夜不眠 —**restlessly** *adv*

restoration /ˌrestəˈreɪʃn ‖ ˌrɛstəˈreʃən/ *noun* **1** [C,U] the act of returning sth to its original condition 复原；使恢复原状；修复: *the restoration of the cathedral* 主教座堂的修复 ○ *The house is advertised as 'in need of restoration'.* 广告上写明那座房子"需要修复"。○ *Restorations are being carried out at the castle.* 那城堡现正进行修复工作。**2** [C,U] the act of bringing sth back into use or existence 恢复；再度使用；使再现: *a gradual restoration of democracy to the country* 使国家逐渐恢复民主 **3** [U] the act of returning sth to its original owner 归还: *the restoration of territory captured during the war* 归还战争期间攻占的土地

☆**restore** /rɪˈstɔː(r) ‖ rɪˈstɔr/ *verb* [T] **restore sb/sth (to sb/sth) 1** (*formal* 正式) to give sth that was lost or stolen back to sb 归还（遗失或盗去的东西）**2** to put sb/sth back into a previous condition or position 使恢复原状/返回原位: *In the recent elections, the former*

R

president was restored to power. 最近的选举使前总统重新掌权。**3** to bring sth back into existence or use 使恢复存在；再度使用：*Following the riots, law and order has been restored.* 暴乱之后，治安已经恢复正常。○ *Winning their last two games has restored the team's confidence.* 上两场比赛获胜后，整个球队已恢复信心。**4** to put sth (a building, a painting, a piece of furniture, etc) back into a condition that is as close as possible to its original condition 修复/修补（建筑物、画作、家具等）: *The castle has been restored and is open to the public.* 城堡经过修复后，已向公众开放。

restrain /rɪˈstreɪn ‖ rɪˈstren/ *verb* [T] **restrain sb/sth (from sth/from doing sth)** to keep sb or sth under control; to prevent sb or sth from doing sth 控制；限制；阻止: *Can't you restrain your dog?* 你不能管住你的狗吗？○ *I had to restrain myself from saying something rude.* 我得控制自己，才避得说话无礼。

restrained *adj* not showing strong feelings; calm 克制；自制；冷静

restraint /rɪˈstreɪnt ‖ rɪˈstrent/ *noun* **1** [U] the quality of behaving in a calm or moderate way 举止冷静；行为温和: *It took a lot of restraint on my part not to hit him.* 我要很克制，才能控制自己不打他。**2** [C] **restraint (on sb/sth)** a limit or control on sth 限制；约束: *Are there any restraints on what the newspapers are allowed to publish?* 对于报纸的内容，当局有任何限制吗？○ *a head restraint* (= a part of a car seat that stops your head being hurt in an accident) 护头垫

restrict /rɪˈstrɪkt ‖ rɪˈstrɪkt/ *verb* [T] **1** to limit the number, amount, size, freedom, etc of sb/sth 限制/限定（数目、数量、大小、自由度等）: *I'm trying to restrict myself to two cups of coffee a day.* 我尝试限制自己每天最多只喝两杯咖啡。○ *Having small children tends to restrict your freedom.* 有了幼小孩子，自己的自由通常都受到限制。○ *There is a plan to restrict the use of cars in the city centre.* 当局有计划限制市中心的汽车使用。**2** to make sb/yourself concentrate on a particular thing or things and not on others（使）专注/集中于…: *I suggest that you restrict yourself to dealing with the most urgent matters.* 我建议你专心处理最紧急的事情。

restricted *adj* controlled or limited in some way 受控制/限制: *Entry to the club is restricted to members only.* 俱乐部只限会员进入。○ *There is only restricted parking available.* 停车车位有限。

restriction /rɪˈstrɪkʃn ‖ rɪˈstrɪkʃən/ *noun* **restriction (on sth) 1** [U] the act of limiting the freedom of sb/sth 限制；约束: *This ticket permits you to travel anywhere, without restriction.* 凭这票你可到处旅游，不受限制。**2** [C] something (sometimes a rule or law) that limits the number, amount, size, freedom, etc of sb/sth 限定；规定；条例: *parking restrictions in the city centre* 市中心停放车辆的规则 ○ *The government has imposed restrictions on the number of immigrants permitted to settle in this country.* 政府已实施规定，限制到该国居留的移民数目。

restrictive /rɪˈstrɪktɪv ‖ rɪˈstrɪktɪv/ *adj* limiting; preventing people from doing what they want 有限制；受约束

☆**result** /rɪˈzʌlt ‖ rɪˈzʌlt/ *noun* **1** [C,U] **result (of sth)** something that happens because of sth else; the final situation at the end of a series of actions 后果；结果: *The result of our argument was that we never spoke to each other again.* 那次争吵导致我们彼此不再说话。○ *The traffic was very heavy and as a result I arrived late.* 交通十分拥挤，因此我迟到了。○ *This wasn't really the result that I was expecting.* 实际上这并非我所期望的结果。**2** [C,U] a good effect of an action 成果；成效；效果: *He has tried very hard to find a job, but with no result.* 他努力找工作，但毫无结果。○ *The treatment is beginning to show results.* 这种治疗开始见效。**3** [C] the score or final position at the end of a game, competition or election（游戏、比赛或选举的）结果/成绩/得分: *Do you know today's football results?* 你知道今天足球比赛的结果吗？○ *The results of this week's competition will be published next week.* 这星期的比赛结果将于下周公布。○ *The result of the by-election was a win for the Liberal Democrats.* 补选的结果是自由民主党获胜。**4** [C] the mark or grade given for an examination or test（考试或测验的）分数/等级/成绩: *exam results* 考试成绩 **5** [C] something that is discovered by a medical test 医学化验结果: *I'm still waiting for the result of my X-ray.* 我仍然在等候我的 X 光检查结果。

result /rɪˈzʌlt ‖ rɪˈzʌlt/ *verb* [I] **result (from sth)** to happen or exist because of sth（因某事物而）发生/出现: *Ninety per cent of the deaths resulted from injuries to the head.* 九成的罹难者都是因头部受伤致死。

(PHRASAL VERB 短语动词) **result in sth** to cause sth to happen or exist; to produce as an effect 引致/导致/造成…: *There has been an accident on the motorway, resulting in long delays.* 高速公路上发生了一宗意外，导致行车长久的延误。

resume /rɪˈzjuːm; *US* 美 -ˈzuːm ‖ rɪˈzum/ *verb* [I,T] to begin again or continue after a pause or interruption（暂停或中断后）重新开始/再继续/恢复: *Normal service will resume as soon as possible. We apologize for the delay.* 我们将会尽快恢复正常服务。对于延误，我们很抱歉。○ *After the birth of the baby, she resumed her career.* 婴儿出生后，她又回到工作岗位。

résumé /ˌrezʊˈmeɪ ‖ ˌrɛzʊˈme/ *noun* [C] (*US* 美) = CURRICULUM VITAE

resumption /rɪˈzʌmpʃn ‖ rɪˈzʌmpʃən/ *noun* [sing,U] (*formal* 正式) the act of beginning again or continuing after a pause or interruption（暂停或中断后的）重新开始/再继续/恢复: *a resumption of diplomatic relations between the two countries* 两国间外交关系的恢复 ○ *At the resumption of trade on the Stock Exchange this morning, the dollar fell slightly.* 今早证券交易所恢复买卖时，美元轻微下跌。

resurrect /ˌrezəˈrekt ‖ ˌrɛzəˈrɛkt/ *verb* [T] to

bring sth that has not been used or has not existed for a long time back into use or existence 重新使用（很久没有使用/出现的东西）；使再现: *From time to time they resurrect old black and white programmes and show them again on television.* 他们间或会在电视上重播昔日的黑白片。

resurrection /ˌrezəˈrekʃn ‖ ˌrɛzəˈrɛkʃən/ *noun* **1** [U] the act of resurrecting sth 恢复；重新使用；使再现: *There will be no resurrection of previous policies.* 当局不会再施行以前的政策。 **2** [sing] (in the Christian religion 基督教) the return of all dead people to life at the end of the world 世界末日时所有死者复活 **3 the Resurrection** [sing] (in the Christian religion 基督教) the return to life of Jesus Christ 耶稣复活

resuscitate /rɪˈsʌsɪteɪt ‖ rɪˈsʌsəˌtet/ *verb* [T] to bring sb who has stopped breathing back to life 使复苏: *Unfortunately, all efforts to resuscitate the patient failed.* 使病人复苏的努力不幸都失败了。—**resuscitation** /rɪˌsʌsɪˈteɪʃn ‖ rɪˌsʌsəˈteʃən/ *noun* [U]

retail /ˈriːteɪl ‖ ˈritel/ *noun* [U] the selling of goods to the public in shops, etc (for personal use, not to be sold again) 零售: *the recommended retail price* 建议零售价 ☛ Look at **wholesale**. 参看 **wholesale**。

retailer *noun* [C] a person or company who sells goods in a shop 零售商；零售店

retain /rɪˈteɪn ‖ rɪˈten/ *verb* [T] (*formal* 正式) to keep or continue to have; not to lose 保留；保持: *Despite all her problems, she has managed to retain a sense of humour.* 虽然困难重重，她仍然保持着幽默感。○ *If you wish to leave the stadium and return later, please retain your ticket.* 如要暂时离开运动场后再回来，请保留票根。○ *The village has retained much of its original character.* 那乡村保留了许多原有的特色。○ *These cups retain the heat.* 这种杯子可以保温。☛ The noun is **retention**. 名词为 **retention**。

retaliate /rɪˈtælɪeɪt ‖ rɪˈtælɪˌet/ *verb* [I] **retaliate (against sb/sth)** to react to sth unpleasant that sb does to you by doing sth unpleasant in return 报复: *They have announced that they will retaliate against anyone who attacks their country.* 他们声称会向攻击他们国家的人进行报复。

retaliation /rɪˌtælɪˈeɪʃn ‖ rɪˌtælɪˈeʃən/ *noun* [U] **retaliation (against sb/sth); retaliation (for sth)** the act of retaliating 报复: *The IRA said that the shooting was in retaliation for recent attacks on nationalists.* 爱尔兰共和军声称那次枪击是报复最近对民族主义分子的攻击。

retarded /rɪˈtɑːdɪd ‖ rɪˈtɑrdɪd/ *adj* (used about people 指人) less advanced mentally than other people of the same age 弱智

retention /rɪˈtenʃn ‖ rɪˈtɛnʃən/ *noun* [U] the act of keeping sth or of being kept 保留；保持: *Many experts are against the retention of this type of exam.* 许多专家反对保留这种考试。

rethink /ˌriːˈθɪŋk ‖ riˈθɪŋk/ *verb* [I,T] (*pt, pp* **rethought** /-ˈθɔːt ‖ -ˈθɔt/) to think about sth again because you probably need to change it 重新考虑；反复思考: *The government has been forced to rethink its economic policy.* 政府被迫重新检讨经济政策。

☆**retire** /rɪˈtaɪə(r) ‖ rɪˈtaɪr/ *verb* [I] **1 retire (from sth)** to leave your job and stop working usually because you have reached a certain age 退休；退出: *She's worried that she won't have enough money to live on when she retires.* 她担心退休后没有足够的钱生活。○ *Bjorn Borg retired from professional tennis when he was still a young man.* 比约恩·博格年青时就退出职业网球赛。 **2** (*formal* 正式) to leave and go to a quiet or private place 退到宁静/隐蔽的地方: *We were a bit tired, so we retired to our hotel room after dinner.* 我们有点累，晚饭后就回到旅馆房间休息。

retired *adj* having stopped work permanently, usually because of having reached a certain age 已退休: *a retired teacher* 退休教师 ○ *He's been very unhappy since he's been retired.* 他退休后很不快乐。

☆**retirement** /rɪˈtaɪəmənt ‖ rɪˈtaɪrmənt/ *noun* **1** [C,U] the act of stopping or being forced to stop working permanently, usually because of reaching a certain age 退休: *What's the age of retirement/retirement age in this country?* 在这个国家退休年龄是多少岁？○ *There have been a number of retirements in our department this year.* 今年我们部门有几个人退休。○ *She has decided to take early retirement.* 她决定提早退休。○ *The former world champion has announced his retirement* (= that he is not going to play, etc again). 前任世界冠军宣布退出体坛。 **2** [sing,U] the situation or period after retiring from work 退休后的日子或处境: *We all wish you a long and happy retirement.* 我们祝你在退休后的悠长岁月幸福快乐。

> ☛ A **pension** is the income received by somebody who has retired. It comes from the State, the employer or both. 退休金叫做 **pension**，可以由国家、雇主或者两方面支付。A **pensioner** or an **old age pensioner** is a person who has retired because of age. 因年老而退休者叫做 **pensioner** 或 **old age pensioner**。

retiring /rɪˈtaɪərɪŋ ‖ rɪˈtaɪrɪŋ/ *adj* (of a person 指人) shy or quiet 害羞；内向

retort /rɪˈtɔːt ‖ rɪˈtɔrt/ *verb* [T] to reply quickly to what sb says, in an angry or amusing way 即时反驳（常带怒意/开玩笑的意味）: *'Who asked you for your opinion?' she retorted.* 她反驳道："谁问你的意见来着？"○ *He retorted that there was no such thing as an honest politician.* 他反驳说世界上根本没有诚实的政客。

retort *noun* [C] an angry answer 反驳

retrace /riːˈtreɪs ‖ rɪˈtres/ *verb* [T] to repeat a past journey, series of events, etc 再次经过（刚走过的路）；使在记忆中再现: *I retraced my steps* (= I went back the way I had come) *in an attempt to find my wallet.* 我顺原路折返希望寻回钱包。

retract /rɪˈtrækt ‖ rɪˈtrækt/ *verb* [I,T] (*formal* 正式) to say that sth you have said before is

R

not true or not valid 收回/撤回（声明、意见等）: *When he appeared in court, he retracted the confession he had made to the police.* 他出庭时，推翻了先前向警方所供认的话。

retreat /rɪ'tri:t ‖ rɪ'trit/ *verb* [I] **1** (of an army, etc 指军队等) to move backwards in order to leave a battle or in order not to become involved in a battle 撤退: *The troops were heavily outnumbered and so they were forced to retreat.* 寡不敌众，所以该军被迫撤退。○ *The order was given to retreat.* 上级命令撤退。☛ Look at **advance**. 参看 **advance**。**2** to move backwards; to go to a safe or private place 退到安全/隐蔽的地方；撤离: *A neighbour tried to get into the burning house but he was forced to retreat by the intense heat.* 一邻人尝试进入燃烧着的房子，但高热迫使他后退。○ (*figurative* 比喻) *She seems to retreat into a world of her own sometimes.* 她有时候好像遁入自我封闭的世界。

retreat *noun* **1** [C,U] the act of retreating 撤退；撤离: *The invading forces are now in retreat.* 入侵的军队现正后撤。○ *the Minister's retreat from his original opinion* 首相改变了原来的意见 ○ *Psychiatrists say that her behaviour is really a retreat into childhood.* 精神病医生说她的行为其实已退回到童年。**2** [C] a private place where you can go when you want to be quiet or to rest 私人休息地方

retribution /ˌretrɪ'bju:ʃn ‖ ˌrɛtrə'bjuʃən/ *noun* [U] **retribution (for sth)** (*formal* 正式) punishment for a crime 惩罚: *Public opinion is demanding retribution for the recent acts of terrorism.* 舆论要求惩治近期的恐怖活动。

retrieve /rɪ'tri:v ‖ rɪ'triv/ *verb* [T] **1 retrieve sth (from sb/sth)** to get sth back from the place where it was left or lost 取回/得回/寻回失去的东西: *The river police retrieved the body from the Thames near Goring.* 河道警察在接近戈灵一带的泰晤士河找到尸体。**2** (*computing* 计算机技术) to find information that has been stored 检索信息: *The computer can retrieve all the data about a particular customer.* 计算机能将某一顾客的有关资料都找出来。**3** to make sth (a situation, a mistake, etc) better; to put sth right 矫正（错误）；扭转（局面）；纠正: *The team was losing two nil at half-time but they managed to retrieve the situation in the second half.* 该队上半场以二比零落后，但下半场终于扭转局面。—**retrieval** /-vl ‖ -vl̩/ *noun* [U]: *Retrieval of the bodies from the wreckage of the plane took several hours.* 在飞机残骸中找寻尸体的工作花了几个小时。

retrospect /'retrəspekt ‖ 'rɛtrəˌspɛkt/ *noun* (IDIOM 习语) **in retrospect** thinking about sth that happened in the past (and often seeing it differently from the way you saw it at the time) 回想/回顾（常与当时的看法不同）: *In retrospect, I can see what a stupid mistake it was.* 回想起来，我才明白当时的错误多么愚蠢。

retrospective /ˌretrə'spektɪv ‖ ˌrɛtrə'spɛktɪv/ *adj* **1** looking again at the past 回顾的: *a retrospective analysis of historical events* 历史大事回顾 **2** (used about laws, decisions, payments, etc 指法律、决定、款项支付等) applying to the past as well as to the present and future 有追溯效力的: *Is this new tax law retrospective?* 这条新的税务条例有追溯效力吗？—**retrospectively** *adv*

☆**return**[1] /rɪ'tɜ:n ‖ rɪ'tɝn/ *verb* **1** [I] **return (to…); return (from…)** to come or go back to a place 回到（某处）；（从某处）回来: *I leave on the 10th and return on the 25th.* 我10日走，25日回来。○ *I shall be returning to this country in six months.* 我六个月内回国。○ *When did you return from Italy?* 你什么时候从意大利回来的？○ *He left his home town when he was 18 and never returned.* 他18岁离开故乡，以后再没有回去。**2** [I] **return (to sth)** to start doing a previous activity or talking about a previous subject again 恢复；（某种活动）；回到（某课题上）: *The strike is over and they will be returning to work on Monday.* 罢工行动结束，他们将于星期一复工。○ *We'll return to this subject in next week's lesson.* 下星期的课上我们再讨论这个课题。**3** [I] **return (to sth/to doing sth)** to come or go back to a previous situation or condition 恢复；回复（原状）: *It is hoped that train services will return to normal soon.* 希望列车服务很快就恢复正常。**4** [I] to come back; to happen again 恢复；再次发生: *If the pain returns, make another appointment to see me.* 再疼痛的话，就再来见我。○ *I expect that the cold weather will return soon.* 我预计天气很快又会再冷起来。**5** [T] **return sth (to sb/sth)** to give, send, put or take sth back 送回/放回/归还（某物）: *I've stopped lending him things because he never returns them.* 他借东西从不归还，我已不再借给他了。○ *Application forms must be returned by 14 March.* 申请表必须在3月14日或之前交回。**6** [T] to react to sth that somebody does, says or feels by doing, saying, or feeling sth similar 回应；回报: *I've phoned them several times and left messages but they haven't returned any of my calls.* 我打了好几次电话给他们，而且留下口讯，但他们一次也没有回复。○ *We'll be happy to return your hospitality if you ever come to our country.* 你若到我们国家来，我们都会盛情款待你，报答你的殷勤招待。**7** [T] (in sport 体育) to hit or throw the ball back 将球击回/抛回: *He hit the ball so hard that I couldn't return it.* 他击球这么用力，我没法回击。

returnable /-əbl ‖ -əbl̩/ *adj* that can or must be given or taken back 可取回；必须取回: *a non-returnable deposit* 不发回的押金

☆**return**[2] /rɪ'tɜ:n ‖ rɪ'tɝn/ *noun* **1** [sing] **a return (to/from…)** the act of coming or going back to a place, a previous activity, a previous situation or a previous condition 返回；回复；恢复: *I'll contact you on my return* (= when I come back). 我回来再跟你联络。○ *Our return flight is at 3 o'clock in the morning.* 我们的回程航班在早上3点钟起飞。○ *He has recently made a return to form* (= started playing well again). 他近来又恢复了状态。**2** [U] the act of giving, sending, putting or taking sth back 送回；放回；交回: *I demand* *the return of my passport immediately.* 我要求立即发还护照。**3** [C] (in sport 体育) the act of hitting or throwing the ball back 将球击回/抛回: *She hit a brilliant return.* 她的反击漂亮极了。**4** [C,U] (*also* 亦作 **returns** [plural]) the profit from a business or an investment 利润: *They're not expecting any return on their new restaurant for at least a year.* 他们预期新开的餐厅至少一年内不会有利润。○ *This account offers high returns on all investments.* 这个账户使所有的投资都能赚取高利润。**5** [C] (*Brit* 英) (*also* 亦作 **return ˈticket**; *US* 美 **round trip**; **round trip ticket**) a ticket to travel to a place and back again 来回票；双程票: *A day return to Oxford, please.* 麻烦你给我一张去牛津的即日来回票。○ *I asked for a return but I was given a single by mistake.* 我要求买来回票，但给错发了单程票。

(IDIOMS 习语) **by return (of post)** (*Brit* 英) immediately; by the next post 由下一轮/回程邮递: *Please enclose a stamped addressed envelope and we will send you a receipt by return.* 请附上连邮票的信封，我们立即寄回收条。

in return (for sth) as payment or in exchange (for sth); as a reaction to sth 作为（某物的）付款；以换取（某物）；以回应（某事物）: *Please accept this present in return for all your help.* 请收下这份礼物，让我答谢你的帮忙。

many happy returns ➾ HAPPY

reˌturn ˈfare *noun* [C] (*Brit* 英) the price of a ticket to travel to a place and back again 来回票价: *Is the return fare cheaper than two singles?* 来回票比两张单程票便宜吗？

reunion /ˌriːˈjuːnɪən ‖ riˈjunjən/ *noun* **1** [C] a party or occasion when friends or colleagues meet again after they have not seen each other for a long time 重聚；叙旧: *The college holds an annual reunion for former students.* 学院每年举办一次校友聚会。○ *a family reunion* 家庭团聚 **2** [C,U] the act of coming together again after a separation 重聚: *The released hostages had an emotional reunion with their families at the airport.* 获释的人质在机场与家人重聚，情绪激动。

reunite /ˌriːjuːˈnaɪt ‖ ˌrijuˈnaɪt/ *verb* [I,T] **reunite (sb/sth) (with sb/sth)** to come together again; to cause sb/sth to come together again（使）重新在一起: *The separate regions of the country reunited a few years ago.* 这个国家的各个分裂地区在几年前重归于统一。○ *The missing child was found by the police and reunited with his parents.* 那失踪孩子由警察寻回，与父母重聚。○ *The new leader's first task will be to reunite the party.* 新领袖的首项任务就是使党员重新团结起来。

rev /rev ‖ rɛv/ *noun* [C, usually pl] (*informal* 非正式) = REVOLUTION(3): *4 000 revs per minute* 每分钟4 000转

rev *verb* (revving; revved) **1** [I] **rev (up)** (used about an engine 指发动机) to turn (quickly); to increase the speed of turning（快速）转动；增加转速: *I was woken up by the sound of a car revving up outside.* 外面车辆发动的声音把我吵醒了。**2** [T] **rev sth (up)** to increase the speed of an engine (usually before driving the car) 增加发动机的速度（常于开车前）: *Rev the engine for a while before you drive off.* 开车之前，先将引擎加速一下。

☆**reveal** /rɪˈviːl ‖ rɪˈvil/ *verb* [T] **1 reveal sth (to sb)** to make sth known that was previously secret or unknown（向某人）透露某事物: *She revealed that she had serious money problems.* 她透露自己手头非常拮据。○ *He refused to reveal any names to the police.* 他不肯向警方供出任何名字。**2** to allow sth to be seen that was previously hidden 使显露；呈现: *Close inspection of the photograph revealed the identity of the gunman.* 细看照片，就能够看出谁是枪手。○ *In a moment, the curtains will open to reveal tonight's star prize.* 一会儿帷幕拉开，大家就可以看到今晚最高的奖项了。

revealing *adj* **1** allowing sth (facts previously unknown, secrets, etc) to be known 揭露事物的: *This book provides a revealing insight into the world of politics.* 这本书使政界的内幕大白于世。**2** allowing sth to be seen that is usually hidden 使显现/呈现: *a very revealing swimsuit* 暴露肉体的泳衣

revel /ˈrevl ‖ ˈrɛvl̩/ *verb* [I] (revelling; revelled; *US* 美 reveling; reveled)

(PHRASAL VERB 短语动词) **revel in sth/in doing sth** to enjoy sth very much 欣赏；陶醉于: *He likes being famous and revels in the attention he gets.* 他喜欢出名，陶醉于受人注意的感觉。

revelation /ˌrevəˈleɪʃn ‖ ˌrɛvl̩ˈeʃən/ *noun* **1** [C] something that is made known, that was previously secret or unknown (especially sth surprising) 泄露/揭露的事物: *This magazine is full of revelations about the private lives of famous people.* 这本杂志内容充满了名人私生活的揭露。**2** [sing] a thing or a person that surprises you and causes you to change your attitude to sb/sth 使人惊奇/改变态度的新发现: *It's a horrible house from the outside but the inside is a revelation.* 这房子外表难看，但内部却出人意料。

revenge /rɪˈvendʒ ‖ rɪˈvɛndʒ/ *noun* [U] something that you do to punish sb who has hurt you, made you suffer, etc 报复: *He made a fool of me and now I want revenge.* 他作弄了我，现在我得报仇。○ *The attack was an act of revenge.* 那次袭击行动是为了报仇。

(IDIOMS 习语) **get/have/take your revenge (on sb) (for sth); take revenge (on sb) (for sth)** to punish sb in return for sth bad that he/she has done to you（因某事）（向某人）复仇/报复: *He wants to take revenge on the judge who sent him to prison.* 他要向判他入狱的法官报复。

out of/in revenge (for sth) as a way of punishing sb in return for sth bad he/she has done to you（为某事）报仇: *The shooting was in revenge for an attack by the nationalists.* 那次枪击是报复民族主义分子的袭击。

revenge *verb* [T] **revenge yourself on sb** to punish sb who has done sth bad to you by doing sth bad in return 亲自向某人报仇: *She*

R

revenged herself on her enemy. 她亲自向敌人报仇。

revenue /ˈrevənjuː; *US* 美 -ənuː ‖ ˈrɛvəˌnu/ *noun* [U,plural] income received by a government, company, etc（政府、公司等的）收入：*Revenue from income tax rose last year.* 所得税的收入去年增加了。○ *Oil revenues are a vital part of the country's economy.* 石油收入是该国经济的重要部分。

reverence /ˈrevərəns ‖ ˈrɛvərəns/ *noun* [U] a feeling of great respect 敬慕；崇敬；敬重：*The royal family are often treated with reverence.* 王室成员常受到敬仰。

Reverend /ˈrevərənd ‖ ˈrɛvərənd/ *adj* **the Reverend** (*abbr* 缩写 **Rev**) the title of a Christian priest 牧师/司铎的称号：*the Reverend Charles Gray* 查尔斯·格雷牧师

reverent /ˈrevərənt ‖ ˈrɛvərənt/ *adj* showing respect 恭敬；虔敬：*a reverent silence in memory of the dead* 为死者默哀表示悼念

reversal /rɪˈvɜːsl ‖ rɪˈvɝsl̩/ *noun* [C,U] the act of changing sth to the opposite; an occasion when sth changes to the opposite of what is usual or expected 完全/彻底的改变；逆转：*The government insists that there will be no reversal of policy.* 政府坚持说不会彻底改变政策。○ *The decision taken yesterday was a complete reversal of last week's decision.* 昨天的决定与上星期的刚好相反。○ *a reversal of roles* (= when each person does what the other person was doing) 角色对换

R

☆**reverse**[1] /rɪˈvɜːs ‖ rɪˈvɝs/ *adj* opposite to what is expected or has just been described 相反：*In Germany the reverse situation is true.* 德国的情况刚好相反。

(IDIOM 习语) **in/into reverse order** starting with the last one and going backwards to the first one 逆序；倒序：*The results will be announced in reverse order.* 比赛结果将逆序读出。

☆**reverse**[2] /rɪˈvɜːs ‖ rɪˈvɝs/ *noun* **1** [sing] **the reverse (of sth)** the complete opposite of the previous statement or of what is expected 完全相反：*Of course I don't dislike you – quite the reverse* (= I like you very much). 我当然并非不喜欢你，情况正好相反呢！○ *This should be a relaxing holiday but it's just the reverse.* 这个假期本来可以轻松一下，谁知情况正好相反！**2** [U] (*also* 亦作 ˌ**reverse** ˈ**gear**) the control in a car, etc that allows it to move backwards 倒车挡：*Leave the car in reverse while it's parked on this hill.* 把汽车停放在山坡时，要挂上倒车挡。○ *Where's reverse in this car?* 这辆汽车的倒车挡在哪里？

(IDIOM 习语) **in/into reverse** in the opposite order, starting at the end and going backwards to the beginning; in the opposite way to the previous direction 逆序；以相反方向

☆**reverse**[3] /rɪˈvɜːs ‖ rɪˈvɝs/ *verb* **1** [T] to put sth in the opposite position 倒置：*Writing is reversed in a mirror.* 镜子里的字倒转了位置。**2** [I,T] to go backwards in a car, etc; to make a car go backwards 使车等后退；倒车：*It will probably be easier to reverse into that parking space.* 向后退入停车位大概会容易一点。○ *He reversed his brand new car into a wall.* 倒车时他把刚买的新汽车撞到墙上了。**3** [T] to change sth to the opposite 使倒转/对调：*Today's results have reversed the order of the top two teams.* 今天的比赛结果使为首的两队排名对调。○ *It's too late to reverse your decision now, you've already signed the contract.* 现在改变决定已经太迟了，你已经签了合约。**4** [T] to exchange the positions or functions of two things or people 使位置或功能对换：*My husband and I have reversed roles – he stays at home now and I go to work.* 丈夫和我调换了角色：如今他留在家里，我出去工作。

(IDIOM 习语) **reverse (the) charges** to make a telephone call that will be paid for by the person who receives it 由接电话的人付电话费：*Phone us when you get there, and reverse the charges.* 你到达时请打电话给我们，电话费由我们支付。○ *Could I make a reverse charge call to London, please?* 我想打电话到伦敦，电话费由对方支付，可以吗？☛ The US expression is **to call collect**. * **to call collect** 为美国用语。

reversible /-əbl ‖ -əbl̩/ *adj* (used about clothes 指衣物) that can be worn with either side on the outside（正反面都可穿的）双面式的：*a reversible coat* 双面式外衣

revert /rɪˈvɜːt ‖ rɪˈvɝt/ *verb* [I] **revert (to sth)** to return to a previous state or to sth that you did previously 恢复（原状/原来做法）：*Hong Kong will revert to Chinese rule in 1997.* * 1997年香港将由中国恢复行使主权。○ *The land will soon revert to jungle if it is not farmed.* 那块土地如果不用来耕种，很快就会重新变成丛林。

☆**review** /rɪˈvjuː ‖ rɪˈvju/ *noun* **1** [C,U] the act of examining or considering sth again in order to decide whether changes are necessary 重新研究/考虑/检查：*There will be a review of your contract after the first six months.* 头六个月后公司会重新研究你的合约。○ *The system is in need of review.* 那个系统需要检查。**2** [C] the act of looking back at sth in order to check, remember, or be clear about sth 回顾；复检；重新评估；检讨：*a review of the major events of the year* 本年大事回顾 **3** [C] a newspaper or magazine article, or an item on television or radio, in which sb gives an opinion on a new book, film, play, etc 报纸/杂志/电视/电台上的评论；书评；影评；剧评：*The film got bad reviews.* 对那部影片的评论不佳。○ *a book review* 书评

review *verb* [T] **1** to examine or consider again in order to decide whether changes are necessary 重新研究/考虑/检查：*Your salary will be reviewed after one year.* 一年后，我们会考虑调整你的薪水。**2** to look at or think about sth again to make sure that you understand it 复习；重温：*Let's review what we've done in this lesson so far.* 我们来重温一下这节课的内容。**3** to write an article or to talk on television or radio, giving an opinion on a new book, film, play, etc（就新书、电影、戏剧等）发表评论：*In today's edition our film critic reviews the latest films.* 今天出版的杂志有我们影评家对近期影片的评论。

reviewer *noun* [C] a person who writes reviews of books, films, etc（书籍、电影等的）评论者

☆**revise** /rɪˈvaɪz ‖ rɪˈvaɪz/ *verb* **1** [T] to make changes to sth in order to correct or improve it 修正；修订: *The book has been revised for this new edition.* 这书的新版已做过修订。○ *I revised my opinion of him when I found out that he had lied.* 我发现他说谎以后就改变了对他的看法。**2** [I,T] **revise (for sth)** to read or study again sth that you have learnt, especially when preparing for an exam 温习: *I can't come out tonight. I'm revising for my exam.* 今天晚上我不能出去。我要温习，准备考试。○ *None of the things I had revised came up in the exam.* 我温习过的内容都没有考。

revision /rɪˈvɪʒn ‖ rɪˈvɪʒən/ *noun* **1** [C,U] the act of changing sth in order to correct or improve it 修改；修订；修正: *It has been suggested that the whole system is in need of revision.* 有人提出整个系统都需要修正。**2** [U] the work of reading or studying again sth you have learnt, especially when preparing for an exam 温习: *I've done a lot of revision for History.* 我用了很多时间温习历史课。

revival /rɪˈvaɪvl ‖ rɪˈvaɪvl̩/ *noun* **1** [C,U] the act of becoming or making sth strong or popular again 复兴；重新流行: *economic revival* 经济复苏 ○ *a revival of interest in traditional farming methods* 传统耕作方法的复兴 **2** [C] a new performance of a play that has not been performed for some time 重演: *a revival of the musical 'Kiss me Kate'* 重演歌舞剧《凯特请吻我》

revive /rɪˈvaɪv ‖ rɪˈvaɪv/ *verb* [I,T] **1** to become or make sb/sth strong or healthy again; to come or to bring sb back to life or consciousness 使恢复精力/健康；使苏醒: *Hopes have revived for an early end to the fighting.* 人民对早日停火重燃希望。○ *I'm terribly tired but I'm sure a cup of coffee will revive me.* 我累极了，喝一杯咖啡一定可以帮我提起精神。○ *Attempts were made to revive him but he was already dead.* 对他进行了各种抢救，可惜他已经死亡。**2** to become or make sth popular again; to begin to do or use sth again 复兴；再度采用/使用: *Public interest in rugby has revived now that the national team is doing well.* 国家橄榄球队的表现不错，因此大众对橄榄球又开始感兴趣了。○ *to revive an old custom* 恢复旧风俗

revolt /rɪˈvəʊlt ‖ rɪˈvolt/ *verb* **1** [I] **revolt (against sb/sth)** to protest in a group (often violently) against the person or people in power（常以暴力）集体反抗当权者；起义；造反；反叛: *A group of generals have revolted against the government.* 一批将军起来造反，对抗政府。**2** [T] to make sb feel disgusted or ill 使厌恶: *Some of her opinions revolt me.* 她的某些意见真惹人讨厌。○ *The sight and the smell revolted him.* 那种情景和气味让他倒胃口。☛ The noun for this meaning is **revulsion**. 这义项的名词为 **revulsion**。

revolt *noun* [C,U] the act of revolting(1) 反抗: *The revolt was quickly put down by the army.* 军队很快便将叛乱镇压下去。○ *What started as a small protest has turned into widespread revolt.* 起初的小小抗议后来演变成大规模的暴乱。

revolting /rɪˈvəʊltɪŋ ‖ rɪˈvoltɪŋ/ *adj* extremely unpleasant; disgusting 令人厌恶: *a revolting smell of fish* 令人恶心的鱼腥味 ○ *What a revolting colour!* 这种颜色真令人恶心！

☆**revolution** /ˌrevəˈluːʃn ‖ ˌrɛvəˈluʃən/ *noun* **1** [C,U] changing or trying to change the political system by violent action, etc 用暴力试图改革政治制度；革命: *the French Revolution of 1789* * 1789年法国大革命 ○ *Student leaders are calling for revolution.* 学生领袖呼吁进行革命。**2** [C] **a revolution (in sth)** a complete change in methods, opinions, etc, often as a result of progress 彻底改革；革命: *a revolution in the treatment of diseases such as cancer* 医治癌症一类疾病的重大突破 ○ *the Industrial Revolution* 工业革命 **3** [C,U] (also *informal* 非正式 **rev**) a movement around sth; one complete turn around a central point (eg in a car engine) 围绕中心转动一周: *400 revolutions per minute* 每分钟400转

revolutionary /-ʃənərɪ; *US* 美 -nerɪ ‖ -ʃənˌɛrɪ/ *adj* **1** connected with or supporting political revolution 有关/支持政治革命的: *Revolutionary forces have attacked the president's palace.* 革命军攻击了总统府。○ *the revolutionary leaders* 革命领袖 **2** producing great changes; very new and different 从根本改革的；崭新: *a revolutionary new scheme to ban cars from the city centre* 禁止车辆进入市中心的全新措施。

revolutionary *noun* [C] (*pl* **revolutionaries**) a person who takes part in and supports a revolution 参与/支持革命的人

revolutionize (*also* 亦作 **revolutionise**) /-ʃənaɪz ‖ -ʃənˌaɪz/ *verb* [T] to change sth completely 完全改变: *a discovery that could revolutionize the treatment of mental illness* 彻底改革精神病治疗方法的重大发现

revolve /rɪˈvɒlv ‖ rɪˈvɑlv/ *verb* [I] to move in a circle around a central point; to go round 环绕中心转动: *The earth revolves around the sun.* 地球环绕太阳转动。○ *This little wheel should revolve when you switch the engine on.* 你开了发动机，这个小轮就转动。

(PHRASAL VERB 短语动词) **revolve around sb/sth** to have sth as the most important part 以某人/某事物为中心/最重要: *Her life revolves around the family.* 她一生都以家庭为中心。

revolving *adj* designed to work by going round 旋转式的: *revolving doors* 旋转门

revolver /rɪˈvɒlvə(r) ‖ rɪˈvɑlvɚ/ *noun* [C] a type of small gun with a container for bullets that goes round 左轮手枪

revulsion /rɪˈvʌlʃn ‖ rɪˈvʌlʃən/ *noun* [U] a feeling of disgust (because sth is extremely unpleasant) 厌恶；恶心

☆**reward** /rɪˈwɔːd ‖ rɪˈwɔrd/ *noun* **1** [C,U] something that is given in return for work, effort, etc 回报；报酬: *She feels that she has done a lot of work for little or no reward.* 她觉得做了很多事，但没什么回报。○ *Being a parent is often hard work but it has its*

R

rewards. 做父母通常很辛苦，但却有回报。**2** [C] an amount of money that is given in exchange for helping the police, returning sth that was lost, etc 赏钱: *Police are offering a reward for information leading to a conviction.* 警方悬赏搜罗能导致犯人定罪的线索。

reward *verb* [T] **reward sb (for sth/for doing sth)** to give a reward to sb 奖赏；酬报；酬谢: *Eventually her efforts were rewarded and she got a job.* 她的努力终于得到回报，找到了一份工作。○ *His parents bought him a bicycle to reward him for passing the exams.* 他的父母买了一辆自行车给他，奖励他考试及格。

rewarding *adj* giving satisfaction 令人满足的: *She finds her work with handicapped children very rewarding.* 她觉得为伤残儿童做事很有满足感。

rewind /ˌri:ˈwaɪnd ‖ rɪˈwaɪnd/ *verb* [T] (*pt, pp* **rewound**) to make a tape go backwards 将磁带倒回: *Please rewind the tape at the end of the film.* 电影结束后请将盒带倒回。

rewrite /ˌri:ˈraɪt ‖ riˈraɪt/ *verb* [T] (*pt* **rewrote** /-rəʊt ‖ -ˈrot/; *pp* **rewritten** /-ˈrɪtn ‖ -ˈrɪtn̩/) to write sth again in a different or better way 重写；改写

rhetoric /ˈretərɪk ‖ ˈrɛtərɪk/ *noun* [U] a way of speaking or writing that is intended to impress or influence people 修辞 —**rhetorical** /rɪˈtɒrɪkl; *US* 美 -ˈtɔ:r- ‖ rɪˈtɔrɪkl̩/ *adj* —**rhetorically** /-klɪ ‖ -klɪ/ *adv*

rheˌtorical ˈquestion *noun* [C] a question that is not really a question because it does not expect an answer 修辞问句；反问

rheumatism /ˈru:mətɪzəm ‖ ˈruməˌtɪzəm/ *noun* [U] an illness that causes pain in muscles and joints 风湿病

rhino /ˈraɪnəʊ ‖ ˈraɪno/ *noun* [C] (*pl* **rhinos**) (*informal* 非正式) = RHINOCEROS

rhinoceros /raɪˈnɒsərəs ‖ raɪˈnɑsərəs/ *noun* [C] (*pl* **rhinoceros** or **rhinoceroses**) a large animal from Africa or Asia, with a thick skin and either one or two horns on its nose 犀牛（非洲或亚洲的大动物，皮厚，鼻上有一个或两个角）

rhubarb /ˈru:bɑ:b ‖ ˈrubɑrb/ *noun* [U] a plant with long red stems and very large leaves. The stems can be cooked and eaten as fruit. 大黄（可食用）

rhyme /raɪm ‖ raɪm/ *noun* **1** [U] the technique of using words that have the same sound as each other especially at the ends of lines 押韵；迭韵: *All of his poetry was written in rhyme.* 他的诗作全都押韵。**2** [C] a word that has the same sound as another 押韵的字: *Can you think of a rhyme for 'peace'?* 你能想出和 peace 押韵的字吗？**3** [C] a short piece of writing, or something spoken, in which the words at the end of each line sound the same as the words at the end of previous lines 韵文 ☛ Look at **nursery rhyme**. 参看 **nursery rhyme**。

rhyme *verb* **1** [I] to have the same sound as another word; to consist of lines that end with words that sound the same 押韵；迭韵: *'Tough' rhymes with 'stuff'.* ＊ tough 和 stuff 押韵。○ *'Book' and 'look' rhyme.* ＊ book 和 look 押韵。○ *He thinks that all poetry should rhyme.* 他认为凡诗都应该押韵。**2** [T] to put together words that have the same sound 将同韵母的字放在一起: *You can't rhyme 'face' with 'stays'.* ＊ face 和 stay 这两个字并不押韵。

☆**rhythm** /ˈrɪðəm ‖ ˈrɪðəm/ *noun* [C,U] a regular repeated pattern of sound or movement 节奏: *the rhythms of Latin America* 拉丁美洲的节奏 ○ *I'm not keen on the tune but I love the rhythm.* 我不特别喜欢那曲调，但爱那种节奏。○ *He's a terrible dancer because he has no sense of rhythm.* 他的舞跳得很差，因为他全无节奏感。

rhythmic /ˈrɪðmɪk ‖ ˈrɪðmɪk/ (*also* 亦作 **rhythmical** /ˈrɪðmɪkl ‖ ˈrɪðmɪkl̩/) *adj* having rhythm 有节奏: *the rhythmic qualities of African music* 非洲音乐的节奏特点 —**rhythmically** /-klɪ ‖ -klɪ/ *adv*

rib /rɪb ‖ rɪb/ *noun* [C] one of the curved bones that go round the chest 肋骨: *He's so thin that you can see his ribs.* 他瘦得肋骨都现了。

ribbon /ˈrɪbən ‖ ˈrɪbən/ *noun* [C,U] **1** a long, thin piece of cotton, nylon, etc that is used for tying or decorating sth 带状物；丝带；缎带；彩纸带 ☛ picture at **knot**. 见 **knot** 插图。**2** a long, thin piece of material that contains ink and is used in a typewriter 打字带

☆**rice** /raɪs ‖ raɪs/ *noun* [U] the grain from a plant grown in hot, wet countries, that we cook and eat（米）饭；（大）米；稻（米）: *Rice or potatoes?* 吃米饭还是吃土豆？○ *brown rice* 糙米 ○ *boiled rice* 米饭 ○ *rice pudding* (= made by cooking rice in milk and sugar) 大米布丁

☆**rich** /rɪtʃ ‖ rɪtʃ/ *adj* **1** having a lot of money or property; not poor 富裕: *a rich family* 富裕家庭 ☛ Look at **wealthy**. 参看 **wealthy**。**2** (not before a noun 不用于名词前) **rich in sth** containing a lot of sth 有许多…: *Oranges are very rich in vitamin C.* 橙子含有丰富的维生素C。**3** able to produce sth in large amounts 盛产: *rich soil* 沃土 **4** (used about food 指食物) containing a lot of fat, oil, sugar, cream, etc 含有大量脂肪、油、糖分、乳脂等: *a rich sauce* 肥腻的酱汁 ○ *a rich chocolate cake* 肥腻的巧克力蛋糕 **5** (used about colours, sounds or smells 指颜色、声音或气味) strong and deep 深沉浑厚；浓烈: *a rich purple* 深紫色

the rich *noun* [plural] rich people 富人: *The rich are getting richer and the poor are getting poorer.* 富者愈富，贫者愈贫。

richly *adv* **1** extremely well 非常好: *She was richly rewarded for her hard work.* 她努力工作，得到了很好的回报。**2** fully 完全；充分: *His promotion was richly deserved.* 他升级是完全受之无愧的。—**richness** *noun* [U]

riches /ˈrɪtʃɪz ‖ ˈrɪtʃɪz/ *noun* [plural] (*formal* 正式) a lot of money or property; wealth 大量的财产；财富: *Despite all his riches, he was a deeply unhappy man.* 他虽然很富有，但却很不快乐。

rickety /ˈrɪkətɪ ‖ ˈrɪkətɪ/ *adj* likely to fall or break; not strongly made 易倒塌/破碎的；不坚固: *a rickety old fence* 摇摇欲坠的旧篱笆

ricochet /ˈrɪkəʃeɪ; *US* 美 ˌrɪkəˈʃeɪ ‖ ˌrɪkəˈʃe/ *verb* [I] (*pt, pp* **ricocheted** /-ʃeɪd ‖ -ˈʃed/; **ricochetted** /-ʃetɪd ‖ -ˈʃɛtɪd/) **ricochet (off sth)** (used about a bullet, etc 指子弹等) to fly away from a surface after hitting it（击中物体表面后）反弹/跳飞

☆**rid** /rɪd ‖ rɪd/ *verb* [T] (*pres part* **ridding**; *pt, pp* **rid**) **rid sb/sth of sb/sth** (*formal* 正式) to make sb/sth free from sb/sth that is unpleasant or unwanted 使摆脱/解除…: *They have managed to rid the world of smallpox.* 他们成功地使全世界的人免受天花的传染。○ *He was unable to rid himself of his fears and suspicions.* 他无法消除心中的疑惧。

(IDIOM 习语) **be/get rid of sb/sth** to be/become free of sb/sth or to remove sb/sth 摆脱；处理掉；丢弃: *I didn't enjoy having my family to stay. In fact I was glad to get rid of them.* 我不喜欢家人在这里暂住，我真的希望摆脱他们。○ *I can't get rid of this mark on the carpet.* 我无法清除地毯上的这一污迹。○ *Let's get rid of that old chair and buy a new one.* 我们丢掉这把旧椅子，买一把新的吧！

riddance /ˈrɪdns ‖ ˈrɪdn̩s/ *noun*

(IDIOM 习语) **good riddance (to sb/sth)** (*informal* 非正式) (used for expressing pleasure or relief that sb/sth that you do not like has gone 解脱后表示欣慰) 谢天谢地

ridden[1] /ˈrɪdn ‖ ˈrɪdn̩/ *pp* of RIDE[2] ＊ RIDE[2] 的过去分词

ridden[2] /ˈrɪdn ‖ ˈrɪdn̩/ *adj* (usually in compounds 通常用以构成复合词) full of 充满: *She was ridden with guilt.* 她负罪感深重。○ *She was guilt-ridden.* 她负罪感深重。

riddle /ˈrɪdl ‖ ˈrɪdl̩/ *noun* [C] **1** a type of question that you ask people for fun that has a clever or amusing answer 谜语 **2** a person, thing or event that you cannot understand 令人费解的人/事物；谜

riddled /ˈrɪdld ‖ ˈrɪdl̩d/ *adj* **riddled with** full of 充满: *The car was riddled with bullet holes.* 那辆汽车布满弹孔。○ *This essay is riddled with mistakes.* 这篇文章错误百出。

☆**ride**[1] /raɪd ‖ raɪd/ *noun* [C] a journey on a horse or bicycle, or in a car, bus, etc 骑马；骑自行车；乘车等: *They went for a ride in the woods.* 他们到树林里去骑马。○ *It's only a short busride into Oxford.* 去牛津只需乘一会儿公共汽车。○ *Would you like to have a ride in my new car?* 你要不要坐坐我的新车？

(IDIOM 习语) **take sb for a ride** (*informal* 非正式) to cheat or deceive sb 欺骗某人

☆**ride**[2] /raɪd ‖ raɪd/ *verb* (*pt* **rode** /rəʊd ‖ rod/; *pp* **ridden** /ˈrɪdn ‖ ˈrɪdn̩/) **1** [I,T] to sit on a horse and be carried along, controlling its movements 骑马；驾驭马匹: *I'm learning to ride at the moment.* 我正在学骑马。○ *We rode through the woods and over the moor.* 我们骑马穿过树林和漠泽。○ *Which horse is Cauthen riding in the next race?* 下一场赛事考廷骑哪一匹马出赛？☛ **Go riding** is a common way of talking about riding for pleasure ＊ **go riding** 是骑马作乐的常用说法: *She goes riding every weekend.* 每个周末她都去骑马游玩。**2** [I,T] to sit on a bicycle, etc and be carried along, controlling its movements 骑自行车等: *On Sunday thousands of cyclists rode from London to Oxford to raise money for charity.* 星期天，几千个车手由伦敦骑自行车到牛津，为慈善基金筹款。○ *She jumped onto her motor bike and rode off.* 她跳上摩托车，开车走了。○ *Can John ride a bicycle yet?* 约翰学会骑自行车了吗？**3** [I] to travel as a passenger in a bus, car, etc 乘（车等）: *Smokers are asked to ride at the back of the coach.* 吸烟人士请坐到车厢尾部。

rider *noun* [C] a person who rides a horse, bicycle, etc 骑马/自行车等的人

riding /ˈraɪdɪŋ ‖ ˈraɪdɪŋ/ *noun* [U] the sport or hobby of riding a horse 骑马运动: *riding-boots* 马靴 ○ *a riding-school* 骑术学校

ridge /rɪdʒ ‖ rɪdʒ/ *noun* [C] **1** a long, narrow piece of high land along the top of hills or mountains 山脊: *We walked along the ridge looking down at the view.* 我们沿着山脊走，眺望山下的风景。**2** a line where two sloping surfaces meet 脊状突起/隆起部分

ridicule /ˈrɪdɪkjuːl ‖ ˈrɪdɪˌkjul/ *noun* [U] unkind laughter or behaviour that is meant to make sb/sth appear silly 取笑；嘲笑；戏弄

ridicule *verb* [T] to laugh at sb/sth in an unkind way 取笑；嘲笑；戏弄: *The idea was ridiculed by everybody present.* 在场的人都取笑那个想法。

☆**ridiculous** /rɪˈdɪkjʊləs ‖ rɪˈdɪkjələs/ *adj* very silly; foolish 极愚蠢；荒唐；荒谬: *That's a ridiculous suggestion!* 那个提议蠢极了！○ *It's ridiculous to drive so fast along these lanes.* 在这样的行车线上高速驾驶是愚蠢的。○ *They're asking a ridiculous (= very high) price for that house.* 他们那房子的要价高得荒谬。—**ridiculously** *adv*: *She's paid a ridiculously low salary for the work she does.* 她干那样的活，得到的工资低得太荒谬了。

riding ⇨ RIDE[2]

rife /raɪf ‖ raɪf/ *adj* (not before a noun 不用于名词前) (*formal* 正式) (used especially about bad things 尤指坏事) very common 普遍；流行: *The use of drugs was rife among certain groups of students.* 在某些学生群之中，吸毒是司空见惯的事。

rifle[1] /ˈraɪfl ‖ ˈraɪfl̩/ *noun* [C] a long gun that you hold against your shoulder to shoot with 步枪；来复枪 ☛ We **load**, **aim** and **fire** a rifle. 把子弹上膛 (**load**)，瞄准 (**aim**) 然后开火 (**fire**)。

rifle[2] /ˈraɪfl ‖ ˈraɪfl̩/ *verb* [I,T] to search sth usually in order to steal from it（抱不良意图，如偷窃，而）翻查/搜寻: *I caught him rifling through the papers on my desk.* 他偷翻我桌上的文件，被我抓到。

rift /rɪft ‖ rɪft/ *noun* [C] **1** a serious disagreement between friends, groups, etc（朋友之间或团体内部）决裂/不和: *a growing rift between the brothers* 兄弟间的关系逐渐破裂 **2** a crack or split in sth 破裂；裂痕；裂缝

rig[1] /rɪg ‖ rɪg/ *verb* [T] (ri**gg**ing; ri**gg**ed)

(PHRASAL VERB 短语动词) **rig sth up** to make sth quickly, using any materials you can find 匆匆拼凑/制造出某物: *We tried to rig up a*

R

shelter, using our rugs and coats. 我们设法用毛毯和外衣搭个棚子栖身。

rig *noun* [C] (usually in compounds 通常用以构成复合词) a large platform, with special equipment for a certain purpose 备有特别装置的大平台: *an oil rig* 钻油台

rigging *noun* [U] the ropes, etc that support a ship's sails（船用）索具；帆缆

rig[2] /rɪɡ ‖ rɪɡ/ *verb* (rig**g**ing; rig**g**ed) to arrange or control an event, etc in an unfair way, in order to get the result you want（用不公平的手段）操纵/垄断: *They claimed that the competition had been rigged.* 他们声称比赛受到幕后操纵。

☆**right**[1] /raɪt ‖ raɪt/ *adj* on or of the side of the body that faces east when a person is facing north; not left 右边: *Do you write with your right hand or your left?* 你用右手还是用左手写字？○ *Your seats are on the right side of the theatre.* 你们的座位在剧院的右边。

right *adv* to the right side; not left 向右；往右: *Turn right at the traffic lights.* 在交通灯处向右拐。

right *noun* **1** [U] the right side or direction; not left 右方: *We live in the first house on the right.* 我们在右边第一所房子居住。○ *If you look slightly to the right you will see Windsor Castle in the distance.* 稍向右望，就可以看见远处的温莎堡。**2 the Right** [sing, with sing or pl verb] the people or political parties who support conservative rather than socialist ideas 右翼人士/政党

ˈ**right-hand** *adj* (only *before* a noun 只用于名词前) of or on the right of sb/sth 右边的；在右边: *The post-box is on the right-hand side of the road.* 邮箱在路的右边。○ *a sharp right-hand bend* 向右转的急拐弯

ˌ**right-ˈhanded** *adj* using the right hand more than the left for writing, etc 惯用右手

ˌ**right-hand ˈman** *noun* [C] (*pl* **right-hand men**) the person you rely on most to help and support you in your work 最得力的助手

ˌ**right ˈwing** *noun* [sing] the people in a political party who support more conservative ideas（政党的）右翼/右派/右倾分子: *He is on the right wing of the Labour party.* 他是工党中的右翼分子。

ˌ**right-ˈwing** *adj* supporting conservative ideas rather than socialist ones 右倾的（政治思想上倾向保守）: *a right-wing government* 右倾的政府 ☛ The opposite is **left-wing**. 反义词为 **left-wing**。

☆**right**[2] /raɪt ‖ raɪt/ *adj* **1** correct; true 正确；真实: *I'm afraid that's not the right answer.* 恐怕这不是正确的答案。○ *Have you got the right time?* 你知道准确的时间吗？○ *You're quite right – the film does start at 7 o'clock.* 你说得对，影片的确是在7点钟开映。○ *You were right about the weather – it did rain.* 你的天气预测很准确，果然下雨了。**2** best; most suitable 最好；最适合: *I don't think this is the right colour for the walls.* 用这种颜色髹墙恐怕不大合适。○ *I hope I've made the right decision.* 我希望我的决定正确。○ *We wouldn't have missed the boat if we'd left at the right time.* 如果我们及时离开，就不会赶不上那班船。○ *You have to know the right people if you want to join that golf club.* 你想加入那个高尔夫球会，先得认识有关的人。**3** normal; satisfactory 正常；令人满意: *Her voice didn't sound quite right on the phone.* 从电话里传来，她的声音不太对劲。**4** (used about behaviour, actions, etc 指行为、行动等) good; fair or what the law allows 对；正当；合法: *It's not right to pay people so badly.* 支付那么低的工资是不合理的。○ *It was right of her to give you the news at once.* 她立即将消息告诉你是对的。○ *It's never right to steal.* 偷窃永远都是错误的。**5** (*Brit informal* 英，非正式) (used for emphasizing sth bad 用于强调不好的事物) real or complete 真正；彻底: *I'll look a right idiot in that hat!* 我戴那顶帽子活像个大笨蛋。

(IDIOMS 习语) **all right** ⇨ ALL[2]

get on the right/wrong side of sb ⇨ SIDE[1]

on the right/wrong track ⇨ TRACK

right (you are)! (*informal* 非正式) yes, I will; yes, I agree 好的；是: *'See you later.' 'Right you are!'* "呆会儿见。" "好的。"

(as) right as rain healthy or working properly 健康；运作正常

rightly *adv* correctly or fairly 正确；公平；公正: *As you rightly said, it's time to decide what we want.* 正如你所说，现在是决定我们要些什么的时候了。○ *He's been sacked and quite rightly, I believe.* 他被解雇了，我觉得他活该。

—**rightness** *noun* [U]: *She's always convinced of the rightness of her own opinions.* 她总认为自己的意见是对的。

ˈ**right angle** *noun* [C] an angle of 90° 直角: *A square has four right angles.* 正方形有四个直角。☛ picture at **angle**. 见 **angle** 插图。

☆**right**[3] /raɪt ‖ raɪt/ *adv* **1** correctly; in a satisfactory way 正确；令人满意地: *Have I spelt your name right?* 我没有拼错你的名字吧？○ *Nothing seems to be going right for me at the moment.* 我目前似乎事事不顺心。**2** (used for preparing sb for sth that is about to happen 用于请对方作好准备) get ready; listen 预备；听着: *Have you got your seatbelts on? Right, off we go.* 你们都系好安全带了吗？好！我们出发。**3** exactly 正好: *The train was right on time.* 列车十分准时。**4** all the way 一直: *Did you watch the film right to the end?* 你有没有看完那部影片？**5** immediately 立即；马上: *He left right after dinner.* 他一吃完饭马上就走了。○ *Wait here a minute – I'll be right back.* 在这里等一下——我马上回来。**6** (used in some titles 用于某些称号或称呼): *the Right Honourable James Smith, Foreign Secretary* 外相詹姆斯·史密斯阁下 ○ *the Right Reverend Richard Pearson, Bishop of Gloucester* 格洛斯特的理查德·皮尔逊主教

(IDIOMS 习语) **right/straight away** ⇨ AWAY

right now at this moment; exactly now 此刻；现在；立即: *We can't discuss this right now.* 我们现在不能讨论这个问题。

serve sb right ⇨ SERVE

☆**right**[4] /raɪt ‖ raɪt/ *noun* **1** [U] what is morally good and fair 正义；正确；公正: *Children learn about right and wrong at a very early* age. 儿童很小就学会辨别是非。○ *Does right always win in the end?* 正义最终一定胜利吗？ **2** [C] a thing that you are allowed to do according to the law（依法可有的）权力/权利: *In Britain everybody has the right to vote at 18.* 在英国18岁就有投票权。○ *Freedom of speech is one of the basic human rights.* 言论自由是基本人权之一。○ *civil rights* (= the rights each person has to political and religious freedom, etc) 公民权 **3** [U] **right to sth/to do sth** a moral authority to do sth 道德上的权力: *You have no right to tell me what to do.* 你没权命令我干这干那。

(IDIOMS 习语) **be in the right** to be doing what is correct and fair 对；正确；公平: *You don't need to apologize. You were in the right and he was in the wrong.* 你不用道歉。你做得对，他错了。

by rights according to what is fair or correct 按理；根据正当权利: *By rights, half the profit should be mine.* 按理说，一半的利润应该归我才对。

in your own 'right because of what you are yourself and not because of other people 凭自己的权利/能力/实力/资格等（而非因别人）: *She's a very wealthy lady in her own right* (= not only because she has married somebody who is rich). 她本身很富有。

within your rights (to do sth) acting in a reasonable or legal way 有权；合理；合法: *You are quite within your rights to demand to see your lawyer.* 你完全有权要求见你的律师。

ˌright of 'way *noun* **1** [U] (used in road traffic 用于道路交通) the right[4](2) to continue while other traffic must stop 先行权；通行权 **2** [C] a path across private land that the public may use（私人土地上的）公用道路: *Is there a right of way across this field?* 有没有公用道路通过这块地？

right[5] /raɪt ‖ raɪt/ *verb* [T] **1** to return to a normal position 恢复到正常位置: *The boat tipped over and then righted itself again.* 小船翻了，后来又自己翻正了。**2** to correct sth 改正；纠正 ☛ This verb is almost always used in this sense with the noun **wrong** 这动词作"改正/纠正"的意思时，差不多都是与名词 **wrong** 连用: *There are many wrongs that need to be righted.* 有许多冤屈需要纠正。You do not 'right' a mistake, you **correct** it. 改正错误，不说 right a mistake，而说 **correct** a mistake。

righteous /ˈraɪtʃəs ‖ ˈraɪtʃəs/ *adj* (*formal* 正式) morally good or fair 正义；公正 ☛ Look at **self-righteous**. 参看 **self-righteous**。

rightful /ˈraɪtfl ‖ ˈraɪtfəl/ *adj* (only *before* a noun 只用于名词前) (*formal* 正式) fair, proper or legal 公平；正当；合法: *You have a rightful claim to your father's property.* 你有正当权利承继父亲的财产。—**rightfully** /-fəlɪ ‖ -fəlɪ/ *adv*

rigid /ˈrɪdʒɪd ‖ ˈrɪdʒɪd/ *adj* **1** not able or willing to change or be changed; strict 严格；缺乏弹性: *Some students complained about the rigid rules and regulations at the school.* 有些学生抱怨校规过严。**2** stiff, not easy to bend 不易弯曲；硬: *For air travel a rigid suitcase is better than a soft bag.* 乘飞机用硬皮箱比用软袋子好。○ *She was rigid with fear.* 她害怕得全身僵硬。—**rigidity** /rɪˈdʒɪdətɪ ‖ rɪˈdʒɪdətɪ/ *noun* [U]

rigidly *adv* stiffly, strictly or without any possibility of change 严格；不变通: *You don't have to keep rigidly to what I've written – use your imagination.* 你不必严格遵照着我写的内容，可以发挥自己的想象力。

rigour (*US also* 美亦作 **rigor**) /ˈrɪgə(r) ‖ ˈrɪgɚ/ *noun* (*formal* 正式) **1** [U] the quality of being strict or severe 苛严；严厉: *the rigour of the law* 法律的苛严 **2** [C, usually pl] severe conditions; difficulties 严酷；艰苦；困难: *the rigours of a hard climate* 恶劣天气造成的困难

rigorous /ˈrɪgərəs ‖ ˈrɪgərəs/ *adj* thorough and careful 精确；严密: *Very rigorous tests have been carried out on the drinking water.* 当局对饮用水作了非常严密的检测。—**rigorously** *adv* —**rigorousness** *noun* [U]

rim /rɪm ‖ rɪm/ *noun* [C] an edge at the top or outside of sth that is round 圆形物体的边: *the rim of a cup* 杯口 ○ *spectacles with silver rims* 银框眼镜

rind /raɪnd ‖ raɪnd/ *noun* [C,U] the thick hard skin on the outside of some fruits and some types of cheese, bacon, etc（水果、干酪、腌肉等）厚或硬的皮/外层 ☛ **Rind** is hard and is not usually removed with the fingers. * **rind** 比较硬，通常不用手指去掉。We say the **rind** or **peel** of a lemon but only the **peel** of an orange. 柠檬的皮可以用 **rind** 或 **peel**，但橙皮只能说 **peel**。A fruit with a thinner or softer covering has a **skin**. 较薄较软的果皮称为 **skin**。So bananas, apples, pears, etc all have **skins**. 因此香蕉、苹果、梨子等的皮都用 **skin**。

☆**ring[1]** /rɪŋ ‖ rɪŋ/ *noun* [C] **1** a piece of jewellery, a round piece of metal, often of silver or gold, that you wear on your finger 戒指: *a wedding ring* 结婚戒指 ○ *an engagement ring* 订婚戒指 ○ *a gold, diamond, etc ring* 金戒指；钻石戒指… ☛ picture at **jewellery**. 见 **jewellery** 插图。**2** (usually in compounds 通常用以构成复合词) a round object of any material with a hole in the middle 环状物体: *a key-ring* (= for holding keys) 钥匙环 ☛ picture at **key**. 见 **key** 插图。**3** a circle 圆圈；圆环: *Stand in a ring and hold hands.* 手握手站成一圈。**4** the space with seats all around it where a performance, match, etc takes place 四周设有观众席的表演场/竞技场: *a circus ring* 马戏表演场 ○ *a boxing ring* 拳击场 **5** one of the round parts on the top of an electric or gas cooker, on which you can put pans 炉盘: *an electric cooker with an oven, a grill and four rings* 有一个烤箱，一个烤架和四个炉盘的电炉具 ☛ picture at **cooker**. 见 **cooker** 插图。**6** a number of people involved together in sth that is secret or not legal 从事秘密/非法活动的一伙人: *a drugs ring* 贩毒集团

ring *verb* (*pt, pp* **ringed**) [T] **1** to draw a circle around sth 以圆圈环绕；圈出: *Ring the correct answer with your pencil.* 用铅笔将正确的答案圈出。**2** to surround sb/sth 包围: The *whole area was ringed with police.* 整个地区被警察包围着。

ˈringleader *noun* [C] a person who leads a

group of people who are doing sth wrong or causing trouble 违法活动/骚乱的头目: *Who is the ringleader of the group?* 那伙人的头目是谁?

'ring road *noun* [C] (*Brit* 英) a road that is built all around a town so that traffic does not have to go into the town centre 环市公路

☆**ring²** /rɪŋ ‖ rɪŋ/ *verb* (*pt* **rang** /ræŋ ‖ ræŋ/; *pp* **rung** /rʌŋ ‖ rʌŋ/) **1** [I,T] (*especially US* 美尤作 **call**) **ring (sb/sth) (up)** to telephone (sb/sth) 打电话: *What time will you ring tomorrow?* 你明天什么时候打电话来? ○ *I rang up yesterday and booked the hotel.* 我昨天打电话预订了旅馆房间。○ *Ring the station and ask what time the next train leaves.* 打电话到火车站问下一班车什么时候开。**2** [I,T] to make a sound like a bell or to cause sth to make this sound (使)发出铃声: *Is that the phone ringing?* 是电话响吗? ○ *We rang the door bell again and again but nobody answered.* 我们一次又一次按了门铃,可是没有人应门。**3** [I] **ring (for sb/sth)** to ring a bell in order to call sb, ask for sth, etc 按铃: *'Did you ring, sir?' asked the stewardess.* "先生,是您按铃吗?"空中小姐问道。**4** [I] to have a certain effect when you hear it 听起来有某种效果: *Her words didn't ring true* (= you felt that you could not believe what she said). 她的话听起来不像是真的。**5** [I] **ring (with sth)** to be filled with loud sounds 充满很大的声音: *When I left the disco my head was ringing with the noise.* 我离开迪斯科舞厅时满脑子都是嘈杂的声音。

(IDIOM 习语) **ring a bell** to sound familiar or to remind you, not very clearly, of sth 听来熟悉;使想起某事: *'Do you know Jane Sykes?' 'Well, her name rings a bell.'* "你认识珍妮·赛克斯吗?""嗯,她的名字我有点熟。"

(PHRASAL VERBS 短语动词) **ring (sb) back** to phone sb again 再打电话去: *'I'm afraid Mary isn't in.' 'Oh well, I'll ring back later.'* "玛丽不在。""好吧,我迟会儿再打来。"○ *I can't talk now – can I ring you back?* 我现在不能跟你谈,我给你回电话好吗?

ring off to end a telephone conversation 挂断电话: *I'd better ring off – supper's ready.* 我要挂断电话了,晚餐已经准备好了。

ring out to sound loudly and clearly 发出响亮而清晰的声音: *A pistol shot rang out.* 一声枪响。

ring *noun* **1** [C] the sound made by a bell 铃声;钟声: *a ring at the door* 门铃声 **2** [sing] **a ring of sth** a feeling or quality of a particular kind 某种感觉/特质: *What the man said had a ring of truth about it* (= sounded true). 那人说的听来似乎是真的。

(IDIOM 习语) **give sb a ring** to telephone sb 打电话给某人: *I'll give you a ring in the morning.* 我早上给你打电话。

rink /rɪŋk ‖ rɪŋk/ *noun* [C] = SKATING-RINK

rinse /rɪns ‖ rɪns/ *verb* [T] to wash sth in water in order to remove soap or dirt, etc 用水清洗: *Rinse your hair thoroughly after each shampoo.* 每次用了香波后要把头发彻底冲洗。○ *I should rinse the apples before you eat them.* 我先洗好苹果你们再吃。

rinse *noun* **1** [C] an act of rinsing 用水清洗: *Give the bath a good rinse after using it.* 用过浴缸后请洗干净。**2** [C,U] a liquid used for colouring the hair 染发液

☆**riot** /'raɪət ‖ 'raɪət/ *noun* [C] fighting and noisy violent behaviour by a crowd of people 暴动;暴乱: *Further riots have broken out in Manchester.* 曼彻斯特再次爆发了暴动。○ *Police have been brought in to deal with the riots.* 警方被派来处理暴乱行动。

(IDIOM 习语) **run riot** to behave in a wild way, without any control 举止狂乱/不受控制: *At the end of the football match, the crowd ran riot.* 足球比赛结束后,观众发生骚乱。○ (*figurative* 比喻) *You really let your imagination run riot when you painted that picture.* 你画那幅画时,你的想像力真如天马行空,自由驰骋。

riot *verb* [I] to take part in a riot 参加暴乱: *There is a danger that the prisoners will riot if conditions don't improve.* 如果监狱条件没有改善,囚犯可能会闹事。

rioter *noun* [C] a person who takes part in a riot 暴徒;闹事者

riotous /-əs ‖ -əs/ *adj* **1** (*formal* 正式) wild or violent; lacking in control 狂暴;失控: *The crowd was becoming increasingly riotous.* 群众越来越狂暴。**2** wild and full of fun 狂欢: *a riotous party* 狂欢聚会

rip /rɪp ‖ rɪp/ *verb* (ri**pp**ing; ri**pp**ed) **1** [I,T] to tear quickly and sharply (猛力)撕;撕破;裂开;扯: *Oh no! The hem of my dress has ripped!* 糟糕!我连衣裙的褶边裂开了! ○ *He ripped the letter in two and threw it in the bin.* 他将信撕成两半,抛进废物箱里去。○ *The blast of the bomb ripped the house apart.* 炸弹的爆炸将房子炸成两半。**2** [T] to pull sth quickly and violently (猛力)撕/拉: *He ripped the poster from the wall.* 他将墙上的海报撕下来。○ *The roof was ripped off in the gale.* 屋顶被强风掀掉。**3** to move very quickly 快速移动: *The house was badly damaged when fire ripped through the roof and first floor.* 大火迅速蔓延到屋顶和二楼,房子损毁严重。

(PHRASAL VERBS 短语动词) **rip sb off** (*informal* 非正式) to cheat sb by asking too much money for sth (以索价过高)骗取金钱

rip sth up to tear sth into small pieces 撕成碎片

rip *noun* [C] a long tear or cut (in material, etc) 长裂痕/裂缝

'rip-off *noun* [C] (*informal* 非正式) an act of charging too much money for sth 索价过高;敲竹杠;巧取豪夺: *A pound for a cup of coffee is a rip-off!* 一英镑一杯咖啡,真会敲竹杠!

☆**ripe** /raɪp ‖ raɪp/ *adj* **1** (used about fruit, grain, etc 指生果、谷物等) ready to be picked and eaten 成熟 **2 ripe (for sth)** ready for sth or in a suitable state for sth 准备就绪;时机成熟: *The country was ripe for a change of leader.* 国家更换领导人的时机成熟了。

ripen /'raɪpən ‖ 'raɪpən/ *verb* [I,T] to make sth ripe or to become ripe (使)成熟

ripple /'rɪpl ‖ 'rɪpl̩/ *noun* [C] **1** a very small wave or movement on the surface of water

涟漪；细浪: *The breeze sent tiny ripples across the lake.* 微风吹过，湖面泛起了阵阵涟漪。**2** a gentle sound 轻声: *A ripple of laughter ran round the room.* 房间里荡漾着一阵轻轻的笑声。

ripple *verb* [I,T] to move gently 慢慢移动: *The branches of the trees rippled in the wind.* 树枝在微风中晃动。○ *The wind rippled the surface of the sea.* 风吹皱了海面。

☆**rise**[1] /raɪz ‖ raɪz/ *noun* **1** [C] an increase 增加: *There has been a rise in the number of people out of work.* 失业的人数增加了。○ *a sharp price rise* 价格剧升 ☛ Look at **drop** and **fall**. 参看 **drop** 及 **fall**。**2** [C] (*US* 美 **raise**) an increase in wages, salary, etc（工资等的）增加: *I'm hoping to get a rise next April.* 我希望四月里能加薪。○ *a 10% pay rise* 薪金加百分之十 **3** [sing] the process of becoming more powerful or important 兴盛；崛起: *His rise in the world of politics was remarkable.* 他在政坛崛起，引人注目。

(IDIOM 习语) **give rise to sth** to cause sth 引起/导致某事物: *The news gave rise to considerable anxiety among many people.* 那宗新闻使许多人很担心。

☆**rise**[2] /raɪz ‖ raɪz/ *verb* [I] (*pt* **rose** /rəʊz ‖ roz/; *pp* **risen** /'rɪzn ‖ 'rɪzn̩/) **1** to move upwards, to become higher or to increase 上升；提高；增加: *Smoke was rising from the chimney.* 烟囱冒出烟来。○ *Cycling became harder as the road began to rise.* 路面开始升高，踏自行车变得比较吃力了。○ *Her voice rose in anger* (= became louder). 她气得提高了嗓门。○ *Do you think inflation will continue to rise?* 你认为通胀会继续上升吗？○ *The temperature has risen to nearly forty degrees.* 温度上升到接近四十度。☛ Look at **fall**. 参看 **fall**。**2** to stand up 站起来: *The audience rose and applauded the singers.* 听众站起来向歌手鼓掌。**3** to get out of bed 起床: *They rose at dawn in order to be in London by eight.* 他们黎明起床，赶在八点到达伦敦。☛ In this sense **get up** is more common. 作"起床"的意思时，**get up** 比 rise 更为常用。**4** (used about the sun, moon, etc 指太阳、月亮等) to appear above the horizon 在地平线出现: *The sun rises in the east and sets in the west.* 太阳在东方升起，在西方落下。**5** to show (as sth tall above the surroundings) 凸现: *A range of mountains rose in the distance.* 远处山峦崛起。**6** to come from 来自: *Shouts of protest rose from the crowd.* 群众发出抗议声。**7 rise (up) (against sb/sth)** to start opposing or fighting people in authority 起义: *The people were afraid to rise up against the dictator.* 民众不敢起来反抗独裁者。**8** to move to a higher position (in rank, society, career, etc) 身分、地位等升高: *He rose rapidly within the company.* 他在公司里很快得到晋升。

(IDIOM 习语) **rise to the occasion, challenge, task, etc** to deal with or cope with sth successfully 成功处理问题/克服困难/完成任务等: *Do you think she will rise to the demands of the job?* 你认为她能胜任那份工作吗？

rising *noun* [C] fighting by a number of people (against people in authority) 反抗（当权者）☛ Look also at **uprising**. 另参看 **uprising**。

rising *adj* **1** sloping upwards 向上倾斜: *The new offices are being built on rising ground outside the town.* 新办公室盖在镇外的高地上。**2** increasing 上升: *the rising cost of living* 不断提高的生活费用 **3** becoming well-known or popular 逐渐成名/受欢迎: *a rising young rock star* 声名日噪的年轻摇滚乐明星

☆**risk** /rɪsk ‖ rɪsk/ *noun* **1** [C,U] **risk (of sth/that...)** a possibility (of sth dangerous or unpleasant happening) 风险；危险: *The risks involved in the enterprise were considerable.* 这项计划的风险相当大。○ *Do you think there's any risk of rain?* 你认为会下雨吗？**2** [sing] a dangerous or silly thing to do 危险的事: *It was an unnecessary risk to overtake that lorry there.* 超越那辆卡车要冒不必要的危险。**3** [sing] a person or thing that might cause danger 或会造成危险的人/物: *If he knows your real name he's a security risk.* 要是他知道你的真名字，就会对你的保密构成威胁。

(IDIOMS 习语) **at your own risk** having the responsibility for whatever may happen 对发生的事负责: *This building is in a dangerous condition – enter at your own risk.* 本楼危险——进入者后果自负。

at risk in danger 在危险中: *Small children are most at risk from the disease.* 幼童最受那种病的威胁。

at the risk of (doing sth) with the possibility of (sth unpleasant) 可能招致（不快）: *At the risk of interfering, may I offer you some advice?* 恕我多言，可以向你提些意见吗？

run the risk (of doing sth) to do sth knowing that the result might be bad or unpleasant; to risk 冒着…的危险/风险: *If we don't leave early we run the risk of missing the plane.* 不早点动身，我们可能赶不上那班飞机。

take a risk/risks to do sth that you know might fail or be dangerous, etc 冒险: *You shouldn't take risks when driving.* 你开车时不应冒险。○ *He's very young but I'm prepared to take a risk and give him a job.* 他还很年轻，但我准备冒一下险雇用他。

risk *verb* [T] **1** to take the chance of sth unpleasant happening 冒险: *If you don't work hard now you risk failing your exams.* 如果你现在不用功，考试就可能不及格。**2** to put sth or yourself in a dangerous position 使处于危险境地: *The man had risked his life to save the little boy.* 那个人冒生命危险救那小男孩。

risky *adj* (**riskier**; **riskiest**) dangerous 危险: *It's risky to drive fast when the roads are icy.* 如果路上结了冰，开车太快就有危险。

ritual /'rɪtʃʊəl ‖ 'rɪtʃʊəl/ *noun* [C,U] an action, ceremony or process which is usually repeated in the same pattern 仪式；模式化的事物: *English people often go through the ritual of talking about the weather when they meet.* 英国人见面时总是寒暄天气。

ritual *adj* done according to a particular pattern or tradition 按模式/传统的 —**ritually** *adv*

R

☆**rival** /ˈraɪvl ‖ ˈraɪvḷ/ *noun* [C] a person or thing that is competing with another 竞争对手: *They're business rivals.* 他们是生意上的竞争对手。○ *It seems that we're rivals for the sales manager's job.* 我们似乎在争夺销售经理的职位。○ *A rival shop has set up in the same street.* 在同一条街上又开了一家抢生意的商店。

rival *verb* [T] (rivalling; rivalled; *US* 美 rivaling; rivaled) **rival sb/sth (for/in sth)** to be as good as sb/sth 比得上某人/某事物: *This novel doesn't rival his earlier writing.* 这部小说及不上他以前的作品。○ *Nothing rivals skiing for sheer excitement.* 没有什么比得上滑雪那般刺激。

rivalry /ˈraɪvlrɪ ‖ ˈraɪvḷrɪ/ *noun* [C,U] (*pl* **rivalries**) competition between people, groups, etc 竞争: *There was a lot of rivalry between the sisters.* 姐妹之间有许多竞争。

☆**river** /ˈrɪvə(r) ‖ ˈrɪvɚ/ *noun* [C] a large natural stream of water that flows across country 河流: *the River Thames* 泰晤士河 ○ *a picnic on the bank of the river* 在河边野餐 ☛ A river **flows** into the sea. 河水流入 (**flow** into) 大海。Where it joins the sea is the river **mouth**. 与海连接的河口叫做 **river mouth**。A boat sails **on** the river. We walk, sail, etc **up** or **down river**. 船在河上航行 (sail **on** the river)，逆流而上/顺流而下可以说 **up/down river**。

ˈ**riverside** *noun* [sing] the land beside the banks of a river 河岸；河边: *People were strolling along the riverside.* 人们在河边散步。○ *a riverside hotel* 河滨旅馆

rivet[1] /ˈrɪvɪt ‖ ˈrɪvɪt/ *noun* [C] a metal pin for fastening two pieces of metal together 铆钉

rivet[2] /ˈrɪvɪt ‖ ˈrɪvɪt/ *verb* [T] (usually passive 通常用于被动语态) to interest sb greatly 吸引: *I was riveted by her story.* 我被她的故事吸引住。

riveting *adj* extremely interesting 吸引；极有趣: *His speech was absolutely riveting.* 他的演讲极有趣。

roach /rəʊtʃ ‖ rotʃ/ *noun* [C] (*US* 美) = COCKROACH

☆**road** /rəʊd ‖ rod/ *noun* **1** [C] a way between places, with a hard surface which cars, buses, etc can drive along 路；道路；公路: *Is this the right road to Beckley?* 去伯克利走这条路对吗？○ *Take the London road and turn right at the first roundabout.* 走去伦敦的路在第一个环形岛处向右转。○ *Turn left off the main* (= big, important) *road.* 向左驶离大路。○ *major/minor roads* 主要/次要道路 ○ *If you get onto the ring road you'll avoid the town centre.* 如果你走环市公路，就可以不入市中心。○ *road signs* 道路标志 ○ *a road junction* 道路交叉处 ☛ **Roads** (*US* **highways**) connect towns and villages ∗ **road**（美国英语作 **highway**）连接市镇和乡村: *a road-map of England* 英格兰公路交通图. A road in a town, city or village that has buildings at the side is often called a **street**. 城镇或乡村中旁边有建筑物的道路通常叫做 **street**。**Street** is not used for roads outside towns ∗ **street** 不包括城镇外的道路: *a street-map of London* 伦敦街道图 However streets in towns may have the word **Road** as part of their names 另一方面，城中的街道名称有时亦用 **Road**: *Bayswater Road, London* 伦敦贝斯沃特路. **Motorways** (*US* **freeways/ expressways**) are roads with two **carriageways**, each with two or three **lanes**, that are built for traffic covering long distances, avoiding towns. ∗ **motorway**（美国英语作 **freeway/expressway**）有双向车道 (**carriageway**)，每边车行道有两至三条分车线 (**lane**) 供长途车辆使用，而无须穿过市镇。**A-roads** are big important roads that link towns. ∗ A级公路 (**A-road**) 是宽大而重要的道路，连接各市镇。**B-roads** are smaller country roads. ∗ B级公路 (**B-road**) 是较小的乡村路。**M** on a map stands for **motorway**. 地图上的 **M** 代表 **motorway**。**2 Road** (*abbr* 缩写 **Rd**) [sing] (used in names of roads, especially in towns 用于（市镇）道路名称): *60 Marylebone Road, London* 伦敦玛丽莱波尼路60号

(IDIOMS 习语) **by road** in a car, bus, etc 搭乘汽车、公共汽车等: *It's going to be a terrible journey by road – let's take the train.* 乘汽车太辛苦——我们坐火车吧。

on the road travelling 路上；在路途中: *We were on the road for 14 hours.* 我们在路上14个小时了。

ˈ**roadblock** *noun* [C] a barrier put across the road by the police or army to stop traffic 路障

ˈ**roadside** *noun* [C, usually sing] the edge of a road 路边: *We had to stop at the roadside and wait for the engine to cool.* 我们得将车子停在路边，等发动机冷却下来。○ *a roadside café* 路边小餐馆

ˈ**road tax** *noun* [C,U] the tax which the owner of a car, etc must pay to be allowed to drive it on public roads 公路税

the ˈ**roadway** *noun* [C] (*formal* 正式) the part of the road used by cars, etc; not the side of the road 车行道

ˈ**roadworks** *noun* [plural] work that involves repairing or building roads 修路/筑路工程: *The sign said 'Slow down. Roadworks ahead.'* 路牌上写着"慢驶，前面道路施工。"

ˈ**roadworthy** *adj* in good enough condition to be driven on the road 适合在公路上行驶的

roam /rəʊm ‖ rom/ *verb* [I,T] to walk or travel with no particular plan or aim 闲逛；游荡: *The police said that several groups of youths roamed Oxford city centre late last Saturday night.* 警方说上星期六有好几群年轻人在牛津市中心游荡至深夜。

roar /rɔː(r) ‖ rɔr/ *noun* [C] a loud, deep sound like that made by a lion 咆哮声: *the roar of heavy traffic on the motorway* 公路上繁忙交通的嘈杂声 ○ *roars of laughter* 大笑声

roar *verb* **1** [I] to make a loud, deep sound 发出大而深沉的声音；咆哮；吼叫: *The river roared past, taking trees and rocks with it.* 河水裹挟着树木和岩石咆哮着奔流而下。○ *She roared with laughter at the joke.* 她听了那个笑话就哈哈大笑。**2** [I] to shout very loudly 大叫: *I often hear the teacher roaring at the children.* 我常常听见那个老师向孩子们咆哮。**3** [I] to make the sound that is typical of a lion 咆哮: *The lion opened its huge mouth and* *roared.* 狮子张开大口咆哮。**4** [T] **roar sth (out)** to express sth very loudly 大声表达: *The audience roared its approval.* 观众大声应和。(PHRASAL VERB 短语动词) **roar along, down, past, etc** to move in the direction mentioned, making a loud, deep sound 呼啸而过: *A motorbike roared past us.* 一辆摩托车隆隆地驶过我们。

roaring /'rɔːrɪŋ ‖ 'rɔrɪŋ/ *adj* **1** making a very loud noise 发出巨响: *the roaring waves* 发出巨响的浪涛 **2** (used about a fire 指火) burning very well 烧得正旺 **3** very great 巨大: *a roaring success* 巨大的成就

roast /rəʊst ‖ rost/ *verb* **1** [I,T] to cook or be cooked in an oven or over a fire 烤: *a smell of roasting meat* 烤肉的气味 ○ *to roast a chicken* 烤鸡 ☛ Look at the note at **cook**. 参看 **cook** 的注释。**2** [T] to heat and dry sth 烘干: *roasted peanuts* 烘花生

roast *adj* (only *before* a noun 只用于名词前) cooked by roasting 烤；烘: *roast beef and roast potatoes* 烤牛肉和烘土豆

roast *noun* **1** [C,U] a piece of meat that has been roasted 烤肉 **2** [C] (*especially US* 尤为美) an outdoor meal at which food is roasted 户外烧烤野餐 ☛ Look at **barbecue**. 参看 **barbecue**。

☆**rob** /rɒb ‖ rɑb/ *verb* [T] (ro**bb**ing; ro**bb**ed) **rob sb/sth (of sth) 1** to take sth (money, property, etc) from a person or place illegally 抢劫/盗取（金钱、财物等）: *to rob a bank* 抢劫银行 ○ *Several people on the train were robbed of their money and jewellery.* 列车上有好几个人被抢去钱财和首饰。☛ Look at the note at **steal**. 参看 **steal** 的注释。**2** to take sth away from sb/sth that they should have 强取；夺取: *His illness robbed him of the chance to play for his country.* 疾病使他失去代表国家出赛的机会。

robber *noun* [C] a person who steals from a bank, etc 窃贼；盗贼 ☛ Look at the note at **thief**. 参看 **thief** 的注释。

robbery /'rɒbərɪ ‖ 'rɑbərɪ/ *noun* [C,U] (*pl* **robberies**) the crime of stealing from a bank, etc 抢劫；盗窃: *They were accused of robbery with violence.* 他们被控暴力抢劫银行。○ *There's been a robbery. They've taken half a million pounds.* 发生了劫案，匪徒抢走五十万英镑。

robe /rəʊb ‖ rob/ *noun* [C] **1** a long, loose piece of clothing 长袍 **2** (*US* 美) = DRESSING GOWN

robin /'rɒbɪn ‖ 'rɑbɪn/ *noun* [C] a small brown bird with a bright red breast 鸲；鸫

robot /'rəʊbɒt ‖ 'robɑt/ *noun* [C] a machine that can move and that can be made to do some of the work that a person does. Some robots are made to look like people. 机械人；机器人

robust /rəʊ'bʌst ‖ ro'bʌst/ *adj* strong and healthy 强健；强壮: *a robust child* 强壮的小孩

☆**rock**[1] /rɒk ‖ rɑk/ *noun* **1** [U] the hard, stony part of the earth 岩石: *layers of rock formed over millions of years* 几百万年形成的岩石层 **2** [C] a large piece or area of this that sticks out of the sea or the ground（突出海水或地面的）岩石/礁石: *The ship hit the rocks and started to sink.* 那只船触礁下沉。**3** [C] a large, separate stone 巨石: *The beach was covered with rocks that had broken away from the cliffs.* 沙滩布满从崖上崩落下来的大石。**4** [C] (*US* 美) a small piece of stone that can be picked up 石子: *The boy threw a rock at the dog.* 小孩向狗扔石子。**5** [U] (*Brit* 英) a type of hard sweet made in long, round sticks 硬棒糖

(IDIOM 习语) **on the rocks 1** (used about drinks 指饮料) served with ice but no water 加冰块而不加水: *whisky on the rocks* 加冰块的威士忌酒 **2** (used about a marriage, business, etc 指婚姻、生意等) having problems and likely to fail 濒临失败

rocky *adj* (**rockier**; **rockiest**) full of rocks or not level and smooth 多石；崎岖: *a rocky road* 崎岖的道路 ○ *a rocky coastline* 起伏不平的海岸线

ˌ**rock-'bottom** *noun* [U] the lowest point 最低点: *They say that house-prices have reached rock-bottom and will soon start to rise again.* 据说住房价格已跌到最低点，不久就会回升。○ *a rock-bottom price* 最低价

'**rock-climbing** *noun* [U] the sport of climbing rocks and mountains with ropes, etc 攀岩运动

rock[2] /rɒk ‖ rɑk/ *verb* **1** [I,T] to move backwards and forwards or from side to side; to make sb/sth do this（使）左右/前后摇摆: *fishing-boats rocking gently on the waves* 渔船随波飘荡 ○ *The baby won't go to sleep unless you rock her pram for a while.* 你要把婴儿车摇一会儿，娃娃才会入睡。**2** [T] to shake sth violently 猛力摇: *The city was rocked by a bomb blast.* 炸弹爆炸，震动全市。**3** [T] to cause shock to sb/sth 震撼；震动: *The country was rocked by the news of the riots.* 暴乱的消息震动全国。

rock band 摇滚乐乐队

rock[3] /rɒk ‖ rɑk/ (*also* 亦作 '**rock music**) *noun* [U] a type of pop music with a very strong beat, played on electric guitars, etc 摇滚乐: *I prefer jazz to rock.* 我爱爵士乐，不爱摇滚乐。○ *a rock singer* 摇滚乐歌手 ○ *a rock band* 摇滚乐乐队

R

ˌ**rock and ˈroll** (*also* 亦作 **rock 'n' roll**) *noun* [U] a type of music with a strong beat that was most popular in the 1950s（50年代流行的）摇滚乐: *Elvis Presley was the king of rock and roll.* 猫王埃尔维斯·普雷斯利是摇滚乐之王。

rocket /ˈrɒkɪt ‖ ˈrɑkɪt/ *noun* [C] **1** a vehicle shaped like a tube, that is used for travel into space 火箭: *a space rocket* 航天火箭 ○ *to launch a rocket* 发射火箭 **2** an object of a similar shape that is used as a weapon and that carries a bomb 火箭式导弹 **3** a firework that shoots high into the air when you light it, and then explodes 信号弹

rocket *verb* [I] to increase or rise very quickly 急速增加/上升

rod /rɒd ‖ rɑd/ *noun* [C] (often in compounds 常用以构成复合词) a thin straight piece of wood or metal 木杆；金属杆: *a fishing-rod* 钓竿

rode *pt* of RIDE² ＊ RIDE² 的过去时

rodent /ˈrəʊdnt ‖ ˈrodn̩t/ *noun* [C] a type of small animal (such as a rat, a rabbit, a mouse, etc) which has strong sharp front teeth 啮齿目动物（比如褐鼠、兔、鼹鼠等）

rodeo /ˈrəʊdɪəʊ; rəʊˈdeɪəʊ ‖ ˈrodɪˌo/ *noun* [C] (*pl* **rodeos**) a contest or performance in which people show their skill in riding wild horses, catching cows, etc（驯野马、套牛等的）驯马套牛竞技/表演

roe /rəʊ ‖ ro/ *noun* [U] the eggs or male seed of a fish, which can be eaten as food（可供食用的）鱼子/鱼白

rogue /rəʊg ‖ rog/ *noun* [C] (*old-fashioned* 旧) a person who is not honest or reliable 不诚实/不可信赖的家伙；无赖

☆**role** /rəʊl ‖ rol/ *noun* [C] **1** a person's part in a play, film, etc（戏剧、电影等的）角色: *Many actresses have played the role of Cleopatra.* 很多女演员都演过克娄巴特拉这个角色。○ *a leading role in the film* 电影主角 **2** the position and importance of sb/sth 地位；重要性；角色: *During her colleague's illness, she took on the role of supervisor.* 同事患病期间，她代为行使主管职权了。○ *Parents play a vital role in their children's education.* 父母在教育子女方面起着至关重要的作用。

ˈ**role-play** *noun* [C,U] an activity, used especially in teaching, in which a person acts a part（尤指用于教学的）角色扮演

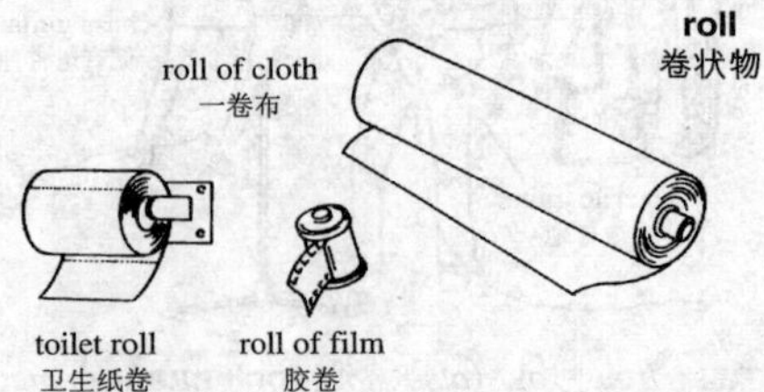

☆**roll¹** /rəʊl ‖ rol/ *noun* [C] **1** something made into the shape of a tube by winding it around itself 卷状物: *a roll of film* 一卷胶卷 **2** a very small loaf of bread for one person（一人分量的）面包卷: *a roll and butter for breakfast* 作早点用的黄油面包卷 ○ *a ham roll* (= a roll filled with ham) 火腿面包卷 ☛ picture at **bread**. 见 **bread** 插图。**3** an official list of names 名单: *There are two hundred children on the school roll.* 这所学校的名册上共有二百个学童。○ *the electoral roll* (= the list of people who can vote in an election) 选举名册（选民名单）**4** a long, low sound 连续、低沉的声音: *a roll of drums* 鼓声隆隆 ○ *the roll of thunder* 雷声隆隆 **5** a movement from side to side 左右翻滚: *the roll of a ship* 船的晃动

roll² /rəʊl ‖ rol/ *verb* **1** [I,T] to move by turning over and over; to make sth move in this way（使）翻滚: *The apples fell out of the bag and rolled everywhere.* 袋里的苹果掉了出来，滚得满地都是。○ *We couldn't stop the ball rolling into the river.* 球滚到河里去了，我们怎么追也没追上。○ *He tried to roll the rock up the hill.* 他用劲地推，想把石头推上山坡。**2** [I] to move smoothly (on wheels or as if on wheels) 用车轮/像车轮般滚动: *The car began to roll back down the hill.* 汽车要从山上倒着滑下去了。○ *Tears were rolling down her cheeks.* 泪珠流下她的脸颊。○ *Big black clouds came rolling across the sky.* 天上滚过一团团的乌云。**3** [I,T] to turn over or upwards; to make sb/sth do this（使）卷起/反转: *She rolled over and looked up at him.* 她翻过身来，仰望着他。○ *We rolled the mattress onto its other side.* 我们把床垫翻过来。**4** [I,T] **roll (sth) (up)** to make sth into the shape of a ball or tube; to be made into this shape 卷起: *He was rolling himself a cigarette.* 他在给自己卷一根烟。○ *The insect rolled up when I touched it.* 我一碰小虫子，它就蜷缩起来。☛ The opposite is **unroll**. 反义词为 **unroll**。**5** [T] to make sth become flat by moving sth heavy over it 轧平；碾平: *Roll out the pastry* (= using a rolling-pin). 把面团擀平。**6** [I] to rock or swing from side to side 左右摇摆: *The ship was beginning to roll in the storm.* 船在风暴中摇晃起来了。○ *She was rolling about with laughter.* 她笑得东倒西歪。

(IDIOM 习语) **be rolling in money/in it** (*slang* 俚语) to have a lot of money 腰缠万贯

(PHRASAL VERBS 短语动词) **roll in** (*informal* 非正式) to arrive in large numbers or quantities 滚滚而来；涌现: *Offers of help have been rolling in.* 大家纷纷伸出援助之手。

roll up (*informal* 非正式) (used about a person or a vehicle 指人或车辆) to arrive (often late) 到达；迟到

ˈ**rolling-pin** *noun* [C] a piece of wood, etc in the shape of a tube, that you use for making pastry flat and thin before cooking 擀面杖（用来碾平/碾薄面团）

roller /ˈrəʊlə(r) ‖ ˈrolɚ/ *noun* [C] **1** a long object in the shape of a tube, which is usually part of a machine or a piece of equipment and can have various uses 滚轴: *The tins are then crushed between two rollers.* 然后罐头就被两条滚轴夹住轧平。○ *a roller-blind* (= a type of window blind on a roller) 滚轴窗帘 **2** [usually pl] small plastic tubes that women wind their hair round to make it curl 卷发筒

'roller-coaster *noun* [C] a type of railway with open carriages, sharp bends and very steep slopes. People go on roller-coasters for fun at fairs, etc. 环滑车道/过山车（游乐设施，装有开篷车厢，轨道又斜又弯）

'roller-skate (*also* 亦作 **skate**) *noun* [C] a type of shoe with small wheels on the bottom. It allows you to move quickly over a smooth surface 旱冰鞋：*a pair of roller skates* 一双旱冰鞋 ☛ picture at **skate**. 见 **skate** 插图。

'roller-skate *verb* [I]

'roller-skating *noun* [U]

Roman /'rəʊmən ‖ 'romən/ *adj* connected with ancient Rome 与古罗马有关的: *the remains of a Roman villa* 一座古罗马乡间宅院的遗迹 ○ *Roman coins* 古罗马钱币

Roman *noun* [C] a citizen of Rome 罗马人

the ˌRoman 'alphabet *noun* [sing] the letters A to Z, used especially in West European languages 罗马字母（A至Z，尤用于西欧语言）

ˌRoman 'Catholic (*also* 亦作 **Catholic**) *noun* [C], *adj* (a member) of the Christian Church which has the Pope as its head 罗马公教/天主教（的）；天主教教徒（的）：*She's (a) Roman Catholic.* 她是天主教教徒。☛ Look at **Protestant**. 参看 **Protestant**。

ˌRoman Ca'tholicism (*also* 亦作 **Catholicism**) *noun* [U] the beliefs of the Roman Catholic Church 罗马公教/天主教教义

ˌRoman 'numerals *noun* [plural] the letters used by the ancient Romans as numbers 罗马数字

> ☛ Roman numerals, eg IV=4 and X=10, are still used sometimes. For example they may be found numbering the pages and chapters of books or on some clocks. 古代罗马用的数字（例如IV代表4，X代表10），今天仍然可见于书本的章节、书页、钟面等。

romance /rəʊ'mæns ‖ ro'mæns/ *noun* **1** [C] a love affair 恋爱：*The film was about a teenage romance.* 电影内容是一对少年的恋爱故事。**2** [U] a feeling or atmosphere of love or of sth new, special and exciting 浪漫色彩/气氛: *The stars were out, the night was warm and romance was in the air.* 那是一个暖融融的夜晚，星光闪烁，充满诗情画意。**3** [C] a novel about a love affair 爱情故事：*She writes historical romances.* 她写的是充满浪漫色彩的历史故事。

☆**romantic** /rəʊ'mæntɪk ‖ ro'mæntɪk/ *adj* **1** having or showing ideas about life and love that are emotional rather than real or practical 爱空想的: *He has a romantic idea that he'd like to live on a farm in Scotland.* 他梦想自己可以生活在苏格兰的农庄里。**2** involving a love affair; describing situations involving love 与爱情有关；谈情说爱的: *Reports of a romantic relationship between the two film stars have been strongly denied.* 这两个电影明星的恋爱传闻受到斩钉截铁的否认。○ *a romantic novel* 爱情小说 **3** having a quality that strongly affects your emotions or makes you think about love; showing feelings of love 充满爱意: *a romantic candle-lit dinner* 浪漫的烛光晚餐 ○ *He isn't very romantic – he never says he loves me.* 他这个人就是不懂得浪漫，从来没跟我说过爱我。

romantic *noun* [C] a person who has ideas that are not based on real life or that are not very practical 好幻想、不切实际的人 —**romantically** /-klɪ ‖ -klɪ/ *adv*

romanticize (*also* 亦作 **romanticise**) /rəʊ'mæntɪsaɪz ‖ ro'mæntəˌsaɪz/ *verb* [I,T] to make sth seem more interesting, exciting, etc than it really is 加上浪漫色彩

romp /rɒmp ‖ rɑmp/ *verb* [I] (used about children and animals 指孩子或动物) to play in a noisy way with a lot of running, jumping, etc 喧闹地玩耍/嬉戏 —**romp** *noun* [C]

☆**roof** /ru:f ‖ ruf/ *noun* [C] (*pl* **roofs**) **1** the part of a building, vehicle, etc which covers the top of it（楼房、车辆等的）顶部: *the roof of the school* 学校的屋顶 ○ *a flat roof* 平屋顶 ○ *The coach had windows in the roof which allowed some air in.* 这辆长途公共汽车的顶部开了几扇窗子，使空气流通。○ *The library and the sports hall are under one roof* (= in the same building). 图书馆和运动馆在同一座楼房里。○ *We can store a lot of things in the roof* (= in the space directly under the roof of a house). 屋顶的空间放得下很多东西。**2** the highest part of sth 最高部分: *The roof of the cave had collapsed.* 洞顶已经塌下来了。

'roof-rack *noun* [C] a structure that you fix to the roof of a car and use for carrying luggage or other large objects（供装载行李或其他大型物件的）车顶架 ☛ picture at **rack**. 见 **rack** 插图。

'rooftop *noun* [C, usually pl] the outside of the roofs of buildings 屋顶: *From the tower we looked down over the rooftops of Florence.* 我们身处塔上，眼底尽是佛罗伦萨的楼房屋顶。

☆**room** /ru:m; rʊm ‖ rum; rʊm/ *noun* **1** [C] a part of a house or building that is separated from the rest by its own walls, floor and ceiling 房间: *The house has three rooms downstairs and four bedrooms.* 这座房子楼下有三个房间，楼上有四个卧室。○ *a sitting-room* 起居室 ○ *a dining-room* 餐室 ○ *a spare room* (= for guests) 备用房间 ○ *There is a common room where students can meet and watch television.* 那个公共休息室可供学生坐谈和看电视之用。○ *to book a room at a hotel* 预订旅馆房间 ○ *a single/double room* 单人/双人房间 **2** [U] **room (for sb/sth)**; **room (to do sth)** space; enough space 空间；地方: *There isn't room for any more furniture in here.* 这里再也没有地方放更多家具了。○ *The table takes up too much room.* 这张桌子占去了太多地方。○ *They're pulling down those old factories to make room for new development.* 旧工厂正在拆除，以便腾出空地兴建新楼房。○ *There were so many people that there wasn't any room to move.* 人多得不得了，简直是寸步难移。**3** [U]

R

room (for sth) the opportunity or need for sth 机会；需要: *There's room for improvement in your work* (= it could be much better). 你的工作还有改进的余地。☛ Look at the note at **place**[1]. 参看 **place**[1] 的注释。

roomful /-fʊl ‖ -ˌfʊl/ *noun* [C] the amount or number that a room can contain 一个房间所容纳的量: *There was a roomful of reporters waiting to interview him.* 满屋子都是等待采访他的记者。

roomy *adj* (**roomier**; **roomiest**) having plenty of space 宽敞: *a roomy house, car, etc* 宽敞的房子/汽车…

ˈ**room-mate** *noun* [C] a person that you share a room with in a flat, etc 同住一室的人；室友

roost /ru:st ‖ rust/ *noun* [C] a place where birds rest or sleep（鸟的）栖息处

rooster /ˈru:stə(r) ‖ ˈrustɚ/ *noun* [C] (*US* 美) = COCK[1](1)

☆**root**[1] /ru:t ‖ rut/ *noun* **1** [C] the part of a plant that grows under the ground and takes in water and food from the soil（植物的）根 **2** [C] the part of a hair or tooth that is under the skin and that attaches it to the rest of the body（毛发/牙齿的）根 **3 roots** [plural] the place where you feel that you belong, because you grew up there, live there or your relatives once lived there 原籍；出生地；根；老家 **4** [C] the cause or source of sth 根由；根源；源头: *Let's try and get to the root of the problem.* 咱们来好好追寻一下问题的根源吧。☛ Look at **square root**. 参看 **square root**。

root[2] /ru:t ‖ rut/ *verb*

(PHRASAL VERBS 短语动词) **root about/around (for sth)** to search through things, especially in an untidy or careless way（尤指杂乱地/随便地）翻寻: *What are you rooting around in my desk for?* 你把我的书桌翻了个遍，到底你在找什么？

root for sb/sth to give support to sb who is in a competition, etc（为参赛者等）鼓劲/打气: *Good luck in the match – we'll all be rooting for you.* 祝你好运！我们会为你打气的。

root sb/sth out to find and destroy sth bad completely 根除；连根拔

☆**rope** /rəʊp ‖ rop/ *noun* [C,U] very thick, strong cord, that is used for tying or lifting heavy things, climbing up, etc 绳；索；缆: *We need some rope to tie up the boat with.* 我们需要缆索把小船系住。○ *a skipping rope* (= one that children use to jump over) 跳绳用的绳子

rope *verb* [T] to tie sb/sth with a rope 用绳子系住: *The climbers were roped together when they crossed the glacier.* 登山的人在过冰川时互相用绳子系在一起。

(PHRASAL VERBS 短语动词) **rope sb in (to do sth)** (*informal* 非正式) to persuade sb to help in some activity 劝说某人（参与活动）: *I've been roped in to help at the school play.* 有人说服我协助这次学校戏剧表演。

rope sth off to put ropes round or across an area in order to keep people out of it 用绳子把某物拦住/拦开

ˈ**rope-ladder** *noun* [C] a ladder made of two long ropes and steps of rope, wood or metal 绳梯

rosary /ˈrəʊzərɪ ‖ ˈrozərɪ/ *noun* [C] (*pl* **rosaries**) a string of beads used for counting prayers 念珠（诵经时用）

rose[1] *pt* of RISE[2] * RISE[2] 的过去时

☆**rose**[2] /rəʊz ‖ roz/ *noun* [C] a flower with a sweet smell, that grows on a bush and usually has thorns on its stem 玫瑰；蔷薇

rosé /ˈrəʊzeɪ; *US* 美 rəʊˈzeɪ ‖ roˈze/ *noun* [U] pink wine 玫瑰红葡萄酒: *a bottle of rosé* 一瓶玫瑰红葡萄酒

rosette /rəʊˈzet ‖ roˈzɛt/ *noun* [C] a large badge made from coloured ribbons. You may get one as a prize in a show or you may wear one to show that you support a sports team, political party, etc. 彩带徽章/襟花（作表演奖品，或佩戴着以表示支持某运动队伍、政党等）

roster /ˈrɒstə(r) ‖ ˈrɑstɚ/ *noun* [C] (*especially US* 尤为美) = ROTA

rostrum /ˈrɒstrəm ‖ ˈrɑstrəm/ *noun* [C] (*pl* **rostrums** or **rostra** /ˈrɒstrə ‖ ˈrɑstrə/) a platform that sb stands on to make a public speech, etc 讲台；讲坛

rosy /ˈrəʊzɪ ‖ ˈrozɪ/ *adj* (**rosier**; **rosiest**) **1** deep pink in colour and (used about a person) healthy-looking 玫瑰红的；脸色红润的: *rosy cheeks* 红润的脸颊 **2** (used about a situation 指境况) full of good possibilities 令人乐观的；前景美好的: *The future was looking rosy.* 前景看来一片光明。

rot /rɒt ‖ rɑt/ *verb* (rotting; rotted) **1** [I] to go bad (as part of a natural process); to decay 腐烂；腐坏: *Wood will rot in damp conditions.* 环境潮湿，木料就逐渐腐朽。**2** [T] to make sth go bad or decay 使腐烂/腐坏: *Too many sweets will rot your teeth!* 甜食吃多了就有蛀齿！

rot *noun* [U] **1** the condition of being bad or rotten 腐烂；腐坏: *The floorboards have got rot in them.* 地板出现腐朽。**2** (*old-fashioned informal* 旧，非正式) nonsense 荒唐: *Don't talk rot!* 别瞎扯！

rota /ˈrəʊtə ‖ ˈrotə/ *noun* [C] (*pl* **rotas**) (*US also* 美亦作 **roster**) a list of people who share a certain job or task and the times that they are each going to do it 值班表；值勤人员名单: *I have a rota with some other mothers for taking the children to school.* 我跟其他做母亲的轮流送孩子上学。

rotary /ˈrəʊtərɪ ‖ ˈrotərɪ/ *adj* moving in circles round a central point 旋转的

rotate /rəʊˈteɪt ‖ ˈrotet/ *verb* [I,T] **1** to turn in circles round a central point; to make sth do this（使）旋转: *The earth rotates around the sun.* 地球绕着太阳运行。○ *You can see the parts that rotate the hands of the clock.* 你可以看到时钟里面转动指针的零件。**2** to happen in turn or in a particular order; to make sth do this（使）轮流/顺序发生: *The position of president is rotated among all the member countries.* 主席一职由会员国轮流担任。

rotation /rəʊˈteɪʃn ‖ roˈteʃən/ *noun* **1** [U] movement in circles 旋转；自转: *the earth's rotation* 地球的自转 **2** [C] one complete turn around sth 旋转一圈：*one rotation every 24 hours* 每24小时自转一圈

rotor /'rəʊtə(r) ‖ 'rotɚ/ *noun* [C] a part of a machine that turns round, especially the blades on top of a helicopter（机器的）转动部分；直升机旋翼

rotten /'rɒtn ‖ 'rɑtn̩/ *adj* **1** (used about food and other substances 指食物或其他物质) old and not fresh enough or good enough to use 腐烂：*rotten vegetables* 烂菜 ○ *Some of the stairs were rotten and not safe.* 有些梯级腐朽了，不很安全。**2** (*informal* 非正式) very bad 十分糟糕：*We had rotten weather all week.* 整个礼拜都是糟透了的天气。**3** (*informal* 非正式) unfair, unkind or unpleasant 不公平；苛刻；难堪：*That was a rotten thing to say to you!* 怎么可以对你说这么难听的话！**4** (*informal* 非正式) (used for emphasizing that you are angry 用以强调愤怒之情): *He spent all weekend working on his rotten car!* 他费了整个周末修理那辆破汽车！

rottweiler /'rɒtvaɪlə(r) ‖ 'rɑtˌwaɪlɚ/ *noun* [C] a large, often fierce, black and brown dog 罗特韦尔狗（黑褐色、高大、性多凶猛）

rouge /ru:ʒ ‖ ruʒ/ *noun* [U] a red powder or cream used for giving more colour to the cheeks 胭脂

☆**rough**[1] /rʌf ‖ rʌf/ *adj* **1** not smooth or level 不平滑；不平坦：*It's not easy to walk over such rough ground.* 这种高低不平的地上不好走。○ *Her hands were rough with too much work.* 她干了太多活，双手已变得粗糙。**2** moving or behaving with too much force and not enough care; not gentle or calm 粗野；粗鲁：*There was rather a rough game of football going on.* 这场足球比赛打得很粗野。○ *The ferry was cancelled because the sea was so rough* (= because of a storm). 海面波涛汹涌，渡轮服务因此取消。○ *I wouldn't walk alone in that part of London at night. It's very rough* (= there is a lot of crime or violence). 伦敦那一带晚上很不太平，我不敢在那里独自行走。**3** made or done quickly or without much care; approximately correct 粗率；粗略：*a rough estimate of what the work would cost* 关于施工成本的粗略估计 ○ *Can you give me a rough idea of what time you'll be arriving?* 可以告诉我你大概什么时间到达吗？**4** (*informal* 非正式) rather ill; unwell 不舒服：*You look a bit rough – are you feeling all right?* 你看来有点不对劲，没什么不舒服吧？

(IDIOMS 习语) **be rough (on sb)** be unpleasant or unlucky (for sb)（对某人来说）是难堪/不幸的

a hard/rough 'time ⇨ TIME[1]

roughly *adv* **1** in a violent way; not gently 粗暴；狠狠：*He grabbed her roughly by her arm.* 他粗暴地抓住她的手臂。**2** not exactly; approximately 粗略；大约：*It took roughly three hours, I suppose.* 我看大概花了三个钟头。

roughness *noun* [U] the quality or state of being rough 粗糙：*The roughness of the material irritated my skin.* 这种材料很粗糙，弄得我的皮肤很不舒服。

rough[2] /rʌf ‖ rʌf/ *adv* in a rough way 粗糙地；粗野地：*One of the boys was told off for playing rough.* 其中一个男孩因比赛时动作粗野而遭受申斥。

(IDIOM 习语) **sleep rough** ⇨ SLEEP[2](3)

rough[3] /rʌf ‖ rʌf/ *noun*

(IDIOMS 习语) **in rough** in an early form, not finished properly 以草稿形式：*Write out your essay in rough first.* 先把你的文章打个草稿。

take the rough with the smooth to accept difficult or unpleasant things as well as pleasant things 好坏一起承受

rough[4] /rʌf ‖ rʌf/ *verb*

(IDIOM 习语) **rough it** to live without the usual comforts of life 过不舒适的生活：*The boys love roughing it when they go camping in the summer.* 男孩子夏天露营的时候喜欢过简朴的生活。

roughage /'rʌfɪdʒ ‖ 'rʌfɪdʒ/ *noun* [U] the types or parts of food which help you to digest other foods 粗糙食物（有助消化）

roughen /'rʌfn ‖ 'rʌfən/ *verb* [T] to make sth rough 使粗糙：*Her skin was roughened by the wind and cold.* 她的皮肤饱受风霜，显得非常粗糙。

roulette /ru:'let ‖ ru'lɛt/ *noun* [U] a game in which a ball is dropped onto a moving wheel that has holes with numbers on it. The players bet on which number hole the ball will be in when the wheel stops. 轮盘赌

☆**round**[1] /raʊnd ‖ raʊnd/ *adj* having the shape of a circle or a ball 圆；球形的：*a round table* 圆桌 ○ *People used to think the earth was flat, not round.* 以前人们认为地球是平的，不是圆的。○ *He had a fat, round face and fair hair.* 他满头金发，脸孔又胖又圆。

(IDIOM 习语) **in round figures/numbers** given to the nearest 10, 100, 1 000, etc; not given in exact figures or numbers 以约整数表示

ˌround 'trip *noun* [C] **1** a journey to one or more places and back again, often by a different route 来回行程/环程旅行（回程常不循原路线）**2** (*US* 美) = RETURN[2](5): *a round-trip ticket* 来回票

☆**round**[2] /raʊnd ‖ raʊnd/ *adv* ☛ For special uses with many verbs, eg **come**, **get**, **go**, etc see the verb entries 可与许多动词连用，如 **come**、**get**、**go** 等，其用法见有关动词词条 **1** in a circle or curve to face another way or the opposite way 转过来面向另一方：*She moved her chair round so that she could see out of the window.* 她把椅子转过去，这样可以看窗外景物。○ *Don't look round but the teacher's just come in.* 别往回望，老师刚进来了。**2** in a full circle 成圆圈地：*The wheels spun round and round but the car wouldn't move.* 车轮转了又转，汽车却动也不动。**3** measuring or marking a circle or the edge of sth 以周/边长计；围绕：*You can't get in because there's a fence all round.* 四周都有围栏，你是进不去的。**4** from one place, person, etc to another 由一地/人等到另一地/人等：*Pass the photographs round for everyone to see.* 把相片传给大家看。○ *I've been rushing round all day.* 我跑来跑去跑了一整天。**5** to a particular place,

R

especially where sb lives 到某地方去（尤指某人的住所）: *I'll pop round to see you at about 8 o'clock.* 我8点左右来看你。

(IDIOMS 习语) **round about** in the area near a place 在附近；在周围: *We've been to most of the pubs round about.* 附近的酒吧我们差不多都到过。

the other way round in the opposite way or order 朝相反方向；逆序；倒置: *I'm not going to go to Paris then Brussels – I'll do it the other way round.* 我不想先去巴黎再去布鲁塞尔，而是想倒过来先去布鲁塞尔然后再去巴黎。☛ **Around** has the same meaning as **round** and is more common in American English. * **around** 是 **round** 的同义词，多用于美国英语。

☆**round**[3] /raʊnd ‖ raund/ *prep* **1** (used about movement 指移动) in a circle round a fixed point 围绕: *Chichester sailed round the world in a yacht.* 奇切斯特驾驶游艇环游世界。**2** to or on the other side of sth 绕过: *There's a post-box just round the corner.* 邮筒就在拐角那边。○ (*figurative* 比喻) *It wasn't easy to see a way round the problem* (= a way of solving it). 这个问题不易解决。**3** on all sides of sth; surrounding sth 在四周；周围: *He had a bandage right round his head.* 他头上缠了绷带。○ *We sat round the table, talking late into the night.* 我们围桌而坐，一直谈到夜深。**4** in the area near a place 附近: *Do you live round here?* 你是不是住在附近？**5** in or to many parts of sth 在/到各部分: *Let me show you round the house.* 我带你们看一下这座房子。○ *We drove round France, stopping here and there.* 我们开车到法国各地游览，走走停停。**6 round about sth** approximately 大约: *We hope to arrive round about 6.* 我们想在6点左右到达。☛ **Around** has the same meaning as **round** and is more common in American English. * **around** 是 **round** 的同义词，多用于美国英语。

☆**round**[4] /raʊnd ‖ raund/ *noun* [C] **1** a number or set of events, etc 一连串活动等: *a further round of talks with other European countries* 与其他欧洲国家的新一轮会谈 **2** a regular series of visits, etc, often as part of a job 常规/规定路线/探访等: *The postman's round takes him about three hours.* 邮递员每一轮送信都得花上约三个小时。**3** a number of drinks (one for all the people in a group) 一巡饮料（分发给一组人）: *I'll buy the first round.* 头一巡酒由我请客。○ *It's my round* (= it's my turn to buy the drinks). 这回我请客（该轮到我付钱了）。**4** one part of a game or competition（游戏、比赛的）回合: *the third round of the boxing match* 拳击比赛的第三回合 ○ *The winners of the first round will go on to the second stage of the competition.* 头一轮获胜的参赛者可进入第二轮。**5** (in golf 高尔夫球) one game 一场: *to play a round of golf* 打一场高尔夫球 **6** a bullet or a number of bullets, fired from a gun（由枪械发射出来的）一发子弹；连发射击: *He fired several rounds at us.* 他向我们开了好几枪。

round[5] /raʊnd ‖ raund/ *verb* [T] to go round sth 围绕: *The police car rounded the corner at high speed.* 警车高速绕过拐角。

(PHRASAL VERBS 短语动词) **round sth off** to end or complete sth in a satisfactory way 使圆满/周全: *We rounded off the meal with coffee and chocolates.* 我们喝过咖啡，吃过巧克力，这顿饭便结束了。

round sb/sth up to gather sb/sth in one place 聚集人/物: *The teacher rounded up the children.* 老师把孩子聚拢在一起。

round sth up/down to increase/decrease a number, price, etc to the nearest whole number 把数字、价格等调高/调低为整数；化成约整数: *Please round the price up to the nearest penny.* 以上舍入的方法把价钱化为整数便士。

roundabout[1] /ˈraʊndəbaʊt ‖ ˈraundəˌbaut/ *adj* longer than necessary, or usual; not direct 比平常/需要长；不直接；迂回: *We got lost and came by rather a roundabout route.* 我们迷了路，绕了远路才到。

roundabout[2] /ˈraʊndəbaʊt ‖ ˈraundəˌbaut/ *noun* [C] **1** a circular area where several roads meet. You drive round it until you come to the exit you want 环形交叉路口: *Give way to traffic that is already on the roundabout.* 让已入环形交叉路口的车辆先行。**2** (*also* 亦作 **merry-go-round**; *US* 美 **carousel**) a big round platform at a fair, etc that turns round and round mechanically. It has model animals, etc on it for children to ride on（游艺会等的）旋转木马: *to have a ride on a roundabout* 骑旋转木马 **3** a round platform in a playground. Children sit or stand on it and sb pushes it round.（游乐场上的）旋转平台

rounders /ˈraʊndəz ‖ ˈraundɚz/ *noun* [U] (*Brit* 英) a game for two teams played with a bat and ball. Players have to hit the ball and then run round the outside of four posts arranged in a square. 圆场棒球/跑柱式棒球（参与者分成两个队伍。球员击球后即绕着排成正方形的柱杆跑）

rouse /raʊz ‖ rauz/ *verb* [T] **1** (*formal* 正式) to make sb wake up 弄醒: *She was sleeping so soundly that I couldn't rouse her.* 她睡得这样熟，我没法把她弄醒。**2** to make sb/sth very angry, excited, interested, etc 激怒；使激动: *He can get very angry when he's roused.* 把他惹急了，他就会大发脾气。

rousing *adj* exciting and powerful 激动人心: *a rousing speech* 激动人心的演说

rout /raʊt ‖ raut/ *noun* [C] a complete defeat, ending in disorder 溃败；彻底失败

rout *verb* [T] to defeat sb completely 使溃败/彻底失败

☆**route** /ruːt; *US* 美 raʊt ‖ raut/ *noun* [C] **1** a way from one place to another 路线: *We took the fastest and most direct route to the coast.* 我们抄捷径到海边去。○ *I got a leaflet about the bus routes from the information office.* 我从问讯处那里拿了一本关于公共汽车路线的小册子。○ *Thousands of people were waiting beside the route that the President's car would take.* 总统的车子所经之处沿路有数以千计的人夹道迎候。**2** a way of achieving sth 途径: *Hard work is the only route to success.* 惟有努力始能成功。

☆**routine** /ruːˈtiːn ‖ ruˈtin/ *noun* **1** [C,U] the

fixed and usual way of doing things 惯常程序: *If you work out a routine you will get things done more quickly.* 立下常规工作程序就能提高工作效率。○ *Children like routine. They like to know what to expect.* 小孩子喜欢凡事有定规。他们喜欢知道下一步是什么。**2** [U] tasks that have to be done again and again and so are boring 令人烦厌的例行公事: *I gave up the job because I couldn't stand the routine.* 那份工作太刻板，我无法忍受，所以我辞工不干了。

routine *adj* **1** normal and regular; not unusual or special 一般的；惯常: *The police would like to ask you some routine questions.* 警方想问问你一些例行问题。**2** boring; not exciting 沉闷: *It's a very routine job, really.* 这件工作实在太刻板了。

routinely *adv* very often; regularly; as part of a routine 常常；惯常地；例行地: *The machines are routinely checked every two months.* 这些机器每两个月就进行一次例行检查。

☆**row**[1] /rəʊ ‖ ro/ *noun* [C] **1** a line of people or things（人或物的）一行: *a row of books* 一排书本 ○ *The children were all standing in a row at the front of the class.* 那些小孩在全班同学面前排成一行。**2** a line of seats in a theatre, cinema, etc（剧院、电影院等的）一排座位: *Our seats were in the back row.* 我们的座位在后排。○ *a front-row seat* 前排座位

(IDIOM 习语) **in a row** one after another; without a break 接连；连续: *It rained solidly for four days in a row.* 大雨一下就下了四天。

☆**row**[2] /rəʊ ‖ ro/ *verb* **1** [I,T] to move a boat through the water using oars 划船: *We often go rowing on the Thames.* 我们常常在泰晤士河划船。○ *He rowed the boat slowly down the river.* 他划着小船，顺河水缓缓而下。**2** [T] to carry sb/sth in a boat that you row 划船载运（人/物）: *Could you row us over to the island?* 可以把我们划到小岛那边去吗？

row *noun* [sing] a trip in a boat that you row 划船小游: *We went for a row on the river.* 我们到河上划船去了。

ˈ**rowing-boat** (*US* 美 ˈ**row-boat**) *noun* [C] a small boat that you move through the water using oars 划子；划船

row[3] /raʊ ‖ raʊ/ *noun* **1** [C] a noisy argument between two or more people 争吵: *Lucy has had a row with her boyfriend.* 露西跟男朋友吵了一场。**2** [C] a public argument especially among politicians（尤指政界人物之间的）公开争论: *There have been new developments in the row about the future of the National Health Service.* 有关将来国民保健制度的争议最近有了新发展。**3** [sing] a loud noise 吵人的声音: *What a row! Could you be a bit quieter?* 吵死了！安静点儿行吗？

row *verb* [I] to quarrel noisily 争吵: *My husband and I are always rowing about money!* 我跟丈夫老是为了钱争吵！

rowdy /ˈraʊdɪ ‖ ˈraʊdɪ/ *adj* (**rowdier**; **rowdiest**) noisy and uncontrolled 吵嚷的: *rowdy behaviour among a group of football fans* 一群足球迷的大吵大嚷 —**rowdily** *adv* —**rowdiness** *noun* [U]

☆**royal** /ˈrɔɪəl ‖ ˈrɔɪəl/ *adj* **1** connected with a king, queen or a member of their family 与国王/女王/王室有关的: *the royal family* 王室 ○ *the royal visit to New Zealand* 王室出访新西兰 **2** (used in the names of organizations 用于机构名称) supported by a member of the royal family 由王室成员赞助: *the Royal Society for the Protection of Birds* 皇家保护鸟类学会

royal *noun* [C] (*informal* 非正式) a member of the royal family 王室成员

ˌ**royal** ˈ**blue** *adj* deep bright blue in colour 品蓝色的；宝蓝色的

ˌ**Royal** ˈ**Highness** *noun* [C] (used when you are speaking to or about a member of the royal family 用作王室成员的尊称): *their Royal Highnesses, the King and Queen of Spain* 西班牙国王和王后陛下

royalty /ˈrɔɪəltɪ ‖ ˈrɔɪəltɪ/ *noun* (*pl* **royalties**) **1** [U] members of the royal family 王室；皇族 **2** [C] an amount of money that is paid to the person who wrote a book, piece of music, etc every time his/her work is sold or performed（就著作或音乐作品等付予作者的）版税

☆**rub** /rʌb ‖ rʌb/ *verb* (ru**bb**ing; ru**bb**ed) **1** [I,T] to move your hand, a cloth, etc backwards and forwards on the surface of sth while pressing firmly 擦；搓；摩擦: *Ralph rubbed his hands together to keep them warm.* 拉尔夫搓着双手取暖。○ *Rub hard and the mark should come out.* 用力擦，准能把污渍擦掉。○ *The cat rubbed against my leg.* 小猫在我腿上蹭来蹭去。○ *The cat rubbed its head against my leg.* 小猫用头在我腿上蹭来蹭去。○ *He rubbed his face with his hand.* 他用手搓脸。○ *He rubbed his hand across his face.* 他用手往脸上一抹。○ *He rubbed the sweat off his face with his hand.* 他用手把脸上的汗抹去。**2** [T] to put a cream, liquid, etc onto a surface by rubbing(1) 涂擦（油膏、液体等）: *Apply a little of the lotion and rub it into the skin.* 把少量护肤膏涂在皮肤上并加以轻揉。**3** [I] **rub (on/against sth)** to press on/against sth (often causing pain or damage) 摩擦: *These new shoes are rubbing my heels.* 这双新鞋磨痛我的脚跟。

(PHRASAL VERBS 短语动词) **rub off (on/onto sb)** (used about a good quality 指好的品质) to be transferred from one person to another 从一人传至另一人: *Let's hope some of her enthusiasm rubs off onto her brother.* 真希望她哥哥也像她那样干劲十足。

rub sth out to remove the marks made by a pencil, chalk, etc using a rubber, cloth, etc（用橡皮、布等）把铅笔/粉笔等的痕迹擦去: *That answer is wrong. Rub it out.* 那个答案不对，把它擦掉吧。

rub *noun* [C] an act of rubbing(1) 擦；摩擦: *Give your shoes a rub before you go out.* 把鞋子擦一擦再出去。

☆**rubber** /ˈrʌbə(r) ‖ ˈrʌbɚ/ *noun* **1** [U] a strong substance that is made chemically or from the juice of a tropical tree. Rubber is elastic (= it can stretch and then return to its original shape) and it is also waterproof 橡胶；合成橡胶: *Car tyres are made of rubber.* 轮胎由橡胶制成。○ *foam rubber* 泡沫橡胶 ○ *rubber* *gloves for washing up* 清洁用橡皮手套 **2** [C] (*especially US* 美尤作 **eraser**) a small piece of rubber that you use for removing pencil marks from paper 橡皮（用来擦掉铅笔字迹）**3** [C] (*informal* 非正式) = CONDOM

rubbery /ˈrʌbərɪ ‖ ˈrʌbərɪ/ *adj* like rubber 似橡胶的

ˌrubber ˈband (*also* 亦作 **elastic band**) *noun* [C] a thin circular piece of rubber that is used for holding things together 橡皮筋: *Her hair was tied back with a rubber band.* 她的头发用橡皮筋系在后面。

ˌrubber ˈstamp *noun* [C] a piece of equipment with rubber letters on it that you use for printing a name, date, etc on a document 橡皮图章

ˌrubber-ˈstamp *verb* [T] (usually used about sb with authority 通常指拥有权力的人) to agree to sth without thinking about it carefully 不经细心考虑就表示赞成；按橡皮图章

R

☆**rubbish** /ˈrʌbɪʃ ‖ ˈrʌbɪʃ/ (*US* 美 **garbage**; **trash**) *noun* [U] **1** things that you do not want any more; waste material 垃圾；废物: *The dustmen collect the rubbish every Monday.* 垃圾工人逢周一清运垃圾。○ *a rubbish bin* 垃圾桶 ○ *It's only rubbish – throw it away.* 这是没用的垃圾，扔掉吧。☛ picture at **bin**. 见 **bin** 插图。**2** something that you think is bad, silly or wrong 糟糕/可笑/荒谬的事物: *Don't talk such rubbish.* 别瞎说。

rubble /ˈrʌbl ‖ ˈrʌbl̩/ *noun* [U] pieces of broken brick, stone, etc, especially from a damaged building 瓦砾；碎石

rubella /ruːˈbelə ‖ ruˈbɛlə/ *noun* [U] = GERMAN MEASLES

ruby /ˈruːbɪ ‖ ˈrubɪ/ *noun* [C] (*pl* **rubies**) a type of precious stone that is red 红宝石

rucksack /ˈrʌksæk ‖ ˈrʌkˌsæk/ (*US also* 美亦作 **backpack**) *noun* [C] a bag that you use for carrying things on your back. You often use a rucksack when you are walking, camping, etc.（步行、野营等所用的）背包/背囊 ☛ picture at **luggage**. 见 **luggage** 插图。

rudder /ˈrʌdə(r) ‖ ˈrʌdɚ/ *noun* [C] a piece of wood or metal that is used for controlling the direction of a boat or an aeroplane（船的）舵；（飞机的）方向舵

☆**rude** /ruːd ‖ rud/ *adj* **1** not polite 粗鲁；无礼: *It's rude to interrupt when people are speaking.* 打断人家的话是不礼貌的。○ *He's often rude to his mother.* 他常常粗鲁对待他妈妈。○ *I think it was rude of them not to phone and say that they weren't coming.* 他们来不了，也不打电话通知一声，太不像话了。☛ Look at **impolite**. 参看 **impolite**。**2** connected with sex, using the toilet, etc 低俗；下流；淫亵: *a rude joke* 低俗笑话 ○ *a rude word* 下流字眼 **3** sudden and unpleasant 突然而难受的: *If you're expecting any help from him, you're in for a rude shock.* 要是你在等他帮你一把，你准要大吃一惊。—**rudely** *adv* —**rudeness** *noun* [U]

rudimentary /ˌruːdɪˈmentrɪ ‖ ˌrudəˈmɛntrɪ/ *adj* basic or very simple 基本；简单

ruffle /ˈrʌfl ‖ ˈrʌfl̩/ *verb* [T] **1** to make sth untidy or no longer smooth 使不整洁/不平滑: *The bird ruffled up its feathers.* 鸟儿竖起了羽毛。○ *to ruffle sb's hair* 弄乱某人的头发 **2** (often passive 常用于被动语态) to make sb annoyed or confused 使恼怒/困惑

rug /rʌg ‖ rʌg/ *noun* [C] **1** a piece of thick material that covers a small part of a floor 小地毯 ☛ Look at **carpet**. 参看 **carpet**。**2** a type of blanket that you put over your legs or around your shoulders（覆盖于腿上或披在肩上的）毛毯

rugby /ˈrʌgbɪ ‖ ˈrʌgbɪ/ (*also* 亦作 **ˌrugby ˈfootball**) *noun* [U] a form of football that is played by two teams of 13 or 15 players with an oval ball that can be carried or kicked 橄榄球

> ☛ In Britain Rugby **League** is a professional game with 13 players in a team, Rugby **Union** is an amateur game with 15 players. 在英式橄榄球中，联盟制 **(League)** 属职业性质，每队有13名队员；联合会制 **(Union)** 属业余性质，每队有15人。

rugged /ˈrʌgɪd ‖ ˈrʌgɪd/ *adj* **1** (used about land 指土地) rough and rocky with few plants 崎岖不平而植物稀少的: *a rugged coastline* 多岩石的海岸线 **2** (used about a man 指人) looking strong（外表）粗壮/强健

☆**ruin** /ˈruːɪn ‖ ˈruɪn/ *noun* **1** [U] a state of destruction, when sth is completely spoilt 毁灭；灭亡: *The city was in a state of ruin.* 那个城市破败不堪。**2** [U] the cause or state of having lost all your money, hope of being successful, etc（金钱、希望等的）完全丧失；丧失的原因；祸因: *Many small companies are facing financial ruin.* 许多小公司面临破产。**3** [C] a building, town, etc that has been badly damaged or destroyed; the parts of a building, town, etc that are left when it has been almost completely destroyed 废墟；残骸；遗迹: *The old house is now a ruin.* 那所旧房子现在已变成颓垣败瓦。○ *We went to look at the ruins of the castle.* 我们去看城堡的遗迹。○ *the ruins of the ancient city of Pompeii* 庞贝古城的遗迹

(IDIOMS 习语) **go to rack and ruin** ⇨ RACK[3]

in ruin(s) badly damaged or destroyed 破败不堪: *After the accident her life seemed to be in ruins.* 发生意外以后，她的一生似乎已毁了。○ *The city of Berlin was in ruins at the end of the war.* 战争结束时柏林市已成了一片废墟。

ruin *verb* [T] **1** to damage sth badly, to destroy 破坏；毁灭: *a ruined building* 坍塌的楼宇 ○ *The crops were ruined by the late frost.* 春寒毁坏了谷物。**2** to spoil sth so that it is no longer good 损坏；糟蹋: *Much of the coast has been ruined by tourism.* 海岸许多地方被游客糟蹋了。○ *My dress was ruined when I spilled wine over it.* 我的酒洒在连衣裙上面，这可把它毁了。**3** to cause sb to lose all his/her money, hope of being successful, etc 使完全丧失（金钱、希望等）；使破产: *The cost of the court case nearly ruined them.* 支付诉讼费用使他们几乎破产。

ruinous /ˈruːɪnəs ‖ ˈruɪnəs/ *adj* costing much more money than you can afford to spend 价钱/费用极高昂（远超过你所能负担的）

☆**rule** /ruːl ‖ rul/ *noun* **1** [C] an official statement that tells you what you can or cannot do, say, etc 规则；条例: *to obey/break a rule* 遵守/违反规则 ○ *Do you know the rules of chess?* 你知道下国际象棋的规则吗？○ *It's against the rules to smoke in this area.* 在这地方吸烟是违法的。○ *rules and regulations* 规章条例 ☛ A **law** is stronger. 比 rule 更具约束力的是 **law**（法律）。You can be officially punished if you break it. 触犯法律要受制裁。**2** [C] (in a language) a description of what is usual or correct（某种语言的）常规/准则/规范: *What is the rule for forming the past tense?* 过去时的形成有什么规则？**3** [sing] what is usual 常规；惯常的事: *Large families are the exception rather than the rule nowadays.* 在现今的社会，大家庭已经不多见了。**4** [U] government; control 管治；统治；控制: *Indonesia was formerly under Dutch rule.* 印度尼西亚以前由荷兰人统治。○ *the rule of law* 法治

(IDIOMS 习语) **as a (general) rule** (*formal* 正式) usually 通常；一般来说: *Women, as a rule, live longer than men.* 女人通常比男人长寿。

bend the rules ⇨ BEND[1]

work to rule a form of industrial protest in which you follow the rules of your employment very closely so that your work takes longer than usual 照章办事/按章工作（严格遵守规章以至减低生产效率的一种抗议行动）

rule *verb* [I,T] **1 rule (over sb/sth)** to have the power over a country, etc 统治；管治；管理: *Britain once ruled over a vast empire.* 英国曾是统管万疆的帝国。○ *The Congress Party ruled India for almost 40 years.* 印度国大党执政近40年。○ (*figurative* 比喻) *His whole life was ruled by his ambition to become Prime Minister.* 他的一生完全被谋求首相这个职位的野心所支配。**2** to make an official decision 判定；裁定: *The judge ruled that the police officers had not acted unlawfully.* 法官判定那些警察没有作出不法行为。

(PHRASAL VERB 短语动词) **rule sb/sth out** to say that sb/sth is not thought to be possible 排除…的可能性: *The government has ruled out further increases in train fares next year.* 政府排除了明年再提高火车票价的可能性。

☆**ruler** /ˈruːlə(r) ‖ ˈrulɚ/ *noun* [C] **1** a person who rules a country, etc 统治者 **2** a straight piece of wood, plastic, etc marked with inches or centimetres, that you use for measuring sth or for drawing straight lines 尺；直尺

ruling[1] /ˈruːlɪŋ ‖ ˈrulɪŋ/ *adj* (only *before* a noun 只用于名词前) with the most power in an organization, country, etc 统治的；管理的；居支配地位的: *the ruling Nationalist Party in South Africa* 南非执政的国民党

ruling[2] /ˈruːlɪŋ ‖ ˈrulɪŋ/ *noun* [C] an official decision 裁决；裁定: *a ruling of the European Court of Justice* 欧洲法庭的裁定

rum /rʌm ‖ rʌm/ *noun* [U] a strong alcoholic drink that is made from the juice of the sugar cane plant 朗姆酒（用甘蔗汁制成的烈酒）

rumble /ˈrʌmbl ‖ ˈrʌmbḷ/ *verb* [I] to make a deep heavy sound 发出隆隆声: *Thunder was rumbling in the distance.* 远处雷声隆隆。○ *I was so hungry that my stomach was rumbling.* 我饿得肚子咕咕作响。—**rumble** *noun* [sing]: *the distant rumble of thunder* 远处的雷声

rummage /ˈrʌmɪdʒ ‖ ˈrʌmɪdʒ/ *verb* [I] to move things and make them untidy while you are looking for sth 翻找；把东西乱翻来找寻: *Nina rummaged through the drawer looking for the tin-opener.* 尼娜翻遍抽屉找罐头刀。

☆**rumour** (*US* 美 **rumor**) /ˈruːmə(r) ‖ ˈrumɚ/ *noun* [C,U] (a piece of) news or information that many people are talking about but that is possibly not true 谣言；流言；谣传: *There's a rumour going round that the firm is going to close.* 到处流传着公司要倒闭的谣言。○ *Rumour has it* (= people are saying) *that Len has resigned.* 盛传莱恩已经辞职了。○ *to confirm/deny a rumour* (= to say that it is true/not true) 证实/揭破谣言

rumoured (*US* 美 **rumored**) *adj* said in an unofficial way (but perhaps not true) 传闻的；谣传的: *It is rumoured that they are getting divorced.* 传闻他们要离婚。○ *They are rumoured to be getting divorced.* 听说他们将要离婚。

rump /rʌmp ‖ rʌmp/ *noun* [C] the back end of an animal 动物的臀部: *rump steak* (= meat from the rump) 臀肉牛排

☆**run[1]** /rʌn ‖ rʌn/ *verb* [I,T] (*pres part* **running**; *pt* **ran** /ræn ‖ ræn/; *pp* **run**) **1** [I,T] to move using your legs, going faster than when you walk 跑；奔跑: *I had to run to catch the bus.* 我得快跑好赶上公共汽车。○ *The children came running to meet us.* 孩子们跑来迎我们。○ *She's running in the 100 metres* (= in a race). 她参加100米赛跑。○ *I ran nearly ten kilometres this morning.* 今天早上我跑了差不多十公里。**2** [I,T] to move, or move sth, quickly in a particular direction 向某方向快速移动；使…向某方向快速移动: *The car ran downhill and crashed into a wall.* 那汽车直冲下山撞到墙上。○ *She ran her finger down the list of passengers.* 她用手捋着查阅乘客名单。**3** [I] to go in a particular direction 向某方向走: *The road runs along the side of a lake.* 这条路沿着湖边伸展。**4** [I] (used about water, a liquid, or a river, etc 指水、液体或河等) to flow 流动: *When it's really cold, my nose runs.* 每当天气严寒的时候我就流鼻涕。○ *I can hear a tap running somewhere* (= the water from a tap). 我听见某处的水龙头开了。**5** [T] to start water flowing, eg in a bath 放水（如给浴缸注水）: *She's running the children's bath.* 她给孩子放水洗澡。**6** [I] (used about the colour in material, etc 指布料等的颜色) to spread (eg when the material is washed) 化开/掉色/扩散（如在洗涤时）: *Don't put that red shirt in the washing-machine. It might run.* 别把那件红色衬衫放进洗衣机里，会掉色的。**7** [I] (used about buses, trains, etc 指公共汽车、火车等) to travel

R

at regular times 定时行驶: *All the trains are running late this morning.* 今天早上所有火车都误点了。**8** [I] (used about a machine, an organization, a system, etc 指机器、组织、系统等) to work or function 操作；运作: *The engine is running very smoothly now.* 那台机器现在运行得很平稳。**9** [T] to start a machine, etc and make it work（机器）开动/转动: *Run the engine for a few minutes before you start.* 正式操作之前要让发动机先空转几分钟。○ *We're running a new computer program today.* 我们今天运行一个新的计算机程序。**10** [T] to organize or be in charge of sth 组织；负责；经营；举办: *They run a restaurant in Bath.* 他们在巴思经营一家餐馆。**11** [T] to use and pay for sth 使用并负担（某物）: *It costs a lot to run a car.* 拥有一辆汽车要花许多钱。**12** [I] to be one of the people to be chosen (**a candidate**) in an election 竞选（候选人叫做 **candidate**）: *He's running for president.* 他参加了会长竞选。**13** [I] to continue for a time 持续: *The play ran for nearly two years in a London theatre.* 那出戏剧在伦敦一家剧院持续上演了将近两年。**14** [T] to publish sth in a newspaper or magazine（在报刊上）刊登/发表: *'The Independent' is running a series of articles on pollution.*《独立报》正在连续刊登一系列讨论污染的文章。

(IDIOMS 习语) **be running at** to be at a certain level 在某水平: *The interest rate is now running at 10%.* 利率现时维持在百分之十的水平。

up and running ⇨ UP

> ☛ For other idioms containing **run**, look at the entries for the nouns, adjectives, etc, eg **run in the family** is at **family**. 查阅其他含有 **run** 一词的习语，参看有关名词、形容词等的词条，如 **run in the family** 可参看 **family** 的词条。

(PHRASAL VERBS 短语动词) **run across sb/sth** to meet or find sb/sth by chance 恰巧碰见某人；偶然发现某事物

run away to escape from somewhere 跑开；逃走: *He's run away from school.* 他逃学了。

run sb/sth down to criticize sb/sth 批评某人/某事物: *He's always running his children down.* 他总是批评他的孩子。

run into sb to meet sb by chance 偶遇某人

run into sth to have difficulties or a problem 遇上困难/问题: *If you run into any problems, just let me know.* 如果你碰到什么难题就告诉我好了。

run (sth) into sb/sth to hit sb/sth with a car, etc 使（汽车等）撞着某人/某物: *He ran his car into a brick wall.* 他开车撞上砖墙。

run sth off to copy sth, using a machine 用机器复制某事物: *Could you run me off ten copies please?* 你替我复印十份副本好吗？

run off with sth to take or steal sth 拿走/偷走某物: *Who's run off with my pen?* 谁拿走了我的笔？

run out (of sth) to finish your supply of sth; to come to an end 用完（某物）；完结: *We've run out of coffee.* 我们把咖啡喝光了。○ *Time is running out.* 时间快到了。

run sb over to hit sb with a car, etc（车辆等）撞倒某人: *The child was run over as he was crossing the road.* 那个孩子横过马路时被车撞倒。

run through sth to discuss or read sth quickly 匆匆讨论/阅读: *She ran through the names on the list.* 她把名单匆匆浏览一遍。

'runaway *adj* **1** out of control 失控: *a runaway train* 失控的火车 **2** happening very easily 来得轻易: *His first novel was a runaway success.* 他出版的第一本小说轻易便成为畅销书籍。

,run-'down *adj* **1** in bad condition 破旧；失修；衰败: *a run-down block of flats* 一幢破旧的公寓楼房 **2** not healthy 不健康；衰弱；精疲力竭: *You're looking very run-down.* 你看来非常衰弱。

'run-up *noun* [sing] the period of time before a certain event（事件的）前奏/酝酿时期/准备阶段: *the run-up to the election* 选举前的竞选时期

☆**run**[2] /rʌn ‖ rʌn/ *noun* **1** [C] an act of running on foot 跑；奔跑；跑步: *Kate goes for a three-mile run every morning.* 凯特每天早上跑步三英里。○ *a cross-country run* 越野赛跑 **2** [C] a journey by car, train, etc（乘汽车、火车等的）旅行: *We went for a very pleasant run through the Cotswolds.* 我们乘车畅游科特斯沃德斯。**3** [C] a continuous series of performances of a play, film, etc（戏剧、电影等）持续上演: *Agatha Christie's 'Mousetrap' has had a run of more than twenty years.* 阿加莎·克里斯蒂的《捕鼠器》持续上演了超过二十年。**4** [sing] a series of similar events or sth that continues for a very long time 一连串类似的事件；持续很久的事情: *We've had a run of bad luck recently.* 我们近来交上了霉运。**5** [sing] **a run on sth** a sudden great demand for sth 需求突然大增: *There's always a run on ice-cream in the warmer weather.* 天气稍为热一点，冰淇淋的需求就会激增。**6** [C] a point in the games of baseball and cricket（棒球/板球比赛的）一分 **7** (*US* 美) = LADDER(2)

(IDIOMS 习语) **the ordinary, average, etc run of sth** the ordinary, average, etc type of sth 某物的一般类型

in the long run ⇨ LONG[1](2)

on the run hiding or trying to escape from sb/sth 躲藏起来；在逃: *The escaped prisoner is still on the run.* 逃犯仍然在逃。

rung[1] /rʌŋ ‖ rʌŋ/ *noun* [C] one of the bars that form the steps of a ladder 梯子横档；梯级 ☛ picture at **ladder**. 见 **ladder** 插图。

rung[2] *pp* of RING[2] * RING[2] 的过去分词

☆**runner** /'rʌnə(r) ‖ 'rʌnɚ/ *noun* [C] **1** a person or animal that runs, especially in a race 奔跑的人/动物；赛跑的人/动物: *a long-distance runner* 长跑运动员 **2** a person who takes guns, drugs, etc illegally from one country to another 走私者

runner-up /ˌrʌnər'ʌp ‖ ˌrʌnɚ'ʌp/ *noun* [C] (*pl* **runners-up** /ˌrʌnəz'ʌp ‖ ˌrʌnɚz'ʌp) the person or team that finished second in a race or competition（竞赛中的）第二名/亚军

☆**running** /ˈrʌnɪŋ ‖ ˈrʌnɪŋ/ *noun* [U] **1** the act or sport of running 跑；跑步；赛跑: *Ian goes running every morning.* 伊恩每天早上都去跑步。○ *running shoes* 跑鞋 **2** the management of a business or other organization 管理；经营: *She's not involved in the day-to-day running of the office.* 她不参与办公室的日常管理工作。○ *the running costs of a car* (= petrol, insurance, repairs, etc) 汽车的维持费用（如燃料费、保险费、维修费等）

(IDIOM 习语) **in/out of the running (for sth)** (*informal* 非正式) having/not having a good chance of getting or winning sth 有/没有机会取得或赢得某物

running *adj* **1** (only *before* a noun 只用于名词前) not stopping; continuous 不停；持续: *a running battle between two rival gangs* 敌对党派互斗不休 **2** (used after a number and a noun 用于数字和名词后) one after another, without a break 一个接一个；连续不间断: *Our school has won the competition for four years running.* 我们学校连续四年在比赛中取胜。**3** (only *before* a noun 只用于名词前) flowing or available from a tap (used about water) （指水）流动的/从水龙头流出的: *There is no running water in many villages in India.* 印度许多村庄没有自来水供应。

ˌ**running ˈcommentary** *noun* [C] a spoken description of sth while it is happening 现场实况评述

runny /ˈrʌnɪ ‖ ˈrʌnɪ/ *adj* (**runnier**; **runniest**) (*informal* 非正式) **1** containing more liquid than is usual or than you expected 水分过多的；稀: *runny jam* 稀溜溜的果酱 **2** (used about your eyes or nose 指眼或鼻) producing too much liquid 流泪；流涕: *Their children always seem to have runny noses.* 他们的孩子好像经常在流鼻涕。

runway /ˈrʌnweɪ ‖ ˈrʌnˌwe/ *noun* [C] a long piece of ground with a hard surface where aircraft take off and land（机场的）跑道

rupture /ˈrʌptʃə(r) ‖ ˈrʌptʃɚ/ *noun* [C,U] **1** a sudden breaking or tearing（突然）破裂/裂开 **2** = HERNIA

rupture *verb* [I,T] to break or tear 破裂；裂开

rural /ˈrʊərəl ‖ ˈrurəl/ *adj* connected with the country, not the town 乡下: *We spent our holiday exploring rural France.* 我们假期时往法国乡郊寻幽探秘。○ *a museum of rural life* 农村生活博物馆 ○ *They said that the new road would spoil the rural character of the area.* 他们认为这条新公路会破坏那地区的乡野特色。
☛ The opposite is **urban**. 反义词为 **urban**。

ruse /ru:z ‖ ruz/ *noun* [C] a trick or clever plan 诡计；妙策

☆**rush**[1] /rʌʃ ‖ rʌʃ/ *verb* **1** [I] to go or come very quickly 冲；奔；急促行进: *Don't rush – take your time.* 不用急，慢慢来。○ *The children rushed out of school.* 孩子们冲出学校。○ *I rushed back home when I got the news.* 我听到消息后赶忙跑回家。○ *Don't rush off – I want to talk to you.* 别走得那么快，我有话跟你说。**2** [I] **rush to do sth** to do sth without delay 立即做: *The public rushed to buy shares in the new company.* 市民抢购新公司的股票。**3** [T] to take sb/sth to a place very quickly 急速送往: *He suffered a heart attack and was rushed to hospital.* 他心脏病发作，被火速送往医院抢救。**4** [I,T] **rush (sb) (into sth/into doing sth)** to do sth in a hurry or without enough thought; to make sb act in this way （使某人）仓猝行事: *I'm afraid that we rushed into buying the house – it was a mistake.* 我想我们购入那房子时太仓猝了——这是一个错误的决定。○ *Don't rush your food – there's plenty of time.* 别狼吞虎咽，时间多的是。○ *Don't let yourself be rushed into marriage.* 别仓促结婚。

☆**rush**[2] /rʌʃ ‖ rʌʃ/ *noun* **1** [sing] a sudden quick movement 急促的动作；冲；奔: *At the end of the match there was a rush for the exits.* 比赛完毕，观众都急着拥向出口。**2** [sing,U] (a need for) hurry 匆忙；得赶紧做某事（的需要）: *I can't stop now. I'm in a terrible rush.* 我现在忙得要命，不能停下来。○ *Don't hurry your meal. There's no rush.* 别吃得太快，不用匆忙。**3** [sing] a time when many people try to get sth 抢购；大量需求: *There's been a rush to buy petrol before the price goes up.* 在汽油价格提高之前，大家都赶去抢购汽油。**4** [sing] a time when there is a lot of activity and people are very busy 繁忙的时候: *There is always a rush in the shops before Christmas.* 圣诞节前各商店都挤满了购物的人。

ˈ**rush hour** *noun* [C] the time each day when the traffic is busy because people are travelling to or from work 交通繁忙时间: *rush-hour traffic* 繁忙时间的交通

rush[3] /rʌʃ ‖ rʌʃ/ *noun* [C] a type of tall grass that grows near water. Rushes can be dried and then used for making chair-seats, baskets, etc. 灯心草（生长于水边，晒干后可用来编制椅面、篮子等）

☆**rust** /rʌst ‖ rʌst/ *noun* [U] a reddish-brown substance that forms on the surface of iron, etc, caused by the action of air and water 锈

rust *verb* [I,T] to (cause sth to) be attacked by rust（使）生锈: *Some parts of the car had rusted quite badly.* 汽车有些地方生锈得很厉害。○ *The sea air had rusted the car quite badly.* 海风使汽车生锈得很厉害。

rusty *adj* (**rustier**; **rustiest**) **1** covered with rust 生锈的: *rusty tins* 生锈的罐子 **2** (used about a skill 指技能) of poor quality because you have not used it for a long time（因长期缺乏练习而）生疏/荒疏: *I'm afraid my French is rather rusty.* 我想我的法文现在已很生疏了。

rustic /ˈrʌstɪk ‖ ˈrʌstɪk/ *adj* typical of the country (and therefore simple and unspoilt) 乡村的；农村风味的；淳朴: *The whole area is full of rustic charm.* 整个地区充满迷人的乡土气息。○ *The rooms are decorated in a rustic style.* 房间都装饰得很有乡村风味。☛ Look at **rural** and **urban**. 参看 **rural** 及 **urban**。

rustle /ˈrʌsl ‖ ˈrʌsl̩/ *verb* [I,T] to make a sound like dry leaves moving together; to cause sth to make this sound（使）发出沙沙声（如枯叶相擦发出的声响）: *There was a rustling noise in the bushes.* 灌木丛中传来飒飒声响。○ *Somebody behind me was rustling his newspaper*

R

all through the concert. 音乐会进行期间，我后面有个人总是不停地翻弄报纸，发出沙沙的响声。

(PHRASAL VERB 短语动词) **rustle sb/sth up** (*informal* 非正式) to find sb or prepare sth in a short time（在短时间内）找到某人/准备好某物: *to rustle up a quick snack* 匆忙弄些吃的

rustle *noun* [sing] the sound that dry leaves, etc make when they move 沙沙声（枯叶等相擦时发出的声响）

rut /rʌt ‖ rʌt/ *noun* [C] a deep track that a wheel makes in soft ground 车辙（车轮在软地上压出的痕迹）

(IDIOM 习语) **be in a rut** to have a boring way of life that is difficult to change 过着刻板沉闷的生活

ruthless /'ru:θlɪs ‖ 'ruθlɪs/ *adj* showing no pity or sympathy towards other people; thinking first about yourself and what you want 无情；冷酷；自私: *You have to be ruthless to succeed in politics.* 你要在政界取得成就必须无情。 —**ruthlessly** *adv* —**ruthlessness** *noun* [U]

rye /raɪ ‖ raɪ/ *noun* [U] a plant that is grown in colder countries for its grain, which is used to make flour and also whisky 黑麦（生于较寒冷的地区，可用来制黑麦粉和酿制威士忌酒）

R

S s

S, s /es ‖ ɛs/ *noun* [C] (*pl* **S's**; **s's**) the nineteenth letter of the English alphabet 英语字母表的第十九个字母: *'School' begins with (an) 'S'.* * school 这个词的第一个字母是S。

sabbath /'sæbəθ ‖ 'sæbəθ/ *noun* [sing] (*also* 亦作 **the Sabbath**) the day of the week for rest and worship in certain religions (Sunday for Christians, Saturday for Jews)（某些宗教的）安息日（基督教徒以星期日为安息日，犹太教徒以星期六为安息日）

sabotage /'sæbətɑːʒ ‖ 'sæbəˌtɑʒ/ *noun* [U] damage that is done on purpose and secretly in order to prevent an enemy or competitor being successful, eg by destroying machinery, roads, bridges, etc or by spoiling plans（针对敌人或竞争对手的）阴谋破坏/蓄意破坏（如摧毁建设或挫败对方计划等）: *There has been an explosion at the oil refinery, and sabotage is suspected.* 炼油厂发生爆炸，怀疑有人蓄意破坏。

sabotage *verb* [T] to destroy or damage sth by using sabotage（蓄意）破坏: *There are rumours that the plane which crashed has been sabotaged.* 谣传该架失事飞机遭人蓄意破坏。

saccharin /'sækərɪn ‖ 'sækərɪn/ *noun* [U] a very sweet substance that can be used instead of sugar 糖精

sachet /'sæʃeɪ; *US* 美 sæ'ʃeɪ ‖ sæ'ʃe/ *noun* [C] a small (often plastic) packet that contains a small amount of a product（常为塑料的）小包: *a sachet of shampoo* 一小包洗发剂

sack¹ /sæk ‖ sæk/ *noun* [C] a large bag made from rough heavy material, paper or plastic, used for carrying or storing things (eg vegetables, flour, coal, etc)（由粗质纸或塑料等制成的）袋（用来装载菜蔬、面粉、煤等）: *sacks of flour* 面粉袋 ○ *We threw away several sacks of rubbish when we moved house.* 我们搬家的时候扔掉了好几袋垃圾。

sack² /sæk ‖ sæk/ *verb* [T] (*Brit* 英) to say that sb can no longer work for you (because of bad work, bad behaviour, etc) 解雇；开除: *Her boss has threatened to sack her if she's late again.* 老板警告她说，如果她再迟到的话，就把她解雇。

> ☛ We can also say **give sb the sack**. The person **gets** the sack 也可以说 **give sb the sack**。被辞退的则叫做 **gets** the sack: *Tony's work wasn't good enough and he was given the sack.* 托尼的工作表现不大好，给开除了。○ *Tony got the sack for poor work.* 托尼的工作做得不好，因此给开除了。

sacred /'seɪkrɪd ‖ 'sekrɪd/ *adj* **1** connected with God, a god or religion; having a special religious meaning 与神或宗教有关；神圣；具有特别的宗教含意: *sacred music* (= music played in religious services) 圣乐（宗教礼仪中的音乐）○ *The Koran is the sacred book of Muslims.*《古兰经》是伊斯兰教信徒的圣经。**2** too important and special to be changed or harmed 不得改易/侵害的；神圣不可侵犯的: *a sacred tradition* 不得改易的传统

sacrifice /'sækrɪfaɪs ‖ 'sækrəˌfaɪs/ *noun* **1** [U] the act of offering sth, eg an animal that has been killed, to a god 献祭；供奉 **2** [C] the thing that has been offered in this way 祭品；供品: *They killed a lamb as a sacrifice.* 他们宰羊献祭。**3** [C,U] the act of giving up sth that is important or valuable in order to achieve sth; the thing that you give up in this way 牺牲（品）: *If we're going to have a holiday this year, we'll have to make some sacrifices.* 我们要作出一些牺牲，才可以在今年获得假期。○ *He was willing to make any sacrifice in order to succeed.* 他为求成功，不惜作出任何牺牲。

sacrifice *verb* **1** [I,T] to offer sth to a god, often by killing it 献祭 **2** [T] to give up sth important or valuable in order to achieve sth 牺牲；舍弃: *to sacrifice your life for your country* 为国捐躯 ○ *She is not willing to sacrifice her career in order to have children.* 她不想为了生孩子而放弃自己的事业。

sacrilege /'sækrɪlɪdʒ ‖ 'sækrəlɪdʒ/ *noun* [U] treating sth that is considered holy or very special without the respect that it deserves（对神明的）亵渎

☆**sad** /sæd ‖ sæd/ *adj* (**sadder**; **saddest**) **1** unhappy or causing unhappiness 悲哀；伤心；令人难过: *I was sad to hear of the death of your father.* 得悉令尊逝世，本人深感悲痛。○ *I'm very sad that you don't trust me.* 你不信任我，真叫我难过。○ *That's one of the saddest stories I've ever heard!* 这是我所听过的最悲惨的故事之一。**2** bad or unsatisfactory 糟糕；不像样；令人遗憾: *It's a sad state of affairs when your best friend doesn't trust you.* 如果连最要好的朋友也不信任你，那真糟糕。

sadden /'sædn ‖ 'sædn̩/ *verb* [T] to cause sb to feel sad 使悲哀: *The news of your father's death saddened me greatly.* 得悉令尊逝世，使我悲痛不已。

sadly *adv* **1** in a way that shows unhappiness 悲哀；凄切: *He spoke sadly about the death of his father.* 他言辞凄切地谈及父亲的逝世。**2** unfortunately 不幸地；令人遗憾的是: *I'd love to come to your party but sadly I'm busy that night.* 我很想去参加你的聚会，可惜那天晚上我真的没空。**3** in a way that is wrong 以错误的方式: *If you think that I've forgotten what you did, you're sadly mistaken.* 要是你以为我忘了你的所作所为，那就大错特错了。

sadness *noun* [C,U] the feeling of being sad or a thing that causes unhappiness 悲哀；忧伤；令人悲哀/忧伤的事

saddle /'sædl ‖ 'sædl̩/ *noun* [C] **1** a seat, usually made of leather, that you put on a horse so that you can ride it 马鞍 ☛ picture at **horse**. 见 **horse** 插图。**2** a seat on a bicycle or motor cycle（自行车或摩托车的）车座 ☛ picture at **bicycle**. 见 **bicycle** 插图。

S

saddle *verb* [I,T] to put a saddle on a horse, etc 给（马等）装鞍
(PHRASAL VERB 短语动词) **saddle sb with sth** to give sb a responsibility or task that he/she does not want 把责任/任务强加某人身上: *I've been saddled with organizing the office party.* 我被迫接受办公室酒会的筹备工作。

sadism /ˈseɪdɪzəm ‖ ˈsedɪzəm/ *noun* [U] getting enjoyment or sexual pleasure from being cruel or causing pain 施虐狂；性施虐狂

sadist /ˈseɪdɪst ‖ ˈsedɪst/ *noun* [C] a person who gets enjoyment or sexual pleasure from being cruel or causing pain 施虐狂者；性施虐狂者

sadistic /səˈdɪstɪk ‖ səˈdɪstɪk/ *adj* showing or involving sadism 施虐狂的；性施虐狂的 —**sadistically** /-klɪ ‖ -klɪ/ *adv*

safari /səˈfɑːrɪ ‖ səˈfɑrɪ/ *noun* [C,U] (*pl* **safaris**) a trip, especially in Africa, for hunting or looking at wild animals 野生动物考察游猎（尤指在非洲）

☆**safe**[1] /seɪf ‖ sef/ *adj* **1 safe (from sb/sth)** free from danger; not able to be hurt 安全；不会受到伤害: *You shouldn't walk home alone at night. You won't be safe.* 晚上不要独自步行回家，这样做很不安全。○ *Do you think my car will be safe in this street?* 我把汽车停在这街上，你看安全不安全？○ *Keep the papers where they will be safe from fire.* 把文件放到火烧不到的地方去。**2** not causing danger, harm or risk 无害的；不致遭受危险、伤害或风险的: *Don't sit on that chair, it isn't safe.* 那张椅子不很安全，别坐在上面。○ *I left my suitcase in a safe place and went for a cup of coffee.* 我把提包放在安全地方就去喝咖啡了。○ *Is this drug safe for children?* 这种药物适合不适合小孩服用？○ *He hid from the police until it was safe to come out.* 他为了逃避警察的追捕，一直躲起来，等到没有事了才露面。○ *She's a very safe driver.* 她开车开得很稳当。○ *I thought it would be a safe investment but I lost everything.* 我还以为这是万无一失的投资，没想到我最后全部亏蚀。○ *Is it safe to drink the water here?* 这儿的水喝得了喝不了？○ *I think it's safe to say that the situation is unlikely to change for some time.* 我想可以万无一失地说情况暂时不会有变。**3** not hurt or damaged 安然无恙；完整无损: *After the accident he checked that all the passengers were safe.* 事故过后，他查看乘客的状况，知道他们都安然无恙。
(IDIOMS 习语) **on the safe side** not taking risks; being very careful 为安全起见；非常谨慎: *I think this is enough money to pay for the meal, but I'll take a bit more to be on the safe side.* 我看这些钱够付饭费了，不过为放心起见，我还是多拿一些。
safe and sound not hurt or damaged 安然无恙；完整无损: *The missing child was found safe and sound by the police.* 这个失踪小孩安然无恙，给警察找回来了。—**safely** *adv*: *I rang my parents to tell them I had arrived safely.* 我给爸妈打了个电话，告诉他们我已经安全抵达。

safe[2] /seɪf ‖ sef/ *noun* [C] a strong metal box or cupboard with a special lock that is used for keeping money, jewellery, documents, etc in 保险箱（用来存放金钱、珠宝、文件等）

safeguard /ˈseɪfgɑːd ‖ ˈsefˌgɑrd/ *noun* [C] **a safeguard (against sb/sth)** something that protects against possible dangers 起保护作用的事物；防范措施: *Make a copy of all your computer disks as a safeguard against accidents.* 把计算机磁盘的资料多备一份，以防发生意外事故。
safeguard *verb* [T] **safeguard sb/sth (against sb/sth)** to keep sth safe; to protect 保护；维护: *When parents get divorced the children's rights must be safeguarded.* 父母一旦离婚，子女权利务须予以保障。

☆**safety** /ˈseɪftɪ ‖ ˈseftɪ/ *noun* [U] the state of being safe; not being dangerous or in danger 安全: *In the interests of safety, smoking is forbidden.* 禁止吸烟，以策安全。○ *road safety* (= the prevention of road accidents) 道路安全 ○ *She has been missing for several days and police now fear for her safety.* 她失踪了好几天，警察担心她的安危。○ *After Chernobyl people questioned the safety of nuclear energy.* 切尔诺贝尔核电厂发生事故后，人们都怀疑核能是否安全。○ *New safety measures have been introduced on trains.* 火车已实行新的安全措施。
ˈ**safety-belt** *noun* [C] = SEAT-BELT
ˈ**safety net** *noun* [C] **1** a net that is placed to catch sb who is performing high above the ground if he/she falls（专为高空表演者而设的）安全网 **2** something that will help you (usually with money) in a difficult situation 可纾解困难的事物（通常指金钱）
ˈ**safety pin** *noun* [C] a metal pin that is used for fastening things together. The pin is bent round and the point goes under a cover so that it cannot be dangerous. 安全别针 ☛ picture at **pin**. 见 **pin** 插图。
ˈ**safety-valve** *noun* [C] a device in a machine that allows steam, gas, etc to escape if the pressure becomes too great 安全阀（压力太大时可让蒸气等外溢的装置）

sag /sæg ‖ sæg/ *verb* [I] (sa**gg**ing; sa**gg**ed) to hang loosely or to sink down, especially in the middle 下垂/下陷（尤指中间部分）: *The skin on your face starts to sag as you get older.* 年纪大了，脸部的皮肤就开始松弛。

saga /ˈsɑːgə ‖ ˈsɑgə/ *noun* [C] a very long story; a long series of events 长篇故事；一长串事件

Sagittarius /ˌsædʒɪˈteərɪəs ‖ ˌsædʒɪˈtɛrɪəs/ *noun* [C,U] the ninth sign of the zodiac, the Archer; a person who was born under this sign 人马宫（黄道第九宫）；属人马座的人 ☛ picture at **zodiac**. 见 **zodiac** 插图。

said *pt*, *pp* of SAY * SAY 的过去时及过去分词

sail[1] /seɪl ‖ sel/ *noun* **1** [C] a large piece of strong material that is fixed onto a ship or boat. The wind blows against the sail and drives the ship along. 帆 ☛ picture at **boat**. 见 **boat** 插图。**2** [sing] a trip on water in a ship or boat with a sail（乘船）旅行；（船的）航程: *Would you like to go for a sail in my boat?* 你愿不愿意乘坐我的帆船去一游？

(IDIOM 习语) **set sail** ⇨ SET[2]

ˈ**sailboard** *noun* [C] = WINDSURFER

☆**sail**[2] /seɪl ‖ sel/ *verb* **1** [I] to travel on water in a ship or boat of any type; to move on water 航行: *On the cruise we sailed all along the coast of Norway.* 我们乘船一直沿着挪威海岸游览。○ *I stood at the window and watched the ships sailing by.* 我站在窗旁，眺望往来船只。**2** [I,T] to travel in and control a boat with sails, especially as a sport 驾驶帆船（尤指作为一种运动）: *My father is teaching me to sail.* 爸爸正在教我开帆船。○ *I've never sailed this kind of yacht before.* 我从来没有驾驶过这种游艇。☛ When you are talking about spending time sailing a boat, the form **go sailing** is very common 驾驶帆船消磨时间，最常用的是 **go sailing**: *We often go sailing at weekends.* 我们常常在周末驾驶帆船出海。**3** [I] to begin a journey on water 开船；启航: *When does the ship sail?* 什么时候开船？○ *We sail for Santander at six o'clock tomorrow morning.* 我们明天早上六点坐船到桑坦德去。**4** [I] to move somewhere quickly in a smooth or proud way 平滑地/顺利地快速移动；轻快地行进；神气地快步行走: *The ball sailed over the fence and into the neighbour's garden.* 球掠过栅栏飞进隔壁的花园里。○ *Mary sailed into the room and sat down at the head of the table.* 玛丽翩然走进房间，坐到桌子上首。

(IDIOM 习语) **sail through (sth)** to get through a test or exam easily 轻易地通过测验/考试: *He was a clever boy and sailed through all his exams.* 这个孩子挺聪明，所有考试都顺利通过。

sailing /ˈseɪlɪŋ ‖ ˈselɪŋ/ *noun* **1** [U] the sport of being in, and controlling, small boats with sails 帆船运动: *They do a lot of sailing.* 他们常常玩帆船运动。**2** [C] a journey made by a ship or boat carrying passengers from one place to another 航行: *Could you tell me the times of sailings to Ostend?* 请问坐船到奥斯坦德去有什么航班？

ˈ**sailing-boat** *noun* [C] a boat that uses a sail or sails 帆船

☆**sailor** /ˈseɪlə(r) ‖ ˈselɚ/ *noun* [C] a member of the crew of a ship (usually not an officer) 水手/海员（一般不指长官）: *soldiers, sailors and airmen* 士兵、水手及航空兵

(IDIOM 习语) **a good/bad sailor** a person who is not often/often sick when travelling on a boat 不易/易晕船的人

☆**saint** /seɪnt; snt ‖ sent/ *noun* [C] **1** a very good or holy person who is given special respect after death by the Christian church（死后为基督教教会所尊崇的）圣徒/圣人 ☛ When it is used as a title **saint** is written with a capital letter 如用作称呼，**saint** 冠以大写字母: *Saint Patrick* 圣帕特里克. In the names of places, churches, etc the short form **St** is usually used 如用作地名、教堂名称等，一般采用缩约式 **St**: *St Andrew's Church* 圣安德鲁教堂. Before names **saint** is pronounced /snt ‖ sent/. 在姓名前面，**saint** 读作 /snt ‖ sent/。Look at **patron saint**. 参看 **patron saint**。**2** a very good, kind person 宅心仁厚的大好人；道德高尚的人

☆**sake** /seɪk ‖ sek/ *noun* [C]

(IDIOMS 习语) **for Christ's, God's, goodness', Heaven's, etc sake** (used as part of a question or order, to make it stronger or to show that you are angry 用作问句或命令的一部分，以加强语气或表示愤怒): *Why have you taken so long, for God's sake?* 天哪，你干吗这么久？○ *For Christ's sake, don't be so stupid!* 天哪，别那么蠢！○ *For goodness' sake, hurry up!* 哎呀！还不快点！☛ **For Christ's sake** and **for God's sake** are stronger and may offend some people. * **for Christ's sake** 和 **for God's sake** 语气比较重，也许会冒犯别人。

for the sake of sb/sth; for sb's/sth's sake in order to help sb/sth 为某人/某事物起见: *Don't go to any trouble for my sake.* 看在我面上，别找麻烦。○ *They only stayed together for the sake of their children/for their children's sake.* 他们之所以没有离婚，完全是为了孩子。

for the sake of sth/of doing sth in order to get or keep sth; for the purpose of sth 为获得/保持某物；为了；由于: *It's not worth complaining for the sake of a few pence.* 不值得为了几毛钱大发牢骚。○ *You're just arguing for the sake of arguing* (= because you like arguing). 你完全是为了抬杠而跟人抬杠。

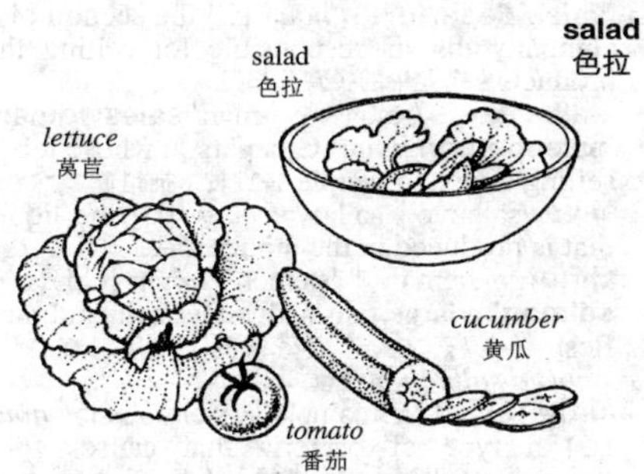

☆**salad** /ˈsæləd ‖ ˈsæləd/ *noun* [C,U] a mixture of vegetables, usually uncooked, that you often eat together with other foods 色拉；凉拌生菜: *All main courses are served with chips or salad.* 全部主菜都配有炸马铃薯条或色拉。○ *I had chicken salad* (= chicken with salad) *for lunch.* 我午饭吃的是鸡肉色拉。○ *I don't feel like a heavy meal, I think I'll have a salad.* 我不想吃得太饱，我看我要一个色拉吧。

☆**salary** /ˈsælərɪ ‖ ˈsælərɪ/ *noun* [C,U] (*pl* **salaries**) the money that a person receives (usually every month) for the work he/she has done 薪金（一般指月薪）: *My salary is paid directly into my bank account.* 我的薪金是直接拨入我的银行户头的。○ *a high/low salary* 高/低薪 ○ *an increase in salary of £500* 加薪 500 英镑 ☛ Look at the note at **pay**[1]. 参看 **pay**[1] 的注释。

☆**sale** /seɪl ‖ sel/ *noun* **1** [C,U] the act of selling or being sold; the exchange of an item for money; the occasion when sth is sold 销售；

S

出售: *The sale of alcohol to anyone under the age of 18 is forbidden.* 禁止向18岁以下的人出售含酒精饮料。○ *Business is bad. I haven't made a sale all week.* 生意不好，我整个星期也没有卖出东西。○ *a sale of used toys* 出售旧玩具 **2 sales** [plural] the amount sold 销售额: *Sales of personal computers have increased rapidly.* 个人计算机的销量已急剧上升。**3** [C] a time when shops sell things at prices that are lower than usual（商店的）廉价清货/大减价: *Sale! All this week! Everything at half price.* 本周大清货！所有货品半价出售。○ *I got these trousers cheap in a sale.* 这条裤子是我在大减价期间便宜买回来的。○ *I got several bargains in the sales* (= the period when many shops reduce their prices). 廉价清货期间我买了好几件便宜货。

(IDIOMS 习语) **for sale** offered for sb to buy 待沽: *This painting is not for sale.* 这幅画是非卖品。

on sale 1 available for sb to buy, especially in shops 上市；出售: *This week's edition is on sale now at your local newsagents.* 本期周刊已公开发售，读者可向各报贩购买。**2** (*US* 美) offered at a lower price than usual 削价/廉价出售

S

'salesclerk (*also* 亦作 **clerk**) *noun* [C] (*US* 美) = SHOP ASSISTANT

'sales department *noun* [C] the section of a company that is responsible for selling the products（企业中的）营业部门

'salesman /-mən ‖ -mən/ **'saleswoman, 'salesperson** *noun* [C] a person whose job is selling things to people 售货员；推销员

saliva /sə'laɪvə ‖ sə'laɪvə/ *noun* [U] the liquid that is produced in the mouth 唾液

salmon /'sæmən ‖ 'sæmən/ *noun* [C,U] (*pl* **salmon**) a large fish with silver skin and pink flesh 鲑鱼/三文鱼（皮呈银色，肉呈粉红色）: *smoked salmon* 熏鲑鱼

salmonella /ˌsælmə'nelə ‖ ˌsælmə'nɛlə/ *noun* [U] a type of bacteria that causes food poisoning（引致食物中毒的）沙门（氏）菌

salon /'sælɒn; *US* 美 sə'lɒn ‖ sə'lɑn/ *noun* [C] a shop where a hairdresser works or where you can have beauty treatment, etc（提供理发、美容等服务的）厅/院/店: *a hairdressing salon* 理发厅 ○ *a beauty salon* 美容厅

saloon /sə'lu:n ‖ sə'lun/ *noun* [C] **1** (*US* 美 **sedan**) a car with a fixed roof and a separate area (**boot**) for luggage（有固定车顶和行李箱(**boot**)的）轿车 **2** (*US old-fashioned* 美，旧) a place where you can buy drinks; a bar 酒吧

sa'loon bar *noun* [C] = LOUNGE BAR

☆**salt** /sɔ:lt ‖ sɔlt/ *noun* [U] a common white substance that is found in sea water and the earth, that is used especially for flavouring and preserving food 盐: *Season with salt and pepper.* 用盐和胡椒粉调味。○ *Pass the salt, please.* 请把盐递给我。○ *Add a pinch* (= a small amount) *of salt.* 加点儿盐。

(IDIOM 习语) **take sth with a pinch of salt** ⇨ PINCH

salt *verb* [T] to put salt on or in sth 在…中加盐；用盐腌: *salted peanuts* 咸花生

salt *adj* having the taste of or containing salt 咸；含盐的: *salt water* 盐水

salty *adj* (**saltier**; **saltiest**) having the taste of, or containing, salt 咸；含盐的: *I didn't like the meat, it was too salty.* 这肉太咸了，我不喜欢吃。

'salt-water *adj* living in the sea 海中生活的: *a salt-water fish* 海产鱼 ☛ Fish in rivers are **freshwater** fish. 河里的鱼叫做淡水鱼 (**freshwater** fish)。

salute /sə'lu:t ‖ sə'lut/ *noun* [C] **1** a sign that a soldier, etc makes to show respect, by raising his/her hand to the forehead（军人的）敬礼/举手礼: *to give a salute* 行敬礼 **2** an action that shows respect for sb 致敬表示；致敬: *The next programme is a salute to one of the world's greatest film stars.* 下一个节目是我们向世界上最杰出的一位电影明星致敬。

salute *verb* [I,T] to show respect with a salute(1,2) 向…行敬礼；向…致敬: *The soldiers saluted as they marched past the general.* 士兵齐步经过将军面前的时候都行礼致敬。○ *The soldiers saluted the general.* 士兵向将军行礼致敬。○ *This is the day on which we salute those who died in the war.* 今天是向战争死难者致敬的日子。

salvage /'sælvɪdʒ ‖ 'sælvɪdʒ/ *noun* [U] the act of removing things from a damaged ship, building, etc; the things that are removed（对失事船只/受破坏楼房进行的）财物抢救；抢救出的财物: *a salvage operation* 财物抢救行动

salvage *verb* [T] to rescue sth from a damaged building or ship; to rescue sth from a disaster（从受破坏楼房/失事船只或在灾难现场中）抢救财物: *They salvaged as much as they could from the house after the fire.* 大火过后，他们尽力收拾屋内的灾后残余物。○ (*figurative* 比喻) *The team has only 20 minutes left in which to salvage something from the game.* 这支参赛队伍只有20分钟的时间收拾残局。

salvation /sæl'veɪʃn ‖ sæl'veʃən/ *noun* **1** [U, sing] a thing or a person that saves sb/sth from danger or a difficult situation 拯救者；救星；解救办法 **2** [U] (in the Christian religion 基督教) the state of being saved from evil 灵魂的得救

☆**same**[1] /seɪm ‖ sem/ *adj* **1 the same ... (as sb/sth/that...)** not different, not another or other; exactly the one or ones that you have mentioned before 相同；同一: *My brother and I had the same teacher at school.* 我跟哥哥在学校里受教于同一个老师。○ *She comes from the same town as me.* 她跟我都来自同一个小镇。○ *I'm going to wear the same clothes as I wore yesterday.* 我今天要穿昨天的相同衣服。○ *Are you the same person that I spoke to on the phone yesterday?* 你是不是昨天跟我在电话里谈话的那个人？**2 the same ... (as sb/sth/that...)** exactly like the one already mentioned 跟前面提及的人/事物一样: *I wouldn't buy the same car again* (= the same model of car). 我不会再买同一种款式的汽车。○ *You don't read the same newspaper as me, do you?* 你看的报纸跟我看的不一样，对吗？○ *I had the same experience as you some time ago.*

我从前也遇过与你遇过的相同的事。○ *I've had the same experience that you've had.* 我也有过与你相同的经历。☛ We cannot say **a** same … To express this idea we use **the same sort of** 不能说 **a** same …，如要表达这个意思，只可以说 **the same sort of**: *I'd like the same sort of job as my father.* 我想干我爸爸那一行。

(IDIOMS 习语) **at the same time** **1** together; at one time 一起；同时: *I can't think about more than one thing at the same time.* 我不能一心二用。**2** on the other hand; however 可是；然而: *It's a very good idea but at the same time it's rather risky.* 这个主意很好，可是也很冒险。

on the same wavelength able to understand sb because you have similar ideas and opinions 跟某人具有相似观点，因而了解对方

the same *adv* in the same way; not differently 同样地；相同: *We treat all the children in the class the same.* 我们对班上所有学生一视同仁。

☆**same²** /seɪm ‖ sem/ *pron* **the same (as sb/sth/…)** the same thing, person, situation, etc 相同的事物/人/情况…；跟（人/事物）相同/一样: *Is there another word that means the same as this?* 有没有别的字眼跟这一样的意思？○ *Look at what I'm doing and then do the same.* 看着我的样子照做就行了。○ *Things will never be the same again now that my father has died.* 父亲已经去世，一切再也无法恢复旧观了。

(IDIOMS 习语) **all/just the same** nevertheless; in spite of this/that; anyway 尽管如此；仍然；无论如何: *I understand what you're saying. All the same, I don't agree with you.* 我明白你在说什么，可我就是不同意。○ *I don't need to borrow any money but thanks all the same for offering.* 我不用借什么钱，你的好意我心领了。

much the same ⇨ MUCH²

(the) same again (a request to be served or given the same drink as before 要求再来一杯相同的饮料): *'What would you like to drink?' 'Same again, please.'* "请问你要喝什么？""再来一杯，谢谢。"

same here (*informal* 非正式) the same thing is also true for me 我也一样: *'I'm bored.' 'Same here.'* "我很闷。""我也是。"

(the) same to you (used as an answer when sb says sth rude to you or wishes you sth 用来回答对方的辱骂或祝愿): *'You idiot!' 'Same to you!'* "你这个蠢东西！""彼此彼此！"○ *'Have a good weekend.' 'The same to you.'* "周末愉快。""也祝你愉快。"

sample /'sɑːmpl; US 美 'sæmpl ‖ 'sæmpl/ *noun* [C] **1** a small quantity of sth that is typical of the rest of it 样本: *She sent a sample of her work in an attempt to get a job.* 她寄去了一份作品样本，希望获得聘用。○ *a blood sample* 血液样本 **2** a small number of people who are asked questions in order to find out information about a larger group 接受抽样调查的一小批人 **3** a small amount of a product, that is given free to the public in order to show what it is like（产品的）赠送样品/试用品: *a free sample of a chocolate bar* 巧克力块的赠送样品

sample *verb* [T] to taste or use a small amount of sth (in order to find out what it is like or to decide whether you like it or not) 品尝；试用: *You are welcome to sample any of our wines before making a purchase.* 本店各类葡萄酒皆可品尝，欢迎先试后买。

sanatorium /ˌsænə'tɔːrɪəm ‖ ˌsænə'torɪəm/ *noun* [C] (*pl* **sanatoriums** or **sanatoria**) (*US* 美 **sanitarium** /ˌsænə'teərɪəm ‖ ˌsænə'tɛrɪəm/) a type of hospital where patients who need a long period of treatment for an illness can stay 疗养院

sanction /'sæŋkʃn ‖ 'sæŋkʃən/ *noun* **1** [U] official permission to do sth 批准 **2** [C] a punishment for breaking a rule or law 制裁: *Many people feel that the death penalty is the best sanction against murder.* 不少人都认为死刑是对凶杀暴行的最佳制裁。**3** [C, usually pl] an action, especially the stopping of trade, that is taken by other countries against a country that has broken an international law（对违反国际法的国家实行的）国际制裁（尤指中断贸易往来）: *The United Nations imposed economic sanctions on South Africa.* 联合国向南非实施经济制裁。○ *The sanctions on South Africa have been lifted.* 南非受到的制裁已经撤销。

sanction *verb* [T] to give official permission for sth 批准

sanctuary /'sæŋktʃʊərɪ; US 美 -ʊerɪ ‖ 'sæŋktʃʊˌɛrɪ/ *noun* (*pl* **sanctuaries**) **1** [C] a place where birds or animals are protected from hunters and other dangers 鸟兽保护区: *a wildlife sanctuary* 野生生物保护区 **2** [C,U] a place where sb can be safe from enemies, the police, etc（免遭敌人、警察等追捕的）庇护所/避难所

☆**sand** /sænd ‖ sænd/ *noun* **1** [U] a powder consisting of very small grains of rock, found in deserts and on beaches 沙；沙粒: *You need sand to make concrete.* 制造混凝土需要沙。○ *It was so hot that I couldn't walk on the sand without shoes.* 天气这么热，我不穿鞋无法在沙滩上走。○ *When we go on holiday all we want is sun, sea and sand.* 我们度假的时候最希望享受的就是阳光、大海和沙滩。**2 the sands** [plural] a large area of sand 沙滩

sandy *adj* (**sandier**; **sandiest**) covered with sand or with a lot of sand in it 蓄满沙的；多沙的: *miles of sandy beach* 延展几英里的沙滩 ○ *sandy soil* 沙土

'sandcastle *noun* [C] a pile of sand that looks like a castle, made by children playing on a beach（小孩在沙滩上堆成的）沙堡

'sand-dune *noun* [C] = DUNE

'sandpaper *noun* [U] strong paper with sand on it that is used for rubbing surfaces in order to make them smoother 沙纸

sandal /'sændl ‖ 'sændl/ *noun* [C] a type of light, open shoe with straps that people wear when the weather is warm 凉鞋 ☛ picture at **shoe**. 见 **shoe** 插图。

☆**sandwich** /'sænwɪdʒ; US 美 -wɪtʃ ‖ 'sænwɪtʃ/ *noun* [C] two slices of bread with food between them 三明治: *a ham sandwich* 火腿三

S

明治 ○ *It's going to be a long journey so let's take some sandwiches.* 路很远，我们带些三明治上路吧。○ *What's in that sandwich?* 那三明治里面是什么？

sandwich *verb* [T] **sandwich sb/sth (between sb/sth)** to place sb/sth in a very narrow space between two other things or people 把（某人/某物）夹在中间：*I had a most uncomfortable flight, sandwiched between two very large people.* 我这次坐飞机很不舒服，因为我左右两边坐的都是大块头。

sane /seɪn ‖ sen/ *adj* **1** (used about a person 指人) mentally normal; not mad 精神健全：*With a job like mine, it's incredible that I'm still sane!* 干我这种工作，没想居然到现在还没有发疯！**2** (used about a person or an idea, a decision, etc 指人、观点、决定等) sensible; showing good judgement 明智；理智：*I had to accept the offer. It was the only sane thing to do.* 我不得不接受这个建议，这是惟一的明智做法。☛ The opposite is **insane**. 反义词为 **insane**。The noun is **sanity**. 名词为 **sanity**。

sang *pt* of SING * SING 的过去时

sanitarium (*US* 美) = SANATORIUM

sanitary /ˈsænɪtrɪ; *US* 美 -terɪ ‖ ˈsænəˌtɛrɪ/ *adj* for or connected with the protection of health, eg how human waste is removed（有关）卫生的：*Sanitary conditions in the refugee camps were terrible.* 难民营内的卫生条件十分恶劣。☛ Look at **insanitary**. 参看 **insanitary**。

ˈ**sanitary towel** *noun* [C] a thick pad that women use to soak up blood during their period (3) 卫生巾（妇女月经时所用）

sanitation /ˌsænɪˈteɪʃn ‖ ˌsænəˈteʃən/ *noun* [U] a system for protecting public health, especially by removing waste 公共卫生

sanity /ˈsænətɪ ‖ ˈsænətɪ/ *noun* [U] **1** the state of being sane(1) ; the ability to think and behave in a normal way 精神健全 **2** the quality of being sane(2) ; sensible or normal thought or behaviour 明智；理性：*I tried to introduce some sanity into the discussion but nobody was willing to listen.* 我设法使这场讨论理性一点，可是谁也不听我的。☛ The opposite is **insanity**. 反义词为 **insanity**。

sank *pt* of SINK * SINK 的过去时

Santa Claus /ˈsæntə klɔːz ‖ ˈsæntəˌklɔz/ = FATHER CHRISTMAS

sap[1] /sæp ‖ sæp/ *noun* [U] the liquid in a plant or tree（植物的）汁液；树液

sap[2] /sæp ‖ sæp/ *verb* [T] (sa**pp**ing; sa**pp**ed) to make sth weak or to destroy it 削弱；破坏

sapling /ˈsæplɪŋ ‖ ˈsæplɪŋ/ *noun* [C] a young tree 幼树

sapphire /ˈsæfaɪə(r) ‖ ˈsæfaɪr/ *noun* [C,U] a bright blue precious stone 蓝宝石

sarcasm /ˈsɑːkæzəm ‖ ˈsɑrkæzəm/ *noun* [U] the use of words or expressions to mean the opposite of what they actually say. People use sarcasm in order to criticize other people or to make them look silly 讽刺；讥讽；挖苦：*'No, you didn't take long to get ready. Only two hours,' she said with heavy sarcasm.* 她带着强烈的讥讽口吻说："不，你花在准备上的时间不算多，两个钟头罢了。" —**sarcastic** /sɑːˈkæstɪk ‖ sɑrˈkæstɪk/ *adj*: *a sarcastic sense of humour* 尖酸刻薄的幽默感 ○ *a sarcastic comment* 尖刻的评论 —**sarcastically** /-klɪ ‖ -klɪ/ *adv*

sardine /sɑːˈdiːn ‖ sɑrˈdin/ *noun* [C] a type of very small fish 沙丁鱼：*a tin of sardines* 一罐沙丁鱼

sari /ˈsɑːrɪ ‖ ˈsɑri/ *noun* [C] a dress worn by Indian women that consists of a long piece of material that is wrapped around the body 莎丽（用一块长布料裹在身上的印度妇女服装）

sash /sæʃ ‖ sæʃ/ *noun* [C] a long piece of material that is worn round the waist or over the shoulder, often as part of a uniform, etc 腰带/肩带（通常是制服等的一部分）

sat *pt, pp* of SIT * SIT 的过去时及过去分词

Satan /ˈseɪtn ‖ ˈsetn̩/ a name for the Devil 撒旦（魔鬼的名称）

satchel /ˈsætʃəl ‖ ˈsætʃəl/ *noun* [C] a bag, often carried over the shoulder, used by schoolchildren for taking books to and from school 书包（学童所用，通常指背在肩上的）

☆**satellite** /ˈsætəlaɪt ‖ ˈsætl̩ˌaɪt/ *noun* [C] **1** a natural object in space that goes round a bigger object, usually a planet 卫星 **2** a man-made object that has been sent into space and that moves around a planet for a particular purpose 人造卫星：*satellite pictures of today's weather* 有关今天天气的卫星图片

ˈ**satellite television** (*also* 亦作 ˈ**satellite TV**) *noun* [U] television programmes that are broadcast by means of a satellite 卫星电视 ☛ In order to receive satellite TV you need a satellite **dish**. 安装了碟形天线 (satellite **dish**) 才能收看卫星电视节目。

satin /ˈsætɪn; *US* 美 ˈsætn ‖ ˈsætn̩/ *noun* [U] a type of cloth that is smooth and shiny 缎（一种光滑的衣料）

satire /ˈsætaɪə(r) ‖ ˈsætaɪr/ *noun* **1** [U] the use of humour to attack a person, an idea or behaviour that you think is bad or foolish 讽刺；讥讽；嘲弄 **2** [C] **satire (on sb/sth)** a piece of writing or a play, film, etc that uses satire 讽刺文章/戏剧/电影等；讽刺作品：*a satire on university life* 一部讽刺大学生活的作品

satirical /səˈtɪrɪkl ‖ səˈtɪrɪkl̩/ *adj* using satire 含讽刺意味的；讽刺的；嘲弄的：*a satirical magazine* 一本讽刺性的杂志 —**satirically** /-klɪ ‖ -klɪ/ *adv*

☆**satisfaction** /ˌsætɪsˈfækʃn ‖ ˌsætɪsˈfækʃən/ *noun* **1** [U] the feeling of pleasure that you have when you have done, got or achieved what you wanted 满意；满足；满足感：*Gwen stood back and looked at her work with a sense of satisfaction.* 格温后退一步，望着她自己的作品，流露出心满意足的神情。○ *We finally made a decision that was to everyone's satisfaction* (= that everyone was pleased with). 我们终于作出了一个人人都满意的决定。☛ The opposite is **dissatisfaction**. 反义词为 **dissatisfaction**。**2** [C] something that gives you a feeling of pleasure 令人愉快/满意的事物：*It was a great satisfaction to me to know that I had done the job well.* 知道自己干那件工作干得不错给我很大的满足感。

☆**satisfactory** /ˌsætɪsˈfæktərɪ ‖ ˌsætɪsˈfæktərɪ/ *adj* **1** good enough (but not very good) 良好；令人满意: *This piece of work is not satisfactory. Please do it again.* 这件活儿做得不怎么好，请再做一次。**2** giving satisfaction; suiting a particular purpose 令人满意；符合目的: *It will be much more satisfactory if we all travel together.* 如果我们所有人一起去旅行，那就更加好。☛ The opposite is **unsatisfactory**. 反义词为 **unsatisfactory**。—**satisfactorily** /-tərəlɪ ‖ -tərəlɪ/ *adv*: *Work is progressing satisfactorily.* 工作进展令人满意。

☆**satisfy** /ˈsætɪsfaɪ ‖ ˈsætɪsˌfaɪ/ *verb* [T] (*pres part* **satisfying**; *3rd pers sing pres* **satisfies**; *pt, pp* **satisfied**) **1** to make sb pleased by doing or giving him/her what he/she wants 使满意；使满足: *No matter how hard I try, my piano teacher is never satisfied.* 我无论怎样努力也没法使钢琴老师满意。○ *Nothing satisfies him – he's always complaining.* 他对什么都不满意，总是在抱怨。**2** to have or do what is necessary for sth 达到/符合/满足（要求或规定）: *She satisfied all the entrance requirements for university.* 她符合上大学的所有条件。○ *I had a quick look inside the parcel just to satisfy my curiosity.* 只是为了满足好奇心，我朝包裹里面看了一眼。**3 satisfy sb (that...)** to show or prove to sb that sth is true or has been done 向（某人）表示/证明（某事属实或已完成）: *Once the police were satisfied that they were telling the truth, they were allowed to go.* 警方相信他们说的都是真话，便让他们离去。○ *She checked the room once again to satisfy herself that everything was ready.* 她再一次检查房间，确信一切已经准备妥当。

satisfied *adj* **satisfied (with sb/sth)** pleased because you have had or done what you wanted 满意；满足: *a satisfied smile* 心满意足的笑容 ○ *a satisfied customer* 满意的顾客 ○ *I hope you're satisfied with what you've done!* 我希望你对所做的事感到满意！☛ The opposite is **dissatisfied**. 反义词为 **dissatisfied**。

satisfying *adj* pleasing, giving satisfaction 令人满意；令人满足: *It was a very satisfying feeling knowing that we'd finished the job on time.* 对于能够准时完成工作，我们感到十分满意。

satsuma /sætˈsuːmə ‖ sætˈsumə/ *noun* [C] a type of small orange with a loose skin 小蜜柑

saturate /ˈsætʃəreɪt ‖ ˈsætʃəˌret/ *verb* [T] **1** to make sth very wet 使湿透: *Her clothes were completely saturated.* 她的衣服完全湿透了。**2** to fill sth completely 使充满；填满: *The market is saturated with cheap imports.* 市场充斥着廉价的进口货。—**saturation** /ˌsætʃəˈreɪʃn ‖ ˌsætʃəˈreʃən/ *noun* [U]: *The market for cars has reached saturation point* (= there can be no more increases in sales). 汽车市场已达到饱和点（销售额再也不能增加）。

☆**Saturday** /ˈsætədɪ ‖ ˈsætədɪ/ *noun* [C,U] (*abbr* 缩写 **Sat**) the day of the week after Friday and before Sunday 星期六 ☛ For examples of the use of the days of the week in sentences, look at **Monday**. 有关星期一、二…在句子里的用法，参看 **Monday**。

Saturn /ˈsætən ‖ ˈsætən/ *noun* [sing] the planet that is sixth in order from the sun and that has rings around it 土星（太阳系行星中按离太阳远近次序计为第六颗）

☆**sauce** /sɔːs ‖ sɔs/ *noun* [C,U] a thick liquid (that can be hot or cold) that you eat on or with other food（浓的）酱汁/调味汁: *The chicken was served in a delicious sauce.* 那鸡浇了美味的调味汁。○ *tomato sauce* 番茄汁 ○ *In Britain we often eat mint sauce with lamb.* 在英国，我们经常都吃拌以薄荷汁的羊肉。☛ **Gravy** is a type of thin sauce that is made from meat juices and eaten hot with meat. * **gravy**（调味肉汁）是一种用肉汁制成的稀汁，拌以肉类热食。

saucepan /ˈsɔːspən; *US* 美 -pæn ‖ ˈsɔsˌpæn/ *noun* [C] a round metal pot that is used for cooking things on top of a stove. A saucepan usually has a lid and one or more handles.（有盖有柄的）金属（平底）锅 ☛ picture at **pan**. 见 **pan** 插图。

☆**saucer** /ˈsɔːsə(r) ‖ ˈsɔsə/ *noun* [C] a small round plate that you put under a cup 茶杯碟；茶碟；茶托: *a cup and saucer* 一套杯碟

sauna /ˈsɔːnə ‖ ˈsɔnə/ *noun* [C] **1** a type of bath where you sit in a room that is very hot and full of steam 蒸气浴；桑拿浴: *to have a sauna* 沐蒸气浴 **2** a room or building where there is a sauna 蒸气浴室；桑拿浴室: *The apartment block has a swimming-pool and sauna.* 那座公寓大楼设有游泳池和蒸气浴室。

saunter /ˈsɔːntə(r) ‖ ˈsɔntə/ *verb* [I] to walk without hurrying 漫步；闲逛

☆**sausage** /ˈsɒsɪdʒ; *US* 美 ˈsɔːs- ‖ ˈsɔsɪdʒ/ *noun* [C,U] a mixture of chopped meat, spices, etc that is made into a long thin shape. Some sausage is eaten cold in slices, other types are cooked and then served whole 香肠；腊肠: *garlic sausage* 蒜肉肠 ○ *liver sausage* 肝泥肠 ○ *We had sausages and chips for lunch.* 我们午餐吃了香肠和炸马铃薯条。

ˌ**sausage ˈroll** *noun* [C] a piece of sausage meat that is covered in pastry 香肠肉卷（酥皮卷香肠肉馅的点心）

savage /ˈsævɪdʒ ‖ ˈsævɪdʒ/ *adj* very cruel or fierce 残酷；凶猛；猛烈: *a savage attack by a big dog* 被一头凶猛的大狗攻击 ○ *The book has received some savage criticism.* 那本书受到猛烈的抨击。

savage *verb* [T] to attack sb/sth fiercely 猛烈攻击 —**savagely** *adv* —**savagery** /ˈsævɪdʒrɪ ‖ ˈsævɪdʒrɪ/ *noun* [U]: *The savagery of the punishment disgusted them.* 那种惩罚方式的残酷程度惹起他们反感。

☆**save** /seɪv ‖ sev/ *verb* **1** [T] **save sb/sth (from sth/from doing sth)** to make or keep sb/sth safe from changes, loss, death, etc 拯救；保全（以免改变、损失、死去等）: *to save sb's life* 挽救某人的生命 ○ *to save sb from drowning* 拯救某人免于溺毙 ○ *a campaign to save the whale* 拯救鲸鱼运动 ○ *We are trying to save the school from closure.* 我们正竭尽所能挽救这所学校，使它免于关闭。**2** [I,T] **save (sth) (up) (for sth)** to keep or not spend money, etc so that you can use it later 储蓄/保留（金钱等作将

S

来之用）: *Carol is saving up for a holiday in Greece.* 卡罗尔正在为到希腊度假而储蓄。○ *We try and save £50 a month.* 我们努力做到每月储蓄50英镑。**3** [T] to keep sth for future use 保留/留下（某物作将来之用）: *I'll be home late so please save me some dinner.* 我要晚一点回家，请给我留一些晚饭。○ *Save that box. It might come in useful.* 留下那个箱子吧，将来可能有用。○ *If you get there first, please save me a seat.* 如果你先到那里，请给我留个位子。**4** [T] to store information in a computer by giving it a special instruction（用特别指令）储存（计算机资料）: *Don't forget to save the file before you close it.* 别忘记在关闭档案之前存档。**5** [I,T] to prevent the spending or waste of time or money 节省/避免浪费（时间或金钱）: *You can save on petrol by getting a smaller car.* 买一辆较小型的车可以节省汽油开支。○ *This car will save you a lot on petrol.* 这辆车将可为你省下大笔汽油开支。**6** [T] to make sth unnecessary; to make it unnecessary for sb to use sth, spend sth, etc 省去；免去: *You could save yourself a lot of time and effort if you organized your work better.* 要是你把工作安排得好一点，就可省去很多时间和精力。○ *Can you lend me your bike? It'll save me having to walk.* 可以借用你的自行车吗？省得我要走路。**7** [T] to stop a goal being scored in football, etc（足球等）救（球）

(IDIOMS 习语) **keep/save sth for a rainy day** ⇨ RAINY

save face to prevent yourself losing the respect of other people 保全面子；保持尊严: *The remarks he made were an attempt to save face in a difficult situation.* 他说那些话是为了在尴尬的处境中保全面子。

save *noun* [C] (in football, etc) an act of preventing a goal from being scored（足球等）救球: *The goalkeeper made a great save.* 守门员成功救回一个险球。

saver *noun* [C] a person who saves money for future use 储蓄者；储蓄的人: *The rise in interest rates is good news for savers.* 利率上升对储户来说是个好消息。

☆**saving** /ˈseɪvɪŋ ‖ ˈsevɪŋ/ *noun* **1** [C] an amount of time, money, etc that you do not have to use or spend（时间、金钱等）节省下来的数量: *The sale price represents a saving of 25%.* 那大减价的价钱可省百分之二十五的开支。**2 savings** [plural] money that you have saved for future use 积蓄；存款: *All our savings are in the building society.* 我们所有的储蓄都存放在房屋建筑协会里。

saviour (*US* 美 **savior**) /ˈseɪvɪə(r) ‖ ˈsevjɚ/ *noun* [C] a person who rescues or saves sb/sth from danger, loss, death, etc 救助者；拯救者；救星 ☛ In Christianity Jesus Christ is the **Saviour**. 根据基督教信仰，耶稣基督是救世主 (**Saviour**)。

savoury (*US* 美 **savory**) /ˈseɪvərɪ ‖ ˈsevərɪ/ *adj* (used about food 指食物) having a salty or spicy taste; not sweet 咸；辛辣

saw[1] *pt* of SEE * SEE 的过去时

saw[2] /sɔː ‖ sɔ/ *noun* [C] a tool that is used for cutting wood, etc. A saw has a long metal blade with sharp teeth on it 锯: *an electric chainsaw* 电链锯 ☛ picture at **tool**. 见 **tool** 插图。

saw *verb* [I,T] (*pt* **sawed**; *pp* **sawn** /sɔːn ‖ sɔn/) to cut sth with a saw（用锯）锯开: *to saw through the trunk of a tree* 锯断树干 ○ *Paula sawed the branch off the tree.* 保拉锯掉了那株树的树枝。○ *He sawed the log up into small pieces.* 他把那圆木锯成小块。☛ The US past participle is **sawed**. 在美国英语，saw 的过去分词为 **sawed**。

ˈ**sawdust** *noun* [U] very small pieces of wood that fall like powder when you are sawing 锯屑；木屑

sax /sæks ‖ sæks/ *noun* [C] (*informal* 非正式) = SAXOPHONE

saxophone /ˈsæksəfəʊn ‖ ˈsæksəˌfon/ (also *informal* 非正式 **sax**) *noun* [C] a metal musical instrument that you play by blowing into it. Saxophones are usually used for playing jazz. 萨克管（一种吹奏式的金属乐器，通常用来吹奏爵士乐）

☆**say**[1] /seɪ ‖ se/ *verb* (*3rd pers sing pres* **says** /sez ‖ sɛz/; *pt, pp* **said** /sed ‖ sɛd/) **1** [T] **say sth (to sb)** to speak words 说/讲（话）: *'Please come back,' she said.* "请回来。" 她说。○ *The teacher said we should hand in our essays on Friday.* 老师说我们要在星期五交作文。○ *to say goodbye* 说再见 ○ *to say your prayers* 祈祷 ○ *He said to his mother that he would phone back later.* 他对母亲说他晚一点会打电话回来。○ *They just sat there without saying anything.* 他们只是一言不发地坐在那里。○ *'This isn't going to be easy,' she said to herself* (= she thought). "这不会是容易的事。" 她心里想着。☛ **Say** or **tell**? 何时用 **say**？何时用 **tell**？**Say** is often used with the actual words that were spoken or before **that** in indirect speech * **say** 常用于直接引述所说的话，或在间接叙述中用于 **that** 之前: *'I'll catch the 9 o'clock train,' he said.* "我会赶上9点钟那班火车。" 他说。○ *He said that he would catch the 9 o'clock train.* 他说他会赶上9点钟那班火车。Notice that you say sth **to** sb 对某人说某事是 say sth **to** sb: *He said to me that he would catch the 9 o'clock train.* 他对我说他会赶上9点钟那班火车。**Tell** is always followed by a noun or pronoun, showing who you were speaking to * **tell** 通常紧接名词或代名词，表示正在对某人说话: *He told me that he would catch the 9 o'clock train.* 他对我说他会赶上9点钟那班火车。**Tell**, not **say**, can also be used when you are talking about giving orders or advice * **tell** 也可用于发命令或提出建议，**say** 则不可以这样用: *I told them to hurry up.* 我催促他们赶快些。○ *She's always telling me what I ought to do.* 她老是告诉我应该干什么。**2** [T] (used about a book, notice, etc 指书本、

S

通告等) to give information 指示；显示；提供（资料）: *What time does it say on that clock?* 看那个时钟现在是几点了？ ○ *The map says the hotel is just past the railway bridge.* 地图显示过了铁路桥就是酒店。 **3** [I,T] to express a thought, feeling, answer, opinion, etc 表达/说出（想法、情感、答案、意见等）；说: *'What time is she coming?' 'I don't know – she didn't say.'* "她什么时候来？" "我不知道，她没说。" ○ *I should like to say how happy I am to be here today.* 我要说今天我在这里是多么快乐啊。 ○ *He is said to be very rich* (= people say that he is very rich). 据说他很富有。 ○ *What is the artist trying to say in this painting?* 画家究竟想用这幅画表达什么呢？ ○ *His angry look said everything about the way he felt.* 他愤怒的神情已表达了他的一切感受。 ○ *Well, what do you say? Do you think it's a good idea?* 那么，你看怎么样？你认为这是个好主意吗？ **4** [T] to suppose sth 假设；比如说: *We will need, say, £5 000 for a new car.* 我们大概需要 5 000 英镑买一辆新车。 ○ *Say you don't get a place at university, what will you do then?* 假如你考不上大学，你会怎么办？

(IDIOMS 习语) **go without saying** to be clear, so that you do not need to say it 显然；不用说: *It goes without saying that the children will be well looked after at all times.* 不用说，孩子一定会得到周全的照顾。

that is to say... which means... 那就是说；换句话说: *We're leaving on Friday, that's to say in a week's time.* 我们离开的日子是星期五，即一星期后。

say[2] /seɪ ‖ se/ *noun* [sing,U] **say (in sth)** the power or right to decide sth 决定权: *I'd like to have some say in the arrangements for the party.* 关于聚会的安排，我希望可以有一点决定权。

(IDIOM 习语) **have your say** to express your opinion 表达意见: *Thank you for your comments. Now let somebody else have their say.* 多谢你的意见，现在让其他人说说他们的意见吧。

saying /'seɪɪŋ ‖ 'seɪŋ/ *noun* [C] a well-known phrase that gives advice about sth 格言；警句；谚语: *'A stitch in time saves nine' is an old saying.* "未雨先绸缪，一针抵九针" 是一句古老的格言。 ☛ Look at **proverb**. 参看 **proverb**。

scab /skæb ‖ skæb/ *noun* [C,U] a mass of dried blood that forms over a part of the body where the skin has been cut or broken（伤口所结的）痂 ☛ Look at **scar**. 参看 **scar**。

scaffold /'skæfəʊld ‖ 'skæfold/ *noun* [C] a platform on which criminals were killed, eg by hanging 断头台；绞刑台

scaffolding /'skæfəldɪŋ ‖ 'skæfḷdɪŋ/ *noun* [U] long metal poles and wooden boards that form a structure which is put next to a building so that builders, painters, etc can stand and work on it 脚手架/施工架（用金属长杆及木板制成的支架，附于建筑物外，让建筑工人、油漆工人在上面工作）；搭脚手架/施工架的材料

scald /skɔːld ‖ skɔld/ *verb* [T] to burn sb/sth with very hot liquid 烫伤

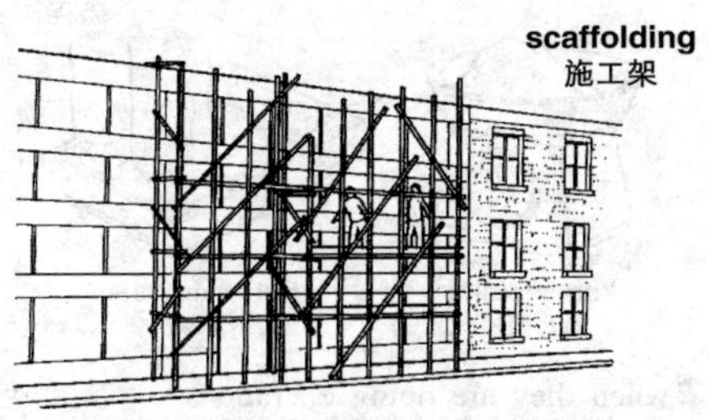
scaffolding 施工架

scald *noun* [C] a burn that was caused by very hot liquid 烫伤 —**scalding** *adj*: *scalding hot water* 滚烫的热水

☆**scale**[1] /skeɪl ‖ skel/ *noun* **1** [C] a series of marks on a tool or piece of equipment that you use for measuring sth（度量衡工具上的）刻度/标度: *The ruler has one scale in centimetres and one scale in inches.* 直尺上有厘米的刻度和英寸的刻度。 **2** [C] a series of numbers amounts, etc that are used for measuring or fixing the level of sth 用以量度/衡量某物的一套标级数字: *The earthquake measured 6.5 on the Richter scale.* 这次地震是 6.5 里氏震级。 ○ *the new pay scale for nurses* 新的护士薪级表 **3** [C] the relationship between the actual size of sth and its size on a map or plan（实物与图表之间的）比例/比率: *The map has a scale of one centimetre to the kilometre.* 这地图的比例是一厘米代表一千米。 ○ *a scale of 1:50 000* 比例 1:50 000 ○ *We need a map with a larger scale.* 我们需要一张比例较大的地图。 ○ *a scale model* 比例模型 ○ *The plan of the building is not drawn to scale* (= the parts of the drawing do not have the same relationship to each other as the parts of the actual building do). 大厦的平面图不是按比例绘制。 **4** [C,U] the size or extent of sth when compared to other things（相对的）大小/规模/程度: *We shall be making the product on a large scale next year.* 明年我们将会大规模生产这种产品。 ○ *I think we have only just realized the scale of the problem* (= how serious it is). 我想我们刚刚才认识到这问题的严重性。 **5** [C] a series of musical notes which go up or down in a fixed order. People play or sing scales to practise their musical technique 音阶: *the scale of C major* ＊ C 大调音阶

scale[2] /skeɪl ‖ skel/ *noun* [C] one of the small flat pieces of hard material that cover the body of some fish and animals（鱼及动物身上的）鳞/鳞片: *the scales of a snake* 蛇鳞

scale[3] /skeɪl ‖ skel/ *verb* [T] to climb up a high wall, steep cliff, etc 攀登/攀爬（高墙、悬崖等）

scales /skeɪlz ‖ skelz/ *noun* [plural] a piece of equipment that is used for weighing sb/sth 秤；磅秤: *I weighed it on the kitchen scales.* 我把它放在厨房的秤上称。 ☛ picture on next page. 见下页插图。

scalp /skælp ‖ skælp/ *noun* [C] the skin on the top of your head that is under your hair 头皮

scalpel /'skælpəl ‖ 'skælpəl/ *noun* [C] a small knife that is used by doctors (**surgeons**)

S

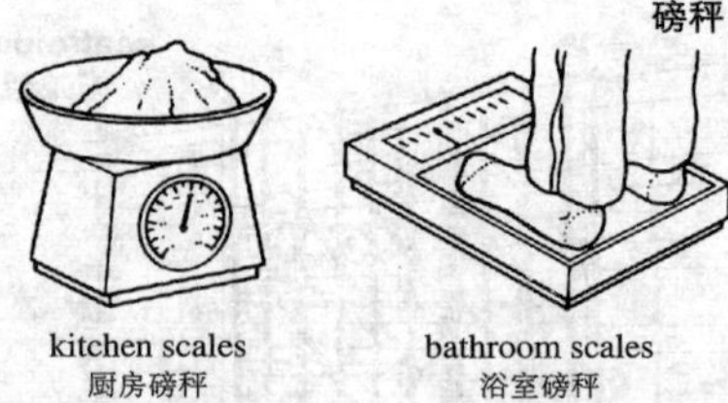

when they are doing operations（外科医生 (**surgeon**) 施手术时用的）手术刀/解剖刀

scamper /'skæmpə(r) ‖ 'skæmpɚ/ *verb* [I] (often used about a child or small animal 常指小孩或小动物) to run quickly 奔跑；蹦蹦跳跳；急窜

scampi /'skæmpɪ ‖ 'skæmpɪ/ *noun* [plural] large prawns that have been fried in a mixture of flour and milk (**batter**) 炸大虾（裹面粉牛奶糊 (**batter**) 炸成的大虾）

scan /skæn ‖ skæn/ *verb* [T] (sca**nn**ing; sca**nn**ed) **1** to examine sth carefully because you are looking for sth 小心地检查；审视；细看：*The sailors scanned the horizon for signs of land.* 那些水手小心地察看地平线，看看有没有陆地的踪影。**2** to look at or read sth quickly 迅速地看；匆匆地翻阅；浏览：*Vic scanned the list until he found his own name.* 维克迅速地看名单，直至找到自己的名字为止。**3** (used about a machine 指机器) to examine what is inside a person's body or inside an object such as a suitcase 扫描/扫掠/扫描检查（人体或物件内部）：*Machines scan all the luggage for bombs and guns.* 所有行李都要经机器扫描，以检查有没有炸弹及枪械。

scan *noun* [C] an act of scanning 扫视；审视；扫描：*The scan showed the baby was in the normal position.* 扫描显示胎儿处于正常的位置。

scanner *noun* [C] a machine that scans (3) 扫描器

scandal /'skændl ‖ 'skændl̩/ *noun* **1** [C,U] an action or a situation or behaviour that shocks people; the public feeling that is caused by such behaviour 令人震惊的行为/情况；丑闻；公愤：*There has been another major financial scandal involving a bank in London.* 涉及伦敦一家银行又有一宗严重的财务丑闻。○ *There was no suggestion of scandal in his private life.* 他的私生活与丑闻完全沾不上关系。○ *The poor state of school buildings is a real scandal.* 不少学校的校舍日久失修，情况令人震惊。**2** [U] talk about sth bad or wrong that sb has or may have done 流言蜚语；闲话；坏话：*to spread scandal about sb* 散布有关某人的流言

scandalize (*also* 亦作 **scandalise**) /'skændəlaɪz ‖ 'skændl̩ˌaɪz/ *verb* [T] to cause sb to feel shocked by doing sth that he/she thinks is bad or wrong 使震惊/愤慨/反感

scandalous /'skændələs ‖ 'skændl̩əs/ *adj* very shocking or wrong 令人震惊；太不像话：*It is scandalous that so much money is wasted.* 浪费了这么多金钱太不像话。

Scandinavia /ˌskændɪ'neɪvɪə ‖ ˌskændə'nevɪə/ *noun* [U] the group of countries in northern Europe that consists of Denmark, Norway and Sweden. Sometimes Finland and Iceland are also said to be part of Scandinavia. 斯堪的纳维亚（包括丹麦、挪威和瑞典的北欧诸国，有时连芬兰和冰岛也包括在内）—**Scandinavian** *adj*

scant /skænt ‖ skænt/ *adj* (only *before* a noun 只用于名词前) not very much; not as much as necessary 不多；不足；缺乏的：*They paid scant attention to my advice.* 他们根本不理会我的劝告。

scanty /'skæntɪ ‖ 'skæntɪ/ *adj* (**scantier**; **scantiest**) too small in size or quantity 过小；过少：*We didn't learn much from the scanty information they gave us.* 从他们向我们提供的一点点资料中我们所知道的东西实在不多。—**scantily** *adv*: *She was scantily dressed in a short night-gown.* 她衣着单薄，只穿着一套短睡衣。

scapegoat /'skeɪpgəʊt ‖ 'skepˌgot/ *noun* [C] a person who is blamed for sth that sb else has done 代人受过的人；替罪羊

scar /skɑ:(r) ‖ skɑr/ *noun* [C] a mark on the skin that is caused by a cut or wound that has now healed 伤痕；疤：*The operation didn't leave a very big scar.* 那手术没有留下很大的疤痕。○ (*figurative* 比喻) *The city centre still bears the scars of the recent fighting.* 市中心仍然留有最近一次战斗的痕迹。☛ Look at **scab**. 参看 **scab**。

scar *verb* [I,T] (sca**rr**ing; sca**rr**ed) to leave a scar on sb/sth 给…留下疤痕；在…上留下疤痕：*William's face was scarred for life in the accident.* 那次事故在威廉脸上留下了永久的疤痕。

☆**scarce** /skeəs ‖ skɛrs/ *adj* not existing in large quantities; hard to find 不足；缺乏的；稀有；难得：*Food for birds and animals is scarce in the winter.* 冬天时鸟和动物都没有足够的食物。☛ The opposite is **plentiful**. 反义词为 **plentiful**。—**scarcity** /'skeəsətɪ ‖ 'skɛrsətɪ/ *noun* [C,U] (*pl* **scarcities**): *There will be food scarcities in most regions.* 大部分地区将会出现食物短缺。○ *The scarcity of building land has forced the price up.* 建筑用地不足迫使地价上升。

scarcely /'skeəslɪ ‖ 'skɛrslɪ/ *adv* **1** only just; almost not 仅仅；几乎没有：*Scarcely had I sat down, when the phone rang.* 我一坐下电话就响了。○ *There was scarcely a car in sight.* 几乎一辆汽车也看不见。○ *She's not a friend of mine. I scarcely know her.* 她不是我的朋友，我不认识她。☛ Look at **hardly**. 参看 **hardly**。**2** surely not 决不：*You can scarcely expect me to believe that after all you said before.* 听过你以前说的那许多话后，别以为我还会相信你现在所说的。

☆**scare** /skeə(r) ‖ skɛr/ *verb* [T] to make a person or an animal frightened 使（人或动物）惊恐/恐惧：*The sudden noise scared us all.* 那突然而来的声音把我们都吓坏了。

(PHRASAL VERB 短语动词) **scare sb/sth away/off** to make a person or animal leave or stay away by frightening them 把（人或动物）吓跑：*Don't make any noise or you'll scare the birds away.* 不要弄出声响，不然的话你会把那些鸟吓跑的。

scare *noun* [C] **1** a feeling of being frightened 惊恐；惊吓：*It wasn't a serious heart attack but it gave him a scare.* 虽然这次心脏病发作并不严重，但已使他紧张了一阵子。**2** a situation where many people are afraid or worried about sth 恐慌：*Last night there was a bomb scare at Victoria Station.* 昨晚在维多利亚车站出现炸弹恐慌。

scared *adj* **scared (of sb/sth); scared (of doing sth/to do sth)** frightened 惊恐；受惊；害怕：*Are you scared of the dark?* 你怕黑吗？○ *She's scared of walking home alone.* 她害怕单独走路回家。○ *Everyone was too scared to move.* 大家都害怕得不敢动弹。

scary /ˈskeərɪ ‖ ˈskɛrɪ/ *adj* (**scarier; scariest**) (*informal* 非正式) rather frightening 可怕；使人惊恐：*a scary ghost story* 一个可怕的鬼故事 ○ *It was a bit scary driving in the mountains at night.* 晚上驾车驶过山区时，气氛有点吓人。

ˈ**scarecrow** *noun* [C] a model of a person that is dressed in old clothes and put in a field to frighten away the birds（竖立在田间吓走雀鸟的）稻草人

scarf /skɑːf ‖ skɑrf/ *noun* [C] (*pl* **scarfs** /skɑːfs ‖ skɑrfs/ or **scarves** /skɑːvz ‖ skɑrvz/) **1** a long thin piece of cloth, usually made of wool, that you wear around your neck to keep warm 围巾（长条形，通常是羊毛制的）：*He wrapped a scarf around his neck and set off.* 他把一条围巾围在脖子上就出发了。☛ picture on page A25. 见第 A25 页插图。**2** a square piece of cloth that (usually) women wear around their neck or shoulders or over their heads to keep warm or for decoration 披肩/围巾/头巾（方形，通常是妇女用的，以作保暖或装饰）：*She tied a scarf around her neck and set off.* 她把一条围巾系在脖子上就出发了。

scarlet /ˈskɑːlət ‖ ˈskɑrlət/ *adj*, *noun* [U] (of) a bright red colour 鲜红色；猩红色 ☛ Look at **crimson** and **maroon**. 参看 **crimson** 及 **maroon**。

scathing /ˈskeɪðɪŋ ‖ ˈskeðɪŋ/ *adj* expressing a very strong negative opinion about sb/sth; very critical 尖刻/苛刻/严厉（指批评、意见等）：*a scathing attack on the new leader* 对新领袖的严厉抨击 ○ *scathing criticism* 尖刻的批评

scatter /ˈskætə(r) ‖ ˈskætɚ/ *verb* **1** [I] (used about a group of people or animals 指一群人或动物) to move away quickly in different directions 散开；四散：*The deer scattered when they heard us approaching.* 那些鹿听到我们走近，便四处逃散。**2** [T] to drop or throw things in different directions over a wide area 散播；撒播；撒于…上：*The wind scattered the papers all over the room.* 纸张被风吹得散落在房间的四周。

scattered *adj* spread over a large area or at intervals 分散；零散；零星：*There will be sunny intervals with scattered showers today.* 今天天气大致晴朗，有零星阵雨。

scavenge /ˈskævɪndʒ ‖ ˈskævɪndʒ/ *verb* [I,T] to look for food, etc among waste and rubbish（在垃圾堆中）捡拾/找寻（食物等）

scavenger *noun* [C] a person or animal that scavenges 拾荒者；在垃圾堆中找寻食物等的人/动物

scenario /sɪˈnɑːrɪəʊ; *US* 美 -ˈnær- ‖ sɪˈnærɪˌo/ *noun* [C] (*pl* **scenarios**) **1** a description of what happens in a play or film（戏剧或电影的）剧情概要/脚本 **2** one way that things may happen in the future 事物在未来可能出现的一种情况：*The doctor described a scenario in which the disease spread rapidly across the whole country.* 医生描述了一种会出现的情况，就是那疾病可能迅速蔓延全国。

☆**scene** /siːn ‖ sin/ *noun* **1** [C] the place where sth happened 事发地点；现场：*the scene of a crime, accident, etc* 案发现场；肇事现场… **2** [C] an occasion when sb expresses great anger or another strong emotion in public（在公众场合）发脾气/吵闹/表现出强烈情绪：*There was quite a scene when she refused to pay the bill.* 她拒绝付帐，引起一场吵闹。○ *There were emotional scenes at the dock side as the boat pulled away.* 当那船启航时，码头上出现了感情激动的场面。**3** [C] one part of a book, play, film, etc in which the events happen in one place（书本、戏剧、电影等中）一场/一幕：*The first scene of 'Hamlet' takes place on the castle walls.*《哈姆雷特》第一场的故事发生于城墙之上。**4** [C,U] what you see around you in a particular place 景物；风景；景致：*Constable painted many scenes of rural life.* 康斯特布尔绘了很多乡郊生活场景的画。○ *Her new job was no better, but at least it would be a change of scene.* 虽然她的新工作不比旧的好，但至少可以转换一下工作环境。**5 the scene** [sing] the way of life or present situation in a particular area of activity 某一活动领域的生活方式/现况：*The political scene in Eastern Europe is very confused.* 东欧的政治局势极不明朗。○ *the fashion scene* 时装界（现况）

☆**scenery** /ˈsiːnərɪ ‖ ˈsinərɪ/ *noun* [U] **1** the natural features that you see around you in the country 自然景物；风景：*The scenery is superb in the mountains.* 山区风景十分壮观。**2** the furniture, painted cloth, boards, etc that are used on the stage in a theatre（舞台）布景：*The scenery is changed during the interval.* 在中场休息期间转换布景。☛ We say that an area of the country has beautiful **scenery** when it is attractive to look at. 描述某地区风景怡人，我们说 beautiful **scenery**。The **landscape** of a particular area is the way the natural features of it are arranged * **landscape** 则指某个地方自然景物的分布/地形：*Trees and hedges are a typical feature of the British landscape.* 树木和树篱是英国乡村的典型景色。You have a **view** of something when you look out of a window or down from a tower * **view** 用于指从窗口或塔上望下去所看到的景物：*There was a marvellous view of the sea from our hotel room.* 从我们的酒店房间往外望，可以看到壮丽的海景。

scenic /ˈsiːnɪk ‖ ˈsinɪk/ *adj* having beautiful scenery 风景优美：*a scenic route through the country lanes* 一段穿越乡间小径欣赏如画景色的行程

S

scent /sent ‖ sɛnt/ *noun* **1** [C,U] a pleasant smell 香味: *This flower has no scent.* 这种花没有香味。**2** [U] (*especially Brit* 尤为英) = PERFUME(2): *a bottle of scent* 一瓶香水 **3** [C,U] the smell that an animal leaves behind and that some other animals can follow 动物留下的气味 —**scented** *adj*

sceptic (*US* 美 **skeptic**) /'skeptɪk ‖ 'skɛptɪk/ *noun* [C] a person who doubts that sth is true, right, etc 持怀疑态度的人；怀疑论者

sceptical (*US* 美 **skeptical**) /-kl ‖ -kḷ/ *adj* **sceptical (of/about sth)** doubting that sth is true, right, etc 怀疑的；持怀疑态度的: *Many doctors are sceptical about the value of alternative medicine.* 不少医生都怀疑非正规药物的价值。

scepticism (*US* 美 **skepticism**) /'skeptɪsɪzəm ‖ 'skɛptəˌsɪzəm/ *noun* [U] a general feeling of doubt about sth; a feeling that you are unwilling to believe sth 怀疑；怀疑态度: *They listened with scepticism to the President's promises of reform.* 他们对总统答允改革的承诺持怀疑的态度。

schedule /'ʃedju:l; *US* 美 'skedʒʊl ‖ 'skɛdʒʊl/ *noun* **1** [C,U] a plan of things that will happen or of work that must be done 时间表；进度表；日程（表）；预定计划表: *Max has a busy schedule for the next few days.* 接下来的数天，马克斯的日程安排得很紧。○ *to be ahead of/behind schedule* (= to have done more/less than was planned) 比预定计划早；落后于预定计划 ○ *to be on schedule* (= to have done the amount that was planned) 按照进度表如期进行 **2** (*US* 美) = TIMETABLE

schedule *verb* [T] **schedule sth (for sth)** to arrange for sth to happen or be done at a particular time 把…列入（时间表或进度表）；安排；排定: *We've scheduled the meeting for Monday morning.* 我们已安排在星期一早上召开会议。○ *The train was scheduled to arrive at 10.07.* 火车定于十时零七分抵达。○ *Is it a scheduled flight?* (= on the regular timetable) 这是定期航班吗？

☆**scheme** /ski:m ‖ skim/ *noun* [C] **1** an official plan or system for doing or organizing sth（正式或官方的）计划/方案: *a new scheme to provide houses in the area* 给这地区供应房屋的新计划 ○ *Are you paying into a private pension scheme?* 你是不是参加了私人退休保障计划，定期缴付款项？**2** a clever plan to do sth 聪明的办事方法/计划: *He's thought of a new scheme for making money fast.* 他想出了一个可迅速获利的新计划。☛ Look at **colour scheme**. 参看 **colour scheme**。

scheme *verb* [I,T] to make a secret or dishonest plan 策划（阴谋等）；密谋

schizophrenia /ˌskɪtsəʊ'fri:nɪə ‖ ˌskɪtzə'frinɪə/ *noun* [U] a serious mental illness in which a person confuses the real world and the world of the imagination and often behaves in strange and unexpected ways 精神分裂症（一种严重的精神病，患者分不清楚现实和虚幻境界，行为古怪难测）

schizophrenic /ˌskɪtsəʊ'frenɪk ‖ ˌskɪtzə-'frɛnɪk/ *adj, noun* [C] (of) a person who is suffering from schizophrenia 患有精神分裂症的（人）

scholar /'skɒlə(r) ‖ 'skɑlɚ/ *noun* [C] **1** a person who studies and has a deep knowledge of a particular subject 学者: *a leading Shakespeare scholar* 一位研究莎士比亚的权威学者 **2** a person who has passed an exam or won a competition and has been given some money (**a scholarship**) to help pay for his/her studies 奖学金获得者（指因通过考试或赢得比赛而获取奖学金 (**scholarship**) 的人）: *a British Council scholar* 获英国文化协会奖学金的人 ☛ Look at **student**. 参看 **student**。

scholarship /'skɒləʃɪp ‖ 'skɑlɚˌʃɪp/ *noun* **1** [C] an amount of money that is given to a person who has passed an exam or won a competition, in order to help pay for his/her studies 奖学金（因通过考试或赢得比赛而取得的）: *to win a scholarship to Yale* 获得耶鲁大学的奖学金 **2** [U] serious study; the work of scholars 学术研究；学术著作；学术成就

☆**school** /sku:l ‖ skul/ *noun* **1** [C] the place where children go to be educated 学校: *Paul goes to the local school.* 保罗在本地学校念书。○ *They're building a new school in our area.* 他们正在本区兴建一所新学校。○ *Do you have to wear school uniform?* 你上学要穿校服吗？○ *We go on the school bus.* 我们乘校车上学。○ *Every school has several computers.* 每所学校都有几台计算机。**2** [U] the time you spend at a school; the process of being educated in a school 上学；在学校受教育/上课: *Children start school at 5 in Britain and can leave school at 16.* 在英国，儿童5岁开始上学，到16岁才可以离开学校。○ *School starts at 9 o'clock and finishes at about 3.30.* 上课时间由早上9时开始，约下午3时半结束。○ *After school we usually have homework to do.* 下课后，我们通常要做家庭作业。○ *Because of the snow there will be no school today.* 由于下雪的缘故，学校今天停课。☛ You talk about **school** (no **'the'**) when you are talking about going there for the usual reason (that is, as a pupil or teacher) 如果是指基于通常原因到学校去（即是学生或老师到学校上课），**school** 之前不用定冠词 **the**: *Where do your children go to school?* 你的孩子在哪儿上学？○ *I enjoyed being at school.* 我喜欢上学。○ *Do you walk to school?* 你是走路上学的吗？You talk about **the school** if you are talking about going there for a different reason (for example, as a parent) 到学校去如果另有原因（如以家长身分去），要说 **the school**: *I have to go to the school on Thursday to talk to John's teacher.* 我要在星期四到学校跟约翰的老师谈谈。You must also use **a** or **the** when more information about the school is given 当提及更多有关学校的情况时，也必须用 **a** 或 **the**: *Pat goes to the local school.* 帕特在本地学校念书。○ *She teaches at a school in Leeds.* 她在利兹的一所学校任教。**3** [sing, with sing or pl verb] all the pupils and teachers in a school 学校的全体师生: *The whole school cheered the winner.* 全校师生向优胜者欢呼。**4** [C] a place where you go to learn a particular subject 专科学校: *a driving* *school* 驾驶学校 ○ *a language school* 语言学校 **5** [C] (*US* 美) a college or university 学院；大学 **6** [C] a department of a university that teaches a particular subject（大学）学系：*the school of geography at Leeds University* 利兹大学的地理系 **7** [C] a group of writers, painters, etc who have the same ideas or style 学派；流派：*the Flemish school of painting* 佛兰德斯画派

(IDIOM 习语) **a school of thought** the ideas or opinions that one group of people share 学派：*There are various schools of thought on this matter.* 有关这个问题有许多不同的看法。

schooling *noun* [U] the time that you spend at school; your education 在学校的时间；教育：*Irene's schooling was interrupted because she was ill so often.* 艾琳因为常常生病，学业中断。

ˈ**school age** *noun* [U] the age when a child must go to school, eg in Britain, between 5 and 16 学龄（在英国为5至16岁）

ˈ**schoolboy,** ˈ**schoolgirl,** ˈ**schoolchild** *noun* [C] a boy/girl/child who goes to school 男生；女生；学童

ˈ**school-days** *noun* [plural] the period of your life when you go to school 学生时代

ˌ**school-ˈleaver** *noun* [C] a person who has just left school 中学毕业生

ˈ**schoolmaster** (*feminine* 阴性 ˈ**schoolmistress**) *noun* [C] a teacher, especially one at a private school 教师（尤指私立学校的）

ˈ**schoolteacher** *noun* [C] a person who teaches in a school 教师

☆**science** /ˈsaɪəns ‖ ˈsaɪəns/ *noun* **1** [U] the study of and knowledge about the physical world and natural laws（自然）科学：*science and technology* 科学与技术 ○ *Modern science has discovered a lot about the origin of life.* 现代科学发现了不少有关生命起源的知识。○ *Fewer young people are studying science at university.* 现在大学里修读理科的学生少了。○ *a science teacher* (= one who teaches biology, chemistry or physics) 理科教师 **2** [C, U] one of the subjects into which science can be divided 某一门科学；理科：*Biology, chemistry and physics are all sciences.* 生物、化学和物理都是理科。○ *Is mathematics a science?* 数学是理科吗？☛ The study of people and society is called **social science**. 研究人和社会的学科叫做社会科学（**social science**）。

scientist /ˈsaɪəntɪst ‖ ˈsaɪəntɪst/ *noun* [C] a person who studies or teaches science, especially biology, chemistry or physics 研究/教授科学（尤指生物学、化学或物理学等）的人；科学家

ˌ**science ˈfiction** *noun* [U] books, films, etc about events that take place in the future, especially connected with travel in space 科幻小说/电影

☆**scientific** /ˌsaɪənˈtɪfɪk ‖ ˌsaɪənˈtɪfɪk/ *adj* **1** connected with science 与科学有关：*We need more funding for scientific research.* 我们需要更多经费作科学研究。**2** using the methods that are used in science(1) (= observing facts and testing ideas with experiments) 采用科学方法的：*a scientific study of the way people use language* 为深入了解人们怎样运用语言而进行的科学研究 —**scientifically** /-klɪ ‖ -klɪ/ *adv*: *It will be hard to prove the idea scientifically* (= using the methods of science). 要用科学方法证实那个想法是很困难的。

scissors
剪刀

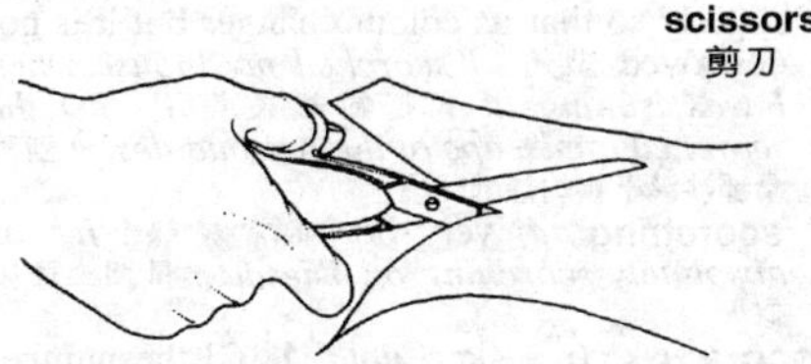

☆**scissors** /ˈsɪzəz ‖ ˈsɪzərz/ *noun* [plural] a tool for cutting things that consists of two flat sharp blades that are joined together 剪刀 ☛ **Scissors** is a plural noun * **scissors** 为复数名词：*These scissors are blunt.* 这把剪刀很钝。We CANNOT say 'a scissors': we must use the word **pair** 不能说 a scissors。表示一把剪刀，必须与 **pair** 连用：*I need a new pair of scissors.* 我需要一把新剪刀。

scoff /skɒf; *US* 美 skɔːf ‖ skɔf/ *verb* [I] **scoff (at sb/sth)** to speak about sb/sth without respect 嘲弄；讥笑

scold /skəʊld ‖ skold/ *verb* [I,T] **scold sb (for sth/for doing sth)** to speak angrily to sb because he/she has done something bad or wrong 责骂；斥责：*The teacher scolded her for being late.* 老师责备她迟到。☛ **Tell off** is more common. 较常用的词语为 **tell off**。

scone /skɒn; skəʊn ‖ skon/ *noun* [C] a small plain cake made from fat and flour. You often put butter and jam on scones. 小烤饼（用油和面粉做的，通常涂上黄油和果酱来吃）

scoop /skuːp ‖ skup/ *noun* [C] **1** a tool like a spoon used for picking up ice-cream, flour, grain, etc 勺子/小铲（用以舀冰淇淋、面粉、谷粒等）**2** the amount that one scoop contains 一勺的分量：*apple pie served with a scoop of ice-cream* 苹果馅饼配以一勺冰淇淋 **3** an exciting piece of news that is reported by one newspaper, TV or radio station before it is reported anywhere else 抢先报道的新闻；独家新闻

scoop *verb* [T] **scoop sth (out/up)** to make a hole in sth or to take sth out by using a scoop(1) or sth similar 挖出；舀取：*Scoop out the middle of the pineapple.* 舀出菠萝芯。

scooter /ˈskuːtə(r) ‖ ˈskutər/ *noun* [C] **1** a light motor cycle with a small engine 小型摩托车 ☛ picture at **motor bike**. 见 **motor bike** 插图。**2** a child's toy with two wheels that you stand on and move by pushing one foot against the ground（儿童的）踏板车（一脚踏着小车踏板，另一脚蹬地行进）

scope /skəʊp ‖ skop/ *noun* **1** [U] **scope (for sth/to do sth)** the chance or opportunity to do sth 机会：*The job offers plenty of scope for creativity.* 那项工作有许多发挥创作力的机会。

S

2 [sing] the range of subjects that are being discussed or considered（讨论或考虑的）范围: *The government was unwilling to extend the scope of the inquiry.* 政府不愿扩大调查范围。○ *It is not within the scope of this book to discuss these matters in detail.* 这些问题的细节不在本书的讨论范围之内。

scorch /skɔ:tʃ ‖ skɔrtʃ/ *verb* [T] to burn sth slightly so that its colour changes but it is not destroyed 烘焦: *I scorched my blouse when I was ironing it.* 我把衬衫烫焦了。○ *the scorched landscape of the Arizona desert* 亚里桑那沙漠干焦灼热的环境

scorching *adj* very hot 非常炎热: *It was absolutely scorching on Tuesday.* 星期二骄阳似火。

☆**score**[1] /skɔ:(r) ‖ skɔr/ *noun* **1** [C] the number of points, goals, etc that sb/sth gets in a game, competition, examination, etc（游戏、比赛、考试等的）分数: *What was the final score?* 最后的分数是多少？○ *The score is 3-2 to Oxford.* 比分是3比2，牛津胜。○ *Graf won the match with a score of 6-4, 6-1.* 格拉夫赢了那场比赛，比数分别是6比4和6比1。○ *The top score in the test was 80%.* 这次测验最好的成绩是满分的百分之八十。**2 scores** [plural] very many 大量；众多: *Scores of people have written to offer their support.* 许多人写信表示支持。**3** [C] the written form of a piece of music 乐谱

(IDIOM 习语) **on that score** about that 在那一方面；为了那个缘故: *Len will be well looked after. Don't worry on that score.* 莱恩会得到妥善的照顾，不必担心这一点。

ˈ**scoreboard** *noun* [C] a large board that shows the score during a game, competition, etc 记分牌

☆**score**[2] /skɔ:(r) ‖ skɔr/ *verb* [I,T] to get points, goals, etc in a game, competition, examination, etc 得分；取分: *The team still hadn't scored by half-time.* 那队在上半场完结时仍未有任何得分。○ *Louise scored the highest marks in the exam.* 路易丝在考试中获得最高分数。○ *Senna scored an easy victory in the new Honda.* 森纳驾驶新型本田汽车轻易取胜。○ *England scored three goals against France.* 英格兰队胜法国队三球。

scorn /skɔ:n ‖ skɔrn/ *noun* [U] **scorn (for sb/sth)** the strong feeling that you have when you do not respect sb/sth 蔑视；轻蔑: *She looked at him with scorn and contempt.* 她望着他，眼里充满轻蔑和鄙夷。

scorn *verb* [T] **1** to feel or show scorn for sb/sth 蔑视；鄙视: *The President scorned his critics.* 总统蔑视批评他的人。**2** to refuse to accept help or advice, especially because you are too proud 不屑接受援助/意见: *The old lady scorned all offers of help.* 那老太太不屑接受任何援助。

scornful /-fl ‖ -fəl/ *adj* feeling or showing scorn 轻蔑的: *a scornful look, smile, etc* 轻蔑的眼神/微笑… —**scornfully** /-fəlɪ ‖ -fəlɪ/ *adv*

Scorpio /ˈskɔ:pɪəʊ ‖ ˈskɔrpɪˌo/ *noun* [C,U] (*pl* **Scorpios**) the eighth sign of the zodiac, the Scorpion; a person who was born under this sign 天蝎宫（黄道第八宫）；属天蝎座的人 ☛ picture at **zodiac**. 见 **zodiac** 插图。

scorpion /ˈskɔ:pɪən ‖ ˈskɔrpɪən/ *noun* [C] a creature which looks like a large insect and lives in warm climates. A scorpion has a long tail with a poisonous sting in it. 蝎子

☆**Scot** /skɒt ‖ skɑt/ *noun* [C] a person who comes from Scotland 苏格兰人

Scotch /skɒtʃ ‖ skɑtʃ/ *noun* **1** [U] a strong alcoholic drink (**whisky**) that is made in Scotland 苏格兰威士忌（酒）（威士忌酒叫做 **whisky**）**2** [C] a glass of Scotch 一杯苏格兰威士忌（酒）: *Two Scotches, please.* 请给我两杯苏格兰威士忌。☛ Look at the note at **Scottish**. 参看 **Scottish** 的注释。

☆**Scots** /skɒts ‖ skɑts/ *adj* of or connected with people from Scotland 苏格兰人的 ☛ Look at the note at **Scottish**. 参看 **Scottish** 的注释。

ˈ**Scotsman** /-mən ‖ -mən/ ˈ**Scotswoman** /-wʊmən ‖ -ˌwʊmən/ *noun* [C] a man or woman who comes from Scotland 苏格兰人；苏格兰女人

☆**Scottish** /ˈskɒtɪʃ ‖ ˈskɑtɪʃ/ *adj* of or connected with Scotland, its people, culture, etc 与苏格兰有关；苏格兰人的；苏格兰文化的 ☛ **Scots** is usually only used about the people of Scotland * **Scots** 通常只指苏格兰人: *a Scots piper* 吹苏格兰风笛的人. **Scottish** is used about Scotland and about both people and things that come from Scotland * **Scottish** 指与苏格兰有关，以及来自苏格兰的人和事物: *Scottish law, dancing, lochs, etc.* 苏格兰法律/舞蹈/海湾… ○ *She speaks with a strong Scottish accent.* 她说话带有浓重的苏格兰口音。○ *the Scottish Highlands* 苏格兰高地. **Scotch** is used for whisky and some kinds of food. * **Scotch** 用于指苏格兰威士忌（酒）及某些食物。You should not use it for Scottish people. 不应用来指苏格兰人。

scoundrel /ˈskaʊndrəl ‖ ˈskaʊndrəl/ *noun* [C] (*old-fashioned* 旧) a man who behaves very badly towards other people, especially by being dishonest 恶棍；无赖

scour[1] /ˈskaʊə(r) ‖ skaʊr/ *verb* [T] to clean sth by rubbing it hard with sth rough 刷净: *to scour dirty pots and pans* 刷净肮脏的厨房炊具

scour[2] /ˈskaʊə(r) ‖ skaʊr/ *verb* [T] to search a place very carefully because you are looking for sb/sth 小心搜索；四处搜寻: *Helen scoured the shops for a suitable dress.* 海伦走遍多家商店要寻找合适的衣服。

scourge /skɜ:dʒ ‖ skɝdʒ/ *noun* [C] a person or thing that causes a lot of trouble or suffering 祸端；祸根；祸害: *the scourge of unemployment* 失业之苦

scout /skaʊt ‖ skaʊt/ *noun* [C] **1** a soldier who is sent on in front of the rest of the group to find out where the enemy is or which is the best route to take 侦察兵 **2 Scout** (*also* 亦作 **Boy** ˈ**Scout**) a member of an organization that teaches boys how to look after themselves and encourages them to help others. Scouts do sport, learn useful skills, go camping, etc. 童子军 ☛ Look at **Girl Guide**. 参看 **Girl Guide**。

scowl /skaʊl ‖ skaʊl/ *noun* [C] a look on your face that shows you are angry or in a bad mood 不悦之色；怒容 ☛ Look at **frown**. 参看 **frown**。—**scowl** *verb* [I]

scrabble /'skræbl ‖ 'skræbḷ/ *verb* [I] to move your fingers around, trying to find sth or get hold of sth（用手指）摸索着寻找: *She scrabbled about in her purse for some coins.* 她伸手到钱包中找寻硬币。

scramble /'skræmbl ‖ 'skræmbḷ/ *verb* [I] **1** to climb quickly up or over sth using your hands to help you 攀爬；攀登: *to scramble up a steep hill, over a wall, etc* 攀上陡峭的山；攀过一堵墙… **2** to move or do something quickly because you are in a hurry 快速移动；仓促行动: *She scrambled into some clean clothes.* 她匆匆穿上干净的衣服。**3 scramble (for sth)** to struggle to get sth which a lot of people want 争夺；抢夺: *Everyone was scrambling to get the best bargains.* 人人争相抢购最合算的便宜货。

scramble *noun* [sing] an act of scrambling 争夺；抢夺: *There was a real scramble as everyone rushed for the best seats.* 人人都抢坐最佳的座位，情况一片混乱。

scrambled 'egg *noun* [U] eggs that are mixed together with milk and then cooked in a pan 炒蛋

scrap[1] /skræp ‖ skræp/ *noun* **1** [C] a small piece or amount of sth 小片；少许: *a scrap of paper* 一小片纸 ○ *scraps of food* 食物碎屑 ○ (*figurative* 比喻) *There is not a scrap of truth in what she told me.* 她告诉我的事没有一点是真的。**2** [U] something that you do not want any more but that is made of material that can be used again 废物/废料（弃掉后其原料可再用）: *The old car was sold for scrap* (= so the metal could be used again). 那辆旧车已作废料出售了。○ *scrap paper* 废纸

scrap *verb* [T] (scra**pp**ing; scra**pp**ed) to get rid of sth that you do not want any more 抛弃；丢弃: *the government's decision to scrap nuclear weapons* 政府放弃核武器的决定 ○ *I think we should scrap that idea.* 我认为我们应该打消那个念头。

scrappy *adj* (**scrappier**; **scrappiest**) not neat or well-organized 零乱；散乱；不连贯: *a scrappy letter* 一封前言不搭后语的信

'scrapbook *noun* [C] a large book with blank pages that you can stick pictures, newspaper articles, etc in 剪贴簿

'scrap heap *noun* [C] a large pile of rubbish 废物堆

(IDIOM 习语) **on the scrap heap** not wanted any more 不再需要；当作废物抛弃: *Many of the unemployed feel that they are on the scrap heap.* 许多失业的人都感到像被社会遗弃一样。

scrap[2] /skræp ‖ skræp/ *noun* [C] (*informal* 非正式) a fight or quarrel which is not very serious 口角；争吵

scrape[1] /skreɪp ‖ skrep/ *verb* **1** [T] **scrape sth (down/out/off)** to make sth clean or smooth by moving a sharp edge across it firmly 刮；削；刮净: *to scrape a pan clean* 将锅子刮擦干净 **2** [T] to remove sth by moving a sharp edge across a surface 刮走；刮掉: *Scrape all the mud off your boots before you come in.* 你进来前请先刮去靴上的泥。**3** [T] **scrape sth (against/along/on sth)** to damage or hurt sth by rubbing it against sth rough or hard 擦破；擦伤: *Mark fell and scraped his knee.* 马克跌倒了，擦破了膝盖。○ *Jenny scraped the car against the gatepost.* 珍妮开车擦到门柱，刮花了汽车。**4** [I,T] **scrape (sth) against/along/on sth** rub (sth) against sth and make a sharp unpleasant noise 刮擦而发出刺耳的声音: *The branches scraped against the window.* 树枝刮擦窗户发出刺耳的声音。

(PHRASAL VERBS 短语动词) **scrape through sth** to succeed with difficulty in doing sth 勉强成功；好不容易才（做了某事）: *to scrape through an exam* (= just manage to pass it) 勉强通过考试

scrape sth together/up to get or collect sth together with difficulty 勉强得到；好不容易才筹集得到: *We just managed to scrape enough money together for a week's holiday.* 我们勉强凑得度假一星期的钱。

scrape[2] /skreɪp ‖ skrep/ *noun* [C] **1** an act of scraping or the sound of sth scraping on/against sth 刮擦；刮擦之声: *the scrape of a spoon on a metal pan* 用汤匙刮金属锅的声音 **2** (*informal* 非正式) a difficult situation that was caused by your own foolish behaviour（因愚蠢行径而造成的）困境: *The children are always getting into scrapes.* 孩子们老是弄得一塌糊涂。

scrappy ⇨ SCRAP[1]

☆**scratch**[1] /skrætʃ ‖ skrætʃ/ *verb* **1** [I,T] to make a mark on a surface or a small wound on a person's skin with sth sharp 抓破；划破；抓伤；划伤: *The cat will scratch if you annoy it.* 如果你惹恼这只猫，它会抓你的。○ *I've scratched myself quite badly on the rose bush.* 我跌进玫瑰丛中，给玫瑰刺得体无完肤。○ *The table was badly scratched.* 桌子被严重刮花了。**2** [T] to put sth somewhere or to take it away by scratching 把…刻在；刮掉；划掉: *He scratched his name on the top of his desk.* 他把名字刻在桌面上。○ *I tried to scratch the paint off the table.* 我尝试刮去桌子上的油漆。**3** [I,T] to rub a part of the body, often to stop it itching 抓；搔；搔痒: *I put some lotion on his skin to try and stop him scratching.* 我在他皮肤上涂上一些药，希望可以止痒，使他不用乱挠。○ *Could you scratch my back for me?* 你可以给我搔搔背吗？○ *She sat and thought about the problem, scratching her head occasionally.* 她坐着细想问题，偶尔抓一抓头。

scratch[2] /skrætʃ ‖ skrætʃ/ *noun* **1** [C] a cut, mark or sound that was made by sb/sth scratching sb/sth else 抓痕；划痕；刮擦声: *There's a scratch on the car door.* 车门有刮痕。○ *They survived the accident without even a scratch.* 他们虽然遇到意外，但竟能安然无恙，没有半点损伤。**2** [sing] an act of scratching(3) 搔；抓；刮；擦: *The dog had a good scratch.* 那只狗痛痛快快地搔痒。

(IDIOMS 习语) **from scratch** from the very beginning 从头做起；从零开始: *I'm learning*

Spanish from scratch. 我学习西班牙语是从基础开始学起。

(be/come) up to scratch (*informal* 非正式) to be/become good enough 达到标准；令人满意: *Karen's singing isn't really up to scratch.* 卡伦唱歌还未真正达到标准。

scrawl /skrɔ:l ‖ skrɔl/ *verb* [I,T] to write in an untidy and careless way 潦草地写；涂鸦 —**scrawl** *noun* [sing]: *Her signature was just a scrawl.* 她的签名十分潦草。☛ Look at **scribble**. 参看 **scribble**。

☆**scream** /skri:m ‖ skrim/ *verb* [I,T] **scream (sth) (out) (at sb)** to cry out loudly in a high voice because you are afraid, excited, angry, in pain, etc 尖叫/惊呼（因害怕、激动、生气、痛苦等）: *She saw a rat hiding in the corner of the room and screamed.* 她看见房间角落藏匿着一只老鼠，吓得尖叫起来。○ *'Don't touch that,' he screamed.* 他高声喊道："别碰它！" ○ *She screamed at the children to stop.* 她高声叫孩子们停下来。○ *The horse screamed with pain.* 那匹马痛苦得高声嘶叫。○ *He clung to the edge of the cliff, screaming for help.* 他抓紧悬崖边，大叫救命。☛ Look at **shout**. 参看 **shout**。

scream *noun* **1** [C] a loud cry in a high voice 尖叫声: *a scream of pain* 痛苦的呼叫 **2** [sing] (*informal* 非正式) a person or thing that is very funny 滑稽可笑的人/事物: *She's a real scream.* 她真是一个滑稽的人。

S

screech /skri:tʃ ‖ skritʃ/ *verb* [I,T] to make an unpleasant loud high sound 尖叫；发出尖锐刺耳的声音: *The car's brakes screeched as it came to a halt.* 那辆车停下来时发出刺耳的声音。○ *'Get out of here,' she screeched at him.* 她对他尖声叫道："滚开！" ☛ Look at **shriek**. 参看 **shriek**。

screech *noun* [sing] an unpleasant high sound 尖叫声；尖锐刺耳的声音: *the screech of brakes* 刺耳的煞车声

☆**screen** /skri:n ‖ skrin/ *noun* **1** [C] a flat vertical surface that is used for dividing a room or keeping sb/sth out of sight 隔板；屏；屏风: *There was only a screen between the two desks.* 两张桌子中间只有一道屏风相隔。○ *The house was hidden by a screen of tall trees.* 那所房子被一排高树遮住了。**2** [C] the blank surface on which films are shown 银幕 **3** [C] the glass surface of a television or computer where the picture or information appears 屏幕；荧光屏 ☛ picture on page A26. 见第A26页插图。**4 the screen** [sing] cinema films 电影: *a star of stage and screen* (= a famous actor who appears in both plays and films) 影剧双栖的明星

screen *verb* [T] **1 screen sb/sth (off) (from sb/sth)** to hide or protect sb/sth from sb/sth 遮蔽；掩护: *The bed was screened off while the doctor examined him.* 医生替他检查身体时用屏风把病床遮挡起来。○ *to screen your eyes from the sun* 遮住眼睛以免阳光刺眼 **2 screen sb (for sth)** to examine or test sb to find out if he/she has a particular disease or if he/she is suitable for a particular job 检查（疾病）；审查；筛选；甄别；选拔: *All women over 50 should be screened for breast cancer.* 所有年过50的女性都应该接受乳癌检查。○ *The Ministry of Defence screens all job applicants.* 国防部审查所有职位申请者。**3** to show sth on TV or in a cinema 播放；放映: *The programme was too violent to be screened before 9 o'clock.* 那个节目过分渲染暴力，不适宜在9点钟前播放。

screw /skru: ‖ skru/ *noun* [C] a small piece of metal with a sharp end and a round head used for fixing two things, eg pieces of wood, together. A screw is like a nail but you fix it into sth by turning it round with a special tool (**a screwdriver**). 螺丝钉（用以拧紧或拧松螺丝钉的用具叫做螺丝起子 (**screwdriver**) ☛ picture at **tool**. 见 **tool** 插图。

screw *verb* **1** [T] to fasten sth with a screw or screws 用螺丝钉钉住/固定（某物）: *The bookcase is screwed to the wall.* 这个书架是用螺丝钉钉在墙上的。**2** [I,T] to fasten sth, or to be fastened, by turning 扭紧；拧紧: *The legs screw into holes in the underside of the seat.* 凳脚都旋入座位底部的孔里。○ *Make sure that you screw the top of the jar on tightly.* 务须把瓶盖拧紧。

(PHRASAL VERB 短语动词) **screw sth up 1** to make paper, cloth, etc into a tight ball 把（纸张、布等）揉成一团: *Joanne screwed up the letter and threw it in the bin.* 乔安妮把那封信揉成一团抛进废物箱去。**2** to change the expression on your face by nearly closing your eyes, in pain or because the light is strong（因强光或痛苦引致）眯眼/面孔扭曲 **3** (*slang* 俚语) to ruin sth or cause sth to fail 毁灭；弄糟: *You'd better not screw up this deal.* 你最好别把这笔交易弄糟。

'**screwdriver** *noun* [C] a tool that you use for turning screws 螺丝刀；螺丝起子 ☛ picture at **tool**. 见 **tool** 插图。

scribble /'skrɪbl ‖ 'skrɪbḷ/ *verb* [I,T] **1** to write sth quickly and carelessly 潦草地/匆匆地书写: *to scribble a note down on a pad* 在拍纸簿上草草写下一点东西 ☛ Look at **scrawl**. 参看 **scrawl**。**2** to make marks with a pen or pencil that are not letters or pictures 涂鸦；乱涂；乱画: *The children had scribbled all over the walls.* 孩子们在墙壁上到处涂鸦。

scribble *noun* [C,U] something that has been scribbled 潦草的字迹；涂鸦

script /skrɪpt ‖ skrɪpt/ *noun* **1** [C] the written form of a play, film, speech, etc（戏剧、电影等的）剧本；讲稿 **2** [C,U] a system of writing 文字体系: *Arabic, Cyrillic, Roman, etc script* 阿拉伯/西里尔/罗马等文字的字母

scripture /'skrɪptʃə(r) ‖ 'skrɪptʃɚ/ *noun* [U] (*also* 亦作 **the scriptures** [plural]) the holy books of religion, such as the Bible（宗教）经文/圣典（例如圣经）

scroll /skrəʊl ‖ skrol/ *noun* [C] a long roll of paper with writing on it（载有书写文字的）纸卷/卷轴

scroll *verb* [I,T] to move text up or down on a computer screen until you find the part you want（在计算机屏幕上）上下移动/卷页

scrounge /'skraʊndʒ ‖ skraʊndʒ/ *verb* [I,T] **scrounge (sth) (from/off sb)** (*informal* 非

正式) to get sth by asking another person to give it to you instead of making an effort to get it for yourself 向人索取: *Lucy is always scrounging money off her friends.* 露西总是向朋友要钱。

scrub[1] /skrʌb ‖ skrʌb/ *noun* [U] small trees and bushes that grow in an area that has poor soil or low rainfall 矮树丛

scrub[2] /skrʌb ‖ skrʌb/ *verb* (scru**bb**ing; scru**bb**ed) [I,T] **scrub (sth) (down/out)** to clean sth with soap and water by rubbing it hard, often with a brush 用力擦洗: *to scrub down the floor/walls* 擦洗地板/墙壁

(PHRASAL VERB 短语动词) **scrub sth off** to remove sth by scrubbing 擦去；擦掉: *to scrub the dirt off the walls* 将墙上的污渍洗擦干净

scrub *noun* [sing] an act of scrubbing 擦洗；擦净: *This floor needs a good scrub.* 地板需要彻底擦洗一下。

scruff /skrʌf ‖ skrʌf/ *noun*

(IDIOM 习语) **by the scruff of the/your neck** by the back of the/your neck 抓住/拎起…的颈背: *She picked up the puppy by the scruff of the neck.* 她抓住那只小狗的颈背，把它提起来。

scruffy /ˈskrʌfɪ ‖ ˈskrʌfɪ/ *adj* (**scruffier**; **scruffiest**) dirty and untidy 不整洁；邋遢: *He always looks so scruffy.* 他的外表总是很不整洁。○ *scruffy jeans* 肮脏的牛仔裤

scrum /skrʌm ‖ skrʌm/ *noun* [C] the part of a game of rugby when several players put their heads down in a circle and push against each other in order to try to get the ball（橄榄球比赛中）球员低头围成圆圈并列争球

scruples /ˈskru:plz ‖ ˈskrupl̩z/ *noun* [plural] moral beliefs which stop you from doing sth that you think is wrong 良心（上的不安）；顾忌；顾虑: *Haven't you any scruples?* 你没有感到良心不安吗？○ *I've got no scruples about asking them for money* (= I don't think it's wrong). 向他们要钱，我不觉得于心不安。

scrupulous /ˈskru:pjʊləs ‖ ˈskrupjələs/ *adj* **1** very careful or paying great attention to detail 小心谨慎；一丝不苟；认真严格: *a scrupulous investigation into the causes of the disaster* 审慎地探究祸因 **2** careful to do what is right or honest 审慎；正直: *Even the most scrupulous businessman might have been tempted.* 即使是最诚实的商人也可能抵受不住引诱。☛ The opposite is **unscrupulous**. 反义词为 **unscrupulous**。—**scrupulously** *adv*: *scrupulously clean, honest, etc* 十分清洁/诚实…

scrutinize (*also* 亦作 **scrutinise**) /ˈskru:tɪnaɪz; *US* 美 -tənaɪz ‖ ˈskrutn̩ˌaɪz/ *verb* [T] to look at or examine sth carefully 细看；仔细检查

scrutiny /ˈskru:tɪnɪ; *US* 美 ˈskru:tənɪ ‖ ˈskrutn̩ɪ/ *noun* [U] a careful examination or observation of sb/sth 详细的检查；仔细的观察；监视: *The police kept all the suspects under close scrutiny.* 警方严密监视所有疑犯。

scuba-diving /ˈsku:bə daɪvɪŋ ‖ ˈskubə daɪvɪŋ/ *noun* [U] swimming underwater using special equipment for breathing 用水肺潜水

scuff /skʌf ‖ skʌf/ *verb* [T] to make a mark on your shoes or with your shoes, eg by kicking sth or by dragging your feet along the ground 在鞋上留下痕迹；用鞋在…上留下痕迹

scuffle /ˈskʌfl ‖ ˈskʌfl̩/ *noun* [C] a fight in which people try to push each other roughly 扭打；混战: *There were scuffles between police and demonstrators.* 警方和示威群众扭打起来。

sculptor /ˈskʌlptə(r) ‖ ˈskʌlptɚ/ *noun* [C] a person who makes figures or objects from stone, wood, etc 雕刻家；雕塑家

sculpture /ˈskʌlptʃə(r) ‖ ˈskʌlptʃɚ/ *noun* **1** [U] the art of making figures or objects from stone, wood, clay, etc 雕刻艺术；雕塑艺术 **2** [C,U] a work or works of art that were made in this way 雕刻品；雕塑品: *'The King and Queen' is a sculpture by Henry Moore.* 《国王与王后》这件雕刻品是亨利·穆尔的杰作。

scum /skʌm ‖ skʌm/ *noun* [U] a covering of a dirty or unpleasant substance on the surface of a liquid. 浮垢；浮渣

scurry /ˈskʌrɪ ‖ ˈskʌrɪ/ *verb* [I] (*pres part* **scurrying**; *3rd pers sing pres* **scurries**; *pt*, *pp* **scurried**) to run quickly with short steps; to hurry 急跑；急赶

scuttle /ˈskʌtl ‖ ˈskʌtl̩/ *verb* [I] to run quickly with short steps; to hurry 急促奔跑；急赶

scythe /saɪð ‖ saɪð/ *noun* [C] a tool with a long handle and a long curved blade. You use a scythe to cut long grass, corn etc. 长柄大镰刀（用于割长草、谷物等）

☆**sea** /si: ‖ si/ *noun* [U] **1** often 常作 **the sea** the salt water that covers large parts of the surface of the earth 海；海洋: *Do you live by the sea?* 你住在海边吗？○ *The sea is quite calm/rough today.* 今天海面颇平静/波涛起伏。○ *The Thames flows into the sea at Gravesend.* 泰晤士河在格雷夫森德流入大海。○ *There were several people swimming in the sea.* 有几个人在海中游泳。○ *We finally sighted land after we had been at sea for several days.* 我们在海上航行了好几天后终于看见陆地。**2** [C] often 常作 **Sea** a particular large area of salt water. A sea may be part of the ocean or may be surrounded by land 海；海洋中的一片水域；内海: *the Mediterranean Sea* 地中海 ○ *the Black Sea* 黑海 **3** [sing] (*also* 亦作 **seas** [plural]) the state or movement of the waves of the sea 海面状况；海浪: *The captain said that we would not sail in heavy seas* (= when the waves are very big). 船长说我们将不会遇上巨浪。**4** [sing] a large amount of sth 大量: *The square was just a sea of people.* 广场上人山人海。

(IDIOM 习语) **at sea 1** sailing in a ship 航行: *They spent about three weeks at sea.* 他们在海上航行了三星期。**2** not understanding or not knowing what to do 茫然；困惑；不知所措: *When I first started this job I was completely at sea.* 我刚做这份工作时，完全不知道该怎样做。

ˈsea bed *noun* [C] the floor of the sea 海床；海底

ˈseafood *noun* [U] fish and shellfish from the sea that can be eaten as food 海产品；海味；海鲜

'**seagull** *noun* [C] = GULL

'**sea level** *noun* [sing] the level of the sea when it is halfway between high tide and low tide (used for measuring the height of things on land) 海平面；海拔: *50 metres above/below sea level* 海拔/低于海平面50米

'**sea lion** *noun* [C] a type of large seal 海狮

'**seaman** /-mən ‖ -mən/ *noun* [C] (*pl* **seamen** /-mən ‖ -mən/) a sailor 水手；海员

'**sea shell** *noun* [C] the empty shell of a small animal that lives in the sea 贝壳

'**seashore** *noun* [U] the part of the land that is next to the sea 海滨；海岸

'**seasick** *adj* feeling ill because of the movement of a boat or ship 晕船的: *to feel/get seasick* 晕船

'**seaside** *noun* [sing] often 常作 **the seaside** an area on the coast, especially one where people go on holiday 海边/海滨（尤指度假的地方）: *It's a lovely day. Let's go to the seaside.* 今天天气真好，我们一起到海边去吧。○ *a seaside hotel* 海边旅店

'**seaweed** *noun* [U] a plant that grows in the sea 海藻；海草

seal[1] /si:l ‖ sil/ *noun* [C] a grey animal with short fur that lives in and near the sea and that eats fish. Seals have no legs and swim with the help of short flat limbs (**flippers**). 海豹（海豹用短小扁平的鳍状肢 (**flipper**) 来帮助游泳）

S

seal[2] /si:l ‖ sil/ *noun* [C] **1** a piece of wax, etc that you put on an important piece of paper or letter to show that it is genuine and that it has not been opened 封蜡；火漆 **2** a small piece of paper, metal, plastic, etc on a packet, bottle, etc that you must break before you can open it 封口；封条 **3** something that stops air or liquid from getting in or out of something 封塞: *The seal has worn and oil is escaping.* 封口破损了，油正往外渗漏。○ *the rubber seal in the lid of a jar* 瓶盖的胶塞

seal *verb* [T] **1 seal sth (up/down)** to close or fasten a parcel, envelope, etc 封；封装: *The parcel was sealed with tape.* 那个包裹已用胶带封好了。○ *to seal (down) an envelope* 给信封封口 **2 seal sth (up)** to fill a hole or cover sth so that air or liquid does not get in or out 封闭；密封 **3** to show formally that you have agreed sth 正式同意: *to seal an agreement* 签署一项协议

(PHRASAL VERB 短语动词) **seal sth off** to stop any person or thing from entering or leaving an area or building 封锁；封闭: *The building was sealed off by the police.* 警方封锁了大厦。

seam /si:m ‖ sim/ *noun* [C] **1** the line where two pieces of cloth are sewn together（连接两块布的）缝/线缝/缝口 **2** a layer of coal under the ground 煤层

seance (*also* 亦作 **séance**) /'seɪɑ:ns ‖ 'seɑns/ *noun* [C] a meeting at which people try to talk to the spirits of dead people 招魂会；降灵会

☆**search** /sɜ:tʃ ‖ sɝtʃ/ *verb* [I,T] **search (sb/sth) (for sb/sth); search (through sth)(for sth)** to examine sb/sth carefully because you are looking for something; to look for sth that is missing 搜查；搜索；搜寻: *to search sb for drugs* 搜查某人看他身上是否有毒品 ○ *The police searched the area for clues.* 警方在那一地区搜寻线索。○ *They are still searching for the missing child.* 他们仍然在搜寻那个失踪的儿童。○ *She searched through the papers on the desk, looking for the letter.* 她翻遍桌子上的文件，寻找那封信。

search *noun* [C] an act of searching 搜查；搜索；搜寻: *the search for the missing boy* 搜寻那个失踪的男童

(IDIOM 习语) **in search of sb/sth** looking for sb/sth 寻找某人/某物: *The early explorers went in search of gold.* 早期的探险者四出寻金。

searching *adj* (used about a look, question, etc 指神情、问题等) trying to find out the truth 探究真相的: *The customs officers asked a lot of searching questions about our trip.* 海关人员就我们这次的旅行问了许多寻根究底的问题。

'**search-party** *noun* [C] a group of people who look for sb who is lost or missing 搜索队: *to send out a search-party* 派出搜索队

'**search warrant** *noun* [C] an official piece of paper that gives the police the right to search a building, etc 搜查令；搜查证

☆**season**[1] /'si:zn ‖ 'sizn̩/ *noun* [C] **1** one of the four periods into which the year is divided (spring, summer, autumn and winter) 季（春、夏、秋、冬）**2** the period of the year when sth is common or popular or when sth usually happens or is done 季节；旺季: *The football season is from August to May.* 足球赛季由八月开始，至五月结束。○ *the dry/rainy season* 旱季；雨季 ○ *the height of the holiday season* 度假旺季的高峰期

(IDIOMS 习语) **in season 1** (used about fresh foods 指新鲜食物) available in large quantities 当令；应时: *Tomatoes are cheapest when they are in season.* 番茄当令时最便宜。**2** (used about a female animal 指雌性动物) ready to mate 在发情期

out of season 1 (used about fresh foods 指新鲜食物) not available in large quantities 不当令；不应时 **2** (of a holiday destination 指度假胜地) at the time of year when it is least popular with tourists 在最少游客的期间；在淡季: *It's much cheaper to go to Spain out of season.* 在度假淡季去西班牙费用便宜得多了。

'**season ticket** *noun* [C] a ticket that allows you to make a particular journey by bus, train, etc as often as you like for a fixed period of time. 定期票/季票（在某一段时间内可无限次使用）

season[2] /'si:zn ‖ 'sizn̩/ *verb* [T] to add salt, pepper, spices, etc to food in order to make it taste better 给食物调味

seasonal /'si:zənl ‖ 'sizn̩əl/ *adj* happening or existing at a particular time of the year 季节性: *There are a lot of seasonal jobs in the summer.* 在夏天有许多季节性的工作。

seasoned /'si:znd ‖ 'sizn̩d/ *adj* having a lot of experience of sth 经验丰富: *a seasoned traveller* 经验丰富的旅行家

seasoning /'si:zənɪŋ ‖ 'sizənɪŋ/ *noun* [C,U]

salt, pepper, spices, etc that you add to food to make it taste better 调味品；佐料

☆**seat**[1] /si:t ‖ sit/ *noun* [C] **1** something that you sit on 座位: *Please take a seat* (= please sit down). 请坐下。○ *the back seat of a car* 汽车的后排座位 ○ *The seats for the ballet cost £30 each.* 那场芭蕾舞表演每位票价30英镑。**2** the part of a chair, etc that you sit on 椅子等的座部 **3** the part of a piece of clothing that covers your bottom（衣物的）臀部 **4** a place on a council or in a parliament that you win in an election（议会或国会的）席位: *The Conservatives have a majority of 21 seats.* 保守党占21席的多数。○ *to win/lose a seat* 赢得一席/失去一席

ˈ**seat-belt** (*also* 亦作 ˈ**safety-belt**) *noun* [C] a belt that you wear in a car or an aeroplane to protect you from injury if there is an accident（汽车或飞机座位上的）安全带

seat[2] /si:t ‖ sit/ *verb* [T] **1** (often passive 常用于被动语态) (*formal* 正式) to sit down 坐下: *Please be seated.* 请就坐。**2** to have seats or chairs for a particular number of people 有（某数量的）座位；可坐（某数量的人）: *The hall can seat about 500 people.* 会堂可坐500人左右。

seating *noun* [U] the seats or chairs in a place or the way that they are arranged 座位；座位安排/设置: *The seating will need to be changed.* 座位安排需要更改。○ *a seating plan* 座位安排表

sec /sek ‖ sɛk/ *noun* [C] (*Brit informal* 英，非正式) = SECOND[3](2)

secluded /sɪˈklu:dɪd ‖ sɪˈkludɪd/ *adj* far away from other people, roads, etc; very quiet 隐蔽；偏僻；僻静: *secluded beaches* 偏僻的海滩 ○ *a secluded garden* 僻静的花园 —**seclusion** /sɪˈklu:ʒn ‖ sɪˈkluʒən/ *noun* [U]

☆**second**[1] /ˈsekənd ‖ ˈsɛkənd/ *pron, det, adv* 2nd; next after first 第二: *We are going on holiday in the second week in July.* 我们将于七月的第二个星期去度假。○ *Birmingham is the second largest city in Britain.* 伯明翰是英国第二大城市。○ *She poured herself a second glass of wine.* 她替自己倒了第二杯酒。○ *Our team finished second.* 我队得到第二名。○ *I came second in the competition.* 我在比赛中获得亚军。

secondly *adv* (used when you are giving your second reason or opinion 用于提出第二个理由或意见) also 第二；其次: *Firstly, I think it's too expensive and secondly, we don't really need it.* 首先我认为价钱太贵了；其次我们也并不真正需要它。

ˌ**second-ˈbest** *adj* not quite the best but the next one after the best 仅次于最好的；居于第二位的: *the second-best time in the 100 metres race* * 100米赛跑仅次于首名的时间

ˌ**second-ˈbest** *noun* [U] something that is not as good as the best, or not as good as you would like 退而求其次的事物: *I'm not prepared to accept second-best.* 我不想退而求其次。

ˌ**second ˈclass** *noun* [U] **1** ordinary accommodation in a train, boat, aeroplane, etc（火车、轮船、飞机等座位的）二等: *You can never get a seat in the second class.* 你绝不可能弄到一个二等座位。**2** the type of postage that is cheaper but that takes longer than first class 第二类邮费（较第一类邮费便宜，但邮递时间较长）

ˌ**second-ˈclass** *adj* **1** used about ordinary accommodation in a train, aeroplane, etc（车厢、舱位等）二等的: *a second-class ticket* 二等票 ○ *a second-class compartment* 二等车厢 **2** (used about a university degree 指大学学位) of the level that is next after first-class 乙等的: *a second-class honours degree in geography* 地理学乙等学位 **3** of little importance 不重要；次等的: *Old people should not be treated as second-class citizens.* 老年人不应该被视为次等公民。

ˌ**second-ˈclass** *adv* using second-class accommodation or postage 乘坐二等座位；缴付第二类邮费: *to travel second-class* 乘坐二等座位旅游 ○ *to send a letter second-class* 按第二类邮费投寄信件

ˌ**second ˈcousin** *noun* [C] the child of your mother's or father's cousin 父母的堂/表兄弟姐妹的子女

ˌ**second ˈfloor** *noun* [C] the floor in a building that is next above the first floor, (= two floors above the ground) 三楼: *I live on the second floor.* 我住在三楼。○ *a second-floor flat* 一个三楼的公寓 ☛ In American English the second floor is next above the ground. 在美国英语中 second floor 是二楼。

ˌ**second-ˈhand** *adj, adv* **1** already used or owned by sb else 用过的；旧；二手的: *a second-hand car* 一辆旧车 ○ *I bought this camera second-hand.* 我买的这部照相机是二手货。**2** (used about news or information 指新闻或消息) that you heard from sb else (= that you did not see or experience yourself) 间接获知的；二手的

ˌ**second ˈlanguage** *noun* [C] a language that is not your native language but which you learn because it is used, often for official purposes, in your country 第二语言: *French is the second language of several countries in Africa.* 法语是几个非洲国家的第二语言。

ˌ**second ˈnature (to sb)** *noun* [U] something that has become a habit or that you can do easily because you have done it so many times 习性；第二天性: *With practice, typing becomes second nature.* 只要经过练习，打字就成为驾轻就熟的事了。

ˌ**second-ˈrate** *adj* of poor quality 二流的: *a second-rate poet* 二流的诗人

second ˈthoughts *noun* [plural] a change of mind or opinion about sth; doubts that you have when you are not sure if you have made the right decision 重新的考虑: *On second thoughts, let's go today, not tomorrow.* 经过重新考虑后，我想我们今天就去，不要等到明天。○ *I'm having second thoughts about accepting their offer.* 我正在重新考虑是否接纳他们的提议。

☆**second**[2] /ˈsekənd ‖ ˈsɛkənd/ *noun, pron* **1 the second** [sing] a person or thing that comes next after the first 第二个人/事物: *Queen Elizabeth the Second* 伊丽莎白二世 ○ *the*

S

second of January 一月二日 ○ *January the second* 一月二日 ○ *Terry was the second to arrive.* 特里第二个到达。**2** [C] **second (in sth)** a second-class university degree 大学乙等学位: *to get an upper/lower second in physics* 获得物理学乙等一级/二级学位 **3** [U] the second gear of a car, etc 汽车等的二挡: *Don't try to start the car in second.* 不要用二挡发动汽车。**4** [C, usually pl] something that has a small fault and that is sold cheaply 剔庄货；次货: *The clothes are all seconds.* 这些衣服全都是剔庄货。

☆**second**[3] /ˈsekənd ‖ ˈsɛkənd/ *noun* [C] **1** one of the 60 parts into which a minute is divided 秒 **2** (also *informal* 非正式 **sec**) a short time 一段短时间: *Wait a second, please.* 请等一等。

ˈ**second hand** *noun* [C] the hand on some clocks and watches that records seconds 秒针

second[4] /ˈsekənd ‖ ˈsɛkənd/ *verb* [T] to support sb's proposal or idea at a meeting so that it can then be discussed and voted on（会议上）附议（某提案、动议等）

second[5] /sɪˈkɒnd ‖ sɪˈkɑnd/ *verb* [T] **second sb (from sth) (to sth)** to move sb from his/her job for a fixed period of time to do another job 暂时调任/调派（某人）做其他工作: *Our teacher has been seconded to another school for a year.* 我们的老师已被借调到另一所学校工作一年。—**secondment** *noun* [C,U]: *to be on secondment* 暂时调任（某职位）

☆**secondary** /ˈsekəndri; *US* 美 -deri ‖ ˈsɛkənˌdɛri/ *adj* **1** of less importance than sth else 次要: *Other people's opinions are secondary, it's my opinion that counts.* 其他人的意见是次要的，我的意见才重要。**2** caused by or developing from sth else 继发（性）的；引伸出的: *She developed a secondary infection following a bad cold.* 她因患上严重感冒而引致出现继发性感染。

ˈ**secondary school** *noun* [C] (*Brit* 英) a school for children aged from eleven to eighteen 中学（学生年龄由十一岁至十八岁）

secrecy /ˈsiːkrəsi ‖ ˈsikrəsi/ *noun* [U] the state of being or keeping sth secret 秘密（状态）；保密: *The negotiations took place in the strictest secrecy.* 谈判在高度保密的情况下进行。○ *I must stress the importance of secrecy in this matter.* 我必须强调这件事须绝对保密。

☆**secret** /ˈsiːkrɪt ‖ ˈsikrɪt/ *adj* **1 secret (from sb)** that is not or must not be known by other people 秘密；机密；保密: *The file was marked 'Top Secret'.* 档案上写着"最高机密"的字样。○ *a secret address* 保密的地址 ○ *secret talks between the government and the ANC* 政府和非洲国民大会之间的秘密会谈 ○ *a secret love affair* 秘密的恋情 **2** doing sth that you do not tell anyone else about 秘密进行的；隐秘；不公开: *a secret drinker* 偷偷喝酒的酒徒 ○ *She's got a secret admirer.* 有人暗中爱慕她。

secret *noun* **1** [C] something that is not or must not be known by other people 秘密；机密: *to keep a secret* 保守秘密 ○ *to tell sb a secret* 向别人泄露秘密 ○ *I can't tell you where we're going – it's a secret.* 我不能告诉你我们要去哪里——这是秘密。○ *It's no secret that they don't like each other* (= everybody knows). 他们都不喜欢对方，这已不是什么秘密。**2** [sing] the only way or the best way of doing or achieving sth 秘诀；窍门: *What is the secret of your success* (= how did you become so successful)? 你成功的秘诀是什么？

(IDIOM 习语) **in secret** without other people knowing 秘密地；暗地里: *to meet in secret* 暗中见面

secretly *adv* without other people knowing 秘密地: *The government secretly agreed to pay the kidnappers.* 政府暗中答应给绑匪付赎金。○ *The couple were secretly engaged for years.* 他们秘密订婚已有多年。

ˌ**secret** ˈ**agent** (*also* 亦作 **agent**) *noun* [C] a person who tries to find out secret information especially about the government of another country 间谍；特务；特工人员 ☛ Look at **spy**. 参看 **spy**。

ˌ**secret** ˈ**service** *noun* [C] the government department that tries to find out secret information about other countries and governments 特务机关

☆**secretary** /ˈsekrətri; *US* 美 -rəteri ‖ ˈsɛkrəˌtɛri/ *noun* [C] (*pl* **secretaries**) **1** a person who works in an office. A secretary types letters, answers the telephone, makes appointments, etc（办公室的）秘书: *the director's personal secretary* 董事的私人秘书 **2** a person who does similar work for a club or other organization（俱乐部或其他组织的）秘书/文书: *The secretary must take the minutes of the meetings.* 秘书必须负责做会议纪录。**3** (*US* 美) = MINISTER

secretarial /ˌsekrəˈteəriəl ‖ ˌsɛkrəˈtɛriəl/ *adj* connected with the work that a secretary(1) does 与秘书工作有关: *secretarial skills* 秘书技能

ˌ**Secretary of** ˈ**State** *noun* [C] the head of one of the main government departments 政府主要部门首长；部长；大臣: *the Secretary of State for Defence* 国防部长

secrete /sɪˈkriːt ‖ sɪˈkrit/ *verb* [T] **1** (used about a part of a plant, animal or person 指植物、动物或人体某部分) to produce a liquid 分泌: *a hormone secreted by the female of the species* 雌性物种分泌的荷尔蒙 **2** (*formal* 正式) to hide sth in a secret place 隐藏

secretion /sɪˈkriːʃn ‖ sɪˈkriʃən/ *noun* (*formal* 正式) **1** [C] a liquid that is produced by a plant or an animal 分泌物 **2** [U] producing this liquid 分泌

secretive /ˈsiːkrətɪv ‖ ˈsikrətɪv/ *adj* liking to keep things secret from other people 爱保密: *Wendy is very secretive about her private life.* 温迪对自己的私生活守口如瓶。—**secretively** *adv* —**secretiveness** *noun* [U]

sect /sekt ‖ sɛkt/ *noun* [C] a group of people who have a particular set of religious or political beliefs. A sect has often broken away from a larger group.（宗教或政党的）派别/宗派；教派；党派

sectarian /sekˈteəriən ‖ sɛkˈtɛriən/ *adj* connected with one particular sect or the differences between sects 与某宗派/宗派之间的分歧有关: *sectarian violence* 教派之间的暴力斗争

☆**section** /'sekʃn ‖ 'sɛkʃən/ *noun* [C] **1** one of the parts into which something can be or has been divided 部分: *The final section of the road will be open in June.* 那条道路的最后一段将于六月通车。○ *the string section of an orchestra* 管弦乐团的弦乐部分 ○ *the financial section of a newspaper* 报纸的财经版 ○ *The library has an excellent reference section.* 那间图书馆的参考书部藏书丰富。**2** a view or drawing of sth as if it was cut from the top to the bottom and seen from the side 纵切面

sector /'sektə(r) ‖ 'sɛktɚ/ *noun* [C] **1** a part of the business activity of a country 一国经济的一部分；部门；（行）业: *The manufacturing sector has declined in recent years.* 近年来制造业日渐衰落。○ *the public/private sector* 公营/私营部门 **2** a part of an area or of a large group of people（某地区或一大群人中的）一部分: *the Christian sector of the city* 该市的基督徒 ○ *All sectors of the community should be consulted before a decision is made.* 应先征求社会各阶层的意见再作决定。

secular /'sekjʊlə(r) ‖ 'sɛkjəlɚ/ *adj* not concerned with religion or the church 与宗教或教会无关；俗世

☆**secure** /sɪ'kjʊə(r) ‖ sɪ'kjʊr/ *adj* **1** free from worry or doubt, confident 无忧虑的；无疑虑的；有信心的: *to feel secure about the future* 对未来感到放心 ○ *Children need to feel secure.* 孩子需要安全感。○ *to be financially secure* 经济上有保障 ☛ The opposite is **insecure**. 反义词为 **insecure**。**2** not likely to be lost; safe 稳妥；安全: *Business is good so his job is secure.* 由于生意很好，他的职位稳固。○ *a secure investment* 无风险的投资 **3** not likely to fall or be broken; firmly fixed 牢固；稳固: *That ladder doesn't look very secure.* 那梯子看来不很稳固。**4 secure (against/from sth)** well locked or protected 已锁好的；受保护的: *Make sure the house is secure before you go to bed.* 你在就寝前，必须确保房子的门窗已经关好。○ *a country with secure borders* 边防巩固的国家

secure *verb* [T] **1** to fix or lock sth firmly 牢牢固定/锁好: *The load was secured with ropes.* 货物已经用绳子牢牢捆扎好了。○ *Secure the rope to a tree or a rock.* 将绳子绑在树上或大石上。**2 secure sth (against/from sth)** to make sth safe 使某物安全: *The sea wall needs strengthening to secure the town against flooding.* 要加固海堤，以保护这个市镇免被淹没。—**securely** *adv*: *All doors and windows must be securely fastened.* 所有门窗务须关好。

☆**security** /sɪ'kjʊərətɪ ‖ sɪ'kjʊrətɪ/ *noun* (*pl* **securities**) **1** [U] the state of feeling safe and being free from worry 安全感；安稳: *Children need the security of a stable home environment.* 孩子需要安稳的家庭环境。○ *financial security* (= having enough money for your present and future needs) 经济上有保障 ☛ The opposite is **insecurity**. 反义词为 **insecurity**。**2** [U] things that you do to protect sb/sth from thieves, attack, war, etc 安全/保安措施: *Security was tightened at the airport before the president arrived.* 总统到达前，机场的保安措施加强了。○ *a maximum security prison* (= for dangerous criminals) 戒备最严密的监狱 ○ *the security forces* (= military police, soldiers, etc) 保安部队 **3** [C,U] something of value that you use when you borrow money. If you cannot pay the money back then you lose the thing you gave as security 抵押品: *You may need to use your house as security for the loan.* 你可能需要用你的房子作为贷款的抵押品。

sedan /sɪ'dæn ‖ sɪ'dæn/ *noun* [C] (*US* 美) = SALOON(1)

sedate[1] /sɪ'deɪt ‖ sɪ'det/ *adj* quiet, calm and well-behaved 安静；镇静；庄重

sedate[2] /sɪ'deɪt ‖ sɪ'det/ *verb* [T] to give sb a drug or medicine to make him/her calm or sleepy 给某人镇静剂 —**sedation** /sɪ'deɪʃn ‖ sɪ'deʃən/ *noun* [U]: *The doctor put her under sedation.* 医生用镇静剂使她安静下来。

sedative /'sedətɪv ‖ 'sɛdətɪv/ *noun* [C] a drug or medicine that makes you calm or sleepy 镇静剂 ☛ Look at **tranquillizer**. 参看 **tranquillizer**。

sedentary /'sedntrɪ; *US* 美 -terɪ ‖ 'sɛdn̩ˌtɛrɪ/ *adj* spending a lot of time sitting down 长时间坐着的: *a sedentary life-style* 长期坐着缺乏运动的生活方式

sediment /'sedɪmənt ‖ 'sɛdəmənt/ *noun* [C,U] a solid substance that forms at the bottom of a liquid 沉淀物

seduce /sɪ'dju:s; *US* 美 -'du:s ‖ sɪ'dus/ *verb* [T] **1** to persuade sb to do sth they would not usually agree to do 说服: *shops attempting to seduce customers into parting with their money* 试图吸引顾客花钱的商店 **2** to persuade sb to have sex with you, especially sb young and without much experience 诱奸（尤指年轻和无经验的人）

seducer *noun* [C] a person who seduces(2) sb 诱奸者（引诱他人与自己性交）—**seduction** /sɪ'dʌkʃn ‖ sɪ'dʌkʃən/ *noun* [C,U]

seductive /sɪ'dʌktɪv ‖ sɪ'dʌktɪv/ *adj* **1** sexually attractive, especially referring to a woman 诱人/性感（尤指女人）: *a seductive smile* 妩媚的笑容 **2** very attractive or appealing 非常吸引人；令人折服: *a novel set in the seductive atmosphere of 19th century Florence* 一部以19世纪佛罗伦萨诱人气氛为背景的小说 ○ *a seductive argument/opinion* (= one which you are tempted to agree with) 使人折服的论据/意见

☆**see** /si: ‖ si/ *verb* (*pt* **saw** /sɔ: ‖ sɔ/; *pp* **seen** /si:n ‖ sin/) **1** [I,T] to become aware of sth, using your eyes 看见；目睹: *It was so dark that we couldn't see.* 太黑了，我们什么都看不见。○ *I can't see the number of that bus without my glasses.* 没戴眼镜我看不清楚那辆公共汽车的号码。○ *I've just seen a rat!* 我刚看见一只老鼠！○ *He looked for her but couldn't see her in the crowd.* 他寻找她，但在人群中看不见她。☛ Look at the note at **look**[1]. 参看 **look**[1] 的注释。**2** [T] to look at or watch a film, play, television programme, etc 观看（电影、戏剧、

S

电视节目等）: *Did you see that programme on Dickens on television last night?* 昨晚你有没有看电视上那个有关狄更斯的节目？○ *Have you seen Spielberg's latest film?* 你有没有看斯皮尔伯格最新的电影？**3** [T] to get information 取得消息；获悉: *Go and see if the postman has been yet.* 去看看邮差来了没有。○ *I saw in the paper that they're building a new theatre.* 我从报章上得知他们正在兴建一个新剧院。**4** [T] to meet or visit sb 会见；探访: *I saw Alan at the weekend; we had dinner together.* 我在周末曾与艾伦见面；我们一起吃晚饭。○ *You should see a doctor about that cough.* 你应该去看医生，治好咳嗽的毛病。○ *I'm seeing a lot of Paul these days* (= meeting him often). 我最近常常见到保罗。**5** [T] to go with or accompany sb 陪伴: *He asked me if he could see me home, but I said no.* 他问我可否让他送我回家，但我说不必了。**6** [T] to understand sth; to realize sth 理解；认识: *Do you see what I mean?* 你明白我的意思吗？○ *Everybody laughed, but I couldn't see the joke.* 大家都笑了，但我听不懂那个笑话。○ *She doesn't see the point in spending so much money on a car.* 她不明白为什么要为一辆汽车花那么多钱。○ *I thought he was a gentleman, but now I see I'm wrong.* 我以为他是个君子，现在我知道我错了。○ *'You have to press the return key first.' 'Oh, I see.'* "你必须先按一下输入键。" "噢，我明白了。" **7** [T] to imagine 想象: *I can't see her changing her mind now.* 我无法想象她到现在才改变主意。**8** [T] to do what is necessary in a situation; to make sure that sb does sth 做必须做的事；确保: *I'll see that he gets the letter.* 我会确保他收到那封信。○ *Please see that the children clean their teeth.* 请务必让孩子们刷牙。**9** [T] to be the time when an event happens 为某事发生的时候: *Last year saw huge changes in the education system.* 去年教育制度出现了大改革。

(IDIOMS 习语) **as far as I can see** ⇨ FAR[2]

I'll see I'll think about what you have asked me and give you my decision later 先考虑再回复；想一想（再说）: *'Can we go swimming today, Dad?' 'I'll see.'* "爸爸，我们今天可以去游泳吗？" "再说吧。" ☛ Also used with **we** 也可和 **we** 连用: *We'll see.* 让我们先考虑一下。

let me see; let's see ⇨ LET[1]

see if... to try 尝试: *I'll see if I can find time to do it.* 让我看看有没有时间做那件事。

see you around (used for saying goodbye to sb you have made no arrangement to see again 与没有约定再见面的人道别时用) 再见

see you (later) (used for saying goodbye to sb you expect to see soon or later that day 与不久或稍后会再见面的人道别时用) 再见

you see (used for giving a reason 用于提出理由): *She's very unhappy. He was her first real boyfriend, you see.* 她郁郁不乐，毕竟他是她第一个真正的男朋友。

(PHRASAL VERBS 短语动词) **see about sth/doing sth** to deal with sth 处理: *I've got to go to the bank to see about my traveller's cheques.* 我必须去银行处理有关旅行支票的事宜。

see sb off to go with sb to the railway station, the airport, etc in order to say goodbye to him/her（到火车站、机场等）送行

see through sb/sth to be able to see that sb/sth is not what he/she/it appears 看透；看穿: *The police immediately saw through his story.* 警方立即看穿他是在编造故事。

see to sb/sth to do what is necessary in a situation; to deal with sb/sth 做必须做的事；处理: *Can you see to the sandwiches for the meeting, please?* 你为会议准备三明治好吗？

☆**seed** /siːd ‖ sid/ *noun* **1** [C,U] the small hard part of a plant from which a new plant of the same kind can grow 种子；籽: *a packet of sunflower seeds* 一包向日葵种子 ○ *Grass seed should be sown in the spring.* 草籽应在春天播下去。**2** [C] a player in a sports competition, especially in tennis, who is expected to finish in a high position at the end of the competition（尤指网球的）种子选手: *Courier was the top seed.* 库里亚是头号种子选手。

seed *verb* [T] (in a sports competition, especially tennis) to arrange the matches for a good player so that he/she has a better chance of winning; to give a good player a number saying which position you expect him/her to finish in（在体育比赛中，尤指网球）为优秀选手安排赛事以利取胜/按取胜机会编排选手的先后次序: *Capriati was seeded second at Wimbledon.* 卡普里阿蒂在温布尔登网球锦标赛中为二号种子。

seedless *adj* having no seeds 无核的: *seedless grapes* 无核葡萄

seedling /ˈsiːdlɪŋ ‖ ˈsidlɪŋ/ *noun* [C] a very young plant that has grown from a seed 幼苗

seedy /ˈsiːdɪ ‖ ˈsidɪ/ *adj* (**seedier**; **seediest**) looking untidy, dirty, or in bad condition; not respectable 凌乱；肮脏；残破: *a seedy nightclub, hotel, etc* 下等夜总会/旅馆…

seeing /ˈsiːɪŋ ‖ ˈsiɪŋ/ (*also* 亦作 **seeing that**; **seeing as**) *conj* (*informal* 非正式) because 因为: *Seeing as we're going the same way, I'll give you a lift.* 既然我们同路，我用车顺便送你一程吧。

☆**seek** /siːk ‖ sik/ *verb* [T] (*pt, pp* **sought** /sɔːt ‖ sɔt/) **1** to try to find or get sth 尝试寻找/得到: *Dick went to London to seek his fortune.* 迪克到伦敦去碰运气。○ *Politicians are still seeking a peaceful solution.* 政治家仍在寻求和平解决的方法。**2 seek sth (from sb)** to ask sb for sth 征求；请求: *You should seek advice from a solicitor about what to do next.* 你应该向律师征求意见，看下一步该怎样做。○ *to seek help* 寻求协助 **3 seek (to do sth)** to try to do sth 试图；设法: *They are still seeking to find a peaceful solution to the conflict.* 他们仍然在设法寻求和平解决这场冲突的方法。

☆**seem** /siːm ‖ sim/ *verb* [I] **seem (to sb) (to be) sth**; **seem like sth** (not in the continuous tenses 不用于进行时) to give the impression of being or doing sth; to appear 似乎；好像；彷佛: *Emma seems like a very nice girl.* 埃玛看上去好像是个很好的女孩子。○ *Emma seems to be a very nice girl.* 埃玛看上去好像是个很好的女孩子。○ *It seems to me that we have no choice.* 依我看，我们似乎没有选择的余地。○

S

Keith seems very interested in a career in farming. 基思看来似乎对务农很有兴趣。○ *It doesn't seem as if/though they will find a solution to the problem.* 他们看来不会找到解决这个问题的方法。

seeming *adj* (only *before* a noun 只用于名词前) appearing to be sth 似乎是的；表面上的: *Despite her seeming enthusiasm, Sandra didn't really help much.* 虽然桑德拉表现得很热心，但实际上她并没有帮什么忙。—**seemingly** *adv*: *a seemingly endless list of complaints* 似乎永没完结的投诉

seen *pp* of SEE[1] * SEE[1] 的过去分词

seep /siːp ‖ sip/ *verb* [I] (used about a liquid 指液体) to flow very slowly through sth 慢慢渗出/泄漏: *Water started seeping in through small cracks.* 水开始从缝隙渗进来。

see-saw /ˈsiːsɔː ‖ ˈsiˌsɔ/ *noun* [C] an outdoor toy for children that consists of a long piece of wood, etc that is balanced in the middle. One child sits on each end of the see-saw and one goes up while the other is down. 跷跷板

seethe /siːð ‖ sið/ *verb* [I] **1** to be very angry 非常气愤: *I was absolutely seething.* 我非常气愤。**2** to be very crowded 拥挤: *The streets were seething with people.* 街上人潮如涌。○ *a seething mass of people* (= a lot of people crowded together) 人潮

segment /ˈsegmənt ‖ ˈsɛgmənt/ *noun* [C] **1** a section or part of sth 部分: *a segment of a circle* 圆形的一部分 ○ *a segment of the population* 人口的一部分 **2** one of the parts into which an orange can be divided（橘子的）瓣

segregate /ˈsegrɪgeɪt ‖ ˈsɛgrɪˌget/ *verb* [T] **segregate sb/sth (from sb/sth)** to separate one group of people or things from the rest 分开；分离；隔离: *The two groups of football fans were segregated to avoid trouble.* 那两群足球迷被分隔开，以免发生冲突。☛ Look at **integrate**. 参看 **integrate**。—**segregation** /ˌsegrɪˈgeɪʃn ‖ ˌsɛgrɪˈgeʃən/ *noun* [U]: *racial segregation* (= separating people of different races) 种族隔离

☆**seize** /siːz ‖ siz/ *verb* [T] **1** to take hold of sth suddenly and firmly 突然抓住/捉住: *The thief seized her handbag and ran off with it.* 小偷抢去她的手提包跑掉了。○ *to seize sb by the arm* 抓住某人的手臂 ○ (*figurative* 比喻) *Mark was seized by a strong desire to laugh.* 马克突然很想笑出来。**2** to take control or possession of sb/sth 控制；占有；夺取: *The police seized 50 kilos of illegal drugs.* 警方没收了50公斤违禁毒品 ○ *to seize power* 夺取政权 ○ *Rebel forces seized the radio station early this morning.* 叛军今天清早攻占了电台。

(PHRASAL VERBS 短语动词) **seize (on/upon) sth** to recognize an opportunity and to use it eagerly 抓住/把握机会: *The Opposition seized upon any opportunity to embarrass the Government.* 反对党抓住了为难政府的每一个机会。

seize up (used about a machine 指机器) to stop working because it is too hot, does not have enough oil, etc（因过热或无油等而）停止操作/卡住

seizure /ˈsiːʒə(r) ‖ ˈsiʒɚ/ *noun* [U] seizing or being seized 扣押；没收: *the seizure of 30 kilos of heroin by French police* 法国警方没收了30公斤海洛因

☆**seldom** /ˈseldəm ‖ ˈsɛldəm/ *adv* not often 不常；很少: *There is seldom snow in Athens.* 雅典很少下雪。○ *We very seldom go to the theatre.* 我们难得去看戏。

select /sɪˈlekt ‖ səˈlɛkt/ *verb* [T] to choose sb/sth from a number of similar things 挑选；选择: *You may select whatever you want from the prizes on display.* 你可以从展出的奖品中挑选你喜欢的。○ *The best candidates will be selected for interview.* 我们将挑选最优秀的应试者参加面试。☛ **Select** is more formal than **choose** and suggests that a great deal of care is taken when making the decision. 与 **choose** 相比，**select** 适用于较正式的场合，表示作出决定时非常小心谨慎。

select *adj* **1** carefully chosen 仔细挑选的；精选的: *a select audience of academics* 精选的学术界听众 **2** consisting of or available to only a small group of special people 只包括/限于少数人士的: *A university education is no longer the privilege of a select few.* 大学教育不再是少数人的特权。○ *a select neighbourhood* (= one where the houses are very expensive) 高尚住宅区

☆**selection** /sɪˈlekʃn ‖ səˈlɛkʃən/ *noun* **1** [U] choosing or being chosen 选择；挑选；选拔: *All candidates must go through a rigorous selection procedure.* 所有应试者均须经过严格的甄选程序。○ *the selection of the England cricket team* 英国板球队的选拔 **2** [C] a number of people or things that have been chosen 挑选出来的人/事物: *a selection of hits from the fifties and sixties* 五、六十年代的精选流行歌曲 **3** [C] a collection of goods in a shop that are for sale（商店）出售的某类货物: *This shop has a very good selection of toys.* 这间商店有各种精选玩具。

selective /sɪˈlektɪv ‖ səˈlɛktɪv/ *adj* **1** careful when choosing 慎重挑选的: *She's very selective about who she invites to her parties.* 她非常慎重地挑选出席她的聚会的客人。**2** of or concerning only some people or things; not general 选择性的；并非一律: *By using selective breeding* (= by allowing only some animals to breed) *the quality of the herd has increased greatly over the years.* 自从采用了选择性繁殖法后，牛群的素质多年来已大大提高了。—**selectively** *adv*

self /self ‖ sɛlf/ (*pl* **selves** /selvz ‖ sɛlvz/) *noun* [C] a person's own nature or qualities（个人的）本性/本质: *It's good to see you back to your old self again* (= said to sb who has been ill, sad, worried, etc). 见到你恢复昔日的状态真好。○ *Her spiteful remark revealed her true self.* 她那恶毒的言词暴露了她的本性。

self-assured /ˌself əˈʃɔːd; *US* 美 -ˈʃʊərd ‖ ˌsɛlfəˈʃʊrd/ *adj* = ASSURED —**self-assurance** /-əˈʃɔːrəns; *US* 美 -ʃʊər- ‖ -əˈʃʊrəns/ *noun* [U] = ASSURANCE(1)

S

self-catering /ˌself ˈkeɪtərɪŋ ‖ ˌsɛlfˈketərɪŋ/ *adj* (used about a holiday or accommodation 指度假或住宿) where meals are not provided for you but you cook them yourself 需自己做饭的

self-centred (*US* 美 **self-centered**) /ˌself ˈsentə(r)d ‖ ˌsɛlfˈsɛntɚd/ *adj* thinking only about yourself and not about other people 自我中心的；自私自利 ☛ Look at **selfish**. 参看 **selfish**。

self-confessed /ˌself kənˈfest ‖ ˌsɛlfkənˈfɛst/ *adj* admitting that you are sth or do sth that most people consider to be bad 自己承认（干了坏事）的: *a self-confessed drug-user* 自己承认的吸毒者

self-confident /ˌself ˈkɒnfɪdənt ‖ ˈsɛlf-ˈkɑnfədənt/ *adj* feeling sure about your own value and abilities 自信的 —**self-confidence** /-dəns ‖ -dəns/ *noun* [U]: *Many women lack the self-confidence to apply for senior jobs.* 许多女性对于申请高级职位没有信心。

self-conscious /ˌself ˈkɒnʃəs ‖ ˈsɛlfˈkɑnʃəs/ *adj* too worried about what other people think about you（因过于担心别人对自己的看法而）不自在/不自然: *Men are often very self-conscious about losing their hair.* 男人通常对自己脱发很在意。 —**self-consciously** *adv* —**self-consciousness** *noun* [U]

self-contained /ˌself kənˈteɪnd ‖ ˌsɛlf kənˈtend/ *adj* (used about a flat, etc 指公寓) having its own private entrance, kitchen, bathroom, etc 自给自足/设备齐全的（有独立门户、厨房、浴室等）

self-control /ˌself kənˈtrəʊl ‖ ˌsɛlfkənˈtrol/ *noun* [U] the ability to control your emotions and appear calm even when you are angry, afraid, excited, etc 自制（能）力: *to lose/keep your self-control* 失去/保持自制能力

self-defence /ˌself dɪˈfens ‖ ˌsɛlfdɪˈfɛns/ *noun* [U] the use of force to protect yourself or your property 自卫: *Lee is learning karate for self-defence.* 李学习空手道自卫。○ *to shoot sb in self-defence* (= because they are about to attack you) 为了自卫而枪击某人

self-employed /ˌself ɪmˈplɔɪd ‖ ˌsɛlfɪmˈplɔɪd/ *adj* working for yourself and earning money from your own business 自己经营生意的；自雇的

self-evident /ˌself ˈevɪdənt ‖ ˈsɛlf ˈɛvɪdənt/ *adj* that does not need proving or explaining; clear 不证自明；不言而喻；明显

self-explanatory /ˌself ɪkˈsplænətrɪ; *US* 美 -tɔːrɪ ‖ ˌsɛlfɪkˈsplænəˌtɔrɪ/ *adj* that does not need explaining; clear 毋须解释；不释自明；清楚: *a self-explanatory diagram* 不释自明的图表 ○ *The book's title is self-explanatory.* 那书名毋须多加解释。

self-indulgent /ˌself ɪnˈdʌldʒənt ‖ ˌsɛlfɪn-ˈdʌldʒənt/ *adj* allowing yourself to have or do things you enjoy (sometimes when it would be better to control yourself) 自我放纵的: *a self-indulgent morning spent relaxing in the bath* 尽情沐浴松弛的一个早上 —**self-indulgence** /-dʒəns ‖ -dʒəns/ *noun* [C,U]

self-interest /ˌself ˈɪntrɪst ‖ ˈsɛlfˈɪntrɪst/ *noun* [U] concern for what is best for yourself rather than for other people 利己之心；私利

☆**selfish** /ˈselfɪʃ ‖ ˈsɛlfɪʃ/ *adj* thinking only about your own needs or wishes and not about other people's needs or wishes 自私（自利）: *a selfish attitude* 自私的态度 ○ *I'm sick of your selfish behaviour!* 你那自私的行为真令我讨厌！ ☛ The opposite is **unselfish**. 反义词为 **unselfish**。 —**selfishly** *adv* —**selfishness** *noun* [U]

selfless /ˈselflɪs ‖ ˈsɛlflɪs/ *adj* (*formal* 正式) thinking about other people's needs or wishes rather than your own 无私: *his years of selfless devotion to his sick wife* 他多年来对患病的妻子的无私奉献

self-made /ˌself ˈmeɪd ‖ ˈsɛlfˈmed/ *adj* having become rich or successful by your own efforts 白手起家；靠个人奋斗而成功的；无师自通: *a self-made millionaire* 白手起家的百万富翁

self-pity /ˌself ˈpɪtɪ ‖ ˌsɛlfˈpɪtɪ/ *noun* [U] the state of thinking too much about your own problems or troubles and feeling how unlucky you are 自怜

self-portrait /ˌself ˈpɔːtreɪt; -trɪt ‖ ˌsɛlf ˈpɔrtret/ *noun* [C] a picture that you drew or painted of yourself 自画像

self-raising flour /ˌself reɪzɪŋ ˈflaʊə(r) ‖ ˌsɛlfˌrezɪŋˈflaʊr/ (*US* 美 **self-rising flour** /-ˈraɪzɪŋ ‖ -ˈraɪzɪŋ/) *noun* [U] flour that contains a substance that makes it rise up during cooking (used for cakes, etc) 自发面粉 ☛ Look at **plain flour**. 参看 **plain flour**。

self-reliant /ˌself rɪˈlaɪənt ‖ ˌsɛlfrɪˈlaɪənt/ *adj* not depending on help from sb/sth else 独立自主；自力更生

self-respect /ˌself rɪˈspekt ‖ ˌsɛlfrɪˈspɛkt/ *noun* [U] the feeling of pride in yourself 自尊（心）: *Old people need to keep their dignity and self-respect.* 老年人需要保持尊严和自尊。 —**self-respecting** *adj* (in negative sentences 用于否定句): *No self-respecting Elvis Presley fan should be without this book* (= nobody who is proud to be a fan of Elvis Presley). 凡是猫王埃尔维斯·普雷斯利的忠实歌迷都应该备有这本书。

self-righteous /ˌself ˈraɪtʃəs ‖ ˈsɛlfˈraɪtʃəs/ *adj* believing that you are always right and other people are wrong; thinking that you are better than other people 自以为是；自命不凡 —**self-righteously** *adv*: *'I have never been in debt,' she said self-righteously.* 她自夸地说："我从没有欠债。" —**self-righteousness** *noun* [U]

self-sacrifice /ˌself ˈsækrɪfaɪs ‖ ˈsɛlfˈsækrə-ˌfaɪs/ *noun* [U] not having or doing what you want, in order to help others 自我牺牲: *Rebuilding the country after the war demanded hard work and self-sacrifice.* 战后重建国家需要大家刻苦工作，作出自我牺牲。

self-service /ˌself ˈsɜːvɪs ‖ ˈsɛlfˈsɝvɪs/ *adj* in a self-service shop or restaurant, you serve yourself and then pay at a special desk (**cash desk**) 自我服务的；自助的（自助式商店或餐馆的付款处叫做 **cash desk**）

self-sufficient /ˌself səˈfɪʃənt ‖ ˌsɛlfsəˈfɪʃənt/ *adj* able to produce or provide everything that you need without help from or having to buy from others 自给自足

☆**sell** /sel ‖ sɛl/ *verb* (*pt, pp* **sold** /səʊld ‖ sold/) **1** [I,T] **sell (sb) (sth); sell (sth) (to sb)** to give sth to sb who pays for it and is then the owner of it 卖；出售：*We are going to sell our car.* 我们打算把汽车卖掉。○ *I sold my guitar for £200.* 我的吉他卖了200英镑。○ *Would you sell me your ticket?* 你可以把票卖给我吗？○ *I was too late, the car had already been sold.* 我去得太晚了，那部汽车已经卖掉了。○ *I offered them a lot of money but they wouldn't sell.* 虽然我开出高价，但他们仍然不肯卖。○ *He sold his business at an enormous profit.* 他把公司出售，获利丰厚。**2** [T] to offer for sale 卖；出售；经销：*Excuse me, do you sell stamps?* 请问你们卖邮票吗？**3** [I] **sell (for/at sth)** to be sold or available for sale at a particular price 以某价钱卖出/出售：*These watches sell at £1 000 each in the shops but you can have this one for £500.* 这些手表在商店里卖1 000英镑一块，但这一块你付出500英镑就可以买到了。**4** [I] to be sold to or bought by many people; to attract buyers 畅销：*Her books sell well abroad.* 她的书在国外很畅销。**5** [T] to be sold in a particular quantity 以某数量售出：*This newspaper sells over a million copies a day.* 这份报纸每日销量超过一百万份。**6** [T] to cause people to want to buy sth; to help sth to attract buyers 推销；使吸引买家：*They rely on advertising to sell their products.* 他们依靠广告推销产品。☛ The noun for **1-6** is **sale**. 第**1**至**6**义的名词为 **sale**。**7** [T] **sell sth to sb** to persuade sb to accept sth 说服某人接受：*to sell an idea to sb* 说服某人接纳某个构想 ○ *She's completely sold on the idea of moving to France* (= she thinks it's a very good idea and wants to do it). 她完全听信了移居法国的主张。

(IDIOM 习语) **be sold out** (used about a concert, an event, etc 指音乐会等活动) to have had all the tickets bought so that no more are available 门票售罄/卖光/售完：*The concert was sold out weeks ago.* 那场音乐会的入场券几星期前已经售罄。

(PHRASAL VERBS 短语动词) **sell sth off** to sell sth that is not wanted or is not popular with buyers, often at a low price, in order to get rid of it 廉价销售；削价出售：*The shops sell their winter clothes off in the spring.* 商店往往在春天廉价销售冬季服装。

sell out to be sold completely so that no more are available for sale 售罄；卖光；售完：*By the time I got to the shop, all the newspapers had sold out.* 我到达商店时，所有报纸已经卖光。

sell out (of sth) to sell all of sth so that no more are available to be bought 售罄；卖光；售完：*I'm afraid we've sold out of the book but we could order a copy for you.* 我想这本书已经售罄，但我们可以替你订一本。

sell up to sell everything you own, especially your house, your business, etc (in order to start a new life, move to another country, retire, etc) 卖掉自己的全部东西（尤指房屋、生意等，以便开始过新生活、移居国外、退休等）：*When his wife died he sold up and moved to the coast.* 妻子死后，他把所有东西都卖掉，搬到海边去了。

'sell-by date *noun* [C] the date after which an item of food or drink should not be offered for sale（食物或饮料）销售期限/最后销售日期

seller /'selə(r) ‖ 'sɛlɚ/ *noun* [C] **1** (often in compounds 常用以构成复合词) a person or business that sells 出售者；卖方：*a bookseller* 书商 **2** something that is sold (especially in the amount described) 出售的商品（尤指以所描述的数量出售）：*This magazine is a big seller in the 25-40 age group.* 这本杂志很受25岁至40岁的人欢迎。☛ Look at **best seller**. 参看 **best seller**。

Sellotape /'seləʊteɪp ‖ 'sɛloˌtep/ *noun* [U] (*Brit trade mark* 英，商标) a type of clear tape that is sold in rolls and used for sticking things 透明胶带

sellotape *verb* [T] to put or hold sth together with Sellotape; to attach by using Sellotape 用透明胶带粘上/粘贴

selves *pl* of SELF * SELF 的复数

semblance /'sembləns ‖ 'sɛmbləns/ *noun* [sing,U] (*formal* 正式) **(a) semblance of sth** the appearance of being sth or of having a certain quality 有…的外表；似有某种特质：*After the war, life is now returning to some semblance of normality.* 战争结束后，社会正逐渐恢复比较正常的生活。

semen /'si:men ‖ 'simən/ *noun* [U] the liquid containing sperm that is produced by the male sex organs 精液

semi /'semɪ ‖ 'sɛmɪ/ *noun* [C] (*pl* **semis** /'semɪz ‖ 'sɛmɪz/) (*Brit informal* 英，非正式) a semi-detached house 半独立式房子

semicircle /'semɪsɜ:kl ‖ 'sɛmɪˌsɝkl̩/ *noun* [C] one half of a circle; something that is arranged in this shape 半圆；半圆形（的东西）：*I want you all to sit in a semicircle.* 我想你们围坐成半圆形。

semicolon /ˌsemɪ'kəʊlən; *US* 美 'semɪk- ‖ 'sɛməˌkolən/ *noun* [C] a mark (;) used in writing or printing for separating parts of a sentence or items in a list 分号（；）

semi-detached /ˌsemɪ dɪ'tætʃt ‖ ˌsɛmədɪ'tætʃt/ *adj* (used about a house 指房子) joined to another house with a shared wall on one side forming a pair of houses 半独立式的（指与另一所房子共用一堵墙壁）☛ picture on page A23. 见第A23页插图。

semifinal /ˌsemɪ'faɪnl ‖ ˌsɛmə'faɪnl̩/ *noun* [C] one of the two matches after which the winners play in the final 准决赛；半决赛

semifinalist /-'faɪnəlɪst ‖ -'faɪnl̩ɪst/ *noun* [C] a player or team that plays in a semifinal（进入）准决赛的运动员/队伍

seminar /'semɪnɑ:(r) ‖ 'sɛməˌnɑr/ *noun* [C] **1** a class at a university, college, etc in which a small group of students discuss or study a subject with a teacher 研讨班（大学、学院等的学生就某一专题与老师进行小组讨论或研究）**2** a short business conference in which working methods, etc are taught or discussed 研讨会（介绍或讨论工作方法等的）：*a seminar*

S

on becoming self-employed 有关如何创业的研讨会

Senate /ˈsenɪt ‖ ˈsɛnɪt/ *noun* [C, with sing or pl verb] often 常作 **the Senate** the upper body of government in some countries, eg the USA 参议院（如美国的）: *the Senate Foreign Affairs Committee* 参议院外交事务委员会 ☛ Look at **Congress** and **House of Representatives**. 参看 **Congress** 及 **House of Representatives**。

senator /ˈsenətə(r) ‖ ˈsɛnətɚ/ *noun* [C] often 常作 **Senator** (*abbr* 缩写 **Sen**) a member of a Senate 参议员: *Senator McCarthy* 参议员麦卡锡

☆**send** /send ‖ sɛnd/ *verb* [T] (*pt, pp* **sent** /sent ‖ sɛnt/) **1 send sth/sb (to sb/sth); send (sb) sth** to cause sth/sb to go or be taken somewhere without going there yourself 寄；发送；派遣；打发: *to send a letter/parcel* 邮寄信件/包裹 ○ *to send a message to sb* 给某人传送信息 ○ *Don't forget to send me a postcard.* 别忘了给我寄明信片。○ *If you are not satisfied with these goods, send them back within 7 days.* 如果你不满意这些货物，可以在7天内送回。○ *We sent out the invitations two months before the wedding.* 我们在婚礼举行前两个月发出请柬。○ *She sent the children to bed early.* 她早就把孩子打发上床了。○ *My company is sending me on a training course next month.* 下个月公司将派我去参加培训课程。○ *I asked someone the way to the airport but he sent me in the wrong direction.* 我问人家去飞机场的路，可是他却给我指示了错误的方向。○ *to send sb to prison* 把某人关进监狱 ○ *Her parents sent her to a private school when she was 11.* 她的父母在她11岁时把她送进私立学校。**2** to cause sb/sth to move in a particular direction, often quickly or as a reaction that cannot be prevented 使急速地/失控地（向某方向）移动: *I accidentally pushed the table and sent all the drinks flying.* 我无意中推动了桌子，把所有饮料都弄翻了。○ *This year's poor harvest has sent food prices up.* 今年粮食歉收，食物价格急剧上升。**3** cause sb/sth to have a particular feeling or to enter a particular state 使有某种感觉/进入某种状态: *The movement of the train sent me to sleep.* 火车摇摇晃晃的，使我睡着了。

(IDIOM 习语) **give/send sb your love** ⇨ LOVE(1)

(PHRASAL VERBS 短语动词) **send for sb/sth** to ask for sb to come to you; to ask for sth to be brought or sent to you by telephone, message, letter, etc 召唤；订购；函购: *I sent for the manager so that I could make a complaint.* 我召来经理，好向他提出投诉。○ *Quick! Send for an ambulance!* 快！快叫救护车来！

send sth in to send sth to a place where it will be officially dealt with 把…寄至某处进行处理: *I sent my application in three weeks ago but I still haven't had a reply.* 我三星期前寄出申请信，但至今仍未收到回复。

send off (for sth) to write to sb and ask for sth to be sent to you 写信购买/索取: *Let's send off for some holiday brochures.* 让我们写信索取一些度假指南。

send sb off (*Brit* 英) (used about a referee in a sports match 指体育赛事中的裁判) to order a player who has broken a rule to leave the game and not to return 将犯规的参赛者判罚下场: *Two players were sent off for fighting.* 两名参赛者因打架而被勒令下场。

send sth off to post sth 寄出: *I'll send the information off today.* 今天我会将资料寄出。

send sb/sth up (*Brit informal* 英，非正式) to make sb/sth look ridiculous or foolish especially by imitating him/her in a way that is intended to be amusing（用戏谑模仿的方式）取笑（某人/某事物）

senile /ˈsiːnaɪl ‖ ˈsinaɪl/ *adj* confused, unable to remember things or to look after yourself properly (because of old age)（年老时）昏庸/健忘/不能照顾自己；衰老 —**senility** /sɪˈnɪlətɪ ‖ səˈnɪlətɪ/ *noun* [U]

☆**senior** /ˈsiːnɪə(r) ‖ ˈsinjɚ/ *adj* **senior (to sb)** **1** having a high or higher rank in a company, organization, etc（地位或等级）较高: *a senior managerial position* 高级经理的职位 ○ *He's senior to me.* 他的职位比我高。○ *a meeting of senior government ministers* 政府高级部长会议 **2** older 较年长: *This common room is for the use of senior pupils only.* 这个交谊室只供高年级学生使用。**3** often 常作 **Senior** (*abbr* 缩写 **Sen**) (used to show that a person is the parent of sb with the same name 父或母与子女同名时，用以表示父母辈): *John Brown Senior* 老约翰·布朗 ☛ Look at **junior**. 参看 **junior**。

senior *noun* [C] **1** somebody who is older or of higher rank (than one or more other people) 较年长者；（地位或等级）较高者: *My oldest sister is ten years my senior.* 我的大姐比我大十岁。**2** an older pupil at a school 高年级学生 **3** (*US* 美) a student in the final year of school, college or university（学校、学院或大学里的）毕业班学生

seniority /ˌsiːnɪˈɒrətɪ; *US* 美 -ˈɔːr- ‖ sinˈjɔrətɪ/ *noun* [U] the rank or importance that a person has in a company, organization, etc in relation to others 资历: *The names are listed below in order of seniority.* 下列名字按年资排列。

ˌ**senior ˈcitizen** *noun* [C] = OLD-AGE PENSIONER

sensation /senˈseɪʃn ‖ sɛnˈseʃən/ *noun* **1** [C] a feeling that is caused by sth affecting the body or part of the body 感觉: *a pleasant/unpleasant sensation* 愉快的/不愉快的感觉 ○ *I felt a burning sensation on my skin.* 我的皮肤有一种灼热的感觉。**2** [U] the ability to feel when touching or being touched 知觉: *For some time after the accident he had no sensation in his legs.* 事故发生后，他的双脚曾有一段时间失去了知觉。**3** [C] a feeling or impression in the mind or body that is not caused by anything definite and may be false 下意识的感觉: *I had the peculiar sensation that I was floating in the air.* 我有一种浮在空中的奇特感觉。**4** [C] a feeling of great excitement, surprise or interest among a group of people or people in general; something that causes this 激动；轰动；引起轰动的事物: *The young American caused a sensation by beating the top seed.* 那个年轻的美国人打败了头号种子，轰

动一时。○ *The show got wonderful reviews and was an overnight sensation* (= became famous and popular immediately). 那场表演大受好评，立刻引起轰动。

sensational /-ʃənl ‖ -ʃənl̩/ *adj* **1** causing, or trying to cause, a feeling of great excitement, surprise or interest among people 引起轰动的；煽情；耸人听闻: *sensational events* 引起轰动的事件 ○ *the most sensational murder trial this century* 本世纪最轰动的谋杀案审讯 ○ *This magazine specializes in sensational stories about the rich and famous.* 这本杂志专门报道富人和名人的耸人听闻的轶事。**2** (*informal* 非正式) extremely good; beautiful; very exciting 极好；美丽；动人: *You look sensational!* 你漂亮极了！—**sensationally** *adv*

☆**sense** /sens ‖ sɛns/ *noun* **1** [C] one of the five natural physical powers that make it possible for a person or animal to get information about the world around 感觉官能（视觉；听觉；嗅觉；味觉或触觉）: *I've got a cold and I've lost my sense of smell.* 我患了感冒，失去了嗅觉。**2** [U,sing] the ability to understand or appreciate sth; the ability to recognize what sth is 理解力；辨别力；领悟力: *She seems to have lost all sense of reality.* 她似乎丧失了所有辨识现实的能力。○ *I like him – he's got a great sense of humour.* 我喜欢他——他很有幽默感。○ *I'm always getting lost. I've got absolutely no sense of direction.* 由于我全无方向感，所以我老是迷路。**3** [U,sing] a natural ability to do or produce sth well 天生的能力；天赋的才能: *Good business sense made her a millionaire.* 卓越的经商能力使她成为百万富翁。○ *He's got absolutely no dress sense* (= he dresses very badly). 他全无衣着品味。**4** [U,sing] a feeling or consciousness of sth 感觉；意识: *I felt a tremendous sense of relief when the exams were finally over.* 考试终于结束，我感到如释重负。○ *She only visits her family out of a sense of duty.* 她只是出于责任感才探访她的家人。**5** [U] the ability to think or act in a reasonable or sensible way; practical intelligence 理智；理性；健全的心智；常识: *At least he had enough sense to stop when he realized he was making a mistake.* 他知道自己犯错后，至少懂得不继续下去。○ *I think there's a lot of sense in what you're saying.* 我觉得你的话很有道理。○ *They buy the most ridiculous things. They've got more money than sense.* 他们经常买些奇怪透顶的东西，可见他们是钱多理智少。☛ Look at **common sense**. 参看 **common sense**。**6** [U] good reason; use or point 充分的理由；道理: *There's no sense in going any further – we're obviously lost.* 再往前走也是徒然，我们显然是迷了路。○ *What's the sense in making things more difficult for yourself?* 你为什么要自讨苦吃？**7** [C] (used about a word, phrase, etc 指词、短语等) a meaning or possible meaning 意义；意思；含义: *This word has two senses.* 这个词有两种意思。○ *This is an epic film in every sense of the word.* 这部电影是一部地地道道的史诗式电影。

(IDIOMS 习语) **in a sense** in one particular way but not in other ways; partly 从某个角度看；在某种意义上: *In a sense you're right, but there's more to the matter than that.* 你在某种意义上是对的，但事情并不就是这样简单的。

make sense 1 to be possible to understand; to have a clear meaning 可理解；有明确的意义: *What does this sentence mean? It doesn't make sense to me.* 这个句子是什么意思？在我看来这个句子根本不通。**2** (used about an action 指行动) to be sensible or logical 合理；明智；合乎逻辑: *I think it would make sense to wait for a while before making a decision.* 我认为先等一等再决定才是明智的做法。

make sense of sth to manage to understand sth that is not clear or is difficult to understand: 理解/明白/弄懂（含糊或难懂的事物）*I can't make sense of these instructions.* 我看不懂这些用法说明。

talk sense ⇨ TALK[1](6)

sense *verb* [T] to realize or become aware of sth; to get the feeling that sth is the case 意识到；感觉到: *I sensed that something was wrong.* 我觉得有点不对劲。

senseless /ˈsenslɪs ‖ ˈsɛnslɪs/ *adj* **1** having no meaning or purpose 没有意义；没有目的；愚蠢: *The police described the murder as 'a senseless act of violence'.* 警方形容那宗谋杀案是"毫无意义的暴力行为"。**2** unconscious 失去知觉

☆**sensible** /ˈsensəbl ‖ ˈsɛnsəbl̩/ *adj* having or showing the ability to think or act in a reasonable way; having or showing good judgement 理智；合理；明智: *a sensible man* 理智的人 ○ *a sensible decision* 明智的决定 ○ *Stop joking and give me a sensible answer.* 别再开玩笑，给我一个合理的答复。○ *I think it would be sensible to leave early, in case there's a lot of traffic.* 我认为还是早点离开比较好，以防交通拥挤。—**sensibly** /-əblɪ ‖ -əblɪ/ *adv*: *Let's sit down and discuss the matter sensibly.* 让我们坐下来理智地讨论这个问题。

☛ Compare **sensible** and **sensitive**. 比较 **sensible** 及 **sensitive**。**Sensible** is connected with common sense, reasonable action and good judgement.* **sensible** 与常识、合理的行为和良好的判断有关。**Sensitive** is connected with feelings and emotions and with the five senses. * **sensitive** 与感觉、情绪和五种官能感觉有关。

☆**sensitive** /ˈsensətɪv ‖ ˈsɛnsətɪv/ *adj* **1** easily hurt or damaged; painful, especially if touched 易受伤害；易损坏；疼痛的（尤指被触及时）: *a new cream for sensitive skin* 一种用于敏感皮肤的新护肤膏 **2 sensitive (about/to sth)** easily upset, offended or annoyed, perhaps because of having strong feelings about a particular matter 神经过敏/敏感/易生气（可能由于对某事物有强烈感受）: *Don't be so sensitive! I was only joking.* 不要那么多心！我不过是开玩笑。○ *She's still a bit sensitive about her divorce.* 她对自己离婚一事仍有点敏感。○ *He's very sensitive to criticism.* 他对于批评非常在乎。**3 sensitive (to sth)** showing that you are aware of and understand people's feelings, problems, etc 能察觉和理解别人的感

S

受、问题等；近人情；体贴: *It wasn't exactly sensitive of you to keep mentioning her boyfriend. You know they've just split up.* 你不断提到她的男朋友，真有点不知趣儿。你知道吗，他们刚分了手。○ *to be sensitive to sb's feelings/wishes* 能理解某人的感受/心愿 ☛ The opposite for senses **2** and **3** is **insensitive**. 第2、3义的反义词为 **insensitive**。**4** (used about a scientific instrument, a piece of equipment, etc 指科学仪器、设施等) able to measure very small changes 灵敏 **5** (used about a subject, a situation, etc 指事情、情况等) needing to be dealt with carefully because it is likely to cause anger or trouble 须小心处理的（因可能会引起争端）: *Religion is often a sensitive subject.* 宗教通常都是敏感的问题。○ *This is a sensitive period in the negotiations between the two countries.* 两国的谈判现正处于敏感阶段。—**sensitively** *adv*: *The investigation will need to be handled sensitively.* 这个调查必须慎重处理。

sensitivity /ˌsensəˈtɪvətɪ ‖ ˌsɛnsəˈtɪvətɪ/ *noun* [U] the quality of being sensitive 敏感性；灵敏度；理解力: *I think your comments showed a complete lack of sensitivity.* 我认为你的意见显示出你一点也不体谅人。

S

sensual /ˈsenʃʊəl ‖ ˈsɛnʃʊəl/ *adj* connected with physical or sexual pleasure 与肉体上的享受/性快感有关: *the sensual rhythms of Latin music* 拉丁音乐刺激感官的节奏 ○ *a life devoted to sensual pleasure and luxury* 耽于肉欲和奢华享受的一生 —**sensuality** /ˌsenʃʊˈælətɪ ‖ ˌsɛnʃʊˈælətɪ/ *noun* [U]

sensuous /ˈsenʃʊəs ‖ ˈsɛnʃʊəs/ *adj* giving pleasure to or affecting the mind or body through the senses 给感官以快感的；影响感官的: *the sensuous feel of pure silk* 纯丝的轻柔感觉 —**sensuously** *adv* —**sensuousness** *noun* [U]

sent *pt, pp* of SEND * SEND 的过去时及过去分词

☆**sentence** /ˈsentəns ‖ ˈsɛntəns/ *noun* **1** [C] (*grammar* 语法) a group of words containing a subject and a verb, that expresses a statement, a question, etc. When a sentence is written it begins with a capital letter and ends with a full stop 句；句子: *a grammatically correct sentence* 符合语法的句子 ○ *You don't need to write a long letter. A couple of sentences will be enough.* 这封信你不用写太多，写几句就行了。**2** [C,U] the punishment given by a judge to sb who has been found guilty of a crime 刑罚；判刑: *20 years in prison was a very harsh sentence.* * 20年监禁是很严厉的判刑。○ *He is serving his sentence in a maximum security prison.* 他正在一个戒备森严的监狱内服刑。○ *the death sentence* 死刑

sentence *verb* [T] **sentence sb (to sth)** (used about a judge 指法官) to tell sb who has been found guilty of a crime what the punishment will be 判决；判处: *The judge sentenced her to three months in prison for shoplifting.* 她因店铺盗窃罪被法官判处三个月监禁。○ *He was sentenced to life imprisonment for murder.* 他因谋杀罪被判终身监禁。

sentiment /ˈsentɪmənt ‖ ˈsɛntəmənt/ *noun* **1** [C,U] (often plural) an attitude or opinion that is often caused or influenced by emotion 态度/意见（通常指受感情影响的）: *His comments expressed my sentiments exactly.* 他的意见正好表达了我的感受。○ *Nationalist sentiment is quite strong throughout the country.* 全国上下的民族主义感情都相当强。**2** [U] gentle feelings such as sympathy, love, happy memories, etc that influence action or behaviour (sometimes in situations where this is not suitable) 温柔的感情（如怜悯之情、爱情、愉快的回忆等，有时会在不适当的情况下影响行事）: *There's no room for sentiment in business.* 做生意不能感情用事。

sentimental /ˌsentɪˈmentl ‖ ˌsɛntəˈmɛntḷ/ *adj* **1** caused by or connected with gentle feelings such as sympathy, love, happy memories, etc 与温柔的感情有关；由温柔的感情所引致的: *The jewellery had great sentimental value to me.* 这些珠宝对我有感情价值。**2** having or showing these gentle emotions, sometimes in a silly way 感伤；多愁善感: *How can you be sentimental about an old car!* 你怎能对一辆旧车这么恋恋不舍呢！○ *a sentimental love song* 令人怀恋的情歌 —**sentimentality** /ˌsentɪmenˈtælətɪ ‖ ˌsɛntəmɛnˈtælətɪ/ *noun* [U] —**sentimentally** /-təlɪ ‖ -tḷɪ/ *adv*

sentry /ˈsentrɪ ‖ ˈsɛntrɪ/ *noun* [C] (*pl* **sentries**) a soldier who stands outside a building and guards it 哨兵

separable /ˈsepərəbl ‖ ˈsɛpərəbḷ/ *adj* able to be separated 可分开的；可分隔的 ☛ The opposite is **inseparable**. 反义词为 **inseparable**。

☆**separate**[1] /ˈseprət ‖ ˈsɛprɪt/ *adj* **1 separate (from sth/sb)** apart; not joined or together 分开的；不连接的；不在一起的: *You should always keep your cash and credit cards separate.* 你应该把现金和信用卡分开放置。**2** different 不同的: *A lot of married couples have separate bank accounts.* 许多夫妇各自都有自己的私人银行账户。○ *We stayed in separate rooms in the same hotel.* 我们住在同一家旅馆，但不同住一个房间。

separately *adv* apart; not together; at different times or in different places 分开；不在一起；在不同时间/地方: *Shall we pay separately or all together?* 我们是各自付款还是一起付款呢？○ *Let's deal with each matter separately.* 让我们将事情逐一处理。

☆**separate**[2] /ˈsepəreɪt ‖ ˈsɛpəˌret/ *verb* **1** [I,T] **separate (sb/sth) (from sb/sth)** to stop being together; to cause people or things to stop being together; to divide people or things（使某人/某事物）分离/分开: *I think we should separate into two groups.* 我想我们应该分成两组。○ *The friends separated at the airport.* 朋友们在飞机场分手。○ *I got separated from my friends in the crowd.* 我与友人在人群中失散了。○ *Separate the egg yolk from the white.* 将蛋黄和蛋白分开。**2** [T] **separate sb/sth (from sb/sth)** to keep people or things apart, or to be between people or things with the result that they are apart 把某人/某事物隔开/分开: *I always try to separate business from pleasure.* 我总是设法把工作与娱乐分开。○

When the players started fighting, the referee moved in to separate them. 运动员一开始打架，裁判就进来将他们分开。○ *The two sides of the city are separated by the river.* 河流把这个城市分成两部分。○ *Often the language barrier separates different parts of a community.* 语言障碍往往将一个社会分成不同部分。**3** [I] (used about a married couple, etc 指夫妇等) to stop living together 分居: *His parents separated when he was still a baby.* 他还是个婴儿的时候，父母就分居了。

separated *adj* (used about a married couple 指夫妇) not living together any more but not divorced 分居而未离婚: *My wife and I are separated.* 我和妻子分居了。

☆**separation** /ˌsepəˈreɪʃn ‖ ˌsɛpəˈreʃən/ *noun* [C,U] **1** the act of separating or being separated; a situation or period of being apart 分离/分开（的期间）: *Separation from family and friends made me very lonely.* 与家人和朋友分离使我感到很寂寞。**2** a legal agreement where a married couple live apart (but do not get a divorce) 夫妻分居（但未离婚）的法律协议: *a trial separation* 尝试性质的分居

☆**September** /sepˈtembə(r) ‖ sɛpˈtɛmbɚ/ *noun* [C,U] (*abbr* 缩写 **Sept**) the ninth month of the year; coming before October 九月 ☛ For examples of the use of the months in sentences, look at **January**. 有关句子中月份的用例，参看 **January**。

septic /ˈseptɪk ‖ ˈsɛptɪk/ *adj* infected with poisonous bacteria 受感染: *The wound went septic.* 伤口受到感染。

sequel /ˈsiːkwəl ‖ ˈsikwəl/ *noun* [C] **1** a book, film, etc that continues the story of the previous one（书、电影等的）续集/续篇 **2** something that happens after, or is the result of, a previous event 继之而来的事；余波；后果

sequence /ˈsiːkwəns ‖ ˈsikwəns/ *noun* **1** [C] a number of things (actions, events, etc) that happen or come one after another 连续发生或接连的行动、事情等: *the sequence of events leading to war* 引发战争的连串事件 ○ *Complete the following sequence: 1, 4, 8, 13, …* 请完成下列数字序列：1、4、8、13… **2** [U] the order in which a number of things happen or are arranged 次序: *The photographs are in sequence.* 相片按次序排列。

serene /sɪˈriːn ‖ səˈrin/ *adj* calm and peaceful 平静；平和: *a serene smile* 平和的微笑 —**serenely** *adv* —**serenity** /sɪˈrenətɪ ‖ səˈrɛnətɪ/ *noun* [U]

sergeant /ˈsɑːdʒənt ‖ ˈsɑrdʒənt/ *noun* [C] (*abbr* 缩写 **Sergt**; **Sgt**) **1** an officer of low rank in the army or air force 中士（陆军或空军中的初级军官）**2** an officer in the police with a rank below that of inspector 警长（级别低于督察）

serial /ˈsɪərɪəl ‖ ˈsɪrɪəl/ *noun* [C] a single story in a magazine or on television or radio that is told in a number of parts over a period of time 连载小说；（电视或电台的）连续剧: *the first part of a six-part drama serial* 分六集播出的戏剧的第一集 ☛ Look at the note at **series**. 参看 **series** 的注释。

serialize (*also* 亦作 **serialise**) /-rɪəlaɪz ‖ -rɪəlˌaɪz/ *verb* [T] to broadcast a story or publish a book in the form of a serial 连载/连播（故事等）

ˈ**serial number** *noun* [C] the number marked on sth to identify it and to distinguish it from other things of the same type（同类事物的）顺序号码/编号: *the serial numbers of travellers' cheques* 旅行支票的编号

☆**series** /ˈsɪəriːz ‖ ˈsɪriz/ *noun* [C] (*pl* **series**) **1** a number of things that come one after another and are of the same type or connected（同类或有关联事物）连续/一系列: *a series of events* 一连串事件 ○ *The orchestra is visiting Britain for a series of concerts next month.* 管弦乐团将于下月到英国连续举行几场音乐会。○ *There has been a series of burglaries in this district recently.* 这一区最近连续发生了多宗入户盗窃案。**2** a number of programmes on radio or television which have the same main characters and each tell a complete story 广播或电视的系列节目 ☛ Compare **series** and **serial**. 比较 **series** 及 **serial**。In a **series** each part is a different, complete story involving the same main characters. * **series** 中每集的主角相同，但每集均为独立完整的故事。In a **serial** the same story continues in each part. * **serial** 中同一个故事分为若干集连续播放。

☆**serious** /ˈsɪərɪəs ‖ ˈsɪrɪəs/ *adj* **1** (used about problems, situations, etc 指问题、情况等) bad; important; causing worry 严重；重要；令人担忧: *a serious accident* 严重的事故 ○ *a serious illness* 严重的疾病 ○ *Pollution is a very serious problem.* 污染是很严重的问题。○ *serious crime* 严重的罪行 **2** needing to be treated as important, not just for fun 严肃；认真: *Don't laugh, it's a serious matter.* 不要笑，这是严肃的事情。○ *a serious discussion* 严肃的讨论 ○ *She's had a number of boyfriends but only one serious relationship.* 她有好几个男朋友，但只对一个关系认真。**3** (used about a person 指人) not joking; thoughtful 庄重；严肃: *Are you serious about starting your own business* (= are you really going to do it) *?* 你真的要创立自己的生意吗？○ *He's terribly serious. I don't think I've ever seen him laugh.* 他严肃极了，我从来没见过他笑。○ *You're looking very serious. Was it bad news?* 你看来满怀心事，是不是坏消息？

seriousness *noun* [U] the quality of being serious 严重性: *It would be unwise to underestimate the seriousness of this situation.* 低估这情况的严重性是不明智的。

seriously /ˈsɪərɪəslɪ ‖ ˈsɪrɪəslɪ/ *adv* **1** in a serious way 严重地；严肃地；认真地: *Three people were seriously injured in the accident.* 在意外中有三人严重受伤。○ *My mother is seriously ill.* 我妈妈病得很重。○ *It's time you started to think seriously about the future.* 是认真考虑你的前途的时候了。**2** (used for indicating that you are not joking or that you really mean what you are saying 表示认真) 说真的；真的；说正经的: *Seriously, I do*

S

appreciate all your help. 说正经的，我真的感激你的帮忙。○ *Seriously, you've got nothing to worry about.* 说真的，你没有什么可以担心的。**3** (used for expressing surprise at what someone has said and asking whether it is really true 用于表示对某人所说的感到惊奇，并求证是否属实) 说真的；真的: *'I'm 40 today.' 'Seriously? You look a lot younger.'* "我今天40岁了。" "真的吗？你看来年轻多了。"

(IDIOM 习语) **take sb/sth seriously** to treat sb or sth as important 重视/认真对待（某人/某事物）: *He's such a fool that nobody takes him seriously.* 他是这么一个大傻瓜，没有人会重视他。○ *You take everything too seriously! Relax and enjoy yourself.* 你凡事都太认真了！要放轻松点，好好享受一下。

sermon /ˈsɜːmən ‖ ˈsɝmən/ *noun* [C] a speech on a religious or moral matter that is given as part of a service in church 讲道；传道

serrated /sɪˈreɪtɪd; *US* 美 ˈsereɪtɪd ‖ ˈsɛretɪd/ *adj* having a row of points in V-shapes along the edge 边缘呈锯齿状的: *a knife with a serrated edge* 一把有锯齿的刀

☆**servant** /ˈsɜːvənt ‖ ˈsɝvənt/ *noun* [C] a person who is paid to work in sb's house, doing work such as cooking, cleaning, etc 用人；佣人；仆人 ☛ Look at **civil servant**. 参看 **civil servant**。

☆**serve** /sɜːv ‖ sɝv/ *verb* **1** [I,T] to work for a country, a company, an organization, the army, etc; to be useful to sb（为…）工作/服务: *The role of the police is to serve the community.* 警察的职责是为社会服务。○ *She has served on a number of committees.* 她在几个委员会里任职。○ *During the war, he served in the Army.* 战争期间，他在陆军服役。○ *During his long political career he served under three different Prime Ministers.* 在漫长的政治生涯中，他先后替三位首相办事。**2** [T] to give food or drink to sb during a meal; to take an order and then bring food or drink to sb (in a restaurant, bar, etc)（在餐馆等里）端上食物: *Breakfast is served from 7.30 to 9.00 am.* 早餐供应时间由早上7时30分到9时。○ *We waited for half an hour until a waiter finally served us.* 我们等了半小时才有服务员招待我们。**3** [I,T] (in a shop) to take a customer's order; to give help, sell goods, etc（在商店里）招待顾客: *Excuse me madam. Are you being served?* 对不起，这位女士，有人招待你吗？**4** [T] to provide sb (especially the public) with sth necessary or useful in daily life 为（尤指公众）提供日常生活中必需/有用的东西: *The town is served by three hospitals.* 镇里有三家医院提供医疗服务。**5** [I,T] **serve (sb) (as sth)** to be good enough for or suitable for a particular purpose; to perform a particular function 适合某种用途: *The smallest bedroom serves as my office.* 最小的睡房可用作我的办公室。○ *His pathetic excuses only served to make me even angrier.* 他种种牵强的借口只有令我更加生气。**6** [T] to spend a period of time in prison as punishment 在狱中服刑: *He is currently serving a ten-year sentence for fraud.* 他因欺诈罪被判十年徒刑，现正在狱中服刑。**7** [T] (used about an amount of food 指一份食物) to be enough for a certain number of people 可供某数目的人享用: *According to the recipe, this dish serves four.* 按照食谱，这道菜可供四人享用。**8** [I,T] (in tennis and similar sports 网球及类似的体育运动) to start play by hitting the ball 发球

(IDIOMS 习语) **serve your/the purpose** to have or be what you need 符合/满足需要: *It's an old car but it will serve our purpose for a few months.* 这是一辆旧车，但正合我们的需要，可用上几个月。

serve sb right (used when sth unpleasant happens to sb and you have no sympathy 表示对某人的不幸不予同情) to be deserved by sb 应由某人承担；活该: *'I feel sick.' 'It serves you right for eating so much.'* "我想吐。" "你吃那么多，活该。"

☆**service** /ˈsɜːvɪs ‖ ˈsɝvɪs/ *noun* **1** [U] working for a country, a company, an organization, the army, etc 工作；任职；服务: *The minister was thanked for his years of service to the party.* 那位部长为该政党服务多年而获谢。○ *Military service is no longer compulsory.* 服兵役现已不再是强制性的了。○ *He left the police force after thirty years' service.* 他在警队服务了三十年后离职。**2** [C] a system or organization that provides the public with sth necessary or useful in daily life; the job that an organization does 为公众提供日常生活所需的组织；公共事业: *the train/bus service* 火车/公共汽车服务 ○ *the postal service* 邮政服务 ○ *The airline is starting a new international service.* 那家航空公司将开办一条新国际航线。○ *We offer a number of financial services.* 我们提供多种金融业务。**3** [C, usually sing] one of certain government departments or public institutions 政府部门；公营机构: *the National Health Service* 国民保健署 ☛ Look at **Civil Service**. 参看 **Civil Service**。**4 the services** [plural] the armed forces; the army, navy or air force 武装部队（陆军/海军/空军）**5** [U] the work or the quality of work done by sb when serving a customer（对顾客的）服务/服务质量: *I enjoyed the meal but the service was terrible.* 我喜欢那里的食物，但服务很差劲。○ *We offer after-sales service on all our photocopiers.* 我们为所有售出的影印机提供售后服务。○ *Is service included in the bill?* 账单是否已把服务费计算在内？**6** [C, usually pl] work done for sb; help given to sb 服务；贡献；协助: *He was given an award for his services to the film industry.* 他对电影事业贡献良多而获奖。**7** [C,U] the examination (and, if necessary, repair) of a car, machine, etc to make sure that it is working properly（汽车、机器等的）检查/检修: *We take our car for a service every six months.* 我们每半年将车子送去检修一次。**8** [C] a religious ceremony, usually including prayers, singing, etc 宗教礼仪；礼拜: *a funeral service* 葬礼 **9** [C] (in tennis and similar sports 网球及类似的体育运动) the act of hitting the ball at the start of play; a player's turn to serve 发球；轮到的发球权: *She's not a bad player but her service is weak.* 她不是差劲的

运动员，但发球技术不够强。**10 services** [C] (usually with a plural verb 通常与复数动词连用) (*pl* **services**) a place at the side of a motorway where there is a petrol station, a shop, toilets, a restaurant, etc（高速公路旁的）服务站（设有汽油站、商店、厕所、餐厅等）: *It's five miles to the next services.* 要再过五英里才到下一个服务站。

service *verb* [T] to examine and, if necessary, repair a car, machine, etc 检查/检修（汽车、机器等）: *All cars should be serviced at regular intervals.* 所有汽车都要定期检修。

'service charge *noun* [C] the amount of money that is added to a restaurant bill for the service given by the waiters and waitresses 服务费；小账

'service station *noun* [C] = PETROL STATION

serviette /ˌsɜːvɪ'et ‖ ˌsɝvɪ'ɛt/ *noun* [C] a square of cloth or paper that you use when you are eating to keep your clothes clean and to wipe your mouth or hands 餐巾

session /'seʃn ‖ 'sɛʃən/ *noun* [C] **1** a meeting or series of meetings of an official body (a court, a parliament, etc)（议会的）开会；（法庭的）开庭 **2** a period of doing a particular activity（从事某活动的）一段时间: *The whole tape was recorded in one session.* 整段录音在一节时间内录成。○ *She has a session on a sunbed every week.* 她每星期享受一次日光浴。
(IDIOM 习语) **in session** (used about an official body 指官方机构) holding a meeting; doing its official work; not on holiday 正在开会/办公: *Silence! This court is now in session.* 肃静！法庭现在开庭。

☆**set**[1] /set ‖ sɛt/ *noun* **1** [C] a number of things that belong together 一套；一组；一副: *a set of kitchen knives* 一套厨房用刀 ○ *In the first set of questions, you have to fill in the gap.* 第一组问题是填充。○ *a set of instructions* 一组指令 **2** [C] a piece of equipment for receiving television or radio 电视机；收音机: *a television set*（一台）电视机 **3** [C] the scenery for a play or film on the stage or in the studio 布景: *a musical with spectacular sets* 布景壮观的音乐剧 **4** [C] (in tennis 网球) a group of games forming part of a match 一盘: *game, set and match* 一局、一盘以及一场比赛

☆**set**[2] /set ‖ sɛt/ *verb* (*pres part* **setting**; *pt*, *pp* **set**) **1** [T] to put sb/sth in a particular position; to place sth somewhere 把…放在某位置；放置；摆放: *He set a large bowl of soup in front of me.* 他把一大碗汤放在我面前。○ *The hotel is set in beautiful grounds.* 那旅馆四周的景色很优美。**2** [T] (often passive 常用于被动语态) to place the action of a book, play, film, etc in a particular time, situation, etc 构想/设置（书本、戏剧、电影等的）背景: *The film is set in 16th-century Spain.* 那部电影以16世纪的西班牙为背景。**3** [T] to cause a particular state or event; to start sth happening 使处于某种状态；使发生: *The new government set the prisoners free.* 新政府释放了那些囚犯。○ *The rioters set a number of cars on fire.* 暴徒放火焚烧多部汽车。○ *Her comment set him thinking.* 她的评论引起他沉思。**4** [T] to prepare or arrange sth for a particular purpose（为某目的）准备/安排: *I set my alarm for 6.30.* 我将闹钟调到6时30分。○ *to set the table* (= put the plates, knives, forks, etc on it) 在桌子上摆放餐具 ○ *Did you set the video to record that film?* 你调校好录像机录下那部电影没有？**5** [T] to fix or establish sth 确立；设立；树立；订立: *Try to set a good example to the younger children.* 要为小孩子树立好榜样。○ *Can we set a limit of £100 for the cost of materials?* 我们把原料成本定在100英镑以内行吗？○ *They haven't set the date of the next meeting yet.* 他们还没有定下下一次会议的日期。○ *He has set a new world record.* 他创造了一个新的世界纪录。**6** [T] to give sb a piece of work 给予某人工作: *We've been set a lot of homework this weekend.* 这个周末我们有很多家庭作业要做。**7** [I] to become firm or hard 凝固；变硬: *Put the jelly in the fridge for two hours to set.* 将果子冻放入冰箱两小时让它凝固。**8** [T] to fix a precious stone, etc in a piece of jewellery（在首饰上）镶嵌（宝石等）: *The brooch had three diamonds set in gold.* 那黄金饰针上镶着三颗钻石。**9** [T] to arrange sb's hair while it is wet so that it becomes curly, wavy, etc 做头发: *She went to the hairdresser's to have her hair set.* 她去了理发店做头发。**10** [T] to write music to go with words 为歌词谱曲: *She writes the words of the song and Harry sets them to music.* 她写歌词，哈里谱曲。**11** [T] to put a broken bone in a position (and often to fix it in plaster) so that it can heal 把断骨接好/复位: *The doctor set her broken leg.* 医生把她腿部的断骨接好。**12** [I] (used about the sun, etc 指太阳等) to go down below the horizon 落到地平线下 ☛ The opposite is **rise**. 反义词为 **rise**。
(IDIOMS 习语) **put/set your/sb's mind at rest** ⇨ MIND[1]
set eyes on sb/sth to see sb/sth 看见某人/某物: *He loved the house the moment he set eyes on it.* 他第一眼看见那所房子就喜欢上了它。
set foot (in/on sth) to visit, enter or arrive at/in a place 进入/到达（某地方）: *No woman has ever set foot in the temple.* 从没有女人进过那座庙宇。
set sail to begin a journey by sea 启航: *Columbus set sail for India.* 哥伦布启航前往印度。
(PHRASAL VERBS 短语动词) **set sb/sth back** to delay sb/sth 耽搁；延迟: *The bad weather has set our plans back six weeks.* 恶劣的天气使我们的计划延迟了六个星期。
set in to arrive and remain for a period of time 来临并继续一段时间: *I'm afraid that the bad weather has set in.* 我想天气已开始转坏了。
set off to leave on a journey 出发: *We set off at 3 o'clock this morning.* 我们今天早上3点钟出发。
set sth off to do sth which starts a reaction 发动: *When this door is opened, it sets off an alarm.* 这道门一打开，警钟就会响起。
set out to leave on a journey 出发: *They set out at dawn.* 他们在黎明时分出发。

set out to do sth to decide to achieve sth 立志：*She set out to become Britain's first woman Prime Minister.* 她立志要成为英国第一位女首相。

set (sth) up to start; to establish a business 开业；建立/设立（公司或企业等）：*The company has set up a new branch in Wales.* 公司在威尔士设立了一家新的分公司。○ *After she qualified as a doctor, she set up in practice in Yorkshire.* 她取得医生资格后，在约克郡开业服务。

set[3] /set ‖ sɛt/ *adj* **1** placed in a particular position 处于某位置；座落：*Our house is set back quite a long way from the road.* 我们的房子远离马路。○ *deep-set eyes* 深陷的眼窝 **2** fixed and not changing; firm 固定不变：*There are no set hours in my job.* 我没有固定的工作时间。○ *He's getting more and more set in his ways as he gets older* (= with fixed habits and routines which he is unwilling to change). 他年纪越大，习惯便越难改变。**3 set (for sth)**; **set (to do sth)** ready, prepared or likely to do sth 准备就绪：*Okay, I'm all set – let's go!* 好了，我已经准备就绪，我们出发吧！○ *I was all set to leave when the phone rang.* 我正准备离开的时候，电话铃声就响起来了。○ *The England team look set for victory.* 英格兰队看来胜券在握。

(IDIOMS 习语) **be set against sth/against doing sth** to be opposed to sth 反对：*She's set against moving house.* 她反对搬家。

be set on sth/on doing sth to be determined to do sth 决心：*She's set on a career in acting.* 她决心当演员。○ *My heart was set on that house* (= I really wanted it). 我一心想得到那所房子。

ˌset ˈbook *noun* [C] a book that must be studied in a course for an exam（考试的）必修课本

set-back /ˈsetbæk ‖ ˈsɛtˌbæk/ *noun* [C] a difficulty or problem that stops you progressing as fast as you would like 障碍；挫折

settee /seˈtiː ‖ sɛˈti/ *noun* [C] a long soft seat with a back and arms that more than one person can sit on 长沙发

☆**setting** /ˈsetɪŋ ‖ ˈsɛtɪŋ/ *noun* [C] **1** surroundings; the place where sth happens 环境；背景：*The hotel is in a beautiful setting, close to the sea.* 那间旅馆临近大海，风景美丽。○ *They decided that the village church would be the perfect setting for their wedding.* 他们都认为村庄里的教堂是他们举行婚礼的最佳地方。**2** one of the positions of the controls of a machine（控制机器的）调节点：*Cook it in the oven at a moderate setting.* 把它放进烤箱里用中等火候烤熟。

☆**settle** /ˈsetl ‖ ˈsɛtl̩/ *verb* **1** [I] to go and live permanently in a new country, an area, a town, etc 移居；定居：*A great many immigrants have settled in this country.* 大量外来移民已经在这个国家定居。**2** [T] to reach an agreement about sth; to end an argument; to find a solution to a disagreement 达成协议；和解；结束争论；解决争端：*They settled the dispute without going to court.* 他们没有上法庭就解决了争端。**3** [T] to decide or arrange sth finally (eg a plan, an action, etc) 决定/安排好（计划、行动等）：*Everything's settled. We leave on the nine o'clock flight on Friday.* 一切都安排好了，我们星期五乘九点钟的飞机离开。**4** [I,T] to get into or put sb into a comfortable position 安顿；安坐：*I settled in front of the television for the evening.* 我舒服地坐在电视机前度过那个晚上。○ *She settled herself beside him on the sofa.* 她舒适地挨着他坐在沙发上。**5** [I,T] to become or to make sb/sth calm or relaxed（使）平静/放松：*The baby wouldn't settle.* 那个婴儿不肯安静下来。○ *Have a drink. It might settle your stomach.* 喝一杯吧，胃可能会舒服一点。**6** [T] to pay sth (a bill, a debt, etc) 支付（账单）；清还（欠债）：*to settle a bill* 付帐 ○ *The insurance company settled the claim very quickly.* 保险公司迅速清偿了索赔款额。**7** [I] to come to rest after falling on sth; to land 降落；着陆：*A flock of birds settled on the roof.* 一群鸟儿停在屋顶上。○ *The snow didn't settle* (= remain on the ground) *for long.* 雪飘落在地上一会儿便融化了。**8** [I] (used about a liquid 指液体) to become clear or still 静止；变得清澈

(PHRASAL VERBS 短语动词) **settle down 1** to get into a comfortable position, sitting or lying 舒适地坐下/躺下：*I made a cup of tea and settled down with the newspapers.* 我泡了一杯茶，然后舒适地坐下来看报纸。**2** to start having a quieter way of life, especially by staying in the same place or getting married, etc 过更安定/宁静的生活（尤指定居某地或结婚等）：*She had a number of jobs abroad before she eventually settled down.* 她安顿下来前，在国外曾担任过许多不同的工作。**3** to become calm and quiet 安静下来：*Settle down! It's time to start the lesson.* 静下来！是开始上课的时候了。

settle down to sth to start concentrating on sth 开始专注于做某事：*Before you settle down to your work, could I ask you something?* 在你开始工作之前，我可以问你一些问题吗？

settle for sth to accept sth that is not as good as you hoped it would be（勉强）接受；将就：*You'll have to settle for something cheaper.* 你只好凑合用便宜货了。

settle in/into sth to get used to or start feeling comfortable in a new home, job, etc 适应/习惯（新居、新工作等）：*How are the children settling in at their new school?* 孩子们适应新学校的生活吗？

settle on sth to choose sth after considering many different things; to decide on sth 选择；决定

settle up (with sb) to pay money that you owe sb 清偿债务

settled /ˈsetld ‖ ˈsɛtl̩d/ *adj* **1** not changing or not likely to change 稳定；不大可能改变的：*More settled weather is forecast for the next few days.* 预测未来数天天气会较稳定。**2** comfortable; feeling that you belong (in a home, a job, a way of life, etc) 舒适；安定：*We feel very settled here.* 我们在这里感到生活非常安定。

☆**settlement** /ˈsetlmənt ‖ ˈsɛtl̩mənt/ *noun* **1** [C;

U] (an) agreement, usually official, that ends an argument; the act of reaching this kind of agreement（结束纠纷的）协议（通常指官方协议）；达成协议: *The strike lasted for several weeks until a settlement was reached.* 罢工持续了几个星期，直到双方达成协议才停止。**2** [C] a place that a group of people have built and live in, where few or no people lived before（新）聚居地: *a settlement in the jungle* 丛林里的聚居地

settler /'setlə(r) ‖ 'sɛtlɚ/ *noun* [C] a person who goes to live permanently in a new country, particularly an undeveloped one or one with a small population 移居者（尤指移居到未开发或人口稀少的国家）: *the first settlers in Australia* 第一批移居澳大利亚的人

☆**seven** /'sevn ‖ 'sɛvən/ *number* 7; one more than six 七 ☛ For examples of how to use numbers in sentences, look at **six**. 有关数字在句子中的实际用法，参看 **six**。

seven- (in compounds 用以构成复合词) having seven of the thing mentioned 有七个…的: *a seven-sided coin* 七边的硬币

seventh *pron, det, adv* 7th, next after sixth 第七

seventh *noun* [C] the fraction 1/7; one of seven equal parts of sth 七分之一 ☛ Look at the examples at **sixth**. 参看 **sixth** 的示例。

☆**seventeen** /ˌsevn'ti:n ‖ ˌsɛvən'tin/ *number* 17; one more than sixteen 十七 ☛ For examples of how to use numbers in sentences, look at **six**. 有关数字在句子中的实际用法，参看 **six**。

seventeenth /ˌsevn'ti:nθ ‖ ˌsɛvən'tinθ/ *pron, det, adv* 17th; next after sixteenth 第十七 ☛ Look at the examples at **sixth**. 参看 **sixth** 的示例。

☆**seventy** /'sevntɪ ‖ 'sɛvəntɪ/ *number* 70; one more than sixty-nine 七十 ☛ For examples of how to use numbers in sentences, look at **sixty**. 有关数字在句子中的实际用法，参看 **sixty**。

seventieth /'sevntɪəθ ‖ 'sɛvəntɪəθ/ *pron, det, adv* 70th; next after sixty-ninth 第七十 ☛ Look at the examples at **sixth**. 参看 **sixth** 的示例。

sever /'sevə(r) ‖ 'sɛvɚ/ *verb* [T] **1** to break, separate or divide by cutting 切断；割断: *The builders accidentally severed a water pipe.* 建筑工人意外地切断了水管。**2** to end sth (a relationship, etc) 断绝/终止（关系等）: *He has severed all links with his former friends.* 他与以前的朋友断绝了所有联系。

☆**several** /'sevrəl ‖ 'sɛvrəl/ *pron, det* more than two but not very many; some 两个以上；几个；一些: *It took her several days to recover from the shock.* 过了好几天她才平复下来，不再感到震惊。○ *There were lots of applications for the job – several of them from very well-qualified people.* 有许多人申请那份工作，其中几个的资历非常适合。○ *I've asked him several times for the money.* 我已好几次向他追讨欠款。

☆**severe** /sɪ'vɪə(r) ‖ sə'vɪr/ *adj* **1** not kind or gentle 严厉；苛刻: *Such terrible crimes deserve the severest punishment.* 这样可怕的罪行应受到最严厉的惩罚。○ *a severe teacher* 严厉的老师 ○ *a severe expression* 严厉的言辞 ○ *I think your criticism of her work was too severe.* 我认为你对她的作品的批评过分苛刻。**2** very bad; causing unpleasant results or feelings 非常恶劣；严重: *The company is in severe financial difficulty.* 公司陷入严重的财政危机。○ *a severe cold, headache, illness, pain, etc* 重感冒；剧烈的头痛；严重的疾病；剧烈的痛楚… ○ *a severe winter* (= a very cold one) 严冬 —**severely** *adj*: *The roof was severely damaged in the storm.* 屋顶被暴风雨严重破坏。○ *The report severely criticizes the Minister.* 报告猛烈抨击那个部长。—**severity** /sɪ'verətɪ ‖ sə'vɛrətɪ/ *noun* [U]: *I don't think you realize the severity of the problem.* 我认为你没有意识到问题的严重性。

☆**sew** /səʊ ‖ so/ *verb* (*pt* **sewed**; *pp* **sewn** /səʊn ‖ son/ or **sewed**) [I,T] to join pieces of cloth, or to join sth to cloth, using a needle and thread and forming stitches 缝；缝合: *I can't sew.* 我不会针线活。○ *to sew a new button on a shirt* 在衬衫上缝上一枚新钮扣

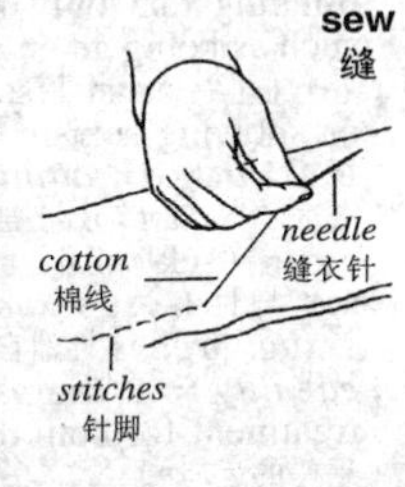

(PHRASAL VERB 短语动词) **sew sth up** **1** to join two things by sewing; to repair sth by sewing two things together 缝合；缝补: *to sew up a hole* 把洞缝补好 ○ *The surgeon sewed up the wound.* 外科医生把伤口缝合了。**2** to arrange or organize sth so that it is certain to happen or be successful（安排或策划某事）使成功/做成: *I think we've got the deal sewn up.* 我想这宗交易我们已做成了。

sewing *noun* [U] **1** using a needle and thread to make or repair things 缝纫；缝补: *Do you like sewing?* 你喜欢缝纫吗？**2** something that is being sewn 缝制的东西: *Have you seen my sewing?* 你看见我正在缝制的衣服吗？

'sewing-machine *noun* [C] a machine that is used for sewing 缝纫机

sewage /'su:ɪdʒ; *Brit also* 英亦作 'sju:- ‖ 'suɪdʒ/ *noun* [U] the waste material from people's bodies that is carried away from their homes in water in large underground pipes (**sewers**)（下水道 (**sewer**) 里的）污物

sewer /'su:ə(r); *Brit also* 英亦作 'sju:- ‖ 'suɚ/ *noun* [C] an underground pipe that carries waste to a place where it can be treated 下水道；污水管

sewn *pp* of SEW ＊SEW 的过去分词

☆**sex** /seks ‖ sɛks/ *noun* **1** [U] the state of being either male or female 性别: *Applications are welcome from anyone, regardless of sex or race.* 欢迎任何人申请，不论性别、种族。○ *Do you mind what sex your baby is?* 你想生男还是生女？**2** [C] one of the two groups consisting of all male people or all female people 男性；女性: *the male/female sex* 男性；女性 ○ *He's always found it difficult to get on with the opposite sex* (= women). 他总觉得难以和异性相处。**3** (also *formal* 正式 **intercourse**; **sexual**

S

intercourse) [U] the physical act in which the sexual organs of two people touch and which can result in a woman having a baby 性交: *to have sex with somebody* 与某人性交 ○ *It's against their religion to have sex before marriage.* 婚前性行为有违他们的教规。**4** [U] activities or matters connected with this act 性行为；与性交有关的事情: *There's too much sex and violence on TV.* 电视上有太多性行为和暴力的镜头。

sexy *adj* (**sexier**; **sexiest**) (*informal* 非正式) sexually attractive 性感: *a sexy man* 性感的男人 ○ *a sexy dress* 性感的连衣裙 ☛ Look at **sexual**. 参看 **sexual**。

sexism /ˈseksɪzəm ‖ ˈsɛksɪzəm/ *noun* [U] treating a person unfairly, or thinking that they are inferior, because of their sex, eg thinking that only men can do certain jobs, such as being an engineer 性别歧视

sexist /ˈseksɪst ‖ ˈsɛksɪst/ *adj* connected with or showing sexism 与性别歧视有关；性别歧视的: *a sexist attitude to women* 歧视女性的态度 ○ *sexist jokes* 带性别歧视的笑话

☆**sexual** /ˈsekʃʊəl ‖ ˈsɛkʃuəl/ *adj* connected with sex 与性有关: *sexual problems* 性问题 ○ *the sexual organs* 性器官 ○ *a campaign for sexual equality* (= a campaign to get fair and equal treatment for both men and women) 争取性别平等的运动

sexuality /ˌsekʃʊˈæləti ‖ ˌsɛkʃuˈæləti/ *noun* [U] the nature of sb's sexual activities or desires 性兴趣；性欲: *He found it difficult to come to terms with his sexuality.* 他觉得很难抑制自己的性欲。—**sexually** /-əli ‖ -əli/ *adv*: *to be sexually attracted to sb* 被异性所吸引

ˌsexual ˈintercourse *noun* [U] (*formal* 正式) = SEX(3)

sh /ʃ ‖ ʃ/ *exclamation* be quiet! 嘘！安静点: *Sh! People are trying to sleep in here.* 嘘！安静点！这里有人想睡觉呢。

shabby /ˈʃæbi ‖ ˈʃæbi/ *adj* (**shabbier**; **shabbiest**) **1** in bad condition because of having been used or worn too much 破旧: *a shabby suit* 一套破旧的衣服 **2** (used about people 指人) dressed in an untidy way; wearing clothes that are in bad condition 衣衫破旧: *a shabby little man* 衣衫破旧的矮小男人 **3** (used about the way that sb is treated 指待遇) unfair; not generous 不公平；卑鄙 —**shabbily** *adv*: *shabbily dressed* 衣衫破旧 ○ *shabbily treated* 受到不公平的对待

shack /ʃæk ‖ ʃæk/ *noun* [C] a small, roughly built shed or hut 简陋小屋；棚子

☆**shade** /ʃeɪd ‖ ʃed/ *noun* **1** [U] an area that is out of direct sunlight and is darker and cooler than areas in the sun 阴凉处；背阴处: *It was so hot that I had to go and sit in the shade.* 天气这么热，我得坐到背阴的地方去。☛ **Shade** [U] is an area or part of a place that is protected from the heat of the sun. * **shade** [不可数] 指不受阳光照射的地方。**A shadow** [C] is a dark shape made by light shining on a person or object. * **shadow** [可数] 指光线被人体或物件阻隔而产生的黑影。**Shadow** [U] is an area of darkness in which it is difficult to distinguish things easily. * **shadow** [不可数] 指难以看清事物的阴暗的地方。**2** [C] something that keeps out light or makes it less bright 遮光物件: *a lampshade* 灯罩 **3 shades** [plural] (*informal* 非正式) (*especially US* 尤为美) = SUN-GLASSES **4** [C] **a shade (of sth)** a type of a particular colour 某种颜色/色度: *a shade of green* 绿色 ○ *I'd prefer a darker shade if you have one.* 如果有的话，我想要较深色的。○ *a pale shade of grey* 淡灰色 **5** [C] a small difference or variation in the form or nature of sth 细微的差别: *a word with various shades of meaning* 有多个相近含义的一个词 **6** [sing] a little bit 少许；一点: *I feel a shade more optimistic now.* 我现在感到乐观了一些。

shade/shadow
背阴处/影子

a shadow
影子

They're sitting in the shade.
他们坐在背阴的地方。

shade *verb* [T] to protect sth from direct light; to give shade to sth 给（某物）遮住光线: *The sun was so bright that I had to shade my eyes.* 阳光这么刺眼，我得遮住眼睛。

shading *noun* [U] the use of or the result of using pencil, etc in part of a picture to create an effect of darkness（绘画）明暗的运用/效果

☆**shadow** /ˈʃædəʊ ‖ ˈʃædo/ *noun* **1** [C] a dark shape on a surface that is caused by sth being between light and that surface 影子；阴影: *The dog was chasing its own shadow.* 那只狗在追逐自己的影子。○ *The shadows lengthened as the sun went down.* 太阳下山的时候，影子越拉越长。○ (*figurative* 比喻) *He has always lived in the shadow of his older brother.* 他一直生活在他哥哥的影响下。○ (*figurative* 比喻) *News of the tragedy cast a shadow over the day.* 不幸的消息传来，给这一天蒙上了阴影。**2** [U] an area that is dark because sth prevents direct light from reaching it 阴暗的地方: *His face was in shadow.* 他的脸落在阴影里。☛ Look at the note at **shade**. 参看 **shade** 的注释。**3** [sing] a very small amount 微量；少许: *There isn't a shadow of doubt that he's lying.* 毫无疑问，他在说谎。

shadow *verb* [T] to follow and watch the actions of sb, often secretly（秘密）跟踪/监视: *The police shadowed the suspect for three days.* 警方跟踪那个嫌疑犯已有三日了。

Shadow *adj* (in British politics 英国政治) belonging to the opposition party, with special responsibility for a particular subject, eg education or defence. Shadow ministers would probably become government ministers if their party won the next election 影子内阁的（指在野党的部分成员，各自负责某方面的事务，如教育、国防等。在野党如在下次大选中获胜，这些影子大臣便可能成为内阁大臣）: *the Shadow Cabinet* 影子内阁

shadowy *adj* **1** having many shadows; dark 多阴的；阴暗: *a shadowy forest* 阴暗的森林 **2** difficult to see or identify clearly 模糊；难以辨认: *a shadowy figure coming towards me* 向我走过来的一个人影 **3** mysterious; difficult to know much about 神秘；莫测高深: *the shadowy world of the secret police* 秘密警察那个莫测高深的世界

shady /'ʃeɪdɪ ‖ 'ʃedɪ/ *adj* (**shadier**; **shadiest**) **1** giving shade; giving shelter from the sun 成阴的；遮挡阳光的: *We ate our picnic in a shady spot.* 我们在阴凉的地方野餐。**2** (*informal* 非正式) not completely honest or legal 不大正当的；不完全合法的: *She's made a lot of money from some rather shady deals.* 她从一些不大正当的交易中赚了许多钱。

shaft /ʃɑːft; *US* 美 ʃæft ‖ ʃæft/ *noun* [C] **1** a long, narrow hole in which sth can go up and down or enter or leave 狭长的通道（可供某物上下移动或进出）: *a lift shaft* 电梯（或升降机）井 ○ *a mine shaft* 矿井 **2** a bar that connects parts of a machine so that power can pass between them（机器的）轴（连接机器各部分以接通能源）

shaggy /'ʃægɪ ‖ 'ʃægɪ/ *adj* (**shaggier**; **shaggiest**) **1** (used about hair, material, etc 指毛发、物料等) long, thick and untidy 浓密而不整齐 **2** covered with long, thick, untidy hair 长满乱蓬蓬长毛的: *a shaggy dog* 粗毛狗

☆**shake**[1] /ʃeɪk ‖ ʃek/ *verb* (*pt* **shook** /ʃʊk ‖ ʃʊk/; *pp* **shaken** /'ʃeɪkən ‖ 'ʃekən/) **1** [I,T] to move from side to side or up and down with short, quick movements 摇；摇动；震动: *I was so nervous that I was shaking.* 我紧张得全身发抖。○ *The whole building shakes when big lorries go past.* 每当有大货车经过，整幢大厦都会震动起来。○ (*figurative* 比喻) *His voice shook with emotion as he described the tragedy.* 他在描述那宗惨剧时激动得声音颤抖。○ *Shake the bottle before taking the medicine.* 服药前先将药瓶摇一摇。○ *She shook him to wake him up.* 她把他推醒了。**2** [T] to disturb or upset sb/sth 扰乱；使心烦意乱/震惊: *The scandal has shaken the whole country.* 那宗丑闻使全国震惊。**3** [T] to cause sth to be less certain; to cause doubt about sth 动摇对…的信心；使怀疑: *Nothing seems to shake her belief that she was right.* 她相信自己是对的，似乎没有什么能动摇她的信心。

(IDIOMS 习语) **shake sb's hand/shake hands (with sb)/shake sb by the hand** to take sb's hand and move it up and down (as a greeting, to show that you have agreed on sth, etc) 握手（以表示问候、同意等）

shake your head to move your head from side to side, as a way of expressing that you mean 'No' 摇头（以表示否定）

(PHRASAL VERB 短语动词) **shake sb/sth off** to escape from sb/sth; to remove by shaking 摆脱；抖掉: *I don't seem to be able to shake off this cold.* 我似乎没法治好这次感冒了。○ *Shake the crumbs off the tablecloth.* 抖掉桌布上的面包屑。

shaking hands
握手

'shake-up *noun* [C] a complete change in the structure or organization of sth 彻底改变；大改组；大改革: *a massive shake-up in the government* 政府大改组

shake[2] /ʃeɪk ‖ ʃek/ *noun* [C] the act of shaking or being shaken physically 摇动: *a shake of the head* 摇头 ○ *You'll have to give the bottle a few shakes.* 你必须将瓶子摇几摇。

shaky /'ʃeɪkɪ ‖ 'ʃekɪ/ *adj* (**shakier**; **shakiest**) **1** shaking or feeling weak because you are frightened or ill 发抖/震颤/摇晃（由于惊慌或生病）**2** not firm; weak or not very good 不稳固；不坚定；疲弱: *The table's a bit shaky so don't put anything heavy on it.* 桌子有点摇晃，不要把重的东西放在上面。○ *They've had a shaky start to the season and have lost most of their games.* 他们这一季一开始就表现很不稳定，大部分赛事都输了。—**shakily** /-ɪlɪ ‖ -ɪlɪ/ *adv*

☆**shall** /ʃəl ‖ ʃl̩; strong form 强读式 ʃæl ‖ ʃæl/ *modal verb* (*negative* **shall not**; *short form* **shan't** /ʃɑːnt ‖ ʃænt/) **1** (used with 'I' and 'we' in future tenses, instead of 'will' 在将来时中，I 和 we 与 shall 连用而不和 will 连用): *I shall be very happy to see him again.* 如果能再见到他我会很高兴。○ *We shan't be arriving until ten o'clock.* 我们十点之前不能到达。○ *At the end of this year, I shall have been working here for five years.* 到了年底，我就在这里工作五年了。**2** (used for asking for information or advice 用于询问资料或意见): *What time shall I come?* 我该什么时候来呢？○ *Where shall we go for our holiday?* 我们到哪里去度假呢？**3** (used for offering to do sth 用于提供帮助): *Shall I help you carry that box?* 我来替你搬那箱子好吗？○ *Shall we drive you home?* 我们开车送你回家好吗？**4 shall we** (used for suggesting that you do sth with the person or people that you are talking to 用于提出建议): *Shall we go out for a meal this evening?* 我们今天晚上出去吃饭好吗？**5** (*formal* 正式) (used for saying that sth must happen or that sb must/must not do sth 用于表示某事必定会发生或某人必须/不应做某事): *In the rules it says that a player shall be sent off for using bad language.* 根据比赛规则，运动员说粗话必须下场。○ *If you really want a pony, you shall have one.* 如果你真的想要一匹小马，你就会有一匹。

S

☆**shallow** /ˈʃæləʊ ‖ ˈʃælo/ *adj* **1** not deep; with not much distance between top and bottom 不深；浅: *The sea is very shallow here.* 这里的海水很浅。○ *Put in a shallow dish and bake for 20 minutes.* 放在浅盘里烘20分钟。**2** not having or showing serious or deep thought 肤浅；浅薄: *rather a shallow young man* 思想相当肤浅的年轻人 —**shallowness** *noun* [U]

☆**shame** /ʃeɪm ‖ ʃem/ *noun* **1** [U] the guilty feeling that you have when you think that you have done sth morally wrong, sth that causes other people to have a bad opinion of you, or sth extremely embarrassing 羞耻；羞愧；惭愧: *She was filled with shame at the thought of how she had lied to her mother.* 她一想到曾对母亲说谎就感到羞愧。☛ The adjective that describes this feeling is **ashamed**. 形容词为 **ashamed**。 **2** [U] the ability to have this feeling 羞耻心；羞愧感: *He doesn't care how he behaves in public. He's got no shame!* 他在公共场所肆意妄为，真是不知羞耻！**3** [U] loss of respect from others; loss of honour 耻辱: *the shame of defeat* 战败之耻 ○ *His actions have brought shame on his whole family.* 他的所作所为使全家蒙羞。**4 a shame** [sing] a fact or situation that makes you feel disappointed 令人失望的事实或情况；憾事: *It's a shame you can't come. I was looking forward to seeing you.* 你不能来真叫人失望，我盼望见到你呢。○ *'I failed my exam.' 'Oh, what a shame!'* "我考试不及格。""真可惜！" ○ *What a shame you have to leave so soon.* 可惜你这么快就要走了。

shame *verb* [T] to make sb feel ashamed 使感到羞愧/羞耻

shameful *adj* which sb should be ashamed of 可耻；丢脸: *a shameful waste of public money* 浪费公款的可耻行为 —**shamefully** *adv*: *I think you have behaved shamefully.* 我认为你的行为很可耻。

shameless *adj* not having or showing the feeling of shame that people would expect you to have in a particular situation 无耻；不知羞耻: *a shameless display of greed and bad manners* 无耻地表现出贪婪和粗鄙的举止 —**shamelessly** *adv*

shampoo /ʃæmˈpuː ‖ ʃæmˈpu/ *noun* (*pl* **shampoos**) **1** [C,U] a liquid that you use for washing your hair 洗发剂: *a shampoo for greasy hair* 油性头发适用的洗发剂 **2** [C] the act of washing sth with shampoo 用洗发剂洗发

shampoo *verb* [T] (*pres part* **shampooing**; *3rd pers sing pres* **shampoos**; *pt, pp* **shampooed**) to wash with shampoo 用洗发剂洗（头发）

shamrock /ˈʃæmrɒk ‖ ˈʃæmrɑk/ *noun* [C,U] a plant with three leaves on each stem, which is the national symbol of Ireland 白花酢浆草（爱尔兰的国花）

shandy /ˈʃændɪ ‖ ˈʃændɪ/ *noun* [C,U] (*pl* **shandies**) a drink that is a mixture of beer and lemonade 啤酒和汽水混合而成的饮料

shan't *short for* SHALL NOT * SHALL NOT 的缩约式

shanty town /ˈʃæntɪ taʊn ‖ ˈʃæntɪtaʊn/ *noun* [C] a small town or part of a town where poor people live in bad conditions in badly built huts, etc（城镇中的）棚屋区/贫民窟

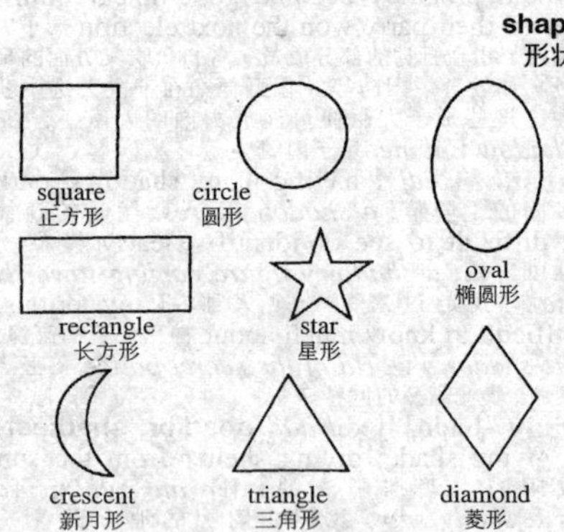

☆**shape**[1] /ʃeɪp ‖ ʃep/ *noun* **1** [C,U] the physical outline or outer form of sth 外形；形状: *a round/square/oblong shape* 圆形；正方形；长方形 ○ *an ashtray in the shape of a hand* 手形的烟灰缸 ○ *clothes to fit women of all shapes and sizes* 适合各种体形的女士的衣服 **2** [C] something that has a particular outline or outer form 有某种外形的东西: *Squares, circles and triangles are all different shapes.* 正方形、圆形和三角形都是不同的形状。**3** [U] the condition of sb or sth; the good or bad state of sb or sth 情况；状态；状况: *The economy has been in bad shape for some time.* 经济不景气的情况已持续了一段时间。○ *She was in such bad shape* (= so ill) *that she had to be taken to hospital.* 她的身体状况很差，要送进医院治疗。**4** [sing] **the shape (of sth)** the organization, form or structure of sth 组织；形式；结构: *Recent developments have changed the shape of the company.* 近期的发展改变了公司的结构。

(IDIOMS 习语) **in shape** healthy and physically fit（身体）健康: *Regular exercise will keep your body in shape.* 经常运动就有强健的体魄。

out of shape 1 not in the usual or correct shape 变形；走样: *My sweater's gone out of shape now that I've washed it.* 我的套头毛衣洗涤后走了样。**2** not physically fit（身体）不健康: *You're out of shape. You should get more exercise.* 你身体孱弱，应该多做运动。

take shape to start to develop well 成形: *Plans to expand the company are beginning to take shape.* 公司的扩展计划已开始有眉目。

shapeless *adj* not having a definite or attractive shape 没有固定形状的；形状不好看的: *a shapeless dress* 不成样子的连衣裙

☆**shape**[2] /ʃeɪp ‖ ʃep/ *verb* [T] **1 shape sth (into sth)** to make sth into a particular form 将某物做成某形状: *Shape the mixture into small balls.* 将混合物搓成小球。**2** to influence the way in which sth develops; to cause sth to have a particular form or nature 影响发展；使具有某种形态或性质: *His political ideas were* *shaped by his upbringing.* 他的政见深受他幼年时所受教育的影响。

-shaped (in compounds 用以构成复合词) having a certain shape; having the shape of the thing mentioned 具有某种形状的: *an L-shaped room* 曲尺形的房间

☆**share** /ʃeə(r) ‖ ʃɛr/ *noun* **1** [sing] **share (of sth)** a part or amount of sth that has been divided between several people (分享到的) 一份: *We each pay a share of the household bills.* 我们各自支付一份家庭开支。○ *I'm willing to take my share of the blame.* 我愿意承担我应负的责任。**2** [C, usually pl] **shares (in sth)** one of the equal parts into which the ownership of a company is divided. Shares in a company can be bought and sold. 股；股分

(IDIOM 习语) **have, etc (more than) your fair share of sth** ⇨ FAIR[1](6)

share *verb* **1** [T] **share sth (out)** to divide sth and give shares to others (与人)分享/摊分: *We shared the pizza between the four of us.* 我们四个人分食了那张馅饼。**2** [I,T] **share (sth) (with sb)** to have, use, do or pay sth together with another person or other people; to have sth that sb else also has 共同拥有；共用；共同参与；分享；分担: *I share a flat with four other people.* 我和另外四个人合用一个公寓。○ *There's only one room available so we'll have to share.* 只有一个房间，我们得合着用。○ *We share the same interests.* 我们有共同的兴趣。**3** [T] **share sth (with sb)** to tell sb about sth; to allow sb to know sth 告诉: *Sometimes it helps to share your problems.* 有时候把自己的问题告诉别人有助于解决问题。

ˈ**shareholder** *noun* [C] an owner of shares in a company 股东

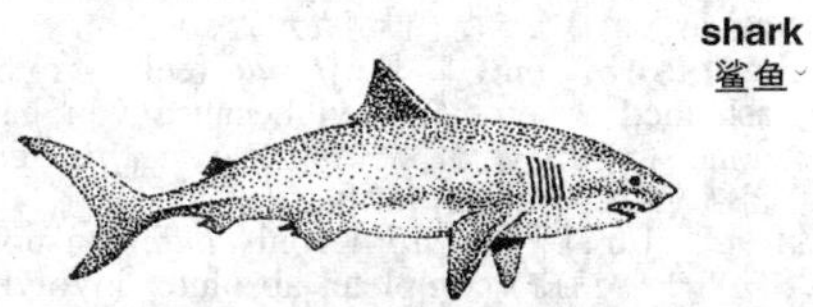
shark
鲨鱼

shark /ʃɑ:k ‖ ʃɑrk/ *noun* [C,U] a large, often dangerous, sea-fish that has many sharp teeth 鲨鱼

☆**sharp** /ʃɑ:p ‖ ʃɑrp/ *adj* **1** having a fine edge or point; that can cut or make a hole in sth easily 锋利；尖锐: *a sharp knife* 锋利的刀 ○ *sharp teeth* 尖牙 ☛ The opposite is **blunt**. 反义词为 **blunt**。**2** (used about a change of direction 指方向的改变) very great and sudden 急剧: *a sharp rise/fall in inflation* 通胀急升/急降 ○ *a sharp bend* (= on a road) (路上的)急弯 **3** clear; allowing details to be seen clearly 清晰；明显: *the sharp outline of the hills* 群山轮廓清晰 ○ *a sharp contrast between the lives of the rich and the poor* 贫富悬殊 **4** able to think, act, understand, see or hear quickly (思维、行动、理解力、视觉或听觉)敏锐/灵敏: *a sharp mind* 敏锐的头脑 ○ *sharp eyesight* 敏锐的目光 **5** (used about actions or movements 指行动或动作) quick and sudden 迅速；突然: *One short sharp blow was enough to end the fight.* 只要快速地轻击一拳就能结束这场拳赛。**6** (used about words, remarks, etc 指措辞、言语等) angry or severe; intended to upset or be critical 严厉；辛辣；尖刻: *During the debate there was a sharp exchange of views between the two parties.* 辩论时正反双方针锋相对。**7** (used about pain 指疼痛) very strong and sudden 剧烈；急剧: *a sharp pain in the chest* 胸部剧痛 ☛ The opposite is **dull**. 反义词为 **dull**。**8** (used about sth that affects the senses 指刺激感官的事物) not mild or gentle, often causing an unpleasant feeling 强烈；浓烈: *a sharp taste* 味道浓烈 ○ *a sharp wind* 烈风 **9** (*symbol* 符号 **#**) (in music 音乐) half a tone higher than the stated note 升半音的: *in the key of C sharp minor* 用升C小调 ☛ Look at **flat**[2](7). 参看 **flat**[2](7)。**10** (in music 音乐) higher than the correct note 比正确的音调高: *That last note was sharp. Can you sing it again?* 最后一个音偏高了，再唱一次好吗？☛ Look at **flat**[2](8). 参看 **flat**[2](8)。

sharp *noun* [C] (*symbol* 符号 **#**) (in music 音乐) a note that is half a tone higher than the note with the same letter 高半音 ☛ Look at **flat**. 参看 **flat**。

sharp *adv* **1** (used about a time 指时间) exactly, punctually 正；准时: *Be here at three o'clock sharp.* 准三点到这里。**2** in a sharp(2) way 急剧: *Go to the traffic lights and turn sharp right.* 向交通灯驶去，向右急转。**3** (in music 音乐) slightly higher than the correct note 比正确的音调略高 ☛ Look at **flat**. 参看 **flat**。

sharpen /ˈʃɑ:pən ‖ ˈʃɑrpən/ *verb* [I,T] to become, or to make sth, sharp or sharper (使)变得(更)尖锐/锋利: *to sharpen a knife* 磨刀 ○ *The campaign sharpened public awareness of the problem.* 那个运动加深了公众对那个问题的认识。

sharpener /ˈʃɑ:pnə(r) ‖ ˈʃɑrpənɚ/ *noun* [C] an object or tool that is used for making sth sharp 磨具

sharply *adv* in a sharp way 急剧；严厉；剧烈: *The road bends sharply to the left.* 那条路向左急转弯。○ *'Mind your own business!' she said sharply.* 她严厉地说："不要多管闲事！" ○ *Share prices fell sharply this morning.* 今天早上股价大跌。—**sharpness** *noun* [U]

shatter /ˈʃætə(r) ‖ ˈʃætɚ/ *verb* **1** [I,T] (of glass, etc 指玻璃等) to break into very small pieces 粉碎；破碎: *I dropped the glass and it shattered on the floor.* 我把玻璃杯掉到地上打碎了。○ *The force of the explosion shattered the windows.* 爆炸的威力把窗户都震破了。**2** [T] to destroy completely 彻底毁灭；粉碎: *Her hopes were shattered by the news.* 她的希望被那个消息粉碎了。

shattered *adj* **1** very upset because of sth shocking that has happened 非常伤心/震惊 **2** (*informal* 非正式) very tired 精疲力竭: *I'm absolutely shattered.* 我累死了。

☆**shave** /ʃeɪv ‖ ʃev/ *verb* [I,T] **shave (sth) (off)** to remove hair from the face or another part

S

of the body with a razor 剃/刮（胡子、毛发等）: *He's too young to shave.* 他还年轻，不用刮胡子。○ *I was shaving when the doorbell rang.* 当我在刮胡子的时候，门铃响了起来。○ *I cut myself shaving this morning.* 今天早上我刮胡子的时候割伤了自己。○ *When did you shave off your moustache?* 你是什么时候把胡子剃掉的？

(PHRASAL VERB 短语动词) **shave sth off (sth)** to cut very thin pieces from a surface (in order to make it smooth or to make it fit sth) 刨下/削掉（薄薄的一层）: *We'll have to shave a bit off the door to make it close properly.* 我们要把门刨掉一些，使它能关好。

shave *noun* [C, usually sing] the act of shaving 剃；刮: *to have a shave* 刮胡子

(IDIOM 习语) **a close shave/thing** ⇨ CLOSE[1]

shaven /ˈʃeɪvn ‖ ˈʃevən/ *adj* having been shaved 已经剃过: *clean-shaven* (= not having a beard or moustache)（把胡子）剃得干干净净

shaver (*also* 亦作 **electric razor**) *noun* [C] an electric tool that is used for shaving hair 电动剃刀

shawl /ʃɔːl ‖ ʃɔl/ *noun* [C] a large piece of cloth, made of wool, etc that is worn by a woman round the shoulders or head or that is wrapped round a baby 披肩；披风；大围巾；襁褓

S

☆**she** /ʃiː ‖ ʃi/ *pron* (the subject of a verb 动词的主语) the female person or animal who has already been mentioned 她: *'What does your sister do?' 'She's a dentist.'* "你姐姐从事哪一个行业？""她是牙医。" ○ *I asked her a question but she didn't answer.* 我问她一个问题，但她没有回答。

shear /ʃɪə(r) ‖ ʃɪr/ *verb* [T] (*pt* **sheared**; *pp* **sheared** or **shorn**) to cut the wool off a sheep 剪羊毛

shears /ʃɪəz ‖ ʃɪrz/ *noun* [plural] a tool that is like a very large pair of scissors and that is used for cutting things in the garden 大剪刀（用于园艺）

sheath /ʃiːθ ‖ ʃiθ/ *noun* [C] (*pl* **sheaths** /ʃiːðz ‖ ʃiðz/) the cover for a knife or other sharp weapon（刀或其他利刃的）鞘/套

shed[1] /ʃed ‖ ʃɛd/ *noun* [C] a small building that is used for keeping things or animals in 棚屋/小屋（用以储物或畜养牲口）: *a garden shed* 花园小棚 ○ *a bicycle shed* 自行车棚

shed[2] /ʃed ‖ ʃɛd/ *verb* [T] (*pres part* **shedding**; *pt, pp* **shed**) **1** to lose sth because it falls off 脱落；剥落；蜕下: *This snake sheds its skin every year.* 这种蛇每年都蜕皮。○ *Autumn is coming and the trees are beginning to shed their leaves.* 秋天将至，树木开始落叶。○ *A lorry has shed its load.* 一辆货车把货物掉落在路上。**2** to get rid of or remove sth that is not wanted 摆脱；除去: *She was forced to shed some of her responsibilities through illness.* 她因病不得不放弃部分职务。○ *Firms in the area have shed thousands of jobs in the past year.* 这一地区的商号去年削减了数千个职位。

(IDIOMS 习语) **shed blood** to kill or injure people 杀人；伤人: *Much blood was shed during the war.* 战争期间流了不少的血。

shed light on sth to make sth clear and easy to understand 使清晰/容易明白

shed tears (*formal* 正式) to cry 流泪: *It was a sad occasion and many tears were shed.* 在这悲伤的场合中，许多人伤心流泪。

she'd /ʃiːd ‖ ʃid/ *short for* SHE HAD, SHE WOULD * SHE HAD、SHE WOULD 的缩约式

sheep
绵羊

☆**sheep** /ʃiːp ‖ ʃip/ *noun* [C] (*pl* **sheep**) an animal with a coat of wool that is kept on farms and used for its wool or meat 羊；绵羊

> ☛ A male sheep is a **ram**, a female sheep is a **ewe** and a young sheep is a **lamb**. 公羊叫做 **ram**，母羊叫做 **ewe**，小羊叫做 **lamb**。When sheep make a noise they **bleat**. This is written as **baa**. 指羊叫可用 **bleat**，指羊的叫声可用 **baa**。The meat from sheep is called **mutton**. 羊肉叫做 **mutton**。Look at the note at **meat**. 参看 **meat** 的注释。

ˈ**sheepdog** *noun* [C] a dog that has been trained to control sheep 牧羊狗

ˈ**sheepskin** *noun* [U] the skin of a sheep, including the wool, from which coats, etc are made 羊的整张毛皮（可制成大衣等）

sheepish /ˈʃiːpɪʃ ‖ ˈʃipɪʃ/ *adj* feeling rather ashamed or embarrassed because you have done sth silly 羞惭；局促不安: *a sheepish grin* 羞惭的微笑 —**sheepishly** *adv*

sheer /ʃɪə(r) ‖ ʃɪr/ *adj* **1** (only *before* a noun 只用于名词前) complete, absolute; involving nothing else except 完全；彻底；纯粹: *It's sheer stupidity to drink and drive.* 酒后驾驶完全是愚蠢的行为。○ *It was sheer luck that I happened to be in the right place at the right time.* 我在适当的时间在适当的地方出现全凭运气。○ *Her success is due to sheer hard work.* 她的成功全凭努力工作。**2** very steep; almost vertical 陡峭；几乎垂直: *Don't walk near the edge. It's a sheer drop to the sea.* 不要走近边缘，那里非常陡峭，往下去就是大海。

☆**sheet** /ʃiːt ‖ ʃit/ *noun* [C] **1** a large piece of material used on a bed. Sheets are used in pairs and you sleep between the top and bottom sheet. 被单 ☛ picture at **bed**. 见 **bed** 插图。**2** a piece of paper (usually of a particular size) that is used for writing, printing, etc on（书写或打印用的）纸（通常某种尺寸的）: *a sheet of notepaper* 一张信纸 ○ *a sheet of A4* 一张A4尺寸的纸 ○ *Write each answer on a separate sheet.* 答一道题用一张

纸。☛ Look at **balance sheet**. 参看 **balance sheet**。**3** a flat, thin piece of any material, especially glass or metal 薄片（尤指玻璃或金属）

sheikh (*also* 亦作 **sheik**) /ʃeɪk; *US* 美 ʃiːk ‖ ʃik/ *noun* [C] an Arab ruler 阿拉伯酋长

☆**shelf** /ʃelf ‖ ʃɛlf/ *noun* [C] (*pl* **shelves** /ʃelvz ‖ ʃɛlvz/) a long flat piece of wood, glass, etc that is fixed to a wall or in a cupboard, used for standing things on（墙上的或橱柜内的）架子/搁板: *I put up a shelf in the kitchen.* 我在厨房内搭了一个架子。○ *a bookshelf* 书架

☆**shell** /ʃel ‖ ʃɛl/ *noun* **1** [C,U] a hard covering that protects eggs, nuts and some animals（蛋、坚果及某些动物的）壳: *a collection of sea-shells* 一批贝壳收藏品 ○ *an empty shell* 一个空壳 ○ *a piece of eggshell* 一个蛋壳 **2** [C] the walls of a building that is not finished or that has been seriously damaged by fire, etc（建筑物的）框架/骨架（建筑物尚未峻工或曾被大火等严重破坏）**3** [C] a metal container filled with explosives that is fired by a large gun 炮弹

shell *verb* [T] **1** to take the shell(1) off sth that can be eaten 剥…的壳: *to shell peas* 剥豌豆 **2** to fire shells(3) 发炮；炮轰

shellfish
贝类水产

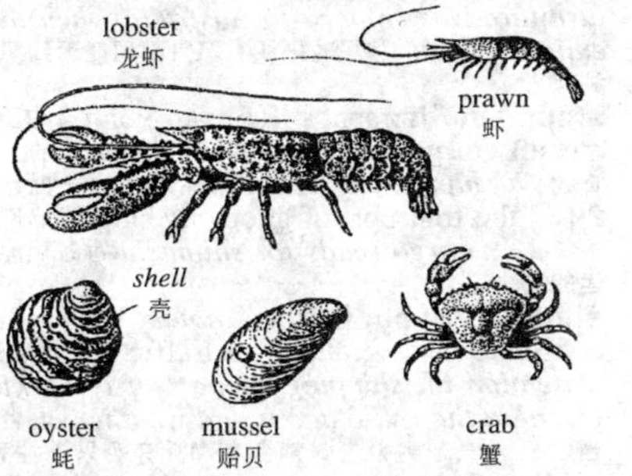

ˈ**shellfish** *noun* (*pl* **shellfish**) **1** [C] a type of animal that lives in water and has a shell 贝类水产；甲壳动物 **2** [U] these animals used as food 可食用的贝类水产/甲壳动物: *I love shellfish.* 我爱吃贝类食物。

she'll /ʃiːl ‖ ʃil/ *short for* SHE WILL ＊SHE WILL 的缩约式

☆**shelter** /ˈʃeltə(r) ‖ ˈʃɛltɚ/ *noun* **1** [U] **shelter (from sth)** protection from danger or bad weather 庇护；避难；遮蔽: *to give somebody food and shelter* 为某人提供食物及容身之所 ○ *I took shelter under his umbrella.* 我在他的伞下避雨。**2** [C] a small building that gives protection or cover, eg from bad weather or attack 遮蔽所；庇护所；避难所: *a bus shelter* 公共汽车候车亭 ○ *an air-raid shelter* 防空庇护所

shelter *verb* **1** [I] **shelter (from sth)** to find protection or shelter 寻求保护；躲避；避难: *Let's shelter from the rain under that tree.* 我们在那棵树下避雨吧。○ *There are 100 refugees sheltering in foreign embassies.* 有100个难民在外国大使馆避难。**2** [T] **shelter sb/sth (from sb/sth)** to protect sb/sth; to give sb/sth shelter 保护；庇护；遮蔽: *The trees shelter the house from the wind.* 那些树给房子挡风。○ *The embassy is now sheltering nearly 100 refugees.* 该大使馆目前为将近100个难民提供庇护。

sheltered *adj* **1** (used about a place 指地方) protected from bad weather 可避风雨侵袭的: *The campers found a sheltered spot for their tent.* 露营者找到一个可避风雨的地点扎营。**2** protected from unpleasant things in your life 与不愉快的现实隔绝的: *a sheltered childhood in the country* 在乡村度过的无忧无虑的童年

shelve[1] /ʃelv ‖ ʃɛlv/ *verb* [T] to decide not to continue with a plan, etc 搁置（计划等）: *Plans for a new motorway have been shelved.* 兴建新公路的计划已搁置了。

shelve[2] /ʃelv ‖ ʃɛlv/ *verb* [I] (used about land 指陆地) to slope in one direction 向某一方倾斜: *The beach shelves down to the sea.* 沙滩渐渐倾斜入海。

shelves /ʃelvz ‖ ʃɛlvz/ *pl* of SHELF ＊SHELF 的复数

shelving /ˈʃelvɪŋ ‖ ˈʃɛlvɪŋ/ *noun* [U] a set of shelves 一组架子

shepherd /ˈʃepəd ‖ ˈʃɛpɚd/ *noun* [C] a person who looks after sheep 牧羊人

shepherd *verb* [T] to guide and look after people so that they do not get lost 带领；引导: *She shepherded the children onto the train.* 她带领孩子们上火车。

shepherd's ˈpie (*also* 亦作 **cottage pie**) *noun* [C] a type of meal made from meat covered with a layer of mashed potato 肉馅马铃薯饼（肉馅外裹着马铃薯泥）

sheriff /ˈʃerɪf ‖ ˈʃɛrɪf/ *noun* [C] an officer of the law in an American county（美国各县的）治安官

sherry /ˈʃerɪ ‖ ˈʃɛrɪ/ *noun* [C,U] (*pl* **sherries**) a type of strong Spanish wine; a glass of this wine 雪利酒（一种西班牙烈酒）；一杯雪利酒: *sweet/dry sherry* 甜味/无甜味的雪利酒 ○ *Would you like a sherry?* 你要不要喝一杯雪利酒？

she's /ʃiːz ‖ ʃiz/ *short for* SHE IS, SHE HAS ＊SHE IS、SHE HAS 的缩约式

shield /ʃiːld ‖ ʃild/ *noun* [C] **1** a large piece of metal or wood that soldiers used to carry to protect themselves. Now certain policemen carry shields 盾；盾牌: *riot shields* 防暴盾牌 **2** a person or thing that is used for protection 起保护作用的人/物: *The metal door acted as a shield against the explosion.* 那道铁门挡住了爆炸。**3** an object or drawing in the shape of a shield, sometimes used as a school or team badge or as a prize in a sports competition 盾形物件/纹徽（可用作校徽、队徽或体育比赛的奖品）

shield *verb* [T] **shield sb/sth (against/from sb/sth)** to protect sb/sth from danger or damage 保护；遮挡: *I shielded my eyes from the bright light with my hand.* 我用手遮住眼睛，以免受强光照射。

shift[1] /ʃɪft ‖ ʃɪft/ *verb* **1** [T] to move sb/sth from one position to another 移动: *She shifted the furniture around.* 她把家具移到不同的位置。 **2** [I] to change position or direction 移位；改变方向: *The captain waited for the wind to shift.* 船长等待风向改变。

ˈ**shift-key** *noun* [C] the part of a typewriter that you press in order to type capital letters (打字机的)大写字母转换键

shift[2] /ʃɪft ‖ ʃɪft/ *noun* [C] **1 a shift (in sth)** a change in the position or nature of sth 改变/转变(位置或性质): *There has been a shift in public opinion away from war.* 民众的意见改变了，不再支持开战。○ *a shift in policy/a policy shift* 政策转变 **2** (in a factory, etc 工厂等) a division of the working day; the group who work this period 轮值时间；轮班职工: *an eight-hour shift* 八小时一班 ○ *Firemen do shift work.* 消防员需轮班工作。○ *the day/night shift* 日/夜班

shifty /ˈʃɪftɪ ‖ ˈʃɪftɪ/ *adj* (**shiftier**; **shiftiest**) (used about a person or his/her appearance 指人或人的外表) giving the impression that you cannot trust him/her 不可信赖；不老实: *shifty eyes* 贼眼

shilling /ˈʃɪlɪŋ ‖ ˈʃɪlɪŋ/ *noun* [C] a British coin that is no longer in use and that was worth 5p 先令(已经停用的英国硬币，原值5便士)

shimmer /ˈʃɪmə(r) ‖ ˈʃɪmɚ/ *verb* [I] to shine with a soft light that seems to be moving 闪闪发光: *The tears shimmered in her eyes.* 她眼里闪着泪光。○ *moonlight shimmering on the sea* 海面上闪烁的月光

shin /ʃɪn ‖ ʃɪn/ *noun* [C] the front part of your leg above your ankle and below your knee (外)胫 ☛ picture on page A21. 见第A21页插图。

ˈ**shin-pad** *noun* [C] a thick piece of material used to protect the shin when playing football, etc 护腿(踢足球等用)

☆**shine** /ʃaɪn ‖ ʃaɪn/ *verb* (*pt, pp* **shone** /ʃɒn; *US* 美 ʃəʊn ‖ ʃon/) **1** [I] to give out or to reflect light 发光；发亮；反射光线: *moonlight shining on the sea* 映照在海上的月光 ○ *The sea shone in the light of the moon.* 海水在月光下闪闪发光。○ (*figurative* 比喻) *The child's eyes shone with happiness.* 那个孩子的双眼闪耀着快乐的光芒。**2** [T] to point the light of a torch, etc at sb/sth 把(手电筒等)往…照射: *The policeman shone a torch on the stranger's face.* 警察把手电筒往那个陌生人的脸上照射。**3** [I] **shine (at/in sth)** to do a school subject, a sport, etc very well (在学科、体育运动等方面)表现突出: *She has always shone at languages.* 她在语言方面一直表现出众。

shine *noun* [sing] **1** brightness, caused by light reflecting, because sth has been polished 光亮；光泽: *There's a lovely shine on that table.* 那张桌子有漂亮的光泽。**2** the act of polishing sth so that it shines 擦亮: *He gave his shoes a shine.* 他把自己的鞋子擦亮了。

shiny *adj* (**shinier**; **shiniest**) bright; reflecting light 发亮的；反光的: *The shampoo leaves your hair soft and shiny.* 这种洗发剂能使你的头发变得柔顺而有光泽。○ *a shiny new car* 闪闪发亮的新车

shingle /ˈʃɪŋgl ‖ ˈʃɪŋgḷ/ *noun* [U] small pieces of stone lying in a mass on a beach 满布海滩的小石子

☆**ship**[1] /ʃɪp ‖ ʃɪp/ *noun* [C] a large boat used for carrying passengers or cargo by sea 船；轮船: *to travel by ship* 乘船旅行 ○ *to launch a ship* 主持新船下水仪式 ○ *The captain went on board ship.* 船长上了船。○ *The ship sails at noon.* 那艘船定于中午启航。○ *The ship sank.* 那艘船沉没了。☛ picture at **boat**. 见 **boat** 插图。A **boat** is smaller than a ship. * **boat** 比 ship 小。A **liner** is used to carry people for long journeys and a **ferry** is used for short journeys. * **liner** 用于载客作长途旅程，**ferry** 则用于短途旅程。We use **vessel** in formal English for ship. 在正式的场合中，我们用 **vessel** 代替 ship。

ˈ**shipbuilding** *noun* [U] the building of ships 造船业

ˈ**shipwreck** *noun* [C,U] an accident at sea in which a ship is destroyed by a storm, rocks, etc 海难 ☛ A person or a ship that has suffered such an accident has been **shipwrecked**. 我们用 **shipwrecked** 来形容遭受海难的人或船只。

ˈ**shipyard** *noun* [C] a place where ships are repaired or built 船坞；造船厂

ship[2] /ʃɪp ‖ ʃɪp/ *verb* [T] (shi**pp**ing; shi**pp**ed) to send or carry by ship 用船运送/装运: *All their furniture was shipped to Australia when they emigrated.* 他们移民时把所有家具都用船运到澳大利亚去。

shipment /ˈʃɪpmənt ‖ ˈʃɪpmənt/ *noun* **1** [C] a quantity of goods sent by ship 用船运载的一批货物: *a shipment of grain* 用船运载的一批谷物 **2** [U] the transport of goods by ship 用船运载(货物): *cargo ready for shipment* 准备用船启运的货物

shipping /ˈʃɪpɪŋ ‖ ˈʃɪpɪŋ/ *noun* [U] **1** ships considered as a group or as traffic 船队；航运: *'Attention all shipping' is part of a warning given on the radio about bad weather.* 电台每当发出天气恶劣警告时都会有"所有船只请注意"这一句。**2** the transport of goods by ship 用船运载(货物)

shirk /ʃɜːk ‖ ʃɝk/ *verb* [I,T] to avoid doing sth that is difficult or unpleasant 逃避(困难或厌恶性的工作): *to shirk your responsibilities* 逃避责任

☆**shirt** /ʃɜːt ‖ ʃɝt/ *noun* [C] a piece of clothing made of cotton, etc, worn (especially by men) on the upper part of the body 衬衫(尤指男装): *He wears a shirt and tie for work.* 他上班总是穿衬衫，系领带。

> ☛ A shirt usually has a **collar** at the neck, long or short **sleeves**, and **buttons** down the front. 衬衫通常有领子 (**collar**)，分长袖 (long **sleeve**) 或短袖 (short **sleeve**)，前襟有钮扣 (**button**)。

shiver /ˈʃɪvə(r) ‖ ˈʃɪvɚ/ *verb* [I] to shake slightly, especially because you are cold or frightened 颤抖/哆嗦(尤指因寒冷或恐惧): *shivering with cold/fright* 因寒冷/恐惧而发抖

shiver *noun* [C] an act of shivering 颤抖；发抖: *The thought sent a shiver down my spine.* 那个念头使我不寒而栗。

shoal /ʃəʊl ‖ ʃol/ *noun* [C] a large group of fish that feed and swim together 群鱼

☆**shock**[1] /ʃɒk ‖ ʃɑk/ *noun* **1** [C,U] the feeling that is caused by sth unpleasant happening suddenly; the situation that causes this feeling 震惊；惊吓；令人震惊的情况: *The sudden noise gave him a shock.* 突如其来的声音把他吓了一跳。○ *The bad news came as a shock to her.* 那个坏消息使她感到震惊。○ *I'm still suffering from shock at the news.* 那个消息至今仍然令我震惊。**2** [C] = ELECTRIC SHOCK: *Don't touch that wire – you'll get a shock.* 不要碰那条电线，不然你会触电的。**3** [C] a violent blow or shaking (from a crash, explosion, etc) 重击/震荡（因碰撞、爆炸等造成）: *the shock of the earthquake* 因地震而产生的震动 **4** [U] (in medicine 医学) a condition of extreme weakness caused by damage to the body 休克: *He was in/went into shock after the accident.* 意外发生后，他就处于休克状态。

shock[2] /ʃɒk ‖ ʃɑk/ *verb* [T] **1** to cause an unpleasant feeling of surprise in sb 使惊愕/震惊: *We were shocked by his death.* 我们对他的死感到震惊。○ *The staff were shocked at the news that the firm was going to close.* 公司要倒闭的消息使员工大为震惊。**2** to make sb feel disgust and anger 使厌恶/生气/愤慨: *The pictures of the starving children shocked the world.* 那些饥饿儿童的照片使举世愤慨。

shocking *adj* **1** making you feel worried, upset or angry 令人担忧/苦恼/震怒: *a shocking accident* 令人震惊的意外 ○ *shocking behaviour* 令人发指的行为 **2** (*informal* 非正式) very bad 极坏: *The weather has been absolutely shocking.* 天气一直很糟。

shod *pt, pp* of SHOE * SHOE 的过去时及过去分词

shoddy /ˈʃɒdɪ ‖ ˈʃɑdɪ/ *adj* (**shoddier**; **shoddiest**) made carelessly or with poor quality materials 劣质的；粗制滥造: *shoddy goods* 劣质货品 ○ (*figurative* 比喻) *He received shoddy treatment* (= he was treated badly). 他受到了恶劣的对待。—**shoddily** *adv*

☆**shoe** /ʃu: ‖ ʃu/ *noun* [C] **1** a type of covering for the foot, usually made of leather or plastic 鞋子: *a pair of shoes* 一双鞋子 ○ *running shoes* 跑鞋 ○ *What size are your shoes?* 你穿哪个尺码的鞋？○ *I tried on a nice pair of shoes but they didn't fit.* 我试穿了一双很漂亮的鞋子，可惜不合脚。○ *Wait for me – I've just got to do my shoes up.* 等我一下，我把鞋带系好就行了。**2** = HORSESHOE

shoe *verb* [T] (*pt, pp* **shod** /ʃɒd ‖ ʃɑd/) to fit a shoe (on a horse) 给（马）钉马蹄铁

ˈ**shoelace** (*especially US* 美尤作 **shoestring**) *noun* [C] a long piece of cord used to fasten a shoe 鞋带: *to tie/untie a shoelace* 系上/解开鞋带

ˈ**shoestring** *noun* [C] (*especially US* 尤为美) = SHOELACE

(IDIOM 习语) **on a shoestring** using very little money 用极少的钱: *My mother brought up five children on a shoestring.* 我母亲克勤克俭把我们五个孩子拉扯大。

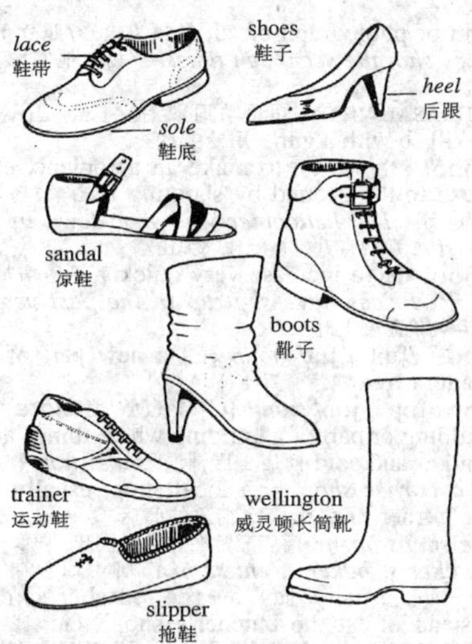

shone *pt, pp* of SHINE * SHINE 的过去时及过去分词

shoo /ʃu: ‖ ʃu/ *interj* (usually said to animals or small children 通常对动物或小孩子说) Go away! 嘘，走开！

shoo *verb* (*pt, pp* **shooed**)

(PHRASAL VERB 短语动词) **shoo sb/sth away, off, out, etc** to make sb/sth go away by saying 'shoo' and waving your hands 发出嘘声并挥手把…赶开: *I shooed the birds away from the seeds.* 我发出嘘声并挥手把鸟儿赶开，不让它们啄食种子。

shook *pt* of SHAKE * SHAKE 的过去时

☆**shoot**[1] /ʃu:t ‖ ʃut/ *verb* (*pt, pp* **shot** /ʃɒt ‖ ʃɑt/) **1** [I,T] **shoot (sth) (at sb/sth)** to fire a gun, etc 开枪等: *Don't shoot!* 不要开枪！○ *She shot an arrow at the target, but missed it.* 她向靶子射了一箭，但射不中。**2** [T] to injure or kill sb/sth with a gun 射伤；击毙: *The policeman was shot in the arm.* 那个警察手臂中了一枪。○ *The soldier was shot dead.* 那个士兵被射杀。**3** [I,T] to hunt and kill birds and animals with a gun as a sport 狩猎；猎杀: *He goes shooting at the weekends.* 他每逢周末都去打猎。**4** [I,T] to move quickly and suddenly in one direction; to make sth move in this way（使）向某方向突然快速移动: *The car shot past me at 100 miles per hour.* 那辆汽车以每小时100英里的速度从我身旁飞驰而过。○ *She shot her boyfriend an angry look* (= looked at him very quickly and angrily). 她愤怒地扫了她的男朋友一眼。**5** [I] **shoot (down, up, etc sth)** (of pain 指疼痛) to go very suddenly along part of your body 剧烈: *The pain shot up my leg.* 我的腿一阵剧痛。**6** [I] **shoot (at sth)** (in football, etc 足球等) to try to kick or hit the ball into the goal 射门: *He shot at goal but missed.* 他射门，但没射中。**7** [I,T] to make a

S

film or photograph of sth 拍摄（电影/照片）: *They shot the scene ten times.* 那场戏他们拍了十次。

(PHRASAL VERBS 短语动词) **shoot sb down** to kill sb with a gun（用枪）射杀

shoot sth down to make an aeroplane, etc crash to the ground by shooting it 击落/射下飞机等: *The helicopter was shot down by a missile.* 那架直升机被一枚飞弹击落。

shoot up to increase very quickly 迅速增加/上升: *Prices have shot up in the past year.* 去年物价急剧上升。

shoot[2] /ʃuːt ‖ ʃut/ *noun* [C] a new part of a plant or tree 嫩芽；新枝

☆**shop** /ʃɒp ‖ ʃɑp/ *noun* [C] **1** (*US* 美 **store**) a building or part of a building where things are bought and sold 商店；店铺: *a shoe shop* 鞋店 ○ *a corner shop* (= a local shop, usually at the corner of a street) 街角的商店 ○ *When do the shops open?* 商店通常在什么时候开门？○ *a butcher's, baker's, etc shop* 肉店；面包店… ☛ We usually say **at the butcher's**, etc instead of 'at the butcher's shop', etc. 我们通常说 **at the butcher's**…，而不说 at the butcher's shop…。**2** = WORKSHOP(1)

(IDIOM 习语) **talk shop** ⇨ TALK[1]

shop *verb* [I] (sho**pp**ing; sho**pp**ed) to go to a shop or shops in order to buy things（去商店）购物: *I prefer to shop on my own.* 我喜欢独自去购物。○ *He's shopping for some new clothes.* 他正在逛商店选购新衣服。☛ **Go shopping** is more common than **shop** ＊ **go shopping** 比 **shop** 更为常用: *We go shopping every Saturday.* 我们每个星期六都去购物。○ *to go Christmas shopping* 购买圣诞节礼物

(PHRASAL VERB 短语动词) **shop around (for sth)** to look at the price and quality of an item in different shops before you decide where to buy it 逐店选购（比较价格和品质以选购最合意者）: *If you want a bargain you'd better shop around.* 如果你想买到价廉物美的货品，最好多跑几家商店比较一下。

shopper *noun* [C] a person who is shopping 到商店购物的人；顾客

shopping *noun* [U] **1** the food, clothing, etc that you have bought in a shop 从商店买到的东西: *Can you help me to put away the shopping?* 请你帮我把买回来的东西都放好，可以吗？**2** the activity of shopping 购物: *She did the shopping.* 她负责购物。○ *a shopping basket* 购物篮

ˈ**shop assistant** (*US* 美 ˈ**salesclerk**; **clerk**) *noun* [C] a person who works in a shop 店员

ˌ**shop-ˈfloor** *noun* [sing] (the workers in) an area of a factory where things are made 工厂里的生产车间（的工人）

ˈ**shopkeeper** (*US* 美 ˈ**storekeeper**) *noun* [C] a person who owns or manages a small shop 店主

ˈ**shoplift** *verb* [I,T] to steal sth from a shop while pretending to be a customer 冒充顾客进商店内行窃/偷货

ˈ**shoplifter** *noun* [C]: *Shoplifters will be prosecuted.* 冒充顾客进商店行窃会被起诉。☛ Look at the note at **thief**. 参看 **thief** 的注释。

ˈ**shoplifting** *noun* [U]: *He was arrested for shoplifting.* 他因冒充顾客进商店行窃而被捕。

ˈ**shopping centre** *noun* [C] a place where there are many shops, either outside or in a covered building 购物中心

ˈ**shopping mall** (*also* 亦作 **mall**) *noun* [C] (*US* 美) a covered area or building where there are many shops 购物中心（室内的或有篷顶的）

☆**shore** /ʃɔː(r) ‖ ʃɔr/ *noun* [C,U] the land along the edge of a sea or lake（海或湖的）岸/滨: *The swimmer kept close to the shore.* 那个游泳的人靠近岸边游。○ *The sailors went on shore* (= on land). 船员们都上了岸。☛ **Ashore** is also possible for 'on shore'. 也可用 **ashore** 表达 on shore 的意思。

shorn *pp* of SHEAR ＊ SHEAR 的过去分词

☆**short**[1] /ʃɔːt ‖ ʃɔrt/ *adj* **1** not measuring much from one end to the other 短: *a short line* 一条短线 ○ *a short distance* 短距离 ○ *This essay is rather short.* 这篇文章的篇幅相当短。○ *short hair* 短发 ☛ The opposite is **long**. 反义词为 **long**。**2** less than the average height 矮: *a short, fat man* 一个又矮又胖的男人 ☛ The opposite is **tall**. 反义词为 **tall**。**3** not lasting a long time（时间）短/短暂: *a short visit* 简短的访问 ○ *She left a short time ago.* 她刚刚离开。○ *to have a short memory* (= to only remember things that have happened recently) 有短暂的记忆（只能记住最近发生的事）**4 short (of sth)** not having enough of what is needed 不足；短缺: *Because of illness, the team is two players short.* 因为有队员病了，所以那支队伍缺了两名运动员。○ *Good secretaries are in short supply* (= there are not enough of them). 称职的秘书很缺乏。○ *We're a bit short of money at the moment.* 我们现在手头有点紧。**5 short for sth** used as a shorter way of saying sth …的简略形式/简称: *'Bill' is short for 'William'.* ＊ Bill 是 William 的简称。

(IDIOMS 习语) **for short** as a short form 作为简略形式/简称: *She's called 'Diana', or 'Di' for short.* 她叫黛安娜，简称"黛"。

in the long/short term ⇨ TERM

in short in a few words; briefly 简言之；总之: *Einstein had one of the greatest minds the world has ever known: in short, he was a genius.* 爱因斯坦是有史以来世界上最有才智的人之一：简言之，他是个天才。

ˌ**short ˈcircuit** (also *informal* 非正式 **short**) *noun* [C] a bad electrical connection that causes a machine to stop working properly 短路

ˌ**short-ˈcircuit** *verb* [I,T] to have a short circuit or to cause a machine to have one（使机器）发生短路: *The lights short-circuited.* 电灯发生短路熄了。

ˈ**shortcoming** *noun* [C, usually pl] a fault or weakness 缺点；短处: *As a leader, she had many shortcomings.* 作为领导人，她有许多不足之处。

short ˈcut *noun* [C] a quicker, easier or more direct way to get somewhere or to do sth 近路；捷径: *He took a short cut to school through the park.* 他穿过公园走捷径去上学。

ˈ**shorthand** *noun* [U] a method of writing quickly that uses signs or short forms of words 速记法: *to write in shorthand* 用速记方式写 ○ *a shorthand typist* 速记打字员

ˈ**short list** *noun* [C] a list of the best people for a job, etc, chosen from a larger number of people 候选人名单（从多数人中挑选出的少数最合适的候选人）

ˌ**short-ˈlived** /ˌʃɔːtˈlɪvd; *US* 美 -ˈlaɪvd ‖ ˈʃɔrt-ˈlaɪvd/ *adj* lasting only for a short time 短暂；短命的

ˌ**short-ˈsighted** (*US* 美 ˌ**near-ˈsighted**) *adj* **1** only able to see things clearly when they are close 近视的 ☛ The opposite is **long-sighted**. 反义词为 **long-sighted**。**2** not considering what will probably happen in the future 短视；目光短浅: *a short-sighted attitude* 短视的态度

ˌ**short-ˈstaffed** *adj* (used of an office, a shop, etc 指办公室、商店等) not having enough staff 人手不足

ˌ**short-ˈstory** *noun* [C] a piece of writing that is shorter than a novel 短篇小说: *a collection of short stories by Thomas Hardy* 托马斯·哈代的短篇小说集

ˌ**short-ˈterm** *adj* lasting for a short period of time from the present 短期的: *short-term plans* 短期计划

ˈ**short wave** *noun* [U] (*abbr* 缩写 **SW**) the system of broadcasting radio using sound waves of less than 100 metres 短波（波长在100米以下的无线电波）

short[2] /ʃɔːt ‖ ʃɔrt/ *adv* suddenly 突然；出其不意地: *She stopped short when she saw the accident.* 她目击意外发生，猛然停下脚步。

(IDIOMS 习语) **cut sth/sb short** to interrupt 中断；打断: *I tried to explain but he cut me short.* 我设法解释，但他打断了我的话。

fall short (of sth) not to be enough; not to reach sth 不足；达不到: *The pay rise fell short of the workers' demands.* 加薪幅度未能达到工人的要求。

go short (of sth) to be without enough (of sth) 缺乏；欠缺: *He made sure his family never went short of food.* 他要确保一家人永不缺少吃的。

run short (of sth) to have used up most of sth so there is not much left 几乎用光；已快用完: *We're running short of coffee.* 我们的咖啡差不多喝光了。

short of sth except for 除…外: *He's tried to make money by every means, short of stealing it.* 除了盗窃之外，他已用尽各种方法去赚钱。

stop short of sth/doing sth ⇨ STOP[1]

short[3] /ʃɔːt ‖ ʃɔrt/ *noun* [C] **1** (*informal* 非正式) = SHORT CIRCUIT **2** a small drink of strong alcohol 少量烈酒

shortage /ˈʃɔːtɪdʒ ‖ ˈʃɔrtɪdʒ/ *noun* [C] a situation where there is not enough of sth 短缺；不足: *a food, housing, water, etc shortage* 食物/住房/饮水…短缺 ○ *a shortage of physics teachers* 缺乏物理学老师

shortbread /ˈʃɔːtbred ‖ ˈʃɔrtˌbrɛd/ *noun* [U] a sweet biscuit made with sugar, flour and butter 油酥甜饼（用糖、面粉和黄油制成）

shorten /ˈʃɔːtn ‖ ˈʃɔrtn̩/ *verb* [I,T] to become shorter or to make sth shorter 弄短；缩短: *I'll have to shorten these trousers – they're much too long.* 裤子太长了，我要把它改短。

shortly /ˈʃɔːtlɪ ‖ ˈʃɔrtlɪ/ *adv* **1** soon; in a short time 立刻；马上；不久: *The manager will see you shortly.* 经理很快就会接见你。**2** in an impatient, impolite way 不耐烦地；无礼地: *She spoke rather shortly to the customer.* 她对那顾客说话很不客气。

☆**shorts** /ʃɔːts ‖ ʃɔrts/ *noun* [plural] **1** a type of short trousers ending above the knee that you wear in hot weather, while playing sports, etc 短裤 ☛ picture on page A25. 见第A25页插图。**2** (*US* 美) men's underpants 男用内裤 ☛ Notice that, because **shorts** is a plural word, we cannot say, for example, 'a new short'. The following are possible 注意：由于 **shorts** 是复数名词，所以我们不能说 a new short，但可以有以下的说法：*I need to get some new shorts.* 我要买一条新短裤。○ *I need to get a new pair of shorts.* 我要买一条新短裤。

☆**shot**[1] /ʃɒt ‖ ʃɑt/ *noun* [C] **1** an act of firing a gun, etc, or the noise that this makes 开枪；枪声: *to take a shot at the target* 向目标开了一枪 ○ *The policeman fired a warning shot into the air.* 警察向天开枪示警。**2 a shot (at sth/at doing sth)** (*informal* 非正式) an attempt to do sth 尝试: *Let me have a shot at it* (= let me try to do it). 让我试试。**3** (in sport 体育) an act of kicking or hitting a ball 踢球；击球: *to have a shot at goal* 射门 **4** a photograph or a picture in a film 镜头: *I got some good shots of the runners as they crossed the line.* 我拍了几个赛跑运动员冲过终点线的精彩镜头。**5** an injection of a drug 药物注射: *a shot of penicillin* 注射青霉素 **6** often 常作 **the shot** a heavy metal ball that is thrown as a sport（运动竞赛用的）铅球: *to put* (= throw) *the shot* 推铅球

ˈ**shotgun** *noun* [C] a gun used for shooting small animals and birds that fires small metal balls 猎枪

shot[2] *pt, pp* of SHOOT[1] ＊SHOOT[1] 的过去时及过去分词

☆**should** /ʃəd ‖ ʃəd; strong form 强读式 ʃʊd ‖ ʃʊd/ *modal verb* (*negative* **should not**; *short form* **shouldn't** /ˈʃʊdnt ‖ ˈʃʊdn̩t/) **1** (used for saying that it is right for sb to do sth, or for sth to happen 表示应该做或发生): *The police should do something about it.* 警方应就那件事采取一点行动。○ *Children shouldn't be left on their own.* 别把孩子们留下不管。**2** (used for giving or asking advice 用于提出或征求意见): *You should try that new restaurant.* 你应该到那间新餐馆试试。○ *He really shouldn't work so hard.* 他实在不该那样辛劳工作。○ *Should I try again?* 我该再试一次吗？**3** (used with 'have' to say that sb did the wrong thing 与 have 连用，表示某人犯了错): *I'm tired. I shouldn't have gone to bed so late/I should have gone to bed earlier.* 我很累。我不该那么晚才上床睡觉/我理应早点上床睡觉。**4** (used for saying that you expect sth is true or will happen 用以表示期待某事发生): *It's 4.30. They should be in New York by now.* 现在是4时

S

30分，他们应该到了纽约。○ *He should have arrived by now.* 他现在应该到了。**5** (*formal* 正式) (used with 'I/we' instead of 'would' in 'if' sentences 用在 if 句中与 I 或 we 连用，取代 would): *I should be most grateful if you could send me...* 如蒙惠寄…，本人将感激不尽。**6** (used after 'if' and 'in case' when you think that sth is not likely to happen 用于 if 和 in case 之后，表示某事不太可能发生): *If you should decide to accept, please phone us.* 万一你决定接受，请打电话给我们。○ *Should you decide to accept...* 万一你决定接受… **7** (used as the past tense of 'shall' when we report what sb says 在复述他人说话时，用作 shall 的过去时): *He asked me if he should come today* (= Shall I come today?). 他问我他今天可不可以来。**8** (*formal* 正式) (used after 'so that', 'in order that' 用于 so that、in order that 之后): *In order that there should be no delay, we took action immediately.* 为免延误，我们立即采取了行动。**9** (used after certain verbs, eg when sth is arranged or suggested 用于某些动词之后，例如在作出某种安排或建议时): *We arranged that they should book the hotel.* 我们安排他们预订那家旅馆。○ *I suggested that he should cancel the meeting.* 我建议他取消会议。**10** (used after certain adjectives 用于某些形容词之后): *It's shocking that something like this should happen.* 竟会发生这种事，真叫人吃惊。○ *It's strange that you should mention that...* 你提到…，令人奇怪。○ *Is it important that we should all go?* 我们所有人都必须去吗？

(IDIOMS 习语) **I should...** (used when you are giving advice 用以提出意见): *I should get to bed early if I were you.* 如果我是你，我会早点睡觉。

I should think my opinion is 我认为: *This picture is worth a lot of money, I should think.* 我认为这幅画很值钱。

☆**shoulder** /ˈʃəʊldə(r) ‖ ˈʃoldɚ/ *noun* **1** [C] the part of the body between the neck and the top of the arm 肩；肩膀: *He hurt his shoulder.* 他弄伤了肩膀。○ *to shrug your shoulders* (= to raise your shoulders, especially as a way of showing that you do not know an answer or that you are not interested) 耸一耸肩（表示不知道或没兴趣）☛ picture on page A21. 见第A21页插图。**2** [C] a part of a dress, coat, etc that covers this part of the body 衣服的肩部 **3 shoulders** [plural] the part of your body between your two shoulders 背的上部；肩胛: *He carried his little girl on his shoulders.* 他让小女儿骑在他肩膀上。

(IDIOM 习语) **have a chip on your shoulder** ⇨ CHIP[1]

shoulder *verb* [T] **1** to accept the responsibility for sth 承担（责任）: *She shouldered all the blame for the accident.* 她承担了那次意外的全部责任。**2** to push sb/sth with your shoulder 用肩膀推: *He shouldered everybody aside and disappeared out of the door.* 他推开众人，然后消失于门外。

ˈ**shoulder-bag** *noun* [C] a type of bag that you carry over one shoulder with a long strap 挎包

ˈ**shoulder-blade** *noun* [C] either of the two large flat bones on each side of your back, below your shoulders 肩胛骨

☆**shout** /ʃaʊt ‖ ʃaʊt/ *noun* [C] a loud call or cry 叫喊；呼喊: *She gave a warning shout.* 她大声呼喊，以示警告。

shout *verb* [I] **1 shout (at/to sb); shout (out)** to speak or cry out in a very loud voice 叫喊；叫嚷；吼叫: *There's no need to shout – I can hear you.* 你不用叫嚷，我听得见你说什么。○ *The teacher shouted angrily at the boys.* 老师大声地斥责那些男孩子。○ *to shout out in pain, excitement, etc* 痛得大叫；大声欢呼… **2** [T] **shout sth (at/to sb); shout sth out** to say sth in a loud voice 大声说出: *'Look out,' she shouted.* 她大叫："小心！" ○ *The captain shouted out instructions to his team.* 队长向队员喊出命令。

(PHRASAL VERB 短语动词) **shout sb down** to prevent sb from being heard by shouting at them (often in a public meeting) 用叫喊声淹没某人的声音（通常在公众集会中）: *to shout a speaker down* 用叫喊淹没演讲者的声音

shove /ʃʌv ‖ ʃʌv/ *verb* [I,T] to push with a sudden, rough movement 挤；推；推撞: *They pushed and shoved to the front of the queue.* 他们推推挤挤地走到排队的人前面。○ *The policeman shoved the thief through the door.* 那个警察把贼推过门口。○ (*informal* 非正式): *'What should I do with this box?' 'Oh, just shove it over here.'* "我该怎样处理这个箱子？" "噢，放到这边吧。"

shove *noun* [C, usually sing] a sudden, rough push 猛推；用力挤: *to give sb/sth a shove* 大力推某人/某物

shovel /ˈʃʌvl ‖ ˈʃʌvl̩/ *noun* [C] a tool, like a spade, used for moving earth, snow, sand, etc 铲；锹

shovel *verb* [I,T] (shovelling; shovelled; *US* 美 shoveling; shoveled) to move sth with a shovel（用铲或锹）铲

☆**show**[1] /ʃəʊ ‖ ʃo/ *noun* **1** [C] a type of entertainment that has singing, dancing, acting, etc in the theatre or on television, etc 演出；表演；节目: *a comedy show on TV* 电视上的喜剧节目 ○ *We've booked tickets to see a show in London.* 我们订了票去看在伦敦举行的一场表演。**2** [C] a collection of things for people to look at, often in a special large building 展览；展览会: *a dog show* 狗展 ○ *the motor show* (= where new makes of car are displayed) 汽车展（展出新款汽车）**3** [C,U] the outward expression of an emotion that is not what you really feel or that does not have much meaning 表面上做出的样子；外观: *Although she hated him, she put on a show of politeness.* 她心里恨他，表面上却装作对他很有礼貌。○ *His bravery is all show* (= he is not as brave as he pretends to be). 他的勇气都是装出来的。**4** [sing] a sign of sth 迹象: *The parade of weapons was a show of strength by the government.* 武器展览是政府的实力展示。

(IDIOMS 习语) **for show** intended to impress people; not to be used 为炫耀；为装门面: *Those books are only for show – nobody ever* *reads them.* 这些书只是充充门面，从来没人看过。

on show put in a place where people can see it 公开展示: *The collection is on show at the British Museum.* 那批收藏品目前在大英博物馆展出。

ˈ**show business** (also *informal* 非正式 **showbiz** /ˈʃəʊbɪz ‖ ˈʃobɪz/) *noun* [U] the business of entertaining people, in the theatre, in films, on television, etc 娱乐界/演艺业（指戏剧、电影、电视等）

ˈ**showdown** *noun* [C] a final argument at the end of a long disagreement（为解决争端）摊牌/最后的较量: *I think it's time for a showdown.* 我想现在是摊牌的时候了。

ˈ**showjumping** *noun* [U] a competition in which people ride horses over a series of fences (**jumps**) 骑马跳越障碍比赛（需跳过的障碍叫做 **jump**）

ˈ**showroom** *noun* [C] a type of shop where goods such as cars and electrical items are displayed 商品陈列室（展出汽车、电器用品等）

☆**show**[2] /ʃəʊ ‖ ʃo/ *verb* (*pt* **showed**; *pp* **shown** /ʃəʊn ‖ ʃon/ or **showed**) **1** [T] **show sb/sth (to sb)** to make it possible for other people to see sb/sth 使看见；出示；展示: *I showed the letter to him.* 我把信给他看。○ *I showed him the letter.* 我让他看过那封信。○ *She showed me what she had bought.* 她给我看买来的东西。○ *They're showing his latest film at our local cinema.* 本地电影院正在放映他最新的影片。**2** [T] to lead or guide sb to a place 引领/引导到某处: *Shall I show you to your room?* 让我带你到你的房间好吗？○ *A guide showed us round the museum.* 导游带我们在博物馆四处参观。**3** [T] to help sb to do sth by doing it yourself; to explain sth 示范；解释: *Can you show me how to put the disk in the computer?* 你能不能示范一下怎样将磁盘放进计算机？**4** [T] to make sth clear; to give information about sth 清楚显示；描述；说明: *Research shows that most people get too little exercise.* 根据研究，大多数人运动不足。○ *The picture showed the effects of the storm.* 这张图片显示了风暴的影响。**5** [I] to be able to be seen; to appear 显露；出现: *Her anger showed in her eyes.* 她的双眼露出怒意。○ *I've got a hole in my sock but it doesn't show.* 我的袜子穿了个洞，但没有露出来。**6** [T] to allow sth to be seen 使显现/显眼: *These brown trousers don't show the dirt.* 这裤子褐色，污渍不显眼。**7** [T] to have a particular quality 有某种特质: *She was showing signs of stress.* 她露出了精神紧张的神色。**8** [T] to cause people to notice a particular quality 使注意某种特质: *She was the only one who ever showed him any kindness.* 她是惟一曾经待他好的人。○ *She didn't want to show what she was really thinking.* 她不想流露出真正的想法。

(PHRASAL VERBS 短语动词) **show (sth) off** (*informal* 非正式) to try to impress people by showing them how clever you are or by showing them sth that you are proud of 炫耀；夸示: *John drove his new car very fast in order to show off.* 约翰把新车开得飞快，以此来炫耀自己。○ *She wanted to show off her new bike.* 她想炫耀自己的新自行车。

show up (*informal* 非正式) to arrive, especially when sb is expecting you 到达；出席；出现: *I thought you'd never show up.* 我还以为你不会来了。

show (sth) up to allow sth to be seen 使彰显/显现: *The sunlight shows up those dirty marks on the window.* 阳光使玻璃窗上的污点显现出来。

show sb up (*informal* 非正式) to make someone feel ashamed or embarrassed by behaving badly（由于举止失当）使别人难为情: *He showed her up by shouting at the waiter.* 他大声吆喝服务员，使她感到难堪。

showing *noun* **1** [C] an act of showing a film, etc 放映（电影等）: *The second showing of the film begins at 8 o'clock.* 第二场影片在8点钟开始放映。**2** [sing] how sb/sth behaves; how successful sb/sth is 表现；成绩: *On its present showing, the party should win the election.* 照目前的表现，那个政党会在选举中获胜。

ˈ**show-off** *noun* [C] a person who tries to impress others by showing them how clever he/she is 喜欢炫耀的人: *She's such a show-off.* 她是那么喜欢炫耀自己。☛ This word is used when we are criticizing somebody. 这个词带贬义。

☆**shower** /ˈʃaʊə(r) ‖ ˈʃaʊɚ/ *noun* [C] **1** a way of washing the body by standing under running water 淋浴: *He had a shower after the tennis match.* 网球比赛后，他冲了一个淋浴。**2** the apparatus used for washing yourself in this way; the small room or part of a bathroom where it is fixed 淋浴设备；淋浴间: *The shower doesn't work.* 淋浴设备坏了。○ *She's in the shower.* 她正在淋浴。○ *I'd like a room with a shower, please.* 请给我一间有淋浴设备的房间。**3** a short period of rain or snow 一阵雨/雪 **4** a lot of very small objects that fall together 洒落: *a shower of dust* 大量尘埃洒落

shower *verb* **1** [T] **shower sb with sth** to cause a great number of very small objects to fall on sb/sth 使某物洒落某处: *to be showered with leaves, dust, water* 满是落下来的树叶/尘埃/水点 ○ (*figurative* 比喻) *He was showered with praise for his excellent work.* 他的杰作赢得许多人交口称誉。**2** [I] to have a shower(1) 淋浴

shown *pp* of SHOW[2] ＊ SHOW[2] 的过去分词

shrank *pt* of SHRINK ＊ SHRINK 的过去时

shrapnel /ˈʃræpnəl ‖ ˈʃræpnəl/ *noun* [U] small pieces of metal that are thrown in various directions from an exploding bomb or shell(3)（炸弹或炮弹爆炸后四处散开的）金属碎片

shred /ʃred ‖ ʃrɛd/ *noun* **1** [C] a small thin piece of material that has been cut or torn off（撕下或切成的）细条/碎片: *He tore the letter to shreds.* 他将信撕成碎片。**2 a shred of sth** [sing] (in negative sentences 用于否定句) a very small amount of sth 非常少量；一丝；一点儿: *There wasn't a shred of truth in her story.* 她说的话没有半点是真的。

shred *verb* [T] (shre**dd**ing; shre**dd**ed) to tear or cut sth into shreds 撕碎；切碎: *shredded cabbage* 切碎的洋白菜

shrewd /ʃru:d ‖ ʃrud/ *adj* able to make good decisions because you understand a situation well 能作出准确判断；敏锐；精明: *a shrewd thinker* 敏锐的思想家 ○ *a shrewd decision* 明智的决定 —**shrewdly** *adv*

shriek /ʃri:k ‖ ʃrik/ *verb* **1** [I] to give a sudden scream in a high voice 尖叫: *She shrieked in fright.* 她害怕得尖叫。○ *The children were shrieking with laughter.* 孩子们尖声大笑。**2** [T] to scream sth in a high voice 尖声叫喊: *'Stop it!' he shrieked.* 他尖叫道："停止！" —**shriek** *noun* [C]: *She gave a loud shriek of pain.* 她痛得尖叫。

shrill /ʃrɪl ‖ ʃrɪl/ *adj* (used about a sound 指声音) high and unpleasant 高声刺耳: *a shrill cry* 尖叫

shrimp /ʃrɪmp ‖ ʃrɪmp/ *noun* [C] a small sea creature with a shell that turns pink when you cook it. Shrimps are smaller than prawns. 小虾

shrine /ʃraɪn ‖ ʃraɪn/ *noun* [C] a place that is holy for members of a religion, because it is associated with a special person or thing （宗教）圣地

S

shrink
缩水

'Oh no! My T-shirt has shrunk!'
"糟糕！我的短袖汗衫缩水了！"

shrink /ʃrɪŋk ‖ ʃrɪŋk/ *verb* (*pt* **shrank** /ʃræŋk ‖ ʃræŋk/ or **shrunk** /ʃrʌŋk ‖ ʃrʌŋk/; *pp* **shrunk**) [I,T] to become smaller, often after being washed; to make sth smaller（使）收缩/缩水: *Oh no! My T-shirt's shrunk!* 糟糕！我的短袖汗衫缩水了！○ *I've shrunk my T-shirt. The water must have been too hot.* 我的短袖汗衫缩水了，一定是水太热了。○ *Television has shrunk the world.* 电视把世界各地的距离拉近了。○ *The rate of inflation has shrunk to 4%.* 通胀率降至百分之四。

(PHRASAL VERB 短语动词) **shrink from sth/doing sth** to be unwilling to do sth because you find it unpleasant 退缩；回避

shrivel /ˈʃrɪvl ‖ ˈʃrɪvl̩/ *verb* [I,T] (shrive**ll**ing; shrive**ll**ed; *US* 美 shriveling; shriveled) **shrivel (sth) (up)** to dry up and become smaller and wrinkled, usually in hot or dry conditions; to make sth do this（使）干枯/萎缩

shroud /ʃraʊd ‖ ʃraʊd/ *noun* [C] a cloth or sheet used to wrap a dead body before it is buried 裹尸布

shroud *verb* [T] (usually passive 通常用于被动语态) to cover or hide sth with sth 覆盖；遮蔽: *The tops of the mountains were shrouded in mist.* 山峰都被雾霭遮掩了。○ *His past is shrouded in mystery.* 他的过去充满神秘。

Shrove Tuesday /ˌʃrəʊv ˈtju:zdɪ; *US* 美 ˈtu:z- ‖ ˈʃrovˈtuzdɪ/ *noun* [C] the day before the beginning of a period called Lent when some Christians do not eat certain foods, etc 四旬斋期的前一天

> ☛ In some countries the period before Shrove Tuesday is celebrated as **carnival**. 某些国家在这日之前的一段期间举行嘉年华会 (**carnival**)。In Britain many people eat **pancakes** on this day. 英国许多人在这天吃薄煎饼 (**pancake**)。

shrub /ʃrʌb ‖ ʃrʌb/ *noun* [C] a small bush 灌木

shrubbery /ˈʃrʌbərɪ ‖ ˈʃrʌbərɪ/ *noun* [C] (*pl* **shrubberies**) an area planted with shrubs 栽种灌木的一片地；灌木丛

shrug /ʃrʌg ‖ ʃrʌg/ *verb* [I,T] (shru**gg**ing; shru**gg**ed) to raise your shoulders as a way of showing that you do not know or do not care about sth 耸肩（以示不知道或不在乎）: *'Who knows?' he said and shrugged.* 他耸耸肩说："谁知道！" ○ *'It doesn't matter to me,' he said, shrugging his shoulders.* 他耸耸肩说："这与我无关。"

(PHRASAL VERB 短语动词) **shrug sth off** to treat sth as if it is not important to you 不屑一顾；不在乎

shrug *noun* [C, usually sing] a movement of shrugging the shoulders 耸肩: *He answered his mother with a shrug.* 他耸一耸肩，算是回答了母亲。

shrunk, shrunken ⇨ SHRINK

shudder /ˈʃʌdə(r) ‖ ˈʃʌdɚ/ *verb* [I] to shake with fear, etc 战栗；发抖: *Just to think about the accident makes me shudder.* 一想到那次意外就令我不寒而栗。○ *I shudder to think how much this meal is going to cost.* 我不敢想象这顿饭会花多少钱。—**shudder** *noun* [C]

shuffle /ˈʃʌfl ‖ ˈʃʌfl̩/ *verb* **1** [I] to walk by sliding your feet along instead of lifting them from the ground 曳足而行；拖着脚走路: *The child shuffled past, wearing her mother's shoes.* 小孩穿着母亲的鞋子，拖着脚走过。**2** [I,T] to move your body or feet around because you are uncomfortable or nervous（因不舒服或紧张）挪动身体/双脚: *The audience were so bored that they began to shuffle in their seats.* 观众感到沉闷，开始坐不安稳。**3** [I,T] to mix a pack of playing-cards before a game 洗牌: *It's your turn to shuffle.* 轮到你洗牌。○ *He shuffled the cards carefully.* 他小心洗牌。

shuffle *noun* [C, usually sing] **1** a shuffling way of walking 拖着脚走路 **2** an act of shuffling cards 洗牌

shun/ʃʌn ‖ ʃʌn/ *verb* [T] (shun**n**ing; shun**n**ed) to avoid sb/sth; to keep away from sb/sth 避免；避开；回避：*The film star shunned publicity.* 那个电影明星回避传媒的注意。○ *The tennis tournament has been shunned by all the world's leading players.* 世界顶尖选手都不参加这次网球锦标赛。

shunt /ʃʌnt ‖ ʃʌnt/ *verb* [T] **1** to move a railway train from one track to another 使火车转轨 **2** to move a person from one place to another 将人转移到另一地方：*He was shunted around from one hospital to another.* 他被人由一家医院转到另一家医院。

☆**shut**/ʃʌt ‖ ʃʌt/ *verb* [I,T] (*pres part* **shutting**; *pt, pp* **shut**) **1** [T] to change the position of sth so that it covers a hole, etc; to fold sth together; to close 关闭；闭上；合上；关上：*Could you shut the door, please?* 请你关上门好吗？○ *I can't shut my suitcase.* 我关不上手提箱。○ *Shut your books, please.* 请合上书本。○ *He shut his eyes and tried to go to sleep.* 他闭上眼睛，试图入睡。**2** [I] to move or be moved into a closed position 关上：*This window won't shut properly.* 这扇窗关不上。**3** [I,T] (used about a shop, restaurant, etc 指店铺、餐馆等) to stop being open; to close sth (a shop, restaurant, etc) 关闭；停止营业：*What time do the shops shut on Saturday?* 星期六商店什么时候关门？○ *I shut the shop early and went home.* 我提早关店回家了。**4** [T] to prevent sb/sth from leaving or moving; to trap sth 使不能离开/活动；关起来；卡住：*She shut herself in her room and refused to come out.* 她把自己关在房间内，不肯出来。○ *Tony shut his fingers in the door of the car.* 托尼的手指被车门夹住。

(PHRASAL VERBS 短语动词) **shut sb/sth away** to keep sb/sth in a place where people cannot find or see him/her/it 藏起来；隔离

shut (sth) down (used about a factory, etc 用于工厂等) to be closed for a long time or for ever; to close sth (a factory, etc) for a long time or for ever (使)歇业/停办/关闭：*Financial problems forced the business to shut down.* 财政困难迫使公司关门。○ *They have shut down the factory for reasons of safety.* 为安全起见，他们关闭了工厂。

shut sb/sth off (from sth) to keep sb/sth apart from sth 使隔离：*He shuts himself off from the rest of the world.* 他躲起来与世人隔绝。

shut sb/sth out to keep sb/sth out 避开：*He tried to shut out all thoughts of the accident.* 他设法不去想那次意外。

shut (sb) up (*informal* 非正式) **1** to stop talking; to be quiet 停止说话；住口：*I wish you'd shut up!* 给我住口！**2** to make sb stop talking 使停止说话：*Nothing can shut him up once he's started.* 他一打开话匣子就滔滔不绝。

shut sb/sth up (in sth) to put sb/sth somewhere and stop them leaving 将某人/某物关在或藏在某地方：*He was shut up in prison for nearly ten years.* 他被监禁差不多十年了。☛ Look at the note at **close**. 参看 **close** 的注释。

shut *adj* (not before a noun 不用于名词前) **1** in a closed position 关闭的：*Make sure the door is shut properly before you leave.* 离开前请关上门。☛ Remember that we can use **closed** before a noun 名词前可用 **closed**：*a closed door* 关着的门, but not **shut** 但不能用 **shut**. **2** not open to the public 不公开；关了门：*The restaurant was shut so we went to one round the corner.* 这家餐馆关了，我们就到街角的那家。

shut up! *interj* (*informal* 非正式) a way of telling sb (rather rudely) that you want them to be quiet 住口：*Shut up! Can't you see I'm working?* 住嘴吧！你没看见我在工作吗？

shutter/ˈʃʌtə(r) ‖ ˈʃʌtɚ/ *noun* [C] **1** a wooden or metal cover that is fixed outside a window and that can be open or shut. A shop's shutter usually slides down from the top of the shop window. 活动遮板；百叶窗 **2** the part at the front of a camera that opens for a very short time to let light in so that a photograph can be taken（照相机的）快门

shuttle/ˈʃʌtl ‖ ˈʃʌtl̩/ *noun* [C] an aeroplane or bus that travels regularly between two places 定时穿梭两地的飞机/公共汽车：*I'm catching the seven o'clock shuttle to Glasgow.* 我赶着搭乘七点钟往格拉斯哥的穿梭班机。

ˈ**shuttle service** *noun* [C] a regular air, bus or train service between two places 定时穿梭两地的飞机/公共汽车/火车服务

shuttlecock /ˈʃʌtlkɒk ‖ ˈʃʌtl̩ˌkɑk/ *noun* [C] the small light object that is hit over a net in the sport of badminton 羽毛球

☆**shy**/ʃaɪ ‖ ʃaɪ/ *adj* (**shyer**; **shyest**) nervous and uncomfortable with other people. Shy people do not usually say very much to people they do not know 害臊；羞怯；腼腆：*She's very shy with strangers.* 她很怕生。○ *a shy smile* 羞怯的一笑

shy *verb* (*pres part* **shying**; *3rd pers sing pres* **shies**; *pt, pp* **shied**) [I] (used about a horse 指马匹) to move back or sideways suddenly in fear 因惊慌而退避

(PHRASAL VERB 短语动词) **shy away from sth/from doing sth** to avoid doing sth because you are afraid（因害怕而）避开/回避/退缩：*He shied away from telling her the truth.* 他回避告诉她真相。

shyly *adv* in a shy way 羞答答地；害臊地：*The girl walked shyly into the room.* 那个女孩子羞答答地走进房间。—**shyness** *noun* [U]: *He didn't overcome his shyness till he had left school.* 他离开学校以后才克服害羞的毛病。

sibling/ˈsɪblɪŋ ‖ ˈsɪblɪŋ/ *noun* [C] (*formal* 正式) a brother or a sister 兄弟姐妹；同胞兄弟姐妹；手足：*Jealousy between siblings is very common.* 兄弟姐妹之间互相妒忌很普遍。☛ In ordinary language we use **brother(s) and sister(s)** 日常用语可以说 **brother(s) and sister(s)**: *Have you got any brothers and sisters?* 你有兄弟姐妹吗？

☆**sick** /sɪk ‖ sɪk/ *adj* **1** not well; ill 不适；病：*a sick child* 生病的孩子 ○ *She's been off work sick for the past week.* 她上星期病倒以来一直没有上班。☛ In British English **to be sick** usually means 'to bring up food from the stomach'. 英国英语中 **to be sick** 通常指"恶心"或"呕吐"。We do not usually say that somebody **is sick**, to mean 'ill'. 指某人不适或患病通常不用 **is sick** 形容。We *can* use **sick** *before* a noun 名词前可用 **sick**: *a sick child* 生病的孩子 ○ *his sick mother* 他患病的母亲. We also talk of people who are ill as **the sick**. 指病人亦可用 **the sick**。In American English **be sick** can be used to mean 'be ill' 美国英语中 **be sick** 可指"患病"或"不适": *She's been sick for several weeks now.* 她已经病了好几个星期了。**2** feeling ill in your stomach so that any food in it may be thrown up through your mouth 反胃；恶心: *I feel sick – I think it was that fish I ate.* 我想吐，我想是吃了那尾鱼的缘故。**3 sick of sb/sth** feeling bored or annoyed because you have had too much of a person or thing 对…感到腻烦/厌倦: *I'm sick of my job.* 我厌倦我的工作。○ *I'm sick of tidying up your mess!* 整理你乱七八糟的东西真教人讨厌！**4 sick (at/about sth)** very annoyed or disgusted by sth 厌恶；厌倦: *He felt sick at the sight of so much waste.* 看见那么多废物，他感到厌恶。**5** (*informal* 非正式) cruel or in bad taste 残酷；品味差；令人作呕: *a sick joke about blind people* 一个取笑盲人的令人反感的笑话

S

(IDIOMS 习语) **be sick** to throw up food from the stomach; vomit 呕吐: *How many times have you been sick?* 你吐了多少次？

make sb sick to make sb very angry 触怒/激怒某人: *Oh, stop complaining. You make me sick!* 别再抱怨了，你真讨厌！

sick to death of sb/sth feeling tired of or annoyed by sb/sth 对…感到厌倦/厌烦: *I'm sick to death of his grumbling.* 他一直不停地唠叨，讨厌死了。

sick *noun* **1** [U] (*informal* 非正式) vomit 呕吐物: *There was sick all over the car seat.* 车子的座位上布满呕吐物。**2 the sick** [plural] people who are ill 病人

-sick (in compounds 用以构成复合词) feeling sick(2) as a result of travelling 晕车；晕船；晕机: *I get carsick on long journeys.* 长程旅途上我会晕车。○ *to be seasick* 晕船

'sick-leave *noun* [U] a period spent away from work, etc because of illness 病假

sicken /'sɪkən ‖ 'sɪkən/ *verb* [T] to make sb feel disgusted 使厌恶/恶心: *Even the smell of the place sickens me.* 那个地方连气味也使我恶心。

sickening *adj* disgusting; very unpleasant 令人厌恶/讨厌: *It was a sickening sight.* 那场面使人厌恶。

sickly /'sɪklɪ ‖ 'sɪklɪ/ *adj* (**sicklier**; **sickliest**) **1** (used about a person 指人) weak, unhealthy and often ill 虚弱；羸弱；多病: *a sickly child* 羸弱的孩子 **2** unpleasant; causing a feeling of sickness(2) 令人厌恶/恶心: *the sickly smell of rotten fruit* 腐烂水果使人恶心的气味

sickness /'sɪknɪs ‖ 'sɪknɪs/ *noun* **1** [U] the state of being ill 患病；不适: *A lot of workers are absent because of sickness.* 许多工人因病缺勤。**2** [U] a feeling in your stomach that may make you throw up food through your mouth 恶心: *sickness and diarrhoea* 上吐下泻 **3** [C,U] a particular type of illness 病；疾病: *seasickness pills* 晕船药丸

☆**side**[1] /saɪd ‖ saɪd/ *noun* [C] **1** any of the flat outer surfaces of an object 物体的一面: *A cube has six sides.* 立方体有六个面。○ *this side up* (= an instruction on a parcel, etc that tells you which way to store it) 此面向上（包裹等上的标示语）**2** [C] any of the flat outer surfaces of an object except the top or the bottom（物体除顶部及底部外的）侧面: *A box has a top, a bottom and four sides.* 盒子有顶部、底部和四个侧面。**3** any of the surfaces of sth except the top, bottom, front or back（除顶部、底部、正面和背面外的）侧面: *I went round to the side of the building.* 我绕到大厦的一侧。○ *The side of the car was damaged.* 汽车的侧面损坏了。**4** the edge or boundary of sth; the area near this 边；边缘；旁边: *A triangle has three sides.* 三角形有三条边。○ *She sat at the side of his bed/at his bedside.* 她坐在他的床边。○ *He waited at the side of the road.* 他在路边等候。**5** either of the two flat surfaces of sth thin（扁平物体的）面: *Write on both sides of the paper.* 请两面书写。**6** the right or the left part of your body, especially from under your arm to the top of your leg 身体的侧边: *She lay on her side.* 她侧卧。○ *The soldier stood with his hands by his sides.* 士兵站着，双手垂在身旁。**7** either of the two parts of a place or object, separated by a real or an imaginary line or boundary（地方或物体以假想线或界线分为两部分的其中）一边/一方/一面: *We drive on the left side of the road in Britain.* 在英国，我们靠左行车。○ *He was sitting at the far side of the room.* 他坐在房间的那一边。○ *I live on the other side of the city.* 我住在市内的另一边。○ *on the other side of the wall* 在墙的另一面 ○ (*figurative* 比喻) *She has a generous side to her nature.* 她本性有慷慨的一面。**8** either of two teams or groups of people who fight or play against each other 敌对/参赛的一方: *The two sides agreed to stop fighting.* 双方同意停止战斗。○ *the winning/losing side* 胜方；负方 ○ *Whose side are you on?* (= Who do you support?) 你支持哪一方？**9** the position, opinion or attitude of a person or group of people that is different from that held by another person or group of people 一派/一方（的立场、意见或态度）: *Do you believe his side of the story?* 你相信他对这件事的说法吗？**10** your mother's or your father's family 母亲/父亲的家族；母系；父系: *There is no history of illness on his mother's side.* 他母系那边没有家族病史。

(IDIOMS 习语) **get on the right/wrong side of sb** to please/annoy sb 取悦/惹恼某人: *He tried to get on the right side of his new boss.* 他努力取悦新老板。

on/from all sides; on/from every side in/from all directions; generally 四方八面；各方面；整体: *The army was attacked from every side.* 军队四面受敌。○ *There was agreement on all sides.* 各方达成协议。

on the big, small, high, etc side (*informal* 非正式) slightly too big, small, high, etc 稍大/小/高…

on the safe side ⇨ SAFE[1](4)

put sth on/to one side; **leave sth on one side** to leave or keep sth so that you can use it or deal with it later 搁置；留下来备用: *You should put some money to one side for the future.* 你应该留些钱以备将来使用。○ *I'll put this problem on one side until later.* 我搁置这个难题，稍后再解决。

side by side next to each other; close together 并肩；并排；紧贴: *They walked side by side along the road.* 他们并肩走路。

take sides (with sb) to show that you support one person rather than another 支持（某方）: *Parents should never take sides when their children are quarrelling.* 孩子争吵时父母不应袒护任何一方。

-sided (in compounds 用以构成复合词) having a certain number or type of sides 有…边: *a six-sided coin* 六边形钱币

ˈ**side-effect** *noun* [C] the unpleasant effect that sth may have in addition to the effects it is supposed to have 副作用: *Unpleasant side-effects of the drug may be headaches or sickness.* 这种药物可能会引起头痛、恶心等副作用。

ˈ**sidelong** *adj* directed from the side; sideways 横向；倾斜: *a sidelong glance* 斜视

ˈ**side-road** *noun* [C] a road which leads from a main road and which is less important or busy 支路；岔路

ˈ**side-street** *noun* [C] a narrow or less important street that usually joins a main street 小巷；小街；小路

ˈ**sidetrack** *verb* [T] to make sb forget what he/she is supposed to be doing or talking about and start doing or talking about sth less important 转移话题；使离题

ˈ**sidewalk** *noun* [C] (*US* 美) = PAVEMENT

ˈ**sideways** *adj, adv* **1** to, towards or from one side 到/向/从一旁或一边: *He jumped sideways to avoid being hit.* 他跳到一旁以免被撞倒。○ *a sideways glance* 睨视一眼 **2** with one of the sides at the top 侧面朝上: *We'll have to turn the sofa sideways to get it through the door.* 我们必须把沙发侧过来才能通过门口。

side[2] /saɪd ‖ saɪd/ *verb*

(PHRASAL VERB 短语动词) **side with sb (against sb)** to support sb in an argument 在争论中支持某方: *She always sides with her son against her husband.* 她总是支持儿子反对丈夫。

sideboard /ˈsaɪdbɔːd ‖ ˈsaɪdˌbɔrd/ *noun* **1** [C] a type of low cupboard about as high as a table, that is used for storing plates, etc in a dining-room 餐具柜 **2 sideboards** (*US* 美 **sideburns**) [plural] hair that grows down a man's face in front of and below his ears 络腮胡子

sideline /ˈsaɪdlaɪn ‖ ˈsaɪdˌlaɪn/ *noun* **1** [C] something that you do in addition to your regular job, usually to earn extra money 兼职；副业: *He's an engineer, but he repairs cars as a sideline.* 他是工程师，兼职修理汽车。 **2 sidelines** [plural] the lines that mark the two long sides of a football pitch or tennis court; the area behind this（足球场或网球场的）边线（界外区）: *The team's manager was giving orders from the sidelines.* 球队的经理人在边线旁发施号令。

siding /ˈsaɪdɪŋ ‖ ˈsaɪdɪŋ/ *noun* [C] a short track at the side of a main railway line（主要铁路旁的）一小段支线路轨

sidle /ˈsaɪdl ‖ ˈsaɪdḷ/ *verb* [I] **sidle up/over (to sb/sth)** to move towards sb/sth in a nervous way, as if you do not want anybody to notice you 小心翼翼地移动/走到某（人）处，避免引起注意

siege /siːdʒ ‖ sidʒ/ *noun* [C,U] **1** the situation in which an army surrounds a town in order to capture it. When there is a siege nobody is allowed into or out of the town 围攻；围城: *the siege of Troy* 围攻特洛伊城 **2** a situation in which a building containing a criminal is surrounded by police for a long period of time 围困（警方包围建筑物捕捉逃犯的情况）: *The house was under siege for several hours, until the man released the prisoners.* 房子被围困了好几个小时，直到该名男子释放囚犯为止。

siesta /sɪˈestə ‖ sɪˈɛstə/ *noun* [C] a short sleep or rest that people take after lunch, especially in hot countries（尤指在气候炎热国家的）午睡；午休: *to have/take a siesta* 睡午觉

sieve /sɪv ‖ sɪv/ *noun* [C] a type of kitchen tool that has a metal or plastic net, used for separating solids from liquids or very small pieces of food from large pieces 筛子；滤网 —**sieve** *verb*: *Sieve the flour before adding it to the mixture.* 把面粉筛过后再放进混合物中。

sift /sɪft ‖ sɪft/ *verb* **1** [T] to pass a fine substance through a sieve 筛；滤: *to sift flour, sugar* 筛面粉/糖 **2** [I,T] **sift (through) sth** (*figurative* 比喻) to examine sth very carefully 仔细检查；详细审查: *It took weeks to sift through all the evidence.* 仔细审查证据花了多个星期。

☆**sigh** /saɪ ‖ saɪ/ *verb* **1** [I] to let out a long, deep breath that shows you are tired, sad, relieved, etc（疲累、悲伤、放下心来…时）叹息/叹气/松口气: *She sighed with disappointment at the news.* 消息传来，她失望地叹了口气。**2** [I] to make a sound like sighing 发出叹息般的声音: *The wind sighed in the trees.* 风吹过处，树木沙沙作响。**3** [T] to say sth with a sigh 叹息说: *'I'm so tired,' he sighed.* 他叹息说："我累极了。"

sigh *noun* [C] the act or sound of sighing 叹息（声）；松口气: *'Well, that's over,' she said, with a sigh of relief.* 她松了一口气说："好了，终于完了。"

☆**sight**[1] /saɪt ‖ saɪt/ *noun* **1** [U] the ability to see 视力: *He lost his sight in the war* (= he became blind). 他在战争中丧失了视力。○ *My grandmother has very poor sight.* 我祖母视力很差。**2** [sing] **sight of sb/sth** the act of seeing sb/sth 看见: *We flew over Paris and had our first sight of the Eiffel Tower.* 我们飞越巴黎，第一次看到艾菲尔铁塔。○ *Throw that dress out. I can't stand the sight of it any more.* 扔掉那连衣裙，我多看一眼都受不了。**3** [U] a position where sb/sth can be seen

S

视野；视域: *They waited until the plane was within sight* (= until they could see it) *and then fired.* 他们一直等到飞机进入视野范围内才开火。○ *She didn't let the child out of her sight.* 她不让孩子走出自己的视线以外。○ *'Get out of my sight!' he shouted, angrily* (= go away!). 他怒叫："滚开！" **4** [C] something that you see 看到的东西；景象: *It was good to be back home, amid all the familiar sights and sounds.* 回到家中真好，四周都是熟悉的东西和声音。**5 sights** [plural] places of interest that are often visited by tourists 风景区；名胜；奇观: *When you come to New York I'll show you the sights.* 你到纽约来时，我带你游览名胜。**6 a sight** [sing] (*informal* 非正式) a person or thing that looks untidy or that makes you laugh 不整洁或令人发笑的人/事物: *Look at that girl with green hair. What a sight!* 看那个绿色头发的女孩，真难看！**7** [C, usually pl] a part of a weapon that you look through in order to aim it 瞄准器: *the sights of a gun* 枪的瞄准器

(IDIOMS 习语) **at first glance/sight** ⇨ FIRST[1]

at/on sight as soon as sb/sth is seen 一见到: *The soldiers were ordered to shoot the enemy on sight.* 士兵奉命一见敌人就开枪。

catch sight/a glimpse of sb/sth ⇨ CATCH[1](9)

in sight likely to happen or come soon 即将发生: *A peace settlement is in sight.* 和平解决在望。

know sb by sight ⇨ KNOW(9)

lose sight of sb/sth ⇨ LOSE(9)

-sighted (in compounds 用以构成复合词) having a certain type of eyesight 视力状况…: *I'm short-sighted.* 我有近视。

ˈ**sightseeing** *noun* [U] visiting the sights of a city, etc as a tourist 观光；游览: *We did some sightseeing in Rome.* 我们在罗马观光了一些地方。

ˈ**sightseer** *noun* [C] a person who does this 观光者 ☛ Look at **tourist**. 参看 **tourist**。

sight[2] /saɪt ‖ saɪt/ *verb* [T] to see sb/sth, especially after looking out for him/her/it 看见；发现: *After many weeks at sea, they sighted land.* 经过多个星期海上航程，他们看见了陆地。○ *The wanted man has been sighted in Spain.* 有人在西班牙见到那个通缉犯。

sighting *noun* [C] an occasion when sb/sth is seen 看见；发现: *the first sighting of a new star* 新星首次被发现

☆**sign**[1] /saɪn ‖ saɪn/ *noun* [C] **1** a type of shape, mark or symbol that has a particular meaning 符号；记号: *In mathematics, a cross is a plus sign.* 在数学中，十字形是表示相加的符号。**2** a board, notice, etc that gives you a piece of information, an instruction or a warning（用以通告、指示或警告的）指示牌/标牌: *What does that sign say?* 牌上写的是什么？○ *a road sign* 道路标志 ○ *Follow the signs to Banbury.* 依照路牌往班伯里。**3** a movement that you make with your head, hands or arms that has a particular meaning 示意的动作；手势: *I made a sign for him to follow me.* 我向他打个手势，叫他跟我走。**4 sign (of sth)** something that shows that sb/sth is present or exists or may happen 迹象；征兆；征候: *The patient was showing some signs of improvement.* 病人有好转的征候。○ *There are some signs that things are getting better.* 事情有好转的迹象。○ *As we drove into the village there wasn't a sign of life anywhere* (= we couldn't see anyone). 我们驾车入村，发现那里渺无人烟。**5** (*also* 亦作 ˌ**sign of the** ˈ**zodiac**) one of the twelve divisions or symbols of the zodiac 黄道十二宫之一: *I'm a Leo. What sign are you?* 我属于狮子座，你属于哪个星座？

ˈ**sign language** *noun* [U] a language used especially by deaf and dumb people using signs instead of spoken words 手语

ˈ**signpost** *noun* [C] a sign at the side of a road that gives information about directions and distances to towns 路牌；路标

☆**sign**[2] /saɪn ‖ saɪn/ *verb* [I,T] to write your name on a letter, document, etc to show that you have written it or that you agree with what it says. When you sign your name you always write it in the same way 签名；签署: *'Could you sign here, please?'* "请在这里签名。" ○ *I forgot to sign the cheque.* 我忘了在支票上签名。○ *The two presidents signed the treaty.* 两国总统在条约上签了字。

(PHRASAL VERBS 短语动词) **sign in/out** to write your name to show you have arrived at or left a hotel, club, etc 签名以示到达/离开

sign sb up to get sb to sign a contract to work for you 使签约受雇；签约雇用: *Real Madrid have signed up two new players.* 皇家马德里队已签约雇用两名新球员。

sign up (for sth) to agree formally to do sth 正式同意；报名: *I've signed up for evening classes.* 我报名学习夜校课程。

☆**signal** /ˈsɪgnəl ‖ ˈsɪgnḷ/ *noun* [C] **1** a sign, action or sound that sends a particular message 信号；暗号: *The army waited for the signal to attack.* 军队等候进攻的信号。○ *The flag went down as a signal for the race to begin.* 指示旗向下一挥表示比赛开始。**2** a set of lights used to give information to train drivers 铁路信号灯 **3** a series of radio waves, etc that are sent out or received（无线电波等传送的）讯号: *a signal from a satellite* 卫星讯号

signal *verb* [I,T] (signalling; signalled; *US* 美 signaling; signaled) to make a signal; to send a particular message using a signal 发信号；用信号传达信息: *She was signalling wildly that something was wrong.* 她拼命示意出事了。○ *He signalled his disapproval by leaving the room.* 他走出房间以示反对。○ *The policeman signalled to the driver to stop.* 警察示意司机停车。

signatory /ˈsɪgnətrɪ; *US* 美 -tɔːrɪ ‖ ˈsɪgnəˌtorɪ/ *noun* [C] (*pl* **signatories**) **signatory (to sth)** any of the people or countries that sign an agreement, etc 签署者；签署国；签约国

☆**signature** /ˈsɪgnətʃə(r) ‖ ˈsɪgnətʃɚ/ *noun* [C] a person's name, written by himself/herself and always written in the same way 签名；签字；署名: *I couldn't read his signature.* 我看不清他的签名。

significance /sɪgˈnɪfɪkəns ‖ sɪgˈnɪfəkəns/ *noun*

[U] the importance or meaning of sth 重要性；意义；含意: *Few people realized the significance of the discovery.* 很少人认识到这个发现的重要意义。

☆**significant** /sɪɡˈnɪfɪkənt ‖ sɪɡˈnɪfəkənt/ *adj* **1** important 重要: *Police said that the time of the murder was extremely significant.* 警方说凶杀案发生的时间对调查极为重要。**2** so large that you notice it 显著；明显: *There has been a significant increase in the number of crimes reported this year.* 今年的罪案显著上升。**3** having a particular meaning 有某种意义；含有深意: *She gave me a significant smile.* 她意味深长地向我一笑。

significantly *adv* **1** in a noticeable way 显著: *Attitudes have changed significantly since the 1960s.* 自从六十年代以来，人们对事物的看法有显著的改变。**2** in a way that shows a particular meaning 有（特殊）含意；耐人寻味: *He thanked almost everybody but, significantly, he did not mention Terry.* 他向差不多每个人致谢，惟独没有提起特里。

signify /ˈsɪɡnɪfaɪ ‖ ˈsɪɡnəˌfaɪ/ *verb* [T] (*pres part* **signifying**; *3rd pers sing pres* **signifies**; *pt, pp* **signified**) (*formal* 正式) **1** to be a sign of sth; to mean 表示某种意思；代表；意味: *What do those lights signify?* 那些灯光表示什么？**2** to express or indicate sth 表示；表明: *They signified their agreement by raising their hands.* 他们举手表示赞成。

Sikh /siːk ‖ sik/ *noun* [C] a member of one of the religions of India (**Sikhism**) that developed from Hinduism but teaches that there is only one god 锡克教教徒（锡克教叫做 **Sikhism**，源自印度教，相信只有一个神）—**Sikhism** /ˈsiːkɪsm ‖ ˈsikɪsm/ *noun* [U]

☆**silence** /ˈsaɪləns ‖ ˈsaɪləns/ *noun* [C,U] **1** [U] complete quietness; no sound 寂静；肃静: *A loud crash broke the silence.* 一声巨响打破了寂静。○ *There must be silence during examinations.* 考试时必须保持肃静。**2** [C] a period when nobody speaks or makes a noise 一段时间的沉默/寂静: *There was a silence immediately after the explosion.* 爆炸后四周一片死寂。○ *My question was met with an awkward silence.* 我的提问换来一阵沉默，真令人尴尬。**3** [U] not making any comments on sth 不评论；保持缄默: *I can't understand his silence on the matter.* 我不明白他为什么对那件事保持沉默。

(IDIOM 习语) **in silence** without talking or making a noise 默不作声；沉默；静默

silence *verb* [T] to make sb/sth be silent or quiet 使安静/肃静/沉默: *He silenced the crowd by raising his hand.* 他举起手示意群众安静下来。

silencer /ˈsaɪlənsə(r) ‖ ˈsaɪlənsɚ/ (*US* 美 **muffler**) *noun* [C] **1** the part of a car which reduces the noise made by an exhaust pipe（汽车的）排气消声器/消音器 **2** the part of a gun that reduces the noise when it is fired（手枪的）消音器/噪声抑制器

☆**silent** /ˈsaɪlənt ‖ ˈsaɪlənt/ *adj* **1** making no noise; very quiet 安静；寂静: *The house was empty and silent.* 房子内寂静无人。**2** not speaking; not using spoken words 沉默；不作声的: *The policeman told her she had the right to remain silent.* 警察说她有权保持沉默。○ *a silent prayer* (= one that is not said out loud) 默祷者 ○ *So far he has remained silent on his future plans.* 直到现在他仍未透露将来的计划。**3** (of a letter) not pronounced（字母）不发音的: *The 'b' in 'comb' is silent.* ＊ comb 字中的 b 字母不发音。—**silently** *adv*

silhouette /ˌsɪluːˈet ‖ ˌsɪlʊˈɛt/ *noun* [C] the dark outline or black shape of sth seen against a light background 剪影；黑色轮廓像

silhouetted *adj* seen as a silhouette 现出轮廓: *the spire of the cathedral, silhouetted against a bright blue sky* 蔚蓝色天空衬托出教堂塔楼的轮廓

silicon chip /ˈsɪlɪkən tʃɪp ‖ ˈsɪlɪkəntʃɪp/ *noun* [C] a piece of a chemical element (silicon) that is used in computers, etc（计算机的）硅片

silk /sɪlk ‖ sɪlk/ *noun* [U] the soft smooth cloth that is made from threads produced by an insect (**the silkworm**) 绸缎/丝（由蚕 (**silkworm**) 吐的丝制成）: *a silk shirt* 丝质衬衫

silky /ˈsɪlkɪ ‖ ˈsɪlkɪ/ *adj* (**silkier**; **silkiest**) smooth, soft and shiny; like silk 柔滑如丝: *silky hair* 柔软润泽的头发

sill /sɪl ‖ sɪl/ *noun* [C] a long thin piece of wood or stone that is at the bottom of a window, either inside or outside 窗槛；窗台: *a window-sill* 窗槛

☆**silly** /ˈsɪlɪ ‖ ˈsɪlɪ/ *adj* (**sillier**; **silliest**) **1** not showing thought or understanding; foolish 愚蠢；傻: *a silly mistake* 愚蠢的错误 ○ *What a silly thing to say!* 说这种话多笨呀！○ *Don't be so silly!* 别这么傻！**2** appearing ridiculous, so that people will laugh 看起来荒谬，引人发笑: *I'm not wearing that hat – I'd look silly in it.* 我不戴那顶帽子，戴上了样子会很傻。—**silliness** *noun* [U]

silt /sɪlt ‖ sɪlt/ *noun* [U] sand, soil or mud that is carried along by a river and then left somewhere when the river flows more slowly 淤泥（河流等中沉积的泥沙）

☆**silver** /ˈsɪlvə(r) ‖ ˈsɪlvɚ/ *noun* [U] **1** a valuable grey-white metal that is used for making jewellery, ornaments, coins, etc 银: *a silver spoon* 银调羹 ○ *That's a nice ring. Is it silver?* 这个戒指不错。是银的吗？**2** coins made from silver or sth that looks like silver 银币（用银或像银的材料制成）: *Could you change £10 of silver for a £10 note please?* 可以用10英镑硬币换一张10英镑纸币吗？**3** objects that are made of silver, eg knives, forks, spoons, dishes 银器: *The thieves stole some jewellery and some valuable silver.* 那些贼偷了一些珠宝和贵重银器。

silver *adj* having the colour of silver 银色: *a silver sports car* 银色跑车

silvery /ˈsɪlvərɪ ‖ ˈsɪlvərɪ/ *adj* having the appearance or colour of silver 像银；银色: *an old lady with silvery hair* 头发银白色的老妇 ○ *silvery light over the lake* 湖面泛着银光

ˌ**silver ˈjubilee** *noun* [C] the 25th anniversary of an important event ＊25周年纪念

ˌ**silver ˈmedal** *noun* [C] a small flat round

S

piece of silver that is given to the person or team that comes second in a sports competition（体育比赛的）银牌: *to win a silver medal at the Olympic Games* 在奥林匹克运动会上夺取银牌 ☛ Look at **gold medal** and **bronze medal**. 参看 **gold medal** 及 **bronze medal**。

ˌsilver ˈmedallist *noun* [C] a person who wins a silver medal 银质奖章得主

ˌsilver ˈwedding *noun* [C] the 25th anniversary of a wedding 银婚（结婚25周年）☛ Look at **golden wedding**. 参看 **golden wedding**。

☆**similar** /ˈsɪmɪlə(r) ‖ ˈsɪmələ/ *adj* **similar (to sb/sth)** the same in a way or in some ways but not completely the same 相似；类似: *All the books he writes are very similar.* 他写的书都很相似。○ *Your handwriting is very similar to mine.* 你的字迹跟我的很相似。

similarly *adv* also; in a similar way 同样地；类似地: *The plural of 'shelf' is 'shelves'. Similarly, the plural of 'wolf' is 'wolves'.* * shelf 的复数是 shelves。同样，wolf 的复数是 wolves。

similarity /ˌsɪməˈlærətɪ ‖ ˌsɪməˈlærətɪ/ *noun* (*pl* **similarities**) **1** [U] the quality of being similar 相似；类似: *I noticed the similarity in the way the two sisters thought and spoke.* 我察觉那对姐妹的思想和言语有相似的地方。**2** [C] a way in which people or things are similar 相似之处: *Although there are some similarities between the two towns, there are a lot of differences too.* 两个市镇虽然有些相似，但也有许多不同之处。

simmer /ˈsɪmə(r) ‖ ˈsɪmə/ *verb* [I,T] to cook gently in a liquid that is just below boiling point 炖: *Let the vegetables simmer for a few more minutes.* 让蔬菜多煮几分钟。○ *Simmer the soup for 30 minutes.* 将汤煮30分钟。

☆**simple** /ˈsɪmpl ‖ ˈsɪmpl̩/ *adj* **1** easy to understand, do or use; not difficult or complicated 容易明白/做/使用；简单: *This dictionary is written in simple English.* 这本词典用简单的英语编写成。○ *a simple task* 简单的任务 ○ *I can't just leave the job. It's not as simple as that.* 我不能把这任务搁下不管。事情不是这样简单。**2** without decoration or unnecessary extra things; plain 没有修饰/累赘的东西；简单: *a simple black dress* 简单的黑色连衣裙 ○ *The food is simple but perfectly cooked.* 食物很简单，但煮得很好。**3** (used about a person or a way of life 指人或生活方式) natural and uncomplicated 简率；朴素: *a simple life in the country* 郊区的简朴生活 **4** unintelligent; slow to understand 不聪明；迟钝 **5** (used for saying that the thing you are talking about is the only thing that is important or true 指自己说的才是重要的或真的): *I'm not going to buy it for the simple reason that I haven't got enough money.* 我不会买，只因为我没有足够的钱。

simply /ˈsɪmplɪ ‖ ˈsɪmplɪ/ *adv* **1** in a way that makes sth easy to understand 简单地；简明地；浅白地: *Could you explain it more simply?* 你解释得浅白一点好吗？**2** in a plain way; without decoration or unnecessary extra things 简朴: *They live simply, with very few luxuries.* 他们生活简朴，没有什么奢侈品。**3** (used for emphasis 用以强调) absolutely; completely 绝对；完全地: *What a simply marvellous idea!* 这真是个好主意！**4** only; just 只是: *There's no need to get angry. The whole problem is simply a misunderstanding.* 不用生气，整件事只不过是个误会。

simplicity /sɪmˈplɪsətɪ ‖ sɪmˈplɪsətɪ/ *noun* [U] **1** the quality of being uncomplicated and easy to understand, do or use 简单；简明: *We all admired the simplicity of the plan.* 计划简单明了，我们都很赞赏。**2** the quality of having no decoration or unnecessary extra things; plainness 简朴；无赘饰: *I like the simplicity of her paintings.* 她的画很简单，我很喜欢。

simplify /ˈsɪmplɪfaɪ ‖ ˈsɪmpləˌfaɪ/ *verb* [T] (*pres part* **simplifying**; *3rd pers sing pres* **simplifies**; *pt*, *pp* **simplified**) to make sth easier to do or understand; to make sth less complicated 简化: *The process of applying for visas has been simplified.* 申请签证的程序已经简化了。—**simplification** /ˌsɪmplɪfɪˈkeɪʃn ‖ ˌsɪmpləfəˈkeʃən/ *noun* [C,U]

simplistic /sɪmˈplɪstɪk ‖ sɪmˈplɪstɪk/ *adj* making sth that is complicated seem simpler than it really is 使显得简单

simulate /ˈsɪmjʊleɪt ‖ ˈsɪmjəˌlet/ *verb* [T] to create the effect or appearance of sth else 仿造；模拟: *The astronauts trained in a machine that simulates conditions in space.* 太空人在模拟太空环境中进行训练。

simulation /ˌsɪmjʊˈleɪʃn ‖ ˌsɪmjəˈleʃən/ *noun* [C,U] the act of simulating or a simulated form of a real situation, event, etc 模拟: *a computer simulation of a nuclear attack* 计算机模拟的核攻击

simultaneous /ˌsɪmlˈteɪnɪəs; *US* 美 ˌsaɪm- ‖ ˌsaɪml̩ˈtenɪəs/ *adj* happening at exactly the same time 同一个时候的；同时发生: *There were simultaneous demonstrations in London, Paris and Bonn.* 伦敦、巴黎和波恩同时有示威行动。—**simultaneously** *adv*

sin /sɪn ‖ sɪn/ *noun* [C,U] an act or way of behaving that breaks a religious law 触犯宗教戒律的行为: *He believes it is a sin for two people to live together without being married.* 他认为两个人没有结婚而同居是罪孽。○ *They confess their sins to the priest every week.* 他们每个星期都向神父忏悔。

sin *verb* [I] (si**nn**ing; si**nn**ed) to do sth that breaks a religious law（宗教上的）犯罪

sinful /-fl ‖ -fəl/ *adj* breaking a religious law; immoral 犯罪的；不道德

sinner /ˈsɪnə(r) ‖ ˈsɪnə/ *noun* [C] a person who sins 罪人

☆**since** /sɪns ‖ sɪns/ *prep* from a particular time in the past until a later time in the past or until now 自从: *It was the first time they'd won since 1974.* 那次是他们自1974年以来首度获胜。○ *I haven't seen him since last Tuesday.* 我从上星期二开始就没有见过他。○ *Where have you been? I've been waiting for you since 5.30.* 你去了哪里？我五点半开始就一直等你。○ *She has had a number of jobs since leaving* *university.* 她离开大学后，做过好几份工作。☛ We use both **since** and **for** to talk about how long something has been happening. * **since** 和 **for** 用以表示某事开始了多久。We use **since** when we are talking about the *beginning* of the period of time, and **for** when we are talking about the *length* of the period of time 说事情由某时间开始，可用 **since**；表达持续的时间则用 **for**: *I've known her since 1983.* 我1983年以来就认识她。○ *I've known her for ten years.* 我认识她已有十年。

since *conj* **1** from the time when sth happened until a later time in the past or until now 自从: *He hasn't written to us since he arrived in Britain.* 自从到达英国后，他一直没有写信给我们。○ *I've been working in a bank ever since I left school.* 我毕业后一直在一家银行工作。○ *It was strange to see my old house again because I hadn't been there since I was a child.* 那是我自童年时离开以后首次重临故居，所以感到有些陌生。**2** because; as 因为；既然: *Since they've obviously forgotten to phone me, I'll have to phone them.* 他们显然忘记打电话给我，我只得打给他们。

since *adv* **1** from a particular time in the past until a later time in the past or until now 自从: *He had come to see us a few weeks earlier but he hadn't been back since.* 他几个星期前来探望过我们，之后就再没有来。○ *We went out for dinner together about six months ago but I haven't seen her since.* 我们大约六个月前一起出去吃晚饭，之后就再没有见过她。○ *My parents bought this house in 1975 and we've been living here ever since.* 我父母在1975年买了这所房子，我们一直就在这里住。**2** at a time after a particular time in the past 在某个时间之后: *We were divorced two years ago and she has since married someone else.* 我们两年前离婚，后来她和别人结了婚。○ *He had left school at the age of 16 and had since got a job in a hotel.* 他16岁离开了学校，后来就在旅馆找到一份工作。

☆**sincere** /sɪn'sɪə(r) ‖ sɪn'sɪr/ *adj* **1** (used about a person 指人) really meaning or believing what you say; honest; not pretending 真诚；诚实: *Do you think she was being sincere when she said she admired me?* 她说仰慕我，你觉得她说的是真话吗？**2** (used about sth that a person says or feels 指说话或感觉) true; that is really meant 真实；真心的: *Please accept our sincere apologies.* 我们竭诚道歉，恳请接受。☛ The opposite is **insincere**. 反义词为 **insincere**。—**sincerely** *adv*: *I am sincerely grateful to you for all your help.* 我衷心感谢你的帮助。○ *Yours sincerely, …* (at the end of a formal letter 正式书信末的套语)

sincerity /sɪn'serətɪ ‖ sɪn'serətɪ/ *noun* [U] the quality of being sincere; honesty 真诚；诚实: *Nobody doubts the sincerity of her political views.* 没有人怀疑她政见的真诚。☛ The opposite is **insincerity**. 反义词为 **insincerity**。

☆**sing** /sɪŋ ‖ sɪŋ/ *verb* [I,T] (*pt* **sang** /sæŋ ‖ sæŋ/; *pp* **sung** /sʌŋ ‖ sʌŋ/) to make musical sounds with the voice 唱；歌唱: *He always sings when he's in the bath.* 他在洗澡时总是唱歌。○ *The birds were singing outside my window.* 小鸟在我窗外唱歌。○ *She sang all her most popular songs at the concert.* 她在音乐会上唱她最受欢迎的歌。

singer *noun* [C] a person who sings, especially in public 歌星；歌者

singing *noun* [U] the act of singing 唱歌: *singing lessons* 歌唱课

singe /sɪndʒ ‖ sɪndʒ/ *verb* [I,T] (*pres part* **singeing**) to burn or to make sth burn slightly on the edge or tip 烫/烧焦边缘/尖端: *He leaned over the candle and accidentally singed his eyebrows.* 他挨近蜡烛，不小心烧焦了眉毛。

☆**single** /'sɪŋgl ‖ 'sɪŋgl/ *adj* **1** (only *before* a noun 只用于名词前) only one 惟一；一个；单一: *He gave her a single red rose.* 他送她一枝红玫瑰。○ *I managed to finish the whole job in a single afternoon.* 我只花了一个下午就完成整件工作。**2** (only *before* a noun 只用于名词前) (used for emphasis when you are thinking about the individual things which together form a group 用以强调所指的是整体中的一个独立部分): *You answered every single question correctly. Well done!* 每一个问题你都答对了。做得好！**3** not married 未婚；独身: *Are you married or single?* 你结婚了没有？○ *a single woman* 未婚女子 **4** (only *before* a noun 只用于名词前) for the use of only one person 只供一人使用: *I'd like to book a single room, please.* 我想订一间单人房。○ *a single bed* 单人床 ☛ Look at **double**. 参看 **double**。**5** (*also* 亦作 **one-way**) (only *before* a noun 只用于名词前) only to a place, not to a place and back from it (used about a ticket or the cost of a ticket for a journey) 单程（车票等/票价）: *How much is the single fare to Rome, please?* 请问到罗马的单程车票多少钱？☛ Look at **return**. 参看 **return**。

(IDIOM 习语) **in single file** ⇨ FILE[3]

single *noun* **1** [C] a ticket for a journey to a place only, not to a place and back from it 单程（车）票: *Two singles to Hull, please.* 请给我两张到赫尔的单程车票。☛ Look at **return**[2](5). 参看 **return**[2](5)。**2** [C] a bedroom for one person only in a hotel, etc（旅馆等的）单人房间: *The hotel has 25 bedrooms: 10 singles and 15 doubles.* 那家旅馆有25个房间：10个单人房，15个双人房。**3** [C] a small record that has only one song on each side 每面只有一首歌的唱片: *Seal's new single* 西尔的新单曲唱片 ☛ Look at **LP** and **album**. 参看 **LP** 及 **album**。**4 singles** [plural] a game of tennis, etc in which one player plays against one other player 单打: *the final of the women's singles* 女子单打决赛 ☛ Look at **doubles**. 参看 **doubles**。

single *verb*

(PHRASAL VERB 短语动词) **single sb/sth out (for sth)** to give special attention or treatment to one person or thing from a group 在一组中选出一人/物（以个别对待）: *He singled Sue Taylor out for praise.* 他特别对苏珊·泰勒加以称赞。

singly /'sɪŋglɪ ‖ 'sɪŋglɪ/ *adv* one by one;

S

individually 逐个；个别: *You can buy the tapes either singly or in packs of three.* 这些盒带可以单盒买，也可以买三盒一套的。

ˌ**single-ˈhanded** *adj, adv* done by one person, done without help from anybody else 单人/独力进行: *a single-handed yacht race* 单人帆船赛

ˌ**single-ˈminded** *adj* having one clear aim or purpose 一心一意: *I admired her single-minded determination to win.* 她矢志获胜，我很佩服。

ˌ**single ˈparent** *noun* [C] a parent who looks after his/her child or children alone 独力照顾孩子的父亲/母亲: *a single-parent family* 单亲家庭

singular /ˈsɪŋgjʊlə(r) ‖ ˈsɪŋgjələ˞/ *adj* **1** (*grammar* 语法) in the form that is used for talking about one person or thing only 单数: *'Table' is a singular noun; 'tables' is a plural noun.* * table 是单数名词；tables 是复数名词。 **2** (*formal* 正式) unusual 非凡: *a person of singular intelligence* 才智非凡的人

singular *noun* [sing] (*grammar* 语法) the singular form 单数形式: *The word 'clothes' has no singular.* * clothes这个词没有单数形式。○ *What's the singular of 'people'?* * people 的单数形式是怎样的？

singularly *adv* (*formal* 正式) unusually; particularly 非常；特别: *The government has been singularly unsuccessful in its policy against terrorism.* 政府对付恐怖主义的政策特别失败。

sinister /ˈsɪnɪstə(r) ‖ ˈsɪnɪstə˞/ *adj* making you feel that sth bad will happen; frightening 不吉祥；使人恐惧: *a sinister atmosphere* 不祥的气氛 ○ *There's something sinister about him. He frightens me.* 他有些邪恶，使我感到害怕。

☆**sink**[1] /sɪŋk ‖ sɪŋk/ *verb* (*pt* **sank** /sæŋk ‖ sæŋk/; *pp* **sunk** /sʌŋk ‖ sʌŋk/) **1** [I,T] to go down or make sth go down under the surface or to the bottom of water, etc（使）沉入/陷入水中/水底等: *If you throw a stone into water, it sinks.* 你把石子抛进水里，石子就会沉下去。○ *The boat sank to the bottom of the sea.* 那艘船沉到海底去了。○ *Three ships were sunk by enemy planes.* 敌机击沉了三艘船。○ *My feet sank into the mud.* 我双脚陷进泥里了。☛ picture at **float**. 见 **float** 插图。**2** [I] to get lower; to fall to a lower position or level 往下落；降低；下降: *After a few days the flood water began to sink.* 几日之后，洪水开始减退。○ *We watched the sun sink slowly below the horizon.* 我们望着太阳慢慢沉到地平线下。**3** [I] (used about a person 指人) to move or fall to a lower position, usually because you are tired or weak（因疲倦或身体虚弱）跌/移动到较低的位置: *I came home very tired and sank into a chair.* 我回到家里，累得跌到椅子上。**4** [I] to decrease in value, number, amount, strength, etc 下降；减少: *The share price has sunk from over £2 to 65p.* 股价由超过2英镑跌至65便士。

(IDIOM 习语) **your heart sinks** ⇨ HEART

(PHRASAL VERB 短语动词) **sink in/sink into sth 1** (used about a liquid 用于液体) to go into sth solid; to be absorbed 渗入；被吸收: *Quick! Clean up that wine before it sinks into the carpet.* 快点把酒清除！否则就要渗进地毯。**2** (used about information, an event, an experience, etc 指消息、事件、经验等) to be completely understood; to become clear in the mind 被完全了解；变得清楚: *It took a long time for the terrible news to sink in.* 过了好久那可怕的消息才被完全了解。

sink[2] /sɪŋk ‖ sɪŋk/ *noun* [C] a basin in a kitchen that is connected to the water supply with pipes and taps and used for washing dishes, vegetables, etc 洗涤槽

sinus /ˈsaɪnəs ‖ ˈsaɪnəs/ *noun* [C] (often plural) one of the spaces in the bones of the face that are connected to the nose 鼻窦: *I've got a terrible cold and all my sinuses are blocked.* 我得了重伤风，鼻子全塞了。○ *a sinus infection* 鼻窦感染

sip /sɪp ‖ sɪp/ *verb* [I,T] (si**pp**ing; si**pp**ed) to drink, taking only a very small amount of liquid into your mouth at a time 小口喝/啜: *We sat in the sun, sipping lemonade.* 我们一边坐着晒太阳，一边小口小口地喝柠檬水。—**sip** *noun* [C]: *a sip of water* 啜一小口水

siphon /ˈsaɪfn ‖ ˈsaɪfən/ *verb* [T] **siphon sth into/out of sth; siphon sth off/out** to remove a liquid from a container (or to transfer it from one container to another) through a tube 用虹吸管抽走/吸走/输送

☆**sir** /sɜː(r) ‖ sɝ/ *noun* **1** (used as a formal or very polite way of speaking to a man, especially one of higher rank in the armed forces, or a male customer in a restaurant or shop 对男士的尊称，尤其是高级军官/餐馆和商店中的男顾客): *You should always address a superior officer as 'sir'.* 对上级军官要称呼为"长官"。○ *I'm afraid we haven't got your size, sir.* 先生，对不起，你要的尺码我们没有。☛ Look at **madam** and **miss**. 参看 **madam** 及 **miss**。**2 Sir, Sirs** (used at the beginning of a formal letter to a male person or male people 信件的抬头用语): *Dear Sir...* 敬启者 ○ *Dear Sirs...* 敬启者 ☛ Look at **madam**. 参看 **madam**。**3 Sir** /sə(r) ‖ sə˞/ the title that is used in front of the name of a man who has received one of the highest British honours 获英国最高荣誉者之一的称号: *Sir Laurence Olivier* 劳伦斯·奥利维尔爵士

siren /ˈsaɪərən ‖ ˈsaɪrən/ *noun* [C] a machine that makes a long, loud sound in order to warn people about sth, eg on an ambulance, fire-engine or police car 汽笛；警报器: *an air-raid siren* 空袭警报器

☆**sister** /ˈsɪstə(r) ‖ ˈsɪstə˞/ *noun* [C] **1** a girl or woman who has the same parents as another person 姐妹: *I've got one brother and two sisters.* 我有一个弟弟，两个妹妹。○ *We're sisters.* 我们是姐妹。☛ Look at **half-sister** and **stepsister**. 参看 **half-sister** 及 **stepsister**。In English there is no common word that means 'both brothers and sisters' 英语中没有包含兄弟和姐妹的常用词: *Have you got any brothers and sisters?* 你有兄弟姐妹吗？The word **sibling** is very formal. * **sibling** 为非常正式的用语。**2** often 常作 **Sister** a senior hospital nurse 高级的医院护士；护士长 **3 Sister** a member of certain female religious groups;

a nun 修女 **4** a company, organization or ship, etc that belongs to the same group 属于同一集团的公司、组织或船只: *We have a sister company in Japan.* 我们在日本有一间姐妹公司。○ *a sister ship* 姐妹船

sisterly *adj* of or like a sister（像）姐妹的: *sisterly love* 姐妹般的爱

'sister-in-law *noun* [C] (*pl* **sisters-in-law**) **1** the sister of your husband or wife 丈夫或妻子的姐妹 **2** the wife of your brother 兄弟的妻子；嫂子；弟妇

☆**sit** /sɪt ‖ sɪt/ *verb* (*pres part* **sitting**; *pt*, *pp* **sat** /sæt ‖ sæt/) **1** [I] to be in a position on a chair, etc in which the upper part of your body is upright and your weight is supported at the bottom of your back 坐: *We sat in the garden all afternoon.* 我们整个下午坐在花园里。○ *She was sitting on the sofa, talking to her mother.* 她坐在沙发上和母亲交谈。**2** [I] **sit (down)** to lower the body into the position of sitting 坐下: *Come and sit next to me. I want to talk to you.* 过来，坐在我身旁。我想和你谈话。**3** [T] **sit sb (down)** to put sb into a sitting position; make sb sit down 使坐下: *He picked up his daughter and sat her down on a chair.* 他抱起女儿，把她放在椅子上坐。○ *She sat me down and offered me a cup of tea.* 她请我坐下，给我一杯茶。**4** [I] to be in a particular place or position 在某处；维持某种状况: *The letter sat on the table for several days before anybody opened it.* 那封信放在桌上好几天才有人打开来看。**5** [T] (*Brit* 英) to take an examination 参加考试: *If I fail, will I be able to sit the exam again?* 如果我不及格，可不可以重新参加考试？**6** [I] (*formal* 正式) (used about an official group of people 指机构等) to have a meeting or series of meetings 开会: *Parliament was still sitting at 3 am.* 清晨3时，议会仍在开会。

(IDIOM 习语) **sit on the fence** to be unwilling to decide between two things 骑墙观望；两边倒

(PHRASAL VERBS 短语动词) **sit around** (*informal* 非正式) to sit and do nothing active for a period of time 闲坐: *people sitting around chatting* 闲坐聊天的人

sit back to relax and not take an active part in what other people are doing 休息: *Sit back and take it easy while I make dinner.* 我去弄晚饭，你坐下休息。

sit sth out to stay in a difficult or unpleasant situation until the end, without taking any action 等待困境结束/不快的事过去

sit through sth to stay in your seat until sth has finished (especially if it is boring)（闷）坐着等某事结束: *I don't think I can sit through another two hours of this film.* 要再坐两小时看这部影片，我想我办不到。

sit up **1** to move into a sitting position when you have been lying down or leaning back 坐起来；坐直: *Sit up straight or you'll hurt your back!* 坐直了，不然就会损害脊柱！**2** to not go to bed although it is very late 熬夜: *We sat up all night talking.* 我们整晚都在聊天。

'sitting-room *noun* [C] (*especially Brit* 尤为英) = LIVING-ROOM

☆**site** /saɪt ‖ saɪt/ *noun* [C] **1** a piece of land that is used or will be used for building on or for another special purpose 建筑物等的所在地；工地: *a building site* (= a place where a building is being constructed) 建筑工地 ○ *The company is looking for a site for its new offices.* 公司正在物色建新办公室的地点。○ *a caravan site* 篷车场 **2** a place where sth happened or existed in the past 事故的现场；遗址: *the site of a famous battle between the English and the Scots* 英格兰和苏格兰著名战役的遗址

site *verb* [T] to put or build sth in a particular place 使坐落（在某处）；设置: *The new sports centre is to be sited in Church Street.* 新的体育中心将位于教堂街。

sitting /'sɪtɪŋ ‖ 'sɪtɪŋ/ *noun* [C] **1** a period of time during which a meal is served to a number of people, when it is not possible to serve everybody at the same time 一轮的就餐时间: *Dinner will be in two sittings.* 晚餐分两轮进行。**2** a period during which an official group of people meets and does its work 开会期

situated /'sɪtjʊeɪtɪd ‖ 'sɪtʃʊˌetɪd/ *adj* (*formal* 正式) in a particular place or position 位于某处；处于某种境况: *The hotel is conveniently situated close to the beach.* 旅馆邻近海滩，来往很方便。

☆**situation** /ˌsɪtʃʊ'eɪʃn ‖ ˌsɪtʃʊ'eʃən/ *noun* [C] **1** the things that are happening in a particular place or at a particular time 情况；情形；状况: *The situation in the north of the country is extremely serious.* 该国北部的情况十分严峻。○ *Tim is in a difficult situation at the moment.* 蒂姆现时处于困境。○ *the economic situation* 经济状况 **2** the position of a building, town, etc in relation to the area around it 坐落的地方；建筑物、市镇等的周边环境: *The house is in a beautiful situation on the edge of a lake.* 房子位于湖边，风景秀丽。**3** (*formal* 正式) a job 工作岗位；职位: *Situations Vacant* (= the part of a newspaper where jobs are advertised) 招聘（广告栏）

☆**six** /sɪks ‖ sɪks/ *number* 6; one more than five 六: *The answers are on page six.* 答案在第六页。○ *She invited twenty people, but only six came.* 她邀请了二十人，但只有六个人来。○ *Six (of the pupils) are absent today.* 今天有六个学生缺席。○ *There are six of us for dinner tonight.* 今晚我们有六个人吃晚饭。○ *They have six cats.* 他们有六只猫。○ *My son is six (years old) next month.* 我的儿子下个月就六岁了。○ *She lives at 6 Elm Drive.* 她住在埃尔姆道6号。○ *a birthday card with a big six on it* 生日贺卡上有个大大的"6"字

six- (in compounds 用以构成复合词) having six of the thing mentioned 有六…: *a six-day week* 每星期工作六天

sixth /sɪksθ ‖ sɪksθ/ *pron, det, adv* 6th; next after fifth 第六: *I've had five cups of tea already, so this is my sixth.* 我已经喝了五杯茶，这是第六杯。○ *This is the sixth time I've tried to phone him.* 我想打电话给他，这已是第六次了。○ *Mahler's Sixth Symphony* 马勒第六交响曲 ○ *George VI* (= George the Sixth) 乔治

六世 ☛ For more information about numbers in dates, measurements, prices, etc, look at Appendix 2. 有关日期、度量衡、价格等数字的资料，参看附录二。

sixth *noun* [C] the fraction ⅙; one of six equal parts of sth 六分之一

ˈ**sixth form** *noun* [C, usually sing, with sing or pl verb] (*Brit* 英) the classes of pupils in the final year(s) of secondary school, usually from the age of 16 to 18 and often studying for A level examinations 中学六年级（中学的最高年级，学生通常介乎16岁到18岁，准备参加高级程度考试）

ˈ**sixth-former** *noun* [C] a pupil in the sixth form 中学六年级学生

☆**sixteen** /sɪkˈstiːn ‖ sɪksˈtin/ *number* 16; one more than fifteen 十六 ☛ For examples of how to use numbers in sentences, look at **six**. 有关数字在句子中的实际用法，参看 **six**。

sixteenth /sɪkˈstiːnθ ‖ sɪksˈtinθ/ *pron, det, adv* 16th; next after fifteenth 第十六 ☛ Look at the examples at **sixth**. 参看 **sixth** 的示例。

☆**sixty** /ˈsɪkstɪ ‖ ˈsɪkstɪ/ *number* **1** 60; one more than fifty-nine 六十: *Sixty people went to the meeting.* 六十人参加了会议。○ *There are sixty pages in the book.* 本书有六十页。○ *He retired at sixty/when he was sixty.* 他六十岁时退休。**2 the sixties** [plural] the numbers, years or temperatures between 60 and 69 介乎60至69的数目、年数或温度: *I don't know the exact number of members, but it's in the sixties.* 我不知道成员的确实数目，只知道有六十多人。○ *The most famous pop group of the sixties was The Beatles.* 六十年代最受欢迎的流行乐队是披头士。○ *The temperature tomorrow will be in the high sixties.* 明天的气温会有六十七、八度。

(IDIOM 习语) **in your sixties** between the age of 60 and 69 * 60至69岁: *I'm not sure how old she is but I should think she's in her sixties.* 我不敢肯定她多大岁数，大概六十多岁吧。○ *in your early/mid/late sixties* 六十一、二岁；六十五岁左右；六十七、八岁

sixtieth /ˈsɪkstɪəθ ‖ ˈsɪkstɪɪθ/ *pron, det, adv* 60th; next after fifty-ninth 第六十 ☛ Look at the examples at **sixth**. 参看 **sixth** 的示例。☛ For more information about numbers in dates, measurements, prices, etc, look at Appendix 2. 有关日期、度量衡、价格等数字的资料，参看附录二。

☆**size** /saɪz ‖ saɪz/ *noun* **1** [U] the amount by which sth is big or small 大小；尺寸: *I was surprised at the size of the hotel. It was enormous!* 旅馆大得令我吃惊。实在太大了！○ *The British 5p piece is about the same size as the old sixpence.* 五便士硬币的体积和以前六便士的差不多。○ *The planet Uranus is about four times the size of Earth.* 天王星的体积是地球的四倍左右。☛ When we ask about the size of something, we usually say, 'How big...?' 问某物件有多大通常说 How big…?: *How big is your house?* 你的房子有多大？We say, 'What size...?' when we ask about the size of something that is produced in a number of fixed measurements 询问有关固定的尺码就说 What size…?: *What size shoes do you take?* 你穿什么尺码的鞋子？**2** [C] one of a number of fixed measurements in which sth is made（固定的）尺码/尺寸: *Have you got this dress in a bigger size?* 这款连衣裙有没有大一点尺码的？○ *What size pizza would you like? Medium or large?* 你要多大的意大利馅饼？中号还是大号的？

size *verb*

(PHRASAL VERB 短语动词) **size sb/sth up** to think carefully about sb/sth in order to form an opinion 细心思量；估计: *She looked at the man in the white suit for a long time, trying to size him up.* 她对穿白色西服的男子打量了许久，想知道他是何等人。

sizeable (*also* 亦作 **sizable**) /-əbl ‖ -əbl̩/ *adj* quite large 相当大: *a sizeable flat* 相当大的公寓 ○ *a sizeable sum of money* 一大笔钱

-sized (*also* 亦作 **-size**) (in compounds 用以构成复合词) of the size that is mentioned * …大小/尺码的: *a medium-sized flat* 中等大小的公寓

sizzle /ˈsɪzl ‖ ˈsɪzl̩/ *verb* [I] to make the sound of food frying in hot fat 发出煎炸食物的嗞嗞声: *I could hear the bacon sizzling in the kitchen.* 我听见厨房里煎熏猪肉的嗞嗞声。

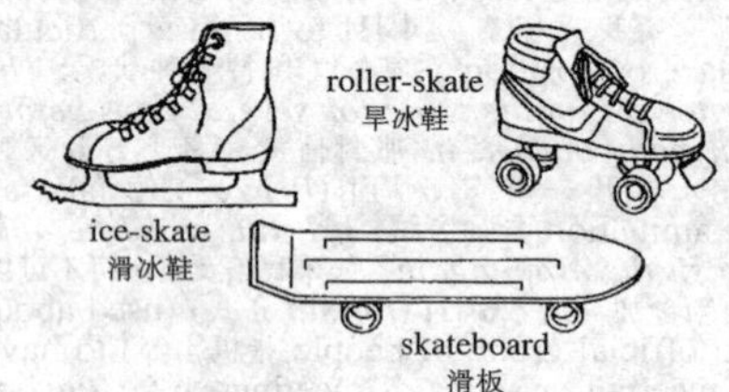

skate /skeɪt ‖ sket/ *noun* [C] **1** (*also* 亦作 **ice-skate**) a boot with a thick metal blade on the bottom that is used for skating 滑冰鞋 **2** = ROLLER-SKATE

skate *verb* [I] **1** (*also* 亦作 **ice-skate**) to move over ice on skates 滑冰；溜冰: *Can you skate?* 你会滑冰吗？○ *They skated across the frozen lake.* 他们溜过冰封的湖面。☛ **Go skating** is a common way of talking about skating for pleasure 滑冰娱乐一般说 **go skating**: *We go skating every weekend.* 每个周末我们都去滑冰。**2** = ROLLER-SKATE

skater *noun* [C] a person who skates 滑冰者

skating *noun* **1** (*also* 亦作 **ice-skating**) [U] the activity or sport of moving over ice on skates 滑冰（运动）**2** = ROLLER-SKATING

ˈ**skateboard** *noun* [C] a narrow board with wheels attached to it that you can stand on and ride 滑板

ˈ**skateboarding** *noun* [U]

ˈ**skating-rink** (*also* 亦作 **ice-rink**; **rink**) *noun* [C] a large area of ice, or a building containing a large area of ice, that is used for skating on 滑冰场；溜冰场

skeleton /ˈskelɪtn ‖ ˈskɛlətn̩/ *noun* [C] the structure formed by all the bones in a human or animal body 骨骼: *a dinosaur skeleton in* *the Natural History Museum* 自然历史博物馆的恐龙骨架 ○ *the human skeleton* 人类的骨骼

skeleton *adj* (used about an organization, a service, etc 指机构、服务等) having the smallest number of people that is necessary for it to operate 维持最基本运作所需的员工(数目): *On Sundays, the office is kept open by a skeleton staff.* 星期天在办公室只有基干员工上班。

skeptic (*US* 美) = SCEPTIC

sketch /sketʃ ‖ skɛtʃ/ *noun* [C] **1** a simple, quick drawing without many details 草图；速写: *He drew a rough sketch of the new building on the back of an envelope.* 他在信封背面画了新大厦的轮廓。**2** a short description without any details 简述；速写: *a sketch of life in Paris in the 1920s* 二十年代巴黎生活简述 **3** a short comedy scene, usually part of a television or radio programme 幽默短剧/喜剧小品(常为电视或电台节目的一部分)

sketch *verb* [I,T] to draw a sketch 画草图；速写: *I sat on the grass and sketched the castle.* 我坐在草地上勾画出城堡的轮廓。

sketchy *adj* (**sketchier**; **sketchiest**) not having many or enough details 简略；概要的: *He only gave me a sketchy account of the accident.* 他只简略地告诉我事故的经过。

ski /ski: ‖ ski/ *noun* [C] one of a pair of long, flat, narrow pieces of wood, metal or plastic that are fastened to boots and used for moving over snow 滑雪板: *a pair of skis* 一副滑雪板

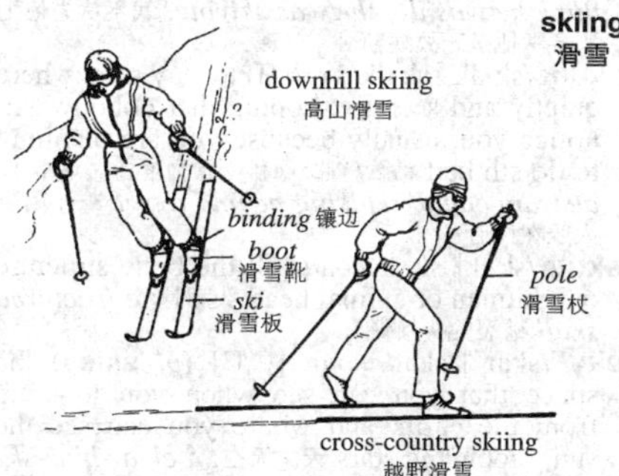

ski *verb* [I] (*pres part* **skiing**; *pt*, *pp* **skied**) to move over snow on skis 滑雪: *When did you learn to ski?* 你什么时候学会滑雪的？ ☛ **Go skiing** is a common way of talking about skiing for pleasure 滑雪娱乐通常说 **go skiing**: *They go skiing in France every year.* 他们每年都到法国滑雪。

ski *adj* connected with skiing 与滑雪有关: *a ski resort, instructor, etc* 滑雪胜地/教练等

skier /ˈski:ə(r) ‖ ˈskiɚ/ *noun* [C] a person who skis 滑雪者: *a good skier* 技术高超的滑雪者

skiing *noun* [U] the activity of moving on skis; the sport of racing on skis 滑雪；滑雪比赛

skid /skɪd ‖ skɪd/ *verb* [I] (**skidding**; **skidded**) (used about a vehicle 指车辆) to be out of control and move or slide sideways on the road 失控滑向路边/一侧: *I skidded on a patch of ice.* 我的车子遇上冰块滑向一侧。—**skid** *noun* [C]: *The car went into a skid and came off the road.* 汽车失控滑到路旁。

☆**skilful** (*US* 美 **skillful**) /ˈskɪlfl ‖ ˈskɪlfəl/ *adj* **1** (used about a person 指人) very good at doing sth 擅长做某事: *a skilful painter, politician, etc* 干练的画家/政治家等 ○ *He's very skilful with his hands.* 他的双手很灵巧。**2** done very well 做得好: *skilful guitar playing* 吉他弹奏得很好 —**skilfully** /-fəlɪ ‖ -fəlɪ/ *adv*: *The play was skilfully directed by a young student.* 那出戏剧由一位年轻学生执导，手法娴熟。

☆**skill** /skɪl ‖ skɪl/ *noun* **1** [U] the ability to do sth well, especially because of training, practice, etc 技艺；技巧；技术: *It takes great skill to make such beautiful jewellery.* 要手艺精湛才能制造出这样漂亮的首饰。○ *This is an easy game to play. No skill is required.* 这个游戏很简单。不需要什么技巧。**2** [C] an ability that is required in order to do a job, an activity, etc well 办事能力；(工作)技能/技术: *The course will help you to develop your reading and listening skills.* 这个课程有助于训练阅读和聆听技巧。○ *management skills* 管理技巧 ○ *Typing is a skill I have never mastered.* 我从未掌握打字这门技能。

skilled *adj* **1** (used about a person 指人) having skill; skilful (有)技术；熟练: *a skilled worker* 技术工人 **2** (used about work, a job etc 指工作等) requiring skill or skills; done by people who have been trained 需要技能/专业技术: *a highly skilled job* 要求精巧技术的工作 ○ *Skilled work is difficult to find in this area.* 在这一区很难找到技术工作。☛ The opposite is **unskilled**. 反义词为 **unskilled**。

skim /skɪm ‖ skɪm/ *verb* (ski**mm**ing; ski**mm**ed) **1** [T] to remove sth from the surface of a liquid 撇(从液体表面去掉某物): *to skim the cream off the milk* 撇去牛奶表层的油脂 **2** [I,T] to move quickly over a surface, near it but without touching it, or without touching it very often 掠过表面: *The plane flew very low, skimming the tops of the buildings.* 飞机在建筑物的顶部低飞穿过。○ *I watched a big bird skim across the water.* 我看见一只大鸟掠水而过。**3** [I,T] **skim (through/over) sth** to read sth quickly in order to get the main idea, without paying attention to the details and without reading every word 浏览；略读；翻阅: *I usually just skim through the newspaper in the morning.* 我通常在早上只翻阅一下报纸。

ˌskimmed ˈmilk *noun* [U] milk from which the cream has been removed 脱脂奶

skimp /skɪmp ‖ skɪmp/ *verb* [I,T] **skimp (on sth)** to use or provide less of sth than is necessary 吝啬/节省(某物): *I don't think we should skimp on books. The students must have one each.* 我们不该吝啬书本。学生每人都应该有一册。

skimpy *adj* (**skimpier**; **skimpiest**) using or having less than is necessary 不足；不够；吝啬: *a skimpy meal* 吃不饱肚子的一顿饭 ○ *a*

S

skimpy swimsuit (= not covering much of the body) 用料极少的泳衣

☆**skin** /skɪn ‖ skɪn/ *noun* [C,U] **1** the natural outer covering of a human or animal body 皮肤；皮: *to have fair, dark, sensitive, etc skin* 皮肤白皙/黝黑/过敏… ○ *skin cancer* 皮肤癌 **2** (often in compounds 常用以构成复合词) the skin of an animal that has been removed from its body and that is often used for making things（动物的）皮/毛皮（常用来制造物品）: *a sheepskin jacket* 羊皮外衣 **3** the natural outer covering of some fruits or vegetables; the outer covering of a sausage 某些水果和蔬菜的外皮；香肠的外皮: *a banana skin* 香蕉皮 ☛ Look at the note at **rind**. 参看 **rind** 的注释。 **4** the thin solid surface that can form on a liquid 凝结于液体表面的薄层: *Drink your hot chocolate before it gets a skin on it.* 趁热喝下巧克力饮料，冷了表面会结皮。

(IDIOMS 习语) **by the skin of your teeth** (*informal* 非正式) (used about a successful action) only just; with very little time, space etc to spare 仅仅/刚好/勉强（做得到）: *I ran into the airport and caught the plane by the skin of my teeth.* 我跑进机场，刚好赶得及登上飞机。

have a thick skin ⇨ THICK

skin *verb* [T] (ski**nn**ing; ski**nn**ed) to remove the skin from sth 除去表皮/毛皮

skinny *adj* (**skinnier**; **skinniest**) (*informal* 非正式) (used about a person 指人) too thin 瘦削 ☛ Look at the note at **thin**. 参看 **thin** 的注释。

ˈ**skinhead** *noun* [C] a young person with shaved or extremely short hair. Skinheads are often associated with violent behaviour. 留平头/剃光头的青少年（通常与暴力行为有关）

ˌ**skin ˈtight** *adj* (used about a piece of clothing 指衣物) fitting very tightly and showing the shape of the body 紧身的

skip[1] /skɪp ‖ skɪp/ *verb* (ski**pp**ing; ski**pp**ed) **1** [I] to move along quickly and lightly in a way that is similar to dancing, with little jumps and steps, from one foot to the other 轻快地跳；蹦跳: *A little girl came skipping along the road.* 一个小女孩在路上蹦蹦跳跳地走来。 **2** [I] to jump over a rope that you or two other people hold at each end, turning it round and round over the head and under the feet 跳绳 **3** [T] to not go to sth that you should go to; to not have sth that you should have 应去而没去；应有而没有: *I skipped my French class today and went swimming.* 我今天没上法语课，去游泳了。 ○ *I got up rather late, so I skipped breakfast.* 我起床太迟，所以没吃早餐。 **4** [T] (used about part of a book, story, etc 指阅读书本或故事时) to miss sth out; to not read or talk about sth and move to the next part 略去部分: *I think I'll skip the next chapter. It looks really boring.* 我打算跳过下一章不看，那章似乎很沉闷。

skip *noun* [C] a skipping movement 跳跃；跳过；跳绳

ˈ**skipping-rope** *noun* [C] a rope, often with handles at each end, that is used for skipping 跳绳用的绳子

skip[2] /skɪp ‖ skɪp/ *noun* [C] a very large, open metal container for rubbish, often used during building work 巨型金属容器（常用以放置建筑废料）

skipper /ˈskɪpə(r) ‖ ˈskɪpɚ/ *noun* [C] (*informal* 非正式) the captain of a boat or ship, or of a sports team 船长；运动队的队长

skirmish /ˈskɜːmɪʃ ‖ ˈskɝmɪʃ/ *noun* [C] a small fight or battle 小战役；小冲突

☆**skirt** /skɜːt ‖ skɝt/ *noun* [C] a piece of clothing that is worn by women and girls and that hangs down from the waist 裙子: *a short skirt* 短裙子 ☛ Look at **culottes**. 参看 **culottes**。

skirt *verb* [I,T] to go around the edge of sth 沿边缘走

(PHRASAL VERB 短语动词) **skirt round sth** to avoid talking about sth directly 避免直接谈及某事: *The manager skirted round the subject of our pay increase.* 经理回避谈及加薪的事。

skittle /ˈskɪtl ‖ ˈskɪtl̩/ *noun* **1** [C] a wooden object in the shape of a bottle that is used as one of the targets in the game of skittles 瓶状小木柱（用于撞柱游戏） **2 skittles** [U] a game in which players try to knock down as many skittles as possible by throwing or rolling a ball at them 撞柱游戏（用球撞击瓶状木柱）

skive /skaɪv ‖ skaɪv/ *verb* [I] (*Brit slang* 英，俚语) **skive (off)** to avoid work, especially by staying away from the place of work or leaving it without permission when you should be working 擅离职守；无故缺勤: *I don't think he was ill – he was skiving.* 我不认为他生病了，他是无故缺勤。

skulk /skʌlk ‖ skʌlk/ *verb* [I] to stay somewhere quietly and secretly, hoping that nobody will notice you, usually because you are planning to do sth bad 潜藏/行踪隐秘（常为准备做坏事）: *a strange man skulking behind a tree* 一个陌生人躲在树后

skull /skʌl ‖ skʌl/ *noun* [C] the bone structure of a human or animal head 头颅骨: *a fractured skull* 破裂的头颅骨

☆**sky** /skaɪ ‖ skaɪ/ *noun* [C,U] (*pl* **skies**) the space that you can see when you look up from the earth, and where you can see the sun, moon and stars 天；天空: *a clear blue sky* 蔚蓝的天空 ○ *I saw a bit of blue sky between the clouds.* 我看到云层间一小片的蓝天。 ☛ We usually talk about **the sky** 一般说 **the sky**: *I saw a plane high up in the sky.* 我看见高空有一架飞机。 ○ *The sky's gone very dark. I think it's going to rain.* 天色暗下来了，我想就要下雨。However, when **sky** follows an adjective, we usually use **a/an** * **sky** 之前接形容词的话，就常用 **a** 或 **an**: *a cloudless sky* 无云的天空 or sometimes the plural form **skies** 或用复数形式 **skies**: *cloudless skies* 万里无云的晴空

ˌ**sky-ˈhigh** *adj, adv* very high 非常高

ˈ**skyline** *noun* [C] the shape that is made by tall buildings, etc against the sky 高楼等以天空为背景衬托出的轮廓: *the Manhattan skyline* 曼哈顿建筑物的空中轮廓

S

ˈ**skyscraper** *noun* [C] a very tall building 摩天大楼

slab /slæb ‖ slæb/ *noun* [C] a thick, flat piece of sth 厚片；厚板: *huge concrete slabs* 巨大的水泥板

slack /slæk ‖ slæk/ *adj* **1** loose; not tightly stretched 松弛: *Leave the rope slack.* 将绳子放松。**2** (used about a period of business 指某段时期的业务) not busy; not having many customers or much activity 萧条；清淡: *Trade is very slack here in winter.* 这里冬天生意很清淡。**3** not carefully or properly done 不小心；处理失当: *Slack security made terrorist attacks possible.* 警卫松懈使恐怖分子有机可乘，发动袭击。**4** (used about a person 指人) not doing your work carefully or properly 玩忽职守；粗心；马虎: *You've been rather slack about your homework lately.* 最近你的家庭作业做得很马虎。

slacken /ˈslækən ‖ ˈslækən/ *verb* [I,T] **1** to become or make sth less tight 放松: *The rope slackened and he pulled his hand free.* 绳子松了，他的手挣脱了出来。○ *After a while she slackened her grip on my arm.* 过了一会儿她松开了手，不再紧抓我的手臂。**2 slacken (sth) (off)** to become or make sth slower or less active 使变得迟缓；使减弱: *Industrial production has slackened off in recent months.* 近几个月工业生产迟缓了下来。○ *His pace slackened towards the end of the race.* 快到赛跑终点的时候，他的脚步放慢了。

slacks /slæks ‖ slæks/ *noun* [plural] trousers (especially not very formal ones) 裤子（尤指便服）: *a pair of slacks* 一条裤子

slag heap /ˈslæg hiːp ‖ ˈslæghip/ *noun* [C] a hill made of the waste material that remains when metal has been removed from rock 熔渣堆；矿渣堆

slain *pp* of SLAY ＊SLAY 的过去分词

slalom /ˈslɑːləm ‖ ˈslɑləm/ *noun* [C] a race (in skiing, canoeing, etc) along a course on which competitors have to move from side to side between poles（滑雪、独木舟等的）之字型弯道比赛；障碍滑雪赛；回旋赛

slam /slæm ‖ slæm/ *verb* (sla**mm**ing; sla**mm**ed) **1** [I,T] to shut or make sth shut very loudly and with great force 砰然关上: *I heard the front door slam.* 我听见前门砰地一声关上了。○ *She slammed her book shut and rushed out of the room.* 她猛然合上书，跑出了房间。**2** [T] to put sth somewhere very quickly and with great force 砰然放下；摔下: *He slammed my letter on the table and stormed out.* 他将我的信摔在桌上，跑了出去。☛ Look at **grand slam**. 参看 **grand slam**。

slander /ˈslɑːndə(r); *US* 美 ˈslæn- ‖ ˈslændɚ/ *noun* [C,U] an untrue spoken statement about sb that is intended to damage the good opinion that other people have of him/her; the crime of making this kind of statement 诽谤；诋毁: *If you repeat that in public I shall take legal action for slander.* 如果你在公众场合再说那些话，我就控告你诽谤。—**slander** *verb* [T]

☆**slang** /slæŋ ‖ slæŋ/ *noun* [U] very informal words and expressions that are more common in spoken language. Slang is sometimes used only by a particular group of people (eg schoolchildren, soldiers) and often stays in fashion for a short time. Some slang is not polite 俚语: *'The nick' is slang for 'the police station'.* ＊the nick是俚语，指警察局。

slant /slɑːnt; *US* 美 slænt ‖ slænt/ *verb* **1** [I,T] to lean or make sth lean in a particular direction; to be not straight 倾斜；歪: *My handwriting slants backwards.* 我的字体向后倾斜。**2** [T] (usually passive 通常用于被动语态) to describe information, events, etc in a way that supports a particular group or opinion 带有倾向地描述: *All the political articles in that newspaper are slanted towards the government.* 那份报纸的政治文章全都偏向政府。

slant *noun* **1** [sing] a position that leans in a particular direction 倾斜（的位置）**2** [C] a way of thinking about sth, especially one that supports a particular group or opinion 观点: *There is a left-wing slant to all his writing.* 他所有的文章都左倾。

slanting *adj* leaning in a particular direction; not straight 倾斜

slap /slæp ‖ slæp/ *verb* [T] (sla**pp**ing; sla**pp**ed) **1** to hit sb/sth with the inside of your hand 用掌掴/刮/拍等: *She slapped him across the face.* 她掴了他一记耳光。○ *to slap sb on the back* (= to congratulate him/her) 拍拍某人的背（以示祝贺）**2** to put sth onto a surface quickly and carelessly 快速而随意地将某物放在一个表面上: *to slap some paint onto a wall* 随意将油漆涂在墙上 —**slap** *noun* [C]: *I gave him a slap across the face.* 我掴了他一记耳光。

slap (*also* 亦作 ˌ**slap-ˈbang**) *adv* (*informal* 非正式) **1** directly and with great force 直接且猛力地: *I hurried round the corner and walked slap into someone coming the other way.* 我快步绕过街角，撞到了迎面而来的人。**2** exactly; right 正好；恰恰: *The phone rang slap-bang in the middle of my favourite programme.* 我喜欢的节目正播放到一半，突然电话铃声大作。

slapdash /ˈslæpdæʃ ‖ ˈslæpˌdæʃ/ *adj* careless, or done quickly and carelessly 马虎；轻率；草草完成: *slapdash building methods* 马虎的建筑方法

slapstick /ˈslæpstɪk ‖ ˈslæpˌstɪk/ *noun* [U] a type of comedy that is based on simple jokes, eg people falling over or hitting each other 打闹剧

slap-up /ˈslæpʌp ‖ ˈslæpˌʌp/ *adj* (*Brit informal* 英，非正式) (used about a meal 指饭菜) very large and very good 非常丰盛、美味

slash /slæʃ ‖ slæʃ/ *verb* **1** [I,T] to make a long cut in sth with a violent action 砍；割: *Several cars have had their tyres slashed in that car park.* 好几辆停在那个停车场的汽车被割破轮胎。**2** [T] to reduce an amount of money, etc very much 大幅度削减（价钱等）: *The price of coffee has been slashed by about 20%.* 咖啡的价格跌了约两成。

slat /slæt ‖ slæt/ *noun* [C] one of the long narrow pieces of wood, metal or plastic in a cupboard door, venetian blind, etc（门窗的）窄而薄的板条

slate /sleɪt ‖ slet/ *noun* **1** [U] a type of dark grey rock that can easily be split into thin flat pieces 板岩；石板 **2** [C] one of the thin flat pieces of slate that are used for covering roofs 石板瓦片

slaughter /ˈslɔːtə(r) ‖ ˈslɔtɚ/ *verb* [T] **1** to kill an animal, usually for food 屠杀；屠宰 **2** to kill a large number of people at one time, especially in a cruel way or when they cannot defend themselves 杀戮：*Men, women and children were slaughtered and whole villages destroyed.* 男女老幼都被屠杀，整个村子都被毁了。☛ Look at the note at **kill**. 参看 **kill** 的注释。—**slaughter** *noun* [U]: *the slaughter of innocent people during the war* 战时杀害无辜的人

ˈ**slaughterhouse** (*also* 亦作 **abattoir**) *noun* [C] the place where animals are killed for food 屠宰场

☆**slave** /sleɪv ‖ slev/ *noun* [C] a person who is owned by another person and has to work for that person 奴隶

slave *verb* [I] **slave (away)** to work very hard 刻苦工作；苦干

slavery /ˈsleɪvərɪ ‖ ˈslevərɪ/ *noun* [U] **1** the system of having slaves 奴隶制度：*the abolition of slavery in America* 废除美国的奴隶制度 **2** the situation of being a slave 做奴隶；受奴役: *The two boys were captured and sold into slavery.* 那两个男孩子被抓住，卖去当奴隶。

S

slay /sleɪ ‖ sle/ *verb* [T] (*pt* **slew** /sluː ‖ slu/; *pp* **slain** /sleɪn ‖ slen/) to kill violently; to murder 残杀；谋害: *Many young soldiers were slain in the battle.* 许多年轻士兵在战争中被杀。☛ **Slay** is very old-fashioned in British English but is more common in American English. * **slay** 在英国英语中已过时，在美国英语中较常用。

sleazy /ˈsliːzɪ ‖ ˈslizɪ/ *adj* (**sleazier**; **sleaziest**) (often used about a place 常指地方) dirty, in poor condition and having an immoral or criminal atmosphere 肮脏；低劣；藏污纳垢的: *a sleazy nightclub* 藏污纳垢的夜总会

sledge 雪橇

sledge 雪橇

sledge /sledʒ ‖ slɛdʒ/ (*US also* 美亦作 **sled** /sled ‖ slɛd/) *noun* [C] a vehicle without wheels that is used for travelling on snow. You can slide down a hill on a small sledge. Large sledges are often pulled by dogs. 雪橇 ☛ Look at **sleigh** and **toboggan**. 参看 **sleigh** 及 **toboggan**。

sledge *verb* [I] to go down hills on a sledge 乘雪橇下山

sleek /sliːk ‖ slik/ *adj* **1** (used about hair or fur 指毛发或毛皮) smooth and shiny because it is healthy 柔顺亮泽 **2** (used about a vehicle 指车辆) having an elegant, smooth shape 造型优美: *a sleek new sports car* 造型优美的新跑车

☆**sleep¹** /sliːp ‖ slip/ *noun* **1** [U] the natural condition of rest when your eyes are closed and your mind and body are not active or conscious 睡觉: *Most people need about eight hours' sleep every night.* 大多数人每天需要睡八小时左右。○ *I didn't get much sleep last night.* 昨天晚上我没睡多久。○ *Do you ever talk in your sleep?* 你睡着时会说梦话吗？ **2** [sing] a period of sleep 睡眠时间: *You'll feel better after a good night's sleep.* 你好好睡一觉就会觉得好些。

(IDIOMS 习语) **get to sleep** to succeed in sleeping 入睡：*I couldn't get to sleep last night.* 昨晚我睡不着。

go to sleep 1 to start sleeping; to enter the state of sleep 入睡: *He got into bed and soon went to sleep.* 他上床不久便睡着了。○ *Go to sleep. Everything will seem better in the morning.* 去睡觉吧。明天醒来就会觉得一切都好些了。**2** (used about an arm, leg, etc 指手脚等) to lose the sense of feeling in it 麻木

put (an animal) to sleep to kill an animal that is ill or injured because you want to stop it suffering 杀死动物（因动物生病或受伤，免其受折磨）

sleepless *adj* (used about a period, usually the night 指一段时间，通常指夜晚) without sleep 失眠 —**sleeplessness** *noun* [U] ☛ Look at **insomnia**. 参看 **insomnia**。

ˈ**sleepwalk** *verb* [I] to walk around while you are asleep 梦游

☆**sleep²** /sliːp ‖ slip/ *verb* (*pt*, *pp* **slept** /slept ‖ slɛpt/) **1** [I] to be in a state of sleep for a period of time 睡；睡觉: *Did you sleep well last night?* 你昨晚睡得好吗？○ *I only slept for a couple of hours last night.* 昨天晚上我只睡了几个小时。☛ We use **to sleep** for talking about sleeping in general, but we use **to be asleep** to talk about being in the state of sleep when something else happens * **to sleep** 用于指一般的睡眠，但当处于睡眠状态时另有事情发生，则用 **to be asleep**: *I was asleep when the telephone rang.* 我睡着时，电话响了。We use **to go to sleep** to talk about starting to sleep. * **to go to sleep** 用于指入睡。(NOT 不说: *I slept at ten o'clock last night* but 而说: *I went to sleep at ten o'clock last night.*) **2** [T] (used about a place 指地方) to have enough beds for a particular number of people 可供（某数量的人）住宿: *an apartment that sleeps four people* 可供四人住宿的公寓

(IDIOM 习语) **sleep rough** to sleep outside, usually because you have no home 露宿（通常因无家可归）

(PHRASAL VERBS 短语动词) **sleep in** to sleep until later than usual in the morning because you do not have to get up 迟起床

sleep together; **sleep with sb** to have sex with sb (usually when you are not married to or living with that person 与某人性交（通常指没有与对方结婚或同居的）): *Do you think she's slept with him?* 你认为她和他睡过觉吗？

ˈ**sleeping-bag** *noun* [C] a large soft bag that

you use for sleeping in when you go camping, etc 睡袋（野外露营用）

'**sleeping-pill** *noun* [C] a pill that helps you to sleep 安眠药

sleeper /'sli:pə(r) ‖ 'slipɚ/ *noun* [C] **1** (with an adjective 与形容词连用) a person who sleeps in a particular way. If you are a light sleeper you wake up easily 某种方式之睡眠者（浅睡的人 (light sleeper) 容易醒来）: *a light/heavy sleeper* 浅睡/熟睡者 **2** a bed on a train; a train with beds 火车的卧铺；卧车: *I've booked a sleeper on the night train.* 我订了夜班火车的卧铺位。○ *The midnight train to Edinburgh? Yes, that's a sleeper.* 你说午夜去爱丁堡的火车吗？不错，那班是卧车。

sleepy /'sli:pɪ ‖ 'slipɪ/ *adj* (**sleepier**; **sleepiest**) **1** tired and ready to go to sleep 困；困倦；昏昏欲睡: *These pills might make you feel a bit sleepy.* 吃了这些药丸可能会令你感到困倦。 **2** (used about a place 指地方) very quiet and not having much activity 宁静；冷清；不热闹: *a sleepy little village* 寂静冷清的小村庄 —**sleepily** /-ɪlɪ ‖ -əlɪ/ *adv*

sleet /sli:t ‖ slit/ *noun* [U] a mixture of rain and snow 雨夹雪 ☛ Look at the note at **weather**. 参看 **weather** 的注释。

☆**sleeve** /sli:v ‖ sliv/ *noun* [C] **1** one of the two parts of a piece of clothing that cover the arms or part of the arms 袖子: *a blouse with long sleeves* 一件长袖衬衫 ☛ picture on page A24. 见第 A24页插图。 **2** (*US* 美 **jacket**) a record cover 唱片封套

-sleeved (in compounds 用以构成复合词) with sleeves of a particular kind 有某种袖子的: *a short-sleeved shirt* 短袖衬衫

sleeveless *adj* without sleeves 无袖

sleigh /sleɪ ‖ sle/ *noun* [C] a vehicle that is used for travelling on snow and that is usually pulled by horses 雪橇/雪车（通常由马匹拖动） ☛ Look at **sledge**. 参看 **sledge**。

slender /'slendə(r) ‖ 'slɛndɚ/ *adj* **1** (used about a person or part of sb's body 指人或身体的某部分) thin in an attractive way 纤细；修长；苗条: *long slender fingers* 修长的手指 **2** smaller in amount or size than you would like 微小；不足: *My chances of winning are very slender.* 我取胜的机会极微小。

slept *pt, pp* of SLEEP * SLEEP 的过去时及过去分词

slew *pt* of SLAY * SLAY 的过去时

☆**slice** /slaɪs ‖ slaɪs/ *noun* [C] **1** a flat piece of food that is cut from a larger piece 薄片: *a thick/thin slice of bread* 一厚片/薄片面包 ☛ picture at **bread**. 见 **bread** 插图。 **2** a part of sth 一部分: *The directors had taken a large slice of the profits.* 董事们已拿走利润的一大部分。

slice *verb* **1** [T] to cut into slices 切片: *Peel and slice the apples.* 将苹果去皮切片。○ *thinly sliced ham* 切成薄片的火腿 **2** [I,T] to cut through or into sth 切/割开: *He sliced through the rope with a knife.* 他用刀子切断绳子。

slick[1] /slɪk ‖ slɪk/ *adj* **1** done smoothly and well, and seeming to be done without any effort 熟练；灵巧: *The actors gave a slick, highly professional performance.* 那些演员熟练地完成了具高度专业水平的表演。 **2** clever at persuading people but perhaps not completely honest 花言巧语；华而不实: *slick advertising* 华而不实的广告

slick[2] /slɪk ‖ slɪk/ *noun* [C] = OIL-SLICK

☆**slide**[1] /slaɪd ‖ slaɪd/ *verb* (*pt, pp* **slid** /slɪd ‖ slɪd/) **1** [I,T] to move or make sth move smoothly along a surface 滑；滑行: *She fell over and slid along the ice.* 她跌倒后在冰面上滑了过去。○ *A large drop of rain slid down the window.* 一大滴雨水沿窗子滑下。○ *'Here you are,' he said, sliding the keys across the table.* 他把钥匙放在桌面上推过来说："给你。" ○ *a sliding door* (= one that you open by sliding it to one side) 滑门 **2** [I,T] to move or make sth move quietly without being noticed 悄悄走动；悄悄移动: *I slid out of the room when nobody was looking.* 我在没有人看见的时候悄悄走出房间。○ *She slid her hand into her pocket and took out a gun.* 她悄悄把手伸进衣袋里拿出一枝枪来。 **3** [I] (used about prices, values, etc 指价格、价值等) to go down slowly and continuously 滑落；持续下降: *The pound is sliding against the dollar.* 英镑兑美元的汇价渐渐滑落。

☆**slide**[2] /slaɪd ‖ slaɪd/ *noun* [C] **1** a small piece of photographic film in a plastic or cardboard frame 幻灯片

> ☛ If you shine light through a slide using a **projector** you can make the photograph appear on a **screen**. 用幻灯机（**projector**）放映幻灯片可将图像投射到幕布（**screen**）上。

2 a small piece of glass that you put sth on when you want to examine it under a microscope 显微镜的承物玻璃片 **3** a long piece of metal, etc that children use for sliding down, (eg in a playground) 滑梯 **4** a continuous slow movement down (eg of prices, values, levels, etc)（价钱、价值、水平等）滑落: *a slide in the value of the pound* 英镑价值滑落

☆**slight** /slaɪt ‖ slaɪt/ *adj* **1** very small; not important or serious 微小；轻微；不足道: *I've got a slight problem, but it's nothing to get worried about.* 我有个小问题，但没什么值得担心。○ *a slight change, difference, increase, improvement, etc* 些微的改变/差别/增加/改善等 ○ *I haven't the slightest idea* (= no idea at all) *what you're talking about.* 我一点也不知道你在说什么。 **2** (used about a person's body 指人的身体) thin and delicate 纤瘦: *his slight figure* 他纤瘦的身材

(IDIOM 习语) **not in the slightest** not at all 一点也不: *'Are you angry with me?' 'Not in the slightest.'* "你生我的气吗？""一点也不生气。"

slightly *adv* a little 少许；稍微；略: *I'm slightly older than her.* 我的年纪比她略大一点。

slim /slɪm ‖ slɪm/ *adj* (**slimmer**; **slimmest**) **1** thin in an attractive way 修长；苗条: *a tall, slim woman* 身材修长的女人 ☛ Look at the note at **thin**. 参看 **thin** 的注释。 **2** not as big as

S

you would like 不够大；小: *Her chances of success are very slim.* 她成功的机会很微。

slim *verb* [I] (sli**mm**ing; sli**mm**ed) to become or try to become thinner and lighter by eating less food, taking exercise, etc 减轻体重；减肥: *'Another piece of cake?' 'No thanks. I'm slimming.'* "想再来一块蛋糕吗？""不要啦，谢谢。我正在减肥。" ☛ Look at **diet**. 参看 **diet**。

slime /slaɪm ‖ slaɪm/ *noun* [U] a thick unpleasant sticky liquid 黏液；黏泥: *The pond was covered with slime and had a horrible smell.* 池塘盖着厚厚的烂泥，发出难闻的气味。

slimy /'slaɪmɪ ‖ 'slaɪmɪ/ *adj* (**slimier**; **slimiest**) **1** covered with slime 为黏液所覆盖 **2** (used about a person 指人) very friendly, but in a way that you do not trust or like 圆滑；谄媚

sling[1] /slɪŋ ‖ slɪŋ/ *noun* [C] a piece of cloth that you put under your arm and tie around your neck to support a broken arm, wrist, etc 吊带/悬带（用以支撑断臂、腕等的）☛ picture at **plaster**. 见 **plaster** 插图。

sling[2] /slɪŋ ‖ slɪŋ/ *verb* [T] (*pt, pp* **slung**) **1** to put or throw sth somewhere in a rough or careless way 扔；掷；抛: *Don't just sling your clothes on the floor!* 不要随便把你的衣服扔在地板上！ **2** to put sth into a position where it hangs loosely 悬吊；挂: *She was carrying her bag slung over her shoulder.* 她将袋子挂在肩上。

slink /slɪŋk ‖ slɪŋk/ *verb* [I] (*pt, pp* **slunk**) to move somewhere slowly and quietly because you do not want anyone to look at you, often when you feel guilty, embarrassed or ashamed（常因感到内疚、尴尬或羞愧而）溜走

☆**slip**[1] /slɪp ‖ slɪp/ *verb* (sli**pp**ing; sli**pp**ed) **1** [I] **slip (on sth)** to slide accidentally, lose your balance and fall or nearly fall 失足；滑跤；滑倒: *Don't slip on that floor. I've just washed it.* 小心不要滑倒了，我刚擦过地板。○ *His foot slipped on the step and he fell down.* 他在台阶上脚一打滑摔倒了。**2** [I] to slide accidentally out of the correct position or out of sb's hand 滑离原位；（从某人手中）滑脱: *This hat's too big. It keeps slipping down over my eyes.* 这顶帽子太大了，老是滑下来遮住我的眼睛。○ *The glass slipped out of my hand and smashed on the floor.* 杯子从我手中滑脱，掉在地板上摔碎了。○ (*figurative* 比喻) *I didn't intend to tell them. It just slipped out.* 我本来不想告诉他们，只是我脱口说出来了。**3** [I] to move or go somewhere quietly, quickly, and often without being noticed 悄悄溜走: *While everyone was dancing we slipped away and went home.* 大家在跳舞的时候，我们悄悄溜回家。**4** [T] **slip sth (to sb)**; **slip (sb) sth** to put sth somewhere or give sth quietly and often without being noticed 悄悄放置/给予: *She picked up the money and slipped it into her pocket.* 她拾起那些钱，悄悄放进口袋。**5** [I,T] **slip into/out of sth; slip sth on/off** to put on or take off a piece of clothing quickly and easily 迅速穿上/脱去衣服: *I'm just going to slip into something cooler.* 我正准备换上凉快一点的衣服。○ *I slipped off my shoes.* 我很快脱掉了鞋子。**6** [I] to fall a little (in value, level, etc)（价值、水平等）微跌: *Sales have been slipping slightly over the last few months.* 过去几个月销量稍微跌了一些。

(IDIOMS 习语) **let sth slip** to tell a secret, some information, etc without intending to 脱口说出: *He let slip that he had been in prison.* 他脱口说出他坐过牢。

slip your mind to be forgotten 忘记: *I'm sorry, the meeting completely slipped my mind.* 对不起，我完全忘了开会的事。

(PHRASAL VERB 短语动词) **slip up** (*informal* 非正式) to make a mistake 犯错；疏忽: *I'm afraid somebody must have slipped up. Your name isn't on the list.* 我想一定有人弄错了，你的名字不在名单上。

ˌ**slipped** ˈ**disc** *noun* [C] one of the discs of the spine (in a person's back) that has moved out of its correct position, causing pain（人体背后）突出的椎间盘

ˈ**slip-road** *noun* [C] a road that leads onto or off a motorway（连接高速公路的）岔道

slip[2] /slɪp ‖ slɪp/ *noun* [C] **1** an act of slipping(1) 滑跤；失足: *Be careful when you go up onto the roof. One slip and you could fall off.* 你爬上屋顶时要小心。滑一跤你就会掉下来。**2** a small mistake 小错误: *to make a slip* 犯小错误 **3** a small piece of paper 小纸片；纸条: *I made a note of her name on a slip of paper.* 我将她的名字记在小纸片上。**4** a piece of clothing with no sleeves that is worn by a woman under a dress or skirt 衬裙

(IDIOM 习语) **give sb the slip** (*informal* 非正式) to escape from sb who is following or chasing you 摆脱（尾随/跟踪的人）

slipper /'slɪpə(r) ‖ 'slɪpɚ/ *noun* [C] a light soft shoe that is worn in the house 拖鞋；便鞋: *a pair of slippers* 一双拖鞋 ☛ picture at **shoe**. 见 **shoe** 插图。

slippery /'slɪpərɪ ‖ 'slɪpərɪ/ *adj* (used about a surface or an object 指表面或物体) difficult to move over or hold because it is smooth, wet, greasy, etc 滑；湿滑: *a slippery floor* 湿滑的地板 ○ *The fish was cold and slippery.* 那条鱼又冷又滑。

slit /slɪt ‖ slɪt/ *noun* [C] a long narrow cut or opening 狭长的切口/开口/缝隙: *We could see into the room through a slit in the curtains.* 我们从窗帘的缝隙中可以看见室内的情形。

slit *verb* [T] (**slitting**; *pt, pp* **slit**) to make a long narrow cut in sth 在…上开一道长口子；切开；划开: *She slit the envelope open with a knife.* 她用刀子裁开信封。○ *He slit his wrists in a suicide attempt.* 他试图割腕自尽。

slither /'slɪðə(r) ‖ 'slɪðɚ/ *verb* [I] to slide along in an unsteady or twisting way 摇摇摆摆地滑动；摇摇晃晃地滑动: *I slithered along the pavement in the snow and ice.* 我在满是冰雪的人行道上摇摇摆摆地滑行。○ *I saw a snake slithering down a rock.* 我看见一条蛇蜿蜒滑下岩石。

slob /slɒb ‖ slɑb/ *noun* [C] (*informal* 非正式) (used as an insult 作为一种侮辱) a very lazy or untidy person 懒虫

slog /slɒg ‖ slɑg/ *verb* [I] (slo**gg**ing; slo**gg**ed) **1 slog (away) at sth** (*informal* 非正式) to

S

work hard for a long period at sth difficult or boring 长时间做困难/枯燥的工作: *I've been slogging away at this homework for hours.* 我吃力地做这家庭作业已经好几个小时了。**2 slog down, up, along, etc** to walk or move in a certain direction with a lot of effort 顽强地沿某方向前进: *Part of their training involves slogging up and down hills with packs on their backs.* 训练内容包括背负背包上山下山。

slog *noun* [sing] a period of long, hard, boring work or a long, tiring journey 艰苦的工作/旅途

slogan /ˈsləʊɡən ‖ ˈsloɡən/ *noun* [C] a short phrase that is easy to remember and that is used in politics or advertising 口号；标语: *Anti-government slogans had been painted all over the walls.* 反政府标语涂满了墙壁。○ *'Faster than light' is the advertising slogan for the new car.* "超光速"是那款新车的广告语。

slop /slɒp ‖ slɑp/ *verb* (slo**pp**ing; slo**pp**ed) **1** [I] (used about a liquid 指液体) to spill over the edge of its container 溢出；溅出: *He filled his glass too full and beer slopped onto the table.* 他倒得太满了，啤酒溢到桌子上去了。**2** [T] to cause a liquid to do this 使溢出

☆**slope** /sləʊp ‖ slop/ *noun* **1** [C] a piece of land that goes up or down 斜坡: *We walked down a slope and came to the river.* 我们走下斜坡到达河边。○ *a steep/gentle slope* 陡峭的/微斜的山坡 ○ *ski slopes* 滑雪斜坡 **2** [sing] the amount that a surface is not level; the fact of not being level 斜度；坡度；倾斜: *a slope of 20 degrees* 坡度为20度的斜坡 ○ *The slope of the pitch makes it quite difficult to play on.* 由于足球场地面有坡度，在那里进行比赛相当吃力。

slope *verb* [I] to not be level or upright; to have a slope(2) 倾斜: *The road slopes down to the river.* 这条斜坡路一直伸展至下面的河流。○ *a sloping roof* 倾斜的屋顶

sloppy /ˈslɒpɪ ‖ ˈslɑpɪ/ *adj* (**sloppier**; **sloppiest**) **1** (used about a piece of work, etc 指工作等) not done carefully, tidily or thoroughly 马虎完成的；没有条理 **2** (used about a person 指人) careless or untidy 粗心大意；衣着邋遢: *a sloppy worker* 马马虎虎的工人 **3** showing emotions in a silly way; sentimental 庸俗伤感的: *I can't stand sloppy love songs.* 我不能忍受自作多情的情歌。

slosh /slɒʃ ‖ slɑʃ/ *verb* (*informal* 非正式) **1** [I] (used about a liquid 指液体) to move around noisily inside a container 在容器里晃动发出声响: *The water sloshed around in the bucket.* 水在桶里晃动发出声响。**2** [T] to put liquid somewhere in a careless and untidy way 使（液体）泼出/溅出: *Careful! You're sloshing water all over the floor!* 小心！你把水溅得满地都是啦！

sloshed *adj* (*slang* 俚语) drunk 醉: *She won't remember what she said. She was completely sloshed.* 她不会记得说过什么了。她当时完全醉了。

slot /slɒt ‖ slɑt/ *noun* [C] **1** a long straight narrow opening in a machine, etc（机器上的）狭长开口/投币口/投信口: *Put your money into the slot and take the ticket.* 将钱放进投币口再取出票子。☛ picture at **telephone.** 见 **telephone** 插图。**2** a place in a timetable, system, organization, etc（时间表、系统、组织等的）空位: *Oxford students have been given a new half-hour slot on our local radio station.* 本地的电台为牛津学生多安排了半小时的广播时间。

slot *verb* [I,T] (slo**tt**ing; slo**tt**ed) to fit into a particular space 插；插入: *These two metal bits slot in here.* 这两片金属片要插在这里。

ˈ**slot-machine** *noun* [C] a machine that sells drinks, cigarettes, etc or on which you can play games. You work it by putting money into a slot. 自动售货机；游戏机

slouch /slaʊtʃ ‖ slaʊtʃ/ *verb* [I] to sit, stand or walk in a lazy way, with your head and shoulders hanging down 无精打采地坐着/站着/行走

slovenly /ˈslʌvnlɪ ‖ ˈslʌvənlɪ/ *adj* lazy, careless and untidy 不修边幅；懒散；邋遢

☆**slow**[1] /sləʊ ‖ slo/ *adj* **1** moving, doing sth or happening without much speed; not fast 缓慢: *The traffic is always very slow in the city centre.* 市中心的车流总是很缓慢。○ *Haven't you finished your homework yet? You're being very slow!* 你做完家庭作业没有？你实在太慢了！○ *a slow improvement in his condition* 他的情况渐渐好转 **2 slow to do sth; slow (in/about) doing sth** not doing sth immediately 迟缓；迟钝: *Jane was slow to react to the news.* 珍妮对新闻的反应迟钝。○ *They've been rather slow in replying to my letter!* 他们很迟才回我的信！**3** not busy, lively or exciting 不繁忙；不活跃: *Business is very slow at the moment.* 目前的生意不大好。**4** not quick to learn or understand 迟钝；笨拙: *I'm afraid I don't understand what you mean. I must be a bit slow.* 对不起，我不明白你的意思。我大概有点笨。○ *a slow learner* 学得慢的学生 **5** showing a time that is earlier than the real time（时间上）慢了的: *That clock is five minutes slow* (= it says it is 8.55 when the correct time is 9.00). 时钟慢了五分钟。

(IDIOM 习语) **quick/slow on the uptake** ⇨ UPTAKE

slowly *adv* at a slow speed; not quickly 缓慢: *He walked slowly along the street.* 他沿着街道慢慢走。—**slowness** *noun* [U]

ˌ**slow** ˈ**motion** *noun* [U] (in a film or on television 在影片或电视中) a method of making action appear much slower than in real life 慢动作: *They showed the winning goal again, this time in slow motion.* 他们重播致胜的那个入球，这次用慢镜头。

slow[2] /sləʊ ‖ slo/ *adv* at a slow speed; slowly 慢速；缓慢地 ☛ It is possible to use **slow** as an adverb, but **slowly** is much more common. * **slow** 可作副词使用，但 **slowly** 远较 **slow** 常用。However, **slow** is often used in compounds 然而，**slow** 常用以构成复合词: *slow-moving traffic* 行车缓慢. The comparative forms **slower** and **more slowly** are both common 比较级 **slower** 及 **more slowly** 同样常用: *Could you drive a bit slower/more slowly, please?* 你可以开慢一点吗？

☆**slow**[3] /sləʊ ‖ slo/ *verb* [I,T] to start to move, do sth or happen at a slower speed; to cause sth to do this（使）放缓/减速: *Jane ran along the path for a few minutes and then slowed to a walk.* 珍妮沿着那条小路跑了几分钟后便放缓脚步，转而步行。
(PHRASAL VERB 短语动词) **slow (sb/sth) down/up** to start to move, do sth or happen at a slower speed; to cause sth to do this（使）放缓/减速: *Can't you slow down a bit? You're driving much too fast.* 你可不可以开慢一点？你开得太快了。○ *These problems have slowed up the whole process.* 这些困难拖慢了整个过程。

sludge /slʌdʒ ‖ slʌdʒ/ *noun* [U] thick, soft mud 烂泥；淤泥

slug /slʌg ‖ slʌg/ *noun* [C] a small animal like a snail without a shell. Slugs have long slimy bodies, move slowly along the ground and eat plants. 蛞蝓；鼻涕虫 ☛ picture at **snail**. 见 **snail** 插图。

sluggish /ˈslʌgɪʃ ‖ ˈslʌgɪʃ/ *adj* slow-moving; not lively 行动缓慢；死气沉沉: *This hot weather is making me feel very sluggish.* 天气这样热使我觉得有气无力。○ *sluggish economic growth* 缓慢的经济增长

S

slum /slʌm ‖ slʌm/ *noun* [C] (*also* 亦作 **the slums** [plural]) an area of a city where living conditions are extremely bad, and where the buildings are dirty and have not been repaired for a long time 贫民窟；贫民区

slumber /ˈslʌmbə(r) ‖ ˈslʌmbɚ/ *verb* [I] (*old-fashioned* 旧) to be asleep; to sleep peacefully 入睡；安睡
slumber *noun* [C] (*old-fashioned* 旧) sleep 睡眠: *The princess fell into a deep slumber.* 公主酣然入睡。

slump /slʌmp ‖ slʌmp/ *verb* [I] **1** to fall or sit down suddenly when your body feels heavy and weak, usually because you are tired or ill 猛然倒下/坐下（因身体疲累或不适）: *Her face went very white, and then suddenly she slumped over the table.* 她的面色发白，然后突然倒在桌子上。**2** (used about trade, prices, the value of sth, etc 指贸易、价格、价值等) to fall suddenly and by a large amount 暴跌: *Shares in BP slumped 33p to 181p yesterday.* 英国石油公司的股价昨天跌到 181 便士，跌了 33 便士。
slump *noun* [C] **1** a sudden large fall in trade, the value of sth, etc 暴跌: *a slump in house prices* 房屋价格暴跌 **2** a period when a country's economy is doing very badly and there is a lot of unemployment 经济不景气/萧条期

slung *pt, pp* of SLING * SLING 的过去时及过去分词

slunk *pt, pp* of SLINK * SLINK 的过去时及过去分词

slur /slɜː(r) ‖ slɝ/ *verb* [T] (slurring; slurred) to speak words in a way that is not clear, often because you are drunk 说话含糊不清（常因醉酒）
slur *noun* [C] **a slur (on sb/sth)** a false statement or an insult that could damage sb's reputation 诋毁；中伤；污辱；玷污: *The suggestion that our teachers are racist is a slur on the good name of the school.* 说我们的教师是种族主义者玷污了我校良好的声誉。

slurp /slɜːp ‖ slɝp/ *verb* [I,T] (*informal* 非正式) to drink noisily 喝东西发出很响的声音: *I hate the way he slurps when he drinks his tea.* 我讨厌他喝茶发出那么大声音。

slush /slʌʃ ‖ slʌʃ/ *noun* [U] snow that has partly melted and that is often watery and dirty 半融化的雪；雪浆
slushy *adj* (**slushier**; **slushiest**) **1** covered in melting snow 被雪浆盖着: *slushy roads* 覆盖着雪浆的路 **2** romantic or sentimental in a silly way 带愚痴情怀；庸俗伤感的；说无聊的痴情话的: *a slushy love song* 一首愚痴情歌

slut /slʌt ‖ slʌt/ *noun* [C] a sexually immoral woman; a very lazy and untidy woman 荡妇；懒姑娘 ☛ This word is used as a very strong insult. 这是强烈的辱骂词。

sly /slaɪ ‖ slaɪ/ *adj* **1** (used about a person 指人) good at deceiving people or doing things in secret 狡诈；阴险 **2** (used about an action 指行动) suggesting that you know sth secret 会意的；会心的: *a sly smile* 会意的微笑 —**slyly** *adv*

smack[1] /smæk ‖ smæk/ *verb* [T] to hit sb/sth with the inside of your hand 掴: *I never smack my children.* 我从不掴自己的孩子。
smack *noun* [C] an act of smacking 掴

smack[2] /smæk ‖ smæk/ *verb*
(PHRASAL VERB 短语动词) **smack of sth** to make you think that sb/sth has an unpleasant attitude or quality 带有某种令人不快的态度/品质: *Her remarks about your new car smacked of jealousy.* 她谈论你的新车时语带妒意。

☆**small** /smɔːl ‖ smɔl/ *adj* **1** not large in size, number, amount, etc 小；少: *a small car, flat, town, etc* 小汽车/公寓/镇… ○ *a small group of people* 一小群人 ○ *a small amount of money* 少量的金钱 **2** young 年轻: *He has a wife and three small children.* 他有妻子和三个年幼子女。○ *When I was small we lived in a big old house.* 我小时候住在一间又大又旧的房子里。**3** not important or serious; slight 不重要；不严重；轻微: *Don't worry. It's only a small problem.* 别担心，只是小问题。☛ **Small** is the most usual opposite of **big** or **large**. * **small** 为 **big** 或 **large** 的最常用的反义词。**Little** is often used with another adjective to express an emotion, as well as the idea of smallness * **little** 常和另一形容词连用以表达情感，同时也表示细小的意思: *a horrible little man* 可怕的小个子男人 ○ *a lovely little girl* 可爱的小女孩 ○ *a nice little house* 很好的小房子. The comparative and superlative forms **smaller** and **smallest** are common, and **small** is often used with words like 'rather', 'quite' and 'very' * **smaller**（比较级）和 **smallest**（最高级）也很常用。**small** 常和 rather、quite 及 very 等词连用: *My flat is smaller than yours.* 我的住所比你的小。○ *The village is quite small.* 那个村庄很小。○ *a very small car* 很小的汽车. **Little** is not often used with these words and does not usually have a comparative or superlative form. * **little** 甚少和这些词连用，而且通常没有比较级或最高级形式。

small *adv* in a small size 细小: *She's painted the picture far too small.* 她那幅画画得太小了。

ˈ**small ads** *noun* [plural] (*Brit informal* 英，非正式) = CLASSIFIED ADVERTISEMENTS

small ˈ**change** *noun* [U] coins that have a low value 面额低的硬币

ˈ**small hours** *noun* [plural] the early morning hours soon after midnight 凌晨时分: *We sat up into the small hours discussing the problem.* 我们晚上没睡，一直讨论那个问题到凌晨时分。

small ˈ**print** *noun* [U] a part or parts of a legal contract, document, etc that contain important details that you might not notice 法律文件等中可能被忽略的重要细节: *Make sure you read the small print before you sign anything.* 签署之前勿忘记把细节看一遍。

ˌ**small-**ˈ**scale** *adj* (used about an organization or activity 指组织或活动) not large; limited in what it does 不大；有限；小规模: *a small-scale business* 小规模公司

ˈ**small talk** *noun* [U] polite conversation, eg at a party, about unimportant things at social events 无关重要的客套话；闲聊；谈天

smallpox /ˈsmɔːlpɒks ‖ ˈsmɔlˌpɑks/ *noun* [U] a serious infectious disease that causes a high fever and leaves marks on the skin. In the past many people died from smallpox. 天花

☆**smart**[1] /smɑːt ‖ smɑrt/ *adj* **1** (used about a person 指人) clean, tidy and well-dressed; wearing formal or fairly formal clothes 整洁；衣冠楚楚: *You look smart. Are you going somewhere special?* 你看来衣冠楚楚。是去什么特别的地方吗？ **2** (used about a piece of clothing, etc 指衣服等) clean, tidy and new-looking 整齐漂亮: *a smart suit* 一套时髦的衣服 **3** fashionable and usually expensive 时髦（通常也是昂贵的）: *a smart restaurant* 档次高贵的餐馆 **4** (*especially US* 尤为美) clever; able to think quickly 聪明；脑筋灵敏: *He's not smart enough to be a politician.* 他不够聪明，当不了政治家。 **5** (used about a movement or action 指活动或行动) quick 敏捷: *The race began at a smart speed.* 一开始，比赛就以很高的速度进行。

smarten /ˈsmɑːtn ‖ ˈsmɑrtn̩/ *verb*

(PHRASAL VERB 短语动词) **smarten (yourself/ sb/sth) up** to make yourself, sb or sth look smarter 使自己/某人漂亮潇洒；使某物更整洁

smartly *adv* in a smart way 整齐漂亮: *She's always smartly dressed.* 她总是穿得整齐漂亮。

smart[2] /smɑːt ‖ smɑrt/ *verb* [I] to feel a stinging pain in your body 刺痛: *The smoke made her eyes smart.* 烟雾使她的眼睛刺痛。○ (*figurative* 比喻) *He was still smarting from her insult.* 他仍然为曾被她羞辱的事而不快。

smash /smæʃ ‖ smæʃ/ *verb* **1** [I,T] **smash sth (up); smash sth open** to break violently into many pieces 打碎: *The glass smashed into a thousand pieces.* 那个玻璃杯子摔成许多碎片。○ *The police had to smash the door open.* 警方不得不破门而入。 **2** [T] **smash sth (up)** to crash sth (a car, etc), usually causing a lot of damage 碰撞/撞毁（汽车等）（通常造成严重损毁）: *I smashed up my father's car.* 我把爸爸的汽车撞毁了。 **3 smash (sth) against, into, through, etc** [I,T] to move with great force in a particular direction 向某方向猛冲/猛撞: *The car smashed into a tree.* 汽车撞到了树。○ *He smashed his hand through the window.* 他用手打碎窗户。 **4** [T] (in tennis 网球) to hit a ball that is high in the air down and over the net, making it travel very fast 打高压球；扣杀

smash *noun* **1** [sing] an act or the noise of sth breaking violently 打碎；打碎之声: *I heard the smash of breaking glass.* 我听见打碎玻璃的声音。 **2** [C] (*also* 亦作 ˈ**smash-up**) a car crash 撞车；车祸 **3** [C] (in tennis 网球) a way of hitting a ball that is high in the air down and over the net, making it travel very fast 高压球；扣球 **4** [C] (*also* 亦作 **smash** ˈ**hit**) (*informal* 非正式) a song, play, film, etc that is very successful 极受欢迎的歌曲/戏剧/电影等

smashing *adj* (*Brit informal* 英，非正式) extremely good; wonderful 极好；非常好: *We had a smashing time at the party.* 在舞会上大家玩得非常痛快。

smear /smɪə(r) ‖ smɪr/ *verb* [T] **smear sth on/over sth/sb; smear sth/sb with sth** to spread a sticky substance across sth/sb 在…上涂上黏性物质: *The child had smeared chocolate over his clothes.* 那个小男孩把巧克力弄脏了衣服。○ *Her face was smeared with grease.* 她脸上涂了油脂。

smear *noun* [C] **1** a mark made by smearing 污点；污渍: *a smear of paint on her dress* 她的连衣裙上的油漆污渍 **2** something untrue that is said in a newspaper, etc about an important person（对重要人物的）诽谤/诋毁: *a smear against the prime minister* 中伤首相的言论

☆**smell**[1] /smel ‖ smɛl/ *noun* **1** [U] the ability to smell 嗅觉: *Dogs have a very good sense of smell.* 狗的嗅觉很灵敏。 **2** [C] the impression that you get of sth by using your nose; the thing that is smelled 气味: *What's that smell?* 这是什么气味？○ *There's a smell of gas.* 有一股煤气味。○ *a strong smell* 一股强烈的气味 **3** [usually sing] an act of smelling 嗅；闻: *Have a smell of this milk; is it all right?* 闻一闻这牛奶，有没有变坏？

smelly *adj* (**smellier**; **smelliest**) (*informal* 非正式) having a bad smell 发出难闻的气味: *smelly feet* 臭脚

☆**smell**[2] /smel ‖ smɛl/ *verb* (*pt, pp* **smelt** /smelt ‖ smɛlt/ or **smelled**) **1** [T] to notice, identify or examine sb/sth by using your nose 用嗅觉辨认: *He could smell something burning.* 他闻到有东西烧焦的气味。○ *Can you smell gas?* 你闻到煤气味吗？ **2** [I] to be able to smell 有嗅觉: *I can't smell properly because I've got a cold.* 我患了伤风，嗅觉不灵敏。 **3** [I] **smell (of sth)** to have a particular smell 有某种气味: *Dinner smells good!* 晚餐很香！○ *This perfume smells of roses.* 这香水散发出玫瑰的香气。 **4** [I] to have a bad smell 有难闻之味: *Your feet smell.* 你的脚很难闻。☛ We do not use **smell** or other verbs of the senses (eg **taste**, **see**, **hear**) with the continuous tense. Instead we often use **can**, eg * **smell** 和其他表示感官的动词（如 **taste**、**see**、**hear**）不用于进行时，常与 **can** 连用，如: *I can smell smoke.* 我闻到烟味。

S

☆**smile** /smaɪl ‖ smaɪl/ *noun* [C] an expression on your face in which the corners of your mouth turn up, showing happiness, pleasure, etc 微笑: *to have a smile on your face* 面露笑容 ○ *'It's nice to see you,' he said with a smile.* 他面带笑容说："幸会，幸会。"

smile *verb* **1** [I] **smile (at sb/sth)** to have or give a smile 微笑: *She smiled at the camera.* 她对着镜头微笑。○ *He was smiling with happiness.* 他面带喜悦的笑容。**2** [T] to express sth by means of a smile 以微笑致意: *I smiled a greeting to them.* 我向他们微笑致意。

smirk /smɜːk ‖ smɝk/ *noun* [C] a silly or unpleasant smile which you have when you are pleased with yourself or think you are very clever 傻笑；得意的笑 —**smirk** *verb* [I]

smock /smɒk ‖ smɑk/ *noun* [C] a type of long loose shirt that was once worn by farmers but is now usually worn by women who are expecting a baby（旧时农民所穿的）罩衫；宽松长上衣；孕妇服

smog /smɒg ‖ smɑg/ *noun* [U] a mixture of fog and smoke, caused by pollution, that is in the air over some industrial cities 烟雾（工业城市中雾和烟的混合物）

S

☆**smoke**[1] /sməʊk ‖ smok/ *noun* **1** [U] the gas that you can see in the air when something is burning 烟: *Thick smoke poured from the chimney.* 烟囱冒出浓浓的烟雾。○ *a room full of cigarette smoke* 烟雾腾腾的房间 **2** [C, usually sing] (*informal* 非正式) an act of smoking a cigarette, etc 抽烟: *He went outside for a quick smoke.* 他走到室外匆匆抽了根烟。

☆**smoke**[2] /sməʊk ‖ smok/ *verb* **1** [I,T] to breathe in smoke through a cigarette, etc and let it out again; to have the habit of smoking cigarettes, etc 抽烟: *Do you mind if I smoke?* 你介意我抽烟吗？○ *I used to smoke 20 cigarettes a day.* 我以前每天抽20根烟。**2** [I] to give out smoke 吐烟: *The factory chimneys were smoking.* 工厂的烟囱正在冒烟。

smoked *adj* (used of certain types of food 指某类食物) preserved and given a special taste by being hung in smoke 熏制的: *smoked salmon* 熏鲑鱼

smoker *noun* [C] a person who smokes cigarettes, etc 吸烟者: *She's a chain smoker* (= she finishes one cigarette and then immediately lights another). 她是个烟不离手的人。☛ The opposite is **non-smoker**. 反义词为 **non-smoker**。

smoking *noun* [U] the act or habit of smoking cigarettes, etc 吸烟（的习惯）: *My doctor has advised me to give up smoking.* 医生劝我戒烟。

smoky *adj* (**smokier**; **smokiest**) **1** full of smoke; producing a lot of smoke 充满烟；产生大量烟雾的: *a smoky room* 充满烟雾的房间 ○ *a smoky fire* 冒浓烟的火 **2** with the smell, taste or appearance of smoke 有烟味；有烟状: *This cheese has a smoky flavour.* 这些干酪有烟味。

smolder (*US* 美) = SMOULDER

☆**smooth**[1] /smuːð ‖ smuð/ *adj* **1** having a flat surface with no lumps or holes 平滑: *smooth skin* 光滑的皮肤 ○ *a smooth piece of wood* 平滑的木块 **2** (of a liquid mixture 指液体混合物) without lumps 没有团块: *Stir the sauce until it is smooth.* 将调味汁搅匀。**3** (of a journey in a car, etc 指行车等) with an even, comfortable movement 平稳前进: *You get a very smooth ride in this car.* 这辆汽车行车平稳，一路上你会很舒适。**4** without difficulties 没有困难；顺利: *The transition from the old method to the new has been very smooth.* 从旧方法到新方法的转变过程一直很顺利。**5** too pleasant or polite to be trusted 过分圆滑（以致不可信）☛ We use this word in a critical way, usually about a man. 这个词通常用于批评男子。

(IDIOM 习语) **take the rough with the smooth** ⇨ ROUGH[3]

smoothly *adv* without any difficulty 顺利地: *My work has been going quite smoothly.* 我的工作进行得很顺利。—**smoothness** *noun* [U]

smooth[2] /smuːð ‖ smuð/ *verb* [T] **smooth sth (away, back, down, out, etc)** to move your hands in the direction mentioned over the surface of sth to make it smooth 抚平: *She smoothed her hair away from her face.* 她拨开脸上的头发。○ *I smoothed the tablecloth out.* 我铺平桌布。

smother /ˈsmʌðə(r) ‖ ˈsmʌðɚ/ *verb* [T] **1** to kill sb by not allowing him/her to breathe 使窒息而死: *She was smothered with a pillow.* 她被人用枕头闷死。**2** to cover sth (with too much of a substance)（过量地把某物）覆盖于…上；厚厚地覆盖: *He smothered his cake with cream.* 他在饼上涂上了厚厚的一层奶油。**3** to stop sth burning by covering it 把（着火物）闷熄: *to smother the flames with a blanket* 用毯子灭火 **4** to hide a feeling, etc 掩饰感受等: *She managed to smother a yawn.* 她忍住不打呵欠。

smoulder (*US* 美 **smolder**) /ˈsməʊldə(r) ‖ ˈsmoldɚ/ *verb* [I] to burn slowly without a flame 无火焰闷烧: *a cigarette smouldering in the ashtray* 在烟灰缸里慢慢燃烧的香烟 ○ (*figurative* 比喻) *Her eyes were smouldering with rage.* 她的眼中燃烧着怒火。

smudge /smʌdʒ ‖ smʌdʒ/ *noun* [C] a dirty or untidy mark 污点: *The child's homework was covered in smudges of ink.* 那个孩子的家庭作业上布满了墨水的污点。

smudge *verb* **1** [T] to make sth dirty or untidy by touching it 弄污: *Leave your painting to dry or you'll smudge it.* 把图画放在一边等它干，不然你会把它弄脏。**2** [I] to become untidy, without a clean line around it 变得不整洁；变得模糊: *Her lipstick smudged when she kissed him.* 她吻了他，唇上的口红就抹模糊了。

smug /smʌg ‖ smʌg/ *adj* (**smugger**; **smuggest**) too pleased with yourself 沾沾自喜: *Don't look so smug.* 不要那样沾沾自喜。☛ We use this word in a critical way. 这个词含贬义。—**smugly** *adv* —**smugness** *noun* [U]

smuggle /ˈsmʌgl ‖ ˈsmʌgl̩/ *verb* [T] to take things into or out of a country in a way which is against the law; to take a person into or out of a place in secret 走私；偷运: *The drugs had been smuggled through customs.* 那些毒品被

偷运过海关。○ *The refugees were smuggled across the border.* 那些难民被偷渡过境。 —**smuggler** /ˈsmʌglə(r) ‖ ˈsmʌglɚ/ *noun* [C]: *a drug smuggler* 偷运毒品的人 —**smuggling** /ˈsmʌglɪŋ ‖ ˈsmʌglɪŋ/ *noun* [U]

☆**snack** /snæk ‖ snæk/ *noun* [C] a small meal, eg a sandwich, that you eat quickly between main meals 小吃；点心: *I had a snack on the train.* 我在火车上吃了点心。

snack *verb* [I] (*informal* 非正式) to eat a snack instead of a meal or between meals 吃小吃/点心: *I snacked on a chocolate bar instead of having lunch.* 我没有吃午餐，只吃了一条巧克力代替。

ˈ**snack bar** *noun* [C] a type of small café where you can buy a snack 小吃店

snag¹ /snæg ‖ snæg/ *noun* [C] a small difficulty or disadvantage that is often unexpected or hidden 隐伏的/未料到的困难: *His offer is very generous – are you sure there isn't a snag?* 他提出的条件很优厚，你肯定不会有意外的困难吗？

snag² /snæg ‖ snæg/ *verb* [T] (sna**gg**ing; sna**gg**ed) to catch a piece of clothing, etc on sth sharp and tear it 钩破衣物

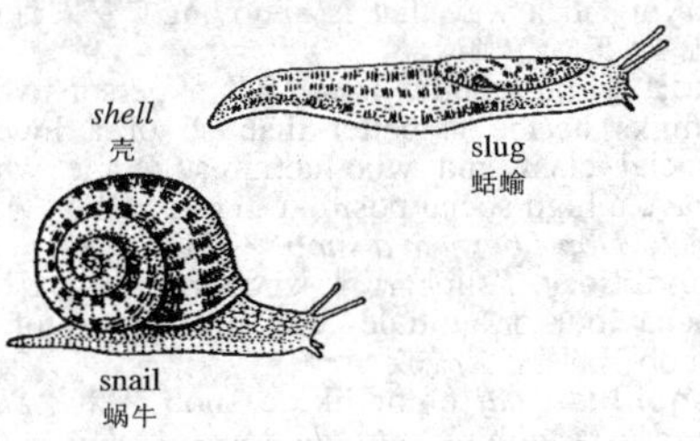

snail /sneɪl ‖ snel/ *noun* [C] a type of animal with a soft body without legs that is covered by a shell. Snails move very slowly. 蜗牛

☆**snake** /sneɪk ‖ snek/ *noun* [C] a type of long thin animal without legs that slides along the ground by moving its body from side to side 蛇: *a poisonous snake* 毒蛇 ○ *a snake-bite* 毒蛇咬伤

snake *verb* [I] (*also* 亦作 **snake its way**) to move like a snake 像蛇行那样移动/延伸: *The road snakes its way through mountain villages.* 那条路弯弯曲曲地穿过山村。

☆**snap¹** /snæp ‖ snæp/ *verb* (sna**pp**ing; sna**pp**ed) **1** [I,T] to break suddenly with a sharp noise 啪的一声折断: *The branch snapped.* 树枝啪的一声折断了。○ *The weight of the snow snapped the branch in two.* 积雪的重量将树枝压断。○ (*figurative* 比喻) *Suddenly something just snapped and I lost my temper with him.* 我突然间觉得无法忍受了，于是对他大发脾气。**2** [I,T] to close quickly with a sharp noise 啪的一声关上: *The lid of the box snapped shut.* 箱盖啪的一声关上了。**3** [I,T] to speak or say sth in a quick angry way 怒气冲冲地说（话）: *Why do you always snap at me?* 为什么你总是向我咆哮？**4** [I,T] to try to bite sb/sth 张口向（某人/某物）咬去: *The dog snapped at the child's hand.* 那只狗张口向小孩的手咬去。**5** [T] (*informal* 非正式) to take a quick photograph of sb/sth 给…拍快照

(IDIOM 习语) **snap your fingers** to make a sharp noise by moving your middle finger quickly against your thumb, especially when you want to attract sb's attention 打榧子（捻手指发出劈啪声，尤用以吸引人注意）

(PHRASAL VERB 短语动词) **snap sth up** to buy or take sth quickly, especially because it is very cheap 迅速地抓取或抢购某物（尤因价廉）

snap² /snæp ‖ snæp/ *noun* **1** [C] an act or the sound of snapping 折断；折断之声: *The piece of wood broke with a snap.* 木条啪的一声折断了。**2** [C] (*also* 亦作 ˈ**snapshot**) a photograph that is taken quickly and informally 很快地随意拍的照片: *I showed them some holiday snaps.* 我将假日里随意拍的快照给他们看。**3** [U] (*Brit* 英) a type of card-game where players call out 'Snap' when two cards that are the same are put down by different players 喊"对儿"纸牌游戏（一种纸牌游戏，玩牌者看到各家亮出的牌中有两张相同时，即喊 snap）

snap *adj* (*informal* 非正式) done quickly and suddenly, often without much careful thought 仓促: *a snap decision* 仓促的决定

snap *interj* (*Brit* 英) said when two similar things appear together 发现两个相同事物同时出现时的惊叹语: *We've got the same skirt on. Snap!* 真巧！我们穿了同一个款式的裙子。

snare /sneə(r) ‖ snɛr/ *noun* [C] a trap used to catch birds or small animals（捉鸟类及小野兽的）陷阱 —**snare** *verb* [T]

snarl /snɑ:l ‖ snɑrl/ *verb* [I,T] (used about an animal 指动物) to make an angry sound while showing the teeth 咆哮: *The dog snarled at the stranger.* 那条狗对着陌生人吠叫。○ (*figurative* 比喻) *'Get out of here!' he snarled.* 他咆哮道："滚开！" —**snarl** *noun* [C, usually sing]

snatch /snætʃ ‖ snætʃ/ *verb* **1** [I,T] to (try to) take or pull sth/sb away quickly（试图）夺取: *It's rude to snatch.* 夺取别人手中的东西是粗鲁的行为。○ *He snatched the gun from her hand.* 他夺了她手上的枪。○ *My bag was snatched* (= stolen). 我的手提袋被人偷走了。○ (*figurative* 比喻) *The team snatched a 2-1 victory.* 那支球队以2比1取胜。☛ Look at **grab**. It is similar in meaning. 参看 **grab**，这个词的意义与 **snatch** 相近。**2** [T] to take or get sth quickly when you have just enough time to do so（抓紧时间）迅速取得: *I managed to snatch some sleep on the train.* 我趁乘火车的时间睡了一会儿。

(PHRASAL VERB 短语动词) **snatch at sth** to (try to) take hold of sth eagerly（试图）抓住某物: *to snatch at somebody's hand* 紧握某人的手 ○ (*figurative* 比喻) *He snatched at the opportunity to travel abroad.* 他抓住到外国旅行的机会。

snatch *noun* **1** [sing] an act of snatching(1) at sth 夺取；抓: *I made a snatch at the ball.* 我设法抓住那个球。**2** [C, usually pl] a short part or period of something 片段: *I heard snatches of conversation from the next room.* 我听到了隔壁房间传来的谈话片段。

sneak /sni:k ‖ snik/ *verb* **1** [I] **sneak into, out**

of, past, etc sth; **sneak in, out, away, etc** to go very quietly in the direction mentioned, so that no one can see or hear you 悄悄离开: *Instead of working, he sneaked out to play football.* 他不工作，溜了出去踢足球。○ *The prisoner sneaked past the guards.* 那个囚犯从守卫身边偷偷溜过去了。**2** [T] (*informal* 非正式) to take sth secretly or without permission 偷拿: *She sneaked a chocolate when no one was looking.* 她趁没有人看见偷走一块巧克力。

(PHRASAL VERB 短语动词) **sneak up (on sb/sth)** to approach sb very quietly, especially so that you can surprise him/her 偷偷接近（某人）（尤指吓对方一跳）

sneak *noun* [C] (*informal* 非正式) a person who tells an official or a person in authority about the bad things sb has done 告密/打小报告的人 ☛ This word is used in a critical way. 这个词含贬义。

sneaking *adj* (of feelings, etc 指感情等) not expressed; secret 隐藏不露的；暗地: *I've a sneaking suspicion that he's lying.* 我暗自怀疑他在说谎。

sneaker /ˈsni:kə(r) ‖ ˈsnikɚ/ *noun* [C] (*US* 美) = PLIMSOLL, TRAINER: *a pair of sneakers* 一双胶底运动鞋

S

sneer /snɪə(r) ‖ snɪr/ *verb* [I] **1** to smile unpleasantly with one side of your mouth raised to show that you dislike sb/sth 嗤笑；嘲笑 **2 sneer (at sb/sth)** to behave or speak as if sth is not good enough for you 蔑视；讥讽: *She sneered at his attempts to speak French.* 他试着学说法语，却被她嘲笑。

sneer *noun* [C] an unpleasant smile or remark 嘲笑；讥诮

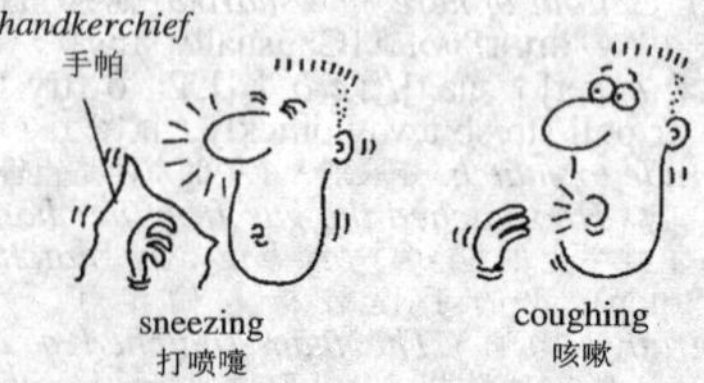

☆**sneeze** /sni:z ‖ sniz/ *noun* [C] a sudden burst of air coming out through your nose and mouth that happens, for example, when you have a cold 喷嚏: *He gave a loud sneeze.* 他打了一个大喷嚏。

sneeze *verb* [I] to give a sneeze 打喷嚏: *Dust makes me sneeze.* 灰尘使我打喷嚏。

snide /snaɪd ‖ snaɪd/ *adj* (of an expression or remark 指言语) critical in an unpleasant way 讥讽的；挖苦的

sniff /snɪf ‖ snɪf/ *verb* **1** [I] to breathe air in through the nose in a way that makes a sound, especially because you have a cold or you are crying 哧哧地吸气（尤指因患伤风或哭泣时）: *Stop sniffing and blow your nose.* 不要再呼哧呼哧的，擤一下鼻子吧。**2** [I,T] **sniff (at) sth** to smell sth by sniffing 嗅: *'I can smell gas,' he said, sniffing the air.* 他嗅着空气说："我闻到煤气味。" ○ *The dog sniffed at the bone.* 那只狗嗅着那块骨头。

sniff *noun* [C] an act or the sound of sniffing 以鼻吸气（声）；嗅；嗅东西发出的声音

sniffle /ˈsnɪfl ‖ ˈsnɪfl̩/ *verb* [I] to sniff continuously, especially because you have a cold or you are crying 抽鼻子；吸鼻子；（哧哧地）用鼻子吸气

snigger /ˈsnɪgə(r) ‖ ˈsnɪgɚ/ *verb* [I] **snigger (at sb/sth)** to laugh quietly to yourself in an unpleasant way 窃笑: *They sniggered at his old clothes.* 他们窃笑他身上穿的旧衣服。—**snigger** *noun* [C]

snip[1] /snɪp ‖ snɪp/ *verb* [I,T] (sni**pp**ing; sni**pp**ed) to cut using scissors, with a short quick action （用剪刀迅速地）剪

snip[2] /snɪp ‖ snɪp/ *noun* [C] **1** a small cut 剪下的碎片 **2** (*Brit informal* 英，非正式) something that is surprisingly cheap 出奇便宜的货品: *It's a snip at only £25!* 只卖25英镑，真便宜！

snippet /ˈsnɪpɪt ‖ ˈsnɪpɪt/ *noun* [C] a small piece of sth, especially information or news 片段（尤指消息/新闻）

snivel /ˈsnɪvl ‖ ˈsnɪvl̩/ *verb* [I] (sniveI**l**ing; snivel**l**ed; *US* 美 sniveling; sniveled) to keep crying in a way that is annoying（令人讨厌地）哭哭啼啼/抽泣

snob /snɒb ‖ snɑb/ *noun* [C] a person who thinks he/she is better than sb of a lower social class and who admires people who have a high social position 谄上欺下的人；势利的人: *Don't be such a snob!* 不要这么势利！

snobbery /ˈsnɒbərɪ ‖ ˈsnɑbərɪ/ *noun* [U] behaviour or attitudes that are typical of a snob 势利的行为/态度

snobbish *adj* of or like a snob 势利: *She had a snobbish attitude towards her husband's family.* 她对她丈夫家人的态度很势利。—**snobbishly** *adv* —**snobbishness** *noun* [U]

snog /snɒg ‖ snɑg/ *verb* [I] (sno**gg**ing; sno**gg**ed) (*Brit informal* 英，非正式) (used about a couple 指夫妻或情侣) to keep kissing each other for a period of time 长时间地接吻: *A teenage couple were snogging in the corner.* 一对少年男女在角落处接吻。—**snog** *noun* [sing]

snooker
落袋台球

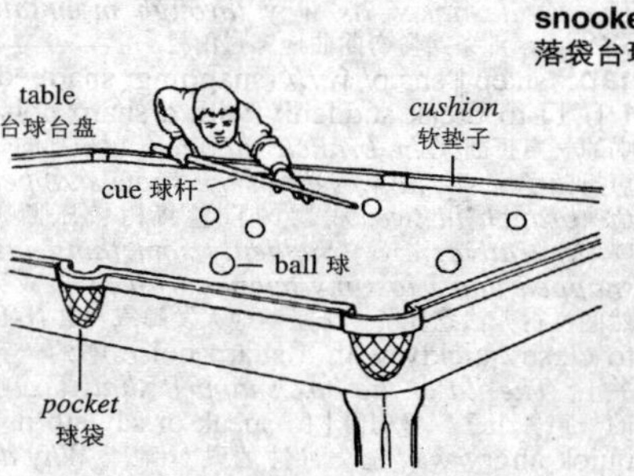

snooker /ˈsnu:kə(r) ‖ ˈsnukɚ/ *noun* [U] a game in which two players try to hit a number of coloured balls into pockets at the edges of a large table using a long stick (**cue**) 落袋台球（球杆叫做 **cue**）: *to play snooker* 玩落袋台球游戏 ☛ Look at **billiards**. 参看 **billiards**。

snoop /snu:p ‖ snup/ *verb* [I] to look around secretly and without permission in order to find out information, etc 窥探: *If I catch you snooping around here again, I'll call the police!* 如果我再看见你在这里窥探，我就报警！

snooty /ˈsnu:tɪ ‖ ˈsnutɪ/ *adj* (**snootier**; **snootiest**) (*informal* 非正式) acting in a rude way because you think you are better than other people 自大；自视甚高

snooze /snu:z ‖ snuz/ *verb* [I] (*informal* 非正式) to have a short sleep, especially during the day 小睡（尤指在日间）—**snooze** *noun* [C, usually sing]: *I had a bit of a snooze on the train.* 我在火车上睡了一会儿。☛ Look at **nap**. 参看 **nap**。

snore /snɔ:(r) ‖ snɔr/ *verb* [I] to breathe noisily through your nose and mouth while you are asleep 打鼾；打呼噜: *She heard her father snoring in the next room.* 她听见父亲在隔壁房里的打鼾声。—**snore** *noun* [C]

snorkel /ˈsnɔ:kl ‖ ˈsnɔrkl̩/ *noun* [C] a short tube that a swimmer who is just below the surface of the water can use to breathe through（潜泳者用的）水下呼吸管

snort /snɔ:t ‖ snɔrt/ *verb* [I] **1** (used about animals 指动物) to make a noise by blowing air through the nose 发出鼻息声: *The horse snorted in fear.* 那匹马受惊发出鼻息声。**2** (used about people 指人) to do this as a way of showing that you do not like sth, or that you are impatient 哼着鼻子表示不喜欢/不耐烦 —**snort** *noun* [C]

snot /snɒt ‖ snɑt/ *noun* [U] (*informal* 非正式) the liquid produced by the nose 鼻涕

snout /snaʊt ‖ snaʊt/ *noun* [C] the long nose of certain animals 某些动物的长鼻: *a pig's snout* 猪鼻

☆**snow**[1] /snəʊ ‖ sno/ *noun* [U] small, soft, white pieces of frozen water that fall from the sky in cold weather 雪: *Three inches of snow fell during the night.* 夜里下了三英寸厚的雪。○ *The snow melted before it could settle* (= stay on the ground). 雪片落到地上就融化了。☛ Look at the note at **weather**. 参看 **weather** 的注释。

ˈ**snowball** *noun* [C] a lump of snow that is pressed into the shape of a ball and used by children for playing 雪球

ˈ**snowball** *verb* [I] to quickly grow bigger and bigger or more and more important（滚雪球般）迅速增大/增长/增强: *Business has just snowballed so that we can hardly keep up with demand.* 生意额迅速增加，我们很难满足需求。

ˈ**snowdrift** *noun* [C] a deep pile of snow that has been made by the wind（风吹成的）雪堆

ˈ**snowdrop** *noun* [C] a type of small white flower that appears at the end of winter 雪花莲（残冬时开的小白花）

ˈ**snowfall** *noun* **1** [C] the snow that falls on one occasion 降雪: *heavy snowfalls* 大雪 **2** [U] the amount of snow that falls in a particular place（某地的）降雪量: *What is the average snowfall in Scotland?* 苏格兰的平均降雪量是多少？

ˈ**snowflake** *noun* [C] one of the small, soft, white pieces of frozen water that fall together as snow 雪花；雪片

ˈ**snowman** /-mæn ‖ -mæn/ *noun* [C] (*pl* **snowmen**) /-men ‖ -mɛn/ the figure of a person made out of snow, usually by children 雪人（通常由小孩子用雪堆成）

ˈ**snowplough** (*US* 美 **snowplow**) *noun* [C] a type of vehicle that is used to clear snow away from roads or railways 扫雪车

☆**snow**[2] /snəʊ ‖ sno/ *verb* [I] (used of snow 指雪) to fall from the sky 下雪: *It snowed all night.* 整夜下雪。

snowed ˈ**in** *adj* not able to leave home or travel because the snow is too deep 为雪所困

snowed ˈ**under** *adj* with more work, etc than you can deal with 工作太多穷于应付

snowy *adj* (**snowier**; **snowiest**) with a lot of snow 多雪: *snowy weather* 多雪的天气 ○ *a snowy scene* 雪景

snub /snʌb ‖ snʌb/ *verb* (snu**bb**ing; snu**bb**ed) [T] to treat sb rudely, eg by refusing to look at or speak to him/her 冷落: *She snubbed them by not inviting them to the party.* 她故意冷落他们，没有邀请他们去那个聚会。—**snub** *noun* [C]: *When they weren't invited to the party, they felt it was a snub.* 他们没有获邀出席聚会，感到受冷落。

snuff /snʌf ‖ snʌf/ *noun* [U] tobacco which people breathe up into the nose in the form of a powder 鼻烟: *to take a pinch of snuff* 吸一撮鼻烟

snuffle /ˈsnʌfl ‖ ˈsnʌfl̩/ *verb* [I] (used of people and animals 指人或动物) to make a noise through your nose 发出鼻息声；出声地嗅: *The dog snuffled around the lamp-post.* 那只狗在灯柱四周嗅来嗅去。

snug /snʌg ‖ snʌg/ *adj* (**snugger**; **snuggest**) warm and comfortable 温暖舒适: *a snug little room* 温暖舒适的小房间 ○ *The children were snug in bed.* 孩子们在床上舒适地躺着。

snugly *adv* **1** warmly and comfortably 温暖而舒适地: *The baby was wrapped snugly in a blanket.* 那婴儿用毛毯裹着，温暖又舒适。**2** tidily and tightly 整齐而紧密/紧贴: *The present fitted snugly into the box.* 礼物刚好可以放进盒子里。

snuggle /ˈsnʌgl ‖ ˈsnʌgl̩/ *verb* [I] **snuggle (up to sb)**; **snuggle (up/down)** to get into a position that makes you feel safe, warm and comfortable, usually next to another person 舒适地依偎: *She snuggled up to her mother.* 她依偎着母亲。○ *I snuggled down under the blanket to get warm.* 我蜷伏在毛毯下取暖。

☆**so**[1] /səʊ ‖ so/ *adv* **1** (used to emphasize an adjective or adverb, especially when there is a particular result 用于形容词或副词前以加强语气，尤指造成某结果的) to the extent (that); to a great degree 以至于；很大程度上: *She's so ill (that) she can't get out of bed.* 她病得不能起床。○ *He was driving so fast that he couldn't stop.* 他开车开得太快，以至于停不下来。○

S

I haven't enjoyed myself so much for years. 我多年来没有这么高兴过了。○ *So many people came to the concert that some couldn't get in.* 这么多人去听音乐会，有些人进不了场。☛ Look at the note at **such**. 参看 **such** 的注释。**2** (used in negative sentences for comparing people or things 用于否定句以比较人或物): *She's not so clever as we thought.* 她不如我们想象中那么聪明。**3** very 非常: *You've been so kind. How can I thank you?* 你真是太好了，我怎样才能谢你？**4** (used in place of something that has been said already, to avoid repeating it 用于替代前述事物，避免重复): *Are you coming by plane? If so,* (= if you are coming by plane) *I can meet you at the airport.* 你会搭飞机来吗？如果是这样的话，我可以去机场接你。○ *'I failed, didn't I?' 'I'm afraid so, Susan.'* "我失败了吗？" "是啊，苏珊。" ☛ In formal language, you can refer to actions that somebody has mentioned using **do** with **so** 在正式用语中，可以用 **do+so** 来代替某人提过的动作: *He asked me to write to him and I did so* (I wrote to him). 他叫我写信给他，我就写了。**5** (not with verbs in the negative 与动词连用时，不用于否定句) also, too 也: *He's a teacher and so is his wife.* 他是个教师，他太太也是。○ *'I've been to New York.' 'So have I.'* "我去过纽约。" "我也去过。" ○ *I like singing and so does Helen.* 我喜欢唱歌，海伦也喜欢。☛ For negative sentences, look at **neither**. 有关否定句，参看 **neither**。**6** (used to show that you agree that sth is true, especially when you are surprised 用于表示同意，尤指出奇的事): *'It's getting late.' 'So it is. We'd better go.'* "时间晚了。" "不错。我们走吧。" **7** (*formal* 正式) (used when you are showing sb sth 用于作示范) in this way 就这样（做）: *Raise your right hand, so.* 举起右手，就像这样。

(IDIOMS 习语) **and so on (and so forth)** (used at the end of a list to show that it continues in the same way 用以表示列举未尽) 诸如此类；等等: *They sell pens, pencils, paper and so on.* 他们出售墨水笔、铅笔、纸张等等。

I told you so (used to tell sb that he/she should have listened to your advice 用以告诉对方早应该听自己的忠告) 我早对你说过: *'I missed the bus.' 'I told you so. I said you needed to leave earlier.'* "我错过了那班车。" "我早对你说过。我说过你需要早一点离开。"

it (just) so happens (used to introduce a surprising fact 用以引出令人惊奇之事) by chance 碰巧: *It just so happened that we were going the same way, so he gave me a lift.* 碰巧我们同路，所以他载我一程。

just so ⇨ JUST[2]

or so (used to show that a number, time, etc is not exact 用以表示不确切的数目、时间等) …左右；大概: *A hundred or so people came to the meeting.* 约有一百人出席了会议。

so as to do sth with the intention of doing sth; in order to do sth 为了做某事；以便做某事: *We went early so as to get good seats.* 我们提早去了，以便占到好的座位。

so much for (used for expressing that sth is finished or not helpful 用以表示某事物已完结或无用): *So much for that diet! I didn't lose any weight at all.* 这减肥食谱不过如此！我的体重一点也没有减轻。

that is so (*formal* 正式) that is true 对的: *'Mr Jones, you were in Lincoln on May 14. Is that so?' 'That is so.'* "琼斯先生，5月14日你在林肯（市），是不是？" "不错。"

ˈso-and-so *noun* [C] (*pl* **so-and-so's**) (*informal* 非正式) **1** a person who is not named 某某: *Imagine a Mrs So-and-so telephones. What would you say?* 假如某某夫人打电话来，你会怎么说？**2** a person that you do not like 你不喜欢的人；讨厌的人: *He's a bad-tempered old so-and-so.* 他是个坏脾气的老家伙。

ˌso-ˈcalled *adj* (used to show that the words you describe sb/sth with are not correct 用以表示描述某人/某事物的用语不正确) 所谓: *Her so-called friends only wanted her money* (= they are not really her friends). 她那些所谓的朋友要的只不过是她的钱。

☆**so²** /səʊ ‖ so/ *conj* **1** with the result that; therefore 结果；因此: *She felt very tired so she went to bed early.* 她觉得很累，因此她提早睡觉。**2 so (that)** with the purpose that; in order that 为了；以致: *She wore dark glasses so that nobody would recognize her.* 她戴上墨镜以免被人认出。**3** (used to show how one part of a story follows another 用以连接故事的上文): *So that's how I first met your mother.* 这就是我和你妈妈初次见面的经过。

(IDIOM 习语) **so what?** (*informal* 非正式) (showing that you think sth is not important 表示没有什么了不起) Why should I care? 有什么关系？: *'It's late.' 'So what? We don't have to go to school tomorrow.'* "很晚了。" "那有什么关系？我们明天不用上学。"

soak /səʊk ‖ sok/ *verb* **1** [I,T] to become or make sth completely wet（使）湿透: *Leave the dishes to soak for a while.* 将碟子浸一会儿。○ *I'm going to soak these trousers in hot water to get the stain out.* 我要将这些裤子浸在热水里以便去除污渍。**2** [I] **soak into/through sth; soak in** (used about a liquid 指液体) to pass into or through sth 渗透: *Blood had soaked through the bandage.* 血渗透了绷带。

(PHRASAL VERB 短语动词) **soak sth up** to draw sth in (especially a liquid) 吸入（尤指液体）: *I soaked the water up with a cloth.* 我用布将水吸走。○ (*figurative* 比喻) *She loves to lie on a beach, soaking up the sunshine.* 她喜欢躺在沙滩上晒太阳。

soaked /səʊkt ‖ sokt/ *adj* (not before a noun 不用于名词前) extremely wet 湿透: *I got soaked waiting for my bus in the rain.* 我冒雨等公共汽车，全身都湿透了。

soaking /ˈsəʊkɪŋ ‖ ˈsokɪŋ/ (*also* 亦作 **ˌsoaking ˈwet**) *adj* extremely wet 极湿

☆**soap** /səʊp ‖ sop/ *noun* [U] a substance that you use for washing and cleaning 肥皂: *He washed his hands with soap.* 他用肥皂洗手。○ *a bar of soap* 一块肥皂 ○ *soap powder* (= for washing clothes) 肥皂粉

soapy *adj* full of soap 沾满肥皂的: *Wash in plenty of warm soapy water.* 用大量温肥皂水洗涤。

ˈ**soap opera** (also *informal* 非正式 **soap**) *noun* [C] a story about the lives and problems of a group of people which continues every day or several times a week on television or radio（电视或电台）连续剧；肥皂剧: *'Coronation Street' is our longest running soap opera.*《加冕礼街》是我们播出时间最长的连续剧。

soar /sɔ:(r) ‖ sɔr/ *verb* [I] **1** to fly high in the air 高飞: *There were sea birds soaring overhead.* 有海鸟在头顶飞翔。**2** to rise very fast 快速升高: *The plane soared into the air.* 飞机快速升上空中。○ (*figurative* 比喻) *Prices are soaring because of inflation.* 物价因通胀而急剧上升。

sob /sɒb ‖ sɑb/ *verb* [I] (so**bb**ing; so**bb**ed) to cry loudly while taking in sudden, sharp breaths; to speak while you are crying 呜咽；啜泣: *The child was sobbing because he'd lost his toy.* 那个孩子在呜咽，因为他丢了玩具。

sob *noun* [C] an act or the sound of sobbing 呜咽（声）；啜泣（声）

sober /ˈsəʊbə(r) ‖ ˈsobɚ/ *adj* **1** (of a person 指人) not affected by alcohol 未醉；清醒 **2** (of a person or attitude 指人或态度) serious or thoughtful 严肃；审慎: *a sober expression* 严肃的表情 ○ *a sober reminder of just how dangerous drugs can be* 使人们清醒地认识毒品祸害之大 **3** (of a colour 指颜色) not bright or likely to be noticed 暗淡；不起眼: *a sober grey suit* 一套素净的灰色衣服

sober *verb*

(PHRASAL VERB 短语动词) **sober (sb) up** to become, or to make sb, sober(1) 变得清醒；使（某人）清醒: *I need a cup of black coffee to sober me up.* 我得喝一杯清咖啡来提神。

sobering *adj* making you feel serious 使严肃

soccer /ˈsɒkə(r) ‖ ˈsɑkɚ/ *noun* [U] = FOOTBALL(1)

sociable /ˈsəʊʃəbl ‖ ˈsoʃəbl̩/ *adj* enjoying the company of other people, friendly 喜欢交际；友善；合群

☆**social** /ˈsəʊʃl ‖ ˈsoʃəl/ *adj* **1** concerning the relations between people or groups of people; relating to the organization of society 团体的；社会的: *The 1980s were a period of social change.* 二十世纪八十年代是社会变革的年代。○ *social problems* 社会问题 **2** concerning the rank of people in society 社会阶层的: *We share the same social background.* 我们有相同的社会背景。○ *social class* 社会阶层 **3** to do with meeting people and enjoying yourself 交际的；联谊的: *a social club* 联谊俱乐部 ○ *She has a busy social life.* 她的社交活动很频繁。**4** (used about animals 指动物) living and looking for food together 群居的: *Lions are social animals.* 狮子是群居的动物。—**socially** /-ʃəlɪ ‖ -ʃəlɪ/ *adv*: *We work together but I don't know him socially.* 我和他是同事，但是除工作以外没有私人交往。

ˌ**social** ˈ**science** *noun* [C,U] the study of people in society, including economics, politics and sociology 社会科学

ˌ**social seˈcurity** (*US* 美 **welfare**) *noun* [U] money paid regularly by the government to people who are poor, old, ill, or who have no job 社会救济金（发给贫穷/老迈/生病/失业的人的）

ˌ**social** ˈ**services** *noun* [plural] a group of services organized by local government to help people who have social problems (eg with housing, child care, etc) 社会福利事业（例如提供住所/儿童托管服务等）

ˈ**social work** *noun* [U] work that involves giving help to people with problems because they are poor, ill, etc 社会福利工作（帮助贫穷/患病等的人）

ˈ**social worker** *noun* [C] a person whose job is to do social work 社会福利工作者

☆**socialism** /ˈsəʊʃəlɪzəm ‖ ˈsoʃəlˌɪzəm/ *noun* [C] the political theory and practice that is based on the belief that all people are equal and that wealth should be equally divided 社会主义（主张人人平等，财富公平分配）

socialist /ˈsəʊʃəlɪst ‖ ˈsoʃəlɪst/ *noun* [C] a person who believes in socialism; a member of a socialist party 社会主义者；社会主义政党党员 —**socialist** *adj*

☆**society** /səˈsaɪətɪ ‖ səˈsaɪətɪ/ *noun* (*pl* **societies**) **1** [C,U] the people in a country or area, thought of as a group, who have shared customs and laws 社会；社群: *a civilized society* 文明社会 ○ *in Western society* 西方社会 ○ *The aim is to create a classless society in Britain.* 目的是在英国建立无阶级的社会。○ *Society's attitude to women has changed considerably this century.* 本世纪人们对女性的态度改变了不少。**2** [C] an organization of people who share a particular interest or purpose; a club 团体；会；社；协会: *a drama society* 戏剧社 ○ *The Royal Society for the Prevention of Cruelty to Animals* 皇家防止虐待动物协会

sociology /ˌsəʊsɪˈɒlədʒɪ ‖ ˌsosɪˈɑlədʒɪ/ *noun* [U] the study of human societies and social behaviour 社会学 —**sociological** /ˌsəʊsɪəˈlɒdʒɪkl ‖ ˌsosɪəˈlɑdʒɪkl̩/ *adj*

sociologist /ˌsəʊsɪˈɒlədʒɪst ‖ ˌsosɪˈɑlədʒɪst/ *noun* [C] a student of or an expert in sociology 社会学研究者；社会学家

☆**sock** /sɒk ‖ sɑk/ *noun* [C] a piece of clothing that you wear on your foot and lower leg, inside your shoe 短袜: *a pair of socks* 一双短袜 (IDIOM 习语) **pull your socks up** (*Brit informal* 英，非正式) (to try) to work harder, do better, etc than before（努力）改进自己；（努力）改进自己的成绩

socket /ˈsɒkɪt ‖ ˈsɑkɪt/ *noun* [C] **1** (*also* 亦作 **power point**, *informal* 非正式 **plug**) a place in a wall where an electrical appliance can be connected to the electricity supply 插座 ☛ picture at **plug**. 见 **plug** 插图。**2** a hollow place where sth fits 窝；孔: *your eye socket* 眼窝

soda /ˈsəʊdə ‖ ˈsodə/ (*also* 亦作 **soda water**) *noun* [C,U] water that has bubbles in it and is used for mixing with other drinks 汽水；苏打水: *a whisky and soda* 威士忌加苏打水

sofa /ˈsəʊfə ‖ ˈsofə/ *noun* [C] a comfortable seat with a back and arms. It is long enough for two or more people to sit on 沙发: *a sofa-*

S

bed (= a sofa that you can pull out to make a bed) 沙发床

☆**soft** /sɒft; *US* 美 sɔ:ft ‖ sɔft/ *adj* **1** not hard or firm 软: *a soft bed* 软床 ○ *The ground is very soft after all that rain.* 下过大雨后，地面十分松软。**2** smooth and nice to touch; not rough 平滑；柔嫩: *soft skin, hands, etc* 细嫩的皮肤/手… ○ *a soft towel* 松软的毛巾 **3** (used about sounds, voices, words, etc 指声音、嗓音、言语等) quiet or gentle; not loud or angry 低沉；轻柔: *She spoke in a soft whisper.* 她悄悄耳语。**4** (used about light, colours etc 指光线、颜色等) gentle and pleasant; not bright 柔和: *The room was decorated in soft pinks and greens.* 那个房间粉刷了柔和的粉红和翠绿色。**5** (used about people and animals 指人或动物) (too) kind and gentle: not hard or strict (过分)和善；心肠软；不严厉: *A good manager can't afford to be too soft.* 要成为能干的管理人员就不能心肠太软。**6** (used about illegal drugs 指毒品) less dangerous and serious than the type of illegal drugs which can kill people 软性: *soft drugs such as marijuana* 如大麻之类的软性毒品

(IDIOM 习语) **have a soft spot for sb/sth** (*informal* 非正式) to be especially fond of sb/sth 特别喜欢某人/某事物: *I've got rather a soft spot for my old teacher.* 我特别喜欢我以前的老师。

softly *adv* gently or quietly 柔和地；轻轻地: *'Don't wake the children,' she whispered softly.* 她轻声说："别吵醒孩子。"

softness *noun* [U] the quality of being soft 软；柔和

ˌ**soft** ˈ**drink** *noun* [C] a cold drink that contains no alcohol 汽水

ˌ**soft-**ˈ**hearted** *adj* kind and able to sympathize with other people's feelings 仁慈；宽大；心肠软 ☛ The opposite is **hard-hearted**. 反义词为 **hard-hearted**。

ˌ**soft** ˈ**option** *noun* [C] the easier thing to do of two or more possibilities, but not always the best one 比较省事的做法: *The government has taken the soft option of agreeing to their demands.* 政府采取比较省事的做法，接受了他们的要求。

ˌ**soft-**ˈ**spoken** *adj* having a gentle, quiet voice 嗓子柔和；说话温柔: *He was a kind, soft-spoken man.* 他是个心地善良、说话温柔的人。

soften /ˈsɒfn; *US* 美 ˈsɔ:fn ‖ ˈsɔfən/ *verb* **1** [I,T] to become softer or gentler; to make sb/sth softer or gentler (使)变温和；(使)变软: *First soften the butter in a bowl.* 首先将牛油放在碗中弄软。○ *The teacher's expression softened as I explained why I was late.* 我解释了迟到的原因，老师的表情就温和起来。**2** [T] to make sth seem less severe 使温和；缓和: *to try to soften the effect of bad news* 设法减弱坏消息的影响

software /ˈsɒftweə(r) ‖ ˈsɔftˌwɛr/ *noun* [U] programs that you use to operate a computer (计算机)软件: *There's a lot of new educational software available now.* 现在有许多新的教育用软件。☛ Look at **hardware**. 参看 **hardware**。

soggy /ˈsɒgɪ ‖ ˈsɑgɪ/ *adj* (**soggier**; **soggiest**) very wet; having too much liquid in it 湿透

☆**soil** /sɔɪl ‖ sɔɪl/ *noun* **1** [C,U] the substance that plants, trees, etc grow in; earth 泥土；土壤: *poor soil* 贫瘠的泥土 ☛ Look at the note at **ground**[1]. 参看 **ground**[1] 的注释。**2** [U] the land that is part of a country 领土；国家；国土: *to set foot on British soil* (= to arrive in Britain) 踏足英国

soil *verb* [T] (*formal* 正式) to make sth dirty 弄脏

solace /ˈsɒlɪs ‖ ˈsɑlɪs/ *noun* [C,U] (something that gives you) comfort or relief when you are sad 慰藉；安慰

solar /ˈsəʊlə(r) ‖ ˈsolɚ/ *adj* **1** of or relating to the sun 太阳的；与太阳有关: *solar energy* 太阳能 **2** using the sun's energy 利用太阳能的: *solar heating* 太阳能加热

the ˈ**solar system** *noun* [sing] the sun and the planets that move around it 太阳系

sold *pt*, *pp* of SELL * SELL 的过去时及过去分词

☆**soldier** /ˈsəʊldʒə(r) ‖ ˈsoldʒɚ/ *noun* [C] a member of an army 军人；士兵: *The soldiers marched past on their way to battle.* 士兵开往前线打仗。

☆**sole**[1] /səʊl ‖ sol/ *adj* (only *before* a noun 只用于名词前) **1** only; single 单独；惟一；仅有: *His sole interest is football.* 他惟一的兴趣是足球。**2** belonging to one person only; not shared 只属一人；独有；专用: *Do you have sole responsibility for the accounts?* 你是不是专责管理账目？

solely /ˈsəʊllɪ ‖ ˈsollɪ/ *adv* only 只；仅仅: *I agreed to come solely on account of your mother.* 我只是看在你妈妈的面子上才答应来的。

sole[2] /səʊl ‖ sol/ *noun* [C] **1** the flat part of your foot that you walk on 脚掌 ☛ picture on page A21. 见第 A21 页插图。**2** the part of a shoe or sock that covers the bottom surface of your foot 鞋底；袜底: *These shoes have leather soles and man-made uppers.* 这些鞋子的鞋底是用皮革制的，鞋面是用人造皮制的。☛ picture at **shoe**. 见 **shoe** 插图。

sole[3] /səʊl ‖ sol/ *noun* [C,U] (*pl* **sole**; **soles**) a small flat sea fish that can be eaten as food 鳎；鳎目鱼

solemn /ˈsɒləm ‖ ˈsɑləm/ *adj* **1** very serious 非常严肃: *Her solemn face told them that the news was bad.* 她严肃的表情告诉他们：那是坏消息。**2** sincere; done or said in a formal way 诚挚；郑重: *to make a solemn promise* 作出郑重的承诺 ○ *a solemn warning* 严正的警告 —**solemnity** /səˈlemnətɪ ‖ səˈlɛmnətɪ/ *noun* [U]

solemnly *adv* in a serious or sincere way 严肃地；挚诚地: *'I have something very important to tell you,' she began solemnly.* 她一开始就严肃地说："我有重要的事要告诉你。"

solicit /səˈlɪsɪt ‖ səˈlɪsɪt/ *verb* **1** [T] (*formal* 正式) to ask sb for money, help, support, etc 恳求帮助/支持等: *They tried to solicit support for the proposal.* 他们寻求别人支持那个建议。**2** [I,T] to approach sb, especially in a public place, and offer sex in return for money (娼妓)拉(客)

solicitor /səˈlɪsɪtə(r) ‖ səˈlɪsətɚ/ *noun* [C] (*Brit* 英) a person whose job is to give legal advice, prepare legal documents and speak in the lower courts 事务律师（其工作包括提供法律咨询，处理法律文件或在初级法院出庭辩护）☛ Look at the note at **lawyer**. 参看 **lawyer** 的注释。

☆**solid** /ˈsɒlɪd ‖ ˈsɑlɪd/ *adj* **1** hard and firm; not in the form of liquid or gas 坚固；固体的: *It was so cold that the village pond had frozen solid.* 天气太冷了，村里的水池也结了冰。○ *Our central heating runs on solid fuel* (= coal, wood, etc, not gas or electricity). 我们的中央供暖系统使用的是固体燃料（即煤、柴等，而非烧油或使用电力）。**2** having no holes or spaces inside; not hollow 实心；无孔: *a solid mass of rock* 一大块实心的岩石 ○ *The briefcase was packed solid with £50 notes.* 那个公事包塞满了面额50英镑的钞票。**3** (only *before* a noun 只用于名词前) made of the same substance inside and outside 纯质的（由里至外都用同一物质制成）: *a solid gold chain* 纯金链子 **4** strong, firm and therefore reliable 坚固可靠: *a solid little car* 坚固可靠的小汽车 **5** reliable; of sufficient quality and amount 可靠；充分: *The police cannot make an arrest without solid evidence.* 警方没有可靠的证据不能拘捕人。**6** without a break or pause 无间断；连续: *I was so tired that I slept for twelve solid hours/twelve hours solid.* 我太累了，连续睡了足足十二小时。

solid *noun* [C] **1** a substance or object that is hard; not a liquid or gas 固体: *Liquids become solids when frozen.* 液体凝结便成为固体。**2** an object that has length, width and height, not a flat object 立体: *A cube is a solid.* 立方体是立体图形。

solidity /səˈlɪdətɪ ‖ səˈlɪdətɪ/ *noun* [U] the quality or state of being solid 固态

solidly *adv* **1** strongly 坚固: *a solidly built house* 坚固的房屋 **2** continuously 连续: *It's been raining solidly all day.* 一整天都在下雨。

solidarity /ˌsɒlɪˈdærətɪ ‖ ˌsɑləˈdærətɪ/ *noun* [U] the support of one group of people for another, because they agree with their aims 支持；团结一致: *Many local people expressed solidarity with the strikers.* 许多本地人表示支持罢工者。

solidify /səˈlɪdɪfaɪ ‖ səˈlɪdəˌfaɪ/ *verb* [I] (*pres part* **solidifying**; *3rd pers sing pres* **solidifies**; *pt, pp* **solidified**) to become hard or solid 凝固

solitaire /ˌsɒlɪˈteə(r); *US* 美 ˈsɒlɪteə(r) ‖ ˈsɑləˌtɛr/ *noun* [U] (*US* 美) = PATIENCE(2)

solitary /ˈsɒlɪtrɪ; *US* 美 -terɪ ‖ ˈsɑləˌtɛrɪ/ *adj* **1** living alone, without other people 独居的: *She lives a solitary life in a remote part of Scotland.* 她独居于苏格兰一个偏远的地区。**2** done alone 独力完成的: *Writing novels is a solitary occupation.* 写小说是一件独自工作的职业。**3** (only *before* a noun 只用于名词前) one on its own with no others around 独自一人: *a solitary figure walking up the hillside* 一个孤单的身影沿山坡步行而上 **4** (only *before* a noun 只用于名词前) only one; single 惟一: *I can't think of a solitary example* (= not even one). 我一个例子也想不出来。

ˌ**solitary conˈfinement** *noun* [U] a punishment in which a person in prison is kept completely alone 单独囚禁

solitude /ˈsɒlɪtjuːd; *US* 美 -tuːd ‖ ˈsɑləˌtud/ *noun* [U] the state of being alone 孤独；独自一人；独处: *to live in solitude* 独居

solo /ˈsəʊləʊ ‖ ˈsolo/ *noun* [C] (*pl* **solos**) a piece of music for only one person to play or sing 独奏曲；独唱歌曲: *a piano solo* 钢琴独奏曲 ○ *to sing/play a solo* 独唱；独奏 ☛ Look at **duet**. 参看 **duet**。

solo *adj, adv* (done) alone; by yourself 独自（完成）；单独: *a solo flight* 独自飞行 ○ *to fly solo* 独自飞行

soloist *noun* [C] a person who plays or sings a piece of music alone 独奏者；独唱者

soluble /ˈsɒljʊbl ‖ ˈsɑljəbl̩/ *adj* **1** that will dissolve in liquid 可溶解: *These tablets are soluble in water.* 这些药片可在水中溶解。**2** that has an answer 可以解决；可以解答 ☛ The opposite is **insoluble**. 反义词为 **insoluble**。

☆**solution** /səˈluːʃn ‖ səˈluʃən/ *noun* **1** [C] **a solution (to sth)** a way of solving a problem, dealing with a difficult situation, etc 解答方法；解决方法: *a solution to the conflict in the Middle East* 解决中东冲突的方法 **2** [C] **solution (to sth)** the answer (to a puzzle, etc) 答案: *The solution to the competition will be published next week.* 比赛的答案会在下星期公布。**3** [C,U] (a) liquid in which sth solid has been dissolved 溶液

☆**solve** /sɒlv ‖ sɑlv/ *verb* [T] to find an answer to or a way of dealing with a problem, question, difficulty, etc 找出答案/解决方法；解决（困难/问题等）: *The government is trying to solve the problem of inflation.* 政府正设法解决通胀问题。○ *The police have not managed to solve the crime.* 警方还未能破案。○ *to solve a puzzle, mystery, etc* 揭开谜团/神秘事物的面纱等 ☛ The noun is **solution**. 名词为 **solution**。

solvent /ˈsɒlvənt ‖ ˈsɑlvənt/ *noun* [C,U] a liquid that can dissolve another substance 溶剂；溶媒

sombre (*US* 美 **somber**) /ˈsɒmbə(r) ‖ ˈsɑmbɚ/ *adj* **1** dark and dull 昏暗；阴沉: *sombre colours* 灰暗的色彩 **2** sad and serious 忧愁；严峻: *a sombre mood* 忧郁的心情 —**sombrely** *adv*

☆**some** /səm ‖ səm; strong form 强读式 sʌm ‖ sʌm/ *det, pron* **1** a certain amount or number 一些；若干: *We need some butter and some potatoes.* 我们需要一些黄油和马铃薯。○ *I don't need any more money – I've still got some.* 不用再给我钱，我还有一些。☛ In negative sentences and in questions we use **any** instead of **some** 在否定句和疑问句中用 **any**，不用 **some**: *Do we need any butter?* 我们需要黄油吗？○ *I need some more money. I haven't got any.* 我身无分文，需要一点钱。But look at **2** for examples of questions where **some** is used. 疑问句中用 **some** 的示例可参看第 **2** 义。**2** (used in questions when you expect or want the answer 'yes' 用于预期/想要得到肯定答复的

疑问句中): *Would you like some more cake?* 你想多要一些蛋糕吗？ ○ *Can I take some of this paper?* 我可以拿几张纸吗？ **3** (used when you are referring to certain members of a group or certain types of a thing and not all of them 指一部分而非全部): *Some pupils enjoy this kind of work, some don't.* 有些学生喜欢这种工作，有些不喜欢。 ○ *Some of his books are very exciting.* 他的书有些很刺激。 **4** (*also* 亦作 **some...or other**) (used for talking about a person or thing whose name you do not know 指不知名字的人/物): *There's some woman at the door.* 有个女人站在门口。 ○ *I read about it in some newspaper or other.* 我在某份报纸上看过这个消息。

☆**somebody** /'sʌmbədɪ ‖ 'sʌmbədɪ/ (*also* 亦作 **someone** /'sʌmwʌn ‖ 'sʌmˌwʌn/) *pron* a person (not known or not mentioned by name) 某人；有人: *How are you? Somebody said that you'd been ill.* 你好吗？有人说你病了。 ○ *She's getting married to someone she met at work.* 她要和一个她工作时遇上的人结婚。 ○ *There's somebody at the door.* 有人在门口。 ○ *I think you should talk to someone else* (= another person) *about this problem.* 我认为你应该和另外一个人商量这个难题。 ☛ **Somebody**, **anybody** and **everybody** are used with a singular verb but are often followed by a plural pronoun (except in formal language) ＊ **somebody**、**anybody** 及 **everybody** 都和单数动词连用，但（除在正式场合外）常配以复数代词: *Somebody is coming.* 有人正走过来。 ○ *Somebody has left their coat behind.* 有人忘了自己的大衣。 ○ *Has everybody got something to eat?* 所有人都有吃的吗？ ○ *I'll see everybody concerned and tell them the news.* 我要见每一个有关的人，把这消息告诉他们。 The difference between **somebody** and **anybody** is the same as the difference between **some** and **any**. ＊ **somebody** 和 **anybody** 之间的差别与 **some** 和 **any** 的差别一样。Look at the note at **some**. 参看 **some** 的注释。

someday /'sʌmdeɪ ‖ 'sʌmˌde/ *adv* (*also* 亦作 **some day**) at some time in the future 将来某一日；有朝一日: *I hope you'll come and visit me someday.* 我希望有朝一日你会来看我。

☆**somehow** /'sʌmhaʊ ‖ 'sʌmˌhaʊ/ *adv* **1** in a way that is not known or certain 以某种方法: *The car's broken down but I'll get to work somehow.* 车子坏了，但我得设法上班去。 ○ *Somehow we had got completely lost.* 不知怎么搞的，我们完全迷了路。 **2** for a reason you do not know or understand 不知什么原因: *I somehow get the feeling that I've been here before.* 不知为什么我觉得我来过这里。

☆**someone** /'sʌmwʌn ‖ 'sʌmˌwʌn/ *pron* = SOMEBODY

someplace /'sʌmpleɪs ‖ 'sʌmples/ *adv* (*US* 美) = SOMEWHERE

somersault /'sʌməsɔ:lt ‖ 'sʌmɚˌsɔlt/ *noun* [C] a movement in which you roll right over with your feet going over your head 筋斗: *to do a forward/backward somersault* 向前/后翻筋斗

☆**something** /'sʌmθɪŋ ‖ 'sʌmθɪŋ/ *pron* **1** a thing that is not known or not named 某事物: *I've got something in my eye.* 有东西掉到我眼睛里面了。 ○ *Wait a minute – I've forgotten something.* 等一下——我忘了一些东西。 ○ *Would you like something else* (= another thing) *to drink?* 你还要喝别的什么吗？ ☛ The difference between **something** and **anything** is the same as the difference between **some** and **any**. ＊ **something** 和 **anything** 之间的差别与 **some** 和 **any** 的差别一样。Look at the note at **some**. 参看 **some** 的注释。 **2** a thing that is helpful, useful or worth considering 有用/值得考虑的事物: *There's something in what your mother says.* 你妈妈的话有点道理。

(IDIOMS 习语) **or something** (*informal* 非正式) (used for showing that you are not sure about what you have just said 表示对自己刚说的话不大肯定): *'What's his job?' 'I think he's a plumber, or something.'* "他是干哪一行的？" "他大概是管儿工之类的吧。"

something like similar to 类似: *A loganberry is something like a raspberry.* 洛根莓跟复盆子相类似。

something to do with connected or concerned with 与…相关；与…有关: *The programme's something to do with the environment.* 这个节目的内容与环境有关。

sometime /'sʌmtaɪm ‖ 'sʌmˌtaɪm/ *adv* (*also* 亦作 **some time**) at a time that you do not know exactly or have not yet decided 在某一时间: *I'll phone you sometime this evening.* 今天晚上我会打电话给你。 ○ *I must go and see her sometime.* 我必须找个时间去看她。

☆**sometimes** /'sʌmtaɪmz ‖ 'sʌmˌtaɪmz/ *adv* on some occasions; now and then 有时（候）；间或: *Sometimes I drive to work and sometimes I go by bus.* 我有时自己开车去上班，有时乘公共汽车。 ○ *I sometimes watch television in the evenings.* 晚上我有时看电视节目。

☆**somewhat** /'sʌmwɒt; *US* 美 -hwɒt ‖ 'sʌmˌhwɑt/ *adv* rather 颇为；相当；有点: *We missed the train, which was somewhat unfortunate.* 我们没赶上那班火车，多少算我们倒霉。 ○ *Somewhat to my surprise he apologized.* 他道歉了，让我有点想不到。

☆**somewhere** /'sʌmweə(r); *US* 美 -hweər ‖ 'sʌmˌhwɛr/ (*US also* 美亦作 **someplace**) *adv* **1** at, in, or to a place that you do not know or name exactly 在或到某地/某处: *I've seen your glasses somewhere downstairs.* 我在楼下什么地方见过你的眼镜。 ○ *'Have they gone to France?' 'No, I think they've gone somewhere else* (= to another place) *this year.'* "他们去法国了吗？" "不，我想他们今年去了别处。" ☛ The difference between **somewhere** and **anywhere** is the same as the difference between **some** and **any**. ＊ **somewhere** 和 **anywhere** 之间的差别与 **some** 和 **any** 的差别一样。Look at the note at **some**. 参看 **some** 的注释。 **2** (used when you do not know the exact time, number, etc 用以表示不大肯定的时间、数目等) 大约；左右: *Your ideal weight should probably be somewhere around 9 stone.* 你的理想体重大概是9呖左右。

☆**son** /sʌn ‖ sʌn/ *noun* [C] a male child 儿子 ☛ Look at **daughter**. 参看 **daughter**。

ˈ**son-in-law** *noun* [C] (*pl* **sons-in-law**) your daughter's husband 女婿

sonata /səˈnɑːtə ‖ səˈnɑtə/ *noun* [C] a piece of music written for the piano, or another instrument with a piano accompanying it 奏鸣曲

☆**song** /sɒŋ; *US* 美 sɔːŋ ‖ sɔŋ/ *noun* **1** [C] a piece of music with words that you sing 歌；歌曲: *a folk song* 民歌 **2** [U] the act of singing 歌唱；唱: *to burst into song* 忽然唱起歌来 **3** [C,U] the musical sounds that a bird makes 鸟鸣: *birdsong* 鸟的鸣啭

ˈ**songwriter** *noun* [C] a person whose job is to write songs 歌曲作家

sonic /ˈsɒnɪk ‖ ˈsɑnɪk/ *adj* connected with sound-waves 与声波有关

☆**soon** /suːn ‖ sun/ *adv* **1** not long after the present time or the time mentioned 不久: *It will soon be dark.* 不久便会天黑。○ *He left soon after me.* 我走后不久他也走了。○ *We should arrive at your house soon after twelve.* 十二点过后不久我们便可到达你的住所。**2** early; quickly 早；快: *Don't leave so soon. Stay for tea.* 别这么快就走。留下来喝茶吧。○ *How soon can you get here?* 你最快要多久才能到我这里？

(IDIOMS 习语) **as soon as** at the moment (that); when 一…就…: *Phone me as soon as you hear some news.* 你一听到什么消息，立即打电话给我。○ *I'd like your reply as soon as possible* (= at the earliest possible moment). 我希望你尽快答复。

no sooner...than immediately when or after 一…就…: *No sooner had I shut the door than I realized I'd left my keys inside.* 我一关门就发觉我把钥匙留在屋里了。

sooner or later at some time in the future; one day 迟早；总有一天: *I suppose I'll hear from her sooner or later.* 我想我迟早会收到她的消息。

soot /sʊt ‖ sʊt/ *noun* [U] black powder that comes from burning things and collects in chimneys 黑烟灰

soothe /suːð ‖ suð/ *verb* [T] **1** to make sb calmer or less upset; to comfort sb 安慰；抚慰: *to soothe a crying child* 哄哭着的孩子 **2** to make aches or pains less severe 减轻痛楚: *The doctor gave me some skin cream to soothe the irritation.* 医生给我一些皮肤药膏以减轻刺痛。

—**soothing** *adj*: *soothing music* 令人心旷神怡的音乐 ○ *a soothing massage* 令人舒畅的按摩 —**soothingly** *adv*

sophisticated /səˈfɪstɪkeɪtɪd ‖ səˈfɪstɪˌketɪd/ *adj* **1** having or showing a lot of experience of the world and social situations; knowing about things such as fashion, new ideas, etc（老于）世故；老练；时髦: *She's a very sophisticated young woman.* 她是个很懂事的年轻女子。**2** able to understand difficult or complicated things 领悟力高；精明: *Voters are much more sophisticated these days.* 现在选民精明多了。**3** (used about machines, systems, etc 指机器、系统等) advanced and complicated 先进而复杂；精密: *sophisticated computer equipment* 精密的计算机仪器 ☛ The opposite is **unsophisticated**. 反义词为 **unsophisticated**。

—**sophistication** /səˌfɪstɪˈkeɪʃn ‖ səˌfɪstɪˈkeʃən/ *noun* [U]

soppy /ˈsɒpɪ ‖ ˈsɑpɪ/ *adj* (**soppier**; **soppiest**) (*informal* 非正式) full of unnecessary emotion; silly 庸俗伤感的；愚蠢: *a soppy romantic film* 庸俗伤感的浪漫电影

soprano /səˈprɑːnəʊ; *US* 美 -ˈpræn- ‖ səˈpræno/ *noun* [C] (*pl* **sopranos** /-nəʊz ‖ -noz/) the highest singing voice; a woman, girl, or boy with this voice 女高音；童声高音

sordid /ˈsɔːdɪd ‖ ˈsɔrdɪd/ *adj* **1** unpleasant; not honest or moral 使人不快的；龌龊；污秽: *We discovered the truth about his sordid past.* 我们发现他过去污秽的历史。**2** dirty and depressing 肮脏破败: *a sordid backstreet* 肮脏破败的后街

☆**sore** /sɔː(r) ‖ sɔr/ *adj* aching or painful 疼痛的: *to have a sore throat* 喉咙痛 ○ *I feel all right after the operation but my stomach is still very sore.* 手术后我觉得身体还好，但胃部还很痛。

(IDIOM 习语) **a sore point** a subject that is likely to make sb upset or angry when mentioned 痛处；伤心事；惹某人生气的话题

sore *noun* [C] a painful place on the body where the skin or flesh is infected（身体上的）痛处；疮；溃疡

sorely *adv* (*formal* 正式) very greatly; severely 非常；严重地: *You'll be sorely missed when you leave.* 你离开后大家将会非常怀念你。

—**soreness** *noun* [U]: *You might get some soreness of the skin.* 你的皮肤可能会受感染而疼痛。

sorrow /ˈsɒrəʊ ‖ ˈsɑro/ *noun* (*formal* 正式) **1** [U] great sadness 悲痛；悲哀；忧伤: *I'd like to express my sorrow at the death of your father.* 本人谨对令尊逝世致哀。**2** [C] an event, etc that causes great sadness 令人哀伤之事: *His decision to leave home was a great sorrow to his parents.* 他决定离开家庭使父母非常伤心。

—**sorrowful** *adj* —**sorrowfully** *adv*

☆**sorry** /ˈsɒrɪ ‖ ˈsɑrɪ/ *adj* (**sorrier**; **sorriest**) **1** (not before a noun 不用于名词前) **sorry (for/about sth)**; **sorry (to do sth/that...)** (used for apologizing for sth that you have done 用于道歉): *I'm sorry I've kept you all waiting.* 要你们等，真对不起。○ *I'm awfully sorry for spilling that wine.* 我将酒泼洒了实在很抱歉。○ *I'm sorry to be so late.* 对不起，我迟到了这么久。○ *I'm so sorry that I've disturbed your meal. I'll phone again later.* 对不起，打扰你吃饭了。我迟会儿再打电话来。**2** (not before a noun 不用于名词前) **sorry (to do sth/that)**; **sorry (for/about sth)** sad or disappointed 难过；感到遗憾；失望: *I was sorry to miss you on Saturday.* 星期六没见到你真是可惜。○ *I was sorry not to get the job.* 申请不到那份工作真令我失望。○ *'Simon's mother died last week.' 'Oh, I am sorry.'* "西蒙的母亲上星期去世了。" "啊，真令人难过。" **3** (used for politely saying 'no' to sth, disagreeing with sth or introducing bad news 用于婉拒、表示不同意或引出坏消息): *'Would you like to come to supper on Friday?' 'I'm sorry, I'm busy that evening.'* "星期五你来吃晚

S

饭好吗？”“对不起，星期五晚上我没空。” ○ *I'm sorry, I don't agree with you. I think we should accept the offer.* “对不起，我不同意你的意见。我认为我们应该接受那个提议。” ○ *I'm sorry to tell you that your application has been unsuccessful.* 很抱歉，阁下的申请未获得接受。 **4** (only *before* a noun 只用于名词前) very bad 非常坏: *The house was in a sorry state when we first moved in.* 我们刚搬进来时，这所房子残破不堪。

(IDIOM 习语) **be/feel sorry for sb** to feel sympathy or pity for sb 同情/怜悯某人: *I feel very sorry for the families of the victims.* 我很同情受害者的家人。 ○ *Stop feeling sorry for yourself!* 别再自怜了！

sorry *interj* **1** (used for apologizing, making excuses, etc 用于道歉、辩解等): *Sorry, I didn't see you standing behind me.* 对不起，我没看见你站在我后面。 ○ *Sorry I'm late – the bus didn't come on time.* 对不起，我迟到了——公共汽车误点。 **2** (used for asking sb to repeat sth you have not heard properly 表示没听清楚对方的话，请对方再说一遍): *'My name's Maggie Wiseman.' 'Sorry? Maggie who?'* “我名叫玛吉·怀斯曼。”“什么？玛吉什么？” **3** (used for correcting yourself when you have said sth wrong 用于纠正刚说错的话): *Take the second turning, sorry, the third turning on the right.* 在第二个拐弯处，对不起，是在第三个拐弯处向右边拐。

☆**sort**[1] /sɔ:t ‖ sɔrt/ *noun* **1** [C] a type or kind 种类；类型: *What sort of music do you like?* 你喜欢哪一种音乐？ ○ *That's the sort of car I'd like to have.* 我希望拥有的就是那种汽车。 ○ *different sorts of people* 各种不同的人 ○ *She's got all sorts of problems at the moment.* 她现在有各种各类的难题。 **2** [sing] a type of character; a person 某类性格；人: *You can ask him for help – he's a good sort.* 你可以找他帮忙——他是好人。

(IDIOMS 习语) **a sort of sth** (*informal* 非正式) a type of sth; sth similar to sth 某种；某类；类似…的事物: *Can you hear a sort of ticking noise?* 你听见一种嘀嗒嘀嗒的声音吗？

sort of (*informal* 非正式) rather; in a way 颇为；有几分: *I feel sort of sick.* 我有些恶心。 ○ *I'd sort of like to go, but I'm not sure.* 我有点想走，但不知该不该。

☆**sort**[2] /sɔ:t ‖ sɔrt/ *verb* [T] **1** to put things into different groups or places so that they are properly organized 分类；整理: *I'm just sorting these papers into the correct files.* 我正在将这些文件归入合适的档案里。 ○ *The computer will sort the words into alphabetical order.* 计算机会将那些字按字母先后排序。 **2** (*informal* 非正式) to find an answer to a problem or difficult situation 找出解决方法: *I'll have more time when I've got things sorted at home.* 我解决了家里的问题后就会有多一点时间。

(PHRASAL VERBS 短语动词) **sort sth out** **1** to tidy or organize sth 整理某物: *The toy cupboard needs sorting out.* 放玩具的柜子需要好好整理。 **2** to find an answer to a problem 找出解决方法: *I haven't found a flat yet but I hope to sort something out soon.* 我还没找到一套公寓，但我希望很快就会找到。

sort through sth to go through a number of things, in order to tidy them or find sth that you are looking for 把东西逐一查看以便整理/找寻某物

so-so /ˌsəʊˈsəʊ ‖ ˈsoˌso/ *adj, adv* (*informal* 非正式) all right but not particularly good/well 一般；还可以；过得去: *'How are you?' 'So-so.'* “你好吗？”“还好。”

soufflé /ˈsu:fleɪ; *US* 美 su:ˈfleɪ ‖ suˈfle/ *noun* [C,U] a type of food made mainly from egg whites, flour and milk, beaten together and baked 蛋奶酥: *a cheese soufflé* 干酪蛋奶酥

sought *pt, pp* of SEEK * SEEK 的过去时及过去分词

sought-after /ˈsɔ:t ɑ:ftə(r) ‖ ˈsɔtˌæftɚ/ *adj* that people want very much, because it is of high quality or rare 竞相罗致的；很吃香的；广受欢迎的

☆**soul** /səʊl ‖ sol/ *noun* **1** [C] the part of a person that is believed to continue to exist after the body is dead 灵魂: *Christians believe that your soul goes to heaven when you die.* 基督徒相信死后灵魂上天堂。 **2** [sing] the part of a thing or a place that shows its true nature 最能反映某物/某地本质的部分；精华；精髓；要素；核心: *You will find the real soul of France in the countryside.* 最具法国特色的地方是法国的乡村。 **3** [C,U] deep feeling and thought 深层的感情、思想: *The music was performed perfectly but it lacked soul.* 这首乐曲演奏得很完美但全无感情。 **4** [C] (used with adjectives expressing affection or pity 与形容词连用，表达爱或怜悯) person 人: *She's a kind old soul.* 她是个仁慈的老妇人。 **5** [sing] (in negative statements 用于否定句) a person 一个人: *There wasn't a soul in sight* (= there was nobody). 一个人影也没有。 **6** [U] (*also* 亦作 ˈ**soul music**) a type of popular Black American music 灵乐（一种美国黑人音乐）: *a soul singer* 一个灵乐歌手

soulful /-fl ‖ -fl̩/ *adj* having or showing deep feeling 深情的；充满感情: *a soulful expression* 充满感情的表情

soulless /ˈsəʊllɪs ‖ ˈsollɪs/ *adj* without feeling, warmth or interest 没有感情；没有温情；枯燥乏味: *soulless industrial towns* 没有生气的工业城镇

☆**sound**[1] /saʊnd ‖ saund/ *verb* **1** [I] to give a particular impression when heard or heard about; to seem 听起来；似乎: *That sounds like a child crying.* 听起来好像是儿童的哭泣声。 ○ *She sounded upset and angry on the phone.* 听她在电话上的声音，她似乎很生气。 ○ *The rain sounds heavy.* 雨似乎很大。 ○ *You sound like my mother!* 你的语气十足像我妈妈一样！ ○ *He sounds a very nice person from his letter.* 从他写的信看来，他似乎是个和蔼可亲的人。 ○ *Does she sound like the right person for the job?* 她看来适合做这份工作吗？ ○ *It doesn't sound as if he's very reliable.* 他似乎不很靠得住。 **2** [T] to cause sth to make a sound 使发声: *to sound the horn of your car* 按响汽车喇叭

(PHRASAL VERB 短语动词) **sound sb out** to

ask sb questions in order to find out what he/she thinks or intends 试探他人的观点/意向: *Do you mind if I sound you out about these new proposals?* 我可以听一听你对这些新计划的看法吗？

☆**sound**[2] /saʊnd ‖ saʊnd/ *noun* **1** [C] something that you hear or that can be heard 声音: *the sound of voices* 说话声 ○ *She opened the door without a sound.* 她悄悄地打开门。**2** [U] what you hear; impressions received by hearing 声音；声响；（听起来某事物予人的）印象/感觉: *Light travels faster than sound.* 光波比声波传送得快。○ *sound waves* 声波 **3 the sound** [sing] the volume on a television, radio, etc 音量: *Can you turn the sound up/down?* 请你调高/低一点音量好吗？

(IDIOM 习语) **the sound of sth** the impression that you have of sth when you hear or read about it（从人家所说或从阅读得来的）印象: *She must be an interesting person, by the sound of it.* 听起来她似乎是个有趣的人。

'**sound effect** *noun* [C, usually pl] sounds other than speech or music that are used in a play, film or computer game to create the required effect 音响效果

'**soundproof** *adj* made so that no sound can get in or out 隔音的

'**soundtrack** *noun* [C] the recorded sound and music from a film or computer game 声带上的录音；配乐

☆**sound**[3] /saʊnd ‖ saʊnd/ *adj* **1** healthy and strong; in good condition 强健；良好: *a sound state of health* 健康良好 ○ *The structure of the bridge is basically sound.* 桥梁的结构良好。**2** sensible; that you can rely on 精明；可信赖: *sound advice* 很好的忠告

(IDIOM 习语) **safe and sound** ⇨ SAFE[1]

sound *adv*

(IDIOM 习语) **be sound asleep** to be deeply asleep 沉睡

soundly *adv* thoroughly or deeply 彻底地；深入地: *Our team was soundly beaten this afternoon.* 今天下午我队大败。○ *The children were sleeping soundly.* 孩子们正在酣睡。—**soundness** *noun* [U]

☆**soup** /su:p ‖ sup/ *noun* [U] liquid food made by cooking meat, vegetables, etc in water 汤: *chicken soup* 鸡汤 ○ *a tin of soup* 一罐汤

☆**sour** /'saʊə(r) ‖ 'saʊr/ *adj* **1** having a sharp taste like that of a lemon 酸: *We had pork with a sweet and sour sauce.* 我们吃了糖醋猪肉。**2** (used especially about milk 尤指牛奶) tasting or smelling unpleasant because it is no longer fresh 变酸 **3** having or showing a bad temper; unpleasant 脾气坏；不快: *a sour expression* 难看的表情

(IDIOMS 习语) **go/turn sour** to become unpleasant or unsatisfactory 变坏；变糟: *Their relationship turned sour after a few months.* 几个月后，他们的关系变坏了。

sour 'grapes pretending to dislike or not to want sth when you secretly want it but cannot have it 酸葡萄（因得不到某件东西而假意说自己不喜欢）: *She said she didn't want to come to the party anyway, but I think that was just sour grapes.* 她说她反正不想来参加聚会，我觉得那不过是酸葡萄的把戏罢了。

sourly *adv* in a sour(3) way 不愉快 —**sourness** *noun* [U]

☆**source** /sɔ:s ‖ sɔrs/ *noun* [C] **1** a place, person or thing where sth comes or starts from or where sth is obtained 源头；来源: *Britain's oil reserves are an important source of income.* 英国的石油储备是重要的收入来源。○ *the source of the Nile* (= the place where the river starts) 尼罗河的源头 **2** a person, book, etc that supplies information 消息来源（提供消息的人、书等）: *Police have refused to reveal the source of their information.* 警方拒绝透露消息来源。

☆**south** /saʊθ ‖ saʊθ/ *noun* [sing] (*abbr* 缩写 **S**) **1** (*also* 亦作 **the south**) one of the four main points of the compass; the direction that is on your right when you face the sunrise 南方: *warm winds from the south* 南方吹来的暖风 ○ *Which way is south?* 哪一边是南方？☛ picture at **north**. 见 **north** 插图。**2 the south; the South** the part of any country, city, etc that lies further towards the south than other parts 南部: *Winchester is in the South of England.* 温切斯特在英格兰南部。

south (*also* 亦作 **South**) *adj* in or towards the south, or from the south 位于/向着/来自南方的: *the south coast of Cornwall* 康沃尔市的南边海岸 ○ *The new offices will be in South Oxford.* 新办事处位于南牛津。○ *a south wind* 南风

south *adv* to or towards the south 到南方；向南: *If you keep going south, you will soon join the motorway.* 你继续向南走，不久就会开上高速公路去。○ *We live just south of Birmingham.* 我们就住在伯明翰以南。○ *The house faces south.* 那所房子朝南。

southerly /'sʌðəlɪ ‖ 'sʌðərlɪ/ *adj* **1** to, towards or in the south 向南的；位于南方的: *Keep going in a southerly direction.* 一直向南方走。**2** (used about winds 指风) coming from the south 从南方吹来的: *a southerly wind* 从南方吹来的风

southward /'saʊθwəd ‖ 'saʊθwərd/ *adj* towards the south 向南的: *in a southward direction* 向南

southward /'saʊθwəd ‖ 'saʊθwərd/ (*also* 亦作 **southwards**) *adv* towards the south 向南方: *We're flying southward at the moment.* 我们现在正向南飞。

'**southbound** *adj* travelling or leading towards the south 向南走的: *the southbound carriageway of the M1* ＊M1公路的南行车道

ˌ**south-'east** *noun* [sing] (*abbr* 缩写 **SE**) **1** (*also* 亦作 **the south-east**) the direction or point of the compass that is between south and east 东南 ☛ picture at **north**. 见 **north** 插图。**2** (*also* 亦作 **the south-east**; **the South-East**) a region that is towards the south-east 东南部: *the South-East of England* 英格兰东南部

ˌ**south-'east** *adj*, *adv* in, from or to the south-east of a place or country 位于/来自/向着东南方（的）: *the coast of south-east Spain* 西班牙的东南部海岸 ○ *Continue south-east for about ten miles.* 继续向东南走大约十英里。

S

ˌ**south-ˈeasterly** *adj* **1** towards the south-east 向东南的：*in a south-easterly direction* 向东南方 **2** (used about a wind 指风) coming from the south-east 来自东南方的

ˌ**south-ˈeastern** /-ˈiːstən ‖ -ˈistərn/ *adj* in or from the south-east of a place or country 位于/来自东南方的：*the south-eastern states of the USA* 美国东南部各州

ˌ**south-ˈeastward** /-ˈiːstwəd ‖ -ˈistwərd/ (*also* 亦作 ˌ**south-ˈeastwards**) *adv* towards the south-east 向东南方：*Follow the A423 south-eastward.* 沿着A423公路向东南方走。

the ˌSouth ˈPole *noun* [sing] the point on the surface of the Earth which is furthest south 南极 ☛ picture at **earth**. 见 **earth** 插图。

ˌ**south-ˈwest** *noun* [sing] (*abbr* 缩写 **SW**) **1** (*also* 亦作 **the south-west**) the direction or point of the compass that is between south and west 西南 ☛ picture at **north**. 见 **north** 插图。**2** (*also* 亦作 **the south-west**; **the South-West**) a region that is towards the south-west 西南部地区：*Devon is in the South-West.* 德文郡在西南部。

ˌ**south-ˈwest** *adj, adv* in, from or to the south-west of a place or country 位于/来自/向着西南方（的）：*the south-west coast of France* 法国西南部海岸 ○ *If you look south-west you can see the sea.* 向西南方望去就可看到海。

ˌ**south-ˈwesterly** *adj* **1** towards the south-west 向西南的：*in a south-westerly direction* 向西南 **2** (used about a wind 指风) coming from the south-west 来自西南的

ˌ**south-ˈwestern** /-ˈwestən ‖ -ˈwɛstərn/ *adj* in or from the south-west of a place or country 位于/来自西南方的：*south-western Italy* 意大利西南部

ˌ**south-ˈwestward** /-ˈwestwəd ‖ -ˈwɛstwərd/ (*also* 亦作 ˌ**south-ˈwestwards**) *adv* towards the south-west 向着西南方：*Follow the B409 south-westward.* 沿着B409公路向西南方走。

☆**southern** (*also* 亦作 **Southern**) /ˈsʌðən ‖ ˈsʌðərn/ *adj* of, in or from the south of a place 有关/位于/来自某地南部：*Greece is in southern Europe.* 希腊位于南欧。○ *the Southern hemisphere* 南半球

southerner *noun* [C] a person who was born in or lives in the southern part of a country 生于/居于某国南方的人

souvenir /ˌsuːvəˈnɪə(r); *US* 美 ˈsuːvənɪər ‖ ˈsuvəˌnɪr/ *noun* [C] something that you buy and keep to remind you of somewhere you have been on holiday or of a special event 纪念品

sovereign /ˈsɒvrɪn ‖ ˈsɑvrɪn/ *noun* [C] a king or queen 国王；女王

sovereign *adj* **1** (used about a country 指国家) not controlled by any other country; independent 有主权；独立 **2** (used about power 指权力) without limit; highest 无限；最高

sovereignty /ˈsɒvrəntɪ ‖ ˈsɑvrəntɪ/ *noun* [U] the power that a country has to control its own government 主权

sow¹ /saʊ ‖ saʊ/ *noun* [C] an adult female pig 母猪 ☛ Look at the note at **pig**. 参看 **pig** 的注释。

sow² /səʊ ‖ so/ *verb* [T] (*pt* **sowed**; *pp* **sown** /səʊn ‖ son/ or **sowed**) **sow A (in B)**; **sow B (with A)** to plant seeds in the ground 把植物的种子埋在地里/土里；播种：*to sow seeds in pots* 在花盆内埋下种子 ○ *to sow a field with wheat* 在田里播小麦种子

soya bean /ˈsɔɪə biːn ‖ ˈsɔɪə ˌbin/ (*US* 美 **soy bean** /ˈsɔɪ biːn ‖ ˈsɔɪ ˌbin/) *noun* [C] a type of bean that can be cooked and eaten or used to make flour, oil and a sort of milk 大豆

ˌ**soya ˈsauce** (*also* 亦作 ˌ**soy ˈsauce**) *noun* [U] a dark brown sauce that is made from soya beans and that you add to food to make it taste better 酱油

spa /spɑː ‖ spɑ/ *noun* [C] (*pl* **spas**) a place where mineral water comes out of the ground and where people go to drink this water because it is considered to be healthy 有矿泉之地；矿泉

☆**space** /speɪs ‖ spes/ *noun* **1** [C,U] an area that is empty or not used 空间；空地：*Is there enough space for me to park the car there?* 那儿有足够的地方让我停放车子吗？○ *a parking space* 停车位 ○ *We're a bit short of space.* 我们地方不大够用。○ *There's a space here for you to write your name.* 这儿的空白让你填上名字。○ *wide open spaces* (= empty areas of countryside) 开阔的郊外 ☛ Look at **room** and the note at **place¹**. 参看 **room**；另参看 **place¹** 的注释。**2** [U] (*also* 亦作 ˌ**outer ˈspace**) the vast area which surrounds the planet Earth and the other planets and stars 太空；外层空间：*Yuri Gagarin was the first man to go into space.* 尤里·加加林是第一个进入太空的人。○ *space travel* 太空旅行 **3** [C, usually sing] a period of time 一段时间：*Mandy had been ill three times in the space of four months.* 曼迪在四个月内病了三次。

space *verb* [T] **space sth (out)** to arrange things so that there are spaces between them 使事物在空间上相隔一定的距离；留间隔

ˈ**spacecraft** *noun* [C] (*pl* **spacecraft**) a vehicle that travels in space 太空船；宇宙飞船

ˈ**spaceman**, ˈ**spacewoman** *noun* [C] a person who travels in space 太空人；宇航员

ˈ**spaceship** *noun* [C] a vehicle in which people can travel in space 太空船；宇宙飞船

spacious /ˈspeɪʃəs ‖ ˈspeʃəs/ *adj* having a lot of space or room; large in size 宽敞；广阔 —**spaciousness** *noun* [U]

☆**spade¹** /speɪd ‖ sped/ *noun* [C] a tool that you use for digging. A spade has a long wooden handle and a flat piece of metal (**a blade**) at one end. 铲（刃薄的部分叫做 **blade**）☛ Look at **shovel**. 参看 **shovel**。

spade² /speɪd ‖ sped/ *noun* **1 spades** [plural] the group (**suit**) of playing-cards with pointed black leaves on them 黑桃牌（总称）（同花色的一组纸牌叫做 **suit**）：*the king of spades* 黑桃K ☛ picture and note at **card**. 见 **card** 的插图及注释。**2** [C] one of the cards from this suit 黑桃牌：*Have you got a spade?* 你有没有黑桃牌？

spaghetti /spəˈgetɪ ‖ spəˈgɛtɪ/ *noun* [U] a type of Italian food (**pasta**) made from flour and water that looks like long strings 意大利面条

（面食叫做 **pasta**）: *I'll cook some spaghetti.* 我要弄一些意大利面条。

span /spæn ‖ spæn/ *noun* [C] **1** the length of sth from one end to the other 跨度: *the wingspan of a bird* 鸟的翼展 **2** the length of time that sth lasts or continues 持续的一段时间: *Young children have a short attention span.* 小孩子不能长时间集中精神。

span *verb* [T] (spa**nn**ing; spa**nn**ed) **1** to form a bridge over sth 架桥: *The road is spanned by a railway bridge.* 那条路上空架起了铁路桥。 **2** to last or continue for a particular period of time 持续: *Her career in politics spanned more than fifty years.* 她的政治生涯持续了五十多年。

spank /spæŋk ‖ spæŋk/ *verb* [T] to hit a child on its bottom with an open hand as a punishment 打（屁股）（用巴掌打小孩屁股作为惩罚）

spanner /ˈspænə(r) ‖ ˈspænɚ/ (*US* 美 **wrench**) *noun* [C] a metal tool with an end shaped so that it can be used for turning nuts 扳子；扳手 ☛ picture at **tool**. 见 **tool** 插图。

☆**spare**[1] /speə(r) ‖ spɛr/ *adj* **1** not needed now but kept because it may be needed in the future 备用；后备: *The spare tyre is kept in the boot.* 后备车胎放在行李箱里。 ○ *a spare room* 备用的房间 **2** not used for work 工余: *What do you do in your spare time?* 你闲暇时做些什么？ **3** not being used; free 未用；空着: *There were no seats spare so we had to stand.* 没有多出来的座位，我们只好站着。

spare *noun* [C] an extra thing of the same kind that you can use 备用物: *The fuse has blown. Where do you keep your spares?* 保险丝烧坏了，备用的你放在哪里？

ˌ**spare** ˈ**part** *noun* [C] a part for a machine, engine, etc that you can use to replace an old part which is damaged or broken 备用零件

☆**spare**[2] /speə(r) ‖ spɛr/ *verb* [T] **1** to be able to give sb/sth to sb 腾出；拨出: *Can you spare any money?* 你能借给我一些钱吗？ ○ *I am very grateful for you sparing the time to see me.* 你抽空见我，十分感谢。 **2** to not hurt or damage sb/sth 不伤害: *to spare sb's life* 不杀害某人 **3** to use as little as possible of sth 尽量节省: *No expense was spared at the wedding.* 他们不惜工本办婚礼。 **4** to stop sb from having an unpleasant experience 使避免（不愉快经验）: *I told him what happened but spared him all the details.* 我告诉他发生了什么事，但没让他知道细节。

(IDIOM 习语) **to spare** more than is needed 多余；剩余: *There's no time to spare. We must leave straight away.* 没有多余时间了，我们必须立即离开。

sparing /ˈspeərɪŋ ‖ ˈspɛrɪŋ/ *adj* (*formal* 正式) using only a little of sth; careful 省着用；用得少；节省: *Try to be sparing with the salt.* 尽量少用盐。 —**sparingly** *adv*: *to use sth sparingly* 尽量少用某物

spark /spɑ:k ‖ spɑrk/ *noun* [C] **1** a small bright piece of burning material 火花 **2** a flash of light that is caused by electricity 电火花/闪光: (*figurative* 比喻) *a spark of anger* 一阵怒火

spark *verb*

(PHRASAL VERB 短语动词) **spark sth off** (*informal* 非正式) to cause sth 造成/引发某事物: *Eric's comments sparked off a tremendous argument.* 埃里克的评论引发了一场争论。

ˈ**spark-plug** (*also* 亦作 ˈ**sparking-plug**) *noun* [C] the small piece of equipment that produces sparks in an engine 火花塞（引擎的点火装置）

sparkle /ˈspɑ:kl ‖ ˈspɑrkl̩/ *verb* [I] to shine with many small points of light 闪烁；闪: *The river sparkled in the sunlight.* 河流在阳光下闪烁。 ○ (*figurative* 比喻) *Trudy's eyes sparkled with excitement.* 特鲁迪的眼里闪动着兴奋的光芒。—**sparkle** *noun* [C,U]

sparkling /ˈspɑ:klɪŋ ‖ ˈspɑrklɪŋ/ *adj* **1** that sparkles 闪烁的: *sparkling blue eyes* 闪闪发亮的蓝眼睛 **2** (used about wine 指酒) with bubbles in it 有泡沫: *sparkling white wine* 冒着泡沫的白葡萄酒 **3** full of life; appearing interesting and intelligent 充满生气；风趣机智: *a sparkling, witty speech* 妙趣横生的演说

sparrow /ˈspærəʊ ‖ ˈspæro/ *noun* [C] a small brown bird that is very common 麻雀

sparse /spɑ:s ‖ spɑrs/ *adj* small in quantity or amount 少；稀少: *a sparse crowd* 一小群人 —**sparsely** *adv*: *a sparsely populated area* 人烟稀少的地区 —**sparseness** *noun* [U]

spartan /ˈspɑ:tn ‖ ˈspɑrtn̩/ *adj* (*formal* 正式) very simple and not comfortable 简朴；刻苦: *spartan living conditions* 简朴的生活环境

spasm /ˈspæzəm ‖ ˈspæzəm/ *noun* [C,U] a sudden tightening of a muscle that you cannot control 痉挛；抽搐: *painful muscular spasms in the leg* 令人疼痛的腿部肌肉痉挛

spastic /ˈspæstɪk ‖ ˈspæstɪk/ *adj*, *noun* [C] (of) a person who is suffering from a disease of the brain (**cerebral palsy**) and who cannot control his/her movements properly 患大脑性麻痹的（人）（大脑性麻痹叫做 **cerebral palsy**）

spat *pt*, *pp* of SPIT * SPIT 的过去时及过去分词

spate /speɪt ‖ spet/ *noun* [sing] a sudden large number or amount of sth 突然涌现的事物: *a spate of burglaries in the area* 该区溜门撬锁的事件

spatial /ˈspeɪʃl ‖ ˈspeʃəl/ *adj* (*formal* 正式) connected with the size or position of sth 与空间有关

spatter /ˈspætə(r) ‖ ˈspætɚ/ *verb* [T] to cover sb/sth with small drops of liquid 溅；泼: *to spatter sb with water* 向某人泼水 ○ *to spatter water on sb* 向某人泼水

☆**speak** /spi:k ‖ spik/ *verb* (*pt* **spoke** /spəʊk ‖ spok/; *pp* **spoken** /ˈspəʊkən ‖ ˈspokən/) **1 speak (to sb) (about sb/sth)** [I] to talk or say things 说话；谈话: *I'd like to speak to the manager, please.* 我想跟经理谈谈。 ○ *Could you speak more slowly?* 你可以说得慢一点吗？ ○ *I was so angry I could hardly speak.* 我气得说不出话来。 ☛ **Speak** and **talk** have almost the same meaning, although **speak** is slightly more formal. * **speak** 和 **talk** 差不多同义，**speak** 稍为正式一些。In addition, **talk** is more likely to be used about a conversation, while speak is often used when only one person is saying something 此外，**talk** 多指对话，**speak** 常指一个人说话: *Speaking personally, I'm all in favour of the idea.* 我个人很赞成这个意见。○ *We talked all night.* 我们谈了一整夜。○ *I must speak to Ben's parents about his bad behaviour.* 我必须跟本杰明父母谈谈他的不良行为问题。**2** [T] to know and be able to use a language 会/懂（某种语言）: *Does anyone here speak German?* 这里有人会说德语吗？○ *a French-speaking guide* 说法语的导游 **3** [I] **speak (on/about sth)** to make a speech to a group of people 演说；演讲；讲话: *Professor Hurst has been invited to speak on American foreign policy.* 赫斯特教授获邀演讲有关美国的外交政策。**4** [I] **speak (to sb)** (*informal* 非正式) (usually in negative sentences 通常用于否定句) to be friendly with sb （与某人）有交往: *They had an argument and now they're not speaking to each other.* 他们吵过一次，现在互不理睬。

(IDIOMS 习语) **be on speaking terms (with sb)** to be friendly with sb (after an argument) （争吵过后）和好: *Thankfully they are back on speaking terms again.* 谢天谢地，他们和好如初了。

so to speak (used when you are describing sth in an unusual way or in a way which is not strictly true 用于不寻常或并非精确的形容): *She turned green, so to speak, after watching a television programme about the environment.* 她看过一个有关自然环境的电视节目后，可以说是变成了环保分子。

speak for itself to be very clear so that no other explanation is needed 不言而喻: *The statistics speak for themselves.* 这些统计数字不言自明。

speak your mind to say exactly what you think, even though you might offend sb 直言不讳

(PHRASAL VERBS 短语动词) **speak for sb** to express the thoughts or opinions of sb else 代某人发言: *I cannot speak for my colleagues.* 我不能代表我的同事发言。

speak out (against sth) to say clearly and publicly that you think sth is bad or wrong 公开反对某事物

speak up to speak louder 提高嗓子说话

speaker *noun* [C] **1** a person who makes a speech to a group of people 演说者；讲话者: *Tonight's speaker is a well-known writer and journalist.* 今晚的讲话人是出名的作家兼新闻记者。**2** (*informal* 非正式) = LOUDSPEAKER(2) **3** a person who speaks a particular language 操某种语言的人: *a Russian speaker* 说俄语的人

spear /spɪə(r) ‖ spɪr/ *noun* [C] a long pole with a sharp point at one end, used for hunting or fighting 矛；标枪

ˈ**spearhead** *noun* [C, usually sing] a person or group that begins or leads an attack, etc 先锋；先头部队

ˈ**spearhead** *verb* [T] to lead an attack 带头攻击: *The RSPCA is spearheading the campaign.* 这次运动由皇家防止虐待动物协会带头进行。

spearmint /ˈspɪəmɪnt ‖ ˈspɪrˌmɪnt/ *noun* [U] a type of leaf with a fresh taste that is used in sweets, etc 留兰香: *spearmint chewing gum* 留兰香口香糖 ☛ Look at **peppermint**. 参看 **peppermint**。

☆**special** /ˈspeʃl ‖ ˈspɛʃəl/ *adj* **1** not usual or ordinary; important for some particular reason 特别；有特别重要性: *He shouldn't get special treatment just because he is famous.* 他不应该因为有名而受到特别的优待。○ *a special occasion* 特别的场合 ○ *Are you doing anything special tonight?* 今天晚上你有特别的事吗？**2** (only *before* a noun 只用于名词前) for a particular purpose 为特别目的/某种用途: *The little boy goes to a special school for the deaf.* 那个小男孩上专门为失聪者设立的特殊学校。○ *There's a special tool for doing that.* 干那个要用专门的工具。

special *noun* [C] something that is not of the usual or ordinary type 特别的事物: *the all-night election special on TV* 电视上通宵播出的选举特辑

specialist /-ʃəlɪst ‖ -ʃəlɪst/ *noun* [C] a person with special or deep knowledge of a particular subject 专家: *She's a specialist in diseases of cattle.* 她是研究牛的疾病的专家。○ *to give specialist advice* 给予专业意见

specially /-ʃəlɪ ‖ -ʃəlɪ/ (*also* 亦作 **especially**) *adv* **1** for a particular purpose or reason 为特别用途/理由: *I made this specially for you.* 我特别为你做了这个。**2** particularly; very; more than usual 特别；非常；异常: *The hotel was clean but the food was not specially good.* 那家旅馆很清洁，但食物并不特别好。○ *It's not an especially difficult exam.* 这次考试并不特别难。

speciality /ˌspeʃɪˈælətɪ ‖ ˌspɛʃɪˈælətɪ/ *noun* [C] (*pl* **specialities**) (*US* 美 **specialty** /ˈspeʃəltɪ ‖ ˈspɛʃəltɪ/; *pl* **specialties**) **1** an area of study or a subject that you know a lot about 专门研究的范围；专业 **2** something made by a person, place, business, etc that is very good and that they are known for 有名的产品/服务；特产: *The cheese is a speciality of the region.* 干酪是该区的特产。

specialize (*also* 亦作 **specialise**) /ˈspeʃəlaɪz ‖ ˈspɛʃəlˌaɪz/ *verb* [I] **specialize (in sth)** to give most of your attention to one subject, type of product, etc 专门研究/从事…: *This shop specializes in clothes for taller men.* 这家商店专卖身材高的人穿的衣服。○ *a lawyer who specializes in divorce cases* 专门处理离婚案的律师 —**specialization** (*also* 亦作 **specialisation**) /ˌspeʃəlaɪˈzeɪʃn; *US* 美 -lɪˈz- ‖ ˌspɛʃəlɪˈzeʃən/ *noun* [U]

specialized (*also* 亦作 **specialised**) *adj* **1** to be used for a particular purpose 为特定用途: *a specialized system* 专门系统 **2** having or needing deep or special knowledge of a particular subject 有/需要专门知识；专业: *We have specialized staff to help you with any problems.* 任何困难我们都有专家帮助你解决。

specialty (*US* 美) = SPECIALITY

☆**species** /ˈspiːʃiːz ‖ ˈspiʃiz/ *noun* [C] (*pl* **species**) a group of plants or animals that are very similar to each other and that can breed together（生物的）种: *an endangered species* 濒临绝种的生物

☆**specific** /spəˈsɪfɪk ‖ spɪˈsɪfɪk/ *adj* **1** detailed or exact 具体；详尽；明确: *You must give the class specific instructions on what they have to do.* 你必需给班上学生明确的指示该做些什么。**2** particular; not general 特定；独特: *Everyone has been given a specific job to do.* 每个人都获派特定的工作。—**specifically** /-klɪ ‖ -kḷɪ/ *adv*: *a play written specifically for television* 特别为电视撰写的剧本 ○ *I specifically asked you not to do that.* 我已经特别要求你不要那样做。

specification /ˌspesɪfɪˈkeɪʃn ‖ ˌspɛsəfəˈkeʃən/ *noun* [C,U] detailed information about how sth has been or must be built or made 规格: *The kitchen was designed to our own specification.* 厨房是按照我们的规格设计的。

specify /ˈspesɪfaɪ ‖ ˈspɛsəˌfaɪ/ *verb* [T] (*pres part* **specifying**; *3rd pers sing pres* **specifies**; *pt, pp* **specified**) to say or name sth clearly or in detail 指明；详细说明: *Please specify any dates that you are not available.* 请指明哪些日子你没有空。○ *The regulations specify the maximum number of people allowed in.* 管理条例明确规定入场的最高人数。

specimen /ˈspesɪmən ‖ ˈspɛsəmən/ *noun* [C] **1** an example of a particular type of thing, often studied by experts or scientists（可代表某类事物的）标本: *There is a fine specimen of that type of tree in the Botanical Gardens.* 那种树在植物公园内有一棵很好的标本。**2** a small amount of sth that is tested for medical or scientific purposes（用作化验/研究的）标本: *Specimens of the patient's blood were tested in the hospital laboratory.* 病人的血液标本在医院实验室作了化验。

speck /spek ‖ spɛk/ *noun* [C] a very small spot or mark 小点；斑点: *a speck of dust* 一粒灰尘 ○ *The car was just a tiny speck on the horizon.* 那辆汽车只不过是地平线上的一个小点。

specs /speks ‖ spɛks/ *noun* [plural] (*informal* 非正式) = GLASSES

spectacle /ˈspektəkl ‖ ˈspɛktəkḷ/ *noun* [C] something that is grand, interesting or unusual to look at 壮观的场面；奇观: *The London Marathon is a popular sporting spectacle.* 伦敦马拉松赛跑场面壮观，很受人欢迎。

spectacles /ˈspektəklz ‖ ˈspɛktəkḷz/ *noun* [plural] = GLASSES

spectacular /spekˈtækjʊlə(r) ‖ spɛkˈtækjələ˞/ *adj* very grand, interesting or attractive 壮观；精彩；吸引人: *The view from the top of the hill is quite spectacular.* 从山顶向下望，景色颇为壮观。○ *a spectacular display of fireworks* 精彩的烟花表演 —**spectacularly** *adv*

☆**spectator** /spekˈteɪtə(r); *US* 美 ˈspekteɪtər ‖ ˈspɛktetə˞/ *noun* [C] a person who watches a show, game, sport, etc 观看者

spectre (*US* 美 **specter**) /ˈspektə(r) ‖ ˈspɛktə˞/ *noun* [C] **1** = GHOST **2** an idea that frightens you because of sth bad that might happen in the future（对未来情况的）恐惧: *the spectre of unemployment* 失业的恐惧

spectrum /ˈspektrəm ‖ ˈspɛktrəm/ *noun* [C, usually sing] (*pl* **spectra** /ˈspektrə ‖ ˈspɛktrə/) **1** the set of seven colours into which white light can be separated 光谱: *You can see the colours of the spectrum in a rainbow.* 从彩虹中可以看到光谱的颜色。**2** a full or wide range of sth 系列；范围: *speakers representing the whole spectrum of political opinions* 代表所有不同政见的演讲者

speculate /ˈspekjʊleɪt ‖ ˈspɛkjəˌlet/ *verb* **1** [I, T] **speculate (about/on sth)** to think about sth without having all the facts or information 猜测；臆测: *to speculate about the result of the next election* 猜测下次选举的结果 **2** [I] to buy and sell with the aim of making money but with the risk of losing it 投机买卖: *to speculate on the stock market* 在股票市场做投机买卖 —**speculator** *noun* [C]

speculation /ˌspekjʊˈleɪʃn ‖ ˌspɛkjəˈleʃən/ *noun* [C,U] an act of speculating(1,2) 猜测；投机买卖: *There was a lot of speculation about the date of the election.* 对选举日期的猜测很多。○ *He bought some shares as a speculation.* 他购入一些股票做投机买卖。

sped *pt, pp* of SPEED ＊ SPEED 的过去时及过去分词

☆**speech** /spiːtʃ ‖ spitʃ/ *noun* **1** [U] the act of speaking or the state of being able to speak 讲；讲话；说话能力: *to lose the power of speech* 失去说话能力 ○ *freedom of speech* (= to speak your opinions openly) 言论自由 **2** [U] the particular way of speaking of a person or group of people 说话的方式: *She's doing a study of children's speech.* 她正在研究儿童的言语。**3** [C] a formal talk that you give to a group of people 演说；演讲: *The Chancellor is going to make a speech to city businessmen.* 财政大臣将向企业家发表演讲。○ *an after-dinner speech* 餐后的演讲 **4** [C] a group of words that one person must say in a play 台词: *the King's speech in Act II* 第二幕中国王的台词

speechless *adj* not able to speak, eg because you are shocked, very angry, etc（因震惊、愤怒等而）说不出话

☆**speed** /spiːd ‖ spid/ *noun* **1** [U] fast movement 迅速: *to gather/pick up speed* 加速 ○ *With a final burst of speed, Christie won the race.* 克里斯蒂最后冲刺，赢了比赛。**2** [C,U] the rate at which sb/sth moves or travels 速度: *The car was travelling at a speed of 40 miles an hour.* 车子以时速 40 英里前进。○ *to travel at top speed* 全速前进

speed *verb* [I] (*pt, pp* **sped** /sped ‖ spɛd/) **1** to go or move very quickly 以高速前进/活动: *He sped round the corner on his bicycle.* 他骑自行车急速绕过拐角。○ *The holiday seemed to speed by.* 假期转瞬就过去了。**2** (only used in the continuous tenses 只用于进行时) to drive a car, etc faster than the legal speed limit 超速行车等: *The police said she had been speeding.* 警方说她超速行车。

(PHRASAL VERB 短语动词) **speed (sth) up** (*pt, pp* **speeded**) (to cause sth) to go faster 加速；加快: *plans to speed up production*

S

in the factory 该工厂加速生产的计划 ○ *The traffic speeded up once it reached the motorway.* 车辆一到高速公路便加速行驶。

speeding *noun* [U] the act of driving a car, etc faster than the legal speed limit 超速行车等

speedy *adj* (**speedier**; **speediest**) fast; quick 快速；迅速: *to make a speedy recovery from an illness* 迅速康复 —**speedily** *adv* —**speediness** *noun* [U]

'**speedboat** *noun* [C] a small fast boat with an engine 快艇；汽艇

'**speed limit** *noun* [C, usually sing] the highest speed that you may drive without breaking the law on a particular piece of road（交通工具的）速度极限/限制

'**speedway** *noun* [U] the sport of racing on motor bikes 摩托车赛

speedometer /spiːˈdɒmɪtə(r) ‖ spiˈdɑmətɚ/ *noun* [C] a piece of equipment in a car, etc that tells you how fast you are travelling 车辆的速度计

☆**spell**[1] /spel ‖ spɛl/ *verb* (*pt*, *pp* **spelled** /speld ‖ spɛld/ or **spelt** /spelt ‖ spɛlt/) **1** [I,T] to write or say the letters of a word in the correct order 拼写: *I find that children today just can't spell.* 我发现现在的孩子不懂得拼写。○ *How do you spell your surname?* 你的姓氏怎样拼？○ *His name is spelt P-H-I-L-I-P.* 他的名字的拼法是 P-H-I-L-I-P。**2** [T] (used about a set of letters 指一组字母) to form a particular word 拼成；拼写成: *A-I-S-L-E spells aisle.* * A-I-S-L-E 拼成 aisle。**3** [T] to mean; to have sth as a result 意味着；带来: *Another poor harvest would spell disaster for the region.* 如果再次歉收，就会给本区带来灾祸。

(PHRASAL VERB 短语动词) **spell sth out** **1** to write or say the letters of a word or name in the correct order 正确写出/说出某字的拼法 **2** to explain sth in detail or in a very clear way 详细解释/清楚说明某事

spelling *noun* **1** [C,U] the way that a word is spelt 拼法: *'Center' is the American spelling of 'centre'.* * center 是 centre 的美国拼法。**2** [U] the act of spelling or the state of being able to spell 拼写；拼写能力: *Roger is very poor at spelling.* 罗杰的拼写能力很差。

spell[2] /spel ‖ spɛl/ *noun* [C] a short period of time 一段短时间: *a spell of cold weather* 短短的一段寒冷日子

spell[3] /spel ‖ spɛl/ *noun* [C] **1** [usually sing] (in stories, etc) a state or condition that was caused by magic（故事等中）着魔: *The witch put a spell on the prince.* 女巫向王子施咒。○ (*figurative* 比喻) *He's completely under her spell.* 他完全为她着了迷。**2** a set of words that are believed to have magic power 咒语

spelt *pt*, *pp* of SPELL[1] * SPELL[1] 的过去时及过去分词

☆**spend** /spend ‖ spɛnd/ *verb* (*pt*, *pp* **spent** /spent ‖ spɛnt/) **1** [I,T] **spend (sth) (on sth)** to give or pay money for sth 花费（金钱）: *How much do you spend on food each week?* 你每星期花费多少钱买食物？○ *You shouldn't go on spending like that.* 你不应继续那样大肆挥霍。**2** [T] to pass time 度/过时间: *I spent a whole evening writing letters.* 我花了整个晚上写信。○ *I'm spending the weekend at my parents' house.* 我在父母处度过周末。○ *He spent two years in Rome.* 他在罗马度过两年。

spending /ˈspendɪŋ ‖ ˈspɛndɪŋ/ *noun* [U] the giving of large amounts of money by an organization to pay for services such as education 开支；支出: *The government wants to increase spending on health care.* 政府希望增加医疗服务的开支。

sperm /spɜːm ‖ spɝm/ *noun* **1** [C] a very small cell that is produced by a male animal and that can join with a female egg to create a new life 精子 **2** [U] the liquid that contains sperms 精液

sphere /sfɪə(r) ‖ sfɪr/ *noun* [C] **1** any round object shaped like a ball 球体 ☛ picture at **cube**. 见 **cube** 插图。**2** an area of interest or activity 兴趣范围；活动范围: *Many countries are having difficulties in the economic sphere.* 许多国家在经济方面遇到困难。—**spherical** /ˈsferɪkl ‖ ˈsfɛrɪkl̩/ *adj*

spice /spaɪs ‖ spaɪs/ *noun* **1** [C,U] a substance (especially a powder) that is made from part of a plant and used to give flavour to food（用于食品的）香料: *I use a lot of herbs and spices in my cooking.* 烹饪时我用许多香草和香料。○ *Pepper and paprika are two common spices.* 胡椒粉和红椒粉是两种常用的香料。**2** [U] excitement and interest 乐趣；情趣；趣味: *to add spice to a situation* 增添情趣

spice *verb* [T] **spice sth (with sth)** **1** to add spice to food 加香料于食物中 **2** to add excitement to sth 给（某事物）增加趣味

spicy *adj* (**spicier**; **spiciest**) containing spice 含有香料；辣: *Indonesian food is rather spicy.* 印度尼西亚菜颇为辛辣。

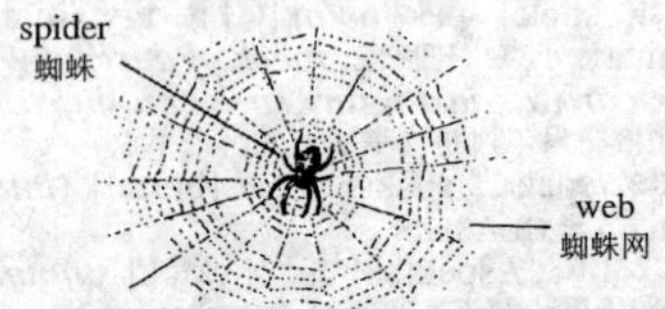

spider /ˈspaɪdə(r) ‖ ˈspaɪdɚ/ *noun* [C] a type of small animal (like an insect) with eight legs. Spiders make (**spin**) special nets (**webs**) to catch insects for food. 蜘蛛（结网叫做 **spin**，蜘蛛网叫做 **web**）

spike /spaɪk ‖ spaɪk/ *noun* [C] a piece of metal, wood, etc that has a sharp point at one end 尖端；末梢尖锐的金属/木等: *metal railings with spikes on the top* 顶端尖锐的金属栅栏

☆**spill** /spɪl ‖ spɪl/ *verb* [I,T] (*pt*, *pp* **spilt** /spɪlt ‖ spɪlt/ or **spilled**) (to cause a liquid) to pour out from sth by accident（使）溢出；泼出: *I've spilt some wine on the carpet.* 我不小心把一点酒洒在地毯上了。○ (*figurative* 比喻) *There were so many people that the party spilled over into the garden.* 参加酒会的人太多了，有些人只好站到花园里去。

(IDIOM 习语) **spill the beans** (*informal* 非正

He's **spilled** his milk.
他把牛奶泼出来了。

式) to tell a person sth when you are supposed to be keeping it secret 泄露秘密

☆**spin** /spɪn ‖ spɪn/ *verb* (**spinning**; *pt, pp* **spun** /spʌn ‖ spʌn/) **1** [I,T] **spin (sth) (round)** (to cause sth) to turn round quickly(使)急速转动: *Mary spun round when she heard someone call her name.* 玛丽听见有人叫她，就连忙转过身来。○ *to spin a coin* 掷硬币作决定 ○ (*figurative* 比喻) *After three glasses of whisky my head was spinning.* 喝过三杯威士忌后，我觉得头昏脑胀。**2** [I,T] to make thread from a mass of wool, cotton, etc 纺纱 **3** [T] = SPIN-DRY

(PHRASAL VERB 短语动词) **spin sth out** to make sth last as long as possible 使…尽量持续/延长: *I managed to spin the discussion out until lunchtime.* 我设法将讨论拉长到吃午餐的时辰。

spin *noun* [U] an act of spinning(1) 旋转: *to put some spin on a ball* (= in sports like cricket, tennis, etc)(板球、网球等中)发旋转球

ˌ**spin-ˈdry** (*also* 亦作 **spin**) *verb* [T] to remove water from clothes by spinning(1) them round very fast in a special machine (**a spin-drier**) 甩干衣服(旋转式脱水机叫做 **spin-drier**)

ˈ**spin-off** *noun* [C] a useful result that you did not expect 意外收获；副产品

spinach /ˈspɪnɪdʒ; *US* 美 -ɪtʃ ‖ ˈspɪnɪtʃ/ *noun* [U] a plant with large green leaves that can be cooked and eaten as a vegetable 菠菜

spinal /ˈspaɪnl ‖ ˈspaɪnl/ *adj* connected with the bones of the back (**the spine**) 与脊柱有关(脊柱叫做 **spine**)

spine /spaɪn ‖ spaɪn/ *noun* [C] **1** the bones of the back of a person or animal; the backbone 脊柱；脊椎 **2** one of the sharp points on some plants and animals(动植物的)刺 ☛ Look at **prickle**. 参看 **prickle**。**3** the narrow part of a book that you can see when it is on a shelf 书脊

spineless *adj* weak and easily frightened 没有骨气；懦弱；容易吓倒

spinster /ˈspɪnstə(r) ‖ ˈspɪnstɚ/ *noun* [C] (*old-fashioned* 旧) a woman who has never been married 未婚女子 ☛ **Bachelor** can be used about a man of any age but you usually use **spinster** when you are talking about an older woman. * **bachelor** 可指任何年岁的未婚男子，但 **spinster** 通常指上了年纪的未婚女子。

spiral /ˈspaɪərəl ‖ ˈspaɪrəl/ *noun* [C] a long curve that moves upwards going round and round a central point 螺旋形 —**spiral** *adj*: *a spiral staircase* 螺旋形楼梯

spiral *verb* [I] (spiralling; spiralled; *US* 美 spiraling; spiraled) to move upwards or downwards in a spiral, especially very quickly(急速)盘旋向上/向下: *Food prices are spiralling up.* 食物价格急速上升。

spire /ˈspaɪə(r) ‖ ˈspaɪr/ *noun* [C] a tall pointed tower on the top of a church, etc(教堂等的)尖塔/塔尖

☆**spirit** /ˈspɪrɪt ‖ ˈspɪrɪt/ *noun* **1** [sing] the part of a person that is not physical; your thoughts and feelings, not your body 心灵；精神: *On the lonely island I saw another world, another life, the life of the spirit.* 在孤岛上我见到另一个世界，另一种生活，精神方面的生活。**2** [C] the part of a person that many people believe still exists after his/her body is dead 灵魂: *the spirits of the dead* 死者的灵魂 **3** [C] a ghost or being that exists but that does not have a body 幽灵；鬼魂；神灵: *the Holy Spirit* 圣灵 **4** [U] energy, strength of mind or liveliness 意志；毅力；活力: *The constant setbacks finally broke his spirit.* 不断的挫折终于使他意志消沉。**5** [C] the mood or attitude of mind of sb/sth 情绪；心态: *the spirit of goodwill at Christmas* 圣诞节时期乐善好施的心态 ○ *to be in high/low spirits* (= in a happy/sad mood) 情绪好/低落 ○ *Everyone entered into the spirit of the party* (= joined in with enthusiasm). 人人尽情投入舞会。○ *the 16th-century spirit of exploration* * 16世纪的探索精神 **6** [U] the real and intended meaning of a rule, agreement, etc(规条、协议等的)精神/原意: *Judges should consider the spirit as well as the letter of the law.* 法官应该顾及法律的精神和法律的条文两方面。**7 spirits** [plural] strong alcoholic drinks, eg whisky 烈酒(如威士忌): *I never drink spirits.* 我从不喝烈酒。

spirit *verb*

(PHRASAL VERB 短语动词) **spirit sb/sth away/off** to take sb/sth away secretly 秘密带走某人/某物

spirited /ˈspɪrɪtɪd ‖ ˈspɪrɪtɪd/ *adj* lively, energetic or having strength of mind 生气勃勃；精神焕发: *The Prime Minister gave a spirited defence of his policies.* 首相为自己的政策作了有力辩护。○ *a spirited debate* 热烈的辩论

-spirited (in compounds 用以构成复合词) having a particular mood or attitude of mind 有某种情绪或心态: *a group of high-spirited teenagers* 一群生气勃勃的青少年

spiritual /ˈspɪrɪtʃʊəl ‖ ˈspɪrɪtʃʊəl/ *adj* **1** concerning your deep thoughts, feelings or emotions 与精神/心灵有关: *to fulfil your spiritual needs* 满足精神需要 ☛ Look at **material**. 参看 **material**。**2** concerning the Church or religion 与教会/宗教有关: *a spiritual leader* 精神领袖 —**spiritually** /-tʃʊlɪ ‖ -tʃʊlɪ/ *adv*

spiritualism /ˈspɪrɪtʃʊəlɪzəm ‖ ˈspɪrɪtʃʊəlˌɪzəm/ *noun* [U] the belief that you can get messages from the spirits(2) of people who are dead 唯灵论；招魂术

spiritualist /-ɪst ‖ -ɪst/ *noun* [C] a person who believes in or who is involved with spiritualism 唯灵论者；招魂者

S

☆**spit** /spɪt ‖ spɪt/ *verb* [I,T] (spitting; *pt, pp* **spat** /spæt ‖ spæt/) **spit (sth) (out)** to send liquid, food, etc out from your mouth 使食物等从嘴里出来；吐: *No spitting allowed!* 不准吐痰！ ○ *He took one sip of the wine and spat it out.* 他啜了一小口酒，又吐出来。☛ In US English the past tense and past participle can also be **spit**. 在美国英语中，spit 的过去时及过去分词也作 **spit**。

spit *noun* [U] (*informal* 非正式) the liquid in your mouth 口水 ☛ Look at **saliva**. 参看 **saliva**。

☆**spite** /spaɪt ‖ spaɪt/ *noun* [U] the desire to hurt or annoy sb 恶意: *He stole her letters out of spite.* 他出于恶意偷了她的信。

in spite of *prep* used for introducing sth that may be unexpected or surprising 用以引出出人意料的事: *The match was played in spite of the awful weather.* 尽管天气恶劣，比赛仍然进行。 ○ *In spite of all her hard work, Sue failed her exam.* 休虽然很努力，可是考试不及格。

spite *verb* [T] to try to hurt or annoy sb 恶意伤害/激怒某人: *I think he only said it to spite me.* 我想他那样说只是为了激怒我。

spiteful /-fl ‖ -fəl/ *adj* feeling or showing spite(1); unkind 怀有恶意: *He's been saying spiteful things about his ex-girlfriend.* 他总是说以前的女朋友坏话。—**spitefully** *adv* /-fəlɪ ‖ -fəlɪ/

☆**splash** /splæʃ ‖ splæʃ/ *verb* [I,T] (to cause a liquid) to fly about in drops and make sb/sth wet（使液体）飞溅/溅湿某人或某物: *The children were splashing each other with water.* 孩子们互相泼水。 ○ *They were splashing around in the pool.* 他们在游泳池中玩，弄得水花四溅。 ○ *Be careful not to splash paint onto the floor.* 小心别把油漆溅到地上。

(PHRASAL VERB 短语动词) **splash out (on sth)** (*informal* 非正式) to spend money on sth that is an expensive luxury or that you do not really need 挥霍

splash *noun* [C] **1** an act or sound of splashing 泼；溅；泼/溅的声音: *Paul jumped into the pool with a big splash.* 保罗扑通一声跳进游泳池。 **2** a mark or spot that was made by sth splashing 溅污的斑点/斑痕: *splashes of oil on the cooker* 炉具上的油渍 **3** a bright area of colour 颜色鲜艳的地方: *Flowers add a splash of colour to a room.* 花朵能使房间增添色彩。

splatter /ˈsplætə(r) ‖ ˈsplætɚ/ *verb* [I,T] (used about a liquid 指液体) to splash and make sb/sth wet or dirty; to make a liquid do this 溅；泼；溅湿/溅污某人/某物: *The paint was splattered all over the floor.* 油漆溅了一地。

splay /spleɪ ‖ sple/ *verb* [I,T] (to cause sth) to spread out or become wider at one end（使）展开/张开: *splayed fingers* 张开的手指

☆**splendid** /ˈsplendɪd ‖ ˈsplɛndɪd/ *adj* **1** very good; excellent 非常好；出色: *What a splendid idea!* 好主意！ **2** of fine or grand appearance 华丽；壮观: *the splendid royal palace* 雄伟的皇宫 —**splendidly** *adv*

splendour (*US* 美 **splendor**) /ˈsplendə(r) ‖ ˈsplɛndɚ/ *noun* [U] beauty that is grand and that impresses people 壮丽；华丽；壮观: *the splendour of the Swiss Alps* 瑞士阿尔卑斯山脉的壮丽

splint /splɪnt ‖ splɪnt/ *noun* [C] a piece of wood or metal that is used to keep a broken bone in the right position 夹板（用以固定折断的骨头）

splinter /ˈsplɪntə(r) ‖ ˈsplɪntɚ/ *noun* [C] a small thin sharp piece of wood, metal or glass that has broken off a larger piece（木、金属、玻璃等的）碎片: *I've got a splinter in my finger.* 我的手指扎了根刺。

splinter *verb* [I,T] to break into small thin sharp pieces 打碎；裂成碎片

☆**split** /splɪt ‖ splɪt/ *verb* (*pres part* **splitting**; *pt, pp* **split**) **1** [I,T] **split (sth) (up) (into sth)** to break into two or more parts, usually from end to end, making a long line 裂；裂开: *My jeans have split (open).* 我的牛仔裤裂开了。 **2** [I,T] **split (sb) (up) (into sth)** (to cause people) to divide into different groups 分成小组: *Let's split into two groups.* 我们分成两组吧。 ○ *The children have been split into five groups according to their ability.* 孩子们按能力分成五组。 **3** [T] to divide or share sth 分担；分摊；分享: *We split the cost of the meal between the six of us.* 我们六个人分摊这顿饭的费用。

(IDIOMS 习语) **split the difference** to agree on an amount or figure that is halfway between the two amounts or figures already mentioned 折衷商定一个中间的价格/数目

split hairs to try to find small differences between things that are almost the same 吹毛求疵 ☛ Usually used in a critical way. 通常含贬义。

(PHRASAL VERB 短语动词) **split up (with sb)** to end a marriage or relationship 分手；离异；绝交: *He's split up with his girlfriend.* 他和女朋友分手了。

split *noun* [C] **1** a division in a group（团体的）分裂: *Disagreement about European policy led to a split within the Conservative party.* 在欧洲政策上的分歧引致保守党内部分裂。 **2** a long cut or hole in sth 裂口；裂缝

ˌ**split ˈsecond** *noun* [C] a very short period of time 一刹那；一瞬间；一眨眼工夫: *It only took me a split second to decide.* 我刹那间就作了决定。

splutter /ˈsplʌtə(r) ‖ ˈsplʌtɚ/ *verb* **1** [I,T] to speak with difficulty eg because you are very angry or excited（因愤怒或激动而）口齿不灵/语无伦次: *'How dare you!' she spluttered indignantly.* "你真大胆！" 她愤然说。 **2** [I] to make a series of sounds like a person spitting or coughing 发出类似吐东西/咳嗽之声: *He fell into the pool and came up coughing and spluttering.* 他掉进游泳池，爬上来时呛得直咳嗽。—**splutter** *noun* [C]

☆**spoil** /spɔɪl ‖ spɔɪl/ *verb* (*pt, pp* **spoilt** /spɔɪlt ‖ spɔɪlt/ or **spoiled** /spɔɪld ‖ spɔɪld/) **1** [T] to make sth useless or unsuccessful, or not as good as before 损坏；糟蹋；破坏: *The new office block will spoil the view.* 新的办公大楼会破坏景致。 ○ *Our holiday was spoilt by bad weather.* 我们的假期给坏天气糟蹋了。 ○ *Eating between meals will spoil your appetite.* 正餐之

S

间进食会影响胃口。**2** [T] to do too much for sb, especially a child, so that you have a bad effect on his/her character 宠坏；惯坏: *a spoilt child* 宠坏了的孩子 **3** [T] to treat sb/yourself very well for a certain period of time in order to make this person/yourself happy 宠爱；放纵: *Why not spoil yourself with one of our new range of beauty products?* (= in an advertisement) 何不对自己好一点，使用我们最新系列的美容用品？

spoils *noun* [plural] things that have been stolen, or taken in a war or battle 战利品；赃物

ˈ**spoilsport** *noun* [C] a person who tries to stop other people enjoying themselves 扫（别人的）兴者

spoke[1] /spəʊk ‖ spok/ *noun* [C] one of the thin pieces of metal that connect the centre of a wheel (**the hub**) to the outside edge (**the rim**) 辐条/轮辐（连接轮子的轮毂 (**hub**) 和轮辋 (**rim**) 的零件）☛ picture at **bicycle**. 见 **bicycle** 插图。

spoke[2] *pt* of SPEAK * SPEAK 的过去时

spoken *pp* of SPEAK * SPEAK 的过去分词

☆**spokesman** /ˈspəʊksmən ‖ ˈspoksmən/ *noun* [C] (*pl* **spokesmen** /-mən ‖ -mən/) a person who is chosen to speak for a group or organization 发言人 ☛ A woman is called a **spokeswoman**. 女性发言人称 **spokeswoman**。**Spokesperson** is now often preferred because it can be used for a man or a woman. 现在较常用 **spokesperson**，此词无分性别。

sponge /spʌndʒ ‖ spʌndʒ/ *noun* [C,U] **1** a piece of rubber or plastic (or of a natural substance also called 'sponge'). Sponges have many small holes, soak up water and are used for cleaning things or for washing yourself. 海绵 **2** [C,U] = SPONGE CAKE

sponge *verb* [T] to clean sth with a wet sponge or cloth（用海绵/湿布）清洗

(PHRASAL VERB 短语动词) **sponge on/off sb** (*informal* 非正式) to get money, food, etc from sb without doing or giving anything in return 白取某人的钱、吃白食等；靠某人养活: *It's about time you stopped sponging off your parents!* 是你脱离依赖父母生活的时候了！

ˈ**sponge bag** *noun* [C] (*Brit* 英) a bag in which you put soap, toothpaste, etc when you are travelling 防水盥洗用具袋（旅行常用）

ˈ**sponge cake** (*also* 亦作 **sponge**) *noun* [C,U] a light cake made with eggs, flour and sugar, and sometimes fat 松蛋糕；海绵状蛋糕

☆**sponsor** /ˈspɒnsə(r) ‖ ˈspɑnsɚ/ *noun* [C] **1** a person or an organization that helps to pay for a special sports event, etc (usually so that it can advertise its products)（体育活动等的）赞助人/赞助商 **2** a person who agrees to pay money to a charity if sb else completes a particular activity 慈善活动赞助人: *I need sponsors for a bike ride to Brighton in aid of Cancer Research.* 我为癌症研究所筹款，需要有人赞助作一次骑往布赖顿的自行车之旅。

sponsor *verb* [T] to be a sponsor(1,2) for sb/sth 赞助: *A large cigarette company is sponsoring the next football tournament.* 一家大烟草公司赞助下次的足球比赛。○ *a sponsored walk to raise money for handicapped children* 为残疾儿童筹款而举行的赞助步行 —**sponsorship** *noun* [U]: *Many theatres depend on industry for sponsorship.* 许多剧院都倚赖工商界资助。

spontaneous /spɒnˈteɪnɪəs ‖ spɑnˈtenɪəs/ *adj* done or happening naturally; not planned 自发；自然: *a spontaneous burst of applause* 自发的掌声 —**spontaneously** *adv* —**spontaneity** /ˌspɒntəˈneɪətɪ ‖ ˌspɑntəˈniətɪ/ *noun* [U]

spooky /ˈspuːkɪ ‖ ˈspukɪ/ *adj* (**spookier**; **spookiest**) (*informal* 非正式) frightening 吓人: *It's spooky in the house alone at nights.* 晚上独处这所房子内令人胆战心惊。

spool /spuːl ‖ spul/ *noun* [C] a round object which thread, film, wire, etc are wound around when you buy them 线轴；绕线管；卷轴 ☛ Look at **reel**. 参看 **reel**。

☆**spoon** /spuːn ‖ spun/ *noun* [C] **1** an object with a round end and a long handle that you use for eating, stirring or serving food 匙；调羹；勺: *Give each person a knife, fork and spoon.* 每人分发一套刀叉调羹。○ *a wooden spoon for cooking* 烹饪用木勺 **2** (*also* 亦作 ˈ**spoonful**) the amount that one spoon can hold 一匙的量: *Two spoons of sugar in my coffee, please.* 请在我的咖啡里放两匙糖。○ *Add a teaspoonful of salt.* 加一茶匙盐。

spoon *verb* [T] to lift or serve sth with a spoon 以匙舀

sporadic /spəˈrædɪk ‖ spəˈrædɪk/ *adj* not done or happening regularly 偶尔发生；断断续续；零星: *There have been sporadic outbursts of gunfire during the night.* 晚间有零星枪响。—**sporadically** /-klɪ ‖ -kl̩ɪ/ *adv*

☆**sport** /spɔːt ‖ spɔrt/ *noun* **1** [U] a physical game or activity that you do for exercise or because you enjoy it 体育运动: *John did a lot of sport when he was at school.* 约翰在学校时参加许多体育活动。○ *amateur/professional sport* 业余/职业体育活动 ○ *And now with the news, sport and weather here's Mark Foster* (= on the radio or on television). 现在由马克·福斯特报道新闻、体育消息和天气预报。**2** [C] a particular game or type of sport 某种体育活动: *Which sports do you like playing?* 你喜欢哪一种体育活动？○ *the sports page of a newspaper* 报纸上的体育版 ○ *winter sports* (= skiing, skating, etc) 冬季体育活动（滑雪、溜冰等）**3** [C] (*informal* 非正式) a person who does not get angry or upset if he/she loses a game or if sb plays a joke on him/her 有体育精神的人；气量大的人 ☛ Look at **spoilsport**. 参看 **spoilsport**。

sporting *adj* connected with sport 与体育有关: *a sporting achievement* 体育方面的成就

ˈ**sports car** *noun* [C] a low, fast car often with a roof that you can open 跑车；敞篷汽车

ˈ**sportsman** /-mən ‖ -mən/ *noun* [C] (*pl* **sportsmen** /-mən ‖ -mən/) a man who plays sports 运动员: *a keen sportsman* 醉心运动的人

ˈ**sportsmanlike** *adj* behaving well and fairly when you are playing sport 有体育精神

ˈ**sportsmanship** *noun* [U] the quality of being sportsmanlike 体育精神

S

ˈ**sportswoman** /-wʊmən ‖ -ˌwʊmən/ *noun* [C] (*pl* **sportswomen** /-wɪmɪn ‖ -ˌwɪmɪn/) a woman who plays sports 女运动员

☆**spot**[1] /spɒt ‖ spɑt/ *noun* [C] **1** a small round mark of a different colour on sth 小圆点；斑点: *Leopards have dark spots.* 豹有黑斑点。○ *a blue skirt with red spots on it* 有红圆点的蓝裙子 ☛ picture at **pattern**. 见 **pattern** 插图。**2** a small dirty mark on sth 小污点；污迹: *You've got a spot of gravy on your shirt.* 你的衬衫溅了点肉汁。**3** a small red mark on your skin, sometimes caused by a disease（皮肤上的）红斑点: *Many teenagers get spots on their face.* 许多青少年脸上有红斑点。**4** a particular place or area 地点；地区: *a nice spot for a picnic* 野餐的好地方 **5** = SPOTLIGHT(1) **6** [usually sing] **a spot of sth** (*informal* 非正式) a small amount of sth 少量: *Can you help me? I'm having a spot of trouble.* 我有点麻烦，你可以帮我吗？

(IDIOMS 习语) **have a soft spot for sb/sth** ⇨ SOFT

on the spot 1 immediately 立即；当场: *Paul was caught stealing money and was dismissed on the spot.* 保罗偷钱给人抓住，当场被解雇。**2** at the place where sth happened or where sb/sth is needed 在场: *The fire brigade were on the spot within five minutes.* 救火队五分钟内抵达现场。

put sb on the spot to make sb answer a difficult question or make a difficult decision without having much time to think 迫使某人回答难题/作仓促的决定

spotted *adj* marked or covered with spots(1) 有斑点/圆点: *a spotted blouse* 有圆点图案的衬衫 ☛ picture at **pattern**. 见 **pattern** 插图。

spotless *adj* having no spots(2) or marks; very clean 无污点；整洁: *Her house is always spotless.* 她的房子总是一尘不染。

spotty *adj* (**spottier**; **spottiest**) having spots(3) on your skin 皮肤有斑点: *a spotty young man* 皮肤有斑点的年轻男子

spot ˈ**check** *noun* [C] a test on one of a group of people or things which is not planned or expected 突击抽查/检查

spot ˈ**on** *adj* (*informal* 非正式) exactly right 准确: *Your estimate was spot on.* 你的估计非常准确。

spot[2] /spɒt ‖ spɑt/ *verb* [T] (spo**tt**ing; spo**tt**ed) to see or notice sb/sth 看见；发觉: *I've spotted a couple of spelling mistakes.* 我发现一些拼写错误。

spotlight /ˈspɒtlaɪt ‖ ˈspɑtˌlaɪt/ *noun* **1** [C] (*also* 亦作 **spot**) a lamp that can send a strong beam of light onto a small area. Spotlights are often used in theatres. 聚光灯（常用于舞台）☛ picture at **light**. 见 **light** 插图。**2 the spotlight** [sing] the centre of public attention or interest 公众注意中心: *to be in the spotlight* 成为焦点

spouse /spaʊz; *US* 美 spaʊs ‖ spaʊs/ *noun* [C] your husband or wife 配偶 ☛ **Spouse** is a formal or official word, used on forms, documents, etc. * **spouse** 用于正式的文件、表格等。

spout /spaʊt ‖ spaʊt/ *noun* [C] a tube or pipe through which liquid comes out（供液体流出的）管/嘴: *the spout of a teapot* 茶壶嘴

spout *verb* [I,T] **1** (used about a liquid 指液体) to come out from sth with force; to make a liquid do this（使）喷出: *Water spouted out from the broken pipe.* 水从破水管中喷出。**2** (*informal* 非正式) to say sth, using a lot of words, in a way that is not interesting 喋喋不休/滔滔不绝地说: *She was spouting poetry at me.* 她滔滔不绝地念诗给我听。

sprain /spreɪn ‖ spren/ *verb* [T] to injure part of your body by bending or turning it suddenly 扭伤: *to sprain your ankle* 扭伤踝关节 —**sprain** *noun* [C]: *Your wrist isn't broken. It's just a bad sprain.* 你的手腕没断裂，只是严重扭伤。

sprang *pt* of SPRING[3] * SPRING[3] 的过去时

sprawl /sprɔːl ‖ sprɔl/ *verb* [I] **1** to sit or lie with your arms and legs spread out in an untidy way（随便地）伸开着四肢躺或坐: *People lay sprawled out in the sun.* 人们伸开四肢躺着晒太阳。**2** to cover a large area of land (in an unplanned way)（杂乱地）延伸: *The city sprawls along the coast.* 市区沿着海岸延伸。—**sprawling** *adj*: *the sprawling city suburbs* 杂乱地延伸的市郊

spray /spreɪ ‖ spre/ *noun* **1** [U] liquid in very small drops that is blown through the air 飞沫；水花: *clouds of spray from the waves* 浪花的飞沫 **2** [C,U] liquid in a special container (**aerosol**) that is forced out under pressure when you push a button 喷雾剂（喷雾器叫做 **aerosol**): *hair spray* 喷发剂

spray *verb* [I,T] (used about a liquid 指液体) to be sent out in very small drops with great force; to send a liquid out in this way（使）成雾状喷出: *The water sprayed out from the hole in the pipe.* 水从管身的小孔喷出。○ *Somebody's sprayed paint on my door!* 有人把油漆喷到我门上！○ *Somebody's sprayed my door with paint.* 有人把油漆喷到我门上。

☆**spread** /spred ‖ sprɛd/ *verb* (*pt*, *pp* **spread**) **1** [T] **spread sth (out) (on/over sth)** to open sth so that you can see all of it 摊开；展开: *Spread out the map on the table so we can all see it!* 将地图在桌子上摊开，这样我们都可以看到。**2** [T] **spread A on B; spread B with A** to cover a surface with a soft substance 涂；敷: *to spread jam on bread* 在面包上涂果酱 ○ *to spread bread with jam* 在面包上涂果酱 **3** [I,T] to affect a larger area or a bigger group of people; to make sth do this（使）传播/蔓延: *Fear spread through the* *village.* 村庄里人心惶惶。○ *Rats and flies spread disease.* 老鼠和苍蝇传播疾病。**4** [I] to continue for a great distance 连绵；延伸: *The swamp spreads for several miles along the coast.* 沼泽沿海岸连绵数英里。**5** [T] **spread sth (over sth)** to divide sth so that it continues for a longer period of time 使分阶段/分期进行: *You can spread your repayments over a period of three years.* 你可以在三年内分期还款。

(PHRASAL VERB 短语动词) **spread (sb/yourself) out** to move away from the others in a group of people（指人）分散到更大的范围: *The police spread out to search the whole area.* 警察散开来搜查整个地区。

spread *noun* **1** [U] the act of spreading sth or being spread 伸展；蔓延；扩散: *Dirty drinking water encourages the spread of disease.* 肮脏的饮用水会加速疾病的传播。**2** [C,U] soft food that you eat on bread 涂于面包上的酱: *Don't eat butter. Use a low-fat spread.* 别吃黄油，吃低脂肪的酱。**3** [C] a newspaper or magazine article that covers one or more pages（报纸或杂志中）占一页的文章/跨页的文章: *a double-page spread* 横贯两版的文章

spreadsheet /'spredʃi:t ‖ 'sprɛd,ʃit/ *noun* [C] a computer program for working with rows of numbers, used especially for doing accounts 数据表（一种计算机程序）

spree /spri: ‖ spri/ *noun* [C] (*informal* 非正式) a time when you go out and enjoy yourself 寻欢作乐；狂欢

sprig /sprɪg ‖ sprɪg/ *noun* [C] a small piece of a plant with leaves on it 连叶的小枝

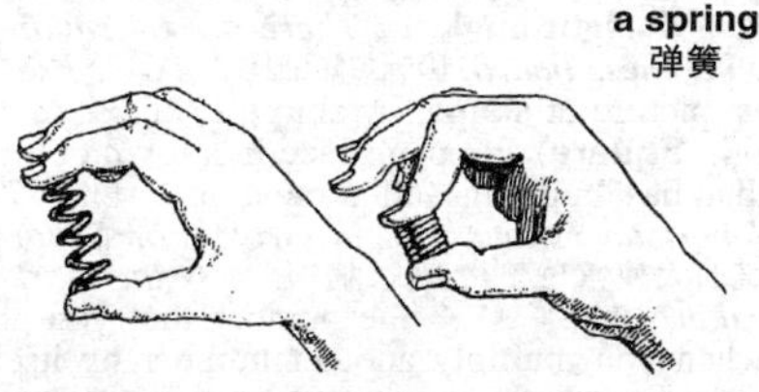

a spring
弹簧

☆**spring**[1] /sprɪŋ ‖ sprɪŋ/ *noun* [C] **1** a place where water comes up naturally from under the ground 泉源；泉: *a hot spring* 温泉 **2** a long piece of thin metal or wire that is bent round and round. After you push or pull a spring it goes back to its original shape and size 弹簧: *the springs of a bed* 床的弹簧 **3** an act of springing³(1) or jumping up 弹；跳: *With one spring the cat landed on the table.* 猫跳了一下，落在桌子上。

springy *adj* able to go back to its original shape or size after being pushed, pulled, etc 有弹性: *soft springy grass* 柔软有弹力的草

'**springboard** *noun* [C] a low board that you jump on before diving into water, jumping over sth, etc. It helps you jump higher. 跳板；踏板

☆**spring**[2] /sprɪŋ ‖ sprɪŋ/ *noun* [C,U] the season of the year which follows winter and comes before summer. In spring the weather gets warmer and plants begin to grow 春天: *Daffodils bloom in the spring.* 水仙花在春天盛开。○ *There's a feeling of spring in the air.* 空气中充满春天的气息。

,**spring-'clean** *verb* [T] to clean a house thoroughly 彻底打扫房子

'**springtime** *noun* [U] the period of spring 春；春季；春天

☆**spring**[3] /sprɪŋ ‖ sprɪŋ/ *verb* (*pt* **sprang** /spræŋ ‖ spræŋ/; *pp* **sprung** /sprʌŋ ‖ sprʌŋ/) [I] **1** to jump or move quickly 跳；跃；跳跃: *When the alarm went off, Ray sprang out of bed.* 闹钟响起，雷蒙德从床上跳了起来。○ *to spring to your feet* 突然站起来 ○ (*figurative* 比喻) *Everyone sprang to her defence when the boss started criticizing her.* 老板一开始批评她，大家立即为她辩护。**2** to happen suddenly or when not expected 突然发生: *The door sprang open and Bella walked in.* 门突然打开，贝拉走了进来。**3 spring from sth** to be the result of 源自；来自: *Her behaviour springs from fear.* 她的行为出于恐惧。

(PHRASAL VERBS 短语动词) **spring sth on sb** (*informal* 非正式) to tell sb sth that is a surprise or not expected 突然向某人提出某事物: *I hate to spring this on you, but can you get me those figures by tomorrow?* 我本来不想这么唐突，可是你能不能明天就给我找出那些数据来？

spring up to appear or develop quickly or suddenly 突然出现；迅速发展: *Video rental shops are springing up everywhere.* 录像带租赁店如雨后春笋到处出现。

sprinkle /'sprɪŋkl ‖ 'sprɪŋkl/ *verb* [T] **sprinkle A (on/onto/over B)**; **sprinkle B (with A)** to throw drops of water or small pieces of sth over a surface 洒；撒: *to sprinkle sugar on a cake* 将糖撒在蛋糕上 ○ *to sprinkle a cake with sugar* 将糖撒在蛋糕上

sprinkler /'sprɪŋklə(r) ‖ 'sprɪŋklɚ/ *noun* [C] a piece of equipment that sends out water in small drops. Sprinklers are used in gardens and for putting out fires in buildings. 洒水装置（用以浇花、救火等）

sprint /sprɪnt ‖ sprɪnt/ *verb* [I,T] to run a short distance as fast as you can（短距离）全速奔跑；冲刺

sprint *noun* [C] a short run or a short fast race 短跑；短距离速度比赛

sprout /spraʊt ‖ spraʊt/ *verb* [I,T] (used about a plant 指植物) to begin to grow or to produce new leaves 发芽: *The seeds are sprouting.* 种子发芽了。

sprout *noun* [C] **1** a new part that has grown on a plant 芽；苗 **2** = BRUSSELS SPROUT

spruce /spru:s ‖ sprus/ *verb*

(PHRASAL VERB 短语动词) **spruce (sb/yourself) up** to make sb/yourself clean and tidy（把某人或自己）打扮起来/打扮得整洁漂亮

sprung *pp* of SPRING³ * SPRING³ 的过去分词

spud /spʌd ‖ spʌd/ *noun* [C] (*informal* 非正式) a potato 马铃薯

spun *pp* of SPIN * SPIN 的过去分词

spur /spɜ:(r) ‖ spɝ/ *noun* [C] **1** a sharp piece of metal that a rider wears on the back of his/her boots to help control a horse and to make it

S

go faster 马刺（镶在马靴后跟的金属片，用以踢马使它快跑）**2** something that encourages you or that makes sth happen more quickly 动力；激励；鞭策；鼓舞

(IDIOM 习语) **on the spur of the moment** without planning; suddenly 未预先计划；心血来潮：*I decided to go on the spur of the moment.* 我突然决定要离开。

spur *verb* [T] (spu**rr**ing; spu**rr**ed) **1** to make a horse go faster by using spurs 以马刺驱马 **2 spur sb/sth (on/onto sth)** to encourage sb or make sb work harder or do sth more quickly 激励；鞭策；催促：*The general spurred on his men to a fresh attack.* 将军激励部下发动新攻势。

spurn /spɜːn ‖ spɝn/ *verb* [T] (*formal* 正式) to refuse sth that sb has offered to you 拒绝：*to spurn an offer of friendship* 拒绝跟某人做朋友

spurt /spɜːt ‖ spɝt/ *verb* **1** [I,T] (used about a liquid 指液体) to come out with great force; to make a liquid do this（使）喷出/涌出：*Blood spurted from the wound.* 血从伤口涌出来。**2** [I] to increase your speed or effort 加速；更加用力

spurt *noun* [C] **1** when a liquid comes out in a spurt, it comes out suddenly and with great force 喷出；涌出 **2** a sudden increase in speed or effort 突然加速；突然用力：*She put on a spurt to catch up with the other runners.* 她突然加速要赶上其他选手。

spy /spaɪ ‖ spaɪ/ *noun* [C] (*pl* **spies**) a person who tries to get secret information about another country, person or organization 间谍；密探

spy *verb* (*pres part* **spying**; *3rd pers sing pres* **spies**; *pt*, *pp* **spied**) **1** [I] **spy (on sb/sth)** to try to get (secret) information about sb/sth 刺探（机密）情报；暗中监视 ☛ Look at **espionage**. 参看 **espionage**。**2** [T] (*formal* 正式) to see 看见；发现：*They spied a horseman in the distance.* 他们看到远处有个骑着马的人。

squabble /ˈskwɒbl ‖ ˈskwɑbl̩/ *verb* [I] to quarrel or argue in a noisy way about sth that is not very important 为小事争吵/大吵大闹 —**squabble** *noun* [C]

squad /skwɒd ‖ skwɑd/ *noun* [C, with sing or pl verb] a group of people who work as a team 工作小组：*the police drugs squad* 警方的毒品调查组

squadron /ˈskwɒdrən ‖ ˈskwɑdrən/ *noun* [C, with sing or pl verb] a group of soldiers, military ships or aeroplanes, etc 中队；舰队；空军中队

squalid /ˈskwɒlɪd ‖ ˈskwɑlɪd/ *adj* very dirty, untidy and unpleasant 污秽；肮脏：*squalid housing conditions* 污秽的居住环境

squall /skwɔːl ‖ skwɔl/ *noun* [C] a sudden storm with strong winds 狂风；飑

squalor /ˈskwɒlə(r) ‖ ˈskwɑlɚ/ *noun* [U] the state of being very dirty, untidy or unpleasant 污秽；肮脏：*to live in squalor* 住在污秽的环境中

squander /ˈskwɒndə(r) ‖ ˈskwɑndɚ/ *verb* [T] to waste time, money, etc 挥霍；浪费：*Karen squandered everything she earned on clothes and records.* 卡伦将赚来的钱都挥霍在衣服和唱片上面。

☆**square**[1] /skweə(r) ‖ skwɛr/ *adj* **1** having four straight sides of the same length 四方；正方：*a square tablecloth* 四四方方的桌布 **2** shaped like a square 四方形般：*a square face* 方型脸孔 ○ *square shoulders* 方肩膀 **3** not owing any money 不欠账：*Here is the £10 I owe you. Now we're all square.* 这是我欠你的10英镑，现在我们互不相欠。**4** having equal points (in a game, etc) 平手：*The teams were square at half-time.* 打完半场，两队平手。**5** (used for talking about the area of sth 用于面积)：*If a room is 5 metres long and 4 metres wide, its area is 20 square metres.* 一个5米长4米宽的房间，面积就是20平方米。**6** (used about sth that is square(1) in shape 指四方形的物体) having sides of a particular length 每边为某长度：*The picture is twenty centimetres square* (= each side is twenty centimetres long). 那幅画是二十厘米见方。

(IDIOM 习语) **a square meal** a good meal that makes you feel full 丰盛的一顿饭

square (*also* 亦作 **squarely**) *adv* directly 直接：*to look sb square in the eye* 直看着某人的眼睛 ○ *I think the blame falls squarely on her.* 我觉得责任完全在她。

ˌ**square ˈroot** *noun* [C] a number that produces another particular number when it is multiplied by itself 平方根：*The square root of four is two.* 四的平方根是二。☛ Look at **square**[2](3). 参看 **square**[2](3)。

☆**square**[2] /skweə(r) ‖ skwɛr/ *noun* [C] **1** a shape that has four sides of the same length and four angles of 90 degrees (**right angles**) 正方形（直角叫做 **right angle**）：*There are 64 squares on a chess board.* 国际象棋的棋盘有64个方格。☛ picture at **shape**. 见 **shape** 插图。**2** (*also* 亦作 **Square**) an open space in a town or city that has buildings all around it 广场：*The American Embassy is in Grosvenor Square.* 美国大使馆位于格罗夫纳广场。○ *the market square* 集市广场 **3** the number that you get when you multiply another number by itself 平方：*Four is the square of two.* 四是二的平方。☛ Look at **square root**. 参看 **square root**。

square[3] /skweə(r) ‖ skwɛr/ *verb* [I,T] **square (sth) with sth** to agree, or make sth agree, with sth else（使）相符/一致：*Your conclusion doesn't really square with the facts.* 你的结论和事实不相符。

(PHRASAL VERB 短语动词) **square up (with sb)** to pay sb the money that you owe him/her 归还欠款

squash[1] /skwɒʃ ‖ skwɑʃ/ *verb* **1** [T] to damage sth by pressing it hard so that it becomes flat 压扁：*My hat got squashed when somebody sat on it.* 有人坐在我的帽子上把它压扁了。○ (*figurative* 比喻) *to squash a suggestion* 驳倒一个建议 **2** [I,T] to go into a place, or move sb/sth to a place, where there is not much space 挤进；塞进：*We all squashed into the back of the car.* 我们全挤进汽车后座。

squash[2] /skwɒʃ ‖ skwɑʃ/ *noun* **1** [C, usually sing] a lot of people in a small space 拥挤：*We* *can get ten people around the table, but it's a bit of a squash.* 一张桌子可坐十个人，但有点挤。**2** [C,U] (*Brit* 英) a drink that is made from fruit juice and sugar. You add water to squash before you drink it 果汁饮料: *orange squash* 橙汁饮料

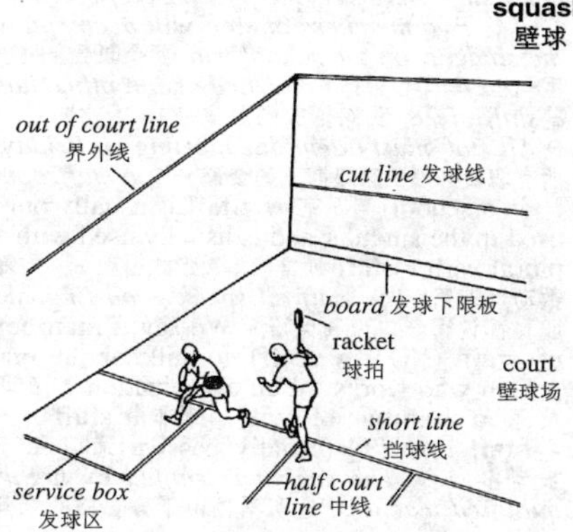

squash³ /skwɒʃ ‖ skwɑʃ/ *noun* [U] a game for two people, played in a special room (**court**). You play squash by hitting a small rubber ball with a racket against any one of the walls of the room 壁球；墙网球（壁球场叫做 **court**）: *Let's have a game of squash.* 我们打壁球吧。

squat¹ /skwɒt ‖ skwɑt/ *verb* [I] (squa**tt**ing; squa**tt**ed) **1** to sit down with your feet on the ground and your legs bent and your bottom just above the ground 蹲 **2** to go and live in an empty building without permission from the owner 非法占据空屋

squatter *noun* [C] a person who squats(2) 非法占据空屋/占地者

squat² /skwɒt ‖ skwɑt/ *adj* (**squatter**; **squattest**) short and fat or thick 矮胖；又粗又矮: *a squat and ugly building* 一座又矮又丑的建筑物

squawk /skwɔ:k ‖ skwɔk/ *verb* [I] (used especially about a bird 尤指鸟) to make a loud unpleasant noise 吱吱大叫；嘎嘎大叫 —**squawk** *noun* [C]

squeak /skwi:k ‖ skwik/ *noun* [C] a short high noise that is not very loud 短而尖的声音；吱吱声: *the squeak of a mouse* 老鼠的吱吱叫声 ○ *a little squeak of surprise* 惊奇地叫了一声 —**squeak** *verb* [I,T] —**squeaky** *adj* (**squeakier**; **squeakiest**): *a squeaky floorboard* 嘎吱作响的地板 ○ *a squeaky voice* 短而尖的声音

squeal /skwi:l ‖ skwil/ *verb* [I,T] to make a loud high noise that is a sign of pain, fear or enjoyment（因疼痛、恐惧或愉快而）尖叫: *The baby squealed in delight at the new toy.* 婴儿拿到新玩具高兴得大叫。—**squeal** *noun* [C]: *The car stopped, with a squeal of tyres.* 汽车停下来时，轮胎发出刺耳的声音。☛ A **squeal** is louder and longer than a **squeak** but it is not as loud as a **scream**. * **squeal** 比 **squeak** 大声和持久，但没有 **scream** 那么响亮。

squeamish /'skwi:mɪʃ ‖ 'skwimɪʃ/ *adj* (used about a person 指人) easily upset by sth unpleasant, eg the sight of blood 神经质

☆**squeeze** /skwi:z ‖ skwiz/ *verb* **1** [T] **squeeze sth (out); squeeze sth (from/out of sth)** to press sth hard for a particular purpose 挤；压；捏: *She squeezed his hand as a sign of affection.* 她紧握他的手以示爱意。○ *to squeeze a tube of toothpaste* 挤牙膏 ○ *to squeeze an orange/lemon* (= to get the juice) 榨橙汁/柠檬汁 ○ *to squeeze a cloth dry* 将布拧干 **2** [I,T] **squeeze (sb/sth) into, through, etc sth; squeeze (sb/sth) through, in, past, etc** to go or move sth into, through, etc a place where there is not much space（使）挤进/挤过: *Excuse me, please. Can I squeeze past?* 对不起，可不可以让我挤过去？○ *We can squeeze another person into the back of the car.* 我们还可以多挤一个人进汽车的后座。○ (*figurative* 比喻) *Do you think you can squeeze in another appointment this afternoon?* 你今天下午还有没有空再安排一次约见？

squeezing
挤压

squeeze *noun* **1** [C] an act of squeezing(1) sb/sth, eg as a sign of love or affection 紧握/紧抱以示爱意: *to give someone a squeeze* 紧抱某人 ☛ Look at **hug**. 参看 **hug**。**2** [C] the amount of liquid that you get from squeezing an orange, lemon, etc 榨出的汁: *a squeeze of lemon* 榨出来的柠檬汁 **3** [sing] a situation where there is not much space 挤；拥挤: *It was a tight squeeze to get everybody in the car.* 大家都坐进车里实在很挤。**4** [C, usually sing] a difficult situation in which there is not enough money, time, etc（缺少金钱、时间等造成的）困境；拮据: *a government squeeze on spending* 政府紧缩开支

squelch /skweltʃ ‖ skwɛltʃ/ *verb* [I] to make the sound your feet make when you are walking in deep wet mud（在黏泥中行走时）发出吧唧声

squiggle /'skwɪgl ‖ 'skwɪgl/ *noun* [C] (*informal* 非正式) a short curly line, eg in sb's handwriting 短曲线（如字迹中的）

squint /skwɪnt ‖ skwɪnt/ *verb* [I] **1** to have eyes that do not move together properly and appear to look in different directions at the same time 斜视 **2** to look at sth with your eyes almost closed 眯着眼看: *to squint in bright sunlight* 在耀眼的阳光下眯起眼睛

squint *noun* [C] the condition in which your eyes do not move together properly 斜视: *to have a squint* 有斜视眼

squire /'skwaɪə(r) ‖ skwaɪr/ *noun* [C] (in the past 旧时) a man who owned land in a country area 乡间的地主

squirm /skwɜ:m ‖ skwɝm/ *verb* [I] to move your body in a way which shows you are

S

uncomfortable, ashamed or embarrassed 局促不安地扭动身体；辗转反侧

squirrel /'skwɪrəl; *US* 美 'skwɜːrəl ‖ 'skwɝəl/ *noun* [C] a small red or grey animal with a long thick tail that lives in trees and eats nuts 松鼠

squirt /skwɜːt ‖ skwɝt/ *verb* [I,T] (used about a liquid 指液体) to be forced out from sth in a thin fast stream; to make a liquid move in this way; to hit sb/sth with a liquid in this way (使)喷射/喷出；向…喷: *I squeezed the bottle and oil squirted out.* 我挤瓶子，油就喷了出来。○ *He squirted water at me from a water-pistol.* 他用水枪射我。○ *He squirted me with water.* 他向我喷水。

stab /stæb ‖ stæb/ *verb* [T] (sta**bb**ing; sta**bb**ed) to push a knife or other pointed object into sb/sth 刺；捅: *The man had been stabbed in the back.* 那个男人背部被刺。

stab *noun* [C] **1** an injury that was caused by a knife, etc 刺伤: *a stab in the back* 背部被刺 ○ *a stab wound* 刺伤的伤口 **2** a sudden sharp pain 一阵剧痛: *a stab of pain* 一阵剧痛 ○ (*figurative* 比喻) *a stab of guilt* 一阵内疚

(IDIOM 习语) **have a stab at sth/doing sth** (*informal* 非正式) to try to do sth 尝试做某事: *I'll have a stab at painting your portrait.* 我试一试画你的肖像。

stabbing *adj* (used about a pain 指疼痛) sudden and strong 突然而强烈

stabbing *noun* [C] an occasion when sb stabs sb else 利器伤人事件: *Following last night's stabbing, police are looking for a tall blond man.* 昨天晚上刺伤人的事发生之后，警方正在找寻一个高个子的金发男子。

☆**stable**[1] /'steɪbl ‖ 'stebl̩/ *adj* not likely to move, change or end 稳定: *This ladder doesn't seem very stable.* 这个梯子不太稳。○ *The patient is in a stable condition.* 病人的情况稳定。○ *a stable relationship* 稳定的关系 ☛ The opposite is **unstable**. 反义词为 **unstable**。

stability /stə'bɪlətɪ ‖ stə'bɪlətɪ/ *noun* [U] the state or quality of being stable 稳定: *After so much change we now need a period of stability.* 经过这么多变动，现在我们需要一段稳定期。

stabilize (*also* 亦作 **stabilise**) /'steɪbəlaɪz ‖ 'stebl̩ˌaɪz/ *verb* [I,T] to become or to make sth stable (使)稳定 ☛ The opposite is **destabilize**. 反义词为 **destabilize**。

stable[2] /'steɪbl ‖ 'stebl̩/ *noun* [C] a building where horses are kept 马厩

stack /stæk ‖ stæk/ *noun* [C] **1** a tidy pile of sth 整齐的一迭/一堆/一摞: *a stack of plates, books, etc* 一摞碟子/书… **2** (often plural) (*informal* 非正式) a lot of 许多: *I've still got stacks of work to do.* 我还有许多工作要做。

stack *verb* [T] **stack sth (up)** to put sth into a pile 摞起来: *Could you stack those chairs for me?* 你可以给我把椅子摞起来吗？

stacked /stækt ‖ stækt/ *adj* full of; covered in 充满；堆满: *The floor was stacked with books.* 地上放满了书。

☆**stadium** /'steɪdɪəm ‖ 'stedɪəm/ *noun* [C] (*pl* **stadiums** or **stadia** /-dɪə ‖ -dɪə/) a large sports ground with rows of seats around it (四周设有观众席的)露天运动场: *a football stadium* 大型足球场 ○ *the Olympic stadium in Barcelona* 巴塞罗那的奥林匹克运动场

☆**staff** /stɑːf; *US* 美 stæf ‖ stæf/ *noun* [C, usually sing,U] the group of people who work for a particular organization 全体职员/员工: *The hotel staff were very helpful.* 旅店的职员很热心。○ *Two members of staff will accompany the students on the school trip.* 两个职员会跟学生一起参与学校旅行。○ *Our London office has a staff of 28.* 我们伦敦的办事处有28位职员。○ *All staff must attend the meeting on Friday.* 所有职员必须出席星期五的会议。○ *a staffroom* (= in a school) 教员室 ☛ **Staff** is usually only used in the singular and is usually used with a plural verb * **staff** 通常以单数形式出现，并与复数动词连用: *The staff all speak good English.* 职员都说得一口流利英语。We say **a member of staff** (NOT **a staff**) to talk about one person who works for an organization. 一个职员用 **a member of staff**（而非 **a staff**）。

—staff *verb* [T] (usually passive 通常用于被动语态): *The school is staffed by highly qualified teachers.* 这所学校由十分合格的老师任教。

stag /stæg ‖ stæg/ *noun* [C] an adult male deer 成年的雄鹿 ☛ picture at **deer**. 见 **deer** 插图。

'stag-night (*also* 亦作 **'stag-party**) *noun* [C] a party for men only that is given for a man just before his wedding day 为准新郎举行的男子聚会

☆**stage**[1] /steɪdʒ ‖ stedʒ/ *noun* [C] one part of the progress or development of sth 阶段: *The first stage of the course lasts for three weeks.* 课程的第一个阶段为期三星期。○ *I suggest we do the journey in two stages.* 我建议将旅程分成两个阶段。○ *the early stages of the match* 比赛的初期 ○ *At this stage it's too early to say what will happen.* 在现阶段推测以后的事还是言之过早。

☆**stage**[2] /steɪdʒ ‖ stedʒ/ *noun* **1** [C] a raised floor in a theatre or concert hall, etc on which actors, musicians, etc perform 舞台: *to go on stage* 当演员 **2 the stage** [sing] the world of theatre; the profession of acting 戏剧界；表演行业: *After starring in several films he has decided to return to the stage.* 演过几部电影后，他决定回归舞台。

stage *verb* [T] **1** to organize a performance of a play, concert, etc for the public 公演；安排演出 **2** to organize an event 筹组活动: *They have decided to stage a 24-hour strike.* 他们决定举行24小时罢工。

ˌstage-'manager *noun* [C] the person who is responsible for the stage and scenery during a theatre performance 舞台监督

stagger /'stægə(r) ‖ 'stægɚ/ *verb* [I] to walk in an unsteady way, as if you could fall at any moment, eg because you are ill, drunk or carrying sth heavy (因生病、醉酒或携重物等而)蹒跚/摇摇晃晃地走

staggered *adj* **1** very surprised 惊奇；惊异: *I was absolutely staggered when I heard the news.* 听到那个消息，我十分诧异。**2** (used

S

about a set of times, payments, etc 指时间、付款等) arranged so that they do not all happen at the same time 错开: *staggered working hours* (= when people start and finish work at different times) 错开的工作时间

staggering *adj* that you find difficult to believe 难以置信: *a staggering £2 billion profit* 令人难以置信的20亿英镑利润 —**staggeringly** *adv*

stagnant /ˈstægnənt ‖ ˈstægnənt/ *adj* **1** (used about water 指水) not flowing and therefore dirty and having an unpleasant smell 不流动而发臭 **2** (used about business, etc 指生意等) not active; not developing 不景气；死气沉沉: *a stagnant economy* 经济萧条

stagnate /stægˈneɪt; *US* 美 ˈstægneɪt ‖ ˈstægnet/ *verb* [I] to be inactive; not to develop or change 停滞不前: *a stagnating economy* 停滞不前的经济 —**stagnation** /stægˈneɪʃn ‖ stægˈneʃən/ *noun* [U]

staid /steɪd ‖ sted/ *adj* (used about a person 指人) serious, old-fashioned and rather boring 古板守旧

☆**stain** /steɪn ‖ sten/ *verb* [I,T] to leave a coloured mark that is difficult to remove 染污；玷污: *Don't spill any of that red wine. It'll stain the carpet.* 不要让红酒洒出来，会染污地毯的。—**stain** *noun* [C]: *The blood had left a stain on his shirt.* 他的衬衫上留下了血迹。

ˌ**stained ˈglass** *noun* [U] pieces of coloured glass that are used in church windows, etc（教堂窗户等用的）彩色玻璃/彩绘玻璃: *a stained-glass window* 彩色玻璃窗

ˌ**stainless ˈsteel** *noun* [U] steel that does not stain or rust 不锈钢: *a stainless steel pan* 不锈钢平锅

☆**stair** /steə(r) ‖ stɛr/ *noun* **1 stairs** [plural] a series of steps inside a building that lead from one level to another 楼梯: *The lift wasn't working so I had to use the stairs.* 电梯坏了，我只好走楼梯。○ *at the bottom/top of the stairs* 在楼梯底部/顶部 ○ *two flights* (= sets) *of stairs* 两段楼梯 ○ *I heard somebody coming down the stairs.* 我听见有人下楼梯的声音。○ *She ran up the stairs.* 她跑上楼梯。☛ Look at **downstairs** and **upstairs**. 参看 **downstairs** 及 **upstairs**。**2** [C] one of the steps in this series 梯级: *She sat down on the bottom stair to read the letter.* 她坐在最下面的梯阶上读信。

ˈ**staircase** (*also* 亦作 ˈ**stairway**) *noun* [C] a set of stairs with rails on each side that you can hold on to（有扶手的）楼梯 ☛ Look at **escalator**. 参看 **escalator**。Compare **stair** and **step**. 比较 **stair** 及 **step**。**Stairs** or **flights of stairs** are usually inside buildings. * **stairs** 或 **flights of stairs** 通常指建筑物内的楼梯/级梯。**Steps** are usually outside buildings and made of stone or concrete. * **steps** 通常指用石头或混凝土筑成，设于建筑物外的台阶等。

☆**stake**[1] /steɪk ‖ stek/ *noun* **1 stakes** [plural] the things that you might win or lose in a game or in a particular situation 赌注: *We play cards for money, but never for very high stakes.* 我们玩纸牌赌钱，但从不下大赌注。**2** [C] a part of a company, etc that you own, usually because you have invested money in it 公司等的业权/股权: *Foreign investors now have a 20% stake in the company.* 外国投资者目前拥有公司百分之二十的股权。

(IDIOM 习语) **at stake** in danger of being lost; at risk 吉凶未卜；有危险/风险: *He thought very carefully about the decision because he knew his future was at stake.* 他仔细考虑后才作出决定，因为他知道自己前途有系于此。

stake *verb* [T] **stake sth (on sth)** to put your future, etc in danger by doing sth, because you hope that it will bring you a good result 下赌注；把…押（在…上）: *He is staking his political reputation on this issue.* 他将自己的政治声誉都押在这件事上。

(IDIOM 习语) **stake a/your claim (to sth)** to say that you have a right to have sth 声明有（某物的）拥有权: *Both companies have staked their claim to the same piece of land.* 两家公司都声言拥有那块地。

stake[2] /steɪk ‖ stek/ *noun* [C] a wooden or metal pole with a point at one end that you push into the ground, eg to support a young tree 柱；桩

☆**stale** /steɪl ‖ stel/ *adj* **1** (used about food or air 指食物或空气) old and not fresh any more 不新鲜: *The bread had gone stale.* 面包已经不新鲜了。○ *stale cigarette smoke* 污浊的香烟烟雾 **2** not interesting or exciting any more 变得枯燥；没有新意: *She says her marriage has gone stale.* 她说她的婚姻生活已变得乏味。

stalemate /ˈsteɪlmeɪt ‖ ˈstelˌmet/ *noun* [sing,U] a situation in an argument in which neither side can win or make any progress 僵局

stalk[1] /stɔːk ‖ stɔk/ *noun* [C] one of the long thin parts of a plant which the flowers, leaves or fruit grow on（植物的）梗/柄

stalk[2] /stɔːk ‖ stɔk/ *verb* **1** [T] to follow an animal quietly, closely and secretly in order to catch or kill it 悄悄跟踪: *a lion stalking its prey* 一头狮子悄悄跟踪猎物 **2** [I] to walk stiffly in an angry or arrogant way 气愤地或傲慢地走: *He got up and stalked angrily out of the room.* 他站起来，气冲冲地走出房间。

stall[1] /stɔːl ‖ stɔl/ *noun* **1** [C] a small shop with an open front or a table with things for sale in a market, street, railway station, etc 摊子；售货摊: *a stall in the market* 市场的摊子 ○ *a bookstall on Victoria Station* 维多利亚站的书摊 **2 stalls** [plural] the level of seats nearest the front in a theatre or cinema（电影院或剧院的）正厅（座位）

stall[2] /stɔːl ‖ stɔl/ *verb* [I,T] **1** (used about a vehicle 指车辆) to stop suddenly because the engine fails; to make a vehicle do this accidentally 因引擎故障而突然停下: *A bus had stalled in the middle of the road.* 一辆公共汽车因故障而停在路中间。○ *I kept stalling the car.* 我常常使汽车抛锚。**2** to avoid doing sth or to try to stop sth happening until a later time 回避；拖延: *I've asked them several times for the money but they keep stalling.* 那笔钱我向他们要了好几次，但他们一直在拖延。

stallion /ˈstælɪən ‖ ˈstæljən/ *noun* [C] an adult male horse, especially one that is kept for breeding 成年的公马（尤指用来配种的种马）☛ Look at the note at **horse**. 参看 **horse** 的注释。

stalwart /ˈstɔ:lwət ‖ ˈstɔlwɚt/ *adj* loyal and hard-working 忠诚；忠贞：*a stalwart member of the Labour Party* 工党的忠实成员

stamina /ˈstæmɪnə ‖ ˈstæmənə/ *noun* [U] the ability to do sth that requires a lot of physical or mental effort for a long time 毅力；耐力：*You need a lot of stamina to run long distances.* 长跑需要很大的耐力。

stammer /ˈstæmə(r) ‖ ˈstæmɚ/ *verb* **1** [I] to speak with difficulty and sudden pauses, repeating the same sounds or words again and again, because you have a speech problem or because you are nervous 口吃；结巴 **2** [T] to say sth in this way 结结巴巴地说：*He stammered an apology and left quickly.* 他结结巴巴地道歉，然后匆匆离去。—**stammer** *noun* [sing]: *to have a stammer* 口吃

☆**stamp**[1] /stæmp ‖ stæmp/ *noun* [C] **1** (*also* 亦作 **postage stamp**) a small piece of paper that you stick onto a letter or parcel to show that you have paid for it to be posted 邮票：*Three 26p stamps, please.* 请给我三枚26便士的邮票。

> ☛ In the British postal system, there are two types of stamp for posting letters, etc to other parts of Britain, **first-class** stamps and **second-class** stamps. 在英国，寄国内邮件所用的邮票有两种：一等邮票 (**first-class** stamp) 和二等邮票 (**second-class** stamp)。Letters with first-class stamps are more expensive and arrive more quickly. 用一等邮票寄信较昂贵，也较快到达。

2 a small object that prints some words, a design, the date, etc when you press it onto a surface 印章：*a date stamp* 日期印章；印戳 **3** the mark made by a stamp(2) 印记；戳记：*a stamp in my passport* 我的护照上的印记 **4 the stamp of sth** [usually sing] something that shows a particular quality or that sth was done by a particular person 特征；特质；印记：*Her novels have the stamp of genius.* 她的小说都表现出她的天才特征。

ˈ**stamp album** *noun* [C] a book in which you put stamps that you have collected 集邮册

ˈ**stamp-collecting** *noun* [U] the hobby of collecting stamps 集邮

stamp[2] /stæmp ‖ stæmp/ *verb* **1** [I,T] **stamp (on sth)** to put your foot down very heavily on the ground or on sth else 用力踏地/踩某物：*He stamped on the spider and squashed it.* 他踩扁了那只蜘蛛。○ *It was so cold that I had to stamp my feet to keep warm.* 我觉得冷极了，要跺脚来驱寒保暖。**2** [I] to walk with loud heavy steps usually because you are angry 跺脚；重步走：*She stamped around the room, shouting angrily.* 她在房间里边怒吼，边跺脚。**3** [T] **stamp A (on B); stamp B (with A)** to print some words, a design, the date, etc by pressing a small object (**a stamp**) onto a surface 打上印记；盖章（印章叫做 **stamp**）：*to stamp a passport* 在护照上盖印 ○ *The date is stamped on the receipt.* 收条上盖着日期。

(PHRASAL VERB 短语动词) **stamp sth out** to put an end to sth completely 彻底消除/消灭某事物：*The police are trying to stamp out this kind of crime.* 警方正尽力杜绝这种罪行。

stamped *adj* with a stamp(1) on it 贴有邮票的：*Please enclose a stamped addressed envelope with your application.* 请在申请信里附上贴有邮票的回邮信封。

stampede /stæmˈpi:d ‖ stæmˈpid/ *verb* [T] (used about a group of animals or people 指一群人/动物) to rush in a particular direction in a wild and uncontrolled way 乱跑；惊窜；蜂拥

stance /stæns; stɑ:ns ‖ stæns/ *noun* [C, usually sing] **1** the position in which somebody stands (especially in sport when you are preparing to hit the ball) 站立的姿势/位置（尤指体育活动中准备击球时的）**2 stance (on sth)** an attitude (especially moral or political) towards sth （道德、政治等方面的）立场/态度：*the Prime Minister's stance on foreign affairs* 首相在外交上的立场

☆**stand**[1] /stænd ‖ stænd/ *verb* [I,T] (*pt, pp* **stood** /stʊd ‖ stʊd/) **1** [I] to be on your feet; to be upright 站立；直立：*He was standing near the window.* 他站在窗前。**2** [I] **stand (up)** to rise to your feet from another position 站起来：*He stood up when I entered the room.* 我走进房间时，他站了起来。**3** [T] to put sb/sth in a particular place or position 使处于某位置；放置：*She stood her wet umbrella in the corner of the office.* 她将湿雨伞放在办公室的角落。**4** [I] to be or to remain in a particular position or situation 位于；处于（某状况）：*The castle stands on a hill.* 那个城堡矗立在山上。○ *The house has stood empty for ten years.* 房子已空置了十年。○ *He was very critical of the law as it stands* (= as it is now). 他非常不满现行的那条法律。**5** [I] (used about an offer, a decision, etc 指提议、决定等) to be or to remain unchanged 不变：*Does your decision still stand?* 你的决定仍维持不变吗？**6** [I] to be of a particular height, level, amount, etc 有某高度/水平/数量…：*The world record stands at 6·59 metres.* 世界纪录是6.59米。**7** [I] to have an opinion or view (about sth) 有某种态度/立场：*I don't know where I stand on abortion.* 我不知道对堕胎应该抱什么立场。**8** [I] to be in a situation where you are likely to do sth 很可能；势必：*If he has to sell the company, he stands to lose a lot of money.* 如果他不得不将公司出售，就势必蒙受大量损失。**9** [I] to be a candidate in an election 参选：*She's standing for the European Parliament.* 她参加欧洲议会选举。**10** [T] (in negative sentences and questions, with *can/could* 用于否定句或疑问句，与 can/could 连用) to be able to bear sb/sth 能忍受：*I can't stand that woman – she's so rude.* 我不能容忍那个女人，她太粗鲁了。**11** [T] to buy a meal or drink for sb 请（某人）吃饭/喝东西：*He stood me lunch.* 他请我吃午餐。

(PHRASAL VERBS 短语动词) **stand aside** to move to one side 站到一边：*People stood aside* *to let the police pass.* 人们站到一旁让警察通过。

stand back to move back 站到后面；退后：*The policeman told everybody to stand back.* 警察叫大家退后。

stand by **1** to be present, but do nothing in a situation 袖手旁观：*How can you stand by and let them treat their animals like that?* 你怎能袖手旁观，让他们那样对待他们的动物？**2** to be ready to act 准备行动：*The police are standing by in case there's trouble.* 警方在场戒备以防有事发生。

stand for sth **1** to be a short form of sth 为…的缩略式；代表某事物：*What does BBC stand for?* * BBC代表什么？**2** to support sth (eg an idea or opinion) 支持（某主意/见解）：*I hate everything that the party stands for.* 我讨厌那个党所主张的一切。

stand in (for sb) to take sb's place for a short time 暂时替代：*Mr Jones is standing in for Miss Evans this week.* 琼斯先生这个星期暂时代替埃文斯小姐。

stand out to be easily seen or noticed 显眼；引人注目

stand sb up (*informal* 非正式) not keep an appointment with sb 爽约：*She never came! I'd been stood up.* 她根本就没来！让我白等了。

stand up for sb/sth to say or do sth which shows that you support sb/sth 支持或维护某人/某事物：*I admire him. He really stands up for his rights.* 我佩服他，他真的敢于维护自己的权利。

stand up to sb/sth to defend yourself against sb who is stronger or more powerful 对抗某人/某事物

'stand-by *noun* [C] (*pl* **stand-bys**) a person or thing that is ready to be used if necessary 备用的人/事物：*I've got a word processor now, but I still keep my old typewriter as a stand-by.* 现在我已经有文字处理机，但我保留打字机备用。○ *a stand-by ticket* (= a cheap ticket, eg for a flight, that you can get at the last moment if a seat is free) 候补票（如候补机票）

(IDIOM 习语) **on stand-by** ready; waiting to do sth 准备就绪：*When fighting began, the hospitals were put on stand-by.* 战斗开始时，医院都奉令作好准备。

☆**stand**[2] /stænd ‖ stænd/ *noun* [C] **1** a table or small shop in the street or in a large public building from which you can buy things or get information 摊位；摊子：*a news-stand* 报摊 ○ *a company stand at a trade fair* 某公司在商品展览会的摊位 **2** a piece of furniture that you can put things on or in（放置物件的）架：*a music stand* 乐谱架 **3** a large building at a sports ground that is open at the front and where people sit or stand in rows to watch the sport（体育场的）看台 ☛ picture at **football**. 见 **football** 插图。

(IDIOMS 习语) **make a stand (against sb/sth)** to defend yourself, your opinion, etc strongly against sb/sth 反击（某人/某事物）

take a stand (on sth) to say publicly what you think and intend to do about sth 表明立场/意图

☆**standard** /'stændəd ‖ 'stændərd/ *noun* [C] **1** a level of quality 水准；水平：*We complained about the low standard of service in the hotel.* 我们投诉那家旅馆服务水平低。○ *the high standard of teaching* 高水平的教学 ○ *We need to improve educational standards in this country.* 我们需要提高本国的教育水准。○ *This work is not up to your usual standard.* 这个作品比不上你平常的水平。**2** a level of quality that you compare sth else with 标准：*By European standards this is a very expensive city.* 以欧洲的标准来说，这个城市的物价很高。○ *He is a brilliant player by any standard.* 以任何标准衡量，他都是个出色的运动员。**3** [usually pl] a level of behaviour that is morally acceptable 道德标准：*Many people are worried about falling standards in modern society.* 现代社会道德水平日趋低落，引起广泛的忧虑。

standard *adj* **1** of the normal type; without anything special or extra 一般；普通：*This is the standard model of the car. The de luxe version costs more.* 这辆汽车是普通型号。豪华型的要贵一些。**2** part of the normal situation; not unusual in any way 常规；惯例：*It is standard practice to ask students to fill in this form when they arrive.* 按惯例，学生一到达就要填这表格。**3** (used about language 指语言) that people generally accept as normal and correct 规范；标准：*standard English* 规范英语 **4** (used about a book, etc 指书等) that people most often read when they are studying a particular subject 被公认有阅读价值；在某学科上权威的：*the standard work on the legal system* 有关法律制度的权威著作

ˌ**standard of 'living** *noun* [C] the level of wealth and comfort that a person, group or country has in everyday life 生活水平/水准：*There is a higher standard of living in the north than in the south.* 北方的生活水平比南方为高。☛ An expression with a similar meaning is **living standards**. This is used in the plural * **living standards** 的意义相近，但用复数形式：*Living standards have improved.* 生活水平已有所改善。

standardize (*also* 亦作 **standardise**) /'stændədaɪz ‖ 'stændərˌdaɪz/ *verb* [T] to make things that are different the same 规范化；统一：*The EC intends to standardize public holidays in Europe.* 欧洲共同体准备统一全欧洲的公众假期。—**standardization** /stændədaɪ'zeɪʃn ‖ ˌstændərdə'zeʃən/ (*also* 亦作 **standardisation**) *noun* [U]

standing /'stændɪŋ ‖ 'stændɪŋ/ *noun* [U] **1** the opinion that other people (in public life) have of you 地位；名声：*The consequences for Britain's international standing could be extremely serious.* 这对英国在国际社会的名声会有极严重的影响。**2** the amount of time during which sth has continued to exist 已存在的时间：*a problem of many years' standing* 多年来的难题

standing *adj* continuing to exist; permanent 持续有效；常备；常设：*I have a standing invitation to go and stay with them whenever I like.* 他们邀请我随时到他们那里住。

S

ˌ**standing ˈorder** *noun* [C] an instruction to your bank to make a regular payment to sb from your account 长期委托银行代付定期支出款的指示

standpoint /ˈstændpɔɪnt ‖ ˈstændˌpɔɪnt/ *noun* [C] a particular way of thinking about sth 观点；角度: *The television programme looked at the problems of education from the standpoint of the teacher.* 那个电视节目从教师的角度看教育方面存在的问题。

standstill /ˈstændstɪl ‖ ˈstændˌstɪl/ *noun* [sing] a situation of no movement, progress or activity 瘫痪；停顿: *The traffic came to a complete standstill.* 交通完全瘫痪。
(IDIOM 习语) **grind to a halt/standstill** ⇨ GRIND

stank *pt* of STINK * STINK 的过去时

staple[1] /ˈsteɪpl ‖ ˈstepl̩/ *noun* [C] a small thin piece of bent wire that you push through pieces of paper in order to fasten them together using a special tool (**stapler**) 订书钉（小型订书机叫做 **stapler**）—**staple** *verb*: *Staple the letter to the application form.* 将信订在申请表上。—**stapler** /ˈsteɪplə(r) ‖ ˈsteplɚ/*noun* [C]

staple[2] /ˈsteɪpl ‖ ˈstepl̩/ *adj* (used especially about food 尤指食物) forming the main part of what people eat 主要；基本: *a staple diet of rice and fish* 以米饭和鱼为主食

☆**star** /stɑː(r) ‖ stɑr/ *noun* **1** [C] a large ball of burning gas in outer space that you see as a small point of light in the sky at night 星: *It was a clear night and the stars were shining brightly.* 那晚万里无云，天上的星星闪闪发亮。 **2** [C] a shape with a number of points sticking out in a regular pattern 星形: *The children decorated the classroom with paper stars.* 孩子们用纸剪成星星装饰教室。☛ picture at **shape**. 见 **shape** 插图。 **3** [C] a printed shape of this type that is used for indicating a level of quality（表示质量等级的）星: *a five-star hotel* 五星级旅馆 **4** [C] a famous person in acting, music or sport 有名的演员/歌手/运动员等；明星: *a film star* 电影明星 **5 stars** [plural] = HOROSCOPE: *Your stars say you're going to be very lucky this month.* 你的星座预言你这个月非常走运。

star *verb* (starring; starred) **1** [I] **star (in sth)** to be one of the main actors in a play, film, etc 主演: *Michelle Pfeiffer is to star in an exciting new adventure film.* 米歇尔·法伊弗将主演一部紧张刺激的新探险片。 **2** [T] to have sb as a star 由（某人）主演: *The film stars Jane Fonda as a teacher in Mexico.* 这部电影由简·方达主演一位在墨西哥任教的教师。

stardom /ˈstɑːdəm ‖ ˈstɑrdəm/ *noun* [U] the position of being a famous person in acting, music or sport 明星的地位

starry (**starrier**; **starriest**) *adj* full of stars 布满星星: *a starry night* 满天星的夜晚

ˈ**starlight** *noun* [U] the light that is given out by stars 星光

starboard /ˈstɑːbəd ‖ ˈstɑrˌbord/ *noun* [U] the side of a ship that is on the right when you are facing towards the front of it（船的）右舷 ☛ The opposite is **port**. 反义词为 **port**。

starch /stɑːtʃ ‖ stɑrtʃ/ *noun* [C,U] **1** a white substance with no taste in foods such as potatoes, rice and bread 淀粉 **2** a substance that is used for making cloth stiff 淀粉浆（用以浆衣服）

starched *adj* made stiff with starch（衣物等）上了浆的: *a starched shirt collar* 上了浆的衬衫衣领

☆**stare** /steə(r) ‖ stɛr/ *verb* [I] **stare (at sb/sth)** to look at sb or sth continuously for a long time because you are interested, surprised, etc 凝视；盯住: *Everybody stared at his hat.* 人人注视着他的帽子。○ *'I'm going to get married,' he said. I stared at him in disbelief.* "我要结婚了。"他说。我盯着他，不能置信。○ *He didn't reply, he just stared into the distance.* 他没有回答，只是凝望远方。

stark /stɑːk ‖ stɑrk/ *adj* **1** very bare and plain and therefore not attractive 质朴；荒凉: *a stark landscape* 荒凉的地带 **2** clearly unpleasant 全然令人不快: *the stark realities of a life of poverty* 贫苦生活的严峻现实 **3** very clear 非常清楚/明显: *In stark contrast to the old buildings in the area are five enormous new tower blocks.* 区内五幢新建的大厦跟旧建筑物形成强烈的对比。

stark *adv* completely 完全: *stark naked* 一丝不挂

starry ⇨ STAR

☆**start**[1] /stɑːt ‖ stɑrt/ *verb* **1** [I,T] **start (sth/to do sth/doing sth)** to begin doing sth 开始（做某事）；从…起: *Turn over your exam papers and start now.* 现在翻开试卷，开始作答。○ *We'll have to start* (= leave) *early if we want to be in Dover by 10.* 我们要在10时之前到达多佛尔的话，就必须及早动身。○ *Prices start at £5.* 售价由5英镑起。○ *After waiting for an hour, the customers started to complain.* 等了一个小时后，顾客开始抱怨。○ *She started playing the piano when she was six.* 她六岁开始学弹钢琴。○ *What time do you have to start work in the morning?* 你早上什么时候开始工作？ **2** [I,T] to begin to happen or to make sth begin to happen（使）开始进行: *What time does the concert start?* 音乐会什么时候开始？○ *I'd like to start the meeting now.* 我想现在就开会。○ *The fight started when the boys were leaving the disco.* 那些男孩子离开迪斯科舞厅时开始殴打起来。○ *The police think a young woman may have started the fire.* 警方认为可能是一个年轻女子放的火。☛ Look at the note at **begin**. 参看 **begin** 的注释。 **3** [I,T] **start (sth) (up)** to create a company, an organization, etc; to be created 创立（公司、机构等）；成立: *They've decided to start their own business.* 他们决定自己开业做生意。○ *There are a lot of new companies starting up in that area now.* 现在那区开了许多家新公司。 **4** [I,T] **start (sth) (up)** (used about an engine, a car, etc) to begin to work; to make an engine, a car, etc begin to work（使引擎、汽车等）发动/开动: *The car won't start.* 汽车发动不起来。○ *We heard an engine starting up in the street.* 我们听见街上引擎发动的声音。○ *He got onto his motor bike, started the engine and rode away.* 他骑上摩托车，发动引

擎，开车走了。**5** [I] to make a sudden, quick movement because you are surprised or afraid 吓一跳: *A loud noise outside made me start.* 外面的一声巨响吓了我一跳。

(IDIOMS 习语) **to start (off) with** **1** in the beginning; at first 起初；开始时: *To start with everything was fine but then there were problems.* 起初一切顺利，但接下来就出现问题。**2** (used for giving your first reason for sth 用以提出第一个理由): *'Why are you so angry?' 'Well, to start off with you're late, and secondly you've lied to me.'* "为什么你这样生气？" "首先是你迟到了，其次是你说谎骗我。"

set/start the ball rolling ⇨ BALL

(PHRASAL VERBS 短语动词) **start off** to begin in a particular way 以某种方式开始: *I'd like to start off by welcoming you all to Oxford.* 首先我要欢迎你们大家到牛津来。

start on sth to begin doing sth that needs to be done 着手做某事: *Haven't you started on the washing-up yet?* 你着手清洗餐具了没有？

start out to begin your life, career, etc in a particular way 开始（某种生活、事业等）: *She started out as a teacher in Glasgow.* 她开始在格拉斯哥当教师。

start over (*US* 美) to begin again 重新开始: *I've made a lot of mistakes – I'd better start over.* 我犯了许多错误，最好重新开始。

'starting-point *noun* [C] **1** an idea or topic that you use to begin a discussion with（讨论的）起点 **2** the place where you begin a journey（旅程的）起点: *This town is a good starting-point for a tour of the area.* 游览这一区最好从这个镇起步。

☆**start**[2] /stɑ:t ‖ stɑrt/ *noun* **1** [C, usually sing] the beginning or first part of sth 开始；开头: *The chairman made a short speech at the start of the meeting.* 主席在会议开始时作了简短发言。○ *I told you it was a bad idea from the start.* 我一开始就对你说过这主意不好。**2** [C, usually sing] an act of starting 开始: *We've got a lot of work to do today, so let's make a start.* 今天的工作多着呢，我们现在动手吧。○ *a fresh start in life* 新生活的开始 **3 the start** [sing] the place where a race starts 起跑线；起点: *The athletes are now lining up at the start.* 现在运动员在起跑线排成一行。**4** [C, usually sing] an advantage that you give to a weaker person at the beginning of a race, game, etc（比赛开始时给予较弱一方的有利形势）让一步 **5** [C, usually sing] a sudden quick movement that your body makes because you are surprised or afraid（因惊奇/恐惧而）吓一跳

(IDIOMS 习语) **for a start** (used for giving your first reason for sth 用以提出第一个理由): *'Why can't we go on holiday?' 'Well, for a start we can't afford it...'* "为什么我们不能去度假？" "首先，我们负担不起…"

get off to a good, bad, etc start to start well, badly, etc 有好/坏…开始: *My day got off to a good start – I was told I'd got a pay rise.* 那天一开始就很吉利，我得知加了薪。

starter /'stɑ:tə(r) ‖ 'stɑrtɚ/ *noun* [C] a small amount of food that you eat as the first part of a meal 开胃菜

startle /'stɑ:tl ‖ 'stɑrtl̩/ *verb* [T] to make sb/sth suddenly surprised or frightened 吓（某人）一跳 —**startled** *adj*: *He had a startled look on his face.* 他脸上露出吃惊神色。—**startling** /'stɑ:tlɪŋ ‖ 'stɑrtlɪŋ/ *adj*: *I've got some startling news for you!* 我有惊人的消息要告诉你！

☆**starve** /stɑ:v ‖ stɑrv/ *verb* [I,T] to suffer very badly or die from hunger; to make sb/sth suffer or die in this way（使）饥饿/饿死: *Millions of people are starving in the poorer countries of the world.* 在世界上的贫穷国家里，有数以百万计的人正在挨饿。○ *That winter many animals starved to death.* 那年冬天许多动物饿死。○ *You must eat more – you're starving yourself.* 你要多吃一点，你在饿着自己。

(IDIOMS 习语) **be starved of sth** to suffer because you are not getting enough of sth that you need 缺乏某事物: *The children had been starved of love for years.* 孩子们多年来都没有得到爱。

be starving (*informal* 非正式) to be extremely hungry 非常饥饿: *When will dinner be ready? I'm starving!* 什么时候吃晚餐？我饿得很！

starvation /stɑ:'veɪʃn ‖ stɑr'veʃən/ *noun* [U] suffering or death because there is not enough food 饥饿；饿死: *to die of starvation* 饿死

☆**state**[1] /steɪt ‖ stet/ *noun* **1** [C] the condition that sb/sth is in at a particular time 状况；状态: *the state of the economy* 经济状况 ○ *a state of shock* 受惊 ○ *The house is in a terrible state.* 那所房子败落不堪。**2** [C] (*also* 亦作 **State**) a country with its own government 国家: *Pakistan has been an independent state since 1947.* 巴基斯坦自1947年开始就是独立国家。

☛ Look at the note at **country**. 参看 **country** 的注释。**3** [C] (*also* 亦作 **State**) a part of a country that has its own government 州（国家的一部分，拥有自已的政府）: *California is one of the biggest states in the US.* 加利福尼亚州是美国最大的州之一。**4** [U] (especially 尤作 **the State**) the government of a country 一国的政府: *the relationship between the Church and the State* 教会和政府的关系 ○ *State schools* 公立学校 ○ *heads of State* (= government leaders) 政府首脑 **5 the States** [plural] (*informal* 非正式) the United States of America 美国: *We lived in the States for about five years.* 我们在美国住了约五年。**6** [U] very formal events and behaviour connected with governments and the leaders of countries 官方的隆重仪式/活动等: *The Queen is going on a state visit to China.* 女王将前往中国进行国事访问。○ *The President was driven in state through the streets.* 总统的专车庄严地穿越街道。

(IDIOMS 习语) **in/into a state** (*informal* 非正式) very nervous or upset 非常紧张/不安: *Now don't get into a state! I'm sure everything will be all right.* 别紧张！肯定没事的！

state of affairs a situation 情况: *This state of affairs must not be allowed to continue.* 这种情况不容继续。

state of mind mental condition 心理状况:

S

She's in a very strange state of mind. 她现在的心理状态非常奇怪。

☆**state**[2] /'steɪt ‖ stet/ *verb* [T] to say or write sth, often formally（常指正式地）说/写/表示: *Your letter states that you sent the goods on 31 March, but we have never received them.* 你的信上说3月31日已经把货物寄出，但我们从没有收到过。○ *As I stated earlier, I do not believe that this information is accurate.* 我先前已经声明过，我不相信这个消息是准确的。

statement *noun* [C] **1** something that you say or write, often formally（常指正式的）声明/说明: *The Prime Minister will make a statement about the defence cuts today.* 首相今天将就削减国防开支一事发表声明。○ *After the accident I had to go to the police station to make a statement.* 事故发生后，我必须到警察局陈述事情的经过。**2** = BANK STATEMENT

stately /'steɪtlɪ ‖ 'stetlɪ/ *adj* (**statelier**; **stateliest**) formal and dignified 庄重；威严；庄严: *a stately old building* 庄严的古建筑

ˌ**stately 'home** *noun* [C] (*Brit* 英) a large old house that has historical interest and can be visited by the public（有历史价值、供人参观的）古老大宅

statesman /'steɪtsmən ‖ 'stetsmən/ *noun* [C] (*pl* **statesmen** /-mən ‖ -mən/) an important and experienced politician who has earned public respect 政治家

static /'stætɪk ‖ 'stætɪk/ *adj* not moving or changing 静态的；无变化的: *House prices are static.* 房价没有变动。

static (*also* 亦作 ˌ**static elec'tricity**) *noun* [U] **1** electricity that collects on a surface 静电 **2** sudden loud noises on a radio or television, caused by electricity in the atmosphere 静电干扰

☆**station** /'steɪʃn ‖ 'steʃən/ *noun* [C] **1** (*also* 亦作 **railway station**) a building on a railway line where trains stop so that passengers can get on and off 火车站: *I got to the station two minutes before my train left.* 我在火车开出之前两分钟到达车站。○ *Which station are you getting off at?* 你在哪一站下车？**2** a building from which buses or coaches begin and end journeys（公共汽车/长途汽车）总站: *The coach leaves Victoria Coach Station at 9.30 am.* 长途汽车在上午9点半从维多利亚车站开出。**3** a building where a particular service or activity is based 提供某种服务或进行某种活动的地方: *a fire station* (= where the fire brigade is based) 消防站 ○ *a petrol station* 汽油站 ○ *a police station* 警察局 ○ *a power station* 发电站 **4** a company that broadcasts programmes on a particular frequency on the radio or on television 电台；电视台: *a local radio station* 本地广播电台 ☛ Look at **channel**. 参看 **channel**。

station *verb* [T] (often passive 常用于被动语态) to send soldiers, etc to a particular place 派驻: *During his time in the army, he was stationed in Germany.* 他当兵时派驻德国。○ *Guards stationed themselves at every entrance to the building.* 卫兵把守建筑物的每一个入口。

'**station-wagon** *noun* [C] (*US* 美) = ESTATE CAR

stationary /'steɪʃənrɪ; *US* 美 -nerɪ ‖ 'steʃənˌɛrɪ/ *adj* not moving 停着；不动: *He crashed into the back of a stationary vehicle.* 他撞上一辆停着的车子尾部。

☆**stationery** /'steɪʃənrɪ; *US* 美 -nerɪ ‖ 'steʃənˌɛrɪ/ *noun* [U] equipment for writing, eg pens, pencils, paper, envelopes 文具

stationer *noun* [C] a person that sells stationery 文具商 ☛ The shop is called a **stationer's**. 文具店叫做 **stationer's**。

☆**statistics** /stə'tɪstɪks ‖ stə'tɪstɪks/ *noun* **1** [plural] numbers that have been collected in order to provide information about sth 统计数字: *Statistics indicate that 90% of homes in this country have a television.* 统计数字显示本国九成家庭有电视机。○ *crime statistics* 罪案统计 **2** [U] the science of collecting and analysing these numbers 统计学 —**statistical** /stə'tɪstɪkl ‖ stə'tɪstɪkl̩/ *adj*: *statistical information, evidence, etc* 统计资料；证明某事物的数据… —**statistically** /-klɪ ‖ -klɪ/ *adv*

☆**statue** /'stætʃu: ‖ 'stætʃu/ *noun* [C] the figure of a person or animal, that is made of stone or metal and usually put in a public place 塑像；雕像: *the Statue of Liberty in New York* 纽约的自由女神像

stature /'stætʃə(r) ‖ 'stætʃɚ/ *noun* [U] (*formal* 正式) **1** the height of a person 人的高度: *He's quite small in stature.* 他身材矮小。**2** the importance that sb has because people have a high opinion of his/her skill or achievement 名望；地位: *Her research has given her considerable stature in the scientific world.* 她的研究使她在科学界占有相当地位。

☆**status** /'steɪtəs ‖ 'stetəs/ *noun* **1** [sing] your social or professional position in relation to other people 社会地位；身分: *Teachers don't have a very high status in this country.* 教师在这个国家地位不高。**2** [U] a high social position 很高的社会地位: *The new job gave him much more status.* 新工作大大提高了他的社会地位。**3** [U] your legal position 法律地位；（法律上的）身分: *Please indicate your name, age and marital status* (= whether you are married or single). 请写明姓名、年龄及婚姻状况。

'**status symbol** *noun* [C] something that a person owns that shows that he/she has a high position in society 身分标志；地位象征

status quo /ˌsteɪtəs 'kwəʊ ‖ 'stetəs'kwo/ *noun* [sing] **the status quo** the situation that exists at a particular time 现状

statute /'stætʃu:t ‖ 'stætʃʊt/ *noun* [C] (*formal* 正式) a rule or law 法规；法令；条例

statutory /'stætʃʊtrɪ; *US* 美 -tɔ:rɪ ‖ 'stætʃʊˌtɔrɪ/ *adj* (*formal* 正式) decided by law 按照法规的规定；法定的: *a statutory right* 法定权利

staunch /stɔ:ntʃ ‖ stɔntʃ/ *adj* believing in sth or supporting sb/sth very strongly; loyal 坚定；忠实: *a staunch supporter of the Liberal Democrats* 自由民主党的忠实支持者

stave /steɪv ‖ stev/ *verb*

(PHRASAL VERB 短语动词) **stave sth off** to stop sth unpleasant from happening now, although it may happen at a later time 逃避/拖延某事物: *to stave off a financial crisis* 暂时逃过财政危机

☆**stay** /steɪ ‖ ste/ *verb* [I] **1** to continue to be somewhere and not go away 逗留: *Patrick stayed in bed until 11 o'clock.* 帕特里克11点才起床。○ *I can't stay long.* 我不能久留。○ *Stay on this road until you get to Wells.* 一直沿这条路走，直至到达韦尔斯。**2** to continue to be in a particular state or situation without change 维持/保持（某种状态）: *I can't stay awake any longer.* 我再不能熬夜不睡了。☛ **Remain** and **stay** are similar in meaning but **remain** is more formal. * **remain** 与 **stay** 意义相近，但 **remain** 用于较正式的场合。**3** to be somewhere as a visitor or guest 作客: *We stayed with friends in France.* 我们在法国时住在朋友处。○ *to stay at a hotel* 在旅店住 ○ *Can you stay for lunch?* 你留下来吃午饭好吗？○ *Why don't you stay the night?* 何不留下过夜？

(IDIOM 习语) **stay put** (*informal* 非正式) to remain in one place 留在原地: *We like this flat so we'll probably stay put for a few years.* 我们喜欢这个公寓，大概会住上好几年。

(PHRASAL VERBS 短语动词) **stay behind** to remain in a place after other people have gone（在其他人走后）留下

stay in to remain at home 留在家中: *I'm going to stay in and watch TV.* 我要留在家中看电视。

stay on (at ...) to remain at a place of work or study longer than necessary or normal 继续留下（工作或学习）: *I've decided to stay on at school to do A levels.* 我决定继续上学，参加高级程度考试。

stay out to remain out, especially late at night 在外面逗留（到深夜）

stay up not go to bed 熬夜: *I'm going to stay up to watch the film on BBC 1.* 我要熬夜看英国广播电视台第一台的电影。

stay *noun* [C] a period of time that you stay(3) somewhere 作客的时间: *Did you enjoy your stay in Crete?* 你喜欢在克里特逗留的日子吗？

☆**steady** /'stedɪ ‖ 'stɛdɪ/ *adj* (**steadier**; **steadiest**) **1** not moving or shaking 稳定: *You need a steady hand to take good photographs.* 手要稳才能拍出好照片。☛ The opposite is **unsteady**. 反义词为 **unsteady**。**2** developing or happening at a regular rate 有规律；稳步: *a steady increase in exports* 出口额稳步上升 **3** staying the same; not changing 不变；固定: *If you drive at a steady 50 miles an hour, you will use less petrol.* 如果保持以每小时50英里的稳定速度驾驶，就能省油。—**steadily** /'stedɪlɪ ‖ 'stɛdəlɪ/ *adv*: *Unemployment has risen steadily since April 1991.* 从1991年4月开始，失业数字逐步上升。

steady *verb* [I,T] (*pres part* **steadying**; *3rd pers sing pres* **steadies**; *pt, pp* **steadied**) to make sth steady or to become steady（使）稳定/固定: *She thought she was going to fall, so she put out a hand to steady herself.* 她以为要摔倒，就伸出一只手稳住自己。

☆**steak** /steɪk ‖ stek/ *noun* [C,U] a thick flat piece of meat or fish 肉排/鱼排/牛排（厚肉片/块）: *a piece of steak* 一块肉排 ○ *a salmon steak* 鲑鱼排 ☛ Look at **chop**[2]. 参看 **chop**[2]。

☆**steal** /sti:l ‖ stil/ *verb* (*pt* **stole** /stəʊl ‖ stol/; *pp* **stolen** /'stəʊlən ‖ 'stolən/) **1** [I,T] **steal (sth) (from sb/sth)** to take sth that belongs to another person secretly and without permission 偷；偷窃: *The terrorists were driving a stolen car.* 恐怖分子驾驶一辆偷来的汽车。☛ You **steal** things, but you **rob** people (of things) 偷东西叫做 **steal**，抢劫他人叫做 **rob**: *My camera has been stolen!* 我的照相机被偷走了！○ *I've been robbed!* 我被人抢劫！○ *They robbed me of all my money!* 他们劫走了我所有的钱！Look also at the note at **thief**. 另参看 **thief** 的注释。**2** [I] **steal away, in, out, etc** to move somewhere secretly and quietly 偷偷移动

stealth /stelθ ‖ stɛlθ/ *noun* [U] (*formal* 正式) behaviour that is secret or quiet 秘密的/悄悄的行动: *The terrorists operate by stealth.* 恐怖分子活动诡秘。—**stealthy** *adj* (**stealthier**; **stealthiest**): *to make a stealthy approach* 偷偷走近 —**stealthily** *adv*

☆**steam** /sti:m ‖ stim/ *noun* [U] **1** the hot gas that water changes into when it boils 水蒸气；蒸汽: *Steam was rising from the coffee.* 咖啡冒着热气。**2** the power that can be produced from steam 蒸汽产生的动力: *a steam engine* 蒸汽机

(IDIOMS 习语) **let off steam** (*informal* 非正式) to release energy or express strong feeling by behaving in a noisy or uncontrolled way 发泄精力/情绪

run out of steam (*informal* 非正式) to have no more energy 筋疲力尽

steam *verb* **1** [I] to send out steam 散发蒸汽: *steaming hot soup* 冒着热气的的汤 **2** [T] to cook sth in steam 蒸（食物）: *steamed vegetables* 蒸熟的蔬菜

(IDIOM 习语) **be/get steamed up** (*informal* 非正式) to be/become very angry or worried about sth（变得）愤怒/忧虑

(PHRASAL VERB 短语动词) **steam (sth) up** to cover sth or become covered with steam（使）蒙上蒸汽: *My glasses have steamed up.* 我的眼镜布满水汽。

steamer *noun* [C] a ship that is driven by steam 汽船

steamroller *noun* [C] a big heavy vehicle that is used for making the surface of a road flat 蒸汽压路机

☆**steel** /sti:l ‖ stil/ *noun* [U] a very strong metal that is made from iron mixed with carbon. Steel is used for making knives, tools, machines, etc. 钢

steel *verb* [T] **steel yourself** to prepare yourself for sth difficult or unpleasant 坚强起来（面对困难/不快的情况）: *Steel yourself for a shock.* 你要准备好不要吃惊。

steelworks *noun* [C, with sing or pl verb] (*pl* **steelworks**) a factory where steel is made 炼钢厂

☆**steep** /sti:p ‖ stip/ *adj* **1** (used about a hill, mountain, street, etc 指山、街道等) rising or falling quickly 坡度大；陡峭: *I don't think I can cycle up that hill. It's too steep.* 我认为我

骑自行车上不了那座山，那儿太陡峭了。**2** (used about an increase in sth 指增加幅度) very big 非常大 **3** (*informal* 非正式) too expensive 太昂贵 —**steeply** *adv*: *House prices have risen steeply this year.* 房价今年剧涨。—**steepness** *noun* [U]

steeped /sti:pt ‖ stipt/ *adj* having a lot of; full of 有许多；充满: *The city of Oxford is steeped in history.* 牛津市历史悠久。

steeple /'sti:pl ‖ 'stipl̩/ *noun* [C] a church tower that has a pointed top (**spire**) 顶部尖细的教堂（塔楼）（塔尖叫做 **spire**）

☆**steer** /stɪə(r) ‖ stɪr/ *verb* [I,T] to control the direction that a vehicle is going in, by using a wheel, etc 驾驶；操纵（行驶方向）: *Can you push the car while I steer?* 我来掌方向盘，你推车好吗？○ *to steer a boat, ship, bicycle, motor bike, etc* 驾驶船只/轮船/自行车/摩托车… ○ (*figurative* 比喻) *She tried to steer the conversation away from the subject of money.* 她尝试转移话题，不再谈金钱。☛ **Steer** means to control the direction of a vehicle. * **steer** 指控制车辆的方向。If you **ride** a bicycle/motor bike or **sail** a boat you steer it and you are also in control of everything else. 骑 (**ride**) 自行车/摩托车或驾驶 (**sail**) 船只，不但控制方向，也控制其他各方面。

steering /'stɪərɪŋ ‖ 'stɪrɪŋ/ *noun* [U] the mechanical parts that control the direction that a vehicle is going in 转向装置

'steering-wheel (*also* 亦作 **wheel**) *noun* [C] the wheel in a car, etc that you use for steering 方向盘

☆**stem**[1] /stem ‖ stɛm/ *noun* [C] **1** one of the long thin parts of a plant which the leaves or flowers grow on 树干；茎；梗 **2** the main part of a word onto which other parts are added 词干；词根: *'Writ-' is the stem of the words 'write', 'writing', 'written' and 'writer'.* * writ- 是 write、writing、written 和 writer 的词干。

stem *verb* (ste**mm**ing; ste**mm**ed)

(PHRASAL VERB 短语动词) **stem from sth** to be caused by sth; to have sth as an origin 由某事物导致/引起；源自某事物: *His interest in Egypt stems from the time he spent there when he was a child.* 他对埃及的兴趣始于他幼年在那里住的时候。

stem[2] /stem ‖ stɛm/ *verb* [T] (ste**mm**ing; ste**mm**ed) to stop sth that is increasing or spreading 阻止（某物增加/蔓延等）: *Leaders of the party are trying to stem the tide of anti-government feeling.* 该党领袖正设法阻止反政府情绪蔓延。

stench /stentʃ ‖ stɛntʃ/ *noun* [C, usually sing] (*formal* 正式) a very unpleasant smell 恶臭

☆**step**[1] /step ‖ stɛp/ *verb* [I] (ste**pp**ing; ste**pp**ed) to lift one foot and put it down in a different place when you are walking 迈步；踏: *Be careful! Don't step in the mud.* 小心！不要踩上泥。○ *to step forward/back* 向前/向后走 ○ *Ouch! You stepped on my foot!* 哎哟！你踩着我的脚了！

(PHRASAL VERBS 短语动词) **step down** to give up a position of authority 辞职；下台: *Anne is stepping down as chairperson at the end of the year.* 安妮今年年尾就下台不再做主席。

step in to become involved in a difficult situation, usually in order to help 介入（通常为施以援手）

step sth up to increase sth 增加；加强: *The Army has decided to step up its security arrangements.* 军队决定加强保安措施。

'stepping-stone *noun* [C] one of a line of flat stones that you can step on in order to cross a river, etc 踏脚石

☆**step**[2] /step ‖ stɛp/ *noun* [C] **1** the act of lifting one foot and putting it down in a different place 举步；迈步: *Nick took two steps forwards and then stopped.* 尼克向前走两步，然后停下来。○ *I heard steps outside the window.* 我听见窗外有脚步声。**2** one action in a series of actions that you take in order to achieve sth 步骤: *the first step towards peace* 迈向和平的第一步 **3** one of the surfaces on which you put your foot when you are going up or down stairs, a ladder, etc 级梯；台阶: *the top/bottom step* 最上面的/最底下的一级 ○ *a flight* (= a set) *of steps* 一段台阶 ☛ Look at the note at **stair**. 参看 **stair** 的注释。

(IDIOMS 习语) **in/out of step (with sb/sth)** moving/not moving your feet at the same time as other people when you are marching, dancing, etc（与某人/某事物）步伐一致/不一致

step by step (used for talking about a series of actions 用于一连串行动) moving slowly and gradually from one action or stage to the next 按部就班；逐步: *clear step-by-step instructions* 清楚的逐步指令

take steps to do sth to take action in order to achieve sth 采取一连串行动/措施以达到目的: *to take steps to reduce unemployment* 逐步降低失业数字

watch your step **1** to be careful about where you are walking 小心行走 **2** to be careful about how you behave 谨慎行事

'stepladder *noun* [C] a short ladder with two parts that can stand on its own. You can fold it up when you are not using it. 活梯 ☛ picture at **ladder**. 见 **ladder** 插图。

step- /step ‖ stɛp/ (in compounds 用以构成复合词) related through one parent 因父亲/母亲再婚而有亲属关系

'stepbrother, 'stepsister *noun* [C] the child of your stepmother or stepfather from an earlier marriage 继父与前妻/继母与前夫所生的子女

'stepchild *noun* [C] (*pl* **stepchildren**) the child of your husband or wife from an earlier marriage 妻与前夫/夫与前妻所生的孩子

'stepfather *noun* [C] the man who has married your mother after the death or divorce of your father 继父

'stepmother *noun* [C] the woman who has married your father after the death or divorce of your mother 继母

'stepson, 'stepdaughter *noun* [C] the child of your husband or wife from an earlier marriage 妻与前夫或夫与前妻所生的儿子/女儿

☆**stereo** /ˈsteriəʊ ‖ ˈstɛrɪo/ *noun* **1** [U] the system for playing recorded music, speech etc in which the sound is directed through two channels 立体音响: *This programme is in stereo.* 这个节目用立体声广播。**2** [C] (*also* 亦作 ˈ**stereo system**) a piece of equipment for playing recorded music, etc that has two speakers 立体声音响设备: *a car stereo* 汽车音响 ○ *a personal stereo* 私人音响 —**stereo** *adj*: *a stereo television* 立体声电视机

stereotype /ˈsteriətaɪp ‖ ˈstɛrɪəˌtaɪp/ *noun* [C] a fixed idea about a type of person or thing, which is often not true in reality 固定的形象/模式: *the stereotype of the London businessman as a man with a black hat and umbrella* 典型的伦敦商人形象，一个头戴黑帽、手拿雨伞的男人

stereotype *verb* [T] to have or show a fixed idea about a type of person or thing 定型；模式化: *In advertisements, women are often stereotyped as housewives.* 在广告中，女性通常被定型为家庭主妇。

sterile /ˈsteraɪl; *US* 美 ˈsterəl ‖ ˈstɛrəl/ *adj* **1** not able to produce young animals or babies 不育 **2** completely clean and free from bacteria 消过毒；无菌: *All equipment used during a medical operation must be sterile.* 手术中所用的器械都需要彻底消毒。**3** with no interest or life 没有生气/结果: *a sterile discussion* 枯燥的讨论 —**sterility** /stəˈrɪlətɪ ‖ stəˈrɪlətɪ/ *noun* [U]

sterilize (*also* 亦作 **sterilise**) *verb* [T] **1** to make sb/sth completely clean and free from bacteria 杀菌；消毒 **2** (usually passive 通常用于被动语态) to carry out an operation on a person or an animal so that they cannot have babies 通过手术使失去生殖能力；绝育 —**sterilization** (*also* 亦作 **sterilisation**) /ˌsterəlaɪˈzeɪʃn; *US* 美 -lɪˈz- ‖ ˌstɛrələˈzeʃən/ *noun* [U]

sterling /ˈstɜːlɪŋ ‖ ˈstɝlɪŋ/ *noun* [U] the system of money that is used in Britain 英国货币: *the pound sterling* 英镑

sterling *adj* of very high quality 品质极高的；高尚；优秀: *sterling work* 优秀作品

stern[1] /stɜːn ‖ stɝn/ *adj* very serious and severe; not smiling 严肃；严厉: *a stern expression* 严肃的表情 ○ *a stern warning* 严厉的警告 —**sternly** *adv*

stern[2] /stɜːn ‖ stɝn/ *noun* [C] the back end of a ship or boat 船尾 ☛ Look at **bow**[3]. 参看 **bow**[3]。

stethoscope /ˈsteθəskəʊp ‖ ˈstɛθəˌskop/ *noun* [C] the piece of equipment that a doctor uses for listening to your breathing and heart 听诊器

stew /stjuː; *US* 美 stuː ‖ stu/ *noun* [C,U] a type of food that you make by cooking meat and/or vegetables in liquid for a long time 炖肉/菜

stew *verb* [I,T] to cook sth slowly in liquid 炖: *stewed apple* 炖苹果

steward /ˈstjʊəd; *US* 美 ˈstuːərd ‖ ˈstuwɚd/ *noun* [C] **1** a man who looks after the passengers on an aeroplane, a ship, a train, etc（飞机、轮船、火车等的）男乘务员 **2** a person who helps to organize a large public event, eg a race 管事（负责筹备赛马等大型公共活动的人）

stewardess /ˌstjʊəˈdes; *US* 美 ˈstuːərdəs ‖ ˈstuwɚdɪs/ *noun* [C] a woman who looks after the passengers on an aeroplane, a ship, a train, etc（飞机、轮船、火车等的）女乘务员

☆**stick**[1] /stɪk ‖ stɪk/ *noun* [C] **1** a small thin piece of wood from a tree 树枝 **2** = WALKING-STICK **3** (in some sports) a long thin piece of wood that you use for hitting the ball（某些体育活动的）球棒/球棍: *a hockey stick* 曲棍球棒 ☛ Look at **bat**[2], **club**[2](2) and **racket**[1]. 参看 **bat**[2]、**club**[2](2) 及 **racket**[1]。**4** a long thin piece of sth 一根；一支: *a stick of celery* 一根芹菜

(IDIOM 习语) **get (hold of) the wrong end of the stick** ⇨ WRONG[1]

☆**stick**[2] /stɪk ‖ stɪk/ *verb* (*pt*, *pp* **stuck** /stʌk ‖ stʌk/) **1** [I,T] **stick (sth) in/into (sth)** to push a pointed object into sth; to be pushed into sth（把尖物）刺/刺入/插进: *Stick a fork into the meat to see if it's ready.* 将叉插进肉里看熟了没有。○ *I can't move. There's a piece of wire sticking in my leg.* 我动不了啦，有一根金属丝刺进我的腿里了。**2** [I,T] to attach sth to sth else or to become attached to sth else by using glue, etc 贴上；粘上: *to stick a stamp on an envelope* 在信封上贴上邮票 ○ *Jam sticks to your fingers.* 果酱会粘在手指上。**3** [I] **stick (in sth)** (used about sth that can usually be moved 指通常可以移动的东西) to become fixed in one position so that it cannot be moved 固定于某位置不能动: *The car was stuck in the mud.* 汽车陷入泥中。**4** [T] (*informal* 非正式) to put sth somewhere 放置: *Can you stick these plates on the table?* 你把这些碟子放在桌子上好吗？**5** [T] (*informal* 非正式) (often in negative sentences and questions 常用于否定句及疑问句) to stay in a difficult or unpleasant situation 忍受: *I can't stick this job much longer.* 我不能再忍受这份工作了。

(IDIOM 习语) **poke/stick your nose into sth** ⇨ NOSE[1]

(PHRASAL VERBS 短语动词) **stick around** (*informal* 非正式) to stay or wait somewhere 在某处逗留/等待

stick at sth (*informal* 非正式) to continue working at sth even when it is difficult 坚持做某事

stick by sb (*informal* 非正式) to continue to give sb help and support even in difficult times 坚决支持/忠于某人

stick out (*informal* 非正式) to be very noticeable 显眼: *The new office block really sticks out from the older buildings around it.* 新办公大楼屹立于旧建筑之中显得尤其突出。

stick (sth) out to be further out than sth else or to push sth further out than sth else（使）突出；伸出: *The boy's head was sticking out of the window.* 那个男孩子把头伸出窗外。○ *Don't stick your tongue out.* 舌头别伸着。

stick it/sth out (*informal* 非正式) to stay in a difficult or unpleasant situation until the end 忍耐到底

stick to sth (*informal* 非正式) to continue

with sth and not change to anything else 坚持某事物: *I'm sticking to orange juice tonight because I'm driving.* 今晚我只喝橙汁，因为我还要开车。

stick together (*informal* 非正式) (used about a group of people 指一群人) to stay friendly and loyal to each other 彼此忠诚/团结

stick up to point upwards 竖起: *You look funny. Your hair's sticking up!* 你的样子很有趣。头发都竖起来了！

stick up for sb/yourself/sth (*informal* 非正式) to support or defend sb/yourself/sth 支持或维护某人/自己/某事物: *Don't worry. I'll stick up for you if there's any trouble.* 别担心。有问题我会支持你。

sticker /ˈstɪkə(r) ‖ ˈstɪkɚ/ *noun* [C] a piece of paper with writing or a picture on one side that you can stick onto a car window, book, file, etc 粘贴标签

☆**sticky** /ˈstɪkɪ ‖ ˈstɪkɪ/ *adj* (**stickier**; **stickiest**) **1** (used for describing a substance that can stick to sth else, or sth that is covered with this kind of substance) 黏；黏糊糊: *These sweets are very sticky.* 这些糖果非常黏。○ *I've got sticky fingers after eating that ice-cream.* 我吃了那冰淇淋后手指黏糊糊的。○ *sticky tape* 黏胶带 **2** (*informal* 非正式) (used about a situation 指处境) difficult or unpleasant 困难；叫人为难

☆**stiff** /stɪf ‖ stɪf/ *adj* **1** (used about material, paper, etc 指物质、纸张等) quite hard and not easy to bend 坚硬；不易弯曲: *My new shoes feel rather stiff.* 我的新鞋子穿起来感到有点硬。**2** (used about a handle, door, etc 指把手、门等) not easy to turn or move 难转动/活动: *This door's very stiff. Can you open it for me?* 门很难开，你替我开好吗？**3** (used about parts of the body 指身体某部分) not easy to move 僵硬: *My arm feels really stiff after playing tennis yesterday.* 昨天打过网球后，我的手臂感到很僵硬。**4** (used about a liquid 指液体) very thick; almost solid 浓；稠: *Beat the egg whites until they are stiff.* 将蛋白打到变稠为止。**5** difficult or strong 困难；强烈: *a stiff exam* 难度很高的考试 ○ *stiff opposition to the plan* 强烈反对那计划 **6** (used about sb's behaviour 指行为) not relaxed or friendly; formal 拘谨: *She's often a bit stiff with strangers.* 她和陌生人在一起通常会有点拘谨。**7** (used about an alcoholic drink 指酒) strong 烈性: *a stiff whisky* 烈性威士忌酒

stiff *adv* (*informal* 非正式) extremely 极端: *to be bored, frozen, scared, etc stiff* 非常沉闷/冻/恐慌…

stiffly *adv* in a stiff(6) way 拘谨: *He smiled stiffly.* 他拘谨地笑。—**stiffness** *noun* [U]

stiffen /ˈstɪfn ‖ ˈstɪfən/ *verb* **1** [I] (used about a person 指人) to suddenly become very still, usually because you are afraid or angry (因恐惧或愤怒等)突然变僵: *Alison stiffened as she heard a noise outside the door.* 艾莉森听见门外的声音，吓得身体僵硬。**2** [I,T] to become stiff; to make sth stiff (使)变硬/僵硬/变稠: *a stiffened shirt collar* 坚挺的衬衫衣领

stifle /ˈstaɪfl ‖ ˈstaɪfḷ/ *verb* **1** [I,T] to be or to make sb unable to breathe easily (使)窒息: *Richard was almost stifled by the smoke.* 理查德几乎被烟闷呛至窒息。**2** [T] to stop sth from happening, developing or continuing 扼杀；阻止；抑制: *Her strict education had stifled her natural creativity.* 严厉的教育方式扼杀了她天生的创造力。○ *to stifle a yawn* 强忍呵欠 —**stifling** /ˈstaɪflɪŋ ‖ ˈstaɪflɪŋ/ *adj*: *The heat was stifling.* 热得令人窒息。

stigma /ˈstɪgmə ‖ ˈstɪgmə/ *noun* [C,U] a bad reputation that sth has because a lot of people have a fixed idea that it is wrong, often unfairly 污名/耻辱(常指因偏见而起的): *There is still a lot of stigma attached to being unemployed.* 仍然有很多人认为失业是耻辱。

☆**still**[1] /stɪl ‖ stɪl/ *adv* **1** (used for talking about sth that started at an earlier time 指开始了的事) continuing until now or until the time you are talking about 仍然；还是: *Do you still live in London?* 你还住在伦敦吗？○ *It's still raining.* 还在下雨。○ *In 1984 Rob was still a student.* ＊1984年罗布仍是个学生。**2** in addition; more 还有: *There are still ten days to go until my holiday.* 还有十天我才放假。**3** (used for making a comparative adjective stronger 用以强化比较级形容词): *It was very cold yesterday, but today it's colder still.* 昨天很冷，今天更加冷。**4** (used for talking about an action or opinion that you do not expect, because sth else makes it surprising 用于出人意料之事) even so 虽然如此；然而: *He had a bad headache but he still went to the disco.* 他的头疼得很厉害，但他仍然去迪斯科舞厅。

☆**still**[2] /stɪl ‖ stɪl/ *adj, adv* **1** without moving 不动: *Stand still! I want to take a photograph!* 站着别动！我想拍张照。**2** quiet or calm 宁静；静止: *The water was perfectly still.* 水完全静止。**3** (used about a drink 指饮料) not containing gas 不含气体；无汽: *still orange* 无汽橙汁 ☛ Look at **fizzy** and **sparkling**. 参看 **fizzy** 及 **sparkling**。

still *noun* [C] a single photograph that is taken from a cinema film 剧照

stillness *noun* [U] the quality of being still 静止；寂静: *the stillness of the air on a cold winter's night* 寒冬晚上静止的空气

ˈ**stillborn** *adj* (used about a baby 指婴儿) dead when it is born 死产

stilt /stɪlt ‖ stɪlt/ *noun* [C] **1** one of two long pieces of wood, with places to rest your feet on, on which you can walk above the ground 高跷: *a pair of stilts* 一对高跷 **2** one of a set of poles that support a building above the ground or water (支撑建筑物离开地面或水面的)支柱/桩子

stilted /ˈstɪltɪd ‖ ˈstɪltɪd/ *adj* (used about a way of speaking or writing 指说话或写作方式) unnatural and very formal 不自然；非常拘泥形式

stimulant /ˈstɪmjʊlənt ‖ ˈstɪmjələnt/ *noun* [C] a drug or medicine that makes you feel more active 兴奋剂: *Caffeine is a mild stimulant.* 咖啡因是温和的兴奋剂。

stimulate /ˈstɪmjʊleɪt ‖ ˈstɪmjəˌlet/ *verb* [T] **1** to make sth active or more active 刺激: *Exercise stimulates the blood circulation.*

运动刺激血液循环。○ *The government has decided to cut taxes in order to stimulate the economy.* 政府决定减税来刺激经济。**2** to make sb feel interested and excited about sth 引起兴趣/兴致: *The teaching he gets doesn't really stimulate him.* 他受的教育未能真正激发他的兴趣。

stimulating *adj* interesting and exciting 有趣；令人兴奋；激发兴趣: *a stimulating discussion* 激发兴趣的讨论 —**stimulation** /ˌstɪmjʊˈleɪʃn ‖ ˈstɪmjəˌleʃən/ *noun* [U]

stimulus /ˈstɪmjʊləs ‖ ˈstɪmjələs/ *noun* [C,U] (*pl* **stimuli** /-laɪ ‖ -ˌlaɪ/) something that causes activity, development or interest 刺激物；刺激因素: *The Spanish Civil War was a great stimulus for Picasso's art.* 西班牙内战对毕加索的艺术起着很大的刺激作用。

☆**sting**[1] /stɪŋ ‖ stɪŋ/ *verb* [I,T] (*pt, pp* **stung** /stʌŋ ‖ stʌŋ/) **1** (used about an insect, plant, etc 指昆虫、植物等) to make sb/sth feel a sudden pain by pushing sth sharp into their skin and injecting poison into them 刺；螫；蜇: *Ow! I've been stung by a bee!* 哎哟！我被蜜蜂螫了！○ *Be careful. Those plants sting.* 小心，那些植物有刺。**2** to make sb/sth feel a sudden, sharp pain 使刺痛: *Soap stings if it gets in your eyes.* 肥皂入眼会很刺痛。**3** to make sb feel very hurt and upset because of sth you say（指言语）伤害感情/冒犯别人/触怒别人: *Kate was stung by her father's words.* 凯特听了父亲的话很不快。

☆**sting**[2] /stɪŋ ‖ stɪŋ/ *noun* [C] **1** the sharp pointed part of some insects and animals that is used for pushing into the skin of a person or another animal and injecting poison（某些昆虫或动物的）刺/螫针 **2** the pain that you feel when an animal or insect pushes its sting into you（蜇伤造成的）刺痛: *a wasp sting on the leg* 腿上黄蜂蜇伤的疼痛 **3** a sharp pain that feels like a sting 刺痛: *the sting of soap in your eyes* 肥皂入眼造成的刺痛

stink /stɪŋk ‖ stɪŋk/ *verb* [I] (*pt* **stank** /stæŋk ‖ stæŋk/ or **stunk** /stʌŋk ‖ stʌŋk/; *pp* **stunk**) (*informal* 非正式) **1** to have a very strong and unpleasant smell 发出恶臭: *to stink of fish* 有鱼的腥臭味 **2** to seem to be very bad, unpleasant or dishonest 显得很坏/很差/不正当: *The whole business stinks of corruption.* 整件事带有贪污腐败的气味。

stink *noun* [C] (*informal* 非正式) a very unpleasant smell 恶臭

stint /stɪnt ‖ stɪnt/ *noun* [C] a fixed period of time that you spend doing sth 一段固定时间的工作；任期

stipulate /ˈstɪpjʊleɪt ‖ ˈstɪpjəˌlet/ *verb* [T] (*formal* 正式) to say exactly and officially what must be done 明确规定: *The law stipulates that all schools must be inspected every three years.* 法律规定所有学校每三年必须接受检查。—**stipulation** /ˌstɪpjʊˈleɪʃn ‖ ˌstɪpjəˈleʃən/ *noun* [C,U] (*formal* 正式): *One of the stipulations is that all team members must be British nationals.* 其中一个规定是所有队员必须是英国公民。

☆**stir** /stɜː(r) ‖ stɝ/ *verb* (stirring; stirred) **1** [T] to move a liquid, etc round and round, using a spoon, etc 搅拌/搅动（液体）: *She stirred her coffee with a teaspoon.* 她用茶匙搅动咖啡。**2** [I,T] to move or make sb/sth move gently（使）微微移动: *The boy stirred in his sleep.* 那个男孩子睡觉时身体翻动了一下。○ *A sudden wind stirred the leaves.* 忽然刮来一阵风吹动树叶。**3** [T] to make sb feel a strong emotion 使感情激动/冲动: *The story stirred Carol's imagination.* 那个故事启发卡罗尔的想象。○ *a stirring speech* 激动人心的演讲

(PHRASAL VERB 短语动词) **stir sth up** to cause a strong feeling in other people 激起某种情绪: *The manager accused him of stirring up trouble.* 经理指责他煽动闹事。

stir /stɜː(r) ‖ stɝ/ *noun* **1** [C] the action of stirring 搅动；搅拌: *Give the soup a stir.* 搅一搅汤。**2** [sing] general excitement or shock 轰动；惊诧: *Short skirts caused quite a stir when they first appeared in the 1960s.* 短裙在60年代出现时，引起一阵哄动。

stirrup /ˈstɪrəp ‖ ˈstɪrəp/ *noun* [C] one of the two metal objects that you put your feet in when you are riding a horse 马镫 ☛ picture at **horse**. 见 **horse** 插图。

☆**stitch** /stɪtʃ ‖ stɪtʃ/ *noun* [C] **1** one of the small lines of thread that you can see on a piece of material after it has been sewn（缝衣物的）一针；针脚 ☛ picture at **sew**. 见 **sew** 插图。**2** one of the small pieces of thread that a doctor uses to sew your skin together if you cut yourself very badly, or after an operation（缝合伤口的）缝线 **3** one of the small circles of wool that you put round a needle when you are knitting（编织的）一针 ☛ picture at **knit**. 见 **knit** 插图。**4** [usually sing] a sudden pain that you get in the side of your body, eg after you have been running 胁部刺痛（奔跑后可能出现）

(IDIOM 习语) **in stitches** (*informal* 非正式) laughing so much that you cannot stop 忍不住大笑；忍俊不禁

stitch *verb* [I,T] to sew 缝: *This handle of this bag needs stitching.* 这个袋子的提梁需要缝一缝。

☆**stock**[1] /stɒk ‖ stɑk/ *noun* **1** [C,U] the supply of things that a shop, etc has for sale（商店的）存货: *The new shop has a large stock of records, tapes and CDs.* 新店备有大量唱片、录音带和激光唱片。○ *We'll have to order extra stock if we sell a lot more this week.* 这星期再卖出更多的话，我们必须再订货。**2** [C] a supply or store of sth that is ready to be used 备用物；储备: *Food stocks in the village were very low.* 村内缺乏粮食储备。**3** [C,U] a share in the capital of a company; money that you lend to a company 股分；股: *to invest in stocks and shares* 投资于公司股分及股票 **4** [C,U] a liquid that you use to make soups, sauces, etc. It is made by boiling meat, bones, vegetables, etc in water. 汤汁（用肉、骨头、蔬菜等炖成）

(IDIOMS 习语) **in/out of stock** in/not in the supply of things that a shop, etc has for sale 有/无存货

take stock (of sth) to think about sth very

carefully before deciding what to do next 三思而后行；总结；评估: *Let's see how things go for a week or so and then take stock of the situation.* 我们先用一个星期左右看看事情的进展，然后再作评估。

stock *adj* (only *before* a noun 只用于名词前) (used for describing sth that sb says 用以形容说话) used so often that it does not have much meaning 陈腐: *the usual stock answers* 惯用的老一套答案

'stockbroker (*also* 亦作 **broker**) *noun* [C] a person whose job it is to buy and sell stocks(3) and shares(2) for other people 证券经纪人

'stock exchange *noun* [C] **1** a place where stocks(3) and shares(2) are bought and sold 证券交易所: *the London Stock Exchange* 伦敦证券交易所 **2** (*also* 亦作 **'stock market**) the business or activity of buying and selling stocks and shares 证券市场；证券交易

'stocktaking *noun* [U] the activity of counting the total supply of things that a shop or business has at a particular time 盘点（存货）

stock² /stɒk ‖ stɑk/ *verb* [T] **1** (usually used about a shop 通常指商店) to have a supply of sth 储存货品: *They stock food from all over the world.* 他们供应从世界各国进口来的食物。**2** to provide sth with a supply of sth 提供；供应: *a well stocked bookshop* 货品充足的书店

(PHRASAL VERB 短语动词) **stock up (on/with sth)** to collect a large supply of sth for future use 储备: *to stock up with food for the winter* 储备粮食过冬

stockist *noun* [C] a shop that sells goods made by a particular company 专售某种/某公司货物的商店；专卖店

stocking /'stɒkɪŋ ‖ 'stɑkɪŋ/ *noun* [C] one of a pair of thin pieces of clothing that fit tightly over a woman's foot and leg（女用）长袜: *a pair of stockings* 一双长袜 ☛ Look at **tights**. 参看 **tights**。

stocky /'stɒkɪ ‖ 'stɑkɪ/ *adj* (used about a person's body 指身材) short but strong and heavy 短小精悍

stoic /'stəʊɪk ‖ 'sto·ɪk/ (*also* 亦作 **stoical** /-kl ‖ -kl̩/) *adj* (*formal* 正式) suffering pain or difficulty without complaining 坚忍而不抱怨 —**stoically** /-klɪ ‖ -kl̩ɪ/ *adv* —**stoicism** /'stəʊɪsɪzəm ‖ 'sto·ɪˌsɪzəm/ *noun* [U]

stole *pt* of STEAL * STEAL 的过去时

stolen *pp* of STEAL * STEAL 的过去分词

stolid /'stɒlɪd ‖ 'stɑlɪd/ *adj* (used about a person 指人) showing very little emotion or excitement 无动于衷；冷淡；冷漠

☆**stomach** /'stʌmək ‖ 'stʌmək/ (also *informal* 非正式 **tummy**) *noun* [C] **1** the part of your body where food is digested after you have eaten it 胃 **2** the front part of your body below your chest and above your legs 肚子；腹部: *a fat stomach* 大肚子 ○ *She turned over onto her stomach.* 她转身俯卧。☛ picture on page A21. 见第A21页插图。

stomach *verb* [T] (*informal* 非正式) (usually in negative sentences and questions 通常用于否定句及疑问句) to be able to watch, listen to, accept, etc sth that you think is unpleasant 忍受；容忍: *I can't stomach too much violence in films.* 我看不惯过分渲染暴力的电影。

'stomach-ache *noun* [C,U] a pain in your stomach 胃痛；肚子痛: *I've got terrible stomach-ache.* 我的胃痛得很厉害。☛ Look at the note at **ache**. 参看 **ache** 的注释。

stomp /stɒmp ‖ stɑmp/ *verb* [I] (*informal* 非正式) to walk with heavy steps 踏重步走

☆**stone** /stəʊn ‖ ston/ *noun* **1** [U] a hard solid substance that is found in the ground 石头；石: *The house was built of grey stone.* 那所房子用灰色石块建成。○ *a stone wall* 石墙 **2** [C] a small piece of rock 石子；石块: *The boy picked up a stone and threw it into the river.* 那个男孩子拾起一块石头丢进河里。**3** [C] = PRECIOUS STONE **4** [C] the hard seed inside some fruits, eg peaches, plums, cherries and olives（桃、梅、李等核果的）核 **5** [C] (*pl* **stone**) a measure of weight; 6·35 kilograms. There are 14 pounds in a stone. 吋（重量单位，等于6.35公斤或14磅）

stone *verb* [T] to throw stones at sb/sth, eg as a punishment 用石头砸: *The two women were stoned to death.* 那两个女人被人用石头砸死。

stoned *adj* (*slang* 俚语) under the influence of drugs or very drunk（吸毒、酒醉后）神志恍惚的；烂醉如泥的

'stonework *noun* [U] the parts of a building that are made of stone 建筑物的砌石结构

stony /'stəʊnɪ ‖ 'stonɪ/ *adj* (**stonier**; **stoniest**) **1** (used about the ground 指地面) having a lot of stones in it, or covered with stones 多石；铺石的 **2** not friendly 不友善；冷漠: *There was a stony silence as he walked into the room.* 他走进房间时，四周顿时寂然无声。

stood *pt*, *pp* of STAND¹ * STAND¹ 的过去时及过去分词

stool /stu:l ‖ stul/ *noun* [C] a seat that does not have a back or arms 凳子: *a piano stool* 钢琴凳

stoop /stu:p ‖ stup/ *verb* [I] to bend your head and shoulders forwards and downwards 弯腰；曲背: *Cathy had to stoop to get through the low doorway.* 卡西要弯腰才能通过那个矮门口。

(PHRASAL VERB 短语动词) **stoop to sth/to doing sth** to do sth bad or wrong (that you would normally not do) 堕落而做坏事: *I would never stoop to cheating.* 我决不会堕落到欺骗他人。—**stoop** *noun* [sing]: *to walk with a stoop* 弯腰行走

☆**stop¹** /stɒp ‖ stɑp/ *verb* (sto**pp**ing; sto**pp**ed) **1** [I] to finish moving, happening or operating 停；停止: *He walked along the road for a bit, and then stopped.* 他沿着那条路走了一段，然后停步。○ *Does this train stop at Oxford?* 这班列车在牛津停车吗？○ *I think the rain has stopped.* 我看雨已经停了。○ *Oh no! My watch has stopped.* 糟糕！我的表停了。**2** [T] to make sb/sth finish moving, happening or operating 使停止: *I stopped someone in the street to ask the way to the station.* 我在街上截住路人问去车站的路。○ *Can you stop the car, please?* 请你

S

停车好吗？**3** [T] to end or finish an activity 终止（活动）: *Stop making that terrible noise!* 别再发出那样讨厌的闹声！○ *We stopped work for half an hour to have a cup of coffee.* 我们停工半小时，喝杯咖啡。○ *It's stopped raining now.* 现在雨停了。☛ If you **stop to do** something, you stop in order to do it * **stop to do** something 表示停下来做某事: *On the way home I stopped to buy a newspaper.* 回家途中我停下来买报纸。If you **stop doing** something you do not do it any more * **stop doing** something 表示不再做某事: *Stop talking and listen to me!* 别再说话，听我说！**4** [T] **stop sb/sth (from) doing sth** to make sb/sth end or finish an activity; prevent sb/sth from doing sth 制止；阻止: *Can't you stop the car making that noise?* 你不能使车停止发出那种噪音吗？○ *Nothing will stop me from loving you.* 什么也不能阻止我爱你。**5** [T] to prevent money from being paid 阻止付款: *The bank stopped the cheque because there was no money in his account.* 银行不肯兑现那张支票，因为他的账户里没钱。

(IDIOMS 习语) **stop at nothing** to do anything to get what you want, even if it is wrong or dangerous 不顾一切；不择手段

stop short of sth/doing sth to almost do sth, but then decide not to do it at the last minute（临时停止做某事）差一点就…: *They were very rude but they stopped short of calling her a liar.* 他们说话很不礼貌，总算还没有骂她撒谎，话到嘴边咽回去了。

(PHRASAL VERB 短语动词) **stop off (at/in...)** to stop during a journey to do sth 旅途中停下来: *We stopped off in Paris to see some friends before coming home.* 我们在巴黎停下来探访一些朋友，然后才回家。

stoppage /ˈstɒpɪdʒ ‖ ˈstɑpɪdʒ/ *noun* [C] the act of refusing to work because of a disagreement with your employers; a strike 罢工

ˈ**stopgap** *noun* [C] a person or a thing that does a job for a short time until sb/sth can be found 临时代替的人/物

ˈ**stopover** *noun* [C] a short stop in a journey 中途短暂停留: *a stopover in Singapore on the way to Australia* 去澳大利亚途中在新加坡逗留

ˈ**stopwatch** *noun* [C] a watch which can be started and stopped by pressing a button, so that you can measure exactly how long sth takes 秒表

☆**stop²** /stɒp ‖ stɑp/ *noun* [C] **1** an act of stopping or state of being stopped 停；停止: *Our first stop will be in Edinburgh.* 我们第一站是爱丁堡。○ *The lift came to a stop on the third floor.* 电梯在三楼停下。**2** the place where a bus, train, etc stops so that people can get on and off 车站: *a bus-stop* 公共汽车站

(IDIOM 习语) **put a stop to sth** to prevent sth bad or unpleasant from continuing 停止/制止某事物

stopper /ˈstɒpə(r) ‖ ˈstɑpɚ/ *noun* [C] an object that you put into the top of a bottle in order to close it. A stopper can be made of glass, plastic or cork. 塞子

☆**storage** /ˈstɔːrɪdʒ ‖ ˈstɔrɪdʒ/ *noun* [U] the keeping of things until they are needed; the place where they are kept 储藏；储藏地；仓库: *This room is being used for storage at the moment.* 这个房间现在用来储藏东西。○ *storage space* 储藏空间 ○ *to keep meat in cold storage* 将肉冷藏

☆**store** /stɔː(r) ‖ stɔr/ *noun* **1** [C] a large shop 大商店: *Harrods is a large department store.* 哈罗德是一家大百货公司。○ *a furniture store* 家具店 ☛ Look at **chain store**. 参看 **chain store**。**2** (*US* 美) = SHOP(1) **3** [C,U] a supply of sth that you keep for future use; the place where it is kept 储备；储藏室: *a good store of food for the winter* 储藏大量食物过冬 ○ *We'll have to put our furniture into store while we're in Australia.* 我们去澳大利亚时必须将家具放进储藏室。

(IDIOMS 习语) **in store (for sb/sth)** going to happen in the future 将会发生: *There's a surprise in store for you when you get home!* 回到家将会有令你惊喜的事！

set... store by sth to think that sth has a particular amount of importance or value 重视某事物: *Nigel sets great store by his mother's opinion.* 奈杰尔很重视他妈妈的意见。

store *verb* [T] to keep sth or a supply of sth for future use 储备；储藏: *to store information on a computer* 用计算机储藏资料 ○ *The rice is stored in a large building near the village.* 大米储藏在村庄近旁的一个大仓库里。

ˈ**storekeeper** *noun* [C] (*US* 美) = SHOPKEEPER

ˈ**storeroom** *noun* [C] a room where things are kept until they are needed 储藏室

storey /ˈstɔːrɪ ‖ ˈstɔrɪ/ (*US* 美 **story**) *noun* [C] (*pl* **storeys**; *US* 美 **stories**) one floor or level of a building（建筑物的）一层: *The building will be five storeys high.* 大厦将有五层高。○ *a two-storey house* 两层的房屋 ○ *a multi-storey car park* 多层停车场

stork /stɔːk ‖ stɔrk/ *noun* [C] a large white bird with a long beak, neck and legs. Storks often make their nests on the top of a building. 鹳（喙、颈、脚皆长的大白鸟，通常筑巢于楼顶）

☆**storm** /stɔːm ‖ stɔrm/ *noun* [C] very bad weather, with heavy rain, strong winds, etc 暴风雨: *Look at those black clouds. I think there's going to be a storm.* 看那些乌云。我看将会有大风雨。○ *a thunderstorm, snowstorm, etc* 雷暴；暴风雪… ○ (*figurative* 比喻) *The introduction of the new tax caused a storm of protest.* 加征新税引起抗议风暴。☛ **Storm** is the general word for very bad weather. * **storm** 泛指恶劣的天气。A very strong wind is a **gale**. 强风叫 **gale**。A very bad snowstorm is a **blizzard**. 严重的暴风雪叫做 **blizzard**。A storm with a very strong circular wind is called a **cyclone**, **hurricane**, **tornado** or **whirlwind**. 旋转式的狂风又分为 **cyclone**（气旋）、**hurricane**（飓风）、**tornado**（龙卷风）和 **whirlwind**（旋风）。

storm *verb* **1** [I,T] to enter or leave somewhere in a very angry and noisy way 怒气冲冲地闯进/离开 **2** [T] to attack a building, town, etc suddenly and violently in order to take

S

control of it 突袭；攻占: *to storm a castle* 突袭一个城堡

stormy *adj* (**stormier**; **stormiest**) **1** (used for talking about very bad weather, with strong winds, heavy rain, etc 指恶劣的天气/狂风暴雨等): *a stormy night* 风雨交加的夜晚 **2** involving a lot of angry argument and strong feeling（争吵等）激烈的: *a stormy debate in Parliament* 议会中的激烈辩论 ○ *a stormy relationship* 经常激烈争吵的关系

☆**story**[1] /ˈstɔːrɪ ‖ ˈstorɪ/ *noun* [C] (*pl* **stories**) **1** a description of people and events that are not real（虚构的）故事: *He always reads the children a bedtime story.* 他总是在孩子睡觉之前给他们讲故事。○ *a detective, fairy, ghost, love, etc story* 侦探/童话/鬼怪/爱情…故事 ○ *She told us a story about an old woman who lived in a shoe.* 她给我们讲了一个住在鞋子里的老妇的故事。**2** a description of true events that happened in the past（真实的）故事；事迹: *the story of the Russian Revolution* 俄国革命的故事 ○ *his life story* 他的生平事迹 **3** an article or report in a newspaper or magazine（报章或杂志上的）文章/报道: *The plane crash was the front-page story in most newspapers.* 这次飞机坠毁成为大多数报纸的头版新闻。

story[2] (*US* 美) = STOREY

stout /staʊt ‖ staʊt/ *adj* **1** (used about a person 指身材) rather fat 胖；略胖 **2** strong and thick 又壮又粗: *stout walking boots* 结实耐穿的步行靴

stove /stəʊv ‖ stov/ *noun* [C] **1** the top part of a cooker that is fitted with gas or electric rings（烹饪用的）炉子: *He put a pan of water to boil on the stove.* 他将一锅水放在炉子上烧。**2** a type of heater. A stove is a closed metal box in which you burn wood, coal, etc（取暖用的）炉子: *a wood-burning stove* 烧柴的炉子

stow /stəʊ ‖ sto/ *verb* [T] **stow sth (away)** to put sth away in a particular place until it is needed 收藏好；放好

ˈ**stowaway** *noun* [C] a person who hides in a ship or aeroplane so that he/she can travel without paying 偷乘船/飞机者

straddle /ˈstrædl ‖ ˈstrædl̩/ *verb* [T] **1** (used about a person 指人) to sit or stand with your legs on each side of sth 骑；跨坐；分开腿站立: *to straddle a chair* 跨坐在椅子上 **2** (used about a building, bridge, etc 指建筑物、桥梁等) to be on both sides of sth 跨越两边: *The village straddles the border between the two states.* 那个村庄跨越两国的边界。

straggle /ˈstrægl ‖ ˈstrægl̩/ *verb* [I] **1** to grow or cover sth in an untidy or irregular way 蔓生；零乱地覆盖: *a straggling moustache* 邋遢的胡须 **2** to walk, etc more slowly than the rest of the group 落伍；掉队: *The children straggled along behind their parents.* 孩子们落在父母后面。

straggler /ˈstræglə(r) ‖ ˈstræglə/ *noun* [C] a person who straggles(2) 落伍者；掉队者

straggly /ˈstræglɪ ‖ ˈstræglɪ/ *adj* untidy 不整齐；零乱: *long straggly hair* 蓬乱的长发

☆**straight**[1] /streɪt ‖ stret/ *adj* **1** not bent or curved 直: *a straight line* 直线 ○ *straight hair* (= not curly) 直发 ○ *Keep your back straight!* 挺直背！☛ picture at **hair** and **line**. 见 **hair** 及 **line** 插图。**2** (not before a noun 不用于名词前) in a level or upright position 竖直；不歪斜: *That picture isn't straight.* 那幅画挂得不够正。**3** honest, truthful and direct 老实；真实；直接: *Politicians never give straight answers.* 政客从不给老实的答案。○ *Are you being straight with me?* 你对我说的是真话吗？**4** (*US* 美) = NEAT(4)

(IDIOMS 习语) **get sth straight** to make sure that you understand sth completely 弄清楚某事物: *Let's get this straight. You're sure that you've never seen this man before?* 让我们搞清楚。你肯定从没有见过这个男人吗？

keep a straight face to stop yourself from smiling or laughing 忍住笑

put/set the record straight ⇨ RECORD[1]

straighten /ˈstreɪtn ‖ ˈstretn̩/ *verb* [I,T] **straighten (sth) (up/out)** to become straight or to make sth straight（使）直/平正起来: *The road straightens out at the bottom of the hill.* 那条路到了山脚就变直。○ *to straighten your tie* 将领带弄正

(PHRASAL VERBS 短语动词) **straighten sth out** to remove the confusion or difficulties from a situation 整顿；解决问题/困难

straighten up to stand up straight and tall 挺起身子

☆**straight**[2] /streɪt ‖ stret/ *adv* **1** in a straight line 成直线: *Go straight on for about two miles until you come to some traffic lights.* 向前一直走约两英里，见到红绿灯为止。○ *He was looking straight ahead.* 他向前一直望过去。○ *to sit up straight* (= with a straight back) 坐直 **2** without stopping; directly 径直；直接: *I took the children straight home after school.* 放学后，我直接送孩子们回家。○ *to walk straight past sb/sth* 从某人/某物旁边走过

(IDIOMS 习语) **go straight** to become honest after being a criminal 改邪归正

right/straight away ⇨ AWAY

straight out in an honest and direct way 老实；坦率: *I told Tom straight out that I didn't want to see him any more.* 我直接了当地告诉汤姆我不想再见到他。

straightforward /ˌstreɪtˈfɔːwəd ‖ ˌstretˈfɔrwəd/ *adj* **1** easy to do or understand; simple 简明易懂；简单: *straightforward instructions* 简明易懂的指令 **2** honest and open 坦诚: *a straightforward person* 坦诚的人

☆**strain**[1] /streɪn ‖ stren/ *noun* **1** [C,U] the condition of being pulled or stretched too tightly 拉紧；绷紧: *The rope finally broke under the strain.* 绷紧的绳子终于给拉断了。○ (*figurative* 比喻) *The war has put a great strain on the country's economy.* 战争令国家经济承受极大的压力。**2** [C,U] a state of worry and tension 担忧；紧张: *to be under a lot of strain at work* 工作压力大 ○ *Mum's illness has put a strain on the whole family.* 妈妈的病使全家担忧。**3** [C] something that makes you feel worried and tense 令人担忧/紧张的事物: *I always find exams a terrible strain.* 考试往往令我焦虑不安。**4** [C,U] an injury to part of your body that is caused by using it too much 劳损：*a back strain* 背部劳损

strain² /streɪn ‖ stren/ *verb* **1** [I,T] to make a great effort to do sth 竭力；使劲：*I had to strain my ears to catch what they were saying.* 我得侧耳细听才知道他们谈什么。**2** [T] to injure a part of your body by using it too much 拉伤；扭伤；劳损：*Don't read in the dark. You'll strain your eyes.* 别在暗处看书，会损害眼睛的。○ *to strain a muscle* 扭伤肌肉 **3** [T] to put a lot of pressure on sth 造成巨大压力：*Money problems have strained their relationship.* 金钱问题使他们的关系紧张。**4** [T] to separate a solid and a liquid by pouring them into a special container with small holes in it 过滤：*This tea hasn't been strained* (= it's full of tea-leaves). 这杯茶未曾过滤。

strained *adj* **1** not natural or friendly 紧张；不自然；不友好：*Relations between the two countries are strained.* 两国的关系紧张起来。**2** worried and tense 担忧；紧张：*Martin looked tired and strained.* 马丁看上去又疲倦又紧张。

strait /streɪt ‖ stret/ *noun* [C, usually pl] a narrow piece of sea that joins two larger seas 海峡：*the straits of Gibraltar* 直布罗陀海峡

strait-jacket /'streɪtdʒækɪt ‖ 'stretˌdʒækɪt/ *noun* [C] a type of strong jacket that is used to stop mental patients, etc from moving their arms, so that they cannot hurt themselves or other people 约束衣（特别用以约束精神病患者等的手臂）

strand /strænd ‖ strænd/ *noun* [C] **1** a single piece of cotton, wool, hair, etc 一缕/一根（棉线、毛线、头发等）**2** one part of a story, situation or idea（故事、情况或想法的）一部分/一面：*At the end of the film all the different strands of the story are brought together.* 影片结尾时所有情节发展的线索都结合到一起。

stranded /'strændɪd ‖ 'strændɪd/ *adj* left in a place that you cannot get away from, eg because you have no money or transport 滞留

☆**strange** /streɪndʒ ‖ strendʒ/ *adj* **1** unusual or unexpected 奇怪；古怪；出乎意料：*A very strange thing happened to me on the way home.* 我回家途中发生了一件奇怪的事。○ *a strange noise* 古怪的声音 ○ *She usually wears jeans. It's really strange to see her in a skirt.* 她通常穿牛仔裤，真没想到会穿起裙子来。**2** that you have not seen, visited, met, etc before 前所未见；陌生：*a strange town* 陌生的城市 ○ *My mother told me not to talk to strange men.* 妈妈叫我不要和陌生人交谈。☛ We do not use **strange** to talk about a person or thing that comes from a different country. 来自外国的人或物不以 **strange** 形容。Look at **foreign**. 参看 **foreign**。—**strangely** *adv*: *The streets were strangely quiet.* 街道出奇地静。○ *Tim's behaving very strangely at the moment.* 蒂姆现在的行为十分古怪。—**strangeness** *noun* [U]

☆**stranger** /'streɪndʒə(r) ‖ 'strendʒɚ/ *noun* [C] **1** a person that you do not know 陌生人：*I had to ask a complete stranger to help me with my suitcase.* 我得请一个我完全不认识的人帮我拿手提箱。☛ We do not use **stranger** to talk about a person who comes from a different country. 来自外国的人不称为 **stranger**。Look at **foreigner**. 参看 **foreigner**。**2** a person who is in a place that he/she does not know 外来者：*I'm a stranger to this part of the country.* 这个地区我不熟。

strangle /'stræŋgl ‖ 'stræŋgl̩/ *verb* [T] **1** to kill sb by squeezing his/her neck or throat with your hands, a rope, etc 勒死；绞死；扼死 **2** to prevent sth from developing 扼杀；压制

☆**strap** /stræp ‖ stræp/ *noun* [C] a long narrow piece of leather, cloth, plastic, etc that you use for carrying sth or for keeping sth in position 带子（用以携带/固定物品）：*a watch-strap* 表带 ○ *a dress with thin shoulder-straps* 有细肩带的连衣裙 ☛ picture at **clock**. 见 **clock** 插图。

strap *verb* [T] to keep sb/sth in position by using a strap or straps 捆扎；用带子固定：*The racing driver was securely strapped into the car.* 赛车手系好安全带坐在车子里。

strategic /strə'tiːdʒɪk ‖ strə'tidʒɪk/ (*also* 亦作 **strategical**) *adj* **1** helping you to achieve a plan; giving you an advantage 有助益；有利 **2** connected with a country's plans to achieve success in a war or in its defence system 与战略/国防策略有关：*strategic planning* 战略计划 **3** (used about bombs and other weapons 指炸弹及其他武器) intended to hit places of military or economic importance in an enemy country 战略性的 —**strategically** /-klɪ ‖ -kl̩ɪ/ *adv*: *The island is strategically important.* 那个岛是战略要地。

strategy /'strætədʒɪ ‖ 'strætədʒɪ/ *noun* (*pl* **strategies**) **1** [C] a plan that you use in order to achieve sth 对策；计划：*a strategy to reduce inflation* 打击通胀的对策 **2** [U] the act of planning how to do or achieve sth 策略：*military strategy* 军事策略

☆**straw** /strɔː ‖ strɔ/ *noun* **1** [U] the long stems of plants (eg wheat) that are dried and then used for animals to sleep on or for making baskets, mats, etc 稻草：*a straw hat* 草帽 **2** [C] one piece of straw（一根）稻草 **3** [C] a long plastic or paper tube that you can use for drinking through 吸管

(IDIOM 习语) **the last/final straw** an extra problem that is added to a difficult or unpleasant situation, and which makes you think you cannot tolerate the situation any longer 使人终于忍无可忍的事

strawberry /'strɔːbrɪ; *US* 美 -berɪ ‖ 'strɔˌbɛrɪ/ *noun* [C] (*pl* **strawberries**) a soft red fruit with small yellow seeds in it 草莓：*strawberries and cream* 草莓和奶油 ○ *strawberry jam* 草莓酱

stray /streɪ ‖ stre/ *verb* [I] **1** to go away from the place where you should be for no particular reason 走失；迷路：*The sheep had strayed onto the road.* 那只羊走入公路迷途了。**2** not keeping to the subject you should be thinking about or discussing 离题：*My thoughts strayed for a few moments.* 我的思想走了一会儿神。

stray *adj* (only *before* a noun 只用于名词前) lost from home 走失的；迷路的：*a stray dog* 走失的狗

S

stray *noun* [C] an animal that is lost from home 走失的动物

streak /stri:k ‖ strik/ *noun* [C] **1 streak (of sth)** a thin line or mark 条纹；条痕: *The cat had brown fur with streaks of white in it.* 那只猫有褐色的毛，间有白毛。**2** a part of a person's character that sometimes shows in the way he/she behaves 性情/性格的某一方面: *a selfish streak* 自私的一面 **3** a continuous period of good or bad luck in a game of sport（体育运动中）连续好运/恶运的一段时间: *a winning/losing streak* 连连胜利/败北

streak *verb* [I] (*informal* 非正式) to run fast 飞跑

streaked *adj* **streaked (with sth)** having streaks(1) of sth 带…的条纹: *black hair streaked with grey* 黑发中夹杂着白发

☆**stream** /stri:m ‖ strim/ *noun* [C] **1** a small river 小河 **2** the constant movement of a liquid or gas（液体/气体的）不停流动: *a stream of blood* 一股血 **3** a constant movement of people or things（人/物的）不断移动: *a stream of traffic* 川流不息的车辆 **4** a large number of things which happen one after another 连续出现/接二连三的事物: *a stream of letters, telephone calls, questions, etc* 连续不断的信件/电话/提问… **5** a group of schoolchildren who are in the same class because they have similar abilities 因能力相近而被编在同一班的学生

stream *verb* **1** [I] (used about a liquid, gas or light 指液体、气体或光) to flow in large amounts 大量地涌/流/射: *Tears were streaming down his face.* 他泪流满面。○ *Sunlight was streaming in through the windows.* 阳光从窗口射进来。**2** [I] (used about people or things 指人或物) to move somewhere in a continuous flow 不停流动/涌: *People were streaming out of the station.* 人潮正从车站涌出。**3** [T] (usually passive 通常用于被动语态) to put schoolchildren into groups of similar ability 将学生按能力分组

streamer *noun* [C] a long piece of coloured paper that you use for decorating a room before a party, etc（装饰用的）彩色纸带

streamline /'stri:mlaɪn ‖ 'strim,laɪn/ *verb* [T] **1** to give a vehicle, etc a long smooth shape so that it will move easily through air or water 使（车辆等）成流线型 **2** to make an organization, process, etc work better by making it simpler and more efficient 简化程序以提高效率: *The company has decided to streamline its production processes.* 公司决定简化生产程序以提高效率。

☆**street** /stri:t ‖ strit/ *noun* [C] **1** a road in a town, village or city that has shops, houses, etc on one or both sides 街道: *to walk along/down the street* 在街上走 ○ *to cross the street* 横越街道 ○ *I met Karen in the street this morning.* 今天早上我在街上遇见卡伦。○ *a narrow street* 狭长的街道 ○ *a street map* 街道图 ☛ Look at the note at **road**. 参看 **road** 的注释。**2 Street** (*abbr* 缩写 **St**) [sing] (used in names of streets 用于街名): *64 High Street* 高街64号 ○ *to go shopping in Oxford Street* 到牛津街购物

(IDIOMS 习语) **the man in the street** ⇨ MAN[1]

streets ahead (of sb/sth) (*informal* 非正式) much better than sb/sth 远胜过（某人/某物）

(right) up your street (*informal* 非正式) (used about an activity, subject, etc 指活动、主题等) exactly right for you because you know a lot about it, like it very much, etc 正为某人所擅长；正合某人的口味

'**streetcar** *noun* [C] (*US* 美) = TRAM

☆**strength** /streŋθ ‖ strɛŋθ/ *noun* **1** [U] the quality of being physically strong; the amount of this quality that you have 强壮；力量；力气: *a woman of great physical strength* 强壮的女人 ○ *He pulled with all his strength but the rock would not move.* 他用尽全力拉，可是那块岩石巍然不动。**2** [U] the ability of an object to hold heavy weights or not to break or be damaged easily 强度；结实程度: *All our suitcases are tested for strength before they leave the factory.* 我们的手提箱都经过强度测试才出厂。**3** [U] the quality of being powerful 实力: *Germany's economic strength* 德国的经济实力 **4** [U] how strong a feeling or opinion is（情绪或意见的）强烈程度: *There is great strength of feeling against nuclear weapons in this country.* 这个国家的人强烈反对发展核武器。**5** [C,U] the good qualities and abilities of a person or thing 优点；长处: *His greatest strength is his ability to communicate with people.* 他最大的优点是与人相互沟通能力强。○ *the strengths and weaknesses of a plan* 一个计划的优点和缺点

(IDIOMS 习语) **at full strength** (used about a group 指一组人) having the number of people it needs or usually has 达到足够人数

below strength (used about a group 指一组人) not having the number of people it needs or usually has 人数不足

on the strength of as a result of information, advice, etc 因为/基于（某种信息、意见等）: *She was given the job on the strength of your recommendation.* 她得到那个工作是因为你推荐她。

strengthen /'streŋθn ‖ 'strɛŋθən/ *verb* [I,T] to become stronger or to make sth stronger 加强；强化: *exercises to strengthen your muscles* 锻炼肌肉的运动 ○ *Support for the President seems to be strengthening.* 支持总统的人似乎越来越多。

strenuous /'strenjʊəs ‖ 'strɛnjʊəs/ *adj* needing or using a lot of effort or energy 艰苦；费力: *a strenuous effort to improve her English* 刻苦努力以提高她的英语水平 —**strenuously** *adv*

☆**stress** /stres ‖ strɛs/ *noun* **1** [C,U] a state of worry and tension that is caused by difficulties in your life, having too much work, etc 精神压力；思想负担: *He's been under a lot of stress since his wife went into hospital.* 自从妻子进医院后，他承受着很大的压力。○ *The doctor told her that she was suffering from stress.* 医生说她是受精神压力影响。○ *the stresses and strains of life in a big city* 大城市生活的压力和紧张 **2** [U] **stress**

(on sth) the special force or emphasis that you give to sth because you think it is important 强调: *There should be more stress on learning foreign languages in schools.* 学校应更加重视外语学习。**3** [U] the force or emphasis that you put on a word or part of a word when you say it 重读: *In the word 'dictionary' the stress is on the first syllable, 'dic'.* ＊dictionary 这个词的重音在第一个音节 dic。**4** [C,U] **stress (on sth)** a physical force that may cause sth to bend or break 压力（能使物体弯曲或折断）

stress *verb* [T] to give sth special force or emphasis because you think it is important 强调: *The minister stressed the need for a peaceful solution.* 部长强调和平解决的需要。

stressful /-fl ‖ -fəl/ *adj* causing stress(1) 造成压力: *a stressful job* 充满压力的工作

☆**stretch**[1] /stretʃ ‖ strɛtʃ/ *verb* **1** [I,T] to pull sth so that it becomes longer or wider; to become longer or wider in this way 拉长；伸展；拉紧: *The artist stretched the canvas tightly over the frame.* 画家将画布绷紧固定在画框上。○ *My T-shirt stretched when I washed it.* 我的短袖汗衫洗过后变肥了。**2** [I,T] to push out your arms, legs, etc as far as possible 伸展/舒展（手、脚等）: *He got out of bed and stretched before going into the bathroom.* 他下了床，伸伸懒腰，然后到浴室去。○ *She stretched out her arm to take the book.* 她伸手去拿书。**3** [I] (used about a piece of land or water, etc 指土地、海等) to cover a large area 绵延；延伸: *The long white beaches stretch for miles along the coast.* 白色的沙滩沿海岸绵延数英里。

(IDIOMS 习语) **stretch your legs** to go for a walk after sitting down for a long time（坐了一段长时间后）散步伸一伸腿

stretch a point to agree to sth that you do not normally allow 通融；破例

(PHRASAL VERB 短语动词) **stretch (yourself) out** to relax by lying down with all your body flat 伸直身子躺: *to stretch out in front of the fire* 躺在炉火旁边

stretch[2] /stretʃ ‖ strɛtʃ/ *noun* **1** [C] **stretch (of sth)** an area of land or water 一片（土地/水域）: *a beautiful stretch of countryside* 一片美丽的郊野 **2** [C, usually sing] the act of stretching(2) 伸展/舒展（四肢等）: *Stand up, everybody, and have a good stretch.* 大家站起来舒展一下筋骨。

(IDIOM 习语) **at a stretch** without stopping 连续: *six hours at a stretch* 连续六小时

stretcher /ˈstretʃə(r) ‖ ˈstrɛtʃɚ/ *noun* [C] a piece of cloth supported by two poles that is used for carrying a person who has been injured in an accident, etc 担架

☆**strict** /strɪkt ‖ strɪkt/ *adj* **1** not allowing people to break rules or behave badly 严厉；严格: *Tom's always very strict with his children.* 汤姆一向严厉管教孩子。○ *a strict teacher* 严格的老师 ○ *I went to a very strict school.* 我上的学校很严格。**2** that must be obeyed completely 必须严格遵守的: *I gave her strict instructions to be home before 9.* 我严格规定她必须在9点钟之前回家。**3** exactly correct; precise 完全正确；精确: *a strict interpretation of the law* 对法律的精确诠释

strictly *adv* in a strict way 严厉；严格: *Smoking is strictly forbidden.* 严禁吸烟。

(IDIOM 习语) **strictly speaking** to be exactly correct or precise 严格说来；严格而言: *Strictly speaking, the tomato is not a vegetable. It's a fruit.* 严格说来，西红柿不是蔬菜，是水果。

stride /straɪd ‖ straɪd/ *verb* [I] (*pt* **strode** /strəʊd ‖ strod/; *pp* **stridden** /ˈstrɪdn ‖ ˈstrɪdn̩/) to walk with long steps, often because you are feeling very confident or determined 阔步: *He strode up to the house and knocked on the door.* 他大步走到那所房子前，然后敲门。

stride *noun* [C] a long step 一大步

(IDIOMS 习语) **get into your stride** to start to do sth confidently and well after an uncertain beginning 开始充满信心熟练地做某事

make great strides to make very quick progress 大有进步

take sth in your stride to deal with a new or difficult situation easily and without worrying 从容应付新的或困难的情况

strident /ˈstraɪdnt ‖ ˈstraɪdn̩t/ *adj* (used about a voice or a sound 指声音) loud and unpleasant 尖厉；刺耳

strife /straɪf ‖ straɪf/ *noun* [U] (*formal* 正式) trouble or fighting between people or groups 冲突；纷争；殴斗

☆**strike**[1] /straɪk ‖ straɪk/ *noun* [C] **1** a period of time when people refuse to go to work, usually because they want more money or better working conditions 罢工: *a one-day strike* 罢工一天 ○ *to go on strike for better working conditions* 为争取改善工作条件而罢工 ○ *The workers have been on strike for two weeks now.* 工人已经罢工两星期。○ *to take strike action* 罢工 **2** a sudden military attack, especially by aircraft 突袭（尤指空袭）

☆**strike**[2] /straɪk ‖ straɪk/ *verb* (*pt*, *pp* **struck** /strʌk ‖ strʌk/) **1** [T] to hit 打；击: *The stone struck me on my face.* 石头打中我的脸。○ *to strike sb with your hand* 用手打某人 ○ *The boat struck a rock and began to sink.* 船撞上礁石，开始下沉。☛ In these three examples it is more common to use the word **hit** 以上三个例子较常用 **hit**: *The stone hit me on my face* 那块石头打中我的脸 but if you are talking about lightning you must use **strike** 如果用于闪电，就必须说 **strike**: *The building had been struck by lightning.* 建筑物被闪电击中。**2** [I,T] to attack sb/sth suddenly 突袭: *The enemy aircraft struck just after 2 am.* 半夜两点一过，敌军就发动空袭。○ *The earthquake struck Armenia in 1988.* ＊1988年亚美尼亚突然发生地震。**3** [T] **strike sb (as sth)** to give sb a particular impression, often a strong one 给某人（某种印象）: *Does anything here strike you as unusual?* 你觉得这里有什么不寻常吗？**4** [T] (used about a thought or an idea 指想法) to come suddenly into sb's mind 突然在脑海出现: *It suddenly struck me that she would be the ideal person for the job.* 我突然想到她十分适合做那件工作。**5** [T] to produce fire 擦出火: *to strike a match* 划火柴 **6** [I,T] (used about a

S

clock 指钟) to ring a bell so that people know what time it is 敲响报时: *The church clock struck three.* 教堂的钟敲响三点钟。**7** [T] to discover gold, oil, etc 发现(黄金、石油等) **8** [I] to go on strike[1](1) 罢工: *The workers voted to strike for more money.* 工人投票决定罢工争取加薪。

(IDIOMS 习语) **strike a balance (between A and B)** to find a middle way between two extremes 平衡(两方面)

strike a bargain (with sb) to make an agreement with sb (和某人)达成协议

strike a chord (with sb) to say or do sth that makes other people feel sympathy, excitement, etc 博取(某人的)同情/认同感

within striking-distance near enough to be reached or attacked easily 在可到达/攻击的距离内

(PHRASAL VERBS 短语动词) **strike back** to attack sb/sth that has attacked you 反击: *The President threatened to strike back if the army attacked the capital.* 总统扬言如果军队攻打首都,他就会反击。

strike up sth (with sb) to start a conversation or friendship with sb (与某人)攀谈/结交

striker /ˈstraɪkə(r) ‖ ˈstraɪkɚ/ *noun* [C] **1** a person who is on strike[1](1) 罢工者 **2** (in football 足球) an attacking player 进攻球员;前锋 ☛ picture at **football**. 见 **football** 插图。

striking /ˈstraɪkɪŋ ‖ ˈstraɪkɪŋ/ *adj* very noticeable; making a strong impression 显著;令人印象深刻: *There was a striking similarity between the two men.* 那两个人有显著的相似之处。—**strikingly** *adv*: *strikingly attractive* 非常吸引人

☆**string**[1] /strɪŋ ‖ strɪŋ/ *noun* **1** [C,U] the thin cord that you use for tying things, etc; a piece of this 细绳;绳子: *I need some string to tie round this parcel.* 我需要一些绳子来捆这个包裹。○ *a ball of string* 一团细绳 ○ *a balloon on the end of a string* 用绳子系住的气球 ☛ picture at **knot**. 见 **knot** 插图。**2** [C] a piece of thin wire, etc on a musical instrument (乐器的)弦: *A guitar has six strings.* 吉他有六根弦。**3 the strings** [plural] the musical instruments in an orchestra, etc that have strings(2) 弦乐器 **4** [C] **a string of sth** a line of things that are joined together on the same piece of thread 一串: *a string of beads* 一串珠子 **5** [C] **a string of sth** a series of people, things or events that follow one after another 一系列;一连串;一行;一列: *a string of visitors* 一连串访客 ○ *a string of complaints* 一连串的投诉

(IDIOMS 习语) **(with) no strings attached; without strings** with no special conditions 没有附带条件: *We will send you a free copy of the magazine, with no strings attached.* 我们无条件免费寄一期杂志给你。

pull strings ⇨ PULL[1]

string[2] /strɪŋ ‖ strɪŋ/ *verb* [T] (*pt*, *pp* **strung** /strʌŋ ‖ strʌŋ/) **string sth (up)** to hang up a line of things with a piece of string, etc 用绳串起悬挂: *Coloured lights were strung up along the front of the hotel.* 旅馆的前门悬挂着成串的彩灯。

(PHRASAL VERBS 短语动词) **string sb/sth out** to make people or things form a line with spaces between each person or thing 使人/物排成一列

string sth together to put words or phrases together to make a sentence, speech, etc 将词/短语组成句子/说话等

stringent /ˈstrɪndʒənt ‖ ˈstrɪndʒənt/ *adj* (used about a law, rule, etc 指法律、规则等) very severe and strict 严厉;严格

☆**strip** /strɪp ‖ strɪp/ *noun* [C] a long narrow piece of sth 狭长的一片;一条: *a strip of paper* 纸条 ○ *a strip of water* 一股流水

strip *verb* (stri**pp**ing; stri**pp**ed) **1** [I,T] **strip (sth) (off)** to take off your clothes; to take off sb else's clothes 脱衣服: *The doctor asked him to strip.* 医生请他脱衣服。○ *I was stripped and searched at the airport by two customs officers.* 我在机场被两个海关人员脱衣检查。**2** [T] **strip sb/sth (of sth)** to take sth away from sb/sth 取走;褫夺: *They stripped the house of all its furniture.* 他们将房子内的家具都搬走了。○ *The President has been stripped of most of her power.* 总统已被褫夺大部分权力。**3** [T] **strip sth (off)** to remove sth that is covering a surface 除去/剥去表层: *to strip the paint off a door* 除去门上的油漆

stripper *noun* [C] a person whose job is to take off his/her clothes in order to entertain people 脱衣舞表演者

ˈ**strip cartoon** *noun* [C] (*Brit* 英) = COMIC STRIP

ˈ**striptease** *noun* [C,U] entertainment in which sb takes off his/her clothes, usually to music 脱衣舞

☆**stripe** /straɪp ‖ straɪp/ *noun* [C] a long narrow band of colour 条纹: *Zebras have black and white stripes.* 斑马有黑白相间的条纹。

striped /straɪpt ‖ straɪpt/ *adj* having stripes 有条纹: *a red-and-white striped dress* 有红白相间条纹的连衣裙 ☛ picture at **pattern**. 见 **pattern** 插图。

strive /straɪv ‖ straɪv/ *verb* [I] (*pt* **strove** /strəʊv ‖ strov/; *pp* **striven** /ˈstrɪvn ‖ ˈstrɪvən/) (*formal* 正式) **strive (for sth)** to try very hard to do or get sth 努力;奋斗: *The company always strives to satisfy its customers.* 公司一直努力满足顾客的需要。

strode *pt* of STRIDE * STRIDE 的过去时

stroke[1] /strəʊk ‖ strok/ *verb* [T] to move your hand gently over sb/sth 抚摸: *She stroked his hair affectionately.* 她充满怜爱地抚摸他的头发。○ *to stroke a dog* 抚摸一只狗

☆**stroke**[2] /strəʊk ‖ strok/ *noun* **1** [C] one of the movements that you make when you are writing or painting 一笔;一画: *a brush stroke* 毛笔字的一笔 **2** [C] one of the movements that you make when you are swimming, rowing, playing tennis, etc (游泳、划船、打网球等的)一下动作: *a forehand stroke* (= in tennis) (网球的)正手击球 **3** [C,U] one of the styles of swimming 游泳的姿势: *backstroke* 仰泳 ☛ Look at **crawl**. 参看 **crawl**。**4** [C] a sudden illness which attacks the brain and can leave a person unable to move part of their body, speak clearly, etc 中风: *to have a stroke*

中风 **5** [sing] **a stroke of sth** something that happens unexpectedly 意料之外的事: *a stroke of luck* 幸运

(IDIOMS 习语) **at a/one stroke** with a single action 一举；一下子: *You can't change people's opinions at a stroke.* 你不能一下子改变大家的看法。

not do a stroke (of work) not do any work at all 一点工作也不干

stroll /strəʊl ‖ strol/ *noun* [C] a slow walk for pleasure 散步；漫步；溜达: *to go for a stroll along the beach* 到沙滩去散步 —**stroll** *verb* [I]

☆**strong** /strɒŋ; *US* 美 strɔːŋ ‖ strɔŋ/ *adj* **1** (used about a person 指人) physically powerful; able to lift or carry heavy things 强壮；力气大: *I need someone strong to help me move this bookcase.* 我需要个力气大的人帮我搬这书橱。○ *to have strong arms, muscles, etc* 有结实的手臂/肌肉… **2** (used about an object 指物件) able to hold heavy weights; not easily broken or damaged 坚固；结实: *That chair isn't strong enough for you to stand on.* 那把椅子不够结实，不能站在上面。○ *a pair of strong walking boots* 一双结实的步行靴子 **3** intense; felt deeply 强烈；激烈；深刻: *There was strong opposition to the idea.* 那个意见遭到激烈的反对。○ *strong support for the government's plan* 大力支持政府的计划 ○ *He has strong views on the subject* (= he will not change them easily). 他对那个问题有坚定的看法。○ *strong feelings* 强烈的感情 **4** powerful and likely to succeed 有力；很有可能成功: *She's a strong candidate for the job.* 她是这个职位的有力人选。**5** (used about a smell, taste, etc 指气味、味道等) powerful and intense 强烈；浓烈: *a strong smell of garlic* 浓烈的大蒜气味 ○ *strong tea* 浓茶 ○ *a strong drink* (= with a lot of alcohol in it) 烈酒 **6** powerful and moving quickly 强劲；猛烈；迅猛: *strong winds* 强风 ☛ In **1-6**, the related noun is **strength**. 第 **1-6** 义的相关名词为 **strength**。**7** (used after a noun 用于名词后) having a particular number of people 有某数量的人: *The army was 50 000 strong.* 那支军队有 50 000 人。

(IDIOMS 习语) **going strong** (*informal* 非正式) continuing, even after a long time 历久不衰: *The company was formed in 1851 and is still going strong.* 公司在 1851 年成立，历久不衰。

sb's strong point something that a person is good at 某人的长处/优点/擅长的事物: *Maths is not my strong point.* 数学不是我的强项。

strongly *adv* very much; to a great degree 非常；程度深: *The directors are strongly opposed to the idea.* 董事们强烈反对那个主张。○ *to feel very strongly about sth* 对某事物有坚定的看法

ˌ**strong-ˈminded** *adj* having firm ideas or beliefs 有强烈信念；意志坚强

stroppy /ˈstrɒpɪ ‖ ˈstrɑpɪ/ *adj* (**stroppier**; **stroppiest**) (*Brit slang* 英，俚语) (used about a person 指人) bad-tempered; not helpful 脾气暴躁；难以相处

strove *pt* of STRIVE * STRIVE 的过去时

struck *pt*, *pp* of STRIKE * STRIKE 的过去时及过去分词

☆**structure** /ˈstrʌktʃə(r) ‖ ˈstrʌktʃɚ/ *noun* **1** [C,U] the way that the parts of sth are put together or organized 结构；组织: *the structure of the brain* 脑部结构 ○ *the political and social structure of a country* 国家的政治及社会结构 **2** [C] a building or sth that has been built or made from a number of parts 建筑物: *The old office had been replaced by a modern glass structure.* 旧办公楼已由一座新式玻璃墙建筑物所代替。

structure *verb* [T] to arrange sth in an organized way 组织；安排: *a carefully structured English course* 细心编排的英语课程 —**structural** /ˈstrʌktʃərəl ‖ ˈstrʌktʃərəl/ *adj*: *Several windows were broken in the explosion but there was no structural damage* (= no damage to the walls, floors, etc). 爆炸毁坏了几扇窗子，但房子结构没受损。

☆**struggle** /ˈstrʌgl ‖ ˈstrʌgl̩/ *verb* [I] **1** to try very hard to do sth although it is difficult 奋斗；努力；使劲（做某事）: *We struggled along the road with our heavy suitcases.* 我们提着沉重的手提箱沿路勉强向前走。○ *Maria was struggling with her English homework.* 玛丽亚正努力应付英语功课。**2** to make violent movements when you are trying to escape from sb/sth 挣扎（以求逃脱）: *He shouted and struggled but he couldn't get free.* 他大叫着挣扎，但不能摆脱。

(PHRASAL VERB 短语动词) **struggle on** to continue to do sth although it is difficult（虽然艰难仍然）继续做某事: *I felt terrible but managed to struggle on to the end of the day.* 那天我觉得很不舒服，但仍然坚持到底。

struggle *noun* [C] **1** a fight 殴斗；斗争: *All countries should join together in the struggle against terrorism.* 所有国家应协力对抗恐怖主义。**2** [usually sing] a great effort 奋斗；努力: *After a long struggle she finally managed to complete the course.* 经过长期努力，她终于完成了那个课程。

strum /strʌm ‖ strʌm/ *verb* [I,T] (stru**mm**ing; stru**mm**ed) to play a guitar by moving your hand up and down over the strings 弹拨（吉他）

strung *pt*, *pp* of STRING[2] * STRING[2] 的过去时及过去分词

strut /strʌt ‖ strʌt/ *verb* [I] (stru**tt**ing; stru**tt**ed) to walk in a proud way 高视阔步

stub /stʌb ‖ stʌb/ *noun* [C] a short piece of a cigarette or pencil that remains after the rest of it has been used 烟蒂；铅笔头

stubble /ˈstʌbl ‖ ˈstʌbl̩/ *noun* [U] **1** the short stems that are left in a field after corn, wheat, etc has been cut（谷、麦等收割后剩下的）茬子/残株 **2** the short hairs that grow on a man's face when he has not shaved for some time 胡茬

stubborn /ˈstʌbən ‖ ˈstʌbɚn/ *adj* not wanting to do what other people want you to do; refusing to change your plans or decisions 顽固；固执: *She's too stubborn to apologize.* 她很顽固，不肯道歉。○ *a stubborn refusal*

S

坚决拒绝 —**stubbornly** *adv* —**stubbornness** *noun* [U]

stuck[1] *pt, pp* of STICK[2] ＊ STICK[2] 的过去时及过去分词

stuck[2] /stʌk ‖ stʌk/ *adj* **1** not able to move 不能移动：*This drawer's stuck. I can't open it at all.* 抽屉卡住了，我根本没法打开。**2** not able to continue with an exercise, etc because it is too difficult 难住了：*If you get stuck, ask your teacher for help.* 有困难就请教老师。

stud[1] /stʌd ‖ stʌd/ *noun* [C] **1** a small round earring that you wear through a hole in your ear 耳环 **2** a small round piece of metal on the surface of sth（圆形金属）饰片：*a black leather jacket with studs all over it* 布满饰片的黑色皮甲克 ○ *the studs on the bottom of football boots* 足球靴底的靴钉

studded *adj* **studded with sth** covered or decorated with studs or other small objects 镶上饰片等物件的：*The crown is studded with diamonds.* 王冠上镶满钻石。

stud[2] /stʌd ‖ stʌd/ *noun* **1** [C,U] a number of horses or other animals that are kept for breeding young animals (of high quality) 种马；配种用的动物：*to keep a stallion at stud* (= available for breeding) 饲养一匹配种用的公马 **2** (*also* 亦作 **'stud-farm**) [C] a place where such horses are kept 种马厩

☆**student** /'stju:dnt; *US* 美 'stu:- ‖ 'studn̩t/ *noun* [C] a person who is studying at a college or university（大学/专科学校的）学生：*Julia is a medical student at Bristol university.* 朱莉娅是布里斯托尔大学的医科学生。○ *a full-time/ part-time student* 全日/半日制学生 ○ *a student teacher* (= a person who is learning to be a teacher) 师范学生 ☛ Look at **graduate** and **undergraduate**. 参看 **graduate** 及 **undergraduate**。

studied /'stʌdɪd ‖ 'stʌdɪd/ *adj* (*formal* 正式) carefully planned or done, especially when you are trying to give a particular impression 故意；造作；经过策划的

☆**studio** /'stju:dɪəʊ; *US* 美 'stu:- ‖ 'studɪˌo/ *noun* [C] (*pl* **studios**) **1** a room where an artist or photographer works 画室；摄影室 **2** a room or building where radio or television programmes are made（电台或电视节目的）录制室/播音室/演播室 **3** a room or building where cinema films or records are made 电影摄制室；摄影棚；录音室：*a recording studio* 录音室

studious /'stju:dɪəs; *US* 美 'stu:- ‖ 'studɪəs/ *adj* (used about a person 指人) spending a lot of time studying 勤学；用功

studiously *adv* with great care 极小心：*It was a question that I had studiously avoided.* 这是我小心回避的问题。

☆**study**[1] /'stʌdɪ ‖ 'stʌdɪ/ *noun* (*pl* **studies**) **1** [U] the act of learning about sth 学习：*One hour every afternoon is left free for quiet study.* 每天下午有一小时可以清静地读书。**2 studies** [plural] the subjects that you study 学习的科目；研究科目：*the School of Oriental and African Studies at London University* 伦敦大学的东方及非洲研究学院 **3** [C] scientific research into a particular subject and a book or article that a person writes after studying it 科学研究；研究报告：*a scientific study of the causes of heart disease in Britain* 探讨英国人心脏病成因的科学研究 **4** [C] a room in a house where you go to read, write or study 书房；书斋

☆**study**[2] /'stʌdɪ ‖ 'stʌdɪ/ *verb* (*pres part* **studying**; *3rd pers sing pres* **studies**; *pt, pp* **studied**) **1** [I,T] to spend time learning about sth 学习：*Leslie has been studying hard for his exams.* 莱斯利努力温习准备考试。○ *to study French at university* 在大学学法语 **2** [T] to look at sth very carefully 细心看：*to study a map* 仔细察看地图

☆**stuff**[1] /stʌf ‖ stʌf/ *noun* [U] (*informal* 非正式) a substance, thing or group of things (used instead of the name of the thing that you are talking about) 东西：*What's that green stuff at the bottom of the bottle?* 在瓶底绿色的东西是什么？○ *I bought some computer paper but when I got it home I found it was the wrong stuff.* 我买了一些计算机用纸张，可是回到家里却发现不是我要的东西。○ *The shop was burgled and a lot of stuff was stolen.* 那个商店被人盗窃，许多东西都不见了。○ *The hotel was great – there was a swimming pool and a games room and stuff.* 那家旅馆棒极了，有一个游泳池、一间游戏室和其他的设施。

stuff[2] /stʌf ‖ stʌf/ *verb* **1** [T] **stuff sth (with sth)** to fill sth with sth 填（满）；装（满）：*The pillow was stuffed with feathers.* 枕头填满羽毛。**2** [T] **stuff sth into sth** (*informal* 非正式) to put sth into sth quickly or carelessly 匆忙/胡乱地把（某物）放进…里：*He quickly stuffed a few clothes into a suitcase.* 他匆匆忙忙把几件衣服塞进一个手提箱里。**3** [I,T] **stuff (yourself) (with sth)** to eat a lot 大吃：*The children have been stuffing themselves with sweets and chocolate all afternoon.* 整个下午孩子们尽在吃糖果和巧克力。**4** [T] **stuff sth (with sth)** to put a mixture of small pieces of food (**stuffing**) into a chicken, vegetable, etc before you cook it 将（切碎的各种食物(**stuffing**)）塞进（某物）；将…填入（某物）：*stuffed vine leaves* 包满食物的葡萄叶 **5** [T] to fill the body of a dead bird or animal with special material so that it continues to look as if it is alive 填充鸟兽尸身以制成标本

(IDIOM 习语) **get stuffed** (*slang* 俚语) (a rude expression used when you are angry with sb 粗鲁的用语，生气时骂人用) 去你的：*He offered to drive me home but I told him to get stuffed.* 他要载我回家，但我对他说："去你的！"

stuffing *noun* [U] **1** a mixture of small pieces of food that you put inside a chicken, vegetable, etc before you cook it 馅；填料 **2** the material that you put inside cushions, soft toys, etc（软垫/软玩具等的）填充物

stuffy /'stʌfɪ ‖ 'stʌfɪ/ *adj* (**stuffier**; **stuffiest**) **1** (used of a room, etc 指房间等) having air that is not fresh 不通风；缺乏新鲜空气 **2** (*informal* 非正式) (used of a person, of behaviour, etc 指人、行为等) formal and old-fashioned 古板；一本正经；拘谨

stumble /'stʌmbl ‖ 'stʌmbl̩/ *verb* [I] **1** to hit your foot against sth when you are walking or running and almost fall over 绊脚；绊了一下: *I stumbled as I was getting out of the boat.* 我下船时绊了一下。**2** to make a mistake when you are speaking, playing music, etc（说话、演奏等时）犯错: *The newsreader stumbled over the name of the Russian tennis player.* 新闻读稿员说错了那个俄罗斯网球员的名字。

(PHRASAL VERB 短语动词) **stumble across/on sb/sth** to meet or find sb/sth by chance 偶遇；意外地发现某人/某事物

ˈ**stumbling-block** *noun* [C] something that causes trouble or a difficulty, so that you cannot get what you want 障碍物；绊脚石

stump[1] /stʌmp ‖ stʌmp/ *noun* [C] the part that is left after sth has been cut down, broken off, etc 残余部分；残根: *a tree stump* 树桩

stump[2] /stʌmp ‖ stʌmp/ *verb* **1** [I] to walk with slow heavy steps 以缓慢而沉重的步伐走路 **2** [T] (*informal* 非正式) to cause sb to be unable to answer a question or find a solution for a problem 难倒: *I was completely stumped by question 14.* 第14个问题完全把我难倒了。

stun /stʌn ‖ stʌn/ *verb* [T] (stun**n**ing; stun**n**ed) **1** to make a person or animal unconscious or confused by hitting him/her/it on the head 把（某人/某物）打昏/击昏；使昏迷 **2** to make a person very surprised by giving him/her some unexpected news 使震惊；使大吃一惊: *His sudden death stunned his friends and colleagues.* 他突然的死讯使他的朋友和同事大吃一惊。—**stunned** *adj*: *There was a stunned silence after Margaret announced her resignation.* 玛格丽特宣布辞职的时候，大家目瞪口呆，鸦雀无声。

stunning *adj* (*informal* 非正式) very attractive or impressive 非常吸引人；非常出色: *a stunning woman* 非常吸引人的女性 ○ *a stunning new novel by the author of...* 由…所撰非常吸引人的新小说

stung *pt, pp* of STING[1] * STING[1] 的过去时及过去分词

stunk *pp* of STINK * STINK 的过去分词

stunt[1] /stʌnt ‖ stʌnt/ *noun* [C] **1** something that you do to get people's attention 做出引起人注意的事；意在引人注目的举动: *a publicity stunt* 宣传噱头 **2** a very difficult or dangerous thing that sb does to entertain people 特技表演；惊人的表演: *His latest stunt was walking on a tightrope over Niagara Falls.* 他最新的特技表演是在尼亚加拉瀑布上走钢丝。

ˈ**stunt man**, ˈ**stunt woman** *noun* [C] a person who does a stunt(2) in a film in the place of an actor or actress 特技替身演员

stunt[2] /stʌnt ‖ stʌnt/ *verb* [T] to stop sb/sth growing or developing properly 妨碍生长/发育: *A poor diet can stunt a child's growth.* 营养不足会妨碍儿童发育。

stupendous /stjuːˈpendəs; *US* 美 stuː- ‖ stu-ˈpɛndəs/ *adj* very large, grand or impressive 巨大；宏伟；壮观；惊人；了不起: *a stupendous achievement* 伟大的成就

☆**stupid** /ˈstjuːpɪd; *US* 美 ˈstuː ‖ ˈstupɪd/ *adj* **1** not clever or intelligent; foolish 傻；不聪明；愚蠢: *Don't be so stupid, of course I'll help you!* 别傻，我当然会帮你！○ *It was stupid of him to trust her.* 他竟然信任她，真蠢！○ *He was stupid to trust her.* 他信任她，那是很愚蠢的。**2** (only *before* a noun 只用于名词前) (*informal* 非正式) a word that shows that you do not like sb/sth 恼人/气人/讨厌（表示不喜欢）: *I'm tired of hearing about his stupid car.* 我不想再听他讲他那辆破汽车。—**stupidity** /stjuːˈpɪdətɪ; *US* 美 stuː- ‖ stuˈpɪdətɪ/ *noun* [U] —**stupidly** *adv*

stupor /ˈstjuːpə(r); *US* 美 ˈstuː- ‖ ˈstupɚ/ *noun* [sing,U] the state of being nearly unconscious or being unable to think properly 昏迷；迷糊；恍惚: *a drunken stupor* 醉得不省人事

sturdy /ˈstɜːdɪ ‖ ˈstɝdɪ/ *adj* (**sturdier**; **sturdiest**) strong and healthy; that will not break easily 强健；坚固；结实: *a sturdy child* 强健的孩子 ○ *sturdy shoes* 结实的鞋子 —**sturdily** *adv* —**sturdiness** *noun* [U]

stutter /ˈstʌtə(r) ‖ ˈstʌtɚ/ *verb* [I,T] to have difficulty when you speak, so that you keep repeating the first sound of a word 结结巴巴地说；口吃 —**stutter** *noun* [C]: *to have a stutter* 口吃

sty (*also* 亦作 **stye**) /staɪ ‖ staɪ/ *noun* [C] (*pl* **sties** or **styes**) **1** a large and painful spot on the eyelid 麦粒肿；睑腺炎 **2** = PIGSTY

☆**style** /staɪl ‖ staɪl/ *noun* **1** [C,U] the way that sth is done, built, etc 形式；风格；式样: *a new style of architecture* 新颖的建筑风格 ○ *a cathedral in Gothic style* 哥特式大教堂 ○ *The Japanese adopted an American-style education system.* 日本人采用了美式教育制度。**2** [C,U] the way that sb usually writes, behaves, etc 风格（指某人的写作、行为等方式）: *Chekhov's style is very clear and simple.* 契诃夫的文风是简单明白。○ *I'm afraid going to nightclubs isn't my style.* 上夜总会恐怕不是我的作风。**3** [U] the state of being of very good quality in appearance or behaviour 派头；气派；风度: *a dress with style* 有气派的连衣裙 ○ *They don't have many parties but when they do, they do it in style.* 他们不常开派对，如果开的话，他们会开得很有气派。**4** [C,U] the fashion, shape or design of sth 款式；样式；设计: *We stock all the latest styles.* 我们各种最新款式齐备。○ *a hairstyle* 发型 ○ *Swedish-style pine furniture* 瑞典式松木家具

stylish *adj* fashionable and attractive 时髦；有派头；时式

suave /swɑːv ‖ swɑv/ *adj* (usually used about a man 通常指男人) very polite, charming, and well behaved (sometimes too much so) 温文的；文雅的；文绉绉的

subconscious /ˌsʌbˈkɒnʃəs ‖ sʌbˈkɑnʃəs/ (*also* 亦作 **unconscious**) *noun* [sing] **the subconscious** the hidden part of your mind that can affect the way that you behave, even though you do not know it exists 潜意识；下意识 —**subconscious** *adj*: *the subconscious mind* 潜意识 —**subconsciously** *adv*

subdivide /ˌsʌbdɪˈvaɪd ‖ ˌsʌbdəˈvaɪd/ *verb* [I,T] to divide or be divided into smaller parts 细分 —**subdivision** /ˌsʌbdɪˈvɪʒn ‖ ˌsʌbdəˈvɪʒən/ *noun* [C,U]

subdue /səbˈdjuː; *US* 美 -ˈduː ‖ səbˈdu/ *verb* [T] to defeat or bring sb/sth under control

S

打败；制伏；抑制: *to subdue a rebel army* 制伏叛军 ○ *She tried hard to subdue her emotions.* 她努力抑制自己的情绪。

subdued /səb'dju:d; *US* 美 -'du:d ‖ səb'dud/ *adj* **1** not very loud or bright 柔和；轻声: *subdued lighting* 柔和的灯光 **2** (used about a person 指人) sad or quiet 忧愁；闷闷不乐；沉默

☆**subject**[1] /'sʌbdʒɪkt ‖ 'sʌbdʒɪkt/ *noun* [C] **1** a person or thing that is being considered, shown or talked about 课题；主题: *the subject of an essay* 文章的主题 ○ *What are your views on this subject?* 你对这个问题有什么看法？○ *to change the subject* (= start talking about sth else) 改变话题 ○ *I've tried several times to bring up the subject of money.* 我试了好几次提起钱的问题。**2** an area of knowledge that you study at school, university, etc 学科；科目: *She's studying three subjects at A-level, English, French and German* 她修读三个高级程度科目：英语、法语和德语。**3** (*grammar* 语法) the person or thing that performs the action described by the verb in a sentence 主语: *In the sentence 'The cat sat on the mat', 'the cat' is the subject.* 在 The cat sat on the mat 一句中，the cat 是主语。**4** a person from a particular country; a citizen 国民；公民: *a British subject* 英国公民

'**subject-matter** *noun* [U] the idea, problem, etc that a book, film, play, etc is about 题材；论题

subject[2] /səb'dʒekt ‖ səb'dʒɛkt/ *verb* (PHRASAL VERB 短语动词) **subject sb/sth to sth** to cause sb/sth to experience sth unpleasant 使某人/某物蒙受不愉快之事

subject[3] /'sʌbdʒɪkt ‖ 'sʌbdʒɪkt/ *adj* (not before a noun 不用于名词前) **1** controlled by or having to obey sb/sth 受制于；听命于: *Everyone is subject to the law.* 人人受制于法律。**2** often experiencing or suffering from sth unpleasant 蒙受；遭受: *The area is subject to regular flooding.* 那地区经常发生水灾。**3 subject to sth** depending on sth as a condition 以…为条件；取决于: *The plan for new housing is still subject to approval by the minister.* 建新房屋的计划仍须部长同意才能进行。

subjective /səb'dʒektɪv ‖ səb'dʒɛktɪv/ *adj* influenced by your own feelings and opinions instead of by facts alone 主观: *I don't agree – but maybe I'm just being subjective.* 我不同意，可能我太主观了。☛ The opposite is **objective**. 反义词为 **objective**。—**subjectively** *adv*

subjunctive /səb'dʒʌŋktɪv ‖ səb'dʒʌŋktɪv/ *noun* [sing] the form of a verb that expresses doubt, possibility, a wish, etc in certain languages 虚拟式；虚拟语气 —**subjunctive** *adj*

sublime /sə'blaɪm ‖ sə'blaɪm/ *adj* wonderful; having a quality that makes you admire it very much 绝妙；令人敬佩的 —**sublimely** *adv*

submarine /ˌsʌbmə'ri:n; *US* 美 'sʌbməri:n ‖ 'sʌbməˌrin/ *noun* [C] a type of boat that can travel under the water as well as on the surface 潜艇

submerge /səb'mɜ:dʒ ‖ səb'mɝdʒ/ *verb* [I,T] to go or make sth go under water 没入水中；淹没: *The whale spouted out a jet of water before submerging.* 鲸鱼喷出水柱，然后潜入水中。○ *The fields were submerged by the floods.* 农田被洪水淹没了。

submerged *adj* under water 在水中: *submerged rocks just below the surface* 仅仅被水盖过的岩石

submission /səb'mɪʃn ‖ səb'mɪʃən/ *noun* **1** [U] the state of accepting sb else's power or control 降服；屈从；顺从 **2** [C,U] the act of sending a plan or statement to an official organization so that it can be discussed; the plan or statement that you send 呈交；缴交；（呈交的）计划/报告等: *The council requires submission of plans for the new buildings by the end of the year.* 委员会要求在年底之前缴交建筑新大楼工程的计划书。

submissive /səb'mɪsɪv ‖ səb'mɪsɪv/ *adj* willing to obey other people 服从的；顺从的；卑躬屈膝

submit /səb'mɪt ‖ səb'mɪt/ *verb* (submi**tt**ing; submi**tt**ed) **1** [I] **submit (to sb/sth)** to accept sb/sth's power or control 降服；服从；投降: *After a bitter struggle the rebels were forced to submit.* 经过苦战，反叛者被迫投降。**2** [T] **submit sth (to sb/sth)** to give or propose sth to sb/sth so that it can be discussed or considered 提交；呈交；缴交: *Applications must be submitted by 31 March.* 申请书须在3月31日之前提交。

subnormal /ˌsʌb'nɔ:ml ‖ sʌb'nɔrml̩/ *adj* having a very low level of intelligence 弱智: *a school for educationally subnormal children* 弱智儿童学校

subordinate /sə'bɔ:dɪnət; *US* 美 -dənət ‖ sə'bɔrdn̩ɪt/ *adj* less important than sth else 次要；处于第二位

subordinate *noun* [C] a person who is of lower rank or position 下级；部属

subordinate /sə'bɔ:dɪneɪt; *US* 美 -dəneɪt ‖ sə'bɔrdn̩ˌet/ *verb* [T] **subordinate sth (to sth)** to treat sth as less important than sth else 视为次要

suˌbordinate 'clause *noun* [C] (*grammar* 语法) a phrase with a verb that usually begins with a conjunction and that adds information to the main part of the sentence 从句；从属子句: *In the sentence 'We left early because it was raining', 'because it was raining' is the subordinate clause.* 在 We left early because it was raining 一句中，because it was raining 是从句。

subscribe /səb'skraɪb ‖ səb'skraɪb/ *verb* [I] **1 subscribe (to sth)** to pay for a newspaper or magazine to be sent to you regularly 订购（报纸/杂志）: *Do you subscribe to 'Private Eye'?* 你订阅《私家侦探》杂志吗？**2 subscribe to sth** to agree with an idea, belief, etc 同意/赞成（某观点、信念等）: *I don't subscribe to the view that all war is wrong.* 我不赞同所有战争都是错误的这一看法。

subscriber *noun* [C] **1** a person who pays to receive a newspaper or magazine regularly （报纸/杂志的）订户 **2** a person who uses a particular service 用户: *a telephone subscriber*

电话用户 **3** a person who has a particular opinion 有某种主张的人: *I'm not a subscriber to the view that all war is wrong.* 我不赞同所有战争都是错误的这一看法。

subscription /səb'skrɪpʃn ‖ səb'skrɪpʃən/ *noun* [C] an amount of money that you pay to receive a newspaper or magazine regularly or to belong to a particular society or organization（报纸/杂志的）订阅费；（会社的）会费

subsequent /'sʌbsɪkwənt ‖ 'sʌbsɪkwənt/ *adj* (only *before* a noun 只用于名词前) (*formal* 正式) coming after or later 随后；接续（发生的）: *I thought that was the end of the matter but subsequent events proved me wrong.* 我以为那件事已经终结，但接着发生的事件证明我错了。

subsequently *adv* afterwards 后来；随后；接着: *The Queen visited the new museum and subsequently attended a banquet in the Town Hall.* 女王参观了新博物馆，接着出席了在市政厅举行的宴会。

subservient /səb'sɜ:vɪənt ‖ səb'sɝvɪənt/ *adj* **1** (*formal* 正式) too ready to obey other people 恭顺；俯首贴耳；低声下气 **2** considered to be less important than sb/sth else 从属；附属；辅助的 —**subservience** /-əns ‖ -əns/ *noun* [U]

subside /səb'saɪd ‖ səb'saɪd/ *verb* [I] **1** (used about land, a building, etc 指陆地、建筑物等) to sink down 下沉；下陷 **2** to become less strong 转弱: *The storm seems to be subsiding.* 暴风雨似乎转弱了。

subsidence /səb'saɪdns ‖ səb'saɪdn̩s/ *noun* [U] the sinking of land, buildings, etc（陆地、建筑物等的）下沉/下陷

subsidiary /səb'sɪdɪərɪ; *US* 美 -dɪerɪ ‖ səb'sɪdɪˌɛrɪ/ *adj* connected to but less important than sth else 附属；次要: *You must study two subsidiary subjects as well as your main subject.* 除了主科外，你还必须修读两个辅助科目。

subsidiary *noun* [C] (*pl* **subsidiaries**) a business company that belongs to a larger and more important company 附属公司

☆**subsidy** /'sʌbsɪdɪ ‖ 'sʌbsədɪ/ *noun* [C,U] (*pl* **subsidies**) money that the government, etc pays to help an organization or to help keep the cost of sth low 补助金；津贴；补贴: *The price of bread was kept low by subsidy.* 因为有补贴，面包得以维持低价出售。

subsidize (*also* 亦作 **subsidise**) /'sʌbsɪdaɪz ‖ 'sʌbsəˌdaɪz/ *verb* [T] (of a government, etc) to pay money in order to keep prices or the cost of a service low（政府等的）资助/津贴/补贴: *Public transport should be subsidized.* 公共交通应给予补助。

subsist /səb'sɪst ‖ səb'sɪst/ *verb* [I] (*formal* 正式) to manage to live with very little food or money（靠极少量食物/金钱）维生 —**subsistence** /-təns ‖ -təns/ *noun* [U]: *to live at subsistence level* 仅能餬口

☆**substance** /'sʌbstəns ‖ 'sʌbstəns/ *noun* **1** [C] a solid or liquid material 物质: *poisonous substances* 有毒物质 ○ *The cloth is coated in a new waterproof substance.* 这种布料涂有新的防水物质。**2** [U] the most important points or ideas of sth 要点: *Don't repeat everything. Just tell me the substance of what they said.* 不要重复每一点，只需将他们话中的要点告诉我。**3** [U] importance, value or truth 重要性；价值；事实: *There's little substance to the film but it's very entertaining.* 影片没有什么内容，但很有趣。

substandard /ˌsʌb'stændəd ‖ sʌb'stændɚd/ *adj* of poor quality; not as good as usual or as it should be 劣质的；不够标准

☆**substantial** /səb'stænʃl ‖ səb'stænʃəl/ *adj* **1** large in amount 大量: *The storms caused substantial damage.* 暴风雨造成严重毁坏。○ *a substantial sum of money* 一大笔钱 **2** large or strong 大；结实: *The furniture was cheap and not very substantial.* 那件家具很便宜，不过不很结实。

substantially /-ʃəlɪ ‖ -ʃəlɪ/ *adv* **1** by a large amount 大量地: *House prices have fallen substantially.* 房价大跌。**2** generally; in most points 一般；大体上: *The landscape of Wales has remained substantially the same for centuries.* 好几百年来，威尔士的地貌仍大致维持不变。

substitute /'sʌbstɪtju:t; *US* 美 -tu:t ‖ 'sʌbstəˌtut/ *noun* [C] **substitute (for sb/sth)** a person or thing that takes the place of sb/sth else 代替者；替换者；代用品；后备: *One player was injured so the substitute was sent on to play.* 一个球员受了伤，所以那个后备球员上场比赛。

substitute *verb* **1** [T] **substitute sb/sth (for sb/sth)** to put a person or thing in the place of sb/sth else 取代；代替: *You can substitute margarine for butter.* 你可以用人造黄油代替黄油。**2** [I] **substitute (for sb/sth)** to be used instead of sb/sth 取代；代用；代替 —**substitution** /ˌsʌbstɪ'tju:ʃn; *US* 美 -'tu:ʃn ‖ ˌsʌbstə'tuʃən/ *noun* [C,U]

subtitle /'sʌbtaɪtl ‖ 'sʌbˌtaɪtl̩/ *noun* [C, usually pl] the words at the bottom of the picture on television or at the cinema. The subtitles translate the words of a foreign film or programme or show the words that are spoken, to help deaf people.（电视/电影的）字幕

subtle /'sʌtl ‖ 'sʌtl̩/ *adj* **1** not very noticeable; not very strong or bright 不显著；细微的；不明亮: *subtle colours* 暗色 ○ *I noticed a subtle difference in her.* 我注意到她身上细微的变化。**2** very clever, eg at deceiving or persuading people 狡诈（如在骗人/说服人方面）；巧妙: *Advertisements persuade us to buy things in very subtle ways.* 广告用非常巧妙的方式说服我们购买东西。—**subtlety** /'sʌtltɪ ‖ 'sʌtl̩tɪ/ *noun* [C,U] (*pl* **subtleties**) —**subtly** /'sʌtlɪ ‖ 'sʌtlɪ/ *adv*

☆**subtract** /səb'trækt ‖ səb'trækt/ *verb* [T] **subtract sth (from sth)** to take one number or quantity away from another 减去: *If you subtract five from nine you get four.* 九减五等于四。—**subtraction** /səb'trækʃn ‖ səb'trækʃən/ *noun* [C,U]

☆**suburb** /'sʌbɜ:b ‖ 'sʌbɝb/ *noun* [C] an area where people live that is outside the central part of a town or city 郊区；城郊: *Most people live in the suburbs and work in the centre of town.* 大多数人在郊区居住，在市中心工作。○ *an industrial suburb* 城郊工业区 —**suburban** /sə'bɜ:bən ‖ sə'bɝbən/ *adj*: *suburban life* 郊区生活 ☛ People often think of life in the suburbs as dull, so **suburban** sometime means 'dull and uninteresting'. 人们常觉得郊区生活乏味，所以 **suburban** 一词有时意味着"枯燥乏味"。

suburbia /sə'bɜ:bɪə ‖ sə'bɝbɪə/ *noun* [U] the suburbs of towns and cities 市郊；郊区

subversive /səb'vɜ:sɪv ‖ səb'vɝsɪv/ *adj* trying to weaken or destroy a government, religion, etc or to challenge accepted ideas 颠覆性的；破坏性的

subversive *noun* [C] a person who is subversive 颠覆分子

subvert /sʌb'vɜ:t ‖ sʌb'vɝt/ *verb* [T] to try to weaken or destroy a government, religion, etc, or to challenge accepted ideas 颠覆/破坏（政府、宗教信仰等）—**subversion** /səb'vɜ:ʃn; *US* 美 -'vɜ:rʒn ‖ səb'vɝʒən/ *noun* [U]

subway /'sʌbweɪ ‖ 'sʌb,we/ *noun* [C] **1** a passage under a busy road or railway that is for people who are walking (**pedestrians**) 地下人行道（供行人 (**pedestrian**) 使用）**2** (*US* 美) = UNDERGROUND

S

☆**succeed** /sək'si:d ‖ sək'sid/ *verb* **1** [I] **succeed (in sth/in doing sth)** to manage to achieve what you want; to do well 成功；达到目的: *Our plan succeeded.* 我们的计划成功了。○ *If you keep on trying you will succeed in the end.* 只要你继续努力，你终会成功。○ *A good education will help you succeed in life.* 良好的教育有助将来取得成功。○ *to succeed in passing an exam* 考试及格 ☛ Look at **fail**. 参看 **fail**。**2** [I,T] to have a job or important position after sb else 继任；继承: *John Major succeeded Margaret Thatcher as Prime Minister in 1990.* * 1990年约翰·梅杰接替玛格丽特·撒切尔出任首相。

☆**success** /sək'ses ‖ sək'sɛs/ *noun* **1** [U] achieving what you want; doing well 成功；顺利；好成绩: *Hard work is the key to success.* 勤奋是取得成功的钥匙。○ *Her attempts to get a job for the summer have not met with much success* (= she hasn't managed to do it). 她尝试在夏天找一份工作，但不太顺利。**2** [C] something that achieves what it wants to, or becomes very popular 成功；顺利；受欢迎: *You must try to make a success of your marriage.* 你必须设法使婚姻美满。○ *The film 'Batman' was a huge success.*《蝙蝠侠》这部电影很受欢迎。☛ Look at **failure**. 参看 **failure**。

successful /-fl ‖ -fəl/ *adj* having achieved what was wanted; having become popular 成功；受欢迎: *a successful attempt to climb Mount Everest* 成功攀登珠穆朗玛峰 ○ *a successful actor* 受欢迎的演员 —**successfully** /-fəlɪ ‖ -fəlɪ/ *adv*

succession /sək'seʃn ‖ sək'sɛʃən/ *noun* **1** [C] a number of people or things that follow one after another 连续发生；一系列: *We've had a succession of hot dry summers.* 我们连续几年的夏天都又热又干燥。**2** [U] the right to have an important position after sb else 继承权: *Prince William is second in succession to the throne.* 威廉王子是王位的第二继承人。

(IDIOM 习语) **in succession** following one after another 连续；接连: *There have been three deaths in the family in quick succession.* 那户人家在短时间内连续死了三口人。

☆**successor** /sək'sesə(r) ‖ sək'sɛsɚ/ *noun* [C] a person who has a job or important position after sb else 继任人；接替人 ☛ Look at **predecessor**. 参看 **predecessor**。

succinct /sək'sɪŋkt ‖ sək'sɪŋkt/ *adj* said clearly, in a few words 简练；简明 —**succinctly** *adv*

succulent /'sʌkjʊlənt ‖ 'sʌkjələnt/ *adj* (used about food 指食物) very good to eat because it is not dry 鲜美多汁

succumb /sə'kʌm ‖ sə'kʌm/ *verb* [I] **succumb (to sth)** (*formal* 正式) to stop fighting against sth 不再抵抗；屈服: *He succumbed to temptation and took another cake.* 他受不住引诱又吃了一块蛋糕。○ *to succumb to an illness* (= to die) 因病去世

☆**such** /sʌtʃ ‖ sʌtʃ/ *det* **1** (used for referring to sb/sth that you are talking about or that you mentioned earlier 指谈及或先前提及的人/事物) of this or that type 这种；那种；这样的；那样的: *'Can I speak to Mr Wallis?' 'I'm sorry, there's no such person here.'* "请沃利斯先生听电话。""对不起，没有这个人。" ○ *I don't believe in ghosts. There's no such thing.* 我不相信有鬼。世界上没有这种东西。**2** (used for emphasizing the degree of sth 用以强调某事物的程度): *It was such a boring film that I fell asleep.* 这部影片沉闷得很，害得我睡着了。○ *Let's have lunch in the garden. It's such a lovely day.* 我们到花园里吃午餐吧！今天天气真好。○ *It seems such a long time since we last met.* 自从我们上次见面以来好像已很久了。

☛ You use **such** before a noun or before a noun that has an adjective in front of it * **such** 用于名词前，或用于前面有形容词的名词词组前: *Tommy is such a darling!* 汤米真可爱！○ *Susan is such a good athlete.* 苏珊是个好运动员。You use **so** before an adjective that is used without a noun 形容词后没有名词则用 **so**: *Don't be so silly.* 别这样傻！○ *It was so cold we stayed at home.* 太冷了，我们只好留在家中。Compare 比较: *It was such a cold night that we stayed at home.* 那天晚上如此寒冷，我们只好留在家中。**3** (used for talking about the result of sth 指结果): *The statement was worded in such a way that it did not upset anyone.* 声明的措辞得宜，没有人感到不快。

such *pron* (used for referring to sb/sth that you are talking about or that you mentioned earlier 指谈及的或先前提及的人/事物) this or that type of person or thing 这种人/事物；这样的人/事物: *The economic situation is such that we all have less money to spend.* 经济状况是这个模样，我们大家手头能花的钱就少了。

(IDIOMS 习语) **as such 1** in the exact meaning of the word 就其本身而论: *I don't believe in God as such, but I do believe in the* *power of good.* 我不相信真的有神，只相信善良的力量。**2** without anything else; alone 独自；本身: *Poverty as such does not mean unhappiness but it can make life very uncomfortable.* 单单贫穷并不意味着不幸，只是使日子过得不舒服。

such as for example 例如；像: *Fatty foods such as chips are bad for you.* 高脂肪食物如炸土豆条对你没有益处。

suck /sʌk ‖ sʌk/ *verb* **1** [I,T] to pull a liquid into your mouth, by making your lips into a round shape and pulling your cheeks in 吮；吸啜: *to suck milk up through a straw* 用吸管饮牛奶 ☛ picture at **blow**. 见 **blow** 插图。**2** [T] to pull sth in a particular direction, using force 抽吸；卷入: *Vacuum cleaners suck up the dirt.* 真空吸尘器吸走灰尘。**3** [I,T] to have sth in your mouth and keep touching it with your lips and tongue 吸吮: *All my children sucked their thumbs.* 我的孩子都曾吸吮拇指。

sucker /ˈsʌkə(r) ‖ ˈsʌkɚ/ *noun* [C] **1** (*informal* 非正式) a person who believes everything that you tell him/her and who is easy to cheat 容易受骗的人 **2** a part of some plants, animals or insects that is used for helping them stick onto a surface（动物的）吸盘；（植物的）根出条/吸根

suction /ˈsʌkʃn ‖ ˈsʌkʃən/ *noun* [U] **1** the act of removing air from a space so that another substance is pulled in 抽吸: *A vacuum cleaner works by suction.* 真空吸尘器通过抽吸原理操作。**2** the act of making two surfaces stick together by removing the air between them 使两平面因中间真空而紧贴在一起: *The hook is attached to the wall by a suction pad.* 钩子用吸盘贴附在墙上。

☆**sudden** /ˈsʌdn ‖ ˈsʌdn̩/ *adj* done or happening quickly, or when you do not expect it 突发；突然: *a sudden decision* 匆促的决定 ○ *a sudden loud noise* 突然的巨响

(IDIOMS 习语) **all of a sudden** suddenly; unexpectedly 突然；出人意料: *All of a sudden the lights went out.* 灯突然熄了。

sudden death a way of deciding who wins a game where the score is equal by playing one more point or game 加赛决胜方式（因胜负未决而加赛后以先得分者为胜方的决胜方法）: *a sudden-death play-off* 先得分者即为胜方的加时比赛 —**suddenly** *adv*: *Suddenly, everybody started shouting.* 突然间人人开口喊起来。—**suddenness** *noun* [U]

suds /sʌdz ‖ sʌdz/ *noun* [plural] the bubbles that you get when you mix soap and water 肥皂泡沫

sue /su:; *Brit also* 英亦作 sju: ‖ su/ *verb* [I,T] **sue (sb) (for sth)** to go to a court of law and ask for money from sb because he/she has done sth bad to you, or said sth bad about you 控告（以索取赔偿）

suede /sweɪd ‖ swed/ *noun* [U] a type of soft leather which does not have a smooth surface and feels rather like cloth 绒面革；仿麂皮

suet /ˈsu:ɪt; *Brit also* 英亦作 ˈsju:ɪt ‖ ˈsuɪt/ *noun* [U] a type of hard animal fat that is used in cooking 板油/硬脂肪油（食用动物脂肪）

☆**suffer** /ˈsʌfə(r) ‖ ˈsʌfɚ/ *verb* **1** [I,T] to experience sth unpleasant, eg pain, sadness, difficulty, etc 感到疼痛；受苦；受折磨: *Mary often suffers from severe headaches.* 玛丽常患剧烈头痛。○ *Our troops suffered heavy losses.* 我军伤亡惨重。○ *In a recession it's the poor who suffer most.* 不景气时穷人受苦最深。**2** [I] to become worse in quality（品质）变坏/下降: *If you have problems at home your work will suffer.* 如果你家里有麻烦，你的工作会受影响。—**sufferer** /ˈsʌfərə(r) ‖ ˈsʌfərɚ/ *noun* [C]: *cancer sufferers* 癌病患者 —**suffering** /ˈsʌfərɪŋ ‖ ˈsʌfərɪŋ/ *noun* [C,U]: *The famine caused great hardship and suffering.* 饥荒带来极大的困苦。

☆**sufficient** /səˈfɪʃnt ‖ səˈfɪʃənt/ *adj* (*formal* 正式) as much as is necessary; enough 足够；充足: *We have sufficient oil reserves to last for three months.* 我们有足够的石油储备，可用三个月。☛ The opposite is **insufficient**. 反义词为 **insufficient**。—**sufficiently** *adv*

suffix /ˈsʌfɪks ‖ ˈsʌfɪks/ *noun* [C] a letter or group of letters that you add at the end of a word, and that change its meaning or the way it is used 后缀/词尾（加在词尾的一个或多个字母，用以改变词义或该词的用法）: *To form the noun from the adjective 'sad', add the suffix 'ness'.* 要使形容词 sad 转为名词，可加上后缀 ness。☛ Look at **prefix**. 参看 **prefix**。

suffocate /ˈsʌfəkeɪt ‖ ˈsʌfəˌket/ *verb* [I,T] to die because there is no air to breathe; to kill sb in this way（使）窒息而死 —**suffocating** *adj*: *The heat is suffocating.* 热得令人窒息。—**suffocation** /ˌsʌfəˈkeɪʃn ‖ ˌsʌfəˈkeʃən/ *noun* [U]

☆**sugar** /ˈʃʊgə(r) ‖ ˈʃʊgɚ/ *noun* **1** [U] a sweet substance that you get from certain plants 食糖: *Do you take sugar in tea?* 你喝茶加糖吗？**2** [C] one spoonful or lump of sugar (in a cup of tea, coffee, etc) 一茶匙糖/一块方糖（放在茶、咖啡等之中）: *Two sugars, please.* 请加两块方糖。

sugary /ˈʃʊgərɪ ‖ ˈʃʊgərɪ/ *adj* very sweet 非常甜

☆**suggest** /səˈdʒest; *US* 美 səgˈdʒ- ‖ səgˈdʒɛst/ *verb* [T] **1 suggest sth (to sb)** to propose a plan or idea for sb to discuss or consider 建议: *Can anybody suggest ways of raising more money?* 谁能提出可筹集更多款项的方法？○ *Tony suggested going out for a walk.* 托尼建议出去散步。○ *Tony suggested that we go out for a walk.* 托尼建议我们出去散步。○ *Tony suggested a walk.* 托尼建议去散步。○ *How do you suggest we get out of this mess?* 我们怎样摆脱这混乱的局面，你有什么主意吗？**2** to say that a person or thing is suitable, especially a person or thing that you know about from your own experience 认为某人/某事物适合: *Can you suggest someone for the job?* 你能建议由谁来做这项工作吗？○ *Ann suggested Egypt as a good place for a winter holiday.* 安妮认为埃及是冬季度假的好地方。**3** to say or show sth in an indirect way 暗示: *Are you suggesting the accident was my fault?* 你是不是在暗示那次事故是我造成的？○ *Forecasts* *suggest that inflation will fall by the end of next year.* 预测显示，明年年底通胀率会下跌。

suggestive /-ɪv ‖ -ɪv/ *adj* **1** making you think of sth 引起联想的：*music that was suggestive of Asia* 令人联想起亚洲的音乐 **2** making you think about sex 挑动色情的；性挑逗的：*a suggestive dance* 挑逗性的舞蹈 —**suggestively** *adv*

☆**suggestion** /sə'dʒestʃən; *US* 美 səg'dʒ- ‖ səg'dʒɛstʃən/ *noun* **1** [C] a plan or idea that sb proposes or suggests 建议；提议：*May I make a suggestion?* 我可以提一个建议吗？**2** [U] putting an idea into a person's mind; giving advice about what to do 提示；建议：*I came here at my friend's suggestion.* 我依照朋友的建议来这里。**3** [sing] a small amount or sign of sth 微量；（有…的）痕迹；细微的迹象：*He spoke with a suggestion of a Scottish accent.* 他说话带有轻微的苏格兰口音。

☆**suicide** /'su:ɪsaɪd; *Brit also* 英亦作 'sju:ɪ- ‖ 'suəˌsaɪd/ *noun* **1** [U] the act of killing yourself 自杀：*Ben has tried to commit suicide several times.* 本杰明曾多次试图自杀。**2** [C] an example of this 自杀案；自杀的实例：*There have been nine suicides from this bridge this year.* 今年有九个人从这座桥跳下去自杀。

suicidal /ˌsu:ɪ'saɪdl; *Brit also* 英亦作 'sju:ɪ- ‖ ˌsuə'saɪdl̩/ *adj* **1** (used about a person 指人) wanting to kill himself/herself 想自杀；有自杀倾向：*to feel suicidal* 想自杀 **2** that will probably result in your being killed 可致命：*a suicidal risk* 可致命的冒险

☆**suit**[1] /su:t; *Brit also* 英亦作 sju:t ‖ sut/ *noun* [C] **1** a set of clothes that are made of the same material and that are rather formal. A man's suit usually consists of a jacket and trousers, and a woman's suit of a jacket and skirt. 套装；套服 **2** an article of clothing or set of clothes that you wear for a particular activity 参加某类活动的装束：*a spacesuit* 宇航服 ○ *a tracksuit* 田径服 ○ *a suit of armour* 一套盔甲 **3** one of the four sets of thirteen playing-cards (= hearts, clubs, diamonds and spades)（红心、梅花、方块、黑桃四种花色中）同花色的一套牌/一组牌 ☛ Look at the note at **card**. 参看 **card** 的注释。

(IDIOM 习语) **follow suit** ⇨ FOLLOW

☆**suit**[2] /su:t; *Brit also* 英亦作 sju:t ‖ sut/ *verb* **1** [T] to look attractive on sb 适合；合身：*That dress really suits you.* 这件连衣裙你穿起来很合身。**2** [I,T] to be convenient or suitable for sb/sth 方便；合适：*Would Thursday at 9.30 suit you?* 星期四9点半你方便吗？○ *Living in the country wouldn't suit me at all.* 我完全不适合在郊外生活。

suited *adj* **suited (for/to sb/sth)** suitable or right for sb/sth 适合；匹配：*She and her husband are very well suited.* 她跟丈夫很相配。

☆**suitable** /'su:təbl; *Brit also* 英亦作 'sju:t- ‖ 'sutəbl̩/ *adj* **suitable (for sb/sth)** right or convenient for sb/sth 适合；方便：*The film isn't suitable for children.* 那部影片不适合儿童观看。○ *Is this a suitable time to have a word with you?* 我想跟你说句话，你现在方便吗？☛ The opposite is **unsuitable**. 反义词为 **unsuitable**。—**suitability** /ˌsu:tə'bɪlətɪ; *Brit also* 英亦作 'sju:t- ‖ ˌsutə'bɪlətɪ/ *noun* [U] —**suitably** /-əblɪ ‖ -əblɪ/ *adv*: *to be suitably dressed for the party* 出席聚会时穿着得体

☆**suitcase** /'su:tkeɪs; *Brit also* 英亦作 'sju:t- ‖ 'sutˌkes/ (*also* 亦作 **case**) *noun* [C] a flat box with a handle that you use for carrying your clothes, etc in when you are travelling 手提箱 ☛ picture at **luggage**. 见 **luggage** 插图。

suite /swi:t ‖ swit/ *noun* [C] **1** a set of two or more pieces of furniture of the same style or covered in the same material 一套家具：*a three-piece suite* (= a sofa and two armchairs) 由三件组成的一套家具（一张沙发和两张扶手椅）**2** a set of rooms in a hotel (= a bedroom, sitting-room and bathroom) 旅馆套房

suitor /'su:tə(r); *Brit also* 英亦作 'sju:- ‖ 'sutɚ/ *noun* [C] (*old-fashioned* 旧) a man who wants to marry a particular woman 求婚的男子

sulfur (*US* 美) = SULPHUR

sulk /sʌlk ‖ sʌlk/ *verb* [I] to be very quiet or bad-tempered because you are angry with sb about sth 愠怒；生闷气 —**sulky** *adj* —**sulkily** /-ɪlɪ ‖ -ɪlɪ/ *adv*

sullen /'sʌlən ‖ 'sʌlən/ *adj* looking bad-tempered and not speaking to people 郁郁寡欢；赌气；愠怒：*a sullen face, expression, etc* 怒容；满脸不高兴… —**sullenly** *adv*

sulphur (*US* 美 **sulfur**) /'sʌlfə(r) ‖ 'sʌlfɚ/ *noun* [U] (*symbol* 符号 **S**) a yellow substance with a strong unpleasant smell 硫磺

sultan (*also* 亦作 **Sultan**) /'sʌltən ‖ 'sʌltn̩/ *noun* [C] the ruler in some Muslim countries 苏丹（某些伊斯兰国家统治者的称号）：*the Sultan of Brunei* 文莱的苏丹

sultana /sʌl'tɑ:nə; *US* 美 -ænə ‖ sʌl'tænə/ *noun* [C] a dried grape with no seeds in it that is used in cooking 一种无籽葡萄干 ☛ Look at **raisin**. 参看 **raisin**。

sultry /'sʌltrɪ ‖ 'sʌltrɪ/ *adj* **1** (used about the weather 指天气) hot and damp 闷热；湿热 **2** (used about a woman 指女人) very sexually attractive 性感撩人

☆**sum** /sʌm ‖ sʌm/ *noun* [C] **1** when children do sums they add or subtract, multiply or divide numbers 算术：*I've got some sums to do for homework.* 我有一些算术家庭作业要做。**2** an amount of money 一笔（钱）：*The industry has spent huge sums of money modernizing its equipment.* 这个行业耗费巨额资金使设备现代化。**3** [usually sing] the amount that you get when you add two or more numbers together 和；总数：*The sum of two and five is seven.* 二加五等于七。

sum *verb* (summing; summed)

(PHRASAL VERBS 短语动词) **sum (sth) up** to describe in a few words the main ideas of what sb has said or written 总括：*to sum up the main points of an argument* 总结论据的要点

sum sb/sth up to form an opinion about sb/sth 得出看法：*He summed the situation up immediately.* 他立即认清了当时的情况。

ˌ**summing-'up** *noun* [C] (*pl* **summings-up**) a speech in which a judge sums up what has been said in a court of law before a decision (**verdict**) is reached（法官于陪审团作出裁决 (**verdict**) 前，对整件案件的证据所作的）总结/论据概述

☆**summary**[1] /'sʌmərɪ ‖ 'sʌmərɪ/ *noun* [C] (*pl* **summaries**) a short description of the main ideas or events of sth 概要：*A brief summary of the experiment is given at the beginning of the report.* 报告开端就提出该项试验内容概要。○ *a news summary* 新闻提要 —**summarize** (*also* 亦作 **summarise**) /'sʌməraɪz ‖ 'sʌmə-ˌraɪz/ *verb*: *Could you summarize the story so far?* 你能否概述故事前文？

summary[2] /'sʌmərɪ ‖ 'sʌmərɪ/ *adj* (*formal* 正式) done quickly and without taking time to think about whether it is the right thing to do 当场；即刻：*summary arrests and executions* 当场逮捕和处决

☆**summer** /'sʌmə(r) ‖ 'sʌmɚ/ *noun* [C,U] the second season of the year, after spring and before autumn. Summer is the warmest season of the year 夏季；夏天：*Are you going away this summer?* 今年夏天你会不会外出？○ *a summer's day* 夏日 ○ *the summer holidays* 暑假 —**summery** /'sʌmərɪ ‖ 'sʌmərɪ/ *adj*: *summery weather* 夏季的天气 ○ *a summery dress* 夏天的衣服

'**summer-house** *noun* [C] a small building in a park or garden where you can sit and relax in good weather 花园凉亭

'**summertime** *noun* [U] the season of summer 夏季：*It's busy here in the summertime.* 这里的夏季很热闹。

☆**summit** /'sʌmɪt ‖ 'sʌmɪt/ *noun* [C] **1** the top of a mountain 山顶 **2** an important meeting between the leaders of two or more countries 高峰/首脑会议：*the EU summit in Madrid* 在马德里举行的欧洲联盟会议

summon /'sʌmən ‖ 'sʌmən/ *verb* [T] **1** (*formal* 正式) to order a person to come to a place 召唤：*The boys were summoned to the headmaster's office.* 那些男孩子被召到校长室。**2 summon sth (up)** to find strength, courage or some other quality that you need even though it is difficult for you to do so 鼓起勇气/积极性…：*She couldn't summon up the courage to leave him.* 她没法鼓起勇气离开他。

summons /'sʌmənz ‖ 'sʌmənz/ *noun* [C] (*pl* **summonses**) an order to go somewhere, especially to a court of law（法院的）传票

☆**sun** /sʌn ‖ sʌn/ *noun* **1 the sun** [sing] the star that shines in the sky during the day and that gives the earth heat and light 太阳：*The sun rises in the east and sets in the west.* 太阳从东方升起，在西方落下。○ *the rays of the sun* 太阳光 **2 the sun** [sing,U] light and heat from the sun 太阳的光和热：*Don't sit in the sun too long.* 别在阳光下坐太久。○ *Too much sun can be harmful.* 晒太多阳光可能有害。

(IDIOM 习语) **catch the sun** ⇨ CATCH[1]

sun *verb* [T] (sunning; sunned) **sun yourself** sit or lie in the sun(2) in order to enjoy the heat 享受日光浴

sunny *adj* (**sunnier**; **sunniest**) having a lot of light from the sun 晴朗；阳光充足：*a sunny garden* 阳光照耀着的花园 ○ *a sunny day* 晴朗的一天

'**sunbathe** *verb* [I] to take off most of your clothes and sit or lie in the sun in order to make your skin go brown 作日光浴

'**sunbeam** *noun* [C] a line (**ray**) of sunlight 太阳光线；日光（光线叫做 **ray**）

'**sunburn** *noun* [U] red painful skin which you get after sitting or lying too long in strong sunlight 晒伤；晒红的皮肤

'**sunburned**, '**sunburnt** *adj* suffering from sunburn 晒伤的

sundial /'sʌndaɪəl ‖ 'sʌnˌdaɪəl/ *noun* [C] a piece of equipment that uses shadow to show what the time is 日晷；日规

'**sunflower** *noun* [C] a tall plant that has a very large yellow flower with a black centre. The seeds of the plant are used to make cooking oil and margarine. 向日葵

'**sun-glasses** (*also* 亦作 ˌ**dark** '**glasses**) (also *informal* 非正式 **shades**) *noun* [plural] glasses that have dark glass in them to protect your eyes from bright sunlight 太阳镜；墨镜

'**sunlight** *noun* [U] the light from the sun 太阳光

'**sunlit** *adj* having bright light from the sun 阳光照耀下：*a sunlit terrace* 阳光照耀下的露台

'**sunrise** *noun* [U] the time when the sun comes up and the day begins 日出（时分）：*to get up at sunrise* 日出时起床 ☛ Look at **dawn**. 参看 **dawn**。

'**sunset** *noun* [C,U] the time when the sun goes down and night begins 日落（时分）：*The park closes at sunset.* 公园在黄昏时关闭。○ *a beautiful sunset* 美丽的落日

'**sunshine** *noun* [U] heat and light from the sun 太阳的热和光；阳光；日光：*warm spring sunshine* 春天和暖的阳光

'**sunstroke** *noun* [U] an illness that is caused by spending too much time in strong sunlight 日射病；中暑

'**suntan** (*also* 亦作 **tan**) *noun* [C] when you have a suntan, your skin is brown because you have spent time in the sun 让皮肤晒黑：*to have a suntan* 让皮肤晒黑 ○ *suntan oil* 防晒油

'**suntanned** *adj*: *suntanned bodies on the beaches* 沙滩上晒得黑黑的人体

sundae /'sʌndeɪ; *US* 美 -diː ‖ 'sʌndɪ/ *noun* [C] a type of food that consists of ice-cream with fruit, nuts, etc on the top 三德冰淇淋（一种冰淇淋上有水果、果仁等的食品）

☆**Sunday** /'sʌndɪ ‖ 'sʌndɪ/ *noun* [C,U] (*abbr* 缩写 **Sun**) the first day of the week, coming before Monday 星期天；星期日；礼拜天 ☛ For examples of the use of the days of the week in sentences, look at **Monday**. 有关星期一、二…在句子里的用法，参看 **Monday**。

sundry /'sʌndrɪ ‖ 'sʌndrɪ/ *adj* (only *before* a noun 只用于名词前) of various kinds 各种：*a shop selling toys, games and sundry gift items* 售卖玩具、游戏和各种礼物的商店

(IDIOM 习语) **all and sundry** (*informal* 非正式) everyone 每一个人；所有的人

sung *pp* of SING * SING 的过去分词

sunk *pp* of SINK[1] * SINK[1] 的过去分词

S

sunken /ˈsʌŋkən ‖ ˈsʌŋkən/ *adj* **1** below the water 沉没的：*a sunken ship* 沉船 **2** (used about cheeks or eyes 指面颊或眼睛) curving inwards and making you look ill 凹陷 **3** at a lower level than the surrounding area 凹（低于周围）：*a luxury bathroom with a sunken bath* 有浴池设备的豪华浴室

☆**super** /ˈsuːpə(r); *Brit also* 英亦作 ˈsjuː- ‖ ˈsupɚ/ *adj* (*informal* 非正式) **1** very good; wonderful 极好；绝妙：*We had a super time.* 我们过了一段极开心的时光。○ *You've done a super job.* 你做得极好。**2** bigger or better than other things which are similar 特别大/好：*a new super computer* 一部新的超级计算机

superb /suːˈpɜːb; *Brit also* 英亦作 sjuː- ‖ sʊˈpɝb/ *adj* very good, excellent 极好；优秀 —**superbly** *adv*

supercilious /ˌsuːpəˈsɪlɪəs; *Brit also* 英亦作 ˌsjuː- ‖ ˌsupɚˈsɪlɪəs/ *adj* showing that you think that you are better than other people 自负；高傲：*a supercilious smile* 自负的微笑 —**superciliously** *adv*

superficial /ˌsuːpəˈfɪʃl; *Brit also* 英亦作 ˌsjuː- ‖ ˌsupɚˈfɪʃəl/ *adj* **1** (used about people 指人) not caring about serious or important things 理解或感情肤浅/浅薄：*He's a very superficial sort of person.* 他是个见识浅陋的人。**2** only on the surface, not deep 只限于表面；不深入：*Don't worry. It's only a superficial wound.* 别担心，只是表面损伤。**3** not deep, complete or thorough 不深入；不完全；不全面：*a superficial knowledge of the subject* 对某一问题的皮毛知识 —**superficiality** /ˌsuːpəˌfɪʃɪˈæləti; *Brit also* 英亦作 ˌsjuː- ‖ ˌsupɚˌfɪʃɪˈæləti/ *noun* [U] —**superficially** /-ʃəlɪ ‖ -ʃəlɪ/ *adv*

superfluous /suːˈpɜːflʊəs; *Brit also* 英亦作 sjuː- ‖ sʊˈpɝflʊəs/ *adj* more than is wanted; not needed 多余；过剩；不需要：*Any further explanation is superfluous.* 再解释也是多余的。

superhuman /ˌsuːpəˈhjuːmən; *Brit also* 英亦作 ˌsjuː- ‖ ˌsupɚˈhjumən/ *adj* greater than is usual for human beings 超乎常人：*superhuman strength* 超乎常人的力量

superimpose /ˌsuːpərɪmˈpəʊz; *Brit also* 英亦作 ˌsjuː- ‖ ˌsupərɪmˈpoz/ *verb* [T] **superimpose sth (on sth)** to put sth on top of sth else so that what is underneath can still be seen（在某物上）迭置另一物

superintendent /ˌsuːpərɪnˈtendənt; *Brit also* 英亦作 ˌsjuː- ‖ ˌsupərɪnˈtɛndənt/ *noun* [C] **1** a police officer of high rank 警察长：*Detective Superintendent Ron Marsh* 侦缉警察长罗恩·马什 **2** a person who looks after a building, etc（建筑物等的）管理员

☆**superior** /suːˈpɪərɪə(r); *Brit also* 英亦作 sjuː- ‖ səˈpɪrɪɚ/ *adj* **1** better than usual or than sb/sth else 优越；优秀：*He is clearly superior to all the other candidates.* 他很明显比其他候选人优秀。☛ The opposite is **inferior**. 反义词为 **inferior**。**2** higher in rank 职位等较高；上级：*a superior officer* 上级官员 **3** thinking that you are better than other people 自高自大；自负：*There's no need to be so superior.* 不用那么自负。

superior *noun* [C] a person of higher rank or position 上司；上级 —**superiority** /suːˌpɪərɪˈɒrəti; *Brit also* 英亦作 sjuː- ‖ sʊˌpɪrɪˈɔrəti/ *noun* [U]: *the superiority of the new method* 新方法的优越性

superlative /suːˈpɜːlətɪv; *Brit also* 英亦作 sjuː- ‖ sʊˈpɝlətɪv/ *noun* [C] the form of an adjective or adverb that expresses its highest degree 形容词或副词的最高级：*'Most beautiful', 'best' and 'fastest' are all superlatives.* * most beautiful、best 及 fastest 都是最高级形容词。

☆**supermarket** /ˈsuːpəmɑːkɪt; *Brit also* 英亦作 ˈsjuː- ‖ ˈsupɚˌmɑrkɪt/ *noun* [C] a large shop that sells food, drink, things for cleaning your house, etc. You choose what you want from the shelves in a supermarket and pay for everything when you leave. 超级市场

supernatural /ˌsuːpəˈnætʃrəl; *Brit also* 英亦作 ˌsjuː- ‖ ˌsupɚˈnætʃrəl/ *adj* that cannot be explained by the laws of science 超自然：*a creature with supernatural powers* 有超自然力量的生物

the supernatural *noun* [sing] things that are supernatural 超自然事物：*I don't believe in the supernatural.* 我不相信超自然事物。

supersede /ˌsuːpəˈsiːd; *Brit also* 英亦作 ˌsjuː- ‖ ˌsupɚˈsid/ *verb* [T] to take the place of sb/sth which was present or used before and which has become old-fashioned 取代：*Records have been almost completely superseded by CDs and cassettes.* 唱片渐渐被激光唱片和录音带所取代。

supersonic /ˌsuːpəˈsɒnɪk; *Brit also* 英亦作 ˌsjuː- ‖ ˌsupɚˈsɑnɪk/ *adj* faster than the speed of sound 超音速的；超声波的

superstar /ˈsuːpəstɑː(r); *Brit also* 英亦作 ˈsjuː- ‖ ˈsupɚˌstɑr/ *noun* [C] (*informal* 非正式) a singer, film star, etc who is very famous and popular 超级明星

superstition /ˌsuːpəˈstɪʃn; *Brit also* 英亦作 ˌsjuː- ‖ ˌsupɚˈstɪʃən/ *noun* [C,U] a belief that cannot be explained by reason or science 迷信：*the superstition that black cats are lucky* 黑猫带来好运的迷信 —**superstitious** /-ˈstɪʃəs ‖ -ˈstɪʃəs/ *adj*: *I never do anything important on Friday the 13th – I'm superstitious.* 我从不在13号的星期五做重要的事，我很迷信。

superstore /ˈsuːpəstɔː(r); *Brit also* 英亦作 ˈsjuː- ‖ ˈsupɚˌstɔr/ *noun* [C] a very large shop that sells food or a wide variety of one type of goods（出售食物/食品或某类货品的）大型商店：*a giant superstore on the edge of town* 在市镇边上的特大型商店

☆**supervise** /ˈsuːpəvaɪz; *Brit also* 英亦作 ˈsjuː- ‖ ˌsupɚˈvaɪz/ *verb* [I,T] to watch sb/sth to make sure that work, etc is being done properly and that people are behaving correctly 监督：*Your job is to supervise the building work.* 你的工作是监督建造工程。—**supervision** /ˌsuːpəˈvɪʒn; *Brit also* 英亦作 ˌsjuː- ‖ ˌsupɚˈvɪʒən/ *noun* [U]: *Children should not play here without supervision.* 孩子若无人照管，不应在此玩耍。

supervisor *noun* [C] a person who supervises 监督；管理人；指导者

☆**supper** /ˈsʌpə(r) ‖ ˈsʌpɚ/ *noun* [C,U] the last meal of the day, either a cooked meal in the evening or a small meal that you eat quite late, not long before you go to bed 晚餐 ☛ Look at the note at **dinner**. 参看 **dinner** 的注释。

supple /'sʌpl ‖ 'sʌpl̩/ *adj* that bends or moves easily; not stiff 易弯曲；柔韧 —**suppleness** *noun* [U]

supplement /'sʌplɪmənt ‖ 'sʌpləmənt/ *noun* [C] **a supplement (to sth)** something that is added to sth else 增补；补充；增刊: *There is a £10 supplement for a single room.* 单人房需付 10 英镑附加费。○ *a Sunday newspaper with a colour supplement* (= a free magazine with colour pictures) 附彩色增刊的星期日报纸

supplement /'sʌplɪmənt ‖ 'sʌplə,mɛnt/ *verb* [T] **supplement sth (with sth)** to add sth to sth else 增补；增加；补充: *to supplement your diet with vitamins* 在主食以外补充维生素

supplementary /ˌsʌplɪ'mentrɪ; *US* 美 -terɪ ‖ ˌsʌplə'mɛntərɪ/ *adj* added to sth else; extra 补充的；额外: *supplementary exercises at the back of the book* 书后的补充练习

☆**supply** /sə'plaɪ ‖ sə'plaɪ/ *verb* [T] (*pres part* **supplying**; *3rd pers sing pres* **supplies**; *pt, pp* **supplied**) **supply sth (to sb)**; **supply sb (with sth)** to give or provide sth 给予；提供；供应: *The farmer supplies eggs to the surrounding villages.* 那个农民为邻近乡村供应蛋类。○ *He supplies the surrounding villages with eggs.* 他为邻近的乡村供应蛋类。

supplier /sə'plaɪə(r) ‖ sə'plaɪɚ/ *noun* [C] a person or company that supplies sth 供应者；供应商

supply *noun* (*pl* **supplies**) **1** [C] something that is supplied 供应（物）: *The water supply was contaminated.* 自来水遭到污染。**2** [C,U] a store or amount of sth 储备；供应（品）；补给（品）: *Supplies of food were dropped by helicopter.* 直升机空投食品。○ *In many parts of the country water is in short supply* (= there is not much of it). 国内多个地方供水不足。

☆**support** /sə'pɔːt ‖ sə'pɔrt/ *verb* [T] **1** to carry the weight of sb/sth 承重；支撑: *Large columns support the roof.* 巨柱支撑着屋顶。**2** to agree with the aims of sb/sth and to give him/her/it help, money, etc 支持；支援；资助: *I'll support you as much as I can.* 我会尽全力支持你。○ *Which political party do you support?* 你支持哪一个政党？**3** to have a particular sports team as your favourite 支持/拥护某体育队伍: *Which football team do you support?* 你支持哪一支足球队？**4** to show that sth is true or correct 证明；肯定: *What evidence do you have to support what you say?* 你有什么证据支持你的话？**5** to give or provide sb with the money he/she needs for food, clothes, etc 赡养；供养；扶养: *Jim has to support two children from his previous marriage.* 吉姆要扶养和前妻所生的两个孩子。

support *noun* **1** [U] **support (for sth)** help that you give to a person or thing (often sth that is encouraging in a difficult situation) （困境中的）帮助/支持/鼓励: *public support for the campaign* 公众对这次运动的支持 ○ *The theatre closed because of lack of support.* 剧院因缺乏观众支持而关闭。○ *Thank you for your support at this difficult time.* 谢谢你在困难时期伸出援手。**2** [C,U] something that carries the weight of sb/sth 用以承重的物件；支架；支柱: *a roof support* 屋顶支柱 **3** [U] money to buy food, clothes, etc 生活费: *She has no job, no home and no means of support.* 她没有工作、没有家，生活没有着落。

(IDIOM 习语) **in support of sb/sth** supporting or agreeing with sb/sth 支持或同意某人/某事物: *Steve spoke in support of the proposal.* 史蒂夫发言支持那个计划。

supporter *noun* [C] a person who supports a political party, sports team, etc 政党/体育队伍等的支持者/拥护者: *football supporters* 足球迷

supportive /sə'pɔːtɪv ‖ sə'pɔrtɪv/ *adj* giving help or sympathy 予以帮助/同情/鼓励的

☆**suppose** /sə'pəʊz ‖ sə'poz/ *verb* [T] **1** to think, believe or consider that sth is probable 以为；相信: *I suppose he seems unfriendly because he is shy.* 我以为他显得不友善是因为害臊。○ *What do you suppose could have happened?* 你以为可能发生了什么事？○ *I don't suppose that they're coming now.* 我想他们不会来了。**2** to pretend that sth will happen or is true 假设；假定: *Suppose you won a million pounds. What would you do?* 假设你赢了一百万英镑，你会做什么？

(IDIOMS 习语) **I suppose 1** (used to show that you are not certain about sth 表示不肯定): *I suppose it's all right, but I'm not sure.* 我以为没问题，但我没有把握。○ *It's about ten years old, I suppose.* 它大概十岁吧。**2** (used when you agree with sth, but are not very happy about it 表示勉强同意): *'Can we give Andy a lift?' 'Yes, I suppose so, if we must.'* "我们送安迪一程好吗？""好的，一定要送就送吧。"

be supposed to do sth 1 to be expected to do sth or to have to do sth 应该/须要做某事: *The train was supposed to arrive ten minutes ago.* 火车应该在十分钟之前到达。○ *This is secret and I'm not supposed to talk about it.* 这是秘密，我不应该谈。**2** (*informal* 非正式) to be considered or thought to be sth 被认为是: *I haven't seen it, but it's supposed to be a good play.* 我没有看，但应该是一部好戏。○ *This is supposed to be the oldest pub in London.* 这应该是伦敦最古老的酒馆。

supposedly /sə'pəʊzɪdlɪ ‖ sə'pozɪdlɪ/ *adv* as people believe or suppose 人们认为/相信: *Supposedly, this is the place where St George fought the dragon.* 人们认为这里就是圣乔治斗龙的地方。

supposing *conj* if sth happens or is true 如果；假定: *Supposing the plan goes wrong, what will we do then?* 如果计划出错，我们应该怎么办？

supposition /ˌsʌpə'zɪʃn ‖ ˌsʌpə'zɪʃən/ *noun* [C,U] an idea that a person thinks is true but which has not been proved 假设

suppress /sə'pres ‖ sə'prɛs/ *verb* [T] **1** to stop sth by using force 用强力阻止；镇压: *The army suppressed the rebellion.* 军队镇压了叛乱。

2 to stop sth from being seen or known 隐瞒: *to suppress the truth* 隐瞒真相 **3** to stop yourself from expressing your feelings, etc 压抑: *to suppress a yawn* 忍住不打呵欠 ○ *suppressed anger* 压抑的怒火 —**suppression** /sə'preʃn ‖ sə'prɛʃən/ *noun* [U]

☆**supreme** /su:'pri:m; *Brit also* 英亦作 sju:- ‖ su'prim/ *adj* **1** highest in rank or position 地位/权位最高；至上: *a supreme ruler* 最高统治者 **2** greatest or most important 程度最高；最重要: *a moment of supreme joy* 狂喜的一刻

supremacy /su:'preməsɪ; *Brit also* 英亦作 sju:- ‖ su'prɛməsɪ/ *noun* [U] **supremacy (over sb/sth)** the state of being most powerful 权力/地位最高；至高无上: *the military supremacy of the United States* 美国在军事上的优越地位

supremely /su:'pri:mlɪ; *Brit also* 英亦作 sju:- ‖ su'primlɪ/ *adv* very 非常；很；极度: *to be supremely happy* 非常快乐

surcharge /sɜ:'tʃɑ:dʒ ‖ 'sɝˌtʃɑrdʒ/ *noun* [C] an extra amount of money that you have to pay for sth 额外费用；附加费: *a surcharge for excess baggage* 行李过重的附加费

☆**sure** /ʃɔ:(r); *US* 美 ʃʊər ‖ ʃur/ *adj* **1** (not before a noun 不用于名词前) having no doubt about sth; certain 肯定；有把握: *You must be sure of your facts before you make an accusation.* 提出指控之前必须清楚你掌握的证据属实。○ *I'm not sure what to do next.* 我不敢肯定接下来该做些什么。○ *Craig was sure that he'd made the right decision.* 克雷格深信自己作出了正确的决定。○ *I think I had my bag when I got off the bus but I'm not sure.* 我下车时应该是带着提包的，但我没有十分把握。☛ **Sure** and **certain** are very similar in meaning. * **sure** 和 **certain** 意思很相近。**Sure**, however, cannot be used in the phrase 'It is ... that ...' **Certain** can * **sure** 不能用于片语 It is ... that ...，但 **certain** 可以: *It is certain that there will be an election next year.* 明年一定举行选举。With **sure** we must say 用 **sure** 就要说: *There is sure to be an election next year.* **2** (not before a noun 不用于名词前) **sure of sth** certain to get sth 肯定得到/获得…: *If you go and see them you can be sure of a warm welcome.* 如果你去探望他们，他们一定会热情招待你。**3 sure to do sth** certain to happen or do sth 一定/必定发生/做某事: *If you work hard you are sure to pass the exam.* 如果你肯用功，考试一定合格。**4** that you can trust 包管: *A noise like that is a sure sign of engine trouble.* 发出这种噪声包管是发动机有问题。

(IDIOMS 习语) **Be sure to do sth** Don't forget to do sth 不要忘记做某事: *Be sure to write and tell me what happens.* 别忘了来信告诉我那边的事。

make sure 1 to find out whether sth is in a certain state or has been done 确定: *I must go back and make sure I closed the window.* 我必须回去看看我有没有关上窗户。**2** to take the action that is necessary to make sth happen 确保: *Make sure you are back home by 11 o'clock.* 你要确保在11点之前回家。

sure of yourself confident about your opinions, or about what you can do 有信心；自信

sure (thing) (*US informal* 美，非正式) yes 可以；好: *'Can I borrow this book?' 'Sure thing.'* "我可以借用这本书吗？" "可以。"

sure *adv*

(IDIOM 习语) **sure enough** as was expected 一如所料: *I expected him to be early and sure enough he arrived five minutes before the others.* 我预计他会早些来，果然他比别人早了五分钟到达。

☆**surely** /'ʃɔ:lɪ; *US* 美 'ʃʊərlɪ ‖ 'ʃurlɪ/ *adv* **1** without doubt 无疑: *This will surely cause problems.* 这一定会带来问题。**2** (used for expressing surprise at sb else's opinions, plans, actions, etc 表示惊讶): *Surely you're not going to walk home in this rain?* 下这么大雨，你不会走路回家吧？○ *'Tom's looking for another job.' 'Surely not.'* "汤姆正在找别的工作。" "不会吧。" **3** (*US informal* 美，非正式) yes; of course 当然；可以

surf /sɜ:f ‖ sɝf/ *noun* [U] the white part on the top of waves in the sea 拍岸的浪；激浪

surf *verb* [I] to stand or lie on a special board (**a surfboard**) and ride on a wave towards the shore 冲浪（运动员在冲浪板（**surfboard**）上驾驭海浪）

surfer *noun* [C] a person who surfs 冲浪运动员

☆**surface** /'sɜ:fɪs ‖ 'sɝfɪs/ *noun* **1** [C] the outside part of sth 物体的表面: *the earth's surface* 地球表面 ○ *a new cleaning product for all your kitchen surfaces* 清洁厨房各处表面的新产品 **2** [C, usually sing] the top part of an area of water 水面: *The submarine slowly rose to the surface.* 潜艇慢慢升上水面。**3** [sing] the qualities of sb/sth that you see or notice, that are not hidden 表面；外观: *Everybody seems very friendly but there are a lot of tensions beneath the surface.* 每个人似乎都很友善，但在这表面之下关系却十分紧张。

surface *verb* **1** [T] to cover the surface(2) of sth 覆盖表面: *to surface a road with tarmac* 用柏油碎石铺路 **2** [I] to come to the surface of a liquid 浮到水面/液体表面: *The submarine surfaced quickly.* 潜艇很快浮上水面。**3** [I] (*informal* 非正式) to appear again 重现: *All the old arguments surfaced again in the discussion.* 所有旧论点都在讨论中再度出现。

'**surface mail** *noun* [U] letters, parcels, etc that go by road, rail or sea, not by air 平邮 ☛ Look at **airmail**. 参看 **airmail**。

surfeit /'sɜ:fɪt ‖ 'sɝfɪt/ *noun* [sing] (*formal* 正式) **a surfeit (of sth)** too much of sth 过量

surge /sɜ:dʒ ‖ sɝdʒ/ *verb* [I] to move forwards with great strength 奔涌: *The crowd surged forward.* 人群向前涌。

surge *noun* [C, usually sing] **a surge (of/in sth) 1** a forward movement of a large mass 奔腾；涌: *a surge forward* 向前涌 ○ (*figurative* 比喻) *a surge* (= an increase) *in the demand for electricity* 电力需求急升 **2** a sudden strong feeling 一阵强烈的感觉: *a surge of pity* 一时涌现的同情心

surgeon /'sɜ:dʒən ‖ 'sɝdʒən/ *noun* [C] a doctor

who performs medical operations (**surgery**) 外科医生/医师（手术叫做 **surgery**）: *a brain surgeon* 脑外科医生

☆**surgery** /ˈsɜːdʒərɪ ‖ ˈsɝdʒərɪ/ *noun* (*pl* **surgeries**) **1** [U] medical treatment in which your body is cut open so that part of it can be removed or repaired 外科；手术: *to undergo emergency surgery* 接受紧急手术 ☛ Look at **plastic surgery**. 参看 **plastic surgery**。**2** [C,U] the place or time when a doctor or dentist sees patients 诊所；应诊时间: *Her surgery is in Mill Lane.* 她的诊所在米尔巷。○ *Surgery hours are from 9.00 to 11.30 in the morning.* 应诊时间由早上9时到11时30分。

surgical /ˈsɜːdʒɪkl ‖ ˈsɝdʒɪkl̩/ *adj* used in surgery(1) or connected with surgery 外科用的；外科手术的: *surgical instruments* 外科手术器械 —**surgically** /-klɪ ‖ -klɪ/ *adv*

surly /ˈsɜːlɪ ‖ ˈsɝlɪ/ *adj* (**surlier**; **surliest**) unfriendly and rude 不友好；粗野: *a surly expression* 不友好的神情

surmount /səˈmaʊnt ‖ sɚˈmaʊnt/ *verb* [T] to overcome a problem or difficulty 克服；超越 ☛ Look at **insurmountable**. 参看 **insurmountable**。

☆**surname** /ˈsɜːneɪm ‖ ˈsɝˌnem/ (*also* 亦作 **last name**) *noun* [C] the name that you share with other people in your family. Your surname is usually your last name 姓；姓氏: *'What's your surname?' 'Jones.'* "贵姓？""琼斯。" ☛ Look at the note at **name**. 参看 **name** 的注释。

surpass /səˈpɑːs; *US* 美 -ˈpæs ‖ sɚˈpæs/ *verb* [T] (*formal* 正式) do sth better than sb/sth else or better than expected 胜过

surplus /ˈsɜːpləs ‖ ˈsɝpləs/ *noun* [C,U] an amount that is extra or more than you need 盈余；剩余: *the food surplus in Western Europe* 西欧国家食物过剩 —**surplus** *adj*

☆**surprise** /səˈpraɪz ‖ sɚˈpraɪz/ *noun* **1** [U] the feeling that you have when sth happens that you do not expect 惊奇；惊讶: *They looked up in surprise when she walked in.* 她走进来时他们惊奇地望着她。○ *To my surprise the boss agreed.* 我想不到老板竟然同意。**2** [C] something that you did not expect 意外的事物: *What a pleasant surprise to see you again!* 再见到你，真令人惊喜！○ *a surprise visit, attack, etc* 没有预约的拜访；突袭… ○ *'What's my present?' 'It's a surprise.'* "送给我什么礼物？""给你一个惊喜。"

(IDIOM 习语) **take sb by surprise** to happen or do sth when sb is not expecting it 出其不意: *His remarks took me by surprise.* 他的评论令我有些愕然。

surprise *verb* [T] **1** to cause sb to feel surprise 使惊奇: *It wouldn't surprise me if you get the job.* 如果你获聘做那份工作，我不会感到惊奇。**2** to attack or find sb suddenly and unexpectedly 突袭；突然发现；撞见: *We surprised the burglars just as they were leaving our house.* 窃贼要离开我们家时刚好被我们撞见。

surprised *adj* feeling or showing surprise 惊奇；惊讶: *I was very surprised to see Carol there. I thought she was still abroad.* 见到卡罗尔在那里我真诧异，我以为她还在国外。

surprising *adj* that causes surprise 令人惊奇: *It's surprising how many adults can't read or write.* 有这么多成人文盲真是令人意想不到。—**surprisingly** *adv*

surreal /səˈrɪəl ‖ səˈriəl/ (*also* 亦作 **surrealistic** /səˌrɪəˈlɪstɪk ‖ səˌriəlˈɪstɪk/) *adj* very strange, like a dream 超现实；荒诞；梦幻般

surrender /səˈrendə(r) ‖ səˈrɛndɚ/ *verb* **1** [I,T] **surrender (to sb)** to stop fighting and admit that you have lost 投降；屈服 **2** [T] **surrender sb/sth (to sb)** (*formal* 正式) to give sb/sth to sb else 被迫交出；放弃: *The police ordered them to surrender their weapons.* 警方命令他们交出武器。—**surrender** *noun* [C,U]

surreptitious /ˌsʌrəpˈtɪʃəs ‖ ˌsʌrəpˈtɪʃəs/ *adj* done secretly 暗中进行 —**surreptitiously** *adv*

surrogate /ˈsʌrəgeɪt ‖ ˈsʌrəˌget/ *noun* [C], *adj* (a person or thing) that takes the place of sb/sth else 替代者；替代物: *a surrogate mother* (= a woman who has a baby and gives it to another woman who cannot have children) 代母（代不育女子生育的女子）

☆**surround** /səˈraʊnd ‖ səˈraʊnd/ *verb* [T] **surround sb/sth (by/with sth)** to be or go all around sb/sth 包围；围住: *The garden is surrounded by a high wall.* 花园外有高高的围墙。○ *Troops have surrounded the parliament building.* 军队包围了议会大楼。○ (*figurative* 比喻) *He is surrounded by friends.* 他周围有许多朋友。

surrounding *adj* (only *before* a noun 只用于名词前) that is near or around sth 邻近；附近: *Oxford and the surrounding villages* 牛津和邻近村庄

surroundings *noun* [plural] everything that is near or around you; the place where you live 四周；生活环境: *to live in pleasant surroundings* 生活在舒适的环境中 ○ *animals living in their natural surroundings* (= not in zoos) 生活在自然环境中的动物 ☛ Look at **environment**. 参看 **environment**。

surveillance /sɜːˈveɪləns ‖ sɚˈveləns/ *noun* [U] a careful watch on sb who may have done sth wrong 监视: *The suspect was under police surveillance.* 那个嫌疑犯受警方监视。

☆**survey** /səˈveɪ ‖ sɚˈve/ *verb* [T] **1** to look at the whole of sth from a distance 远眺（全貌）: *We stood at the top of the hill and surveyed the countryside.* 我们站在山顶俯视郊野。○ (*figurative* 比喻) *Her new book surveys the problems of the Third World in the 1990s.* 她的新书综述了90年代第三世界的难题。**2** to carefully measure and make a map of an area of land 勘测；查勘；测量 **3** to examine a building carefully in order to find out if it is in good condition 查勘（建筑物）

survey /ˈsɜːveɪ ‖ ˈsɝve/ *noun* [C] **1** a study of sth 研究: *Surveys have shown that more and more people are getting into debt.* 研究显示越来越多的人负债。**2** an act of examining an area of land and making a map of it 测绘地形等 **3** an act of examining a building in order to find out if it is in good condition 查勘建筑物

S

☆**survival** /sə'vaɪvl ‖ sɚ'vaɪvl̩/ *noun* **1** [U] the state of continuing to live or exist 生存: *the struggle for survival* 谋求生存的努力 **2** [C] a person or thing that has continued to exist from an earlier time 存活者；存留的事物: *The festival is a survival from pre-Christian times.* 这是个由前基督时代流传至今的节日。

☆**survive** /sə'vaɪv ‖ sɚ'vaɪv/ *verb* [I,T] to continue to live or exist, in or after a difficult or dangerous situation（经…之后）存活；（从事故等中）生还: *More than a hundred people were killed in the crash and only five passengers survived.* 坠机事件中死亡超过一百人，只有五个人幸存。○ *to survive a plane crash* 坠机事故后生还 ○ *The old man survived all his children* (= lived longer than them). 那个老人比他的孩子们都长寿。○ (*figurative* 比喻) *She's managed to survive two divorces* (= to deal with them well and to continue with her life). 她两度离异，还是挺过来了。—**survivor** *noun* [C]: *There were five survivors of the crash.* 坠机事故中有五个幸存者。

susceptible /sə'septəbl ‖ sə'sɛptəbl̩/ *adj* (not before a noun 不用于名词前) **susceptible to sth** easily influenced, damaged or affected by sb/sth 易受影响；易被损坏: *The young are susceptible to advertising.* 年轻人容易受广告影响。○ *The plant is highly susceptible to frost.* 这种植物容易受霜冻。

S

☆**suspect** /sə'spekt ‖ sə'spɛkt/ *verb* [T] **1** to believe that sth may happen or be true 相信；猜想: *The situation is worse than we first suspected.* 情况比我们当初所猜想的还要坏。○ *Nobody suspected that she was thinking of leaving.* 没有人想到她有离开的念头。**2** to have doubts about whether you can trust sb or believe sth 怀疑；不信任: *I rather suspect his motives for offering to help.* 我很怀疑他提出帮忙的动机。**3 suspect sb (of sth)** to believe that sb is guilty of sth 怀疑某人（做某事）: *I suspect Laura of taking the money.* 我怀疑劳拉拿走了钱。○ *She strongly suspected that he was lying.* 她很怀疑他在说谎。☛ Look at **suspicion**. 参看 **suspicion**。

suspect /'sʌspekt ‖ 'sʌspɛkt/ *noun* [C] a person who is thought to be guilty of a crime 嫌疑犯

suspect /'sʌspekt ‖ 'sʌspɛkt/ *adj* possibly not true or to be trusted 可疑: *to have suspect motives* 有可疑的动机 ○ *a suspect parcel* (= one possibly containing a bomb) 可疑的包裹

suspend /sə'spend ‖ sə'spɛnd/ *verb* [T] **1 suspend sth (from sth)** to hang sth 悬挂: *to suspend sth from the ceiling* 在天花板悬挂东西 **2** to stop or delay sth for a time 暂停；推迟: *Some rail services were suspended during the strike.* 罢工期间，有些火车运营暂停。○ *The young man was given a suspended sentence* (= he will not go to prison unless he commits another crime). 那个年轻人获判缓刑。**3 suspend sb (from sth)** to send sb away from his/her school, job, position, etc for a period of time, usually as a punishment for doing sth bad 使暂时停学/停职作为处分: *to be suspended from school* 受暂时停学处分 ☛ The noun is **suspension**. 名词为 **suspension**。

suspender /sə'spendə(r) ‖ sə'spɛndɚ/ *noun* **1** [C, usually pl] (*Brit* 英) a short piece of elastic that women use to hold up a stocking by its top 吊袜带 **2 suspenders** [plural] (*US* 美) = BRACES

suspense /sə'spens ‖ sə'spɛns/ *noun* [U] the feeling that you have when you are waiting for news or for sth exciting or important to happen 悬念；挂虑: *Don't keep us in suspense. Tell us what happened.* 别让我们惦念，告诉我们发生了什么事吧。

suspension /sə'spenʃn ‖ sə'spɛnʃən/ *noun* [U] **1** delaying sth for a period of time 暂停；延缓: *the suspension of the train service* 火车运营暂停 **2** not being allowed to do your job for a period of time, usually as a punishment 停职: *suspension on full pay* 暂停支全薪 **3** the parts that are attached to the wheels of a car, etc that make it more comfortable to ride in 汽车的悬挂装置

☆**suspicion** /sə'spɪʃn ‖ sə'spɪʃən/ *noun* **1** [C,U] a feeling or belief that sth is wrong or that sb has done sth wrong 疑心；怀疑: *He always treats new situations with suspicion.* 遇到新环境，他总是疑虑重重。○ *She was arrested on suspicion of murder.* 她涉嫌谋杀被捕。**2** [C] a feeling that sth may happen or be true 怀疑；猜想: *We have a suspicion that they are not happy together.* 我们猜想他们在一起并不快乐。

(IDIOM 习语) **under suspicion** (used about a person 指人) believed to have done sth wrong 涉嫌；有嫌疑

☆**suspicious** /sə'spɪʃəs ‖ sə'spɪʃəs/ *adj* **1** that makes you feel or believe that sth is wrong or that sb has done sth wrong 可疑: *The old man died in suspicious circumstances.* 那个老人死得可疑。○ *It's very suspicious that she was not at home on the evening of the murder.* 谋杀案发生当晚她不在家，此点非常可疑。○ *a suspicious-looking person* 形迹可疑的人 **2 suspicious (of/about sb/sth)** not trusting sb/sth 不信任；怀疑: *His strange behaviour made the police suspicious.* 他古怪的举止引起警方怀疑。—**suspiciously** *adv*: *The house was suspiciously quiet* (= as if something was wrong). 房子静得出奇。○ *to behave suspiciously* 形迹可疑

sustain /sə'steɪn ‖ sə'sten/ *verb* [T] **1** to keep sb/sth alive or healthy 维持（某人/某物的）生命/存在/健康: *Oxygen sustains life.* 氧气维持人的生命。○ *His belief in God sustained him through his long illness.* 他凭着对上帝的信奉，捱过长期患病的日子。**2** to cause sth to continue for a long period of time 使长时间持续/保持: *It's hard to sustain interest for such a long time.* 要维持这样长久的兴趣是件难事。**3** (*formal* 正式) to suffer an injury, etc 遭受；受伤: *The victim sustained multiple bruises.* 受害者的身体多处受伤。

swagger /'swægə(r) ‖ 'swægɚ/ *verb* [I] to walk with a swinging movement that shows that you are too confident or proud of yourself 大摇大摆地走 —**swagger** *noun* [sing]

☆**swallow** /ˈswɒləʊ ‖ ˈswɑlo/ *verb* **1** [T] to make food, drink, etc pass from your mouth down your throat 吞咽；吞；咽: *It's easier to swallow pills if you take them with water.* 用水吞服比较容易把药丸咽下去。○ (*figurative* 比喻) *The rent swallows up most of our monthly income.* 我们每月的收入大部分用作房租。☛ picture at **lick**. 见 **lick** 插图。**2** [I] to make a movement in your throat, often because you are afraid or surprised, etc（因害怕或惊奇等）咽口水/做吞咽动作: *She swallowed hard and tried to speak, but nothing came out.* 她用力咽口水，尝试说话，但说不出半句话来。**3** [T] to accept or believe sth, often too easily（轻易）接受/相信: *You shouldn't swallow everything they tell you!* 你不应随便相信他们对你说的话。**4** [T] to accept an insult, etc without protest 忍受（侮辱等）；忍气吞声: *I find her criticisms very hard to swallow.* 我觉得她的批评难以接受。—**swallow** *noun* [C]

swam *pt* of SWIM * SWIM 的过去时

swamp[1] /swɒmp ‖ swɑmp/ *noun* [C,U] (an area of) soft wet land（一片）沼泽

swamp[2] /swɒmp ‖ swɑmp/ *verb* [T] **1** to cover or fill sth with water: 使充满水；淹没 *The fishing-boat was swamped by enormous waves.* 渔船被巨浪淹没。**2** (usually passive 通常用于被动语态) **swamp sb/sth (with sth)** to give sb so much of sth that they cannot deal with it 使不胜负荷: *We've been swamped with applications for the job.* 工作申请书多得使我们疲于应付。

swan 天鹅

swan /swɒn ‖ swɑn/ *noun* [C] a large, usually white, bird with a very long neck that lives on lakes and rivers 天鹅

swap (*also* 亦作 **swop**) /swɒp ‖ swɑp/ *verb* [I,T] (swa**pp**ing; swa**pp**ed) (*informal* 非正式) to give sth for sth else; to exchange 交换；掉换: *When we finish these books shall we swap* (= you have my book and I'll have yours)*?* 我们看完了自己的书后交换来看好不好？○ *Would you swap jobs with me?* 我们掉换工作好吗？○ *I'd swap my job for hers any day.* 我愿随时和她交换工作。

(IDIOM 习语) **change/swap places (with sb)** ⇨ PLACE[1]

swap *noun* [C] an act of exchanging 交换；掉换: *Let's do a swap.* 我们交换吧。

swarm /swɔːm ‖ swɔrm/ *noun* [C] **1** a large group of insects, especially bees, moving around together 一大群（移动中的蜜蜂/昆虫）**2** a large number of people together 一大群/一大堆人

swarm *verb* [I] to fly or move in large numbers 成群飞行/移动；蜂拥: *When the gates opened the fans swarmed into the stadium.* 看台口一打开，球迷就蜂拥进入运动场。

(PHRASAL VERB 短语动词) **swarm with sb/sth** to be too crowded or full 挤满人/物: *London is swarming with tourists at the moment.* 伦敦现在挤满游客。

swat /swɒt ‖ swɑt/ *verb* [T] (swa**tt**ing; swa**tt**ed) to hit sth, especially an insect, with sth flat 猛击/重拍（昆虫等）

sway /sweɪ ‖ swe/ *verb* **1** [I,T] to move or swing slowly from side to side 摇晃；摇摆；摆动 **2** [T] to influence 影响；左右: *Many people were swayed by his convincing arguments.* 许多人听了他有力的论据都受到影响。

☆**swear** /sweə(r) ‖ swɛr/ *verb* (*pt* **swore** /swɔː(r) ‖ swɔr/; *pp* **sworn** /swɔːn ‖ swɔrn/) **1** [I] **swear (at sb/sth)** to use rude or bad language 咒骂: *He hit his thumb with the hammer and swore loudly.* 他不小心用铁锤打中了拇指，就大声咒骂起来。○ *There's no point in swearing at the car just because it won't start!* 车子开不动，你咒骂也没用。☛ Look at **curse**. 参看 **curse**。**2** [I,T] to make a serious promise 发誓；宣誓；起誓: *When you give evidence in court you have to swear to tell the truth.* 在法庭作证前必须宣誓所言属实。○ *Will you swear not to tell anyone?* 你可以发誓不告诉别人吗？○ *I could have sworn* (= I'm quite sure) *I heard a knock at the door.* 我保证确实听见有人敲门。

(PHRASAL VERBS 短语动词) **swear by sb/sth** to believe completely in the value of sth 肯定某事物的价值

swear sb in (usually passive 通常用于被动语态) to make sb declare that he/she will accept the responsibility of a new position 使宣誓就职: *The President will be sworn in next week.* 总统将于下星期宣誓就职。

ˈ**swear-word** *noun* [C] a word that is considered rude or bad and that may offend people 骂人的话；粗话

☆**sweat** /swet ‖ swɛt/ *noun* [U] the liquid that comes out of your skin when you are hot, ill or afraid 汗；汗水: *He stopped digging and wiped the sweat from his forehead.* 他停止挖掘，抹掉额头的汗水。☛ Look at **perspiration**. 参看 **perspiration**。

sweat *verb* [I] **1** to produce sweat through your skin 流汗；发汗；出汗 **2 sweat (over sth)** to work hard 努力做（某事）: *I've been sweating over that problem all day.* 我整天为了那个难题伤脑筋。

sweaty *adj* (**sweatier**; **sweatiest**) **1** wet with sweat 汗渍的；大汗淋漓: *I was hot and sweaty after the match and needed a shower.* 比赛后我热得大汗淋漓，需要洗个淋浴。**2** causing you to sweat 使出汗的: *a hot, sweaty day* 热得出汗的一天

☆**sweater** /ˈswetə(r) ‖ ˈswɛtə/ *noun* [C] a warm piece of clothing with long sleeves, often made of wool, which you put over your head 套衫；套头毛衣 ☛ **Sweater**, **jumper**, **pullover** and **jersey** are all words for the same piece of clothing. They are often made from wool

S

or a similar material. * **sweater**、**jumper**、**pullover** 和 **jersey** 都指同一种衣物，通常用羊毛之类的质料制成。A **sweatshirt** is usually made from cotton and may be worn informally on its own or for sport. * **sweatshirt** 通常是棉质的，可作便服或运动服。A **cardigan** fastens with buttons down the front. * **cardigan** 是对襟的。

sweatshirt /ˈswetʃɜːt ‖ ˈswɛtˌʃɝt/ *noun* [C] a sweater made from thick cotton or a mixture of cotton and another material 棉质套衫 ☛ picture on page A24. 见第 A24页插图。Look at the note at **sweater**. 参看 **sweater** 的注释。

swede /swiːd ‖ swid/ *noun* [C,U] a large, round, yellow vegetable that grows under the ground 芜菁甘蓝

☆**sweep**[1] /swiːp ‖ swip/ *verb* (*pt*, *pp* **swept** /swept ‖ swɛpt/) **1** [I,T] to clean by moving dust, dirt, etc away with a brush 扫；打扫；清扫: *Could you sweep under the table too?* 请你把桌子底下也打扫干净。○ *Take your shoes off! I've just swept the floor.* 脱下你的鞋子！我刚扫过地板呢。○ *I'm going to sweep the leaves off the path.* 我正准备清扫小路上的树叶。☛ Look at the note at **clean**[2]. 参看 **clean**[2] 的注释。**2** [T] to push, move or remove sb/sth quickly and smoothly 扫/拂/刮走；迅速清除: *He swept the money into his pocket and went out.* 他把钱一把塞进口袋后便走了出去。○ *The huge waves swept her overboard.* 大浪把她从船上掀下海去。**3** [I,T] to move quickly and smoothly over the area or in the direction mentioned 掠过；席卷；横扫: *Fire swept through the building.* 大火迅速蔓延至整座楼。○ *The epidemic swept the country within weeks.* 这种流行病在几个星期内蔓延全国。**4** [I] to move in a proud or impressive way 大模大样地走: *Five big black Mercedes swept past us.* 五辆大型黑色梅塞德斯轿车在我们身旁迅速驶过。○ *She swept angrily out of the room.* 她怒气冲冲地冲出房间。

(PHRASAL VERB 短语动词) **sweep (sth) up** to remove dirt, dust, leaves, etc using a brush 扫掉（尘埃、树叶等）；清扫

sweep[2] /swiːp ‖ swip/ *noun* [C] **1** a long, curving shape or movement（长而）弯曲的形状/动作: *a bay with a broad sweep of golden sand* 有一大片金黄细沙的海湾 **2** [usually sing] an act of sweeping 打扫；清扫: *I'd better give the floor a sweep.* 我还是把地板打扫一下吧。**3** = CHIMNEY-SWEEP

(IDIOM 习语) **a clean sweep** ⇨ CLEAN[1]

sweeper /ˈswiːpə(r) ‖ ˈswipə(r)/ *noun* [C] **1** a person or thing that sweeps[1](1) 打扫人；清扫器: *road-sweepers* 清道夫 ○ *a carpet-sweeper* 地毯清扫器 **2** (in football 足球) the defending player who plays behind the other defending players and who can come forward to attack 自由中卫 ☛ picture at **football**. 见 **football** 插图。

sweeping /ˈswiːpɪŋ ‖ ˈswipɪŋ/ *adj* **1** (used about statements, etc 指说法等) too general and perhaps not accurate 笼统（不准确）**2** having a great and important effect 影响重大: *sweeping reforms* 通盘的改革

☆**sweet**[1] /swiːt ‖ swit/ *adj* **1** tasting of or like sugar; not sour 甜味: *Children usually like sweet things.* 小孩子通常喜欢甜食。○ *This cake's too sweet.* 这块蛋糕太甜了。☛ Look at **savoury**. 参看 **savoury**。**2** attractive; lovely 有吸引力的；可爱: *What a sweet little cottage!* 这个小农舍可爱极了！○ *Isn't that little girl sweet?* 那小女孩不是很可爱吗？**3** (used about a person 指人) kind and thoughtful 体贴: *It's very sweet of you to remember my birthday!* 你还记得我的生日，真体贴人啊！**4** (used about a smell or a sound 指气味或声音) pleasant 芳香；悦耳；甜美: *The garden was full of the sweet smells of summer.* 夏天的花园里幽香四溢。○ *the sweet sound of children singing* 孩子们甜美的歌声

(IDIOM 习语) **have a sweet tooth** to like eating sweet things 爱吃甜食

sweetly *adv* in an attractive, kind or pleasant way 可爱地；和蔼地；温柔地: *She smiled sweetly.* 她笑得很甜美。○ *sweetly-scented flowers* 芬芳的花朵 —**sweetness** *noun* [U]

ˈ**sweet corn** *noun* [U] yellow grains of maize that taste sweet and are eaten as a vegetable 甜玉米

ˈ**sweetheart** *noun* [C] (*old-fashioned* 旧) a boyfriend or girlfriend 男朋友；女朋友: *They were childhood sweethearts.* 他们是青梅竹马的爱侣。

☆**sweet**[2] /swiːt ‖ swit/ *noun* **1** [C, usually pl] (*US* 美 **candy**) a small piece of boiled sugar, chocolate, etc, often sold in a packet 糖果: *He was sucking a sweet.* 他含着一颗糖。○ *a sweetshop* 糖果店 **2** [C,U] sweet food often served at the end of a meal 餐后甜食: *As a sweet you can have ice-cream or chocolate mousse.* 餐后甜食有冰淇淋和巧克力奶油冻可选择。○ *I won't have any sweet, thank you.* 我不吃甜点了，谢谢。☛ Look at **pudding** and **dessert**. 参看 **pudding** 及 **dessert**。

sweeten /ˈswiːtn ‖ ˈswitn̩/ *verb* [T] to make sth sweet by adding sugar, honey, etc 使变甜

sweetener /ˈswiːtnə(r) ‖ ˈswitn̩ɚ/ *noun* [C,U] a substance used instead of sugar for sweetening food or drink（代替糖的）甜味剂: *artificial sweeteners* 人造糖

☆**swell** /swel ‖ swɛl/ *verb* (*pt* **swelled** /sweld ‖ swɛld/; *pp* **swollen** /ˈswəʊlən ‖ ˈswolən/ or **swelled**) **1** [I,T] **swell (up)** to become or to make sth bigger, fuller or thicker（使）更大/更满/更厚: *After the fall her ankle began to swell up.* 她跌倒后踝关节都肿胀了。○ *His eyes swelled with tears.* 他双眼满含着泪水。○ *Heavy rain had swollen the rivers.* 大雨使河水高涨。**2** [I,T] to increase 增加: *The crowd swelled to 600 by the end of the evening.* 到了晚上，聚在一起的增加到 600人。**3** [I] (*formal* 正式) (used about feelings or sound 指情绪或声音) to become stronger or louder suddenly 突然高涨；突然响亮起来: *Hatred swelled inside him.* 他内心顿时充满仇恨。

swell *noun* [sing] the slow movement up and down of the surface of the sea 海面的缓慢起伏

☆**swelling** /ˈswelɪŋ ‖ ˈswɛlɪŋ/ *noun* **1** [C] a place on the body that is bigger or fatter than usual because of an injury or illness 肿/肿胀的部位: *a swelling on my knee* 我的膝肿 **2** [U] the condition of being swollen 肿（胀）: *The disease often causes swelling of the ankles and knees.* 这种病常会引致踝肿和膝肿。

swelter /ˈsweltə(r) ‖ ˈswɛltɚ/ *verb* [I] (*informal* 非正式) to be much too hot 热得难受: *It was sweltering in London today.* 今天伦敦热得真难受。

swept *pt, pp* of SWEEP[1] * SWEEP[1] 的过去时及过去分词

swerve /swɜ:v ‖ swɝv/ *verb* [I] to change direction suddenly 突然改变方向；闪避: *The car swerved to avoid the child.* 那辆车急转向闪避孩子。—**swerve** *noun* [C]

swift /swɪft ‖ swɪft/ *adj* quick or fast; happening without delay 迅速；敏捷；及时: *a swift runner* 飞毛腿 ○ *a swift reaction* 及时的反应 —**swiftly** *adv*

swig /swɪg ‖ swɪg/ *verb* [I,T] (swi**gg**ing; swi**gg**ed) (*informal* 非正式) to take a drink, especially of alcohol, quickly and in large amounts 大口喝下（酒等）；牛饮: *He swigged the whisky down and poured another glass.* 他大口喝下威士忌酒，又斟了一杯。—**swig** *noun* [C]

swill /swɪl ‖ swɪl/ *verb* [T] **swill sth (out/down)** to wash sth by pouring large amounts of water, etc into, over or through it 冲洗

☆**swim** /swɪm ‖ swɪm/ *verb* (*pres part* swi**mm**ing; *pt* **swam** /swæm ‖ swæm/; *pp* **swum** /swʌm ‖ swʌm/) **1** [I] to move your body through water 游泳: *How far can you swim?* 你能游多远？ ○ *Hundreds of tiny fish swam past.* 好几百尾小鱼游过。☛ **Go swimming** is a common way of talking about swimming for pleasure 游泳作乐通常说 **go swimming**: *We go swimming every Saturday.* 我们每个星期六都去游泳。○ *They went swimming before breakfast.* 他们吃早餐前去游泳。We can also say **go for a swim** when we are talking about one particular occasion 指某一次游泳活动可以说 **go for a swim**: *I went for a swim this morning.* 今天早上我去游泳了。**2** [T] to cover or cross a distance, etc by swimming 游过（河流等）；游（一段距离）: *I swam 25 lengths of the pool.* 我所游的距离相当于游泳池长度的25倍。**3** [I] to seem to be moving or turning 似在移动/旋转: *The floor began to swim before my eyes and I fainted.* 我看见眼前的地板旋转起来，然后就昏倒了。**4** [I] (used about your head 指头脑) to feel unclear or confused 迷糊；混乱: *My head was swimming with so much new information.* 这么多新资料，我都晕头转向了。—**swim** *noun* [sing]: *Would you like to have a swim?* 你想游泳吗？—**swimmer** *noun* [C]: *a strong swimmer* 游泳健将

ˈ**swimming-bath** *noun* [C] (*also* 亦作 **swimming-baths** [plural]) a public swimming-pool, usually indoors（室内）公共游泳池

ˈ**swimming-pool** (*also* 亦作 **pool**) *noun* [C] a pool that is built especially for people to swim in 游泳池: *an indoor/outdoor/open-air swimming-pool* 室内/室外/露天游泳池

ˈ**swimming-trunks** *noun* [plural] a piece of clothing like shorts that a man wears to go swimming（男用）游泳裤: *a pair of swimming-trunks* 一条游泳裤

ˈ**swimsuit** (*also* 亦作 **swimming-costume**) *noun* [C] a piece of clothing that a woman wears to go swimming（女用）游泳衣 ☛ Look at **bikini**. 参看 **bikini**。

swindle /ˈswɪndl ‖ ˈswɪndḷ/ *verb* [T] **swindle sb/sth (out of sth)** to cheat sb (in order to get money, etc) 诈骗某人/机构的（钱财等）；欺诈: *He swindled his sister out of her inheritance.* 他骗走了姐姐的遗产。—**swindle** *noun* [C]: *a tax swindle* 逃税

swindler /ˈswɪndlə(r) ‖ ˈswɪndlɚ/ *noun* [C] a person who swindles 骗子

swine /swaɪn ‖ swaɪn/ *noun* **1** [plural] (*old-fashioned* 旧) pigs 猪 **2** [C] (*informal* 非正式) a very unpleasant person 讨厌的人: *Her husband's an absolute swine.* 她的丈夫实在令人憎恶。

☆**swing**[1] /swɪŋ ‖ swɪŋ/ *verb* (*pt, pp* **swung** /swʌŋ ‖ swʌŋ/) **1** [I,T] to move backwards and forwards or from side to side, while hanging from sth; to make sb/sth move in this way（使）摇摆/摆动: *The rope was swinging from a branch.* 绳子挂在树枝上晃动。○ *She sat on the wall, swinging her legs.* 她坐在墙头，晃动着双腿。**2** [I,T] to move in a curve or to make sb/sth move in this way（使）循曲线移动: *The window swung open and a head peeped out.* 窗户打开了，一个人探出头来。○ *He swung the child up onto his shoulders.* 他把孩子抱起，骑在肩膀上。**3** [I] to turn quickly 快速转移方向: *She swung round when she heard the door open.* 她一听见开门声，就连忙转过身来。○ (*figurative* 比喻) *His moods swing from one extreme to the other.* 他的情绪大起大落。**4** [I,T] **swing (at sb/sth)** to try to hit sb/sth 企图击打: *He swung violently at the other man but missed.* 他猛力击打对方，但没有击中。

☆**swing**[2] /swɪŋ ‖ swɪŋ/ *noun* **1** [sing] a swinging movement or action 摆动；挥动；挥击: *He took a swing at the ball.* 他击了一下球。**2** [C] a seat that you can swing backwards and forwards on, eg in a children's playground 秋千 **3** [C] a change (in public opinion, etc) 改变（立场等）: *Opinion polls indicate a significant swing towards the right.* 民意调查显示舆论大幅右转。

(IDIOM 习语) **in full swing** ⇨ FULL

swipe /swaɪp ‖ swaɪp/ *verb* **1** [I,T] **swipe (at) sb/sth** (*informal* 非正式) to (try to) hit sb/sth in an uncontrolled way（企图）猛打/击: *He swiped at the wasp with a newspaper but missed.* 他用报纸扑打黄蜂，但没有打中。○ *She swiped the ball into the neighbours' garden.* 她误把球打进邻家的花园内。**2** [T] (*informal* 非正式) to steal sth 偷窃

swipe *noun* [C] a careless blow 不用心的一击

swirl /swɜ:l ‖ swɝl/ *verb* [I,T] to move round and round quickly; to make sth do this（使）

旋转：*Her long skirt swirled round her legs as she danced.* 她跳舞时长裙环绕双腿旋转着。—**swirl** *noun* [C]

☆**switch** /swɪtʃ ‖ swɪtʃ/ *noun* [C] **1** a small button or sth similar that you press up or down in order to turn on electricity（电路）开关：*the light switch* 电灯开关 **2** a sudden change 突然的改变：*a switch in policy* 政策骤变

switch *verb* **1** [I,T] **switch (sth) (over) (to sth)** to change or be changed from one thing to another 转变：*We've switched from reading 'The Times' to 'The Independent' now.* 我们本来看《泰晤士报》，现在改看《独立报》。○ *The match has been switched from Saturday to Sunday.* 比赛本来在星期六进行，现在改在星期日进行。**2** [I,T] **switch (sth) (with sb/sth); switch (sth) (over/round)** to exchange positions, activities, etc 交换（位置、活动等）：*This week you can have the car and I'll go on the bus, and next week we'll switch over.* 这个星期你用车子，我乘公共汽车，下个星期对调。○ *Someone switched the signs round and everyone went the wrong way.* 有人掉换了路标，使大家都走错了路。

(PHRASAL VERB 短语动词) **switch (sth) off/on** to press a switch in order to connect/disconnect electric power 用开关接通/切断电流：*Don't forget to switch off the cooker.* 别忘记关掉炉子。

switchboard /ˈswɪtʃbɔːd ‖ ˈswɪtʃˌbɔrd/ *noun* [C] the place in a large office, etc where all the telephone calls are connected 电话交换台；电话总机

swivel /ˈswɪvl ‖ ˈswɪvl̩/ *verb* [I,T] (swive**ll**ing; swive**ll**ed; *US* 美 swiveling; swiveled) **swivel (sth) (round)** to turn around a central point; to make sth do this（使）旋转/转动：*She swivelled round to face me.* 她转过身来面对着我。○ *He swivelled his chair towards the door.* 他将椅子转过来对着门口。

swollen[1] *pp* of SWELL * SWELL 的过去分词

swollen[2] /ˈswəʊlən ‖ ˈswolən/ *adj* thicker or wider than usual 比平常厚/宽；肿：*Her leg was badly swollen after the accident.* 发生意外后，她的腿肿得很厉害。

swoop /swuːp ‖ swup/ *verb* [I] to fly or move down suddenly 飞扑；俯冲：*The bird swooped down on its prey.* 那只鸟突然扑向猎物。

swoop *noun* [C] **swoop (on sb/sth)** a swooping movement or a sudden attack 俯冲；突袭；突击：*The troops made a swoop on the capital last night.* 昨晚军队向首都发动突击。

swop = SWAP

☆**sword** /sɔːd ‖ sɔrd/ *noun* [C] a weapon with a handle and a long thin metal blade 剑；军刀；长刀

swore *pt* of SWEAR * SWEAR 的过去时

sworn *pp* of SWEAR * SWEAR 的过去分词

swot /swɒt ‖ swɑt/ *verb* [I,T] (swo**tt**ing; swo**tt**ed) **swot (up) (for/on sth); swot sth up** (*informal* 非正式) to study sth very hard, especially to prepare for an exam 刻苦读书（尤其为了参加考试）：*She's swotting for her A levels.* 她正为高级程度考试而刻苦读书。

swot *noun* [C] (*informal* 非正式) a person who studies too hard 苦读者；刻苦用功的人

swum *pp* of SWIM * SWIM 的过去分词

swung *pt, pp* of SWING * SWING 的过去时及过去分词

syllable /ˈsɪləbl ‖ ˈsɪləbl̩/ *noun* [C] a word or part of a word which contains one vowel sound 音节：*'Mat' has one syllable and 'mattress' has two syllables.* * mat 有一个音节，mattress 有两个。

syllabus /ˈsɪləbəs ‖ ˈsɪləbəs/ *noun* [C] (*pl* **syllabuses**) a list of subjects, etc that are included in a course of study 课程纲要：*Does the syllabus cover modern literature?* 课程包括不包括现代文学？

☆**symbol** /ˈsɪmbl ‖ ˈsɪmbl̩/ *noun* [C] **1 a symbol (of sth)** a sign, object, etc which represents an idea or an aspect of life 象征；标志：*The cross is the symbol of Christianity.* 十字架是基督教的标记。○ *Some people think a fast car is a symbol of power and strength.* 有人认为高速汽车是权力和力量的象征。**2 symbol (for sth)** a letter, number or sign that has a particular meaning 符号；记号：*O is the symbol for oxygen.* * O标示化学元素氧。

symbolic /sɪmˈbɒlɪk ‖ sɪmˈbɑlɪk/ (*also* 亦作 **symbolical** /-kl ‖ -kl̩/) *adj* used or seen as a symbol 作为象征；象征性的：*The violent sea is symbolic of the character's emotions.* 怒海象征这个角色的情绪。—**symbolically** /-klɪ ‖ -kl̩ɪ/ *adv*

symbolism /ˈsɪmbəlɪzəm ‖ ˈsɪmbl̩ˌɪzəm/ *noun* [U] the use of symbols to represent things, especially in art and literature 象征手法/作用/意义

symbolize (*also* 亦作 **symbolise**) /ˈsɪmbəlaɪz ‖ ˈsɪmbl̩ˌaɪz/ *verb* [T] to be a symbol of sth 象征：*The deepest notes in music often symbolize danger or despair.* 最低沉的音符常用以象征危险或失望。

symmetry /ˈsɪmətrɪ ‖ ˈsɪmɪtrɪ/ *noun* [U] the state of having two halves that match each other exactly in size, shape, etc 对称

symmetric /sɪˈmetrɪk ‖ sɪˈmɛtrɪk/ **symmetrical** /-rɪkl ‖ -rɪkl̩/ *adj* having two halves that are exactly the same in size and shape 对称 —**symmetrically** /-klɪ ‖ -klɪ/ *adv*

☆**sympathetic** /ˌsɪmpəˈθetɪk ‖ ˌsɪmpəˈθɛtɪk/ *adj* **1** showing that you understand other people's feelings, especially their problems 同情的；体谅的：*When Sandra was ill, everyone was very sympathetic.* 桑德拉病倒时，大家都深表同情。○ *I felt very sympathetic towards him.* 我非常体谅他。○ *He gave me a sympathetic smile.* 他向我一笑，表示同情。☛ In English, **sympathetic** does not mean 'friendly and pleasant'. 英语中，**sympathetic** 并非友善和礼貌的意思。If you want to express this meaning, you say a person is **nice** 表达这个意思可用 **nice**：*I met Alex's sister yesterday. She's very nice.* 我昨天与亚历克斯的姐姐初次见面，她很友善。**2 sympathetic (to sb/sth)** being in agreement with or willing to support sb/sth 赞同的；愿意支持：*I explained our ideas but she wasn't sympathetic to them.* 我解释了

我们的构想，但她不赞同。☛ The opposite is **unsympathetic**. 反义词为 **unsympathetic**。—**sympathetically** /-klɪ ‖ -klɪ/ *adv*

☆**sympathy** /ˈsɪmpəθɪ ‖ ˈsɪmpəθɪ/ *noun* (*pl* **sympathies**) **1** [U] **sympathy (for/towards sb)** an understanding of other people's feelings, especially their problems 同情；谅解: *Everyone feels great sympathy for the victims of the attack.* 大家都非常同情遭到袭击的人。○ *I don't expect any sympathy from you.* 我没有指望你会谅解我。○ *When his wife died he received dozens of letters of sympathy.* 妻子去世后，他收到许多慰问信。**2** [plural] feelings of support or agreement 支持；赞同: *Some members of the party have nationalist sympathies.* 党内某些成员赞同民族主义。

(IDIOM 习语) **in sympathy (with sb/sth)** in agreement, showing that you support or approve of sb/sth 支持；赞同: *He is not in sympathy with all the ideas of the party.* 他并非赞同党的所有主张。

sympathize (*also* 亦作 **sympathise**) /ˈsɪmpəθaɪz ‖ ˈsɪmpəˌθaɪz/ *verb* [I] **sympathize (with sb/sth) 1** to understand and share sb's feelings 同情；谅解；有同感: *I sympathize with her, but I don't know what I can do to help.* 我同情她，但不知道怎样做才能帮助她。**2** to be in agreement with sb/sth 赞同: *I find it difficult to sympathize with his opinions.* 我很难赞同他的看法。

sympathizer *noun* [C] a person who agrees with and supports an idea or aim 支持者；拥护者: *a Communist sympathizer* 共产主义支持者

symphony /ˈsɪmfənɪ ‖ ˈsɪmfənɪ/ *noun* [C] (*pl* **symphonies**) a long piece of music written for a large orchestra 交响乐；交响曲

☆**symptom** /ˈsɪmptəm ‖ ˈsɪmptəm/ *noun* [C] **1** a change in your body that is a sign of illness 病征；症状: *What are the symptoms of flu?* 流感有什么症状？**2** a sign (that sth bad is happening or exists)（坏事的）征兆: *The riots are a symptom of a deeper problem.* 暴乱反映出更深层的问题。—**symptomatic** /ˌsɪmptəˈmætɪk ‖ ˌsɪmptəˈmætɪk/ *adj*

synagogue /ˈsɪnəgɒg ‖ ˈsɪnəˌgɔg/ *noun* [C] a building where Jewish people go to pray or to study their religion 犹太教会堂

synchronize (*also* 亦作 **synchronise**) /ˈsɪŋkrənaɪz ‖ ˈsɪŋkrəˌnaɪz/ *verb* [T] to make sth happen or work at the same time or speed 使步调一致；同步

syndicate /ˈsɪndɪkət ‖ ˈsɪndɪkɪt/ *noun* [C] a group of people or business companies that join together for a common purpose 集团

syndrome /ˈsɪndrəʊm ‖ ˈsɪndrom/ *noun* [C] **1** a group of signs or changes in the body that are typical of an illness 综合征状: *Down's syndrome* 唐氏综合征 ○ *Acquired Immune Deficiency Syndrome (AIDS)* 后天免疫力缺乏征（爱滋病）**2** a group of events, actions, attitudes, etc that are typical of a particular state or condition 综合征象

synonym /ˈsɪnənɪm ‖ ˈsɪnəˌnɪm/ *noun* [C] a word or phrase that has the same meaning as another word or phrase in the same language 同义词: *'Big' and 'large' are synonyms.* * big 和 large 同义。—**synonymous** /sɪˈnɒnɪməs ‖ sɪˈnɑnəməs/ *adj* **synonymous (with sth)** (*figurative* 比喻) *Wealth is not always synonymous with happiness.* 财富不总是就等于幸福。

syntax /ˈsɪntæks ‖ ˈsɪntæks/ *noun* [U] the system of rules for the structure of a sentence 句法；语法

synthesizer (*also* 亦作 **synthesiser**) /ˈsɪnθəsaɪzə(r) ‖ ˈsɪnθəˌsaɪzɚ/ *noun* [C] an electronic musical instrument that can produce a wide range of different sounds 音响合成器

synthetic /sɪnˈθetɪk ‖ sɪnˈθɛtɪk/ *adj* made by a chemical process; not natural 人造的；合成的 —**synthetically** /-klɪ ‖ -klɪ/ *adv*

syphilis /ˈsɪfɪlɪs ‖ ˈsɪflɪs/ *noun* [U] a serious disease that passes from one person to another by sexual contact 梅毒

syringe /sɪˈrɪndʒ ‖ ˈsɪrɪndʒ/ *noun* [C] an instrument that consists of a tube and a needle. It is used for taking a small amount of blood out of the body or for giving injections. 注射器

syrup /ˈsɪrəp ‖ ˈsɪrəp/ *noun* [U] **1** thick sweet liquid made by boiling sugar with water or fruit juice 糖水/浆: *peaches in syrup* 糖水桃子 **2** thick liquid food made from sugar that you buy in a tin 罐装糖浆

☆**system** /ˈsɪstəm ‖ ˈsɪstəm/ *noun* **1** [C] a set of ideas or rules for organizing sth 制度；体系；系统: *We have a new computerized system in the library.* 我们图书馆装置了新的计算机系统。○ *the metric system* 公制 ○ *The government is planning to reform the education system.* 政府计划改革教育制度。**2** [C] a group of things or parts that work together 系统；装置；组合: *a central heating system* 中央供暖系统 **3** [C] the body of a person or animal; parts of the body that work together 身体；（身体）内部系统/组织: *We must get him to hospital before the poison gets into his system.* 在毒素侵入他体内组织之前，我们必须将他送医院。○ *the central nervous system* 中枢神经系统 **4** (*also* 亦作 **the system**) [sing] the traditional methods and rules of a society 传统；体制

(IDIOM 习语) **get sth out of your system** (*informal* 非正式) to free yourself of a strong feeling 发泄强烈的情绪

systematic /ˌsɪstəˈmætɪk ‖ ˌsɪstəˈmætɪk/ *adj* done using a fixed plan or method 有系统；有计划；系统化: *a systematic search* 有系统的搜索 —**systematically** /-klɪ ‖ -klɪ/ *adv*

S

T t

T, t /ti: ‖ ti/ *noun* [C] (*pl* **T's; t's**) the twentieth letter of the English alphabet 英语字母表的第二十个字母: *'Table' begins with (a) 'T'.* ＊table 这个词的第一个字母是T。

ˈ**T-junction** *noun* [C] a place where two roads join to form the shape of a T ＊T形交叉路口；丁字形路口

ˈ**T-shirt** (*also* 亦作 **teeshirt**) *noun* [C] a shirt with short sleeves and without buttons or a collar 短袖圆领运动衫/汗衫

ta /tɑ: ‖ tɑ/ *interj* (*Brit informal* 英，非正式) thank you 谢谢

tab /tæb ‖ tæb/ *noun* [C] **1** a small piece of cloth, metal or paper that is fixed to sth to help you open, hold or identify it 拉环；标签: *You open the tin by pulling the metal tab.* 拉开金属拉环就可打开罐子。**2** (*US* 美) a bill 账单: *I'll pick up the tab* (= I'll pay the bill). 我来付账。

(IDIOM 习语) **keep a tab/tabs on sb/sth** (*informal* 非正式) to watch sb/sth carefully; to check sth 监视；监守

tabby /ˈtæbɪ ‖ ˈtæbɪ/ *noun* [C] (*pl* **tabbies**) a cat with grey or brown fur and dark stripes 斑猫

☆**table** /ˈteɪbl ‖ ˈtebl̩/ *noun* [C] **1** a piece of furniture with a flat top on one or more legs 桌子；台: *a dining-table* 饭桌 ○ *a bedside-table* 床头几 ○ *a kitchen table* 厨房用桌 ○ *a coffee-table* 咖啡桌 ○ *Could you lay the table for lunch?* (= put the knives, forks, plates, etc on it) 你摆好餐具准备用午餐好吗？○ *Don't read the newspaper at the table* (= during the meal). 吃饭时别看报纸。☛ We put things **on the table** but we sit **at the table** (= around the table). 把东西放在桌子上说 **on the table**，坐在桌子旁用 **at the table**。**2** a list of facts or figures, usually arranged in rows down a page 一览表；表: *a table of contents* 目录 ○ *Table 3 shows the results.* 表3列出结果。

ˈ**tablecloth** *noun* [C] a piece of cloth that you put over a table, especially when having a meal 桌布；台布

ˈ**table manners** *noun* [plural] the way you behave while you are eating 进餐的规矩

ˈ**tablespoon** *noun* [C] **1** a large spoon used for serving or measuring food 汤匙 **2** (*also* 亦作 ˈ**tablespoonful**) the amount that a tablespoon holds 一汤匙的量: *Add two tablespoons of sugar.* 加两汤匙糖。

ˈ**table tennis** (also *informal* 非正式 **ping-pong**) *noun* [U] a game with rules like tennis in which you hit a light plastic ball across a table with a small round bat 乒乓球运动

tablet /ˈtæblɪt ‖ ˈtæblɪt/ *noun* [C] a small amount of medicine in solid form, that you swallow 药片: *Take two tablets every four hours.* 每四小时服两片药片。

tabloid /ˈtæblɔɪd ‖ ˈtæblɔɪd/ *noun* [C] a newspaper with small pages, a lot of pictures and short simple articles 小报（版面小、图片多而文章简短）

taboo /təˈbu:; *US* 美 tæˈbu: ‖ tæˈbu/ *noun* [C] (*pl* **taboos**) a religious or social custom that forbids certain actions or words 禁忌；忌讳 —**taboo** *adj*: *a taboo subject* 犯忌讳的话题

tacit /ˈtæsɪt ‖ ˈtæsɪt/ *adj* (*formal* 正式) understood but not actually said 默示；不明言；心照不宣: *They haven't replied. I think that's a tacit admission that they were wrong.* 他们没有回答，我想这说明他们默认自己错了。

—**tacitly** *adv*

tack /tæk ‖ tæk/ *noun* **1** [C] a small nail with a broad head 平头钉；图钉 **2** [U,sing] a way of achieving sth 方针: *If people won't listen we'll have to try a different tack.* 如果人们不服从，我们就得试一试别的办法。

tack *verb* [T] **1** to fasten sth with tacks(1) 用图钉固定住 **2** to sew with loose stitches 粗粗地缝合

(PHRASAL VERB 短语动词) **tack sth on (to sth)** to put sth extra on the end of sth 附加；增添: *Restaurants sometimes tack extra charges on to the bill.* 餐馆有时会在账单上附加额外费用。

☆**tackle** /ˈtækl ‖ ˈtækl̩/ *verb* **1** [T] to deal boldly with sth difficult 对付；处理；解决: *The government must tackle the problem of rising unemployment.* 政府必须处理失业人数上升的问题。○ *Firemen were brought in to tackle the blaze.* 消防员给派来扑救大火。**2** [I,T] (used in football, etc 用于足球等) to try to take the ball from sb in the other team 拦截抢球 **3** [T] (used in rugby, etc 用于橄榄球等) to stop another player by pulling him down 擒抱持球球员 **4** [T] **tackle sb about/over sth** to speak to sb about a difficult subject 向某人谈论尴尬问题: *Somebody should tackle Simon about the amount he drinks.* 该有人劝劝西蒙别喝那么多酒。

tackle *noun* **1** [C] the act of tackling(2, 3) 阻截: *a skilful tackle by Walker* 沃克巧妙地阻截对方球员 **2** [U] the equipment you use in a sport 运动器具: *fishing tackle* 钓具

tacky /ˈtækɪ ‖ ˈtækɪ/ *adj* (**tackier**; **tackiest**) (*informal* 非正式) **1** cheap and of poor quality 品质或兴味低劣/低俗: *tacky souvenirs* 低档纪念品 **2** (used about paint, glue, etc 指油漆、胶水等) not quite dry; sticky 未干透；有黏性

tact /tækt ‖ tækt/ *noun* [U] the ability to deal with people without offending or upsetting them 圆通；乖巧: *He had the tact not to mention my divorce.* 他很乖巧，避免提及我离婚的事。

tactful /-fl ‖ -fəl/ *adj* careful not to say or do things that could offend people 得体；老练: *Talking about his ex-wife like that wasn't very tactful!* 那样谈论他的前妻可不是很得体。

—**tactfully** /-fəlɪ ‖ -fəlɪ/ *adv* —**tactless** *adj*: *It was rather tactless of you to ask him how old he was.* 你问他多大年纪就不够得体了。○

a tactless suggestion 不智的建议 —**tactlessly** *adv*

☆**tactic** /ˈtæktɪk ‖ ˈtæktɪk/ *noun* **1** [C, usually pl] a way of achieving sth 手段；策略: *We must decide what our tactics are going to be at the next meeting.* 我们必须决定在下次会议采取什么策略。○ *I don't think this tactic will work.* 我不认为这个策略可行。**2 tactics** [U, with sing or pl verb] the skilful arrangement and use of military forces in order to win a battle 军事策略；战术

tactical /-kl ‖ -kḷ/ *adj* **1** connected with tactics(2) 与战术/策略有关: *a tactical error* 策略上的错误 **2** designed to bring a future advantage 为将来利益的: *a tactical decision* 权宜的决定 —**tactically** /-klɪ ‖ -klɪ/ *adv*

tadpole /ˈtædpəʊl ‖ ˈtædˌpol/ *noun* [C] a young form of a frog, when it has a large black head and a long tail 蝌蚪

tag /tæg ‖ tæg/ *noun* [C] **1** a small piece of card, material, etc fastened to sth to give information about it; a label 标签: *a name tag* 名字标签 ○ *How much is this dress? There isn't a price tag on it.* 这连衣裙多少钱？上面没有标明价码。**2** = QUESTION TAG

tag *verb* [T] (ta**gg**ing; ta**gg**ed) to fasten a tag to sth 加上标签

(PHRASAL VERB 短语动词) **tag along** to follow or go with sb 尾随；紧跟着: *The little boy tagged along with the older children when they went to the playground.* 大孩子们到游乐场去，那个小男孩就跟在后面。

☆**tail** /teɪl ‖ tel/ *noun* **1** [C] the long thin part at the end of the body of an animal, bird, fish, etc 尾；尾巴: *The dog barked and wagged its tail.* 那条狗一面吠，一面摇着尾巴。☛ picture at **cat**. 见 **cat** 插图。**2** [C] a thing like an animal's tail in its shape or position 尾状物；尾部: *the tail of an aeroplane* 飞机的尾部 **3 tails** [plural] a man's coat, short at the front but with a long, divided piece at the back. It is worn on very formal occasions, such as weddings. 燕尾服 **4 tails** [plural] the side of a coin that does not have the head of a person on it 硬币的背面/反面: *'We'll toss a coin to decide,' said my father. 'Heads or tails?'* "我们掷硬币决定。"父亲说。"你要正面还是反面？" ☛ Look at **heads**. 参看 **heads**。

(IDIOM 习语) **make head or tail of sth** ⇨ HEAD[1]

tail *verb* [T] to follow sb closely, especially to watch where he/she goes, etc 跟踪；尾随

(PHRASAL VERB 短语动词) **tail off** to become less, smaller, quieter, etc 减少；减弱: *His voice tailed off into a whisper.* 他的声音慢慢减弱成了耳语。

tailor /ˈteɪlə(r) ‖ ˈtelɚ/ *noun* [C] a person whose job is to make clothes, especially for men 裁缝（尤指做男服的）

tailor *verb* [T] (usually passive 通常用于被动语态) **1** to make clothes 剪裁缝制；做衣服: *a well-tailored coat* 缝制得体的外套 **2** to make or design sth for a special purpose 特地设计/做: *We specialize in holidays tailored to meet your individual needs.* 我们专门设计适合个人需要的度假方式。

ˌ**tailor-ˈmade** *adj* very suitable; perfect 定制的；非常适合: *I knew the house was tailor-made for me as soon as I saw it.* 我第一眼看见这房子就觉得非常适合我。

taint /teɪnt ‖ tent/ *noun* [sing] (*formal* 正式) a sign of some bad quality or that sth is no longer fresh, pure, etc 污点；瑕疵；（腐败等的）迹象: *the taint of corruption* 腐败的迹象

taint *verb* [T] (usually passive 通常用于被动语态) to have a bad effect on sth; to spoil sth 产生坏影响；玷污；败坏: *Her reputation was tainted by the scandal.* 丑闻玷污了她的名声。

☆**take** /teɪk ‖ tek/ *verb* [T] (*pt* **took** /tʊk ‖ tʊk/; *pp* **taken** /ˈteɪkən ‖ ˈtekən/) **1** to carry sb/sth or to go with sb from one place to another 带；送: *Take your coat with you – it's cold.* 带件外衣吧。天很冷。○ *Could you take this letter home to your parents?* 你带这封信回家给你父母好吗？○ *The ambulance took him to hospital.* 救护车把他送往医院。○ *I'm taking the children swimming this afternoon.* 今天下午我带孩子去游泳。☛ picture at **bring**. 见 **bring** 插图。**2** to put your hand round sth and hold it (and move it towards you) 拿；握: *She held out the keys, and I took them.* 她把钥匙递过来，我就接住。○ *He took a sweater out of the drawer.* 他从抽屉中拿出套衫来。○ *She took my hand/me by the hand.* 她握着我的手。**3** to remove sth without permission 擅自取走: *Who's taken my pen?* 谁拿走了我的笔？**4** to accept or receive sth 接受；收到: *Will you take £2 000 for the car?* 你愿意以2 000英镑出售车子吗？○ *Do you take traveller's cheques?* 你们接受旅行支票吗？○ *I'm not taking the blame for the accident.* 我不会对意外承担责任。○ *She's not going to take the job.* 她不打算接受那份工作。**5** to need or require sth 需要: *It takes about an hour to drive to Oxford from here.* 由这里驾车到牛津大概要一个小时。○ *I took three years to learn to drive.* 我花了三年时间学习驾车。○ *It took a lot of courage to say that.* 说出那番话需要很大的勇气。**6** to have enough space for sth 可容纳: *How many passengers can this bus take?* 这辆公共汽车可以容纳多少人？**7** to use a form of transport; to go by a particular road 搭乘（交通工具）；循某路线: *I always take the train to York.* 我总是搭火车去约克。○ *Which road do you take to Hove?* 你走哪条路去霍夫？**8** to swallow sth 吞咽: *Take two tablets four times a day.* 每天四次，每次服两片药片。**9** to write or record sth 写下；记录: *She took notes during the lecture.* 她上课时作了笔记。**10** to measure sth 量度: *I took his temperature and it was nearly 40.* 我给他量体温，将近40度。**11** (used with nouns to say that sb is performing an action 与名词连用，指某人的行动): *Take a look at this article* (= look at it). 看一看这篇文章。○ *We have to take a decision* (= decide). 我们必须作个决定。**12** to photograph sth 拍照: *I took some nice photos of the wedding.* 我在婚礼上拍摄了一些精彩的照片。**13** to have a particular feeling or opinion 有某种感受/意见: *He takes great pleasure in*

T

his grandchildren. 他和孙儿相处非常愉快。○ *I wish you would take things more seriously.* 我希望你能认真一点。**14** to understand sth in a particular way 看作: *She took what he said as a compliment.* 她把他的话看做一种赞美。**15** to be able to bear sth 忍受: *I find his criticism a bit hard to take.* 我觉得他的批评颇难忍受。**16** to capture a place by force 攻夺: *The Allies took the enemy's capital last night.* 联军昨晚攻占了敌人的首都。**17** to give lessons to sb（给某人）授课: *Who takes you for History?* (= who is your teacher) 谁教你历史课？**18** to have a certain size of shoes or clothes 穿（某种尺码的衣服或鞋子）: *What size shoes do you take?* 你穿多大的鞋子？

(IDIOMS 习语) **I take it (that...)** I suppose 假设；假定: *I take it that you're not coming?* 我想你大概不来了？

take it from me believe me 相信我: *Take it from me, she's going to resign.* 相信我，她将会辞职。

take a lot out of sb to make sb very tired 使某人疲倦

take a lot of/some doing to require a lot of work or effort 费劲；费事；费时

☛ For other idioms containing **take**, look at the entries for the nouns, adjectives, etc, eg **take place** is at **place**[1]. 查阅其他含有 **take** 一词的习语，参看有关名词、形容词等的词条，如 **take place** 可参看 **place**[1] 的词条。

T

(PHRASAL VERBS 短语动词) **take sb aback** to surprise or shock sb 使惊诧/震惊

take after sb to look or behave like an older member of your family 外貌或举止像某长辈

take sth apart to separate sth into the different parts it is made of 将整体分成各部分

take sth away to cause a feeling, etc to disappear 使感觉、感情等消失: *These aspirins will take the pain away.* 这些阿司匹林可以镇痛。

take sb/sth away (from sb) to remove sb/sth（从某人处）移去/拿走/带走某人或某物: *She took the scissors away from the child.* 她从孩子手上拿走剪刀。

take sth back 1 to return sth to the place that you got it from 退回；归还 **2** to admit that sth you said was wrong 收回所说的话

take sth down 1 to remove a structure by separating it into the pieces it is made of 拆除；拆毁: *They took the fence down and put up a wall.* 他们拆了栅栏，筑了一堵墙。**2** to write down sth that is said 写下来；记录

take sb in to deceive sb 欺骗: *I was completely taken in by her story.* 我完全被她的谎话欺骗了。

take sth in to understand what you see, hear or read 理解/吸收（所见所闻）: *There was too much in the museum to take in at one go.* 博物馆藏品内容丰富，不能一下子就都吸收消化。

take off 1 (used about an aeroplane, etc 指飞机等) to leave the ground and start flying 起飞 **2** to become successful or popular 起飞；成功；流行

take sb off to copy the way sb speaks or behaves 模仿

take sth off 1 to remove sth, especially clothes 脱下/除去（尤指衣物）: *Come in and take your coat off.* 进来，脱下大衣。**2** to have the period of time mentioned as a holiday 休假: *I'm going to take a week off.* 我将休假一星期。

take sb on to start to employ sb 聘请；聘用: *The firm is taking on new staff.* 公司正招聘新职员。

take sth on to accept or decide to do sth 接受/决定做某事: *He's taken on a lot of extra work.* 他承担了许多额外工作。

take sb out to go out with sb (for a social occasion) 带某人（参加社交活动等）: *I'm taking Sarah out for a meal tonight.* 今晚我带萨拉出去吃饭。

take sth out to remove a part of the body 除去/切除身体某部分: *He's having two teeth taken out.* 他要拔掉两颗牙。

take sth out (of sth) to remove sth（从某处）取出/移去/除去（某物）: *He took a notebook out of his pocket.* 他从衣袋里掏出笔记簿来。○ *I'd like to take £50 out* (= of a bank account). 我想提取50英镑。

take it out on sb to behave badly towards sb because you are angry or upset about sth, even though it is not this person's fault 拿某人出气: *I know you don't feel well but don't take it out on me!* 我知道你心情不好，但别拿我来出气！

take (sth) over to get control of sth or responsibility for sth 控制；接管；接任: *The firm is being taken over by a large company.* 这家商号现在被一家大公司接管。○ *Who's going to take over as assistant when Tim leaves?* 蒂姆离任后由谁接任助理一职？

take to sb/sth to feel a liking for sb/sth 对某人/某事物产生好感: *I took to his parents immediately.* 我很快便喜欢起他父母来。

take to sth/doing sth to begin doing sth regularly 开始习以为常: *We've taken to getting up very late on Sundays.* 我们习惯星期天到日上三竿才起床。

take up sth to use or fill an amount of time or space 运用/填满时间或空间: *All her time is taken up looking after the new baby.* 她所有时间都用来照顾刚出生的孩子。

take sth up to start doing sth regularly (eg as a hobby) 开始爱好（某种活动）: *I've taken up yoga recently.* 我最近定期练瑜伽。

take sb up on sth 1 to say that you disagree with sth that sb has just said, and ask him/her to explain it（就某人的话）质疑: *I must take you up on that last point.* 我不得不对你所说的最后一个论点提出不同意见。**2** to accept an offer, etc that sb has made 接受（对方的约请等）: *'Come and stay with us any time.' 'We'll take you up on that!'* "随时来我们家小住。""好的。我们会的。"

take sth up with sb to ask or complain about sth 将事情提请某人处理/帮助: *I'll take the matter up with my MP.* 我要把这件事提交给我们地区的议员。

be taken with sb/sth to find sb/sth attractive or interesting 被某人/某事物所吸引

ˈ**take-away** *noun* [C] **1** a restaurant that sells food that you can eat somewhere else 供应外卖食物的餐馆: *There's an Indian take-away in the village.* 村子里有一家提供外卖服务的印度餐馆。**2** the food that such a restaurant sells 外卖的食物: *Let's get a take-away.* 我们买一些外卖食物吧。

ˈ**take-off** *noun* [C,U] the time when an aeroplane leaves the ground 飞机起飞: *The plane crashed on take-off.* 飞机在起飞时撞毁。

ˈ**take-over** *noun* [C] the act of taking control of sth 控制；接管: *the take-over of a company* 接管一家公司 ○ *a military take-over* (= in a country) 军事接管

takings /ˈteɪkɪŋz ‖ ˈtekɪŋz/ *noun* [plural] the amount of money that a shop, theatre, etc gets from selling goods, tickets, etc 收入；进款

talcum powder /ˈtælkəm paʊdə(r) ‖ ˈtælkəm ˈpaʊdɚ/ (*also* 亦作 **talc** /tælk ‖ tælk/) *noun* [U] a soft powder which smells nice. People put it on their skin after a bath. 爽身粉

tale /teɪl ‖ tel/ *noun* [C] **1** a story about events that are not real 虚构的故事: *fairy tales* 童话 **2** a report or description of sb/sth that is not necessarily true 故事；报告；陈述；传闻: *I've heard a lot of tales about the people who live in that house.* 我听过不少有关住在那房子里的人的故事。

☆**talent** /ˈtælənt ‖ ˈtælənt/ *noun* [C,U] **talent (for sth)** a natural skill or ability 天分；天才；才华；才干: *She has a talent for painting.* 她有绘画天分。○ *His work shows great talent.* 他的作品体现了很高的天分。—**talented** *adj*: *a talented musician* 才华横溢的音乐家

☆**talk**[1] /tɔːk ‖ tɔk/ *verb* **1** [I] **talk (to/with sb)**; **talk (about/of sb/sth)** to say things; to speak 说话；谈话: *I could hear them talking downstairs.* 我听得见他们在楼下说话。○ *Can I talk to you for a minute?* 可以跟你谈一会儿吗？○ *Anne is not an easy person to talk to.* 安妮可不是好说话的人。○ *We need to talk about the plans for the weekend.* 我们必需谈一谈周末的计划。○ *I didn't understand what she was talking about.* 我不明白她在讲什么。○ *He's been talking of going to Australia for some time now.* 他说要去澳大利亚，已经说了好一段日子了。○ *Their little boy is just learning to talk.* 他们的小儿子正在牙牙学语。☛ Look at the note at **speak**. 参看 **speak** 的注释。**2** [I] to discuss people's personal affairs 谈论人家的私事；说闲话: *His strange life-style started the local people talking.* 他奇怪的生活方式使当地人议论纷纷。**3** [T] to discuss sth 讨论；商谈: *Could we talk business after dinner?* 晚餐后谈公事行吗？**4** [I] **talk on/about sth** to give a lecture or speech to a group of people about a certain subject（就某题目）演讲/讲话: *Mrs Phipps will be talking about Byzantine Art.* 菲普斯太太将主讲拜占廷艺术。**5** [I] to give information 提供情况；招供: *'He hasn't talked yet', said the detective, 'but he will.'* "他还没有招供，但他会说的。" 探员说。

(IDIOMS 习语) **know what you are talking about** ➪ KNOW

talk sense to say things that are correct and sensible 说话有道理

talk shop to talk about work with colleagues outside working hours 办公时间外谈公事；三句话不离本行

(PHRASAL VERBS 短语动词) **talk down to sb** to talk to sb as if he/she is less clever, important, etc than you 自视高人一等的与人说话

talk sb into/out of doing sth to persuade sb to do/not to do sth 说服某人做/不做某事: *I didn't really want to go with them, but they talked me into it.* 其实我不想和他们一起去，只是他们说服了我。

talkative /ˈtɔːkətɪv ‖ ˈtɔkətɪv/ *adj* liking or tending to talk a lot 爱说话；健谈；饶舌

☆**talk**[2] /tɔːk ‖ tɔk/ *noun* **1** [C] a conversation or discussion 交谈；讨论: *Tim and I had a long talk about the problem.* 蒂姆和我就那个问题谈了很长时间。**2 talks** [plural] formal discussions 会谈；商讨: *The Foreign Ministers of the two countries will meet for talks next week.* 两国外长下星期会谈。**3** [U] talking, especially without action, results or the right information 空谈: *'Alan says they're going to get married.' 'Don't believe it! It's only talk.'* "艾伦说他们就要结婚。" "别信他，只是空谈而已。" **4** [C] a lecture or speech 演讲；讲话: *He's giving a talk on 'Our changing world'.* 他要就 "改变中的世界" 这题目发表讲话。

☆**tall** /tɔːl ‖ tɔl/ *adj* **1** (used about people or things 指人或物) of more than average height; not short 高: *a tall young man* 高个子的年轻人 ○ *a tall tree, tower, chimney, etc* 高耸的树/塔/烟囱… ○ *Nick is taller than his brother.* 尼克比他弟弟高。**2** (used about people 指人) of a particular height 有某高度: *Claire is five feet tall.* 克莱尔有五英尺高。○ *How tall are you?* 你有多高？☛ **Tall** and **high** have similar meanings. ＊**tall** 和 **high** 的意思相近。We use **tall** to describe the height of people (*He is six foot three inches tall.*), of trees (*A tall oak tree stood in the garden.*) and also sometimes to talk about narrow objects (*the tall skyscrapers of Manhattan*). ＊**tall** 用以形容人的高度（他有六英尺三英寸高。）、树的高度（一棵高高的橡树矗立在花园里。），有时也用于狭长的东西（曼哈顿区高耸入云的大厦）。

tambourine /ˌtæmbəˈriːn ‖ ˌtæmbəˈrin/ *noun* [C] a small round musical instrument with a skin like a drum and metal discs round the edge. You can hit it or shake it. 铃鼓

☆**tame** /teɪm ‖ tem/ *adj* **1** (used about animals or birds 指动物或鸟类) not wild or afraid of people 驯服: *The birds are so tame they will eat from your hand.* 这些鸟儿很驯服，会在你手上啄食。**2** boring; not interesting or exciting 沉闷；乏味: *After the big city, you must find village life very tame.* 在大城市生活过后，你一定觉得乡村生活很沉闷。

tame *verb* [T] to bring sth wild under your control 驯服

T

tamper /'tæmpə(r) ‖ 'tæmpɚ/ *verb* [I] **tamper with sth** to use, touch, change, etc sth when you should not 擅自使用/摆弄/改动等: *Don't eat the sweets if the packaging has been tampered with.* 如果糖果的包装被人擅自打开过，就别吃了。

tampon /'tæmpɒn ‖ 'tæmpɑn/ *noun* [C] a tightly-rolled piece of cotton-wool that a woman puts inside her body to collect blood during her period(3) 月经棉塞；卫生栓

tan /tæn ‖ tæn/ *noun* **1** [C] = SUN-TAN **2** [U] a colour between yellow and brown 黄褐色: *Have you got this handbag in tan?* 这式样的手提包有没有黄褐色的？

tan *adj* of this colour 黄褐色: *tan shoes* 黄褐色的鞋子

tan *verb* [I,T] (ta**nn**ing; ta**nn**ed) to become or to let sth become brown with the effect of sunshine 晒黑；晒成褐色: *Do you tan easily?* 你容易晒黑吗？ ○ *I'm trying to tan my legs.* 我想把双腿晒黑。 —**tanned** *adj*: *You're looking very tanned – have you been on holiday?* 你晒得很黑，去度假了吗？

tandem /'tændəm ‖ 'tændəm/ *noun* [C] a bicycle with seats for two people, one behind the other 双座自行车

tangent /'tændʒənt ‖ 'tændʒənt/ *noun* [C] a straight line that touches a curve but does not cross it 切线

(IDIOM 习语) **go/fly off at a tangent** to change suddenly from one subject, action, etc to another 突然改变话题/行动等

tangerine /ˌtændʒə'ri:n; *US* 美 'tændʒəri:n ‖ 'tændʒəˌrin/ *noun* [C] a fruit like a small sweet orange with a skin that is easy to take off 橘子

tangible /'tændʒəbl ‖ 'tændʒəbl̩/ *adj* clear and definite 明确；确切；实际；有形: *There are tangible benefits in the new system.* 新制度能带来实际的好处。

tangle /'tæŋgl ‖ 'tæŋgl̩/ *noun* [C] a confused mass, especially of threads, hair, branches, etc that cannot easily be separated from each other 乱成一团的线/毛发/树枝等: *My hair's full of tangles.* 我的头发乱七八糟的。 ○ *This string's in a tangle.* 这绳子乱成一团。 —**tangled** *adj*: *The wool was all tangled up.* 毛线都乱作一团。

☆**tank** /tæŋk ‖ tæŋk/ *noun* [C] **1** a container for holding liquids or gas 水箱；气箱: *How many litres does the petrol tank hold?* 汽油箱的容量是多少？ ○ *a water tank* 水箱 **2** a large, heavy military vehicle covered with steel and armed with guns, that moves on special wheels 坦克（车）: *Hundreds of tanks have crossed the desert ready to attack.* 几百辆坦克已越过沙漠，准备发动攻击。

tanker *noun* [C] **1** a ship for carrying petrol, etc in large amounts 油轮；油船: *an oil tanker* 运油轮 **2** (*US* 美 '**tank truck**) a heavy road vehicle with a big round tank for carrying large amounts of oil, milk, etc 油槽车/罐车（用以大量运载油、牛奶等）

tantalizing (*also* 亦作 **tantalising**) /'tæntəlaɪzɪŋ ‖ 'tæntl̩ˌaɪzɪŋ/ *adj* (used about sth that you cannot have 用于得不到的事物) attractive or tempting 诱人；令人跃跃欲试；令人垂涎: *A tantalizing smell of cooking was coming from the kitchen.* 厨房飘来令人垂涎的香味。 —**tantalizingly** (*also* 亦作 **tantalisingly**) *adv*: *tantalizingly close* 如此接近以至使人神驰心往

tantrum /'tæntrəm ‖ 'tæntrəm/ *noun* [C] a sudden burst of anger, especially in a child 突然耍脾气（尤指小孩）

☆**tap**[1] /tæp ‖ tæp/ (*US* 美 **faucet**) *noun* [C] a type of handle that you turn to let water, gas, etc out of a pipe or container（水、煤气等的）开关/龙头/旋塞: *Turn the hot tap on.* 把热水龙头拧开。 ○ *Don't leave the taps running!* (= turn them off) 别忘了关上水龙头！ ☛ picture at **plug**. 见 **plug** 插图。

tap *verb* [T] (ta**pp**ing; ta**pp**ed) **1** to make use of sth from a supply or reserve 开发/挖掘（资源、潜力等）: *to tap the skills of young people* 挖掘年轻人的技能 **2** to fit a piece of equipment to sb's telephone wires so that you can listen to telephone conversations on that line（在电话线路上）装置窃听器

'**tap water** *noun* [U] water that comes out of taps, not water sold in bottles 自来水

☆**tap**[2] /tæp ‖ tæp/ *verb* (ta**pp**ing; ta**pp**ed) [I,T] **tap (at/ on sth)**; **tap sb/sth (on/with sth)** to touch or hit sb/sth quickly and gently 轻拍；敲打: *Their feet were tapping in time to the music.* 他们的脚随着音乐打着拍子。 ○ *They won't hear if you only tap on the door – knock harder!* 你只是轻轻敲门，他们是听不见的，敲得响一些！ ○ *She tapped me on the shoulder and said, 'Excuse me, I think you dropped this notebook.'* 她轻轻拍我的肩膀说："嗳，你的笔记簿掉了。"

tap *noun* [C] a quick gentle blow or the sound it makes 轻拍/敲打（声）: *a tap on the shoulder* 拍一下肩膀

'**tap-dance** *noun* [C], *verb* [I] (to do) a dance in which you tap the rhythm with your feet, wearing special shoes（跳）踢踏舞

☆**tape** /teɪp ‖ tep/ *noun* **1** [U] magnetic material used for recording sound, pictures or information 磁带: *I've got the whole concert on tape* (= recorded). 我将音乐会的过程录在磁带上。 **2** [C] a cassette with magnetic material wound round it, which is used for recording or playing music, videos, etc 录音带；录像带；盒带: *a blank tape* 空白的磁带 ○ *I've got a new tape of Bryan Adams. Shall I put it on?* 我有一盒布赖恩·亚当斯的新歌录音带，放一下听听好吗？ ○ *We've made a tape* (= video tape) *of the children playing in the garden.* 我们把孩子在花园玩耍的过程用盒带录下来。 ○ *to rewind a tape* 倒回录像带 **3** [C,U] a narrow piece of cloth used for tying or labelling things or in sewing, etc（用以捆扎/缝制东西或作标记的）带子/布条: *We have to sew name tapes into school clothes.* 我们得把姓名布条儿缝在校服上。 **4** [C] a piece of material stretched across a race track to mark where the race finishes（赛跑的）终点线 **5** [U] sticky paper used for wrapping parcels, covering electric wires, etc

胶带；胶条: *sticky tape* 胶粘带 ○ *insulating tape* 绝缘胶带

tape *verb* [T] **1** to record sound, music, television programmes, etc using a cassette 用磁带录下: *There's a film on TV tonight that I'd like to tape.* 我想录下今天晚上在电视播映的一部电影。**2 tape sth (up)** to fasten sth with sticky tape 用胶粘带固定

ˈ**tape deck** *noun* [C] the part of a hi-fi system on which you play tapes (音响系统的) 磁带驱动器

ˈ**tape-measure** (*also* 亦作 ˈ**measuring tape**) *noun* [C] a long thin piece of plastic or cloth with centimetres or inches marked on it. It is used for measuring things. 卷尺；皮尺

ˈ**tape-recorder** *noun* [C] a machine that is used for recording or playing back music or other sounds 录音机

ˈ**tape-recording** *noun* [C]: *We made a tape-recording of our voices.* 我们录下了自己的声音。

tapestry /ˈtæpəstrɪ ‖ ˈtæpɪstrɪ/ *noun* [C,U] (*pl* **tapestries**) a piece of heavy cloth with pictures or designs sewn on it in coloured thread 织锦

tar /tɑː(r) ‖ tɑr/ *noun* [U] **1** a thick black sticky liquid that becomes hard when it is cold. It is used for making roads, etc. 柏油；沥青 **2** a similar substance formed by burning tobacco 焦油: *low-tar cigarettes* 低焦油含量的香烟

☆**target** /ˈtɑːgɪt ‖ ˈtɑrgɪt/ *noun* [C] **1** a person or thing that you aim at when shooting or attacking 目标: *Attacks have been launched on military targets such as airfields.* 针对机场等军事目标的攻击已经展开。○ *The bomb missed its target and fell into the sea.* 炸弹没有击中目标，掉到海里去了。○ *The politician was a likely target for terrorist attacks.* 这个政治人物很可能成为恐怖分子的袭击目标。**2** an object, often a round board with circles on, that you aim at in shooting practice 靶子；靶标: *I hit the target twice but missed it once.* 我中靶两次，另外有一次没打中。**3** a person or thing that people blame, criticize, laugh at, etc 指责/批评/嘲笑等的对象: *The education system has been the target of heavy criticism.* 教育制度一直是猛烈抨击的目标。**4** a result that you are aiming at 目标；指标: *Our target is to raise £10 000 for 'Save the Children'.* 我们的目标是为“救助儿童会”筹款10 000英镑。○ *So far we're right on target* (= making the progress we expected). 迄今为止我们达到了预期的进度指标。

target *verb* [T] (usually passive 通常用于被动语态) **target sth (at/on sb/sth)** to aim sth 以某人/某事物为目标或对象: *They targeted the product at teenagers.* 那种产品的销售对象是青少年。

tariff /ˈtærɪf ‖ ˈtærɪf/ *noun* [C] **1** a tax that has to be paid on goods brought into a country 关税 **2** a list of prices 收费表

Tarmac /ˈtɑːmæk ‖ ˈtɑrˌmæk/ *noun* (*trade mark* 商标) **1** [U] a material used for making the surfaces of roads 柏油碎石（用以铺路）**2 tarmac** [sing] an area covered with a Tarmac surface 用柏油碎石铺的路面/飞机跑道: *The plane waited for two hours on the tarmac.* 飞机在跑道上等候了两小时。

tarnish /ˈtɑːnɪʃ ‖ ˈtɑrnɪʃ/ *verb* **1** [I,T] (used about a mirror, metal, etc 指镜、金属等) to become less bright; to make less bright 失去光泽；变灰暗 **2** [T] (used about a reputation 指名声) to spoil 损害；玷污: *His reputation was tarnished by the scandal.* 他的名誉因那宗丑闻而受损。

tarpaulin /tɑːˈpɔːlɪn ‖ tɑrˈpɔlɪn/ *noun* [C] a large piece of strong, waterproof material that is used for covering things 防水布；油布

tart[1] /tɑːt ‖ tɑrt/ *noun* [C,U] an open pie with a sweet filling such as fruit or jam 果馅饼（以水果或果酱等甜料作馅，上无饼皮覆盖）☛ Look at the note at **pie**. 参看 **pie** 的注释。

tart[2] /tɑːt ‖ tɑrt/ *noun* [C] (*informal* 非正式) a woman or girl who accepts money in return for sex 妓女 ☛ A more formal word is **prostitute**. * 较正式的场合用 **prostitute**。

tartan /ˈtɑːtn ‖ ˈtɑrtn̩/ *noun* [C,U] **1** a traditional Scottish pattern with coloured squares and stripes that cross each other 苏格兰花格图案 **2** material made from wool with this pattern on it 苏格兰方格花呢: *a tartan skirt* 苏格兰呢子裙

☆**task** /tɑːsk; *US* 美 tæsk ‖ tæsk/ *noun* [C] a piece of work that has to be done, especially an unpleasant or difficult one 工作/任务（尤指困难或讨厌的）: *Your first task will be to type these letters.* 你第一件工作是打好这些信。○ *I found learning Arabic an almost impossible task.* 我觉得学阿拉伯语比登天还难。○ *You have three minutes to complete the three tasks.* 你有三分钟时间完成这三个任务。○ *They gave me the task of organizing the school trip.* 他们派我负责安排学校旅行。

☆**taste**[1] /teɪst ‖ test/ *noun* **1** [U] the ability to recognize the flavour of food or drink 味觉: *Taste is one of the five senses.* 味觉是人的五种感官功能之一。**2** [sing] the flavour of food or drink 味道；滋味: *I don't like the taste of this coffee.* 我不喜欢这杯咖啡的味道。**3** [C, usually sing] **a taste (of sth)** a small amount of sth to eat or drink 小量（食物或饮料）: *Have a taste of this cheese to see if you like it.* 尝一尝这些干酪，看你喜欢不喜欢。○ (*figurative* 比喻) *I had my first taste* (= experience) *of Italy when I was about fifteen.* 我大约十五岁时第一次接触意大利。**4** [sing] **a taste (for sth)** a liking for sth 喜欢；爱好: *She has developed a taste for modern art.* 她渐渐培养出对现代艺术的爱好。**5** [U] the ability to make good choices about whether things are suitable, of good quality, etc 品味；鉴赏力: *He has excellent taste in music.* 他对音乐有极高的鉴赏力。

(IDIOM 习语) **(be) in bad taste** (used about sb's behaviour 指言谈举止) (to be) unsuitable and unpleasant 失当；粗俗: *Some of his comments were in very bad taste.* 他的某些意见十分不得体。

tasteful /-fl ‖ -fəl/ *adj* attractive and well-chosen 有吸引力；经精心挑选: *The furniture was very tasteful.* 家具十分雅致。—**tastefully** /-fəlɪ ‖ -fəlɪ/ *adv*

T

tasteless *adj* **1** unattractive; not well-chosen 庸俗；选得不好: *She was wearing a lot of rather tasteless jewellery.* 她戴着许多庸俗的珠宝。**2** likely to offend sb 容易开罪人；不得体: *His joke about the funeral was particularly tasteless.* 他那有关葬礼的笑话特别令人不快。**3** having little or no flavour 没味道；味同嚼蜡: *We had some tasteless cheese sandwiches for lunch.* 我们午餐吃了毫无味道的干酪三明治。

tasty *adj* (**tastier**; **tastiest**) having a good, strong flavour 美味: *spaghetti with a tasty mushroom sauce* 意大利面条拌以美味的蘑菇酱汁

☆**taste**[2] /teɪst ‖ test/ *verb* **1** [T] to be aware of or recognize the flavour of food or drink 尝；品尝: *Can you taste the garlic in this soup?* 你尝到这汤里的大蒜味吗？**2** [T] to try a small amount of food and drink; to test 试味道；尝试: *Can I taste a piece of that cheese to see what it's like?* 我可以尝一尝那块干酪的味道吗？**3** [I] **taste (of sth)** to have a particular flavour 有某种味道: *The pudding tasted of oranges.* 那布丁带有橙味。○ *to taste sour, sweet, delicious, etc* 吃起来味酸/味甜/味美…

tatters /ˈtætəz ‖ ˈtætɚz/ *noun* (IDIOM 习语) **in tatters** badly torn or damaged 破烂；毁烂: *Her dress was in tatters.* 她穿的衣服破破烂烂。○ (*figurative* 比喻) *After the divorce my life seemed to be in tatters.* 离婚后，我的生活好像变得一团糟了。

tattered /ˈtætəd ‖ ˈtætɚd/ *adj* old and torn 破旧: *a tattered coat* 破旧的外衣

tattoo /təˈtu:; *US* 美 tæˈtu: ‖ tæˈtu/ *noun* [C] (*pl* **tattoos**) a picture or pattern on sb's body that is made by pricking his/her skin with a needle and filling the holes with coloured liquid 文在身上的花纹/图形等；文身

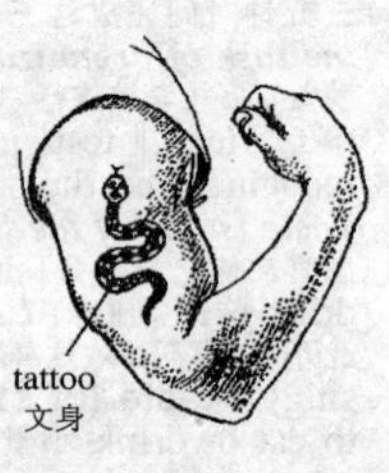
tattoo
文身

tattoo *verb* [T] to make a tattoo on sb's body 文身: *She had the word 'love' tattooed on her left hand.* 她在左手文上"爱"字。

tatty /ˈtætɪ ‖ ˈtætɪ/ *adj* (**tattier**; **tattiest**) (*informal* 非正式) in bad condition 褴褛；破烂: *tatty old clothes* 破烂的旧衣服

taught *pt, pp* of TEACH * TEACH 的过去时及过去分词

taunt /tɔ:nt ‖ tɔnt/ *verb* [T] to try to make sb angry or unhappy by saying unpleasant or cruel things 嘲笑；奚落；讥讽: *They taunted him with the words 'You're scared!'* "你害怕啦！" 他们这样嘲笑他。—**taunt** *noun* [C]

Taurus /ˈtɔ:rəs ‖ ˈtɔrəs/ *noun* [C,U] the second sign of the zodiac, the Bull; a person who was born under this sign 金牛宫（黄道第二宫）；属金牛座的人 ☛ picture at **zodiac**. 见 **zodiac** 插图。

taut /tɔ:t ‖ tɔt/ *adj* (used about rope, wire, etc 用于绳子、金属线等) stretched very tight; not loose 绷紧

tavern /ˈtævən ‖ ˈtævɚn/ *noun* [C] (*old-fashioned* 旧) a pub 小旅店；小酒馆

☆**tax** /tæks ‖ tæks/ *noun* [C,U] the money that you have to pay to the government so that it can provide public services 税；税款: *income tax* 所得税 ○ *You do not have to pay tax on books in this country.* 在这个国家购买书籍不用纳税。○ *tax cuts* 减税

tax *verb* [T] (often passive 常用于被动语态) **1** to take tax from a sum of money or from the price of goods and services 征税: *Income is taxed at a rate of 25p in the pound.* 所得税按每一英镑收入征收25便士税款计算。○ *Alcohol, cigarettes and petrol are heavily taxed.* 政府对酒、烟和汽油征税很重。**2** to make a person or an organization pay tax 使纳税: *Husbands and wives are taxed separately in Britain.* 在英国，丈夫和妻子是分开纳税的。

taxable *adj* on which you have to pay tax 应纳税；可征税: *taxable income* 应税收入

taxation /tækˈseɪʃn ‖ tæksˈeʃən/ *noun* [U] **1** the system by which a government takes money from people so that it can pay for public services 税制；征税；课税: *direct/indirect taxation* 直接/间接课税 **2** the amount of money that people have to pay in tax 税款；税额: *to increase/ reduce taxation* 提高/降低课税额 ○ *high/low taxation* 高/低税率

ˌ**tax-ˈfree** *adj* on which you do not have to pay tax 免税 ☛ Look at **duty-free**. 参看 **duty-free**。

☆**taxi**[1] /ˈtæksɪ ‖ ˈtæksɪ/ (*also* 亦作 ˈ**taxi-cab**; *especially US* 美尤作 **cab**) *noun* [C] a car with a driver, whose job is to take you somewhere in exchange for money 计程车: *Shall we go by bus or take a taxi?* 我们乘公共汽车还是乘计程车？○ *I'll phone for a taxi to take us to the airport.* 我会打电话叫计程车来接我们去机场的。

> ☛ The amount of money that you have to pay (your **fare**) is shown on a **meter**. 计程车的计程仪 (**meter**) 显示乘客需付的车资 (**fare**)。People often give the taxi-driver a **tip** (= a small extra sum of money that is not included in the fare). 乘客给司机的小账/小费叫做 **tip**。

ˈ**taxi rank** (*US* 美 ˈ**cab stand**) *noun* [C] a place where taxis park while they are waiting to be hired 计程车（候客）站

taxi[2] /ˈtæksɪ ‖ ˈtæksɪ/ *verb* [I] (used about an aircraft 指飞机) to move slowly along the ground before or after flying 起飞前/着陆后在地面滑行

taxing /ˈtæksɪŋ ‖ ˈtæksɪŋ/ *adj* difficult; needing a lot of effort 困难；费力；棘手: *a taxing problem* 棘手的问题

☆**tea** /ti: ‖ ti/ *noun* **1** [U] a hot brown drink that you make by pouring boiling water onto the dried leaves of a bush grown in hot countries such as India and China 茶: *a cup/pot of tea* 一杯/壶茶 ○ *I'll make some tea.* 让我泡点茶。○ *weak/strong tea* 清/浓茶 ☛ We usually say '**have** a cup of tea', and *not* '**drink** a cup of tea' 喝茶通常说 **have** a cup of tea，而不是 **drink** a cup of tea: *I had three cups of tea this morning.* 今天早上我喝了三杯茶。**2** [U] the dried leaves that are used for making tea 茶叶: *A packet of Earl Grey tea, please.* 请给我一包“格雷伯爵”茶。**3** [C] a cup of tea 一杯茶: *Two teas and one coffee, please.* 请给我们两杯茶、一杯咖啡。**4** [U] a drink that you make by pouring hot water onto the leaves of other plants 用茶以外的植物做成的饮料: *herb tea* 草药茶 **5** [C,U] (*especially Brit* 尤为英) a small afternoon meal of cakes, biscuits etc and a cup of tea 茶点: *The hotel serves afternoon teas.* 旅馆有下午茶点供应。

☛ Some people call their main evening meal **tea**. This is usually eaten at 5 or 6 o'clock. 有些人把晚上主餐称为 **tea**，通常在5时或6时吃。 **Supper** and **dinner** are later meals. * **supper** 和 **dinner** 则晚一点吃。

(IDIOM 习语) **(not) sb's cup of tea** ⇨ CUP[1]

'**tea bag** *noun* [C] a small paper bag with tea leaves in it, that you use for making tea 袋茶

'**tea cloth** *noun* [C] (*Brit* 英) = TEA TOWEL

'**teacup** *noun* [C] a cup that you drink tea from 茶杯

'**tea leaf** *noun* [C, usually pl] one of the small leaves that are left in a cup or pot after you have drunk the tea 茶叶渣

'**teapot** *noun* [C] a container that you use for making tea in and for pouring tea into cups. It has a lid, a handle and a small thin tube (**a spout**) that the tea is poured out of. 茶壶（壶嘴叫做 **spout**）☛ picture at **pot**. 见 **pot** 插图。

'**teashop** (*also* 亦作 '**tearoom**) *noun* [C] a small restaurant which serves tea, coffee, etc, also cakes and light meals（供应茶、咖啡、糕点等的）茶室

'**teaspoon** *noun* [C] **1** a small spoon that is used for stirring tea, etc 茶匙 **2** (*also* 亦作 **teaspoonful** /-fʊl ‖ -fʊl/) the amount that a teaspoon can hold 一茶匙的量

'**teatime** *noun* [C] the time in the afternoon when people usually have tea 下午茶时间: *We'll expect to arrive at about teatime.* 我们大约会在下午茶时间来到。

'**tea towel** (*also* 亦作 **tea cloth**) *noun* [C] a small towel that is used for drying plates, knives, forks, etc 揩餐具的小毛巾

☆**teach** /ti:tʃ ‖ titʃ/ *verb* (*pt, pp* **taught** /tɔ:t ‖ tɔt/) **1** [I,T] to give sb lessons or instructions so that he/ she knows how to do sth 教授；授课；教练；教习: *Jeremy is teaching us how to use the computer.* 杰里米教我们使用计算机。○ *My mother taught me to play the piano.* 母亲教我弹钢琴。○ *He teaches English to foreign students.* 他教外国学生英语。**2** [T] to make sb believe sth or behave in a certain way 训谕；教导: *The story teaches us that history often repeats itself.* 这个故事告诉我们历史常常重演。○ *My parents taught me always to tell the truth.* 父母总是告诫我不可说谎。

teaching *noun* **1** [U] the work or profession of a teacher 教学；教育；教书: *My son went into teaching and my daughter became a doctor.* 我儿子是教师，女儿是医生。○ *part-time teaching* 兼职教书 ○ *teaching methods* 教学方法 **2** [C, usually pl] ideas and beliefs that are taught by sb/sth 教诲；教导；学说: *the teachings of Gandhi* 甘地的教诲

☆**teacher** /'ti:tʃə(r) ‖ 'titʃɚ/ *noun* [C] a person whose job is to teach, especially in a school or college 教师；导师: *He's a teacher at a primary school.* 他是小学教师。○ *a French teacher* 法语教师

☆**team** /ti:m ‖ tim/ *noun* [C] **1** a group of people who play a sport or game together against another group 体育/参赛队: *a football team* 一支足球队 ○ *Are you in the team?* 你是队员吗？**2** a group of people who work together 工作队/小组: *a team of medical workers* 一支医疗队 ☛ When **team** is used in the singular, it can be followed by either a singular or a plural verb * **team** 作单数时，后面可跟单数或复数动词: *The team play/plays two matches every week.* 该队每星期参加两场比赛。

(PHRASAL VERB 短语动词) **team up (with sb)** to join sb in order to do sth together（与某人）合作

'**teamwork** *noun* [U] the ability of people to work together 合作（能力）: *Good teamwork between nurses and doctors is very important.* 护士和医生的工作配合非常重要。

☆**tear**[1] /tɪə(r) ‖ tɪr/ *noun* [C, usually pl] a drop of water that comes from your eye when you are crying, etc 眼泪: *She wiped away his tears.* 她替他擦掉眼泪。○ *I was in tears* (= crying) *at the end of the film.* 看到电影末尾，我哭了。○ *The little girl burst into tears* (= suddenly started to cry). 小女孩突然哭起来。

tearful /-fl ‖ -fl/ *adj* crying or nearly crying 含着泪；洒着泪；哭泣的

'**tear-gas** *noun* [U] a type of gas that makes people's eyes fill with tears. It is used by the police, etc to control large groups of people. 催泪气

tear 撕

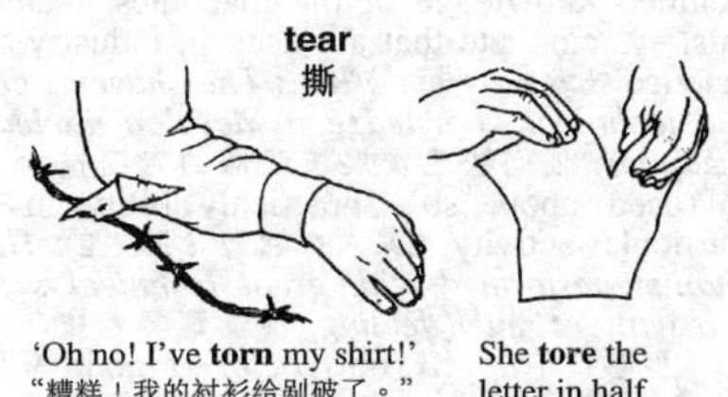

'Oh no! I've **torn** my shirt!' “糟糕！我的衬衫给刮破了。”

She **tore** the letter in half. 她把信撕成两半。

☆**tear**[2] /teə(r) ‖ tɛr/ *verb* (*pt* **tore** /tɔ:(r) ‖ tɔr/; *pp* **torn** /tɔ:n ‖ tɔrn/) **1** [T] to pull paper, cloth, etc so that it comes apart, goes into pieces or gets a hole in it 撕碎；撕开；弄穿: *I tore my shirt on that nail.* 我的衬衫给钉子刮破了。○ *Tear the paper along the dotted line.* 沿虚线撕下纸张。○ *She tore the letter in half.* 她将信撕成两半。○ *I tore a page out of my notebook.* 我从笔记簿上撕下一页。**2** [I] to become torn 被撕破: *This material doesn't tear easily.* 这种

T

料子很难撕裂。**3** [T] to remove sth by pulling it violently and quickly 撕下；撕走: *Paul tore the poster down from the wall.* 保罗把墙上的海报撕下来。**4** [I] to move very quickly in a particular direction（朝某方向）迅速移动；飞驰: *An ambulance went tearing past.* 一辆救护车飞驰而过。

(IDIOM 习语) **wear and tear** ⇨ WEAR[2]

(PHRASAL VERBS 短语动词) **tear sth apart** **1** to pull sth violently into pieces 撕开；撕得粉碎: *The bird was torn apart by the two dogs.* 鸟儿被两条狗撕得粉碎。**2** to destroy sth completely 彻底破坏；毁灭: *The country has been torn apart by the war.* 国家给战火彻底摧毁。

tear yourself away (from sb/sth) to make yourself leave sb/sth or stop doing sth 忍痛离开（某人/某事物）；勉强停止（做某事）: *Tim can't tear himself away from that computer game.* 蒂姆离不开电脑游戏。

be torn between A and B to find it difficult to choose between two things or people 左右为难

tear sth down (used about a building or monument 用于建筑物、碑碣等) to bring it to the ground 拆掉；拆毁: *They tore down the old houses and built a shopping centre.* 他们拆掉旧房子，兴建购物中心。

tear sth up to pull sth (usually sth made of paper) into pieces 撕碎（纸制品等）: *'I hate this photograph,' she said, tearing it up.* "我讨厌这张照片。" 她边说边将它撕碎。

tear *noun* [C] a hole in paper, cloth, etc that is caused by tearing（纸、布等的）裂口

tease /ti:z ‖ tiz/ *verb* [I,T] to say unkind or personal things to or about sb because you think it is funny 取笑；戏弄: *Don't pay any attention to those boys. They're only teasing.* 别理那些小伙子，他们只不过在逗你。○ *They teased her about being fat.* 他们取笑她肥胖。

☆**technical** /'teknɪkl ‖ 'tɛknɪkḷ/ *adj* **1** involving detailed knowledge of the machines, materials, systems, etc that are used in industry or science 技术的；与科技有关: *They haven't got the technical knowledge to develop nuclear weapons.* 他们缺乏发展核武器的专门技术。**2** (used about sb's practical ability in a particular activity 指某人的专门/专业技能): *The pianist performed with great technical skill but without much feeling.* 演奏钢琴者技巧纯熟，但感情不足。**3** (only *before* a noun 只用于名词前) relating to a particular subject 专门；专业: *the technical terms connected with computers* 计算机术语

technicality /ˌteknɪ'kælətɪ ‖ ˌtɛknɪ'kælətɪ/ *noun* [C] (*pl* **technicalities**) one of the details of a particular subject or activity 技术细节

technically /-klɪ ‖ -klɪ/ *adv* **1** following a very exact interpretation of facts or laws 准确依据法律/规则的解释来说；严格而言: *Technically, you should pay by May 1st, but it doesn't matter if it's a few days late.* 严格而言，你应该在5月1日付款，但迟几天也可以。**2** in a way that involves detailed knowledge of the machines, etc that are used in industry or science 科技/技术上: *The country is technically not very advanced.* 那个国家技术不很先进。**3** (used about sb's practical ability in a particular activity 用于指专长/专业技能): *technically brilliant* 技艺超卓

technician /tek'nɪʃn ‖ tɛk'nɪʃən/ *noun* [C] a person whose work involves practical skills, especially in industry or science 技术人员；科技工作者: *a laboratory technician* 实验室技术员

☆**technique** /tek'ni:k ‖ tɛk'nik/ *noun* **1** [C] a particular way of doing sth 技术；技巧: *new techniques for teaching languages* 语言教学的新技巧 **2** [U] your practical ability in sth 技能；技术；技巧

☆**technology** /tek'nɒlədʒɪ ‖ tɛk'nɑlədʒɪ/ *noun* (*pl* **technologies**) **1** [U] the study and use of science for practical purposes in industry, etc 科技/技术的研究及应用 **2** [C,U] the scientific knowledge that is needed for a particular industry, etc 科技；技术: *developments in computer technology* 计算机技术的发展 —**technological** /ˌteknə'lɒdʒɪkl ‖ ˌtɛknə'lɑdʒɪkḷ/ *adj*: *technological developments* 科技发展

technologist /tek'nɒlədʒɪst ‖ tɛk'nɑlədʒɪst/ *noun* [C] a person who is an expert in technology 科技人员

teddy /'tedɪ ‖ 'tɛdɪ/ (*also* 亦作 '**teddy bear**) *noun* [C] (*pl* **teddies**) a toy for children that looks like a bear 玩具熊

tedious /'ti:dɪəs ‖ 'tidɪəs/ *adj* boring and lasting for a long time 冗长沉闷: *a tedious train journey* 冗长沉闷的火车旅程

teem /ti:m ‖ tim/ *verb* [I] **teem with sth** (used about a place 指地方) having a lot of people or things moving about in it 充满人/事物: *The streets were teeming with people.* 街上人潮如涌。

☆**teenager** /'ti:neɪdʒə(r) ‖ 'tinˌedʒɚ/ *noun* [C] a person who is between 13 and 19 years old ＊13至19岁的青少年: *Her music is very popular with teenagers.* 她的音乐很受青少年欢迎。

teenage /'ti:neɪdʒ ‖ 'tiˌnedʒ/ *adj* (only *before* a noun 只用于名词前) **1** between 13 and 19 years old ＊13至19岁: *teenage children* 十多岁的孩子 **2** typical of or suitable for people between 13 and 19 years old 青少年的；为青少年而设的: *teenage fashion* 青少年的风尚

teens /ti:nz ‖ tinz/ *noun* [plural] the period of a person's life between the ages of 13 and 19 青少年时代（指13岁至19岁间）: *to be in your late/early teens* 十八、九/十三、四岁

teeshirt = T-SHIRT

teeth *pl* of TOOTH ＊TOOTH 的复数

teethe /ti:ð ‖ tið/ *verb* [I] (usually in the *-ing* forms 通常用 -ing 形式) (used about a baby 指婴儿) to start growing its first teeth 出牙；长牙

'**teething troubles** (*also* 亦作 '**teething problems**) *noun* [plural] the problems that can develop when a person, system, etc is new 初期的困难；创业阶段的困难

teetotal /tiː'təʊtl; *US* 美 'tiːtəʊtl ‖ ti'totḷ/ *adj* (used about a person 指人) never drinking alcohol 滴酒不沾

teetotaller (*US* 美 **teetotaler**) /-tlə(r) ‖ -tḷɚ/ *noun* [C] a person who never drinks alcohol 滴酒不沾的人

telecommunications /ˌtelɪkəˌmjuːnɪ'keɪʃnz ‖ ˌtɛləkəˌmjunə'keʃənz/ *noun* [plural] the process of communicating over long distances by using electronic equipment, eg by radio, television or telephone 电信；长途通信

telegram /'telɪgræm ‖ 'tɛləˌgræm/ *noun* [C] a message that you can send very quickly to sb over a long distance. The message is sent for you by a telephone company, etc and delivered on a printed form 电报（指传递的消息）

☛ Within the UK telegrams are now called **telemessages**. 在英国，电报称为 **telemessage**。

telegraph /'telɪgrɑːf; *US* 美 -græf ‖ 'tɛləˌgræf/ *noun* [U] a system of sending messages by using radio or electrical signals 电报（指通信方式）

'telegraph pole *noun* [C] a tall wooden pole that is used for supporting telephone wires 电线杆

telepathy /tɪ'lepəθɪ ‖ tə'lɛpəθɪ/ *noun* [U] the communication of thoughts between people's minds without speaking, etc 传心术；心灵感应

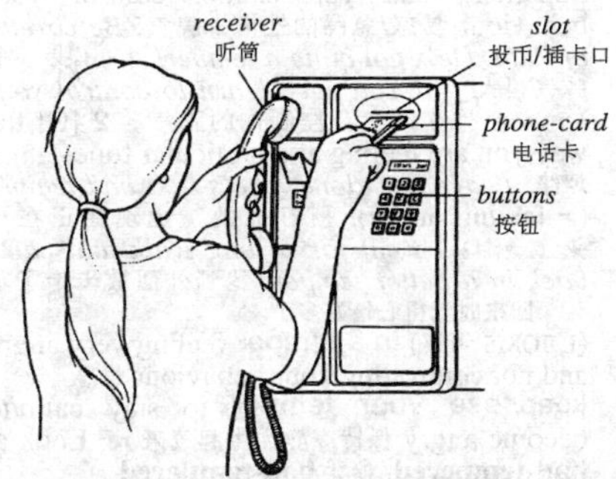

☆**telephone** /'telɪfəʊn ‖ 'tɛləˌfon/ (also *informal* 非正式 **phone**) *noun* **1** [U] an electrical system for talking to sb in another house, town, country, etc by speaking into a special piece of equipment 电话（指通讯方式）: *Can I contact you by telephone?* 我用电话跟你联络好吗？ ○ *to make a telephone call* 打电话 ○ *What's your telephone number?* 你的电话号码是多少？ ☛ It is more common to use **phone** rather than **telephone**, especially when you are speaking. ＊**phone** 比 **telephone** 常用，尤用于口语。

☛ When you make a telephone call you first **pick up the receiver** and **dial** the number. 打电话首先要拿起听筒 (**pick up the receiver**)，拨 (**dial**) 号码。The telephone **rings** and the person at the other end **answers** it. 电话响 (**ring**)，对方听电话 (**answer**)。If he/she is already using the telephone, it is **engaged** (*US* **busy**). 如果对方的电话占线就叫做 **engaged**（美国英语说 **busy**）。When you finish speaking you **put down** the receiver and **ring off**. 说完话就放下听筒 (**put down** the receiver) 挂断 (**ring off**)。

2 [C] (*also* 亦作 **handset**) the piece of equipment that you use when you talk to sb by telephone 电话机: *Could I use your telephone?* 我可以用你的电话吗？ ○ *a portable telephone* (= one that you can carry around) 手提式电话 ○ *a public telephone* 公用电话

(IDIOM 习语) **on the phone/telephone** ⇨ PHONE

telephone (*also* 亦作 **phone**) *verb* [I,T] to use a telephone in order to speak to sb 打电话: *Sarah telephoned. She's going to be late.* 萨拉打电话来说会迟一点才到。

telephonist /tɪ'lefənɪst ‖ tə'lɛfənɪst/ *noun* [C] a person whose job is to answer the telephone and make telephone connections in an office or telephone exchange 接线员；话务员

'telephone box (*also* 亦作 **'phone box**; **'call-box**) *noun* [C] a small covered place in a street, etc that contains a telephone for public use 电话亭

'telephone directory (also *informal* 非正式 **'phone book**) *noun* [C] a book that gives a list of the names, addresses and telephone numbers of the people in a particular area 电话用户号码簿

'telephone exchange (*also* 亦作 **exchange**) *noun* [C] a place belonging to a telephone company where telephone lines are connected so that people can speak to each other 电话交换机；总机

'telephone number (also *informal* 非正式 **'phone number**) *noun* [C] the number that you dial when you speak to sb on the telephone 电话号码

☛ The number that you dial before the telephone number if you are telephoning a different area or country is called the **code** 地区/国家等的编号/代码叫做 **code**: *'What's the code for Spain?' '0034.'* "西班牙的国家代码是什么？" "0034。"

telescope /'telɪskəʊp ‖ 'tɛləˌskop/ *noun* [C] an instrument in the shape of a tube with special glass inside it. You look through it to make distant things appear bigger and nearer. 望远镜 ☛ picture at **binoculars**. 见 **binoculars** 插图。Look at **microscope**. 参看 **microscope**。

teletext /'telɪtekst ‖ 'tɛləˌtɛkst/ *noun* [U] a service that provides news and other information in written form on television 电视文字广播；图文电视

☆**television** /ˈtelɪvɪʒn ‖ ˈtɛləˌvɪʒən/ (*also* 亦作 **TV**; *Brit informal* 英，非正式 **telly**) *noun* **1** [C] (*also* 亦作 ˈ**television set**) a piece of electrical equipment in the shape of a box. It has a glass screen which shows programmes with moving pictures and sounds 电视机: *to turn the television on/off* 开/关电视 **2** [U] the electrical system and business of sending out programmes so that people can watch them on their television sets 电视广播: *Television and radio have helped people to learn more about the world they live in.* 电视和电台广播加深人们对世界的认识。○ *cable/satellite television* 有线/卫星电视 ○ *She works in television.* 她从事电视工作。**3** [U] the programmes that are shown on a television set 电视节目: *Paul's watching television.* 保罗在看电视。

(IDIOM 习语) **on television** being shown by television 在电视上播放/播映/播送: *What's on television tonight?* 今晚电视播什么？

televise /ˈtelɪvaɪz ‖ ˈtɛləˌvaɪz/ *verb* [T] to show sth on television 用电视播放/播映/播送: *a televised concert* 电视播放的音乐会

telex /ˈteleks ‖ ˈtɛlɛks/ *noun* **1** [U] a system of sending written messages using special machines. The message is typed on a machine in one place, and then sent by telephone to a machine in another place, which immediately prints it out. 用户电传（系统）；用户直通电报（系统）**2** [C] a machine for sending out such messages; a message that is sent or received by telex（用户）电传（机）；（用户）直通电报（机）☛ Look at **fax**. 参看 **fax**。

☆**tell** /tel ‖ tɛl/ *verb* (*pt*, *pp* **told** /təʊld ‖ told/) **1** [T] **tell sb (sth)**; **tell sth (to sb)** to give information to sb by speaking or writing 告诉；告知；说: *She told me her address but I've forgotten it.* 她告诉过我她的住址，但我忘了。○ *He wrote to tell me that his mother had died.* 他写信告诉我他母亲去世了。○ *Tell us about your holiday.* 告诉我们有关你假期的事。○ *Tell me what you did yesterday.* 告诉我你昨天做过什么。○ *to tell the truth/a lie* 说出真相；说谎 ○ *to tell a story* 说故事 ○ *Excuse me, could you tell me where the station is?* 劳驾，请问车站在哪里？☛ Look at the note at **say**. 参看 **say** 的注释。**2** [T] **tell sb (to do sth)** to order or advise sb to do sth 叫；命令；告诉；劝告: *The policewoman told us to get out of the car.* 那个女警察叫我们下车。○ *Dad told me not to worry about my exams.* 爸爸劝我别担心考试的事。○ *Please tell me what to do.* 请告诉我应做什么。○ *You'll be all right if you do as you're told.* 你按照吩咐做就会没事。**3** [I,T] to know, see or judge (sth) correctly 准确知道/看出/判断: *'What do you think Jenny will do next?' 'It's hard to tell.'* "你认为珍妮下一步会做什么？""很难说。" ○ *I could tell that he had enjoyed the evening.* 我可以清楚看出他晚上玩得很开心。○ *I can't tell which coat is mine. They look exactly the same.* 我分不出哪件外衣是我的，两件看来都一样。**4** [T] (used about a thing 指某事物) to give information to sb 提供资料: *This book will tell you all you need to know.* 本书包括一切你需要的资料。**5** [I] **tell (on sb/sth)** to have a noticeable effect 有显著影响: *Your age is beginning to tell!* 年龄开始对你产生明显的影响。

(IDIOMS 习语) **all told** with everybody or everything counted and included 总共: *The holiday cost over £1 000, all told.* 度假费用总共超过1 000英镑。

I told you (so) (*informal* 非正式) I warned you that this would happen 我早就警告过你会发生这种情况

tell A and B apart ⇨ APART

tell the time to read the time from a clock or watch 从钟表看时间

(PHRASAL VERB 短语动词) **tell sb off (for sth/for doing sth)** to speak to sb angrily because he/she has done sth wrong 斥责；责备

telling *adj* **1** having a great effect 有力；显著: *a telling argument* 有力的论点 **2** showing your real feelings or thoughts 泄露真情；表露心迹: *a telling remark* 泄露真情的话

ˈ**tell-tale** *adj* giving information about sth secret or private 揭秘的；泄露内情的: *the tell-tale signs of worry on his face* 他脸上露出的担忧神色

telly /ˈtelɪ ‖ ˈtɛlɪ/ *noun* [C,U] (*pl* **tellies**) (*Brit informal* 英，非正式) = TELEVISION

temp /temp ‖ tɛmp/ *noun* [C] (*informal* 非正式) a temporary employee, especially a secretary, who works somewhere for a short period of time when sb else is ill or on holiday 临时员工（尤指秘书等）

☆**temper** /ˈtempə(r) ‖ ˈtɛmpɚ/ *noun* **1** [C,U] If you have a temper you are often angry and impatient, and you cannot control your behaviour 易怒/急躁的性情；脾气: *Be careful of Paul. He's got quite a temper!* 小心保罗，他脾气很大！○ *You must learn to control your temper.* 你必须学会控制你的脾气。**2** [C] the way you are feeling at a particular time 心情；情绪: *Leave her alone. She's in a bad temper* (= feeling angry). 别打扰她，她现在正在火头上。○ *I went for a long walk and came back in a better temper.* 我到外面散步走了很久，回来时觉得心情好多了。

(IDIOMS 习语) **in a temper** feeling very angry and not controlling your behaviour 愤怒

keep/lose your temper to stay calm/to become angry 保持冷静；生起气来 ☛ Look at **bad-tempered**. 参看 **bad-tempered**。

temperament /ˈtemprəmənt ‖ ˈtɛmprəmənt/ *noun* [C,U] a person's character, especially as it affects the way he/she behaves and feels 脾气；性情: *to have a calm temperament* 性情温和

temperamental /ˌtemprəˈmentl ‖ ˌtɛmprəˈmɛntl/ *adj* often and suddenly changing the way you behave 喜怒无常；情绪容易波动

temperate /ˈtempərət ‖ ˈtɛmpərɪt/ *adj* (used about a climate 指天气) not very hot and not very cold 温和

☆**temperature** /ˈtemprətʃə(r); *US* 美 ˈtempərtʃʊər ‖ ˈtɛmprətʃɚ/ *noun* **1** [C,U] how hot or cold sth is 温度；气温: *Heat the oven to a temperature of 200°C.* 把烤炉的温度调到200摄氏度。○ *Temperatures in some parts of Britain will fall below freezing tomorrow.* 明天英国部分地区的气温将降至零度以下。○ *a high/low temperature* 高/低温 **2** [C] how hot or cold a person's body is 体温

(IDIOMS 习语) **have a temperature** to have a temperature of the body that is higher than normal (when you are ill) 发烧；发热

take sb's temperature to measure the temperature of sb's body with a special instrument (**thermometer**) 量体温（温度计/体温计叫做 **thermometer**）

temple¹ /'templ ‖ 'tɛmpl̩/ *noun* [C] a building where people pray to and worship a god or gods 庙宇；寺院: *a Buddhist temple* 佛寺

temple² /'templ ‖ 'tɛmpl̩/ *noun* [C] one of the flat parts on each side of your forehead 颞颥；太阳穴

tempo /'tempəʊ ‖ 'tɛmpo/ *noun* (*pl* **tempos** /'tempəʊz ‖ 'tɛmpoz/) **1** [sing,U] the speed of an activity or event 速度；节奏 **2** [C,U] (*technical* 术语) the speed of a piece of music 乐曲的节拍/速度

☆**temporary** /'temprərɪ; *US* 美 -pərerɪ ‖ 'tɛmpəˌrɛrɪ/ *adj* lasting for a short time; not permanent 临时；暂时: *a temporary job* 临时工作 ○ *This arrangement is only temporary.* 这只是暂时的安排。—**temporarily** /'temprərəlɪ; *US* 美 ˌtempə'rerəlɪ ‖ ˌtɛmpə'rɛrəlɪ / *adv*

☆**tempt** /tempt ‖ tɛmpt/ *verb* [T] to try to persuade or attract sb to do sth, especially sth that is wrong or silly 引诱；诱惑；吸引: *His dream of riches had tempted him into a life of crime.* 他的发财梦诱使他开始犯罪生活。○ *She was tempted to stay in bed all morning.* 她整个早上赖在床上不肯起来。○ *I'm very tempted by the idea of working in another country.* 到另一个国家工作的主意深深吸引着我。

tempting *adj* attractive 有吸引力；诱人: *a tempting offer* 诱人的提议 ○ *That chocolate cake looks very tempting!* 那巧克力蛋糕使人垂涎欲滴。

temptation /temp'teɪʃn ‖ tɛmp'teʃən/ *noun* **1** [U] a feeling that you want to do sth, although you know that it is wrong or silly 诱惑；引诱: *I resisted the temptation to have another glass of wine.* 我抗拒多喝一杯酒的诱惑。**2** [C] a thing that attracts you to do sth wrong or silly 诱惑: *All that money is certainly a big temptation.* 那么多金钱的确是一大诱惑。

☆**ten** /ten ‖ tɛn/ *number* 10; one more than nine 十 ☛ For examples of how to use numbers in sentences, look at **six**. 有关数字在句子中的实际用法，参看 **six**。

tenth /tenθ ‖ tɛnθ/ *pron, det, adv* 10th; next after ninth 第十

tenth *noun* [C] the fraction ¹⁄₁₀; one of ten equal parts 十分之一 ☛ Look at the examples at **sixth**. 参看 **sixth** 的示例。

tenacious /tɪ'neɪʃəs ‖ tɪ'neʃəs/ *adj* very determined about sth; not likely to give up or accept defeat 坚决；顽强: *a tenacious defender of human rights* 坚决维护人权的人 —**tenacity** /tɪ'næsətɪ ‖ tɪ'næsətɪ/ *noun* [U]

☆**tenant** /'tenənt ‖ 'tɛnənt/ *noun* [C] a person who pays money (**rent**) to the owner of a room, flat, building or piece of land so that he/she can live in it or use it 房客；租户（租金叫做 **rent**）: *The previous tenants of the flat were university students.* 那套公寓房以前的租户都是大学生。☛ The owner is called a **landlord** or **landlady**. 房东/业主叫做 **landlord** 或 **landlady**。

tenancy /-ənsɪ ‖ -ənsɪ/ (*pl* **tenancies**) *noun* [C,U] the use of a room, flat, building or piece of land, for which you pay rent to the owner（土地及房屋的）租赁/租用: *a six-month tenancy* 六个月的租赁期 ○ *a tenancy agreement* 租约

☆**tend¹** /tend ‖ tɛnd/ *verb* [I] **1** to often or normally do or be sth 通常是；往往会: *Women tend to live longer than men.* 女性一般比男性长寿。○ *There tends to be a lot of heavy traffic on that road.* 那条路的交通通常非常繁忙。○ *My brother tends to talk a lot when he's nervous.* 我哥哥一紧张就滔滔不绝地说个不停。**2** (used for giving your opinion in a polite way 用以有礼貌地提意见): *I tend to think that we shouldn't interfere.* 我觉得我们不应该干涉。

tendency /'tendənsɪ ‖ 'tɛndənsɪ/ *noun* [C] (*pl* **tendencies**) something that a person or thing does; a way of behaving 倾向；趋向；行事方式: *He has a tendency to be late for appointments.* 他赴约总是迟到。○ *The dog began to show vicious tendencies.* 那只狗开始露出凶相。○ *She seems to have a tendency towards depression.* 她似乎有消沉倾向。○ *There's a growing tendency for people to travel to work by bicycle.* 骑自行车上班的人有越来越多趋势。

tend² /tend ‖ tɛnd/ *verb* [T] (*formal* 正式) to look after sb/sth 照顾；照料: *He tended the child day and night throughout his illness.* 孩子生病的时候他不分昼夜照顾他。

tender¹ /'tendə(r) ‖ 'tɛndɚ/ *adj* **1** kind and loving 仁慈；温柔；温存: *She whispered a few tender words in his ear.* 她在他耳边说了几句温存话。**2** (used about meat 指肉) soft and easy to cut or bite; not tough 嫩 **3** (used about a part of the body 指身体某部位) painful when you touch it 触痛的 **4** young and without much experience of life 年轻；入世未深: *She went to live in London at the tender age of 15.* 她年仅15岁就到伦敦生活。—**tenderly** *adv* —**tenderness** *noun* [U]

tender² /'tendə(r) ‖ 'tɛndɚ/ *verb* [I,T] (*formal* 正式) to offer or give sth formally 正式提出/提交: *After the scandal the Foreign Minister was forced to tender her resignation.* 丑闻传出后，外交部长被迫提出辞呈。○ *Five different companies tendered for the building contract* (= stated a price for doing the work). 五家公司投标承接那项建筑的合约。

tender (*also* 亦作 **bid**) *noun* [C] (*technical* 术语) a formal offer to supply goods or do work at a certain price. 投标

tendon /'tendən ‖ 'tɛndən/ *noun* [C] a strong

cord in your body that joins a muscle to a bone 腱（连接肌肉和骨骼的结缔组织）

tenement /ˈtenəmənt ‖ ˈtɛnəmənt/ *noun* [C] a large building that is divided into small flats, especially in a poor area of a city 低廉分租房屋

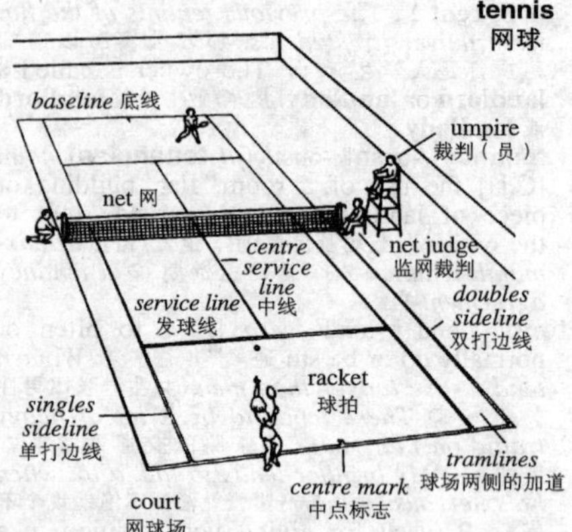

☆**tennis** /ˈtenɪs ‖ ˈtɛnɪs/ (*also* 亦作 **lawn tennis**) *noun* [U] a game for two or four players who hit a ball to each other over nets with rackets 网球: *Let's play tennis.* 我们去打网球吧！ ○ *to have a game of tennis* 打一场网球 ○ *a tennis match* 网球比赛

☛ In tennis you can play **singles** (a game between two people) or **doubles** (a game between two teams of two people). 网球可分单打 (**singles**) 或双打 (**doubles**)。

tenor /ˈtenə(r) ‖ ˈtɛnɚ/ *noun* [C] **1** the highest normal singing voice for a man; a man with this voice 男高音（歌手）: *a lovely tenor voice* 动听的男高音 ○ *Pavarotti is a famous Italian tenor.* 帕瓦罗蒂是著名的意大利男高音歌唱家。 **2** a musical instrument with the same range as a tenor voice 音域相当于男高音的乐器: *a tenor saxophone* 次中音萨克斯管

tenpin bowling /ˌtenpɪn ˈbəʊlɪŋ ‖ ˌtɛnpɪn ˈbolɪŋ/ *noun* [U] a game in which you roll a heavy ball towards ten objects (**tenpins**) and try to knock them down 十柱保龄球（所用的瓶状柱叫做 **tenpin**）

☆**tense**[1] /tens ‖ tɛns/ *adj* **1** (used about a person 指人) not able to relax because you are worried or nervous 紧张；焦虑: *She looked pale and tense.* 她看来又苍白又紧张。 **2** (used about a person's body 指人的身体) having stiff muscles because you are not relaxed 绷紧 **3** (used about an atmosphere or situation 指气氛或处境) making people feel worried and not relaxed 紧张: *Reporters described the atmosphere in the capital as 'very tense'.* 记者形容首都的气氛"十分紧张"。

tense *verb* [I,T] to become tense or to make your body tense 使紧张/身体绷紧

☆**tense**[2] /tens ‖ tɛns/ *noun* [C,U] (*grammar* 语法) a form of a verb that shows whether sth happens in the past, present or future（动词的）时态/时

☆**tension** /ˈtenʃn ‖ ˈtɛnʃən/ *noun* **1** [C,U] the condition of not being able to relax that is caused by worry or nervousness 紧张（状态）: *I could hear the tension in her voice as she spoke.* 从她说话的声音，我感觉到她很紧张。 **2** [C,U] a condition of bad feeling and lack of trust between people, countries, etc（人、国家等之间的）紧张关系/局势: *There are signs of growing tensions between the two countries.* 那两个国家的关系有日趋紧张的迹象。 **3** [U] (used about a rope, wire, etc 指绳索、电线等) how tightly it is stretched 绷紧/拉紧的程度

☆**tent** /tent ‖ tɛnt/ *noun* [C] a shelter made of nylon or canvas that is held up by poles and ropes. You use a tent to sleep in when you go camping. 帐棚；帐篷

tentative /ˈtentətɪv ‖ ˈtɛntətɪv/ *adj* **1** (used about plans, etc 指计划等) uncertain; not definite 未确定；试探/试验性质的: *I've made a tentative arrangement to meet Paul for lunch next week, but it's not definite yet.* 我初步约了保罗下星期一起吃午餐，但还没确定。 **2** (used about a person or a person's behaviour 指人或行为) not confident about what you are saying or doing 没信心；犹豫: *a tentative smile* 勉强的微笑 —**tentatively** *adv*

tenterhooks /ˈtentəhʊks ‖ ˈtɛntɚˌhʊks/ *noun* [plural]

(IDIOM 习语) **(be) on tenterhooks** to be in a very nervous or excited state because you are waiting to find out what is going to happen 焦急地等待

tenth ⇨ TEN

tenuous /ˈtenjʊəs ‖ ˈtɛnjʊəs/ *adj* (used about a connection or an idea) very small and weak and possibly not really existing（指关系）疏远；（指意念）含糊: *My father says we are related to the Churchill family, but actually the link is extremely tenuous.* 爸爸说我们与邱吉尔家族有亲属关系，但实际上非常疏远。

tenure /ˈtenjʊə(r); *US* 美 -jər ‖ ˈtɛnjɚ/ *noun* [U] a legal right to live in a place, hold a job, use land, etc for a certain time（房地产的）保有权；（职务的）任期

tepid /ˈtepɪd ‖ ˈtɛpɪd/ *adj* (used about liquids 指液体) only slightly warm 微温；微热

☆**term** /tɜːm ‖ tɝm/ *noun* **1** [C] a word or group of words, especially one that is used in connection with a particular subject 词语；术语；专门名词: *What exactly do you mean by the term 'racist'?* ＊racist 这个专门名词的确实意义是什么？ ○ *a technical term* 技术术语 **2 terms** [plural] **in … terms; in terms of …** (used for indicating which particular way you are thinking about sth or from which point of view 指从某方面/角度看): *The flat would be ideal in terms of size, but it is very expensive.* 这公寓的面积很理想，但是价钱太贵了。 ○ *We must think about this in political terms.* 我们必须从政治角度考虑这件事。 ○ *Let's talk in terms of opening a new office in June* (= let's think about doing this). 我们谈谈在六月份开设新办公

室的事吧。**3 terms** [plural] the conditions of an agreement 条款；规定: *Under the terms of the contract you must give a week's notice.* 按照合约规定，你必须在一星期前发出通知。○ *peace terms* 和平条件 **4** [C,U] a period of time into which a school or university year is divided 学期: *the autumn/spring/summer term* 秋/春/夏季学期 **5** [C] a period of time for which sth lasts 期限；任期: *The US President is now in his second term of office.* 现在的美国总统已经是第二届连任。

(IDIOMS 习语) **be on equal terms (with sb)** ⇨ EQUAL

be on good, friendly etc terms (with sb) to have a friendly relationship with sb（与某人）关系好/谈得来

come to terms with sth to accept sth unpleasant or difficult 接受（不愿接受的事）；妥协；让步

in the long/short term over a long/short period of time in the future 长远/短期而言: *We're aiming at a tax rate of 20% in the long term.* 我们的长远目标是将税率定为百分之二十。

term *verb* [T] to describe sb/sth by using a particular word or expression 以某词/说法来形容；赋予某称号: *the period of history that is often termed the 'Dark Ages'* 通称"黑暗时代"的那段历史时期

terminal[1] /'tɜ:mɪnl ‖ 'tɝmənḷ/ *adj* (used about an illness 指疾病) slowly causing death 晚期的: *terminal cancer* 晚期癌症 —**terminally** /-nəlɪ ‖ -nḷɪ/ *adv*: *a terminally ill patient* 晚期病人

☆**terminal**[2] /'tɜ:mɪnl ‖ 'tɝmənḷ/ *noun* **1** [C] a large railway station, bus station or building at an airport where journeys begin and end（铁路、公共汽车或航空线的）终点站: *the bus terminal* 公共汽车总站 ○ *British Airways flights depart from Terminal 1 at Heathrow.* 英国航空公司班机由希思罗机场一号航站起飞。**2** a piece of computer equipment (usually a keyboard and screen) that you use for getting information from a central computer or for putting information into it（计算机的）终端装置

terminate /'tɜ:mɪneɪt ‖ 'tɝmə,net/ *verb* [I,T] (*formal* 正式) to end or to make sth end 停止；终止: *to terminate a contract* 终止合约 —**termination** (*formal* 正式) *noun* [U]

terminology /,tɜ:mɪ'nɒlədʒɪ ‖ ,tɝmə'nɑlədʒɪ/ *noun* [C,U] (*pl* **terminologies**) the special words and expressions that are used in a particular profession, subject or activity 专门用语；术语: *computer terminology* 计算机术语

terminus /'tɜ:mɪnəs ‖ 'tɝmənəs/ *noun* [C] (*pl* **terminuses** /-nəsɪz ‖ -nəsɪz/) the last stop or station at the end of a bus route or railway line（铁路或公共汽车线路的）终点站

terrace /'terəs ‖ 'tɛrəs/ *noun* [C] **1** a flat area of stone next to a restaurant or large house where people can have meals, sit in the sun, etc 平台；露台: *lunch on the terrace* 在平台上吃午饭 ☛ Look at **patio**. 参看 **patio**。**2** a line of similar houses that are all joined together 排屋（设计相近的一排房屋）**3** [usually pl] one of a series of steps that are cut into the side of a hill so that crops can be grown there 梯田 **4** [plural] the wide steps that people stand on to watch a football match（足球场中供观众站立的）看台

terraced /'terəst ‖ 'tɛrɪst/ *adj* **1** (*Brit* 英) (used about a house 指房屋) forming part of a line of similar houses that are all joined together 并列成排 ☛ picture on page A23. 见第 A23 页插图。**2** (used about a hill 指山) having steps cut out of it so that crops can be grown there 台阶形；梯田状

terrain /tə'reɪn ‖ tɛ'ren/ *noun* [U] a type of land 地形；地势: *rough terrain* 崎岖不平的地势

☆**terrible** /'terəbl ‖ 'tɛrəbḷ/ *adj* **1** very unpleasant or serious 令人十分不快；严重: *a terrible accident* 严重的事故 ○ *What a terrible thing to do!* 怎么可以做这么可怕的事！**2** ill or very upset 生病；不舒服；非常难过: *I feel terrible. I think I'm going to be sick.* 我很不舒服，我想快要病了。○ *He felt terrible when he realized what he had done.* 他知道他做的是怎么一件事后，觉得很难过。**3** very bad; of poor quality 差劲；糟糕: *The hotel was terrible.* 那家旅馆很糟糕。**4** (only *before* a noun 只用于名词前) great 非常: *It was a terrible shame that you couldn't come.* 你不能来真可惜。

terribly /-əblɪ ‖ -əblɪ/ *adv* **1** very 非常: *I'm terribly sorry.* 我非常抱歉。**2** very badly 非常坏；很差: *I played terribly.* 我演奏得很差。

terrier /'terɪə(r) ‖ 'tɛrɪɚ/ *noun* [C] a type of small dog 一种体型小的狗

terrific /tə'rɪfɪk ‖ tə'rɪfɪk/ *adj* **1** (*informal* 非正式) extremely nice or good; excellent 极好: *You're doing a terrific job!* 你干得棒极了！**2** (only *before* a noun 只用于名词前) very great 巨大；极度: *The food was terrific value.* 这种食品非常珍贵。

terrifically /-klɪ ‖ -kḷɪ/ *adv* (*informal* 非正式) extremely 非常: *terrifically expensive* 非常昂贵

terrify /'terɪfaɪ ‖ 'tɛrə,faɪ/ *verb* [T] (*pres part* **terrifying**; *3rd pers sing pres* **terrifies**; *pt, pp* **terrified**) to frighten sb very much 使恐惧/害怕/吃惊

terrified *adj* **terrified (of sb/sth)** very afraid 非常害怕/恐惧: *to be terrified of spiders* 非常怕蜘蛛 ○ *a terrified face* 受惊的表情

☆**territory** /'terətrɪ; *US* 美 -tɔ:rɪ ‖ 'tɛrə,tɔrɪ/ *noun* (*pl* **territories**) **1** [C,U] an area of land that belongs to one country or ruler 领土: *former French territories in Africa* 法国以前在非洲的领土 ○ *to fly over enemy territory* 飞越敌人的领土 **2** [C,U] an area that an animal has as its own（动物栖居、活动并积极防卫的）领域

territorial /,terə'tɔ:rɪəl ‖ ,tɛrə'tɔrɪəl/ *adj* (only *before* a noun 只用于名词前) connected with the land or area of sea that belongs to a country or ruler 与领土/领海有关: *territorial waters* 领海

☆**terror** /'terə(r) ‖ 'tɛrɚ/ *noun* **1** [U] very great fear 恐怖；惊恐；恐惧: *He screamed in terror as the rats came towards him.* 老鼠向他窜过去，吓得他尖叫起来。**2** [C] a person or thing that makes you feel afraid 令人惊恐的人/物: *the terrors of the night* 黑夜的恐怖 **3** [U] violent action (eg bombing, killing) for

T

political purposes 有政治目的的暴力活动/恐怖行为: *a terror campaign* 恐怖运动

terrorize (*also* 亦作 **terrorise**) /ˈterəraɪz ‖ ˈtɛrəˌraɪz/ *verb* [T] to make sb feel frightened by using or threatening to use violence against him/her 恐吓；威胁

☆**terrorism** /ˈterərɪzəm ‖ ˈtɛrəˌrɪzəm/ *noun* [U] the use of violent action (eg bombing, killing) for political purposes 恐怖主义/行动: *an act of terrorism* 恐怖行为

terrorist /ˈterərɪst ‖ ˈtɛrərɪst/ *noun* [C] a person who is involved in terrorism 恐怖分子 —**terrorist** *adj*

terse /tɜːs ‖ tɝs/ *adj* said in few words and in a not very friendly way 草率；简短生硬: *a terse reply* 草率的答复

tertiary /ˈtɜːʃərɪ; *US* 美 -ʃɪerɪ ‖ ˈtɝʃɪˌɛrɪ/ *adj* (used about education 指教育) after primary and secondary 高等的: *a tertiary college* 高等院校

☆**test**[1] /test ‖ tɛst/ *noun* [C] **1** a short examination to measure sb's knowledge or skill in sth 测验: *a spelling test* 拼字测验 ☛ When you **take** a test you can either **pass** it (which is good) or **fail** it (which is bad). 参加测验 (**take** a test) 取得及格成绩叫做 **pass**，不及格叫做 **fail**。**2** a short medical examination of a part of your body（身体某部分的）检查: *an eye test* 眼睛检查 **3** an experiment to find out whether sth works or to find out more information about it 测试: *Tests show that the new drug is safe and effective.* 测试结果显示新药安全有效。**4** a situation or event that shows how good, strong, effective, etc sb/sth is 试验；测试；考验；试金石: *The local elections will be a good test of the government's popularity.* 地区选举是政府声望的试金石。

☆**test**[2] /test ‖ tɛst/ *verb* [T] **1 test sb/sth (for sth); test sth (on sb/sth)** to try, use or examine sth carefully to find out if it is working properly or what it is like 测试；试验: *These cars have all been tested for safety.* 这些汽车全部经过安全测试。○ *Do you think drugs should be tested on animals?* 你认为应该用动物做药物试验吗？**2** to examine a part of the body to find out if it is healthy 检查身体: *to have your eyes tested* 检查眼睛 **3 test sb (on sth)** to examine sb's knowledge or skill in sth 测试某人（某方面的知识/技术）

ˈ**test-tube** *noun* [C] a thin glass tube that is used in chemical experiments 试管

ˈ**test-tube baby** *noun* [C] a baby that develops from an egg which has been taken out of the mother's body. The egg is fertilized and then put back inside to develop normally. 试管婴儿（经人工授精而生长）

testament /ˈtestəmənt ‖ ˈtɛstəmənt/ *noun* [C, usually sing] (*formal* 正式) **a testament (to sth)** something that shows that sth else exists or is true 证明；证据: *Puttnam's new film is a testament to his talent and experience.* 帕特南的新影片证明了他既有才华又有经验。

testicle /ˈtestɪkl ‖ ˈtɛstɪkl̩/ *noun* [C] one of the two male sex organs that produce sperm 睾丸

testify /ˈtestɪfaɪ ‖ ˈtɛstəˌfaɪ/ *verb* (*pres part* **testifying**; *3rd pers sing pres* **testifies**; *pt, pp* **testified**) [I,T] to make a formal statement that sth is true, especially as a witness in a court of law（在法庭）作证；证明

testimony /ˈtestɪmənɪ; *US* 美 -məʊnɪ ‖ ˈtɛstəˌmonɪ/ *noun* (*pl* **testimonies**) **1** [C,U] a formal statement that sth is true, especially one that is made in a court of law 证词（尤指在法庭上作出的）；证言 **2** [U,sing] (*formal* 正式) something that shows that sth else exists or is true 证明；证据: *The design was testimony to her architectural skill.* 那个设计证明了她的建筑设计技巧卓越。

tetanus /ˈtetənəs ‖ ˈtɛtn̩əs/ *noun* [U] a serious disease that makes your muscles, especially the muscles of your face, become stiff. It is caused by bacteria entering the body when a cut becomes infected. 破伤风（由细菌接触伤口引起肌肉僵直）

tether /ˈteðə(r) ‖ ˈtɛðɚ/ *verb* [T] to tie an animal to sth with a rope, etc 拴住（牲畜）—**tether** *noun* [C]

(IDIOM 习语) **at the end of your tether** ⇨ END[1]

☆**text** /tekst ‖ tɛkst/ *noun* **1** [U] the main written part of a book, newspaper, etc (not the pictures, notes, index, etc)（书、报纸等的）正文 **2** [C] the written form of a speech, interview, article, etc（演说词、会谈、文章等的）原文；讲稿: *The newspaper printed the complete text of the interview.* 报章刊载了访问的全文。**3** [C] a book or a short piece of writing that people study as part of a literature and language course 课文；课本: *a set text* (= one that has to be studied for an examination) 指定用书

textbook /ˈteksbʊk ‖ ˈtɛkstˌbʊk/ *noun* [C] a book that teaches a particular subject and that is used especially in schools 教科书；课本

textile /ˈtekstaɪl ‖ ˈtɛkstaɪl/ *noun* [C] (in industry 工业) a material that is made by weaving or knitting 纺织品；织物原料: *cotton textiles* 棉织品

texture /ˈtekstʃə(r) ‖ ˈtɛkstʃɚ/ *noun* [C,U] the way that sth feels when you touch it 质地；质感；手感: *material with a silky texture* 丝质布料

☆**than** /ðən ‖ ðən; strong form 强读式 ðæn ‖ ðæn/ *conj, prep* **1** (used when you are comparing two things 作比较时用): *He's taller than me.* 他比我高。○ *He's taller than I am.* 他比我高。○ *London is more expensive than Madrid.* 伦敦的物价比马德里的高。○ *You speak French much better than she does.* 你的法语说得比她好多了。**2** (used with 'more' and 'less' before numbers, expressions of time, distance, etc 放在数字或表示时间、距离等的词前，与 more 或 less 连用): *He earns more than £20 000 a year.* 他每年赚钱超过 20 000 英镑。**3** (used after 'would rather' to say that you prefer one thing to another 放在 would rather 后，表示比较倾向于某事物): *I'd rather go to France than to Italy.* 法国和意大利相比，我比较喜欢去法国。

☆**thank** /θæŋk ‖ θæŋk/ *verb* [T] **thank sb (for sth/for doing sth)** to tell sb that you are

T

grateful（因某事）向某人表示谢意；道谢；致谢: *I'm writing to thank you for the present you sent me.* 收到你送给我的礼物，谨此专函致谢。○ *I'll go and thank him for offering to help.* 他愿意帮助我，我要去向他道谢。☛ **Thank you** and **thanks** are both used for telling somebody that you are grateful for something. 表示谢意可以用 **thank you** 或 **thanks**。**Thanks** is more informal * **thanks** 用于非正式的场合: *Thank you very much for your letter.* 收到你的信，十分感谢。○ *'How are you, Rachel?' 'Much better, thanks.'* "雷切尔，身体好吗？" "好多了，谢谢。" You can also use **thank you** and **thanks** to accept something that somebody has offered to you 表示接纳对方给你的东西亦可以说 **thank you** 或 **thanks**: *'Have a piece of cake.' 'Thank you. That would be nice.'* "吃一块蛋糕吧。" "谢谢，真好。" When you want to refuse something you can say **no, thank you** or **no, thanks** 婉言拒绝对方的提议可以说 **no, thank you** 或 **no, thanks**: *'Would you like some more tea?' 'No, thanks.'* "你还要茶吗？" "不用了，谢谢。"

(IDIOM 习语) **thank God/goodness/heavens** (used for expressing relief 表示放下心来/松一口气): *Thank goodness it's stopped raining.* 谢天谢地，不再下雨了。

thankful /-fl ‖ -fəl/ *adj* (not before a noun 不用于名词前) pleased and grateful 高兴；感激: *We were thankful when the winter was over that year.* 那年的冬天终于过去了，我们都很高兴。

thankfully /-fəlɪ ‖ -fəlɪ/ *adv* **1** in a pleased or thankful way 高兴地；感激地 **2** fortunately 幸运地: *Thankfully, no one was injured.* 幸好没有人受伤。

thankless *adj* involving hard work that other people do not notice or thank you for 吃力不讨好: *Being a housewife can sometimes be a thankless task.* 做家庭主妇有时真的吃力不讨好。

thanks *noun* [plural] words which show that you are grateful 感谢的话语: *I'd like to express my thanks to all of you for coming here today.* 谢谢各位今天莅临。

(IDIOMS 习语) **thanks to sb/sth** because of sb/sth 由于；因为: *We're late, thanks to you!* 因为你的原故，我们才迟到！

a vote of thanks ⇨ VOTE

Thanksgiving (Day) *noun* [U] a public holiday in the USA and in Canada 感恩节

> ☛ Thanksgiving Day is on the fourth Tuesday in November in the USA and on the second Monday in October in Canada. It was originally a day when people thanked God for the harvest. 美国的感恩节在十一月份第四个星期二，加拿大的在十月份第二个星期一，本都是感谢上帝赐予丰收的日子。

'thank-you *noun* [C] an expression of thanks 感谢；致谢: *Let's have a big thank-you to everybody who worked so hard.* 我们深深感谢每个尽心竭力的人。

☆**that**[1] /ðæt ‖ ðæt/ *det, pron* (*pl* **those** /ðəʊz ‖ ðoz/) **1** (used for describing a person or thing, especially when it is not near the person speaking 指示人或事物，尤指较远的): *I like that house over there.* 我喜欢那边的那所房子。○ *What's that in the road?* 路上的是什么？○ *'Could you pass me the book?' 'This one?' 'No, that one over there.'* "可以把那本书递给我吗？" "这本吗？" "不，那本。" **2** (used for talking about a person or thing already known or mentioned 指已知或已提及的人/事物): *That was the year we went to Spain wasn't it?* 就是那一年我们去了西班牙，是不是？○ *Can you give me back that money I lent you last week?* 把上星期我借给你的钱还给我好吗？

(IDIOMS 习语) **that is (to say)** (used when you are giving more information about sb/sth 作补充时用): *I'm on holiday next week. That's to say, from Tuesday.* 我下星期放假，就是说，从星期二开始。

that's that there is nothing more to say or do 没什么要多说/多做: *I'm not going and that's that.* 我不去，就这样。

☆**that**[2] /ðət ‖ ðət; strong form 强读式 ðæt ‖ ðæt/ *pron* (used for introducing a relative clause 用以引出关系从句) the person or thing already mentioned 提及过的人/事物: *I'm reading the book that won the Booker prize.* 我正在看一本获得布克周年小说作品奖的书。○ *The people that live next door are French.* 隔壁住的是法国人。☛ When **that** is the object of the verb in the relative clause, it is often left out 在关系从句中，如果 **that** 是动词的宾语，通常会省略: *I want to see the doctor (that) I saw last week.* 我想见我上星期见过的医生。○ *I wore the dress (that) I bought in Paris.* 我穿上在巴黎购买的连衣裙。

☆**that**[3] /ðət ‖ ðət; strong form 强读式 ðæt ‖ ðæt/ *conj* (used after certain verbs, nouns and adjectives to introduce a new part of the sentence 用于某些动词、名词和形容词后，以引出句子的另一部分): *She told me that she was leaving.* 她告诉我她要走了。○ *I hope that you feel better soon.* 我希望你很快就会好转。○ *I'm certain that he will come.* 我肯定他会来。○ *It's funny that you should say that.* 你居然会这么说，真好笑。☛ **That** is often left out in this type of sentence 在这类型句子中，**that** 通常被省略: *I thought (that) you would like it.* 我还以为你会喜欢。

☆**that**[4] /ðæt ‖ ðæt/ *adv* (used with adjectives, adverbs 与形容词/副词连用) to that degree or extent 到那个程度；那么: *30 miles? I can't walk that far.* * 30英里？我走不了那么远。○ *She can't play the piano that well.* 她不能弹得一手那么好的钢琴。

thatched /θætʃt ‖ θætʃt/ *adj* (used about a building 指建筑物) having a roof made of straw 用茅草作屋顶: *a thatched cottage* 茅屋

thaw /θɔː ‖ θɔ/ *verb* [I,T] **thaw (sth) (out)** to become or to make sth become soft or liquid again after freezing 解冻；溶: *Is the snow thawing?* 雪融化了吗？○ *It's starting to thaw* (= the weather is getting warmer). 冰雪开始融化（天气转暖）。○ *Always thaw chicken thoroughly before you cook it.* 把鸡完全解冻后才好烹调。☛ Look at **melt**. 参看 **melt**。—**thaw** *noun* [C, usually sing]

T

☆**the** /ðə; ðɪ ‖ ðə; ðɪ; strong form 强读式 ði ‖ ði/ *definite article* **1** (used for talking about a person or thing that is already known or that has already been mentioned 指已知或提及过的人/事物): *I took the children to the dentist.* 我带孩子去看牙医。○ *We met the man who bought your house.* 我们遇见买你房子的人。○ *The milk is in the fridge.* 牛奶放在冰箱里。**2** (used when there is only one or only one group 指惟一的事物时用): *The sun is very strong today.* 今天阳光很强烈。○ *Who won the World Cup?* 哪队赢了世界杯足球赛？**3** (used with numbers and dates 与数字和日期连用): *This is the third piece of cake I've had.* 这是我吃的第三块蛋糕。○ *Friday the thirteenth* 十三日，星期五 ○ *I grew up in the sixties.* 我在六十年代长大。**4** (used with adjectives to name a group of people 与形容词连用，指属同一类别的人): *the French* 法国人 ○ *the poor* 穷人 **5** (used with a singular noun when you are talking generally about sth 与单数名词连用，泛指某事物): *The dolphin is an intelligent animal.* 海豚是聪明的动物。**6** (with units of measurement, meaning 'every' 与度量衡单位连用，表示"每"的意思): *The car does forty miles to the gallon.* 这辆汽车每加仑汽油可行走四十英里。**7** (with musical instruments 与乐器连用): *Do you play the piano?* 你会弹钢琴吗？**8** most well-known or important 最著名/重要: *You don't mean you met the Tom Cruise?* 你不是说你遇见著名的汤姆·克鲁斯吧？☛ 'The' is pronounced /ði: ‖ ði/ in this sense. 作此义时 the 应读作/ði: ‖ ði/。**9 the... the...** (used for saying that two things change to the same extent 指两项事物改变的程度相等): *The more you eat, the fatter you get.* 你吃得越多就越胖。

☆**theatre** /'θɪətə(r) ‖ 'θɪətɚ/ (*US* 美 **theater** /'θi:ətər ‖ 'θiətɚ/) *noun* **1** [C] a building where you go to see plays, musicals, etc 剧院: *the Royal Shakespeare Theatre* 皇家莎士比亚剧院 ○ *I'm going to the theatre this evening* (= to see a play). 我今晚去看戏。**2** [U] plays in general; drama 戏剧: *to study modern British theatre* 研究英国现代戏剧 **3** [sing,U] the work of acting in or producing plays 演戏；戏剧工作: *He's worked in the theatre for thirty years.* 他从事戏剧工作已有三十年。**4** [C]= OPERATING THEATRE

theatrical /θɪ'ætrɪkl ‖ θɪ'ætrɪkl̩/ *adj* **1** (only *before* a noun 只用于名词前) connected with the theatre 与戏剧有关 **2** (used about behaviour 指行为) unnatural and dramatic because you want people to notice it 做作；夸张: *a theatrical gesture* 做作的姿势

theft /θeft ‖ θɛft/ *noun* [C,U] the crime of taking sth that belongs to another person secretly and without permission 盗窃（罪）: *There have been a lot of thefts in this area recently.* 这个地区近来盗窃案频生。○ *The woman was arrested for theft.* 那女人因盗窃被捕。☛ Look at the note at **thief**. 参看 **thief** 的注释。

☆**their** /ðeə(r) ‖ ðɛr/ *det* belonging to them 他们的；她们的；它们的: *What colour is their car?* 他们的车是什么颜色的？○ *The children picked up their books and walked to the door.* 孩子们拿起书向门口走去。

theirs /ðeəz ‖ ðɛrz/ *pron* of or belonging to them 他们的/她们的/它们的（所有物）: *Our flat isn't as big as theirs.* 我们的公寓不及他们的大。

☆**them** /ðəm ‖ ðəm; strong form 强读式 ðem ‖ ðɛm/ *pron* (the object of a verb or preposition 动词或介词的宾语) **1** the people, animals or things mentioned earlier 已提及的人/动物/事物: *I'll phone them now.* 我现在给他们打电话。○ *'I've got the keys here.' 'Oh good. Give them to me.'* "我这里有钥匙。" "好，都给我吧。" ○ *We have students from several countries but most of them are Italian.* 我们的学生来自好几个国家，但大多是意大利人。○ *'Did you post those letters?' 'Oh dear, I forgot about them.'* "你寄了那些信没有？" "天啊，我把它们都忘了。" **2** (*informal* 非正式) him or her 他；她: *If anyone phones, tell them I'm busy.* 有人打电话来，就说我很忙。

theme /θi:m ‖ θim/ *noun* [C] **1** a subject of a talk or piece of writing 谈话/写作的主题: *The theme of today's discussion will be 'Our changing cities'.* 今天的论题是"我们的变化中的城市"。**2** an idea that is developed or repeated in the work of a writer or artist 文学或艺术作品的主题/中心思想: *The themes of heaven and hell were very common in paintings of this period.* 这时期的画常以天堂和地狱为题材。

'**theme park** *noun* [C] a park with a lot of things to do, see, ride on, etc, which are all based on a single idea 主题游乐园

☆**themselves** /ðəm'selvz ‖ ðəm'sɛlvz/ *pron* **1** (used as the object of a verb or preposition when the people or animals who do an action are affected by it 当人/动物受本身的行为影响时，作为动词/介词的宾语): *Helen and Sarah seem to be enjoying themselves.* 海伦和萨拉似乎玩得很快乐。○ *People often talk to themselves when they are worried.* 感到忧虑的人往往自言自语。**2** (used for emphasis 用以强调): *They themselves say that the situation cannot continue.* 他们自己说不能让这种情况继续下去。○ *Did they paint the house themselves?* (= or did sb else do it for them?) 他们是不是自己油漆的房子？

(IDIOM 习语) **(all) by themselves 1** alone 没有其他人；独自: *The boys are too young to go to the shops by themselves.* 那些孩子太小，不能让他们自己到商店去。☛ Look at the note at **alone**. 参看 **alone** 的注释。**2** without help 没有外力；自行；独力: *The children cooked the dinner all by themselves.* 孩子们自己烧的晚饭。

☆**then** /ðen ‖ ðɛn/ *adv* **1** (at) that time 那时；当时: *In 1970? I was at university then.* * 1970年？当时我在大学念书。○ *I'm afraid I'll be on holiday then.* 到时我恐怕度假去了。○ *I haven't seen him since then.* 自此以后我再没有见过他。○ *I'm going tomorrow. Can you wait until then?* 我明天去，你可以等到明天吗？**2** next; after that 跟着；然后: *We're going to France for a week and then down to Spain.* 我们要到法国去一个星期，然后去西班牙。○ *There was silence for a minute. Then he replied.*

沉默了一会儿后，他作出回答。**3** in that case; therefore 那么；所以: *'I don't feel at all well.' 'Then why don't you go to the doctor?'* "我觉得很不舒服。" "那为什么不去看医生？" **4** (used for emphasis after words like *now*, *okay*, *right*, etc 放在 now、okay、right 等词后，用以强调): *Now then, are we all ready to go?* 那末，我们都准备好出发没有？○ *Right then, I'll see you tomorrow.* 好，明天见。

(IDIOM 习语) **(but) then (again)** (used for introducing a new and different piece of information 用以引出不同的消息): *The weather forecast says it'll rain but then again it's often wrong.* 天气预报说要下雨，不过预报往往不准确。

thence /ðens ‖ ðɛns/ *adv* (*old-fashioned formal* 旧，正式) from there 自那里: *They travelled by coach to Dover and thence by boat to France.* 他们乘长途客车前往多佛尔，然后在那里乘船去法国。

theology /θɪ'ɒlədʒɪ ‖ θi'ɑlədʒɪ/ *noun* [U] the study of religion 神学；宗教学 —**theological** /ˌθɪə'lɒdʒɪkl ‖ ˌθiə'lɑdʒɪkl/ *adj*: *a theological college* 神学院

theoretical /ˌθɪə'retɪkl ‖ ˌθiə'rɛtɪkḷ/ *adj* **1** based on ideas and principles, not on practical experience 根据理论（而非实践）: *A lot of university courses are still too theoretical these days.* 现在许多大学的课程仍然偏重学习理论。**2** based on ideas about sth which may not be true in reality 根据推定: *a theoretical possibility* (= which will probably never happen) 假设的可能性 —**theoretically** /-klɪ ‖ -kḷɪ/ *adv*: *Theoretically, we could still win, but I don't think we will.* 在理论上，我们仍有取胜的机会，但我不认为我们会。

☆**theory** /'θɪərɪ ‖ 'θɪərɪ/ *noun* (*pl* **theories**) **1** [C] an idea or set of ideas that try to explain sth 理论；学说: *the theory about how life on earth began* 生命起源的理论 **2** [U] the general ideal or principles of a particular subject 理论；原理: *political theory* 政治理论

(IDIOM 习语) **in theory** as a general idea which may not be true in reality 理论上: *Your plan sounds fine in theory, but I don't know if it'll work in practice.* 你的计划理论上不错，但我不知道实际上是否可行。

therapeutic /ˌθerə'pju:tɪk ‖ ˌθɛrə'pjutɪk/ *adj* **1** helping you to relax and feel better 使身心松弛: *I find listening to music very therapeutic.* 我发觉听音乐能使身心舒畅。**2** helping you to recover from an illness 有疗效；有治疗作用: *therapeutic drugs* 治疗用的药物

therapy /'θerəpɪ ‖ 'θɛrəpɪ/ *noun* [U] treatment to help or cure a mental or physical illness, usually without drugs or operations 疗法；治疗: *speech therapy* 言语治疗 —**therapist** /'θerəpɪst ‖ 'θɛrəpɪst/ *noun* [C]: *a speech therapist* 言语治疗师

☆**there**[1] /ðeə(r) ‖ ðɛr/ *adv* **1** in, at or to that place 那里；那边；在/往那里: *Could you put the table there, please?* 请将桌子放在那边。○ *I like Oxford. My husband and I met there.* 我喜欢牛津，我丈夫和我在那地方相识。○ *Have you been to Bath? We're going there next week.* 你去过巴斯吗？我们下星期到那儿去。○ *Have you looked under there?* 你看过那下面了吗？**2** at that point (in a conversation, story, etc) 言谈、叙述等中的一点: *Could I interrupt you there for a minute?* 关于那点，我可以插一句话吗？**3** available 可提供协助/联络上等: *Her parents are always there if she needs help.* 她父母随时准备帮助她。

(IDIOMS 习语) **there and then**; **then and there** immediately; at that time and place 立即；就在那个时候，那个地方

there you are 1 (used when you give sth to sb 把东西交给对方时用): *There you are. I've bought you a newspaper.* 给你的，我买回来的报纸。**2** (used when you are explaining sth to sb 作解释时用): *There you are – just press the switch and it starts.* 就这样，按一下按钮就能启动。**3** (used for saying that you are not surprised 表示不觉得惊奇): *'He's left his wife.' 'There you are, I knew he would.'* "他离开了妻子。" "你瞧，我早知道他会。"

☆**there**[2] /ðə(r) ‖ ðɚ; strong form 强读式 ðeə(r) ‖ ðɛr/ *pron* **1** (used as the subject of 'be', 'seem', 'appear', etc to say that sth exists 作 be、seem、appear 等的主语，表示某事物存在): *Is there a god?* 神存在吗？○ *There's a man at the door.* 门口有个男人。○ *There wasn't much to eat.* 当时可以吃的并不多。○ *There's somebody singing outside.* 外面有人在唱歌。○ *There seems to be a mistake here.* 这里似乎出了错。**2** (used for calling attention to sth 用以引起注意): *Oh look, there's Kate!* 看，是凯特！

thereabouts /'ðeərəbaʊts ‖ 'ðɛrəˌbaʊts/ (*US* 美 **thereabout** /'ðeərəbaʊt ‖ 'ðɛrəˌbaʊt/) *adv* (usually after *or* 通常用于 or 后) somewhere near a number, time or place 接近某数目、时间或地点；约: *There are 100 students, or thereabouts.* 有100名学生左右。○ *She lives in Oxford, or thereabouts.* 她住在牛津附近。

thereafter /ˌðeər'ɑ:ftə(r); *US* 美 -'æf- ‖ ðɛr-'æftɚ/ *adv* (*formal* 正式) after that 此后；以后: *You will receive £1 000 in May, and £650 per month thereafter.* 你将于五月份收到1 000英镑，其后每个月650英镑。

thereby /ˌðeə'baɪ ‖ ðɛr'baɪ/ *adv* (*formal* 正式) in that way 从而；因此: *We started our journey early, thereby avoiding most of the traffic.* 我们及早动身，从而避过了交通拥堵的时段。

☆**therefore** /'ðeəfɔ:(r) ‖ 'ðɛrˌfɔr/ *adv* for that reason 因此；为此: *The new trains have more powerful engines and are therefore faster.* 新火车安装了更强的机车，因此车速更快。

therein /ˌðeər'ɪn ‖ ðɛr'ɪn/ *adv* (*formal* 正式) because of sth that has just been mentioned 那一点；那方面: *The school is too big. Therein lies the problem.* 学校太大，问题就在于此。

thereupon /ˌðeərə'pɒn ‖ ˌðɛrə'pɑn/ *adv* (*formal* 正式) immediately after that and often as the result of sth 随即；因此；于是: *The minister refused to help her. Ms Short thereupon went to the Prime Minister.* 部长拒绝帮助她，于是肖特女士就去找首相。

thermal /'θɜ:ml ‖ 'θɝmḷ/ *adj* **1** of heat 热（量）

的: *thermal energy* 热能 **2** (used about clothes 指衣物) made to keep you warm in cold weather 保暖: *thermal underwear* 保暖内衣

☆**thermometer** /θəˈmɒmɪtə(r) ‖ θəˈmɑmətɚ/ *noun* [C] an instrument for measuring the temperature of sb's body or of a room (= how hot or cold it is) 温度计；体温表

Thermos /ˈθɜːməs ‖ ˈθɝməs/ *noun* [C] (*pl* **Thermoses**) (*also* 亦作 ˈ**Thermos flask**) (*US* 美 ˈ**Thermos bottle**) (*trade mark* 商标) = VACUUM FLASK

thermostat /ˈθɜːməstæt ‖ ˈθɝməˌstæt/ *noun* [C] a device that controls the level of heat in a house or machine by switching it on and off as necessary 恒温器

thesaurus /θɪˈsɔːrəs ‖ θɪˈsɔrəs/ *noun* [C] (*pl* **thesauruses**) a book that contains lists of words and phrases with similar meanings 同义语词汇编；分类词典

these ⇨ THIS

thesis /ˈθiːsɪs ‖ ˈθisɪs/ *noun* [C] (*pl* **theses** /ˈθiːsiːz ‖ ˈθisiz/) **1** a long piece of writing on a particular subject that you do as part of a university degree 学位论文 **2** a statement of an idea or theory 论据；论点

☆**they** /ðeɪ ‖ ðe/ *pron* (the subject of a verb 动词的主语) **1** the people, animals or things that have been mentioned 提及过的人、动物或事物；他们；她们；它们: *We've got two children. They're both boys.* 我们有两个孩子，都是男孩。○ *'Have you seen my keys?' 'Yes, they're on the table.'* "你看见我的钥匙没有？" "有，在桌子上。" **2** people in general or people whose identity is not known or stated 泛指人；人们: *They say it's going to be a hard winter.* 听说今年的冬天将会很寒冷。**3** (used informally instead of *he* or *she* 用于非正式的场合，代替 he 或 she): *Somebody phoned for you but they didn't leave their name.* 有人打电话找你，但没有留下姓名。

they'd /ðeɪd ‖ ðed/ *short for* THEY HAD, THEY WOULD * THEY HAD、THEY WOULD 的缩约式

they'll /ðeɪl ‖ ðel/ *short for* THEY WILL * THEY WILL 的缩约式

they're /ðeə(r) ‖ ðɛr/ *short for* THEY ARE * THEY ARE 的缩约式

they've /ðeɪv ‖ ðev/ *short for* THEY HAVE * THEY HAVE 的缩约式

☆**thick**[1] /θɪk ‖ θɪk/ *adj* **1** (used about sth solid 指固体) having a large distance between its opposite sides; not thin 厚；粗: *a thick black line* 粗黑线 ○ *These walls are very thick.* 这些墙壁很厚。**2** (used for saying what the distance is between the two opposite sides of something 指厚度): *The ice was six inches thick.* 那冰有六英寸厚。**3** having a lot of things close together 密集；密布: *a thick forest* 茂密的森林 ○ *thick hair* 浓密的头发 **4** (used about a liquid 指液体) stiff; that doesn't flow easily 浓；稠: *thick cream* 浓浓的奶油 ○ *This paint is too thick.* 这油漆太稠。☛ The opposite for **1** to **4** is **thin**. 第 **1** 至 **4** 义项的反义词为 **thin**。**5** (used about fog, smoke, etc 指雾、烟等) difficult to see through 浓 **6** (used about sb's accent 指口音) very strong 重 **7** (*informal* 非正式) (used about a person 指人) stupid; not intelligent 愚钝

(IDIOM 习语) **have a thick skin** to be not easily upset or worried by what people say about you 脸皮厚 —**thick** *adv*: *snow lying thick on the ground* 地上的雪积得很厚

thicken /ˈθɪkən ‖ ˈθɪkən/ *verb* [I,T] to become thicker or to make sth thicker (使)变厚/浓: *Tonight the cloud will thicken and more rain will move in from the south-west.* 今晚云层会变厚，西南方向会带来更多的雨水。○ *Add flour to thicken the sauce.* 加面粉使酱汁更稠。—**thickly** *adv*: *Spread the butter thickly.* 涂上厚厚的一层黄油。○ *a thickly wooded area* 茂密的林木区

thickness *noun* [U] the quality of being thick or how thick sth is 厚；厚度: *The children were amazed at the thickness of the castle walls.* 孩子们看到城堡的墙壁那么厚，都惊叹不已。

ˌ**thick-ˈskinned** *adj* not easily worried or upset by what other people say about you 脸皮厚: *Salesmen have to be thick-skinned.* 推销员必须脸皮厚。

thick[2] /θɪk ‖ θɪk/ *noun*

(IDIOMS 习语) **in the thick of sth** in the most active or crowded part of sth; very involved in sth 在最活跃时；在最热闹处；非常投入: *She always likes to be in the thick of things.* 她做事总是非常投入。

through thick and thin through difficult times and situations 不顾艰难险阻

thief /θiːf ‖ θif/ *noun* [C] (*pl* **thieves** /θiːvz ‖ θivz/) a person who steals things from another person 窃贼；小偷 ☛ A **thief** is a general word for a person who steals things, usually secretly and without violence. The name of the crime is **theft**. * **thief** 泛指偷东西的人，通常暗中进行，不用暴力，所犯的盗窃罪叫做 **theft**。A **robber** steals from a bank, shop, etc and often uses violence or threats. * **robber** 通常在银行、商店等使用暴力或威吓的手段。A **burglar** steals things by breaking into a house, shop, etc, usually at night, and a **shoplifter** goes into a shop when it is open and takes things without paying. * **burglar** 常在晚上破门入室或潜入商店等。**shoplifter** 在商店取走物品而不付款。Look also at the note at **steal**. 另参看 **steal** 的注释。

thigh /θaɪ ‖ θaɪ/ *noun* [C] the top part of the leg, above the knee 股；大腿 ☛ picture on page A21. 见第 A21 页插图。

thimble /ˈθɪmbl ‖ ˈθɪmbḷ/ *noun* [C] a small object made of metal or plastic that you wear on the end of your finger to protect it when you are sewing 顶针

☆**thin** /θɪn ‖ θɪn/ *adj* (**thinner**; **thinnest**) **1** (used about sth solid 指固体) having a small distance between the opposite sides; not thick 薄；细: *a thin brown book* 一本褐色的薄书 ○ *a thin cotton shirt* 棉质薄衬衫 ○ *a thin slice of meat* 薄肉片 **2** having very little flesh on the body; not fat 瘦；瘦削: *You need to eat more. You're too thin!* 你要多吃些，你太瘦了！☛ **Thin**, **skinny**, **slim** and **underweight** all have a similar meaning. * **thin**、**skinny**、**slim** 和 **underweight** 的意思相近。**Thin** is the most general word for describing people who have very little flesh on their bodies. * **thin** 是形容人不肥胖/肉少的笼统说法。**Slim** is used to describe people who are thin in an attractive way * **slim** 指身材苗条: *You're so slim! How do you do it?* 你的身材这么苗条！你是怎么做到的？If you say sb is **skinny**, you mean that he/she is too thin and not attractive. * **skinny** 指人瘦骨嶙峋。**Underweight** is a much more formal word, and is often used for describing people who are too thin in a medical sense * **underweight** 适用于正式的场合，常从医学角度形容人体重不合标准: *The doctor says I'm underweight.* 医生说我太瘦了。**3** (used about a liquid 指液体) that flows easily; not stiff or thick 稀: *a thin sauce* 稀的调味汁 **4** (used about mist, smoke, etc 指雾、烟等) not difficult to see through 薄 **5** having only a few people or things with a lot of space between them 稀疏；稀: *The population is rather thin in this part of the country.* 该国这一地区人烟稀少。

(IDIOMS 习语) **through thick and thin** ⇨ THICK[2]

vanish, etc into thin air to disappear completely 消失

wear thin ⇨ WEAR[1]

thin *adv* thinly 薄: *I don't like bread that's cut too thin.* 我不喜欢切得太薄的面包。

thin *verb* [I,T] (thin**n**ing; thin**n**ed) **thin (sth) (out)** to become thinner or fewer in number; to make sth thinner 越来越少；（使）越来越薄: *The fog was beginning to thin.* 雾开始散开。○ *The trees thin out towards the edge of the forest.* 越接近森林边缘，树木便越少。○ *Thin the sauce by adding milk.* 加牛奶把佐料弄稀。—**thinly** *adv*: *thinly sliced bread* 切成薄片的面包 ○ *thinly populated areas* 人口稀疏的地区

☆**thing** /θɪŋ ‖ θɪŋ/ *noun* **1** [C] an object that is not named 物件；东西: *What's that red thing on the table?* 桌子上那红色的东西是什么？○ *A pen is a thing you use for writing with.* 笔是用来写字的工具。○ *I need to get a few things at the shops.* 我要到商店里买些东西。**2** [C] a quality or state 特性；状况: *There's no such thing as evil* (= it doesn't exist). 世上没有魔鬼这种东西。○ *The best thing about my job is the way it changes all the time.* 我的工作最大的好处就是工作内容总在不断变化。**3** [C] an action, event or statement 行动；事件；言词: *When I get home the first thing I do is have a cup of tea.* 我回到家里第一件事是喝一杯茶。○ *A strange thing happened to me yesterday.* 昨天我遇到了一件奇事。○ *What a nice thing to say!* 说得真好！**4** [C] a fact, subject, etc 事实；主题: *He told me a few things that I didn't know before.* 他告诉我一些我以前不知道的事。**5 things** [plural] your clothes or personal possessions 私人物品（如衣物等）: *I'll just go and pack my things.* 我要去收拾自己的东西。**6 things** [plural] the circumstances or conditions of your life 生活环境/情况: *Things seem to be going very well for him at the moment.* 目前他似乎事事顺遂。**7** [C] (used for expressing your feelings about a person or animal 用以表达对人/动物的观感): *Look how thin that cat is! Poor little thing!* 看那只猫多瘦！可怜的小东西！**8 the thing** [sing] what is very suitable or popular 合适/受欢迎的事物: *A week in our hotel is just the thing for tired business people.* 疲惫的生意人在我们旅馆休息一星期是最适合不过的了。

(IDIOMS 习语) **a close shave/thing** ⇨ CLOSE[1]

be a good thing (that) be lucky that 幸运: *It's a good thing you remembered your umbrella.* 幸好你记得带雨伞。

first/last thing as early/late as possible 最早；最晚: *I'll telephone her first thing tomorrow morning.* 我明天一早打电话给她。○ *I saw him last thing on Friday evening.* 我星期五晚最后见过他。

for one thing (used for introducing a reason for something 用以带出理由): *I think we should go by train. For one thing it's cheaper.* 我认为我们应该乘火车，理由是车费比较便宜。

have a thing about sb/sth (*informal* 非正式) to have strong feelings about sb/sth 对某人/某事物有强烈感觉

make matters/things worse ⇨ WORSE

take it/things easy ⇨ EASY[2]

☆**think**[1] /θɪŋk ‖ θɪŋk/ *verb* (*pt, pp* **thought** /θɔːt ‖ θɔt/) **1** [I] **think (about sth)** to use your mind to consider sth or to form connected ideas 想；思考: *Think before you speak.* 开口之前先想想清楚。○ *What are you thinking about?* 你在想什么？○ *He had to think hard* (= a lot) *about the question.* 他得反复思考那个问题。**2** [T] to consider or believe; to have as an opinion 相信；认为: *'Do you think it's going to snow?' 'No, I don't think so.'* "你认为会下雪吗？""不，我看不会。" ○ *'Sue's coming tomorrow, isn't she?' 'Yes, I think so.'* "休明天会来，是吗？""是，我想她会来。" ○ *I think that they've moved to York but I'm not sure.* 我想他们搬到约克去了，但我不敢肯定。○ *What did you think of the film?* 你对那部影片有何意见？○ *I don't think they are very good musicians.* 我不认为他们是出色的音乐家。**3** [I] **think of/about doing sth** to intend or plan to do sth 打算；计划: *We're thinking of moving house.* 我们打算搬家。**4** [I] **think about/of sb** to consider the feelings of sb else 考虑到（别人的感受）: *She never thinks about anyone but herself.* 她从不考虑别人，只顾自己。**5** [T] (used in negative sentences after *can* or *could* 用于否定句，置于 can 或 could 后面) to remember or understand sth 想起；明白: *I couldn't think what he meant.* 我不明白他说什么。**6** [T] to expect sth 预计；料想: *The job took longer than we thought.* 那件工作比我们预计的要费时。

(IDIOMS 习语) **think better of (doing) sth** to decide not to do sth; to change your mind 重新考虑后决定不做某事；经考虑后改变主意

think highly, a lot, not much, etc of sb/sth to have a good, poor, etc opinion of sb/sth 对某人或某事物评价很高/不高…

think the world of sb to love and admire sb very much 极爱慕某人

(PHRASAL VERBS 短语动词) **think of sth** to

T

create an idea in your imagination 想出: *Who first thought of the plan?* 谁先想出这个计划？

think sth out to consider carefully all the details of a plan, idea, etc 仔细考虑计划、主意等的所有细节: *a well-thought-out scheme* 考虑周详的计划

think sth over to consider sth carefully 仔细考虑: *I'll think your offer over and let you know tomorrow.* 我会仔细考虑你的提议，明天通知你。

think sth up to create sth in your mind; to invent 想出；发明: *to think up a new advertising slogan* 构思新的广告标语

☆**think**[2] /θɪŋk ‖ θɪŋk/ *noun* [sing] an act of thinking 想；思考；考虑: *I'm not sure. I'll have to have a think about it.* 我不肯定。我要想一想。

thinker /ˈθɪŋkə(r) ‖ ˈθɪŋkɚ/ *noun* [C] a person who thinks about serious and important subjects 思想家

thinking /ˈθɪŋkɪŋ ‖ ˈθɪŋkɪŋ/ *adj* intelligent and using your mind to think about important subjects 会思考: *a newspaper for thinking people* 为有识之士办的报纸

thinking *noun* [U] **1** the act of using your mind to think about sth 思考: *clear thinking* 思维清晰 **2** an opinion 意见；看法: *This accident will make them change their thinking on safety matters.* 这次事故会改变他们对安全问题的看法。☛ Look at **wishful thinking**. 参看 **wishful thinking**。

☆**third** /θɜːd ‖ θɝd/ *pron, det, adv* 3rd; next after second 第三 ☛ Look at the examples at **sixth**. 参看 **sixth** 的示例。

third *noun* [C] **1** the fraction ⅓; one of three equal parts of sth 三分之一 **2** (*Brit* 英) a grade in final university exams, below first and second class degrees 大学的三级荣誉学位

thirdly *adv* (used to introduce the third point in a list 用于列举事项) 第三: *We have made savings in three areas: firstly, defence, secondly, education and thirdly, health.* 我们在三方面节省了开支：第一，国防；第二，教育；第三，卫生。

ˌthird ˈparty *noun* [C] a person who is not one of the two main people or groups involved in sth 第三者

the ˌThird ˈWorld *noun* [sing] the poorer countries of Asia, Africa and South America 第三世界（亚洲、非洲、南美洲的发展中国家）

☆**thirst** /θɜːst ‖ θɝst/ *noun* **1** [U,sing] the feeling that you have when you want or need to drink 渴: *Cold tea really quenches your thirst.* 冰凉的茶真可以解渴。○ *to die of thirst* 渴死 **2** [sing] **a thirst for sth** a strong desire for sth 渴望；渴求

thirsty *adj* (**thirstier**; **thirstiest**) wanting or needing a drink 渴: *I'm thirsty. Can I have a drink of water, please?* 我很渴，请给我一杯水好吗？—**thirstily** /-ɪlɪ ‖ -ɪlɪ/ *adv*

☆**thirteen** /ˌθɜːˈtiːn ‖ θɝˈtin/ *number* 13; one more than twelve 十三 ☛ For examples of how to use numbers in sentences, look at **six**. 有关数字在句子中的实际用法，参看 **six**。

thirteenth /ˌθɜːˈtiːnθ ‖ θɝˈtinθ/ *pron, det, adv* 13th; next after twelfth 第十三 ☛ Look at the examples at **sixth**. 参看 **sixth** 的示例。

☆**thirty** /ˈθɜːtɪ ‖ ˈθɝtɪ/ *number* 30; one more than twenty-nine 三十 ☛ For examples of how to use numbers in sentences, look at **sixty**. 有关数字在句子中的实际用法，参看 **sixty**。

thirtieth /ˈθɜːtɪəθ ‖ ˈθɝtɪɪθ/ *pron, det, adv* 30th; next after twenty-ninth 第三十 ☛ Look at the examples at **sixth**. 参看 **sixth** 的示例。

☆**this** /ðɪs ‖ ðɪs/ *det, pron* (*pl* **these** /ðiːz ‖ ðiz/) **1** (used for talking about sb/sth that is close to you in time or space 用以指时间或空间上较近的人/事物) 这；这个: *Have a look at this photo.* 看这张相片。○ *These boots are really comfortable. My old ones weren't.* 这双靴子真的很舒服，我的旧靴子可不舒服。○ *Is this the book you asked for?* 这是你要的书吗？○ *These are the letters to be filed, not those over there.* 这些才是要归档的信件，不是那边那些。**2** (used for talking about sth that was mentioned or talked about before 用以指前面提过的事物): *Where did you hear about this?* 你从哪里听到这个消息？**3** (used for introducing sb or showing sb sth 介绍某人/向某人展示某物时用): *Charles, this is my wife, Claudia, and these are our children, David and Vicky.* 查尔斯，这是我妻子克劳迪娅；这是我的孩子戴维和维基。**4** (used with days of the week or periods of time) of today or the present week, year, etc 当前的（某天/星期/年…）；今: *Are you busy this afternoon?* 今天下午你忙吗？○ *this Friday* (= the Friday of this week) 这个星期五 **5** (*informal* 非正式) (used when you are telling a story 讲故事时用) a certain 某个: *Then this woman said...* 接着这个女人说…

(IDIOM 习语) **this and that**; **this, that and the other** various things 各种事物: *We chatted about this and that.* 我们东拉西扯地聊天。

this *adv* (used when you are describing sth 形容某事物时用) so; as much as this 这样；这么: *The road is not usually this busy.* 这条路平常没有这么多车。

thistle /ˈθɪsl ‖ ˈθɪsḷ/ *noun* [C] a wild plant with purple flowers and sharp points (**prickles**) on its leaves 蓟（野生植物，花呈紫色，叶片带刺（**prickle**））☛ The thistle is the national emblem of Scotland. 蓟是苏格兰的国徽。

thorn /θɔːn ‖ θɔrn/ *noun* [C] one of the hard sharp points on the stem of some plants and bushes, eg on rose bushes（植物的）刺（如玫瑰的）

thorny *adj* **1** having thorns 有刺 **2** (used about a problem, etc 指问题等) difficult 困难；棘手

☆**thorough** /ˈθʌrə; *US* 美 ˈθʌrəʊ ‖ ˈθɝo/ *adj* **1** careful and complete 彻底: *The police made a thorough search of the house.* 警方彻底搜查了那所房子。**2** doing things in a very careful way, making sure that you look at every detail 细心；周到: *Pam is slow but she is very thorough.* 帕姆做事很慢，但很细心。

thoroughly *adv* **1** in a thorough way 彻底: *to study a subject thoroughly* 深入研究一个课题 **2** completely; very; very much 完全；非常: *We* *thoroughly enjoyed our holiday.* 我们假期玩得非常开心。—**thoroughness** *noun* [U]

those *pl* of THAT[1] * THAT[1] 的复数

☆**though** /ðəʊ ‖ ðo/ *conj* **1** in spite of the fact that; although 尽管；虽然: *Though he had very little money, Alex always managed to dress smartly.* 亚历克斯虽然没有什么钱，但总是穿得很体面。○ *She still loved him even though he had treated her so badly.* 虽然他待她很坏，她仍然爱着他。**2** but 但是: *I'll come as soon as I can, though I can't promise to be on time.* 我尽快赶来，但我不能保证一定准时。

(IDIOMS 习语) **as if/though** ⇨ AS

as though ⇨ AS

though *adv* (*informal* 非正式) however 不过；然而: *I quite like him. I don't like his wife, though.* 我相当喜欢他，但不喜欢他妻子。☛ Look at the note at **although**. 参看 **although** 的注释。

thought[1] *pt, pp* of THINK[1] * THINK[1] 的过去时及过去分词

☆**thought**[2] /θɔːt ‖ θɔt/ *noun* **1** [C,U] the act of thinking 思考: *Irene sat, lost in thought, looking at the old photographs.* 艾琳坐着看旧相片，陷入沉思中。**2** [U] particular ideas or a particular way of thinking 思想；想法: *a change in medical thought on the subject* 医学界对那个问题的看法有了改变 **3** [sing] an act of being kind or caring about sb/sth 关心/体贴的举动: *They sent me flowers. What a kind thought!* 他们送花给我，真体贴！**4** [C] an idea or opinion 看法；意见: *What are your thoughts on this subject?* 你对这个问题有什么看法？○ *The thought of living alone filled her with fear.* 一想到要独自生活，她就害怕起来。☛ Look at **second thoughts**. 参看 **second thoughts**。

(IDIOM 习语) **a school of thought** ⇨ SCHOOL

thoughtful /-fl ‖ -fəl/ *adj* **1** thinking deeply 沉思的: *a thoughtful expression* 沉思的表情 **2** thinking about what other people want or need 周到；体贴: *It was very thoughtful of you to send her some flowers.* 你给她送花，想得真周到。—**thoughtfully** /-fəlɪ ‖ -fəlɪ/ *adv* —**thoughtfulness** *noun* [U]

thoughtless *adj* not thinking about what other people want or need or what the result of your actions will be 不为他人设想；不考虑后果 —**thoughtlessly** *adv* —**thoughtlessness** *noun* [U]

☆**thousand** /ˈθaʊznd ‖ ˈθaʊznd/ *number* 1 000; one more than nine hundred and ninety-nine 一千 ☛ Notice that you use **thousand** in the singular when you are talking about a number. * **thousand** 表示数字时用单数形式。You use **thousands** when you mean 'a lot' 解作 "很多" 时用 **thousands**: *She earns eighteen thousand pounds a year.* 她一年赚一万八千英镑。○ *Thousands of people attended the meeting.* 有许多人参加那个会议。For more information about numbers, look at Appendix 2. 查阅更多有关数字的资料，参看附录二。

thousandth /ˈθaʊznθ ‖ ˈθaʊznθ/ *det* 1 000th; next after nine hundred and ninety-ninth 第一千

thousandth *noun* [C] the fraction 1/1000; one of a thousand equal parts of sth 千分之一

thrash /θræʃ ‖ θræʃ/ *verb* **1** [T] to hit sb/sth many times with a stick, whip, etc 抽打；鞭打 **2** [I] **thrash (about/around)** to move your arms, legs, etc in an uncontrolled way, eg because you are in pain 剧烈扭动；翻来覆去 **3** [T] to defeat sb easily in a game, competition, etc 大败（竞赛中的对手）

(PHRASAL VERB 短语动词) **thrash sth out** to talk about sth until you reach an agreement（通过商谈）达成协议；（通过讨论）解决某事

thrashing *noun* [C] an act of thrashing(1,3) sb/sth 鞭打；彻底击败

☆**thread** /θred ‖ θrɛd/ *noun* **1** [C,U] a long thin piece of cotton, etc that you use for sewing, etc（用棉等制成的）线: *a needle and thread* 针线 **2** [C] the connection between ideas, the parts of a story, etc 线索；条理；思路: *I've lost the thread of this argument.* 我忘记了这个论点的思路。

thread *verb* [T] **1** to put thread through the hole in a needle 把线穿过（针孔）: *to thread a needle* 把线穿过针孔 **2** to link things together by putting them onto a string, etc 用线等串起来 **3** to pass sth narrow through a space and into a particular position 把（窄物）穿过某物: *He threaded the belt through the loops on the trousers.* 他将皮带穿进裤襻。

(IDIOM 习语) **thread your way through sth** to pass through sth with difficulty, moving around things or people that are in your way 挤过某物/人群

ˈ**threadbare** /ˈθredbeə(r) ‖ ˈθrɛdˌbɛr/ *adj* (used about material or clothes 指材料、衣服) old and very thin 破旧；磨薄了

☆**threat** /θret ‖ θrɛt/ *noun* **1** [C,U] a warning that sb may hurt, kill or punish you if you do not do what he/she wants 威胁；威吓: *Under threat of death he did as they asked.* 他们威胁要杀他，他只好照他们的话做。○ *to carry out a threat* 使威吓变成行动 **2** [C, usually sing] a person or thing that may damage sth or hurt sb; something that indicates future danger 威胁；（对危险的）预兆: *a threat to national security* 对国家安全的威胁

☆**threaten** /ˈθretn ‖ ˈθrɛtn̩/ *verb* **1** [T] **threaten sb (with sth); threaten (to do sth)** to warn that you may hurt, kill or punish sb if he/she does not do what you want 威胁；威吓: *to threaten sb with a knife* 用刀威胁某人 ○ *She was threatened with dismissal.* 有人威胁要开除她。○ *The man threatened to kill her if she didn't tell him where the money was.* 那个男人扬言如果她不告诉他钱放在哪里，就把她杀死。**2** [I,T] to seem likely to do sth unpleasant 有可能做出令人不快的事: *The oil slick is threatening the coastline with pollution.* 海面的浮油有可能污染海岸线。—**threatening** *adj* —**threateningly** *adv*

☆**three** /θriː ‖ θri/ *number* 3; one more than two 三 ☛ Look at **third**. 参看 **third**。For examples of how to use numbers in sentences, look at **six**. 有关数字在句子中的实际用法，参看 **six**。

three- (in compounds 用以构成复合词) having

three of the thing mentioned 有三个…的: *a three-bedded room* 有三张床的房间

ˌthree-diˈmensional, 3-D /ˌθri: ˈdi: ‖ ˌθriˈdi/ *adj* having length, width and height 立体的;三维的: *a three-dimensional model* 立体模型

threshold /ˈθreʃhəʊld ‖ ˈθrɛʃhold/ *noun* [C] **1** the bottom part of a doorway; the entrance to a building 门槛;(建筑物的)入口: *She stood on the threshold* (= in the entrance). 她站在入口处。**2** the time when you are just about to start sth or find sth 开端;起点: *on the threshold of a scientific breakthrough* 在快要实现一次科学突破的门槛上

threw *pt* of THROW[1] * THROW[1] 的过去时

thrift /θrɪft ‖ θrɪft/ *noun* [U] the quality of being carefuls not to spend too much money 节俭 —**thrifty** *adj* (**thriftier**; **thriftiest**)

thrill /θrɪl ‖ θrɪl/ *noun* [C] a sudden strong feeling of pleasure or excitement 一阵兴奋/激动

thrill *verb* [T] to make sb feel a thrill 使兴奋/激动: *His singing thrilled the audience.* 他的歌声令听众兴奋。—**thrilled** *adj*: *He was absolutely thrilled with my present.* 他收到我的礼物非常高兴。

thriller *noun* [C] a play, film, book, etc with a very exciting story, often about a crime 惊险剧/电影/小说(内容常与罪案有关)

thrilling *adj* very exciting 令人兴奋/激动

thrive /θraɪv ‖ θraɪv/ *verb* [I] (*pt* **thrived** or **throve**; *pp* **thrived**) to grow or develop well 茁壮成长;兴旺;繁荣 —**thriving** *adj*: *a thriving industry* 兴旺的行业

T

☆**throat** /θrəʊt ‖ θrot/ *noun* [C] **1** the front part of your neck 颈的前部: *The attacker grabbed the man by the throat.* 袭击者抓住那个男人的脖子。☛ picture on page A21. 见第 A21 页插图。**2** the back part of your mouth and the passage down your neck through which air and food pass 喉咙;咽喉: *She got a piece of bread stuck in her throat.* 有一块面包卡在她的喉咙里。○ *I've got a terrible sore throat.* 我的喉咙很痛。

throb /θrɒb ‖ θrɑb/ *verb* [I] (thro**bb**ing; thro**bb**ed) to make strong regular movements or noises; to beat strongly 跳动;搏动;震动: *His heart was throbbing.* 他的心砰砰直跳。○ *Her finger throbbed with pain.* 她的手指一阵阵地抽痛。—**throb** *noun* [C]: *the throb of the ship's engines* 轮船发动机有节奏的震动

throne /θrəʊn ‖ θron/ *noun* **1** [C] the special chair where a king or queen sits(国王、君主等的)宝座 **2 the throne** [sing] the position of being king or queen 王位: *The Queen came to the throne in 1952.* 女王于 1952 年登基。

throng /θrɒŋ; *US* 美 θrɔ:ŋ ‖ θrɔŋ/ *noun* [C] a large crowd of people 一大群人

throng *verb* [I,T] (used about a crowd of people 指一群人) to move into or fill a particular place 挤满(某处);蜂拥: *Crowds thronged to the palace gates.* 群众拥向皇宫大门。

throttle /ˈθrɒtl ‖ ˈθrɑtl̩/ *verb* [T] to hold sb tightly by the throat and stop him/her breathing 掐住(某人的)脖子;掐死

☆**through** (*US also* 美亦作 **thru**) /θru: ‖ θru/ *prep* **1** from one end or side of sth to the other 从一边到另一边;穿过: *We drove through the centre of London.* 我们开车穿过伦敦市中心。○ *She could see the outline of a tree through the mist.* 她看到雾霭中有一棵树的轮廓。○ *to look through a telescope* 透过望远镜观看 ○ *James cut through the rope.* 詹姆斯把绳子切断了。○ *to push through a crowd of people* 从人群中挤过去 **2** from the beginning to the end of sth 从头到尾: *Food supplies will not last through the winter.* 食物供应维持不了整个冬天。○ *We're halfway through the book.* 这本书我们已经看了一半。**3** (*US* 美) until, and including 直至: *They are staying Monday through Friday.* 他们由星期一逗留到星期五。**4** because of; with the help of 因为;借着: *Errors were made through bad organization.* 出错是由于组织欠佳。○ *David got the job through his uncle.* 戴维借叔父的帮助得到那份差事。

through (*US also* 美亦作 **thru**) *adv* **1** from one end or side to the other 从一边到另一边;通过: *The gate was opened and they ran through.* 大门打开,他们就跑了出去。☛ On a **through train** you can reach your destination without changing trains. 搭乘直通车 (**through train**) 可直达目的地而无需中途转车。A road with a sign **No through road** is open at only one end. 路牌上写上 **No through road** 即表示"此路不通"。**2** from the beginning to the end of sth 从头到尾: *He read the letter through and handed it back.* 那封信他从头到尾看了一遍就交回了。**3** (*Brit* 英) connected by telephone 接通(电话): *Can you put me through to extension 5678, please?* 请替我接分机 5678。

(PHRASAL VERB 短语动词) **be through (with sb/sth)** to have finished with sb/sth(与某人/某事物)断绝关系

☆**throughout** /θru:ˈaʊt ‖ θruˈaʊt/ *adv*, *prep* **1** in every part 到处: *The house is beautifully decorated throughout.* 房子里四处都装饰得很好看。**2** from the beginning to the end of sth 从头到尾;在整段期间: *We didn't enjoy the holiday because it rained throughout.* 我们的假期玩得不开心,因为从头到尾都在下雨。○ *The match can be watched live on television throughout the world.* 全世界都可以通过电视直播观看那场比赛。○ *Food was scarce throughout the war.* 整个战争期间食物短缺。

throve *pt* of THRIVE * THRIVE 的过去时

☆**throw**[1] /θrəʊ ‖ θro/ *verb* (*pt* **threw** /θru: ‖ θru/; *pp* **thrown** /θrəʊn ‖ θron/) **1** [I,T] to send sth through the air by pushing it out of your hand 抛;掷;扔: *How far can you throw?* 你能掷多远?○ *Throw the ball to Wayne.* 把球抛给韦恩。○ *Throw Wayne the ball.* 把球抛给韦恩。○ *Don't throw stones at people.* 别用石头砸人。**2** [T] to put sth somewhere quickly or carelessly 随便放置: *He threw his bag down in a corner.* 他随手将袋子扔到角落里。**3** [T] to move your body or part of it quickly or suddenly 快速/突然移动(身体或身体某部分): *Jenny threw herself onto the bed and sobbed.* 珍妮扑到床上抽抽搭搭地哭着。○ *Lee threw back his head and roared with laughter.* 李仰

天大笑。**4** [T] to cause sb to fall down 使跌倒: *The bus braked and we were thrown to the floor.* 公共汽车突然煞车，我们都跌倒了。**5** [T] (*informal* 非正式) to make sb feel upset, confused or surprised 使不快/迷惑/惊讶: *The question threw me and I didn't know what to reply.* 那问题令我迷惑，不知道应该怎样回答。**6** [T] to put sb in a particular (usually unpleasant) situation 使处于（通常是不快的）境地: *Many people were thrown out of work in the recession.* 经济不景气，许多人都失业。**7** [T] to send light or shade onto sth 投射（光/影）: *The house threw a shadow across the lawn.* 房子的影子投在草地上。

(PHRASAL VERBS 短语动词) **throw sth away** **1** to get rid of sth that you do not want, eg by putting it in a dustbin 抛弃/扔掉某物: *That's rubbish. You can throw it away.* 那是垃圾，你可以把它丢掉。**2** to waste or not use sth useful 浪费某事物: *to throw away a good opportunity* 失掉好机会

throw sth in (*informal* 非正式) to include sth else without increasing the price（出售某物时）额外赠送某物

throw sb out to force sb to leave 强迫某人离开；撵走某人

throw sth out **1** to refuse to accept sb's idea or suggestion 拒绝意见/建议 **2** = THROW STH AWAY

throw up (*informal* 非正式) to send out the food in your stomach through your mouth; to be sick 呕吐

throw sth up **1** to give up your job, position, studies, etc 放弃工作/职位/学业等 **2** to produce or show sth 产生/显示某事物: *Our research has thrown up some interesting facts.* 我们的研究显示出一些有趣的资料。

throw[2] /θrəʊ ‖ θro/ *noun* [C] **1** an act of throwing 抛；掷；扔 **2** the distance that sb throws sth 投掷的距离: *a record throw of 75 metres* 掷出75米的新记录

thru (*US* 美) = THROUGH

thrust /θrʌst ‖ θrʌst/ *verb* [I,T] (*pt, pp* **thrust**) **1** to push sb/sth/yourself suddenly and with force 猛推；猛挤: *The man thrust her out of the way and ran off.* 那个男人将她猛推到一边，然后跑掉了。**2** to make a sudden forward movement with a knife, etc（用刀等）猛刺/猛插

(PHRASAL VERB 短语动词) **thrust sb/sth upon sb** to force sb to accept sb/sth 强迫某人接受某人/某事物

thrust *noun* **1** [C] a strong push 猛推；猛挤 **2** [U] the main part or ideas of sth 主要部分；要旨: *The main thrust of our research is to find ways of preventing cancer.* 我们这项研究的主要目的是寻找预防癌症的方法。

thud /θʌd ‖ θʌd/ *noun* [C] the low sound that is made when sth heavy falls down 重物堕地的声响；砰 —**thud** *verb* [I] (thudding; thudded): *A snowball thudded against the window.* 一个雪球砰的一声打在窗户上。

thug /θʌg ‖ θʌg/ *noun* [C] a violent person who may harm other people 暴徒

☆**thumb** /θʌm ‖ θʌm/ *noun* [C] **1** the short thick finger at the side of each hand 大拇指 ☛ picture on page A21. 见第 A21页插图。**2** the part of a glove, etc that covers your thumb 手套套拇指的部分

thumb *verb* [I,T] **thumb (through) sth** to turn the pages of a book, etc quickly 迅速翻动（书页等）

(IDIOM 习语) **thumb a lift** to hold out your thumb to cars going past, to ask sb to give you a free ride 向路过的汽车竖起大拇指要求免费乘车 ☛ Look at **hitchhike**. 参看 **hitchhike**。

'**thumb-tack** (*US* 美) = DRAWING-PIN

thump /θʌmp ‖ θʌmp/ *verb* **1** [T] to hit sb/sth with sth heavy, usually your fist 重击（通常用拳头）**2** [I] to make a loud sound by hitting or beating heavily 发出重击声；砰砰作响: *His heart was thumping with excitement.* 他激动得心砰砰跳。

thump *noun* [C] an act or the sound of thumping 重击；重击声

thunder /'θʌndə(r) ‖ 'θʌndɚ/ *noun* [U] the loud noise that comes after lightning when there is a storm 雷；雷声

thunder *verb* **1** [I] (used with *it* 与 it 连用) to make the sound of thunder 打雷: *The rain poured down and it started to thunder.* 大雨倾盆而下，还响起雷声。**2** [I,T] to make a loud noise like thunder 发出雷鸣般的巨响: *Traffic thundered across the bridge.* 车辆隆隆地驶过那座桥。

'**thunderstorm** *noun* [C] a storm with thunder and lightning 雷雨；雷暴

☆**Thursday** /'θɜ:zdɪ ‖ 'θɝzdɪ/ *noun* [C,U] (*abbr* 缩写 **Thur**; **Thurs**) the day of the week after Wednesday and before Friday 星期四 ☛ For examples of the use of the days of the week, look at **Monday**. 有关星期一、二…在句子里的用法，参看 **Monday**。

☆**thus** /ðʌs ‖ ðʌs/ *adv* (*formal* 正式) **1** like this; in this way 如此；这样: *Thus began the series of incidents which changed her life.* 就这样她开始经历那一连串改变她一生的事件。**2** because of or as a result of this 因此；于是: *I had been driving very carefully. I was thus very surprised when the police stopped me.* 我车开得很小心。因此，警察将我截住时我很感意外。

thwart /θwɔ:t ‖ θwɔrt/ *verb* [T] to stop sb doing what he/she planned to do; to prevent sth happening 阻止某人实现计划

tick /tɪk ‖ tɪk/ *noun* [C] **1** the regular short sound that a watch or clock makes when it is working（钟表的）滴答声 **2** (*informal* 非正式) a moment 一会儿: *Hang on a tick, please.* 请等一下。**3** (*US* 美 **check**) a mark (✓) that shows sth is correct or has been done 表示正确或已完成的记号；对号；钩: *Put a tick after each correct answer.* 在正确的答案后面打钩。

tick *verb* **1** [I] (used about a clock or watch 指钟表) to make regular short sounds 发出滴答声: *I could hear the clock ticking all night.* 我整晚听到时钟滴答作响。**2** [T] **tick sth (off)** to mark sth with a tick 打钩: *Tick off each job on the list when you've finished it.* 完成每项工作后都要在清单上该项目旁打钩。

(PHRASAL VERBS 短语动词) **tick away/by**

T

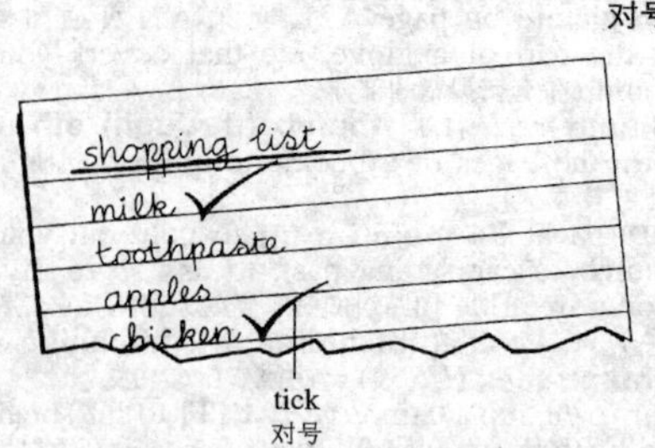

(used about time 指时间) to pass 过去；逝去: *The minutes ticked by but there was still no sign of Zoe.* 时间一分钟一分钟地消逝，但佐伊仍然不见踪影。

tick over (*informal* 非正式) to continue at a slow rate 缓慢地进展；维持运作: *Just keep things ticking over while I'm on holiday.* 我休假时，让一切维持运作就行了。

☆**ticket** /ˈtɪkɪt ‖ ˈtɪkɪt/ *noun* [C] **1** a piece of paper or card that shows you have paid for a journey, or to enter a place of entertainment, etc 票（车票、入场券等）: *a single/return ticket* 单程/双程票 ○ *two tickets for the concert* 两张音乐会的票 ☛ Look at **season ticket**. 参看 **season ticket**。**2** a piece of paper or card that shows the price, size, etc of sth that is for sale（标明价格、尺码等的）标签 **3** an official piece of paper that you get when you have parked in the wrong place, driven too fast, etc（违例停车/超速驾驶的）罚款单

tickle /ˈtɪkl ‖ ˈtɪkl̩/ *verb* **1** [T] to touch sb lightly with your fingers or with sth soft so that he/she laughs（用手指或软物）轻触某人使发笑: *She tickled the baby's toes.* 她搔婴儿的脚趾逗他笑。**2** [I,T] to feel or to cause the sensation of sth touching you lightly（使）痒/发痒: *My nose tickles/is tickling.* 我的鼻子痒痒的。○ *The woollen scarf tickled her neck.* 那条羊毛围巾弄得她的脖子发痒。**3** [T] (*informal* 非正式) to amuse sb 逗（某人）开心 —**tickle** *noun* [C]: *I've got a tickle in my throat.* 我的喉咙痒痒的。

ticklish /ˈtɪklɪʃ ‖ ˈtɪklɪʃ/ *adj* if a person is ticklish, he/she laughs a lot when sb tickles him/her 怕痒

tidal /ˈtaɪdl ‖ ˈtaɪdl̩/ *adj* connected with the tides in the sea 与潮汐有关的

tidal ˈwave *noun* [C] a very large wave in the sea, often caused by earthquakes 巨浪；海啸

☆**tide** /taɪd ‖ taɪd/ *noun* [C,U] the regular change in the level of the sea. At high tide the sea is closer to the shore, at low tide it is farther away 潮汐: *The tide is coming in/going out.* 涨潮/退潮。○ (*figurative* 比喻) *The tide* (= of public opinion) *seems to have turned in the government's favour.* 舆论看来已经转过来支持政府。

tide *verb*

(PHRASAL VERB 短语动词) **tide sb over** to give sb sth to help him/her through a difficult time 帮助某人渡过难关

☆**tidy** /ˈtaɪdɪ ‖ ˈtaɪdɪ/ *adj* (**tidier**; **tidiest**) **1** arranged in good order; neat 整齐: *If you keep your room tidy it is easier to find things.* 如果你的房间能够保持整齐，找东西会容易一点。**2** (used about a person 指人) liking to keep things neat and in good order 爱整齐: *Mark is a very tidy boy.* 马克是个喜欢将东西收拾得整整齐齐的孩子。

tidy *verb* [I,T] (*pres part* **tidying**; *3rd pers sing pres* **tidies**; *pt*, *pp* **tidied**) **tidy (sb/sth/yourself) (up)** to make sb/sth/yourself tidy 使整齐；收拾: *We must tidy this room up before the visitors arrive.* 我们必须在访客到来之前将这个房间收拾整齐。

(PHRASAL VERB 短语动词) **tidy sth away** to put sth into the drawer, cupboard, etc where it is kept 把某物收好 —**tidily** *adv* — **tidiness** *noun* [U]

☆**tie**[1] /taɪ ‖ taɪ/ *noun* [C] **1** (*US* 美 **necktie**) a long thin piece of cloth that you wear round your neck with a shirt 领带 ☛ Look at **bow-tie**. 参看 **bow-tie**。**2** [usually pl] something that connects you with a particular group of people 关系；联系: *Our school has ties with another school in America.* 我们学校与美国的一所学校有联系。○ *family ties* 家族关系 **3** something that limits your freedom 束缚: *He never married because he didn't want any ties.* 他不结婚，因为他不想有任何束缚。**4** a game or competition in which two or more teams or players get the same score（比赛）平手: *There was a tie for first place.* 冠军之争打成平手。

☆**tie**[2] /taɪ ‖ taɪ/ *verb* (*pres part* **tying**; *3rd pers sing pres* **ties**; *pt*, *pp* **tied**) **1** [T] to fasten sb/sth or fix sb/sth in position with rope, string, etc 绑；捆；系: *The prisoner was tied to a chair.* 囚犯被绑在椅子上。○ *Kay tied her hair back with a ribbon.* 凯将头发拢到脑后用丝带系好。○ *to tie sth in a knot* 将某物打结 ○ *to tie your shoe-laces* 系鞋带 **2** [I] **tie (with sb) (for sth)** to have the same score as another player or team in a game or competition 打成平手: *England tied with Italy for third place.* 英格兰队和意大利队并列第三名。

(PHRASAL VERBS 短语动词) **tie sb/yourself down** to limit your freedom 束缚某人/自己: *Having young children really ties you down.* 孩子小真的会把你拖累住。

tie in (with sth) to agree with other facts or information that you have 与…吻合

tie sb/sth up **1** to fix sb/sth in position with rope, string, etc 绑；拴: *The dog was tied up in the back garden.* 那只狗被拴在后花园。**2** (usually passive 通常用于被动语态) to occupy or keep sb busy 缠住某人；使某人脱不了身: *Mr Jones is tied up in a meeting.* 琼斯先生正在开会，脱不了身。

tier /tɪə(r) ‖ tɪr/ *noun* [C] one of a number of levels 一层: *a stadium with many tiers of seats* 有多层看台的体育场

tiger /ˈtaɪgə(r) ‖ ˈtaɪgɚ/ *noun* [C] a large wild cat that has yellow fur with black stripes. Tigers live in Asia. 老虎 ☛ picture at **lion**. 见 **lion** 插图。A female tiger is called a **tigress**

and a baby is called a **cub**. 雌虎叫做 **tigress**，小老虎叫做 **cub**。

☆**tight** /taɪt ‖ taɪt/ *adj* **1** firm and difficult to move 紧；牢: *a tight knot* 系紧的结 ○ *Keep a tight hold on this rope.* 紧紧抓住这条绳子。 **2** fitting very closely 紧身: *These shoes hurt. They're too tight.* 这双鞋子太紧了，穿得脚疼。 ☛ The opposite is **loose**. 反义词为 **loose**。 **3** (in compounds 用以构成复合词) not allowing sth to get in or out 密封；不透…的: *an airtight tin* 密封的罐子 **4** not having much spare time or space 紧凑；密集: *My schedule this week is very tight.* 我这星期的工作计划安排得很紧。 **5** stretched or pulled hard 绷紧的；拉紧的: *When you're towing another car, keep the rope between the two cars tight.* 拖车时，拖绳要拉紧。 **6** controlled very strictly（控制）严密: *Security is very tight at Heathrow Airport.* 希思罗机场的保安工作非常严密。

tight *adv* firmly; closely 紧紧地: *Hold tight please* (= on a bus). 请紧握扶手。 ☛ **Tightly**, not **tight**, is used before a past participle 在过去分词前用 **tightly**，不用 **tight**: *The van was packed tight with boxes.* 货车装满了箱子。○ *The van was tightly packed with boxes.* 货车装满了箱子。

tighten /ˈtaɪtn ‖ ˈtaɪtn̩/ *verb* [I,T] **tighten (sth) (up)** to become tighter; to make sth tighter（使）变紧: *His grip on her arm tightened.* 他把她的手臂抓得更紧。○ *He tightened the screws as far as they would go.* 他尽量把螺丝拧紧。

(PHRASAL VERB 短语动词) **tighten up (on sth)** to cause sth to become stricter 使更严厉: *to tighten up the law on the sale of alcohol to children* 更严厉地实行禁止卖酒给儿童的法律

tightly *adv* firmly; closely 紧紧地: *Screw the lid on tightly.* 将盖子拧紧。○ *She kept her eyes tightly closed.* 她紧闭着眼睛。—**tightness** *noun* [U]

tightrope /ˈtaɪtrəʊp ‖ ˈtaɪtˌrop/ *noun* [C] a rope stretched high above the ground on which people walk, eg in a circus（表演走钢丝用的）绳索/钢丝

☆**tights** /taɪts ‖ taɪts/ (*US* 美 **pantihose**; **pantyhose**) *noun* [plural] a piece of thin clothing, usually worn by women, that fits tightly from the waist over the legs and feet 裤袜: *a pair of tights* 一条裤袜 ☛ Look at **stocking**. 参看 **stocking**。

☆**tile** /taɪl ‖ taɪl/ *noun* [C] one of the flat, square objects that are arranged in rows to cover roofs, floors, bathroom walls, etc 瓦片；瓷砖: *The wind had blown several tiles off the roof.* 风吹走了屋顶上几块瓦片。○ *carpet tiles* 可拼合的小块地毯 —**tile** *verb*: *a tiled bathroom* 铺上瓷砖的浴室

till[1] ⇨ UNTIL

till[2] /tɪl ‖ tɪl/ *noun* [C] the drawer or box where money is kept in a shop, etc（店铺等中）放钱的抽屉/钱箱

tilt /tɪlt ‖ tɪlt/ *verb* [I,T] to have one end or side higher than the other; to put sth in this position（使）倾斜: *The front seats of the car tilt forward.* 汽车的前排座位向前倾侧。○ *She tilted her head to one side.* 她把头侧向一边。—**tilt** *noun* [sing]

timber /ˈtɪmbə(r) ‖ ˈtɪmbɚ/ *noun* **1** [U] (*especially US* 美尤作 **lumber**) wood that is going to be used for building（建筑用的）木材/木料 **2** [C] a large piece of wood 大块木材；栋木: *a ship's timbers* 船的龙骨木

☆**time**[1] /taɪm ‖ taɪm/ *noun* **1** [C] a particular point in the day or night 时间的某一点；钟点: *What's the time?* 现在几点钟？○ *Can Mark tell the time yet?* 马克学会看表了吗？○ *Can you tell me the times of trains to Bristol, please?* 请问什么时候有火车开往布里斯托尔？○ *It's time to go home.* 是回家的时候了。○ *By the time I get home, Alex will have cooked the dinner.* 我回到家里时，亚历克斯应该已经弄好晚餐了。 **2** [U] the passing of minutes, hours, days, etc 时光的流逝: *As time passed and there was still no news, we got more worried.* 日子一天一天过去，仍然没有消息，我们更加担心了。 **3** [C,U] an amount of minutes, hours, days, etc 一段时间: *You're wasting time – get on with your work!* 你在浪费时间。继续工作吧！○ *I'll go by car to save time.* 为了节省时间，我会开车去。○ *free time* 空闲时间 ○ *We haven't got time to stop now.* 我们现在没时间停下来。○ *I've been waiting a long time.* 我已经等了很久。 **4** [C] a period in the past 过去的一段时间: *Did you enjoy your time in Spain?* 你在西班牙的日子过得愉快吗？○ *In Shakespeare's times, few people could read.* 在莎士比亚的时代，很少人识字。 **5** [C,U] an occasion when sth happens 次: *I phoned them three times.* 我打了三次电话给他们。○ *I'll do it better next time.* 下次我会做得更好。○ *Last time I saw him, he looked ill.* 上次我见到他的时候，他好像有病。 **6** [sing] a system for measuring time in a particular part of the world 某地区的时间系统: *Central European Time* 欧洲中部时间 ○ *We arrive in Atlanta at eleven, local time.* 我们在当地时间十一点到达亚特兰大。 **7** [C,U] the number of minutes, etc, taken to complete sth, especially a race 所需时间（尤指赛跑的）: *What was his time in the hundred metres?* 他跑一百米需要多少时间？

(IDIOMS 习语) **all the time** during the time that sb was doing sth or that sth was happening 一直: *I searched everywhere for my keys and they were in the door all the time.* 我到处找钥匙，没想到钥匙一直插在门上。

at the same time ⇨ SAME[1]

at a time on each occasion 每次: *The lift can hold six people at a time.* 电梯每次可以载六个人。

at one time in the past; previously 以前；从前；一度

at the time at a particular moment or period in the past 那时；当时: *I agreed at the time but later changed my mind.* 我当时同意了，但后来改变了主意。

at times sometimes 有时: *At times I wish we'd never had children.* 有时我真希望我们没生过孩子。

beat time (to sth) ⇨ BEAT[1]

T

before your time before you were born 在自己出世之前
behind the times not modern or fashionable 落伍；过时
for the time being just for the present; not for long 目前；暂时
from time to time sometimes; not often 有时；偶然
have a good, great, etc time to enjoy yourself 玩得开心: *We had a wonderful time at the party.* 我们在聚会上玩得很开心。
have a hard/rough time to have problems or difficulties 受苦；经历困难
have no time for sb/sth to not like sb/sth 不喜欢某人/某事物: *I have no time for people who aren't prepared to work.* 我讨厌不想工作的人。
in good time early; at the right time 早: *We arrived in good time.* 我们早就到了。
in the nick of time ⇨ NICK[1]
in time (for sth/to do sth) not late; at the right time 来得及；及时: *Don't worry. We'll get to the station in time for your train.* 别担心。我们会来得及到达车站，赶上你搭乘的火车。
kill time ⇨ KILL
once upon a time ⇨ ONCE
on time not late or early 准时
take your time to do sth without hurrying 慢慢做；慢慢来
tell the time ⇨ TELL
time after time; time and (time) again again and again; many times 一次又一次；许多次
'**time-consuming** *adj* that takes or needs a lot of time 花时间的；费时的
'**time-lag** *noun* [C] = LAG
'**time-limit** *noun* [C] a time during which sth must be done 时限；限期
'**timetable** *noun* [C] a list that shows the times when sth happens 时间表；时刻表

time[2] /taɪm ‖ taɪm/ *verb* [T] **1** to choose or arrange the time that sth happens 选择时间；安排时间: *They timed their journey to avoid the rush-hour.* 他们安排好旅程避过交通繁忙时间。 **2** to measure how long sb/sth takes 计算所需时间
timer *noun* [C] a person or machine that measures time 计时员；计时器
timing *noun* [U] **1** the act of choosing or arranging when sth will happen 安排/选择时间: *The timing of the meeting is not convenient for many people.* 这次开会的时间许多人觉得不合适。 **2** your skill at choosing or arranging the best time for sth 时间安排的技巧；时机的掌握

timeless /'taɪmlɪs ‖ 'taɪmlɪs/ *adj* (*formal* 正式) that does not seem to be changed by time 永恒不变

timely /'taɪmlɪ ‖ 'taɪmlɪ/ *adj* happening at just the right time 及时；适时；合时: *The accident was a timely reminder of the dangers involved.* 那次意外正好提醒大家注意隐伏的危险。

times /taɪmz ‖ taɪmz/ *prep* (used when you are multiplying one figure by another 用于乘法) 乘: *Three times four is twelve.* 三乘四等于十二。
times *noun* [plural] (used for comparing things 用于比较) 倍: *Tea is three times as/more expensive in Spain than in England* (= if it costs £1 in England it costs £3 in Spain). 在西班牙买茶叶比在英国买贵两倍。

timid /'tɪmɪd ‖ 'tɪmɪd/ *adj* easily frightened; shy 胆小；害羞 —**timidity** /tɪ'mɪdətɪ ‖ tɪ'mɪdətɪ/ *noun* [U] —**timidly** *adv*

☆**tin** /tɪn ‖ tɪn/ *noun* **1** [U] a soft whitish metal that is often mixed with other metals 锡 **2** [C] a closed container in which food is stored and sold, made of tin 罐头: *a tin of peas* 一罐豌豆 ☛ picture at **container**. 见 **container** 插图。 **3** [C] a metal container for food, etc, with a lid（存放食物的）有盖金属盒: *a biscuit tin* 饼干盒
tinned *adj* (used about food 指食物) that is in a tin(2) so that you can keep it for a long time 制成罐头的: *tinned peaches* 罐头桃子
'**tin-opener** *noun* [C] a tool that you use for opening a tin(2) 开罐器

tinge /tɪndʒ ‖ tɪndʒ/ *noun* [usually sing] a small amount of a colour or a feeling 一点（颜色/情感）: *a tinge of sadness* 一丝哀伤 —**tinged** *adj*: *Her joy at leaving was tinged with regret.* 她离开的喜悦带着一丝遗憾。

tingle /'tɪŋgl ‖ 'tɪŋgl̩/ *verb* [I] to have a slight stinging or prickling feeling in the skin 感到轻微刺痛: *His cheeks tingled as he came in from the cold.* 天气寒冷，他从外面走进来时面颊感到微微刺痛。 —**tingle** *noun* [usually sing]: *a tingle of excitement* 感到非常兴奋

tinker /'tɪŋkə(r) ‖ 'tɪŋkɚ/ *verb* [I] to try to repair or improve sth without having the proper skill or knowledge 胡乱修理: *He's been tinkering with the car all afternoon but it still won't start.* 他把车子拾掇了整个下午，还是开不动。

tinkle /'tɪŋkl ‖ 'tɪŋkl̩/ *verb* [I] to make a light, ringing sound, like that of a small bell 发丁零声 —**tinkle** *noun* [C, usually sing]

tinsel /'tɪnsl ‖ 'tɪnsl̩/ *noun* [U] strings covered with little pieces of shiny paper, used as a Christmas decoration（圣诞节装饰用的）闪光金属丝/闪光片

tint /tɪnt ‖ tɪnt/ *noun* [C] a type or shade of a colour 颜色的浓淡；色度: *cream paint with a pinkish tint* 带粉红色的米色油漆
tint *verb* [T] to add a little colour to sth 微染上（颜色）: *tinted glass* 颜色玻璃 ○ *She had her hair tinted.* 她染了头发。

☆**tiny** /'taɪnɪ ‖ 'taɪnɪ/ *adj* (**tinier**; **tiniest**) very small 很小: *the baby's tiny fingers* 婴儿的小手指

☆**tip**[1] /tɪp ‖ tɪp/ *noun* [C] the thin or pointed end of sth 尖端: *the tips of your toes, fingers, etc* 脚尖；手指尖… ○ *the southernmost tip of South America* 南美洲的最南端
(IDIOMS 习语) **(have sth) on the tip of your tongue** to be about to remember or say sth that you have forgotten for the moment 就在嘴边（一时忘了）: *Their name is on the tip of my tongue. It'll come back to me in a moment.* 他们的名字就在嘴边，我很快就会想起来。

the tip of the iceberg a small part of a problem that is much larger 冰山一角（大难题的极小一部分）

☆**tip**[2] /tɪp ‖ tɪp/ *verb* [I,T] (ti**pp**ing; ti**pp**ed) **1 tip (sth) (up)** to move so that one side is higher than the other; to make sth move in this way（使）倾斜；（使）倾侧: *When I stood up, the bench tipped up and the person on the other end fell off.* 我站起来时，长凳歪向一边，坐在那边的人就摔倒了。**2 tip (sth) (over)** to fall or turn over; to make sth turn over（使）翻倒: *The tractor turned the corner too fast and the trailer tipped over.* 拖拉机转弯转得太急，使拖车翻倒了。○ *The baby leaned out of his pushchair and tipped it over.* 那个婴儿探身出婴儿车外，车子就翻倒了。**3** to empty or pour sth out of a container 倒出；倾倒: *Tip the dirty water down the drain.* 将污水倾倒到下水道里。○ *The child tipped all the toys onto the floor.* 那个孩子将玩具统统倒在地上。

tip *noun* [C] **1** a place where you can take rubbish 垃圾弃置场: *We took the broken furniture to the tip.* 我们将破家具拿到垃圾弃置场去。**2** (*informal* 非正式) a place that is very dirty or untidy 非常肮脏/凌乱的地方

☆**tip**[3] /tɪp ‖ tɪp/ *verb* (ti**pp**ing; ti**pp**ed) to give a small amount of money (in addition to the normal charge) to a waiter, taxi-driver, etc to thank him/her 给小账/小费 —**tip** *noun* [C]: *Service wasn't included so we left a tip for the waitress.* 价钱不包括服务费，所以我们给女服务员小费。

tip[4] /tɪp ‖ tɪp/ *verb* [T] (ti**pp**ing; ti**pp**ed) **tip sb/sth (as sth/to do sth)** to think that sb/sth is likely to do sth 认为…有可能（做某事）: *This horse is tipped to win the race.* 有人认为这匹马会赢。○ *He is widely tipped as the next Prime Minister.* 许多人认为他会当选为下一任首相。

tip *noun* [C] a piece of useful advice 有用的建议/提示

tip[5] /tɪp ‖ tɪp/ *verb* (ti**pp**ing; ti**pp**ed)

(PHRASAL VERB 短语动词) **tip sb off** to give sb secret information 向某人告密；暗中通知某人: *The police had been tipped off and were waiting when the burglars broke in.* 警方收到密报，所以窃贼闯进来时，警方已在等候。—**'tip-off** *noun* [C]: *Acting on a tip-off the police searched the flat for drugs.* 警方根据密报到那个公寓搜索毒品。

tiptoe /ˈtɪptəʊ ‖ ˈtɪpˌto/ *noun*

(IDIOM 习语) **on tiptoe** standing or walking on the ends of your toes with your heels off the ground 用脚尖站立/行走

tiptoe *verb* [I] to walk quietly and carefully on tiptoe 蹑脚行走

☆**tire**[1] /ˈtaɪə(r) ‖ taɪr/ *verb* **1** [I,T] to feel that you need to rest or sleep; to make sb feel like this（使）疲劳/疲倦: *However hard he works, he never seems to tire.* 无论多辛苦，他好像永远不累。○ *The long walk tired us all out.* 长途步行后我们都觉得很累。**2** [I] **tire of sth/of doing sth** to become bored or not interested in sth/doing sth 厌倦某事物/做某事: *I never tire of this view.* 这景色我永远看不厌。

tired /ˈtaɪəd ‖ taɪrd/ *adj* feeling that you need to rest or sleep 疲倦: *She was tired after a hard day's work.* 她辛劳了一天，感到疲倦。

(IDIOMS 习语) **be tired of sb/sth/doing sth** to be impatient with or annoyed by sb/sth/doing sth 对某人/某事物感到厌倦或厌烦: *I'm tired of this game. Let's play something else.* 我玩厌了这个游戏，我们玩别的吧。○ *I'm tired of listening to the same thing again and again.* 我听腻了这一遍又一遍重复的东西。

tired out very tired 非常疲倦；筋疲力尽

tiredness *noun* [U] the state of being tired 疲倦

tireless *adj* not stopping for rest 孜孜不倦；坚持不懈

tiresome /ˈtaɪəsəm ‖ ˈtaɪrsəm/ *adj* (*formal* 正式) that makes you a little angry or bored 令人厌倦；烦人的

tiring /ˈtaɪərɪŋ ‖ ˈtaɪrɪŋ/ *adj* making you tired 令人疲倦: *a long and tiring journey* 又长又累人的旅程

tire[2] (*US* 美) = TYRE

tissue /ˈtɪʃuː ‖ ˈtɪʃʊ/ *noun* **1** [C,U] the material that the bodies of animals and plants are made of（动植物的）组织: *brain tissue* 脑部组织 ○ *Radiation can destroy the body's tissues.* 辐射能破坏身体组织。**2** [C] a thin piece of soft paper that you use as a handkerchief and throw away after you have used it 纸巾: *a box of tissues* 一盒纸巾 **3** [U] (*also* 亦作 **tissue-paper**) thin soft paper that you use for wrapping things that may break（用以包易碎物件的）薄而软的纸

tit[1] /tɪt ‖ tɪt/ *noun*

(IDIOM 习语) **tit for tat** something unpleasant that you do to sb because he/she has done sth to you 以牙还牙

tit[2] /tɪt ‖ tɪt/ *noun* [C] (*slang* 俚语) a woman's breast（女性的）乳房

titbit /ˈtɪtbɪt ‖ ˈtɪtˌbɪt/ (*US* 美 **tidbit**) *noun* [C] **1** a small but very nice piece of food 一小块味美的食物 **2** an interesting piece of information 趣闻

☆**title** /ˈtaɪtl ‖ ˈtaɪtl̩/ *noun* [C] **1** the name of a book, play, film, picture, etc（书、戏剧、电影、图画等的）名称/标题/题目 **2** a word that shows a person's rank or profession 称号；头衔；职称: *'Lord', 'Doctor', 'Reverend', 'Mrs' and 'General' are all titles.* "勋爵"、"医生"、"牧师"、"太太"、"将军"都是称号。**3** the position of champion in a sport 冠军: *Sue is playing this match to defend her title* (= to stay champion). 休为卫冕而参加这场比赛。

titled /ˈtaɪtld ‖ ˈtaɪtl̩d/ *adj* having a noble rank, eg 'Duke' 有贵族头衔

'title-holder *noun* [C] the champion in a sport 冠军: *the current 400-metres title-holder* 现任400米赛跑冠军

'title role *noun* [C] the part in a play or film that is used as the title of it 戏剧/电影中被用作剧名或片名的角色

titter /ˈtɪtə(r) ‖ ˈtɪtɚ/ *noun* [C] a short silly or nervous laugh 窃笑；傻笑 —**titter** *verb*: *The speaker dropped his notes and the audience tittered.* 演讲者掉了讲稿，听众咯咯地笑了起来。

☆**to**[1] /tə ‖ tə; before vowels 元音前读作 tʊ; tuː ‖ tʊ; tə; strong form 强读式 tuː ‖ tu/ *prep* **1** in the direction of; as far as 向；至；往: *She's going to London.* 她要去伦敦。○ *Turn to the left.* 向左转。○ *This road goes to Dover.* 这条路通往多佛尔。○ *Pisa is to the west of Florence.* 比萨在佛罗伦萨的西面。○ *He has gone to school.* 他上学去了。**2** (used before the person or thing that receives, sees, etc sth 用于接受者、观者等之前): *Give that to me.* 把那个给我。○ *You must be kind to animals.* 你对动物要有爱心。**3** (nearly) touching sth 接触到；紧靠着: *He put his hands to his ears.* 他将手按到耳朵上。○ *They sat back to back.* 他们背对背坐着。**4** (used about time 指时间) before 在…之前: *It's two minutes to three.* 差两分钟三点。**5** (used before the upper limit of a range 用于上限之前) 直到: *from Monday to Friday* 从星期一到星期五 ○ *from beginning to end* 从开始到结束 ○ *Hypermarkets sell everything from matches to washing machines.* 大型超级市场货品齐备，由火柴到洗衣机都有。**6** (used for expressing a reaction to sth 表示反应): *To my surprise, I saw two strangers coming out of my house.* 我看见两个陌生人从我家里走出来，大吃一惊。**7** as far as sb is concerned; in sb's opinion 对（某人）来说；按（某人）的看法: *To me, it was the wrong decision.* 我认为那是错误的决定。**8** (used when comparing things 用于比较): *I prefer Italy to Spain.* 我喜欢意大利，不喜欢西班牙。**9** (used for expressing quantity 表示数量) for each unit of money, measurement, etc 每…等于: *It's 2.67 Swiss francs to the pound at the moment.* 现在1英镑兑2.67瑞士法郎。

☆**to**[2] /tə ‖ tə; before vowels 元音前读作 tʊ; tuː ‖ tʊ; tə; strong form 强读式 tuː ‖ tu/ (used with verbs to form the infinitive 与动词连用，构成不定式): *I want to go home now.* 我现在想回家。○ *Don't forget to write.* 别忘记写信来。○ *She's learning English in order to get a better job.* 她在学习英语以便找到更好的工作。○ *Do you know which button to press?* 你知道按哪个按钮吗？○ *I didn't know what to do.* 我不知道该怎么做。○ *He asked me to go but I didn't want to.* 他叫我去，但我不想去。

to[3] /tuː ‖ tu/ *adv* (used about a door 指门) in or into a closed position 关上: *Push the door to.* 把门关上。

(IDIOM 习语) **to and fro** backwards and forwards 来回；往返

toad /təʊd ‖ tod/ *noun* [C] a small cold-blooded animal that looks similar to a frog but that is bigger, has a rough skin and lives mainly on land 蟾蜍 ☛ picture at **frog**. 见 **frog** 插图。

toadstool /ˈtəʊdstuːl ‖ ˈtodˌstul/ *noun* [C] a type of poisonous fungus that looks like a mushroom 毒菌（一种有毒的伞状真菌）

☆**toast**[1] /təʊst ‖ tost/ *noun* [U] a thin piece of bread that is heated to make it brown 烤面包片: *toast and marmalade* 烤面包片加橘子酱 ○ *fried egg on toast* 烤面包片加煎蛋 —**toast** *verb* [I,T]

toaster *noun* [C] an electrical machine for making toast 烤面包机

toast[2] /təʊst ‖ tost/ *verb* [T] to hold up your glass and wish sb success, happiness, etc before you drink 祝酒: *Everyone stood up and toasted the bride and groom.* 大家站起来向新娘新郎祝酒。—**toast** *noun* [C]: *a toast to the Queen* 向女王祝酒

☆**tobacco** /təˈbækəʊ ‖ təˈbæko/ *noun* [U] the substance that people smoke in cigarettes and pipes (the dried leaves of the tobacco plant) 烟草；烟叶

tobacconist /təˈbækənɪst ‖ təˈbækənɪst/ *noun* [C] a person who sells cigarettes, tobacco, etc 烟草商；烟草店老板 ☛ Note that **the tobacconist** is the person who runs the shop and **the tobacconist's** is the shop. * **the tobacconist** 指烟草店老板，**the tobacconist's** 指烟草店。

toboggan /təˈbɒgən ‖ təˈbɑgən/ *noun* [C] a type of flat board, often with metal strips underneath, that people use for travelling downhill on snow for fun 平底雪橇 ☛ A **toboggan** is a small **sledge**. 平底雪橇 (**toboggan**) 比雪橇 (**sledge**) 小。

☆**today** /təˈdeɪ ‖ təˈde/ *noun* [U], *adv* **1** (on) this day 今天: *Today is Monday.* 今天是星期一。○ *What shall we do today?* 今天我们应该做些什么呢？○ *School ends a week today* (= on this day next week). 还有一星期学期就结束。○ *Where is today's paper?* 今天的报纸在哪里？**2** (in) the present age 当代；现在: *Young people have more freedom today than in the past.* 现在的年轻人比以前有更多的自由。○ *Today's computers are much smaller than the early models.* 现在的计算机比早期的型号小得多。

toddle /ˈtɒdl ‖ ˈtɑdl̩/ *verb* [I] to walk with short unsteady steps, like a young child（像幼儿般）蹒跚行走

toddler /ˈtɒdlə(r) ‖ ˈtɑdlɚ/ *noun* [C] a child who has only just learnt to walk 刚学会走路的小孩

☆**toe** /təʊ ‖ to/ *noun* [C] **1** one of the five small parts like fingers at the end of each foot 脚趾 **2** the part of a sock, shoe, etc that covers your toes 袜尖；鞋头

toe *verb* (*pres part* **toeing**; *pt, pp* **toed**)

(IDIOM 习语) **toe the (party) line** to obey the orders of your group, party, etc 遵从党派、群体等的路线

ˈ**toenail** *noun* [C] one of the hard pieces that cover the end of your toes 脚趾甲

toffee /ˈtɒfɪ; *US* 美 ˈtɔːfɪ ‖ ˈtɔfɪ/ *noun* [C,U] a hard sticky sweet that is made by cooking sugar and butter together with milk or water 乳脂糖；太妃糖

☆**together** /təˈgeðə(r) ‖ təˈgɛðɚ/ *adv* **1** with each other; in or into the same place as or near to sb/sth else 一起；一块儿；在一起: *Can we have lunch together?* 我们一起吃午餐好吗？○ *They walked home together.* 他们一块儿走回家。○ *I'll get all my things together tonight because I want to leave early.* 我今晚要收拾好所有东西，因为我想明天一早起行。○ *Stand with your* *feet together.* 双脚并拢站好。**2** so that two or more things are mixed with, joined to or added to each other 混合/接合/加在一起: *Mix the butter and sugar together.* 将黄油和糖搀和。○ *Tie the two ends together.* 将两端系在一起。○ *Add these numbers together to find the total.* 将这些数字加起来，得出总和。**3** at the same time 同时；一齐: *Don't all talk together.* 别一齐说话。

(IDIOMS 习语) **get your act together** ⇨ ACT[2]

together with in addition to; as well as 加上；连同: *I enclose my order together with a cheque for £15.* 我随订单附上一张15英镑的支票。

together *adj* (*informal* 非正式) (used about a person 指人) organized, capable 办事有能力而井井有条

togetherness *noun* [U] a feeling of friendship 友爱

toil /tɔɪl ‖ tɔɪl/ *verb* [I] (*formal* 正式) to work very hard or for a long time at sth 苦干；长时间工作 —**toil** *noun* [U] (*formal* 正式)

☆**toilet** /ˈtɔɪlɪt ‖ ˈtɔɪlɪt/ *noun* [C] a large bowl with a seat, attached to a drain, that you use when you need to get rid of waste material or water from your body; the room containing this 抽水马桶；厕所；洗手间: *I'm going to the toilet.* 我要上洗手间。○ *Could I use your toilet, please?* 我可以用一用你的洗手间吗？○ *to flush the toilet* 冲马桶 ☛ People usually refer to the **toilet** (or, informally, the **loo**) in their houses. 家中的厕所通常叫做 **toilet**（非正式的场合叫做 **loo**）。**Lavatory** and **WC** are formal and becoming less common. * **lavatory** 和 **WC** 用于正式的场合，但越来越少用。In public places the toilets are called **Public Conveniences** or the **Ladies/Gents**. 公共场所的厕所叫做 **Public Convenience** 或 **Ladies/Gents**。In American English people talk about the **bathroom** in their houses and the **washroom** or **rest room** in public places. 在美国英语中，家中的厕所叫做 **bathroom**，公共场所的叫做 **washroom** 或 **rest room**。

toiletries /ˈtɔɪlɪtrɪz ‖ ˈtɔɪlətrɪz/ *noun* [plural] things such as soap, toothpaste, etc that you use when you are getting washed, doing your hair, etc 梳洗用品（如肥皂、牙膏等）

ˈ**toilet paper** *noun* [U] paper that you use to clean your body after going to the toilet 卫生纸

ˈ**toilet roll** *noun* [C] a long piece of toilet-paper rolled round a tube 卫生纸卷 ☛ picture at **roll**. 见 **roll** 插图。

token /ˈtəʊkən ‖ ˈtokən/ *noun* [C] **1** something that represents or is a sign of sth else 表征: *Please accept this gift as a token of our gratitude.* 这份礼物代表我们的谢意，请笑纳。**2** a piece of metal, plastic, etc that you use for a particular purpose, often instead of a coin 代币（用金属或塑料制，代替硬币作某种用途）**3** a piece of paper or card that you can use to buy sth of a certain value in a particular shop. Tokens are often given as presents 礼券: *a gift token* 礼券 ☛ Look at **voucher**. 参看 **voucher**。

token *adj* (only *before* a noun 只用于名词前) **1** small, but done or given as a sign that sth larger or more serious could follow 象征性的: *a token payment* 象征性的付款 **2** done, chosen, etc to give the impression that you are interested in sth when you do not intend it sincerely 装点门面的；敷衍的: *There is a token woman on the board.* 委员会中有一个女性代表以装门面。○ *The troops put up only token resistance.* 那支军队只作了做做样子的抵抗。

told *pt, pp* of TELL * TELL 的过去时及过去分词

tolerate /ˈtɒləreɪt ‖ ˈtɑləˌret/ *verb* [T] **1** to allow or accept sth that you do not like or agree with 容忍/接受（自己不喜欢或不同意的事物）: *In a democracy we must tolerate opinions that are different from our own.* 在民主社会里我们必须容忍不同的意见。**2** to accept or stand sb/sth unpleasant without complaining 忍受（痛苦等）: *The noise was more than she could tolerate.* 她不能忍受那噪声。

tolerable /ˈtɒlərəbl ‖ ˈtɑlərəbl̩/ *adj* of a level that you can tolerate 可以忍受；可接受: *Drugs can reduce the pain to a tolerable level.* 药物能将疼痛减至可以忍受的程度。

tolerance /ˈtɒlərəns ‖ ˈtɑlərəns/ *noun* [U] the ability or willingness to allow or accept sth that is unpleasant or that you do not like or agree with 包容/容忍/忍受（的能力）: *religious tolerance* 宗教上的包容 ☛ The opposite is **intolerance**. 反义词为 **intolerance**。

tolerant /-rənt ‖ -rənt/ *adj* **tolerant (of/towards sb/sth)** having or showing tolerance 容忍的；宽容的 ☛ The opposite is **intolerant**. 反义词为 **intolerant**。—**toleration** /ˌtɒləˈreɪʃn ‖ ˌtɑləˈreʃən/ *noun* [U] = TOLERANCE

toll /təʊl ‖ tol/ *noun* [C] **1** money that you pay to use a road, bridge, etc（道路、桥等的）通行费 **2** [usually sing] the amount of damage done or the number of people who were killed or injured by sth 损害程度；伤亡人数: *The death-toll from the earthquake was 35.* 地震导致35人死亡。

(IDIOM 习语) **take a heavy toll/take its toll (of sth)** to cause loss, damage, suffering, etc 造成损失/损坏/痛苦等

tom /tɒm ‖ tɑm/ *noun* [C] = TOM-CAT

☆**tomato** /təˈmɑːtəʊ; *US* 美 təˈmeɪtəʊ ‖ təˈmeto/ *noun* [C] (*pl* **tomatoes**) a soft red fruit that is often eaten raw in salads or cooked as a vegetable 番茄；西红柿: *tomato juice* 番茄汁 ☛ picture at **salad**. 见 **salad** 插图。

tomb /tuːm ‖ tum/ *noun* [C] a place where a body is buried, often one with a large decorated stone above it 墓；坟墓（常指有石碑的）

ˈ**tombstone** *noun* [C] a stone over a grave that shows the name of the person who is buried there 墓碑

tomboy /ˈtɒmbɔɪ ‖ ˈtɑmˌbɔɪ/ *noun* [C] a young girl who likes to play rough games 顽皮的女孩；假小子

tom-cat /ˈtɒmkæt ‖ ˈtɑmˌkæt/ (*also* 亦作 **tom**) *noun* [C] a male cat 雄猫

☆**tomorrow** /təˈmɒrəʊ ‖ təˈmɔro/ *noun* [U], *adv* **1** (on) the day after today 明天: *Today is*

Friday so tomorrow is Saturday. 今天是星期五，明天就是星期六了。○ *The advertisement will appear in tomorrow's papers.* 这个广告将于明天见报。○ *See you tomorrow.* 明天见。○ *I'm going to bed. I've got to get up early tomorrow morning.* 我去睡觉了，我明早要早起床。○ *Tomorrow night's concert has been cancelled.* 明晚的音乐会取消了。○ *a week tomorrow* (= a week from tomorrow) 从明天算起的一个星期 ☛ Notice that we say 'tomorrow morning', 'tomorrow afternoon', etc not 'tomorrow in the morning', etc. 表示"明天上午"、"明天下午"等可以说 tomorrow morning、tomorrow afternoon 等，不能说 tomorrow in the morning 等。Look at the note at **morning**. 参看 **morning** 的注释。**2** the future 将来；未来: *The schoolchildren of today are tomorrow's workers.* 今天的学童是明天的工作者。

(IDIOM 习语) **the day after tomorrow** ⇨ DAY

☆**ton** /tʌn ‖ tʌn/ *noun* **1** [C] a measure of weight; 2 240 pounds 吨（重量单位，1吨等于 2 240 磅）☛ Do not confuse **ton** and **tonne**. 不可混淆 **ton**（吨）和 **tonne**（公吨）。A ton is the same as 1·016 tonnes. 一吨等于1.016公吨。An American ton is 2 000 pounds or 0·907 of a tonne. 一美吨等于 2 000磅或 0.907公吨。**2 tons** [plural] (*informal* 非正式) a lot 许多: *tons of homework* 许多功课

☆**tone**[1] /təʊn ‖ ton/ *noun* **1** [C,U] the quality of a sound, especially of the human voice 音调；音质；语调；语气: *'Do you know each other?' she asked in a casual tone of voice.* 她随口问道："你们认识对方吗？" ○ *His tone changed. He was angry now.* 他的语气变了——他现在很生气。**2** [sing] the general quality or style of sb/sth 风格；格调: *The tone of the meeting was optimistic.* 会议的调子很乐观。**3** [C] one of the shades of a colour 色调: *warm tones of red and orange* 红色和橙色的暖色调 **4** [C] a sound that you hear on the telephone 打电话时听到的信号: *the dialling tone* 拨号音

ˌ**tone-'deaf** *adj* not able to sing or hear the difference between notes in music 不能辨别音调

tone[2] /təʊn ‖ ton/ *verb*

(PHRASAL VERB 短语动词) **tone sth down** to change sth that you have said, written, etc, to make it seem less strong 使讲话、文章等语气缓和

tongs /tɒŋz ‖ tɔŋz/ *noun* [plural] a tool that looks like a pair of scissors but that you use for holding or picking things up 钳子

☆**tongue** /tʌŋ ‖ tʌŋ/ *noun* **1** [C] the soft part inside your mouth that you can move. You use your tongue for speaking, tasting things, etc. 舌头 **2** [C,U] the tongue of an animal, eg a cow, which can be eaten 动物的舌头（可食用）；口条: *ham and tongue salad* 火腿口条色拉 **3** [C] (*formal* 正式) a language 语言: *your mother tongue* (= the language you learned as a child) 母语

(IDIOMS 习语) **on the tip of your tongue** ⇨ TIP[1]

put/stick your tongue out to put your tongue outside your mouth, for the doctor to examine or to be rude to sb 伸出舌头（让医生检查或对别人不礼貌）

(with) tongue in cheek done or said as a joke; not meant seriously 开玩笑

ˈ**tongue-tied** *adj* not saying anything because you are shy or nervous 因害羞/紧张而说不出话；张口结舌

ˈ**tongue-twister** *noun* [C] a phrase or sentence that is difficult to say correctly when you are speaking quickly 绕口令

tonic /ˈtɒnɪk ‖ ˈtɑnɪk/ *noun* [C,U] something that makes you feel stronger, healthier, happier, etc 补药；有益的/令人愉快的东西: *A relaxing holiday is a wonderful tonic.* 轻松的假期令人心情畅快。

ˈ**tonic water** (*also* 亦作 **tonic**) *noun* [U] a type of water with bubbles in it and a rather bitter taste that is often added to alcoholic drinks 奎宁水: *Gin and tonic, please.* 给我一杯杜松子酒加奎宁水。

☆**tonight** /təˈnaɪt ‖ təˈnaɪt/ *noun* [U], *adv* (on) the evening or night of today 今晚: *Tonight is the last night of our holiday.* 今晚是我们假期的最后一晚。○ *tonight's weather forecast* 今晚的天气预报 ○ *What's on TV tonight?* 今晚有什么电视节目？○ *We are staying with friends tonight and travelling home tomorrow.* 今晚我们住在朋友家里，明天起程回家。

☆**tonne** /tʌn ‖ tʌn/ *noun* [C] a measure of weight; 1 000 kilograms 公吨（重量单位，1公吨等于 1 000公斤）☛ Look at **ton**. 参看 **ton**。

tonsil /ˈtɒnsl ‖ ˈtɑnsl̩/ *noun* [C] one of the two soft lumps in your throat on each side of the back of your tongue 扁桃体；扁桃腺

tonsillitis /ˌtɒnsɪˈlaɪtɪs ‖ ˌtɑnsl̩ˈaɪtɪs/ *noun* [U] an illness in which the tonsils become very sore 扁桃体炎；扁桃腺炎

too/enough
过于/足够

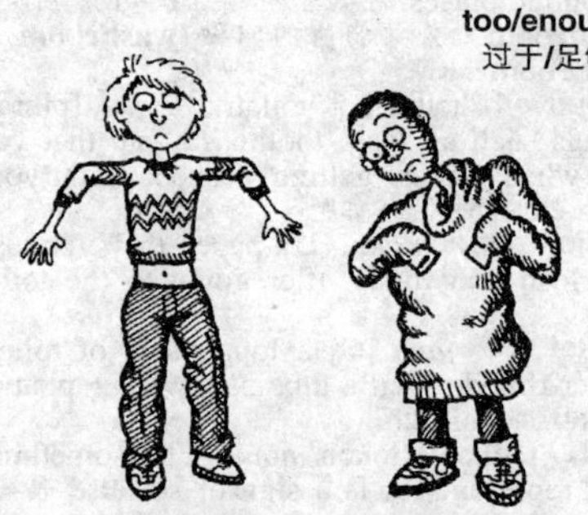

Tom's jumper is **not** big **enough**. 汤姆的套衫不够大。 Kevin's jumper is **too** big. 凯文的套衫太大了。

☆**too** /tu: ‖ tu/ *adv* **1** in addition; also 又；也；还: *Red is my favourite colour but I like blue, too.* 红色是我最喜欢的颜色，但我也喜欢蓝色。○ *Phil thinks you're right and I do too.* 菲尔认为你对，我也这样想。☛ Notice that you say 'There were lions and tigers at the zoo. There were elephants, **too**' but 'There were no zebras and there were no giraffes, **either**.' 我们可以说 There were lions and tigers at the zoo. There were elephants, **too**，但在否定句中要用 either: There were no zebras and there were no giraffes, **either**。Look at the note at **also**. 参看 **also** 的注释。**2** (used for expressing surprise or disappointment 表示惊奇或失望): *Her purse was stolen. And on her birthday too.* 她的钱包被偷走了，而且是在她生日那天被偷的。**3** (used before adjectives and adverbs 用于形容词和副词前) more than is good, allowed, possible, etc 太；过于: *These boots are too small.* 这双靴子太小了。○ *It's too cold to go out without a coat.* 太冷了，不穿大衣不能出去。○ *It's too long a journey for you to make alone.* 旅程太长了，你不能单独去。☛ Notice that you cannot say 'It's a too long journey'. 不可以说 It's a too long journey。**4** (usually used in negative sentences 通常用于否定句) very 非常: *The weather is not too bad today.* 今天天气不太坏。

took *pt* of TAKE * TAKE 的过去时

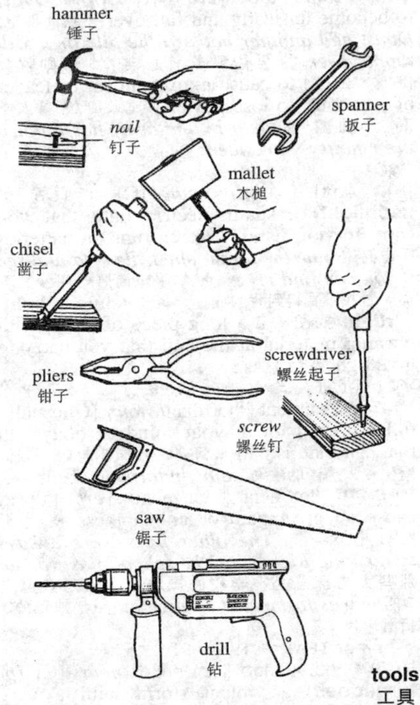

tools
工具

☆**tool** /tu:l ‖ tul/ *noun* [C] a piece of equipment that you use to help you do a particular type of job 工具: *Hammers, screwdrivers and saws are all carpenter's tools.* 锤子、改锥和锯子都是木匠的工具。○ *garden tools* 园艺工具 ○ *A word-processor is an indispensable tool for a journalist.* 文字处理器是新闻记者不可或缺的工具。☛ A tool is usually something you can hold in your hand, eg a spanner or hammer. * tool 通常指可拿在手里的工具，如扳子或锤子。An **implement** is often used outside, eg for farming or gardening. * **implement** 通常在户外使用，如农具或园艺工具。A **machine** has moving parts and works by electricity, with an engine, etc. * **machine** 指有活动部件，用电力、发动机等推动的机器。An **instrument** is often used for technical or delicate work * **instrument** 常指用于技术性或精细的工作的工具: *a dentist's instruments* 牙医用具 ○ *precision instruments* 精密仪器. A **device** is a more general word for a piece of equipment that you consider to be useful * **device** 泛指有用的工具或装置: *The machine has a safety device which switches the power off if there is a fault.* 这台机器有安全装置，一有故障就会关掉电源。

toot /tu:t ‖ tut/ *noun* [C] the short sound that a whistle, horn, etc makes（哨子、喇叭等发出的）短鸣 —**toot** *verb*: *Michael tooted the horn as he drove away.* 迈克尔把车开走时按响喇叭。

☆**tooth** /tu:θ ‖ tuθ/ *noun* [C] (*pl* **teeth** /ti:θ ‖ tiθ/) **1** one of the hard white parts in your mouth that you use for biting 牙齿: *to have a tooth out* 拔掉一颗牙 ○ *The old man took out his false teeth.* 那个老人把假牙卸下来。○ *wisdom teeth* 智齿

> ☛ You **brush/clean** your teeth to remove bits of food. 刷牙 (**brush/clean** one's teeth) 可以弄掉牙上的食物屑。If a tooth is **decayed**, the dentist may **fill** it or **extract it/take** it **out**. 如果牙蛀了 (**decay**)，牙医可以给你补牙 (**fill**) 或拔牙 (**extract/take out**)。If you have had all your teeth out, you can have **false teeth** or **dentures**. 如果所有牙都拔掉了，可以镶上假牙 (**false teeth**) 或装上托牙 (**denture**)。

2 one of the long pointed parts of a comb, saw, etc（梳、锯子等的）齿

(IDIOMS 习语) **by the skin of your teeth** ⇨ SKIN

grit your teeth ⇨ GRIT

have a sweet tooth ⇨ SWEET[1]

'**toothache** *noun* [C,U] a pain in your tooth or teeth 牙痛 ☛ Look at the note at **ache**. 参看 **ache** 的注释。

'**toothbrush** *noun* [C] a small brush with a handle that you use for cleaning your teeth 牙刷 ☛ picture at **brush**. 见 **brush** 插图。

'**toothpaste** *noun* [U] a substance that you put on your toothbrush and use for cleaning your teeth 牙膏

'**toothpick** *noun* [C] a short pointed piece of wood that you use for getting pieces of food out from between your teeth 牙签

☆**top**[1] /tɒp ‖ tɑp/ *noun* **1** [C] the highest part of sth 顶；顶部: *The flat is at the top of the building.* 这套公寓房在大楼的顶层。○ *the top of the stairs* 楼梯最上面的一级 ○ *Start reading at the top of the page.* 从页的顶端开始看。**2** [C] the upper surface of sth 上面: *a desk top*

桌面 **3** [sing] **the top (of sth)** the highest or most important rank or position 最高的/最重要的级别或位置: *to be at the top of your profession* 在同行中首屈一指 **4** [C] the cover that you put onto sth in order to close it 盖子: *Put the tops back on the felt-tip pens or they will dry out.* 盖好毡头笔的笔帽，不然笔会干。☛ A **top** or a **cap** is often small and round. You take it off by turning or screwing * **top** 或 **cap** 通常指小而圆的盖子，可以拧开: *a bottle top* 瓶盖 ○ *Unscrew cap to open.* 拧开盖子。A **lid** may be larger. You can lift it off * **lid** 可指较大的盖子，可以揭开: *a saucepan lid* 锅盖 ○ *Put the lid back on the box.* 将箱盖盖好。**5** [C] a piece of clothing that you wear on the top part of your body 上衣: *I need a top to match my new skirt.* 我需要一件上衣配衬我的新裙子。

(IDIOMS 习语) **at the top of your voice** as loudly as possible 以最大的嗓音

get on top of sb (*informal* 非正式) to make sb feel sad or depressed 使某人沮丧: *I've got so much work to do. It's really getting on top of me.* 我有很多工作要做，真使人沮丧。

off the top of your head (*informal* 非正式) without preparing or thinking about sth before you speak（说话）未经思考

on top 1 on or onto the highest point 在顶部: *There's a pile of books on the desk. Please put this one on top.* 桌上有一摞书。请将这本放在上面。**2** stronger or better 占上风；处于优势: *Throughout the match Liverpool were on top.* 利物浦在整场比赛中由始至终都占上风。

on top of sb/sth 1 on or onto sb/sth else 在某人/某物上面: *Several demonstrators stood on top of the tank, waving flags and shouting.* 几个示威者站在坦克上面，摇旗呐喊。**2** in addition to sb/sth else 除了某人/某事物外还有: *On top of all our other problems the car's broken down.* 我们除了遇到种种别的问题外，车子又坏了。**3** (*informal* 非正式) very close to sb/sth 靠近某人/某物: *modern houses built on top of each other* 靠得很近的现代房屋

over the top (*informal* 非正式) (*especially Brit* 尤为英) stronger or more extreme than necessary 过分

top *adj* highest in position, rank or degree（位置、级别或程度）最高: *one of Britain's top businessmen* 英国最成功的商人之一 ○ *at top speed* 以最高速 ○ *the top floor of the building* 大厦的顶层

topless *adj, adv* not covering the breasts; with the breasts not covered 袒胸；上身裸露的；无上装的: *a topless swimsuit* 无上装泳衣 ○ *to sunbathe topless* 裸露上身作日光浴

ˌtop ˈhat *noun* [C] the tall black or grey hat that a man wears on formal occasions 高顶礼帽（黑色或灰色）☛ picture at **hat**. 见 **hat** 插图。

ˌtop-ˈheavy *adj* heavier at the top than the bottom and likely to fall over 头重脚轻；上重下轻

ˈtopmost /-məʊst ‖ -ˌmost/ *adj* (only *before* a noun 只用于名词前) highest 最高: *the topmost branches of the tree* 树上最高的树枝

ˌtop ˈsecret *adj* that must be kept very secret 绝密

top² /tɒp ‖ tɑp/ *verb* [T] (to**pp**ing; to**pp**ed) **1** to be or form a top for sth 盖上；成为…的顶部: *cauliflower topped with cheese sauce* 浇上干酪酱的花椰菜 **2** to be higher or greater than sth 高于；超过: *Inflation has topped the 10% mark.* 通胀率超越了百分之十大关。

(PHRASAL VERB 短语动词) **top (sth) up** to fill sth that is partly empty 把（未满的容器）装满: *We topped up our glasses.* 我们把杯子斟满了。

topping *noun* [C,U] something such as cream or a sauce that is put on the top of food to decorate it or make it taste nicer（加在食物上的）酱/汁/奶油；浇头

top³ /tɒp ‖ tɑp/ *noun* [C] a child's toy that spins round quickly, balancing on a point 陀螺

☆**topic** /ˈtɒpɪk ‖ ˈtɑpɪk/ *noun* [C] a subject that you talk, write or learn about 题目；话题；主题

topical /-kl ‖ -kl̩/ *adj* connected with sth that is happening now; that people are interested in now 与当前的事有关；现在时兴的；目前热门的

topple /ˈtɒpl ‖ ˈtɑpl̩/ *verb* **1** [I] **topple (over)** to become unsteady and fall over 不稳而倒下: *Don't add another book to the pile or it will topple over.* 别再往那摞书上放书，否则就会倒下。**2** [T] to cause a government or leader of a country to lose power 使（政府/领导人）下台；推翻: *A coup by the army has toppled the country's president.* 军队发动政变推翻了总统。

☆**torch** /tɔːtʃ ‖ tɔrtʃ/ *noun* [C] **1** (*US* 美 **flashlight**) a small electric light that you carry in your hand. A torch runs on batteries 手电筒: *Shine the torch under the sofa and see if you can find my ring.* 拿手电筒照一照沙发下面，看找不找得到我的戒指。☛ picture at **light**. 见 **light** 插图。**2** a long piece of wood with burning material at the end that you carry to give light 火炬；火把

tore *pt* of TEAR² * TEAR² 的过去时

torment /ˈtɔːment ‖ ˈtɔrmɛnt/ *noun* [C, usually pl,U] great pain in your mind or body; sth that causes this pain（精神或肉体上的）剧痛/折磨；令人痛苦的事物: *to be in torment* 受折磨

torment /tɔːˈment ‖ tɔrˈmɛnt/ *verb* [T] to cause sb great pain or unhappiness 使受折磨；使难受: *The older boys were always tormenting Richard in the school playground.* 那些大男孩总是在学校的操场上为难理查德。○ *She was tormented by nightmares.* 她受恶梦折磨。

torn *pp* of TEAR² * TEAR² 的过去分词

tornado /tɔːˈneɪdəʊ ‖ tɔrˈnedo/ *noun* [C] (*pl* **tornadoes**) a violent storm with a very strong wind that blows in a circle 龙卷风 ☛ Look at the note at **storm**. 参看 **storm** 的注释。

torpedo /tɔːˈpiːdəʊ ‖ tɔrˈpido/ *noun* [C] (*pl* **torpedoes**) a bomb, shaped like a tube, that is fired from a ship or submarine and can travel underwater 鱼雷

torrent /ˈtɒrənt; *US* 美 ˈtɔːr- ‖ ˈtɔrənt/ *noun* [C] a strong fast stream of sth, especially water

洪流；激流；急流: *When the snow melts, this little river becomes a torrent.* 雪融时，这条小河就变成急流。○ (*figurative* 比喻) *She poured out a torrent of abuse at him.* 她破口大骂了他一顿。

torrential /tə'renʃl ‖ tə'rɛnʃəl/ *adj* (used about rain 指雨) very heavy 滂沱

torso /'tɔːsəʊ ‖ 'tɔrso/ *noun* [C] (*pl* **torsos**) the main part of the body, not the head, arms and legs 躯干

tortoise /'tɔːtəs ‖ 'tɔrtəs/ (*US* 美 **turtle**) *noun* [C] a small animal with a hard shell that moves very slowly. A tortoise can pull its head and legs into its shell to protect them. 陆龟；龟

tortuous /'tɔːtʃʊəs ‖ 'tɔrtʃʊəs/ *adj* **1** complicated, not clear and simple 转弯抹角；复杂: *a tortuous explanation* 转弯抹角的解释 **2** (used about a road, etc 指路等) with many bends 弯多；弯弯曲曲

torture /'tɔːtʃə(r) ‖ 'tɔrtʃɚ/ *noun* [C,U] the act of causing very great pain to a person, as a punishment or to make him/her give some information 折磨；拷打；用酷刑: *The rebel army has been accused of rape, torture and murder.* 叛军被控强奸、滥用酷刑和谋杀罪。—**torture** *verb*: *Most of the prisoners were tortured into making a confession.* 大部分囚犯都被严刑逼供。○ (*figurative* 比喻) *She was tortured by the thought that the accident was her fault.* 她认为意外是她造成的，这使她非常痛苦。

torturer /'tɔːtʃərə(r) ‖ 'tɔrtʃərɚ/ *noun* [C] a person who tortures other people 折磨人者；施刑者

Tory /'tɔːrɪ ‖ 'tɔrɪ/ *noun* [C] (*pl* **Tories**) *adj* a member or supporter of the British Conservative Party; connected with this party 英国保守党的成员/支持者；与英国保守党有关: *the Tory Party conference* 英国保守党大会 ☛ Look at the note at **party**. 参看 **party** 的注释。

toss /tɒs; *US* 美 tɔːs ‖ tɔs/ *verb* **1** [T] to throw sth carelessly, not using all your strength 扔；抛: *Bob opened the letter and tossed the envelope into the paper bin.* 鲍勃打开信，将信封扔到废纸箱里去。**2** [T] to move your head back quickly 将（头）一扬: *I asked her to stay but she just tossed her head and walked away.* 我叫她留下来，但她只是把头一扬就走了。**3** [I,T] to keep moving up and down or from side to side; to make sb/sth do this（使）颠簸/辗转/翻来覆去: *He lay tossing and turning in bed, unable to sleep.* 他在床上翻来覆去，不能入睡。○ *The rough seas tossed the ship about.* 船在波涛汹涌的海面上颠簸。**4** [I,T] **toss (up) (for sth)** to throw a coin into the air in order to decide sth. The person who guesses correctly which side of the coin will face upwards when it lands has the right to choose. 掷硬币决定 ☛ Look at **heads** and **tails**. 参看 **heads** 及 **tails**。These are the names of the two sides of a coin and we say 'heads' or 'tails' when we are guessing which side will face upwards＊heads 和 tails 指硬币的正面和反面，掷硬币时猜正面朝上就说 heads，猜反面朝上就说 tails: *Let's toss to see who does the washing-up.* 我们掷硬币决定谁洗餐具吧。○ *to toss a coin* 掷硬币 ○ *There's only one cake left. I'll toss you for it.* 只剩下一块蛋糕了。我和你掷硬币决定谁吃吧。

toss *noun* [C] an act of tossing 扔；抛；扬（头）；掷硬币: *an angry toss of the head* 气愤地把头一扬

(IDIOM 习语) **win/lose the toss** to guess correctly/incorrectly which side of a coin will face upwards when it lands 掷硬币决定时猜中/猜错哪一面向上: *Miss Graf won the toss and chose to serve first.* 格拉夫小姐在掷硬币时赢了，选择了先发球。

tot[1] /tɒt ‖ tɑt/ *noun* [C] **1** a small child 幼儿 **2** a small glass of a strong alcoholic drink 一小杯（烈酒）

tot[2] /tɒt ‖ tɑt/ *verb* (to**tt**ing; to**tt**ed)

(PHRASAL VERB 短语动词) **tot (sth) up** (*informal* 非正式) to add up numbers 把（数字）加起来

☆**total** /'təʊtl ‖ 'totl̩/ *adj* counting everything; complete 总共；彻底；完全: *What was the total number of people killed?* 总共多少人被杀？○ *a total failure* 彻底失败 ○ *They ate in total silence.* 他们一声不响地吃饭。

total *noun* [C] the number that you get when you add two or more numbers or amounts together 总数；总额

(IDIOM 习语) **in total** when you add two or more numbers or amounts together 总计: *The appeal raised £4 million in total.* 那次呼吁共筹得四百万英镑。

total *verb* [T] (tota**ll**ing; tota**ll**ed; *US also* 美亦作 totaling; totaled) to add up to a certain amount or number; to make a total of 合计；总数达: *His debts totalled more than £10 000.* 他负债总计超过 10 000 英镑。

totally /'təʊtəlɪ ‖ 'totl̩ɪ/ *adv* completely 完全: *I totally agree with you.* 我完全同意你的看法。

totter /'tɒtə(r) ‖ 'tɑtɚ/ *verb* [I] to stand or move in an unsteady way as if you are going to fall 摇摇欲坠；蹒跚

☆**touch**[1] /tʌtʃ ‖ tʌtʃ/ *verb* **1** [I,T] (used about two or more things, surfaces, etc 指物体、物体表面等) to be or go so close together that there is no space between them 接触到；碰到: *They were sitting so close that their heads touched.* 他们坐得非常近，头碰着头。○ *This bicycle is too big. My feet don't touch the ground.* 这辆自行车太高了，我的脚碰不到地面。**2** [T] to put a part of your body, usually your hand or fingers onto sb/sth 触摸；碰（通常指用手）: *Don't touch!* 不要触摸！○ *He touched her gently on the cheek.* 他轻抚她的脸颊。○ *The police asked us not to touch anything.* 警察叫我们别碰任何东西。○ (*figurative* 比喻) *June never touches alcohol* (= she never drinks it). 琼从不喝酒。**3** [T] to make sb feel sadness, sympathy, thanks, etc 使感动；打动: *a sad story that touched our hearts* 一个令我们感动的悲惨故事 ☛ Look at **touched**. 参看 **touched**。**4** [T] (in negative sentences 用于否定句) to be as good as sb/sth 比得上: *He's a much better*

T

player than all the others. No one else can touch him. 他比其他运动员好得多，他们没一个比得上他。

(IDIOM 习语) **touch wood** an expression that people use (often while touching a piece of wood) to prevent bad luck 避邪的用语（常边说边触摸木头）: *I've been driving here for 20 years and I haven't had an accident yet – touch wood!* 我在这儿开车开了20年，从没出过意外——但愿保持好运！

(PHRASAL VERBS 短语动词) **touch down** (used about an aeroplane 指飞机) to land 着陆

touch on/upon sth to talk or write about sth for only a short time 略略谈及；提及

☆**touch²** /tʌtʃ ‖ tʌtʃ/ *noun* **1** [C, usually sing] an act of touching(2) sb/sth 触摸；碰: *I felt the touch of her hand on my arm.* 我感觉到她的手碰到我的手臂。 **2** [U] one of the five senses: the ability to feel 触觉: *The sense of touch is very important to blind people.* 触觉对盲人非常重要。 **3** [U] the way sth feels when you touch it 触摸某物时的感觉；手感: *Marble is cold to the touch.* 大理石摸起来冰凉的。 **4** [C] a small detail 细微之处: *The flowers on our table were a nice touch.* 我们桌上的花朵是不错的点缀。 **5** [sing] **a touch (of sth)** a small amount of sth 少量: *He's not very ill. It's just a touch of flu.* 他没大病，只是有点感冒。

(IDIOMS 习语) **in/out of touch (with sb)** being/not being in contact with sb by speaking or writing to him/her（与某人）有/没有联络: *During the year she was abroad, they kept in touch by letter.* 她在国外那年，他们以书信保持联络。

in/out of touch with sth having/not having recent information about sth 有/没有某事物的最新消息: *We're out of touch with what's going on.* 我们不知道最近发生了什么事。

lose touch ⇨ LOSE

lose your touch ⇨ LOSE

touched /tʌtʃt ‖ tʌtʃt/ *adj* (not before a noun 不用于名词前) made to feel sadness, sympathy, thanks, etc 感动；感激: *We were very touched by your kind offer.* 你的好意我们十分感谢。

touching /ˈtʌtʃɪŋ ‖ ˈtʌtʃɪŋ/ *adj* that makes you feel sadness, sympathy, thanks, etc 令人感动的: *Romeo and Juliet is a touching story of young love.*《罗密欧与朱丽叶》是动人的年轻人爱情故事。

touchy /ˈtʌtʃɪ ‖ ˈtʌtʃɪ/ *adj* **1** easily upset or made angry 敏感；易生气: *Don't ask about her first marriage. She's very touchy about it.* 别问起她的第一次婚姻，她对这件事很敏感。 **2** (used about a subject, situation, etc 指问题、情况等) that may easily upset people or make them angry 敏感；易令人生气

☆**tough** /tʌf ‖ tʌf/ *adj* **1** not easily broken or cut; very strong 坚韧；结实: *tough boots* 耐穿的靴 ○ *tough plastic* 坚韧的塑料 **2** not easily weakened by pain or difficulty; very strong 坚强；能吃苦: *You need to be tough to go climbing in winter.* 在冬天爬山一定要能吃苦。 **3** difficult to cut and eat（指肉）硬/切不动/咬不动: *This meat is tough.* 这块肉很硬。 **4** strict; firm 严厉；强硬: *The government is introducing tough new laws about drinking and driving.* 政府要实施严厉的新法令对付酒后驾驶。 **5** difficult 困难: *It will be a tough decision to make.* 将会很难下决定。 ○ *He's had a very tough time recently.* 他最近的日子很难过。 **6 tough (on sb)** (*informal* 非正式) unfortunate; bad luck 不幸；倒霉: *That's tough!* 真倒霉！ ○ *It's tough that she was ill just before she went on holiday.* 她就在去度假之前病倒了，真倒霉。

toughen /ˈtʌfn ‖ ˈtʌfn̩/ *verb* [I,T] **toughen (sb/sth) up** to become tough; to make sb/sth tough（使）变得坚韧/坚强/严厉 —**toughness** *noun* [U]

☆**tour** /tʊə(r) ‖ tʊr/ *noun* **1** [C] a journey that you make for pleasure during which you visit many places 旅行；旅游: *a ten-day coach tour of Scotland* 乘长途汽车在苏格兰游览十天 **2** [C] a short visit around a city, famous building, etc 游览；参观: *a guided tour round St Paul's Cathedral* 在导游引领下参观圣保罗大教堂 ☛ Look at the note at **travel**. 参看 **travel** 的注释。 **3** [C,U] a series of visits that you make to play sports matches, give concerts, etc 巡回比赛；巡回演出: *Phil Collins is on tour in America.* 菲尔·柯林斯正在美国巡回表演。

tour *verb* [I,T] to go on a journey during which you visit many places 在（某地）旅行/旅游: *We spent three weeks touring in southern Spain.* 我们在西班牙南部游览了三个星期。 ○ *We toured southern Spain for three weeks.* 我们在西班牙南部游览了三个星期。

tourism /ˈtʊərɪzəm ‖ ˈtʊrˌɪzəm/ *noun* [U] the business of providing and arranging holidays and services for people who are visiting a place 旅游业: *The Spanish economy is no longer so dependent on tourism.* 西班牙的经济不再那么依赖旅游业。

tourist /ˈtʊərɪst ‖ ˈtʊrɪst/ *noun* [C] a person who visits a place for pleasure 游客: *a foreign tourist* 外国游客 ○ *the Tourist Information Office* 游客问讯处

tournament /ˈtɔːnəmənt; *US* 美 ˈtɜːrn- ‖ ˈtɝnəmənt/ *noun* [C] a competition in which many players or teams play games against each other 比赛；锦标赛

tow /təʊ ‖ to/ *verb* [T] to pull a car, etc along by a rope or chain 拖（汽车等）

tow *noun* [sing,U] an act of towing sth 拖；拉: *Can you give me a tow?* 你能拖一拖我的车子吗？ ○ *a car on tow* 被拖着走的汽车

(IDIOM 习语) **in tow** (*informal* 非正式) following behind 伴随；跟随: *He arrived with his wife and five children in tow.* 他和妻子以及五个孩子一起来。

☆**towards** /təˈwɔːdz; *US* 美 tɔːrdz ‖ tɔrdz/ (*also* 亦作 **toward** /təˈwɔːd; *US* 美 tɔːrd ‖ tɔrd/) *prep* **1** in the direction of sb/sth 向；朝: *I saw Ken walking towards the station.* 我看见肯朝着车站走去。 ○ *She had her back towards me.* 她背对着我。 ○ *a first step towards world peace* 迈向世界和平的第一步 **2** (used when you are talking about your feelings about sb/sth 用以说明对某人/某事物的感觉时用) in relation to 对于；关于: *Pat felt very protective towards* *her younger brother.* 帕特处处保护她的弟弟。○ *What is your attitude towards private education?* 你对私人办教育有什么意见？**3** as part of the payment for sth 作为部分付款: *The money will go towards the cost of a new minibus.* 这笔钱将用来购买新的小型公共汽车。**4** near a time or date 接近（某时间）: *It gets cool towards evening.* 一到傍晚时分天气就转凉。

☆**towel** /ˈtaʊəl ‖ ˈtaʊəl/ *noun* [C] a piece of cloth or paper that you use for drying sb/sth/yourself 毛巾；纸巾: *a bath towel* 浴巾 ○ *paper towels* 纸巾 ☛ Look at **sanitary towel** and **tea towel**. 参看 **sanitary towel** 及 **tea towel**。

☆**tower** /ˈtaʊə(r) ‖ ˈtaʊɚ/ *noun* [C] a tall narrow building or part of a building such as a church or castle 塔；塔楼（如教堂或城堡的）: *the Eiffel Tower* 埃菲尔铁塔 ○ *a church tower* 教堂的塔楼

ˈ**tower block** *noun* [C] (*Brit* 英) a very tall block of flats or offices 摩天大楼；高层建筑物

☆**town** /taʊn ‖ taʊn/ *noun* **1** [C] a place with many streets and buildings. A town is larger than a village but smaller than a city 城镇；市镇: *Romsey is a small market town.* 罗姆西是个小集镇。**2** [sing] all the people who live in a town 城镇居民: *The whole town was on the streets, waving flags and shouting.* 全镇居民都上街摇旗呐喊。**3** [U] the main part of a town, where the shops, etc are 城镇的中心；商业区: *I've got to go into town this afternoon.* 今天下午我要去市中心。

(IDIOM 习语) **go to town (on sth)** (*informal* 非正式) to spend a lot of time or money on sth 花大量时间或金钱（在某事物上）

ˌ**town ˈcouncil** *noun* [C] (*Brit* 英) a group of people who are responsible for the local government of a town 镇议会；市议会

ˌ**town ˈhall** *noun* [C] a large building that contains the local government offices and often a large room for public meetings, concerts, etc 镇公所；市政厅

township /ˈtaʊnʃɪp ‖ ˈtaʊnʃɪp/ *noun* [C] (in South Africa 南非) a town or part of a town where non-white people live 有色人种聚居地

toxic /ˈtɒksɪk ‖ ˈtɑksɪk/ *adj* poisonous 有毒: *Toxic chemicals had leaked into the water.* 有毒的化学物渗入了水中。

☆**toy**[1] /tɔɪ ‖ tɔɪ/ *noun* [C] an object for a child to play with 玩具: *Here are some toys to keep the children amused.* 这里有些玩具给孩子们玩。○ *toy cars* 玩具车 ○ *a toy soldier* 玩具士兵 ○ *a toy farm* 玩具农场 ○ *a toyshop* 玩具店

☆**toy**[2] /tɔɪ ‖ tɔɪ/ *verb*

(PHRASAL VERB 短语动词) **toy with sth** **1** to think about doing sth, perhaps not very seriously 不太认真地考虑某事物: *She's toying with the idea of going abroad for a year.* 她有出国一年的念头，但不太认真。**2** to move sth about without thinking about what you are doing 摆弄: *He toyed with his food but hardly ate any of it.* 他只是扒拉着食物，没怎么吃。

☆**trace**[1] /treɪs ‖ tres/ *noun* **1** [C,U] a mark or sign that shows that sb/sth existed or happened 痕迹；踪迹；遗迹: *traces of a bronze age village* 青铜器时代一个乡村的遗迹 ○ *The man disappeared without trace.* 那个男人消失得无影无踪。**2** [C] a very small amount of sth 很少量: *Traces of blood were found under her finger-nails.* 她的指甲上发现有点儿血迹。

☆**trace**[2] /treɪs ‖ tres/ *verb* [T] **1** to find out where sb/sth is by following marks, signs or other information 追踪: *The wanted man was traced to an address in Amsterdam.* 经过一番追踪，发现了那个通缉犯就在阿姆斯特丹的一个地址。**2** to find out or describe the development of sth 追溯；叙述（某事的发展过程）: *She traced her family tree back to the 16th century.* 她上溯自己的家谱至16世纪。**3** to make a copy of sth by placing a piece of transparent paper over it and drawing over the lines 用透明纸描摹

☆**track** /træk ‖ træk/ *noun* [C] **1** (usually plural) a line or series of marks that are left behind by a car, person, animal, etc 痕迹；足迹；轨辙: *The hunter followed the tracks of a deer.* 猎人追踪鹿的足迹。○ *tyre tracks* 车胎痕迹 ☛ Look at **footprint**. 参看 **footprint**。**2** a path or rough road 小径；小路: *The road became just a muddy track.* 那条路简直变成了泥泞小径。**3** the two metal rails on which a train runs 火车的轨道: *The train stopped because there was a tree across the track.* 火车停了，因为有树横在轨道上。**4** a special path, often in a circle, for racing 跑道: *a running track* 赛跑跑道 **5** one song or piece of music on a cassette, CD or record（录音带或唱片上的）一首歌/一首乐曲

(IDIOMS 习语) **keep/lose track of sb/sth** to know/not know what is happening somewhere or to sb/sth 知道/不知道某地、某人或某事物发生什么事: *As a journalist, he has to keep track of events all over the Middle East.* 身为新闻记者，他必须追踪在中东发生的大事。

off the beaten track ⇨ BEAT[1]

on the right/wrong track having the right/wrong sort of idea about sth 想得对/不对: *That's not the answer but you're on the right track.* 那答案不对，但你的思路是对的。

track *verb* [T] **track sb/sth (to sth)** to follow tracks or signs in order to find sb/sth （循踪迹）追寻；追踪: *to track enemy planes on a radar screen* 用雷达追踪敌机

(PHRASAL VERB 短语动词) **track sb/sth down** to find sb/sth after searching for him/her/it 找到或追踪到某人/某事物

ˈ**track events** *noun* [plural] athletic events that involve running 径赛项目 ☛ Look at **field events**. 参看 **field events**。

ˈ**track record** *noun* [C] what a person or organization has achieved that other people know about 个人或企业的成就/业绩

ˈ**track suit** *noun* [C] a suit that consists of loose trousers and a jacket or sweater. You wear a track suit for sports practice or when you are relaxing at home. 运动服（宽松的衣裤，运动或休息时穿）

☆**tractor** /ˈtræktə(r) ‖ ˈtræktɚ/ *noun* [C] a large vehicle that is used on farms for pulling heavy pieces of machinery 拖拉机

☆**trade**[1] /treɪd ‖ tred/ *noun* **1** [U] the buying or selling of goods or services 贸易；交易；买卖:

T

an international trade agreement 国际贸易协议 ○ *Trade is not very good* (= not many goods are sold) *at this time of year.* 每年的这个时候生意都不太好。 **2** [C] **trade (in sth)** a particular type of business 行业: *Many seaside resorts depend on the tourist trade.* 许多海边度假区都要倚赖旅游业。 ○ *We do quite a good trade in second-hand books.* 我们卖二手书生意不错。 **3** [C,U] a job for which you need special skill, especially with your hands（需特别技能的）职业（尤指手艺）: *Jeff is a plumber by trade.* 杰夫是个管子工。 ○ *to learn a trade* 学一门手艺 ☛ Look at the note at **work**. 参看 **work** 的注释。

'trade mark *noun* [C] a special mark or name that a company can put on its products and that cannot be used by any other company 商标

'tradesman /-zmən ‖ -zmən/ *noun* [C] (*pl* **tradesmen** /-mən ‖ -mən/) a person who delivers goods to people's homes or who has a shop 送货员；商人；店主

ˌtrade 'union (*also* 亦作 **ˌtrades 'union**; **union**) *noun* [C] an organization for people who all do the same type of work. Trade unions try to get better pay and working conditions for their members. 工会

☆**trade²** /treɪd ‖ tred/ *verb* **1** [I] **trade (in sth) (with sb)** to buy or sell goods or services 做买卖；做生意: *The shop was losing money and ceased trading last week.* 那家商店一直亏损，上星期已经停业。 ○ *More and more countries are trading with China.* 越来越多的国家与中国进行贸易。 ○ *to trade in arms* 买卖军火 **2** [T] **trade sth for sth** to exchange sth for sth else 以（货物）交换（货物）: *The explorer traded his watch for food.* 探险者用手表换取食物。

(PHRASAL VERB 短语动词) **trade sth in (for sth)** to give sth old in part payment for sth new or newer 以旧物贴换（新物）

trader *noun* [C] a person who buys and sells things, especially in a market 商人；贸易商

☆**tradition** /trə'dɪʃn ‖ trə'dɪʃən/ *noun* [C,U] a custom or belief that has continued from the past to the present 传统；风俗: *It's a tradition to play tricks on people on 1 April.* 在4月1日作弄人是个传统习俗。 ○ *Vienna has a great musical tradition.* 维也纳有悠久的音乐传统。 ○ *By tradition, the bride's family pays the costs of the wedding.* 根据传统风俗，新娘家要支付婚礼的费用。—**traditional** /-ʃənl ‖ -ʃənl̩/ *adj*: *It is traditional to eat turkey at Christmas.* 圣诞节时吃火鸡是个传统。—**traditionally** /-ʃənəlɪ ‖ -ʃənl̩ɪ/ *adv*

☆**traffic** /'træfɪk ‖ 'træfɪk/ *noun* [U] **1** the cars, etc that are on a road 路上的车辆: *heavy/light traffic* 路上车辆很多/不多 ○ *The traffic is at a standstill.* 交通陷于停顿。 **2** the movement of ships, aeroplanes, etc 水上交通；空中交通: *Cross-channel traffic was affected by a strike at the French ports.* 海峡两岸的交通受法国码头工人罢工影响。 ○ *air traffic controllers* 空中交通管制员 **3 traffic (in sth)** the illegal buying and selling of sth 非法买卖: *the traffic in arms* 非法买卖军火

traffic *verb* [I] (*pres part* **trafficking**; *pt*, *pp* **trafficked**) **traffic (in sth)** to buy and sell sth illegally 非法买卖: *drug trafficking* 贩毒

'traffic island (*also* 亦作 **island**) *noun* [C] a raised area in the middle of the road, where you can stand when you are crossing 安全岛

'traffic jam *noun* [C] a long line of cars, etc that cannot move or that can only move very slowly 交通阻塞

'traffic-light *noun* [C, usually pl] a sign with three coloured lights (red, amber and green) that is used for controlling the traffic at a road junction 交通信号灯；红绿灯: *When the traffic-lights are red you must stop.* 当红绿灯亮起红灯时，必须停止前进。

'traffic warden *noun* [C] a person who checks whether cars are parked in the wrong place or for longer than is allowed 交通监督员（监督车辆的停放）

☆**tragedy** /'trædʒədɪ ‖ 'trædʒədɪ/ *noun* (*pl* **tragedies**) **1** [C,U] an event or situation that causes great sadness 悲惨的事件/情况: *A trip to Brighton ended in tragedy for a local couple when they were involved in a car crash on the M23.* 本地一对夫妇前往布赖顿旅行时发生悲剧，他们在M23公路撞车。 ○ *It's a tragedy that so many children leave school without any qualifications.* 这么多孩子还未毕业就离开学校，真是可悲。 **2** [C] a serious play that has a sad ending 悲剧: *'King Lear' is a tragedy.*《李尔王》是出悲剧。 ☛ Look at **comedy**. 参看 **comedy**。

tragic /'trædʒɪk ‖ 'trædʒɪk/ *adj* **1** that causes great sadness 悲惨: *It's tragic that he died so young.* 他英年早逝，令人悲伤。 ○ *a tragic accident* 可悲的意外 **2** (only *before* a noun 只用于名词前) with a sad ending or in the style of tragedy 悲剧的: *a tragic novel* 悲剧小说 —**tragically** /-klɪ ‖ -kl̩ɪ/ *adv*

☆**trail** /treɪl ‖ trel/ *noun* [C] **1** a series of marks in a long line that a person or thing leaves behind 痕迹；踪迹: *a trail of muddy footprints* 一行泥足印 ○ *The storm left behind a trail of destruction.* 暴风雨过后满目疮痍。 **2** a path through the country（郊野的）小径: *a nature trail through the woods* 穿过森林的小径 **3** the tracks or smell that you follow when you are hunting sb/sth 踪迹；臭味: *The dogs ran off on the trail of the fox.* 那些狗顺着狐狸的臭味跑去追踪。 ○ (*figurative* 比喻) *The burglar got away in a stolen car with the police on his trail.* 窃贼用偷来的汽车逃走，警察在后面追踪。

trail *verb* **1** [I,T] to be pulled or dragged along behind you; to make sth do this 拖；拖曳；被拖在后面: *Her long hair trailed behind her in the wind.* 她的长发被风吹得在背后飘曳。 ○ *Joe sat in the boat trailing a stick in the water.* 乔坐在船上，将一根树枝放到水里拖着走。 **2** [I] **trail along behind (sb/sth)** to move or walk slowly behind sb/sth else, usually because you are tired（拖着疲乏的身子）慢慢地跟在后面 **3** [I,T] to have a lower score than the other player or team during a game or competition（比分）落后: *At half-time Everton were trailing by two goals to* *three.* 打完半场，埃弗顿以二比三落后。**4** [I] (used about plants 指植物) to grow over a surface 蔓生: *ivy trailing over the wall* 蔓生在墙上的常春藤 ○ (*figurative* 比喻) *wires from the stereo trailing across the floor* 横放在地板上的立体声音响器材的电线

trailer /'treɪlə(r) ‖ 'trelɚ/ *noun* [C] **1** a vehicle with no engine that is pulled by a car, lorry, etc 拖车 **2** (*US* 美) = CARAVAN(1) **3** a series of short pieces taken from a cinema film and used to advertise it（电影的）预告片

☆**train**[1] /treɪn ‖ tren/ *noun* [C] **1** a number of carriages or wagons that are pulled by an engine along a railway line 火车；列车: *a passenger/ goods/ freight train* 客运/货运列车 ○ *a fast/slow train* 高速的/缓慢的列车 ○ *an express/a stopping train* 快车；慢车 ○ *to catch/get/take a train* 坐火车 ○ *the 12 o'clock train to Bristol* ＊12点开往布里斯托尔的列车 ○ *to get on/off a train* 上/下火车 ○ *Hurry up or we'll miss the train.* 赶快，不然我们就赶不上那班火车了。○ *You have to change trains at Reading.* 你要在雷丁转车。○ *The train pulled into/out of the station.* 列车驶入/驶出火车站。☛ Note that we travel **by** train. We can also say **on the** train. 指搭乘火车可以用 **by** train，也可以用 **on the** train。**2** [usually sing] a series of thoughts or events that are connected 一连串（相关的想法或事件）: *A knock at the door interrupted my train of thought.* 敲门声打断了我的思路。

☆**train**[2] /treɪn ‖ tren/ *verb* **1** [T] **train sb (as sth/ to do sth)** to teach a person to do sth which is difficult or which needs practice 训练: *The organization trains guide dogs for the blind.* 那个机构训练导盲犬。○ *There is a shortage of trained teachers.* 受过训练的教师很缺乏。**2 train (as sth) (to do sth)** [I] to learn how to do a job 接受训练: *She's training as an engineer.* 她正在接受做工程师的训练。○ *He's training to be a doctor.* 他正接受做医生的训练。**3** [I,T] to prepare for a race or match by exercising; to help a person or an animal to do this（为比赛而）锻炼/训练: *I'm training for the London Marathon.* 我正在为参加伦敦马拉松赛跑而锻炼。○ *to train racehorses* 训练赛马用的马 **4** [T] to point a gun, camera, etc at sb/sth 把（枪、照相机等）对准（某人/某物）

trainee /treɪ'ni: ‖ tren'i/ *noun* [C] a person who is being trained(1) 受训者: *a trainee manager* 见习经理

trainer *noun* [C] **1** a person who trains(3) animals or sportsmen and sportswomen 教练；训练员 **2** (*US* 美 **sneaker**) [usually pl] a type of soft shoe that you wear for running 运动鞋 ☛ picture at **shoe**. 见 **shoe** 插图。

training *noun* [U] the preparation for a sport or job 训练；锻炼: *staff training* 员工的培训 ○ *to be in training for the Olympics* 为参加奥运会而接受训练

trait /treɪt ‖ tret/ *noun* [C] a quality; part of sb's character 特点；个性

traitor /'treɪtə(r) ‖ 'tretɚ/ *noun* [C] a person who is not loyal to his/her country, friends, etc and harms them 叛徒；卖国贼 ☛ Look at **betray** and at **treason**. 参看 **betray** 及 **treason**。

tram /træm ‖ træm/ (*US* 美 **'streetcar**) *noun* [C] a type of bus that works by electricity and that runs on special rails in the road（有轨）电车

tramp[1] /træmp ‖ træmp/ *noun* [C] a person who has no home or job and who moves from place to place 流浪者

tramp[2] /træmp ‖ træmp/ *verb* [I,T] to walk with slow heavy steps 重步行走

tramp *noun* [sing] the sound of people walking with heavy steps 沉重的脚步声

trample /'træmpl ‖ 'træmpl̩/ *verb* [I,T] **trample sth/sb (down); trample on sb/sth** to walk on sb/ sth and damage or hurt him/her/it 踩坏；踩伤: *The cows trampled the corn.* 牛群踩坏了庄稼。○ *The child was trampled to death by the crowd.* 那个小孩被人群踩死。○ *The boys trampled on the flower-beds.* 那些男孩子踩坏了花坛。

trampoline /'træmpəli:n ‖ 'træmpəlin/ *noun* [C] a piece of equipment for jumping up and down on, made of a piece of strong material fixed to a metal frame by springs 蹦床；弹床

trance /trɑ:ns; *US* 美 træns ‖ træns/ *noun* [C] a condition of the mind in which you do not notice what is going on around you or in which you move and speak as if you were being controlled by another person or force 出神；恍惚

tranquil /'træŋkwɪl ‖ 'træŋkwɪl/ *adj* (*formal* 正式) calm and quiet 平静；安静

tranquillizer (*also* 亦作 **tranquilliser**; *US also* 美亦作 **tranquilizer**) *noun* [C] a drug that is used for making people sleepy or calmer 镇静剂

transaction /træn'zækʃn ‖ trænz'ækʃən/ *noun* [C] a piece of business 交易；事务；业务: *financial transactions* 财政事务

transatlantic /ˌtrænzət'læntɪk ‖ ˌtrænzət-'læntɪk/ *adj* to or from the other side of the Atlantic; across the Atlantic 前往/来自大西洋彼岸的；横越大西洋的: *a transatlantic flight* 横越大西洋的飞行

transcend /træn'send ‖ træn'sɛnd/ *verb* [T] (*formal* 正式) to be greater or more important than sb/sth; to go beyond the limits of sth 胜于；超越: *Environmental issues transcend national boundaries.* 环境问题超越国界。

transcript /'trænskrɪpt ‖ 'trænˌskrɪpt/ *noun* [C] a written copy of what sb said（言语的）书面记录

☆**transfer**[1] /træns'fɜ:(r) ‖ træns'fɝ/ *verb* (transferring; transferred) **1** [I,T] **transfer (sb/sth) (from...) (to...)** to move, or to make sb/sth move, from one place to another 转移: *He has been transferred to our Tokyo branch.* 他被调往我们东京的分行了。○ *I want to transfer £1 000 from my deposit to my current account* (= in a bank). 我想从存款账户中提取1 000英镑转入往来账户。○ *Transfer the data onto floppy disk.* 将资料转录到软磁盘中。**2** [T] to change the ownership of sth from one person to another 转让 —**transferable**

/-ˈfɜːrəbl ‖ -ˈfɝəbl̩/ *adj*: *This ticket is not transferable.* 这张票不可转让。

☆**transfer**[2] /ˈtrænsfɜː(r) ‖ ˈtrænsfɝ/ *noun* **1** [C,U] moving or being moved from one place, job or state to another 转移: *Paul is not happy here and has asked for a transfer.* 保罗在这里不愉快，要求调到别处。○ *the transfer of power from a military to a civilian government* 权力由军政府手中转入民选政府手上 **2** [U] changing to a different vehicle, route, etc during a journey 转乘；转车；转路线 **3** [C] (*US* 美) a ticket that allows you to travel on two or more buses, etc during one journey 转车车票 **4** [C] (*especially Brit* 尤为英) a piece of paper with a picture or writing on it that you can stick onto another surface by pressing or heating it 转印图（附于纸上的图案或文字，可用加压或加热的方法转印到别的物件上）

☆**transform** /trænsˈfɔːm ‖ trænsˈfɔrm/ *verb* [T] **transform sb/sth (from sth) (into sth)** to change sb/sth completely 完全改变: *The arrival of electricity transformed people's lives.* 电的出现完全改变了人类的生活。—**transformation** /ˌtrænsfəˈmeɪʃn ‖ ˌtrænsfɚˈmeʃən/ *noun* [C,U]

transfusion /trænsˈfjuːʒn ‖ trænsˈfjuʒən/ *noun* [C] the act of putting one person's blood into another person's body 输血: *a blood transfusion* 输血

transistor /trænˈzɪstə(r); -ˈsɪst- ‖ trænˈzɪstɚ; -ˈsɪst-/ *noun* [C] **1** a small piece of electrical equipment that is used in radios and televisions 晶体管 **2** (*also* 亦作 ˌ**transistor ˈradio**) a small radio that you can carry easily 晶体管收音机

transit /ˈtrænzɪt; -sɪt ‖ ˈtrænzɪt; -sɪt/ *noun* [U] the act of moving or being taken from one place to another 运送；运输: *The goods had been damaged in transit.* 货物在运送途中损毁了。

transition /trænˈzɪʃn ‖ trænˈzɪʃən/ *noun* [C,U] **transition (from sth) (to sth)** a change from one state or form to another 过渡；转变: *the transition from childhood to adolescence* 从童年过渡到青春期 —**transitional** /-ʃənl ‖ -ʃənl̩/ *adj*: *We're still in a transitional stage.* 我们仍在过渡阶段。

transitive /ˈtrænsətɪv ‖ ˈtrænsətɪv/ *adj* (*grammar* 语法) (used about a verb 指动词) that has a direct object 带直接宾语；及物: *In this dictionary transitive verbs are marked* '[T]'. 本词典用[T]标示及物动词。The opposite is **intransitive**. 反义词为 **intransitive**。

☆**translate** /trænzˈleɪt ‖ trænzˈlet/ *verb* [I,T] **translate (sth) (from sth) (into sth)** to change sth spoken or written from one language to another 翻译: *This book has been translated from Czech into English.* 这本书由捷克语译成英语。☛ Look at **interpret**. 参看 **interpret**。—**translation** /-ˈleɪʃn ‖ -ˈleʃən/ *noun* [C,U]: *a word-for-word translation* 逐词翻译 ○ *an error in translation* 翻译上的错误

translator *noun* [C] a person who translates sth that has been written 译者；笔译者 ☛ Look at **interpreter**. 参看 **interpreter**。

transmission /trænzˈmɪʃn ‖ trænzˈmɪʃən/ *noun* **1** [U] sending out or passing on 传送；传播: *the transmission of television pictures by satellite* 用卫星转播电视画面 ○ *the transmission of disease* 疾病的传播 **2** [C] a TV or radio programme 电视/电台节目 **3** [C,U] the set of parts of a car, etc that take power from the engine to the wheels（汽车等的）变速器/传动装置

☆**transmit** /trænzˈmɪt ‖ trænzˈmɪt/ *verb* [T] (transmit**t**ing; transmit**t**ed) **1** to send out television or radio programmes, electronic signals, etc 播送；传送: *The match was transmitted live all over the world.* 那场赛事向全球现场直播。**2** to send or pass sth from one person or place to another 传播；传染: *a sexually transmitted disease* 通过性行为传染的疾病

transmitter *noun* [C] a piece of equipment that sends out television or radio programmes, electronic signals, etc（无线电）发射机；发报机

☆**transparent** /trænsˈpærənt ‖ trænsˈpɛrənt/ *adj* that you can see through 透明: *Glass is transparent.* 玻璃是透明的。

transparency /-rənsɪ ‖ -rənsɪ/ *noun* [C] (*pl* **transparencies**) a type of photograph that is printed on transparent plastic, or a piece of plastic on which you can write or draw. You look at a transparency by putting it in a special machine (**projector**) and shining light through it 幻灯片；透明正片（投影机叫做 **projector**）: *a transparency for the overhead projector* 用于高射投影器的透明正片 ☛ Look at **slide**. 参看 **slide**。

transplant /trænsˈplɑːnt; *US* 美 -ˈplænt ‖ trænsˈplænt/ *verb* [T] **1** to take a plant out of the soil and plant it in another place 移植（植物）**2** to take out an organ or other part of sb's body and put it into another person's body 移植（人体器官或其他部分）

transplant /ˈtrænsplɑːnt; *US* 美 -plænt ‖ ˈtrænsplænt/ *noun* [C] an operation in which an organ, etc is transplanted 器官等的移植: *a heart transplant* 心脏移植

☆**transport**[1] /trænˈspɔːt ‖ trænsˈpɔrt/ *verb* [T] to move sb/sth from one place to another in a vehicle 运输；运送

☆**transport**[2] /ˈtrænspɔːt ‖ ˈtrænspɔrt/ (*especially US* 美尤作 **transportation**) *noun* [U] **1** moving sb/sth from one place to another by vehicle 运输: *road, rail, sea, etc transport* 道路/铁路/海上…运输 **2** vehicles that you travel in 交通工具: *Do you have your own transport?* (eg a car) 你有自己的车子吗？○ *I travel to school by public transport.* 我乘公共交通工具上学。

transvestite /trænzˈvestaɪt ‖ trænzˈvɛstaɪt/ *noun* [C] a person who likes to wear the clothes of sb of the opposite sex 好穿异性服装者

☆**trap** /træp ‖ træp/ *noun* [C] **1** a piece of equipment that you use for catching animals（捉动物的）捕捉器: *a mousetrap* 捕鼠器 ○ *The rabbit's leg was caught in the trap.* 兔子的腿被捕捉器夹住。○ (*figurative* 比喻) *He thought of marriage as a trap.* 他认为婚姻是一种羁绊。

2 something that tricks or deceives you 陷阱；圈套：*He fell into the trap of thinking she would always be there.* 他误以为她不会离弃自己。

trap *verb* [T] (trapping; trapped) **1** to catch an animal, etc in a trap 用捕捉器捉（动物）**2** to keep sb in a place from which he/she cannot move or escape 困住；关住：*The door closed behind them and they were trapped.* 他们身后的门关上了，他们被困住了。○ *Many people are trapped in low-paid jobs.* 许多人不能摆脱低薪工作。**3** to catch and keep or store sth 留住；保存：*Special glass panels trap heat from the sun.* 特制的玻璃板可以吸收太阳的热能。**4 trap sb (into sth/into doing sth)** to make sb do sth by tricking or deceiving him/her 骗某人（做某事）

ˌ**trap'door** *noun* [C] a door in a floor or ceiling（地板、天花板的）活板门

trapeze /trə'pi:z; *US* 美 træ- ‖ træ'piz/ *noun* [C] a bar hanging from two ropes high above the ground, used as a swing by gymnasts and acrobats（杂技演员/体操运动员用的）吊杠；高空秋千

trappings /'træpɪŋz ‖ 'træpɪŋz/ *noun* [plural] clothes, possessions, etc which are signs of a particular rank or position（显示身分或职位的）衣饰/物品：*a large car, expensive clothes and all the other trappings of success* 一辆硕大的汽车、昂贵的衣服和其他标志事业有成的东西

trash /træʃ ‖ træʃ/ *noun* [U] (*US* 美) = RUBBISH

trashy *adj* of poor quality 劣质：*trashy novels* 蹩脚的小说

'**trash can** *noun* [C] (*US* 美) = DUSTBIN

trauma /'trɔ:mə; *US* 美 'traʊmə ‖ 'traumə/ *noun* [C,U] (an event that causes) a state of great unhappiness or shock 精神创伤；造成精神创伤的事 ☛ Look at **stress**. 参看 **stress**。—**traumatic** /trɔ:'mætɪk; *US* 美 traʊ- ‖ trɔ-'mætɪk/ *adj*: *Getting divorced can be a traumatic experience.* 离婚可能是一种痛苦的经历。

☆**travel** /'trævl ‖ 'trævl̩/ *verb* (travelling; travelled; *US* 美 traveling; traveled) **1** [I] to make a journey 旅行：*Charles travels a lot on business.* 查尔斯经常公务出差。○ *to travel by sea/air* 搭乘轮船/飞机 ○ *They travelled overland from Turkey.* 他们由土耳其出发作陆上旅行。○ *travelling expenses* 旅行费用 ○ (*figurative* 比喻) *News travels fast in the village.* 在村里消息传得很快。**2** [T] to make a journey of a particular distance 行走（某段距离）：*They travelled 60 kilometres to come and see us.* 他们走了60公里来看我们。

travel *noun* **1** [U] the act of travelling 旅行：*Air travel has made the world seem a smaller place.* 航空旅行似乎使世界变小了。○ *a travel book* 旅游书 **2 travels** [plural] journeys, especially to places that are far away 旅行/旅程（尤指到远处的）：*You must have seen lots of interesting places on your travels.* 你在旅程中一定到过许多有趣的地方。☛ **Travel** is an uncountable word and you can only use it to talk about the general activity of moving from place to place * **travel** 是不可数的词，只用以泛指由一地前往另一地：*Foreign travel is very popular these days.* 到外国旅行现在很普遍。When you talk about going from one particular place to another, you use **journey**. 由某地方前往另一个地方，用 **journey**。A journey can be long * journey 可以指长途旅程：*the journey across Canada* 横越加拿大的旅程 or short, but repeated 也可以指重复的短途旅程：*the journey to work* 上班的路程. A **tour** is a journey or walk during which you visit several places. You may go on a tour round a country, city, place of interest, etc * **tour** 指到几个地方游览，可用于游览国家、城市、名胜等：*a three-week tour around Italy* 三星期意大利游 ○ *a guided tour of the castle* 在导游带领下参观城堡. You often use **trip** when you are thinking about the whole visit (including your stay in a place and the journeys there and back) * **trip** 常用以指整个旅行（包括逗留的时间及来回的旅程）：*They're just back from a trip to Japan. They had a wonderful time.* 他们刚去日本旅行回来，玩得很愉快。(but 但是：*'How was your journey?' 'Awful – the plane was delayed!'* "旅程怎么样？" "糟透了，飞机误点了！") A trip may be short * trip 可以指短途旅行：*a day trip* 一天的旅游, or longer 也可以指较长途的旅行：*a trip round the world* 环游全世界, and can be for business or pleasure 同时也可以指为公务或游玩的旅行：*How about a trip to the seaside this weekend?* 这个周末去海边一游如何？○ *He's on a trip to New York to meet a client.* 他到纽约见客户去了。An **excursion** is an organized trip that you go on with a group of people * **excursion** 指为一群人安排的旅行：*The holiday includes a full-day excursion by coach to the Lake District.* 度假活动包括乘长途汽车游湖区一整天。

traveller (*US* 美 **traveler**) /'trævlə(r) ‖ 'trævlɚ/ *noun* [C] **1** a person who is travelling or who often travels 旅客；经常旅行者 **2** (*Brit* 英) = GYPSY

'**travel agency** *noun* [C] (*pl* **travel agencies**) a company that makes travel arrangements for people (booking tickets, making hotel reservations, etc) 旅行社

'**travel agent** *noun* [C] a person who works in a travel agency 旅行代理人

'**traveller's cheque** (*US* 美 '**traveler's check**) *noun* [C] a cheque that you can change into foreign money when you are travelling abroad 旅行支票：*to cash a traveller's cheque* 将旅行支票兑现

ˌ**travelling 'salesman** *noun* [C] a person who visits shops, offices, etc trying to sell the products of one company 旅行推销员

☆**tray** /treɪ ‖ tre/ *noun* [C] **1** a flat piece of wood, plastic, metal, etc with raised edges that you use for carrying food, drink, etc on 托盘：*When she was ill in bed, he took her meals to her on a tray.* 她有病卧床时，他用托盘送饭给她。**2** a shallow container in which you put papers, etc on a desk 文件盘

treacherous /'tretʃərəs ‖ 'trɛtʃərəs/ *adj* **1** that you cannot trust 不忠；不可靠 **2** full of hidden danger 充满隐藏的危险：*The roads are*

T

treacherous this morning. There are icy patches. 今天早上各条道路都有危险，路面多处结冰。

treachery /ˈtretʃərɪ ‖ ˈtrɛtʃərɪ/ *noun* [U] the act of causing harm to sb/sth that trusts you 背叛；不忠

treacle /ˈtri:kl ‖ ˈtrikl̩/ *noun* [U] a thick, dark, sticky liquid that is made from sugar 糖浆 ☛ Look at **syrup**. 参看 **syrup**。

tread /tred ‖ trɛd/ *verb* (*pt* **trod** /trɒd ‖ trɑd/; *pp* **trodden** /ˈtrɒdn ‖ ˈtrɑdn̩/) **1** [I] to step or put your foot down 踩；踏：*Don't tread in the puddle!* 别踩到水坑里去！○ *He trod on my toe and didn't even say sorry!* 他踩到我的脚趾，连对不起也没说！○ (*figurative* 比喻) *We must tread carefully or we'll offend him.* 我们必须处处小心，以免冒犯他。**2** [T] **tread sth (in/down/out)** to press sth with your foot（用力）踩/踏：*The cake crumbs had been trodden into the carpet.* 蛋糕屑被踩进地毯里去了。○ *She planted the seeds and trod the earth down.* 她播下种子，然后将土踩实。**3** [T] to walk on sth 在…上行走：*He walked down the path he had trodden so many times before.* 他沿着他走过许多次的小径行走。

tread *noun* **1** [sing] the sound you make when you are walking 脚步声：*the heavy tread of soldiers' boots* 士兵行走时沉重的脚步声 **2** [C,U] the raised pattern on the outside surface of a tyre 轮胎面凸出的纹理

treason /ˈtri:zn ‖ ˈtrizn̩/ *noun* [U] the act of causing harm to your country, eg by helping its enemies 叛国

☆**treasure** /ˈtreʒə(r) ‖ ˈtrɛʒɚ/ *noun* **1** [C,U] a collection of very valuable objects, eg made of gold, silver, etc 财宝；宝藏：*to find buried treasure* 寻找埋藏的财宝 **2** [C] something that is very valuable 珍品；珍宝：*the nation's art treasures* 国家的艺术珍品

treasure *verb* [T] to consider sb/sth to be very special or valuable 珍惜；珍爱：*I will treasure those memories forever.* 我会永远珍惜那些回忆。

ˈ**treasure hunt** *noun* [C] a game in which people try to find sth by following special signs (**clues**) 寻宝游戏（线索叫做 **clue**）

treasurer /ˈtreʒərə(r) ‖ ˈtrɛʒərɚ/ *noun* [C] the person who looks after the money that belongs to a club, organization, etc 财务主管；司库

treasury /ˈtreʒərɪ ‖ ˈtrɛʒərɪ/ *noun* [sing, with sing or pl verb] **the Treasury** the government department that controls public money（国家的）财政部

☆**treat** /tri:t ‖ trit/ *verb* [T] **1** to act or behave towards sb/sth in a particular way 对待：*Teenagers hate being treated like children.* 十多岁的青少年讨厌被人当小孩子看待。○ *You should treat older people with respect.* 你要尊敬比自己年长的人。○ *to treat sb badly, fairly, etc* 无情地/公平地…对待某人 **2 treat sth as sth** to consider sth in a particular way 视某事物为…：*The bomb scare was not taken seriously. It was treated as a hoax.* 没有人认真对待那次炸弹威胁，人们只当作是一场恶作剧。**3** to deal with or discuss 讨论；探讨：*This book treats the subject in great detail.* 这本书仔细探讨了那个问题。**4 treat sb (for sth)** to use medicine or medical care to try to make a sick or injured person well again 治疗；医治：*a new drug to treat cancer* 医治癌症的新药 ○ *The boy was treated for burns at the hospital.* 那个男孩因烧伤在医院接受治疗。**5 treat sth (with sth)** to put a substance onto sth in order to protect it from damage 加入（某物质）作防护：*Most vegetables are treated with insecticide.* 大部分蔬菜都施用杀虫剂。**6 treat sb/yourself (to sth)** to give sb/yourself sth that is very special or enjoyable 请或让（某人/自己享用特别或好的东西）：*Clare treated the children to an ice-cream* (= she paid for them). 克莱尔请孩子们吃冰淇淋。

treat *noun* [C] something that is very special or enjoyable 令人愉快的东西；乐事：*I've brought some cream cakes as a treat for tea.* 我特地带了一些奶油蛋糕来喝茶。○ *It's a real treat for me to stay in bed late.* 睡得很晚才起床对我来说是一大乐事。

(IDIOM 习语) **trick or treat** ⇨ TRICK

☆**treatment** /ˈtri:tmənt ‖ ˈtritmənt/ *noun* **1** [U] the way that you behave towards sb or deal with sth 对待的方式；待遇：*The treatment of the prisoners of war was very harsh.* 战俘受到严酷的对待。**2** [C,U] the use of medicine or medical care to try to make a sick or injured person well again 治疗；医治：*a new treatment for cancer* 治疗癌病的新方法 ○ *In Britain medical treatment is provided free on the NHS.* 在英国，国民保健服务系统提供免费医疗服务。

☆**treaty** /ˈtri:tɪ ‖ ˈtritɪ/ *noun* [C] (*pl* **treaties**) a written agreement between two or more countries 条约：*to sign a peace treaty* 签署和约

treble[1] /ˈtrebl ‖ ˈtrɛbl̩/ *verb* [I,T] to become or to make sth three times bigger 增加/提高两倍：*Prices have trebled in the past ten years.* 过去十年内物价提高了两倍。—**treble** *det*: *This figure is treble the number five years ago.* 这数字是五年前的三倍。

treble[2] /ˈtrebl ‖ ˈtrɛbl̩/ *noun* [C] **1** a high singing voice, especially that of a young boy（合唱中的）最高音（尤指男童的）**2** a boy who has a high singing voice 唱最高音的男童

tree
树

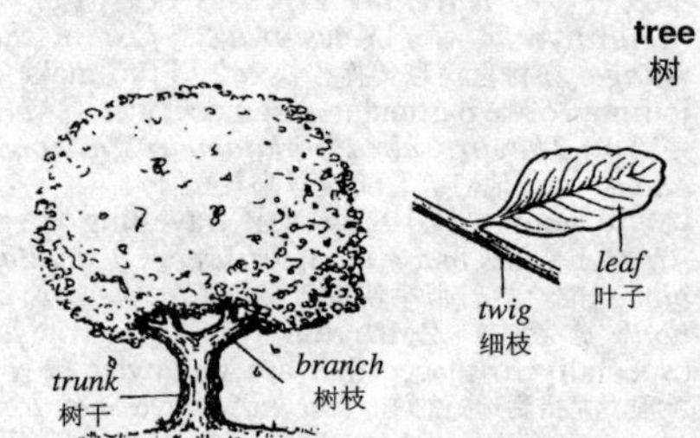

☆**tree** /tri: ‖ tri/ *noun* [C] a tall plant with a thick wooden stem from which branches grow 树：*an oak tree* 橡树 ○ *The house was surrounded*

by tall trees. 那幢房子被高树围着。○ *to climb a tree* 爬树 ○ *to plant/cut down a tree* 种植/砍倒一棵树

☛ The stem of a tree is called a **trunk**. 树的主干叫做 **trunk**。The outer surface of this is **bark**. 树皮叫做 **bark**。The **branches** grow out from the trunk. 由主干生出来的枝杈叫做 **branch**。A tree may have **leaves** or **needles**. 树的叶子叫做 **leaf**，针叶叫做 **needle**。 Look at **Christmas tree** and **family tree**. 参看 **Christmas tree** 及 **family tree**。

trek /trek ‖ trɛk/ *noun* [C] a long hard journey, often on foot 长途跋涉的路程（常指徒步的）—**trek** *verb* [I] (tre**kk**ing; tre**kk**ed)

☆**tremble** /ˈtrembl ‖ ˈtrɛmbḷ/ *verb* [I] to shake, eg because you are cold, frightened, weak, etc 发抖；颤抖: *She was pale and trembling with shock.* 她怕得脸色发白，身子发抖。○ *His hand was trembling as he picked up his pen to sign.* 他拿起笔签名时手在发抖。○ *Sue's voice trembled with excitement.* 休激动得声音颤抖。—**tremble** *noun* [C]: *There was tremble in his voice as he told them the sad news.* 他用颤抖的声音告诉他们那悲惨的消息。

tremendous /trɪˈmendəs ‖ trɪˈmɛndəs/ *adj* **1** very large or great 非常巨大: *a tremendous amount of work* 大量的工作 ○ *a tremendous difference* 极大的区别 ○ *a tremendous explosion* 大爆炸 **2** (*informal* 非正式) very good 非常好: *You were tremendous.* 你做得好极了。

tremendously *adv* very; very much 非常；很大: *tremendously exciting* 令人非常兴奋 ○ *Prices vary tremendously from one shop to another.* 各家商店的价格相差很大。

tremor /ˈtremə(r) ‖ ˈtrɛmɚ/ *noun* [C] a slight shaking or trembling 轻微的震动/颤抖: *a tremor in his voice* 他嗓子微颤 ○ *an earth tremor* (= a small earthquake) 轻微地震

trench /trentʃ ‖ trɛntʃ/ *noun* [C] a long narrow hole in the ground for water to flow along or for soldiers to hide in 沟；壕沟；战壕

☆**trend** /trend ‖ trɛnd/ *noun* [C] a general movement or direction 趋向；潮流: *The current trend is towards smaller families.* 小家庭是目前的趋势。○ *There is a trend for people to retire earlier.* 现在人们倾向早一点退休。○ *He always followed the latest trends in fashion.* 他一向追随最新的服装潮流。

(IDIOM 习语) **set a/the trend** to start a new style or fashion 创造新潮流

trendy *adj* (**trendier**; **trendiest**) (*informal* 非正式) fashionable 时髦

trespass /ˈtrespəs ‖ ˈtrɛspəs/ *verb* [I] to go onto sb's land without permission 擅自进入；非法进入 —**trespasser** *noun* [C]: *Trespassers will be prosecuted.* 非法进入者将被起诉。

☆**trial** /ˈtraɪəl ‖ ˈtraɪəl/ *noun* **1** [C,U] the process in a court of law where a judge, etc listens to evidence and decides if sb is guilty of a crime or not 审讯；审判: *a fair trial* 公平审讯 ○ *He was on trial for murder.* 他因被控谋杀而受审。○ *trial by jury* 由陪审员审判 **2** [C,U] an act of testing sb/sth 试验；试用: *New drugs must go through extensive trials.* 新药物必须经过广泛试验。○ *a trial period of three months* 三个月试验期 ○ *We've got the car on trial for a week.* 我们试用那辆汽车一星期。

(IDIOM 习语) **trial and error** trying different ways of doing sth until you find the best one 反复试验（以找出最佳途径）

ˌ**trial ˈrun** *noun* [C] an occasion when you practise doing sth in order to make sure you can do it correctly later on 试做；试行

☆**triangle** /ˈtraɪæŋgl ‖ ˈtraɪˌæŋgḷ/ *noun* [C] **1** a shape that has three straight sides and three angles 三角形: *a right-angled triangle* 直角三角形 ☛ picture at **shape**. 见 **shape** 插图。**2** a metal musical instrument in the shape of a triangle that you play by hitting it with a metal stick 三角铁（一种打击乐器）

triangular /traɪˈæŋgjʊlə(r) ‖ traɪˈæŋgjəlɚ/ *adj* shaped like a triangle 三角形的

☆**tribe** /traɪb ‖ traɪb/ *noun* [C] a group of people that have the same language and customs and that are ruled by a chief or chiefs 部落: *the Zulu tribes of South Africa* 南非的祖鲁部落 —**tribal** /ˈtraɪbl ‖ ˈtraɪbḷ/ *adj*: *tribal dances* 部落的舞蹈

tribunal /traɪˈbju:nl ‖ traɪˈbjunḷ/ *noun* [C] a court or group of officials who have the authority to decide who is right in particular types of dispute（解决某种纠纷的）法庭/仲裁处: *an industrial tribunal* 劳资法庭

tributary /ˈtrɪbjʊtrɪ; *US* 美 -terɪ ‖ ˈtrɪbjəˌtɛrɪ/ *noun* [C] (*pl* **tributaries**) a river or stream that flows into a larger river（河的）支流

tribute /ˈtrɪbju:t ‖ ˈtrɪbjut/ *noun* **1** [C,U] something that you say or do to show that you respect or admire sb/sth 表示尊敬或仰慕的言语/行动: *A special concert was held as a tribute to the composer on his 80th birthday.* 就在那个作曲家80岁生日那天，举行了一个特别的音乐会向他致敬。**2** [sing] **a tribute (to sth)** a sign of how good sb/sth is 显示出某人/某物的优秀品质的事物: *The success of the festival is a tribute to the organizers.* 汇演办得成功正好显示出筹备人的办事能力强。

(IDIOM 习语) **pay tribute to sb/sth** ⇨ PAY[2]

☆**trick** /trɪk ‖ trɪk/ *noun* [C] **1** something that you do to deceive sb, in order to make him/her look stupid or to cheat him/her 恶作剧；诡计: *The children played a trick on the teacher.* 孩子们戏弄老师。○ *The thieves got into the house by a trick.* 那些贼用诡计进入房子内。**2** a clever or the best way of doing sth 巧妙的方法；窍门: *I can't get the top off this jar. Is there a trick to it?* 我打不开这罐子的盖，有什么窍门吗？**3** an act that uses special skills to make people believe sth which is not true 把戏；戏法: *The magician performed a trick in which he made a rabbit disappear.* 魔术师变戏法使兔子消失。

(IDIOMS 习语) **do the job/trick** ⇨ JOB

trick or treat (*especially US* 尤为美) a tradition in which children dressed as witches, etc go to people's houses at Hallowe'en. The

T

children may do sth bad to you if you do not give them sweets, money, etc. 不给糖就捣蛋（万圣节前夕，儿童装作女巫等挨门索要糖果或金钱的用语，表示如果得不到，他们就会捣蛋）

trick *verb* [T] to deceive sb in order to make him/her do or believe sth 欺骗；骗: *He tricked me into lending him money.* 他骗我借钱给他。○ *Stella was tricked out of her share of the money.* 斯特拉被骗去她应得的钱。

trickery /-ərɪ ‖ -ərɪ/ *noun* [U] the use of a trick(1) in order to deceive sb 用计欺骗；施诡计

trickle /ˈtrɪkl ‖ ˈtrɪkl̩/ *verb* [I] (used about a liquid 指液体) to flow in a thin stream 流；涓涓地流: *Tears trickled down his cheek.* 眼泪流下他的脸颊。○ (*figurative* 比喻) *At first no one came, but then people began to trickle in.* 起初没有人来，但后来开始有人陆续进来。—**trickle** *noun* [C, usually sing]: *The stream was only a trickle.* 那条小河只是一条很细的水流。○ (*figurative* 比喻) *The flood of refugees had been reduced to a trickle.* 涌来的难民已大大减少。

tricky *adj* (**trickier**; **trickiest**) difficult to do or deal with 难处理；棘手: *a tricky situation* 棘手的情况

tricycle /ˈtraɪsɪkl ‖ ˈtraɪsɪkl̩/ (also *informal* 非正式 **trike**) *noun* [C] a bicycle that has one wheel at the front and two at the back 三轮车

trifle /ˈtraɪfl ‖ ˈtraɪfl̩/ *noun* **1** [C] something that is of little value or importance 琐事；无多大价值的事物 **2** [C,U] a type of cold dessert made from cake with fruit in jelly covered with custard and cream 一种用蛋糕、水果、果冻覆以蛋奶汁和奶油制成的甜食（冷吃）

(IDIOM 习语) **a trifle** rather 有点: *It's a trifle odd that they didn't phone.* 奇怪，他们没有打电话来。

trigger /ˈtrɪɡə(r) ‖ ˈtrɪɡɚ/ *noun* [C] the piece of metal that you press to fire a gun（枪的）扳机: *to pull the trigger* 扣扳机

trigger *verb* [T] **trigger sth (off)** to cause sth to start or happen 引发；导致: *The smoke from her cigarette triggered off the fire-alarm.* 她香烟的烟把火警警报器触响了。

trike /traɪk ‖ traɪk/ *noun* [C] (*informal* 非正式) = TRICYCLE

trillion /ˈtrɪlɪən ‖ ˈtrɪljən/ *number* one million million 一万亿 ☛ For more information about numbers, look at Appendix 2. 查阅更多有关数字的资料，参看附录二。

trilogy /ˈtrɪlədʒɪ ‖ ˈtrɪlədʒɪ/ *noun* [C] (*pl* **trilogies**) a group of three books, plays, etc that form one set 三部曲（指小说、戏剧等）

trim[1] /trɪm ‖ trɪm/ *adj* **1** in good order; tidy 整齐 **2** not fat 苗条: *a trim figure* 苗条的身材

trim[2] /trɪm ‖ trɪm/ *verb* [T] (trim**m**ing; trim**m**ed) **1** to cut sth so that it is neat and tidy 修剪: *to trim a beard* 修剪胡子 **2 trim sth (off sth/off)** to cut sth off because you do not need it 剪除；切除: *Trim the fat off the meat.* 切除肉的脂肪。 **3 trim sth (with sth)** to decorate the edge of sth with sth 装饰…的边: *a skirt trimmed with lace* 有花边的裙子

trim *noun* [C, usually sing] an act of cutting sth in order to make it neat and tidy 修剪: *My hair needs a trim.* 我需要修剪头发。

trimming *noun* **1** [C,U] material that you use for decorating the edge of sth 装饰边缘的材料 **2 trimmings** [plural] extra things which you add to sth to improve its appearance, taste, etc 配料；配菜: *turkey with all the trimmings* 火鸡和各种配菜

trinity /ˈtrɪnətɪ ‖ ˈtrɪnətɪ/ *noun* [sing] **the Trinity** (in the Christian religion 基督教) the three forms of God: the Father, Jesus the Son and the Holy Spirit 三位一体（圣父、圣子、圣灵）

trio /ˈtriːəʊ ‖ ˈtrio/ *noun* (*pl* **trios**) **1** [C, with sing or pl verb] a group of three people who play music or sing together（由三人组成的）三重奏/三重唱小组 **2** [C] a piece of music for three people to play or sing 三重奏（曲）；三重唱（曲）

☆**trip** /trɪp ‖ trɪp/ *verb* (tri**pp**ing; tri**pp**ed) **1** [I] **trip (over/up)** to knock your foot against sth when you are walking and fall or nearly fall over 绊倒: *Don't leave your bag on the floor. Someone might trip over it.* 别把你的袋子放在地板上，可能会绊倒人。○ *She caught her foot in the root of a tree and tripped up.* 她的脚被树根绊住，摔了一跤。**2** [T] **trip sb (up)** to cause sb to fall or nearly fall over 使绊倒: *Lee stuck out his foot and tripped John up.* 李伸出脚把约翰绊倒。

(PHRASAL VERB 短语动词) **trip (sb) up** to make a mistake; to make sb say sth that he/she did not want to say 犯错；诱使（某人）说出原来不愿说的话: *The journalist asked a difficult question to try to trip the Minister up.* 记者问了一个刁钻的问题，想叫部长上当。

trip *noun* [C] a journey during which you visit a place and return 旅行: *a trip to the mountains* 去游山 ○ *a business trip to Brussels* 去布鲁塞尔出差 ☛ Look at the note at **travel**. 参看 **travel** 的注释。—**tripper** *noun* [C]: *Brighton was full of day trippers from London.* 布赖顿到处都是来自伦敦作一日游的游客。

triple /ˈtrɪpl ‖ ˈtrɪpl̩/ *adj* **1** made up of three parts 由三部分组成: *the triple jump* 三级跳远 **2** happening three times or containing three times as much as usual 三次的；三倍的: *a triple world champion* (= one who has won three times) 卫冕三届世界冠军者 ○ *a triple whisky* 一杯三倍分量的威士忌酒

triple *verb* [I,T] to make sth, or to become, three times greater（使）增至三倍

triplet /ˈtrɪplɪt ‖ ˈtrɪplɪt/ *noun* [C] one of three children or animals that are born to one mother at the same time 三胞胎中的一个 ☛ Look at **twin**. 参看 **twin**。

tripod /ˈtraɪpɒd ‖ ˈtraɪpɑd/ *noun* [C] a piece of equipment with three legs that you use for putting a camera, etc on（照相机等的）三脚架

☆**triumph** /ˈtraɪʌmf ‖ ˈtraɪəmf/ *noun* [C,U] success, especially in a competition or battle; the feeling of joy that you have because of this 胜利；成功；胜利/成功的喜悦: *The soldiers* *returned home in triumph.* 士兵凯旋回国。○ *The fans gave a shout of triumph.* 球迷为胜利而欢呼。○ *Putting a man on the moon was one of the triumphs of the twentieth century.* 人类踏上月球是二十世纪的成就之一。

triumph *verb* [I] **triumph (over sb/sth)** to achieve success; to defeat sb/sth 成功；打败；战胜: *Hull triumphed over Stoke in the championship.* 赫尔打败斯托克成为冠军。○ *Although he was blind, he triumphed over his disability to become an MP.* 他虽然双目失明，但仍能战胜残疾，当上议员。

triumphant /traɪˈʌmfnt ‖ traɪˈʌmfənt/ *adj* feeling or showing great happiness because you have won or succeeded at sth（因胜利或成功）欢欣雀跃；成功的；胜利的: *a triumphant cheer* 胜利的欢呼 —**triumphantly** *adv*

trivial /ˈtrɪvɪəl ‖ ˈtrɪvɪəl/ *adj* of little importance 不重要；无关紧要；琐碎 —**triviality** /ˌtrɪvɪˈælətɪ ‖ ˌtrɪvɪˈælətɪ/ *noun* [C,U] (*pl* **trivialities**)

trivialize (*also* 亦作 **trivialise**) /ˈtrɪvɪəlaɪz ‖ ˈtrɪvɪəlˌaɪz/ *verb* [T] to make sth seem unimportant 使显得不重要/琐碎

trod *pt* of TREAD * TREAD 的过去时

trodden *pp* of TREAD * TREAD 的过去分词

trolleys
手推车

supermarket trolley
购物手推车

luggage trolley
行李手推车

trolley /ˈtrɒlɪ ‖ ˈtrɑlɪ/ *noun* [C] (*pl* **trolleys**) a cart on wheels that you use for carrying things 手推车: *a supermarket trolley* 超级市场的手推车

trombone /trɒmˈbəʊn ‖ trɑmˈbon/ *noun* [C] a large brass musical instrument that you play by blowing into it and moving a long tube backwards and forwards 长号（一种铜管乐器）

☆**troop** /tru:p ‖ trup/ *noun* **1** [C] a large group of people or animals 一大群（人/动物）**2 troops** [plural] soldiers 军队

troop *verb* [I] to move in a large group 成群移动: *When the bell rang everyone trooped from one classroom to another.* 铃声响起，人群由一个课室走到另一个课室去。

trophy /ˈtrəʊfɪ ‖ ˈtrofɪ/ *noun* [C] (*pl* **trophies**) a silver cup, etc that you get for winning a competition or race（比赛的）奖品/奖杯

☆**tropic** /ˈtrɒpɪk ‖ ˈtrɑpɪk/ *noun* **1** [C, usually sing] one of the two lines of latitude that are 23° 27′ north and south of the equator 回归线: *the tropic of Cancer* 北回归线 ○ *the tropic of Capricorn* 南回归线 ☛ picture at **earth**. 见 **earth** 插图。**2 the tropics** [plural] the part of the world that is between these two lines, where the climate is hot 热带（地区）

—**tropical** /-kl ‖ -kḷ/ *adj*: *tropical fruit* 热带水果 ○ *tropical rainforest* 热带雨林

trot /trɒt ‖ trɑt/ *verb* (trotting; trotted) [I] (used about a horse 指马) to move fairly quickly, lifting the feet quite high off the ground 小跑: (*figurative* 比喻) *The child trotted along behind his father.* 孩子小跑着跟在父亲后边。

(PHRASAL VERB 短语动词) **trot sth out** (*informal* 非正式) to repeat an old idea rather than thinking of sth new to say 重复: *to trot out the same old story* 重复旧故事

trot *noun* [sing] the speed that a horse goes when it is trotting; a ride at this speed 小跑

(IDIOM 习语) **on the trot** (*informal* 非正式) one after another; without a break 连续；不停: *We worked for six hours on the trot.* 我们连续工作了六小时。

☆**trouble** /ˈtrʌbl ‖ ˈtrʌbḷ/ *noun* **1** [C,U] (a situation that causes) problems, difficulty, worry, etc 问题；困难；烦恼: *If I don't get home by 11 o'clock I'll be in trouble.* 如果我不能在11点钟前回到家里就会有麻烦。○ *I'm having trouble getting the car started.* 我没办法开动车子。○ *financial troubles* 财务困难 ○ *It's a very good school. The only trouble is it's rather a long way away.* 这所学校非常好，惟一的问题是路程颇远。**2** [sing,U] extra work or effort 额外工作；麻烦: *Let's eat out tonight. It will save you the trouble of cooking.* 我们今晚到外面吃饭吧，省得你做饭。○ *Why don't you stay the night with us. It's no trouble.* 你在我们家过夜吧，不麻烦的。○ *I'm sorry to put you to so much trouble.* 对不起，给你添了这么多麻烦。**3** [C,U] a situation where people are fighting or arguing with each other 争吵；殴斗；骚乱: *There's often trouble in town on Saturday night after the pubs have closed.* 星期六晚城里的酒馆关门后常有人生事。**4** [U] illness or pain 病；痛: *I've got back trouble again.* 我的背部又痛起来了。

(IDIOMS 习语) **ask for trouble** ⇨ ASK

get into trouble to get into a situation which is dangerous or in which you may be punished 惹上麻烦；陷入困境

go to a lot of trouble (to do sth) to put a lot of work or effort into sth 花大量心力（做某事）: *They went to a lot of trouble to make us feel welcome.* 他们努力使我们感到宾至如归。

take trouble over sth/with sth/to do sth/doing sth to do sth with care 用心做某事

take the trouble to do sth to do sth even though it means extra work or effort 不怕麻烦做某事: *He took the trouble to write and thank everyone for his presents.* 他特地写信向所有给他送礼物的人表示谢意。

trouble *verb* [T] **1** to cause sb worry, problems, etc 使烦忧/苦恼 **2 trouble sb for sth** (*formal* 正式) (used when you are politely asking sb for sth or to do sth 表示客气的请求): *I'm sorry to trouble you, but would you mind answering a few questions?* 打扰你了，我可以向你请教几个问题吗？○ *Could I trouble you for some change?* 麻烦你换些零钱给我好吗？

troublesome /-səm ‖ -səm/ *adj* that causes trouble(1) 令人烦恼

T

'**troublemaker** *noun* [C] a person who often causes trouble(1,3) 制造麻烦的人；惹是生非者

trough /trɒf; *US* 美 trɔ:f ‖ trɔf/ *noun* [C] **1** a long narrow container from which farm animals eat or drink 饲料槽 **2** a low area or point, between two higher areas 两边高起，中间凹下的部分: *a trough of low pressure*（气象）低压槽

☆**trousers** /'traʊzəz ‖ 'traʊzɚz/ (*US* 美 **pants**) *noun* [plural] a piece of clothing that covers both legs and reaches from your waist to your ankles 裤子 ☛ Note that, because **trousers** is a plural word, we cannot say, for example, 'a new trouser'. * **trousers** 是复数词，不能说 a new trouser。The following are possible 可以这样说: *I need some new trousers.* 我需要一条新裤子。○ *I need a new pair of trousers.* 我需要一条新裤子。Before another noun the form **trouser** is used * **trouser** 可用于另一名词前: *a trouser leg* 裤腿

trout /traʊt ‖ traʊt/ *noun* [C,U] (*pl* **trout**) a type of fish that lives in rivers and that is eaten as food 鳟鱼

truant /'tru:ənt ‖ 'truənt/ *noun* [C] a pupil who stays away from school without permission 逃学/旷课的学生

(IDIOM 习语) **play truant** to stay away from school without permission 逃学；旷课 —**truancy** /-ənsɪ ‖ -ənsɪ/ *noun* [U]: *Truancy is on the increase in some schools.* 某些学校的学生旷课情况越来越严重。

truce /tru:s ‖ trus/ *noun* [C] an agreement to stop fighting for a period of time 休战协议 ☛ Look at **cease-fire**. 参看 **cease-fire**。

☆**truck** /trʌk ‖ trʌk/ *noun* [C] **1** (*especially US* 尤为美) = LORRY **2** (*Brit* 英) an open railway wagon that is used for carrying goods 敞车（铁路上没有车顶的载货车厢）**3** (in compounds 用以构成复合词) a large heavy vehicle, used for a particular purpose 重型卡车: *a fork-lift truck* 铲运车

trudge /trʌdʒ ‖ trʌdʒ/ *verb* [I] to walk with slow, heavy steps, eg because you are very tired 脚步沉重/费力地走

☆**true** /tru: ‖ tru/ *adj* **1** that really happened 真实: *The novel was based on a true story.* 那小说根据真实故事写成。**2** right or correct; agreeing with fact 正确；与事实吻合: *Is it true that Adam is leaving?* 亚当真的要走吗？○ *I didn't think the film was at all true to life* (= it didn't show life as it really is). 我认为这影片未能反映现实生活。○ *Read the statements and decide if they are true or false.* 好好读一读这些话，再判断到底是真是假。**3** real or genuine 真正: *How do you know when you have found true love?* 你怎样知道已找到真爱？○ *the true value of the house* 那所房子的真正价值 **4 true (to sth)** behaving as expected or as promised 遵守/信守（诺言）；与预料的一样: *to be true to your word* (= to do what you promised) 遵守诺言 ☛ The noun is **truth**. 名词为 **truth**。

(IDIOMS 习语) **come true** to happen in the way you hoped or dreamed 实现: *My dream has come true!* 我的梦想实现了！

true to form typical; as usual 一如往常: *True to form, Carol started organizing everything straight away.* 一如往常，卡罗尔立即开始安排一切。

truly /'tru:lɪ ‖ 'trulɪ/ *adv* **1** really 真的: *We are truly grateful to you for your help.* 我们衷心感谢你相助。○ *'I'm sorry, truly I am,' he whispered.* 他悄声说："我真的很抱歉。" **2** completely 完全: *With her passport in her hand she at last felt truly American.* 护照拿在手里，她终于有了真正成为美国人的感觉。**3** expressing the truth 真实；如实: *I cannot truly say that I was surprised at the news.* 我不能真的说我给那消息吓了一跳。☛ **Yours truly** is often used at the end of a formal letter. * **Yours truly** 常用于正规书信的末尾。

(IDIOM 习语) **well and truly** ⇨ WELL[3]

trump /trʌmp ‖ trʌmp/ *noun* [C] (in some card games) a card of the suit that has a higher value than the other three suits during a particular game（某些纸牌戏的）王牌: *Spades are trumps.* 黑桃是王牌。

'**trump-card** *noun* [C] a special advantage that you keep secret until the last moment 王牌；最有威力的手段

trumpet /'trʌmpɪt ‖ 'trʌmpɪt/ *noun* [C] a brass musical instrument that you play by blowing into it. There are three buttons on it which you can press to make different notes. 小号；喇叭

truncheon /'trʌntʃən ‖ 'trʌntʃən/ (*also* 亦作 **baton**) *noun* [C] a short thick stick that a police officer carries as a weapon 警棍

trundle /'trʌndl ‖ 'trʌndl/ *verb* **1** [I] to move slowly 缓慢移动: *A lorry trundled down the hill.* 一辆货车慢慢驶下山。**2** [T] to push or pull sth along slowly on wheels 慢慢推/拖（手车等）

☆**trunk** /trʌŋk ‖ trʌŋk/ *noun* **1** [C] the thick main stem of a tree 树干 ☛ picture at **tree**. 见 **tree** 插图。**2** [C] the main part of your body (= not including your head, arms and legs) 躯干 **3** [C] a large box, like a large suitcase, that you use for storing or transporting things 大箱子；箱笼 ☛ picture at **luggage**. 见 **luggage** 插图。**4** [C] an elephant's long nose 象鼻 ☛ picture at **elephant**. 见 **elephant** 插图。**5 trunks** [plural] short trousers that men or boys wear when they go swimming（男装）游泳裤 **6** [C] (*US* 美) = BOOT(2)

☆**trust**[1] /trʌst ‖ trʌst/ *noun* **1** [U] **trust (in sb/sth)** the feeling that you have when you know that you can rely on sb/sth to do what he/she/it is supposed to do 信赖；信任: *Our marriage is based on love and trust.* 我们的婚姻建立在爱和信赖的基础上。○ *I put my trust in him, but he failed me.* 我信任他，但他辜负了我。**2** [U] responsibility 责任: *As a teacher you are in a position of trust.* 作为老师，你要有所负责。**3** [C,U] an arrangement by which a person or organization looks after money and property for sb else 信托；财产托管: *The money was put into a trust for the children.* 钱已交由信托机构代孩子们管理。

(IDIOM 习语) **on trust** without having proof; without checking 在没有证据/证实之下相信或

接受: *I can't prove it. You must take it on trust.* 我无法证实，你要相信我。

trustworthy *adj* that you can trust 可信赖；可靠

☆**trust**[2] /trʌst ‖ trʌst/ *verb* [T] to believe that you can rely on sb/sth to do what he/she/it is supposed to do; to believe that sb/sth will not harm you 信赖；信任: *He said the car was safe but I just don't trust him.* 他说那辆车安全，但我就信不过他。○ *Can I trust you to behave sensibly while I am out?* 我出去后，你们会安分守规矩吗？○ *You can't trust her with money.* 钱财之事不能信任她。○ *She is not to be trusted with money.* 钱财之事，不能信任她。○ *I don't trust that dog. It looks dangerous.* 我对那只狗不放心，它好像很危险。

(IDIOM 习语) **Trust sb (to do sth)** It is typical of sb to do sth 某人的一贯做法为…: *Trust Alice to be late. She's never on time!* 艾丽斯准要迟到，她从来不守时间！

trusting *adj* having or showing trust 信任人的

trustee /trʌˈsti: ‖ trʌsˈti/ *noun* [C] a person who looks after money or property for sb else 受托人

☆**truth** /tru:θ ‖ truθ/ *noun* (*pl* **truths** /tru:ðz ‖ truðz/) **1** [U] the state or quality of being true 真实；真确: *There's a lot of truth in what she says.* 她说的大多是实话。**2** [sing] what is true 真相；事实: *Please tell me the truth.* 请告诉我真相。○ *the whole truth* 全部事实 **3** [C] a fact or idea that is true 真理: *scientific truths* 科学的真理

truthful /-fl ‖ -fəl/ *adj* **1** true or correct 真实；正确: *a truthful account* 真实的叙述 **2** (used about a person 指人) who tells the truth; honest 诚实 —**truthfully** /-fəlɪ ‖ -fəlɪ/ *adv*

☆**try**[1] /traɪ ‖ traɪ/ *verb* (*pres part* **trying**; *3rd pers sing pres* **tries**; *pt, pp* **tried**) **1** [I] to make an effort to do sth 尝试；设法: *I tried to phone you but I couldn't get through.* 我尝试打电话给你，但接不通。○ *She was trying hard not to laugh.* 她强忍着笑。○ *to try your best/hardest* 尽力 ○ *I'm sure you can do it if you try.* 你只要尽力，一定做得到。☛ **Try and** is more informal than **try to**. * **try to** 用于正式场合，非正式场合宜用 **try and**。It cannot be used in the past tense * try and 不能用过去时: *I'll try to get there on time.* 我会设法准时到达那儿。(*informal* 非正式): *I'll try and get there on time.* 我会设法准时到达那儿。○ *I tried to get there on time, but I was too late.* 我设法准时到那里，但还是迟到了。**2** [T] to do, use or test sth in order to see how good or successful it is 试；试验: *'I've tried everything but I can't get the baby to sleep.' 'Have you tried taking her out in the pram?'* "我试过所有方法，但婴儿还是不睡。""试过用婴儿车载他出去走走没有？" ○ *Have you ever tried raw fish?* 你有没有吃过生鱼？○ *We tried the door but it was locked.* 我们试开那道门，可是门上了锁。○ *He tried several bookshops but none of them stocked the books he wanted.* 他去过几家书店，都找不着他要的书。**3** [T] to examine sb in a court of law in order to decide if he/she is guilty of a crime or not 审判；审讯: *He was tried for murder.* 他被控谋杀罪受审。

(PHRASAL VERBS 短语动词) **try sth on** to put on a piece of clothing to see if it fits you properly 试穿衣服: *Can I try these jeans on, please?* 我可以试穿这条牛仔裤吗？

try sb/sth out to test sb/sth by using him/her/it 试用某人/某物

trying *adj* that makes you tired or angry 使人疲劳/生气: *a trying journey* 累人的旅程

☆**try**[2] /traɪ ‖ traɪ/ *noun* [C] (*pl* **tries**) an occasion when you make an effort to do sth; an attempt 尝试；试试: *I don't know if I can move it by myself, but I'll give it a try.* 我不知道自己能否搬得动这个，不过我要试试看。

T-shirt ⇨ T

tub /tʌb ‖ tʌb/ *noun* [C] **1** a large round container with a flat bottom and no lid 盆: *On the terrace there were several tubs with flowers in them.* 平台上有几盆花。**2** a small plastic container with a lid that is used for holding food 盛食物的（塑料）有盖小盒: *a tub of margarine, ice-cream, etc* 一盒人造黄油/冰淇淋… ☛ picture at **container**. 见 **container** 插图。

tuba /ˈtju:bə; *US* 美 ˈtu:- ‖ ˈtubə/ *noun* [C] a large brass musical instrument that makes a low sound 大号（一种铜管乐器）

☆**tube** /tju:b; *US* 美 tu:b ‖ tub/ *noun* **1** [C] a long hollow pipe made of glass, metal, rubber, etc 管子: *Blood flowed along the tube into the bottle.* 血液沿着管子流到瓶子里。○ *the inner tube of a bicycle tyre* 自行车轮胎的内胎 ○ *a laboratory test-tube* 实验室的试管 **2** [C] a long thin soft container with a cap at one end made of plastic or metal. Tubes are used for holding soft substances such as toothpaste and you squeeze them to get the substance out.（装牙膏等的）软管 ☛ picture at **container**. 见 **container** 插图。**3** (*Brit informal* 英，非正式) = UNDERGROUND

tubing *noun* [U] a long piece of metal, rubber, etc in the shape of a tube（一节）管子

tuberculosis /tju:ˌbɜ:kjʊˈləʊsɪs; *US* 美 tu:- ‖ tuˌbɝkjəˈlosɪs/ *noun* [U] (*abbr* 缩写 **TB**) a serious disease that especially affects the lungs 结核病；肺结核；肺痨

tuck /tʌk ‖ tʌk/ *verb* [T] **1** to put or fold the ends or edges of sth into or round sth else so that it looks tidy 将末端收起/卷起使整齐: *Tuck your shirt in – it looks untidy like that.* 把衬衫下摆塞进裤子，现在太不整齐了。○ *He tucked the blanket round the old man's knees.* 他用毛毯包住老人的膝盖。**2** to put sth away tidily or in a safe or hidden place 放置/收藏好: *He tucked his wallet away in his inside pocket.* 他将钱包放进里袋。○ *The letter was tucked behind a pile of books.* 信藏在一摞书后面。

(PHRASAL VERBS 短语动词) **tuck sth away** (*informal* 非正式) **1** to store sth 储藏；储存: *They've got a lot of money tucked away.* 他们攒了许多钱。**2** to hide sth 隐蔽；隐藏: *Their house is tucked away behind the church.* 他们的房子隐蔽在教堂后面。

tuck into sth; **tuck in** (*informal* 非正式)

T

(*especially Brit* 尤为英) to eat with pleasure 开怀地吃

☆**Tuesday** /'tju:zdɪ; *US* 美 'tu:- ‖ 'tuzdɪ/ *noun* [C,U] (*abbr* 缩写 **Tue**; **Tues**) the day of the week after Monday and before Wednesday 星期二 ☛ For examples of the use of the days of the week in sentences, look at **Monday**. 有关星期一、二…在句子里的用法，参看 **Monday**。

tuft /tʌft ‖ tʌft/ *noun* [C] a small bunch of hair, grass, etc 一束/一撮（毛发、草等）

tug /tʌg ‖ tʌg/ *verb* [I,T] (tu**gg**ing; tu**gg**ed) to pull sth hard and quickly 扯；用力拉

tug *noun* [C] **1** a sudden hard pull 扯；用力拉: *She gave the rope a tug.* 她用力拉了绳子一下。 **2** (*also* 亦作 '**tug-boat**) a small strong boat that is used for pulling larger ships into a harbour 拖船/拖轮（用以牵引船舶）

tuition /tju:'ɪʃn; *US* 美 tu:- ‖ tu'ɪʃən/ *noun* [U] (*formal* 正式) teaching, especially to a small group of people（小组）教学: *private tuition in Italian* 私人教授意大利语 ○ *tuition fees* 学费

tulip /'tju:lɪp; *US* 美 'tu:- ‖ 'tulɪp/ *noun* [C] a brightly-coloured flower, shaped like a small cup, that grows from a bulb in the spring 郁金香

tumble /'tʌmbl ‖ 'tʌmbl̩/ *verb* [I] **1** to fall suddenly in a heavy way, without control 摔倒；跌倒；倒下: *He tripped and tumbled all the way down the steps.* 他绊了一跤直滚下楼梯。 **2** (used about prices, etc 指价格等) to become lower 降低；下跌: *Hotel prices have tumbled.* 酒店价格降低了。 **3** to move in a particular direction in an untidy way 胡乱地朝某方向移动: *I got undressed and tumbled into bed.* 我脱下衣服倒在床上。 ○ *She opened her suitcase and all her things tumbled out of it.* 她一打开手提箱，所有的东西都掉了出来。

(PHRASAL VERB 短语动词) **tumble down** to fall down; to collapse 倒塌: *The walls of the old house were tumbling down.* 旧房子的墙纷纷倒下。

tumble *noun* [C] a sudden fall 摔倒；跌倒；倒下

'**tumble-drier** (*also* 亦作 **tumble-dryer**) *noun* [C] a machine that dries clothes by moving them about in hot air 滚筒式干衣机

tumbler /'tʌmblə(r) ‖ 'tʌmblɚ/ *noun* [C] a drinking-glass with straight sides that has no handle or stem 无柄无脚玻璃杯

tummy /'tʌmɪ ‖ 'tʌmɪ/ *noun* [C] (*pl* **tummies**) (*informal* 非正式) = STOMACH (*informal* 非正式): *I've got (a) tummy-ache.* 我肚子痛。

tumour (*US* 美 **tumor**) /'tju:mə(r); *US* 美 'tu:- ‖ 'tumɚ/ *noun* [C] a mass of diseased cells that are growing abnormally in the body 肿瘤: *a brain tumour* 脑部肿瘤

tumultuous /tju:'mʌltʃʊəs ‖ tu'mʌltʃʊəs/ *adj* very noisy, because people are excited 喧闹；热闹: *a tumultuous welcome* 热烈欢迎

tuna /'tju:nə; *US* 美 'tu:nə ‖ 'tunə/ *noun* (*pl* **tuna**) **1** [C] a large sea-fish 金枪鱼 **2** [U] (*also* 亦作 **tuna-fish**) the flesh of the fish, which is often sold in tins 金枪鱼肉（常以罐头出售）

☆**tune** /tju:n; *US* 美 tu:n ‖ tun/ *noun* [C,U] a series of musical notes that are arranged in a pleasant pattern 调子；旋律；曲子: *The children played us a tune on their recorders.* 孩子们用竖笛吹了一支曲子给我们听。 ○ *I can't remember the tune of that song.* 我记不起那首歌的调子。 ○ *a signature tune* (= one that is always played at the beginning of a TV or radio performance) 主题曲 ○ *Some people complain that modern music has no tune to it.* 有些人抱怨现代音乐全无旋律可言。

(IDIOMS 习语) **change your tune** ⇨ CHANGE[1]

in/out of tune **1** at/not at the correct musical level (**pitch**) 音高 (**pitch**) 准确/不准确；合/走调儿: *You're singing out of tune.* 你唱走调了。 **2** in/not in agreement with sb/sth 协调；不协调: *The President doesn't seem to be in tune with what ordinary people are thinking.* 总统的想法似乎与平民的不一致。

tune *verb* [T] **1** to adjust a musical instrument so that it is at the correct musical level (**pitch**) 调音（使乐器的音高 (**pitch**) 准确） **2** to adjust an engine so that it runs well 调校（发动机）

(IDIOM 习语) **tuned (in) to sth** listening to a particular radio station 收听某电台等的节目: *Stay tuned to this station for the latest news.* 请继续收听本台的最新新闻报道。

(PHRASAL VERBS 短语动词) **tune in (to sth)** to move the controls of a radio or television so that you can listen to or watch a particular station 调校频率/振幅以收听或收看（某电台/电视台的节目）

tune up to adjust a group of musical instruments so that they play together in tune（为整组乐器）调音（使各乐器音高一致）

tuneful /-fl ‖ -fəl/ *adj* (used about music 用于音乐) pleasant to listen to 旋律优美

tunic /'tju:nɪk; *US* 美 'tu:- ‖ 'tunɪk/ *noun* [C] **1** the jacket that is part of the uniform of a policeman, soldier, etc（警察、军人等的）制服上衣 **2** a piece of loose clothing without sleeves that is like a dress 无袖宽松的袍子

☆**tunnel** /'tʌnl ‖ 'tʌnl̩/ *noun* [C] a passage under the ground or sea, river, etc 隧道；地道: *The train disappeared into a tunnel.* 火车消失在隧道中。 ○ *the Channel Tunnel* 海峡隧道

tunnel *verb* [I,T] (tunne**ll**ing; tunne**ll**ed; *US* 美 tunne**l**ing; tunne**l**ed) to dig a tunnel 挖掘隧道

turban /'tɜ:bən ‖ 'tɝbən/ *noun* [C] a covering for the head worn by Muslim and Sikh men. A turban is made by wrapping a long piece of cloth around the head.（穆斯林和锡克教男子的）缠头巾

turbulent /'tɜ:bjʊlənt ‖ 'tɝbjələnt/ *adj* **1** in a state of disorder and confusion when things are changing fast 混乱；动荡 **2** (used about water or air 指水或空气) moving in a violent way 湍急；紊流

turf /tɜ:f ‖ tɝf/ *noun* [U] short thick grass and the layer of soil underneath it 草皮

turf *verb* [T] to cover ground with turf 铺上草皮

(PHRASAL VERB 短语动词) **turf sb out (of sth)** (*Brit informal* 英，非正式) to force sb/sth to leave a place 赶走；驱逐

turkey /ˈtɜːkɪ ‖ ˈtɝkɪ/ *noun* [C,U] (*pl* **turkeys**) a large bird that is kept on farms. Turkeys are usually eaten at Christmas in Britain and at Thanksgiving in the US. 火鸡

turmoil /ˈtɜːmɔɪl ‖ ˈtɝmɔɪl/ *noun* [C, usually sing,U] a state of great excitement, noise or confusion 骚乱；骚动；混乱

☆**turn**[1] /tɜːn ‖ tɝn/ *verb* **1** [I] to move or go round a fixed point 旋转；转动: *The wheels turned faster and faster.* 车轮越转越快。**2** [T] to hold and move sth round a central point; to make sth go round 使旋转/转动: *She turned the handle on the door.* 她转动门的把手。○ *Turn the steering wheel to the right.* 将方向盘向右转。**3** [I] to change your position so that you are facing in a different direction 转身: *He turned round when he heard my voice.* 他听到我的声音就转过身来。**4** [T] to change the position of sth 改变位置: *I turned the box upside down.* 我将箱子倒转。○ *He turned the page and started the next chapter.* 他翻过一页，开始看下一章。**5** [I,T] to change direction when you are moving 改变移动的方向: *Go straight on and turn left at the church.* 一直往前走，到了教堂就向左转。○ *The car turned the corner.* 那辆车在街角转弯。○ *He turned the lorry into the yard.* 他将货车转入工地里。**6** [I,T] (to cause) to become（使）变成: *He turned very red when I asked him about the money.* 我问及那笔钱，他脸都红了。○ *The fairy waved her wand and the prince turned into a frog.* 小仙子一挥魔棒，王子就变成了青蛙。○ *She turned him into a frog.* 她将他变成青蛙。

> ☛ For expressions with **turn**, look at the noun and adjective entries, eg for **turn a blind eye**, look at **blind**. 查阅含有 **turn** 一词的用语，参看有关名词和形容词的词条，如 **turn a blind eye** 可参看 **blind** 的词条。

(PHRASAL VERBS 短语动词) **turn away** to stop looking at sb/sth 转过脸去不再看: *She turned away in horror at the sight of the blood.* 她见到血迹，吓得转过脸去。

turn sb away to refuse to allow a person to go into a place 拒绝某人进入（某处）

turn back to go back in the same direction as you came 折返；回转

turn sb/sth down to refuse an offer, etc or the person who makes it 拒绝某人/某事物: *Why did you turn that job down?* 你为什么不接受那份工作？○ *He asked her to marry him, but she turned him down.* 他向她求婚，但她拒绝了。

turn sth down to reduce the sound or heat that sth produces 调低音量/热度: *Turn the television down!* 调低电视机的音量！

turn off (sth) to leave one road and go on another 离开一条路（以转入另一条路）: *We turn off the motorway at junction 10.* 我们在10号交叉路口离开高速公路。

turn sth off to move the switch, etc on a piece of machinery, etc to stop it working 关/关掉机器或电器等: *He turned the TV off.* 他关掉电视。

turn sth on to move the switch, etc on a piece of machinery, etc to start it working 开/开动机器或电器等: *Turn the lights on!* 开灯！

turn out (for sth) to be present or appear for sth 出席/到场（做某事）: *Thousands of people turned out to welcome the team home.* 数以千计的人到场欢迎代表队回国。

turn out (to be sth) to be sth in the end 结果/原来/最后（是）…: *The weather turned out fine.* 结果天气很好。○ *The house that they had promised us turned out to be a tiny flat.* 他们答应给我们的房子原来只是一个小公寓。

turn sth out to move the switch, etc on a light so that it is no longer shining 关掉电灯等: *Turn the lights out before you go to bed.* 上床之前要关灯。

turn to sb to go to sb to get help 向某人求助

turn to sth to find a page in a book 翻到书的某页: *Turn to page 45.* 翻到第45页。

turn up 1 to arrive 到达: *What time did they finally turn up?* 他们结果什么时候到达？**2** to be found 被找到: *I lost my glasses a week ago and they haven't turned up yet.* 我一个星期前丢了眼镜，到现在还没找到。

turn sth up to increase the sound or heat that sth produces 调高音量/热度: *Turn the heating up – it's freezing!* 暖气开大点，快把人冻死了！

ˈ**turn-off** *noun* [C] the point where a road leads away from a larger or more important one 岔路；支路: *This is the turn-off for York.* 这条岔路通往约克。

ˈ**turnout** *noun* [C, usually sing] the number of people who go to the meeting, match, etc 出席/到场人数

ˈ**turnover** *noun* [sing] **1** the amount of business that a company does in a particular period of time 营业额 **2** the rate at which workers leave a company and are replaced by new ones 人员流动/更替率: *a high turnover of staff* 职员流动率很高

ˈ**turnstile** *noun* [C] a gate that goes round and that allows one person at a time to enter a place 旋转栅门；回转栏

☆**turn**[2] /tɜːn ‖ tɝn/ *noun* [C] **1** an act of turning sb/sth round 转动: *Give the screw another couple of turns to make sure it is really tight.* 将螺丝多拧几下，以确保真的拧紧了。**2** a change of direction 改变方向: *to make a left/right turn* 向左/右转 ○ *a U-turn* (= when you turn round and go back in the opposite direction) * U形转（掉头）**3** a bend or corner in a road, river, etc（路、河等的）拐弯处/弯曲部分: *Take the next turn on the left.* 在下一个路口向左转。**4** [usually sing] the time when you must or may do sth 轮到的机会/责任: *Please wait in the queue until it is your turn.* 请排队等候，直至轮到你为止。**5** a change 改变: *The patient's condition has taken a turn for the worse.* 病人的情况恶化了。

(IDIOMS 习语) **do sb a good/bad turn** to do sth helpful/unhelpful for sb 做对某人有帮助/阻碍的事

in turn one after the other 一个接一个；轮流: *I spoke to each of the children in turn.* 我跟孩子们逐一谈话。

T

take turns (at sth) to do sth one after the other 轮流(做某事): *You can't both play on the computer at the same time. You'll have to take turns.* 你们不能两人同时玩电脑游戏，要轮流玩。

wait your turn ⇨ WAIT[1]

☆**turning** /ˈtɜːnɪŋ ‖ ˈtɝnɪŋ/ *noun* [C] a place where one road joins or leads off from another 路口: *Take the third turning on the right.* 在第三个路口向右拐。

ˈturning-point *noun* [C] a time when an important change happens 转折点；转折

turnip /ˈtɜːnɪp ‖ ˈtɝnɪp/ *noun* [C,U] a round white vegetable that grows under the ground 芜菁

turpentine /ˈtɜːpəntaɪn ‖ ˈtɝpənˌtaɪn/ *noun* [U] a clear liquid with a strong smell that you use for removing paint or for making paint thinner 松节油(用以去除/稀释油漆)

turquoise /ˈtɜːkwɔɪz ‖ ˈtɝkwɔɪz/ *adj, noun* [U] (of) a greenish-blue colour 绿松色

turret /ˈtʌrɪt ‖ ˈtɝɪt/ *noun* [C] a small tower on the top of another tower 塔楼；角塔

turtle /ˈtɜːtl ‖ ˈtɝtl̩/ *noun* [C] **1** a reptile with a soft body and a thick shell that lives in the sea 龟 **2** (*US* 美) = TORTOISE

tusk /tʌsk ‖ tʌsk/ *noun* [C] one of the two very long pointed teeth of an elephant, etc(象等的)长牙 ☛ picture at **elephant**. 见 **elephant** 插图。Elephants' tusks are made of **ivory**. 象牙质叫做 **ivory**。

tussle /ˈtʌsl ‖ ˈtʌsl̩/ *noun* [C] (*informal* 非正式) a rough fight, eg between two or more people who want to have the same thing 扭打/搏斗(为争夺某物等)

tut /tʌt ‖ tʌt/ (*also* 亦作 **ˌtut-ˈtut**) *interj* the way of writing the sound that people make when they think that sth is bad, foolish, etc 啧啧(表示厌恶等的咂嘴声)

tutor /ˈtjuːtə(r); *US* 美 ˈtuː- ‖ ˈtutɚ/ *noun* [C] **1** a private teacher who teaches one person or a very small group 家庭教师；私人教师 **2** (*Brit* 英) a teacher who is responsible for a small group of pupils at school, or students at college or university. A tutor advises students on their work or helps them if they have problems in their private life. Sometimes tutors teach small groups.(大学/学院中指导一小组学生的)导师；指导教师

tutorial /tjuːˈtɔːrɪəl; *US* 美 tuː- ‖ tuˈtɔrɪəl/ *noun* [C] a lesson given by a tutor(2) to a student or a small group of students(由导师指导个别或一小组学生的)辅导/指导课

tuxedo /tʌkˈsiːdəʊ ‖ tʌkˈsido/ *noun* [C] (*pl* **tuxedos** /-dəʊz ‖ -doz/) (also *informal* 非正式 **tux**) (*US* 美) = DINNER-JACKET

twang /twæŋ ‖ twæŋ/ *noun* [C] the sound that you make when you pull a tight string or wire and then let it go 拨弦等的声音 —**twang** *verb* [I,T]

tweed /twiːd ‖ twid/ *noun* [U] thick woollen cloth with a rough surface 粗花呢

tweezers /ˈtwiːzəz ‖ ˈtwizɚz/ *noun* [plural] a small tool consisting of two pieces of metal that are joined at one end. You use tweezers for picking up or pulling out very small things 小钳子；镊子: *a pair of tweezers* 一把镊子

☆**twelve** /twelv ‖ twɛlv/ *number* 12; one more than eleven 十二 ☛ Look at **dozen**. 参看 **dozen**。For examples of how to use numbers in sentences, look at **six**. 有关数字在句子中的实际用法，参看 **six**。

twelfth /twelfθ ‖ twɛlfθ/ *pron, det, adv* 12th; next after eleventh 第十二 ☛ Look at the examples at **sixth**. 参看 **sixth** 的示例。

☆**twenty** /ˈtwentɪ ‖ ˈtwɛntɪ/ *number* 20; one more than nineteen 二十 ☛ For examples of how to use numbers in sentences, look at **sixty**. 有关数字在句子中的实际用法，参看 **sixty**。

twentieth /ˈtwentɪəθ ‖ ˈtwɛntɪɪθ/ *pron, det, adv* 20th; next after nineteenth 第二十 ☛ Look at the examples at **sixth**. 参看 **sixth** 的示例。

☆**twice** /twaɪs ‖ twaɪs/ *adv* two times 两倍；两次: *I've been to Egypt twice – once last year and once in 1984.* 我去过埃及两次，一次在去年，一次在1984年。○ *The film will be shown twice daily.* 那部电影每日放映两场。○ *Take the medicine twice a day.* 每日服药两次。○ *Prices have risen twice as fast in this country as in Japan.* 本国的物价升幅是日本的两倍。

twiddle /ˈtwɪdl ‖ ˈtwɪdl̩/ *verb* [I,T] to keep turning or moving sth with your fingers 用手指不停转动/移动某物

twig /twɪg ‖ twɪg/ *noun* [C] a small thin branch on a tree or bush 细枝；嫩枝 ☛ picture at **tree**. 见 **tree** 插图。

twilight /ˈtwaɪlaɪt ‖ ˈtwaɪˌlaɪt/ *noun* [U] the time after the sun has set and before it gets completely dark 黄昏；薄暮时分

☆**twin** /twɪn ‖ twɪn/ *noun* [C] **1** one of two children or animals that are born to the same mother at the same time 双胞胎/孪生子中的一个: *They're very alike. Are they twins?* 他们很相似，是不是孪生儿？○ *a twin brother/sister* 孪生兄弟/姐妹 ○ *identical twins* 单卵双生儿 **2** one of a pair of things that are the same or very similar 两个相同/非常相似的事物中的一个: *twin beds* (= two single beds in a room for two people)(双人房中)成对的单人床 ○ *a twin-bedded room* 有两张单人床的双人房

twin *verb* [T] (twi**nn**ing; twi**nn**ed) to join two towns in different countries together in a special relationship 结为姊妹城市: *Oxford is twinned with Bonn.* 牛津与波恩结为姊妹城市。

ˌtwin ˈtown *noun* [C] one of two towns in different countries that have a special relationship 姊妹城市中的一个: *Grenoble is Oxford's twin town.* 格勒诺布尔是牛津的姊妹城市。

twinge /twɪndʒ ‖ twɪndʒ/ *noun* [C] **a twinge (of sth) 1** a sudden thought or feeling 突然出现的想法/感觉: *a twinge of fear* 一阵惊恐 **2** a sudden short pain 一阵疼痛

twinkle /ˈtwɪŋkl ‖ ˈtwɪŋkl̩/ *verb* [I] **1** to shine with a light that seems to be moving 闪烁；闪耀: *Stars twinkled in the night sky.* 星星在夜空中闪烁。**2** (used about your eyes 指眼睛) to look bright because you are happy 因欢欣而

T

闪亮 —**twinkle** *noun* [sing]: *From the twinkle in her eyes we knew she was joking.* 她闪亮的眼睛告诉我们她在开玩笑。

twirl /twɜːl ‖ twɝl/ *verb* **1** [I] to spin or turn around, eg when you are dancing 转动/旋转（例如跳舞时）**2** [T] to twist or turn sth 扭动/转动某物

☆**twist**[1] /twɪst ‖ twɪst/ *verb* **1** [I,T] to turn yourself or a part of your body 转动身体/身体某个部分: *She twisted round to see where the noise was coming from.* 她转过身来看声音来自什么地方。○ *He kept twisting his head from side to side.* 他不停左右转动着头。**2** [I,T] to turn or make sth turn into a shape or position that is not normal 扭；扭曲: *The metal twisted into strange shapes.* 金属扭曲成奇怪的形状。○ *He twisted his knee while he was playing squash.* 他打壁球时扭伤了膝盖。**3** [T] to turn sth in a particular direction 使向某方向转动: *Twist the dial as far as it will go.* 将刻度盘拧到尽头。○ *Most containers have twist-off caps.* 大多数容器的盖子都是拧开的。**4** [I] (used about a road, etc 指道路等) to change direction often 弯多；曲折: *a narrow twisting lane* 狭窄蜿蜒的小径 **5** [T] to wind sth round and round an object 缠绕: *I twisted the bandage round her knee.* 我用绷带包扎她的膝盖。**6** [T] to change the meaning of what sb said 歪曲/曲解别人的意思: *Journalists often twist your words.* 记者常曲解别人的说话。

(IDIOM 习语) **twist sb's arm** (*informal* 非正式) to force or persuade sb to do sth 强迫/说服某人做某事

twist[2] /twɪst ‖ twɪst/ *noun* [C] **1** an act of twisting sth 扭；拧；转: *She killed the chicken with one twist of its neck.* 她扭了一下鸡脖子，就把它杀了。**2** a place where sth has become twisted 扭结/打结处: *Straighten out the wire so that there are no twists in it.* 拉直电线，不要留下结子。**3** a place where a road, river, etc bends or changes direction（道路、河流等）弯曲处/转折处: *the twists and turns of the river* 河流弯弯曲曲的地方 **4** a change or development (especially one that you do not expect) 改变/发展（尤指出人意表的）: *an unexpected twist at the end of the book* 书的结尾有意想不到的发展

twit /twɪt ‖ twɪt/ *noun* [C] (*Brit informal* 英，非正式) a stupid person 笨蛋；傻瓜

twitch /twɪtʃ ‖ twɪtʃ/ *verb* [I,T] to make a sudden movement; to cause sth to make a sudden movement（使）抽搐/颤搐: *The rabbit twitched and then lay still.* 兔子搐动了一下，接着就躺下不动了。○ *Can you twitch your ears?* 你能不能动耳朵？—**twitch** *noun* [C]

twitter /ˈtwɪtə(r) ‖ ˈtwɪtɚ/ *verb* [I] (used about birds 指鸟) to make a series of short high sounds 吱吱叫；啁啾

☆**two** /tuː ‖ tu/ *number* 2; one more than one 二 ☛ Look at **second**. 参看 **second**。For examples of how to use numbers in sentences, look at **six**. 有关数字在句子中的实际用法，参看 **six**。

(IDIOM 习语) **in two** in or into two pieces 成为两片/部分: *The plate fell on the floor and broke in two.* 碟子掉到地上摔成两片。

two- (in compounds 用以构成复合词) having two of the thing mentioned 有两个…的: *a two-week holiday* 两星期的假期

tycoon /taɪˈkuːn ‖ taɪˈkun/ *noun* [C] (*informal* 非正式) a person who is very successful in business and who is rich and powerful（企业界的）大亨/巨头

☆**type**[1] /taɪp ‖ taɪp/ *noun* [C] **1 a type (of sth)** a group of people or things that share certain qualities and that are part of a larger group; a kind or sort 类型；种类: *Which type of paint should you use on metal?* 金属应该用哪一类油漆？○ *Spaniels are a type of dog.* 西班牙猎狗是狗的一种。○ *There are several different types of apartment to choose from.* 有几种不同类型的公寓房可供选择。○ *That's just the type of situation that you should avoid.* 那正是你应该避免的处境。○ *You meet all types of people in this job.* 做这份工作可以接触各种不同的人。○ *the first building of its type in the world* 世界上第一座这类型的建筑 **2** a person of a particular kind 某种人: *He's the careful type.* 他是行事谨慎的一种人。☛ If you say somebody is not **your type** you mean that they are not the sort of person that you would be friendly with. 说某人 not **your type**，表示与对方合不来。Look at **typical**. 参看 **typical**。

☆**type**[2] /taɪp ‖ taɪp/ *verb* [I,T] to write sth using a typewriter, word processor, etc 打字: *Can you type?* 你会打字吗？○ *to type a letter* 打一封信

type *noun* [U] the letters that you use when you are typing or printing 印刷字体/文字: *The type is too small to read.* 印出来的字体小得不能看清楚。

typing *noun* [U] **1** the act of typing 打字: *typing skills* 打字技术 **2** work that has been or must be typed 打字稿: *There is still a lot of typing to be done.* 还有许多打字工作没有做。

typist /ˈtaɪpɪst ‖ ˈtaɪpɪst/ *noun* [C] a person who types, especially as a job 打字员

ˈ**typewriter** *noun* [C] a machine that you use for writing in print 打字机

ˈ**typewritten** *adj* written using a typewriter or word processor 用打字机/文字处理机打成

typhoid /ˈtaɪfɔɪd ‖ ˈtaɪfɔɪd/ *noun* [U] a serious disease that can cause death. People get typhoid from bad food or water. 伤寒

typhoon /taɪˈfuːn ‖ taɪˈfun/ *noun* [C] a violent tropical storm with very strong winds 台风 ☛ Look at the note at **storm**. 参看 **storm** 的注释。

☆**typical** /ˈtɪpɪkl ‖ ˈtɪpɪkl/ *adj* **typical (of sb/sth)** having or showing the usual qualities of a particular person, thing or type 典型；有代表性: *a typical Italian village* 典型的意大利乡村 ○ *There's no such thing as a typical American* (= they are all different). 没有所谓典型的美国人。○ *It was absolutely typical of him not to reply to my letter.* 他不回我的信，这是他的一贯作风。

typically *adv* **1** in a typical case 一般；通常: *Typically it is the girls who offer to help, not the boys.* 一般都是女孩子提出要帮助别人，不是男孩子。**2** in a typical manner 典型: *typically British* 典型英国式的

T

typify /ˈtɪpɪfaɪ ‖ ˈtɪpəˌfaɪ/ *verb* [T] (*pres part* **typifying**; *3rd pers sing pres* **typifies**; *pt*, *pp* **typified**) to be a typical mark or example of sb/sth 成为典型；具有代表性: *The film typified the Hollywood westerns of that time.* 那部电影是当时典型的好莱坞西部片。

☆**typist** ⇨ TYPE[2]

tyranny /ˈtɪrənɪ ‖ ˈtɪrənɪ/ *noun* [U] the cruel and unjust use of power by a person or small group to govern a country or state 专制；暴政 —**tyrannical** /tɪˈrænɪkl ‖ tɪˈrænɪkl̩/ *adj*: *a tyrannical ruler* 暴虐的统治者

tyrannize (*also* 亦作 **tyrannise**) /ˈtɪrənaɪz ‖ ˈtɪrəˌnaɪz/ *verb* [I,T] to use power over other people in a cruel and unjust way 施行暴政；实行专制统治

tyrant /ˈtaɪərənt ‖ ˈtaɪrənt/ *noun* [C] a cruel ruler who has complete power over the people in his/her country 暴君；专制统治者 ☛ Look at **dictator**. 参看 **dictator**。

☆**tyre** (*US* 美 **tire**) /ˈtaɪə(r) ‖ taɪr/ *noun* [C] the thick rubber ring that fits around the outside of a wheel 轮胎: *a flat tyre* 瘪了的轮胎 ○ *Remember to check your tyre pressure.* 别忘了检查轮胎气压。☛ picture at **puncture**. 见 **puncture** 插图。

T

U u

U, u /juː ‖ ju/ *noun* [C] (*pl* **U's**; **u's** /juːz ‖ juz/) the twenty-first letter of the English alphabet 英语字母表的第二十一个字母: *'Ulcer' begins with (a) 'U'.* * ulcer 这个词的第一个字母是U。

udder /ˈʌdə(r) ‖ ˈʌdɚ/ *noun* [C] the part of a female cow, goat, etc that hangs like a bag between its legs and produces milk（母牛、母羊等的）乳房

ugh /ɜː ‖ ɜ/ *interj* (used in writing to express the sound that you make when you think sth is very unpleasant 书面语中表示厌恶的声音)

☆**ugly** /ˈʌɡlɪ ‖ ˈʌɡlɪ/ *adj* (**uglier**; **ugliest**) **1** unpleasant to look at or listen to; unattractive 难看；难听；丑陋: *an ugly scar on her face* 她脸上丑陋的疤痕 ○ *an ugly modern office-block* 难看的现代办公大楼 **2** (used about a situation 指处境或形势) dangerous or threatening 危险；严峻: *The situation became ugly when people started throwing stones.* 人们开始掷石子，情况变得险恶起来。—**ugliness** *noun* [U]

ulcer /ˈʌlsə(r) ‖ ˈʌlsɚ/ *noun* [C] a painful area on your skin or inside your body. Ulcers may produce a poisonous substance and sometimes bleed 溃疡: *a mouth ulcer* 口腔溃疡 ○ *a stomach ulcer* 胃溃疡

ulterior /ʌlˈtɪərɪə(r) ‖ ʌlˈtɪrɪɚ/ *adj* (*formal* 正式) that you keep hidden or secret 不可告人；隐秘: *Why is he suddenly being so nice to me? He must have an ulterior motive.* 他为什么突然对我这么好？一定别有用心。

ultimate /ˈʌltɪmət ‖ ˈʌltəmɪt/ *adj* (only *before* a noun 只用于名词前) **1** being or happening at the end; last or final 最后；最终: *Our ultimate goal is complete independence.* 我们的最终目标是完全独立。**2** the greatest, best or worst 最大；最好；最坏: *For me the ultimate luxury is to stay in bed till ten o'clock on a Sunday.* 我认为星期天睡到十点才起床是最高的享受。

ultimate *noun* [sing] **the ultimate (in sth)** (*informal* 非正式) the greatest or best 最高；最好: *This new car is the ultimate in comfort.* 这辆新车提供最舒适的享受。

ultimately *adv* **1** in the end 最终: *Whatever decision we ultimately take will be in the best interests of the school.* 无论我们最后采取什么决定，都将符合学校的最大利益。**2** at the most basic level 最基本；说到底: *Ultimately, this discussion is not about quality but about money.* 说到底，这次讨论的不是品质问题，而是金钱问题。

ultimatum /ˌʌltɪˈmeɪtəm ‖ ˌʌltəˈmetəm/ *noun* [C] (*pl* **ultimatums**) a warning to a person or country that, if they do not do what you ask, you will use force or take action against them 最后通牒

ultra- /ˈʌltrə ‖ ˈʌltrə/ (in compounds 用以构成复合词) extremely 极端；过分: *ultra-modern* 超现代的

ultraviolet /ˌʌltrəˈvaɪələt ‖ ˌʌltrəˈvaɪəlɪt/ *adj* of a type of light that causes your skin to turn darker and that can be dangerous in large amounts 紫外的；紫外线的

umbilical cord /ʌmˌbɪlɪkl ˈkɔːd ‖ ʌmˈbɪlɪkl̩ kɔrd/ *noun* [C] the tube that connects a baby to its mother before it is born 脐带

☆**umbrella** /ʌmˈbrelə ‖ ʌmˈbrɛlə/ *noun* [C] an object that you carry to keep you dry when it is raining. An umbrella consists of a piece of cloth on a frame and a long handle. You can fold an umbrella up when you are not using it 雨伞: *to put an umbrella up/down* 撑开/收起雨伞

umpire /ˈʌmpaɪə(r) ‖ ˈʌmpaɪr/ *noun* [C] a person who watches a game such as tennis or cricket to make sure that the players obey the rules（网球、板球等的）裁判员 ☛ picture at **tennis**. 见 **tennis** 插图。Look at **referee**. 参看 **referee**。—**umpire** *verb* [I,T]

umpteen /ˈʌmptiːn ‖ ˈʌmpˈtin/ *pron*, *det* (*informal* 非正式) very many; a lot 极多；无数: *I've told you umpteen times to phone me if you're going to be late.* 我对你说过无数次，如果你要迟到，就先打电话告诉我。—**umpteenth** /ˈʌmptiːnθ ‖ ˈʌmpˈtinθ/ *pron*, *det*: *For the umpteenth time – phone if you're going to be late!* 说过不知多少次了，如果你要晚到，就先打电话通知一下。

☆**unable** /ʌnˈeɪbl ‖ ʌnˈebl̩/ *adj* (not before a noun 不用于名词前) **unable to do sth** not having the time, knowledge, skill, etc to do sth; not able to do sth 不能/不会/无能力做某事: *Thank you for the invitation. I regret that I shall be unable to attend.* 谢谢你的邀请，很抱歉我不能出席。☛ The noun is **inability**. 名词为 **inability**。

unacceptable /ˌʌnəkˈseptəbl ‖ ˌʌnəkˈsɛptəbl̩/ *adj* that you cannot accept or allow 不能接受/容许 —**unacceptably** /-blɪ ‖ -blɪ/ *adv*

unaccompanied /ˌʌnəˈkʌmpənɪd ‖ ˌʌnəˈkʌmpənɪd/ *adj* alone, without sb/sth else going too 独自；无人陪伴: *unaccompanied children* 无人带领的孩子

unaffected /ˌʌnəˈfektɪd ‖ ˌʌnəˈfɛktɪd/ *adj* **1** not changed by sth 不受影响: *Our department will be unaffected by the decision.* 我们的部门不受那个决定影响。**2** natural in the way you behave 表现得自然

unaided /ˌʌnˈeɪdɪd ‖ ʌnˈedɪd/ *adv* without any help 独力

unanimous /juːˈnænɪməs ‖ juˈnænəməs/ *adj* **1** (used about a group of people 指一群人) all agreeing about sth 一致同意；无异议: *The members of the jury were unanimous in their decision.* 陪审员一致作出裁定。**2** (used about a decision, etc 指决定等) agreed by everybody 一致的 —**unanimously** *adv*

unarmed /ˌʌnˈɑːmd ‖ ʌnˈɑrmd/ *adj* having no guns, knives, etc; not armed 没有武器；手无寸铁

unashamed /ˌʌnəˈʃeɪmd ‖ ˌʌnəˈʃemd/ *adj* feeling or showing no guilt 不知羞耻 —**un-**

U

ashamedly *adv*: *The film was unashamedly sentimental.* 那部电影自作多情得令人肉麻。

unassuming /ˌʌnəˈsjuːmɪŋ; *US* 美 ˌʌnəˈsuː- ‖ ˌʌnəˈsumɪŋ/ *adj* not wishing to be noticed by other people 不傲慢；不装腔作势

unattached /ˌʌnəˈtætʃt ‖ ˌʌnəˈtætʃt/ *adj* **1** not connected to sb/sth else 与某人/某物无关；独立: *This group is unattached to any political party.* 这个团体与任何政党都没有联系。**2** not married; without a regular partner 未婚；没有固定伴侣

unattended /ˌʌnəˈtendɪd ‖ ˌʌnəˈtɛndɪd/ *adj* not watched or looked after 没人看管；没人照料: *Young children should not be left unattended.* 不应把小孩留在那里没人看管。

unauthorized /ˌʌnˈɔːθəraɪzd ‖ ʌnˈɔθəˌraɪzd/ *adj* done without permission 未经许可

unavoidable /ˌʌnəˈvɔɪdəbl ‖ ˌʌnəˈvɔɪdəbḷ/ *adj* that cannot be avoided or prevented 不可避免的 —**unavoidably** /-əblɪ ‖ -əblɪ/ *adv*: *We were unavoidably delayed.* 我们不得已耽搁了。

unaware /ˌʌnəˈweə(r) ‖ ˌʌnəˈwɛr/ *adj* (not before a noun 不用于名词前) **unaware (of sb/sth)** not knowing about or not noticing sb/sth 不知道；没注意/察觉到: *She seemed unaware of all the trouble she had caused.* 她似乎不知道自己惹了这么多的麻烦。

unawares /-ˈweəz ‖ -ˈwɛrz/ *adv* by surprise; without expecting sth or being prepared for it 出其不意；意料之外: *I was taken completely unawares by his suggestion.* 他的建议完全在我意料之外。

unbalanced /ˌʌnˈbælənst ‖ ʌnˈbælənst/ *adj* **1** (used about a person 指人) rather mad 精神错乱 **2** not fair to all ideas or sides of an argument 不公正；不持平: *an unbalanced newspaper report* 报纸上有失偏颇的报道

unbearable /ʌnˈbeərəbl ‖ ʌnˈbɛrəbḷ/ *adj* too unpleasant, painful, etc for you to accept 令人无法/难以忍受 —**unbearably** /-əblɪ ‖ -əblɪ/ *adv*: *It was unbearably hot.* 天气热得叫人受不了。

unbeatable /ˌʌnˈbiːtəbl ‖ ˌʌnˈbitəbḷ/ *adj* that cannot be defeated or improved on 不会给击败；无懈可击: *A few years ago Steffi Graf seemed unbeatable.* 几年前斯蒂菲·格拉芙似乎是无敌的。○ *We offer you quality at unbeatable prices.* 我们以最优惠的价格提供优质货品。

unbeaten /ˌʌnˈbiːtn ‖ ʌnˈbitṇ/ *adj* that has not been beaten or improved on 未被击败/超越: *Her world record remains unbeaten.* 她所创造的世界记录至今仍未被打破。

unbelievable /ˌʌnbɪˈliːvəbl ‖ ˌʌnbɪˈlivəbḷ/ *adj* very surprising; difficult to believe 非常惊人；令人难以置信 ☛ Look at **incredible**. 参看 **incredible**。—**unbelievably** *adj*: *unbelievably bad* 坏得难以置信

unborn /ˌʌnˈbɔːn ‖ ʌnˈbɔrn/ *adj* not yet born 未出生；未出世: *Smoking can damage the unborn child.* 吸烟会危害未出世的婴儿。

unbroken /ˌʌnˈbrəʊkən ‖ ʌnˈbrokən/ *adj* **1** continuous; not interrupted 持续；没有中断: *a period of unbroken silence* 持续的寂静 **2** that has not been beaten (记录) 未被打破: *His record for the 1500 metres remains unbroken.* 他保持的1500米赛跑记录至今仍未被打破。

uncalled-for /ʌnˈkɔːld fɔː(r) ‖ ʌnˈkɔldˌfɔr/ *adj* not necessary or right 不合理；不必要；不正确: *That comment was quite uncalled-for.* 那样的批评是很没来由的。

uncanny /ʌnˈkænɪ ‖ ʌnˈkænɪ/ *adj* strange and mysterious; that you cannot easily explain 诡怪；神秘；难以解释的

☆**uncertain** /ʌnˈsɜːtn ‖ ʌnˈsɝtṇ/ *adj* **1 uncertain (about/of sth)** not sure; not able to decide 不肯定；不能断定: *She was still uncertain of his true feelings for her.* 她仍然不能肯定他对她是否真心。○ *Chris seemed uncertain about what to do next.* 克里斯似乎不能决定接着做些什么。**2** not known exactly or not decided 不确知；未决定: *He's lost his job and his future seems very uncertain.* 他失业了，前途看来很不明朗。—**uncertainly** *adv*: *Kate stood uncertainly, waiting for someone to speak to her.* 凯特不知如何是好，站着等别人跟她说话。

uncertainty /ʌnˈsɜːtntɪ ‖ ʌnˈsɝtṇtɪ/ *noun* [C,U] (*pl* **uncertainties**) the state of being uncertain 不肯定；不确知: *Today's decision will put an end to all the uncertainty.* 今天的决定将把所有不肯定的因素来个了结。

unchanged /ʌnˈtʃeɪndʒd ‖ ʌnˈtʃendʒd/ *adj* staying the same; not changed 不变: *The town has remained almost unchanged since the eighteenth century.* 自从十八世纪以来，那个城镇就差不多没有改变过。

uncharacteristic /ˌʌnkærəktəˈrɪstɪk ‖ ʌnˌkærɪktəˈrɪstɪk/ *adj* not typical or usual 不典型；不常见 —**uncharacteristically** *adv*

☆**uncle** /ˈʌŋkl ‖ ˈʌŋkḷ/ *noun* [C] **1** the brother of your father or mother 伯父；叔父；舅父: *Uncle Steven* 史蒂文叔叔 **2** the husband of your aunt 姨丈；姑丈 ☛ Some children use 'Uncle' before the first name of an adult that they know well but who is not related to them. 有些小孩用 uncle 称呼和他们没有亲属关系但很相熟的成年男子。Look at **aunt**. 参看 **aunt**。

☆**uncomfortable** /ʌnˈkʌmftəbl ‖ ʌnˈkʌmfɚtəbḷ/ *adj* **1** not pleasant to wear, sit in, lie on, etc 使身体不舒服的: *The chairs are hard and very uncomfortable.* 那些椅子很硬，令人坐着非常不舒服。**2** not able to sit, lie, etc in a position that is pleasant 不能舒展身体: *I was very uncomfortable for most of the journey.* 在旅程中，大部分时间我都感到很不舒适。**3** feeling or causing worry or embarrassment 心情不舒畅: *I felt very uncomfortable when they started arguing in front of me.* 他们当着我的面争论起来，我感到很不自在。—**uncomfortably** /-əblɪ ‖ -əblɪ/ *adv*

uncommon /ʌnˈkɒmən ‖ ʌnˈkɑmən/ *adj* unusual 不寻常: *Red squirrels are uncommon in England.* 在英国不常见到红松鼠。

uncompromising /ʌnˈkɒmprəmaɪzɪŋ ‖ ʌnˈkɑmprəˌmaɪzɪŋ/ *adj* not willing to discuss sth or change a decision 不妥协；不让步；坚定

unconcerned /ˌʌnkənˈsɜːnd ‖ ˌʌnkənˈsɝnd/ *adj* not interested in sth or not worried about it 不关心；不担心

U

unconditional /ˌʌnkənˈdɪʃənl ‖ ˌʌnkənˈdɪʃənl̩/ *adj* without limits or conditions 无条件；没有保留；绝对: *an unconditional surrender* 无条件投降 —**unconditionally** /-ʃənəlɪ ‖ -ʃənəlɪ/ *adv*

☆**unconscious** /ʌnˈkɒnʃəs ‖ ʌnˈkɑnʃəs/ *adj* **1** in a state that is like sleep. You may be unconscious after an accident if you hit your head 失去知觉；不省人事: *He was found lying unconscious on the kitchen floor.* 他被发现倒在厨房地板上不省人事。**2 unconscious of sb/sth** not knowing or aware of sb/sth 不知道；没有意识到: *He seemed unconscious of everything that was going on around him.* 他似乎不知道在他身边发生的一切事。**3** done, spoken, etc without you thinking about it or being aware of it 无意识的；不知不觉的: *The article was full of unconscious humour.* 那篇文章充满无意之中流露的幽默。—**the unconscious** *noun* [sing] = SUBCONSCIOUS —**unconsciously** *adv*

unconsciousness *noun* [U] the state of being unconscious 失去知觉

uncontrollable /ˌʌnkənˈtrəʊləbl ‖ ˌʌnkənˈtroləbl̩/ *adj* that you cannot control 不受控制；禁不住: *an uncontrollable urge to giggle* 禁不住咯咯地笑起来 —**uncontrollably** *adv*

uncountable /ˌʌnˈkaʊntəbl ‖ ʌnˈkaʊntəbl̩/ *adj* (*grammar* 语法) an uncountable noun cannot be counted and so does not have a plural. In this dictionary uncountable nouns are marked '[U]'. 不可数（本词典中的不可数名词以 [U] 标示）

uncover /ʌnˈkʌvə(r) ‖ ʌnˈkʌvɚ/ *verb* [T] **1** to remove the cover from sth 揭开盖子；移去覆盖物 **2** to find out or discover sth 揭露；发现

undecided /ˌʌndɪˈsaɪdɪd ‖ ˌʌndɪˈsaɪdɪd/ *adj* **1** not having made a decision 未决定: *I'm still undecided about whether to take the job or not.* 我仍未决定是否接受那个职位。**2** without any result or decision; not decided 无结果；未有定案: *The future of our jobs is still undecided.* 我们职位的前景仍未确定。

undeniable /ˌʌndɪˈnaɪəbl ‖ ˌʌndɪˈnaɪəbl̩/ *adj* clear, true or certain 明显；无可置疑；确凿无疑: *The charm of the city is undeniable.* 那个城市的魅力是无可置疑的。—**undeniably** /-əblɪ ‖ -əblɪ/ *adv*

☆**under** /ˈʌndə(r) ‖ ˈʌndɚ/ *prep* **1** in or to a position that is below or beneath sth 在…下面/下方: *Put the suitcase under the bed.* 将手提箱放在床下。○ *to hide under the table* 藏在桌子下 ○ *The dog crawled under the gate and ran into the road.* 狗从大门底下爬出，跑到路上去了。☛ Compare **under**, **below**, **beneath** and **underneath**. 比较 **under**、**below**、**beneath** 及 **underneath**。You use **under** to say that one thing is directly under another thing. There may be a space between the two things * **under** 指一物直接在另一物之下，两者之间可能有空隙: *The cat is asleep under the table* 猫在桌子下睡着了 or one thing may be touching or covered by the other thing 或一物与另一物接触着或为其所覆盖着: *I think your letter is under that book.* 我想你的信就在书下面。You can use **below** to say that one

under/below
在下方/下面

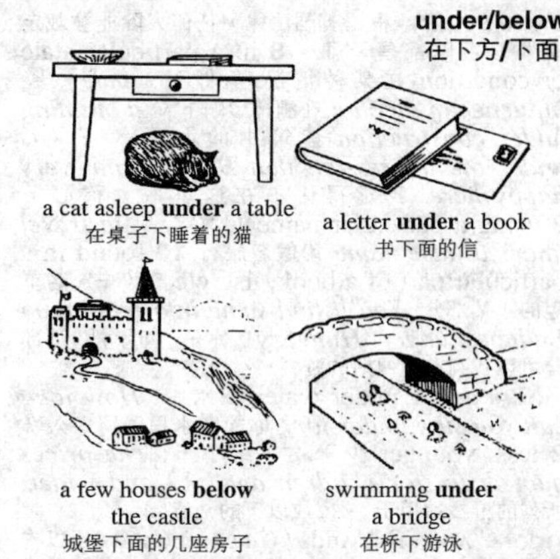

a cat asleep **under** a table
在桌子下睡着的猫

a letter **under** a book
书下面的信

a few houses **below** the castle
城堡下面的几座房子

swimming **under** a bridge
在桥下游泳

thing is in a lower position than another thing when they are both in the same building, on the same hill, on the same part of the body, etc 形容在同一座建筑、一座山、身体的某部位等中，一物处于比另一物较低的位置可用 **below**: *They live on the floor below us.* 他们住在我们的下一层。○ *We could see a few houses below the castle.* 我们看得见城堡以下有几所房子。○ *It hurts here – just below the knee.* 我这处伤着了，就在膝盖下面。You use **under** (not **below**) to talk about movement from one side of something to the other side 指由一边移动到另一边用 **under**（不用 **below**）: *We swam under the bridge.* 我们从桥下游过。You can use **beneath** to say that one thing is directly under another thing, but **under** is more common. 指一物直接在另一物之下可以用 **beneath**，但 **under** 较常见。**Beneath** is rather a literary word. * **beneath** 属于正式书面语。You can use **underneath** in place of **under** when you want to emphasize that something is being covered or hidden by another thing 用 **underneath**，不用 **under**，以强调一物覆盖另一物: *Have you looked underneath the sofa as well as behind it?* 你看过沙发下面和后面没有？**2** below the surface of sth; covered by sth 在…表面之下；被覆盖: *Most of an iceberg is under the water.* 冰山的大部分都在水下。○ *Are you wearing a vest under your shirt?* 你衬衫里面穿着背心吗？**3** younger than 比…年轻: *Nobody under eighteen is allowed to buy alcohol.* 十八岁以下的人不准买酒。**4** less than 少于: *People earning under £10 000 a year will pay no extra tax.* 每年收入少于 10 000 英镑的人不用交纳额外税款。**5** working for or in the control of sb 在…的辖制/管理下工作: *This hotel is under new management.* 旅馆现在由新的管理层管理。**6** ruled or governed by sb/sth 受…统治: *The country is now under martial law.* 国家现在实施军事管制。○ *the Soviet Union under Gorbachev* 戈尔巴乔夫领导下的苏联 **7** according to a law, agreement, system, etc 根据（法律、协议、制度等的规定）: *Under English law you are innocent until you are* *proved guilty.* 根据英国法律，任何人除非被裁定有罪，否则都是无罪。**8** in a particular state or condition 在某种情况/条件下: *under the influence of alcohol* 在酒精影响下 ○ *a building under construction* 建筑中的大厦 ○ *I was under the impression that Bill was not very happy here.* 我觉得比尔在这里不太称心。**9** using a particular name 用某名称: *to travel under a false name* 用假名旅行 **10** found in a particular part of a book, list, etc 在（书、名单等的）某部分: *You'll find some information on Budapest under 'Hungary'.* 你在"匈牙利"那部分可以找到布达佩斯的资料。

under *adv* **1** under water 在水中: *How long can you stay under for?* 你能在水里逗留多久？**2** less; younger 少于；年纪小于: *The prices quoted are for children aged 12 and under.* 所列的价钱适用于12岁或以下的儿童。

under- /ˈʌndə(r) ‖ ˈʌndɚ/ (in compounds 用以构成复合词) **1** lower in rank or position（级别或职位）较低的: *the minister's under-secretary* 政府部门的常务次官 **2** not enough 不足: *underdeveloped countries* 不发达国家

underclothes /ˈʌndəkləʊðz ‖ ˈʌndɚˌkloðz/ *noun* [plural] = UNDERWEAR

undercover /ˌʌndəˈkʌvə(r) ‖ ˌʌndɚˈkʌvɚ/ *adj* working or happening secretly 秘密工作；暗中进行: *an undercover agent* (= a spy) 间谍

undercut /ˌʌndəˈkʌt ‖ ˌʌndɚˈkʌt/ *verb* [T] (*pres part* **undercutting**; *pt*, *pp* **undercut**) to sell at a lower price than other shops, etc 以低于竞争对手的价格出售货物: *Supermarkets can undercut smaller shops.* 超级市场能以低于小商店的价格出售货品。

underdog /ˈʌndədɒg; *US* 美 -dɔːg ‖ ˈʌndɚˌdɔg/ *noun* [C] a person who is in a weak position 处于劣势者

U

underestimate /ˌʌndərˈestɪmeɪt ‖ ˈʌndɚˈɛstəˌmet/ *verb* [T] **1** to guess that the amount, etc of sth will be less than it really is 低估（数量等）: *We underestimated the amount of food we would need.* 我们低估了所需食物的数量。**2** to think that sb/sth is not as strong, etc as he/she/it really is 低估（力量等）；小看；轻视: *Don't underestimate your opponent. He's a really good player.* 别小看你的对手，他是个真正的好球员。—**underestimate** /-mət ‖ -mɪt/ *noun* [C]

underfoot /ˌʌndəˈfʊt ‖ ˌʌndɚˈfʊt/ *adv* under your feet; where you are walking 脚下；在地上: *It's very wet underfoot.* 地上很湿。

undergo /ˌʌndəˈgəʊ ‖ ˌʌndɚˈgo/ *verb* [T] (*pt* **underwent** /-ˈwent ‖ -ˈwɛnt/; *pp* **undergone** /-ˈgɒn; *US* 美 -ˈgɔːn ‖ -ˈgɔn/) to have a difficult or unpleasant experience 经历/经受（困难或不快的事）: *She underwent a five-hour operation at Harefield Hospital.* 她在哈雷菲尔德医院接受了五小时的手术。

undergraduate /ˌʌndəˈgrædʒʊət ‖ ˌʌndɚˈgrædʒuɪt/ *noun* [C] a university or college student who has not yet taken his/her first degree 大学本科生 ☛ Look at **graduate** and **postgraduate**. 参看 **graduate** 及 **postgraduate**。

☆**underground** /ˈʌndəgraʊnd ‖ ˈʌndɚˈgraʊnd/ *adj* **1** under the surface of the ground 在地面之下；地下: *an underground carpark* 地下停车场 **2** secret or illegal 秘密；非法；地下: *an underground radio station that supports the rebels* 支持叛乱分子的地下电台

underˈground *adv* **1** under the surface of the ground 在地面之下: *The cables all run underground.* 电缆都铺在地层内部。**2** into a secret place 进入秘密的地方: *She went underground to escape from the police.* 她转入地下避开警察的搜捕。

ˈ**underground** (*US* 美 **subway**) *noun* [sing] an underground railway system 地下铁路系统: *We travel to work by underground.* 我们搭乘地铁上班。○ *an underground station* 地铁站 ☛ In London the underground railway is called **the underground** or **the tube**. 在伦敦，地下铁路叫做 **the underground** 或 **the tube**。

undergrowth /ˈʌndəgrəʊθ ‖ ˈʌndɚˌgroθ/ *noun* [U] bushes and plants that grow around and under trees 下层灌木丛；林下植物

underhand /ˌʌndəˈhænd ‖ ˈʌndɚˈhænd/ *adj* secret or not honest 秘密；不诚实；不光彩

☆**underline** /ˌʌndəˈlaɪn ‖ ˌʌndɚˈlaɪn/ *verb* [T] **1** to draw a line under a word, etc 在…下划线 **2** to show clearly or to emphasize sth 清楚显示；强调: *This accident underlines the need for greater care.* 这宗意外突出了加倍小心的必要。

underlying /ˌʌndəˈlaɪɪŋ ‖ ˌʌndɚˈlaɪɪŋ/ *adj* important but hidden 重要但隐蔽；根本: *the underlying causes of the disaster* 灾难的根本成因

undermine /ˌʌndəˈmaɪn ‖ ˌʌndɚˈmaɪn/ *verb* [T] to make sth weaker 削弱；损害: *The public's confidence in the quality of our drinking water has been undermined.* 公众对饮用水品质的信心已经动摇。

☆**underneath** /ˌʌndəˈniːθ ‖ ˌʌndɚˈniθ/ *prep*, *adv* under or below 在…下面: *The coin rolled underneath the chair.* 钱币滚到椅子下面去了。○ *a flat with a shop underneath* 下面开设了商店的公寓 ○ *What does a Scotsman wear underneath his kilt?* 苏格兰男子在褶裙下面穿什么？○ *This sweater's not very warm but I've got a T-shirt on underneath.* 这件毛衣不太保暖，我在里面穿了件短袖汗衫。

the underneath *noun* [sing] the bottom or lowest part of something 底部；最低部分: *There is a lot of rust on the underneath of the car.* 车的底部满是铁锈。

underpants /ˈʌndəpænts ‖ ˈʌndɚˌpænts/ (*Brit* 英 **pants**) *noun* [plural] a piece of clothing that men or boys wear under their trousers 男装内裤

underpass /ˈʌndəpɑːs; *US* 美 -pæs ‖ ˈʌndɚˌpæs/ *noun* [C] a road or path that goes under another road, railway, etc 下穿交叉道；高架桥下通道

underpay /ˌʌndəˈpeɪ ‖ ˈʌndɚˈpe/ *verb* [T] (*pt*, *pp* **underpaid**) to pay a person too little 付给过低的薪金: *Teachers in this country are underpaid.* 这个国家的教师工资偏低。

underprivileged /ˌʌndəˈprɪvəlɪdʒd ‖ ˈʌndɚˈprɪvəlɪdʒd/ *adj* having less money, rights, opportunities, etc than other people in society 享受比一般人少的利益；被剥夺应得的权利；比一般人贫困

underrate /ˌʌndəˈreɪt ‖ ˈʌndɚˈret/ *verb* [T] to think that sb/sth is less clever, important, good, etc than he/she/it really is 轻视；低估

undershirt /ˈʌndəʃɜːt ‖ ˈʌndɚˌʃɝt/ *noun* [C] (*US* 美) = VEST

☆**understand** /ˌʌndəˈstænd ‖ ˌʌndɚˈstænd/ *verb* (*pt, pp* **understood** /-ˈstʊd ‖ -ˈstʊd/) **1** [I,T] to get the meaning of sb/sth 明白/理解含意: *I'm not sure that I really understand.* 我不肯定自己是否真的明白。○ *I didn't understand the instructions.* 我不明白那些指示。○ *Please speak more slowly. I can't understand you.* 请说得慢一点，我听不明白。○ *He can understand Italian but he can't speak it.* 他听得懂意大利语，但不会说。○ *Can Italians and Spaniards understand each other?* 意大利人和西班牙人能明白对方的话吗？**2** [T] to know how or why sth happens 了解/理解原因或情况: *I can't understand why the engine won't start.* 我不知道发动机为什么不发动。**3** [T] to know why sb behaves in a particular way and to feel sympathy 体谅；谅解: *It's easy to understand why she felt so angry.* 她那样生气，原因很容易理解。○ *His parents don't understand him.* 他父母不体谅他。**4** [T] (*formal* 正式) to have heard or been told sth 听说；得知；获悉: *I understand that you have decided to leave.* 我听说你已决定离开。**5** [T] to judge a situation, etc 判断（情况等）: *As far as I understand it, the changes won't affect us.* 据我判断，这些改变不会影响我们。

(IDIOMS 习语) **give sb to believe/understand (that)** ⇨ GIVE[1]

make oneself understood to make one's meaning clear 把自己的意思表达清楚: *I can just about make myself understood in Russian.* 我的俄语仅足以表达意思。

understandable /-əbl ‖ -əbl̩/ *adj* that you can understand 可以理解的 —**understandably** /-əblɪ ‖ -əblɪ/ *adv*: *She was understandably angry at the decision.* 她对那个决定感到生气是可以理解的。

☆**understanding** /ˌʌndəˈstændɪŋ ‖ ˌʌndɚˈstændɪŋ/ *noun* **1** [U] the ability to think or learn about sth 理解力: *The book is beyond the understanding of most ten-year-olds.* 这本书程度太深，不是一般十岁儿童所能理解的。**2** [U,sing] knowledge of a subject, how sth works, etc 知识；认识: *A basic understanding of physics is necessary for this course.* 修读这门课程必须对物理学有基本认识。**3** [U,sing] the ability to feel sympathy and trust for sb 同情；信任；谅解: *understanding between nations* 国家之间的互相谅解 **4** [U] the way in which you think sth is meant 诠释；理解: *My understanding of the arrangement is that he will only phone if there is a problem.* 我对安排的理解是：除非出现问题，否则他不会打电话来。**5** [C, usually sing] an informal agreement 非正式协议/协定；谅解: *We came to an understanding about the money I owed him.* 关于我欠他的钱，我们已经达成了谅解。

(IDIOM 习语) **on the understanding that...** only if...; because it was agreed that... 在…条件下；基于协议规定: *We let them stay in our house on the understanding that it was only for a short period.* 我们让他们住在我们家，彼此的协议是他们只住一段短时间。

understanding *adj* kind; showing sympathy towards sb 体谅的；通情达理的

understate /ˌʌndəˈsteɪt ‖ ˈʌndɚˈstet/ *verb* [T] to say that sth is smaller or less important than it really is 少说；少报；未充分反映 —**understatement** *noun* [C]: *'Is she pleased?' 'That's an understatement. She's delighted.'* "她满意吗？" "那还不足以形容她的心情，她简直非常高兴呢。"

understudy /ˈʌndəstʌdɪ ‖ ˈʌndɚˌstʌdɪ/ *noun* [C] (*pl* **understudies**) an actor who learns the role of another actor and replaces him/her if he/she is ill 替角；候补演员

undertake /ˌʌndəˈteɪk ‖ ˌʌndɚˈtek/ *verb* [T] (*pt* **undertook** /-ˈtʊk ‖ -ˈtʊk/; *pp* **undertaken** /-ˈteɪkən ‖ -ˈtekən/) **1** to agree or promise to do sth 承担；接受；答应: *The firm undertook to deliver the machines by Friday.* 那家公司答应星期五前一定将机器送到。**2** to carry out 执行；进行: *The zoo is undertaking a major programme of modernization.* 动物园正在进行庞大的现代化工程。

undertaking /ˌʌndəˈteɪkɪŋ ‖ ˌʌndɚˈtekɪŋ/ *noun* [C, usually sing] **1** a piece of work or business 任务；事业；企业: *a risky undertaking* 一件冒险的事 **2 undertaking (that.../to do sth)** a formal or legal promise (to do sth) 正式或法律上的承诺/保证: (*formal* 正式) *He gave an undertaking that he would not leave the country.* 他承诺不会离开这个国家。

undertaker /ˈʌndəteɪkə(r) ‖ ˈʌndɚˌtekɚ/ (*also* 亦作 **funeral director**; *US also* 美亦作 **mortician**) *noun* [C] a person whose job is to prepare bodies to be buried and to arrange funerals 丧事承办人；殡仪员

undertone /ˈʌndətəʊn ‖ ˈʌndɚˌton/ *noun* [C] **1** a feeling or attitude that is not directly expressed 言外之意；弦外之音 **2** a low, quiet voice 低声

undervalue /ˌʌndəˈvælju: ‖ ˈʌndɚˈvæljʊ/ *verb* [T] to place too low a value on sb/sth 轻视；低估

underwater /ˌʌndəˈwɔːtə(r) ‖ ˈʌndɚˌwɔtɚ/ *adj, adv* existing, happening or used below the surface of water 水底；水下: *underwater exploration* 水底探索 ○ *an underwater camera* 水底摄影机 ○ *Can you swim underwater?* 你能在水底游泳吗？

☆**underwear** /ˈʌndəweə(r) ‖ ˈʌndɚˌwɛr/ *noun* [U] clothing that is worn next to the skin under other clothes 内衣 ☛ **Underclothes** has the same meaning and is a plural noun. * **underclothes** 的意义跟 underwear 相同，是个复数名词。

underweight /ˌʌndəˈweɪt ‖ ˈʌndɚˈwet/ *adj* weighing less than is normal or correct 未达标准重量；重量不足 ☛ Look at the note at **thin**. 参看 **thin** 的注释。

underworld /ˈʌndəwɜːld ‖ ˈʌndɚˌwɝld/ *noun*

[sing] **the underworld** people who are involved in crime 黑社会；黑帮

undesirable /ˌʌndɪˈzaɪərəbl ‖ ˌʌndɪˈzaɪrəbḷ/ *adj* unwanted or unpleasant; likely to cause problems 令人不快；讨厌；可能招致麻烦的

undid *pt* of UNDO ＊ UNDO 的过去时

undignified /ʌnˈdɪgnɪfaɪd ‖ ʌnˈdɪgnəˌfaɪd/ *adj* clumsy, embarrassing or unsuitable 不像样子；有损尊严；不顾尊严：*Everyone rushed for the food in a most undignified way!* 人人不顾尊严地一哄而上，争夺食物！

undivided /ˌʌndɪˈvaɪdɪd ‖ ˌʌndəˈvaɪdɪd/ *adj* (IDIOMS 习语) **give your undivided attention (to sb/sth)** to concentrate fully on sth 专心致志于某人/某事物

get/have sb's undivided attention to receive sb's full attention 成为某人全心关注的对象

☆**undo** /ʌnˈduː ‖ ʌnˈdu/ *verb* [T] (*3rd pers sing pres* **undoes**; *pt* **undid**; *pp* **undone**) **1** to open sth that was tied or fastened 打开；松开；解开：*He undid his shoelaces and took off his shoes.* 他解开鞋带，脱掉鞋子。○ *to undo a knot* 松开结子 **2** to destroy the effect of sth that has already happened 使无效；取消；消除；挽回：*The damage cannot be undone.* 损失没法弥补。

undone *adj* **1** open; not fastened or tied 打开的；松开的；解开的：*My zip was undone.* 我的拉链没拉上。**2** not done 没有做的；未完成的：*I left the housework undone.* 我没有做家务。

undoubted /ʌnˈdaʊtɪd ‖ ʌnˈdaʊtɪd/ *adj* definite; accepted as being true 肯定的；无庸置疑的 —**undoubtedly** *adv*

☆**undress** /ˌʌnˈdres ‖ ʌnˈdrɛs/ *verb* **1** [I] to take off your clothes 脱掉衣服：*I undressed and the doctor examined me.* 我脱掉衣服让医生检查身体。☛ **Get undressed** is more commonly used than **undress** ＊ **get undressed** 比 **undress** 更常用：*He got undressed and had a shower.* 他脱掉衣服淋浴。**2** [T] to take off sb's clothes 脱下…的衣服：*She undressed the child and put her into bed.* 她脱下孩子的衣服，把她抱上床。

undressed *adj* wearing no or few clothes 不穿/只穿极少衣服的；裸体的；半裸体的

undue /ˌʌnˈdjuː; *US* 美 -ˈduː ‖ ʌnˈdu/ *adj* more than is necessary or reasonable 过分；不适当 —**unduly** *adv*：*She didn't seem unduly worried by their unexpected arrival.* 虽然他们突然到来，但她似乎并没有过分担心。

unearth /ʌnˈɜːθ ‖ ʌnˈɝθ/ *verb* [T] to dig sth up out of the ground; to discover sth that was hidden 挖出；发掘出；发现：*Archaeologists have unearthed a Roman villa.* 考古学家发掘出一个罗马时代的村落。○ (*figurative* 比喻) *A journalist unearthed the true facts of the case.* 一个新闻记者揭露了那件事的真相。

unearthly /ʌnˈɜːθlɪ ‖ ʌnˈɝθlɪ/ *adj* **1** strange or frightening 奇异；可怕 **2** (used about a time 指时间) very early or very late 很早；很迟：*I can't get up at such an unearthly hour as 5 am!* 我可不能在清晨5点那么早就起床！

uneasy /ʌnˈiːzɪ ‖ ʌnˈizɪ/ *adj* **1** worried; not feeling relaxed or comfortable 担忧；紧张；不自在 **2** not settled; unlikely to last 未落实的；难持久的：*an uneasy compromise* 一项不稳定可靠的妥协

unease /ʌnˈiːz ‖ ʌnˈiz/ (*also* 亦作 **uneasiness**) *noun* [U] an anxious or uncomfortable feeling 担忧；紧张；不自在 —**uneasily** /ʌnˈiːzɪlɪ ‖ ʌnˈizɪlɪ/ *adv*

uneconomic /ˌʌnˌiːkəˈnɒmɪk; *US* 美 ˌʌnˌek- ‖ ˌʌnɛkəˈnɑmɪk/ *adj* (used about a company, etc 指公司等) not making or likely to make a profit 没利润的；赚不到钱的

uneconomical /ˌʌnˌiːkəˈnɒmɪkl; *US* 美 ˌʌnˌek- ‖ ˌʌnɛkəˈnɑmɪkḷ / *adj* wasting money, time, materials, etc 浪费的 —**uneconomically** /-klɪ ‖ -klɪ/ *adv*

☆**unemployed** /ˌʌnɪmˈplɔɪd ‖ ˌʌnɪmˈplɔɪd/ *adj* not having a job; out of work 未被雇用的；失业：*She lost her job six months ago and has been unemployed ever since.* 她自从六个月前失业后就一直找不到工作。

the unemployed *noun* [plural] the people who do not have a job 失业者：*What does the government do to help the unemployed?* 政府有什么措施帮助失业者？

☆**unemployment** /ˌʌnɪmˈplɔɪmənt ‖ ˌʌnɪmˈplɔɪmənt/ *noun* [U] **1** the situation of being unemployed 失业：*If the factory closes, many people face unemployment.* 如果那工厂倒闭，许多人会面临失业。**2** the number of people who are unemployed 失业人数：*The economy is doing very badly and unemployment is rising.* 经济萧条，失业人数不断上升。○ *unemployment benefit* (= money given by the state) 失业救济金 ☛ Look at **dole**. 参看 **dole**。

unending /ʌnˈendɪŋ ‖ ʌnˈɛndɪŋ/ *adj* having or seeming to have no end 不停的；不断的；无止境的

unequal /ˌʌnˈiːkwəl ‖ ʌnˈikwəl/ *adj* **1** different in size, amount, level, etc（大小、数量、程度等）不相等 **2** not fair or balanced 不平等；不相称：*It was an unequal contest because he's a far better player than me.* 那是势力不均等的比赛，因为他球技比我好得多。—**unequally** /-kwəlɪ ‖ -kwəlɪ/ *adv*

uneven /ˌʌnˈiːvn ‖ ʌnˈivən/ *adj* **1** not completely smooth, level or regular 不平坦；不均匀；不规则：*The sign was painted in rather uneven letters.* 指示牌上的字母写得很不规则。**2** not always of the same level or quality 不稳定的水平/素质 —**unevenly** *adv*：*The country's wealth is unevenly distributed.* 国家财富分配不均。

☆**unexpected** /ˌʌnɪkˈspektɪd ‖ ˌʌnɪkˈspɛktɪd/ *adj* not expected and therefore causing surprise 想不到；出人意料；意外的：*His death was quite unexpected.* 他的逝世颇出人意料。—**unexpectedly** *adv*：*I got there late because I was unexpectedly delayed.* 我给突发的事情耽误，所以到那里迟了。

☆**unfair** /ˌʌnˈfeə(r) ‖ ʌnˈfɛr/ *adj* **1 unfair (on/to sb)** not dealing with people as they deserve; not treating each person equally 不公平；不公正：*It was unfair to blame her for something that was not her fault.* 那不是她的过错，责备她是不公平的。○ *This law is unfair to women.*

这条法律对女性不公平。**2** not following the rules and therefore giving an advantage to one person, team, etc 偏袒的；不正当: *unfair play* 犯规；不正当手法 —**unfairly** *adv* —**unfairness** *noun* [U]

unfaithful /ˌʌn'feɪθfl ‖ ʌn'feθfəl/ *adj* **unfaithful (to sb/sth)** having a sexual relationship with sb who is not your husband, wife or partner 不忠；不贞；有通奸行为的: *She discovered that her husband was being unfaithful to her.* 她发现丈夫对她不忠实。○ *Have you ever been unfaithful to your husband?* 你做过对你丈夫不忠的事吗？

unfamiliar /ˌʌnfə'mɪlɪə(r) ‖ ˌʌnfə'mɪljə/ *adj* **1 unfamiliar (to sb)** not well-known to you 不熟悉；陌生；生疏: *an unfamiliar part of town* 城中陌生的地方 **2 unfamiliar (with sth)** not having knowledge or experience of sth 不通晓；不熟知

unfashionable /ˌʌn'fæʃnəbl ‖ ʌn'fæʃnəbḷ/ *adj* not popular 不流行；过时: *unfashionable ideas* 不合潮流的观念 ☛ Look at **old-fashioned**. 参看 **old-fashioned**。

unfit /ˌʌn'fɪt ‖ ʌn'fɪt/ *adj* **1 unfit (for sth/to do sth)** unsuitable or not good enough for sth 不合适；不合格: *If goods are unfit for use, you should take them back to the shop.* 如果购买的商品不合用，应该拿回商店更换。**2** not in good physical health (especially because you do not get enough exercise) 不太健康（尤指因为缺乏运动）: *The doctor said I was overweight and unfit.* 医生说我过胖，不太健康。

unfold /ʌn'fəʊld ‖ ʌn'fold/ *verb* [I,T] **1** to open out and become flat; to open out sth that was folded 展开；打开；摊开: *The sofa unfolds into a spare bed.* 沙发打开来就变成一张备用床。○ *I unfolded the letter and read it.* 我打开那封信来看。**2** to become known, or to allow sth to become known a little at a time（使）显露/展现；（逐渐）披露: *As the story unfolded, more and more surprising things were revealed.* 随着故事的展开，越来越多意想不到的事显现出来。

unforeseen /ˌʌnfɔː'siːn ‖ ˌʌnfɔr'sin/ *adj* not expected 未预见到的；意想不到的: *an unforeseen problem* 意想不到的困难

unforgettable /ˌʌnfə'getəbl ‖ ˌʌnfə'gɛtəbḷ/ *adj* making such a strong impression that you cannot forget it 不能忘记的；无法忘怀的

☆**unfortunate** /ʌn'fɔːtʃənət ‖ ʌn'fɔrtʃənɪt/ *adj* **1** unlucky 不幸；倒霉: *The unfortunate people who lived near the river lost their homes in the flood.* 住在河边那些不幸的人在水灾中失去了家园。**2** that you regret 令人遗憾；可叹的: *I would like to apologize for this unfortunate mistake.* 我谨就这个令人遗憾的错误致歉。

unfortunately *adv* unluckily; it is a pity that... 不幸地；很可惜；遗憾的是: *I'd like to help you but unfortunately there's nothing I can do.* 我想帮助你，可惜又帮不了什么。

unfounded /ˌʌn'faʊndɪd ‖ ʌn'faʊndɪd/ *adj* not based on or supported by facts 毫无根据；没有事实根据: *He said that the rumour was completely unfounded.* 他说那谣言毫无根据。

unfriendly /ˌʌn'frendlɪ ‖ ʌn'frɛndlɪ/ *adj* unpleasant or impolite to sb; not friendly 对某人无礼貌；不友好

ungainly /ʌn'geɪnlɪ ‖ ʌn'genlɪ/ *adj* moving in a way that lacks grace（举动）笨拙/难看

ungrateful /ʌn'greɪtfl ‖ ʌn'gretfəl/ *adj* not feeling or showing thanks (to sb) 不知感恩；不领情；忘恩负义 —**ungratefully** /-fəlɪ ‖ -fəlɪ/ *adv*

unguarded /ˌʌn'gɑːdɪd ‖ ʌn'gɑrdɪd/ *adj* **1** not protected or guarded 没有保护的；易受攻击 **2** careless; saying more than you wanted to 粗心；不留神（说出）；说漏了嘴的: *He admitted the truth in an unguarded moment.* 他一不留神说出了真相。

☆**unhappy** /ʌn'hæpɪ ‖ ʌn'hæpɪ/ *adj* (**unhappier**; **unhappiest**) **1 unhappy (about sth)** sad or miserable; not happy 悲哀；愁苦；不快乐: *She's terribly unhappy about losing her job.* 她失去了工作，心中十分发愁。○ *a very unhappy childhood* 极不幸福的童年 **2 unhappy (about/at sth)** not satisfied or pleased; worried 不满意；不高兴；担忧: *I'm unhappy about the work you did for me. Can you do it again?* 我不满意你替我做的工作，你重做一次好吗？

unhappily /-ɪlɪ ‖ -ɪlɪ/ *adv* **1** sadly 悲哀地 **2** unfortunately 遗憾的是: *Unhappily, we are unable to help.* 很遗憾，我们帮不上忙。—**unhappiness** *noun* [U]

unhealthy /ʌn'helθɪ ‖ ʌn'hɛlθɪ/ *adj* (**unhealthier**; **unhealthiest**) **1** not having or showing good health 不健康；显出病态的: *He looks pale and unhealthy.* 他看来脸色苍白，不大健康。**2** likely to cause illness or poor health 不卫生的；对健康有害的: *unhealthy conditions* 有碍健康的环境 **3** not natural 不自然；反常: *an unhealthy interest in torture* 喜欢折磨别人的病态心理

unheard /ˌʌn'hɜːd ‖ ʌn'hɝd/ *adj* not listened to or given attention 没有人留心听的；无人理会的: *My suggestions went unheard.* 无人理会我的建议。

unheard-of /ʌn'hɜːd ɒv ‖ ʌn'hɝdˌɑv/ *adj* not known; never having happened before 不为人知的；前所未有: *Years ago it was unheard-of for women to do jobs like that.* 多年前女人做这种工作是从未听说过的事。

unicorn /'juːnɪkɔːn ‖ 'junɪˌkɔrn/ *noun* [C] an imaginary animal that looks like a white horse and has one horn growing out of its forehead 独角兽（传说中形似白马，前额有一角的动物）

unidentified /ˌʌnaɪ'dentɪfaɪd ‖ ˌʌnaɪ'dɛntɪˌfaɪd/ *adj* whose identity is not known 身分不明的: *An unidentified body has been found in the river.* 河里发现一具身分不明的尸体。

uniform[1] /'juːnɪfɔːm ‖ 'junəˌfɔrm/ *adj* not varying; the same in all cases or at all times 划一的；不变的；始终如一 —**uniformity** /ˌjuːnɪ'fɔːmətɪ ‖ ˌjunə'fɔrmətɪ/ *noun* [U]: *Tests are standardized to ensure uniformity.* 把测试标准化以确保其一致性。

☆**uniform**[2] /'juːnɪfɔːm ‖ 'junəˌfɔrm/ *noun* [C,U] the set of clothes worn at work by the members of certain organizations or groups

U

and by some schoolchildren 制服；校服: *Did you have to wear a uniform when you were at school?* 你上学要不要穿校服？○ *I didn't know he was a policeman because he wasn't in uniform.* 我不知道他是警察，因为他当时没穿制服。—**uniformed** *adj*: *uniformed policemen* 穿制服的警察

unify /ˈjuːnɪfaɪ ‖ ˈjunəˌfaɪ/ *verb* [T] (*pres part* **unifying**; *3rd pers sing pres* **unifies**; *pt, pp* **unified**) to join or link separate parts together to make one unit, or to make them similar to each other 使成一体；联合；统一；使一致 —**unification** /ˌjuːnɪfɪˈkeɪʃn ‖ ˌjunəfəˈkeʃən/ *noun* [U]: *the unification of Germany* 德国的统一

unilateral /juːnɪˈlætrəl ‖ ˌjunɪˈlætərəl/ *adj* done or made by one of the sides involved without the agreement of the other side or sides 单方面的；单方面做出的: *a unilateral declaration of independence* 单方面宣布独立 —**unilaterally** /-rəlɪ ‖ -rəlɪ/ *adv*: *The decision was taken unilaterally.* 这决定是单方面作出的。

uninhabitable /ˌʌnɪnˈhæbɪtəbl ‖ ˌʌnɪnˈhæbɪtəbl̩/ *adj* not possible to live in 不能居住的；不适合居住的

uninhibited /ˌʌnɪnˈhɪbɪtɪd ‖ ˌʌnɪnˈhɪbətɪd/ *adj* behaving in a free and natural way, showing what you feel without worrying what other people think of you 无拘无束；任意

unintelligible /ˌʌnɪnˈtelɪdʒəbl ‖ ˌʌnɪnˈtɛlɪdʒəbl̩/ *adj* impossible to understand 不可理解的；难以理解的；晦涩难懂

uninterested /ʌnˈɪntrəstɪd ‖ ʌnˈɪntrɪstɪd/ *adj* **uninterested (in sb/sth)** having or showing no interest in sb/sth 不感兴趣的；漠然的: *She seemed uninterested in anything I had to say.* 她似乎对我要说的任何话都不感兴趣。

☆**union** /ˈjuːnɪən ‖ ˈjunjən/ *noun* **1** [U,sing] the act of joining or the situation of being joined 结合；联合；合并: *the union of the separate groups into one organization* 把各独立团体联合为一个组织 **2** [C] a group of states or countries that have been joined together to form one country 联邦；联盟: *the Soviet Union* 苏联 **3** [C] = TRADE UNION **4** [C] an organization for a particular group of people 联盟；联合会: *the Athletics Union* 体育联合会

the ˌUnion ˈJack *noun* [C] the national flag of the United Kingdom, with red and white crosses on a dark blue background 英国国旗

☆**unique** /juːˈniːk ‖ juˈnik/ *adj* **1** unlike anything else; being the only one of its type 独特；惟一；无可比拟: *Shakespeare made a unique contribution to the world of literature.* 莎士比亚对文学的贡献是无可比拟的。**2 unique to sb/sth** connected with only one place, person or thing 独有；惟一: *This dance is unique to this region.* 这种舞是这个区域独有的。**3** (*informal* 非正式) very unusual 罕见；极不寻常: *There's nothing unique about that sort of crime.* 这类罪行没什么稀奇。

unisex /ˈjuːnɪseks ‖ ˈjunɪsɛks/ *adj* designed for and used by both sexes 不分男女的；男女通用的: *unisex fashions* 男女通用的服装

U

unison /ˈjuːnɪsn; ˈjuːnɪzn ‖ ˈjunəsn̩; ˈjunəzn̩/ *noun*

(IDIOM 习语) **in unison** saying, singing or doing the same thing at the same time as sb else 齐声（说/合唱）；一致（行动）: *'No, thank you,' they said in unison.* "不，谢谢你。" 他们齐声说。○ *The chorus should be sung in unison.* 副歌部分应该一起合唱。

☆**unit** /ˈjuːnɪt ‖ ˈjunɪt/ *noun* [C] **1** a single thing which is complete in itself, although it can be part of sth larger 单元: *The book is divided into ten units.* 这本书分成十个单元。**2** a fixed amount or number used as a standard of measurement（计量或计数的）单位: *a unit of currency* 货币单位 **3** a group of people who perform a certain special function in a larger organization（组织的）单位/部门: *the intensive care unit of a hospital* 医院的特别护理组 **4** a small machine that performs a particular task or that is part of a larger machine（机器的）组件/部件/元件: *The heart of a computer is the central processing unit.* 计算机的核心是中央处理机。**5** a piece of furniture that fits with other pieces of furniture and has a particular use（家具的）组合部件: *matching kitchen units* 配套的厨房设备

☆**unite** /juːˈnaɪt ‖ juˈnaɪt/ *verb* **1** [I,T] to join together and act in agreement; to make this happen（使）联合起来一致行动: *Unless we unite, our enemies will defeat us.* 除非我们联合起来，否则敌人会打败我们。○ *The leader united the party behind him.* 党领袖使全党一致支持自己。**2** [I] **unite (in sth/in doing sth)** to join together for a particular purpose（为某目的）联合起来: *We should all unite in seeking a solution to this terrible problem.* 我们大家都应该联合起来寻求解决这个严重问题的方法。

united *adj* joined together by a common feeling or aim 团结一致: *Throughout the crisis, the whole country remained united.* 在危机出现期间，全国上下团结一致。

the Uˌnited ˈKingdom *noun* (*abbr* 缩写 **UK**) England, Scotland, Wales and Northern Ireland 联合王国/英国（包括英格兰、苏格兰、威尔士及北爱尔兰）

> ☛ **The UK** includes England, Scotland, Wales and Northern Ireland, but *not* the Republic of Ireland (Eire), which is a separate country. * **the UK** 包括英格兰、苏格兰、威尔士及北爱尔兰，但不包括爱尔兰共和国（爱尔兰共和国是一个独立国家）。**Great Britain** is England, Scotland and Wales only. * **Great Britain** 只包括英格兰、苏格兰及威尔士。**The British Isles** include England, Scotland, Wales, Northern Ireland and the Republic of Ireland. * **The British Isles** 包括英格兰、苏格兰、威尔士、北爱尔兰及爱尔兰共和国。

the Uˌnited ˈNations *noun* [with sing or pl verb] (*abbr* 缩写 **UN**) the organization formed to encourage peace in the world and to deal with problems between nations 联合国

the Uˌnited ˈStates (of Aˈmerica) *noun*

[with sing or pl verb] (*abbr* 缩写 **US**; **USA**) a large country in North America made up of 50 states and the District of Columbia 美利坚合众国；美国

☆**unity** /ˈjuːnətɪ ‖ ˈjunətɪ/ *noun* [U] the situation in which people are united or in agreement 联合；团结；统一

☆**universal** /ˌjuːnɪˈvɜːsl ‖ ˌjunəˈvɝsl̩/ *adj* connected with, done by or affecting everybody in the world or everybody in a particular group 全世界的；全体的: *The environment is a universal issue.* 环境问题是全球的问题。○ *There was universal agreement that it was a splendid wedding.* 大家一致公认那是个盛大的婚礼。—**universally** /-səlɪ ‖ -sl̩ɪ/ *adv*

☆**universe** /ˈjuːnɪvɜːs ‖ ˈjunəˌvɝs/ *noun* [sing] **the universe** everything that exists, including the planets, stars, space, etc 宇宙；天地万物

☆**university** /ˌjuːnɪˈvɜːsətɪ ‖ ˌjunəˈvɝsətɪ/ *noun* [C] (*pl* **universities**) the highest level of educational institution, in which students study for degrees and in which academic research is done 大学: *Which university did you go to?* 你上的是哪所大学？○ *a university lecturer* 大学讲师 ○ *He studied at Hull University/the University of Hull.* 他在赫尔大学读书。☛ We use the expressions **at university** and **go to university** without *a* or *the* when we mean that somebody attends the university as a student 我们用 **at university** 及 **go to university**（没有 a 或 the）指某人在大学念书: *He's hoping to go to university next year* 他希望明年上大学 but not if somebody goes there for any other reason 但如果某人为其他目的到大学去则要用 a 或 the: *I'm going to a conference at the university in July.* 我将于七月到大学出席会议。Look at **polytechnic** and **redbrick**. 参看 **polytechnic** 及 **redbrick**。

☆**unkind** /ˌʌnˈkaɪnd ‖ ʌnˈkaɪnd/ *adj* not friendly or thoughtful; cruel 不友善；刻薄；残忍: *That was an unkind thing to say.* 说这样的话太刻薄了。—**unkindly** *adv* —**unkindness** *noun* [C,U]

☆**unknown** /ˌʌnˈnəʊn ‖ ʌnˈnon/ *adj* **1 unknown (to sb)** not known (by sb) 不为人知；不知道的: *She left the job for unknown reasons.* 她为某些不为人知的理由离职。○ *Unknown to the boss, she went home early.* 她提早回家，她的上司毫不知情。**2** not famous or familiar to other people 不著名；默默无闻: *an unknown actress* 不出名的女演员

(IDIOM 习语) **an unknown quantity** a person or thing that you know very little about 不了解的人/事物

unknown *noun* **1** usually 通常作 **the unknown** [sing] a place or thing that you know nothing about 未知的/陌生的地方或事物: *a fear of the unknown* 对未知之事的恐惧 **2** [C] a person who is not well known 不出名的人: *A complete unknown won the tournament.* 一个默默无闻的参赛者夺得了冠军。

unleaded /ˌʌnˈledɪd ‖ ˌʌnˈlɛdɪd/ *adj* not containing lead 不含铅的: *unleaded petrol* 无铅汽油

☆**unless** /ənˈles ‖ ənˈlɛs/ *conj* if… not; except if 如果不；除非: *Unless something unexpected happens, I'll see you next week.* 如无意外，我们下星期见。○ *I was told that unless my work improved, I would lose the job.* 公司方面通知我，除非我工作表现有改善，否则将会被解雇。○ *'Would you like a cup of coffee?' 'Not unless you've already made some.'* "你要喝咖啡吗？""不了，除非你已经煮了一些。" ○ *Unless anyone has anything else to say, the meeting is closed.* 如果大家没有其他意见发表，会议到此结束。○ *Don't switch that on unless I'm here.* 除非我在这里，否则不要开这个开关。○ *That's what I've decided to do – unless there are any objections?* 我已经决定那样做，除非有人提出反对。

☆**unlike** /ʌnˈlaɪk ‖ ʌnˈlaɪk/ *adj* not like; different from 不相似；不同: *She's unlike anyone else I've ever met.* 她和我以前所认识的人都不同。○ *My new job is completely unlike my previous one.* 我的新工作和先前的完全不同。○ *The film is not unlike several others I've seen.* 那部电影和我以前看的几部很相似。

unlike *prep* **1** in contrast to; differing from 与…相反；与…不同: *Unlike all the others, I wasn't very keen on the idea.* 其他人都对那个构想很感兴趣，我却不以为然。○ *He's extremely ambitious, unlike me.* 他极有野心，和我截然不同。○ *This is an exciting place to live, unlike my home town.* 这个地方生活丰富多彩，和我老家不同。**2** not typical of; unusual for 无…的特点；少见: *It's unlike him to be so rude, he's usually very polite.* 他向来礼貌周到，这样粗野可不像他。

☆**unlikely** /ʌnˈlaɪklɪ ‖ ʌnˈlaɪklɪ/ *adj* (**unlikelier**; **unlikeliest**) **1** not likely to happen; not expected; not probable 未必会发生的；意外的；不大可能: *He is seriously ill and unlikely to recover.* 他病入膏肓，不大可能复元。○ *I suppose she might win but I think it's very unlikely.* 她也许会赢，但我认为可能性很小。○ *It's unlikely that I'll have any free time next week.* 我下星期不大可能有空闲时间。**2** difficult to believe 难以相信: *an unlikely excuse* 难以相信的借口

unlimited /ˌʌnˈlɪmɪtɪd ‖ ʌnˈlɪmɪtɪd/ *adj* without limit; as much or as great as you want 无限的；无穷大的

☆**unload** /ˌʌnˈləʊd ‖ ʌnˈlod/ *verb* **1** [I,T] **unload (sth) (from sth)** to take things that have been transported off or out of a vehicle 卸下（负载）；（从汽车）拿下: *to unload goods* 卸货 ○ *I unloaded the car when I got home from the shops.* 当我从商店回到家里后，便把东西卸下车。**2** [I,T] (used about a vehicle 指车辆) to have the things removed that have been transported 卸下负载: *Parking here is restricted to vehicles that are loading or unloading.* 只限装卸货物的车辆在此停放。**3** [T] **unload sb/sth (on/onto sb)** (*informal* 非正式) to get rid of sth you do not want or to pass it to sb else 把（不想要的东西）摆脱/推给（某人）

☆**unlock** /ˌʌnˈlɒk ‖ ʌnˈlɑk/ *verb* [T] to open the lock on sth using a key 开锁；打开（锁着的东西等）

☆**unlucky** /ʌnˈlʌkɪ ‖ ʌnˈlʌkɪ/ *adj* (**unluckier**;

U

unluckiest) having or causing bad luck; not lucky 运气不好；不祥；不幸：*They were unlucky to lose because they played so well.* 他们表现得那么好，最后还是输了比赛，真倒霉。○ *Thirteen is often thought to be an unlucky number.* 十三常被视为不祥数字。
unluckily *adv* as a result of bad luck; unfortunately 不幸地；遗憾的是：*Unluckily, I arrived just too late to meet them.* 遗憾的是，我到得太迟了，没有见到他们。

unmarried /ˌʌnˈmærɪd ‖ ʌnˈmærɪd/ *adj* not married; single 未婚的；单身的：*unmarried mothers* 未婚妈妈

unmistakable /ˌʌnmɪˈsteɪkəbl ‖ ˌʌnməˈstekəbḷ/ *adj* that cannot be mistaken for anything else 不会弄错的；明确无误的 —**unmistakably** *adv*

unmoved /ˌʌnˈmuːvd ‖ ʌnˈmuvd/ *adj* not affected emotionally; feeling no sympathy, pity, sadness etc 不受感动的；无动于衷的

unnatural /ʌnˈnætʃrəl ‖ ʌnˈnætʃrəl/ *adj* different from what is normal or expected; not natural 不正常；反常；不自然：*This hot dry weather is unnatural for April.* 四月的天气这样又热又干燥，真反常。—**unnaturally** /-rəlɪ ‖ -rəlɪ/ *adv*: *unnaturally quiet* 异常地寂静 ○ *Not unnaturally, she was delighted by the news.* 她听到那个消息后自然感到非常高兴。

☆**unnecessary** /ʌnˈnesəsrɪ; *US* 美 -serɪ ‖ ʌnˈnɛsəˌsɛrɪ/ *adj* not necessary; more than is needed or acceptable 不必要；不需要；多余：*It was unnecessary to ask because I already knew the answer.* 不需再问，因为我已经知道答案了。○ *unnecessary expense* 不必要的开支 —**unnecessarily** /ˌʌnˈnesəsrəlɪ; *US* 美 ˌʌnˌnesəˈserəlɪ ‖ ˌʌnnɛsəˈsɛrəlɪ/ *adv*: *unnecessarily rude* 不必要地粗鲁

unnoticed /ˌʌnˈnəʊtɪst ‖ ʌnˈnotɪst/ *adj* not noticed or seen 不受注意的；未被察觉的：*All your hard work has not gone unnoticed.* 你的一切努力并没有被忽略。

unobtrusive /ˌʌnəbˈtruːsɪv ‖ ˌʌnəbˈtrusɪv/ *adj* avoiding being noticed; not attracting attention 避免引人注意；不引人注目

unofficial /ˌʌnəˈfɪʃl ‖ ˌʌnəˈfɪʃəl/ *adj* not accepted or approved by a person or people in authority; not known publicly 未经批准的；非官方的；非正式的；未经公布的：*an unofficial strike* 未经工会同意的罢工 ○ *The news of the royal divorce is still unofficial.* 有关王室成员离婚的消息仍未公布。—**unofficially** /-ʃəlɪ ‖ -ʃəlɪ/ *adv*

unorthodox /ˌʌnˈɔːθədɒks ‖ ʌnˈɔrθəˌdɑks/ *adj* different from what is generally accepted, usual or traditional 非正统；不按成规的；反传统：*Some of his methods are rather unorthodox.* 他有些方法相当反传统。

unpack /ˌʌnˈpæk ‖ ʌnˈpæk/ *verb* [I,T] to take out the things that were in a bag, suitcase, etc 把东西从袋子、手提箱等里拿出来：*When we arrived at the hotel we unpacked and went to the beach.* 到达饭店后我们就把行李打开，然后到海滩去。○ *to unpack a suitcase* 把手提箱里的东西拿出来

unpaid /ˌʌnˈpeɪd ‖ ʌnˈped/ *adj* **1** not yet paid 未支付的：*an unpaid bill* 未支付的账单 **2** not receiving money for work done 无偿工作的：*an unpaid assistant* 义务助手 **3** (used about work 指工作) done without payment 无报酬的：*unpaid overtime* 无偿超时工作

☆**unpleasant** /ʌnˈpleznt ‖ ʌnˈplɛznṭ/ *adj* **1** causing you to have a bad feeling; not pleasant 讨厌；使人不愉快的；不合意：*This news has come as an unpleasant surprise.* 这是一个令人扫兴的意外消息。**2** unfriendly; impolite 心怀敌意；不友好；无礼：*There's no need to get unpleasant, we can discuss this in a friendly way.* 不用心怀敌意，我们可以和和气气地讨论这个问题。—**unpleasantly** *adv*

unplug /ˌʌnˈplʌg ‖ ʌnˈplʌg/ *verb* [T] (unplu**gg**ing; unplu**gg**ed) to disconnect a piece of electrical equipment by removing the plug from the socket 拔去电源插头：*Could you unplug the cassette recorder and bring it here, please?* 请你拔去盒式录音机的电源插头，把它拿到这里来好吗？

☆**unpopular** /ˌʌnˈpɒpjʊlə(r) ‖ ʌnˈpɑpjələ˞/ *adj* **unpopular (with sb)** not popular; not liked by many people 不受欢迎；不得人心 —**unpopularity** /ˌʌnˌpɒpjʊˈlærətɪ ‖ ʌnˌpɑpjəˈlærətɪ/ *noun* [U]: *What is the reason for her unpopularity?* 她不得人心的原因是什么呢？

unprecedented /ʌnˈpresɪdentɪd ‖ ʌnˈprɛsəˌdɛntɪd/ *adj* never having happened or existed before 史无前例；破天荒

unprovoked /ˌʌnprəˈvəʊkt ‖ ˌʌnprəˈvokt/ *adj* not caused by an earlier action 非经招惹而发生的；无缘无故：*an unprovoked attack* 无端的攻击

unqualified /ʌnˈkwɒlɪfaɪd ‖ ʌnˈkwɑləˌfaɪd/ *adj* **1** not having the qualifications or knowledge for sth 不合资格的；无（学术）资格的：*Being unqualified, she found her job opportunities were limited.* 由于她没有学历，可选择的工作实在有限。○ *I'm unqualified to offer an opinion on this matter.* 我没有资格对这件事提意见。**2** complete; absolute 完全；绝对：*an unqualified success* 全面的胜利

unquestionable /ʌnˈkwestʃənəbl ‖ ʌnˈkwɛstʃənəbḷ/ *adj* certain; that cannot be doubted 肯定；不成问题；无（可置）疑 —**unquestionably** /-əblɪ ‖ -əblɪ/ *adv*: *She is unquestionably the most famous opera singer in the world.* 她无疑是世界上最著名的歌剧演唱家。

unravel /ʌnˈrævl ‖ ʌnˈrævḷ/ *verb* (unrave**ll**ing; unrave**ll**ed; *US* 美 unrave**l**ing; unrave**l**ed) [I,T] **1** (used about threads which are knitted or woven 指编织物的线) to come undone 散开；解开：*The knitting I was doing started to unravel.* 我在打的毛衣的线头开始松开了。**2** (used about a complicated story, etc 指情节复杂的故事等) to become or to make sth become clear 揭开（秘密）；解开（谜团）：*Eventually the mystery unravelled and the truth came out.* 最后，秘密揭穿，真相大白。

unreal /ˌʌnˈrɪəl ‖ ʌnˈrɪəl/ *adj* very strange and seeming to be imagined 不真实；幻想的；虚构的

unreasonable /ʌnˈriːznəbl ‖ ʌnˈriznəbḷ/ *adj* **1** not willing to listen to other people; acting without good reasons 不讲（道）理；不合

（情）理: *I think she is being totally unreasonable.* 我认为她蛮不讲理。**2** too great, expecting too much 过分的；期望过高的: *He makes unreasonable demands on his staff.* 他对职员要求过于苛刻。—**unreasonably** /-əblɪ ‖ -əblɪ/ *adv*

unrelenting /ˌʌnrɪ'lentɪŋ ‖ ˌʌnrɪ'lɛntɪŋ/ *adj* continuously strong, not becoming weaker or stopping 持续的；毫不松懈: *unrelenting hard work* 努力不懈的工作

unreserved /ˌʌnrɪ'zɜ:vd ‖ ˌʌnrɪ'zɝvd/ *adj* without limit; complete 无限制的；完全；毫无保留的: *The government's action received the unreserved support of all parties.* 政府的行动获得所有政党的全力支持。—**unreservedly** /ˌʌnrɪ'zɜ:vɪdlɪ ‖ ˌʌnrɪ'zɝvɪdlɪ/ *adv*: *We apologize unreservedly for our mistake and will refund your money.* 我们谨就我们的错误致以诚挚的歉意，并将把阁下的款项悉数退还。

unrest /ˌʌn'rest ‖ ʌn'rɛst/ *noun* [U] a situation in which people are angry or dissatisfied and likely to protest or fight 不安宁；动荡；动乱: *social unrest* 社会动荡

unrivalled (*US* 美 **unrivaled**) /ʌn'raɪvld ‖ ʌn-'raɪvḷd/ *adj* better than any other of the same type; having no rival 无与伦比；无敌；独到: *He had an unrivalled knowledge of Greek theology.* 他对希腊神学的知识无人可以匹敌。

unroll /ˌʌn'rəʊl ‖ ʌn'rol/ *verb* [I,T] to open from a rolled position 打开；展开: *He unrolled the poster and stuck it on the wall.* 他把海报打开，贴在墙上。

unruly /ʌn'ru:lɪ ‖ ʌn'rulɪ/ *adj* difficult to control; without discipline 不守秩序；难以控制；不受约束: *an unruly crowd* 不守秩序的群众 —**unruliness** *noun* [U]

unsavoury (*US* 美 **unsavory**) /ˌʌn'seɪvərɪ ‖ ʌn'sevərɪ/ *adj* unpleasant; that you do not trust 令人讨厌；声名狼藉: *a rather unsavoury individual* 相当令人讨厌的一个人

unscathed /ˌʌn'skeɪðd ‖ ʌn'skeðd/ *adj* not hurt, without injury 未受损伤的；没有负伤的: *He came out of the fight unscathed.* 他打架后未受丝毫损伤。

unscrew /ˌʌn'skru: ‖ ʌn'skru/ *verb* [T] **1** to remove the screws from sth 从…旋出螺丝 **2** to open or undo sth by turning it 旋开；旋松: *Could you unscrew the top of this bottle for me?* 请你替我旋开这个瓶盖好吗？

unscrupulous /ʌn'skru:pjʊləs ‖ ʌn'skru-pjələs/ *adj* willing to be dishonest, cruel or unfair in order to get what you want 肆无忌惮；不择手段；无耻

unsightly /ʌn'saɪtlɪ ‖ ʌn'saɪtlɪ/ *adj* very unpleasant to look at; ugly 非常难看；丑陋: *an unsightly new building* 非常难看的新建筑物

unskilled /ˌʌn'skɪld ‖ ʌn'skɪld/ *adj* not having or requiring special skill or training 未受/不需专门训练；没有/不需特殊技能: *an unskilled job* 不需专门训练的工作

unsolicited /ˌʌnsə'lɪsɪtɪd ‖ ˌʌnsə'lɪsɪtɪd/ *adj* not asked for 未经请求的: *unsolicited praise* 主动提出的赞扬

unsound /ˌʌn'saʊnd ‖ ʌn'saʊnd/ *adj* **1** in poor condition; weak 不良的；弱: *The building is structurally unsound.* 那座楼宇结构不安全。**2** based on wrong ideas and therefore mistaken 谬误的

unstable /ˌʌn'steɪbl ‖ ʌn'stebḷ/ *adj* **1** likely to fall down or move; not firmly fixed 容易动摇的；不稳固 **2** likely to change or fail 易变的；不稳定: *a period of unstable government* 政府不稳定的时期 **3** (used about a person's moods or behaviour 指人的情绪或行为) likely to change suddenly or frequently 容易波动；反复无常: *She has such an unstable personality that you never know what she's going to do next.* 她生性反复无常，别人永远不知道她下一步会做什么。

unstuck /ˌʌn'stʌk ‖ ʌn'stʌk/ *adj* no longer stuck together or glued down 不再贴住的；脱落的: *The label on the parcel came unstuck.* 包裹上的标签脱落了。

(IDIOM 习语) **come unstuck** to fail badly; to be unsuccessful 大败；不成功

unsure /ˌʌn'ʃɔ:(r); *US* 美 -'ʃʊər ‖ ʌn'ʃʊr/ *adj* **1 unsure of yourself** not feeling confident about yourself 缺乏自信: *He's young and still quite unsure of himself.* 他还年轻，仍然缺乏自信。**2 unsure (about/of sth)** not certain; having doubts 不肯定；存疑: *I didn't argue because I was unsure of the facts.* 我没有争辩，因为我对事实不能肯定。

unsuspecting /ˌʌnsə'spektɪŋ ‖ ˌʌnsə'spɛktɪŋ/ *adj* not aware of danger 没有提防；（对危险）毫无戒备之心: *He came up quietly behind his unsuspecting victim.* 他悄悄从后面走近毫无戒备之心的受害人。

untangle /ˌʌn'tæŋgl ‖ ʌn'tæŋgl/ *verb* [T] to separate threads which have become tied together in a confused way 解开缠结: *The wires got mixed up and it took me ages to untangle them.* 电线缠在一起，我用了许多时间才把它们解开。

unthinkable /ˌʌn'θɪŋkəbl ‖ ʌn'θɪŋkəbḷ/ *adj* (used of an event, etc 指事件等) impossible to imagine or consider, especially because it is too painful or difficult 不能想像的/不可思议的（尤指因过分痛苦或困难）

unthinking /ˌʌn'θɪŋkɪŋ ‖ ʌn'θɪŋkɪŋ/ *adj* done, said, etc without thinking carefully 考虑不周；冒失；粗心 —**unthinkingly** *adv*

☆**untidy** /ʌn'taɪdɪ ‖ ʌn'taɪdɪ/ *adj* (**untidier**; **untidiest**) **1** not neat or well arranged 不整洁；乱七八糟: *an untidy bedroom* 不整洁的卧室 ○ *untidy hair* 蓬乱的头发 **2** (used about a person 指人) not keeping things neat or in good order 无条理；不修边幅: *My flatmate is so untidy!* 我的同寓房客真邋遢！—**untidily** /-ɪlɪ ‖ -ɪlɪ/ *adv* —**untidiness** *noun* [U]

untie /ʌn'taɪ ‖ ʌn'taɪ/ *verb* [T] (*pres part* **untying**; *3rd pers sing pres* **unties**; *pt, pp* **untied**) to undo a knot; to free sb by undoing a rope, etc 解开；打开；松开: *I can't get this knot untied.* 我解不开这个结子。

☆**until** /ən'tɪl ‖ ən'tɪl/ (*also* 亦作 **till** /tɪl ‖ tɪl/) *conj* up to the time when 直至；到…（为止）；在…之前: *She waited until he had finished.* 她一直等到他完成为止。○ *Most men work until they're 65.* 大多数人工作到65岁。○ *We won't* *leave until the police get here* (= we won't leave before they come). 在警察到来之前我们不会离开。

until (*also* 亦作 **till**) *prep* up to the time or the event mentioned 直至；到…（为止）；…之前：*The restaurant is open until midnight.* 这家餐馆营业到午夜十二时才关门。○ *Until that moment she had been happy.* 在那一刻之前，她一直很开心的。○ *We can't leave until 10 o'clock* (= we can leave at 10 but not before). * 10点之前我们不可以离开。☛ We can use **until** in both formal and informal English. * **until** 可以用于正式与非正式的场合。**Till** is more common in informal English and is not usually used at the beginning of a sentence. 在非正式场合中 **till** 较 **until** 常用，而且通常不用于句子的开端。Make sure that you only use **till/until** to talk about a time. We use **as far as** to talk about distance * **till** 和 **until** 只用于时间方面，表示距离要用 **as far as**: *I walked as far as the shops.* 我走到那些商店那么远。We use **up to** to talk about a number * **up to** 用于数字方面：*You can take up to 20 kilos of luggage.* 你最多可以携带20公斤行李。

untold /ˌʌn'təʊld ‖ ʌn'told/ *adj* very great; so big, etc that you cannot count it 巨大；数不清的：*untold suffering* 极度痛苦 ○ *untold wealth* 巨富

untoward /ˌʌntə'wɔ:d; *US* 美 ʌn'tɔ:rd ‖ ʌn'tɔrd/ *adj* (*formal* 正式) (used about an event, etc 指事件等) unexpected and unpleasant 不合宜；不幸

untruth /ˌʌn'tru:θ ‖ ʌn'truθ/ *noun* [C] (*pl* **untruths**) /-'tru:ðz ‖ -'truðz/ (*formal* 正式) something that is not true; a lie 虚假的东西；谎言：*to tell an untruth* 说谎 —**untruthful** /ʌn'tru:θfl ‖ ʌn'truθfəl/ *adj*: *I don't like being untruthful.* 我不喜欢弄虚作假。

unused[1] /ˌʌn'ju:zd ‖ ʌn'juzd/ *adj* that has not been used 未用过的：*an unused stamp* 未用过的邮票

unused[2] /ˌʌn'ju:st ‖ ʌn'just/ *adj* (not before a noun 不用于名词前) not having any experience of sth; not accustomed to sth 无经验；不习惯：*She was unused to such a lot of attention.* 她不习惯这样受人注目。

☆**unusual** /ʌn'ju:ʒl ‖ ʌn'juʒəl/ *adj* **1** not expected or usual 意外；不常见：*It's unusual for Joe to be late.* 约瑟夫很少迟到。**2** interesting because it is different 奇特；有异趣的：*What an unusual hat!* 多么奇特的帽子啊！

unusually /-ʒəlɪ ‖ -ʒəlɪ/ *adv* **1** more than is common; extremely 异常；极端：*an unusually hot summer* 异常酷热的夏天 **2** in a way that is not normal or typical of sb/sth 竟然；异常：*Unusually for her, she forgot his birthday.* 她竟然忘记了他的生日。

unveil /ˌʌn'veɪl ‖ ʌn'vel/ *verb* [T] to remove a type of cloth or curtain in order to show a new painting, etc to the public 揭去…的幕布；揭幕：*Princess Diana unveiled a plaque and opened the new leisure centre.* 黛安娜王妃为一块牌匾揭幕，标志着那家新文娱中心的启用。

unwanted /ˌʌn'wɒntɪd ‖ ʌn'wɑntɪd/ *adj* not wanted 没人要的；不想要的；多余：*an unwanted pregnancy* 意外受孕 ○ *a cream to remove unwanted hair* 脱去多余毛发的药膏

unwarranted /ʌn'wɒrəntɪd; *US* 美 -'wɔ:r- ‖ ʌn'wɔrəntɪd/ *adj* that is not deserved or for which there is no good reason 不应当；无正当理由的

unwell /ʌn'wel ‖ ʌn'wɛl/ *adj* (not before a noun 不用于名词前) ill; sick 有病的；不舒服：*She's feeling rather unwell.* 她觉得很不舒服。☛ Look at the note at **sick**. 参看 **sick** 的注释。

unwieldy /ʌn'wi:ldɪ ‖ ʌn'wildɪ/ *adj* difficult to move or carry because it is too big, heavy, etc（因庞大、笨重等而）难以移动/不灵便：*an unwieldy parcel* 笨重的包裹

unwind /ˌʌn'waɪnd ‖ ʌn'waɪnd/ *verb* (*pt, pp* **unwound** /-'waʊnd ‖ -'waʊnd/) **1** [I,T] (used of sth that is wound round sth else 指卷起的东西) to become undone or to be pulled out 解开；松开；展开：*The bandage had unwound.* 绷带松开了。**2** [I] (*informal* 非正式) to relax, especially after working hard 放松/松弛（尤指辛勤工作后）：*After a hard day at the office, it takes me a couple of hours to unwind.* 在办公室努力工作一整天后，我要花上一两个小时才松弛下来。

unwitting /ʌn'wɪtɪŋ ‖ ʌn'wɪtɪŋ/ *adj* not realizing sth; not intending to do sth 不知情的；无心；无意中：*an unwitting accomplice to the crime* 无心的从犯 —**unwittingly** *adv*: *The bank may have unwittingly broken the law.* 那家银行可能无意中触犯了法律。

☆**up** /ʌp ‖ ʌp/ *prep, adv* ☛ For special uses with many verbs eg **pick sth up**, look at the verb entries. 可与许多动词连用，如 **pick sth up**，其用法见有关动词词条。**1** to a high or higher level or position 向上；向较高处：*The monkey climbed up the tree.* 猴子爬上了树。○ *I carried her suitcase up to the third floor.* 我把她的衣箱搬上三楼。○ *Put your hand up if you know the answer.* 知道答案的请举手。○ *I walked up the hill.* 我走上山。**2** into an upright position 趋于直立的姿势：*Stand up, please.* 请站起来。○ *Is he up yet?* (= out of bed) 他起床了吗？○ *I had to get up early.* 我必须早起床。**3** (used for showing that an action continues until it is completed 表示动作一直进行至完成为止)：*Eat up, everybody, I want you to finish everything on the table.* 大家吃吧，我希望大家能吃光桌上的东西。**4** (used with verbs of closing 与含有"关闭"意思的动词连用)：*Do up your coat. It's cold.* 天气很冷，你扣好外衣吧。○ *She tied the parcel up with string.* 她用绳子把包裹捆扎好。**5** very close to a person or thing 很接近：*She ran up to her mother and kissed her.* 她跑到妈妈跟前，然后吻她。**6** (used about a period of time 指一段时间) finished 完成；已到：*Stop writing. Your time's up.* 时间到了，请停笔。**7** further along 远处：*I live just up the road.* 我住在路的那边。**8** in a particular direction, usually north 向某个方向（通常是北方）：*We're going up to York tomorrow.* 明天我们到约克去。**9** into pieces 成碎片：*We chopped the old table up and used it for firewood.* 我们将那张旧桌子劈成碎片当柴烧。**10** (used for showing that sth is increasing 指某事物正在增加): *Prices have gone up.* 价格上升。○ *Turn the volume up.* 将音量调高。**11** (used about computers 指计算机) working; in operation 运作中；操作中: *Are the computers back up yet?* 计算机都恢复运行了吗？

(IDIOMS 习语) **up and running** (used about sth new 指新事物) working well 运作良好: *The new system is already up and running.* 新系统已经安装好，一切运作顺利。

be up to sb to be sb's responsibility 是某人的责任: *I can't take the decision. It's not up to me.* 我不能作决定，这不是由我负责的。

not up to much (*informal* 非正式) not very good 不太好: *The programme wasn't up to much.* 那个节目不太精彩。

up and down backwards and forwards, or so as to rise and fall 来回；上下: *He was running up and down the road screaming with pain.* 他在路上来回奔跑，痛得直叫。

up to sth **1** as much/many as 多达: *We're expecting up to 100 people at the meeting.* 我们期望有多达100人参加会议。**2** as far as now 至今；到目前为止: *Up to now, things have been easy.* 到目前为止，事情还易办。**3** capable of sth 能够做/胜任某事: *I don't feel up to cooking this evening. I'm too tired.* 我太累了，今天晚上不想烧饭。**4** doing sth secret and perhaps forbidden 偷偷做某事: *What are the children up to? Go and see.* 孩子们在偷偷做些什么呢？快去看看。

what's up? (*informal* 非正式) what's the matter? 什么事？

ups *noun*

(IDIOM 习语) **ups and downs** both good and bad luck 好运和霉运；浮沉；兴衰: *Our marriage is happy but we've had our ups and downs.* 我们的婚姻现在很美满，但过去也曾起伏不定。

upbringing /ˈʌpbrɪŋɪŋ ‖ ˈʌpˌbrɪŋɪŋ/ *noun* [sing] the way a child is treated and taught how to behave by his/her parents 教养: *a religious upbringing* 宗教教养

update /ˌʌpˈdeɪt ‖ ʌpˈdet/ *verb* [T] **1** to make sth more modern 使现代化；更新 **2** to put the latest information into sth; to give sb the latest information 提供最新信息: *Our database of addresses is updated regularly.* 我们定期更新地址资料库。○ *Shall I update you on what happened at the meeting?* 要我把最近这次会议的详情告诉你吗？—**update** /ˈʌpdeɪt ‖ ˈʌpdet/ *noun* [C]: *an update on a news story* (= the latest information) 一则新闻的最新消息

upgrade /ˌʌpˈgreɪd ‖ ˌʌpˈgred/ *verb* [T] to change sth so that it is of a higher standard 提高级别或等级

upheaval /ʌpˈhiːvl ‖ ʌpˈhivl̩/ *noun* [C,U] a sudden big change, especially one that causes a lot of trouble 剧变；动乱

uphill /ʌpˈhɪl ‖ ˈʌpˈhɪl/ *adj*, *adv* **1** going up a slope, towards the top of a hill 上坡: *a long walk uphill* 一段很长的上坡路程 ☛ The opposite is **downhill**. 反义词为 **downhill**。**2** needing a lot of effort 费力；吃力；艰难: *It was an uphill struggle to find a job.* 找工作很费力。

uphold /ˌʌpˈhəʊld ‖ ʌpˈhold/ *verb* [T] (*pt*, *pp* **upheld** /-ˈheld ‖ -ˈhɛld/) to support sth (a decision, etc) especially when other people are against it 支持/维护（决定等）: *We must uphold the court's decision.* 我们必须支持法庭的决定。

upholstered /ˌʌpˈhəʊlstəd ‖ ʌpˈholstəd/ *adj* (used about a chair, etc 指椅子等) fitted with a layer of soft material and covered with cloth 装上垫料及布面的

upholstery /ʌpˈhəʊlstərɪ ‖ ʌpˈholstərɪ/ *noun* [U] the thick soft materials used to cover chairs, car seats, etc（椅子、汽车座位等的）装饰材料

upkeep /ˈʌpkiːp ‖ ˈʌpˌkip/ *noun* [U] the cost or process of keeping sth in a good condition 保养费；维修费: *The landlord pays for the upkeep of the building.* 房东负责支付大厦的保养费。

upland /ˈʌplənd ‖ ˈʌplənd/ *adj* situated on a hill or mountain 山地的；高原的: *an upland area* 高原地区

upland *noun* [C, usually pl] high areas of land 高地；高原

uplifting /ˌʌpˈlɪftɪŋ ‖ ʌpˈlɪftɪŋ/ *adj* producing a feeling of hope and happiness 令人振奋: *an uplifting speech* 振奋人心的演说

upon /əˈpɒn ‖ əˈpɑn/ *prep* (*formal* 正式) = ON

☆**upper** /ˈʌpə(r) ‖ ˈʌpɚ/ *adj* in a higher position than sth else; situated above sth 位置较高；上面的: *the upper floors of a building* 大厦的高层 ○ *the upper lip* 上唇

(IDIOM 习语) **get, etc the upper hand** to get into a stronger position than another person; to gain control over sb 占上风；控制某人

ˌupper ˈcase *noun* [U] letters that are written or printed in a large form; capital letters 大写字体/字母: *'BBC' is written in upper case.* * BBC是用大写字母写的。☛ The opposite is **lower case**. 反义词为 **lower case**。

ˌupper ˈclass *adj*, *noun* [C, with sing or pl verb] (of) the social class that is above the middle class; people with a lot of money and land and sometimes special titles 上等阶层（的）；上流社会（的）

uppermost /ˈʌpəməʊst ‖ ˈʌpɚˌmost/ *adj* in the highest or most important position 地位最高的；最重要: *Concern for her family was uppermost in her mind.* 在她心目中家庭是最重要的。

☆**upright** /ˈʌpraɪt ‖ ˈʌpˌraɪt/ *adj* **1** with a straight back; standing vertically 挺直；直立的: *Please put the back of your seat in an upright position.* 请将你的椅背竖直。○ *an upright piano* 竖式钢琴 **2** honest and responsible 正直；诚实: *an upright citizen* 正直的市民

(IDIOM 习语) **bolt upright** ⇨ BOLT

upright *adv* with a straight back; into a vertical position 直立；挺直；垂直: *to stand upright* 笔直地站着

uprising /ˈʌpraɪzɪŋ ‖ ˈʌpˌraɪzɪŋ/ *noun* [C] a situation in which a group of people start to fight against the people in power in their country 起义: *an armed uprising* 武装起义

U

uproar /ˈʌprɔː(r) ‖ ˈʌpˌrɔr/ *noun* [sing,U] a loud noise of excitement, confusion, anger, etc; an angry discussion about sth 喧闹；吵闹: *The meeting ended in uproar.* 会议在吵吵闹闹中结束。

uproarious /ʌpˈrɔːrɪəs ‖ ʌpˈrɔrɪəs/ *adj* very noisy 喧闹的: *uproarious laughter* 哄堂大笑

uproot /ˌʌpˈruːt ‖ ʌpˈrut/ *verb* [T] to tear up a plant by the roots 连根拔起: *Strong winds had uprooted the tree.* 强风把树连根拔起。○ (*figurative* 比喻) *Many people have to uproot themselves when they change jobs* (= leave the place where they have lived for a long time). 许多人转换工作的时候都必须迁居。

☆**upset** /ˌʌpˈset ‖ ʌpˈsɛt/ *verb* [T] (*pres part* **upsetting**; *pt*, *pp* **upset**) **1** to make sb worry or feel unhappy 使苦恼/不快: *The pictures of starving children upset her.* 饥饿儿童的图片使她感到不安。○ *I was quite upset at losing my purse.* 我丢了钱包，非常不快。**2** to make sth go wrong 搅乱；打乱: *to upset someone's plans* 打乱某人的计划 **3** to knock sth over 弄翻；打翻: *I upset a bottle of wine all over the tablecloth.* 我打翻酒瓶，弄得整张桌布都是酒。**4** to make sb ill in the stomach 使肠胃不适: *Rich food usually upsets me.* 油腻的食物常使我肠胃不适。

upset /ˈʌpset ‖ ˈʌpˌsɛt/ *noun* **1** [C,U] the act of upsetting(1,2) or being upset 苦恼；心烦意乱: *I've had quite a few upsets recently.* 近来发生了不少使我感到苦恼的事。**2** [C] a slight illness in your stomach 肚子不舒服: *a stomach upset* 肠胃不适

upset /ˌʌpˈset ‖ ʌpˈsɛt/ *adj* **1** worried and unhappy 闷闷不乐；心烦意乱: *She was looking very upset about something.* 她看来正为什么事非常闷闷不乐。**2** slightly ill 不舒服: *I've got an upset stomach.* 我肚子不舒服。

> ☛ Note that the adjective is pronounced /ˈʌpset ‖ ˈʌpˌsɛt/ when it comes before a noun and /ˌʌpˈset ‖ ʌpˈsɛt/ in other positions in the sentence. 作形容词用的 upset 如置于名词前，读音为/ˈʌpset ‖ ˈʌpˌsɛt/，如放在句中其他位置，读音则为/ˌʌpˈset ‖ ʌpˈsɛt/。

upshot /ˈʌpʃɒt ‖ ˈʌpˌʃɑt/ *noun* [sing] **the upshot (of sth)** the final result, especially of a conversation or an event（尤指对话或事件）结局/最后结果

☆**upside down** /ˌʌpsaɪd ˈdaʊn ‖ ˈʌpˌsaɪdˈdaʊn/ *adv* **1** with the top part turned to the bottom 倒置；倒挂: *You're holding the picture upside down.* 你将图画倒拿了。○ *She was hanging upside down.* 她身体倒挂着。**2** (*informal* 非正式) in or into a very untidy state（使）一团糟/非常混乱: *He turned the house upside down looking for his keys.* 他找钥匙的时候把房间翻得乱七八糟。

upside down
倒挂

☆**upstairs** /ˌʌpˈsteəz ‖ ˈʌpˈstɛrz/ *adv* to or on the upper floor of a building 往楼上；在楼上: *to go upstairs* 走上楼 ○ *She's sleeping upstairs.* 她在楼上睡觉。—**upstairs** *adj*: *an upstairs window* 楼上的窗户

upstairs *noun* [sing] (*informal* 非正式) **the upstairs** the upper floor of a house 房子的上层: *We're going to paint the upstairs.* 我们正要给上层油漆。

upstream /ˌʌpˈstriːm ‖ ˈʌpˈstrim/ *adv* moving against the direction that a river flows 逆流而上；往上游: *He swam slowly upstream.* 他慢慢往上游游去。

upstream *adj* (not before a noun 不用于名词前) situated nearer to the place that a river flows from 在/往上游的

upsurge /ˈʌpsɜːdʒ ‖ ˈʌpˌsɝdʒ/ *noun* [C, usually sing] a sudden increase of sth 急剧增加；激增: *an upsurge in violent crime* 暴力罪行急剧增加

uptake /ˈʌpteɪk ‖ ˈʌpˌtek/ *noun*

(IDIOM 习语) **quick/slow on the uptake** quick/ slow to understand the meaning of sth 理解力或领悟力强/弱: *I gave him a hint but he's slow on the uptake.* 我已给他一个提示，但他领悟得很慢。

uptight /ˌʌpˈtaɪt ‖ ˌʌpˈtaɪt/ *adj* (*informal* 非正式) **1** nervous 紧张: *He gets uptight before an exam.* 他在考试前往往变得紧张。**2** angry 生气: *Don't get so uptight – it's only a game.* 别这么生气，只是玩游戏而已。

☆**up-to-date** /ˌʌptəˈdeɪt ‖ ˈʌptəˈdet/ *adj* **1** modern 新式的: *up-to-date fashions* 新潮的时装 **2** having the most recent information 包含最新信息的: *an up-to-date dictionary* 最新的词典

up-to-the-minute /ˌʌptəðəˈmɪnɪt ‖ ˌʌptəðəˈmɪnɪt/ *adj* having the most recent information possible 最新: *an up-to-the-minute news report* 最新的新闻报道

upturn /ˈʌptɜːn ‖ ˈʌpˌtɝn/ *noun* [C] an improvement or gain in sth 好转；增进: *an upturn in support for the government* 对政府支持的增加

upturned /ˌʌpˈtɜːnd ‖ ˌʌpˈtɝnd/ *adj* **1** pointing upwards 向上指的；上翘的: *an upturned nose* 上翘的鼻子 **2** turned upside down 翻转的: *an upturned boat* 翻了的船

☆**upward** /ˈʌpwəd ‖ ˈʌpwɚd/ *adj* moving or directed towards a higher place 向上的；上升的: *an upward glance* 匆匆往上一瞥 ○ *an upward trend in exports* (= an increase) 出口上升的趋势

upward (*also* 亦作 **upwards** /-wədz ‖ -wɚdz/) *adv* moving towards, or in the direction of, a higher place 向上；上升；升高: *I looked upwards.* 我向上望。

upwards of *prep* more than (the number mentioned) 多于…；…以上: *They've invited upwards of a hundred guests.* 他们邀请了一百多名宾客。

uranium /jʊˈreɪnɪəm ‖ jʊˈrenɪəm/ *noun* [U] (*symbol* 符号 **U**) a radioactive metal that can be used to produce nuclear energy 铀（一种放射性金属元素，可用于生产核能）

Uranus /ˈjʊərənəs; jʊˈreɪnəs ‖ ˈjʊrənəs/ *noun* [sing] the planet that is seventh in order from the sun 天王星（太阳系行星，按离太阳远近次序计为第七颗）

☆**urban** /'ɜ:bən ‖ 'ɝbən/ *adj* of a town or city 城市的: *urban development* 城市发展

☆**urge** /ɜ:dʒ ‖ ɝdʒ/ *verb* [T] **1** to try hard to persuade sb to do sth 敦促；力劝: *I urged him to fight the decision.* 我力劝他反对那个决定。**2** to advise strongly, especially that sth is necessary 务请；极力主张: *Drivers are urged to take care on icy roads.* 务请各司机在结满冰的道路上小心驾驶。**3** to force or drive sb/sth in a certain direction 驱策；激励: *He urged his horse over the fence.* 他策马跨过栏栅。
(PHRASAL VERB 短语动词) **urge sb on** to encourage sb 鼓励某人: *The captain urged his team on.* 队长鼓励队员们继续努力。

urge *noun* [C] a strong need or desire 强烈的欲望；冲动: *sexual urges* 性冲动

☆**urgent** /'ɜ:dʒənt ‖ 'ɝdʒənt/ *adj* needing immediate attention 紧急；迫切: *an urgent message* 紧急的信息 ○ *It's not urgent; I'll tell you about it later.* 这事不急，我以后再告诉你吧。—**urgency** /-dʒənsɪ ‖ -dʒənsɪ/ *noun* [U]: *a matter of the greatest urgency* 最迫切的事 —**urgently** *adv*: *I must see you urgently.* 我急需见你。

urine /'jʊərɪn ‖ 'jʊrɪn/ *noun* [U] the yellow liquid that is passed from your body when you go to the toilet 尿；小便

urinate /'jʊərɪneɪt ‖ 'jʊrəˌnet/ *verb* [I] (*formal* 正式) to pass urine from the body 撒尿；小便

urn /ɜ:n ‖ ɝn/ *noun* [C] **1** a type of vase, especially one in which the ashes of a dead person are kept 瓮（尤指骨灰瓮）**2** a large metal container used for making a large quantity of tea or coffee and for keeping it hot 大金属壶（用来泡茶或咖啡并保温）

☆**us** /əs ‖ əs; strong form 强读式 ʌs ‖ 'ʌs/ *pron* (used as the object of a verb, or after *be* 用作动词的宾语，或用于 be 后) me and another person or other people; me and you 我们；咱们: *Come with us.* 和我们一起走吧。○ *Leave us alone.* 别管我们。○ *Will you write to us?* 你会写信给我们吗？○ *Hello, it's us again!* 喂，又是我们呢！

usage /'ju:sɪdʒ; 'ju:zɪdʒ ‖ 'jusɪdʒ; 'juzɪdʒ/ *noun* **1** [U] the way that sth is used; the amount that sth is used 用法；使用量: *With normal usage, the machine should last for years.* 在正常使用的情况下，这机器可以用上许多年。**2** [C,U] the way that words are normally used in a language（语言的）用法/惯用法: *a guide to English grammar and usage* 英语语法和用法指南

☆**use**[1] /ju:z ‖ juz/ *verb* [T] (*pres part* **using**; *pt, pp* **used** /ju:zd ‖ juzd/) **1** when you use sth, you do sth with it for a purpose 用；使用: *Could I use your phone?* 我可以用你的电话吗？○ *We used the money to buy a house.* 我们用那笔钱买了一所房子。○ *The building was used as a shelter for homeless people.* 那座楼房用来收容无家可归的人。○ *A gun is used for shooting with.* 枪是用来射击的。○ *Use your imagination!* 发挥你的想像力吧！○ *That's a word I never use.* 我从来不用这个字。**2** to need or to take sth 需要；取用: *Don't use all the milk.* 别把全部牛奶用光。**3** to treat sb/sth in a selfish or unkind way（自私地）利用: *He just used me to get what he wanted and then forgot about me.* 他只是利用我去取得他想要的东西，然后就忘掉我。
(PHRASAL VERB 短语动词) **use sth up** to use sth until no more is left 用光；耗尽

usable /'ju:zəbl ‖ 'juzəbḷ/ *adj* that can be used 可用的；合用的

☆**use**[2] /ju:s ‖ jus/ *noun* **1** [U] using or being used 使用；运用: *The use of computers is now widespread.* 现在使用计算机已很普遍。○ *She kept the money for use in an emergency.* 她留着那笔钱以备急用。**2** [C,U] the purpose for which sth is used 用途；功能: *This machine has many uses.* 这台机器用途广泛。**3** [U] the ability or permission to use sth 使用能力；使用权: *He lost the use of his hand after the accident.* 意外发生后，他的一只手残废了。○ *She offered them the use of her car.* 她让他们用她的车。**4** [U] the advantage of sth; how useful sth is 优点；益处；效用: *It's no use studying for an exam at the last minute.* 到了最后一刻才读书应考是没有用的。○ *What's the use of trying?* 尝试有什么用？
(IDIOMS 习语) **come into/go out of use** to start/stop being used 开始/停止使用
make use of sth/sb to use sth in a way that will give you an advantage 使用或利用某物/某人

☆**used**[1] /ju:zd ‖ juzd/ *adj* that has had an owner before 用过的；旧: *a garage selling used cars* 出售二手车的车房 ☛ Another word with the same meaning is **second-hand**. 另一个意义相同的词是 **second-hand**。

☆**used**[2] /ju:st ‖ just/ *adj* **used to sth/to doing sth** familiar with; accustomed to 习惯；惯于…的: *He's used to the heat.* 他习惯了炎热的天气。○ *I'll never get used to getting up at five.* 要五点钟起床，我是永远也不能习惯的。

☆**used to** /'ju:stə ‖ 'justə; before a vowel and in final position 在元音前及句末读作 'ju:stu: ‖ 'justu/ *modal verb* (for talking about sth that happened often or continuously in the past or about a situation which existed in the past 用以指过去经常或持续发生的事，或指过去的情况): *She used to live with her parents* (= but she doesn't now). 她以前和父母同住。○ *You used to live in Glasgow, didn't you?* 你以前在格拉斯哥居住，对吧？○ *Did you use to smoke?* 你以前吸烟吗？○ *I used not to like him.* 我从前不喜欢他。○ *He didn't use to speak to me.* 他过去从不跟我说话。☛ **1** We usually use **did** to form negatives and questions with **used to** ＊ **used to** 用于否定句和疑问句时通常要用 **did**: *I didn't use to like jazz.* 我过去不喜欢爵士乐。○ *Did she use to be in your class?* 她以前在你班上吗？The following negative and question forms of **used to** are more formal and not often used 以下用 **used to** 构成的否定句和疑问句形式用于较正式场合，并不常用: *He used not to drive a car.* 他过去从不开车。○ *Used they to work here?* 他们曾在这里工作过吗？**2** Be careful not to confuse **used**

U

to + infinitive, which only refers to the past, with **to be used to (doing) sth**, which can refer to the past, present or future. 小心不要混淆 **used to** + 不定式和 **to be used to (doing) sth**，前者只指过去的事，后者可指过去、现在或将来的事。Compare 试比较: *I used to live on my own* (= but now I don't). 我以前是一个人住的。○ *I'm used to living on my own* (= I am accustomed to it). 我习惯一个人住。

☆**useful** /ˈju:sfl ‖ ˈjusfəl/ *adj* having some practical use; helpful 有用的；有益的: *a useful tool* 有用的工具 ○ *useful advice* 有益的建议
(IDIOM 习语) **come in useful** to be of practical help, especially in a situation where there is no other help available 有实际帮助（尤指没有其他可用办法的情况下）—**usefully** /-fəlɪ ‖ -fəlɪ/: *Make sure your time is spent usefully.* 要确保能善用时间。—**usefulness** /-fəlnɪs ‖ -fəlnɪs/ *noun* [U]

☆**useless** /ˈju:slɪs ‖ ˈjuslɪs/ *adj* **1** that does not work well, or is of no use 无效的；无用的: *This new machine is useless.* 这台新机器没有用处。○ *It's useless complaining/to complain; you won't get your money back.* 抱怨也无济于事，你的钱还是不能取回。**2** (*informal* 非正式) (of a person 指人) weak or not successful at sth 无能；差劲: *I'm useless at sport.* 我运动很差劲。—**uselessly** *adv* —**uselessness** *noun* [U]

☆**user** /ˈju:zə(r) ‖ ˈjuzɚ/ *noun* [C] (often in compounds 常用以构成复合词) a person that uses a service, machine, place, etc 使用者: *users of public transport* 公共交通工具的乘客

user-friendly /ˌju:zəˈfrendlɪ ‖ ˌjuzɚˈfrɛndlɪ/ *adj* (used of computers, books, machines, etc 指计算机、书、机器等) easy or not too complicated to use 容易使用；处处为用家设想的

usher /ˈʌʃə(r) ‖ ˈʌʃɚ/ *noun* [C] a person who shows people to their seats in a cinema, church, etc（电影院、教堂等的）引座员/招待员

usher *verb* [T] to lead sb carefully in the direction mentioned 引领: *I was ushered to my seat.* 有人领我入座。
(PHRASAL VERB 短语动词) **usher sth in** to mark the beginning of sth 标志着…的开始；引进某事物: *The agreement ushered in a new period of peace for the two countries.* 协议标志着两国迈进和平新时期。

usherette /ʌʃəˈret ‖ ˌʌʃɚˈɛt/ *noun* [C] a woman who shows people to their seats in a cinema or theatre（电影院/剧院的）女引座员

☆**usual** /ˈju:ʒl ‖ ˈjuʒəl/ *adj* happening or used most often 平常；通常；惯常: *It's usual for her to work at weekends.* 她常常在周末工作。○ *He got home later than usual.* 他比平常回家晚些。○ *I sat in my usual seat.* 我坐在惯常坐的座位上。
(IDIOM 习语) **as usual** in the way that has often happened before 像往常一样；照例: *Here's Derek, late as usual!* 德里克来了，像往常一样迟到！

usually /ˈju:ʒəlɪ ‖ ˈjuʒəlɪ/ *adv* in the way that is usual; most often 通常；惯常: *She's usually home by six.* 她通常在六点钟前回到家里。○ *Usually, we go out on Saturdays.* 我们通常星期六外出。

utensil /ju:ˈtensl ‖ juˈtɛnsḷ/ *noun* [C] a type of tool or object used in the home 家庭用具: *cooking utensils* 烹饪用具

uterus /ˈju:tərəs ‖ ˈjutərəs/ *noun* [C] (*pl* **uteruses** or, in scientific use 作科学用语时复数作 **uteri** /-raɪ ‖ -ˌraɪ/) (*formal* 正式) the part of a woman's body where a baby grows 子宫 ☛ A less formal word is **womb**. * **uterus** 用于正式场合，非正式场合宜用 **womb**。

utility /ju:ˈtɪlətɪ ‖ juˈtɪlətɪ/ *noun* (*pl* **utilities**) **1** [U] (*formal* 正式) the usefulness (of a machine, etc) 功用；效用 **2** [C] a useful public service such as the supplying of water or gas 公用事业（如水或煤气的供应）

uˈtility room *noun* [C] a small room in a house, often next to the kitchen, where people sometimes keep a washing-machine, etc 杂物存储室（通常在厨房隔壁，可放洗衣机等）

utilize (*also* 亦作 **utilise**) /ˈju:təlaɪz ‖ ˈjutḷˌaɪz/ *verb* [T] (*formal* 正式) to make use of sth 利用；使用: *to utilize natural resources* 利用天然资源

utmost /ˈʌtməʊst ‖ ˈʌtˌmost/ *adj* (only *before* a noun 只用于名词前) (*formal* 正式) greatest 最重大: *a message of the utmost importance* 最重大的信息

utmost *noun* [sing] the greatest extent, amount, degree, etc that is possible 最大限度/数量/程度…: *I did my utmost to help.* 我已尽全力帮忙。

Utopia /ju:ˈtəʊpɪə ‖ juˈtopɪə/ *noun* [C,U] an imaginary society or place where everything is perfect 乌托邦；理想国 —**Utopian** /-pɪən ‖ -pɪən/ *adj*

utter[1] /ˈʌtə(r) ‖ ˈʌtɚ/ *adj* (only *before* a noun 只用于名词前) complete; total 完全；十足: *That's utter nonsense!* 全是废话！○ *He felt an utter fool.* 他觉得自己是个大傻瓜。—**utterly** *adv*: *It's utterly impossible.* 这全无可能。

utter[2] /ˈʌtə(r) ‖ ˈʌtɚ/ *verb* [T] to speak or make a sound with your mouth 说出；发出声音: *She left without uttering a word.* 她一言不发地走了。

utterance /ˈʌtərəns ‖ ˈʌtərəns/ *noun* [C] (*formal* 正式) something that is said 话；言语

U-turn /ˈju:tɜ:n ‖ ˈjuˌtɝn/ *noun* [C] **1** a type of movement where a car, etc turns round so that it goes back in the direction it came * 180度转弯；掉头 **2** a sudden change from one plan to a completely different one 突然彻底改变

V v

V, v /viː ‖ vi/ *noun* [C] (*pl* **V's; v's**) **1** the twenty-second letter of the English alphabet 英语字母表的第二十二个字母: *'Van' begins with (a) 'V'.* * van 这个词的第一个字母是 V。**2** the shape of a V * V形: *The birds were flying in a V.* 那些鸟排成V形飞行。

vacancy /ˈveɪkənsɪ ‖ ˈvekənsɪ/ *noun* [C] (*pl* **vacancies**) **1** a room in a hotel, etc that is not being used（旅馆等的）空房: *The sign outside the hotel said 'No Vacancies'.* 旅馆外面的告示写着："客满"。**2** a job that has not been filled 职位空缺: *We have a vacancy for a secretary in our office.* 我们办公室有一个秘书空缺。

☆**vacant** /ˈveɪkənt ‖ ˈvekənt/ *adj* **1** (of a house, room, seat, etc 指房子、房间、座位等) not being used 空着的；未使用的 **2** (of a job, etc 职位等) not filled空缺的: *the 'Situations Vacant' page* (= the page of a newspaper where jobs are advertised) "招聘广告" 版 **3** showing no sign of intelligence or understanding 失神；茫然: *a vacant expression* 茫然的表情 —**vacantly** *adv*: *She stared vacantly out of the window.* 她茫然凝望窗外。

vacation /vəˈkeɪʃn; *US* 美 veɪ- ‖ veˈkeʃən/ *noun* **1** [C,U] (*US* 美) (a) holiday 假期；休假: *The boss is on vacation.* 老板现正度假。☛ Look at the note at **holiday**. 参看 **holiday** 的注释。**2** [C] any of the holiday periods when a university is closed 大学假期: *the Easter vacation* 复活节假期

vaccinate /ˈvæksɪneɪt ‖ ˈvæksn̩ˌet/ *verb* [T] to give an injection to prevent a person or an animal from getting a disease 给…接种疫苗；给…打预防针: *Were you vaccinated against measles as a child?* 你小时候接种过麻疹疫苗没有？ —**vaccination** /ˌvæksɪˈneɪʃn ‖ ˌvæksn̩ˈeʃən/ *noun* [C,U]

vaccine /ˈvæksiːn; *US* 美 vækˈsiːn ‖ vækˈsin/ *noun* [C] a substance that is given to people in an injection in order to protect them against a disease 疫苗（注射于人体，能使人体对某种疾病产生免疫力的物质）

vacuum cleaner
真空吸尘器

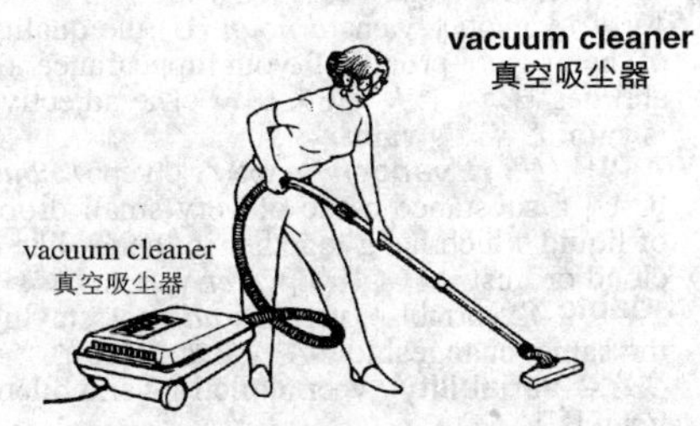

vacuum /ˈvækjʊəm ‖ ˈvækjuəm/ *noun* [C] **1** a space that contains no substance and no air or gas 真空（没有空气的状态）: (*figurative* 比喻) *a vacuum in her life* (= a feeling of emptiness) 她生活空虚 **2** (*informal* 非正式) = VACUUM CLEANER

vacuum *verb* [I,T] to clean sth using a vacuum cleaner 用真空吸尘器清扫

ˈ**vacuum cleaner** *noun* [C] an electric machine that cleans carpets, etc by sucking up dirt 真空吸尘器

ˈ**vacuum flask** (*US* 美 ˈ**vacuum bottle**) (*also* 亦作 **flask**; **Thermos**, *trade mark* 商标) a type of container used for keeping a liquid hot or cold 保温瓶

vagina /vəˈdʒaɪnə ‖ vəˈdʒaɪnə/ *noun* [C] the passage in the body of a woman or female animal that connects the outer sex organs to the part where a baby grows (**womb**) 阴道（女性或雌性动物体内连接外生殖器官和子宫 (**womb**) 的管状通道）

vague /veɪg ‖ veg/ *adj* **1** not clear or definite 模糊；不明确；含糊: *vague memories of my childhood home* 我对童年居所的模糊记忆 **2** (used about a person 指人) not thinking or understanding clearly 糊涂；思路不清的: *She looked vague when I tried to explain.* 我尝试解释，但她看来一脸茫然。**3** not clearly seen 不清晰；模糊: *a vague shape in the distance* 远处模糊的外形

vaguely *adv* **1** in a way that is not clear; slightly 不清晰地；略为: *Her name is vaguely familiar.* 她的名字有点耳熟。**2** without thinking about what is happening 茫然地: *He smiled vaguely and walked away.* 他茫然地一笑就走了。—**vagueness** *noun* [U]

☆**vain** /veɪn ‖ ven/ *adj* **1** (used about a person 指人) too proud of your appearance, of what you can do, etc 爱虚荣；自负；自视过高 ☛ The noun is **vanity**. 名词为 **vanity**。**2** useless; without any hope of success 无用；徒劳: *a vain attempt* 徒然的尝试

(IDIOM 习语) **in vain** without success 徒然；白费力的: *The firemen tried in vain to put out the fire.* 消防员尝试扑灭那场火，可惜徒劳无益。—**vainly** *adv*

vale /veɪl ‖ vel/ *noun* [C] a valley 山谷: *the Vale of York* 约克山谷 ☛ We use this word in place names and in poetry. 这个词用于地名及诗歌中。

valentine /ˈvæləntaɪn ‖ ˈvælənˌtaɪn/ *noun* [C] **1** (*also* 亦作 ˈ**valentine card**) a card that you send, usually secretly, to someone you love or like in a romantic way 情人卡 ☛ It is traditional to send these cards on **St Valentine's Day** (14 February). 按照传统，情人卡在2月14日圣瓦伦廷节或情人节 (**St Valentine's Day**) 送出。**2** the person you send this card to 收受情人卡的人；情人: *Be my valentine* (= written on a valentine card). 做我的情人吧（情人卡上用语）。

valiant /ˈvælɪənt ‖ ˈvæljənt/ *adj* (*formal* 正式) very brave 非常勇敢 —**valiantly** *adv*

☆**valid** /ˈvælɪd ‖ ˈvælɪd/ *adj* **1** that can be used or accepted legally at a certain time（法律上）有效: *This passport is valid for one year only.*

这本护照有效期仅一年。**2** acceptable in a court of law 有法律效力的: *a valid contract* 有法律效力的合约 **3** (used about a reason, etc 指理由等) strong enough to convince sb; acceptable 令人信服；站得住脚: *I could raise no valid objections to the plan.* 我不能就那个计划提出有力的反对意见。☛ The opposite is **invalid**. 反义词为 **invalid**。—**validity** /vəˈlɪdətɪ ‖ vəˈlɪdətɪ/ *noun* [U]: *the validity of an argument* 论点的正确性 ○ *the validity of a law* 某项法律的效力

☆**valley** /ˈvælɪ ‖ ˈvælɪ/ *noun* [C] the flat land that lies between two lines of mountains or hills and which often has a river flowing through it 山谷；溪谷

valour (*US* 美 **valor**) /ˈvælə(r) ‖ ˈvælɚ/ *noun* [U] great bravery, especially in war 非常英勇/勇猛（尤指战争中）: *the soldiers' valour in battle* 战场上士兵的英勇行为 ☛ This word is used in old, formal or poetic writing. 这个词用于旧时作品、正式场合或诗歌中。

☆**valuable** /ˈvæljʊəbl ‖ ˈvæljʊəbḷ/ *adj* **1** worth a lot of money 值钱；贵重: *Is this ring valuable?* 这枚戒指值钱吗？**2** very useful 很有用: *a valuable piece of information* 宝贵的消息 ☛ The opposite is **valueless** or **worthless**, not **invaluable**. 反义词为 **valueless** 或 **worthless**，不是 **invaluable**。

valuables *noun* [plural] the small things that you own that are worth a lot of money, such as jewellery, etc 贵重物品（如珠宝等）: *Please put your valuables in the hotel safe.* 请将贵重物品存放于旅馆的保险箱中。

valuation /ˌvæljʊˈeɪʃn ‖ ˌvæljʊˈeʃən/ *noun* [C,U] the act of estimating how much sth is worth 估价

☆**value** /ˈvælju: ‖ ˈvælju/ *noun* **1** [U] the usefulness or importance of sth（实用）价值；益处；重要性: *the value of education* 教育的重要性 ○ *of great/little value* 大有/无甚价值 **2** [C,U] the amount of money that sth is worth（某物的）价值: *The thieves stole goods with a total value of £10 000.* 那些贼偷去总值10 000英镑的货物。○ *IBM shares have increased in value this month.* 国际商用机器公司的股价这个月涨了。○ *to go up/down in value* 价值上升/下降 ☛ Look at **face value**. 参看 **face value**。**3** [U] the worth of sth compared with its price 价值（相对于价格）: *The hotel was good value at £20 a night.* 这家旅馆的房租为20英镑一晚，很实惠。**4 values** [plural] a set of beliefs about the way people should behave; moral principles 价值观；道德标准: *the traditional values of Western society* 西方社会的传统价值观

value *verb* [T] (*pres part* **valuing**) **1 value sth (at sth)** to decide the amount of money that sth is worth 估价；估值: *The house was valued at £70 000.* 那所房子估计值70 000英镑。**2** to think sb/sth is very important and worth a lot 重视；珍视: *Laura has always valued her independence.* 劳拉一向重视自己的独立自主。

valueless *adj* without value or use; worthless 没有价值；毫无用处 ☛ Look at **invaluable**. 参看 **invaluable**。

ˌ**value ˈadded tax** *noun* [U] (*abbr* 缩写 **VAT**) a tax on the increase in value of sth at each stage of its production 增值税（根据产品在各生产阶段中增加的价值而征收的税项）

valve /vælv ‖ vælv/ *noun* [C] a mechanical device which controls the flow of air, liquid or gas in a pipe or tube 活门/阀（管道中控制空气、液体或气体的流动的机械装置）: *a radiator valve* 散热器活门 ○ *the valve on a bicycle tyre* 自行车轮胎的气门

vampire /ˈvæmpaɪə(r) ‖ ˈvæmpaɪr/ *noun* [C] (in horror stories 恐怖故事中) a dead person who comes out of his/her grave at night and sucks the blood of living people 吸血鬼

☆**van** /væn ‖ væn/ *noun* [C] a road vehicle that is used for transporting things 货车 ☛ picture at **lorry**. 见 **lorry** 插图。A **van** is smaller than a **lorry** and is always covered. * **van** 比 **lorry** 小，有篷盖。

vandal /ˈvændl ‖ ˈvændḷ/ *noun* [C] a person who damages property (eg telephone boxes, cars, shop-windows) intentionally and for no purpose 蓄意破坏公物/他人财物的人 —**vandalism** /-dəlɪzəm ‖ -dḷˌɪzəm/ *noun* [U]: *The police are worried about the recent increase in vandalism.* 最近涉及蓄意破坏的案件增加，警方表示忧虑。

vandalize (*also* 亦作 **vandalise**) /ˈvændəlaɪz ‖ ˈvændḷˌaɪz/ *verb* [T] (usually passive 通常用于被动语态) to damage property intentionally and for no purpose 蓄意破坏

vanilla /vəˈnɪlə ‖ vəˈnɪlə/ *noun* [U] a substance from a plant that is used for giving flavour to sweet food 香草精/香子兰精（从香子兰荚中提取的物质，可为甜的食品添香味）: *Strawberry, chocolate or vanilla ice-cream?* 要哪一种冰淇淋？草莓、巧克力、还是香草？

☆**vanish** /ˈvænɪʃ ‖ ˈvænɪʃ/ *verb* [I] **1** to disappear suddenly and completely 突然完全消失: *When he turned round, the two men had vanished.* 他转过身来，那两个人已经消失了。○ *His fear vanished when he heard his sister's voice outside the door.* 他听见门外姐姐的声音，就不再害怕了。**2** (used about types of things 指事物的种类) to disappear little by little over a period of time 逐渐消失/绝迹: *This species of plant is vanishing from the British countryside.* 这种植物在英国郊野愈来愈罕见了。

vanity /ˈvænətɪ ‖ ˈvænətɪ/ *noun* [U] the quality of being too proud of your appearance or abilities 自负；自大；虚荣心 ☛ The adjective is **vain**. 形容词为 **vain**。

vapour (*US* 美 **vapor**) /ˈveɪpə(r) ‖ ˈvepɚ/ *noun* [C,U] a substance made of very small drops of liquid which hang together in the air like a cloud or mist 水汽；蒸汽: *water vapour* 水蒸气

variable /ˈveərɪəbl ‖ ˈvɛrɪəbḷ/ *adj* not staying the same; changeable 多变；易变；不定的；可变的 —**variability** /ˌveərɪəˈbɪlətɪ ‖ ˌvɛrɪəˈbɪlətɪ/ *noun* [U]

variant *noun* [C] a different form of sth 变体；异体

☆**variation** /ˌveərɪˈeɪʃn ‖ ˌvɛrɪˈeʃən/ *noun* **1** [C,U] **variation (in sth)** a difference in quality or quantity between a number of things 差异；

差别；出入: *There was a lot of variation in the examination results* (= the results were very different from each other). 考试成绩的个别差异很大。○ *There may be a slight variation in price from shop to shop.* 各家商店的价格可能略有差异。**2** [C] **variation (on/of sth)** something that is almost the same as another thing but has some small differences 变奏；变异: *All Spielberg's films are just variations on a basic theme.* 斯皮尔伯格的电影都不过是源自基本一致的主题的变异而已。

varied /ˈveərɪd ‖ ˈvɛrɪd/ *adj* having many different kinds of things or activities 各种各样的；多变化的: *The restaurant has a varied menu of meat, fish and vegetables.* 这家餐馆有肉、鱼、蔬菜各种菜肴。○ *The work of an English teacher is interesting and varied.* 英语教师的工作既有趣又多变化。

☆**variety** /vəˈraɪətɪ ‖ vəˈraɪətɪ/ *noun* (*pl* **varieties**) **1** [U] the quality of not being the same 变化；多样化: *There's so much variety in my new job. I do something different every day!* 我的新工作变化万千，每天做的事都不同。**2** [C] **a variety (of sth)** a number of different kinds of things 种种；各式各样（的事物）: *You can take evening classes in a variety of subjects including photography, Spanish and computing.* 你可选读多种不同的夜校课程，包括摄影、西班牙语和计算机技术课程。**3** [C] **a variety (of sth)** a type of sth 种类: *a new variety of apple called 'Perfection'* 一种新品种的苹果，取名"完美"

☆**various** /ˈveərɪəs ‖ ˈvɛrɪəs/ *adj* (used for describing things that are different from each other 用以描述不同的东西) more than one; several 不同的；各种各样的: *Our shop sells hats in various shapes, colours and sizes.* 我们的商店出售各种不同形状、颜色、尺码的帽子。○ *I decided to leave London for various reasons.* 由于种种原因，我决定离开伦敦。

varnish /ˈvɑːnɪʃ ‖ ˈvɑrnɪʃ/ *noun* [U] a clear liquid that you paint onto wood or other hard surfaces to protect them and make them shine 清漆（一种透明漆油，涂于木器或其他坚硬材料的表面，使其光亮，具保护作用）☛ Look at **nail varnish**. 参看 **nail varnish**。—**varnish** *verb* [T]

☆**vary** /ˈveərɪ ‖ ˈvɛrɪ/ *verb* (*pres part* **varying**; *3rd pers sing pres* **varies**; *pt, pp* **varied**) **1** [I] (used about a number of things 用以指一些东西) to be different from each other 彼此相异: *The hotel bedrooms vary in size from medium to very large.* 旅馆有多种不同大小的房间，由中等至很大的都有。**2** [I] to become different; to change 变化；改变: *The price of the holiday varies from £500 to £1 200, depending on the time of year.* 度假费用由500到1 200英镑不等，视季节而定。**3** [T] to make sth different by changing it often in some way 使有变化；使多样化: *I try to vary my work as much as possible so I don't get bored.* 我尝试尽量使工作多样化，以免感到沉闷。

☆**vase** /vɑːz; *US* 美 veɪs; veɪz ‖ ves; vez/ *noun* [C] a glass or china container used for holding cut flowers 花瓶

vasectomy /vəˈsektəmɪ ‖ vəsˈɛktəmɪ/ *noun* [C] (*pl* **vasectomies**) a small medical operation that prevents a man from having children, by cutting the tube that carries sperm 输精管切除手术

☆**vast** /vɑːst; *US* 美 væst ‖ væst/ *adj* extremely big 庞大: *a vast sum of money* 巨额金钱 ○ *a vast country* 幅员辽阔的国家 —**vastly** *adv*: *a vastly improved traffic system* 大大改善了的交通系统

vault[1] /vɔːlt ‖ vɔlt/ *noun* [C] **1** a strong underground room in a bank, etc used for keeping money and other valuable things safe（银行等的）保险库 **2** a room under a church where dead people are buried（教堂的）地下墓室 **3** a high roof or ceiling in a church, etc, made from a number of arches joined together at the top（教堂等的）拱顶

vault[2] /vɔːlt ‖ vɔlt/ *verb* [I,T] **vault (over sth)** to jump over or onto sth in one movement, using your hands or a pole to help you（用手撑物或撑竿）跳过/跃上（某物）: *The boy vaulted over the wall.* 这男孩撑跳过那堵墙。○ *to pole-vault* 撑竿跳高

veal /viːl ‖ vil/ *noun* [U] the meat from a young cow (**calf**) 小牛肉（小牛叫做 **calf**）☛ Look at the note at **meat**. 参看 **meat** 的注释。

veer /vɪə(r) ‖ vɪr/ *verb* [I] (used about vehicles 指车辆) to change direction suddenly 突然改变方向: *The car veered across the road and hit a tree.* 那辆车突然转向横越路面，撞上一棵大树。

vegan /ˈviːgən ‖ ˈvigən/ *noun* [C] a person who does not eat any animal products 纯素食者 ☛ Look at **vegetarian**. 参看 **vegetarian**。

☆**vegetable** /ˈvedʒtəbl ‖ ˈvɛdʒtəbḷ/ *noun* [C] a plant which you eat as food, eg potatoes, carrots, onions 蔬菜: *fresh fruit and vegetables* 新鲜水果和蔬菜 ○ *green vegetables* (= cabbage, lettuce, etc) 绿色蔬菜 ○ *vegetable soup* 蔬菜汤 ○ *a vegetable garden* 菜园

vegetarian /ˌvedʒɪˈteərɪən ‖ ˌvɛdʒəˈtɛrɪən/ *noun* [C] a person who does not eat meat or fish 素食者

vegetation /ˌvedʒɪˈteɪʃn ‖ ˌvɛdʒəˈteʃən/ *noun* [U] (*formal* 正式) plant life in general; all the plants that are found in a particular place 植物（总称）；某一地方的植物: *tropical vegetation* 热带植物

vehement /ˈviːəmənt ‖ ˈviəmənt/ *adj* showing strong (often negative) feeling 感情强烈的（通常是负面的）: *a vehement attack on the government* 对政府的猛烈抨击

☆**vehicle** /ˈvɪəkl; *US* 美 ˈviːhɪkl ‖ ˈvihɪkḷ/ *noun* [C] (*formal* 正式) **1** something which transports people or things from place to place, especially on land, eg cars, bicycles, lorries, buses 车辆: *a motor vehicle* 机动车 **2** something which is used for communicating particular ideas or opinions 媒介/工具/手段（用以表达意见或主张）: *This newspaper has become a vehicle for Conservative opinion.* 这份报纸已成为传播保守党的主张的媒介。

veil /veɪl ‖ vel/ *noun* [C] a piece of thin material for covering the head and face of a woman 面纱

V

vein /veɪn ‖ ven/ *noun* **1** [C] one of the tubes which carry blood from all parts of the body to the heart 静脉（把血液送回心脏的血管） ☛ Look at **artery**. 参看 **artery**。**2** [sing,U] a particular style or quality 风格；特质：*After a humorous beginning, the programme continued in a more serious vein.* 幽默的开场白过后，节目以比较严肃的风格进行。

Velcro /ˈvelkrəʊ ‖ ˈvɛlkro/ *noun* [U] (*trade mark* 商标) a material for fastening parts of clothes together. Velcro is made of nylon and is used in small strips, one rough and one smooth, that stick together. 维可牢（尼龙搭扣，分两边，相合即可粘住）

velocity /vɪˈlɒsətɪ ‖ vəˈlɑsətɪ/ *noun* [U] (*technical* 术语) the speed at which sth moves 速度；速率

velvet /ˈvelvɪt ‖ ˈvɛlvɪt/ *noun* [U] a kind of material made of cotton, silk or nylon with a soft thick surface on one side only 丝绒；天鹅绒

vendetta /venˈdetə ‖ vɛnˈdɛtə/ *noun* [C] a serious argument or quarrel which lasts for a long time (especially between an individual and an organization or between families) 宿怨；世仇

vendor /ˈvendə(r) ‖ ˈvɛndɚ/ *noun* [C] (*formal* 正式) a person who sells sth 摊贩；小贩；卖主 ☛ Look at **purchaser**. 参看 **purchaser**。

veneer /vəˈnɪə(r) ‖ vəˈnɪr/ *noun* [C,U] **1** a thin layer of wood or plastic which you stick onto sth made of cheaper material to give it a better appearance 饰面薄板（贴在用廉价材料制成的物件表面的薄木板或胶板）**2 a veneer (of sth)** (*formal* 正式) a part of sb's behaviour or of a situation which hides what it is really like 粉饰；虚饰：*a thin veneer of politeness* 虚饰的礼貌外表

venetian blind /vəˌniːʃn ˈblaɪnd ‖ vəˌniʃən ˈblaɪnd/ *noun* [C] a covering for a window that is made of horizontal strips of plastic. You can alter the position of the strips in order to let more or less light into the room. 活动百叶帘

vengeance /ˈvendʒəns ‖ ˈvɛndʒəns/ *noun* (*formal* 正式) [U] the act of hurting sb because he/she has hurt you in some way that you think is unjust 报仇；报复；复仇：*The man wanted vengeance for the death of his wife.* 那个人要报杀妻之仇。☛ Look at **revenge**. 参看 **revenge**。

(IDIOM 习语) **with a vengeance** with more force and determination than before or than you expected 比以前或预料中更强烈/坚决；变本加厉：*After a week of good weather winter returned with a vengeance today.* 经过一星期好天气后，寒冬今天又来临了，而且变本加厉。

venison /ˈvenɪzn ‖ ˈvɛnəzn̩/ *noun* [U] the meat from a deer 鹿肉 ☛ Look at the note at **meat**. 参看 **meat** 的注释。

venom /ˈvenəm ‖ ˈvɛnəm/ *noun* [U] **1** extreme anger or hatred that you show when you speak（说话时流露的）怨恨/痛恨 **2** the poisonous fluid that snakes, etc inject into you when they bite you（毒蛇等分泌的）毒液 —**venomous** /ˈvenəməs ‖ ˈvɛnəməs/ *adj*

vent /vent ‖ vɛnt/ *noun* [C] a hole in the wall of a room or machine which allows air to come in, and smoke, steam or smells to go out（疏通烟、蒸汽或气味的）孔口；排气孔：*an air vent* 气孔

ventilate /ˈventɪleɪt; *US* 美 -təleɪt ‖ ˈvɛntl̩ˌet/ *verb* [T] to allow air to move freely in and out of a room or building 使通风/通气：*The office is badly ventilated.* 办公室通风不良。—**ventilation** /ˌventɪˈleɪʃn; *US* 美 -təˈleɪʃn ‖ ˌvɛntl̩ˈeʃən/ *noun* [U]: *There was no ventilation in the room except for one tiny window.* 那房间除了一个小窗外，便无其他通风设备。

venture /ˈventʃə(r) ‖ ˈvɛntʃɚ/ *noun* [C] a project which is new and often risky, because you cannot be sure that it will succeed（有风险的）事业/企业：*I wish you luck in your new business venture.* 我希望你的新企业一切顺利。

venture *verb* [I] to do sth or go somewhere new and risky, when you are not sure what will happen 冒险涉足；大胆行事：*The company has decided to venture into computer production as well as design.* 那家公司决定除了从事计算机设计以外，也涉足计算机生产。○ *He ventured out into the storm in a thick coat, hat and scarf.* 他身穿厚大衣，头戴帽子，披了围巾，冒着暴风雨出去了。

venue /ˈvenjuː ‖ ˈvɛnju/ *noun* [C] the place where a concert, sports match, conference, etc happens 地点；举行场所；会场：*a change of venue* 地点的更改

Venus /ˈviːnəs ‖ ˈvinəs/ *noun* [sing] the planet that is second in order from the sun and nearest to the earth 金星（太阳系行星，按离太阳远近次序计为第二颗，距离地球最近）

veranda (*also* 亦作 **verandah**) /vəˈrændə ‖ vəˈrændə/ (*US also* 美亦作 **porch**) *noun* [C] a platform attached to the side of a house, with a roof and floor but no outside wall 阳台；游廊：*to sit on the veranda* 坐在阳台上 ☛ Look at **balcony**, **patio** and **terrace**. 参看 **balcony**、**patio** 及 **terrace**。

☆**verb** /vɜːb ‖ vɝb/ *noun* [C] a word or group of words that is used to indicate an action or state, eg *bring*, *happen*, *be* 动词（用以表示动作或状态，如 bring、happen、be）

verbal /ˈvɜːbl ‖ ˈvɝbl̩/ *adj* (*formal* 正式) **1** spoken, not written 口头的：*a verbal warning* 口头警告 **2** of words, or the use of words 文字上；使用言辞的：*verbal skill* 遣词技巧 —**verbally** /ˈvɜːbəlɪ ‖ ˈvɝbl̩ɪ/ *adv*

☆**verdict** /ˈvɜːdɪkt ‖ ˈvɝdɪkt/ *noun* [C] **1** the decision in a court of law about whether a person is guilty or not guilty, or about the facts of a case[1](5)（法庭的）裁决：*The jury gave a verdict of 'not guilty'.* 陪审团作出"无罪"的裁定。**2** your opinion or decision about sth, which you tell to other people 意见；决定：*The general verdict was that the restaurant was too expensive.* 人们普遍认为那家餐馆收费太昂贵了。

verge /vɜːdʒ ‖ vɝdʒ/ *noun* [C] the narrow piece of land at the side of a road, that is usually

covered in grass 路边（通常长满草）: *a grass verge* 长着草的路边
(IDIOM 习语) **on the verge of sth/doing sth** very near to doing sth, or to sth happening 接近；濒于: *on the verge of an exciting new discovery* 快有令人兴奋的新发现 ○ *on the verge of discovering a cure for AIDS* 即将发现治愈艾滋病的疗法
verge *verb*
(PHRASAL VERB 短语动词) **verge on sth** to be almost the same as sth; to be close to sth 接近；差不多（是）；濒临: *What they are doing verges on the illegal.* 他们所做的接近犯法。

verify /ˈverɪfaɪ ‖ ˈvɛrəˌfaɪ/ *verb* [T] (*pres part* **verifying**; *3rd pers sing pres* **verifies**; *pt, pp* **verified**) (*formal* 正式) to check or state that sth is true 证明；证实: *to verify a statement* 查证供词 —**verification** /ˌverɪfɪˈkeɪʃn ‖ ˌvɛrɪfɪˈkeʃən/ *noun* [C,U]

vermin /ˈvɜːmɪn ‖ ˈvɝmɪn/ *noun* [plural] small wild animals (eg rats) that carry disease and destroy plants and food 有害的野生小动物（如老鼠）

versatile /ˈvɜːsətaɪl; *US* 美 -tl ‖ ˈvɝsətl̩/ *adj* **1** (used about an object 指物体) having many different uses 多用途的: *a versatile tool that drills, cuts or polishes* 可用以钻、切或打磨的多用途工具 **2** (used about a person 指人) having many different skills or abilities 多才多艺: *She's so versatile! She can dance, sing, act and play the guitar!* 她真多才多艺！能跳舞、唱歌、演戏，又能弹吉他。

☆**verse** /vɜːs ‖ vɝs/ *noun* **1** [U] writing arranged in lines which have a definite rhythm and which often rhyme at the end 诗；韵文: *He wrote his Valentine's message in verse.* 他用诗体写情书。 **2** [C] a group of lines which form one part of a song or poem 歌/诗的一节: *This song has five verses.* 这首歌共有五节。

☆**version** /ˈvɜːʃn ‖ ˈvɝʒən/ *noun* [C] **1** a thing which is based on sth else but which has some details that are different 版本；型号；种类: *the five-door version of the Ford Escort* 福特汽车艾斯科特系列中的五门型号 ○ *the film version of 'Romeo and Juliet'*《罗密欧与朱丽叶》的电影版 **2** a person's description of sth that has happened 说法: *The two drivers gave very different versions of the accident.* 两个司机对那次意外的说法大相径庭。

versus /ˈvɜːsəs ‖ ˈvɝsəs/ *prep* **1** (*abbr* 缩写 **v, vs**) (used in sport for showing that two teams or people are playing against each other 体育运动中用以表示两队或两人对赛) …对…: *England versus Argentina* 英国对阿根廷 **2** (used for showing that two ideas or things are in opposition to each other, especially when you are trying to choose one of them 用以表示两个观点或事物正好相反，尤指要择其一时) 与…相对；与…相比: *It's a question of quality versus price.* 这是选择货色质地还是价钱的问题。

☆**vertical** /ˈvɜːtɪkl ‖ ˈvɝtɪkl̩/ *adj* going straight up at an angle of 90° from the ground 垂直；直立的: *a vertical line* 垂直线 ○ *The cliff was almost vertical.* 这个悬崖几乎是垂直的。 —**vertically** /-klɪ ‖ -kl̩ɪ/ *adv*

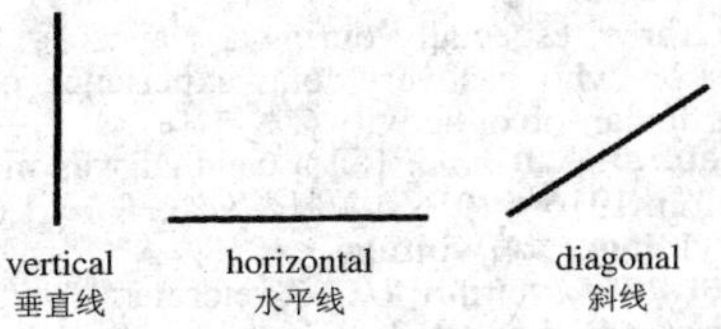

☆**very**[1] /ˈverɪ ‖ ˈvɛrɪ/ *adv* (used with an adjective or adverb to make it stronger 与形容词或副词连用，以加强语气): *very small* 很小 ○ *very slowly* 非常慢 ○ *very much* 极多 ○ *'Are you hungry?' 'Not very.'* "你饿吗？" "不太饿。" ☛ We use **very** with superlative adjectives * **very** 用于修饰最高级形容词: *very best, youngest, etc* 极好；极年轻… but with comparative adjectives we use **much** or **very much** 修饰比较级形容词则用 **much** 或 **very much**: *much/very much better; much/very much younger* 好多了；好得太多了；年轻多了；年轻得太多了
(IDIOM 习语) **very well** (used for showing that you agree to do sth 用以表示同意): *Very well, Mrs Dawson, we'll replace your shoes with a new pair.* 好吧，道森太太，我们给你换一双新鞋。

very[2] /ˈverɪ ‖ ˈvɛrɪ/ *adj* (used with a noun for emphasis 与名词连用，起强调作用): *We climbed to the very top of the mountain* (= right to the top). 我们攀上山巅。 ○ *You're the very person I wanted to talk to* (= exactly the right person). 你正是我要找的谈话对象。

vessel /ˈvesl ‖ ˈvɛsl̩/ *noun* [C] **1** (*formal* 正式) a ship or large boat 轮船；大船；舰 **2** (*old-fashioned* 旧) a container for liquids, eg a bottle, cup or bowl 盛液体的容器/器皿（如瓶、杯或碗）

☆**vest** /vest ‖ vɛst/ *noun* [C] **1** (*US* 美 **undershirt**) a piece of clothing that you wear under your other clothes, on the top part of your body 内衣；汗衫 **2** (*US* 美) = WAISTCOAT

vested interest /ˌvestɪd ˈɪntrəst ‖ ˌvɛstɪd ˈɪntərɪst/ *noun* [C] a strong and often secret reason for doing sth that will bring you an advantage of some kind (eg more money or power) 既得利益

vestige /ˈvestɪdʒ ‖ ˈvɛstɪdʒ/ *noun* [C] a small part of sth that remains after the rest of it has gone; trace 残余；遗迹；痕迹: *the last vestige of the old system* 旧制度的最后残余

☆**vet**[1] /vet ‖ vɛt/ (also *formal* 正式 **veterinary surgeon**) *noun* [C] a person whose job is to give medical help to sick or injured animals; a doctor for animals 兽医: *We took the cat to the vet/to the vet's.* 我们带猫去看兽医。

vet[2] /vet ‖ vɛt/ *verb* [T] (ve**tt**ing; ve**tt**ed) to examine sb/sth carefully before deciding whether to accept him/her/it or not 细心审查: *All new employees at the Ministry of Defence are carefully vetted* (= somebody examines the details of their past lives). 国防部对所有新雇员均须进行严格审查（审查他们过去生活的细节）。

veteran /ˈvetərən ‖ ˈvɛtərən/ *noun* [C] **1** a person who has served in the army, navy or

V

air force, especially during a war 老兵 **2** a person who has very long experience of a particular job or activity 经验丰富的人；老手

ˌ**veteran** ˈ**car** *noun* [C] a car that was made before 1916 ＊ 1916 年前制造的老爷车 ☛ Look at **vintage**. 参看 **vintage**。

veterinary /ˈvetrɪnrɪ; *US* 美 ˈvetərɪnerɪ ‖ ˈvɛtərəˌnɛrɪ/ *adj* connected with the medical treatment of sick or injured animals 与医治生病或受伤动物有关；兽医的: *a veterinary surgeon* 兽医 ☛ Look at **vet**. 参看 **vet**。

veto /ˈviːtəʊ ‖ ˈvito/ *verb* [T] (*pres part* **vetoing**; *3rd pers sing pres* **vetoes**; *pt, pp* **vetoed**) to refuse to give official permission for an action or plan, when other people have agreed to it 否决: *The Prime Minister vetoed the proposal to reduce taxation.* 首相否决了减税的提案。

veto *noun* (*pl* **vetoes**) **1** [C,U] the official power to refuse permission for an action or plan 否决权: *Britain used its veto to block the UN resolution.* 英国行使否决权反对联合国的决议。○ *the right of veto* 否决权 **2** [C] the act of vetoing on a particular occasion 否决；否决权的行使: *the Government's veto of the European Parliament's proposal* 政府对欧洲议会的提案的否决

vexed /vekst ‖ vɛkst/ *adj* causing difficulty, worry, and a lot of discussion 伤脑筋和引致争论不休的: *the vexed question of our growing prison population* 囚犯不断增加的棘手问题

via /ˈvaɪə ‖ ˈvaɪə/ *prep* **1** going through a place 经由；经过: *We flew from London to Sydney via Bangkok.* 我们乘飞机从伦敦去悉尼，途经曼谷。**2** by means of; using 借着；用: *These pictures come to you via our satellite link.* 这些图片通过卫星网络传送给你。

viable /ˈvaɪəbl ‖ ˈvaɪəbḷ/ *adj* that will be successful 切实可行；可望成功的: *I'm afraid your idea is just not commercially viable.* 从商业角度看，你的想法恐怕行不通。—**viability** /ˌvaɪəˈbɪlətɪ ‖ ˌvaɪəˈbɪlətɪ/ *noun* [U]

viaduct /ˈvaɪədʌkt ‖ ˈvaɪəˌdʌkt/ *noun* [C] a long, high bridge which carries a railway or road across a valley（跨越山谷的）高架桥

vibrant /ˈvaɪbrənt ‖ ˈvaɪbrənt/ *adj* **1** full of life and energy; exciting 生气勃勃；令人兴奋: *a vibrant city, atmosphere, personality, etc* 朝气蓬勃的城市；热闹的气氛；活泼的个性… **2** (used about colours 指颜色) bright and strong 鲜明

vibrate /vaɪˈbreɪt; *US* 美 ˈvaɪbreɪt ‖ ˈvaɪbret/ *verb* [I] to move continuously and very quickly from side to side 振动；颤动: *When a guitar string vibrates it makes a sound.* 吉他弦颤动就会发出声音。—**vibration** /vaɪˈbreɪʃn ‖ vaɪˈbreʃən/ *noun* [C,U]: *Even at full speed the engine causes very little vibration.* 即使是全速前进，引擎也只会使汽车轻微震动。

vicar /ˈvɪkə(r) ‖ ˈvɪkɚ/ *noun* [C] a priest of the Church of England. A vicar looks after a church and the people in the surrounding area (**parish**) 牧区牧师（牧区叫做 **parish**）

vicarage /ˈvɪkərɪdʒ ‖ ˈvɪkərɪdʒ/ *noun* [C] the house where a vicar lives 牧区牧师的住所

vice[1] /vaɪs ‖ vaɪs/ *noun* **1** [U] evil or immoral actions 罪恶；道德败坏；堕落: *The authorities are trying to stamp out vice and corruption.* 有关当局设法消灭罪恶和贪污。**2** [C] a moral weakness or bad habit 道德弱点；坏习惯: *Greed and envy are terrible vices.* 贪婪和妒忌是可怕的道德弱点。○ *My only vice is eating too much chocolate.* 我惟一的坏习惯是爱吃巧克力。☛ Look at **virtue**. 参看 **virtue**。

vice[2] (*US* 美 **vise**) /vaɪs ‖ vaɪs/ *noun* [C] a tool that you use to hold a piece of wood, metal, etc firmly while you are working on it 虎钳

vice- /vaɪs ‖ vaɪs/ (in compounds 用以构成复合词) next in importance to the rank mentioned 副: *Vice-President* 副总统 ○ *the vice-captain* 副队长

vice versa /ˌvaɪsɪˈvɜːsə ‖ ˌvaɪsɪˈvɝsə/ *adv* in the opposite way to what has just been said 反之亦然；反过来也可以: *We can go on the bus and walk back or vice versa* (= or walk there and come back on the bus). 我们可以先乘公共汽车然后走路回来，反过来也可以。

vicinity /vɪˈsɪnətɪ ‖ vəˈsɪnətɪ/ *noun*

(IDIOM 习语) **in the vicinity (of sth)** (*formal* 正式) in the surrounding area 邻近（地区）；附近: *There's no bank in the immediate vicinity.* 附近没有银行。

vicious /ˈvɪʃəs ‖ ˈvɪʃəs/ *adj* **1** cruel; done in order to hurt sb/sth 残酷；恶毒: *a vicious attack* 恶毒的攻击 **2** (used about an animal 指动物) dangerous 危险

(IDIOM 习语) **a vicious circle** a situation in which one problem leads to another and the new problem makes the first problem worse 恶性循环 —**viciously** *adv*

☆**victim** /ˈvɪktɪm ‖ ˈvɪktɪm/ *noun* [C] a person or animal that is injured, killed or hurt by sb/sth 受害者；牺牲者: *a murder victim* 谋杀案受害者 ○ *The children are often the innocent victims of a divorce.* 孩子通常是父母离婚的无辜受害者。

victimize (*also* 亦作 **victimise**) /ˈvɪktɪmaɪz ‖ ˈvɪktɪmˌaɪz/ *verb* [T] to punish or make sb suffer unfairly 使受苦/受害 —**victimization** (*also* 亦作 **victimisation**) /ˌvɪktɪmaɪˈzeɪʃn; *US* 美 -mɪˈz- ‖ ˌvɪktɪməˈzeʃən/ *noun* [U]

victor /ˈvɪktə(r) ‖ ˈvɪktɚ/ *noun* [C] (*formal* 正式) the person who wins a game, competition, battle, etc 胜利者

Victorian /vɪkˈtɔːrɪən ‖ vɪkˈtɔrɪən/ *adj* **1** connected with the time of Queen Victoria (1837-1901) 与维多利亚女王时代（1837 至 1901 年）有关: *Victorian houses* 维多利亚时代式的房屋 **2** having the qualities of middle-class people during this time (= believing in hard work, religion, strict discipline and moral behaviour) 具有维多利亚时代中产阶级的特点（勤奋工作、笃信宗教、严守纪律、讲求行为道德）

Victorian *noun* [C] a person who lived during this time 维多利亚女王时代的人

☆**victory** /ˈvɪktərɪ ‖ ˈvɪktərɪ/ *noun* [C,U] (*pl* **victories**) success in winning a battle, game, competition, etc 胜利；成功: *Hannibal's victory over the Roman army* 汉尼拔战胜罗马军队 ○ *The Liberal Democrats won a decisive* *victory in the by-election.* 自由民主党在补选中赢了决定性的一仗。○ *Becker led his team to victory in the Davis Cup.* 贝克尔率领他的球队夺取了戴维斯杯。—**victorious** /vɪk'tɔ:rɪəs ‖ vɪk'torɪəs/ *adj*: *the victorious team* (= the one that won) 获胜队

☆**video** /'vɪdɪəʊ ‖ 'vɪdɪˌo/ *noun* (*pl* **videos**) **1** [U] the system of recording moving pictures and sound by using a camera, and showing them by using a recorder and a television 录像（系统）: *We recorded the wedding on video.* 我们将婚礼摄录下来。○ *The film is coming out on video in May.* 这部电影五月份将以录像带形式发行。**2** [C] a tape or cassette on which you record moving pictures and sound or on which a film or television programme has been recorded 录像带: *Would you like to see the video we made on holiday?* 你要看我们度假时拍摄的录像带吗？○ *a video rental shop* 出租录像带的商店 **3** [C] = VIDEO CASSETTE RECORDER

video *verb* [T] (*3rd pers sing pres* **videos**; *pres part* **videoing**; *pt, pp* **videoed**) to record moving pictures and sound or a film or television programme onto a video(2) 把…录在录像带上: *We hired a camera to video the school play.* 我们租了一架录像机把学校戏剧演出录下来。○ *I'm going out tonight, so I'll have to video that programme I wanted to watch.* 我今晚要外出，所以必须录下想看的节目。

ˌ**video caˈssette recorder** (*also* 亦作 ˈ**video recorder**; **video**) (*abbr* 缩写 **VCR**) a machine that is connected to a television on which you can record or play back moving pictures and sound or a film or television programme 录像机

ˈ**videotape** *noun* [C,U] tape used for recording moving pictures and sound 录像带

ˈ**videotape** *verb* [T] = VIDEO

☆**view**[1] /vju: ‖ vju/ *noun* **1** [U] the ability to be seen from a particular place 视野: *The garden was hidden from view behind a high wall.* 那个花园被一堵高墙遮蔽住。○ *to come into/disappear from view* 出现在眼前；从眼前消失 **2** [C] what you can see from a particular place. A view usually means sth pleasant to look at, eg beautiful natural scenery 景色: *There are breathtaking views from the top of the mountain.* 从山顶往下看，景色十分壮观。○ *a room with a sea view* 可看到海景的房间 ☛ Look at the note at **scenery**. 参看 **scenery** 的注释。**3** [sing] the ability to see sth from a particular place 视线；视力: *A large lorry was blocking her view of the road.* 一辆大货车挡住了她的视线，使她看不到前面的路。**4** [C] **a view (about/on sth)** an opinion or idea about sth 意见；观点: *He expressed the view that standards were falling.* 他发表意见，认为水准日渐下降。○ *In my view, she has done nothing wrong.* 依我看，她没有做错。○ *The poet was jailed for his political views.* 那诗人因所持的政见而被囚禁。○ *strong views on the subject* 就那个问题所表达的强硬的观点

(IDIOMS 习语) **have, etc sth in view** (*formal* 正式) to have sth as a plan or idea in your mind 心中有计划/构想

in full view ⇨ FULL

in view of sth because of sth; as a result of sth 由于；鉴于: *In view of her apology we decided to take no further action.* 由于她已道歉，我们决定不采取进一步的行动。

a point of view ⇨ POINT

with a view to doing sth (*formal* 正式) with the aim or intention of doing sth 为了

ˈ**viewpoint** *noun* [C] = POINT OF VIEW

☆**view**[2] /vju: ‖ vju/ *verb* [T] (*formal* 正式) **1 view sth (as sth)** to consider or think about sth 认为；视…为…: *She viewed holidays as a waste of time.* 她认为放假只会浪费时间。○ *He views these changes with suspicion.* 他用怀疑的眼光看待这些改变。**2** to watch or look at sth 看；望: *Viewed from this angle, the building looks much taller than it really is.* 从这个角度看，这幢大厦比实际高度高。

viewer /'vju:ə(r) ‖ 'vjuə/ *noun* [C] a person who watches television 电视观众

vigil /'vɪdʒɪl ‖ 'vɪdʒəl/ *noun* [C,U] a period when you stay awake all night for a special purpose 守夜；值夜: *a candle-lit vigil for peace* 在烛光中守夜祈求和平 ○ *All night she kept vigil over the sick child.* 她整夜监护那个病孩。

vigilant /'vɪdʒɪlənt ‖ 'vɪdʒələnt/ *adj* (*formal* 正式) careful and looking out for danger 警觉；警惕的 —**vigilance** /-əns ‖ -əns/ *noun* [U]

vigilante /ˌvɪdʒɪ'læntɪ ‖ ˌvɪdʒə'læntɪ/ *noun* [C] a member of an unofficial organization (not the police) that tries to prevent crime in a particular area（非官方的）治安维持会成员

vigour (*US* 美 **vigor**) /'vɪgə(r) ‖ 'vɪgə/ *noun* [U] strength or energy 精力；活力: *After the break we started work again with renewed vigour.* 休息过后，我们恢复了精力，又开始工作。

vigorous /'vɪgərəs ‖ 'vɪgərəs/ *adj* strong or energetic 精力充沛: *vigorous exercise* 激烈的运动 —**vigorously** *adv*: *Campaigners have protested vigorously about the plans to close the local railway line.* 发起运动的人大力反对关闭本地铁路线的计划。

vile /vaɪl ‖ vaɪl/ *adj* very bad or unpleasant 极坏；讨厌的: *She's in a vile mood.* 她心情坏极了。○ *a vile smell* 恶臭

villa /'vɪlə ‖ 'vɪlə/ *noun* [C] a pleasant house with a garden, usually in a warm country. A villa is often used as a holiday house. 别墅

☆**village** /'vɪlɪdʒ ‖ 'vɪlɪdʒ/ *noun* **1** [C] a group of houses with other buildings, eg a church, shop, school, etc, in a country area. A village is smaller than a town 乡村；村庄: *a small fishing village* 一个小渔村 ○ *the village pub* 乡村酒馆 **2** [sing, with sing or pl verb] all the people who live in a village 所有村民: *All the village is/are taking part in the carnival.* 所有村民都在参加狂欢节的活动。

villager /'vɪlɪdʒə(r) ‖ 'vɪlɪdʒə/ *noun* [C] a person who lives in a village 村民

villain /'vɪlən ‖ 'vɪlən/ *noun* [C] **1** an evil

V

person, especially in a book or play 恶棍（尤指在书中或戏剧中出现的）: *In the play 'Othello', Iago is the villain.* 在《奥赛罗》一剧中伊阿古是反派角色。☛ Look at **hero**. 参看 **hero**。**2** (*informal* 非正式) a criminal 罪犯: *The police caught the villains who robbed the bank.* 警察拘捕了打劫银行的匪徒。

vindictive /vɪn'dɪktɪv ‖ vɪn'dɪktɪv/ *adj* being particularly unpleasant to sb; trying to hurt sb more than he/she deserves 恶意的；怀恨在心

vine /vaɪn ‖ vaɪn/ *noun* [C] the climbing plant that grapes grow on 葡萄藤

vinegar /'vɪnɪgə(r) ‖ 'vɪnɪgɚ/ *noun* [U] a liquid with a strong sharp taste that is made from wine, etc. Vinegar is often mixed with oil and put onto salads. 醋

vineyard /'vɪnjəd ‖ 'vɪnjɚd/ *noun* [C] a piece of land where vines are grown 葡萄园

vintage /'vɪntɪdʒ ‖ 'vɪntɪdʒ/ *noun* [C] the wine that was made in a particular year 特定年份酿制的酒: *1979 was an excellent vintage.* * 1979年酿制的葡萄酒品质极佳。

vintage *adj* **1** (used about wine 指酒) that was produced in a particular year and district 某年某区出产的: *a bottle of vintage champagne* 一瓶香槟佳酿 **2** (used about a car 指车) made between 1917 and 1930 * 1917至1930年间制造的 ☛ Look at **veteran car**. 参看 **veteran car**。**3** of very high quality 高水平的；高品质的: *a vintage performance by Dustin Hoffman* 达斯廷·霍夫曼的高水平演出

vinyl /'vaɪnl ‖ 'vaɪnl̩/ *noun* [C,U] a type of strong plastic that is used for making raincoats, records, floor coverings, etc 乙烯基（一种塑料，可用以制造雨衣、唱片、地板等）

viola /vɪ'əʊlə ‖ vɪ'olə/ *noun* [C] a musical instrument with strings that looks like a violin but is slightly larger 中提琴 ☛ Note that we play **the** viola. 表示拉中提琴，说 play **the** viola。

violate /'vaɪəleɪt ‖ 'vaɪəˌlet/ *verb* [T] **1** to break sth (eg a rule or agreement) 违反/触犯（规则或协议）: *to violate a peace treaty* 违反和平条约 **2** to disturb sth, not to respect sth 干扰；侵犯: *to violate sb's privacy, rights, etc* 侵犯某人的隐私/权利… —**violation** /ˌvaɪə'leɪʃn ‖ ˌvaɪə'leʃən/ *noun* [C,U]: *violation of human rights* 侵犯人权

☆**violent** /'vaɪələnt ‖ 'vaɪələnt/ *adj* **1** using physical strength, often in an uncontrolled way, to hurt or kill sb; caused by this behaviour 狂暴；凶残；由暴力引起的: *a violent man, who abused his children* 一个虐待儿女、暴戾成性的男人 ○ *The demonstration started peacefully but later turned violent.* 示威行动本来和平进行，但后来演变成暴动。○ *a violent death* 暴力致死 **2** very strong; uncontrolled 极强烈；不能控制的: *He has a violent temper.* 他脾气暴躁。○ *a violent storm* 猛烈的暴风雨

violence /-əns ‖ -əns/ *noun* [U] **1** violent behaviour 暴力（行为）: *They threatened to use violence if we didn't give them the money.* 他们威胁我们，如果我们不给他们钱，便会动用暴力。○ *Is there too much violence on TV?* 电视上是不是有太多暴力镜头呢？○ *an act of violence* 暴行 **2** great force or energy 强大的力量/能量 —**violently** *adv*

violet /'vaɪələt ‖ 'vaɪəlɪt/ *noun* **1** [C] a small plant that grows wild or in gardens and has purple or white flowers and a pleasant smell 紫罗兰 **2** [U] a bluish purple colour 蓝紫色 —**violet** *adj*

☆**violin** /ˌvaɪə'lɪn ‖ ˌvaɪə'lɪn/ *noun* [C] a musical instrument with strings, that you hold under your chin and play with a bow 小提琴 ☛ Note that we play **the** violin. 表示拉小提琴，说 play **the** violin。

virgin /'vɜːdʒɪn ‖ 'vɝdʒɪn/ *noun* [C] a person, especially a girl or woman, who has never had sexual intercourse 未发生过性行为的人；（尤指）处女

virgin *adj* that has not yet been used, touched, damaged, etc 未经使用/触摸/损毁…的: *virgin forest* 原始森林

virginity /və'dʒɪnətɪ ‖ vɚ'dʒɪnətɪ/ *noun* [U] the state of being a virgin 处女状态；童贞: *to keep/lose your virginity* 保持/失去贞操

Virgo /'vɜːgəʊ ‖ 'vɝgo/ *noun* (*pl* **Virgos**) [C,U] the sixth sign of the zodiac, the Virgin; a person who was born under this sign 室女宫（黄道第六宫）；属室女座的人 ☛ picture at **zodiac**. 见 **zodiac** 插图。

virile /'vɪraɪl; *US* 美 'vɪrəl ‖ 'vɪrəl/ *adj* (used about a man 指男子) strong and having great sexual energy 强健的；性机能强的

virility /vɪ'rɪlətɪ ‖ və'rɪlətɪ/ *noun* [U] the sexual power of men（男性的）性机能

virtual /'vɜːtʃʊəl ‖ 'vɝtʃʊəl/ *adj* (only *before* a noun 只用于名词前) being almost or nearly sth 几乎: *Her disability has made her a virtual prisoner in her own home.* 身体的残疾使她差不多成了困在家中的囚犯。—**virtually** /-tʃʊəlɪ ‖ -tʃʊəlɪ/ *adv*: *The building is virtually finished.* 那幢大楼差不多竣工了。

☆**virtue** /'vɜːtʃuː ‖ 'vɝtʃu/ *noun* **1** [U] behaviour which shows high moral standards; goodness 高尚的品德；德行；美德: *to lead a life of virtue* 过有德行的生活 **2** [C] a good quality or habit 美德；优点；好习惯: *Patience is a great virtue.* 忍耐是极大的美德。☛ Look at **vice[1]**. 参看 **vice[1]**。**3** [C,U] **the virtue (of sth/of being/doing sth)** an advantage or a useful quality of sth 优点；好处；长处: *This new material has the virtue of being strong as well as very light.* 这种新原料的好处是既坚韧，又轻巧。

(IDIOM 习语) **by virtue of** (*formal* 正式) because of 因为；由于

virtuous /'vɜːtʃʊəs ‖ 'vɝtʃʊəs/ *adj* behaving in a moral or good way 有德性；品性正直

virtuoso /ˌvɜːtʃʊ'əʊzəʊ ‖ ˌvɝtʃʊ'ozo/ *noun* [C] (*pl* **virtuosos** or **virtuosi**) a person who is unusually good at sth (often singing or playing a musical instrument) 擅长…的人/大师（通常指唱歌或演奏乐器）

virulent /'vɪrʊlənt ‖ 'vɪrulənt/ *adj* **1** (used about a poison or a disease 指毒药或疾病) very strong and dangerous 剧毒的；恶性；致命: *a particularly virulent form of influenza* 一种致命的流感 **2** (*formal* 正式) very strong and full of anger 狠毒；恶毒: *a virulent attack on the leader* 对领袖的恶毒攻击

☆**virus** /ˈvaɪərəs ‖ ˈvaɪrəs/ *noun* [C] (*pl* **viruses**) **1** a living thing, too small to be seen without a microscope, that causes disease in people, animals and plants 病毒/滤过性病毒（小得要用显微镜才能看见的病原体）: *HIV, the virus that is thought to cause AIDS* 人体免疫缺损病毒——一般认为是引致艾滋病的病毒 ☛ Look at **bacteria** and **germ**. 参看 **bacteria** 及 **germ**。 **2** (*computing* 计算机技术) instructions that are put into a computer program in order to cause errors and destroy information 计算机病毒

visa /ˈviːzə ‖ ˈvizə/ *noun* [C] an official mark in your passport that shows you are allowed to enter, leave or travel through a country 签证（护照上由某国签发的官方标记，表示准许入境、出境或在该国旅游）: *She applied for an extension when her visa expired.* 她在签证到期时申请延期。○ *a tourist visa* 旅游签证

viscount /ˈvaɪkaʊnt ‖ ˈvaɪkaʊnt/ *noun* [C] a member of the British aristocracy who is higher in rank than a baron but lower than an earl（英国贵族中的）子爵

vise (*US* 美) = VICE²

☆**visible** /ˈvɪzəbl ‖ ˈvɪzəbl̩/ *adj* that can be seen or noticed 看得见的；明显: *The church tower was visible from the other side of the valley.* 在山谷的另一边可以看见教堂钟楼。○ *a visible improvement* 明显的进步 ☛ The opposite is **invisible**. 反义词为 **invisible**。

visibility /ˌvɪzəˈbɪlətɪ ‖ ˌvɪzəˈbɪlətɪ/ *noun* [U] the distance that you can see in particular light or weather conditions 能见度: *In the fog visibility was down to 50 metres.* 在雾中能见度减至50米。○ *poor/good visibility* 能见度低/高

visibly /-əblɪ ‖ -əblɪ/ *adv* noticeably or clearly 显然；明显地: *Tom was visibly upset.* 汤姆显然很不安。

☆**vision** /ˈvɪʒn ‖ ˈvɪʒən/ *noun* **1** [U] the ability to see; sight 视力: *to have good, poor, normal, perfect, etc vision* 视力良好/差/正常/完美… **2** [U] the ability to make great plans for the future 远见: *a statesman of great vision* 极有远见的政治家 **3** [C] a picture in your imagination 想象（的情景）；构想: *They have a vision of a world without weapons.* 他们构想出一个没有武器的世界。○ *I had visions of being left behind, but in fact the others had waited for me.* 我还以为别人会把我丢下不管，但事实上他们一直在等我。 **4** [C] a dreamlike state often connected with a religious experience 幻象/异象（常与宗教经验有关）: *God appeared to Paul in a vision.* 上帝在异象中向保罗显现。 **5** [U] the picture on a television or cinema screen（电视或电影的）影像/画面: *a temporary loss of vision* 暂时失去影像

☆**visit** /ˈvɪzɪt ‖ ˈvɪzɪt/ *verb* [I,T] to come or go to see a person or place and to spend a short time there 参观；游览；探访: *I don't live here. I'm just visiting.* 我不是住在这里的，我只是到这里游览。○ *We often visit relatives at the weekend.* 我们通常在周末去探访亲人。○ *She's going to visit her son in hospital.* 她将要去医院探望儿子。○ *When you go to London you must visit Madame Tussaud's.* 到伦敦不可不到图索德夫人蜡像馆参观。

visit *noun* [C] a short stay with sb or in a particular place（在某人处或某地的）短暂逗留: *The Prime Minister is on an official visit to Germany.* 首相正在德国进行正式访问。○ *We had a visit from Richard on Sunday.* 星期日理查德来探访我们。○ *They paid us a flying visit* (= a very short one). 他们来我们这里作短暂逗留。

☆**visitor** /ˈvɪzɪtə(r) ‖ ˈvɪzɪtə/ *noun* [C] a person who visits sb/sth 参观者；访客；来宾: *We're not free on Sunday. We're having visitors.* 星期天我们没空——我们有客人哩。○ *visitors to London from overseas* 到伦敦观光的海外游客

visor /ˈvaɪzə(r) ‖ ˈvaɪzə/ *noun* [C] **1** the part of a hard hat (**a helmet**) that you can pull down to protect your eyes or face 面甲（头盔 (**helmet**) 的一部分，可拉下来保护眼睛或面部的） **2** a piece of plastic, cloth, etc on a cap or in a car, which keeps the sun out of your eyes（帽子的）遮阳/帽舌；（汽车的）遮阳板

☆**visual** /ˈvɪʒʊəl ‖ ˈvɪʒuəl/ *adj* connected with seeing 与视觉有关: *the visual arts* (= painting, sculpture, cinema, etc) 视觉艺术（绘画、雕塑、电影等）

visualize (*also* 亦作 **visualise**) /-aɪz ‖ -ˌaɪz/ *verb* [T] to imagine or have a picture in your mind of sb/sth 想象；设想: *It's hard to visualize what this place looked like before the factory was built.* 很难想象这个地方在工厂兴建之前是什么模样的。○ *I can't visualize Liz as a mother.* 我不能想象利兹是怎样当妈妈的。 —**visually** /ˈvɪʒʊəlɪ ‖ ˈvɪʒuəlɪ/ *adv*: *to be visually handicapped* (= to be partly or completely blind) 有视力障碍（部分失明或完全失明）

ˌ**visual ˈaid** *noun* [C] a picture, film, map, etc that helps a pupil to learn sth 直观教具

ˌ**visual disˈplay unit** *noun* [C] (*abbr* 缩写 **VDU**) a screen on which you can see information from a computer（显示计算机信息的）直观显示器

☆**vital** /ˈvaɪtl ‖ ˈvaɪtl̩/ *adj* **1** very important or necessary; essential 极为重要；必不可少: *Practice is vital if you want to speak a language well.* 要学好一种语言，多加练习是极为重要的。○ *vital information* 重要消息 **2** full of energy; lively 充满活力；朝气蓬勃 —**vitally** /ˈvaɪtəlɪ ‖ ˈvaɪtl̩ɪ/ *adv*: *vitally important* 极其重要

vitality /vaɪˈtælətɪ ‖ vaɪˈtælətɪ/ *noun* [U] the state of being lively or full of energy 活力充沛

☆**vitamin** /ˈvɪtəmɪn; *US* 美 ˈvaɪt- ‖ ˈvaɪtəmɪn/ *noun* [C] one of several substances that are found in certain types of food and that are very important for growth and good health 维生素: *Oranges are rich in vitamin C.* 橙含有丰富的维生素C。○ *a vitamin deficiency* 维生素缺乏症

vivacious /vɪˈveɪʃəs ‖ vaɪˈveʃəs/ *adj* (used about a person, usually a woman 指人，通常是女性) full of energy; lively and cheerful 活泼；有生气

vivid /ˈvɪvɪd ‖ ˈvɪvɪd/ *adj* **1** (used about light or

V

a colour 指灯光或颜色) strong and bright 鲜艳；鲜明: *the vivid reds and yellows of the flowers* 鲜艳夺目的红色和黄色花朵 **2** having or producing a strong, clear picture in your mind 栩栩如生；逼真: *a vivid description of his time in the army* 有关他军中生活的生动描述 ○ *a vivid dream* 逼真的梦境 —**vividly** *adv*

vivisection /ˌvɪvɪˈsekʃn ‖ ˌvɪvəˈsɛkʃən/ *noun* [U] doing scientific experiments on live animals 活体解剖

vixen /ˈvɪksn ‖ ˈvɪksn̩/ *noun* [C] a female fox 雌狐

☆**vocabulary** /vəˈkæbjʊlərɪ; *US* 美 -lerɪ ‖ vəˈkæbjəˌlɛrɪ/ *noun* (*pl* **vocabularies**) **1** [sing] all the words in a language (一种语言的)词汇: *New words are always coming into the vocabulary.* 一直有新词加入，丰富现行的词汇。 **2** [C,U] all the words that sb knows or that are used in a particular book, subject, etc (个人掌握的或某书、某学科等中使用的)词汇: *He has an amazing vocabulary for a five-year-old.* 以一个五岁儿童来说，他所掌握的词汇相当惊人。 ○ *There are many ways to increase your English vocabulary.* 有许多方法可以增加我们的英语词汇量。

vocal /ˈvəʊkl ‖ ˈvokl̩/ *adj* **1** connected with the voice 与声音有关；发声的: *vocal music* 声乐 **2** expressing your ideas or opinions loudly or freely 畅所欲言的；直言不讳的: *a small but vocal group of protesters* 一群人数虽少但直言不讳的抗议者

vocalist /ˈvəʊkəlɪst ‖ ˈvokl̩ɪst/ *noun* [C] a singer, especially in a pop or jazz group 歌手(尤指流行乐队/爵士乐队的)

vocation /vəʊˈkeɪʃn ‖ voˈkeʃən/ *noun* [C,U] the feeling that you are especially suited for a particular kind of work, often one which involves helping other people; the ability to do this kind of work (从事某项职业的)使命感/才能: *Peter followed his vocation to become a priest.* 彼得奉神召当上牧师。 ○ *She has no vocation for teaching.* 她不是教书的材料。

vocational /-ʃənl ‖ -ʃənl̩/ *adj* connected with the skills or qualifications that you need to do a particular job 与职业所需技能/资格有关: *vocational training* 职业训练

vodka /ˈvɒdkə ‖ ˈvɑdkə/ *noun* [U] a strong clear alcoholic drink originally from Russia 伏特加(酒)(原产于俄罗斯的烈酒)

☆**voice** /vɔɪs ‖ vɔɪs/ *noun* **1** [C] the sounds that you make when you speak or sing; the ability to make these sounds 嗓音；说话声；歌喉；发声能力: *I heard voices near the house and went out to see who it was.* 我听见房子附近有人声，便走出去看是谁在那儿。 ○ *She has a beautiful voice* (= she can sing beautifully). 她的歌喉很动听。 ○ *He had a bad cold and lost his voice.* 他患上严重感冒，失了声。 ○ *to speak in a loud, soft, low, hoarse, etc voice* 高声/柔声/低声/粗声…说话 ○ *Shh! Keep your voice down!* 嘘！小声点！ ○ *to raise/lower your voice* 提高/压低声音 ○ *Alan is 13 and his voice is beginning to break* (= to become deep and low like a man's). 艾伦今年13岁，已经开始变声。 **2** [U,sing] **voice (in sth)** (the right to express) your ideas or opinions 观点；意见；发言权: *The workers want more voice in the running of the company.* 工人们要求在公司的经营方面多一些发言权。 **3** [sing] (*grammar* 语法) the form of a verb that shows whether a sentence is active or passive (动词的)语态(可分主动语态和被动语态): *'Keats wrote this poem' is in the active voice.* * Keats wrote this poem 这一句用的是主动语态。 ○ *'This poem was written by Keats' is in the passive voice.* * This poem was written by Keats 这一句用的是被动语态。

(IDIOM 习语) **at the top of your voice** ⪢ TOP[1]

voice *verb* [T] to express your opinions or feelings 表达意见/感受: *The party voiced its objections to the leader's plans.* 那个政党发表意见，反对领袖提出的计划。

void /vɔɪd ‖ vɔɪd/ *noun* [C, usually sing] (*formal* 正式) an empty space 空间: (*figurative* 比喻) *Her death left a void in their lives.* 她死后他们生活一片空虚。

void *adj* (*formal* 正式) empty; without sth 空的；空荡荡

(IDIOM 习语) **null and void** ⪢ NULL

volatile /ˈvɒlətaɪl; *US* 美 -tl ‖ ˈvɑlətl̩/ *adj* **1** (used about a liquid 指液体) that can easily change into a gas 易挥发的 **2** that can change suddenly 易变；多变: *The situation in the Middle East is still very volatile.* 中东的局势仍然非常动荡。 ○ *a volatile personality* 朝三暮四的个性

☆**volcano** /vɒlˈkeɪnəʊ ‖ vɑlˈkeno/ *noun* [C] (*pl* **volcanoes**) a mountain with a hole (**crater**) at the top through which steam, hot rocks (**lava**), fire, etc sometimes come out 火山(顶部的火山口(**crater**)有时喷出熔岩(**lava**)): *an active/dormant/extinct volcano* 活/休眠/死火山 ○ *When did the volcano last erupt?* 这火山上一次爆发是在什么时候？—**volcanic** /vɒlˈkænɪk ‖ vɑlˈkænɪk/ *adj*

☆**volley** /ˈvɒlɪ ‖ ˈvɑlɪ/ *noun* [C] (*pl* **volleys**) **1** a number of stones, bullets, etc that are thrown, shot, etc at the same time 齐发；齐投；扫射: *The soldiers fired a volley over the heads of the crowd.* 士兵向人群的头顶上方齐发了一通子弹。 ○ (*figurative* 比喻) *a volley of abuse* 连珠炮似的咒骂 **2** (in tennis, etc 网球等) a stroke in which you hit the ball before it touches the ground 凌空截击

volley *verb* [I,T] (in tennis 网球) to hit the ball before it touches the ground 截击空中球

ˈ**volleyball** *noun* [U] a game in which two teams try to hit a ball over a high net with their hands and not let it touch the ground 排球

☆**volt** /vəʊlt ‖ volt/ *noun* [C] (*abbr* 缩写 **v**) a unit for measuring electrical force 伏(特)(电压单位)

voltage /ˈvəʊltɪdʒ ‖ ˈvoltɪdʒ/ *noun* [C,U] the electrical force that is measured in volts 电压: *Danger! High voltage.* 危险！高压电。 ○ *The voltage in Europe is 240 volts, but in the United States it is 110 volts.* 欧洲的电压是240伏特，而美国是110伏特。

V

☆**volume** /ˈvɒljuːm; *US* 美 -jəm ‖ ˈvɑljəm/ *noun* **1** [C] a book, especially one of a set or series 册；卷: *The library has over 10 000 volumes.* 图书馆藏书超过10 000册。○ *The dictionary comes in three volumes.* 这部词典分三卷出版。**2** [C,U] the amount of space that sth contains or occupies 体积；容积: *What is the volume of this sphere?* 这个球体的体积是多少？○ *A kilo of feathers is greater in volume than a kilo of gold.* 一公斤羽毛比一公斤黄金的体积大。☛ Look at **area**. 参看 **area**。**3** [U] the quantity or amount of sth 量；数量: *the volume of traffic on the roads* 道路的交通流量 **4** [U] the strength or degree of sound that sth makes 音量；声量: *to turn the volume on a radio up/down* 调高/低收音机的音量

☆**voluntary** /ˈvɒləntrɪ; *US* 美 -terɪ ‖ ˈvɑlən,tɛrɪ/ *adj* **1** done or given willingly, not because you have to do it 自愿的；自动: *Overtime is voluntary where I work and I seldom do any.* 在我工作的地方超时工作是自愿的，而我很少这样做。○ *Parents often make voluntary contributions to the school funds.* 家长常常自动捐款给学校的基金。☛ Something that you must do is **compulsory**. * **compulsory** 用以形容必须做的事。**2** done or working without payment 义务的；无偿的: *voluntary work at the local hospital* 本地医院的义务工作 ○ *Voluntary organizations are sending workers to help the refugees.* 志愿团体派出工作人员帮助难民。—**voluntarily** /ˈvɒləntrəlɪ; *US* 美 ˌvɒlənˈterəlɪ ‖ ˌvɑlənˈtɛrəlɪ/ *adv*: *She left the job voluntarily, she wasn't sacked.* 她是自愿离职，不是给辞退的。

☆**volunteer** /ˌvɒlənˈtɪə(r) ‖ ˌvɑlənˈtɪr/ *noun* [C] **1** a person who offers or agrees to do sth without being forced or paid to do it 义务工作者；志愿人员 **2** a person who joins the armed forces without being ordered to 志愿兵

volunteer *verb* **1** [I,T] **volunteer (sth)**; **volunteer (to do sth)** to offer sth or to do sth which you do not have to do or for which you will not be paid 自愿地/无偿地做或提供: *They volunteered their services free.* 他们自愿提供免费服务。○ *She frequently volunteers for extra work because she really likes her job.* 她常常自告奋勇做额外工作，因为她真的喜欢她的工作。○ *One of my friends volunteered to take us all in his car.* 我的一个朋友自愿让我们都搭他的车去。**2** [I] **volunteer (for sth)** to join the armed forces without being ordered 志愿入伍 **3** [T] to give information, etc or make a comment or suggestion without being asked to 主动提供消息/发表意见/提出建议: *I volunteered a few helpful suggestions.* 我主动提出了一些有用的建议。

vomit /ˈvɒmɪt ‖ ˈvɑmɪt/ *verb* [I,T] to bring food, etc up from the stomach and out of the mouth 呕吐: *How many times did the patient vomit this morning?* 病人今天早上吐了多少次？☛ In everyday English we say **be sick** 在日常英语中用 **be sick**: *I ate too much last night and I was sick.* 我昨晚吃得太多，后来都吐了。—**vomit** *noun* [U]: *the smell of vomit* 呕吐物的气味

☆**vote** /vəʊt ‖ vot/ *noun* **1** [C] a method of deciding sth by asking people to express their choice and finding out what the majority want 表决/投票（以便做出决定）: *The democratic way to decide this would be to take a vote.* 要以民主方式来决定这件事就要进行投票。○ *Let's have a vote. All those in favour, raise your hands.* 我们表决吧，赞成的请举手。**2** [C] **a vote (for/against sb/sth)** an expression of your choice in an election, etc, which you show by raising your hand or writing on a piece of paper 表决（如举手或投票表决）: *The votes are still being counted.* 选票仍在点算中。○ *The Tory candidate got nearly 20 000 votes.* 那个保守党候选人得到差不多20 000票。**3 the vote** [sing] the votes given or received by a certain group in an election（选举中的）投票/得票总数: *The Conservatives were elected with 42% of the vote.* 保守党以获得百分之四十二的选票当选。**4 the vote** [sing] the legal right to vote in political elections（政治选举中的）投票权/选举权: *In some countries, women don't have the vote.* 在某些国家女性没有选举权。

(IDIOM 习语) **a vote of thanks** a short speech to thank sb, usually a guest at a meeting, dinner, etc 致谢辞: *The club secretary proposed a vote of thanks to the guest speaker.* 俱乐部秘书向演讲嘉宾致谢。

vote *verb* **1** [I,T] **vote (for/against sb/sth)**; **vote (on sth)** to show a choice of opinion with a vote 投票；表决: *Who did you vote for in the last general election?* 上次大选你投了谁的一票？○ *Very few MPs voted against the new law.* 极少议会议员投票反对那条新法律。○ *Now that we've heard everybody's opinion, I think it's time we voted on it.* 听过大家的意见后，我想是时候进行表决了。○ *They voted to change the rules of the club.* 他们投票决定更改俱乐部的规则。○ *I voted Liberal Democrat.* 我投了自由民主党一票。**2** [T] to choose sb for a particular position or honour 选出…为: *He was voted best actor.* 他获选为最佳演员。**3** [T] (*informal* 非正式) to decide and state that sth is/was good or bad 决定某事物的好坏: *We all voted the trip a success.* 我们一致认为这次旅行很成功。

voter *noun* [C] a person who votes or has the right to vote in a political election（政治选举中的）投票人/选举人

vouch /vaʊtʃ ‖ vaʊtʃ/ *verb* [I] **vouch (for sb/sth)** to state that a person is honest or good or that sth is true or genuine; to guarantee 保证；担保；证明

voucher /ˈvaʊtʃə(r) ‖ ˈvaʊtʃɚ/ *noun* [C] (*Brit* 英) a piece of paper that you can exchange for certain goods or services 凭单；票；券: *luncheon vouchers* (= ones given by some employers and which can be exchanged at certain restaurants for food) 午餐票（雇主给予的可换取食物的凭单）

vow /vaʊ ‖ vaʊ/ *noun* [C] a formal promise (especially in a religious ceremony) 誓约/誓言（尤指宗教仪式中的）: *marriage vows* 结婚誓言 ○ *a vow of silence* 保持沉默的誓言

V

vow *verb* [T] to make a serious promise 发誓；立誓: *We vowed never to discuss the subject again.* 我们发誓绝不再提此事。

☆**vowel** /'vaʊəl ‖ 'vaʊəl/ *noun* [C] a sound that you make with your lips and teeth open; the sounds represented in English by the letters 'a', 'e', 'i', 'o' or 'u' 元音（英语中以 a、e、i、o、u 表示）☛ Look at **consonant**. 参看 **consonant**。

voyage /'vɔɪɪdʒ ‖ 'vɔɪ·ɪdʒ/ *noun* [C] a long journey by sea or in space（海上或太空中的）航行 /航程 /旅程: *Magellan's voyages of discovery* 麦哲伦的发现之旅 ○ *a spacecraft on a voyage to Jupiter* 飞往木星的太空船

voyager /'vɔɪɪdʒə(r) ‖ 'vɔɪ·ɪdʒɚ/ *noun* [C] a person who makes a voyage 航行者

vulgar /'vʌlgə(r) ‖ 'vʌlgɚ/ *adj* **1** not having or showing good taste[1](5) or good manners; not educated 庸俗；粗俗；没教养: *He said my accent sounded vulgar.* 他说我的口音听来像没受过教育一样。**2** rude or likely to offend people 粗鲁；粗野: *a vulgar joke* 粗鄙的笑话 ○ *a vulgar gesture* 粗野的姿势 —**vulgarity** /vʌl'gærətɪ ‖ vʌl'gærətɪ/ *noun* [C,U] (*pl* **vulgarities**)

vulnerable /'vʌlnərəbl ‖ 'vʌlnərəbḷ/ *adj* **vulnerable (to sth/sb)** easy to attack, hurt or defeat; open to danger 易受袭击；脆弱；易生危险: *Poor organization left the troops vulnerable to enemy attack.* 那支军队组织松散，容易受到敌人攻击。○ *She felt lonely and vulnerable, living on her own in the big city.* 她独自在大城市居住，感到又寂寞又危险。☛ The opposite is **invulnerable**. 反义词为 **invulnerable**。—**vulnerability** /ˌvʌlnərə'bɪlətɪ ‖ ˌvʌlnərə'bɪlətɪ/ *noun* [U]: *This attack draws attention to the vulnerability of old people living alone.* 这次袭击事件使人注意到独居老人的危险境况。

vulture /'vʌltʃə(r) ‖ 'vʌltʃɚ/ *noun* [C] a large bird that has no feathers on its head or neck and that eats the flesh of dead animals 秃鹰

V

W w

W, w /ˈdʌbljuː ‖ ˈdʌbl̩ju/ *noun* [C] (*pl* **W's**; **w's**) the twenty-third letter of the English alphabet 英语字母表的第二十三个字母: *'Water' begins with (a) 'W'.* * water 这个词的第一个字母是W。

wacky /ˈwækɪ ‖ ˈwækɪ/ *adj* (**wackier**; **wackiest**) (*informal* 非正式) exciting, new and rather crazy 古怪；新奇；疯狂: *a wacky comedian* 滑稽的喜剧演员

wad /wɒd ‖ wɑd/ *noun* [C] **1** a lump or ball of soft material that is used for blocking sth, keeping sth in place, etc（用以固定、填塞等的）一团软物: *The nurse used a wad of cotton wool to stop the bleeding.* 护士用一团棉花球替病人止血。**2** a large number of papers or banknotes in a pile or rolled together（文件或钞票）一沓/卷

waddle /ˈwɒdl ‖ ˈwɑdl̩/ *verb* [I] to walk with short steps, leaning to one side then the other, like a duck（像鸭一样）摇摇摆摆地行走: *A small, fat person waddled past.* 一个矮矮胖胖的人摇摇摆摆地走过。

wade /weɪd ‖ wed/ *verb* [I] to walk with difficulty through fairly deep water, mud, etc 艰辛地行进；涉水；蹚水: (*figurative* 比喻) *She had to wade through three thick books before she could write the essay.* 她得啃完三本厚厚的书才能写出那篇文章。

wafer /ˈweɪfə(r) ‖ ˈwefɚ/ *noun* [C] a very thin, crisp biscuit 威化饼（薄而脆的饼干）

waffle[1] /ˈwɒfl ‖ ˈwɑfl̩/ *noun* [C] a small, crisp cake, made of flour, eggs and milk, that has a pattern of squares on it and is often eaten warm with a sweet sauce (**syrup**) 华夫饼（用面粉、鸡蛋和牛奶制成的小脆饼，上有方形图案，常浇上糖浆 (**syrup**) 热吃）

waffle[2] /ˈwɒfl ‖ ˈwɑfl̩/ *verb* [I] (*Brit informal* 英，非正式) to talk or write for much longer than necessary without saying anything important 没完没了地说/写；胡扯: *Don't waffle, get to the point.* 别瞎扯，快说出要点。—**waffle** *noun* [U]: *The last two paragraphs of your essay are just waffle.* 你的文章的最后两段只是空话。

waft /wɒft; *US* 美 wæft ‖ wæft/ *verb* [I,T] to move lightly through the air; to make sth move in this way（使）飘荡: *The smell of her perfume wafted through the room.* 她身上的香水味在房间内飘荡。

wag /wæg ‖ wæg/ *verb* [I,T] (wa**gg**ing; wa**gg**ed) to shake up and down or move from side to side 摇摆；摆动: *The dog is wagging his tail.* 那只狗在摇尾巴。

☆**wage**[1] /weɪdʒ ‖ wedʒ/ *noun* **1** [sing] the amount of money paid for a week's work 一周的工资: *What's the average wage in this country?* 这个国家的平均工资是多少？**2** [plural] the pay you receive 工资；薪水: *Our wages are paid every Thursday.* 我们逢星期四发薪。☛ **Wage** in the singular is mainly used to talk about the amount of money paid or when the word is combined with another, for example 'wage packet', 'wage rise', etc. * **wage** 作单数用时主要是指工资的金额，或与其他词语连用，例如 wage packet、wage rise 等。**Wages** in the plural means the money itself 作复数用时 **wages** 则指工资: *I have to pay the rent out of my wages.* 我必须用部分工资支付租金。Look at the note at **pay**[1]. 参看 **pay**[1] 的注释。

wage[2] /weɪdʒ ‖ wedʒ/ *verb* [T] **wage sth (against/on sb/sth)** to begin and continue sth, especially a war 发动/进行/展开（尤指战争）: *to wage war* 发动战争 ○ *The police are waging a campaign against illegal drugs.* 警方正展开扫毒行动。

waggle /ˈwægl ‖ ˈwægl̩/ *verb* [I,T] (*informal* 非正式) to move up and down or from side to side with quick, short movements; to make sth move in this way（使）摇摆/摇动: *Can you waggle your ears?* 你能使耳朵摆动吗？

wagon (*also* 亦作 **waggon**) /ˈwægən ‖ ˈwægən/ *noun* [C] **1** a vehicle with four wheels that is pulled by horses, etc and used for transporting things 四轮的运货马车/篷车 **2** (*US* 美 **freight car**) an open railway truck used for transporting goods 铁路的敞篷货车: *coal transported in goods wagons* 用敞篷货车运载的煤

waif /weɪf ‖ wef/ *noun* [C] a child or animal who has nowhere to live and is not looked after 无家可归的小孩/动物

wail /weɪl ‖ wel/ *verb* **1** [I,T] to cry or complain in a loud, high voice 嚎啕大哭；大声哭诉: *the sound of children wailing* 孩子们嚎啕大哭的声音 ○ *'Won't somebody help me?', she wailed.* 她哭着说："求求你们，帮帮我好吗？" **2** [I] to make a sound like this 发出似大哭的尖声: *sirens wailing in the streets outside* 外面街上警笛大鸣

wail *noun* [C] a loud cry of pain or sadness; a sound similar to this 痛哭；哀号: *the wails of a child* 孩子的哀号 ○ *the wail of sirens* 警报声

☆**waist** /weɪst ‖ west/ *noun* [C, usually sing] **1** the part around the middle of the body between the stomach and the hips (and often narrower than them) 腰: *What's your waist measurement?* 你的腰围是多少？○ *a 26-inch waist* * 26英寸的腰围 ○ *She put her arms around his waist.* 她伸出胳臂抱着他的腰。☛ picture on page A21. 见第 A21 页插图。**2** the part of a piece of clothing that goes round the waist 衣服的腰部

ˈ**waistline** *noun* [C, usually sing] **1** the measurement or size of the body around the waist 腰围: *a slim waistline* 纤腰 **2** the part of a piece of clothing that fits around or close to the waist 衣服的腰部: *a dress with a high waistline* 高腰连衣裙

waistcoat /ˈweɪskəʊt; *US* 美 ˈweskət ‖ ˈwɛskət/ (*US* 美 **vest**) *noun* [C] a piece of clothing with buttons down the front and no sleeves that is often worn under a jacket as part of a man's suit（西装的）背心 ☛ picture on page A25. 见第A25页插图。

☆**wait**[1] /weɪt ‖ wet/ *verb* [I] **1 wait (for sb/sth) (to do sth)** to remain in a particular place, and not do anything until sb/sth arrives or until sth happens 等；等候；等待: *Wait here. I'll be back in a few minutes.* 在这里等一等，我马上就回来。○ *Have you been waiting long?* 你等了很久了吗？○ *If I'm a bit late, can you wait for me?* 如果我稍为晚了一点，请你等我一下好吗？○ *I wrote to them a few weeks ago and I'm still waiting for a reply.* 我几星期前给他们写了信，现在仍在等候回复。○ *I'm waiting to see the doctor.* 我正等着见医生。○ *He's waiting for them to tell him whether he got the job or not.* 他正等待他们通知是否录用他。○ *I can't wait* (= I am very keen) *to find out what happens at the end.* 我恨不得立刻知道结果。☛ Compare **wait** and **expect** 比较 **wait** 及 **expect**: *I was expecting him to be there at 7.30 but at 8 I was still waiting.* 我预期他7时30分到那儿，但到了8时我还在等他。○ *I'm waiting for the exam results but I'm not expecting to pass.* 我在等候考试结果公布，但我料想不会及格。If you **wait**, you pass the time often doing little else, until sth happens * **wait** 通常指无所事事地消磨时间，直至某事发生: *I waited outside the theatre until they arrived.* 我一直在戏院外等候，直到他们出现。If you **expect** sth, you believe that sth will happen * **expect** 则用以表示相信某事会发生: *I'm expecting a reply from them soon, because it's a month since I wrote.* 我预期他们不久会作出回复，因为我去信已经一个月了。**2** to be left or delayed until a later time; not to be done or dealt with immediately 拖延；推迟；暂缓处理: *Is this matter urgent or can it wait?* 这件事必须立即处理还是可以容后办理？

(IDIOMS 习语) **keep sb waiting** to make sb wait 使等候: *I'm sorry if I've kept you waiting.* 要是让你久等了，我得向你道歉。

wait and see to wait and find out what will happen (perhaps before deciding to do sth)（在决定做某事前）等等看/观望

wait your turn to wait until the time when you are allowed to do sth 等轮到自己

(PHRASAL VERBS 短语动词) **wait about/around** to stay in a place doing nothing because sb or sth is late 在某处无聊地等候（如因某人/某事物出现迟了）

wait behind to stay in a place after others have left it 待他人走后留下来

wait in to stay at home because you are expecting sb to come or sth to happen 在家等候（某人到来或某事发生）: *I waited in all evening but she didn't phone.* 我在家等了整个晚上，她始终没有打电话来。

wait on sb to bring food, drink etc to sb, usually in a restaurant 侍候某人进餐（尤指在餐厅内）

wait up (for sb) not go to bed because you are waiting for sb to come home 熬夜等候某人回家: *I won't be back until very late, so don't wait up.* 我要很晚才回家，不必等我了。

'**waiting-list** *noun* [C] a list of people who are waiting for sth that will be available in the future 等候者名单: *to put sb's name on the waiting-list* 将某人的名字列入等候者名单

'**waiting-room** *noun* [C] a room at a doctor's surgery, railway station, etc where people can sit and wait 等候室；候诊室；候车室；候机室

☆**wait**[2] /weɪt ‖ wet/ *noun* [C, usually sing] **a wait (for sth/sb)** a period of time when you wait 等候（的时间）: *a short/long wait* 等了一会儿/很久

☆**waiter** /'weɪtə(r) ‖ 'wetɚ/ (*feminine* 阴性 **waitress**) *noun* [C] a person whose job is to take orders from customers and bring food and drink to them in a restaurant, hotel dining-room, etc（餐厅、旅馆等的）侍者/服务员

waive /weɪv ‖ wev/ *verb* [T] (*formal* 正式) to state that a rule, etc need not be obeyed; to give up a right to sth 不坚持执行（规则等）；放弃权利: *The management waived the no-smoking rule in the office for the annual party.* 由于举行周年聚会，管理当局暂不执行不准在办公室吸烟的规定。○ *She signed a contract in which she waived all rights to her husband's money.* 她签了合约，放弃对丈夫金钱的任何权利。

☆**wake**[1] /weɪk ‖ wek/ *verb* (*pt* **woke** /wəʊk ‖ wok/; *pp* **woken** /'wəʊkən ‖ 'wokən/) **1** [I] **wake (up)** to stop being asleep 睡醒；醒来: *I woke early in the morning and got straight out of bed.* 我很早就醒来，并立即起床。○ *Wake up! It's nearly 8 o'clock!* 醒来吧！差不多8点了！**2** [T] **wake sb (up)** to make sb stop sleeping 弄醒；唤醒: *Could you wake me up at 7.30 tomorrow morning, please?* 明早7时30分请你唤醒我好吗？**3** [T] **wake sb/sth up** to make sb/sth become more lively or active 使…提起精神/活跃: *She always has some coffee to wake her up when she gets to work.* 她工作时爱喝些咖啡来提神。

(PHRASAL VERB 短语动词) **wake up to sth** to become aware of sth 察觉: *By the time he had woken up to the danger, it was too late.* 待他察觉到危险时，已经太迟了。

waken /'weɪkən ‖ 'wekən/ *verb* [I,T] (*formal* 正式) to wake up or to make sb/sth wake up 醒来；弄醒: *She wakened from a deep sleep.* 她从沉睡中醒来。○ *Shh. You'll waken the baby!* 嘘！别吵醒婴儿！

wake[2] /weɪk ‖ wek/ *noun* [C] the track that a moving ship leaves behind on the surface of the water（船只航行时在水面上留下的）船迹/尾迹

(IDIOM 习语) **in the wake of sth** following or happening after sth, often as a result of it 尾随；随着…而来: *The floods left a great deal of suffering in their wake.* 洪水退去之后，满目疮痍。

☆**walk**[1] /wɔːk ‖ wɔk/ *verb* **1** [I] to move along on foot at a fairly slow speed 步行；行走: *Our little girl is just learning to walk.* 我们的小女孩刚开始学步。○ *The dog walked in and lay down.* 那只狗走进来躺下。○ *'How did you get here? By bus?' 'No, I walked.'* "你怎么来的？乘公共汽车？""不，我走路来的。" ○ *The*

W

children ran ahead as we walked to the beach. 我们向海滩走去，孩子们跑在我们前面。○ *He walked with a limp.* 他一拐一拐地走路。○ *Are the shops within walking distance?*) (= are they close enough to walk to?) 那些商店可以走路去吗？**2** [I] to move in this way for exercise or pleasure 散步 ☛ **Go walking** is a common way of talking about taking long walks for pleasure 远足一般说 **go walking**: *I often go walking in the Alps in the summer.* 我常在夏天到阿尔卑斯山脉远足。Look at the note at **walk²**. 参看 **walk²** 的注释。**3** [T] to walk with sb/sth; to guide or help sb to walk 陪着走；送：*I'll walk you home if you don't want to go on your own.* 要是你不想独自回家，我就陪你走回去。○ *The park was full of people walking their dogs.* 公园里到处都是遛狗的人。**4** [T] to go along or through sth on foot 沿…走；走过：*He walked the streets all night.* 他整晚都在街上溜达。

(PHRASAL VERBS 短语动词) **walk off with sth** **1** to win sth easily 轻易赢得：*She walked off with all the prizes.* 她轻易赢走了所有奖品。**2** to steal sth; to take sth that does not belong to you by mistake 偷走；误取：*When I got home I realized that I had walked off with her pen.* 我回到家里，发觉误拿了她的笔。

walk out (of sth) to leave suddenly and angrily 突然愤怒地离去；退席；离场：*She walked out of the meeting in disgust.* 她愤而退出会议。

walk out on sb (*informal* 非正式) to leave sb for ever 抛弃某人：*He walked out on his wife and children after 15 years of marriage.* 他结婚15年后抛妻弃子出走。

walk over sb (*informal* 非正式) **1** to defeat sb completely 彻底打败：*He played brilliantly and walked all over his opponent.* 他在比赛中表现出色，彻底打败了对手。**2** to deal with sb as if he/she is not important 欺负；欺侮：*I don't know why she lets her husband walk over her like that.* 我不知道她为什么让丈夫那样欺侮她。

walk up (to sb/sth) to approach (sb/sth) 走近：*He walked up to her and asked her if she wanted to dance.* 他向她走了上去，问她要不要跳舞。

walker *noun* [C] a person who walks 步行者：*a fast walker* 走路走得快的人 ○ *This area is very popular with walkers.* 许多人喜欢来这里散步。

'walking-stick (*also* 亦作 **stick**) *noun* [C] a stick that you use to lean on if you have difficulty walking 手杖 ☛ picture at **crutch**. 见 **crutch** 插图。

'Walkman *noun* [C] (*pl* **Walkmans**) (*trade mark* 商标) a small cassette player with earphones that you can carry round with you 步行者录放机；随身听

'walk-over *noun* [C] an easy win 轻易获得的胜利；一边倒的竞赛/比赛结果

☆**walk²** /wɔːk ‖ wɔk/ *noun* **1** [C] a trip on foot for pleasure, exercise, etc 散步：*We went for a walk in the country.* 我们到郊外散步。○ *I'm just going to take the dog for a walk.* 我正想带狗去散步。☛ We use **go for a walk** when we are talking about a short walk that we take for pleasure. * **go for a walk** 指散步。When we mean a long walk, of perhaps a day or more and for which you need special boots, etc, we use **go walking**. * **go walking** 指远足，需步行一天或以上，穿着特别的靴子等。**2** [sing] the time taken to go somewhere on foot; the distance to a place on foot 步行的时间/距离：*The hotel is five minutes' walk from the station.* 由车站步行五分钟就可以到达旅馆。**3** [sing] a way or style of walking 步行方式；步态：*He has a funny walk.* 他走路的姿态很有趣。**4** [sing] the speed of walking 步行速度：*She slowed to a walk.* 她减慢至步行的速度。**5** [C] a route for walking for pleasure 散步的路径：*From here there's a lovely walk through the woods.* 从这里穿过树林是一条幽美的散步路径。

(IDIOM 习语) **a walk of life** position in society 职业；阶层：*She has friends from many different walks of life.* 她有来自各行各业的朋友。

walkie-talkie /ˌwɔːkɪˈtɔːkɪ ‖ ˌwɔkɪˈtɔkɪ/ *noun* [C] (*informal* 非正式) a small radio that you can carry with you and use to talk and listen to sb 步话机；无线电对讲机：*The policeman called for help on his walkie-talkie.* 那个警察使用步话机求援。

☆**wall** /wɔːl ‖ wɔl/ *noun* [C] **1** a solid, upright structure made of stone, brick, etc that is built round an area of land to protect it or to show a boundary 墙；围墙：*There is a high wall all around the prison.* 监狱四周都有高墙。☛ picture at **fence**. 见 **fence** 插图。**2** one of the sides of a room or building joining the ceiling and the floor 墙壁：*You could hear the people in the next room talking because the wall was so thin.* 墙很薄，你可以听见隔壁的人的说话声。○ *He put the poster up on the wall.* 他将海报贴在墙上。

(IDIOM 习语) **up the wall** extremely angry 勃然大怒：*She went up the wall when I turned up an hour late.* 我迟了一个小时才出现，她生气极了。

walled *adj* surrounded by a wall 被墙围住的：*an ancient walled city* 一个有围墙的古城

'wallpaper *noun* [U] paper with a pattern on it that you stick to the walls of a room 墙纸；壁纸 —**wallpaper** *verb*: *We spent the weekend wallpapering the bedroom.* 我们利用周末在卧室贴墙纸。

ˌwall-to-'wall *adj*, *adv* (used especially about a carpet 尤指地毯) covering the whole floor of a room 覆盖整个地板（的）

☆**wallet** /ˈwɒlɪt ‖ ˈwɑlɪt/ (*US* 美 **billfold**; **pocketbook**) *noun* [C] a small, flat, folding case in which you keep banknotes, credit cards, etc（用以放纸币、信用卡等的）皮夹子 ☛ Look at **purse**. 参看 **purse**。

wallop /ˈwɒləp ‖ ˈwɑləp/ *verb* [T] (*informal* 非正式) to hit sb/sth very hard 痛打；猛击

wallow /ˈwɒləʊ ‖ ˈwɑlo/ *verb* [I] **wallow (in sth)** **1** to lie and roll around in water, etc 泡；打滚：*I spent an hour wallowing in a hot bath.*

W

我泡了一个小时的热水浴。**2** to take great pleasure in sth (a feeling, situation, etc) 沉湎于: *He seems to wallow in self-pity.* 他似乎沉湎于自怜之中。

wally /ˈwɒlɪ ‖ ˈwɑlɪ/ *noun* [C] (*pl* **wallies**) (*Brit informal* 英，非正式) a silly person; a fool 笨蛋

walnut /ˈwɔːlnʌt ‖ ˈwɔlˌnʌt/ *noun* [C] a nut that you can eat, with a hard brown shell that is in two halves 胡桃 ☛ picture at **nut**. 见 **nut** 插图。

walrus /ˈwɔːlrəs ‖ ˈwɔlrəs/ *noun* [C] a large animal that lives in the sea in Arctic regions. It is similar to a seal but has two long teeth (**tusks**) coming out of its face. 海象（上颌有两个长牙 (**tusk**)）

waltz /wɔːls; *US* 美 wɔːlts ‖ wɔlts/ *noun* [C] a dance that you do with a partner, to music which has a rhythm of three beats; the music for this dance 华尔兹舞（曲）；圆舞曲: *a Strauss waltz* 施特劳斯的华尔兹舞曲

waltz *verb* [I] **1** to dance a waltz 跳华尔兹舞: *They waltzed around the floor.* 他们在舞池里跳华尔兹舞。**2** (*informal* 非正式) to move easily, carelessly or confidently 轻轻松松/充满信心地走: *You can't just waltz in and expect your meal to be ready for you.* 你不能就这样大摇大摆地进来，想着人家替你做好了饭。

wan /wɒn ‖ wɑn/ *adj* very pale and looking ill or tired 苍白；带病容的；倦怠

wand /wɒnd ‖ wɑnd/ *noun* [C] a thin stick that magicians, etc hold when they are doing magic（魔术师用的）短棒: *I wish I could wave a magic wand and make everything better.* 我希望只要挥一挥魔杖便能万事大吉。

☆**wander** /ˈwɒndə(r) ‖ ˈwɑndɚ/ *verb* **1** [I,T] to move slowly around a place or to go from place to place with no particular purpose 漫游；闲逛；游荡: *We spent a pleasant day wandering around the town.* 我们在镇里愉快地闲逛了一天。○ *He was found in a confused state, wandering the streets.* 有人看见他神志不清地在街上游荡。**2** [I] **wander (away/off)**; **wander (from/off sth)** to leave a place or the path that you were on 离开原处；失散: *We must stay together while visiting the town so I don't want anybody to wander off.* 我们到那个城镇游览时必须聚在一起，我不想任何人离群走散。○ (*figurative* 比喻) *I seem to have wandered off the subject – what was I talking about?* 我似乎已离了题，我在说什么呢？**3** [I] (used about sb's mind, thoughts, etc 指人的精神、思想等) to stop concentrating; to be unable to stay on one subject 精神恍惚；思想不集中: *The lecture was so boring that my attention began to wander.* 那节课太闷了，我开始走神。○ *The old man's mind is wandering. He doesn't know where he is any more.* 那个老人精神恍惚，不再知道自己身在什么地方。

wane /weɪn ‖ wen/ *verb* [I] **1** (used about the moon 指月亮) to appear to become smaller 缺；亏 **2** to become less powerful, less important, smaller or weaker 衰微；没落: *Britain's influence on world events has been waning for years.* 多年来英国对世界大事的影响力逐渐减低。

wangle /ˈwæŋgl ‖ ˈwæŋgl̩/ *verb* [T] (*informal* 非正式) to get sth by finding a way of persuading or tricking sb 用计策/谋略获得；骗得: *Somehow he wangled a day off to meet me.* 他不知用什么方法弄到一天假来见我。

wanna /ˈwɒnə ‖ ˈwɑnə/ a way of writing 'want to' or 'want a' to show that sb is speaking in an informal way or with a special accent 想/要（want to 或 want a 的另一种写法，用于非正式场合，或表示说话者带口音）: *I wanna go home now.* 我想现在就回家。☛ Look at the note at **gonna**. 参看 **gonna** 的注释。

☆**want**[1] /wɒnt; *US* 美 wɔːnt ‖ wɔnt/ *verb* [T] **1** to desire; to wish for 要；想要；希望: *He wants a new bike.* 他想要一辆新的自行车。○ *Do you want anything else?* 你还要别的东西吗？○ *What do they want for breakfast?* 他们早餐想吃些什么？○ *Is there anything you want to watch on television?* 你有什么电视节目想看吗？○ *I don't want to discuss it now.* 我不想现在讨论那件事。○ *I want you to phone me when you get there.* 我希望你到了那里之后能打电话给我。○ *The boss wants this letter typed.* 老板要这封信用打字机打好。○ *I don't want Emma going out on her own at night.* 我不想埃玛晚上独自外出。○ *They want Stevens as captain.* 他们希望史蒂文斯当队长。☛ **Want** and **would like** are similar in meaning, but 'would like' is more polite * **want** 和 **would like** 的意义相近，但 would like 较有礼貌: *'I want a drink!' screamed the child.* 孩子嚷道："我要喝的！" ○ *'Would you like some more tea, Mrs Jones?'* "请问你还要茶吗，琼斯太太？" **2** to need or require sth 需要: *The button on my shirt wants sewing on.* 我衬衫上的纽扣需要缝上。○ *The house wants a new coat of paint.* 那所房子需要重新油漆。**3** (*informal* 非正式) (used as a warning, as advice, etc 用作警告、忠告等) should or ought to 应该；应当: *He wants to be more careful about what he tells people.* 他与人说话时应该加倍谨慎。○ *If you're bored, you want to go out more often.* 要是你觉得闷，应该多出去走走。**4** (usually passive 通常用于被动语态) to need sb to be in a particular place or for a particular reason 需要（某人）: *Mrs Lewis, you are wanted on the phone.* 刘易斯太太，是你的电话。○ *She is wanted by the police* (= the police are looking for her because she is suspected of committing a crime). 警察正通缉她。

☆**want**[2] /wɒnt; *US* 美 wɔːnt ‖ wɔnt/ *noun* **1** [C] desire or need for sth; sth you desire or need 渴望；需要；渴望得到/需要的东西: *All our wants were satisfied.* 我们的需要都满足了。**2** [U,sing] **want of sth** a lack of sth 缺乏: *Want of a proper water supply has resulted in disease and death.* 由于没有适当的饮水供应，疾病和死亡相继出现。○ *I took the job for want of a better offer.* 我接受了那份工作，因为没有更好一些的。

wanton /ˈwɒntən; *US* 美 ˈwɔːn- ‖ ˈwɑntən/ *adj* (used about an action 指行动) done in order to hurt sb or damage sth for no good reason 恶意；恣意

☆**war** /wɔː(r) ‖ wɔr/ *noun* **1** [U] a state of fighting

W

between different countries or groups within countries, using armies and weapons 战争（状态）: *war and peace* 战争与和平 ○ *The Prime Minister announced that the country was at war.* 首相宣布国家处于战争状态。○ *to declare war* (= announce that a war has started) 宣战 ○ *When war broke out, thousands of men volunteered for the army.* 战争爆发，数以千计的人自愿参军。○ *civil war* (= fighting between different groups in one country) 内战 **2** [C] a period of military fighting 战争（时期）: *the Second World War* 第二次世界大战 ○ *He was killed in the war.* 他在战乱中丧生。○ *to fight a war* 打仗 **3** [C,U] a struggle; very strong competition between groups of people 争斗；剧烈的竞争: *a price war among oil companies* 石油公司的价格战 **4** [sing] **a war (against sb/sth)** efforts to end sth 消灭…的行动: *the war against organized crime* 消灭有组织犯罪的行动

warfare /ˈwɔːfeə(r) ‖ ˈwɔrˌfɛr/ *noun* [U] methods of fighting a war; types of war 战争；战略: *guerrilla warfare* 游击战 ○ *nuclear warfare* 核战

warlike /ˈwɔːlaɪk ‖ ˈwɔrˌlaɪk/ *adj* liking to fight or good at fighting 好战；善战: *a warlike nation* 好战的民族

ˈ**warpath** *noun*
(IDIOM 习语) **(be/go) on the warpath** (*informal* 非正式) to be very angry and ready to quarrel or fight（怒不可遏地）准备争吵/打架

ˈ**warship** *noun* [C] a ship for use in war 军舰；战船

ˈ**wartime** *noun* [U] a period of time during which there is a war 战时: *wartime Britain* 战时的英国

warble /ˈwɔːbl ‖ ˈwɔrbl̩/ *verb* [I] (used usually about a bird 通常指鸟) to sing gently, varying the notes up and down 婉转地唱歌

☆**ward** /wɔːd ‖ wɔrd/ *noun* [C] **1** a separate part or room in a hospital often for a particular group of patients 病房: *the children's ward* 儿童病房 **2** one of the sections into which a town is divided for elections 选区 **3** a child who is under the protection of a court of law; a child whose parents are dead and who is cared for by another adult (**guardian**) 受法庭/监护人 (**guardian**) 保护的孩子

ward *verb*
(PHRASAL VERB 短语动词) **ward sb/sth off** to keep away sb/sth that is dangerous or unpleasant 挡开/避开（危险或讨厌的人/事物）: *They lit a fire to ward off wild animals.* 他们点起火堆防止野兽接近。

warden /ˈwɔːdn ‖ ˈwɔrdn̩/ *noun* [C] **1** a person whose job is to check that rules are obeyed or to look after the people in a particular place 监督；督导员: *a traffic warden* (= a person who checks that cars are not parked in the wrong place) 交通督导员 ○ *the warden of a youth hostel* 青年宿舍的舍监 **2** (*US* 美) the governor of a prison 典狱长

warder /ˈwɔːdə(r) ‖ ˈwɔrdɚ/ *noun* [C] (*Brit* 英) a prison guard 狱警；狱吏

wardrobe /ˈwɔːdrəʊb ‖ ˈwɔrdˌrob/ *noun* [C] **1** a large cupboard in which you can hang your clothes 衣柜 **2** a person's collection of clothes 个人的全部衣服: *I need a whole new wardrobe.* 我需要购买全部新衣服。

ware /weə(r) ‖ wɛr/ *noun* **1** [U] (in compounds 用以构成复合词) made from a particular type of material or suitable for a particular use 产品；制品；用具: *a hardware shop* (= one that sells tools, household equipment, etc) 五金店 ○ *an earthenware pot* 陶壶 **2 wares** [plural] (*old-fashioned* 旧) goods offered for sale 商品；货品

warehouse /ˈweəhaʊs ‖ ˈwɛrˌhaus/ *noun* [C] a building where large quantities of goods are stored before being sent to shops 货仓

warfare ⊳ WAR

warily, wariness ⊳ WARY

☆**warm**[1] /wɔːm ‖ wɔrm/ *adj* **1** having a temperature that is fairly high, between cool and hot 温暖；暖和: *Are you warm enough or would you like me to put the heating on?* 你够暖吗，要不要我给你开暖气？○ *It's quite warm in the sunshine.* 在阳光照耀下感到很温暖。○ *I jumped up and down to keep my feet warm.* 我不断地跳着来保持脚部温暖。☛ Look at the note at **hot**(1). 参看 **hot**(1) 的注释。**2** (used about clothing 指衣物) preventing you from getting cold 保暖: *Take plenty of warm clothes.* 请带上足够的保暖衣服。**3** friendly; kind and pleasant; sincere 友善；热情；诚挚: *I was given a very warm welcome.* 我受到非常热烈的欢迎。**4** creating a pleasant, comfortable feeling 给人以愉快、舒服的感觉: *warm colours* 暖色 —**warmly** *adv*: *warmly dressed* 穿得暖和 ○ *She thanked him warmly for his help.* 她衷心地感谢他帮忙。

warmth /wɔːmθ ‖ wɔrmθ/ *noun* [U] **1** a fairly high temperature or effect created by this, especially when it is pleasant 温暖: *She felt the warmth of the sun on her face.* 她感受到阳光照射到脸上的温暖。**2** friendliness or kindness 热情；友善: *I was touched by the warmth of their welcome.* 他们热情地欢迎我，使我深受感动。

ˌ**warm-ˈhearted** *adj* kind and friendly 慈爱；友好

☆**warm**[2] /wɔːm ‖ wɔrm/ *verb* [I,T] **warm (sb/sth) (up)** to become or to make sb/sth become warm or warmer 变得/使暖和: *It was cold earlier but it's beginning to warm up now.* 前阵子天气还冷，现在已经开始暖和了。○ *I sat in front of the fire to warm up.* 我坐在炉火前取暖。○ *There's some meat left over from lunch, so we can warm it up* (= heat it again) *tonight.* 午饭吃剩了一些肉，今天晚上我们可以把它熥一熥。

(PHRASAL VERBS 短语动词) **warm to/towards sb** to begin to like sb 开始喜欢（某人）；开始（对某人）产生好感

warm to sth to become more interested in sth 对（某事物）更感兴趣

warm up to prepare for sth by practising gently 作准备活动；热身: *The team warmed up before the match.* 球队作赛前准备活动。

warm[3] /wɔːm ‖ wɔrm/ *noun* [sing] **the warm** a

W

warm place or atmosphere 温暖的地方/空气: *It's awfully cold out here – I want to go back into the warm.* 这里很冷，我想回到室内温暖的地方去。

☆**warn** /wɔːn ‖ wɔrn/ *verb* [T] **1 warn sb (of sth); warn sb about/against sb/sth; warn sb against doing sth** to tell sb to be careful or aware of sth, often unpleasant or dangerous, that exists or might happen 警告；提醒: *When I saw the car coming I tried to warn him, but it was too late.* 我一看到有车驶来就向他发出警告，但已经太迟了。○ *The government is warning (the public) of possible terrorist attacks.* 政府警告（公众）恐怖分子可能发动袭击。○ *The radio warned people about delays on the roads this morning.* 电台提醒人们今天早上道路交通阻塞。○ *They put up a red flag to warn you against swimming in the sea here.* 当局挂起红旗警告大家不要在这片海水里游泳。○ *She warned me that he was not an easy man to work for.* 她提醒我替他工作并不容易。**2** to advise sb (not) to do sth 提醒；告诫: *I warned you not to trust him.* 我提醒过你不要相信他。

warning *noun* [C,U] something that tells you to be careful or tells you about sth before it happens 警告；提醒；预先告知: *There was a warning on the gate: 'Beware of the dog'.* 大门上有警告字句："小心有狗"。○ *Your employers can't dismiss you without warning.* 雇主不能预先不发通知便把员工解雇。○ *He gave me no warning of his arrival.* 他没有预先告知我他将到达。

warp /wɔːp ‖ wɔrp/ *verb* [I,T] to become bent and out of shape (because of heat or damp); to make sth become like this（使）弯曲/变形: (*figurative* 比喻) *His view of life had been warped by his unhappy experiences.* 他那些不愉快的遭遇改变了他的人生观。—**warped** *adj*: *the killer's warped* (= abnormal) *mind* 杀手的变态心理

warrant /ˈwɒrənt; *US* 美 ˈwɔːr- ‖ ˈwɔrənt/ *noun* [C] a written statement that gives sb the authority to do sth 许可证；授权令: *a search warrant* (= a document that allows the police to search a house) 搜查令

warrant *verb* [T] (*formal* 正式) to make sth seem right or necessary; to deserve 使…显得恰当；值得: *I don't think her behaviour warrants such criticism.* 我认为她的行为不应受到这样的批评。

warranty /ˈwɒrəntɪ; *US* 美 ˈwɔːr- ‖ ˈwɔrəntɪ/ *noun* [C,U] (*pl* **warranties**) a written statement that you get when you buy sth, which promises to repair or replace it if it is broken or does not work（商品的）保用证/保用单 ☛ Look at **guarantee**. 参看 **guarantee**。

warrior /ˈwɒrɪə(r); *US* 美 ˈwɔːr- ‖ ˈwɔrɪɚ/ *noun* [C] (*old-fashioned formal* 旧，正式) a person who fights in battle; a soldier 战士；武士；勇士

wart /wɔːt ‖ wɔrt/ *noun* [C] a small hard dry lump that sometimes grows on the face or body 疣；肉赘；瘊子

wary /ˈweərɪ ‖ ˈwɛrɪ/ *adj* (**warier**; **wariest**) **wary (of sb/sth)** careful because you are uncertain or afraid of sth 慎防；惟恐；生怕: *He was wary of accepting the suggestion in case it meant more work for him.* 他生怕接受了那个提议后说不定要做更多工作。—**warily** /-rəlɪ ‖ -rəlɪ/ *adv*

was ⇨ BE

☆**wash**[1] /wɒʃ; *US* 美 wɔːʃ ‖ wɔʃ/ *verb* **1** [I,T] to clean sb/sth/yourself with water and often soap 洗: *You'll have to wash this jumper by hand.* 这件毛衣必须用手洗。○ *Wash and dress quickly or you'll be late!* (= wash yourself). 快点洗澡穿衣，不然你会迟到的！○ *I'll wash, you dry* (= wash the dishes). 我来洗碗，你来抹干。☛ Look at the note at **clean**[2]. 参看 **clean**[2] 的注释。**2** [I] (used about water 指水) to flow in the direction mentioned 流过: *I let the waves wash over my feet.* 我让波浪流过我的脚。**3** [T] to carry sth by the movement of water（被水）冲: *The current washed the ball out to sea.* 水流把球冲到海里。**4** [I] to be able to be washed without being damaged 耐洗: *Does this material wash well, or does the colour come out?* 这种布料耐洗吗，会退色吗？

(IDIOM 习语) **wash your hands of sb/sth** to refuse to be responsible for sb/sth any longer 洗手不干

(PHRASAL VERBS 短语动词) **wash sb/sth away** (used about water 指水) to carry sb/sth away 将某人/某物冲走: *The floods had washed away the path.* 洪水将小径冲掉了。

wash (sth) off to (make sth) disappear from sth by washing 洗掉: *Go and wash that make-up off!* 去洗掉化妆品！

wash out to be removed from a material by washing 洗掉: *These grease marks won't wash out.* 这些油迹洗不掉。

wash sth out to wash sth or the inside of sth in order to remove dirt 将某物（的内部）洗净: *I'll just wash out these jeans so that they're ready for tomorrow.* 我现在要洗好这条牛仔裤，明天才可以穿。

wash (sth) up 1 (*Brit* 英) to wash the plates, knives, forks, etc after a meal（饭后）洗餐具: *Whose turn is it to wash up?* 轮到谁洗餐具？○ *Don't forget to wash the saucepans up.* 别忘了洗平底锅。**2** (*US* 美) to wash your face and hands 洗脸洗手: *Go and wash up quickly and put on some clean clothes.* 快去洗脸洗手，换上干净衣服。**3** (often passive 常用于被动语态) (used about water 指水) to carry sth to land and leave it there 将某物冲到岸上: *Police found the girl's body washed up on the beach.* 警方发现那个女孩的尸体已被冲到海滩上。

washable /-əbl ‖ -əbl̩/ *adj* that can be washed without being damaged 可洗；耐洗

ˈ**wash-basin** (*also* 亦作 **basin**) *noun* [C] a large bowl for water that has taps and is fixed to a wall, in a bathroom, etc 洗手盆/洗脸盆（安装在浴室等的墙上，有水龙头）☛ picture at **plug**. 见 **plug** 插图。Look at **sink**. 参看 **sink**。

ˈ**wash-cloth** *noun* [C] (*US* 美) = FACE-CLOTH

ˌ**washed** ˈ**out** *adj* tired and pale 疲劳而苍白: *They arrived looking washed out after their long journey.* 他们经过长途跋涉，到达时都显得很疲劳。

W

ˈ**washout** *noun* [C] (*informal* 非正式) a person or thing that is a complete failure 无用的家伙；大败

ˈ**washroom** *noun* [C] (*US* 美) a room with a toilet 厕所 ☛ Look at the note at **toilet**. 参看 **toilet** 的注释。

☆**wash²** /wɒʃ ‖ wɔʃ/ *noun* **1** [C, usually sing] an act of cleaning or being cleaned with water 洗：*I'd better go and have a wash before dinner.* 我还是晚饭前先洗个澡。**2** [sing] the waves caused by the movement of a ship through water（船驶过引起的）波浪

(IDIOM 习语) **in the wash** being washed 正在洗：*'Where's my red T-shirt?' 'It's in the wash.'* "我的红色圆领衫在哪里？""正在洗呢。"

☆**washing** /ˈwɒʃɪŋ; *US* 美 ˈwɔː- ‖ ˈwɔʃɪŋ/ *noun* [U] **1** clothes that need to be washed or are being washed 需要洗或正在洗的衣服：*Could you put the washing in the machine?* 你把要洗的衣服放到洗衣机里好吗？○ *a pile of dirty washing* 一堆待洗的脏衣服 **2** the act of cleaning clothes, etc with water 洗衣服：*I usually do the washing on Mondays.* 我通常在星期一洗衣服。

ˈ**washing-machine** *noun* [C] an electric machine for washing clothes 洗衣机

ˈ**washing-powder** *noun* [U] soap in the form of powder for washing clothes 洗衣粉

ˌ**washing-ˈup** *noun* [U] the work of washing the plates, knives, forks, etc after a meal 洗餐具：*I'll do the washing-up.* 我去洗餐具。○ *washing-up liquid* 餐具洗涤液

wasn't *short for* WAS NOT ＊ WAS NOT 的缩约式

wasp /wɒsp ‖ wɑsp/ *noun* [C] a black and yellow flying insect that can sting 黄蜂 ☛ picture at **insect**. 见 **insect** 插图。

wastage /ˈweɪstɪdʒ ‖ ˈwestɪdʒ/ *noun* [U] (*formal* 正式) using too much of sth; the amount that is lost 浪费；损耗量

☆**waste¹** /weɪst ‖ west/ *verb* [T] **1 waste sth (on sb/sth)** to use or spend sth in a careless way or for sth that is not necessary 挥霍；浪费：*She wastes a lot of money on cigarettes.* 她浪费大量金钱在香烟上。○ *He wasted his time at university because he didn't work hard.* 他上大学的时间都浪费了，因为他没有用功读书。**2** (usually passive 通常用于被动语态) to be too good, intelligent, etc for sb/sth（好东西）给糟蹋：*Expensive wine is wasted on me. I don't know anything about it.* 给我喝贵酒是浪费好东西——我一点也不懂品味。

wasted *adj* not necessary or successful 不需要；不成功：*a wasted journey* 不必要的旅行

☆**waste²** /weɪst ‖ west/ *noun* **1** [sing,U] an action that involves not using sth carefully or using sth in an unnecessary way 浪费；滥用：*If he gives up acting it will be a waste of great talent.* 要是他放弃演戏，那就是浪费才华。○ *The seminar was a waste of time – I'd heard it all before.* 参加这个研讨会是浪费时间——研讨会的内容我以前全都听过。**2** [U] material, food, etc that is not needed and is therefore thrown away 废物：*nuclear waste* 核废料 ○ *A lot of household waste can be recycled and reused.* 许多家居废物都可以回收再用。☛ Look at **rubbish**. 参看 **rubbish**。**3 wastes** [plural] (*formal* 正式) large areas of land that are not lived in and not cultivated 荒原；不毛之地：*the wastes of the Sahara desert* 撒哈拉沙漠的荒原

(IDIOM 习语) **go to waste** to be unused, thrown away and wasted 被浪费：*I can't bear to see good food going to waste!* 看着挺好的食物白白浪费掉真教我受不了！

wasteful /-fl ‖ -fəl/ *adj* using more of sth than necessary; causing waste 浪费的；挥霍的：*a costly and wasteful advertising campaign* 昂贵而浪费的广告宣传

waste³ /weɪst ‖ west/ *adj* (only *before* a noun 只用于名词前) **1** (used about land 指土地) not used or not suitable for use; not looked after 荒芜：*There's an area of waste ground outside the town where people dump their rubbish.* 镇外有一块荒地，用来丢垃圾。**2** no longer useful; to be thrown away 无用的；可抛弃的：*waste material* 废料

ˌ**waste ˈpaper** *noun* [U] paper that is not wanted and is to be thrown away 废纸

ˌ**waste-ˈpaper basket** (*US* 美 ˈ**waste-basket**; ˈ**waste-bin**) *noun* [C] a basket or other container in which you put paper, etc which is to be thrown away 废纸箱；字纸篓 ☛ picture at **bin**. 见 **bin** 插图。

☆**watch¹** /wɒtʃ ‖ wɑtʃ/ *noun* [C] a small instrument that shows you what time it is. You wear it on a strap on your wrist 手表：*a gold watch* 金表 ○ *a digital watch* 数字式手表 ○ *to wind up/set your watch* 上好手表的发条；调校手表 ○ *My watch is a bit fast/slow* (= shows a time that is later/earlier than the correct time). 我的手表快了/慢了一点。☛ picture at **clock**. 见 **clock** 插图。

☆**watch²** /wɒtʃ ‖ wɑtʃ/ *verb* **1** [I,T] to look carefully at sb/sth（观）看；注视；监视：*'Would you like to play too?' 'No thanks. I'll just watch.'* "你要玩吗？""不，谢谢。我还是看着大家玩好。" ○ *I watched in horror as the car swerved and crashed.* 看着汽车突然转向撞毁，我惊恐万状。○ *I'm watching to see how you do it.* 我正看着你怎样做。○ *We watch television most evenings.* 大多数的晚上我们都看电视。○ *Watch what she does next.* 看她下一步做些什么。○ *We went to watch John rowing.* 我们去看约翰划船。○ *I watched him open the door and walk away.* 我看着他开门走掉。○ *Detectives are watching the suspect day and night.* 侦探日夜监视那个可疑人物。**2** [I,T] **watch (for sth)** to pay very careful attention to a situation; to observe 小心看；观察：*Doctors are watching for further signs of the disease.* 医生小心观察那种病有没有进一步的征兆。**3** [T] to be careful about sb/sth in order to do the right thing or keep control 小心行事；当心：*You'd better watch what you say to her. She gets upset very easily.* 她非常敏感，你对她说话要小心。

(IDIOM 习语) **watch your step** ⇨ STEP

(PHRASAL VERBS 短语动词) **watch out** to be careful because of possible danger or trouble 小心：*Watch out! There's a car coming.* 小心！有辆汽车开过来了。○ *If you don't watch out*

W

you'll lose your job. 如果你不小心，可能会丢饭碗。

watch out for sb/sth to look carefully and be ready for sb/sth 小心并作好准备；密切注意；提防: *Watch out for snakes if you walk through the fields.* 你要是走过田野，小心有蛇。

watch over sb/sth to look after or protect sb/sth 照顾或保护某人/某事物: *For two weeks she watched over the sick child.* 她花了两星期照料那个病孩。

watch[3] /wɒtʃ ‖ wɑtʃ/ *noun* [sing] a person or group of people whose job is to guard and protect a place or a person 警卫: *The police put a watch on the suspect's house.* 警方派人监视那个疑犯的房子。

(IDIOMS 习语) **keep a close watch on sb/sth** ⇨ CLOSE[1]

keep watch to guard or to look out for danger 警戒；监视

watchful /-fl ‖ -fəl/ *adj* careful to notice things 小心留意

'**watchdog** *noun* [C] a person or group whose job is to protect people's rights, especially in relation to large companies 监察人/组织: *OFTEL, the telecommunications watchdog* 电信业的监察组织 OFTEL

☆**water**[1] /'wɔːtə(r) ‖ 'wɔtə/ *noun* **1** [U] the clear liquid that falls as rain and is in rivers, seas and lakes 水: *a glass of water* 一杯水 ○ *The bath water's too hot.* 洗澡水太热了。○ *All the rooms have hot and cold running water.* 所有房间都有冷热水供应。○ *The pipe burst and water poured out everywhere.* 水管破了，水流得到处都是。○ *drinking water* 饮用水 ○ *tap water* 自来水 ○ *mineral water* 矿泉水

> ☛ When water is **heated** to 100° Celsius, it **boils** and becomes **steam**. 水加热 (**heat**) 至 100 摄氏度就沸腾 (**boil**)，变成水蒸气 (**steam**)。When steam touches a cold surface, it **condenses** and becomes water again. 水蒸气接触到冷的表面会再凝结 (**condense**) 成水。When water is **cooled** below 0° Celsius, it **freezes** and becomes ice. 水冷却 (**cool**) 至 0 摄氏度以下会结冰 (**freeze**)。If the temperature increases, the ice **melts**. 如果温度上升，冰会融 (**melt**)。When talking about **icy** weather becoming warmer, we say it **thaws**. 要说严寒的 (**icy**) 天气回暖，我们用 **thaw**。Frozen food **thaws** or **defrosts** when we take it out of the freezer. 把食物从冰箱里拿出来解冻，可用 **thaw** 或 **defrost**。

2 [U,plural] a large amount of water, especially the water in a lake, river or sea 大片的水（尤指湖、河、海）: *Don't go too near the edge or you'll fall in the water!* 别太走近边缘，不然你会掉进水里。○ *the clear blue waters of the Mediterranean* 地中海碧蓝清澈的海水 **3 waters** [plural] the sea near a particular country（某国附近的）海域: *The ship was still in British waters.* 那艘船仍在英国的海域。

(IDIOMS 习语) **pass water** ⇨ PASS[2]

under water 1 in and covered by water 在水中；被水没过: *to swim under water* 潜泳 **2** covered by floods 被洪水淹没: *After the heavy rain several fields were under water.* 大雨过后，有几片农田被淹没了。

'**water-colour** *noun* **1 water-colours** [plural] paints that are mixed with water, not oil 水彩颜料 **2** [C] a picture that has been painted with water-colours 水彩画

'**watercress** *noun* [U] a type of plant with bunches of green leaves which have a strong taste and are often eaten in salads 水田芥

'**waterfall** *noun* [C] a stream of water that falls down from a cliff, rock, etc 瀑布

'**waterlogged** /-lɒgd; *US* 美 -lɔːgd ‖ -ˌlɔgd/ *adj* **1** very wet 很湿: *Our boots sank into the waterlogged ground.* 我们的靴子陷进了湿地里。**2** (used about a boat 指船) full of water and likely to sink 进水满舱；进水将沉

'**water melon** *noun* [C] a large, round fruit with a thick, green skin. It is pink or red inside with a lot of black seeds. 西瓜

'**waterproof** *adj* that does not let water go through 防水；不透水: *a waterproof anorak* 防水的带风帽外套

'**watershed** *noun* [C] an event or point which is important because it marks the beginning of sth new 分水岭；转折点

'**water-ski** *verb* [I] to move across the surface of water standing on narrow boards (**water-skis**) and being pulled by a boat 滑水（滑水橇叫做 **water-ski**）

'**watertight** *adj* **1** made so that water cannot get in or out 不渗水；不透水 **2** (used about an excuse, an agreement, an argument, etc 指借口、协议、论点等) impossible to prove wrong; without any faults 没有漏洞；毫无破绽: *His alibi for the night of the murder was absolutely watertight.* 谋杀案发生当晚他不在现场的证据毫无破绽。

'**waterway** *noun* [C] a canal, river, etc along which boats or ships can travel 水道；航道

water[2] /'wɔːtə(r) ‖ 'wɔtə/ *verb* **1** [T] to give water to plants（给植物）浇水/洒水 **2** [I] (used about the eyes or mouth 指眼或口) to fill with water 充满眼泪/口水: *The smoke in the room made my eyes water.* 房间里的烟熏得我流泪。○ *The food smelled so delicious that it made my mouth water.* 食物的香味使我直淌口水。

(PHRASAL VERB 短语动词) **water sth down 1** to add water to a liquid in order to make it weaker 搀水冲淡 **2** to change a statement, report, etc so that it is weaker 使（声明/报告的口气）较为缓和

watering-can /'wɔːtərɪŋkæn ‖ 'wɔtərɪŋˌkæn/ *noun* [C] a container with a long pipe on one side which is used for watering plants 喷壶；洒水壶

watery /'wɔːtərɪ ‖ 'wɔtərɪ/ *adj* **1** (used especially about food or drink 尤指食物或饮料) containing too much water; thin and weak 水分过多；稀；淡 **2** weak and pale 微弱: *watery sunshine* 微弱的阳光

watt /wɒt ‖ wɑt/ *noun* [C] a unit of electrical power 瓦/瓦特（电功率单位）: *a 60-watt light-bulb* 一个60瓦的灯泡

W

☆**wave**[1] /weɪv ‖ wev/ *verb* **1** [I,T] **wave (your hand) (at/to sb)** to move your hand from side to side in the air, usually to attract sb's attention or as you meet or leave sb（向某人）挥手（吸引注意、打招呼或告别）: *She waved to me as the train left the station.* 火车离站时她向我挥手告别。○ *Who are you waving at?* 你向谁挥手？**2** [T] **wave sth (at sb); wave sth (about)** to hold sth in the air and move it from side to side 摇动；挥动；比划: *The crowd were waving flags as the Queen came out.* 群众一见女王走出来，就挥动旗帜。○ *She was talking excitedly and waving her arms about.* 她激动地说话，一边用手比划着。**3** [T] **wave sth (to sb)** to give a greeting (to sb) by waving your hand 挥手致意: *Wave goodbye to Granny, Tim.* 蒂姆，向祖母挥手说再见吧。**4** [I] to move gently up and down or from side to side 摆动；摇动: *The branches of the trees waved gently in the breeze.* 树枝在微风中轻轻摇动。

(PHRASAL VERBS 短语动词) **wave sth aside** to decide not to pay attention to a comment, etc because you think it is not important（对批评等）置之不理

wave sb/sth away, on, etc to move your hand in a particular direction to show sb/sth which way to go 挥手示意（某人/某物）向某方向移动: *There was a policeman in the middle of the road, waving us on.* 路当中有个警察挥手叫我们继续往前。

☆**wave**[2] /weɪv ‖ wev/ *noun* [C] **1** a raised line of water moving on the surface of water, especially the sea 浪；波浪: *boats bobbing about on the waves* 在浪中起伏的船 ○ *A huge wave swept me off my feet.* 大浪将我冲倒。○ *We watched the waves roll in and break on the shore.* 我们看着巨浪涌过来，打在岸上。○ (*figurative* 比喻) *a wave of tourists* 一群游客 ☛ picture at **beach**. 见 **beach** 插图。**2** a sudden increase or spread of a feeling or type of behaviour（某种情感或行为）突然增加: *There has been a wave of sympathy for the refugees.* 有很多很多人对难民表示同情。○ *A wave of strikes has hit the industry.* 罢工浪潮打击了那个行业。☛ Look at **heatwave**. 参看 **heatwave**。**3** a form in which some types of energy move, shaped like a wave on the sea 波（某些能量的运动形态）: *sound waves* 声波 ○ *shock waves from the earthquake* 地震的震波 **4** a gentle curve in hair 鬈发: *Are your waves natural?* 你的鬈发是天生的吗？☛ Look at **perm**. 参看 **perm**。**5** a movement of sth, especially your hand, from side to side in the air 在空中挥动（尤指手）: *With a wave of his hand, he said goodbye and left.* 他挥一挥手，说声再见就离开了。

wavy *adj* having curves 有曲线；波状的；波浪形的: *wavy hair* 鬈发 ○ *a wavy line* 曲线 ☛ picture at **hair** and **line**. 见 **hair** 及 **line** 插图。

waveband /ˈweɪvbænd ‖ ˈwevbænd/ (*also* 亦作 **band**) *noun* [C] a set of radio waves of similar length（无线电的）波段

wavelength /ˈweɪvleŋθ ‖ ˈwev,lɛŋθ/ *noun* [C] **1** the distance between two sound waves（声波的）波长 **2** the length of wave on which a radio station broadcasts its programmes（无线电广播的）波段

(IDIOM 习语) **on the same wavelength** ☞ SAME[1]

waver /ˈweɪvə(r) ‖ ˈwevɚ/ *verb* [I] **1** to become weak or uncertain 变弱；动摇；犹豫: *He never wavered in his support for her.* 他从未动摇对她的支持。**2 waver (between sth and sth)** to hesitate, especially when making a decision or choice 犹豫不决；踌躇 **3** to move in an unsteady way 摇摆: *His hand wavered as he reached for the gun.* 他伸手拿枪的时候，手一直在颤抖。

wax /wæks ‖ wæks/ *noun* [U] **1** a substance made from fat or oil that melts easily and is used for making candles, polish, etc 蜡 **2** a yellow substance like wax that is found in your ears 耳垢

ˈ**waxwork** *noun* [C] **1** a model of sb/sth, especially of a famous person, made of wax 蜡像 **2 waxworks** [with sing or pl verb] a place where wax models of famous people are shown to the public 蜡像馆

The painting is the wrong way up.
这幅画颠倒了。

☆**way**[1] /weɪ ‖ we/ *noun* **1** [C] a path or road along which you can walk or travel 路: *the way in/out* 入/出口 ☛ Look at **highway, motorway** and **railway**. 参看 **highway**、**motorway** 及 **railway**。**2** [sing] the route along which you move or would move if there were space 行进的路线: *There were some cows in the lane, blocking our way.* 路上有几头牛挡住了我们。○ *Get out of my way!* 别挡住我的去路！**3** [C, usually sing] the route you take to reach somewhere 路线: *Can you tell me the way to James Street?* 请问你詹姆斯街怎么走？○ *She lost her way and had to turn back.* 她迷了路，只得回头走。○ *We stopped on the way to Leeds for a meal.* 我们在去利兹的途中停下来吃饭。○ *Can I drive you home? It's on my way.* 我开车送你回家好吗？反正顺路。**4** [sing] a direction or position 方向；位置: *Look this way!* 往这边看！○ *That painting is the wrong way up* (= with the wrong edge at the top). 这幅画颠倒了。○ *Are you sure these two words are the right way round?* (= in the right order?) 你是否肯定这两个词的词序没错？○ *Shouldn't you be wearing that hat the other way round?* (= facing in the other direction) 你不是应该把帽子倒过来戴吗？○ *He thought I was older than my sister but in fact it's the*

W

other way round (= the opposite of what he thought). 他以为我比我姐姐年纪大，其实刚好相反。☛ Look at **back to front**. 参看 **back to front**。**5** [sing] a distance in space or time 空间或时间上的距离：*It's a long way from London to Edinburgh.* 从伦敦到爱丁堡很远。○ *Christmas is still a long way off.* 现在离圣诞节还有很长的时间。**6** [C] a method, style or manner of doing sth; a habit 方法；做法；习惯：*What is the best way to learn a language?* 怎样才是学习语言的最好方法？○ *I've discovered a brilliant way of losing weight!* 我发现了一个减肥的妙法！○ *There are various ways in which we can help.* 我们有多种方法可以提供协助。○ *They'll have to find the money one way or another.* 他们无论如何要筹得那笔钱。○ *He always does things his way.* 他总是按自己的习惯办事。○ *She smiled in a friendly way.* 她友善地微笑。○ *As you get older, it becomes more difficult to change your ways.* 年纪越大越难改变你的习惯。**7** [C] a particular point or part of sth 某一点/部分：*In some ways the meeting was very useful.* 就某些方面而言，会议很有用。○ *In a way, I rather like him.* 可以说，我有点喜欢他。○ *Can I help you in any way?* 我有什么可以帮你吗？

(IDIOMS 习语) **be set in your ways** to be unable to change your habits, attitudes, etc 固执

by the way (used for adding sth to the conversation 用于加插题外话) on a new subject 顺带一提：*Oh, by the way, I saw Mary in town yesterday.* 啊，顺带一提，昨天我在镇里见到玛丽。

get/have your own way to get or do what you want, although others may want sth else 随心所欲

give way to break or fall down 断开；掉下：*The branch of the tree suddenly gave way and came crashing down.* 树枝突然断了，掉了下来。

give way (to sb/sth) 1 to stop or to allow sb/sth to go first 让某人/某事物在先：*Give way to traffic coming from the right.* 让右方驶来的车辆先行。**2** to allow sb to have what he/she wants although you did not at first agree with it 让步；妥协：*We shall not give way to the terrorists' demands.* 我们不应答应恐怖分子的要求。

go out of your way (to do sth) to make a special effort to do sth 特地/不嫌麻烦做某事

in a big/small way (used for expressing the size or importance of an activity 用以表示活动的规模或重要性)：*'Have you done any acting before?' 'Yes, but in a very small way.'* (= not very much) "你以前演过戏吗？" "演过，但演的不多。"

in the way 1 blocking the road or path 挡住路：*I can't get past. There's a big lorry in the way.* 我开不过去。有辆大货车挡住去路。**2** not needed or wanted 不需要；不必要：*I felt rather in the way at my daughter's party.* 我觉得参加女儿的聚会有点儿碍事。

no way (*informal* 非正式) definitely not 决不；不行：*'Can we swim in the sea?' 'No way! Not in April!'* "我们去海滩游泳好吗？" "不行！四月份怎么能去！"

under way having started and making progress 已开始；正在进行：*Discussions between the two sides are now under way.* 双方正在进行讨论。

a/sb's way of life the behaviour and customs that are typical of a person or group of people（某人/某些人的）生活方式

way[2] /weɪ ‖ we/ *adv* (*informal* 非正式) very far 非常远：*I finally found his name way down at the bottom of the list.* 我终于在名单末尾找到他的名字。

☆**we** /wiː ‖ wi/ *pron* (the subject of a verb; used for talking about the speaker and one or more other people 动词的主语) 我们：*We're going to the theatre.* 我们要去看戏。○ *We are both very pleased with the house.* 我们俩都很喜欢那所房子。○ *We all left together.* 我们一起走了。

☆**weak** /wiːk ‖ wik/ *adj* **1** (used about the body 指身体) having little strength or energy; not strong 无力；虚弱；疲弱：*The child was weak with hunger.* 孩子饿得很虚弱。○ *Her legs felt weak.* 她感到双腿乏力。○ (*figurative* 比喻) *a weak economy* 疲软的经济 **2** likely to break 可能断裂：*That bridge is too weak to take heavy traffic.* 那座桥太不结实，不能承受繁忙的交通。**3** (used about a person's character 指人的性格) easy to influence; not firm 易受他人影响；不坚定：*He is too weak to be a good leader.* 他性格太软弱，不能成为好领袖。**4** (used about an argument, excuse, etc 指论据、借口等) that does not convince you or seem right; not strong 无说服力；不强：*She made some weak excuse about washing her hair tonight.* 她为今晚洗发的事找了一个勉强的借口。**5** not easy to see or hear; not definite or strong 细微；不确定；不强：*I heard a weak voice whispering for help.* 我听见有人喊救命，声音细弱。○ *She gave a weak smile.* 她勉强一笑。**6** (used about liquids 指液体) containing a lot of water, not strong in taste 淡；稀；乏味：*weak tea* 淡茶 **7 weak (at/in/on sth)** not able to achieve a high standard in sth 未达高标准；差劲；很差：*He's weak at Maths.* 他的数学是个弱项。○ *His maths is weak.* 他的数学成绩很差。

weaken /ˈwiːkən ‖ ˈwikən/ *verb* [I,T] **1** to become less strong; to make sb/sth less strong（使）变弱：*The illness had left her weakened.* 她病愈之后，身体变得很虚弱。○ *The building had been weakened by the earthquake.* 地震过后，那幢大厦的结构变得不稳。**2** to become less certain about sth 变得犹豫；不再坚持：*Their mother was weakening. 'Oh all right,' she said, 'You can go.'* 他们的母亲不再坚持。"好吧，" 她说道，"你们去吧。" —**weakly** *adv*: *The little kitten struggled weakly to its feet.* 小猫怯生生地挣扎着站起来。

weakness *noun* **1** [U] the state of being weak 弱；薄弱：*They were relying on the enemy's weakness in the air.* 他们指望敌人在空中的弱势。**2** [C] a fault or lack of strength, especially in a person's character 弱点（尤指性格的）：*It's important to know your own strengths and weaknesses.* 认清自己的长处

W

和弱点是很重要的。 **3** [C, usually sing] **a weakness for sth/sb** a special and often foolish liking for sth/sb 癖好；嗜好: *I have a weakness for chocolate.* 我偏好吃巧克力糖。

'weak form *noun* [C] a way of pronouncing a word when it is not emphasized 弱读式

☆**wealth** /welθ ‖ wɛlθ/ *noun* **1** [U] (owning) a lot of money, property, etc 财富；富有: *They were a family of enormous wealth.* 他们是富有人家。 **2** [sing] **a wealth of sth** a large number or amount of sth 大量；丰富: *He has a wealth of experience in this area.* 他在这方面有丰富的经验。

wealthy *adj* (**wealthier; wealthiest**) having a lot of money, etc; rich 富有

wean /wi:n ‖ win/ *verb* [T] to start feeding a baby or young animal with other food as well as its mother's milk 使（婴儿/幼小动物）断奶

☆**weapon** /'wepən ‖ 'wɛpən/ *noun* [C] an object which is used for fighting or for killing people, such as a gun, sword, bomb, etc 武器

☆**wear**[1] /weə(r) ‖ wɛr/ *verb* (*pt* **wore** /wɔ:(r) ‖ wɔr/; *pp* **worn** /wɔ:n ‖ wɔrn/) **1** [T] to have clothes, jewellery, etc on your body 穿；戴: *He was wearing a suit and tie.* 他穿着套装，系上领带。○ *I wear glasses for reading.* 我看书要戴上眼镜。○ *Would you like to wear my necklace?* 你要戴我的项链吗？○ *to wear your hair short* 留短发 **2** [T] to have a certain look on your face 脸上流露（某种神态）: *He was wearing an expression of delight.* 他脸上露出喜悦的神情。 **3** [I] to become thinner or damaged because of being used or rubbed a lot 用坏；磨损 **4** [T] to make a hole, path, etc in sth by rubbing, walking, etc 磨穿洞；走出路径来: *Put some slippers on or you'll wear a hole in your socks!* 穿上拖鞋，不然你会磨穿袜子！ **5** [I] to last for a long time without becoming thinner or damaged 耐用: *This material wears well.* 这种料子很耐穿。

(IDIOM 习语) **wear thin** to have less effect because of being used too much 因久用而失效: *We've heard that story so often that it's beginning to wear thin.* 我们经常听那个故事，开始觉得没什么意思了。

(PHRASAL VERBS 短语动词) **wear (sth) away** to damage sth or to make it disappear over a period of time, by using, touching, etc it a lot; to disappear or become damaged in this way（因经常使用、触摸等而使某物）磨损/用光/消失: *The writing on the floor of the church had worn away over the years.* 久而久之，教堂地板上的字迹已经磨掉。○ *The sea had worn the bottom of the cliffs away.* 海水已侵蚀掉悬崖的底部。

wear (sth) down to become or to make sth smaller or shorter（使）变小/变短

wear sb/sth down to make sb/sth weaker by attacking, persuading, etc 削弱: *They wore him down with constant arguments until he changed his mind.* 他们不断提出论据说服他，直至他改变主意才罢手。

wear off to become less strong or to disappear completely 变弱；完全消失: *The effects of the drug wore off after a few hours.* 过了几个小时，药力就消失了。

wear on (used about time 指时间) to pass slowly 慢慢消逝: *They got to know each other better as the summer wore on.* 随着夏天慢慢消逝，他们更加了解对方。

wear (sth) out to become too thin or damaged to use any more; to cause sth to do this（使）变薄/破损: *Children's shoes wear out very quickly.* 孩子的鞋总是很快就破了。○ *You've worn out two pairs of jeans in the last six months!* 你在这六个月内已穿破了两条牛仔裤！

wear sb out to make sb very tired 使精疲力竭: *She wore herself out walking home with the heavy bags.* 她拿着沉重的袋子走回家，弄得自己筋疲力尽。☛ Look at **worn-out**. 参看 **worn-out**。

wear[2] /weə(r) ‖ wɛr/ *noun* [U] **1** wearing or being worn; use as clothing 穿着: *You'll need jeans and jumpers for everyday wear.* 你日常需要穿牛仔裤和套头毛衣。 **2** (usually in compounds 通常用以构成复合词) things that you wear; clothes 衣物: *menswear* 男装衣物 ○ *underwear* 内衣 **3** long use which damages the quality or appearance of sth 因长期使用而磨损

(IDIOMS 习语) **wear and tear** the damage caused by ordinary use（因日常使用而引致的）损耗

the worse for wear ⇨ WORSE

weary /'wɪərɪ ‖ 'wɪrɪ/ *adj* (**wearier; weariest**) tired 累；疲倦: *He gave a weary smile.* 他微笑了一下，看样子很疲倦。—**wearily** /'wɪərəlɪ ‖ 'wɪrəlɪ/ *adv* —**weariness** *noun* [U]

☆**weather**[1] /'weðə(r) ‖ 'wɛðəʳ/ *noun* [U] the climate at a certain place and time, how much wind, rain, sunshine, etc there is and how hot or cold it is 天气: *What was the weather like on holiday?* 度假期间的天气怎么样？○ *We'll go to the seaside if the weather stays fine.* 如果天气还这么好，我们会去海边。○ *They say that the weather won't change for the next few days.* 他们说今后几天天气不会改变。

(IDIOMS 习语) **make heavy weather of sth** ⇨ HEAVY

under the weather (*informal* 非正式) not very well 不舒服

'weather-beaten *adj* made rough and often darker by the sun and wind（因风吹日晒而）变粗糙（通常也会变黑）；饱经风霜: *the fishermen's weather-beaten faces* 渔夫饱经风霜的脸

'weather forecast *noun* [C] a description of the weather that is expected for the next day or few days 天气预报 ☛ **Rain** is drops of water that fall from the clouds. 雨 (**rain**) 是从云层中降下的水滴。**Snow** is frozen rain. It is soft and white and often settles on the ground. 雪 (**snow**) 是遇冷凝结的雨，又软又白，通常会积在地上。**Sleet** is rain that is not completely frozen. 霰 (**sleet**) 是未完全凝结的雨。**Hail** is rain frozen so hard that it feels and sounds like small stones falling. 雹 (**hail**) 是凝结得很硬的雨，落下来时好像下小石头。When it is only raining very slightly it is **drizzling**. 下毛毛雨叫 **drizzle**。When it is raining very hard it is **pouring**. 下倾盆大雨叫 **pouring**。**Fog** is like a cloud at ground level. It makes it difficult to see very far ahead. 雾 (**fog**) 就像地面上的云，会减低视野。**Mist** is a very thin type of fog. 薄雾叫 **mist**。Look also at **storm**. 另参看 **storm**。

weather[2] /ˈweðə(r) ‖ ˈwɛðɚ/ *verb* **1** [T] (used about a ship or a person 指船或人) to pass safely through a storm or a difficult time 安然渡过暴风雨/难关 **2** [I,T] to change in appearance (because of the effect of the sun, air or wind) 风化（受太阳/空气/风的影响）

weave /wiːv ‖ wiv/ *verb* [I,T] (*pt* **wove** /wəʊv ‖ wov/ or in sense 2 用于下述第 2 义时作 **weaved**; *pp* **woven** /ˈwəʊvn ‖ ˈwovən/ or in sense 2 用于下述第 2 义时作 **weaved**) **1** to make cloth, etc by passing threads under and over a set of threads that is fixed to a framework (**loom**) 编织（织布机叫做 **loom**）: *woven cloth* 编织而成的布 **2** to change direction often when you are moving so that you are not stopped by anything 穿插；穿梭: *He weaved in and out through the traffic.* 他在车流中穿进穿出。

web /web ‖ wɛb/ *noun* [C] a type of fine net that a spider makes in order to catch small insects 蜘蛛网: *A spider spins webs.* 蜘蛛会结网。☛ picture at **spider**. 见 **spider** 插图。Look at **cobweb**. 参看 **cobweb**。

we'd /wiːd ‖ wid/ *short for* WE HAD, WE WOULD * WE HAD、WE WOULD 的缩约式

☆**wedding** /ˈwedɪŋ ‖ ˈwɛdɪŋ/ *noun* [C] a marriage ceremony and often the meal or party that follows it (**the reception**) 婚礼（宴会叫做 **reception**）: *I've been invited to his sister's wedding.* 我获得邀请出席他姐姐的婚礼。○ *a wedding dress, guest, present, etc* 结婚礼服；婚礼上的宾客；结婚礼物… ○ *a wedding ring* (= one that is placed on the third finger of the left hand during a marriage ceremony and worn to show that a person is married) 结婚戒指 ○ *a wedding anniversary* 结婚周年

> ☛ Look at **golden** and **silver wedding**. 参看 **golden wedding** 及 **silver wedding**。**Marriage** is the word for the state of being married to somebody. It can also be used for the ceremony, with the same meaning as **wedding**. * **marriage** 指结婚，亦指婚礼，意思和 **wedding** 一样。The man who is getting married is the **bridegroom**, the woman is the **bride**. 新郎叫做 **bridegroom**，新娘叫 **bride**。Other important people at the ceremony are the **best man** and the **bridesmaids**. 婚礼上的其他重要人物有伴郎 (**best man**) 和伴娘 (**bridesmaid**)。A wedding can take place in church (a **church wedding**) or in a **registry office**. 婚礼可在教堂中进行 (**church wedding**)，或在注册处/登记处 (**registry office**) 进行。

wedge /wedʒ ‖ wɛdʒ/ *noun* [C] a piece of wood, etc with one thick and one narrow end that you can push into a space, in order, for example, to keep things apart 楔子: *The door was kept open with a wedge.* 门用楔子抵住，让它一直开着。

wedge *verb* [T] **1** to force sth apart or to prevent sth from moving by using a wedge 用楔子分开某物/阻止某物移动: *to wedge a door open* 用楔子抵住门让门开着 **2** to force sth/sb to fit into a space 使挤进: *The cupboard was wedged between the table and the door.* 橱柜给塞在桌子和门之间。

☆**Wednesday** /ˈwenzdɪ ‖ ˈwɛnzdɪ/ *noun* [C,U] (*abbr* 缩写 **Wed**) the day of the week after Tuesday and before Thursday 星期三 ☛ For examples of the use of the days of the week in sentences, look at **Monday**. 有关星期一、二…在句子里的用法，参看 **Monday**。

wee[1] /wiː ‖ wi/ *adj* little, small 小: *a wee boy* 小男孩 ○ *I'm a wee bit tired.* 我有一点点累。☛ This word is used especially by Scottish people. 苏格兰人多用这个字。

wee[2] /wiː ‖ wi/ *noun* [C,U] (*informal* 非正式) (used by young children or when you are talking to them 儿语) water that you pass from the body; urine 尿；撒尿: *to need a wee* 要尿尿

—**wee** *verb* [I]

weed /wiːd ‖ wid/ *noun* **1** [C] a wild plant that is not wanted in a garden because it prevents other plants from growing properly 杂草；野草: *Our garden is full of weeds.* 我们的花园里杂草丛生。**2** [U] a mass of tiny green plants that floats on the surface of a pond or river （浮在水面的）水生植物 **3** [C] (*informal* 非正式) a thin, weak person or sb who has a weak character 瘦弱的人；懦弱的人: *You're not going out with that weed, are you?* 你不是跟那个软骨头谈恋爱吧？

weed *verb* [I,T] to remove weeds from a piece of ground, etc 除去杂草

(PHRASAL VERB 短语动词) **weed sth/sb out** to remove the things or people that you do not think are good enough 把…筛下来；去掉不适合的: *He weeded out all the letters with spelling mistakes in them.* 他把有拼写错误的信剔除。

weedy *adj* (**weedier**; **weediest**) (*informal* 非正式) thin and weak in appearance; of weak character 瘦弱；懦弱: *a small weedy man* 矮小瘦弱的男子

☆**week** /wiːk ‖ wik/ *noun* [C] **1** a period of seven days (usually beginning on Sunday and ending on Saturday or beginning on Monday and ending on Sunday) 星期；周: *We arrived last week.* 我们上星期到达。○ *Can I see you this week? No? How about next week?* 我能不能这个星期见你？不能？那下星期呢？○ *He left two weeks ago.* 他两个星期以前走了。○ *I haven't seen her for a week.* 我一个星期没见过她了。○ *I play tennis twice a week.* 我一星期打两次网球。○ *They'll be back in a week/in a week's time.* 他们一星期后回来。○ *I was on holiday the week before last.* 我前个星期放假。○ *My course ends the week after next.* 我参加的课程下下个星期结束。☛ A period of two weeks is usually called a **fortnight**. 两星期叫做 **fortnight**。**2** the part of the week when people go to work, etc, usually from Monday to Friday 一星期中的工作日/工作时间: *She works hard during the week so that she can enjoy herself at the weekend.* 她平日努力工作，周末就可以享受一下。○ *I work a 40-hour week.* 我每星期工作40小时。

(IDIOMS 习语) **today, tomorrow, Monday, etc week** seven days after today, tomorrow, Monday, etc 今天/明天/星期一的七天之后；…的七天后

week in, week out every week without a rest or change 每个星期如此

a week yesterday, last Monday, etc seven days before yesterday, Monday, etc 昨天/星期一的七天之前；…的七天前: *They got married a week last Saturday.* 他们前个星期六结婚。

weekly *adj, adv* happening or appearing once a week or every week 每星期一次(的): *We are paid weekly.* 我们每星期发一次工资。○ *a weekly report* 每周报告

weekly *noun* [C] (*pl* **weeklies**) a newspaper or magazine that is published every week 周报；周刊

ˈ**weekday** /-deɪ ‖ -ˌde/ *noun* [C] any day except Sunday (and usually Saturday) 每周工作日(指星期一至五，有时包括星期六): *I only work on weekdays.* 我只在周日工作。

ˌ**weekˈend** (*US* 美 ˈ**weekend**) *noun* [C] Saturday and Sunday 星期六和星期日: *What are you doing at the weekend?* 你打算周末做些什么? ☛ In American English we say '**on** the weekend' 美国英语说 **on** the weekend

weep /wiːp ‖ wip/ *verb* [I,T] (*pt, pp* **wept** /wept ‖ wɛpt/) (*formal* 正式) to let tears fall because of strong emotion; to cry 流泪；哭泣: *She wept at the news of his death.* 她接获他的死讯就哭起来。○ *to weep for joy* 喜极而泣 ○ *to weep tears of pity* 洒下同情之泪

☆**weigh** /weɪ ‖ we/ *verb* **1** [T] to measure how heavy sth is, especially by using a machine (**scales**) 测定重量；称(所用的秤叫做 **scales**): *I weigh myself every day.* 我每日量体重。○ *Can you weigh this parcel for me, please?* 请你替我称一称这个包裹，好吗? **2** [T] to have or show a certain weight 有某重量: *I weigh 56 kilos.* 我有56公斤重。 **3** [T] **weigh sth (up)** to consider sth carefully 小心考虑；衡量；斟酌: *You need to weigh up your chances of success.* 你必须慎重考虑你成功的机会。 **4** [T] **weigh sth (against sb/sth)** to consider whether one thing is better, more important, etc than another 权衡；比较: *We shall weigh the advantages of the plan against the risks.* 我们会权衡那个计划的利益和风险。 **5** [I] **weigh against (sb/sth)** to be considered important when sb/sth is being judged 为衡量时的重要因素: *She didn't get the job because her lack of experience weighed against her.* 她得不到那份工作，主要原因之一是缺乏经验。

(PHRASAL VERBS 短语动词) **weigh sb down** to make sb feel worried and sad 使担忧/沮丧: *weighed down by cares and responsibilities* 因操心和责任而有负担

weigh sb/sth down to make it difficult for sb/sth to move (by being heavy) 使…所承受的重量过大: *I was weighed down by heavy shopping.* 从商店买来的货品重得使我走不动。

weigh on sb/sth to make sb worry 使担忧 ☛ We also say **weigh on sb's mind** 另一种说法是 **weigh on sb's mind**: *That problem has been weighing on my mind for a long time.* 那个问题一直在我心中盘桓。

weigh sb up to try and find out what a person is like so that you can form an opinion 评价某人

☆**weight**[1] /weɪt ‖ wet/ *noun* **1** [U] the heaviness of sth or the amount that it weighs, especially as measured in kilos, etc 重量: *In two months her weight has increased to 65 kilos.* 两个月内她的体重增加到65公斤。○ *I need to lose weight before my holidays* (= become thinner and less heavy). 放假之前我必须减轻体重。○ *He's put on weight* (= got fatter). 他的体重增加了。○ *The weight of the snow broke the branch.* 积雪压断了树枝。 **2** [C] a piece of metal with a certain heaviness that can be used to weigh an amount, especially using scales. Weights are also used by athletes when they are training or in the sport of weightlifting 砝码；哑铃；杠铃: *a 500-gram weight* * 500克的砝码 **3** [C] a heavy object 重量大的东西: *The doctor has told me not to lift heavy weights.* 医生叮嘱我不要提重物。 **4** [sing] the worry that is caused by a problem 思想/精神负担: *Telling her the truth took a weight off his mind.* 把真相告诉她以后，他感到如释重负。

(IDIOMS 习语) **carry weight** ⇨ CARRY

pull your weight ⇨ PULL[1]

weightless *adj* having no weight, especially when travelling in space 失重 —**weightlessness** *noun* [U]

weighty *adj* (**weightier**; **weightiest**) serious and important 严重；重要: *a weighty question* 重要的问题

ˈ**weightlifting** *noun* [U] a sport in which heavy metal objects are lifted 举重

weight[2] /weɪt ‖ wet/ *verb* [T] **1 weight sth (down) (with sth)** to hold sth down with a heavy object or objects 用重物使往下垂: *to weight down a fishing net* 在渔网网底坠上重物 **2** (usually passive 通常用于被动语态) to organize sth so that a particular person or group has an advantage/disadvantage 评比/作安排时对…予以有利或不利的考虑: *The system is weighted in favour of people with children.* 这个制度对有儿女的人有所优待。

weir /wɪə(r) ‖ wɪr/ *noun* [C] a type of wall that is built across a river to stop or change the direction of the flow of water 堰；拦河坝

weird /wɪəd ‖ wɪrd/ *adj* **1** strange and frightening 古怪；怪诞: *a weird noise* 古怪的声音 **2** (*informal* 非正式) not normal 不寻常；奇怪: *weird clothes, ideas, etc* 奇装异服；奇怪的想法…

☆**welcome** /ˈwelkəm ‖ ˈwɛlkəm/ *adj* **1** received with pleasure; giving pleasure 受欢迎；令人高兴: *You're always welcome here.* 这里随时欢迎你。○ *welcome news* 令人高兴的新闻 **2 welcome to sth/to do sth** allowed to

W

do sth 容许: *You're welcome to use our swimming-pool.* 你可以用我们的游泳池。**3** we say that sb is welcome to sth if we do not want it ourselves 可随便使用/做（说话者不想要的事物）: *Take the car if you want. You're welcome to it. It's always breaking down.* 如果你喜欢的话，可以随便开走这辆汽车——它常常抛锚。

(IDIOMS 习语) **make sb welcome** to receive sb in a friendly way 款待/欢迎某人

you're welcome you don't need to thank me 不用谢；别客气: *'Thank you for your help.' 'You're welcome.'* "谢谢你帮忙。""不用客气。"

welcome *interj* (an expression used for greeting a person who is arriving at a place 对到达某地方的人所说，表示欢迎的话): *Welcome to London!* 欢迎你到伦敦来！○ *Welcome home!* 欢迎你回来！

welcome *noun* [C] a greeting to sb who has arrived 欢迎: *Let's give a warm welcome to our next guest.* 我们热烈欢迎下一位来宾。

welcome *verb* [T] **1** to greet sb when he/she arrives 欢迎（抵达某地方的人）: *The children rushed to the door to welcome their father.* 孩子们跑到门口迎接爸爸回家。**2** to be pleased about sth and support it 乐意接受: *When I told my parents I wanted to go to university they welcomed the idea.* 我告诉父母我想上大学，他们都赞成这个想法。

weld /weld ‖ wɛld/ *verb* [I,T] to join pieces of metal by heating them and pressing them together 焊接

☆**welfare** /ˈwelfeə(r) ‖ ˈwɛlˌfɛr/ *noun* [U] **1** the good health and happiness of a person or group of people 健康和快乐；幸福: *The doctor is concerned about the child's welfare.* 医生关心孩子的健康。**2** the help and care that is given to people who have problems with health, money, etc 福利: *education and welfare services* 教育及福利服务 **3** (*US* 美) = SOCIAL SECURITY

ˌ**welfare ˈstate** *noun* [sing] (a country which has) a system organized by a government to help people who have no job, who are ill, etc 福利国家；福利制度

well[1] /wel ‖ wɛl/ *noun* [C] **1** a deep hole in the ground from which water is obtained 井；水井: *to draw water from a well* 从井里抽水 **2** = OIL WELL

well *verb* [I] **well (out/up)** (used about a liquid 指液体) to come to the surface 浮上表面: *Tears welled up in her eyes.* 她热泪盈眶。

☆**well**[2] /wel ‖ wɛl/ *adj* (**better** /ˈbetə(r) ‖ ˈbɛtɚ/, **best** /best ‖ bɛst/) (not before a noun 不用于名词前) **1** (looking or feeling) healthy 健康: *'How are you?' 'I'm very well, thanks.'* "你好吗？""很好，谢谢。" ○ *This medicine will make you feel better.* 吃了这药你会好过些。○ *Get well soon* (= written in a card that you send to somebody who is ill). 祝你早日康复。**2** in a satisfactory state 满意: *I hope all is well with you.* 祝你事事如意。

(IDIOMS 习语) **all very well (for sb)** (*informal* 非正式) (used for showing that you are not happy or do not agree with sth 表示不高兴或不同意): *It's all very well for her to criticize* (= it's easy for her to criticize) *but it doesn't help the situation.* 她批评倒容易，但于事无补。

(just) as well (to do sth) (used when you are talking about an action that might stop sth bad happening 谈及可以阻止坏事发生的行动时用): *It would be just as well to ask his permission.* 最好还是取得他的同意。☛ Look at **it is just as well (that)** at **just**. 参看 **just** 词条下的 **it is just as well (that)**。

☆**well**[3] /wel ‖ wɛl/ *adv* (**better** /ˈbetə(r) ‖ ˈbɛtɚ/, **best** /best ‖ bɛst/) **1** in a good or satisfactory way 好: *You speak English very well.* 你的英语说得很好。○ *I hope your work is going well.* 我希望你工作顺利。○ *Well done!* (= used when you are praising sth that sb has done) 做得好！○ *Did they treat you well?* 他们待你好吗？○ *The car is running much better since it was serviced.* 汽车修理过后性能大为改善。**2** thoroughly, completely or carefully 完全: *Shake the bottle well before opening.* 开瓶子前先彻底摇匀。**3** (used with *can*, *could*, *may* or *ought* to show that sth is probably true 与 can、could、may、ought 连用，表示很可能属实): *He might well be right.* 他可能对。**4** (used with *can't* and *couldn't* to show that sth is not sensible or reasonable 与 can't 或 couldn't 连用，表示不合理): *I can't very well refuse to help them after all they've done for me.* 他们替我做了那么多事，我总不能不帮他们。**5** very much 非常: *They arrived home well past midnight.* 他们回到家时早已过了半夜。○ *This book is well worth reading.* 这本书很值得一读。

(IDIOMS 习语) **as well (as sb/sth)** in addition (to sb/sth) 也；亦: *Can I come as well?* 我也来行吗？○ *He's worked in Japan as well as Italy.* 他曾在日本和意大利工作。☛ Look at the note at **also**. 参看 **also** 的注释。

augur well/ill for sb/sth ⇨ AUGUR

be well out of sth to be lucky because you are not involved in sth 幸好没有参与其事: *They're still arguing, I'm glad we're well out of it.* 他们仍在争论，幸好我们能置身事外。

bode well/ill (for sb/sth) ⇨ BODE

do well **1** to be successful 成功: *Their daughter has done well at university.* 他们的女儿在大学成绩很好。**2** to be getting better (after an illness) 逐渐康复: *Mr Brown is doing well after his operation.* 布朗先生手术后已经逐渐康复。

jolly well ⇨ JOLLY

may/might (just) as well (used for saying that sth can or should happen, especially when you have no choice 在别无选择等情况下，只好让某事发生): *I may as well tell you the truth – you'll find out anyway.* 我还是把真相告诉你吧，反正早晚你都会知道的。

mean well ⇨ MEAN[1]

very well ⇨ VERY[1]

well and truly completely 完全: *We were well and truly lost.* 当时我们完全迷了路。

well/badly off ⇨ OFF[1]

well off for sth having plenty of sth 有许多…:

You're well off for space in your office. 你们的办公室地方宽敞。

ˌwell-ˈbalanced *adj* **1** (used about a person 指人) calm and sensible 头脑清醒；情绪稳定 **2** (used about a meal, etc 指饭食等) containing enough of the healthy types of food your body needs 营养均衡丰富: *a well-balanced diet* 营养均衡的饮食

ˌwell-beˈhaved *adj* behaving in a way that most people think is correct 循规蹈矩

ˈwell-being *noun* [U] a state of being healthy and happy 安康；幸福

ˌwell ˈdone *adj* (used about meat, etc 指肉食等) cooked for a long time 煮透；熟透

ˌwell-ˈdressed *adj* wearing attractive and fashionable clothes 衣着入时/好看

ˌwell-ˈearned *adj* that you deserve, especially because you have been working hard 应得（因曾付出努力等）

ˌwell-ˈfed *adj* having good food regularly 常常吃得好

ˌwell-inˈformed *adj* knowing a lot about one or several subjects 消息灵通；见多识广；精通某课题

ˌwell-ˈkept *adj* looked after very carefully so that it has a tidy appearance 保存得很好

ˌwell-ˈknown *adj* known by a lot of people; famous 著名；知名

ˌwell-ˈmeaning *adj* (used about a person 指人) wanting to be kind or helpful, but often not having this effect 好心好意；用心良苦

ˌwell-ˈmeant *adj* intended to be kind or helpful but not having this result 出于好意

ˌwell-to-ˈdo *adj* wealthy; with a lot of money 富有；富裕

ˈwell-wisher *noun* [C] somebody who hopes that a person or thing will be successful 祝福/祝贺别人者

☆**well**[4] /wel ‖ wɛl/ *interj* **1** (used for showing surprise 用以表示惊讶): *Well, look who's here!* 啊，看谁来了！**2** (used for expressing doubt, hesitation, etc 用以表示怀疑、犹豫等): *'Do you like it?' 'Well, I'm not really sure.'* "你喜欢吗？""唔，我不肯定。" ○ *Her new boyfriend seems, well, a little strange.* 她的新男朋友似乎有点怪。**3** (used for showing that you are relieved 用以表示放心): *Well, thank goodness you've arrived.* 好了，谢天谢地你终于到了。**4** (used when you begin the next part of a story or when you are thinking about what to say next 用以转入故事的另一部分，或说话中间停顿时用): *Well, the next thing that happened was...* 接着发生的事是… ○ *Well now, let me see...* 好，我看看… **5** (*also* 亦作 **oh well**) (used for showing that there is nothing you can do to change a situation 表示无可奈何): *Oh well, there's nothing we can do about it.* 唉，我们无能为力。

we'll /wi:l ‖ wil/ *short for* WE SHALL, WE WILL * WE SHALL、WE WILL 的缩约式

wellington /ˈwelɪŋtən ‖ ˈwɛlɪŋtən/ (*also* 亦作 **ˌwellington ˈboot**, *informal* 非正式 **welly** /ˈwelɪ ‖ ˈwɛlɪ/ (*pl* **wellies**)) *noun* [C] (*Brit* 英) one of a pair of long rubber boots that you wear to keep your feet and the lower part of your legs dry 威灵顿长筒靴（防水橡胶靴子）: *a pair of wellingtons* 一双橡胶靴子 ☛ picture at **shoe**. 见 **shoe** 插图。

☆**Welsh** /welʃ ‖ wɛlʃ/ *adj* of Wales, its people or their language 威尔士的；威尔士人的；威尔士语的: *the Welsh coast* 威尔士海岸 ○ *He's Welsh. He was born in Cardiff.* 他是威尔士人，在加的夫出世。

Welsh *noun* **1** [U] the language of Wales 威尔士语 ☛ **Welsh** is a Celtic language that English speakers cannot understand unless they have learnt it. 威尔士语 (**Welsh**) 是凯尔特语的一种，说英语的人没有学过是不明白的。**2 the Welsh** [plural] the people of Wales 威尔士人

went *pt* of GO[1] * GO[1] 的过去时

wept *pt, pp* of WEEP * WEEP 的过去时及过去分词

were ⇨ BE

we're /wɪə(r) ‖ wɪr/ *short for* WE ARE * WE ARE 的缩约式

☆**west** /west ‖ wɛst/ *noun* [sing] (*abbr* 缩写 **W**) **1** (*also* 亦作 **the west**) one of the four main points of the compass; the direction you look towards in order to see the sun set 西；西方: *Which way is west?* 哪边是西方？○ *Rain is spreading from the west.* 雨由西边蔓延过来。○ *There's a road to the west of here.* 这儿西面有一条路。☛ picture at **north**. 见 **north** 插图。**2 the west; the West** the part of any country, city, etc that lies further towards the west than other parts（一国或城市等的）西部: *I live in the west of Scotland.* 我住在苏格兰西部。○ *The climate in the West is much wetter than the East.* 西部的天气比东部潮湿。**3 the West** the countries of North America and Western Europe 西方（国家）

west (*also* 亦作 **West**) *adj* in or towards the west, or from the west 在/朝/来自西方或西面的: *West London* 伦敦西部 ○ *the west wind* 西风

west *adv* to or towards the west 朝/向西: *The island is five miles west of here.* 那个岛在西面五英里处。○ *to travel west* 向西行

westerly /ˈwestəlɪ ‖ ˈwɛstəlɪ/ *adj* **1** to, towards or in the west 向西；西面的: *in a westerly direction* 向西方 **2** (used about winds 指风) coming from the west 来自西面

westward /ˈwestwəd ‖ ˈwɛstwərd/ *adj* towards the west 向西: *in a westward direction* 朝着西面 —**westward** (*also* 亦作 **westwards**) *adv*: *to fly westwards* 向西飞行

ˈwestbound *adj* travelling or leading towards the west（向）西行: *the westbound carriageway of the motorway* 高速公路上的西行车道

the ˈWest Country *noun* [U] the south-west part of Britain 英国的西南部

the ˌWest ˈEnd *noun* [U] (*Brit* 英) the western part of central London where there are many shops, theatres, cinemas, etc 伦敦西区/西伦敦（商店、剧院、电影院等林立）

ˌWest ˈIndian *noun* [C] a person from the West Indies or whose family was originally from the West Indies 西印度人

W

ˌ**West ˈIndian** *adj*: *the West Indian cricket team* 西印度板球队

the ˌWest ˈIndies *noun* [plural, with sing or pl verb] a group of islands in the Caribbean Sea that consists of the Bahamas, the Antilles and the Leeward and Windward Islands 西印度群岛（加勒比海的岛群，包括巴哈马群岛、安的列斯群岛、背风群岛及向风群岛）

☆**western** (*also* 亦作 **Western**) /ˈwestən ‖ ˈwɛstɚn/ *adj* **1** in or of the west 西部的: *the western United States* 美国西部 **2** from or connected with countries of the West 西方（国家）的: *the Western way of life* 西方的生活方式

western *noun* [C] a film or book about life in the past in the west of the United States 西部片/书

westerner *noun* [C] a person who was born or who lives in the West 西方人

westernize (*also* 亦作 **westernise** /-aɪz ‖ -ˌnaɪz/) *verb* [T] to make a country or people more like the West, eg in the way people dress and behave 西化: *Young people in our country are becoming westernized through watching American television programmes.* 我们国家的年轻人看美国的电视节目，变得西化起来。

☆**wet** /wet ‖ wɛt/ *adj* (**wetter**; **wettest**) **1** covered in a liquid, especially water 潮；湿；潮湿: *wet clothes* 湿衣服 ○ *Don't get your feet wet.* 别把脚弄湿了。☛ **Moist** means slightly wet. **Damp** is used to describe things that are slightly wet and feel unpleasant because of it ＊ **moist** 指微湿。**damp** 也指微湿，令人感到不舒服: *Don't sit on the grass. It's damp.* 别坐在草上，草很潮。**2** (used about the weather, etc 指天气等) with a lot of rain 多雨: *a wet day* 雨天 **3** (used about paint, etc 指油漆等) not yet dry or hard 未干: *The ink is still wet.* 墨水还未干。**4** (used about a person 指人) without energy, strength or courage 没力气/勇气

(IDIOMS 习语) **a wet blanket** (*informal* 非正式) a person who spoils other people's fun, especially because he or she will not join in 扫兴者

wet through extremely wet 湿透

wet *noun* [sing] **the wet** rainy weather 雨天: *Come in out of the wet.* 进来免得被雨淋着。

wet *verb* (*pres part* **wetting**; *pt*, *pp* **wet** or **wetted**) [T] **1** to make sth wet 弄湿 **2** (used especially of young children 尤指小孩子) to make yourself or your bed, clothes, etc wet by urinating 尿湿: *Joe wet his trousers this morning.* 乔今天早上尿湿了裤子。

ˈ**wet suit** *noun* [C] a rubber suit that covers the whole of the body, used by underwater swimmers and people doing sports in the water 潜水服

we've /wiːv ‖ wiv/ *short for* WE HAVE ＊ WE HAVE 的缩约式

whack /wæk; *US* 美 hwæk ‖ hwæk/ *verb* [T] (*informal* 非正式) to hit sb/sth hard 用力击/打

whale /weɪl; *US* 美 hweɪl ‖ hwel/ *noun* [C] a very large animal that lives in the sea and looks like a huge fish (but is, in fact, a mammal) 鲸（鱼）

whale
鲸鱼

whaling *noun* [U] hunting whales 捕鲸

wharf /wɔːf; *US* 美 hwɔːrf ‖ hwɔrf/ *noun* [C] (*pl* **wharves** /wɔːvz; *US* 美 hwɔːrvz ‖ hwɔrvz/) a platform made of stone or wood at the side of a river where ships and boats can be tied up 码头；停泊处

☆**what** /wɒt; *US* 美 hwɒt ‖ hwɑt/ *det*, *pron* **1** (used for asking for information about sb/sth 发问或询问时用): *What time is it?* 现在几点了？○ *What kind of music do you like?* 你喜欢哪一类音乐？○ *She asked him what he was doing.* 她问他在做什么。○ *What's their phone number?* 他们的电话号码是什么？☛ Look at the note at **which**. 参看 **which** 的注释。**2** the things (that); all the…（所有）…东西: *What he says is true.* 他说的是真的。○ *I believe what he said.* 我相信他的话。○ *Is it true what he said?* 他说的是真话吗？○ *I haven't got much, but you can borrow what money I have.* 我的钱不多，但我有的可以全部借给你。**3** (used for showing surprise, pleasure, etc 用以表示惊讶、喜悦等): *What a beautiful day!* 天气多好啊！☛ **What** can also be used alone, to express surprise ＊ **what** 也可以单独使用，表示惊讶: *'I've just spent a thousand pounds.' 'What!'* "我刚花了一千英镑。""什么！"

(IDIOMS 习语) **how/what about…?** ⇨ ABOUT[2]

what for for what purpose; why 为了什么目的；为什么: *What's this little switch for?* 这个小开关有什么用？○ *What did you say that for?* 你说那些话是为了什么目的？

what if…? what would happen if…? 如果…怎么办: *What if the car breaks down?* 如果汽车坏了怎么办？

☆**whatever** /wɒtˈevə(r); *US* 美 hwɒt- ‖ hwɑtˈɛvɚ/ *adj*, *pron* **1** any or every; anything or everything 一切；所有: *You can say whatever you like.* 你可以想说什么就说什么。○ *He took whatever help he could get.* 能够得到的援助他都接受。**2** no matter what 不管: *I still love you, whatever you may think.* 不管你怎样想，我仍然爱你。○ *Whatever she says, she doesn't really mean it.* 不管她说什么，她都不是存心的。**3** (used for expressing surprise or worry 用以表示惊奇或忧虑) what 什么: *Whatever's the matter?* 发生了什么事？○ *Whatever could have happened to them?* 他们到底会发生什么事？

(IDIOM 习语) **or whatever** (*informal* 非正式) or any other or others of a similar kind 诸如

此类；之类；什么的：*You don't need to wear anything smart – jeans and a sweater or whatever.* 你不用穿漂亮的衣服——牛仔裤、套头毛衣什么的都可以。

whatever (*also* 亦作 **whatsoever**) *adv* at all 完全：*I've no reason whatever to doubt him.* 我完全没有理由怀疑他。○ *'Any questions?' 'None whatsoever.'* "有问题吗？" "一点儿都没有。"

☆**wheat** /wi:t; *US* 美 hwi:t ‖ hwit/ *noun* [U] **1** a type of grain which can be made into flour 小麦（的子实）**2** the plant which produces this grain 小麦（植物）：*a field of wheat* 麦田

☆**wheel** /wi:l; *US* 美 hwi:l ‖ hwil/ *noun* **1** [C] a circular object that turns around a rod that is fixed to its centre. Wheels are used to make a car, bicycle, etc move or to make a machine work 轮子；车轮；齿轮 **2** [usually sing] = STEERING WHEEL: *Her husband was at the wheel when the accident happened* (= he was driving). 发生意外时她丈夫正开着车。

wheel *verb* **1** [T] to push along an object that has wheels; to move sb about in/on a vehicle with wheels 推动手车/装有轮子的工具；用轮椅等载人：*He wheeled his bicycle up the hill.* 他将自行车推上山。○ *She was wheeled back to her bed on a trolley.* 她被人用担架车推回床边。**2** [I] to fly round in circles 盘旋：*Birds wheeled above the ship.* 鸟在船的上空盘旋。**3** [I] to turn round suddenly 突然转身：*Eleanor wheeled round, with a look of horror on her face.* 埃莉诺突然转身，神色惊慌。

'**wheelbarrow** (*also* 亦作 **barrow**) *noun* [C] a type of small cart with one wheel, two legs and two handles used for carrying small loads, especially in gardens 独轮手推车

'**wheelchair** *noun* [C] a chair with large wheels that a person who cannot walk can move or be moved about in 轮椅

'**wheelclamp** *verb* [T] = CLAMP(3)

wheeze /wi:z; *US* 美 hwi:z ‖ hwiz/ *verb* [I] to breathe noisily with a whistling sound, especially if you have a chest illness 呼哧；喘气

☆**when** /wen; *US* 美 hwen ‖ hwɛn/ *adv* **1** at what time 什么时候：*When did she arrive?* 她什么时候到？○ *I don't know when she arrived.* 我不知道她什么时候到。**2** (used for talking about the time at which sth happens or happened 用以指事情发生的时间)：*Sunday is the day when I can relax.* 星期天是我可以轻松一下的日子。○ *I last saw her in May, when she was in London.* 我上次见她是在五月份，当时她在伦敦。

when *conj* **1** at or during the time that 当…的时候；在…时：*He jumped up when the phone rang.* 电话铃响时他吓了一跳。○ *When we were walking home we saw an accident.* 我们走路回家时看见一宗意外。☛ Notice that we use the present tense after 'when' if we are talking about a future time 指将来的事时，when 之后用现在时：*I'll call you when I'm ready.* 我准备好就告诉你。**2** since; as; considering that 因为；既然；考虑到：*Why do you want more money when you've got enough already?* 你的钱已经够用了，为什么还要更多的呢？☛ **When** is used for talking about something that you think will happen, but **if** is used for something you are not sure will happen. ＊**when** 用于行将发生的事，**if** 用于不肯定是否会发生的事。Compare 比较：*I'll ask her when she comes* (= you are sure that she will come). 她来这里时我问问她。○ *I'll ask her if she comes* (= you are not sure whether she will come or not). 如果她来，我就问她吧。

whence /wens; *US* 美 hwens ‖ hwɛns/ *adv* (*old-fashioned* 旧) (from) where 从何处；从哪里：*They returned whence they came.* 他们回到原来的地方。

☆**whenever** /wen'evə(r); *US* 美 hwen- ‖ hwɛn-'ɛvɚ/ *conj* at any time; no matter when 任何时候；不论何时：*You can borrow my car whenever you want.* 你任何时候都可以借用我的车。○ *Don't worry. You can give it back the next time you see me, or whenever.* 别担心，你可以下一次见到我再还给我，或者其他什么时候都可以。

whenever *adv* (used when you are showing that you are surprised or impatient 惊讶或不耐烦时用) when 究竟/到底什么时候：*Whenever did you find time to do all that cooking?* 你到底什么时候把饭菜都做好的？○ *Whenever are you going to finish?* 你要到什么时候才能完成？

☆**where** /weə(r); *US* 美 hweə(r) ‖ hwɛr/ *adv*, *conj* **1** at, in or to what place or position 什么地方；哪儿：*Where can I buy a paper?* 在哪儿可以买到报纸？○ *I asked him where he lived.* 我问他住在哪里。○ *Where are you going?* 你上哪儿去？**2** at, in or to a place or a situation 在/到/处于某处或位置或情况：*the town where you were born* 你出生的城镇 ○ *She ran to where they were standing.* 她向他们站着的地方跑去。○ *I know where we must go.* 我知道我们必须去什么地方。○ *Where possible, you should travel by bus, not taxi.* 只要可能，你应该乘公共汽车，而不是计程车。**3** at which place 在某地；在那地方：*We came to a village, where we stopped for lunch.* 我们来到一个村子就停下来吃午餐。

'**whereabouts** *adv* where; in or near what place 何处；在/近什么地方：*Whereabouts did you lose your purse?* 你在什么地方丢了钱包？

'**whereabouts** *noun* [U, with sing or pl verb] the place where sb/sth is 下落；所在；行踪：*The whereabouts of the stolen painting is/are unknown.* 失窃的画下落不明。

where'by *adv* (*formal* 正式) by which 借以：*These countries have an agreement whereby foreign visitors can have free medical care.* 这些国家订立了协议，外来游客可以获得免费医疗服务。

whereu'pon *conj* (*formal* 正式) after which 接着；然后：*He fell asleep, whereupon she walked quietly from the room.* 他睡着以后，她就悄悄走出房间。

whereas /ˌweər'æz; *US* 美 ˌhweər'æz ‖ hwɛr-'æz/ *conj* (used for showing a fact that is different 用以带出不同的事实)：*He eats meat, whereas she's a vegetarian.* 他吃肉，而她吃素。

☆**wherever** /ˌweər'evə(r); *US* 美 ˌhweər- ‖ hwɛr-

'ɛvɚ/ *conj* **1** in or to any place 在/到任何地方: *You can sit wherever you like.* 你喜欢坐在哪里都可以。○ *She comes from Bahia, wherever that is* (= I don't know where it is). 她来自巴伊亚，反正是那么一个地方。**2** everywhere, in all places that 每一个地方；处处: *Wherever I go, he goes.* 我到哪儿，他就到那儿。

wherever *adv* (used for showing surprise 表示惊讶): *Wherever did you learn to cook like that?* 你从哪里学到那样的烹调法？

(IDIOM 习语) **or wherever** or any other place 或任何别的地方: *The students might be from Sweden, Denmark or wherever.* 学生或来自瑞典、丹麦等地方。

whet /wet; *US* 美 hwet ‖ hwɛt/ *verb* (whe**tt**ing; whe**tt**ed)

(IDIOM 习语) **whet sb's appetite** to make sb want more of sth 吊起胃口；激发/增强欲望等: *Our short stay in Dublin whetted our appetite to spend more time there.* 我们在都柏林的短暂逗留促使我们想在那里呆更长的时间。

☆**whether** /'weðə(r); *US* 美 'hweðər ‖ 'hwɛðɚ/ *conj* **1** (used after verbs like 'ask', 'doubt', 'know', etc 用于 ask、doubt、know 等动词后) if 是否: *He asked me whether we would be coming to the party.* 他问我，我们会不会参加那个宴会。**2** (used for expressing a choice or doubt between two or more possibilities 有两个或以上的可能性或选择时用): *I can't make up my mind whether to go or not.* 我无法决定去还是不去。○ *There was some doubt as to whether she should go.* 她仍然不太肯定应不应该去。☛ **Whether** and **if** can both be used in sense 1. 表达第 1 义可用 **whether** 或者 **if**。Only **whether** can be used before 'to' + verb 在 to 加动词之前只可用 **whether**: *Have you decided whether to accept the offer yet?* 你决定了接受那建议没有？Only **whether** can be used after a preposition 在介词后只可用 **whether**: *the problem of whether to accept the offer* 是否接纳提议这个问题

(IDIOM 习语) **whether or not** (used to say that sth will be true in either of the situations that are mentioned 表示某事在所提及的两种情况中都会是真的): *We shall play on Saturday whether it rains or not.* 星期六下雨不下雨，我们都会比赛。○ *Whether or not it rains, we shall play on Saturday.* 无论是否下雨，星期六我们都会比赛。

whew = PHEW

☆**which** /wɪtʃ; *US* 美 hwɪtʃ ‖ hwɪtʃ/ *det, pron* **1** (used in questions when there are a number of people or things to choose from 用于涉及多个选择的疑问句): *Which cake would you like?* 你喜欢哪块蛋糕？○ *Which hand do you write with?* 你用哪只手写字？○ *Which is your bag?* 哪一个手提包是你的？○ *She asked me which colour I preferred.* 她问我喜欢哪种颜色。○ *I can't remember which of the boys is the older.* 我记不起哪一个男孩的年纪较大。☛ **Which** or **what**? 用 **which** 还是 **what**？We use **which** when there is only a limited group to choose from 选择有限时宜用 **which**: *Which car is yours? The Ford or the Volvo?* 哪辆是你的车？"福特"牌还是"富豪"牌的？We use **what** when the group is not limited 如果选择是无限的就用 **what**: *What car would you choose, if you could have any one you wanted?* 如果你可以得到一辆汽车，你选哪一种？**2** (used for saying what thing or things you are talking about 用以指明某（些）事物): *We need a car which is reliable.* 我们需要一辆可靠的汽车。○ *Did you see the article which Jenny wrote?* 你看过珍妮写的那篇文章吗？○ (*formal* 正式) *The situation in which he found himself was very difficult.* 他发觉自己已身陷严峻的困境。☛ In less formal English we would write: *The situation which he found himself in was very difficult.* 比较非正式的写法可以作: The situation which he found himself in was very difficult. Often the 'which' is left out: *The situation he found himself in...* 通常可省去 which: The situation he found himself in... **3** (used for giving more information about a thing or animal 作补充时用): *His best film, which won several awards, was about the life of Gandhi.* 他那部最出色的电影是有关甘地的生平的，已夺得数个奖项。☛ Note that there is a comma before 'which' and at the end of the part of the sentence which it introduces. 在 which 之前及 which 所带出的那部分句子的末尾都加上逗号 **4** (used for making a comment on what has just been said 对刚说的话下评语时用): *We had to wait 16 hours for our plane, which was really annoying.* 我们得等 16 个小时才搭上我们的那班飞机，真令人讨厌。☛ Note that there is a comma before 'which'. 在 which 之前用逗号。

☆**whichever** /wɪtʃ'evə(r); *US* 美 hwɪtʃ- ‖ hwɪtʃ-'ɛvɚ/ *det, pron* **1** any person or thing 任何人/事物: *You can choose whichever book you want.* 你可以随意选择一本书。**2** (used for expressing surprise 表示惊讶) which 哪（一）: *Whichever way did you come?* 你走哪条路来的？

whiff /wɪf; *US* 美 hwɪf ‖ hwɪf/ *noun* [sing] a smell which only lasts for a short time 一阵（气味）: *a whiff of perfume* 一阵香水味

☆**while**[1] /waɪl; *US* 美 hwaɪl ‖ hwaɪl/ (*also* 亦作 **whilst** /waɪlst; *US* 美 hwaɪlst ‖ hwaɪlst/) *conj* **1** during the time that; when 当/在…的时候: *He always phones while we're having lunch.* 他总是在我们吃午饭时打电话来。**2** at the same time as 在同一个时候；同时: *He always listens to the radio while he's driving to work.* 他总是一边听收音机，一边驾车上班。**3** (*formal* 正式) (used when you are contrasting two ideas 对比时用): *Some countries are rich, while others are extremely poor.* 有些国家富足，另一些则极为贫困。

☆**while**[2] /waɪl; *US* 美 hwaɪl ‖ hwaɪl/ *noun* [sing] a period of time (usually short) 一段（短）时间: *Let's sit down here for a while.* 我们在这里坐一会儿吧。

(IDIOMS 习语) **once in a while** ⇨ ONCE

worth sb's while ⇨ WORTH

while *verb*

(PHRASAL VERB 短语动词) **while sth away** to pass time in a lazy or relaxed way 轻松地度过（一段时间）: *We whiled away the evening* *chatting and listening to music.* 我们聊聊天、听听音乐，就过了一个晚上。

whim /wɪm; *US* 美 hwɪm ‖ hwɪm/ *noun* [C] a sudden idea or desire to do sth (often sth that is not sensible) 突然产生的（怪）念头；奇想

whimper /ˈwɪmpə(r); *US* 美 ˈhwɪ- ‖ ˈhwɪmpɚ/ *verb* [I] to cry softly, especially with fear or pain 呜咽/啜泣（尤指因惊慌或痛楚）—**whimper** *noun* [C]

whine /waɪn; *US* 美 hwaɪn ‖ hwaɪn/ *verb* **1** [I] to make a long high unpleasant sound 发出长而刺耳的响声；发呜呜声: *The dog is whining to go out.* 那条狗呜呜地叫着要出去。**2** [I,T] to complain about sth in an annoying way 抱怨；哭闹: *The children were whining all afternoon.* 孩子们哼哼唧唧了一个下午。—**whine** *noun* [C]

whip[1] /wɪp; *US* 美 hwɪp ‖ hwɪp/ *noun* [C] **1** a long thin piece of leather, etc with a handle, that is used for making animals go faster and for hitting people as a punishment 鞭（子） **2** an official of a political party who makes sure that all members vote in important debates in Parliament 政党的组织秘书/干事（负责敦促党员在议会的重要辩论中投票支持）

whip[2] /wɪp; *US* 美 hwɪp ‖ hwɪp/ *verb* (whi**pp**ing; whi**pp**ed) **1** [T] to hit a person or animal with a whip 鞭打；抽打 **2** [T] to mix the white part of an egg, cream, etc until it is light and stiff 搅打（蛋白、奶油等）: *whipped cream* 搅打好的奶油 **3** [T] (*Brit informal* 英，非正式) to steal sth 偷走/去: *Somebody's whipped my sweater!* 有人偷去了我的套头毛衣！**4** [I,T] (*informal* 非正式) to move quickly or suddenly; to make sth move in this way（使）迅速/突然移动: *He whipped out a pen and made a note of the number.* 他赶忙拿出钢笔，记下号码。

(PHRASAL VERB 短语动词) **whip sth up 1** to cause a strong emotion 激发/煽动（情绪等）: *to whip up excitement* 引发兴奋的情绪 **2** (*informal* 非正式) to prepare food quickly 迅速准备好（食物等）: *to whip up a quick snack* 飞快地弄些吃的

whir (*especially US* 尤为美) = WHIRR

whirl /wɜːl; *US* 美 hw- ‖ hwɝl/ *verb* [I,T] to move round very quickly; to make sb/sth move in this way（使）急速旋转: *The dancers whirled round the room.* 跳舞的人在房间转着圈儿。○ *The wind whirled the leaves round and round.* 大风吹得树叶四处飞旋。○ (*figurative* 比喻) *I couldn't sleep. My mind was whirling after all the excitement.* 兴奋的情景仍在我脑海里盘旋，使我无法入睡。

whirl *noun* [sing] **1** the act or sound of whirling 旋转；旋转所发出的声音: *the whirl of the helicopter's blades* 直升机旋翼转动的声音 **2** a state of confusion 混乱；纷乱: *My head's in a whirl – I'm so excited.* 我太兴奋了，脑袋直打转。

(IDIOM 习语) **give sth a whirl** to try sth 试/尝试某事物

whirlpool /ˈwɜːlpuːl; *US* 美 hw- ‖ ˈhwɝlˌpul/ *noun* [C] a place in a river or the sea where the water moves quickly round and round（河/海里的）漩涡

whirlwind /ˈwɜːlwɪnd; *US* 美 hw- ‖ ˈhwɝlˌwɪnd/ *noun* [C] a very strong wind that forms a tall column of air moving round and round in a circle as it travels across the land or the sea 旋风 ☛ Look at the note at **storm**. 参看 **storm** 的注释。

whirr (*especially US* 美尤作 **whir**) /wɜː(r); *US* 美 hw- ‖ hwɝ/ *verb* [I] to make a continuous low sound 发呼呼声: *The noise of the fan whirring kept me awake.* 风扇发出的呼呼声使我不能入睡。—**whirr** (*especially US* 美尤作 **whir**) *noun* [C, usually sing]

whisk /wɪsk; *US* 美 hw- ‖ hwɪsk/ *noun* [C] a tool that you use for beating the white part of an egg, cream, etc 搅打器/搅拌器（用来打蛋白、奶油等的器具）

whisk *verb* [T] **1** to move sb/sth quickly 迅速把…移走: *The prince was whisked away in a black limousine.* 王子马上给送上黑色的豪华轿车走了。**2** to beat eggs, cream, etc very quickly with a whisk（用搅打器）打（鸡蛋、奶油等）

whisker /ˈwɪskə(r); *US* 美 ˈhwɪ- ‖ ˈhwɪskɚ/ *noun* **1 whiskers** [plural] the hair that is growing on a man's face 连鬓胡子；颊须；髯 **2** [C] one of the long hairs that grow near the mouth of a mouse, cat, etc 老鼠、猫等动物嘴边的须 ☛ picture at **cat**. 见 **cat** 插图。

whisky /ˈwɪskɪ; *US* 美 ˈhwɪ- ‖ ˈhwɪskɪ/ *noun* (*pl* **whiskies**) **1** [U] a strong alcoholic drink that is made from grain 威士忌酒: *Scotch whisky* 苏格兰威士忌 **2** [C] a glass of whisky 一杯威士忌酒 ☛ In the USA and Ireland the spelling is **whiskey**. 美国及爱尔兰所用的拼写是 **whiskey**。

☆**whisper** /ˈwɪspə(r); *US* 美 ˈhwɪ- ‖ ˈhwɪspɚ/ *verb* [I,T] to speak very quietly to sb, so that other people cannot hear what you are saying 耳语；低声说话；低语 —**whisper** *noun* [C]: *to speak in a whisper* 悄声说话

☆**whistle** /ˈwɪsl; *US* 美 ˈhwɪ- ‖ ˈhwɪsl̩/ *noun* [C] **1** the long high sound that you make when you force air out between your lips 口哨（声） **2** a simple musical instrument that produces a long high sound 哨子: *The referee blew his whistle to stop the game.* 裁判吹哨子结束比赛。

whistle *verb* **1** [I,T] to make sounds by forcing air out between your lips or through a whistle 吹口哨: *The girl was whistling as she walked down the street.* 那女孩在路上边走边吹口哨。○ *He whistled a tune to himself.* 他自得其乐地用口哨吹了一个曲子。○ *The referee whistled and the game was over.* 裁判一吹哨子，比赛就结束了。**2** [I] to make a sound like a whistle 发出口哨似的声音；发嗖声: *A bullet whistled past his head* (= moved quickly, with the sound of a whistle). 子弹嗖的一声在他的头上飞过。

Whit /wɪt; *US* 美 hwɪt ‖ hwɪt/ *noun* [U] = WHITSUN

☆**white**[1] /waɪt; *US* 美 hwaɪt ‖ hwaɪt/ *adj* **1** of the very light colour of snow or milk 白（色）: *an old lady with white hair* 满头白发的老太太 ○ *white coffee* (= with milk) 加了牛奶的咖啡 **2** (used about a person 用于人) having pale skin, of European origin 白种的（欧洲裔的） **3 white (with sth)** (used about a person 指人)

W

very pale because of illness, fear, etc（因生病、惊慌等）脸色苍白: *to be white with shock* 吓得脸色发白

(IDIOMS 习语) **black and white** ⇨ BLACK[1]

in black and white ⇨ BLACK[2]

ˌwhite-ˈcollar *adj* white-collar work is done in an office not a factory, and white-collar workers are people who work in an office 白领（指从事脑力劳动的）

ˌwhite ˈelephant *noun* [sing] something that you do not need or that is not useful 多余/无用的东西

ˌwhite ˈlie *noun* [C] a lie that is not very harmful or serious 小谎话；没有恶意的谎言

ˌWhite ˈPaper *noun* [C] (*Brit* 英) an official government report on a particular subject that will later be discussed in Parliament 白皮书（政府就某事项公开发表的文件，有关内容将在议会中讨论）

ˈwhitewash *noun* [U] a white liquid that you use for painting walls 石灰水

ˈwhitewash *verb* [T] **1** to paint whitewash on a wall（用石灰水）把墙壁刷白/粉饰 **2** to try to hide sth bad or wrong that you have done 掩饰/掩盖污点或错误

ˌwhite ˈwine *noun* [U] wine made from green grapes, that is clear or of a very pale yellow colour 白葡萄酒 ☛ Look at **red wine** and **rosé**. 参看 **red wine** 及 **rosé**。

☆**white**[2] /waɪt; *US* 美 hwaɪt ‖ hwaɪt/ *noun* **1** [U] white colour, paint, etc 白色: *She was dressed in white.* 她穿一身白色的衣服。**2** [C] a person with white skin 白人；白种人: *Blacks and Whites in South Africa* 南非的黑人和白人 **3** [C,U] the part of an egg that turns white when it is cooked 蛋白 ☛ The yellow part of an egg is the **yolk**. 蛋黄叫做 **yolk**。picture at **egg**. 见 **egg** 插图。**4** [C] the white part of the eye 白眼珠（眼球白色的部分）

Whitsun /ˈwɪtsn; *US* 美 ˈhwɪ- ‖ ˈhwɪtsn̩/ (*also* 亦作 **Whit**) *noun* [sing] the seventh Sunday after Easter and the days close to it 圣灵降临节/五旬节（复活节后的第七个星期天及其前后的数天）

whiz (*also* 亦作 **whizz**) /wɪz; *US* 美 hwɪz ‖ hwɪz/ *verb* [I] (whi**zz**ing; whi**zz**ed) (*informal* 非正式) to move very quickly, often making a high continuous sound 飞快地移动（并发出高而连续的声音）: *The racing cars went whizzing by.* 那些赛车飕飕地飞驰而过。

☆**who** /hu: ‖ hu/ *pron* **1** (used in questions to ask sb's name, etc 用于问句中以询问姓名等): *Who did this?* 谁干的？○ *Who did you meet at the party?* 你在宴会中碰见谁？○ *Who did you go with?* 你跟谁一起去？**2** (used in reported questions and after certain verbs 用于间接疑问句及某些动词后): *She wondered who he was.* 她想知道他是谁。○ *I can't remember who I asked to do this.* 我记不起叫了谁干这事情。**3** (used for saying which person or what kind of person you are talking about 用以表明所谈及的为何人/某类人): *I like people who say what they think.* 我喜欢坦白表达意见的人。○ *That's the man who I met at Ann's party.* 那就是我在安妮的宴会中认识的男子。○ *The woman who I work for is very nice.* 我服务的那位女士很客气。☛ In the last two examples (= when 'who' is the object, or when it is used with a preposition) 'who' can be left out 上述最后两个例子中（who 为宾语或与介词连用）可省去 who: *That's the man I met at Ann's party.* 那个就是我在安妮举行的聚会中认识的男子。○ *The woman I work for is very nice.* 我服务的那位女士很客气。**4** (used for giving extra information about sb 作补充时用): *My mother, who's over 80, still drives a car.* 我的母亲已80多岁了，但她仍然驾车。☛ Look at the note at **whom**. 参看 **whom** 的注释。

who'd /hu:d ‖ hud/ *short for* WHO HAD, WHO WOULD ＊ WHO HAD、WHO WOULD 的缩约式

☆**whoever** /hu:ˈevə(r) ‖ huˈɛvɚ/ *pron* **1** the person who …的人: *Whoever is responsible will have to pay for the damage.* 谁损坏谁就得赔偿。○ *I want to speak to whoever is in charge.* 不管谁是主管，我想跟他谈谈。**2** it does not matter who 不论谁: *I don't want to see anybody – whoever it is.* 我不想见任何人——不论是谁。**3** (used for expressing surprise 表示惊讶) who（究竟）谁: *Whoever could be phoning so late at night?* 谁会这么晚打电话来？

☆**whole** /həʊl ‖ hol/ *adj* **1** complete; full 整个；全部: *We drank a whole bottle of wine.* 我们喝了一整瓶酒。○ *a whole month's holiday* 整整一个月的假期 **2** not broken or cut 完整: *Snakes swallow their prey whole* (= in one piece). 蛇把猎物整个吞下。

whole *noun* [sing] **1** all that there is of sth 整个: *I spent the whole of the morning cooking.* 我花了整个早上烧菜。**2** a thing that is complete or full 完整的东西；整体: *Two halves make a whole.* 两个一半构成一整个。

(IDIOMS 习语) **as a whole** as one complete thing or unit 作为一个整体；整体来说: *This is true in Britain, but also in Europe as a whole.* 这对于英国来说是如此，对于欧洲整体来说也是如此。

on the whole generally, but not true in every case 大体上；总的来说: *On the whole I think it's a very good idea.* 大体上，我认为这是个很不错的主意。

wholly /ˈhəʊllɪ ‖ ˈholɪ/ *adv* completely; fully 完全地；全部: *The government is not wholly to blame for the situation.* 这种处境其实不应完全归咎于政府。

ˈwholefood *noun* [U] food that does not contain artificial substances and chemicals and that is as natural as possible 天然食品（不含人造物质/化学成分）

ˌwholeˈhearted *adj* complete and without doubt 全力；全心全意: *to give sb your wholehearted support* 衷心支持某人

ˌwholeˈheartedly *adv*: *We wholeheartedly agree with you.* 我们完全同意你的意见。

ˈwholemeal *adj* (made from) flour that contains all the grain 全麦面粉（制成的）: *wholemeal bread* 全麦面包

wholesale /ˈhəʊlseɪl ‖ ˈholˌsel/ *adj, adv* **1** connected with buying and selling goods in large quantities 批发: *They get all their building materials wholesale.* 他们的建筑材料

都是成批买来的。**2** (usually about sth bad 常用于不良的事物) very great; on a very large scale 大规模；不加区别: *the wholesale destruction of the rainforests* 大规模破坏雨林

wholesome /ˈhəʊlsəm ‖ ˈholsəm/ *adj* **1** good for your health 有益健康: *simple wholesome food* 简单而有益健康的食物 **2** (used about a person 指人) looking clean and attractive 显得身心健康 **3** having a moral effect that is good 道德上有益

who'll /huːl ‖ hul/ *short for* WHO WILL * WHO WILL 的缩约式

wholly ⊏⊳ WHOLE

☆**whom** /huːm ‖ hum/ *pron* (*formal* 正式) **1** (used in questions as the object form of 'who' to ask sb's name, etc 用于疑问句，作为 who 的宾语形式，用以询问姓名等): *Whom did you meet there?* 你在那儿碰见谁？○ *To whom did you give the money?* 你把钱给了谁？**2** (used as the object form of 'who' in reported questions and after certain verbs 作 who 的宾语形式，用于间接疑问句及某些动词后): *He asked me whom I had met.* 他问我见过谁。○ *I realized to whom I had been speaking.* 我终于明白跟我谈话的是什么人物。**3** (used for saying which person or what kind of person the object of a verb or preposition is 用以表示动词或介词的宾语指何人/哪一类人): *A gentleman whom I had never met sat down beside me.* 一位我从没有见过的男士在我旁边坐下。**4** (used for giving extra information about the object of a verb or preposition 用以就动词或介词的宾语作补充): *This is my wife, to whom I owe everything.* 这是我的妻子，我的一切成就全靠了她。☛ The use of **whom** instead of **who** as the object pronoun or the pronoun after prepositions is very formal. 以 **whom** 代替 **who**，作为宾语代名词或介词后的代名词是很正式的用法。We usually express a sentence such as: *'He asked me with whom I had discussed it.'* as *'He asked me who I had discussed it with.'* * He asked me with whom I had discussed it 通常都写成 He asked me who I had discussed it with. (Note the position of the preposition at the end. 介词放在句子的末尾。)

whooping cough /ˈhuːpɪŋ kɒf ‖ ˈhupɪŋˌkɔf/ *noun* [U] a serious disease, especially of children, in which they have a bad cough and make a loud noise when they breathe in after coughing 百日咳

whoops /wʊps ‖ wʊps/ *interj* (*informal* 非正式) (used when you have, or nearly have, a small accident 发生了或险些发生不如意的小事时用): *Whoops! I nearly dropped the cup.* 哎哟！我差点儿把茶杯掉了。

whoosh /wʊʃ ‖ hwʊʃ/ *verb* [I] to move very fast, with the sound of air rushing（快速移动，同时发出气流冲过的声音）发呼呼/嗖嗖声

whore /hɔː(r) ‖ hɔr/ *noun* [C] (*old-fashioned* 旧) = PROSTITUTE

who're /ˈhuːə(r) ‖ ˈhuɚ/ *short for* WHO ARE * WHO ARE 的缩约式

who's /huːz ‖ huz/ *short for* WHO IS, WHO HAS * WHO IS、WHO HAS 的缩约式

☆**whose** /huːz ‖ huz/ *det, pron* **1** (used in questions when you are asking who sth belongs to 用于疑问句中，询问某物属于何人) of whom? 谁的: *Whose car is that?* 那辆汽车是谁的？○ *That's a nice coat – I wonder whose it is.* 那件外衣很漂亮——我想知道是谁的。**2** of whom; of which 某人/某事物的: *That's the boy whose mother has just died.* 那个就是母亲刚刚去世的小男孩。○ *a firm whose most famous product is chocolate* 一家以生产巧克力而闻名的公司

who've /huːv ‖ huv/ *short for* WHO HAVE * WHO HAVE 的缩约式

☆**why** /waɪ; *US* 美 hwaɪ ‖ hwaɪ/ *adv* for what reason 为什么: *Why was she so late?* 为什么她这么晚才来？○ *I wonder why they went.* 我不知道他们为什么要去呢？○ *'I'm not staying any longer.' 'Why not?'* "我不想再呆下去。" "为什么不？" ○ *Can you tell me the reason why you are so unhappy?* 你为什么这样闷闷不乐，告诉我好吗？

(IDIOMS 习语) **why ever** (used to show that you are surprised or angry 表示惊讶或生气): *Why ever didn't you phone?* 你究竟为什么不打电话来？

why not (used for making or agreeing to a suggestion 提出建议或表示同意时用): *Why not get fish and chips tonight?* 今晚为何不吃炸鱼马铃薯条呢？

wick /wɪk ‖ wɪk/ *noun* [C] the piece of string in the middle of a candle 蜡烛芯；灯芯 ☛ picture at **candle**. 见 **candle** 插图。

☆**wicked** /ˈwɪkɪd ‖ ˈwɪkɪd/ *adj* **1** morally bad; evil 不道德；邪恶: *The man was described as weak and foolish but not wicked.* 那男子被人形容为软弱愚蠢，但是不坏。☛ Look at the note at **evil**. 参看 **evil** 的注释。**2** liking to annoy other people in a way that is not serious 调皮；淘气: *a wicked sense of humour* 调皮的幽默感 —**wickedly** *adv* —**wickedness** *noun* [U]

☆**wide** /waɪd ‖ waɪd/ *adj* **1** measuring a large amount from one side or edge to the other 宽阔；广阔: *The road was not wide enough for two cars to pass.* 这条路的宽度不够两辆汽车同时驶过。○ *a wide river* 一条宽阔的河流 ☛ The noun is **width**. 名词为 **width**。The opposite is **narrow**. 反义词为 **narrow**。Look at the note at **broad**. 参看 **broad** 的注释。**2** measuring a particular amount from one side or edge to the other 有某阔度/宽度: *The box was only 20 centimetres wide.* 箱子只有20厘米宽。○ *How wide is the river?* 这条河宽多少？**3** covering a large area or range 广泛；广大: *You're the nicest person in the whole wide world!* 你是大千世界上最好的人！○ *This shop sells a wide range of goods.* 这家商店售卖的货品种类繁多。**4** fully open 完全张开: *The children's eyes were wide with excitement.* 孩子们兴奋得眼睛都瞪得大大的。**5** not near what you wanted to touch or hit 离（射击等的）目标远: *His first serve was wide* (eg in tennis). 他第一次发球时打出边线。

wide *adv* as far or as much as possible; completely 尽量；完全: *Open your mouth wide.* 尽量张开嘴。○ *wide awake* 没有睡意 ○ *a wide-open door* 大开着的门

widely *adv* **1** to a large degree; a lot 达到很深程度；很多: *Their opinions differ widely.* 他们的意见分歧很大。**2** over a large area or range 涉及的范围/范畴/层面广: *Steve travelled widely in his youth.* 史蒂夫年青时游历过很多地方。

widen /ˈwaɪdn ‖ ˈwaɪdn̩/ *verb* [I,T] to become wider; to make sth wider 变宽/阔；扩阔

ˌwide-ˈranging *adj* covering a large area or many subjects 涉及的范围/层面广: *a wide-ranging discussion* 内容广泛的讨论

ˈwidespread *adj* found or happening over a large area; affecting a large number of people 在广泛地区出现/发生的；影响广泛的: *The storm has caused widespread damage.* 风暴引致广泛地区受到破坏。

☆**widow** /ˈwɪdəʊ ‖ ˈwɪdo/ *noun* [C] a woman whose husband has died and who has not married again 寡妇；遗孀

widowed /ˈwɪdəʊd ‖ ˈwɪdod/ *adj* being a widow or widower 寡居；鳏居: *She's been widowed for ten years now.* 她已经孀居十年了。

☆**widower** /ˈwɪdəʊə(r) ‖ ˈwɪdəwɚ/ *noun* [C] a man whose wife has died and who has not married again 鳏夫

☆**width** /wɪdθ ‖ wɪdθ/ *noun* **1** [C,U] the amount that sth measures from one side or edge to the other 宽度；阔度: *The room is eight metres in width.* 房间宽八米。○ *The carpet is available in two different widths.* 这地毯有两种宽度可供选择。☛ picture at **length**. 见 **length** 插图。**2** [C] the distance from one side of a swimming-pool to the other 相等于游泳池宽度的距离

wield /wiːld ‖ wild/ *verb* [T] to hold and use a weapon 手拿某物作武器: *Some of the men were wielding knives.* 那些男子中有的手拿着刀子。

wiener /ˈwiːnə(r) ‖ ˈwinɚ/ *noun* [C] (*US* 美) = FRANKFURTER

☆**wife** /waɪf ‖ waɪf/ *noun* [C] (*pl* **wives** /waɪvz ‖ waɪvz/) the woman to whom a man is married 妻子

wig /wɪg ‖ wɪg/ *noun* [C] a covering made of real or false hair that you wear on your head, because you are bald or because you want to cover up your own hair 假发

wiggle /ˈwɪgl ‖ ˈwɪgl̩/ *verb* [I,T] (*informal* 非正式) to move from side to side with small quick movements; to make sth do this（使）快速扭动/摆动: *Can you wiggle your ears?* 你能掀动耳朵吗？—**wiggle** *noun* [C] (*informal* 非正式): *to walk with a wiggle* 扭动着身子走路

wigwam /ˈwɪgwæm; *US* 美 -wɑːm ‖ ˈwɪgwɑm/ *noun* [C] a type of tent that was used by North American Indians（北美印第安人用的）帐篷/棚屋

☆**wild** /waɪld ‖ waɪld/ *adj* **1** living or growing in natural conditions, not looked after by people 野生: *wild animals* 野生动物 **2** (used about an area of land 指土地) not lived on, farmed, etc 荒凉；荒芜: *the wild mountain scenery of Wales* 威尔士荒芜山区的景色 **3** (used about the weather 指天气) stormy, with strong winds 有暴风雨的: *It was a wild night last night.* 昨晚是个暴风雨的晚上。**4** (used about a person or his/her behaviour or emotions 指人、行为或情绪) not controlled; rather mad 不受控制；激烈；疯狂: *The crowd went wild with excitement.* 人群欣喜若狂。○ *He had a wild look in his eyes.* 他双眼露出激动的神色。**5 wild (about sb/sth)** (*informal* 非正式) liking sb/sth very much 极喜欢某人/某事物: *I'm not wild about their new house.* 我并没有特别喜欢他们的新房子。**6** not carefully done, planned or thought about 胡乱；草率；卤莽: *She made rather a wild guess.* 她瞎猜了一通。

wild *noun* **1 the wild** [sing] natural areas, (= not on farms, in zoos, etc)（生物生长的）自然环境: *the thrill of seeing elephants in the wild* 看见在野生环境中的大象的兴奋心情 **2 the wilds** [plural] places that are far away from towns 偏僻/偏远地区: *They live somewhere out in the wilds.* 他们住在荒郊地区。

wildly *adv* in a wild way 胡乱；卤莽: *to rush about wildly* 横冲直撞 —**wildness** *noun* [U]

ˈwildlife *noun* [U] wild birds, plants, animals, etc 野生植物/鸟兽等；野生生物

wilderness /ˈwɪldənɪs ‖ ˈwɪldɚnɪs/ *noun* [C, usually sing] **1** an area of land with very few signs of human life 人迹罕至的地方；荒野: *The Antarctic is the last great wilderness.* 南极洲是世界上最后一大片人迹罕至的地方。**2** a place where plants are growing in an uncontrolled way 荒芜的地方

wilful (*US also* 美亦作 **willful**) /ˈwɪlfl ‖ ˈwɪlfəl/ *adj* **1** done on purpose, eg to hurt or damage sb/sth 故意；蓄意: *wilful damage* 蓄意造成的破坏 **2** doing exactly what you want, no matter what other people think or say 固执；任性 —**wilfully** /-fəlɪ ‖ -fəlɪ/ *adv*

☆**will**[1] /wɪl ‖ wɪl/ *modal verb* (*short form* **'ll**; *negative* **will not**; *short form* **won't** /wəʊnt ‖ wont/) **1** (used in forming the future tenses 用以构成将来时): *He will be here soon.* 他很快就会到来。○ *I'm sure you'll pass your exam.* 我肯定你考试会及格。○ *I'll be sitting on the beach this time next week.* 下星期的这个时候，我将会坐在沙滩上。○ *Next Sunday, she will have been in England for a year.* 到下个星期天，她来英格兰就有一年了。**2** (used for showing that sb is willing to do sth, or that sth is able to do sth 表示某人愿意做某事，或某物能够做某事): *'We need some more milk.' 'OK, I'll get it.'* "我们再要一些牛奶。" "好的，我去拿来。" ○ *Why won't you tell me where you were last night?* 为什么你不肯告诉我昨晚你去了哪儿？○ *I'll carry your case for you.* 让我给你拿手提箱。○ *My car won't start.* 我的车子开不动。**3** (used for asking sb to do sth 请某人做某事时用): *Will you sit down, please?* 请你坐下来好吗？**4** (used for offering sth to sb 向某人提供某物时用): *Will you have a cup of tea?* 给你一杯茶好吗？**5** (used for talking about sth annoying that sb always or very often does 谈及某人经常做的讨厌事情时用): *He will keep interrupting me when I'm trying to work.* 每当我要工作时，他总是不断地打扰我。**6** (used for saying that you think sth is probably true 表示某事应该属实): *That will be the postman at the door.* 那定是邮差到了门口了。

will[2] /wɪl ‖ wɪl/ *verb* [T] to use the power of your mind to do sth or to make sth happen 用意志做（某事）或使（某事）发生；（表示意愿或决心）要/愿: *He willed himself to carry on to the end of the race.* 他决心要跑完比赛的全程。

☆**will**[3] /wɪl ‖ wɪl/ *noun* **1** [C,U] the power of the mind to choose what actions to take 意志；决心: *Both her children have got very strong wills.* 她的两名孩子都有很强的意志。○ *My father seems to have lost the will to live.* 父亲好像失去了生存的意志。**2** [sing] what sb wants or desires 意愿；欲望: *My mother doesn't want to sell the house and I don't want to go against her will.* 母亲不想卖掉房子，我就不想违反她的意愿。**3** [C] a legal document in which you write down who should have your money and property after your death 遗嘱: *Have you made a will?* 你立了遗嘱没有？○ *Gran left us some money in her will.* 祖母在她的遗嘱中，留给我们一点钱。

(IDIOM 习语) **of your own free will** ⇨ FREE[1]

-willed (in compounds 用以构成复合词) having a will(1) of a particular type 有…意志: *strong-willed* 意志力强

☆**willing** /ˈwɪlɪŋ ‖ ˈwɪlɪŋ/ *adj* **1** (not before a noun 不用于名词前) prepared to do sth; having no objection to doing sth 预备做某事的；愿意: *Are you willing to help us?* 你愿意帮我们吗？○ *I'm not willing to take any risks.* 我不愿冒任何风险。**2** ready or eager 乐意；积极；热心: *a willing helper* 热心助人者 —**willingly** *adv* —**willingness** *noun* [U,sing]

willow /ˈwɪləʊ ‖ ˈwɪlo/ (*also* 亦作 ˈ**willow tree**) *noun* [C] a tree with thin branches and long thin leaves that grows near water 柳；柳树

will-power /ˈwɪlpaʊə(r) ‖ ˈwɪlpaʊɚ/ *noun* [U] strength of mind; the ability to keep trying to succeed, even when sth is difficult 意志力: *It takes a lot of will-power to give up smoking.* 戒烟需要很强的意志力。

wilt /wɪlt ‖ wɪlt/ *verb* [I] (used about a plant or flower 指植物或花朵) to bend and start to die, because of heat or lack of water 枯死；枯萎

wily /ˈwaɪlɪ ‖ ˈwaɪlɪ/ *adj* (**wilier**; **wiliest**) clever at getting what you want 狡猾；狡诈；诡计多端

wimp /wɪmp ‖ wɪmp/ *noun* [C] (*informal* 非正式) a weak person 软弱的人；懦夫 —**wimpish** *adj*

☆**win** /wɪn ‖ wɪn/ *verb* (*pres part* **winning**; *pt, pp* **won** /wʌn ‖ wʌn/) **1** [I,T] to be the best, first or strongest in a race, game, competition, battle, election, etc 获胜；取胜；赢: *to win a game, match, race, etc* 在游戏/比赛/赛跑…中取得胜利 ○ *Murphy won and Lewis was second.* 墨菲获胜，刘易斯第二。○ *I never win at table-tennis.* 我打乒乓球从没有赢过。○ *Which party do you think will win the next election?* 你认为下次选举哪一个政党会获胜？**2** [T] to get sth as a result of success in a competition, race, etc（在比赛、竞赛等中）赢取（某物）: *How much did you win?* 你赢取了多少钱？○ *Who won the gold medal?* 谁赢得金牌？○ *Labour won the seat from the Conservatives* (= in an election). 工党赢得保守党的议席。☛ Note that we **earn** (not **win**) money at our job 挣钱叫做 **earn** money，不说 **win**。: *I earn £15 000 a year.* 我一年挣15 000英镑。**3** [T] to get sth by hard work, great effort, etc 通过努力/苦干等而取得/赢得（某物）: *Her brilliant performance won her a great deal of praise.* 她出色的演出赢得很多人的赞扬。○ *to win support for a plan* 争取对计划的支持

(IDIOMS 习语) **win/lose the toss** ⇨ TOSS

you can't win (*informal* 非正式) there is no way of being completely successful or of pleasing everybody 无法完全成功；不能取悦每个人: *Whatever you do you will upset somebody. You can't win.* 你无论怎样做都会有些人不高兴，你没办法取悦所有人。

(PHRASAL VERB 短语动词) **win sb over/round (to sth)** to persuade sb to support or agree with you 说服某人支持/同意（某事）

win *noun* [C] an act of winning a competition, game, race, etc 胜利: *We have had two wins and a draw so far this season.* 在这一赛季里，直至现时为止，我们取得两次胜利，一次平局。

winner *noun* [C] a person or animal that wins a competition, game, race, etc 优胜者；得奖者: *And the winner is...* 优胜者是… —**winning** *adj*: *The winning ticket is number 65.* 中奖票的号码是第65号。

wince /wɪns ‖ wɪns/ *verb* [I] to make a sudden quick movement (usually twisting the muscles of the face) because of a sharp pain or sth unpleasant（因疼痛/不快）（面部）肌肉搐动

winch /wɪntʃ ‖ wɪntʃ/ *noun* [C] a machine that lifts or pulls heavy objects by using a thick chain, etc that winds round and round a drum 卷扬机；绞车；辘轳

winch *verb* [T] to lift or pull sb/sth using a winch（用起重机）吊起/拉动: *The injured climber was winched up into a helicopter.* 受伤的登山者被吊起送上直升机。

☆**wind**[1] /wɪnd ‖ wɪnd/ *noun* **1** [C,U] (*also* 亦作 **the wind**) air that is moving across the surface of the earth 风: *There was a strong wind blowing.* 当时外面刮着大风。○ *A gust of wind blew his hat off.* 一阵风把他的帽子刮掉了。○ *high winds* 强风 ○ *a cold north wind* 寒冷的北风 **2** [U] the breath that you need for doing exercise or playing a musical instrument（做运动或吹奏乐器时的）呼吸/气息: *She stopped running to get her wind back.* 她暂停跑步，以便喘喘气。**3** [U] air that you swallow when you are eating or drinking; gas that is formed in your stomach 肠气

(IDIOM 习语) **get wind of sth** to hear about sth that is secret 风闻；听到（秘密）

windy *adj* (**windier**; **windiest**) with a lot of wind 多风；刮着风: *a windy day* 刮风的日子

ˈ**windfall** *noun* [C] an unexpected gift or piece of good luck 意外的收获/礼物/好运

ˈ**wind instrument** *noun* [C] a musical instrument that you play by blowing through it 管乐器；吹奏乐器

W

'**windmill** *noun* [C] a tall building with long arms (**sails**) that stick out from it and turn in the wind. Windmills are used for grinding corn, producing electricity, etc 风车（利用风力转动翼板 (**sail**) 而带动其他装置，用以发电、磨谷等）

windmill
风车

'**windpipe** *noun* [C] the tube that takes air from the throat to the lungs 气管

'**windscreen** (*US* 美 '**windshield**) *noun* [C] the window in the front of a car, etc（车辆等前面的）挡风玻璃/风挡

'**windscreen wiper** (*also* 亦作 **wiper**; *US* 美 '**windshield wiper**) *noun* [C] one of the two moving arms (**blades**) that remove water, snow, etc from the windscreen 风挡刮水器/雨刷（雨刷的臂叫做 **blade**）

'**windsurf** *verb* [I] to move through water standing on a special board with a sail 做帆板运动 ☛ We usually say **go windsurfing** 通常说 **go windsurfing**: *Have you ever been windsurfing?* 你试过做帆板运动没有？

'**windsurfer** (*also* 亦作 **sailboard**) *noun* [C] **1** a board with a sail that you stand on as it moves over the surface of the water, driven by the wind 帆板 **2** a person who rides on a board like this 做帆板运动的人；帆板运动员

windsurfing
帆板运动
windsurfer 帆板
(*also* 亦作 sailboard)

'**windsurfing** *noun* [U] the sport of riding on a windsurfer 帆板运动

'**windswept** *adj* **1** (used about a place 指地方) that often has strong winds 当风：*a windswept coastline* 当风的海岸线 **2** looking untidy because you have been in a strong wind 被风吹得凌乱的: *windswept hair* 被大风吹乱的头发

wind[2] /wɪnd ‖ wɪnd/ *verb* [T] to cause sb to have difficulty in breathing 使喘气/喘不过气来: *The punch in the stomach winded her.* 她肚子挨了一拳，使她喘不过气来。

☆**wind**[3] /waɪnd ‖ waɪnd/ *verb* (*pt, pp* **wound** /waʊnd ‖ waʊnd/) **1** [T] to wrap sth long round sth else several times 缠绕: *Wind the string round your finger or the balloon will fly away.* 把绳子绕着手指，不然气球会飞走。 **2** [T] to make sth work or move by turning a key, handle, etc（转动钥匙、摇动把手等）使某物运作/移动: *He wound the car window down and shouted at the other driver.* 他摇下车子的玻璃，向另一个司机大叫。○ *Wind the tape on a bit to the next song.* 将录音带继续顺卷一点儿听下一首歌。**3** [I] (used about a road, path, etc 指道路、路径等) to have a lot of bends or curves in it 多弯；蜿蜒: *The path winds down the cliff to the sea.* 小径蜿蜒地沿着悬崖通到大海。

(PHRASAL VERBS 短语动词) **wind down** (about a person 指人) to rest and relax after a period of hard work, worry, etc 休息；放松 ☛ Look at **unwind**. 参看 **unwind**。

wind up to be in a place at the end of a journey or in a particular situation after other things have happened 终于到达某地/某处境: *We wound up in quite a nice hotel near Calais.* 我们终于到达加来附近的一间好旅店。○ *You'll wind up failing your exams if you go on like this.* 你这样下去，考试就会不及格。

wind sth up to finish, stop or close sth 完成；停止；停业: *The company was losing money and was soon wound up.* 当时公司亏本，不久就倒闭了。

winding *adj* with bends or curves in it 有弯的: *a winding road through the hills* 弯弯曲曲穿过山岗的一条路

☆**window** /'wɪndəʊ ‖ 'wɪndo/ *noun* [C] **1** the opening in a building, car, etc that you can see through and that lets light in. A window usually has glass in it 窗口；窗户: *Open the window. It's hot in here.* 开窗吧，这屋里很热。○ *I always keep the downstairs windows closed at night.* 晚间我总是关上楼下的窗子。○ *a shop window* 商店的橱窗 ○ *I always try and get a window seat* (= next to a window on a plane). 我总尝试找个靠窗的位子。**2** the glass in a window 窗玻璃: *to break a window* 打破窗玻璃 ○ *These windows need cleaning.* 这些窗户需要洗干净。**3** an area on a computer screen that has a particular type of information in it 计算机屏幕的视窗

'**window-pane** *noun* [C] one piece of glass in a window 窗玻璃

'**window-shopping** *noun* [U] looking at things in shop windows without intending to buy anything 浏览橱窗

'**window-sill** (*also* 亦作 '**window-ledge**) *noun* [C] the shelf at the bottom of a window in a building, either inside or outside 窗沿；窗台 ☛ picture at **curtain**. 见 **curtain** 插图。

windy ⇨ WIND[1]

☆**wine** /waɪn ‖ waɪn/ *noun* [C,U] an alcoholic drink that is made from grapes (or sometimes other fruit) 葡萄酒: *red/white/rosé wine* 红/白/玫瑰红葡萄酒 ○ *sweet/dry wine* 甜酒；干酒（不含糖分）○ *German wines* 德国葡萄酒

'**wine bar** *noun* [C] a place where you can go to drink wine and have sth to eat 酒吧；酒馆

☆**wing** /wɪŋ ‖ wɪŋ/ *noun* **1** [C] one of the two parts that a bird, insect, etc uses for flying（鸟、昆虫等的）翅膀/翼 ☛ picture at **bird**. 见 **bird** 插图。**2** [C] one of the two long parts that stick out from the side of an aeroplane and support it in the air（飞）机翼 **3** [C] a part of a building that sticks out from the main part or that was added on to the main part（建筑物的）侧翼/侧厅: *the maternity wing of the hospital* 医院的产科部门 **4** [C] (*US* 美 **fender**) the part of the outside of a car, etc that covers the top of the wheels 挡泥板；翼子板 **5** [C, usually sing] a group of people in a political party that have particular beliefs or opinions 翼/派（政党的支派）: *the right wing of the Conservative Party* 保守党右翼 ☛ Look at **left-wing** and **right-wing**. 参看 **left-wing** 及 **right-wing**。**6** [C] (in football, etc 足球等) the part at each side of the area where the game is played 左翼/右翼；边侧: *to play on the wing* 做边锋 **7** [C] (*also* 亦作 **winger**) (in football, etc 足球等) a person who plays in an attacking position at one of the sides of the field 边锋 **8 the wings** [plural] (in a theatre 舞台) the area at the sides of the stage where you cannot be seen by the audience 边厢；侧翼

wink /wɪŋk ‖ wɪŋk/ *verb* [I] **wink (at sb)** to close and open one eye very quickly, usually as a private signal to sb 眨一只眼（常指使眼色）☛ Look at **blink**. 参看 **blink**。—**wink** *noun* [C]: *to give sb a wink* 使眼色 ○ *I didn't sleep a wink* (= not at all). 我没有合过眼。

winner, winning ➩ WIN

☆**winter** /ˈwɪntə(r) ‖ ˈwɪntɚ/ *noun* [C,U] the coldest season of the year between autumn and spring 冬天/季: *It snows a lot here in winter.* 这儿冬天常下雪。○ *a cold winter's day* 寒冷的冬日 ○ *We went skiing in France last winter.* 我们去年冬天到法国滑雪。○ *the Winter Olympics* 冬季奥运会 —**wintry** /ˈwɪntrɪ ‖ ˈwɪntrɪ/ *adj*: *wintry weather* 寒冷的天气 ○ *a wintry wind* 寒风

ˌ**winter ˈsports** *noun* [plural] sports which take place on snow or ice, eg skiing and skating 冬季运动

ˈ**wintertime** *noun* [U] the period or season of winter 冬季

☆**wipe** /waɪp ‖ waɪp/ *verb* [T] **1** to clean or dry sth by rubbing it with a cloth, piece of paper, etc 抹；擦: *Wipe your hands on the towel.* 用毛巾抹手。○ *to wipe your nose on a handkerchief* 用手巾抹鼻 ○ *Could you wipe the table, please?* 你擦一擦桌子好吗？☛ Look at the note at **clean**[2]. 参看 **clean**[2] 的注释。**2 wipe sth from/off sth; wipe sth away/off/up** to remove sth by wiping(1) 抹掉；擦去: *Wipe the dirt off your shoes.* 抹去鞋子上的污泥。○ *He wiped the sweat from his forehead.* 他擦掉前额上的汗。○ *Wipe up the milk you spilled, please.* 请抹掉洒出来的牛奶。

(PHRASAL VERB 短语动词) **wipe sth out** to destroy sth completely 毁灭: *Whole villages were wiped out in the bombing raids.* 一个个的村庄都在轰炸中给摧毁了。

wipe *noun* [C] the act of wiping 抹；拭；擦: *He gave the table a quick wipe.* 他很快擦了擦桌子。—**wiper** *noun* [C] = WINDSCREEN WIPER

☆**wire** /ˈwaɪə(r) ‖ waɪr/ *noun* [C,U] **1** a long thin piece of metal like strong string that is used for fastening things or in fences, cages, etc 铁丝: *a piece of wire* 一根铁丝 ○ *barbed wire* 带刺铁丝网 ○ *a wire fence* 铁丝网 **2** a piece of wire that is used to carry electricity 电线

wire *verb* [T] **1** to fasten or join two things together using wire 用铁丝固定/连接起来 **2 wire sth (up)** to connect sth to a supply of electricity by using wires 用电线接通电源

wiring /ˈwaɪərɪŋ ‖ ˈwaɪrɪŋ/ *noun* [U] the system of wires that supplies electricity to rooms in a building 供电的电线网络

wireless /ˈwaɪəlɪs ‖ ˈwaɪrlɪs/ *noun* [C,U] (*old-fashioned* 旧) communication by radio; a piece of equipment for communicating by radio 无线电；收音机

wiry /ˈwaɪərɪ ‖ ˈwaɪrɪ/ *adj* (**wirier**; **wiriest**) (used about a person 指人) small and thin but strong 瘦小结实

☆**wisdom** /ˈwɪzdəm ‖ ˈwɪzdəm/ *noun* [U] the quality of being wise; the ability to make sensible decisions and judgements because of your knowledge or experience 智慧: *Athena was the goddess of wisdom.* 雅典娜是智慧女神。○ *I doubt the wisdom of taking a decision too early* (= I do not think that it is a good idea). 我怀疑太早作决定是否明智。

ˈ**wisdom tooth** *noun* [C] (*pl* **wisdom teeth**) one of the four teeth at the back of your mouth that appear when you are about 20 years old 智齿

☆**wise** /waɪz ‖ waɪz/ *adj* having or showing the knowledge or experience to make good or sensible decisions or judgements 聪明；有才智: *a wise choice* 聪明的选择 ○ *It would be wiser to wait for a few days.* 多等几天较为明智。○ *a wise old man* 智慧的老人 —**wisely** *adv*

☆**wish** /wɪʃ ‖ wɪʃ/ *verb* **1** [T] **wish (that)** (often with a verb in the past tense 常与过去时动词连用) to want sth that cannot now happen or that probably will not happen 期望；希望: *I wish (that) I had listened more carefully.* 我要是当时更加小心听就好了。○ *I wish (that) I knew what was going to happen.* 我知道将要发生什么事就好了。○ *My father wishes (that) he had gone to university.* 我父亲希望自己上过大学。○ *I wish I could help you.* 我希望能帮助你。☛ Note that in formal English we use **were** instead of **was** with 'I' or 'he/she' 正式英语中 I 或 he/she 后用 **were**，而不是 **was**: *I wish I were rich.* 我要是有钱就好了。○ *She wishes she were in a different class.* 她希望自己在另一班里。**2** [I] **wish for sth** to say to yourself that you want sth that can only happen by good luck or magic 许愿；祈求: *She closed her eyes and wished for her mother to get better.* 她闭上眼睛，祈求母亲健康好转。**3** [T] **wish (to do sth)** (*formal* 正式) to want to do sth 希望（做某事）: *I wish to make a complaint about one of the doctors.* 我想投诉其中一位医生。**4** [T] to say that you hope sb will have sth; to say sth as a greeting 祝愿；祝福: *I rang him up to wish him a happy birthday.* 我打电话给他，祝他生日快乐。○ *We wish you all the best for your future career.* 我们祝你将来事业成功。

wish *noun* **1** [C] a feeling that you want sth 期望；希望: *a wish for peace* 渴望和平 ○ *I have no wish to see her ever again.* 我不想再见到她。○ *Doctors should respect the patient's* *wishes.* 医生应该尊重病人的意愿。**2** [C] when you make a wish, you say to yourself secretly that you want to have sth or that you want sth to happen, and you hope that it will 愿望: *The prince was granted three wishes by the fairy.* 仙子让王子许三个愿望。○ *My wish came true* (= I got what I asked for). 我的愿望实现了。**3 wishes** [plural] a hope that sb will be happy or have good luck 祝愿；祝福: *Please give your parents my best wishes.* 请代我向你父母问好。○ *Best Wishes* (= at the end of a letter) 祝好

ˌ**wishful** ˈ**thinking** *noun* [U] ideas that are based on what you would like, not on facts 幻想；妄想；主观愿望

wisp /wɪsp ‖ wɪsp/ *noun* [C] **1** a small thin bunch of hair, grass, etc 一绺（头发、草等）**2** a small amount of smoke 一缕烟

wistful /ˈwɪstfl/ ‖ ˈwɪstfəl/ *adj* feeling or showing sadness because you cannot have what you want 惆怅: *a wistful sigh* 感叹 —**wistfully** /-fəlɪ ‖ -fəlɪ/ *adv*

wit /wɪt ‖ wɪt/ *noun* [U] **1** the ability to use words in a clever and amusing way 风趣；善于说俏皮话 **2** (*also* 亦作 **wits** [plural]) cleverness; intelligence 才智；聪颖: *The game of chess is essentially a battle of wits.* 国际象棋实际上是斗智的游戏。

(IDIOMS 习语) **at your wits' end** not knowing what to do or say because you are so worried 因忧虑而不知所措

keep your wits about you to be ready to act in a difficult situation 提高警觉；准备行动

-witted (in compounds 用以构成复合词) having a particular type of intelligence 有…的才智: *quick-witted* 思考敏捷

witty *adj* (**wittier**; **wittiest**) clever and amusing; using words in a clever way 灵巧风趣；妙趣横生: *a very witty speech* 非常风趣的演辞 —**wittily** *adv*

witch /wɪtʃ ‖ wɪtʃ/ *noun* [C] (in former times and in stories 古时或故事中) a woman who is thought to have magic powers that she uses to do bad things. Pictures of witches in stories show them wearing a black cloak and a tall pointed hat. 女巫 ☛ Look at **wizard**. 参看 **wizard**。

ˈ**witchcraft** *noun* [U] the use of magic powers to do bad things 巫术；魔法

☆**with** /wɪð; wɪθ ‖ wɪð; wɪθ/ *prep* **1** in the company or presence of sb/sth 和/与…一起: *I live with my parents.* 我和父母亲一块儿住。○ *Are you coming with us?* 你跟我们一块儿来吗？○ *I talked about the problem with my tutor.* 我跟导师谈那个问题。○ *Does this tie go with this shirt?* 这条领带和衬衫相配吗？○ *Could you put this book with the others?* 你可以将这本书和别的书放在一起吗？**2** in the care of sb 由某人保管: *We left the keys with the neighbours.* 我们将钥匙交由邻居保管。**3** having or carrying sth 有；带着: *a girl with red hair* 红色头发的女孩子 ○ *a house with a garden* 连花园的房子 ○ *the man with a suitcase* 提着手提箱的男子 **4** using sth 用: *Cut it with a knife.* 用刀切开。○ *I did it with his help.* 我靠他帮忙完成那件事。**5** (used for expressing what fills, covers, etc sth 用以表示以某物注满或覆盖某物时用): *Fill the bowl with water.* 将这个碗装满水。**6** against 逆着；对着干: *He's always arguing with his brother.* 他老是跟弟弟争论。○ *I usually play tennis with my sister.* 我通常和姐姐打网球。**7** agreeing with or supporting 同意；支持: *We've got everybody with us on this issue.* 我们在这个问题上得到所有人的支持。**8** because of or as a result of sth 因为；由于: *We were shivering with cold.* 我们冷得发抖。**9** (used for expressing how sth happens or is done 用以表示某事如何做或发生): *Open this parcel with care.* 小心打开这个包裹。○ *to greet sb with a smile* 向人微笑打招呼 **10** towards, concerning or compared with sb/sth 与某人或某事物有关/相比: *Is he angry with us?* 他生我们的气吗？○ *There's a problem with my visa.* 我的签证有问题。○ *Compared with Canada, England has mild winters.* 与加拿大比较，英格兰冬天比较温暖。**11** including 包括: *With wine, the meal cost £25.* 加上酒钱，这顿饭共25英镑。**12** at the same time as 在同一个时候: *I can't concentrate with you watching me all the time.* 你一直看着我，我不能集中精神。**13** because of 因为: *With all the problems we've got, we're not going to finish on time.* 有着这么多的问题，我们恐怕不能如期完成。

(IDIOM 习语) **be with sb** to be able to follow what sb is saying 跟得上/听懂某人的话: *I'm sorry, I'm not quite with you. Say it again.* 对不起，我不大懂你的意思，请再说一遍。

☆**withdraw** /wɪðˈdrɔː ‖ wɪðˈdrɔ/ *verb* (*pt* **withdrew** /-ˈdruː ‖ -ˈdru/; *pp* **withdrawn** /-ˈdrɔːn ‖ -ˈdrɔn/) **1** [I,T] **withdraw (sb/sth) (from sth)** (to cause sb/sth) to move back or away（使）向后移/离开: *The troops withdrew from the town.* 军队从镇上撤走。**2** [T] to remove sth or take sth away 移走；撤回: *The suspect yoghurt has been withdrawn from the shops.* 被怀疑有问题的酸乳酪已从商店中撤走。○ *to withdraw an offer, a statement, etc* 撤回提议、声明等 **3** [T] to take money out of a bank account 提取（银行账户中的款项）: *I'd like to withdraw a thousand pounds, please.* 我想提取一千英镑。☛ Look at **deposit**. 参看 **deposit**。**4** [I] to decide not to take part in sth 决定不参加/参与: *Jackson withdrew from the race at the last minute.* 杰克逊在最后一分钟决定不参加赛跑。

withdrawal /-ˈdrɔːəl ‖ -ˈdrɔəl/ *noun* **1** [C,U] moving sth back or away 撤回；撤走: *the withdrawal of troops from the war zone* 军队从战区撤走 **2** [C] the amount of money that you take out of your bank account 提取的银行存款 **3** [U] the act of stopping doing sth, especially taking a drug 戒除；脱瘾: *When he gave up alcohol he suffered severe withdrawal symptoms.* 他戒酒的过程中，出现了严重的脱瘾症状。

withdrawn *adj* (used about a person 指人) very quiet and not wanting to talk to other people 沉默寡言；孤僻

wither /ˈwɪðə(r) ‖ ˈwɪðɚ/ *verb* [I,T] **wither (away)** **1** (used about plants 用于植物) to

W

become dry and die; to make a plant do this（使）枯萎: *The plants withered in the hot sun.* 烈日将植物晒枯了。**2** to become weaker, until it disappears 萎缩；（逐渐）消失；式微: *This type of industry will wither away in the years to come.* 这种工业几年后就要式微。

withering /ˈwɪðərɪŋ ‖ ˈwɪðərɪŋ/ *adj* done to make sb feel silly or ashamed 使发窘: *a withering look* 窘人的目光

withhold /wɪðˈhəʊld ‖ wɪðˈhold/ *verb* [T] (*pt, pp* **withheld** /-ˈheld ‖ -ˈhɛld/) (*formal* 正式) **withhold sth (from sb/sth)** to refuse to give sth 拒绝给予: *to withhold information from the police* 拒绝向警方提供资料

☆**within** /wɪˈðɪn ‖ wɪðˈɪn/ *prep* **1** in a period not longer than a particular length of time 在某段时间内: *I'll be back within an hour.* 我一小时内回来。**2 within sth (of sth)** not further than a particular distance from sth 在某距离内: *The house is within three minutes' walk of the station.* 房子就在离车站不到三分钟的路程处。**3** not outside the limits or range of sb/sth 在某范围内: *Each department must keep within its budget.* 每个部门的开支必须维持在预算以内。**4** (*formal* 正式) inside sb/sth 在…内: *The anger was still there deep within him.* 他内心深处仍然很生气。

within *adv* inside 在里面: *Cleaner required. Apply within.* 需用清洁剂。涂在里面。

☆**without** /wɪˈðaʊt ‖ wɪðˈaʊt/ *prep* **1** not having, showing or being with sb/sth 没有: *Don't go out without a coat on.* 不要没穿外衣就出去。○ *Pam drinks her coffee without milk.* 帕姆喝咖啡不加奶。○ *After three days without sleep he was exhausted.* 三天没睡，他筋疲力尽。○ *He spoke without much enthusiasm.* 他说话时并不热情。○ *Can you see without your glasses?* 你不戴眼镜能看得清东西吗？○ *Don't leave without me.* 别丢下我走掉。**2** (used with a verb in the *-ing* form to mean 'not' 与动词 -ing 形式连用，意为"没有"): *She left without saying goodbye.* 她没有说再见就走了。

withstand /wɪðˈstænd ‖ wɪðˈstænd/ *verb* [T] (*pt, pp* **withstood** /-ˈstʊd ‖ -ˈstʊd/) (*formal* 正式) to be strong enough not to break, give up, be damaged, etc 经受得起；抵挡得住: *The troops were too weak to withstand another attack.* 军队太弱了，抵挡不住另一次攻击。

☆**witness** /ˈwɪtnɪs ‖ ˈwɪtnɪs/ *noun* [C] **1** (*also* 亦作 **eye-witness**) a person who sees sth happen and who can tell other people about it later 目击证人: *There were two witnesses to the accident.* 有两个人目睹那宗意外。**2** a person who appears in a court of law to say what he/she has seen or what he/she knows about sb/sth（法庭上作证的）证人: *Each witness was cross-examined.* 每个证人都受到诘问。○ *a witness for the defence/prosecution* 被告/原告证人 **3** a person who sees sb sign an official document and who then signs it himself/herself（文件签署的）见证人

(IDIOM 习语) **bear witness (to sth)** ⇨ BEAR[2]

witness *verb* [T] **1** to see sth happen and to be able to tell other people about it later 目击/目睹（事情的发生）: *to witness a murder* 目击谋杀案发生 **2** to see sb sign an official document and then sign it yourself 作见证（文件的签署）: *to witness a will* 为遗嘱的签署作见证

ˈ**witness-box** (*US* 美 ˈ**witness-stand**) *noun* [C] the place in a court of law where a witness stands when he/she is giving evidence 证人席

witty ⇨ WIT

wives *pl* of WIFE * WIFE 的复数

wizard /ˈwɪzəd ‖ ˈwɪzɚd/ *noun* [C] (in stories 故事中) a man who is believed to have magic powers 术士；男巫 ☛ Look at **witch**. 参看 **witch**。

wobble /ˈwɒbl ‖ ˈwɑbḷ/ *verb* [I,T] to move from side to side in an unsteady way; to make sb/sth do this（使）摇摇晃晃: *Put something under the leg of the table. It's wobbling.* 桌子摇摇晃晃的，在桌子腿下面垫些什么吧。○ *Stop wobbling the desk. I can't write.* 别再摇桌子，我写不了字。—**wobbly** /ˈwɒblɪ ‖ ˈwɑblɪ/ *adj* (*informal* 非正式): *a wobbly table* 摇摇晃晃的桌子

wok /wɒk ‖ wɑk/ *noun* [C] a large pan that is shaped like a bowl and used for cooking Chinese food 锅 ☛ picture at **pan**. 见 **pan** 插图。

woke *pt* of WAKE[1] * WAKE[1] 的过去时

woken *pp* of WAKE[1] * WAKE[1] 的过去分词

wolf /wʊlf ‖ wʊlf/ *noun* [C] (*pl* **wolves** /wʊlvz ‖ wʊlvz/) a wild animal that looks like a dog and that lives and hunts in a group (**pack**) 狼（爱成群 (in **packs**) 居住和猎食）

☆**woman** /ˈwʊmən ‖ ˈwʊmən/ *noun* [C] (*pl* **women** /ˈwɪmɪn ‖ ˈwɪmɪn/) an adult female person 成年女子；妇女: *men, women and children* 男子、女子和小孩子 ○ *a single/married/divorced woman* 单身/已婚/离婚女子 ○ *Would you prefer to see a woman doctor?* 你想找个女医生看病吗？

-woman (in compounds 用以构成复合词) a woman who does a particular activity 从事/进行某种活动的女子: *a businesswoman* 女商人

womanhood *noun* [U] the state of being a woman 成年女性的身分

womanly *adj* of or like a woman 女子的；像女子的

womb /wuːm ‖ wum/ *noun* [C] the part of a woman or female animal where a baby grows before it is born 子宫

won *pt, pp* of WIN * WIN 的过去时及过去分词

☆**wonder** /ˈwʌndə(r) ‖ ˈwʌndɚ/ *verb* **1** [I,T] to want to know sth; to ask yourself questions about sth 希望知道；忖摸: *I wonder what the new teacher will be like.* 我心里猜度着新老师会是什么样。○ *He hadn't heard from Julia for a week and he began to wonder if she was all right.* 他已经一个星期没有朱莉娅的音讯，开始惦念她是否安好。○ *I wonder who that woman over there is.* 我心里在想，那边的女人是谁呢？○ *It was something that she had been wondering about for a long time.* 这是她早就在嘀咕的事。○ *Sometimes I wonder how they manage to live on the amount he earns.* 有时候我真怀疑，他挣那么一点钱，他们怎样生活。**2** [I,T] **wonder (at sth)** to feel great surprise or admiration 感到惊奇；赞叹；敬佩: *We*

W

wondered at the speed with which he worked. 我们佩服他的工作效率。○ *'She was very angry.' 'I don't wonder* (= I'm not surprised). *She had a right to be.'* "她很生气。""我不觉得奇怪，她有权这样的。" **3** [T] (used when you are asking sb politely to do sth 用以请对方做事): *I wonder if you could help me.* 我不知你能不能帮我忙？

wonder *noun* **1** [U] a feeling of surprise and admiration 惊讶；诧异；敬佩: *They could do nothing but stand in wonder at the sight.* 他们见到这情景，只有惊诧的份儿。**2** [C] something that causes you to feel surprise or admiration 奇迹: *the wonders of modern technology* 现代科技的奇迹

(IDIOMS 习语) **it's a wonder (that)...** it's surprising that... 令人惊诧的是…；真令人惊叹: *It's a wonder we managed to get here on time, with all the traffic.* 交通那样繁忙，我们仍然及时赶到，真可说是个奇迹。

no wonder it is not surprising 不出奇；怪不得: *You've been out every evening this week. No wonder you're tired.* 这星期你每天晚上都出去，怪不得你觉得累。

wonderful /-fl ‖ -fəl/ *adj* very good; giving great pleasure 非常好；令人舒适/愉快: *What wonderful weather!* 天气真好！○ *It's a wonderful opportunity.* 这是个大好的机会。○ *It's wonderful to see you again.* 再见到你真高兴。—**wonderfully** /-fəlɪ ‖ -fəlɪ/ *adv*

won't *short for* WILL NOT * WILL NOT 的缩约式

☆**wood** /wʊd ‖ wud/ *noun* **1** [U] the hard material that the trunk and branches of trees are made of 柴；木；木材: *He chopped some wood for the fire.* 他砍了些柴生火。○ *Most furniture is made of wood.* 大多数家具都是木制的。**2** [C] a type of wood 木材: *Pine is a soft wood.* 松木是软木材。**3** [C] (often plural) an area of land that is covered with trees. A wood is smaller than a forest 树林: *a walk in the woods* 在树林里散步

(IDIOM 习语) **touch wood** ⇨ TOUCH[1]

wooded *adj* (used about an area of land 指一片土地) having a lot of trees growing on it 有许多树木生长: *a heavily wooded valley* 树木茂盛的山谷

wooden /'wʊdn ‖ 'wʊdn̩/ *adj* made of wood 木制: *wooden toys* 木制玩具

'**woodland** /-lənd ‖ -ˌlənd/ *noun* [U] land that has a lot of trees growing on it 树林；林地: *woodland birds* 林地鸟

'**woodwind** /-wɪnd ‖ -ˌwɪnd/ *noun* [sing, with sing or pl verb] the set of musical instruments that are made of wood and that you play by blowing into them 木管乐器

'**woodwork** *noun* [U] the parts of a building that are made of wood (= the doors, stairs, etc) 建筑物的木结构部分

woof /wu:f ‖ wuf/ *noun* [C] (*informal* 非正式) (used for describing the sound (**a bark**) that a dog makes 用以形容狗吠声 (**bark**)) 汪汪

☆**wool** /wʊl ‖ wul/ *noun* [U] **1** the soft thick hair of sheep, goats, etc 羊毛 **2** thick thread or cloth that is made from wool 羊毛线；羊毛织品: *The sweater is 50% wool and 50% acrylic.* 这件套头毛衣 50% 是羊毛，50% 是丙烯酸纤维。○ *knitting wool* 毛线 ☛ picture at **knit**. 见 **knit** 插图。Look at **cotton wool**. 参看 **cotton wool**。

woollen (*US* 美 **woolen**) /'wʊlən ‖ 'wʊlən/ *adj* made of wool 羊毛制: *a warm woollen jumper* 温暖的套头毛衣

woolly (*US also* 美亦作 **wooly**) /'wʊlɪ ‖ 'wʊlɪ/ *adj* of or like wool 羊毛的；像羊毛: *The dog had a thick woolly coat.* 那只狗一身浓密松软的毛。○ *long woolly socks* 羊毛长袜子

☆**word** /wɜ:d ‖ wɝd/ *noun* **1** [C] a sound or letter or group of sounds or letters that expresses a particular meaning 字；词: *What's the Greek word for 'computer'?* "计算机"希腊语怎么说？○ *Several words are spelt wrong.* 有几个词拼写错了。○ *There are five letters in the word 'apple'.* * apple 这个词有五个字母。**2** [C] a short statement or conversation 简短的说话/对话: *Could I have a word with you in private?* 我可不可以单独跟你说几句话？○ *a few words of thanks* 几句道谢的话 ○ *Don't say a word about this to anyone.* 这件事别向人家透露 **3** [sing] a promise 承诺: *I give you my word that I won't let you down.* 我保证不会令你失望。

(IDIOMS 习语) **a dirty word** ⇨ DIRTY[1]

get a word in edgeways to interrupt when sb else is talking so that you can say sth yourself 插嘴

have, etc the last word ⇨ LAST[1]

in other words ⇨ OTHER

put in a (good) word for sb to say sth good about sb to sb else 替某人说好话: *If you could put in a good word for me I might stand a better chance of getting the job.* 如果你为我说句好话，我可能有更大的机会获得聘用。

take sb's word for it to believe what sb says without any proof 相信某人的话正确无误

word for word **1** repeating sth exactly 准确地重复: *Sharon repeated word for word what he had told her.* 沙伦将他告诉她的话原原本本重复说了一次。**2** (in a translation) dealing with each word separately, not looking at the general meaning 逐字（翻译）: *a word-for-word translation* 逐字翻译

word *verb* [T] (often passive 常用于被动语态) to choose carefully the words that you use to express sth 小心措辞: *The statement was carefully worded so that nobody would be offended by it.* 那个声明措辞谨慎，以免冒犯任何人。

wording *noun* [sing] the words that you use to express sth 措辞；行文: *The wording of the contract was vague.* 合约的措辞含糊。

ˌ**word-'perfect** *adj* able to say sth that you have learnt from memory, without making a mistake 滚瓜烂熟

'**word processing** *noun* [sing] using a word processor 文字处理: *We've got a computer but I only use it for word processing.* 我们有一台计算机，但我只用来作文字处理。

'**word processor** *noun* [C] a type of small computer that you can use for writing letters, reports, etc. You can correct or change what you have written before you print it out. 文字处理机

W

wore *pt* of WEAR[1] * WEAR[1] 的过去时

☆**work[1]** /wɜːk ‖ wɜ˞k/ *noun* **1** [U] something that requires physical or mental effort. You usually do work because you feel you have to, not for pleasure 工作；劳动：*Her success is due to sheer hard work.* 她成功全靠努力工作。○ *Ron never does a stroke of work.* 罗恩一点活儿也不干。○ *Much of the heavy work on farms is now done by machines.* 许多农庄粗重工作现在都由机器来做。○ *There is still a lot of work to be done.* 还有许多工作要做。**2** [U] what you do to earn money; the place where you go to earn money 工作；做事；工作地点：*It is very difficult to find work in this city.* 在这个城市很难找到工作。○ *out of work* (= without a job) 失业 ○ *When do you start work?* 你什么时候开始工作？○ *I go to work at 8 o'clock.* 我8点上班。○ *The people at work gave me some flowers for my birthday.* 同事们送我一些花为我庆祝生日。

> ☛ **Work** is an uncountable noun. In some contexts we must use **job** * **work** 是不可数名词。在某些情况下宜用 **job**: *I've found work at the hospital.* 我在医院找到事做。○ *I've got a new job at the hospital.* 我在医院找到新工作。**Employment** is the state of having a paid job and is more formal and official than **work** or **job**. It is an uncountable noun * **employment** 指受雇用，比 **work** 或 **job** 正式。employment 是不可数名词：*Many married women are in part-time employment.* 许多已婚女性都做半职工作。**Occupation** is the word used on forms to ask what you are or what job you do * **occupation** 常用于表格，表示职业：*Occupation: student.* 职业：学生。*Occupation: bus driver.* 职业：公共汽车司机。A **profession** is a job that requires special training and higher education * **profession** 指需要特别技能/训练和高等教育的工作：*the medical profession* 医疗专业。A **trade** is a job that you do with your hands and that requires special skill * **trade** 指手艺，需要特别技术：*He's a carpenter by trade.* 他是个木匠。

3 [U] something that you are working on or have produced 工作的成果；作业：*a piece of written work* 一篇著作 ○ *The teacher marked their work.* 老师批改他们的作业。○ *Is this all your own work?* 这都是你自己的作品吗？○ *an exhibition of the work of two young photographers* 两个年轻摄影家的作品展 **4** [C] a book, painting, piece of music, etc 作品；创作：*an early work by Picasso* 毕加索的早期作品 ○ *the complete works of Shakespeare* 莎士比亚全集 **5 works** [plural] the act of building or repairing sth 建筑；修理：*Danger! Road-works ahead.* 危险！前面有修路工程。**6 works** [C, with sing or pl verb] a factory 工厂：*The steelworks is/are closing down.* 钢铁厂要关闭了。

(IDIOM) **get/go/set to work (on sth)** to begin; to make a start (on sth) 开始（做某事）

ˈ**workbook** *noun* [C] a book with questions and exercises in it that you use when you are studying sth 练习本

ˈ**workforce** *noun* [C, with sing or pl verb] **1** the total number of people who work in a company, factory, etc（一家公司/工厂等的）全体职工 **2** the total number of people in a country who are able to work（一国的）劳动人口：*Ten per cent of the workforce is unemployed.* 现在有一成的劳动人口失业。

ˈ**workload** *noun* [C] the amount of work that you have to do 工作量

ˈ**workman** /ˈwɜːkmən ‖ ˈwɜ˞kmən/ *noun* [C] (*pl* **workmen**) a man who works with his hands, especially at building or making things 手工劳动者；工匠

ˈ**workmanlike** *adj* of or like a good workman 好手艺；技巧纯熟

ˈ**workmanship** *noun* [U] the skill that a workman needs or uses to do or make sth well 手艺；技艺

ˌ**work of ˈart** *noun* [C] (*pl* **works of art**) a painting, book, piece of music, etc of high quality 出色的创作；艺术品

ˈ**workout** *noun* [C] a period of physical exercise, eg when you are training for a sport or keeping fit 一段时间的体育/体魄锻炼

ˈ**worksheet** *noun* [C] a piece of paper with questions or exercises on it that you use when you are studying sth 练习页

ˈ**workshop** *noun* [C] **1** a place where things are made or repaired 工场；作坊 **2** a time when a group of people meet and discuss or learn more about a particular subject 研讨会

ˈ**worktop** (*also* 亦作 ˈ**work surface**) *noun* [C] a flat surface in a kitchen, etc that you use for preparing food, etc on（厨房等的）工作面/工作台

☆**work[2]** /wɜːk ‖ wɜ˞k/ *verb* **1** [I,T] to do sth which needs physical or mental effort; to do a job, especially in order to earn money 体力/脑力劳动；（为挣钱）工作：*My teacher said that I wouldn't pass the exam unless I worked harder.* 老师说我必须加紧用功才能考试及格。○ *I've been working in the garden all day.* 我整天在花园里干活。○ *They are working to improve health care in the Third World.* 他们努力改善第三世界的医疗服务。○ *She's working for a large firm in Glasgow.* 她在格拉斯哥一家大公司工作。○ *I'd like to work as a newspaper reporter.* 我想当报社新闻记者。○ *He worked till he was 65, then he retired.* 他一直工作到65岁，然后退休。○ *Doctors often work extremely long hours.* 医生经常要长时间工作。**2** [I] (used about a machine, etc 指机器等) to do what it is meant to do, correctly; to function 操作：*Our telephone hasn't been working for several days.* 我们的电话坏了几天。○ *Can you show me how the photocopier works?* 你可以示范一下复印机的操作吗？**3** [I] to have the result or effect that you want; to be successful 行得通；有效用：*Your idea sounds good but I don't think it will really work.* 你的主意听起来不错，但我觉得并不可行。**4** [T] to make yourself/sb/sth work; to use or operate 使工作/操作；使用：*He works all his employees*

W

very hard. 他使他手下的雇员都干得很辛苦。○ *Do you know how to work the fax machine?* 你知道怎样操作传真机吗？**5** [I,T] to produce a particular effect; to help sth to happen 使产生某种效果；使发生: *His reputation as a hard worker had obviously worked in his favour.* 他以努力工作著称，这一点显然对他有利。**6** [I,T] to move to a new position or state 移动；进入另一状态: *Where's the screwdriver? The hinges on the gate have worked loose.* 螺丝起子在哪里？大门的转轴松了。○ *We worked our way round to the little beach by climbing over the rocks.* 我们爬过岩石，绕到了小海滩上。

(IDIOM 习语) **work to rule** ⇨ RULE

(PHRASAL VERBS 短语动词) **work out 1** to develop or progress, especially in a good way 进展；发展: *I hope things work out for you.* 我希望你一切顺利。**2** to do physical exercises in order to keep your body fit 体魄锻炼: *We work out to music at my exercise class.* 我们在运动课上跟着音乐做体操。

work out (at) to come to a particular result or total after everything has been calculated 得出结果/总数: *The holiday worked out at around £300 each.* 度假总计每人大约花了300英镑。

work sb out to understand sb 了解某人: *I've never been able to work her out.* 我从来没有能够弄清楚她是怎么样一个人。

work sth out 1 to find the answer to sth; to solve sth 找出答案；解决: *I can't work out how to do this.* 我找不到解决这件事的办法。**2** to calculate sth 计算: *I worked out the total cost.* 我计算出总成本。**3** to plan sth 计划: *Have you worked out the route through France?* 你定出法国旅游的路线了吗？

work up to sth to develop or progress to sth 发展/进展成…: *Start with 15 minutes' exercise and gradually work up to 30.* 开始时做15分钟的体操，渐渐增加至30分钟。

work sb/yourself up (into sth) to make sb/yourself become angry, excited, upset, etc 使生气/兴奋/不安…起来: *He had worked himself up into a state of anxiety about his interview.* 对于要接受面试，他把自己弄得越来越紧张起来。

workable /'wɜːkəbl ‖ 'wɝkəbl̩/ *adj* that can be used or that can operate in an efficient way 可行；切合实际 ☛ The opposite is **unworkable**. 反义词为 **unworkable**。

☆**worker** /'wɜːkə(r) ‖ 'wɝkɚ/ *noun* [C] **1** (often in compounds 常用以构成复合词) a person who works, especially one who does a particular type of job or belongs to a certain group of people 从事某种工作的人: *factory workers* 工厂工人 ○ *an office worker* 办公室职员 ○ *immigrant workers* 外来劳工 **2** a person who is employed in a business, etc especially one who does physical work 劳工（尤指体力劳动者）: *manual workers* 体力劳动者 ○ *Workers' representatives will meet management today to discuss the pay dispute.* 劳工代表今天将会见资方讨论有关工资的纠纷。**3** a person who works in a particular way 工作效率/表现等…的人: *a slow worker* 干活慢的人

☆**working** /'wɜːkɪŋ ‖ 'wɝkɪŋ/ *adj* (only *before* a noun 只用于名词前) **1** employed; having a job 受雇；在职: *the problems of child-care for working parents* 双职工在照顾子女方面的困难 **2** connected with your job 与职业/工作有关: *He stayed with the same company for the whole of his working life.* 他的工作生涯都在同一家公司里度过。○ *The company offers excellent working conditions.* 公司提供极佳的工作条件。**3** good enough to be used, although it could be improved 凑合能用: *We are looking for someone with a working knowledge of French.* 我们在找一个法语能凑合应付需要的人。

(IDIOM 习语) **in working order** ⇨ ORDER[1]

workings *noun* [plural] the way in which a machine, an organization, etc operates（机器、组织等的）操作/运作: *It's very difficult to understand the workings of the legal system.* 法律体制的运作很难理解。

the 'working class *noun* [C] (*also* 亦作 **the ˌworking 'classes**) the group of people in a society who usually do physical work especially in industry, and earn weekly wages 劳工阶层；工人阶级: *unemployment among the working class* 劳工阶层的失业情况 ○ *a working-class area* 劳工聚居地 ○ *a working-class family* 工人家庭

☆**world** /wɜːld ‖ wɝld/ *noun* **1 the world** [sing] the earth with all its countries and people 世界各地: *I took a year off work to travel round the world.* 我请了一年假环游世界。○ *a map of the world* 世界地图 ○ *changes in the world's climate* 世界各地气候的转变 ○ *the most beautiful place in the world* 世界上最美丽的地方 ○ *English is a world language* (= used all over the world). 英语是国际语言。**2** [sing] a particular part of the earth 地球上的一部分；地区: *the western world* 西方世界 ○ *the English-speaking world* 英语地区 ○ *the Third World* 第三世界 **3** [sing] the life and activities of people on earth; their experience 人世生活；世情: *It is hard to imagine what the world of our grandchildren will be like.* 很难想象我们孙子辈的生活会是怎样的。○ *It's time you learned something about the real world!* 是你要学一点世故人情的时候了！○ *the modern world* 现代世界 **4** [C] (often in compounds 常用以构成复合词) a particular area of activity or group of people or things 一定范围或范畴内的活动/人/物；界: *the world of sport* 体坛 ○ *the medical world* 医学界 ○ *the animal world* 动物的世界 ○ *the natural world* 自然界 **5** [C] a planet with life on it 有生命的星球: *Do you believe there are other worlds out there, like ours?* 你相信那儿存在着像我们一样的星球吗？**6** [sing] everybody 每个人；所有人: *The whole world seemed to know the news before me!* 似乎人人都比我先知道那个消息！

(IDIOMS 习语) **the outside world** people, places, activities, etc that are beyond the area where you live and your everyday experience 外面的世界

think the world of sb/sth ⇨ THINK[1]

a/the world of good (*informal* 非正式) a great deal of good; a real benefit 极大的好处:

The holiday has done her the world of good. 放假对她大有好处。

worldly *adj* **1** connected with ordinary life, not with the spirit 与日常生活有关；尘世的: *He left all his worldly possessions to his nephew.* 他将他在尘世上所有东西都留给侄儿。**2** having a lot of experience and knowledge of life and people 世故: *a sophisticated and worldly man* 老练世故的人

ˌworld-ˈfamous *adj* known all over the world 举世知名: *a world-famous writer* 举世知名的作家

ˌworld ˈwar *noun* [C] a war that involves a lot of important countries 世界大战: *the Second World War* 第二次世界大战

ˌworldˈwide *adj*, *adv* (happening) in the whole world 全世界的: *The situation has caused worldwide concern.* 情况引起全世界关注。○ *The product will be marketed worldwide.* 这产品要推销到世界各地去。

worm 虫

☆**worm** /wɜːm ‖ wɝm/ *noun* [C] **1** a small animal with a long thin body and no bones or legs 虫；蠕虫: *an earthworm* 蚯蚓 **2** [plural] a worm that lives inside a person or an animal and may cause disease 寄生虫

worm *verb*

(PHRASAL VERBS 短语动词) **worm your way/yourself along, through, etc** to move slowly or with difficulty in the direction mentioned, perhaps by crawling or by moving in between a lot of people or things 缓慢挪动: *I managed to worm my way through the crowd.* 我设法慢慢穿过人群。

worm your way/yourself into sth to win sb's trust, respect or affection, perhaps dishonestly, especially in order to obtain sth you want 博取他人的信任、好感（尤指为求达到个人目的）

worn *pp* of WEAR¹ ＊ WEAR¹ 的过去分词

worn-out /ˌwɔːn ˈaʊt ‖ ˈwɔrnˈaʊt/ *adj* **1** too old or damaged to use any more 破旧: *a worn-out sweater* 破旧的套头毛衣 **2** extremely tired 疲惫不堪: *I'm worn-out. I think I'll go to bed early.* 我累极了。我想早点上床。

☆**worry** /ˈwʌrɪ ‖ ˈwʌrɪ/ *verb* (*pres part* **worrying**; *3rd pers sing pres* **worries**; *pt*, *pp* **worried**) **1** [I] **worry (about sb/sth)** to be anxious (about sb, a problem, an event, etc) 担忧；担心: *'Don't worry, Mum,' said Peter, 'I won't be home late.'* "妈，别担心。"彼得说。"我不会很晚回家的。" ○ *There's nothing to worry about.* 没什么可担心的。○ *He worries if I don't phone every weekend.* 每个周末我不打电话给他，他就担心。**2** [T] **worry sb/yourself (about sb/sth)** to make sb/yourself anxious (about sb/sth) 使担心/担忧: *You look depressed. What's worrying you?* 你看来很消沉，什么事令你担忧？○ *She worried herself sick when he was away in the army.* 他外出从军期间，她担心得快病了。**3** [T] **worry sb (with sth)** to bother or disturb sb 麻烦/打扰某人: *I'm sorry to worry you with my problems but I really do need some advice.* 对不起，我拿自己的问题来麻烦你，但我真的想听一点意见。

worried *adj* **worried (about sb/sth); worried (that...)** anxious or unhappy 担忧；担心；发愁: *Don't look so worried. Everything will be all right.* 别这么担忧，一切都会没事的。○ *I'm worried about Jane.* 我很担心珍妮。○ *We were worried stiff* (= extremely worried) *that you might have had an accident.* 我们怕你会有意外，担心死了。

worry *noun* (*pl* **worries**) **1** [U] an anxious state or feeling 担心；担忧: *His son has caused him a lot of worry recently.* 他的儿子最近令他很担心。**2** [C] something that makes you worry; a problem 令人担心的事；难题: *financial worries* 经济困难

worrying *adj* that makes you worry 令人担心/担忧: *a worrying situation* 令人担心的局势

☆**worse** /wɜːs ‖ wɝs/ *adj* (the comparative of *bad* ＊ bad 的比较级) **1** not as good as sth else 较差；更坏；更糟: *The weather in March was worse than in February.* 三月的天气比二月的更坏。○ *The food at school seems to be getting worse and worse.* 学校的食物似乎越来越差。**2** (not before a noun 不用于名词前) more ill; less well 病情恶化；健康情况更坏: *The doctors say that he's getting worse.* 医生说他的病情每况愈下。

(IDIOMS 习语) **be none the worse (for sth)** to be unhurt or undamaged by sth 没有（因某事）受伤害/受损

make matters/things worse to make a situation, problem, etc even more difficult or dangerous than before 使情况等更困难/糟糕/严峻

the worse for wear (*informal* 非正式) damaged; not in good condition 破烂: *This suitcase looks a bit the worse for wear.* 这个手提箱看来有点破损。

worse luck! (*informal* 非正式) unfortunately 不幸；倒霉: *The dentist says I need three fillings, worse luck!* 牙医说我要补三颗牙，真倒霉！

worse *adv* (the comparative of *badly* ＊ badly 的比较级) less well 更差: *She speaks German even worse than I do.* 她的德语甚至比我说得还差。

worse *noun* [U] something that is worse 更坏的事物: *The situation was already bad but there was worse to come.* 情况已经不妙，但更差的还在后头呢。

worsen /ˈwɜːsn ‖ ˈwɝsn̩/ *verb* [I,T] to become worse or to make sth worse（使）变得更坏；恶化: *Relations between the two countries have worsened.* 两国关系恶化了。

☆**worship** /ˈwɜːʃɪp ‖ ˈwɝʃəp/ *noun* [U] praying to and showing respect for God or a god 对上帝或神的崇拜/崇奉: *Different religions have different forms of worship.* 不同的宗教有不同的崇拜形式。○ *A church is a place of worship.* 教堂是做礼拜的地方。

W

worship *verb* (worshi**pp**ing; worshi**pp**ed; *US* 美 worshi**p**ing; worshi**p**ed) **1** [I,T] to pray to and show respect for God or a god 崇拜/崇奉（上帝或神）: *People travel from all over the world to worship at this shrine.* 人们从世界各地来朝拜这个圣地。○ *In primitive societies people worshipped the sun.* 原始社会的人崇拜太阳。**2** [T] to love or admire sb/sth very much 爱；倾慕: *She worshipped her husband.* 她很爱丈夫。—**worshipper** (*US* 美 **worshiper**) *noun* [C]

☆**worst** /wɜːst ‖ wɝst/ *adj* (the superlative of *bad* * bad的最高级) the least pleasant or suitable 最坏；最不适合: *It's been the worst winter that I can remember.* 我的记忆所及，那是最冷的一个冬天。

worst *adv* (the superlative of *badly* * badly的最高级) least well 最坏: *A lot of the children behaved badly but my son behaved worst of all!* 许多孩子都很调皮，但我儿子是当中最顽劣的一个！

worst *noun* [sing] **the worst** something that is the least satisfactory or desirable 最坏/最差的情况等: *My parents always expect the worst if I'm late.* 只要我回来晚了，父母就会往坏处想。

(IDIOMS 习语) **at (the) worst** if the worst happens or if you consider sb/sth in the worst way 在最坏的情况下: *The problem doesn't look too serious. At worst we'll have to make a few small changes.* 问题似乎并不太严重。即使发生最坏情况，我们也只须作几处小改动。

if the worst comes to the worst if the worst possible situation develops 如果最坏的情况发生的话

☆**worth** /wɜːθ ‖ wɝθ/ *adj* **1** having a particular value (in money) 有某（金钱上的）价值: *'How much is that house worth?' 'It must be worth at least £200 000.'* "这所房子值多少钱？" "最少值200 000英镑。" **2 worth doing, etc** (used as a way of recommending or advising 提意见等时用) 值得做某事: *That museum's really worth visiting if you have time.* 有时间的话，那博物馆实在值得一游。○ *It's already four o'clock. It's not worth going shopping now.* 已经四点钟了，现在去购物意义不大。☛ We can say either 可以说: *It isn't worth repairing the car* 不值得修理这辆汽车 OR 也可以说: *The car isn't worth repairing.* 这辆汽车不值得修理。

(IDIOMS 习语) **get your money's worth** ⇨ MONEY

worth it enjoyable or useful to do or have, even if it means extra cost, effort, etc（即使要付出代价，仍然）有意义/有作用: *Don't bother cooking a big meal. It isn't worth it – we're not hungry.* 别弄太多东西吃！这样意义不大，我们并不饿。

worth sb's while helpful, useful or interesting to sb 对某人有利/有作用/有意义

worth *noun* [U] **1** value or usefulness 价值；用处: *She has proved her worth as a member of the team.* 她证明了自己作为队员所发挥的作用。**2** the amount of sth that the money mentioned will buy 一定金额可买到的某物的量: *ten pounds' worth of petrol* 价值十英镑的汽油 **3** the amount of sth that will last for the time mentioned 可维持某段时间的某物的量: *two days' worth of food* 足够吃两天的食物

worthless *adj* **1** having no value or use 无价值；没有用途: *It's worthless – it's only a bit of plastic!* 这毫无价值，只不过是些塑料！**2** (used about a person 指人) having bad qualities 品性恶劣

worthwhile /ˌwɜːθˈwaɪl ‖ ˌwɝθˈhwaɪl/ *adj* enjoyable, useful or satisfying enough to be worth the cost or effort 有价值；有作用；值得（付出代价）: *Working for so little money just isn't worthwhile.* 为这么一点钱工作就是不值得。○ *Medicine is a very worthwhile career.* 做医生是挺有意义的职业。

☆**worthy** /ˈwɜːðɪ ‖ ˈwɝðɪ/ *adj* (**worthier**; **worthiest**) **1 worthy of sth/to do sth** good enough for sth, or deserving sth 够好；足以获得…: *The scheme is worthy of our support.* 那个计划值得我们支持。○ *He felt he was not worthy to accept such responsibility.* 他觉得自己不能承担那样的职责。**2** deserving respect or consideration 值得尊敬或考虑: *a worthy leader* 值得尊敬的领袖 ○ *a worthy cause* 值得从事的事业

☆**would** /wəd ‖ wəd/ strong form 强读式 /wʊd ‖ ˈwʊd/ *modal verb* (*short form* **'d**; *negative* **would not**; *short form* **wouldn't** /ˈwʊdnt ‖ ˈwʊdn̩t/) **1** (used when talking about the result of an event that you imagine 用于设想的结果): *He would be delighted if you went to see him.* 如果你去看他，他会很高兴。○ *She'd be stupid not to accept.* 她不接受那才笨呢。○ *I would have done more, if I'd had the time.* 如果我有时间，就会多做一点。**2** (used as the past form of 'will' when you report what sb says or thinks 转述时用作 will 的过去时): *They said that they would help us.* 他们说过会帮助我们的。○ *She didn't think that he would do a thing like that.* 她认为他不会做出那样的事。**3** (used for asking sb politely to do sth 用于礼貌地请对方做某事): *Would you come this way, please?* 请你到这边来好吗？**4** (used with 'like' or 'love' as a way of asking or saying what sb wants 与 like 或 love 连用，以询问或表达想要的东西): *Would you like to come with us?* 你喜欢和我们一起走吗？○ *I'd love a piece of cake.* 我想要一块蛋糕。**5** to be willing to do sth 愿意: *She just wouldn't do what I asked her.* 她就是不愿意做我要她做的事。**6** (used after 'wish' 用于 wish 后): *I wish the sun would come out.* 我希望太阳出来。**7** (used for talking about things that often happened in the past 用于过去常发生的事): *When he was young he would often walk in these woods.* 他年青时常常在这些树林中散步。**8** (used for commenting on behaviour that is typical 用以评论惯常行为): *You would say that. You always support him.* 你定会那样说。你一向支持他。**9** (used when you are giving your opinion 提意见时用): *I'd say she's about 40.* 我想她40岁左右。

☆**wound**[1] /wuːnd ‖ wund/ *noun* [C] an injury to part of your body, especially a cut, often one received in fighting 伤口；创伤: *Bathe and bandage the wound.* 冲洗伤口，然后包扎好。○

a bullet wound 枪弹伤 ○ *The wound is healing well.* 伤口愈合得不错。

wound *verb* [T] (usually passive 通常用于被动语态) **1** to injure sb's body with a weapon 使身体受伤: *He was wounded in the leg during the war.* 他战时腿部受伤。☛ Look at the note at **hurt**. 参看 **hurt** 的注释。**2** (*formal* 正式) to hurt sb's feelings deeply 使感情深受伤害: *I was wounded by his criticism.* 他的批评伤害了我。

the wounded *noun* [plural] wounded people 受伤的人: *the sick and the wounded* 患病和受伤的人

wound[2] *pt, pp* of WIND[3] * WIND[3] 的过去时及过去分词

wove *pt* of WEAVE * WEAVE 的过去时

woven *pp* of WEAVE * WEAVE 的过去分词

wow /waʊ ‖ waʊ/ *interj* (*informal* 非正式) (used for expressing how much you admire or are pleasantly surprised by sth 用以表达赞叹或惊喜): *Wow! What a beautiful boat!* 多美的船啊！

wrangle /ˈræŋgl ‖ ˈræŋgl/ *noun* [C] a noisy or complicated argument 激辩；争吵

wrangle *verb* [I] **wrangle (with sb) (about/over sth)** to argue in a noisy or angry way （为某事）（与某人）争吵/激辩

☆**wrap** /ræp ‖ ræp/ *verb* [T] (wra**pp**ing; wra**pp**ed) **1 wrap sth (up) (in sth)** to put paper or cloth around sb/sth as a cover（用纸或布）包裹: *to wrap up a present* 包礼物 ○ *The baby was found wrapped in a blanket, on the hospital doorstep.* 婴儿被人发现时用毛毯包着，放在医院的门阶上。**2 wrap sth round/around sb/sth** to tie sth such as paper or cloth around an object or a part of the body 用纸或布等包裹人/物: *The man had a bandage wrapped round his head.* 那个人头上缠着绷带。

(IDIOM 习语) **be wrapped up in sth** to be deeply involved and interested in sb/sth 专注于…；被…深深吸引: *They were completely wrapped up in each other. They didn't notice I was there.* 他们深深被对方吸引着，没注意到我在那儿。

(PHRASAL VERB 短语动词) **wrap (sb/yourself) up** to put warm clothes on (sb/yourself)（给）穿上御寒衣物

wrapper *noun* [C] a piece of paper or plastic which covers a sweet, a book, etc 包装纸

wrapping *noun* [C,U] paper or cloth that is used for covering or packing sth 包东西用的纸或布: *Remove the outer wrapping before heating the pie.* 热馅饼之前先剥掉包装纸。

ˈ**wrapping paper** *noun* [U] paper which is used for wrapping presents 包装纸: *a sheet of wrapping paper* 一张包装纸

wrath /rɒθ; *US* 美 ræθ ‖ ræθ/ *noun* [U] (*old-fashioned formal* 旧，正式) very great anger 震怒；愤慨

wreak /ri:k ‖ rik/ *verb* [T] **wreak sth (on sb/sth)** to carry out or cause sth (a punishment, damage, etc) 惩罚某人；造成破坏等: *The storm wreaked havoc* (= great damage) *in the forest.* 暴风雨使森林遭受严重破坏。

wreath /ri:θ ‖ riθ/ *noun* [C] (*pl* **wreaths** /ri:ðz ‖ riðz/) a circle of flowers and leaves, especially one that you put on sb's grave 花圈；花环

wreck /rek ‖ rɛk/ *noun* **1** [C] a ship that has sunk or been badly damaged at sea 沉船；失事的船: *Divers searched the wreck.* 潜水人员在沉船上搜索。**2** [U] the damage or destruction of sth, especially a ship at sea（船舶等）失事；海难: *the wreck of the Titanic* 泰坦尼克号发生的灾难 **3** [C] a car, plane, etc which has been badly damaged, especially in an accident （失事汽车/飞机等的）残骸: *The car was a wreck but the lorry escaped almost without damage.* 出事的汽车残破不堪，卡车则幸免于难，几乎完好无损。**4** [C, usually sing] (*informal* 非正式) a person or thing that is in a very bad condition 情况极差的人/物: *a nervous wreck* 精神崩溃的人

wreck *verb* [T] to destroy, damage or spoil sth completely 彻底破坏: *Vandals had wrecked the village hall.* 恣意破坏公物的人毁坏了村庄的会堂。○ *A fishing boat was wrecked in the storms.* 一艘渔船被暴风雨摧毁了。○ *The strike wrecked all our holiday plans.* 罢工行动破坏了我们的度假计划。

wreckage /ˈrekɪdʒ ‖ ˈrɛkɪdʒ/ *noun* [U] the broken pieces of sth that has been wrecked （失事飞机/车辆等的）残骸

wrench /rentʃ ‖ rɛntʃ/ *verb* [T] **1 wrench sb/sth (away, off, etc)** to pull or turn sb/sth strongly and suddenly 猛地一拉/扭: *He wrenched the wheel to the left and stopped the car on the grass.* 他将汽车急转向左，在草地上停下来。○ (*figurative* 比喻) *The film was so exciting that I could hardly wrench myself away.* 影片太动人了，我给牢牢吸引住了，根本不想走开。**2** to injure your ankle, shoulder, etc by turning it suddenly 扭伤（踝、肩等）

wrench *noun* **1** [C] a sudden, violent pull or turn 猛然的一拉/扭: *With a wrench I managed to open the door.* 我猛劲儿一拉，把门打开了。**2** [sing] an occasion when you feel very sad because you have to leave sb/sth 惜别 **3** [C] (*US* 美) = SPANNER

wrestle /ˈresl ‖ ˈrɛsl̩/ *verb* [I] **1** to fight by trying to get hold of your opponent's body and throw him/her to the ground. People wrestle as a sport. 摔跤（运动）**2 wrestle with sth** to try hard to find an answer to sth; to struggle 搏斗；斗争

wrestler /ˈreslə(r) ‖ ˈrɛslɚ/ *noun* [C] a person who wrestles as a sport 摔跤运动员

wrestling /ˈreslɪŋ ‖ ˈrɛslɪŋ/ *noun* [U] a sport in which two people fight and try to throw each other to the ground 摔跤运动: *a wrestling match* 摔跤比赛

wretch /retʃ ‖ rɛtʃ/ *noun* [C] (*old-fashioned* 旧) a poor, unhappy person 不幸运/不快乐的人: *The poor wretch was clearly starving.* 那个可怜的人显然很饥饿。

wretched /ˈretʃɪd ‖ ˈrɛtʃɪd/ *adj* **1** very unhappy; miserable 非常不快乐；痛苦 **2** (*informal* 非正式) (used for expressing anger 用以表达愤怒): *That wretched dog has chewed up my slippers again!* 那只讨厌的狗又在咬我的拖鞋！

wriggle /ˈrɪgl ‖ ˈrɪgl̩/ *verb* [I,T] **1** to move

W

about, or to move a part of your body, with short, quick movements, especially from side to side 扭动（身体/身体的某部分）: *Sit still and stop wriggling about!* 好好的坐着，不要扭来扭去！ ○ *She wriggled her fingers about in the hot sand.* 她用手指拨弄着热沙。 **2** to move in the direction mentioned by making quick, turning movements 快速蠕动；沿着蜿蜒的路线行进: *The worm wriggled back into the soil.* 蠕虫钻回到泥土里去了。

(PHRASAL VERB 短语动词) **wriggle out of sth/out of doing sth** (*informal* 非正式) to avoid sth by making clever excuses 借口逃避: *It's your turn to wash up – you can't wriggle out of it this time!* 轮到你来洗餐具，这次不能再找借口逃避了。

wring /rɪŋ ‖ rɪŋ/ *verb* [T] (*pt, pp* **wrung** /rʌŋ ‖ rʌŋ/) **wring sth (out)** to press and squeeze sth in order to remove water from it 拧/绞某物使水流出

ˌ**wringing** ˈ**wet** *adj* very wet indeed 湿透

wrinkle /ˈrɪŋkl ‖ ˈrɪŋkl̩/ *noun* [C] a small line in sth, often one on the skin of your face which you get as you grow older 皱纹

wrinkle *verb* [I,T] to form wrinkles (in sth) 形成/起皱纹: *She wrinkled her nose at the smell.* 她闻到那气味就皱起鼻子。—**wrinkled** /ˈrɪŋkld ‖ ˈrɪŋkl̩d/ *adj*: *an old lady with a wrinkled face* 满脸皱纹的老妇

☆**wrist** /rɪst ‖ rɪst/ *noun* [C] the part of your body where your arm joins your hand 手腕 ☛ picture on page A21. 见第A21页插图。

ˈ**wrist-watch** *noun* [C] a watch on a strap which you wear round your wrist 手表

writ /rɪt ‖ rɪt/ *noun* [C] a legal order to do or not to do sth, given by a court of law or a person in authority（法庭或当权者的）令状

☆**write** /raɪt ‖ raɪt/ *verb* (*pt* **wrote** /rəʊt ‖ rot/; *pp* **written** /ˈrɪtn ‖ ˈrɪtn̩/) **1** [I,T] to make words, letters, etc, especially on paper, using a pen, pencil, etc 写；写字；书写: *Some children can read and write before going to school.* 有些孩子上学之前已经能读书写字。 ○ *I can't write with this pen.* 我用这支笔不能写字。 ○ *Write your name and address on the back of your cheque.* 在支票背后写上名字和地址。 **2** [T] to create a book, story, song, etc and write it on paper 写/作/写作（文章、歌曲等）: *Tolstoy wrote 'War and Peace'.* 托尔斯泰写了《战争与和平》。 ○ *He wrote his wife a poem.* 他为妻子写了一首诗。 ○ *Who wrote the music for that film?* 谁为那部影片作的曲？ **3** [I,T] to write and send a letter, etc to sb 写信；来信: *Have you written to your mother?* 你给妈妈写信了吗？ ○ *I'm writing to thank you for the birthday present you sent me.* 我特地写信来答谢你送给我的生日礼物。 ○ *She wrote that they were all well and would be home soon.* 她信里说他们都好，很快就回家。 ○ *They wrote last week, asking us to spend Christmas with them.* 他们上星期来信，请我们一块儿过圣诞。 ○ *I've written a letter to my son./I've written my son a letter.* 我写了一封信给儿子。 ○ *I've written to him.* 我写了信给他。 ☛ In US English we can say 美国英语可以说: *I've written him.* 我写了信给他。 **4** [T] **write sth (out) (for sb)** to fill or complete a form, cheque, document, etc with the necessary information 开/开具（文件、支票、清单等）: *I wrote out a cheque for £10.* 我开了一张10英镑的支票。 ○ *The doctor quickly wrote a prescription for me.* 医生很快开了一张药方给我。

(PHRASAL VERBS 短语动词) **write back (to sb)** to send a reply to sb（给某人）回复/回信

write sth down to write sth on paper, especially so that you can remember it 用笔记下/记录下来

write in (to sb/sth) (for sth) to write a letter to an organization, etc to order sth, give an opinion, etc 书面（向机构等）订货、提意见…

write off/away (to sb/sth) (for sth) to write a letter to an organization, etc to order sth or ask for sth 书面（向机构等）预订某物/查询某事

write sb/sth off to accept or decide that sb/sth will not be successful or useful 把某人/某事物视作不会成功或没有用: *Don't write him off yet. He could still win.* 先别把他一笔勾销，他仍然有机会取胜的。

write sth off to accept that you will not get back an amount of money you have lost or spent 注销账目/欠债等: *to write off a debt* 放弃追债

write sth out to write the whole of sth on paper 完整地写下来: *Have you written out the poem in your exercise book?* 你有没有把整首诗写在练习簿上？

write sth up to write sth in a complete and final form, often using notes that you have made 做完整的笔记/书面记录等: *to write up lecture notes* 将课堂笔记整理好

written *adj* expressed on paper; not just spoken 书面的: *a written agreement* 书面协议 ○ *a written test and an oral test* 笔试和口试

ˈ**write-off** *noun* [C] a thing, especially a vehicle, that is so badly damaged that it is not worth repairing 破损得不值得修理的汽车等；报废物

☆**writer** /ˈraɪtə(r) ‖ ˈraɪtɚ/ *noun* [C] a person who writes, especially one whose job is to write books, stories, etc 撰稿人；作家；作者

writhe /raɪð ‖ raɪð/ *verb* [I] to turn and roll your body about 身体扭动/翻滚: *She lay writhing in pain.* 她痛得辗转反侧。

☆**writing** /ˈraɪtɪŋ ‖ ˈraɪtɪŋ/ *noun* [U] **1** words that have been written or printed; the way a person writes 书写或印刷的字；笔迹: *This card's got no writing inside. You can put your own message.* 这张贺卡上没有字句，你想写什么都可以。 ○ *I can't read your writing, it's too small.* 我看不清你写的字，字体太小了。 **2** the books, etc that sb has written or the style in which sb writes 著作；文风: *Love is a common theme in his early writing.* 他早期的著作都以爱情为主题。 ○ *Her writing lacks realism.* 她的著作欠缺写实。 **3** the activity or job of writing books, etc 著作；写作: *It's difficult to earn much money from writing.* 写作赚不了多少钱。

(IDIOM 习语) **in writing** in written form 书面: *I'll confirm the offer in writing next week.* 我下星期书面确定提议。

W

ˈ**writing-paper** *noun* [U] paper for writing letters on 信纸；信笺：*writing-paper and envelopes* 信纸和信封

written *pp* of WRITE ＊ WRITE 的过去分词

☆**wrong**[1] /rɒŋ; *US* 美 rɔːŋ ‖ rɔŋ/ *adj* **1** not true or not correct; not right 错误；不正确：*the wrong answer* 错误的答案 ○ *What you said was quite wrong.* 你说的完全不对。○ *You've got the wrong number* (= on the telephone). 你拨的电话号码错了。**2** not the best; not suitable; not right 不是最好；不适当；不正确：*That's the wrong way to hold the bat.* 那样握球棒是错的。○ *I think she married the wrong man.* 我认为她嫁错了人。**3** (not before a noun 不用于名词前) **wrong (with sb/sth)** not as it should be; not working properly 出事；不正常：*You look upset. Is something wrong?* 你好像很不安。出了什么事吗？○ *What's wrong with the car this time?* 汽车这一次又出了什么事？○ *She's got something wrong with her leg.* 她的腿有毛病。**4 wrong (to do sth)** bad or against the law; not good or right 坏；违法；不好；不对：*The man said that he had done nothing wrong.* 那人说自己没有做什么错事。○ *I think it was wrong of us not to invite him.* 我觉得不邀请他是我们不对。

(IDIOMS 习语) **get on the right/wrong side of sb** ⇨ SIDE

get (hold of) the wrong end of the stick (*informal* 非正式) to misunderstand completely what has been said 把说话完全误解/误会：*You must have got the wrong end of the stick. We're not going there, they are coming here.* 你一定是误会了。不是我们去那儿，是他们来这儿。

on the right/wrong track ⇨ TRACK

wrong *verb* [T] to do sth to sb which is bad or unfair 伤害；冤枉；不公正地对待：*I wronged her when I said she was lying.* 我说她说谎，实在是冤枉了她。

wrongful /-fl ‖ -fəl/ *adj* (*formal* 正式) (only *before* a noun 只用于名词前) not fair, not legal or not moral 不公平；不合法；不道德：*wrongful dismissal (from a job)* 不公平解雇

wrongly *adv* in a wrong or mistaken way 错了；不对：*This letter's been wrongly addressed.* 这封信上的地址写错了。○ *She claimed, quite wrongly, that the handbag was hers.* 她说那个手提包是她的，这是不对的。

☛ The adverb **wrong** is used after a verb or the object of a verb, especially in conversation 副词 **wrong** 用于动词后或动词的宾语后，对话中尤其如此：*He's spelt my name wrong.* 他拼错了我的名字。The adverb **wrongly** is especially used before a past participle or a verb 副词 **wrongly** 用于过去分词或动词前：*My name's been wrongly spelt.* 我的名字给拼错了。

wrong[2] /rɒŋ; *US* 美 rɔːŋ ‖ rɔŋ/ *adv* in an incorrect way; not right 不正确地；不对：*I always pronounce that word wrong.* 我老是把那个字读错。

(IDIOMS 习语) **get sb wrong** (*informal* 非正式) to misunderstand sb 误会/误解某人：*Don't get me wrong! I don't dislike him.* 别弄错我的意思！我并不讨厌他。

go wrong 1 to make a mistake 弄错；犯错：*I'm afraid we've gone wrong. We should have taken the other road.* 我们恐怕走错了路。我们应该走另外那条路。**2** to stop working properly or to stop developing well 停止正常操作；开始出现毛病：*The freezer's gone wrong and all the food has defrosted.* 冰箱坏了，所有食物都解了冻。○ *Everything's gone wrong today.* 今天事事不对劲。

wrong[3] /rɒŋ; *US* 美 rɔːŋ ‖ rɔŋ/ *noun* **1** [U] what is bad or against the law 坏事；犯法的事：*Children quickly learn the difference between right and wrong.* 孩子很快懂得分辨对错。**2** [C] an action or situation which is not fair 不公平的行动/情况：*A terrible wrong has been done. Those men should never have gone to prison.* 这事已经造成大冤案。那些人决不应该关进监牢里去。

(IDIOM 习语) **in the wrong** responsible for sth bad that has happened 应对错误等负责

wrote *pt* of WRITE ＊ WRITE 的过去时

wrung *pt*, *pp* of WRING ＊ WRING 的过去时及过去分词

wry /raɪ ‖ raɪ/ *adj* expressing a mixture of disappointment and amusement 做着鬼脸（表达既失望又好笑的心情）：*'Never mind,' she said with a wry grin. 'At least we got one vote.'* "别在意。" 她做了个鬼脸笑着说。"我们至少得了一票嘛。" —**wryly** *adv*

X x

X, x /eks ‖ ɛks/ *noun* [C] (*pl* **X's**; **x's**) the twenty-fourth letter of the English alphabet 英语字母表的第二十四个字母: *'Xylophone' begins with (an) 'X'.* ∗ xylophone 这个词的第一个字母是X。☛ **X** is used by teachers to show that an answer is wrong. 教师用**X**表示答案错误。It is also used instead of the name of a person if you do not know or do not want to say the name 某人的姓名不详或说话者不想指名道姓时亦可用X: *Mr and Mrs X.* 某某夫妇。At the end of a letter it stands for a kiss 在信末代表亲吻: *Lots of love, Mary XX.* 献上我的爱，玛丽（吻你、吻你）。

xenophobia /ˌzenəˈfəʊbɪə ‖ ˌzɛnəˈfobɪə/ *noun* [U] fear or hatred of foreigners 惧外；仇外 —**xenophobic** *adj*

Xerox /ˈzɪərɒks ‖ ˈzɪrˌɑks/ *noun* [C] (*trade mark* 商标) **1** a machine that produces photocopies 复印机；影印机 **2** a photocopy produced by such a machine 影印本: *a Xerox of the letter* 信的复印件 —**xerox** *verb* [T]

Xmas /ˈkrɪsməs; ˈeksməs ‖ ˈkrɪsməs; ˈɛksməs/ *noun* [C,U] (*informal* 非正式) (used as a short form, especially in writing 缩约式，尤作书面用语) Christmas 圣诞节: *a Happy Xmas to all our customers* 敬祝各位顾客圣诞快乐

X-ray /ˈeksreɪ ‖ ˈɛksˈre/ *noun* [C] **1** [usually pl] a kind of radiation that makes it possible to see inside solid objects (eg the human body) so that they can be examined and a photograph of them can be made ∗ X光；X射线 **2** a photograph that is made with an X-ray machine ∗ X光照片；X射线照片: *The X-ray showed that the bone was not broken.* ∗ X光照片显示骨头没有折断。—**X-ray** *verb*: *She had her chest X-rayed.* 她接受胸部X光检查。

xylophone /ˈzaɪləfəʊn ‖ ˈzaɪləˌfon/ *noun* [C] a musical instrument that consists of a row of wooden or metal bars of different lengths. You play it by hitting these bars with a small hammer. 木琴

Y y

Y, y /waɪ ‖ waɪ/ *noun* [C] (*pl* **Y's**; **y's**) the twenty-fifth letter of the English alphabet 英语字母表的第二十五个字母: *'Yawn' begins with (a) 'Y'.* * yawn 这个词的第一个字母是 Y。

yacht /jɒt ‖ jɑt/ *noun* [C] **1** a boat with sails used for pleasure 帆船；快艇: *a yacht race* 帆船比赛 ☛ picture at **boat**. 见 **boat** 插图。 **2** a large boat with a motor, used for pleasure 游艇: *The harbour was full of millionaires' yachts.* 海港里到处都是富翁的游艇。

yachting *noun* [U] the activity or sport of sailing a yacht 驾驶帆船；帆船运动

ˈ**yachtsman** /-smən ‖ -smən/ *noun* [C] (*pl* **-men** /-mən ‖ -mən/; *feminine* 阴性 **yachtswoman**) a person who sails a yacht in races or for pleasure 帆船或快艇选手/爱好者: *a round-the-world yachtsman* 环游世界的帆船运动爱好者

Yank /jæŋk ‖ jæŋk/ *noun* (*informal* 非正式) a word used in Britain for a person from the USA 某些英国人对美国人的俗称 ☛ This word is considered rather rude. 这个用语很粗鄙。

yank /jæŋk ‖ jæŋk/ *verb* [I,T] (*informal* 非正式) to pull with a sudden quick movement and with great force 猛地一拉: *She yanked at the door handle and it came off in her hand.* 她猛地一拉，门的把手就给拉脱了。—**yank** *noun* [C]

yap /jæp ‖ jæp/ *verb* [I] (ya**pp**ing; ya**pp**ed) (used about dogs, especially small ones 用于狗，尤指小狗) to bark in an excited way, making short high noises 兴奋地吠

☆**yard**[1] /jɑːd ‖ jɑrd/ *noun* [C] **1** an area usually of concrete or stone with a wall or fence around it, next to or round a building 庭院；院子: *I walked through a yard to get to the back door of the office.* 我走过庭院来到办公室的后门。○ *The children were playing in the school yard.* 孩子们在学校的庭院里玩。○ *a farmyard* 农家庭院 ☛ Look at **courtyard** and **churchyard**. 参看 **courtyard** 及 **churchyard**。 **2** (*US* 美) = GARDEN **3** an area, usually without a roof, used for a particular type of work or purpose 场地；工场: *a shipyard* 船坞 ○ *a builder's yard* 建筑工地 ☛ In British English the piece of land belonging to a house is a **garden** if it has grass, flowers, etc and a **yard** if it is made of concrete or stone. 在英国英语中，属于房子范围，种植了花草的地方称为 **garden**，铺水泥或石块的叫做 **yard**。In American English this piece of land is a **yard** whether it has grass or not, but if it is large and also has grass it can be called a **garden**. 在美国英语中，这片地有没有花草都叫 **yard**；但如果又大又长有花草，也可以叫 **garden**。

☆**yard**[2] /jɑːd ‖ jɑrd/ *noun* [C] (*abbr* 缩写 **yd**) a measure of length; 0·914 of a metre. There are 3 feet (or 36 inches) in a yard 码（长度单位，相当于 0.914 米/3 英尺/36 英寸）: *How do you buy carpet here? By the yard or by the metre?* 这里的地毯怎样卖？按码还是按米计算？

yardstick /ˈjɑːdstɪk ‖ ˈjɑrdˌstɪk/ *noun* [C] a standard by which things can be compared （比较/衡量用的）标准；尺度: *Exam results should not be the only yardstick by which pupils are judged.* 考试成绩不应成为评价学生的惟一标准。

yarn /jɑːn ‖ jɑrn/ *noun* **1** [U] thread (usually of wool or cotton) that is used for knitting, etc（羊毛/棉）纱 **2** [C] (*informal* 非正式) a story that sb tells, especially one that is exaggerated（胡诌夸大的）故事

☆**yawn** /jɔːn ‖ jɔn/ *verb* [I] **1** to open your mouth wide and breathe in deeply, especially when you are tired or bored 打哈欠: *'I've only just got up,' she said, yawning.* 她打着哈欠说："我刚刚起床。" ○ *I kept yawning all through the lecture.* 整节课上我都在打哈欠。 **2** (used about a hole, etc 指洞等) to be wide open 大开；敞开: *a yawning hole in the ground where the bomb had exploded* 炸弹爆炸处地上有一个大洞 —**yawn** *noun* [C]: *'How much longer will it take?' he said with a yawn.* 他边打哈欠边说："还要多久？"

yeah /jeə ‖ jɛə/ *interj* (*informal* 非正式) yes 是；对

☆**year** /jɪə(r); jɜː(r) ‖ jɪr/ *noun* **1** [C] the time it takes the earth to go once round the sun, about 365 days 年（地球环绕太阳一周的时间） **2** [C] (*also* 亦作 ˈ**calendar year**) the period from 1 January to 31 December, 365 or 366 days divided into 12 months or 52 weeks 日历年度；历年: *last year/this year/next year* 去年；今年；明年 ○ *The population of the country will be 70 million by the year 2000.* 到了 2000 年，全国人口就有七千万。○ *We go to France at this time every year.* 我们每年这个时候到法国去。○ *Interest is paid on this account once a year.* 这个账户的利息每年付一次。○ *the year before last/the year after next* 前年；后年 ○ *a leap year* (= one that has 366 days) 闰年 ○ *the New Year* (= the first days of January) 新年 **3** [C] any period of 12 months, measured from any point 一年时间: *It's been several years since I last saw him.* 我已经好几年没见过他了。○ *She worked here for twenty years.* 她在这里工作了二十年。○ *He left school just over a year ago.* 他离开学校刚好一年。○ *In a year's time, you'll be old enough to vote.* 再过一年，你们就到了选举年龄。○ *They've been living in Spain for the last few years.* 过去几年，他们在西班牙生活。 **4** [C] a period of a year in connection with schools, the business world, etc（学校或财政等的）年度: *The school year runs from September to July.* 学年由九月开始，到七月为止。○ *the financial year* 财政年度 **5** [C] (used in connection with the age of sb/sth 与年龄连用) a period of 12 months 岁: *He's ten years old today.* 他今日十岁。○ *a six-year-old daughter* 六岁的女儿 ○ *This car is nearly five years old.* 这辆汽车的车龄快要五年了。○ *The company is now in its fifth year.* 这家公司成立已经五年。☛ Note that you say: *He's ten* or: *He's ten years old* but NOT:

He's ten years. 注意，可以说：He's ten 或 He's ten years old，但不作：He's ten years。Look at the note at **age**. 参看 **age** 的注释。**6 years** [plural] a long time 长久: *It happened years ago.* 这是很久以前的事。

(IDIOMS 习语) **all year round** for the whole year 整年: *Most of the hotels are open all year round.* 大多数旅馆都全年营业。

donkey's years ⇨ DONKEY

year after year every year for many years 年复一年

yearly *adj, adv* (happening) every year or once a year 每年；每年一次: *a yearly pay increase* 每年一次的加薪 ○ *The conference is held yearly in Sligo.* 会议每年在斯莱戈举行。

yearn /jɜ:n ‖ jɝn/ *verb* [I] **yearn (for sb/sth)**; **yearn (to do sth)** to want sb/sth very much, especially sth that you cannot have 渴望；渴念 —**yearning** *noun* [C,U]

yeast /ji:st ‖ jist/ *noun* [U] a substance used for making bread rise and for making beer, wine, etc 酵母

yell /jel ‖ jɛl/ *verb* [I,T] to shout very loudly, often because you are angry, excited or in pain（因愤怒、激动、痛苦等）大叫: *There's no need to yell at me, I can hear you perfectly well.* 用不着向我叫嚷，我听得很清楚。—**yell** *noun* [C]

☆**yellow** /'jeləʊ ‖ 'jɛlo/ *adj* having the colour of lemons or butter 黄；黄色的: *dark/light yellow* 深/浅黄色 ○ *a bright/pale yellow dress* 鲜/淡黄的连衣裙

yellow *noun* [C,U] the colour yellow; something that has the colour yellow 黄色；黄色的物体: *a bright shade of yellow* 鲜黄色 ○ *the yellows and browns of the autumn leaves* 秋叶黄褐的色泽

yellowish *adj* rather yellow 微黄；带黄色的

yellow 'card *noun* [C] (used in football 用于足球运动) a card that the referee shows to a player as a warning that he/she will be sent off the field if he/she behaves badly again 黄牌（由裁判员出示以提出警告）☛ Look at **red card**. 参看 **red card**。

yellow 'line *noun* [C] a yellow line at the side of a road to show that you must not park there 黄线标志（表示该范围内不得停放车辆）

Yellow 'Pages *noun* [plural] (*trade mark* 商标) a telephone book (on yellow paper) that lists all the business companies, etc in a certain area, in sections according to the goods or services they provide 黄页（分类商业机构电话号码簿）

yelp /jelp ‖ jɛlp/ *noun* [C] a sudden short cry, especially of pain, fear or excitement（因疼痛、惊恐、激动等而发出的）尖叫（声）—**yelp** *verb* [I]

☆**yes** /jes ‖ jɛs/ *interj* **1** (used when answering a question to which another possible answer is 'no' 用于肯定的回复): *'Are you having a good time?' 'Yes thank you.'* "你玩得开心吗？" "很好。谢谢。" ○ *I asked him if he wanted to come and he said yes.* 我问他要不要来，他说要。**2** (used for saying that a statement is correct or for agreeing with one 表示所说的话对/正确或表示同意): *'You spend far too much money.' 'Yes, you're right.'* "你花的钱实在太多了。" "对，你说得对。" **3** (used when agreeing to a request 表示允许或答应): *'May I sit here?' 'Yes, of course.'* "我可以坐在这里吗？" "当然可以。" **4** (used when accepting an offer 表示接受提议、邀请等): *'More coffee?' 'Yes, please.'* "要加一点咖啡吗？" "好，谢谢。" **5** (used for showing you have heard sb or will do what they ask 回应呼唤时用): *'Waiter!' 'Yes, madam.'* "服务员！" "来了，小姐。" **6** (used when saying that a negative statement that sb has made is not true 表示某否定句内容不真实时用): *'You don't care about anyone but yourself.' 'Yes I do.'* "你只顾自己不顾别人。" "我才不会这样呢。"

yes *noun* [C] (*pl* **yeses** /'jesɪz ‖ 'jɛsɪz/) an answer, statement or vote of 'yes' 肯定的回复；赞成

☆**yesterday** /'jestədɪ; -deɪ ‖ 'jɛstɚdɪ; -de/ *adv, noun* [C,U] (on) the day before today 昨天: *Did you watch the film on TV yesterday?* 昨天你有没有看电视上的影片？○ *yesterday morning/afternoon/evening* 昨天早上/下午/晚上 ○ *I posted the form the day before yesterday* (= if I am speaking on Wednesday, I posted it on Monday). 我前天把表格寄出了。○ *Did it really happen three weeks ago? It seems like only yesterday.* 这真是三个星期前发生的吗？好像是昨天的事。○ *Have you still got yesterday's paper?* 你还留着昨天的报纸吗？○ *Yesterday was the best day I've had for ages.* 昨天是我许多年以来最快乐的一天。○ *I spent the whole of yesterday walking round the shops.* 昨天我花了一整天逛商店。

☆**yet** /jet ‖ jɛt/ *adv* **1** (used with negative verbs or in questions for talking about sth that has not happened but that you expect to happen 用于未发生但预期会发生的事情，与否定动词连用，或用于疑问句): *We haven't had any serious problems yet.* 我们还没遇到过严重的困难。○ *Has it stopped raining yet?* 雨还没有停吗？○ *There was a pile of work on my desk which I hadn't yet done.* 桌子上还有许多文件等着我处理。○ *I haven't seen that film yet.* 那部影片我还未看过。☛ In American English 美国英语是: *I didn't see that film yet.* 那部影片我还未看过。**2** (used with negative verbs 与否定动词连用) now; as early as this 现在；这么早: *You don't have to leave yet – your train isn't for another hour.* 你不用这么早离开，你搭的火车还要过一小时才开。**3** (used especially with *may* or *might* 尤其与 may 或 might 连用) at some time in the future 终有一天: *With a bit of luck, they may win yet.* 要是有点运气，他们还有可能会胜利。**4** (used after a period of time 用于某段时间之后) longer 更长: *She isn't all that old, she'll live for years yet.* 她并不是那么老，还能活很久的。**5** (used with comparatives or 'another' to emphasize the size or amount of sth 与比较级形容词/副词或 another 连用，以强调数目或数量): *I'm already busy and now I've been given yet more work to do.* 我已经够忙的了，现在还要接受更多的工作。**6** (used with superlatives 与最高级形容词/副词连用) until

and including now/then; so far 至今；直到目前: *This is her best film yet.* 这是她至今最好的影片。**7** but; in spite of that 但是: *Their plan was simple yet successful.* 他们的计划虽然简单，但是成功。

(IDIOMS 习语) **as yet** until now 至今: *As yet little is known about the disease.* 到今日为止，对这种疾病所知甚少。

yet again (used for emphasizing how often sth happens 用以强调经常发生) once more 再；再次: *I don't want to discuss this yet again!* 我不想再讨论这个！

yet to do, etc if you have yet to do sth, it means that you have not done it (but may possibly do it in the future) 仍未做: *The final decision has yet to be made.* 最后的决定仍未作出。

yet *conj* but (when sth is surprising after the first part of the statement) 但是（表示转折）: *He seems pleasant, yet there's something about him I don't like.* 他虽然和蔼，但有些方面我还是不喜欢。

yield /ji:ld ‖ jild/ *verb* **1** [T] to produce crops, profits or results 出产作物；提供利润；产生效果: *How much wheat does each field yield?* 每块田生产多少小麦？○ *Did the experiment yield any new information?* 这项实验能够提供什么新资料吗？**2** [I] **yield (to sb/sth)** (*formal* 正式) to stop resisting sb/sth (so that you do what sb has demanded) 让步；屈服: *The government refused to yield to the hostage takers' demands.* 政府不肯对那些绑匪的要求作出让步。☛ **Give in** is less formal. * **yield** 用于正式场合，非正式场合宜用 **give in**。**3** [T] to allow sb to have control of sth that you were controlling 投降；让与（权利等）: *The army has yielded power to the rebels.* 军队把权力让予叛乱者。**4** [I] **yield to sth** to be replaced by sth, especially sth newer 被取代: *Old-fashioned methods have yielded to new technology.* 旧方法已被新科技取代了。**5** [I] to bend or break 弯曲；折断；倒塌；崩溃: *The dam finally yielded under the weight of the water.* 堤坝受不住水的压力，终于崩塌了。**6** [I] **yield (to sb/sth)** to allow other traffic to go first or to join the road in front of you 让路: *You have to yield to traffic from the left here.* 在这儿要让路给左边来的车辆。☛ In senses **4, 5** and **6**, **give way** is more common. 作第 **4**、**5**、**6** 义时 **give way** 较 **yield** 常用。**Yield** is the usual American word in sense **6**. 美国英语中，表达第**6**义时常用 **yield**。

yield *noun* [C] the amount that is produced 产量；收益: *Wheat yields were down 5% this year.* 今年的小麦产量减少了百分之五。○ *This investment has an annual yield of 12%.* 这项投资每年的利润是百分之十二。

yob /jɒb ‖ jɑb/ *noun* [C] (*also* 亦作 **yobbo** /ˈjɒbəʊ ‖ ˈjɑbo/) (*pl* **yobbos**) (*Brit slang* 英，俚语) a boy or young man who behaves badly in public 在公共场所有不轨行为的少年

yoga /ˈjəʊgə ‖ ˈjogə/ *noun* [U] a system of exercises for the body, based on Hindu philosophy. Yoga helps you control and relax both your mind and your body. 瑜伽

yoghurt (*also* 亦作 **yogurt**) /ˈjɒgət; *US* 美 ˈjəʊgərt ‖ ˈjogɚt/ *noun* [C,U] a slightly sour, thick liquid food made from milk with bacteria added to it 酸乳酪；酸奶

yoke /jəʊk ‖ jok/ *noun* [C] a piece of wood fixed across the necks of two animals when they are pulling a cart, etc 轭（牲畜拉东西时架在脖子上的木制器具）: (*figurative* 比喻) *the yoke of slavery* 奴隶制的枷锁

yolk /jəʊk ‖ jok/ *noun* [C,U] the yellow part in the middle of an egg 蛋黄: *He ate the yolk and left the white.* 他吃了蛋黄，留下蛋白。☛ picture at **egg**. 见 **egg** 插图。

yonks /jɒŋks ‖ jɑŋks/ *noun* [U] (*informal* 非正式) a very long time 长时间；很久: *I haven't been to the theatre for yonks.* 我已经很久没有去看戏了。

☆**you** /ju: ‖ ju/ *pron* **1** (used as the subject or object of a verb, or after a preposition 用作动词的主语/宾语或用于介词之后) the person or people being spoken or written to 你；你们: *You can play the guitar, can't you?* 你会弹吉他，是不是？○ *I've told you about this before.* 我以前已经跟你说过这件事。○ *Bring your photos with you.* 带着你的相片。**2** (used with a noun, adjective or phrase when calling sb sth 与名词、形容词或词组连用，称对方为…): *You fool! What do you think you're doing?* 蠢才！你知道自己在做什么吗？**3** a person (not a particular one); people in general 人（统称）: *You don't see many tourists here at this time of year.* 每年这个时候到来的游客不多。○ *The more you earn, the more tax you pay.* 钱赚得越多，税也纳得越多。☛ **One** has the same meaning but is much more formal * **one** 表示相同的意思，但适用于较正式的场合: *One tries to help as much as one can.* 尽个人之力帮忙。

you-all /ˈju:ɔ:l ‖ ˈjuˌɔl/ *pron* (used in the Southern USA 用于美国南部) you 你们

you'd /ju:d ‖ jud/ *short for* YOU HAD, YOU WOULD * YOU HAD、YOU WOULD 的缩约式

you'll /ju:l ‖ jul/ *short for* YOU WILL * YOU WILL 的缩约式

☆**young** /jʌŋ ‖ jʌŋ/ *adj* (**younger** /-ŋgə(r) ‖ -ŋgɚ/, **youngest** /-ŋgɪst ‖ -ŋgɪst/) not having lived or existed for very long 年纪轻/小；存在的时间不长: *They have two young children.* 他们有两个小孩。○ *The film is about the United States, when it was still a young nation.* 影片描写美国立国后不久的故事。○ *young plants* 幼嫩的植物 ○ *I'm a year younger than her.* 我比她小一岁。○ *My father was the youngest of eight children.* 八个孩子之中我父亲年纪最小。○ *young fashion* (= for young people) 年轻人的时尚

(IDIOM 习语) **young at heart** behaving or thinking like a young person, even if you are not young 心境年轻

young *noun* [plural] **1** young animals 幼小的动物: *Swans will attack to protect their young.* 天鹅为保护幼鹅会攻击外来者。**2 the young** young people when you are thinking about them as a group 年轻人/青少年（统称）: *The young of today are the adults of tomorrow.* 今日的年轻人是明日的成年人。

Y

youngish *adj* quite young 很年轻

youngster /-stə(r) ‖ -stɚ/ *noun* [C] a young person 年轻人: *There is very little entertainment for youngsters in this town.* 这个城镇里适合年轻人的娱乐太少。

☆**your** /jɔ:(r); *US* 美 jʊər ‖ jʊr/ *det* **1** belonging to or connected with the person or people being spoken to 你的；你们的: *What's your flat like?* 你的寓所是怎么样的？○ *Thanks for all your help.* 谢谢你帮忙。○ *How old are your children now?* 你的孩子现在几岁？○ *It would be helpful if you could all give me your addresses.* 如果你们可以留下地址的话，那就方便了。**2** belonging to or connected with people in general 人的: *When your life is as busy as mine, you have little time to relax.* 如果生活就像我的生活那样的忙碌，就没有时间轻松了。**3** (used for saying that sth is well-known to people in general 用于一般人熟悉的事物): *So this is your typical English pub, is it?* 这就是你们典型的英国酒馆吗？**4** (*also* 亦作 **Your**) (used in some titles 用于称号): *your Majesty* 陛下

yours /jɔ:z; *US* 美 jʊərz ‖ jʊrz/ *pron* **1** belonging to or connected with you 你的: *Is this bag yours or mine?* 这个袋子是你的还是我的？○ *I was talking to a friend of yours the other day.* 我有一天跟你一位朋友谈过话。**2 Yours** (used at the end of a letter 用于信函的结尾): *Yours sincerely...* 你真诚的… ○ *Yours faithfully...* 你忠实的… ○ *Yours truly...* 你真诚的… ○ *Yours...* 你的…

you're /jʊə(r); jɔ:(r) ‖ jʊr/ *short for* YOU ARE * YOU ARE 的缩约式

☆**yourself** /jɔ:'self; *US* 美 jʊər'self ‖ jʊr'sɛlf/ *pron* (*pl* **yourselves** /-'selvz ‖ -'sɛlvz/) **1** (used as the object of a verb or preposition when you are speaking to sb and talking about this person/these people doing an action and also being affected by it 说话的对象的行为影响其本身时，用作动词或介词的宾语) 你自己: *Be careful or you'll hurt yourself.* 小心，不然会伤到自己。○ *Here's some money. Buy yourselves a present.* 这里有些钱，你给自己买一份礼物吧。○ *You're always talking about yourself!* 你老是说自己的事！**2** (used for emphasis 用以强调): *You yourself told me there was a problem last week.* 是你自己告诉我上星期出现过问题的。○ *Did you repair the car yourselves?* (= or did sb else do it for you?) 你自己修理汽车吗？**3** in your normal state; healthy 处于正常状态；健康: *You don't look yourself today.* 你今天看来有点不对劲。

(IDIOM 习语) **by yourself/yourselves 1** alone 单独；独自: *Do you live by yourself?* 你独自居住吗？**2** without help 独力: *You can't cook dinner for ten people by yourself. Let me help you.* 你不能独力做十个人的晚餐，让我帮你吧。

☆**youth** /ju:θ ‖ juθ/ *noun* (*pl* **youths** /ju:ðz ‖ juðz/) **1** [U] the period of your life when you are young, especially the time between being a child and an adult 青少年时代: *He was quite a good sportsman in his youth.* 他年青时是运动健将。**2** [U] the fact or state of being young 年轻；年青；年少: *I think that his youth will be a disadvantage in this job.* 我认为他年纪轻，对这份工作来说是一项不利因素。**3** [C] a young person (usually a young man, and often one that you do not have a good opinion of) 小伙子（常含轻蔑意）: *There were gangs of youths standing around on the street corners.* 街角处站着一伙一伙的小伙子。**4 the youth** [plural, with sing or pl verb] young people as a group 年轻人/年青人（统称）: *What kind of future does/do the youth of this country have?* 这个国家的年轻人前途怎样？

youthful /-fl ‖ -fəl/ *adj* **1** having the qualities that are typical of young people 年轻人的；年青: *She was nearly fifty but still full of youthful enthusiasm.* 她快五十岁了，可还是充满朝气和热情。**2** young or relatively young 年轻；相对年轻: *a piece of music by the youthful Mozart* 莫扎特年青时期的音乐作品

'**youth hostel** *noun* [C] a type of cheap and simple hotel which people (especially young people) can stay at when they are travelling around on holiday 青年招待所/寄宿舍

you've /ju:v ‖ juv/ *short for* YOU HAVE * YOU HAVE 的缩约式

yo-yo /'jəʊjəʊ ‖ 'joˌjo/ *noun* [C] (*pl* **yo-yos**) a toy which is a round piece of wood or plastic with a string round the middle. You put the string round your finger and can make the yo-yo go up and down it. 游游拉线盘；溜溜球

yuck /jʌk ‖ jʌk/ *interj* (*informal* 非正式) (used for saying that you think sth is very unpleasant 用以表示觉得某事物极讨厌): *Oh no, not cabbage! Yuck!* 哦，别再来什么卷心菜了！

yucky *adj* (**yuckier**; **yuckiest**) (*informal* 非正式) disgusting; very unpleasant; horrible 令人讨厌；令人反感；难看: *What a yucky colour!* 多难看的颜色！

yummy /'jʌmɪ ‖ 'jʌmɪ/ *adj* (**yummier**; **yummiest**) (*informal* 非正式) tasting very good; delicious 美味；好吃

yuppy (*also* 亦作 **yuppie**) /'jʌpɪ ‖ 'jʌpɪ/ *noun* [C] (*pl* **yuppies**) a successful young professional person who earns a lot of money and spends it on fashionable things 雅皮士（年轻专业人士，收入高又喜欢在时髦事物上花钱）

Z z

Z, z /zed; *US* 美 zi: ‖ zi/ *noun* [C] (*pl* **Z's**; **z's**) the twenty-sixth letter of the English alphabet 英语字母表的第二十六个字母: *'Zero' begins with (a) 'Z'.* * zero 这个词的第一个字母是 Z。☛ Note the different US pronunciation 美国英语的读音不同

zany /ˈzeɪnɪ ‖ ˈzenɪ/ *adj* funny in an unusual and crazy way 稀奇古怪；滑稽：*a zany comedian* 滑稽的喜剧人物

zap /zæp ‖ zæp/ *verb* [T] (za**pp**ing; za**pp**ed) (*informal* 非正式) to kill sb, usually with a gun or other weapon 干掉/杀死某人（通常用枪或其他武器）: *It's a computer game where you have to zap aliens with a laser.* 在这个电脑游戏中，你要用激光枪干掉外星人。

zeal /zi:l ‖ zil/ *noun* [U] (*formal* 正式) great energy or enthusiasm 热忱；热心：*religious zeal* 宗教热忱

zealous /ˈzeləs ‖ ˈzɛləs/ *adj* using great energy and enthusiasm 热心；热诚 —**zealously** *adv*

zebra /ˈzebrə; *US* 美 ˈzi:brə ‖ ˈzibrə/ *noun* [C] (*pl* **zebra** or **zebras**) an African wild animal that looks like a horse, with black and white stripes all over its body 斑马

zebra 斑马

ˌzebra ˈcrossing *noun* [C] (*Brit* 英) a place where the road is marked with black and white lines to show that people can cross in safety because cars must stop there to let them over 斑马线

☆**zero** /ˈzɪərəʊ ‖ ˈzɪro/ *pron* **1** 0; one less than one; nought 零 **2** freezing point; 0°C 冰点；零摄氏度: *The temperature is likely to fall to five below zero* (= –5°C). 气温很可能跌到零下五摄氏度。**3** nothing at all; none at all 完全没有；毫无: *My chances of passing the exam are zero.* 我考试及格的机会等于零。☛ The figure **0** has several different names in British English. * **0** 这个数字在英国英语中有几种说法。**Zero** is most commonly used in scientific or technical contexts. * **zero** 最常用于科学或技术文字中。**Nil** is most commonly used in scores in sport (when spoken). * **nil** 常用于（口语中）表示体育运动的得分。**Nought** is used when referring to the figure **0** as part of a number * **nought** 用作数字中的 **0**: *a million is one followed by six noughts* 一百万是一后面接六个零. **O** (pronounced 'oh') is most commonly used when speaking numbers such as telephone or bus numbers. * **O**（读作 oh）在说及电话号码或公共汽车号码时最常用。

zest /zest ‖ zɛst/ *noun* [U,sing] **zest (for sth)** a feeling of excitement, pleasure and interest 热情；激情；兴致: *She is a very active person, with a great zest for life.* 她是非常活跃的人，对生活充满热情。

zigzag /ˈzɪgzæg ‖ ˈzɪgzæg/ *noun* [C] a line with left and right turns, one after the other at sharp angles 之字形线条；波纹图案；蜿蜒路径: *a zigzag path down the cliff* 沿悬崖而下的蜿蜒小径 ○ *curtains with a zigzag pattern* 波浪纹图案的窗帘 ☛ picture at **pattern**. 见 **pattern** 插图。—**zigzag** *verb* [I] (zigza**gg**ing; zigza**gg**ed): *We took a road that zigzagged through the mountains.* 我们沿着一条蜿蜒路径穿过山峦。

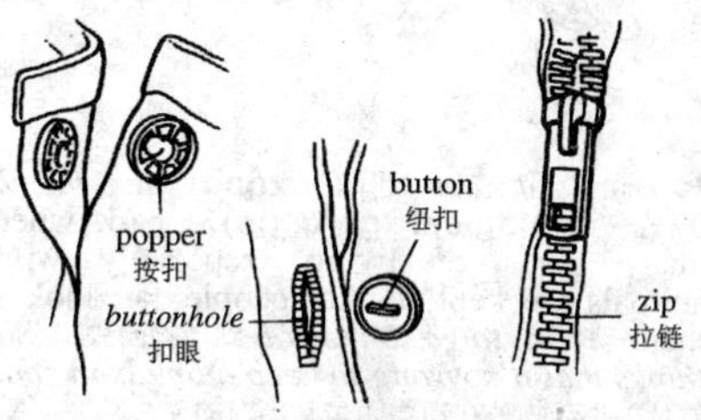

☆**zip** /zɪp ‖ zɪp/ *noun* [C] (*also* 亦作 ˈ**zip-fastener**; *especially US* 美尤作 **zipper**) a device for fastening clothes, bags, etc which consists of two rows of metal or plastic teeth, one on each side of an opening. You can join these rows together to close the opening 拉链；拉锁: *Your zip's undone!* 你没拉上拉链！○ *Do your zip up.* 把你的拉链拉上。

zip *verb* [T] (zi**pp**ing; zi**pp**ed) **zip sth (up)** to fasten sth with a zip 把/用拉链锁合: *There was so much in the bag that it was difficult to zip it up.* 袋子里的东西太多了，拉链拉不上了。

Zip code /ˈzɪp kəʊd ‖ ˈzɪpˌkod/ *noun* [C] (*US* 美) = POSTCODE

zodiac /ˈzəʊdɪæk ‖ ˈzodɪˌæk/ *noun* [sing] **the zodiac** a diagram of the positions of the planets and stars, which is divided into twelve equal parts (**signs**) 黄道十二宫（宫/星座叫做 **sign**）☛ picture on next page. 见下页插图。

> ☛ The signs of the zodiac are used in **astrology** and **horoscopes** (often called **The Stars**) in newspapers and magazines. 黄道十二宫常见于报章杂志上的占星术（**astrology**）或星象（**horoscopes**，通称 **The Stars**）资料中。People often refer to the signs and to the influence that they think these have on a person's personality and future 人们广泛论述星座及星座对性格和前途的影响: *Which sign of the zodiac are you?* 你属于哪个星座？○ *I'm (a) Leo.* 我属于狮子座。

zone /zəʊn ‖ zon/ *noun* [C] an area that is different from those around it eg because sth special happens there 地带: *the war zone* 战区 ○ *We're crossing into a new time zone.* 我们将要进入另一个标准时区。

Aries 白羊座 21st March-20th April

Taurus 金牛座 21st April-20th May

Gemini 双子座 21st May-20th June

Cancer 巨蟹座 21st June-20th July

Leo 狮子座 21st July-19th/22nd August

Virgo 室女座 20th/23rd August-22nd September

Libra 天秤座 23rd September-22nd October

Scorpio 天蝎座 23rd October-21st November

Sagittarius 人马座 22nd November-20th December

Capricorn 摩羯座 21st December-20th January

Aquarius 宝瓶座 21st January-19th February

Pisces 双鱼座 20th February-20th March

signs of the zodiac
黄道十二宫

zoo /zuː ‖ zu/ *noun* [C] (*pl* **zoos**) (also *formal* 正式 ˌ**zoological** ˈ**gardens**) a park where many kinds of living (especially wild) animals are kept so that people can look at them 动物园: *to go to the zoo* 到动物园去 ○ *She thinks that it's wrong to keep animals in zoos.* 她认为把动物关在动物园里是不对的。

zoology /zəʊˈɒlədʒɪ ‖ zoˈɑlədʒɪ/ *noun* [U] the scientific study of animals 动物学 ☛ Look at **botany** and **biology**. 参看 **botany** 及 **biology**。—**zoological** /ˌzəʊəˈlɒdʒɪkl ‖ ˌzoəˈlɑdʒɪkl/ *adj* **zoologist** /zəʊˈɒlədʒɪst ‖ zoˈɑlədʒɪst/ *noun* [C] a person who studies or is an expert on zoology 动物学研究者；动物学家

zoom /zuːm ‖ zum/ *verb* [I] to move very quickly and with a loud noise 飞驰/疾驰（并发出连续而低沉的声音）: *A motor cycle zoomed past.* 一辆摩托车飞驰而过。

(PHRASAL VERB 短语动词) **zoom in (on sb/sth)** to make an object that you are filming appear bigger by using a special lens 用变焦距镜头放大（被摄对象）: *The camera zoomed in on a face in the crowd.* 镜头向人群中的一张脸推进。

ˈ**zoom lens** *noun* [C] a camera lens that can make an object being photographed appear gradually bigger or smaller so that it seems to be getting closer or further away 变焦距镜头

zucchini /zʊˈkiːnɪ ‖ zuˈkinɪ/ *noun* [C] (*pl* **zucchini**; **zucchinis**) (*especially US* 尤为美) = COURGETTE

Z

APPENDIX 1 附录一

Irregular verbs 不规则动词

APPENDIX 2 附录二

Expressions with numbers 与数目有关的用语

APPENDIX 3 附录三

Common first names 常见的人名

APPENDIX 4 附录四

Abbreviations 缩略语

APPENDIX 1 附录一

Irregular Verbs 不规则动词

In this list you will find the infinitive form of the verb followed by the past tense and the past participle. Where two forms are given, look up the verb in the main part of the dictionary to see whether there is a difference in meaning.
下列为动词的不定式、过去时及过去分词。有关附两种形式的词，可参看词典正文，查对含义是否有别。

Infinitive 不定式	Past Tense 过去时	Past Participle 过去分词
arise	arose	arisen
awake	awoke	awoken
be	was/were	been
bear	bore	borne
beat	beat	beaten
become	became	become
befall	befell	befallen
begin	began	begun
bend	bent	bent
bet	bet, betted	bet, betted
bid	bade, bid	bidden, bid
bind	bound	bound
bite	bit	bitten
bleed	bled	bled
blow	blew	blown, blowed
break	broke	broken
breed	bred	bred
bring	brought	brought
broadcast	broadcast	broadcast
build	built	built
burn	burnt, burned	burnt, burned
burst	burst	burst
bust	bust, busted	bust, busted
buy	bought	bought
cast	cast	cast
catch	caught	caught
choose	chose	chosen
cling	clung	clung
come	came	come
cost	cost	cost
creep	crept	crept
cut	cut	cut
deal	dealt	dealt
dig	dug	dug
dive	dived; (*US* 美) dove	dived
do	did	done
draw	drew	drawn
dream	dreamt, dreamed	dreamt, dreamed
drink	drank	drunk
drive	drove	driven
dwell	dwelt, dwelled	dwelt, dwelled
eat	ate	eaten

fall	fell	fallen
feed	fed	fed
feel	felt	felt
fight	fought	fought
find	found	found
flee	fled	fled
fling	flung	flung
fly	flew	flown
forbid	forbade, forbad	forbidden
forecast	forecast, forecasted	forecast, forecasted
foresee	foresaw	foreseen
foretell	foretold	foretold
forget	forgot	forgotten
forgive	forgave	forgiven
forsake	forsook	forsaken
freeze	froze	frozen
get	got	got; (*US* 美) gotten
give	gave	given
go	went	gone
grind	ground	ground
grow	grew	grown
hang	hung, hanged	hung, hanged
have	had	had
hear	heard	heard
hew	hewed	hewed, hewn
hide	hid	hidden
hit	hit	hit
hold	held	held
hurt	hurt	hurt
input	input, inputted	input, inputted
keep	kept	kept
kneel	knelt; (*esp US* 美尤作) kneeled	knelt; (*esp US* 美尤作) kneeled
know	knew	known
lay	laid	laid
lead	led	led
lean	leant, leaned	leant, leaned
leap	leapt, leaped	leapt, leaped
learn	learnt, learned	learnt, learned
leave	left	left
lend	lent	lent
let	let	let
lie[2]	lay	lain
light	lighted, lit	lighted, lit
lose	lost	lost
make	made	made
mean	meant	meant
meet	met	met
mislay	mislaid	mislaid
mislead	misled	misled
misread	misread	misread
misspell	misspelt, misspelled	misspelt, misspelled
mistake	mistook	mistaken
misunderstand	misunderstood	misunderstood
mow	mowed	mown, mowed
outdo	outdid	outdone
outgrow	outgrew	outgrown

overcome	overcame	overcome
overdo	overdid	overdone
overhang	overhung	overhung
overhear	overheard	overheard
override	overrode	overridden
overrun	overran	overrun
oversee	oversaw	overseen
oversleep	overslept	overslept
overtake	overtook	overtaken
overthrow	overthrew	overthrown
pay	paid	paid
prove	proved	proved; (*US* 美) proven
put	put	put
quit	quit, quitted	quit, quitted
read	read	read
rebuild	rebuilt	rebuilt
repay	repaid	repaid
rewrite	rewrote	rewritten
rid	rid	rid
ride	rode	ridden
ring	rang	rung
rise	rose	risen
run	ran	run
saw	sawed	sawn; (*US* 美) sawed
say	said	said
see	saw	seen
seek	sought	sought
sell	sold	sold
send	sent	sent
set	set	set
sew	sewed	sewn, sewed
shake	shook	shaken
shear	sheared	shorn, sheared
shed	shed	shed
shine	shone	shone
shoe	shod	shod
shoot	shot	shot
show	showed	shown, showed
shrink	shrank, shrunk	shrunk
shut	shut	shut
sing	sang	sung
sink	sank	sunk
sit	sat	sat
slay	slew	slain
sleep	slept	slept
slide	slid	slid
sling	slung	slung
slink	slunk	slunk
slit	slit	slit
smell	smelt, smelled	smelt, smelled
sow	sowed	sown, sowed
speak	spoke	spoken
speed	sped, speeded	sped, speeded
spell	spelt, spelled	spelt, spelled
spend	spent	spent
spill	spilt, spilled	spilt, spilled

spin	spun	spun
spit	spat; (*US* also 美亦作) spit	spat; (*US* also 美亦作) spit
split	split	split
spoil	spoilt, spoiled	spoilt, spoiled
spread	spread	spread
spring	sprang	sprung
stand	stood	stood
steal	stole	stolen
stick	stuck	stuck
sting	stung	stung
stink	stank, stunk	stunk
stride	strode	stridden
strike	struck	struck
string	strung	strung
strive	strove	striven
swear	swore	sworn
sweep	swept	swept
swell	swelled	swoilen, swelled
swim	swam	swum
swing	swung	swung
take	took	taken
teach	taught	taught
tear	tore	torn
tell	told	told
think	thought	thought
thrive	thrived, throve	thrived
throw	threw	thrown
thrust	thrust	thrust
tread	trod	trodden, trod
undercut	undercut	undercut
undergo	underwent	undergone
underpay	underpaid	underpaid
understand	understood	understood
undertake	undertook	undertaken
undo	undid	undone
unwind	unwound	unwound
uphold	upheld	upheld
upset	upset	upset
wake	woke	woken
wear	wore	worn
weave	wove, weaved	woven, weaved
weep	wept	wept
wet	wet, wetted	wet, wetted
win	won	won
wind[3]	wound	wound
withdraw	withdrew	withdrawn
withhold	withheld	withheld
withstand	withstood	withstood
wring	wrung	wrung
write	wrote	written

APPENDIX 2 附录二

Expressions with numbers 与数目有关的用语

The Numbers 数词

1	one 一	1st	first 第一
2	two 二	2nd	second 第二
3	three 三	3rd	third 第三
4	four 四	4th	fourth 第四
5	five 五	5th	fifth 第五
6	six 六	6th	sixth 第六
7	seven 七	7th	seventh 第七
8	eight 八	8th	eighth 第八
9	nine 九	9th	ninth 第九
10	ten 十	10th	tenth 第十
11	eleven 十一	11th	eleventh 第十一
12	twelve 十二	12th	twelfth 第十二
13	thirteen 十三	13th	thirteenth 第十三
14	fourteen 十四	14th	fourteenth 第十四
15	fifteen 十五	15th	fifteenth 第十五
16	sixteen 十六	16th	sixteenth 第十六
17	seventeen 十七	17th	seventeenth 第十七
18	eighteen 十八	18th	eighteenth 第十八
19	nineteen 十九	19th	nineteenth 第十九
20	twenty 二十	20th	twentieth 第二十
21	twenty-one 二十一	21st	twenty-first 第二十一
22	twenty-two 二十二	22nd	twenty-second 第二十二
30	thirty 三十	30th	thirtieth 第三十
40	forty 四十	40th	fortieth 第四十
50	fifty 五十	50th	fiftieth 第五十
60	sixty 六十	60th	sixtieth 第六十
70	seventy 七十	70th	seventieth 第七十
80	eighty 八十	80th	eightieth 第八十
90	ninety 九十	90th	ninetieth 第九十
100	a/one hundred 一百	100th	hundredth 第一百
101	a/one hundred and one 一百零一	101st	hundred and first 第一百零一
200	two hundred 二百	200th	two hundredth 第二百
1 000	a/one thousand 一千	1 000th	thousandth 第一千
10 000	ten thousand 一万	10 000th	ten thousandth 第一万
100 000	a/one hundred thousand 十万	100 000th	hundred thousandth 第十万
1 000 000	a/one million 一百万	1 000 000th	millionth 第一百万

Examples 例子:

528: five hundred and twenty-eight 五百二十八 ○ *2,976: two thousand, nine hundred and seventy-six* 二千九百七十六 ○ *50,439: fifty thousand, four hundred and thirty-nine* 五万零四百三十九

Note that a small space or a comma is used to separate the 'thousands' eg *25 000* or *25,000*. For the use of the point (.) in decimals, look at the next section. In numbers such as *100* or *1 000*, we can say 'one hundred' or 'a hundred', 'one thousand' or 'a thousand'. In conversation, it is more usual to say 'a' unless we want to stress that it is *one* and not *two*, for example. 0 can be said as 'nought', 'zero', 'nothing' or 'o'. In the following sections you will see the most usual way of saying it in each type of expression. 数词的千位与百位之间可用逗号或小空间分隔开，例如25 000或25,000。有关小数点的用法可参阅下一节。数词100可读作 one hundred 或 a hundred，1000可作 one thousand 或 a thousand。除非要强调例如是 one，而非 two，否则口语一般都说 a。零可以读作 nought、zero、nothing 或者 o。以下几节中包括有最常见的几种说法和应用范畴。

Fractions and decimals 分数及小数

½	a half 二分之一	⅓	a/one third 三分之一
¼	a quarter 四分之一	⅖	two fifths 五分之二
⅛	an/one eighth 八分之一	7/12	seven twelfths 十二分之七
1/10	a/one tenth 十分之一	1½	one and a half 一又二分之一
1/16	a/one sixteenth 十六分之一	2⅜	two and three eighths 二又八分之三

0.1	(nought) point one 零点一
0.25	(nought) point two five 零点二五
0.33	(nought) point three three 零点三三
1.75	one point seven five 一点七五
3.976	three point nine seven six 三点九七六

Mathematical Expressions 数学用语

+ plus 加		
− minus 减	3^2	three squared 三的平方
× times *or* multiplied by 乘		
÷ divided by 除	5^3	five cubed 五的立方
= equals 等于		
% per cent 百分率	6^{10}	six to the power of ten 六的十次方

Examples 例子:

6 + 9 = 15 *six plus nine equals* (or *is*) *fifteen* 六加九等于/是十五

5 x 6 = 30 *five times six equals thirty* or *five sixes are thirty* or *five multiplied by six is thirty* 五乘以六等于三十

75% *(seventy-five per cent) of the class passed the test.* 班里有百分之七十五的人测验及格。

Weight 重量

	GB 英制/**US** 美制	**Metric** 公制
	1 ounce (oz) 盎司	= 28.35 grams (g) 克
16 ounces 盎司	= 1 pound (lb) 磅	= 0.454 kilogram (kg) 千克/公斤
14 pounds 磅	= 1 stone (st) 唡	= 6.356 kilograms 千克/公斤
112 pounds 磅	= 1 hundredweight (cwt) 英担	= 50.8 kilograms 千克/公斤
20 hundredweight 英担	= 1 ton (t)（长）吨	= 1.016 tonnes 公吨

Examples 例子:

The baby weighed 7 lb 4oz (seven pounds four ounces). 婴孩重七磅四盎司。

For this recipe you need 500g (five hundred grams) of flour. 依照这个食谱，你需要五百克面粉。

Note In the United States, the hundredweight is equal to 100 pounds and the ton is calculated as 2 000 lb or 0.907 tonne. The stone is not used, so where in Britain you would hear *'She weighs eight stone ten'*, an American would say *'She weighs 122 pounds.'* 美国的英担相当于100磅，吨相当于2 000磅或0.907公吨。美国不用唡。英国的人说，"她重八唡十"，美国的就说，"她重122磅"。

Length 长度

	GB 英制/US 美制	Metric 公制
	1 inch (in) 英寸	= 25.4 millimetres (mm) 毫米
12 inches 英寸	= 1 foot (ft) 英尺	= 30.48 centimetres (cm) 厘米
3 feet 英尺	= 1 yard (yd) 码	= 0.914 metre (m) 米
1 760 yards 码	= 1 mile 英里	= 1.609 kilometres (km) 千米/公里

Examples 例子:

Height: 5 ft 9 in (five foot nine or *five feet nine)* 高度：五英尺九英寸

The hotel is 30 yds (thirty yards) from the beach. 旅馆离海滩三十码。

The car was doing 50 mph (fifty miles per hour). 当时车子以每小时五十英里的速度行驶。

The room is 11' x 9'6" (eleven feet by nine feet six or *eleven foot by nine foot six).*
房间是十一英尺乘九英尺六英寸。

Area 面积

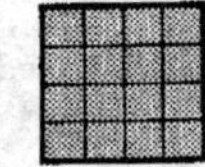

	GB 英制/US 美制	Metric 公制
	1 square inch (sq in) 平方英寸	= 6.452 square centimetres 平方厘米
144 square inches 平方英寸	= 1 square foot (sq ft) 平方英尺	= 929.03 square centimetres 平方厘米
9 square feet 平方英尺	= 1 square yard (sq yd) 平方码	= 0.836 square metre 平方米
4840 square yards 平方码	= 1 acre 英亩	= 0.405 hectare 公顷
640 acres 英亩	= 1 square mile 平方英里	= 2.59 square kilometres 平方公里/ 259 hectares 公顷

Examples 例子:

They have a 200-acre farm. 他们拥有一个200英亩的农庄。

The fire destroyed 40 square miles of woodland. 大火烧毁了40平方英里的林木。

Capacity 容量

	GB 英制	US 美制	Metric 公制
20 fluid ounces (fl oz) 液盎司	= 1 pint (pt) 品脱	= 1.201 pints 品脱	= 0.568 litre (l) 公升
2 pints 品脱	= 1 quart (qt) 夸脱	= 1.201 quarts 夸脱	= 1.136 litres 公升
4 quarts 夸脱	= 1 gallon (gall) 加仑	= 1.201 gallons 加仑	= 4.546 litres 公升

Examples 例子:

I asked the milkman to leave three pints of milk. 我请送牛奶的人给我们送来三品脱牛奶。

The petrol tank holds 40 litres. 油箱可贮存40公升的汽油。

Cubic Measure 体积单位

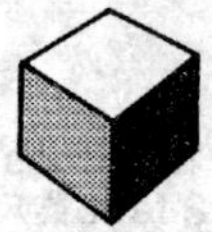

	GB 英制/US 美制	Metric 公制
	1 cubic inch (cu in) 立方英寸	= 16.39 cubic centimetres (cc) 立方厘米
1728 cubic inches 立方英寸	= 1 cubic foot (cu ft) 立方英尺	= 0.028 cubic metre (m^3) 立方米
27 cubic feet 立方英尺	= 1 cubic yard 立方码	= 0.765 cubic metre 立方米

Example 例子:

The car has a 1200 cc engine. 车子有个1200立方厘米容量的发动机。

Times 时间

	In Conversation 口语	*In official language* 正式用语
06.00	six o'clock 上午六时	(o) six hundred (hours) 上午六时
06.05	five past six 上午六时零五分	(o) six o five 上午六时零五分
06.10	ten past six 上午六时十分	(o) six ten 上午六时十分
06.15	(a) quarter past six 上午六时一刻	(o) six fifteen 上午六时一刻
06.20	twenty past six 上午六时二十分	(o) six twenty 上午六时二十分
06.30	half past six 上午六时半	(o) six thirty 上午六时半
06.35	twenty-five to seven 上午六时三十五分	(o) six thirty-five 上午六时三十五分
06.40	twenty to seven 上午六时四十分	(o) six forty 上午六时四十分
06.45	(a) quarter to seven 上午六时三刻	(o) six forty-five 上午六时三刻
06.50	ten to seven 上午六时五十分	(o) six fifty 上午六时五十分
06.55	five to seven 上午六时五十五分	(o) six fifty-five 上午六时五十五分
10.12	twelve minutes past ten 上午十时十二分	ten twelve 上午十时十二分
13.10	ten past one 下午一时十分	thirteen ten 下午一时十分
19.56	four minutes to eight 下午七时五十六分	nineteen fifty-six 下午七时五十六分

US English: In American English, **after** is sometimes used instead of 'past' and **of** instead of 'to'. 美国英语：美国英语有时用 **after** 而不用 past，用 **of** 而不用 to。

Note: In conversation, we do not usually use the twenty-four hour clock. If we need to make it clear that we mean 06.00, not 18.00, we can say 'six o'clock in the morning'. For 22.00, we can say 'ten o'clock in the evening'; for 15.30 'half past three in the afternoon'. In slightly more formal language, we use 'am' for times before midday and 'pm' for times after midday. 口语通常不以二十四小时为单位表明时间。要清楚表示上午六时（6.00，而非 18.00）可以说 six o'clock in the morning。晚上十时 (22.00) 可以说 ten o'clock in the evening。下午三时半 (15.30) 就说 half past three in the afternoon。较正式的用法可以作 am 代表上午，pm 表示下午。

Examples 例子:

The train leaves at 06.56. 火车于早上六时五十六分开出。

Something woke me at two o'clock in the morning. 凌晨二点钟我就给什么声音吵醒了。

Office hours are 9 am to 4.30 pm. 办公时间由上午九时到下午四时三十分。

Dates 日期

Dates can be written in numbers or in numbers and words 表示日期可以数字或数字加文字表示：一九九三年四月十五日可写成

15/4/93 (*US* 美 4/15/93)
15 April 1993 April 15th, 1993 (*esp US* 尤为美)

and can be said as 口语亦可作
April the fifteenth, nineteen ninety-three

or 或

the fifteenth of April, nineteen ninety-three
(In American English, April fifteenth).（美国英语用 April fifteenth）。

Examples 例子:

Her birthday is 9th April (April the ninth/the ninth of April). 她的生日是四月九日。

The restaurant will be closed May 3 – June 1 (from May the third to June the first). 这餐馆由五月三日到六月一日期间暂停营业。

Temperature 温度

Although in Britain temperatures are officially measured in degrees Celsius, many people still use the Fahrenheit scale in conversation, and this is common in the United States except in scientific use. To convert Fahrenheit to Celsius, subtract 32 from the number, then multiply by 5 and divide by 9 英国以摄氏度为正式的温度计量单位，但一般口语中仍常用华氏度；美国方面，除应用于科技外，情况亦如是。把华氏度换算为摄氏度，可把度数减去 32，再乘以 5，除以 9：

68°F（华氏度）– 32 = 36 x 5 = 180 ÷ 9 = 20°C（摄氏度）

Examples 例子:

Water freezes at 32°F and boils at 212°F. 水在 32 华氏度凝结，在 212 华氏度沸腾。

The maximum temperature this afternoon will be 68°. 今天下午最高气温可达到 68 度。

Overnight, temperatures below zero are expected, possibly reaching –10 (minus ten) before morning. 预料晚间温度会降至零度以下，清晨可能降至零下 10 度。

He's got a temperature of 101°. I think he's got flu. 他的体温达 101 度，我想他感冒了。

Money 货币

GB 英国

	Amount 金额	*Coin/Note* 硬币/纸币
1p	a penny (one p) 一便士	a penny 一便士硬币
2p	two pence (two p) 两便士	a two-pence piece 两便士硬币
5p	five pence (five p) 五便士	a five-pence piece 五便士硬币
10p	ten pence (ten p) 十便士	a ten-pence piece 十便士硬币
20p	twenty pence (twenty p) 二十便士	a twenty-pence piece 二十便士硬币
50p	fifty pence (fifty p) 五十便士	a fifty-pence piece 五十便士硬币
£1	a pound 一英镑	a pound (coin) 一英镑（硬币）
£5	five pounds 五英镑	a five-pound note 五英镑纸币
£10	ten pounds 十英镑	a ten-pound note 十英镑纸币

Note Informal ways of saying the amounts of money are given in brackets. 括号内为非正式的说法。

Examples 例子:

£5.75: five pounds seventy-five 五点七五英镑 ○ *25p: twenty-five pence (or* p*)* 二十五便士 *The apples are 65p a pound.* 苹果65便士一磅。 ○ *We pay £250 a month in rent.* 我们每月缴付250英镑租金。

US 美国

	Amount 金额	*Coin/Note* 硬币/纸币
1¢	one cent 一分	a penny 一分硬币
5¢	five cents 五分	a nickel 五分硬币
10¢	ten cents 十分（一角）	a dime 十分硬币
25¢	twenty-five cents 二十五分	a quarter 二十五分硬币
$1.00	one dollar 一元	a dollar bill 一元纸币

Examples 例子:

$3.35: Three dollars thirty-five 三点三五元 ○ *59¢: fifty-nine cents* 五十九分 ○ *Do you have a quarter for the phone?* 你有没有二十五分硬币可以打电话用？ ○ *The apartment costs $500 (five hundred dollars) a month.* 这公寓单位月租五百元。

Telephone Numbers 电话号码

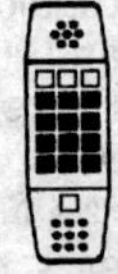

When we talk about telephone numbers, we say each number separately, often breaking a long series up into groups of about three 说电话号码时将数字逐一读出，通常每三个数字之后稍作停顿，eg 例如：*295013*：

two nine five – o one three.

59433 can be said as *five nine four three three* or *five nine four double-three.* ∗ 59433 读作 five nine four three three 或 five nine four double-three 。

If you are calling a number in a different town, you have to use the 'area code' before the number 打电话到另一城镇就要先拨地区编号：

01865 is the code for Oxford. 牛津的地区编号是 01865 。

If you are phoning somebody in a large firm, you can ask for their *extension number.* 打电话到大公司找人就可以请接线员用分机号码接驳。

(01865) 56767 x *4840 (extension* 分机号码 *4840)*

APPENDIX 3 附录三

Common First Names 常见的人名

Female Names 女性名字

Alison /'ælɪsn ‖ 'æləsn̩/ 艾莉森
Amanda (Mandy) /ə'mændə ‖ ə'mændə/ /'mændɪ ‖ 'mændɪ/ 阿曼达（曼迪）
Angela /'ændʒələ ‖ 'ændʒələ/ 安杰拉
Ann, Anne /æn ‖ æn/ 安；安妮
Barbara /'bɑ:brə ‖ 'bɑrbrə/ 巴巴拉
Carol, Caroline /'kærəl ‖ 'kærəl/ /'kærəlaɪn ‖ 'kærəˌlaɪn/ 卡罗尔；卡罗琳
Catherine, Katherine /'kæθrɪn ‖ 'kæθrɪn/ 凯瑟琳
Christine /'krɪsti:n ‖ krɪs'tin/ 克里斯廷
Clare /kleə(r) ‖ klɛr/ 克莱尔
Deborah /'debərə ‖ 'dɛbərə/ 德博拉
Diana /daɪ'ænə ‖ daɪ'ænə/ 黛安娜
Dorothy /'dɒrəθɪ ‖ 'dɑrəθɪ/ 多萝西
Elaine /ɪ'leɪn ‖ ɪ'len/ 伊莱恩
Elizabeth (Liz) /ɪ'lɪzəbəθ ‖ ɪ'lɪzəbəθ/ /lɪz ‖ lɪz/ 伊丽莎白（利兹）
Emma /'emə ‖ 'ɛmə/ 埃玛
Fiona /fɪ'əʊnə ‖ fɪ'onə/ 菲奥纳
Gillian /'dʒɪlɪən ‖ 'dʒɪlɪən/ 吉利恩
Helen /'helən ‖ 'hɛlɪn/ 海伦
Isobel /'ɪzəbel ‖ 'ɪzəˌbɛl/ 伊泽贝尔
Jacqueline (Jackie) /'dʒækəlɪn ‖ 'dʒækwəlɪn/ /'dʒækɪ ‖ 'dʒækɪ/ 杰奎琳（杰基）
Jane /dʒeɪn ‖ dʒen/ 简
Jennifer (Jenny) /'dʒenɪfə(r) ‖ 'dʒɛnɪfɚ/ /'dʒenɪ ‖ 'dʒɛnɪ/ 珍妮弗（珍妮）
Joanna, Joanne /dʒəʊ'ænə ‖ dʒo'ænə/ /dʒəʊ'æn ‖ dʒo'æn/ 乔安娜；乔安妮
Judith /'dʒu:dɪθ ‖ 'dʒudɪθ/ 朱迪思
Julia, Julie /'dʒu:lɪə ‖ 'dʒuljə/ /'dʒu:lɪ ‖ 'dʒulɪ/ 朱莉娅；朱莉
Karen /'kærən ‖ 'kærən/ 卡伦
Linda /'lɪndə ‖ 'lɪndə/ 琳达
Lynn /lɪn ‖ lɪn/ 林恩
Margaret /'mɑ:grɪt ‖ 'mɑrgrɪt/ 玛格丽特
Mary /'meərɪ ‖ 'mɛrɪ/ 玛丽
Michelle /mɪ'ʃel ‖ mɪ'ʃɛl/ 米歇尔
Nicola /'nɪkələ ‖ 'nɪkl̩ə/ 尼古拉
Pamela /'pæmələ ‖ 'pæmələ/ 帕梅拉
Patricia (Pat) /pə'trɪʃə ‖ pə'trɪʃə/ /pæt ‖ pæt/ 帕特里夏（帕特）
Penelope (Penny) /pə'neləpɪ ‖ pə'nɛləpɪ/ /'penɪ ‖ 'pɛnɪ/ 佩内洛普（彭尼）
Rachel /'reɪtʃl ‖ 'retʃəl/ 雷切尔
Rebecca (Becky) /rɪ'bekə ‖ rɪ'bɛkə/ /'bekɪ ‖ 'bɛkɪ/ 丽贝卡（贝基）
Ruth /ru:θ ‖ ruθ/ 鲁思
Sally /'sælɪ ‖ 'sælɪ/ 萨莉
Samantha /sə'mænθə ‖ sə'mænθə/ 萨曼莎
Sandra /'sɑ:ndrə ‖ 'sændrə/ 桑德拉
Sarah /'seərə ‖ 'sɛrə/ 萨拉
Sharon /'ʃærən ‖ 'ʃærən/ 沙伦
Sheila /'ʃi:lə ‖ 'ʃilə/ 希拉
Susan (Sue) /'su:zn ‖ 'suzn̩/ /su: ‖ su/ 苏珊（休）
Theresa /tə'ri:zə ‖ tə'risə/ 特里萨
Tracy, Tracey /'treɪsɪ ‖ 'tresɪ/ 特蕾西
Victoria (Vicky) /vɪk'tɔ:rɪə ‖ vɪk'tɔrɪə/ /'vɪkɪ ‖ 'vɪkɪ/ 维多利亚（维基）
Wendy /'wendɪ ‖ 'wɛndɪ/ 温迪
Yvonne /ɪ'vɒn ‖ ɪ'vɑn/ 伊冯娜

Male Names 男性名字

Adam /ˈædəm ‖ ˈædəm/ 亚当
Alan /ˈælən ‖ ˈælən/ 艾伦
Andrew /ˈændru: ‖ ˈændru/ 安德鲁
Anthony (Tony) /ˈæntənɪ ‖ ˈæntənɪ/ /ˈtəʊnɪ ‖ ˈtonɪ/ 安东尼（托尼）
Benjamin /ˈbendʒəmɪn ‖ ˈbɛndʒəmən/ 本杰明
Brian /ˈbraɪən ‖ ˈbraɪən/ 布赖恩
Charles /tʃɑ:lz ‖ tʃɑrlz/ 查尔斯
Christopher /ˈkrɪstəfə(r) ‖ ˈkrɪstəfɚ/ 克里斯托弗
Darren /ˈdærən ‖ ˈdærən/ 达伦
David /ˈdeɪvɪd ‖ ˈdevɪd/ 戴维
Douglas /ˈdʌgləs ‖ ˈdʌgləs/ 道格拉斯
Edward (Ted) /ˈedwəd ‖ ˈɛdwɚd/ /ted ‖ tɛd/ 爱德华（特德）
Frank /fræŋk ‖ fræŋk/ 弗兰克
Frederick /ˈfredrɪk ‖ ˈfrɛdrɪk/ 弗雷德里克
Geoffrey /ˈdʒefrɪ ‖ ˈdʒɛfrɪ/ 杰弗里
George /dʒɔ:dʒ ‖ dʒɔrdʒ/ 乔治
Graham /ˈgreɪəm ‖ ˈgreəm/ 格雷厄姆
Henry (Harry) /ˈhenrɪ ‖ ˈhɛnrɪ/ /ˈhærɪ ‖ ˈhærɪ/ 亨利（哈里）
Hugh /hju: ‖ hju/ 休
Ian /ˈi:ən ‖ ˈiən/ 伊恩
James (Jim) /dʒeɪmz ‖ dʒemz/ /dʒɪm ‖ dʒɪm/ 詹姆斯（吉姆）
Jason /ˈdʒeɪsn ‖ ˈdʒesn̩/ 贾森
Jeremy /ˈdʒerəmɪ ‖ ˈdʒɛrəmɪ/ 杰里米
John /dʒɒn ‖ dʒɑn/ 约翰
Jonathan /ˈdʒɒnəθən ‖ ˈdʒɑnəθən/ 乔纳森
Joseph /ˈdʒəʊzɪf ‖ ˈdʒozəf/ 约瑟夫
Keith /ki:θ ‖ kiθ/ 基思
Kevin /ˈkevɪn ‖ ˈkɛvɪn/ 凯文
Malcolm /ˈmælkəm ‖ ˈmælkəm/ 马尔科姆
Mark /mɑ:k ‖ mɑrk/ 马克
Martin /ˈmɑ:tɪn; *US* 美 ˈmɑ:rtn ‖ ˈmɑrtn/ 马丁
Matthew /ˈmæθju: ‖ ˈmæθju/ 马修
Michael (Mike) /ˈmaɪkl ‖ ˈmaɪkl̩/ /maɪk ‖ maɪk/ 迈克尔（迈克）
Neil /ni:l ‖ nil/ 尼尔
Nicholas /ˈnɪkələs ‖ ˈnɪkləs/ 尼古拉斯
Nigel /ˈnaɪdʒl ‖ ˈnaɪdʒəl/ 奈杰尔
Patrick /ˈpætrɪk ‖ ˈpætrɪk/ 帕特里克
Paul /pɔ:l ‖ pɔl/ 保罗
Peter /ˈpi:tə(r) ‖ ˈpitɚ/ 彼得
Philip /ˈfɪlɪp ‖ ˈfɪləp/ 菲利普
Richard (Dick) /ˈrɪtʃəd ‖ ˈrɪtʃɚd/ /dɪk ‖ dɪk/ 理查德（迪克）
Robert (Bob) /ˈrɒbət ‖ ˈrɑbɚt/ /bɒb ‖ bɑb/ 罗伯特（鲍勃）
Roger /ˈrɒdʒə(r) ‖ ˈrɑdʒɚ/ 罗杰
Sean /ʃɔ:n ‖ ʃɔn/ 肖恩
Simon /ˈsaɪmən ‖ ˈsaɪmən/ 西蒙
Stephen, Steven /ˈsti:vn ‖ ˈstivən/ 斯蒂芬；史蒂文
Stuart, Stewart /ˈstju:ət ‖ ˈstuɚt/ 斯图尔特
Thomas /ˈtɒməs ‖ ˈtɑməs/ 托马斯
Timothy /ˈtɪməθɪ ‖ ˈtɪməθɪ/ 蒂莫西
William (Bill) /ˈwɪlɪəm; *also* 亦作 ˈwɪljəm ‖ ˈwɪljəm/ /bɪl ‖ bɪl/ 威廉（比尔）

APPENDIX 4 附录四

Abbreviations 缩略语

This is a list of abbreviations that are common in English. If they are often used in speech, the pronunciation is also given. Many of these abbreviations can also be written with a full stop (.) marking where a word has been shortened. 下列为英语中常见的缩略语。常用于口语的词并附有读音。书写时，多个缩略语都可加上句点（.），以显示其后的部分已略去。

AA /ˌeɪˈeɪ ‖ ˌeˈe/ (*Brit* 英) Automobile Association; an organization for motorists. If you are a member of the AA and your car breaks down, you can phone them and they will send someone to help you. 汽车协会（会员的车子发生故障，可打电话请协会派人协助）

abbr (*also* 亦作 **abbrev**) abbreviation 缩略语

AD /ˌeɪˈdiː ‖ ˌeˈdi/ anno domini; used in dates for showing the number of years after the time when Christians believe Jesus Christ was born 公元（表示耶稣基督出生后的年份）: *AD44* 公元 44 年

AGM /ˌeɪ dʒiː ˈem ‖ ˌe dʒi ˈɛm/ (*esp Brit* 尤为英) Annual General Meeting 周年大会

AM /ˌeɪ ˈem ‖ ˈeˈɛm/ amplitude modulation; one of the systems of broadcasting radio signals 调幅（一种无线电广播讯号系统）

am (*US* 美 **AM**) /ˌeɪˈem ‖ ˈeˈɛm/ before midday 上午: *10 am* (= 10 o'clock in the morning) 上午 10 时

anon /əˈnɒn ‖ əˈnɑn/ (used to show that we do not know who the author of a piece of work is) anonymous 无名（指姓名不为人所知）

approx approximate; approximately 大约；大概

Apr April 四月: *2 Apr 1993* * 1993 年 4 月 2 日

arr arrives 抵达: *arr York 07.15* 上午 7 时 15 分抵达约克

ASA /ˌeɪ es ˈeɪ ‖ ˌe ɛs ˈe/ American Standards Association; used for indicating the speed of a camera film 美国标准协会（用以表示摄影胶卷的感光度）: *100 ASA* 感光度 100

asap /ˌeɪ es eɪˈpiː ‖ ˌe ɛs eˈpi/ as soon as possible 尽快

Assoc (*also* 亦作 **assoc**) association 协会

Asst (*also* 亦作 **asst**) assistant 助理

Aug August 八月: *10 Aug 1957* * 1957 年 8 月 10 日

Ave Avenue 大道: *26 Elm Ave* 榆木大道 26 号

b born 出生；生于: *J S Bach, b 1685* 巴赫，1685 年生

BA /ˌbiːˈeɪ ‖ ˌbiˈe/ Bachelor of Arts; the degree that you receive when you complete a university or college course in an arts subject 文科学士

B and B (*also* 亦作 **b and b**) /ˌbiː ən ˈbiː ‖ ˌbi ən ˈbi/ bed and breakfast; a type of accommodation, often in private houses. The price includes a room for the night and breakfast. 住宿及早餐（常指私人住所提供的一种服务，收费包括过夜住宿及翌日早餐）

BBC /ˌbiː biː ˈsiː ‖ ˌbi bi ˈsi/ British Broadcasting Corporation; one of the national radio and television companies in Britain 英国广播公司: *a BBC documentary* 英国广播公司的纪录影片 ○ *watch a programme on BBC 1* 收看英国广播公司第一台的节目

BC /ˌbiː ˈsiː ‖ ˈbiˈsi/ before Christ, used in dates to show the number of years before the time when Christians believe Jesus Christ was born 公元前（表示耶稣基督出生前的年份）: *300 BC* 公元前 300 年

BEd /ˌbiːˈed ‖ ˌbiˈɛd/ Bachelor of Education; a degree in education for people who want to be teachers and do not already have a degree in a particular subject 教育学士（为有志成为教师而未在其他科目上取得学位者而设）

bk (*pl* **bks**) book 书本

BR /ˌbiː ˈɑː(r) ‖ ˌbiˈɑr/ British Rail 英国铁路

Bros (used in the name of companies 用于公司名称) Brothers 兄弟: *Wentworth Bros Ltd* 温特沃思兄弟有限公司

BSc /ˌbiː es ˈsiː ‖ ˌbi ɛs ˈsi/ Bachelor of Science; the degree that you receive when you complete a university or college course in a science subject 理科学士

BST /ˌbiː es ˈtiː ‖ ˌbi ɛs ˈti/ British Summer Time; the system used in Britain between March and October, when clocks are put one hour ahead of Greenwich Mean Time 英国夏令时间（英

国在三月至十月间所采用的时间制度，时钟比格林尼治时间拨快一小时）

BTEC /'bi: tek ‖ 'bitɛk/ (*Brit* 英) Business and Technology Eduction Council; an organization which offers qualifications for young people who have left secondary school and want to train in commercial or technical subjects 商业科技教育局（为中学毕业后希望学习商科或工科的青年人而设的机构）

C Celsius; centigrade 摄氏: *Water freezes at 0°C.* 水在零摄氏度结成冰。

c (before dates) about, approximately（放在日期前）大约/约于: *c 1770* 约于1770年

CALL /kæl ‖ kæl/ computer-assisted language learning 计算机辅助语言学习

Capt Captain; a rank in the British and American armies 上尉/上校（英国及美国军队的官阶）

CBI /ˌsi: bi: 'ai: ‖ ˌsi bi 'aɪ/ Confederation of British Industry; the employers' association 英国工业联合会（一个雇主组织）

cc /ˌsi:'si: ‖ ˌsi'si/ cubic centimetre(s) 立方厘米: *a 1200cc engine* 容量1200立方厘米的引擎

CD-ROM /ˌsi: di: 'rɒm ‖ ˌsi di 'rɑm/ compact disc read-only memory; a compact disc which can be used in a computer and which has a lot of information recorded on it. The information cannot be changed or removed. 高容量只读存储器（计算机光盘，可存储/读出大量数据，但不能进行修改）

cf /ˌsi: 'ef ‖ ˌsi'ɛf/ compare 比较

ch (*also* 亦作 **chap**) chapter 章

CIA /ˌsi: aɪ'eɪ ‖ ˌsiaɪ'e/ (*US*) Central Intelligence Agency; the US government organization that tries to discover secret political and military information about other countries（美国）中央情报局

cl centilitre(s) 厘升

cm centimetre(s) 厘米

Co **1** company 公司: *W Smith and Co* * W史密斯公司 **2** county 郡: *Co Down* 当郡

c/o /ˌsi:'əʊ ‖ ˌsi'o/ (used for addressing a letter to somebody who is staying at another person's house 写于书信上，收信人逗留在别人家时用) care of 由…转交: *Mr Peter Boyes, c/o Mr and Mrs B. Jay* 由杰伊先生太太转交彼得·博伊斯先生

C of E /ˌsi: əv 'i: ‖ ˌsi əv 'i/ Church of England 英国国教会；圣公会

Col Colonel; a rank in the British and American armies 上校（英国及美国军队的官阶）

Con (*also* 亦作 **Cons**) (*in British politics* 英国政治) Conservative 保守（党）的

cont (*also* 亦作 **contd**) continued 续；下转: *cont on p 91* 下转第91页

Corp (*US* 美) Corporation 公司；股分有限公司: *West Coast Motor Corporation* 西岸汽车股分有限公司

cu cubic 立方: *a volume of 3 cu ft* 体积3立方英尺

cv /ˌsi: 'vi: ‖ ˌsi 'vi/ curriculum vitae; a short account of your education and work experience, often used when you are applying for a new job 履历/简历（个人的教育及工作经验的扼要纪录，通常用于求职）

cwt hundredweight; a measure of weight, about 50.8 kg 英担（重量单位，约50.8公斤）

d died 去世; *W A Mozart, d 1791* 莫扎特，1791年去世

Dec December 十二月: *5 Dec 1992* * 1992年12月5日

Dem (*in US politics* 美国政治) Democrat; Democratic (Party) 民主党人；民主（党）的

dep departs 离开: *dep London 15.32* 下午三时三十二分离开伦敦

Dept department 部门；系: *Sales Dept* 营业部 ○ *Dept of History* 历史系

Dip diploma 文凭

DIY /ˌdi: aɪ 'waɪ ‖ ˌdi aɪ 'waɪ/ (*Brit informal* 英，非正式) do it yourself; the activity of making and repairing things yourself around your home（在家里）自己动手制造/修理物品: *a DIY expert* 自己动手做东西的专家 ○ *a DIY shop* (= where you can buy materials for DIY) 出售"自己动手制造物品"的商店

DJ /ˌdi: 'dʒeɪ ‖ ˌdi 'dʒe/ disc jockey; a person whose job is to play and introduce pop music on the radio or in a disco 在电台或迪斯科舞厅负责播放流行音乐的人

doz dozen 打（量词，十二个）

Dr doctor 医生；博士: *Dr Anne Walker* 安妮·沃克医生/博士 ○ *Dr Smith* 史密斯医生/博士

E east(ern)（在）东方/东面: *E Asia* 东亚

ea each 每一个

EAP /ˌi: eɪ'pi: ‖ ˌi eɪ'pi/ English for Academic Purposes 学术用途英语

EC /i:'si: ‖ ˌi'si/ European Community 欧洲共同体（现为欧洲联盟 (European Union)）

ed edited by; edition; editor 由…编；版（次）；编辑

EFL /ˌi: ef'el ‖ ˌi ɛf'ɛl/ English as a Foreign Language 英语作为外语

eg /ˌi:'dʒi: ‖ 'i'dʒi/ for example 例如: *popu-*

lar sports, eg football, tennis, swimming 流行的运动，例如足球、网球、游泳

ELT /ˌiː el ˈtiː ‖ ˌi ɛl ˈti/ English Language Teaching (to non-native speakers)（为母语非英语者提供的）英语教学

enc (*also* 亦作 **encl**) (used at the end of a business letter to show that there is sth else in the envelope with the letter) enclosed（用于商业书信的末端，表示信封内除了信外还附有其他东西）附

ESL /ˌiː es ˈel ‖ ˌi ɛs ˈɛl/ English as a Second Language 英语作为第二语言

ESP /ˌiː es ˈpiː ‖ ˌi ɛs ˈpi/ English for Specific/Special Purposes; the teaching of English to people who need it for a special reason, such as scientific study, engineering, etc 特定/特别用途英语（如用于科学研究、工程等的英语）

esp especially 尤其

Esq (*formal, esp Brit* 正式，尤为英) Esquire; used when you are writing a man's name and address on an envelope 先生（对男子的称呼，写于信封上）: *Andrew Kent, Esq* 安德鲁·肯特先生. This is rather old-fashioned and many people now prefer to write *Mr Andrew Kent.* 这是个颇为旧式的用语，现在多用 Mr Andrew Kent。

etc etcetera; and so on, and other things of a similar kind 等/等等（表示列举未尽）: *sandwiches, biscuits, cakes, etc* 三明治、饼干、蛋糕等

ext extension number of a telephone 电话分机号码: *ext 3492* 电话分机号码 3492

F Fahrenheit 华氏: *Water freezes at 32°F.* 水在32华氏度结成冰。

f (*also* 亦作 **fem**) female; feminine 女性；女性的

FA /ˌef ˈeɪ ‖ ˌɛfˈe/ (*Brit*) Football Association（英国）足球协会: *the FA Cup* 足球协会杯

FBI /ˌef biː ˈaɪ ‖ ˌɛf bi ˈaɪ/ (*US*) Federal Bureau of Investigation; the section of the US Justice Department which investigates crimes that are against federal law, such as bank robbery and terrorism（美国）联邦调查局（美国司法部辖下的一个部门，负责调查违反联邦法律的罪行，如打劫银行及恐怖活动）

FC (*Brit* 英) Football Club 足球会: *Everton FC* 埃弗顿足球会

Feb February 二月: *18 Feb 1993* ∗ 1993年2月18日

ff (used to indicate that sth starts on a particular page or line and continues for several pages or lines more 表示由某页或某行开始，连续数页或数行): *British Politics, p10ff*《英国政治》第10页起

FIFA /ˈfiːfə ‖ ˈfifə/ International Association Football Federation 足球协会国际联合会

fig **1** figure, illustration 图；插图: *See diagram at fig 2.* 见图2的图表。 **2** figurative(ly) 比喻性（地）

fl oz fluid ounce(s); a measure of liquid, about 0.028 litre 液盎司（液体计量单位，约0.028公升）

FM /ˌef ˈem ‖ ˌɛf ˈɛm/ frequency modulation; one of the systems of broadcasting radio signals 调频（无线电广播信号系统之一）

Fri Friday 星期五: *Fri 27 May* ∗ 5月27日星期五

ft foot, feet; a measure of length, about 30.5 cm 英尺（长度计量单位，约30.5厘米）: *a room 10 ft by 6 ft* ∗ 10英尺乘6英尺的房间

g (*also* 亦作 **gr** *or* **gm**) gram(s) 克

gall gallon(s); a measure of liquid, about 4.54 litres 加仑（液体计量单位，约4.54公升）

Gen General; a rank in the British and American armies 上将/将军（英国及美国军队的官阶）

GB /ˌdʒiː ˈbiː ‖ ˌdʒi ˈbi/ Great Britain 大不列颠

GCSE /ˌdʒiː siː es ˈiː ‖ ˌdʒi si ɛs ˈi/ (*Brit* 英) General Certificate of Secondary Education; an examination that schoolchildren in England, Wales and Northern Ireland take when they are about sixteen. They often take GCSEs in five or more subjects. 普通中学教育证书（英格兰、威尔士及北爱尔兰的学童约十六岁时参加的考试，一般选考五科或以上） For Scottish examinations, look at **SCE**.至于苏格兰的考试，参看 **SCE**。

GMT /ˌdʒiː em ˈtiː ‖ ˌdʒi ɛm ˈti/ Greenwich Mean Time; the time system that is used in Britain during the winter and for calculating the time in other parts of the world 格林尼治时间（英国在冬季采用的时间制，亦用于计算世界其他地区时间）

GP /ˌdʒiː ˈpiː ‖ ˌdʒi ˈpi/ general practitioner; a doctor who treats all types of illnesses and works in a practice in a town or village, not in a hospital 普通医生（医治各类病症，在城镇或乡村而非医院行医的）

Gt Great 大: *Gt Yarmouth* 大雅茅斯

ha hectare(s) 公顷

HGV /ˌeɪtʃ dʒiː ˈviː ‖ ˌetʃ dʒi ˈvi/ (*Brit* 英) heavy goods vehicle, such as a lorry 重型载货车辆，如货车: *have an HGV licence* 持有重型载货车辆驾驶执照

HIV /ˌeɪtʃ aɪ ˈviː ‖ ˈetʃ ˌaɪ ˈvi/ human immunodeficiency virus; the virus that is believed to cause **AIDS** 人体免疫力缺乏病毒（能引致艾滋病 (**AIDS**)）

HM His/Her Majesty 陛下：*HM the Queen* 女王陛下

HMS /ˌeɪtʃ em ˈes ‖ ˌetʃ ɛm ˈɛs/ (*Brit* 英) (for ships in the British Royal Navy 用于英国皇家海军舰艇) Her/His Majesty's Ship 陛下的舰艇: *HMS Apollo* 皇家舰艇阿波罗号

Hon **1** Honorary (used to show that sb holds a position without being paid for it) 名誉的（表示所担任的职位是不受薪的）: *Hon President* 名誉主席 **2** Honourable: a title for Members of Parliament, some high officials and the children of some noblemen 对议会议员、某些高级官员及某些贵族的子女的尊称

Hons Honours (in Bachelor degrees) 荣誉（学士学位）: *John North BSc (Hons)* 约翰·诺思（荣誉）理科学士

HP /ˌeɪtʃ ˈpiː ‖ ˌetʃˈpi/ (*Brit* 英) hire purchase 分期付款购买

hp /ˌeɪtʃˈpiː ‖ ˌetʃˈpi/ horsepower (of an engine) (引擎的) 马力

HQ /ˌeɪtʃˈkjuː ‖ ˌetʃˈkju/ headquarters 总部

hr (*pl* **hrs**) hour 小时：*journey time: 3 hrs 15 min* 全程时间：3小时15分钟

Hz hertz; (used in radio) a measure of frequency, one cycle per second 赫（兹）（用于无线电，频率单位，每秒振动一次）

ID /ˌaɪ ˈdiː ‖ ˈaɪ ˈdi/ (*informal* 非正式) identification; identity 身分证明；身分: *an ID card* 身分证

ie /ˌaɪˈiː ‖ ˌaɪˈi/ that is; in other words 即是；换言之: *deciduous trees, ie those which lose their leaves in autumn* 落叶树，即在秋季落叶的树木

IMF /ˌaɪ em ˈef ‖ ˌaɪ ɛm ˈɛf/ International Monetary Fund 国际货币基金（组织）

in inch(es); a measure of length, about 2.54 cm 英寸（长度单位，约2.54厘米）: *4 in x 2 in* ∗ 4英寸乘2英寸 ○ *He is 6 ft 2 in tall.* 他6英尺2英寸高。

Inc (*also* 亦作 **inc**) (*US* 美) Incorporated 根据法律组成公司社团等的: *Manhattan Drugstores Inc* 曼哈顿药业公司

incl including; inclusive 包括：*total £59.00 incl tax* 包括税款，总数为59英镑

IOU /ˌaɪ əʊ ˈjuː ‖ ˈaɪ ˌo ˈju/ I owe you; a piece of paper that you sign showing that you owe sb some money 借据；欠单

IPA /ˌaɪ piː ˈeɪ ‖ ˈaɪ ˌpi ˈe/ International Phonetic Alphabet 国际音标

IQ /ˌaɪ ˈkjuː ‖ ˌaɪ ˈkju/ intelligence quotient; a measure of a person's intelligence 智商（计算人智力的指标）: *have a high/low IQ* 智商高/低 ○ *an IQ of 120* 智商120

IRA /ˌaɪ ɑːr ˈeɪ ‖ ˌaɪ ɑr ˈe/ Irish Republican Army 爱尔兰共和军: *a member of the IRA* 爱尔兰共和军成员 ○ *an IRA attack* 爱尔兰共和军的袭击

ISBN /ˌaɪ es biː ˈen ‖ ˌaɪ ɛs bi ˈɛn/ International Standard Book Number 国际标准图书编号；国际标准书号

IT /ˌaɪ ˈtiː ‖ ˌaɪ ˈti/ (*computing* 计算机技术) Information Technology 资讯科技

ITV /ˌaɪ tiː ˈviː ‖ ˌaɪ ti ˈvi/ (*Brit* 英) Independent Television; the group of independent television companies that are paid for by advertising 独立电视公司（由广告费支持的独立电视台）: *watch a film on ITV* 收看独立电视台播放的一部电影 ○ *an ITV documentary* 独立电视台的一部纪录片

Jan January 一月: *1 Jan 1993* ∗ 1993年1月1日

Jnr (*also* 亦作 **Jr, Jun**) (*esp US* 尤为美) Junior 小: *Samuel P Carson, Jnr* (= the son, not the father of the same name) 小塞缪尔·P·卡森（= 指同名父子中的儿子）

Jul July 七月: *4 Jul 1955* ∗ 1955年7月4日

Jun June 六月: *10 Jun 1830* ∗ 1830年6月10日

K /keɪ ‖ ke/ (*informal* 非正式) one thousand 一千: *She earns 22 K* (= £22 000) *a year.* 她一年挣22 000英镑。

kg kilogram(s) 千克；公斤: *weight 10kg* 重10公斤

kHz kilohertz (used in radio) a measure of frequency 千赫（用于无线电，频率单位）

km kilometre(s) 千米；公里: *a 10km walk* 走10公里 ○ *distance to beach 2 km* 离沙滩2公里

kph /ˌkeɪpiːˈeɪtʃ ‖ ˌkepiˈetʃ/ kilometres per hour 每小时…千米/公里

kW (*also* 亦作 **kw**) kilowatt(s) 千瓦: *a 2 kw electric heater* ∗ 2千瓦的电热炉

L /el ‖ ɛl/ **1** (*Brit* 英) (on a car, etc) learner-driver（系在车上等）学习驾驶者: *L-plates* ∗ L字牌 **2** large (size) 大（码）

l **1** left 左 **2** line 线 **3** litre(s) 公升

Lab (*in British politics* 英国政治) Labour (party) 工党: *Tom Black* (*Lab*) 汤姆·布莱克（工党）

lb pound(s); a measurement of weight, about 454 g 磅（重量单位，约454克）

Lib Dem (*in British politics* 英国政治) Liberal Democrat 自由民主党员: *David Stone* (*Lib Dem*) 戴维·斯通（自由民主党员）

Lieut (*also* 亦作 **Lt**) Lieutenant; a rank in the British and American armies and navies and in the American police force 中尉/少尉（英国、美国陆军/海军或美国警队的官阶）

LP /ˌel ˈpiː ‖ ˌɛl ˈpi/ long-playing record 密纹唱片: *Which song do you like best on their new LP?* 他们新出的密纹唱片中，你最喜欢哪一首歌？

Ltd (*Brit* 英) Limited (used about private companies) 有限公司（用于私营的）: *Pierce and Co Ltd* 皮尔斯有限公司

M /em ‖ ɛm/ **1** (*also* 亦作 **med**) medium (size) 中（码） **2** (*Brit* 英) motorway 高速公路: *heavy traffic on the M25* ＊ 25号高速公路上交通十分挤塞

m **1** male 男性 **2** (*also* 亦作 **masc**) masculine (gender) 男性的 **3** metre(s) 米: *a 500m race* ＊ 500米赛跑 **4** million(s) 百万: *population: 10 m* 人口：1 000万

MA /ˌem ˈeɪ ‖ ˌɛm ˈe/ Master of Arts: a second qualification that you receive when you complete a more advanced course or piece of research in an arts subject at university or college 文科硕士

Mar March 三月: *17 Mar 1956* ＊ 1956年3月17日

masc masculine 男性的

max /mæks ‖ mæks/ maximum 最高: *max temp 21°* 最高温度21度

MBA /ˌem biː ˈeɪ ‖ ˌɛm bi ˈe/ Master of Business Administration; an advanced university degree in business 工商管理硕士

MD /ˌem ˈdiː ‖ ˌɛm ˈdi/ Doctor of Medicine 医学博士

MEP /ˌem iː ˈpiː ‖ ˌɛm i ˈpi/ Member of the European Parliament 欧洲议会成员

Messrs /ˈmesəz ‖ ˈmɛsɚz/ (used as the plural of *Mr* before a list of men's names and before names of business firms) 用作 Mr 的复数，冠于男性人名或公司名称前: *Messrs Smith, Brown and Robinson* 史密斯、布朗及鲁宾逊先生 ○ *Messrs T Brown and Co* ＊ T布朗公司

mg milligram(s) 毫克

MHz megahertz (used in radio) a measure of frequency 兆赫（用于无线电，频率单位）

min **1** minimum 最低: *min temp 2°* 最低温度2度 **2** minute(s) 分钟: *fastest time: 6 min* 最快时间：6分钟

misc miscellaneous 杂项

ml millilitre(s) 毫升: *contents 75 ml* 容量75毫升

mm millimetre(s) 毫米: *rainfall: 6 mm* 雨量：6毫米 ○ *a 35 mm camera* ＊ 35毫米的摄影机

Mon Monday 星期一: *Mon 6 June* ＊ 6月6日星期一

MOT /ˌem əʊ ˈtiː ‖ ˌɛm o ˈti/ (*Brit* 英) **1** Ministry of Transport 运输部 **2** (*also* 亦作 **MOT test**) a test to make sure that vehicles over a certain age are safe to drive 某车龄的车辆须通过的安全运作测试: *My car failed its MOT.* 我的车子没有通过安全运作测试。

MP /ˌem ˈpiː ‖ ˌɛm ˈpi/ (*esp Brit* 尤为英) Member of Parliament 议会议员

mpg /ˌem piː ˈdʒiː ‖ ˌɛm pi ˈdʒi/ miles per gallon 每加仑…英里: *This car does 40 mpg* (= you can drive 40 miles on one gallon of petrol). 这辆汽车每加仑汽油可行驶40英里。

mph /ˌem piː ˈeɪtʃ ‖ ˌɛm pi ˈetʃ/ miles per hour 每小时…英里: *a 70 mph speed limit* 速度限制每小时70英里

Mr /ˈmɪstə(r) ‖ ˈmɪstɚ/ (used as a title before the name of a man 冠于男子姓名前): *Mr (Robert) Hurst*（罗伯特）赫斯特先生 ○ *Mr and Mrs Hurst* 赫斯特先生、太太

Mrs /ˈmɪsɪz ‖ ˈmɪsɪz/ (used as a title before the name of a married woman 冠于已婚女子姓名前): *Mrs (Jane) Allen*（珍妮）艾伦太太

Ms /mɪz ‖ mɪz/ (used as a title before the name of a woman, either married or unmarried 冠于已婚或未婚女子姓名前): *Ms (Emma) Gregg*（埃玛）格雷格女士

MSc /ˌem es ˈsiː ‖ ˌɛm ɛs ˈsi/ Master of Science: a second qualification that you receive when you complete a more advanced course or piece of research in a science subject at university or college 理科硕士

Mt Mount 山；峰: *Mt Fuji* 富士山

mth (*US* 美 **mo**) (*pl* **mths** *US* 美 **mos**) month 月: *6 mths old* ＊ 6个月大

N (*US also* 美亦作 **No**) north(ern) 北方（的）: *N Yorkshire* 北约克郡

n (grammar 语法) noun 名词

NATO (*also* 亦作 **Nato**) /ˈneɪtəʊ ‖ ˈneto/ North Atlantic Treaty Organization; a group of European countries, Canada and the USA, who agree to give each other military help if necessary 北大西洋公约组织（由欧洲国家、加拿大及美国组成，彼此同意在需要时互相提供军事协助）

NB (*also* 亦作 **nb**) /ˌen ˈbiː ‖ ˌɛn ˈbi/ (used before a written note) take special notice of（书面用语）注意: *NB There is an extra charge for reservations.* 注意：预订需缴付额外费用。

NE north-east 东北: *NE Scotland* 苏格兰东北部

neg negative 负
NHS /ˌen eɪtʃ ˈes ‖ ˌɛn etʃ ˈɛs/ (*Brit* 英) National Health Service 国民保健制度
No (*also* 亦作 **no** *or, in US* 美, *symbol* 符号 #) (*pl* **Nos, nos**) number 数字: *No 10 Downing Street* 唐宁街10号 ○ *tel no 51236* 电话号码51236
Nov November 十一月: *17 Nov 1992* ＊ 1992年11月17日
nr near 接近；靠近: *Masham, nr Ripon, Yorks* 马沙姆，靠近约克郡里彭
NW north-west(ern) 西北方（的）: *NW Australia* 澳大利亚西北部

OAP /ˌəʊ eɪ ˈpiː ‖ ˌo e ˈpi/ (*Brit* 英) old-age pensioner 领退休金的人
Oct October 十月: *13 Oct 1960* ＊ 1960年10月13日
OPEC /ˈəʊpek ‖ ˈoˌpɛk/ Organization of Petroleum Exporting Countries 石油输出国组织
opp opposite 相反
oz ounce(s); a measure of weight, about 28.35g 盎司（重量单位，约28.35克）: *Add 4 oz flour.* 加4盎司面粉。

P (on a road sign) parking（用于路标）停车处
p **1** (*pl* **pp**) page 页: *See p 94* 见第94页 ○ *pp 63–96* 第63至96页 **2** /piː ‖ pi/ (*Brit informal* 英，非正式) penny, pence 便士: *a 24p stamp* ＊ 24便士的邮票
PA /ˌpiː ˈeɪ ‖ ˌpi ˈe/ personal assistant 私人助理
pa per annum; in or for a year 每年: *salary £15 000 pa* 年薪15 000英镑
p and p /ˌpiː ən ˈpiː ‖ ˌpi ən ˈpi/ (*Brit* 英) postage and packing 邮寄连包装费: *price: £29 incl p and p* 价格为29英镑，连邮费及包装费
par (*also* 亦作 **para**) paragraph 段
PC /ˌpiː ˈsiː ‖ ˌpi ˈsi/ (*pl* **PCs**) (*Brit* 英) **1** personal computer 个人电脑 **2** police constable 警察
PE /ˌpiː ˈiː ‖ ˌpi ˈi/ physical education 体育: *a PE lesson* 体育课
PG /ˌpiː ˈdʒiː ‖ ˌpi ˈdʒi/ (*Brit* 英) (used about films in which there are scenes that are unsuitable for children) parental guidance 家长指导（用于部分场面不适合儿童观看的影片）
PhD /ˌpiː eɪtʃ ˈdiː ‖ ˌpi etʃ ˈdi/ Doctor of Philosophy; an advanced university degree that you receive when you complete a piece of research into a special subject 哲学博士: *She has a PhD in History.* 她持有历史科哲学博士学位。 ○ *Malcolm Crofts PhD* 马尔科姆·克罗夫茨哲学博士
PIN /pɪn ‖ pɪn/ (*also* 亦作 **PIN number**) personal identification number; a secret number that you use with a special card to get money from a cash machine 个人识别号码（用于提款卡的密码，以便提取款项）
pkt packet 包裹
pl (*grammar* 语法) plural 复数
PLC (*also* 亦作 **plc**) /ˌpiː el ˈsiː ‖ ˌpi ɛl ˈsi/ (*Brit* 英) Public Limited Company 公共有限公司: *Lloyd's Bank PLC* 劳埃德银行公共有限公司
pm /ˌpiː ˈem ‖ ˌpi ˈɛm/ (*US* 美 **PM**) after midday 下午: *2 pm* (= 2 o'clock in the afternoon) 下午2时 ○ *11.30 pm* (= 11.30 in the evening) 晚上11时30分
PO /ˌpiː ˈəʊ ‖ ˌpi ˈo/ Post Office 邮政局
pop population 人口: *pop 12 m* 人口1 200万
pp **1** pages 页 **2** /ˌpiː ˈpiː ‖ ˌpi ˈpi/ (*before a signature* 放在署名前) on behalf of 代行: *pp J Symonds* (signed, for example, by his secretary in his absence) 代J西蒙兹行（如由秘书代为签署）
PR /ˌpiː ˈɑː(r) ‖ ˌpi ˈɑr/ public relations 公共关系: *It's good PR* (= it improves people's impression of the firm). 公关手法不错（＝能改善公司的形象）。
pr (*pl* **prs**) pair（量词）双/对
Pres President 总统；主席
PS (*also* 亦作 **ps**) /ˌpiː ˈes ‖ ˌpi ˈɛs/ (used for adding sth to the end of a letter) postscript（用于书信末）附言/又及: *Love from Tessa. PS I'll bring the car.* 泰萨上。附笔：我驾车来。
pt (*pl* **pts**) **1** pint; a measure of liquid, about 0.568 litre 品脱（液量单位，约0.568公升）: *2 pts milk* 两品脱牛奶 **2** point 得分；分: *The winner scored 10 pts.* 优胜者取得10分。 **3** part 部分
PTO (*also* 亦作 **pto**) /ˌpiː tiː ˈəʊ ‖ ˌpi ti ˈo/ (at the bottom of a page) please turn over 见下页

Q question 问题: *Qs 1–5 are compulsory.* 第1至5题必须作答。
qt quart(s); a measure of liquid, about 1.136 litres 夸脱（液量单位，约1.136公升）

R river 河: *R Thames* 泰晤士河
r right 右
RAC /ˌɑːr eɪ ˈsiː ‖ ˌɑr e ˈsi/ (*Brit* 英) Royal Automobile Club; an organization for motorists. If you are a member of the RAC and your car breaks down, you can phone them and they will send someone to help you. 皇家汽车会（成员的车子在路上发生故障，可打电话请该组织协助）

RAF /ˌɑːr eɪ ˈef ‖ ˌɑr e ˈɛf/ (*Brit* 英) Royal Air Force 皇家空军

Rd road 路；道

ref /ref ‖ rɛf/ reference（函件等的）案号: *ref no 3456* 档案编号 3456

Rep (*in US politics* 美国政治) **1** Representative (in Congress)（国会）代表 **2** Republican (Party) 共和党人

Rev (*also* 亦作 **Revd**) Reverend; the title of a Christian priest 对基督教神职人员的尊称

RIP /ˌɑːr aɪ ˈpiː ‖ ˌɑr aɪ ˈpi/ (used on graves, etc 刻于墓碑等上) rest in peace 安息

rm room 房间；室

RN /ˌɑːr ˈen ‖ ˌɑr ˈɛn/ (*Brit* 英) Royal Navy 皇家海军: *Capt R Wood RN* 皇家海军 R 伍德上校

rpm /ˌɑː piː ˈem ‖ ˌɑr pi ˈɛm/ revolutions per minute 每分钟转动次数: *engine speed 2 500 rpm* 引擎速度每分钟 2 500 转

RSVP /ˌɑːr es viː ˈpiː ‖ ˌɑr ɛs vi ˈpi/ (used on invitations 用于请柬) please reply 请赐复

Rt Hon Right Honourable: a title for Cabinet ministers and some members of the nobility 对内阁大臣及某些贵族的尊称

S **1** small (size) 小（码） **2** (*US also* 美亦作 **So**) south(ern) 南方（的）: *S Yorkshire* 约克郡南部

sae /ˌes eɪ ˈiː ‖ ˌɛs e ˈi/ stamped addressed envelope 已贴上邮票的回邮信封: *enclose sae for reply* 附贴上邮票的回邮信封

Sat Saturday 星期六: *Sat 2 May* ∗ 5月2日星期六

SCE /ˌes siː ˈiː ‖ ˌɛs si ˈi/ Scottish Certificate of Education. Pupils in Scotland take the SCE at Standard grade at the age of about 16 and at Higher grade at about 17. Those who wish to continue to study some subjects can take the Certificate of Sixth Year Studies (CSYS). 苏格兰教育证书（苏格兰学生约 16 岁参加普通级证书考试，约 17 岁参加高级证书考试，继续选修某些科目者可参加六年制中学毕业证书考试 (CSYS)）

SE south-east(ern) 东南方（的）: *SE Asia* 东南亚

Sen **1** Senator 参议员 **2** (*also* 亦作 **Snr, Sr**) Senior 老；大: *John F Davis Sen* (= the father, not the son of the same name) 老约翰・F・戴维斯（= 指同名父子中的父亲）

Sept September 九月: *2 Sept 1920* ∗ 1920年9月2日

Sgt sergeant; a rank in the British and American armies and police forces 中士/警官（英国或美国军队及警队里的官阶/职衔）

Soc Society 会社: *Amateur Dramatic Soc* 业余剧社

Sq Square 广场: *6 Hanover Sq* 汉诺威广场 6 号

sq square (measurement) 平方（用于计量）: *10 sq cm* ∗ 10 平方厘米

St **1** Saint 圣人: *St Peter* 圣彼得 **2** street 街；道: *20 Clifford St* 克利福得街 20 号

st (*Brit* 英) stone; a measure of weight, about 6.356 kg 呫（重量单位，约 6.356 千克）

STD /ˌes tiː ˈdiː ‖ ˌɛs ti ˈdi/ **1** (Brit 英) subscriber trunk dialling; the system by which you can make long-distance telephone calls direct 用户直拨长途电话系统 **2** sexually transmitted disease 性传染疾病

Sun Sunday 星期日: *Sun 5 April* ∗ 4月5日星期日

SW south-west(ern) 西南方（的）: *SW Australia* 澳大利亚西南部

t (*US* 美 **tn**) ton(s); tonne(s) 吨: *5t coal* ∗ 5 吨煤

TB /ˌtiː ˈbiː ‖ ˌti ˈbi/ tuberculosis 结核（病）

tbsp tablespoonful(s) 汤匙: *Add 3 tbsp sugar.* 加 3 汤匙糖。

TEFL /ˈtefl ‖ ˈtɛfl̩/ Teaching English as a Foreign Language 英语作为外语的教学

tel telephone (number) 电话（号码）: *tel 0865-56767* 电话（号码）0865-56767

temp temperature 温度: *temp 15°C* 温度 15 摄氏度

TESL /ˈtesl ‖ ˈtɛsl̩/ Teaching English as a Second Language 英语作为第二语言的教学

Thur (*also* 亦作 **Thurs**) Thursday 星期四: *Thurs 26 June* ∗ 6月26日星期四

TOEFL /ˈtəʊfl ‖ ˈtofl̩/ (*US* 美) Test of English as a Foreign Language; the examination for foreign students who want to study at an American university 一项为外国学生报读美国大学而设的英语语言测试；托福考试

trans translated (by)（由…）翻译

tsp teaspoonful(s) 茶匙: *Add 1 tsp salt.* 加 1 茶匙盐。

TUC /ˌtiː juː ˈsiː ‖ ˌti ju ˈsi/ Trades Union Congress; the association of British trades unions 英国职工大会

Tue (*also* 亦作 **Tues**) Tuesday 星期二: *Tues 9 March* ∗ 3月9日星期二

TV /ˌtiː ˈviː ‖ ˌti ˈvi/ television (set) 电视（机）

U /juː ‖ ju/ (*Brit* 英) (used about films that are suitable for anyone, including children) universal 适合任何人观看的（电影）

UEFA /juːˈiːfə ‖ juˈifə/ Union of European

Football Associations 欧洲足球协会联合会: *the UEFA cup* 欧洲足球协会联合会杯

UFO (*also* 亦作 **ufo**) /ˌju:ef'əʊ ‖ ˌju ɛf'o/ or /'ju:fəʊ ‖ 'juˌfo/ unidentified flying object, especially a flying saucer 空中不明飞行体；飞碟

UHT /ˌju: eɪtʃ 'ti: ‖ ˌju etʃ 'ti/ ultra heat treated; used about dairy products that are treated to last longer 经超高温处理（用于奶类产品，使之可存放更久）: *UHT milk* 经超高温处理的牛奶

UK /ˌju: 'keɪ ‖ ˌju 'ke/ United Kingdom; England, Scotland, Wales and N Ireland 联合王国（英格兰、苏格兰、威尔士及北爱尔兰）: *a UK citizen* 联合王国公民

UN /ˌju: 'en ‖ ˌju 'ɛn/ United Nations 联合国: *the UN secretary general* 联合国秘书长

Univ University 大学

UNO /'ju:nəʊ ‖ 'juno/ United Nations Organization 联合国组织

US /ˌju: 'es ‖ ˌju 'ɛs/ United States (of America) 美国: *the US Secretary of State* 美国国务卿

USA /ˌju: es 'eɪ ‖ ˌju ɛs 'e/ United States of America 美利坚合众国: *in the USA* 在美国

USSR /ˌju: es es 'a:(r) ‖ ˌju ɛs ɛs 'ɑr/ (until 1991) Union of Soviet Socialist Republics（至1991年）苏维埃社会主义共和国联盟

V volt(s) 伏（特）: *a 9V battery* ＊9伏特的电池

v **1** (*pl* **vv**) verse 节；句 **2** (*also* 亦作 **v**) versus; against 对: *Liverpool vs Everton: match postponed* 利物浦对埃弗顿赛事延期 **3** (*informal* 非正式) very 非常: *v good* 极佳

VAT (*also* 亦作 **Vat**) /ˌvi: eɪ 'ti: ‖ ˌvi e 'ti/ or /væt ‖ væt/ value added tax 增值税: *prices include VAT* 价格包括增值税

VCR /ˌvi: si: 'ɑ:(r) ‖ ˌvi si 'ɑr/ video cassette recorder 录像机

VDU /ˌvi: di: 'ju: ‖ ˌvi di 'ju/ (*computing* 计算机技术) visual display unit 视频显示器: *a VDU operator* 视频显示器操作员

VIP /ˌvi: aɪ 'pi: ‖ ˌvi aɪ 'pi/ (*informal* 非正式) very important person 要人；贵宾: *the VIP lounge at the airport* 飞机场的贵宾厅 ○ *give someone the VIP treatment* (= treat sb especially well) 给某人特别的优待

viz /vɪz ‖ vɪz/ (*often read out as* 常读作 'namely') that is to say; in other words 即是说；换言之

vol **1** (*pl* **vols**) volume 册；辑: *The Complete Works of Byron, Vol 2* 拜伦作品全集，第2册 **2** volume 容量: *vol 333 ml* 容量333毫升

VSO /ˌvi: es 'əʊ ‖ ˌvi ɛs 'o/ (*Brit* 英) Voluntary Service Overseas; a scheme for young people to work in developing countries 海外志愿服务计划（让青年人参与发展中国家的工作）

W **1** watt(s) 瓦（特）: *a 60W light bulb* ＊60瓦的灯泡 **2** west(ern) 西方（的）: *W Cumbria* 坎布里亚郡西部

WC /ˌdʌblju: 'si: ‖ ˌdʌbljʊ 'si/ water closet; toilet 厕所

Wed Wednesday 星期三: *Wed 4 May* ＊5月4日星期三

wk **1** (*pl* **wks**) week 周；星期 **2** work 工作

WP word processing ; word processor 文字处理；文字处理器: *WP skills necessary* 需懂得使用文字处理器

wt weight 重量: *net wt 454g* 净重454克

XL /ˌeks'el ‖ ˌɛks'ɛl/ extra large (size) 特大（号/码）

yd (*pl* **yds**) yard, a measure of length; about 0.914 m 码（长度单位，约0.914米）

YHA /ˌwaɪ eɪtʃ 'eɪ ‖ ˌwaɪ etʃ 'e/ (*Brit* 英) Youth Hostels Association 青年旅舍协会

yr (*pl* **yrs**) year 年

Pronunciation 读音

If two British pronunciations for one word are given, both are acceptable. The first form given is considered to be more common. A word that is pronounced very differently in American English has the American pronunciation given after a *US* label. 标有两个英国读音的词表示两者都通行，其中以前者较为常用。美国读音与英国读音迥异者，美国读音前有“US美”的标示语。

address /ə'dres; *US* 美 'ædres ‖ 'ædrɛs/

/-/ A hyphen is used in alternative pronunciations when only part of the pronunciation changes. The part that remains the same is replaced by the hyphen. 连字号 /-/ 用于该词其中某部分读音多于一种的情况。连字号代表不变的部分。

attitude /'ætɪtju:d; *US* 美 -tu:d ‖ 'ætəˌtud/

/'/ or /ˈ/ shows that the syllable after it is said with more force (stress) than the other syllables in the word or group of words. For example *any* /ˈenɪ ‖ 'ɛnɪ/ has a stress on the first syllable; *depend* /dɪˈpend ‖ dɪ'pɛnd/ has a stress on the second syllable. * /'/ 或 /ˈ/ 表示之后的音节须较该词或词组中的其他音节重读。例如 any /ˈenɪ ‖ 'ɛnɪ/ 的重音在第一个音节；depend /dɪˈpend ‖ dɪ'pɛnd/ 的重音在第二个音节。

/ˌ/ or /ˌ/ shows that a syllable is said with more force than other syllables in a word but with a stress that is not as strong as for those syllables marked /'/ or /ˈ/. So in the word *pronunciation* /prəˌnʌnsɪ'eɪʃn ‖ prəˌnʌnsɪ'eʃən/ the main stress is on the syllable /'eɪʃn ‖ 'eʃən/ and the secondary stress is on the syllable /ˌnʌn ‖ ˌnʌn/. * /ˌ/ 或 /ˌ/ 表示之后的音节要较其他音节重读，但轻于标有 /'/ 或 /ˈ/ 的音节。例如 pronunciation /prəˌnʌnsɪ'eɪʃn ‖ prəˌnʌnsɪ'eʃən/ 的主重音在 /'eɪʃn ‖ 'eʃən/ 音节，次重音在 /ˌnʌn ‖ ˌnʌn/ 音节。

(r) In spoken British English an *r* at the end of a written word (either as the final letter or in an *-re* ending as in *fire*) is not sounded unless another word that begins with a vowel sound follows. For example, the *r* is not heard in *His car was sold* but it is heard in *His car isn't old*. To show this, words which end in *r* or *re* have (r) at the end of the phonetic spelling in the dictionary. 在英国口语中，词末的 r 音（包括词末出现的 r 或 -re，如 fire）均不发出，除非紧接的词以元音开头。例如 His car was sold 中的 r 是不发音的，但在 His car isn't old 中则发音。本词典中以 r 或 re 结尾的词均附 (r) 这标音。

In American English the /r/ is sounded whenever it occurs in the spelling of a word. 美国英语中的 r 无论在任何位置出现都发音。

car /kɑ:(r) ‖ kɑr/

Strong and weak forms 强读式及弱读式

Some very common words, eg *an, as, that, of* have two or more pronunciations: a *strong* form and one or more *weak* forms. In speech the weak forms are more common. For example *from* is /frəm ‖ frəm/ in *He comes from Spain*. The strong form occurs when the word comes at the end of a sentence or it is given special emphasis. For example *from* is /frɒm ‖ frɑm/ in *The ˌpresent's not 'from John, it's 'for him.* 有些很常见的词如 an 、as 、that 、of 都有两个或以上的读音：一个强读式及一个或以上的弱读式。在口语中，弱读式较为常见。例如 He comes from Spain 中的 from 读作 /frəm ‖ frəm/。若该词在句末或须予以强调则用强读式，如 The ˌpresent's not 'from John, it's 'for him 中的 from 就读作 /frɒm ‖ frɑm/。

Pronunciation in derivatives and compounds 派生词及复合词的读音

Many **derivatives** are formed by adding a suffix to the end of a word. These are pronounced by simply saying the suffix after the word. For example *slowly* /ˈsləʊlɪ ‖ ˈslolɪ/ is said by joining the suffix *-ly* /-lɪ ‖ -lɪ/ to the word *slow* /sləʊ ‖ slo/. 不少派生词均由一个词加上后缀构成，读音也只是在词的末尾加上后缀部分的读音。例如 slowly /ˈsləʊlɪ ‖ ˈslolɪ/ 的读音就是把后缀 -ly /-lɪ ‖ -lɪ/ 加在 slow /sləʊ ‖ slo/ 之后。

However, where there is doubt about how a derivative is pronounced, the phonetic spelling is given. The part that remains the same is represented by a hyphen. 遇派生词的读音难以确定时，本词典亦标出派生词的读音；连字号代表不变的部分。

mournful /-fl ‖ -fəl/; mournfully /-fəlɪ ‖ -fəlɪ/

In **compounds** (made up of two or more words) the pronunciation of the individual words is not repeated. The dictionary shows how the compound is stressed by using the marks /ˈ/ and /ˌ/. In ˈ*bus-stop* the stress is on the first word. In ˌ*jacket poˈtato* the secondary stress is on the first syllable of *jacket* and the main stress is on the second syllable of *potato*. 至于由两个或以上的词构成的复合词，本词典没有重复标出个别词的读音，仅以 /ˈ/ 及 /ˌ/ 标示复合词的重读音节。ˈbus-stop 的重音在第一个词。ˌjacket poˈtato 的次重音在 jacket 的第一音节，主重音在 potato 的第二音节。

图书在版编目(CIP)数据

牛津中阶英汉双解词典: 新版/(英)韦迈尔(Wehmeier, S.)编. -北京: 商务印书馆, 2001
ISBN 7-100-02973-2

Ⅰ.牛… Ⅱ.韦… Ⅲ.①英语-双解词典②双解词典-英、汉 Ⅳ.H316

中国版本图书馆CIP数据核字(1999)第52467号

NIÚJĪN ZHŌNGJIĒ YĪNGHÀN SHUĀNGJIĚ CÍDIǍN
牛津中阶英汉双解词典(新版)

出版：商务印书馆
(北京王府井大街36号 邮政编码 100710)
牛津大学出版社(中国)有限公司
(香港英皇道979号太古坊和域大厦东翼十八楼)
国内总发行：商务印书馆
国外以及香港、澳门、台湾地区总发行：牛津大学出版社(中国)有限公司
印刷：南京爱德印刷有限公司
ISBN 7-100-02973-2/H·761

2001年6月第1版 开本 880×1230 1/32
2002年1月南京第6次印刷 印张 34 3/8 插页 27
印数 50 000 册

定价：58.00元

Phonetic spelling 音标

Vowels 元音

IPA 国际音标 Jones	K.K.	
iː	i	**see** /siː ‖ si/
ɪ	ɪ	**sit** /sɪt ‖ sɪt/
e	ɛ	**ten** /ten ‖ tɛn/
æ	æ	**hat** /hæt ‖ hæt/
ɑː	ɑ	**palm** /pɑːm ‖ pɑm/
	æ	**ask** /ɑːsk ‖ æsk/
ɒ	ɑ	**watch** /wɒtʃ ‖ wɑtʃ/
	ɔ	**long** /lɒŋ ‖ lɔŋ/
ɔː	ɔ	**saw** /sɔː ‖ sɔ/
ʊ	ʊ	**put** /pʊt ‖ pʊt/
uː	u	**too** /tuː ‖ tu/
ʌ	ʌ	**cup** /kʌp ‖ kʌp/

IPA 国际音标 Jones	K.K.	
ɜː	ɝ	**fur** /fɜː(r) ‖ fɝ/
ə	ə	**ago** /əˈgəʊ ‖ əˈgo/
	ɚ	**never** /ˈnevə(r) ‖ ˈnɛvɚ/
eɪ	e	**page** /peɪdʒ ‖ pedʒ/
əʊ	o	**home** /həʊm ‖ hom/
aɪ	aɪ	**five** /faɪv ‖ faɪv/
aʊ	aʊ	**now** /naʊ ‖ naʊ/
ɔɪ	ɔɪ	**join** /dʒɔɪn ‖ dʒɔɪn/
ɪə	ɪr	**near** /nɪə(r) ‖ nɪr/
eə	ɛr	**hair** /heə(r) ‖ hɛr/
ʊə	ʊr	**pure** /pjʊə(r) ‖ pjʊr/

Consonants 辅音

IPA 国际音标 Jones	K.K.	
p	p	**pen** /pen ‖ pɛn/
b	b	**bad** /bæd ‖ bæd/
t	t	**tea** /tiː ‖ ti/
d	d	**did** /dɪd ‖ dɪd/
k	k	**cat** /kæt ‖ kæt/
g	g	**got** /gɒt ‖ gɑt/
tʃ	tʃ	**chin** /tʃɪn ‖ tʃɪn/
dʒ	dʒ	**June** /dʒuːn ‖ dʒun/
f	f	**fail** /fɔːl ‖ fɔl/
v	v	**voice** /vɔɪs ‖ vɔɪs/
θ	θ	**thin** /θɪn ‖ θɪn/
ð	ð	**then** /ðen ‖ ðɛn/
s	s	**so** /səʊ ‖ so/

IPA 国际音标 Jones	K.K.	
z	z	**zoo** /zuː ‖ zu/
ʃ	ʃ	**she** /ʃiː ‖ ʃi/
ʒ	ʒ	**vision** /ˈvɪʒn ‖ ˈvɪʒən/
h	h	**how** /haʊ ‖ haʊ/
m	m	**man** /mæn ‖ mæn/
n	n	**no** /nəʊ ‖ no/
	n̩	**button** /ˈbʌtn ‖ ˈbʌtn̩/
ŋ	ŋ	**sing** /sɪŋ ‖ sɪŋ/
l	l	**leg** /leg ‖ lɛg/
	l̩	**able** /ˈeɪbl ‖ ˈebl̩/
r	r	**red** /red ‖ rɛd/
j	j	**yes** /jes ‖ jɛs/
w	w	**wet** /wet ‖ wɛt/